Harenberg
Lexikon der Religionen

Harenberg Lexikon der Religionen

Die Religionen und Glaubensgemeinschaften der Welt
Ihre Bedeutung in Alltag, Geschichte und Gesellschaft

Mit Beiträgen von
Thomas Schirrmacher (Christentum)
Christine Schirrmacher (Islam)
Susanne Borchers (Judentum)
Karl-Heinz Golzio (Hinduismus)
Hans Gruber (Buddhismus) u.a.

Harenberg Verlag

Die Bibel wird in der Regel nach der Einheitsübersetzung (mit ökumenischem Psalter und Neuem Testament) zitiert; herausgegeben vom Katholischen Bibelwerk 1980.

Die Verszählung des Korans richtet sich nach der ägyptischen Standardausgabe von 1923/24.

Redaktion Berthold Budde und Christine Laue-Bothen
in Zusammenarbeit mit dem Redaktionsbüro Heidi Wetzel
Bildredaktion Christine Wolf
Bilderläuterungen Christoph Wetzel
Reproduktion Vogelsang Zander, Dortmund

Printed in Slovenia ISBN 3-611-01060-X

Zu diesem Buch

Erleben wir eine »Globalisierung der Religion«? Wächst gleichzeitig die Kluft zwischen dem religiösen Ostteil der Welt und dem säkularisierten Westen? Ist das auf Weltkonferenzen proklamierte »Weltethos« der kleinste gemeinsame Nenner der ansonsten rivalisierenden Religionen, Gemeinschaften und Strömungen?

Solche Fragen betreffen in zunehmendem Maß den alltäglichen Erfahrungsbereich jedes Einzelnen – im Umgang mit Nachbarn und Arbeitskollegen, in der Wahrnehmung kultureller und politischer Ereignisse der näheren und weiteren Umgebung. Um in solchen Zusammenhängen eigene Positionen entwickeln zu können, sollten wir mehr wissen über Glaubensvorstellungen und Weltanschauungen der anderen, »fremden« Kulturen. So entsteht ein interreligiöser Dialog, der sich nicht an Institutionen delegieren lässt, sondern eine individuelle Herausforderung bleibt.

Zur Entwicklung einer solchen »kommunikativen Kompetenz«, die der Philosoph Jürgen Habermas in seiner Rede anlässlich der Verleihung des Friedenspreises des deutschen Buchhandels 2001 eingefordert hat, soll das vorliegende Buch beitragen. Es beschränkt sich nicht auf bloße Wissensvermittlung, sondern zielt auch auf eine Erweiterung des Horizonts. Und je weiter dieser Horizont, desto gründlicher sollten wir informiert sein.

Das »Harenberg Lexikon der Religionen« konzentriert sich auf Alltag, Geschichte und Gegenwart der heute praktizierten Religionen und religiösen Gemeinschaften. Es will Gläubigen wie Skeptikern in klarer, verständlicher Sprache begriffliche und historische Orientierung bieten und dazu beitragen, andere Menschen zu verstehen und Grundlagen für ein friedliches Miteinander zu schaffen.

Benutzerhinweise

Das »Harenberg Lexikon der Religionen« ist in acht Kapitel aufgeteilt. Sie sind den fünf Weltreligionen Christentum, Judentum, Islam, Hinduismus und Buddhismus sowie weiteren asiatischen Religionen, den traditionellen Religionen (Naturreligionen) in Afrika, Nord- und Südamerika, Australien und Ozeanien sowie den Neuen Religionen unserer Zeit gewidmet.

Einheitliche Gliederung: Jede Religion wird in zwei Teilen dargestellt. Einer thematisch strukturierten Einführung zur Geschichte und Gegenwart der jeweiligen Religion folgt ein Lexikon, das von A bis Z alle für eine Religion wichtigen Begriffe erläutert. Jedem Kapitel ist ein Überblick vorangestellt, der eine schnelle Orientierung ermöglicht. So bietet das »Harenberg Lexikon der Religionen« alle Vorzüge eines lexikalischen Nachschlagewerks und ist zugleich ein Lesebuch.

Übersichtsartikel: Die Religionen und religiösen Gemeinschaften sind nach ihrer Bedeutung für den europäischen Kulturkreis geordnet. Jede Religion wird in einem Übersichtsartikel vorgestellt. Diese Artikel folgen einheitlichen Kategorien – soweit sie auf die jeweilige Religion anwendbar sind. Dazu gehören Begriff und Bedeutung, Grundzüge des Glaubens, Götter und Symbole, Geschichte, Stifter und Leitfiguren, Spaltungen und Richtungen, die bedeutendsten Schriften, wichtige Institutionen, heilige Stätten, Feste und Riten sowie das Verhältnis von Religion und Staat, Individuum und Gesellschaft. Diese Kategorien gewährleisten eine vergleichende Betrachtung.

Sonderelemente: Zusatzelemente wie Zeittafeln, tabellarische Übersichten, Stichwortkästen, Textdokumente, Zitate, exemplarische Kurzbiografien u.a. ergänzen die Übersichtsartikel mit Hintergrundinformationen.

Lexikon: Jedem Übersichtsartikel folgt das Lexikon zur jeweiligen Religion. Alle für diese Religion wichtigen Begriffe werden in alphabetischer Reihenfolge in knapper Form erklärt. Diese lexikalischen Einträge reichen von Sachbegriffen bis zu Ortsbeschreibungen als »Schauplätzen« religiösen Lebens bzw. der Religionsgeschichte, wobei dieselbe Stadt (z.B. Jerusalem) in mehreren Lexika enthalten sein kann. Dasselbe gilt für religiöse Figuren wie Abraham, die aus christlicher, jüdischer und islamischer Sicht vorgestellt werden. In den Lexikonartikeln ist das Stichwort jeweils mit dem Initial abgekürzt (z. B. Abraham = A.).

Verweissystem: Das Verweissystem verknüpft die verschiedenen Buchteile miteinander. Begriffe, die in den Übersichtsartikeln durch *kursive* Schrift gekennzeichnet sind, finden sich als Stichworte im jeweiligen Lexikon. Bei den Lexikonartikeln verweist die *Kursivierung* von Begriffen auf Einträge innerhalb des jeweiligen Lexikons. Darüber hinaus wird durch die Nennung der entsprechenden Seitenzahl nach einem Verweispfeil (→) aus den Lexika auf ausführliche Darstellungen im zugehörigen Übersichtsartikel verwiesen. Ebenso führen Seitenverweise aus den Übersichtsartikeln zu verwandten Themen in anderen Religionen.

Farbmarken: Jedem Kapitel ist eine Farbe zugeordnet, die zusätzlich zum Kolumnentitel am oberen Rand jeder Seite ein schnelles Auffinden der jeweils gesuchten Religion erleichtert.

Abbildungen: Mehr als 1100 überwiegend farbige Abbildungen aus Geschichte, Kunst und religiösem Alltag veranschaulichen, was in den Texten der einführenden und lexikalischen Teile erläutert wird. Allen Bildern sind ausführliche Legenden hinzugefügt, die den Blick auf das Besondere lenken und den religiösen Hintergrund des Dargestellten erklären. Das Bildprogramm unterstützt die vergleichende Betrachtung der Religionen.

Anhang: Personen- und Sachregister erschließen die Fülle der Informationen und machen deutlich, welche Begriffe für mehrere Religionen von Bedeutung sind.

Inhaltsübersicht

Das Christentum im Überblick

Unter dem Hauptaltar der Geburtskirche in Bethlehem befindet sich eine Grotte. Hier symbolisiert ein Stern am Boden die Stätte der Geburt Jesu Christi.

Begriff und Bedeutung

Das Christentum leitet seinen Namen vom griechischen Wort »christos« (»der Gesalbte«) ab in der Bedeutung »Messias« (hebr. maschiach) als Ehrentitel des Jesus von Nazaret. Im Verlauf von 2000 Jahren hat sich das Christentum von einer religiösen Bewegung im hellenistischen Kulturbereich zur größten Weltreligion entwickelt, deren Kirchen und Sonderformen weltweit etwa 2 Mrd Mitglieder angehören. → S. 11

Grundzüge des Glaubens

Das in Deutschland seit 1971 in einer ökumenischen Fassung im Gottesdienst verwendete Glaubensbekenntnis geht auf ein römisches Taufbekenntnis aus dem 2./3. Jh. zurück. Es gliedert sich in das Bekenntnis zu Gott dem Vater, Schöpfer aller Dinge, zu Jesus, dem gekreuzigten und auferstandenen Sohn Gottes, und zum Heiligen Geist. → S. 13

Götter und Symbole

Der aus dem Judentum übernommene Eingottglaube (Monotheismus) wurde schon früh durch die Lehre von der göttlichen Dreieinigkeit (Trinität) infrage gestellt, zumal der Marienkult und die kultische Verehrung von Heiligen die antike Vielgötterei (Polytheismus) fortzusetzen schienen. Das zentrale christliche Symbol ist das zum Siegeszeichen umgedeutete Kreuz. → S. 18

Geschichte des Christentums

Keimzelle des Christentums sind die Gemeinschaft Jesu mit seinen Jüngern sowie die Urgemeinde in Jerusalem aus Judenchristen. Ausgangspunkt der Ausbreitung im Römischen Reich war die von den Aposteln Petrus und Paulus eingeleitete »Heidenmission«. Der Anerkennung des Christentums als römischer Reichsreligion und schließlich Staatsreligion Ende des 4. Jh. folgte die vielfach gewaltsame Christianisierung der Germanen, Kelten, Romanen und Slawen. Die weltweite Ausbreitung stand im Zusammenhang mit dem Kolonialismus ab dem 16. Jh. Einschneidende Folgen für die christlichen Kirchen hatten einerseits die Aufklärung und die Säkularisation im 18./19. Jh., andererseits die ökumenische Bewegung und der interreligiöse Dialog im 20. Jh. → S. 20

Stifter und Leitfiguren

Das Christentum beruft sich auf die Lehren Jesu Christi, wie sie von den Evangelisten und Aposteln überliefert wurden. In unterschiedlichem Ausmaß stützen sich die christlichen Kirchen auf die Tradition, die z.B. die Kirchenväter und Kirchenlehrer repräsentieren. Zu den christlichen Leitfiguren gehören die Heiligen, die Gründer von Mönchsorden, die Päpste und Reformatoren. → S. 33

Spaltungen und Richtungen

Die bis heute nachwirkenden Spaltungen begannen 1054 mit dem Morgenländischen Schisma zwischen der römisch-katholischen und der griechisch-orthodoxen Kirche, während das Abendländische Schisma ab 1378 zwischen den Päpsten in Rom und Avignon im 15. Jh. überwunden werden konnte. Im 16. Jh. trennten sich die katholische Kirche und die verschiedenen Richtungen des Protestantismus in Gestalt der lutherischen und reformierten Kirchen. → S. 45

Die bedeutendsten Schriften

Grundlage der christlichen Lehre ist die Bibel, bestehend aus dem hebräischen Alten Testament, der Heiligen Schrift des Judentums, und dem griechischen Neuen Testament. Mit weitem Abstand folgen das theologische Schrifttum aus fast zwei Jahrtausenden, Katechismen, liturgische Bücher, Erbauungsliteratur wie Heiligenviten und Andachtsbücher vom mittelalterlichen Stundenbuch bis zu den ökumenischen Gemeindegesangbüchern der heutigen Zeit. → S. 52

Wichtige Institutionen

Aus historischer Sicht gebührt den Konzilien, beginnend mit dem Apostelkonzil in Jerusalem, der höchste Rang. An der Spitze der institutionellen Hierarchie der katholischen Kirche stehen die Kurie und das Konklave der Kardinäle bei der Wahl des neuen Papstes, auf Landesebene gefolgt von den Bischofskonferenzen mit Entsprechungen in den evangelischen Kirchen. Die ökumenische Bewegung organisiert sich seit 1948 im Ökumenischen Rat der Kirchen (engl. World Council of Churches, WCC). → S. 59

Heilige Stätten

Bereits im Frühchristentum entstanden Sakralbauten wie die Grabeskirche in Jerusalem, eine Stiftung Kaiser Konstantins des Großen, erbaut 326–330. In den folgenden Jahrhunderten entwickelte sich ein dichtes, durch den Reliquienkult gefördertes Netz von heiligen Stätten als Ziele der Pilgerreisen. An erster Stelle der Wallfahrtsorte stehen seit dem Mittelalter Jerusalem, Rom und Santiago de Compostela. → S. 61

»Das letzte Abendmahl« von Dirk Bouts; Jesus segnet den Kelch: »Dies ist mein Blut, das Blut des Bundes, das für viele vergossen wird zur Vergebung der Sünden« (Mt 26,28).
Die Einsetzungsworte des Sakraments der Eucharistie nehmen mit dem Begriff »Blut des Bundes« Bezug auf eine Stelle im Buch Exodus (Ex 24,8) und entsprechen somit der Verbindung zwischen Altem und Neuem Testament, zwischen Judentum und Christentum. Das Gemälde ist die Mitteltafel eines der Eucharistie geweihten Altars, 1464–67; in der Sint-Pieterskerk in Löwen.

Feste und Riten

Den Rahmen der christlichen Feste bildet das mit dem 1. Advent beginnende Kirchenjahr. An feststehende Daten sind Kirchenfeste wie Weihnachten und die Fest- und Gedenktage von Heiligen gebunden, während sich bewegliche Feste wie Pfingsten nach dem jährlich wechselnden Osterfest richten. Im Mittelpunkt der christlichen Riten stehen die in ihrer Anzahl konfessionell unterschiedlichen Sakramente. Allen gemeinsam sind Taufe und Abendmahl bzw. Eucharistie. → S. 64

Religion und Staat

Das Spektrum reicht vom Christentum als Staatsreligion in der Spätantike bis zur Opposition der Kirche zum Staat. Die abendländische Kultur des Mittelalters beruhte auf der Teilung zwischen weltlicher und geistlicher Gewalt. Im 16. Jh. entstanden im Zeichen des Konfessionalismus einzelne Landeskirchen, wobei der Landesherr über die Religionszugehörigkeit seiner Untertanen entschied. Die Trennung von Staat und Kirche, verbunden mit der Säkularisierung von Kirchenbesitz, gehört zu den Ergebnissen der Französischen Revolution, während die Restauration im 19. Jh. das Bündnis von »Thron und Altar« beschwor. Heute wirken die Kirchen in demokratischen Staaten an der politischen Willensbildung mit. → S. 71

Individuum und Gesellschaft

Als Erlösungsreligion besitzt das Christentum zugleich eine reiche Tradition ethischer Grundsätze, die sich auf das Diesseits beziehen. Eine wichtige Quelle christlicher Ethik ist Jesu Bergpredigt (Matthäus 5,1–7,29). Jüdisches Erbe des Christentums sind die Zehn Gebote (Exodus 20,1–21). → S. 74

Sonderformen des Christentums

Die Geschichte der christlichen Kirche wurde von der Bildung unterschiedlicher Gruppen begleitet, die als Häresien oder Sekten von den »rechtgläubigen« Kirchen verurteilt und teilweise blutig verfolgt wurden. Im Zeichen religiöser Toleranz gelten Sondergruppen des Christentums heute als neue Religionen mit christlichem Ursprung. → S. 78

Das Christentum in Geschichte und Gegenwart

Begriff und Bedeutung

Das Christentum ist die auf Jesus zurückgehende und nach dessen Ehrentitel Christus (griech. christos »der Gesalbte«, hebr. »Messias«) benannte Religion, deren Anhänger schon im Neuen Testament (N.T.) »Christen« und seit Bischof Ignatius von Antiochien (†107/117) als »Christentum« (griech. christianismos) bezeichnet wurden. Aufgrund seiner Herkunft aus dem Judentum gehört das Christentum ursprünglich zu den vorderasiatischen Religionen.

Das Christentum ist mit rund 2 Mrd Anhängern (einem Drittel der Weltbevölkerung) und aufgrund seiner geografischen Verbreitung noch weit vor dem Islam (ca. 1,2 Mrd Gläubige) die größte Religion der Welt und wird es wohl auch auf lange Zeit bleiben. In Europa sinkt die Zahl der Mitglieder der ehemaligen Staatskirchen, doch nimmt dort selbst die Zahl der Mitglieder kleinerer Kirchen, insbesondere *evangelikaler, charismatischer* und *fundamentalistischer Gruppen* stark zu. Die Zahl der Christen in Afrika und Asien wächst wesentlich schneller als die Weltbevölkerung.

Das Christentum ist in 223 Ländern der Erde verbreitet, darunter als Mehrheitsreligion mit über 50% Anteil an der Bevölkerung in 138 Staaten. Lange war es in der einen oder anderen Form Staats- oder Volksreligion in fast allen westlichen Staaten und ist heute noch *Staatskirche* in der evangelisch-lutherischen Form in Finnland und Norwegen, in seiner anglikanischen Form in Großbritannien und in seiner katholischen Form in Bolivien, Kolumbien, Paraguay, Monaco und Vatikanstadt.

Das Christentum ist zugleich neben dem Islam die Religion, die in Geschichte und Gegenwart weltweit den größten Einfluss und die meisten – positiven wie negativen – Folgen hatte und hat. Seine Entwicklung ist mit fast allen Höhe- und Tiefpunkten der Weltgeschichte eng verwoben.

Das Christentum ist auch in seiner Spiritualität und seinem missionarischen Eifer ungebrochen. Täglich werden schätzungsweise 122 000 Menschen getauft. Während z.B. der Islam sein Wachstum vor allem dem Geburtenzuwachs zu verdanken hat, gehen rund die Hälfte der christlichen Taufen auf Überzeugungs- und Missionsarbeit zurück. Die Heilige Schrift des Christentums, die Bibel, ist das mit Abstand am meisten gedruckte Buch der Geschichte. Jährlich werden 61 Mio Bibeln, 122 Mio Ausgaben des N.T. und 4,5 Mrd Bibelteile verbreitet. Kein Buch wurde auch nur annähernd so viel übersetzt (vollständig in 1943 Sprachen, nur das N.T. zusätzlich in 2897 Sprachen, Teile der Bibel in 2063 Sprachen, Übersetzungen in Arbeit in 1355 Sprachen). Hunderte von Sprachen liegen nur aufgrund einer *Bibelübersetzung* in Schriftform vor.

Das Christentum ist von einer Vielfalt an geschichtlichen, geografischen und kulturellen Erscheinungsformen bestimmt. Die *katholische Kirche* mit dem Papst an der Spitze ist nicht nur mit 1,1 Mrd Mitgliedern die größte Organisation in Geschichte und Gegenwart, sondern auch mit Abstand die älteste, kontinuierlich bestehende Organisation, die seit dem Römischen Reich gewaltige Umbrüche überdauert hat.

Großes Bild links: Das Kuppelmosaik (1220–30) des Baptisteriums San Giovanni in Florenz zeigt Christus als Weltenrichter, der am Tag des Jüngsten Gerichts die Seelen aus den sich öffnenden Sarkophagen empfängt.

In der zweiten Hälfte des 20. Jh. gewann die ökumenische Bewegung zunehmende Bedeutung für die christlichen Kirchen. Sie findet Ausdruck in ökumenischen Gottesdiensten. Das Foto entstand zu Ostern 2001 in der Hamburger Kirche St. Michaelis und zeigt den katholischen Erzbischof, den koptischen Bischof, die lutherische Bischöfin und den griechisch-orthodoxen Bischof (von links).

STICHWORT Gottesdienste in aller Welt

Patriarch Alexi II. zelebriert eine Ostersonntagsmesse in der Christus-Erlöser-Kathedrale in Moskau.

Gottesdienst in Simbabwe; der Bevölkerungsanteil der Christen in dem südafrikanischen Land beträgt etwa 43%.

George Carey, Erzbischof von Canterbury, ist Primas der anglikanischen Kirche.

Messe in der St. John's Kathedrale in Peschawar, Pakistan

Kongolesische Priester feiern in Mainz mit Gläubigen verschiedener Nationalitäten einen Gottesdienst.

Lange Zeit waren Kunst, Literatur und Musik ebenso wie Wissenschaft, Recht und Wirtschaft sowie der Alltag von christlichen Denkmustern beeinflusst. Maler verwendeten christliche Themen und Symbole, Dichter bedienten sich biblischer Stoffe als Vorlage, Komponisten vermittelten die christliche Botschaft durch ihre Musik. Bevor sich die Wissenschaften zu eigenen Disziplinen verselbstständigten, waren sie eng mit der Theologie verflochten. Das westliche Fortschrittsdenken basiert auf dem linearen Geschichtsbild des Christentums mit seiner Annahme einer unwiederholbaren Einmaligkeit der historischen Prozesse. Ohne die Kenntnis des christlichen Hintergrunds sind Ursprung und Entwicklung der europäischen und nordamerikanischen Kultur sowie ihr Einfluss in der Welt nur schwer zu verstehen. Typisch christliche Erscheinungen wie der arbeitsfreie Sonntag haben sich weit über den Bereich praktizierender Christen hinaus etabliert, sodass er u. a. auch in Tunesien, Japan, Indien und Indonesien den Lebensrhythmus bestimmt.

Auch die beiden anderen monotheistischen Weltreligionen, Judentum und Islam, sowie ihre Geschichte sind ohne das Wechselspiel mit dem Christentum nicht zu verstehen. Das Judentum ist der Wurzelboden des Christentums. Der Islam entstand aus beiden Quellen.

Grundzüge des Glaubens

Die Vielfalt des christlichen Glaubens wird im folgenden Lexikon (ab S. 80) sowohl zu den verschiedenen Kirchen als auch zu einzelnen Themen dargestellt.

Im Folgenden sollen die Gemeinsamkeiten aller christlichen Gruppierungen aufgeführt werden. Dazu zählen der strikte *Monotheismus,* die *Trinität,* das Bekenntnis zu Jesus Christus als wahrem Gott und wahrem Menschen, der am Kreuz starb und wieder auferstand, um die Menschen zu erlösen, die Nachfolge Jesu und die aus ihr resultierende *Kirche,* die sich durch die *Sakramente* (vor allem Taufe und Abendmahl) auszeichnet und die ethischen Normen der Nächstenliebe sowie der Zehn Gebote auslebt, und schließlich der Glaube an einen großen Tag am Ende der Zeit mit Auferstehung, Jüngstem Gericht und dem Beginn des *Ewigen Lebens.* Die Gemeinsamkeiten hat das Christentum in zwei altkirchlichen Glaubensbekenntnissen beschrieben.

Gott

Das Christentum entstand unmittelbar aus dem Judentum und im jüdischen Land. Dessen heilige Schrift, das Alte Testament (A.T.), war bis zur Fertigstellung des N.T. zugleich die alleinige Bibel der Christen. Der christliche Glaube versteht sich bis heute als Erfüllung des jüdischen Glaubens. Wie Jesus waren alle Autoren des N.T. (außer Lukas, ein *Heidenchrist*) wie Paulus, Petrus oder Johannes Juden, auch *Judenchristen* genannt.

Aus dem Judentum wurde vor allem die Lehre übernommen, dass Gott der Schöpfer des Universums und damit aller sichtbaren und unsichtbaren Dinge ist. Durch seine Allmacht, Weisheit und Liebe hat er, als außer ihm nichts existierte, die Welt und die Menschen allein durch sein Wort aus dem Nichts erschaffen *(creatio ex nihilo).* Gott ist aber nicht nur der Schöpfer, sondern durch sein Wort auch der ständige Erhalter der Welt.

Die Bibel enthält keine Definition Gottes, sondern nur viele Aussagen über sein Wesen

Das Christentum als größte Weltreligion (etwa 2 Mrd Anhänger) hat sich in seiner 2000-jährigen Geschichte auf allen fünf Kontinenten verbreitet. Schätzungen zufolge werden täglich 122 000 Menschen durch die Taufe zu neuen Mitgliedern der Christengemeinschaft. Vor allem in Afrika und Asien wächst die Zahl der Christen zu Beginn des 21. Jh. schneller als die Weltbevölkerung.

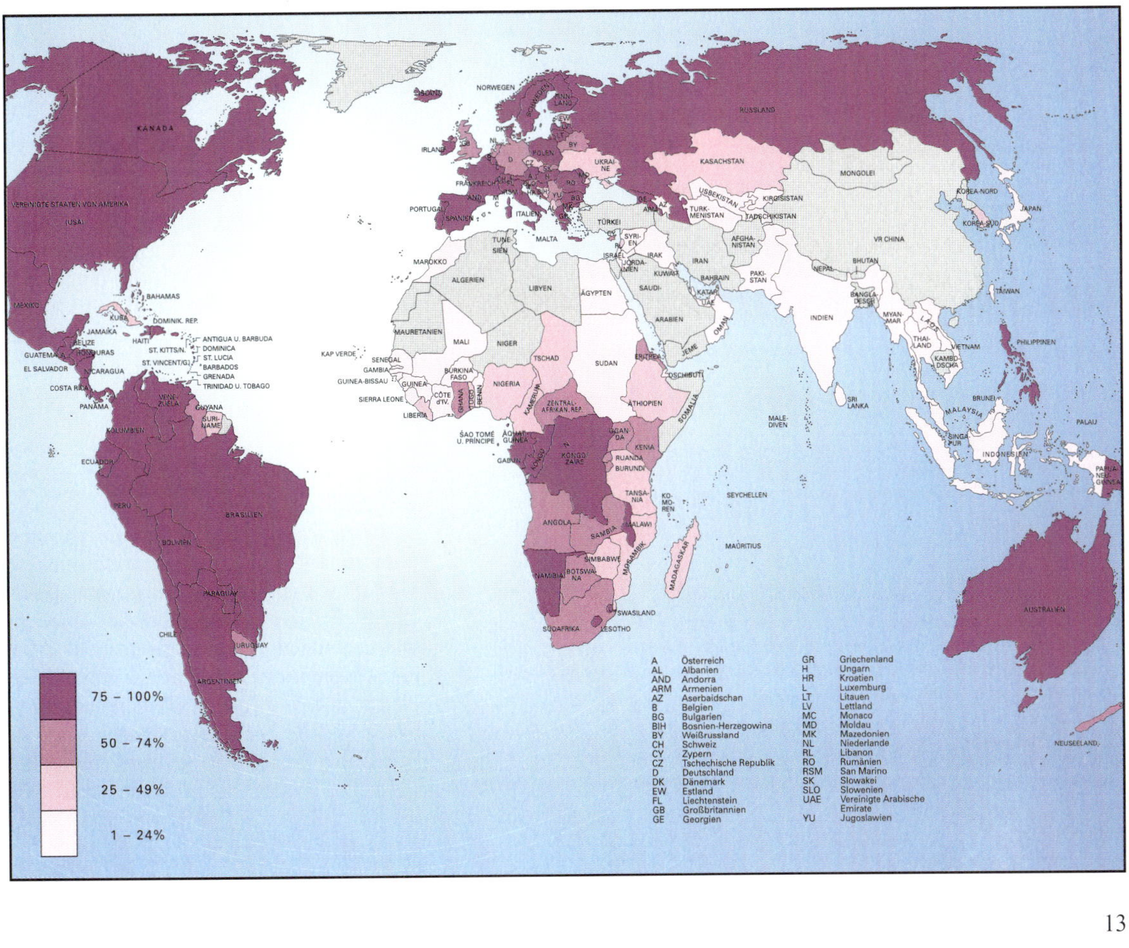

Stichwort **Die Eigenschaften Gottes**	
Eigenschaft	*Bedeutung*
Allgegenwart	Gott ist allgegenwärtig; kein Ort und keine Zeit sind seiner Gegenwart, Erreichbarkeit und Kenntnis entzogen. Er ist in seinem ganzen Wesen zu jeder Zeit an jedem Ort (Ps 139,7 bis 12). Seine Gegenwart kann allerdings unterschiedliche Qualität haben (z.B. im Gottesdienst oder in der Hölle).
Allmacht	Gott ist in seiner Allmacht fähig, alles zu tun, was seinem Wesen und Willen entspricht (Jes 46,10f.).
Allwissenheit	Gott weiß alles, auch alle Eventualitäten (Mt 11,23). Er kennt das gesamte Leben eines Menschen (Ps 139,16).
Eifer	Gott ist ein eifriger, ein eifersüchtiger Gott (Ex 20,5). Der göttliche Eifer ist die Energie der göttlichen Heiligkeit (Jos 24,19). Man unterteilt den Eifer in Gottes Zorneseifer, der sich gegen jede Verletzung des heiligen Gotteswillens wendet, und Gottes Heilseifer, der sich nicht nur auf sich selbst, sondern auch auf sein heiliges Volk richtet.
Einfachheit	Gott ist kein Zusammengesetztes Ganzes oder ein mehrteiliges Wesen. Dies widerspricht auch nicht der Dreieinigkeit; Gott ist eins in sich selbst.
Einheit	Es gibt nur einen Gott (Dtn 6,4; Eph 4,6).
Ewigkeit	Gottes Existenz ist ohne Anfang und Ende, jenseits aller Zeit (Ps 90,2).
Freiheit	Gott existiert unabhängig von Schöpfung und Geschöpfen (Jes 40,13f.).
Geistigkeit	Gott offenbart sich durch seinen Geist. Joh 4,24 macht deutlich, dass Gott Geist ist. Er hat den Geist, der von ihm ausgehe (vgl. Jes 40,13; Ps 139,7). Der Geist ist Synonym für Gottes kraftvolles Handeln.
Gerechtigkeit	Gottes Gerechtigkeit meint, dass er die Beziehung zum Menschen sucht. Der Begriff ist mehr sozial als juristisch zu deuten (Röm 1,16f).
Heiligkeit	Die Heiligkeit Gottes beschreibt ihn als jemanden, der ganz anders ist als seine Schöpfung (1 Petr 1,15).
Liebe	Liebe ist die höchste christliche Tugend und entspricht am klarsten dem Wesen Gottes (1 Joh 4,8; vgl. 1 Kor 13,13). Zur Liebe gehört Zuneigung und Zurechtweisung gleichermaßen. Da Liebe immer ein Gegenüber voraussetzt, kann Gott nur ewige Liebe sein, weil er dreieinig ist.
Souveränität	Die Souveränität Gottes bezeichnet seine völlige Unabhängigkeit von seiner Schöpfung in Bezug auf seine Stellung – er ist das höchste Wesen im Universum und in Bezug auf seine Macht (Eph 1,11).
Treue	Gott bleibt sich selbst treu (das folgt aus seiner absoluten Heiligkeit) und allem, was er sagt. Er ist der treue Allheilige (Jes 49,7; Hos 12,1). Gottes Treue wird besonders an der Wahrhaftigkeit und Zuverlässigkeit seiner Zusagen und Verheißungen, aber auch seiner Gerichtsandrohungen deutlich gemacht (Num 23,19).
Unbildlichkeit	Weil Gott so viel höher steht als alles Geschaffene, weil er abgesondert von der Welt und heilig ist, ist es weder möglich noch erlaubt, sich ein Bild von ihm zu machen (vgl. Ex 20,4; Dtn 4,15ff.; 5,8). In Jesus hat er sich den Menschen aber gezeigt (Joh 14,9).
Unendlichkeit	Gott ist weder durch Raum noch durch Zeit begrenzbar (1 Kön 8,27).
Unveränderlichkeit	Gott ist der Unwandelbare, er bleibt sich selbst in seiner Art und in seinem Wesen treu (Mal 3,6).
Wahrheit	Gottes Wort stimmt überein mit seinen Taten (Röm 3,4; Hebr 6,18).

Motiv aus dem zweiten (älteren) Schöpfungsbericht: Gott erschafft aus der Rippe Adams dessen Partnerin (Gen 2,21f.). Buchmalerei der Wenzelsbibel aus Prag, um 1400; Österreichische Nationalbibliothek, Wien

und seine Eigenschaften, die ausschließlich im Zusammenhang mit Gottes Handeln am Menschen offenbart werden. Das von Gott in seinem *Ebenbild* geschaffene erste Menschenpaar sollte glücklich im Paradies leben, wurde aber aufgrund seines Misstrauens gegenüber Gott vertrieben. Seitdem geht der Schöpfer seinem Geschöpf nach und bietet ihm die *Versöhnung* und einen neuen *Bund* an. Die Selbstfestlegung Gottes im *Eid* und Bund gehört zum Wesenskern des jüdischen und christlichen Glaubens (Hebr 6,13; 7,20f.; Ps 110,4; insgesamt 82 Schwüre Gottes im A.T., *Bund)*. Der Islam z.B. kennt nur einen Gott, der so absolut, souverän und unabhängig ist, dass er sich dem Menschen gegenüber nie endgültig festlegen kann und will. Selbst bei einem Versprechen Gottes bleibt immer der Vorbehalt, dass er in seiner Souveränität auch anders handeln und ihn niemand daran hindern kann. Der jüdisch-christliche Gott ist ebenso absolut, souverän und unabhängig, wie der islamische. Auch ihm könnte niemand wehren, wenn er seine Pläne ändern und seine Versprechen nicht halten würde. Nicht der Mensch oder die Schöpfung binden Gott, sondern Gott bindet sich selbst an sein eigenes Wort und schwört bei sich selbst. Gott ist »treu« und absolut »zuverlässig«. Seine Souveränität kommt im Christentum gerade darin zum Ausdruck, dass ihn niemand daran hindern kann, seine Pläne, Versprechen und Schwüre wahr zu machen und einzuhalten. Dass aus dieser »Treue« Gottes entstehende »Vertrauen«, also – wie wir es meist wiedergeben, der »Glaube« –, ist nicht zufällig zusammen mit der »Liebe« die häufigste und wichtigste Beschreibung des Verhältnisses zwischen Menschen und Gott.

Gottes Dreieinigkeit

Auch wenn das Christentum den Monotheismus und die Selbstverpflichtung Gottes aus dem Judentum übernommen hat und sein Gottesbild im A.T. angelegt sieht, stellt die Lehre von der Dreieinigkeit (oder Dreifaltigkeit, Trinität) einen großen Unterschied zum Judentum dar – insbesondere, nachdem das Judentum alle vorchristlichen Ansätze dieser Art nach dem Auftreten des Christentums energisch bekämpfte. Auch wenn die Dreieinigkeitslehre auf den Konzilen von Nizäa (325) und Konstantinopel (381) offiziell beschlossen wurde und in allen christlichen Konfessionen uneingeschränkt gilt, wird sie nur als der gelungene Versuch gesehen, die Lehre des N.T. über Gott überhaupt, über den Vater, den Sohn und Heiligen Geist und über die verschiedenen Aspekte Jesu auf einen Nenner zu bringen.

Die Lehre, dass Gott ein dreieiniger Gott ist, wie auf dem Konzil von Nizäa und die

STICHWORT **Die beiden Schöpfungsberichte (Genesis 1,1–2,25)**

Erster und umfassender Schöpfungsbericht (1,1–2,4a):
Wie Gott das Universum erschuf

1,1	Proklamatorische Überschrift: Gott schuf Himmel und Erde
1,2–31	Wie Gott Himmel und Erde schuf: Die sechs Tage der Schöpfung
2,1	Zusammenfassung
2,2–4a	Der siebte Tag als Ruhetag

Zweiter und detaillierter Schöpfungsbericht (2,4b–25):
Wie Gott die Schöpfung für den Menschen einrichtete

2,4b–7	Pflanzung einer Heimat für den Menschen
2,8	Einsetzung des Menschen in seine Heimat
2,9–17	Beschreibung der Heimat des Menschen
2,18	Die Notwendigkeit einer Partnerin für den Mann
2,19–25	Die Erschaffung der Partnerin

Missions- oder Taufbefehl Jesu am Ende des Matthäusevangeliums: *»Tauft sie auf den Namen des Vaters und des Sohnes und des Heiligen Geistes«* (Mt 28,19).
Die Unterstellung unter die Autorität Gottes als einer Person (»Name« steht in der Einzahl) bedeutet die Unterstellung unter die drei Personen der Trinität.

Der erste (jüngere) Schöpfungsbericht enthält die Erschaffung des Menschen »als Mann und Frau« (Gen 1,27). Sie teilen sich das irdische Paradies mit den ebenfalls am sechsten Tag erschaffenen Tieren. Gott thront in den Himmelssphären und segnet seine Schöpfung (siebter Tag). Buchmalerei einer Handschrift der »Sieben Weltalter«, 15. Jh.; Bibliothèque Royale, Brüssel

Andachtsbilder vergegenwärtigen das menschliche Leiden Jesu Christi in der Passion: »Der Schmerzensmann«, Gemälde von Meister Francke, um 1425; Kunsthalle Hamburg

Lehre, dass Jesus wahrer Mensch und wahrer Gott ist, wie auf dem Konzil von *Chalkedon* festgelegt, gehören zu den entscheidenden Gemeinsamkeiten der christlichen Konfessionen. Sie waren auch in der Reformationszeit nie strittig und spielten in der Kirchengeschichte als Maßstab der Rechtgläubigkeit eine herausragende Rolle.

Apostolisches Glaubensbekenntnis

(3./4. Jh., deutscher ökumenischer Text von 1971)
ICH GLAUBE AN GOTT,
den Vater, den Allmächtigen,
den Schöpfer des Himmels
und der Erde,
UND AN JESUS CHRISTUS,
seinen eingeborenen Sohn,
unsern Herrn,
empfangen durch den Heiligen Geist,
geboren von der Jungfrau Maria,
gelitten unter Pontius Pilatus,
gekreuzigt, gestorben und begraben,
hinabgestiegen in das Reich des Todes,
am dritten Tage auferstanden
von den Toten,
aufgefahren in den Himmel;
er sitzt zur Rechten Gottes, des allmächtigen Vaters;
von dort wird er kommen,
zu richten die Lebenden und die Toten.
ICH GLAUBE AN DEN HEILIGEN GEIST,
die heilige katholische Kirche (oder:
die allgemeine christliche Kirche),
Gemeinschaft der Heiligen,
Vergebung der Sünden,
Auferstehung der Toten
und das ewige Leben. Amen.

Jesus Christus

Die Christen verstanden Jesu Tod von Anfang an als stellvertretendes Opfer für die Sünden. Der sündlose und unschuldige Jesus wurde von Gott aus Liebe zu den Sündern in den Tod gegeben, um die Schuld der Sünde zu tilgen. Der Tod Jesu ist der Preis der Erlösung, sowohl als Vorgang der Befreiung als auch als »Lösegeld« (Röm 3,24; Gal 3,13; Eph 1,7; 1 Petr 1,18f.). Das durch die *Erbsünde* seit Adam hoffnungslos sündige Wesen des Menschen bedeutet die Trennung von Gott und den ewigen Tod, aber der Opfertod Jesu führt zu Befreiung, Erlösung und ewigem Leben. In immer neuen Bildern des Sklavenmarktes, des Gerichts- und Militärwesens, des Tempeldienstes und der alltäglichen Beziehungen beschreibt das N.T. die Versöhnung der Gläubigen mit Gott durch den Tod Jesu. Die Erlösung äußert sich in der Befreiung von der Sünde und verändertem Leben in neuer Freiheit.

Die Heilige Schrift verwendet neben vielen Bildern und Ausdrücken als umfassenden Begriff für die Rettung aus der Sklaverei der Sünde und des Todes auch das Wort *Heil.* Gott als Retter bringt durch seinen Sohn Jesus Christus das Heil (Ps 25,5; Lk 1,47; Apg 4,12; 1 Thess 5,9).

Kirche

Der Begriff Kirche (griech. kyriakon »das zum Herrn Gehörende«, abgeleitet von kyrios »Herr«), bezeichnet im Deutschen 1. das Kirchengebäude, 2. die Christenheit, 3. eine bestimmte organisierte Gesamtkirche *(Konfession, Denomination),* 4. die örtliche Kirchengemeinde. Der neutestamentliche Begriff »ekklesia« (griech. »die Herausgerufenen«), meist eher mit *Gemeinde* wiedergegeben, hat mit Ausnahme seiner Bedeutung als Gebäude ebenfalls schon die mehrschichtige Bedeutung der örtlichen Gemeinde als Gemeinschaft aller Christen an einem Ort, der Gemeinde als weltweiter Größe und als Gemeinschaft aller verstorbenen, lebenden und künftigen Gläubigen. Alle Konfessionen gehen davon aus, dass die Kirche nicht nur als nützliche Organisation zu verstehen ist, sondern auf dem Willen ihres Stifters Jesus und seiner Apostel beruht und für das Glaubensleben unabdingbar ist. Keine andere Weltreligion hat ein so enges Verhältnis zwischen dem Gläubigen und der organisierten Religion entwickelt und der Struktur ihrer Organisation eine solche Bedeutung beigemessen, gleich, ob in Form einer weltweit durchstrukturierten Großorganisation wie der katholischen Kirche oder der absichtlich kleinen, unabhängigen Gemeinden der *Kongregationalisten* oder einer Untergrundkirche. Die Strukturen der Kirche haben die christlichen Ländern stärker geprägt als die Organisationsstrukturen irgendeiner anderen Religion.

Zentrales Element aller christlichen Kirchen sind die bereits beschriebenen Sakramente, besonders die Taufe als Beginn der Zugehörigkeit und das Abendmahl als fortlaufende Bestätigung und Erneuerung der Zugehörigkeit.

Christlicher Glaube und klassische Einteilung der Dogmatik

1. **Fundamentaltheologie** (Theologische Erkenntnislehre)
   - Erkennbarkeit Gottes *(Gottesbeweise)*
   - Offenbarung Gottes
   - Die Heilige Schrift
2. **(Eigentliche) Theologie** (Gotteslehre)
   - *Monotheismus*
   - Gott als Schöpfer
   - Das Wesen und die Eigenschaften Gottes
   - Die Dreieinigkeit *(Trinität)*
3. **Anthropologie** (Lehre vom Menschen)
   - Der Mensch als *Ebenbild Gottes*
   - Die *Erbsünde*
4. **Christologie** (Lehre von Jesus Christus)
   - Jesus als wahrer Mensch und wahrer Gott (zwei Naturen)
   - Jesu Leben (Zeugung, Geburt, *Predigt*, Prozess, Kreuzigung, Begräbnis, *Auferstehung, Himmelfahrt)*
   - Jesus als Erlöser
   - Jesus als Weltenrichter *(Wiederkunft Jesu, Jüngstes Gericht)*
5. **Soteriologie** (Lehre vom Heil) greift zurück auf 3. und führt mit 4. zusammen in:
   - Die Errettung (Erwählung, *Glaube, Bekehrung*, Rechtfertigung, *Wiedergeburt)*
   - Die *Heiligung* (Ethik)
6. **Ekklesiologie** (Lehre von der Kirche)
   - Das Wesen der *Kirche*
   - Die Struktur der Kirche
   - Die Sakramente, vor allem Taufe und Abendmahl
   - Die Mission der Kirche
7. **Eschatologie** (Lehre von den letzten Dingen, der Zukunft)
   Persönliche Eschatologie: Tod, *Auferstehung, Jüngstes Gericht*, ewiges Leben
   Universale Eschatologie: *Wiederkunft Jesu, Auferstehung, Jüngstes Gericht, Ewigkeit*

Eschatologie

Die Eschatologie (griech. eschata »letzte Dinge«), die Lehre von den letzten Dingen ist der Schlussteil der christlichen Dogmatik. Dazu gehört Zukunft des Einzelnen (Individualeschatologie), die vor allem die Zeit zwischen Tod und *Auferstehung*, die Auferstehung selbst, das Weltgericht *(Jüngstes Gericht)* und die *ewige Seligkeit* behandelt. In der Universaleschatologie steht die Zukunft der ganzen Welt im Mittelpunkt, zu der alle im *Apostolischen Glaubensbekenntnis* genannten Eckdaten praktisch aller Kirchen gehören: *Wiederkunft Jesu*, Auferstehung der Toten, Jüngstes Gericht, *Hölle* und ewige Seligkeit im ewigen Reich Gottes. Die christliche Eschatologie begründet ein lineares Geschichtsdenken, das auf ein Ziel ausgerichtet ist.

Darstellungen des Jüngsten Gerichts (nach Mt 25,31 bis 46 und Offb 20,11–15) zeigen Christus als Weltenrichter. Zu seiner Linken öffnet sich der Höllenrachen, zu seiner Rechten gelangen die Seligen ins Paradies. Maria und Johannes leisten Fürbitte für die Menschen. Mitteltafel des »Weltgerichtsaltars« der ehemaligen Kölner Pfarrkirche St. Laurenz von Stephan Lochner, um 1435; Wallraf-Richartz-Museum, Köln

Götter und Symbole

Zweifel am christlichen Eingottglauben

Neben der aus dem Judentum ererbten Verehrung eines einzigen Schöpfergottes (Monotheismus) ist dem Christentum in zwei Bereichen Polytheismus vorgeworfen worden. Der eine Vorwurf stammt von außerhalb des Christentums. Von jüdischer und islamischer Seite wurde am Christentum kritisiert, dass die Dreieinigkeit und vor allem die Verehrung von Jesus Christus als Sohn Gottes neben Gott die Verehrung mehrerer Götter bedeute. Demgegenüber hat das Christentum betont, dass die Dreieinigkeit zwar ein Geheimnis sei, aber eindeutig nur die Verehrung eines einzigen Gottes darstelle.

Darstellungen der Trinität Gott Vater, Gott Sohn und – als Taube – Gott Heiliger Geist sowie der Himmelskönigin Maria nährten den Zweifel am christlichen Monotheismus: »Marienkrönung«, Gemälde eines außerbiblischen Themas von Enguerrand Quarton, 1453/54; Musée Municipal, Villeneuve-lès-Avignon

Der andere Vorwurf stammt aus den eigenen Reihen. Die evangelischen Kirchen lehnen nämlich aufgrund der Zehn Gebote jede Verehrung von *Bildern* und Personen jedweder Art ab und berufen sich darauf, dass das zweite der Zehn Gebote auch für das Christentum gelte und keine Abstufung des Gottesdienstes kenne. Demgegenüber unterscheiden die katholische Kirche und die orthodoxen Kirchen zwischen der Anbetung (griech. latreia, lat. adoratio), die allein Gott als Vater, Sohn und Heiligem Geist zusteht, und der Verehrung (griech. douleia, lat. veneratio), die auch Maria, den Heiligen und deren Bildern zukommen dürfen. Da allerdings auch Brot und Wein nach der *Verwandlung* während der *Eucharistie* tatsächlich als Jesus verstanden werden, fallen sie wie Gott unter die Anbetung *(Fronleichnam)*. Die Unterscheidung zwischen Anbetung und Verehrung ist ein Versuch, die schon in der *Frühen Kirche* ausufernde Heiligen-, Bilder- und Marienverehrung zu erklären und mit dem strengen Monotheismus in Einklang zu bringen.

Symbole

Das Christentum hat eine reiche und intensiv genutzte Symbolik hervorgebracht, ein Erbe des A.T. und des Judentums. Bis heute sind es maßgeblich die Symbole und Symbolhandlungen, welche die christlichen Konfessionen und Christen in allen größeren Kultur- und Sprachgruppen der Erde zusammenhalten.

Frühe Symbole: Die christlichen Symbole hatten in der frühchristlichen Zeit der *Christenverfolgung* hauptsächlich die Funktion der Verhüllung des Bekenntnisses in einer feindlichen Umwelt und als geheimes Mittel der Verständigung. Deshalb finden sich die ältesten Symbole in den römischen Katakomben, neben den Symbolen des Fisches oder des Ankers z.B. Jesus als Guter Hirte und als Menschenfischer.

Kreuz: Als die Christen sich frei versammeln konnten und erst recht, nachdem das Christentum im 4. Jh. zunächst anerkannt und schließlich sogar Staatsreligion geworden war, wurde das Kreuz zum Hauptsymbol des Christentums. Der grauenvolle und ungerechte Tod Jesu ist die Quelle der Erlösung und nach christlichem Verständnis zusammen mit der Auferstehung Zentrum und Wendepunkt der Weltgeschichte.

STICHWORT **Evangelistensymbole**

Seit der Alten Kirche wird jedem der vier *Evangelisten* ein feststehendes Symbol zugeordnet:

Matthäus	Mensch bzw. Engel	**Markus**	(geflügelter) Löwe
Lukas	(geflügelter) Stier	**Johannes**	Adler

Die Bilder selbst gehen zurück auf die Himmelsvision des Propheten Ezechiel (1,5–10) und die Offenbarung des Johannes: »Und in der Mitte, rings um den Thron, waren vier Lebewesen voller Augen, vorn und hinten. Das erste Lebewesen glich einem Löwen, das zweite einem Stier, das dritte sah aus wie ein Mensch, das vierte glich einem fliegenden Adler« (Offb 4,6f.).

STICHWORT **Symbole der Christenheit**

Lünettenmosaik im Mausoleum der Galla Placidia in Ravenna, nach 425. Nimbus und Kreuzstab kennzeichnen den Hirten als Christus.

Frühe Symbole der Christenheit

Alpha-Omega: Christus ist Anfang und Ende
Anker: Glaube
Brot und Wein: Abendmahl / Tod Jesu Christi
Chi-Rho: Die griech. Anfangsbuchstaben von Christus
Feuer: Empfang des Heiligen Geistes
Fisch: Wir sind Christen – die fünf griech. Anfangsbuchstaben von »Jesus Christus, Gottes Sohn, Erlöser« ergeben das Wort für Fisch = »ichthys«
Hirte / Schafe: Jesu Fürsorge für seine Jünger
Kreuz: Jesu Christi Tod
Lamm: Die Selbstopferung Jesu, der sanfte Herrscher
Noahs Arche: Taufe, Kirche
Schiff: Kirche
Taube: Heiliger Geist
Weinstock/Rebe: Jesu Verbindung mit seinen Jüngern; Abendmahlswein

Der Fisch als Symbol

Da Jesus seine Jünger zu »Menschenfischern« machen wollte (Mt 4,19), wurde der Fisch ein frühchristliches Symbol. Die griechischen Buchstaben des Worts Fisch »Ichthys« sind zugleich die Anfangsbuchstaben von »Jesus Christos Theou Hyios Soter« (Jesus Christus, Gottes Sohn, Erlöser), weswegen der in einer Linie gezeichnete Fisch zum heimlichen Erkennungssymbol der Christen im Untergrund wurde.

Das Kreuzzeichen

Seit dem 2. Jh. ist das Kreuzzeichen als Gebetsgeste nachweisbar. Durch Nachzeichnen des Kreuzes mit der Hand segnet der Gläubige sich selbst (Bekreuzigen), andere Menschen oder auch Gegenstände, oft zusammen mit der Formel *»Im Namen des Vaters, des Sohnes und des Heiligen Geistes«*. Man unterscheidet drei Arten des Kreuzzeichens:
1. das große Kreuzzeichen (mit der rechten Hand werden nacheinander Stirn, Brust, linke Schulter und rechte Schulter berührt (so kath., in den Ostkirchen genau umgekehrt)
2. das kleine Kreuzzeichen (mit dem Daumen werden Stirn, Mund und Brust berührt)
3. das auch in evangelischen Kirchen beim Abschlusssegen des Gottesdienstes übliche Zeichnen eines Kreuzes mit zwei Strichen in der Luft. Das Kreuzzeichen wird als Bekenntnis zur Erlösung in Christus verstanden, im Volksaberglauben oft als Schutzzeichen.

Sarkophag des Erzbischofs Theodoros von Ravenna (reg. 677–688) in der Kirche Sant' Apollinare in Classe bei Ravenna. Der Reliefschmuck verwendet eine Vielzahl frühchristlicher Symbole: Weinstock und Kreuze im Siegeskranz sowie das XP-Monogramm in Verbindung mit Alpha und Omega. Die beiden flankierenden Pfauen symbolisieren die Auferstehung.

STICHWORT Christusmonogramm

Es wird seit Kaiser Konstantin I., dem Großen (reg. 306/24–337), als Symbol für Christus und das Christentum verwendet. Die beiden Anfangsbuchstaben des griechischen Wortes »Christos«, nämlich Chi (geschrieben X) und Rho (geschrieben P), werden übereinander geschrieben, oft rechts und links ergänzt durch *Alpha und Omega*. Später werden entsprechend die drei Buchstaben IHS der lateinischen Version von Jesus übereinander geschrieben zum Christusmonogramm, das vor allem im Wappen der Jesuiten bekannt wurde. IHS wurde auch als Abkürzung für das lateinische »Iesus Hominum Salvator« (Jesus, Erlöser der Menschen) und das deutsche »Jesus, Heiland, Seligmacher« verstanden.

STICHWORT Liturgische Farben

Im westlichen Christentum, also im katholischen, evangelischen und anglikanischen Bereich (außer evangelischen *Freikirchen*), gelten folgende liturgische Farben z.B. für Altar- und Kanzelbehänge, Fahnen und Gewänder:
Weiß für alle Feiertage, die Jesus, Maria oder die Heiligen betreffen, Schwarz für Karfreitag und Trauertage, Rot für Pfingsten und die Tage von Aposteln und Märtyrern, Violett (früher Purpur) für die Advents- und Fastenzeit, Grün für alle anderen Zeiten ohne speziellen Festcharakter.
Die orthodoxen Kirchen kennen nur drei liturgische Farben: Weiß für Feste, Violett für die Buße und Schwarz für die Trauer.
Weiß symbolisiert den Glanz Gottes und die Herrlichkeit Christi und ist die Farbe der Reinheit und Vollkommenheit.
Rot ist die Farbe des Feuers und des Heiligen Geistes.
Grün ist Symbol für Saat und Hoffnung.
Violett ist Symbol der Buße und vorbereitenden Besinnung,
Schwarz ist das Zeichen der Finsternis und der Trauer.

Geschichte des Christentums

Das Urchristentum

Keimzelle des Christentums ist die Gemeinschaft der Jüngerinnen und Jünger Jesu Christi in Jerusalem; die Apostelgeschichte spricht von zunächst »etwa 120 Brüdern« (Apg 1,15–26). In dieser Urgemeinde bestand nach dem Bericht des Lukas Gütergemeinschaft (Apg 4,33–37).

Ausbreitung im Römischen Reich

Die Eroberung Jerusalems durch die Römer, das Ende als Volk Israels, als Heiliges Land und als nationale Größe sowie der Untergang des Tempels, des Tempelgottesdienstes, der Opfer und der Priesterschaft (70 n. Chr.) bedeuteten für das junge Christentum einen großen Einschnitt, nicht nur weil es seine Sicht des A.T. zu bestätigen schien, sondern auch, weil ein bisweilen fanatischer Gegner (die Juden), der auch die Römer zu Hilfe rief, ausfiel. Außerdem befanden sich unter den aus Palästina vertriebenen Juden viele Christen, die in weit voneinander entfernt liegende Gebiete im Römischen Reich verschlagen wurden und dort ihren Glauben verbreiteten. Die Gemeinde in Jerusalem war zur Zeit des großen jüdischen Aufstandes gegen die Römer (66–70 n. Chr.) nach Pella ins Ostjordanland ausgewandert, wo sie z. T. in judenchristlichen Gemeinden *(Ebioniten)* fortlebte. Während es von den *Judenchristen* ab dem 4. Jh. kaum mehr Spuren gibt, setzte das aus der Heidenmission des Paulus und anderer Apostel hervorgegangene *Heidenchristentum* zu einem weltweiten Siegeszug an. Die Gemeinden in Rom, Alexandria und anderen Städten des Römischen Reichs lösten Jerusalem in seiner Bedeutung ab.

Schon zur Zeit der Apostel breitete sich das Christentum sehr schnell von Palästina über Antiochia nach Kleinasien, Makedonien und Griechenland, dann nach Rom und Nordafrika und schließlich nach Gallien, Spanien und wohl sogar Indien aus. Um 200 war das gesamte Römische Reich von christlichen Gemeinden durchsetzt. Immer mehr Gottesdienste wurden nicht nur auf Griechisch, sondern

Das erste Pfingstfest mit der Ausgießung des Hl. Geistes gilt als Beginn der Kirchengeschichte: Buchmalerei im »Evangeliar Heinrichs des Löwen«, um 1173; Herzog-August-Bibliothek, Wolfenbüttel.

auf Latein abgehalten. Begünstigt durch die Reisebedingungen und Strukturen des Römischen Reichs drang das Christentum in alle größeren Städte bis nach England vor und machte zur Zeit der *Konstantinischen Wende* Anfang des 4. Jh. rund 15% der Einwohner des Römischen Reichs aus, die rein durch Missionsarbeit gewonnen worden waren.

Allerdings war die Zeit bis dahin von immer stärker werdenden Schüben der Christenverfolgung gekennzeichnet. War die Christenverfolgung unter Kaiser Nero (54–68, *Antichrist*) zwar furchtbar, aber lokal auf Rom und einige andere Orte beschränkt, gehörte zur Verfolgung unter den Kaisern Domitian (81–96) und Trajan (98–117) bereits die erste reichsweite Regelung der Prozesse gegen Christen, über die der römische Historiker Plinius der Jüngere (61/62–113?) berichtet. Doch zu umfassenden, lückenlosen Christenverfolgungen führten erst die Versuche der Kaiser Decius (249–251), Valerian (253–260) und Diokletian (284–305), das Römische Reich durch einen vorgeschriebenen Staatskult zu einen und zu retten. Doch die Christen, die sonst loyale Staatsbürger waren, widersetzten sich zum Erstaunen der Römer, da sie nur Gott anbeten wollten und nur einen als »Herrn« der Welt (griech. kyrios) anerkannten, Jesus Christus. Die Zeit der Christenverfolgung hat das Christentum in seiner Theologie tief geprägt, aber auch den *Märtyrer, Heiligen-* und *Reliquienkult* hervorgebracht.

Die Auseinandersetzung mit dem aus der Umwelt eindringenden antiken Gedankengut erforderte ein intensives Nachdenken. Es führte z. T. zur Formulierung und Stärkung des christlichen Glaubens, aber auch zu Umdeutungen und Mischformen, welche die Kirche in ihrer Substanz gefährdeten. Dies galt vor allem für den Einfluss der alternativen Glaubenslehren im Römischen Reich, *Gnosis*, Manichäismus und *Mysterienkulte*. Das Griechische gewann gegenüber dem Aramäischen der Urgemeinde an Bedeutung, was nicht nur das Verständnis des N.T. förderte, sondern auch die Übernahme von Begriffen und Denkformen der griechischen antiken Philosophie begünstigte.

Drei Elemente bestimmten das Christentum ab dem 2. Jh., die für alle Religionen nach ihrer Gründungsphase typisch sind: 1. Institutionalisierung durch Hierarchie *(Diakone, Priester, Bischöfe)*, 2. Ritualisierung durch den Sakramentgedanken vor allem für

Chronik	**Zeittafel zur Geschichte des Christentums**
7/6 v. Chr.	Geburt Jesu zur Zeit des Königs Herodes des Großen in Bethlehem
1 n. Chr.	Beginn der christlichen Zeitrechnung aufgrund der fehlerhaften Berechnung von Abt Dionysius Exiguus aus dem Jahr 525
27/30	Taufe Jesu und Beginn seiner öffentlichen Tätigkeit
30/33	Jesus wird zur Zeit des römischen Prokurators Pontius Pilatus, des Königs Herodes Antipas und des Hohenpriesters Kaiphas in Jerusalem gekreuzigt
um 33	Steinigung des Stephanus in Jerusalem (Apg 7)
33/35	Bekehrung des Saulus
41	Erster Märtyrertod eines Apostels, des Jakobus d. Ä.
45	Jakobusbrief als ältester Teil des Neuen Testaments.
45–58	Missionsreisen des Apostels Paulus
48/49	Apostelkonzil in Jerusalem: Bestätigung der Heidenmission
50	1. Thessalonicherbrief, ältester Brief des Paulus
50–67	Briefe des Paulus (Römerbrief des Paulus, 55)
64	Brand Roms und Christenverfolgung durch Kaiser Nero
64/67	Märtyrertod der Apostel Petrus und Paulus in Rom unter Kaiser Nero
70	Zerstörung Jerusalems und des Tempels durch die Römer unter dem späteren Kaiser Titus
45–95	Entstehung des Neuen Testaments
81–96	Christenverfolgung unter Kaiser Domitian
98	Johannes stirbt als Letzter der Apostel in Ephesus
um 150	Entstehung erster Christusbilder
um 200	Erste christliche Staatsreligion in Edessa (Syrien)
200–250	Entstehung von Wandbildern in den Katakomben Roms
249–251	Erste reichsweite Christenverfolgung unter Kaiser Decius
303/04	Christenverfolgung unter Kaiser Diokletian
313	Toleranzedikt von Mailand durch Kaiser Konstantin I., den Großen
vor 318	»Über die Inkarnation«, Hauptwerk des Athanasius, Bischof von Alexandria
321	Einführung des Sonntags als gesetzlichen Feiertag
324	Konstantin stiftet die Basilika Alt-St. Peter (Vorgängerbau der Peterskirche)
325	1. Ökumenisches Konzil von Nizäa über die Natur Jesu unter Vorsitz von Kaiser Konstantin I.
ab 326	Helena, die Mutter Kaiser Konstantins, lässt in Jerusalem die Grabeskirche erbauen
um 360	Religiöse Restauration unter Kaiser Julian Apostata (»der Abtrünnige«)
367	Kanonliste des Neuen Testaments von Athanasius
369–383	Erste Übersetzung der Bibel in eine germanische Sprache, das Gotische, durch Wulfila, Bischof und Missionar der Westgoten
381	2. Ökumenisches Konzil von Konstantinopel, Nizäisch-Konstantinopolitanisches Glaubensbekenntnis
391	Erhebung des Christentums zur Staatsreligion im Römischen Reich und Verbot aller anderen Religionen durch Kaiser Theodosius I., d. Großen
431	3. Ökumenisches Konzil von Ephesus über die Natur Jesu und der Verurteilung des Nestorianismus
440–461	Papst Leo I., der Große, begründet den Aufstieg des Papsttums
451	4. Ökumenisches Konzil von Chalkedon
451/550	Entstehung der abessinischen Staatskirche (bis 1975)
471	Der Mönch und Klostergründer Martin wird Bischof von Tours

Eucharistie und *Kindertaufe,* welche die Erwachsenentaufe verdrängte und 3. Dogmatisierung durch Formulierung eines Glaubensbekenntnisses vor allem für Taufe und Gottesdienst und die Festlegung des Umfangs *(Kanon)* des N.T.

STICHWORT **Konstantinische Wende**

Konstantin erblickt das siegverheißende Zeichen des Kreuzes. Buchmalerei in »Fleur des histoires«, 15. Jh.; Bibliothèque Royale, Brüssel

Hintergrund: Zur Zeit des römischen Kaisers Konstantin I. (reg. 306/24–337) stritten einige Herrscher um die Macht im Römischen Reich. Bei der Schlacht an der Milvischen Brücke in Rom errang Konstantin am 28. Oktober 312 den entscheidenden Sieg auf dem Weg zum Alleinherrscher, den er auf die Hilfe des christlichen Gottes zurückführte.

Emanzipation: 313 erließ Konstantin I. das Toleranzedikt von Mailand, das die Verfolgung der Christen beendete und ihnen Gleichberechtigung gewährte. Konstantin wollte politisch die Kraft des Widerstands und Glaubens als stabilisierenden Faktor für sein Reich nutzen. Da nach römischem Verständnis der Kaiser oberster Priester war (»pontifex maximus«), stellte Konstantin das Christentum unter seinen Schutz. Er berief Synoden unter seinem Vorsitz ein und versuchte eine reichseinheitliche Theologie durchzusetzen. Unter seinen Nachfolgern wurde das Christentum Staatsreligion. Die Konstantinische Wende bezeichnet den Übergang des Christentums von der verfolgten Minderheiten- zur Staatsreligion, ein Zustand, der Europa 1500 Jahre prägte. Der Ausdruck wurde Synonym für die Umgestaltung der urkirchlichen Gemeinschafts- in die staatskirchliche Gesellschaftsstruktur.

Die Konstantinische Wende

Nach dem Sieg Kaiser Konstantins I. über seine Mitkaiser 313 und besonders durch sein Religionsedikt von 325 wurde das Christentum anerkannt und gefördert. Konstantin hoffte, es könne anstelle der alten Religion das Reich zusammenhalten. Er ließ Kirchen bauen, Priester bezahlen und berief reichsweite Konzile unter seinem Vorsitz ein, welche die zentralen Lehren des christlichen Glaubens festlegen und vereinheitlichen sollten. Jetzt strömten auch die Volksmassen in die Kirche und brachten religiöse Vorstellungen und Praktiken aus den nicht christlichen Religionen mit.

Die Konstantinische Wende hatte tief greifende Folgen: Immer größere Kirchen wurden gebaut, christliche Feste wie Weihnachten wurden auf heidnische Feiertage gelegt und verdrängten sie. Die Kirchenstruktur machte zahlreiche Anleihen beim römischen Staat. Ganze Dörfer und Stämme wurden getauft, allmählich entstand die Idee vom »christlichen Abendland«. Mit der Größe kam der Hang zum Konservieren, was feste Rituale einschloss. Latein blieb die Sprache der Kirche, ganz gleich, welche Völker für das Chris-

Justinian I. (reg. 527–565) gelang die Restauration eines das ganze Mittelmeerbecken umfassenden römischen Weltreiches: Mosaik des Kaisers mit Klerus (rechts Erzbischof Maxentius von Ravenna) und Gefolge; San Vitale, geweiht 548, Ravenna. Doch die politische Einigung war nicht von Dauer. Dem Zerfall des Reiches in Westrom und Ostrom/Byzanz folgte 1054 das kirchliche Schisma, die Trennung in die griechisch-orthodoxe Ostkirche und die römisch-katholische Westkirche.

tentum gewonnen wurden. Die Gottesdienstgewänder der Priester konservierten die Mode des 4. Jh. Die Kirche des 4. und 5. Jh. ist in etwa mit der heutigen orthodoxen Kirche vergleichbar. Unter Tradition verstanden sie die Unveränderlichkeit der Riten der Alten Kirche; sie sperrten sich als Minderheitenkirchen gegen Veränderungen, während die Westkirchen viele Reformen erlebten.

391 erhob Kaiser Theodosius I. das Christentum sogar zur Staatsreligion. Es war nun nicht mehr die verfolgte Minderheit, sondern wurde selbst staatstragende Macht. Die hohen Beamtenposten wurden mit Christen besetzt, das Heidentum vom Staat bekämpft, die Kirche in Anlehnung an die römische Verwaltung und das kaiserliche Hofzeremoniell neu strukturiert. Dadurch wurde aus einer Kirche der Bewegung und Gemeinschaft eine juristisch-bürokratische Großorganisation.

Spätantike und Frühmittelalter

Die Zeit der Spätantike zwischen 200 und 700 n. Chr. ist in sozialer und religiöser Hinsicht von großen Umbrüchen gekennzeichnet. Das Christentum entwickelte sich von einer kleinen, unbeachteten Provinzreligion zur weltbeherrschenden Staatsreligion des Römischen Reichs und veränderte sich selbst vielleicht am meisten. Die zahlreichen anderen Religionen in Rom wurden fast völlig verdrängt, die politischen Grenzen verschoben sich in jeder Hinsicht.

Die zunächst rein verwaltungstechnisch gedachte Teilung des Römischen Reichs führte aufgrund der unterschiedlichen Denkweise des griechisch geprägten Ostens und des vor allem lateinisch-römisch beeinflussten Westens zur Entfremdung der dort beheimateten Kirchen und 326 zur organisatorischen Trennung der oströmisch-byzantinischen Staatskirche unter dem vom Kaiser eingesetzten Bischof von Konstantinopel und der (west-)römischen übernationalen Kirche unter dem frei gewählten Bischof von Rom im Chaos der Völkerwanderung.

Das griechisch sprechende und denkende Byzantinische Reich des oströmischen Kaisertums etablierte sich während der Völkerwanderung mit seinem Staatskirchentum. Das Weströmische Reich wurde durch die Völkerwanderung zerstört und Rom geriet 476 unter germanische Herrschaft. Die im 4. Jh. auftretenden Differenzen zwischen

Chronik Zeittafel zur Geschichte des Christentums (Fortsetzung)

496	Taufe des Frankenkönigs Chlodwig
529	Gründung des Benediktinerklosters Montecassino durch Benedikt v. Nursia, der 530 die sog. Benediktregel (Benediktinerregel) verfasst
532–537	Bau der Hagia Sophia in Konstantinopel unter Kaiser Justinian I., dem Großen
553	5. Ökumenisches Konzil in Konstantinopel
um 600	Papst Gregor I., der Große, organisiert die Christianisierung der Angelsachsen in Konkurrenz zur iroschottischen Mission; liturgische Reformen (»Gregorianischer Gesang«); Warnung vor der Anbetung vor Bildern, die lediglich belehren sollen
680/81	6. Ökumenisches Konzil in Konstantinopel
ab 711	Arabische Eroberung der Iberischen Halbinsel
725	Bonifatius fällt bei Geismar in Hessen die Donareiche
726–843	Bilderstreit im byzantinischen Reich (Verbot der kultischen Verehrung von Bildern)
731	Papst Gregor III. verurteilt die Ikonoklasten (»Bilderfeinde«)
755/756	Die Pippinsche Schenkung (Landbesitz) durch den Frankenkönig Pippin III., den Jüngeren, an Papst Stephan II. führt zur Gründung des Kirchenstaates
772	»Wessobrunner Gebet«
um 775	Die gefälschte Urkunde der »Konstantinischen Schenkung« (Abtretung der westlichen Reichshälfte durch Konstantin I. an Papst Silvester I.) soll den päpstlichen Besitz- und Machtanspruch historisch legitimieren (Nachweis der Fälschung 1440 durch den Humanisten Valla)
787	7. und letztes Ökumenisches Konzil in Konstantinopel
800	Kaiserkrönung Karls des Großen in Rom durch Papst Leo III.: Gründung des abendländischen Kaisertums
um 830	Das Epos »Heliand« (Heiland) schildert in altsächsischer Sprache Leben und Passion Jesu
um 850 bis 869/85	Missionstätigkeit der Brüder Kyrill(os) und Methodios, der »Apostel der Slawen«, die mit der Übersetzung biblischer und liturgischer Texte ins Slawische das slawische »kyrillische« Alphabet (Glagoliza) entwickeln
863	Entzweiung des Papstes und des Patriarchen von Konstantinopel über die Frage der Vorherrschaft
863–871	Das althochdeutsche »Evangelienbuch« des elsässischen Mönchs und Dichters Otfried von Weissenburg entsteht als erste deutschsprachige Reimdichtung
910	Gründung des Klosters Cluny; Zentrum der Cluniazensischen Reform
962	Kaiserkrönung Ottos I., des Großen, in Rom durch Papst Johannes XII.
	offizieller Beginn des »Heiligen Römischen Reichs« (um 1500 mit dem Zusatz »deutscher Nation«); es bestand formell bis 1806
983	Adalbert wird Bischof von Prag
988	Die Taufe Wladimirs I., des Großen, des Heiligen, Großfürst des Kiewer Reiches, Verbündeter und Verwandter des byzantinischen Kaisers Basileios II., führt zur Christianisierung Russlands und Einführung des griechisch-othodoxen Christentums als Staatsreligion
1054	Morgenländisches Schisma: endgültige Trennung zwischer griechisch-orthodoxer Ostkirche und der römisch-katholischen Westkirche durch wechselseitigen Kirchenbann (formell aufgehoben 1965)
1074	Einführung des Zölibats für alle Priester durch Papst Gregor VII.
1075–1122	Investiturstreit zwischen Papst und Kaiser
1077	Durch seinen »Gang nach Canossa« reinigt sich der König und spätere Kaiser Heinrich IV. vom Kirchenbann, den Papst Gregor VII. verhängt hat

Eine legendäre Überlieferung führt die Reichskrone auf den Beginn des Heiligen Römischen Reiches mit der Kaiserkrönung Ottos I., des Großen, in Rom 962 zurück. In Wirklichkeit stammt diese bedeutendste heilige Reichsinsignie aus dem 10./11. Jh. Der Kronenkörper besteht aus acht Platten mit Email auf Goldgrund. An der Stirnplatte, die ein Bügel mit der Nackenplatte verbindet, ist ein Kreuz aus Gold, Perlen und Edelsteinen befestigt. Zu den Inschriften gehört das Christuswort »Durch mich herrschen die Könige«. Weltliche Schatzkammer der Hofburg, Wien

Ost und West ließen sich immer weniger lösen. Eine wichtige Voraussetzung für die Entstehung des christlichen Abendlandes bildete die Trennung Roms vom alten Römischen Reich, das inzwischen griechisch geprägt war. Als sich mit dem Karolingischen Reich in Mitteleuropa eine neue stabile Macht erhob, wandten sich die Päpste vom Oströmischen Reich ab und den Franken und Germanen zu. Die Germanenstämme hatten schon weitgehend das Christentum angenommen, wenn auch zunächst in der häretischen Form des *Arianismus.* Dies änderte sich erst mit der Taufe des fränkischen Königs Chlodwig I. 496 in Reims und später durch die Germanenmission des Bonifatius und der *iroschottischen Mönche,* sodass sich die lateinische Form des antiken Christentums in Zentraleuropa durchsetzte.

Die Christianisierung Europas

Die europäischen Völker fanden auf sehr unterschiedlichen Wegen zum Christentum. Einige wurden mit Waffengewalt gezwungen, andere zogen es aus wirtschaftlichen Erwägungen vor. Daneben stand die Missionsarbeit bedeutender Missionare wie Wulfila und Bonifatius. Weil es den Germanen um Siege und Helden ging, war ihnen die Vorstellung eines leidenden Gottessohns fremd. So verstanden sie Jesus zunächst im Epos *Heliand* (Heiland) als Helden, folgten dem Arianismus, bei dem Jesus nicht Gott selber ist, und wurden viel später in die römische Kirche hineingeführt.

Bischof Wulfila (310–383) bekehrte die Westgoten; von dort kam das Christentum zu den Ostgoten, Vandalen und Burgundern. Chlodwig I. (482–511) begann die Christianisierung der Franken. Karl der Große erzwang parallel zur Missionsarbeit von Mönchen die Übernahme des Christentums durch die Sachsen, Friesen und einen Teil der Slawen. Die Christianisierung der Angelsachsen wurde von Papst Gregor I., dem Großen, organisiert. Im Norden und Osten Europas war die Christianisierung um 1000 weitgehend abgeschlossen; lediglich die baltischen Länder traten erst im 12. und 13. Jh. zum Christentum über. Die von Karl dem Großen nicht bekehrten Slawen im Süden und Osten wurden von Byzanz aus christianisiert, ihre Bekehrung durch die Taufe der Russen unter Wladimir dem Großen (980–1015) abgeschlossen.

Im 7. und 8. Jh. kam es zu gewaltigen politischen und religiösen Verschiebungen der Machtblöcke auf dem Gebiet des ehemaligen Römischen Reichs. Nordafrika, das in der Geschichte der frühen Kirche eine große Rolle gespielt hatte, wurde islamisch, ebenso große Teile Spaniens. In Europa verlagerte sich der Schwerpunkt von Italien im Süden ins Westgotenreich. Die islamischen Heere wurden aber bei der Belagerung Konstantinopels 717/18 sowie in der Schlacht bei

STICHWORT **Thesen zum Aufstieg des Christentums**

1. Das Christentum breitete sich in den ersten vier Jahrhunderten fast ausschließlich innerhalb des Freundes- und Bekanntenkreises entlang soziologischer Strukturen durch Einzelbekehrungen aus. Persönliche Beziehungen waren das Geheimnis des Erfolgs.

2. Die ersten Christen waren größtenteils nicht arm, sondern stammten aus dem wohlhabenden Mittelstand, was die Finanzierung der Missionsarbeit sicherstellte.

3. Der entscheidende Faktor waren die Frauen, die oft ihre Männer für das Christentum gewannen. Sie bekehrten sich nicht nur häufiger, sondern Mädchen waren auch unter den christlichen Kindern in der Überzahl, da Mädchen und Jungen bei Christen als gleichwertig galten, während die Heiden viele Mädchen töteten, sodass es statistisch einen enormen Männerüberhang gab.

4. Das Christentum wuchs in den ersten vier Jahrhunderten gleichmäßig, die Suche nach ungewöhnlichen Wachstumsfaktoren zu bestimmten Zeiten ist überflüssig.

5. Ein wesentlicher Wachstumsfaktor war die höhere Kinderzahl der Christen, da sie gegen Abtreibung und Kindesaussetzung (vor allem von Mädchen) waren, was Adoptionen einschloss, und intakte Familien hatten.

6. Ein weiterer wesentlicher Faktor war der soziale Einsatz von Christen zu Zeiten von Seuchen, der mehr Christen überleben ließ als Heiden und viele Heiden zu Christen werden ließ. Kaiser Konstantin I. machte durch Bekehrungen das weit verbreitete Christentum zur Staatsreligion, um das Römische Reich zu retten.

7. Das Christentum wuchs nach Kaiser Konstantin I. nicht schneller als vorher, sodass die Sicht, nach Konstantin seien die Massen in die Kirchen geströmt, weil sie sich irdische Vorteile erhofften, falsch ist.

NACH RODNEY STARK (PRINCETON UNIVERSITY)

Tours und Poitiers (732) gestoppt, sodass die neuen Grenzen des Abendlandes feststanden. Das Auseinanderleben der Ost- und der Westkirchen fand seinen endgültigen Abschluss im Jahr 1054, als der inzwischen zum mächtigen Papst aufgestiegene Bischof von Rom den Patriarchen von Konstantinopel exkommunizierte und mit dem Bann belegte, da er seine Vorherrschaft nicht anerkennen wollte, worauf der Patriarch dasselbe mit dem Papst tat.

Das Heilige Römische Reich

Nur vom Islam auf der einen und den Weiten Zentralasiens auf der anderen Seite beschränkt, war das Christentum bis an die Grenzen Europas und darüber hinaus zur alles beherrschenden Religion geworden. Das von Kaiser Karl dem Großen (768–814) ausgegangene Kaisertum wurde im 12. und 13. Jh. gegenüber den Reichsfürsten immer machtloser, sodass die abendländische Einheit bald nicht mehr auf seiner politischen Struktur beruhte, sondern auf dem gemeinsamen christlichen Glauben und der Zugehörigkeit zu einer Kirche, die, angeführt vom Papst, die einzige über die Nationen hinwegreichende Macht darstellte. Der Kampf zwischen Papst und Kaiser sowie zwischen Papst und den Königen in Deutschland, Frankreich und England sollte für fast ein halbes Jahrtausend die Geschichte bestimmen.

Zwei Aspekte sind für die Geschichte des Christentums vom Mittelalter bis zur Reformation entscheidend. Zum einen wurde die Ausbreitung des Christentums und die Aufrechterhaltung der einen wahren Kirche mit immer härterer Gewalt betrieben. Die Kreuzzüge in den Orient und gegen häretische Bewegungen in Europa wie den *Katharern* stehen dafür ebenso wie die *Inquisition* und andere Verquickungen des staatlichen Gewaltmonopols mit der Kirche.

Gleichzeitig entwickelte sich die christliche Kunst in Malerei, Skulptur und Baukunst zu herausragenden Leistungen. Theologie und Philosophie brachten bedeutende Lehrer wie Thomas von Aquin *(Scholastik)* hervor und wurden zur Geburtsstätte der Naturwissenschaft, die *Mystik* betonte die persönliche, innere Ausrichtung auf Gott und die Sozialleistungen der Klöster und Kirchen waren enorm. Es war in jeder Hinsicht eine Blütezeit der Kultur und der Theologie. Wie eng diese beiden Aspekte jedoch ver-

Chronik	**Zeittafel zur Geschichte des Christentums** (Fortsetzung)
1095	Aufruf zum Kreuzzug gegen die Muslime durch Papst Urban II.
1096–1270	Zeitalter der Kreuzzüge und der Judenverfolgungen
1098	Gründung des Kloster Cîteaux, Entwicklung des Zisterzienserordens
1099	Eroberung von Jerusalem, Gründung von Kreuzfahrerstaaten
1115	Gründung des Klosters Clairvaux durch den Zisterzienserabt Bernhard von Clairvaux
1119	Gründung des Templerordens
1122	Das Wormser Konkordat beendet den Investiturstreit
1177	Beginn der Waldenser in Lyon
1204	Der 4. Kreuzzug richtet sich unter venezianischer Führung gegen Konstantinopel (»Lateinisches Kaiserreich«, bis 1261)
1209	Gründung des »Ordens der Minderen Brüder« (Franziskaner) durch Franz von Assisi, der 1223 von Papst Honorius III. durch die Bestätigung seiner endgültigen Ordensregel anerkannt wird
1209–29	Ketzerkreuzzüge gegen die Albigenser und Katharer
1215	4. Laterankonzil unter Papst Innozenz III.: Kirchenreform und Genehmigung der Kreuzzüge gegen die Katharer
1216	Gründung des Dominikanerordens durch Dominikus
1231	Schaffung der Inquisition als päpstliche Behörde durch Papst Gregor IX.
1232	Einführung der Todesstrafe für Häretiker
1248	Baubeginn des gotischen Kölner Doms (Vollendung 1880)
1266–73	Entstehung der theologisch-philosophischen »Summa theologiae« (auch »Summa theologica«), Hauptwerk des 1567 zum Kirchenlehrer erhobenen Scholastikers Thomas von Aquin
1275	Beginn der Hexenverfolgung
ab 1290	Handschriften der über 200 Predigten des Mystikers Meister Eckhart
1292	Kreuzfahrer räumen die letzten Besitzungen im Heiligen Land
1309–76	»Babylonische Gefangenschaft« der Päpste in Avignon
1378–1417	Nach der Rückkehr Papst Gregors XI. von Avignon nach Rom spaltet das Abendländische Schisma die römisch-katholische Kirche durch Päpste bzw. Gegenpäpste in Rom, Avignon und zuletzt auch in Pisa
1383	Englische Übersetzung des Neuen Testaments durch John Wyclif, Vorläufer der Reformation in England
1414–18	Konzil von Konstanz: Verbrennung des tschechischen Reformators Jan Hus (1415), Ende des Schismas durch die Wahl von Papst Martin V. (1417)
1419–36	Hussitenkriege
1439	Konzil von Florenz: Union der russisch-orthodoxen Kirche mit der römischen Kirche; Wassili II., Großfürst von Moskau, erkennt die Union nicht an; die russisch-orthodoxe Kirche erklärt sich als autokephal
1448	Wassili II., Großfürst von Moskau, stellt mit der Wahl eines Moskauer Metropoliten die Unabhängigkeit der russischen Kirche von Byzanz her
1452/55	Druck der ersten (lateinischen) Gutenbergbibel
1453	Eroberung Konstantinopels durch die Osmanen; Ende des Byzantinischen Reichs
1484	Hexenbulle von Papst Innozenz VIII. verschärft die 1275 begonnene Hexenverfolgung
1492	Entdeckung Amerikas, Beginn der Kolonialmission Lateinamerikas
1498	Verbrennung Savonarolas als Häretiker und Schismatiker in Florenz
1506	Baubeginn des Petersdoms in Rom (Nachfolgebau der Basilika Alt-St. Peter; Vollendung 1626)
1517	Beginn der Reformation mit den 95 Thesen Martin Luthers
1521	Bannbulle des Papstes Leo X. gegen Luther, die dieser verbrennt

STICHWORT **Gründer von Mönchsorden**

Hl. Benedikt von Nursia

Benedikt von Nursia
*um 480 Nursia (= Norcia/Umbrien),
† 547 (?) Montecassino
Der Gründer des Ordens der Benediktiner studierte in Rom und lebte danach als *Eremit* in einer Höhle bei Subiaco. Legenden schildern seinen Weg zum gemeinschaftlichen und tätigen Klosterleben *(Zönobiten)* nach der Maxime »Bete und arbeite« (»Ora et labora«). 529 gründete Benedikt bei Cassino/Latium das Kloster Montecassino als Keimzelle des Ordens; die »Regula Benedicti« wurde zur Grundlage des abendländischen Mönchtums.

Robert von Molesme (von Cîteaux)
*um 1027 Champagne, † 1111 Molesme
Der Benediktiner, Abt in Molesme, gründete 1098 in Cîteaux (»Cistercium«) ein Reformkloster mit strenger Einhaltung der »Regula Benedicti«, kehrte aber auf Anweisung Papst Urbans II. nach Molesme zurück. Unter den Nachfolgern in Cîteaux (Abt Alberich, hl., † 1109 Cîteaux; Abt Stephan Harding, hl., † 1134 Cîteaux) sowie durch den hl. Bernhard (um 1090–1153), Mönch in Cîteaux und Gründer von Kloster Clairvaux mit Tochterklöstern, gewannen die *Zisterzienser* europaweite Bedeutung.

Hl. Dominikus

Dominikus
*um 1170 Caleruega (Burgos), † 1221 Bologna
Der spanische Kanoniker am Domstift von Osma schloss sich in Südfrankreich der Auseinandersetzung mit den *Katharern* und *Waldensern* an. 1216 erlaubte ihm Papst Honorius III. (reg. 1216 bis 1227) die Gründung des »Predigerordens« (»Ordo Praedicatorum«, O. P., Dominikaner) mit den Schwerpunkten *Predigt,* Bekämpfung von Ketzern *(Inquisition)* und Beschäftigung mit *Theologie.*

Hl. Franz von Assisi

Franz von Assisi (eigtl. Giovanni Bernardone)
* 1181/82 Assisi, † 1226 ebd.
Der Sohn aus wohlhabender Familie widmete sich nach Bekehrungserlebnissen einem Leben in apostolischer Armut und pflegte Aussätzige. Ab 1209 schlossen sich Franziskus Gefährten an, die sich als »Mindere Brüder« zum Dienst an den Menschen und an der Kirche verpflichteten. 1220 trat Franziskus von der Leitung der Franziskaner zurück und verfasste 1223 eine erneute Regel der Franziskaner, die Papst Honorius III. (reg. 1216–27) endgültig bestätigte.

Hl. Ignatius von Loyola

Ignatius von Loyola
(eigtl. Íñigo López Onaz y Loyola)
*1491 Schloss Loyola/Guipúzcoa, † 1556 Rom
Nach höfischem und militärischem Dienst führten mystische religiöse Erlebnisse zur Bekehrung (1523/24 Wallfahrt nach Palästina) und zum Studium in Barcelona, Alcalá, *Paris* und *Venedig.* Wegen seelsorgerlicher Tätigkeit als Laie mehrfach von der *Inquisition* zur Rechenschaft gezogen, erhielt Ignatius 1537 die Weihe zum *Priester* und stellte sich mit einem Gefährten Papst Paul III. (reg. 1534–49) zur Verfügung; 1541 wurde er Generaloberer der »Gesellschaft Jesu« bzw. Jesuiten.

mischt waren, zeigt sich beispielhaft darin, dass der bedeutende Mystiker Bernhard von Clairvaux (Zisterzienser) zugleich flammender Reiseprediger für die *Kreuzzüge* war und dass die dem Armutsideal verpflichteten großen Bettelorden, vor allem die Dominikaner, Hauptträger der *Inquisition* wurden, wie später die Jesuiten mit ihren *Exerzitien* die Gegenreformation vorantrieben.

Als 1453 die Türken Konstantinopel (seit 1930 Istanbul) eroberten, zerfiel mit dem Byzantinischen Reich auch dessen Reichskirche, auch wenn der Patriarch von Konstantinopel bis heute seinen bescheidenen Sitz in Istanbul hat. Allerdings überlebten die orthodoxen Kirchen unter ihren Patriarchen und entwickelten in einigen Nationen wieder ausgeprägte Staatskirchen, vor allem im 1589 geschaffenen *Patriarchat* von Moskau, dem Zentrum der nun führenden russisch-orthodoxen Kirche.

Die Entwicklung des Mönchtums

Die *Anachoreten* folgten dem Vorbild Jesu, der nach seiner Taufe im Jordan »vom Geist in die Wüste geführt (wurde), dort sollte er vom Teufel in Versuchung geführt werden« (Mt 4,1). Das klassische Gebiet des Einsiedlerwesens bildete im 3. Jh. die Thebais in Oberägypten. Hier lebte Antonius der Große (um 251/52–356). Eine Gemeinschaft von Eremiten in einem Gebäude, das in Zellen gegliedert und von einer Mauer umgeben war, rief Pachomius (um 290–348) nach der Überlieferung um 320 in Tabennesis ins Leben.

Östliches und westliches Mönchtum: Die Mahnung des Paulus, dass die Liebe »nicht ihren Vorteil sucht« (1 Kor 13,5), bezog Basilius der Große (um 330–379) auf die Eremiten. Seine Regel des Zusammenlebens wurde zur Grundlage des osteuropäischen Klosterwesens. Martin von Tours (um 316 bis 397) gründete nach 360 bei Poitiers das erste Kloster in Gallien.

Kultureller Nährboden: Der Ehrentitel »Vater des Abendlandes« für Benedikt von Nursia (um 480–547[?]) unterstreicht die grundlegende Bedeutung des benediktinischen Mönchtums für alle Bereiche des kulturellen Lebens von der Organisation der materiellen Bedürfnisbefriedigung bis zur spirituellen Orientierung des gesamten Lebens: »Bete und arbeite« ist die Kurzfassung der Benediktinerregel. Das klösterliche Buchwesen begründete Cassiodor (um 490–583); er war der Gründer und Abt des Klosters Vivarium bei Squillace in Kalabrien.

Klosterreform und Kirchenreform: Die Bedeutung der Klöster für die Entwicklung des Christentums zeigt sich nicht zuletzt an der Auseinandersetzung mit eigenen Fehlentwicklungen wie der Anhäufung von Wohlstand und Macht über andere. Klösterlicher Reformeifer, etwa in Cluny oder innerhalb des Ordens der Zisterzienser, verband sich mit Ansätzen einer Reform der Kirche zugunsten ihrer Autonomie, z. B. im Investiturstreit (11./12. Jh.).

Die Armutsbewegung: Die dramatischste Reformbewegung bildete jedoch im 13. Jh. die Entstehung der Bettelorden: Franz von Assisi (1181/82–1226) geriet mit seiner kompromisslosen Rückkehr zur »apostolischen Armut« aus der Sicht einer machtbewussten Kirche in den Verdacht der *Häresie.* Doch die Franziskaner erwiesen sich durch den selbstlosen Einsatz als Seelsorger im neuen Kontext der städtischen Gesellschaft als Stützen der Kirche. Gleiches gilt für die Dominikaner, zumal sie als »domini canes« (lat. »Hunde Gottes«) in den Dienst der *Inquisition* traten. Was nicht ausschloss, dass aus diesem Orden mit dem Bußprediger Girolamo Savonarola (1452–1498) der für kurze Zeit wirkungsvollste Kritiker des Renaissance-Papsttums (z. B. Alexander VI.) hervorging.

Reformation

Bereits im 14. Jh. begann der Niedergang des Papsttums. Zum einen wurde es zum Spielball europäischer Mächte *(Abendländisches Schisma),* zum anderen waren die höchsten kirchlichen Würdenträger zugleich Reichsfürsten und Fürsten, was zu einer Verweltlichung der Kirche und der Theologie führte, wie sie die Renaissancepäpste als Förderer der schönen Künste augenscheinlich werden ließen. Reformbewegungen wie die *Wyclifiten* in England, die *Waldenser* in Italien oder die *Hussiten* in Böhmen wurden grausam unterdrückt, alle *Reformkonzile* scheiterten. Als der Mönch und Theologieprofessor Martin Luther (1483–1546) 1517 den *Ablasshandel* zur Finanzierung der *Peterskirche* in Rom in 95 Thesen in Frage stellte, zündete der Funke der Reform in ganz Europa und war weder vom Papst noch vom Kaiser aufzuhalten. Auf die päpstliche Bannandrohungsbulle antwortete Luther 1520 mit drei großen Schriften, die Bannbulle verbrannte er 1521.

Chronik	**Zeittafel zur Geschichte des Christentums** (Fortsetzung)
1521	Reichstag zu Worms unter Kaiser Karl V.: Ächtung Luthers, Zuflucht auf der Wartburg
1522	Druck des von Luther übersetzten Neuen Testaments (Gesamtausgabe der Lutherbibel 1534)
1522	Beginn der Reformation in Zürich durch Ulrich Zwingli
1525	Thomas Müntzer, der mit den aufständischen Bauern in Verbindung getreten ist, wird hingerichtet
1529	Marburger Religionsgespräch ohne Einigung der Protestanten
1530	Augsburger Bekenntnis
1531	Heinrich VIII. von England sagt sich von der Römischen Kirche los und wird 1534 Oberhaupt der Anglikanischen Kirche
1534	Gründung des Jesuitenordens durch Ignatius von Loyola
1534/35	Errichtung und Zerstörung des Täuferreiches in Münster
nach 1535	Entstehung der Täuferbewegung der Mennoniten, benannt nach ihrem Begründer Menno Simons
1935	»Institutio Christianae Religionis«, theologisches Hauptwerk von Johannes Calvin
1541	Erlass der Kirchenordnung Calvins durch den Rat der Stadt Genf und Durchführung von Calvins Reformationsprogramm
1545–63	Konzil von Trient (Tridentinum): Beginn der Gegenreformation bzw. katholischen Reform
1547	Beginn der Reformation in England
1549	Erstes englisches Book of Common Prayer
1555	Augsburger Religionsfriede: politische Anerkennung der Protestanten
1562–98	Hugenottenkriege in Frankreich
1571	Ermordung von etwa 2000 Hugenotten (Calvinisten) in Paris in der »Bartholomäusnacht«
1598	Toleranzedikt von Nantes durch den französischen König Heinrich IV.
1616	Die Lehre des Kopernikus über das heliozentrische Weltbild kommt auf den Index
1618–48	Dreißigjähriger Krieg
1620	Die englischen »Pilgerväter« wandern nach Amerika aus
1632	Verurteilung Galileo Galileis durch die Inquisition (Widerruf seiner kopernikanischen »Irrtümer« über die Bewegung der Erde um die Sonne 1633)
1647	Westminster-Bekenntnis in London verabschiedet
1648	Der Westfälische Friede beendet den Dreißigjährigen Krieg und verfestigt die konfessionelle Aufteilung Europas
1655	Gründung der »Society of friends«, genannt Quäker, durch George Fox
1675	Beginn des Pietismus durch Philipp Jakob Speners Schrift »Pia Desideria«
1681	William Penn gründet Pennsylvania als Staat mit Bekenntnisfreiheit
1685	Aufhebung des Toleranzedikts von Nantes von 1598 durch Ludwig XIV., Vertreibung der Hugenotten aus Frankreich; viele werden in Preußen aufgenommen
1732	Ausweisung der Salzburger Lutheraner
1740	Beginn der Erweckungsbewegung der Methodisten in England
1773–1814	Verbot und Auflösung des Jesuitenordens
1789	Beginn der Französischen Revolution: Trennung von Staat und Kirche
1800	Erweckungsbewegungen in Deutschland
1802/03	Säkularisation in Deutschland: Aufhebung und Enteignung von 25 Fürstbistümern und 44 Reichsabteien

Stichwort Allein durch den Glauben

Lucas Cranach d. J., »Gesetz und Evangelium«, 1555; Schlosskirche in Weimar

Der Weimarer Reformationsaltar verbildlicht den Satz des Paulus, dass »der Mensch gerecht wird ohne des Gesetzes Werke, allein durch den Glauben« (Röm 3,28). Quelle des Glaubens ist die Bibel, die Luther in Händen hält. Zu Luthers Rechten steht Luthers »Hauskünstler«, Lucas Cranach d. Ä., daneben Johannes der Täufer, mit der Linken auf das Lamm Gottes (Agnus Dei) weisend.

Stichwort Humanismus

Erasmus Desiderius von Rotterdam
*1469 (?) Rotterdam, † 1536 Basel
Der Humanist und Theologe wurde zum Inbegriff der universalen und klassischen Gelehrsamkeit seiner Zeit, z.B. durch die erste Ausgabe des griechischen Urtextes des N.T., auf der die Übersetzung des N.T. durch Martin Luther fußte. Da er für Reformen der Kirche eintrat, stand er anfangs der Reformation nahe, wandte sich aber nach einem intensiven literarischen Streit mit Luther über die Willensfreiheit von dieser ab, ohne das Vorgehen der katholischen Kirche gegen die Protestanten zu billigen, indem er Toleranz über alles stellte.

Hans Holbein d. J., »Erasmus von Rotterdam am Schreibpult«, 1523; Musée National du Louvre, Paris

Kurfürst Friedrich der Weise von Sachsen rettete Luther vor der kaiserlichen Reichsacht auf die Wartburg, wo Luther das N.T. durch Übersetzung ins Umgangsdeutsche vielen *Laien* zugänglich machte. 1525 heiratete er die ehemalige Nonne Katharina von Bora. Luther wurde zum unbestrittenen Führer der *Reformation* und Vater der *lutherischen Kirchen.*

Im Gegensatz zur spätmittelalterlichen Theologie bestimmte Luther das Verhältnis des Menschen zu Gott neu: Der Mensch ist von Geburt an Sünder und unfähig, den Willen Gottes zu erfüllen. Erretten kann ihn nur die göttliche Gnade (lat. sola gratia), die er allein durch Glauben (lat. sola fides) annehmen kann. Diese Wahrheit findet sich ausschließlich in der Schrift (lat. sola scriptura) als letzter Instanz für alle Fragen des Glaubens und Lebens. Die Reformation stellte die Bibel als das Wort Gottes an die Stelle des Papstes. Aus der Rechtfertigungslehre folgerte Luther die grundsätzliche Gleichheit aller Gläubigen (*Priestertum* aller Gläubigen) und die Predigt des Evangeliums als eigentliche Aufgabe der Kirche. Der Christ hat durch Jesus freien Zugang zu Gott, frei auch von den Schranken des Priestertums und der Sakramente.

Parallel entstand unter Huldrych Zwingli (1484) und Johannes Calvin (1509–1564) eine ähnlich gelagerte Bewegung in der Schweiz und Frankreich sowie unter Martin Bucers (1491–1551) Führung in Straßburg und Oberdeutschland. Überall stellten die Reformatoren die neuen Stadtregierungen, oder die Landesfürsten traten selbst zum neuen Glauben über. In England wurde die schon vom Papst losgelöste Kirche durch den Erzbischof selbst zum evangelischen Glauben geführt. Allerdings konnten sich die verschiedenen Flügel der Reformation nicht auf eine gemeinsame neue Kirche oder Lehre einigen. Es entstanden nicht nur Nationalkirchen, sondern verschiedene Konfessionen, vor allem die lutherische, die reformierte, die ihr verwandte anglikanische sowie ein weiterer Flügel im Untergrund mit *täuferischer* Ausrichtung und anderen kleinen Gemeinden. Der *Augsburger Religionsfriede* im Jahr 1555 besiegelte endgültig die konfessionelle Teilung Europas, wenn auch durch Gegenreformation und Dreißigjährigen Krieg bis zum Westfälischen Frieden von Münster und Osnabrück 1648 die Grenzen noch leicht verschoben wurden.

Gegenreformation und Konfessionalismus

Die Reformation löste die katholische Gegenreformation aus, die mit dem im Zeichen der katholischen Erneuerung stehenden Konzil von Trient (1545–63, *Tridentinum*) begann. Es fixierte die katholischen Lehren im Gegensatz zu denen der evangelischen Kirchen, leitete aber zugleich als notwendig erachtete Reformen ein. Bis zum 1. Vatikanischen Konzil (1869/70) blieb es auf lange Zeit das letzte.

Die Gegenreformation versuchte den evangelischen Glauben in katholischen Gebieten durch Rückgewinnung, Umerziehung, Vertreibung oder Ausrottung auszumerzen und protestantisch gewordene Gebiete durch Mission, Diplomatie oder Krieg zurückzugewinnen. Ihre Wurzeln lagen in Spanien und Italien, wo die Reformation praktisch ohne Einfluss geblieben war. Die Gegenreformation war in den romanischen Staaten und allen weiteren zum Reich der Habsburger gehörenden Ländern sowie in Polen höchst erfolgreich. In Deutschland wurde sie vor allem durch die Jesuiten betrieben und war nur teilweise in allen heute geschlossen katholischen Gebieten erfolgreich, so vor allem in Bayern und im Gebiet des Erzbistums Köln. Seit 1573 wurde die Gegenreformation zentral von der päpstlichen Kurie unterstützt und koordiniert. Sie mündete in den Dreißigjährigen Krieg, der mit dem Westfälischen Frieden 1648 die konfessionellen Grenzen fixierte. Die Gegenreformation scheiterte in den lutherischen und reformierten Gebieten der Schweiz und Deutschlands einschließlich der Ostgebiete, den Niederlanden, England und Skandinavien.

Kolonialismus und Mission

Eine eigene Epoche der Geschichte des Christentums ist ihre neuzeitliche Ausbreitung im Anschluss und im Zusammenhang mit der politischen Expansion der europäischen Mächte. Dabei gab es sowohl Unterstützung der Mission durch christliche Legitimation des Kolonialismus und der politischen und wirtschaftlichen Entwicklung als auch erheblichen Widerstand der Missionare gegen kolonialistische Unterdrückung und Ausbeutung. Mit der Entdeckung Amerikas 1492 setzte die Eroberung und Christianisierung Nord- und Südamerikas ein. In Japan

CHRONIK **Zeittafel zur Geschichte des Christentums** (Fortsetzung)

1814	Wiedereinführung des Jesuitenordens
1828	Gründung der Rheinischen Missionsgesellschaft als erster deutscher evangelischer Missionsgesellschaft
1846	Gründung der Evangelischen Allianz in London
1848	Wittenberger Kirchentag (Erster Evangelischer Kirchentag) und Gründung der Inneren Mission
1848	Erster Katholikentag in Mainz
1854	Der Papst Pius IX. verkündet das Dogma der Unbefleckten Empfängnis Mariä
1860	Verkleinerung des Kirchenstaates auf Besitz in und um Rom
1863	Gründung der Neuapostolischen Kirche
1869/70	1. Vatikanisches Konzil unter Papst Pius IX.: Dogma der Unfehlbarkeit des Papstes
1870	Besetzung und Ende des Kirchenstaates, Einigung Italiens
1871–87	Kulturkampf in Preußen; zu den Ergebnissen gehört die Zivilehe
1874	Entstehung der Altkatholischen Kirche in Deutschland und weltweit
1883	Gründung des CVJM
1910	Evangelische Weltmissionskonferenz in Edinburgh
1917	Erstes katholisches Kirchenrecht (Codex Iuris Canonici)
1917	Russische Revolution: Zunächst Wiederherstellung des Patriarchats der russisch-orthodoxen Kirche, 1918 Trennung von Kirche und Staat; in der Folge angespanntes Verhältnis von Kirche und Staat in der Sowjetunion bis 1985
1920	Beginn der dialektischen evangelischen Theologie mit Karl Barth u.a.
1925	Weltkirchenkonferenz in Stockholm
1929	Lateranverträge zwischen Vatikan und italienischem Staat: Gründung der Vatikanstadt
1933	Reichskonkordat zwischen dem Heiligen Stuhl (Papst Pius XII.) und dem Deutschen Reich
1934	Barmer Bekenntnis der Bekennenden Kirche gegen den Nationalsozialismus
1940	Gründung der Communauté de Taizé
1948	Konstituierende Vollversammlung des Ökumenischen Rates der Kirchen (ÖRK) in Amsterdam unter Teilnahme von 147 Kirchen aus 44 Ländern
1948	Gründung der Evangelischen Kirche in Deutschland (EKD)
1949	Erster Deutscher Evangelischer Kirchentag in Hannover
1950	Papst Pius XII. verkündet das Dogma der Himmelfahrt Mariä
1959	Beginn der katholischen Theologie der Befreiung in Lateinamerika; Rede- und Schreibverbot für Leonardo Boff durch den Vatikan
1961	Aufnahme der russisch-orthodoxen Kirche in den Ökumenischen Rat der Kirchen (ÖRK) infolge der Öffnung gegenüber der ökumenischen Bewegung unter den Patriarchen Alexi und Nikodim
1962–65	2. Vatikanisches Konzil: Reformen der katholischen Lehre und Liturgie: Abschaffung des Lateinischen als Gottesdienstsprache
1966	Erste katholische Deutsche Bischofskonferenz
1983	Neues katholisches Kirchenrecht (Codex Iuris Canonici)
ab 1985	Zunehmende Besserung des Verhältnisses von russisch-orthodoxer Kirche und Staat nach dem Amtsantritt Michail Gorbatschows als Generalsekretär der KPdSU
1991	Wiedervereinigung der evangelischen Landeskirchen der BRD und der ehemaligen DDR
1992	Neuer offizieller katholischer Katechismus

und China dagegen fand das Christentum Eingang durch echte Missionsarbeit. Der afrikanische Kontinent wurde durch Kolonisation oder Mission teilweise christianisiert *(Missionsgesellschaften).*

Die Mission war zunächst Sache der Kolonialmächte, vom 15. bis 18. Jh. vor allem der katholischen Länder Spanien, Portugal und Frankreich, ab dem 17. bis 19. Jh. aber eher der protestantischen Mächte Niederlande, Großbritannien und Dänemark. Daneben traten die Wellen christlicher Auswanderer aus Europa nach Südafrika, Amerika, Australien und Neuseeland. In Lateinamerika, Nordamerika und Australien ging die Christianisierung parallel mit der Dezimierung der einheimischen Bevölkerung einher, auch wenn sich Missionare dagegenstemmten. Am Ende waren Lateinamerika, große Teile Schwarzafrikas, Ozeanien und die Philippinen christlich, und in anderen Teilen der Erde gab es bedeutende christliche Minoritäten. Das Christentum war zur geografisch verbreitetsten Weltreligion geworden.

Christentum und Aufklärung

Licht und Finsternis sind Symbole der abendländischen Geistesgeschichte mit sich wandelnder Bedeutung. Der Glaube an das Licht Gottes, das den menschlichen Geist erleuchtet, bildete das Muster für die Metapher vom Licht der Vernunft, das die Wahrheit offenkundig macht. Was die Wahrheit verdunkelte, war z. B. die gegen alle bibelkritische Erkenntnis von Gelehrten wie Hermann Samuel Reimarus (1694–1768) verteidigte Gültigkeit der Bibel als wörtliche Offenbarung Gottes. Gotthold Ephraim Lessing (1729–1782), ein herausragender Vertreter der Aufklärung in Deutschland, sprach vom »unerträglichen Joch des Buchstabens« und verteidigte die *Bibelkritik:* »Der Buchstabe ist nicht der Geist; und die Bibel ist nicht die Religion.«

1784 gab der Philosoph Immanuel Kant (1724–1804) in seiner Schrift »Beantwortung der Frage: Was ist Aufklärung?« die Antwort: »Aufklärung ist der Ausgang des Menschen aus seiner selbstverschuldeten Unmündigkeit.« Fünf Jahre später beschloss die französische Nationalversammlung in der Erklärung der Menschenrechte: »Ziel aller politischen Vereinigung ist die Einhaltung der natürlichen und ewigen Menschenrechte. Diese Rechte sind: Freiheit, Eigentum, Sicherheit und Widerstand gegen Unterdrückung.« Unmündigkeit und Unterdrückung standen seit Jahrhunderten in mittelbarem oder unmittelbarem Zusammen-

Der Ablasshandel diente noch im 19. Jh. als Zielscheibe liberaler Kirchenkritik. Eine Katze mit päpstlicher Tiara thront über einem Gefäß mit der Aufschrift »Ablass«. Ein Bischof schwenkt die Brandfackel der Gewalt; auf seiner Fahne ist an erster Stelle die Bartholomäusnacht (1572) verzeichnet. Die Gerippe links tragen die Ordenskleidung der Jesuiten. Französische Lithografie aus dem Revolutionsjahr 1830; Grafische Sammlung der Universitätsbibliothek Genf

hang mit den christlichen Kirchen, sodass sich die progressiven Bewegungen des 17./18. Jh. mit Kirchen- und zunehmend mit genereller Religionskritik verbanden. Sie mündeten im Zusammenhang der Französischen Revolution in der *Säkularisation.*

Entwicklungen in den Kirchen der Neuzeit

Die Zeit seit dem 17. Jh. kennzeichnen zwei völlig konträre Entwicklungen mit einem identischen Ergebnis: Das Christentum wurde in einem längeren Prozess im Abendland von der alles beherrschenden Weltanschauung zu einer für den religiösen Bereich zuständigen großen, aber machtlosen Organisation. *Mystik, Pietismus, Erweckungsbewegungen* und evangelische *Freikirchen* forderten eine persönlichere Frömmigkeit aufgrund eigener Entscheidung, betonten das geistliche Element des Glaubens und stellten das gesellschaftlich sichtbare Element hinten an. Auf der anderen Seite sorgten vor allem im evangelischen Bereich *Bibelkritik* und *liberale Theologie* dafür, dass weite Teile der evangelischen Großkirchen den Glauben an zentrale Lehren des Christentums verloren und dem Ansturm der Aufklärung sowie der sich von der Theologie lösenden Philosophie und Naturwissenschaften kaum standhielten. Diese Entwicklung ging Hand in Hand mit der Loslösung des Staates von der Kirche, friedlich und mit Unterstützung der Christen wie in den USA oder England, oder auf blutigem Weg wie in Frankreich durch die Aufklärung und Napoleon sowie in Russland durch die Kommunisten.

Auf katholischer Seite war die Wandlung des Papsttums im 19. und 20. Jh. erstaunlich. Der fast völlige Verlust der politischen Macht schon unter Napoleon 1798 und durch die Einigung Italiens 1870 *(Kirchenstaat)* führte zu einem Erstarken des Papstes zum unpolitischen, aber unbestrittenen Führer der katholischen Kirche, zum Seelsorger und Prediger, ja zum »Weltgewissen«. Die mit der Entstehung der modernen Industriegesellschaften aufgekommene soziale Frage wurde von allen Kirchen nur mit starker Verzögerung aufgegriffen. Deshalb wurden große Teile der Arbeiterschaft den Staats- und Volkskirchen entfremdet. Im evangelischen Bereich gewannen *Erweckungsbewegungen* wie der *Methodismus* oder später die *Heilsarmee* die entchristlichten Massen.

STICHWORT **Theologen des 19. Jahrhunderts**

Friedrich Daniel Ernst Schleiermacher
*1768 Breslau, † 1834 Berlin
Als Jugendlicher *Pietist* und im Studium von der Aufklärung geprägt, entwickelte sich der Philosoph und Theologe zu einem Vertreter der Romantik und des Idealismus. 1810 war er Mitbegründer der Berliner Universität. Prägend wurde sein Verständnis des Glaubens als persönliche Erfahrung (»Über die Religion, Reden an die Gebildeten unter ihren Verächtern«, 1799). Er unterstützte die Altpreußische Union von Lutheranern und Reformierten.

David Friedrich Strauß
*1808 Ludwigsburg, † 1874 ebd.
Der Theologe und freie Schriftsteller sprach in seinem Buch »Das Leben Jesu, kritisch betrachtet« (1835) den Evangelien jeden historischen Wert ab und bezeichnete sie als Mythensammlung. Stattdessen forderte er einen von der christlichen Tradition gelösten Glauben auf philosophischer Grundlage und entwickelte eine dem Rationalismus verpflichtete, dem Christentum entfremdete Glaubenslehre (»Der alte und der neue Glaube«, 1872).

Johann Hinrich Wichern
*1808 Hamburg, † 1881 ebd.
Der evangelische Theologe und Pionier der christlich-sozialen Bewegung gründete 1833 in Hamburg das »Rauhe Haus« für »gefallene« Jugendliche. Auf dem ersten Deutschen Evangelischen Kirchentag 1848 in *Wittenberg* initiierte er den »Centralausschuss für die *Innere Mission*« Der Erneuerung des Strafvollzugs widmete er 1858 das »Evangelische Johannesstift«. Er setzte sich für die überkonfessionelle Orientierung ein und sprach von »evangelischer Katholizität« *(Ökumene).*

Wilhelm Emanuel Freiherr von Ketteler
*1811 Münster/Westfalen,
† 1877 Burghausen/ Bayern
Der als Jurist ausgebildete Priester gehörte 1848 dem Paulskirchenparlament an und wurde 1850 Bischof von *Mainz.* Ketteler, ein Wortführer der katholischen Kirche im *Kulturkampf* und Gegner des Liberalismus und Sozialismus, widmete sich der Arbeiterfrage und entwickelte eine christliche Soziallehre. Der Mitbegründer der *Bischofskonferenz* in *Fulda* (ab 1867) kritisierte das Dogma der *Unfehlbarkeit des Papstes.*

Søren Kierkegaard
*1813 Kopenhagen, † 1855 ebd.
Der dänische evangelische Theologe und Philosoph, Gegner des Rationalismus und Kritiker der Verweltlichung der Kirche, beendete 1841 seine Tätigkeit als Prediger und lebte als freier Schriftsteller (»Entweder-Oder«, 1843; »Einübung im Christentum«, 1850). Glaube ist für Kierkegaard kein Ritual, sondern ein ungewisser Sprung mit der Existenz in die Arme Gottes. Mit seiner christlichen Existenzphilosophie wurde er zum Wegbereiter der *Dialektischen Theologie* im 20. Jh.

STICHWORT **Theologen des 20. Jahrhunderts**

Nathan Söderblom (eigtl. Lars Olof Jonathan S.)
*1866 Trönö/Gävleborg, † 1931 Uppsala
Der aus einer Bauernfamilie stammende schwedische lutherische Religionswissenschaftler studierte in *Paris* und lehrte u.a. 1912–14 in Leipzig. 1914 wurde Söderblom Erzbischof von Uppsala und *Primas* der schwedischen Kirche. 1917 lud er zur Nordischen Kirchenkonferenz nach Uppsala ein, 1925 erreichte er das Zustandekommen der Stockholmer Weltkirchenkonferenz. Sein Lebenswerk im Dienst der *Ökumene* wurde 1930 mit dem Friedensnobelpreis gewürdigt.

Marie-Joseph Pierre Teilhard de Chardin
*1881 Landsitz Sarcenat bei Clermont-Ferrand, † 1955 New York
Der französische Jesuit, Professor für Geologie in Paris und bedeutende Paläontologe (Teilnahme an Forschungsreisen in China, Indien sowie in Afrika) schuf eine einflussreiche Synthese aus naturwissenschaftlicher Evolutionstheorie und Theologie: Die Geschichte des Universums konvergiert mit der Heilsgeschichte. Seine Hauptwerke erschienen postum, beginnend 1955 mit »Le phénomèn humain« (dt. »Der Mensch im Kosmos«, 1960).

Rudolf Karl Bultmann
*1884 Wiefelstede, † 1976 Marburg
Der deutsche evangelische Theologe lehrte in Marburg und war ein Hauptvertreter der *Dialektischen Theologie.* Auf der Grundlage historisch-kritischer Methoden leitete er 1941 mit dem Aufsatz »Neues Testament und Mythologie« die Entmythologisierung der Bibel ein (»Das Urchristentum im Rahmen der antiken Religionen«). In den Mittelpunkt rückte das in der Bibel »zum Ausdruck kommende Verständnis menschlicher Existenz« (»Theologie des Neuen Testament«, 1953).

Paul Tillich
*1886 Starzeddel bei Guben, † 1965 Chicago
Der deutsche evangelische Theologe trat 1920 in Berlin dem »Bund religiöser Sozialisten« bei und wurde dessen führender Vertreter. Der Professor für Theologie, Philosophie und Religionswissenschaft wurde 1933 suspendiert und emigrierte in die USA (1940 US-Bürger), wo er an den berühmten Universitäten lehrte. Neben Büchern zu Problemen des modernen Menschen erschien 1951–66 die »Systematische Theologie«. 1962 erhielt Tillich den Friedenspreis des Deutschen Buchhandels.

Karl Barth
*1886 Basel, † 1968 ebd.
Der schweizerische ev. Seelsorger der Gemeinde Safenwil/Aargau gab unter dem Eindruck der Katastrophe des Ersten Weltkriegs mit seinem Kommentar zum Römerbrief (1919) den Anstoß zur *Dialektischen Theologie.* Ab 1921 lehrte Barth in Göttingen, Münster und Bonn (Entlassung 1935), danach in Basel. 1934 entwarf er die *Barmer Theologische Erklärung* der *Bekennenden Kirche.* Seine »Kirchliche Dogmatik« (1932–67, 31 Bände) hat die neuere Theologie grundlegend beeinflusst.

Die katholische Theologie entwickelte allmählich eine umfassende christliche Soziallehre, die sich in den Sozialenzykliken der Päpste niederschlugen.

Vom 20. ins 21. Jahrhundert

Vor dem Hintergrund von Jahrhunderten einer zuletzt konventionellen Auffassung des »christlichen Menschenbildes« erlitten die Kirchen in totalitären Staaten wie Sowjetrussland oder Deutschland, Österreich, Italien und Spanien zur Zeit des Faschismus die Erfahrung tiefer Ohnmacht. Sie sahen sich in einer Mitschuld an den Verbrechen gegen die Menschlichkeit, das »Stuttgarter Schuldbekenntnis« (Erklärung des Rates der Evangelischen Kirche in Deutschland, Oktober 1945) stieß allerdings als Anerkennung einer Kollektivschuld überwiegend auf Ablehnung.

Ökumene und Weltethos: In der zweiten Hälfte des 20. Jh. überwand die *Ökumenische Bewegung* ihre Bindung an der Missionstätigkeit der einzelnen Kirchen. Ein neuer Markstein war 1948 die erste Vollversammlung des Ökumenischen Rates der Kirchen in Amsterdam. Gegen Ende des Jahrhunderts beschloss das Parlament der Weltreligionen in Chicago (1993) eine Erklärung zum Weltethos als Grundlage des interkulturellen Dialogs.

Darauf reagierte die katholische Welt mit einer nicht gekannten Verehrung des »Heiligen Vaters«, wie die hohe Zahl der Rom-Wallfahrer bis in die unmittelbare Gegenwart beweist.

Dritte Welt: Während die evangelischen Volkskirchen in Europa im beginnenden 21. Jh. schrumpfen und der gesellschaftliche Einfluss der Kirchen weiter abnimmt, wachsen die Freikirchen und *Evangelikalen* wie nie zuvor. Noch deutlicher ist der Trend weltweit. Liberale und gesellschaftlich einflussreiche Kirchen verlieren an Bedeutung, Evangelikale und *Charismatiker* mit ihrer sehr privaten Frömmigkeit gehören zu den am schnellsten wachsenden religiösen Bewegungen der Welt, vor allem in Lateinamerika. Insgesamt gesehen hat sich der Schwerpunkt der evangelischen wie der katholischen Weltchristenheit längst von der westlichen Welt in die sog. Dritte Welt verlagert. Ein Papst aus Afrika ist ebenso in konkrete Reichweite gerückt, wie die Bischöfe aus der Dritten Welt den Kurs der anglikanischen Weltbischofskonferenz bestimmen *(Lambeth-Konferenz).*

Stifter und Leitfiguren

Jesus Christus

Das Christentum unterscheidet sich von allen anderen Weltreligionen dadurch, dass es seinen Stifter in jeder Hinsicht in den Mittelpunkt des Glaubensbekenntnisses stellt und göttlich verehrt. Jesus ist für die Kirche nicht nur Urheber oder Wiederentdecker metaphysischer und ethischer Lehren wie Buddha oder Konfuzius, nicht nur Gesandter eines sich ihm offenbarenden Gottes wie Mose oder Mohammed und Inkarnation des Weltenherrn, der göttliche Weisheit verkündet, wie Krishna, sondern dies alles zusammen und Gott selbst. Er ist durch Geburt, Kreuzestod, Auferstehung und Himmelfahrt Mittel- und Wendepunkt der Weltgeschichte und als Weltenrichter im *Jüngsten Gericht* Ziel der Geschichte. Trotz aller Unterschiede in Einzelfragen herrscht bei den zahllosen christlichen Kirchen und Gruppen in einem Punkt Einigkeit: Gott hat sich in Jesus Christus offenbart, an ihm hängen Schicksal und Erlösung der Menschheit.

Das Christentum wurde von Jesus Christus gestiftet. Keiner seiner ersten Anhänger und keiner der bedeutenden Kirchenführer der Geschichte hätte sich jemals als Stifter bezeichnet. Unter den Persönlichkeiten der ersten Stunden haben die Apostel Paulus, Petrus und *Johannes* den Kurs des jungen Glaubens wie niemand sonst maßgeblich bestimmt. Daneben hat das Christentum eine nicht enden wollende Liste von bedeutenden Theologen, Philosophen, Sozialreformern und Mystikern hervorgebracht, z.B. Aurelius Augustinus oder Martin Luther King, um nur zwei zu nennen. Die Reformatoren des 16. Jh. stehen am Anfang eigener Kirchen, die teilweise nach ihnen benannt wurden, doch sie waren nicht die Ersten und nicht die Letzten, die den Kurs der christlichen Kirche ganz neu bestimmten, waren doch Reformen zumindest in den westlichen Kirchen immer eine Selbstverständlichkeit, wie das 2. *Vatikanische Konzil* der katholischen Kirche gezeigt hat. Und dennoch hätte sich niemand von all diesen Persönlichkeiten als Stifter des christlichen Glaubens bezeichnet. Nur Jesus Christus hat aus Sicht der Gläubigen durch seine Lehren, Gedanken, Ideen und Reformversuche sowie vor allem durch sein Handeln das Christentum gelebt. Er selbst steht nicht nur am Anfang der christlichen Botschaft, sondern schuf die reale Grundlage für sie, ja ist die Botschaft selbst.

Name: Der Name Jesus (griech.-lat. Form des hebr. Namens Josua/Jeschua, Kurzformen für Jehoshua »Jahwe ist Rettung«) war ein verbreiteter jüdischer Personenname, während Christus (griech. Übersetzung von hebr. maschiach »der Messias, der Gesalbte«) ursprünglich nur als Hoheitstitel verwendet wurde. So ist »Jesus Christus« oder »Christus Jesus« die älteste und kürzeste Form des christlichen Urbekenntnisses: Jesus ist der zur Rettung der Welt gesandte Messias (1 Joh 2,2; 5,1; Joh 20,31; Apg 9,22; 17,3; 18,5.28), Jesus von Nazaret der verheißene Christus, also der Messias. »Jesus Christus« wurde schon sehr früh einfach als Doppelname verwendet.

Leben: Die äußeren Daten zur Biografie Jesu lassen sich anhand der Evangelien so skizzieren: Ein paar Jahre v. Chr. wurde Jesus als Sohn des Zimmermanns Josef und seiner Verlobten Maria geboren, die als Nachkommen von König David (Stammbaum: Mt 1,6–16; Lk 3,23–38) zu einer Steuerzählung

Zur Tradition des Weihnachtsbildes gehören Ochse und Esel im Stall von Bethlehem. Dieses Motiv beruht nicht auf der Weihnachtserzählung des Evangelisten Lukas, sondern steht in Zusammenhang mit den prophetischen Weissagungen über das Kommen des Messias, indem die beiden Tiere einem Wort des Jesaja entnommen sind: »Der Ochse kennt seinen Besitzer, und der Esel die Krippe seines Herrn« (Jes 1,3). In dieser Tradition steht der Meister von Hohenfurth mit seinem Gemälde »Die Geburt Christi«, um 1350; Národni Galerie, Prag

STICHWORT Stern von Bethlehem

Octave Penguilly-L'Haridon, »Die Hirten folgen dem Stern von Bethlehem«; 1863, Musée d'Orsay, Paris

Der Stern von Bethlehem fesselt seit langem nicht nur Gläubige, Künstler, sondern auch Astronomen. So gibt es verschiedene Theorien, der Stern sei ein Komet, vielleicht sogar der Halleysche Komet, eine Supernova oder eine Sternenkonstellation gewesen. Die bekannteste und überzeugendste These stammt von dem österreichischen Astronomieprofessor Ferrari d'Occhieppo, der dabei an Johannes Kepler (1571 bis 1630) anknüpft. Demnach ist die dreifache Konjunktion von Jupiter (Steht für König) und Saturn (steht für die Juden) im Sternbild der Fische im Jahr 7 v. Chr. für die babylonischen Astrologen (die »Weisen aus dem Morgenland«, Drei Könige) der Grund gewesen, sich nach Palästina aufzumachen, und der Verlauf der letzten Erscheinung erklärt schlüssig, wieso sie nach Bethlehem geführt wurden. D'Occhieppo geht davon aus, dass Matthäus in seinem Bericht antike astronomische Begriffe und Kenntnisse verwendet. Der genaue Geburtstermin Jesu lässt sich daraus leider nicht errechnen, da die Weisen schon lange vor der Geburt aufgebrochen sein müssen und nicht bekannt ist, wie alt Jesus war, als der Stern babylonischer Astrologen sie nach Bethlehem wies.

in dessen Geburtsort Bethlehem gereist waren. Josef galt nur juristisch als Vater Jesu, da die Evangelien berichten, dass Jesus durch eine *Jungfrauengeburt* zur Welt kam (Mt 1,18–25; Lk 1,26 – 2,7). Jesus wuchs in der galiläischen Stadt Nazaret auf (Mk 1,9; 14,67; Mt 21,11; vgl. Mt 2,23; Apg 26,9). Er war der älteste Sohn von Maria und Josef und hatte noch vier Brüder – Jakobus, Joses, Judas und Simon – sowie mehrere Schwestern (Mk 6,3), was die katholische Kirche allerdings bestreitet *(Brüder/Geschwister Jesu)*. Über die Kindheit und Jugend berichten die vier *Evangelien* im Grunde nichts, mit Ausnahme einiger weniger Details bei Lukas (Lk 1 – 2), etwa über den 12-jährigen Jesus im Tempel, der mit den Schriftgelehrten diskutierte. Da Lukas nach Pfingsten in Jerusalem nach der Tradition einige Zeit im Haus Marias, der Mutter Jesu, gewohnt hat (vgl. Apg 1,14), dürfte er diese Geschichten von Maria erfahren haben. Was spätere *apokryphe Evangelien* an Wundertaten berichten, die der Heranwachsende vollbracht haben soll, indem er etwa aus Lehm Tauben geformt und ihnen Leben eingehaucht habe, hat schon die *Frühe Kirche* für reine Erfindungen gehalten.

Jesus übte wohl eine Zeit lang den Beruf seines Vaters als Zimmermann oder Bauhandwerker (Mt 13,55f.; Mk 6,3) aus. Erst nach der Begegnung mit Johannes dem Täufer im Jahre 27 oder 30, jedenfalls mit etwa 30 Jahren (Lk 3,23), begann er umherzureisen, öffentlich zu predigen und eine Gruppe von Jüngern zu sammeln, die teilweise mit ihm zusammenlebte. Sein Wirken währte nur kurze Zeit, höchstens drei Jahre, denn schon im Jahr 30 oder 33, wurde er der Gotteslästerung angeklagt und auf Drängen der Juden vom römischen Statthalter Pontius Pilatus zum Tod durch Kreuzigung verurteilt.

Der Mönch Dionysius Exiguus hat im 6. Jh. Jesu Geburt fälschlich auf 754 Jahre nach der Gründung Roms berechnet. Tatsächlich wird Jesu Geburt heute von den meisten auf 7/6 v.Chr. angesetzt. Nach Lukas (2,1) ist Jesus zur Zeit der Regierung des römischen Kaisers Augustus (31 v.Chr.–14 n.Chr.) und zur Zeit des jüdischen Königs Herodes d. Gr. (40/37–4 v.Chr.) geboren (Lk 1,5). Matthäus erwähnt Sterndeuter, die »Drei Weisen aus dem Morgenland« (deren Zahl in Wirklichkeit nirgends angegeben wird), die aus Persien oder Babylonien nach Jerusalem kamen und König Herodes befragten, wo sie den neugeborenen König der Juden finden könnten (Mt 2,1–2). Da Herodes bereits 4 v. Chr. starb und 5 v. Chr. Jerusalem verließ, müssen die Sterndeuter ihm vor dem Jahr 5 begegnet sein. Nach astronomischen Berechnungen gab es 6 v. Chr. eine Planetenkonstellation, welche die Weisen als »Stern von Bethlehem« wahrgenommen haben könnten – so jeweils die Mehrheitsmeinung.

Biografie und Legende: Hat Jesus wirklich gelebt? Dagegen, dass Jesus ein reiner Mythos war, sprechen nicht nur die Evangelien und Paulusbriefe, die – wie immer man ihre Glaubwürdigkeit einschätzt – zu viele historische, auch überprüfbare Details enthalten. Sie kamen zu einer Zeit in Umlauf, wo Zeugen das Gegenteil hätten beweisen können. Belege gibt es auch bei den außerchristlichen kurzen Zeugnissen des jüdischen Geschichtsschreibers Flavius Josephus (37/38 bis 100?) sowie den römischen Geschichtsschreibern Cornelius Tacitus (um 53 bis um 120) und Gaius Sueton (um 70–140). Da-

STICHWORT Prozessionen und Passionsspiele

Passionsspiele im bayerischen Oberammergau. Die Festspiele um das Leiden und Sterben Jesu Christi werden seit 1634 alle 10 Jahre aufgeführt.

Mysterienprozession, die jährlich am Karfreitag in Trapani auf Sizilien stattfindet.

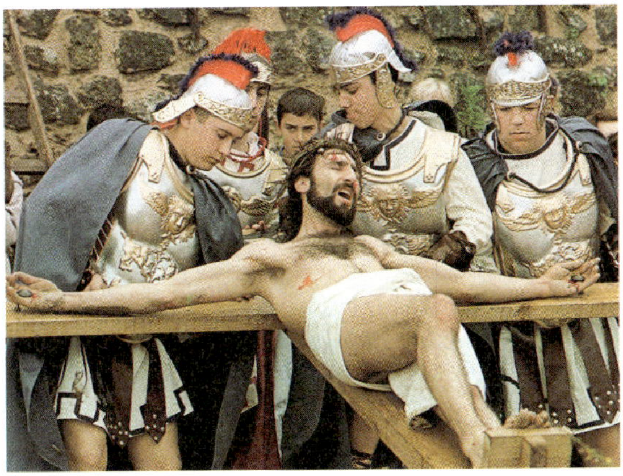

Passionsspiel in Albuquerque in Spanien

Karfreitagsprozession in Valencia, Spanien

Karfreitagsprozession in Valladolid, Spanien

Gläubige Christen tragen während der Karfreitagsprozession ein hölzernes Kreuz durch die Via Dolorosa in Jerusalem.

Stichwort Klassische Definition der Christologie

»Der Sohn Gottes, die zweite Person in der Dreieinigkeit, ist wahrer und ewiger Gott, eines Wesens mit dem Vater und ihm gleich, hat in der Fülle der Zeit, empfangen durch die Kraft des Heiligen Geistes im Leib der Jungfrau Maria, aus ihrem Wesen die menschliche Natur mit allen wesentlichen Eigenschaften und allgemeinen Schwachheiten angenommen, jedoch ohne Sünde, sodass die beiden ganzen, vollkommenen und unterschiedenen Naturen, die göttliche und die menschliche, in der Einheit der Person unzertrennlich miteinander verbunden waren, ohne Verwandlung, Zusammensetzung oder Vermischung, die Person wahrer Gott und wahrer Mensch ist, jedoch ein einiger Christus, der einzige Mittler zwischen Gott und den Menschen.«
(Artikel 8.2 des *Westminster Bekenntnisses*, London 1647)

rüber hinaus ist eine Entstehung des christlichen Glaubens im 1. Jh. mit einer derart zentralen Stellung des Glaubens an den Menschen (und Gott) Jesus ohne dessen Wirken nicht erklärbar.

Es ist auch kaum denkbar, dass der Glaube an Jesus Christus sich derartig schnell zur Religion und Weltreligion entwickelt hätte, wenn Jesus selbst sich nicht für den verheißenen Messias (Joh 4,25f.) und »Menschensohn« (Dan 7,13f.) gehalten hätte, der nach Jesaja 53,2–7 stellvertretend für sein Volk sterben wird. Dafür spricht die unter den Juden seiner Zeit weit verbreitete Messiashoffnung und die historisch kaum zweifelhafte radikale Gegnerschaft der Pharisäer und Schriftgelehrten, die sich nur verstehen lässt, wenn Jesus sich für den Messias, ja für Gott gehalten hat, etwa indem er Sünden vergab.

Kernbotschaft: Als sein Vorbild und Vorläufer Johannes der Täufer verhaftet wird, beginnt Jesus, selbst öffentlich zu predigen, wie ein jüdischer Rabbi (aram.-hebr. »Lehrer«) einen Kreis von Jüngern und Jüngerinnen um sich zu scharen, die Heilige Schrift in der Synagoge auszulegen und Lehr- und Streitgespräche mit den religiösen Leitfiguren Israels zu führen. Das Markusevangelium fasst die Predigten Jesu in Galiläa so zusammen: »Die Zeit ist erfüllt, und das Reich Gottes ist herbeigekommen. Tut Buße und glaubt an die Frohe Botschaft!« (Mk 1,15). Das *Reich Gottes* (die »Königsherrschaft Gottes«) nimmt in Jesu Lehre einen zentralen Platz ein. Es bedeutet, dass Gott herrscht, dass sein Wille getan wird. Deswegen heißt es im Vaterunser »Dein Reich komme, Dein Wille geschehe…« (Mt 6,10).

Jesu Ruf »Tut Buße« erging in erster Linie an sein eigenes Volk Israel. Er rief es auf, zu Gott zurückzukehren und ihm wieder treu zu sein, sonst käme Gottes Gericht über sie. Als dieser dringende Ruf immer mehr abgelehnt wurde, sprach Jesus davon, dass Gott anstelle von Israel andere Menschen rufen werde. Nach Ostern schließlich befahl er seinen Jüngern, alle Völker ins Reich Gottes zu rufen. Der Ruf: »Glaubt an die Frohe Botschaft« macht deutlich, dass die Zeit der Erlösung gekommen ist. Damit meinte Jesus

Stichwort Kreuzigung

Die aus dem Orient stammende Kreuzigung war in der Antike die übliche Todesstrafe für Schwerverbrecher, Aufständische und Kriegsverbrecher. Die Grausamkeit der Hinrichtungsart lag nicht so sehr in der eigentlichen Todesursache, dem Zusammenbruch der zentralen Funktionen des Körpers, sondern in der langen und schmerzhaften Folter bis zum Tod durch das Annageln der Füße und ausgebreiteten Arme sowie der vorangehenden Geißelung und Überanstrengung durch das Tragen des schweren Kreuzes aus der Stadt. Der Ablauf der Kreuzigung Jesu lässt sich aufgrund der Evangelien recht genau rekonstruieren und entspricht ganz den damaligen römischen Gepflogenheiten.

Zwei frühe Beispiele des Gegensatzes zwischen dem leidenden und dem erhabenen, in ein Purpurgewand gekleideten Jesus am Kreuz: »Gerokreuz« im Kölner Dom und »Imerward-Kruzifix« im Braunschweiger Dom (Mitte 12. Jh.).

aber keine politische Befreiung, sondern die Versöhnung des Menschen mit Gott (Mt 28,18ff.).

Die Gottesherrschaft steht im Gegensatz zur Herrschaft des Bösen, weswegen die Wunder Jesu vor allem der Befreiung von Dämonen, Tod, Krankheit und Sünde dienten. Die Zeichen (griech. semeia) und Krafttaten (griech. dynamis) haben aber nicht die Aufgabe, Aufmerksamkeit zu erregen, sondern das Lehren (griech. didaskein) und Predigen (griech. keryssein) Jesu zu unterstreichen und zu bestätigen.

Jesu Messianität fand zum Ärger der jüdischen Führer vor allem aufgrund seiner Wunder und Krankenheilungen und seiner vollmächtigen Predigt in wachsendem Maße Zustimmung bei den jüdischen Volksmassen, wobei dieser Glaube allerdings wankelmütig war und insbesondere in den letzten Lebenstagen Jesu in sein Gegenteil umschlug.

Im Gegensatz zu anderen Religionsstiftern wie Buddha und Konfuzius war Jesus also ein Mann des Volkes. Seine Botschaft richtete er nicht an die Reichen, Religionsführer oder Gebildeten, sondern an die »Mühseligen und Beladenen« (Mt 11,28). Mit harten Worten geißelte er das heuchlerische Verhalten der Pharisäer und Schriftgelehrten, der Theologen seiner Zeit, die den Menschen schwere Lasten aufbürdeten und selbst nur mit ihrer Gelehrsamkeit glänzen wollten (Mt 23). Dagegen stellte er die Liebe und Gnade Gottes für alle Menschen, unabhängig von Stellung und Ansehen, die man nicht durch eigene Leistungen erwerben könne, sondern von Gott aus freien Stücken geschenkt würden. Dies eröffnet jederzeit die Möglichkeit zur Umkehr für jeden noch so großen Sünder, wie Jesus im Umgang mit den unbeliebten und korrupten römischen Steuereintreibern (Zöllnern) und Prostituierten verdeutlicht. Selbst kurz vor seinem Tod verspricht Jesus einem mit ihm gekreuzigten Schwerverbrecher das Paradies, weil er Reue zeigt (Lk 23,43). Und für die Verantwortlichen an seinem Tod betet er: »Vater, vergib ihnen, denn sie wissen nicht, was sie tun« (Lk 23,34). Gott wendet sich dem Geringsten zu, der demütig um Vergebung bittet, so wie ein Schäfer nach jedem verlorenen Schaf sucht (Mt 18,12ff.) und der Vater den verlorenen Sohn aufnimmt (Lk 15,11–32).

Politik: Die Verkündigung und das Wirken Jesu waren von Gewaltlosigkeit bestimmt, womit er sich entschieden von Gruppen absetzte, die einen militärischen und politischen Umsturz propagierten oder ihn durch das Eingreifen des Messias erwarteten. Für Jesus war das Mittel zur Ausbreitung des Reiches Gottes die Umkehr und Bekehrung des Einzelnen zu einem neuen Leben, nicht aber Revolution und Zwang.

Dennoch empfanden ihn die jüdischen Führer als politische Bedrohung, da seine Kritik an ihrer religiösen Tradition sie die Unterstützung der Massen kostete und ihre mühsam konstruierte Zusammenarbeit mit den römischen Machthabern gefährdete. Als Jesus zur Feier des Passafestes (Osterfestes)

Keiner der vier Evangelisten schildert unmittelbar Christi Auferstehung (ein Engel berichtet den zum Grab geeilten Frauen). Dem wurde Matthias Grünewald insofern gerecht, als er sein Auferstehungsbild als Lichterscheinung und Ausdruck von Entmaterialisierung gestaltete. Isenheimer Altar, rechter Seitenflügel, Pendant zur Verkündigung der Inkarnation Jesu (»Verkündigung an Maria«, linker Seitenflügel); 1512–15; Unterlindenmuseum, Colmar

Das Osterbild der Ostkirche ist die Anastasis (griech. »Auffahrt«). Es zeigt jedoch nicht Christus über dem (geöffneten oder verschlossenen) Grab, sondern »Christi Höllenfahrt«: Als Sieger über Sünde und Tod befreit Christus in der Vorhölle die Gerechten des Alten Testaments, allen voran Adam und Eva: Apsisgemälde in der Kirche des Choraklosters, 14. Jh.; Istanbul. Teilweise wurde das Anastasis-Motiv – als Ergänzung zum Bild der Auferstehung – im Westen übernommen.

nach Jerusalem kam, nutzten sie die Gelegenheit, ihn von den Römern wegen Gotteslästerung (Mk 14,64) verhaften und den Prozess machen zu lassen. Den Römern, für die der Fall Jesus eigentlich eine innerjüdische, rein religiöse Angelegenheit war, ließen sich mit schlechtem Gewissen, aber opportunistisch einreden, Jesus sei ein politisch gefährlicher Pseudokönig der Juden (Lk 23,2; Joh 19,12.15). Auf dem Kreuz stand in drei Sprachen die Inschrift I.N.R.I. für Iesus Nazarenus Rex Iudaeorum (lat. »Jesus von Nazaret, König der Juden«).

Passion: Vom letzten Passamahl Jesu mit seinen Jüngern am Abend vor seinem Tod führt ein direkter Weg zum Verrat durch Judas, zur Gefangennahme im Garten Getsemane, zum Verhör vor dem jüdischen Synedrium, zur Geißelung und Verspottung durch Krönung mit einer Dornenkrone, zur Verurteilung zum Kreuzestod durch den römischen Statthalter Pilatus, auf den Weg zum Kreuz sowie zu Kreuzigung, Tod und späterem Begräbnis. So wurde ausgerechnet der Rabbi, der sich durch seine Weigerung, Rom zu bekämpfen, beim jüdischen Volk unbeliebt gemacht hatte, als politischer Rebell, als Ursurpator mit dem falschen Anspruch, »König der Juden« zu sein, zum Tode verurteilt und mit der grausamsten Hinrichtungsart der damaligen Zeit *(Kreuzigung)* getötet, welche die Römer sonst nur für Sklaven und Aufständische vorbehalten hatten. Einige hochstehende Anhänger begruben seinen Leichnam in einem nahe gelegenen Grab.

Das Todesjahr Jesu fiel in die Amtszeit des römischen Prokurators von Judäa, Pontius Pilatus (26–36 n.Chr.), und der Tag seiner Hinrichtung war ein Freitag vor dem Passafest (»Rüsttag«, Mt 27,62; Mk 15,42; Lk 23,54; Joh 19,14+31) am 14. oder 15. Nisan im jüdischen Kalender. Die Evangelien berichten, dass während des Todeskampfes Jesu am Kreuz »eine Finsternis über das ganze Land« ausbrach (Mt 27,45; Mk 15,33; Lk 23,44f.), die wir astronomisch nachvollziehen können, sodass, gekoppelt mit dem jüdischen Todestag nach den Evangelien, nur der 7. April 30 oder der 3. April 33 infrage kommen. Da der 7. April bei den Römern ein Festtag war, an dem Gerichtsverhandlungen verboten waren, weswegen Pilatus kein Urteil hätte fällen können, gilt der 3. April 33 als wahrscheinlicher Todestag Jesu.

Auferstehung: Als zwei Tage nach der Kreuzigung einige Frauen aus dem Kreis der Jünger Jesu zu seinem Grab kamen, war es leer. Das dürfte historisch unstrittig sein, denn Jesu volles Grab oder sein Leichnam wäre für die Zeitgenossen der beste Beweis gegen den neuen Glauben gewesen. Wie sich das leere Grab jedoch erklärt, kann nicht der Historiker, sondern nur der Glaube entscheiden, der sich allerdings auf das Zeugnis der ersten Christen berufen wird. Jesus begegnete seinen Jüngern nach ihrem Zeugnis als lebende und wirkliche, jedoch nicht mehr an Raum und Zeit gebundene Person. Jesu Jünger und Jüngerinnen, später auch Paulus, gewannen die unerschütterliche Überzeugung, dem auferstandenen Jesus begegnet zu sein. Erst dieser Glaube hat dazu geführt, dass die Botschaft Jesu verkündigt und verbreitet wurde, dass seine Lebensgeschichte aufgezeichnet wurde, ja, dass überhaupt das Christentum entstand. Nicht zufällig sagt Paulus nach einer Auflistung von Augenzeugen, darunter 500 Männern, dass, wenn Jesus nicht auferstanden sei, der christliche Glaube sinnlos sei und die Christen die Dümmsten aller Menschen seien (1 Kor 15,13–19). Nicht weniger zufällig wurde die Erinnerung an die Auferstehung in Form der Taufe, die Tod und Auferstehung symbolisiert, in der wöchentlichen Sonntagsfeier, die an die Auferstehung Christi am ersten Tag der Woche erinnert, und im höchsten christlichen Fest, Ostern, zum absoluten Zentrum der Feiern und Rituale des jungen Glaubens.

Urgemeinde: Die Jünger Jesu ebenso wie Paulus und andere Christen der ersten Stunde waren fest davon überzeugt, dass Jesus der Sohn Gottes, Herr (griech. kyrios) und Christus (Messias) sei. Gott hat ihn in die Welt gesandt, um die Menschen zu erlösen. Er hat zwar den Tod seines Sohnes am Kreuz zur Versöhnung gewollt, ihn aber nicht im Grab belassen, sondern ihn vom Tod zum Leben erweckt, sodass er seinen Anhängern leibhaftig erschien (1 Kor 15,3–8; Mt 28; Lk 24; Joh 20). Der am Kreuz Erniedrigte wurde von Gott erhöht, indem er im Anschluss an seine Himmelfahrt (Lk 24,51; Apg 1,9) zum Herrn aller Herren und Haupt seiner Kirche erhoben wurde (Eph 1,20ff.).

Paulus

Mit dem Apostel Paulus trat eine Persönlichkeit auf, die dem Urchristentum eine neue Ausrichtung gab. Paulus, aus einer strengen jüdischen Familie aus dem Stamm Benjamin, wuchs dreisprachig auf (Aramäisch, Griechisch, Lateinisch). Er erhielt eine Ausbildung als Pharisäer und stellte sich früh in den Dienst des jüdischen Hohen Rates zur Verfolgung der Christen. Zugleich sprach er Griechisch und kannte die hellenistische Welt, da er in Tarsus in der heutigen Türkei aufwuchs. Als römischer Staatsbürger war er mit dem römischen Recht bestens vertraut.

Nach einer dramatischen Bekehrung zum Christentum, dem Damaskuserlebnis (Apg 9,3–9; 22,3–16; 26,9–20), kehrte er nach einer Begegnung mit Petrus und den anderen Aposteln (Apg 9,26–30; Gal 1,11–24) erst

Die zwölf Apostel und ihre Attribute	
Andreas	schräges Kreuz
Bartholomäus	Messer, geschundene Haut
Jakobus major	Pilgertracht mit Muschel
Jakobus minor	Fahne oder Stab
Johannes	bartlos, Kelch und Schlange
Judas Thaddäus	Keule
Matthäus	Winkelmaß, Beil, Hellebarde
Paulus	Schwert
Petrus	Schlüssel
Philippus	Kreuzstab
Simon	Säge
Thomas	Winkelmaß oder Lanze

STICHWORT **Damaskuserlebnis**

Die Bekehrung des Apostels Paulus vom Judentum zum Christentum vor Damaskus wird dreimal geschildert: Apg 9,1ff.; 22,5ff.; 26,12ff. Als amtlicher Verfolger der Christen reiste Saulus viel. Auf dem Weg nach Damaskus überkam ihn eine Christusvision. Eine Stimme fragte ihn: »Saul, Saul, warum verfolgst du mich?« und sagte: »Ich bin Jesus, den du verfolgst.« Paulus wurde der bedeutendste Missionar und Theologe der jungen Religion. Sein Geburtsname war Saulus, aber während seiner Missionsarbeit verwendete er die griechische Form Paulus. Daher kommt die Redensart »vom Saulus zum Paulus« werden.

Caravaggio, »Die Bekehrung des Saulus«, um 1600; Santa Maria del Popolo, Rom

für einige Jahre (Apg 11,25f.) nach Tarsus zurück, bevor ihn Barnabas als Mitarbeiter in die erste heidenchristliche Gemeinde in Antiochien und damit ins Rampenlicht der Geschichte holte.

Paulus widmete sich jedoch bald der *Heidenmission* und versuchte den christlichen Glauben in den Provinzen und Ländern außerhalb des jüdischen Siedlungsgebiets zu verbreiten. Bedeutendstes Zeugnis sind die Berichte seines Schülers Lukas in der Apostelgeschichte und seine Briefe an verschiedene Gemeinden und Mitarbeiter. In diesen Schriftstücken legt Paulus die christliche Lehre systematisch dar, gibt Ratschläge an die Gemeindemitglieder und warnt die Gemeinden immer wieder, ihren wahren christlichen Charakter durch Übernahme der Gedankenwelt der jüdischen oder heidnischen Umwelt aufzugeben.

Aufruf zur Eintracht
»Vor allem: lebt als Gemeinde so, wie es dem Evangelium Christi entspricht. Ob ich komme und euch sehe oder ob ich fern bin, ich möchte hören, dass ihr in dem einen Geist feststeht, einmütig für den Glauben an das Evangelium kämpft und euch in keinem Fall von euren Gegnern einschüchtern lasst.«
Brief an die Philipper, 1,27–28

Auf weiten Missionsreisen nach Kleinasien und Griechenland gründete er zahlreiche Gemeinden in zentralen Städten der römischen Provinzen wie Thessaloniki, Korinth, Ephesus, Kolossäa und Philippi. In Jerusalem wurde er auf Betreiben der jüdischen Führer wegen Aufruhrs verhaftet und aufgrund seiner Berufung auf den Kaiser nach Rom überführt. Dort konnte er zunächst unter Hausarrest noch einige Zeit recht frei wirken, unter Nero fand er aber den Märtyrertod.

Mit seiner enormen Missionsleistung innerhalb und außerhalb des Judentums und der Anpassung der im Grundsätzlichen weiterhin jüdisch geprägten Lehre an die Situation der judenchristlichen und erst recht der heidenchristlichen Gemeinden im nicht jüdischen Umfeld, sicherte Paulus das Überdauern des christlichen Glaubens und gestaltete das Christentum erst eigentlich zu einer Weltreligion, die das Römische Reich durchdrang. Dabei geriet er mit einer mächtigen Gruppe von Judenchristen in Konflikt, denen sein Eingehen auf die Heiden zu weit ging. Der entscheidende Streitpunkt war die Frage, ob die jüdischen Zeremonialgesetze, vor allem Beschneidung und Speisegebote, auch für Nichtjuden Gültigkeit hätten, die zum Christentum übertreten wollten, ob also der Heide direkt Christ werden kann, oder erst Jude werden muss und von dort aus Christ werden kann. Die Leitung der Jerusalemer Gemeinde und andere Apostel wie Jakobus und Petrus waren lange schwankend. Auf dem »Apostelkonzil« in Jerusalem, der ersten Synode der Christenheit mit Vertretung aller Gemeinden unter Leitung der Apostel (Apg 15; Gal 2,1–10), stellten sie sich schließlich auf die Seite des Paulus und seiner Missionsstrategie und erklärten es im »Aposteldekret« an die gesamte Christenheit. Damit war das Christentum nicht mehr eine jüdische Sekte, sondern wurde zu einer Universalkirche und Weltreligion, die jedem, der an Jesus glaubte, offen stand.

Der Einfluss des Paulus auf das Christentum kann kaum überschätzt werden. Er gab die entscheidenden Anstöße für die Universalisierung der neuen Religion. Da die meisten neutestamentlichen Schriften von ihm stammen, wurde und wird christliche Theologie oft mit paulinischer Theologie gleichgesetzt und jede christliche Konfession versucht zu zeigen, dass sie »paulinisch« denkt. Große Reformbewegungen und Wendepunkte der christlichen Geschichte, wie der Wechsel von einer Griechisch bestimmten zu einer Lateinisch bestimmten Theologie bei Aurelius *Augustinus* im 5. Jh., die Reformation Martin

Zu den Zeugnissen der prominenten Stellung der beiden »Apostelfürsten« Petrus und Paulus (gemeinsames Fest Peter und Paul am 29. Juni) gehört in der frühchristlichen Kunst der Sarkophag des römischen Stadtpräfekten Junius Bassus († 359). Die mittlere der fünf oberen Szenen zeigt Petrus und Paulus zu beiden Seiten Christi; sie empfangen das Gesetz des Neuen Bundes (Traditio legis). Die Themen der links vorausgehenden Szenen sind die Opferung Isaaks und die Gefangennahme Petri; rechts folgen die Vorführung Jesu vor Pilatus und dessen Handwaschung (Mt 27,23). Die untere Reihe zeigt Ijob (Hiob) im Elend, Adam und Eva nach dem Sündenfall, ihre Blöße bedeckend, Jesu Einzug in Jerusalem, Daniel in der Löwengrube sowie am Ende Paulus auf dem Weg zu seinem Martyrium, der Hinrichtung mit dem Schwert; dieses wurde zum Attribut des Paulus. Grotten der Peterskirche, Rom

Luthers oder das 2. *Vatikanische Konzil,* geschahen unter Berufung auf Paulus. Die zentralen Lehren des Christentums wie *Erbsünde,* Rechtfertigung des Sünders aus Glauben, das stellvertretende Sühneopfer Jesu für die Menschheit oder *Kirche* als *Leib Christi* wurden alle von Paulus formuliert. Er setzte stets den alttestamentlichen Glauben und die Tradition der zwölf Apostel vor ihm voraus.

Petrus

Petrus hat für die Formulierung des universalen christlichen Glaubens nicht die Rolle gespielt wie Paulus. Die beiden neutestamentlichen Petrusbriefe sind in der Theologie Paulus sehr ähnlich und verweisen sogar ausdrücklich auf Paulus (2 Petr 3,15f.). Deshalb halten manche Theologen sie gar nicht für seine Werke, sondern für die von Paulusschülern, was dem einfach gehaltenen Sprachstil – man hört den nicht griechischen Fischer reden – jedoch wohl nicht gerecht wird. Petrus ist aber für das Christentum in anderer Hinsicht eminent wichtig. Die katholische Kirche hat ihn zum Ausgangspunkt ihrer Geschichte gemacht und sieht ihn als ersten Papst. Darüber hinaus ist er unbestritten der von Jesus aufgebaute und allgemein anerkannte Führer der Jünger Jesu und der ersten Christen. So stand neben dem hochgebildeten, weltgewandten Paulus der einfache jüdische Fischer (Mk 1,16) Petrus am Beginn der christlichen Kirche.

Bereits in den Evangelien ist er die führende Gestalt im Kreis der zwölf Jünger Jesu. Statt seines früheren Namens Simon (Apg 15,14) erhält er von Jesus selbst den Namen Petrus oder Kephas (griech. petros »Stein, Fels«; aram. kephas »Fels«, Joh 1,42). Er war der erste Mensch und Apostel, der Jesus als Sohn Gottes erkannte und bekannte (Mt 16,13–16; Mk 8,27ff.), auch wenn die Evangelien offen berichten, dass er Jesu Leiden

STICHWORT Griechische und lateinische Kirchenväter

Michael Pacher, Kirchenväteraltar (die Kirchenväter Hieronymus, Augustinus, Gregor und Ambrosius darstellend), entstanden um 1480 für die Kirche des Augustinerchorherrenstifts Neustift bei Brixen in Südtirol; Alte Pinakothek, München

Michael Pachers Kirchväteraltar zeigt bei geöffneten Seitenflügeln die vier lateinischen Kirchenväter, die 1295 zu Kirchenlehrern erhoben wurden. Die Taube des Hl. Geistes symbolisiert jeweils die göttliche Inspiration der Heiligen. Es sind dies (von links): Der hl. Hieronymus als Kardinal mit seinem Attribut, einem Löwen, dem er einst einen Dorn aus der Tatze gezogen hat. Dem hl. Augustinus zeigte ein Kind am Strand, Gottes Unendlichkeit erkennen zu wollen gleiche dem Versuch, das Meer mit einem Löffel leer zu schöpfen. Assistenzfigur des hl. Gregor ist der römische Kaiser Trajan, den der Papst aus dem Fegefeuer befreien wollte. Der hl. Ambrosius ist als Autor und als Kind in der Wiege dargestellt, dem einst Bienen die »honigsüße Sprache« seiner Schriften und liturgischen Gesänge einträufelten.

Justin der Märtyrer
*um 100 Nablius, † um 165 Rom
Bedeutendster Vertreter der *Apologeten.*

Irenäus von Lyon
*um 140 Kleinasien, † um 202 Gallien
Der Bischof von Lyon bekämpfte mit der Schrift »Adversus Haereses« (»Gegen die Irrlehrer«) die *Gnosis* und andere Richtungen.

Origenes
*um 185 Alexandria (?), † um 253 Tyrus
Der in strenger Askese (Selbstkastration) lebende Bibelforscher (Verfasser der synoptischen *Hexapla*) unterschied zwischen buchstäblichem, moralischem und mystischem Sinn der Schrift *(Allegorie).* Origenes vertrat die – 533 als *Häresie* verurteilte – Lehre von der *Allversöhnung.*

Athanasios
*um 295 Alexandria, † 373 ebd.
Der Patriarch von Alexandria verteidigte das trinitarische Bekenntnis von *Nizäa* (325) gegen den *Arianismus,* Er trug durch seine Vita des Einsiedlers Antonius zur Verbreitung des Mönchtums bei.

Basilius der Große
*um 330 Caesarea Mazaca/Kappadokien,
† 379 ebd.
Der Bischof von Caesarea Mazaca und Metropolit von Kappadokien bildet mit seinem Bruder Gregor von Nyssa (um 334 bis um 395) und Gregor von Nazianz (um 329–390) die Gruppe der gegen den *Arianismus* kämpfenden »drei Kappadokier«. Die Basiliusregel prägte das östliche Mönchtum *(Basilianer).*

Johannes I. Chrysostomos
(griech. »Goldmund«) * 344/54 Antiochia (=Antakya), † 407 Komana bei Kayseri
Der Prediger in Antiochia amtierte ab 398 als Patriarch von Konstantinopel; 404 wurde er aufgrund seiner strengen Haltung abgesetzt und an die armenische Grenze verbannt. Seine Liturgie ist seit dem 13. Jh. als Eucharistie im allgemeinen Gebrauch der orthodoxen Kirche. Er schuf die umfangreichste Literatur der *Patristik.*

Ambrosius
*339 Trier, † 397 Mailand
Der Bischof von *Mailand* verfasste Kommentare zur Bibel (Genesis, Lukas) und förderte die Entwicklung der *Liturgie.*

Hieronymus
*um 347 Stridon/Dalmatien,
† 419/20 Bethlehem
Der in Rom ausgebildete Theologe, Einsiedler und Klostergründer in Bethlehem schuf im Auftrag von Papst Damasus I. (reg. 366–384) eine Neubearbeitung der lateinischen Bibel, die *Vulgata.*

Aurelius Augustinus
*354 Tagaste/Numidien,
† 430 Hippo Regio/ Numidien
Der Bischof von Hippo entwickelte als Theologe ein in sich geschlossenes System *(Augustinismus).* Seine Autobiografie »Confessiones« (»Bekenntnisse«), und die Geschichtsphilosophie »De Civitate Dei« (»Vom Gottesstaat«) zählen zur Weltliteratur. Er bekämpfte den *Donatismus,* den Manichäismus und den Pelagianismus. *Augustiner* war Martin Luther.

Gregor I., der Große
*um 540 Rom, † 604 ebd.
Der Benediktiner, Papst (ab 590) und Verfasser einer Vita seines Ordensgründers, bereitete den *Kirchenstaat* vor und leitete die römische Mission unter den Angelsachsen ein. Seine Reform der *Liturgie* begründete den *Gregorianischen Gesang.*

immer wieder nicht verstand (Mt 16,22; Mk 8,32) und seinen Glauben kurz vor der Kreuzigung Jesu verleugnete (Mt 26,69–75; Mk 14,66–72). Christus erschien ihm persönlich am Tag seiner Auferstehung (Lk 24,34; 1 Kor 15,5) und gab ihm später den von Johannes überlieferten Auftrag, seine Schafe zu weiden (Joh 21,1–23). Petrus predigte am Pfingstfest in Jerusalem stellvertretend für die Jünger Jesu (Apg 2,14–40). Auch wenn ihn beim Apostelkonzil offensichtlich der Bruder Jesu, *Jakobus*, als Leiter der Gemeinde in Jerusalem bereits abgelöst hat (Apg 15,13), spielte sein dortiges Urteil zugunsten der paulinischen Heidenmission die entscheidende Rolle. Petrus war der unbestrittene Führer der *Judenchristen* und auf Missionsreisen an der Ausbreitung der ersten Gemeinden beteiligt. Allerdings verlieren sich seine Spuren im N.T. früh, weil Lukas in der Apostelgeschichte, wo er zunächst im Mittelpunkt steht (Apg 1–12; 15), im Weiteren statt seiner von den Missionsreisen des Paulus berichtet. Sicher ist nur, dass Petrus unter Nero 64–67 n. Chr. den Märtyrertod in Rom erlitt. Ob er dort zuvor längere Zeit Bischof war, ist sehr wahrscheinlich, aber nicht zweifelsfrei zu klären. Sein Grab in der Peterskirche in Rom wurde von der archäologischen Forschung glaubhaft, aber nicht eindeutig belegt. Allerdings ist die Verehrung des Petrusgrabes seit Mitte des 2. Jh. kontinuierlich nachgewiesen.

Prägende Persönlichkeiten

Die große Zahl an Persönlichkeiten, die das Christentum seit dem 2. Jh. bis in die Gegenwart geformt und weiterentwickelt haben, lässt sich grundsätzlich in drei Gruppen gliedern, wobei es natürlich Personen gab und gibt, die mehreren Kategorien zugleich angehören: 1. Theologen, welche die christliche Lehre dargestellt haben und entweder als Schriftsteller oder Hochschullehrer wirkten; 2. Kirchenführer, die kirchenleitende Ämter innehatten, also Bischöfe, Päpste oder im ev. Bereich Reformatoren; 3. Heilige und Märtyrer, also Menschen, die durch ihr Leben und Wirken prägten und im katholischen und orthodoxen Bereich verehrt, im evangelischen Bereich als Vorbilder hingestellt werden. Unter den Theologen und Kirchenführern ragen vor allem die Kirchenväter, die mittelalterlichen Scholastiker, die evangelischen Reformatoren und die Theologen der

STICHWORT **Die repräsentativen Theologen der Scholastik**

Hl. Anselm von Canterbury

Anselm von Canterbury
*1033 Aosta, † 1109 Canterbury
Der Benediktiner und ab 1093 Erzbischof von *Canterbury* wurde mit den Lehrsätzen »Der Glaube sucht Vernunftsgründe« und »Ich glaube, um zu erkennen« (lat. Credo ut intelligam) zum »Vater der Scholastik«; in seinem Werk »Prologion« (1078) formulierte er den ontologischen *Gottesbeweis*. Entscheidend war der Versuch, den Glauben nicht ausschließlich auf die Autorität von Bibel und Kirche zu gründen. 1097–99 entstand sein Hauptwerk »Warum Gott Mensch geworden ist«.

Hl. Albertus Magnus

Albertus Magnus
* 1193 Lauingen an der Donau, † 1280 Köln
Der Dominikaner lehrte 1244–48 in *Paris* und verwendete in *Köln* an einer internationalen Ordenshochschule (Vorstufe der späteren Universität) im Theologiestudium sowohl griechische (Aristoteles) als auch jüdische und arabische Schriften, die teilweise noch verboten waren. Sein Schüler in Paris und Köln war Thomas von Aquin. Im Hinblick auf seine naturkundlichen Schriften erklärte die katholische Kirche Albert den Großen im 20. Jahrhundert zum Patron der Naturwissenschaften.

Hl. Bonaventura

Bonaventura (eigtl. Johannes Fidanza)
* um 1221 Bagnoregio, Prov. Viterbo, † 1274 Lyon
Der Ordensgeneral der Franziskaner (ab 1257) wurde 1273 Kardinal. Als Theologe strebte er nach einer Synthese zwischen christlichem Glauben und neuplatonischer Ideenlehre. Mit Werken wie dem »Itinerarium mentis in Deum« über den Aufstieg der Seele zu Gott in sechs Stufen, die sechs Seelenkräften entsprechen, übte er Einfluss auf die neuzeitliche *Mystik* aus. 1588 wurde der »Doctor seraphicus« zum Kirchenlehrer erhoben. Sein Hauptwerk ist der »Sentenzenkommentar« (ab 1248).

Hl. Thomas von Aquin

Thomas von Aquin
*1225/26 bei Aquino, † 1274 Fossanova
Der in Paris, Orvieto, Viterbo, Rom und Neapel lehrende Dominikaner entwickelte in seiner »Summa theologiae« (entstanden 1266–73) die Theologie als rationale, ihre Erkenntnisse aus Prinzipien ableitende Wissenschaft. Sie umfasst auf *Naturrecht* gegründete Anschauungen über Staat, Obrigkeit und Gesellschaft. Der »Doctor angelicus« wurde 1567 zum Kirchenlehrer erhoben; der *Thomismus* gewann grundlegende Bedeutung für die katholische Lehre.

Wilhelm von Ockham
*um1285 Ockham/Surrey, † 1349/50 München
Der Franziskaner und Magister theologiae in Oxford vertrat mit der »via moderna« die Trennung von Glauben und Wissen und schuf damit einen Ausgangspunkt der modernen Philosophie. Vom Kanzler in Oxford der *Häresie* angeklagt und in Avignon festgesetzt, floh Ockham 1328 zu Kaiser Ludwig IV., dem Bayern (reg. 1314/28–47), und unterstützte diesen in der Auseinandersetzung mit dem in Avignon residierenden Papst Johannes XXII. (reg. 1316–34).

Zwei Pole der Marienverehrung im Mittelalter sind die Schmerzensmutter in Darstellungen der Pietà und die »Schöne Madonna« als Skulptur oder Gemälde: Stefan Lochners »Gottesmutter in der Rosenlaube« verbindet letzteren Typus mit Motiven der gekrönten Himmelskönigin und dem »Verschlossenen Garten« (hortus conclusus) aus dem Hohenlied als Symbol der Jungfräulichkeit. Der Apfel in der Hand des Kindes symbolisiert den Sündenfall, den Jesus überwindet; in diesem Kontext ist Maria die »neue Eva«. Andachtsbild, um 1450; Wallraf-Richartz-Museum, Köln

Moderne wie Karl Rahner (katholisch) und Karl Barth (evangelisch) hervor.

Kirchenväter: Der Begriff benennt die Theologen der Alten Kirche (2.–6. Jh.), insbesondere diejenigen, die uns Schriften hinterlassen haben. Im weiteren Sinn gelten alle griechischen und lateinischen Autoren der Kirche als Kirchenväter, im engeren Sinn nur diejenigen, die an anerkannten altkirchlichen Konzilen teilnahmen. Bis ins 18. Jh. beriefen sich theologische Gegner bei Streitigkeiten über die Auslegung der Bibel oder die Rechtgläubigkeit von Lehren auf Kirchenväter. In der Reformationszeit bemühten sich vor allem die Reformatoren Luther, Calvin und Bucer um den Nachweis, dass die evangelische Lehre sich bei den Kirchenvätern finde, welche die katholische Kirche für sich reklamierte. Für die orthodoxen Kirchen stehen die rechtgläubigen griechischen Kirchenväter als Formulierer der *Tradition* gleichrangig neben der Schrift. Das erste Kirchenväterverzeichnis ist das Decretum Gelasianum (Anfang 6. Jh.). Die Ostkirchen stützen sich bis heute auf die Kirchenväterzitatsammlung von Johannes Damascenus (um 650–754). Bedeutenden Theologen verleiht der Papst den Titel »Kirchenlehrer«. Die beiden wichtigsten Kirchenlehrer sind Aurelius Augustinus (354–430) und Thomas von Aquin (um 1225–1274).

Scholastiker: Die *Scholastiker* (lat. schola: »Schule«, scholastica: »Schulwissenschaft«) strebten eine Synthese der von Bibel und Kirchenvätern herkommenden Theologie und der griechischen Philosophie des Aristoteles (384–322 v.Chr.) an, um den christlichen Glauben philosophisch zu stützen. Sie förderten die akademische Entwicklung und die Verzahnung der christlichen Theologie mit Philosophie, Naturwissenschaft und Kultur ganz wesentlich. Die bedeutendsten Scholastiker waren Thomas von Aquin (1225–1274), Anselm von Canterbury (1033–1109), Petrus Abaelardus (1079–1142), Petrus Lombardus (um 1095 bis 1160), Albertus Magnus (1193–1280), Bonaventura (1221–1274) sowie Johannes Duns Scotus (1270–1308).

Reformatoren: Auch wenn man verschiedene Gestalten der Kirchengeschichte als Reformatoren (lat. »Umgestalter«) bezeichnen kann, wird der Titel heute in der Regel vor allem auf die Theologen bezogen, die im 16. Jh. die *Reformation* auslösten und die Führer der verschiedenen Flügel der evangelischen Reformation wurden, so insbesondere in Deutschland Martin Luther (1483–1546), Philipp Melanchthon (1497–1560) und Martin Bucer (1491–1551), in der Schweiz Ulrich Zwingli (1484–1531) und Johann Calvin (1509–1564).

Heiligen- und Marienverehrung

Während unter den Theologen und Kirchenführern bis in das 20. Jh. praktisch keine Frau zu finden ist, ist die christliche *Heiligenverehrung* bis zur Reformationszeit und seitdem im orthodoxen und katholischen Bereich mindestens ebenso stark auf vorbildliche Frauen wie auf Männer ausgerichtet. Der Urgemeinde ist die Heiligenverehrung im Sinn von Gebeten zu Heiligen fremd. Dementsprechend lehnt der Protestantismus bis heute die Heiligenverehrung ab. Dennoch reicht sie bis in das 2. Jh. zurück. Seit dem Ende der Christenverfolgung *(Konstantinische Wende)* wurden neben den Märtyrern auch zunehmend Kirchenführer, Mönche und Jungfrauen verehrt, um ihre *Reliquien* entstanden Wallfahrtsorte. Im 10. Jh. begann die Kirche mit der *Heiligsprechung* (Kanonisierung).

Maria: Die bedeutendste Heilige ist *Maria,* die Mutter Jesu. Unter Marienverehrung versteht man sowohl die kirchenrechtlich anerkannten als auch die von der Volksreligion bestimmten Formen der Verehrung Marias, vor allem in der katholischen Kirche. Die Verehrung galt der himmlischen Herrin und Königin ebenso wie der geistlichen Mutter und milden Fürsprecherin aller Christen, welche die Gebete der Gläubigen vor Gott bringt. Marienerscheinungen wurden zum Ausgangspunkt für viele Marienwallfahrtsorte *(Lourdes, Fatima, Loreto).*

Spaltungen und Richtungen

Wie jede Religion hat sich auch das Christentum in mehrere große Konfessionen und dort wiederum in zahlreiche Strömungen geteilt, darunter *Volksreligiosität, Fundamentalismus, Pietismus, Mystik* und Rationalismus. Von allen drei großen Konfessionen (Katholiken, Protestanten, Orthodoxe) haben sich kleinere Gruppen abgespalten, auch wenn die meisten von ihnen auf den Protestantismus entfallen. Als *Konfession* oder *Denomination* gilt eine Religionsgemeinschaft, die sich durch ihr *Bekenntnis* von anderen religiösen Gemeinschaften unterscheidet. Die größten organisierten Gemeinschaften bilden die katholische Kirche mit etwa Dreiviertel aller Christen, die orthodoxen Kirchen und die protestantischen Kirchen, die wiederum in fünf Gruppen unterteilt sind, *Anglikaner, Lutheraner, Reformierte, Täufer* und *Pfingstler.*

Die großen christlichen Konfessionen beruhen im Kern auf drei historischen Entwicklungen:

Die erste ist das »Große Schisma«, mit dem man den endgültigen Bruch zwischen westlicher (katholischer, später auch evangelischer) und östlicher (orthodoxer) Kirche von 1054 bezeichnet. Die zweite war die Reformation ab 1517, die zur Bildung des Protestantischen führte, der in drei Flügel zerfiel, den lutherischen, den reformierten und aus diesem heraus in den täuferischen. Letzterer teilte sich mit der zunehmenden Freiheit vor allem im 19. Jh. in evangelischen *Freikirchen* und als Abspaltungen bzw. aufgrund von eigenen Offenbarungen in Son-

STICHWORT **Mystiker des Mittelalters**

Bernhard von Clairvaux im Gewand der Zisterzienser beim Gebet um eine gute Ernte; Glasmalerei aus Köln, um 1525

Hildegard von Bingen unter der inspirierenden Taube des Heiligen Geistes; kolorierter Holzschnitt, 1524

Bernhard von Clairvaux
*um 1090 Schloss Fontaine bei Dijon,
† 1153 Clairvaux
Der Zisterzienser, Gründer und Abt des Klosters Clairvaux, erhielt als Prediger den Beinamen „Doctor mellifluus" (lat., »honigfließender Lehrer«, daher Schutzheiliger der Imker). Die Bernhard-Ikonografie betont als Mittelpunkt seiner Visionen neben dem Leiden Jesu Christi eine Erscheinung der Jungfrau Maria. 1830 wurde er von Papst Pius VIII. (reg. 1829/30) zum Kirchenlehrer erhoben.

Hildegard von Bingen
*1098 Bernersheim bei Alzey,
† 1179 Kloster Rupertsberg bei Bingen
Die Benediktinerin und Gründerin des Nonnenklosters Rupertsberg besaß eine vom Papst anerkannte Sehergabe. Sie verfasste neben medizinischen und naturwissenschaftlichen, exegetischen und hagiografischen Schriften als Hauptwerk der mystischen Literatur die lateinische Schrift »Scivias« (1141–51; dt. »Wisse die Wege«, 1922).

Mechthild von Magdeburg
*um 1210 Niedersachsen,
† 1282 (?) Helfta (= Eisleben)
Die Autorin des siebenbändigen Werkes »Das fließende Licht der Gottheit« (beg. 1250) enthält ekstatische Schilderungen der mystischen Vereinigung der Seele mit Gott und Kritik am Klerus. Zur Niederschrift ihrer (teuflischen?) Visionen ermutigte sie ihr Beichtvater. Zuvor hatte sie 1230–50 ihr Leben in *Magdeburg* als *Begine* in strenger Askese verbracht. 1272 zog sie sich in das Zisterzienserinnenkloster Helfta zurück, das zum Zentrum der Frauenmystik und der mystischen Literatur wurde.

Meister Eckhart
*um 1260 Hochheim bei Gotha,
† 1328 Avignon
Der Dominikaner lehrte unter anderem in Straßburg, *Paris* und *Köln.* Im Mittelpunkte seiner Lehre stehen die »Entwerdung« durch Abkehr vom Eigennutz und das Streben nach der »unio mystica« der Seele mit Gott. 1326 vom Kölner Erzbischof wegen ketzerischer Lehrsätze angeklagt, verteidigte sich Meister Eckhart in *Avignon* vor Papst Johannes XXII. (reg. 1316–34) und wurde 1329 postum verurteilt.

Heinrich Suso (eigtl. H. Seuse)
*1295 Konstanz, † 1366 Ulm
Der Dominikaner war 1322–24 Schüler des Meister Eckart in *Köln.* Er verteidigte mit seinem »Büchlein der Wahrheit« dessen Lehren und entwickelte eine Mystik der »Imitatio Christi« (lat., »Nachahmung Christi«) als frühe Form der Devotio moderna. 1343/44 Prior eines Konvents in Diessenhofen, kam er 1348 nach Ulm. Sein »Büchlein von der ewigen Weisheit« (1328) beeinflusste Thomas von Kempen.

STICHWORT Richtungen des Christentums

Koptische Gemeinde in Kairo. Während der Messe in der Kirche segnet der Priester die Gläubigen mit Weihwasser.

Orthodoxe Christen in Syrien. In der frühen Kirche war Syrien ein Zentrum des Christentums. Heute bekennen sich noch 6% der Bevölkerung dazu.

Messe in einer orthodoxen Kirche in Rumänien; in diesem Land sind zu Beginn des 21. Jh. insgesamt 14 christliche Konfessionen vertreten.

Gemeindemitglieder und Geistliche während einer Weihe von Taufwasser beim Timkatfest der äthiopischen Christen in Lalibela.

Ein serbisch-orthodoxer Priester tauft von einem Boot aus eine Gruppe serbischer Männer in der Donau.

1994 weihte der Erzbischof von Canterbury erstmals in der Geschichte der anglikanischen Kirche 22 Frauen zu Priesterinnen.

Blick in den modern gestalteten Altarraum einer Kirche der Baptisten in Atlanta im US-amerikanischen Bundesstaat Georgia.

In Yamoussoukro, Côte d'Ivoire, wurde 1989 die größte Kirche der Welt geweiht. Notre-Dame de la Paix ist eine Replik des Petersdomes in Rom.

Eine strikte Regel der Mennoniten besagt, dass sowohl Frauen als auch Männer außerhalb des Hauses stets einen Hut tragen müssen.

Amish-People aus Pennsylvania beim Tischgebet. Typisch für die Amish-People sind die weißen Hauben der Frauen und die Barttracht der Männer.

dergruppen wie die *Zeugen Jehovas, Mormonen* oder die *Neuapostolische Kirche.* Die einzelnen Kirchen werden im folgenden Lexikon detailliert beschrieben. Dort wird zu wichtigen Themen die Sicht der Konfessionen und Kirchen dargestellt.

Die römisch-katholische Kirche ist die mit Abstand größte Kirche der Welt. Von den ca. 1 Mrd Katholiken gehören 975 Mio zum römischen Ritus. Sie anerkennen das Lehr- und *Jurisdiktionsprimat* und die *Unfehlbarkeit des Papstes* an. Als »Stellvertreter Christi« auf Erden leitet er eine Hierarchie von Bischöfen und Priestern. Im Zentrum der katholischen Frömmigkeit stehen die sieben Sakramente sowie die Marien- und Heiligenverehrung.

Orientalische katholische Nationalkirchen sind solche orientalische Kirchen, die zwar weitgehend die ostkirchlichen und orthodoxen Riten, Strukturen und Kirchensprache beibehalten haben, sich aber nicht zu den orthodoxen Kirchen zählen, sondern in Gemeinschaft mit der römisch-katholischen Kirche befinden, also das Jurisdiktionsprimat des Papstes anerkennen.

Die altkatholische Kirche (auch Altkatholiken, in der Schweiz Christkatholiken) ist die größte Abspaltung von der katholischen Kirche seit der Reformation, die aus der Ablehnung des auf dem 1. *Vatikanischen Konzil* (1869/70) verkündigten Dogmas von der *Unfehlbarkeit des Papstes* hervorging. Die Altkatholiken haben sieben Sakramente wie die katholische Kirche, lehnen aber den Zölibat und viele *Mariendogmen* ab und ordinieren Frauen. Sie entsprechen heute in vielem der *anglikanischen Kirche.*

Die orthodoxen Kirchen sind die Fortsetzung der Patriarchate des intakten oströmischen Reiches, die sich 1054 offiziell von der katholischen Westkirche trennten. Mit der Eroberung Konstantinopels 1453 durch die Türken hörte das Byzantinische Reich mit seiner gut organisierten Reichskirche auf zu bestehen. Die orthodoxen Kirchen innerhalb und außerhalb der islamischen Welt überlebten jedoch und bildeten in den verschiedenen Patriarchaten in der islamischen Welt und Osteuropa sowie Russland *autokephale,* also sich selbst verwaltende Kirchen heraus. Sämtliche *Nationalkirchen* räumen dem Patriarchen von Konstantinopel einen Ehrenvorrang ein. Die orthodoxen Kirchen definieren sich über die Sakramentshandlungen, die unveränderte Liturgie der Frühen Kirche und die *Ikonen,* nicht aber über die theologische Lehre. Zu den orthodoxen Kirchen gehören weltweit 210 Mio Gläubige.

Die historisch bedeutsamste orthodoxe Kirche ist die griechisch-orthodoxe Kirche in Griechenland und unter Griechisch sprechenden Christen in anderen Ländern (15 Mio Gläubige). Zahlenmäßig bedeutender ist mit 80 Mio Gläubigen die russisch-orthodoxe Kirche, deren Sitz Moskau nach dem Fall Konstantinopels 1453 als »drittes Rom« zum neuen Zentrum der orthodoxen Kirchen wurde. Schließlich wurde 1589 ein eigenes orthodoxes Patriarchat von Moskau und Altrussland errichtet.

Zu den Ostkirchen gehören neben den orientalisch-katholischen Kirchen und den orthodoxen Kirchen noch orientalische Nationalkirchen, die sich schon vor der großen Kirchenspaltung 1054 von der Reichskirche abgespalten hatten, wie die von Syrien ausgehenden *Nestorianer, Jakobiten* und *Malabarchristen,* die *Thomaschristen* in Indien, die *abessinische Kirche* in Äthiopien, die *armenische Kirche* in Armenien und als heute bedeutendste unter ihnen die koptische Kirche (griech. Aigyptioi »Ägypter«). Die Nationalkirche Ägyptens trennte sich im 6. Jh. von der byzantinischen Reichskirche ab, da der Vorwurf, sie sei häretisch, weil *monophysitisch,* nicht ausgeräumt werden konnte. Sie überdauerte auch die Zeit des Islam. Die Verurteilung durch das Konzil von Chalkedon (451) wurde erst fast 1500 Jahre später durch die katholische Kirche und die orthodoxen Kirchen aufgehoben.

STICHWORT **Rechtfertigung**

Begriff: Im N.T. ist Rechtfertigung ein richterlicher Akt Gottes, bei dem aufgrund des stellvertretenden Leidens und Sterbens von Jesus Christus einem reuigen Sünder die Gerechtigkeit, die Jesus erworben hat, angerechnet wird. Er nimmt sie im Glauben an, sodass dem Sünder, von seiner Schuld befreit, die Strafe erlassen und er selbst von Gott als Gerechter angesehen wird (Apg 13,18–39; Röm 3,24ff.; 4,4–8).

Protestantismus: Die Rechtfertigung ist seit ihrer Wiederentdeckung durch Martin Luther in der *Reformation* der wichtigste Glaubensartikel der protestantischen Theologie, d.h. der *Lutheraner, Reformierten, Anglikaner* und *Täufer.* In ihm wird bekannt, dass der Mensch um Christi Willen aus Gnade gerecht gesprochen wird. Nach der evangelischen Rechtfertigungslehre wendet sich Gott aus Gnade dem Menschen wieder zu, d.h. der Mensch wird *sola gratia* (lat. »allein durch die Gnade«) gerechtfertigt. Da der Mensch den Verdienst Christi nur im Glauben erfahren kann, erlangt er die göttliche Gnade durch Glauben (Röm 3,28), nicht aber durch Werke. Die guten Werke sind nur Früchte des Glaubens.

Katholizismus: Die katholische Theologie kennt die Lehre von der Rechtfertigung ebenso, räumt ihr aber nicht einen solch einzigartigen Stellenwert ein. Katholiken verstehen sie eher als habituelle Gnade, die Gott dem Menschen eingibt, sodass er mit ihrer Hilfe gute Werke vollbringen und sich die Mehrung der Gnade und der ewigen Seligkeit verdienen kann.

Der aus der Reformation des 16. Jh. entstandene Protestantismus erhebt den Anspruch, dem ursprünglichen Anliegen des Stifters Jesus Christus und seiner ersten Boten, den Aposteln und neutestamentlichen Autoren, insbesondere Paulus, näher zu stehen, weil er sich allein an die Heilige Schrift hält. Deswegen lehnt er Heiligenverehrung, Marienverehrung, eine ausgeprägte, mehrschichtige Gehorsamsstruktur sowie die Unfehlbarkeit des Papstes ab. Da allein die Bibel höchste Instanz ist, ist es unter berechtigter oder vermeintlicher Berufung auf die Bibel zu zahlreichen größeren und kleineren Kirchen gekommen.

Die Anglikanische Kirchengemeinschaft ist eine weltweite Familie von Kirchen, die mit dem Erzbischof von Canterbury, dem Oberhaupt der Staatskirche Englands, verbunden sind, die auf die Reformation des 16. Jh. in England zurückgeht. Diese eigenständige Ausprägung des Protestantismus wird oft als eigene Konfession zwischen Katholizismus und Protestantismus gezählt, da sie trotz der evangelisch-reformierten Prägung ihrer Theologie das äußere Erscheinungsbild und Auftreten fast unverändert aus der Zeit vor der Reformation übernommen hat und darin der katholischen Kirche sehr ähnlich ist.

Die lutherischen Kirchen, die aus der Reformation Martin Luthers hervorgegangenen Kirchen, beschränkten sich zunächst auf Gebiete, wo die lutherische Kirche Landes- oder Staatskirche und damit zahlenmäßig vorherrschend war, nämlich vor allem in Deutschland und allen skandinavischen Ländern. Später entstanden aber durch Auswanderung und Missionsarbeit lutherische Kirchen und Freikirchen in aller Welt, so dass die Lutheraner (heute 61 Mio Gläubige) lange die zahlenmäßig größte evangelische Konfession vor den Reformierten und Baptisten waren, bevor sie im 20. Jh. von den *Pfingstlern* überflügelt wurden. Die Liturgie ist konservativ, die Predigt vor allem auf die Buße ausgerichtet. Das Amt und die Sakramente werden stärker als in den reformierten Kirchen betont und die autoritative Geltung der lutherischen *Bekenntnisschriften* ist verbindlich.

Die reformierten Kirchen gehen auf die Schweizer Reformation zurück und sind vor allem von Johannes Calvin (1509–1564), aber auch von dessen Vorläufern Zwingli und Bucer und den Nachfolgern Beza und Bullinger geprägt. Calvin betonte einerseits

STICHWORT **Reformatoren**

Martin Luther
*1483 Eisleben, † 1546 ebd.
Der *Augustiner* in Erfurt (ab 1505) wurde1512 Doktor der Theologie in *Wittenberg*. 1517 verfasste er gegen den *Ablasshandel* 95 Thesen. Auf die päpstliche Bannandrohungsbulle antwortete er mit der Schrift »An den christlichen Adel deutscher Nation«. Der sächsische Kurfürst Friedrich III., der Weise (reg. 1486–1525) rettete ihn nach Verhängung der Reichsacht (Worms, 1521) auf die Wartburg, wo Luther das N.T. ins Deutsche übersetzte. Er wurde zum Vater der *lutherischen Kirchen*.

Ulrich (Huldrych) Zwingli
*1484 Wildhaus/Kt. St. Gallen, † 1531 bei Kappel
Der humanistisch gebildete Priester am Großmünster von Zürich leitete mit seiner Ablehnung des Fastengebots (Schrift »Von erkiesen und fryheit der spysen«) die vom Rat der Stadt unterstützte Reformation ein. Die ausschließlich symbolische Auffassung des Abendmahls brachte Zwingli in Gegensatz zu Luther *(Marburger Religionsgespräche)*. Er propagierte das militärische Vorgehen gegen die katholisch gebliebenen Kantone und fiel als Feldprediger im 2. Kappeler Krieg.

Thomas Cranmer
*1489 Aslacton/Nottingham, † 1556 Oxford
Der Schüler des im Exil in Cambridge lehrenden Reformators Straßburger Martin Bucer (1491 bis 1551) annullierte als Erzbischof von *Canterbury* drei Ehen Heinrichs VIII. (reg. 1509–47). Er verbreitete die Bibel in englischer Übersetzung und veröffentlichte 1549 unter Eduard VI. (reg. 1547–53) das erste *Common Prayer Book* der *anglikanischen Kirche*. Unter Maria I., der Katholischen (reg. 1553 bis 1558), wurde er 1553 eingekerkert und als Ketzer hingerichtet.

Philipp Melanchthon (eigtl. Ph. Schwarzerd)
*1497 Bretten/Württemberg, † 1560 Wittenberg
Der Humanist und Professor für Griechisch sowie Theologie in Wittenberg schloss sich Luther an und verfasste 1520/21 mit den »Loci communes« die erste evangelische (Kurz-)Dogmatik. Seine bedeutendsten Schriften sind die *Confessio Augustana* und deren Verteidigung (»Apologie der Augustana«, 1531). Theologisch begründete er die Bedeutung der »guten Werke«. Die Reform des Schul- und Hochschulwesens machte ihn zum »Praeceptor Germaniae« (»Lehrmeister Deutschlands«).

Johannes Calvin (eigtl. Jean Cauvin)
*1509 Noyon, † 1564 Genf
Der Jurastudent musste als Verfechter der Reformation Paris verlassen und ließ sich 1535 in *Basel*, 1536 in Genf nieder. Hier schuf er eine von Laienältesten mit dem Pfarrer geleitete Kirchenordnung *(Presbyterialverfassung)*. Er betonte einerseits die Gnadenwahl Gottes *(Prädestination)*, andererseits ein tätiges Christentum anhand der Gebote und Ordnungen Gottes. Durch das Vorbild Genfs und die Genfer Akademie wurde der *Calvinismus* in ganz Europa verbreitet.

William »Billy« Graham
* 1918 Charlotte/ North Carolina
Der US-amerikanische *Baptist* und *evangelikale Evangelist* begann seine Predigtreisen 1946. Er führte »Massenevangelisationen« auf allen Kontinenten durch (in Deutschland zuletzt als Redner von »ProChrist« 1993) und wurde zum Sprecher der konservativen Evangelikalen, die er vor allem als Begründer der *Lausanner Bewegung* und auf internationalen Konferenzen zusammenführte.
(Foto: Billy Graham in Berlin: Predigt vor 80 000 Zuhörern im Olympiastadion am 27.6.1957)

die reine Errettung aus Gnade aufgrund der Erwählung Gottes *(Prädestination),* zugleich aber auch die Heiligung mit Umsetzen des *Gesetzes Gottes* und der Notwendigkeit, in die Gesellschaft hineinzuwirken. Da die *Presbyterialverfassung* von den reformierten Kirchen eingeführt wurde, werden sie oft einfach *Presbyterianer* genannt. Aber eigentlich sind die Presbyterianer nur der größte Flügel der Reformierten, die auch die *Kongregationalisten* umfassen oder etwa die 2,1 Mio Anhänger starke reformierte Kirche Ungarns, die traditionell einen Bischof hat. Es ist darüber hinaus bezeichnend, dass sich praktisch keine der *Täuferbewegungen* des 16. Jh., aber auch der später entstehenden Freikirchen wie *Baptisten* oder *Methodisten* von einer lutherischen Kirche abgespalten haben, sondern alle Ableger des reformierten (und anglikanischen) Glaubens sind.

Freikirchen mit Kindertaufe: Als in Deutschland im 19. Jh. die lutherischen und reformierten Landeskirchen teilweise auf staatliche Anordnung hin *uniert* wurden, entstanden einige bis heute bestehende lutherische Freikirchen *(altlutheraner, selbstständige evangelisch-lutherische Kirche, evangelisch-lutherische Freikirche),* außerdem von den Niederlanden her die *Altreformierte Kirche.* In den angelsächsischen Ländern spielen reformierte Freikirchen als *Presbyterianer* und *Kongregationalisten* eine große Rolle.

Die *methodistischen Kirchen* gehen auf eine 1729 beginnende Erweckungsbewegung in England zurück, welche die Bibelfrömmigkeit, die Erlösung von Schuld und Sünde durch ein persönliches Bekehrungserlebnis im Sinn des *Pietismus* sowie christliche Nächstenliebe betonte. Heute zählt die methodistische Kirche, die sich aus verschiedenen methodistischen Kirchen zusammengeschlossen hat, in den USA zu den größten und einflussreichsten Freikirchen. Rückwanderer aus Amerika brachten den Methodismus Mitte des 19. Jh. nach Deutschland, wo die inzwischen zusammengeschlossenen Strömungen unter einem Bischof *Abendmahlsgemeinschaft* mit der EKD haben und ökumenisch aktiv sind. Sie praktizieren die Kindertaufe.

Aus dem Methodismus ging 1878 die *Heilsarmee* hervor, die militärisch strukturiert intensive *Evangelisation* mit Sozialarbeit verbindet und eine *Erweckung* unter sozial Benachteiligten auslöste. Die Heilsarmee lehnt zwar Taufe und Abendmahl ab, zeigt aber ein starkes ökumenisches Engagement.

Freikirchen mit Glaubenstaufe: Alle bisher genannten Kirchen praktizieren die *Taufe* von Säuglingen und Kindern. Daneben entstanden schon in der Reformationszeit Kirchen, welche die Kindertaufe ablehnen und stattdessen nur die Glaubenstaufe Erwachsener praktizieren *(Täufer, Baptisten).* Sie sind aufgrund ihres Verständnisses, dass man nicht als Kind in eine Kirche geboren wird, und wegen ihrer Distanz zum Staat nirgends als *Volkskirchen,* sondern nur als *Freikirchen* in Erscheinung getreten, weswegen sie bis in das 19. Jh. in zahlreichen Ländern im Untergrund lebten, was zur Auswanderung vieler ihrer Anhänger in die USA führte, die heute die Hochburg dieser Kirchen darstellen. Von den die Glaubenstaufe praktizierenden Kirchen gehen allerdings nur die *Mennoniten* und die amerikanischen *Amish People* auf das 16. Jh. zurück. Alle anderen die Glaubenstaufe praktizierenden Kirchen sind spätere Gründungen in England, so vor allem die weltweit zahlenmäßig am stärksten vertretenen *Baptisten* und die auf alle Gemeindeämter verzichtenden *Brüdergemeinen.* Einige sind im 19. Jh. in den USA entstanden (z.B. *Church of God, Disciples of Christ, Nazarener).* In Deutschland haben sich die Baptisten und große Teile der Brüdergemeinen zur größten deutschen Freikirche, dem *Bund Evangelisch-Freikirchlicher Gemeinden,* zusammengeschlossen. Der Bund *Freier evangelischer Gemeinden,* die zweitgrößte evangelische Freikirche in Deutschland, ist eine deutsche Sondererscheinung, auch wenn es verwandte Kirchen in anderen Ländern gibt.

Charismatiker: 1906 entstand in Los Angeles mit den *Pfingstlern* eine ganz neue Art von Freikirche mit enthusiastischem Gepräge, auch wenn die im 17. Jh. entstandenen *Quäker* in manchem ihre Vorläufer sind. Bestimmend ist eine Erfahrung der Taufe im Heiligen Geist *(Geistestaufe)* als auf die Bekehrung zum Christentum später folgendes Ereignis und das Ausüben von Geistesgaben wie Heilung, Prophetie, Wunderwirkungen und insbesondere Zungenreden als Kennzeichen der Geistestaufe. Die Pfingstler sind von ihrer Gründung bis heute auf 115 Mio angewachsen und haben damit die *Lutheraner* als größte evangelische Konfession abgelöst. Die Pfingstler sind in vielen Fragen in vielerlei Denominationen aufgesplittert. In Deutschland sind viele Pfingstgemeinden in einem losen Zusammenschluss, dem Bund freikirchlicher Pfingstgemeinden, organisiert, in der Schweiz im Bund Pfingstkirchlicher Freikirche. Die charismatische Bewegung *(Charismatiker)* gilt als »Zweite Welle« der Pfingstbewegung, von der sie sich durch eine weniger starke Betonung der Notwendigkeit von Geistestaufe und Zungenrede und durch das Verbleiben in den älteren, etablierten Kirchen unterscheidet. Sie ist heute weitgehend ein Teil der *evangelikalen Bewegung* geworden. Die Charismatiker sind zusammen mit den Pfingstlern die am schnellsten wachsende religiöse Bewegung der Welt.

Auch heute entstehen immer wieder neue Freikirchen in Deutschland (z. B. *Anskar-Kirche)* und weltweit wechseln Kirchen aus dem Lager der Sondergruppen in das der Freikirchen (z.B. *Weltweite Kirche Gottes,* teilweise die *Adventisten*).

Die Ökumenische Bewegung

Die Gegenbewegung zur immer weiteren Aufspaltung des Christentums entstand im 19. Jh. Zunächst schlossen sich konfessionsverwandte Kirchen zu Weltbünden zusammen und führten so unterschiedliche Kirchen aus allen Kontinenten zusammen. 1867 begann die *Anglikanische Kirche* mit der Anglikanischen Weltgemeinschaft, es folgten 1881 die *Methodisten,* 1875 die *Reformierten,* 1889 die *Altkatholiken,* 1891 die *Kongregationalisten,* 1905 die *Baptisten* und 1927 die *Lutheraner.* Dies war die Voraussetzung für weltweite Gespräche der Konfessionen untereinander und für Gespräche mit den organisatorisch immer schon geschlossen auftretenden orthodoxen und katholischen Kirchen. In Deutschland kam es im 19. Jh. zur Zusammenführung von reformierten und lutherischen Landeskirchen zu *unierten Kirchen.* Ebenfalls im 19. Jh. entstanden zahlreiche Bewegungen, die erstmals Christen aus allen evangelischen Kirchen zu Konferenzen und in der praktischen Arbeit zusammenführten und das erklärte Ziel der Überwindung der Spaltung hatten, so etwa verschiedene Missionskonferenzen bis hin zur 1. Internationalen Weltmissionskonferenz in Edinburgh 1910.

Aber erst nach dem ErstenWeltkrieg kam es zu ersten internationalen Konferenzen, an denen Vertreter der Kirchen bewusst teilnahmen, um an einer stärkeren Einigung der christlichen Kirchen zu arbeiten. 1921 wurde der Internationale Missionsrat gegründet. Es folgten Weltkonferenzen für Glaube und Kirchenverfassung *(Faith and Order Movement)* 1927 in Lausanne und 1937 in Edinburgh sowie die Weltkonferenzen für Praktisches Christentum *(Life and Work Movement)* 1925 in Stockholm und 1937 in Oxford. 1908 schlossen sich in den USA, 1942 in Großbritannien erstmals die großen Kirchen eines Landes zu nationalen Kirchenräten zusammen.

Die Weltmissionskonferenz in Edinburgh 1910 war wegbereitend für die Gründung des Ökumenischen Rats der Kirchen (ÖRK) 1948 in Amsterdam.

Die Sprecher des Eröffnungsgottesdienstes zur ersten Vollversammlung des Ökumenischen Rats der Kirchen (ÖRK) 1948 in Amsterdam.

Ökumenische Abendmahlsfeier im Rahmen des Katholikentags mit einer evangelisch-lutherischen Pfarrerin, einem katholischen Priester, einer Bischöfin der tschechisch-hussitischen Kirche und einem altkatholischen Priester in der Hamburger Gnadenkirche.

1948 wurde schließlich der Ökumenische Rat der Kirchen (ÖRK, auch Weltrat der Kirchen, engl. World Council of Churches, WCC) in Amsterdam als Zusammenschluss von Kirchen aller christlichen Konfessionen einschließlich der orthodoxen Kirchen (derzeit 332 Mitgliedskirchen und Kirchenverbände) mit Ausnahme der katholischen Kirche gegründet. Oberstes Organ des ÖRK ist die aus Vertretern aller Mitgliedskirchen bestehende, etwa alle sieben Jahre stattfindende Vollversammlung. Der Sitz des Generalsekretariats ist Genf (daher auch »Genfer Ökumene«). Die katholische Kirche hat sich vom ÖRK fern gehalten, wenn sie auch im 2. Vatikanischen Konzil (1962–65) ihre grundsätzliche Ablehnung der Ökumene aufgegeben und die Wiedervereinigung der Kirchen zu einer zentralen Aufgabe erklärt hat. Die katholische Kirche gehört aber auf kontinentaler (z.B. 1959 Konferenz europäischer Kirchen) und nationaler Ebene (z.B. in Deutschland Arbeitsgemeinschaft christlicher Kirchen) seit dem Konzil zu den Hauptakteuren der Ökumene. Das nach dem Konzil geschaffene vatikanische »Sekretariat für die Einheit der Christen« war federführend in den Einzelverhandlungen zwischen der katholischen Kirche und den anderen großen Konfessionen. Mit den orthodoxen Kirchen wurde eine gewisse gegenseitige Anerkennung vereinbart, mit den lutherischen Kirchen gemeinsame Lehrdokumente unterzeichnet. Noch aber ist aus katholischer Sicht eine *Abendmahlsgemeinschaft* mit den evangelischen Kirchen nicht denkbar, die für alle Kirchen als Prüfstein gilt, ob Kirchen sich gegenseitig anerkennen oder nicht.

Die bedeutendsten Schriften

Die Bibel

Das Christentum ist eine Buchreligion schlechthin. Dies kommt nicht nur in der Rolle der Bibel zum Ausdruck, auch die Theologie aller Konfessionen wird wesentlich schriftlich betrieben und fixiert. Das Christentum ist überhaupt für die weltweite Verbreitung einer Buch- und Schriftkultur entscheidend verantwortlich. Das Wort Bibel ist in Judentum und Christentum die Hauptbezeichnung für »Heilige Schrift«, »Wort Gottes« und »Buch der Bücher«. Die Bibel ist als schriftliche Urkunde der göttlichen Offenbarung für Glauben, Denken, Handeln und Leben der Christen grundlegend.

Die Bibel besteht aus dem Alten Testament (A.T.), die Heilige Schrift der Juden, und dem Neuen Testament (N.T.) aus dem 1. Jh. Die ersten Christen benutzten wie Jesus zunächst ausschließlich das A.T. Die berühmten Worte von der Inspiration der Heiligen Schrift in 2 Tim 3,16f. (»Jede von Gott eingegebene Schrift...«) beziehen sich zunächst auf das A.T. Die Christen sahen allerdings die Heilige Schrift des A.T. teilweise mit anderen Augen als die Juden. Sie betonten weniger den Gesetzes- als den prophetischen Charakter, weil es den Messias und seine Gnadenbotschaft ankündigte. Dennoch war für sie wichtig, dass ihre Botschaft mit dem A.T. übereinstimmte. Kein Buch des N.T. zitiert das A.T. häufiger als der Römerbrief des Paulus, in dem er zusammenhängend das Evangelium von Jesus Christus darlegt.

Neben das A.T. traten nach dem Ende von Jesu Wirken auf der Erde mehr und mehr

Albrecht Dürers »Vier Apostel« (1526) waren an den Sockeln, auf denen die Figuren stehen, mit Zitaten der Dargestellten aus Luthers Neuem Testament von 1522 versehen. Johannes und Petrus (links) sowie Markus und Paulus (rechts) werden von Dürer also als Autoren biblischer Bücher (Evangelien und Briefe) gezeigt; Alte Pinakothek, München.

ALBRECHT DÜRER
JOHANNES UND PETRUS

ALBRECHT DÜRER
PAULUS UND MARCUS

STICHWORT Die Bücher der Bibel

DIE BIBEL Einheitsübersetzung der Heiligen Schrift Katholisches Bibelwerk (1980)		**DIE BIBEL** Nach der Übersetzung Martin Luthers Deutsche Bibelgesellschaft (1984)	
Altes Testament		**Altes Testament**	
Die Fünf Bücher des Mose		*Die Geschichtsbücher*	
Das Buch Genesis	Gen	Das erste Buch Mose	1.Mose
Das Buch Exodus	Ex	Das zweite Buch Mose	2.Mose
Das Buch Levitikus	Lev	Das dritte Buch Mose	3.Mose
Das Buch Numeri	Num	Das vierte Buch Mose	4.Mose
Das Buch Deuteronomium	Dtn	Das fünfte Buch Mose	5.Mose
Die Bücher der Geschichte des Volkes Gottes			
Das Buch Josua	Jos	Das Buch Josua	Jos
Das Buch der Richter	Ri	Das Buch der Richter	Ri
Das Buch Rut	Rut	Das Buch Rut	Rut
Das erste Buch Samuel	1 Sam	Das erste Buch Samuel	1.Sam
Das zweite Buch Samuel	2 Sam	Das zweite Buch Samuel	2.Sam
Das erste Buch der Könige	1 Kön	Das erste Buch der Könige	1.Kön
Das zweite Buch der Könige	2 Kön	Das zweite Buch der Könige	1.Kön
Das erste Buch der Chronik	1 Chr	Das erste Buch der Chronik	1.Chr
Das zweite Buch der Chronik	2 Chr	Das zweite Buch der Chronik	2.Chr
Das Buch Esra	Esra	Das Buch Esra	Esr
Das Buch Nehemia	Neh	Das Buch Nehemia	Neh
Das Buch Tobit	Tob		
Das Buch Judit	Jdt		
Das Buch Ester	Est	Das Buch Ester	Est
Das erste Buch der Makkabäer	1 Makk		
Das zweite Buch der Makkabäer	2 Makk		
Die Bücher der Lehrweisheit und die Psalmen		*Lehrbücher und Psalmen*	
Das Buch Ijob	Ijob	Das Buch Hiob (Ijob)	Hiob
Die Psalmen	Ps	Der Psalter	Ps
Das Buch der Sprichwörter	Spr	Die Sprüche Salomos	Spr
Das Buch Kohelet	Koh	Der Prediger Salomo (Kohelet)	Pred
Das Hohelied	Hld	Das Hohelied Salomos	Hld
Das Buch der Weisheit	Weish		
Das Buch Jesus Sirach	Sir		
Die Bücher der Propheten		*Prophetenbücher*	
Das Buch Iesaja	Jes	Der Prophet Jesaja	Jes
Das Buch Jeremia	Jer	Der Prophet Jeremia	Jer
Die Klagelieder	Klgl	Die Klagelieder Jeremias	Klgl
Das Buch Baruch	Bar		
Das Buch Ezechiel	Ez	Der Prophet Hesekiel (Ezechiel)	Hes
Das Buch Daniel	Dan	Der Prophet Daniel	Dan
Das Buch Hosea	Hos	Der Prophet Hosea	Hos
Das Buch Joel	Joël	Der Prophet Joel	Joël
Das Buch Amos	Am	Der Prophet Amos	Am

Die beiden Tafeln eines Diptychons von Dirk Bouts veranschaulichen den Zusammenhang zwischen Altem und Neuem Testament: Die linke Seite schildert den Sündenfall, von dem das erste Buch der

neue Schriften der Apostel und ihrer engsten Mitarbeiter, die ebenfalls als von Gott inspiriert und verbindlich angesehen wurden, vor allem die Berichte über das Leben Jesu und Briefe an Gemeinden und Mitarbeiter. Sie wurden schließlich mit dem A.T. zur Bibel vereinigt. Die Bildung des neutestamentlichen Kanons vollzog sich stufenweise. Es gab wohl schon zu Lebzeiten der Apostel bestimmte Zusammenstellungen, etwa die Paulusbriefe, aber erst allmählich zeigte sich, welche Schriften auf Dauer Bestand hatten und welche verloren gegangen waren oder gehen sollten.

Das durchgängig auf Griechisch verfasste Neue Testament (N.T.) ist eine Sammlung von 27 höchst verschiedenen Schriften, die nach Gruppen sortiert sind. Fünf Schriften sind historische Berichte, die vier *Evangelien* und die Apostelgeschichte des Lukas. 21 Schriften sind Lehr- und Mahnbriefe von Aposteln und ihren Mitarbeitern an Gemeinden und Mitarbeiter, die letzte Schrift ist ein prophetisches Buch, die Offenbarung des Johannes (Apokalypse).

Schriftverständnis: Im Vergleich zum Islam, in dem ebenfalls nur ein einziges Buch eine solch zentrale Rolle spielt, lässt

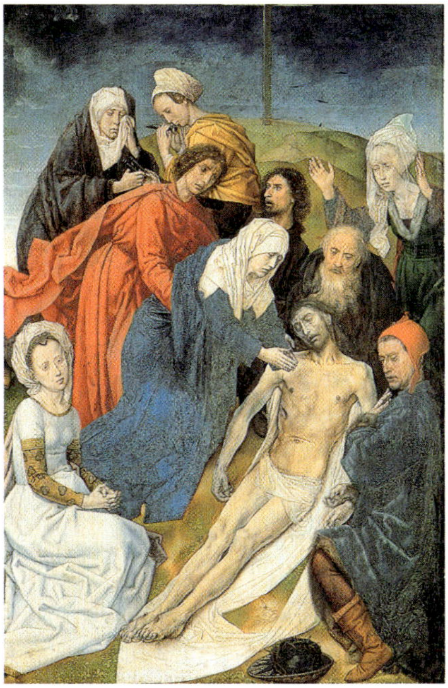

Bibel berichtet (Gen 3,1–25). Mit der »Beweinung Jesu« handelt die rechte Seite von der Überwindung des Sündenfalls durch Jesu Opfertod; um 1470; Kunsthistorisches Museum, Wien

sich am ehesten das dem Judentum und Christentum eigene Verständnis der Offenbarung Gottes in Buchform aufzeigen. Dabei bleibt bewusst die Anfrage und Kritik an der historischen Glaubwürdigkeit der Bibel außen vor. Gefragt wird zunächst nur nach dem Selbstverständnis der biblischen Autoren und nach dem Schriftverständnis der Kirchen, bevor die moderne *Bibelkritik* aufkam. Dieses Selbstverständnis zeigt bereits, warum die spätere Bibelkritik überhaupt im jüdischen und christlichen Bereich aufkommen konnte, während es eine vergleichbare Entwicklung im Islam nicht gibt.

1. Die Bibel ist kein Buch, sondern eine Sammlung von 66 Büchern. Deswegen hieß sie ursprünglich griech. »bibloi«, also Bücher oder Sammlung von Büchern, und erst im Lateinischen wurde daraus die Einzahl »biblia« (Buch). Während der Koran ein in kurzer Zeit an einen einzigen Menschen offenbartes Buch in einem Stil ist, stellt die Bibel Texte aus fast zwei Jahrtausenden in enormer Vielfalt nebeneinander. In der Büchersammlung gibt es wiederum Sammlungen von Texten verschiedener Autoren, z.B. Psalmen oder Sprichwörter (Sprüche), die teilweise völlig unverbunden nebeneinander stehen.

STICHWORT **Die Bücher der Bibel** (Fortsetzung)

Das Buch Obadja	Obd	Der Prophet Obadja	Obd
Das Buch Jona	Jona	Der Prophet Jona	Jona
Das Buch Micha	Mi	Der Prophet Micha	Mi
Das Buch Nahum	Nah	Der Prophet Nahum	Nah
Das Buch Habakuk	Hab	Der Prophet Habakuk	Hab
Das Buch Zefanja	Zef	Der Prophet Zefanja	Zef
Das Buch Haggai	Hag	Der Prophet Haggai	Hag
Das Buch Sacharja	Sach	Der Prophet Sacharja	Sach
Das Buch Maleachi	Mal	Der Prophet Maleachi	Mal
Neues Testament		**Neues Testament**	
Die Evangelien		*Geschichtsbücher*	
Das Evangelium nach Matthäus	Mt	Das Evangelium nach Matthäus	Mt
Das Evangelium nach Markus	Mk	Das Evangelium nach Markus	Mk
Das Evangelium nach Lukas	Lk	Das Evangelium nach Lukas	Lk
Das Evangelium nach Johannes	Joh	Das Evangelium nach Johannes	Joh
Die Apostelgeschichte	Apg	Die Apostelgeschichte des Lukas	Apg
Die Paulinischen Briefe		*Briefe*	
Der Brief an die Römer	Röm	Der Brief des Paulus an die Römer	Röm
Der 1. Brief an die Korinther	1 Kor	Der 1. Brief des Paulus an die Korinther	1.Kor
Der 2. Brief an die Korinther	2 Kor	Der 2. Brief des Paulus an die Korinther	2.Kor
Der Brief an die Galater	Gal	Der Brief des Paulus an die Galater	Gal
Der Brief an die Epheser	Eph	Der Brief des Paulus an die Epheser	Eph
Der Brief an die Philipper	Phil	Der Brief des Paulus an die Philipper	Phil
Der Brief an die Kolosser	Kol	Der Brief des Paulus an die Kolosser	Kol
Der 1. Brief an die Tessalonicher	1 Thess	Der erste Brief des Paulus an die Thessalonicher	1.Thess
Der 2. Brief an die Tessalonicher	2 Thess	Der zweite Brief des Paulus an die Thessalonicher	2.Thess
Der erste Brief an Timotheus	1 Tim	Der erste Brief des Paulus an Timotheus	1.Tim
Der zweite Brief an Timotheus	2 Tim	Der zweite Brief des Paulus an Timotheus	2.Tim
Der Brief an Titus	Tit	Der Brief des Paulus an Titus	Tit
Der Brief an Philemon	Phlm	Der Brief des Paulus an Philemon	Phlm
Der Brief an die Hebräer	Hebr	Der erste Brief des Petrus	1.Petr
		Der zweite Brief des Petrus	2.Petr
Die Katholischen Briefe		Der erste Brief des Johannes	1.Joh
Der Brief des Jakobus	Jak	Der zweite Brief des Johannes	2.Joh
Der erste Brief des Petrus	1 Petr	Der dritte Brief des Johannes	3.Joh
Der zweite Brief des Petrus	2 Petr	Der Brief an die Hebräer	Hebr
Der erste Brief des Johannes	1 Joh	Der Brief des Jakobus	Jak
Der zweite Brief des Johannes	2 Joh	Der Brief des Judas	Jud
Der dritte Brief des Johannes	3 Joh		
Der Brief des Judas	Jud		
		Prophetisches Buch	
Die Offenbarung des Johannes	Offb	Die Offenbarung des Johannes	Offb

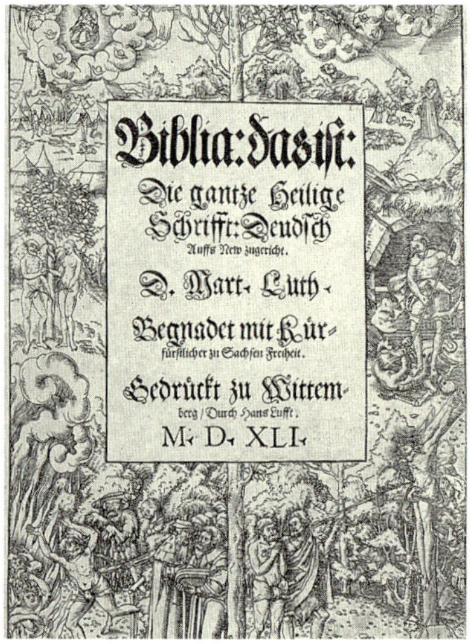

Von links: Gottvater auf dem Himmelsthron schmückt die Initiale O auf der ersten Seite der Wenzelsbibel aus Prag. Um 1400; Österreichische Nationalbibliothek, Wien
Die erste Seite der lateinischen, nach ihrem Drucker benannten Gutenbergbibel aus Mainz, 1452–56. Von den 200 Exemplaren sind noch 47 erhalten.
Titelblatt der Neuausgabe von Martin Luthers vollständiger Übersetzung der Bibel (1534), Wittenberg 1541

2. Die Bibel enthält die gesamte Bandbreite menschlicher literarischer Ausdrucksweise. Während der Koran nur einen Sprachstil des Arabischen kennt, der bis heute normativ ist, kennt die Bibel nicht nur keine heilige Sprache oder einen heiligen Stil, zumal sich Ausdrucksweisen in ihr oft über die Jahrhunderte änderten, sondern enthält auch eine Vielzahl an literarischen Stilen. Gesetzestexte stehen neben Liebesgesängen, historische Berichte neben Klageliedern, Sprichwortsammlungen neben Briefen, Rätsel neben Anweisungen an Mitarbeiter, apokalyptische Texte und detailliert ausgemalte Visionen neben autobiografischen Erinnerungen.

3. Die Bibel ist über einen sehr langen Zeitraum entstanden und gewachsen. Während der Koran in kürzester Zeit offenbart wurde und nur ein »im Himmel fertiges Exemplar« verlesen wurde, ist die Bibel nicht im Himmel entstanden, sondern in Jahrhunderten und Jahrtausenden gewachsen. Es ist kein Wunder, dass die spätere Bibelkritik so viel Material an die Hand bekommen hat, die Vorgeschichte der biblischen Bücher zu erforschen und zu kritisieren, ist es doch die Bibel selbst, die sehr häufig von ihrer geschichtlichen Entstehung berichtet. Der Koran dagegen liefert hier kaum Ansatzpunkte.

4. Die Bibel hat die unterschiedlichsten Persönlichkeiten als Verfasser und berichtet oft von deren ganz persönlicher Geschichte mit Gott. Dass die Bibel ein Geschichtsbuch ist, wird gerade daran deutlich, dass ihre Autoren oder handelnden Personen oft im Mittelpunkt stehen und mit der Entstehung der biblischen Bücher eng verwoben sind, auch das ein idealer Ansatzpunkt für die Bibelkritik. Die Lehre von der göttlichen Inspiration der Schrift wurde nie so verstanden, dass Gott seinen Stil auswechselbaren Autoren diktiert hat, sondern immer so, dass der Geist Gottes zwar darüber gewacht hat, was letztlich für alle Zeiten überliefert wurde, aber die Persönlichkeiten der Schreiber mit Vollmacht ausstattete. Während beim Koran die Persönlichkeit des Muhammad gerade wegen der Göttlichkeit der Schrift völlig zurücktritt, steht in der Bibel der hochgebildete und mehrsprachige Paulus unverwechselbar neben dem einfachen Fischer Petrus,

Stichwort **Textkritik**

Begriff: Die biblischen Texte liegen nicht im Original vor. Allerdings gibt es Handschriftenfunde, aus denen sich der Originaltext mit einer hohen Wahrscheinlichkeit rekonstruieren lässt. Dieser Wissenschaftszweig wird Textkritik genannt. Durch das Vergleichen der verschiedenen Handschriften, die wir von einem Text besitzen, lassen sich Fehler im Abschreibeprozess berichtigen. Zwei Vorgänge lassen sich beim Abschreiben von Texten beobachten: unabsichtliche Fehler (Rechtschreibfehler, d.h. ein falscher Buchstabe, ein Buchstabe wurde verdoppelt oder ausgelassen u.a.) und absichtliche Fehler (Verbesserungen vermeintlicher Fehler, Ersetzungen oder Ergänzungen).

Altes Testament: Die ältesten Handschriften für das A.T. sind in *Qumran* gefunden worden. Sie sind aber immer noch zum Teil über 1000 Jahre jünger als der Originaltext. Doch die etwa 1000 Jahre jüngeren Texte weichen kaum von den Texten ab, die in Qumran gefunden wurden. So kann man z.B. an den Jesaja-Rollen aus Qumran feststellen, dass der Text sehr genau überliefert wurde. Rund 95% der Fehler sind reine Rechtschreibfehler.

Neues Testament: Das älteste Handschriftenfragment (P^{52}) stammt aus der Zeit um 125 n.Chr. und ist damit nahe am Originaltext. Möglicherweise gibt es mit dem in Qumran gefundenen Fragment 7Q5 einen noch früheren Textzeugen – ein Stück aus dem Markusevangelium. Zu den ältesten vollständigen Textausgaben des N.T. gehören der Codex Sinaiticus und der Codex Vaticanus, die beide aus dem 4. Jh. stammen. Da von fast allen antiken Texten nur Abschriften aus dem späten Mittelalter vorliegen (Plato z.B. aus dem 13. Jh.), sind die Handschriften des N.T. enorm alt.

der historisch arbeitende Lukas (Lk 1,1–4) verfasst ein völlig anderes Evangelium als der eher vergeistigte Johannes, und die Klagelieder Jeremias hätte der erfolgreiche Prophet Daniel nie beten und schreiben können.

Die Bibel versteht unter Offenbarung zunächst immer das historische Ereignis, den Zeitpunkt als ein Prophet eine Vision hatte, ein Psalmist seinen Psalm dichtete oder Paulus den Römerbrief entwarf. Die spätere Aufnahme in die Heilige Schrift ist ein eigener Vorgang. Die Bibel führt ihrem Leser vor allem vor Augen, was Menschen in Jahrhunderten in der Begegnung mit Gott erlebt haben. Kein Wunder, dass man seit dem Aufkommen der Bibelkritik die paulinische Theologie gegen die johanneische ausgespielt hat, Widersprüche zwischen den Evangelien sucht oder von einem gespannten Verhältnis zwischen A.T. und N.T. spricht. Erst die Bibel selbst ermöglicht ein solches Vorgehen. Zwar hat die christliche Kirche immer geglaubt, dass der Heilige Geist die gesamte Bibel zu einer Einheit zusammengeführt hat, aber nicht in dem Sinn, dass in einer manipulierten Gesamtausgabe alle Teile perfekt aufeinander abgestimmt sind, sondern dass die Bibel komplementär und in großer Vielfalt vermittelt, was der Mensch zum Leben braucht, sei es Klagelied, Auflistung wichtiger Gebote oder inspirierende Vision.

5. Die Bibel dient nicht der triumphalen Beschreibung der Christen oder der Juden, sondern die Offenbarung richtet sich häufiger selbstkritisch gegen das glaubende Volk Gottes und nennt oft die wahre Lage schonungslos beim Namen.

Zwar verkündigt das A.T. vehement den *Monotheismus,* offenbart aber ebenso schonungslos, wie schwer er unter den Juden durchzusetzen war. Ehebruch und Mord des David schwächen nicht die Psalmen Davids, sondern liefern den Anlass für die bedeutendsten Bußpsalmen des A.T. und der Kirche. Die Fehler des Petrus, der Jesu Leiden für sinnlos hielt, Jesus kurz vor der Kreuzigung verleugnete und als Apostel von Paulus scharf kritisiert werden musste, weil er nicht mit den Heidenchristen essen wollte, erfahren wir nicht aus gegnerischen Schriften, sondern aus dem N.T. Das N.T. berichtet sowohl, dass die *Urgemeinde* sehr früh begann, ein großes Sozialprogramm aufzuziehen (Apg 6), wie auch, dass die reichen Gemeindeglieder oft Arme in der Gemeinde verhungern ließen (1 Kor 11,21f.) oder den Lohn nicht pünktlich ausbezahlten (Jak 5,4). In keiner Religion kommen die Anhänger der eigenen Religion so schlecht weg, wie im A.T. und N.T. Die Lehre, dass auch Juden und Christen Sünder und zu den schlimmsten Taten fähig sind, wird in der Bibel veranschaulicht. Es sind nicht die heidnischen Völker im A.T. und die Römer und Griechen im N.T., deren Gräueltaten und irrige Anschauungen im Mittelpunkt stehen, sondern die des angeblichen oder tatsächlichen Volkes Gottes.

Ganze Bücher sind dem Zweifel an Gott gewidmet. Im Buch Hiob wird Gott nicht als das Höchste und Schönste verkündigt, sondern bleibt letztlich der verborgene Gott, der sich im Leid der Welt offenbart. Die Klagelieder des Jeremia zeigen nicht den Propheten, der über das Böse triumphiert, sondern den angefochtenen Menschen, der durch Zweifel die tiefsten Erfahrungen mit Gott erlebt. Die Klagepsalmen sind bis heute für Judentum und Christentum prägend.

Der hl. Hieronymus mit seinem Attribut, dem Löwen, als Übersetzer der Bibel; seine Fassung der lateinischen Bibel gewann als so genannte Vulgata (lat. »allgemein gebräuchliche [Version]«) höchste Autorität. Buchmalerei in einem Stundenbuch des Duc de Berry, 14. Jh

Kunstfertig mit minutiöser Buchmalerei geschmückte Handschriften des Gebets- und Andachtsbuchs für Laien, genannt Stundenbuch, gehörten im Spätmittelalter zu den Luxusgütern der Ober- und Mittelschicht. Dass die kostbare Ausstattung solchen christlichen Schrifttums nicht dessen religiös-erbaulichen Gebrauch sicherstellte, ist die moralkritische Botschaft des Gemäldes »Der Geldwechsler und seine Frau« von Quentin Massys: Während die Hände der Frau mechanisch die Seiten ihres Stundenbuchs umblättern, richtet sich ihr Blick gebannt auf das Edelmetall der Münzen, deren Feingehalt ihr Mann zu bestimmen sucht. 1514; Musée National du Louvre, Paris

Christliches Schrifttum

Auch wenn es im Christentum keine Schrift gibt, die der Bibel in ihrer konfessionsübergreifenden Bedeutung, ihrer Verbreitung und in ihrem Nutzungsgrad in Gottesdienst und persönlicher Andacht auch nur nahe kommt, hat das Christentum als Buchreligion in 2000 Jahren Geschichte ganze Bibliotheken hervorgebracht, wurde und wird die Theologie aller Konfessionen doch wesentlich schriftlich betrieben und in *Bekenntnisschriften* und *Katechismen* fixiert. Die Liturgie der gottesdienstlichen Handlungen findet sich in einem Maße in *Messbüchern,* liturgischen Handbüchern, Gesangbüchern und Andachtsbüchern, wie dies bei keiner anderen Religion der Fall ist. Einige Schriften haben offiziellen, rechtlichen Rang in allen Konfessionen, wie die frühen *Glaubensbekenntnisse* und Texte der *ökumenischen Konzilien,* andere sind nie offiziell bestätigt worden und trotzdem seit Jahrhunderten unbestritten von zentraler Bedeutung, wie etwa die Autobiografie von Aurelius Augustinus, »Bekenntnisse« (»Confessiones«), oder seine Verteidigungsschrift gegenüber den Römern, »Der Gottesstaat« (»De Civitate Dei«).

Man kann die Schriften des Christentums aus 2000 Jahren in folgende Gruppen einteilen:

1. Schriften, welche die Bibel verständlich machen sollen. Im Mittelalter waren dies vor allem die Armenbibeln (lat. Biblia pauperum), die neutestamentliche Themen anhand meist alttestamentlicher Ereignisse und Bilder erläuterten. Sie wurden später durch die mit vielen Holzschnitten illustrierten *Historienbibeln* abgelöst. Die moderne Form sind die zahlreichen Kinderbibeln.

2. Heiligenlegenden (lat. vita legenda: »das vorzulesende Leben«). Die legendenhaften Lebensbeschreibungen von Heiligen, teilweise mit einem wahren Kern, wurden im Mittelalter am Jahrestag des jeweiligen Hei-

ligen öffentlich vorgelesen. Das dabei verwendete Buch nannte man Legendarium, im Fall eines Märtyrers Passionarius. Sie wurden ab dem 17. Jh. von den Jesuiten in der Serie Acta Sanctorum (lat. »Taten der Heiligen«) offiziell gesammelt.

3. Offizielle liturgische Handbücher und Gesangbücher. Vor allem sind die Messbücher zu nennen, aus dem die Liturgie der *Messe* vorgelesen wird und die den Ablauf der Messe grundsätzlich vorschreiben. Das katholische Messbuch heißt »Missale Romanum« und wurde im Mittelalter vor allem von den Franziskanern verbreitet, im Zeichen der Gegenreformation aufgrund des Konzils von *Trient* 1570 vom Papst systematisiert und erst ab 1969 aufgrund des 2. Vatikanischen Konzils mit seiner Ablösung des Lateinischen durch die Muttersprachen durch Papst Paul VI. neu bearbeitet. Die deutsche Fassung erschien 1970 und liegt den katholischen Gesangbüchern in den deutschsprachigen Ländern seit 1975 zugrunde. Die englische Reformation brachte das »Common Prayer Book« hervor, das liturgische und katechetische Handbuch der *anglikanischen Kirche,* das zugleich den Rang eines *Bekenntnisses* hat. Es wurde ab 1541 von Erzbischof Thomas Cranmer mit Anregungen von Martin Bucer entworfen, 1549 eingeführt und seitdem mehrfach revidiert. Es macht die Identität der anglikanischen Kirchen aus.

4. Bekenntnisschriften. Die schriftliche Fassung und Sammlung von Bekenntnissen einer Kirche ist typisch für die aus der Reformation hervorgegangenen lutherischen und reformierten Kirchen. Das 1580 veröffentlichte Corpus der lutherischen Bekenntnisschriften *Konkordienbuch* hat abschließenden Charakter. Die Confessio Augustana ist die wichtigste und umfangreichste evangelisch-lutherische *Bekenntnisschrift* und wurde von Luthers Mitarbeiter Philipp Melanchthon (1497–1560) verfasst und 1530 für die evangelischen Reichsstände auf dem Augsburger Reichstag Kaiser Karl V. (reg. 1519–56) übergeben. Die reformierten Kirchen haben keinen abschließenden Kanon von Bekenntnisschriften hervorgebracht, sondern immer neue, für Länder und Zeiten angepasste Fassungen mit großem Einfluss vom *Heidelberger Katechismus* (1563) über das *Westminster-Bekenntnis* (1647) bis zur *Barmer Theologischen Erklärung* (1934) gegen den Nationalsozialismus.

5. Katechismen (griech. katechein: »mündlich unterrichten«). Anhand älterer Vorbilder schuf Martin Luther mit dem Kleinen Katechismus für die Laien und dem Großen Katechismus für die Ausbildung der Geistlichen ein äußerst erfolgreiches Werkzeug im Rang von Bekenntnisschriften, dass Abschnitt für Abschnitt zentrale Texte des Glaubens (Apostolisches Glaubensbekenntnis, Vaterunser, Zehn Gebote) nach frühkirchlichem Vorbild *(Katechese)* in Frage und Antwort erläuterte. Calvin schuf einen eigenen Genfer Katechismus, doch sollte ihm der *Heidelberger Katechismus* als wichtigste reformierte Bekenntnisschrift bald den Rang ablaufen. Die katholische Kirche reagierte mit dem *Catechismus Romanus* (Römischer Katechismus), der jedoch nie dieselbe Breitenwirkung erreichte wie der katholische Katechismus von Robert Bellarmin von 1597 (400 Auflagen, in 50 Sprachen übersetzt, in Missionsgebieten zum Teil bis in das 20. Jh. verwendet). Zusammen mit dem reformierten *Westminster-Bekenntnis* von 1647 traten der Kleine und der Große Katechismus von Westminster ihren Siegeszug durch die angelsächsische Welt an. Daneben entstanden bis in die Gegenwart eine Vielzahl weiterer Katechismen, auch in den evangelischen Freikirchen.

Wichtige Institutionen

Man kann die christlichen Konfessionen neben ihren sonstigen Lehrunterschieden auch nach ihren obersten Institutionen und Leitungsstrukturen unterscheiden. Die katholische Kirche vertritt den »Papalismus«, die Sicht, dass die Kirche durch den Papst geleitet werden müsse. Er steht im Gegensatz zu dem die Kirchengeschichte durchziehenden *Konziliarismus* (Leitung durch das ökumenische Konzil), den *Episkopalismus* der orthodoxen und anglikanischen Kirchen (Leitung durch die gleichberechtigten Erzbischöfe und Bischöfe), und den in den evangelischen Konfessionen beheimateten Strukturen des *Presbyterianismus* (Leitung durch Älteste und Synoden) und des *Kongregationalismus* (Leitung durch die örtliche Gemeindeversammlung).

»Was ist dein einziger Trost im Leben und im Sterben? Dass ich mit Leib und Seele im Leben und im Sterben nicht mir, sondern meinem getreuen Heiland Jesus Christus gehöre. Er hat mit seinem teuren Blut für alle meine Sünden vollkommen bezahlt ...«
Frage 1 des Heidelberger Katechismus von 1563

Die ursprüngliche Leitung der weltweiten christlichen Kirche im 1. Jt. war das Konzil (lat. concilare: »zusammenrufen«). So nennt man konfessionsübergreifend die ersten gesamtkirchlichen Bischofsversammlungen

Links: Feierliche Eröffnung des 2. Vatikanischen Konzils in Rom 1962. Papst Johannes XXIII. thront zu Füßen der »Cathedra Petri« im Petersdom.

Rechts: Gedenkgottesdienst in der anglikanischen St. Paul's Cathedral, London

der Frühen Kirche, die sieben ökumenischen Konzilien (4.–8. Jh.), sodann die Vollversammlungen der Bischöfe der Westkirche (8.–19. Konzil nach katholischer Zählung) und seit der Reformation drei weitere katholische Konzilien, nämlich das *Tridentinum* und die beiden *Vatikanischen Konzilien.* Sie werden stets nach ihrem Tagungsort benannt. Die Stellung des Papstes gegenüber dem Konzil wurde im Lauf der Jahrhunderte weiter gestärkt, wenn auch dieses Verhältnis stets ein Streitpunkt blieb. Heute ist ein Konzilsbeschluss ohne Zustimmung des Papstes ungültig.

Der *Papst* ist das Oberhaupt der katholischen Kirche. Erst seit Gregor I. beansprucht der Papst nicht nur das Ehrenprimat *(Primat)* unter den christlichen *Patriarchen* und Bischöfen, sondern auch das *Jurisdiktionsprimat.* Diese Auffassung war entscheidend für die Entfremdung zwischen West- und Ostkirchen und der schließlichen Spaltung in die römisch-katholische Kirche und die orthodoxen Kirchen, später auch für die Kirchenspaltung der Reformation.

Der Episkopalismus vertritt, dass die Kirche durch einen Bischof oder Bischöfe geleitet werden müsse. Er ist im evangelischen Bereich vor allem in den *anglikanischen Kirchen* heimisch. Wirklich bedeutsam ist er aber als Struktur der orthodoxen Kirchen. Sie verstehen sich als *»autokephale Kirchen«,* also als Kirchen, die gleichrangig nebeneinander stehen, da jede für sich unabhängig ist und ihr eigenes Haupt in einem Patriarchen oder Erzbischof hat.

Der Presbyterianismus beruht auf der Auffassung, dass die Kirche durch die örtlichen Ältesten einschließlich der Laienältesten und aus ihnen zusammengesetzten Synoden geleitet werden müsse. Die Presbyterialver-

STICHWORT **Die großen Konzile der Alten Kirche**

Nizäa I – 1. Ökumenisches Konzil (325): Erklärte Jesus für wesensgleich (griech. homousios) mit Gott, dem Vater und verurteilte deswegen den Arianismus. Verabschiedete das Nizäisches Glaubensbekenntnis.

Konstantinopel I – 2. Ökumenisches Konzil (381): Bestätigte das Konzil von Nizäa. Verabschiedete das Nizäisch-Konstantinopolitanische Glaubensbekenntnis, das wichtigste ökumenische Bekenntnis. Beendete die Streitigkeiten um die Trinitätslehre. Erklärte die Gottheit des Heiligen Geistes. Verurteilte den Apollinarianismus.

Ephesus – 3. Ökumenisches Konzil (431): Verurteilte die Christologie des Nestorianismus durch den Titel »Gottesmutter« für Maria und bestätigte die Christologie der bisherigen Konzile. Verurteilte die Werkgerechtigkeit des Pelagius zugunsten der Gnadenlehre von Augustinus.

Chalkedon – 4. Ökumenisches Konzil (451): Erklärte gegen den Monophysitismus, dass Jesus zwei Naturen in einer Person hat, die menschliche und die göttliche, die aber zugleich unvermischt und unverwandelt, ungetrennt und ungesondert.

Konstantinopel II – 5. Ökumenisches Konzil (553): Verurteilte die »Drei Kapitel« der Nestorianer. Bestätigte die Auslegung des Konzils von Chalkedon durch Kyrill

Konstantinopel III – 6. Ökumenisches und letztes von den Protestanten anerkanntes Konzil (680/81): Verwarf den Monotheletismus. Verurteilung von Papst Honorius als Ketzer.

Nizäa II – 7. Ökumenisches und letztes von den orthodoxen Kirchen anerkanntes Konzil (787): Erlaubte die Verehrung von Bildern und Statuen – deswegen von den Protestanten nicht anerkannt.

fassung ist die Kirchenstruktur reformierter, heute auch unierter und lutherischer evangelischer Kirchen, bei dem von der Gemeinde gewählte Älteste zusammen mit Pfarrer oder Pastor die örtliche Gemeinde leiten. Sie wurde von dem Reformator Martin Bucer in Straßburg erstmals eingeführt und durch Johannes Calvin in Genf zum Ausgangspunkt für die Ausbreitung in alle europäischen Länder. Seit dem 17. Jh. dringt die Presbyterialverfassung in Deutschland auch in lutherische Gebiete vor. Seit 1918 ist sie in allen evangelischen Landeskirchen in Deutschland üblich und mit einer Synodalverfassung verbunden, nach der eine aus Geistlichen und Laien gebildete Synode die höchste Instanz der Kirche darstellt.

Die Synodalverfassung bezeichnet jene Kirchenstruktur, deren oberste Leitung in den Händen einer *Synode* liegt. Speziell meint sie die überörtliche Fortsetzung der ursprünglich reformierten Presbyterialverfassung, die zunächst nur die Pfarrer und gewählten *Presbyter* zusammenführte. Die erste gemischte Synode fand 1559 in Paris statt.

Der *Kongregationalismus* vertritt die Sicht, dass die Kirche durch die örtliche Gemeindeversammlung geführt werden müsse. Er ist die übliche Struktur der meisten evangelischen Freikirchen. Die Gesamtkirchen entstehen dann durch einen losen Zusammenschluss der Einzelgemeinden, in Deutschland meist »Bund« genannt, wobei die Kirchenleitung und die Synode aber keine wirkliche Autorität über die Ortsgemeinde haben.

Heilige Stätten

Wallfahrten und Pilgerwege

Von den Juden wurde erwartet, dass sie zu den großen Festen nach Jerusalem zum Tempel wallfahrten (Ps 120–134; Apg 2,5–11). Das N.T. setzt dies nicht fort, sondern verwendet lediglich das Bild der Pilgerschaft oder Wallfahrt für den Glauben (Hebr 11,13; 1 Petr 2,11). Das in anderen Religionen anzutreffende und in der Alten Kirche bekannte fortdauernde Pilgertum umherreisender Mönche und Gläubiger ist im Christentum heute nicht mehr bekannt, dagegen aber im katholischen und orthodoxen Bereich weltweit die Wallfahrt als Pilgerfahrt zu Fuß (Pilgerweg) oder die Anreise zu einem Pilger- oder Wallfahrtsort, an dem Erleuchtung, Heiligung oder Heilung gesucht wird. Evangelische Christen unternehmen Pilgerfahrten meist nur zu den Stätten des Urchristentums in Israel, katholische Christen daneben wie seit Jahrhunderten nach Rom, zu Stätten, die für *Heilige* von Bedeutung waren, und vor allem zu Wallfahrtsorten mit früheren *Marienerscheinungen.*

Das älteste überlieferte Wallfahrtslied in deutscher Sprache von 1422, »In Gottes nahmen fahren wir, seine Gnad begehren wir«, macht deutlich, dass nicht allein der Endpunkt der Wallfahrt die Gnade Gottes vermitteln sollte, sondern die Fahrt selbst. So sind Wallfahrten bis heute mit einem umfangreichen täglichen liturgischen Programm verbunden und eigentlich ein fortdauernder Gottesdienst auf Reisen.

Die wichtigsten europäischen Pilgerziele für Katholiken sind in Italien Rom, Assisi, Loreto, in Portugal Fatima, in Frankreich Lourdes, in Spanien Santiago de Compostela *(Jakobsweg),* in Polen Tschenstochau, in der Schweiz Maria Einsiedeln, in Österreich Mariazell, in Deutschland Trier *(Heiliger Rock),* Altötting (Bayern) und Kevelaer. Alle diese Wallfahrtsorte gehen bereits auf das Mittelalter zurück, mit Ausnahme von *Lourdes* (19. Jh.) und *Fatima* (20. Jh.).

Jerusalem: Der wichtigste christliche Wallfahrtsort der Welt für alle Konfessionen ist Jerusalem, zu dem seit der frühen Kirche

»Pilger vor abgelegter Rüstung« aus »Le Pèlerinage de vie humaine« von Guillaume de Deguilleville. Französische Buchmalerei, 1393. Bibliothèque Nationale, Paris

STICHWORT **Wallfahrten und Pilgerorte**

Tausende junger Pilger vor dem Petersdom in Rom im Heiligen Jahr 2000

Pilger im französischen Wallfahrtsort Lourdes in den Pyrenäen, auf ein Wunder der Heilung hoffend. Hier hatte das Hirtenmädchen Bernadette Soubirous 1858 mehrere Marienerscheinungen.

Zehntausende pilgern aus allen Teilen des Landes auf der jährlich stattfindenden Wallfahrt zur Schwarzen Madonna von Tschenstochau in Polen.

Der Papst feiert eine Messe unter freiem Himmel in dem Marienwallfahrtsort Fatima in Portugal.

Jugendliche während einer Schulwallfahrt nach Santiago di Compostela in Spanien am Strand von Najo beim Eröffnungsgottesdienst.

Die Kathedrale des Wallfahrtsortes Santiago di Compostela ist Ziel des Jakobsweges, des wichtigsten Pilgerweges in Europa.

auch viele Pilgerwege führen. In Jerusalem ist Höhe- und Endpunkt der Pilgerfahrten das Heilige Grab, die Grabstätte Jesu, ein einzelnes Felsengrab vor der Mauer von Jerusalem, in das der Leichnam ebenerdig hineingetragen und -gelegt wurde (Mt 27,60; Lk 23,53; Joh 19,41f.).

Rom: Neben Jerusalem ist Rom die wichtigste heilige Stadt der Christenheit, für evangelische Christen aus historischen Gründen, die Rom als Hauptstadt des Römischen Reiches auch zum Zentrum der Christenheit machten, für orthodoxe Christen wegen des Ehrenprimats des Bischofs von Rom und der Apostelgräber, für katholische Christen, weil dort die größte Zahl an Märtyrer- und Apostelgräbern und die bedeutendsten Reliquien zu finden sind und der Papst dort regiert und seinen Segen erteilt, was Rom zum bedeutendsten katholischen Wallfahrtsort macht. Den Mittelpunkt bildet dabei die Peterskirche (auch Petersdom, ital. San Pietro in Vaticano), die größte Kirche und bedeutendste Wallfahrtsstätte des Abendlandes. Sie wurde ab 1506 an der Stelle der Basilika Kaiser Konstantins des Großen (reg. 306/24–37) erbaut, der sie über dem Grab des Petrus errichten ließ. Dass Petrus hier begraben liegt, konnte die archäologische Forschung glaubhaft machen. Die Verehrung des Petrusgrabes ist seit der Mitte des 2. Jh. kontinuierlich belegt.

Jakobsweg: Neben den Wallfahrtsorten wurden auch die Wallfahrtswege dorthin oft zu heiligen Wegen und Stätten. Der bedeutendste Pilgerweg in Europa ist der Jakobsweg zu dem seit dem 9. Jh. verehrten Grab des Apostels Jakobus des Älteren in Santiago de Compostela in Spanien. Der Jakobsweg ist in Wirklichkeit ein Netz von Wegen quer durch Europa, vor allem aber durch Frankreich und Spanien, wobei sich im 12. Jh. vier Standardrouten herauskristallisierten, die von anderen Wallfahrtsorten dorthin führten und die bis heute beliebt sind. Die Zahl der Wallfahrer auf den Jakobswegen überstieg im Mittelalter die jeder anderen Pilgerstätte, sodass an ihnen nicht nur zahlreiche Herbergen und Hospitäler, sondern auch selbst wieder bedeutende Kirchen für die Wallfahrer entstanden.

Trier: Ein berühmter Wallfahrtsort ist Trier wegen des dort aufbewahrten *Heiligen Rocks,* der mit dem Gewand Jesu identisch sein soll, das Jesus bis zur Kreuzigung trug. Diese Reliquie wurde 1196 in den Altar des Trierer Doms eingemauert und seit 1512 in großen Abständen wenige Tage im Jahr ausgestellt, zuletzt 1996. Der Heilige Rock sowie das einzige Apostelgrab (Matthias) diesseits der Alpen machen Trier zum wichtigsten Wallfahrtsort in Deutschland.

Das christliche Gotteshaus

Nach dem Ende des irdischen Wirkens Jesu versammelten sich die ersten Christen im jüdischen Tempel, danach auch in ihren Wohnungen. Sie benutzten einen transportablen Tisch als *Altar.* Die christlichen Gemeinden begannen als Hauskreise meist in den Innenhöfen und Aufenthaltsräumen größerer Villen. Wurden die Gemeinden zu groß, baute man zunächst Villen in Gottesdiensträume um; eine solche Villa wurde z. B. unter dem Kölner Dom gefunden. Schon in Verfolgungszeiten wurden Kirchengebäude errichtet, z. B. die 206 erbaute Kirche S. Theodoro in Ravenna. Die frühchristlichen Kirchen übernahmen zunächst im Wesentlichen die Struktur der profanen Architektur, beginnend mit der römischen *Basilika* als Markt- und Gerichtshalle. Eine Angleichung an die heidnische Sakralarchitektur (Tempel) war ausgeschlossen, da das christliche Gotteshaus der Versammlung einer Gemeinde zu dienen hatte. Ab dem Mittelalter wurde die Kirchenbaukunst für den profanen Bereich zum Maßstab und bestimmte für Jahrhunderte die Geschichte der Architektur in den westlichen und östlichen Kirchen mit.

Das Vorbild der frühchristlichen Kirche als Versammlungsstätte der Gemeinde war die profane römische Basilika, die als Markt- und Gerichtshalle diente. Eine Rekonstruktion einer frühchristlichen Basilika bildet San Paolo fuori le Mura in Rom. Der 1823 abgebrannte Vorgängerbau ging auf eine Stiftung der Kaiser Arcadius Theodosius und Valentinian zurück. Ihre Basilika entstand 386 bis um 410 an der Stelle einer konstantinischen Basilika über dem Grab des Paulus »vor den Mauern«.

Die christlichen Kirchen haben eine Vielzahl von Baustilen für ihre dem Gottesdienst dienenden Gebäude hervorgebracht, die vor allem nach Konfessionen, Stilrichtungen im Laufe der Jahrhunderte und geografisch nach ihren Ursprungsländern eingeteilt werden können.

Feste und Riten

Keine andere Religion hat Feste auch nur in so annähernder Vielfalt hervorgebracht wie das Christentum, wenn man von seinem Vorläufer, dem alttestamentlichen Festkalender, einmal absieht. Neben die großen Feste trat eine Vielzahl von Festen zur Erinnerung an biblische Ereignisse, an kirchengeschichtliche Ereignisse, an die Lebensstationen Marias, Feste zur Erinnerung an Märtyrer und Heilige sowie Kirchweihfeste. Insbesondere die Heiligenfeste begründeten örtliche Traditionen, sodass im katholischen und orthodoxen Bereich bis heute neben die weltweit gemeinsamen Feste nationale Feste, regionale Feste und örtliche Feste treten. Die katholische Kirche versucht seit dem 2. Vatikanischen Konzil die unübersehbare Vielzahl dieser Feste zu ordnen und zu reduzieren.

Das Kirchenjahr

Im 16. Jh. entstand der Begriff Kirchenjahr für die kalendarische Abfolge der christlichen Feste. Sie malen den Gläubigen die zentralen Stationen der Heilsgeschichte, des Lebens und Wirkens Jesu und anderer Glaubensinhalte vor Augen. Die Wurzeln des Kirchenjahrs liegen in der Feier der 52 Sonntage des Jahres als Feste der Auferstehung Christi. Bereits im 2. Jh. kam in Anlehnung an das jüdische Passafest das jährliche *Osterfest* hinzu, das nicht nur das älteste, sondern für alle Konfessionen höchste Kirchenfest bleibt. Im 2. Jh. begegnet uns schon das Weihnachtsfest, aber noch auf Epiphanias am 6. Januar, dem Termin vieler Ostkirchen (Russland, Serbien, Palästina, Berg Athos) bis heute. Spätestens 336 wurde es für die Westkirchen in Rom auf den 25. Dezember, neun Monate nach der Ankündigung des Engels an Maria am 25. März, gelegt. Von Ostern und Weihnachten aus entwickeln sich

STICHWORT Die wichtigsten christlichen Feste und Feiertage im Ablauf des Kirchenjahres

Name	*Bedeutung*	*Tag/Zeitraum*	
1. Advent	Beginn des Kirchenjahrs, Vorbereitung auf die Ankunft Jesu	Ende November/Anfang Dezember	kath./ev.
Weihnachten	Fest der Geburt Jesu	25. Dezember	kath./ev.
Epiphanias	Fest der Heiligen Drei Könige	6. Januar	kath./ev.
Mariä Lichtmess	Reinigung Marias 40 Tage nach der Geburt Jesu	2. Februar	kath.
Mariä Verkündigung	Erzengel Gabriel verkündet Maria die Empfängnis Jesu	25. März	kath.
Palmsonntag	Einzug Jesu in Jerusalem, Jubel mit Palmzweigen	Sonntag vor Ostern	kath./ev.
Gründonnerstag	Jesu Einsetzung des Abendmahls, Beginn der Ostertage	Donnerstag vor Ostern	kath./ev.
Karfreitag	Verurteilung und Tod Jesu am Kreuz	Freitag vor Ostern	kath./ev.
Ostern	Fest der Auferstehung Christi	Erster Sonntag nach dem ersten Frühlingsvollmond	kath./ev.
Christi Himmelfahrt	Aufstieg Christi vom Ölberg in Jerusalem in den Himmel	40. Tag nach Ostern (Donnerstag)	kath./ev.
Pfingsten	Ausgießung des Heiligen Geistes über die Jünger	Siebter Sonntag nach Ostern	kath./ev.
Trinitatis	Fest der Dreieinigkeit (kath.) bzw. Dreifaltigkeit (ev.)	Erster Sonntag nach Pfingsten	kath./ev.
Fronleichnam	Hochfest des Leibes und Blutes Christi (Eucharistie)	Donnerstag nach Trinitatis	kath.
Peter und Paul	Fest der Apostel Petrus und Paulus	29. Juni	kath.
Mariä Himmelfahrt	Aufnahme der Gottesmutter Maria in den Himmel	15. August	kath.
Mariä Geburt	Geburtstag der Gottesmutter, auch Frauentag genannt	8. September	kath.
Erntedankfest	Kirchenfest zum Abschluss der Ernte	Sonntag nach Michaelis (29. September)	kath./ev.
Buß- und Bettag	Gedenktag der öffentlichen Buße und Reue	Mittwoch vor dem letzten Sonntag im Kirchenjahr	ev.
Totensonntag	Fest für die Verstorbenen, auch Ewigkeitssonntag genannt	letzter Sonntag im Kirchenjahr	ev.
Reformationstag	Thesenanschlag Martin Luthers in Wittenberg	31. Oktober	ev.
Allerheiligen	Fest zum Gedächtnis an die Heiligen	1. November	kath.
Allerseelen	Gedenktag an alle Verstorbenen	2. November	kath.

der Oster- und der Weihnachtsfestkreis, woran sich bis heute nichts geändert hat. Zum Osterfest trat im 2. Jh. Karfreitag sowie *Gründonnerstag* und *Karsamstag,* im 3. Jh. kam in Anlehnung an den jüdischen Festkalender 50 Tage nach Ostern *Pfingsten* hinzu, ebenso 40. Tage nach Ostern Christi *Himmelfahrt,* im 4. Jh. schließlich am Sonntag vor Ostern der Palmsonntag, womit die Karwoche als Fastenzeit komplett war. Weihnachten wurde im 8 Jh. durch die vierwöchige Adventszeit ergänzt. Weitere Feste folgten, u. a. die rein katholischen Feste Allerheiligen, Allerseelen, Fronleichnam, Mariä Himmelfahrt, sowie seit der Reformation evangelische Feste wie *Buß- und Bettag, Ewigkeitssonntag* und *Reformationsfest.*

In den Westkirchen beginnt das Kirchenjahr mit den vier Adventssonntagen, die auf das erste Kommen Jesu an Weihnachten ebenso hinweisen wie auf das zweite am Ende der Welt *(Wiederkunft Jesu)* und führt über Weihnachten, Ostern, Pfingsten und Trinitatisfest zum letzten Sonntag nach Pfingsten bzw. Trinitatis. Im evangelischen Kirchenjahr werden die folgenden Sonntage als »1. Sonntag nach Trinitatis« usw. gezählt, während die katholische Kirche alle Sonntage ab Pfingsten als »1. Sonntag nach Pfingsten« usw. zählt. In der griechisch-orthodoxen und der koptischen Kirche beginnt das Kirchenjahr im September, in der syrisch-orthodoxen im Oktober und in der armenisch-orthodoxen mit dem Fest *Epiphanias.* Der kirchliche Festkalender enthält bewegliche Tage, die sich im Datum jedes Jahr ändern und von der Festlegung des Ostertermins abhängen, wie Palmsonntag, Karfreitag und Pfingsten, und unbewegliche Tage, die jedes Jahr auf das gleiche Datum fallen, wie Weihnachten oder Epiphanias.

Marienfeste

Seit 1971 werden in Deutschland folgende offizielle Marienfeste jährlich gefeiert: Mariä Heimsuchung zur Ankündigung der Geburt Jesu (2. Juli), Mariä *Himmelfahrt* (15. August), Mariä Geburt (8. September) und Mariä Erwählung zur Feier der *Unbefleckten Empfängnis* (8. Dezember). Daneben gibt es eine größere Zahl von offiziellen Mariengedenktagen. Vor 1971 gab es noch weitere, heute in der Volksreligiosität oft noch begangene Marienfeste, wie Mariä Verkündigung (25. März).

Am Palmsonntag, der an den Einzug Jesu in Jerusalem erinnert, pilgern Christen mit Palmzweigen und den Fahnen des Vatikans zum Ölberg in Jersusalem.

Heiligenfeste

Katholiken und Orthodoxe feiern jährlich zum Todestag oder bisweilen an einem anderen Gedächtnistag der *Heiligen Feste.* Nur einige von ihnen sind auch offizielle Feste des Kirchenjahrs. Dennoch übertrafen diese Feste jahrhundertelang oft andere Feste des Kirchenjahrs an Glanz und Bedeutung – in manchen rein katholischen Ländern wie Spanien oder Brasilien bis in die Gegenwart. Im evangelischen Bereich werden diese Heiligen nicht verehrt, sondern es wird an sie gedacht, auch das Festwesen ist wenig ausgeprägt, aber dennoch ist jeder Tag des Jahres ein Gedenktag für einen oder mehrere Märtyrer und Heilige.

Kirchweihen

Die Kirchweihfeste (auch Kirmes) sind die bedeutendsten rein örtlichen Feste der Christenheit. Die erste Kirchweih ist für 335 bezeugt. Die ab dem 4. Jh. aufkommende Sitte, den Tag der Kirchweih jährlich als eine Art Geburtstag der Kirche zu feiern, setzte sich im 6. Jh. allgemein durch. Im Lauf der Jahrhunderte wurde die Kirchweih oft zum Volksfest, sodass den Teilnehmern häufig nicht mehr bekannt ist, auf welches Kirchengebäude sich die Kirchweih eigentlich bezieht.

Gottesdienst

Der Gottesdienst ist nach christlicher Lehre nicht die einzige, aber die wichtigste, sichtbare Lebensäußerung der Kirche Jesu vor Ort und weltweit. Was die Kirche glaubt, wird vor allem im Gottesdienst deutlich und öffentlich sichtbar. Was im regelmäßigen Gottesdienst einer Gemeinde nicht vorkommt, spielt in Glauben und Theologie dieser Gemeinde meist auch keine besondere Rolle. Wenn die Dreieinigkeit *(Trinität),* die Vergebung der Sünden oder das stellvertretende Sühneopfer Christi im Gottesdienst nicht in Bitte, Lobpreis und Bekenntnis regelmäßig vorkommen, zeigt es nach christlichem Verständnis auch, welchen Stellenwert sie für den Glauben und das Leben haben.

Erst im 20. Jh. kamen in den Freikirchen freie Gottesdienstformen auf, in denen nur der grobe Ablauf festgelegt ist, während fast alle Teile im Detail sonntäglich wechseln und etliche Bestandteile erst spontan im Gottesdienst beigesteuert oder formuliert werden. Über eineinhalb Jahrtausende wurde jedoch das Wort »Liturgie« gleichermaßen für die gottesdienstliche Feier selbst wie für ihren feierlichen Ablauf mit Wiederholung von feststehenden Texten, Gesängen, Gebeten und Riten verwendet. Erst mit der positiven Bewertung von Spontaneität und Modernität in den letzten Jahrhunderten und dem Aufkommen freierer Gottesdienstformen wurden »Liturgie« und »liturgisch« zu einer bestimmten, feierlichen Gottesdienstform.

Der alttestamentliche Gottesdienst war liturgisch. Die neutestamentliche Gemeinde hat ebenso wie danach die frühe Kirche Elemente aus der alttestamentlichen Liturgie übernommen, z. B. die Psalmen, den »hohepriesterlichen Segen« (Num 6,22–27) und unübersetzte Ausdrücke wie *Amen* und *Halleluja.* Die Jerusalemer Urgemeinde lebte noch im jüdischen, liturgischen Tempelgottesdienst (Apg 2,46: »Und sie waren täglich einmütig im Tempel beieinander…«; vgl. auch Apg 3,1; Lk 24,53). Doch auch außerhalb Jerusalems und in der Urgemeinde wirkte der alttestamentliche Gottesdienst prägend. Der christliche Gottesdienst war allerdings nicht mehr auf den Tempel angewiesen, sondern wurde ebenso stark vom jüdischen Versammlungshaus (Synagoge) beeinflusst, vor allem von der jüdischen Betonung der Lesung der Heiligen Schrift und

Feierlicher Buß- und Bettagsgottesdienst in der evangelischen Marktkirche in Wiesbaden

ihrer Auslegung, auf die auch die sonntägliche Predigt zurückgeht.

Die Liturgie des Gottesdienstes zeigt deutlich das Verständnis der drei christlichen Hauptkonfessionen. Nach griechisch-orthodoxer Regel spiegelt der Gottesdienst unmittelbar die Heilsgeschichte wider und macht die Teilnehmer zu Beobachtern des himmlischen Gottesdienstes. Die römische Messe, bis zum 2. *Vatikanischen Konzil* auf Latein gelesen, zeigt die gültige Bewahrung und Objektivität des Heilsgeschehens und wiederholt es unblutig. Die Teilnehmer sind vor allem Empfangende. Der evangelische Gottesdienst hat seit Luther einen pädagogischen und aufbauenden Sinn, weswegen Luther die Umgangssprache als Gottesdienstsprache einführte. Alle sollen folgen können, die zeitgemäßen Kirchenlieder erhöhen die emotionale Bindung und liturgische Formen sind bedenkenswert, aber zweitrangig. Aber für alle drei christlichen Hauptrichtungen gilt, dass der Gottesdienst als Zusammenkommen der Gemeinde zu Predigt, Gebet, Feier und Gemeinschaft grundlegend für den Glauben und somit Kirche ohne Gottesdienst nicht denkbar ist.

Die Taufe ist das Sakrament, das die Aufnahme in die christliche Gemeinschaft bezeugt. Ein orthodoxer Priester tauft einen Erwachsenen im Fluss Treska in der Nähe von Skopje in Mazedonien.

Taufe und Abendmahl

Wesentliche Riten des neuen Glaubens waren von der ersten Stunde an Taufe und Abendmahl. Der Ritus der Taufe kennzeichnet den Beginn des Glaubens an Jesus Christus, der Ritus des Abendmahls dessen Fortdauer. Die Taufe – in gewisser Parallele zur jüdischen Beschneidung – war eine rituelle Waschung mit Wasser als Zeichen des Übertrittes zum neuen Glauben, das Abendmahl (Eucharistie, Messe, Herrenmahl) als Parallele zum jüdischen Passa ein symbolisches Mahl aus Brot und Wein, wie es Jesus bei seiner letzten Mahlzeit mit den Jüngern vor seinem Tod verwendet hatte.

Taufe: Sie ist das von sämtlichen Kirchen (mit Ausnahme der Heilsarmee) gespendete Sakrament der Initiation, der Aufnahme in die christliche Gemeinschaft (german. für »untertauchen«), wurde im N.T. von Jesus selbst geboten (Mt 28,18ff.) und ist auch sonst breit bezeugt. Die Wassertaufe, durch die der Getaufte Vergebung seiner Sünden und Wiedergeburt für ein neues, von Sünden freies Leben mit Christus erlangt oder anzeigt, wird je nach Kirche auf verschiedene Weise vollzogen.

Anstelle der seit dem 3. Jh. sich gegenüber der ursprünglich vollzogenen Erwachsenentaufe durchsetzenden Kindertaufe (eigtl. Säuglingstaufe) praktizieren heute die meisten Freikirchen (z.B. Baptisten, Mennoniten) und christlichen Sondergruppen (z.B. Zeugen Jehovas) wieder nur die Erwachsenentaufe aufgrund des Glaubenszeugnisses des Täuflings.

Die Glaubenstaufe kann aus zwei Gründen zum Problem für andere Kirchen werden. Zum einen lehrt die katholische Kirche und teilweise auch evangelisch-lutherische Christen die Taufwiedergeburt. Durch die Taufe werden Menschen wiedergeboren und kommen zur Kirche hinzu (CIC Can. 11; 96; 111f; 204f.; 217; 787 § 2; 849f.). Daraus ergibt sich ein Problem, wenn nicht Säuglinge getauft werden, sondern die Taufe später erfolgt, steht doch das Heil der Ungetauften auf dem Spiel.

Doch auch die evangelischen Christen, die zwar die Kindertaufe praktizieren, aber die Taufwiedergeburt ablehnen, sowie lutherische und alle *reformierten* und *methodistischen Christen,* für die bei Verunsicherung der Eltern ein so genannter Taufaufschub ge-

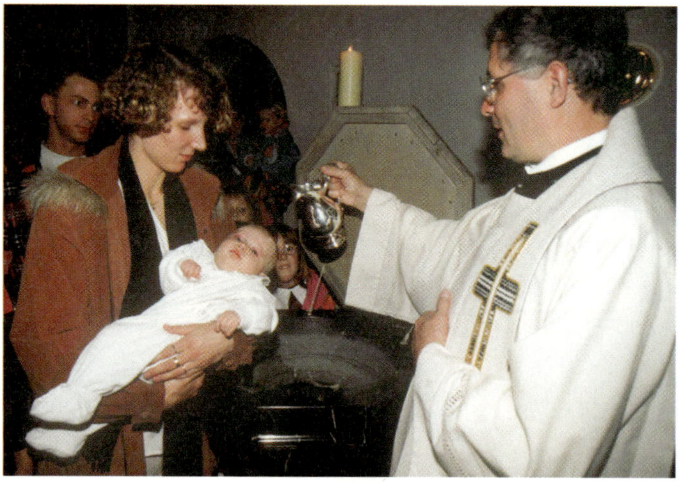

Der Glaubenstaufe bei Erwachsenen steht die Kindertaufe gegenüber, die sich im Christentum weitgehend durchgesetzt hat. Der Pfarrer träufelt dabei Taufwasser über den Kopf des Kindes und salbt es mit Chrisam.

währt werden kann, man also mit der Taufe des Kindes wartet, bis es selbst entscheiden kann, haben mit der Glaubenstaufe Probleme, weil sie im Regelfall bedeutet, dass sie beim Eintritt in eine Freikirche wiederholt werden muss, also für sie eine Wiedertaufe – für die Freikirche die erste Taufe – darstellt.

Inwieweit die Kindertaufe eine spätere Entwicklung ist oder schon vom 1. Jh. an existiert hat, ist Gegenstand einer langen historischen Diskussion und wird vielleicht nie zu lösen sein. Für die einen erscheinen die historischen Belege ab dem 3. Jh. aus dem Nichts und mit einem ganz neuen Verständnis der Wirksamkeit der Sakramente einherzugehen. Die anderen betonen, dass die Frühe Kirche sich für die Praxis auf die ersten Christen berief und es schwer fällt zu glauben, dass die Kindertaufe wirklich eine Neuerung war, ohne dass es darüber eine nennenswerte Debatte gegeben hat.

Das hebräische Wort für »Taufen« oder »Untertauchen« begegnet uns erstmals in den Reinigungsgesetzen des Mose (Ex 30,17–21; Lev 11,25), wo es waschen oder reinigen bedeutet. Die Juden tauften Heiden, die zum jüdischen Glauben übertreten wollten *(Proselyten)*. Die Taufe von *Johannes dem Täufer* war mit dem Gedanken der Buße verbunden, um die Israeliten auf den *Messias* vorzubereiten (Lk 3,16; Joh 1,26) und wurde auch Jesus zuteil (Mt 3,13–17). Die christliche Taufe ist ein Zeichen für die Vereinigung mit Christus (Gal 3,26f.). Der Täufling, der durch seine Wiedergeburt ein Glied am Leibe Christi, der Gemeinde Jesu, geworden ist (1 Kor 12,13), bezeugt durch die Taufe die Erfahrung der Vergebung seiner Sünden (Eph 1,7; Apg 2,38), das Einswerden mit Christus in seinem Tod am Kreuz und in seiner Auferstehung zu einem neuen Leben (Röm 6,3ff.).

Stellt man alle neutestamentlichen Tauftexte zusammen, so fällt auf, dass die Taufe einerseits nicht selbst der errettende Faktor ist, sondern Christus, die Auferstehung, das Wort usw., dass sie aber andererseits aufs Engste mit der Errettung verbunden wird. Aus der Diskussion haben sich im Wesentlichen fünf Taufauffassungen ergeben, die man in eine logische Folge stellen kann:

1. die katholische Taufwiedergeburtslehre, welche die Säuglinge aller katholischen Eltern (sowie die Kinder von Heiden, die in einem Missionshospital auch ohne Zustimmung der Eltern notgetauft werden) einschließt;
2. die abgeschwächte lutherische Form der Taufwiedergeburt, welche die Säuglinge aller christlichen Eltern – gelegentlich auch anderer – berücksichtigt (z. B. Martin Luther);
3. die reformierte Sicht der Taufe als heiliges Bundeszeichen, welche die Säuglinge solcher Eltern einschließt, die ihren Glauben bekennen, ausleben und nicht unter Gemeindezucht stehen (z. B. Johannes Calvin), wobei den Säuglingen dadurch nicht das Heil vermittelt wird;
4. die reformiert-baptistische Sicht der Taufe als heiliges Bundeszeichen, welche die Säuglinge ausschließt und nur an solchen vollzogen wird, die ihren Glauben bekennen, ausleben und nicht unter Gemeindezucht stehen (z. B. Charles H. Spurgeon);
5. die symbolisch-baptistische Sicht der Taufe als reine Symbolhandlung von Erwachsenen, die im Regelfall den Eintritt in die Gemeinde bildet.

Abendmahl / Eucharistie / Messe: Das Gemeindeleben der ersten Christen wurde entscheidend geprägt vom Abendmahl, dem Mahl aus Brot und Wein zur Erinnerung an Jesu Tod und Auferstehung. Jesus selbst hatte es eingesetzt (Mt 26,26–29; Mk 14,22–25; Lk 22,15–20; 1 Kor 11,23ff.), und die junge Kirche feierte es von Anfang an jede Woche (manchmal sogar täglich). Ursprünglich war es in das größere so genannte Liebesmahl *(Agape)* eingebettet. Es fiel jedoch im Laufe der ersten 150 Jahre weg, nachdem schon Paulus eine Trennung befürwortet hatte (1 Kor 11,20ff.). Das Abendmahl entwickelte sich im 2. Jh. zu einer Feier mit sakramentalem Charakter *(Sakrament)*, sodass Bischof Ignatius von Antiochia († nach 110) die Eucharistie als »Heilmittel zur Unsterblichkeit« (griech. *Pharmakon athanasias)* bezeichnete. In allen christlichen Kirchen (mit Ausnahme der *Heilsarmee)* wird das Abendmahl als Höhepunkt des Gottesdienstes gefeiert, in den katholischen, orthodoxen und anglikanischen Kirchen jeden Sonntag, von den evangelischen Kirchen gegen den Wunsch ihrer Gründer Luther, Calvin, Bucer u.a. jedoch monatlich oder seltener.

Eucharistie (griech. eucharistia »Danksagung«) bezeichnete in der frühen Kirche zunächst das Dankgebet, das in Anlehnung an Joh 6,51ff. in der Abendmahlsfeier vor den *Einsetzungsworten* und der Weihe *(Konsekration)* von Brot und Wein gesprochen wurde, es wurde dann aber zum Ausdruck für die Abendmahlsfeier selbst und ist der heute von Katholiken bevorzugte Ausdruck. Die Eucharistie ist nach katholischem Kirchenrecht (CIC) Mittelpunkt des Glaubens (Can. 528 § 2) und ein tatsächliches Opfer (Can. 897; 904). Die Gläubigen sollen die eucharistischen Elemente »mit höchster Anbetung verehren« (Can. 901). Die Eucharistie darf nie mit anderen Kirchen zusammen gefeiert werden (Can. 908). Die Priester müssen sie täglich einmal feiern (Can. 276 § 2; 719 § 2). Der ebenfalls katholische Ausdruck Messe (auch *Messopfer)* leitet sich von den lateinischen Entlassungsworten »Ite, missa est« (Gehet, die Entlassung ist da). Die Ostkirchen sprechen einfach von Liturgie (griech. leiturgia »Gottesdienst«). Die katholische Kirche teilt Brot und Wein nur an die Geistlichen aus, während die Laien nur die Oblate erhalten, obwohl inzwischen für kleinere Feiern Ausnahmen erlaubt sind *(Laienkelch)*. Die orthodoxen und evangelischen Kirchen reichen das Abendmahl »sub utraque« (lat. »unter beiden« [Gestalten]), also mit Brot und Wein. Die Westkirchen feiern es mit ungesäuertem Brot und werden deswegen von den Ostkirchen seit dem 11. Jh. Azymiten (griech. azymos »ungesäuert«) genannt; sie selbst verwenden gesäuertes Brot. Im Mittelalter hatten die einfachen Gläubigen zwar die Messe zu besuchen, aber sie verstanden weder das Latein der Lesungen und Gebete, noch den Inhalt der Abendmahlszeremonie, zumal sie selbst Brot und Wein schließlich nur noch zu Ostern empfingen, ab dem 13. Jh. sogar nur noch das Brot. So wurde aus den lateinischen *Einsetzungsworten des Abendmahls* »hoc est corpus meus« (dies ist mein Leib) im Volksmund *»Hokuspokus«*.

Im katholischen und im evangelischen Bereich kam es immer wieder zu zentralen Kontroversen über die Frage, ob und wie Christus in Brot und Wein real, wesensmäßig oder symbolisch gegenwärtig ist. Die kath. Position wird seit dem 13. Jh. mit dem Begriff *Transsubstantiation* (lat. »Wesensverwandlung«) beschrieben: Brot und Wein verwandeln sich der Substanz nach zu Leib und Blut Christi, weswegen die *Elemente* auch angebetet werden dürfen. Die *Fronleichnamsprozessionen* mit der zum Leib Christi gewandelten Hostie waren nicht zuletzt antiprotestantische Demonstrationen. Demgegenüber gibt es im evangelischen Bereich drei verschiedene Abendmahlsauffassungen. Die evangelisch-lutherischen Deutung heißt Konsubstantiation (lat. »zusammen

Links oben: Segnung von Konfirmanden durch den Pfarrer in der evangelischen Kirchengemeinde Groß-Karben bei Frankfurt/Main.

Rechts oben: Kinder feiern ihre Erstkommunion am Weißen Sonntag, dem ersten Sonntag nach Ostern, in Sankt Marien, Walldorf.

Unten: Eine anglikanische Priesterin zelebriert in Bristol die Eucharistie.

mit dem Wesen«), wonach Brot und Wein zwar tatsächlich in Leib und Blut Christi verwandelt werden, aber im Gegensatz zur katholischen Auffassung zugleich ihr natürliches Wesen als Brot und Wein behalten und nicht angebetet werden dürfen. Calvin und Bucer hielten an der Realpräsenz Christi im Abendmahl fest, sahen sie aber durch den Heiligen Geist in den Gläubigen bewirkt, weswegen der Ungläubige nur einfach Brot und Wein empfange. Für sie war das Abendmahl ein ernst zu nehmendes Bundeszeichen, dessen Missbrauch nach 1 Kor 11,23ff. von Gott bestraft werden kann. Ihre Sicht setzte sich in der reformierten Welt gegen Zwinglis Anschauung durch. Die Unterschiede zwischen Luther und Zwingli traten 1529 beim *Marburger Religionsgespräch* zutage und spalteten die evangelische Bewegung. Während Luther an der Realpräsenz Christi im Sakrament festhielt, vertrat Zwingli eine symbolische Deutung. Die *Täufer* schlossen sich Zwingli an. Die heutigen Freikirchen teilen entweder die Sicht Zwinglis oder Calvins.

Weitere Sakramente

Neben Taufe und Abendmahl entwickelten sich im Lauf der Kirchengeschichte weitere liturgische Handlungen, die in der Bibel gelegentlich erwähnt werden, zu festen Sakramenten (lat. sacrare: »weihen«; sacramentum: »Fahneneid«, »Weihe«, »Gnadenmittel«), womit man eine feierliche symbolische Handlung bezeichnete, mit der Gläubigen die Gnade Gottes weitergegeben werden soll, wie sie durch Jesus Christus vermittelt wurde. Nach einer Definition von Augustinus sind die Sakramente sichtbare Zeichen und Gnadenmittel, die auf eine unsichtbare Wirklichkeit hindeuten. In den meisten orthodoxen Kirchen und der katholischen Kirche, seit dem 12. Jh. durch den Einfluss von Petrus Lombardus (um 1095–1160) und die Dogmatisierung in den Konzilien zu Konstanz (1438/39) und Trient (*Tridentinum* 1545–63) setzte sich die Siebenzahl der Sakramente durch, deren Einsetzung Jesus zugeschrieben wurde: *Taufe, Eucharistie,* das Sakrament der *Buße* unter Einschluss der Beichte, die *Firmung* der Jugendlichen oder Neugetauften, die *Krankensalbung* (früher: Letzte Ölung), die *Weihe* der *Diakone, Priester* und *Bischöfe* sowie das *Ehesakrament.* Die Sakramente bewirken nach katholischer Auffassung die Heilsgnade »ex opere operato« (lat. »aus vollzogenem Werk«), d.h. durch den Vollzug des Ritus in der Absicht Christi, unabhängig davon, wie fromm oder unfromm der Bevollmächtigte ist und was der Empfänger glaubt, solange er keiner *Todsünde* schuldig ist.

Alle evangelischen Kirchen beschränken die Sakramente seit der Reformation – anknüpfend an Augustinus – auf Taufe und Abendmahl, da nach ihrer Auffassung nur diese auf einen ausdrücklichen Befehl Jesu zurückgehen. Zwar praktiziert man meist Entsprechungen zu den fünf weiteren katho-

Nonnen bei der Beichte (links) und beim Gebet vor einer Darstellung der Marienkrönung. Französische Buchmalerei aus »La Sainte Abbaye«, um 1300; British Library, London

lischen Sakramenten und kennt deswegen die liturgischen Handlungen der *Ordination der Geistlichen,* der *Konfirmation der Jugendlichen,* der *Eheschließung,* der *Beichte* und des Gebetes und der Salbung von Kranken (Jak 5,14), sieht sie aber nicht als verbindliche Sakramente an, da sie nicht direkt von Christus geboten wurden und nicht für alle Christen bindend sind, sondern nur für einen bestimmten Teil gelten (Kranke, Geistliche, Verlobte, Jugendliche, Büßende u. a.).

Nach evangelischem Verständnis ist die Wirkung der Sakramente, also Taufe und Abendmahl, und der anderen liturgischen Handlungen und weiterer Segensrituale an den Glauben des Empfängers »ex opere operantis« (lat. »durch das Werk des Handelnden«) gebunden. An der Frage, ob die Sakramente als direkte Heilsvermittlung oder nur als Symbol oder Zeichen zu verstehen sind, entzündeten sich in der Vergangenheit schwerwiegende Auseinandersetzung zwischen Lutheranern und Reformierten. Zwingli lehnte den Sakramentsbegriff ab und sah Taufe und Abendmahl nur als Zeichen, das an das durch Christus erworbene Heil erinnert und die Zugehörigkeit zu einer Kirche dokumentiert. Für Calvin waren die Sakramente Bundeszeichen, die, wie das Wort der Verkündigung, zur Stärkung des Glaubens beitragen. Obwohl nur äußeres Zeichen, wirke der *Heilige Geist* separat von den Sakramenten. Diese Auffassung löste im reformierten Bereich die Auffassung Zwinglis ab. Luther lehnte in seiner Abendmahlslehre zwar die *Transsubstantiation* entschieden ab, hielt aber unter Berufung auf die Einsetzungsworte Jesu (Mt 26,26–28) daran fest, dass Jesus tatsächlich und real in Brot und Wein gegenwärtig sei.

Religion und Staat

Trennung von Kirche und Staat

Das Christentum hat in seiner 2000-jährigen Geschichte und weltweiten geografischen Ausbreitung wahrscheinlich jede nur denkbare Spielart des Verhältnisses von Religion und Staat durchlaufen. Dazu gehören die Staatskirche, die alle Andersdenkenden blutig verfolgte, der christliche Widerstand gegen den Staat des Kirchenvaters *Ambrosius von Mailand* (339–397), Dietrich Bonhoeffers Anspruch, die Politik sei eine Abteilung der Kirche, wie sie schon mittelalterliche Päpste erhoben, die Trennung von Kirche und Staat in der Verfassung der USA, die christliche Vordenker entwarfen, oder die völlige politische Enthaltsamkeit evangelischer Freikirchen wie der *Mennoniten.* Christliche Kirchen haben die Politik missbraucht und sind von der Politik missbraucht worden, so wie andere diesem Missbrauch vorbildlich widerstanden haben.

Gleichzeitig gäbe es heute aber ohne die christliche Geschichte wohl keine Trennung von Kirche und Staat sowie keine darauf basierende *Religionsfreiheit* und Menschenrechte. Noch immer sind diese Elemente nirgends leichter durchzusetzen als in christlichen und ehemals christlichen Ländern. Während z. B. der Islam keine organisatorische Trennung von Religion und Staat kennt und der Hinduismus ein Sammelbegriff für

Historische Modelle des Verhältnisses von Kirche und Staat

Sakralkönigtum: Der oberste weltliche Herrscher ist von Gott eingesetzt oder ist Gott und zugleich oberster Priester. Es wurde im Christentum nie vertreten, allerdings verstand sich Kaiser Konstantin I., der Große (reg. 306/24–337) noch so. Deshalb blieb er als *Pontifex Maximus* oberster Priester der heidnischen Religion und führte die Kirche, vor allem indem er das Konzil von *Nizäa* (325) einberief und leitete.

Cäsaropapismus (»Kaiser und Papst [zugleich]«): Die Vereinigung der höchsten weltlichen und kirchlichen Gewalt in der Hand eines Kaisers oder Königs, wird für den Bereich des Byzantinischen und später des Russischen Reiches Cäsaropapismus genannt und ist ein Kennzeichen der orthodoxen Kirchen. Allerdings nannte sich der Kaiser »episkopos ton ektos« (griech. Bischof für die äußeren Angelegenheiten), überließ also die geistliche Leitung dem Patriarchen. Im anglikanischen Bereich nennt man das bis heute bestehende Modell *Established Church,* im katholischen Bereich bis ins 19. Jh. *Staatskirchentum,* im evangelischen Bereich *Summepiskopat,* das in Deutschland 1918 abgeschafft wurde. Alle Formen bestehen heute nicht mehr oder nur auf dem Papier.

Zweischwerterlehre, die im Mittelalter gültige Sicht, dass Gott zwei Schwerter verleiht, eines an den Kaiser als weltlicher Gerichtsbarkeit, eines an den Papst als geistlicher Gerichtsbarkeit, oft auch als Schlüssel dargestellt.

Zweireichelehre, von Aurelius Augustinus (354–430) und Martin Luther (1483–1546) vertretenes Modell, nach dem Gott zwei Reiche regiert. Im geistlichen Reich regiert Gott durch geistliches Regiment (Evangelium, Wort und Sakrament), im weltlichen durch sein weltliches (Gesetz, Staat, Strafe). Jeder Christ gehört zu beiden Reichen.

Verweigerung: Die friedliche Richtung der *Täuferbewegung,* die *Mennoniten,* verweigerten jede Zusammenarbeit mit dem Staat, lehnten also den Kriegsdienst, das Schwören und die staatliche Lenkung der Kirche ab.

Summepiskopat (lat.-griech. summus episcopus »oberster Bischof«), Kirchenleitung der evangelischen Landeskirchen durch den Landesherrn als obersten Bischof bis 1918. Luther hatte die Landesfürsten in der Reformation aus Sorge übergangsweise als Notbischöfe gesehen, woraus ein Dauerzustand wurde, nach dem der Landesfürst die Kirche durch eine Kirchenbehörde leitete. Dieser Aspekt lebte im Kirchenministerium der NS-Zeit wieder auf. In der *Anglikanischen Kirche* ist er bis heute in Kraft, wenn auch eine tatsächliche Leitung der Kirche durch die Königin schon lange nicht mehr stattfindet. Bisweilen wird auch die nominelle Herrschaft der englischen Könige über die anglikanische Kirche so bezeichnet, die sonst mit *Established Church* bezeichnet wird.

Gottesgnadentum: Der König sieht sich als von Gott eingesetzt und deswegen als unmittelbar zu Gott. Seine Untertanen haben ihm absolut zu gehorchen. Zuletzt wurde diese Auffassung vom deutschen Kaiser Wilhelm II. (reg. 1888–1918) vertreten.

Die Kirchengeschichte des Mittelalters gewann ihre Dynamik durch die Auseinandersetzungen zwischen Imperium und Sacerdotium, also weltlicher und geistlicher Macht. Nur selten herrschte Einvernehmen zwischen Kaiser (rechts) und Papst, wie in dem Detail aus dem Fresko »Auftrag und Triumph der Kirche« von Andrea da Firenze fingiert; um 1365; Spanische Kapelle am Kreuzgang von Santa Maria Novella, Florenz

Religionen der Inder und deshalb nur schwer von der nationalen Zuordnung getrennt werden kann, ist die Trennung von Kirche und Staat im Christentum angelegt, indem es die Kirche als eigenständige Institution neben dem Staat gibt.

Die Trennung von Kirche und Staat wurde in den USA nicht zufällig in den einzelnen Bundesstaaten von überzeugten Christen eingeführt. Heute ist es Allgemeingut praktisch aller Kirchen: Der Staat hat nicht unter der Herrschaft einer Kirche oder Religion zu stehen, so wie umgekehrt der Staat nicht eine Kirche oder Religion beherrschen darf. Die Trennung von Kirche und Staat widerspricht dem christlichen Glauben nicht, sondern ergibt sich natürlich aus ihm. Denn die biblische Aufgabe des Staates ist es, ein friedliches Zusammenleben der Menschen zu ermöglichen, gleich was diese Menschen glauben. Aufgabe der Kirche und der Religion ist es, auf die Ewigkeit hinzuweisen, den Menschen Halt zu geben und die Beziehung zu Gott zu fördern. Erst wenn sich der Staat nicht mehr den Schöpfungsordnungen Gottes verpflichtet weiß, wird aus der Trennung von Kirche und Staat ein Kampf des Staates gegen das Christentum.

Trotz aller Verirrungen in früheren Jahrhunderten gab es keine andere Religion, in der die Trennung von Kirche und Staat von Anfang an so angelegt war wie im Christentum. Während in anderen Völkern der Herrscher auch die Funktion des obersten Priesters oder Gottes innehatte, kennen das A.T. und das N.T. weder einen König, der zugleich oberster Priester ist, noch einen obersten Priester, der zugleich die Politik bestimmt. Das A.T. unterscheidet sich von seiner Umwelt u.a. radikal dadurch, dass der Führer des Staates, selbst der spätere König, nicht oberster Priester war, der König noch nicht einmal Verfügungsgewalt über die Priester hatte und sich Kritik von Priestern und Propheten gefallen lassen musste. Der Historiker Eugen Ewig spricht von der schon alttestamentlich begründeten Zweigewaltenlehre, und sein Kollege Eduard Eichmann schreibt über die alttestamentliche Gewaltenteilung in Hohepriester und König: »Mit den heiligen Schriften sind diese alttestamentlichen Vorstellungen Gemeingut des christlichen Abendlandes geworden.«

Jesus übernimmt die getrennten Steuern nahtlos, obwohl die Obrigkeit inzwischen längst nicht mehr der König Israels, sondern eine fremde Macht war: »Gebt dem Kaiser, was des Kaisers ist, und Gott, was Gottes ist« (Mt 22,21; vgl. Spr 24,21; 1 Petr 2,17). Paulus geht in seinen berühmten Worten, dass der Staat von Gott eingesetzt ist (Röm 13,1–7), davon aus, dass der Staat gerade die Christen unterschiedslos zu bestrafen hat, wenn sie gegen das Gesetz verstoßen.

Der reformierte Mitverfasser des Heidelberger Katechismus Zacharias Ursinus (1534–1583) schreibt zum Unterschied von Kirche und Staat klassisch: »1. Die staatliche Gewalt bestraft vi corporali (›mit körperlicher Gewalt‹), die Kirche ermahnt nur durch das Wort und schließt aus der Gemeinschaft aus. 2. Der Staat beschränkt sich auf die Ausübung der Gerechtigkeit in der Stra-

Stichwort **Investiturstreit**

Investitur (lat. vestis »Amtstracht«), eigentlich die Einkleidung bei der Bischofs- oder Abtweihe; seit Otto I., dem Großen (reg. 936/962–973), die Überreichung des *Bischofsstabs,* wurde Investitur allgemein zum Ausdruck für die Berufung ins Bischofsamt, die meist mit weltlichen Rechten und Herrschaftsgebieten verbunden war.

Investiturstreit, seit dem 11. Jh. zwischen dem Papst auf der einen und dem deutschen, englischen und französischen König auf der anderen Seite schwelende machtpolitische Frage, wer die Bischöfe ernennt, Kirche oder Staat und noch weitgreifender, wer wessen Amt einsetzt, der Papst den König oder der König den Papst. Der Streit erreichte mit dem Bann und der Lösung Kaiser Heinrichs IV. (reg. 1056/1084–1106, Gang nach Canossa 1077) durch Papst Gregor VII. seinen Höhepunkt und endete in einem vorläufigen Kompromiss im Wormser Konkordat aus dem Jahr 1122, nachdem Heinrich V. (reg. 1098/1111–1125) auf die Investitur der Bischöfe und Äbte mit Stab und Ring verzichtete, sie ihm aber einen Treueid leisteten und daraufhin mit ihrem Herrschaftsgebiet belehnt wurden.

fe, die Kirche aber sucht die Besserung und das Heil der Menschen. 3. Der Staat geht zur Strafe über, wo die Gemeinde brüderlich ermahnt, ›um durch eine baldige Besserung die Strafen der staatlichen Gewalt zu vermeiden‹. 4. Der Staat bestraft viele Laster nicht, die der Kirche schaden und von ihr getadelt werden müssen.«

Macht und Recht

In der klassischen Belegstelle zum Staat in Röm 13,1–7 sieht Paulus es als von Gott gegebene Hauptaufgabe des Staats an, das Gute zu schützen und das Böse zu bestrafen. Die Frage, wie man die Aufgabe des Staates versteht, hängt wesentlich an der Frage, was unter »Gut« und »Böse« in diesem Text zu verstehen ist – so wie es der jeweilige Staat versteht oder wie das Gesetz Gottes es definiert. Beide Auslegungen sind vertreten worden und haben einen tief greifenden Einfluss auf die Geschichte gehabt.

Nach der stärker lutherischen Position im Laufe der Geschichte legt der Staat seine Gesetze selbst fest, allerdings mit Rücksicht auf das Naturrecht. Es geht Gott darum, dass überhaupt zwischen Gut und Böse unterschieden wird. Der Staat ist nach Röm 13 als Machtsystem begründet, da er über dem Gesetz steht, das er selbst schafft, und sich sein Recht aus eigener Macht herleitet.

Die stärker reformierte und anglikanische Position im Laufe der Geschichte betonte, dass Gott das biblische Gesetz auch für den Staat festgelegt hat und der Staat nur das Böse im Sinne des Gesetzes Gottes bekämpfen soll – zumal direkt anschließend in Röm 13,8ff. die Zehn Gebote zitiert werden. Der Staat ist nach Röm 13 als Rechtsstaat begründet, da er dem Gesetz untersteht und sich seine Macht aus seinem Recht ergibt. »Das muss so sein…«, schreibt ein lutherischer Ethiker, »denn nach der reformierten Deutung ist die Bibel das große soziale Lehrbuch der Menschheit.«

Der Unterschied zwischen beiden Positionen hängt eng damit zusammen, dass die lutherische Sicht den Staat als Notordnung ansieht, die erst nach dem Sündenfall notwendig wurde und das Chaos der gefallenen Welt eindämmen soll, während die reformierte und anglikanische Deutung den Staat in einem Mandat Gottes begründet betrachtet, als eine der von Gott eingesetzten Autoritäten wie Familie oder Kirche.

Heute sind die Positionen nicht mehr vor allem durch Konfessionsgrenzen bestimmt. Vor allem hat sich die römisch-katholische Theologie dem reformierten Denken über Kirche und Staat stark angenähert und ihre frühere Position aufgegeben.

Die jeweilige Auffassung entscheidet auch darüber, inwieweit man den Staat kritisieren

Blick vom Petersdom auf den Petersplatz. Gian Lorenzo Bernini gestaltete den Platz mit den beiden halbkreisförmigen, von Heiligenfiguren bekrönten Kolonnaden.

Stichwort **Kampf um Bürgerrechte**

Martin Luther King (*1929 Atlanta/Georgia, † 1968 Memphis/Tennessee) Der Pfarrer der *Baptisten* war in den 1960er Jahren der bedeutendste farbige Bürgerrechtler in den USA. Durch passiven und gewaltlosen Widerstand kämpfte er gegen die Rassenschranken. 1964 wurde er für seinen unermüdlichen Einsatz für die Gleichberechtigung der schwarzen Bevölkerung in den USA (Rede »I have a dream«, 1963) mit dem Friedensnobelpreis ausgezeichnet. 1968 fiel er dem Attentat eines weißen Rassisten zum Opfer. Das Foto zeigt Martin Luther King, als er am 28. August 1963 von der Lincoln-Gedächtnisstätte in Washington D.C. seinen zehllosen Anhängern zuwinkt

Stichwort Liebe im Christentum

Die grundsätzlichste Aussage des N.T. über Gott lautet: »Gott ist Liebe« (1 Joh 4,8.16). Er ist »der Gott der Liebe« (2 Kor 13,11), und Jesus ist »die Liebe Gottes unter uns« (1 Joh 4,9). Deswegen hat die Liebe ausschließlich im Wesen Gottes ihren Ursprung, »die Liebe ist von Gott« (1 Joh 4,7). Zugleich hat Gott »Lust an der Liebe« (Hos 6,6). Es ist dasselbe, in Gott und in der Liebe zu sein: »Gott ist Liebe, und wer in der Liebe bleibt, bleibt in Gott und Gott bleibt in ihm« (1 Joh 4,16). Ebenso ist es dasselbe, Gott zu erkennen und zu lieben: »Jeder der liebt, ist aus Gott geboren und erkennt Gott. Wer nicht liebt, hat Gott nicht erkannt, denn Gott ist Liebe« (1 Joh 4,7f.).
Wenn Gott durch Hosea erschüttert feststellt: »Keine Treue und keine Liebe und keine Erkenntnis Gottes ist im Land« (Hos 4,1), spricht er eigentlich nur von ein und derselben Sache, nicht von drei verschiedenen Dingen. In der Verankerung der Liebe im Wesen Gottes spielt die Dreieinigkeit eine wesentliche Rolle (Joh 17,24). Zur Liebe gehören immer mindestens zwei, gehört immer ein Gegenüber. Jedes göttliche Gebot gewinnt seine Bedeutung aus der Liebe und ist auf Liebe ausgerichtet: »Das Endziel des Gebotes ist Liebe aus reinem Herzen und gutem Gewissen und ungeheucheltem Glauben« (1 Tim 1,5); »Seid niemand irgendetwas schuldig, außer einander zu lieben, denn wer den anderen liebt, hat das Gesetz erfüllt.« (Röm 13,8; 1 Tim 1,5.8 ff.). Diese Liebe erschöpft sich nicht in Worten und Ideen, sondern wird an ihren Taten gemessen (1 Joh 4,8), so wie Christus seine Liebe durch die Tat am Kreuz bewiesen hat (1 Joh 3,16; Joh 3,16; Röm 5,8ff.). Die Liebe ist die größte aller christlichen Tugenden (1 Kor 13,13). Sie ist grundlegend für das Verhältnis des Menschen zu Gott und zum Mitmenschen (Mt 22,37ff.). Ein Christ soll seinen Feind genauso lieben wie seinen Bruder (Mt 5,43f.; 1 Joh 3,14).

Stichwort Klassische Auslegungsregeln der Zehn Gebote

1. Verbote beschützen Gebotenes, Gebotenes begründet Verbote. Die Verbote von Ehebruch, Diebstahl oder falschem Zeugnis schützen, z.B. Ehe, Eigentum und Ehre.

2. Die sehr kurz und leicht erlernbar formulierten Gebote erfassen Untergeordnetes und Verwandtes zusammen mit dem ausdrücklich Genannten (Stilmittel der Synekdoche). So beinhaltet das Tötungsverbot zugleich das Verbot des Hasses ebenso wie das der Körperverletzung und die Verbote von Diebstahl und Lüge das Verbot des Betrügens.

3. Dabei wird jeweils die innere Ursache für das äußere Übel mit erfasst (z.B. Neid und Eifersucht als Ursache des Diebstahls oder Hass als Ursache des Mordens). Das zehnte Gebot macht dies ausdrücklich deutlich.

4. Aus der restlichen Heiligen Schrift ist erkennbar, was mit den einzelnen Geboten gemeint ist. Wenn man den Willen Gottes in nur zehn Geboten erfasst und sie noch sehr kurz und prägnant formuliert, bleibt kein Raum für Ausführungen, Erläuterungen und Umschreibungen. Sie finden sich in der restlichen Heiligen Schrift.

Das Gesetz selbst, ebenso die Propheten, die Weisheitslehrer, Christus und die Apostel, erläutern die Gebote. Wenn z.B. »Töten« verboten wird, kann in der Kürze eines Satzes nicht alles gesagt werden. Bezieht sich der Satz auf Tiere? Nein. Gibt es keine Ausnahmen beim Menschen? Doch, so etwa in der Selbstverteidigung oder im Verteidigungskrieg. Auch das macht das Gesetz selbst deutlich.

5. Die Gebote, die das Verhältnis zu anderen Menschen regeln, verweisen auf die Gebote, die das Verhältnis zu Gott regeln und umgekehrt.

und sich ihm widersetzen darf: Nur in der zweiten Auffassung kann die vom Staat getrennte Kirche den Staat dennoch an das Gesetz Gottes erinnern und sich ihm widersetzen, wenn er selbst das Böse ausübt. Es ist nicht erstaunlich, dass sich ein christliches Widerstandsrecht im reformierten und im anglikanischen, nicht aber im lutherischen Bereich herausgebildet hat.

Individuum und Gesellschaft

Liebesethik

Paulus teilt den Römerbrief wie andere seiner Briefe in einen dogmatischen (lehrmäßigen, Röm 1–11) und einen ethischen (praktischen) Teil ein (Röm 12–16), der mit den Worten beginnt: »So ermahne ich euch nun durch die Barmherzigkeit Gottes...« (Röm 12,1; ähnlich Eph 4,1). Christlich leben heißt für Paulus, sein ganzes Leben einen einzigen Gottesdienst sein zu lassen (Röm 12,1f.), nicht aus Zwang oder als Leistung, sondern in einer aus Dankbarkeit und Hingabe auf das gnädige Evangelium, das Gott in Christus für uns geschaffen hat. Nun kann der Mensch im Gegensatz zum Anpassungsdruck der Welt um ihn her zu einem neuen Denken und Handeln gelangen (Röm 12,2f.). Christliche Ethik ist für Paulus Liebesethik (Röm 13,8ff.), wird doch die Liebe als Begründung für alles ethische Handeln, als Erfüllung aller Werte, Ordnungen und ethischen Normen gesehen. Jesus selbst fasst seine Lehre in zwei Kerngeboten des A.T. zusammen: »Du sollst den Herrn, deinen Gott, lieben von ganzem Herzen, von ganzer Seele, von allen Kräften und von ganzem Gemüte und deinen Nächsten wie dich selbst« (Lk 10,27; Mt 22,37, Mk 12,30, aus Dtn 6,5 und Lev 19,18).

Die beiden zentralen ethischen Texte der Bibel sind die Zehn Gebote und die Bergpredigt.

Zehn Gebote

Die Zehn Gebote, auch Dekalog (griech. deka »zehn«, logoi »Worte«) heißen im Hebräischen die »Zehn Worte« (Ex 34,28; Dtn 4,13) oder auch »die Worte« (Ex 20,1; Dtn 5,22). Es sind Gottes Gebote, die er Mose auf dem Berg Sinai gab. Die Bibel enthält zwei Berichte darüber, wie Gott sie gab (Ex 20,1–17; Dtn 5,6–21). Sie wurden auf zwei steinerne Tafeln geschrieben (Ex 31,18; 32,15–19; 34,1–4.27ff.; Dtn 10,1–5). Es sind, vom »Menetekel« in Dan 5,5.24–27 vielleicht abgesehen, die einzigen Texte, die nach biblischem Zeugnis Gott eigenhändig geschrieben hat (Ex 31,18; 24,12; 32,15f.; 2 Kor 3,3).

Sie sollten nach der Einleitung (Ex 22,1) kein Sklavenjoch für die Israeliten sein, sondern eine weise Maßnahme, um Gottes Volk zu befähigen, ein Leben froher Gemeinschaft mit ihrem Gott zu führen. Die ersten vier Gebote handeln von der rechten Beziehung des Menschen zu Gott, die anderen sechs von seinem Verhalten zu den Mitmenschen. Alle, mit Ausnahme des vierten Gebots, des Sabbatgebots, werden im N.T. ausdrücklich wiederholt und sind immer als auch für Christen verbindlich angesehen worden. Jesus zeigt sogar, dass Gott sie strenger auslegt als die Juden selbst *(Bergpredigt)*. Sie fassen das höchste menschliche Sittengesetz zusammen und werden in der Liebe erfüllt (Mt 22,35–40).

Es herrscht Unklarheit darüber, wie sie gezählt werden müssen und wie sie auf die zwei Tafeln aufgeteilt wurden. Die Zählung der orthodoxen und der evangelisch-reformierten Kirchen dürfte die älteste sein, da sie schon bei Josephus und Philo zu finden ist. Die katholische und später auch evangelisch-lutherische Zählung beginnt in nachbiblischer Zeit früh mit Klemens von Alexandrien und Aurelius Augustinus. Sie kommt zustande, wenn man das zehnte Gebot teilt und stattdessen das Gebot des Götzendienst verkürzt und zum ersten Gebot zieht.

Jesu Kritik in der Bergpredigt an einer starren Gesetzesfrömmigkeit kommt auch in der Erzählung des Johannesevangeliums über Jesu Schutz für eine Frau zum Ausdruck, die als Ehebrecherin gesteinigt werden soll (Joh 8,1–11). Max Beckmann nahm diesen Bericht zum Anlass für sein Gemälde »Christus und die Sünderin«: Hohn, Spott, Hass und Aggression der Selbstgerechten umzingeln Jesus und seine Schutzbefohlene. 1917; Art Museum, Saint Louis/Missouri

Bergpredigt

Der Begriff wurde von *Augustinus* geschaffen und seit dem 16. Jh. eingedeutscht für die in eine lange (Mt 5ff.) und eine kürzere Fassung (Lk 6,20–49) überlieferte bedeutendste Rede, die Jesus nach Mt 5,1 auf einem Berg (nach Lk 6,17 in ähnlicher Form auf einem Feld) gehalten hat und die seine Lehre zusammenfasst. Wahrscheinlich ist sie der am besten bekannte Teil der ganzen Bibel. Teil der Bergpredigt sind sowohl die *Goldene Regel* (»Was ihr wollt, das die anderen euch tun, das tut ihnen auch«, Mt 7,12), das Vaterunser (Mt 6,9–13) als auch die sieben *Seligpreisungen* (Mt 5,3–12). Ihre Auslegung und Anwendung ist allerdings seit Jahrhunderten stark umstritten. Die Sicht, die sich unter Mitarbeit jüdischer Exegeten allmählich durchsetzt, lässt sich so zusammenfassen: In der Bergpredigt begründet Jesus kein neues Gesetz, sondern bestätigt das alttestamentliche Moralgesetz als ewig bindend (Mt 5,17–20). Er wendet sich nicht gegen dieses Gesetz, sondern gegen die falschen Auslegungen und Erweiterungen durch die »Alten«, wie sie von den Pharisäern und Schriftgelehrten vertreten wurden (»Ihr habt gehört…«, nicht »Es steht geschrieben«). In seiner Widerlegung beruft sich Jesus auf das alttestamentliche Gesetz selbst (z. B. im Verbot des gedanklichen Ehebruchs auf das zehnte Gebot »Du sollst nicht begehren ...«) und betont die innere Gesinnung als Voraussetzung jeder Ethik. Dabei behandelt er die persönliche, nicht die politische Ethik, setzt

Das Vaterunser der Bergpredigt

Bevor Jesus das Vaterunser lehrt, gibt er Anweisungen, wie die Christen beten sollen. Sie sollen nicht beten, um dabei von den Leuten gesehen zu werden, und nicht plappernd viele Worte machen.

»So sollt ihr beten:
Unser Vater im Himmel,
dein Name werde geheiligt,
dein Reich komme,
dein Wille geschehe
wie im Himmel, so auf der Erde.
Gib uns heute das Brot,
das wir brauchen.
Und erlass uns unsere Schulden,
wie auch wir sie unseren Schuldnern erlassen.
Und führe uns nicht in Versuchung,
sondern errette uns vor dem Bösen.«

(Matthäus 6,9–13)

Stichwort Demut

Als Begriff und Sache war Demut bei den Germanen unbekannt und wurde erst von den Missionaren aus dem A.T. und N.T. über die oberhochdeutsche Kirchensprache (»thio-mouti«, »dio-mouti«) eingeführt. Es entstand aus »Diene-Mut«, aus der Gesinnung zum Dienen, dem »Mut zum Dienen«. Demütig bedeutet »dienstwillig«. Christliche Demut ist nach dem Vorbild der Selbsterniedrigung Jesu Christi – nicht wie es der moderne abgeschliffene Sprachgebrauch vermuten lässt – keine passive Haltung, kein Über-Sich-ergehen-lassen, sondern ein aktives, gewolltes Dienen, das Mut und Stärke erfordert.

Stichwort Bekennende Kirche

Dietrich Bonhoeffer
*1906 Breslau,
† 1945 KZ Flossenbürg
Der deutsch-lutherische Pfarrer und Theologe leitete ab 1934 das (illegale) Predigerseminar der *Bekennenden Kirche* in Finkenwalde. 1941 mit Rede- und Schreibverbot belegt, schloss er sich der Widerstandsbewegung um Admiral Wilhelm Canaris an und versuchte, im Ausland Unterstützung gegen Hitler zu organisieren. 1943 verhaftet, wurde er am 9.4.1945 gemeinsam mit Canaris im KZ Flossenbürg hingerichtet. Seine Schriften, z.B. »Gemeinsames Leben« (1932), »Nachfolge« (1937), »Ethik« (postum 1949) und seine Briefe aus dem Gefängnis (»Widerstand und Ergebung«, 1951) prägten die evangelische Theologie maßgeblich. (Foto: Bonhoeffer im Hof des Wehrmachtuntersuchungsgefängnisses in Berlin-Tegel, Sommer 1944)

Stichwort Individualismus und Kollektivismus

Individualismus: Er sieht den einzelnen Menschen als wichtigsten Maßstab und glaubt, dass sich alles an seinen Bedürfnissen und Wünschen auszurichten habe, politisch vertreten durch einen reinen Liberalismus.
Kollektivismus: Er betrachtet die Gemeinschaft (der Kirche, des Staates usw.) als wichtigsten Maßstab und glaubt, dass sich alle privaten Bedürfnisse dem Wohl der Gemeinschaft unterzuordnen haben, politisch vertreten durch einen reinen Sozialismus (auch Nationalsozialismus) oder Kommunismus.
Christliche Ethik: Sie geht mit dem N.T. davon aus, dass so wie Gott in seiner *Trinität* zugleich einer und viele ist, nur eine Ausgewogenheit zwischen dem Eintreten für den Einzelnen und dem Orientieren an den Belangen der Gemeinschaft ein menschenwürdiges Zusammenleben hervorbringen kann, in der Familie ebenso wie in der Kirche, in der Wirtschaft ebenso wie im Staat. Im N.T. und der christlichen Ethik wird die Gegenüberstellung von Individualismus und Kollektivismus dadurch überwunden, dass weder der Einzelne noch die Gesellschaft Maßstab und Ziel des menschlichen Lebens sind, sondern der dreieinige Gott und seine Verherrlichung. Gott misst der Einzelpersönlichkeit ebenso große Bedeutung bei wie der Gemeinschaft in verschiedenen Strukturen.

aber das im A.T. begründete Recht des Staats, Gewalt anzuwenden und Gericht zu halten, voraus, etwa wenn er eine Einigung empfiehlt, »bevor du zum Richter kommst«, und Gefängnis sowie Beamte erwähnt. Jesus betont besonders das Handeln des Gehörten (Mt 7,21–26), setzt aber in den Seligpreisungen die gnädige Zuwendung Gottes vor das gerechte Tun.

Die vier Mandate

Die christliche Ethik kann man weder in ihrer 2000-jährigen Geschichte, noch in ihrer Vielfalt in Kirchen und Kulturen kurz darstellen. Zu ihr gehören alle zentralen Fragen, die das Privatleben des christlichen Abendlandes ebenso geprägt haben wie Ehe, Familie, Kunst, Wissenschaft, Recht und Staat. Den besten Überblick kann man sich mit Dietrich Bonhoeffers (1906–1945) Lehre von den vier Mandaten verschaffen, die sich schon die Kirchengeschichte hindurch bei verschiedensten Autoren als Zusammenfassung des biblischen und historischen Befundes findet (z.B. die Berufungslehre von Augustinus und Thomas von Aquin, die Ständelehre von Luther, die reformierte Institutionenlehre). Das bedeutet natürlich nicht, dass das Christentum sich in seiner Geschichte immer daran gehalten hätte.

Die Mandatenlehre nimmt an, dass Gott unterschiedliche Beziehungen und Gemeinschaften geschaffen hat, die jeweils verschiedene Aufgaben haben und unterschiedlich regiert werden. Demnach gibt es vier voneinander unabhängige »Bünde« *(Bund)*, vier von Gott eingesetzte Ordnungen, nämlich Familie, Kirche, Arbeit (Wirtschaft) und Staat. Ein Bund kommt durch Schwur *(Eid)* vor Gott zustande und untersteht einem Bundesgesetz (einer Verfassung), deren Grundzüge sich aus der Schöpfungsordnung ergibt. Man kann diese Mandate, so Bonhoeffer, nicht in weltliche und göttliche unterscheiden, ja, die von Gott gegebenen Mandate machen Christen jeden Rückzug aus dem weltlichen in den geistlichen Bereich unmöglich. Für Bonhoeffer haben alle Mandate ihren Ursprung im Himmel. Sie haben unterschiedliche Aufgaben und unterstehen Gott direkt, nicht einander, auch wenn sie miteinander verwoben sind und ihre Aufgaben in die anderen Bünde hineinreichen können.

Der Christ muss sich in allen Mandaten bewähren, hat aber in jedem andere Aufgaben. Grundsätzliche Gebote prägen sich in jedem Mandat unterschiedlich aus und ziehen andere Strafen nach sich. So straft die Familie Diebstahl mit Erziehungsmaßnahmen, die Kirche mit *Kirchenzucht* und Buße, die Wirtschaft mit Wiedergutmachung oder Entlassung und der Staat mit einer vom Gericht verhängten Strafe. Deshalb hat die christliche Ethik ausgehend von Geboten der Bibel eine persönliche Ethik, eine Familienethik, eine Arbeits- und Sozialethik, ein Kirchenrecht und eine politische Ethik hervorgebracht.

Weil alle Bünde der Schöpfungsordnung Gottes unterstehen, achten sie jeweils die Autorität und Aufgabe der anderen Bünde. Sie helfen sich gegenseitig, sofern sie nicht ihre eigenen Aufgaben und Rechte überschreiten. Die Kirche betet für die Regierung, berät sie und ermahnt ihre Glieder zur Anerkennung des Staats. Die Familie erzieht ihre Kinder zum Respekt vor gottgewollter Autorität – auch in den anderen Bünden. Die Wirtschaft und die Familien finanzieren durch ihre Steuern den Staat und durch den Zehnten die Kirche. Die Kirche hilft den Eltern, ihre Kinder nach Gottes Willen zu erziehen usw. Keines der vier Mandate darf unter die Herrschaft eines anderen Mandats gelangen, aber auch keines der Mandate kann unabhängig von den anderen bestehen und jedes Mandat untersteht in bestimmten Aspekten der Autorität der anderen Mandate. Jeder Mensch gehört immer gleichzeitig den vier Schöpfungsordnungen an, wodurch allein schon vorgegeben ist, dass die vier Mandate nicht unabhängig voneinander existieren können. Ein Mensch kann und muss säuberlich zwischen seiner jeweiligen Aufgabe und Autorität innerhalb der vier Ordnungen unterscheiden, aber er bleibt eben doch ein Mensch. So kann er Vater, Unternehmer, Presbyter und politisch Engagierter zugleich sein.

Die Familie hat völlig eigene Aufgaben und Rechte, die sie nicht erst vom Staat erhält, ja, sie geht dem Staat voraus. Dennoch darf der Staat die Familie nicht nur fördern, sondern muss auch Gesetze erlassen, die Beginn und Ende einer Familie definieren. Es ist rechtens, dass der Staat bei fortwährender Kindesmisshandlung den Eltern ihr Elternsein abspricht, obwohl der Staat grundsätzlich nicht frei entscheiden kann, wen er als Eltern akzeptiert und wen nicht. Aus der vorgegebenen Autorität der Familie ergibt sich,

STICHWORT Ehrfurcht vor dem Leben

Albert Schweitzer (*1875 Kaysersberg/Elsass, † 1965 Lambaréné/Gabun)
Der deutsch-französische evangelische Theologe, Philosoph, Mediziner und Musikwissenschaftler (Orgelvirtuose) eröffnete 1913 im damaligen Französisch-Äquatorialafrika das Urwaldhospital bei Lambaréné, dem er sein Leben widmete. Als Theologe trug er wesentlich zur Leben-Jesu-Forschung *(Bibelkritik)* sowie Paulusforschung bei und lehnte jegliche Eschatologie ab.

Seine Ethik der Nächstenliebe und des Tierschutzes wurde unter dem Schlagwort »Prinzip Leben« einflussreich. 1953 erhielt er den Friedensnobelpreis (rückwirkend für 1952) als Würdigung seiner Tätigkeit als Urwaldarzt sowie seines Engagements für Völkerverständigung und gegen koloniale Ausbeutung.

STICHWORT Tätige Nächstenliebe

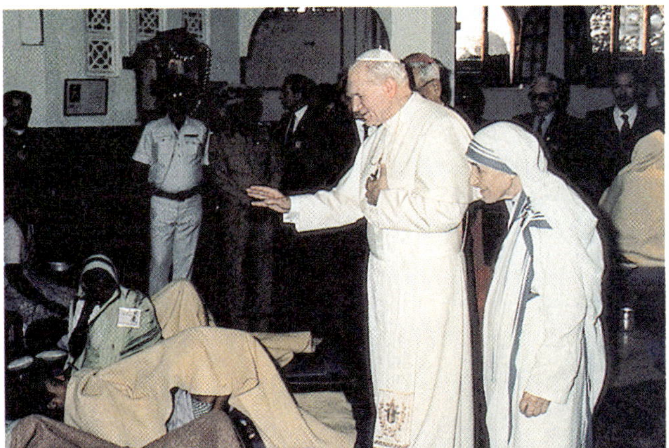

Mutter Teresa (eigtl. Agnes Gonxha Bojaxhio; *1910 Skopje, † 1997 Kalkutta)
Die Tochter einer katholischen Familie im damals türkischen Albanien trat 1928 unter dem Namen Teresa dem Orden der Schwestern von *Loreto* bei. Sie verbrachte die ersten Jahre in Dublin, später kam sie nach Darjeeling in Nordindien und wurde schließlich Leiterin einer Missionsschule in Kalkutta. 1948 gab Teresa das Klosterleben auf, um sich ganz der Hilfe für die Ärmsten zu widmen; 1950 gründete sie den Orden »Missionarinnen der Nächstenliebe« und lebte in den Slums von Kalkutta; für Sterbende schuf sie 1952 einen Zufluchtsort. »Mutter Teresa von Kalkutta« wurde weltweit zum Inbegriff tätiger Nächstenliebe. 1979 erhielt sie den Friedensnobelpreis. (Foto: Mutter Teresa und Papst Johannes Paul II.)

dass die für den Missbrauch irdischer Autorität zuständige Institution Staat den Missbrauch der Familienautorität ahnden kann. Es besteht also immer die Gefahr, dass ein Mandat ein anderes beherrschen will und nicht in seiner Eigenständigkeit akzeptiert, als auch die Gefahr einer völligen Verselbstständigung einzelner Mandate, welche die Verschränktheit der Mandate leugnet.

Die drei Seiten jeder Entscheidung

Grob gesprochen hat die christliche Ethik vier Hauptquellen erkannt: 1. Schrift; 2. Vernunft; 3. Tradition und 4. Erfahrung. Für die evangelische Ethik ist das Wort Gottes der letzte, wenn auch nicht der einzige Maßstab. Die katholische Ethik sieht alle genannten Quellen gleichauf, aber in dem vom Papst ausgeübten kirchlichen Lehramt die letzte Instanz für die Auslegung aller vier Quellen.

Eine ethische Entscheidung hat in der Bibel drei Seiten. Der normative Aspekt kommt in der Bibel in der Bedeutung der unveränderbaren Gebote Gottes zum Ausdruck. In der Ethik generell finden wir ihn am stärksten in den Grundwerten wieder. Der situative Aspekt wird in der Bibel in der Bedeutung der Weisheit deutlich, die aufgrund von Erfahrung und konkreter Situation abwägt. In der Ethik generell spielen die so genannte *Pflichtenkollision,* die *Situationsethik* und die kulturelle Anpassung eine Rolle. Der existenzielle Aspekt kommt in der Bibel in der Bedeutung des Herzens und des Gewissens zum Ausdruck, in dessen Inneren aufgrund normativer und situativer Überlegungen die eigentliche Entscheidung fällt. In der Ethik generell wird vom Gewissen und von den Motiven gesprochen.

Normativ, situativ und existenziell stehen für klassische Entwürfe der Ethik. Sie gehen davon aus, dass dem Menschen durch Normen und Gebote vorgegeben ist, wie er zu handeln hat, der Mensch nur in der Situation erfassen kann, was das Beste ist, oder aber die ethische Entscheidung im Innersten als Ringen um unsere Existenz stattfindet. Sie sollten nicht gegeneinander ausgespielt werden, sondern einander ergänzen.

Mitglieder der Religionsgemeinschaft Zeugen Jehovas mit der Zeitschrift »Erwachet«. Im Juni 1997 gab der Bundesverwaltungsgerichtshof die Gleichstellung der Zeugen Jehovas mit den großen Kirchen bekannt. Dieses Urteil wurde vom Bundesverfassungsgericht in Karlsruhe aufgehoben.

Sonderformen des Christentums

Neben den katholischen, orthodoxen und evangelischen Kirchen und Freikirchen gibt es eine Vielzahl von Kirchen, die man früher *»Sekten«* nannte, wegen des abfälligen Untertons und des Missbrauchs dieses Begriffes in der Geschichte jedoch heute eher als »Sondergruppen« bezeichnet. Damit werden alle halbchristlichen Gruppen, Sekten, Kulte usw. benannt, die Teile des christlichen Glaubens oder der Bibel akzeptieren, daneben aber zusätzliche göttliche Offenbarungen kennen. Die meisten behaupten, allein »die Wahrheit« zu besitzen oder sogar die einzig wahren Christen zu sein. Die Mehrzahl dieser Gruppen wird von den anderen Kirchen nicht als christlich angesehen, insbesondere wenn sie die Lehren zur *Trinität* und zu Jesus als wahrer Mensch und Gott der frühen ökumenischen *Konzilien* nicht anerkennen, welche die katholische, die orthodoxen, die anglikanische und die evangelischen Kirchen und Freikirchen verbinden.

Wenn man einmal von den sämtlich wieder untergegangenen sektiererischen Kirchen der Frühen Kirche wie den *Donatisten* oder des Mittelalters wie der *Katharer* einmal absieht, sind die Sondergruppen praktisch ausnahmslos im 19. Jh. und 20. Jh. als Abspaltungen von evangelischen Freikirchen entstanden, wobei der Höhepunkt der Entstehung der weltweit und in Deutschland größten Sondergruppen die Zeit zwischen 1826 und 1879 ist. 1826 entstand die *katho-*

Hauptraum des modernen Anbaus zum 1853 begonnenen Mormonentempel von Salt Lake City im US-Bundesstaat Utah. Diesen gründeten 1847 Anhänger des »Präsidenten, Propheten und Sehers« B. Young, Nachfolger des Religionsstifters Joseph Smith (1805 bis 1844, ermordet in Carthage, Illinois).

lisch-apostolische Kirche, die ihre Fortsetzung in der wichtigsten Abspaltung von 1860 hat, der *neuapostolischen Kirche,* mit 390 000 Anhängern nach den beiden Großkirchen in Deutschland die drittgrößte Religionsgemeinschaft. An ihrer Spitze steht ein Stammapostel, der versöhnende Funktion hat und der die Apostel einsetzt. 1827 entstand der *Dispensationalismus,* 1830 in den USA die *Mormonen.* Diese vertreten die allmähliche Höherentwicklung des Menschen, strenge Gesundheitsregeln und die stellvertretende Taufe für namentlich bekannte Tote, weswegen sie die größte Ahnenforschungseinrichtung und -datenbank der Welt betreiben. Die Glaubensbekenntnisse der Kirchen *(Dreieinigkeit, Gottessohnschaft Jesu)* lehnen sie ab. 1847 gründeten 12 000 Anhänger den *theokratischen Mormonenstaat* Utah, heute ein Bundesstaat der USA. Mit weltweit 5,1 Mio Anhängern sind sie eine der am schnellsten wachsenden Religionsgemeinschaften. Die 1861 entstandenen Siebenten-Tags-*Adventisten* sind ebenfalls aus Vorläuferkirchen seit den 1830er Jahren hervorgegangen, welche die Wiederkunft Jesu für 1844 prophezeiten. Sie stützen sich neben der Bibel auf Offenbarungen der Prophetin Ellen G. White. Bekannt sind sie durch die strikte Einhaltung des Sabbats statt des Sonntags und durch die Achtung der alttestamentlichen Speisegebote. 1879 entstand die *Christliche Wissenschaft,* eine ausgeprägte Heilungsbewegung, die Leid und Tod als Illusion versteht, die es spirituell zu überwinden gilt. 1879 gründete sich auch die in Deutschland bekannteste Sondergruppe der *Zeugen Jehovas,* welche die ausgeprägteste Endzeitlehre unter allen Sondergruppen vertritt und neben der Ablehnung der Dreieinigkeit eine spezielle Lehre des Tausendjähriges Reiches und des Lebens nach dem Tod entwickelt hat. Außerdem lehnt sie jede Berührung mit dem Staat (z. B. Wahl, Beamtentum) und mit anderen Kirchen ab. Nur in Deutschland spielt die 1922 als christlicher Zweig der Anthroposophie entstandene *Christengemeinschaft* eine Rolle.

Hinsichtlich der Darbisten *(Brüdergemeinen, Dispensationalismus),* weiter Teile der heutigen *Adventisten* und der *Pfingstler* ist die Meinung gespalten, ob sie wegen ihrem Festhalten an den Lehren der frühen Konzilien, vor allem an der Dreieinigkeitslehre, und an der Heilslehre der Reformation als evangelische Freikirchen oder wegen ihrer Sonderlehren als Sondergruppen zu betrachten sind. *Thomas Schirrmacher*

Das Christentum von A–Z

Die im folgenden Buchteil aufgeführten Stichwörter geben Informationen, die für das grundlegende Verständnis des Christentums wichtig sind. So wird z. B. Abraham hier ausschließlich in seiner Bedeutung für das Christentum betrachtet. Seitenverweise am Ende eines Stichwortes führen in den Buchteil *Das Christentum in Geschichte und Gegenwart* (S. 11).

Aachen. Blick von der Empore in das zentrale Oktogon der karolingischen Pfalzkapelle im Westteil des heutigen Aachener Münsters. Alkuins Weihinschrift am Gesims zwischen Untergeschoss und Empore endet mit der Bitte an Gott, »dass er schütze den heiligen Tempel, den unser Kaiser Karl baute auf sicherem Grund«.

A

Aachen, verdankte seine Entwicklung zu einem politischen und religiösen Zentrum des Mittelalters der Entscheidung Karls des Großen, an dem ehemaligen röm. Badeort Aquae Granni eine Pfalz als »zweites Rom« zu errichten. Die Anlage mit einer Königshalle und einer so genannten Pfalzkapelle (nach dem Vorbild von San Vitale in *Ravenna*) entstand um 790 bis um 800. Hier versammelte Karl Akteure der karolingischen Bildungsreform wie den Theologen und Gelehrten Alkuin von York (um 730–804) und unterhielt Werkstätten für die Herstellung von liturgischen Handschriften, die der Verbreitung von Reformen des Gottesdienstes dienten. Von der Königskrönung Ottos I. (936) bis 1531 wurden hier die (dt.) Könige des Heiligen Röm. Reichs gekrönt, bevor der Papst in Rom die Kaiserkrönung vollzog. Karl der Große wurde 814 in der Pfalzkapelle begraben. Für seine Gebeine entstand ab etwa 1182 der Aachener Karlsschrein, den Friedrich II. 1215 anlässlich seiner Königskrönung eigenhändig verschloss. Die karolingische Kirche (das heutige Aachener Münster) erhielt einen gotischen Chor nach dem Vorbild der Sainte-Chapelle in *Paris.* Zu den äußeren Merkmalen des Münsters gehören heute eine barocke Kuppelhaube und ein neugotischer Westturm (vollendet 1884). Seit 1349 findet alle sieben Jahre die »Aachener Heiltumsfahrt« statt; ihr Ziel sind die Reliquien des Münsters.

Aaronitischer Segen, nach Num 6,24–26 der aus dreimal zwei Segensbitten bestehende Segen, mit dem der erste Hohepriester Israels, Aaron, Bruder des Mose, und seine priesterlichen Nachkommen mit erhobenen, ausgestreckten Händen das Volk Israel segnen sollten *(Handauflegung).* Im Mittelalter bisweilen im christlichen Gottesdienst verwendet, wurde er von den Reformatoren Luther, Calvin, Bucer und Zwingli im Jahr 1525 als Gottesdienstabschluss eingeführt und hat diese Funktion in vielen ev. Gottesdiensten bis heute.

Abaton (griech. »unbetretbar«), in der Antike der Teil eines Tempelbezirks, dessen Betreten Unbefugten untersagt war, in den Ostkirchen dann das Allerheiligste mit dem Altarraum, das nur Priester betreten dürfen.

Abba (aram. »Vater«, »Papa«), im N.T. Anrede Gottes im Gebet (Röm 8,15; Gal 4,6; durch Jesus Mk 14,36).

Abbadon (hebr. »Vertilgung«), alttestamentliche Bezeichnung für das Totenreich. In Anschluss an Ijob 26,6 wird in Offb 9,11 die griech. Entsprechung Apollyon für einen Dämonenkönig gebraucht.

Abendländisches Schisma, die politisch folgenschwere Spaltung der abendländischen Kirche 1378–1417 durch zwei, zeitweise drei Päpste, die von Rom und vom frz. Avignon unter dem Einfluss von König und Kaiser aus regierten und gegen Ende in schneller Folge wechselten. Auch für den Vatikan ist bis heute nicht geklärt, wer jeweils der kirchenrechtlich richtige Papst war.

Abendmahl → S. 67

Abendmahlsgemeinschaft, die gegenseitige Zulassung zum Abendmahl zwischen verschiedenen christlichen Kirchen, wie sie offiziell etwa zwischen lutherischen und reformierten Kirchen der EKD (Leuenberger Konkordie), zwischen der EKD und den *Methodisten,* und der *altkath.* und der *anglikanischen Kirche* offiziell vereinbart wurde (Interkommunion). Wenn Geistliche zweier Kirchen gemeinsam das Abendmahl feiern, spricht man von Interzelebration. Die meisten ev. *Freikirchen* praktizieren die A. untereinander, ohne sie offiziell vereinbaren zu müssen. Die kath. Kirche kennt keine A. mit anderen Kirchen, mit Ausnahme gewisser Situationen im Verhältnis zu den orthodoxen Kirchen.

Aberglaube, auch Superstition, im 15. Jh. aufgekommener Begriff, mit dem die christlichen Kirchen einen Glauben im eigenen Bereich ablehnten, der ihrem Glauben entgegenstand, insbesondere Überreste vorchristlicher, magischer Vorstellungen *(Magie).* Der A. war in der *Volksreligion* vor allem in kath. Gegenden *(Akkomodation, Christianisierung)* oft stark mit christlichen Riten vermischt. Er reicht heute von gelegentlichen, nur halb ernst gemeinten abergläubischen Praktiken (z.B. Bleigießen an Silvester) über teilweise Ersatzreligionen wie der *Astrologie* bis hin zum praktizierten Spiritismus und Satanismus.

Abessinische Kirche, auch äthiop. Kirche, von 451/550 bis zur kommunistischen Machtübernahme 1975 die älteste christliche Staatskirche der Welt in Äthiopien mit alter Liturgie nach alexandrinischem Ritus und dem Altäthiopischen als *Kirchensprache.* Die A. hat auch die Zeit der völligen Isolation durch den Islam vom 7. bis zum 13. Jh. überlebt. Da Äthiopien vorher ein jüd. Staat war, wurden viele Anleihen beim Judentum gemacht. So wird etwa der Sabbat statt des Sonntags gefeiert, neben der Taufe die Beschneidung durchgeführt und in einem Allerheiligsten der Kirchen ist symbolisch die Bundeslade versteckt. Seit 1951 ist die A. nicht mehr der koptischen Kirche *(Kopten)* unterstellt, sondern *autokephal* und wird von einem einheimischen Geistlichen als Patriarch, *Abuna* (arab. »unser Vater«) genannt, geleitet. Er wird aus der Mitte der nach der Regel des Pachomius aus dem 3. Jh. lebenden Mönche gewählt, die mit ihren Klöstern die religiösen Zentren der Kirche bilden. Die A. hat 22 Mio Anhänger.

Abfall, auch Abfallen vom Glauben, Glaubensabfall, religiöser Begriff für die Abwendung vom bisherigen Glauben aufgrund von Christenverfolgung oder wegen weltlicher, z.B. finanzieller Vorteile. Das N.T. enthält viele Warnungen vor dem A. vom Glauben (2 Thess 2,3; 1 Tim 1,19–20; 2 Tim 4, 10). → Verlierbarkeit des Heils

Abfallstheorie, die Sicht, dass die Zeit von 70 bis 100 n.Chr. oder des 2. Jh. n.Chr. als Entstehungszeit der frühkath. Kirche dem Glaubensabfall zuzuordnen ist, wie sie früher die *Täufer* und *Mennoniten,* aber auch fast alle ev. *Freikirchen* und Sondergruppen vertreten haben und die heute unterschwellig dort noch wirksam ist, offiziell aber nur noch in einigen *evangelikalen Kreisen* und den *Brüdergemeinen* vertreten wird. Oft wird der Glaubensabfall auch mit der Konstantinischen Wende verbunden. Die konsequenteste A. hat John Nelson Darby, der Begründer des *Dispensationalismus,* vertreten, der die entstehende Massenkirche, die Erstarrung von Lehre und Gottesdienst (Liturgie) und das Amtsdenken bereits in der Spätzeit des Paulus einsetzen lässt und in den Pastoralbriefen mit ihrer Ämterstruktur zu finden meint. Wie Darby argumentierten auch etliche historisch-kritische Theologen. Der eher auf Geistesgaben und spontane Ausbreitung ausgerichteten Zeit der Apostelgeschichte folgt für sie die Zeit der Erstarrung in den – dann als nicht paulinisch angesehenen – *Pastoralbriefen.*

Abessinische Kirche. Priester auf einer der Klosterinseln des Tanasees im nördlichen Hochland von Äthiopien. Mit Kronen und einem Werk der religiösen Buchkunst präsentieren sie ehrwürdige Zeugnisse ihrer kirchengeschichtlichen Identität.

Abgötterei, abfällige Bezeichnung für den Glauben an mehrere Götter oder andere Götter als den einen wahren Gott.

Ablass (lat. indulgentia), kath. Lehre, deren Ablehnung durch Luther wesentlich die Reformation ausgelöst hat. Die kath. Theologie unterscheidet zwischen der ewigen Strafe für eine Schuld, die allein durch das Sühneopfer Jesu getilgt werden kann, und der zeitlichen Strafe, die nach Buße und Beichte durch bestimmte Leistungen (z. B. gute Werke, Fasten, Wallfahrten, Almosen, Teilnahme an Messen oder eine vorgeschriebene Anzahl von Gebeten) abgetragen werden kann, andernfalls man sie im *Fegefeuer* ableisten muss. A. ist nun der Erlass solcher zeitlicher Strafen im Fegefeuer aufgrund der »überschüssigen guten Werke« Jesu und der Heiligen, welche die Kirche wie einen Schatz (lat. thesaurus ecclesiae) verwalten und den Bußwilligen zuweisen kann, sodass die guten Werke, welche die Heiligen zu viel getan haben, die bösen Werke der Bußwilligen aufwiegen (CIC Can. 992). Der A. kann auch für Verstorbene erwirkt werden. Es gibt den normalen A. und den »vollkommenen A.« für alle Sünden eines Menschen, den etwa der Papst den Pilgern in Rom im *Heiligen Jahr* (zuletzt im Jahr 2000) oder an Ostern verkündigt.

Auch wenn die Lehre vom A. bis heute kath. und ev. Christen voneinander trennt, ist der Beginn der Reformation doch vor allem mit dem damaligen finanziellen Aspekt des A. verbunden, der bereits im 16. Jh. zur Reform des Ablasswesens führte. In der spätmittelalterlichen Praxis hielten viele Gläubige die Verrechnung des A. für die eigentliche Vergebung der Sünden. 1515 schrieb Papst Leo X. erstmals einen A. gegen Geld aus, wobei Ablassprediger prozentual an den Einnahmen beteiligt wurden. Der Ablasshandel erwies sich als so lukrativ, dass die großen Bankhäuser seine Finanzierung übernahmen. Rom forderte von den Bistümern bestimmte Geldsummen ein, in deren Höhe diese dann A. verkauften. Die Bankhäuser streckten den Bistümern das Geld vor und verlangten dafür Zinsen. Luthers Protest bei den Bischöfen, diesen Ablasshandel einzustellen, führte zu den 95 Thesen von 1517, mit denen die Reformation begann.

Ablass. Reformatorisches Flugblatt mit Angriffen gegen den Ablassprediger und -händler »Johannes Tetzelinus«. Das Treiben des Dominikaners Johann Tetzel aus Pirna (um 1465–1519) gab Martin Luther den Anlass zur Veröffentlichung seiner 95 Thesen gegen den Ablass. In These 27 zitiert Luther Tetzels werbewirksame Parole »So das Geld im Kasten klingt, so die Seel' aus dem Fegfeuer springt«.

Ablution (lat. ablutio: »Waschung«), in der kath. Kirche Reinigung der Gefäße für die Messe und der Fingerspitzen und eventuell des Mundes des Priesters mit Wasser oder Wein nach der Messe.

Abraham (hebr.), der Stammvater Israels und ältester der jüd. Patriarchen (Gen 12–25) ist im N.T. bei Jesus (Lk 16,22), Paulus (Röm 4; Gal 3), Jakobus und dem Verfasser des Hebr (Hebr 7,1ff.; 11,8+17) das Vorbild für den reinen, nicht auf Werken basierenden, Gott völlig vertrauenden Glauben, weswegen alle Christen, nicht nur die Juden und *Judenchristen,* Kinder Abrahams sind (Gal 3,7), zumal der Segen bei Abrahams Berufung für »alle Völker« gilt.

Abrahams Schoß, bildhafter Ausdruck aus einem Gleichnis Jesu (Lk 16,22f.) für den zukünftigen Wohnort der Gläubigen *(Ewige Seligkeit).*

Abrenuntation (lat. abrenuntatio: »Abschwörung«), die Absage an den Teufel ist ein alter, vorreformatorischer Bestandteil der Taufliturgie, in der der Täufling oder bei der Kindertaufe der Pate sich von der Herrschaft *Satans* lossagt. In den ev. Kirchen in den letzten 200 Jahren entfernt, wird sie im lutherischen Bereich neuerdings bisweilen wieder aufgegriffen. → Exorzismus → Satan

Absolutheitsanspruch, auf die Bezeichnung des Christentums als »absolute« Religion durch den dt. Philosophen Georg Wilhelm Friedrich Hegel zurückgehende Beschreibung des Charakters einer *monotheistischen Religion* als *Universalreligion,* die abschließende Wahrheiten verkündigt.

Absolution (lat. absolutio: »Lossprechung«), in der kath. Kirche die durch den Priester vollzogene Freisprechung von den gebeichteten Sünden im *Bußsakrament.* Im ev. Bereich in der Regel nur in der lutherischen Kirche als Abschluss des Sündenbekenntnisses im Gottesdienst oder bei der Beichte bekannt, wobei der Beichtvater jedoch lediglich auf die geschehene Vergebung hinweist.

Abt, Äbtissin (aram. abba: »Vater«), Vorsteher oder Vorsteherin einer kath. Ordensgemeinschaft mit richterlicher Gewalt über die Ordensangehörigen. In den orthodoxen Kirchen wird der A. Archimandrit (griech. »oberster Leiter«) oder Hegoumenos (griech. »Führer«) genannt. Einige Klöster, die ev. wurden und heute Predigerseminare sind, behielten den Titel als Ehrentitel bei, so etwa der A. von Loccum oder von Bursfelde.

Abtreibung → Schwangerschaftsabbruch

Abuna (äthiop. »unser Vater«), Titel des Patriarchen der *abessinischen Kirche.*

A cappella (lat.), mehrstimmiger Chor ohne Instrumentalbegleitung, so genannt, weil es ursprünglich der Gesangsstil in der päpstlichen Kapelle war. → Kapelle

Acta Apostolicae Sedis (AAS), Amtsblatt des Apostolischen Stuhls, löste 1909 ältere Veröffentlichungen ab.

Acta Apostolorum, lat. Bezeichnung der Apostelgeschichte des Lukas.

Acta Sanctorum (lat. »Taten der Heiligen«, Abkürzung ActaSS), eine von dem belg. Kirchengeschichtler Jean Bolland (1596–1665) in Antwerpen begonnene und von den zu den Jesuiten gehörenden Bollandisten bis heute von Brüssel aus fortgesetzte große Sammlung mit wahren und legendären Heiligen- und Märyterberichten.

Adam (hebr. »Mensch«, »Mann«, von hebr. adama: »Erdboden«), Name des ersten Menschen nach dem biblischen Schöpfungsbericht (Gen 1–2). Paulus setzt Adam als Urheber der *Erbsünde* in Kontrast zu Jesus als Urheber des Heils (Röm 5,12–19).

Adiaphoron (griech. »Gleichgültiges«), auch lat. indifferentia, in der griech. Philosophie Bezeichnung von Werten, die sittlich-ethisch neutral (indifferent) sind. Von der christlichen Theologie übernommen, spielen sie vor allem in der lutherischen Ethik eine große Rolle, wo sie Dinge bezeichnen, zu denen die biblische Offenbarung schweigt und zu denen deswegen die Kirche Gebote erlassen kann und darf.

Ad-Limina-Besuch (eigentlich visitatio liminum, lat. »Besuch der Schwellen« [ergänze: der Apostel]), der regelmäßige, vorgeschriebene Rombesuch der kath. Bischöfe mit Bericht an den Papst, seit 1976 für Bischöfe alle fünf Jahre.

Adoptianismus (lat. adoptio: »Annahme an Kindes statt«), eine von der *Frühen Kirche* verworfene Sicht der Christologie, die vor allem im 2. und 3. Jh. zur Wahrung des reinen *Monotheismus* gegen jede Vielgötterei vertrat, Christus sei nicht Gott, sondern nur ein mit göttlichem Geist ausgestatteter und zum Sohn ernannter Mensch. Eng verwandt mit der selteneren Sicht der *Monarchianer.*

Adoption (lat. adoptio: »Annahme an Kindes statt«), im A.T. gilt das Volk Israel als Kind bzw. Sohn Gottes, gelegentlich auch der einzelne Gläubige. Im N.T. wird jeder, der an Jesus Christus glaubt, durch die Erlösung durch A. (so mehrmals bei Paulus) Kind Gottes und Bruder oder Schwester Jesu (Röm 8,14ff.; 1 Joh 3,1; Hebr 2,11), weswegen sie ihn ebenso »Vater« rufen dürfen, wie Jesus selbst. Vater wird zur wichtigen Ansprache im Gebet *(Vaterunser, Abba).* → Bergpredigt, S. 75

Advent (lat. adventus: »Ankunft«), seit Papst Gregor I. (um 540–604) bilden die vier Sonntage vor Weihnachten und die dazugehörigen Wochen eine Vorbereitungszeit im Gedenken an das Kommen Jesu an Weihnachten und die *Wiederkunft Jesu* am Ende der Zeit. Seit dem 8. Jh. und heute vor allem in den ev. Kirchen beginnt das Kirchenjahr mit dem A. In der kath. Kirche ist der A. eine Fastenzeit. Die orthodoxen Kirchen schreiben ihren Gläubigen ein 40-tägiges Fasten im A. vor. Seit der Aufklärung Ende des 18. Jh. ist der A. eine Zeit der stillen Vorbereitung auf Weihnachten in der Familie. Das Anzünden der *Kerzen* geht auf einen Brauch aus dem 19. Jh. im ev. Norden Deutschlands zurück. Der Adventskranz mit einer Kerze für jeden Sonntag wurde von dem Vater der ev. *Inneren Mission,* Johann Heinrich Wichern (1808–1881) eingeführt und von der ev. Jugend zur Zeit der Weimarer Republik in Deutschland verbreitet. In den A. fällt das Fest für *Nikolaus* (6. Dezember).

Adventisten (lat. adventus: »Ankunft«), die vielen Zweige und Gruppen der A. gehen auf eine 1832 von William Miller (1782–1849) begründete Gemeinschaft zurück, die auf die *Wiederkunft Jesu* wartete, welche jener für 1843/44 berechnet hatte. Die folgende Ent-

Adam. Der biblische Stammvater der Menschheit (erste Verwendung des Namens statt der Gattungsbezeichnung Mensch im Vers Gen 2,25) diente Rudolf Hausner als Archetypus mit zugleich autobiografischen Zügen. So bildet das Gemälde »Adam und seine Richter« (1965, Privatbesitz) aus dem Adam-Zyklus eine Reflexion seiner traumatischen, mit Schuldbewusstsein verknüpften Kindheit. Sie entspricht Adams unschuldig-schuldigem Sündenfall.

Afrikanische Unabhängige Kirche. Gottesdienst der Pfingstgemeinde der Siedlung Ngedo, Ruanda. Vorherrschende Ausdrucksformen religiöser Inbrunst sind die emotionale Gestik sowie Gebet und Gesang.

täuschung und immer neue Berechnungen brachten zahlreiche Splittergruppen hervor. Bedeutsam wurden aber nur die von der Prophetin und Schriftstellerin Ellen G. White (1827–1915) 1863 gegründeten Siebenten-Tags-A. (engl. Seventh-Day-Adventists), die von den Siebenten-Tags-Baptisten nicht nur die Erwachsenentaufe, sondern auch die Sabbatheiligung übernahmen, allerdings die fehlende Sabbatheiligung als Grund dafür ansahen, dass Jesus nur unsichtbar, nicht sichtbar wiedergekommen sei, und davon ausgingen, dass die Sonntagsheiligung der anderen Kirchen ein Zeichen der apokalyptischen Hure Babylon sei. Neben der Sabbatheiligung wurden auch alttestamentliche Speisegebote (Verbot des Schweinefleischs, überhaupt Vegetarismus) übernommen und als grundsätzlich einfaches und gesundes Leben verstanden (kein Alkohol und Nikotin, eigene ökologische Lebensmittelproduktion). Die Heilslehre dagegen entspricht dem ev. Glauben. Die A. bauten im Rahmen ihrer weltweiten Missionsarbeit ein großes Bildungs- und Diakoniesystem auf. Heute sind die 11 Mio A. in zwei Flügel gespalten, einen konservativen, der an den Offenbarungen und Schriften der Gründerin festhält, und einen ökumenisch gesinnten, der andere Kirchen toleriert und deren Sonntagsheiligung gelten lässt. Mit dieser Gruppierung gehören die seit 1888 in Deutschland (seit 1876 in der Schweiz) vertretenen A. heute zur Vereinigung Evangelischer Freikirchen in Deutschland. In Friedensau unterhalten sie eine respektierte Hochschule für Theologie, Diakonie, Psychologie und Entwicklungshilfe.

Advocatus Dei / Advocatus Diaboli (lat. »Anwalt Gottes« / »Anwalt des Teufels«), volkstümliche Bezeichnung der beiden Hauptvertreter in einem kath. Prozess zur Selig- und Heiligsprechung in der Ritenkongregation der röm. *Kurie* im Vatikan. Einer trägt die Gründe dafür vor, der andere (der promotor fidei) die Bedenken.

Aeiparthenos (griech. »immerwährende Jungfrau«, lat. semper virgo), kath. Ehrentitel der Jungfrau *Maria.*

Affectio papalis (lat. »Durchgreifen des Papstes«), im 12. Jh. entwickelte Sicht, die im kath. Kirchenrecht von 1983 ihren Höhepunkt erreicht, dass der Papst in der Kirche immer und überall unmittelbare und universale Gewalt hat, also unabhängig von der im Kirchenrecht selbst von ihm verfügten Zuständigkeiten eine Entscheidung oder ein Gerichtsverfahren direkt an sich ziehen kann (CIC 313, 595). So kann er etwa an einem Abt vorbei über einen Mönch direkt entscheiden oder das Urteil eines kirchlichen Gerichts auf allen Ebenen an sich ziehen und entscheiden. → Codex Iuris Canonici Jurisdiktion

Afrikanische Theologie → Schwarze Theologie

Afrikanische Unabhängige Kirchen (AUK, engl. African Independent Churches), verbreitete Sammelbezeichnung für Mischformen aus christlichen Kirchen und afrikan. stammesreligiösem Denken, die meist von charismatischen Heiler- und Prophetengestalten ins Leben gerufen wurden. 1862 wurde im heutigen Ghana mit der Methodist Society die erste A. selbstständig. Seitdem sind die AUK in Schwarzafrika ständig gewachsen, sodass sie heute südlich der Sahara 10% der Bevölkerung, in Südafrika sogar 30% der Bevölkerung umfassen. Durch das Auftreten unterschiedlicher Prophetengestalten sind zahllose Gruppierungen entstanden, die in allen Größen zwischen örtlichen Kleingruppen und in ganz Schwarzafrika verbreiteten Gruppen mit Millionen von Mitgliedern vorkommen. Manche der A. stehen dem *evangelikalen* Bekenntnis so nahe, dass sie als pfingstkirchliche Sonderformen angesehen werden können. Andere Gruppen dagegen haben sich durch Elemente aus den afrikan. Stammesreligionen oder auf Visionen zurückgehende Besonderheiten, die dem afrikan. Denken vertraut sind, zu ganz eigenständigen Religionen entwickelt. Schätzungen für die Anhängerschaft der A. reichen je nach Abgrenzung von 13 bis 30 Mio.

Agape (griech. »Liebe«), Begriff des N.T. für die Liebe zu Gott und die Nächstenliebe, außerdem nur in Jud 12 und *Didache* 10,1 Bezeichnung für eine Abendmahlsfeier, die – wie ursprünglich immer – mit einer vollständigen Mahlzeit verbunden war, bevor Paulus empfahl, beide voneinander zu trennen (1 Kor 11,34). Neuerdings werden A.-Mahl-Feiern (auch *Koinonia* genannt) in ev. Kirchen und besonders ev. Freikirchen zu speziellen Gelegenheiten wieder beliebt.

Agende (lat. agenda: »was zu tun ist«), ursprünglich jede Anweisung zum Ablauf des christlichen Gottesdienstes, heute nur noch die Bücher, die den Ablauf des Gottesdienstes in den ev. Landeskirchen regeln.

Agnostos Theos (griech. »der unbekannte Gott«), rhetorischer Anknüpfungspunkt für Paulus in seiner *Areopagrede.*

Agnus Dei (lat. »Lamm Gottes«), Bezeichnung Jesu durch Johannes den Täufer (Joh 1,29+36; vgl. Apg 8,32). In der Offenbarung des Johannes wird Christus fast 20-mal als Lamm dargestellt. Daher erhielt im abendländischen Gottesdienst ein Lobgesang auf das Lamm Gottes als A. einen festen Platz. In ev. Landeskirchen lautet die dt. Fassung »Christe, du Lamm Gottes«. Viele berühmte Vertonungen, z.B. von Charles Gounod. Im kath. Ritus wird A. auch als Bezeichnung für Wachstäfelchen verwendet, auf denen das Lamm Gottes sowie Name und Regierungsjahr des jeweiligen Papstes dargestellt sind.

Agora (griech. »Markt«), in der Antike Marktplatz griech. Städte, auch Mittelpunkt der Rechtsprechung und der Religion. Auf der A. von Athen hielt Paulus seine berühmte *Areopagrede* an die Athener (Apg 17,16–34).

Agrapha (griech. »Ungeschriebenes«), Worte Jesu, die sich nicht in den kanonischen Evangelien finden, sondern vereinzelt in anderen neutestamentlichen Schriften (z.B. Apg 20,35). A. in *apokryphen Evangelien* gelten dagegen in der Regel als spätere Bildungen und unzuverlässig.

Ägypterevangelium, apokryphes, gnostisch-asketisches Evangelium, das erst im 2. Jh. in Ägypten entstand und nur teilweise in Schriften christlicher Gegner erhalten blieb.

Akkomodation (lat. accomodatio: »Anpassung«), Ausdruck von Augustinus, Calvin u.a., mit dem sie Gottes Anpassung in seiner Offenbarung an das begrenzte Verständnis des Menschen beschreiben. Später Ausdruck für eine vor allem kath., z.B. von den Jesuiten praktizierte Missionsmethode, welche die Rituale, Begriffe und Ideen einer vorgefundenen Religion bei der Christianisierung nicht verwirft, sondern z.T. aufnimmt und anpasst, wie dies schon bei der Christianisierung der Germanen der Fall war (z.B. *Händefalten, Externsteine).* Die Methode war im kath. *Ritenstreit* und auch sonst häufig Thema internationaler theologischer Streitigkeiten.

Alba (lat. albus: »weiß«), aus der antiken Tunika entstandenes, bis zum Boden reichendes, weißes liturgisches Gewand, das in der Apokalypse zum Bild des Geretteten wird (Offb 3,4+18; 7,9+14). Es dient in der *Frühen Kirche* und heute bei Erwachsenentaufen insbesondere in ev. *Freikirchen* als Taufkleid.

Albigenser, nach der frz. Stadt Albi benannte Gruppe der mittelalterlichen *Sekte* der *Katharer,* die im 12. Jh. vom Neumanichäismus geprägt den Dualismus eines guten und eines bösen Gottes vertraten, strengste Askese übten und u.a. Sakramente, Altäre, Kreuze sowie die Heiligen- und Reliquienverehrung verwarfen. In den im Rahmen der *Inquisition* durchgeführten A.-Kriegen (1209–29) wurde die Bewegung grausam ausgerottet. → Katharer

Alexandrinische Schule, von Alexandria/Ägypten ausgehende, neben der *antiochenischen Schule* bedeutendste theologische Richtung der *Frühen Kirche,* die besonders im 2. und 3. Jh. durch Einfluss des neuplatonischen Denkens den christlichen Glauben in eine christliche Philosophie umwandelte. Die wichtigsten Vertreter waren der Kirchenvater

Albigenser. Inneres der einschiffigen Kathedrale Sainte-Cécile von Albi, Dep. Tarn. Die Errichtung der gotischen Bischofskirche unter dem Patrozinium der hl. Cäcilie begann 1282, rund 50 Jahre nach dem Ende der Albigenserkriege; vollendet wurde sie nach mehr als einem Jahrhundert 1390.

Klemens von Alexandrien (um 150–215) und Origenes (185/86–253/54).

Allah (arab. »der Gott«), leitet sich von der gemeinsemit. und alttestamentlichen Gottesbezeichnung ab und war bereits in vorislamischer Zeit nicht nur der Name des altarab. Hochgottes, sondern als Gattungsbezeichnung »Gott« auch der Name für den jüd. und christlichen Gott, wie ihn arab. Christen schon vor dem Islam und bis heute verwenden. So findet er sich etwa in der vom Ende des 4. Jh. stammenden arab. Übersetzung der Texte des Konzils von Nizäa (325), an dem arab. Bischöfe teilnahmen.

Allegorie, allgemein bedeutet A., dass ein Vorgang anhand von – meist ausführlich ausgemalten – Geschichten und Bildern geschildert wird, wobei ein tieferer, verborgener, nicht genannter Sinn im Bild vorausgesetzt wird. Diese Methode wurde von der *Frühen Kirche* vielfach zur Auslegung der Bibel, besonders des A.T. verwendet, von anderen Theologen, insbesondere jedoch von den Reformatoren verworfen und gilt heute in allen Konfessionen als ein Hineinlesen eigener Gedanken in die Bibel. Es ist umstritten, ob das N.T. gelegentlich A. zur Auslegung des A.T. verwendet oder ob die wenigen Beispiele eher als die davon deutlich zu unterscheidende *Typologie* zu verstehen sind.

Allerheiligenbild.
Als Gegenstand der Verehrung zeigt Albrecht Dürers »Allerheiligenbild« die Trinität in Gestalt des Gnadenstuhls: Gottvater mit dem Gekreuzigten unter der Taube des Heiligen Geistes. Das nach dem Auftraggeber Matthäus Landauer auch »Landauer-Altar« genannte Gemälde war für eine Allerheiligenkapelle in Nürnberg bestimmt. 1508–11; Kunsthistorisches Museum, Wien

Allerheiligen, kath. Fest am 1. November als Gedächtnistag für alle Heiligen. Es entstand im 8./9. Jh. aus Gedächtnistagen für verschiedene Märtyrer. Am 2. November folgt *Allerseelen.* Die orthodoxen und östlichen Kirchen feiern ein ähnliches Heiligenfest am 1. Sonntag nach Pfingsten.

Allerheiligenbild, in der christlichen Kunst im Anschluss an Offb 7,9–10+17 Darstellung der Anbetung des Lammes *(Agnus Dei)* durch Repräsentanten der gesamten Menschheit.

Allerheiligstes, ursprünglich das Innerste, nur dem Hohepriester zugängliche Heiligtum im jüd. Tempel mit der Bundeslade, dann auch allgemein der innerste Raum jedes Heiligtums. Das Zerreißen des Vorhangs zum Allerheiligsten bei Jesu Tod sieht das N.T. (Mt 27,51; Mk 15,38; Lk 23,45) als Zeichen dafür, dass durch Jesus das unsichtbare A. allen Christen offen steht (Hebr 10,20; 6,19; 9,3). In der kath. Liturgiesprache bezeichnet das A. die geweihte *Hostie* in der *Monstranz.*

Allerseelen, kath. Fest am 2. November, also am Tag nach *Allerheiligen,* als Gedächtnis und Fürbittetag für alle Verstorbenen im *Fegefeuer,* »Arme Seelen« genannt. Zum von Abt Odilo von *Cluny* um 1000 eingeführten Fest werden die Gräber mit Blumen, Kränzen und Lichtern geschmückt und oft Prozessionen zu den Friedhöfen durchgeführt. Fällt der 2. November auf einen Sonntag, wird das Fest am 3. November begangen. Eine ev. Entsprechung mit reinem Gedenken an die Toten ist der *Totensonntag* (heute Ewigkeitssonntag) am letzten Sonntag im Kirchenjahr.

Allgemeines Kirchengebet (lat. oratio fidelium), liturgisches Gebet in der Regel im Anschluss an die Predigt, in dem die allgemeinen Anliegen aller Gläubigen in einer Aufzählung verschiedener Bitten (z. B. für die Regierung, den Frieden, die Ausbreitung des Glaubens, verfolgte Christen) zusammengefasst werden. Bestandteil der kath. und besonders der anglikanischen Liturgie *(Book of Common Prayer),* oft auch in freier Handhabung in ev. Landeskirchen.

Allgemeines Priestertum → Priestertum, allgemeines

Allianz → Evangelische Allianz

Allmacht → Pantokrator, → Eigenschaften Gottes, S. 14

Allwissenheit → Eigenschaften Gottes, S. 14

Allversöhnung, auch Universalismus, der Glaube, dass am Ende letztlich alle Menschen gerettet werden, ganz gleich welchen religiösen Glauben oder Unglauben sie zu Lebzeiten hatten. Vertreter im christlichen Bereich gehen normalerweise davon aus, dass viele Menschen ein inneres Bewusstsein einer übernatürlichen Macht haben, auf das sie antworten, indem sie Gutes tun, und dass ein liebender Gott keinen Menschen für die ewige Bestrafung der Sünden vorgesehen haben kann. In der Kirchengeschichte wurde die grundsätzlich von allen Kirchen verworfene A. vor allem von drei Bewegungen vertreten: 1. dem Kirchenvater Origenes (185/86 bis 253/54) und seinen Anhängern, der unter der Wiederbringung aller Dinge ein zyklisches Weltbild verstand, nach dem die gesamte Welt immer wieder aus Gott heraus neu entsteht (emaniert) und wieder in ihn zurückkehrt; 2. in Teilen des württemberg. *Pietismus* vor allem durch Johann Albrecht Bengel, Friedrich Christoph Oetinger, Philipp M. Hahn und Michael Hahn bis in die Gegenwart; 3. ausgehend von dem ev. Theologen Friedrich Ernst Daniel Schleiermacher (1768 bis 1834) und teilweise Karl Barth im Rahmen einer eher liberalen protestantischen Theologie, welche die Verwerfung eines Menschen nicht mit der Liebe Gottes zu vereinen können glaubt.

Almosen (griech. elemosyne: »Mitleid«), milde Gaben für Arme, Alte, Kranke, Witwen und Waisen, die bis zum Aufkommen der Sozialversicherung eine große Rolle in der sozialen Absicherung spielten. → Gastfreundschaft

Alpha und Omega, auch A und O, erster und letzter Buchstabe des griech. Alphabets. Das letzte Buch des N.T. benutzt den Ausdruck zur Beschreibung der ewigen Existenz Gottes und Christi (Offb 1,8; 22,13). Die beiden griech. Buchstaben werden seit dem 4. Jh. in der christlichen Kunst als Christusmonogramm verwendet.

Altar (lat. altara: »erhöhte Opferstätte«, »Aufsatz auf der Opferstätte«), in vielen Religionen ein Stein, Tisch oder sonstiger erhöhter Ort, auf dem Opfer dargebracht werden. Im A.T. spielt ein A. im Gottesdienst und Opferwesen der Erzväter, der Stiftshütte und schließlich im Tempel eine große Rolle. Diese Bedeutung des A. verband das Christentum mit dem Opfer Jesu, wie es im Abendmahl zum Ausdruck kam, das an einem Tisch eingenommen wurde, der schon bei Paulus kurz »Tisch des Herrn« (1 Kor 10,21) heißt. Dementsprechend wurde zunächst ein hölzerner Tisch zur Feier des Abendmahls verwendet, der jedoch außerhalb des Gottesdiensts seine normale Funktion behielt. Erst mit der Verbreitung öffentlicher Kirchen verblieb der A. ganz im Gottesdienstraum (so in den ev.-reformierten Kirchen und den ev. *Freikirchen*). Ab dem 4. Jh. wurde der Tisch für die rein gottesdienstliche Nutzung geweiht, außerdem kamen durch die Feiern in Katakomben und auf Märtyrergräbern Steinplatten und Steinaltäre auf (ev.-lutherische Kirchen). In orthodoxen und kath. Kirchen ging die Entwicklung weiter. Seit dem 5. Jh. wurde ein A. entweder über einem Grab erbaut oder mit *Reliquien* gefüllt, die bei besonders wertvollen Reliquien in Schreinen hinter dem A. aufbewahrt werden (z.B. Kölner Dom). Außerdem wurde das Umfeld des A. zunehmend geschmückt und angereichert bis hin zum barocken Hochaltar. → Reliquien

Altarraum → Chor

Altarstaffel, Altarstufe → Predella

Alte Kirche → Frühe Kirche

Altar. Die zeitgenössische Gestaltung von Altären kehrt überwiegend zu deren Ursprüngen als blockförmiger Tisch zurück. Dies wirkt u.a. dem Missverständnis entgegen, ein als rückwärtiger Aufsatz (Retabel) angebrachtes Gemälde bilde den Altar. Das Foto zeigt den Altar der Wallfahrtskirche in Neviges (Architekt: Gottfried Böhm), einem Teilort von Velbert im Niederbergischen Land, Nordrhein-Westfalen.

Altkatholiken. Ignaz von Döllinger (1799–1890, geadelt 1860) lehrte ab 1823 als Kirchenhistoriker in Aschaffenburg und wurde 1826 nach München berufen. An der ersten deutschen Bischofskonferenz (Würzburg 1848) nahm er als Berater teil. Sein wachsender Gegensatz zur römischen Kurie gipfelte 1870 in der Ablehnung des Dogmas von der Unfehlbarkeit des Papstes; daraufhin wurde er 1871 exkommuniziert. Döllinger schuf die theologischen Grundlagen der altkatholischen Kirche.

Älteste → Presbyter

Altes Testament → S. 54

Altgläubige (russ. Starowerzen), Selbstbezeichnung einer Abspaltung von der russ.-orthodoxen Kirche nach dem Konzil von Moskau 1667, auf dem der russ. Patriarch Nikon (1605–1681) alte liturgische Texte korrigieren ließ. Der Patriarch nannte die A. Raskolniki (russ. »Spalter«). Kurz darauf zerfielen die A. in die Popowzy (russ. »Priesterliche«) und die *Bespopowzy* (russ. »Priesterlose«).

Altkatholiken, Angehörige der größten Abspaltung von der kath. Kirche seit der Reformation, die aus der Ablehnung des auf dem 1. *Vatikanischen Konzil* (1869/70) verkündigten Dogmas von der *Unfehlbarkeit* des Papstes hervorging. Damals wurden die Gegner vor die Wahl gestellt, das Dogma anzunehmen und ihre Kritik einzustellen oder ihr Amt zu verlieren. Unter Führung des vom Papst mit dem *Bann* belegten Kirchenhistorikers Ignaz von Döllinger (1799–1890) schlossen sich Kirchengemeinden und Pfarrer zur Altkath. Kirche zusammen, die 1873 mit Joseph Hubert Reinkens (1821–1896) ihren ersten Bischof wählte. 1889 schlossen sich die A. mit ähnlichen Bewegungen und Kirchen in den Niederlanden, Österreich und der Schweiz (dort Christkath. Kirche) zur Utrechter Union zusammen. Sitz des Bischofs ist Bonn, das dortige altkath. Seminar ist der Universität Bonn angeschlossen, das christkath. Seminar der Universität Bern. Die A. lehnen zahlreiche neuere Dogmen der kath. Kirche ab und sind ähnlich wie die anglikanische Kirche ein Mittelding zwischen kath. und ev. Kirche. Sie kennen sieben Sakramente wie die kath. Kirche und akzeptieren einen Ehrenprimat des Bischofs von Rom, lehnen aber den *Zölibat* und viele *Mariendogmen* ab und ordinieren Frauen. Sie haben volle *Abendmahlsgemeinschaft* mit der anglikanischen Kirche und der EKD. In Deutschland gibt es etwa 29 000 A., in der Schweiz 19 000.

Altlutheraner, als im 19. Jh. aufgrund der Altpreuß. *Union* und anderer von den Landesfürsten betriebenen Unionen der ev. Landeskirchen die reformierten und lutherischen Kirchen zusammengeführt wurden, entstanden im Protest dagegen aus lutherischen Kirchengemeinden und Pfarrern lutherische Freikirchen, die erste 1841 in Preußen. 1972 schlossen sich fast alle diese Kirchen zur Selbstständigen Ev.-Lutherischen Kirche (SELK) zusammen. Die bedeutendste und konservativste altlutheranische Kirche außerhalb dieses Zusammenschlusses ist die Lutheranische Freikirche Sachsens.

Altpreußische Union → Unierte Kirchen

Altprotestantismus, Gegenstück zum *Neuprotestantismus.*

Altreformierte Kirche (eigentlich »Die ev.-altreformierte Kirche in Niedersachsen«), aufgrund einer von den Niederlanden ausgehenden reformierten *Erweckung* 1810–50 in den Grafschaften Bentheim und Ostfriesland an der dt.-holländ. Grenze 1837 entstandene *reformierte Freikirche* mit heute ca. 24 000 Anhängern, die seit 1923 als selbstständiger Zweig der Generalsynode der Gereformeerde Kerken in Nederland angeschlossen ist. Ursprünglich konservativ-reformiert ist sie heute eng mit der zur EKD gehörigen ev.-reformierten Kirche in Nordwestdeutschland verbunden.

Ambo → Kanzel

Ambrosianischer Lobgesang, im 9. Jh. fälschlich dem Kirchenvater Ambrosius von Mailand (um 339–397) zugeschriebener Lobgesang, der nach den lat. Anfangsworten »Te Deum laudamus« (Dich, Gott, loben wir) auch *Tedeum* genannt wird. Wurde oft vertont (z. B. von Marc-Antoine Charpentier und Georg Friedrich Händel: Dettinger Tedeum). Das wohl bekannteste ev. Kirchenlied »Großer Gott, wir loben Dich« ist eine Eindeutschung des Tedeums.

Amen (hebr. »wahrlich«), aus dem A.T. ins N.T. sowie in die christliche Praxis und Liturgie übernommene Bestätigungsformel der zuhörenden Gemeinde für Gebete, Segen und Predigten. Im A.T. ist A. ursprünglich eine Schwurformel zur Bekräftigung von vorangegangenen Worten (deutlich etwa in 1 Kön 1,36; Gen 22,16; Ez 36,5), die meist kurz mit »so ist es« wiedergegeben wird, am besten aber mit »es steht fest und es gilt« übersetzt werden sollte. Im A.T. dient A. als Bekräftigung von göttlichen Verfluchungen (Num 5,22; Dtn 27,15–26; Jer 11,5; Neh 5,13) und als Antwort auf Lobpreise Gottes (1 Chr 16,36; Neh 8,6), insbesondere am Ende der einzelnen Psalmenbücher (Ps 41,14; 72,19; 89,53; Ps 106,48). Im N.T. dient A. häufig zur Einführung zentraler Worte Jesu (»wahrlich, wahrlich, ich sage euch ...«), als Antwort der Gemeinde bei Gebeten (Gemeinde auf Erden: 1 Kor 14,16; Gemeinde im Himmel: Offb 5,14), zum Abschluss biblischer Bücher

(Röm 15,33; 16,27; Gal 6,18; Offb 22,20) und zum Abschluss von Lobpreisen (Röm 1,25; 9,5; 11,36; 16,27; Gal 1,5; Eph 3,21; Phil 4,20; 1 Tim 1,17; 6,16; 2 Tim 4,18; Hebr 13,21; 1 Petr 4,11; 5,11; Jud 25). Nicht zuletzt wird Christus selbst als das A. Gottes bezeichnet (2 Kor 1,20; Offb 3,14; vgl. Jes 65,16), weil er absolut wahrhaftig und treu (glaubwürdig) ist und in ihm Gott alle seine Schwüre (Hebr 6,14+16) wahr macht.

Amish People, auch Amische Mennoniten, 1693 von Jakob Am(m)ann im Berner Emmental gegründete Abspaltung von den *Mennoniten,* die in die USA auswanderten und dort mit einigen Zehntausend Anhängern in großen Siedlungen abgeschottet von der Umwelt ein Leben wie im 18. Jh. ohne Strom und moderne Erfindungen führen. Sie praktizieren eine strenge Kirchenzucht durch »Meidung« der Verurteilten auch durch die Familien und kennen detaillierte Vorschriften für die meisten Belange des Alltags wie Bart, Kleidung, Essen oder Gebet.

Anabaptisten (griech. ana: »wieder«, baptismos: »Taufe«), Bezeichnung für die Wiedertäufer bzw. *Täufer.*

Anachoreten (griech. anachoresis: »Zurückgezogenheit«), asketisch und noch isolierter als *Eremiten* lebende Mönche, im Gegensatz zu den zusammenlebenden *Zönobiten,* hauptsächlich in Ägypten ab 300 verbreitet. Der berühmteste Vertreter war Antonius der Große (um 251–356).

Anastasis (griech. »Auferstehung«), neutestamentlicher Begriff für die Totenauferstehung und die Auferstehung Jesu, in der byzantin. Kunst Bezeichnung für die Darstellung der *Höllenfahrt* Jesu, die seiner Auferstehung voranging.

Anbetung und Verehrung, während die ev. Kirchen aufgrund der Zehn Gebote jede Verehrung von Bildern und Personen ablehnen und darauf verweisen, das A.T. und N.T. keine Abstufung des Gottesdienstes kennen, unterscheiden die kath. Kirche und die orthodoxen Kirchen zwischen der Anbetung (griech. latreia, lat. adoratio), die allein Gott als Vater, Sohn und Heiligem Geist zusteht, und der Verehrung (griech. douleia, lat. veneratio), die auch Maria, den Heiligen und deren Bildern zukommen dürfen. Da auch Brot und Wein nach der Wandlung während der Eucharistie tatsächlich als Jesus verstanden werden, fallen sie wie Gott unter die Anbetung *(Fronleichnam).*

Anglikanische Kirche. Am 2. Juni 1953 krönte der Erzbischof von Canterbury in der Londoner Westminster Abbey Königin Elisabeth II. (* 1926). Sie wurde damit zum neuen monarchischen Oberhaupt der anglikanischen Kirche.

Andachtsübungen (lat. pia exercitia), in der kath. Ergänzung zur offiziellen Liturgie enthalten, werden jeweils für eine Diözese für den privaten liturgischen Gebrauch festgelegt.

Andreaskreuz → Kreuz

Angelus (lat. »Engel«), seit dem Hochmittelalter in kath. Gegenden übliches Glockengeläut mittags und abends zum Beten (Angelusläuten). Dabei wird das *Ave Maria,* der »Engelsgruß«, gebetet.

Anglikanische Kirche (lat. ecclesia anglicana: »Englische Kirche«), Bezeichnung der engl. Staatskirche. Heinrich VIII. (reg. 1509 bis 1547) hatte sich 1534 aus politischen, wirtschaftlichen (Einzug des Kirchenvermögens) sowie privaten Gründen (der Papst verweigerte die Nichtigkeitserklärung seiner Ehe) von der röm.-kath. Kirche getrennt und sich selbst zum Haupt der engl. Kirche erklärt (Suprematsakte). Erst unter seinem minderjährigen Sohn Eduard VI. (reg. 1547–53) kam es zur eigentlichen Reformation und 1549 zur Einführung des ersten *Common Prayer Book,* einem ev. liturgischen Handbuch. Während Erzbischof Thomas Cranmer von den Strukturen (z.B. Bischöfe, Erzbischof) und der sichtbaren Liturgie her (vorgeschriebene Liturgie, farbige Gewänder, viele Rituale) das kath. Erscheinungsbild wenig änderte, war der Inhalt der Liturgie und das theologische Denken vor allem ev.-reformiert geprägt. Nach vorübergehender Rückkehr zum Katholizismus entstand mit der anglikanischen

Anna Selbdritt. Leonardo da Vincis Familienbild der drei Generationen enthält das Passionssymbol des Lammes als Agnus Dei (vgl. Joh 1,36). Von hier aus erschließt sich der seelische Gehalt dieses Hauptwerkes der italienischen Renaissance, das auf alle äußeren Attribute der Heiligkeit verzichtet: Während Jesus das Lamm in kindlicher Spielfreude umhalst und Maria ihm in mütterlicher Fürsorge Halt bietet, spiegelt sich in Annas Antlitz das Wissen um die Sendung ihres Enkelkindes. 1508–10; Musée National du Louvre, Paris

Staatskirche in England schließlich eine völlig eigenständige Ausprägung des Protestantismus, die oft als eigene Konfession zwischen Katholizismus und Protestantismus gezählt wird. Kennzeichnend für die A. ist, dass sie trotz ihrer reformierten Ausrichtung ihre Theologie durch die Liturgie und weniger durch dogmatische Formulierungen prägt und deswegen stärker als andere Konfessionen eine Vielzahl von Strömungen unter einem Dach zusammenhält. Seit dem 19. Jh. sind dies vor allem die *Broad Church* (engl. »breite Kirche« = »weitherzige Kirche«), eine eher liberale Richtung, die *High Church,* die katholisierend die sakramentalen, rituellen und hierarchischen Elemente betont, und die evangelikal-calvinistische *Low Church,* die insbesondere durch Evangelisation und Sozialarbeit hervortritt. Die Anglikanische Kirchengemeinschaft (engl. Anglican Communion) ist ein weltweiter Verband von Kirchen, die aus der Missionsarbeit der A. und der engl. Kolonialzeit hervorgegangen sind. Sie sind mit dem Erzbischof von Canterbury verbunden, ohne ihm zu unterstehen, und treffen sich seit 1867 regelmäßig zur Konferenz aller anglikanischen Bischöfe weltweit *(Lambeth-Konferenz).* Knapp 50% der Anglikaner leben in England, der Rest vorwiegend in angelsächs. Ländern und in der Dritten Welt. Zur A. zählen weltweit 74,5 Mio Anhänger, davon gehören etwa 35 Mio zur Low Church.

Anglokatholizismus → Hochkirchliche Bewegungen

Anna Selbdritt, Darstellung der Mutter Anna mit ihrer Tochter, der Jungfrau Maria, und ihrem Enkelkind, Jesus. Seit dem Spätmittelalter verbreitetes Motiv für Skulpturen und Gemälde (z.B. von Leonardo da Vinci) als Ausdruck für die Verehrung der Mütterlichkeit. Eine Skulptur der A. aus dem 15. Jh. wurde im 16. Jh. auf den Berg der hl. Anna in Schlesien bei St. Annaberg (heute poln. Góra Sw. Anny) gebracht. Dort entstand ein Wallfahrtszentrum.

Anno Santo → Heiliges Jahr

Anonyme Christen, Christen ohne kirchliche Bindung, deren christlicher Glaube aber trotzdem erkennbar ist. Grund für die fehlende kirchliche Zugehörigkeit kann in Ländern mit Religionsfreiheit die Enttäuschung über die Kirchenstrukturen oder die fehlende Betreuung sein (z.B. *Postcharismatiker),* in Ländern mit Christenverfolgung der Wunsch, den Glauben gegenüber den Behörden zu verheimlichen. Der kath. Theologe Karl Rahner (1904–1984) verwendete den Ausdruck für Nichtchristen, die zwar den christlichen Glauben nicht bekennen, aber in Selbstlosigkeit und Liebe und bewusst in der Nachfolge Christi leben und deswegen aufgrund des allgemeinen Heilswillens Gottes gerettet werden könnten.

Anskar-Kirche, nach dem »Apostel des Nordens« Anskar (801–865) benannte, 1988 von dem ev.-lutherischen Pfarrer Wolfram Kopfermann in Hamburg gegründete evangelikal-charismatische *Freikirche* mit etwa sechs Gemeinden, die lutherisch blieb, 1991 aber die baptistische Tauflehre annahm.

Anthropomorphismus (griech. anthropos: »Mensch«, morphe: »Gestalt«), theologischer Fachausdruck für die im A.T. und N.T. vorherrschende Beschreibung Gottes, seines Wesens und Handelns, mittels für Menschen gebräuchlicher Ausdrücke (z.B. starker Arm Gottes, seine väterliche Güte). Im Gegensatz zu anderen Religionen offenbaren das A.T. und N.T. Gott nie in Tiergestalt. Gott erscheint immer nur als Mensch, da er diesen als sein *Ebenbild* (lat. imago dei) geschaffen hat.

Anthroposophie → Christengemeinschaft; → Reinkarnation

Antichrist, auch Endchrist, Widerchrist, wörtlich »Gegen-Christus«; kommt als Begriff im N.T. nur in den Schriften des Johannes vor (1 Joh 2,18+22; 4,3; 2 Joh 7) und kann entweder einen Feind Christi bezeichnen oder jemanden, der sich den Namen und die Autorität Christi anmaßt. Herausragendes Kennzeichen des antichristlichen Geistes ist die Leugnung der Gottessohnschaft von Jesus Christus (1 Joh 4,3). Das A.T. und das Judentum rechneten bereits damit, dass in der Endzeit eine gottfeindliche Macht oder Person das Volk Gottes angreift, aber von Gott selbst und seinem Messias niedergeworfen und vernichtet wird (Ps 2,4; Ez 38–39; Sach 12–14). In den Endzeitreden spricht Jesus von falschen Propheten und Christussen (Mk 13,22; Mt 24,24). Obwohl das Buch der Offenbarung selbst nie wörtlich vom A. spricht, wird in ihm das Wesen des A. am anschaulichsten entfaltet. Er erscheint in der Gestalt eines Tieres und trägt Züge eines politischen Diktators, der das gesamte öffentliche und private Leben unter seine vollständige Kontrolle bringt (Offb 13–17). Alle, die auf der Erde wohnen, werden ihn anbeten (Offb 13,8). Nur die, deren Namen im Buch des Lebens eingeschrieben sind (Offb 13,8), vermögen ihm durch das »Blut des Lammes« und »um des Wortes ihres Zeugnisses willen« zu widerstehen (Offb 12,11–12). Die Überwältigung des A. selbst erfolgt durch die Ankunft des wahren Christus (Apg 17,14; 19,11–16; 2 Thess 2,8). Im Lauf der Zeit ist der A. mit vielen Erscheinungen und Personen identifiziert worden, z.B. mit Nero, Muhammad, Napoleon, Hitler, Mussolini oder dem Papsttum als Institution (so von Luther und der Reformation), und spielt in allen Systemen des *Chiliasmus* eine zentrale Rolle.

Antimodernistenstreit, Streit um den Antimodernisteneid. Auseinandersetzung um das von Papst Pius X. 1910 eingeführte Bekenntnis gegen den Modernismus, auf das alle kath. Geistlichen einen Eid gegen liberale Tendenzen in der kath. Kirche und Theologie, vor allem im Bereich der Papstkritik und der *Bibelkritik,* abzulegen hatten. 1967 wurde der Antimodernisteneid abgeschafft. Vorausgegangen war der *Syllabus.*

Antinomismus (griech. anti: »gegen«, nomos: »Gesetz«), die Ablehnung eines moralischen Gesetzes überhaupt oder die Ablehnung der Gültigkeit des Moralgesetzes des A.T. und N.T. für heute *(Ethik).* Der Begriff entstand im so genannten Antinomismusstreit zwischen Luthers Mitarbeiter Philipp Melanchthon (1497–1560), der lehrte, dass die Verkündigung des Gesetzes der Verkündigung des Evangeliums und der *Buße* vorangehen müsse, und Johann Agricola (1499 bis 1566), der dem 1527 widersprach und das Evangelium ganz von einem am Gesetz normierten Sündenbegriff freihalten wollte. Der A. war bei einigen Strömungen der *Täufer* verbreitet und findet sich heute bei Teilen der Pfingstbewegung *(Pfingstler)* und des *Dispensationalismus,* für die *Sünde* nicht durch das – für sie in Christus abgeschaffte – Moralgesetz definiert wird, da nur die unmittelbare Führung durch den Heiligen Geist zählt.

Antiochenische Schule, von Antiochia (heute Antakya/Türkei) ausgehende, neben der *alexandrinischen* Schule bedeutendste theologische Richtung der *Frühen Kirche,* besonders im 4. und 5. Jh., die vor allem eine genaue Auslegung der Bibel förderte und dabei den verborgenen Schriftsinn der *Allegorie* als Mittel der Auslegung verwarf, außerdem den Unterschied zwischen den beiden Naturen Christi, menschlich und göttlich, betonte. Die wichtigsten Vertreter waren Diodor von Tarsus († vor 394), Theodor von Mopsuestia († 428) und Nestorius (381–451).

Antiphon (griech. »entgegentönend«), seit dem 4. Jh. Bezeichnung für im Wechselgesang vorgetragene Psalmen, später allgemein für jeden Wechselgesang im christlichen Gottesdienst.

Antisemitismus, die Bestrebungen gegen die Juden bis hin zu ihrer Verfolgung und die Sicht, dass die Juden für alle Arten von Übeln

Antichrist.
Um 1500 stattete Luca Signorelli die Cappella San Brizio des Doms von Orvieto mit Fresken aus. Sie enthalten in bislang ungewohnter Realistik apokalyptische Themen wie die Auferstehung zum Jüngsten Gericht. Ein Hauptteil ist »Die Rede des Antichrist« mit der Gestalt des mächtigsten und gefährlichsten aller Verführer links im Vordergrund.

verantwortlich seien. Man unterscheidet zwischen dem religiösen A., der die Kirchengeschichte bestimmt hat und sich gegen das Judentum als Religion und Kultur wandte, also nicht zum Christentum übergetretene und getaufte Juden oder nicht an die europ. Kultur assimilierte, säkularisierte Juden einbezog, und dem politisch-rassischen A., der generell Menschen jüd. Abstammung bekämpfte. Die letztere Form des A. gipfelte im Holocaust in der Zeit des Nationalsozialismus.

Während das Urchristentum aus jüd. Wurzeln erwuchs und die frühen Führer der Kirche und fast alle Autoren des N.T. Juden waren, reagierte die christliche Kirche schon im 2. Jh. auf jüd. Kritik mit dem Vorwurf des »Gottesmordes«, da die Juden Jesus gekreuzigt hätten – das N.T. macht dagegen nur eine Richtung des Judentums dafür verantwortlich und beschreibt außerdem die wichtige Rolle der Römer bei der Kreuzigung. Der wachsende christliche A. paarte sich mit dem in der Spätantike verbreiteten A., der sich gegen den jüd. Auserwählungsanspruch und die ausgeprägte Abgrenzung der Juden von der Umwelt meist in eigenen jüd. Siedlungen und Stadtteilen wandte. Als das Christentum im 4. Jh. Staatsreligion wurde, nutzte es seinen Einfluss, um die Juden durch den Staat kontrollieren zu lassen. Neben Zeiten der Koexistenz und Zeiten und Regionen, in denen Bischöfe oder christliche Herrscher eine Schutzfunktion für die Juden übernahmen (z. B. für die Synagoge in Worms im 11.–19. Jh.), gab es in mehreren Ländern Europas starke Wellen des Judenhasses, die sich oft zu Pogromen und Vertreibungen steigerten. Im Rahmen der Kreuzzüge bedurfte der A. in Europa keinerlei Legimitation mehr, sondern war Allgemeingut. Neben die direkte Verfolgung trat die Diffamierung der Juden, etwa die verbreiteten Anschuldigungen der Brunnenvergiftung, der Hostienschändung oder der Kindesentführung und -ermordung.

Hoffnung auf Änderung machte die Reformationszeit, vor allem Luthers Schrift »Dass Jesus ein geborener Jude sei« (1523). Doch wurde alles durch Luthers hasserfüllte Äußerungen im Alter (»Wider die Juden und ihre Lügen«, 1543) zunichte gemacht. Es war erst der Gedanke der Religionsfreiheit und der *Menschenrechte,* der aufgeklärte christliche Herrscher im 18. und 19. Jh. den Juden die Bürgerrechte zuerkennen ließ. Dies führte erst allmählich zu einem Umdenken der Theologen und Kirchen. Doch erst der Genozid an den Juden bewirkte, dass alle Elemente des A. aus der offiziellen Theologie der Konfessionen verschwanden.

Antisemitismus. Die 1493, an der Wende des Mittelalters zur Neuzeit erschienene »Schedelsche Weltchronik« enthält diesen Holzschnitt von Dürers Lehrer Michael Wolgemut. Er schildert als Rückblick auf eine dem Anschein nach überwundene Zeit christlicher Verblendung die Verbrennung von Juden als Ketzer. Aus heutiger Sicht deutet das Bild der Massenvernichtung von Juden auf den antisemitischen Völkermord des Nationalsozialismus voraus.

Antitrinitarier, Sammelbegriff für alle christlichen Gruppen und Theologen, welche die kirchliche Lehre von der Trinität ablehnen (z. B. *Zeugen Jehovas*). Im 16. Jh. wurden die A. in Südfrankreich, Italien, Polen und Siebenbürgen von allen Konfessionen verfolgt. 1553 wurde der span. A. Miguel Servet unter aktiver Teilnahme Calvins im reformierten Genf als Gotteslästerer zum Tode verurteilt und hingerichtet. Hauptvertreter der Trinitätsgegner sind heute die *Unitarier.*

Apokalypsen (griech. apokalypsis: »Offenbarung«), in Anlehnung an das neutestamentliche Buch Offenbarung (Apokalypse) des Johannes bezeichnete Literaturgattung mit stark bildhaften, dramatischen Enthüllungen über die Zukunft oder das Weltende. Die jüd. A. stammen aus der Zeit zwischen A.T. und N.T., die altchristlichen A. (2.–7. Jh.) wurden von der Alten Kirche verworfen. Die A. gehören meist zur *Pseudepigraphie,* geben also fast alle längst verstorbene Autoritäten der Vergangenheit (z. B. Henoch, Mose, Petrus, Paulus) als Autoren an.

Apokryphe Evangelien (griech. apokryphes: »verborgen«), nach den neutestamentlichen Evangelien entstandene Schriften, die weder von der christlichen Kirche anerkannt sind, noch von ihrem legendären Charakter Anspruch auf historische Authentizität haben. → Ägypterevangelium

Apokryphen (griech. apokryphes: »verborgen«), jüd. Schriften aus der Zeit zwischen A.T. und N.T., welche die kath. Kirche und teilweise auch die orthodoxen Kirchen als Teil der Bibel ansehen, die ev. Kirchen dagegen ablehnen. Sie entsprechen vom Umfang her etwa 75% des N.T. In manchen ev. Bibeln sind diese Schriften separat zwischen A.T. und N.T. abgedruckt, seit der Reformator Martin Luther sie als »nützlich zum Lesen, aber nicht dem Wort Gottes gleichzuachten« in seine Bibelübersetzung aufnahm. Diese schon seit dem 1. Jh. A. genannten (oft auch deuterokanonisch, von griech. deutero: »zwei«, also »zweiter Kanon«, genannt) Schriften umfassen heute die Bücher Tobias (oder Tobit), Judith, Zusätze zum Buch Esther, Weisheit (Salomos), Sprüche (Jesus) Sirach, Baruch, ein Brief Jeremias, zwei Zusätze zu Daniel, das Gebet Manasses (zu 2 Chr 33) und das 1. und 2. Buch der Makkabäer. Die A. waren kein Bestandteil des hebr., jüd. Kanons und liegen nur in griech. Fassungen vor, also nicht im hebr. oder aram. Original. So erwähnt der jüd. Schriftsteller Josephus die A. in seiner Liste des hebr. Kanons von 90 n. Chr. nicht. Die A. finden sich deshalb nicht in Ausgaben des hebr. A.T., sondern nur in den griech. Übersetzungen *(Septuaginta)* und von dort ausgehend in der für die kath. Kirche lange Zeit verbindlichen lat. Vulgataübersetzung. Die Zugehörigkeit der A. zum alttestamentlichen Kanon wurde deswegen schon immer diskutiert, je nachdem, ob man der hebr. Fassung (z.B. die Kirchenväter Hieronymus, Origenes, Tertullian, Athanasius) oder der griech. (so z.B. der Kirchenvater Augustinus) folgte. 1442 wurden sie erstmals auf dem Konzil zu Florenz ausdrücklich kirchenamtlich erwähnt. Erst als die Reformatoren die A. nicht als Wort Gottes gelten ließen, da sie dem hebr. Kanon folgten, besonders die Zusätze zu den alttestamentlichen Büchern als spätere nicht hebr. Hinzufügungen kritisierten und darauf verwiesen, dass das N.T. nirgends die A. als Wort Gottes zitiert, verkündete die kath. Kirche 1546 auf dem Konzil von Trient offiziell das Dogma, dass die A. dem A.T. und N.T. gleichzustellen seien. Dabei erkannte sie jedoch nicht alle apokryphen Schriften an, sondern verwarf die beiden Bücher Esdras und das Gebet des Asarjas. Der konfessionelle Streit erklärt sich auch daraus, dass die kath. Kirche etliche Lehren, welche die Protestanten ablehnten, aus den A. begründete, so z.B. die Errettung durch gute Werke (Tobias 12,8–9; vgl. 4,10; 14,10–11; Sirach 3,3) oder das Gebet für Tote und das Fegefeuer (2 Makk 12,45). Die kath. Kirche nennt die A. deuterokanonische Bücher und die nicht von ihr akzeptierten apokryphen Schriften *Pseudepigrafie.*

Apokryphen. Einer der apokryphen Zusätze bzw. Anhänge zum Buch Daniel handelt von der Rettung Susannas durch Daniel (Dan 13,1–64). Die Bedrängnis der schönen und gottesfürchtigen Susanna durch zwei lüsterne Greise, sogar Älteste der Gemeinde, die ihr beim Bad auflauern und sie später der Schamlosigkeit bezichtigen, diente im 16. und 17. Jh. als willkommener Anlass für Aktgemälde. Ein Beispiel ist Tintorettos »Susanna im Bade« mit den Lüstlingen am vorderen und hinteren Ende der links jäh in die Tiefe des Raumes führenden Hecke. 1555/56; Kunsthistorisches Museum, Wien

Apologeten (griech. apologia: »Verteidigung«, »Verteidigungsrede« [vor Gericht]), christliche Schriftsteller vor allem des 2. Jh., die in ihren theologischen Werken den Vorwurf der röm. Behörden, die Christen seien des Verrats und der *Blasphemie* schuldig, weil sie die röm. Götter nicht anbeteten, zu widerlegen suchten. Ihre Polemik gegen den damaligen Polytheismus (Vielgottglauben) stellt den Beginn der kirchlichen Theologie und *Dogmatik* dar. Die wichtigsten A. waren Justin der Märtyrer (um 100–165), Tatian (zweite Hälfte 2. Jh.) und Athenagoras von Athen (zweite Hälfte 2. Jh.).

Apologetik (griech. apologia: »Verteidigung«, »Verteidigungsrede« [vor Gericht]), theologische Disziplin als Teil der *Systematischen Theologie,* für ihr praktisches Vorgehen auch der Evangelistik in der *Praktischen Theologie.* Im Gegensatz zur Lehre *(Dogmatik)* und Evangelistik geht sie von den Fragen Andersdenkender aus und rechtfertigt ihnen gegenüber den Glauben. Die klassische Rechtfertigung für die A. findet sich in dem namengebenden Text 1 Petr 3,15b–16: »Seid aber jederzeit bereit zur Verantwortung jedem gegenüber, der Rechenschaft (›apologia‹) von euch über die Hoffnung in euch fordert, aber mit Sanftmut und Ehrerbietung.« Die A. findet ihren ersten Höhepunkt bei den *Apologe-*

Apostolischer Segen. Papst Johannes Paul II. erteilt zu Weihnachten den Gläubigen auf dem Petersplatz den Segen »Urbi et orbi«. Dieser wird ebenso wie der Ostersegen per Rundfunk und Fernsehen in alle Welt übertragen.

ten. Sie spielte für die Formulierung des christlichen Bekenntnisses zu allen Zeiten eine große Rolle. Im 19. Jh. wurde A. allerdings vorwiegend zur Abgrenzung der christlichen Bekenntnisse untereinander verwendet *(Konfessionskunde).*

Apostel (griech. apostolos: »Gesandter«), im Urchristentum gebildeter, rein christlicher Titel zunächst für die zwölf *Jünger Jesu,* sodann speziell für Paulus (Apg 14,14; 2 Kor 10–12; Röm 1,1) und schließlich auch für einige weitere urchristliche Missionare und Kirchenführer (z.B. Apg 14,14; 2 Kor 8,23; Phil 2,25) sowie einmal für Jesus als Gottes A. (Hebr 3,1–3). Praktisch alle Schriften des N.T. sind nach ihrer Selbstaussage von A. oder deren engsten Mitarbeitern *(Evangelien)* verfasst. Nach dem N.T. ist die Kirche Jesu auf der Grundlage der A. und Propheten aufgebaut (Eph 2,20; Offb 21,14). Später wurde der Begriff auch anstelle seiner lat. Entsprechung *Missionar* für bedeutende Missionare verwendet, z.B. Bonifatius als »A. der Deutschen«. Nach ev. Auffassung ist das Apostelamt historisch einmalig auf das 1. Jh. beschränkt und findet seine Fortsetzung nur in der *Apostolizität* der christlichen Botschaft. Nach kath. Auffassung wird es in der *Apostolischen Sukzession* fortgeführt. Über das missionarische Wirken der A. – abgesehen von Petrus und Paulus – steht im N.T. wenig und auch die frühchristliche Überlieferung ist spärlich. Umstritten ist, ob ihr Amt einmaligen Charakter hatte (so die ev. Sicht), durch Handauflegung und apostolische Sukzession weitergereicht wurde (so die kath. und orthodoxe Sicht) oder ob ihr *Charisma* als A. von Gott immer wieder anderen Menschen verliehen werden kann (so die *Pfingstler* sowie etliche Sondergruppen wie die *Neuapostolische* Kirche). → S. 39

Aposteldekret, Abschlusserklärung des Apostelkonzils → Paulus, S. 39

Apostelkonzil → Paulus, S. 39

Aposteltage, eigene Gedenktage für jeden der *Apostel,* im Frühchristentum eingeführt. Die ev. Kirchen ließen die A. seit dem 18. Jh. außer Übung kommen.

Apostolicum, Apostolikum → Apostolisches Glaubensbekenntnis

Apostolisch → Apostolizität, → Apostolische Sukzession

Apostolische Kammer (lat. camera apostolica), die päpstliche Finanzbehörde unter der Leitung des *Camerlengo.*

Apostolische Nachfolge → Apostolische Sukzession

Apostolischer Segen, Segen des Papstes über »die Stadt (Rom) und den Erdkreis« (lat. urbi et orbi), den dieser zu besonderen Gelegenheiten, z.B. an Weihnachten, Ostern oder zum Jahreswechsel, in Rom erteilt, meist von einem Fenster der *Peterskirche* aus.

Apostolisches Glaubensbekenntnis (Apostolikum, Symbolum Apostolicum), ältestes noch verwendetes, kurzes Glaubensbekenntnis, das allen westlichen, also allen kath., ev. und anglikanischen Kirchen gemeinsam ist. Umfassendere Gültigkeit hat nur das *Nizänisch-Konstantinopolitanische Glaubensbekenntnis.* Der seit dem 6. Jh. verbreitete Glaube, dass jede Zeile von einem der Apostel geschrieben sei, ist historisch widerlegt, aber ein röm. Taufbekenntnis aus dem 2./3. Jh. als Vorläufer gilt als erwiesen und der Text ist für das 5. Jh. zu belegen. Der Text gliedert sich in drei Teile zu Gott, dem Vater, zum Sohn und zum Heiligen Geist und wird oft in kath. und ev. Gottesdiensten gebetet. 1971 wurde von allen kath., altkath. und ev. Kirchen ein dt. ökumenischer Text vereinbart, der nur an einer Stelle einen unterschiedlichen Gebrauch zulässt, nämlich statt »heilige kath. Kirche« auch »allgemeine christliche Kirche«. → S. 16

Apostolische Signatur, das höchste Gericht der röm. Kurie in Rom, in seiner heutigen Form 1908 errichtet.

Apostolische Sukzession, auch apostolische Nachfolge, die Amtsnachfolge der Bischöfe in den orthodoxen Kirchen sowie der Bischöfe und des Papstes in der kath. Kirche in einer auf die Apostel zurückgehenden direkten und ununterbrochenen Linie, die jeweils durch Weihe und Handauflegung fortgesetzt wird. Andere Kirchen ohne A. werden nicht als Kirchen anerkannt. Auch die anglikanische Kirche und die von *Erzbischöfen* geleiteten lutherischen Kirchen in Skandinavien haben eine historische A., verstehen diese aber nicht sakramental und sprechen deswegen anderen Kirchen ihr Kirchesein nicht ab. Die anglikanische Sukzession wird von den orthodoxen Kirchen anerkannt, von der kath. Kirche nicht. Die ev. Kirchen haben ein anderes Konzept der *Apostolizität.* Für die A. des Papstes gibt es keine einheitlich anerkannte Papstliste oder Festlegung, welche Päpste jeweils als Papst oder Gegenpapst zu gelten haben, da insbesondere für die Zeit der Christenverfolgung unter Kaiser Diokletian, durch problematische Wahlen im 11. und 12. Jh. und für die Phase des *Abendländischen Schismas* auch für den Vatikan Unklarheit herrscht. Eine der Listen zählt den gegenwärtigen Papst Johannes Paul II. als 269. Papst.

Apostolisches Zeitalter, die Zeit der Apostel, also die Zeit vom Tod Jesu bis zum Tod der letzten Apostel und der Christen, die Jesus noch erlebt hatten (bis um 100/120 n. Chr.).

Apostolizität, die Übereinstimmung der heutigen Kirche mit der Kirche der Apostel. In kath. Auffassung wird dies durch die *apostolische Sukzession* gewährleistet, nach orthodoxer Auffassung durch diese Sukzession und das Festhalten der mündlichen und schriftlichen Überlieferung der Apostel *(Tradition),* nach ev. Auffassung durch die lehrmäßige Übereinstimmung mit den Schriften der Apostel, also dem N. T.

Apsis (griech. »Wölbung«, »Rundung«), halbkreisförmiger oder vieleckiger nischenartiger Anbau mit Halbkuppel, zunächst bei öffentlichen röm. Bauten, dann bei fast allen Kirchen. Die A. findet sich meist am östlichen Ende des Mittelschiffs (Hauptapsis), manchmal aber auch an Seiten- und Querschiffen (Nebenapsis). In der A. befand sich früher der Bischofssitz *(Cathedra),* das Priestergestühl, der *Altar* oder der *Chor.*

Aramäisch, während das A.T. insgesamt auf Hebräisch abgefasst ist, finden sich kleinere Texte im verwandten Altaramäisch, wobei es sich meist um Regierungsdokumente in Reichsaramäisch handelt (Esra 4,8–6,18; 7,12–26; Jer 10,11; Dan 2,4–7+28). Neuaramäisch, nicht Hebräisch, war die Sprache der Juden zur Zeit Jesu, weswegen viele Worte Jesu ursprünglich in A. gesprochen und dann in das Griechische des N.T. übersetzt wurden. Aus diesem Grund stehen im N.T. auch viele aram. Wörter und Redewendungen, die so in die Kirchensprache übernommen wurden (z. B. *Abba,* Rabbi).

Arbeiterpriester, kath. Priester in Frankreich, die 1941 in Marseille begannen, als Arbeiter zu leben, um Arbeiter besser betreuen zu können. Wegen Zweifel an der Vereinbarkeit mit dem Priesteramt zeitweise verboten, seit 1965 aber wieder erlaubt und erfolgreich.

Archidiakon (Erzdiakon), Vorsteher der *Diakone* in der Alten Kirche, später der Stellvertreter eines Bischofs am Bischofssitz.

Archimandrit (griech.), auch Hegoumenos (griech. »Führer«), Vorsteher eines orthodoxen Klosters, entspricht dem kath. *Abt,* auch allgemeiner Ehrentitel hoher orthodoxer Geistlicher.

Areopagrede, in der von Lukas überlieferten Rede des Paulus (Apg 17,16–34) auf dem zentralen Versammlungsplatz in Athen (Areopag) wird die Existenz des jüd.-christlichen Schöpfers mit Zitaten griech. Philosophen belegt. Sie ist neben der kurzen Passage

Areopagrede. Die Inschrift dieser Bronzetafel auf dem Felsen des Areopag in Athen fasst die Rede des Paulus an die Philosophen zusammen.

Armenische Kirche. Gebet an der Gedenkstätte »Tsitsenakaberd« in Jerewan. Sie erinnert an die Vertreibung und Ermordung armenischer Christen durch die Osmanen im Jahr 1917.

in Apg 14,15–17 die einzige im N.T. überlieferte Rede eines Apostels vor Nichtjuden und gilt als Musterbeispiel der anknüpfenden Missionspredigt schlechthin. Denn Paulus benutzt zwar die Sprache seiner Zuhörer, aber nur, um ihnen inhaltlich den alttestamentlich-jüd. Schöpfergott nahe zu bringen. Paulus stellt sich an die Seite der Philosophen, nur um ihnen dann zu zeigen, dass sie nicht weit genug gegangen sind.

Arianismus, die Lehre des Arius (um 260 bis 336), dass Jesus nicht Gott, sondern das erste und höchste Geschöpf Gottes sei, war die bedeutendste Gegenposition zur *Trinitätslehre* in der *Frühen Kirche,* die zeitweise sogar Staatsreligion war, schließlich aber mit dem *Nizänischen Glaubensbekenntnis* von 325 verworfen wurde und seither als außerhalb des Christentums stehend gilt. Bei den Goten, Vandalen und Langobarden sowie bei einigen german. Stämmen erhielt sich der A. bis ins 6. Jh. Heute wird er nur noch von einigen im 19. Jh. entstandenen christlichen Sekten und Sondergruppen vertreten, etwa den *Zeugen Jehovas* und den *Unitariern.*

Armenier (armen.-orthodoxe Kirche), seit dem Übertritt des Herrscherhauses zum Christentum 301 n.Chr. das älteste christliche Volk der Erde. Die armen.-orthodoxe Kirche (ca. 5,6 Mio Gläubige) ist die älteste bis heute bestehende, *autokephal* geleitete Kirche des Ostens unter Führung eines *Katholikos.* Sie bekennt sich zum *Monophysitismus.* Der Völkermord der muslimischen Türken und Kurden an den christlichen A. zu Beginn des 20. Jh. wird von der Türkei bis heute geleugnet.

Arminianer, Anhänger des niederländ. Theologieprofessors Jacobus Arminius (1560 bis 1609), der sich gegen die herrschende Lehre der reformierten Staatskirche der Niederlande wandte und insbesondere die calvinistische Prädestinationslehre verwarf. Die A. legten 1610 ein Bekenntnis vor, die so genannte Remonstranz (lat. »Einspruch«, daher auch Remonstranten genannt), die sich in fünf Punkten gegen die calvinistische Heilslehre wandte. 1618/19 tagte im niederländ. Dordrecht die bis heute einzige Synode fast aller reformierten Kirchen Europas, welche die Prädestinationslehre Calvins bestätigte und im Dordrechter Bekenntnis die so genannten »Fünf Punkte des Calvinismus« gegen die A. formulierte. Daraufhin gründeten die A. eigene Gemeinden im Untergrund (erst 1798 staatlich anerkannnt), von denen heute noch ca. 30 existieren. Diese Kirche nennt man zur besseren Unterscheidung Remonstranten, während Arminianismus heute als Kennzeichnung aller Heilslehren verstanden wird, die der calvinistischen Heilslehre gegenüberstehen *(Calvinismus),* die also den Glauben nicht nur auf Erwählung und Gnade zurückführen, sondern auch menschliche Werke oder Willensakte als Mitursache der *Bekehrung* ansehen.

Aschermittwoch, kath. Fest am Mittwoch nach Fastnacht, an dem Asche geweiht und den Gläubigen morgens in Kreuzform auf Stirn und Scheitel aufgetragen wird. Die Asche als Symbol der Buße geht wohl auf die alttestamentlich-jüd. Sitte zurück, sich bei Erschrecken, Trauer oder Buße Asche auf den Kopf zu streuen. In der ev. Kirche ist A. lediglich der Beginn der Fastenzeit vor Ostern.

Askese, allgemein jede Art des religiös begründeten Verzichts auf Essen, Trinken, Besitz, Schlaf, Sexualität usw. Im Christentum kennzeichnend für das Klosterwesen. → Fasten; → Zölibat

Aspergill, Wedel zur Besprengung mit *Weihwasser.*

Assisi, Stadt in der ital. Region Umbrien, als Heimatort des Franz von Assisi (eigentlich Giovanni Bernardone, 1182–1226) Ausgangspunkt der weltweiten Bewegung der Franziskaner. 1228, im Jahr der Heiligsprechung des Ordensgründers, fand die Grundsteinlegung der Doppelkirche San Francesco statt; 1230 wurde der Leichnam des Franziskus in eine Gruft der Unterkirche übergeführt. Bau und Ausstattung von San Francesco gaben Anlass zum »praktischen Armutsstreit« (1232–60) zwischen den Gegnern und Befürwortern eines aufwendigen Gedächtnisbaus; tatsächlich entstand ein Hauptwerk gotischer Architektur in Italien, mit Fresken u.a. von Giotto (Franziskus-Zyklus der Oberkirche, um 1300). A. ist Bischofssitz und bedeutender Wallfahrtsort. Anfang 2002 versammelten sich hier Vertreter der Weltreligionen zu einem Friedensgebet.

Astrologie (griech. »Sternenkunde«), die Annahme, dass die Sterne und ihre Konstellationen das *Schicksal* der Menschen bestimmen oder wenigstens auf messbare Art und Weise vorhersagen. Offiziell vom Christentum als Okkultismus zu allen Zeiten verworfen, spielt die A. als verbreiteter Volksglaube als inoffizielle Religion im christlichen Bereich überall eine große Rolle *(Volksreligion, Aberglaube)*.

A.T., geläufige Abkürzung für Altes Testament. → S. 54

Athanasianum, altkirchliches Glaubensbekenntnis des 7. Jh., das fälschlich dem Kirchenvater Athanasius (295/97–373) zugeschrieben wurde, da das A. das kirchliche *Trinitäts-* und Christusdogma gegen den *Arianismus* bekennt, den auch Athanasius bekämpfte.

Äthiopische Kirche → Abessinische Kirche

Athos, berühmte griech.-orthodoxe Mönchsrepublik auf einer Halbinsel der Chalkidike in Griechenland, die ausschließlich von etwa 2000 männlichen Ordensangehörigen bewohnt wird.

Attribute Gottes → Eigenschaften Gottes, S. 14

Attritio (spätlat. »Reue«), die kath. Theologie unterscheidet diese unvollkommene, nur aus Furcht vor Strafe gezeigte *Reue* (»Furchtreue«) von der vollkommenen Reue (Contritio, Zerknirschung).

Audition (lat. »Anhören«), übernatürliche Offenbarung durch Hören, im Gegensatz zur *Vision* durch Sehen.

Auditores (lat. »Hörer«), Richter an Gerichten der kath. Kirchen.

Auferbauung → Erbauungsliteratur

Franz von Assisi: Sonnengesang (Lobpreis der Geschöpfe)

Höchster, allmächtiger, guter Herr,
Dein ist das Lob, der Ruhm, die Ehre
Und alle Benedeiung:
Dir, Höchster, nur gebühren sie,
und kein Mensch ist würdig,
zu nennen Dich.

Gelobt seist Du, mein Herr,
mit allen Deinen Geschöpfen,
vornehmlich mit der edlen Herrin
Schwester Sonne,
die uns den Tag schenkt
durch ihr Licht.
Und schön ist sie
und strahlend in großem Glanze:
Dein Sinnbild, Höchster!

Und gelobt seist Du, mein Herr,
durch Bruder Mond und die Sterne;
am Himmel schufest Du sie
leuchtend und kostbar und schön.

Gelobt seist Du, mein Herr,
durch Bruder Wind und die Luft,
durch wolkig und heiter und jegliches
Wetter,
durch das Du Deinen Geschöpfen
Gedeihen gibst.

Gelobt seist Du, mein Herr, durch
Schwester Wasser,
gar nützlich ist sie
und demütig und köstlich keusch.
Gelobt seist Du, mein Herr, durch
Bruder Feuer,
durch den Du die Nacht uns erleuchtest,
und schön ist er und fröhlich
und gewaltig und stark.

Gelobt seist Du, mein Herr,
durch unsere Schwester Mutter Erde,
die uns ernährt und erhält,
vielfältige Frucht uns trägt
und bunte Blumen und Kräuter.

Gelobt seist Du, mein Herr,
durch jene, die aus Liebe zu Dir
vergeben
und Schwäche tragen und Trübsal.
Selig, die harren in Frieden.
Du, Höchster, wirst sie einst krönen.

Gelobt seist Du, mein Herr,
für unsern Bruder, den leiblichen Tod;
ihm kann kein Mensch lebendig
entrinnen.
Weh denen, die in Todsünden sterben,
doch selig, die er findet in Deinem
heiligsten Willen,
der zweite Tod tut ihnen kein Leides.

Lobet und preist meinen Herrn,
und danket und dienet Ihm
in tiefer Demut!

Assisi. Am 24.Januar 2002 versammelten sich in Assisi auf Einladung von Papst Johannes Paul II. Geistliche der Weltreligionen zum gemeinsamen Friedensgebet.

Auferstehung Jesu Christi. Keines der vier Evangelien schildert Jesu Auferstehung als »leibhaftiges« Geschehen; vielmehr wird den Frauen am leeren Grab der Bericht eines Engels zuteil. Dem entspricht auf Bildern der Auferstehung insbesondere des Spätmittelalters die Darstellung des Auferstandenen auf einem gleichwohl weiterhin verschlossenen und versiegelten Sarkophag: Tafel des »Wurzacher Passionsaltars« von Hans Multscher, 1437; Gemäldegalerie, Berlin

Auferstehung des Lebens, Auferstehung der verstorbenen Gläubigen zu neuem, ewigem Leben *(Ewige Seligkeit)* als Teil der allgemeinen Auferstehung der Toten. Weder A.T. noch N.T. schreiben von einer abstrakten Unsterblichkeit der Seele allein, wie sie etwa die griech. Philosophie kannte, sondern lehren die Erlösung von Leib und Seele als Ganzheit (Jes 25,6–9; 26,19; Ijob 14,13–15; Dan 12,2; Ps 16,9–11; Ijob 19,25–26; Joh 5,25 +28–29; Apg 24,15; 1 Thess 4,16–17; 1 Kor 15; Offb 20,12–15). Im N.T. ist Jesus Christus der »Erstling« der Auferstehung (1 Kor 15,20; *Auferstehung Jesu Christi)* und deswegen werden alle »Wiedergeborenen« *(Wiedergeburt)* mit ihm auferstehen (Röm 6,5). Der neue Leib ist ein geistlicher, unverweslicher Leib, welcher der neuen Existenz bei Gott entspricht, jedoch wieder erkennbar und nicht mehr der Raum-Zeit-Begrenzung unterworfen ist (Lk 24; Joh 20).

Im A.T. wird außerdem noch dreimal von einer Auferweckung Toter berichtet (1 Kön 17,17–24; 2 Kön 4,31–37; 2 Kön 13,20–21), im N.T. ebenso als Folge des Wirkens Jesu und der Apostel (z.B. Joh 11; Apg 9,40; 20,10). Diese Wunder, die seit Aufkommen der *Bibelkritik* zu den umstrittensten Wundern gehören, unterscheiden sich von der A. vor allem dadurch, dass es sich nur um eine Lebensverlängerung handelt und die Betroffenen wieder sterben mussten. → Eschatologie

Auferstehung Jesu Christi, gilt als Herzstück des Evangeliums (1 Kor 15,14–19); das N.T. ist dem Inhalt nach mehr an der A. als an seinem Kreuz interessiert. In der Lehre Jesu ist jedoch die A. nie von der Kreuzigung losgelöst; beide Ereignisse bilden zusammen das Erlösungswerk Christi (Mt 16,21; 20,18–19; Mk 8,31; 9,31; 10,33–34; Lk 24,26; Joh 10,17–18). Die A. gilt im N.T. als Erweis seiner Messianität und Gottessohnschaft (Apg 2,22–36; 3,12–18; 4,10; 5,29–32; 10,39–43; 13,29–37; 17,23–31). In ihr wurde Jesus als Sohn Gottes in Macht erwiesen (Röm 1,4); dadurch wurde er zum lebendigen Haupt seiner Gemeinde (Eph 1,19–22) und Herrscher über den Kosmos (Phil 2,9–11). Nach der A. und Himmelfahrt begann er seinen Dienst als himmlischer Hohepriester (Röm 8,34). Die A. ist ein notwendiger Bestandteil des gesamten Erlösungswerkes, eine Garantie dafür, dass das Leben nach dem Tode weitergeht (Joh 11,25–26; 14,19; Apg 17,31). Die *liberale Theologie* hat an die Stelle der leiblich und historisch tatsächlichen A. die A. als Symbol des Neuanfangs gesetzt. Diese Sicht ist in den ev. Landeskirchen heute vorherrschend, in der kath. und der anglikanischen Kirche teilweise unter Theologen verbreitet, wird aber vom kath. Lehramt, von den orthodoxen Kirchen, dem anglikanischen Erzbischof, den ev. *Freikirchen* und den *Evangelikalen* abgelehnt, die weiter die historische Tatsächlichkeit der A. vertreten. → Auferstehungsberichte, → Ostern

Auferstehungsberichte, Berichte über das für das spätere Christentum zentrale Heilsereignis, der *Auferstehung* Jesu Christi von den Toten am dritten Tag nach der Kreuzigung. Es gibt fünf A., vier grundsätzlich ähnliche, aber mit unterschiedlichen Details versehene, wobei Joh am stärksten von den anderen drei *synoptischen Evangelien* abweicht, und den wohl ältesten Bericht bei Paulus (1 Kor 15,4–8), in dem darauf verwiesen wird, dass der auferstandene Christus Petrus, den Aposteln und 500 Männern erschienen ist, die damals zum Teil noch lebten. Über die historische Glaubwürdigkeit der A. wird seit langem gestritten, wobei die Spannbreite unter Historikern wie Theologen bis heute von völliger Ablehnung jedes historischen Kerns bis zur Unterstreichung der Authentizität der Berichte aufgrund mehrerer Augenzeugen und mehrerer, unabhängiger Berichte reicht. Die Frage der historischen Glaubwürdigkeit der A. ist dabei von der Frage zu unterscheiden, ob dies den Glauben der Christen begründet. → Ostern

Augsburger Religionsfriede, 1555 in Augsburg zwischen Kaiser Karl V. und den Reichsständen geschlossener Friede, durch den das lutherische Bekenntnis gleichberechtigt neben das kath. gestellt wurde. Er zementierte die konfessionelle Spaltung des Deutschen Reiches und entschied, dass die Landesfürsten das Recht haben, die Konfession ihrer Untertanen zu bestimmen, nach dem Grundsatz *cuius regio, eius religio* (lat. »wessen das Land, dessen die Religion«). Wer eine andere Konfession behalten wollte, hatte das Recht, in ein Fürstentum seiner Konfession auszuwandern.

Augsburgisches Bekenntnis → Confessio Augustana

Augustana, übliche Kurzform für *Confessio Augustana.*

Augustiner, Oberbegriff für zahlreiche männliche und weibliche *Orden* (z. B. Augustiner-Chorherren), die nach den fälschlich Augustinus zugeschriebenen Ordensregeln (Augustinusregel, auch Augustinerregel) leben. Blütezeit im 11. bis 16. Jh.

Augustinismus, bedeutende Richtung der mittelalterlichen Theologie und Schulrichtung der christlichen Theologie in allen Epochen, die sich auf den wichtigsten Kirchenlehrer, Aurelius Augustinus (354–430), beruft und die u. a. Willen, Liebe und Glauben dem Denken vorordnet, Glauben und Wissen sich gegenseitig durchdringen lassen will und die Gnade Gottes als unverdient und unwiderstehlich betont *(Prädestination).* Bedeutende Vertreter waren u. a. Roger Bacon (gestorben 1626), im kath. Bereich Cornelius Jansen *(Jansenismus)* und Blaise Pascal (1623 bis 1662) sowie im ev. Bereich Martin Luther und alle Reformatoren.

AUK, Abkürzung für *Afrikanische Unabhängige Kirchen.*

Aureole, Heiligenschein, der im Gegensatz zum Nimbus die Figur ganz umgibt und in der Regel nur für Christus, Maria oder die Trinität verwendet wird. Eine *Mandorla* kann eine mandelförmige A. sein.

Aussetzung (lat. expositio), das im 14. Jh. aufgekommene und in der kath. Kirche öffentliche Zeigen oder Ausstellen geweihter *Hostien.*

Auto (span., von lat. actus: »Handlung«, »Darstellung«), *Mysterienspiel* im spätmittelalterlichen Spanien, vor allem an *Weihnachten* und an *Fronleichnam.*

Autodafe (portug. »Akt des Glaubens«), Verkündigung und sofortiger Vollzug (Freilassung oder Verbrennung) eines Urteils der *Inquisition,* oft auch allgemein für jede Verbrennung auf dem Scheiterhaufen aus religiösen Gründen verwendet.

Autokephale Kirchen (griech. autos: »selbst«, kephale: »Haupt«), Selbstbezeichnung der orthodoxen Kirchen, die gleichrangig nebeneinander stehen, da jede für sich unabhängig ist und ihr eigenes Oberhaupt hat. Gegensatz ist die kath.-westliche Sicht der zentralen Leitung durch den *Papst (Papalismus).*

Ave Maria (lat.), auch Englischer Gruß, aus dem Gruß des Engels *Gabriel* an Maria (Lk 1,28: »Sei gegrüßt, du Begnadete«) und den Worten von Elisabeth, der Mutter von Johannes dem Täufer, an Maria (Lk 1,42: »Gesegnet bist du mehr als alle anderen Frauen«) zusammengesetztes wichtigstes kath. Mariengebet,

Ave Maria. Im Chor der Nürnberger Kirche St. Lorenz schwebt der als monumentaler Leuchter entstandene »Englische Gruß« (1517–19) von Veit Stoß: Ein Rosenkranz mit den Reliefmedaillons der Sieben Freuden Mariä rahmt die rundplastische Darstellung der Verkündigung an Maria. Das Begrüßungswort Ave (»Sei gegrüßt«) wurde als Anagramm des Namens Eva gedeutet: Maria wird zur »neuen Eva«. Sie empfängt durch den Heiligen Geist den »neuen Adam«.

das zentraler Bestandteil des *Rosenkranzes* ist, außerdem das *Vaterunser* abschließt und auch sonst oft gebetet wird. Zum Beten des A. fordert das Angelusläuten auf. Berühmte Vertonungen (z.B. von Johann Sebastian Bach, Wolfgang Amadeus Mozart, Franz Schubert, Anton Bruckner, Charles Gounod).

Avignon, ursprünglich phönik., dann griech. und später röm. Siedlung an der Mündung der Durance in die Rhone. Seit dem 5. Jh. Bistum, kam A. im 9. Jh. zum Königreich Burgund und lag im Einflussbereich der frz. Könige. Als Papst Clemens V. (reg. 1305–14, zuvor Erzbischof von Bordeaux) 1309 von Rom nach A. übersiedelte, begann die »Babylonische Gefangenschaft der Kirche« bzw. das Avignonische Exil (bis 1378), gefolgt vom *Abendländischen Schisma,* das offiziell 1417 endete; doch residierten Gegenpäpste bis 1430 in A. Seit dem 12. Jh. besaß A. die Kathedrale Notre-Dame-des-Doms, seit 1303 eine päpstliche Universität. Papst Benedikt XII. (reg. 1334–42) begann den festungsartigen Papstpalast. Ab 1475 residierten in A. Erzbischöfe, erst 1797 kam A. zu Frankreich.

Bulla contra Erro
res Martini Lutheri
et sequacium.

Bannbulle. Titelseite der Bannandrohungsbulle »Bulla contra Errores Martini Lutheri et sequarium«. Der Bildteil zeigt das Wappen des Papstes Leo X. (eigtl. Giovanni de' Medici, reg. 1513–21). Es besteht aus dem Mediciwappen mit fünf Kugeln, der Tiara und den beiden Schlüsseln Petri (nach Mt 16,19). Luther verbrannte die als Druck verbreitete Bulle im Dezember 1520 öffentlich in Wittenberg. Am 3. Januar 1521 verhängte Leo X. den Kirchenbann über den Reformator.

B

Babel und Bibel-Streit, durch die inzwischen überholte These des dt. Assyriologen Friedrich Delitzsch (1850–1922) ausgelöster theologischer Streit, das A.T. sei weitgehend aus babylon. Vorbildern entnommen und keine eigenständige Leistung.

Baldachin (ital. »aus Bagdad stammend«), allgemein Prunkhimmel oder Decke über Thron, Grab, Kanzel oder Altar, im kath. Bereich speziell der mit vier Stäben in *Prozessionen* getragene Prunkhimmel.

Bamberg, Mittelpunkt des 1007 von Heinrich II. (reg. 1002/14–24) gegründeten Bistums B., dessen Territorium 1803 im Zuge der *Säkularisation* an Bayern fiel. Seit 1817 residiert in B. ein Erzbischof. Ein herausragendes Zeugnis der Kirchenkunst in Deutschland ist der spätromanisch-frühgotische Dom (ab 1185), mit dem vor der Weihe (1237) entstandenen Bamberger Reiter und dem Hochgrab (1499–1513) für Heinrich II. (heilig gesprochen 1146) und dessen Gemahlin Kunigunde (heilig gesprochen 1200) von Tilman Riemenschneider.

Bann, im A.T. ist der B. die Weihe der Kriegsbeute an Gott und ihre Vernichtung oder die Ausrottung einer Stadt oder eines Volkes im Auftrag Gottes im Rahmen eines heiligen Krieges (z.B. Jos 6,17ff.). Vielleicht schon parallel dazu, aber spätestens seit dem Verlust der politischen Herrschaft der Juden bedeutete der B. den Ausschluss eines Menschen aus der Gemeinde als religiöse, nicht als zivile Strafe (Esra 10,8). Das ist die ausschließliche Bedeutung, die der B. in das N.T. (griech. anathema: »Fluch«; 1 Kor 16,22; Gal 1,8f.) und die *Frühe Kirche* übernahm. Im Mittelalter wird der B. auch zur zivilen Strafe, da er den Ausschluss aus der Kirche durch Bischöfe oder den Papst bedeutet, aufgrund der politischen Gewalt des Papstes und der kaiserlichen Übernahme des B. als Ende der bürgerlichen Rechte (Vogelfreiheit) zugleich schwerwiegende zivile Folgen hatte, wie die *Bannbulle* gegen Martin Luther zeigt. Der Große B. bedeutete den Verlust aller kirchlichen und bürgerlichen Rechte (von Luther und der Reformation abgelehnt), der Kleine B. führte zum Ausschluss vom Abendmahl und aus der kirchlichen Gemeinschaft. Als Kirchenzucht lebte der Kleine B. in allen ev. Kirchen fort und trat seit dem 19. Jh. auch in der kath. Kirche als *Exkommunikation* an die Stelle des Großen B.

Bannbulle, früher eine päpstliche *Bulle* (lat. bulla: »Kapsel«), die den *Bann* androhte oder verhängte. Die berühmtesten B. waren die Bannandrohungsbulle (1521) und die B. (1522) gegen Martin Luther, die dieser öffentlich verbrannte.

Baptisten (griech. baptistes: »Täufer«), im 16. Jh. in England innerhalb kongregationalistischer, reformiert puritanischer Strömungen entstanden, als man der Gemeinde der Glaubenden die Erwachsenentaufe oder Glaubenstaufe, gegebenenfalls die Wiedertaufe als Kind Getaufter, hinzufügte, die das Kennzeichen aller baptistischen Kirchen wurde. Die B. stehen darin zwar theologisch in der Tradition der *Täufer* und *Mennoniten,* nicht aber historisch. Der ehemalige anglikanische Geistliche John Smyth (1554–1612) gründete 1609 in Amsterdam die erste Gemeinde unter engl. Auswanderern. Die B. breiteten sich schnell ohne gemeinsame Leitungsstruktur und in einer Vielzahl von Denominationen unter der örtlichen Leitung von Pastoren und Ältesten in allen angelsächs. Ländern aus. Es bildete sich eine große Zahl selbstständiger B.-Kirchen, die sich im 19. Jh. meist durch intensive Missionsarbeit weltweit verbreiteten, sodass sie heute mit 48 Mio Anhängern die größte ev. Konfession neben Anglikanern, Lutheranern, Reformierten und Pfingstlern noch vor den Methodisten darstellen. In den USA organisierten sich 1845 die B. der südlichen Bundesstaaten der USA zur Southern Baptist Convention, die mit heute 20 Mio Anhängern fast die Hälfte der amerikan. B. in ca. 30 Denominationen ausmachen. Im deutschsprachigen Bereich gründete Johann Gerhard Oncken (1800–1884) 1834 die erste Gemeinde in Hamburg. 1849 entstand der Bund der B.-Gemeinden und die erste B.-Gemeinde in der Schweiz in Zürich. Die B. sind theologisch größtenteils dem *evangelikalen* Bereich zuzuordnen, aber ökumenisch sehr aktiv. Die B. in Deutschland bilden heute den größeren Teil des *Bundes Ev. Freikirchlicher Gemeinden.*

Baptisterium (griech.-lat. »Taufhaus«, von griech. baptisterion: »Badebecken«), seit dem 3. Jh. Name der kleinen Taufkirchen neben den eigentlichen Kirchen, die oft antike Thermen nachahmten und Ursprung des *Zentralbaus* sind. Das dortige *Taufbecken* diente der Taufe von Erwachsenen durch völliges Untertauchen oder durch Übergießen des im Wasser Stehenden. Sie erübrigten sich und wurden durch Taufsteine ersetzt, nachdem das Begießen oder Besprengen den Taufritus des Untertauchens abgelöst hatte und sich die Kindertaufe durchgesetzt hatte.

Barfüßer, Angehörige kath. Bettelorden im Mittelalter, die entweder barfüßig in Sandalen gingen (so die Franziskaner) oder ganz barfuß ohne Schuhe (z.B. die »Unbeschuhten Karmeliten«), wobei sich die Orden oft in B. und andere teilten (z.B. *Augustiner*-B., Karmeliten-B.).

Barmer Theologische Erklärung, von der ev. Barmer Bekenntnissynode der *Bekennenden Kirche* 1934 einstimmig verabschiedete, aus sechs Thesen bestehende Erklärung, deren Entwurf von Karl Barth (1886–1968) stammt und die ein Bekenntnis zu Jesus Christus als einziger Offenbarung Gottes ablegt und damit den Nationalsozialismus und die *Deutschen Christen* in die Schranken weist. Eigentlich ein reformiert-lutherisches Gemeinschaftswerk und daher heute für die *Evangelische Kirche* in Deutschland (EKD) *Bekenntnisschrift,* geht sie doch aufgrund von Barths Einfluss von reformierten Grundannahmen aus und spielt deswegen international vor allem in reformierten Kreisen eine große Rolle. → Bekennende Kirche

Baptisterium. Den Domplatz von Florenz beherrscht die um 1060 begonnene und um 1150 vollendete, als selbstständiger Zentralbau errichtete Taufkirche: das Johannes dem Täufer geweihte Baptisterum San Giovanni. Der oktogonale Grundriss entspricht der Acht als Zahlensymbol der Wiedergeburt durch die Taufe. Das Foto zeigt links die Südwestseite des mit polychromem Marmor verkleideten Außenbaus, rechts das Westportal des Domes Santa Maria del Fiore (1296–1436, Westfassade 19. Jh.).

Barmherzige Brüder, Barmherzige Schwestern, Name mehrerer kath. Orden, die im Bereich der Krankenpflege wirken.

Barmherzigkeit, Mitgefühl mit Leidenden und daraus entspringende Hilfe als Zeichen der christlichen Nächstenliebe. A.T. und N.T. preisen die B. als Eigenschaft Gottes (Ex 34,6; Ps 25,6; 2 Kor 1,3) und als Kennzeichen wahren christlichen Lebens (Mt 9,13; 23,23; Lk 6,36; Hebr 2,17), weswegen der barmherzige Samariter (Lk 10,30ff.) zum Vorbild aller wird. Verwandte Begriffe sind Erbarmen, *Gnade,* Güte und Mitleid.

Barnabas, jüd. Levit aus Zypern, verkaufte seinen gesamten Besitz für die Armen. Entdecker und Lehrer des Paulus (Apg 9,27; 11,25), den er nach Antiochien holte, um ihm auf den Missionsreisen allmählich die Leitung zu übergeben.

Barnabasbrief, eine der ältesten nachneutestamentlichen christlichen Schriften, zwischen 70 und 130 n.Chr. verfasst, stammt allerdings nicht von *Barnabas,* dem Ziehvater des Paulus, zumal der Verfasser nichtjüd. Herkunft ist, antijüd. argumentiert und das A.T. wenig historisch, sondern stark *allegorisch* auslegt.

Bartholomäusnacht, auch Pariser Bluthochzeit, in der Nacht zum 24. August (Tag des hl. Bartholomäus) 1572 angerichtetes Blutbad.

Basel. Zu den Wahrzeichen der Stadt am Rhein gehört das Münster. Seine Turmpyramide im gotischen Stil entstand während einer Erneuerung des romanischen Sakralbaus im 14. und 15. Jh. In diese Zeit fallen der Erwerb des rechtsrheinischen Klein-Basel durch die Bürgerschaft sowie deren Auseinandersetzung mit dem Bischof: Um 1450 gewannen die Zünfte die Oberhand und regierten fortan die Stadt. 1501 wurde Basel in die Eidgenossenschaft aufgenommen.

In *Paris* fielen dem Massaker mindestens 3000, auf dem Land wohl 10 000 *Hugenotten* zum Opfer, deren Anführer sich anlässlich der Hochzeit Heinrichs von Navarra (1553–1610, ab 1589 als Heinrich IV. König von Frankreich) mit Margarete von Valois in der frz. Hauptstadt versammelt hatten. Den Befehl zu dem Massaker gab die Königinmutter Katharina von Medici (1518–1589, Witwe Heinrichs II.) mit Zustimmung ihres Sohnes Karl IX. (reg. 1560–74).

Basel, ursprünglich eine kelt. Siedlung, 374 n. Chr. erstmals als röm. Basilea erwähnt, im 7. Jh. Bischofssitz. Einen Wendepunkt in der vorreformatorischen Kirchengeschichte bildete das bereits 1418 in *Konstanz* vereinbarte und 1431 in B. eröffnete Konzil, das sich 1437 spaltete: Bis 1449 tagten die auf innerkirchliche »demokratische« Reformen drängenden Verfechter des Konziliarismus ohne nachhaltigen Erfolg in B., während die päpstliche Fraktion unter Papst Eugen IV. (reg. 1431–47) nach Ferrara, *Florenz* und schließlich nach Rom zog. Die 1460 gegründete Universität entwickelte sich zu einem Zentrum des Humanismus: 1521 ließ sich Erasmus von Rotterdam (1466/69–1536) in B. nieder, verließ die Stadt jedoch 1529, im Jahr der Einführung der Reformation, wegen reformatorischer Unduldsamkeit und kehrte erst 1535 zurück. Sein Grab befindet sich im Münster (1185–1225; im 14./15. Jh. im gotischen Stil erneuert). Das Bistum B. hat seinen Sitz seit 1828 in Solothurn.

Basilianer, die Mönche der orthodoxen Kirchen, die alle nach den Regeln des griech. Kirchenvaters Basilius von Caesarea (um 330–379) leben. Auch Name eines mittelalterlichen Ordens in Italien und Spanien, der nur in einem Kloster bei Rom überlebt hat.

Basilika (griech.-lat. »königliche [Halle]«), Gebäudestil für öffentliche Hallen der Römer, unter Konstantin dem Großen (306/24–37) für christliche Kirchen übernommen und seitdem bestimmend für den Kirchenbau in den westlichen und östlichen Kirchen, teilweise bis in die Gegenwart. Eine B. hat ein hohes, breites Mittelschiff mit Durchfensterung oben (Lichtgaden) und parallel dazu zwei, bisweilen auch vier oder mehr Seitenschiffe, die durch Pfeiler, Säulen oder Arkaden voneinander getrennt sind.

Batakkirche (indones. Huria Kristen Batak Protestant, HKBP), durch die Missionsarbeit der Rhein. Missionsgesellschaft seit 1861 entstandene ev.-lutherische Kirche der Batak auf der indones. Insel Sumatra. Lange Zeit unter Leitung des Missionars Ludwig Nommensen (1834–1918), seit 1940 unter Leitung eines einheimischen »Ephorus« unabhängig, seit 1951 mit eigenem Glaubensbekenntnis. Mitglied im Lutherischen Weltbund, ca. 2,5 Mio Anhänger.

Beelzebub (hebr.), im A.T. als Gottheit und Dämon erwähnt, wird B. im N.T. zum Namen des *Satans,* wobei die Erwähnung in Mt 12,24 zur Redensart »den Teufel durch B. austreiben« führte.

Beffchen, das aus dem weißen leinenen Herrenkragen im 17. Jh. entstandene, aus zwei schräg angeordneten weißen länglichen Rechtecken bestehende, wie ein Schlips getragene Teil der Amtstracht Geistlicher der ev. Landeskirchen, das bald als Symbol der beiden Tafeln der Zehn Gebote verstanden wurde. In Norddeutschland wird stattdessen teilweise noch die Halskrause verwendet. In anglikanischen Kirchen wird der weiße Kragen um den ganzen Hals gelegt, in der kath. Kirche in einen schwarzen Kragen vorne ein einzelnes weißes Rechteck eingesteckt.

Befreiungstheologie, allgemein eine christliche Theologie, die auf der Grundlage oft marxistischer Sichtweisen Unterdrückung neu definiert und die Armen auffordert, eine gleiche und gerechte Teilhabe an der Gesellschaft einzufordern. Im Speziellen sozialpolitische Richtung und gewaltfreie Menschenrechtsbewegung unter den lateinamerikan. Theologen und örtlichen Kirchengemeinden (Basisgemeinden) seit den 60er Jahren des 20. Jh., die von den Kirchen, vor allem der kath. Kirche, ein stärkeres sozialpolitisches Engagement fordern, vor allem gegen Militärdiktaturen, aber auch gegen die Armut in der Dritten Welt, Überbevölkerung und den Kolonialismus. Die bekanntesten kath. Befreiungstheologen sind Erzbischof Dom Helder Camara, Gustavo Gutierrez und Oscar A. Romero. Viele wurden von den Regierungen ausgewiesen, gefoltert oder getötet, etliche vom Papst ihres Amtes enthoben.

Begierdetaufe → Taufe

Beginen, Frauen, die sich seit Beginn des 13. Jh. zu ordensähnlichen Gemeinschaften ohne Gelübde zum Zweck der Mädchenerziehung und Krankenpflege in Beginenhöfen zusammenschlossen. Die B. breiteten sich von Südbrabant über die gesamten Niederlande bis nach Deutschland und Frankreich aus und gerieten häufig in Konflikt mit der kath. Hierarchie. Bis heute gibt es in den Niederlanden und Belgien einige Beginenhöfe.

Begräbnis → Bestattung

Beichte (althochdt. bijiht: »Bekenntnis«), aus der im 5. Jh. beginnenden Privatbeichte – im Unterschied zur allgemeinen B. aller im Gottesdienst – entwickelte sich das *Bußsakrament* als eins der sieben *Sakramente,* das aus dem Bekenntnis vor dem Geistlichen, der *Reue* und der Freisprechung von den Sünden *(Absolution)* besteht, aber erst bei der nächsten Eucharistiefeier wirksam wird, zu deren Vorbereitung die B. meist dient. Die B. ist bei schweren Sünden *(Todsünden)* der einzige Weg zur Vergebung. Im 17. Jh. kam der Beichtstuhl in Gebrauch, in dem sich in der Trennwand zwischen dem Geistlichen und dem Beichtenden nur ein kleines Gitterfenster in Ohrenhöhe des Geistlichen befindet (daher auch Ohrenbeichte). Die Reformation lehnte nicht die B. als persönliches Sündenbekenntnis vor dem Beichtvater ab, aber den Beichtzwang, die verhängten Strafen *(Ablass)* und die B. als Sakrament zur Vergebung, zumal sie die Rolle des *Priesters* als *Mittler* der Vergebung verwarf und die Absolution als reine Verkündigung der Verheißung sah. Nachdem in der lutherischen und reformierten *Orthodoxie* die B. vor dem Abendmahl oft zu einem Examen geworden war, erreichten *Pietismus* (Vergebung ist Privatsache) und *liberale Theologie* (abgeschwächtes Sündenverständnis) das allmähliche Aussterben der B. im ev. Bereich, auch wenn sich hochkirchliche Bewegungen immer wieder um ihre Erneuerung bemühen. Die ev. Landeskirchen kennen bis heute die gemeinsame B. im Gottesdienst, welche die ev. *Freikirchen* abgelegt haben. Zur B. gehört das Beichtgeheimnis, das den Beichtenden ebenso schützt wie den Beichtvater. Das Beichtgeheimnis ist in den meisten westlichen Ländern auch als Recht der Geistlichen gesetzlich verankert. → Generalbeichte

Beichtstuhl → Beichte

Bekehrung, auch Konversion (lat. conversio: »Umkehr«), die Wiedergabe des zentralen neutestamentlichen Begriffes »Sinnesänderung« (griech. metanoia) meint eine erstmalige oder grundsätzliche Wende des Menschen zu Gott hin. Sie ist im N.T. eine Abkehr vom bisherigen Leben und fremden Göttern (1 Thess 1,9) und hat die *Reue* und die *Buße* zur Voraussetzung (Apg 3,19), d.h. das Erkennen des völlig sündigen Zustandes vor dem heiligen Gott und das Ergreifen des göttlichen Angebots in Jesus Christus im Glauben (Apg 20,21). Obwohl die B. ein Akt des Menschen ist, geschieht sie doch allein durch die Kraft Gottes (Apg 3,26). Der Begriff B. wurde, obwohl eigentlich von allen Kirchen verwendet, zum Kennzeichen des *Pietismus,* der *Erweckungsbewegungen* und heute der *evangelikalen* Bewegung, die Nichtchristen und Namenschristen zur »B.« aufrufen und erwarten, dass ein Christ sagen kann, dass und am bes-

Beginen. Im belgischen Brügge bezeugt eine umfangreiche Wohnanlage aus dem Spätmittelalter das Zusammenleben junger Frauen und Witwen in klosterähnlichen Gemeinschaften. Niederländische Beginenhöfe finden sich in Amsterdam, Breda und Gent. Bekannt waren die deutschen Höfe in Köln, Münster, Hildesheim, Worms, Frankfurt am Main und Straßburg.

Bekennende Kirche. Martin Niemöller (1892 bis 1984) gründete 1933 den antifaschistischen »Pfarrernotbund«. Seiner Verhaftung 1937 folgten Leidensjahre in Konzentrationslagern. In der Bundesrepublik wandte er sich gegen die Wiederbewaffnung und gehörte zur Friedensbewegung.

Bekennende Kirche. Otto Dibelius (1880–1967) wurde als Mitglied der Bekennenden Kirche von seinem Amt als Generalsuperintendent der Kurmark suspendiert. Ab 1945 war er Bischof der Evangelischen Kirche von Berlin-Brandenburg und Vorsitzender des Rates der EKD (bis 1961).

ten auch wann und wie er sich bekehrt hat (vgl. auch *Wiedergeburt*). Der Begriff B. besagt außerhalb des skizzierten Gebrauchs nicht, ob die Annahme des Glaubens durch Zwang oder durch eine innere Entscheidung erfolgt ist, obwohl man heute bei erzwungener B. eher von Christianisierung spricht.

Bekennende Kirche, gegen die nationalsozialistischen Bestrebungen, die Kirche zu zentralisieren und sie unter den Einfluss der nationalsozialistisch geprägten *Deutschen Christen* zu bringen, gerichtete Protestbewegung und Untergrundkirche innerhalb der ev. Landeskirchen. 1933 organisierte der ev. Theologe Martin Niemöller (1892–1984) den »Pfarrernotbund«, aus dem heraus sich durch den Zusammenschluss von Pfarrern, Professoren und Kirchengemeinden die B. formierte, die 1934 die *Barmer Theologische Erklärung* ablegte. Die B. organisierte als Notkirche einen Reichsbruderrat und Landesbruderräte, welche die Aufgaben von Kirchenleitungen übernahmen. Außerdem ging sie in eigenen Predigerseminaren mit der Theologenausbildung in den Untergrund. Wichtige Theologen der B. waren Karl Barth, Dietrich Bonhoeffer, Gustav Heinemann und Otto Dibelius. Viele Führer der B. übernahmen beim Neuaufbau der ev. Landeskirchen und der EKD nach 1945 hohe Kirchenämter.

Bekenner → Confessor

Bekenntnis, Kurzform für *Glaubensbekenntnis (Apostolisches Glaubensbekenntnis, Nizänisches Glaubensbekenntnis)* oder *Bekenntnisschrift* oder kirchliches Bekenntnis *(Konfession).*

Bekenntnisbewegung (eigentlich Bekenntnisbewegung »Kein anderes Evangelium«), 1966 aufgrund der zunehmenden Bedeutung der Theologie Rudolf Bultmanns von Rudolf Bäumer und anderen ev. Pfarrern im Geist der *Bekennenden Kirche* gegründete konservative Protestbewegung innerhalb der ev. Landeskirchen, die sich vor allem gegen die *Bibelkritik,* gegen Gruppendynamik und Religionsvermischung einsetzte und durch große Gegenkirchentage (»Gemeindetag unter dem Wort«) bekannt wurde. Sie hat nach Spaltungen ihre einstige Bedeutung verloren.

Bekenntnisschriften, grundsätzlich jede schriftliche Fassung und Sammlung von Bekenntnissen einer Kirche, vor allem die aus der Reformation hervorgegangenen lutherischen und reformierten B. Das 1580 veröffentlichte Corpus der lutherischen B. »Konkordienbuch« (lat. concordia: »Eintracht«) unterscheidet sich tief greifend von einer Sammlung reformierter B. Denn das Corpus der Lutheraner ist seit 1577 mit der so genannten Konkordienformel (auch lat. formula concordiae) als letzte lutherische B. abgeschlossen und wird unverändert überliefert. Demgegenüber haben die Reformierten bis in die jüngste Vergangenheit neue Bekenntnisse verfasst. Dies gilt selbst für den weltweit verbreiteten *Heidelberger Katechismus* und das in mehreren Bearbeitungen vorliegende *Westminster-Bekenntnis.* Die Reformierten reagierten mit B. auf neue theologische und gesellschaftliche Entwicklungen und bezogen die Situation des jeweiligen Landes ein. Auch die *Barmer Theologische Erklärung* von 1934, die von reformierten, lutherischen und unierten Theologen verfasst wurde, wird meist als reformierte B. geführt, da sie problemlos den reformierten B. hinzugefügt werden kann, nicht aber den lutherischen. Das reformierte Bekenntnisverständnis unterscheidet sich vom lutherischen hinsichtlich der Reichweite und der Situation. Entsprechend ihrer Auffassung von Kirche, deren vorläufige Realisierung immer nur zeitlich und örtlich begrenzt geschieht, verstehen die Reformierten das Christusbekenntnis als Lehrerklärung einer Partikulargemeinde, dessen Formulierung zeitgebunden bleibt. Dass es keinen ausführlichen lutherischen Artikel zur Heiligen Schrift gibt, erklärt sich z.B. daraus, dass vor 1577 noch kein umfassender Streit dazu entstanden war. Das Westminster-Bekenntnis von 1647 geht dagegen ausführlich auf die Heilige Schrift ein, weil die Diskussion über ihre historische Glaubwürdigkeit bereits eingesetzt hatte. Während die lutherischen B. in der Praxis oft der Heiligen Schrift gleichgeordnet wurden und als unantastbar galten, haben die reformierten Kirchen durch ihre ständig wechselnden B. ihre Sicht dokumentiert, dass sie der Veränderung unterliegen. Die ev. *Freikirchen* haben sich dem reformierten Verständnis angeschlossen.

Bekenntnisschriften, Lutherische → Katechismus, → Schmalkaldische Artikel, → Confessio Augustana

Bekenntnisschriften, Reformierte → Confessio Helvetica; → Heidelberger Katechismus; → Westminster-Bekenntnis

Bekenntnisunion → Unierte Kirchen

Bekreuzigen → Kreuzzeichen

Benedicamus [Domino] (lat. »lasst uns [den Herrn] preisen«), lange Zeit Entlassungsformel am Ende der kath. Messe und des *Stundengebets,* heute nur noch als Zäsur gesprochen, wenn sich an die Messe weitere gottesdienstliche Handlungen anschließen.

Benedicite (lat. »preiset«, »segnet«), kath. Fachausdruck für die Bitte um den Segen.

Benedictus (lat. »gepriesen sei«), Beginn mehrerer, der Bibel entnommener liturgischer Gesänge, vor allem der Lobgesang des Zacharias (Lk 1,68–79).

Benediktion (lat. benedictio: »Segen«), die Erteilung des Segens durch den Priester oder Pastor, in der Regel am Ende des Gottesdienstes.

Bergpredigt → S. 75

Berith (hebr. »Bund«), alttestamentliche Bezeichnung für *Bund, Bundestheologie,* Testament.

Berneuchener Bewegung, auch Berneucher Kreis, aus der ev. Jugendbewegung der Weimarer Republik heraus von Wilhelm Stählin 1923 begründete liturgische und evangelistische Erneuerungsbewegung, die nach dem Rittergut Berneuchen in der Neumark genannt wurde, wo Messen und Freizeiten stattfanden. Trug wesentlich zur liturgischen Erneuerung der ev.-lutherischen Kirchen vor und nach dem 2. Weltkrieg bei.

Berufung, im Sprachgebrauch des A.T. und N.T. der Ruf Gottes an einen Menschen, ihm grundsätzlich nachzufolgen oder ihm als Segensträger (z.B. Abraham), Volk (Israel), Prophet (z.B. Samuel, Jesaja, Johannes der Täufer), Apostel (z.B. Petrus, Paulus), Befreier (z.B. Mose) oder mit einer anderen Aufgabe zu dienen. Oft heißt es, die B. sei schon im Mutterleib erfolgt (z.B. Jes 49,1). Im Mittelalter wurde der Begriff auf die göttliche und menschliche Seite der B. in geistliche Ämter eingeschränkt. Dem setzte Martin Luther zu Beginn der Reformation die Auffassung entgegen, nicht nur Mönche und Priester, sondern alle seien zum Gottesdienst berufen und die menschliche Arbeit sei Gottesdienst. Daher verwendete er den religiösen Begriff B. für jede Arbeit; der Begriff »Beruf« ist bis heute die gängige Bezeichnung für die Arbeit überhaupt und für den Berufszweig.

Beschauliche Orden → kontemplative Orden

Beschneidung, jüd. und islamischer männlicher Initiationsritus. Die *abessin. orthodoxe Kirche* kennt als einzige christliche Kirche seit dem Übergang Äthiopiens vom Judentum zum Christentum im 3. Jh. weiterhin die B.

Beschwörung → Exorzismus

Beseelung, durch das Einhauchen des Lebensgeistes in die Materie des Leibes erhielt nach dem Schöpfungsbericht im A.T. der erste Mensch eine Seele (Gen 2,7). Diese B. geschieht nach jüd.-christlichem Verständnis bei jedem Menschen neu, wobei sich in der *Frühen Kirche* ein Streit zwischen dem Traduzianismus (lat. traditio: »Überlieferung«) oder Generatianismus, demzufolge die menschliche Seele von den Eltern vererbt wird, und dem Kreatianismus (lat. creatio: »das Erschaffen«), wonach Gott die Seele jedes einzelnen Menschen aus dem Nichts erschafft, entspann. Heute hat sich der Kreatianismus in praktisch allen Kirchen durchgesetzt. Lange Zeit strittig blieb innerhalb der frühen Kirche der genaue Zeitpunkt der B. der Leibesfrucht. Die theologische Auseinandersetzung griff die Aristoteles zugeschriebene Idee einer Sukzessiv-B. auf, wonach der Fötus erst nach einer »pflanzlichen« und einer »animalisch-sensitiven« Entwicklungsphase mit einer Vernunftseele ausgestattet wird, und zwar nach 90 Tagen bei Jungen, nach 40 bei Mädchen. Diese Terminierung wurde von *Thomas von Aquin* zum Standard erhoben. Erst 1869 wurde die Gleichzeitigkeit von Empfängnis und B. zum kath. Dogma. Diese Sicht setzte sich im 19. und 20. Jh. in allen christlichen Konfessionen durch. → Empfängnisverhütung

Berufung. Jesus sah »einen Mann namens Matthäus am Zoll sitzen und sagte zu ihm: Folge mir nach!« (Mt 9,9); er wird traditionell mit dem Evangelisten identifiziert. Caravaggios Gemälde »Die Berufung des hl. Matthäus« interpretiert dieses Ereignis als eine unbedingte und unerwartete Herausforderung: Jesu grell beleuchtete rechte Hand zielt gleichsam auf den jungen Mann am entgegengesetzten Rand des Tisches. Diese Momentaufnahme lässt die Reaktion des Betroffenen kaum vorausahnen, doch Jesu Hand symbolisiert eine unausweichliche Forderung: »Da stand Matthäus auf und folgte ihm nach.« Um 1600; San Luigi dei Francesi, Rom

Bestattung. Die bedeutendste Szene einer Bestattung in der christlichen Ikonografie ist die Grablegung Christi. Das Andachtsbild von Rogier van der Weyden interpretiert den Leichnam des Gekreuzigten als Hostie auf dem Tuch eines Altars. Verehrende Assistenzfiguren sind vorn Maria aus Magdala, seitlich Maria und der Jünger Johannes sowie unmittelbar vor der Öffnung des Grabes Nikodemus und Josef aus Arimathäa (Joh 19,38–42). 1450; Galleria degli Uffizi, Florenz

Bespopowzy (russ. »Priesterlose«), teilweise spiritualistische Sekte, die sich 1667 von der russ.-orthodoxen Staatskirche nach der Reform unter Patriarch Nikon (1605–1681) abspaltete. Die B., die bis heute großen Einfluss in Russland haben, lehnen kirchliche Strukturen und Sakramente ab.

Besprengung (Aspersion), in fast allen Religionen verbreiteter Ritus, im Christentum jedoch nur als Besprengen mit Weihwasser im kath. Ritus. Manchmal wird auch einer der Riten bei der Kindertaufe *(Taufe)* so genannt.

Bestattung, die verschiedenen Arten der Beerdigung, vor allem der Erdbestattung. Die *Frühe Kirche* kämpfte gegen die in der Antike übliche Leichenverbrennung, da dies im A.T. gelegentlich als Zeichen des Gerichts gesehen wird und Jesus beerdigt wurde. Mit der Christianisierung starb die Feuerbestattung aus. Im 19. Jh. kam sie in antikirchlichen Kreisen wieder auf, weswegen die ev. und kath. Kirchen ihre Mitwirkung dabei verweigerten. Im Lauf des 20. Jh. wurde das Verbot im ev. Bereich aufgehoben, in der kath. Kirche 1964 während des 2. *Vatikanischen Konzils.* Bis zur *Reformation* stand bei der Beerdigung der Trauercharakter, die Angst vor dem Gericht und die Fürbitte für den Verstorbenen im Vordergrund, im ev. Bereich wurde die Auferstehungshoffnung stärker thematisiert. Spätestens das 2. Vatikanische Konzil hat diese Entwicklung auch für den kath. Bereich nachgeholt und außerdem die Bedeutung des Ansehens der Person bei Begräbnissen eingedämmt. → Exemtion; → Friedhof

Bethel, nach dem alttestamentlichen Bethel (Gen 28,10–19) sind die großen Bodelschwinghschen Anstalten für Behinderte benannt, ferner auch Heime und Begegnungsstätten aus dem Bereich des *Pietismus.*

Betlehem (hebr. »Haus des Brotes«), südlich von Jerusalem gelegene Geburtsstadt Jesu und Stammort des Geschlechts Davids. Um 330 ließ Kaiser Konstantin der Große über der Geburtsgrotte die Geburtskirche erbauen, deren Nachfolgebau unter Kaiser Justinian (6. Jh.) heute noch steht und Ziel zahlreicher Pilgerfahrten ist.

Bettelorden → Orden

Bevollmächtigter der EKD bei der Bundesregierung, ein ev. Geistlicher mit Bischofstitel und Ehrentitel *Prälat,* der die Belange der ev. Landeskirchen in Berlin bei der Bundesregierung vertritt. Auch die kath. Kirche, die Vereinigung ev. *Freikirchen* (VEF) und die Deutsche *Evangelische Allianz* haben entsprechende Vertreter in Berlin.

Bibel (griech. biblos: »Buch«), für das Judentum Bezeichnung des A.T., für das Christentum Bezeichnung für das A.T. und N.T. zusammen. → S. 52

Bibelauslegung → Exegese; → Hermeneutik; → Kommentar

Bibelforscher, Ernste, Selbstbezeichnung der *Zeugen Jehovas.*

Bibelgesellschaften, große Organisationen zur Verbreitung von Bibeln und Bibelteilen in den Muttersprachen, die aus *Pietismus* und *Erweckungsbewegung* hervorgingen, heute aber von allen Konfessionen akzeptiert und gefördert werden. 1710 wurde mit der Cansteinschen Bibelanstalt die erste B. der Welt gegründet. Die 29 ev. B. aus dem Bereich der ev. Landeskirchen und *Freikirchen* schlossen sich 1981 und 1991 zur Deutschen B. in Stuttgart zusammen. Diese verbreitet vor allem die Lutherbibel und die Urtextausgaben das A.T. und N.T. Die kath. Kirche stand B. zunächst ablehnend gegenüber, da das Lesen der Bibel durch Laien ohne Priester ursprünglich verboten, dann unerwünscht war. Mit dem 2. *Vatikanischen Konzil* wurde dieser Kurs umgekehrt und das Bibellesen der Laien zu Hause und in Bibelstudiengruppen stark gefördert. So traf die kath. Kirche in Deutschland 1968 eine offizielle Vereinbarung mit den ev. B. und gründete das schnell wachsende Katholische Bibelwerk. Heute sind die B. einer der am besten funktionierenden Bereiche der ökumenischen Zusammenarbeit. Im *evangelikalen Bereich* gibt es neben den B. zur Verbreitung der Bibel auch große *Missionsgesellschaften,* die sich der Bibelübersetzung widmen. Die Wyclif-Bibelübersetzer (7030 Mitarbeiter) sind eine der größten Missionsgesellschaften überhaupt, deren Tätigkeit zugleich vielen schriftlosen Kulturen erstmals zu einer eigenen Schrift und Erforschung der Sprache verholfen hat.

Bibelkritik, die B. ist letztlich ein Resultat der Aufklärung. Zum einen wurden die antiken Quellen auf ihre historische Glaubwürdigkeit geprüft und dabei stellte sich eine große Ungenauigkeit bei vielen antiken Autoren heraus. Daher begegnete man auch den biblischen Texten, was ihre historische Glaubwürdigkeit angeht, mit großer Skepsis. Außerdem könne man nicht mehr an die Geister- und Wunderwelt des N.T. glauben. Deshalb sei es erforderlich, die biblischen Mythen auf ihren Wirklichkeitsgehalt zu prüfen. Demnach sei die Auferstehung Jesu nicht als tatsächlicher Vorgang zu begreifen, sondern lediglich als bildhafte Beschreibung. Die Auferstehungsberichte spiegeln folglich den späteren Glauben der Urgemeinde, nicht tatsächliche Ereignisse wieder. Dazu kam noch im ev. und kath. Bereich eine wachsende Dogmenfeindlichkeit, die dazu führte, dass man nur noch an den ethischen Inhalten der Bibel und der christlichen Religion interessiert war. Religion aber verstand man als »natürliche« Gegebenheit und Befindlichkeit des Menschen. Ein Gedanke an eine überzeitliche Wahrheit sei dem Menschen von Natur aus mitgegeben. Gott wird danach nur noch als »Schöpfungsmechaniker« (= Deismus) oder als »das alles durchdringende Prinzip« (= Pantheismus; Spinoza) gesehen.

Johann Salomo Semmler (1725–1791) sah in der Bibel nicht mehr eine göttliche Offenbarung, sondern das Zeugnis der Geschichte, wie sie von Menschen interpretiert wurde. So unterschied Semmler zwischen einer zeitlosen Wahrheit, die aus den Texten hervortritt, und dem eigentlichen Text, welcher der wissenschaftlichen, vor allem historischen Auslegung bedarf. Damit trennte er einerseits Wissenschaft und Kirche und andererseits Theologie und Religion. Die historisch-kritische Methode entwickelte sich unter dem Einfluss des Historismus im 19. Jh. Als deren Axiome fasste Ernst Troeltsch (1865–1823) 1898 die drei Prinzipien Kritik, Korrelation und Analogie zusammen. Das bedeutete für die wissenschaftliche Untersuchung der biblischen Texte eine Auslegung nach allgemein historischen und literarischen Prinzipien sowie philologische Bearbeitung.

Als Ergebnis der B. etablierte sich die historisch-kritische Exegese an den deutschen Universitäten. Vor allem in den angelsächs. Ländern spielt daneben die wissenschaftliche Forschung und Exegese von *evangelikalen* oder bibeltreuen Theologen eine große, auch an den Universitäten etablierte, Rolle.

Bibelübersetzungen, alte, Griechisch: *Septuaginta;* Lateinisch: *Itala, Vetus Latina, Vulgata;* Syrisch: *Peschitta.*

Bibelübersetzungen, deutsche, die folgenreichste B. war die Martin Luthers (N.T. 1521/22; A.T. 1523–34; letzte von Luther autorisierte Gesamtausgabe 1545), die von großer Bedeutung für die Reformation und die Entwicklung der dt. Sprache war. Sie war aber nicht, wie oft angenommen, die erste B.

Biblia pauperum (lat. »Bibel der Armen«), auch Armenbibel, bezeichnet eine Literaturgattung, in der neutestamentliche Themen anhand meist alttestamentlicher Ereignisse und Bilder erläutert wurden. Den Klerikern, die

Bibelkritik. Eine Voraussetzung ist die Trennung vom Glauben an Verbalinspiration, die in Darstellungen von Evangelisten durch die Evangelistensymbole verkörpert wurde. In dieser Tradition steht noch Rembrandts Gemälde »Der Evangelist Matthäus wird von einem Engel inspiriert«, 1661; Musée National du Louvre, Paris

Bilder. Die teils latente, teils offen ausgetragene Auseinandersetzung über die Berechtigung und Funktion religiöser Kunst im Mittelalter eskalierte im Westen im 16. Jh. im Zuge der Reformation. Die (kritische) Darstellung zum calvinistischen Bildersturm in den Niederlanden im Jahr 1566 verdeutlicht die Zerstörung insbesondere von Skulpturen; sie standen von jeher im Verdacht, die heidnische Tradition der »Götzenbilder« fortzusetzen. Der kolorierte Stich von Nicolaus Hogenbart wurde 1605 veröffentlicht.

sich z.T. keine vollständige Bibel leisten konnten, sollte die B. für Predigt und Katechese dienen. → Historienbibel

Bibliolatrie (griech. »Bibelverehrung«), Verwendung einer gedruckten Bibel als magisches Mittel oder als Schutzzauber, von der Kirche immer abgelehnt, aber früher im Volksglauben weit verbreitet.

Biblischer Unterricht (auch biblische Lehre), Ausdruck der ev. Freikirchen für einen meist zweijährigen Unterricht, der in Alter und Form dem landeskirchlichen Konfirmandenunterricht entspricht und in einer Abschlussfeier ohne Konfirmation mündet.

Biblizismus, Begriff für Richtungen im Protestantismus, die im Gegensatz zur *Bibelkritik* ihr Denken ganz von der Bibel her bestimmen lassen, häufig als abfälliger Ausdruck verwendet. Obwohl der Begriff im weiten Sinne einfach die Position der Reformatoren beschreibt, wird er heute oft mit *Fundamentalismus* gleichgesetzt.

Bilder, die *Frühe Kirche* lehnte bildliche Darstellungen Gottes, aber auch Jesu oder der Heiligen strikt ab und beschränkte sich auf Symbole. Dieses Verbot der Bilderverehrung hatte man aus dem Judentum übernommen. Durch den Einfluss außerchristlicher religiöser Vorstellungen in den missionierten Gebieten breitete sich die Bilderverehrung – ähnlich wie die *Heiligenverehrung* – jedoch allmählich im Christentum aus, namentlich, als im 4. Jh. das Christentum Staatsreligion wurde (Konstantinische Wende). Die ersten Christusbilder stammen aus dem 4. Jh. Die Befürworter argumentierten, man dürfe zwar kein Bildnis Gottes schaffen, wohl aber von Jesus, weil dieser Mensch wurde. Außerdem könnten religiöse B. helfen, die christliche Lehre zu veranschaulichen. Aus der reinen Darstellung wurde bald die Verehrung der auf den B. Dargestellten. Zunächst lehnte die lat. Westkirche die Bilderverehrung meist ab und die griech. Ostkirche beharrte auf der Verehrung von flachen Bildern, den *Ikonen.* Später entwickelte die Westkirche eine reiche Bilder- und Skulpturenkunst und ließ die Verehrung der B. zu. Im Bilderstreit oder Ikonoklasmus (griech. eikon: »Bild«, klazein: »lärmen«) verbot der byzantin. Kaiser Leon III. 726 alle B. und ihre Verehrung, was zu kirchlichen und politischen Auseinandersetzungen führte, bis das 2. Konzil von Nizäa *(Konzilien)* den Streit zugunsten der Bilderverehrer entschied. Dieses letzte Ökumenische Konzil wird von den Protestanten deshalb nicht anerkannt. Der Konflikt erreichte in der Reformationszeit einen neuen Höhepunkt, da die Reformatoren die Bilderverehrung ablehnten, die kath. Kirche sie seitdem umso stärker betont, aber zwischen der *Anbetung* Gottes und der Verehrung der Heiligen unterscheidet. Während Luther und die lutherischen Kirchen B. und Skulpturen grundsätzlich als pädagogische Hilfsmittel, nicht aber zur Verehrung zuließen, lehnten die Reformierten und *Täufer* B. und Skulpturen in Kirchen ab, weswegen es oft zu Bilderstürmen in Kirchen kam. Das kath. Kirchenrecht von 1983 fordert, B. als Mittel zur *Heiligung* zu verehren (CIC Can. 1186 bis 1190), sie aber nur noch »in mäßiger Zahl« (Can. 1188) aufzustellen.

Bilderstreit, Bildersturm → Bilder; → Ikonen

Bilderwand → Ikonostase

Bildstock, auch Betsäule, Marter, Marterl, an Wegen und Kreuzungen aufgestellte religiöse Darstellungen aus Holz oder Stein, die zur Besinnung und zum Gebet aufrufen. Seit dem 14. Jh. mit Bildern und Reliefs versehen, wurden sie im 17. Jh. meist durch plastische Darstellungen ersetzt und erlebten reich geschmückt in der Barockzeit ihren Höhepunkt. B. sind in kath. Gebieten verbreitet, bisweilen aber auch in ev. Gebieten von früher stehen geblieben.

Bischof, die Sicht, dass es im N.T. bereits wie in der *Frühen Kirche* vollzeitliche Leiter gab, die für mehrere Gemeinden und mehrere Älteste zuständig waren, nennt man »bischöflich« oder »episkopal«. Schon die Frühe Kirche bezeichnete dieses überörtliche Leitungsamt mit dem Titel »Bischof« (griech.

episkopos: »Aufseher«) im Unterschied zum Ältesten (griech. presbyteros, daraus »Priester«, also die Pastoren der örtlichen Gemeinde). Von der sakramental und rechtlich vorgegebenen, Gehorsam fordernden Autorität der B. in der kath. Kirche führt der Weg absteigend über die noch sakramental nach göttlichem Recht eingesetzten orthodoxen B. und die anglikanischen B., die nur noch nach menschlichem Recht nicht sakramentalen lutherischen B. bis hin zu freikirchlichen, etwa methodistischen B., die eher eine repräsentative und seelsorgerliche als eine rechtliche Aufgabe haben. An die Stelle der vorwiegend demokratischen Strukturen des Urchristentums trat eine hierarchische Verfassung mit den Laien auf der einen und dem Klerus (Diakone, Priester, B.) auf der anderen Seite. Von Anfang an kennt die frühe Kirche nur Gemeinden, die beanspruchen, dass ihre ersten B. von Aposteln eingesetzt wurden. Das Amt des B., der gewöhnlich der Ortsgemeinde vorstand und damit einem Priester, Pfarrer oder Pastor entsprach, gewann allmählich an Bedeutung. Die B. entwickelten sich zu Aufsehern über mehrere Gemeinden oder es entstanden Ämter über den B. wie *Erzbischof, Patriarch* oder *Papst.* Seit dem 4. Jh. trafen die B. eines Gebietes regelmäßig zu Konzilien und Synoden zusammen. In der kath. Kirche werden alle B. vom Papst ernannt und sind allein zur Firmung, zur Priesterweihe und zur *Konsekration* von Kirchen und Altären berechtigt. In der anglikanischen Kirche sind B. zur Ordination anderer B. und von Priestern sowie zur Firmung/Konfirmation berechtigt. Ev.-lutherische Kirchen kennen in der Regel das Amt des B. nur dort, wo es historisch durch Übernahme aus der Zeit vor der Reformation entstanden ist. Mit Ausnahme von Ungarn gibt es in reformierten Kirchen keine B., sondern eine Presbyterialverfassung. → Apostolische Sukzession

Bischofshut, schwarzer, breitkrempiger Hut mit grünen Kordeln als Kopfbedeckung des Bischofs außerhalb des Gottesdienstes, nicht zu verwechseln mit der Bischofsmütze, der *Mitra,* im Gottesdienst.

Bischofskollegium → Konzil; → Papst

Bischofskonferenz, nach dem kath. Kirchenrecht von 1983 der Zusammenschluss aller Bischöfe (heute einschließlich der Weihbischöfe) eines Landes oder einer Region (CIC Can. 447ff., 433f., 459). Durch das 2. *Vatikanische Konzil* als Zwischeninstanz zwischen Papst und Bischöfen geschaffen, womit schon länger bestehende Treffen dieser Art anerkannt wurden. Der Vorsitzende der B. gilt in der Öffentlichkeit als höchster Repräsentant der kath. Kirche eines Landes. In Deutschland begannen sich kath. Bischöfe seit 1848 häufiger zu treffen, in Österreich seit 1856, in der Schweiz seit 1863. 1867 begann die »Fuldaer B.«, weswegen die bis heute in *Fulda* tagende Deutsche B. (so seit 1966, 72 Mitglieder) im Volksmund weiter so genannt wird. Die Schweizer B. besteht aus 14 Bischöfen, die Österreichische B. aus 15.

Bischof. Der Vorsitzende der Deutschen Bischofskonferenz und Erzbischof von Mainz, Kardinal Karl Lehmann (l.), beim festlichen Einzug zum Eröffnungsgottesdienst der Herbst-Vollversammlung der Deutschen Bischofskonferenz im Fuldaer Dom am 25. September 2001.

Bischofskreuz, ein umgehängtes Brustkreuz des Bischofs aus Gold oder Silber, im ev. Bereich teilweise bei leitenden Kirchenführern und Bischöfen üblich, im kath. Bereich *Insignie* der Bischöfe und Äbte, wobei es bei Kardinälen und Äbten immer eine *Reliquie* enthält (Pektorale).

Bischofsmütze → Mitra

Bischofsstab, auch Hirtenstab oder Krummstab, *Insignie* des Bischofsamtes.

Bischofsstuhl → Cathedra

Bistum, anderer Ausdruck für *Diözese.*

Blasphemie → Gotteslästerung

Blut Christi, da im A.T. das Blut gleichbedeutend mit Leben ist (Gen 9,4; Lev 17,11+14; Dtn 12,23) und es unter Berücksichtigung des alttestamentlichen Opfergedankens und der Bundesschlüsse mit blutigen Opfern im N.T. ohne Blutvergießen keine Vergebung gibt (1 Kor 11,25; Eph 2,13; 1 Petr 1,2+19), wurde das B. zum festen Ausdruck dafür, dass Christus sein Leben gab und das endgültige Opfer (Hebr 9,12–14) am Kreuz darbrachte (Joh

Bischofsstab. Das Kopfstück mit der »Krümme« ist dem Hirtenstab nachgebildet und symbolisiert das Hirtenamt. Domschatz des Museums der Diözese Würzburg

Brüdergemeine. Nikolaus Ludwig Graf von Zinzendorf (1700–1760), Begründer der Herrnhuter Brüdergemeine und damit einer der Väter des Pietismus. Nach Konflikten mit den Behörden wurde er 1736 aus Kursachsen ausgewiesen. Er gründete danach in der Wetterau neue Gemeinden und versuchte 1741/42 im amerikanischen Pennsylvanien, deutsche Siedler zu einer überkonfessionellen Gemeinschaft zusammenzuführen. 1747 durfte er nach Kursachsen zurückkehren.

19,34). Da Jesus beim Abendmahl den Wein als Zeichen für sein Blut einsetzte (Mt 26,28; 1 Kor 10,16), wurde der Ausdruck B. untrennbar mit dem Abendmahl verbunden. → Opfer

Blutschande → Inzest

Bluttaufe, in der alten Kirche Taufe durch das Martyrium, die als Taufhandlung galt, wenn man noch nicht mit Wasser getauft war.

Blutwunder, vor allem im kath. Volksglauben verehrte blutähnliche Erscheinungen an *Hostien,* Abendmahlskelchen, Marienbildern, Bildern Christi usw., die sich insbesondere im 14. und 15. Jh. ausbreiteten und den tatsächlichen oder vermeintlichen Ursprung vieler Wallfahrtsorte ausmachen. Die B. werden nur teilweise von der kath. Kirche anerkannt.

Bodelschwinghsche Anstalten → Bethel

Bogomilen, Richtung des Neumanichäismus im Bulgar. Reich (deswegen auch Bulgari) seit der Zeit Zar Peters (927–969). Im 12. Jh. aus dem Byzantin. Reich vertrieben, hielten sie sich vor allem in Bulgarien, Bosnien und Kleinasien bis ins 14. Jh. Ihr Einfluss erstreckte sich bis ins Abendland *(Katharer).*

Böhmische Brüder, auch Mährische Brüder, 1467 in Böhmen unter dem Unitas Fratrum (lat. Brüderunität) gegründete vorreformatorische Gemeinschaft und Bewegung, die sich aus einer Verbindung von *Hussiten* mit Resten von *Waldensern* ergab und die ein einfaches Leben in Sanftmut und brüderlicher Gemeinschaft praktizierte. In der Reformationszeit nahm die Gemeinschaft Kontakt mit Luther auf, wurde später ev. Ihre Reste gingen schließlich in der 1722 von Zinzendorf gegründeten *Brüdergemeine* auf.

Brot für die Welt. Plakat zur ersten Kundgebung mit Sammelaktion der evangelischen Kirchen am 12. Dezember 1959 in Berlin

Bollandisten → Acta Sanctorum

Book of Common Prayer → Common Prayer Book

Brautsymbolik, schon im A.T. wird das Verhältnis der Braut zum Bräutigam zum Bild für das Verhältnis des Volkes Gottes zu Gott (Hos 2,21f.), der Abfall von Gott zum Bruch der Verlobung und zu Ehebruch (Spr 2,16f.). Im N.T. deuten Paulus (2 Kor 11,2; Eph 5,21–33) und die Johannesapokalypse (Offb 21,9; 22,17) den geistlichen Sinn der Ehe als die Darstellung des Verhältnisses der Kirche als Braut Christi zu ihrem Bräutigam Jesus.

Brest → Union von Brest

Brevier, Breviarium (lat. brevis: »kurz«), kath. Buch für die stündlichen Gebete von Klerikern, so genannt, weil kurze Abschnitte aus längeren Lesungen entnommen werden. Seit etwa 1900 gibt es auch ev. B.

Broad Church (engl. »breite« = »weitherzige Kirche«), liberale Richtung der *anglikanischen Kirche* neben *Low Church* (evangelikal/calvinistisch) und *High Church* (katholisierend).

Brot, meint im *Vaterunser* (»unser täglich Brot gib uns heute«) die tägliche Nahrung, beim Abendmahl eines der beiden Elemente B. und Wein, ist auch sonst Symbol für Jesus, der sich »das B. des Lebens nannte« (Joh 6,35+48). Es ist außerdem Zeichen der Gastfreundschaft, besonders im Mittelalter war bis zum Aufkommen anderer Grundnahrungsmittel die Brotspende neben den *Almosen* Herzstück der Armenversorgung.

Brot für die Welt, Name einer von der *EKD* und ev. *Freikirchen* seit 1959 durchgeführten großen Sammelaktion innerhalb und außerhalb ev. Kirchen für Sozialprojekte und Katastrophenhilfe in der Dritten Welt. Die kath. Entsprechung ist das 1959 gegründete Hilfswerk der dt. Bischöfe *Misereor,* die evangelikale Entsprechung das neuere Hilfswerk Hilfe für Brüder.

Brotvermehrung, die B. durch Jesus, auch Speisung der Fünftausend genannt, wird von allen vier Evangelien berichtet und hat ihr Vorbild in der B. durch den alttestamentlichen Propheten Elias (2 Kön 4,42ff.).

Brüderbewegung, 1826 vor allem von dem ehemaligen anglikanischen ir. Priester John

Nelson Darby (1800–1882) in Plymouth gegründete Bewegung (daher auch »Plymouth-Brüder« oder »Darbisten« genannt). Auf der Basis von Darbys *Dispensationalismus,* der zwischen allen nur Israel geltenden irdischen Ausdrucksformen und der Gemeinde Jesu mit rein himmlischen Ausdrucksformen unterscheidet, darf die Gemeinde keinen Namen und keine sichtbare Struktur haben, sondern kommt ausschließlich in der Versammlung zum Abendmahl zum Ausdruck. In der Frage, wie man diese Unsichtbarkeit der Gemeinde praktiziert und ob man mit anders denkenden Brüdergemeinen und Christen Gemeinschaft haben kann, spaltete sich die Bewegung 1848 in die so genannten geschlossenen oder exklusiven Brüder unter Darby (auch »alte Versammlung« genannt), die sich von allen anderen separieren und nicht einmal das Ältestenamt anerkennen, und die so genannten offenen Brüder unter Georg Müller, die das lokale Ältestenamt kennen und in gewissem Maße Gemeinschaft mit anderen Christen üben. Diese nennen sich selbst weltweit »Church of the Brethren« (engl. »Kirche der Brüder«). Die Selbstbezeichnung »Brüder« leitet sich zum einen davon ab, dass die Brüderversammlung vor Ort als höchste Leitungsinstanz gesehen wird, zum anderen, dass die Gemeinden Frauen nur im hinteren Teil der Gemeinde zuließen und teilweise bis heute zur völligen Schweigsamkeit im Gottesdienst verpflichten. Darby wirkte ab 1837 auch in der Schweiz, ab 1854 in Deutschland, wo 1847 Carl Brockhaus (1822–1899) mit dem Aufbau der B. begonnen hatte, die das nahe Ende und die *Entrückung* erwartete. Er gab 1855 und 1870 mit Darby die möglichst wortwörtlich übersetzende Elberfelder Bibelübertragung heraus, welche das Wort »Gemeinde« immer mit »Versammlung« wiedergab. 1940/41 zwang Hitler die B. zum organisatorischen Zusammenschluss, schließlich sogar mit den Baptisten zum *Bund Ev.-Freikirchlicher Gemeinden,* wobei die geschlossenen Brüder sich weigerten und in den Untergrund gingen. Nach dem 2. Weltkrieg blieb ein Großteil der Brüdergemeinen mit den Baptisten zusammen, eine kleinerer Teil betonte die Unabhängigkeit. Seitdem unterscheidet man in Deutschland: 1. die Offenen Brüder, die mit einer eigenen Struktur mit den *Baptisten* zusammen den Bund Ev.-Freikirchlicher Gemeinden bilden, in der *Evangelischen Allianz* mit anderen Kirchen zusammenarbeiten, von gewählten Ältesten geleitet werden und zwar keine Pastoren, aber vollzeitliche Mitarbeiter kennen (Zentrum: Wiedenest); 2. die Freien Brüder, die zurückhaltend in ihrer Zusammenarbeit mit anderen Christen sind, sich aber prinzipiell als *Evangelikale* verstehen und teilweise Kontakt zur Ev. Allianz haben (Zentrum: Dillenburg); 3. die Exklusiven Brüder, auch »Versammlungen« oder »Darbisten« genannt, die jede äußere Darstellung der Gemeinde ablehnen, also auch das Ältestenamt, und keine Gemeinschaft mit anderen Brüdergemeinen oder mit anderen Christen kennen (Zentrum: Hückeswagen). In Deutschland vertreten sie im Gegensatz zur B. in einigen anderen Ländern die Glaubenstaufe Erwachsener. Die Offenen und Freien Brüder (1. und 2.) haben weltweit 2,8 Mio Anhänger, die Exklusiven Brüder (»Darbisten«) 211000.

Brüdergemeine (eigentlich Herrnhuter Brüdergemeine, auch Unität), entstand aus Resten der *Böhmischen Brüder,* denen einer der Väter des *Pietismus,* Graf Nikolaus Ludwig Zinzendorf (1700–1760) Zuflucht auf seinen Gütern in der Oberlausitz gewährte. Er stiftete 1722 die Kolonie Herrnhut und gründete dort 1727 die »Erneuerte Brüder-Unität«, die zu seinen Lebzeiten einen gefühlsbetonten Zug hatte. 1731 begann die Veröffentlichung der jährlichen *Losung* und bald entstand eine rege Missionstätigkeit, aus der B. in aller Welt hervorgingen. In Deutschland bildet die B. heute eine ev. Freikirche in enger Verbindung zur EKD. Weltweit hat die B. etwa 590000 Anhänger.

Brüder Jesu, früher Herrenbrüder genannt. Das N.T. nennt als Brüder Jesu *Jakobus,* Joseph, Judas und Simon (Mt 13,55; Mk 3,31; 6,3), wobei Jesus der älteste Sohn war und wohl deswegen noch unter dem Kreuz für die Versorgung seiner Mutter Maria durch seinen Jünger Johannes sorgte (Joh 19,27). Der Jakobusbrief und der Judasbrief am Ende des N.T. galten bis zum Aufkommen der Bibelkritik als Briefe der beiden B., die in der Urgemeinde Leitungsfunktionen innehatten, Jakobus zeitweise als oberster Leiter der gesamten Kirche. Außerdem werden ohne Namensnennung mehrere Schwestern Jesu erwähnt. Nachkommen von Jesu Bruder Judas lebten nach der Kirchengeschichte des Kirchenvaters Eusebius (111,20) noch zur Zeit der Christenverfolgung unter Domitian. Dies ist zugleich die Sicht der ev., anglikanischen und vorwiegend der orthodoxen Kirchen. Im kath.

Brüder Jesu

5 So ist auch die Zunge ein kleines Glied und rühmt sich großer Dinge. Siehe, welch kleines Feuer, welch einen großen Wald zündet es an!

6 Und die Zunge ist ein Feuer, die Welt der Ungerechtigkeit. Die Zunge zeigt sich unter unseren Gliedern als eines, das den ganzen Leib befleckt und den Lauf des Daseins entzündet und von der Hölle entzündet wird.

7 Denn jede Art, sowohl der wilden Tiere als der Vögel, sowohl der kriechenden als der Seetiere, wird gebändigt und ist gebändigt worden durch die menschliche Art;

8 die Zunge aber kann keiner der Menschen bändigen: Sie ist ein unstetes Übel, voll tödlichen Giftes.

9 Mit ihr preisen wir den Herrn und Vater, und mit ihr fluchen wir den Menschen, die nach dem Bild Gottes geschaffen worden sind.

10 Aus demselben Mund geht Segen und Fluch hervor. Dies, meine Brüder, sollte nicht so sein.

11 Die Quelle sprudelt doch nicht aus derselben Öffnung das Süße und das Bittere hervor?

Jakobusbrief 3,5–11

Buch des Lebens. Ein geöffnetes Buch gehört zu den Attributen Christi. Die karolingische Relieftafel aus Elfenbein verbindet es mit dem Kreuzstab als Symbol des Sieges über den Tod. In christologischer Deutung von Psalm 91 schreitet Christus »über Löwen und Nattern« (Ps 91,13). Die rahmenden Einzelszenen beginnen oben in der Mitte mit der Verkündigung an Maria; auf diese Ankündigung der Geburt Jesu deutet im linken oberen Eckfeld ein Prophet; sein Attribut ist eine geöffnete Schriftrolle, die ältere Form des Buches. Gemeint sind die messianischen Weissagungen des Jesaja. Nach rechts schließt sich die Christgeburt an. Darunter folgt die Anbetung der Könige. Aachen, nach 800; Bodleian Library, Oxford

Bereich wird diese Sicht zwar von den meisten Exegeten geteilt. Mit der zum Dogma erhobenen Lehre der immer währenden Jungfräulichkeit Marias wurde es jedoch unmöglich, von leiblichen Geschwistern Jesu zu sprechen *(Mariendogma).* So werden die Angaben des N.T. auf andere Verwandte Jesu bezogen, z.B. auf Kinder der Geschwister der Eltern Jesu.

Bruderschaften, für Frauen auch Schwesterschaften, in der kath. Kirche Vereinigungen von Laien, die sich zwar dem gemeinsamen Dienst der Liturgie und der Nächstenliebe verschreiben und mit anderen zusammenleben, aber kein Ordensgelübde abgelegt haben. Solche B. nennt man im ev. Bereich oft *Kommunitäten.*

Brüderunität (lat. unitas fratrum) → *Böhmische Brüder*

Buch des Lebens, auch Lebensbuch oder himmlisches Buch, nach Offb 20,12 (vgl. Ps 69,29; Phil 4,3) wird beim *Jüngsten Gericht* (Weltgericht) aus dem B. entnommen, wer in Christus erlöst ist, und aus anderen Büchern ersehen, welche Werke ein Mensch getan hat, aufgrund derer der Unerlöste verurteilt und der Erlöste von Gott Ruhm oder Schande empfängt. Der ev.-reformierte Glaube verbindet mit dem B. vor allem den Gedanken an die Erwählung und *Prädestination.*

Buch Mormon, die 1830 (dt. 1852) veröffentlichte heilige Schrift der *Mormonen,* die Joseph Smith (1805–1844) von dem Engel Moroni auf Goldplatten in »reformägyptischer« Sprache (darin mormon: »mehr gut«) und Schrift empfangen und ins Englische übersetzt haben will. Das B. ähnelt im Stil Teilen der Bibel, erzählt aber eine auf die USA bezogene Heilsgeschichte.

Buchreligion, Religion, deren Offenbarung im Wesentlichen in einer heiligen Schrift zu finden ist, z.B. Judentum, Christentum, Islam, Sikhs, im Gegensatz zu Religionen ohne solche Schriften oder mit einer Vielzahl unterschiedlichster Schriften, wie im Hinduismus oder Buddhismus.

Bulle (lat. bulla: »Kapsel«), in der Antike verplombte Bekanntmachungen der Herrscher, analog dazu im Mittelalter versandte Entscheidungen des Papstes, etwa als *Bannbulle* oder B. zur Selig- und *Heiligsprechung.*

Bund, zentraler Begriff des A.T. (hebr. berith) und des N.T. (griech. diatheke), auch oft mit »Testament« wiedergegeben, was früher den beeideten B. bezeichnete und so in den Begriffen Altes Testament und Neues Testament erscheint. Der Begriff bezeichnet zunächst Vereinbarungen unter Gleichrangigen, sodann aber vor dem Hintergrund altorientalischer Königs- und Bundesverträge B. eines Höheren mit den ihm Anvertrauten. Mit seinem erwählten Volk Israel schließt Gott einen B. Der Bundesschluss ist Ausdruck der Erwählung. Es geht bei diesem B. nicht um eine gegenseitige Abmachung, sondern um eine Verpflichtung: Gott verpflichtet sich, für den Menschen da zu sein, auf seiner Seite zu stehen (Dtn 30,19). Damit geht der Begriff über den Aspekt eines Versprechens oder eines Eides hinaus und weist auf eine gegenseitig verpflichtende Beziehung hin, die zum »ewigen B.« wird (Gen 17,7). Diese Selbstverpflichtung Gottes *(Eid)* begründet das Vertrauen *(Glaube)* der Gläubigen.

Die im N.T. aufgegriffenen B. im A.T. sind 1. der B. mit Noah, in dem Gott sich verpflichtet, die Menschen nicht mehr zu vertilgen, sondern zu erhalten (Gen 9,9); 2. der B. mit Abraham, in dem Gott Isarel erwählt (Gen 15, 18); 3. der B. vom Sinai, in dem Gott Israel zu seinem Eigentumsvolk erklärt und das Gesetz, insbesondere die Zehn Gebote, als Bundesgesetz verkündigt (Ex 19,5–6); 4. der levitische B., der durch Priestertum und Sühnopfer Versöhnung mit Gott stiftet (Num

25,12–13); 5. der B. mit David, in dem das messianische Heil durch das Königshaus Davids verheißen wird (2 Sam 23,5); 6. ein von den Propheten angekündigter neuer B. (Jer 31, 31–34), der im Knecht Gottes konzentriert sein werde (Jes 42, 6; 49, 8). Letzteren B. setzten die Christen mit dem Neuen B. durch Jesus Christus gleich (Hebr 7,22; 8,6–13; 2 Kor 3,6–18). Nicht mehr eine Volkszugehörigkeit entscheidet, wer zu diesem B. gehört, sondern die Zugehörigkeit zu Christus (Eph 2,11–22). Im Zusammenhang mit dem Abendmahl hat Jesus diesen neuen B. gestiftet (Mt 26,26–28). Die vor allem im Sonntagsgottesdienst gefeierten Sakramente (lat. »Eid«) Taufe und Abendmahl sind damit Bundeszeichen, wie es im A.T. Beschneidung, Passa und der Sabbat waren.

Bund der freireligiösen Gemeinden → *Deutschkatholiken*

Bundestheologie, die von reformierten Theologen begründete, heute aber weit über die reformierten Kirchen hinaus verbreitete Sicht der Bibel und der *Heilsgeschichte,* welche die Bibel vor allem im Rahmen der Bünde Gottes mit der Menschheit insgesamt und mit dem einzelnen Menschen versteht *(Bund)* und die heilsgeschichtlichen Epochen als aufeinander aufbauende Verheißungen Gottes sieht, sodass kein Bund aufgelöst wird, sondern sich im nächsten erfüllt und in großartigerer Form weiterlebt. Dies gilt insbesondere für das Verhältnis von A.T. und N.T., weswegen die B. unter den christlichen Konfessionen das positivste Verhältnis zum A.T., zum *Gesetz* des A.T. (hebr. thora) und zum jüd. Glauben hat. Die B. geht auf die Väter der reformierten Kirche Calvin, Bucer, Bullinger und Beza zurück, wurde aber in Form der Föderaltheologie (lat. foedus: »Bund«) von dem Leidener Theologen Johannes Coccejus (1603–1669) geprägt. Im *evangelikalen* Bereich ist die B. der Gegenentwurf zum *Dispensationalismus.* → Covenant

Bund Evangelisch-Freikirchlicher Gemeinden, umfasst die *kongregationalistisch* strukturierten, im Jahr 1834 in Hamburg von Johann G. Oncken (1800–1884) begründeten *Baptisten* sowie als kleineren Teil die offenen *Brüdergemeinen,* die eine eigene Struktur innerhalb des Gesamtbundes haben, daneben einige so genannte Elim-Gemeinden. Zusammen bilden sie die größte dt. ev. Freikirche mit etwa 370 000 Anhängern. Der B. unterhält ein theologisches Seminar in Elstal bei Berlin, eine eigene Bank, mehrere Krankenhäuser, eine Außenmission und zahlreiche diakonische Einrichtungen.

Buße, das im Deutschen am häufigsten für den im N.T. zentralen Begriff »metanoia« (griech. »Umkehr«, »Sinnesänderung«) verwendete Wort. Die B. besteht aus der *Reue,* der *Vergebung* und der Sinnesänderung *(Bekehrung).* → Bußsakrament; → Beichte

Bußsakrament, eines der sieben Sakramente der kath. Kirche. Im kath. Verständnis ist die *Buße* und die von ihr erwünschte *Vergebung* bei schweren Sünden *(Todsünden)* an die Beichte im Beichtstuhl und die anschließende *Absolution* gebunden, sodass bei der nächsten Eucharistiefeier die Vergebung wirksam wird (CIC Can. 964 §2; 960). → Beichte; → Reue; → Bekehrung

Buß- und Bettag, dt. ev. Feiertag am Mittwoch vor dem letzten Sonntag des Kirchenjahres, erstmals im Jahr 1532 im elsässischen Straßburg begangen, früher einer der wenigen rein ev. gesetzlichen Feiertage, im Jahr 1995 (außer im Freistaat Sachsen) zur Finanzierung der Pflegeversicherung abgeschafft. Der B. geht auf altkirchliche und mittelalterliche Tage der Buße und innerlichen Einkehr zurück.

Byzantinische Kirche → Ostkirche, → Orthodoxe Kirchen

Bund. Im Evangelium nach Matthäus deutet Jesus den Wein des Abendmahls als »mein Blut, das Blut des Bundes« (Mt 26,28). Dadurch entsteht eine Verbindung zum Heilsopfer beim alttestamentlichen Bundesschluss mit Gott. Hier ist Opferblut das »Blut des Bundes« (Ex 24,8). Das Historienbild »Das Letzte Abendmahl« von Nicolas Poussin gehört zu einem Zyklus der »Sieben Sakramente«. 1647; Gallery of Scotland, Edinburgh

C

Calvinismus, wird z.T. als anderer Ausdruck für *reformiert* verwendet, da diese Konfession wesentlich von Johannes Calvin (1509–1564) geprägt wurde, z.T. auch als besonders überzeugte Ausprägung des reformierten Glaubens mit Betonung der *Prädestination* und der Errettung aus Gnaden, der Heiligung mit Umsetzen des *Gesetzes* Gottes und der Notwendigkeit, in die Gesellschaft hineinzuwirken. Im engeren Sinn versteht man unter C. auch die gegen den Arminianismus auf der Synode von Dordrecht (1618/19) formulierten fünf Punkte des C., wonach die menschliche Errettung auf Gottes unwiderstehliche Erwählung zurückgeht, der Tod Christi nur den Erwählten zugute kommt und der Christ sein Heil nicht mehr verlieren kann *(Verlierbarkeit des Heils)*. Der C. ist vor allem in den Niederlanden, der Schweiz und allen angelsächs. Ländern einschließlich USA und den ehemaligen engl. Gebieten wie Australien, Südafrika usw. vertreten.

Camerlengo (ital. »Kämmerer«, lat. Titel Sacrae Romanae Ecclesiae camerarius), kath. Kardinal, der während einer *Sedisvakanz* vom Tod bis zur Neuwahl eines Papstes die kath. Kirche verwaltet und die Neuwahl durchführt.

Canterbury. Bald nach der normannischen Eroberung (1066) gelangte die französische Frühgotik nach England: Lanfranc, der geistliche Berater Wilhelms des Eroberers und Erzbischof, ließ in Canterbury eine neue Bischofskirche errichten (Weihe 1130). Ein Brand von 1174 erzwang eine Neugründung, als deren Baumeister Wilhelm von Sens berufen wurde. Es entstand ein Hauptwerk der englischen Hoch- und Spätgotik mit einem 71 m hohen Zentralturm. Der Vollendung des Langhauses (1410) folgte der Südostturm; sein nordwestliches Pendant ist eine neugotische Zutat von 1823. Die kostbar mit Glasmalerei ausgestattete Kathedrale des Primas der anglikanischen Kirche gehört zum Weltkulturerbe.

Camp-Meetings (engl. »Zeltversammlungen«), die in den USA seit etwa 1850 im Rahmen der Erweckungsbewegung stattfindenden evangelistischen Versammlungen in Zelten oder im Freien, welche die Anfänge der *Zeltmission* darstellen.

Canones Apostolici (lat. »apostolische Vorschriften«), rechtliche Vorschriften aus der Zeit der *Frühen Kirche* vorwiegend für Kleriker.

Cantate (lat. »singt!«), nach Ps 98,1 (»Singt dem Herrn ein neues Lied«) benannter vierter Sonntag nach Ostern, der vor allem der geistlichen Musik gewidmet ist.

Canterbury, entwickelte sich aus der kelt. Siedlung Cantier und dem röm. Durovernum (ab 43 n. Chr.) zur Hauptstadt Cantwaraburh des Königreichs Kent. Der Rang von C. als Sitz eines Erzbischofs in der heutigen Grafschaft Kent im südöstlichen England reicht zurück bis um das Jahr 600. Neben York ist C. eines der beiden Erzbistümer der *anglikanischen Kirche* (mit dem Erzbischof von C. als Primas). Der kirchengeschichtlich herausragende Erzbischof von C. ist Thomas Becket bzw. Thomas von C. (1118–1170): Zunächst Freund und Ratgeber des engl. Königs Heinrich II. (reg. 1154–89), widersetzte sich Thomas als kirchlicher Amtsträger (ab 1162) den königlichen Ansprüchen auf Wiederherstellung monarchischer Vorrechte im kirchlichen Bereich. Er wurde des Treuebruchs gegen seinen Landesherrn angeklagt, musste fliehen und wurde nach seiner durch langwierige Verhandlungen vorbereiteten Rückkehr in der Kathedrale von C. von vier Rittern ermordet. Bereits drei Jahre später sanktionierte die *Heiligsprechung* eine Verehrung Thomas Beckets als *Märtyrer*.

Canticum (lat. »Gesang«), liturgischer, aus Bibeltexten (mit Ausnahme der Psalmen) abgeleiteter Lobgesang, vor allem die Gesänge aus dem Beginn des Lukasevangeliums *Benedicite* (Lk 1,68–79), *Magnificat* (Lk 1,46–55), *Benedictus* (Lk 1,42–45) und Nunc dimittis (Lk 2,29–33).

Canticum canticorum (lat. »Lied der Lieder«), lat. Bezeichnung des alttestamentlichen Buches Hoheslied als direkte Übersetzung des hebr. Ausdrucks.

Cantor → Kantor

Caritas (lat. »Dienst«), die im 19. Jh. stark zunehmenden diakonischen Aktivitäten im kath. Bereich erhielten 1897 mit dem »Caritasverband für das kath. Deutschland«, seit 1921 kurz »Dt. Caritasverband«, einen Dachverband. 1901 folgte das österreichische Gegenstück, 1905 das Schweizer. 1951 wurde Caritas Internationalis mit Sitz in Rom als Dachverband aller nationalen kath. Caritasverbände und weltweit bedeutendster kath. diakonischer Verband gegründet. Das ev. Gegenstück ist das Diakonische Werk der EKD. Der Name C. leitet sich von der lat. Übersetzung des zentralen neutestamentlichen Begriffes für Dienst (griech. diakonia) ab.

Cäsaropapismus (lat. »Kaiser und Papst« [zugleich]), die Vereinigung der höchsten weltlichen und kirchlichen Gewalt in der Hand eines Kaisers oder Königs, wird für den Bereich des Byzantinischen und später des Russischen Reiches C. genannt und ist ein Kennzeichen der *orthodoxen Kirchen.* Allerdings nannte sich der Kaiser episkopos ton ektos (griech. »Bischof für die äußeren Angelegenheiten«), überließ also die geistliche Leitung dem Patriarchen.

Casus reservati → Reservatfälle

Catechismus Romanus (lat. »röm. Katechismus«), als Antwort auf den Erfolg der *Katechismen* der Reformatoren, besonders des Kleinen Katechismus von Luther und des *Heidelberger Katechismus,* ordnete das Konzil von Trient die Abfassung eines röm.-kath. Katechismus an, der 1566 erschien, aber wie Luthers Großer Katechismus eher der Ausbildung der Geistlichen diente. Der Aufbau mit Erklärung des *Apostolischen Glaubensbekenntnisses,* der *Sakramente,* der Zehn Gebote und des *Vaterunsers* wurde vollständig von den ev. Vorbildern übernommen. Einflussreicher wurde der kath. Katechismus von Robert Bellarmin von 1597.

Catenae → Katenen

Cathedra (griech.-lat.: »Armsessel, Stuhl«), der dem Bischof vorbehaltene Stuhl oder Thron in der Kirche. Er stand bis zum 11. Jh. hinter dem Hauptaltar in der Apsis, seitdem steht er links vom Hochaltar. C. wurde schließlich zum Begriff für den Amtssitz des Bischofs. Der Bischofssitz des Papstes, der »apostolische Stuhl«, heißt C. Petri. Lehrentscheidungen des Papstes im Rahmen seiner *Unfehlbarkeit* sind deswegen nur verbindlich, wenn er sie unter Berufung auf sein Amt »ex cathedra« (lat. »vom Stuhl aus«) verkündigt.

Cella (lat. »Kammer«), im antiken Tempel der Raum mit dem Götterbild, im Kloster älterer Ausdruck für die Mönchszelle.

Centenarfeier (lat. centenarius: »aus hundert bestehend«), röm. Jahrhundertfeier, von Papst Bonifatius VIII. in Form des *Heiligen Jahres* auf die Kirche übertragen.

Ceremoniale (lat. »Zeremonienbuch«), liturgisches Handbuch der kath. Kirche.

Ceremoniale Episcoporum (lat. »Zeremonienbuch der Bischöfe«), liturgisches Handbuch der kath. Kirche für den bischöflichen Gottesdienst.

Ceremoniale Romanum (lat. »röm. Zeremonienbuch«), liturgisches Handbuch für alle Belange des Papstamtes und der röm. Kurie, wie z.B. die Papstwahl oder Einsetzung der Kardinäle.

Chalkedon, Konzil von (Chalcedonense, Chalcedon), das 451 in Chalkedon bei Konstantinopel (heute Istanbul) abgehaltene 4. Ökumenische Konzil verabschiedete das von allen Konfessionen anerkannte Glaubensbekenntnis, Chalcedonese, das vor allem lehrt, dass Jesus Christus in einer Person zwei Naturen hat, die göttliche und die menschliche, die – in bewusst komplementärer Formulierung – zugleich ungetrennt und unvermischt sind.

Chalkedonensische Christologie, die auf dem Konzil von Chalkedon 451 zum Dogma erhobene *Christologie.*

Character indelebilis (griech.-lat. »unauslöschliches Merkmal«), in der kath. Lehre das unsichtbare und unauslöschliche Merkmal, das *Sakramente* in den Menschen einprägen. Es ist für alle sieben Sakramente von Bedeutung, besonders aber für die *Taufe,* weswegen *Wiedertaufe* unmöglich ist, für die Unauflöslichkeit der *Ehe* und für *Weihen* zum Diakon, Priester und Bischof, die grundsätzlich ihre Würde nicht mehr verlieren können. Im ev. Bereich gibt es weder einen C. noch werden die meisten dieser Handlungen als Sakramente verstanden. Im Übrigen hat auch die kath. Kirche Wege gefunden, Geistliche aus ihrem Amt zu entfernen *(Degradierung,* Demission), ohne deswegen den C. grundsätzlich in Frage stellen zu müssen.

Charis (griech. »Gnade«), im N.T. Ausdruck vor allem für die göttliche *Gnade,* in der Theologie der orthodoxen Kirchen wichtiger Ausdruck für das ganze Heilshandeln Gottes.

Charisma (griech. »Gnadengabe«), bezeichnet zunächst allgemein ein Gnadengeschenk, so im N.T. etwa im universalen Zusammenhang das ewige Leben (Röm 6,23; vgl. 1,11). Im N.T. kommt dieser Begriff hauptsächlich

Calvinismus

»Der Gesamtinhalt der Lebensweisheit, die so es wert ist so zu heißen, umfaßt zwei Teile, nämlich die Erkenntnis Gottes und die Selbsterkenntnis. Beide sind derartig miteinander verwoben, daß man kaum auseinanderhalten kann, was die Ursache und was die Folge ist. Denn einereits kann sich selbst niemand ins Auge fassen, ohne zugleich einen Blick auf Gott zu werfen, ... andererseits werden wir die unermeßlich Fülle des Reichtums, den Gott besitzt, erst zu schätzen wissen, wenn wir unsere Bedürftigkeit erkennen.«

Johannes Calvin, Die ersten Sätze seines Hauptwerkes »Unterricht in der christlichen Religion« (1556)

Choral. Papst Gregor I. (reg. 590–604) als Autor dargestellt auf einer ottonischen Relieftafel aus Elfenbein. Die Taube auf seiner Schulter symbolisiert die Inspiration durch den Heiligen Geist. Die drei Mönche in der Sockelzone sind Schreiber bzw. Kopisten; sie sorgen dafür, dass die Werke ihres Meisters schriftliche Verbreitung finden. Zu den vielfältigen Bereichen, in denen Gregor als schöpferischer Initiator verehrt wird, gehört die Kirchenmusik. Nach ihm ist der einstimmige Gregorianische Gesang benannt, aus dem sich der Choral entwickelt hat. Ende des 10. Jh.; Kunsthistorisches Museum, Wien

bei Paulus vor (Röm 12; 1 Kor 12–14) und bezeichnet eine individuelle Gabe bzw. Begabung, die Gott einem Gläubigen schenkt, wie Prophetie, Lehre, Leitungsgabe, Sozialdienst, Musik, Weisheit, Erkenntnis oder Heilungsgabe. Da sie vom Heiligen Geist kommen (Hebr 2,4; 1 Kor 12), werden sie auch seltener »Geistesgabe« (griech. pneumata) genannt. Diese Gaben soll der Gläubige im Dienst der Gemeinde einsetzen (1 Petr 4,10). Im christlichen Bereich hat man die C. lange lediglich auf die Zurüstung von Geistlichen zum Dienst bezogen. Aufgrund der großen Bedeutung der C. in der wachsenden charismatischen Bewegung, vor allem der mit Wundern verbundenen wie Prophetie, Heilung und Zungenrede *(Glossolalie)*, haben sich alle Konfessionen auf die allgemeinen C. auch für die Laien besonnen und fragen verstärkt, welche Gaben und Fähigkeiten der einzelne Christ in die Gemeindearbeit einzubringen hat.

Charismatiker, die charismatische Erneuerung gilt als »Zweite Welle« der *Pfingstler,* von der sie sich durch eine weniger starke Betonung der Notwendigkeit von *Geistestaufe* und Zungenrede *(Glossolalie)* und durch das Verbleiben in den älteren, etablierten Kirchen unterscheidet, aber grundsätzlich ebenso wie diese die enthusiastischen Geistesgaben wie Zungenrede, Heilung, Prophetie und Wunderwirkungen praktiziert. Daneben gibt es eine »Dritte Welle« der Pfingstbewegung, die sich weniger offen und direkt mit der Pfingstbewegung oder der charismatischen Bewegung identifiziert, aber viele Kennzeichen der Pfingstbewegung übernimmt und wieder teilweise kirchenbildend tätig ist. Die charismatische Bewegung hat in den letzten Jahren eine starke Evangelikalisierung mit Übernahme klassischer Elemente der reformatorischen Lehre erlebt und ist heute weitgehend Teil der *evangelikalen* Bewegung geworden. Die C. sind mit den Pfingstlern die am schnellsten wachsende religiöse Bewegung der Welt und stellen in der Dritten Welt oft schon die Mehrheit der aktiven Gläubigen in früher nicht charismatischen Denominationen wie den Baptisten oder Anglikanern. Weltweit machen sie fast ein Drittel der Christenheit aus.

Chiliasmus (griech. chilioi: »tausend«), Begriff für Bewegungen, die das in Offb 20,2–10 angekündigte Reich einer tausendjährigen Herrschaft Christi wörtlich verstehen. Der C. war als Prämillennialismus (Jesus kommt vor dem Reich wieder) unter den *Täufern* verbreitet und vorherrschende Lehre vieler ev. *Freikirchen* wie *Baptisten, Adventisten,* aber auch praktisch aller Sondergruppen *(Sekten)* wie *Zeugen Jehovas* oder *Mormonen.* Im allgemeinen Sinn werden in der Religionssoziologie heute auch alle Bewegungen, die den Anbruch einer Gottesherrschaft oder eines Reiches des Friedens und Wohlstandes auf Erden erwarten, chiliastisch genannt, selbst der Marxismus.

Chor (griech. choros: »Tanzplatz«, »Sängerchor«), Erweiterung des Mittelschiffs der Basilika nach Osten hin durch eine runde Apsis, um den liturgischen C. aufzunehmen. Bald erhielt dieses Bauteil den Namen C., der aber weiterhin auch für die Sänger selbst benutzt wurde (Kirchenchor). Mit der stärkeren Trennung wurde der C. zum Gottesdienstraum der Kleriker und Mönche und samt Altar durch die *Chorschranken,* später den Lettner, in Ostkirchen durch die Ikonostase von der Gemeindekirche getrennt. Erst mit der Reformation wurde diese Trennung endgültig durchbrochen, indem der Hauptaltar in die Mitte rückte, auch wenn das *Chorgestühl* dahinter verblieb.

Choral (neulat.), zunächst Teil des *gregorianischen Gesanges,* seit dem Mittelalter einstimmig vorgetragener Gesang eines kirchlichen Chores, seit der Reformation vor allem in ev. Kirchen das von der Gemeinde gesungene Kirchenlied mit meist mehreren Strophen, später auch vierstimmig gesetzt möglich, dessen Höhepunkt die Vertonungen von Johann Sebastian Bach und die Lieder von Paul Gerhardt sind. Heute meist allgemein als Ausdruck für ältere Kirchenlieder verwendet.

Chorgebet, das gemeinsame Stundengebet der Mönche, das früher im *Chor* der Klosterkirche stattfand.

Chorgestühl, durchgehende Sitzreihe für den Klerus und die Mönche an den Längswänden des Chors einer Kirche. Der Klerus konnte dort seinen eigenen Gottesdienst feiern oder an einem Gottesdienst mit der Gemeinde hinter dem *Altar* teilnehmen, nachdem dieser aus dem Chor nach vorne gerückt war. Besonders im 14.–16. Jh. war das C. reich mit Schnitzereien verziert.

Chorknabe → Ministrant

Chorschranken, aus den C., die in frühchristlicher Zeit den Chor samt *Altar und* die Gemeindekirche im Kirchenschiff voneinander trennten, entwickelte sich in den Ostkirchen die Ikonostase (Bilderwand), in den Westkirchen der halbhohe Lettner (von lat. lectorium, lectionarium: »Lesepult«) aus Holz oder zunehmend aus Stein, der seinen Namen davon ableitet, dass er zugleich das Lesepult aufnahm oder als Lesebühne für die Schriftlesung diente. Aus dieser Lesebühne entstand die nach den C. benannte *Kanzel* (lat. cancelli: »Chorschranken«), da dort bereits eine Erhöhung zum Sprechen integriert war. Später verselbstständigte sich die Kanzel.

Chrisam → Öl

Chrischona-Gemeinden, 1840 gründete der *Pietist* Friedrich Christian Spittler (1782 bis 1867) die Pilgermissionsanstalt St. Chrischona auf einem Berg bei Basel, um »Pilgermissionare«, also fahrende *Evangelisten* auszubilden. Durch das Wirken der Absolventen entstanden in Deutschland (ab 1878) und im Elsass Gemeinschaften, die als Teil der *Gemeinschaftsbewegung* bis heute innerhalb der ev. Landeskirche blieben und die Kindertaufe akzeptieren, auch wenn etliche größere Gemeinschaften wie *Freikirchen* in Erscheinung treten. Die in der Schweiz ab 1870 gebildeten Gruppen wurden dagegen zu Freikirchen mit Erwachsenentaufe (heute 18000 Anhänger). Beide Zweige gehören aber immer noch zusammen und das Werk unterhält weiterhin die theologische Ausbildungsstätte für Pastoren und Diakonissen, deren Absolventen auch in andere Kirchen gehen.

Christbaum → Weihnachtsbaum; → Weihnachten

Christengemeinschaft, von dem ehemaligen ev. Pfarrer Friedrich Rittelmeyer (1872 bis 1938) 1922 als christlicher Ableger der Anthroposophie Rudolf Steiners (1861–1925) gegründete Sondergruppe *(Sekte),* die mit dieser die Wiedergeburtslehre *(Reinkarnation),* die Existenz zweier Jesus und zweier Christusgestalten, die Botschaften aus dem geistigen All und Vergeistigung sowie Höherentwicklung des Menschen vertritt. Aus dem Abendmahl ist das Mysterium der Menschenweihehandlung getreten und es gibt Entsprechungen für alle sieben kath. Sakramente. In Deutschland gibt es etwa 65000 Anhänger der C.

Christianisierung → S. 24

Christi Himmelfahrt → Himmelfahrt

Christkatholische Kirche, Name des Schweizer Zweiges der altkatholischen Kirche.

Christliche Wissenschaft (engl. Christian Science), auch Scientismus oder »Kirche Christi, Wissenschafter«, eine von Mary Baker-Eddy (1821–1910) 1879 gegründete Sondergruppe *(Sekte),* die lehrt, dass man sich vom Bösen, von der Sünde, vom Tod und insbesondere von Krankheit und Leid mental, also durch richtiges Denken, befreien kann, welche die Erkenntnis einschließt, dass das Leid nicht wirklich ist, sondern nur in unserer materialistischen Einbildung besteht. Die C. glaubt, als einzige die »Göttliche Wissenschaft« erkannt zu haben, wie ihre Kranken-

Chorschranke. Inneres der Kirche Santa Maria Gloriosa dei Frari in Venedig; die Klosterkirche der Franziskaner entstand im 14./15. Jh. als ein bedeutender Sakralbau der venezianischen Spätgotik. Der Blick vom Langhaus zum Chor und zur Chorkapelle wird teilweise durch Chorschranken behindert. Sie bestehen aus Marmor und bilden eine Architektur im Kleinen mit Reliefs der Propheten und Kirchenväter an den Außenseiten sowie Statuen der Apostel, Mariä, des Stadtpatrons Markus und einem Kruzifix; Vollendung laut Inschrift 1475. Die Chorschranken umschließen das Chorgestühl (1468).

heilungen bewiesen. Trotz Berufung auf die Bibel spielen christliche Elemente nur eine untergeordnete Rolle.

Christologie, die Lehre von Person und Wirken Jesu Christi, Teil der *Dogmatik.* → S. 36

Christotokos (griech. »Christusgebärerin«), in der *Frühen Kirche* als Kompromiss gewählter Ehrentitel Marias, als der Titel *Theotokos* (griech. »Gottgebärerin«) von etlichen verworfen wurde, da er zu dem Missverständnis führen könnte, nicht nur Jesus als Gottes Sohn, sondern auch Gott, der Vater, verdanke seine Existenz Maria. Schließlich setzte sich aber Theotokos durch und wurde auf dem Konzil von Ephesus 431 zum Dogma erhoben.

Christus (griech. »der Gesalbte«) → S. 33

Christusmonogramm → S. 20

Chrysostomusliturgie, die auf das 4. Jh. zurückgehende Hauptliturgie der orthodoxen Kirchen, die man auf den griech. Kirchenvater Johannes Chrysostomus (um 354–407) zurückführte. Es ist ein Kennzeichen der *Ostkirchen* gegenüber den Westkirchen, dass die Liturgie nie verändert wurde.

Church of England (engl. »Kirche Englands«), offizielle Bezeichnung der *Anglikanischen Kirche.*

Church of God (engl. »Kirche Gottes«), Name verschiedener Freikirchen der USA (und ihrer durch Mission entstandenen Ableger weltweit) seit dem 19. Jh., die entweder der *Heiligungsbewegung* oder den *Pfingstlern* angehören.

Cluniazensische Reform. Ihr Ausgangspunkt war die 910 gegründete Benediktinerabtei in Cluny (Burgund, Dep. Saône-Loire). Hier entstand 1088–1225 nach zwei Vorgängerbauten der größte mittelalterliche Sakralbau des Abendlandes; fünf Schiffe gliederten den Kirchenraum. Die Abtei wurde 1790 im Zuge der Französischen Revolution säkularisiert und danach fast vollständig zerstört; zu den Überresten gehört einer der Türme der Klosterkirche.

Church of Scotland → Schottische Kirche

CIC → Codex Iuris Canonici

Clemensbriefe, zwei der ältesten christlichen Texte seit dem N.T. Der erste Clemensbrief wurde 95 n. Chr. von Papst Klemens an die Gemeinde von Korinth gesandt, um innere Streitigkeiten zu schlichten. Der zweite Clemensbrief stammt von einem unbekannten Verfasser und ist die älteste erhaltene christliche Predigt (Mitte 2. Jh.).

Cluniazensische Reform, die 910 im frz. Cluny gegründete gleichnamige Benediktinerabtei war besonders unter ihren Äbten Odo (927–942) und Odilo (994–1048) Ausgangspunkt der C., die zur bis dahin größten Reformbewegung der Kirche und des Mönchtums wurde, zugleich aber auch den Einfluss der Laien zurückdrängte und die Macht des Papstes stärkte.

Codex Iuris Canonici (CIC, lat. »Kodex des kirchlichen Rechts«), Sammlung des kath. Kirchenrechts. Jahrhundertelang war es über viele Texte verstreut und z.T. schwer aufzufinden. 1917 fasste man die Gesetze und Bestimmungen in dem großen Werk C. zusammen, das fast ohne Änderungen bis 1983 in Kraft war. Am 25.1.1959 kündigte Papst Johannes XXIII. eine Revision des Kirchenrechts an, die dann später besonders die Veränderungen des 2. Vatikanischen Konzils (1962–65) aufnehmen sollte. Papst Johannes Paul II. gab in seiner 1978 beginnenden Amtszeit wesentliche Impulse. Nach langer Vorarbeit verabschiedete er 1983 das neue Kath. Kirchenrecht. Die Notwendigkeit eines solchen Rechts ergibt sich für die kath. Kirche nicht allein aus dem Umstand, dass sie eine soziale Körperschaft darstellt und wie jede andere Gesellschaft verbindlicher Normen bedarf. Vielmehr sieht sie das Kirchenrecht als mit ihrer Stiftung und ihrem Sendungsauftrag gegeben und heilsgeschichtlich bedingt.

Das kath. Kirchenrecht geht vom Vorrang des göttlichen Rechts (ius divinum) aus. Dabei unterscheidet es zwischen dem vor allem in der Schrift heilsgeschichtlich offenbarten positiven göttlichen Recht (ius divinum positivum) und dem auf der natürlichen Offenbarung Gottes in der Schöpfungsordnung beruhenden Naturrecht (ius naturale). Das ius divinum ist universal und zeitlos gültig; es kann weder außer Kraft gesetzt noch geändert werden. Hierher gehören etwa die Zehn Gebote, die Sakramentenordnung und der päpstliche Primat. Dem ius divinum steht das menschliche Recht gegenüber, das sich in staatliches Recht (ius civile) und kirchliches Recht (ius humanum ecclesiasticum) aufteilen lässt und seinem Wesen nach veränderbar ist. Die Gesetzgebungsbefugnisse für das ius humanum ecclesiasticum, das nur die Getauften bindet, steht in der Gesamtkirche dem Papst, in der Diözese dem Ortsbischof zu.

Codex Sinaiticus, Codex Vaticanus, die beiden ältesten Handschriften des gesamten griech N.T. von der Mitte des 4. Jh. Der Codex Vaticanus ist seit 1475 im Besitz der Vatikanischen Bibliothek, der Codex Sinaiticus wurde im Jahr 1844 von Konstantin von Tischendorf (1815–1874) im Sinaikloster entdeckt. → Textkritik

Coena Domini (lat. »Mahl des Herrn«), kath. Bezeichnung für das historische Abendmahl Jesu und von daher für den *Gründonnerstag.*

Coenobiten → Zönobiten

Collegia Pietatis (lat. »Versammlungen der Frömmigkeit«), kleine pietistische Gemeinschaften, die sich zum Austausch über den Bibeltext trafen. Sie waren die Kernzellen des *Pietismus* und Vorläufer der modernen *Hauskreise.*

Common Prayer Book (engl. »Buch des allgemeinen oder gemeinsamen Gebetes«), auch Book of Common Prayer, das liturgische und katechetische Handbuch der *anglikanischen Kirche,* das zugleich den Rang eines *Bekenntnisses* hat. Es wurde ab 1541 von Erzbischof Thomas Cranmer mit Anregungen von Martin Bucer entworfen, 1549 eingeführt und seitdem mehrfach revidiert, wobei vor allem die Überarbeitung im Zeichen des *Puritanismus* 1647 erwähnenswert ist.

Communio Sanctorum (lat. »Gemeinschaft der Heiligen«), Fachausdruck für die alle geografischen und kirchlichen Grenzen überspannende Gemeinschaft aller Christen.

Complet, letztes → Stundengebet

Conceptio Immaculata (lat. »unbefleckte Empfängnis«) → Jungfrauengeburt; → Mariendogma

Confessio → Bekenntnis

Confessio Augustana (lat. »Augsburgisches Bekenntnis«), auch Augustana oder CA, die wichtigste und umfangreichste ev.-lutherische *Bekenntnisschrift* wurde von Luthers Mitarbeiter Philipp Melanchthon (1497 bis1560) im Auftrag des Kurfürsten Johann von Sachsen (reg. 1525–32) verfasst und 1530 für die ev. Reichsstände auf dem Augsburger Reichstag an Kaiser Karl V. (reg. 1519–56) übergeben. Die C. versucht bei aller konfessionellen Abgrenzung durch Betonung der Gemeinsamkeiten zu belegen, dass der lutherische Glaube rechtgläubig und im Einklang mit der *Frühen Kirche* ist. Die kath. Kirche antwortete mit der so genannten *Confutatio* (lat. »Widerlegung«). Die C. wurde später Kern der Sammlung der lutherischen *Bekenntnisschriften,* dem Konkordienbuch.

Confessio Augustana. Das zum 200-jährigen Jubiläum entstandene Hinterglasgemälde zeigt die Verlesung des »Augsburger Bekenntnisses« der Lutherischen Reformation 1530 im Saal der bischöflichen Residenz zu Augsburg vor Kaiser Karl V. Der Vortragende ist der kursächsische Kanzler; zur Rechten des Kaisers sitzen dessen Bruder Ferdinand und als einer der drei geistlichen Kurfürsten der Erzbischof von Mainz. 1730; Heimatmuseum Kaufbeuren

Confessio Helvetica prior (neulat. »Erstes schweizerisches Bekenntnis«), auch Erstes Helvetisches Bekenntnis, 1536 in Basel angenommenes reformiertes Bekenntnis, erstes gemeinsames Bekenntnis der Schweizer Protestanten.

Confessio Helvetica posterior (neulat. »Zweites schweizerisches Bekenntnis«), auch Zweites Helvetisches Bekenntnis, von dem führenden Schweizer ev.-reformierten Theologen Heinrich Bullinger (1504–1575) als persönliches Bekenntnis verfasste Kurzdogmatik, die Kurfürst Friedrich III. von der Pfalz (reg. 1559–76), Mitverfasser des *Heidelberger Katechismus,* 1566 zur Rechtfertigung seines Übertritts zum reformierten Calvinismus veröffentlichte. Die C. einte ohne offizielle Anerkennung die Reformierten in Europa. Im 19. Jh. wurde die C. von Eduard Böhl in Österreich als Bekenntnis des reformierten Teils der ev. Kirche eingeführt, was durch die Abkürzung Ev. Kirche H.B. (= Helvetischen Bekenntnisses) gekennzeichnet wird *(Evangelische Kirche* in Österreich).

Confessio Tetrapolitana (neulat. »Bekenntnis der vier Städte«), von den Straßburger Reformatoren Martin Bucer (1491–1551) und Wolfgang Capito (1478–1541) verfasste, 1530 dem Reichstag zu Augsburg parallel zur lutherischen *Confessio Augustana* vorgelegte *Bekenntnisschrift* der vier Städte Straßburg, Konstanz, Lindau und Memmingen. Sie vermittelt zwischen lutherischen und reformierten Positionen und gilt als wichtigstes Zeugnis der so genannten oberdeutschen Reformation.

Confessor (lat. »Bekenner«), in der *Frühen Kirche* ein Christ, der für seinen Glauben zwar vor Gericht gestanden und dem Richter seinen Glauben bekannt hat, dafür auch bestraft wurde, aber nicht den Märtyrertod starb oder die Hinrichtung überlebte. Ein C. galt nach Lk 21,12–15 als vom Heiligen Geist erfüllt, weswegen man ihm nicht mehr die Hände auflegte, falls er später geweiht oder ordiniert wurde.

Confiteor (lat. »ich bekenne«), in der kath. Kirche ein allgemeines Sündenbekenntnis zum Eingang der Messe, auch Bezeichnung anderer liturgischer Sündenbekenntnisse.

Confutatio (lat. »Widerlegung«), Titel der kath. Entgegnungsschrift von 1530 auf das Augsburgische Bekenntnis *(Confessio Augustana).*

Conquista (span. »Eroberung«), die militärische Eroberung und Christianisierung Lateinamerikas durch Spanien und Portugal, die vor allem der Bereicherung diente. Mit ihr begann das Kolonialzeitalter. Das Christentum sprengte den europäischen Rahmen und wurde Weltreligion. Der Name C. ging auf die von der *Kreuzzugsidee* beflügelte Reconquista (span. »Rückeroberung«) der span. Halbinsel aus islamischer Hand zurück.

Consuetudines (lat. »Gewohnheiten«), mittelalterliche Vorschriften für Mönche zur Ergänzung der Ordensregeln.

Contritio (spätlat. »Zerknirschung«), die kath. Theologie unterscheidet diese vollkommene Reue von der unvollkommenen, nur aus Furcht vor Strafe gezeigten Reue, der Attritio (Furchtreue). → Reue

Conversio → Bekehrung

Corporale → Korporale

Corpus Christi mysticum → Leib Christi

Corpus doctrinae (lat. »Sammlung der Lehren«), Bezeichnung verschiedener ev. Sammlungen des 16. Jh. mit *Bekenntnisschriften* und Lehraussagen.

Corpus Permixtum (lat. »vermischter Leib«), Ausdruck der Frühen Kirche und heutiger theologischer Fachausdruck dafür, dass der Kirche Heilige und Unheilige angehören. Die ev. *Freikirchen* gingen früher allgemein und heute teilweise davon aus, dass es den C. erst seit der Konstantinischen Wende gebe und die Kirche durch die Beschränkung der Aufnahme auf wahrhaft Gläubige *(Bekehrung, Wiedergeburt),* meist auch nur als Erwachsene getaufte oder Wiedergetaufte *(Taufe, Baptisten, Täufer)* und durch Seelsorge und Kirchenzucht sicherzustellen habe, dass sie kein C. werde, während die ev. und kath. *Volkskirchen* voraussetzen, dass der C. dem Wesen der Kirche nicht schade.

Corredemptrix (lat. »Miterlöserin«), neuerer kath. Titel, der Marias Teilnahme am Erlösungswerk ihres Sohnes beschreibt. Auch wenn der Titel häufig von den letzten Päpsten des 20. Jh. verwendet wurde, ist er bisher nicht zum Dogma erhoben worden, was einen Ausbau der *Mariendogmen* zur Parallelisierung von Jesus und Maria bedeuten würde.

Corvey, bedeutende ehemalige Benediktinerabtei bei Höxter an der Weser, vom frz. Corbie aus als Nova Corbeia 822 gegründet. Sie wurde zum kirchlichen und kulturellen Zentrum und Ausgangspunkt für die Christianisierung Nordeuropas, 1803 säkularisiert.

Covenant (engl. »Bund«), Bezeichnung für die angelsächs. Form der reformierten *Bundestheologie,* wie sie vor allem *Puritaner, Presbyterianer, Kongregationalisten* und reformierte *Baptisten* in Großbritannien und den USA vertraten, insbesondere der schott. Reformator John Knox (um 1505–1572) und der engl. Staatsmann Oliver Cromwell (1599–1658). Von daher wurden auch deren politische Zusammenschlüsse (etwa in Schottland im 16. und 17. Jh.) und der Zusammenschluss der Kirchen C. genannt. Dies spiegelt sich im Deutschen in *kongregationalistischen Freikirchen* wieder, deren Verband »Bund« genannt wird, z. B. *Bund Freier ev. Gemeinden, Bund Ev.-Freikirchlicher Gemeinden,* Bund Taufgesinnter Gemeinden.

Creatio ex nihilo (lat. »Schöpfung aus dem Nichts«), Fachausdruck für die jüd.-christliche Sicht der Schöpfung durch den Schöpfergott, ohne dass außer dem Schöpfer irgendjemand oder -etwas anderes existierte, wie sie

Creatio ex nihilo.
»Am Anfang schuf Gott Himmel und Erde. Und die Erde war wüst und leer, und es war finster auf der Tiefe; und der Geist Gottes schwebte auf dem Wasser. Und Gott sprach: Es werde Licht! Und es ward Licht. Und Gott sah, daß das Licht gut war. Da schied Gott das Licht von der Finsternis und nannte das Licht Tag und die Finsternis Nacht. Da ward aus Abend und Morgen der erste Tag.«
Schöpfungsbericht in Gen 1,1–6

das A.T. (Schöpfungsberichte Gen 1–2; Ps 33,6+9; 90,2) und das N.T. (Hebr 11,3) lehren.

Credo (lat. »ich glaube«), ein *Glaubensbekenntnis.* C. wird meist entweder für jedes Glaubensbekenntnis im Gottesdienst oder für das *Apostolische Glaubensbekenntnis* verwendet.

Crimen laesae religionis (lat. »Verbrechen der Verletzung der Religion«, »Religionsverbrechen«), offizielle Anklage der röm. Behörden gegen die Christen wegen ihrer Weigerung, die vorgeschriebenen Opfer für den Kaiser zu bringen.

Cuius regio, eius religio (lat. »wessen das Land, dessen die Religion«), Entscheidung des *Augsburger Religionsfriedens* von 1555, die den Landesfürsten das Recht gab, die Konfession ihrer Untertanen zu bestimmen.

Culpastein (lat. culpa: »Schuld«), Ort für die öffentliche Beichte im Kapitelsaal eines Klosters.

Corvey. Die architektonische Besonderheit der ehemaligen Abtei ist das einzige erhaltene karolingische Westwerk (873–85). Zwei Türme beherrschen die Front des westlichen Bauteils der Klosterkirche. Der Hauptraum befindet sich im Obergeschoss und öffnet sich zum anschließenden Langhaus. Den Zugang zum Langhaus bietet ein Durchgang im Erdgeschoss, der einer Krypta ähnelt. Welchem Zweck das Westwerk diente, ist ungewiss. Vermutlich erfüllte es als Teil einer Hof- bzw. Kaiserkirche geistliche und profane Funktionen, repräsentierte aber vor allem die enge Verbindung der weltlichen Macht mit den kirchlichen Funktionen des Mittelalters.

D

Damaskuserlebnis → S. 39

Dechant, kath. Bezeichnung für *Dekan.*

Decretum (lat. »Erlass«, »Dekret«), im kath. *Kirchenrecht* Bezeichnung für Erlasse des Papstes, der Konzilien, der Kongregationen der päpstlichen Kurien und der regionalen Bereiche der Bischöfe.

Deesis → Ikone

Degradierung (auch Degradation), Herabstufung im Rang, im kath. Bereich die schwerste Strafe für Kleriker durch Entzug des Amtes und Rückversetzung in den Laienstand, vgl. aber *Character indelebilis.*

Deismus (lat. deus: »Gott«), im Gegensatz zum *Theismus* Glaube an einen Gott *(Deus otiosus,* lat. »der untätige, müßige Gott«), der zwar die Welt erschaffen hat, sie aber sich selbst überlässt und nicht in ihre Geschichte eingreift. Im engeren Sinn Bezeichnung der mit der Aufklärung in England entstandenen philosophischen Schulrichtung, die eine natürliche, kirchenfreie Religion vertrat, ohne den Gedanken aufgeben zu wollen, dass ein Gott am Anfang der Dinge stand. Heute inoffiziell im Abendland innerhalb der Großkirchen und bei säkularisierten Menschen verbreitet.

Dekalog (griech. deka: »zehn«, logoi: Worte«), die Zehn Gebote.

Dekan (lat. decanus: »Führer von zehn Mann«), ein mit der Aufsicht über mehrere Pfarrer und Pfarreien betrauter Geistlicher, der selbst eine Gemeinde betreut, andernorts *Superintendent* genannt. In der kath. Kirche wird dieselbe Funktion Dechant genannt, der Amtsbezirk allerdings ebenfalls Dekanat. Außerdem ist D. in der kath. Kirche ein Titel in Dom- und Stiftskapiteln, für den dienstältesten Richter der Sacra Romana *Rota* und für den Vorsitzenden des Kardinalskollegiums.

Dekanat, Amtsgebäude, -bezirk oder Dienstzeit eines kath. Dechanten oder ev. *Dekans.*

Dekret → Decretum

Dekretalen (lat. decretum: »Erlass«, »Dekret«), früher im kath. Kirchenrecht päpstliche Entscheidungen zu konkreten Rechtsfällen, im neuen Kirchenrecht dagegen Titel für feierliche päpstliche Erlasse, z.B. *Bullen* zur Selig- und *Heiligsprechung.*

Demut → S. 76

Denomination (lat. denominatio: »Benennung«), in den USA Bezeichnung für organisierte Kirchenverbände mit gemeinsamem Bekenntnis, während »Konfessionen« die großen Einheiten Katholiken, Reformierte, Anglikaner, Baptisten u.a. sind. Dieser Sprachgebrauch setzt sich auch im Deutschen allmählich durch, sodass man unter D. vor allem die einzelnen ev. *Freikirchen* versteht.

Deposition (lat. deponere: »niederlegen«), anderer Ausdruck für Demission.

Depositum fidei (lat. »Hinterlegung des Glaubens«), Fachausdruck für den Lehr- und Glaubensschatz, wie er der kath. Kirche in Bibel und *Tradition* anvertraut ist.

Determinismus, die Theorie, derzufolge alles, was geschieht, unabänderlich vorherbestimmt ist, wurde und wird ebenso wie der Fatalismus von allen christlichen Konfessionen verworfen, selbst dort, wo eine strenge Prädestinationslehre vertreten wird, da auch dann ein liebender Gott die Welt regiert und die Verantwortung des Menschen nicht aufgehoben ist, weswegen Gott auf Gebet und Umkehr des Menschen eingeht. → Schicksal

Deus absconditus (lat. »der verborgene Gott«), von Luther aus dem Mittelalter übernommener Begriff vor allem in seiner Hauptschrift »Vom unfreien Willen«, mit dem er den absolut unerreichbaren, in seiner *Prädestination* und seinem Vorhaben unbegreiflichen Gott im Gegensatz zum sich in Jesus Christus sichtbar offenbarenden und liebenden Gott (lat. deus revelatus: »der offenbare Gott«) beschreibt. Damit wollte er zum Ausdruck bringen, dass es im christlichen Gottesbild Elemente gibt, die wir verstehen und lieben können, und solche, die wir nicht verstehen und die uns erschauern lassen.

Deus absolutus (lat. »der absolute Gott«), anderer Ausdruck für *Deus absconditus.*

Deus ipse (lat. »Gott selbst«), anderer Ausdruck für *Deus absconditus.*

Deutsche Christen. Adolf Hitler (l.) begrüßt während des Reichsparteitags 1934 in Nürnberg Reichsbischof Ludwig Müller (r.).

Deus otiosus (lat. »der untätige, müßige Gott«), Gottesbezeichnung des *Deismus,* meint in der Religionswissenschaft darüber hinaus einen nicht verehrten, aber geglaubten Hoch- und Schöpfergott in polytheistischen Religionen *(Urmonotheismus).*

Deus revelatus (lat. »der offenbare Gott«), Gegenteil von *Deus absconditus.*

Deuterokanonische Bücher → Apokryphen

Deutsche Bischofskonferenz → Bischofskonferenz

Deutsche Christen, kirchenpolitische ev. Richtung der 1920er und 1930er Jahre, die den christlichen Glauben erst mit nationalistischem, dann auch mit rassistischem Gedankengut vermischte und 1933 bei den Kirchenwahlen die absolute Mehrheit gewann. Als sie Ende 1933 öffentlich das A.T. verwarfen und als »jüd. Zuhältergeschichten« bezeichneten, verloren sie an Einfluss. Sie wurden von der *Bekennenden Kirche* bekämpft.

Deutsche Evangelische Allianz → Evangelische Allianz

Deutsche Glaubensbewegung, 1933 von dem Indologen Jakob Wilhelm Hauer (1881 bis 1962) und dem Schriftsteller Ernst Graf Reventlow (1869–1943) gegründete Vereinigung, welche die Deutschgläubigen Bewegungen zusammenführen sollte, die in Abwendung vom Christentum eine »arteigene deutsche« Religion schaffen wollten.

Deutsche Messe, Titel einer Schrift Martin Luthers von 1526, in der er die Liturgie für einen Abendmahlsgottesdienst in dt. Sprache vorlegte. Er nahm dabei die damalige kath. Messe zum Vorbild und passte sie der Lehre der Reformation an, indem er Bestandteile, die mit der Marien- oder Heiligenverehrung oder der *Transsubstantiation* verbunden waren, herausstrich. Die D. wurde Vorbild für alle lutherischen Liturgien und für die meisten ev. Landeskirchen bis in das 19. Jh., im 20. Jh. wieder verstärkt aufgegriffen. Deswegen heißt die ev. Gottesdienstliturgie in Deutschland auch D., obwohl der Begriff »Messe« für die ev. Abendsmahlsfeier sonst nicht üblich ist.

Deutscher Orden → Ritterorden

Deutsche Theologie (lat. Theologia Deutsch), Titel einer um 1400 von einem unbekannten Deutschherrenritter aus Frankfurt/Main verfassten Schrift der *Mystik,* die Luther 1516–18 auf Deutsch veröffentlichte.

Devotionalien. Regionale Besonderheiten kennzeichnen mitunter noch das bereits im Mittelalter kommerzialisierte Angebot an Gegenständen der persönlichen Andacht vom Heiligenbildchen bis zum großformatigen Kruzifix als Zimmerschmuck. Im Wallfahrtsort Lourdes, der aufgrund von Erscheinungen Mariä entstanden ist, beherrschen Statuetten und Statuen der wundertätigen Gottesmutter die Auslagen der Devotionalienstände.

Deutschgläubige Bewegungen, Sammelbezeichnung für Gruppen und Richtungen, die in Abwendung vom Christentum einen »völkischen, arteigenen, dem deutschen Wesen« entsprechenden Glauben propagierten. Die beiden wichtigsten Gruppen waren der 1926 von Mathilde Ludendorff (1877 bis 1966) gegründete Tannenbergbund, der 1961 als rechtsradikal verboten wurde, und die *Deutsche Glaubensbewegung*. Die Unterstützung durch Hitler und die NSDAP blieb jedoch trotz mancher Gemeinsamkeiten aus, da Hitler zunächst keine offizielle NS-Religion schaffen wollte. Die Gedanken sind heute noch in rechtsextremen Gruppen lebendig.

Deutschkatholiken, von dem vom Amt suspendierten kath. Kaplan Johannes Ronge (1813–1887) 1844 gegründete Bewegung für eine dt. kath. Nationalkirche, die in der Revolution von 1848 eine Rolle spielte, sich aber bald völlig vom Christentum und Gottesglauben entfernte. Die D. gingen zusammen mit den 1841 von liberalen, meist ebenfalls suspendierten ev. Pfarrern gegründeten Lichtfreunden 1859 im Bund der freireligiösen Gemeinden auf (heute ca. 70 000 Mitglieder).

Devotio moderna (lat. »neue Frömmigkeit«), spätmittelalterliche mystische Erneuerungsbewegung, die eine sehr persönliche Frömmigkeit forderte.

Devotionalien (lat. devotio: »Andacht«, »Frömmigkeit«), Gegenstände für die persönliche Andacht der Religionen, vor allem kath. Gebetshilfen wie Heiligenbilder, Rosenkränze oder Kreuze.

Diabolos (griech. »der Verleumder«) → Satan

Diakon (griech. »Diener«), ursprünglich jemand, der am Tisch aufwartet oder zur Fürsorge für andere angestellt ist. Im N.T. ist das Wort untrennbar mit dem Dienen überhaupt verbunden. Mehrmals wird die christliche Nachfolge als Dienst verstanden (Eph 4,12). Jesus ist das Vorbild des Dienens schlechthin (Joh 13,15). Das Dienen des Christen wird dem Herrschen im weltlichen Bereich entgegengesetzt (Mt 20,26; 23,11; Mk 9,35; 10,43; vgl. 1 Petr 5,2–4). Während so jeder Christ als Diener angesehen wird, kann auch eine besondere Aufgabe gemäß den Dienstgaben zur Bezeichnung D. führen. Paulus nennt sich häufig Diener Gottes oder D. der Gemeinden (1 Kor 3,5; 2 Kor 3,6; 6,4; 11,23; Eph 3,7; Kol 1,23+25). Denselben Titel gibt er seinen Mitarbeitern (Eph 6,21; Kol 4,7; 1,7; 1 Tim 4,6). Schließlich kann auch ein gemeindeleitendes Amt gemeint sein. In 1 Tim 3,8–13 erscheint eine Liste von Voraussetzungen für den Diakonendienst, die gegenüber den *Presbytern* nur die Lehraufgabe auslässt. Dass es auch weibliche D. gab, wird aus Röm 16,1 ersichtlich. Die frühe Kirche kannte das Diakoninnen- bzw. Diakonissenamt, in der byzantin. Kirche war es bis ins 11. Jh. weit verbreitet, in Italien und im Westen ist es bis ins 11. Jh. nachgewiesen und bis ins 5./6. Jh. weit verbreitet. Bei den *Monophysiten* ist es bis ins 13. Jh. nachgewiesen. Die Ostkirche verteidigte das Amt länger, während die Westkirche es schon früher aus Angst vor der Frauenordination aufgab. Um die Funktion der D. näher zu erfassen, wurde seit der Zeit der frühen Kirche bis heute Apg 6,1–6 herangezogen. Die Aufgabe der Apostel, »im Gebet und im Dienst des Wortes zu verharren« (Apg 6,4), wird von der Aufgabe, »zu Tisch zu dienen« und »über dies Geschäft bestellt zu sein« (Apg 6,2–3), unterschieden. Die soziale Aufgabe der D. steht dabei im Vordergrund.

Während sich in der Kirchengeschichte bei Klemens von Rom und Ignatius von Antiochien noch ein recht allgemeiner Gebrauch des Titels D. findet, wurde er später weitgehend auf den Armenfürsorger oder auf den Helfer bei der Eucharistie eingeengt. Erst im 20. Jh. wurde das Amt des D. wieder zum Ausgangspunkt für praktische Gemeindearbeit. Heute orientieren sich die Aufgaben des D. inhalt-

Diakonissen. Im Rahmen der evangelischen Luther-Stiftung in Altenburg betreut Schwester Margot Patienten der Klinik für Psychiatrie in Altenburg.

lich an der im N.T. beschriebenen Funktion. In der Frühen Kirche wurde das männliche Diakonat zu einem Durchgangsstadium auf dem Weg zum Presbyterat (Priesteramt), was quasi alle christlichen Konfessionen beibehielten. Diese Entwicklung war der maßgebliche Grund, warum Frauen keine D. mehr werden konnten, weil dies praktisch bedeutet hätte, dass sie auch Älteste bzw. Priester hätten werden können. Fast alle Kirchen, zuletzt die kath. Kirche im 2. *Vatikanischen Konzil* 1967, haben das Diakonat mittlerweile als eigenständige Leitungsebene wieder hergestellt (ständiges Diakonat).

Diakonikon (griech.), orthodoxer Ausdruck für die *Sakristei.*

Diakonisches Werk in Deutschland → Innere Mission

Dialektische Theologie, Schulrichtung der ev. Theologie, die nach dem 1. Weltkrieg von Karl Barth (1886–1968), Friedrich Gogarten (1887–1967), Emil Brunner (1889–1966), Eduard Thurneysen (1888–1974) und Rudolf Bultmann (1884–1976) begründet wurde. Die D. setzte an die Stelle der *Liberalen Theologie* eine zwar historisch-kritisch arbeitende, aber grundsätzlich ausschließlich von Gottes Offenbarung her denkende Theologie.

Diaspora (griech. »Zerstreuung«), religiöse Gruppe in einer Minderheitssituation, ursprünglich vom Judentum für Juden außerhalb Palästinas geprägte Bezeichnung.

Diatessaron (griech. »aus vier bestehend«), erstmals im 2. Jh. von dem syr. Kirchenvater Tatian (zweite Hälfte des 2. Jh.) zusammengestellte Evangelienharmonie, in der aus dem Text der vier *Evangelien* ein fortlaufender Text erstellt wurde, während eine *Synopse* die Texte nebeneinanderstellt. Obwohl aus Sicht der *Bibelkritik* heute für unmöglich gehalten, gibt es im *evangelikalen Bereich* weiterhin Versuche der Evangelienharmonie.

Diatribe (griech. »Unterricht«, »Zeitvertreib«), volkstümliche, auf humorvolle Art belehrende Moralpredigt der Antike, von daher auch als Titel für theologische Streitschriften verwendet, etwa die D. von Erasmus von Rotterdam gegen Luthers Schrift »Vom unfreien Willen«.

Didache (griech. »Lehre«), auch Zwölfapostellehre, eine der ältesten christlichen Schriften nach Abschluss des N.T., die um 70–120 n. Chr. verfasst wurde und die älteste christliche *Kirchenordnung* enthält.

Didaskalia (griech. »Unterweisung«), für das historische Verständnis wichtige griech. *Kirchenordnung* des 3. Jh. aus Syrien, die nur noch in syr. Übersetzung vorliegt.

Dies irae, dies illa (lat. »ein Tag des Zorns ist jener Tag«), der lat. Übersetzung von Zef 1,15 entnommener Abschnitt der kath. Messe für Verstorbene, daher in vielen Vertonungen der *Totenmesse* zu finden.

Dimissoriale (lat. »Entlassungsbrief«), kirchenamtliche Genehmigungsschreiben; im kath. Kirchenrecht die Genehmigung zur Weihe eines Klerikers; im ev. Kirchenrecht der so genannte Entlassschein, mit dem ein Geistlicher einem anderen Geistlichen gestattet, Amtshandlungen in seinem Bezirk oder an Mitgliedern seiner Gemeinde durchzuführen, sowie die Genehmigung, dass ein Theologiestudent am Ende seines Studiums statt der kirchlichen Anschlussprüfung ein universitäres Examen ablegen darf.

Diognetbrief, eigentlich Brief an Diognetos, anonyme, griech. verfasste Verteidigungsschrift des christlichen Glaubens *(Apologetik)* aus dem 3. Jh.

Diözese (griech. dioikesis: »Verwaltung«, »Verwaltungsbezirk«), anderer Name für *Bistum* als Amtsbezirk eines Bischofs. Wird in den orthodoxen Kirchen *Eparchie* genannt.

Disciples of Christ (engl. »Jünger Christi«), eine im Jahr 1811 von Thomas Campbell (1788–1866) gegründete, von den *Baptisten* abstammende, dem *Ökumenischen Rat* der Kirchen angehörende große Freikirche in den USA, die vor allem eine einfache Gottesdienstgestaltung betont.

Dispens (lat. »Erlass«), im kath. Kirchenrecht die Befreiung von Vorschriften und Verpflichtungen durch geistliche Vorgesetzte, historisch bedeutsam bei der Aufhebung von Ehehindernissen.

Dispensationalismus, von John Nelson Darby (1800–1882) in den 1820er und 1830er Jahren entworfene Sicht der *Heilsgeschichte* und Eschatologie, die zunächst für die von ihm begründeten *Brüdergemeinen* typisch war, dann aber über die *Gemeinschaftsbewegung* in *evangelikalen Kreisen* sowie bei vielen Sondergruppen aller Konfessionen zur vorherrschenden Sicht der Zukunft wurde. Der D. unterscheidet scharf zwischen den heilsgeschichtlichen Abschnitten (engl. dispensations), vor allem zwischen Israel mit irdischen Verheißungen und der Gemeinde Jesu mit rein himmlischen Verheißungen, weswegen alle auf irdische Dinge gerichteten Prophezeiungen der Bibel sich auf Israels Zukunft beziehen müssen. Das bedeutet, dass die Gemeinde sieben Jahre vor dem Ende der Welt vollständig in den Himmel entrückt wird *(Entrückung)* und stattdessen die Heilsgeschichte mit Israel weitergeht, zunächst sieben Jahre unter dem Antichrist und nach der Wiederkunft Jesu 1000 Jahre unter der Herrschaft Israels *(Chiliasmus).* Darbys Schluss, dass der Abfall von der wahren urchristlichen Gemeinde zur vermischten Großkirche bereits zur Zeit des Paulus begann (das »große Haus« in 2 Tim 2,20) und erst mit Darbys »Versammlungen« die wahre Gemeinde wieder gebildet werde, wurde von den meisten Dispensationalisten nicht übernommen. Der Gegenentwurf im ist die *Bundestheologie.*

Dissidenten (lat. »Getrennte«), Menschen, die keiner staatlich anerkannten Religionsgemeinschaft angehören.

Disziplin (lat. disciplina: »Ordnung«, »Unterricht«), im christlichen Sprachgebrauch die Ordnung der kirchlichen Gemeinschaft und die jene verteidigende Kirchenzucht, auch Kirchendisziplin genannt.

Dogma (griech. »Lehre«, »Grundsatz«), die lehrhafte, normative und verbindliche Formulierung von Grundwahrheiten und Lehrsätzen, wie sie unter den Weltreligionen nur für das Christentum typisch ist. In der kath. Kirche gilt als D., was das Lehramt der Kirche als solches bis in die Gegenwart verkündigt *(ex cathedra)*, wobei sich das D. auf die *Schrift,* die *Tradition* sowie die *Unfehlbarkeit* der *Konzilien* und des *Papstes* stützt, die vom Heiligen Geist erleuchtet werden. Eine Ablehnung der D. kommt einem Abfall vom Glauben gleich. Die orthodoxen Kirchen lassen als D. nur die Lehren der Schrift und der ersten sieben Ökumenischen Konzilien gelten und kennen keine Fortentwicklung des D. Die ev. Kirchen gestehen der Kirche nicht die Autorität zu, neue D. zu verkündigen. Sie akzeptieren ausschließlich die Schrift als Quelle der Offenbarung und damit von immer neu zu überdenkenden D. Da die Entscheidungen der altkirchlichen Bekenntnisse und der ersten sechs Konzilien als Zusammenfassung biblischer Lehre verstanden werden, haben sie de facto den Rang von D.

Dogmatik (griech. dogma: »Lehre«, »Grundsatz«), die systematische Darstellung der christlichen Lehre und die wissenschaftliche Erforschung der Dogmen. Die D. bildet mit der *Ethik* den Hauptteil der *systematischen Theologie.* → S. 17

Dogmatismus (griech. dogma: »Lehre«, »Grundsatz«), abfälliger, unscharfer Ausdruck für eine Haltung nicht nur im Bereich der Religion, die nicht argumentieren will, sondern sich auf vorgegebene Dogmen oder das allgemein Anerkannte beruft.

Dogmengeschichte, Teil der *Historischen Theologie* und damit der umfassenderen *Theologiegeschichte.*

Doketismus (griech. dokein: »scheinen«), von den Konzilien der frühen Kirche verworfene, von der *Gnosis* beeinflusste *Christologie,* die Jesus ausschließlich als Gott sah, weswegen seine irdisch-menschliche Existenz nur dem Schein nach bestand.

Dogma. Papst Pius IX. (reg. 1846–78) verliest im 1. Vatikanischen Konzil (1869/70) Dekrete. Mit zwei Gegenstimmen verabschiedete dieses Konzil das Dogma der Unfehlbarkeit des Papstes in Fragen der Lehre; es führte zur Abspaltung der Altkatholiken.

Dom. Das Wahrzeichen des Erfordia turrita (»turmreiches Erfurt«) ist der Domhügel mit seinen beiden Kirchen. Der Blick vom zentralen Domplatz der Landeshauptstadt von Thüringen zeigt links den Dom mit seinem hochgotischen Chor (begonnen nach der Erweiterung des Domhügels um 1330). Unmittelbar neben der Bischofskirche wurde 1280 mit dem Bau der Kirche St. Severi der Augustiner-Chorherren begonnen. Die um 1400 eingewölbte fünfschiffige Halle erhielt 1472 ihr übergreifendes Walmdach. Historistische Zutaten des 19. Jh. wurden bereits zu Zeiten der DDR entfernt. Eine umfassende Restaurierung klärte die ursprüngliche Gestalt des gotischen Ensembles.

Dom (lat. domus [Dei]: »Haus [Gottes]«), früher entweder Bischofskirche oder Wohnungen der Kleriker, im heutigen allgemeinen Sprachgebrauch werden sowohl Bischofskirchen (z. B. Kölner D.) als auch alte, große oder berühmte Hauptkirchen einer Stadt (z. B. Wetzlarer D.) D. genannt. Bischofskirchen, die als Hof- und Grabkirchen für Kaiser sowie als Krönungskirchen für dt. Könige dienten, heißen Kaiserdom (Aachen, Speyer, Worms, Mainz).

Domkapitel, das Kollegium der Geistlichen einer Bischofskirche (Dom, Kathedrale), das deren Gottesdienste durchführt, den Bischof berät, die Diozöse mitverwaltet und bei der Bischofswahl aus den Vorschlägen des Papstes auswählt. Das größte D. in Deutschland findet sich im Erzbistum Köln (Kölner Dom). Im Mittelalter war das D. eine kirchliche und politische Institution mit großem Einfluss.

Donatisten, nach 300 in Nordafrika entstandene, nach dem Bischof Donatus von Karthago (gestorben um 355) benannte erste große christliche Sonderkirche, die sich bis in das 7. Jh. hielt. Die D. vertraten eine strenge Kirchenzucht und hielten *Sakramente* für ungültig, wenn der ausführende Geistliche sich als unwürdig oder ungläubig erwies, sodass etwa Taufen beim Eintritt in ihre Kirchen wiederholt wurden. Der *Kirchenvater* Aurelius Augustinus führte eine lange literarische Auseinandersetzung mit ihnen und erreichte die Verurteilung der D.

Doppelkirche, zwei neben-, über- oder hintereinander errichtete Kirchen, ursprünglich meist für den getrennten Gottesdienst von Volk und Adel oder *Klerikern.* Berühmte Beispiele in Assisi, Paris, Triest und in Schwarzrheindorf (Bonn).

Doppelkloster, Kloster mit Abteilungen für Mönche und für Nonnen, im Mittelalter vorübergehend als Reformidee praktiziert.

Dordrechter Synode → Arminianer

Doxologie (griech. doxa: »Herrlichkeit«, »Ruhm«, logos: »Wort«), allgemeiner Ausdruck für jede Art der gesprochenen oder gesungenen Anbetung und des Lobpreises der Herrlichkeit Gottes, im Speziellen für den Schlusssatz des *Vaterunser,* für das Große und Kleine *Gloria* und für den feierlichen Abschluss von liturgischen Gebeten oder von Glaubensbekenntnissen verwendet.

Dreieinigkeit, Dreifaltigkeit → Trinität

Dreikönigstag, Drei Könige → Epiphanias

Dreimal-Heilig → Trishagion

Drei-Selbst-Bewegung → Selbstständigkeit einheimischer Kirchen

Dyophysitismus (griech. dyo: »zwei«, physis: »Natur«), die Lehre von den zwei Naturen Jesu Christi, menschlich und göttlich.

Dyotheletismus (griech. dyo: »zwei«, thelesis: »Wille«), die Lehre von den zwei Willen Jesu Christi, dass er gemäß seiner zwei Naturen auch einen göttlichen und einen menschlichen Willen hatte.

E

Ebenbild Gottes (lat. imago Dei), der Mensch wird im N.T. im Rückgriff auf das A.T. als von Gott nach dessen eigenem Bild erschaffen dargestellt (Gen 1,26–27; 5,1+3; 1 Kor 11,7; Eph 4,24; Kol 3,10; Jak 3,9), wobei damit kein körperliches Abbild gemeint ist *(Anthropomorphismus),* sondern ein geistliches Bild, das vor allem das Denken, Reden, Gemeinschaft haben und die Liebe einbezieht. Der Sündenfall des Menschen (Gen 3,1–7) zerstörte dieses Bild, konnte es aber nicht völlig austilgen. Mit der *Bekehrung* und *Wiedergeburt* des Menschen beginnt die Wiederherstellung des Urbildes, nun nach dem Vorbild Jesu Christi, der das eigentliche E. ist (Kol 1,15). Im Lauf der Kirchengeschichte gab und gibt es eine intensive Diskussion darüber, inwiefern das E. im Menschen vor und nach seiner Bekehrung vorhanden ist.

Eben-Ezer (hebr. »Stein der Hilfe«), Name eines nach dem großen Sieg über die Philister aufgerichteten Gedenksteins (1 Sam 7,12), beliebter Name für Pilgerstätten und pietistische Heime.

Ebioniten (hebr. ebion: »arm«), auch Nazoräer genannt, bedeutendste judenchristliche Sekte im 2.–4. Jh. in Palästina, die zwar Jesus als Messias anerkannte, aber am jüd. Gesetzesverständnis festhielt und deswegen die Lehre des Apostels Paulus verwarf.

Ecce Homo (lat. »sehet, welch ein Mensch«), lat. Übersetzung des Ausrufs, mit dem Pilatus nach Joh 19,5 den Juden den gegeißelten, mit einer Dornenkrone gekrönten und mit einem Purpurmantel bekleideten Jesus vorführte. Häufiges Motiv der mittelalterlichen Malerei.

Ecclesiola in ecclesia (lat. »Kirchlein in der Kirche«), von Luther geprägter Begriff für die wahren Gläubigen in der Kirche, heute eher Kerngemeinde genannt. Während Luther nur Forderungen für ihre Organisation im Vorwort seiner *Deutschen Messe* formulierte, organisierte der Straßburger Reformator Martin Bucer erstmals solche »Hausgemeinden«. Der *Pietismus* verstand seine Bibelgesprächskreise ebenso als E. wie später die *Gemeinschaftsbewegung* sowie alle Gruppen, die innerhalb der ev. Landeskirchen die wahren Gläubigen sammeln wollten.

Echternacher Springprozession, berühmte Tanzprozession zum Grab des heiligen Willibrord in Echternach/Luxemburg am Pfingstdienstag zum Gedenken an das Ende des hier im 8. Jh. wütenden Veitstanzes, einer Nervenkrankheit mit Muskelzuckungen.

Edikt von Mailand, offizieller kaiserlicher Erlass im Rahmen des Friedensschlusses zwischen Kaiser Konstantin (reg. 306/24–337) und seinem Mitkaiser Licinius (reg. 308–325), mit dem die Verfolgung der Christen durch den röm. Staat beendet wurde. Vorstufe der Konstantinischen Wende.

Edikt von Nantes, von dem frz. König Heinrich IV. (reg. 1589–1610) im Jahr 1598 erlassenes Gesetz, das zwar die kath. Kirche als Staatskirche proklamierte und die Ausbreitung des Protestantismus verbot, den ev.-reformierten Christen in Frankreich *(Hugenotten)* aber eingeschränkte Gottesdienstfreiheit, die vollen Bürgerrechte und eigene befestigte Städte zugestand. 1629 teilweise und 1685 ganz aufgehoben.

Ehe, auch wenn der Begriff im A.T. und N.T. nicht erscheint, wird deutlich, dass die Bibel die E. als durch *Eid* geschlossenen und deshalb ewigen Bundesschluss zwischen Mann und *Frau* ansieht *(Bund, Eheschließung).* Die E. ist einerseits eine auf Liebe gegründete Verbindung zwischen Mann und Frau mit Einverständnis beider (Gen 1,26–31; 2,18–25; Mt 19,5), andererseits zugleich eine äußere Ordnung (Mt 19,3–6) und ein Rechtsinstitut. Das A.T. gestattet die Scheidung, wenn die E. durch Ehebruch oder schwere Disharmonie zerstört ist. Die Konfessionen interpretieren die Texte des N.T. zur Scheidung unterschiedlich. Während die kath. Kirche davon ausgeht, dass Jesus und Paulus nur eine – möglichst vorübergehende – Trennung, nicht aber die Auflösung einer E. für möglich halten, da das Sakrament der E. unwiderruflich ist, gehen die ev. Kirchen davon aus, dass Jesus und Paulus Scheidung und Wiederverheiratung zulassen, wenn die E. durch schwere Schuld nicht fortgeführt werden kann.

Ehelosigkeit → Jungfräulichkeit, → Zölibat

Eherne Schlange, eine nach Num 21,5–9 von Moses aus Erz geschaffene Schlange auf einem Stab, deren Anblick die Israeliten vor Schlangengift schützte. Die E. lag in der Bundeslade, wurde aber später zerstört, als man begann, sie anzubeten (2 Kön 18,4). Das N.T. sieht die E. als Vorbild (Typus) für Jesus am Kreuz, der bei den Gläubigen die Wirkung der Sünde zerstört (Joh 3,14–16).

Eheschließung, auch Trauung oder Hochzeit, die kirchliche Zeremonie der Schließung einer *Ehe.* In der kath. Kirche gilt die E. als eines der sieben *Sakramente.* In den ev. Kirchen handelt es sich um eine reine Segenshandlung. In der *Frühen Kirche* war die E. ein weltlicher Akt, die dem Bischof nur angezeigt wurde, um zu erfahren, ob Ehehindernisse vorlagen. Erst im Mittelalter bildete sich die Lehre vom Ehesakrament heraus, das nur ein Priester spenden konnte. Dessen Verwerfung durch die Reformatoren, denen die E. eine weltliche Angelegenheit war, die danach den kirchlichen Segen erfahren sollte, führte im *Tridentinum* zur kath. Dogmatisierung des Ehesakramentes. Auch in protestantischen Ländern entstand die Praxis der rein kirchlichen E., die vom Staat anschließend standesamtlich registriert wurde, wobei der Priester oder Pfarrer meist als Delegierter der Obrigkeit handelte. Seit im *Kulturkampf* 1875 die Zivilehe in Deutschland eingeführt wurde, ist es untersagt, eine kirchliche Trauung vor der zivilen durchzuführen. Die kath. Kirche hält aber eine Ehe nach wie vor erst mit dem Ehesakrament für gültig geschlossen. → Mischehe

Katholische Ehezwecke
1. Zeugung (seit dem 2. Jh.)
2. Schutz vor Unzucht (seit dem 13. Jh.)
3. Wohl der Ehepartner (seit dem 20. Jh.)

Prostestantische Ehezwecke
1. Liebe und Gemeinschaft
2. Freude an Sexualität und aneinander
3. Kinder, sofern Gott sie schenkt

Ehrfurcht, ein von Goethe zum Begriff für die religiöse Einstellung des Menschen schlechthin erhobener Ausdruck, der die Verehrung des Heiligen beschreibt und den älteren Ausdruck *Gottesfurcht* z. T. verdrängte.

Eid, auch Schwur, im A.T. und N.T. breit bezeugte, feierliche Anrufung Gottes, um die Wahrheit einer Aussage, den verpflichtenden Charakter eines Versprechens oder die Unwiderruflichkeit einer Entscheidung zu bezeugen (Gen 21,23; 42,15; Mt 5,34). Dabei waren verschiedene Formeln und Zeremonien üblich (Gen 14,22; 24,2; 1 Sam 20,23; Jer 34,18–19). Christus und Jakobus verurteilten gedankenloses oder leichtfertiges Schwören (Mt 5,33–37; Jak 5,12). Dabei ging es nicht um ein Verbot des Schwörens überhaupt, sondern um ein Verbot der Schwüre bei allen möglichen Dingen außer Gott, die auch im A.T. verboten waren (Dtn 6,13; 10,20; vgl. Ps 63,12). Jeder E. bedeutet zugleich die Anerkennung dessen, bei dem man schwört, als Herrn und höhere Instanz. Schwören macht eine Aussage unwiderruflich; das erklärt, weshalb die meisten Eide im A.T. von Gott selbst stammen (z. B. Gen 22,16; Mi 7,20; Ex 6,8; Ez 20,5; Ps 95,11). Jesus schwört häufig, denn die Formel »wahrlich, wahrlich, ich sage euch« ist eine Eidesformel. Der E. spielt im A.T. und N.T. sowie in der christlichen Geschichte eine große Rolle bei allen religiösen, politischen und gesellschaftlichen Bundesschlüssen. Die Selbstfestlegung Gottes im E. gehört zum Wesenskern des christlichen Glaubens. Nicht der Mensch bindet Gott, sondern Gott bindet sich selbst an sein eigenes Wort und schwört bei sich selbst.

Einsetzungsworte. Die Liturgie der heiligen Wandlung während einer Gründonnerstagsmesse in der Grabeskirche in Jerusalem. Die Messe zelebrierte 2001 Michel Sabbah (M.), der römisch-katholische Patriarch von Jerusalem.

Eigenkirche, eine auf privatem Grund stehende Kirche, über die früher der Grundbesitzer besondere Rechte ausüben konnte, vor allem das Recht, den Geistlichen zu bestimmen. Während es E. bis heute gibt, sind die damit verbundenen Rechte in allen Konfessionen abgeschafft worden.

Eigenschaften Gottes → S. 14

Eingeborener Sohn (auch einziggeborener Sohn), Titel Jesu in Joh 1,13, der seine Gottessohnschaft unterstreicht und in der Kirchengeschichte eine große Rolle spielte.

Einigungsbestrebungen, Versuche zur lehrmäßigen, praktischen oder organisatorischen Wiedervereinigung der christlichen Konfessionen. → Religionsgespräche, → Ökumenische Bewegung

Einkleidung, Übergabe des Ordenskleides an neue Mitglieder (Novizen) eines Ordens im Rahmen ihrer feierlichen Aufnahme nach bestandener Prüfung und Probezeit.

Einsegnung, eigentlich jede kirchliche Segenshandlung, meist aber für die ev. *Konfirmation* verwendet.

Einsetzungsworte, die Worte Jesu beim letzten Abendmahl mit seinen Jüngern und die Beschreibung der Umstände dieser Worte (Mt 26,26–29; Mk 14,22–25; Lk 22,15–20), die nach Paulus zur frühesten Überlieferung der Kirche gehören (1 Kor 11,23–25) und in der von ihm überlieferten Fassung heute bei jedem Abendmahl (Eucharistie) wiederholt werden. Ob dies bereits im 1. Jh. so praktiziert wurde oder erst durch Aurelius Augustinus zur Regel wurde, ist umstritten. Für die meisten christlichen Konfessionen mit Ausnahme einiger ev. Freikirchen ist ein Abendmahl ohne E. ungültig. Die kath. und die ev.-lutherische Kirche führen die Wandlung von Brot und Wein auf die E. zurück, andere ev. Richtungen lehnen dies ab. In den orthodoxen Kirchen sind nicht die E. entscheidend, sondern die Herabrufung des Heiligen Geistes *(Epiklese).*

Einsiedler → Eremit

EKD → Evangelische Kirche in Deutschland

Ekklesiologie (griech. ekklesia: »Kirche«), die Lehre von der Kirche als Teil der christlichen *Dogmatik.*

Eklektizismus (griech. eklegere: »auswählen«), in der Theologie die freie Auswahl und Vermischung von z. T. nicht zusammenpassenden Elementen aus verschiedenen Religionen und Konfessionen, ohne sich an eine bestimmte Richtung zu binden.

Elemente, Ausdruck für Brot und Wein im Abendmahl (Eucharistie).

Elevation (lat. »Aufheben«), das Emporheben der Abendsmahlselemente Brot und Wein bei der Eucharistie, das im 12. Jh. eingeführt und bald durch das Läuten von Glöckchen im Moment der Wandlung und ab dem 14. Jh. von der Beweihräucherung des Altars begleitet wurde. Die E. ist in anglikanischen Kirchen ohne diese Begleitelemente teilweise üblich, im ev. Bereich nur in *hochkirchlichen Bewegungen,* da sie außer Übung kam.

Eminenz (lat. eminentius: »hervorragend«), Ehrentitel für Kardinäle und den Großmeister des Malteserordens *(Ritterorden).*

Empfängnisverhütung, in der christlichen Ethik seit der *Frühen Kirche* verboten. Da man davon ausging, dass der Samen des Mannes das Leben in die Frau trägt, waren Selbstbefriedigung und Coitus interruptus Todsünden. Die ev. Kirchen übernahmen diese Sicht, auch wenn sie die Lehre von den Ehezwecken grundlegend änderten. Galt bisher die Zeugung von Kindern als erster Ehezweck, so leiteten die Reformatoren aus der Bibel ab, dass die Zeugung erst der dritte, nicht zwingend notwendige Ehezweck sei. 1923 sprach die anglikanische Kirche erstmals die Zulässigkeit der E. in bestimmten Fällen aus. 1930 beschloss die Weltbischofskonferenz der anglikanischen Kirche *(Lambeth-Konferenz)* die Zulässigkeit der E. Seitdem vertritt die ev. Ethik, dass E. in der Entscheidung des Ehepaares liegt, solange sie keine Form des *Schwangerschaftsabbruchs* ist. Der Papst gab ebenfalls 1930 aufgrund der neuen Erkenntnisse, dass Zeugung nur an einigen Tagen des weiblichen Zyklus möglich ist, die natürliche Familienplanung frei und verbot nur die künstliche E., wobei das päpstliche Lehramt entscheidet, welche Methoden als natürlich gelten. Dies wurde in päpstlichen Enzykliken bestätigt (»Casti connubii«, 1930; »Humanae vitae«, 1968; »Evangelium vitae«, 1995).

Enderwartung → Eschatologie

Endgericht → Jüngstes Gericht

Endkampf → Eschatologie

Endzeit → Eschatologie

Engel, die Vorstellung einer Engelwelt ist im A.T. schon vor der Patriarchenzeit zu finden (z.B. die Cherubim bei der Vertreibung aus dem Paradies: Gen 3,24), bleibt aber im A.T. und N.T. bis in das letzte Buch der Bibel praktisch unverändert. Über die Schöpfung dieser Wesen sagt die Bibel nichts. Texte wie Ex 20,11, die Gott als alleinigen Schöpfer allen Lebens bezeichnen, drücken aber aus, dass auch die E. seine Geschöpfe sind. Der hebr. Begriff »mal'akh« wie auch das griech. Wort »angelos« (lat. angelus) bedeuten ursprünglich »Bote«. Die E. sind Diener Gottes (Mt 4,11) und sollen seine Befehle ausführen. Sie sollen nicht angebetet werden (Kol 2,18; Offb 19,10; 22,8–9), aber sie beten Gott an (Neh 9,6). Sie sind Vermittler von Gottes Offenbarungen (Dan 10,11), gewähren den Heiligen Schutz (Gen 19,9ff.) und bestrafen den Ungehorsam (2 Sam 24,16). Dämonen gelten als gefallene E., die gegen Gott rebelliert haben (Dan 10,12–13; Mt 4,3). Die Cherubim werden häufig im Zusammenhang mit dem Heiligtum erwähnt (vgl. Ez 10,1ff; 41,18ff.). Sie stehen in engster Beziehung zu Gott. Gott thront über den Cherubim (1 Sam 4,4), sie weisen auf dem Deckel der Bundeslade auf Gottes Gegenwart hin (Ex 25,18–22). Ob die Serafim in Jes 6,2f. eine eigene Kategorie darstellen, ist nicht zu klären. Die Kirchen haben z.T. eigene Engellehren (Angelologien) entwickelt, wobei heute größere Zurückhaltung geübt wird. → Erzengel, → Schutzengel

Engel. Mit seiner »Schutzengelgruppe« (Höhe 177 cm) aus polychrom gefasstem Holz schuf der bayerische Schnitzer und Bildhauer Ignaz Günther eine Komposition, deren Kontraste thematisch motiviert sind: Die höfisch-elegante Erscheinung des Engels tritt in ausdrucksvolle Spannung zur volkstümlichen, »aus dem Leben gegriffenen« Figur des Kindes. Die mächtigen Flügel des Engels erinnern an das Psalmwort »im Schutze deiner Flügel« (Ps 61,5). 1763; Bürgersaalkirche, München

Epiphanias. Dreikönigsbild im Marien-Offizium eines spätgotischen Stundenbuchs aus Nordfrankreich. Traditionell repräsentieren die drei in Könige verwandelten Sterndeuter bzw. Weisen oder auch Magier aus dem Morgenland drei Lebensalter, wobei der Greis als erster kniend seine Gaben dem Neugeborenen darbringt. Die Charakterisierung der Huldigenden als Repräsentanten der drei Erdteile Europa, Asien und Afrika (mit König Kaspar als jugendlichem Farbigem) setzte sich ab dem 14. Jh. langsam durch. Zweite Hälfte des 15. Jh.; Biblioteca Apostolica Vaticana, Rom

Engel des Herrn (hebr. Mal'akh Jahwe), im A.T. häufig als heilsgeschichtlicher Bote Gottes auftretende Gestalt, die angebetet wird und von sich wie von Gott spricht. Sie wurde von vielen Kirchenvätern, Reformatoren und Theologen aller Konfessionen bis zum Aufkommen der *Bibelkritik* für die zweite Person der Dreieinigkeit, Jesus, gehalten, der schon vor seiner Inkarnation und Geburt das Schicksal seines Volkes bestimmte.

Entmythologisierung → Existenziale Theologie; → Bibelkritik

Entrückung, zunächst im A.T. und N.T. die wundersame Versetzung eines Menschen von einem Ort zum anderen (Apg 8,29) oder das wundersame Versetztwerden von gottesfürchtigen Menschen in den Himmel ohne zu sterben (Henoch: Gen 5,24; Hebr 11,5; Elia: 2 Kön 2,1+12–13). Sodann im N.T. Ausdruck für die Begegnung der Kirche Jesu mit dem wiederkehrenden Christus (1 Thess 4,13–17; 1 Kor 15,51–55), wobei die Lebenden direkt zu ihm entrückt werden, die Toten jedoch zunächst auferweckt werden. In fast allen Konfessionen ist diese E. Bestandteil der Ereignisse um die sichtbare *Wiederkunft Jesu.* Im *Dispensationalismus* und einigen Sondergruppen spielt die Lehre, dass die E. einige Jahre vor der Wiederkunft Jesu stattfindet, eine zentrale Rolle.

Enzyklika (von griech.-lat. encyclica epistula: »Rundbrief«), seit dem 18. Jh. gedruckte Lehrschreiben des Papstes an alle Bischöfe und heute auch an die ganze Kirche, jeweils benannt nach den ersten Worten des lat. Textes. Bisher hat sich keine E. auf die *Unfehlbarkeit* des Papstes gestützt.

Eparchie (griech.), orthodoxer Ausdruck für *Diözese,* den Amtsbezirk eines Bischofs.

Ephesus, bedeutende griech. Stadt der Antike an der Westküste Kleinasiens, in der Paulus unter außergewöhnlichen Umständen eine Gemeinde gründete (Apg 19, Epheserbrief). Dort soll der Apostel *Johannes* Bischof gewesen und – ebenso wie Jesu Mutter Maria – gestorben sein. E. wurde ein wichtiger Wallfahrtsort. Schauplatz des 3. Ökumenischen *Konzils* (431) und der *Räubersynode* (449).

Ephodion (griech. »Wegzehrung«), die dem Sterbenden gereichte Eucharistie bzw. *Hostie,* vgl. aber *Krankensalbung.*

Epiklese (griech. epiklesis: »Anrufung«), die in den orthodoxen Kirchen praktizierte Herabrufung des Heiligen Geistes auf die Abendmahlselemente Brot und Wein, der man die Wandlung der *Elemente* zuschreibt, nicht den *Einsetzungsworten.* Die feststehenden Gebete der E. sind seit dem 3. und 4. Jh. bekannt.

Epiphanias (griech. »Erscheinung des Herrn«), in Deutschland eher unter dem volkstümlichen Namen Heilige Drei Könige oder Dreikönigstag bekannt (6. Januar). E. feiert den ersten öffentlichen Auftritt Jesu bei seiner Taufe durch Johannes. In den orthodoxen Kirchen mit julianischem Kalender (u.a. Russland, Serbien) nimmt E. die Stellung des Weihnachtsfestes ein und heißt dort »Offenbarung der Göttlichkeit des Kindes vor den drei Königen«. In der kath. Kirche wird an E. der Drei Könige gedacht, die der Stern von Betlehem zu Jesus geführt hatte. Der einzige Bericht in Mt 2,1–12 nennt jedoch weder deren Zahl noch Namen. Seit dem 5. Jh. spricht man von drei Königen in Anlehnung an Ps 72,10 und die drei Geschenke Gold, Weihrauch und Myrrhe, seit dem 8./9. Jh. nennt man ihre Namen Caspar, Melchior und Balthasar. Seit dem 14. Jh. wird einer von ihnen, meist Caspar, als Farbiger dargestellt.

Episkopalismus (griech. episkopos: »Aufseher«, davon »Bischof«), die Lehre, dass die Kirche durch einen Bischof (ev.) oder die Bischöfe (kath.) geleitet werden müsse, im Gegensatz zum *Papalismus* (Leitung durch den *Papst*), *Konziliarismus* (durch das *Konzil*) und – außerhalb des kath. Bereichs – zum *Presbyterianismus* (durch Älteste und Synoden) oder Kongregationalismus (durch die örtliche Gemeindeversammlung). Kirchengeschichtlich bedeutsam war der E. des Kirchenvaters Cyprian von Karthago (um 210 bis 258), der die Gleichstellung aller Bischöfe vertrat und dem Papst nur einen Ehrenvorrang zugestand, sowie der nationalbewusste E. des *Gallikanismus* und des Febronianismus.

Episkopalkirche (engl. Protestant Episcopal Church), Name des amerikan. Zweigs der anglikanischen Kirche.

Episkopat (griech. episkopos: »Aufseher«, davon »Bischof«), das Amt des einzelnen *Bischofs* oder auch die Gesamtheit der Bischöfe eines Landes oder Erdteils.

Epistel (lat. epistula: »Brief«), im kirchlichen Sprachgebrauch die Apostelbriefe des N.T.

Epistellesung, Gegenstück zur *Evangelienlesung.*

Epistelseite, Gegenstück zur *Evangelienseite.*

Erbärmdebild (von Erbarmen), Darstellung Jesu als *Schmerzensmann.*

Erbauungsliteratur, oft weit verbreitete Schriften zur Stärkung des Glaubens, wie sie etwa die *Mystik* und der *Pietismus* hervorgebracht haben, vor allem für Laien gedacht.

Erbsünde (lat. peccatum originale), nur im Christentum bekannte Lehre, dass nicht nur der einzelne Mensch sündigt, sondern die gesamte Menschheit schon vor dem Begehen der ersten Sünde von der Sünde gezeichnet ist. Dieser ererbte Zustand der Ungnade vor Gott wurde durch den Sündenfall der ersten Menschen Adam und Eva ausgelöst (Gen 3). Er macht die kollektive Erlösung durch den neuen *Adam* Jesus Christus notwendig. Durch seine konkreten, persönlichen Sünden bestätigt der Mensch die E., löst sie aber nicht aus. Die christlichen Konfessionen stimmen zwar mit Ausnahme der *Quäker* und einiger früherer *Mennoniten, Arminianer* und *Methodisten* alle grundsätzlich mit der Lehre von der E. überein, seit Aurelius Augustinus sie im Anschluss an Paulus (Röm 5) formuliert und gegen die Pelagianer durchgesetzt hat, weichen aber erheblich in der Frage voneinander ab, inwieweit die E. den Menschen in Mitleidenschaft gezogen hat. Die kath. und die orthodoxen Kirchen sehen als Folge nur den Verlust des übernatürlichen Gnadengeschenks, der leiblichen Unsterblichkeit, und einen geschwächten Willen des Menschen an. Die ev. Kirchen gehen dagegen zusätzlich von einem gänzlich zum Guten unfreien Willen aus, der sich nicht mehr von selbst für Gott entscheiden kann. Dabei sind die reformierten Kirchen und Luther selbst am striktesten, weswegen nur der Heilige Geist aufgrund der *Prädestination* den menschlichen Willen ändern kann. Die lutherischen Kirchen schränken diese Prädestination ein; die *Baptisten, Methodisten* und viele nicht reformierte *Evangelikale* gehen davon aus, dass der Mensch in seiner *Bekehrung* trotz der E. sich mit seinem eigenen Willen für Gott entscheidet.

Erdbestattung → Bestattung

Eremit (griech. eremia: »Einsamkeit«), allgemein Einsiedler oder Asket, im engeren Sinn Form des Mönchtums im Gegensatz zu den zusammenlebenden *Zönobiten.* E. sind aber nicht so streng von der menschlichen Gemeinschaft abgeschnitten wie die *Anachoreten.*

ERF → Evangeliumsrundfunk

Erhebet eure Herzen (lat. Sursum Corda), Ruf und Antwort zu Beginn der Eucharistiefeier, in der kath. und anglikanischen Liturgie fest verankert, in der ev.-lutherischen Gemeinde nur bisweilen üblich.

Eremit. Auf den ersten Blick zeigt das Gemälde von Joachim Patinir eine Landschaft aus der Vogelperspektive und gehört somit zum Typus der »Weltlandschaft«. Zugleich veranschaulicht das Werk die Weltsicht des Eremiten, der sich in völlige Einsamkeit zurückzieht, um Gott näher zu kommen. Der Titel »Landschaft mit dem hl. Hieronymus« identifiziert ihn als den späteren Kirchenlehrer, dessen Vita von einem zeitweisen Eremitentum berichtet. Um 1520; National Gallery, London

Erlebnis, der dt. ev. Theologe Friedrich Ernst Daniel Schleiermacher (1768–1834) erklärte entgegen der bis dahin gültigen Sicht eines objektiven Glaubens das E. zum Kern jeglicher Form von Religion und des christlichen Glaubens und leitete damit eine neue Sichtweise des Glaubens im Bereich der *Liberalen Theologie* ein.

Erlöser → Heiland

Erlösung → Jesus Christus, S. 16

Erlösungsreligion, unter den Religionen gibt es spezielle E., vor allem das Judentum, das Christentum, die ind. Religionen und die Religionen der Spätantike. Während im Judentum und Christentum die Erlösung und Befreiung von Schuld und Sünde und die Erlangung der *ewigen Seligkeit* im Mittelpunkt stehen, streben Buddhismus und Hinduismus nach Erlösung aus einer leidvollen Scheinwelt in das große »Nichts«. Die spätantiken Religionen der *Gnosis* und des Manichäismus erstrebten die Befreiung der Seele aus den Fesseln der Materie.

Erntedankfest, eines der wenigen rein ev. Feste, das sich im 17. Jh. aus alten kirchlichen Feiern zum Abschluss der Ernte entwickelte und heute am ersten Sonntag im Oktober begangen wird. Dazu werden meist Obst und Gemüse auf und neben dem Altar ausgestellt und anschließend an Bedürftige verschenkt. Außerdem sind Sammlungen für die Dritte Welt üblich (Erntedankopfer).

Erstkommunion, die erste Teilnahme an der kath. Messe im Rahmen eines feierlichen Gottesdienstes.

Erstkommunion. Die Aufnahme zeigt den Altar der für die Erstkommunion geschmückten St.-Patroklus-Kirche in Dortmund.

Erwählung → Prädestination

Erweckung, Wiederherstellung des geistlichen Lebens solcher Christen oder Kirchen, die früher einmal einen lebendigen Glauben praktiziert haben, aber kalt, weltlich oder unwirksam geworden sind. Eine E. gilt Christen als ein souveränes Eingreifen Gottes und eine Antwort auf das Gebet seines Volkes um Neubelebung, einen religiösen Aufbruch und eine neue Bevollmächtigung durch den Heiligen Geist. Im engeren Sinn meint man mit E. jedoch die im Umfeld des *Pietismus,* der *Puritaner,* der *Evangelikalen,* der *Pfingstler* und *Charismatiker* geschehenen Aufbrüche in der Kirchengeschichte, vor allem im 18. und 19. Jh. Ihnen gemeinsam ist die Betonung der Bibel als Glaubensquelle, die persönliche Frömmigkeit mit Betonung von *Bekehrung, Wiedergeburt* und *Heiligung* und das Streben nach dem Wirken des Heiligen Geistes. In Deutschland entstand die E. vor allem aus dem *Pietismus* heraus und schlug sich insbesondere in innerkirchlichen ev. Bewegungen wie der *Gemeinschaftsbewegung,* aber auch in der Gründung der meisten ev. *Freikirchen* nieder. In der angelsächs. Welt führte die E. zur Gründung großer Bewegungen und Freikirchen *(Methodisten, Heilsarmee)* und zur Neubelebung in der »Second Awakening« unter geistiger Führerschaft von Jonathan Edwards. Kennzeichnend für die angelsächs. E. waren Erweckungsprediger, die vor großen Menschenmengen zur Bekehrung aufriefen.

Erzbischof (griech. »Hauptaufseher«), in der kath. Kirche der Vorgesetzte der *Bischöfe* einer Erzdiözese (Erzbistum), wobei der E. der wichtigsten Erzdiözese meist als *Metropolitan* die mehrere Erzdiözesen umfassende *Kirchenprovinz* leitet. Bisweilen verleiht der Papst den Titel E. auch ehrenhalber. Im ev. Bereich gibt es, wenn überhaupt, meist nur einen Bischof pro Kirche. In den lutherischen Kirchen in Schweden und Finnland hat sich jedoch die alte Leitungsstruktur über die Reformationszeit hinweg erhalten und der oberste Bischof heißt E. In der anglikanischen Kirche gibt es zwei E. in Canterbury und York, wobei der E. von Canterbury die Gesamtkirche und die weltweite anglikanische Kirchengemeinschaft leitet. Alle ev. E. haben nur ein Ehrenprimat, keine dem kath. E. vergleichbare *Jurisdiktionsgewalt.*

Erzdiakon → Archidiakon

Erzengel (Hauptengel), die jüd.-christliche Überlieferung kennt drei Engel, deren Namen genannt werden, im A.T. und N.T. Michael (Dan 10,13+21; 12,1; Jud 1,9; Offb 12,7) und Gabriel (Dan 8,16+17; 9,21; Lk 1,19+26) sowie Raphael in den *Apokryphen* des A.T. (Tobias 3,16). Nur Michael wird im A.T. »Engelfürst« und im N.T. »Erzengel« (Jud 1,9) genannt und als Schutzengel Israels dargestellt, der im N.T. den *Satan* als Feind der verfolgten Kirche besiegt. Er wird am Michaelstag (29. September) verehrt. Gabriel ist der Engel, der Maria die Geburt Jesu ankündigt. Raphael gilt im kath. Bereich als Patron der Kranken und Reisenden. Die kath. Kirche betrachtet alle drei als E. Im ev. Bereich galt nur Michael als E. Verschiedene ev. Theologen meinten, dass die Bezeichnung E. sich allein auf einen obersten Engel beziehen könne, oder setzten im Anschluss an einige *Kirchenväter* den E. Michael sogar mit Jesus und damit mit dem *Engel des Herrn* gleich, der im A.T. und N.T. somit für sein Volk kämpft.

Erzpriester (auch Archipresbyter), ursprünglich der Stellvertreter des *Bischofs,* seit dem 9. Jh. leitender Priester eines Kirchensprengels, abgelöst durch den Titel *Dekan* bzw. Dechant, heute nur noch als Ehrentitel erhalten.

Erzvater → Patriarch

Eschatologie → S. 17

Essener → Qumran

Established Church (engl. »etablierte Kirche«), feststehender Ausdruck für die anglikanische Kirche als Staats- und Nationalkirche. Die Bezeichnung wurde dann auch auf andere, eine Gesellschaft bestimmende oder prägende Kirchen ausgedehnt.

Ethik, dem aus dem Griech. abgeleiteten Wort entspricht das aus dem Lat. stammende Wort »Moral«. In der Philosophie wird E. als die theoretische Grundlage und Moral als das praktische Handeln gedeutet. Dieser Gebrauch hat sich in der Theologie nicht durchgesetzt, weil das entsprechende Fach evangelischerseits meist »E.«, katholischerseits meist »Moraltheologie« oder »Morallehre« genannt wird. Außerdem setzt es eine künstliche, der christlichen E. fremde Trennung von Theorie und Praxis des Handelns voraus. Sinnvoll ist es, »E.« für die theoretische Reflexion, »Ethos« für die Grundhaltung eines Einzelnen oder einer Gesellschaft und »Moral« für den faktisch gelebten Konsens zu verwenden. Die E. bildet neben der *Dogmatik* den Hauptteil der *Systematischen Theologie.*

Eucharistie → S. 68

Eucharistische Kongresse, kath. Konferenzen zur gemeinsamen Verehrung der Eucharistie und Erforschung der Lehre von der Eucharistie, meist mit Betonung der *Marienverehrung.* 1881 fand der 1. Internationale E. statt, seit 1945 regelmäßig, zuletzt 2000 in Rom. Daneben gibt es nationale E., im deutschsprachigen Bereich 1909 (Köln), 1912 (Wien) und 1960 (München).

Euthanasie (griech. eu: »gut«, thanatos: »Tod«), auch Sterbehilfe, von Francis Bacon 1605 geprägter Begriff für die Beendigung des Lebens Schwerstleidender. Die christliche Ethik unterscheidet zwischen aktiver E., der Herbeiführung des Todes eines schwer Leidenden, aber nicht Sterbenden, der passiven E. als Verzicht auf lebensverlängernde Maßnahmen bei einem Sterbenden und der indirekten E. als Inkaufnehmen eines möglicherweise früheren Todeseintritts bei der Behandlung Kranker. Während die aktive E. als Tötung oder Beihilfe zum Selbstmord verworfen wird, gelten passive und indirekte Sterbehilfe nach Abwägung aller Umstände als zulässig.

Evangeliar, ursprünglich eine Handschrift mit dem vollständigen Text der vier *Evangelien.* Die E. zählen zu den prachtvollsten illustrierten Handschriften des Mittelalters (z.B. Adahandschrift, um 800; Reichenauer E., 10. Jh., E. Ottos. III, um 1000; E. Heinrich des Löwen, 12. Jh.), später auch für das *Perikopenbuch* verwendet.

Evangeliar. Zum Bildprogramm eines Evangeliars und seiner Entsprechung Evangelistar (= Perikopenbuch) gehören die Autorenbilder der vier Evangelisten mit ihrem inspirierenden Symbol. Die Seite aus dem in Aachen geschaffenen, dem Kloster Lorsch vermachten karolingischen »Lorscher Evangeliar« zeigt den Evangelisten Johannes am Schreibpult; im Bogenfeld als himmlischem Bereich erscheint der Adler mit Nimbus. Um 810; Biblioteca Apostolica Vaticana, Rom

Der Beginn des Lukasevangeliums:
»Da es nun schon viele unternommen haben, einen Bericht von den Ereignissen zu verfassen, die sich unter uns zugetragen haben, wie sie uns die überliefert haben, die von Anfang an Augenzeugen und Diener des Wortes gewesen sind, hat es auch mir gut geschienen, der ich allem von Anfang an genau gefolgt bin, es dir, vortrefflichster Theophilus, der Reihe nach zu schreiben, damit du die Zuverlässigkeit der Dinge erkennst, in denen du unterrichtet worden bist.«
Lukas 1,1–4

Evangelical → evangelikal; → evangelisch

Evangelien (griech. evangelion: »frohe Botschaft«), allgemein die frohe Botschaft von der Erlösung durch Jesus Christus. Die vier E. am Anfang des N.T. erzählen die Geschichte Jesu. Die Autoren nennt man Evangelisten. Zwei der E. stammen von den Aposteln Matthäus und Johannes, also aus dem Personenkreis der zwölf Jünger Jesu. Markus war ein Mitarbeiter des Apostels Petrus, Lukas ein Mitarbeiter des Paulus. Die E. sind in ihrer Unterschiedlichkeit nicht nur von ihren Autoren bestimmt, sondern auch von der missionarischen Zielgruppe. So wendet sich Mt an Juden, Mk an Römer, Lk an Griechen und Joh an Christen. Als Vorlagen dienten mündliche Überlieferungen und im Judentum bei Rabbis übliche stichwortartige Mitschriften über das Leben und Wirken Jesu sowie Zeugenbefragungen (Lk 1,1–4). Die drei ersten E. nennt man synoptische E. (griech. synopsis: »Zusammenschau«), da sie sich in Inhalt, Aufbau und Sprache ähneln. Joh dagegen setzt die anderen E. voraus und beschreibt vor allem persönliche Reden und Begegnungen Jesu.

Evangelien, apokryphe → Apokryphe Evangelien

Evangelienharmonie → Diatessaron

Evangelienlesung, seit der frühen Kirche bis heute wird jeden Sonntag im Gottesdienst ein Abschnitt aus den Evangelien, ein Abschnitt aus den neutestamentlichen Briefen (lat. epistula, davon Epistellesung) und oft auch noch ein Abschnitt aus dem A.T. gelesen, wobei die Abschnitte mit Einführung des Buchdrucks immer kürzer wurden. Heute werden zur Epistellesung auch Texte aus dem A.T. und aus dem ganzen N.T. außer den vier Evangelien gezählt.

Evangelienseite, bis zur kath. Liturgiereform (2. *Vatikanisches Konzil)* die Seite auf dem Altar einer Kirche, von der aus das Evangelium gelesen wurde (meist die Nordseite), im Gegensatz zur Seite für die Lesung der Briefe (Epistel), der Epistelseite. Auf der E. saßen oder standen bei getrennter Sitzordnung früher die Frauen, auf der Epistelseite die Männer.

Evangelikale, aus *Pietismus, Erweckungsbewegung, Heiligungsbewegung* und der *Low Church* der anglikanischen Kirche im 19. Jh. hervorgegangene, in allen ev. und anglikanischen Kirchen verbreitete Gruppierung des Protestantismus, die heute zusammen mit den *Pfingstlern* und *Charismatikern* vor allem in der Dritten Welt die am schnellsten wachsende christliche Bewegung darstellt (22% der Weltchristenheit, 75% davon in der nicht westlichen Welt). E. betonen folgende fünf Punkte: 1. Jesus Christus als Herr und alleinige Quelle des Heils durch den Glauben an ihn *(Absolutheitsanspruch).* 2. Der persönliche Glaube an Christus durch *Bekehrung* und *Wiedergeburt* durch den Heiligen Geist als persönliche Gewissheit. 3. Die Anerkennung der Bibel als historisch glaubwürdiges, inspiriertes Wort Gottes, als letzte Instanz in allen Fragen des Glaubens und des Lebens und als ständige persönliche Lektüre. 4. Die Bedeutung der Laien. 5. Die Notwendigkeit der Evangelisation und Mission innerhalb und außerhalb der Christenheit als Anstrengung aller Christen und Gemeinden. Die E. beschränken sich jedoch nicht auf protestantische Denominationen, da eine zunehmende Zahl unter den Katholiken, Orthodoxen und Anhängern anderer Konfessionen unter Verwendung dieser Bezeichnung oder de facto evangelikale Positionen vertreten. Typisch für die E. ist, dass sie ihre eigenen Strukturen parallel zu den kirchlichen aufbauen, ohne diese zu verlassen (in Deutschland z.B. die *Gemeinschaftsbewegung* und die Rundfunkmission ERF), aber auch ganze Freikirchen verstehen sich als E. (z.B. *Bund Freier ev. Ge- meinden).* Die Interessenvertretung der E. sind die *Evangelischen Allianzen,* die in der *Weltweiten Ev. Allianz* zusammengeschlossen sind.

Evangelisation, nach neutestamentlichem Sprachgebrauch jede Form der Verkündigung des *Evangeliums* an Nichtchristen oder der Kirche entfremdete Menschen mit oder ohne Kirchenmitgliedschaft. Die oft gemachte Unterscheidung zwischen E. als Verkündigung im eigenen Land oder der eigenen Kultur und *Mission* als Verkündigung in anderen Ländern oder Kulturen wird in der Begrifflichkeit meist nicht durchgehalten, etwa wenn man Weltmission auch Weltevangelisation und die Arbeit im eigenen Land *Innere Mission* nennt. Für die *Evangelikalen* ist die E. ein Aufruf zur *Bekehrung* und Aufgabe jedes Christen im persönlichen Zeugnis. → Evangelist

Evangelisch, allgemein alles, was mit dem *Evangelium* zu tun hat, im kath. Bereich seit dem Mittelalter Ausdruck für die *Evangelischen Räte,* seit der *Reformation* Bezeichnung der protestantischen Kirchen im Gegensatz zur kath. Kirche.

Evangelische Allianz, Zusammenschluss der *Evangelikalen,* der 1848 durch Vertreter von 52 ev. Volkskirchen und *Freikirchen* der westlichen Welt in London gegründet wurde und damit die älteste innerprotestantische ökumenische Bewegung darstellt. Die E. gliedert sich in nationale Allianzen, Europäische Allianz und Weltweite E. In Deutschland gibt es ca. 3000 örtliche E. sowie einen 50-köpfigen Hauptvorstand als Träger der Deutschen E. (DEA). Die DEA repräsentiert etwa 1,2 Mio Christen und unterhält u. a. den *Evangeliumsrundfunk* und den größten Zusammenschluss dt. *Missionsgesellschaften* AEM. Sie ist Hauptinitiator der Großprojekte der *Evangelisation* in Deutschland. Die Weltweite E. repräsentiert nationale Allianzen aus ca. 150 Ländern. Die E. gab den Anstoß zur Gründung des Christlichen Vereins Junger Männer (CVJM, 1855), des Jugendbundes für entschiedenes Christentum (EC, 1881) und des Christlichen Studenten-Weltbundes (1895).

Evangelische Kirche in Deutschland (EKD), Dachverband der ev. Landeskirchen in Deutschland, der sich 1948 aus den *Lutherischen, Reformierten* und *Unierten Landeskirchen* bildete und sich 1991 wieder mit den 1969 abgetrennten Landeskirchen im Bund der Ev. Kirchen in der DDR vereinigte. Acht der 24 Landeskirchen gehören zur Vereinigten Ev.-Lutherischen Kirche Deutschlands (VELKD), dazu kommen zwei weitere lutherische Kirchen (Oldenburg, Württemberg). Sieben Landeskirchen (u. a. Rheinland und Westfalen) gehören zur Ev. Kirche der Union (EKU), dazu kommen fünf weitere unierte Kirchen. Zwei Kirchen sind reformiert und mit anderen reformierten Kirchengemeinden unierter Kirchen im Reformierten Bund lose zusammengeschlossen. Alle nicht lutherischen Kirchen treffen sich zum Austausch in der Arnoldshainer Konferenz. Die EKD ist ein Zusammenschluss selbstständiger Landeskirchen. Eine Synode mit 164 Mitgliedern, die von den Synoden der Kirchen und den Kirchenleitungen entsandt werden, leitet die EKD. In der beratenden Kirchenkonferenz besitzt jede Landeskirche je nach Größe ein oder zwei Stimmen. Die Synode wird von 19 Theologen und Laien im Rat der EKD geleitet, an dessen Spitze der Leiter einer der Landeskirchen (Bischof, Präses usw.) als Vorsitzender des Rates der EKD mit repräsentativer Funktion gewählt wird. Das Kirchenamt der EKD hat seinen Sitz in Hannover, das für Mission und außerdeutsche ökumenische Kontakte zuständige Kirchliche Außenamt in Frankfurt/Main.

Evangelische Kirche in Österreich, die der *Evangelischen Kirche in Deutschland* entsprechenden ev. Landeskirchen in Österreich zerfallen in den größeren Teil der Ev. Kirche (A.B.) (*Augsburgischen Bekenntnisses,* also lutherisch) und den kleineren Teil der Ev. Kirche (H.B.) (*Helvetischen Bekenntnisses,* also reformiert). Bis zum Toleranzpatent Kaiser Josefs II. 1781 war der ev. Glaube in Österreich verboten. Erst 1861 gestattete Kaiser Franz Josef I. den Protestanten, sich ev. zu nennen und zu organisieren, die staatliche Zwangsaufsicht wurde sogar erst 1961 aufgehoben. Die E. zählt etwa 375 000 Mitglieder.

Evangelische Messe → Deutsche Messe

Evangelische Räte (lat. consilia evangelica), schon im Mittelalter gebräuchliche Bezeichnung für die Empfehlungen der Evangelien zum Verzicht auf Besitz (Mk 10,17ff.), auf Familie (Mk 10,29f.) und auf Macht (Mk 10,42ff.). Die kath. und orthodoxen Kirchen sahen die E. als Kennzeichen des Ordensgelübdes mit Armut, Keuschheit und Gehorsam an, nicht aber als Gebote für jedermann. Der Ordensstand heißt daher auch Rätestand.

Evangelisch-lutherisch, Name der *Lutherischen Kirchen* innerhalb der ev. Landeskirchen *(Evangelische Kirche in Deutschland).*

Evangelisch-Lutherische Freikirche → Altlutheraner

Evangelisch-reformiert, Name der *Reformierten Kirchen* innerhalb der ev. Landeskirchen *(Evangelische Kirche in Deutschland).*

Evangelische Kirche in Deutschland. Mit einem Gottesdienst im Braunschweiger Dom wurde im Jahr 2000 die Synode der Evangelischen Kirche in Deutschland eröffnet. Beim Einzug in die Kirche sind u. a. der griechische Metropolit Augoustinos (l.), der niedersächsische Ministerpräsident Sigmar Gabriel (2. v. r.) und Präses Jürgen Schmude (r.) zu sehen.

Ewigkeit.
»Der Mensch ›stirbt‹, wenn er ›das ewige Leben‹ verliert. Das Gegenteil des Heils ist also nicht das bloß zeitliche Leiden, ein Leiden welcher Art auch immer, sondern das endgültige Leiden: der Verlust des ewigen Lebens, die Zurückweisung durch Gott, die Verdammnis. Der eingeborene Sohn ist der Menschheit geschenkt worden, um den Menschen vor allem vor diesem endgültigen Übel und vor dem endgültigen Leiden zu bewahren.«
Papst Johannes Paul II. in der Enzyklika »Salvifici Doloris« (1984)

Evangelist (griech. evangelion: »frohe Botschaft«), im N.T. wichtiges Amt meist umherziehender Verkündiger des Evangeliums, in der Kirchengeschichte meist Verkündiger an die Ungläubigen im Gegensatz zu Pastoren der Gemeinden. In *Erweckungsbewegungen* gewannen E. wie John Wesley oder Charles Finney großen Einfluss und E. wurden zu Kennzeichen der *Evangelikalen* und der meisten *Freikirchen.* Der bekannteste E. dieser Art ist Billy Graham, der vor Millionen Menschen spricht. Im engeren Sinn bezeichnet E. den Autor eines der vier *Evangelien* im N.T.

Evangelistensymbole → S. 18

Evangelium (griech. evangelion: »frohe Botschaft«), ursprünglich Bezeichnung der Verkündigung Jesu und von Paulus als kürzeste Formel der christlichen Botschaft verwendet. Daneben schon früh Titel für die vier *Evangelien* und für die gottesdienstliche Lesung daraus *(Evangelienlesung).*

Evangeliumsrundfunk (ERF), größte private christliche Rundfunkanstalt in Deutschland mit mehreren Programmen (z.B. Junge Welle) und Sendungen in zahlreichen Sprachen, die in Deutschland und aller Welt ausgestrahlt werden. Träger des ERF, der keiner Kirche verpflichtet und ökumenisch gesinnt ist, sind die *Evangelikalen.* → Radio Vatikan

Ewige Seligkeit, ewiges Leben, im Glauben aller christlichen Konfessionen nach der Auferstehung der Gläubigen ein immer währender Zustand des vollkommenen Heils und Glücks ohne Leid und Sünde durch die ständige Gemeinschaft mit Christus bzw. Gott. Das N.T. spricht vom ewigen Leben, das in Teilhabe am Leben und Erbe Jesu Christi, des ewigen Sohnes Gottes, für Gläubige schon hier beginnt und im zukünftigen Leben zur Erfüllung gelangt (Mt 25,46; Joh 6,54; Röm 2,7; Tit 3,7; Joh 1,4; 10,10; 17,3; Röm 6,23).

Ewiges Licht, auch Ewige Lampe, lange brennende Öllampe oder Kerze, die in anglikanischen Kirchen die Gegenwart Christi symbolisiert und in kath. Kirchen vor dem *Tabernakel* mit den geweihten Hostien hängt, in denen Christus gegenwärtig ist.

Ewigkeit, kommt im christlichen Glauben eigentlich nur Gott zu, der zeitlich ohne Anfang und Ende ist. Oft bezeichnet E. aber auch etwas, das zwar zeitlich einen Anfang hat, aber kein Ende (lat. sempiternitas: »Halbewigkeit«). In diesem Sinn gibt es durch die Auferstehung ewiges Leben und kann die *Ewige Seligkeit* als E. bezeichnet werden. Im A.T. und N.T. meint E. auch einen sehr langen Zeitraum, sodass oft der Ausdruck »von E. zu E.« gewählt wird, um E. als völlige Zeitlosigkeit zu bezeichnen (z.B. 1 Chr 16,36; Gal 1,5). → Eigenschaften Gottes, S. 14

Ewigkeitssonntag, heute offizielle Bezeichnung für den ev. *Totensonntag.*

Exaudi (lat. »Höre!«), Name des siebten Sonntags nach Ostern kurz vor Pfingsten, der nach dem Beginn von Ps 17 (Höre, Herr, meine Stimme) benannt wurde.

Ex cathedra → Unfehlbarkeit des Papstes; → Cathedra

Exegese (griech. exegesis: »Auslegung«), die Deutung von Texten, in der Theologie der biblischen Schriften, eine der wesentlichen Aufgaben der wissenschaftlichen Theologie.

Exemtion (lat. exemptio: »Ausnahme«), im kath. Kirchenrecht die Befreiung von der *Jurisdiktion* der regulären kirchlichen Autorität (z.B. Priester, Bischof, Ordensoberer) und die direkte Unterstellung unter eine höhere kirchliche Instanz. Exemte Bistümer unterstehen nicht dem lokalen Erzbischof, sondern direkt dem Papst, exemte Orden nicht dem zuständigen Bischof, sondern der entsprechenden päpstlichen *Kongregation.*

Exequien (lat. exsequiae: »Leichengang«), kath. Ausdruck für alle Riten beim Geleit des Verstorbenen zum Grab, also die Segnung des Leichnams, seine Überführung in die Kirche, die *Totenmesse* (z.T. als *Requiem*), die Prozession und das eigentliche Begräbnis.

Exerzitien (lat. exercitia spiritualia: »geistliche Übungen«), Übungen, die unter Leitung eines Exerzitienmeisters zum vertieften Verständnis der kath. Glaubensgeheimnisse sowie Reinigung und Erneuerung des persönlichen Glaubenslebens führen sollen. Heute meist gleichbedeutend mit den E. des Jesuitenordens, die dessen Gründer Ignatius von Loyola (1491–1556) in seinem Exerzitienbüchlein von 1548 beschrieb.

Existenziale Theologie, in Anknüpfung an den Existenzialismus des 19. und 20. Jh. und an das individualistische Existenzverständnis des dän. ev. Philosophen Sören Kierkegaard (1813–1855) schuf Rudolf Bultmann (1884 bis 1976) als bedeutsame Schule der *Liberalen Theologie* die E., welche die als Mythen verstandenen biblischen Texte danach befragt, was für ein Existenzverständnis aus ihnen spricht und was davon für den modernen Menschen von Bedeutung ist. So wird etwa die als unhistorisch bewertete Auferstehung Jesu dennoch als Programm der Hoffnung im tiefsten Leid verstanden. Zur E. gehört die ebenfalls von Bultmann begründete *Situationsethik,* derzufolge der Mensch keine grundsätzlichen Werte und Ordnungen formulieren kann, sondern in jeder Situation neu entscheiden muss, was für ihn existenziell von Bedeutung ist. → Entmythologisierung

Exkommunikation (lat. excommunicare: »aus der Gemeinschaft ausschließen«), auch Kirchenzucht, Kirchendisziplin, im kath. Kirchenrecht der zeitweilige Ausschluss von Gottesdienst und Sakramenten als Kirchenstrafe, die jedoch aufgrund von Umkehr aufgehoben werden muss; in der ev. Kirche kaum noch gebrauchter Ausdruck für die ebenso verstandene Kirchenzucht (auch Gemeindezucht oder Kirchendisziplin). Der *Bann* ist dagegen spätestens seit dem 19. Jh. überall abgeschafft. Im kath. Kirchenrecht *(Codex Iuris Canonici)* spielt die E. weiterhin eine große Rolle, auch wenn die »E. als Tatstrafe« 1983 eingeschränkt worden ist. Gewalt gegen den Papst (Can. 1370) führt ebenso wie eine Abtreibung (Can. 1398) zur E., besonders aber »Straftaten gegen die Religion und die Einheit der Kirche« (Buch VI, Titel I). Betroffen sind der »Apostat«, der vom gesamten kath. Glauben abfällt (Can. 1364; 751; 194 § 1; 694 § 1), der »Häretiker«, der an kath. Wahrheiten zweifelt (Can. 751; 1364) und der »Schismatiker« (Can. 751; 1364). Die Gemeindezucht ist in der kath. Kirche und in den ev. *Volks- und Landeskirchen* de facto abgeschafft. Die meisten lutherischen Kirchen kannten die Kirchenzucht nur als Recht der übergeordneten Kirchenbehörden oder Bischöfe zur Zucht an den Pfarrern, nicht aber als Zucht innerhalb der konkreten Gemeinde oder an Gemeindegliedern. Für die *Reformierten* und *Täufer* ist der Kirchenausschluss der Endpunkt der seelsorgerlichen Bemühungen der Christen aneinander, Kirchenzucht umfasst also alle Aktivitäten der Seelsorge und Lehre in einer Gemeinde, die auf die *Heiligung* des Christen abzielen.

Ex oriente lux → Orientation

Exorzismus, Austreiben von Dämonen und bösen Geistern im Namen Jesu. E. wird im N.T. als Wunder mehrfach beschrieben (Mk 16,17; Apg 16,18; Mt 18,18; Lk 10,19), es wird aber auch vor den Folgen des Missbrauchs gewarnt (Apg 19,13–17). Seit dem 3. Jh. gibt es das Amt des Exorzisten, und der E. wird liturgischer Bestandteil der Taufe *(Abrenuntatio).* Heute ist der E. im kath. und *evangelikalen Bereich* wenig bekannt, gilt aber als ein Kennzeichen der *Pfingstler* und der *Charismatiker.*

Externsteine. Eine in den Fels gehauene Großplastik aus dem 12. Jh. stellt die »Kreuzabnahme Christi« dar.

Externsteine, ungewöhnliche Felsformation im Teutoburger Wald, wohl ursprünglich ein german. Heiligtum, durch die in den Felsen gehauene Kapelle von 1155 zum christlichen Pilgerort geworden. Aus dieser Zeit dürfte auch das Relief der *Kreuzabnahme* stammen.

F

Faith and Order (engl. »Glauben und Kirchenverfassung«), Vorläufer der *Ökumenischen Bewegung* mit Weltkonferenzen in Lausanne (1927) und Edinburgh (1937) zur Einigung der christlichen, vor allem der ev. und der orthodoxen Kirchen, wurde 1948 als Kommission für Glauben und Kirchenverfassung dem neu gegründeten *Ökumenischen Rat* der Kirchen in Genf eingegliedert.

Familie, im A.T. und N.T. sind *Ehe* und Sexualität zwar zunächst ein Zweck an sich, dann aber auch auf die Zeugung von Nachkommenschaft und damit auf F. angelegt (Gen 1,28–32). Die F. ist im christlichen Verständnis sowohl eine innere, von der Liebe getragene Größe, wie eine äußere Rechtsordnung mit konkreten Ansprüchen. Die Aufgabe der Kernfamilie ist neben der Beziehung der Erwachsenen zueinander vor allem, für das physische und psychische Wohl der Kinder zu sorgen und ihnen Erziehung zur

Fasten. Den Schauplatz des Gemäldes von Pieter Bruegel d. Ä. begrenzt links ein Wirtshaus, vor dem ein Fastnachtsspiel zum besten gegeben wird, und rechts der Eingang einer Kirche mit Bettlern, die Almosen erwarten. Am unteren Bildrand vollführen der fette Prinz Karneval und die klapperdürre Verkörperung der bevorstehenden Fastenzeit den »Kampf zwischen Karneval und Fasten«, 1559; Kunsthistorisches Museum, Wien

Selbstständigkeit in jeder Hinsicht zukommen zu lassen, damit sie als Erwachsene unabhängig von ihren Eltern in dieser Welt leben können. → Empfängnisverhütung

Familienplanung → Empfängnisverhütung

Farben → S. 20

Fascinosum → Heilige, Das

Fasten, in der Bibel nirgends geboten, aber als segensreiche Einrichtung empfohlen. Die Bibel kennt das F. des Einzelnen ebenso wie das des ganzen Volkes, das F. zwischen einem und 40 Tagen, den Verzicht auf jede feste Nahrung ebenso wie den Verzicht auf köstliche Speisen (Dan 10,3). Als Jesus 40 Tage fastete, ist nur davon die Rede, dass er nichts aß und ihn anschließend hungerte (Mt 4,2; Lk 4,2). → Fastenzeit

Fastenzeit, in der kath. Kirche die Zeit von Aschermittwoch bis zum Abend des Karsamstags (lat. quadragesima: »40 Tage«, an Sonntagen wird nicht gefastet) und die Adventszeit, wobei unter Fasten nicht der völlige Verzicht auf Speisen im Sinn des N.T. *(Fasten),* sondern der Verzicht auf üppiges Essen, Alkohol oder liebe Gewohnheiten verstanden wird. Auch das eigentlich an jedem Freitag, der kein Feiertag ist, vorgeschriebene Fasten mit Verzicht auf Fleisch warmblütiger Tiere (Fisch gilt nicht als Fleisch) kann durch einen solchen Verzicht oder ein Werk der Nächstenliebe ersetzt werden. In den ev. Kirchen ist die F. die Passionszeit, die allerdings im Gegensatz zur kath. F. stets freiwillig war.

Fastnacht, ursprünglich die Nacht vor der *Fastenzeit* ab Aschermittwoch. Karneval ist der letzte Sonntag vor dem Beginn des Fleischverzichts und des Verzichts auf »fleischliche« (weltliche) Genüsse (lat. carne vale; ital. Volksmund: carne vale: »Leb wohl, Fleisch«). F. und überhaupt die letzten Tage vor der Fastenzeit wurden in Italien seit dem Spätmittelalter mit ausgelassenem und närrischem Brauchtum immer prunkvoller gefeiert und von dort aus auch in kath. Gegenden Deutschlands heimisch, vor allem seit dem 19. Jh. in Köln, Mainz, Aachen und Düsseldorf. Dem Karnevalsbrauchtum liegen alte magische Abwehrriten gegen Mächte zugrunde, die dem Frühling schaden wollen.

Fatalismus (lat. fatum: »Schicksal«) → Schicksal; → Determinismus

Fatima, portug. Marienwallfahrtsort, der auf die Marienerscheiungen dreier Kinder 1917 zurückgeht, die 1930 von der kath. Kirche anerkannt wurden. Von den dabei offenbarten drei Prophezeiungen, die Ereignisse des 20. Jh. angekündigt haben sollen, wurde die dritte erst 2000 vom Papst veröffentlicht; sie enthielt aber nicht wie erwartet die Ankündigung des Weltuntergangs. Am Ort der ersten Marienerscheinung entstanden ab 1928 eine Basilika, Klostergebäude sowie Unterkünfte.

Fegefeuer, nur in der kath. Kirche bekannte, von ev. und orthodoxen Kirchen abgelehnte Lehre eines Zwischenzustands zwischen dem irdischen Leben und dem ewigen Leben, in dem der Mensch zu seiner Läuterung büßt, um das ewige Leben zu erlangen. Das F. hängt eng mit der Lehre vom *Ablass* zusammen, durch den die Zeit im F. verkürzt werden kann. An *Allerseelen* gedenkt die kath. Kirche der im Volksmund »arme Seelen« genannten Menschen im F. Das F. wurde auf dem Konzil zu Florenz im Jahr 1439 als Dogma verkündet.

Feministische Theologie, in den 1960er Jahren in den USA entstandene theologische Richtung, welche die Vorherrschaft männlicher theologischer Konzepte in Theologie und Kirche beenden will. Die gemäßigtere Richtung bemüht sich, an den biblischen Texten zu zeigen, dass Gott auch im Bild der Mutter dargestellt werden kann. Sie setzt sich für ein nichtmännliches Gottesbild, geschlechtsneutrale Bibelübersetzungen und Abschaffung aller patriarchalischen Elemente in der Kirche ein. Die radikalere Richtung will den traditionellen christlichen Vatergott durch weibliche Göttinnen ersetzen und verwirft die gesamte »männliche« Theologiegeschichte.

Feste, Feiern → S. 64

Feuerbestattung → Bestattung

Filioque (lat. »und vom Sohn«), durch die Theologie des Kirchenvaters Augustinus (354–430) angeregter, 1014 offiziell verabschiedeter Zusatz der abendländischen Kirche zum *Nizänisch-Konstantinopolitanischen Glaubensbekenntnis,* wonach der Heilige Geist nicht nur vom Vater, sondern vom Vater »und vom Sohn« ausgeht. Von der Ostkirche mit Hinweis auf Joh 15,26 als unerlaubte Änderung eines alten Bekenntnisses verworfen, war das F. seit 589 in der span., seit 767 in der fränk. Kirche gültig. Die kath. und ev. Kirchen sind heute bereit, bei ökumenischen Ereignissen zusammen mit orthodoxen Kirchen auf diesen Zusatz zu verzichten und sehen darin keine kirchentrennende Lehre mehr.

Firmung (lat. confirmatio: »Bestätigung«), das zweite Sakrament in orthodoxen und kath. Kirchen zum Empfang des Heiligen Geistes unter Handauflegung, das auf Apg 8,14–17 zurückgeführt wird. In orthodoxen Kirchen findet es im Anschluss an die Taufe statt und wird vom Priester mit vom Bischof geweihtem Öl durchgeführt. In der kath. Kirche wird die F. nach dem Firmunterricht zwischen dem 7.–12. Lebensjahr durch Handauflegung und Salbung durch einen Bischof gespendet. Die ev. Kirchen haben die F. abgeschafft, aber mit der Konfirmation seit 1538 eine Entsprechung ohne sakramentalen Charakter geschaffen, die vom Ortspfarrer durchgeführt wird und pädagogische Funktion besitzt, nämlich nach ein- bis zweijährigem Konfirmandenunterricht die 13- bis 15-jährigen Getauften als eigenständige Mitglieder in die Kirche aufzunehmen und zum Abendmahl zuzulassen. In der anglikanischen Kirche hat die vom Bischof vollzogene Konfirmation in der *High Church* sakramentalen Charakter, in der *Low Church* nur pädagogischen.

Fisch → S. 19

Fischerring, seit dem 15. Jh. der Siegelring des Papstes mit seinem Namen sowie einem Bild Petri mit seinem Fischernetz.

Flagellanten (lat. flagellum: »Geißel«), ekstatische Asketen, die sich zur Strafe und Buße selbst geißelten. Die mit eindringlichen Predigten und Erwartungen des Weltendes verbundene Laienbewegung begann 1260 mit einer Geißlerwallfahrt durch Italien. Im 14. und 15. Jh. zogen große Gruppen von F. durch Europa. → Geißelung

Firmung. Kardinal Karl Lehmann salbt bei der Spendung des Sakraments der Firmung Jugendliche in der Sankt-Michael-Kirche in Ingelheim.

Fleisch → Sarx

Florenz, die kunst- und kulturgeschichtliche Schatzkammer in der Toskana war Schauplatz zweier wichtiger Ereignisse der Kirchengeschichte: 1438 beschloss das vom Konzil in *Basel* abgespaltene, zuerst nach Ferrara übersiedelte (Teil-)Konzil unter Leitung von Papst Eugen IV. (reg. 1431–47) in F. eine Union und ein gemeinsames Glaubensbekenntnis mit der *griechisch-orthodoxen Kirche.* Beides galt als Voraussetzung einer Unterstützung der Byzantiner gegen die bereits auf den Balkan vorgedrungenen Osmanen; doch 1453 fiel Konstantinopel den Osmanen in die Hände. Ein später Reflex des Konzils ist Benozzo Gozzolis Fresko in der Kapelle des Palazzo Medici »Der Zug der Hl. Drei Könige« (1459) mit dem Konzilsteilnehmer Kaiser Johannes VIII. Palaiologos von Byzanz als ältester der drei Weisen aus dem Morgenland. 60 Jahre nach dem Konzil von F. wurde auf der Piazza della Signoria der dominikanische Bußprediger Girolamo Savonarola (1452–1498) verbrannt. Nach der Vertreibung der Medici (1494) hatte Savonarola in F. einen Gottesstaat ausgerufen und war von Papst Alexander VI. (reg. 1492–1503) exkommuniziert worden. Im 16. Jh. festigte das Pontifikat zweier Medici-Päpste die Verbindung zwischen F. und Rom: 1513–21 regierte Papst Leo X. (eigentlich Giovanni de' Medici), 1523–34 regierte Giulio de' Medici als Clemens VII.

Florenz. Die markanteste Gestalt der Florentiner Kirchengeschichte ist der Dominikaner Giovanni Savonarola (1452–1498). Das Bildnis schuf sein Mitbruder, der Malermönch Fra Bartolomeo, um 1498; Museo di San Marco, Florenz

Fluch, vor allem gegen Menschen ausgesprochener Unheilswunsch, das Gegenteil des Segens *(Segnen).* Nach dem N.T. leben alle

Frauenordination. Pfarrerin Sabine Poralla wird 1999 in der evangelischen Kirche in Wiesbaden-Nordenstadt ordiniert.

Menschen unter dem F. der Sünde, aber Christus hat am Kreuz diesen F. auf sich genommen, er ist für die Menschen zum F. geworden (Gal 3,13).

Fluchpsalmen → Rachepsalmen

Föderaltheologie, spezielle Form der *Bundestheologie.*

Formalprinzip, in der *Konfessionskunde* des 19. Jh. versuchte man herauszufinden, was der jeweilige Kern der einzelnen christlichen Lehrsysteme ist. Für die Reformation und den ev. Glauben bezeichnete man dabei als F. (die Arbeitsmethode) das Sola scriptura (lat. »allein die Schrift«), also die Bibel als oberste Norm *(Inspiration),* als Materialprinzip das *Sola gratia* (lat. »allein die Gnade«) als wichtigstes Ergebnis des richtig angewandten F. Diese Unterscheidung geht auf die lutherische und reformierte *Orthodoxie* zurück.

Frauenordination. 1992 wurde Maria Jepsen nach einer historischen Wahl zur weltweit ersten lutherischen Bischöfin ordiniert. Nach ihrer Wiederwahl 2002 konnte sie eine zweite Amtszeit antreten.

Formel (lat. formula: »Formular«), Ausdruck in der Liturgie, z.B. als Segensformel oder Taufformel.

Formgeschichtliche Methode → Bibelkritik

Frau, eine Zurückdrängung der F. im kirchlichen Leben begann bereits in der *Frühen Kirche.* Das *Mönchswesen* mit seiner Forderung sexueller Enthaltsamkeit neigte zur Verachtung der F. als Gefäß der *Sünde.* Andererseits förderte die Verehrung der *Jungfrau Maria* eine Hochschätzung asketischer *Jungfräulichkeit.* Gleichzeitig kennt das N.T. bereits Mann und F. als gleichberechtigte Partner, etwa im Verhältnis zu Gott (Gal 3,28) oder in der Sexualität (1 Kor 7,3–4) und erwähnt Jüngerinnen Jesu als erste Zeugen der Auferstehung, Prophetinnen der Frühen Kirche und Phöbe als Diakonin und Vorsteherin einer Gemeinde (Röm 16,1–2). Solche Texte sind die Grundlage für die heutige rechtliche Gleichstellung der Geschlechter in der christlichen Ethik, welche die meisten protestantischen Kirchen ebenso wie die anglikanische und die altkath. Kirche in neuester Zeit auch auf die Ausübung des Pfarramtes durch F. ausdehnten.

Frauenordination, alle Kirchen lehnten die F. als Ordination zum Priester oder Pfarramt unter Berufung auf das N.T. bis in das 20. Jh. ab, während die Ordination zum *Diakon* bereits in der *Frühen Kirche* praktiziert wurde. In den 70er Jahren des 20. Jh. führten meist liberal geprägte ev. Kirchen in aller Welt die F. ein, 1994 auch die *anglikanische Kirche* und 1994/96 die *altkatholische Kirche.* 1992 wurde mit Maria Jepsen weltweit die erste lutherische Bischöfin eingesetzt. Die ersten Freikirchen in Deutschland, die diesem Beispiel folgten, waren die *Methodisten* und *Baptisten.* Die kath. Kirche und die orthodoxen Kirchen lehnen die F. weiterhin ab, ebenso ein Teil der *Evangelikalen* sowie die ev. *Brüdergemeinen,* die jedoch keine Pastoren kennen, sondern nur das Frauen verschlossene Ältestenamt *(Presbyter).* Die Methodisten besetzen als einzige Kirche alle kirchlichen Leitungsämter paritätisch.

Fraus pia (lat. »frommer Betrug«), Täuschung zur Förderung der Frömmigkeit, vor allem im Mittelalter verbreitet, heute aber abgelehnt, z.B. der Handel mit unechten *Reliquien.* → Konstantinische Schenkung

Freie evangelische Gemeinden (FeG), als Zusammenschluss Bund Freier ev. Gemeinden (BFeG), internationaler Zusammenschluss von 13 nationalen Gemeindegründungsbewegungen aus dem reformierten Umfeld im 19. Jh., heute nach den Baptisten *(Bund Ev.-Freikirchlicher Gemeinden)* die zweitgrößte ev. Freikirche in Deutschland. 1829 gründete Carl von Rodt in Bern die erste F. in der Schweiz, 1854 Hermann Heinrich Grafe die erste dt. F. in Elberfeld-Barmen (heute Wuppertal). Grafe stand zwischen der reformierten Kirche und den Baptisten und praktizierte die Erwachsenentaufe, ohne –

wie die Baptisten – nur als Kind getaufte Christen auszuschließen. Bis heute kann man ohne Wiedertaufe zur F. übertreten, obwohl die F. die Kindertaufe nicht praktizieren. Die F. sind kongregationalistisch strukturiert, so dass jede Gemeinde selbstständig ist.

Freikirche, Form der meisten ev. Kirchen und Denominationen, insbesondere außerhalb von Europa. Im Gegensatz zur *Staats-* oder *Landeskirche* ist die F. vom Staat unabhängig, im Gegensatz zur ev. *Volkskirche* nimmt sie Mitglieder nur freiwillig auf Antrag und nach persönlichem Glaubensbekenntnis auf. Die meisten F. verbinden dies mit der *Erwachsenen-* und *Wiedertaufe* (z.B. *Baptisten, Mennoniten, Pfingstler*), obwohl F. auch die *Kindertaufe* praktizieren können (z.B. *Methodisten*) oder sogar ein *lutherisches (Altlutheraner)* oder *reformiertes Bekenntnis* haben können. In Deutschland sind die F. in der Vereinigung ev. Freikirchen (VEF) zusammengeschlossen. In Ländern mit Trennung von Kirche und Staat sind eigentlich alle Kirchen einschließlich der kath. und orthodoxen Kirchen F. Man unterscheidet zwischen den F., die das urchristliche Gemeindeleben erneuern wollen, aber die Bekenntnisse der Frühen Kirche mit den großen Konfessionen teilen, und Sondergruppen *(Sekten),* die im Gegensatz dazu stehen, zusätzliche Offenbarungsquellen (z.B. Buch *Mormon,* Propheten) annehmen und anderen Kirchen ihr Christsein oder Kirchesein absprechen.

Freireligiöse → Deutschkatholiken

Frieden, im A.T. und N.T. das Gegenteil von Unrecht und Sünde, im politischen Bereich auch von Krieg. Das hebr. Wort für F. (Schalom) umfasst das Wohlbefinden auch im materiellen Sinn (Ri 19,20) und Wohlergehen (2 Kön 9,22), es benennt einen Zustand der Ordnung und des Rechts (1 Kön 5,4f.). Dazu gehört auch die intakte Gottesbeziehung, ohne die Frieden nicht möglich ist. Schalom umfasst die Gemeinschaft mit Gott, aber auch die Gemeinschaft der Menschen. Dieser F. wird als Gabe Gottes beschrieben (Ri 6,24; Jes 45,7). So ist Gott ein Gott des F. (1 Kor 14,33). Doch geht der F. über das Maß des irdischen F. hinaus hin zu einer himmlischen Hoffnung auf ewigen F. (Jes 9,6; Offb 21,1ff.). Im N.T. wird Jesus als Erfüllung der alttestamentlichen Friedenshoffnung verstanden (Lk 2,14), denn »Christus ist unser F.« (Eph 2,14). Damit ist auch der Mensch zum F. berufen (1 Kor 7,15) und der ist selig, der F. schafft (Mt 5,9).

Friedhof, abgeleitet vom eingefriedeten, also umschlossenen Raum, der zur Bestattung der Toten diente, wurde der Begriff später mit dem Frieden der Toten in Verbindung gebracht. Andere, meist ältere Ausdrücke sind Gottesacker, Kirchhof oder Totenacker.

Fronleichnam, kath. Fest zur Verehrung der Eucharistie am zweiten Donnerstag nach Pfingsten, 1246 aufgrund von Visionen der belg. Nonne Juliana von Lüttich (um 1192–1258) in Lüttich eingeführt und 1264 vom Papst zur Pflicht erhoben. Mittelpunkt des Festes ist eine Prozession, bei der eine geweihte *Hostie* in der *Monstranz* durch die Straßen getragen und als Jesus angebetet wird.

Frucht, im N.T. oft und vielschichtig verwendeter Ausdruck. Im A.T. und N.T. zunächst auf die F. von Pflanzen (Lk 8,6) und auf die Leibesfrucht (Dtn 7,13; Ps 127,3; Lk 1,42) bezogen, dann auch bildlich auf geistliche F. (Mt 3,8; Mt 13,23; Kol 1,10). F. im übertragenen Sinn ist vergleichbar mit »Ertrag« oder »Ergebnis«. Der Mensch wird ernten, was er sät (Gal 6,7). Es gibt F. der Falschheit (Hos 10,13); ein Gottloser ist wie ein Platzregen, der die F. verdirbt (Spr 28,3). Jemand, der sich an das Gesetz hält, wird »F. bringen zu seiner Zeit« (Ps 1,3). Für Jesus wird an den F. das Wesentliche offenbar. Ein fauler Baum kann

Fronleichnam. Feierliche Fronleichnamsprozession in Mühlenbach im Ortenaukreis.

keine guten F. hervorbringen (Mt 7,18). Ein Mensch, der sich Gott verweigert, bleibt fruchtlos und verfällt dem Gericht (Joh 15,6; vgl. Jes 5,5). Wo aber jemand in einer lebendigen Christusbeziehung lebt, reift die F., die ein Geschenk Gottes ist (Jes 5,1–4; Joh 15,5).

Frühe Kirche, auch alte Kirche oder altchristliche Kirche, die Epoche der Entwicklung des Christentums in der griech.-röm. Antike.

Fulda, seit 1867 Sitz der Dt. *Bischofskonferenz,* entwickelte sich aus einer Siedlung bei einem Kloster, das 744 von einem Schüler des u.a. in Hessen tätigen Bonifatius (eigentlich Winfrid, um 672/73–754) auf dem Gelände eines ehemaligen fränk. Königshofes gegründet wurde. Als Grabstätte des in Friesland ermordeten »Apostels der Deutschen« wurde die Klosterkirche zur Wallfahrtsstätte. Den Rang als führende Bildungsstätte im Reich der Karolinger erlangte die Klosterschule unter Leitung des Theologen Hrabanus Maurus (um 780–856); 821 wurde er Abt des Klosters und 847 Erzbischof von *Mainz.* Ab 968 war der Abt der Reichsabtei F. Primas aller Benediktinerklöster in »Germanien und Gallien« und trug ab 1170 den Titel Reichsfürst. Im 16. Jh. stand F. unter dem Einfluss der Reformation, wurde dann rekatholisiert und gewann Einfluss als ein Zentrum der Gegenreformation. Ein Kreuz, dessen Endpunkte vier Bergklöster bilden, verbindet die Stadt symbolisch mit ihrer Umgebung. Vorläufer des heutigen Bistums F. war bis zur *Säkularisation* das 1752 auf dem Gebiet der Fürstabtei gegründete Fürstbistum F.

Fulda. Doppelturmfassade des Domes St. Salvator und Bonifatius mit der seitlichen Andreaskapelle und ihrem Pendant als Taufkapelle. Der barocke Neubau entstand 1704–12 nach Plänen von Joachim Dientzenhofer. Ungewöhnlich ist die Orientierung nach Westen, sodass die für gewöhnlich westliche Eingangsfront den Ostteil abschließt.

Fundamentalismus, Bezeichnung für eine *evangelikale Bewegung* Ende des 19. Jh. in den USA, die gegen *Liberale Theologie* und *Bibelkritik* sieben Fundamente (engl. fundamentals) des Glaubens als historisch glaubwürdig verkündigte (z.B. *Auferstehung Jesu, Jungfrauengeburt)* und aus der Inspiration der Bibel ihre *Unfehlbarkeit* und Irrtumslosigkeit ableitete. Die Fundamente führten verschiedene Evangelikale zusammen. Der Begriff F. wurde zunächst ein Fachausdruck für die beschriebene Bibelsicht, daneben bezeichnete er religionswissenschaftlich alle Bewegungen, die ohne Rücksicht auf die Moderne zu den Ursprüngen ihrer Religion zurückkehren wollen. Der Begriff weitete sich aber immer mehr auf alle Weltanschauungen aus, die starr an einer Auffassung festhalten. Durch den islamischen F. hat er den Unterton der Gewalttätigkeit bekommen, der auf den F. vieler christlicher Gruppierungen nicht zutrifft.

Fundamentaltheologie, Disziplin der kath. Theologie, die im 19. Jh. die Apologetik ablöste und die Grundlagen der Theologie behandelt, also sowohl die Prinzipien, mit denen *Systematische Theologie* betrieben wird, als auch die Frage nach der Offenbarung und den Gründen für die natürliche Erkennbarkeit und für die Existenz Gottes (z.B. *Gottesbeweise).* In der lutherischen und reformierten *Orthodoxie* war die F. mit der Lehre von der Heiligen Schrift und der Lehre von der natürlichen Erkennbarkeit Gottes abgedeckt.

Fünfter Evangelist, christliche Bezeichnung für den alttestamentlichen Propheten Jesaja wegen seiner auf Jesus bezogenen Prophetien über Leiden und Sterben des Gottesknechts.

Furcht des Herrn → Gottesfurcht

Furchtreue → Attritio

Fußkuss, Verehrung des Papstes, indem man das Kreuz seines rechten Schuhs küsst.

Fußwaschung, in der Antike Reinigungssitte vor den Mahlzeiten, meist von Sklaven durchgeführt. Jesus wusch im Bewusstsein, dass er der Herr der Welt war, seinen Jüngern als Zeichen der Demut die Füße (Joh 13,1–7) und forderte sie auf, dasselbe zu tun. Die F. hat sich aber nicht als regelmäßige Sitte durchgesetzt, wurde aber in den Klöstern praktiziert. Heute vollziehen die kath. Bischöfe fakultativ im Gründonnerstagsgottesdienst an zwölf armen oder alten Menschen die F.

G

Gabriel → Erzengel

Gallikanismus, frz. Form des *Episkopalismus,* der den Einfluss des Papstes auf die Kirche zugunsten des Königs eindämmte und das Konzil als Bischofskonferenz dem Papst überordnete. 1438 offiziell in Frankreich eingeführt, 1682 auf Drängen des Königs vom frz. Klerus unterstützt, wurde er erst im 19. Jh. zurückgedrängt und auf dem 1. *Vatikanischen Konzil* 1870 verworfen.

Gastfreundschaft, spielt im A.T. und N.T. (z.B. Mt 25,35–41) eine herausragende Rolle gegenüber Gläubigen und Fremden. Sie beinhaltet das Versorgen mit Essen und Trinken ebenso wie die Übernachtungsmöglichkeit und richtet sich vor allem an Arme und Reisende. Die christliche G. traf auf die G. als german. Tugend, weswegen die G. das Selbstverständnis des Rittertums ebenso auszeichnete wie das der Klöster und Kirchen.

Gebet → Adoption

Gebote → Zehn Gebote; → Gesetz; → Kirchengebote

Geburtenregelung → Empfängnisverhütung

Geburtstag, die jährliche Feier des G. war bereits in der Antike bekannt, wurde aber im christlichen Abendland in Anlehnung an die hohe Bedeutung der Feier des G. von Jesus Christus *(Weihnachten)* Allgemeingut, ohne dass sich jedoch nennenswerte christliche Bräuche mit dem G. verbanden.

Gefängnisseelsorge, seelsorgerliche Betreuung durch Kirchen (auch nicht christlicher Religionsgemeinschaften) in Haftanstalten, in Deutschland gesetzlich geregelt. Sie wird von den örtlichen Gemeinden und Pfarrern gewährleistet und auf Bundes- oder Landesebene vom Staat finanziert.

Gegenreformation → S. 29

Gegenwart Gottes, man unterscheidet zwischen der Allgegenwart Gottes, die selbst für die Hölle gilt, der G. im Leben des Christen durch den Heiligen Geist und der besonderen G. im Gottesdienst oder im kath. Glauben an heiligen Orten. → Eigenschaften Gottes, S. 14

Geheimarchiv → Vatikanisches Geheimarchiv

Geheimnis → Mysterium

Gehorsam, im A.T. und N.T. ist der höchste Erweis des Glaubens G. gegenüber Gott (1 Sam 28,18; Gen 22,18; 1 Petr 1,14). Glauben und G. sind so eng miteinander verbunden, dass Paulus direkt den Ausdruck »Glaubensgehorsam« prägt (Röm 1,5; 16,26). Christus war stets seinem himmlischen Vater gehorsam (Phil 2,8). Dieser absolute G. wird von allen anderen Arten des relativen G. unterschieden, etwa von Kindern ihren Eltern gegenüber (Kol 3,20) oder Christen als Bürger dem Staat gegenüber (Röm 13,1–7), denn in all diesen Fällen gibt es ein *Widerstandsrecht.* Einen absoluten G. außer gegenüber Gott kennt weder die ev. noch die orthodoxe Ethik, die kath. Kirche nur gegenüber dem Papst und indirekt gegenüber den Bischöfen. G. ist im kath. Bereich einer der *Evangelischen Räte* für Ordensleute *(Obödienz).*

Gefängnisseelsorge. Der Gefängnispfarrer in der Frankenthaler Justizvollzugsanstalt während eines religiösen Gesprächskreises in der Anstaltskapelle.

Geißelung, mit Peitschen oder Ruten vollzogene Strafe, im Mittelalter Selbstzüchtigung als Zeichen der Buße und Askese. → Flagellanten

Geißler → Flagellanten

Geist (lat. spiritus), ursprünglich bedeutet das griech. pneuma wie das hebr. ruach »Atem«, »Wind« (z.B. Ijob 1,19; 2 Thess 2,8; Hebr 1,7). Der menschliche Atem und G. kommt von Gott und kehrt, wenn der Mensch stirbt, zu Gott zurück (Gen 2,7; Mt 27,50; Joh 19,30; Koh 12,7; Apg 7,59; Jak 2,26). Gott aber kann ihn zurückgeben, denn der Mensch gibt ihn an Gott, damit er ihn bei sich aufnimmt (Lk 23,46; Hebr 12,23; Offb 11,11). Der G. des Menschen bedeutet dann, genauso wie die *Seele,* die Person selbst in ihrer tiefsten Innigkeit (Mk 2,8; 1 Kor 2,11) oder in ihrer Ganzheit (Phil 4,23; 2 Tim 4,22). Er unterscheidet sich vom sichtbaren Leib (1 Kor 5,3; Kol 2,5). Das N.T. spricht davon, dass der Mensch durch den Geist Gottes eine *Wiedergeburt* er-

Georgische Kirche. Trotz vieler feindlicher Überfälle im Kaukasus haben georgische Christen wertvolle Ikonen über die Jahrhunderte gerettet.

leben kann und dieser dann im Menschen Wohnung nimmt (Röm 8,16+23+26;2 Tim 1,14; 1 Joh 3,24). → Heiliger Geist, → Seele, → Leib-Seele-Problem

Geistestaufe (Geisttaufe), bei den *Katharern,* verschiedenen Sondergruppen und seit dem 20. Jh. vor allem in der Pfingstbewegung *(Pfingstler)* die Wiederholung der Geistausgießung zu Pfingsten beim Einzelnen, meist durch Handauflegung und begleitet von Zungenreden *(Glossolalie).*

Geistlichkeit, seit dem 15. Jh. Standesbezeichnung des kirchlichen *Klerus.*

Geld → Mammon, → Zinsverbot

Gelübde (lat. votum), Form des *Eids* bzw. Schwurs, mit dem ein feierliches Versprechen für die Zukunft abgelegt wird, entweder auf Zeit oder für den Rest des Lebens. Das G. erscheint im A.T. als freiwilliges Versprechen, Gott einen Dienst zu erweisen oder als Dank für empfangene Wohltaten oder in der Hoffnung darauf (Gen 28,20–22; Lev 27,2+8; Num 30,3; Ri 11,30). Im kath. und orthodoxen Kirchenrecht gibt es das G. zur Ehelosigkeit der Priester (orthodox nur Bischöfe, *Zölibat*) und das Ordensgelübde, zunächst auf Zeit, dann auf »ewig«.

Gemeinde, Übersetzung des neutestamentlichen Begriffs ekklesia (»Herausgerufene«), eigentlich ein anderes Wort für Kirche. G. kann die örtliche Kirchengemeinde ebenso bezeichnen wie die Gesamtheit aller Christen einer Region, eines Landes oder der Welt, im kath. Sprachgebrauch auch die *Laien* im Gegensatz zum *Klerus.*

Gemeindediakon, in ev. Kirchen in Deutschland Beruf mit eigenem Ausbildungsgang für *Katechetik,* Jugendarbeit oder Sozialarbeit, nicht automatisch mit dem Amt des *Diakons* gleichzusetzen.

Gemeinde Gottes → Church of God

Gemeindekirchenrat, anderer Name für *Presbyterium,* dem Leitungsgremium ev. Kirchengemeinden, das aus den von der Gemeinde gewählten Laien und dem Pfarrer besteht.

Gemeindereferentin, in der kath. Kirche in Deutschland Beruf mit eigenem Ausbildungsgang für alle Arbeitsbereiche einer Pfarrei, also *Katechetik,* Jugendarbeit, Sozialarbeit, Verkündigung und Liturgie, seit 1979 auch für Männer offen.

Gemeinschaftsbewegung, aus der *Tradition* der Bibelkreise des *Pietismus* und der *Erweckungsbewegungen* 1888 auf Betreiben von Theodor Christlieb in der Gnadauer Konferenz organisiert, wo sich Vertreter zahlreicher Initiativen zur *Evangelisation, Inneren Mission* und diakonischen Arbeit innerhalb der ev. Landeskirchen trafen. Die daraus entstandene Gnadauer G. nahm zunächst Teile der *Pfingstler* auf, trennte sich aber 1910 wieder davon. Die G. umfasst heute als Dachorganisation den größten Teil des innerlandeskirchlichen, *evangelikal* geprägten Pietismus und ist eng mit der *Evangelischen Allianz* verbunden. Neben Diakonissenmutterhäusern, Ausbildungsstätten und Missionsgesellschaften wird die G. vor allem von regionalen »Gemeinschaftsverbänden« bestimmt, in denen sich Gläubige zusätzlich zum kirchlichen Gottesdienst zu eigenen Versammlungen treffen und eine Kirche in der Kirche bilden. → Ecclesiola in ecclesia

Generalbeichte, in der kath. Kirche eine Beichte sämtlicher schwerer Sünden der Vergangenheit, etwa nach der *Bekehrung* zum Christentum oder beim Wiedereintritt in die Kirche, im Gegensatz zu einer Beichte für den Zeitraum seit der letzten, regelmäßigen *Beichte* und dazugehörigen *Absolution.*

Georgische Kirche, die seit dem 5. Jh. *autokephale orthodoxe Kirche* Georgiens mit eigener Liturgie und *Kirchensprache,* die stets auch gegenüber der russ.-orthodoxen Kirche selbstständig blieb.

Gerechter Krieg → Krieg, gerechter

Gerechtigkeit, zentraler Begriff des A.T. und N.T., zunächst als Eigenschaft Gottes, wonach alles, was Gott tut, immer das Richtige, das Angemessene und das der Norm Entsprechende ist. Dabei bestimmt jedoch nicht die G. Gott, sondern Gott die G. (Joh 5,30), wobei sich Gott in einer eidlichen Selbstverpflichtung an seine eigene G. gebunden hat *(Bund, Eid, Glaube).* G. ist nicht zuerst ein juristischer, sondern ein gemeinschaftsbezogener Begriff (Gen 15,6). Es geht für den Menschen bei der G. um ein aufrichtiges Verhältnis zu Gott. G. ist ein Begriff, der parallel zum *Frieden* eine intakte Gemeinschaft beschreibt. Daher ist G. unteilbar. Die G. vor Gott vollzieht sich in der gläubigen Annahme des Erlösungswerks Christi (Röm 1,16f.). Die G. Gottes prägt auch das Rechtsverständnis des A.T., des N.T. und von dort ausgehend des christlichen Abendlandes, und zwar sowohl die juristische Prozedur eines fairen Gerichtsverfahrens *(Menschenrechte)* als auch allgemein die Kritik an sozialen Ungerechtigkeiten. Zur christlichen Eschatologie gehört, dass es endgültige G. erst mit der *ewigen Seligkeit* gibt (2 Petr 3,13).

Gesalbter → Messias

Geschlossene Zeit, Phasen im Kirchenjahr, wo laute Vergnügungen unerwünscht sind; im kath. und ev. Bereich der *Advent* und die *Karwoche,* im ev. Bereich zusätzlich alle hohen Feiertage und Bußtage.

Gesellschaft Jesu (lat. Societas Iesu), Name des Jesuitenordens.

Gesetz, Zentralbegriff des A.T. (hebr. tora) und des N.T. (griech. nomos) mit großer Bedeutungsvielfalt: 1. ein Einzelgebot (z.B. Ex 12,49); 2. eine Gruppe von Einzelgeboten (z.B. Lev 6,2); 3. das ganze eigentliche G. des Mose, also Ex 20 – Dtn 26; 4. die Zehn Gebote (z.B. Mt 22,36–40); 5. das gesamte Moralgesetz (z.B. Spr 28,4); 6. das gesamte Zeremonialgesetz (z.B. Hebr 10,1); 7. die 5 Bücher Mose (Pentateuch) als erster Teil der Bibel (z.B. Mt 5,16); 8. das ganze Alte Testament (z.B. Joh 10,34); 9. die gesamte schriftliche Offenbarung (z.B. Ps 1,2); 10. und außer der Reihe eine herrschende Kraft in unserem Wesen (Röm 7,23). Im Zentrum steht G. als göttliches Gebot, also als die normative Seite der Ethik neben der situativen Seite der Weisheitsliteratur *(Situationsethik)* und der existenziellen Seite der Motive *(Herz, Glaube).* Zu allen Zeiten haben christliche Theologen diskutiert, wie das N.T. und die Christenheit zum alttestamentlichen G. steht. Viele *Kirchenväter* und auch die Reformatoren haben dazu unter Berufung auf die Bibel (z.B.

Gesetz. Symbol der göttlichen Gesetzgebung sind im Judentum und folglich auch im Christentum die beiden Gesetzestafeln, die Mose auf dem Berg Sinai empfangen hat. Der ikonografischen Tradition entsprechend, stattete der US-amerikanische biblische Historienfilm »Die Zehn Gebote« (1956, Regie: Cecil B. De Mille) die Gestalt des Mose (Charlton Heston) mit zwei rechteckigen, oben halbrund abschließenden Gesetzestafeln aus, auf denen in hebräischer Schrift die Zehn Gebote festgehalten sind.

Spr 21,3) innerhalb des G. des A.T. unterschieden: 1. Das Moralgesetz, das in den Zehn Geboten zusammengefasst ist und für alle Menschen und alle Zeiten gültig ist und bleibt und das von den Christen durch den Geist Gottes »erfüllt« (Röm 8,3) wird; 2. das Zeremonialgesetz, das sich in Jesus Christus erfüllt und vollendet hat und zu dem etwa die Beschneidung, die Opfer sowie die Reinigungs- und Speisegesetze gehören; 3. das Judizialgesetz, das die Bestimmungen für den Staat umfasst, also vor allem die Strafen für die einzelnen Verbrechen und die Prinzipien für den Aufbau des Staates. Mit dem Ende des jüd. Staatswesens war es abgeschafft. Die kath. Theologie unterscheidet zwischen dem als Teil des biblischen G. offenbarten, aber auch im *Naturrecht* zu findenden »ewigen G.« und weiteren, zeitgebundenen Anwendungen im A.T. und N.T. Letzter Ausleger des G. ist das päpstliche Lehramt im Papst. Daneben kennt die kath. Kirche noch *Kirchengebote* und das kath. Kirchenrecht *(Codex Iuris Canonici).* → Ethik, → Tora

Gesetzestafeln → Zehn Gebote

Gesetzlichkeit, auch Legalismus, Begriff, der im N.T. nicht direkt vorkommt, aber für den vor allem von Jesus und Paulus beschriebenen Missbrauch des *Gesetzes* verwendet wird. Im N.T. werden fünf Wege der G. genannt: 1. das Gesetz zu halten, um gerecht zu werden und das Heil zu erlangen (z.B. Röm 3,21–4,25; Eph 2,9–10); 2. das Zeremonialgesetz (z.B. Beschneidung) nach der Kreuzigung Jesu anderen aufzuerlegen (z.B. Gal 4,9–11; Kol 2,16–17; vgl. Eph 2,14–16; der

Glaube. Die Gestalt der Fides (Glaube) von Giotto (zwischen 1303 und 1310) in der Kapelle der Scrovegni in Padua. In der linken Hand hält sie die Credo-Rolle, das Haupt bedeckt eine Mitra als Zeichen der Glaubensgewalt.

ganze Hebräerbrief); 3. zu den Geboten Gottes menschliche Gebote und Traditionen hinzuzufügen (z.B. Mk 7,1–15; Mt 15,1–9); 4. die wesentlichen Dinge zugunsten geringerer Dinge zu vergessen (z.B. Mt 23,23); 5. nur auf eine äußere Erfüllung der Gebote Gottes zu achten (z.B. Mk 7,18–23; Mt 15,15–20; Mt 23,27–28).

Gewalt → Krieg, gerechter

Gewissen, Bewusstsein, dass eine Tat der Norm von Recht und Unrecht entspricht oder zuwiderläuft (Apg 23,1; 1 Tim 1,5; Hebr 13,18). Es ist eine Instanz, die alles miterlebt und bezeugt, was ein Mensch tut und denkt. Diese Instanz ist in der christlichen Ethik ein Bestandteil der Gottesebenbildlichkeit des Menschen und unterscheidet ihn vom Tier, das sein eigenes Handeln nicht beurteilen kann. Das G. selbst ist kein Maßstab, dieser kommt stets von außen (Erziehung, Prägung, Erlernen, Weltanschauung). Das G. weist aber darauf hin, dass es Recht und Unrecht gibt und der Mensch verantwortlich entscheiden muss. Der Christ richtet sein G. an der von der Heiligen Schrift ausgehenden Offenbarung Gottes aus und ist so bestrebt, sein Denken und Handeln in Übereinstimmung mit den gerechten und guten Ordnungen zu bringen. Daher fallen im N.T. Glaube und ein gutes G. oft zusammen. Nach Auffassung der kath. Theologie ist der Mensch frei, sein Handeln an den Gewissensansprüchen auszurichten. Luther und mit ihm die ev. Theologie bis zum Aufkommen der *Bibelkritik* lehnten diese positive Charakterisierung des G. und freier menschlicher Entscheidungen ab. Das menschliche G. sei »Gefangener der Sünde« und gelange allein im Glauben zu Entscheidungsfreiheit. Dennoch war es Luther, der durch seine Berufung auf das an die Heilige Schrift gebundene G. vor dem Kaiser die Gewissensfreiheit in der abendländischen Kultur auf den Weg brachte.

Gewissheit → Heilsgewissheit

Glaube (lat. fides), auf Gott gerichtetes, festes Vertrauen, Ausdruck der Beziehung des Menschen zu Gott. G. hat im A.T. und N.T. aktive und passive Bedeutung. Erstere betrifft die Treue zu einer Person oder einem Versprechen, Letztere das Vertrauen in die Zusage eines anderen. Was G. ist, kann man an den Menschen Gottes lernen, die Gott ihr Leben in unerschütterlichem Vertrauen und Gehorsam hingaben (Hebr 11). Schon im A.T. meint G. nicht nur ein äußeres Einverständnis mit einem Gesetz, sondern stets ein tiefes und letztes Vertrauen in die Treue und Glaubwürdigkeit Gottes und liebenden Gehorsam gegenüber seinem Willen (Dtn 32,20; Hab 2,4). Im N.T. werden G. und »glauben« fast 500-mal verwendet. Die Grundaussage des N.T. besteht darin, dass der G. an Gott und an die von Jesus Christus erwirkte Erlösung zur Erlangung des ewigen Lebens nötig sei. Die ersten Christen nannten sich »Gläubige« oder »Glaubende« (Apg 2,44). Vom Heiligen Geist getrieben, setzten sie alles daran, auch andere zum G. an Jesus zu bewegen (Apg 6,7; 28,24). In den Paulusbriefen wird der G. in Gegensatz zu den eigenen Werken als Mittel der Erlösung gesetzt *(Werkgerechtigkeit, Synergismus)*. G. kann auch auf die gesamte umfassende Wahrheit der christlichen Botschaft und Lehre bezogen sein (Jud 3; vgl. Hebr 11,1).

Glaubensbekenntnis (lat. confessio fidei), kurze, formelhafte Zusammenstellung der zentralen Lehraussage des christlichen Glaubens, in der Regel zur Verwendung als Gebet im Gottesdienst oder als Taufbekenntnis. → Apostolisches Glaubensbekenntnis, → Nizänisches Glaubensbekenntnis, → Bekenntnisschrift

Glaubenskongregation → Officium

Gleichnis, auch Parabel, Belehrung durch ausführlichen Vergleich mit einer erzählten Begebenheit, für die Lehrweise Jesu typisch, z.B. G. vom verlorenen Sohn. Geistliche Wahrheiten werden mit Ereignissen verglichen, die sich im alltäglichen Bereich ereignen könnten, was für die Geschichte der christlichen *Predigt* vorbildhaft wurde.

Glocken, aus Vorderasien im 6.–8. Jh. in das Abendland gelangter Metallklangkörper, der innen mit einem Klöppel geläutet oder außen mit einem Hammer geschlagen und seit dem 7. Jh. zu Glockenspielen vereinigt wird. Seit dem 8. Jh. werden sie vorrangig als Kirchenglocken verwendet, die zum Gottesdienst einladen oder die Gemeinde betreffende Ereignisse (z.B. Trauungen) bekannt machen. Die Kirchenglocken werden meist bis heute auch für profane Zwecke genutzt, z.B. bei Feuer oder zur stündlichen Zeitansage. Früher spielten sie eine große Rolle im Volksaberglauben als Abwehrzauber.

Gloria in excelsis Deo (lat. »Ehre sei Gott in der Höhe«), auch Großes Gloria, Beginn des Lobpreises der Engel gegenüber den Hirten in Lk 2,14, der schon früh in den Gottesdienst übernommen wurde. Entwickelte sich im 4. Jh. im Osten zum Morgenhymnus und wurde im 9. Jh. mit anderen Anrufungen des N.T. kombiniert. Seit dem 12. Jh. fester Bestandteil aller Gottesdienste.

Gloria Patri (lat. »Ehre sei dem Vater«, ergänze: »und dem Sohn und dem Heiligen Geist«), auch Kleines Gloria, seit früher Zeit Abschluss aller Psalmgebete und Psalmgesänge, weil durch die Anrufung der Dreieinigkeit die Gesänge verchristlicht wurden.

Glorie → Heiligenschein

Gloriole → Aureole

Glosse, kurze Ergänzung oder Erklärung am Rand (Marginalie) oder zwischen den Zeilen (Interlinearglosse) antiker oder mittelalterlicher Bibelhandschriften.

Glossolalie (griech. glossa: »Zunge«, lalein: »sprechen«), auch Zungenreden, entweder das wundersame Sprechen in einer nicht erlernten Sprache, vor allem beim Beten, oder ein ekstatisches, unverständliches Stammeln in religiöser Ergriffenheit. Beide Formen sind in der Religionsgeschichte bezeugt und heute ein Erkennungszeichen der *Pfingstler* und der *charismatischen Bewegung* in allen Konfessionen. Welche der beiden Formen im N.T. gemeint ist, wird diskutiert. Apg 2,1–13 berichtet, wie nach einer Predigt des Petrus über Joel 3 der Heilige Geist von den Jüngern Besitz ergriff und sie in fremden Sprachen reden ließ, sodass sie alle Besucher verstehen konnten. Für die frühen Christen bewies diese Gabe, dass ihre Botschaft für alle Sprachen der Welt bestimmt war und der Heilige Geist den Missionsauftrag Jesu bestätigt und ermöglicht (Mk 16,17; Apg 10,44–11,17; 19,6). Daneben erscheint die G. in der Apg als Zeichen der *Bekehrung* oder Erfüllung mit dem Heiligen Geist (Apg 2,1–13; 10,44–46; 19,6) und als selbstverständlicher Bestandteil des Gottesdienstes (1 Kor 12 und 14). → Geistestaufe, → Pfingsten

Gnade (lat. gratia), die unverdiente Hilfe Gottes, die im A.T. und N.T. bezeugt ist und sowohl Anmut und Lieblichkeit meint (Ps 45,3) wie Gottes unverdientes Angebot an den Menschen (Tit 2,11; Gal 5,4), das die Grundlage der Erlösung bildet (Eph 2,5). Alle Geistesgaben des Heiligen Geistes werden Gnadengaben genannt. Im *Sola gratia* (lat. »allein die Gnade«) wurde das Wort G. zum Programmwort der *Reformation.* → Prädestination, → Erlösung

Gnadenbild. »Bild« bezieht sich in diesem Zusammenhang meist auf eine Skulptur. Ein berühmtes Gnadenbild und Ziel der Marienwallfahrt ist die »Schwarze Madonna« (14. Jh.) in der Allerheiligenkapelle in Altötting, Bayern. Die Madonnenfigur befindet sich in einem silbernen Altar der Kapelle. Diese entstand als Zentralbau und wurde mit zunehmender Wallfahrt (ab 1483) erweitert. Die aufgrund ihres Alters »schwarzen« Madonnen erinnern an das mariologisch gedeutete Hohelied im Alten Testament: »Braun bin ich (in der Vulgata: lat. niger, »schwarz«), doch schön, ihr Töchter Jerusalems« (Hld 1,5).

Gnadenbild, an kath. Wallfahrtsorten verehrtes Bild Marias, Christi oder eines Heiligen, von dessen Verehrung Gnadenerweise erwartet werden. Berühmte G. finden sich z. B. in Altötting, Maria Einsiedeln, Kevelaer, Mariazell, Montserrat und Tschenstochau.

Gnadengabe → Charisma

Gnadenort, anderer Ausdruck für Wallfahrtsort, da dort das *Gnadenbild* steht.

Gnadenstuhl, kunsthistorischer Begriff für die seit dem 12. Jh. bekannte Darstellung der *Trinität* in Verbindung mit der *Passion.* Auf dem Thron sitzt Gott, der Vater, der das Kreuz hält und Christus zwischen seinen Knien, über beiden schwebt der Heilige Geist in Form einer *Taube.*

Gnadenwahl → Prädestination

Gnosis (griech. »Erkenntnis«), zusammenfassende Bezeichnung religiöser Strömungen im 2.–4. Jh., die zeitweise eine ernsthafte Bedrohung des Christentums darstellten, schließlich aber untergingen. Gemeinsam waren ihnen die Askese, die Weltverneinung und ein strenger Dualismus, in dem Licht und Finsternis sowie Geist und Materie zwei polare Elemente seien, aus denen alles hervorgehe, wobei der Geist auf die gute Urgottheit zurückgeht, die Materie aber auf den bösen Demiurgen. Der menschliche Körper wurde als materielle Hülle gesehen, der in ihm wohnende Lichtfunke des Geistes sollte durch Erkenntnis befreit werden. Die Gnostiker erkannten Jesus Christus als einen Erlöser unter vielen an. Das Christentum wurde bis zum Untergang der G. stark von gnostischen Gedanken beeinflusst. Schließlich setzte sich aber gegen die G. der Gedanke durch, dass die irdische Schöpfung etwas grundsätzlich Gutes sei.

Gog und Magog, bereits im A.T. Inbegriff böser Mächte, die das Volk Gottes besiegen werden (Ez 38–39). Im N.T. beschreibt die Apokalypse des Johannes die Feinde des Volkes Gottes in der Endzeit, die Christus besiegen wird, als G. (Offb 20,8). Die Deutung von G. als zukünftige Ereignisse spielt in Endzeitvorstellungen einiger ev. Freikirchen *(Dispensationalismus)* und vieler *Sekten* und Sondergruppen eine große Rolle.

Goldene Pforte → Heiliges Jahr

Goldene Regel, die Grundregel für das richtige Handeln Jesu aus der Bergpredigt (Mt 7,12): »Was ihr wollt, das die anderen euch tun, das tut ihnen auch.«

Gott → S. 13

Gottesbeweise, Versuche, das Dasein Gottes ohne Rückgriff auf eine besondere *Offenbarung* vernünftig zu beweisen. Die G. werden von den subjektiven Argumenten für die Existenz Gottes, wie z.B. Berufung auf unmittelbare mystische Erkenntnis oder Erfahrung, unterschieden, da sie schlussfolgernd mit der natürlichen Vernunft vom Vorgegebenen auf das Dasein eines transzendenten, personalen Gottes schließen.

Gottesdienst → S. 66

Gottesebenbildlichkeit → Ebenbild Gottes

Gottesmutter. Der dogmatische und terminologische Übergang von Maria als Gottesgebärerin zur Gottesmutter entsprach der Betonung der Christgeburt als Mysterium. Zugleich legitimierte er in der christlichen Kunst die Darstellung von Mutter und Kind in einer dem natürlichen Empfinden angenäherten Weise. Als Beispiel aus der Frührenaissance dient die polychrom gefasste Terracottabüste von Lorenzo Ghiberti, um 1420; Museo di San Marco, Florenz

Gotteserkenntnis → Thomismus

Gottesfurcht, Inbegriff der Weisheitsliteratur und Dichtkunst des A.T. ist der Satz: »Die Furcht des Herrn ist der Weisheit Anfang« (Spr 9,10; ähnlich Spr 1,7; Ijob 28,28; vgl. Spr 15,33; Ps 111,10). Ethische Weisheit ohne G. ist für das A.T. undenkbar (Spr 8,13). Wer solche G. hat, ist zugleich von Menschen unabhängig (Spr 29,25). Im N.T. wird zwar ein Glaube aus reiner Furcht entschieden abgelehnt, da Gott Liebe ist (Röm 8,15; 1 Joh 4,16+18), nicht jedoch die Ehrfurcht vor Gott (2 Kor 7,1; Apg 9,31) als demütige Unterordnung unter seine Allmacht und Größe, aber auch unter seine Weisheit und Güte, die weiterhin den Menschen innerlich unabhängig von anderen machen (Kol 3,22).

Gottesfürchtiger → Proselyt

Gottesgnadentum, der Anspruch abendländischer Herrscher auf göttliche Legitimität. Die in den Herrschertitulaturen seit dem 8. Jh. gebräuchliche Bezeichnung »von Gottes Gnaden« (lat. Dei gratia) umschrieb den Anspruch auf göttliche Qualität der Monarchie.

Gottesherrschaft → Reich Gottes

Gottesknecht → Jesaja

Gotteslästerung, auch Blasphemie (griech. blasphemia), Beleidigung Gottes durch Worte oder Taten, nach dem A.T. (Lev 24,10ff.) mit Steinigung zu bestrafen, im ganzen Mittelalter unter schweren Strafen, in Deutschland, Österreich und der Schweiz als Straftatbestand erst ab den 70er Jahren des 20. Jh. abgeschafft. Seitdem steht dort nur noch unter Strafe, wer durch öffentliche Beschimpfung anderer Religionen und Weltanschauungen den öffentlichen Frieden stört.

Gottesmutter, auf dem Konzil von Ephesus 431 setzte sich der Begriff Theotokos (griech. »Gottgebärerin«) als Dogma gegen den Begriff *Christotokos* (griech. »Christusgebärerin«) durch. Er wurde – auch in seiner dt. Entsprechung G. – zum wichtigsten Titel Marias. Während die ev. Kirchen diesen Titel als Teil des christologischen Dogmas, nicht aber als Berechtigung zur Verehrung Marias akzeptieren, bildet er im kath. Glauben den Kern der *Mariendogmen* und die Grundlage der *Marienverehrung.*

Gottesnarren → Narrheit, heilige

Gottesreich → Reich Gottes

Gottesurteil, auch Ordal, Methode der mittelalterlichen Rechtsprechung für den Fall, dass Schuld oder Unschuld nicht festgestellt werden konnte. Überlebte oder siegte der Angeklagte, war er unschuldig, überlebte er nicht oder verlor, war er schuldig. Zu den Methoden gehörten u. a. der Kesselfang (Herausholen eines Gegenstandes aus einem Topf mit heißem Wasser), die Feuerprobe (das Tragen glühender Eisen oder das Besteigen zum Glühen gebrachter Pflugscharen) oder die Wasserprobe (ein Gefesselter wurde ins Wasser geworfen). Daneben gab es das einfache Losordal durch Auslosen der Schuld. Eine theologische oder kirchenrechtliche Begründung für den Namen hat es nie gegeben.

Göttliches Recht → Codex Iuris Canonici

Götze, 1376 erstmals (für Heiligenbilder) bezeugter, von Martin Luther in seiner Bibelübersetzung populär gemachter, abwertender Ausdruck für andere Götter. Damit versuchte Luther ein Wortspiel wiederzugeben, indem er die alttestamentliche abfällige Bezeichnung für fremde Götter, »Nichtse«, sprachlich mit »Götter« zu G. kombinierte.

Götzendienst, Ausdruck im A.T. und N.T. für die Verehrung von allen Göttern außer dem einen Schöpfergott, insbesondere wenn dies mit Bildern verbunden ist (Jes 40,19–20; 44,9–20; Jer 10,9; 1 Kor 5,10; Gal 5,20), wobei das zweite Gebot der Zehn Gebote (Ex 20,3–4) eine zentrale Rolle spielt. Zwischen den christlichen Konfessionen ist umstritten, ob die christliche Verehrung von Bildern und Heiligen den Tatbestand des G. erfüllt (so die traditionelle ev. und anglikanische Sicht) oder nicht (so die kath. und orthodoxe Sicht). → Anbetung und Verehrung; → Bilder; → Ikonen

Grabtuch, das Leichentuch Jesu, in das er gemäß der damaligen Sitte eingehüllt war und das nach den Auferstehungsberichten der Evangelien (Lk 24,12; Joh 20,6f.) im leeren Grab lag. Das Mittelalter kannte etwa 40 dieser Grabtücher als *Reliquien* mit z. T. intensiver Verehrung durch Wallfahrer. Das einzige G., das diese Bedeutung bis heute hat, da seine Überlieferungskette weitgehend rekonstruiert werden konnte, ist das seit 1350 in Turin verehrte Turiner G.

Graduale (lat. »Stufengesang«), Wechselgesang von Psalmen im Gottesdienst, so genannt, weil der Vorsänger in frühchristlicher Zeit auf Stufen stand.

Gral (lat. cratalis: »Schüssel« oder mittellat. gradalis: »Stufenkelch«), in der mittelalterlichen Dichtung ein geheimnisvoller, aufgrund seines wechselnden Verhältnisses zum Blut Jesu mit höchsten Wunderkräften ausgestatteter Gegenstand (Schal, Stein usw.), der seinem Besitzer alles irdische und himmlische Glück verheißt. Von Chrétien de Troyes (um 1140–1190) als Schale mit dem Blut Christi bzw. einer Hostie in die frz. Dichtung eingeführt und mit der Artusdichtung verknüpft, von Wolfram von Eschenbach (um 1170 bis 1220) im »Parzival« als Stein, der ewige Jugend verleiht und von den Gralsrittern bewacht wird, in die dt. Dichtung eingeführt. Dort wird die Gralssuche zur Suche des gottlosen Ritters auf vielen Irrwegen nach Gott.

Gregorianischer Gesang, auch Gregorianischer Choral, einstimmiger liturgischer Gesang mit einer Silbe pro Ton, der auf eine Reform von Papst Gregor I. (um 540–604) um 600 zurückgeht und die Liturgie, besonders den Psalmengesang, und die Kirchenmusik jahrhundertelang bestimmte. Bis heute Teil der kath. Liturgie. → Choral, → Rezitativ

Gregorianischer Kalender → Kalender

Griechisch-orthodoxe Kirche, eine der orthodoxen Kirchen, die sich in Griechenland und unter Griech. sprechenden Christen in anderen Ländern findet (ca. 15 Mio Gläubige). Der Name wird oft fälschlich als Sammelbezeichnung für alle orthodoxen oder östlichen Kirchen verwendet, was vermutlich nicht nur daran liegt, dass sie früher in Europa bekann-

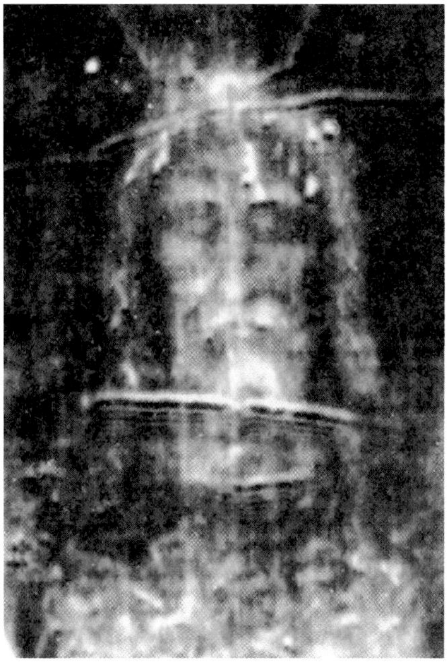

Grabtuch. Seit der Mitte des 14. Jh. ist eine Reliquie bezeugt, die als Grabtuch Jesu verehrt wird. Sie besteht aus einem Leinentuch (etwa 4x1 m) mit Blutspuren und dem Abdruck eines menschlichen Körpers. Diesen verdeutlicht eine Wiedergabe des fotografischen Negativs (Abb.). Trotz modernster Materialuntersuchungen bestehen weiterhin kontroverse Ansichten über das Alter des Tuches. Die Reliquie befindet sich in der ab 1667 für das so genannte Turiner Grabtuch erbauten Cappella della Santa Sindone des Turiner Doms (1492–98). Bei einem Brand des Doms in den 1990er Jahren blieb die Reliquie unversehrt.

Griechisch-orthodoxe Kirche. Vorbereitungen für eine Karfreitagsprozession am blumengeschmückten Altar der Kirche Aghia Irini in Athen.

ter als etwa die russ.-orthodoxe Kirche war, sondern auch, weil die orthodoxen und östlichen Kirchen ihre Wurzeln im griech. Christentum haben.

Großinquisitor → Inquisition

Gründonnerstag, der Donnerstag vor Ostern ist der Tag des letzten Zusammenseins Jesu mit seinen Jüngern und der Abend, an dem Jesus das Abendmahl gefeiert und eingesetzt hat (1 Kor 11,23). In der kath. Kirche wird an G. eine Messe gefeiert und fakultativ nach dem Vorbild Jesu die *Fußwaschung* durch Äbte, Bischöfe oder den Papst vollzogen.

Gruppenbewegung → Moralische Aufrüstung

Güterabwägung → Pflichtenkollision

Guter Hirte → Hirte, → Mandorla

H

Hagia Sophia (griech. »heilige Weisheit«, heute türk. Ayasofya), seit 360 und in der heutigen Form seit 537/563 Krönungskirche der byzantin. Kaiser in *Konstantinopel* (heute Istanbul), bedeutendster Bau der byzantinischen Kunst. Erbaut unter Konstantin dem Großen (306/24–337), 1453 von den Türken in eine Moschee verwandelt, seit 1934 Museum.

Hagiografie (griech. »Heiligenbeschreibung«), Heiligenbiografien und die wissenschaftliche Beschäftigung mit frühen Texten dieser Art. → Acta Sanctorum

Halleluja (hebr. »Preist Jahwe«), in den Psalmen und im jüd. Gottesdienst spontaner Ausruf und liturgischer Abschluss, von der christlichen Liturgie früh übernommen.

Hallenkirche, mehrschiffige Kirche, bei der die Seitenschiffe gleich hoch oder fast gleich hoch sind wie das Mittelschiff, in der dt. Spätgotik vorherrschend (z.B. St. Marien in Danzig).

Halskrause → Beffchen

Handauflegung, im A.T. und N.T. Zeichenhandlung zur Übertragung von Segen und Gaben Gottes (Ex 29,10+15+19; Lev 16,21; Apg 8,14–19; 2 Tim 1,6–7), aber auch zur Übertragung ererbter Rechte (Gen 48,14–20), die Gaben und Rechte eines Amtes (Num 27,18+23), die Übertragung der Schuld auf den Sündenbock (Lev 1,4) sowie die Einsetzung von Priestern (Num 8,10) oder *Diakonen* und Ältesten in ihr Amt (Apg 6,6; 13,3; 1 Tim 5,22). In allen Kirchen ist die H. Symbol der Übertragung des Heiligen Geistes, wobei sie in der kath. Kirche und den orthodoxen Kirchen zwingend vorgeschrieben, in der anglikanischen stets üblich und in den ev. Kirchen weit verbreitet, aber nicht notwendig ist. Die kath. Kirche unterscheidet zwischen der tatsächlich wirkenden H. bei Sakramenten und der symbolischen allgemeinen H. bei anderen liturgischen Handlungen. Sollen mehreren Menschen zugleich die Hände aufgelegt werden, werden schon im A.T. statt dessen die beiden Arme segnend ausgebreitet.

Händefalten, christliche Gebetshaltung, die sich aus der german. Friedens- und Unterwerfungsgeste (mit gefalteten Händen kann man kein Schwert halten) entwickelt und von Deutschland aus in aller Welt verbreitet hat.

Häresie (griech. hairesis: »Wahl«, »Gewähltes«), oft mit dem Begriff der Lutherbibel »Irrlehre« wiedergegeben. Im N.T. meist allgemein religiöse Gruppe oder Richtung (Apg 5,17; 24,5+14; 28,22), vereinzelt dann schon die christliche *»Sekte«,* die sich massiv von der christlichen Lehre entfernt hat (2 Petr 2,1). Dieser Ausdruck wurde für die Kirchengeschichte bestimmend, sodass H. »Irrlehre« bedeutete und schließlich mit dem Begriff »Ketzerei« identisch wurde *(Ketzer, Exkommunikation, Inquisition).* Im kath. Kirchenrecht ist »Häretiker« jeder, der an einer der kath. Wahrheiten zweifelt (CIC Can 751; 1364), im Gegensatz zum Apostaten, der ganz vom Glauben abfällt, und dem Schismatiker, der sich dem Papst nicht unterstellt.

Harmagedon, nach Offb 16,16 der Ort des Entscheidungskampfes zwischen den Mächten des Bösen und Gott vor dem Weltgericht. H. spielt im *Dispensationalismus* und der Endzeithoffnung vieler Sondergruppen wie den *Zeugen Jehovas* wörtlich verstanden eine zentrale Rolle.

Harris-Bewegung, eigentlich Église Harriste, von dem Liberianer William Wade Harris (um 1865–1929) 1913–15 in Westafrika unter Berufung auf eine Offenbarung durch den Erzengel Gabriel begründete Bewegung, die Harris als Heiligen verehrt und Elemente des A.T., nicht aber des N.T. aufnimmt und deswegen auch die Polygamie gestattet.

Hauskreis, regelmäßige, meist wöchentliche Treffen von kleinen Gruppen von Christen zum gemeinsamen Bibellesen, Beten und geselligen Zusammensein, wie sie die meisten Kirchengemeinden heute anbieten, typisch für die *Evangelikalen.* Ziel ist es, neben dem offiziellen Gottesdienst und der Struktur einer Kirchengemeinde die persönliche Gemeinschaft und das flexible Eingehen auf geistliche und menschliche Probleme zu ermöglichen. → Ecclesiola in ecclesia

Hegoumenos (griech. »Führer«) → Archimandrit.

Heidelberger Katechismus, auch Pfälzer Katechismus, neben Luthers Kleinem Katechismus bedeutendster ev. *Katechismus,* 1563 von den reformierten Theologen Zacharias Ursinus (1534–1583), Kaspar Olevianus (1536–1587) und Kurfürst Friedrich III. von der Pfalz (1559–1576) selbst verfasst, war in Heidelberg bzw. der Pfalz selbst nur kurze Zeit in Gebrauch, da diese bald darauf lutherisch wurden. Der H. fand jedoch die wohl größte Verbreitung unter den reformierten *Bekenntnisschriften,* zumal er die reformierten Positionen nicht kontrovers, sondern seelsorgerlich darstellt. Der H. besticht durch den geschlossenen Entwurf und die eingängigen Fragen und Antworten. Im Unterschied zu Luthers oder Calvins (Genfer) Katechismus hat der H. einen sehr einfachen Aufbau, der selbst schon eine klare Botschaft enthält.

Heiden (got. haithi: »Acker«), bezeichnete wie das lat. Wort paganus zunächst die für primitiv gehaltenen Dorf- und Landbewohner, wurde aber für alle Nichtchristen verwendet, in der Neuzeit mit Ausnahme der Juden und Muslime. Die Evangelisation unter ihnen hieß Heidenmission. Der Begriff wird wegen des abfälligen Untertons heute meist durch »Nichtchristen« ersetzt. → Heidenchristen

Heidenchristen, im Gegensatz zu den *Judenchristen* solche Christen vor allem im 1. Jh., die sich von einer nicht jüd. Religion zum christlichen Glauben bekehrten. Für ihre Anerkennung setzte sich insbesondere Paulus ein. → Apostelkonzil, → Heiden

Heil → Erlösung, → Heiland

Heiland (altsächs. heliand, althochdt. heilant: »der Heilende«, »der Erlösende«), dt. Bezeichnung Jesu Christi als Entsprechung zum griech. *Soter* und zum lat. Salvator. → Heliand, → Heil

Heiligabend, auch Heiliger Abend, Tag (24. Dezember) und Abend vor dem Fest *Weihnachten.* → Vigil

Heilige, Das, die zentrale Bedeutung der Heiligkeit Gottes im A.T. und N.T. und daher in Judentum und Christentum führte dazu, dass in der modernen Religionswissenschaft »heilig« und »das H.« oft zum Sammelbegriff für das Entscheidende in allen Religionen wurde. Dies gilt vor allem in der durch das Buch »Das Heilige« (1891) des ev. Theologen Rudolf Otto (1869–1937) populär gewordenen Aufteilung, dass das H. (bewusst sächlich formuliert, um nicht nur personale Gottheiten zu erfassen) in allen Religionen sowohl vom Mysterium fascinosum (neulat. »das faszinierende, anziehende Geheimnis«) als auch vom Mysterium tremendum (neulat. »das erschreckende Geheimnis«) bestimmt sei. → Eigenschaften Gottes, S. 14

Heilige der letzten Tage, Eigenbezeichnung der *Mormonen.*

Heilige Drei Könige → Epiphanias

Heilige Lanze → Lanze, heilige

Heilige Narrheit → Narrheit, heilige

Heiligenbild, gemalte Darstellung von christlichen, heute kath. Heiligen seit dem 3. Jh. Dient nach kath. Lehre der Erinnerung an die Heiligen, die verehrt, aber nicht angebetet werden dürfen. Der Volksglaube hält die Heiligen aber darin oft für gegenwärtig. → Heiligenverehrung

Heiligenfeste, in den kath. und orthodoxen Kirchen die jährliche Feier zum Todestag oder bisweilen an einem anderen Gedächtnistag von Heiligen. Nur einige sind offizielle Feste des Kirchenjahres.

Heiligenlegende (lat. vita legenda: »das vorzulesende Leben«), die legendenhafte Lebensbeschreibung eines Heiligen, teilweise mit einem wahren Kern *(Acta Sanctorum),* in der kath. und orthodoxen Kirche zumindest im Volksglauben von Bedeutung, im ev. Bereich nur von kirchenhistorischem Interesse.

Halleluja

»Halleluja! Lobet Gott
in seinem Heiligtum,
lobet ihn in der Feste
seiner Macht!
Lobet ihn für seine Taten,
lobet ihn in seiner großen
Herrlichkeit!
Lobet ihn mit Posaunen,
lobet ihn mit Psalter und
Harfen!
Lobet ihn mit Pauken
und Reigen,
lobet ihn mit Saiten
und Pfeifen!
Lobet ihn mit hellen
Zimbeln,
lobet ihn mit klingenden
Zimbeln!
Alles, was Odem hat,
lobe den HERRN!
Halleluja!«

Psalm 150

Heiligenverehrung. In der Hierarchie der Kirchenaltäre folgen dem Hochaltar die Nebenaltäre, die den Heiligen gewidmet sind. Abgebildet ist ein Altar der Kirche Santa Maria Formosa in Venedig mit einem Altaraufsatz aus dem 15. Jh. Dieser enthält als zentrales Gemälde ein Bild der hl. Barbara (Fest: 4. Dezember) des um 1510 bis zu seinem Tod 1528 in Venedig tätigen Jacopo Palma il Vecchio.

Die H. wurden im Mittelalter am Jahrestag des Heiligen öffentlich vorgelesen. Das dabei verwendete Buch nannte man Legendarium, im Fall eines Märtyrers Passionarius.

Heiligenschein, auch Glorie, Nimbus, in der antiken Kunst Lichtscheibe oder Strahlenkranz um das Haupt von Göttern und göttlichen oder heiligen Personen. Das Motiv wurde im 4. Jh. von der christlichen Kunst für Darstellungen Jesu, Marias und der Heiligen übernommen und ist bis heute – etwa in Andachts- und Votivbildern – lebendig geblieben.

Heiligenverehrung, auch wenn das A.T. und das N.T. viele Glaubensvorbilder kennt (z.B. Hebr 11), ist dem Judentum und der Urgemeinde die H. im Sinn von Gebeten zu Heiligen fremd. Heiliger ist deswegen Bezeichnung jedes Christen, da er von Gott geheiligt ist (Röm 1,7; 2 Kor 1,1; Eph 1,1; Phil 1,1; 4,21; Kol 1,2). Dementsprechend lehnt bis heute der Protestantismus die H. ab, wobei die ev.-lutherischen und die anglikanischen Kirchen der Erinnerung an *Märtyrer, Missionare,* Glaubensvorbilder und *Maria* größeren Raum geben als andere ev. Kirchen. Dennoch geht die H. bis in das 2. Jh. zurück und hat ihren Ansatz in der Verehrung von *Märtyrern* und ihrer Gräber, die schon früh als Altäre und Orte früher Kirchen genutzt wurden. Seit dem Ende der Christenverfolgung (Konstantinische Wende) wurden neben den Märtyrern auch zunehmend alle bedeutenden Kirchenführer, Mönche und Jungfrauen verehrt und ihre *Reliquien* wurden zu Zentren der Wallfahrtsorte. Am Ende des 6. Jh. waren die Gräber der Heiligen, die auf den Friedhöfen außerhalb der Mauern der meisten Städte im Weström. Reich lagen, zum Zentrum des kirchlichen Lebens ihrer Region geworden. Im 10. Jh. begann die Kirche mit der Heiligsprechung (Kanonisierung), um der Vielzahl der Heiligen Herr zu werden. Die H. wurde durch die Wallfahrten und den beginnenden Ablasshandel zu einem bedeutenden Wirtschaftsfaktor. Durch den Kampf um Reliquien und um die Heiligsprechung von Persönlichkeiten des öffentlichen Lebens begann die Vermischung mit der Politik. Beides war für die Entstehung der Reformation von Bedeutung, die sich auch gegen die Wunder wandte, die als Erhörung der Gebete zu Heiligen die kath. Frömmigkeit prägten. Gegen die Kritik der Reformatoren betonte die kath. Kirche die Unterscheidung von *Anbetung* für Gott und die Verehrung für Maria und die Heiligen. Gleichzeitig versuchte sie aber seit dem Konzil von *Trient* im 16. Jh. und dem 2. *Vatikanischen Konzil* (1962–65) der ausufernden H. in der *Volksreligion* Herr zu werden.

Heiliger Geist, die häufigste Bezeichnung für die dritte Person des *Dreieinigen Gottes* (Mt 28,19; 2 Kor 13,13). Er wird von allen neutestamentlichen Autoren oft angesprochen. So wohnt er in jedem Gläubigen (Joh 14,17), überführt von Sünde (Joh 16,8), tritt bei Gott für die Glaubenden ein (Röm 8,26) und inspiriert die Autoren der Heiligen Schrift (Apg 1,16; 2 Petr 1,21). Die Frühe Kirche schloss aus dem neutestamentlichen Befund im Rahmen des Trinitätsdogmas, dass der H. Gott und eines Wesens mit dem Vater und dem Sohn ist.

Heiliger Rock, Gewand, das Jesus bis zur Kreuzigung trug und das die röm. Soldaten nach Joh 19,23–24 während der Kreuzigung unter sich verlosten. Es gibt seit der Frühen Kirche viele Legenden, was aus diesem Kleid wurde. Im Mittelalter wurde es an mehreren Orten als *Reliquie* verehrt. Die berühmteste Reliquie ist der H. in Trier, den Helena, die

Mutter Konstantins des Großen, der eine Basilika in Trier erbaute, dem Bischof von Trier geschenkt haben soll. Die Reliquie wurde dort 1196 in den Altar eingemauert und wird seit 1512 in großen Abständen einige Tage im Jahr ausgestellt, zuletzt 1933, 1959 und 1996. Es gilt als sicher, dass der H. von Trier seit konstantinischer Zeit im Dom zu Trier lagert, während trotz wissenschaftlicher Untersuchungen über ein höheres Alter Uneinigkeit herrscht. Der H. und das Grab des Apostels Matthias machen Trier zum wichtigsten Wallfahrtsort in Deutschland. 1996 nahmen an der Wallfahrt erstmals ökumenische Vertreter vor allem der ev. Kirchen und *Freikirchen* teil.

Heiliger Stuhl (lat. Sancta Sedis), auch Apostolischer Stuhl, seit Papst Damasus I. offizielle Bezeichnung des Papstamtes und dann der päpstlichen röm. *Kurie,* wobei der Stuhl die päpstliche *Cathedra* meint.

Heiliger Vater, Ehrentitel und Anrede des Papstes.

Heilige Schrift, die neutestamentliche Bezeichnung des A.T. als H. (Röm 1,2) oder Heilige Schriften (2 Tim 3,15), die auf die ganze Bibel übertragen wurde und in der gesamten Kirchengeschichte deren Offenbarungscharakter und normative Geltung beschreibt, wurde in der Religionswissenschaft für christliche Sondergruppen mit weiteren Büchern (z. B. Buch *Mormon*) und für die nicht christlichen Religionen übernommen. → Inspiration

Heiliges Grab, die Grabstätte Jesu, ein einzelnes Felsengrab vor der Mauer von Jerusalem, in das der Leichnam ebenerdig hineingetragen und -gelegt wurde (Mt 27,60; Lk 23,53; Joh 19,41f.). Im 4. Jh. mit einer Höhle identifiziert, über der Helena, die Mutter Kaiser Konstantins, und jener selbst die Grabeskirche errichten ließen, die heute unter mehrere Konfessionen aufgeteilt ist. Der Ort gilt aufgrund von Grabungen als historisch und ist daher wichtigster Wallfahrtsort der Christenheit.

Heiliges Jahr (lat.-ital. Anno Santo), durch Übertragung der röm. Jahrhundertfeier (Centenarfeier) schuf Papst Bonifatius VIII. 1300 ein H. der Wallfahrten und kirchlichen Erneuerung, das zunächst alle 100 Jahre, ab 1343 alle 50, seit 1389 alle 33, seit 1475 alle 25 Jahre gefeiert wurde. Es beginnt mit der Öffnung der sonst zugemauerten *Heiligen Pforte* (Goldene Pforte) der *Peterskirche* und weiterer Kirchen und schließt seit 1500 einen vollkommenen *Ablass* für alle Teilnehmer weltweit ein. Zuletzt 2000 besonders prunkvoll begangen.

Heiliges Land, aus dem A.T. in die christliche Sprache gelangte Bezeichnung für das Land Israel bzw. Palästina.

Heiliges Offizium → Officium

Heilige Woche → Karwoche

Heiligsprechung, während im kath. Bereich die *Heiligenverehrung* in der *Volksreligion* auch weit über den vom offiziellen Lehramt gewünschten Rahmen hinausgeht, gibt es seit 1234 einen festen Kanon vom Papst selig oder heilig gesprochener Menschen. Die Seligsprechung (Beatifikation) und die H. (Kanonisation) wird von einem päpstlichen Gericht im Rahmen eines längeren Prozesses *(Advocatus diaboli)* auf Antrag untersucht und vorbereitet, dann aber vom Papst in eigener Entscheidung angenommen und verkündet oder verworfen. Voraussetzung für die Seligsprechung ist der Tod vor mindestens 50 Jahren, ein tugendhaftes Leben geführt und mindestens zwei Wunder im Leben oder nach Gebeten zum Verstorbenen gewirkt zu haben. Der Seliggesprochene darf nur örtlich verehrt

Heiliges Jahr. Papst Johannes Paul II. schließt die Heilige Pforte am Petersdom in Rom, um das Ende des Heiligen Jahres 2000 zu versinnbildlichen.

Heilsarmee. Ein Mitglied der Heilsarmee sammelt Spenden auf der Reeperbahn in Hamburg.

werden. Die H. setzt voraus, dass nach Seligsprechung weitere Wunder aufgrund der Gebete zu diesem Heiligen nachweisbar sind.

Heiligung, Zentralbegriff der Bibel mit der Grundbedeutung »abgesondert sein«. Etwas Heiliges ist dem weltlichen, alltäglichen Gebrauch entnommen und für besondere Zwecke bestimmt. Heiligkeit hat ihren Ursprung in Gott und wird Gegenständen, Orten und Personen zugesprochen, die in seinem Dienst stehen werden (Ex 13,2; 19,5–6; Lev 27,14; Jos 6,19; Neh 13,19–22). Gott gibt Heiligkeit als sein Wesen an und fordert, dass sein Volk ebenfalls heilig sein soll (Lev 11,44–45; 19,2; 20,26). Im N.T. ist Jesus der Heilige Gottes (Mk 1,24; Lk 4,34; Joh 6,69). Bezogen auf die Gläubigen ist mit H. ein Vorgang gemeint, bei dem der Gläubige immer mehr dem Bilde Christi gleichgestaltet wird, indem er Gottes Willen, maßgeblich in den Geboten ausgedrückt, tut (Eph 2,10; 1 Thess 4,3+7; 1 Petr 1,2). H. ist nur durch das Erlösungswerk Christi und durch das Wirken des im Gläubigen wohnenden Heiligen Geistes möglich (Röm 8,1–4). Die H. beginnt bei der Wiedergeburt und wird vollendet, wenn wir Christus begegnen, also nach dem Tod oder bei seiner *Wiederkunft.* Sie ist Gabe (1 Kor 1,30) und Aufgabe (Hebr 2,14) zugleich. Die kath. Kirche hat ein eigenes Verständnis von H. Mit »ständiger H.« (CIC Can. 210) wird die H. der Gläubigen durch die Teilnahme an den *Sakramenten* bezeichnet. → Heiligungsbewegungen

Heiligungsbewegungen, verschiedene christliche Kirchen und Erneuerungsbewegungen, die aus der methodistischen Erweckungsbewegung des 19. Jh. in den angelsächs. Ländern hervorgingen und in Deutschland vor allem im Rahmen der *Gemeinschaftsbewegung* wirkten. Sie betonten die *Heiligung* einerseits im stärker mystischen Sinne als völlige Erfüllung mit dem Heiligen Geist, andererseits im stärker ethischen Sinne als Ablegen der Sünde und Streben nach Vollkommenheit. Die aus den H. hervorgegangenen Kirchen sind in ihrer Bedeutung im 20. Jh. hinter den Kirchen der *Pfingstler* zurückgeblieben, die sich aus den H. heraus entwickelt hat.

Heilsarmee (engl. Salvation Army), von dem ehemaligen Methodistenprediger William Booth (1829–1912) im Jahr 1878 in London gegründete, heute weltweit verbreitete Freikirche, die *Evangelisation* mit Sozialarbeit verband und eine *Erweckung* unter sozial Schwachen und Obdachlosen auslöste. Die Geistlichen tragen militärische Rangbezeichnungen, die Mitglieder heißen *Salutisten.* Zur Mitgliedschaft gehört ein einwandfreier Lebenswandel und der Verzicht auf Alkohol und Nikotin. Die Sozialarbeit unter Obdachlosen, Alkoholikern, Drogenabhängigen, Gefangenen und Prostituierten wird in Deutschland heute größtenteils staatlich finanziert. Die H. lehnt Taufe und Abendmahl ab und will sie geistlich verwirklichen, lässt aber in ihrem ökumenischen Engagement zu, dass ihre Mitglieder die Sakramente in anderen Kirchen empfangen. Weltweit hat die H. etwa 2,4 Mio Anhänger.

Heilsgeschichte, im 19. Jh. geprägter Begriff der christlichen Theologie für eine inhaltlich seit den Kirchenvätern vertretene Sicht, dass Gottes Heilshandeln die gesamte Geschichte umfasst, also die Zeit von der Schöpfung bis zur Vollendung der Welt nach der *Wiederkunft* (Eschatologie) und seinem vorgegebenen Plan folgt. Die wichtigsten heilsgeschichtlichen Modelle im ev. Bereich sind die *Bundestheologie* und der dieser entgegengesetzte, nur in einigen ev. Freikirchen beheimatete *Dispensationalismus.* Im kath. und orthodoxen Bereich meint H. oft einfach das Heilshandeln Gottes in Jesus und noch spezieller die Eucharistie.

Heilsgewissheit, die von den Reformatoren in den Mittelpunkt gestellte, im N.T. breit bezeugte (Joh 10,28; Röm 8,38–39; Phil 1,6; 2 Thess 3,3; 1 Petr 1,5) persönliche Gewissheit der Errettung und des ewigen Lebens, die auf der Rechtfertigung des Menschen in Christus und Gottes unverbrüchlichem Heilswillen

(Prädestination) beruht. Nach kath. Verständnis ist die H. nicht wie im ev. Bereich Sache des Glaubens, sondern nur der Hoffnung. Die Frage, inwieweit H. berechtigt ist, hängt eng mit der *Verlierbarkeit des Heils* zusammen, da reformierte Theologen davon ausgehen, dass nur die Unverlierbarkeit des einmal geschenkten und von Gott in seiner absoluten *Treue* zugesagten und beeideten *(Eid)* Heils H. geben könne.

Heilsordnung, theologischer Fachausdruck der ev. lutherischen und reformierten *Orthodoxie* und des *Pietismus* für die Elemente und Reihenfolge der Vermittlung des Heils an den einzelnen Gläubigen, wobei vor allem folgende Faktoren eine Rolle spielen: Erwählung, *Berufung,* Erleuchtung durch den Heiligen Geist, *Wiedergeburt, Bekehrung, Buße, Heiligung,* Verherrlichung, Vollendung. Über das Verhältnis und die Reihenfolge der einzelnen Faktoren gab es eine intensive dogmatische Diskussion.

Heilungsbewegungen, Sammelbezeichnung für christliche Gruppen und Kirchen, welche die wundersame Heilung zum Zentrum ihres Glaubens machen. Dazu zählen unter den ev. Freikirchen vor allem die *Pfingstler* und *Charismatiker,* wo nach neutestamentlichem Vorbild die Heilung durch Handauflegung und Gebet, gegebenenfalls zusammen mit einer Salbung (Jak 5,14) oder Dämonenaustreibung erfolgt, unter den Sondergruppen etwa die *Christliche Wissenschaft.* H. sind meist dort anzutreffen, wo die normale medizinische Versorgung nicht gewährleistet ist.

Heimsuchung Mariä (lat. Visitatio Beatae Mariae Virginis), der Besuch Marias, die mit Jesus schwanger war, bei Elisabeth, die mit Johannes dem Täufer schwanger war (Lk 1,39–56). Häufiges Motiv der christlichen Malerei.

Heliand (altsächs. heliand, althochdt. heilant: »der Heilende«, »der Erlösende«), anonyme, zwischen 822 und 840 entstandene epische Nacherzählung der Lebensgeschichte Jesu, wobei Jesus nicht als Messias oder Gott, sondern germanisiert als Heerführer beschrieben wird, dem die Jünger in german. Gefolgstreue anhängen. → Arianismus, → Heiland

Helvetisches Bekenntnis → Confessio Helvetica prior, → Confessio Helvetica posterior

Hephata (hebr. »öffne dich«), Wort Jesu bei der Heilung des Taubstummen, damit sich Mund und Ohr öffnen (Mk 7,34), von daher beliebter Name für ev. Heilanstalten.

Hermeneutik (griech. hermeneuo: »auslegen«, »erklären«), Wissenschaft von den Prinzipien der Auslegung, in der Theologie wichtiges Fach, dass sich mit der Auslegung und dem Verstehen der Bibel beschäftigt.

Herrenbrüder, alter Name für *Brüder Jesu.*

Herrenwort, Wort Jesu in den *Evangelien.*

Herrlichkeit Gottes → Doxologie

Herrnhuter Brüdergemeine → Brüdergemeine

Herrschaft Gottes → Reich Gottes

Herz, in der Bibel Bezeichnung für das zentrale Körperorgan des Menschen, aber vor allem ein Begriff, um den Kern einer Persönlichkeit zu kennzeichnen. Das H. ist Sitz des Verstandes, der Gefühle und des Willens (Gen 6,5; 18,5; Ps 119,2), es ist Zentrum aller geistigen Funktionen (Gen 6,6) und beschreibt auch die natürliche Haltung des gefallenen Menschen (Jer 17,9). Die geläufige Gegenüberstellung von Herz und Kopf ist dem biblischen Sprachgebrauch unangemessen. Es kennt diesen Gegensatz zwischen Fühlen und Denken nicht, auch gehören Theorie und Praxis immer zusammen. Das H. ist Sitz sowohl intellektueller Fähigkeiten als auch Organ für Empfindungen (Spr 23,25.28; Jes 44,18–19; Joh 12,40).

Herz Jesu, seit dem 12. Jh. wurde das H. als Symbol für Jesus und seine innige Liebe von

Heimsuchung Mariä. Darstellungen der Begegnung der beiden schwangeren Frauen gehören zum Bildprogramm des Marienlebens, entstanden aber auch als Einzelgemälde wie Jacopos Altarbild der Pfarrkirche in Carmignano, um 1530. Das Werk im Stil des Manierismus zeigt die voluminösen Gestalten quasi in einem schwebenden Reigen begriffen. Liturgische Bedeutung gewann die Erzählung des Lukas durch den Lobgesang Marias (Lk 1,46–55). Er wurde als Magnificat auf vielfältige Weise als Chorgesang vertont und liegt einer Kantate von Johann Sebastian Bach zugrunde.

Himmelfahrt Mariä. Als Tizian sein monumentales Altarbild (Höhe 360 cm) für die Kirche Santa Maria Gloriosa dei Frari in Venedig 1518 vollendet hatte, waren die Auftraggeber aus dem Franziskanerorden im Zweifel, ob der stürmische Gefühlsausdruck der Apostel und der sinnliche Reiz der Farbgebung dem Thema angemessen waren. In der Tat besitzt Tizians »Assunta« eine beispiellose Dynamik, der kompositorisch ein spitzwinkliges Dreieck zugrunde liegt. Es verbindet die beiden zinnoberrot gewandeten Apostel an Marias leerem Sarg mit der Gestalt der gen Himmel schwebenden hl. Jungfrau und führt den Blick hinauf zu Gottvater. Zu Tizians Neuerungen gehört die kühne Körperdrehung Marias vor einer gleißenden Lichtfolie.

der *Mystik* in vielfältiger Form verehrt, gemalt und plastisch dargestellt. Durch die Jesuiten und andere Orden wurde es im 16. und 17. Jh. zu einem Kennzeichen kath. Frömmigkeit und zum Namensbestandteil zahlreicher kath. Zusammenschlüsse und brachte eine eigene Kunstgattung hervor. 1765 wurde die H.-Verehrung vom Papst offiziell anerkannt und durch Einführung des H.-Festes (Freitag nach dem zweiten Sonntag nach Pfingsten) verbindlich gemacht. Regional wird auch jeder erste Freitag im Monat als H.-Freitag begangen.

Heterodoxie (griech. »anderer Glaube«), die Andersgläubigkeit, also der falsche, abgelehnte Glaube im Gegensatz zum richtigen Glauben, der *Orthodoxie.*

Heuschrecken, im A.T. (z.B. Plage über Ägypten, Ex 10,4ff.) und in der Apokalypse (Offb 9,3) fester Bestandteil eines Gerichtsszenariums über ein Land.

Hexapla (griech. »die Sechsfache«), der Text des A.T. im hebr. Original und fünf griech. Übersetzungen in sechs Spalten nebeneinander, wie ihn der griech. Theologe Origenes (um 185–254) als *Synopse* zusammenstellte.

Hexenverfolgung → Inquisition

Hierarchie (griech. hieros: »heilig«, archia: »Herrschaft«), ursprünglich der Aufbau der Priesterschaft in verschiedene Ränge, der später zur allgemeinen Bezeichnung jeder Ämterabstufung wurde. Im eigentlichen Sinn kennen nur die kath. und orthodoxen Kirchen eine H., denn die Leitungsämter in den anglikanischen und ev. Kirchen sowie den Freikirchen werden nicht sakramental, sondern als Ehrenprimat oder rein verwaltungstechnisch verstanden.

Hierokratie (griech. »Priesterherrschaft«) → Theokratie

High Church (engl. »Hochkirche«), hochkirchlich-katholisierende Richtung der *anglikanischen Kirche* neben *Low Church* (evangelikal/calvinistisch) und *Broad Church* (liberal).

Himmel, findet sich in der Bibel in dreifacher Bedeutung: 1. einer der großen Bestandteile des Universums, Erde und H. (Gen 1,1; 14,19), und damit der Ort von Sternen und Planeten (Gen 1,14–17; Ez 32,7–8); 2. Wohnung Gottes (Gen 28,17; Ps 80,15; Jes 66,l; Mt 5,12) und der guten Engel (Mt 24,36); 3. Bewohner des H. (Lk 15,18; Offb 18,20), auch Gott selbst ist umschreibend gemeint (»Himmelreich«). Offb 21,1 berichtet von der Schöpfung eines neuen H. und einer neuen Erde. Den Gläubigen ist der H. verheißen, was nicht zuletzt die unmittelbare Gemeinschaft mit Gott deutlich machen will (Mt 5,12; 2 Kor 5,1; Phil 3,20).

Himmelfahrt, Christi Himmelfahrt, die in Mk 16,19, Lk 24,50–53 und Apg 1,9–11 geschilderte H. des auferstandenen Christus zu seinem Vater, wo er seitdem nach allen Glaubensbekenntnissen der Frühen Kirche zur Rechten Gottes des Vaters sitzt, die Welt regiert und die Kirche leitet (Eph 1,20–22, *Apostolisches Glaubensbekenntnis),* wird seit dem 4. Jh. am 40. Tag nach Ostern, also einem Donnerstag, gefeiert. Die H. schließt im christlichen Glauben und im Kirchenjahr das Heilswerk Jesu von Karfreitag und Ostern ab und ist die Voraussetzung für das Kommen des Heiligen Geistes an *Pfingsten* und für die *Wiederkunft Jesu (Advent),* wie sie die Engel bei der H. ankündigen (Apg 1,11).

Himmelfahrt Mariä (lat. Assumptio Beatae Mariae Virginis), aufgrund von ersten Ansätzen aus der christlichen Spätantike von Papst Pius XII. 1950 zum ersten und bisher einzigen unfehlbaren Dogma seit der *Unfehlbarkeits-*

erklärung des Papstes erhobene Lehre, wonach Maria direkt nach ihrem Tod unmittelbar mit Leib und Seele in den Himmel aufgefahren ist. Die H. gehört zur Parallelisierung des Lebens Mariä mit dem Leben Jesu *(Unbefleckte Empfängnis,* Miterlöserin), welche die ev. und orthodoxen Kirchen ablehnen. Das kath. Fest Mariä Himmelfahrt wird am 15. August gefeiert.

Himmelreich → Reich Gottes

Himmelsbriefe, angeblich von Christus selbst geschriebene und unter wunderbaren Umständen vom Himmel herabgesandte Briefe, welche die Aufforderung zur strikten Sonntagsheiligung mit weitreichenden Segensversprechungen verbinden. H. sind erstmals für 585 nachgewiesen, weil Bischof Licinianus von Cartagena einen H. für apokryph erklärte, dürften aber aus dem Hellenismus stammen. Trotz kirchlicher Verbote fanden H. im Mittelalter besonders im Rahmen der Kreuzzüge und als theologische Streitschriften zur Zeit der Reformation weite Verbreitung. Später dehnte sich die Segensversprechung auf die Haltung anderer Gebote aus. Heute sind H. im Volksaberglauben als Amulette usw. in Europa nachweisbar und praktisch immer zugleich Schutzbriefe, die christlich formulierte Segens- und Zauberformeln enthalten.

Himmelskönigin (lat. Regina Coeli), in der kath. Kirche Ehrentitel der Jungfrau *Maria,* der allerdings eher in der Volksreligion Verwendung findet.

Himmelsleiter, auch Jakobsleiter, die Leiter, von welcher der Patriarch Jakob in Bethel träumte (Gen 28,10–12) und auf der Engel vom Himmel herab- und wieder hinaufstiegen; Motiv der christlichen mittelalterlichen Malerei.

Hirt des Hermas (lat. Pastor Hermae), eine von dem Laien Hermas um 140 verfasste Schrift mit ethischen Vorschriften und Hinweisen zur Buße.

Hirtenamt, das Bild vom Hirten und der Herde wird im A.T. und N.T. oft für das Verhältnis von Gott zu einzelnen Menschen (Ps 23,1; Jesus als der gute Hirte: Joh 10,11–16; 1 Petr 2,25; 5,4; Hebr 13,20) oder zum Volk Gottes (Ps 80,2; Jes 40,11; Ez 34,12), aber auch von Dienern Gottes zum Volk Gottes verwendet (Jer 3,15; 23,4; Joh 21,15–17; Apg 20,28; Eph 4,11; 1 Petr 5,2–3). Deswegen wurden schon früh alle leitenden Ämter in der Kirche als H. verstanden, was sich in zahlreichen Formulierungen niedergeschlagen hat (z.B. *Pastor,* lat. »Hirte«; der *Hirtenstab* des Bischofs). Dass Petrus ausdrücklich zum Weiden der Schafe berufen wurde (Joh 21,15–17), versteht die kath. Kirche als Ursprung des universalen H. des Papstes (Petrusamt).

Hirtenbrief, Rundschreiben von ev. und kath. Bischöfen zu Fragen der Lehre, der Ethik, der allgemeinen Seelsorge oder zu zeitgeschichtlichen und aktuellen Fragen, vielfach zur sonntäglichen Verlesung im Gottesdienst bestimmt.

Hirtenstab, auch Bischofsstab oder Krummstab, *Insignie* des Bischofsamtes.

Historienbibel (lat. historia: »Geschichte«), volkstümlich nacherzählte und oft bebilderte, mittelalterliche Bibel mit den wichtigsten Geschichten des A.T. und N.T., die vor allem vom 13.–15. Jh. sehr verbreitet war, aber mit Holzschnitten versehen auch nach Erfindung des Buchdrucks mit beweglichen Lettern durch Johannes Gutenberg (um 1400 bis 1468) von Bedeutung blieb.

Hochamt, kath. *Messe,* die besonders feierlich am Hochaltar (Hauptaltar) einer Kirche gestaltet wird und deren Liturgie nicht nur ein einzelner Priester durchführt, sondern u.a. auch Diakone, Lektoren und Kantoren.

Hochamt. Der Malteserorden feierte 2000 seine Gründung vor 900 Jahren als Johanniterorden mit einem Hochamt in der Kathedrale Saint John auf Malta. 1530 erhielt der von Rhodos vertriebene geistliche Ritterorden von Karl V. Malta als Ersatz; 1798 beendete Napoleon die Ordensherrschaft auf der Mittelmeerinsel.

Hochkirchliche Bewegung, auch High Church, Strömung innerhalb der anglikanischen Kirche, die im Gegensatz zur reformierten Ausrichtung der Theologie der anglikanischen Kirche und insbesondere ihres *evangelikalen* Flügels *(Low Church)* die aus dem Katholizismus übernommenen äußeren Formen wie Bischofsamt, Sakramente oder Symbole wieder mit kath. Inhalt füllen wollte, ohne sich dem Papst zu unterstellen (deswegen Anglokatholizimus). Vater der H. war der Erzbischof von Canterbury William Laud (1573–1645, daher auch Laudismus genannt). Höhepunkt war die Oxfordbewegung als hochkirchlich-katholisierende Erneuerungsbewegung des 19. Jh., die im Rahmen der High Church die äußerlich vorhandenen Formen der anglikanischen Kirche wieder im vorreformatorischen Sinn füllen wollte, also entgegen dem Rationalismus der *Broad Church,* aber auch entgegen der reformierten Lehre der Low Church. Hauptvertreter waren John Keble (1792–1866), Edward Bouverie Pusey (1800–1882, deswegen auch Puseyismus genannt) und John Henry Newman (1801–1890). Nach dem Übertritt von Newman zur kath. Kirche 1845 bewirkte sie eine Neubelebung des altkirchlichen Verständnisses von Kirche, Amt, *Apostolischer Sukzession* der Bischöfe, Sakrament und Liturgie in der anglikanischen Kirche und regte damit die hochkirchlichen Bewegungen in anderen ev. Konfessionen mit Bischöfen an, so die ev. Franziskaner-Tertiaren und die 1918 gegründete Hochkirchliche Vereinigung in Deutschland, die Birgittenorden in Schweden, die Sankt-Ansgar-Bruderschaft in Dänemark und Kloster *Taizé* in Frankreich.

Hochkirchliche Bewegung. William Laud, seit 1633 Erzbischof von Canterbury, stand dem englischen König Karl I. als Berater zur Seite. Er unterdrückte den puritanischen Klerus und trat für die Bewahrung der Episkopalverfassung ein. Als er versuchte, die englische Episkopalverfassung gewaltsam im presbyterianischen Schottland einzuführen, wurde er schließlich vom Langen Parlament wegen Hochverrats angeklagt. Nach vierjähriger Haft wurde er 1645 in London hingerichtet.

Hochwürden, Ehrentitel und unbestimmte Anrede für kath. Geistliche.

Hochzeit → Eheschließung

Hölle → Verdammnis, ewige

Höllenfahrt, da Jesus Christus nach christlichem Glauben zwischen Kreuzestod und Auferstehung wirklich tot war, muss er sich in dieser Zeit wie alle Toten im Totenreich aufgehalten haben, weswegen diese Lehre in das *Apostolische Glaubensbekenntnis* aufgenommen wurde (heute: »hinabgestiegen in das Reich der Toten«). Ausdrücklich angesprochen wird dies allerdings nur in 1 Petr 3,19f.; 4,6, wonach Christus zwischen Tod und Auferstehung zu den Verstorbenen hinabstieg.

Hohepriester, das N.T. hat zwar Hochachtung vor dem alttestamentlich-jüd. Amt des H., sieht Jesus aber im Konflikt mit dem amtierenden H. und das Amt des H. durch Jesus als ewigen H. erfüllt (Hebr 5,10; 6,20). Es rechnete deshalb mit dem Aussterben des Amtes des H., wie es 70 n. Chr. mit der Zerstörung des Tempels geschah.

Homiletik (griech. homilia: »Unterricht«, »Gespräch«), die Lehre von der *Predigt (Homilie)* ist ein Teil der *Praktischen Theologie.*

Homilie (griech. homilia: »Unterricht«, »Gespräch«), wissenschaftlicher Ausdruck für die christliche, vorwiegend sonntägliche *Predigt,* meist aber nur für eine Predigt, die einen Bibeltext Vers für Vers auslegt.

Homoiousios → Nizänum

Homousianer, Verfechter des griech. Begriffs homousios (wesensgleich) für das Verhältnis von Gott, dem Vater, und Jesus, der seit dem *Nizänischen Glaubensbekenntnis* für alle christlichen Konfessionen verbindlich ist.

Horen (lat. horae: »Stunden«), aus der Praxis der *Stundengebete* abgeleitete Bezeichnung für Gebetszeiten.

Hosianna (hebr. »hilf doch!«, »errette doch!«), auch Hosanna, im A.T. häufiger Gebetsruf (Ps 118,25) und Bitte an Gott, im N.T. Bitte und Huldigung an Jesus (Mt 21,9–15; Mk 11,9–10; Joh 12,13), ähnlich wie *Halleluja* unübersetzt in den christlichen Gottesdienst übernommen, dort aber als Jubelruf zu verstehen.

Hospitanten (lat.), Oberbegriff für Ordensgemeinschaften, die sich der Krankenpflege, vor allem in Hospitälern, widmen. → Barmherzige Brüder

Hostie (lat. hostia: »Opfer«), die in der kath. Eucharistie- und der ev.-lutherischen Abendmahlsfeier seit dem 9. Jh. verwendeten Oblaten, die als flache Weizenplättchen aus Weizen mit Wasser gebacken werden. Für den kath. Glauben ist vor allem die geweihte H., also die H. nach der Eucharistiefeier, von Bedeutung, da sie nun Jesu Leib ist und deswegen angebetet werden darf. Die geweihte H. heißt daher auch *Allerheiligstes.* → Anbetung; → Fronleichnam; → Monstranz; → Opfer

Hugenotten, Name der reformiert-calvinistischen Protestanten in Frankreich, die der frz. König scharf bekämpfte. Die Hugenottenkriege ab 1562 gipfelten 1572 in der *Bartholomäusnacht.* Heinrich IV. (reg. 1589 bis 1610) gewährte den H. mit dem *Edikt von Nantes* 1598 eingeschränkte Glaubensfreiheit, doch Ludwig XIV. (reg. 1643–1715) hob das Edikt 1685 wieder auf. Daraufhin flohen zahlreiche H. nach Brandenburg (Preußen), Hessen, in die Niederlande und die Schweiz und wirkten dort bei der Verbreitung des reformierten Glaubens mit. Seit der Französischen Revolution konnten sich wieder reformierte Kirchen in Frankreich organisieren.

Hussiten, die aus dem Wirken des tschech. Reformators Jan Hus (um 1370–1415) hervorgegangene Bewegung. 1415 wurde Hus auf dem Konzil zu Konstanz ohne Anhörung als *Ketzer* verbrannt, was die Hussitenkriege (1419–36) auslöste, die Böhmen verwüsteten und alle Nachbarländer Böhmens in Mitleidenschaft zogen. Die H. zerfielen in mehrere Gruppierungen, haben aber in Tschechien als eine der beiden großen ev. Kirchen mit etwa 190 000 Anhängern überlebt.

Hut(t)erische Brüder, 1525 in Tirol von Jakob Hut(t)er († 1536) gegründete Gruppe der *Täufer,* die vor Verfolgung nach Mähren auswichen, von wo sie später nach Russland und 1874 in die USA auswanderten. Dort leben sie in Gütergemeinschaft in den so genannten »Bruderhöfen« und wirken von dort aus auch in Deutschland.

Hymnologie (lat.), Wissenschaft vom Kirchenlied und -gesang.

Hymnus (lat.), auch Hymne, feierlicher Gesang.

I

Ikonen (griech. eikon: »Ebenbild«), orthodoxe Heiligenbilder. In den orthodoxen Kirchen werden Christus, Maria und die Heiligen auf I., also auf flachen Holzbildern dargestellt. Während die ev. Kirchen nur künstlerische Darstellungen kennen, die kath. Kirche dagegen auch plastische Darstellungen zur Verehrung zulässt, kennen die orthodoxen Kirchen nur zweidimensionale (flache) Darstellungen von Personen, die aber als im Kult tatsächlich anwesend gelten. Die Maler müssen genaue Vorschriften bezüglich der Farbe, der Proportionen und der Symbolik beachten, weil die I. integraler Bestandteil der Lehre sind. Einige Christus- und Marienbilder sollen auf übernatürliche Weise entstanden sein (griech. acheiropoieta: »nicht mit Händen gemacht«), so etwa das Schweißtuch der Veronika. Die Ikonostase (griech. ikonostasis: »Bilderaufstellung«) ist in orthodoxen Kirchen die Wand zwischen Altar- und Gemeinderaum, welche die wertvollsten I. in bis zu sieben Reihen übereinander trägt, wobei die »Deesis«, die Darstellung des thronenden Christus zwischen Maria und Johannes, den Mittelpunkt bildet. Die I. geben dem Menschen die Möglichkeit, in Gemeinschaft mit Gott zu treten, der selbst nicht dargestellt wird. I. werden jedoch nicht angebetet, sondern nur verehrt.

Ikonografie (griech. eikon: »Bild«), die wissenschaftliche Erforschung der Stile, Formen und Symbole religiöser, künstlerischer Darstellungen.

Ikonoklasmus → Bilderstreit

Ikonostase → Ikonen

Imago Dei → Ebenbild Gottes

Immanuel (hebr. »Gott ist mit uns«), Name des Sohns einer Jungfrau bzw. jungen Frau in einer Prophetie des Jesaja (Jes 7,14; vgl. 8,10), für Matthäus ein Hinweis auf Jesus und Maria (Mt 1,23).

Immerwährende Jungfrau → Jungfrauengeburt

Imitatio Christi (lat. »Nachahmung Christi«), allgemein die Nachfolge der Jünger Jesu (Mt 16,24), im speziellen Sinn Titel einer bedeutenden, 1427–41 entstandenen Sammlung (dt. Titel: »Nachfolge Christi«) von Schriften der mittelalterlichen Erneuerungsbewegung »Devotio moderna« (lat. »neue Hingabe«), die zur wichtigsten Grundlage der *Mystik* des 15. Jh. wurde.

Immunität, im Mittelalter und im neueren Staatskirchenrecht die Befreiung Geistlicher

Ikonen. Die russische Ikone aus dem 17. Jh. zeigt das »Fest der Entschlafung der Gottesmutter«, in Russland am 15. August gefeiert (entspricht der Himmelfahrt Mariä). Der Oklad, der Metallbeschlag auf der Ikone, stammt aus dem 19. Jh.

Inquisition. Das Inquisitionsgericht beendete seine Session mit der öffentlichen Verkündung der Todesurteile. Das Gemälde schildert ein solches Autodafé (span. »Akt des Glaubens«) am 30. Juni 1688, anlässlich der Hochzeit Karls II. von Spanien. 50 Todesurteile wurden verhängt, und der König entzündete eigenhändig den Scheiterhaufen. 1683; Museo del Prado, Madrid

von öffentlichen Lasten (z.B. Steuern) und der staatlichen Gerichtsbarkeit.

Im Namen des Vaters, des Sohnes und des Heiligen Geistes, aus dem Taufbefehl Jesu (Mt 28,19) stammende, stehende Formulierung zu Beginn eines Gottesdienstes oder einer kirchlichen Handlung, die sowohl ein Bekenntnis zur Dreieinigkeit ablegt als auch die Gegenwart Gottes anzeigt.

Imprimatur (lat. »es werde gedruckt!«), seit Abschaffung der kirchlichen Zensur und des päpstlichen Buchverbots *(Index)* benötigen nach kath. Kirchenrecht Bibeln sowie religiöse und theologische Schriften aus dem Bereich der kath. Kirche eine Druckerlaubnis des zuständigen Bischofs, welche dieser oft delegiert.

Index, Index librorum prohibitorum (lat. »Verzeichnis verbotener Bücher«), eine Liste von Büchern, die aufgrund einer Untersuchung einer päpstlichen Indexkongregation (ab 1917 des Heiligen *Offiziums*) kraft päpstlichen Edikts verboten waren. Verstöße konnten in kath. Ländern strafrechtliche Folgen haben. Im I. wurden einzelne Werke verzeichnet oder auch Autoren, deren Schriften insgesamt verboten waren. Der 1559 eingeführte I. wurde 1966 abgeschafft und durch das *Imprimatur* ersetzt. Der I. war der Höhepunkt der kirchlichen Zensur, die seit Einführung des Buchdrucks auf bischöflicher oder päpstlicher Ebene, meist mit Unterstützung des Staates, die Veröffentlichung von Büchern verbot oder erlaubte.

Individualismus → S. 76

Indulgentia (lat. »Nachsicht«) → Ablass.

Industriemission, frz. kath. Priester begannen im 2. Weltkrieg, als *Arbeiterpriester* auf die Industriearbeiter zuzugehen. Ihr Ansatz wurde im anglikanischen und protestantischen Bereich nach dem 2. Weltkrieg aufgegriffen (bedeutende Projekte: Sheffield Industrial Mission, Detroit Mission). Auch in Deutschland entstand vorübergehend eine ausgedehnte kirchliche Industrie- und Sozialarbeit. Ähnliche Bewegungen sprachen die Großstadtbewohner an (Großstadtmission). Später bekam der Kampf gegen kapitalistische Sozialstrukturen gegenüber der Evangelisation allmählich das Übergewicht und die I. entwickelte sich zum Zweig der Befreiungstheologie.

Infallibilität → Unfehlbarkeit des Papstes, → Unfehlbarkeit der Schrift

Inferno → Hölle

Infralapsarismus, Gegenstück zum *Supralapsarismus.*

Inful, andere Bezeichnung für Bischofsmütze *(Mitra).*

Infusionstaufe → Taufe

Innere Mission, von dem dt. ev. Pfarrer Johann Hinrich Wichern (1808–1881) geschaffener Oberbegriff für die über die normale Gemeindearbeit hinausgehenden zwei Bereiche der kirchlichen Arbeit, nämlich die Diakonie und die *Evangelisation* im eigenen Land unter Nichtchristen ebenso wie unter der Kirche entfremdeten Kirchenmitgliedern. Der 1849 von ihm initiierte »Centralausschuss für I. der deutschen evangelischen Kirche« umfasst fast alle kirchlichen Werke aus diesem Bereich ebenso wie zahlreiche unabhängige Werke. Die I. war gleichzeitig auch Begegnungsort kirchlicher Kräfte mit den Werken des *Pietismus,* Erweckungsbewegungen, der *evangelikalen* Bewegung und einiger ev. *Freikirchen.* 1957 wurde der Centralausschuss in das »Diakonische Werk – Innere Mission und Hilfswerk der Ev. Kirche in Deutschland« überführt, dem auf kath. Seite die *Caritas* entspricht.

Inquisition (lat. inquisitio: »Untersuchung«), zur Ketzerbekämpfung und Unterdrückung abweichender christlicher Lehren richtete die Kirche im 13. Jh. eine weit verzweigte Untersuchungsbehörde ein, die spezielle Prozesse durchführte. Bis zur Konstantinischen Wende kannte die Frühe Kirche nur Bußmittel und Kirchenzucht als geistliche Mittel der Erziehung und Strafe. Als das Christentum Staatsreligion wurde, setzte die Unterdrückung der Häretiker durch kaiserliche und staatliche Behörden ein. Es wurden auch Bewegungen verfolgt, die sich von der Kirche getrennt hatten. Im Zeitalter der *Kreuzzüge* und des Investiturstreits bediente sich die Kirche jedoch immer stärker ihrer Macht und verknüpfte den kirchlichen *Bann* mit staatlichen Folgen, sodass er auch zum Ausschluss aus der Gesellschaft führte. Im 12. Jh. begannen die Bischöfe, zunehmend selbst gegen die größer werdenden Ketzerbewegungen (z. B. *Albigenser, Katharer*) zu ermitteln und die Behörden zur Bestrafung zu veranlassen. Bald traten bischöfliche Inquisitoren als päpstliche Sonderbeauftragte auf. Das 4. Laterankonzil bestätigte 1215 die bischöfliche I. und forderte die Ausrottung der Ketzerei durch die weltliche Gewalt. Kaiser Friedrich II. (reg. 1220–50) verfügte 1224 die Todesstrafe durch öffentliches Verbrennen für hartnäckige Ketzer. Daneben gab es bei Widerruf teilweise mildere Strafen wie Kirchenstrafen oder die Einziehung des Besitzes. Papst Gregor IX. führte 1231 die I. als päpstliche Behörde ein. Papst und Kaiser vereinbarten, dass die Kirche die Untersuchung selbst durchführen, der Staat aber die verhängte Strafe vollstrecken sollte. In Geheimverfahren befragten die Inquisitoren, meist Dominikaner, die Verdächtigen. Wenn diese nicht freiwillig gestanden, wurden die Geständnisse mit grausamen Foltern erpresst, die Papst Innozenz VI. 1352 auch offiziell genehmigte. Oft war die I. mit politischen und wirtschaftlichen Motiven verquickt. Die Ausrottung des *Templerordens* Anfang des 14. Jh. ist das deutlichste Beispiel dafür. Mit dem Beginn des Hexenwahns im 14. Jh., aber auch in der Reformationszeit ab dem 16. Jh. erweiterte sich das Aufgabengebiet der I. 1275 wurde in Toulouse die erste Frau als Hexe verbrannt. Den Höhepunkt erreichte die Hexenverfolgung, die erst im späten 18. Jh. endete, in Europa im 15. Jh., in Deutschland zwischen 1590 und 1630. Obwohl die Protestanten selbst schwer unter der I. zu leiden hatten, beteiligten sie sich trotzdem an den Inquisitionsprozessen gegen die angeblichen Hexen und verfolgten teilweise Christen anderer Konfessionen durch Ausweisung oder Inhaftierung, äußerst selten durch die Todesstrafe. Am stärksten wirkte sich die I. in Südeuropa und Frankreich aus. In Spanien und Portugal wurde die I. seit 1478 eine staatliche Einrichtung unter Leitung des Großinquisitors und diente auch zur Unterdrückung, Vertreibung und Zwangsbekehrung von Juden und Muslimen. Die I. spielte dort ferner in der Zeit der Gegenreformation eine blutige Rolle, vor allem durch die *Autodafés,* und bestand teilweise bis Mitte des 19. Jh. → Ketzer

Insignien (lat. signum: »Zeichen«), Zeichen für das Amt, die Macht oder die Würde von Herrschern und kath. Geistlichen wie Krone, Mantel oder Stab, etwa bei Bischöfen *(Pontifikalien).*

Interdikt (lat. interdictum: »Verbot«), kath. Kirchenstrafe, die geistliche Rechte entzieht, entweder als Personalinterdikt mit Verbot der Teilnahme an bestimmten gottesdienstlichen Handlungen oder als Lokalinterdikt mit Verbot solcher Handlungen an bestimmten Orten.

Inthronisation, feierlicher Amtsantritt als Besteigung des Bischofsstuhles *(Cathedra)* für kath. Bischöfe und den Papst.

Introitus (lat. »Eingang«), ursprünglich der Gesang während jedes Einzugs des Priesters, dann der Gesang zur Eröffnung der kath. Messe. In ev. Kirchen hat der I. eine wechselhafte Geschichte zwischen Übernahme der kath. Tradition bis hin zum reinen Anfangslied.

Investitur, Investiturstreit → S. 72

Inzensation (lat. »Räucherung«) → Weihrauch

Inzest (lat. »Unzucht«), auch Blutschande, die sexuelle Beziehung zwischen Verwandten. Im Anschluss an Lev 18, 1 Kor 5,1 und Mt 14,3f. sah die christliche Ethik darin nicht nur

Inthronisation. Nach dem Tod von Papst Pius XII. wurde Angelo Giuseppe Roncalli am 28. Oktober 1958 als Johannes XXIII. zum neuen Papst gewählt und am 4. November 1958 feierlich gekrönt. Die Krone (Tiara) wird heute nicht mehr verwendet.

Iroschottische Kirche und Mission. Im Gegensatz zur karolingischen Orientierung an antiken Vorbildern wurzelt die iroschottische christliche Kunst mit ihrer reichen Ornamentik in der keltischen Tradition. Herausragende Werke sind Evangeliare aus den Skriptorien der Klöster, etwa das »Book of Kells«. Es wurde vermutlich auf der Klosterinsel Iona vor der Schottischen Küste begonnen und im irischen Kloster Kells vollendet. Abgebildet ist eine Seite aus dem Matthäusevangelium mit dem Bild der Jungfrau Maria mit dem Jesuskind. Um 800; Trinity College Library, Dublin

Iroschottische Kirche und Mission. Der Evangelist Matthäus; in den Bildecken die auf die vier Weltgegenden verweisen, befinden sich die vier Evangelistensymbole. 8. Jh. Stiftsbibliothek St. Gallen

das Verbot des sexuellen Verkehrs oder der Heirat mit direkten Blutsverwandten, sondern auch der entsprechenden Verwandten durch Schwägerschaft. Der Ausdruck für die bei der Heirat vollzogene Vereinigung »ein Fleisch werden« (Gen 2,23–24; Mt 19,5; Mk 10,7–9; Eph 5,31) bedeutet nämlich, dass ähnlich wie bei der Adoption durch einen Rechtsakt (Trauung) Blutsverwandtschaft hergestellt wird. Deswegen wurde die Definition von I. auch in Bezug auf die Schwägerschaft in der Frühen Kirche, im kath. Kirchenrecht (mit Dispensmöglichkeiten) und in vielen ev. *Kirchenordungen* festgeschrieben. Im dt. Strafrecht galt »Blutschande« entsprechend bis 1938 auch als »Beischlaf zwischen Verschwägerten auf und absteigender Linie«. Erst seit 1938 wurde dies im Fall der Schwägerschaft nur noch dann angewendet, wenn die Schwägerschaft noch bestand. 1976 wurde der Tatbestand des I. unter Verschwägerten ähnlich wie in anderen europ. Ländern abgeschafft und auch der sexuelle Verkehr mit Adoptiveltern bzw. -kindern vom I. ausgenommen. Die Stellung der Kirchen zu dieser Abweichung von der christlichen Tradition ist uneinheitlich.

Iroschottische Kirche und Mission, das kelt. Christentum, das durch Patrick (um 385–460), den Apostel Irlands, in Irland ausgebreitet wurde und sich zu einer Mönchskirche entwickelte. Die Mönche entfalteten seit dem 6. Jh. eine intensive Missionstätigkeit zunächst in Schottland, später von Irland und Schottland aus im Rahmen der Christianisierung auf dem europ. Festland. Iroschott. Missionare gründeten dort bedeutende Klöster, so Columbanus (um 500–597) das Kloster Luxeuil und – zusammen mit seinem Schüler Gallus (um 555–645) – das Kloster Sankt Gallen.

Irregularität, Hindernisse für den Empfang der drei *Weihen* (Diakon, Priester, Bischof), die das kath. Kirchenrecht auflistet.

Irrlehre → Häresie

Irvingianer, nach dem schott. Endzeitprediger Edward Irving (1792–1834) benannte Anhänger der *Kath. Apostolischen Gemeinden,* aus denen später die *Neuapostolische Gemeinde* hervorging.

Itala, Name der in Italien und Spanien verbreiteten zweiten alten lat. Bibelübersetzung neben der *Vetus Latina,* bevor sich die *Vulgata* durchsetzte.

J

Jakobiten, nach dem syr. Mönch Jakob Baradaios bzw. Burdeana († 578) genannte Kirche, welche dieser 543 organisierte. Die J. verwenden das Syrische als *Kirchensprache* und folgen dem antiochenischen Ritus. Sie bilden heute einen westsyr. Zweig unter dem Patriarchen von Antiochia mit Sitz in Homs/Syrien und einen ostsyr. Zweig, die *Malabarchristen* oder *Thomaschristen.*

Jakobsleiter → Himmelsleiter

Jakobsweg → S. 63

Jakobus, Bruder Jesu (Mk 6,3), seit der Kreuzigung einer der Führer der Urgemeinde in Jerusalem (Gal 1,19) und der Urkirche, wie die Tatsache deutlich macht, dass er das Apostelkonzil geleitet hat. Er erhielt den Beinamen »der Gerechte« und starb 62 den Märtyrertod durch Steinigung. → Brüder Jesu

Jansenismus, eine auf die posthum erschienenen Schriften von Cornelius Jansen (1585–1638) zurückgehende innerkath. Reformbewegung Frankreichs, die sich stark an den Kirchenvater Aurelius Augustinus anschloss, die völlige Gnade Gottes und die Vorordnung des Glaubens vor das Denken lehrte sowie die ihrer Meinung nach zu laxe Moral der Jesuiten bekämpfte. Einer der bedeutendsten Vertreter war der frz. Mathematiker Blaise Pascal (1623–1662). Der J. wurde 1653, 1656 und 1705 durch päpstliche *Bullen* verurteilt, doch der Widerstand seitens der Anhänger konnte erst 1709 mit der Zerstörung der Abtei Port Royal gebrochen werden. Im Folgenden wurde der J. zu einer vorwiegend politischen Strömung, die, verbunden mit dem *Gallikanismus,* bis zur Französischen Revolution in Frankreich für Unruhe sorgte.

Jehova, wohl irrtümliche Wiedergabe des alttestamentlichen hebr. Gottesnamens JHVH, richtig wohl »Jahwe« ausgesprochen. Die Juden wagten den Gottesnamen aus Ehrfurcht nicht auszusprechen. Als man im hebr. Text des A.T. später die Punkte als Vokalzeichen (Punktation) ergänzte, fügten die *Schriftgelehrten* jeweils die Vokale des Wortes »adonai« (hebr. »Herr«) ein, das man stattdessen aussprach. Die Konsonanten von JHVH und die Vokalzeichen von »adonai« ergaben zusammen das nie gesprochene J., das in älteren Bibelübersetzungen, in neuer Zeit aber nur noch von der Sondergruppe der *Zeugen Jehovas* als richtiger Gottesname verwendet wurde und wird.

Jenseits, im 14. Jh. als Gegensatz zu Diesseits mit rein geografischer Bedeutung. Später verselbstständigte sich das Wort J. mit der für alle Religionen geltenden Bedeutung als des Bereichs jenseits der sichtbaren Welt, also dem unsichtbaren Wohnort Gottes, der Engel, Geister, Dämonen und der Toten. Die biblische Sprache kennt keine Entsprechung zum Begriff J. Am ehesten käme *Himmel* als Wohnort Gottes infrage. Das N.T. denkt weniger geografisch als zeitlich, wenn es von der *ewigen Seligkeit,* der *Verdammnis* oder dem Weltgericht spricht.

Jerusalem (hebr. »Stadt des Friedens«), schon um 1380 v. Chr. in den Amarnabriefen erwähnt, wurde um 1000 v. Chr. durch David Hauptstadt des Judäerreiches. Der von Salomo erbaute Tempel machte J. zur heiligen Stadt der Juden. Jesus und seine Jünger übernahmen diese Hochschätzung der Stadt. Durch den Kreuzestod Jesu wurde J. auch heilige Stadt der Christen, in der Konstantin der Große (reg. 306/24–37) im Jahr 335 die seitdem mehrfach umgebaute Grabeskirche errichten ließ. Für den mittelalterlichen Christen war J. die Stätte seiner sakralen Orientierung. Im Mittelalter erschien es auf Weltkarten als Erdmittelpunkt. Im N.T. wird »himmlisches J.« zum Inbegriff der Gemeinde im Himmel und Ziel des Glaubens in der *ewigen Seligkeit* (Gal 4,25–26; Hebr 12,22; Offb 3,12; 21,2+10). → Zion

Jesaja, der alttestamentliche Prophet Jesaja wird oft als der fünfte Evangelist bezeichnet, da er am deutlichsten ankündigt, dass das zukünftige Heil für alle Völker gilt. Das N.T. hat die Lieder vom Knecht Jahwes, die das Geheimnis des stellvertretenden Leidens (Jes 52,13–53,12) verkündigen, als Prophezeiung des Lebens und Sterbens des Messias Jesus Christus verstanden (z. B. Apg 3,13).

Jesuiten → **Mönchsorden,** S. 26

Jesus Christus → S. 33

Jesus Freaks, *evangelikale,* teilweise *charismatische* Gruppe, die sich vor allem aus ehemaligen Punkern, Rockern, Rockmusikern, Drogenabhängigen usw. zusammensetzt und das äußere Erscheinungsbild ihrer Herkunft mit intensiver Frömmigkeit und Missionstätigkeit unter Jugendlichen verbindet.

Johannes, einer der zwölf Jünger Jesu zusammen mit seinem Bruder Jakobus dem Älteren, engster Freund und Vertrauter Jesu (Joh 19,26; 20,2; 21,7+20), was der Grund sein dürfte, dass das Johannesevangelium viele persönliche Begegnungen im kleinsten Kreis ohne die anderen Jünger berichtet (z. B. Nikodemus, Joh 3; Frau am Jakobsbrunnen, Joh 4; das hohepriesterliche Gebet Jesu mit seinem Vater, Joh 17).

Johannes der Täufer, Cousin und Vorläufer Jesu, Sohn des Priesters Zacharias und der Elisabeth, die bis dahin kinderlos waren, nach christlichem Verständnis der letzte Prophet des Alten Bundes, den der letzte Prophet des A.T., Maleachi, ankündigte (Mal 3,23–24; Mt 11,4; Lk 1,17). Er verkündigte die Notwendigkeit der Umkehr, da das Reich Gottes nahe sei, und führte die Taufe als Zeichen der Um-

Jerusalem. Papst Johannes Paul II. betet am 25. März 2000 in der Grabeskirche in Jerusalem.

Judaskuss. Die figurenreiche Komposition von Giottos Fresko mit der nächtlichen Gefangennahme Jesu im Garten Getsemane zeigt genau im Zentrum die beiden Gesichter und kontrastiert die beiden gegensätzlichen Emotionen entsprechend dem knappen Wortwechsel: Judas gibt mit seinem Kuss das verabredete Erkennungszeichen für die Schergen, wobei er sein heimtückisches Handeln mit den Worten bemäntelt: »Sei gegrüßt, Rabbi!« Jesus antwortet, um die Bedeutung des verräterischen Kusses wissend: »Freund, dazu bist du gekommen?« (Mt 26,49f.). Um 1305; Arenakapelle (Cappella degli Scrovegni), Padua

kehr ein. Nachdem er Jesus getauft hatte, wechselten einige Jünger zu Jesus über. Er wurde eingekerkert und später enthauptet.

Jordan, der in Israel und Jordanien gelegene Fluss erlangte seine Bedeutung als Ziel von Pilgerfahrten wegen der Taufe Jesu im J. durch *Johannes den Täufer.*

Joseph, Nachkomme König Davids, Zimmermann aus Nazaret, zur Zeit der Empfängnis und Geburt Jesu mit Maria verlobt und ein gerechter Jude, führte Maria und Jesus nach Ägypten, um sie vor den Nachstellungen des Herodes zu schützen, nachdem er durch einen Engel gewarnt worden war, dass Herodes das Kind zu töten trachtete, und lehrte Jesus seinen Beruf. Nach dem Glauben der Christen war er gesetzlich, nicht jedoch physisch der Vater Jesu (Mt 1,16–25; 2,13–15; Lk 1,27; 2,4–51; 3,23; 4,22; Joh 1,45; 6,42).

Josephinismus, zunächst Begriff für die damals neue, aufgeklärte Staatskirchenpolitik des österreich. Kaisers Josephs II. (reg. 1765–90) mit starken Einschnitten in die Privilegien der kath. Geistlichkeit und einer gewissen Toleranz gegenüber dem Protestantismus; dann Begriff für die Politik des aufgeklärten Absolutismus überhaupt.

Josephsehe, im kath. Kirchenrecht eine Ehe, in der die Ehepartner aus Glaubensgründen von Beginn an oder später auf die Ausübung der Sexualität verzichten, benannt nach Joseph, dem Mann der Maria und Vormund Jesu. Die ev. Ethik lehnt solche Ehen ab und geht davon aus, dass schon Paulus eine Ehe ohne Sexualität in 1 Kor 7,1–7 für unmöglich hält.

Jubeljahr → Heiliges Jahr

Jubilate (lat. »Jauchzet!«), dritter Sonntag nach Ostern nach dem Beginn von Ps 66,1, der die Herrschaft Gottes preist und von Christen auf die Auferstehung Jesu bezogen wird.

Judas → Brüder Jesu

Judas Ischariot, auch Iskarioth, einer der zwölf *Jünger* Jesu (Mk 3,19); erhielt von den jüd. Führern Geld dafür, dass er Jesus mit einem Kuss (Judaskuss) an die röm. Behörden verriet. Als er die Folgen sah, erhängte er sich (Mt 27,3–5; Apg 1,15–20).

Judenchristen, Christen, die sich im Gegensatz zu den *Heidenchristen* vor einem jüd. Hintergrund zum christlichen Glauben bekehrt haben. Im engeren Sinn meint der Begriff die J. im N.T. oder die J. bis zum 4. Jh., als ihr Einfluss in der Frühen Kirche völlig verschwand. Im allgemeinen Sinn gilt der Begriff für alle Zeiten, wobei die Selbstbezeichnung solcher Christen seit dem 19. Jh. und heute vor allem in Israel und in den USA zunächst »hebr. Christen« und jetzt »messianische Juden« lautet (1990 Umbenennung der International Hebrew Christian Alliance in International Messianic-Jewish Alliance, dt. Zweig in Stuttgart, Schweizer Zweig in Zürich). Die heutigen J. in allen Konfessionen gewinnen zunehmend an Selbstbewusstsein, was in der Aufnahme von Symbolen und Riten des A.T. und des Judentums (z.B. *Menora* statt Kreuz, Beschneidung), dem Befolgen des jüd. Kalenders (z.B. christliches Passafest an Karfreitag) und bei den ev. Freikirchen in eigenen Kirchen und Gottesdiensten zum Ausdruck kommt. → Ebioniten

Judenmission, im *Pietismus* entstand eine neue Würdigung des Judentums, das einerseits verstärkt zum Verständnis des N.T. herangezogen wurde, andererseits aber auch mit dem Evangelium bekannt gemacht werden sollte. Die eigentlich als Ausbildungsstätten für Judenmissionare gedachten »Instituti Judaici« des 18. und 19. Jh. wurden bald zu führenden Zentren der Judentumsforschung und prägten viele bedeutende ev. Alt- und Neutestamentler. In Deutschland, den skandinav. Ländern, den Niederlanden, der Schweiz und Großbritannien bildeten sich im 19. Jh. eigene *Missionsgesellschaften* in freier Trägerschaft, aber meist mit Unterstützung der jeweiligen ev. Landeskirchen, die unter Juden in aller Welt durch das Gespräch missionierten, zugleich jedoch in den christlichen Gemeinden für Liebe und Verständnis für die Juden warben.

Jünger, eigentlich Schüler eines Lehrers, vor allem eines jüd. Rabbis. Der J. erkennt in seiner Überzeugung und in seinem Lebenswandel die Ansichten und das Verhalten seines Meisters an und macht sich diese zu Eigen (Mt 9,14; 22,16; Joh 9,28). Schon im A.T. ist Schüler, meist als »J.« übersetzt, eine Bezeichnung für Menschen, die an Gott glauben (Jes 50,4–5). Das Wort »J.« übersetzt das griech. Wort »mathetes«, mit dem zunächst die zwölf *Apostel* als J. Jesu (so stets im Johannesevangelium, erstmalig Joh 2,2), dann aber auch alle Nachfolger Jesu bezeichnet werden (z.B. Lk 6,17; ausdrücklich in Apg 9,25). Der Missionsbefehl geht von dieser Bezeichnung aus und erwähnt das für Schüler typische Lehren und Tun des Gelernten ausdrücklich: »Macht zu Jüngern alle Völker… und lehrt sie, alles zu bewahren, was ich euch befohlen habe…« (Mt 28,18–20).

Jüngstes Gericht, auch Jüngster Tag, Weltgericht, Endgericht, göttlicher Gerichtsakt am Ende der Geschichte, der die Gerechtigkeit in jeder Hinsicht feststellen und wieder herstellen wird und der in allen alten Glaubensbekenntnissen der Frühen Kirche jeweils am Ende genannt wird. Aus dem A.T. (z.B. Dan 7,9ff.) und dem Judentum übernommen, spielt es im N.T. eine große Rolle (Mt 11,20–24; 25,31–46; Joh 16,11), wobei durchgängig Jesus Christus als Weltenrichter – wenn auch im Auftrag seines Vaters – angekündigt wird (Mt 3,11–12; Joh 5,22; Röm 2,16; Mt 25,31–46; 2 Tim 4,8; Offb 20). → Lebensbuch, → Wiederkunft Jesu

Julianischer Kalender → Kalender

Junge Kirchen, 1927/28 aufgekommene Bezeichnung der ev. Missionsarbeit für die selbstständig werdenden Kirchen auf den Missionsfeldern im Gegensatz zu den alten Kirchen, welche die Missionare ausgesandt haben.

Jungfrauengeburt, auch Parthenogenese (griech. »aus einer Jungfrau geboren«), aus der nur zweimal kurz in zwei Evangelien bezeugten Sicht des N.T., dass Jesus Christus ohne die sexuelle Verbindung zweier Menschen, sondern durch das wundersame Eingreifen des Heiligen Geistes in Marias Körper gezeugt wurde (Mt 1,18–25; Lk 1,26–2,7), was dem im N.T. formulierten Gedanken der Inkarnation (Fleischwerdung) Gottes entspricht (Joh 1,14; 1 Tim 3,16; Hebr 2,14), hat die Frühe Kirche das Dogma der J. abgeleitet, das allen Konfessionen gemeinsam ist *(Apostolisches Glaubensbekenntnis, Nizänisches Glaubensbekenntnis)*. Die J. darf nicht mit dem später entwickelten Dogma der kath. Kirche verwechselt werden, Maria sei immer Jungfrau geblieben *(Mariendogma, Brüder Jesu)*.

Jungfräulichkeit, 1. die sexuelle Enthaltsamkeit bis zur Ehe; 2. die sexuelle Enthaltsamkeit von unverheirateten Frauen, wie sie in der gesamten christlichen Ethik bis in das 19. Jh. und heute noch in der kath. und der *evangelikalen* Ethik gefordert wird. Mit J. wird auch das Gelübde zum lebenslänglichen Verzicht auf Sexualität kath. weiblicher Ordensleute oder der ev. Diakonissen bezeichnet. Im kath. Bereich wird dies meist mit der von ev. Seite bestrittenen immer währenden Jungfräulichkeit Marias *(Jungfrau Maria)* begründet. Das N.T. kennt zwar die ersten beiden Bedeutungen, empfiehlt auch in bestimmten Situationen den Verzicht auf das Heiraten (1 Kor 7,7–8), kennt aber keine spezielle Lehre von der J. und geht grundsätzlich von der Gleichwertigkeit von Ehe und Ehelosigkeit aus (1 Kor 7,7b). → Jungfrauengeburt; → Keuschheit

Jungfrau Maria, ein aus dem N.T. (Mt 1,23; Lk 1,27) entnommener Ehrentitel *Marias,* der

Jünger. Das Beispiel aus der goldgrundigen ottonischen Buchmalerei im »Perikopenbuch Heinrichs II.« zeigt Jesus und seine Jünger (allen voran Petrus) mit ausdrucksvollen Gesten der Rede und Gegenrede. Was die Bildtradition (wie die Theologie) über Jahrhunderte vernachlässigt hat, ist der Anteil von Frauen an Jesu Gefolgschaft. Dies hat die Feministische Theologie der vergangenen Jahrzehnte überzeugend korrigiert. Reichenau, Anfang 11. Jh.; Bayerische Staatsbibliothek, München

Kalvarienberg.
Kirche und Kalvarienberg in Plougonven in der Bretagne. Der 4 m hohe Kalvarienberg stammt ursprünglich aus dem Jahr 1554.

Mutter Jesu. Außer im kath. Bereich wird er im Zusammenhang mit der *Jungfrauengeburt* nur darauf bezogen, dass Maria zur Zeit der Empfängnis Jesu Jungfrau war, danach aber weitere Kinder auf natürliche Weise empfing *(Brüder Jesu).* In der kath. Lehre wird der Ehrentitel vor allem als Immerwährende Jungfrau (griech. Aeiparthenos, lat. Semper Virgo) verstanden, da Maria seit der Geburt Jesu enthaltsam gelebt und keine weiteren Kinder gehabt haben soll. → Keuschheit

Jurisdiktion, bezeichnet in der kath. Kirche die Leitungsgewalt der Bischöfe, Äbte und ihrer Vorgesetzten bis hin zum Papst in Bezug auf die rechtliche Seite des Glaubens, also die Gesetzgebung (Legislative), Rechtsprechung (Judikative) und Verwaltung (Exekutive). Das Jurisdiktionsprimat *(Primat)* bezeichnet die kath. Lehre, dass der Papst letzte, volle, höchste und universale Jurisdiktionsgewalt über die Kirche hat *(Affectio papalis)* und alle Jurisdiktionsgewalt der anderen geistlichen Würdenträger aus der päpstlichen abgeleitet ist, also ihn nur vertritt.

Jus divinum → Göttliches Recht

K

Kalender (lat. calendae: »erster Tag des Monats«), der alte röm. K. wurde durch Gajus Julius Cäsar (100–44 v. Chr.) überarbeitet (julianischer K.) und zur Grundlage des christlichen K., dem Papst Gregor XIII. 1582 die heute gültige Form gab (gregorianischer K.). Die christliche Zeitrechnung beginnt mit Jesu Geburt, die aber falsch berechnet ist.

Kalvarienberg (lat. calvaria: »Schädelstätte«), zunächst lat. Name für den Kreuzigungshügel Golgatha, dann auch für die Endstationen von Kreuzwegen mit plastischen Darstellungen dreier Kreuze (Kreuzigungsgruppe).

Kalvinismus, kalvinistisch → Calvinismus

Kanon (lat. »Regel«), ursprünglich Gebet als Teil des *Messopfers,* später Begriff der Musik für meist einstrophige Lieder, bei denen die Sänger in mehrere Gruppen eingeteilt werden, die in festen Abständen nacheinander mit derselben Melodie einsetzen. Als K. bezeichnet man auch die Paragraphen des kath. Kanonischen Kirchenrechts *(Codex Iuris Canonici)* und ein normatives Verzeichnis heiliger Schriften, insbesondere des A.T. und des N.T.

Kanon des Alten Testaments, zur Entstehung des K. gibt es in der Wissenschaft zwei gegensätzliche Auffassungen. Vertreter der Spätdatierung gehen davon aus, dass der K. auf einer jüd. Synode in Jamnia 90 n. Chr. fixiert wurde, wobei er »antichristlich«, also bewusst in Abgrenzung zum aufkommenden Christentum angelegt wurde. Für die Befürworter der Frühdatierung gilt der K. bereits 164 v. Chr. als abgeschlossen und war damit zur Zeit Jesu schon fixiert. Als Belege dafür werden das N.T. und der jüd. Schriftsteller Josephus angeführt.

Kanonisation → Heiligsprechung

Kanonisches Recht, andere Bezeichnung für das in Kanones (Paragraphen) abgefasste kath. Kirchenrecht *(Codex Iuris Canonici).*

Kantor (lat. »cantor«), im kath. Bereich Vorsänger bei liturgischen Gebeten, im ev. Bereich Organist und Chorleiter der Gemeinde.

Kanzel (lat. cancelli: »Chorschranken«), Standort des Predigers in kirchlichen Räumen, meist erhöht und bis zur Brust auf drei Seiten umschlossen, vor Einführung des Mikrofons in großen Kirchen oft mit einem großen Schalldeckel versehen und an einem Pfeiler oder der Wand angebracht, durch eine Treppe zu erreichen. Die K. entwickelte sich aus den *Chorschranken* und dem Lettner. Die kath. Kirche ist in den letzten Jahrzehnten von der großen K. zum in den ev. Freikirchen schon immer verwendeten Ambo zurückgekehrt, einer mit ein oder zwei Stufen erhöhten beweglichen Standkanzel, die häufig nur eine Vorderabdeckung und eine Ablage hat.

Kanzelgemeinschaft, Kanzeltausch, wechselseitiger Austausch von Predigern verschiedener Kirchen, meist im Zusammenhang mit der *Abendmahlsgemeinschaft.*

Kanzelgruß, Kanzelsegen, der Brauch, eine Predigt im Gottesdienst mit einem Bibelvers als Gruß zu beginnen und mit einem Segen aus der Bibel zu beenden.

Kanzelmissbrauch → Kanzelparagraph

Kanzelparagraph, während des *Kulturkampfes* im Deutschen Reich 1871 von Otto von Bismarck erlassenes Gesetz des Strafgesetzbuches, das Geistlichen verbot, in Ausübung ihres Berufes durch Diskussion staatlicher Angelegenheiten den öffentlichen Frieden zu stören und diesen »Kanzelmissbrauch« mit bis zu zwei Jahren Gefängnis bedrohte. Der K. wurde zwar später, außer im »Dritten Reich«, kaum angewandt, aber erst 1953 abgeschafft.

Kapelle, ursprünglich Name des Gebetsraums der fränk. Könige in Paris, in dem das Mönchsgewand (lat. cappa: »Mantel«) des hl. Martin von Tours (316/17–397) als *Reliquie* aufbewahrt wurde. Später hießen auch Gebetsräume in anderen Palästen K. Schließlich bezeichnete man generell kleine, selbstständige Bauten und Kirchlein, meist für besondere Zwecke wie Taufen oder Beerdigungen, als K.

Kapitel (lat. capitulum: »Köpfchen«), zunächst Ausdruck für die am Kopf eines Textabschnittes stehende Inhaltsangabe, Überschrift oder Überleitung, dann für die Abschnitte selbst, etwa für die K. der Bibel *(Kapitel- und Verseinteilung der Bibel).* Auch in der schriftlichen Ordensregel wurde damit ein Abschnitt bezeichnet. Später ging der Begriff auf die gesamte Klostergemeinschaft über und benannte vor allem die Vollversammlung der Mönche im Kapitelsaal. → Domkapitel

Kapitel- und Verseinteilung der Bibel, die heute gebräuchliche Einteilung der Bibel in *Kapitel* wurde zuerst 1205 für die Vulgata von Stephen Langton (um 1150–1228) durchgeführt, der erst Professor in Paris, dann Erzbischof und Kardinal von Canterbury war. Die seit 1551 übliche Verseinteilung geht auf den Pariser Buchdrucker Robert Estienne (1503 bis 1559) zurück, der sie in seine gedruckte Bibelausgabe einfügte. Es gibt an einigen Stelle kleine Abweichungen zwischen der ev. Lutherbibel und den Urtextausgaben sowie anderen kath. und ev. Bibeln.

Kaplan (mittellat. capellanus: »Geistlicher einer Kapelle«), ursprünglich der Priester an der fränk. Hofkapelle, heute meist ein kath. Priester mit besonderen Aufgaben oder die rechte Hand eines kath. Pfarrers.

Kardinal (neulat. cardinalis: »im Angelpunkt stehen«, »wichtig sein«), höchstes Würdenamt der kath. Kirche nach dem Papst. Die K. bilden zusammen das Kardinalskollegium unter Ehrenleitung des Kardinaldekans, das seit 1179 vor allem in der Konklave die Papstwahl vornimmt. Die K., die vollzeitlich in Rom im Rahmen der Kurie die wichtigsten päpstlichen Behörden leiten, heißen Kurienkardinäle. Die 1586 auf 70 Mitglieder beschränkte Zahl wurde ab 1958 auf 120 erhöht, vor allem um mehr K. aus der Dritten Welt aufnehmen zu können. Seit 1971 verlieren K. mit Vollendung des 80. Lebensjahrs das Recht zur Papstwahl und alle Kurienämter, mit Vollendung des 75. Lebensjahrs müssen sie dem Papst alle ihre Ämter, vor allem in der röm. *Kurie,* zur Verfügung stellen. Im internationalen Völkerrecht sind K., wenn sie als Vertreter des Papstes unterwegs sind, wie Diplomaten exterritorial, unterliegen also nicht der Gerichtsbarkeit des ausländischen Staates. Theoretisch kann jeder Priester K. werden und wird damit zugleich zum Bischof geweiht, doch ist dies immer die Ausnahme geblieben. Auch Papst kann theoretisch jeder kath. Christ werden, doch seit 1389 sind nur K. zum Papst gewählt worden (1523–1978 ausschließlich ital. K.). Die 15, spätestens 20 Tage nach dem Tod (theoretisch auch nach dem Rücktritt oder der Unzurechnungsfähigkeitserklärung) des Papstes *(Sedisvakanz)* be-

Kardinal. Zu den historisch einflussreichsten Kirchenfürsten im Kardinalsrang zählte (ab 1622) Armand Jean du Plessis, Herzog von Richelieu (1585-1642). Sein erstes Staatsamt zur Leitung der französischen Politik unter Ludwig XIII. erhielt er 1616. Durch den Vertrag mit Schweden bereitete er 1631 das militärische Eingreifen Frankreichs in den Dreißigjährigen Krieg auf Seiten der Protestanten vor. Entscheidend waren hierbei machtpolitische (Schwächung der Habsburger) statt konfessionelle Erwägungen. Porträt im roten Gewand der Kardinäle vom französischen Hofmaler Philippe de Champaigne, um 1635; Musée National du Louvre, Paris

ginnende Konklave (lat. clavis: »Schlüssel«) ist ein im Vatikan streng abgeschlossener Ort, den die K. bis zur erfolgreichen Wahl des Papstes nicht verlassen dürfen. Damit sollte in früheren Jahrhunderten die politische Einflussnahme von außen verhindert werden. Für die Papstwahl ist eine Zweidrittelmehrheit erforderlich, ab dem 34. Wahlgang können die K. die absolute Mehrheit vereinbaren. Absprachen und Wahlparteien sind offiziell nicht zulässig, ebenso gilt absolute Geheimhaltung auch nach der Wahl. Die Papstwahl war in der Frühen Kirche das Recht der Christen und Geistlichen in Rom, später kam eine Bestätigungspflicht durch den Kaiser hinzu. Allmählich schränkte sich das Recht auf die Bischöfe der so genannten *Titelkirchen* in Rom bei zusätzlicher Akklamation durch das Volk ein, weswegen bis heute jeder K. pro forma auch Bischof einer Kirche in und um Rom wird.

Karfreitag. Kreuzigungsdarstellung des Symbolisten Gustave Moreau. Das Aquarell verbindet das Motiv der wie Schwingen ausgebreiteten Arme Jesu am Kreuz mit dem Emporwachsen aus einem von Engeln gebildeten Blütenkelch: Kreuzigung und Himmelfahrt. Aus den Wunden an den Händen fließt das eucharistische Blut der Erlösung und benetzt zwei Himmelskörper. Sie geben dem Opfertod kosmologische Bedeutung. Um 1895; Musée Moreau, Paris

Kardinalstaatssekretär, Vorsteher des Staatssekretariats der röm. Kurie und damit höchster päpstlicher Beamter, wichtigster Berater des Papstes und politischer Vertreter des Vatikanstaats als Stellvertreter des Papstes.

Kardinalvikar, Stellvertreter des Papstes für das Bistum Rom, das der K. de facto leitet.

Karfreitag, auch Stiller Freitag, seit dem 2. Jh. Gedenktag der Kreuzigung Jesu, im Kirchenjahr Höhepunkt der Passionszeit. Jesus starb wohl am Nachmittag, daher finden Karfreitagsgottesdienste meist um 15 Uhr statt. Im kath. Bereich nicht so bedeutend wie *Ostern* und erst seit dem 2. Vatikanischen Konzil auch kath. Feiertag, ist der K. in den ev. Kirchen der höchste Feiertag.

Karmel, Gebirgszug in Israel, auf dem Elias über die Baalspropheten siegte (1 Kön 18,19ff.). Auf dem Hauptberg wurde in der Zeit der Kreuzzüge der Karmeliterorden gegründet.

Karneval → Fastnacht

Karsamstag, der Tag zwischen *Karfreitag* und *Ostern,* dient der Erinnerung an die Grablegung Christi.

Karwoche, im Kirchenjahr die Woche von *Palmsonntag* bis *Karsamstag* einschließlich *Gründonnerstag* und *Karfreitag.*

Kasel → Messgewand

Kasteiung (lat. castigatio: »Züchtigung«, »Strafe«), Oberbegriff für asketische Übungen, die Schmerzen zufügen, normalerweise durch *Geißelung.*

Kastenwesen (portug. casta: »Art«, »Rasse»), um das im Hinduismus verankerte K., insbesondere die Abtrennung und Ausstoßung der untersten, ärmsten Kaste, der Unberührbaren (Dalit), gab es im Rahmen der kath. und ev. Missionsarbeit jahrhundertelange Auseinandersetzungen. Große Bedeutung erlangte der Streit zwischen dem Vater der modernen ev. Weltmission William Carey (1761–1834), der sich in Indien gegen Witwenverbrennung, Sklaverei und das K. einsetzte, das er auf keinen Fall, auch nicht zur Erlangung missionarischer Vorteile, in die christliche Gemeinde eindringen lassen wollte, und der ebenfalls *pietistisch* geprägten halisch-dän. Mission, welche die K. selbst beim Abendmahl aufrecht erhielt. Die traditionellen christlichen Minderheiten in Indien aus dem orthodoxen und orientalisch-kath. Bereich *(Thomaschristentum)* standen immer schon außerhalb des K. Dass die ind. Verfassung nach dem 2. Weltkrieg das K. offiziell für abgeschafft erklärte, war auch ein Erfolg der christlichen Missionsarbeit. Heute kommt ein Großteil der ind. Christen aus dem Bereich der Unberührbaren, und viele Unberührbare haben die Chance genutzt, in christlichen Ausbildungsstätten ihren sozialen Aufstieg vorzubereiten – ein wesentlicher Auslöser der zunehmenden Militanz des politischen Hinduismus in Indien gegenüber den Christen.

Kasualien (lat. casus: »Fall«), kirchliche Amtshandlungen für besondere Fälle des Lebens, vor allem Taufe, Konfirmation oder Firmung, Trauung und Beerdigung.

Kasuistik und Prinzipienethik (lat. casus: »Fall«), eine auf Fallgesetz oder Fallentscheidungen beruhende Ethik, wie sie bis heute in der Rechtsgeschichte und Rechtswissenschaft, aber auch der christlichen Sittenlehre eine große Rolle spielt. In der jüd.-talmudischen K. nach 70 n.Chr. wurde versucht, jeden auftretenden und konstruierbaren Fall im Voraus zu entscheiden. Die K. allein ist jedoch zu konkret, um aus ihr wirklich grundlegende Prinzipien für das Leben ableiten zu können, aber ein Verzicht auf K. lässt Ethik und Recht zu abstrakt und realitätsfern werden. Die Fallgesetze deuten darauf hin, dass die biblische Ethik eine Prinzipienethik ist. Entscheidend ist es bei jedem Gebot, das ihm zugrunde liegende ethische Prinzip zu erkennen. Oberstes Prinzip aller Gebote ist die Liebe zu Gott und die Liebe zum Nächsten. Daraus leiten sich weitere Prinzipien ab, auf denen auch die konkretesten Fallgesetze basieren. → Situationsethik

Katakomben, in den ca. 900 km langen, unterirdischen Begräbnisstätten und Stollenanlagen, vor allem in und um Rom, feierten die Christen im 3. Jh. heimliche Gottesdienste und malten die Wände mit den frühesten christlichen Symbolen aus. Sie wurden nach der Begräbnisstelle des hl. Sebastian (Coemeterium ad catacumbas) in einer Talsenke an der Via Appia außerhalb von Rom benannt. Mit der Konstantinischen Wende nur noch als Märtyrergräber verehrt, verfielen sie ab dem 8. Jh., da die Märtyrer in Kirchen überführt wurden. Im 16. Jh. wurden die K. von Archäologen wiederentdeckt.

Katechese (griech. katechein: »mündlich unterrichten«), ursprünglich der Unterricht im christlichen Glauben in Frage und Antwort *(Katechismus),* in der Frühen Kirche vor allem der Taufbewerber *(Katechumenat).* Bis heute in den Katechismen greifbar, in neuerer Zeit benennt K. auch allgemein den Religionsunterricht in Kirche und Schule.

Katechet (griech. katechein: »mündlich unterrichten«), christlicher Religionslehrer in Kirche und Schule, heute meist Bezeichnung für einen Religionslehrer ohne theologisches Hochschulstudium.

Katechetik (griech. katechein: »mündlich unterrichten«), die wissenschaftliche Lehre von der *Katechese,* der Unterweisung im christlichen Glauben in Kirche und Schule, im ev. Bereich meist eher *Religionspädagogik* genannt, Teil der *Praktischen Theologie.*

Katechismus (griech. katechein: »mündlich unterrichten«), anhand älterer Vorbilder schuf Martin Luther mit dem Kleinen K. für die Laien und dem Großen K. für die Ausbildung der Geistlichen ein erfolgreiches Werkzeug im Rang von *Bekenntnisschriften,* das Abschnitt für Abschnitt zentrale Texte des Glaubens (Apostolisches Glaubensbekenntnis, Vaterunser, Zehn Gebote) nach frühkirchlichem Vorbild *(Katechese)* in Frage und Antwort erläuterte. Calvin entwickelte einen eigenen Genfer K., doch sollte ihm der *Heidelberger K.* als wichtigste reformierte Bekenntnisschrift bald den Rang ablaufen. Die kath. Kirche konterte mit dem *Catechismus Romanus* (Römischer K.), der jedoch nie dieselbe Breitenwirkung erreichte wie der kath. K. von Robert Bellarmin von 1597 (400 Auflagen, in 50 Sprachen übersetzt, in Missionsgebieten z.T. bis in das 20. Jh. verwendet). Zusammen mit dem reformierten *Westminster-Bekenntnis* von 1647 traten der Kleine und der Große K. von Westminster ihren Siegeszug durch die angelsächs. Welt an. Daneben entstand bis in die Gegenwart eine Vielzahl weiterer K., auch in den ev. Freikirchen.

Katechismus, Römischer → Catechismus Romanus

Katechumenat (griech. katechein: »mündlich unterrichten«), die Vorbereitungszeit und Belehrung *(Katechese)* der Taufbewerber (Katechumenen) in der Frühen Kirche. Sie wurde mit Einführung der Kindertaufe hinfällig, gilt aber im Prinzip auch in Kinder taufenden Kirchen und in baptistischen *Freikirchen* für alle, die als Erwachsene zum Christentum übertreten und die Taufe begehren, wird dann aber meist Taufunterricht genannt.

Katakomben.
Die Begräbnisstätten in Rom sind reich an Zeugnissen des frühen Christentums in Form von Malereien, Stuckdekorationen und Grabplatten. Die abgebildete Tafel zeigt unten eine Taube mit einem Olivenzweig im Schnabel; hieran erkannte Noah das Ende der Sintflut (Gen 8,11). Links das griechische Christusmonogramm X (=CH) und P (=R).

Katechumenenmesse (griech. katechein: »mündlich unterrichten«), in der Frühen Kirche fand vor der nur für Getaufte zugänglichen Messe eine Vormesse ohne Eucharistie statt, an der Taufbewerber (Katechumenat) und unter Kirchenbuße Stehende teilnahmen.

Katechumenenöl → Chrisam

Katenen (lat. catenae: »Ketten«), mittelalterliche Bibelkommentare, die Abschnitte aus Bibelauslegungen der Kirchenväter aneinander reihen.

Katharer (griech. katharoi: »die Reinen«), eine im 12. Jh. in Südfrankreich und Oberitalien auftretende Mischreligion aus Christentum und Manichäismus (Neumanichäer), die dessen Dualismus im Streit zwischen dem Teufel als Gott des A.T. und Gott und seinem guten Engel Jesus im N.T. in den Mittelpunkt stellte und die Selbsterlösung durch Enthaltsamkeit und sexuelle Keuschheit predigte. Der bedeutendste Zweig waren die *Albigenser.* Sie wurden durch die Albigenserkriege (1209–29) stark dezimiert und durch die *Inquisition* völlig ausgerottet. → Ketzer

Kathedrale (lat. cathedra: »Lehrstuhl«, »Bischofssitz«), offizieller Name einer Bischofskirche, der Hauptkirche eines Bistums, abgeleitet von der *Cathedra,* dem Bischofsstuhl. In Deutschland und Italien heißen viele dieser Kathedralen *Dom* oder *Münster.*

Katholiken, von den rund 1 Mrd K. gehören 975 Mio zum lat. Ritus, der Rest zu den *orientalisch-kath.,* meist recht kleinen Kirchen. Weltweit gibt es 4000 Bischöfe und 260 000 Priester, ferner 140 000 Ordensgeistliche und 800 000 Ordensfrauen. In Deutschland gibt es 15 115 Priester und 2255 Ordenspriester, kath. Orden gehören 5778 Männer (einschließlich der genannten Ordenspriester) und 32 588 Frauen an, dazu in Säkularinstituten 226 Männer und 2669 Frauen.

Katholikentag, 1848–1950 in der Regel jährlich, seitdem alle zwei Jahre stattfindende große kath. Kirchentreffen, die das *Zentralkomitee der dt. Katholiken* als Bundesvertretung der kath. Laien organisiert. Seit 1956 findet der K. alternierend mit dem nach seinem Vorbild gegründeten protestantischen Gegenstück, dem Dt. ev. *Kirchentag,* statt.

Katholikon, Sitz und Hauptkirche eines *Katholikos,* also Hauptkirche orthodoxer Kloster.

Katholikos (griech. »allgemeiner [Bischof]«), zunächst Titel des Vertreters des Patriarchen von Antiochia in einem Teil des Patriarchats. Als diese Teilgebiete gemäß der *autokephalen* Struktur der orthodoxen Kirchen später selbstständig wurden, nannten sich einige der neuen obersten Bischöfe der orthodoxen Kirche selbst Patriarchen, andere aber weiterhin K. (z. B. in Georgien, Armenien, Äthiopien). Auch die *Nestorianer* und die ind. *Thomaschristen* nennen ihr Oberhaupt K.

katholisch (griech. katholikos: »allgemein«), vom Kirchenvater Ignatius von Antiochia († nach 110) als Kennzeichen der einen, für die ganze Menschheit gestifteten Kirche Jesu Christi geprägter Begriff, bald im Sinn von Universalkirche Bestandteil des kirchlichen Bekenntnisses, z. B. im *Apostolischen Glaubensbekenntnis.* Erst mit der Kirchentrennung der Reformation wurde der Begriff zur konfessionellen Bezeichnung. Die kath. Kirche beansprucht weiterhin, die einzig wirklich katholische Kirche zu sein, weswegen sie im Apostolischen Glaubensbekenntnis weiterhin von der kath. Kirche spricht, während in ev. Kirchen hier mit »allgemein« übersetzt wird. Auch die orthodoxen Kirchen beanspruchen für sich die Katholizität. Die Reformatoren, insbesondere Luther, Calvin und die anglikan. Tradition betonten, weiterhin als Teil der Kirche Christi katholisch zu sein. Allerdings wurde der Begriff kath. oder röm.-kath. so sehr zum konfessionellen Kampfbegriff, dass erst im Rahmen der ökumenischen Bewegung solche Überlegungen wieder aktuell wurden. Man muss streng genommen zwischen der kath. Kirche nach latein. Ritus (röm.-kath., 98% der Katholiken) und der

Katholikentag.
Deutscher Katholikentag 2000 in Hamburg.
Die Abbildung zeigt die Eröffnungsfeier auf dem Hamburger Rathausplatz.

kath. Kirche nach orientalischem Ritus unterscheiden, die ein eigenes Kirchenrecht und eigene Liturgien hat *(orientalisch-kath. Kirchen),* doch wird im Allgemeinen die kath. Kirche wegen ihres Sitzes in Rom in Gänze röm.-kath. oder kurz kath. genannt.

Katholisch-Apostolische Gemeinden, Vorläufer der *Neuapostolischen Kirche.*

Katholische Briefe, Oberbegriff für sieben nicht von Paulus stammende Briefe des N.T., die nach apostolischen Verfassern benannt sind, keine Gemeinde als Empfänger angeben und deswegen an die Allgemeinheit (daher katholisch: allgemein) gerichtet sind (Jakobusbrief, 1. und 2. Petrusbrief, 1., 2. und 3. Johannesbrief, Judasbrief).

Katholische Majestät, Titel der span. Könige, 1496 von Papst Alexander VI. für die Verdienste um die *Inquisition* und die Rückeroberung (span. Reconquista) der islamischen Gebiete auf der Iber. Halbinsel verliehen.

Kelch, Gefäß für den Abendmahlswein. → Laienkelch

Kenosis (griech. »Ausleerung«), ein aus dem so genannten Christushymnus in Phil 2,5–11 meist unübersetzt entnommener Begriff (dt. sonst Kenose, bei Luther: »Entäußerung«) für die Erniedrigung Jesu Christi, der als Gott nicht nur Mensch wurde und »Knechtsgestalt« annahm, sondern in die tiefsten Tiefen des menschlichen Leides herabstieg.

Kerngemeinde, die regelmäßig und aus innerer Überzeugung praktizierenden Gläubigen einer Volkskirche, oft auch als moderner ev. Ausdruck für die *Ecclesiola* in ecclesia verwendet.

Kerygma (griech.: »Heroldsruf«, »Predigt«), theologischer Fachausdruck für die Botschaft Jesu und der Apostel, der den im N.T. verwendeten griech. Begriff unübersetzt wiedergibt. Die *Existenziale Theologie* vor allem Rudolf Bultmanns (1884–1976) wollte im N.T. das wahre, zeitlos gültige K. als Kern von der Schale des Mythos trennen (Kerygmatheologie).

Kerzen, in der ältesten Christenheit fanden Gottesdienste häufig nachts oder frühmorgens im Kerzenlicht statt, was man später auch ohne Notwendigkeit beibehielt, da das Licht sowohl die Freude als auch Christus als »Licht der Welt« (Joh 1,4; 8,12) symbolisiert.

Kerzenweihe → Lichtmess

Ketzer, seit dem 13. Jh. von den *Katharern* als größter mittelalterlicher Ketzerbewegung abgeleiteter Begriff für Anhänger aus dem Christentum hervorgegangener, aber vom Glauben der Kirche stark abweichender Bewegungen, die durch die *Inquisition* verfolgt wurden. Bis zur Reformation wurde der Begriff sehr weit gefasst und schloss jede Art der Laienpredigt und Kirchenkritik, etwa der *Waldenser* und *Hussiten,* mit ein. Auch die ev. Kirchen bezeichneten die kath. Kirche als K., allerdings kam der Begriff mit abnehmender politischer Macht der kath. Kirche außer Gebrauch. Heute spricht man im kath. Kirchenrecht nicht mehr von K., sondern von Häretikern. → Irrlehre

Ketzer. Degradierung des vom Konstanzer Konzil 1415 trotz der Zusage des freien Geleits durch König Sigismund zum Tod verurteilten tschechischen Reformators Jan Hus vor seinem Gang zum Scheiterhaufen; rechts der Erzbischof von Mailand. 15. Jh.; Österreichische Nationalbibliothek, Wien

Ketzertaufstreit, Streit zwischen Bischof Cyprianus von Karthago (um 200–258) und Papst Stephan I. von Rom in den Jahren 255 bis 257 über die Gültigkeit der Taufe durch Häretiker. Rom verzichtete auf die Wiederholung der von anderen Kirchen und Gruppen durchgeführten Taufe (Wiedertaufe), eine Sicht, die sich schließlich und bis heute durchsetzte.

Keuschheit, Verzicht auf sexuelle Beziehungen im Rahmen des *Zölibats* oder der Ehelosigkeit, im N.T. und später auch für die Treue in der *Ehe* gebraucht.

Kiew, Hauptstadt der seit 1991 souveränen Republik Ukraine mit einer autokephalen ukrain.-orthodoxen Kirche, bildete im 10./11. Jh. den Ausgangspunkt der Christianisierung von Russland. 988 trat Wladimir I., der Heilige (reg. 978–1015), Großfürst des Kiewer Reichs, zum Christentum über, und auf

Kiew. Der Neubau der Sophienkathedrale in der Oberstadt mit zahlreichen Kuppeln byzantinischer Tradition und einem Glockenturm entstand nach der Erhebung Kiews zur Hauptstadt eines halbautonomen Kosakenstaats unter russischem Schutz im Jahr 1667. Vollendet war die mit Mosaiken und Fresken ausgestattete Bischofskirche bei der Umwandlung von Kiew in die Hauptstadt eines russischen Gouvernements.

Eremiten in Höhlen bei K. geht das 1051 gegründete Kiewer Höhlenkloster zurück (seit 1926 Museum). Ein Hauptwerk der von byzantin. Vorbildern ausgehenden Sakralarchitektur in K. ist die Sophienkathedrale: Der Vorgängerbau (1037 bis um 1100) fiel im Jahr 1240 der Zerstörung der Stadt durch die Mongolen zum Opfer; Wiederaufbau im 17. und 18. Jh. Aus der zweiten Hälfte des 19. Jh. stammt die Wladimirkathedrale.

Kindergottesdienst, auch Sonntagsschule, in ev. Landes- und Freikirchen eine parallel zum Erwachsenengottesdienst stattfindende Zeit, in der die Kinder biblische Geschichten hören, singen, basteln und spielen. Die erste »Sonntagsschule« fand 1825 in Hamburg statt und trat schnell ihren Siegeslauf durch alle ev. Kirchen an. Der K. ist neben dem Konfirmandenunterricht die wichtigste Einrichtung zur Unterweisung ev. Kinder.

Kindertaufe → S. 67

Kindschaftsverhältnis → Adoption

Kirche, das dt. Wort K. ist wie »Gemeinde« die Entsprechung des neutestamentlichen Begriffs »ekklesia« (griech.), das so viel wie die »Gesamtheit der Herausgerufenen« bedeutet. Im antiken Griechenland war sie die Versammlung aller Bürger eines politischen Gemeinwesens. In der *Septuaginta,* der griech. Übersetzung des A.T., ist »ekklesia« die Übersetzung des hebr. Wortes »qahal«, »Einberufung«, »Versammlung« (Dtn 23,2; 1 Sam 19,20; 2 Chr 20,5; Ps 149,1; Esra 10,8). Im N.T. dient das Wort zur Bezeichnung von gläubigen Gruppen an bestimmten Orten (Apg 5,11; 7,38; 8,1; Röm 16,1; 1 Kor 1,2; 1 Thess 1,1) bzw. aller Gläubigen (Gemeinde Jesu) in der weltweiten Verbundenheit in Jesus Christus. → Corpus Permixtum; → Landeskirche; → Leib Christi; → Staatskirche; → Volkskirche

Kirche im Sozialismus, 1971 geprägtes Schlagwort zur »Standortbestimmung« der ev. Landeskirchen in der ehemaligen DDR, mit dem man zum Ausdruck bringen wollte, dass man nicht gegen, sondern für die Gesellschaft war, die Koexistenz mit dem kommunistischen Staat suchte und für einen besseren Sozialismus kämpfte. Es ist umstritten und wurde von verschiedenen Richtungen auch unterschiedlich gesehen, inwieweit man damit den Kommunisten entgegenkommen wollte oder nicht.

Kirchenasyl, seit dem 4. Jh. bekannter Asylschutz für Straftäter, die sich in eine Kirche flüchteten, von zahlreichen Konzilien und Synoden mit der Heiligkeit des Ortes und der Beistandspflicht des Klerus begründet. Das K. war meist auch staatlich geregelt und zumindest teilweise zugestanden. Im 14. Jh. begann eine zunehmende Einschränkung des K., im 15. und 16. Jh. wurde es immer mehr auf bestimmte Personengruppen beschränkt und geriet fast in Vergessenheit, bis die Reste im 18. Jh. von fast allen Ländern abgeschafft wurden. Wenn sich heute Kirchengemeinden auf das K. berufen, liegt dem eine alte Tradition, aber weder auf kirchlicher noch staatlicher Seite irgendeine Rechtssetzung zugrunde.

Kirchenaustritt, der K. aus der kath. Kirche oder den ev. Landeskirchen bei staatlichen (Standesamt oder Amtsgericht) oder kirchlichen Stellen wurde Ende des 19. Jh. ab der Religionsmündigkeit eingeführt, um die Religionsfreiheit in Deutschland zu gewährleisten und die Kirchensteuerpflicht oder die Teilnahme am Religionsunterricht beenden zu können. Die kath. Kirche kennt theologisch und kirchenrechtlich grundsätzlich keinen Austritt Getaufter aufgrund der von ihr vertretenen Unumkehrbarkeit der *Sakramente,* akzeptiert ihn aber juristisch. Die ev. Kirchen sehen grundsätzlich einen Unterschied zwischen der juristischen Mitgliedschaft bei ihnen und der auch ohne diese möglichen Zugehörigkeit zur Kirche als *Leib Christi.*

Kirchenfahnen, in kath. und orthodoxen Kirchen werden etwa seit dem Jahr 1000 bei Prozessionen geweihte Fahnen mit Symbolen oder Bildern mitgeführt. Als amtliche Flagge dient der kath. Kirche die gelbweiße Flagge des Kirchenstaats, der ev. Landeskirche seit 1926 ein weißes Feld mit violettem Kreuz.

Kirchenfunk, nach den Rundfunkstaatsverträgen der Bundesländer seit Gründung der Bundesrepublik Deutschland erhalten die kath. und die ev. Kirche bestimmte Sendezeiten in Rundfunk und Fernsehen für eigene Sendungen (z.B. Wort zum Sonntag, Gottesdienstübertragungen), verzichten dafür aber auf jede religiöse Werbung im staatlichen und privaten Rundfunk und Fernsehen, eine Bestimmung, die heute allen anderen christlichen Gruppen den Zugang zu diesen Medien verwehrt. Daher gibt es eine Reihe kirchlicher und privater Rundfunkmissionsarbeiten, die meist über ausländische Sender dt. kirchliche Programme ausstrahlen, z.B. *Radio Vatikan,* der evangelikale *Evangeliumsrundfunk,* die Lutherische Stunde, die adventistische Stimme der Hoffnung oder die ökumenisch besetzte Stiftung Bibel-TV.

Kirchengebote, über die biblischen und grundlegenden moralischen Gebote hinaus kennt die kath. Kirche K., die sie ihren Gläubigen vorschreibt, grundsätzlich aber abwandeln kann. Die fünf wichtigsten Kirchengebote sind die Feiertagsheiligung, die Gottesdienstteilnahme, die Fastentage, die jährliche Beichte und der jährliche Empfang der Kommunion, wobei Letztere beide nur als Mindestanforderung gelten.

Kirchengut → Temporalien

Kirchenjahr → S. 64

Kirchenlied, in der Volkssprache von der Gemeinde gesungenes Lied, in den ev. Kirchen oft auch *Choral genannt.*

Kirchenmitgliedschaft → Kirchenaustritt, → Parochie

Kirchenordnung, allgemein ein anderer Ausdruck für Kirchenstruktur, Kirchenrecht oder Kirchenverfassung, im engeren Sinn jedoch 1. Ausdruck für Texte der *Frühen Kirche* zur K. und Liturgie (z.B. *Didache,* vor 100; Traditio apostolica, um 215; Apostolische Kirchenordnung, 4. Jh.); 2. der von ev. Kirchen seit der Reformation verwendete Begriff für *Bekenntnisschriften,* die für eine bestimmte lutherische oder reformierte Kirche in einem Band gesammelt sowohl das eigentliche Bekenntnis als auch die Gottesdienstordnung (Liturgie), die Berufungs- und Dienstordnung für Geistliche, die Ordnung der Kirchenzucht sowie anderer Bereiche der Kirche vorgeben. In den ev. Landeskirchen spricht man heute eher von Kirchenverfassung.

Kirchenprovinz, in der kath. Kirche der Amtsbereich eines *Metropoliten,* in der Regel des *Erzbischofs* der darin wichtigsten Diözese, mit mehreren unterstellten Bistümern, dem in Deutschland von der Größe her etwa die ev. Landeskirchen entsprechen.

Kirchenrecht, allgemein die schriftlich fixierte Struktur einer Kirche und die Rechte und Pflichten ihrer Mitglieder und Geistlichen. Es liegt im ev. Bereich meist als *Kirchenordnung* vor und beansprucht nicht wie das kath. K. »göttliches Recht« zu sein, sondern nur praktischer Natur. In manchen ev. Freikirchen gibt es offiziell kein K., sodass es nur in der üblichen Praxis erkennbar wird. Eine völlig andere Bedeutung hat das K. dagegen in der kath. Kirche, da es nicht nur wesentlich umfangreicher ist, sondern praktisch alle Belange des kirchlichen Lebens regelt, international ist und als für den Glauben verbindlich gilt *(Codex Iuris Canonici).* Der Begriff K. kann außerdem den früheren Begriff Staatskirchenrecht ersetzen, also alle rechtlichen Verhältnisse zwischen Kirche und Staat bezeichnen (in Deutschland z.B. Kirchensteuern, theologische Fakultäten, Religionsunterricht, Militärseelsorge usw.).

Kirchenschatz, Kernelement der kath. Lehre vom *Ablass.*

Kirchensprache, auch Kultsprache, Sakralsprache oder liturgische Sprache, die von Priestern im Gottesdienst oder bei liturgischen Handlungen verwendete Sprache, sofern sie nicht oder nicht mehr mit der Alltags-

Kindergottesdienst. Kinderbibelwoche zum Thema »Rut« aus dem Alten Testament in der evangelischen Heilig-Geist-Gemeinde in Bad Vilbel bei Frankfurt am Main.

STICHWORT **Aufbau einer Kirche**

Oben: Gotische Rippengewölbe, der »Baldachin der Kirchenräume«, im Freiburger Münster (l.) und im Kölner Dom (r.)
Rechts: Straßburger Münster; über dem Hauptportal der Westfront ragt ein Giebel (Wimperg) mit seinen schlanken Türmchen (Fialen) bis hinauf zum 16-strahligen Rosenfenster aus feingliedrigem Maßwerk (14. Jh.).
Unten: Das Mittelschiff des romanischen Naumburger Doms (l.) und der 1593 nach einem Einsturz neu begonnene Chor der Jesuitenkirche St. Michael in München im Stil der Spätrenaissance bzw. des Manierismus. Der Hochaltar von 1589 enthält im Aufsatz das Bild des hl. Michael im Kampf mit dem Drachen.

Versammlungsstätte der Gemeinde: Der Sakralbau für den christlichen Gottesdienst hieß bis zur frühen Neuzeit in der lateinischen Kirchensprache »templum«. Eine Medaille anlässlich der Grundsteinlegung zum Neubau der *Peterskirche* (1506) trägt die Inschrift »templum Petri«. Dieser Sprachgebrauch (neben Bezeichnungen wie Basilika, Dom, Kathedrale, Münster) vernachlässigte den grundsätzlichen Unterschied zwischen dem antiken Tempel für den stellvertretenden Opferdienst der Priester im Inneren mit gottesdienstlichen Handlungen insbesondere im Umkreis des Tempels einerseits und dem bereits frühchristlichen Haus zur Versammlung einer Gemeinde nach dem Vorbild der römischen Markt- und Gerichtshalle (lat. basilica, ursprünglich »Königshalle«).

In dieser Bestimmung als Versammlungsstätte liegt trotz aller historischen und architekturgeschichtlichen, ja selbst konfessionellen Unterschiede die Gemeinsamkeit des Kirchenbaus.

Orientation: Die Baugestalt einer Kirche wird in der Regel durch die Längsachse vom Eingang zum Altarraum bestimmt. Diese Achse verläuft von West nach Ost: »ex oriente lux« (lat. »Licht aus dem Osten«). Baugeschichtlich bedingte Abweichungen von dieser Ostung bestehen z.B. bei der Hauptkirche der römisch-katholischen Kirche, der Peterskirche, die von Osten nach Westen ausgerichtet ist.

Portal: Die reguläre Eingangsfront im Westen ist durch Haupt- und Nebenportale ausgezeichnet. Sie bilden gleichsam die Schnittstelle zwischen dem weltlich-profanen und dem religiös-sakralen Lebens- und Erlebnisbereich. Ein frühes Zeugnis hierfür ist die Festpredigt des Eusebius von Caesarea (260–339) bei der Einweihung einer Kirche in Tyrus: »Ein großer und zur Höhe sich streckender Torbau soll schon denen, die noch fern und außerhalb der Umfriedung stehen, in reichem Maß ein Bild dessen bieten, was das Auge im Innern schauen darf.«

Mehr als ein Jahrtausend später empfahl Ignatius von Loyola in seinen »Geistlichen Übungen« (1548): »Man lobe den Schmuck der Kirche mit Kirchenbauten, desgleichen die *Bilder* und die Verehrung derselben in Rücksicht auf das, was sie darstellen.« Anschaulichkeit bildet jene Leitlinie, die auf unterschiedlichsten Weisen Gestalt gewonnen hat.

Innenraum: Der Weg vom Portal zum Altar führt durch ein Mittelschiff, das Seitenschiffe begleiten, zum *Altar* im *Chor.* Seitlich befinden sich das *Taufbecken* und die Kanzel. Doch auch diese Grundstruktur ist nur das Fundament unzähliger Varianten. Insbesondere kennt der moderne Kirchenbau die Tendenz zur Zentrierung des Gemeinderaums um den Altar und die Kanzel.

Konfessionelle Merkmale in der Ausstattung des katholischen Sakralbaus sind das Weihwasserbecken im Eingangsbereich und Beichtstühle.

Oben: Die einzigartige spätgotische »Tulpenkanzel« von Hans Witten im Dom von Freiberg, Sachsen (l.); Taufstein der Pfarrkirche im Geburtsort von Papst Johannes Paul II., Wadovice, Polen (r.).
Links: Der Campanile mit offenem Glockenstuhl am Markusplatz in Venedig
Unten: Eine Schatzkammer des süddeutschen Barock bzw. Rokoko ist die Wallfahrtskirche Wies in Bayern (1745 bis 1754); sie gehört zum Weltkulturerbe (l.). Die Oberkirche von Santa Maria Regina Martyrium in Berlin-Charlottenburg, eine Gedenkstätte für die Verfolgung der Kirche (Weihe 1962), mit einer abstrakt gestalteten Altarwand von Georg Meistermann

Kirchentag. Kundgebung auf dem Evangelischen Kirchentag in Stuttgart im Juni 1999 für einen Schuldenerlass für die ärmsten Länder der Welt.

sprache übereinstimmt und deswegen für den Laien unverständlich ist. Im ev. Bereich ist die K. unbekannt, wenn man nicht veraltete Ausdrucksweisen etwa der Lutherbibel oder des anglikanischen *Common Prayer Book* darunter rechnen will. Im kath. Bereich war das Latein in der Fassung der Verwaltungssprache des 4. Jh. K., wurde aber durch das 2. *Vatikanische Konzil* als K. abgeschafft und durch die jeweilige Muttersprache ersetzt, sodass Latein nur noch von Geistlichen unter sich oder bei internationalen Gottesdiensten verwendet werden darf. In den Ostkirchen wurde schon früh statt Latein und Griechisch die Volkssprache für den Gottesdienst verwendet, aber durch das Festhalten an den mittlerweile oft untergegangenen oder völlig veränderten Volkssprachen und der Bedeutung der liturgischen *Tradition,* die nicht verändert werden darf, gibt es K. heute eigentlich nur in Ostkirchen, d.h. in den meisten orthodoxen und allen orientalisch-kath. *(unierten)* Kirchen, so z.B. Koptisch, Kirchenslawisch.

Kirchenstaat, als politische Machtbasis dienendes päpstliches Herrschaftsgebiet in Italien, das mit der Fälschung der *Konstantinischen Schenkung* begründet wurde. Entstand ab dem 6. Jh., erreichte ab dem 8. Jh. nennenswerten Umfang. Nach einer wechselvollen Geschichte erlangte der K. zur Zeit der Renaissance seine größte Ausdehnung und Bedeutung. Von Napoleon erobert und abgeschafft, wurde er 1815 vom Wiener Kongress wieder hergestellt, dann aber 1860 im Zuge der Befreiungskämpfe und Gründung des ital. Nationalstaats stark verkleinert, 1870 ganz besetzt und Italien einverleibt. Seitdem stellte sich die »röm. Frage«, weil der Papst den ital. Staat nicht anerkannte. Erst die *Lateranverträge* beendeten diesen Zustand, indem der Papst akzeptierte, dass der K. für immer verloren war, aber als Ersatz der kleinste Staat der Erde, die *Vatikanstadt,* volle Souveränität erhielt.

Kirchensteuer, nur in einigen europ. Ländern zu findende öffentlich-rechtliche Zwangsabgabe, die zusammen mit der Lohn- oder Einkommensteuer vom Staat eingezogen und nach Abzug einer Verwaltungsgebühr (2–5%) an die kath. Kirche und die ev. Kirchen weitergeleitet wird. Sie beträgt in Deutschland derzeit je nach Bundesland 8–9% der Einkommensteuer, wird mit Ausnahme von Bayern von den Finanzämtern abgeführt und erbringt derzeit jährlich ca. 4,6 Mrd Euro. Das Recht auf K. steht eigentlich jeder als *Körperschaft des öffentlichen Rechts* (KdöR) anerkannten Religionsgemeinschaft nach Artikel 140 des dt. Grundgesetzes zu (Fortdauer des Artikels 137, Absatz 6 der Weimarer Reichsverfassung), wird aber von den anderen als KdöR anerkannten Kirchen und nicht christlichen Religionen in der Regel nicht genutzt, bei den ev. *Freikirchen* aus der Überzeugung heraus, dass eine Spende an die Kirche nur freiwillig und nach Selbsteinschätzung erfolgen dürfe. Als Ersatz dürfen Spenden an solche Kirchen bis zu 3% zusätzlich zu den sonstigen 5% bzw. 10% an Spenden steuermindernd geltend gemacht werden. Geregelt wird die K. in eigenen staatlichen Kirchensteuergesetzen sowie in Verordnungen der ev. Landeskirchen und kath. *Diözesen.* Ist bei Ehepaaren nur ein Partner Kirchenmitglied, wird die K. in Deutschland nur von seinem Einkommen berechnet. Sind die Ehepartner Mitglieder zweier verschiedener, K. erhebender Kirchen, wird das Einkommen beider zusammengerechnet und je zur Hälfte als Berechnungsgrundlage herangezogen.

Kirchenstrafen → Bann

Kirchentag, zwischen 1848 und 1872 fanden 15 ev. Kirchentage statt, die vor allem dem engeren Zusammenschluss der ev. Kirchen dienen sollten. 1919 diente der Kirchentag zur Gründung des Zusammenschlusses der ev. Landeskirchen. Als Gegenstück zum *Katholikentag* kann der ev. K. jedoch erst seit 1949 gelten, als er als eigener Verein organisiert wurde, sich wie der Katholikentag als Vertretung der Laien in der Kirche verstand und zum protestantischen Großtreffen wurde. Seit 1957 findet er alternierend mit dem *Katholikentag* alle zwei Jahre statt.

Kirchenväter → S. 44

Kirchenvermögen → Temporalien

Kirchenvertrag, ev. Ausdruck für *Konkordat.*

Kirchenvisitation → Visitation

Kirchenvorstand, als Ergebnis des 2. *Vatikanischen Konzils* seit 1975 in kath. Kirchengemeinden das größtenteils aus gewählten Laien bestehende Gremium, das mit dem Pfarrer die Kirchengemeinde und ihren Besitz verwaltet, während der *Pfarrgemeinderat* diesen in Fragen der Seelsorge berät. In ev. Kirchen andere Bezeichnung für den *Gemeindekirchenrat (Presbyterium).*

Kirche und Staat → S. 71

Kirche unter dem Kreuz, Selbstbezeichnung der *calvinistischen* Gemeinden am Niederrhein, die sich seit 1566 zu drei Synoden (Kleve, Jülich, Berg) zusammengeschlossen hatten und sich meist im Untergrund trafen, um der Verfolgung durch die kath. Behörden des Erzbistums Köln zu entgehen. Diese Gemeinden spielten für die Geschichte der ev. Kirche im Rheinland auch später eine bedeutende Rolle. Der Ausdruck wurde bald allgemein zur Bezeichnung von Kirchen, die unter Christenverfolgung leiden, benutzt.

Kirchgemeinderat → Gemeindekirchenrat

Kirchliches Lehramt, kath. Ausdruck für die dritte Quelle des kirchlichen *Dogmas* neben Schrift *(Bibel)* und *Tradition,* das vom Papst aber an Bischöfe und Priester delegiert wird. Die ev. und orthodoxen Kirchen lehnen dieses Verständnis des K. ab, auch wenn sie z.T. ebenfalls eine Überwachung der Lehre durch die Kirchenleitung kennen.

Kirchturm → Kirche

Kirchweihe, auch Kirchenweihe, die Einweihung eines neuen Kirchengebäudes, in den ev. Kirchen ein Eröffnungsgottesdienst, in der kath. Kirche eine vom Bischof zu vollziehende, feierliche *Konsekration,* bei der *Reliquien* beigesetzt und der *Altar* und die Kirche gesalbt werden. → S. 65

Kirmes → Kirchweihe

Klausur (lat. claudere: »abschließen«), der Wohnraum eines Klosters, den nur Ordensangehörige betreten dürfen, Angehörige des anderen Geschlechts dagegen überhaupt nicht und andere Personen nur in Ausnahmefällen mit Genehmigung.

Kleineres Übel → Pflichtenkollision

Klerus (griech. kleros: »Anteil«, »Los«), in der kath. Kirche die geweihten oder ordinierten Geistlichen aller Art, im Gegensatz zu den *Laien,* dem Kirchenvolk. In der ev. Kirche wird die Unterscheidung in der Alltagssprache zwar oft ähnlich gebraucht, aber offiziell abgelehnt. Die starke Betonung des Unterschieds wird als Klerikalismus bezeichnet. → Ordination

Klingelbeutel, Stab mit einem meist samtenen Säckchen zum Einsammeln der *Kollekte,* damit die Kollekte leise geschieht und niemand die Spende des anderen sehen kann. Der Name geht darauf zurück, dass früher Glöckchen am Beutel befestigt waren. Heute wird in kath. Kirchen meist ein Körbchen herumgereicht.

Kloster (lat. claustrum: »abgeschlossener Raum«), abgetrennter Komplex von Kirche, Andachtsräumen und Wohngebäuden von Mönchen oder Nonnen. Den ursprünglichen Plan von Klosteranlagen haben die orthodoxen K. bis heute erhalten. Die meisten westlichen, heute kath. Klosteranlagen folgen dagegen dem Vorbild des ab 820 errichteten K. St. Gallen, wobei der Bauplan aber nicht verbindlich ist. Die K. des *Ordens* der Kartäuser in Italien und Frankreich etwa bestehen aus durch den Kreuzgang verbundenen Zellenhäuschen mit eigenem Kleingarten, während die K. des Deutschen Ritterordens zugleich Burgen waren (z.B. Klosterburg Marienburg) und deshalb auch »Ordensburgen« genannt werden. Ev. K. gibt es nur als Namensbezeichnungen von Einrichtungen in ehemali-

Kloster. Die gotische Vorhalle (Paradies) der Klosterkirche Maulbronn, Baden-Württemberg. Rechts befindet sich der Eingang zur Kirche, links außerhalb liegt der Klosterhof. Das ehemalige Zisterzienserkloster gehört als ungewöhnlich gut erhaltene Gesamtanlage aus Klausur (Kirche mit anschließendem Kreuzgang) und Wirtschaftsgebäuden zum Weltkulturerbe. Nach der Aufhebung des Klosters im Zuge der Reformation in Württemberg wurde Maulbronn in ein evangelisch-theologisches Seminar umgewandelt.

Köln. Die Stirnseite des Dreikönigsschreins im Dom zu Köln mit der Darstellung der dreifachen Epiphanie Christi. Meister Nikolaus von Verdun schuf den Schrein zwischen 1181 und 1230 im Auftrag des Erzbischofs Philipp von Heinsberg.

gen K., z. B. Kloster Loccum. → Bruderschaften, → Kommunitäten

Kluniazensische Reform → Cluniazensische Reform

Knien, eine im N.T. (z. B. Jesus: Lk 22,14; als Aufforderung bei Paulus: Eph 3,14) geläufige Gebetshaltung, die bis heute in kath., orthodoxen und anglikanischen Kirchen in Gottesdienst und Privatandacht üblich ist, in ev.-lutherischen Kirchen oft zur Beichte und zum Abendmahl, in der charismatischen und Pfingstbewegung im Lobpreis und in allen anderen ev. Kirchen selten im Gottesdienst, dafür aber oft im privaten Gebet gebräuchlich.

Knochen → Reliquien

Koadiutor (auch Coadiutor, lat. »Mithelfer«), Helfer, heute meist Stellvertreter eines kath. Amtsträgers, so in den meisten *Diözesen* ein Weihbischof als Vertreter des Diözesanbischofs.

Köhlerglaube, abschätzige Bemerkung Luthers über den blinden Glauben ohne persönliche Überzeugung.

Koinobiten → Zönobiten

Koinonia (griech.: »Gemeinschaft«), neutestamentlicher griech. Begriff für die Gemeinschaft in der Kirche Jesu und speziell für eine Gemeinschaftsmahlzeit zusammen mit der Feier des Abendmahls, auch *Agape* (Liebesmahl) genannt.

Kollekte, Kollektengebet (lat. colligere: »sammeln«), einerseits die Sammlung von Spenden im oder nach dem Gottesdienst, heute auch bei anderen Gelegenheiten, andererseits Bezeichnung zahlreicher Gebete im Gottesdienst.

Kollektivismus → S. 76

Köln, die röm. Kolonie Colonia Agrippinensis wurde als Hauptstadt von Niedergermanien 313/14 Bischofssitz. In fränk. Zeit wurde der Bischof zum Erzbischof erhoben (795), der 935–1288 die Stadtherrschaft ausübte und mit den Erzbischöfen von *Mainz* und *Trier* dem Kollegium der sieben Kurfürsten angehörte. Den Rang als »Sancta Colonia« verdankte die Stadt der Überführung von Reliquien der Heiligen Drei Könige von *Mailand* nach K. (1164); ab 1181 entstand mit dem Dreikönigsschrein das größte *Reliquiar* des Mittelalters und ein neues Ziel der Pilgerströme. Zwei Wahrzeichen der Stadt am linken Rheinufer sind die romanische Kirche Groß-Sankt Martin und der gotische Dom: 1228 begonnen und 1322 bis zur Chorweihe fortgeschritten, wurde die Bautätigkeit nach schleppendem Fortgang 1529 eingestellt; das in fünf Schiffe gegliederte Langhaus und die Zweiturm-Fassade wurden 1842–80 nach den ursprünglichen Plänen erbaut.

Kolonialismus → S. 29

Kommentar, in der Theologie ein Buch, das eine biblische Schrift Vers für Vers diskutiert und auslegt, sei es allgemein verständlich anhand einer Bibelübersetzung, sei es zu wissenschaftlichen Zwecken anhand des hebr. und griech. Textes. Es gibt viele Kommentarreihen, die alle Bücher des A.T. oder des N.T. abdecken, selten aber von nur einem Verfasser, wie es bei Johannes Calvin der Fall war (bis auf Offb).

Kommunion (lat. communio: »Gemeinschaft«), sowohl die lat. Wiedergabe des zentralen neutestamentlichen Begriffs *Koinonia* für die Gemeinschaft der Christen mit Gott und untereinander, außerdem parallel in der *Frühen Kirche* Ausdruck für die Eucharistie (Abendmahl) und so bis heute vor allem in der kath. Kirche und bisweilen in ev.-lutherischen Gemeinden verwendet. Regional wird K. auch anstelle von *Konfirmation* oder *Firmung* verwendet, weil die Jugendlichen danach das erste Mal die Eucharistie (Abendmahl) mitfeiern dürfen.

Kommunitäten, kath. Orden ähnliche Gemeinschaften in protestantischen Kirchen. K. gibt es in der anglikanischen Kirche seit dem 19. Jh. Auch in lutherischen wie in reformierten Kirchen der Gegenwart schließen sich Männer und Frauen zu *Bruder- und Schwesternschaften* mit teils bündischem, teils klösterlichem Charakter zusammen, z. B. die Sankt Ansgar-Bruderschaft und die Michaelsbruderschaft. Zu den klösterlichen Gruppen zählt die Bruderschaft (Communauté) von *Taizé*. → Kloster, → Bruderschaften, Schwesternschaften

Komplet, das letzte → Stundengebet.

Kompromiss → Pflichtenkollision

Konfession (lat. confessio: »Bekenntnis«), ein meist nur außerhalb des kath. Bereichs verwendeter Begriff für das Bekenntnis von Kirchen, der auf das lat. Wort für Bekenntnis bzw. *Bekenntnisschrift* zurückgeht. Meist bezeichnet man die einzelnen Kirchen aber als *Denomination* und verwendet das Wort K. für die großen Blöcke der Christenheit, also vor allem die kath., die orthodoxe und evangelisch-anglikanische K. → Konfessionskunde

Konfessionskunde, der wissenschaftliche Vergleich der Glaubensbekenntnisse, der Lehre, der Liturgie und der Geschichte der christlichen Konfessionen miteinander als theologische Disziplin im Rahmen der *Systematischen* oder *Historischen Theologie,* schließt manchmal die Sektenkunde mit ein. Da früher der Vergleich der schriftlichen Glaubensbekenntnisse (Symbole) im Vordergrund stand, hieß das Fach meist Symbolik. Heute steht der historische Aspekt im Vordergrund.

Konfirmation, ev. Gegenstück zur *Firmung.*

Kongregationalismus (engl. congregation: »Versammlung«), die Lehre, dass die Kirche durch die örtliche Gemeindeversammlung geleitet werden müsse, im Gegensatz zum *Papalismus* (durch den Papst), *Konziliarismus* (durch das Konzil, kath.), *Episkopalismus* (durch die Bischöfe) und außerhalb des kath. Bereiches des Presbyterianismus (durch Älteste und Synoden).

Kongregationalisten, während schon die reformierten Puritaner in England die grundsätzlich ebenfalls theologisch reformierte *Anglikanische Kirche* von »kath.« Beiwerk befreien und u. a. das Bischofsamt durch Presbyter und Synoden (Presbyteralverfassung, Synodalverfassung, *Presbyterianismus*) ersetzen wollten, gingen die K. noch weiter und verlangten die Abschaffung jeder Kirchengemeinde und die Unabhängigkeit jeder Ortsgemeinde bzw. Gemeindeversammlung (engl. congregation), die ihre Leiter wählt. Die K. erlangten in England vorübergehend die politische Macht (Oliver Cromwell) und waren daher an der Abfassung des *Westminster-Bekenntnisses* beteiligt. Später wurden sie aber verfolgt und wanderten als *Pilgerväter* über die Niederlande nach Neuengland/USA aus, wo sie 1636 das Harvard College (Cambridge) und 1701 das Yale College (New Haven) als theologische Hochschulen gründeten. Ihre grundsätzlich reformierte Ausrichtung behielten sie bei. Heute gibt es weltweit etwa 2,5 Mio K.

Konkordat. Am 20. Juli 1933 schloss der Vatikan unter Papst Pius XI. (reg. 1922–39) ein Konkordat mit dem Deutschen Reich; damit verzichtete der Papst auf die Einmischung in »innere Angelegenheiten« des Deutschen Reiches. An der Unterzeichnung in Rom waren beteiligt: der deutsche Vizekanzler unter Hitler, Franz von Papen (2. v. l.) und (M.) Kardinalstaatssekretär Eugenio Pacelli (1876–1958), ehemals Nuntius in München und Berlin, ab 1939 als Papst Pius XII. während des 2. Weltkriegs auf »Neutralität« bedacht. Umstritten ist bis heute seine Haltung zur Verfolgung und zum Völkermord an den Juden.

Kongregationen, ordensähnliche Gemeinschaften der kath. Kirche, deren Mitglieder nur einfache, recht allgemeine Gelübde ablegen.

Kongregation für die Glaubenslehre → Officium

Konklave → Kardinal

Konkordanz (lat. concordantia: »Übereinstimmung«), im christlichen Sprachgebrauch alphabetisches Verzeichnis aller in der Bibel in der Ursprache oder einer Übersetzung vorkommenden Wörter und Begriffe mit Stellenangaben, um die Bibeltexte leichter zu finden.

Konkordat (lat. concordia: »Eintracht«, neulat. concordatum: »Übereinkunft«), Vertrag zwischen dem Papst als Repräsentant der kath. Kirche und einem – meist ehemals christlichen – Staat, der das Verhältnis von Kirche und Staat regelt, also etwa Fragen wie Religionsunterricht, Kirchensteuer, Kirchenvermögen, Bischofsernennungen, Denkmalschutz für Kirchen oder die Rolle des *Nuntius* regelt. K. gelten international als Verträge des Völkerrechts. Die selteneren Verträge zwischen Staat und ev. Kirchen nennt man Kirchenvertag. Berühmte K. sind die K. von Konstanz 1418, das K. der *Lateranverträge* zwischen Italien und dem Papst 1929 und das K. mit Deutschland 1933 (Reichskonkordat), ferner die K. mit Marokko 1986 und Israel 1993. Für Deutschland werden die K. mit den Bundesländern geschlossen, zuletzt 1997 mit Mecklenburg-Vorpommern.

Konstanz. Blick vom Münsterturm in Konstanz auf den Bodensee. Die Stadt war 1414–18 Schauplatz eines Konzils.

Konkordienbuch → Bekenntnisschriften

Konsekration (lat. consecratio: »Weihe«), kath. Begriff für die liturgische Weihung von Dingen (z.B. Kirchen, Altäre, Glocken) und Personen (vor allem der Ämter Diakon, Priester, Bischof), insbesondere aber auch für die Weihehandlung in der Eucharistie, durch welche die Wandlung von Brot und Wein geschieht. Gelegentlich bezeichnen auch ev.-lutherische Christen das Sprechen der *Einsetzungsworte* beim Abendmahl als K.

Konsistorium (lat. consistere: »sich aufhalten«), oberste Verwaltungsbehörde einiger ev. Landeskirchen zur Zeit des *Staatskirchentums,* vor allem in Preußen, aber z.T. noch heute. Die kath. Kirche bezeichnet so eine Versammlung der *Kardinäle* unter Vorsitz des Papstes und Leitung des *Kardinalstaatssekretärs.*

Konstantinische Schenkung, auch lat. Donatio Constantini oder Constitutum Constantini, von den Humanisten 1440 als Fälschung des 8. Jh. erwiesene Schenkung und Schenkungsurkunde Kaiser Konstantins des Großen (reg. 306/24–337) an Papst Silvester I. als Zeichen des Dankes für die Taufe und Errettung von Aussatz (Silvesterlegende). Danach habe der Kaiser die Stadt Rom und die gesamte westliche Hälfte des Röm. Reiches dem Papst als Besitz übertragen. Der Papst begründete mit der K. den Besitz des *Kirchenstaats* und im Rahmen des Investiturstreits den Anspruch, den dt. Kaiser jeweils mit seinem Reich belehnen zu dürfen und ihm nicht zu unterstehen.

Konstantinische Wende → S. 22

Konstantinopel (griech. »Stadt des Konstantin«), von Kaiser Konstantin dem Großen (reg. 306/24–337) als »zweites Rom« gegründete Stadt, später Byzanz, seit 1930 Istanbul, war bis 1453 Hauptstadt des Byzantin. Reiches und der orthodoxen Kirchen, bis heute Sitz des höchsten orthodoxen *Patriarchen* von K. Tagungsort mehrerer *Konzilien.*

Konstanz, im 1. Jh. n.Chr. ein röm. Kastell und vom Ende des 6. Jh. bis 1821 Bischofssitz, war als Reichsstadt (1237–1546/47) Schauplatz eines Konzils (1414–18). Es wurde auf Initiative König Sigismunds von jenem (Gegenpapst) Johannes XXIII. (reg. 1410–15) einberufen, dessen Absetzung durch das Konzil samt dem Rücktritt der beiden ebenfalls regierenden Päpste den Weg zur Beendigung des *Abendländischen Schismas* 1417 durch die Wahl Martins V. ebnete. Als Angelo Giuseppe Roncalli 1958 zum Papst gewählt wurde, übernahm er den Namen des als »unwürdig« abgesetzten Papstes Johannes XXIII. Das spektakulärste Ereignis des Konstanzer Konzils war die Verurteilung und – trotz der Zusicherung von freiem Geleit – Hinrichtung des tschech. Reformators Jan Hus (um 1370–1415), wodurch die Hussitenkriege ausgelöst wurden.

Konsubstantiation (lat. »zusammen mit dem Wesen«), Beschreibung der lutherischen Auffassung vom Abendmahl, wonach Brot und Wein zwar tatsächlich in Leib und Blut Christi verwandelt werden, aber im Gegensatz zur kath. Auffassung der *Transsubstantiation* zugleich ihr natürliches Wesen als Brot und Wein behalten und deshalb nicht angebetet werden dürfen.

Kontemplation, in der *Mystik* die beschauliche, Dinge und Bilder betrachtende Versenkung.

Kontemplative Orden, auch beschauliche *Orden,* nicht von Aktivität oder Dienst bestimmte kath. Orden, sondern von Gebet und *Kontemplation.* Dazu zählen z.B. die Männer- und Frauenorden der Zisterzienser, Kartäuser und Karmeliter.

Konvent (lat. conventus: »Zusammenkunft«), im kath. Bereich die Gemeinschaft und die konkrete Vollversammlung aller stimmberechtigten Mitglieder eines Klosters. Im ev. Bereich die Zusammenkunft von Pfarrern zur Besprechung oder Fortbildung (Pfarrkonvent), meist regelmäßig auf Ebene des Kirchenkreises oder der Landeskirche.

Konvertiten (lat. conversio: »Bekehrung«), allgemein Bezeichnung für jeden, der die Religion wechselt, meist aber für den Übertritt zum Christentum. Im engeren Sinn nennt man Muslime aus islamischen Ländern, die zum Christentum übergetreten sind, K.

Konzelebration (lat. »zusammen feiern«), auch Interzelebration, gemeinsame Feier der Liturgie, insbesondere des Abendmahls bzw. der Messe, durch mehrere Geistliche gleichzeitig, die intensivste Form der *Abendmahlsgemeinschaft.*

Konzil (lat. concilium: »Zusammenkunft«), zunächst die ersten gesamtkirchlichen Bischofsversammlungen der Frühen Kirche (die sieben ersten ökumenischen K.), sodann die Vollversammlungen der Bischöfe der Westkirche (8.–19. K. nach kath. Zählung), seit der Reformation drei weitere, nämlich das *Tridentinum* und die beiden *Vatikanischen K.* Die K. werden immer nach ihrem Tagungsort benannt, bei gleichem Tagungsort durchgezählt. Im kath. Kirchenrecht ist ein K. als Partikularkonzil zunächst jede *Bischofskonferenz,* wobei die nationalen Bischofskonferenzen diesen Begriff seit dem 2. Vatikanischen K. mehr und mehr verdrängen, sodass unter K. nur noch die Versammlung aller kath. Bischöfe (Bischofskollegium) verstanden wird. → Papst, → Synode, S. 60

Konziliarismus, die Lehre, dass die Kirche durch das Konzil als Versammlung aller Bischöfe geleitet werden müsse, im Gegensatz zum *Papalismus* (durch den Papst), *Episkopalismus* (durch die Bischöfe) und außerhalb des kath. Bereichs zum *Presbyterianismus* (durch Älteste und Synoden) oder *Kongregationalismus* (durch die örtliche Gemeindeversammlung).

Kopten (griech. Aigyptioi: »Ägypter«), die orthodoxe Nationalkirche Ägyptens, die sich unter ihrem Oberhaupt, dem Patriarchen von Alexandria (im 11. Jh. Verlegung des Sitzes nach Kairo), 567 mit der Einsetzung eigener Päpste von der byzantin. Reichskirche abtrennte, da der Vorwurf, sie sei häretisch, weil *monophysitisch,* nicht ausgeräumt werden konnte. Die Verurteilung durch das Konzil von Chalkedon (451) wurde erst fast 1500 Jahre später durch die kath. und orthodoxen Kirchen aufgehoben. Die K., die bald 95% aller Christen in Ägypten ausmachten, lehnten den beherrschenden Einfluss des Hellenismus und der griech. Oberschicht ab. Der Islam drängte die K. aber zurück und viele K. konvertierten aufgrund der islamischen Sondersteuer und anderer Benachteiligungen zum Islam. Trotz zeitweise harter arab. Unterdrückung konnte die koptische Kirche bis heute ihre Eigenart bewahren und ihren Bevölkerungsanteil von etwa 10% der Einwohner Ägyptens halten. Die K. durchlaufen derzeit eine Phase der Wiederbelebung, werden aber vom Staat Ägypten weiterhin als Bürger zweiter Klasse behandelt und von islamischen Terroristen mit Anschlägen usw. bedroht. Kirchensprache ist das Koptische, letzter lebender Überrest der altägypt. Sprache, ein Teil der Liturgie wird aber im landesüblichen Arab. abgehalten. Verwendet wird der alexandrinische Ritus und im Gedenken an den ersten alexandrinischen Papst, den Evangelisten *Markus* (so die Überlieferung), die altchristliche Markus-Liturgie. Die koptische Kirche umfasst heute 8,6 Mio Gläubige in Ägypten und 600 000 außerhalb des Landes. Ev. Missionsarbeit in Ägypten führte zu einer Koptisch-Ev. Kirche (ca. 300 000 Gläubige), daneben gibt es weitere 600 000 nichtkoptische Christen in Ägypten.

Körperschaft des öffentlichen Rechts (KdöR), offizieller, von den dt. Bundesländern verliehener Rechtsstatus von anerkannten Religionsgemeinschaften, die aufgrund von Alter und Größe die Gewähr der Dauer bieten und nicht gegen das Grundgesetz kämpfen. Dieser Status bringt viele Sonderrechte mit sich, so z.B. das Recht auf *Kirchensteuer,* Religionsunterricht, Finanzierung von theologischen Fakultäten an

Die katholischen Konzilien[1)]

Zählung/ Tagungsort	*Jahr*
8. Konstantinopel	869
9. 1.Laterankonzil	1123
10. 2.Laterankonzil	1139
11. 3.Laterankonzil	1179
12. 4.Laterankonzil	1215
13. 1.Lyon	1245
14. 2.Lyon	1274
15. Vienne	1311
16. Konstanz	1414–18
17. Basel	1431–37
18. Ferrara-Florenz	1438/39
19. 5.Laterankonzil	1512–17
20. Trient	1545–63
21. 1.Vatikanisches Konzil	1869/70
22. 2.Vatikanisches Konzil	1962–65

1) der Westkirche

Kopten. Die Abbildung zeigt ein Manuskript von 1847, geschrieben in koptischer und arabischer Sprache. Dieses Dokument befindet sich im St.-Pauls-Kloster in Ägypten.

Kreuzabnahme. Die biblische Quelle für die Darstellung, wie Jesus nach seinem Tod vom Kreuz abgenommen wird, ist der Bericht des Johannesevangeliums. Hier sind es Nikodemus und Josef aus Arimathäa, die sich von Pilatus die Erlaubnis erbitten und Jesus danach bestatten (Joh 19,38–42). Das hochdramatische Altargemälde von Peter Paul Rubens erweitert die Beteiligten entsprechend der ikonografischen Tradition u. a. durch den Jünger Johannes, Maria und Maria aus Magdala. 1611/12; Liebfrauenkathedrale, Antwerpen

Universitäten und staatliche Zuschüsse. Den Status besitzen neben der kath. Kirche, den ev. Landeskirchen und der jüd. Religionsgemeinschaft nur ein Teil der ev. *Freikirchen* und wenige Sondergruppen. Außer den Großkirchen nehmen die meisten K. ihre Rechte nicht oder selten in Anspruch.

Korporale (lat. corpus: »Leib«), geweihtes weißes Leinentuch als Unterlage für Leib *(Hostie)* und Kelch des Herrn in der kath. Messe.

Krankenheilung → Heilung; → Krankensalbung

Krankensalbung, die K. mit Öl durch Älteste wird bereits in der vermutlich ältesten Schrift des N.T. erwähnt (Jak 5,14ff.). Sie wird bis heute für Kranke und Sterbende von fast allen Kirchen praktiziert. In der kath. Kirche und in den orthodoxen Kirchen ist die K. eins der sieben *Sakramente,* das nur Priester vornehmen dürfen. In der kath. Kirche wurde die K. lange Zeit als »letzte Ölung« nur Sterbenden und Schwerkranken erteilt, doch durch das 2. *Vatikanische Konzil* wurde die zwangsläufige Verbindung zum Sterben aufgehoben, gemäß dem neutestamentlichen Vorbild das Kranksein wieder in den Mittelpunkt gerückt und der Ausdruck K. wieder eingeführt.

Kreatianismus → Beseelung

Kreationismus (lat. creatio: »Schöpfung«), von Vertretern im Dt. »Schöpfungsforschung« genannt, bezeichnet eine weltweite Bewegung unter *evangelikalen* Christen mit Ausläufern in der kath. Kirche, wonach die Schöpfungsgeschichte und der Sintflutbericht des A.T. historische Ereignisse sind und die Evolutionstheorie als unbewiesenes Modell zugunsten einer Entstehung der Erde und Kultur im Zeitraum weniger Jahrtausende abgewiesen werden muss. Seit dem Aufkommen evolutionistischer Auffassungen im 18. und 19. Jh., vor allem seit den Schriften von Charles Darwin, gab es im angelsächs. Bereich eine große Zahl von Naturwissenschaftlern und Theologen, die sie für unbewiesen und für mit dem christlichen Glauben unvereinbar hielten. In den USA, Kanada, Australien, Korea, Großbritannien, Israel und Russland gibt es zahlreiche kreationistische Forschungseinrichtungen, die erreicht haben, dass die Zahl der Anhänger des K. unter der Bevölkerung nennenswert ist. So glauben in den USA 47% der Bevölkerung, dass der Mensch vor etwa 10000 Jahren erschaffen wurde. Die Kreationisten unter den 420 Mio Evangelikalen weltweit nehmen deutlich zu. In Deutschland hielt der K. erst wieder seit Ende der 1970er Jahre in evangelikalen und einigen kath. Kreisen Einzug und wird heute vor allem von der Studiengemeinschaft Wort und Wissen durch Bücher und Unterrichtsmaterial propagiert.

Kreuz → S. 19

Kreuzabnahme, Motiv im Passionszyklus, aber auch als Einzelwerk (Altar- und Andachtsbilder). Beteiligt sind Nikodemus und Josef aus Arimathäa (Joh 19,38–42) sowie die Zeugen von Jesu Tod am Kreuz, vor allem die Mutter Maria und der Jünger Johannes (Joh 19,26f.). Als Erweiterung der K. entstand die Beweinung Jesu *(Pietà, Vesperbild).*

Kreuzigung → S. 36

Kreuzkuppelkirche, Sonderform des *Zentralbaus.*

Kreuzweg Christi, *Via Dolorosa.* Die Endstation ist der *Kalvarienberg.*

Kreuzzeichen → S. 19

Kreuzzüge, allgemein die im Mittelalter von der Kirche propagierten oder unterstützten Kriege gegen Ungläubige und Häretiker, vor allem die vom Ende des 11. bis zum Ende des 13. Jh. unternommenen sieben Züge nach Vorderasien zur Befreiung der heiligen Stätten des Christentums von der islamischen Herrschaft. Nachdem die Türken 1071 *Jerusalem* eingenommen hatten, riefen *Papst* und Kirchenführer die europ. Fürsten zur Rückeroberung der Heiligen Stadt auf. Die K. wurden zwar religiös gerechtfertigt, dienten aber auch politischen und wirtschaftlichen Zielen.

Krieg, gerechter, das N.T. kennt keine Lehre vom Krieg, fordert aber zum Friedensstiften auf und versteht den Krieg ausschließlich im Rahmen des Gewaltmonopols des Staates (Röm 13,1–7), also nicht als Aufgabe des Einzelnen oder der Kirche. Im Lauf der Jahrhunderte hat die christliche Ethik die Lehre vom K. entwickelt, die einerseits die meisten Kriege als Gottlosigkeit einschließlich des Kreuzzugsmilitarismus als eines »heiligen Krieges« verwirft, andererseits den K. zur Verteidigung als letzte Möglichkeit (lat. ultima ratio) zur Lebensrettung zulässt. Die Voraussetzungen für einen K. sind demnach:

1. Die erklärte Absicht eines K. ist Friede durch die Verteidigung des Rechts.
2. Krieg darf nur von der legalen Autorität des Staates geführt werden.
3. Es gibt Umstände, in denen die rechtmäßige Autorität des Staates Gewalt zur Verteidigung der Bürger einsetzen darf.
4. Es muss eine offizielle Kriegserklärung geben.
5. Das Motiv und das Ziel, für das Krieg geführt wird, müssen gerecht sein.
6. Der Krieg muss der allerletzte Ausweg nach Ausschöpfen aller anderen Mittel sein.
7. Es muss eine vernünftige Aussicht auf Erfolg geben.
8. Die positiven Konsequenzen, die von der Kriegsführung zu erwarten sind, müssen die Übel, welche die Kriegsführung mit sich bringt, überwiegen.
9. Gewalt darf nur gegen Bewaffnete gerichtet werden. Die Immunität der Nichtkämpfenden muss so weit wie möglich bewahrt werden.
10. Der Krieg muss mit einem Minimum an Kraft und Verlusten zur Erreichung der gerechten Ziele geführt werden.

Krippenspiele, seit dem Mittelalter in der Advents- und Weihnachtszeit übliches Nachspielen der Weihnachtsgeschichte, meist mit den fünf Akten Verkündigung der Geburt durch den Engel, Suche einer Herberge in Betlehem, Geburt Jesu, Besuch und Anbetung der Hirten, Besuch und Anbetung der drei Könige, heute in Deutschland vorwiegend von Kindern dargestellt. → Weihnachten

Krummstab, auch Hirtenstab oder *Bischofsstab, Insignie* des Bischofsamtes.

Kruzifix, Kreuz mit einer plastischen Darstellung des leidenden Jesus, wie sie im Mittelalter allgemein und seit der Reformation für die röm.-kath. Kirche typisch ist. In einigen Bereichen werden K. auch in der lutherischen Kirche verwendet, ansonsten lehnen aber alle ev. Kirchen, insbesondere die reformierten und freikirchlichen, K. ab und verwenden leere Kreuze als Symbol. Die orthodoxen Kirchen kennen keine K., da sie nur zweidimensionale Darstellungen zulassen *(Ikonen).*

Kruzifixurteil, Entscheidung des Bundesverfassungsgerichts in Karlsruhe von 1995, wonach die Vorschrift im bayer. Schulrecht, in jedem Klassenraum von Grund- und Hauptschulen Kreuze aufzuhängen, nichtig sei, weil sie u.a. gegen die staatliche Neutralitätspflicht im religiösen Bereich verstoße.

Krypta (griech. krypte: »Gewölbe«), ursprünglich das Märtyrergrab unter dem *Altar* einer Kirche *(Reliquie),* später das Gewölbe unter Altar und *Chor* einer Kirche, meist als Unterkirche mit eigenen Altären und Grabstätten von Fürsten, Bischöfen oder Heiligen.

Kryptocalvinisten (griech. kryptos: »verborgen«), heimliche Kalvinisten, von Lutheranern als polemischer Begriff für andere Lutheraner geprägt, die ihrer Meinung nach heimlich dem reformierten Glauben anhingen; Bezeichnung vor allem für die von Kaspar Peucer (1525–1602) angeführten Verfechter der calvinistischen Abendmahlslehre, die insbesondere im lutherischen Sachsen seit 1574 mit Gefängnis bestraft wurden. Der kursächs. Kanzler Nikolaus Crell (1552–1601) wurde 1601 als K. hingerichtet.

Kulturkampf, von dem politisch aktiven Arzt Rudolf Virchow (1821–1902) geprägter Kampfbegriff für die Auseinandersetzungen in den Jahren 1871–80/87 zwischen der kath.

Kreuzzüge. Ein Nebeneffekt der Kreuzzüge und Gründung von Kreuzfahrerstaaten war eine Steigerung in der Entwicklung von Wehrbauten im Heiligen Land. Ein gutes Beispiel ist die nordöstlich von Lataqia, Libanon, gelegene Burg Sahyun (Saone). Die Kreuzfahrer übernahmen hier einen leicht befestigten byzantinischen Herrensitz als Feudalburg. Angesichts der Schwächung des Kreuzfahrerstaats Mitte des 12. Jh. mussten die Defensivmaßnahmen verstärkt werden, um auch größere Angriffe abwehren zu können, bis das Feldheer des Königs zum Entsatz eintraf. In den Fels wurde deshalb ein 28 m tiefer Graben gehauen und die Mauer wurde mit Türmen und einem Bergfried verstärkt.

Kulturkampf. Der Begriff wurde von dem politisch aktiven Arzt Rudolf Virchow (1821–1902) geprägt.

Kulturkampf. Otto von Bismarck (1815–1898), Reichskanzler von 1871 bis zu seiner Entlassung durch Wilhelm II. 1890.

Kirche, dem preuß. Staat und dem Dt. Reich unter Reichskanzler Otto von Bismarck (1815–1898), der den Einfluss des Papstes *(Unfehlbarkeit des Papstes)* auf Deutschland eindämmen wollte. Im Rahmen des K. wurde der *Kanzelparagraph* erlassen, die Zivilehe eingeführt und vor der kirchlichen Trauung erzwungen *(Eheschließung),* die staatliche Schulaufsicht und Lehrerausbildung für kirchliche Schulen eingeführt und der Jesuitenorden weitgehend verboten. In der Zeit des K. wurden Priester und Bischöfe inhaftiert und abgesetzt, sodass zeitweise alle preuß. Bistümer verwaist waren. Während die kath. Kirche durch ihren Rückhalt bei den Gläubigen den K. fast unbeschadet überstand, bedeutete der von ev. Politikern initiierte K. für die ev. Kirchen einen erheblichen Verlust an Bedeutung, da er den bislang größten Säkularisierungsschub in Deutschland auslöste.

Kurialismus, die Zentralisierung der Verwaltung und Macht der kath. Kirche in der vatikan. *Kurie.*

Kurie (lat. Curia Romana), die seit dem 11. Jh. vorhandene, im 16. Jh. stark ausgebaute und in immer mehr Kongregationen differenzierte, 1988 endgültig strukturierte oberste päpstliche Leitungs- und Verwaltungsbehörde im *Vatikan.* Sie gliedert sich heute in neun Kongregationen, elf Räte, mehrere Gerichte, die *Apostolische Kammer* mit der *Vatikanbank,* das *Vatikanische Geheimarchiv,* Bibliothek und zahlreiche Akademien und wird aus Kardinälen, Bischöfen und Kirchenbeamten gebildet, die mit dem Tod des Papstes zunächst alle ihr Amt verlieren. Sämtliche Teile der K. wirken im Auftrag des Papstes und müssen ihre Dekrete und Verwaltungsakte von diesem bestätigen lassen.

Küster, auch Kirchner, Glöckner, seltener Messner, früher Kustos, Hausmeister einer Kirche, der auch den äußeren Ablauf des Gottesdienstes vorbereitet.

Kyrie eleison (griech. »Herr, erbarme dich«), der schon in der Antike und im Judentum (A.T.) in vorchristlicher Zeit bekannte und auch im N.T oft gebrauchte Gebetsruf wird in vielfältiger Form seit dem 1. Jh. im Gottesdienst verwendet. Bereits früh wurde die Dreierform »Kyrie eleison – Christe eleison – Kyrie eleison« üblich, wobei das mittlere Glied die Antwort der Gemeinde auf den Ruf des Liturgen darstellte, ab dem 7. Jh. dreimal wiederholt. Im kath. und orthodoxen Gottesdienst wird das K. weiterhin in griech. Sprache verwendet, im anglikanischen und ev.-landeskirchlichen Gottesdienst dagegen in Englisch bzw. Deutsch.

Kyrillos, griech. Geistlicher und Gelehrter (826/27–869), der mit seinem Bruder, dem früheren byzantin. Beamten und späteren Erzbischof Methodios (vor 820–885), ab ca. 850 erfolgreich das Großmähr. Reich missionierte. Beide werden »Apostel der Slawen« genannt. Sie sind Begründer des Kirchenslaw. mit eigenem Alphabet und der slaw. Liturgie, die grundlegend für die *orthodoxen Kirchen* Rumäniens, Serbiens und Russlands wurde.

Kyrios (griech. »Herr«), die in der griech. Übersetzung des A.T. *(Septuaginta)* und im N.T. verwendete Übersetzung des alttestamentlichen Gottesnamens Jahwe, die zugleich der bedeutendste Würdetitel Jesu im N.T. ist (Apg 2,36; Röm 10,9; 1 Kor 8,6; Phil 2,11). Damit wird gleichzeitig erklärt, dass Jesus mit dem Gott des A.T. identisch ist.

L

Labarum (lat.), Militärstandarte mit dem Christusmonogramm, die Kaiser Konstantin der Große (reg. 306/24–337) nach dem Sieg über seine Mitkaiser 312 n. Chr. einführte, da er vorher von diesem Zeichen geträumt hatte und ihm den Sieg zuschrieb.

Laien (griech. laos: »Volk«), in der kath. Kirche das Kirchenvolk im Gegensatz zum geweihten oder ordinierten *Klerus.* In der ev. Kirche wird die Unterscheidung in der Alltagssprache oft ähnlich gebraucht, aber offiziell abgelehnt. → Priestertum, allgemeines

Laienkelch, die Austeilung des Kelchs bzw. des Abendmahlsweins an Laien, wie sie im N.T. und der Frühen Kirche selbstverständlich war. Um die Verunehrung des Weins durch Verschütten zu unterbinden, wurde sie im 12. Jh. eingestellt, sodass der Kelch den Priestern vorbehalten blieb. Schon die vorreformatorischen Bewegungen der *Waldenser, Wiclifiten* und *Hussiten* forderten den L., für die Reformation wurde der L. eins ihrer Kennzeichen. Im 16. Jh. wurde er deswegen seitens der kath. Kirche zur Rückgewinnung von Protestanten zugelassen, schließlich aber im 17. Jh. vom Papst endgültig verboten. Obwohl noch heute viele den L. für einen der offensichtlichsten Unterschiede zwischen kath. und ev. Kirchen halten, hat das 2. *Vatikanische Konzil* 1963 entschieden, dass Bischöfe berechtigt sind, den L. freizugeben.

Lambethkonferenzen, nach dem Amtssitz des Erzbischofs von Canterbury, Lambeth-Palace in London, benannte Konferenzen, an denen alle anglikanischen Bischöfe aus aller Welt teilnehmen und die seit 1867 etwa alle zehn Jahre stattfinden. Ihre Entscheidungen sind zwar für die nationalen anglikanischen Kirchen nicht bindend, bestimmen aber Kurs und Wesen des Anglikanismus heute. So hatte z. B. die Ablehnung des Antrags der meisten westlichen Bischöfe, Homosexualität nicht mehr als Sünde zu werten, durch viele Bischöfe der Dritten Welt weit reichende Folgen.

Lamm Gottes → Agnus Dei

Landeskirche, früher die Kirche unter der Aufsicht eines Landesfürsten, vor allem seit der Regelung des *Augsburger Religionsfriedens,* heute eine Gliedkirche der *Evangelischen Kirche in Deutschland* mit einem Landesbischof, Präses o. Ä. an der Spitze. Die L. entsprechen geografisch meist noch den Besitzverhältnissen der Fürstentümer früherer Jahrhunderte und decken sich daher selten mit den Grenzen der Bundesländer. So hat z. B. Baden-Württemberg zwei ev. Landeskirchen (Baden, Württemberg).

Lanze, heilige, die Lanze, mit der bei der Kreuzigung Jesu Seite durchstochen wurde (Joh 19,34). Ihre Splitter galten als bedeutende *Reliquie.* In Parallelität zum heiligen *Gral* gibt es viele Legenden und Dichtungen zur L.

Lässliche Sünden → Todsünden

Laster, alter Ausdruck für zur Gewohnheit gewordene *Sünden.* → Lasterkataloge

Lasterkataloge, altertümlicher theologischer Fachausdruck für die Aufzählung von schweren Sünden im A.T. und N.T. (z. B. Jer 7,8–11; Gal 5,19–21; Röm 1,28–31; 1 Kor 6,9–10).

Lateran, zunächst die Kirche San Giovanni in Laterano, benannt nach der Familie der Laterani, der das Gelände im 1. Jh. gehörte. Die älteste Papstkirche der Stadt ist als Sitz des Bischofs von Rom auch die ranghöchste der sieben Pilgerkirchen der Tibermetropole (lat. omnium urbis et orbis Ecclesiarum Mater et Caput: »Mutter und Haupt aller Kirchen der Stadt und des Erdkreises«). Sie wurde als erste Kirche von Kaiser Konstantin dem Großen nach 313 gegründet und geweiht. Bis zum Umzug des Papstes auf den Vatikan im 14. Jh. entstanden dort der Lateranspalast und zahlreiche Behörden. Seit der Unterzeichnung der *Lateranverträge* 1929 ist das Gebiet des L. exterritorialer Besitz des Vatikans.

Lateran. Die vergoldete Decke des Mittelschiffs (16. Jh.) der Kirche San Giovanni in Laterano in Rom ist ein Werk von Flaminio Boulanger und Vico di Raffaele.

Lateranverträge, die 1929 im Lateranspalast zwischen dem Papst und dem ital. Staat geschlossenen Verträge, welche die Vatikanstadt als souveränen Staat schufen, gleichzeitig aber die Anerkennung Roms als Hauptstadt Italiens durch den Papst bedeuteten. Die L. lösten die »röm. Frage«, die durch die Auflösung des *Kirchenstaats* durch ital. Truppen entstanden war. Sie umfassen einen Staatsvertrag, ein *Konkordat* und ein Finanzabkommen zur Entschädigung des Papstes für den Verlust des Kirchenstaats. 1984 wurde das Konkordat revidiert und modernisiert.

Lauretanische Litanei, nach der lat. Bezeichnung des ital. Wallfahrtsortes *Loreto* benanntes marianisches Wechselgebet, das seit dem 16. Jh. zu den beliebtesten Gebeten der kath. Volksfrömmigkeit gehört.

Läuterung → Fegefeuer

Lazarus, Bruder von Maria und Martha und enger Freund Jesu. Die von Johannes berichtete Auferweckung durch Jesus (Joh 11,1–44; 12,2+9–10+17) gilt als spektakuläre Version, da L. mehrere Tage im Grab lag. Abb. S. 186

Lebensbuch → Buch des Lebens

Lectio continua, bis zur Verbreitung der Bibel unter der Bevölkerung die fortlaufende Lesung biblischer Bücher im Gottesdienst,

Lazarus. Ausschließlich das Evangelium nach Johannes enthält die Erzählung der Rückkehr des bereits beigesetzten Bruders von Maria und Martha ins Leben (Joh 11,17–44). Die Schilderung des Wunders fällt recht drastisch aus – die Umstehenden halten sich die Nase zu, um sich vor dem Leichengeruch zu schützen. Abgebildet ist »Die Auferweckung des Lazarus« (Ausschnitt) von Geertgen tot Sint Jans, um 1480/90; Musée National du Louvre, Paris

auf die im kath. und anglikanischen Gottesdienst nur noch die einführenden Worte für die kurzen Schriftlesungen »Fortsetzung des heiligen Evangeliums« hinweisen. Die L. wurde aber zu einem Erkennungszeichen ev.-reformierter Kirchen und Gottesdienste, was zu einer wesentlich besseren Bibelkenntnis der Gemeindeglieder führte und sich heute darin widerspiegelt, dass in reformierten Kirchen fortlaufend über ganze biblische Bücher gepredigt wird. Schon Calvin und Bucer predigten fast durch die ganze Bibel und veröffentlichten die Predigten als Kommentare zur Bibel, eine Praxis, die viele ev. Freikirchen entlehnt haben.

Legalismus → Gesetzlichkeit

Legende, Legendarium → Heiligenlegende

Lehre, im Christentum die systematisch zusammengestellten Glaubensinhalte und deren Vermittlung in der Gemeinde und der Theologenausbildung. → Lehrer, → Dogmatik, → Dogma

Lehrer, im N.T. häufig erwähntes wichtiges Amt, Dienst und Gabe der Gemeinde Jesu, das zwar in der gesamten Kirchengeschichte und in allen Konfessionen eine große Rolle gespielt hat und – vor allem im Rahmen der Predigt – als Aufgabenbereich der Geistlichen gilt, sich aber nie zu einem eigenständigen Amt verfestigt hat.

Leib Christi, auch griech. Soma Christou, lat. Corpus Christi mysticum, Ausdruck für die Kirche und Fachausdruck für die unsichtbare Einheit aller Christen, der auf eine von Paulus häufig verwendete Beschreibung der Gemeinde als Christi Körper zurückgeht, wobei Christus das Haupt ist (1 Kor 12,12–31, Eph 4,11–16).

Leibtuch → Korporale

Leichenverbrennung → Bestattung

Leid, nach A.T. und N.T. ist der Mensch seit dem Sündenfall in dieser Welt mit L. und Schmerz behaftet (Gen 3,16–19). Erst die *Ewige Seligkeit* wird als ein Ort dargestellt, in dem der paradiesische Zustand, d.h. ohne L. und Schmerz zu sein, wieder hergestellt sein wird (Offb 21,4). L. lässt sich dabei nicht zwangsläufig auf Sünde zurückführen (Ijob; Lk 13,1–5). Allein das Leiden Jesu ist direkte Folge der Sünde, aber nicht der eigenen, sondern der der Menschen überhaupt (Joh 3; Apg 2,22ff.). Sein Leiden und Sterben hatte den Zweck, die Menschen zu erlösen. Die Frage, wie sich die Existenz des L. mit Gott und seiner Liebe vereinbaren lässt, behandelt die Diskussion um die *Theodizee.*

Lektion, der für den Sonntag vorgesehene Abschnitt der Schriftlesung, im engeren Sinn der Abschnitt aus dem A.T. neben *Evangelien-* und *Epistellesung.* Das Lektionar enthält diese nach Sonntagen sortierten Schriftlesungen, in den kath. und orthodoxen Kirchen außerdem weitere liturgische Stücke. Die im Gottesdienst verwendeten Lektionare sind meist großformatig und verziert, aus dem Mittelalter liegen zahlreiche prachtvolle Ausgaben vor.

Lektor (lat. »Vorleser«), aus der Antike übernommener Begriff, im Christentum für verschiedene, mit dem Vorlesen im Gottesdienst oder Kloster verbundene Aufgaben verwendet. Als L. wurde oft ein Gemeindemitglied bezeichnet, das die Schriftlesung im Gottesdienst vornahm. In der ev. Kirche ist ein L. ein eigens dazu zugelassener Laie, der Predigten verlesen darf.

Lettner → Chorschranken

Letzte Dinge, Ereignisse am Ende der Welt, dt. Begriff für Eschatologie.

Letzte Ölung → Krankensalbung

Letztes Gericht → Jüngstes Gericht

Liberale Theologie, seit dem 19. Jh. übliche Bezeichnung für verschiedene Schulrichtungen der christlichen Theologie, welche die historischen Grundlagen des christlichen Glaubens kritisch hinterfragen und die zentralen Dogmen der Frühen Kirche wie *Auferstehung, Jungfrauengeburt* oder *Ewige Seligkeit* vergeistigen, zugleich aber eine moderne Form des Christentums befürworten. Der Ausdruck geht auf ein Werk von Johann Salomo Semler (1725–1791), »Institutio ad doctrinam Christianam liberaliter discendam«, zurück. → Bibelkritik

Lichtfreunde → Deutschkatholiken

Lichtmess, auch Mariä Lichtmess, Mariä Reinigung, volkstümliche Bezeichnung aufgrund der Kerzenweihe und der Lichter- und Kerzenprozession für das Fest der Darstellung des Herrn (2. Februar), das an die Darstellung Jesu am achten Tag im Tempel erinnert (Lk 2,22–39). Es handelt sich trotz des Namens nicht um ein Marienfest.

Liebe → S. 74

Lied → Choral, → Kirchenlied

Limbus (lat. »Saum«, »Rand«), in der inzwischen umstrittenen kath. Lehre die Vorhölle, in der sich Gerechte aus vorchristlicher Zeit (Limbus patrum) und die ungetauft verstorbenen Kinder (Limbus puerorum) aufhalten und auf Gericht und Erlösung warten.

Litanei (griech.-lat. »Flehruf«), verschiedene Fürbittgebete und Anrufungen Gottes und im kath. Bereich der Heiligen und Marias. Sie finden meist im Wechselgebet oder Wechselgesang zwischen Liturg und Gemeinde statt.

Liturgie (griech. leitourgia: »Dienst«), der geplante, feierliche Ablauf des Gottesdienstes, S. 66

Liturgik, auch Liturgiewissenschaft, wissenschaftliche Erforschung und Begründung der Liturgie und der Gottesdienstgestaltung in Geschichte und Gegenwart als Zweig der *Praktischen Theologie.*

Liturgische Bewegungen, Bewegungen im kath. und ev. Bereich, welche die Liturgie erneuern und stärker in das Gemeinde- und Alltagsleben integrieren wollen, deswegen auch oft unter Rückgriff auf Vorbilder aus der Kirchengeschichte neue Liturgien vorlegen oder die vorhandenen Liturgien leicht zugänglich machen. Für die deutschsprachigen Länder sind im ev. Bereich vor allem der *Berneucher Kreis,* der Alpirsbacher Kreis und die hochkirchlichen Bewegungen zu nennen, im anglikanischen Bereich die *High Church,* auf kath. Seite die Abteien Maria Laach und Beuron.

Logion (griech. »Ausspruch«), auch Herrenwort, ein einzelner Ausspruch Jesu, der in die *Evangelien* aufgenommen wurde.

Logos (griech. »Wort«, »Denken«), philosophischer und theologischer Begriff, der mit »Wort«, »Rede«, »Behauptung«, »Vernunft« oder »Sinn« übersetzt wird und ein dynamisches Vernunftprinzip meint, das diese Welt durchwaltet und ein Medium der Gemeinschaft zwischen Gott und Menschen darstellt. In der jüd. Religionsphilosophie des Philo von Alexandrien ist L. das Schöpferwort, durch das Gott die Welt erschaffen hat (Gen 1: »Und Gott sprach ...«), und das sie ordnende und gestaltende göttliche Prinzip. Im N.T. ist L. fast ausschließlich in der Johannesliteratur zu finden, wo L. in bewusster Anspielung auf Gen 1 und die griech. Vorstellung eines die Welt tragenden Prinzips L. mit Jesus Christus gleichgesetzt wird (Joh 1,1ff.; 1 Joh 1,1; Offb 19,13). In der christlichen Theologie ist L. schon bald der Fachausdruck für das immer schon existierende (präexistente) Wort Gottes, das in Jesus Christus »Fleisch« (Mensch) geworden ist, um den Menschen das Heil zu vermitteln. Mit dem L.-Begriff verbunden waren in der Alten Kirche zahlreiche Kontroversen *(Doketimus, Modalismus, Arianismus, Nestorianismus),*

Lichtmess. Rogier van der Weyden, »Die Darbringung Jesu im Tempel« (Ausschnitt) – rechter Seitenflügel des Dreikönigsaltars, um 1455. Behutsam legt Simeon die Hände um das Jesuskind, in dem er den Messias erkennt. Die Kerze in der Hand Josefs deutet auf die Bezeichnung »Mariä Lichtmess« für das am 2. Februar begangene Fest der Darstellung im Tempel hin. Alte Pinakothek, München

die sich erst mit dem Bekenntnis zur Zwei-Naturen-Lehre durch das Konzil von *Chalkedon* (451) legten.

Lollarden, volkstümlicher Ausdruck für die *Wiclifiten,* Anhänger von John Wyclif (1328 bis 1384).

Lorber-Gesellschaft, seit 1945 Name der früheren »Neu-Salems-Gesellschaft«, die sich auf die gnostische Erlösungslehre in den niedergeschriebenen Offenbarungen aus dem Jenseits an den österreich. theosophischen Mystiker Jakob Lorber (1800–1864) beruft.

Loreto, bedeutender Marienwallfahrtsort in Italien zur Verehrung des Wohnhauses Marias (lat.-ital. Casa Santa: »heiliges Haus«), das nach einer wohl im 15. Jh. entstandenen Legende am 7. September 1295 von Engeln aus Nazaret nach L. gebracht worden sein soll.

Los, nach dem A.T. trug der Hohepriester in seinem Brustschild die heiligen L. Urim und Tummim, mit denen er Gottes Wille erfragen konnte. Obwohl die Nachwahl des Apostels Matthias durch L. erfolgte (Apg 1,26), hat die christliche Kirche das Losen als Befragung Gottes oder für ethische Entscheidungen immer abgelehnt. → Losungen

Losungen, ein seit 1731 von der Herrnhuter *Brüdergemeine* bis heute in hohen Auflagen und vielen Übersetzungen jährlich herausgegebenes Buch, das für jeden Tag einen ausgelosten Vers aus dem A.T. und einen dazu passenden aus dem N.T. sowie entsprechende Liedverse oder Gebete enthält und das von Angehörigen aller Konfessionen in Deutschland und aller Welt, besonders aber im *evangelikalen* Bereich täglich benutzt wird.

Loreto. Besucher stehen vor der Marmorverkleidung der Nordseite des Heiligen Hauses (Santa Casa) in der Basilika von Loreto.

Los-von-Rom-Bewegung, unter diesem Schlagwort propagierte 1898–1945 eine Gruppe in Österreich aus politischen und nationalen Gründen die Ablösung vom Papst und damit vom Katholizismus, was im Regelfall den Übertritt zur ev. oder zur altkath. Kirche bedeutete. In Anlehnung daran bezeichnet man bis heute jede Bewegung gegen das Papsttum als L., insbesondere, wenn sie freie kath. Kirchen gründet, etwa die vom chines. Staat initiierte offizielle chines.-kath. Kirche im Gegensatz zu den papsttreuen Katholiken im Untergrund.

Lourdes, bedeutender kath. Wallfahrtsort am Rand der Pyrenäen in Frankreich, der seine Bedeutung den Marienerscheinungen des Hirtenmädchen »Bernadette« Maria Bernarda Soubirous (1844–1879) 1858 in einer Grotte verdankt, deren Quelle als wundertätig gilt. 1862 von der kath. Kirche anerkannt, wobei der Tag der Erscheinung, der 11. Februar, als weltweiter Festtag bestätigt wurde.

Low Church (engl. »geringe Kirche«), *evangelikale,* calvinistisch beeinflusste Richtung der *anglikanischen Kirche* neben *Broad Church* (liberal) und *High Church* (katholisierend).

Löwe, verbreitetes Wappentier, im N.T. als brüllender L. Bild für den Teufel (1 Petr 5,8), in der christlichen Kunst Symbol für den *Evangelisten* Markus.

Lucernarium (lat. »Kerzenleuchten«), das Anzünden von Kerzen vor Altären am Abend, eine Sitte, die auf die Alte Kirche zurückgeht.

Lukas, Arzt und enger Freund und Mitarbeiter des Apostels Paulus, als Autor des Lukasevangeliums und der Apostelgeschichte einziger nicht jüd. Autor des N.T.

Lutherische Kirchen, die aus der Reformation Martin Luthers hervorgegangenen Kirchen beschränkten sich zunächst auf Gebiete, wo die L. Landes- oder Staatskirche und damit zahlenmäßig vorherrschend war, nämlich vor allem in Deutschland und allen skandinav. Ländern. Später entstanden aber durch Auswanderung und Missionsarbeit L. und Freikirchen in aller Welt, sodass die Lutheraner (heute 61 Mio Gläubige) lange die zahlenmäßig größte ev. Konfession vor den Reformierten und Baptisten waren, bevor sie im 20. Jh. von den *Pfingstlern* überflügelt wurden. Die meisten L. sind im 1947 gegründeten Lutherischen Weltbund zusammengeschlossen, daneben gibt es aber zahlreiche konservative und *evangelikale* lutherische Freikirchen, in Deutschland *Altlutheraner* genannt, die sich ihm nicht angeschlossen haben. Die Kirchen werden entweder von einem Bischof (in Skandinavien *Erzbischof*) oder von einem Generalsuperintendenten geleitet, haben aber praktisch ausnahmslos die Presbyterialverfassung und die *Synodalverfassung* der reformierten Kirchen übernommen. Die Liturgie ist konservativ, die Predigt vor allem auf die Buße ausgerichtet. Das Amt und die Sakramente werden stärker als in den reformierten Kirchen betont und die autoritative Geltung der lutherischen *Bekenntnisschriften* ist verbindlich. Innerhalb der *Evangelischen Kirche* in Deutschland sind die meisten lutherischen Landeskirchen in der Vereinigten Ev.-Lutherischen Kirche Deutschlands (VELKD) zusammengeschlossen.

Luzifer (lat. »Lichtbringer«), Morgenstern in der röm. Mythologie, wird in der christlichen Tradition auf den *Satan* übertragen, da dieser nach Jes 14,12 als ein vom Himmel gefallener Stern (Symbol für Engel) verstanden wurde und nach Lk 10,18 durch Jesu Wirken wie ein Blitz vom Himmel in die Tiefe stürzt.

M

Madonna (ital. »meine Herrin«), kath. Bezeichnung der Jungfrau *Maria.*

Magdeburg, die Landeshauptstadt von Sachsen-Anhalt, entstand in karolingischer Zeit als eine Ansiedlung an der politischen Peripherie. Es erhielt unter den Ottonen kirchen- und machtpolitische Bedeutung als Ausgangspunkt der Slawenmission östlich der Elbe: 937, im Jahr nach der Königskrönung in *Aachen,* stiftete Otto I., der Große, das Moritzkloster; 955 entstand der (erste) Dom als Grablege des Herrscherhauses, und 968, sechs Jahre nach der Kaiserkrönung in Rom, gründete Otto I. das Erzbistum M., zu dessen Kirchenprovinzen die Bistümer Brandenburg, Merseburg und Posen (bis um 1000) gehörten. Der heutige Dom entstand ab 1209 und wurde 1550 vollendet, nachdem sich bereits 1524 die Reformation in M. durchgesetzt hatte. Das säkularisierte Erzbistum M. fiel 1680 als Herzogtum an das Kurfürstentum Brandenburg.

Magie (altpers. magusch, griech. mageia), das mosaische Gesetz und das gesamte A.T. lehnen jede Form der M. als Gräuel ab (Dtn 18,9–12), auch wenn das A.T. offen davon berichtet, dass die M. der Nachbarvölker in Israel oft Anhänger fand. Das N.T. schließt sich der Verwerfung der M. an (Offb 9,21), berichtet aber von der Anbetung Jesu durch drei Magier (griech. magoi), die Heiligen Drei Könige (Mt 2,1–12), was wohl deren astronomisch-astrologische Kenntnisse beschreibt. Diese Ablehnung behielten alle christlichen Kirchen bei, dennoch hatte die M. im *Volksglauben* und Volksaberglauben *(Aberglaube)* häufig großen Einfluss *(Astrologie)* und die Kirche machte in Auseinandersetzung mit den Umweltreligionen der Spätantike manche Anleihen bei diesen. Die Reformatoren und ev. Kontroverstheologen warfen allerdings der kath. Theologie vor, in ihrem Abendmahlsverständnis sowie ihrem Heiligen- und Märtyrerkult *(Reliquien)* magisch zu denken. Erst seit dem 2. Vatikanischen Konzil (1962 bis 1965) und im neuen Kirchenrecht (*Codex Iuris Canonici,* 1989) versucht die kath. Kirche diese Problematik aufzuarbeiten, ein weniger materiales Verständnis der Verehrung zu entwickeln und ausufernde gegenständliche Kulte einzudämmen *(Bilder).*

Magier → Magie; → Epiphanias; → Stern von Betlehem

Magnificat, der Lobgesang der Maria (Lk 1,46–55) wurde schon in der Frühen Kirche einer der wichtigsten christlichen Liedtexte, benannt nach dem ersten Wort des lat. Textes (Magnificat anima mea Dominum: »Meine Seele rühmt den Herrn«). Der Text wurde mehrfach vertont, so im M. von Johann Sebastian Bach.

Magdeburg. Teilansicht des Nordportals am Querhaus des Domes, genannt »Jungfrauenportal« (1240/50). Sie zeigt fünf der zehn gotischen Gewändefiguren nach dem »Gleichnis von den zehn Jungfrauen«: »Dann wird es mit dem Himmelreich sein wie mit zehn Jungfrauen, die ihre Lampen nahmen und dem Bräutigam entgegengingen. Fünf von ihnen waren töricht und fünf waren klug« (Mt 25,1f.).

Magog → Gog und Magog

Mailand, die Hauptstadt der Lombardei, verbindet seine frühe kirchengeschichtliche Bedeutung mit dem 313 in M. u. a. von Konstantin I. erlassenen Toleranzedikt zugunsten freier Religionsausübung, einem entscheidenden Schritt zur Konstantinischen Wende, und mit der Tätigkeit des später zum Kirchenlehrer und Kirchenvater erhobenen Ambrosius (Bischof von M. 374 bis zu seinem Tod 397). Ein Katastrophe war 1162 die Zerstörung durch Kaiser Friedrich I. Barbarossa (Überführung der Reliquien der Heiligen Drei Könige nach *Köln*). Die romanische Kirche Sant'Ambrogio (11./12. Jh.) geht auf eine Gründung des 4. Jh. zurück; sie enthält den karolingischen Goldaltar Paliotto (um 840), ursprünglich mit Blick durch eine Öffnung in der Rückwand auf das Grab des hl. Ambrosius. Zu den größten Sakralbauten der Gotik zählt der 1386 begonnene Dom. Im Refektorium des Dominikanerklosters Santa Maria delle Grazie schuf Leonardo da Vinci 1495–97 das Fresko »Das letzte Abendmahl«.

Mainz, die Landeshauptstadt von Rheinland-Pfalz, aus historischer Sicht ein herausragendes Beispiel für den Vorrang eines kirchlichen Territoriums im Mittelalter. Erstmals 44 n. Chr. als röm. Militärlager Mogontiacum bezeugt, führt seine Geschichte als Bischofssitz zurück bis in das 1. Jh. (bezeugt seit 346). Ab 746 leitete das Bistum Bonifatius, dessen Nachfolger Lullus 782 zum Erzbischof erhoben wurde. Der Mainzer Inhaber dieses Kirchenamtes war zugleich der Primas Germaniae, ab 965 Erzkanzler des Heiligen Römischen Reichs (962–1806) und ab dem 12. Jh. neben vier weltlichen Kurfürsten einer der drei geistlichen Kurfürsten (M., *Köln* und *Trier*). Der um 1100 begonnene Dom gehört zu den drei mächtigen romanischen Kaiserdomen am Rhein (M., Speyer und Worms). Bis zum 14. Jh. umfasste die Kirchenprovinz M. 14 Bistümer von Hildesheim bis nach Prag. 1803 unterlag das Erzbistum und geistliche Kurfürstentum M. der *Säkularisation.* Das Bistum M. wurde 1821 wieder errichtet.

Malabarchristen, anderer Name für die ind. *Thomaschristen* an der Malabarküste.

Mal'akh Jahwe → Engel des Herrn

Mammon, aram. Ausdruck für die negativen Aspekte des Geldes, nach der Aussage Jesu in der Bergpredigt »Ihr könnt nicht Gott dienen und dem M.!« (Mt 6,24; Lk 16,13) und der Warnung vor dem »ungerechten M.« (Lk 16,9). A.T. und N.T. schützen grundsätzlich das Privateigentum (Zehn Gebote) und fordern den Menschen zur Arbeit auf (Ex 20,9; Lev 23,3; Dtn 5,13), für den wiederum gilt: »Der Arbeiter ist seines Lohnes wert« (Lk 10,7; 1 Tim 5,18). Doch darf Geld nicht zum Lebensinhalt des Menschen werden. Aus diesem Grund konnte sich der reiche Jüngling nicht Jesus anschließen, weil er seinen Reichtum mehr liebte als Gott (Mt 19,16–30; Mk 10,17–31; Lk 18,18–30). Außerdem darf das Geld nicht der Ungerechtigkeit Vorschub leisten, weswegen die Reichen eindringlich gewarnt werden, den Arbeitern den Lohn auszuzahlen, da Gott sonst zornig wird (Jak 5,1–6, besonders Vers 4; Dtn 24,15). Die »Geldliebe« gilt als »Wurzel alles Bösen« (1 Tim 6,10), wobei bewusst zwischen Geld und Geldliebe unterschieden wird. Jesu Warnung vor dem M. hat für die christliche Ethik stets eine große Rolle gespielt. Ausgehend vom ersten Gebot bestimmt die Antithese Gott oder M. besonders Luthers wirtschaftsethisches Denken.

Mailand. Zu den weltberühmten Kunstschätzen der Stadt gehört das kürzlich nach jahrzehntelanger Restaurierung gegen eine weitere Zerstörung geschützte Wandgemälde »Das letzte Abendmahl«. Leonardo da Vinci schuf das monumentale Werk (420 x 910 cm) in einer experimentellen Technik mit Öltempera 1495–98 im Speisesaal des Dominikanerklosters Santa Maria delle Grazie. Den Auftrag erteilte Ludovico Sforza.

Mandorla (ital. »Mandel«), mandelförmiges Medaillon an frühchristlichen Sarkophagen, meist mit Darstellung des Guten Hirten, oder mandelförmiger *Heiligenschein* um den ganzen Körper (*Aureole,* Gloriole) in der Malerei und Plastik, meist nur bei Christus und Maria, im Gegensatz zum Heiligenschein um den Kopf.

Maranatha! (aram. »unser Herr, komm!«), schon in 1 Kor 16,22 überlieferter Gebetsruf, der die *Wiederkunft Jesu* erfleht (vgl. Offb 22,20), gehört zu den ältesten Gebeten der Eucharistie. Heute oft als Name für christliche Hilfseinrichtungen verwendet, vor allem im *pietistischen* Bereich.

Marburger Kreis → Moralische Aufrüstung

Marburger Religionsgespräch, ein auf Betreiben Philipps I. (reg. 1509–67), Landgraf von Hessen, unter der Mittlerrolle Martin Bucers (1491–1551) 1529 im Marburger Schloss durchgeführtes Gespräch zwischen Vertretern der lutherischen Reformation, besonders Martin Luther (1483–1546) und Philipp Melanchthon (1497–1560), sowie Vertretern der reformierten Reformation, vor allem Ulrich Zwingli (1484–1531), bei dem man sich zwar in vielen Punkten einigen konnte, aber in wesentlichen Fragen getrennt blieb. So widerrief Luther den bereits geschlossenen Kompromiss zur Abendmahlslehre sofort, da er darauf bestand, dass Brot und Wein sich tatsächlich in Jesus verwandeln *(Konsubstantiation).* Auch wenn Zwinglis Position unter den Reformierten später der Luther näher stehenden Abendmahlsauffassung Calvins und Bucers weichen musste, konnte der Bruch nie wieder rückgängig gemacht werden.

Marcioniten, Anhänger des Marcion (um 85 bis 160), eines Reeders vom Schwarzen Meer, der 144 in Rom eine Mischreligion aus Christentum und *Gnosis* begründete und mit dieser dualistisch von zwei Göttern ausging. Den einen jüd. Gott des A.T. und des Gesetzes verwarf er radikal mit dem ganzen A.T., den Gott des Evangeliums und der Liebe verkündigte er. Die M. sahen die Paulusbriefe und das Lukasevangelium als Heilige Schrift an, nachdem Marcion diese umgearbeitet und von allen jüd. Elementen befreit hatte.

Marginalie → Glosse

Maria, die Mutter Jesu (N.T.), Nachkomme König Davids, Verlobte Josephs und Mutter Jesu gemäß einer Ankündigung durch den Engel Gabriel (Lk 1,26–38). Nach den Berichten des N.T. besuchte sie als Schwangere ihre Kusine Elisabeth, die mit Johannes dem Täufer schwanger war. M. drängte Jesus, bei der Hochzeit zu Kanaa für Wein zu sorgen, blieb bei der Kreuzigung, als die Jünger geflohen waren, und wurde von Jesus um ihrer Versorgung willen der Obhut des Johannes übergeben. Sie stellte ihr Haus der ersten Gemeinde in Jerusalem zur Verfügung, wo auch Lukas wohnte, der von ihr möglicherweise die Kindheitsgeschichten Jesu erfuhr (Mt 1–2; Mk 6,3; Lk 1–2; Joh 19,26; Apg 1,14).

Maria aus Magdala. Das Gemälde »Noli me tangere« von Martin Schongauer zeigt das Erscheinen des Auferstandenen (mit Kreuzesfahne als Siegeszeichen über den Tod) vor seiner Jüngerin Maria aus Magdala (nach älterem Sprachgebrauch und als Hauptfigur einer umfangreichen Legendenbildung Maria Magdalena). Der Titel des Gemäldes ist die lateinische Version der Worte, die Christus an die Jüngerin richtet: »Rühr mich nicht an« (Joh 19,17; in neuerer Übersetzung: »Halte mich nicht fest«). Um 1470; Unterlindenmuseum, Colmar

Maria aus Bethanien, Schwester von Lazarus und Martha, mit Jesus eng befreundet. Sie salbte die Füße Jesu bei einem Abendessen und hörte ihm zu, während ihre Schwester mit Hausarbeit beschäftigt war (Lk 10,38–42; Joh 11,1–44; 12,1–8).

Maria aus Magdala, war nach dem Zeugnis der Evangelien der erste Mensch, der den auferstandenen Christus sah. Sie war durch Jesus von sieben Dämonen befreit worden und hatte dessen Kreuzigung und Grablegung beigewohnt.

Mariendogmen, fünf Dogmen zur Gestalt der Maria, von denen nur die ersten beiden alle Konfessionen einen, während die anderen drei die *Marienverehrung* der kath. Kirche theologisch untermauern:

1. die im N.T. gelehrte *Jungfrauengeburt;*
2. der auf dem Konzil von *Ephesus* zum Dogma erhobene Titel *Gottesgebärerin* (griech. Theotokos);

Marienfeste. Mariä Himmelfahrt (Fest am 15. August) bildete bereits seit dem Frühmittelalter ein Thema der bildenden Kunst und wurde schließlich 1950 zum Dogma erhoben. Im Übergang von der Spätgotik zur Renaissance schuf Tilman Riemenschneider diesen Schnitzaltar (Abb. Mittelschrein), mit Maria, von Engeln gen Himmel getragen, über den Aposteln – ikonografisch ein Pendant zur Himmelfahrt Christi, das in außerbiblischen Quellen der Marienlegende wurzelt. Um 1505–10; Herrgottskirche in Creglingen, Taubertal

3. das auf dem *Tridentinum* 1555 verkündigte Dogma der immer währenden Jungfräulichkeit *(Brüder Jesu);*
4. das 1854 vom Papst verkündigte Dogma der *Unbefleckten Empfängnis* Marias, dass sie bei der Zeugung frei von *Erbsünde* war;
5. das 1950 vom Papst verkündigte Dogma von der *Himmelfahrt Mariä.*
Das von vielen erwartete nächste kath. M. auf dem Weg einer zunehmenden Parallelisierung von Jesus und Maria, Maria als Miterlöserin *(Corredemptrix),* wurde bisher zwar gelehrt, aber nicht zum Dogma erhoben, ebenso wenig die *Marienkrönung.*

Marienfeste, seit 1971 werden in Deutschland folgende Marienfeste jährlich gefeiert: Mariä Heimsuchung zur Ankündigung der Geburt Jesu (2. Juli), *Himmelfahrt Mariä* (15. August), Mariä Geburt (8. September) und Mariä Erwählung zur Feier der *Unbefleckten Empfängnis* (8. Dezember). Daneben gibt es eine größere Zahl von offiziellen Mariengedenktagen. Vor 1971 gab es weitere, heute noch oft in der Volksreligiosität begangene M., wie Mariä Verkündigung (25. März). Mariä Reinigung (auch *Lichtmess,* 2. Februar) und Mariä Verkündigung (heute Verkündigung des Herrn, 25. März) sind trotz ihres Namens keine M., sondern »Herrenfeste«, also auf Jesus bezogen.

Marienkrönung, Thema der Malerei seit dem 12. Jh., das die – trotz des Marientitels *Himmelskönigin* – auch von der kath. Kirche offiziell nie verkündigte Krönung Marias nach ihrem Tod durch Christus oder Gottvater darstellt.

Marienverehrung, Sammelbegriff für alle kirchenrechtlich anerkannten, aber auch inoffiziellen und von der Volksreligion bestimmten Formen der Verehrung Marias, der Mutter Jesu, vor allem in der kath. und etwas schwächer ausgeprägt in den orthodoxen Kirchen. Die ev. und anglikanischen Kirchen sehen Maria zwar als bedeutendes Glaubensvorbild an, kennen aber keine M., da sie die Verehrung von Menschen und Heiligen grundsätzlich ablehnen *(Anbetung* und Verehrung, *Bilder, Heiligenverehrung)* und auch keine Verbindung zwischen den neutestamentlichen Zeugnissen *(Maria)* und der sich über Jahrhunderte entwickelnden M. und Mariendogmatik sehen. Für die Entwicklung der Mariologie der kath. Kirche ist bestimmend, dass meist in der Volksfrömmigkeit vorhandene Formen der M. schließlich von der Kirche anerkannt und integriert wurden. Dies gilt für viele Marienwallfahrtsorte *(Fatima, Loreto, Lourdes)* ebenso wie etwa für die im Mittelalter entstandene Bezeichnung Marias als milde Fürsprecherin, welche die Gebete der Gläubigen vor Gott bringt. Die Kirche hat dazu mehrere *Mariendogmen* erlassen. Nach dem Kirchenrecht von 1983 steht das Heil der Seelen unter dem Schutz Marias (CIC, S. XXVII). Bei angehenden Priestern sind besonders »die Verehrung der seligen Jungfrau Maria«, der Rosenkranz und andere Übungen zu fördern (Can. 246 § 3), die ein Mittel zur Heiligung sind (Can. 276 § 5). Das Volk Gottes soll »der Gottesmutter, dem Vorbild allen geweihten Lebens… besondere Verehrung, auch durch den Rosenkranz, entgegenbringen« (Can. 663 § 4).

Markus, Vetter von Barnabas, begann die erste Missionsreise mit Barnabas und Paulus, wurde aber von Paulus entlassen. War später Mitarbeiter von Paulus und besonders von Petrus in Rom, wo er vermutlich für Petrus das Markusevangelium verfasste.

Markusliturgie, die sicher zu Unrecht dem Evangelisten *Markus* zugeschriebene, aber sehr alte frühkirchliche Gottesdienstliturgie, die bis zum 13. Jh. in Alexandria gefeiert wurde und bis heute, wenn auch gekürzt, den Liturgien der *koptischen Kirche* in Ägypten und der *abessinischen Kirche* in Äthiopien zugrunde liegt.

Maroniten, Anhänger einer mit der kath. Kirche unierten *orientalisch-kath.* Kirche, deren Name sich von dem syr. Kloster des hl. Maro († vor 423) ableitet. Dort sammelten sich im Jahr 675 Christen, die entgegen der offiziellen Lehre der Kirche daran festhielten, dass Jesus nur einen Willen gehabt habe (Monotheletismus). Sie wurden von den Arabern in den Libanon abgedrängt und nahmen 1181/82 Unionsverhandlungen mit der kath. Kirche auf. Auf dem Konzil von Florenz wurde die Union bestätigt. An der Spitze der M., die im Nahen Osten, vor allem im Libanon, sowie unter Auslandslibanesen 3 Mio Anhänger zählen, steht ein Patriarch mit seinen Bischöfen.

Märtyrer (griech. martyr: »Zeuge«), Christ, der freiwillig den Tod erleidet als Strafe für das Bezeugen seines Glaubens oder für die Weigerung, seinen Glauben, einen dazugehörigen Lehrsatz, ein Prinzip oder eine Verhaltensweise zu verleugnen. Die Verbindung der Wortfamilie »Zeuge« mit dem Sterben von Christen um ihres Glaubens willen wird nicht erst von der Frühen Kirche vollzogen, sondern findet sich bereits in der Offenbarung des Johannes (Offb 6,9; 2,13; 1,5; 3,14; 11,3; 17,6; vgl. Apg 22,20; Hebr 11,4; Lk 21,12 bis 15). Dass Jesus sein Zeugnis und Bekenntnis durch seinen Tod abgelegt hat, wird nicht nur von Johannes in Offb 1,5; 3,14 hervorgehoben, sondern ist Gemeingut der Paulusbriefe (z. B. 1 Tim 6,13; Kol 1,20–21; Phil 2,8). Vom M. unterschied die Frühe Kirche deutlich den Bekenner (lat. confessor, griech. homologetes), der zwar für seinen Glauben vor Gericht stand und gefangen gehalten wurde, aber nicht sein Leben lassen musste.

Martyrologien, Kalender mit den Festtagen und kurzen Lebensbeschreibungen aller Märtyrer und Heiligen, in der kath. Kirche seit 1584 verbindlich im Martyrologium Romanum geführt, in den ev. Kirchen ohne offizielle Festlegung im Bereich liturgischer Bewegungen bekannt.

Materialprinzip → Formalprinzip

Meineid → Eid

Melchisedek (hebr. »König der Gerechtigkeit«), im A.T. kurz erwähnter nicht israelit., aber dem wahren Gott dienender Priesterkönig von Salem (später Jerusalem), der Abraham Brot und Wein reicht (Gen 14,18–20) und in Ps 110,4 als Prototyp des ewigen Priestertums des Messias gilt. Unter Berufung auf Ps 110,4 erklärt Hebr 7, dass Jesus der wahre und ewige Hohepriester sei, während der jüd. Hohepriester nur auf Zeit eingesetzt sei. Aufgrund dieser Beschreibung hielten viele Kirchenväter, Reformatoren und Theologen bis zum Durchbruch der *Bibelkritik* M. wie den *Engel des Herrn* für eine Erscheinung Jesu selbst im A.T. vor seiner Inkarnation.

Melchiten → Koptische Kirche

Mennoniten, Zweig der *Täufer,* der von Menno Simons (1496–1561) ins Leben gerufen wurde. Simons sammelte nach dem Untergang des politischen Täuferreichs von Münster und seiner Vernichtung 1534/35 ab 1536 die Mehrheit der verbliebenen Schweizer, niederländ. und nordwestdt. Täufer und gründete eine unpolitische, friedliche Bewegung, die bis heute jede Verbindung zum Staat ablehnt, also radikal Eidesleistung, Staatsdienst und Kriegsdienst verweigert, ansonsten aber – abgesehen von der Ablehnung der Kindertaufe – von ihrer Schweizer Herkunft her calvinistisch geprägt ist und ein heiliges Leben betont. Diskriminierung und Verfolgung von kath. und ev. Seite in Europa veranlassten einen Großteil der M., zunächst in den Niederlanden Zuflucht zu suchen. Ab 1683 wanderten sie in großen Gruppen nach Amerika (USA und Kanada) aus, im 18. Jh. in die Ukraine und von den Zufluchtsländern aus auch in weitere Länder wie Paraguay und Zentralasien. Heute sind die M. überwiegend in der 1925 gegründeten Mennonitischen Weltkonferenz zusammengeschlossen. Ein Großteil der mennonitischen Gemeinden im deutschsprachigen Bereich ist durch Rückwanderung von M. entstanden, da in Paraguay, Kanada und der früheren Sowjetunion

Mennoniten. Die einzig zulässige Art des Transports für Mennoniten ist die Pferdekutsche. Um Prunk zu meiden, müssen sämtliche Gegenstände des täglichen Lebens schlicht und praktisch sein. Deshalb sind die Wagen alle aus schwarzem Holz mit weißem Dach, das gegen Sonne und Regen schützen soll.

Menschenrechte. Ankunft von Papst Johannes Paul II. auf dem Platz der Republik in Santiago de Cuba am 24. Januar 1998. Im Verlauf der anschließend zelebrierten heiligen Messe nimmt der Papst deutlich zu politischen Fragen und den Menschenrechten Stellung. Er verlangt Freiheit und soziale Gerechtigkeit auf der Karibikinsel sowie die Freilassung politischer Gefangener.

große mennonitische Gruppen die dt. Sprache beibehalten haben. In Deutschland gehören die M. zu verschiedenen Vereinigungen, der eher ökumenisch orientierten Vereinigung der Dt. Mennonitengemeinden, dem konservativen Verband dt. Mennonitengemeinden, den weniger strukturierten M.-Brüdergemeinen und weiteren mennonitischen Gruppen der Russlanddeutschen. Die M. verzeichnen weltweit etwa 2 Mio Anhänger.

Menora → Siebenarmiger Leuchter

Mensa (lat. »Tisch«), in der kath. Sprache des Kirchenrechts und der Liturgie Bezeichnung des *Altars* als Tisch des Herrn.

Mensch → Ebenbild Gottes, → Geist, → Seele

Menschenrechte, Rechte, die jedem Menschen allein dadurch zustehen, dass er als Mensch geboren ist. In der Allgemeinen Erklärung der M., welche die Generalversammlung der Vereinten Nationen am 10. Dezember 1948 verabschiedet hat, wird festgestellt, dass alle Menschen die gleiche Würde haben (Artikel 1). Dass die M. als Schutzrechte auch christliche Wurzeln haben, ist unbestritten. Das Verbot der Piraterie, von Sklaverei und Folter, der Schutz der Kriegsopfer (Rotes Kreuz), die Gleichheit vor dem Gesetz oder das Recht auf Erholung und Freizeit – man denke an den Sabbat bzw. Sonntag – entstammen der christlichen Tradition. Es ist daher kein Zufall, dass es weitgehend ehemals christliche Staaten sind, in denen diese M. auf Zustimmung stoßen und im staatlichen Gesetz verankert wurden. Ohne ein Mindestmaß an gemeinsamen, notwendig »metaphysisch« begründeten Wertüberzeugungen ist kein Staat, keine Rechtsordnung dauerhaft zu begründen und zu erhalten. Die Rechtsordnung setzt eine Wertordnung notwendig voraus. Das Recht beruht auf vor- und außerrechtlichen Wertmaßstäben, wie alles im menschlichen Leben.

Das Christentum sieht deshalb die Menschenwürde und M. dadurch begründet, dass Gott den Menschen nach seinem Bilde geschaffen hat (Gen 1,27). Der Staat schafft deshalb die M. nicht, sondern er formuliert und schützt sie nur. Das Recht auf Leben beispielsweise hat der Mensch also an sich. Er erhält es nicht erst durch den Staat. Entscheidend ist dabei, dass wegen der Ebenbildlichkeit Gottes aller Menschen die M. nicht nur für Christen gelten. Während in den USA die M. von ev. Vordenkern in die Verfassung aufgenommen wurden und die ev. *Freikirchen* seit dem 17. Jh. zu den Vorkämpfern der Religionsfreiheit und der M. gehören, wurden die M. in Frankreich gewaltsam gegen die kath. Kirche durchgesetzt, was dazu führte, dass die kath. Kirche sie länger als die ev. Kirchen bekämpfte. Erst das Ende des *Kirchenstaats* und die *Lateranverträge* machten den Weg frei für eine Unterstützung der M. durch den Papst. Seit dem 2. *Vatikanischen Konzil* gehört der Papst zu den wichtigsten Verfechtern der M.

Menschensohn, in Dan 7,13–14 Ehrentitel des prophezeiten Messias, der dort zu Gott auffährt. Dass Jesus diesen messianischen Titel für sich beanspruchte, bedeutete für die Pharisäer, dass er sich nicht nur für den Messias, sondern auch für göttlich hielt (Lk 9,58; 19,10; 22,48; Joh 6,62).

Menschwerdung Gottes → Inkarnation

Mentalreservation (lat. reservatio mentalis oder restrictio mentalis), auch »geheimer Vorbehalt«, der geheime, nur gedachte und unausgesprochene Zusatz zu Aussagen oder einem *Eid.* Der so genannte eigentliche (lat. pure) Vorbehalt wurde von allen Kirchen immer abgelehnt, der so genannte uneigentliche (lat. late) Vorbehalt, bei dem durch mehrdeutige Sprache dem Zuhörer deutlich wird, dass etwas verschwiegen wird, dagegen nicht, wenn er einem wichtigen Zweck, etwa der Lebensrettung, dient. Bekannt ist die M. oft nur, weil sie von den Jesuiten zeitweise, vor allem in der Gegenreformation, sehr großzügig ausgelegt wurde.

Messbuch, sowohl das Buch, aus dem die Liturgie der *Messe* vorgelesen wird, als auch das Buch, das den Ablauf der Messe grundsätzlich beschreibt und vorschreibt. Das kath. M. heißt Missale Romanum und wurde im Mittelalter vor allem von den Franziskanern verbreitet. Im Zeichen der Gegenreformation wurde es aufgrund des Konzils von *Trient* 1570 vom Papst systematisiert und erst ab 1969 aufgrund des 2. *Vatikanischen Konzils* mit seiner Ablösung des Lat. durch die Muttersprachen neu bearbeitet. Die dt. Fassung von 1970 liegt den kath. Gesangbüchern in den deutschsprachigen Ländern seit 1975 zugrunde.

Messdiener → Ministrant

Messe, Messopfer, kath. Ausdruck für die Eucharistiefeier (Abendmahl), der in vielen Wortzusammensetzungen wieder erscheint und wohl auf die früheren lat. Entlassungsworte Ite, missa est: »gehet hin, sie ist entlassen« zurückgeht. Luther übernahm den Begriff anfangs in seine *Deutsche Messe,* aber er setzte sich im ev. Bereich nicht durch. → S. 67

Messgewand, auch Kasel, ärmelloses, weit herabhängendes feierliches Obergewand, das der Priester bei Eucharistiefeiern trägt.

Messianische Juden, Selbstbezeichnung heutiger *Judenchristen.*

Messias → Jesus Christus, S. 33

Metabolismus, griech. Ausdruck für *Transsubstantiation.*

Methodisten, von den anglikanischen Geistlichen und Erweckungspredigern John Wesley (1703–1791), seinem Bruder Charles Wesley (1707–1788) und George Whitefield (1714 bis 1770) begründete Erweckungsbewegung, die ihren Ursprung 1729 in einem wegen seiner angeblich methodischen Frömmigkeit als methodistisch verspotteten, Bibel lesenden Oxforder Studentenverein hatte. Die M. betonten Bibelfrömmigkeit, die Erlösung von Schuld und Sünde durch ein persönliches Bekehrungserlebnis im Sinn des *Pietismus* sowie christliche Nächstenliebe. Durch Predigten auf freiem Feld vor allem vor Arbeitern entstand eine Bewegung, die nur allmählich aus der anglikanischen Kirche herausgedrängt wurde und erst 1797 in England zur Freikirche wurde, in den USA, wo der Erfolg noch größer war, jedoch schon 1784. John Wesley als strenger *Arminianer* und George Whitefield als strenger *Calvinist* zerstritten sich. Die zu Whitefield gehörende große reformierte Methodistenkirche schloss sich später den Presbyterianern an. Die Gottesdienste können ebenso feierlich-sakramental wie informell sein. Heute zählt die methodistische Kirche, die sich aus verschiedenen methodistischen Kirchen zusammengeschlossen hat, in den USA zu den größten und einflussreichsten Freikirchen. Rückwanderer aus Amerika brachten den Methodismus Mitte des 19. Jh. nach Deutschland, wo die inzwischen zusammengeschlossenen Strömungen unter einem Bischof *Abendmahlsgemeinschaft* mit der EKD haben und ökumenisch sehr aktiv sind. Die M. sind neben der Selbstständigen Ev.-Lutherischen Kirche *(Altlutheraner)* die einzige größere ev. Freikirche, welche die Kindertaufe praktiziert. Zu den M. gehören einschließlich abgespaltener Gruppen weltweit 30 Mio Gläubige, davon ca. 80 000 in Deutschland.

Methodisten. Wie eine Burg präsentiert sich die Kirche der Methodisten in Tulsa im US-Bundesstaat Oklahoma.

Metropolit (griech. metropolis: »Hauptstadt«), in den orthodoxen Kirchen ursprünglich der Bischof einer Provinzhauptstadt, heute das Oberhaupt einer zwar *autokephalen Kirche,* die aber noch einem Patriarchen nominell untersteht. In der kath. Kirche der Leiter einer *Kirchenprovinz,* die in etwa einer ev. Landeskirche entspricht und mehrere Bistümer und Erzbistümer umfasst. Meist handelt

Metropolit. Amfilohije (*1938), der serbisch-orthodoxe Erzbischof von Montenegro

es sich um den *Erzbischof* der wichtigsten Diözese der Kirchenprovinz. Der M. darf in der gesamten Kirchenprovinz sakramentale Handlungen vollziehen.

Michael → Erzengel

Militärseelsorge → Gefängnisseelsorge

Militia Christi (lat. »Kriegsdienst Christi«), früher für jeden geistlichen Kampf der Kirche, insbesondere der *Orden,* verwendet, vor allem bei der Verbreitung des christlichen Glaubens.

Millennium (lat. »Jahrtausend«) → Chiliasmus.

Ministrant (lat. »Bedienender«), in der kath. Liturgie dem Priester helfende Jungen und Mädchen, auch Messdiener bzw. Messdienerin genannt. Bis 1994 waren nur Jungen als M. zugelassen, daher auch die Bezeichnung »Chorknabe«.

Mirakel → Wunder

Mischehe, Ehe zwischen Angehörigen verschiedener christlicher Konfessionen, vor allem zwischen ev. und kath. Christen. Sie wurde jahrhundertelang von beiden Seiten weitgehend unterbunden, bis die Einführung der Zivilehe im Kulturkampf es solchen Paaren ermöglichte, auch ohne kirchlichen Segen zu heiraten. Seitdem und oft auch schon zuvor ist die M. in ev. Kirchen kein Ehehindernis mehr, wobei viele örtliche Gemeinden von ev. Freikirchen dabei eine Ausnahme bilden. In der kath. Kirche ist eine M. grundsätzlich nicht zulässig (CIC Can. 1124), wird aber durch großzügige Handhabung des *Dispens* (Ausnahmebefreiung) ermöglicht (CIC Can. 1125). Allerdings wird die Trauung nur anerkannt, wenn der kath. Geistliche das Sakrament der Trauung vollzieht (CIC Can. 1127 § 3). Eine ökumenische Trauung im eigentlichen Sinn gibt es also für die kath. Kirche nicht. Ein kath. Geistlicher darf jedoch bei einer ev. Trauung anwesend sein und sprechen und die Anwesenheit eines ev. Geistlichen bei einer kath. Trauung zulassen. Heute nennt man auch Ehen zwischen Anhängern verschiedener Religionen, vor allem zwischen Christen und Muslimen, M.

Misereor. Werbeplakat der 41. Fastenaktion, die am 20. Februar 1999 in Osnabrück eröffnet wurde.

Misereor, kath. Entsprechung für die evangelische Aktion *Brot für die Welt.*

Miserere (lat. »erbarme dich«), Name des wichtigsten Bußpsalms des A.T. (Ps 51) nach dem ersten Wort der lat. Übersetzung, wurde im Mittelalter zum maßgeblichen Bußgebet der christlichen Kirche.

Missale Romanum → Messbuch

MISSIO, internationales kath. Missionswerk und Hilfswerk für Kirchen in Afrika, Asien und Ozeanien mit Sitz in Aachen, 1972 aus älteren Vorläufern (seit 1832/38) entstanden. → Missionsgesellschaften

Missio canonica (lat. »kanonische Sendung«), die offizielle Beauftragung für ein Amt der kath. Kirche.

Missio Dei (lat. »Mission Gottes«), bezeichnet ursprünglich in der kath. Dogmatik besonders seit Augustinus die innertrinitarischen Sendungsvorgänge. Die Weltmissionskonferenz in Willingen 1952 übernahm den Begriff für den protestantischen Bereich, um darzustellen, dass die Weltmission in der Dreieinigkeit Gottes wurzelt. Georg F. Vicedom machte den Begriff durch sein Buch »Missio Dei« (1958) bekannt. Im N.T. wird die Sendung der Jünger durch Jesus als Fortsetzung der Sendung Jesu durch seinen Vater (Mt 10,40; Mk 9,37; Lk 10,16; Apg 3,20+26; ca. 50-mal in Joh; vgl. schon Jes 48,16) und der Sendung des Heiligen Geistes durch den Vater und Jesus (Joh 14,26; 15,26; Lk 24,49) verstanden und deswegen mit denselben Worten bezeichnet (besonders Joh 17,18; 20,21).

Missionar (lat. missio: »Sendung«), eigentlich einer, der mit einer Botschaft gesandt wird. Das Wort leitet sich aus dem Lat. ab und hat dieselbe Bedeutung wie das entsprechen-

de, aus dem Griech. abgeleitete Wort »Apostel« im N.T. Ein christlicher M. ist jemand, der von einer örtlichen Gemeinde, einer Kirche und/oder einer Missionsgesellschaft beauftragt wird, zu evangelisieren, Gemeinden zu gründen und Menschen als Jünger zu schulen. Dafür verlässt er seine Heimat, um oft unter Menschen einer anderen Rasse, Kultur oder Sprache zu leben. Der heutige Sprachgebrauch im christlichen Bereich variiert stark, wobei sich in den einzelnen Kontinenten vorrangige Definitionen herausgebildet haben:
1. Der engere Gebrauch in Nordamerika meint alle, die außerhalb ihres Heimatlandes arbeiten, also M. im Ausland.
2. Der weitere Gebrauch in Europa und Lateinamerika meint alle, die in anderen Kulturen arbeiten, also M. in anderen Kulturen.
3. Der noch weitere Gebrauch in Afrika und Asien, der dem allgemeinen neutestamentlichen Apostelbegriff näher steht, umfasst alle, die aus ihrer Heimat ausgesandt werden, gleich ob sie im eigenen Land oder in einem anderen Land arbeiten.

Missionsgesellschaft, meist von engagierten Privatpersonen getragene und finanzierte Organisationen, die Missionare in andere Länder und Kulturen entsenden. Zunächst eine typisch ev. Erscheinung, da die kath. Kirche über in der Mission aktive *Orden* verfügte. Im 19. Jh. wurden M. auch im kath. Bereich üblich (z.B. *MISSIO*) und 1922 sowie 1956 in weltweiten Dachverbänden zusammengefasst als »Päpstliche Missionswerke« anerkannt. Die ersten ev. M. waren alle *calvinistisch* ausgerichtet *(puritanisch, anglikanisch-evangelikal* oder partikular-*baptistisch)* und wurden ab 1649 in schneller Folge in England und den Niederlanden gegründet. Getrennt von der Kolonialmission dieser Länder organisierten sie die Verkündigung des Evangeliums ohne Zwang zum Übertritt sowie umfangreiche Sozialarbeit. In Deutschland wurden im 19. Jh. alle großen ev. kirchlichen Missionen als Privatvereine mit kirchlicher Anerkennung gegründet und meist nach ihrem Ursprungsort benannt (Berlin, Barmen, Leipzig, Neuendettelsau, Hermannsburg, Neukirchen). Sie sind heute fast alle Teil der ev. Landeskirchen und mit ökumenisch gesinnten Organisationen im Ev. Missionswerk in Deutschland (Sitz: Hamburg) zusammengeschlossen. Im 19. Jh. entstanden weltweit im Bereich von *Pietismus* und Erweckungsbewegung *evangelikale* M., die meist ohne kirchliche Unterstützung und völlig unpolitisch arbeitenden M. (»Glaubensmissionen«), die sehr erfolgreich waren und heute weltweit den größten Teil der Missionare stellen. In den deutschsprachigen Ländern sind sie jeweils in der Arbeitsgemeinschaft Evangelikaler Missionen zusammengefasst, die in Deutschland etwa drei Viertel aller Missionare umfasst.

Missionar. Ein Missionar der Baptisten im Amazonasgebiet mit zwei Begleitern auf einem Floß. Die Hütte auf dem primitiven Fahrzeug dient gleichermaßen als Wohnung und als Kirche.

Missionswissenschaft, Teilgebiet der Theologie, meist der *Praktischen Theologie,* welche die theologische Berechtigung, die Botschaft, die Geschichte und die Methoden der Weltmission untersucht. Sie schließt Fachkenntnisse über Sprachen, Kulturen und Religionen ein.

Miterlöserin → Corredemptrix

Mitra (griech.-lat. »Mütze«), auch Bischofsmütze oder Inful, Kopfbedeckung von Bischöfen und höheren geistlichen Würdenträgern beim Gottesdienst. Außerhalb des Gottesdienstes tragen sie den *Bischofshut.*

Mittler, bezeichnet im A.T.:
1. einen Vertrauensmann, Schiedsmann;
2. einen Zeugen oder Bürgen bei verschiedenen Rechtsgeschäften;
3. einen Treuhänder (1 Sam 2,25; Ijob 33,23).

Das Judentum sah, ähnlich wie dann auch Gal 3,19f., Mose als Vermittler, der das Volk und Gott zusammenbrachte, wodurch der Bund zustande kommen konnte. Im N.T. erscheint Jesus als M., der durch sein Erlösungshandeln Gott und Menschen in einen neuen Bund zusammengeführt hat (1 Tim 2,5; Hebr 8,5; 9,15; 12,24). »M. des neuen Bundes« wurde so zu einem gängigen Titel Jesu. Der Ausdruck M. spielte in der Kirchengeschichte eine große Rolle für die Frage, inwieweit die Kirche als Ganzes, die *Priester*

Mönchswesen. Hrabanus Maurus (um 780–856), Abt des Klosters Fulda und später Erzbischof von Mainz, verfasste enzyklopädische Werke, darunter »De universo«. Die Buchmalerei in einer Handschrift dieses Werkes zeigt drei Benediktinermönche. Beim rechten legt die zurückgestreifte Kapuze die Tonsur frei. Die linke Figur hält einen Krummstab; dieser kennzeichnet nicht nur den Bischof, sondern auch den Abt eines Klosters bzw. einer Abtei. Um 1020; Archiv des Klosters Montecassino, Italien

oder aber auch Maria und die Heiligen an der Vermittlung des Heils Christi an die Gläubigen beteiligt sind (so die kath. Sicht) oder nicht (so die ev. Sicht).

Modalismus, eine von der Alten Kirche verworfene Sicht der Christologie, die vor allem Ende des 2. und Anfang des 3. Jh. vertreten wurde. Danach ist Jesus lediglich eine Erscheinungsweise (lat. modus) Gottes, und Vater, Sohn und Geist stellen drei Arten des Auftretens Gottes dar.

Moderator (lat. »Lenker«), Amtsbezeichnung des Vorsitzenden einer reformierten Synode, die zum Ausdruck bringt, dass er keine eigene kirchliche Gewalt hat.

Monarchianer (griech. »Alleinherrschaft«), eine von der Alten Kirche verworfene Sicht der Christologie, die vor allem Mitte des 3. Jh. vertreten wurde. Danach war Jesus nur durch Gottes Kraft oder Recht mit Gott verbunden. Eng verwandt mit dem viel verbreiteteren *Adoptianismus.*

monastisch, Synonym für mönchisch und das *Mönchswesen.*

Mönchswesen (griech. monachos: »allein lebend«), die vorübergehend oder für das ganze Leben gewählte besitz- und ehelose Lebensweise allein als *Eremit* oder im *Kloster-* und Ordensverbund. Im christlichen Bereich begegnen uns ab dem 3. Jh. zunächst allein lebende *Anachoreten,* vor allem Antonius der Große (um 251/52–356), dessen von Athanasius verfasste Biografie das M. weithin bekannt machte. Diese Art des M. breitete sich schnell in Ägypten, Syrien und Palästina, dann in Mesopotamien, Armenien und Persien aus, seit 370 auch im Abendland. Das erste Gemeinschaftskloster wurde etwa 320 von Pachomius (292–346) in Ägypten gegründet. Seine besondere Gestalt der westlichen Kirchen bekam das Kloster durch die Ordensregeln des Benedikt von Nursia (480–547) mit der Gründung des Klosters *Montecassino* 529, dem Mutterkloster des Benediktinerordens. Es eroberte schnell alle Länder Europas von Spanien bis nach Skandinavien. Im Mittelalter wurden die Mönchsorden und Klöster zu Zentren der Bildung, Kunst, Kultur und Missionsarbeit. Im 13. Jh. entstanden aus Protest gegen die Verweltlichung der Kirche und Klöster die Bettelorden der Franziskaner und Dominikaner. In späteren Jahrhunderten kamen neue Formen des M. auf, etwa durch den 1540 gegründeten Jesuitenorden.

Mönchszelle → Cella

Monogamie (griech. monos: »allein«, »einzig«, gamos: »Ehe«), die nach dem N.T. unauflösliche Einehe (Mk 10,5ff.; Eph 5,21ff.). → Ehe

Monophysitismus (griech. monos: »allein«, »einzig«, physis: »Natur«), von der Frühen Kirche mehrfach auf *Konzilien* (Konzil von *Ephesus* 431, Konzil von *Chalkedon* 451) verworfene Sicht der Christologie des 5. Jh., wonach Jesus Christus nur eine Natur, nämlich die göttliche oder gottmenschliche Natur, und nicht zwei Naturen, eine göttliche und eine menschliche *(Dyophysitismus),* habe. Hauptvertreter war der ehemalige Patriarch von Konstantinopel Bischof Nestorius (381–451), der sich mit den *Nestorianern* von der Reichskirche abspaltete. Der M. wird bis heute von den Resten der Nestorianer, von der *koptischen* (Ägypten), *abessinischen* (Äthiopien), *jakobitischen* (Syrien) und *armenischen* (Armenien) Kirche vertreten. Es ist heute im ökumenischen Dialog umstritten, ob der M. zumindest in seiner jetzt vertreten Form etwa der Kopten wirklich eine so radikale Abweichung von der Christologie der kath., orthodoxen und ev. Kirchen ist, wie man früher meinte.

Monotheismus (griech. monos: »allein«, »einzig«, theos: »Gott«), Eingottglaube, Bekenntnis und Verehrung nur eines einzigen Gottes, welcher der allmächtige, allwissende und ewige Schöpfer und Erhalter der Welt ist. Monotheistische Religionen sind Judentum, Christentum und Islam, verschiedene aus ihnen hervorgegangene Religionen und der Parsismus. Typisch für den M. ist der *Absolutheitsanspruch* und der Charakter als *Universalreligion.* Das Christentum hat mit anderen monotheistischen Religionen die Ablehnung einer Vielzahl von Göttern (Polytheismus) gemeinsam, vertritt aber mit der *Trinitätslehre* und ihrem Glauben an Jesus Christus als Sohn Gottes eine von den anderen Formen des M. völlig verschiedene Gottesvorstellung.

Monsignore (lat.-ital.-frz. »mein Herr«, Abkürzungen: Mgr., Msgr.), nicht genau festgelegte Anrede kath. Würdenträger, vor allem in den südeurop. Ländern.

Monstranz (lat. monstrare: »zeigen«), in der kath. Kirche meist reich geschmücktes liturgisches Gerät für die Darbietung der geweihten *Hostie* zur Verehrung in der Kirche oder bei Prozessionen. Die Hostie steht dabei in der Regel in einer mondförmigen Halterung.

Montanismus, um 150 von Montanus († vor 179) in Phrygien (daher auch Kataphryger genannt) gegründete erste größere christliche *Sekte,* die jedoch nicht lange Bestand hatte. Montanus beanspruchte, der von Jesus in Joh 14,16 verheißene Tröster zu sein (was die Kirche auf den Heiligen Geist bezog), und prophezeite zusammen mit den Prophetinnen Prisca und Maximilla das nahe Ende der Welt.

Montecassino, um 529 von Benedikt von Nursia gegründetes Kloster in Italien oberhalb der Stadt Cassino (Latium), Mutterkloster des Benediktinerordens und des abendländischen *Mönchswesens.* 1866 zum Nationaldenkmal erklärt, im 2. Weltkrieg hart umkämpft und schließlich 1944 von den Alliierten zerstört, aber bis 1954 nach alten Plänen wieder aufgebaut.

Moral → Ethik

Moralische Aufrüstung, 1921 unter dem Namen Oxford-Gruppenbewegung (engl. Oxford Group) von Frank Buchman (1878 bis 1961) gegründete weltweite einflussreiche christliche Bewegung, die 1938 in M. (engl. Moral Rearmament, Abkürzung MRA) umbenannt wurde. Seit 1946 hält sie jährlich große Weltkonferenzen auf der Insel Mackinac (US-Bundesstaat Michigan) und in Caux (bei Montreux / Schweiz) ab und kämpft gegen Klassenkampf, Rassenhass und staatliche Unterdrückung. Kennzeichnend sind das tägliche Hören auf Gottes Stimme in der Stillen Zeit (engl. quiet time) und die daran anschließende Aussprache und Beichte in der Seelsorge und einem Führungsseelsorger gegenüber. In Deutschland ging daraus u.a. der so genannte Marburger Kreis hervor.

Moraltheologie, seit dem 16. Jh. kath. Bezeichnung der theologischen *Ethik.*

Mormonen, so nach ihrer heiligen Schrift, dem Buch Mormon genannt, eigentlich »Kirche Jesu Christi der Heiligen der Letzten Tage« (engl. Church of Jesus Christ of Latter-Day Saints). Sie wurde 1830 anlässlich der Veröffentlichung des Buches Mormon von Joseph Smith (1805–1844) in den USA gegründet. Die Botschaft der M. berichtet von einem Erscheinen des auferstandenen Jesus in den USA und das Buch Mormon legt eine Heilsgeschichte mit den USA im Mittelpunkt dar. Die M. vertreten die allmähliche Höherentwicklung des Menschen, strenge Gesundheitsregeln und die stellvertretende Taufe für namentlich bekannte Tote, weswegen sie die größte Ahnenforschungseinrichtung und -datenbank der Welt betreiben. Die christlichen Elemente spielen eine untergeordnete Rolle, Maßstab ist nicht die grundsätzlich anerkannte Bibel, sondern das Buch Mormon. Die Glaubensbekenntnisse der Kirchen (Dreieinigkeit, Gottessohnschaft Jesu) werden abgelehnt. Nach der Ermordung ihres Stifters Smith wurde Brigham Young (1801–1877) Präsident, der nach vielen Wirren und Schwierigkeiten in den USA 1846/47 mit 12000 Anhängern in einem berühmten Zug quer durch die USA zu dem unwirtlichen Salzsee zog und dort den *theokratischen* Mormonenstaat Utah mit einer großen hierarchischen Priesterschaft gründete. Utah wurde 1896 im Tausch gegen die Aufgabe der bis dahin praktizierten – und heute noch heimlich vorhande-

Monstranz. Domschatz in Würzburg

Mormonen. Rekonstruktion des historischen Zugs der Mormonen nach Utah. Auf ihrem Weg kamen sie auch am so genannten Unabhängigkeitsfelsen in Wyoming vorbei.

nen – Polygamie Bundesstaat der USA. Im Zentrum der Hauptstadt Salt Lake City steht der aus Granit erbaute Mormonentempel, von dem aus Christus das Jüngste Gericht abhalten soll. Seit 1837 weltweit missionarisch aktiv, sind die M. eine der am schnellsten wachsenden Religionsgemeinschaften der Welt mit 5,1 Mio Anhängern (einschließlich der zahlreichen Abspaltungen). In Deutschland gelten die M. mit 39000 Anhängern als eine der größten christlichen Sondergruppen *(Sekte)*.

Moskau, ab Mitte des 14. Jh. Hauptstadt des Großfürstentums M. und 1480–1711 des russ. Zarenreiches, *Patriarchat* der russ.-orthodoxen Kirche, das als »drittes Rom« nach Rom und Konstantinopel galt. Da Rom kath. war und Konstantinopel den Türken in die Hände fiel, war Moskau lange Zeit das eigentliche geistige Zentrum der orthodoxen Kirchen. Die Stellung in der russ. Geschichte unterstreicht die Tatsache, dass M. nach der Verlegung der Hauptstadt nach St. Petersburg (1711) seinen Rang als Krönungsstätte der Zaren behielt. Auch die erneute Hauptstadt M. (seit 1924) wurzelt heute in religiöser und kirchenpolitischer Hinsicht in ihrer Tradition als Sitz des russ.-orthodoxen Patriarchiats.

Motuproprio (lat. »aus eigenem Anlass«), Erlass des Papstes aus eigener Initiative, also nicht auf Vorschlag der *Kurie*.

Münster (lat. monasterium: »Kloster«), ursprünglich die gesamte Klosteranlage, dann die Kloster- bzw. Stiftskirche, wurde insbesondere in Süddeutschland zum volkstümlichen Begriff für Kathedrale oder Dom (z.B. Ulmer M., Freiburger M.).

Moskau. Mit der Basiliuskathedrale am Roten Platz (1555–61) setzte Zar Iwan IV. (reg. 1547–84) dem Erfolg seiner militärischen Aktionen ein Denkmal. Über dem Grundriss eines griechischen Kreuzes erheben sich fünf »Kirchen«; die Turmspitze der mittleren erreicht eine Höhe von 57 m. In die Ecken sind vier Kapellen eingefügt. Eine Galerie im zweiten Geschoss verbindet die um den Mittelteil gescharten Baukörper.

Mysterienspiele, Spiele und Theaterstücke, die biblische Erzählungen – manchmal recht frei – wiedergeben. Sie gehen auf die früheren dramatischen, aber noch stark liturgisch geprägten Passionsspiele zurück.

Mysterium (griech. »Geheimnis«), im N.T. Begriff für das dem natürlichen Denken nicht zugängliche Handeln Gottes in Christus, bei Paulus insbesondere das in Christus offenbarte M. (Röm 16,25; 1 Kor 2,7; 2,1; Eph 1,9, 3,3–4; 6,19; Kol 1,26; 2,2; 4,3; 1 Tim 3,16; vgl. schon Mk 4,11), dass nicht nur die Juden, sondern alle Menschen gerettet werden können, außerdem für weitere Offenbarungsgegenstände. Darüber hinaus wird in der Theologie oft der liturgische Nachvollzug der Heilsgeschichte im Gottesdienst M. genannt und in der Mystik M. als das nicht zu Verstehende gesehen, das erst durch lange Betrachtung offenbar wird.

Mystik (griech. myein: »Augen schließen«), Bezeichnung einer Strömung in allen Weltreligionen, in der Gläubige durch verschiedene Versenkungsmethoden in eine direkte Verbindung oder Vereinigung (Unio mystica) mit dem Göttlichen treten wollen. Die wichtigsten Methoden sind Meditation, Kontemplation, Konzentration, Fasten, Ekstase, Drogen, längere Gebetszeiten oder Atemtechniken. Mystiker legen meist wenig Wert auf äußere Formen der Frömmigkeit, auf gesellschaftliches Engagement und auf die Dogmen ihrer Religion, daher beeinflussen sich Mystiker verschiedener Religionen und Konfessionen oft stark gegenseitig.

Es ist umstritten, ob man bereits Paulus als Mystiker bezeichnen kann. Er sprach zwar viel davon, in Christus zu sein, lehnte aber jede Religionsvermischung und Erfahrungstheologie ab. Zu allen Zeiten hat die christliche M. gelehrt, dass Christus im Gläubigen geistig geboren werden muss, wenn das Heil erlangt werden soll. Der Fromme muss Christus in sich aufnehmen, seine Leiden in der Meditation nacherleben oder an ihnen teilhaben (vgl. Gal. 2,20).

Die bedeutendsten vorreformatorischen christlichen Mystiker und Mystikerinnen sind Bernhard von Clairvaux (1090–1153), Hildegard von Bingen (1098–1179), Rupert von Deutz (um 1075–1129/1130), Elisabeth von Schönau (um 1129–1164), Mechthild von

Magdeburg (um 1210–1282/94), Bonaventura (1221–1274), Meister Eckhart (um 1260 bis 1327), Heinrich Seuse (um 1295–1366), Johann Tauler (um 1300–1361) und Katharina von Siena (1347–1380). Teresa von Ávila (1515–1582) und ihr Schüler Johannes vom Kreuz (1542–1591) verbreiteten eine eigene span. M. durch den Karmeliterorden, während bis dahin die Dominikaner und Dominikanerinnen Hauptträger der M. waren.

Mystiker → S. 45

N

Nachfolge Christi → Imitatio Christi

Nachkonziliar, die kath. Kirche nach dem 2. *Vatikanischen Konzil,* also ab 1965.

Nächstenliebe → Liebe

Nächster, das Wort N. (hebr. rea) kommt im A.T. 187-mal vor. Das Verb bedeutet ursprünglich »sich einlassen mit«. Die Bedeutung ist am besten durch »Mitmensch« getroffen. Diese Bedeutung schließt zwar den Volksgenossen ein, ist aber nicht auf ihn beschränkt. Die weitere Bedeutung erscheint vor allen Dingen in Gesetzestexten, in den Sprüchen oder in den Gerichtspredigten der Propheten (z.B. Lev 19,13; Dtn 27,24; Spr 3,28–29; 26,19; Jer 5,8; 22,13; Ez 22,11–12). Ein großer Teil der Gesetze im A.T. regelt das Verhalten gegenüber dem N., sodass das Liebesgebot in Lev 19,18 eine der am häufigsten zitierten Stellen im N.T. darstellt (Mt 5,43; 19,19; 22,39; Mk 12,31 +33; Lk 10,27; Röm 13,9; Gal 5,14; Jak 2,8; zusammen mit Dtn 6,5 in Mt 22,34–40; Mk 12,28–31). Eine besondere Rolle spielt der Begriff in der Lehre Jesu, in der die Auseinandersetzung mit der jüd. Einengung auf den der Liebe würdigen jüd. N. im Mittelpunkt steht. In der Bergpredigt wird ganz im Sinn des A.T. der Feind wieder ausdrücklich zu den N. gezählt (Mt 5,43–48). Das Gleichnis vom barmherzigen Samariter dient zur Beantwortung dieser Frage (vor allem Lk 10,36).

Naherwartung → Präterismus

Narrheit, heilige, auch Gottesnarren, da sich der Apostel Paulus einen »Narren um Christi willen« (1 Kor 4,10) nennt. In Berufung darauf entstand in den orthodoxen Kirchen, vor allem in der russ.-orthodoxen Kirche, die N. als Kennzeichen von Heiligen.

Narthex (griech. »Kapsel«), mit Fresken und Mosaiken ausgeschmückte Vorhalle altkirchlicher und byzantin. *Basiliken.*

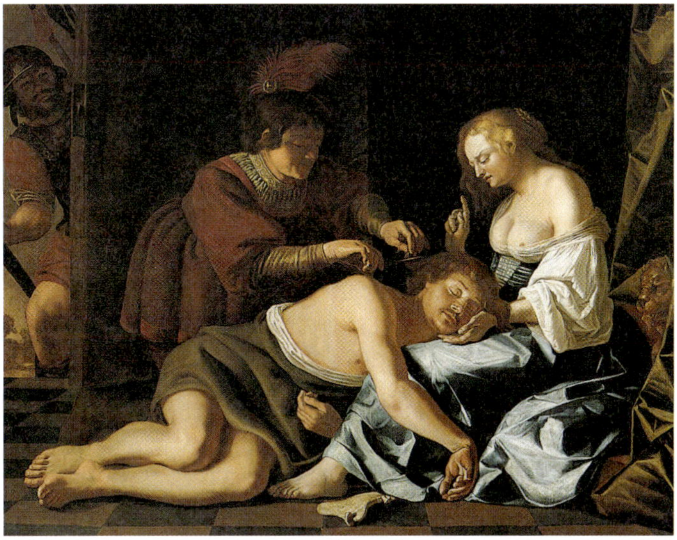

Nasiräer. Der bekannteste, zumindest dramatischste biblische Nasiräer-Mythos handelt vom Richter Simson, der einer Philisterin namens Delila verfällt (Richter 16,4). Diese entlockt ihm das Geheimnis seiner übermenschlichen Kräfte, die von seinen ungeschorenen Haaren herrühren. Als sie seine Locken abgeschnitten hat, kann Simson von seinen Feinden überwältigt werden (Ri 17,19–21) – ein Thema von der Buchmalerei bis zur biblischen Historienmalerei des Barock. Aus dieser Epoche stammt das Gemälde »Simson und Delila« des Christiaen van Couwenbergh, um 1630; Museum Dordrecht

Nasiräer (hebr. nasir: »Geweihter«), im A.T. legte ein N. für eine gewisse Zeit ein Enthaltsamkeitsgelübde ab, das vor allem im Verzicht auf Wein, das Schneiden der Haare und dem Berühren von Toten bestand (Num 6,1–21). Ein solches Nasiräergelübde hatte offensichtlich Johannes der Täufer abgelegt, später auch Paulus nach seiner Bekehrung zum christlichen Glauben (Apg 18,18).

Nationalkirche, wenn eine Kirche und Konfession nicht nur als *Volkskirche* den größten Teil der Bevölkerung umfasst und nicht nur als *Landeskirche* oder *Staatskirche* vom Staat unterstützt oder kontrolliert wird, sondern die Kirche einer Nation oder einem Volk ihr nationales Selbstverständnis verschafft, spricht man von N. Dies galt etwa für die anglikanische Kirche in England, die kath. Kirche in vielen Ländern, die lutherischen Kirchen in Skandinavien, vor allem aber für die autokephalen orthodoxen Kirchen. Für diese gilt der Begriff N. auch im engeren Sinn, weil dort die Kirche meist auf ein Volk oder eine Nation beschränkt ist.

Naturrecht, das im Wesen beziehungsweise der Vernunft des Menschen begründete unwandelbare Recht, das als höchstrangige Rechtsquelle zur Legitimierung des positiven Rechts dient. Dabei wird die Natur als normgebend aufgefasst und den menschlichen Gesetzen, deren Gültigkeit auf bloßen Konventionen beruht, gegenübergestellt. Die klassische Definition des N. stammt von Cicero (De legibus II 4,10): »...dass wir für Gerechtigkeit geboren sind und dass das Recht

Nepotismus. Mit seinem Familienporträt »Papst Paul III. und seine Nepoten« schuf Tizian eine entlarvende Studie des Nepotismus: Paul III. (reg. 1534–49) wird von seinem Enkel Kardinal Alessandro Farnese überragt, der gelassen den Betrachter fixiert. Misstrauisch wendet sich Paul III. seinem zweiten Enkel, Herzog Ottavio, zu, der seine Reverenz erweist. Es ist kein Zufall, dass dieses Werk des ansonsten von Paul III. geschätzten Porträtisten Tizian unvollendet blieb. 1546; Museo Nazionale di Capodimonte, Neapel

nicht in der Meinung der Menschen, sondern in der Natur seine Grundlage habe. In der Tat gibt es ein richtiges Recht, eine wahre rechtliche Vernunft, die mit der Natur des Menschen übereinstimmt und an der alle Anteil haben, die unwandelbar und ewig ist, die durch ihre Gebote den Menschen zur Pflicht ruft und durch ihre Verbote das Unrecht zu verhindern sucht… Nicht handelt es sich hierbei um ein bestimmtes Recht, das für Rom, und um ein anderes, das für Athen gilt, um ein Gesetz für heute und ein anderes für morgen. Vielmehr gilt ein und dasselbe ewige und unwandelbare Recht für alle Nationen und alle Zeiten. Und es gibt nur einen gemeinsamen Herrn und Herrscher für alle Menschen, nämlich Gott selbst, der dieses Recht schuf.« Das antike Naturrechtsdenken wurde von der christlichen Kirche übernommen. Für Aurelius Augustinus war das N. allerdings nur vor dem Sündenfall vollkommen. Jetzt kann der Mensch aufgrund der *Erbsünde* diese Ordnungen nur noch erkennen, wenn er das, was er in der Schöpfung vorfindet, mit der schriftlichen Offenbarung des Schöpfers abgleicht. Seit dem Sündenfall ist für Augustinus das N. zwar weiterhin das ewige Gesetz (lat. lex aeterna), es ist aber dem Menschen nur noch teilweise bekannt und bedarf seit dem Sündenfall der Einschärfung durch das A.T. und N.T. (lat. lex Mosis und lex Christi). Seitdem reicht in der Diskussion um das N. die Bandbreite der christlichen *Ethik* von der völligen Ablehnung jeden N., da es keine ewigen Ordnungen gibt, in der *Situationsethik* über die Ablehnung des N., da Gottes Offenbarung nur in der Schrift zu finden ist (z.B. Karl Barth), über die verhaltene, aber untergeordnete Anerkennung des N. bei den Reformatoren und die bis heute vollzogene Anerkennung durch das kath. Lehramt, welches das N. als Grundlage der Ethik versteht und darin das ewige, alle verbindende Gesetz sieht, das den verbindlichen Teil des biblischen Gesetzes ausmacht. Das N. war jahrhundertelang das Bindeglied zwischen der christlichen Ethik und dem Staatsrecht und mündete schließlich in die Ausformulierung des alle Kulturen verbindenden Völkerrechts, im kath. Bereich durch span. Jesuiten, im ev. Bereich durch ev. Juristen und Theologen in Deutschland und den Niederlanden im 17. und 18. Jh., und in den *Menschenrechten.* Das N. kam im 19. und 20. Jh. in Verruf, da die Erkenntnis einer Vielzahl von ethischen Normen in vielen Kulturen und Religionen Zweifel an seiner Universalität begründete. Dennoch spielt es in der Theologie auch ohne die Bezeichnung N. eine große Rolle, etwa in der Begründung der Menschenrechte. Dabei sind drei Gedanken entscheidend:

1. Es gibt Schöpfungsordnungen, die der Mensch vorfindet und die über jeder Rechtsordnung stehen. Die Ordnungen Gottes entsprechen dem Wesen des Menschen und der Schöpfung, weswegen sie auch vernünftig und einsichtig sind.
2. Gott hat die Gebote aus Liebe und zum Guten des Menschen gegeben. Was für den Sabbat/Sonntag gilt, gilt für alle Gebote Gottes: »Der Sabbat wurde für den Menschen gemacht und nicht der Mensch für den Sabbat« (Mk 2,27).
3. Unabhängig von der Begründung des N. gilt für die Ethik, dass sie viele Entscheidungen aus der »Natur« der Dinge ableitet, also etwa den Ablauf der Kindererziehung aus dem Vorgang des körperlichen und seelischen Wachstums des Kindes.

Nazarener, eigentlich »Kirche des N.« (engl. Church of the Nazarene), 1908 als Abspaltung von den *Methodisten* in den USA entstandene ev. Freikirche, welche die Vollkommenheitslehre des Gründers der Methodisten John Wesley stärker betonte *(Heiligungsbe-*

wegung) und sich nach Jesus als Mann aus Nazaret benannte. Sie hat weltweit 1 Mio Anhänger, missioniert seit 1960 in Deutschland und gehört zur *Vereinigung ev. Freikirchen.*

Nepotismus, polemischer Begriff des 17. Jh. für die Praxis der Päpste, ihre Verwandten zu begünstigen und mit kirchlichen Ämtern zu versorgen oder sogar als Nachfolger im Papstamt zu etablieren. Da der Papst aufgrund des *Zölibats* keine Kinder haben durfte, waren die Neffen (lat. nepos) seine nächsten Verwandten. Auch wenn die sonst »Vetternwirtschaft« genannte Begünstigung von Verwandten in früheren Jahrhunderten sicher anders zu bewerten ist als heute und der N. in der Kirche des Spätmittelalters und der frühen Neuzeit ebenso wie im säkularen Bereich herrschaftserhaltende Funktion hatte, war er spätestens seit der Reformation umstritten. Im *Tridentinum* wurde er daher verboten, 1692 schließlich sogar durch päpstliche Bulle. Tatsächlich wurde er aber bis Ende des 18. Jh. immer wieder praktiziert und oft von Kardinälen und Bischöfen gestützt, die sich dadurch selbst Vorteile versprachen.

Nestorianer, auch ostsyr. Kirche oder chaldäische Christen, unter dem ehemaligen Patriarchen von Konstantinopel Nestorius (381–451) abgespaltene Kirche, nachdem zwei Konzilien (431, 451) seine Lehre des *Monophysitismus* verworfen hatten. Seine Anhänger verließen das Byzantin. Reich und wanderten in das pers. Reich der Sassaniden aus. Aufgrund einer äußerst intensiven Missionstätigkeit breiteten sich die N. bis nach Indien, Innerasien und China aus, gingen dort aber Ende des 14. Jh. durch die Mongolenkriege unter. Die meisten N. leben heute in den USA sowie im Nahen und Mittleren Osten. Ihr Oberhaupt, der »Patriarch des Orients«, hat 1940 seinen Sitz vom Irak in die USA verlegt. Ein Teil der *Thomaschristen* in Indien leitet sich ebenfalls von den N. her.

Neuapostolische Kirche, in Deutschland mit 390 000 Anhängern (ein Drittel der Anhänger weltweit) die nach den beiden Großkirchen drittgrößte Religionsgemeinschaft und mit Abstand größte christliche Sondergruppe *(Sekte).* Die N. ist 1860 aus der kath.-apostolischen Kirche hervorgegangen, die wiederum auf Ideen des schott. Propheten Edward Irving (1792–1834) zurückging, der als Vorläufer der *Pfingstler* aufgrund von Visionen die Geistesgaben des Urchristentums wie Prophetie und Zungenrede *(Glossolalie)* wieder herstellen wollte. 1835 löste die Wiedereinführung des Apostelamtes den Ausschluss aus der Bewegung aus. Als die eingesetzten Apostel später einer nach dem anderen starben, weigerte man sich, Ersatzapostel zu wählen, und die Bewegung zerfiel bis auf kleine Reste allmählich in andere *charismatische* Gruppen. Ein Teil der Anhänger spaltete sich aber aus Protest ab und setzte neue Apostel ein, weswegen sie Neuapostolen genannt wurden. An ihrer Spitze steht seitdem ein Stammapostel, dem dieselbe Autorität wie den biblischen Aposteln zugeschrieben wird, der versöhnende Funktion hat und die Apostel einsetzt. Neben Taufe und Abendmahl kennt die N. das Sakrament der Versiegelung mit dem Heiligen Geist (ähnlich der *Geistestaufe* in der Pfingstbewegung), das nur ein Apostel spenden darf. Außerdem wird dreimal im Jahr ein Gottesdienst für die Verstorbenen abgehalten, bei dem Lebende stellvertretend die Taufe für tote Verwandte oder Bekannte empfangen. Wegen der Führungsstruktur kam es zu Abspaltungen mit eigenen Aposteln.

Neues Testament → S. 55

Neujahrsfest, weltweit und seit Urzeiten gefeiert, meist mit lärmenden Ritualen zur Vertreibung böser Mächte. Daraus, aber auch in Anlehnung an das jüd. Herbst- und N., entstand seit dem 6. Jh. ein christlicher Feiertag als Fest der Beschneidung Christi acht Tage nach Weihnachten. Der Feiertag dient einerseits zur Besinnung, wird aber andererseits weiterhin vom Volksaberglauben bestimmt.

Neuluthertum, der aus der Erweckungsbewegung im 19. Jh. hervorgegangene Versuch,

Neuapostolische Kirche. Plakat der nach den beiden Großkirchen drittgrößten christlichen Religionsgemeinschaft in Deutschland.

Nikolaus. Ambrogio Lorenzetti, »Szene aus dem Leben des heiligen Nikolaus von Bari«. Der Legende nach hat Bischof Nikolaus bei einer Hungersnot in Myra von jedem der für Rom bestimmten Schiffe 100 Scheffel Getreide erfleht. Der Wunsch wurde ihm erfüllt, und Engel sorgten dafür, dass die Schiffe mit ungeschmälerter Ladung weiterfahren konnten. Um 1330; Galleria degli Uffizi, Florenz

gegen Bibelkritik und Rationalismus durch eine Rückbesinnung auf die Reformation und die Lehren Martin Luthers die Kirche zu erneuern. Hochburgen des N. waren die ev. theologischen Fakultäten in den Städten Erlangen, Neudettelsau, Hermannsburg, Rostock und Dorpat.

39 Artikel, das Glaubensbekenntnis der *anglikanischen Kirche* von 1539, das eine reformatorische und *reformierte* Theologie und Sakramentslehre mit altkirchlichen Strukturen verbindet.

Neuprotestantismus, im Gegensatz zum Altprotestantismus, der die *Reformation* sowie die lutherische und reformierte *Orthodoxie* bis ins 17. Jh. umfasst, bezeichnet man mit N. die ab Mitte des 17. Jh. einsetzenden, von Aufklärung und Bibelkritik bestimmten Formen des ev. Christentums, die den Glauben mit den modernen Erkenntnissen versöhnen wollten.

Neuscholastik, seit Mitte des 19. Jh. unter kath. Theologen weltweite Bemühungen um eine Erneuerung der philosophischen und theologischen Denk- und Arbeitsweise der mittelalterlichen *Scholastik,* vor allem in Anknüpfung an Thomas von Aquin (1225 bis 1274). Die N. erhielt durch die päpstliche Enzyklika »Aeterni Patris« (1879) von Papst Leo XIII. eine quasi offizielle Unterstützung.

Nieren, im mosaischen Gesetz war das Essen der N. und ihres Fettes verboten, da sie Jahwe geopfert werden sollten (Ex 29,13; Lev 3,4; 10,15). Daneben ist, ähnlich wie das *Herz* Sitz des Denkens ist, die N. Sitz des *Gewissens.* Daher drückt das Stechen der N. Schuldbewusstsein aus (Ps 73,21). Dass Gott Herz und N. prüft (Jer 11,20; 17,10; 20,12; Ps 7,10; 26,2; Offb 2,23), wird als Ausdrucksweise in das N.T. und in die Kirchensprache übernommen und durch Luthers Bibelübersetzung verbreitet.

Nikodemus, nur von Johannes erwähnter *Pharisäer* und Mitglied des jüd. Synedriums (Hoher Rat), der nachts heimlich zu Jesus kam und in einer berühmten Begegnung über die *Wiedergeburt* belehrt wurde (Joh 3,1–9). Er verteidigte Jesus im Hohen Rat (Joh 7,50) und half – vermutlich weil er zumindest heimlich Jünger Jesu geworden war – Joseph von Arimathäa bei der Beerdigung Jesu (Joh 19,39).

Nikolaus, wahrscheinlich zu Beginn des 4. Jh. Bischof von Myra in Lykien (Kleinasien). Um N. ranken sich viele Retterlegenden, daher wurde er Schutzheiliger der Seeleute und der Kinder. Die Verehrung setzte im 5. Jh. in den Ostkirchen ein; Myra wurde zum Wallfahrtsort, Kaiser Justinian I. (reg. 527–65) erbaute N. eine Kapelle in Konstantinopel, später wurde N. zum Schutzheiligen Russlands. Die Überführung der Reliquien nach Bari in Italien im 11. Jh. brachte die Nikolausverehrung nach Europa, wo sie sich bald überall ausbreitete. Der Namenstag des hl. N. wird vor allem von Kindern wegen des Brauchs kleiner Überraschungsgeschenke geschätzt.

Nimbus → Heiligenschein

Nizänisches Glaubensbekenntnis, Nizänum (lat. Symbolum Nicaenum), das auf dem Konzil von Nizäa 325 verabschiedete Glaubensbekenntnis, das in das heute verwendete ökumenische *Nizänisch-Konstantinopolitanische Glaubensbekenntnis* eingegangen ist. Gegen den *Arianismus,* der das Gottsein Jesu ablehnte, lehrte es, dass Jesus aus dem Wesen des Vaters gezeugt, aber nicht geschaffen ist und dass er mit dem Vater wesensgleich (griech. homousios) ist – im Gegensatz zur vorgeschlagenen Kompromissformel wesensähnlich (griech. homoiousios).

Nizänisch-Konstantinopolitanisches Glaubensbekenntnis (lat. Symbolum Nicaeno-Constantinopolitanum), einziges von West- und Ostkirchen gemeinsam anerkanntes, die Weltchristenheit einigendes Glaubensbekenntnis, das auf das 2. Ökumenische Konzil von *Konstantinopel* (381) zurückgeht und das *Nizänische Glaubensbekenntnis* des 1. Ökumenischen Konzils von Nizäa (325) erweitert. In den orthodoxen Kirchen ist das N. das zentrale liturgische Glaubensbekenntnis, in der kath. Kirche wird es als Großes Glaubensbekenntnis *(Credo)* in der Messe gebetet, in der anglikanischen und einigen ev. Kirchen an hohen Feiertagen anstelle des *Apostolicum* verwendet. Die westlichen Kirchen ergänzen den ursprünglichen Text der orthodoxen Kirchen um das *Filioque* (lat. »und vom Sohn«), das 1014 offiziell als Zusatz verabschiedet wurde. Um das Filioque gab es jahrhundertelang Streit zwischen West- und Ostkirche.

Nomokanon (griech. nomoi: »Gesetze«), die allmählich gewachsene, im 11. Jh. abgeschlossene Sammlung mit den kirchenrechtlichen Bestimmungen der orthodoxen Kirchen.

Notbischof → Summepiskopat

Nothelfer, im kath. Volksglauben werden seit dem 14. Jh. vor allem in Süddeutschland 14 Schutzheilige in regional leicht wechselnder Besetzung verehrt und in Notsituationen angerufen. Entsprechend sind den N. im kath. Teil Süddeutschlands mehrere Wallfahrtskirchen geweiht, von denen Vierzehnheiligen (Oberfranken) die bedeutendste ist.

Nottaufe, kath. und lutherisch Taufe in Todesgefahr durch einen Laien, wenn kein Priester zur Verfügung steht, dem sonst allein das Recht zum Taufen zusteht.

Noviziat (lat. novus: »neu«), Probezeit der zukünftigen Mönche, d.h. die Zeit vom Eintritt in ein Kloster bis zum Ablegen des *Gelübdes,* in der kath. Kirche mindestens ein Jahr. In dieser Zeit können die Novizen (Neulinge) ihren Entschluss rückgängig machen oder noch abgelehnt werden.

N.T., geläufige Abkürzung für Neues Testament, → S. 55

Nuntius (lat. »Gesandter«, »Botschafter«), auch Apostolischer N., päpstlicher Gesandter, der neben der kirchlichen Aufgabe der Berichterstattung über die Lage von Kirche und Volk in einem Land die politische Vertretung als Diplomat des Vatikanstaats wahrnimmt. Traditionell hat er in vielen christlich geprägten Staaten aller Konfessionen die Ehrenstellung eines Doyen des diplomatischen Corps inne, der zeremoniell die Diplomaten in einem Land repräsentiert und anführt. Ist dies nicht der Fall, wird er Pronuntius genannt.

Glaubensbekenntnis von Nizäa-Konstantinopel (381)

Wir glauben an den einen Gott,
den Vater, den Allmächtigen,
der alles geschaffen hat,
Himmel und Erde,
die sichtbare und die unsichtbare Welt.
Und an den einen Herrn Jesus Christus,
Gottes eingeborenen Sohn,
aus dem Vater geboren vor aller Zeit:
Gott von Gott,
Licht vom Licht,
wahrer Gott vom wahren Gott,
gezeugt, nicht geschaffen,
eines Wesens mit dem Vater;
durch ihn ist alles geschaffen.
Für uns Menschen und zu unserm Heil
ist er vom Himmel gekommen,
hat Fleisch angenommen durch den
Heiligen Geist
von der Jungfrau Maria und ist Mensch
geworden.
Er wurde für uns gekreuzigt unter
Pontius Pilatus,
hat gelitten und ist begraben worden,
ist am dritten Tage auferstanden nach
der Schrift
und aufgefahren in den Himmel.
Er sitzt zur Rechten des Vaters
und wird wiederkommen in Herrlichkeit,
zu richten die Lebenden und die Toten;
seiner Herrschaft wird kein Ende sein.
Wir glauben an den Heiligen Geist,
der Herr ist und lebendig macht,
der aus dem Vater [und dem Sohn]
hervorgeht,
der mit dem Vater und dem Sohn
angebetet und verherrlicht wird,
der gesprochen hat durch die
Propheten,
und die eine, heilige, christliche und
apostolische Kirche.
Wir bekennen die eine Taufe zur
Vergebung der Sünden.
Wir erwarten die Auferstehung
der Toten
und das Leben der kommenden Welt.

O

Obedienz → Obödienz

Oblate, Der (lat. »dargebracht«), in Altertum und Mittelalter Kinder, die von ihren Eltern für das Klosterleben bestimmt wurden (lat. pueri oblati: »dargebrachte Jungen«), später auch für Erwachsene verwendet, die sich einem Orden ohne Vollmitgliedschaft anschließen, und als Name für die Mitgliedschaft in neuen kath. Orden (z.B. Salesianer).

Oblate, Die (lat. »dargebracht«), dünne Scheibe aus ungesäuertem Weizenmehl, in kath. und lutherischen Kirchen als Abendmahlsbrot verwendet. → Hostie

Obödienz, Obedienz (lat. »Gehorsam«), das Gehorsamsgelübde und damit die Gehorsamspflicht des Klerikers gegenüber seinen geistlichen Vorgesetzten, vor allem bei Ordensangehörigen. → Gehorsam

Observanz (lat. »beachten«), peinlich genaue Befolgung religiöser Gesetze und Vorschriften.

Offenbarung, die in der Bibel verwendeten Begriffe für O. bedeuten Aufdeckung von etwas Verborgenem, sodass diese Sache gesehen und verstanden werden kann. Grundsätzlich ist der Mensch auf Gottes O. angewiesen, um ihn zu erkennen. Gott zeigt sich dem Menschen in seiner Schöpfung (Ps 19,1–7), in seinem Wort (Ps 19,8–12) und auch in direkter Begegnung (Gen 18,1ff.). Im N.T. ist die ent-

Offenbarung. Im letzten Buch der Bibel konzentriert sich der Bilderreichtum der biblischen Sprache, und zahllos sind die Verbildlichungen des Textes. Hier eine Seite mit Buchmalerei zu den Kapiteln 1–6: die sieben Leuchter, der Himmelsthron mit sieben Lampen und dem Lamm mit dem Buch mit sieben Siegeln, umgeben von den 24 Ältesten, schließlich die vier apokalyptischen Reiter. 14. Jh.; Württembergische Staatsbibliothek, Stuttgart

scheidende O. diejenige durch und in Jesus Christus (Hebr 1,1f.). In ihm ist alle Gottesoffenbarung zum Ziel und zum Abschluss gekommen. Inhalt der O. ist einerseits, dass der Mensch Kenntnis von Gott bekommt. Der Mensch kann sich zwar vorstellen, dass es einen Gott gibt, aber ohne O. bleibt diese Vorstellung eine reine Hülse. Um zu erfahren, wie Gott ist, braucht der Mensch die O. Andererseits lernt der Mensch durch O. etwas über sich und sein Wesen. Nur so erhält letztlich der Mensch von seiner Erlösungsbedürftigkeit Kenntnis und auch davon, dass es Erlösung gibt (Röm 1,16ff.).

In der Theologie unterscheidet man die »allgemeine« und die »besondere« O. Gottes. Die allgemeine O. (lat. revelatio generalis) ist allen Menschen zugänglich und wird durch die Natur, das Gewissen und die Geschichte vermittelt. Die besondere O. (lat. revelatio specialis) widerfuhr besonderen Menschen zu besonderen Zeiten, liegt heute aber vor allem in den 66 Büchern der Bibel vor. → Gottesbeweise, → Inspiration

Offertorium (lat. »Opfergabe«, »Darbringung«), in der kath. Messe die Gabenbereitung von Brot und Wein, speziell auch der Gesang zu Beginn der Gabenbereitung.

Offizium (lat. »Dienst«, »Pflicht«), bezeichnet eigentlich allgemein den Dienst der kath. Geistlichen, normalerweise aber nur im engeren Sinn entweder deren liturgische Amtshandlungen oder die verpflichtenden *Stundengebete.* Daneben erscheint der Begriff in der einflussreichen, aus der *Inquisition* hervorgegangenen päpstlichen Kurialbehörde für Fragen der Lehre und der Moral, dem Sanctum Officium, das 1965 in »Kongregation für die Glaubenslehre« umbenannt wurde.

Ohrenbeichte → Beichte

Oktav (lat. octavus: »der Achte«), im kath. Festkalender eine achttägige Festwoche oder Nachfeier eines Festes mit Abschluss am achten Tag. 1969 wurden alle O. außer nach den beiden Hauptfesten Ostern und Weihnachten abgeschafft.

Ökumene (griech. »Welt«), bei den Römern Bezeichnung der gesamten bewohnten Welt (z.B. im N.T. Lk 2,1; Apg 11,28; 17,6), wurde von daher Bezeichnung für die Kirchen in aller Welt, z.B. in Ökumenische *Konzilien, Ökumenischer Rat der Kirchen* (ÖRK). Oft wird Ö. auch als Kurzbezeichnung für den ÖRK oder für Kontakte der christlichen Konfessionen untereinander verwendet, vor allem für die Zusammenarbeit der kath. und ev. Kirchen. → S. 51

Ökumenischer Rat der Kirchen (ÖRK), auch Weltrat der Kirchen (engl. World Council of Churches, WCC), 1948 in Amsterdam gegründeter internationaler Zusammenschluss von Kirchen aller christlichen Konfessionen einschließlich der orthodoxen Kirchen (derzeit 332 Mitgliedskirchen und Kirchenverbände) mit Ausnahme der kath. Kirche und eines Teiles der *Evangelikalen,* denen der ÖRK zu liberal und politisch engagiert ist. Ein erster Versuch, eine ökumenische Bewegung als Plattform aller Kirchen weltweit zu etablieren, war 1910 die Internationale Missionskonferenz in Edinburgh. 1921 wurde der Internationale Missionsrat gegründet. Es folgten Weltkonferenzen für Glaube und Kirchenverfassung *(Faith and Order Movement)* 1927 in Lausanne und 1937 in Edinburgh sowie die Weltkonferenzen für Praktisches Christentum (Life and Work Movement) 1925 in Stockholm und 1937 in Oxford. Die Pläne zur Gründung des

ÖRK von 1938 vereitelte der 2. Weltkrieg. Oberstes Organ des ÖRK ist die aus Vertretern aller Mitgliedskirchen bestehende, etwa alle sieben Jahre stattfindende große Vollversammlung. Die Leitung hat der Zentralausschuss (max. 150 Mitglieder mit sechs Präsidenten) und der Exekutivausschuss (max. 18 Mitglieder sowie die Präsidenten und der Generalsekretär). Der Sitz des Generalsekretariats ist Genf, daher spricht man auch von Genfer Ökumene.

Öl, im A.T. ist das Salböl ein Symbol für den Geist Gottes und spielt vor allem bei der Einsetzung und Salbung von Königen (z.B. 1 Sam 10,1; 2 Sam 2,4; 1 Kön 1,34) und des Hohepriesters (Lev 21,10; Num 35,25) eine große Rolle. Der *Messias* galt deswegen als der Gesalbte schlechthin. Diese Salbung diente ab dem 7. Jh. im Abendland und ab dem 10. Jh. im Byzantin. Reich bei der Salbung der Kaiser und Könige durch Kirchenvertreter als Vorbild und wird bis heute bei der Inthronisation europ. Könige und Königinnen praktiziert.

Daneben wurde die Salbung mit Ö. im kirchlichen Bereich zunächst bei der Fürbitte für Kranke üblich (Mk 6,13; Jak 5,14), dann auch bei der *Ordination* und anderen Anlässen als Symbol des Heiligen Geistes und seiner Ausrüstung. Im ev. Bereich ist die Salbung außer bei der *Krankensalbung* nicht mehr üblich, sie spielt in der anglikanischen Kirche eine gewisse Rolle, in der kath. und den orthodoxen Kirchen ist sie für viele sakramentale Handlungen konstitutiv. Sie benutzen dazu das vom Bischof geweihte Chrisam (griech. chrisma: »Salbe«, »Salbung«), auch Chrisma oder Katechumenenöl genannt, das aus Olivenöl und Balsam hergestellt und an Gründonnerstag geweiht wird. Es wird vor allem bei Taufe, Firmung, Priester- und Bischofsweihe sowie bei der Krankensalbung verwendet.

Ölzweig, da die Taube Noah als Zeichen des Endes der Sintflut einen Ö. brachte, gilt dieser bei Juden und Christen als Friedenszeichen.

Omnipotenz → Pantokrator, → Eigenschaften Gottes, S. 14

Omophorion (griech. omophorein: »auf den Schultern tragen«), in den orthodoxen Kirchen langer, farbiger Streifen, der über die linke Schulter gelegt wird und den Träger als Bischof ausweist, vgl. *Pallium.*

Ontologischer Gottesbeweis, schließt von der überall vorhandenen Idee eines höchsten Wesens auf dessen Existenz. → Gottesbeweise

Opfer, gehören zum Wesen vieler Religionen. Im O. wird die Anbetung Gottes sichtbar. Der Mensch opfert in seiner Abhängigkeit von Gott, um eine Beziehung zu ihm zu erhalten (Gen 4,3f.). Zugleich wird in manchen O. der Abstand des Menschen von Gott deutlich. Somit sind die O. Gleichnisse für die Heiligkeit und Gerechtigkeit Gottes. Die O. sollen damit eine innere Wirklichkeit und Grundhaltung ausdrücken: Reue und Glauben. Die Hauptopfer des Volkes werden in Lev 1–7 beschrieben. Die Propheten bekämpften häufig den äußeren Opferkult (z.B. Amos 5,21f.) und forderten, O. nur zu bringen, wenn echte *Reue* und eine echte Veränderung des Lebens vorliegen (1 Sam 15,22; Ps 51,18–21). Das N.T. sieht die alttestamentlichen O. als juristischen Hintergrund der neutestamentlichen Erlösung und damit alle O. als in Jesus erfüllt (Hebr 9,26; 10,14; 1 Kor 5,7). Somit steht im Mittelpunkt des N.T. das O. Jesu am Kreuz (1 Kor 1,17f.). Wo das N.T. darüber hinaus vom O. des Menschen spricht, ist der Mensch dazu aufgefordert, Gott sein eigenes Leben zur Verfügung zu stellen (Röm 12,1). Auch die Gabe, die eine Gemeinde oder ein Einzelner zur Ausbreitung des Evangeliums gibt, kann als O. bezeichnet werden (Phil 4,18). Zu einer konfessionellen Spaltung kam es im 16. Jh. in der Frage, ob das Abendmahl eine unblutige Wiederholung des O. sei (so die kath. Position bis heute) oder nur an das einmalige O. Jesu erinnere (so die ev. und anglikanische Sicht).

Ökumene.
1969 stattete Papst Paul VI. dem Ökumenischen Rat der Kirchen in Genf einen offiziellen Besuch ab.

Oratorium. Aufführung von Johann Sebastian Bachs »Weihnachtsoratorium« im Jahr 1988 in der Nikolaikirche zu Leipzig mit dem Thomanerchor und dem Gewandhausorchester unter Leitung von Georg Christoph Biller.

Opferstock, Behälter für Spenden und Almosen (Opfer) in christlichen Kirchen, früher meist auf einem Holzstab oder einer Säule.

Opus operatum → Sakramente

Ora et labora (lat. »bete und arbeite«), aus der alten Kirche bekannte, im 6. Jh. von den Benediktinern verbreitete Regel, nach der für Mönche und dann für alle Gläubigen Stille und Gebet sowie das Wirken in der Welt zusammengehören.

Oranierorden (engl. Orangemen), nach König Wilhelm III. von Oranien benannte, organisierte Vertretung der radikalen, antikath. Protestanten Nordirlands mit alten Ritualen, die im 20. Jh. die paramilitärische Ulster Defense Association (engl. »Ulster-Verteidigungsvereinigung«) hervorbrachte, welche die IRA mit Waffengewalt bekämpft.

Orarion (griech.), die *Stola* des *Diakons* in orthodoxen Kirchen.

Oratorium (lat. »Bethaus«), ursprünglich Bezeichnung für jeden Raum, der dem Beten dient, zunächst als Privatraum, dann als Kapelle oder Nebenkirche. Im 16. und 17. Jh. erhielten einige kath. Orden ohne Ordensgelübde den Namen O. (Oratorianer). In der Musik wurde O. zur Bezeichnung eines Großwerks für mehrere Sänger ohne Bühnenhandlung, z. B. Weihnachtsoratorium von Johann Sebastian Bach.

Ordal → Gottesurteil

Orden (lat. ordo: »Ordnung«, »Stand«), aus dem *Mönchswesen* heraus entstandene kath. Zusammenschlüsse von Männern oder Frauen, die nach einer Probezeit *(Noviziat)* ein Ordensgelübde *(Gelübde, evangelische Räte)* abgelegt haben und eine gemeinsame Ordensregel, einen Ordensoberen sowie eine Anerkennung durch den Papst oder durch einen Bischof besitzen. Weltweit gibt es heute für Männer 80 O., 90 Kongregationen, 30 Gesellschaften des gemeinsamen Lebens, 30 Laienkongregationen, sechs Säkularinstitute und 230 weitere Institute, für Frauen 1300 O. und 25 Säkularinstitute. Zu den reinen O. gehören 140000 Ordensgeistliche und 800000 Ordensfrauen. In Deutschland leben 5778 Männer (einschließlich der Ordenspriester) und 32588 Frauen in O., dazu 226 Männer und 2669 Frauen in *Säkularinstituten.* Die O. spielten in der Kirchengeschichte seit der Gründung des ersten O. 529 durch Benedikt von Nursia eine zentrale Rolle für Kirche und Gesellschaft, die sich mit der Reformation im 16. Jh. auf kath. Gebiete beschränkte. Unter Napoleon begann im Rahmen der *Säkularisation* durch die Auflösung von Klöstern, den Einzug der meisten Besitztümer und sinkende Zugangszahlen im 19. Jh. der Verlust des gesellschaftlichen Einflusses und ein zahlenmäßiger Niedergang, den einige O. nicht überlebt haben. Heute prägen O. vor allem das geistliche Erscheinungsbild der kath. Kirche.

Man unterteilt die O. in Mönchsorden, Bettelorden, Regularkanoniker, Regularklerikerorden und geistliche *Ritterorden.* Die Mönchsorden oder monastischen O. unterteilt man in die in Klostergemeinschaften zusammenlebenden *Zönobiten* und die Einsiedler *(Eremiten, Anachoreten).* Die Klöster unterstehen einem Abt oder Prior (in der orthodoxen Kirche *Archimandrit).* Dazu zählen die Benediktiner, Kartäuser, Trappisten und Zisterzienser. Die aus der mittelalterlichen Armutsbewegung seit dem 11. Jh. entstandenen Mendikantenorden verpflichten ihre Mitglieder, ursprünglich auch die Klöster selbst, zur Armut und zum Betteln. Zu ihnen gehören die meisten großen O., die häufig wieder in mehrere O. unterteilt sind (z. B. Franziskaner, Kapuziner, Dominikaner, Augustiner, Karmeliter). Heute arbeiten die Ordensangehörigen in der Regel und sind in der Seelsorge tätig. Bei den Regularklerikerorden wirken die Ordensangehörigen zugleich als Priester (z. B. die Jesuiten). Es gibt auch andere Aufteilungen der O., etwa in aktive und *kontemplative* O. oder in Priester- und Laienorden. Die weiblichen O. sind meist Zweige der früher gegründeten Männerorden, wobei es einige wenige bedeutende Ausnahmen gibt (z.B. Birgitten, Salesianerinnen und Ursulinen). → S. 26

Ordinariat (lat. ordinarius: »ordentlich«), die von einem Ordinarius, also einem ordnungsgemäß eingesetzten Leiter geführte Verwaltungsbehörde eines *Bistums.*

Ordinarium, Gegenstück zum *Proprium.*

Ordination (lat. ordinatio: »Anordnung«), Einsetzung der Geistlichen aller Kirchen in ihr Amt, in orthodoxen und kath. Kirchen als Weihesakrament, das dem Geweihten sakramentale Gewalten überträgt, vor allem das Altarsakrament zum Zelebrieren der Messe und das *Bußsakrament* für Beichte und Rechtsprechung. Durch die O. wird der *Klerus* von den *Laien* abgesondert. In ev. Kirchen ist die O. die Einsetzung in das Pastorenamt ohne sakramentalen Charakter. In lutherischen Kirchen beinhaltet sie das Recht zum Predigtamt und zur alleinigen Sakramentsverwaltung. In anderen ev. Kirchen dürfen oft auch Nichtordinierte predigen und – zumindest in der Theorie – die Sakramente austeilen. In *presbyterianischen* und *kongregationalistischen* Kirchen werden auch die *Laienältesten* ordiniert. Einige ev. *Freikirchen* wie die *Brüderbewegung* kennen keine O.

Orgel, heute weitgehend Instrument der Kirchenmusik, gelangte die O. aus dem Altertum über die Byzantin. Kirche im 8. Jh. in das Abendland und setzte sich im 14. Jh. als vorherrschendes Instrument in den Kirchen durch. Die Schauseite der O., der Orgelprospekt, wurde immer reicher verziert. Es entstand eine eigene Musikliteratur mit Orgelwerken. Da in der Lutherbibel in den Psalmen – eigentlich fälschlich – von der O. die Rede war, fand das Instrument auch im ev. Bereich Anerkennung und die ev. Orgelwerke von Buxtehude, Bach, Händel u.a. wurden zum Inbegriff der ev. Kirchenmusik. Viele Kirchen erhielten einen eigenen Organisten, der meist zugleich *Kantor* ist.

Orientalische katholische Nationalkirchen, im kath. Bereich solche orientalische Kirchen *(Ostkirchen),* die zwar weitgehend die ostkirchlichen und orthodoxen Riten, Strukturen und Kirchensprachen beibehalten, sich aber nicht zu den orthodoxen Kirchen zählen, sondern in Gemeinschaft mit der röm.-kath. Kirche befinden, also das *Jurisdiktionsprimat* des Papstes anerkennen. Sie besitzen eine eigene Liturgie und Hierarchie, akzeptieren aber die Dogmen der kath. Kirche. Für die O. gilt nicht das röm. Kirchenrecht, sondern ein eigenes orientalisch-kath. Kirchenrecht, daher dürfen z.B. ihre Priester trotz Zugehörigkeit zur kath. Kirche heiraten *(Zölibat).* Ihre Zahl ist gering und sie erhalten sich fast nur durch Taufen der eigenen Kinder. Von den ca. 1 Mrd Katholiken gehören 975 Mio zum lat. Ritus, der Rest zu den orientalischen Riten, meist in recht kleinen Kirchen. Die vier größten O. sind die O. in der Ukraine (5 Mio), die *Thomaschristen* (3 Mio), die *Maroniten* (3 Mio) und die O. in Rumänien (2 Mio).

Orientalische Kirchen, andere Bezeichnung für *Ostkirchen.*

Orientation (lat. »Ostung«), das in vielen antiken Religionen und auch im Christentum seit der *Frühen Kirche* übliche Ausrichten der *Altäre* und damit der Kirchen nach Osten (Orient), da die *Wiederkunft Jesu* aus dem Osten erwartet wurde (in Anlehnung an Mt 24,27; Offb 7,2) und Jesus als das im Osten aufgehende Licht gesehen wurde (lat. ex Oriente lux: »Licht aus dem Osten«). Ab dem 3. Jh. wurde zunächst der Kircheneingang nach Osten ausgerichtet, sodass der Liturg gen Osten betete, die Gemeinde aber den

Orgel. Blick vom Altarraum der Wallfahrtskirche Wies in Bayern zur Empore mit der Rokokoorgel über dem Eingang.

Die autokephalen orthodoxen Kirchen[1]

Ökumenisches Patriarchat von Konstantinopel
Patr. von Alexandria
Patr. von Antiochia
Patr. von Jerusalem
Patr. von Moskau
Patr. von Belgrad
Patr. von Bukarest
Patr. von Sofia
Patr. von Georgien
Kirche von Zypern
Kirche von Griechenland
Kirche von Polen
Kirche von Albanien
Kirche von Tschechien und der Slowakei
Kirche von Finnland

1) in der Reihenfolge des Ehrenranges

Osten im Rücken hatte. Im 4.–5. Jh. kehrte man die Ostung um, sodass Altar und *Chor* Richtung Osten liegen, die Gemeinde also gen Osten betet.

Ornat (lat. ornare: »schmücken«), feierliche Amtstracht von *Geistlichen.*

Orthodoxe Kirchen (griech. »Rechtgläubige«, eigentlich »Gott auf rechte Art verehren«), »orthodox« nannten sich ursprünglich die O., weil sie an den rechtgläubigen Beschlüssen der Konzilien von Nizäa (325), *Ephesus* (431) und *Chalkedon* (451) festhielten, im Gegensatz zu den dort verurteilten *Arianern, Nestorianern* und *Monophysiten,* die eine andere Christologie vertraten. Die Kirchen des intakten Oström. Reiches entfremdeten sich zunehmend von den Kirchen des zerbrechenden Weström. Reiches. Der Bruch zwischen der von Rom aus geleiteten kath. Westkirche und den von Konstantinopel aus geleiteten O. im Jahr 1054 aufgrund der Ablehnung des Leitungsanspruchs des Papstes war nur das Endergebnis eines langen Prozesses. Mit der Eroberung Konstantinopels 1453 durch die Türken ging das Byzantin. Reich mit seiner gut organisierten Reichskirche unter. Die O. innerhalb und außerhalb der islamischen Welt überlebten jedoch und bildeten in den verschiedenen Patriarchaten in der islamischen Welt, in Osteuropa und Russland *autokephale,* also sich selbst verwaltende Kirchen heraus. Diese bewahrten das byzantin. Erbe der Reichskirche insofern, als sie allesamt *Nationalkirchen* in enger Anlehnung an den Staat wurden und dem Patriarchen von Konstantinopel einen Ehrenvorrang einräumen. Nur einige kleine Ostkirchen, die *orientalisch-kath.* oder *unierten* Kirchen, haben sich später dem Papst unterstellt. Die O. berufen sich auf die ersten sieben Ökumenischen *Konzilien* und auf die *Tradition,* wie sie sie verstehen, nämlich neben dem N.T. die Überlieferung der mündlich von den Aposteln an die Bischöfe weitergegebenen Offenbarung, wie sie sich vor allem bei den frühen griech. Kirchenvätern findet. Die O. definieren sich über die Sakramentshandlungen, die unveränderte Liturgie der *Frühen Kirche* und die *Ikonen,* nicht aber über theologische Lehren wie die Westkirchen kath. und ev. Ausrichtung. Im Gottesdienst geht es nicht um die Vermittlung von Lehre und Wahrheiten, sondern um ein spirituelles Teilnehmen an der Heilsgeschichte und am himmlischen Gottesdienst. »Orthodox« bedeutet eben eigentlich nicht »rechtgläubig«, wie es typischerweise für die lutherische und reformierte *Orthodoxie* gilt, sondern »auf rechte Art verehren«. Zu den O. gehören weltweit 210 Mio Gläubige. Die größten O. sind: Russ.-O. (80 Mio), Ukrain.-O. (27,1 Mio), Abessin.-O. (22 Mio), Rumän.-O. (20 Mio), Griech.-O. (15 Mio), Kopt.-O. (9,3 Mio), Serb.-O. (7,3 Mio).

Orthodoxe Kirchen. Das Oberhaupt der russisch-orthodoxen Kirche, Patriarch Alexi II., segnet im April 2001 bei der Ostermesse in der Erlöser-Kathedrale in Moskau die Gläubigen.

Orthodoxie, eigentlich Bezeichnung für das Glaubenssystem der *orthodoxen Kirche.* Im Sinn von »Rechtgläubigkeit« wird O. auch für die Epoche der ev. Theologie nach dem Zeitalter der *Reformatoren* bis zur Frühaufklärung etwa 1700 verwendet. Von diesem Zeitpunkt an bereitete einerseits die *Bibelkritik* mit ihrer Dogmenkritik, andererseits der *Pietismus* mit seiner Betonung der persönlichen Erfahrung und des Vorrangs der Bibelauslegung vor der Dogmatik der O. ein Ende, auch wenn die Neoorthodoxie bis in das 19. Jh. immer wieder auflebte. Mit dem Augsburger Religionsfrieden 1555 begann eine Zeit des ungestörten Schaffens für lutherische und reformierte Theologen, die einerseits darum stritten, wie das wahre Erbe der Reformation aussehe, andererseits im Anschluss an die kath. *Scholastik* die beiden ev. Lehrsysteme ausformulierten, strukturierten und als verbindliche kirchliche Lehre durchsetzten. Ausgehend von der Verbalinspiration und Unfehlbarkeit der Schrift wurde der Schriftbeweis für jede Lehre vorgelegt. → Formalprinzip

Osservatore Romano (ital. »Römischer Beobachter«), vatikan. Tageszeitung für Politik und Religion seit 1861, seit 1971 auch als dt. Wochenzeitung.

Osterkerze, in der kath. Kirche eine am *Karsamstag* geweihte große Kerze, die jeweils während der Messen bis *Himmelfahrt* brennt und im *Osterleuchter* steht.

Osterlamm, neutestamentlicher Ausdruck für Jesus Christus, das Passalamm (1 Kor 5,7; Offb 13,8).

Osterleuchter, der in der kath. Eucharistie neben dem Hauptaltar stehende große, oft künstlerisch gestaltete Leuchter für die Osterkerze.

Ostern, der Gedenktag der Auferstehung Christi ist das älteste und in allen Konfessionen höchste christliche Fest. Mit der Auferstehung hat Gott für die Christen seine absolute Allmacht bewiesen und Jesus hat den Tod – auch für die an ihn Glaubenden – überwunden und damit die Hoffnung auf das ewige Leben gestiftet. Ursprünglich war jeder Sonntag ein Auferstehungsfest, war doch deswegen der Feiertag vom Sabbat auf den *Sonntag* als Tag der Auferstehung, den ersten Tag der Woche, verlegt worden. Zugleich entwickelte sich aus dem Umstand, dass Jesus das erste Abendmahl im Rahmen des jüd. Passafestes gefeiert hatte, ein eigenes jährliches höchstes Fest heraus. Dieses wurde jedoch nicht zum Passafest (14. Nisan), also vor *Karfreitag,* sondern zum Abschluss des Heilswerks Jesu, also am nächsten Sonntag, dem Ostersonntag, gefeiert und ist so schon im 2. Jh. in Rom nachweisbar. Allerdings hat sich O. erst im 14. Jh. weltweit in allen Kirchen durchgesetzt.

In der *Frühen Kirche* gewann O. vor allem dadurch an Bedeutung, dass es der wichtigste, oft einzige Tauftermin war, sodass die Täuflinge erstmals an O. dem Abendmahl beiwohnten. Von O. her entwickelte sich allmählich das Kirchenjahr. Die genaue Berechnung des Ostertermins war lange umstritten und wurde auf dem Konzil von Nizäa 325 entgegen dem jüd. Kalender auf den Sonntag nach dem ersten Frühlingsvollmond gelegt. Daher wandert O. terminlich jedes Jahr in einem Fünfwochenzeitraum zwischen dem 22. März und dem 25. April und mit O. verschieben sich große Teile des Kirchenjahres. Die Datierung setzte sich im 7. Jh. allgemein durch, blieb aber ein Streitpunkt zwischen den West- und Ostkirchen.

Die Herkunft des Namens O. ist umstritten, die Ableitung von der nur erschlossenen altgerman. Frühlingsgöttin Ostara durch Jakob Grimm (1785–1863) gilt als widerlegt, zumal bis heute ein Beweis für deren Verehrung fehlt. Der Brauch, Ostereier zu verschenken, leitet sich wohl davon ab, dass früher zu O. der *Zehnte* mit Eiern bezahlt werden konnte. Die Herkunft des Osterhasen im dt. Bereich ist ebenso ungeklärt wie die der Osterhenne in Skandinavien.

Ostern. Osterfeuerzeremonie im Innenhof der Grabeskirche in Jerusalem. Das am Karfreitag gelöschte Feuer wird am Ewigen Licht im Grabmal neu entzündet und von Gläubigem zu Gläubigem weitergereicht.

Österreich → Evangelische Kirche in Österreich

Österreichische Bischofskonferenz → Bischofskonferenz

Ostkirchen, auch orientalische Kirchen, Sammelbezeichnung für alle Kirchen, die im Byzantin. Reich entstanden. Dazu zählen die mit Rom *unierten orientalisch-kath.* Kirchen, alle *orthodoxen* Kirchen und die *monophysitischen* Kirchen (z. B. *Nestorianer).* O. verwenden im Regelfall eigene Kirchensprachen und eine ähnliche Liturgie (den alexandrin., den antiochen. oder den am weitesten verbreiteten byzantin. Ritus), die meist auf das 4. Jh. zurückgeht. Die O. sind *Nationalkirchen* und werden *autokephal* durch einen *Patriarchen* geleitet.

Ostung → Orientation

Oxfordbewegung → Hochkirchliche Bewegung

Oxford-Gruppenbewegung, ältere Bezeichnung der *Moralischen Aufrüstung.*

Papst. Nach dem Tod von Papst Pius XII. am 9. Oktober 1958 wurde Angelo Giuseppe Roncalli (Abb.) am 28. Oktober 1958 als Johannes XXIII. zum neuen Papst gewählt.

P

Pallium, eine über die Schulter gelegte, weiße wollene Binde mit sechs schwarzen Kreuzen, die vom Papst immer und von kath. Erzbischöfen bei bischöflichen Amtshandlungen getragen wird. Die Wolle des P. wird vom Papst am Fest der hl. Agnes (21. Januar) eingesegnet.

Palmesel, 970 in Augsburg erstmals bezeugter, am *Palmsonntag* in der Prozession mitgeführter fahrbarer hölzerner Esel mit sitzendem Christus in Segenshaltung. Nach dem Volksglauben bewirkt die Berührung des Esels für Kinder Schutz und Gedeihen.

Palmsonntag, auch Palmarum, Sonntag vor Ostern und Beginn der *Karwoche,* mit Vorläufer seit dem 4. Jh. Der Name leitet sich von den Palmzweigen ab, die man auf den Boden legte, als Jesus zu Beginn seiner *Passion* auf einem Esel unter dem Jubel der Menschen in Jerusalem Einzug hielt (Mt 21,1–11; Joh 12,12–15). Im 7. Jh. begann man im Rahmen der Passionsspiele die Szene in Palmprozessionen nachzustellen, wobei der *Palmesel* und *Hostien* eine große Rolle spielten. In kath. Gegenden herrscht bis heute oft die Sitte, am P. geweihte Palmzweige oder geschmückte Palmbäume um die Kirche zu tragen. In den ev. Kirchen ist der P. meist der Tag der *Konfirmation,* weil am folgenden Sonntag *Ostern* ist, was die erste Teilnahme am Abendmahl ermöglicht.

Pantokrator (griech. »Allherrscher«), in der griech. Übersetzung des A.T. *(Septuaginta)* verwendeter Ausdruck für Gottes Allmacht, der im N.T. auf Jesus Christus übertragen wird (Offb 1,8; 4,8). In der frühen Kirche spielte der Titel P. eine große Rolle, bis heute ist er ein zentraler Christustitel der orthodoxen Kirchen. Prachtvolle Mosaiken und Fresken der christlichen Kunstgeschichte zeigen Christus oft als P. in einem Kreis, wobei er die rechte Hand zum Segnen erhebt und mit der linken Hand das Evangelium in Buchform hält.

Papabili (ital. »papstgeeignet«), inoffizielle Kandidaten für das Papstamt, also solche Kardinäle, denen bei der Wahl Chancen eingeräumt werden.

Papalismus, die Lehre, dass die Kirche durch den Papst geleitet werden müsse, im Gegensatz zum *Episkopalismus* (durch die Bischöfe), *Konziliarismus* (durch das Konzil) und außerhalb des kath. Bereiches des *Presbyterianismus* (durch Älteste und Synoden) oder *Kongregationalismus* (durch die örtliche Gemeindeversammlung).

Papst, das Oberhaupt der kath. Kirche. Seine amtlichen Titel sind Bischof von Rom, Stellvertreter Jesu Christi, Nachfolger des Apostelfürsten (Petrus), Oberhaupt der allgemeinen Kirche, Patriarch des Abendlandes, Primas von Italien, Erzbischof und Metropolit der Kirchenprovinz Rom, Souverän des Staates der Vatikanstadt. Die Selbstbezeichnung des P. lautet seit Gregor I. (reg. 590 bis 604) meist Servus servorum Dei (lat. »Diener der Diener Gottes«). Das Selbstverständnis des P. formuliert das kath. Kirchenrecht (CIC Can. 331) so: »Der Bischof der Kirche von Rom, in dem das vom Herrn einzig dem Petrus, dem Ersten der Apostel, übertragene und seinen Nachfolgern zu vermittelnde Amt fortdauert, ist Haupt des Bischofskollegiums, Stellvertreter Christi und Hirte der Gesamtkirche hier auf Erden; deshalb verfügt er Kraft seines Amtes in der Kirche über höchste, volle, unmittelbare und universale ordentliche Gewalt, die er immer frei ausüben kann.« Der P. ist oberster Richter, der selbst nicht vor Gericht gezogen werden kann (Can. 1404 bis 1405), ohne ihn kann kein Konzil entscheiden oder stattfinden (Can. 336–341), er ist unfehlbar in seinen Lehrentscheidungen (Can. 749 §1, vgl. §2). Es bleibt ihm überlassen, »ob er dieses Amt persönlich oder im kollegialen Verbund ausübt« (Can. 333 §2). »Gegen ein Urteil oder ein Dekret des P. gibt es weder Berufung noch Beschwerde« (Can. 333 §3). »Der P. ist der oberste Richter für den gesamten kath. Erdkreis. Er spricht Recht entweder persönlich oder durch die ordentlichen Gerichte…« (Can. 1442).

Der Titel »P.« ist seit dem 4. Jh. nachweisbar. Die Entwicklung des Papstamtes ist zunächst die Geschichte des Amtes des Bischofs von Rom und eng mit der Geschichte der *Frühen Kirche* verbunden. Erst seit Gregor I. erhebt der P. den Anspruch, nicht nur das Ehrenprimat *(Primat)* unter den christlichen *Patriarchen* und Bischöfen zu haben, sondern auch das Jurisdiktionsprimat, also tatsächlicher Herr aller Christen zu sein. Diese Auffassung war einer der wesentlichen Gründe für das Auseinanderdriften der West- und Ostkirchen bis zur Spaltung in die röm.-kath. Kirche und die orthodoxen Kirchen einerseits sowie für die Kirchenspaltung der Reformation in die röm.-kath. Kirche und die ev. Kirchen andererseits.

Im 19. und 20. Jh. wandelte sich das Papsttum tief greifend. Der fast völlige Verlust der politischen Macht schon unter Napoleon und später durch die Einigung Italiens *(Kirchenstaat)* führte zum Aufstieg des P. zum unpolitischen, aber unbestrittenen Führer der kath. Kirche, zum Seelsorger und Prediger, worauf die kath. Welt mit einer bis dahin nie gekannten Verehrung des »Heiligen Vaters« reagierte und bis heute reagiert, wie die Zahlen der Romwallfahrer beweisen.

Papstliste → Apostolische Sukzession

Papstnamen, die Päpste wurden ursprünglich nach ihrem eigenen Namen benannt. Im 6. Jh. gab es die ersten Namensänderungen bei Amtsantritt, um heidnische Namen zu vermeiden. Seit dem 11. Jh. wurde die Namensänderung zur Regel. Gleiche Namen werden durchgezählt und bedeuten oft, dass sich der Träger einen bestimmten Papst zum Vorbild nimmt. Der Name Petrus für einen P. gilt stillschweigend als ausgeschlossen.

Papst und Konzil, die Position des Papstes gegenüber dem Konzil wurde im Lauf der Jahrhunderte stetig gestärkt, auch wenn dieses Verhältnis immer ein Streitpunkt blieb. Nachdem schließlich nur der Papst ein Konzil einberufen durfte, das Konzil aber in seinen Lehraussagen unfehlbar entscheiden konnte und dem Papst gleichberechtigt gegenüberstand, wurden schließlich 1870 vom Konzil selbst »ex *cathedra*«-Lehraussagen des Papstes für unfehlbar erklärt. Allerdings blieb das neue Dogma nach der damit verbundenen Machtprobe weitgehend Theorie, da sich P. in den anstehenden Fragen einig waren bzw. keine »ex cathedra«-Entscheidungen gefällt wurden. Dies geschah erst 80 Jahre später, als erstmals ein Papst (Pius XII. 1950) das Dogma von der *Unfehlbarkeit* des Papstes anwendete. Der Papst verkündigte ohne Konzil und ohne wenigstens auf eine vorhandene kirchengeschichtliche Tradition verweisen zu können in der Apostolischen Konstitution »Munificentissimus Deus« das Dogma von der Himmelfahrt Marias, nachdem Maria selbst ihn in einer Vision dazu aufgefordert habe *(Mariendogmen)*. Die endgültige Entmachtung des Konzils vollzog sich nun durch das Kath. Kirchenrecht von 1983 (besonders Can. 749 §2): Eine Berufung auf ein Konzil gegen den Papst ist verboten (Can. 1372). Das Konzil ist nur noch »zusammen mit seinem Haupt und niemals ohne dieses Haupt Träger höchster und voller Gewalt in Hinblick auf die Gesamtkirche«, (Can. 336). Daher sind Konzilsdekrete nur mit Zustimmung des Papstes gültig (Can. 341 §1).

Papstwahl → Kardinal

Paradies, im A.T. auch Garten Eden, Garten des Herrn, Garten Gottes, der Wohnort des ersten Menschen Adam und seiner Gefährtin Eva vor dem Sündenfall *(Erbsünde)* und damit Ort des Friedens und Glücks. Schon im A.T. wird so auch die Hoffnung auf das Wohnen des Gläubigen bei Gott bezeichnet, was das N.T. aufgreift (2 Kor 12,4; Offb 2,7). P. ist auch der Name einer Vorhalle eines mittelalterlichen Kirchenportals.

Paraklet (griech. parakletos: »Tröster«, »Fürsprecher«), Titel für Jesus (1 Joh 2,1; vgl. Joh 14,16), dann aber besonders für den Heiligen Geist, als Jesus ihn seinen Jüngern in seinen Abschiedsreden (Joh 14,16+26; 15,26; 16,7) ankündigt, damit sie getröstet und in alle Wahrheit geführt werden.

Paramente (lat. parare: »zubereiten«), alle Gegenstände zur Durchführung des Gottesdienstes, also die Ausstattung des Kirchenraums und der Liturgen, im engeren Sinn die mit den liturgischen Farben wechselnden Gewänder und Behänge von *Altar, Kanzel* und Taufstein *(Taufbecken)*.

Paris, das ehemals röm. Lutetia Parisiorum, wurde unter Philipp II. August (reg. 1180 bis 1223) Hauptstadt des Königreichs Frankreich; als dessen Nationalheiliger wird der erste Bischof von P. und Märtyrer (enthauptet Ende des 3. Jh.) Dionysius (Saint Denis) verehrt. Seine kulturgeschichtliche Bedeutung im Mittelalter gründete sich wesentlich auf die Universität als eine Pflegestätte der *Scholastik*. 1572 war P. einer der Schauplätze eines unter den *Hugenotten* angerichteten Blutbads *(Bartholomäusnacht)*. Hauptwerke der um 1150 mit dem Neubau der Abteikirche Saint-

Paradies. Zu den Vorstellungen vom Paradies gehört eine Rückkehr in den von Gott gepflanzten Garten von Eden als irdisches Paradies; hier wachsen »allerlei Bäume (...) mit köstlichen Früchten« (Gen 2,9). Sie bilden den Hintergrund der freudigen Begrüßungsszenen auf dem Gemälde (Ausschnitt) von Giovanni di Paolo aus der Frührenaissance, 15. Jh.; Pinacoteca, Siena

Paris. Ein Vierpass rahmt dieses Detail aus der farbigen Verglasung der Oberkirche der Sainte-Chapelle, die als monumentaler Reliquienschrein konzipiert ist; um 1270.

Denis beginnenden gotischen Sakralarchitektur sind die Kathedrale Notre-Dame (1163 bis 1330) und die Sainte-Chapelle: Ludwig IX., der Heilige (reg. 1215/36–70, heilig gesprochen 1297), ließ diese Doppelkirche mit durchfenstertem Obergeschoss um 1250 als »gläsernen«, von farbigem Licht erfüllten Schrein für die Dornenkrone Christi und weitere *Reliquien* errichten, die er aus *Konstantinopel* erworben hatte und zu bestimmten Anlässen darbot.

Parochie (griech. paroikia: »Nachbarschaft«), auch Sprengel oder Pfarrsprengel, kleinster Bezirk einer Kirche mit einer Kirchengemeinde und einem Pfarrer. Im Gegensatz zu den Freikirchen, die sich jeder unabhängig vom Wohnort aussuchen kann, bedeutet P. in der kath. Kirche und in den ev. Landeskirchen auch, dass der Wohnort über die Zugehörigkeit zu einer Gemeinde entscheidet, sodass eine nicht immer mögliche Umgemeindung notwendig wird, wenn ein Gläubiger eine andere Gemeinde als die seines Erstwohnsitzes wählen möchte.

Parthenogenese → Jungfrauengeburt

Partikularismus, Partikularreligion, Religionen, die sich nur als für ein bestimmtes Land und Volk gültig ansehen, im Gegensatz zum *Universalismus* der Weltreligionen.

Parusie (griech. parousia: »Ankunft«), in der Antike Ausdruck für den Auftritt des Götterbildes oder die Ankunft des vergöttlichten Herrschers, im N.T. und in der Frühen Kirche als Fachausdruck für die *Wiederkunft Jesu* am Ende der Zeit (1 Thess 5,23; 2 Thess 2,1; Jak 2,7).

Parzival → Gral

Passah, das jüd. Passafest (Ex 12; Num 9; Dtn 16) wird im N.T. sowohl als Vorbild (Typos) für das Opfer Jesu am Kreuz gesehen als auch für die regelmäßige Erinnerung daran im Abendmahl (Eucharistie). Beides kommt darin zum Ausdruck, dass Jesus zur Zeit des Passafestes starb und bei einer Passafeier das Abendmahl einsetzte (Mt 26,17; Mk 14,12; Lk 22,7f.).

Passion (lat. »Leiden«), die in den Evangelien geschilderte Leidensgeschichte Jesu Christi zwischen seinem Einzug in Jerusalem und der Auferstehung mit Verrat durch Judas, Gefangennahme in Getsemani, Verhör vor dem Synedrium, Verrat des Petrus, Geißelung und Dornenkrönung als König der Juden, Todesurteil durch Pilatus, Weg zum Kreuz *(Kreuzweg, Via Dolorosa)* und Kreuzigung mit den letzten Worten Jesu, Tod, Kreuzabnahme und Begräbnis. Seit dem 13. Jh. wurden die Texte der Evangelien in musikalischer Form P. genannt, zunächst als einfacher *gregorianischer Gesang,* dann als Choralpassion, ab dem 15. Jh. unterbrochen von Motetten und schließlich auf dem Höhepunkt vom 16.–18. Jh., beginnend mit Heinrich Schütz und vollendet von Johann Sebastian Bach, die gewaltigen, mit Instrumentalstücken und Chorsätzen verwobenen *Oratorien,* die nach dem jeweiligen Evangelisten benannt wurden (am häufigsten Matthäuspassion und für Karfreitag Johannespassion). Die Darstellung der Stationen in der Plastik oder Malerei heißt Passionszyklus, der Nachvollzug der Stationen durch Gläubige Kreuzweg.

Passionsspiele → S. 35

Passionszeit, die Zeit der Erinnerung an die Passion Christi im Kirchenjahr, also streng genommen die Zeit vom ersten Passionssonntag (ev. Judika) bis Karfreitag. Sie wird seit dem 8./9. Jh. P. genannt. Oft wird sie aber von den Gläubigen vor allem im ev. Bereich mit der gesamten *Fastenzeit* gleichgesetzt und schon ab Aschermittwoch gerechnet.

Pastor (lat. »Hirte«), Amtsbezeichnung für ev. und kath. Pfarrer, im ev. Bereich eher in Norddeutschland üblich. → Hirtenamt

Pastoralbriefe, Sammelbezeichnung dreier Briefe des N.T. (1 Tim, 2 Tim, Tit), da Paulus hier zwei Mitarbeiter über ihre pastoralen

(Pastor), Gemeinde leitenden Pflichten belehrt.

Pastoralrat, auch Seelsorgerat, das seit 1975 in der kath. Kirche in Deutschland vorgeschriebene Gremium zur Beratung eines Bischofs in Fragen der Seelsorge. Der P. besteht aus vom Bischof ernannten Mitgliedern, Vertretern der Priesterschaft und Abgeordneten der Laienvertretung.

Pastoralreferent, kath. Beruf für studierte Theologen und Theologinnen, die keine *Weihe* erhalten haben, aber in *Seelsorge, Katechese* und Jugendarbeit tätig sind.

Pastoraltheologie, kath. Ausdruck für *Praktische Theologie.*

Pastor angelicus (lat. »Engelhirte«), auch Papa angelicus (lat. »Engelpapst«), Idee eines Idealpapstes, der die Kirche erneuern sollte und seit seiner ersten Erwähnung durch Joachim von Fiore (um 1130–1202) eine zentrale Rolle in der mittelalterlichen Eschatologie spielt, zuletzt bei dem russ.-orthodoxen Dichter Wladimir S. Solowjow (1853–1900) in seiner »Erzählung vom Antichrist« (1900) erwähnt.

Pastor Hermae → Hirt des Hermas

Paten (griech.-lat. pater: »Vater«), in der frühen Kirche Taufzeugen, die für den Glauben des Taufbewerbers *(Katechumenat)* bürgten. Als die Kindertaufe die Erwachsenentaufe mehr und mehr ablöste, legten die P. stellvertretend für das Kind das Glaubensbekenntnis ab. Sie waren auch für die christliche Erziehung mit verantwortlich. Dieser pädagogische Aspekt trat mit der Reformation in den ev. Kirchen in den Vordergrund. Im Mittelalter waren die P. angesichts der hohen Sterblichkeit häufig auch Ersatzeltern und wurden meist aus der näheren Verwandtschaft ausgewählt.

Patene (lat. patena: »Opferteller«), flacher Teller für die *Hostien* oder das Abendmahlsbrot.

Patriarch (griech. »Hauptvater«, »Erzvater«), im A.T. und N.T. die *Erzväter* des Volkes Israel, nämlich Abraham, Isaak, Jakob und dessen zwölf Söhne. In der alten Kirche Titel der Bischöfe von Rom, Alexandria, Antiochia, Konstantinopel und Jerusalem, bis heute Titel der Oberhäupter der meisten orthodoxen Kirchen. → autokephal, → Katholikos

Patripassianer (lat. pater passus est: »der Vater hat gelitten«), in den *trinitarischen* Streitigkeiten der frühen Kirche abfälliger Ausdruck für Vertreter des *Modalismus,* demzufolge Jesus nur eine andere Erscheinungsform des Vaters sei, womit letztlich ja der Vater am Kreuz gelitten habe.

Patristik (griech. »Vater«), Wissenschaft, die sich mit den Schriften der Kirchenväter und der *Frühen Kirche* beschäftigt, Teil der *Kirchen-* und der *Theologiegeschichte.*

Patron → Schutzpatron

Patronat (griech. »Vateramt«), auch Patrozinium, in den Kirchen des Westens die Mitbestimmungsrechte eines Stifters oder Besitzers einer Kirche oder seiner Erben und Nachfolger, vor allem bei der finanziellen Verwaltung und der Einsetzung der Geistlichen. Das P. spielte im Mittelalter bis zum Ende der Adelsherrschaft in Europa eine große Rolle, ist aber heute von wenigen Ausnahmen abgesehen erloschen.

Patrozinium (griech. »Vateramt«), auch Patronat, die Schutzherrschaft eines Heiligen (Patrons) über eine kath. Ortskirche, die ihm geweiht ist, meist weil er dort begraben wurde oder seine *Reliquien* sich dort befinden.

Paulus → S. 39

Paulusbriefe, die im N.T. überlieferten Briefe des Apostels → Paulus, S. 39

Peace Mission (engl. »Friedensmission«), von George Baker 1907–19 begründete große Religionsgemeinschaft in den USA. Baker, der sich für die Inkarnation Gottes auf der Vaterstufe hielt, während Jesus nur eine Inkarnation auf der niedrigeren Sohnesstufe gewesen sei, genoss als Father Divine (engl. »Göttlicher Vater«) göttliche Verehrung. Als er 1965 im Alter von 100 Jahren starb, übernahm seine zweite Frau, Edna Rose Ritchings, die Leitung als Mother Divine (engl. »Göttliche Mutter«).

Pentateuch (griech. »Fünfrollenbuch«), Name für die im Christentum »Fünf Bücher Mose« genannten ersten fünf Bücher des A.T., die man evangelischerseits als 1. Buch Mose, 2. Buch Mose usw. zählt. Der Kirchenvater Tertullian (um 160–220) führte die lat. Namen für die Bücher ein, die heute katholischerseits und in der Wissenschaft verwendet werden, nämlich Genesis (»Enstehung«), Exodus (»Auszug«), Leviticus (»levitische Gesetze«), Numeri (»Volkszählungen«) und Deuteronomium (»Gesetzeswiederholung«).

Perikopen, für den Gottesdienst festgelegte Abschnitte aus der Bibel, im kath. Bereich im

Patriarch. Irineus I., seit August 2001 griechisch-orthodoxer Patriarch von Jerusalem, bekleidet das wichtigste christliche Amt im Heiligen Land. Seine Wahl muss traditionell von den weltlichen Herrschern in Israel und Jordanien sowie von der Palästinenserbehörde bestätigt werden.

Peterskirche. Das Innere von San Pietro in Vaticano mit Blick vom Langhaus nach Westen zu Gian Lorenzo Berninis bronzenem Altarbaldachin; dahinter ist als Abschluss von Michelangelos lichterfülltem Kuppelraum die Apsis zu erkennen. Die ungewöhnliche Orientierung der Peterskirche nach Westen (statt der üblichen Ostung) war durch die Erweiterung von Michelangelos Zentralbau durch ein Langhaus in Richtung der östlich gelegenen Stadt Rom erforderlich geworden.

Rahmen der Liturgie, im ev. Bereich als Vorschläge für kürzere Textlesungen oder als Predigttext im Sechsjahresrhythmus. Sie finden sich abgedruckt in kirchlichen Kalendern und den *Losungen*.

Peschitta (syr. »die Einfache«), syr. Bibelübersetzung, die aus Vorläufern im 5. Jh. entstand und in der syr. Kirche bis heute die syr. Kirchensprache bestimmt.

Peterskirche, auch Petersdom (ital. San Pietro in Vaticano), den Mittelpunkt der Vatikanstadt bildende päpstliche Wirkungsstätte und bedeutendste Kirche und Wallfahrtsstätte des Abendlandes (innen 186 m lang, bis zum Tonnengewölbe 45 m hoch, bis zum Scheitel der Kuppel 119 m, im Querhaus 137,50 m breit), ab 1506 an der Stelle der Basilika Kaiser Konstantins des Großen (306/24–337) erbaut, der sie über dem Grab des Petrus errichten ließ. Dass Petrus hier begraben liegt, konnte die archäologische Forschung glaubhaft machen, aber nicht eindeutig belegen. Allerdings ist die Verehrung des Petrusgrabes seit Mitte des 2. Jh. kontinuierlich belegt.

Peterspfennig, mittelalterliche, zugunsten des Papstes erhobene Kirchensteuer, vor allem auf den Brit. Inseln, in Skandinavien und Polen. P. heißen heute freiwillige Spenden der Christen für den Papst, die üblicherweise am 29. Juni zum Fest »Peter und Paul« eingesammelt werden.

Petrus → S. 41

Petrusamt → Papst

Pfarrer, Geistlicher, der eine örtliche Kirchengemeinde leitet. In der kath. Kirche grundsätzlich ein geweihter Priester und vom Bischof eingesetzt, in den ev. Kirchen grundsätzlich durch die *Ordination* berechtigt und von der Gemeinde gewählt oder von der Kirchenleitung bestimmt. In Norddeutschland heißen die ev. Pfarrer meist *Pastor.*

Pfarrgemeinderat, als Ergebnis des 2. *Vatikanischen Konzils* seit 1975 in kath. Kirchengemeinden das größtenteils aus gewählten Laien bestehende Gremium, das den Pfarrer in Fragen der Seelsorge berät, während der *Kirchenvorstand* die Kirchengemeinde und ihren Besitz verwaltet.

Pfingsten, Pfingstfest, das dt. Wort P. entstand durch Verballhornung des griech. Wortes Pentekoste (»50 [Tage]«). 50 Tage nach dem jüd. Passafest und nach der Kreuzigung und Auferstehung Jesu *(Ostern)* fand am jüd. Erntedankfest das Pfingstereignis statt, das mit der Ausgießung des Heiligen Geistes als eigentliche Geburtsstunde der christlichen Kirche gilt. Apg 2,1–13 berichtet, wie nach einer Predigt des Petrus über Joel 3 der Heilige Geist von den Jüngern Besitz ergriff und sie in fremden Sprachen reden ließ. Das Phänomen des Zungenredens (auch *Glossolalie,* Sprachenrede), bei dem – oft in ekstatischem Zustand – Worte in Fremdsprachen oder unbekannte Laute hervorgebracht werden, die dem Sprecher selbst fremd sind, kannten auch die Juden und Griechen. Für die frühen Christen bewies diese Gabe, dass ihre Botschaft für alle Sprachen der Welt bestimmt war und der Heilige Geist den Missionsauftrag Jesu bestätigt und ermöglicht. Alle christlichen Kirchen feiern P. 50 Tage nach Ostern.

Pfingstler (engl. Pentecostals), Anhänger einer enthusiastischen Theologie, die meist eine Erfahrung der Taufe im Heiligen Geist *(Geistestaufe)* als auf die Bekehrung folgendes Ereignis und das Ausüben der Geistesgaben wie Heilung, Prophetie, Wunderwirkungen und insbesondere Zungenreden *(Glossolalie)* als Kennzeichen der Geistestaufe einschließt. Ende des 19. Jh. nahm die Sehnsucht nach den urchristlichen Geistesgaben und der Geistestaufe in *methodistisch* und *baptistisch* geprägten *Heiligungsbewegungen* immer mehr zu, bis 1906 in Los Angeles die erste Gruppe all dies erlebte und sich ihre Erfahrungen in kürzester Zeit in aller Welt verbreiteten. Die P. sind von ihrer Gründung 1906/07 bis heute auf 115 Mio angewachsen und haben damit längst die *Lutheraner* als größte ev. Konfession abgelöst. Sie sind die am schnellsten wachsende religiöse Bewegung der Welt und die Übertritte von der kath. Kirche zu den P. in Südamerika verändern dort die gesamte Religionsstatistik. Die P. sind in zahlreiche Denominationen aufgesplittert und bilden einen Übergang zu verschiedenen Sondergruppen und Sekten (2,5 Mio sind z.B. *Unitarier,* glauben also nicht an die Gottheit Jesu) oder vermischen sich mit anderen Religionen *(Afrikanische Unabhängige Kirchen).* In Deutschland sind viele P. in einem losen Zusammenschluss, dem Bund freikirchlicher Pfingstgemeinden, vereinigt, der Name der Ortsgemeinde lautet dann meist Freie Christengemeinde (in den USA: Assemblies of God). Die Pfingstbewegung hat verschiedene Wellen der *charismatischen* Bewegung hervorgebracht, die sich zahlenmäßig noch stärker ausgebreitet haben.

Pflichtenkollision, auch Güterabwägung, eigentlich ein Begriff aus dem Strafrecht für die nicht rechtswidrige Verletzung einer Pflicht durch eine Handlung, wenn diese Handlung das einzige Mittel war, um eine andere, höherrangige Rechtspflicht zu erfüllen, und wenn der Handelnde sich aufgrund einer Abwägung der Pflichten entschieden hat. In der christlichen Ethik, besonders in der kath. Theologie, wird von einer P. gesprochen, wenn mehrere Gebote Gottes in einen scheinbaren Konflikt geraten. Keine Ethik kommt ohne Güterabwägung aus, also ohne die Sicht, dass die einzelnen Werte und Unwerte einen unterschiedlichen Rang besitzen und im Fall einer P. der höhere Wert Vorrang hat.

Dass die Werte, welche die Gebote Gottes schützen, eine Rangordnung haben und das Übertreten der Gebote unterschiedlich gewichtet wird, zeigt sich besonders, wenn zwei Gebote scheinbar in Konflikt geraten. Das bekannteste Beispiel ist die Aussage Petri gegenüber der jüd. Obrigkeit, die ihm und den Aposteln die Predigt des Evangeliums verbieten wollte (so genannte clausula petri): »Man muss Gott mehr gehorchen als den Menschen« (Apg 5,29; vgl. 4,19). Hier stand das göttliche Gebot, das Evangelium zu verkündigen, über dem göttlichen Gebot, der Obrigkeit zu gehorchen (Röm 13,1–2). Das bedeutendste Beispiel aus dem A.T. sind die Gebete Daniels trotz des Befehls zum *Götzendienst* (Dan 3+6). Ein häufiger Konflikt in der Bibel betrifft die beiden Gebote, nicht zu töten und nicht zu lügen. Da das Gebot, Leben zu schützen, höher steht als das Gebot, nicht zu lügen, darf im äußersten Konfliktfall eine Lüge Leben retten (z.B. Jos 2; Ex 2,3–9; Ps 34; 1 Sam 16,2; 19,9–17; 2 Sam 17,18–21; 2 Kön 10,18–27). Die Lüge zur Lebensrettung wurde zu einem der am häufigsten diskutierten ethischen Probleme der Kirchengeschichte.

Die lutherische Theologie geht (in Abweichung von der Sicht Luthers selbst) meist davon aus, dass der Mensch in einem solchen Konflikt immer schuldig wird, hält aber bisweilen auch das wichtigere Gebot für maßgeblich. Sie spricht daher vom »kleineren Übel«. Die kath. Kirche kennt grundsätzlich die Entscheidung zugunsten eines höheren Gebotes, lässt sie aber im Fall der Lüge nicht gelten. Die reformierte Theologie geht zumeist davon aus, dass es in jeder Entscheidungssituation, die von Gottes Geboten betroffen ist, eine richtige Entscheidung geben kann und der Mensch jeweils dem höheren Gebot verpflichtet ist, das damit eine Ausnahme für das niedrigere Gebot darstellt. Daraus folgt, dass ein Mensch auch in einer außerordentlich schwierigen Konfliktsituation nicht gezwungen ist zu sündigen.

Pforte → Heiliges Jahr

Pharisäer (aram. »Abgesonderte«), einflussreiche, geschlossene Gruppe unter den Juden

Pfingsten. Gottesdienst zum Fest der Ausgießung des Heiligen Geistes in einer russisch-orthodoxen Kirche in Belgrad.

zur Zeit Jesu. Sie waren in erster Linie *Schriftgelehrte,* welche die Schriften anhand der mündlichen Überlieferung (Mischna und Talmud) auslegten, da sie ihrer Überzeugung nach so alt war wie das schriftliche Gesetz. Jesus wies sie scharf zurecht (Mt 23) und beschuldigte sie der Heuchelei (Mt 23,13–14). Während sie auf äußerliche Befolgung des Gesetzes bedacht seien (Lk 11,39–43), besäßen sie nicht die Reinheit des Herzens. Sie lösten ihren Anspruch, gerechter als andere zu leben, letztlich nicht ein (Lk 18,9–14). Die P. beschlossen Jesu Tod (Mt 12,14). Charakteristische Lehren der P. waren der Glaube an das sowohl mündlich als auch schriftlich überlieferte Gesetz, an die Auferstehung des Leibes, an die Existenz einer Geisterwelt, an die Unsterblichkeit der Seele, an die Vorherbestimmung des Menschen und an die zukünftige Belohnung oder Bestrafung aufgrund der Werke (Mt 9,11–14; 12,1–8; 16,1–12; Lk 11,37–44; Apg 15,5; 23,6–8). Paulus war ursprünglich P. (Apg 26,5; Phil 3,5), nach Lukas wurden viele P. Christen (Apg 15,5). Nach 70 n. Chr. (Zerstörung Jerusalems und des Tempels durch die Römer) und dem Ausfall der eher liberalen *Sadduzäer* wurde das Judentum der P. zum einzigen Judentum, das fortbestand.

Pharmakon athanasias (griech. »Heilmittel zur Unsterblichkeit«), so bezeichnete Ignatius von Antiochien (2. Jh.) das Abendmahl.

Pietà. Michelangelo, »Pietà«, 1499/1500, Petersdom in Rom. Ursprünglich war die Pietà für ein Grabmonument bestimmt, das der französische Kardinal Jean de Villiers de la Groslaye in Auftrag gegeben hatte.

Physikotheologie (griech. »Natur-Theologie«), theologisch-philosophische Denkschule, nach der man aus der Ordnung, Zweckmäßigkeit und Genialität der Natur (Schöpfung) auf die Existenz und Größe Gottes schließen kann. Bedeutsam war dabei, dass das A.T. wie das N.T. Naturgesetze und Gebote Gottes oft mit demselben Wort bezeichnen und Parallelen zwischen Gottes direkter Offenbarung und der Offenbarung in der Natur ziehen (z.B. die zwei Strophen in Ps 19). Die P. beflügelte viele der frühen Naturforscher und Naturwissenschaftler und brachte vor allem im 18. Jh. zahllose Schriften hervor. Sie wird heute vor allem im *evangelikalen* Bereich weltweit vertreten.

Pietà (ital. »Mitleid«, »Erbarmen«), in Malerei und Bildhauerkunst verbreitete Darstellung Marias mit dem Leichnam ihres Sohnes Jesus auf dem Schoß. Da die Kreuzabnahme am späten Nachmittag geschah, also zur Zeit des *Stundengebets* »Vesper«, auch Vesperbild genannt. Die P. ist Bestandteil der kath. Marienverehrung, da ev. Theologen darauf verwiesen, dass nach den neutestamentlichen Berichten nicht Maria Jesus vom Kreuz abnahm.

Pietät (lat. pietas: »Frömmigkeit«), ursprünglich religiöse Frömmigkeit, heute meist Anstand, Rücksichtnahme.

Pietismus (lat. pietas: »Frömmigkeit«), tief religiöse Bewegung innerhalb des Protestantismus des späten 17. und frühen 18. Jh., die sich gegen die lutherische *Orthodoxie* wandte und das verinnerlichte Christentum der Urgemeinde wieder lebendig werden lassen wollte. Gegen die einseitig auf Lehre und Struktur ausgerichtete Theologie der altprotestantischen Orthodoxie forderte der P. ein streng an der Bibel ausgerichtetes praktisches Christentum, das sich besonders durch lebendige Frömmigkeit, tätige Nächstenliebe, erbauliche Predigten und Bibelstudien, Mission sowie die Betonung einer persönlichen *Bekehrung* bzw. *Wiedergeburt* auszeichnete. Die Wurzeln des P. reichen zurück zu Johann Arndt (1555–1621), der in seinen 1605–10 erschienenen »Vier Büchern vom wahren Christentum« die Tradition der dt. *Mystik* aufgriff. Der eigentliche Begründer des P. ist jedoch Philipp Jakob Spener (1635–1705), der mit seiner 1675 verfassten Hauptschrift »Pia desideria« (lat. »Frommes Verlangen«) das Programm der Bewegung verfasste und durch die von ihm gegründeten »Collegia pietatis« die für den P. typischen Laiengemeinschaften schuf. Durch Speners Schüler August Hermann Francke (1663–1727) wurde Halle zum Zentrum des P. Francke, der vor allem als Theologe und Pädagoge wirkte, prägte die neu gegründete Universität Halle und richtete ein Waisenhaus ein, aus dem später die »Franckschen Stiftungen« hervorgingen. Halle war auch Ausgangspunkt der *Inneren* und *Äußeren Mission,* der Bibelverbreitung (Canstein'sche Bibelanstalt, *Bibelgesellschaften*) und der *Judenmission.* Herausragender Schüler Speners war Nikolaus Ludwig Graf von Zinzendorf (1700–1760). Seine Theologie war durch eine tiefe Christusmystik geprägt und er begründete die Herrnhuter *Brüdergemeine.* Ein dritter eigenständiger und stark biblizistischer Zweig des P. entstand später unter Johann Albrecht Bengel (1687 bis 1752) und Friedrich Christoph Oetinger (1702–1782) in Württemberg.

Der P. war keine einheitliche Bewegung. Die Betonung der persönlichen Glaubenserfahrung in seinen Kreisen wirkte katalysierend auf individualistische Lehrbildungen und Abspaltungstendenzen (z.B. Zentralschau, *Allversöhnung,* Stufenlehren, besondere Geisteserfahrungen). Der P. als Erbauungs- und Erneuerungsbewegung beflügelte jedoch protestantische Kirchen weit über die deutschsprachigen Länder hinaus. Heute bezeichnet man mit P. jede die Wahrheit der Bibel und die persönliche Frömmigkeit betonende Bewegung im ev. Raum, die korrekt jedoch eher als *evangelikal* zu beschreiben ist.

Pilgerfahrt → **Heilige Stätten,** S. 61

Pilgerväter (engl. Pilgrim Fathers), *Kongregationalisten* aus England, die angesichts der Unterdrückung ihres Glaubens unter Führung von John Robinson (1575–1625) zunächst nach Holland auswanderten und 1620 auf dem Schiff »Mayflower« nach Amerika segelten, wo sie im Staat Massachusetts die Stadt Plymouth gründeten. → Puritaner

Pneuma → Geist

Pneumatologie (griech. pneuma: »Geist«), die Lehre vom Heiligen Geist, Teil der *Dogmatik.*

Polizeiseelsorge → Gefängnisseelsorge

Polyglotten (griech. »Vielsprachige«), mehrsprachige Bibeln, in denen neben dem *Urtext* mehrere Übersetzungen stehen, sowohl aus der Alten Kirche bekannt *(Hexapla)* als auch bis heute in verschiedenen Fassungen als Hilfsmittel für die *Exegese* verwendet.

Pilgerväter.
Am 21. November 1620 unterzeichneten die Pilgerväter an Bord der »Mayflower« vor ihrer Landung auf Cape Cod einen Vertrag über die Errichtung eines puritanischen Gemeinwesens. Stahlstich nach einem Gemälde des 19. Jh.

Pönitentialien (lat. libri poenitentiales: »Bußbücher«), Beichtbücher mit Auflistung von Sünden und ihren Strafen als Handbücher für den Priester, der die *Beichte* abnimmt.

Pönitentiar (lat. poenitentia: »Buße«), Priester, der die *Beichte* abnimmt oder abnehmen darf.

Pönitenz → Buße

Pontifex maximus (lat. »größter Brückenbauer«), altröm. Titel des gewählten obersten Priesters, seit Kaiser Augustus (reg. 27 v. Chr. bis 14 n. Chr.) Titel des röm. Kaisers bis Ende des 4. Jh. Im 5. Jh. von Papst Leo I. erstmals vom Kaiser auf den Papst übertragen, seit dem 15. Jh. einer der feststehenden Titel des Papstes.

Pontificale Romanum → Pontifikalbücher

Pontifikalamt, von einem kath. Bischof (Erzbischof, Papst) zelebrierte Messe bzw. Hochamt.

Pontifikalbücher, kath. liturgische Handbücher für bischöfliche Amtshandlungen mit Ausnahme der Messe, heute in der einheitlichen Fassung des Pontificale Romanum.

Pontifikalien, liturgische Gewänder und Insignien eines kath. Bischofs und alle Anlässe, bei denen er diese trägt und die nur ihm vorbehalten sind.

Pontius Pilatus, von Kaiser Tiberius eingesetzter röm. Prokurator von Judäa, Idumäa und Samarien (reg. 26–36 n. Chr.), verlegte das militärische Hauptquartier von Cäsarea nach Jerusalem. Auf Druck der jüd. Führer verurteilte er Jesus zum Tode. Durch seine häufige Erwähnung im N.T. (bekenntnisartig

Pilatus. Das Gemälde »Ecce Homo« von Lovis Corinth (nach Joh 19,1–4) zeigt Jesus zwischen einem Kriegsknecht und dem weiß gewandeten Pilatus, der alle Schuld am Justizmord des Jesus von sich weist (bei Matthäus wäscht er seine Hände in Unschuld; Mt 27,24). Das bereits expressionistische Werk entstand kurz vor Corinths Tod 1925 und wurde 1937 in der NS-Propagandaschau »Entartete Kunst« als »Missbrauch der Kunst« angeprangert. Gerettet wurde es durch den Kauf des Kunstmuseums Basel.

schon 1 Tim 6,13) und im *Apostolischen Glaubensbekenntnis* blieb P. bis heute ein bekannter Name. Nachdem er einen Aufstand der Samaritaner niedergeschlagen hatte, wurde er wegen schlechter Verwaltung nach Rom zurückgerufen.

Postcharismatiker, Bezeichnung für die wachsende Zahl derer, die einst in der charismatischen Erneuerung aller Konfessionen aktiv waren, diese aber verlassen haben. Ihre Zahl ist größer als die der *Charismatiker* selbst. Schätzungen zufolge gibt es derzeit etwa 40 Mio Protestanten und 70 Mio Katholiken, die P. sind. Das Phänomen findet sich vor allem in Lateinamerika.

Prädestination (lat. praedestinatio), auch Vorherbestimmung oder Erwählung und Verwerfung, im N.T. Gottes ewiger Ratschluss, aus der Masse der Sünder Menschen zu erwählen, die er rettet und denen er durch Christus und den Heiligen Geist das Heil schafft. Die Quelle und der Grund der Erwählung liegen allein in Gott (Joh 6,37–44; Eph 1,4), die Motive sind seine Liebe sowie sein ewiges Erbarmen und seine eigene Ehre (Ex 19,5; Hos 11,1+4; Jer 31,3). Sie richtet sich auf einzelne Menschen (Mt 22,14; Joh 15,19; Röm 8,29; 9,13–22), die Gott zu einem bestimmten Zweck erwählt hat (Jes 43,20; 45,4). Zu den Auserwählten der Bibel gehören u.a. Moses, die Israeliten, Christus, Engel und die Nachfolger Jesu (1 Petr 2,9; 2 Joh 1,1).

Das Verhältnis von P. und Verantwortung, also das Verhältnis von Gottes allmächtigem und souveränem Handeln zum menschlichen Handeln, hat für die Heilsaneignung *(Bekehrung, Wiedergeburt)* und die Ethik zentrale Bedeutung. Vor diesem Hintergrund hat es in der Kirchengeschichte scharfe Auseinandersetzungen gegeben, die sich zur Zeit der Reformation nochmals zuspitzten. Dabei war die Lehre von der P. untrennbar mit der Rechtfertigung allein aus dem Glauben und anderen zentralen Dogmen der Reformation, wie der *Erbsünde* und der völligen Verdorbenheit des Menschen samt Willen und Verstand, verbunden. Martin Luther hielt in seiner Schrift »Vom unfreien Willen« (lat. De servo arbitrio) gegen Erasmus von Rotterdam entschieden daran fest, dass der menschliche Wille unter der Knechtschaft der Sünde steht und von daher unfrei ist. Mit ihm gerieten alle Reformatoren des 16. Jh. unter dem vorherrschenden Empfinden der menschlichen Verdorbenheit und der rettenden Gnade und unter Berufung auf Paulus und die bedeutendsten Kirchenväter in scharfen Gegensatz zu einer positiveren Sicht des menschlichen Willens. Die bei Paulus (Röm 8,29f.; 9,16–24) angelegte und durch Augustinus ausführlich entwickelte Prädestinationslehre wurde von den Calvinisten *(Calvinismus)* so verstanden, dass Gott das Verdienst Christi nur denen anrechnet, die er nach ewigem, unabdingbarem Ratschluss zur Seligkeit vorherbestimmt (prädestiniert) hat, ja diese Auserwählten können dem angetragenen göttlichen Beistand selbst nicht widerstehen. Johannes Calvin lehrte anders als die Lutheraner sogar die doppelte P., also nicht nur die Erwählung zum Heil, sondern auch die zur Verdammnis (Institutio III,21).

In der Bibel heißt es vielfach, dass Gott alle Ereignisse in der Ewigkeit plant und dass nicht nur das Gute, sondern auch das Böse nicht ohne seine Einwilligung geschehen kann. Gleichzeitig sprechen viele Bibelpassagen von der persönlichen Verantwortung des Menschen für sein Leben und sein Heil. Es wächst heute in allen christlichen Konfessionen die Bereitschaft, dies nicht als sich ausschließenden Widerspruch, sondern als komplementäre Ergänzung zweier Seiten zu sehen, eine Sicht, die sich an den Kirchenvater Aurelius Augustinus anschließt.

Prädikate Gottes → Eigenschaften Gottes, S. 14

Präexistenz (lat. »vorher bestehen«), während in der griech. Philosophie, vor allem bei den Platonikern, die Seele schon vor der Zeugung im Reich der Ideen existiert und später im Körper gefangen, aber vor und nach dem irdischen Leben frei ist, lehnen das A.T. und N.T. und die christliche Lehre die P. der Seele ab. In zyklisch denkenden Religionen wandert die Seele oft im Zuge der *Reinkarnation* von Körper zu Körper. Nach christlicher Lehre hingegen entsteht die Seele erst bei der Zeugung *(Beseelung)*. Der Begriff P. ist daher grundsätzlich auf Gottes ewige Existenz und insbesondere auf die P. Jesu Christi beschränkt. → Ewigkeit, → Ewige Seligkeit

Praktische Theologie, ev. Ausdruck für den letzten Teilbereich der wissenschaftlichen Theologie neben Biblischer, Systematischer und Historischer Theologie, im kath. Bereich Pastoraltheologie genannt. Zur P. gehören vor allem die *Homiletik* (Predigtlehre), *Katechetik* (Unterweisung), *Liturgik* (Gottesdienstgestaltung), die Seelsorge und Evangelistik oder *Missionswissenschaft.*

Prälat, in der kath. Kirche alle Geistlichen mit eigenem Jurisdiktionsbereich (z.B. Bischöfe, Ordensobere, auch als Ehrentitel), im ev. Bereich in einigen Landeskirchen Titel leitender Geistlicher in der mittleren Leitungsebene und Ehrentitel für den *Bevollmächtigen* der EKD bei der Bundesregierung.

Präterismus (lat. praeteritum: »Vergangenheit«), Fachausdruck der wissenschaftlichen Theologie für die Sichtweise, dass ein Großteil der neutestamentlichen Prophetie (*Antichrist,* Große Trübsal, Offenbarung des Johannes, vor allem Offb 1–19, der größte Teil der Endzeitreden Jesu, vor allem Mt 24) bereits historisch erfüllt, also Vergangenheit ist. Danach gilt Nero als Verkörperung des *Antichristen,* und Weissagungen zum Ende des Zeitalters beziehen sich nicht auf das Ende der Welt, sondern auf das Ende des jüd. Zeitalters mit der Zerstörung des Tempels in Jerusalem 70 n.Chr. Der P. wird als Versuch gewertet, die verbreitete Naherwartung des N.T., welche die *Bibelkritik* als nicht erfüllt und damit irrig ansieht, doch als geschichtlich zutreffend zu erklären.

Predella (ital. »Altarstaffel«), die oberste Altarstufe bzw. der Sockel eines *Altars,* oft bemalt oder plastisch verziert, in Barockkirchen häufig mit dem zum Altar gehörenden Reliquienschrein verbunden.

Predigt (lat. praedicare: »öffentlich verkündigen«), die im christlichen Gottesdienst meist von der *Kanzel* (oder Ambo) an die Gemeinde gerichtete Rede auf der Grundlage eines Bibeltextes, heute oft auch in anderer Form als P. bei Großveranstaltungen oder in den Medien Rundfunk und Fernsehen oder in gedruckter Form. Auch wenn die P. in der Kirchengeschichte stets eine wesentliche Rolle gespielt und berühmte Prediger wie Johannes Chrysostomus (griech. »Goldmund«) hervorgebracht hat, spielt sie im orthodoxen Gottesdienst eher eine untergeordnete Rolle. In der kath. Kirche wurde die P. erst durch das 2. *Vatikanische Konzil* wieder aufgewertet, allerdings reicht ihre Länge in der Regel nicht an die ev. P. heran. Die Reformation war zugleich eine Predigtbewegung. Die P. wurde als Auslegungspredigt des Wortes Gottes und als Lehrpredigt zur Belehrung der Laien neben den Sakramenten zum Kennzeichen der ev. Kirchen. Erstmals wurde auch die Ausbildung der Geistlichen zum Predigen durchdacht. In den ev. Freikirchen hat die P. weiterhin die Form der Vers-für-Vers-Auslegung eines Bibeltextes, der für die Gegenwart aktualisiert wird (Homilie), oder der sich aus mehreren Bibeltexten ergebenden Lehrpredigt (Themenpredigt), während in den ev. Volkskirchen und eher liberalen Gemeinden auch andere Ausgangspunkte, z.B. politische Themen, gewählt werden. → Clemensbrief

Predigt. Der Bußprediger Johannes von Capistrano (1386–1456) ruft zur Verehrung Jesu auf, dessen Monogramm auf der Monstranz in seiner Linken zu erkennen ist. Unter dem Eindruck seiner Predigt werden Attribute des weltlichen Lebenswandels verbrannt. 1480; Galerie der Neuen Residenz, Bamberg

Predigtgottesdienst → Wortgottesdienst

Presbyter (griech. presbyteros: »Ältester«), ähnlich wie bei anderen Völkern gab es auch bei den Israeliten ältere Männer in Sippenverbänden, die wegen ihrer Weisheit und Lebenserfahrung in hohem Ansehen standen (Lev 19,32; Dtn 32,7; Ijob 32,6). Nach der Besiedlung Kanaans waren die Ältesten auch für juristische Fragen zuständig und wirkten als Richter (Dtn 19,12; 21,19; 22,15–18; Jos 20,4). In den Tagen Jesu saßen die Ältesten mit den Hohepriestern und Schriftgelehrten im Hohen Rat (Mk 11,27; 14,53; Apg 4,5) und verbündeten sich gegen ihn (Mt 27,1.12).

In Anlehnung an die Ordnung im Judentum gab es auch in den christlichen Gemein-

Presbyter. Tympanon am romanischen Südportal von Saint Pierre in Moissac, Frankreich, am Pilgerweg nach Santiago de Compostela. Das Giebelfeld zeigt Christus mit den vier Evangelistensymbolen, umgeben von den 24 Ältesten.

den Älteste. Das N.T. kennt viele Bezeichnungen für sie, wie »Leiter« (Hebr 13,17), »Vorsteher« (1 Thess 5,12), »Hirten« (Eph 4,11), »Älteste« (Tit 1,5), »Aufseher« oder »Bischöfe« (1 Tim 3,1; Phil 1,1). Die Bezeichnungen »Hirte« (lat. pastor), »Ältester« (griech. presbyteros) und »Aufseher« (griech. episkopos) werden dabei meist synonym verwendet. Die Ältesten waren vorrangig im Bereich der Lehre engagiert. Ein Vergleich der Qualifikationslisten für die Ältesten (Tit 1,6–9; 1 Tim 3,2–7) sowie für die Diakone (1 Tim 3,8–12) zeigt, dass die einzige Qualität, die Älteste den Diakonen voraushaben mussten, die Lehrbefähigung war. So waren also die Ältesten für die Belehrung (1 Tim 3,2; 4,14; 2 Tim 1,6; Tit 1,9), Leitung (Apg 15,2) und seelsorgerliche Begleitung (Apg 20,17; 1 Tim 5,17; Jak 5,14) der Gemeinde zuständig. Sie wurden durch Handauflegung in ihr Amt eingeführt (1 Tim 4,14, 5,22; 2 Tim 2,2). Die Amtsträger werden im N.T. nie mit dem alttestamentlichen Begriff für »Priester« (griech. hiereus) bezeichnet.

Die kirchengeschichtliche Entwicklung des Begriffes P. verlief zweigleisig, auf der einen Seite zum davon abgeleiteten »Priester«, auf der anderen zum Laienältesten (P.). Aus dem »Aufseher« wurde der *Bischof,* aus dem »P.« wurden die dem Bischof unterstellten *Priester.* Daraus entwickelte sich die dreigeteilte Hierarchie von Diakon, Priester und Bischof. In der *Reformation* formulierte Martin Bucer die Presbyterialverfassung, nach der neben dem Pastor (dem ev. Gegenstück zum Priester) von der Gemeinde gewählte P. (Älteste) die Gemeinde leiten. Johannes Calvin übernahm diese Sicht und so verbreitete sie sich von Genf aus in die *reformierten Kirchen* und von dort aus in fast alle ev. Landeskirchen und *Freikirchen.* Die klassische *presbyterianische* Tradition unterscheidet dazu nach 1 Tim 5,17–18 zwischen den lehrenden Ältesten – also den vollzeitlichen Pastoren – und den (nur) regierenden Ältesten.

Presbyterianismus (griech. presbyteros: »Ältester«), die Lehre, dass die Kirche durch die örtlichen Ältesten einschließlich der Laienältesten und aus ihnen zusammengesetzten Synoden geleitet werden müsse, im Gegensatz zum *Papalismus* (durch den Papst), *Konziliarismus* (durch das Konzil), *Episkopalismus* (durch die Bischöfe) und außerhalb des kath. Bereiches des *Kongregationalismus* (durch die örtliche Gemeindeversammlung).

Presbyterium, anderes Wort für *Gemeindekirchenrat.*

Priester, übersetzt zunächst die Begriffe für das im Opfer- und Tempeldienst stehende alttestamentliche Priestertum, das im *levitischen* Priestertum und im Amt des *Hohepriesters* seine Vollendung fand. Das N.T. sieht dieses Priestertum im Hohepriesteramt Jesu erfüllt *(Melchisedek)* und damit als beendet (Joh 14,6; 1 Tim 2,5–6; Hebr 5,7–10; 7,17), da Jesus zugleich das endgültige *Opfer* ist. Dementsprechend wird die griech. Übersetzung dieses Amtes (griech. hiereus) im N.T. zwar gebraucht, nie aber für ein Amt der neutestamentlichen Gemeinde.

Selbst die kath. Kirche leitet Funktion und Begriff des christlichen P. nicht aus dem A.T. oder von »hiereus« ab, sondern vom Begriff des neutestamentlichen Leitungsamtes für Ältester, *Presbyter* (griech. presbyteros), so wie sie den *Bischof* vom neutestamentlichen Amt des Aufsehers (griech. episkopos) ableitet. Das Priesteramt wurde die mittlere der drei Weihestufen nach dem *Diakon* und vor dem Bischof. In der *Frühen Kirche* entwickelte sich das Priesteramt stetig weiter. Nur P. und Bischöfe durften Sakramente austeilen, der *Zölibat* wurde eingeführt, der *Laienkelch* abgeschafft und im Gottesdienst wurden die Laien zu reinen Zuschauern.

Da die Reformatoren das kath. Priesterverständnis ablehnten, ließen sie mit Ausnahme der anglikanischen Kirche, die so ihre Pastoren nennt, auch den Begriff fallen und ersetzten ihn durch *Pfarrer* oder *Pastor.* Sie bestritten vor allem, 1. dass das Priesteramt selbst ein Sakrament ist, 2. das Monopol der P. auf die Sakramentsspendung, 3. die Rolle der P. bei *Beichte* und *Bußsakrament,* 4. ihre Rolle als *Mittler* des Heils und 5. den *Zölibat.* Das im N.T. mehrfach gelehrte Priestertum aller Glaubenden (Eph 2,18; Hebr 10,19–25; 13,15; 1 Petr 2,5+9; Offb 1,5–6) knüpft an entsprechende Aussagen des A.T. an (Ex 19,6). Alle Christen haben demnach Anteil am priesterlichen Wirken Jesu, indem sie das Evangelium als Botschaft vom Heil in Christus zu den Menschen tragen. Die Reformatoren machten das Priestertum aller Glaubenden zum Programm gegen die kath. Kirche. Sie praktizierten daher die Einbeziehung der Laien in das Gemeindeleben (Abendmahl) und in die Kirchenleitung (Presbyter), ohne deswegen jedoch Kirchenleitung und vollzeitliche Pastoren usw. abzulehnen (Ausnahmen sind die *Quäker* und die *Brüdergemeinen*). Demgegenüber formalisierte die kath. Kirche ihr Priesterverständnis im *Tridentinum,* übernahm aber für ihre Gemeindepriester die Aufgabenstellung der ev. Pfarrer.

Primat (lat. »Vorrang«), Vorrangstellung und Ehrenvorsitz eines kirchlichen Amtes. Meist handelt es sich um ein reines Ehrenprimat (der Erzbischof von Canterbury als Primas der anglikanischen Kirchen, der Erzbischof von Uppsala als Primas der schwed. lutherischen Kirche) oder unter Kirchenoberhäuptern (der Patriarch von Konstantinopel als Primas der orthodoxen Patriarchen). Auch in der kath. Kirche kann der Titel ehrenhalber verwendet werden (Primas von Polen). In diesem Sinn erkennen die orthodoxen Kirchen das Ehrenprimat des Papstes als Bischof von Rom an. Nur das kath. *Jurisdiktionsprimat* des Papstes verbindet mit dem Primastitel eine tatsächliche Amtsgewalt. → Affectio papalis, → Papst, → Unfehlbarkeit des Papstes

ProChrist, 1993 erstmals mit dem *Evangelisten* Billy Graham durchgeführte *evangelikale Großevangelisation,* bei der eine Woche lang Abendveranstaltungen mit Musik, Theater und *Predigt* von einem zentralen Ort aus per Satellit an mehr als 1000 Kirchengemeinden mit Großleinwand in den deutschsprachigen Ländern und Europa übertragen werden. Findet seit 1997 mit dem Evangelisten, ev. Pfarrer und Generalsekretär des Christlichen Vereins Junger Männer, Ulrich Parzany, etwa alle vier Jahre statt, teilweise mit Unterstützung der ev. Landeskirchen und fast aller ev. *Freikirchen.*

Profan (lat. profanus: »nicht geheiligt«), bei den Römern der Bereich vor und außerhalb des geweihten *(sakralen)* Bezirks, dann allgemein im Sinn von weltlich, irdisch, immanent, nicht *transzendent* als Gegenbegriff zum Sakralen gebraucht.

Profess → Gelübde, → Orden, → Mönchswesen

Pronoia → Vorsehung

Prophetische Religionen, Religionen, die auf prophetischen Offenbarungen beruhen, im engeren Sinn Judentum, Christentum, Islam, Parsismus und deren Ableger. Die so genannten neuen Religionen der Gegenwart gehen oft auf die Offenbarungen von Propheten und noch häufiger Prophetinnen zurück, z.B. das Heimholungswerk Jesu Christi.

Proprium (lat. proprium: »das Eigene«), die in jedem Gottesdienst sich ändernden Texte und Teile der Liturgie im Gegensatz zu den immer feststehenden Teilen, dem *Ordinarium.*

Propst (lat. praepositus: »Vorgesetzter«), im ev. Bereich Leiter eines größeren Kirchenbezirks (Sprengel), im kath. Bereich Vorsteher eines Dom- oder Stiftskapitels oder Stellvertreter eines *Abtes.*

Proselyt (griech. proselytos: »Hinzugekommener«), ursprünglich jüd. Ausdruck für einen Nichtjuden (Heiden), der durch Beschneidung und später zusätzlich durch Taufe (Proselytentaufe) zum jüd. Glauben übertrat. Missionare unter den Heiden galten als Proselytenmacher (von Jesus in Mt 23,15 kritisiert). Zur Zeit Jesu wurden P. vom Judentum positiv gesehen, in späteren Jahrhunderten eher als Gefahr beurteilt. Im 1. Jh. konnte das

Priester. Priesteranwärter des Bistums Freiburg liegen während ihrer Weihe zum Priester als Zeichen der Demut vor dem Altar des Freiburger Münsters.

Christentum unter den P. viele Anhänger gewinnen. Nahm ein Heide am Glaubensvollzug des Judentums teil, ohne aber offiziell überzutreten und sich beschneiden zu lassen, nannte man ihn »Gottesfürchtiger«. Das N.T. berichtet von vielen Übertritten solcher Gottesfürchtiger zum christlichen Glauben. In der modernen Alltagssprache bezeichnet man als P. entweder neutral jeden, der seinen Glauben wechselt, oder negativ das Opfer einer Abwerbung von einer zur anderen Kirche.

Proskynese (griech. proskynesis: »Kniefall«, »Anbetung«), Kniefall mit Berühren des Bodens mit der Stirn, im Alten Orient im Herrscherkult verbreitete Geste der völligen Unterwerfung. Vom Urchristentum abgelehnt (Apg 10,26, vgl. Offb 19,9–10; 22,8–9), wurde sie unter der griech. Bezeichnung in den orthodoxen Kirchen gegenüber *Ikonen* und *Geistlichen* üblich, in der kath. Kirche unter der lat. Bezeichnung »Prostration« beim Mönchsprofess, beim Erhalt einer der drei *Weihen* und bei der Segnung der Klosteräbte gebräuchlich.

Prostration, kath. Ausdruck für *Proskynese.*

Prostitution, sakrale, kultisch vollzogene sexuelle Selbsthingabe von Mädchen, Frauen oder Knaben, vom frühen Christentum strikt bekämpft, da hier die Perversion des Gottesglaubens zur Perversion der Sexualität führe, wie es Paulus auch für Homosexualität und andere Sünden beschreibe (Röm 1,17–32).

Protestation (lat. »Einspruch«), auf dem 2. Reichstag zu Speyer 1529 legten die ev. Reichsstände (sechs Kurfürsten und Fürsten, 14 Reichsstädte) eine feierliche P. ein, als der Reichstag die Beschlüsse des 1. Reichstags zu Speyer 1526 bezüglich des ev. Glaubens aufhob. Damit war die konfessionelle Spaltung des Dt. Reiches offiziell vollzogen. Seitdem werden die Evangelischen kurz »Protestanten«, ihr Glaube »Protestantismus« genannt.

Providentia → Vorsehung

Prozession, im 4. Jh. aus dem Judentum oder anderen Religionen ins Christentum übernommen, findet sich zunächst vor allem die Palmprozession an *Palmsonntag.* Erst seit dem 14. Jh. wird insbesondere zu *Fronleichnam* eine geweihte *Hostie* zur Anbetung umhergetragen, was sich durch die Ablehnung seitens der ev. Kirchen seit der Reformation noch verstärkte. → S. 35

Psalmen, das alttestamentliche Gebetsbuch hat schon im N.T. vielfache Spuren in Theologie und Gottesdienst hinterlassen. Seine Texte fanden Eingang in die Liturgien aller Konfessionen, zumal sie der Umstand, dass viele P. schon für den Wechselgesang im Tempel geschaffen wurden, für den Wechselgesang zwischen Liturg und Gemeinde empfahl. Viele Kirchensonntage sind nach dem lat. Beginn der Psalmlesungen für diesen Tag benannt. Andere P. werden seit jeher im *Katechismusunterricht* auswendig gelernt und bilden den Inbegriff des religiösen Trostes, so etwa Davids Hirtenpsalm 23 (»Der Herr ist mein Hirte«), der Bußpsalm Davids Ps 51 oder der Hallelujapsalm 150. Im ev.-reformierten Bereich waren die vertonten P. (z.B. Calvins Genfer Psalter) anfänglich oft die einzig zugelassenen Lieder im Gottesdienst, vor allem in Schottland und den Niederlanden. Später wurden im gesamten ev. Bereich die P. in Kirchenliedern und modernen geistlichen Liedern vertont, etwa im *charismatischen* Bereich.

Pseudepigrafie, literaturwissenschaftlicher Begriff zur Bezeichnung eines Werks, das zu Unrecht den Namen einer verstorbenen Persönlichkeit trägt. Als Ergänzung zur Bibel hat es oft pseudepigrafische Werke gegeben (z.B. zum A.T.: Eliaapokalypse, Henochbücher; zum N.T.: Thomas- und Petrus-

Psalmen. Die Buchmalerei im »Pariser Psalter« aus Konstantinopel zeigt den Psalmisten David in seiner Jugend als Hirtenjunge. Er musiziert vor seinen Tieren, während die Allegorie Melodia ihren linken Arm auf seine Schulter legt. Rechts lauscht hinter einer Säule die Nymphe Echo. Offenkundig hat sich der byzantinische Künstler am antiken Orpheusmythos orientiert. Um 975; Bibliothèque Nationale, Paris

evangelium). Im angelsächs. Raum ist man mit der Behauptung, in der Bibel selbst gäbe es P., zurückhaltender als in Deutschland. Hier geht man im Zuge der Ablehnung von vorausschauender Prophetie bei alttestamentlichen Schriften zumindest teilweise von P. der prophetischen Bücher aus, im N.T. meint man P. bei einigen *Paulusbriefen* und *Katholischen* Briefen zu finden. Doch ist diese These nur schwer nachzuvollziehen. So hat es in Griechenland schon im 6. Jh. v. Chr. Prozesse gegeben, in denen sich Literaten von P. distanzierten und zu schützen suchten. Fraglich ist weiter, ob ein biblischer Verfasser durch die Benutzung eines bekannten Namens wirklich an Autorität gewann, da im Judentum wie auch bei den Kirchenvätern deutlich wird, wie streng sie über den biblischen Text gewacht haben. Die von manchen Theologen als P. angesehenen Schriften lassen sich durchaus sinnvoll aus ihrem historischen Kontext erklären. Im angelsächs. Bereich gibt es liberale Forscher, die keinerlei P. im N.T. finden. → Apokryphen

Purgatorium → Fegefeuer

Puritanismus (lat. purus: »rein«), heute meist abschätzig für eine überzogen sittenstrenge und gesetzliche Art des Christentums oder der Lebensführung überhaupt gebraucht. Es gilt als sicher, dass dies dem historischen P. nicht gerecht wird, der seinen Ursprung im England des 16. Jh. hat und das Studium der reinen Religion fördern wollte. Reformiert-calvinistische Gruppen der *Low Church* wollten die ebenfalls grundsätzlich reformierte *anglikanische Staatskirche* von kath. Elementen befreien. Statt Bischöfen sollten Presbyter (Älteste) die Kirche leiten, außerdem der Einfluss des Königs zugunsten einer stärkeren Trennung von Kirche und Staat zurückgedrängt werden. Während schließlich ein Teil der Puritaner 1620 als *Pilgerväter* nach Amerika auswanderte, wo sie einige der späteren Bundesstaaten der USA mit puritanischer Staatsverfassung gründeten, entwickelte sich der P. in England zu *presbyterianischen, kongregationalistischen* und *reformiert-baptistischen* Kirchen fort. Der Vorwurf der Sittenstrenge an die Puritaner hängt damit zusammen, dass sie die engl. Gesetzgebung zu einer strikten Kontrolle des Sonntags und der Vergnügungsveranstaltungen bewegten und dass sie im reformiert-calvinistischen Bereich die Bedeutung des alttestamentlichen Moralgesetzes für die Ethik am stärksten betonten.

Quäker. Bei genauer Betrachtung von Jan Steens »Verkehrter Welt« wird rechts im Hintergrund eine Ente auf der Schulter des Mannes sichtbar, der sich von dem schamlosen Treiben im Vordergrund abwendet. Es ist sehr wahrscheinlich, dass dieses gleichsam »sprechende« Attribut den Mann als Quäker kennzeichnet. 1663; Kunsthistorisches Museum, Wien

Q

Quadragesima (lat. »vierzig«), im Kirchenjahr die 40-tägige Fastenzeit vor Ostern.

Quäker (engl. »Zitterer«, von quake: »zittern«), auch »Gesellschaft der Freunde« (engl. Society of Friends), halten Gottesdienste ab, die im Wesentlichen still verlaufen und unvorbereitet sind, weil das durch die direkte Eingebung durch den Heiligen Geist bestimmte Gefühl den Verlauf leiten soll. Zur Entstehungszeit im 17. Jh. zitterten die Q. (Schüttelanfälle oder Gliederzittern), wenn der Geist sie führte, woraus der Spottname entstand, den sie dann selbst übernahmen. Die Q. wurden von dem engl. Schuster George Fox (1624–1691) aufgrund einer spirituellen Berufungserfahrung Pfingsten 1652 gegründet. Sie lehren, dass in jedem Menschen Gott als »inneres Licht« (nach Joh 1,9) wohnt, so dass alle Menschen gleich sind. Die in England verfolgten Q. wurden durch ihren Glaubensbruder William Penn (1644–1718), den Begründer des späteren US-Bundesstaates Pennsylvania, in Amerika heimisch. Die Q. lehnen die Sakramente, den Eid, Kriegsdienst sowie jede Art von Dogmatik und Bekenntnisformulierungen ab und sind sozial sehr aktiv. Für ihren weltweiten Einsatz für den Frieden und den Zivildienst erhielten sie 1947 den Friedensnobelpreis. Weltweit haben die Q. etwa 400 000 Anhänger.

Quasireligion, von dem ev. Theologen Paul Tillich (1886–1965) geschaffener Begriff für innerweltliche Ersatzreligionen wie Rassismus, Nationalsozialismus, Kommunismus und andere Ideologien.

Qumram.
Blick auf die vierte Höhle von Qumram am Nordwestufer des Toten Meeres in Israel.

Quatember (lat. [ieiunia] quattuor temporum: »[Fasten] von vier Zeiten«), die alten vier Bußwochen des kath. Kirchenjahres, also jeweils die Woche nach dem dritten *Advent,* dem Fastensonntag, *Pfingsten* und dem dritten Sonntag im September. Sie prägten früher den Alltag, werden heute aber nur noch liturgisch begangen.

Quietismus (engl. »Ruhe«), Haltung der völligen inneren Ruhe in der Mystik, zugleich Bezeichnung eines zurückgezogenen Glaubenslebens im Gegensatz zum Änderung fordernden und öffentlichen Aktivismus.

Qumran, 1947 entdeckte ein Beduinenjunge am Westufer des Toten Meeres zufällig eine Höhle, in der sich alte Dokumente befanden. Nachfolgende Ausgrabungen und die Erforschung zahlreicher weiterer Höhlen ergaben, dass es sich um eine 150/140 v.Chr. gegründete Siedlung der jüd. Sekte der Essener handelte, einer asketisch lebenden Gemeinschaft, die in einer Art Wüstenkloster durch strenge Befolgung religiöser Gebote und Riten das Hereinbrechen der Endzeit beschleunigen wollte. Die vielen Schriftrollen, welche die Essener 68 n.Chr. vor den anrückenden Römern versteckten, gelten als einer der bedeutendsten Handschriftenfunde der Geschichte. Die Handschriften befinden sich heute zum größten Teil im eigens dafür erbauten »Schrein des Buches« in Jerusalem.

Der in vielen Q.-Schriften mit Ordensregeln und dem besonderen Glaubensgut der Gemeinschaft als »Lehrer der Gerechtigkeit« bezeichnete erwartete Retter kann allerdings nicht mit Jesus gleichgesetzt werden und auch sonst lässt sich trotz zahlreicher Versuche kein direkter Bezug zu neutestamentlichen Schriften herstellen. Diskutiert wird die These etlicher Papyrologen, dass sich unter den Schriften Fragmente der neutestamentlichen Evangelien finden, die somit vor der Zerstörung Jerusalems 70 n.Chr. verfasst worden sein müssten. Die Funde sind in erster Linie für die Erforschung der jüd. Religionsgeschichte von Bedeutung, vor allem für die Überlieferung des A.T., dessen zuverlässige Tradition sie eindrucksvoll bestätigen, insbesondere die berühmte Jesajarolle.

R

Radio Vaticana, vatikan. Radioprogramm mit eigenem Sender hinter der *Peterskirche,* produziert mit 400 Mitarbeitern Sendungen in 38 Sprachen.

Raphael → Erzengel

Raskolniki → Altgläubige

Räubersynode, Kaiser Theodosius II. (reg. 408–450) berief 449 angesichts christologischer Streitigkeiten eine Synode nach *Ephesus* ein, die von dem alexandrin. Patriarchen Dioskur dominiert und manipuliert wurde. Es kam zu tumultartigen Szenen, Gegner wurden mit dem Knüppel vertrieben. Papst Leo der Große (reg. 440–461) bezeichnete die Synode deshalb als R. und erreichte, dass das Konzil von *Chalkedon* 451 u.a. die Beschlüsse der R. widerrief. Die *Reformatoren* bezogen sich häufig auf die R. um zu belegen, dass ein Konzil irren kann.

Räucherung → Weihrauch

Ravenna, eines der ältesten Bistümer Italiens (ab 200?) und Sitz eines Erzbischofs, war ab 402 Hauptstadt des Weström. Reiches und nach dessen Ende (476) Residenz des Ostgotenkönigs Theoderich des Großen (reg. 474–526). Kurz vor und während der byzantin. Herrschaft (ab 540) entstanden Sakralbauten, deren Ausstattung mit Mosaiken zu den Höhepunkten der frühchristlichen Kunst zählt: das so genannte Mausoleum der Galla Placidia (vollendet um 450), San Vitale (Weihe 547), das *Baptisterium* der Orthodoxen (541–560), Sant'Apollinare Nuovo (um 500) und Sant'Apollinare in Classe (Weihe 549). Das nominell ab 754 dem Papst unterstellte, jedoch weitgehend autarke Bistum fiel 1441 an *Venedig* und gehörte 1509–1860 – ausgenommen die frz. Herrschaft 1797–1815 – zum *Kirchenstaat.*

Recht → Kirchenrecht, → Menschenrechte

Rechtfertigung → S. 48

Reconquista (span. »Rückeroberung«), die Rückeroberung der islamischen Gebiete der Iber. Halbinsel durch die span. Könige *(Katholische Majestät).*

Reduktionen, geschlossene Siedlungen für Indios im Rahmen der kath. Missionsarbeit durch Orden unter der span. Kolonialherrschaft in Lateinamerika. Die Siedlungen erhielten ihren Namen von dem Ziel, die Indios zu einem zivilisierten Leben »zurückzuführen«. Waren R. in der ersten Hälfte des 16. Jh. eher Werkzeuge der Kolonisierung, sorgten die bis zu 30 großen R. der Jesuiten 1609–1767 in Paraguay unter den Guaraní-Indianern trotz aller Bevormundung für Wohlergehen und Mission ohne Zwang.

Reformation → S. 27

Reformationsfest, ev. Feiertag zur Erinnerung an die Einführung der Reformation, wurde erst allmählich (erstmals 1667 in Sachsen) auf den Tag von Luthers Thesenanschlag am 31. Oktober gelegt. Das R. wird auch in den meisten ev. *Freikirchen* begangen.

Reformatoren → S. 49

Reformierte Bekenntnisschriften → Bekenntnisschriften

Reformierte Kirchen, auf ihre Selbstbezeichnung als »durch Gottes Wort reformierte Kirchen« zurückgehender Sammelbegriff für die Kirchen, die sich von der Schweizer Reformation herleiten und vor allem von Johannes Calvin (1509–1564), aber auch von dessen Vorläufern Zwingli und Bucer und den Nachfolgern Beza und Bullinger geprägt sind. Calvin betonte einerseits die reine Errettung aus Gnaden aufgrund der Erwählung Gottes *(Prädestination),* zugleich aber auch die Heiligung durch Realisierung des *Gesetzes Gottes* und die Notwendigkeit, in die Gesellschaft hineinzuwirken. Sein Hauptwerk »Unterricht in der christlichen Religion« (lat. kurz »Institutio«) war die erste umfangreiche ev. Dogmatik. Es entfaltete eine Breitenwirkung auch in andere Kirchen und darüber hinaus in die gesamte Gesellschaft, z.B. durch seine Ablehnung des Zinsverbotes, die den Kapitalismus vorbereitete. Oft bezeichnet man den reformierten Glauben deshalb auch als *Calvinismus.* Da die Presbyterialverfassung von den R. eingeführt wurde, in Schottland die erste reformierte Staatskirche als presbyterianische Kirche entstand und die meisten R. diese Struktur beibehalten haben, werden die R. häufig einfach »Presbyterianer« genannt, vor allem in den USA. Eigentlich sind die Presbyterianer aber nur der größte Flügel der R., die auch die *Kongregationalisten* umfassen oder etwa die 2,1 Mio Anhänger starke R. Ungarns, die neben der Presbyterialverfassung traditionell einen Bischof hat. Im Übrigen ist auch die anglikanische Kirche zwar nicht in ihrer äußeren Gestalt, aber in ihrer Theologie reformiert und die *Low Church* versteht sich als calvinistisch. Es ist ferner bezeichnend, dass sich praktisch keine der Täuferbewegungen *(Täufer)* des 16. Jh., aber auch der später entstandenen Freikirchen wie *Baptisten* oder *Methodisten* von einer lutherischen Kirche abgespalten hat, sondern sie alle sind mehr oder weniger Ableger der R. Die *Baptisten* haben weltweit immer auch einen großen reformierten Flügel gehabt *(Westminster-Bekenntnis).* Dies hängt mit dem strengen Biblizismus zusammen, der die R. auch ihre *Bekenntnisschriften* – im Gegensatz zu den Lutheranern – für jedes Land und jede Situation stets neu formulieren lässt. Daneben existierten die R. im Unterschied zu den lutherischen von Anfang an nicht nur als Landes- oder Volkskirchen, sondern auch als Freikirchen und Untergrundkirchen, etwa die *Hugenotten* in Frankreich. In den USA waren im 17. und 18. Jh. quasi alle Kirchen reformiert, bevor die *methodistische Erweckung* die Lage veränderte.

In Europa war die Reformation in der Schweiz, in Frankreich, Ungarn, den Niederlanden, außerdem in England in Form der

Reformationsfest. Das Gemälde von Hugo Vogel zeigt Martin Luther am 31. Oktober 1517 beim Anschlagen der 95 Thesen an das Portal der Schlosskirche zu Wittenberg.

Reichenau. Zu den Hauptwerken der Reichenauer Malerschule im Skriptorium des Klosters gehört das »Evangeliar Ottos«. Die Ausstattung dieser ottonischen Prachthandschrift mit goldgrundiger Buchmalerei schließt Evangelistenbilder ein. Lukas (mit seinem Symbol, dem Stier) erscheint hier nicht als Schreiber, sondern stemmt wie ein antiker Atlant die »Wolke der Zeugen« in Gestalt von Propheten. Um 1000; Bayerische Staatsbibliothek, München

anglikanischen Kirche und in Teilen Deutschlands reformiert, nicht lutherisch geprägt. Durch Auswanderung und die Kolonialreiche Großbritanniens und der Niederlande entstanden R. in der ganzen Welt. Im 16.–20. Jh. bildeten die Reformierten mit heute 44 Mio Anhängern (und etwa 12 Mio in *unierten Kirchen*) neben den Lutheranern die größte ev. Konfession. Die Zahl der Reformierten in Deutschland ist schwer anzugeben, da sie seit der *Union* mit den Lutheranern im 19. Jh. überwiegend in der Gesamtzahl der *Evangelischen Kirche* in Deutschland (EKD) aufgehen. In der Schweiz machen die 2,4 Mio Anhänger ca. 91% der Protestanten aus. In Österreich sind die R. ein eigener Zweig innerhalb der *Evangelischen Kirche in Österreich* mit ca. 15 000 Anhängern. → Altreformierte Kirche

Reformkonzilien, *Konzilien* im Vorfeld der Reformation, welche die Kirche erneuern sollten, aber trotz der Absetzung dreier Päpste wenig Erfolg hatten und die Ketzerverfolgung verschärften, nämlich Pisa (1409), Konstanz (1414–18) und Basel (1431–37).

Regel (lat. regula), Ordensregeln für das gemeinsame klösterliche Leben, auf welche die Mitglieder einen Eid *(Gelübde)* ablegen. Die älteste R. ist die der Benediktiner von 529.

Reichenau, die »Klosterinsel« im Bodensee, im Ursprung ein Zeugnis der iroschott. Mission: 724–26 hielt sich hier der Wanderbischof Pirmin auf und gründete das Kloster Mittelzell, das sich im 8. Jh. zu einer der bedeutendsten Kulturstätten (Bibliothek und Klosterschule) im Fränk. Reich entwickelte. In ottonischer Zeit entstand die Stiftskirche St. Georg in Oberzell mit Wandgemälden, die den Rang der auf der R. gepflegten Malerei bezeugen; hier entstanden in kaiserlichem Auftrag Prachthandschriften wie das Evangeliar Ottos III. (um 1000) und das Perikopenbuch Heinrichs II. (nach 1002). Die romanische Architektur ist mit der Stiftskirche St. Peter und Paul in Niederzell sowie mit dem Münster in Mittelzell vertreten. 1535 wurde die R. dem Bistum *Konstanz* angeschlossen und 1803 säkularisiert.

Reich Gottes, schon im A.T. ist die Vorstellung vertreten, dass Gott König über die Schöpfung (Ps 29,10) und vor allem über sein Volk ist (Ex 15,18). Durch sein Volk wird Gott am Ende der Zeit seine Königsherrschaft auf dieser Erde errichten und so allen Menschen sein Heil offenbaren (Jes 52,7–10). Zentrum der Verkündigung Jesu ist der Anbruch des R. oder »Himmelreiches« (Mk 1,15; Mt 4,11), wie es schon Johannes der Täufer gepredigt hatte (Mt 3,2). Besonders bei Jesus nimmt die Botschaft vom R. den zentralen Platz ein. In seiner Verkündigung macht Jesus deutlich, dass mit ihm das R. angebrochen ist (Mt 12,28). Dieses Ziel wird aber erst in der neuen Welt erreicht (Offb 21,1ff.). In der Ewigkeit wird wieder sichtbare Gemeinschaft sein zwischen Jesus und seinen Nachfolgern (Mt 26,29). Der Zugang in das R. geschieht durch Glauben an die Rettungstat Jesu (Joh 1,12; Apg 14,22; Röm 3,21–28; Kol 1,13). In diesem Sinn ist die Gemeinde die sichtbare Seite des R. in dieser Zeit (Eph 1,21f.; 3,9f.).

Reims, die Hauptstadt der röm. Provinz Belgica II, wurde um 290 der Sitz eines Bischofs. Die späteren Erzbischöfe besaßen ab 1179 das Recht der frz. Königskrönung. Als Krönungsstätte entstand in R. 1211–um 1300 (Türme im 15. Jh.) die Kathedrale, ein herausragendes Gesamtwerk der gotischen Architektur, Bildhauerkunst und Glasmalerei mit modernen Ergänzungen von Marc Chagall.

Reinkarnation (lat. »Wiederfleischwerden«), auch Seelenwanderung, Wiedergeburt, Palingenese; Lehre, dass nach dem irdischen Sterben die Seele in einem anderen Lebewesen (Mensch, Gott, Tier, Pflanze) wiedergeboren wird. Kernelement östlicher Religionen wie Hinduismus, Buddhismus, Parsismus und von dort auch in Mischreligionen zwischen diesen und christlichen Gedanken, wie Anthroposophie und Theosophie, übernommen worden. Diese Gruppen behaupten, der Reinkarnationsglaube sei von der *Frühen Kirche* unterdrückt worden, wofür es aber keine historischen Belege gibt. Der Begriff *Wiedergeburt* im N. T. hat eine ganz andere Bedeutung. Die ebenfalls von der Kirche verworfene Lehre des Origenes von der *Wiederbringung* aller Dinge geht nicht davon aus, dass die einzelne Seele mehrmals geboren wird, sondern dass die gesamte Welt immer neu entsteht.

Rekonziliation (lat. reconciliatio: »Versöhnung«), Ausdruck des kath. Kirchenrechts für die Lossprechung vom kirchlichen *Bann* oder anderen Kirchenstrafen und für die erneute Weihung eines entweihten Gegenstandes.

Religionsedikt, staatliches Edikt zur Lösung religiöser Fragen, vor allem von christlichen röm. Kaisern erlassen und im Rahmen des Summepiskopats bedeutsam.

Religionsgeschichtliche Schule, bedeutende liberale Schulrichtung der ev. Theologie, besonders 1890–1920, welche die Entstehung von A.T., N.T. und Christentum vor allem mit Entlehnungen aus zeitgenössischen Religionen der Umwelt erklärte. Diese Deutung gilt insgesamt als überholt, das durch die R. gewonnene umfangreiche religionsgeschichtliche Material wird aber weiter verwendet.

Religionsgespräche, Gespräche zwischen offiziellen Vertretern christlicher Konfessionen in der Reformationszeit, die im Gegensatz zu öffentlichen Streitgesprächen (Disputationen) im kleinen Kreis eine Einigung erzielen und gemeinsame Dokumente formulieren wollten. Dazu zählen vor allem die Gespräche zwischen Protestanten und Katholiken sowie zwischen Lutheranern und Reformierten (Marburger R.), aber auch zwischen Reformierten und Täufern usw. Im Detail waren diese Gespräche z. T. sehr erfolgreich, auf ganzer Linie blieben sie jedoch ergebnislos. Hauptinitiator und bei vielen R. Moderator oder Organisator war Martin Bucer.

Religionskriege → Krieg, gerechter

Religionspädagogik, die wissenschaftliche Beschäftigung mit der christlichen Unterweisung, vor allem in der Schule und in der innerkirchlichen *Katechetik* (z. B. *Kindergottesdienst, Konfirmandenunterricht*).

Religiosen (lat. status religiosus), Ausdruck des kath. Kirchenrechts für alle, die ein *Ordensgelübde* abgelegt haben.

Reliquiar (lat. reliquia: »Überreste«), seit dem 4. Jh. bekannter Behälter zur Aufbewahrung einer *Reliquie,* meist wertvoll und künstlerisch gestaltet und zur Aufstellung auf oder in der Nähe des *Altars* gedacht. Seinen künstlerischen Höhepunkt erreichte das R. in den Reliquienschreinen des 12. und 13. Jh. in Form eines Hauses, die meist hinter den Altären aufgebaut wurden (z. B. Schrein der Heiligen Drei Könige im Kölner Dom).

Reliquie (lat. reliquia: »Überreste«), ursprünglich Knochen, Asche oder Besitzgegenstände von Jesus, Maria oder Heiligen. Der christliche Reliquienkult setzte früh

Reims. Die gotische Kathedrale Notre-Dame zählt zu den bedeutendsten Sakralbauten Frankreichs. Die Westfassade, eine der schönsten Schöpfungen der gotischen Architektur und Bauplastik, ist eine »Bibel in Bildern«.

durch den hohen Stellenwert der *Märtyrer* und ihrer Gräber ein, über denen schon bald in *Katakomben* oder auf Friedhöfen Gottesdienste gefeiert wurden. Seit der Konstantinischen Wende im 4. Jh. wurden im großen Stil über Gräbern Altäre und Kirchen errichtet, von denen die Grabeskirche in Jerusalem und die *Peterskirche* in Rom die berühmtesten sind. Auch in Deutschland steht am Beginn fast aller bedeutenden Kirchen, die Vorläuferbauten im 4.–7. Jh. haben, eine Gottesdienststätte über dem Grab von Märtyrern. Seit dem 5. Jh. war in den Westkirchen jeder Altar mit einer R. verbunden, sei es im Altar, auf dem Altar, in der *Krypta* unter dem Altar oder in *Reliquiaren* hinter dem Altar. In den Ostkirchen verbreitete sich die Reliquienverehrung ebenfalls, in den orthodoxen Kirchen ist sie aber bis heute eher Bestandteil der Volksfrömmigkeit als der Theologie. Im Mittelalter entschied die Bedeutung der R. im Rahmen des *Kirchenschatzes* über die Ablasskraft *(Ablass)* einer Kirche, also darüber, wie stark dort die Zeit im *Fegefeuer* verkürzt werden konnte. Deshalb wurden Kirchen mit sehr bedeutenden R. zu Wallfahrtsorten, in Deutschland vor allem Trier (Apostelgrab und *Heiliger Rock*) und Köln (R. der Heiligen Drei Könige). Dies galt insbesondere für Rom, das nicht nur über die Gräber von Petrus und Paulus und R. Jesu verfügt, sondern über die mit Abstand größte Sammlung von R., sodass der Vatikan regelmäßig R. an neu geweihte Kirchen in aller Welt abgibt. Durch die enge Verknüpfung mit dem Ablasswesen gehört der Reliquienkult des Mittelalters zu den Auslösern der Reformation. Gegenüber der scharfen Kritik aller Reformatoren und der ev. Kirchen an der als Totenkult gebrandmarkten Reliquienverehrung und an der historischen Unglaubwürdigkeit der meisten R. verkündigte das Konzil von Trient (1545–63, *Tridentinum*), dass die Ablehnung der Reliquienverehrung vom Heil ausschließe.

Reliquie. Reliquienkasten Ottos I. (Servatiusreliquiar), um 870. Wände und Deckel bestehen aus Elfenbeinplatten mit geschnitzten Reliefs des 9. Jh. Um 1200 wurden sie mit einer Einfassung aus Gold versehen. Quedlinburger Domschatz

Remonstranten, Name für diejenigen *Arminianer,* die sich als Kirche organisiert haben.

Requiem → Seelenmesse

Reservatfälle (lat. casus reservati), kath. Geistlichen vorbehaltene Rechte, etwa die *Absolution,* früher auch kirchliche Rechte des Landesfürsten, vor allem bei der Besetzung von Kirchenämtern.

Responsorium (lat. »Antwort«), Erwiderung der Gemeinde im liturgischen Wechselgesang.

Restauration (lat. restaurare: »wieder aufbauen«), im kath. Sprachgebrauch die Rekatholisierung ev. gewordener Gebiete, vor allem im Rahmen der Gegenreformation im 16. und 17. Jh.

Restitutionsedikt, von Kaiser Ferdinand II. (reg. 1619–37), der durch Unterdrückung der Protestanten wesentlich den Dreißigjährigen Krieg mitverursachte, 1629 erlassenes Reichsgesetz, um die Rückgabe geistlicher Güter zu erzwingen, die während der Reformation verloren gegangen waren. Das R. wurde mit dem Westfälischen Frieden 1648 aufgehoben.

Reue, innerer und wichtigster Vorgang bei der *Buße,* der die Einsicht in das eigene Fehlverhalten, die Abscheu vor der eigenen Sünde, das Leidtun vor Gott und den Wunsch der Besserung einschließt. Schon im A.T. Voraussetzung für Buße und Vergebung (Ps 51), ist die R. im christlichen Glauben sowohl Bestandteil der erstmaligen und grundsätzlichen Umkehr zu Christus *(Bekehrung)* als auch der ständigen Bitte um Vergebung. Die mittelalterliche und später kath. Theologie unterscheidet diese vollkommene R. als *Contritio* (spätlat. »Zerknirschung«) von der unvollkommenen R., der *Attritio* (Furchtreue), die nur aus Angst vor Strafe geschieht und für die Vergebung nicht ausreicht. Inhaltlich stimmen dem alle christlichen Konfessionen zu. Die vollkommene R. ist Voraussetzung für die Erteilung der *Absolution* im Bußsakrament, das nur die kath. Kirche kennt.

Rezitativ (lat. recitare »wiederholt vortragen«), in der christlichen Liturgie und von daher in *Oratorien* und Opern Sprechgesang, der einen Text mit wenigen Noten und anspruchsloser Melodie wiedergibt.

Riten → S. 64

Ritenstreit, zwei Auseinandersetzungen innerhalb der kath. Kirche über die Frage, wie weit die *Akkomodation* in Missionsgebieten gehen darf. Im ersten R. im 17. Jh. bekämpften Dominikaner und Franziskaner die Aufnahme fernöstlicher Riten durch die Jesuiten in den Missionsgebieten Asiens. Der Streit endete 1742 mit einem Verbot durch den Papst. Der zweite R. 1930–45 entzündete sich an der vom jap. Kaiser gesetzlich vorgeschriebenen regelmäßigen Teilnahme an den Riten des Staatsschintoismus, den die Jesuiten als rein politische Angelegenheit werteten, ihre Gegner als Götzendienst. Diesmal entschied der Papst zugunsten der Jesuiten. Der zweite R. spaltete auch die protestantischen Kirchen in Japan, Korea und anderen Ländern, wobei viele der Spaltungen bis heute bestehen.

Ritterorden, zur Zeit der Kreuzzüge entstandene Form der geistlichen *Orden,* deren Mitglieder neben dem normalen Mönchsgelübde den Kampf gegen Ungläubige gelobten. Dazu gehörten der Johanniterorden, der von dt. Kaufleuten gegründete Deutsche Orden, der Schwertorden, der sich mit dem Deutschen Orden zusammenschloss, der Templerorden und später der Malteserorden. Der Templerorden, der den Glauben mit dem Schwert verbreitete, fiel im 13. Jh. selbst der *Inquisition* zum Opfer. Der Deutsche Orden überlebte, weil er ab 1225 die Christianisierung der Pruzzen (Preußen) übernahm und große Ländereien kultivierte (Sitz des Hochmeisters ab 1309 die Marienburg, ab 1457 Königsberg), die er im 15. und 16. Jh. an Polen abtreten musste. Der Johanniterorden (mit Malteser-, Hospitaliter- und Rhodiserorden) widmete sich der Pilgerbetreuung und Krankenpflege. Er wurde im 19. Jh. völlig neu organisiert und besteht heute aus einem kath. Zweig, den Maltesern, und dem angeschlossenen Malteser-Hilfswerk, sowie einem ev. Zweig einschließlich der Johanniter-Unfallhilfe.

Rituale Romanum (lat. »röm. Ritenbuch«), das von Papst Paul V. 1614 erstmals zusammengestellte Buch mit den vorgeschriebenen Liturgien der kath. Kirche, das seit Ende der 1960er Jahre in neuer Fassung erschien.

Rom → S. 63

Römische Frage → Kirchenstaat, → Lateranverträge

Römische Kurie → Kurie

Rosenkranz. Während seines zweiten Aufenthaltes in Venedig schuf Albrecht Dürer im Auftrag der deutschen Handelsgesellschaft das Altarbild »Das Rosenkranzfest«. Es ist der Verehrung der Himmelskönigin gewidmet; betende Vorbilder sind im Vordergrund der Gemeinschaft aus vielerlei Ständen ein Papst (l.) und Maximilian I. (r.). Der Titel bezieht sich auf die Verteilung von Rosenkränzen unter der Leitung des hl. Dominik (links im Hintergrund). Um 1506; Narodni Galerie, Prag

Römischer Katechismus → Catechismus Romanus

Rosenkranz, in vielen Religionen (z. B. Hinduismus, Buddhismus, Islam) bekannte Perlenschnur zum Abzählen von Gebeten, auch in der frühen Kirche und in den Ostkirchen als Jesusgebet bis in die Gegenwart verbreitet, heute die wichtigste volkstümliche und ordensmäßige kath. Art des Gebetes außerhalb des Gottesdienstes. Im 13./14. Jh. wurde das Rosenkranzbeten mit der *Marienverehrung* und dem *Ave Maria* verbunden. 1483 ist es erstmals in der heutigen, seit 1600 allgemein üblichen, aber nicht einzigen Form von 15 Teilen nachgewiesen, die an biblische und außerbiblische Ereignisse aus dem Leben Jesu und Marias erinnern, die so genannten Gesetze (Geheimnisse). Es werden 15-mal zehn Ave Maria gebetet, die jeweils durch ein *Vaterunser* und ein *Gloria Patri* unterbrochen werden. Dabei gleitet die Schnur mit sechs großen Perlen für das Vaterunser und 53 kleinen Perlen für das Ave Maria durch die Finger. Am Ende der Kette hängt ein Kreuz. Zu Beginn kommen oft das Glaubensbekenntnis, ein Vaterunser und drei Ave Maria. Es variiert regional, an welcher Stelle die 15 Geheimnisse erwähnt werden. Nach den Themen der Geheimnisse wird der R. in drei Teile unterteilt, den freudenreichen, den schmerzhaften und den glorreichen R., die auch für sich allein gebetet werden können.

Rota (lat. »Rad«), auch Rota Romana oder Sacra Romana Rota (lat. »heiliges röm.

Russisch-orthodoxe Kirche. Blick in eine Moskauer Kathedrale während der Ostermesse.

Rad«), wichtigster päpstlicher Gerichtshof mit Vorläufern bis in das 12. Jh., der seinen Namen von dem runden Raum ableitet, in dem er tagt. Es ist heute ein mit 20 Richtern international besetztes reines Berufungsgericht. Seine Entscheidungen gelten ebenso wie die jährliche Ansprache des Papstes zur Eröffnung des Gerichts als wegweisend.

Russisch-orthodoxe Kirche, die größte und bedeutendste orthodoxe Kirche der Gegenwart. Die R. verdankt ihren Aufstieg dem Fall des Zentrums der orthodoxen Kirchen und »zweiten Roms«, Konstantinopel, das 1453 von den Türken erobert wurde. Danach stieg Moskau als »drittes Rom« zum tatsächlichen Zentrum der orthodoxen Kirchen auf. Schließlich wurde 1589 ein eigenes orthodoxes Patriarchat von Moskau und Altrussland errichtet, das zwar 1721 von Zar Peter dem Großen (reg. 1682–1725) abgeschafft und durch die »Allerheiligste Synode« unter Aufsicht des Zars ersetzt, 1917 aber durch die Kommunisten wieder eingerichtet wurde. Trotz jahrzehntelanger Nähe zur kommunistischen Regierung konnte die R. ihre Eigenständigkeit bewahren und erlebt seit dem Fall des Kommunismus eine neue Blüte. Die R. zählt 80 Mio Anhänger und ist damit dreimal so groß wie die nächstgrößte orthodoxe Kirche, die Ukrain.-orthodoxe Kirche, unter den 210 Mio orthodoxen Christen.

Ruthenische Kirche → Union von Brest

S

Saalkirche, seit der Reformation im Protestantismus beliebte weiträumige Predigtkirche ohne Säulen und Stützen (z. B. Frauenkirche in Dresden).

Sabbat → Sonntag

Sabbatisten, auch Sabbatarier, Obergriff für alle christlichen Kirchen und Sondergruppen in Geschichte und Gegenwart, die den Sabbat statt des Sonntags als Feiertag betrachten und im Gegensatz zu anderen christlichen Kirchen meist auch andere alttestamentliche Zeremonialgesetze, z. B. Speisegesetze, für weiterhin gültig halten. Die bedeutendste Gruppe der S. sind heute die *Adventisten.*

Sacerdotium (lat. »heiliges Amt«), Amt und Würde des Priesters, im Mittelalter dann auch Amt und Macht des Papstes.

Sacrificium → Opfer

Sadduzäer, jüd. Gruppe von *Schriftgelehrten* und Priestern zur Zeit Christi, die nur das Gesetz anerkannte, die mündliche Überlieferung dagegen ablehnte. Die S. leugneten die Auferstehung der Toten, die Unsterblichkeit der Seele und die Existenz einer geistlichen Welt (Mk 12,18; Lk 20,27; Apg 23,8). Sie unterstützten die Makkabäer, eine verhältnismäßig kleine Gruppe, aus deren Reihen jedoch die meisten *Hohepriester* stammten. Johannes der Täufer kritisierte sie (Mt 3,7–8), auch Jesus tadelte sie (Mt 16,6+11–12). Sie leisteten Christus (Mt 21,12ff; Mk 11,15; Lk 19,47) und der apostolischen Gemeinde Widerstand und bekämpften sie (Apg 5,17+33). Als im Jahr 70 n. Chr. der Tempel in Jerusalem zerstört wurde, verschwanden die S. aus der Geschichte. → Pharisäer

Sakral (lat. sacer: »heilig«), das Heilige betreffend, im Gegensatz zu *profan.*

Sakralsprache → Kirchensprache

Sakramentalien, in der kath. Kirche heilige Riten und Gegenstände, die den *Sakramenten* ähnlich sind, jedoch nicht zu den sieben Sakramenten zählen, z. B. Besprengung mit Weihwasser oder Segnungshandlungen.

Sakramentare, von *Sakrament* abgeleitete mittelalterliche Bezeichnung für *Messbücher.*

Sakramente → S. 70

Sakramentshaus, Vorläufer der *Tabernakel.*

Sakrileg (lat. sacrilegium: »Tempelraub«, »Entweihung des Heiligen«), jede Art von Vergehen gegen alles Heilige, vor allem Gotteslästerung, Kirchenraub, Entweihung von geweihten Orten oder Gegenständen und Beleidigung von geweihten Personen. Im ev. Bereich praktisch unbekannt, sofern nicht das staatliche Recht S. definierte und bestrafte.

Sakristei (lat. sacrare: »weihen«, »heiligen«), der Nebenraum von kath. und ev. Kirchen, meist von der Nähe des *Altares* oder *Chores* aus zugänglich, der den Geistlichen als Vorbereitungs- und Ankleideraum und zur Aufbewahrung von liturgischen Gegenständen dient.

Säkularinstitute, moderne kath. Genossenschaften von Klerikern und Laien, die sich wie bei den *Orden* an Keuschheit, Armut und Gehorsam binden *(Evangelische Räte),* aber an ihrem normalen weltlichen Arbeitsplatz verbleiben, um dort das Evangelium zu verkündigen.

Säkularisation, im engeren Sinn zunächst die Aufhebung der geistlichen Fürstentümer in Deutschland unter Napoleon (Reichsdeputationshauptschluss von 1803), die der Wiener Kongress 1815 weitgehend bestätigte. Im Allgemeinen bezeichnet S. heute die Loslösung einer Gesellschaft und ihrer Ordnungen von der Bindung an das Christentum oder überhaupt an eine Religion. Im kath. Kirchenrecht ist S. außerdem die kirchliche Entbindung Ordensangehöriger von ihrem Gelübde und deren Rückkehr in ein weltliches Leben.

Salbung → Öl

Salutisten, einfache Mitglieder der *Heilsarmee* im Gegensatz zu den Offizieren (Geistlichen).

Sancta Officium → Officium

Sanctissimum (lat. »Allerheiligstes«), kath. Begriff für die geweihte *Hostie.*

Sanctus → Trishagion

Sankt Gallen, die Hauptstadt des gleichnamigen Kantons in der Ostschweiz und Bischofssitz, entwickelte sich in Zusammenhang mit einem Kloster, das um 719 an der Stelle einer Einsiedelei des hl. Gallus (um 620) gegründet wurde. Den Beginn einer kulturellen Blütezeit im 9.–11. Jh. markiert der so genannte Klosterplan von S. (um 820): ein auf der *Reichenau* entstandener Idealplan einer benediktinischen Klosteranlage bis hin zur Einteilung des Klostergartens. Zu den bekanntesten Mönchen gehören der Bibliothekar, mittellat. Dichter und Gelehrte Notker Balbulus (um 840–912) sowie der als Übersetzer antiker Schriften hervorgetretene Notker Labeo (auch Notker der Deutsche, um 950–1022). Der Einführung der Reformation im Stiftsgebiet (1524) folgte 1532 die Rekatholisierung. Kurz vor dem Ende der Stiftsherrschaft (1798) und der *Säkularisation* der Abtei (1805) entstand die reich ausgestattete spätbarocke Stiftskirche.

Santiago de Compostela, Erzbischofssitz in Galicien, verdankt seinen Rang als neben *Jerusalem* und Rom bedeutendster Wallfahrtsort der Legende, dass sich in einem um 830 gefundenen Grab die Gebeine des Apostels Jakobus d. Ä. befänden. 896 wurde über der Fundstätte eine Basilika errichtet. Die heutige Kathedrale entstand ab 1078 und wurde um 1440 vollendet. Nach S. führt der Jakobsweg.

Sarx (griech. »Fleisch«), mit S. bezeichnet das N.T. die materielle, unerlöste und böse Welt im Gegensatz zum *Pneuma,* Geist.

Satan (hebr., griech. »diabolos«), im A.T. vorgebildet und im N.T. Oberhaupt aller gefallenen Geister und Dämonen, größter Widersacher Gottes und der Menschen (Ijob 1,6+12; 2,1; Sach 3,1). Der S. ist allem Guten Feind, er erscheint unter verschiedenen Namen und bildlichen Bezeichnungen: Teufel (Mt 4,15; Lk 4,2), Verkläger der Brüder (Offb 12,9+10), Widersacher (1 Petr 5,8), Beelzebub (Mt 12,24), Beliar (2 Kor 6,15), Verführer des ganzen Erdkreises (Offb 12,9), Drache (Offb 12,9), der Böse (Mt 13,19+38), der Vater der Lüge (Joh 8,44), ein Löwe, der zu verschlingen sucht (1 Petr 5,8), Gott dieser

Sankt Gallen. Die Klosterbibliothek wurde als barocker Prunkraum gestaltet, mit einer ringsum gekurvten Galerie. Der Saal dokumentiert eindrucksvoll die herausragende Bedeutung der Klöster für die Pflege des kulturellen Erbes von Jahrtausenden.

Satan. Bronzeskulptur des hl. Michael von Hubert Gerhard in einer Nische über dem Portal der Jesuitenkirche St. Michael in München, 1538. Das Motiv des Kampfes, den der Erzengel siegreich besteht, beruht auf dem Text der Offenbarung: »Er wurde gestürzt, der große Drache, die alte Schlange, die Teufel oder auch Satan heißt« (Offb 12,9).

Welt (2 Kor 4,4), Mörder von Anfang an (Joh 8,44), die alte Schlange (Offb 12,9), der Fürst dieser Welt (Joh 12,31; 14,30), Fürst, der in der Luft herrscht (Eph 2,2) und der Versucher (1 Thess 3,5). Der S. kann sich sogar »als Engel des Lichtes« verstellen (2 Kor 11,14). Er ist kein unabhängiger Rivale Gottes und kann nur so weit gehen, wie Gott es zulässt (Ijob 1,12; 2,6; Lk 22,31). Von Grund auf böse, bleibt seine Herkunft im Dunkel (eventuell Jes 14,12–20; Ez 28,12–19), aber er war im Anfang ein guter Geist, der durch Stolz von Gott abfiel (Jud 6; 2 Petr 2,4). Als Beherrscher eines mächtigen Reiches, das sich gegen Gott auflehnt (Mt 12,26; Lk 11,18), versucht er alles, um die gnädigen Pläne Gottes für die Menschen zu vereiteln. Er wurde jedoch durch den Tod Christi auf Golgatha besiegt und wird eines Tages von Gott in den Feuersee geworfen werden und ewiger Pein ausgesetzt sein (Mt 25,41; Offb 20,1 bis 3+7–10). A.T. und N.T. kennen keine bildliche oder reale Beschreibung des S. Im Mittelalter erschien S., oft auch Luzifer genannt, in äußerst vielfältiger Gestalt: mit Hörnern, Vogelkrallen, Flügeln, Hufen und Schwanz und als Beherrscher der *Hölle,* die nach dem N.T. jedoch sein Strafort ist (Offb 20,10). Diese Vorstellungen der *Volksreligion* wurden von der Kirche häufig genutzt, um vor *Sünde, Ketzern* oder Abweichungen aller Art zu warnen. Sie wirkten beflügelnd auf den Hexenwahn und die daraus folgende Hexenverfolgung vor allem im 16. und 17. Jh. *(Inquisition).* Von daher geriet die Vorstellung eines S. nicht nur in der *liberalen Theologie* in Misskredit. Der Glaube an seine Existenz fällt heute allen Kirchen mit Ausnahme der *Evangelikalen* und *Pfingstler* schwer, ohne dass eine offizielle Stellungnahme etwa der kath. Kirche vorliegt, ob es den S. gibt und wie seine biblische Bezeugung zu verstehen ist.

Säulenheilige, auch Styliten (griech. stylos: »Säule«), seit dem 5. Jh. vor allem in Syrien auftretende Mönche, die auf dem Kapitell einer Säule saßen und lebten. Der berühmteste S., Symeon Stylites († 459), lebte 30 Jahre lang auf einer Säule.

Saulus, jüd. Name des Paulus, → S. 39

Schalom → Friede

Scheidung → Ehescheidung

Scheiterhaufen → Autodafé

Scheol (hebr.), im A.T. das Reich der Toten unter der Erde. → Hölle

Schicksal, von S. spricht man, wenn der Hergang der Geschichte oder des Einzellebens keinen Sinn zu ergeben scheint und weder mit menschlichen noch mit übermenschlichen Absichten zu erklären ist. Der Schicksalsglaube kann unbestimmt sein oder – wie in der *Astrologie,* der geschichtlich und gegenwärtig weltweit am stärksten verbreiteten Schicksalsreligion – in ein festes System gegossen sein. In vielen Religionen (z. B. Babylon, Ägypten, Islam) wird das S. von den Göttern festgelegt. Für das Abendland bedeutsam wurden drei Religionen, in denen das unpersönliche oder personifizierte S. in der Hierarchie an oberster Stelle stand oder steht. Bei den Römern war das Fatum (davon abgeleitet Fatalismus) eine unkontrollierbare und unberechenbare Macht, der sich sogar die Götter zu fügen hatten. Bei den Griechen war Moira sowohl eine Schicksalsgöttin, die das Leben des Einzelnen vorherbestimmte, als auch ein die Geschichte bestimmendes Prinzip. Hier vollstrecken nur die Götter das S. Auch im german. Glauben stand das S., personifiziert in den drei Nornen und anderen weiblichen Wesen, die den Schicksalsfaden spinnen, über den Göttern. Der german. Schicksalsglaube lebte im Nationalsozialismus vorübergehend neu auf, da sich Hitler als der vom S. gesandte und beschützte Führer darstellte. In der westlichen Philosophie spielt das S. erst im 20. Jh. eine Rolle, so vor allem bei Martin Heidegger (1889–1976). Auch wenn der Schicksalsglaube in der gesamten Geschichte des christlichen Abendlandes als Volksglaube präsent war, ist er mit dem christlichen Glauben unvereinbar. Die biblische Offenbarung spricht von einem allmächtigen Gott, der die Geschichte der Welt ebenso wie das Leben der Gläubigen lenkt und zu einem Ziel führt. Dieser Glaube an die Vorherbestimmung unterscheidet sich jedoch von jedem Schicksalsglauben 1., indem die Vorherbestimmung der Ereignisse auf einen persönlichen Gott zurückgeht, der nicht willkürlich, sondern begründet und verantwortlich plant und handelt (Heilsgeschichte), deswegen 2. von Gott her gesehen alle Ereignisse einen Sinn haben, zum Guten des Christen dienen und in ihm deswegen das Vertrauen, nicht die Verzweiflung wecken (Röm 8,28) und 3. das Wissen um die Vorherbestimmung und um die Allmacht Gottes nicht zum Fatalismus führt, sondern gerade die Verantwortung begründet (Phil 2,12–13; Neh 2,20; Apg 27,22–24+31). → Determinismus

Schiff, auch Kirchenschiff, aus der Antike übernommene Bezeichnung für die Innenräume von Kirchen als Langbauten. Das Mittelschiff beginnt mit dem Portal und endet mit dem *Chor* oder der *Apsis,* parallel dazu können zwei oder mehr Seitenschiffe verlaufen.

Schisma (griech. »Zwiespalt«, »Trennung«), Kirchenspaltung, vor allem das große S. zwischen West- und Ostkirchen (1054) und das *Abendländische Schisma,* dann aber auch jede Kirchenspaltung, vor allem im kath. und orthodoxen Bereich, etwa die Abspaltung des kath. Bischofs Marcel Lefebvre (1905–1991) im Jahr 1988. Im kath. Kirchenrecht bedeutet S. »die Verweigerung der Unterordnung unter den Papst oder der Gemeinschaft mit diesem untergebenen Gliedern der Kirche« (CIC Can. 751; vgl. 1364).

Schlange, eherne → Eherne Schlange

Schlüsselgewalt, in der kath. Kirche die auf das N.T. (Mt 16,19) gestützte Kirchengewalt, insbesondere die Freisprechung von *Sünden* zu erteilen oder zu versagen.

Schmalkaldische Artikel, 1536 von Martin Luther für den *Schmalkaldischen Bund* verfasste *Bekenntnisschrift,* die für ein geplantes gesamtkirchliches Konzil gedacht war, das nie stattfand. Die S. wurden in das *Konkordienbuch,* die Sammlung aller lutherischen Bekenntnisschriften, aufgenommen.

Schmalkaldischer Bund, 1531 schlossen sich im thüring. Schmalkalden die durch die Reformation ev. gewordenen Kurfürsten, Fürsten und Städte unter Führung von Kurfürst Johann Friedrich I. von Sachsen (reg. 1532 bis 1547) und Landgraf Philipp von Hessen (reg. 1509–67) zu einem politischen und militärischen Schutzbund gegen Kaiser Karl V. zusammen. Der Schmalkaldische Krieg (1546/47) gegen den Kaiser endete mit einer Niederlage und der Auflösung des S.

Schmerzensmann, Bild oder Skulptur des leidenden Christus mit Dornenkrone, seit dem Spätmittelalter verbreitetes häusliches Andachtsbild und Thema bedeutender Skulpturen in Kirchen.

Schmerzensmutter (lat. Mater dolorosa), die Darstellung von Maria unter dem Kreuz in Trauer um ihren Sohn war ein häufiges Thema der mittelalterlichen Kunst und ist bis heute ein verbreitetes Motiv auf kath. Andachtsbildern. Birgt Maria ihren Sohn Jesus nach der *Kreuzabnahme* auf ihrem Schoss, spricht man von *Pietà* oder Vesperbild.

Scholastik (lat. schola: »Schule«, scholastica: »Schulwissenschaft«), die christliche Philosophie des Mittelalters, welche die Theologie der Bibel und der Kirchenväter (u.a. Augustinus) mit der griech. Philosophie des Aristoteles (384–322 v.Chr.) versöhnen wollte, um den christlichen Glauben philosophisch zu untermauern und als geschlossenes System zu erweisen. Als sich der Islam im 8. Jh. in Spanien ausbreitete, vermittelten muslimische Gelehrte den europ. Theologen die in Vergessenheit geratenen Schriften und Gedanken des Aristoteles und lösten damit eine Blüte der aristotelisch denkenden Philosophie aus. Der bedeutendste Scholastiker war Thomas von Aquin (1225–1274), der die kath. Theologie bis heute prägt, außerdem sind vor allem zu nennen Anselm von Canterbury (1033–1109), Petrus Abaelardus (1079 bis 1142), Petrus Lombardus (um 1095 bis 1160), Albertus Magnus (1193–1280), Bonaventura (1221–1274) sowie Johannes Duns Scotus (1270–1308). Obwohl Luther die Schriften des Aristoteles verbrannte und die Bibel aus der Klammer der aristotelischen Philosophie befreien wollte, kam es auch in der lutherischen und reformierten Theologie im 16. und 17. Jh. zu einer starken scholastischen Ausrichtung *(Orthodoxie),* die erst durch den *Pietismus* und die Vorordnung der Bibelexegese vor die Dogmatik überwunden wurde. → Neuscholastik, → Thomismus

Scholastiker → S. 44

Schisma. Erzbischof Marcel Lefebvre, der Initiator der traditionalistischen katholischen Bewegung von »Econe«, der internationalen Priesterbruderschaft des heiligen Pius X. Hauptanliegen der Bruderschaft war die Bewahrung der alten geheiligten Messordnung nach tridentinischem Ritus. 1976 wurde Lefebvre von Papst Paul VI. als Bischof suspendiert.

Schmerzensmann. Die Schmerzensmann-Ikone aus Kreta verbindet Kreuz und Grab Jesu mit der Auferstehungshoffnung. Ende 16. Jh., Ikonenmuseum Recklinghausen

Schottische Kirche. Dumfermline war einst Schottlands Hauptstadt. Sein Kloster löste Iona als Begräbnisstätte der schottischen Könige ab. Nach der Zerstörung des Klosters im 12. Jh. wurde mit dem Bau der heutigen Abteikirche begonnen.

Schöpfung → S. 15, → Creatio ex nihilo

Schottische Kirche (engl. Church of Scotland), die auf das Wirken des Calvin-Schülers und schott. Reformators John Knox (1505 bis 1572) zurückgehende ev.-reformierte presbyterianische Staatskirche Schottlands, die 1567 offiziell neben der anglikanischen *Church of England* anerkannt wurde. Die S. bestimmt bis heute neben einer großen freikirchlichen, presbyterianischen Abspaltung, der Free Church of Scotland *(Evangelische Allianz),* als Volkskirche das religiöse Leben Schottlands.

Schrein des Buches → Qumran

Schriftbeweis, die Begründung einer christlichen Lehre mit bestimmten Versen und Abschnitten der Bibel, wie sie das N.T. aus dem Judentum übernahm und in Bezug auf das A.T. oft anwendet (z.B. häufig im Römerbrief). Damit soll bezeugt werden, dass die Botschaft von der Erlösung in Jesus Christus dem offenbarten Willen Gottes entspricht. In der kath. Kirche spielt der S. eine untergeordnete Rolle, da neben die Schrift *Tradition* und *Lehramt* als Quellen des *Dogmas* treten. In der Theologie aller ev. Kirchen spielt der S. hingegen die entscheidende Rolle in der Begründung einer Lehre oder eines Dogmas, sofern der S. nicht aufgrund der *Bibelkritik* grundsätzlich fragwürdig geworden ist.

Schriftgelehrte, im Judentum Soferim, seit Esra im A.T. und dem Judentum gelehrte Männer, die hauptsächlich das systematische Studium des Gesetzes und dessen Auslegung betrieben (Mt 22,35), auch Gesetzeslehrer (Lk 5,17) und Rabbiner genannt (Mt 23,8). Sie widmeten sich der Bewahrung, dem Abschreiben und der Auslegung des Gesetzes. Um die Heiligkeit und Unverletzlichkeit des Gesetzes zu gewährleisten, entwickelten sie mit der Zeit ein detailliertes und recht kompliziertes Lehrsystem, das unter der Bezeichnung »Überlieferung der Alten« bekannt wurde (Mt 15,2–6; Mk 7,1–13; Bergpredigt). Die höhere Unterweisung lag in ihren Händen, oft fungierten sie auch als Richter bei den jüd. Gerichten und waren ferner an den Sitzungen des Hohen Rates beteiligt (Mt 26,57). Die S. waren Laien, nicht Priester. Die meisten übten noch ein Gewerbe nebenbei aus, da man von ihnen erwartete, dass sie für den Dienst der Unterweisung kein Honorar nahmen. Sie leisteten Jesus erbitterten Widerstand (Mk 2,16) und wurden von ihm scharf zurechtgewiesen (Mt 23). Sie spielten darüber hinaus eine wichtige Rolle bei der Verurteilung Jesu (Mt 26,57) und verfolgten auch die Urgemeinde (Apg 4,5; 6,12). → Pharisäer, → Sadduzäer

Schriftlesung → Epistellesung; → Evangelienlesung; → Lektion

Schuld → Erlösung; → Sünde; → Vergebung

Schutzengel, Glaube an einen *Engel,* der den einzelnen Gläubigen oder Menschen beschützt. S. erscheinen erstmals im jüd. Glauben, jedoch noch nicht im A.T., obwohl dort Engel vielfach zugunsten von Menschen eingreifen. Im N.T. werden die Engel kleiner Kinder erwähnt (Mt 18,10), außerdem verwechseln Christen in Jerusalem den wundersam aus dem Gefängnis befreiten Petrus mit seinem Engel (Apg 12,15). Insofern gibt es den Glauben an S. auch in Ansätzen im ev. Bereich, nicht jedoch die im kath. und orthodoxen Bereich bekannte Verehrung der S. Seit dem 9. Jh. werden S. jedoch auch verehrt, und im 15. Jh. entstand in Spanien ein Schutzengelfest, das 1670 vom Papst auf den 2. Oktober festgelegt wurde.

Schutzheilige → Nothelfer

Schutzpatron, kath. Heiliger, dem bestimmte Orte, Länder oder Regionen, Kirchen oder Orden, vor allem aber auch Berufsgruppen zum Schutz unterstellt sind. So wurde etwa Franz von Assisi 1980 von Papst Johannes Paul II. zum S. der Ökologie (Umweltschutz) ernannt. Bisweilen werden auch die kath. *Erz-*

engel als S. bezeichnet, insbesondere Michael als »S. der Deutschen« (Michaelistag am 29. September).

Schwangerschaftsabbruch, allgemein jede Tötung des Ungeborenen, heute meist die künstliche Herbeiführung einer Fehlgeburt durch einen gynäkologischen Eingriff. Die christliche Ethik lehnte den S. im Gegensatz zur Antike entschieden ab, konnte sich aber aufgrund des fehlenden Wissens um die genauen biologischen Vorgänge bis in das 20. Jh. nicht festlegen, ab wann das werdende Leben ein Mensch ist. Erst mit der Entdeckung der Verschmelzung von Samenzelle und Eizelle wurde der Beginn des menschlichen Lebens auf diesen Moment der Zeugung festgelegt. Die kath. Ethik hält den S. stets für eine Tötung. Die traditionelle ev. und evangelikale Ethik hält dagegen den S. für zulässig, wenn nur so das Leben der Mutter gerettet werden kann *(Pflichtenkollision).* Die moderne ev. Ethik hält es in schwierigen Situationen auch für berechtigt, in der Pflichtenkollision dem Leben des Kindes nicht nur das Leben der Mutter gegenüberzustellen, sondern auch andere Werte, wie z.B. das Selbstbestimmungsrecht der Frau, die Qualität ihres Leben oder die zukünftige Lebenswürde des Kindes.

Schwärmer, auch Schwärmerei, Schwarmgeister, Schwarmgeisterei, von Luther und anderen Reformatoren geprägter abfälliger Begriff für *Täufer, Mennoniten,* Propheten und andere nicht lutherische oder reformierte Bewegungen der Reformation, die keine Staats- oder Volkskirche bilden wollten. Der Ausdruck wurde in der Kirchengeschichtsforschung für den so genannten dritten Flügel der Reformation (neben Lutheranern und Reformierten) verwendet, im 20. Jh. vor allem für *Pfingstler* und *Charismatiker.* Er wird heute aber wegen seines negativen Untertons und seiner unscharfen Bedeutung immer seltener benutzt.

Schwarze Theologie, konfessionsübergreifende, theologisch liberale Bewegung unter schwarzafrikan. Theologen, die sich gegen die Vorherrschaft der »weißen« Theologie und Lebensart und gegen die Verwerfung des Animismus wendet. Die S. will eine eigene afrikan. Theologie entwickeln, die als Vorgeschichte des Christentums weniger das A.T. als vielmehr die religiösen Traditionen Afrikas sieht.

Schweizergarde (lat. Cohors Helvetica), die ausschließlich aus kath. Schweizern bestehende päpstliche Leib-, Palast- und Ehrengarde im Vatikan von derzeit etwa 100 Mann. Seit dem 15. Jh. nahm der Papst wiederholt Schweizer Truppen in Dienst, die Höchstzahl überstieg jedoch nie 250 Mann. Bei der Plünderung Roms durch die Truppen Kaiser Karls V. (Sacco di Roma) im Jahr 1527 ließen 147 Gardisten ihr Leben und retteten dadurch den Papst. Andere päpstliche Garden wurden 1970 endgültig abgeschafft. Ursprünglich kam die S. ausschließlich aus den Schweizer Urkantonen und war deshalb rein deutschsprachig, heute rekrutiert sie sich aus der ganzen Schweiz mit all ihren Sprachen.

Schweizerischer Evangelischer Kirchenbund, offizielle Bezeichnung des Dachverbandes der ev. Landeskirchen der Schweiz, also Schweizer Gegenstück zur *Evangelischen Kirche in Deutschland,* wobei jedoch alle Mitgliedskirchen aufgrund der Schweizer Reformation (Zwingli, Calvin, Bullinger, Beza) reformiert sind. Zum S. gehören etwa 2,81 Mio Gläubige.

Schwere Sünde → Todsünden

Schwesternschaften → Bruderschaften

Schwören, Schwur → Eid

Sedisvakanz (lat. »leerer Stuhl«), papstlose Zeit, also die Zeit zwischen Tod und Neuwahl eines Papstes. Die S. steht unter Leitung des *Camerlengo.* → Kardinal

Schweizergarde. Gardisten im Petersdom in ihrer prächtigen Uniform in den Medici-Farben Blau, Rot und Gelb, die angeblich von Michelangelo entworfen wurde.

Seele. Der zweite Schöpfungsbericht schließt die Passage über die Erschaffung des ersten Menschen »aus der Erde vom Ackerboden« mit den Worten »und blies in seine Nase den Lebensatem« (Gen 2,7). Vor diesem in der frühen Ikonografie »wörtlich« verbildlichten Hintergrund erweist sich Michelangelos Fresko als kühne Neuerung; ihr wird der traditionelle Titel »Die Erschaffung Adams« nicht gerecht, denn dargestellt ist die Beseelung des ersten Menschen: Von Gottes Finger springt der »Funke« auf den Finger seines Geschöpfes über. Der Zyklus an der Decke der Sixtinischen Kapelle entstand 1508–12 im Auftrag von Papst Julius II. (reg. 1503–13).

Seele, ursprünglich im A.T. (hebr. nefesch) und N.T. (griech. psyche, lat. anima) »Lebensatem«, den der lebendige Mensch (2 Sam 1,9; 1 Kön 17,21; Apg 20,10) im Gegensatz zum toten Menschen (Gen 35,18) besitzt *(Geist).* Die S. als solche ist nicht unsterblich, sondern nur, weil Gott sie erhält (Mt 10,28; 1 Petr 1,9; Offb 6,9; 20,4). Im weiteren Sinn kann S. auch eine Person bezeichnen (Gen 1,20; Mk 3,4; Apg 2,41). Die S. spiegelt dann das Ich-Bewusstsein eines Menschen wider (1 Sam 18,1; Mt 12,18). Schließlich kann S. auch für »Leben« stehen (Mt 2,20; Röm 11,3; Joh 13,37–38).

Seelenfünklein (lat. scintilla animae), Ausdruck der mittelalterlichen *Mystik* für die göttliche Kraft in jeder menschlichen Seele.

Seelengrund, anderer Ausdruck für *Seelenfünklein.*

Seelenmesse, früher Totenmesse, eine kath. Messe, die für das Seelenheil von Verstorbenen gelesen wird, meist durch Verwandte gestiftet *(Seelgerät).* Wird die S. gesungen, heißt sie Requiem, da die lat. Liturgie früher mit den Worten Requiem aeternam dona eis, Domine (»Ewige Ruhe gib ihnen, Herr«) begann. Berühmte Vertonungen des Requiems schufen z.B. Wolfgang Amadeus Mozart, Johannes Brahms und Franz Liszt.

Seelenschlaf, nach 1 Thess 4,15–16 der Zwischenzustand des Gläubigen zwischen Tod und Auferstehung, in dem seine Seele und Persönlichkeit inaktiv sind. Andere christliche Auffassungen gehen aufgrund von Phil 1,23 davon aus, dass der Gläubige in irgendeiner Form bereits vor der Auferstehung in Gemeinschaft mit Christus lebt.

Seelenwanderung → Reinkarnation, → Wiedergeburt

Seelgerät, finanzielle Stiftungen für das Abhalten von Messfeiern für sich selbst, andere oder bereits Verstorbene, im weiteren Sinn auch karitative Vermächtnisse, die dem eigenen Seelenheil oder dem anderer oder bereits Verstorbener dienen. → Ablass, → Fegefeuer

Seelsorge, das persönliche Gespräch des Geistlichen (in den ev. Freikirchen auch des Mitchristen) mit seinen Gemeindemitgliedern oder Menschen, die Rat suchen. Jahrhundertelang hatte die S. ihren Schwerpunkt in der *Beichte,* also in der Frage, ob eine Sünde vorlag oder nicht. Ab dem 19. und vor allem im 20. Jh. wurde die S. dann erheblich ausgeweitet, sowohl aufgrund der Betonung persönlicher geistlicher Erfahrungen im *Pietismus* und in der *Erweckungsbewegung,* als auch durch Anregungen aus der Psychologie und Psychotherapie. Heute gehören Buße und Sündenvergebung ebenso zur S. wie die allgemeine Lebensberatung, die Suchtberatung, die Eheberatung, die Ausländerseelsorge u.a. Die wissenschaftliche Beschäftigung mit der S. und die Ausbildung der Geistlichen für die S. leistet im ev. Bereich die *Praktische Theologie,* im kath. Bereich die Pastoraltheologie.

Segnen, jemandem das göttliche Heil zuwenden oder das wahre Glück für einen anderen erbitten, daher auch Benedictus (lat. bene: »gut«, »wohl«, dicere: »sagen«). Im A.T. und N.T. sind es oft Gott und Jesus selbst, die segnen. In der christlichen Lehre wird S. immer so verstanden, dass dadurch Gottes Segen erbeten oder weitergegeben wird. Die hebr. und griech. Begriffe für S. können sowohl von Gott zum Menschen das S., als auch vom Menschen zu Gott hin den Lobpreis oder Dank bezeichnen. → Aaronitischer Segen, → Handauflegung

Sekte (lat. secare: »[ab]schneiden« oder sequi: »folgen«), ursprünglich einfach die Richtung, Partei oder Gefolgschaft in Politik, Philosophie, Wissenschaft und Religion. Heute ebenfalls mit neutraler Bedeutung als religionswissenschaftlicher Ausdruck für die Abspaltung einer kleineren Gruppe von einer großen Religionsgemeinschaft, meist aus Protest gegen Verweltlichungen oder falsche Lehren und unter Betonung der Freiwilligkeit des Zusammenschlusses. Umgangssprachlich abwertend gebraucht für eine fanatische, von der Allgemeinheit nicht akzeptierte und gefährliche Gruppe. Da der Begriff in den letzten Jahrhunderten oft als Kampfbegriff der Großkirchen gegen abweichende Gruppen, also auch gegen Freikirchen oder im konfessionellen Streit verwendet wurde und auf die Notwendigkeit des Staates abhob, S. zu unterdrücken, und da die Bezeichnung S. darüber hinaus mit der Geschichte der *Inquisition* und Ketzerbekämpfung in Verbindung stand, bemüht man sich heute zunehmend, für die Kirchen, die erheblich von der gemeinsamen christlichen Tradition abweichen und sich selbst als allein selig machend verkünden (z. B. *Zeugen Jehovas, Mormonen*), neutrale Begriffe zu finden, ohne dass sich ein bestimmter Begriff durchgesetzt hätte. → Sonderformen, S. 78

Selbstständige Evangelisch-Lutherische Kirche (SELK), offizielle Bezeichnung der *Altlutheraner.*

Selbstständigkeit einheimischer Kirchen, auch Drei-Selbst-Bewegung, von dem reformiert-kongregationalistischen, US-amerikan. Missionsleiter Rufus Anderson (1796 bis 1880) und dem anglikanischen, brit. Missionsleiter Henry Venn (1796–1873) Mitte des 19. Jh. geprägter Begriff für ihre Forderung nach selbstständigen, einheimischen Kirchen auf den Missionsfeldern. Dabei beriefen sie sich auf die Drei-Selbst-Formel: »self-supporting, self-governing, self-propagating«, also selbsterhaltend (oder selbstunterstützend), selbstverwaltend (oder selbstregierend) und selbstausbreitend. Die Drei-Selbst-Formel wurde zum Programm fast aller protestantischen Missionsgesellschaften und beeinflusste die kath. Missionsarbeit in der Dritten Welt. Die kath. *Befreiungstheologie* erhielt hier wichtige Anregungen.

Eine eher politisch gefärbte Bedeutung erhielt die Selbstständigkeitsformel, als sich im kommunistischen China die offiziell geduldeten protestantischen Kirchen Chinas zur Drei-Selbst-Bewegung zusammenschlossen – ein von Rom unabhängiges kath. Gegenstück folgte – und damit die politische Unabhängigkeit vom Ausland und ausländischen Kirchen meinten. Die Bewegung repräsentiert in China heute eher die liberalen Kirchen, während sich die papsttreuen Katholiken und Evangelikalen von ihr distanzieren.

Selbstmord, das Verbot des S. wird in der Bibel nicht ausdrücklich erwähnt, auch wenn es herausragende negative biblische Beispiele für S. gibt, nämlich Abimelech (Ri 9,50–56), Saul und sein Waffenträger (1 Sam 31,1–6; 2 Sam 1,1–15; 1 Chr 10,1–13), Ahitofel (2 Sam 17,23), Simri (1 Kön 16,18–19) und im N.T. Judas (Mt 27,3–10; Apg 1,18–19). Daneben wird berichtet, dass Paulus den S. eines röm. Beamten verhindert (Apg 16,25–29). Aurelius Augustinus (354–430 n. Chr.) hat mit fast allen Kirchenvätern wie die Juden das sechste Gebot, nicht zu töten, auch auf den S. bezogen, eine Sicht, welche die ev. Kirchen später übernahmen (z. B. *Heidelberger Katechismus*). Die bedeutendsten christlichen Darstellungen zum S. stammen von Dietrich Bonhoeffer und Karl Barth, die aber auch darauf hinweisen, dass kein S. vorliegt, wenn es sich um ein echtes, unumgängliches Opfer für andere handelt, dass also nicht jede bewusste Selbsttötung ein S. ist. Daneben weist die christliche Ethik heute darauf hin, dass es unterschiedliche Schweregrade von S. gibt. So dürfte ein S. angesichts des sicheren Todes oder von Folter ebenso wie ein S. bei unerträglichen Schmerzen oder in geistiger Verwirrung nicht mit einem bewussten und absichtlichen S. auf eine Stufe zu stellen sein. Die früheren *Kirchenstrafen* für versuchten S. oder die Verweigerung kirchlicher Betreuung bei vollendetem S. (z. B. Verbot der Beerdigung auf kirchlichen Friedhöfen) werden heute von keiner Kirche mehr vertreten.

Selbstverstümmler → Skopzen

Selbstzüchtigung → Geißelung

Seligpreisungen, von Jesus in der Bergpredigt (Mt 5,3–12; Lk 6,20–23) und auch sonst oft verwendete (Mt 11,6 = Lk 7,23; Mt 24,46 = Lk 12,37+38+43; Lk 6,20; 10,23; 11,27+28; 14,15; 23,29; Joh 20,29), insgesamt im N.T. breit bezeugte (Röm 4,7+8; 14,22; 1 Petr 4,14; Jak 1,12 und die sieben S. der Offenbarung: Offb 1,3; 14,13; 16,15; 19,9; 20,6; 22,7+14) Art, mit den einleitenden Worten »Selig sind…« den Armen, Bedrückten und Sündern den Segen und die Gnade Gottes zuzusprechen. Die S. stehen in alttestamentlicher Tradition (Gen 15,1; 20,5–6; Ps 24,4; 37,9+11 +18; 73,1; Ps 107,5+8–10; Spr 14,21; Hos 2,1; Jes 51,7+6+8). Dies gilt für die Form der S. allgemein, für ihre grundsätzliche Betonung der Gnade Gottes, wie auch für die Thematik der einzelnen S.

Seligsprechung → Heiligsprechung

Semper Virgo (lat. »immer währende Jungfrau«, griech. Aeiparthenos), kath. Ehrentitel der Jungfrau *Maria.*

Seligpreisungen

»Selig sind, die da geistlich arm sind; denn ihrer ist das Himmelreich. Selig sind, die da Leid tragen; denn sie sollen getröstet werden. Selig sind die Sanftmütigen; denn sie werden das Erdreich besitzen. Selig sind, die da hungern und dürsten nach der Gerechtigkeit; denn sie sollen satt werden. Selig sind die Barmherzigen; denn sie werden Barmherzigkeit erlangen. Selig sind, die reinen Herzens sind; denn sie werden Gott schauen. Selig sind, die Frieden stiften; denn sie werden Gottes Kinder heißen. Selig sind, die um der Gerechtigkeit willen verfolgt werden; denn ihrer ist das Himmelreich. Selig seid ihr, wenn euch die Menschen um meinetwillen schmähen und verfolgen und reden allerlei Übles gegen euch, wenn sie damit lügen. Seid fröhlich und getrost; es wird euch im Himmel reichlich belohnt werden. Denn ebenso haben sie verfolgt die Propheten, die vor euch gewesen sind.« Mt 5,3–12

Siebenarmiger Leuchter. Über 800 Jahre alt ist der mächtige Leuchter im Braunschweiger Dom, der von Heinrich dem Löwen gestiftet wurde, um an den Tempel Salomos zu erinnern.

Sentenzen, Sentenzenkommentar (lat. sententia: »Meinung«, »Urteil«, »Sinnspruch«), Sammlung von Bibel- und Kirchenväterzitaten als Grundlage der theologischen Ausbildung der *Scholastik,* die wiederum von Gelehrten kommentiert wurden. Im Mittelalter schrieben bedeutende Theologen und Philosophen ihre Sicht oft nicht in eigenen Werken nieder, sondern in Randkommentaren zu alten Autoritäten. Die bedeutendsten Sentenzen waren die »Vier Sentenzenbücher« von Petrus Lombardus (um 1095–1160).

Septuaginta (lat. »siebzig«, Abkürzung LXX), die älteste Übersetzung des A.T. in griech. Sprache. Ihr Name beruht auf einer Legende, wonach 72 jüd. Gelehrte die Arbeit der Übersetzung (zunächst nur des *Pentateuch*) in 72 Tagen vollendeten. Die Übersetzung entstand wohl im 3. Jh. v. Chr. Neben dem hebr. Kanon sind auch noch andere Schriften in die S. aufgenommen worden. Teilweise sind diese Schriften im Kanon der kath. Kirche zu finden (aus ev. Sicht sind es dagegen *Apokryphen*). Für die Christen war die S. die beste Möglichkeit, sich mit dem A.T. vertraut zu machen. Aus diesem Grund und wegen sprachlicher Ungenauigkeiten wurde die S. von den Juden im 1. Jh. n. Chr. abgelehnt und durch neuere Übersetzungen und Revisionen ersetzt.

Shakers (engl. »Schüttler«), wegen ihrer ekstatischen Erfahrungen geprägter Spottname und spätere Selbstbezeichnung für eine im 18. Jh. von den *Quäkern* abgespaltene Kirche.

Siebenarmiger Leuchter (hebr. menora), wichtiger Bestandteil des alttestamentlichen Tempels (Ex 25,30–39; 37,17ff.; Num 8,2–4). Der S. des zweiten Tempels in Jerusalem wurde 70 n. Chr. nach Rom gebracht und auf dem Triumphbogen des röm. Oberbefehlshabers und späteren Kaisers Titus (reg. 79–81) in Rom abgebildet. Der S. ist eine beliebte *Devotionalie* und Gemeinderaumausstattung für Israelpilger, unter heutigen *messianischen Juden (Judenchristen)* und im *evangelikalen Bereich,* um die Liebe zum Volk Israel zum Ausdruck zu bringen.

Siebenschläfertag, Gedenktag (27. Juni) für sieben christliche Brüder (die Siebenschläfer), die einer Legende zufolge während der Christenverfolgung unter Kaiser Decius 251 in einer Höhle bei Ephesus eingemauert wurden und nach fast 200 Jahren 446 wieder zum Leben erwachten, um Kaiser Theodosius II. (reg. 408–50) die leibliche Auferstehung zu bezeugen. Sie gelten als Beschützer der Schifffahrt. Der S. spielt nur noch im Volks- und Aberglauben eine Rolle, da man angeblich an diesem Tag die Zukunft vorhersagen und das Wetter für die folgenden sieben Wochen bestimmen kann.

Simonie, der Verkauf geistlicher Ämter gegen Geld oder andere Werte, im Mittelalter weit verbreitet, da mit den geistlichen Ämtern entweder erhebliche Einkünfte oder politische Herrschaft verbunden waren. Der Begriff geht auf Simon Magus zurück, der dem Apostel Petrus Geld geben wollte, wenn er dafür die Gabe des Heiligen Geistes und die Macht, Wunder zu tun, bekäme (Apg 8,9–24). Die Päpste haben die S. zeitweise betrieben, zeitweise schärfstens bekämpft. Papst Gregor VII. dehnte im Investiturstreit den Begriff S. auf jede Vergabe geistlicher Ämter durch Laien aus, ohne dass sich dieser Begriff so durchsetzte. Heute macht im kath. Kirchenrecht S. zur Erlangung geistlicher Ämter, Güter oder Sakramente gegen einen zeitlichen Wert, vor allem Geld, die entsprechenden Akte ungültig (CIC Can. 1380). → Nepotismus

Simultankirche, Kirche, die von zwei oder mehreren Konfessionen verwendet wird, sei es nacheinander, sei es in zwei getrennten Gottesdiensträumen, bisweilen schon seit der Reformation (z. B. Wetzlarer Dom), in der Schweiz, im Elsass und in der Pfalz seit dem 16. Jh. oft mit zwei *Kanzeln,* am häufigsten aber aus praktischen Gründen bei Kirchen mit besonderen Funktionen wie den Friedhofskapellen oder Autobahnkirchen.

Situationsethik, auf das 1966 erschienene Buch »S.« von Joseph Fletcher zurückgehende Bezeichnung für eine von dem US-Amerikaner Fletcher und dem anglikanischen Bischof John A. T. Robinson begründete liberale Richtung der ev. Ethik, die auch die Ethik der ev. Landeskirchen in Deutschland und weit darüber hinaus grundlegend verändert hat. Sie gilt als der große Gegenentwurf jeder an einem Gesetz oder vorgegebenen Werten und Ordnungen orientierten Ethik. Ihre Grundaussage ist: »Denn es gibt nichts, was ein für allemal falsch wäre« (Robinson). Die S. sieht ihre Sicht bei Jesus selbst vorgegeben: »Seine Gebote sind keine Gesetzgebung, die festlegt, was die Liebe immer und von jedem Einzelnen fordert: Sie sind vielmehr Illustrationen dafür, was die Liebe in einem bestimmten Augenblick von irgendeinem Menschen fordern kann« (Robinson).

Die S. geht damit auf Rudolf Bultmann (1884–1976) zurück, der in den 1920er Jahren zwar kein eigentlich ethisches Werk geschrieben hat, aber durch die Darstellung seiner Sicht der ethischen Auffassungen von Jesus und Paulus in seinen Büchern zum N.T. prägende Wirkung gehabt hat. Er ging unter Auslassung vieler Jesusworte als spätere Gemeindebildung davon aus, dass Jesus die Autorität des Gesetzes, ja jede Autorität abgelehnt habe. Wahrer Gehorsam könne nie durch Beugung unter ein Gesetz entstehen, sondern nur, wenn der Mensch sich in jeder Situation neu entscheidet.

Von dieser Sicht ist die ebenfalls S. genannte Deutung der Weisheitsliteratur im A.T. (vor allem Spr, Pred, Ijob, Weisheitspsalmen) und N.T. (vor allem bei Jesus) zu unterscheiden. Diese Weisheit will nicht die normative Ethik der Gebote ersetzen, sondern ergänzen und auf die konkreten Situationen anwenden. Die Weisheit gibt außerdem allgemeine Ratschläge, die nur in konkreten Situationen angewandt werden können (z.B. Spr 26,4–5; 25,16–17). → Pflichtenkollision

Skopzen (russ. skopzy: »Selbstverstümmler«), asketische Bewegung in Russland zu Beginn des 19. Jh., die von ihren Anhängern die Kastration verlangte. Die letzten überlebenden S. gaben trotz weiterer Askese diese Forderung jedoch auf.

Sobornost (russ. »Gemeinsamkeit«), die von Alexei Chomjakow (1804–1860) formulierte, von der russ.-orthodoxen Kirche offiziell anerkannte Lehre, dass Bischöfe, Geistliche und Laien der Kirche gemeinsam das Glaubenserbe hüten. Ihre Übereinstimmung gilt damit als Kennzeichen der wahren Kirche.

Sohak (korean. »westliche Lehre«), korean. Name des Christentums, im engeren Sinn der kath. Kirche, die seit 1784 in Korea missionarisch tätig ist.

Sohn Gottes, auch Gottessohn, im A.T. Titel des Königs Israels (2 Sam 7,14) und vor allem des verheißenen *Messias* (Ps 2,7), weswegen das N.T. den Titel auf Jesus überträgt (Mt 26,63f.; Mk 1,1; Joh 11,4; 20,31; 2 Kor 1,19) und Jesus als einzig geborenen Sohn des Vaters bezeichnet (Joh 1,14; 3,16–18). Damit ist jedoch im Gegensatz zu anderen Religionen kein Gedanke an eine sexuelle Zeugung oder überhaupt an eine Geburt des ewigen Gottessohnes verbunden. Die an Jesus Glaubenden werden seine Geschwister (Hebr 2,17) und können deshalb in der Mehrzahl als Söhne Gottes bezeichnet werden (Mt 5,9; Röm 8,14; Gal 3,26). S. als Titel Jesu wird seit der *Frühen Kirche* insbesondere im Zusammenhang mit der *Trinität* verwendet (»Vater, Sohn und Heiliger Geist«, vgl. das *Apostolische Glaubensbekenntnis*).

Sola gratia, sola fide, sola scriptura (lat. »allein durch die Gnade«, »allein durch den Glauben«, »allein durch die Schrift«), drei Wahlsprüche Luthers und der Reformation und bis heute die kürzeste Zusammenfassung des ev. Glaubens. Der Mensch wird allein durch Gottes Gnade und das Vertrauen auf Gottes Handeln, nicht durch seine eigenen Werke gerettet, und die Schrift ist der einzige Maßstab für Glauben und Leben, nicht die Kirche und nicht die Tradition.

Sohn Gottes. Eine dreiteilige Arkade gliedert diesen Altaraufsatz. Die mittlere Arkade rahmt den »Gnadenstuhl«: Gottvater hält das Kreuz, an das der Sohn Gottes genagelt wurde. Über dem Kreuz symbolisiert eine Taube den Heiligen Geist. Dieses Bild der göttlichen Trinität flankieren Maria und der Jünger Johannes als Zeugen der Kreuzigung (Joh 19,26f.); eine Schriftrolle identifiziert den Jünger mit dem gleichnamigen Evangelisten.
13. Jh.; Wiesenkirche, Soest

Sonntag. Beginn des Buches Genesis in der Wenzelsbibel. Die linke Kolumne enthält die Initiale I, deren Buchstabenkörper mit sieben Medaillons gefüllt ist. Diese verbildlichen die sieben Tage der Schöpfung (Gen 1,1–2,4a). Entgegen der jüdischen Tradition, die den siebten Tag als Tag der Ruhe begeht, ist der christliche Sonntag der erste Tag der Woche. Gemeinsam ist die Siebenzahl der Wochentage nach der Siebenzahl der Schöpfungstage. Um 1400; Österreichische Nationalbibliothek, Wien

Sol invictus (lat. »unbesiegte Sonne«), von dem ehemaligen Priester dieses Gottes, Kaiser Elagabal (reg. 218–222) in Rom verehrter Sonnengott, dessen Kult Kaiser Aurelian (reg. 270–275) zur Staatsreligion erheben wollte. Deshalb ließ er den »Geburtstag der unbesiegten Sonne« (lat. natalis Solis invicti) zur Wintersonnenwende am 25. Dezember feiern. Einst die größte Bedrohung für das wachsende Christentum, legten die röm. Kaiser nach dem Übertritt zum Christentum das Fest der Geburt Christi auf diesen Tag, um den Triumph des Christentums zu dokumentieren. → Weihnachten

Sonderformen → S. 78

Sonnengesang, Lobpreis der Sonne, im christlichen Bereich als Lob Gottes durch die Sonne, vor allem im berühmten S. von Franz von Assisi (1182–1226).

Sonntag, auch nach Offb 1,10 altkirchlich Kyriake Hemera (griech. »Tag des Herrn«, lat. dies domenica), erster Tag der Woche, der an die Auferstehung Jesu Christi (Joh 20,1–25) und den Pfingsttag erinnert (Apg 2,1–41). Nach der *Himmelfahrt Christi* trafen sich die Christen eine Zeit lang am ersten und am siebten Tag der Woche. Als aber die judenchristlichen Gemeinden ihren starken Einfluss mehr und mehr verloren, verschwand allmählich die Neigung, den siebten Tag der Woche zu feiern. Die Jünger in Troas hielten am ersten Tag der Woche Gottesdienst (Apg 20,7), und Paulus ermahnte die Christen in Korinth, jede Woche etwas von dem, womit Gott sie gesegnet hatte, zurückzulegen und dies wöchentlich am ersten Tag zu tun (1 Kor 16,2).

Konstantin der Große (reg. 306/24–337) verordnete im Jahr 321 gesetzlich die Sonntagsfeier und verband sie mit dem »dies Solis« (lat. »Tag der Sonne«, d.h. »des Sonnengottes«). Seitdem trat der S. als arbeitsfreier Tag seinen Siegeszug an und ist heute weit über den eigentlich christlichen Bereich hinaus auch in Ländern anderer Kulturkreise anzutreffen (z.B. Tunesien, Japan).

Der S. ist nicht ohne den alttestamentlichen Sabbat (hebr. »siebenter Tag«, auch »Ruhetag«) zu verstehen, der als siebter Tag der Woche den Juden als Tag der Ruhe und des Gottesdienstes diente. Er wurde von Gott selbst bei der Schöpfung eingerichtet (Gen 2,2; Ex 20,8–11) und im Gesetz des Mose für Israel verpflichtend gemacht (Ex 16,23–30; 20,8–11; Lev 19,3; 23,3; Dtn 5,12–15). Auch bei den Propheten stand er in hohem Ansehen (Jes 56,2–4; Jer 17,21–27; Ez 20,12–24). Die jüd. *Schriftgelehrten* formulierten zahlreiche gesetzliche Einschränkungen für den Sabbat und gerieten mit Jesus in Konflikt, weil er etliche Verbote bewusst überging, sich dafür aber auf das A.T. berief (Mt 12,1–14; Mk 2,23–3,6; Lk 6,1–11; Joh 5,1–18).

Das Sabbatgebot ist nach Auffassung vieler Theologen das einzige der Zehn Gebote, das im N.T. nicht aufgegriffen wird, für andere erfüllt es sich im S. Obwohl der S. in allen Konfessionen mit Ausnahme der *Sabbatisten* (z.B. *Adventisten*) in der Praxis immer völlig unstrittig war, blieb das Verhältnis von Sabbat und S. Gegenstand zahlreicher Kontroversen zwischen den und innerhalb der Konfessionen. Das kath. Kirchenrecht geht davon aus, dass der S. aus apostolischer Tradition stammt beziehungsweise gemäß apostolischer Überlieferung befolgt wird und nicht erst von der Kirche in nachapostolischer Zeit eingeführt wurde. Während in Luthers Kleinem und Großem *Katechismus* und im *Heidelberger Katechismus* die Heiligung des Sabbat auf die freudige Teilnahme am Gemeindegottesdienst hingelenkt wird, ist durch Melanchthon, *Kirchenordnungen, Orthodoxie* und *Pietismus* die Forderung der Sabbatruhe als Verbot jeglicher Arbeit in den Vordergrund gerückt. Auf reformierter Seite wurde der Anteil am Moralgesetz im Sabbatgebot von Anfang an höher eingestuft. Calvin hielt daran fest, dass »die Vorbildung der geistlichen Ruhe die wichtigste Aufgabe des Sabbat« ist und diese sich in Christus erfüllt hat bzw. sich in der ewigen Ruhe der Gläubigen in Christus erfüllen wird (Hebr 4; Kol 2,16–17). Daraus ergibt sich für ihn auch die Berechtigung zur Verlegung des Ruhetages auf den S.

Soter (griech. »Heiland«, »Retter«, »Erlöser«), antiker Titel von Zeus und anderen Göttern, der auf die Herrscher übertragen wurde, vor allem auf den röm. Kaiser, der damit als Retter der Welt galt. Schon im N.T. wird Jesus als S. der Welt bezeichnet (Lk 2,11; Apg 5,31; Phil 3,20), was die *Frühe Kirche* in Konflikt mit dem Kaiserkult brachte.

Soteriologie (griech. soteria: »Rettung«, »Heil«), die Lehre von Heil und Erlösung, Teil der christlichen *Dogmatik.*

Soutane (frz.), eng anliegendes, bis zu den Knöcheln reichendes, meist mit Gürtel versehenes Obergewand des kath. Geistlichen. An der Farbe ist der Rang zu erkennen (Weiß: Papst, Rot: Kardinal, Violett: Bischof und Prälat, Schwarz: Priester u. a.).

Sozinianer, frühe Form der *Unitarier.*

Spirituals (engl.), auch Negro Spirituals, ursprünglich geistliche Gesänge der nordamerikan. Sklaven. Die S. verbinden das musikalische Erbe der afrikan. Heimat (z.B. starker Rhythmus) mit einer auf Befreiung ausgerichteten, christlichen Botschaft.

Springprozession → Echternacher Springprozession

Staatskirche, die innerhalb eines staatlichen Territoriums einzige oder vorherrschend als Kirche anerkannte Religionsgemeinschaft (z.B. die *anglikanische Kirche*). Die S. geht zurück auf den *Cäsaropapismus.*

Stabkirche, auch Mastenkirchen, Sonderform des Kirchenbaus seit dem 11. Jh. ausschließlich in Norwegen, so genannt, weil die Wände aus senkrecht gestellten Pfosten (Stäben) errichtet werden. Im Inneren von den norweg. Königshallen geprägt. Berühmte S. finden sich in Urness (11. Jh.), Borgund (12. Jh.) und Hitterdal (13. Jh.).

Starez (russ. »der Alte«), Mehrzahl Starzen, Ehrentitel für alte russ. Mönche und Seelsorger.

Starowerzen → Altgläubige

Stellvertreter Christi (lat. Vicarius Christi), Titel des *Papstes.*

Stellvertretung, aus dem alttestamentlichen Opferwesen übernommener Gedanke, dass ein anderer stellvertretend die Schuld der Sünde auf sich nimmt *(Sündenbock, Sühne),* gehört zu den zentralen Elementen der Bedeutung des Opfers Jesu am *Kreuz,* wo er die Sünden der ganzen Menschheit stellvertretend büßte (2 Kor 5,19; 1 Petr 2,24; 1 Joh 2,2; 4,10).

Stern von Betlehem → S. 34

Stifterreligion, Religion, die auf einen historisch greifbaren Stifter zurückgeht, was etwa bei *Volksreligionen* nicht der Fall ist.

Stigmatisation (griech. stigma: »Stich«), besondere Form des kath. *Blutwunders,* bei der an einem Menschen die vernarbten *Wundmale Jesu* an Händen, Füßen, Seite und Kopf zu sehen sind und von Zeit zu Zeit anfangen zu bluten und zu eitern. Eine medizinische Erklärung fehlt. Orte des erstmaligen Auftretens von S. wurden meist zu Wallfahrtsorten. Offiziell werden derzeit von der kath. Kirche etwa 300 S. anerkannt. Das erste Mal trat die S. bei Franz von Assisi (1182–1226) auf, das berühmteste Beispiel der Gegenwart ist Therese von Konnersreuth (eigentlich Therese Neumann, 1898–1962).

Stigmatisation.
1926 stellten sich bei Therese Neumann aus Konnersreuth erste Visionen vom Leiden Christi ein, begleitet von blutenden Wundmalen, den Stigmata. Diese Erscheinung wiederholte sich bei ihr seitdem jährlich in der Karwoche.

Stola (lat.), von den Römern übernommener breiter, häufig mit Ornamenten versehener Stoffstreifen kath., orthodoxer und *hochkirchlicher* ev.-lutherischer Geistlicher. Die Art des Tragens gibt Auskunft über den Rang des Geistlichen (z.B. um den Hals gelegt: Priester, über eine Schulter gelegt und schräg über Brust und Rücken geführt: Diakon).

Stolgebühren (lat. ius stolae), feststehende Gebühren für kath. Amtshandlungen wie etwa die Lesung einer Messe für Verstorbene.

Studiten, Mönche des 463 gegründeten und 1555 von den Türken zerstörten Studion-Klosters in Konstantinopel (heute Istanbul). Das Kloster war eines der bedeutendsten orthodoxen Gelehrtenzentren und prägte das orthodoxe Klosterleben maßgeblich.

Stundengebet. Die acht »Stunden« gliedern im Stundenbuch, einem Gebets- und Andachtsbuch für Laien, dessen Hauptteil: das Marienoffizium. Ein Marienzyklus, der mit dem Bild der Verkündigung an Maria beginnt, verdeutlicht mit den Mitteln der Buchmalerei diese Gliederung. Die beiden Auftaktseiten stammen aus einem flämischen Stundenbuch, 15. Jh.; Biblioteca Apostolica Vaticana, Rom

Stufengebet, Gebet zu Beginn der kath. Messe, 1969 gestrichen. Auch dt. Übersetzung von *Graduale.*

Stundengebet, in der kath. Kirche das den Klerikern und Ordensleuten für bestimmte Stunden vorgeschriebene Gebet. Die lat. Bezeichnungen der einzelnen Gebete folgen den acht Tageszeiten: Matutin, Laudes, Prim, Terz, Sext, Non, Vesper und Komplet.

Stundismus, nach den Stunda, pietistischen Bibelstunden, benannte große *Erweckungsbewegung* unter dt. Aussiedlern in Südrussland im 19. Jh., die stark vom *Baptismus* beeinflusst wurde.

Styliten → Säulenheilige

Subdiakon (lat.-griech.), eine 1973 abgeschaffte nicht sakramentale kath. Weihe unter dem Diakonenamt für liturgische Assistenten.

Subordinatianismus (lat. »Unterordnung«), vor allem im 2. Jh. vertretene, später von der Kirche verworfene *trinitarische Lehre,* wonach Christus dem Vater auch wesensmäßig untergeordnet ist.

Sub utraque (lat. »unter beiderlei [Gestalt]«), Fachausdruck für die ev. Auffassung vom Abendmahl, den Laien beide Gestalten Brot und Wein zu reichen, also auch den so genannten *Laienkelch.*

Sühne, auch Sühnopfer, im Alltagshebr. Zahlung einer Genugtuung für eine Beleidigung oder ein zugefügtes Unrecht mit der Absicht, eine gestörte Beziehung wieder herzustellen. Im A.T. ist S. keine vom Menschen ausgehende Handlung, sie wird von Gott gestiftet, um die Menschen vor den tödlichen Folgen der *Sünde* zu retten. S. geschieht, indem ein makelloses Tier stellvertretend für den stirbt, der ein *Opfer* bringt. Durch das Blut des Opfers werden die Sünden bedeckt. Im N.T. stirbt Jesus Christus den von Menschen verursachten Sühnetod, indem er sich mit der Sünde der Menschheit eins macht (Röm 5). Der Sühnetod am Kreuz ist die Grundlage für die *Versöhnung* zwischen Gott und Mensch. Sühnen bedeutet also, den Preis zu zahlen, Versöhnung ist das Ergebnis.

Sukzession, apostolische → Apostolische Sukzession

Summepiskopat → S. 71

Summum Bonum (lat. »das höchste Gut«), aus der Philosophie entlehnter Begriff für Gott als Inbegriff und Maßstab alles Guten.

Sünde, allgemein das böse Handeln, in der christlichen Theologie die Übertretung der Ordnungen Gottes. S. setzt nach christlichem Verständnis immer den redenden Gott, eine absolute ethische Norm und stets eine Person, welche diese bricht, voraus. Die mehrfach im N.T. vorgenommene Definition von S. ist deswegen die »Gesetzlosigkeit« bzw. das Brechen des göttlichen *Gesetzes* und der *Zehn Gebote:* »Jeder, der S. tut, tut damit Gesetzlosigkeit, denn die S. ist die Gesetzlosigkeit.« (1 Joh 3,4; ähnlich Mt 7,21–23; Röm 3,20; 4,15; 5,13; 7,7+8; 1 Kor 15,56; vgl. Dan 9,5). Durch das Gesetz kommt die Erkenntnis der S. Etwas als S. zu verwerfen, steht allein Gott zu, und deswegen kann allein von Gottes Gesetz definiert werden, was böse und was gut ist. Auch wenn es eine große Zahl unterschiedlicher Begriffe für S. und Schuld gibt, setzen sie doch alle einen normativen Standard des Guten und Richtigen voraus. Dies gilt zunächst für den eigentlichen Begriff »S.« (hebr. chata: »sündigen«; z.B. Gen 20,6; Ps 51,6; Spr 8,36) mit der Bedeutung »Verfehlung«, »Abirrung«, »Fehltritt«, »das Fehlgehen« oder »das Ziel verfehlen« (in Ri 20,16 für einen Pfeil gebraucht, der sein Ziel verfehlt). Das griech. Wort für »S.« (hamartia) entspricht in seiner Bedeutung dem hebr. chata, bedeutet also »Zielverfehlung«. Daneben spricht das N.T. von der »Übertretung« (griech. paraptoma) im Sinn von »den Weg [Gottes] verlassen«, von »Schuld« (griech. opheilema) und von »Gesetzlosigkeit« (griech. anomia). Auch die dt. Begriffe spiegeln denselben Sachverhalt wider.

Das christliche Sündenverständnis ist aber nicht nur von der S. als einzelner konkreter Tat her zu verstehen, sondern vor allem als *Erbsünde,* daher wird auch die Befreiung von der S. nicht als Befreiung von einer einzelnen S. verstanden, sondern als Befreiung von der Sündhaftigkeit des Menschen. Nach ev. Lehre kann S. zwar dem Nächsten schaden, richtet sich aber letztlich immer gegen Gott, weswegen auch nur von ihm Vergebung und Versöhnung kommen kann. Nach kath. Lehre richtet sich Sünde auch gegen die Kirche (CIC Can. 959–960), deshalb muss der Mensch auch mit der Kirche versöhnt werden. → Beichte; → Todsünde; → Vergebung

Sündenfall → Erbsünde

Sündenvergebung → Vergebung

Superintendent (lat.), in ev. Kirchen der leitende Pfarrer eines Kirchenkreises, häufiger *Dekan* genannt.

Superstition → Aberglaube

Supralapsarismus (lat. supra lapsum: »frei vom Sündenfall«), eine im 17. Jh. von niederländ. Calvinisten ausformulierte und von vielen Reformierten vertretene Lehre, dass die *Prädestination* der Menschen zum Heil oder Unheil unabhängig von und schon vor dem Sündenfall stattgefunden habe. Die Lehrauffassung der Reformierten, die auf der Dordrechter Synode den Sieg davontrug, ist der Infralapsarismus, der davon ausgeht, dass die Erwählung den Sündenfall voraussetzt.

Supranaturalismus (lat. supra natura: »unabhängig von der Natur«), in zahlreichen Fassungen in der Kirchengeschichte vertretene theologische und philosophische Denkrichtung, die davon ausgeht, dass alles, was die natürliche Erfahrung der menschlichen Vernunft übersteigt, nur durch Offenbarung zugänglich ist.

Sursum Corda → Erhebet eure Herzen

Syllabus (lat. »Aufstellung«), ein von Papst Pius IX. 1864 veröffentlichtes Verzeichnis von 80 so genannten »Zeitirrtümern« des »Modernismus«, mit dem sich die kath. Kirche scharf vom politischen und religiösen Pluralismus sowie vom modernen Wissenschafts- und Politikverständnis abgrenzte. Der S. führte schließlich zum Antimodernisteneid von 1910 *(Antimodernistenstreit).*

Symbol (griech. symballein: »zusammenwerfen«), als Eindeutschung von Symbolum Bezeichnung der alten Glaubensbekenntnisse *(Apostolisches Glaubensbekenntnis, Nizänisch-Konstantinopolitanisches Glaubensbekenntnis)* und überhaupt von *Bekenntnisschriften,* deshalb nennt man die Konfessionskunde auch *Symbolik.*

Symbole der Christenheit → S. 19

Symbolik, älterer Name für *Konfessionskunde.*

Symbolum Apostolicum → Apostolisches Glaubensbekenntnis

Symbolum Nicaeno-Constantinopolitanum → Nizänisch-Konstantinopolitanisches Glaubensbekenntnis

Synergismus (griech. syn: »zusammen«, ergo: »Werk«), das Zusammenwirken von göttlicher Gnade und menschlichem Tun und Wollen bei der Rechtfertigung, die grundsätzlich von der kath. Theologie betont, von der ev. Theologie bestritten wird. Innerhalb des ev. Lagers kam es im synergistischen Streit (1556–60) zu einer Auseinandersetzung zwischen Luther und Lutherschülern, die den S. verwarfen, sowie seinem engsten Mitarbeiter Melanchthon und dessen Schülern, die einen S. lehrten, ohne den Vorrang der Gnade infrage zu stellen. Luther gewann zunächst, in späteren Jahrhunderten setzte sich aber die Sicht Melanchthons ebenfalls bei vielen durch. → Werkgerechtigkeit

Synkretismus, auch Religionsvermischung, also der Versuch, Elemente verschiedener religiöser Systeme in eine einheitliche Glaubenslehre und -praxis zusammenzuführen. Baha'i ist z.B. eine Synthese aus Islam, Christentum und anderen Religionen. Einige *afrikanische unabhängige Kirchen* versuchen, Elemente des Christentums mit vorchristlichen traditionellen, meist animistischen Religionen zu verbinden. Die moderne Religionswissenschaft unterscheidet zwischen einem S. auf Systemebene wie bei den Baha'i und in den afrikanischen unabhängigen Kirchen, wo Glaubenssysteme verschmolzen werden, und einem S. auf Elementebene, indem eine Religion nur Details oder äußere Symbole und Rituale aufnimmt, ohne ihren Charakter grundsätzlich zu ändern (z.B. das von den Germanen übernommene *Händefalten* als Gebetshaltung). → Volksreligion

Synode, Synodalverfassung, grundsätzlich jede überörtliche Versammlung von Kirchenvertretern in der *Frühen Kirche* oder als Bischofssynode etwa der kath. Kirche heute; darüber hinaus jede Kirchenstruktur, deren

Summum Bonum.
»Die Dreiheit der göttlichen Personen ›ist das höchste Gut, das sich für den geläuterten Geist ersehen lässt‹. Gott ist das allerhöchste Gut schlechthin und nicht etwa nur in irgendeiner Gattung oder Ordnung der Dinge.«
Thomas von Aquin in seinem Hauptwerk »Summa Theologia« (I 6,2) unter Verwendung eines Zitats des Kirchenvaters Aurelius Augustinus

Taizé. Teilnehmer des 19. Taizé-Treffens im Dezember 1996 in Stuttgart beim Gebet. Diese Treffen werden seit 1978 jährlich als Etappen des »Pilgerwegs des Vertrauens auf der Erde« abgehalten.

oberste Leitung ein solches Kirchenparlament darstellt. Im Besonderen meint man jedoch damit die überörtliche Fortsetzung der ursprünglich reformierten Presbyterialverfassung, die zunächst nur die Pfarrer und gewählten *Presbyter* zusammenführte. Der Gedanke gemischter Synoden aus Amtsträgern und Laienvertretern der Gemeinden stammt noch nicht von Martin Bucer oder Johannes Calvin selbst. Die erste gemischte Synode fand 1559 in Paris statt, in Deutschland ab 1571 in Emden und ab 1610 für Jülich, Kleve, Berg und Mark. Man berief sich dazu auf das Apostelkonzil (Apg 15,1–21), auf dem sich »Apostel«, »Älteste« und »die Gemeinde« versammelten (Apg 15,22). In den reformierten Kirchen setzte sich dieses Prinzip bald überall durch und wurde ab dem 18. Jh. mehr oder weniger umfassend in fast allen Kirchen der Welt aufgenommen. Es gibt allerdings erhebliche Unterschiede in der Frage, welche Rechte die Synode gegenüber den örtlichen Kirchengemeinden besitzt.

Synopse (griech. synopsis: »Zusammenschau«), seit der *Frühen Kirche* bekannter, bis heute weit verbreiteter paralleler Abdruck der Texte der drei ersten, synoptischen Evangelien, bisweilen auch zusätzlich des Johannesevangeliums, um ihre Gemeinsamkeiten und Unterschiede sehen zu können. Nicht zu verwechseln mit einer Evangelienharmonie wie dem *Diatessaron.*

Synoptiker, synoptische Evangelien (griech. synopsis: »Zusammenschau«), die ersten drei *Evangelien,* da sie sich ähneln und vom Johannesevangelium deutlich unterscheiden.

Syrisches Christentum, mit seinem Zentrum in Antiochia zur Zeit der *Frühen Kirche* von großer dogmengeschichtlicher Bedeutung. Die wichtigsten Gruppen des syr. Christentums sind die ostsyr. Kirchen, zu denen die *Nestorianer* zählen, und die westsyr. Kirche der *Jakobiten,* deren Oberhaupt, der Patriarch von Antiochia, seinen Sitz in Beirut/Libanon hat. Zum S. zählen aber auch die *Thomaschristen* und die *Maroniten,* die sich teilweise der kath. Kirche unterstellt haben.

Systematische Theologie, in der theologischen Wissenschaft Oberbegriff für die Fächer *Dogmatik, Ethik* und *Apologetik,* bildet zusammen mit der *Biblischen,* der *Historischen* und der *Praktischen Theologie* die gesamte Theologie als Lehrfach.

Szepter → Stab

T

Tabernakel (lat. tabernaculum: »Zelt«, »Hütte«), der in Anlehnung an die alttestamentliche Stiftshütte entstandene Begriff bezeichnet in der kath. Kirche ein künstlerisch gestaltetes Häuschen oder Türmchen über dem Altar für die geweihten *Hostien.*

Tabor, in der Nähe von Nazaret gelegener Berg, auf dem die *Verklärung Christi* geschah (Mk 9,2–13), heute Pilgerort, zugleich beliebter Name für *pietistische* Versammlungsstätten, z.B. in Marburg.

Tag des Herrn, feststehender Ausdruck im A.T. und N.T. für den Sieg Gottes über seine Widersacher (Jes 13,2–6; Ez 30,3; 2 Thess 2,2), vor allem an zahlreichen angekündigten Gerichtstagen, unter denen das *Jüngste Gericht* am Ende der Zeit das bedeutendste ist. Der Ausdruck bedeutet das Gericht (Mt 10,15; Röm 2,5–6; 2 Petr 3,7+12) ebenso wie Freude und Befreiung (Mt 16,27; 24,30; Joh 6,39; 2 Kor 1,14; Phil 1,6+10). Der Begriff wird im N.T. im weiteren Sinn auch auf die Auferstehung Jesu (1 Joh 4,17) oder den *Sonntag* bezogen (Offb 1,10; vgl. Apg 20,7; 1 Kor 16,2). → Wiederkunft

Taizé, der ev. Orden Communauté de Taizé im frz. Ort T. wurde 1940 von Roger Schutz (*1915) gegründet. Er ist einer der wenigen ev. Orden mit Ordensgelübde nach kath. Vorbild *(Gelübde, Zölibat, Evangelische Räte).* Er will zwischen ev. und kath. Kirchen vermitteln. Bekannt vor allem durch seine jährlichen ökumenischen Jugendtreffen mit Zehntausenden von Teilnehmern.

Talar (lat. talaris: »bis an die Knöchel reichend«), die schwarze Amtstracht der ev. Geistlichen. Als die Reformatoren die kath. liturgischen Gewänder ablegten, trat die damalige akademische Tracht der Theologen (ähnlich wie die bis heute erhaltenen T. der Richter und Rektoren) hervor und wurde nun ihrerseits zum liturgischen Gewand. Der T. wird von den ev. *Freikirchen* im Regelfall abgelehnt.

Taube, im N.T. bei der Taufe Jesu Symbol für den Heiligen Geist (Mk 1,10) und später in der christlichen Kunst Symbol für die Kirche, in der kath. Kirche besonders für Maria und die Eucharistie. Im A.T. zeigt die T. das Ende der Sintflut an (Gen 8,8–12). → Ölzweig

Taufbecken, auch Taufstein, in der *Frühen Kirche* wurden die Täuflinge zunächst im fließenden Wasser getauft, dann im 4.–7. Jh. in den T. des ein eigenes Kirchlein bildenden *Baptisteriums.* Mit der zunehmenden Verbreitung der Kindertaufe wurde die Taufe in das eigentliche Kirchengebäude verlegt und fand nun am Taufstein statt, einem großen, meist steinernen Pokal oder Kelch mit Taufwasser und einem kuppelartigen Deckel, groß genug, um Kinder einzutauchen und zu übergießen. Mit der Einführung des reinen Besprengens wurde das T. kleiner. *Täufer* und *Baptisten* führen die Erwachsenentaufe durch Untertauchen durch, entweder in öffentlichen Gewässern (Fluss, See, Schwimmbad) oder in großen, im Boden eingelassenen T. im oder in der Nähe des Altartisches. Diese Becken haben meist zwei Treppen, sind oft überdeckt und werden nur für Taufgottesdienste geöffnet.

Taufe → S. 67

Täufer, auch Wiedertäufer, Anabaptisten, meist Sammelbezeichnung für alle Kirchen, welche die Kindertaufe ablehnen und als Kind getaufte Christen, die sich ihnen anschließen wollen, erneut taufen oder aus ihrer Sicht auf ihren Glauben hin taufen. Historisch gesehen sind T. lediglich die im 16. Jh. in der Reformationszeit entstandenen Gruppen. Sie begannen 1525 als Ergebnis der reformierten Reformation, da Anhänger Zwinglis u.a. die Abschaffung der Kindertaufe forderten. Die Bewegung breitete sich trotz des starken Widerstands aller großen Reformatoren und zunehmender Verfolgung schnell aus und ergriff die Schweiz sowie Ober- und Niederdeutschland. Bestimmend wurde die Erwartung eines baldigen sichtbaren Tausendjährigen Reiches nach Offb 20,6 *(Chiliasmus),* die zur Gründung des Täuferreiches in Münster mit diktatorischer Struktur, Vertreibung der Andersgläubigen und Visionen zur Vielehe führte. Die Herrschaft der T. wurde schließlich mit Unterstützung kath. und ev. Fürsten gewaltsam beendet. Die Käfige, in denen man die gefangenen T. öffentlich zur Schau stellte, hängen bis heute an der Außenwand des Doms zu Münster. Damit war der Ruf der T. auf lange Zeit zerstört, auch wenn die anschließend entstandenen *Mennoniten* ausdrücklich unpolitisch blieben. Die einzigen historischen Erben der T. sind Gruppen wie die Mennoniten, die Taufgesinnten Gemeinden, die *Amish People* und die *Hutterischen Brüder,* die man zusammenfassend »Alttäufer« nennt. Alle anderen modernen »T.« wie *Baptisten* und andere, die Erwachsenentaufe vertretende *Freikirchen* sind spätere Neugründungen.

Taufkleid → Alba

Täufer. »Des Münsterischen Königreichs und Widertauffs an vnnd abgang…«. Krechting, Knipperdolling und van Leiden in den Käfigen am Turm der Lambertikirche zu Münster. Flugschrift, 1536

Taufstein. Das romanische Taufbecken aus Bronze ruht auf einem Sockel mit Stierköpfen, und zwar in Anlehnung an die Gestaltung des Ehernen Meeres im Tempel Salomos (2 Chr 4,2–4). Das Becken selbst zeigt an seiner Außenwand die Taufe durch Johannes den Täufer im Jordan. Geschaffen wurde das Werk im Auftrag eines Abtes von dem Gießer Reiner von Huy, um 1110; Saint-Barthélomy, Lüttich

Taufstein → Taufbecken

Te Deum (lat. »Dich, Gott«), Bezeichnung des *Ambrosianischen Lobgesanges.*

Templerorden, auch Templer, ein geistlicher *Ritterorden,* der im Rahmen der Kreuzzüge in Palästina 1119 von frz. Rittern gegründet und 1128 vom Papst bestätigt wurde. Große Reichtümer machten die Templer zu Schatzmeistern des Adels einschließlich des frz. Königs. Das schützte sie aber nicht davor, nach dem Verlust der Besitztümer im Nahen Osten 1307 unter dem Vorwurf der Ketzerei, Gotteslästerung und Unzucht der *Inquisition* zum Opfer zu fallen. Auf Betreiben des frz. Königs wurden die etwa 2000 Mitglieder des T. in Frankreich verhaftet und ihre Besitzungen eingezogen. Der Papst verfügte schließlich unter Druck 1312 die Aufhebung des T., der zeitweise zu seinen treuesten Dienern gehört hatte. Der letzte Großmeister des T. wurde 1314 in Paris verbrannt. Gerüchte, dass der T. heimlich weiterbestanden habe, verstummen vor allem im Bereich der Esoterik nicht.

Temporalien (lat. »zeitliche Güter«, auch »Kirchengut«, »Kirchenvermögen«), das materielle Vermögen der Kirche, wie Grundbesitz, Immobilien, Stiftungen und Kirchensteuer.

Teufel → Satan

Teufelsaustreibung → Exorzismus

Textkritik → Codex Sinaiticus, → Codex Vaticanus, → S. 56

Thebaische Legion, legendäre, aus Christen aus der ägypt. Landschaft Thebais bestehende röm. Legion, die sich um 300 n. Chr. unter Führung des hl. Mauritius weigerte, an der kaiserlichen Christenverfolgung in Acaunum (heute Saint-Maurice im Wallis/Schweiz) teilzunehmen und dafür das Martyrium erlitt.

Theismus (griech. theos: »Gott«), ähnlich dem *Monotheismus* der Glaube an einen personalen, alleinigen, handelnden und die Welt lenkenden Gott, im Gegensatz zum *Polytheismus* (Vielgottglauben), aber auch zum *Deismus,* in dem zwar Gott die Welt geschaffen hat, sie aber sich selbst überlässt.

Theodizee (griech. »Rechtfertigung Gottes«), von Gottfried Wilhelm Leibniz (1646–1716) mit seinem philosophischen Hauptwerk »Theodizee« (1710) geprägter Fachausdruck für jene die ganze Philosophie- und Theologiegeschichte beschäftigende Frage, wie man die Übel dieser Welt überhaupt und insbesondere angesichts eines gerechten, vollkommenen und gütigen Gottes erklären kann. Das Problem ergibt sich vor allem daraus, dass die Bibel und das Christentum einerseits jeden Dualismus verwerfen, also dem Bösen *(Satan)* nicht die gleiche Macht zuschreiben wie Gott, sondern auch das Böse als Bestandteil alles Geschaffenen betrachten, andererseits Gott als allmächtig *(Pantokrator)* verkündigen, weswegen auch das Böse unter seiner *Vorsehung* geschieht (z. B. Jes 45,7), und schließlich Gott als ausnahmslos gut und vollkommen ansehen. Die Bibel selbst lässt die Frage der T. zu (Ps 73; Ijob; Klgl; Röm 9; 3,5–6) und bearbeitet das Thema häufig, bietet aber keine abschließende Antwort, auch nicht im Buch Ijob und in Jesu Schrei am Kreuz: »Mein Gott, mein Gott warum hast du mich verlassen?« (Mt 27,46). Zu den Teilerklärungen gehört jedoch das Leiden als Folge der Entscheidungsfähigkeit des Menschen *(Erbsünde),* manches Leiden als Strafe für Sünde, das Leiden als Prüfung und die Überwindung des Leidens im Leiden Christi und der *ewigen Seligkeit.* Daher kann der Gläubige allem Anschein zum Trotz an dem Bekenntnis festhalten, dass ihm alle Dinge zum Guten mitwirken müssen (Röm 8,28). Für die Theodizeefrage muss man zwischen der Anfrage und Klage des schon an Gott Glaubenden an Gott (z. B. Ijob) und der Diskussion zwischen Christen und Atheisten unterscheiden. Für Letztere haben christliche Philosophen immer darauf verwiesen, dass auch der Atheist eine Erklärung für die Existenz des Guten und des Bösen braucht. → Eigenschaften Gottes, S. 14

Theokratie (griech. theos: »Gott«, kratos: »Herrschaft«), allgemein die Beherrschung eines Volkes durch Vertreter Gottes, im Fall des Christentums die Sicht, dass der Staat ein christlicher Staat sein und der Förderung des Christentums dienen muss. Der relativ vage Begriff kann auf Formen des *Gottesgnadentums,* des *Summepiskopats, Sakralkönigtums* usw. bezogen werden. Er ist von der *Hierokratie* (griech. »Priesterherrschaft«) zu unterscheiden, in der die Vertreter einer Religion direkt die politische Herrschaft ausüben. Die ev.-reformierte Theologie sieht diese Welt einschließlich des Staates grundsätzlich als eine T. an (Gott regiert die Welt), befürwortet aber eine Trennung von Kirche und Staat, lehnt also die Hierokratie, die Beherrschung des Staates durch die Kirche, ab.

Theologen → S. 31

Theologia crucis (lat. »Theologie des Kreuzes«), Beschreibung der Theologie Martin Luthers und anderer Reformatoren, nach der das Kreuz Christi den Mittelpunkt des christlichen Glaubens ausmacht. Damit wird aber auch betont, dass das Kreuz Christi Vorbild für die Gläubigen ist und deswegen das Leben des Christen auf der Erde mit Leiden verbunden ist und triumphalistische Sichtweisen des christlichen Glaubens abgewiesen werden.

Theologia Deutsch, lat. Titel der Schrift *Deutsche Theologie.*

Theologie (griech. theos: »Gott«, logia: »Rede«), allgemein die Inhalte des christlichen Glaubens oder die Sichtweise einer Richtung oder eines Theologen (z. B. die T. Luthers). Im engeren Sinn die wissenschaftliche und systematische Erforschung und Darstellung des Glaubens, wie sie als Urfach der Hochschulen und Universitäten die Geschichte der Bildung Europas maßgeblich geprägt hat. Die T. als Lehrfach gliedert sich in verschiedene Disziplinen, die man nach Biblischer, *Systematischer, Historischer* und *Praktischer* T. unterscheidet. Im engeren Sinn meint T. die Lehre von Gott als ersten Teil der Systematischen Theologie. Zur besseren Unterscheidung spricht man meist von »spezieller (oder ›eigentlicher‹) T.« (theologia specialis). → Eigenschaften Gottes, S. 14

Theologiegeschichte, im Gegensatz zur *Kirchengeschichte,* die mehr die äußere, historische Geschichte des Christentums und der Kirchen erforscht, widmet sich die T. der Geschichte der theologischen Auffassungen der Kirchen, Theologen und Ausbildungsstätten. Teildisziplinen sind die *Dogmengeschichte* und die *Patristik.*

Theologoumenon (griech.), theologischer Lehrsatz, auch feststehendes theologisches Thema.

Theonomie (griech. theos: »Gott«, nomos: »Gesetz«), in der Religionswissenschaft die Ableitung der Grundnormen der *Ethik* aus einem von Gott offenbarten und angeordneten *Gesetz.* In der Theologie die Lehre, dass es ohne Gesetz keine Offenbarung gibt und *Sünde* nicht definiert werden kann, die Theologie also auf die Lehre vom Gesetz nicht verzichten kann, im Gegensatz zum *Antinomismus.*

Theos (griech. »Gott«), davon abgeleitet u. a. *Theologie.*

Theotokos (griech. »Gottgebärerin«) *Gottesmutter,* vgl. *Christotokos.*

Thesaurus ecclesiae (lat. »Kirchenschatz«), Kernelement der kath. Lehre vom *Ablass.*

Thomaschristen, ind. Christen, welche die Gründung ihrer Kirche – historisch vermutlich zu Recht – auf den Apostel Thomas, einen der Jünger Jesu, zurückführen. Sie schlossen sich im 5. Jh. den *Nestorianern* an und folgten dem syr. Christentum. Da sie vor allem an der Malabarküste leben, werden sie auch Malabarchristen genannt. 1653 zwangen die Portugiesen der Kirche eine Union mit Rom auf, worauf die Hälfte der Kirche sich den syr. *Jakobiten* anschloss. Etwa die Hälfte der T. gehört bis heute einer dem Papst unterstehenden Ostkirche an (etwa 3,1 Mio Anhänger),

Thebaische Legion. Matthias Grünewald, »Der Empfang des heiligen Erasmus durch den heiligen Mauritius«. Mauritius, der Anführer der Thebaischen Legion, wird traditionell als Farbiger in Rüstung zu Fuß oder zu Pferd dargestellt. Um 1525; Alte Pinakothek, München

Tradition. In der Karolingischen Renaissance (8./9. Jh.) beinhaltete der Rückgriff auf die Tradition eine Orientierung an spätantiken Vorbildern. Dies verdeutlicht ein Vergleich von iroschottischer Buchmalerei mit Werken der Aachener Hof- und Palastschule. Zu ihnen gehört das Bild des Evangelisten Johannes mit seinem Symbolwesen, dem Adler, im »Evangeliar von Saint-Médard de Soissons«, Anfang 9. Jh.; Bibliothèque Nationale, Paris

die andere Hälfte bildet eine eigene orthodoxe Kirche mit starkem ev. Einschlag (etwa 2,6 Mio Anhänger), deren *Katholikos* seinen Sitz in Kottayam (Kerala/Indien) hat.

Thomismus, die Lehre des *Scholastikers* und neben Augustinus bedeutendsten kath. Kirchenlehrers Thomas von Aquin (1225–1274) und deren Weiterführung und teilweise starke Veränderung durch dessen Schüler, die Thomisten. Der T. ist in seiner unerreichten Geschlossenheit und Breite der Themen bis heute die philosophische Grundlage der offiziellen kath. Lehre. Kern des T. ist die Unterscheidung zwischen Natur und Gnade, wobei die Erkenntnis der Natur und der natürlichen Gotteserkenntnis durch die Vernunft dem Glauben nicht widerspricht, für die Erlösung aber die Offenbarung aus Gnade hinzukommen muss.

Tora (hebr. »Gesetz«), auch von Christen oft verwendeter jüd. Name des *Pentateuchs,* der fünf Bücher Moses, aber auch des alttestamentlichen *Gesetzes* überhaupt.

Tiara (lat. »Bischofsmütze«), die dreifache weltliche Papstkrone, die Papst Paul VI. 1964 für immer ablegte.

Timotheus (griech. »Gott ehrend«), zwei Jahrzehnte lang engster Mitarbeiter und geistlicher Sohn des Paulus aus Lystra. Er hatte einen griech. Vater und eine jüd. Mutter und Großmutter. An ihn richten sich dem Selbstzeugnis nach die beiden Timotheusbriefe.

Titelkirchen, seit dem 4. Jh. die Kirchen der kath. Kardinäle in Rom, welche diese nur pro forma führen, um den Bischof von Rom wählen zu können.

Titularbischof (lat. Episcopus titularis), kath. Bischof, der nur einem nominellen Kirchengebiet vorsteht und gesamtkirchliche Aufgaben erfüllt.

Titus, enger Mitarbeiter des Apostels Paulus, der vor allem in Ephesus und Kreta wirkte, Empfänger des Titusbriefes.

Tochter Zions → Zion

Todsünden, die kath. Theologie unterscheidet zwischen der T. (lat. peccatum mortale), auch schwere Sünde (peccatum grave) genannt, die automatisch den Verlust der göttlichen Gnade nach sich zieht, und den lässlichen Sünden. T. sind einerseits inhaltlich bestimmt (z.B. Mord, Ausbeutung), setzen andererseits klare Einsicht in die Sündhaftigkeit und eine persönliche und willentliche Entscheidung für sie und damit gegen Gott voraus. Lässliche Sünden hingegen beschreiben nicht nur minder schwere Sünden, sondern können auch aus Unwissenheit, Unüberlegtheit oder Gewohnheit begangen werden. Die T. wird in der Regel nur durch das Bußsakrament erlassen. Die ev. und orthodoxe Theologie kennt zwar einen unterschiedlichen Schweregrad von Sünden, aber keine Unterteilung in T. und lässliche Sünden. → Verlierbarkeit des Heils, → Pflichtenkollision

Tonsur (lat. tonsura: »Haarschur«), früher oft beim Eintritt in kath. Orden vollzogene Rasur. Man unterscheidet die Tonsura Pauli (keine Haare mehr), die Tonsura Petri (Haarkranz) und die Tonsura Ioannis (nur Vorderkopf wird geschoren).

Totenmesse → Seelenmesse

Totensonntag, wurde 1814 in den ev. Kirchen als Gedächtnistag für die Verstorbenen analog zum kath. Feiertag *Allerseelen* geschaffen und findet am letzten Sonntag im Kirchenjahr statt. Der im Volksmund noch übliche Name ist offiziell durch die Bezeichnung »Ewigkeitssonntag« ersetzt worden.

Tradition (lat. traditio: »Überlieferung«), bezeichnet allgemein die Überlieferung von Erkenntnissen, Fertigkeiten, des Kulturbesitzes, von Bräuchen und Sitten sowie Normen durch mündliche oder schriftliche Quellen. Das Wort »Überlieferung« (griech. paradosis) meint im N.T. sowohl den Akt der Überlieferung als auch den Inhalt derselben. In der

Bibel enthält der Begriff an sich noch keine Wertung: Überlieferung kann göttlich und menschlich, richtig und falsch sein.

In Lk 1,2 nennt Lukas als Quelle seines Evangeliums die mündliche Überlieferung der Augenzeugen. Ebenso beruft sich Paulus in 1 Kor 15,3–8 ausdrücklich auf die Augenzeugen. Auch das Abendmahl geht auf eine von Menschen weitergegebene, göttliche Überlieferung zurück (1 Kor 11,23–25+2). Daneben tritt die Überlieferung spezieller Weisungen der Apostel oder des Evangeliums und des Glaubens überhaupt (Apg 16,4; 2 Thess 2,15; 3,6; 2 Petr 2,21). Die positive Überlieferung umfasst die Heilige Schrift (2 Tim 3,15–17), das Evangelium und den Glauben als Ganzes. So sehr das N.T. das Evangelium selbst als T. darstellt, so sehr bekämpft es andere T., die zu Unrecht göttliche Autorität beanspruchen (Kol 2,8). Die Auseinandersetzung betrifft besonders die jüd. T. neben dem A.T., wie sie vor allem die *Pharisäer* festhielten (»Überlieferungen der Väter«, Gal 1,14; Mt 15; Mk 7; Bergpredigt).

Das christliche Traditionsverständnis erfuhr in der Reformationszeit eine konfessionelle Aufspaltung. Seitdem vertritt der Protestantismus das Prinzip, allein durch die Schrift (lat. sola scriptura) sei das christliche Glaubensgut bewahrt. Für die ev. Theologie und Ethik ist somit das Wort Gottes, wie es in der Heiligen Schrift überliefert ist, die letzte und einzige für alle Christen verbindliche Richtschnur, an der alle anderen Autoritäten zu messen sind (lat. norma normans: »die Norm, die andere Normen normiert«). Andere Quellen werden der Schrift untergeordnet.

Für den kath. Traditionsbegriff, der auf dem Konzil von Trient (1545–63) seine endgültige Festlegung erfuhr, gilt neben der Bibel auch das Lehramt der Kirche als Traditionsträger. So wie sich der Heilige Geist den Aposteln unfehlbar offenbart hat, so offenbart er sich seit Jahrhunderten den Nachfolgern der Apostel, also den Bischöfen und insbesondere dem Papst als Nachfolger Petri. Deswegen zählen zur kath. T. auch Lehren, die erst im 20. Jh. »offenbart« und verkündigt wurden und für die es keine kirchengeschichtliche Traditionskette gibt, etwa die Lehre von der Himmelfahrt Marias, die auf einen Traum des Papstes zurückging. T. ist danach fortlaufende Offenbarung.

Für die orthodoxen Kirchen ist T. die mündliche Überlieferung der Apostel. Das N.T. ist die schriftliche Hinterlassenschaft der Apostel, die T. die mündliche Hinterlassenschaft, die an die Bischöfe weitergegeben wurde und von diesen seither an ihre jeweiligen Nachfolger weitergereicht wird. In den griechischsprachigen Kirchenvätern ist sie für die Öffentlichkeit am ehesten greifbar. Das orthodoxe Traditionskonzept beinhaltet also gerade nicht, dass im Lauf der Geschichte Dinge hinzukommen, sondern dass ein hohes Alter die Gewähr für Richtigkeit bietet.

Traduzianismus, Gegenstück zum *Kreatianismus.*

Transfiguration (griech.-lat.) → Verklärung Christi

Transsubstantiation (lat. »Wesensverwandlung«), Beschreibung der kath. Auffassung vom Abendmahl, nach der Brot und Wein tatsächlich und wesensmäßig in Leib und Blut Christi umgewandelt werden. Deswegen dürfen sie angebetet werden. → Konsubstantiation

Trauung → Eheschließung

Treue → Glauben

Tridentinum, lat. Bezeichnung des kath. *Konzils zu Trient* (1545–63) in der Regierungszeit dreier Päpste, das als Reaktion auf die Reformation im Zeichen der kath. Erneuerung die Gegenreformation einleitete. Das T. fixierte einerseits die kath. Lehren im Gegensatz zu denen der ev. Kirchen und vertiefte damit oft die konfessionelle Spaltung, gleichzeitig leitete es aber grundsätzlich die als notwendig betrachteten Reformen ein. Bekräftigt wurden der *Ablass,* das *Fegefeuer,* die *Tradition* als Glaubensquelle neben der Schrift, dass die *Erbsünde* den Willen zum Guten nicht völlig zerstört habe, Werke der Rechtfertigung nicht widersprächen, die Sakramente aus sich selbst heraus wirken, das Messopfer eine unblutige Wiederholung des Opfers Jesu sei und die *Heiligen-* und *Bilderverehrung* nützlich sei. Das T. sollte bis zum 1. Vatikanischen Konzil (1869/70) auf lange Zeit das letzte kath. Konzil bleiben und eigentlich erst vom 2. Vatikanischen Konzil (1962–65) überwunden werden. Deshalb bezeichnet man die Zeit und das Lehrverständnis bis 1962 als tridentinischen oder auch vorkonziliaren Katholizismus.

Trier, das zwischen 13 und 16 v. Chr. von Augustus gegründete Augusta Treverorum, seit dem 3. Jh. als Bistum bezeugt. In T. residierte der 306 vom Heer zum Augustus ausgerufene Konstantin I., bevor er 324–337 die Alleinherrschaft im Röm. Reich ausübte. Um 310

Transsubstantiation. Eine Legende schildert, wie ein Priester, der an der Wahrheit der Verwandlung von Brot und Wein in Leib und Blut Christi gezweifelt hatte, von der Transsubstantiation überzeugt wurde: Bei der »Messe von Bolsena« färbte sich die Oblate blutig. Raffael behandelte dieses Thema auf einem seiner Fresken in der Stanza d'Eliodoro des Papstpalastes im Vatikan, 1512–14.

Typologie. Doppelseite aus einer Handschrift des mittelalterlichen Erbauungsbuches »Speculum humanae salvationis«. Dieser »Heilsspiegel« ist jeweils mit typologischen Bildergruppen ausgestattet. Alttestamentliche Vorbilder zum neutestamentlichen Gegenstück Abendmahl und den Gaben Brot und Wein (o. l.) sind das Passalamm (u. l.), die Mannalese in der Wüste (Himmelsbrot, o. r.) und die Begegnung Abrahams mit König Melchisedek; dieser begrüßt den Patriarchen mit Brot und Wein (u. r.). Westfalen, um 1360; Hessische Landes- und Hochschulbibliothek, Darmstadt

entstand die so genannte Basilika (heute ev. Pfarrkirche). Ab dem 5. Jh. wurde T. fränk. besiedelt. 902 erlangte der Erzbischof von T. die Herrschaftsrechte über die Stadt und wurde schließlich wie die Erzbischöfe von *Mainz* und *Köln* Mitglied des Kollegiums der Kurfürsten; das geistliche Kurfürstentum wurde 1803 säkularisiert, seitdem wieder Bistum, mit T. als bedeutendem Wallfahrtsort *(Heiliger Rock)*. Zu den wichtigen Sakralbauten zählen der romanische Dom (11.–13. Jh.) und die frühgotische Liebfrauenkirche (um 1235–65).

Trinität, Trinitätslehre, auch Dreieinigkeit, Dreifaltigkeit, theologischer Begriff für die zentrale, auf Aussagen des N.T. (Mt 28,19; 2 Kor 13,13) beruhende Lehre des christlichen Glaubens, wonach der eine und einzige wahre Gott zugleich in drei Personen als Vater, Sohn und Heiliger Geist existiert, obwohl er im Wesen eins, unteilbar und ununterscheidbar ist (Joh 10,30; 1 Tim 2,5).

Trinitatisfest (lat. trinitas: »Dreieinigkeit«), das seit dem 11. bzw. 14. Jh. am ersten Sonntag nach Pfingsten zu Ehren der Dreieinigkeit Gottes begangene Fest, ev. Trinitatissonntag, kath. »Fest der allerheiligsten Dreifaltigkeit« genannt. Im ev. Kirchenjahr werden die folgenden Sonntage als »Erster Sonntag nach T.« usw. gezählt, während die kath. Kirche alle Sonntage ab Pfingsten als »Erster Sonntag nach Pfingsten« usw. zählt.

Triptychon (griech. »Dreialtar«), geschnitzter oder gemalter Altaraufsatz oder Tafelbild mit Hauptbild und zwei Flügelbildern.

Trishagion (griech. »dreimal heilig«), der Ruf der Engel vor Gottes Thron »Heilig, heilig, heilig ist der Herr Zebaoth« (Jes 6,3), im N.T. aufgegriffen (Offb 4,8), spielte in der christlichen Liturgiegeschichte als T. in den orthodoxen und als Sanctus in den kath. und ev. Kirchen eine große Rolle.

Tugend, aus dem griech. Denken, besonders von Platon und Aristoteles, entlehnter Begriff (griech. arete), der in der mittelalterlichen christlichen Ethik bestimmend wurde und heute in der kath. Ethik eine große Rolle spielt, im ev. Bereich jedoch abgelehnt oder für zweitrangig gehalten wird. Als Kardinaltugenden stellt Thomas von Aquin (1225 bis 1274) »Klugheit, Gerechtigkeit, Tapferkeit und Maß« dar. Klugheit bezeichnet die biblische Weisheit und ist dabei die »Mutter« der übrigen T. Die Gerechtigkeit meint das Verhalten anderen Menschen gegenüber, die Tapferkeit den Mut zum Kampf gegen das Böse und Maß die Selbstbeherrschung des Menschen. Ev. Theologen wenden nicht nur dagegen ein, dass der Tugendbegriff eine kämpferische Sprache pflege, die Leistung des Menschen zu sehr betone *(Werkgerechtigkeit)* und stolz mache, sondern vor allem, dass der ethische Zentralbegriff der hellenistischen Kultur, die T. (arete), im N.T. eine marginale Rolle spielt und nur zweimal vorkommt in Bezug auf den Menschen (Phil 4,8; 2 Petr 1,5). Allerdings verweisen andere ev. und kath. Theologen darauf, dass man T. im Anschluss an Johannes Chrysostomus (um 354–407) als Erfüllung des Doppelgebotes der Liebe verstehen und mit Sulpicius Severus (um 362–410) die *Demut* als »Schutzpatron« aller T. verstehen könne und schon Papst Gregor der Große (reg. 590–604) davor warne, auf T. stolz zu sein, weil alle Demut und T. allein aus Gott komme und nur die Demut zu echten T. führen könne.

Turiner Grabtuch → Grabtuch

Tympanon (griech.), Bogenfeld über dem Türsturz eines Kirchenportals, im Mittelalter meist mit kunstvollen Reliefs gefüllt. Berühmte Tympana finden sich u. a. in Arles, Chartres, Köln und Basel.

Typologie (griech. »Vorbild«), die Lehre, dass alttestamentliche Personen, Institutionen und Ereignisse als Vorbilder (Typen) für neutestamentliche Entsprechungen dienen. So weist die Sintflut auf die Taufe (1 Petr 3,20–21), Adam auf Christus (Röm 5,14; 1 Kor 15,45) und die *Eherne Schlange* auf das Kreuz voraus. Nicht zu verwechseln mit der *Allegorie.* In der Religionswissenschaft bedeutet T. den Vergleich der Religionen in der Religionsphänomenologie.

U

Ubiquität (lat. »Allgegenwart«), so bezeichnet Luther die Gegenwart Christi in Brot und Wein im Abendmahl, ohne dass Gott dadurch in seiner Allgegenwart beschränkt ist.

Ultramontanismus (lat. ultra montes: »jenseits der Berge«), seit dem 18. Jh. Begriff für die streng nach Rom (jenseits der Alpen) orientierte Einstellung des dt. Katholizismus, der vor allem im 19. Jh. im *Kulturkampf* und im 20. Jh. in der Weimarer Republik zum politischen Kampfbegriff wurde.

Umbanda-Religion, typische synkretistische Religion Brasiliens, die von Sklaven aus Westafrika nach Brasilien mitgebrachte Götter und indianische Wesen mit biblischen Personen und kath. Heiligen verbindet (z.B. *Yemanja* mit Maria), die durch Opfer (Mais, tote Hähne) besänftigt werden. Der Kult ist durch Ekstase und ausgeprägten Spiritismus bestimmt.

Umkehr → Bekehrung, → Buße, → Reue

Una-Sancta-Bewegung (lat. »eine heilige [Kirche]«), von dem Priester Maximilian Metzger (1887–1944) und vom bayer. Benediktinerkloster Niederaltaich ausgehende päpstlich anerkannte Bewegung zur Aussöhnung zwischen den Konfessionen.

Unbefleckte Empfängnis (lat. Conceptio immaculata), auch Mariä Erwählung, das 1854 von Papst Pius IX. verkündigte Dogma, dass Maria im Moment ihrer grundsätzlich natürlichen Zeugung von der *Erbsünde* gnädig verschont wurde, also neben Jesus der einzige Mensch ohne Erbsünde war. Das dazugehörige Fest wird am 8. Dezember gefeiert. Die im N.T. und bei den Kirchenvätern nicht erwähnte U. wurde ursprünglich von ostkirchlichen Theologen vertreten, war zur Zeit der Reformation bereits Streitpunkt zwischen kath. und ev. Theologen, entwickelte sich aber erst in neuerer Zeit zu einer festen Lehre. Ev. Kirchen lehnen die Lehre ab, da sie die im N.T. bezeugte Einmaligkeit der Sündlosigkeit und Freiheit Jesu von der Erbsünde in Frage stellt.

Unctio extrema → Krankensalbung

Unfehlbarkeit der Schrift → Inspiration der Heiligen Schrift, S. 52

Unfehlbarkeit des Papstes, auch Infallibilität, die Irrtumslosigkeit des Papstes, wenn er in feierlicher Inanspruchnahme seines *Lehramtes (ex cathedra)* Entscheidungen über Glauben und Moral als Dogma erlässt. Die U. wurde 1870 trotz großer innerkirchlicher Diskussionen auf dem 1. *Vatikanischen Konzil* selbst zum Dogma erklärt und führte zur Entstehung der *altkatholischen Kirche.* Im eigentlichen Sinn hat der Papst seine U. erst einmal in Anspruch genommen, als Papst Pius XII. 1950 das Dogma von der *Himmelfahrt* Marias verkündigte. Ansonsten bezieht sich die U. eher auf seine Amtsvorgänger und auf die Übereinstimmung des Papstes mit ihnen sowie auf die Zustimmung des Papstes zu den im 2. *Vatikanischen Konzil* verkündigten Lehren. Die Reformatoren und die lutherische und reformierte *Orthodoxie* haben bewusst die Unfehlbarkeit der Schrift als höchste Instanz des Glaubens und der Kirche an die Stelle der Unfehlbarkeit der Konzilien und des Papstes gestellt, eine Sicht, die bis zum Aufkommen der *Bibelkritik* protestantisches Allgemeingut war und seitdem vor allem von den *Evangelikalen* vertreten wird. → Papst und Konzil

Unfreier Wille → Erbsünde, → Prädestination

Unierte Kirchen, Union, im kath. Bereich andere Bezeichnung für die *orientalisch-katholischen Kirchen,* im ev. Bereich offizielle Bezeichnung von Kirchen, die sich aus

Unbefleckte Empfängnis. Zu ihren Symbolen gehören in der christlichen Ikonografie die weißen Lilien. Matthias Grünewald stellte sie bei der »Stuppacher Madonna« in eine Vase vor Maria. Um 1518; Pfarrkirche Mariä Himmelfahrt in Stuppach bei Bad Mergentheim

Lutheranern und Reformierten zusammengeschlossen haben. Im 19. und 20. Jh. schlossen sich lutherische und reformierte Kirchengemeinden und ev. Landeskirchen zu verschiedenen Unionen zusammen. Durch königliches Dekret wurden 1817 vor allem die lutherischen und reformierten Kirchen in ganz Preußen uniert, also vereinigt (so genannte Altpreußische Union). Dadurch entstanden neben den lutherischen Landeskirchen (heute Vereinigte Ev.-Lutherische Kirchen in Deutschland, VELKD) und einigen wenigen reformierten Kirchen (heute Reformierter Bund) die unierten Landeskirchen (heute Ev. Kirchen der Union, EKU), die alle zusammen die *Evangelische Kirche* in Deutschland (EKD) bilden. Man unterscheidet eine Bekenntnisunion (es gibt ein neues gemeinsames Bekenntnis und nur noch unierte Gemeinden) und eine Verwaltungsunion (die einzelnen Ortsgemeinden bleiben lutherisch oder reformiert, aber die Kirchenverwaltung und -leitung ist gemischt bzw. uniert). Weltweit gibt es etwa 11 Mio Christen in unierten Kirchen.

Unio mystica (lat. »mystische Vereinigung«) → Mystik

Union von Brest, die Union der von der altslaw. Kirchensprache geprägten ruthenischen und damit auch der ukrain.-weißruss. orthodoxen Kirche mit der kath. Kirche (1595 Zustimmung des Papstes, 1596 Zustimmung der ruthenischen Synode in Brest), welche die ruthenische Kirche in einen kath. und einen orthodoxen Flügel spaltete. Letzterer wurde nach dem 2. Weltkrieg in die russ.-orthodoxe Kirche eingegliedert und verlor damit sein Eigenleben.

Unitarier (lat. uno: »eins«), Kirchen und Gruppen, welche die *Trinitätslehre* zugunsten eines reinen *Monotheismus* verwerfen *(Monarchianer, Adoptianismus).* Vor allem bei den *Pfingstlern* gibt es etwa 2,5 Mio U. Geschichtlich bedeutsam waren die 1579 in Polen gegründeten, schwer verfolgten Sozinianer, die später durch Emigration in die USA gelangten. Die U. spielten zur Zeit der Entstehung der USA eine große Rolle und sind heute zusammen mit den Universalisten in der Amerikan. Unitarischen Universalistischen Gesellschaft zusammengeschlossen, die 250000 Anhänger hat.

Unitas Fratrum (lat. »Brüderunität«) → Böhmische Brüder

Unität (lat. »Einheit«), andere Bezeichnung für die *Brüdergemeine.*

Universalismus, Universalreligion, Sicht der Weltreligionen, die sich als gültig für alle Länder und Völker ansehen, im Gegensatz zu Religionen des *Partikularismus,* die sich als gültig für ein einzelnes Land und Volk ansehen.

Universalismus des Heils → Allversöhnung

Unsterblichkeit, Lehre von dem Überleben der *Seele* der Glaubenden nach dem leiblichen Tod.

Unverlierbarkeit des Heils → Verlierbarkeit des Heils

Urchristentum, auch Urkirche, die Kirche von Pfingsten bis etwa 150, nicht zu verwechseln mit der *Urgemeinde.*

Urgemeinde, die Jerusalemer Gemeinde von Pfingsten bis zur Flucht aus Jerusalem nach Pella im Ostjordanland um 67 n. Chr., oft auch allgemeiner die neutestamentliche Gemeinde von Pfingsten bis zur Zerstörung des Tempels 70 n. Chr. Einige christliche Sondergruppen wollen nicht nur die Lehre des N.T. umsetzen, sondern zu diesem Urzustand zurück, z. B. der *Dispensationalismus.*

Urkirche → Urchristentum

Urmonotheismus, von kath. Ethnologen, vor allem Wilhelm Schmidt (1868–1954), entwickelte religionswissenschaftliche Theorie, dass der *Monotheismus* am Anfang der menschlichen Geschichte stehe und sich der *Polytheismus* aus ihm entwickelt habe. Sie gilt heute zusammen mit ihren evolutionistischen Gegenmodellen *(Urreligion)* wegen ihres Schlusses aus Religionen primitiver Völker als überholt. Als Ergebnis der Forschungsarbeit bleibt aber erhalten, dass es in vielen animistischen Religionen den Glauben an einen über allem stehenden Schöpfer gibt, der meist nicht verehrt wird *(Deismus).* Das A.T. (Gen 1–11) und Paulus (Röm 1, Apg 17) gehen zwar davon aus, dass alle Religionen im Abfall vom Glauben an den einen, wahren Gott entstanden sind, nicht aber, dass dies einmalig in einem bestimmten Zeitraum historisch nachzuweisen wäre, sondern immer wieder geschah und geschieht.

Urreligion, die zahlreichen religionswissenschaftlichen Theorien, wie die U. ausgesehen habe und wie die verschiedenen Arten der Religionen evolutionistisch entstanden seien, sind reine Hypothesen geblieben. Der Versuch, die U. aus den Religionen so genannter primitiver Völker abzuleiten, gilt angesichts deren Vielfalt und Komplexität ebenfalls als überholt. → Urmonotheismus

Urgemeinde.
Der Evangelist Lukas über die erste Gemeinde in Jerusalem direkt nach Pfingsten:
»Sie blieben aber beständig in der Lehre der Apostel und in der Gemeinschaft und im Brotbrechen und im Gebet. Es kam aber Gottesfurcht über alle Seelen, und es geschahen viele Wunder und Zeichen durch die Apostel. Alle aber, die gläubig geworden waren, waren beieinander und hatten alle Dinge gemeinsam. Sie verkauften Grundstücke und Besitz und teilten sie unter allen aus, je nachdem es einer nötig hatte.«
Apostelgeschichte 2,42–44

Urstand (lat. status integritatis: »Zustand der Unversehrtheit«), Zustand des Menschen, wie ihn A.T. und N.T. für die Zeit zwischen seiner Erschaffung und dem Sündenfall *(Erbsünde)* beschreiben, in dem die Gottebenbildlichkeit uneingeschränkt war und der Mensch nicht sündigte, aber – im Gegensatz zum Zustand des ewigen Heils – sündigen konnte.

V

Vaterunser (lat. Paternoster), das so genannte »Gebet des Herrn«, das Jesus seine Jünger gelehrt hat und das in zwei fast identischen Versionen überliefert ist (Mt 6,9–13; Lk 11,2–4). Die bei beiden Evangelisten fehlende Schluss-*Doxologie* (»Denn dein ist das Reich…«) ist aus dem A.T. entlehnt (1 Chr 29,11–12) und erstmals in der *Didache* (70 bis 120) bezeugt.

Vatikan, zunächst der auf dem Vatikanhügel (lat. Mons Vaticanus) neben der *Peterskirche* in Rom nach dem Umzug vom päpstlichen Lateranpalast im 14. Jh. errichtete und von bedeutenden Künstlern immer weiter ausgebaute päpstliche Palast mit einer zunehmenden Zahl von Behörden der *Kurie.* Nach dem Verlust des *Kirchenstaates* wurde der V. das eigentliche Gebiet des seit den *Lateranverträgen* von 1929 souveränen Staates »Vatikanstadt«. → Nuntius

Vatikanbank, Ausdruck der Alltagssprache für die Sparkasse und Stiftungsverwaltung des Vatikans (eigentlich ital. Instituto per le Opere di Religione).

Vatikanische Konzilien, die beiden neuesten weltweiten Konzilien der kath. Kirche fanden im *Vatikan* statt. Das 1. Vatikanische Konzil (1869/70) verkündigte vor allem die *Unfehlbarkeit des Papstes* und war sehr konservativ ausgerichtet. Das 2. Vatikanische Konzil (1962–65) leitete dagegen eine umfassende Erneuerung der kath. Kirche ein, indem das Bibellesen der Laien gefördert, das Latein als liturgische Sprache abgeschafft, das Kirchenrecht gestrafft und die ökumenischen Bestrebungen zum Gespräch zwischen den Kirchen gefördert wurden. Deshalb nennt man die Zeit vor 1962 vorkonziliar, die Zeit ab 1965 nachkonziliar.

Vatikanisches Geheimarchiv, das päpstliche Archiv mit Dokumenten, die teilweise bis in die ersten christlichen Jahrhunderte zurückgehen, wohl das bedeutendste Geschichtsarchiv der Welt. 1611–14 führte Papst Paul V. alle päpstlichen Archive zusammen. Nach dem Raub durch Napoleon befanden sich die Bestände des V. 1810–15/17 in Paris und kehrten nur mit großen Verlusten nach Rom zurück. 1880 für die wissenschaftliche Forschung geöffnet, was u.a. die Erforschung des Galileiprozesses ermöglichte. Papst Johannes Paul II. gab alle Bestände bis zum 22.1.1922 (Todestag von Papst Benedikt XV.) frei und ermöglichte damit die detaillierte Erforschung der *Inquisition.*

Venedig. Der Blick auf die fünf Kuppeln der Basilica di San Marco verdeutlicht die Baugestalt des Markusdoms als Kreuzkuppelkirche. Sie erhebt sich über dem Grundriss eines griechischen Kreuzes, d.h. mit vier gleich langen Armen. Dieser Typus wurde im Byzantinischen Reich vorherrschend und diente den Venezianern als Vorbild.

Venedig, im Mittelalter eine kirchlich geprägte Staatsmacht zwischen östlicher und westlicher mediterraner Kultur, entstand durch die Besiedlung der Laguneninseln im 5./6. Jh. Das 774 gegründete Erzbistum wurde 1451 Patriarchat. 697–1797 stand an der Spitze der Republik ein Doge (lat. dux: »Führer«), der ab dem 12. Jh. an die Mehrheitsbeschlüsse der unter seinem Vorsitz im Dogenpalast tagenden Signoria gebunden war. Von einschneidender kirchengeschichtlicher Bedeutung war der 4. Kreuzzug, den der Doge Dandolo dazu benutzte, durch die Eroberung von Konstantinopel die Vorherrschaft im östlichen Mittelmeer zu sichern (Errichtung des Lateinischen Kaiserreichs, Wiederherstellung des Byzantinischen Kaiserreichs 1261). Mittelpunkt der Stadt ist der Markusplatz mit der Basilica di San Marco:

Verklärung Christi. Raffaels Gemälde der Transfiguration gliedert sich in zwei Hälften. Die obere zeigt Christus in einer Lichtgloria zwischen Mose und Elija (Elias) nach dem Bericht des Matthäus. Im unteren Bereich wird die im Evangelium sich anschließende »Heilung eines mondsüchtigen Jungen« (Mt 17,14 bis 21) geschildert. 1519/20; Pinacoteca Vaticana, Rom

Baubeginn 1063 (?), letzter Bauabschnitt im 16. Jh.; die Ausstattung der Kreuzkuppelkirche mit Mosaiken nach byzantin. Vorbild stammt aus dem 12./13. Jh. Hauptwerk des venezian. Barock ist Santa Maria della Salute (1631–87).

Venerabile (lat. »verehrungswürdig«), kath. Bezeichnung für die geweihte *Hostie.*

Veni Creator Spiritus (lat. »komm, Schöpfer Geist«), liturgischer Hymnus zum Pfingstfest, vor allem im Mittelalter.

Verbalinspiration → Inspiration, S. 52

Verbot → Gebot, → Gesetz

Verdammnis, ewige, das N.T. unterscheidet deutlich zwischen »Hades« und »Gehenna«. Der Hades ist das Totenreich, das die Seelen der Verstorbenen für das Endgericht aufnimmt (Apg 2,27), kann aber wie Gehenna auch den Aufbewahrungsort der Verlorenen meinen (Lk 16,23–26). Die Gehenna ist der ewige Ort der Strafen nach dem Gericht (Mk 9,43; Mt 25,41–46) und entspricht dem deutschen Wort »Hölle«.

Das N.T. geht davon aus, dass auch der Tod die an Christus Glaubenden nicht von der Liebe Gottes trennen kann (Röm 8,38). Der Tod ist das Aufhören des natürlichen Lebens (Gen 25,11; Lev 16,1; Dtn 34,5; Mt 8,22), das Abscheiden des Geistes aus dem Körper (2 Tim 4,6), das Abbrechen des Leibes-Zeltes (2 Kor 5,1). Jesus hat den Tod besiegt und ihm seinen Stachel genommen (Joh 5,24; 1 Kor 15,53–57; 1 Joh 5,12; Offb 1,18). Die Frage der V. entscheidet sich demnach an der Stellung des Menschen gegenüber Jesus Christus. Für die, die im Glauben an Jesus leben, ist alle Verdammnis aufgehoben (Röm 3,21–31; 5,18; 8,1), weil diese durch Gott stellvertretend im Tod von Jesus Christus am Kreuz vollzogen wurde (Röm 8,3). Während nach dem Zeugnis der Bibel die Gerechten nach dem Tod zur ewigen Freude weiterleben (Jes 35,10; 45,17; Dan 7,14; 12,2; Offb 7,17), erwartet die Gottlosen ewige Pein und Qual (Jer 20,11; Dan 12,2; Mt 25,46; Mk 3,29; 2 Thess 1,9; Jud 7), denn ihr »Ende ist die Verdammnis« (Phil 3,18–20). Sie trifft in den Bildern der Offenbarung des Johannes der »Feuersee« (Offb 19,20; 20,10–15) und »der zweite Tod« (Offb 14,9–11; 20,6).

Im Mittelalter wurde die Lehre von der V. sowie die Hölle ausdifferenziert und vor allem zur Abschreckung ausgemalt. Auch unabhängig von der Diskussion, ob es überhaupt eine V. gibt *(Allversöhnung)* und inwiefern die nicht Glaubenden weiterexistieren (ewige Qual oder einfach Auslöschung ihrer Existenz), sind alle Kirchen heute sehr zurückhaltend, die V. näher zu beschreiben. → Auferstehung, → Bestattung

Verdienst, auch Verdienstlichkeit, der in der Ewigkeit für gute Werke zu beanspruchende Lohn ist unter den Konfessionen stark umstritten. Die kath. Theologie vertritt ihn, die ev.-lutherische Theologie lehnt ihn strikt ab, die ev.-reformierte Theologie kennt zwar den V., sieht ihn aber als gnädiges Geschenk an, das man nicht beanspruchen kann.

Verehrung und Anbetung → Anbetung und Verehrung

Vergebung, personales Verhältnis zwischen Menschen und Gott oder auch zwischen Menschen untereinander, das dadurch zustande kommt, dass einer seinen Groll aufgibt oder auf die Vergeltung eines ihm angetanen Unrechts verzichtet. V. wird im A.T. wie im N.T. nur aufgrund von *Buße* oder der Bereitschaft zur Wiedergutmachung erteilt. V. durch Gott ist kein Übersehen von Verfehlungen und *Sünde,* sondern beruht auf seiner *Gnade* und von ihm vorgegebenen stellvertretenden Opfern, im N.T. durch den Sühnetod Christi (Kol 1,14; 3,13). Christus nahm für sich das Recht in Anspruch, Menschen V. der Sünden in der Vollmacht Gottes zuzusprechen (Mk 2,5+7; Lk 7,48–49). V. ist der Kern der *Rechtfertigungslehre.* Durch V. von Sünde und Schuld wird dem Menschen die Gemeinschaft mit Gott ermöglicht. Während es für ev. Christen ausreicht, im Gebet Gott um V. zu bitten, ohne dass das die Inanspruche von *Beichte* oder *Absolution* ausschließt, ist V. in der kath. Kirche nicht an *Reue* und Buße gebunden, sondern verlangt zumindest für schwere Sünden die Beichte, die Absolution durch einen Priester und das *Bußsakrament.*

Vergeltung, das N.T. lehnt jede persönliche V. ab (Röm 12,17–21), kennt aber die gerechte V. des Staates (Röm 13,1–7) und der Gerichtsbarkeit. → Bergpredigt, S. 75

Verklärung Christi, auch Transfiguration, kath. Fest am 6. August. Im N.T. wird berichtet, dass die Apostel Petrus, Jakobus und Johannes auf dem Berg *Tabor* Jesus als verklärten Sohn Gottes und neben ihm Mose und Elias (wohl als Vertreter von *Gesetz* und Propheten des A.T.) sahen (Mt 17,1–9; 2 Petr 1,16–18).

Verkündigung Mariä, kath. Fest am 25. März. Die in Lk 1,26–38 erzählte Ankündigung der Geburt Jesu gegenüber Maria durch den Engel (kath. Erzengel) Gabriel ist eines der häufigsten Motive in der Geschichte der christlichen Malerei.

Verlierbarkeit des Heils, alle christlichen Konfessionen mit Ausnahme der *reformierten Kirchen* und der *Brüdergemeinen* lehren, dass ein Christ, der das Heil erlangt hat, trotzdem wieder verloren gehen kann, wenn er in schwere Schuld (kath.: *Todsünden*) fällt, Häresien glaubt oder dem Glauben abschwört. Nach reformierter Lehre hat der Gläubige einen Bund mit Gott und Gott wird seinen Treueschwur nie brechen (Unverlierbarkeit des Heils). Andernfalls – so die Reformierten – würde kein Christ je das Heil erlangen, da alle Christen weiter sündigen.

Vermittlungstheologie, Richtung der protestantischen Theologie im 19. Jh., die im Anschluss an Friedrich Ernst Daniel Schleiermacher (1768–1834) zwischen dem modernen Denken und der kirchlichen Frömmigkeit und Überlieferung vermitteln wollte.

Vernunftreligion, in der Aufklärungszeit Bezeichnung für die natürliche Religion.

Verseinteilung der Bibel → Kapitel- und Verseinteilung der Bibel

Versenkung → Meditation, → Mystik

Versöhnung, diesem zentralen Begriff des A.T. und des N.T. haftet zutiefst der Gedanke der Strafe einerseits und der Wiedergutmachung andererseits an. Der Mensch wird als jemand beschrieben, der in einem feindlichen Verhältnis zu Gott steht (Röm 5,10; Jak 4,4). Doch durch alle Feindschaft hindurch ist es Gottes Wille, dem Menschen die V. anzubieten (Röm 5,10; 2 Kor 5,15–21). Das A.T. stellt heraus, wie Sünde gesühnt werden kann (Lev 4,5). Mittelpunkt dieser Absicht ist der Große Versöhnungstag, der einmal im Jahr begangen wird (Lev 16). V. geschieht durch ein Opfer und je nach Möglichkeit durch Schadenersatz. Das N.T. kennt nur noch ein Versöhnungsopfer: das Opfer Christi, das umfassend alle Schuld sühnt (Hebr 9,12). Damit ist die Verbindung zwischen Gott und Menschen wieder hergestellt, da alle Schuld vergeben ist. Ein weiteres Opfer ist nicht nur unnötig, sondern auch nicht möglich (Hebr 9,28). Der zentrale Aufruf des *Evangeliums* ist nun die Aufforderung »Lasst euch versöhnen mit Gott« (2 Kor 5,21). Von der großen Bedeutung der V. her gewinnt auch die Aufforderung an die Christen, sich mit anderen Menschen zu versöhnen (Mt 5,24), an Gewicht. Christliche Kulturen sind deshalb von

Verkündigung Mariä. Die gotische Skulptur aus Niedersachsen betont das Einverständnis Mariä mit dem radikalen Eingriff in ihre Existenz: »Ich bin die Magd des Herrn; mir geschehe, wie du gesagt hast« (Lk 1,38).

Via Dolorosa. Gläubige gehen am Karfreitag den Leidensweg Christi in der Via Dolorosa in Jerusalem nach.

dem Versöhnungs- und Vergebungskonzept auf allen Ebenen der Gesellschaft geprägt (Eltern, Kinder, Völker untereinander), auch wenn diese nur noch säkular vollzogen wird (z.B. V. zwischen Deutschland und Frankreich nach 1945). Die kath. Kirche kennt eine V. mit der Kirche (CIC Can. 959+960), die den anderen Kirchen fremd ist.

Versucher → Satan

Vertrauen, andere Übersetzung des hebr. und griech. Wortes für *Glauben.*

Verwaltungsunion → Unierte Kirchen

Vesper → Stundengebet zur Abendzeit

Vesperbild → Pietà

Vetternwirtschaft → Nepotismus

Vetus Latina (lat. »alte lateinische [Bibel]«), Name der zweiten alten Bibelübersetzung neben der *Itala,* bevor sich die *Vulgata* durchsetzte.

Via Dolorosa (lat. »schmerzensreicher Weg«), der historische Leidensweg Christi in *Jerusalem,* der über 14 Stationen von den Ruinen der Residenz von *Pilatus* (Antoniaburg) bis zur Grabeskirche führt und den Höhepunkt für Jerusalempilger darstellt. In vielen kath. Klöstern und Kirchen finden sich dieselben 14 Stationen der V. als *Kreuzweg* zum Nachvollziehen der *Passion.*

Viaticum (lat. »Wegzehrung«), im kath. Bereich die *Hostie (Kommunion),* die Kranken und Sterbenden gereicht wird. → Krankensalbung

Vicarius Christi (lat. »Stellvertreter Christi«), Titel des *Papstes.*

Vigil, Vigilien (lat.), Nachtwache, nächtliche Feiern in vorchristlicher Zeit, im Christentum dann abendliche und nächtliche Gottesdienste und Vorfeiern vor hohen Festtagen. Das V. macht bisweilen, wie beim bedeutendsten V., dem Heiligabend, dem eigentlichen Fest, also in diesem Fall *Weihnachten,* den Rang streitig.

Vision (lat. »Sehen«), übernatürliche Offenbarung durch Sehen und Träumen, im Gegensatz zur *Audition* durch Hören.

Visitatio Beatae Mariae Virginis → Heimsuchung Mariä

Visitatio liminum → Ad-Limina-Besuch

Visitation (lat. »Besuch«, auch »Kirchenvisitation«), offizieller Besuch kirchlicher Vorgesetzter bei Kirchengemeinden oder kirchlichen Institutionen zur Überprüfung oder Gemeinschaftspflege.

Volk Gottes, auch Gottesvolk, im A.T. häufige Bezeichnung für das Volk Israel aufgrund seiner gnädigen Erwählung durch Gott (z.B. Dtn 7,6; Am 3,2). Das N.T. verwendet den Begriff zwar einerseits weiterhin für Israel (z.B. Röm 11,1), überträgt ihn aber andererseits auch auf die aus der Bindung an ein bestimmtes Volk herausgelöste weltweite Gemeinde. Daher wurde V. zum gängigen Ausdruck für alle Christen.

Volksbewegung, Ausdruck der kath. und ev. Missionswissenschaft für die freiwillige Hinwendung einer größeren Zahl oder gar Mehrheit von Nichtchristen innerhalb eines Volkes oder Stammes zum christlichen Glauben in relativ kurzer Zeit, wie sie in der Kirchengeschichte in der *Frühen Kirche,* im Rahmen zwangsfreier Christianisierung und im Rahmen der *Mission* immer wieder vorgekommen ist und bis heute etwa in Afrika, Lateinamerika (unter Indianerstämmen), Indien, China und Indonesien vorkommt.

Volkskirche, eine Kirche, die einen Großteil der Bevölkerung eines Staates oder Teilstaates umfasst, jedoch nicht mehr Staatskirche ist, was sie früher meist war. In Deutschland begrifflich der Gegensatz zu *Freikirche.*

Volksmission, Teilaufgabe der *Inneren Mission* der ev. Kirche zur Gewinnung innerlich oder äußerlich der Kirche entfremdeter Menschen für den Glauben. Dazu werden Evangelisationswochen veranstaltet und Literatur verbreitet. Innerhalb der ev. Landeskirchen von den Volksmissionarischen Ämtern organisiert.

Volksreligion, auch Volksfrömmigkeit, ausgehend von dem religiösen Zweischichtenmodell, dass der engl. Philosoph David Hume ab 1750 erstmals entwarf, geht man in der Religionswissenschaft davon aus, dass es in jeder Religion eine Elitereligion und eine V. gibt. In monotheistischen Religionen hält die monotheistische Elite der Theologen am Monotheismus fest und durchdenkt die theologischen Probleme, während in der V. der ständige Drang der Menschen, den Monotheismus in eine Vielgötterei *(Polytheismus)* aufzulösen, gegenwärtig ist. Das »gemeine Volk« verursacht den *Synkretismus* mehrerer Religionen, indem es an alten Praktiken festhält, und zwingt früher oder später die religiöse Elite zur Anerkennung ihrer Praxis. So finden sich im A.T. neben der monotheistischen Verkündigung und Gesetzgebung viele Berichte über die tatsächliche Abweichung davon im Alltag des Volkes. Im Christentum spielt die V. zum einen im Rahmen des Volksaberglaubens eine Rolle, also mit oft aus vorchristlicher Zeit übernommenen Vorstellungen und Brauchtum, die offiziell dem christlichen Glauben widersprechen, tatsächlich aber weit verbreitet sind (z.B. *Astrologie*). Zum anderen bestimmt die V. auch das christliche Brauchtum, vor allem da in der Christianisierung der Germanen oder in der Dritten Welt häufig die vorchristlichen Praktiken nur überlagert wurden. Heute gibt es eine ausgeprägte V. im kath. und orthodoxen Bereich sowie in Afrika und Lateinamerika mit Rückgriff auf animistische Praktiken, kaum jedoch im ev. Bereich.

Der Begriff V. kann aber auch die nur für ein Volk oder einen Stamm (Stammesreligion) gültige Religion bezeichnen, die entweder andere Religionen für andere Völker oder Regionen voraussetzt oder nicht ausschließt oder aber keine Aussage dazu macht, im Gegensatz zu den *Weltreligionen* oder Universalreligionen.

Vollkommener Ablass → Ablass

Vorherbestimmung → Prädestination

Vorhölle → Limbus, → Fegefeuer

Vorkonziliar, die kath. Kirche vor dem 2. *Vatikanischen Konzil,* also vor 1962. V. meint heute eine Sicht, die der Theologie vor diesem Konzil entspricht.

Vorreformatoren, Vorläufer der Reformation, die teilweise ähnliche Anliegen hatten und/oder die Bibel in die Muttersprachen übersetzten, am bedeutendsten John Wyclif (1328–1384, *Wiclifiten)* und Johannes Hus (um 1370–1415, *Hussiten*). → Böhmische Brüder

Vorsehung (lat. providentia), die alles umfassende souveräne Herrschaft Gottes. Gott bewahrt und lenkt seine Geschöpfe in all ihrem Tun (Ijob 9,5–6; 28,25; Ps 104,10–25; 145,15–16; 147,9; Mt 4,4; 6,26–28; Lk 12,6–7; Apg 17,25–28). Die allgemeine V. umfasst die Lenkung des gesamten Universums, auch der Dinge, welche die Menschen und ihr Leben auf dieser Welt betreffen. Die besondere V. Gottes ist seine Fürsorge über Leben und Tun seiner Kinder (Röm 8,28). Der biblische Begriff der V. wurde zu einem eigenen Teil der *Dogmatik,* der sich vor allem gegen den *Deismus* wendet. Seine Bedeutung in der *Frühen Kirche* verdankt er dem Umstand, dass schon die Stoa, ein Zweig der griech.-röm. Philosophie, ihn als Zentralbegriff für eine vernunftmäßig über der Welt waltende Macht verwendete.

Vortragekreuz, *Kruzifix* (Kreuz mit Jesusdarstellung) an einem langen Stab, das bei kath. Prozessionen oder beim Einzug von Priestern im Gottesdienst vorangetragen wird, in der Regel reich verziert ist und Reliquien enthalten kann. Im ev. Bereich ist es einfach gestaltet und wird nur selten, etwa bei Beerdigungen, verwendet.

Votivbild (lat. votivus: »versprochen«, »gelobt«), als Dank für Gebetserhörungen und Errettung aus Gefahr versprochene und gestiftete Bilder oder kleine Geschenke (Votivgaben, Weihgeschenke), die meist eine Wun-

Votivbild. Mit dem Dank in Form von Bildern haben Votivgaben in anderen Ausdrucksformen den Anlass einer Gebetserhörung gemeinsam: Kaiser Franz Joseph stiftete nach einem Attentat, das er überlebte, die neugotische »Votivkirche« (1856–79) in der Nähe der Universität in Wien.

Vulgata. Hieronymus übersetzt die Bibel. Die Abbildung stammt aus der Bibel Karls des Kahlen (9. Jh.).

derdarstellung, einen Hinweis auf den Stifter und eine Votivinschrift zum Anlass enthalten und in Wallfahrtskirchen in großer Zahl aufgehängt werden.

Vulgata, lat. Bibelübersetzungen gab es seit dem 2. Jh. n. Chr., vor allem die *Itala* und die *Vetus Latina.* 383 wurde der Kirchenvater Hieronymus (um 347–419/20) beauftragt, die gebräuchlichsten lat. Bibeltexte einer Revision zu unterziehen. 391–406 übersetzte er die ganze Bibel. Seine Übersetzung fand bald große Anerkennung, was ihr den Namen V. (lat. »die allgemein verbreitete«) eintrug. Das Konzil von Trient (1545–63) erhob sie 1546 zum einzig authentischen Bibeltext für die kath. Kirche.

W

Waldenser, von dem Kaufmann Petrus Waldes († vor 1218) aus Lyon 1176 begonnene Laienbewegung mit Bußpredigt, Armutsideal, Verwerfung von Eid und Kriegsdienst und – als Vorläuferbewegung der Reformation – Ablehnung von Messen für Verstorbene, Ablässen und Fegefeuer. Zugleich weihte Waldes eigenmächtig Bischöfe, Priester und Diakone. Die W. missionierten europaweit mit großem Erfolg, wurden aber von der *Inquisition* verfolgt und weitgehend ausgerottet. Die letzten W. gingen im 16. Jh. teilweise in der Reformation auf. Geschlossene Teile überlebten in den Bergen des Piemont und konnten sich erstmals ab 1848 ohne Verfolgung organisieren. In Italien zählen sich heute ca. 30 000 zu der mit den *Methodisten* vereinigten Ev. Waldenserkirche (41 000 Anhänger). Sie haben eine *reformierte Ausrichtung.*

Wallfahrt → S. 61

Walpurgisnacht, die nach der hl. Walpurgis († 779) benannte Nacht vor dem 1. Mai ist kein christlicher Feiertag, sondern ein Tag, an dem im Volksglauben und Okkultismus Hexen zu ihren Tanzplätzen fliegen.

Wandlung → Messe, → Transsubstantiation

Weihen, im kath. Bereich die drei Stufen der Ordination Diakon, Priester und Bischof.

Weihgeschenke → Votivbild

Weihnachten (mittelhochdt. »heilige Nächte«), das nach Ostern für alle christlichen Konfessionen wichtigste Fest. Es wird in den Westkirchen sowie in den Ostkirchen mit Ausnahme der orthodoxen Kirchen von Russland, Serbien, Palästina und Berg Athos am 25. Dezember zur Zeit der Wintersonnenwende und neun Monate nach dem Festtag der Verkündigung an Maria (25. März) begangen. In den ev. Kirchen und in Deutschland inzwischen auch in der kath. Kirche beginnt W. mit der Christvesper an Heiligabend (24. Dezember), dem die Bescherung, der Austausch von Geschenken, folgt, die in den angelsächs. Ländern erst am Weihnachstag selbst stattfindet. Das Fest der Geburt Christi wird in den übrigen Ostkirchen an *Epiphanias* am 6. Januar gefeiert. In der *Frühen Kirche* wurde es bis zur Konstantinischen Wende ebenfalls am 6. Januar gefeiert, jedoch spätestens 336 in Rom auf den 25. Dezember gelegt, um den dortigen heidnischen Feiertag der vergöttlichten Sonne (lat. *Sol invictus*) zu verdrängen. Die Anlehnung an Jul (auch Jol), das Winterfest der Germanen, dessen Bedeutung und Termin allerdings zweifelhaft bleibt, ist in Skandinavien, wo W. Jul heißt, an Bräuchen festzumachen, nicht jedoch in Deutschland. W. entwickelte sich zum christlichen Familienfest schlechthin, das stärker in den Alltag eingreift als jedes andere christliche Fest. Es wurde mit einer Vielzahl von Brauchtümern und Symbolen ausgestattet, neben dem *Weihnachtsbaum* die von Franz von Assisi 1220 zur Besinnung erfundene Krippendarstellung (Jesus in der Krippe mit seinen Eltern, den Hirten, den Heiligen Drei Königen, Kuh, Esel und Schafen – in der Malerei jedoch bereits seit dem 4. Jh. verbreitet), die zu den *Krippenspielen* führte, und die seit der Reformation geläufige Gabenbescherung. Das Christkind selbst stammt aus Visionen in kath. Frauenklöstern des 14. Jh, wurde aber erst bei den Protestanten zum Gabenbringer.

Weihnachtsbaum, auch Christbaum, bis zum 19. Jh. protestantisches Symbol im Gegensatz zur kath. Krippe. Der Ursprung liegt in mittelalterlichen Mysterienspielen im Elsass. Als Auftakt des Weihnachtsfestes wurden – in der Regel am 24. Dezember – vor den Kirchen Paradies- und Christgeburtsspiele aufgeführt, in denen als wichtige Dekoration auch ein Baum vorkam, an dem ein Apfel hing (oder auch mehrere). Dieser Baum symbolisierte den Baum der Erkenntnis, der mit seiner Frucht eine zentrale Rolle im biblischen Sündenfallbericht spielt (Gen 2,17; 3,6), gleichzeitig aber auch den Baum des Lebens (Gen 2,9; 3,22) als Sinnbild für Jesus, der in die Welt kam, um Leben zu bringen (Joh 10,10). Zunächst bürgerte sich der W. bei Weihnachtsfeiern der Zünfte ein. Ab der zweiten Hälfte des 17. Jh. setzte sich dieser Brauch auch in den Wohnungen der Gläubigen durch. Auch dort hängte man neben Äpfeln als Symbol für die Frucht der Sünde *Hostien* als Zeichen für Jesus als das »Brot des Lebens« (Joh 6,35+48) an den W., aus denen sich später der Brauch entwickelte, Gebäck in den Baum zu hängen. → Weihnachten

Weihnachtslieder, seit dem 11. Jh. nachweisbare Krippen- und Hirtenlieder sowie Sternsingerlieder, die meist aus *Krippenspielen* stammen. Die Verbreitung nimmt in dt.-lat. Mischtexten zu (»In dulci jubilo, nun singet und seid froh…«). Mit der wachsenden Bedeutung von *Weihnachten* als Familienfest steigt die Zahl der W., die meisten der heute verbreiteten stammen aus dem 18. und 19. Jh.

Weihrauch, auch Räucherung, Inzensation, aus Gummi und Spezereien zubereitete, stark duftende Substanz zur Verbrennung, spielt im A.T. im Rahmen des Tempelgottesdienstes (Ex 30,1–10+23ff.; Lev 16,12–13) als Symbol des Gebetes (Ps 141,2) und des *Heiligen Geistes* eine große Rolle, erscheint im N.T. aber nur in bildlicher Sprache für Opfer und Gebet der Christen (Eph 5,2; Offb 5,8; 8,3–4). In der *Frühen Kirche* wurde die Räucherung mit W. wegen ihrer heidnischen Parallelen zunächst strikt abgelehnt und von dem Kirchenschriftsteller Tertullian (um 160 bis 220) als Speise der Dämonen bezeichnet, nach der Konstantinischen Wende setzte sie sich aber überall durch. Sie spielt in den orthodoxen Kirchen eine herausragende Rolle bei allen kirchlichen Handlungen, in der kath. Kirche hat die Häufigkeit der Inzensation aller am Gottesdienst beteiligter Gegenstände und des Messgottesdienstes insgesamt in neuerer Zeit wieder zugenommen.

Weihwasser, in kath. und orthodoxen Kirchen vom Priester geweihtes Wasser. Kath. W. enthält Salz, wird sonntags (außer an *Ostern* und *Pfingsten)* vor der Messe geweiht und beim Segnen und Bekreuzigen verwendet.

Weiße Schwestern, seit 1869 kleinerer weiblicher Zweig der *Weißen Väter.*

Weiße Väter (frz. Pères Blancs, lat. Patres Albi, Abkürzung AB), 1868 von Kardinal Charles Martial Allemand Lavigerie (1825 bis 1892) begründete kath. Missionskongregation aus Priestern und Laien für Afrika, die auch viel zur Erforschung afrikan. Sprachen und in der Entwicklungshilfe beigetragen hat.

Weltgeistlicher, auch Weltpriester, kath. Kleriker, der nicht an Ordensgehorsam oder -regeln gebunden ist.

Weihnachten.
Der Meister von Flémalle, »Die Geburt Christi«, 1425. Im Unterschied zu traditionellen Darstellungen erscheint Maria hier in einem weißen Kleid und Mantel mit Goldbordüre. Ikonografisch ungewöhnlich sind auch die beiden prachtvoll gekleideten weiblichen Figuren am rechten Bildrand: Sie werden als die Hebammen Zelomi (Rückenfigur) und Salome gedeutet. Museum von Dijon

Weltgericht → Jüngstes Gericht

Weltkirchenrat (engl. World Council of Churches), anderer Ausdruck für den *Ökumenischen Rat der Kirchen.*

Weltpriester → Weltgeistlicher

Weltrat der Kirchen (engl. World Council of Churches), anderer Ausdruck für den *Ökumenischen Rat der Kirchen.*

Weltreligion, entweder Religion, die weltweit in großen Zahlen verbreitet ist (gilt eigentlich nur für Christentum, Islam und Buddhismus), oder häufiger im Sinn von *Universalreligion* oder *Hochreligion* im Gegensatz zur nur für ein Volk gültigen *Volksreligion* oder zu lokalen primitiven Religionen (dann kommen Judentum, Hinduismus, Sikhismus usw. sowie die Hochreligionen der Antike hinzu) gebraucht.

Weltweite Evangelische Allianz (engl. World Evangelical Alliance, früher World Evangelical Fellowship) → Evangelische Allianz

Weltweite Kirche Gottes, von den *Adventisten* abgespaltene, durch Herbert W. Armstrong (1893–1986) gegründete Radio- und Zeitschriftenkirche (Titel »Klar und wahr«), welche die Sabbatheiligung, den jüd. Festkalender und andere Ordnungen des A.T. einhielt, eine gemäßigte *Werkgerechtigkeit* lehrte und Jesus als Gott und Teil der Familie Gottes ansah, aber die *Trinitätslehre* verwarf. Sie lehrte die Britisch-Israel-Theorie, d.h. dass die Angelsachsen, vor allem die in den USA, die Nachfahren der verlorenen Stämme Israels darstellten und deshalb gesegnet seien. Unter der Leitung von Joseph Tkach wurde die Sondergruppe ab 1995 – von Abspaltungen abgesehen – in einem einmaligen Vorgang weltweit in eine ev. *Freikirche* umgewandelt. Heute vertritt die W. ein *evangelikales Bekenntnis* und pflegt ökumenische Kontakte.

Werkgerechtigkeit, die theologische Frage der Werkgerechtigkeit richtet sich weniger auf das menschliche Tun selbst, sondern vielmehr auf die Frage, welche Bedeutung diese Taten für Gott haben. Besonders in der Reformationszeit entbrannte ein großer Streit um die Frage, ob das menschliche Tun beim Erlangen der *Gnade Gottes* mitwirkt oder nicht *(Prädestination, Synergismus).* In diesem Zusammenhang haben die kath. und die ev. Konfessionen auf eine Spannung zwischen dem Apostel Paulus und Jakobus verwiesen. Während Paulus entschieden für eine Gerechtigkeit »ohne des Gesetzes Werke, allein durch den Glauben« (Röm 3,28) plädiert, schreibt Jakobus, dass »der Glaube, wenn er keine Werke hat, in sich selbst tot« und »nutzlos« ist (Jak 2,14–26). Der Reformator Martin Luther, dem die von Paulus beschriebene Glaubensgerechtigkeit so wichtig wurde, fand die Äußerungen von Jakobus so befremdlich, dass er seinen Brief als »stroherne Epistel« beschrieb. Der Schlüssel zum Verständnis liegt im neutestamentlichen Begriff »Werke« (griech. erga), das einfach »Arbeit«, »Tun«, »Handeln« oder »Werk« (letzteres auch als Ergebnis der Arbeit) bedeutet. Es kann in ganz verschiedenen Zusammenhängen verwendet werden. Im Johannesevangelium meint es vorwiegend die »Werke des Vaters«, die Jesus tut (z.B. Joh 5,36; 4,34; 9,4; 17,4). Es kann die Schöpfung und das Handeln Gottes (z.B. Joh 14,10; vgl. Hebr 1,10) sowie die guten und bösen Werke der Menschen (z.B. Joh 3,19; 7,7) bezeichnen. Wichtig ist die Unterscheidung zwischen den (falschen) »Werken«, aus denen der Glaube kommt, und den (guten) »Werken«, die aus dem Glauben kommen. Im ersten Fall kommt der Glaube aus den Werken bzw. ist der »Glaube« selbst ein Werk (»W.«), im zweiten Fall sind die Werke eine Folge des Glaubens (»Glaubensgerechtigkeit«). Im ersten Fall geht es also um die Werke dessen, der noch nicht glaubt, im zweiten Fall um die guten Werke des Glaubenden. Diese guten Werke, die im Gehorsam gegen Gottes Gebote und in der Kraft des Heiligen Geistes getan werden, sind die Früchte und Beweise eines wahren und lebendigen Glaubens (Jak 2,18–22) und durch sie bekunden die Gläubigen ihre Dankbarkeit (Ps 116,12–13; 1 Petr 2,9). Es sind die Werke, die Paulus auch als »Frucht des Geistes« beschreibt (Gal 5,22 bis 23, *Frucht).*

Klassische Definition der Dreieinigkeit

»In der Einheit der Gottheit sind drei Personen mit einem Wesen, einer Macht und Ewigkeit, Gott der Vater, Gott der Sohn und Gott der Heilige Geist. Der Vater ist von niemandem weder geboren noch ausgehend; der Sohn ist ewig vom Vater geboren; der Heilige Geist ist ewig vom Vater und vom Sohn ausgehend.«

Artikel 2.3 des Westminster-Bekenntnisses, London 1647

Wessobrunner Gebet, nach dem Fundort, dem Kloster Wessobrunn in Bayern, benannte bedeutende Handschrift des frühen 9. Jh. mit einer Schöpfungsgeschichte in althochdt. Stabreimen.

Westminster-Bekenntnis (engl. Westminster Confession), wurde im Auftrag des engl. Parlaments in der königslosen Zeit (Oliver Cromwell) auf der Westminster-Synode (1643–53) erarbeitet und 1647 verabschiedet, galt aber in England nur vorübergehend. Es ist das letzte große Bekenntnis der Reformation und das einzige reformatorische Bekenntnis, dem es gelungen ist, im landeskirchlichen wie im freikirchlichen Bereich und in mehreren denominationellen Richtungen (presbyterianisch, baptistisch usw.) weltweite Bedeutung zu erlangen. Ursprünglich im Bereich der engl. und schott. Staatskirche entstanden, wurde es unter Beteiligung bedeutender Presbyterianer, Kongregationalisten und Independentisten erarbeitet. Es wurde das Bekenntnis von großen Landeskirchen wie etwa der schott. Kirche, prägte entscheidend die großen presbyterianischen Kirchen in den USA (teilweise in der Originalfassung, teilweise in der leicht revidierten Fassung der Presbyterian Church of the USA von 1788) und in vielen anderen Ländern wie Südafrika und Australien. Durch die Umarbeitung einzelner Artikel, die den Kern des Bekenntnisses kaum berührten, wurde es auch das Bekenntnis großer freikirchlicher Ströme des Protestantismus. Die Kongregationalisten der Savoy-Erklärung von 1658 und auch der mit George Whitefield verbundene calvinistische Flügel der Methodisten verwendeten eine Fassung, in der im Wesentlichen nur die Artikel zur Gemeindestruktur und zum Verhältnis des Staates zur Kirche geändert wurden. Selbst die Baptisten änderten in ihrem Zweiten Londoner Bekenntnis von 1677 und dem ähnlichen Philadelphia-Bekenntnis von 1688 zwar den Artikel zur Taufe, zur Gemeindestruktur und zum Verhältnis von Kirche und Staat, übernahmen aber ansonsten den Text und die Theologie des Bekenntnisses. Das W. begründet in seinen ersten Artikeln gründlicher als andere reformatorische Bekenntnisse die Glaubwürdigkeit, Autorität und Unfehlbarkeit der Heiligen Schrift, da es 1647 bereits in der Auseinandersetzung mit der aufkommenden *Bibelkritik* stand. In der *Ekklesiologie* streng presbyterianisch, in der Heilslehre calvinistisch, ist das W. zusammen mit den Westminster-Katechismen *(Katechismus)* das reifste Bekenntnis des calvinistischen Lehrsystems. → Bekenntnisschriften

Wettersegen, nur noch selten erteilter liturgischer Segen im kath. Hochamt, der früher bei drohendem Gewitter gespendet wurde.

Wiclifiten, Anhänger von John Wyclif (1328 bis 1384), auch Lollarden (niederländ.-engl. »Murmler«) genannt. Der engl. Philosoph und Theologe Wyclif verfocht ein radikales Armutsideal und stellte den Machtanspruch des Papstes in Frage. Er begann eine engl. Bibelübersetzung und bildete Laienprediger (Lollarden) aus. Seine Lehre wurde nach seinem Tod auf dem Konzil von Konstanz (1414–18) als Häresie verurteilt (1415), seine Gebeine 1428 ausgegraben und verbrannt. Durch die Übernahme seiner Lehren durch die *Hussiten* erhielt Wyclif europ. Bedeutung.

Widerstandsrecht, Bezeichnung für das Recht oder die Pflicht, der Staatsmacht den Gehorsam zu verweigern (passiver Widerstand) oder aktiven gewaltfreien bzw. gewalttätigen Widerstand zu leisten (aktiver Widerstand), wenn diese ihre Macht missbraucht. In der *Frühen Kirche* wurde der gewaltsame Sturz einer Tyrannei nicht grundsätzlich verworfen, wohl aber die Beteiligung der Christen an solch einem Aufstand. Im Fall eines Widerstreites zwischen Christen und der Obrigkeit blieben den Gläubigen nur Verweigerung, Duldung, Gebet und der Tod als *Märtyrer.* Ab dem 4. Jh. wurde ein Tyrannenmord auch von den Christen nicht mehr kategorisch ausgeschlossen und im Mittelalter ein vor allem vom *Naturrecht* abgeleitetes W. durch die Kirche akzeptiert. Thomas von Aquin sprach dem Volk das Recht zu, gegen die Tyrannis vorzugehen, wenn sie unerträglich wird, bestritt jedoch dem Einzelnen die Befugnis, einen Gewaltherrscher zu töten. Ab dem 13. Jh. wurde das W. des Volkes bzw. des Einzelnen mehr und mehr ein Privileg der Stände. Martin Luther lehnte bis 1529 jeden aktiven Widerstand als Aufruhr ab. In der Bedrohung der Reformation durch den Kaiser konnten ihn jedoch sächs. Juristen überzeugen, dass die ev. Reichsfürsten ein W. gegenüber dem Kaiser hatten. Anders sah es die ev.-reformierte Tradition. Zwingli vertrat schon 1530 ein relatives W. Calvin verwehrte den *Hugenotten* in Frankreich zwar jede Gegenwehr in Glaubensdingen, sprach aber den Ständen das Recht und die Pflicht zu, die Freiheit des Volkes vor Tyrannei zu schützen. Die reformierte Ethik berief sich dazu auf biblische Vorbilder. So evangelisierten Petrus und die Apostel trotz des staatlichen Verbotes (Apg 4,19–20; 5,29) und wurden häufig verhaftet und bestraft (z.B. Apg 12,1–2; 12,3). Die Christen nannten Jesus trotz des staatlichen Verbotes »Herr« (griech. kyrios) und »König« (»entgegen den Erlassen des Kaisers«, Apg 17,6–7; vgl. 4,12).

Das calvinistische ebenso wie das anglikanische W., das sich im 19. und 20. Jh. weltweit in fast allen christlichen Konfessionen außer den orthodoxen Kirchen durchsetzte, ging

Widerstandsrecht. »Judit enthauptet Holofernes« von Artemisia Gentileschi, um 1620. Geschildert wird die Heldentat einer Jüdin aus dem Alten Testament: Um ihr Volk von der Knechtschaft zu befreien, schlägt die schöne Judit (Judith) dem Heerführer des Nebukadnezar mit dessen eigenem Schwert den Kopf ab, als er – entflammt für sie – nach einem Gelage auf seinem Bett einschläft (Buch Judit 8–13). Galleria degli Uffizi, Florenz

Wien. Nach der letzten Pest-Epidemie in Wien gelobte Kaiser Karl VI. 1713, dem Pestheiligen Karl Borromäus eine Kirche bauen zu lassen – die Karlskirche. Sie entstand 1716–37 nach Plänen des Baumeisters Johann Bernhard Fischer von Erlach.

davon aus, dass das W. nicht sofort jedermann zusteht, sondern in einer Reihenfolge der Verantwortung bei der jeweils niedrigeren Obrigkeit beginnt. Das dt. Grundgesetz kennt nach den Erfahrungen des Nationalsozialismus aufgrund christlicher und naturrechtlicher Argumente ein ausdrückliches W., wenn es kein anderes Mittel mehr gibt, denen entgegenzutreten, welche die freiheitliche Ordnung beseitigen wollen. → Pflichtenkollision

Wiederbringung aller Dinge → Allversöhnung

Wiedergeborener Gläubiger, Mensch, der durch die Gnade Gottes und den Glauben an das stellvertretende Versöhnungsopfer Jesu Christi durch den Heiligen Geist eine *Wiedergeburt* erfahren hat. Meist jedoch ein Begriff aus der *evangelikalen* Sprache für alle, die ein Bekehrungserlebnis im evangelikalen Sinn hatten und nach ihrem Verständnis also wirklich gläubig sind. Der Begriff spielt in der US-amerikan. Frömmigkeit eine große Rolle.

Wiedergeburt (Neugeburt), die geistliche Neugeburt des Menschen bei seiner Umkehr zu Gott, wie sie Jesus vor allem *Nikodemus* in Joh 3 verkündigt. Im N.T. ist die W. der Anfang des geistlichen Lebens eines Gläubigen (1 Petr 1,3) und die Veränderung im Herzen durch den Heiligen Geist (Joh 3,3–7; Tit 3,5), da die W. das Unterpfand des Heiligen Geistes ist (Eph 1,13–14). Sie verändert die ganze Natur des Menschen (2 Kor 5,17; 1 Petr 1,23) und führt zur *Heilsgewissheit* (1 Joh 5,13; Röm 8,16). Die Lehre der kath. Kirche und der orthodoxen Kirchen besagt, dass der Mensch dabei vom Heiligen Geist angeregt und unterstützt, aber selbst aktiv bleibt. Die Lehre der ev.-lutherischen und ev.-reformierten Kirchen besagt dagegen, dass die W. von Anfang bis Ende ein Werk des Heiligen Geistes ist, da dem Menschen jede Kraft zum Guten fehlt. Im *Pietismus* und in vielen *Freikirchen* spielt die W. als Ergebnis des persönlichen Bekehrungserlebnisses eine große Rolle.

Wiedergeburt (Seelenwanderung) → Reinkarnation

Wiederkunft Jesu, auch Parusie (griech. parousia: »Ankunft«). Obwohl die Formulierung W. nur in 1 Thess 4,15 vorkommt, sonst aber meist anders umschrieben wird, wurde sie in der Kirche schon früh zum stehenden Begriff, um zwischen der Menschwerdung Jesu als erstem Kommen Jesu und seinem zweiten Kommen am Ende der Zeit zu unterscheiden. Gemeint ist damit das erneute Eintreffen von Jesus Christus (Mt 24; Kor 15,23; 1 Thess 2,19; 2 Thess 2; 2 Petr 1,16). Die W. wird sichtbar geschehen (Mt 24,30; Apg 1,11) und königlich sein (Mk 8,38; 2 Thess 1,10) und das Endgericht einleiten (Joh 5,28), das das *Apostolische Glaubensbekenntnis* mit »von dort wird er kommen zu richten die Lebenden und die Toten« wie fast alle Belege des N.T. mit dem *Jüngsten Gericht* verknüpft.

Wiedertaufe → Täufer, → Taufe, S. 67

Wien, ab 1611 ständige Residenz der Kaiser des Heiligen Römischen Reiches, wurde 1469 Bistum und 1722 Erzbistum. 1529 und 1683 hielt Wien der Belagerung durch die Osmanen stand. Den Mittelpunkt der Stadt bildet der gotische Stephansdom (nach einem romanischen Vorgängerbau 1304–15. Jh.). Die bedeutendste Barockkirche ist die dem hl. Karl Borromäus geweihte Karlskirche (1716 bis 1739). 1976 wurde die Kirche »Zur heiligsten Dreifaltigkeit« von Fritz Wotruba vollendet.

Wittenberg, amtlich Lutherstadt W., wurde ab 1356 Residenz der Kurfürsten von Sachsen-W. An der 1502 gegründeten Universität übernahm Martin Luther 1512 eine Professur. Seine am 31. Oktober 1517 in W. veröffentlichten 95 Thesen trugen entscheidend zum Beginn der Reformation bei (Thesenanschlag an der spätgotischen Schlosskirche, erbaut 1490–99).

World Evangelical Alliance (engl. »Weltweite Evangelische Allianz«, früher World Evangelical Fellowship) → Evangelische Allianz

Wort Gottes → Inspiration

Wortgottesdienst, auch Predigtgottesdienst, Gottesdienst ohne Abendmahl bzw. Eucharistie, was in ev. Kirchen häufig der Fall ist, in der kath. und in den orthodoxen Kirchen fast nie. Dort kann W. den ersten Teil des Gottesdienstes bis zur Eucharistie bezeichnen. Ökumenische Gottesdienste unter kath. Beteiligung sind wegen der fehlenden *Abendmahlsgemeinschaft* immer W.

Wunder, ein die Gesetzmäßigkeit der Natur durchbrechendes Ereignis, sei es, weil es den Naturgesetzen scheinbar widerspricht, sei es, weil ein an sich mögliches Geschehen zu einem unglaublichen Zeitpunkt geschieht. W. lösen Staunen oder Furcht aus und gelten als göttliche Machtbezeugung, die dem Lob Gottes oder der Beglaubigung der Diener Gottes dienen. W. spielen im Christentum in vier Bereichen eine Rolle: 1. als Beglaubigungsbeweise von Boten Gottes im A.T. und N.T.; 2. als W. des Sohnes Gottes im N.T., die in dem W. schlechthin, der *Auferstehung* Jesu Christi, gipfeln; 3. im Bereich der Wallfahrten und *Marien-* und *Heiligenverehrung* der kath. Kirche; 4. als Ausweis des Wirkens des *Heiligen Geistes* in *Heilungsbewegungen* sowie bei den *Pfingstlern* und *Charismatikern.*

Wundmale Christi, die durch Folterung und Kreuzigung entstandenen Wunden und Narben Jesu, durch die Nägel an Händen und Füßen, durch die *Lanze* an der Seite, durch die Dornenkrone am Kopf und durch die Geißelung am Rücken. Der auferstandene Christus zeigt sie dem ungläubigen Thomas (Joh 20,27). → Blutwunder

Würzburg, berühmt als ehemaliges Zentrum eines geistlichen Fürstentums mit fürstbischöflicher Residenz, geht u.a. zurück auf einen Amtssitz fränk. Herzöge mit einer Burg auf dem Marienberg. 741/42 gründete Bonifatius (eigentlich Winfrid, um 672/73–754) das Bistum W., das dem Erzbistum *Mainz* unterstand (heute dem Erzbistum *Bamberg*). Der zeitweiligen *Säkularisation* im Dreißigjährigen Krieg folgte die Erneuerung des Bistums durch die Fürstbischöfe aus dem Haus Schönborn. Zentrum der Stadt ist der romanische, im 18. Jh. barockisierte Dom.

Y

Yemanja, von Sklaven aus dem Sudan nach Brasilien mitgebrachte Meeresgöttin, die dort in der synkretistischen *Umbanda-Religion* mit der Jungfrau Maria gleichgesetzt wurde, in Brasilien Herrin der Opfer von Schiffbruch und Flugzeugkatastrophen.

Würzburg. Die Würzburger Residenz entstand 1719 im Auftrag von Fürstbischof Johann Philipp Franz von Schönborn. Balthasar Neumann lieferte die Entwürfe für einen der schönsten Barockbauten Deutschlands (Abb.: Blick in die Kirche der Residenz).

Z

Zebaoth (hebr. »Heerscharen«), im A.T. Teil des häufigen Gottesnamen »Herr der Heerscharen« (Jahwe Z.), also der Befehlshaber des himmlischen Heeres. Die *Septuaginta* übersetzt den Ausdruck mit »Allherrscher« (griech. *Pantokrator).* Der Ausdruck wurde von der *Frühen Kirche* auf Jesus übertragen.

Zehn Gebote → S. 74

Zehnt, auch Zehnter, allgemein der zehnte Teil der Einnahmen oder des Einkommens, der für staatliche oder religiöse Zwecke beiseite gelegt wird. Die Herkunft ist nicht bekannt, geht aber auf die Zeit vor Moses zurück und wurde von Babylon bis Rom praktiziert. Abraham gab Melchisedek den Z. (Gen 14,20; Hebr 7,2+6), Jakob versprach Gott den Z. (Gen 28,22), das Gesetz Moses schrieb den Z. von den Ackererträgen und Herden vor (Lev 27,30–33). Daneben gab es auch im A.T. freiwillige Gaben des Gläubigen (Ex 25,2; vgl. 35,5 +21 +22+29; vgl. im N.T. Apg 5,1–11, besonders 5,4). Der alttestamentliche Z. hatte drei Aspekte: Lebensunterhalt der Geistlichen (Num 18,21–32), das Feiern von Festen und die Versorgung der Armen (Dtn 12,5–18; 14,22–29). Alle drei Aspekte finden sich im N.T. wieder, ohne dass dort der Z. ausdrücklich erwähnt wird. Wenn Jesus sagt: »Gebt dem Kaiser, was dem Kaiser gehört, und Gott, was Gott gehört« (Mt 22,21;

Mk 12,17; Lk 20,25), setzt er voraus, dass der staatlichen Steuer etwas gegenübersteht, was Gott zukommt. In 1 Kor 9,12–14 leitet Paulus aus der Versorgung der Priester und Leviten ausdrücklich das »Recht« auf Versorgung für die Verkündiger des Evangeliums ab. In Gal 2,10 spricht er davon, dass an die Armen zu denken sei. Dies bezieht sich wahrscheinlich auf die regelmäßige Sammlung für die Gemeinde in Jerusalem (Röm 15,26; Apg 24,17; 1 Kor 16,1–3, 2 Kor 8) oder auf die Hilfe in einer Notlage, der Hungersnot in Judäa (Apg 11,27–30). Demnach wurde im N.T. so etwas wie eine Entsprechung zum Z. an die Gemeinde gezahlt und von den Ältesten und *Diakonen* verwaltet, die damit den Priestern und Leviten entsprachen. Die *Frühe Kirche* hat im Wesentlichen den Z. beibehalten. Er wurde im christlichen Abendland eine zentrale Einrichtung bis zum Ende des 18. Jh., sowohl zur Finanzierung der Geistlichen als auch für die Sozialfürsorge. Allerdings wurde im Mittelalter der Z. meist von der staatlichen Obrigkeit oder von den Vorgesetzten erhoben, was sich historisch bis heute in der staatlich eingezogenen *Kirchensteuer* erhalten hat.

Zehnt.
Der alttestamentliche Segen des Zehnten: *»Bringt den ganzen Zehnten in das Vorratshaus, damit Nahrung in meinem Haus ist! Und prüft mich doch darin, spricht der HERR der Heerscharen, ob ich euch nicht die Fenster des Himmels öffnen und euch Segen ausgießen werde bis zum Übermaß!«*
Maleachi 3,10

Zeit → Heilsgeschichte, → Kirchenjahr, S. 64

Zelebrant (lat.), Leiter der kath. Messe, also meist der Priester, oder aber jeder Teilnehmer.

Zeltmacher (engl. tentmaker, früher Werkmissionar), Fachausdruck der christlichen Missionsarbeit. Paulus verdiente als Z. (Apg 18,3) auch als Missionar seinen eigenen Lebensunterhalt. Dementsprechend nennt man seit den 1960er Jahren Missionare, die im Missionsland einem festen Beruf nachgehen, Z. Sie tun dies entweder zur Finanzierung der Arbeit oder um durch den Beruf Kontakte zu Menschen zu bekommen oder weil sie sich sonst nicht im Land aufhalten dürften.

Zeltmission, aus den *Camp-Meetings* des 19. Jh. hervorgegangene ev. Organisationen, die mit größeren Zelten von Ort zu Ort ziehen und allabendlich evangelistische Veranstaltungen abhalten. Heute ein fester Bestandteil der *evangelikalen Bewegung,* auch wenn Großevangelisationen mit Satellitenübertragung wie *ProChrist* sie allmählich zurückdrängen. Die größte Z. ist die 1902 von ev. Pfarrern gegründete Deutsche Z. (Siegen). Die meisten ev. *Freikirchen* unterhalten ebenso wie etwa der Christliche Verein Junger Männer (CVJM) eigene Z.

Zensur → Imprimatur, → Index

Zentralbau, Kirche, die um einen Mittelpunkt herum spiegelbildlich aufgebaut ist, sei es als Kreis, Ellipse, Achteck (Oktogon) oder anderes Vieleck. Der Mittelraum wird meist von einer Kuppel überragt. Es ist die Hauptbauform der Ostkirchen (z.B. *Hagia Sophia* in Istanbul). Eine Sonderform des Z. ist seit dem 7. Jh. die »Kreuzkuppelkirche«, bei der sich vier gleiche Nebenkuppeln sternförmig um eine größere Zentralkuppel gruppieren. Diese Kirchenform ist für orthodoxe Kirchen typisch und für slaw.-orthodoxe und griech.-orthodoxe Kirchen schon längere Zeit für Neubauten die einzig zulässige Form.

Zentralkomitee der deutschen Katholiken, das von der kath. Deutschen *Bischofskonferenz* anerkannte Organ zur Vertretung der kath. Laien in Deutschland, das auch die *Katholikentage* veranstaltet, kath. Anliegen in Staat und Gesellschaft trägt, zugleich aber auch die kath. Kirche kritisch berät. Es geht auf die Generalversammlung des kath. Vereins Deutschlands ab 1848 zurück, wurde erstmals auf dem Katholikentag in Bamberg 1868 als Zentralkomitee der dt. Katholikentage gewählt und 1952 neu gegründet. Nach dem 2. *Vatikanischen Konzil* erhielt das Z. neue Bedeutung.

Zeremonienbuch → Ceremoniale, → Ceremoniale Episcoporum, → Ceremoniale Romanum

Zerknirschung → Contritio

Zeugen Jehovas, von Charles Taze Russell (1852–1916) im Jahr 1874 bzw. 1881 gegründete Religionsgemeinschaft, die in Deutschland mit 270000 Anhängern die zweitgrößte christliche Sondergruppe *(Sekte)* nach der *Neuapostolischen Kirche* darstellt. Aufgrund der Berechnung des Weltendes (für 1914, 1918, 1925 und zuletzt 1975) und einer speziellen Eschatologie werden alle christlichen Kirchen mit vielen ihrer Lehren und Symbolen (Dreieinigkeit, Gottsein Jesu, Hölle bzw. Leben nach dem Tod, das Kreuzsymbol, Ostern und Weihnachten) als »Hure Babylons« und Werkzeuge des Teufels abgelehnt, ebenso jede Zusammenarbeit mit dem oder für den Staat, wie Beamtentum, Eid, Wehrdienst oder Wahlen. Die bis 1931 »Ernste Bibelforscher« genannte Gruppe studiert die Bibel nur anhand der eigenen Bibelübersetzung »Neue-Welt-Übersetzung« und nur mittels von der Leitung in Brooklyn (New York) vorgegebenem Lehrmaterial. Sie betreiben eine intensive Missionstätigkeit in aller Welt, vor allem durch Mitglieder, die an der Straße stehen und die Zeitschrift »Der Wachturm« anbieten oder von Tür zu Tür ziehen. Weltweit gehören etwa 4,5 Mio Anhänger zu den Z.

Zinsverbot, kirchliches Verbot, Gewinn aus einem Darlehen zu ziehen. Seit dem 1. Konzil von Nizäa (325) den Klerikern untersagt, seit karolingischer Zeit auch den Laien. So wurden die nicht vom Z. betroffenen Juden zu Hauptträgern des Geldverleihs. Seit der Mitte des 16. Jh. wurde das Z. gelockert, heute nur noch als Wucherverbot gültig.

Zion, im A.T. zunächst die von David eroberte Festung Jerusalems, dann Bezeichnung des Tempelberges und der ganzen Stadt Jerusalem, ja des Volkes Gottes als »Tochter Zions«; im N.T. Name für das himmlische Jerusalem als Ziel des Glaubens (Hebr 12,22; Offb 14,1).

Zölibat (lat. coelibatus: »Ehelosigkeit«), die Verpflichtung zur Ehelosigkeit und sexuellen Enthaltsamkeit. Der Z. ist zu unterscheiden von dem inhaltlich identischen *Gelübde* der Ordensleute (Mönche und Nonnen), da dieses theoretisch wieder rückgängig gemacht werden kann, Ergebnis einer persönlichen Entscheidung ist und am Endpunkt einer Probezeit steht, während der Z. automatisch mit einem Amt gegeben ist. Der Z. ist auch von der *Jungfräulichkeit* zu unterscheiden. Der Z. gilt in der röm.-kath. Kirche für *Diakone* (heute nicht mehr für ständige Diakone) und wird als mit der Diakonenweihe abgelegt angesehen, für Priester und für Bischöfe. In den zur kath. Kirche gehörenden *orientalisch-kath., unierten Kirchen* gilt der Z. nur für Bischöfe, so auch in den orthodoxen Kirchen. Das Verbot der Priesterehe wurde aufgrund einer älteren Praxis erstmals durchgängig von Papst Gregor VII. (reg. 1073–85) und vom Konzil von Trient (1545–63, *Tridentinum*) gegen die Reformation bestätigt. Der Z. gehört, wie die orientalisch-kath. Kirchen zeigen, nicht zur unfehlbaren Lehre der kath. Kirche, sondern nur zum menschlichen Kirchenrecht, könnte also vom Papst aufgehoben werden. Die Verletzung des Z. hat den Verlust des Kirchenamtes zur Folge, was heute aber im Regelfall bei sexueller Betätigung nicht angewandt wird, bei einer Heirat nur, wenn der Betroffene die Eheschließung nicht rückgängig macht. Wenn nicht kath., vor allem ev. verheiratete Geistliche zur kath. Kirche übertreten, dürfen sie verheiratet bleiben, müssen sich aber zur sexuellen Enthaltsamkeit verpflichten, was von ev. Seite mit Hinweis auf das Gebot des Paulus, das Sexualität in der Ehe nicht und zum Gebet nur für kurze Zeit ausgesetzt werden darf (1 Kor 7,5), kritisiert wird. Die Reformatoren beendeten früh den Z., indem Martin Bucer, Martin Luther und andere ehemalige Mönche heirateten. Seitdem sind ev. Geistliche meist verheiratet gewesen, obwohl eine Verpflichtung dazu nicht bestand, und die Familie des ev. Pfarrers spielte eine wichtige Rolle in der Kirchen- und Geistesgeschichte. → Keuschheit

Zölibat. Zu den Anhängern Luthers gehörte der vorwiegend in der Schweiz publizistisch tätige Johann Eberlin von Günzburg (um1470 bis 1531). Im Einklang mit Luther stellt Eberlin die Gefahren vor Augen, die sich aus dem Zölibat ergeben. Die Abbildung prangert Missstände im Klosterleben an. Flugschrift gegen den Zölibat, erschienen 1522

Zönobiten, auch Koinobiten, Coenobiten (griech. koinos: »gemeinsam«, bios: »Leben«), in einer klösterlichen Gemeinschaft lebende Mönche im Gegensatz zu alleine lebenden *Eremiten* und *Anachoreten.*

Zucht, in einigen älteren Bibelübersetzungen Wiedergabe der häufig erscheinenden neutestamentlichen Wortfamilien um »Selbstbeherrschung« (griech. enkrateia) und »Besonnenheit« (griech. sophronismos), die sich im N.T. nur selten auf Sexualität beziehen, während das Wort Z. in den letzten Jahrhunderten zunehmend entweder sexuelle Zurückhaltung oder Strafe bedeutete.

Zungenreden → Glossolalie

Zwischenzustand → Seelenschlaf

Zwölften, auch Zwölfnächte, die Nächte zwischen *Weihnachten* (25. Dezember) und dem Dreikönigstag (6. Januar, *Epiphanias*). Im Volksglauben treten hier besonders häufig Geister und Orakelträume auf.

Das Judentum im Überblick

Begriff und Bedeutung

Juda war der vierte Sohn des Patriarchen Jakob mit dem Ehrennamen Israel. Juda ist somit einer der Stammväter der Zwölf Stämme Israels. Sein Name ging auf das israelitische Südreich Juda mit der Hauptstadt Jerusalem, später auf die Provinz Judäa über, schließlich auf die in der Zerstreuung (Diaspora) lebenden Menschen jüdischer Herkunft. Gemeinsam ist ihnen der monotheistische Glaube an den einen Gott und dessen Bund mit dem Gottesvolk.

Heute leben weltweit rund 13 Mio Juden, davon etwa 5,7 Mio in den USA und 5 Mio in Israel. → S. 271

Grundzüge des Glaubens

Der Glaube an den einen Schöpfergott verbindet sich mit der Hoffnung auf die Ankunft des Messias und den Beginn einer Zeit des Heils als Ziel der Schöpfung. Die zentrale Quelle des Glaubens ist die Offenbarung Gottes in der Tora und ihren Gesetzen. Bestandteil der Bundesurkunde sind die Zehn Gebote (Dekalog). → S. 274

Gedenktafel für die 1878 erbaute Synagoge von Bonn. Sie wurde am 9. November 1938 in dem zynisch als »Kristallnacht« bezeichneten Pogrom zerstört. Im Mittelgeschoss zeigt die Eingangsseite der stilisierten Synagoge den Davidstern.

Götter und Symbole

Die hebräische Bibel (Altes Testament) enthält unzählige Beispiele für den Kampf gegen einen Rückfall in den »Götzendienst« des Polytheismus.

Zentrale Symbole des Judentums sind die beiden Gesetzestafeln, der Davidstern in Form eines Hexagramms und der siebenarmige Leuchter Menora; er gehörte zu den Kultgeräten im Stiftszelt (Stiftshütte, Offenbarungszelt) und im Tempel. → S. 277

Geschichte des Judentums

Die Hebräische Bibel ist nicht zuletzt ein Spiegel der Geschichte des Volkes Israel im Altertum. 135 n. Chr. endete der zweite jüdisch-römische Krieg mit der Vertreibung der Einwohner von Judäa. Die wechselvolle Geschichte des Judentums im Mittelalter enthält Phasen des christlich legitimierten Antijudaismus; ihm folgte der rassistische Antisemitismus bis hin zum nationalsozialistischen Völkermord, bei dem Millionen Juden starben. 1948 wurde in Palästina der Staat Israel proklamiert, der in seiner Existenz von Anfang an gefährdet war. → S. 279

Stifter und Leitfiguren

Die Verbindung des Pentateuch (Fünf Bücher des Mose) mit dem Befreier aus der ägyptischen Sklaverei gibt diesem den Rang eines Religionsstifters. Die Leitfiguren reichen von den Erzvätern und Erzmüttern (z. B. Abraham und Sara) bis zu Repräsentanten des Reformjudentums. → S. 290

Spaltungen und Richtungen

Die Verehrung Jesu von Nazaret als Messias durch die Christen trennt diese bis heute von den jüdischen Gemeinden. Unterschiedliche Entwicklungen nahmen das westeuropäische und das osteuropäische Judentum, die Aschkenasim und die Sephardim. Innerhalb beider Zweige bildeten sich u. a. die Richtungen Orthodoxie, Konservatives Judentum, Rekonstruktionismus und das Reformjudentum. →S. 293

Die bedeutendsten Schriften

Im Mittelpunkt stehen die Bücher der Hebräischen Bibel mit der Tora an der Spitze. Aus ihr ergibt sich das Religionsgesetz Halacha. Es folgen Mischna und Talmud, Aggada und Midrasch, die aramäischen Bibelübersetzungen, die Targumim, sowie die Schriften der Kabbala. →S. 296

Wichtige Institutionen

Bis zur Zerstörung des Zweiten Tempels in Jerusalem 70 n.Chr. bestand eine Priesterschaft unter Leitung des Hohenpriesters, ferner geb es Tempeldiener und -wächter, die Leviten. Die Synagoge und ihre Gemeinde kennzeichnen der Rabbiner, der Kantor und der Schummasch. →S. 299

Heilige Stätten

Die vier heiligen Stätten in Israel sind Jerusalem, Hebron, Tiberias und Zefat. Zentrale heilige Stätte ist die Klagemauer in Jerusalem. Dem heiligen Tempel mit dem Opferkult folgten die Synagoge und der Gottesdienst mit den Gebeten und der Lesung aus der Tora. →S. 301

Feste und Riten

Als 7. Tag der Woche ist der Sabbat ein festlich begangener Ruhetag. Höchster Feiertag ist das Sühne- und Versöhnungsfest Jom Kippur im Herbst. Zu den Riten gehören die Beschneidung der männlichen Kinder, die Feier der religiösen Volljährigkeit mit dem Bar-Mizwa für Jungen und der Bat-Mizwa für Mädchen und sowie Konfirmation im Reformjudentum. →S. 302

Religion und Staat

Der nach seiner Verfassung säkulare Staat Israel enthält zahlreiche Formen der Verknüpfung zwischen staatlichen und religiösen Bereichen bzw. Zuständigkeiten. Andererseits findet sich in der Orthodoxie die vollständige Ablehnung des Staates als anmaßendes Menschenwerk. Die Ultraorthodoxen bilden im Staat Israel eine kleine Minderheit mit wachsendem Einfluss. →S. 309

Individuum und Gesellschaft

Zu den Religionsgesetzen des alltäglichen Lebens zählen Speisevorschriften mit dem Gebot koscherer Lebensmittel; Tiere dürfen nur nach rituellen Vorschriften geschlachtet und ordentlich ausgeblutet verwendet werden. Heirat, Ehe und die Erfüllung des Fortpflanzungsgebotes gelten traditionell als wichtige Elemente jüdischen Lebens. Scheidungen sind streng geregelt. →S. 309

Sonderformen des Judentums

Beispiele sind die als Juden anerkannten, arabisch sprechenden Samaritaner mit ihrer eigenen Tora, die Karäer und Messianischen Juden. →S. 311

1959/60 schuf Marc Chagall für die Synagoge des »Medical Center« der Hebräischen Universität Hadassah in Jerusalem zwölf Fenster zum Thema »Die Zwölf Stämme Israels«. Die Abbildung zeigt den Entwurf für das Fenster, das dem Stamm Juda gewidmet ist; aus Juda stammt König David. Musée National Message Biblique Marc Chagall, Nizza

Das Judentum in Geschichte und Gegenwart

Begriff und Bedeutung

Die jüdische Religion ist die älteste monotheistische Religion; aus ihr sind Christentum und Islam hervorgegangen. Die Frage, wer Jude ist oder wie »das Judentum« zu definieren sei, wird heftig diskutiert. Gilt die Zugehörigkeit zur jüdischen Religion, zum »Volk Israel«, zur »jüdischen Kultur« oder der Bezug zum »Land Israel«. Nach dem Religionsgesetz ist Jude, wer eine jüdische Mutter hat oder der gemäß der Halacha zum Judentum übergetreten ist.

Der Stammvater Juda: Ein Ausgangspunkt der Begriffsgeschichte ist der Name des vierten Sohnes von *Abrahams* Enkel *Jakob* (mit dem Ehrennamen Israel): Juda (seine Mutter ist *Lea*). Dieser ist somit einer der Stammväter der Kinder Israels bzw. der *Zwölf Stämme Israels*. Über seinen Sohn Juda spricht Jakob am Ende des Buches Genesis den Segen: »Juda, dir jubeln die Brüder zu, deine Hand hast du am Genick deiner Feinde. Deines Vaters Söhne fallen vor dir nieder. Ein junger Löwe ist Juda. Vom Raub, mein Sohn, wurdest du groß. Er kauert, liegt da wie ein Löwe, wie eine Löwin. Wer wagt, sie zu scheuchen? Nie weicht von Juda das Zepter, der Herrscherstab von seinen Füßen, bis der kommt, dem er gehört, dem der Gehorsam der Völker gebührt. Er bindet am Weinstock sein Reittier fest, seinen Esel am Rebstock. Er wäscht in Wein sein Kleid, in Traubenblut sein Gewand. Feurig von Wein funkeln die Augen, seine Zähne sind weißer als Milch« (Gen 49,8–12).

Das davidische Königreich: Der zweite Schritt in der Begriffsgeschichte ist der Name für den Stammesverband Juda. Er siedelte nach der Landnahme westlich des Jordans im südlichen (judäischen) Gebirgsland von Kanaan bzw. Palästina und im anschließenden Negev. Dieser Südstamm Juda wählte David als Nachfolger von König Saul. Er erlangte auch die Herrschaft über die Nordstämme; seine Hauptstadt bildete Jerusalem. Nach Davids Sohn und Nachfolger Salomo († 926 v. Chr.) trennte sich das Nordreich Israel vom Südreich Juda, in dem das davidische Königshaus an der Regierung blieb und Träger der messianischen Heilserwartung wurde. Aus der Bezeichnung »Judäer« für die Bewohner des Landes Juda entwickelte sich der Name »Jude«. Während das Nordreich Israel 722 v. Chr. von den Assyrern erobert wurde, überdauerte das Südreich Juda bis zur Zerstörung Jerusalems durch die Babylonier 586 v. Chr. Juda verlor seine Eigenstaatlichkeit und wurde schließlich im persischen Weltreich zur Provinz Judäa.

Die Provinz Judäa: Diesen Status behielt das Südland unter wechselnder Oberherrschaft, zuletzt der Römer. Aus ihrer Sicht war es Hohn, wenn sich Jesus im Verhör durch Pilatus als König bezeichnet, und die Schergen verspotteten ihn als »König der Juden« (Joh 19,3). Nach dem *Bar-Kochba-Aufstand* (132 bis 135 n. Chr.) und der endgültigen Vertreibung der Juden verwandelten die Römer die Provinz Judäa in die Provinz Syria Palästina.

Das paulinische Judentum: Die letzte Konsequenz des Übergangs von der Landeszugehörigkeit zur neu verstandenen Religions-

Großes Bild links: Die Flagge Israels mit dem Davidstern weht auf dem Tempelplatz in Jerusalem. Der Davidstern ist seit dem 19. Jh. religiöses Symbol des Judentums, seit 1897 Wahrzeichen des Zionismus. 1948 wurde er in die Staatsflagge Israels aufgenommen.
Die 18 m hohe Klagemauer in Jerusalem (im Hintergrund) ist das zentrale Heiligtum der Juden. Sie bildet den Überrest der 70 n. Chr. durch Titus zerstörten Tempelanlage der Stadt. Über der Mauer erglänzt die goldene Kuppel des 687 bis 691 erbauten islamischen Felsendoms.

Der Baum des Lebens mit vier Engeln. Dies ist einer der beiden Bäume, die Gott in der Mitte des Gartens Eden pflanzte. Er entspricht der altorientalischen Mythologie. Der andere ist der verhängnisvolle »Baum der Erkenntnis von Gut und Böse« (zweiter Schöpfungsbericht, Gen 2,15). Jüdische Buchmalerei, Nordfrankreich, spätes 13. Jh.; British Library, London

STICHWORT **Judentum in aller Welt**

Rabbiner in der Synagoge von Warschau am Gedenktag des Eindringens der Römer in Jerusalem (17. Tammus)

Die jüdische Gemeinde betet anlässlich der Einweihungsfeierlichkeiten der neuen Synagoge in Darmstadt am 10. November 1988.

Rabbi Adolf Shayevich aus Russland mit dem achtflammigen Leuchter (Chanukkia).

Kinder beim Unterricht in einer tunesischen Synagoge.

Alltagsszene in einem Friseursalon im jüdischen Viertel von Brooklyn, New York City.

zugehörigkeit veranschaulichen die Paulusbriefe als älteste Texte des Neuen Testaments. Im Brief an die Römer (55 n. Chr.) definiert er: »Jude ist nicht, wer es nach außen hin ist, und *Beschneidung* ist nicht, was sichtbar am Fleisch geschieht, sondern Jude ist, wer es im Verborgenen ist, und Beschneidung ist, was am Herzen durch den Geist, nicht durch den Buchstaben geschieht. Der Ruhm eines solchen Juden kommt nicht von Menschen, sondern von Gott« (Röm 2,28f.).Und im Brief an die Galater erbittet Paulus den Segen über das »Israel Gottes« (Gal 6,16).

Antijudaismus und Emanzipation: Vor dem Hintergrund der neutestamentlichen theologischen Auseinandersetzung mit dem Judentum ist der mittelalterliche Antijudaismus ein jahrhundertelanger Rückfall in barbarische Verhaltensweisen, die erst im Zeichen der Aufklärung im 18. Jh. endgültig überwunden zu sein schienen. Der Blick öffnete sich für das reiche kulturelle Erbe des Judentums und in Gotthold Ephraim Lessings Drama »Nathan der Weise« (UA postum 1783) gewann der Gedanke der Toleranz über alle religiösen Grenzen hinweg seinen epochalen Ausdruck: Kernstück ist die berühmte Ringparabel nach einem Motiv aus dem »Decamerone« von Giovanni Boccaccio (1313 bis 1375) im Vorfeld des Renaissance-Humanismus.

Antisemitismus: Baute das 19. Jh. einerseits auf emanzipatorischen Errungenschaften auf, so wurzelt in dieser Zeit bereits der rassistische *Antisemitismus,* der im nationalsozialistischen Deutschland und dessen Machtbereich im Zweiten Weltkrieg in Völkermord mündete *(Holocaust, Schoa).* Zu den fortwährenden Folgen dieser Verbrechen gehören die Konflikte des Staates Israel, der seit der Gründung 1948 in seiner Existenz bedroht ist.

Das Judentum zu Beginn des 21. Jh: Die lange Geschichte des Judentums und die weltweite Zerstreuung in der *Diaspora* haben zu einer großen Vielfalt innerhalb dieser Religion mit zahlreichen regionalen Besonderheiten geführt. Heute leben weltweit mehr als 13 Mio Juden. Die *USA* haben mit ca. 5,7 Mio Menschen den größten jüdischen Bevölkerungsanteil, gefolgt von Israel mit rund 5 Mio Juden, Frankreich und Kanada. In West- und Osteuropa ist die Zahl der Juden und ihrer Gemeinden dagegen nach der *Schoa* meist noch niedrig.

Westeuropa: In Deutschland lebten zum Zeitpunkt der Gründung des *Zentralrats der Juden in Deutschland* (1950) noch 15000 Juden von ca. 570000 Juden (1933) und im Jahr 2001 zählte der Zentralrat 87666 Mitglieder in nur 83 Gemeinden, von denen die größte Gemeinde in Berlin (12000) ist, gefolgt von München (9000) und Frankfurt/Main (7000); die Gesamtzahl der Bundesbürger mit jüdischer Herkunft wird auf über 100 000 geschätzt. In Österreich lebten 1935 ca. 200000 Juden, davon ca. 180000 in Wien; im Jahr 2000 waren es ca. 14000 Gemeindemitglieder, mit den größten Gemeinden in Wien, Graz, Innsbruck, Linz und Salzburg. In der Schweiz lebten bei rückläufigen Zahlen im Jahr 2000 noch ca. 20000 Juden, davon fast zwei Drittel im deutschsprachigen Teil. Die größten Gemeinden waren Zürich, Genf und Basel.

In den Niederlanden mit 1935 ca. 140000 Juden leben heute ca. 30000, mit der größten Gemeinde in Amsterdam, gefolgt von Rotterdam und Den Haag.

Die Weltkarte zeigt die 28 Länder mit einer jüdischen Bevölkerung von mindestens 10000 Personen. Die Zahlenangaben beruhen auf den Statistiken des American Jewish Year Book, das von Sergio Della Pergola, Hebräische Universität in Jerusalem, herausgegeben wird.

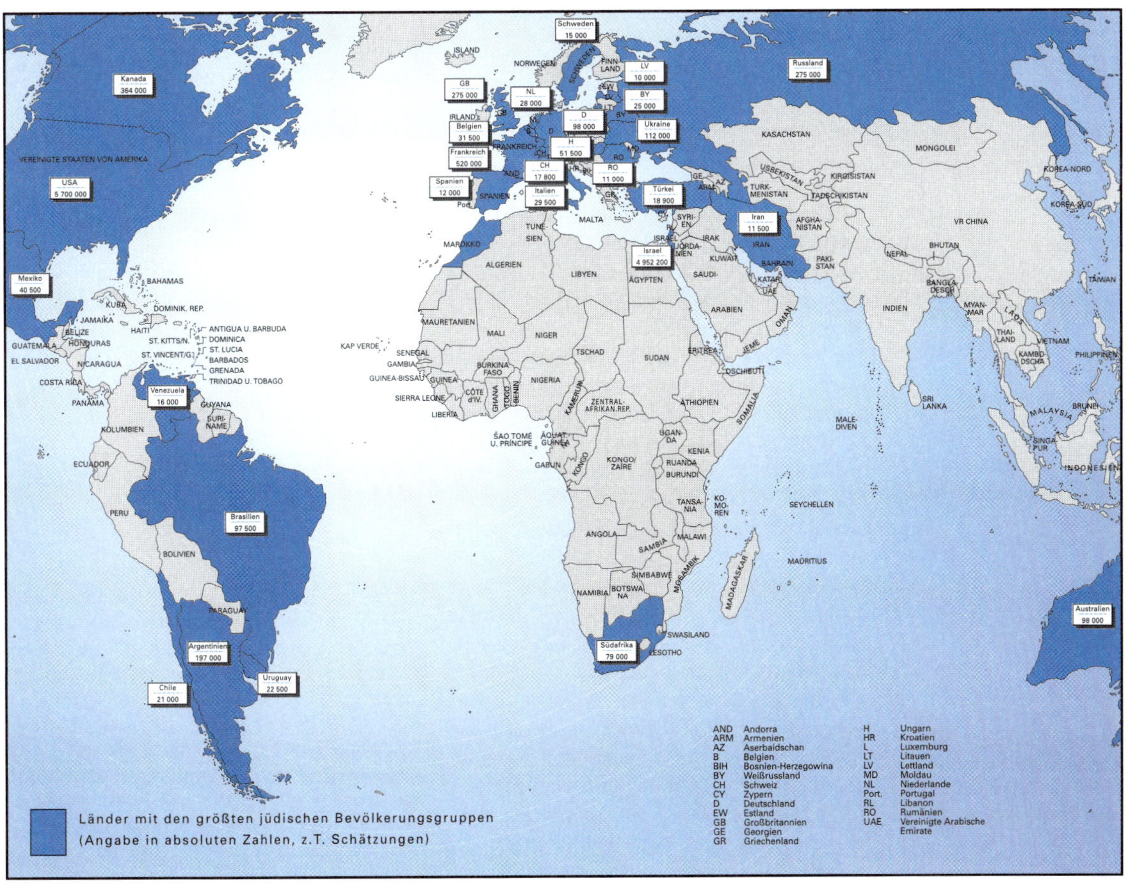

Stichwort Die 13 Glaubensartikel des Maimonides

1. Ich bin vollkommen überzeugt, dass der Schöpfer, gelobt sei sein Name, alle Geschöpfe erschafft und führt, dass er allein alle Werke vollbracht hat, vollbringt und vollbringen wird.
2. Ich bin vollkommen überzeugt, dass der Schöpfer, gelobt sei sein Name, einzig ist und dass es in keiner Beziehung eine Einigkeit gibt gleich ihm, dass er allein unser Gott war, ist und sein wird.
3. Ich bin vollkommen überzeugt, dass der Schöpfer, gelobt sei sein Name, kein Körper ist, dass auf ihn die Eigenschaften eines Körpers nicht anzuwenden sind, dass es nichts gibt, mit ihm zu vergleichen.
4. Ich bin vollkommen überzeugt, dass der Schöpfer, gelobt sei sein Name, allein vor allem war und nach allem sein wird.
5. Ich bin vollkommen überzeugt, dass zum Schöpfer, gelobt sei sein Name, allein es sich gebührt zu beten, und dass es sich nicht gebührt zu einem außer ihm zu beten.
6. Ich bin vollkommen überzeugt, dass alle Worte der Propheten Wahrheit [sind].
7. Ich bin vollkommen überzeugt, dass die Prophetie unseres Lehrers Mosche (Mose), Friede sei mit ihm, wahrhaftig war und dass er das Haupt war der Propheten, die vor ihm waren und die nach ihm kamen.
8. Ich bin vollkommen überzeugt, dass die ganze Lehre, die sich jetzt in unseren Händen befindet, unserem Lehrer Mosche (Mose), Friede sei mit ihm, übergeben worden ist.
9. Ich bin vollkommen überzeugt, dass diese Lehre nicht umgetauscht werden wird und keine andere Lehre kommen wird vom Schöpfer, gelobt sei sein Name.
10. Ich bin vollkommen überzeugt, dass der Schöpfer, gelobt sei sein Name, alle Werke der Menschenkinder und all ihre Gedanken kennt, denn es heißt: Der insgesamt ihr Herz gebildet, er durchschaut alle ihre Werke (Psalm 33,15).
11. Ich bin vollkommen überzeugt, dass der Schöpfer, gelobt sei sein Name, denen Gutes erweist, die seine Gebote hüten, und diejenigen bestraft, die seine Gebote übertreten.
12. Ich bin vollkommen von der Ankunft des Gesalbten überzeugt, und wenn er auch zögert, trotzdem hoffe ich täglich auf ihn, dass er kommen wird.
13. Ich bin vollkommen überzeugt, dass die Auferstehung der Toten sein wird zur Zeit, die wohlgefällig sein wird dem Schöpfer, gelobt sei sein Name und verherrlicht sein Gedenken immerfort und in Ewigkeit der Ewigkeiten.

Zitiert nach Sidur Sefat Emet in der Übersetzung von Rabbiner Dr. S. Bamberger, Basel 1986

In England leben heute 300 000, in Frankreich 600 000 Juden; beide Länder nahmen in der Zeit der Schoa und der Verfolgung unter dem Kommunismus viele Juden auf.

Osteuropa: Für die ehemaligen Ostblock-Länder ergibt sich nach der Schoa und der Verfolgung unter dem Kommunismus folgendes Bild: In Polen leben heute nur noch ca. 10 000 Juden, hauptsächlich in Warschau und Krakau. In der Tschechoslowakei lebten 1935 ca. 380 000 Juden; heute leben im Gebiet der ehemaligen Tschechoslowakei noch ca. 18 000 Juden, mit den Hauptgemeinden in Prag, Bratislava (Pressburg) und Brno (Brünn). In Ungarn lebten 1937 rund 445 000 Juden und ihre Zahl stieg 1944 durch den Zustrom von Flüchtlingen auf ca. 750 000; von ihnen überlebten ca. 200 000; heute leben noch ca. 60 000 Juden in Ungarn. Im riesigen Gebiet der ehemaligen UdSSR leben nach der Schoa und kommunistischer Verfolgung, die große Auswanderungswellen nach Israel zur Folge hatte, heute noch ca. 550 000 Juden.

Die zwölf Kinder Israels

»Das sind die Namen der Söhne Israels, die nach Ägypten gekommen waren – mit Jakob waren sie gekommen, jeder mit seiner Familie: Ruben, Simeon, Levi, Juda, Issachar, Sebulon, Benjamin, Dan, Naftali, Gad und Ascher. Zusammen waren es siebzig Personen; sie alle stammten von Jakob ab. Josef aber war bereits in Ägypten« (Ex 1,1–5).

Grundzüge des Glaubens

Das erste Gebot: Die *Zehn Gebote* des Bundes, den Gott am *Berg Sinai* mit dem Volk Israel schließt, beginnen im Buch Exodus mit den Worten: »Ich bin der Ewige, dein *Gott,* der dich aus Ägypten geführt hat; aus dem Sklavenhaus. Du sollst neben mir keine anderen Götter haben« (Ex 20,2f.). Im Buch Deuteronomium, dem »zweiten Gesetzeswerk« im Sinne einer Rekapitulation jener Bundesurkunde, ist das grundlegende Bekenntnis zum Monotheismus mit Forderungen verbunden, die über die bloße Ablehnung des Polytheismus hinausgehen: »Höre, Israel! Der Ewige, unser Gott, der Ewige ist einzig. Darum sollst du den Herrn, deinen Gott, lieben mit ganzem Herzen, mit ganzer Seele und mit ganzer Kraft« (Dtn 6,4f.).

Der Name Gottes: Der Gottesname, das Tetragramm JHWH, durfte seit der Errichtung des ersten *Tempels* nur vom *Hohenpriester* im Tempelkult ausgesprochen werden. Häufige Gottesbezeichnungen sind die hebräischen Worte *Adonai* (»Herr«), *El* oder Elohim (»Gott«), ha-*Schem* (»der Name«), ha-Kadosch (»der Heilige«), meist verwendet in der Formel ha-Kadosch baruch hu (»der Heilige, gepriesen ist er«), Eljon (»Höchster«) und *Schaddai,* ein in seiner Bedeutung nicht völlig geklärter Gottesname.

Die Ikkarim: Das Judentum kennt zwar keine Dogmen, dennoch gibt es grundlegende Glaubensüberzeugungen, die Ikkarim. Von zentraler Bedeutung ist der Glaube an den einen und einzigen Gott, den Schöpfer der Welt. Mit *Abraham* und *Jakob,* dem Stammvater *(Erzväter)* der *Zwölf Stämme Israels,* hat Gott einen *Bund* geschlossen (Gen 17) und ihnen Land sowie Nachkommen verheißen.

Erneuert wird dieser Bund mit dem entscheidenden Ereignis der Heilsgeschichte,

Zu den gemeinsamen Wurzeln von Judentum, Christentum und Islam gehört die Überlieferung von Gott als dem Schöpfer des Menschen und von dessen ursprünglicher Heimat in einem paradiesischen Garten Eden (Gen 2). Marc Chagall widmete diesem Thema die abgebildete Glasmalerei von 1963/64, Neuverglasung, nördliches Querhaus der gotischen Kathedrale Saint-Etienne in Metz, Frankreich. Chagalls vielseitige Gestaltungen der Erschaffung des Menschen und des Paradieses in Werken der Glas- und Tafelmalerei sowie Grafik sind zumeist von Engeln bevölkert; diese verweisen auf Chagalls Verwurzelung im ostjüdischen Chassidismus.

Oben: Klagemauer in Jerusalem. Bar Mizwa-Zeremonie vor einem sephardischen Torabehälter mit kunstvoll umrahmter und bekrönter Darstellung der Gesetzestafeln

Rechts: Orthodoxe Gläubige mit Gebetsmantel, Kippa oder schwarzem Hut bei einer Lesung aus der Torarolle. Die gewünschte Torastelle wird durch das Drehen der Holzrollen, der »Bäume des Lebens«, aufgeschlagen.

der Herausführung des Volkes Israel aus Ägypten und der *Offenbarung* der *Tora* (hebr. »Weisung, Gesetz«) an *Mose* am Berg Sinai. Israels Erwählungsaufgabe ist die Befolgung der Tora, des offenbarten Gotteswillens. Nach jüdischem Glauben wurde der Mensch mit der Willensfreiheit geschaffen, gut oder schlecht zu handeln. Gott vergilt gute wie schlechte Taten. Buße und Umkehr (Teschuwa) gelten als Voraussetzung für die Vergebung der *Sünden.* Das traditionelle Judentum glaubt an ein Weiterleben der *Seele* nach dem Tod, die Auferstehung der Toten und die kommende Welt *(Olam ha-ba).* Die Ankunft des *Messias* wird die Heilszeit als Ziel der Schöpfung einleiten.

Die Ikkarim wurden mehrfach zusammenfassend dargestellt. Die 13 Glaubensartikel des Moses Maimonides (Moses ben Maimon; 1135–1204) fanden Eingang in die jüdischen *Gebetbücher (Siddur, Machsor).* Sie betreffen Gottes Existenz und Schöpfertum, seine Einzigkeit, Unkörperlichkeit, Ewigkeit und seinen alleinigen Anspruch auf Anbetung. Weitere Aspekte sind die Wahrheit der Prophetie, die Bedeutung der Prophetie des *Mose,* die Offenbarung der Tora an Mose, ihre Unveränderlichkeit und ewige Gültigkeit. Schließlich gehören Gottes Kenntnis der Taten und Gedanken aller Menschen, seine Vergeltung guter und schlechter Handlungen, die Messiaserwartung *(Messias)* und die Auferstehung der Toten *(Seele, Wiederbelebung der Toten)* zu den zentralen Aspekten jüdischen Glaubens.

STICHWORT Schema Jisrael (Hauptgebet der Liturgie)

Höre, Israel, der Ewige, unser Gott, der Ewige ist einzig.

Du sollst den Ewigen, deinen Gott, lieben mit deinem ganzen Herzen und deiner ganzen Seele und deinem ganzen Vermögen. Es seien diese Worte, die ich dir heute befehle, in deinem Herzen. Schärfe sie deinen Kindern ein und sprich von ihnen, wenn du in deinem Hause sitzest und wenn du auf dem Wege gehst, wenn du dich niederlegst und wenn du aufstehst. Binde sie zum Zeichen auf deinen Arm, und sie seien zum Denkband auf deinem Haupte. Schreibe sie auf die Pfosten deines Hauses und deiner Tore!

Und es sei, wenn ihr auf meine Gebote hört, die ich euch heute gebiete, den Ewigen, euren Gott, zu lieben und ihm zu dienen mit eurem ganzen Herzen und eurer ganzen Seele. So werde ich den Regen eures Landes zu seiner Zeit geben, Frühregen und Spätregen, du wirst dein Getreide einsammeln und deinen Most und dein Öl. Ich werde Gras deinem Felde geben für dein Vieh, du wirst essen und satt werden. Hütet euch, dass euer Herz nicht verführt werde und ihr abweichet und fremden Göttern dient und euch vor ihnen bückt. Da würde der Zorn des Ewigen wider euch entbrennen, er würde den Himmel verschließen, dass kein Regen fällt und die Erde ihren Ertrag nicht gibt, und ihr würdet bald zugrunde gehen aus dem guten Lande, das der Ewige euch gibt. Legt diese meine Worte in euer Herz und in eure Seele, bindet sie zum Zeichen auf euren Arm, und sie seien zum Denkband auf eurem Haupte. Lehret sie eure Kinder, davon zu sprechen, wenn du in deinem Hause sitzest und wenn du auf dem Wege gehst, wenn du dich niederlegst und wenn du aufstehst. Schreibe sie auf die Pfosten deines Hauses und deiner Tore. Auf dass sich eure Tage vermehren und die Tage eurer Kinder auf dem Erdboden, den der Ewige euren Vätern zugeschworen, ihnen zu geben, wie die Tage des Himmels über der Erde.

Und der Ewige sprach zu Mosche also: Sprich zu den Kindern Israel und sage ihnen, sie sollen sich Schaufäden machen an die Ecken ihrer Kleider für ihre Geschlechter und sollen an den Schaufäden der Ecke einen Faden von himmelblauer Wolle anbringen. Sie seien euch zu Schaufäden, ihr sollt sie sehen und aller Gebote des Ewigen gedenken und sie erfüllen, auf dass ihr nicht eurem Herzen und euren Augen nachspähet, denen ihr nachbuhlet. Auf dass ihr gedenket und alle meine Gebote erfüllet und heilig seiet eurem Gotte. Ich bin der Ewige, euer Gott, der ich euch aus dem Lande Mizraim [Ägypten] geführt, euch zum Gotte zu sein, ich bin der Ewige, euer Gott.

Zitiert nach Sidur Sefat Emet in der Übersetzung von Rabbiner Dr. S. Bamberger, Basel 1986

Nichtjuden erlangen nach traditioneller Auffassung Anteil an der kommenden Welt, wenn sie die sieben *Noachidischen Gebote* einhalten. Sie fordern die Wahrung der Rechtspflege und verbieten Gotteslästerung, Götzendienst, Unzucht, Blutvergießen, Raub und Genuss nicht rituell geschächteten Fleisches *(Schächten)*. Sie sollen auf Genesis 9,1–17 zurückgehen und, da sie älter sind als die Tora-Offenbarung an Israel, für alle Menschen verpflichtend sein.

Götter und Symbole

Gott und die Götzen: Weite Teile der hebräischen *Bibel* enthalten die dramatische Schilderung einer fortwährenden Versuchung durch den Polytheismus, der die Religionen der vielfach – mit Hilfe ihrer Götter? – siegreichen Nachbarvölker bestimmte. Vor allem in der Königszeit fand der polytheistische Götzendienst seine Anhänger, wobei der kanaanäische Wettergott Baal zum Inbegriff der Götzen wurde. Eine Erzählung über den Propheten Elija zur Zeit des Königs Ahab berichtet vom Gottesurteil auf dem Karmal, dem die Baalspriester zum Opfer fallen (1 Kön 18,1–46).

Bereits Davids Sohn und Nachfolger macht sich des Götzendienstes schuldig: »König Salomo liebte neben der Tochter des Pharao noch viele andere ausländische Frauen: Moabiterinnen, Ammoniterinnen, Edomiterinnen, Sidonierinnen, Hethiterinnen. Es waren Frauen aus den Völkern, von denen der Herr den Israeliten gesagt hatte: Ihr dürft nicht zu ihnen gehen und sie dürfen nicht zu euch kommen; denn sie würden euer Herz ihren Göttern zuwenden. An diesen hing Salomo mit Liebe« (1 Kön 11,1f.).

König Joschija: Das zweite Buch der Könige enthält im 23. Kapitel eine der zahlreichen Erzählungen über die Erneuerung des Bundes, den Gott mit den Israeliten am *Berg Sinai* geschlossen hat. Im ausgehenden 7. Jh.v.Chr. wird bei Bauarbeiten im Jerusalemer Tempel ein Schriftstück gefunden. Der Hohepriester lässt es dem damaligen König, einem jungen Mann namens Joschija, vorlesen. Joschija ist von dem, was er hört, bestürzt. Dem Brauch seiner Zeit entsprechend, zerreißt er seine Kleider zum Zeichen der Selbsterniedrigung vor dem Gott, dessen Stimme und dessen Forderung in diesem Buch zu hören waren. Die Forderung lautet: »Ich bin der Ewige, dein Gott. Du sollst keine anderen Götter haben.« Nach einer weiteren Forderung will der aus dem Buch sprechende, sich als der Ewige bezeichnende Gott nur an einem einzigen Tempel – nämlich in Jerusalem – verehrt werden. König Joschija versammelt die Großen seines Volkes in der Hauptstadt, lässt ihnen die Worte des Buches vorlesen und schließt »vor dem Ewigen diesen Bund: Er wolle dem Ewigen folgen, auf seine Gebote, Satzungen und Gesetze von ganzem Herzen und ganzer Seele achten und die Vorschriften des Bundes einhalten, die in diesem Buch niedergeschrieben sind. Das ganze Volk trat dem Bund bei« (2 Kön 23,3). Dann folgt eine religiöse Reform, die das gesamte hebräische Religionswesen betrifft. Die Vielgötterei wird abgeschafft und der Tempel von Götterbildern gereinigt; Priester, die dagegen Widerstand leisten, werden getötet.

Das goldene Kalb: Der erste Rückfall in den Götzendienst begleitet bereits die Entstehung jenes Bundes: Während Mose auf dem Berg Sinai die Bundesurkunde erhält, gibt Aaron dem Verlangen des am Fuß des Berges versammelten Volkes nach: »Komm, mach uns Götter, die vor uns herziehen. Denn dieser Mose, der Mann, der uns von Ägypten heraufgebracht hat – wir wissen nicht, was mit ihm geschehen ist« (Ex 32,1).

Angesichts dieses Bruchs des Bundes zerschmettert Mose die beiden Tafeln der Bundesurkunde und zerstört das von *Aaron* angefertigte *Goldene Kalb* (Ex 32,19f.). Jene Bundesurkunde enthält die *Zehn Gebote* mit dem *Bilderverbot*. Es untersagt im Kern die

In den altorientalischen Kulturen fand der Stierkult weite Verbreitung und reichte bis in das Judentum. Dies spiegelt die Erzählung vom Goldenen Kalb im Buch Exodus, aber auch ein Bericht über Jerobeam I. (reg. 931–910 v.Chr.), den ersten König des Nordreichs Israel: Um einer Wiedervereinigung mit dem Südreich Juda und dessen Kultzentrum, dem Tempel in Jerusalem, vorzubeugen, lässt er Stierbilder errichten und erklärt: »Ihr seid schon zu viel nach Jerusalem hinaufgezogen. Hier ist dein Gott, Israel, der dich aus Ägypten heraufgeführt hat« (1 Kön 12,28). Abgebildet ist das Modell eines solchen Kultbildes als Figurine aus dem Tempel des Baal in Byblos, Libanon, 2. Jt. v.Chr.; Musée National du Louvre, Paris

Ungewöhnliche Schilderung der Gesetzesübergabe: Mose erhält die Tafeln aus einem Himmelssegment (Gott wird in der jüdischen Kunst niemals dargestellt) und lässt sie staffettenartig transportieren, bis sie das Volk Israel zu Füßen des Berges Sinai erreichen. Ebenso wie Mose mit dem spitzen Judenhut des Mittelalters ausgestattet, trägt das Volk Israel einen Baldachin zum Empfang der Gesetzestafeln herbei. Regensburger Pentateuch, um 1300; Israel Museum, Jerusalem

Anfertigung und somit die kultische Verehrung von Gottesdarstellungen, die zu jener Zeit insbesondere Skulpturen (»Götzenbilder«) bzw. Kultstatuen in menschlicher oder tierischer Gestalt oder in Form von Mischwesen waren. Dieser Kern des Bilderverbots blieb im Judentum und später im Islam erhalten, während diese beiden monotheistischen Religionen eine vielseitige Ikonografie entwickelten – Gottesdarstellungen ausgenommen. Im Christentum dagegen bestand das alttestamentliche Bilderverbot lediglich in den ersten Jahrhunderten fort, d.h. solange es als notwendig erschien, sich vom Bilderkult der römisch-hellenistischen Umwelt abzugrenzen.

Gesetzestafeln: An den *Bund* mit Gott erinnert die vielfältige Darstellung und Verwendung der *Gesetzestafeln.* Sie finden sich an den Außenmauern der Synagoge, häufig über dem *Toraschrein* und ebenso auf dem Toraschild der *Torarollen* sowie auf Grabsteinen.

Menora: Häufigstes und bereits seit der Antike verwendetes jüdisches Symbol ist der siebenarmige Leuchter, die *Menora.* Sie gehörte zum Kultgerät von *Stiftszelt* und *Tempel.* Am Titusbogen in Rom ist dargestellt, wie die Menora des 70 n. Chr. zerstörten herodianischen zweiten Tempels nach Rom geführt wird. Die Menora wird häufig als Schmucksymbol in Synagogen verwendet und ist an jüdischem Kunstgewerbe zu sehen. Der Leuchter ist auch Emblem des Staates Israel; eine große Menora steht vor dem israelischen Parlamentsgebäude, der Knesset.

Davidstern, Magen Davids (hebr. »Schild Davids«): Der sechszackige, aus zwei gleichschenkligen Dreiecken gebildete Stern wurde nicht nur im Judentum als Motiv verwendet. Sein Ursprung ist unklar, erst in der frühen Neuzeit entwickelte er sich zu einem jüdischen Symbol. Unter den Nationalsozialisten wurde er als »Judenstern«, angefertigt aus gelbem Stoff und versehen mit der Aufschrift »Jude«, zur diffamierenden Kennzeichnung jüdischer Bürger missbraucht. Heute findet sich der *Magen Davids* u.a. auf der Flagge des Staates Israel. Beliebt sind Kettenanhänger in seiner Form. Er ist auch Symbol des Magen Davids Adom (Roter Schild Davids), dem Äquivalent des Roten Kreuzes.

Mesusa, Tefillin und Zizijot: Sie sind die im Schema-Gebet geforderten Zeichen der ständigen Vergegenwärtigung der Gebote:

Mesusa (hebr. »Türpfosten«): *Mesusa* bezeichnet einen kleinen, oft kunstvoll gestalteten Behälter, der ein Pergament mit den Versen des Deuteronomiums 6,4–9 und 11,13–21 enthält. Die Mesusa wird am rechten Türpfosten der Eingänge von Haus, Wohnung und Wohnräumen befestigt und beim Durchschreiten der Tür berührt.

Tefillin: Die *Gebetsriemen* bestehen aus zwei Kapseln, welche die auf Pergament geschriebenen Verse Exodus 13, 1–10 und 13, 11–16, Deuteronomium 6, 4–9 und 11, 13–21 enthalten. Die Kapseln sind an Lederriemen befestigt, mit denen sie an den linken Arm und an die Stirn gebunden werden, um das Gebot von Deuteronomium 6,8 zu erfüllen. Männer legen die Tefillin beim Morgengebet an, nur an *Sabbat* und Festtagen werden sie nicht angelegt. Traditionell legen nur Männer Gebetsriemen an. Heute werden sie gelegentlich auch von feministischen orthodoxen Frauen getragen.

Zizijot (Sing. Zizit; hebr. »Fransen«) sind die *Schaufäden* oder Quasten, wie sie am Ende des Schema-Gebetes in Numeri 15,37–41 oder im Deuteronomium 22,12 gefordert sind. Nach der Lehre der Rabbiner sind die Zizijot für den einzelnen Juden eine Erinnerung an seine Pflicht und seine Identität. Sie bestehen aus drei kürzeren und einem längeren Faden und werden an den vier Ecken des mit blauen oder schwarzen Streifen versehenen Tallit, des *Gebetsmantels,* befestigt. Auch der Tallit katan, der »kleine Tallit« oder Gebetsschal, den orthodoxe Juden unter ihrer Kleidung tragen, ist mit Schaufäden versehen, die dann unter der Kleidung hervorschauen. Verbreiteter ist es, die Zizijot am Gebetsschal zu tragen. Die Verpflichtung, sie zu tragen, besteht nur für Männer, doch vereinzelt tun dies auch Frauen, die sich um Gleichberechtigung bemühen.

Weitere Symbole: Auf jüdischen Grabsteinen sind häufig die Symbole der zwei Hände im Priestersegen für einen *Kohen* und die Kanne für einen *Leviten* anzutreffen. In der synagogalen Kunst werden Toratafeln und Kultgerät des Tempels als Schmuck verwendet, auch die drei Kronen (Krone der Tora, des Priestertums und des Königtums) sind häufig zu sehen. In der mittelalterlichen Buchmalerei sind die *Schaubrote* neben der Menora im Offenbarungszelt ein immer wiederkehrendes Symbol.

Zahlensymbolik: Zu den vielfältigen Zahlen mit symbolischer Bedeutung und typologischer Verbindung zwischen dem Alten und dem Neuen Testament gehören neben der Sieben (Schöpfungstage, Arme der Menora) die Vier und die Zwölf. Vier Flüsse entspringen im Paradies (Gen 2,11–14), und Zwölf ist die Anzahl der Kinder bzw. Stämme Israels. Mitunter bilden die Vier und die Zwölf ein Paar: Den Büchern der vier großen Propheten (Jesaja, Jeremia, Ezechiel, Daniel) folgt das Zwölfprophetenbuch. Die neutestamentliche Entsprechung bilden die vier Evangelisten und die zwölf Jünger bzw. zwölf Apostel. Diese stehen in der mittelalterlichen Kunst (skulpturale Ausstattung von Portalen) auf den Schultern jener zwölf kleinen Propheten, während die vier großen Propheten in der Buchmalerei (Maiestas Domini) vielfach den vier Evangelisten zugeordnet sind. Der 40-jährigen Wüstenwanderung der Israeliten entsprechen die 40 Tage, die Jesus nach seiner Taufe im Jordan in der Wüste verbringt.

Bildseite mit dem dominierenden Symbol des siebenarmigen Leuchters Menora: »seine Kelche, Knospen und Blüten waren aus einem Stück getrieben« (Ex 37,17). Zum Leuchter gehören die Dochtscheren und Löschkelche; das linke obere Feld enthält die beiden Gesetzestafeln mit je fünf der Zehn Gebote. Darunter liegen die Schaubrote »in zwei Schichten, sechs in jeder Schicht, auf dem Tisch aus reinem Gold« im Stiftszelt (Lev 40,6). Bibel aus Perpignan, Frankreich, 1929; Bibliothèque Nationale, Paris

Geschichte des Judentums

Die Urgeschichte

Die hebräische *Bibel* enthält im Pentateuch (Fünf Bücher des Mose) mit den Büchern Genesis und Exodus sowie mit den »Büchern der Geschichte des Volkes Gottes« (Buch Josua bis zum zweiten Buch der Makkabäer) Darstellungen, die formal als Werke der Historiografie erscheinen, jedoch in erster Linie der Deutung und in zweiter Linie der Darstellung von Geschichte dienen. Diese Unterscheidung ist auch und gerade in der unmittelbaren Gegenwart von Bedeutung, in der Besitzansprüche des Volkes Israel mitunter ausschließlich und unabdingbar von der Geschichtsdeutung im Buch Josua (Besitznahme des Landes *Kanaan)* hergeleitet werden.

Genealogie des Volkes Israel: Das erste Buch der Chronik nennt *Adam* und dessen Nachkommen bis zu *Abraham* (1 Chr 1,1 bis

CHRONIK **Zeittafel zur Geschichte des Judentums**	
um 2000 bis 1400 v. Chr.	Einwanderung der Erzväter Abraham, Isaak und Jakob (Ehrenname Israel = Gottesstreiter; Gen 32,29) von Mesopotamien und dem Ostjordanland nach Kanaan, dessen größte Stadt Hazor ist. Beginn des monotheistischen Glaubens
um 1550 v. Chr.	Kanaan wird ägyptisches Gebiet
nach 1400 v. Chr.	Zeit der Söhne Jakobs (=Israeliten) in Ägypten
um 1250 v. Chr.	Exodus der Israeliten aus Ägypten unter der Führung von Mose; Offenbarung der Zehn Gebote auf dem Berg Sinai, Schaffung der Bundeslade und des Stiftszeltes; Wanderung durch die Wüste des Sinai
um 1230 v. Chr.	Ansiedlung der Israeliten unter der Führung Josuas, des Nachfolgers von Mose, in Kanaan, das sie einschließlich der Städte Jericho und Hazor einnehmen; die Kanaaniter behalten Teile des Küstengebiets
1200–1020 v. Chr.	Zeit der Richter: Debora, Gideon, Simson, Samuel; kriegerische Auseinandersetzung mit den Philistern; Sieg der Philister
1020–1000 v. Chr.	Saul wird erster König der Israeliten; siegreicher Krieg gegen die Philister
um 1000 v. Chr.	Saul begeht nach seiner Niederlage in der Schlacht bei Gilboa gegen die Philister Selbstmord
1000–961 v. Chr.	David wird in Hebron Nachfolger Sauls; Eroberung der jebusitischen Kleinstadt Jerusalem, die Davids Hauptstadt wird; Errichtung eines Großreiches von den Grenzen zu Ägypten bis zum Euphrat; Überführung der Bundeslade nach Jerusalem; David plant den Bau eines Tempels
966–959 v. Chr.	Bau des ersten Tempels in Jerusalem durch Salomo, Überführung der Bundeslade in den Tempel; Tempel wird zentrales Heiligtum
um 961 v. Chr.	Beginn des 800-jährigen Monopols der Zadokiten auf das Hohepriesteramt
961 v. Chr.	Salomo wird Nachfolger seines Vaters Davids: 30-jähriger Frieden, intensiver Handel, Blüte von Kultur und Wissenschaft und rege Bautätigkeit
931 v. Chr.	Tod Salomos, in der Folge Auflösung des Großreiches unter seinem Sohn Rehabeam I. (reg. 931–914) und Spaltung in das Nordreich Israel und das Südreich Juda mit jeweils eigenen Königshäusern
854 v. Chr.	Kampf des Königs Ahab von Israel (reg. 873–853) als Verbündeter der Aramäer gegen die Assyrer
721 v. Chr.	Eroberung von Samaria durch die Assyrer unter König Sargon II. (reg. 722–705 v. Chr.); Untergang des Nordreichs Israel; assyrische Gefangenschaft der sog. Zehn verlorenen Stämme
714 v. Chr.	Sieg über das assyrische Heer des Königs Sanherib bei Jerusalem durch König Hiskija von Juda (reg. 728–699)
639 v. Chr.	Religionsreform des Königs Josua und des Propheten Jeremia im Südreich Juda
588/587 v. Chr.	Eroberung des Südreichs Juda unter König Zedekia durch den babylonischen König Nebukadnezar, Beginn der Belagerung Jerusalems
586 v. Chr.	Zerstörung Jerusalems und des ersten Tempels durch die Babylonier; Verlust der Bundeslade und des Tempelschatzes; endgültige Entmachtung des davidischen Königshauses und Untergang des Südreichs Juda
ab 586 v. Chr.	Deportation der Juden in die Babylonische Gefangenschaft (Babylonisches Exil); Beginn der Diaspora und eines jüdischen Gemeindelebens in Babylon; das Südreich Juda wird babylonische Provinz
538–530 v. Chr.	Eroberung des gesamten Babylonischen Königreichs und Begründung des Persischen Reiches durch Kyros II.
538–333 v. Chr.	Persische Herrschaft über Palästina

27). Eine zweite Geschlechterfolge beginnt mit Abraham und dessen Söhnen *Isaak* und Ismael.

Von Abram zu Abraham: Weitaus detaillierter widmet sich das Buch Genesis dem *Erzvater Abraham,* der aus Ur in Chaldäa nach Kanaan zieht und zunächst Abram heißt. Er erhält von Gott den Namen Abraham (»Vater der Menge«) als Zeichen der Verheißung, dass er zum »Stammvater einer Menge von Völkern« bestimmt ist (Gen 17,4). Gott schließt mit Abraham einen Bund wechselseitiger Treue, wobei Abraham und seine Nachkommen mit dem Land Kanaan belohnt werden (Gen 17,8). Das Bundeszeichen ist die *Beschneidung* (Gen 17,13–27).

Von Jakob zu Israel: Eine zweite Namensänderung betrifft Abrahams Enkel *Jakob.* In der Erzählung »Jakobs Kampf mit Gott« erhält jener den Namen Israel mit der Bedeutung »Gottesstreiter« (Gen 32,29). An Jakob/Israel bewahrheitet sich die Verheißung einer Nachkommenschaft in Gestalt zahlreicher Völker: Jakobs männliche Nachkommen sind die »Kinder Israels« bzw. die Stammväter der *Zwölf Stämme Israels.*

Israel und Ägypten: Jakob segnet seine Söhne im vorletzten Kapitel des Buches Genesis; der Schauplatz ist das Haus seines in Ägypten vom Sklaven zu höchsten Ämtern und Ehren aufgestiegenen Sohnes Josef, verheiratet mit der Ägypterin Asenat.

Die Beziehung der Erzväter zum Pharaonenreich ist ein wesentliches Element in der jüdischen Urgeschichte. Bereits Abram zieht während einer Hungersnot nach Ägypten (Gen 12,10–20). Auch die beiden Reisen der Söhne Jakobs nach Ägypten, wo es zum unverhofften Wiedersehen mit ihrem Bruder Josef kommt, wird durch eine Hungersnot veranlasst (Gen 42 und 43) und schließlich zieht Jakob selbst nach Ägypten.

Über die ereignisgeschichtlichen Zusammenhänge zwischen den *Erzvätern* und dem Pharaonenreich hinaus bestehen religionsgeschichtliche Beziehungen oder zumindest Analogien. Sie konzentrieren sich auf den ägyptischen »Ketzerkönig« Echnaton (eigtl. Amenophis IV., reg. um 1364–um 1348 v. Chr.). Der Stifter einer Form des Monotheismus mit dem Sonnengott Aton als alleiniger Gottheit nannte sich als Zeichen seiner revolutionären Aufhebung des traditionellen, von der Priesterschaft letztlich mit Erfolg verteidigten Polytheismus, Echnaton mit der Bedeutung »Es (er?) gefällt dem

Eine Analogie zum israelitischen Monotheismus bildet die Episode der ägyptischen Religionsreform unter König Amenophis IV. (reg. um 1364–um 1348 v. Chr.); er nahm den Namen Echnaton an. Dieser Namenswechsel entsprach der Erhebung des Sonnengottes zum höchsten, ja einzigen Gott in Ägypten, was auf den Widerstand der polytheistisch eingestellten Priesterschaft stieß. Revolutionär war auch die Gründung der neuen Hauptstadt Amarna (heute Ruinenstätte Tell-Amarna). Ein Werk der Amarna-Kunst ist diese Reliefplatte, die wohl als Altarbild in einem Schrein diente. Auffallend ist der häusliche und dem Anschein nach private Charakter: Gezeigt werden Echnaton (l.) und Nofretete (r.) mit ihren drei Töchtern. Über ihnen erstrahlt die Sonnenscheibe, das Symbol des neuen Reichsgottes Aton. Die Strahlen münden in Hände, die mit dem Zeichen für »Leben« verbunden sind. Um 1350 v. Chr.; Ägyptisches Museum, Berlin

Aton«. Frappant ist die Entsprechung zwischen dem Sonnengesang des Echnaton und Psalm 104.

Ein Widerspruch besteht zwischen der häufigen Erwähnung Ägyptens in der hebräischen Bibel und dem Mangel an ägyptischen Zeugnissen einer Beziehung zu den *Israeliten.* Allerdings ist der älteste überlieferte Beleg für den Namen Israel die »Israel-Stele« aus der Zeit des Königs Merenptah, des Sohnes und Nachfolgers von Ramses II. aus der 19. Dynastie, die von 1206–1186 v. Chr. regierte. Ramses II. wurde – zu Unrecht – mit jenem Pharao identifiziert, aus dessen Gewalt die Israeliten mit Gottes Hilfe durch Mose befreit wurden.

STICHWORT **Ramses II. – Pharao des Exodus?**

Warum sollte es ausgerechnet Ramses II. (reg. 1290–1224 v. Chr.) sein, dem der Auszug Israels aus Ägypten als exemplarische Niederlage angelastet wird? Dieser Pharao, dessen unbestreitbare Größe seine zahllosen Spuren in und außerhalb Ägyptens sind, die in- und ausländische Zeitgenossen und Nachfahren bis in die griechisch-römische Zeit einmütig und vielfältig bezeugen? Wäre eine Zuschreibung an einen ägyptischen Herrscher minderer Qualität und Ausstrahlung… nicht eleganter und plausibler vor der Geschichte zu verantworten gewesen? Oder sollte Ramses II. etwa gerade wegen seines so respektablen Profils der geeignete Widerpart für die Erinnerung Israels geworden sein, um damit der eigenen Konturierung oder der Dimension der göttlichen Befreiungstat eine umso größere Akzeptanz zu sichern?

Ortsname: Die Bibel nennt den großen Ramses nicht. Sie zitiert zwar mehrfach einen Namen Ramses, meint aber einen Ort, der einerseits Schauplatz israelitischer Präsenz in Ägypten (als »Gebiet des Ramses«; Gen 47,11) und als Stätte von Fronarbeit Israels (Ex 1,11), andererseits Ausgangsstation des Auszugs (Ex 12,37; »Aus Ramses brachen sie… auf«; Num 33,3) gewesen sein soll. In all diesen Fällen haben wir es jedoch mit literarischen Ebenen zu tun, die nicht in die frühesten Phasen der Geschichtsschreibung Israels hineinreichen. Die Erwähnung des Ortsnamens beruht eher auf einer gestaltenden Erinnerung, die den politisch bedeutendsten Ort des Nildeltas in der Zeit der Ramessiden (19. bis 20. Dynastie: 1292–1076) mit dem des Aufenthalts Israels in Ägypten verband. Was aber macht den Ortsnamen Ramses so bedeutsam, dass er so in die Tradition einging? Der bedeutendste Träger eines mit dem Namen Ramses II. verknüpften Stadtnamens ist die Stadt, die, in Erweiterung der Hyksoshauptstadt Auaris im östlichen Delta am pelusischen Nilarm, von … Pharao ausgebaut wurde und als wichtigste Residenzstadt fungierte. »Ramses« ist als Abkürzung eines volleren Typonyms zu fassen: »Haus des Ramses, geliebt von Amun, groß an siegreicher Kraft«.

Manfred Görg, Professor für Altes Testament an der Universität Münster

CHRONIK **Zeittafel zur Geschichte des Judentums** (Fortsetzung)	
538 v.Chr.	Edikt Kyros' II.: Erlaubnis der Rückkehr der deportierten Juden nach Juda, des Wiederaufbaus des Tempels in Jerusalem und der Rückgabe eines Teils des Tempelschatzes. Juda wird persische Provinz mit begrenzter Autonomie, der Tora als staatlichem Gesetz und einer theokratischen Ordnung aus Hohepriester und Rat (Sanhedrin)
520–515 v.Chr.	Erbauung des zweiten Tempels in Jerusalem
ab 458 v.Chr.	Reformen des religiösen Lebens in Jerusalem und Juda durch den Priester und Schriftgelehrten Esra im Auftrag der Perserkönigs Artaxerxes (reg. 464–425/424 v. Chr.)
445–425 v.Chr.	Durchführung der Beseitigung von Missständen und Sicherung Jerusalems durch den Wiederaufbau der Stadtmauern durch Nehemia, Statthalter von Juda
332 v.Chr.	Eroberung Judas und Jerusalems durch Alexander den Großen, Beginn der hellenistischen Epoche
332–323 v.Chr.	Makedonische Provinz Judäa bis zum Tod Alexanders 323 (Babylon)
ab 323 v.Chr.	Judäa als Streitobjekt unter den Nachfolgern Alexanders (Diadochen)
312 v.Chr.	Judäa wird Teil des ägyptischen Ptolemäerreiches
um 250 v.Chr.	Erste Übersetzung der hebräischen Bibel (A.T.) ins Griechische (Septuaginta)
198 v.Chr.	Sieg der Seleukiden unter Antiochos III. (reg. 223–187) über die Ptolemäer und Eroberung Judäas
ab 175 v.Chr.	Hellenisierung Judäas unter dem Seleukidenherrscher Antiochos IV. Epiphanes (reg. 175–163)
168/167 v.Chr.	Antiochos IV. Epiphanes plündert den Tempel, entweiht ihn durch die Aufstellung eines Zeus Olympios auf dem Brandopferaltar und verkauft das Hohepriesteramt an den Griechen Jason
168–128 v.Chr.	Nach Kriegen und Bürgerkriegen setzen sich die Verfechter der alten Toraverfassung gegen prohellenistische Reformkreise in Jerusalem durch
167/166 v.Chr.	Aufstand der Makkabäer gegen Antiochos IV. Epiphanes unter der Führung des Priesters Mattatias
166–164 v.Chr.	Fortsetzung des Makkabäeraufstandes durch Mattatias' Sohn Judas Makkabäus, den Begründer der Makkabäer-Dynastie
164 v.Chr.	Rückeroberung Judäas und Jerusalems durch die Truppen unter Führung von Judas Makkabäus: Wiedereinführung der Religionsfreiheit, Beginn der Wiederinstandsetzung des verwahrlosten zweiten Tempels und seine neue Weihung
63 v.Chr.	Eroberung Jerusalems durch den römischen Feldherrn Pompeius; Palästina unter römischer Oberherrschaft
um 37–4 v.Chr.	Regierung Herodes' I., des Großen, König von Judäa, Galiläa, Samarien, Idumäa und Peräa
19 v.Chr.– 64 n.Chr.	Erweiterung des Tempelareals und prachtvoller Ausbau des zweiten Tempels durch Herodes I. (herodianischer Tempel) in einem Zeitraum von 80 Jahren
7/6 v.Chr.	Geburt Jesu in Bethlehem
4 v.Chr.	Tod von Herodes I.; Aufteilung seines Reiches unter seine drei Söhne Archelaos (Judäa, Idumäa und Samarien), Herodes Antipas (bis 39 n.Chr.; Galiläa und Peräa) und Herodes Philippos (bis 34 n.Chr.; Nordtransjordanien)
6/7 n.Chr.	Absetzung des Archelaos: Judäa, Idumäa und Samarien werden römische Provinz; Widerstand der Zeloten
26–36 n.Chr.	Statthalterschaft des Pontius Pilatus († 39 n.Chr.) über Judäa
30/33 n.Chr. (?)	Jesus wird zur Zeit des römischen Prokurators Pontius Pilatus, des Königs Herodes Antipas und des Hohenpriesters Kaiphas in Jerusalem gekreuzigt
66–70 n.Chr.	1. Jüdisch-römischer Krieg

»Simson und der Löwe«. Buchmalerei einer hebräischen Bibel, spätes 13. Jh.; British Library, London

Exodus und Landnahme: Diese Befreiung, der Exodus (griech. »Auszug«), ist das Thema des gleichnamigen Buches, das im *Pentateuch* (hebr. Chumasch) dem Buch Genesis folgt. Dieses endet mit dem Tod Jakobs in Ägypten und jenes beginnt mit dem Rückblick auf die Einwanderung der »Kinder Israels«. Es folgen der klassische Bericht über die Furcht vor Überfremdung (je mehr man die Israeliten »unter Druck hielt, umso stärker vermehrten sie sich und breiteten sie sich aus, sodass die Ägypter vor ihnen das Grauen packte«; Ex 1,12), die Jugendgeschichte des Mose, dessen Berufung in Midian zum Befreier des Gottesvolkes, der Auszug *(Pessach)* und der Bund, den Gott am *Berg Sinai* mit den Israeliten schließt, verbunden mit den *Zehn Geboten* (Dekalog).

Das Ziel der 40-jährigen Wanderung durch die Wüste (Ort der Versuchung und Bewährung) ist das Land Kanaan westlich des Jordan.

Die Landnahme und Ansiedlung der einzelnen Stämme erfolgt unter der Leitung von Moses Nachfolger Josua und wird im Buch Josua geschildert. Es beginnt mit einer Zusage Gottes, die bis heute politische Funktion besitzt: »Mach dich also auf den Weg, und zieh über den Jordan hier mit diesem ganzen Volk in das Land, das ich ihnen, den Israeliten, geben werde« (Jos 1,2).

Die Epoche der Richter: Das zweite unter den »Büchern der Geschichte des Volkes Gottes« ist nach den Richtern benannt. Sie erfüllten in der Zeit nach der Landnahme wichtige Leitungsaufgaben und retteten einzelne Sippenverbände oder Stammesgruppen aus feindlicher Bedrängnis. Wichtig wurde aber vor allem ihre Rechtsprechung. Zu den herausragenden Gestalten gehören die Richterin Debora und der legendäre Löwenbezwinger Simson, am Ende ein Opfer der Philisterin Delila (Ri 13–16).

Samuel und Saul: Der Übergang von der Richterzeit zur Königszeit ist mit der Gestalt des Samuel verbunden. Nach ihm sind die beiden Bücher Samuel benannt. Äußerer Anlass für die Forderung des Volkes nach einem König – gemäß der Herrschaftsweise bei den Nachbarvölkern bzw. Gegnern – ist der Autoritätsverlust der beiden Söhne des geachteten Richters Samuel: Sie »ließen sich bestechen und beugten das Recht« (1 Sam 8,3). Trotz seiner Bedenken vor dem Machtmissbrauch durch Könige beugt sich Samuel dem Willen des Volkes und salbt *Saul* zum König. Danach erst wird Saul zum König (reg. um 1020–um 1000 v. Chr.) gewählt.

Doch bereits die erste Herrschaft eines Königs in Israel ist durch religiöse Konflikte belastet und noch während der Herrschaft Sauls ergeht an Samuel der Befehl Gottes, einen Nachfolger zu salben. Dies geschieht in Bethlehem und der Auserwählte ist David (1 Sam 116,1–13). Allerdings wird der ehemalige Hirtenknabe, Sieger über Goliat, Schwiegersohn des Saul (Ehe mit Michal) und Verfolgte, erst nach Sauls Tod in *Hebron* zum König gekrönt. Damit betreten wir weitgehend gesicherten historischen Boden.

STICHWORT **Der Tempel Salomos**

Tempel Salomos mit drei ummauerten, hierarchisch gegliederten und durch Tore verbundenen Vorhöfen; Aggada-Buchmalerei, 13. Jh.; Jüdisches Museum Prag

König David, der das Stiftszelt und die Bundeslade, die Mose am Berg Sinai anfertigen ließ, auf den Berg Zion in seiner neuen Hauptstadt Jerusalem brachte, hegte den Plan eines Tempels und bestimmte dessen künftigen Ort, den Berg Morija. Doch erst König Salomo war es möglich, den Tempel errichten zu lassen. Nach 1 Könige 6–8 und 2 Chronik 3–5 unterteilte er sich in die Vorhalle (Ulam), vor der die beiden Säulen Jachin und Boas standen, den Hauptraum (Hechal) mit Räucheraltar, Schaubrottisch und zehn Leuchtern, und das *Allerheiligste* (Dewir), in dem sich die *Bundeslade* mit den beiden Kerubim befand. Den Tempel umgab ein Hof mit dem Opferaltar und dem *Ehernen Meer,* einem Wasserbecken. Weitere Höfe, der Männer-Vorhof und der Frauen-Vorhof, schlossen sich an. Der Tempelkult mit der Darbringung der Opfer unterstand dem *Hohenpriester,* den Priestern *(Kohen)* und den *Leviten.*

Der Salomonische Tempel wird als der erste Tempel bezeichnet. Er wurde von den Babyloniern unter Nebukadnezar 586 v. Chr. zerstört. Der zweite Tempel entstand 520–515 v. Chr. nach dem *Babylonischen Exil.* Er war weit schlichter gestaltet, erfuhr aber unter Herodes I., dem Großen, prachtvolle Umbauten und Erweiterungen. Mit seiner Zerstörung 70 n.Chr. durch die Römer endete der Tempelkult und Tempelriten sowie -bräuche wurden nicht mehr ausgeübt oder wurden der sich entwickelnden *Synagoge* angepasst *(Gebet, Gottesdienst).* Der dritte Tempel wird für die messianische Zeit *(Messias)* erwartet.

Die Zeit der Könige

Das Königtum Davids: Die Regierungszeit des Königs *David* begann um 1000 und endete um 965 v. Chr. Er vereinigte die einzelnen Stämme und schuf ein israelitisches Großreich. Von weltgeschichtlicher Bedeutung wurde die Erhebung von *Jerusalem* zur Hauptstadt und zum Glaubenszentrum. David überführte die *Bundeslade* mit den *Gesetzestafeln* von Baala (Schilo) nach Jerusalem und bereitete den Bau eines *Tempels* vor. Davids Königtum schildert das zweite Buch Samuel. Es enthält neben zahlreichen Kriegshandlungen das Lebensbild eines Menschen, der zutiefst schuldig wird: David begeht Ehebruch mit Batseba und sorgt dafür, dass deren Gatte Urija im Krieg umkommt (Sam 11). Die vom Propheten Natan angekündigte Strafe Gottes ist der Tod des ersten Kindes Davids mit Batseba; das zweite gemeinsame Kind, *Salomo,* wird Davids Nachfolger. Zu den Familiengeschichten im Königshaus David gehört der Zwist Davids mit seinem Sohn Abschalom, der einen Aufstand anzettelt (2 Sam 15,1–12) und seinen Vater zur Flucht aus Jerusalem zwingt; erst Abschaloms gewaltsamer Tod lässt die Rückkehr zu.

Die Teilung: Davids Sohn Salomo (reg. um 965–926 v. Chr.) ließ in Jerusalem den *Tempel* und den Königspalast errichten und festigte das Zentrum von Kult und Reich. Nach

CHRONIK **Zeittafel zur Geschichte des Judentums** (Fortsetzung)	
70 n.Chr.	Eroberung, Plünderung und Zerstörung Jerusalems und des zweiten Tempels durch die Römer unter dem späteren Kaiser Titus. Die Tempelruinen dienten fortan als Steinbruch.
ab 70 n.Chr.	Beginn der Zeit der Tannaiten (maßgebliche Schriftgelehrte bis um 200)
73 n.Chr.	Belagerung und Eroberung der Festung Massada durch die Römer; gemeinsamer Selbstmord der 960 Juden auf der Festung
um 80–100 n.Chr.	Entstehung der Schriften des jüdischen Historikers Josephus Flavius (37/38–100 n.Chr.): »Jüdischer Krieg«, »Jüdische Archäologie«, »Über das hohe Alter des jüdischen Volkes«
um 100 n.Chr.	Synode von Jamnia: Ausschluss der Judenchristen aus der Synagoge
132–135	2. Jüdisch-römischer Krieg; Aufstand des Bar Kochba: Niederschlagung durch die Truppen des römischen Kaisers Hadrian, völlige Zerstörung Jerusalems, Vertreibung der Juden aus Judäa, Verbot von Tora und Mitzwot, Wiederaufbau Jerusalems als römische Stadt Colonia Aelia Capitolina, Zutrittsverbot für Juden
um 150–200	Abschluss der Mischna durch Rabbi Jehuda ha-Nasi
um 300	Beginn der Zeit der Amoräer (maßgebliche Gelehrte der Mischna bis um 500)
ab 326	Helena, die Mutter Kaisers Konstantins, lässt in Jerusalem die Grabeskirche erbauen
391	Erhebung des Christentums zur Staatsreligion im Römischen Reich und damit auch in Palästina sowie Verbot aller anderen Religionen durch Kaiser Theodosius I. den Großen
395	Teilung des Römischen Reiches; Palästina gehört zum Oströmischen bzw. Byzantinischen Reich
um 425	Abschaffung des jüdischen Patriarchen in Jerusalem und Übertragung seines Amtes auf den christlichen Bischof
um 500	Abschluss des palästinensischen oder Jerusalemer Talmud
um 600	Abschluss des babylonischen Talmud
638	Eroberung Jerusalems durch die Araber
691/92	Freiräumung des Tempelareals und Errichtung des Felsendoms durch den Kalifen Abd el-Malik
711	Eroberung Spaniens durch die Araber
720	Der sog. Omarvertrag zwischen dem Kalifen und den Sephardim
um 900–1140	Goldenes Zeitalter der Sephardim in Spanien
ab 1000	Beginn jüdischer Wanderbewegung von West nach Ost
1095	Papst Urban II. ruft auf der Synode von Clermont zum Kreuzzug auf. Es kommt zum sog. Volkskreuzzug, verbunden mit großen Pogromen gegen die Juden Europas und mit unzähligen Opfern. In Deutschland werden u. a. die großen Gemeinden von Worms und Mainz nahezu vernichtet
1096–99	Der 1. Kreuzzug endet mit der Eroberung Jerusalems; Kreuzfahrerstaaten in Palästina
1122	Bulle »Sicut Judeis« des Papstes Calixtus II. (reg. 1119–24) zum Schutz der Juden vor den Übergriffen der Kreuzfahrer und Fanatiker; sie wird von mehreren Päpsten übernommen.
1171	Erster Ritualmordprozess in Frankreich
13. Jh.	Zahlreiche Religionsgespräche über angeblich antichristliche Inhalte des Talmud und anderer jüdischer Schriften zwischen Kirche und Juden in einer die Juden benachteiligenden Form führen immer wieder zur Verbrennung jüdischer Schriften.
1215	Die Dekrete des 4. Laterankonzils über die Juden führen zu einer jahrhundertelangen Ausgrenzung der Juden aus der Gesellschaft, u. a. durch die Bestimmung, dass Juden sie kennzeichnende Kleidung zu tragen haben (Judenhut und Judenstern).

Salomos Tod zerfiel das Imperium in das Nordreich *Israel* mit der Hauptstadt *Samaria* und das Südreich *Juda* mit der Hauptstadt Jerusalem. 722 v.Chr. eroberten die Assyrer aus dem Norden des heutigen Irak das Nordreich und deportierten Teile der jüdischen Bevölkerung. Das Südreich blieb bestehen und erlebte unter Josia im 7. Jh. v. Chr. politische und religiöse Reformen. 597 v. Chr. wurde Juda von den Babyloniern erobert und die Oberschicht ins babylonische Herrschaftsgebiet verschleppt. 586 v.Chr. wurden Palast und Tempel in Jerusalem durch die Babylonier *(Babylonien)* zerstört. Mit weiteren Deportationen begann die Zeit des *Babylonischen Exils.* Das Edikt des Perserkönigs Kyros von 538 v.Chr. ermöglichte die Rückkehr der Deportierten nach Jerusalem und die Wiedererrichtung des Tempels, der 515 v.Chr. eingeweiht wurde. Die im 5. Jh. v. Chr. folgenden Reformen unter Esra und Nehemia konzentrierten sich auf das religiöse Leben.

Der griechische Einfluss

Mit der Eroberung Palästinas durch Alexander den Großen (356–323 v.Chr.) um 332 v.Chr. geriet das Land unter griechischen Einfluss. Unter den Ptolemäern aus Ägypten konnte der Kult fortgeführt werden, während es später unter den Seleukiden (Antiochus IV. Epiphanes) zur Tempelentweihung und zum Verbot der Religionsausübung kam. Dies provozierte den jüdischen Aufstand unter den *Makkabäern,* die im Jahr 164 v.Chr. den Tempel wieder einweihten. Die späteren Makkabäer (Hasmonäer) regierten als Hohepriester und Könige.

Die Römer in Palästina

63 v.Chr. wurde Jerusalem von den römischen Truppen unter Führung von Pompeius eingenommen. Der Kult blieb zunächst bestehen, unter Herodes I., dem Großen (um 73 bis 4 v.Chr.), wurde der zweite Tempel großzügig umgebaut. Auseinandersetzungen mit Rom führten zum 1. Jüdisch-römischen Krieg, der mit der Zerstörung des Tempels durch den Feldherrn und späteren Kaiser Titus 70 n.Chr. endete. Die zentrale Kultstätte des Judentums blieb zerstört, der Tempelkult wurde beendet. Auch der 2. Jüdisch-römische Krieg unter Bar Kochba (132–135 n.Chr.) führte zu einer vernichtenden Niederlage der Juden. Im gesamten Mit-

Ausschnitt aus einer Darstellung des Triumphzugs des Titus mit Beutestücken aus dem 70 n. Chr. zerstörten herodianischen Tempel in Jerusalem, links der siebenarmige Leuchter Menora. Das Relief befindet sich an einer Innenseite des Titusbogens; Forum Romanum, Rom

telmeerraum hatten sich inzwischen Diasporagemeinden gebildet mit ihren Zentren in Babylonien und Ägypten.

Die Herrschaft der Gelehrten

Von den um die Zeitenwende existierenden Strömungen im Judentum *(Pharisäer, Sadduzäer)* setzten sich die Pharisäer durch. Jochanan ben Sakkai errichtete nach der Tempelzerstörung ein Lehrhaus in Jawne. Bis 425 n. Chr. führten seine Nachfolger als *Nasi* (hebr. »Führer, Herrscher, Fürsten, Patriarchen«) gemeinsam mit dem *Sanhedrin* (hebr. »Rat, Gerichtshof«) die jüdische Bevölkerung Palästinas. Die jüdische Geschichte zwischen Tempelzerstörung und Mittelalter wird anhand der jeweils tätigen Gesetzeslehrer eingeteilt: Bis zum Abschluss der *Mischna* (um 200 n. Chr.) wirkten die *Tannaiten*. Als *Amoräer* wurden die folgenden Gelehrten bis zum Abschluss des

STICHWORT **Das 4. Laterankonzil (1215)**

Das 4. Laterankonzil unter Papst Innozenz III. (1198–1216) fasste 1215 für die Juden schicksalhafte Beschlüsse, die sich bis ins 20. Jh. auswirkten:

Artikel 67: Verbot der Zinsnahme im Geldhandel, Aufkommen der Juden für den Ausfall des Zehnten ihrer Schuldner gegenüber der Kirche: »Je mehr sich die christliche Religion in der Eintreibung der Wucherzinsen Einschränkungen auferlegt, desto übermütiger wird darin der Unglaube der Juden, sodass in kurzer Zeit das Vermögen der Christen erschöpft sein wird. Da wir in dieser Hinsicht Vorsorge treffen wollen… bestimmen wir durch Konzilsdekret, dass, wenn weiterhin die Juden, unter welchem Vorwand auch immer, von den Christen schwere und unangemessene Zinsen erpressen, ihnen die Gemeinschaft mit den Christen entzogen werden soll… bis sie geziemend Genugtuung geleistet haben. Die Christen aber sollen… sich vom Handelsverkehr mit ihnen enthalten… Und durch dieselbe Buße… sollen die Juden angehalten werden, den Kirchen Genugtuung zu gewähren für den Zehnten und die anderen geschuldeten Abgaben.«

Artikel 68: Die Pflicht der Juden sich zu kennzeichnen und Ausgangsverbot für Juden an hohen christlichen Feiertagen: »Daher kommt es zuweilen vor, dass sich irrtümlicherweise Christen mit jüdischen oder sarazenischen und Juden und Sarazenen sich mit christlichen Frauen vermischen. Damit also den Ausschweifungen einer so abscheulichen Vermischung in Zukunft die Ausflucht des Irrtums abgeschnitten werde, bestimmen wir, dass Juden und Sarazenen beiderlei Geschlechts in jeder christlichen Provinz und zu jeder Zeit sich durch die Art ihres Gewandes öffentlich von der übrigen Bevölkerung unterscheiden sollen… In den Kar-Tagen und am Passionssonntag sollen sie keinesfalls in die Öffentlichkeit ausgehen.«

Artikel 69: Bestätigung des kirchlichen Verbots der Zulassung zu öffentlichen Ämtern: »Da es allzu sinnlos wäre, dass ein Lästerer Christi über Christen Gewalt habe, so erneuern wir das, was hierüber das Konzil von Toledo weise verfügt hat… Wir verbieten, dass Juden zu öffentlichen Ämtern zugelassen werden, da sie unter dem Vorwand ihres Amtes den Christen am meisten aufsässig sind …Das Amt selber aber soll er [der Jude] mit Schaden wieder aufgeben.«

Artikel 70: Verbot für getaufte Juden, jüdische Riten weiter auszuüben: »Gewisse Leute, die, wie wir erfahren, zum Wasser der heiligen Taufe freiwillig hinzugetreten sind, haben den alten Menschen nicht gänzlich ausgezogen, um den neuen ganz vollkommen anzuziehen, da sie die Reste des früheren Ritus bewahren und die Zierde der christlichen Religion mit solcher Mischung zusammenschütten… Da aber geschrieben steht ›Verflucht der Mensch, der das Land auf zwei Wegen betritt‹… ordnen wir an, dass solche von den Prälaten der Kirche genötigt werden, sich gänzlich von der Beobachtung der alten Riten zu enthalten.«

CHRONIK **Zeittafel zur Geschichte des Judentums** (Fortsetzung)	
1235	Hinrichtung von 34 Mitgliedern der jüdischen Gemeinde Fulda aufgrund der Anschuldigung des Ritualmordes an einem Kind; nachträglicher Freispruch durch eine von Kaiser Friedrich II. eingesetzte Kommission
1239	Verbot des Talmud durch eine Bulle Papst Gregors IX. nach dem Pariser Religionsgespräch, verbunden mit der Aufforderung an Frankreich, England, Aragonien, Navarra, Kastilien und Portugal, jüdische Bücher zu verbrennen
1240	Talmudverbrennung in Paris
ab 1244	Palästina gehört zum ägyptischen Mameluckenreich
1247	Bulle Papst Innozenz' IV., die Ritualmordanschuldigungen als verhängnisvollen Aberglauben verurteilt
1290	Vertreibung der Juden aus England
1348	Judenpogrome in Europa, ausgelöst durch die große Pest
1492	Vertreibung der Sephardim aus Spanien oder Zwangstaufen; sie lassen sich in Nordafrika und im Osmanischen Reich nieder
1496	Vertreibung der Sephardim aus Portugal
16./17. Jh.	Zentrum der sephardischen Mystik in Zefat in Galiläa
	Masseneinwanderung von Juden nach Polen, Blütezeit des polnisch-litauischen Judentums
ab 1517	Palästina gehört zum Osmanischen Reich; Jerusalem dient als Provinzhauptstadt
1614	Plünderung der Judengassen in Frankfurt am Main, das im 16./17. Jh. mehrfach Judenverfolgungen erfuhr, durch unzufriedene Handwerker und kleine Kaufleute
1654	Erste jüdische Einwanderer in Amerika
1655	Oliver Cromwell gewährt Juden in England Religionsfreiheit (erste englische Synagoge 1656)
18. Jh.	Entstehung des osteuropäischen Chassidismus
1782–89	Toleranzpatente Kaiser Josephs II.
ab 1786	Einrichtung von Ghettos in russischen Städten
1791	Bürgerliche Gleichstellung der Juden in Frankreich
1808	Gleichstellung der Juden im französisch regierten Königreich Westfalen
ab 1830	Jüdische Einwanderungswelle aus Deutschland nach Amerika
1871	Rechtliche Gleichstellung der Juden in der Verfassung des Deutschen Reiches
1878	Gründung der antisemitischen »Christlich-Sozialen Arbeiterpartei« durch A. Stoecker
	Entstehung des jüdischen Viertels Mea Shearim in Jerusalem
1881/82	Pogrome in Russland und Polen
ab 1881	Jüdische Einwanderungswelle aus Osteuropa nach Amerika
1882	Erste größere Einwanderungswelle (1. Alija) nach Palästina, ausgelöst durch die russisch-polnischen Pogrome. Ihr folgen 1904, 1919, 1924 weitere Alijas; ab 1929 erfolgt ständige Zuwanderung
ab 1894	Dreyfus-Affäre in Frankreich
1896	Veröffentlichung von Theodor Herzls grundlegender zionistischer Schrift »Der Judenstaat«
1897	Erster Zionistenkongress in Basel
1904–14	Zweite Einwanderungswelle nach Palästina; 1914 leben ca. 100 000 Juden neben 600 000 Arabern in Palästina
1909	Gründung von Tel Aviv, der ersten, modernen, rein jüdischen Stadt in Palästina, und des ersten Kibbuz (Kibbuz Deganya)

Eine jüdische Delegation erbittet in Konstanz vom neugewählten Papst Martin V. (reg. 1417–31) die Bestätigung ▷

Babylonischen *Talmud* (um 500 n.Chr.) bezeichnet. Die Amoräer Palästinas unterrichteten an den Gelehrtenschulen Galiläas (vor allem in Tiberias und Sepphoris). In Babylonien, dessen jüdische Bevölkerung von dem *Exilarchen* (Resch Galuta) geführt wurde, entstanden bedeutende Akademien in Sura, Nehardea und Pumbeditha. Die *Saboräer,* Gelehrte des 7./8. Jh., beendeten die talmudische Periode. Es folgen die Geonim *(Gaon),* die babylonischen Gelehrten bis zum 11. Jh.

Die Araber und die sephardischen Juden

In Folge der arabischen Eroberungen (638 n.Chr. Jerusalem, 711 n.Chr. Spanien) lebten viele Juden unter arabischer Herrschaft. Die Anerkennung des Judentums als Buchreligion ermöglichte den jüdischen Zentren in *Babylonien,* Ägypten und Spanien Blütezeiten. Das Goldene Zeitalter der Juden in Spanien (Sefarad, daher die Bezeichnungen sephardisches Judentum und *Sephardim)* endete mit der fortschreitenden Reconquista, der Rückeroberung der spanischen Gebiete von den arabischen Mauren. Mit den einsetzenden Verfolgungen im christlichen Spanien konvertierten zahlreiche Juden zum Christentum, pflegten z.T. aber heimlich die jüdische Religion weiter *(Marranen).* 1492, mit Abschluss der Reconquista, wurden die Juden aus Spanien vertrieben, 1496/97 auch

von Privilegien. Konzilschronik des Ulrich von Richental, um 1460; Rosgartenmuseum, Konstanz

aus Portugal. Viele *Sephardim* zogen nach Nordafrika und ins Osmanische Reich; Gemeinden entstanden auch in den Niederlanden, England, Süd- und Nordamerika.

Die aschkenasischen Juden

Aschkenas *(Aschkenasim)* ist die seit dem Mittelalter gebräuchliche hebräische Bezeichnung für die jüdischen Zentren in Nordfrankreich, Deutschland und später in Osteuropa. Erste Gemeinden bildeten sich um jüdische Fernhändler, die von den Karolingern besondere Privilegien erhielten. Im 10./11. Jh. erlebten die rheinischen Gemeinden (Worms, Mainz, Speyer, Köln) eine Blütezeit. Salomo ben Isaak (genannt Raschi, 11. Jh.), der in Worms und Mainz studierte und in Troyes wirkte, schuf Bibel- und Talmudkommentare.

Seit den Kreuzzügen kam es zu Anklagen wegen angeblichen Ritualmords *(Ritualmordlegende)* und *Hostien- und Reliquienschändungen* sowie dem Vorwurf der *Brunnenvergiftung* in Pestzeiten (1348/49). Nach rechtlichen und wirtschaftlichen Einschränkungen sowie Vertreibungen aus deutschen Gebieten, aus England (1290) und Frankreich 1494) entstanden neue Zentren in Osteuropa. Zeichen der Blüte ist z. B. die Selbstverwaltung mit der Vierländersynode in Polen und Litauen (entstanden 1580). Mit den Chmielnicki-Pogromen von 1648, denen eine große Zahl polnischer Juden zum Opfer fiel, setzten wiederum Wanderungen Richtung Westen ein.

Messianismus und Emanzipation

Im 17. Jh. kam es vor dem Hintergrund kabbalistischer Endzeiterwartung zu einer messianischen Bewegung, welche die gesamte *Diaspora (Galut)* erfasste: Der in Smyrna (heute Izmir, Türkei) geborene Sabbatai Zwi (1626–1676) ließ sich als Messias ausrufen; das Jahr 1666 wurde als Jahr der Erlösung angekündigt. Doch Sabbatai Zwi wurde von den türkischen Behörden verhaftet. Vor die Alternative Tod oder Übertritt zum Islam gestellt, wählte er den Islam. Trotz der unter seinen Anhängern herrschenden Enttäuschung über Zwis Abfall vom Judentum bestand die Bewegung des *Sabbatianismus* fort.

Seit dem letzten Drittel des 18. Jh. forderten die Vertreter der Aufklärung (hebr. *Haskala)* das Studium weltlicher Fächer und die Verbreitung des Hochdeutschen unter den Juden, um ihre rechtliche und wirtschaftliche Gleichstellung zu erreichen. Herausragender Vertreter der Haskala war der Philosoph Moses Mendelssohn (1729–1786). Er verband weltliche Bildung mit einem Leben gemäß jüdischer Tradition, viele seiner Nachfolger gaben jedoch das traditionelle jüdische Leben auf. Aufklärung und Emanzipation führten zu Reformen des jüdischen Bildungswesens, religiösen Neuerungen und zur Assimilation vieler Juden. Die rechtliche Gleichstellung erfolgte im revolu-

Die allegorische Darstellung »Napoleon der Große stellt den israelitischen Kultus wieder her, 30. Mai 1806« würdigt den französischen Kaiser (reg. 1804–14/15) als Vollender der Errungenschaften »Freiheit, Gleichheit, Brüderlichkeit«, die der Französischen Revolution als Losung gedient hatten. Diese Errungenschaften beziehen sich hier speziell auf den Status der jüdischen Gemeinden in einem Staat mit konsequenter Trennung von Staat und Kirche. Sie war bereits im »Code civil«, dem französischen Zivilgesetzbuch von 1804, enthalten. Bibliothèque Nationale, Paris

CHRONIK **Zeittafel zur Geschichte des Judentums** (Fortsetzung)	
1917	Ende der osmanischen Herrschaft in Palästina. Der britische Außenminister Arthur James Balfour sichert dem Zionistenführer Lord Rothschild die britische Hilfe für die Gründung einer »nationalen Heimstätte« in Palästina zu (Balfour-Declaration)
1917/18	Eroberung Palästinas durch die Engländer; Errichtung der britischen Militärverwaltung
ab 1920	Wachsende Spannungen zwischen Arabern und Juden in Palästina; Gründung der militärischen Organisation Hagannah zum Schutz jüdischer Siedlungen
	In Palästina Gründung der jüdischen Gewerkschaft Histadrut und der Selbstschutzorganisation Haganah, die 1948 zur Armee des Staates Israel wird
1922–48	Völkerbund überträgt Großbritannien das Mandat für Palästina
1925	Gründung der Hebräischen Universität in Jerusalem
ab 1933	Beginn einer starken Einwanderung aus NS-Deutschland nach Palästina und in die USA
15.9.1935	Nürnberger Gesetze (»Rassengesetze«): Das auf dem Reichsparteitag der NSDAP in Nürnberg beschlossene »Reichsbürgergesetz« und das »Gesetz zum Schutze des deutschen Blutes und der deutschen Ehre« entzieht Juden die Bürgerrechte und verbietet Mischehen als »Rassenschande«
1936/37	Arabische Unruhen gegen die Einwanderungen der Juden
9./10.11.1938	Pogrom in ganz Deutschland, von den Nationalsozialisten zynisch als »Reichskristallnacht« bezeichnet: Tausende Juden kommen in Konzentrationslager, reichsweite Zerstörung von Synagogen und jüdischen Geschäften
1939	Erschwerung der Einwanderung von Juden nach Palästina durch das britische »White Paper«
1941	Beginn des Völkermords an den Juden (Schoa)
20.1.1942	Wannseekonferenz bei Berlin: Beschluss höchster Vertreter des Deutschen Reichs und der NSDAP über die »Endlösung der Judenfrage« und die Maßnahmen zur Ermordung von ca. 11 Mio Juden
1947	Die UNO beschließt die Teilung Palästinas in einen jüdischen und einen arabischen Staat sowie die internationale Verwaltung Jerusalems
1948	Ende des britischen Mandats; Proklamation des säkularen Staates Israel durch David Ben Gurion; 1. Israelisch-arabischer Krieg (Jordanien, Ägypten, Irak, Syrien und Libanon)
1950	Gründung des Zentralrats der Juden in Deutschland
1956	Sinai-Feldzug (2. Israelisch-arabischer Krieg)
1960	Prozess gegen den Hauptorganisator des NS-Judenvernichtungssystems, Adolf Eichmann, in Jerusalem
1967	Im Sechstagekrieg besetzt Israel u. a. das Westjordanland und die arabische Altstadt von Jerusalem
1979	Ägyptisch-israelischer Friedensvertrag
1980	Erklärung Jerusalems zur »ewigen Hauptstadt Israels«
1987	Erster Palästinenser-Aufstand »Intifada«
1990	Masseneinwanderung aus der UdSSR nach Israel
1994	Nach Abschluss des israelisch-palästinensischen Friedensabkommens 1993 erhalten Jasir Arafat, Shimon Peres und Yitzak Rabin den Friedensnobelpreis
2000	Zweiter Palästinenser-Aufstand »Intifada«
	Entscheidung über das Berliner Holocaust-Mahnmal
2001	Eröffnung des Jüdischen Museums in Berlin

Auf dem 6. Zionistenkongress 1903 in Basel wurde die Aufbauarbeit in Palästina beschlossen.F ranz Oppenheimer, Selig Soskin und Otto Warburg (v. l.) .

tionären Frankreich per Gesetz (1791), in den deutschen Gebieten erstreckte sich dieser Prozess über einen längeren Zeitraum: Auf das preußische Emanzipationsedikt von 1812 folgten nach dem Wiener Kongress (1814/15) Rückschläge; erst mit der Reichsgründung und -verfassung 1871 war für die Juden in Deutschland die formale rechtliche Gleichstellung erreicht.

Zionismus: Die ideologische Grundlage des späteren Staates Israel bildet der im letzten Drittel des 19. Jh. entstandene Zionismus. Dieser jüdische Nationalismus wurde von Theodor Herzl (1860–1904) begründet, der 1897 in Basel den ersten Zionistenkongress mit 197 Repräsentanten aus 17 Ländern zusammenrief. Die Zionisten verbanden religiöse Ideen (Verheißung des Landes Israel, Messianismus) mit politischen Forderungen.

Juden im 20. Jahrhundert

Die Integration der Juden blieb mit dem Aufkommen des modernen Antisemitismus, der auch einer der Gründe für das Entstehen des Zionismus war, im 20. Jh. stets gefährdet. Der Holocaust während der Terrorherrschaft der Nationalsozialisten bedeutete das Ende der Jahrhunderte alten Kultur des deutschen und europäischen Judentums. Die meisten Flüchtlinge und Überlebenden der *Schoa* bzw. des *Holocaust* landeten in *Palästina,* deren jüdische Gemeinschaft aus dem *Zionismus* erwachsen war. In Palästina wurde

STICHWORT Vom NS-Terror zur Gründung des Staates Israel

Volksverhetzung im »Dritten Reich« an jüdischen Geschäften

Deutsche Soldaten bewachen jüdische Frauen und Männer auf einer Straße im Warschauer Ghetto.

Juden fliehen vor dem nationalsozialistischen Terror über Lissabon in die USA.

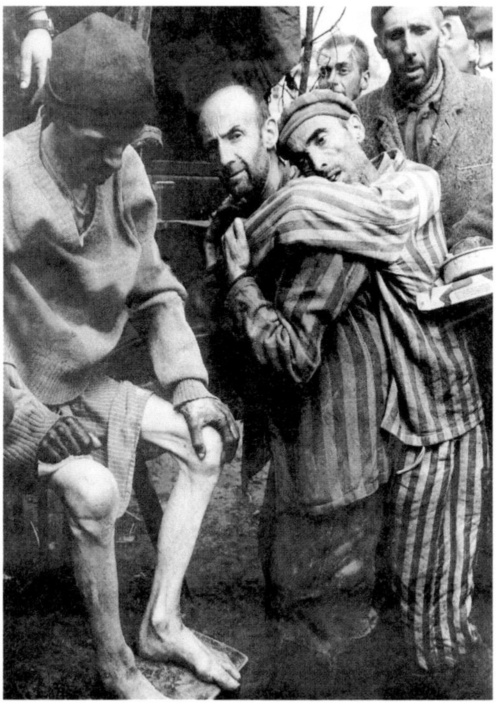

Bilder im Uhrzeigersinn von links: Vollkommen entkräftete Überlebende im Konzentrationslager Wöbbelin, denen nach der Befreiung auf einen Lastwagen der US-amerikanischen Truppen geholfen wird.
Rechts oben: US-amerikanische Truppen finden nach ihrer Befreiung des Konzentrationslagers Dachau am 30. April 1945 einen Waggon mit Leichen.
Darunter: Im Juli 1947 scheitert die illegale Einwanderung von 4500 Menschen mit dem Schiff »Exodus« nach Palästina, da die von der britischen Mandatsverwaltung gebilligte jährliche Quote von 18 000 Menschen bereits überschritten ist.
Links unten: David Ben Gurion proklamiert am 14. Mai 1948 den souveränen Staat Israel.

Am 17. September 1978 einigten sich der ägyptische Staatschef Muhammad Anwar As Sadat (l.) und der israelische Ministerpräsident Menachem Begin (r.) unter Vermittlung von US-Präsident Jimmy Carter (M.) auf die Einleitung von Schritten, die zu einem Frieden im Nahen Osten führen sollen. Die Friedensbekundungen sahen einen Rückzug israelischer Truppen von der Sinai-Halbinsel, die autonome Verwaltung für das Westjordanland und den Gazastreifen sowie die Aufnahme diplomatischer Beziehungen zwischen Ägypten und Israel vor. Im März 1979 unterzeichneten beide Staatsmänner in Washington einen Friedensvertrag; die vollständige Rückgabe des Sinai an Ägypten erfolgte im Mai 1982.

am 14. Mai 1948 von David Ben Gurion (1886 bis 1973) der parlamentarisch-republikanische Staat Israel ausgerufen, in dem die Juden bis heute mit gut 80% Bevölkerungsanteil die Mehrheit stellen.

Israelis und Araber: Von Anfang an war die Existenz des neuen Staates Israel gefährdet. Am Tag nach der Ausrufung 1948 brach der erste Krieg mit den arabischen Nachbarn aus, weitere bewaffnete Konflikte folgten 1956 (um den Suezkanal), 1967 (Sechstagekrieg) und 1973 (Jom-Kippur-Krieg). Auch die teilweise Autonomie für die von Israel 1967 besetzten palästinensischen Gebiete in den 1990er Jahren führten nicht zu einem dauerhaften Frieden im Heiligen Land. Die israelische Siedlungspolitik in den besetzten Gebieten verschärfte den Konflikt mit den Palästinensern und trieb vor allem viele Jugendliche in die Arme von Extremisten.

Innerstaatliche Konflikte: Israel ist der einzige Staat, in dem das Judentum die Hauptreligion ist. Angesichts verschiedener Einwanderungswellen waren der Glaube, dass alle Juden auf der Erde ein Volk bilden, sowie der gemeinsame Feind, die arabische Welt, integrierende Faktoren. Doch wurde das Staatswesen in Israel in 50 Jahren kein Schmelztiegel, sondern eher eine Addition kulturell, sozial und religiös höchst heterogener Gruppen. Sie nehmen in unterschiedlicher Weise und mit wechselnden Allianzen Einfluss auf Innen- und Außenpolitik. Eine Sonderrolle haben die Ultra-Orthodoxen, die teilweise sogar den Staat Israel ablehnen. Viele von ihnen beteiligen sich nicht an Wahlen, zahlen keine Steuern und haben sich mit Erfolg eine Stellung außerhalb der übrigen Gesellschaft geschaffen.

Stifter und Leitfiguren

Biblische Zeit: Abraham war der Stammvater der Israeliten, die auf dessen mit Sara gezeugten Sohn Isaak zurückgehen. Abraham verließ die Stadt Ur in Mesopotamien und siedelte sich in Kanaan an. Er ist auch der Vater Jischmaels und wird von den Muslimen verehrt, die sich in dessen Tradition sehen. Mose, Sohn des Amram und der Jochebed, führte die Israeliten beim Auszug aus Ägypten (um 1250 v. Chr.). Er erhielt die *Gesetzestafeln* und wirkte selbst auch als Gesetzgeber für die israelitischen Stämme während ihrer 40-jährigen Wüstenwanderung. Nach der Zerstörung des Nord- und Südreichs und der Babylonischen Gefangenschaft führte Esra um 485 v. Chr. die Juden zurück zum Monotheismus und erklärte die Tora 444 zum Gesetzbuch. Ihm ist die geistig-religiöse Wiederherstellung des Judentums zu verdanken.

Zeit der Weisen (Tannaiten): Die Gelehrten Hillel (spätes 1. Jh. v. Chr. bis frühes 1. Jh. n. Chr.) und Schammai (um 50 v. Chr. bis um 30 n. Chr.) stehen für die Entwicklung der jüdischen Tradition für die Zeit bis vor dem Untergang des zweiten Tempels (70 n. Chr.). Hillel vertrat eine freiere, Schammai eine strengere Auffassung der jüdischen Tradition. Nach der Zerstörung des Tempels wurde Jochanan ben Sakkai prägende Gestalt des Wiederaufbaus, der Gelehrte und Schüler um sich sammelte. Wohltätigkeit sollte den Tempeldienst ersetzen. Von der Gelehrtenschule am Ort Jawne aus entwickelte sich die jüdische Tradition weiter. Juda ha-Nasi (um 135–um 220) redigierte die *Mischna* und stellte das umfangreiche rechtliche Material in sechs Ordnungen *(Seder)* zusammen.

Mittelalter: Für die mitteleuropäische Tradition steht Raschi (Rabbi Schlomo Jzchaki/ Rabbi Salomo ben Isaak; 1040–1105), der in Worms studiert hatte und 1065 eine Talmudhochschule in Troyes (Frankreich) aufbaute. Hier bildete er wichtige Gelehrte aus, die Tradition des aschkenasischen Judentums wurde durch sein Umfeld maßgeblich mitgeprägt. Raschi hat fast vollständig Bibel und *Talmud* im einfachen Wortsinn kommentiert. Moses Maimonides (Moses ben Maimon; 1135–1204) steht für die sephardische Tradition. Er stellte die religiösen Gebote in seiner *Mischne Tora* zusammen, die das mittelalterliche Standardwerk wurde. Er war in Córdoba geboren und musste von dort flüchten. 1185 wurde er Leibarzt von Saladin in Kairo.

STICHWORT **Mose**

Mose-Szenen auf einer viergeteilten Bildseite der »Goldenen Haggada« (Aggada). Entsprechend der linksläufigen hebräischen Schrift beginnt die Bilderzählung oben rechts und endet unten links.

Die erste Szene zeigt Mose, der aus Ägypten geflohen ist und nun in Midian die Schafe und Ziegen seines Schwiegervaters Jitro weidet (Ex 1,1). Am Gottesberg Horeb wird ihm die Berufung zum Befreier der Israeliten aus der ägyptischen Sklaverei zuteil: Ihm erscheint »der Engel des Herrn in einer Flamme«, die aus einem Dornbusch emporschlägt (Ex 3,3), und Mose entledigt sich seiner Schuhe, denn der Ort »ist heiliger Boden« (Ex 3,5). Die zweite Szene widmet sich der Reise der Familie (Mose, seine Frau, die Midianiterin Zippora, und die Söhne) nach Ägypten (Ex 3,10). Unterwegs begegnet ihnen Moses Bruder Aaron (Ex 4,27). Rechts unten wird geschildert, wie Mose aufgrund von Zauberei durch die versammelten Ältesten als Gottesbote anerkannt wird (Ex 4,29–31). Das letzte Bild zeigt Mose und Aaron vor dem Pharao, von dem sie vergeblich die Freilassung der Israeliten fordern (Ex 5,1–5). Katalonien, um 1320/30; British Library, London

Moses Mendelssohn (1729 bis 1786) setzte sich für die Emanzipation der Juden, für die Aufklärung sowie für eine Toleranz im Geist der Humanität ein. Sein deistisch geprägter Begriff vom Judentum war zu seinen Lebzeiten umstritten. Durch Mendelssohns Pentateuch-Übersetzung bekamen jiddisch sprechende und hebräisch schreibende Juden einen Begriff und eine Vorstellung der deutschen Sprache; orthodoxe Juden verurteilten hingegen seine Arbeit. Abgebildet ist ein Historienbild, das sich dem assimilierten jüdischen Bildungsbürgertum des 18. Jh. widmet: »Lavater und Lessing bei Mendelssohn« von Moritz Oppenheim, 1856; Judah L. Magnes Museum, Berkeley, Kalifornien

Ein weiteres zentrales Werk war sein »Führer der Verirrten«, der rationalistisch eingestellten Zeitgenossen den biblischen Text erklärte.

Kabbala: Moses ben Schem-Tow de Leon stellte eine mystische Schrift, das Buch Sohar, Ende des 13. Jh. zusammen, das für die Entwicklung der jüdischen Mystik bedeutend wurde. Isaak Luria (1534–1572) entwickelte in der Stadt Safed *(Zefat)* in Palästina die theoretische *Kabbala* weiter. Am selben Ort wirkte Josef ben Ephraim Karo (1488–1575), der prägend für die Weiterentwicklung des jüdischen Rechts war, das er in seinem *Schulchan Aruch,* d.h. »Gedeckter Tisch«, darstellte. Die Interpretation für das aschkenasische Judentum besorgte Moses Isserles (um 1510–1572) in Krakau.

Chassidismus: Israel ben Elieser Baal Schem Tow (d.h. »Meister des guten Namens«, 1700–1760) war der sagenumwobene Begründer des *Chassidismus* in Osteuropa. Er sammelte um sich einen bedeutenden Schülerkreis, der die chassidische Auffassung von religiöser Inbrunst (hebr. dwekut) und Freudigkeit im Gegensatz zum bloßen jüdischen Rechtsstudium an vielen Orten im Königreich Polen vertrat. Dagegen protestierte die litauische Gelehrtenschule unter Führung von Elija Gaon (1720–1797) aus Wilna (Vilnius).

Aufklärung: Moses Mendelssohn (1729 bis 1786) sammelte in Berlin Gelehrte um sich und formulierte eine jüdische Antwort auf die Aufklärer. So entstand 1780–83 die hochdeutsche Bibelübersetzung in hebräischen Lettern mit Kommentar.

Reformbewegungen des 19. Jh.: Mit dem Problem einer »jüdischen Antwort auf die Moderne« beschäftigten sich in den 1830er und 1840er Jahren Samson Raphael Hirsch, Zacharias Frankel und Abraham Geiger. Samson Raphael Hirsch (1808–1888) vertrat die Vereinigung von allgemeiner Bildung mit jüdischer Religiosität und dem Festhalten an einem orthodox-jüdischen Leben. Er begründete die »moderne Orthodoxie« und verfasste einen einflussreichen Kommentar zum jüdischen Gebetbuch, das er auch auf Deutsch übersetzte. Eine Mittelstellung nahm Rabbiner Zacharias Frankel (1801 bis 1875) ein, der einige Änderungen in der Liturgie zulassen wollte. Als Rektor des Breslauer Rabbinerseminars war er einflussreicher Ausbilder und konservativer Rabbiner des deutschsprachigen Raums. Er erforschte die Geschichte der Mischna. Abraham Geiger (1810–1874) begründete das religiösliberale Judentum (»Jüdische Reformbewegung«). Er ging bei den Änderungen am weitesten, führte deutsche Gebete ein und schaffte viele mittelalterliche religiöse Dichtungen ab. Als Gelehrter beschäftigte er sich mit der Geschichte der jüdischen Bibelexegese. Die drei in Deutschland entstandenen Strömungen wurden in den 1850er Jahren in den USA eingeführt, wo sie heute das Grundmuster des in Synagogengemeinden organisierten Judentums bilden.

Zionismus: Theodor Herzl (1860–1904), ein Wiener Journalist, fügte verschiedene Gruppen in der zionistischen, mehrheitlich säkularen Weltbewegung zusammen und berief 1897 den 1. Zionistenkongress nach Basel ein. Besonders unter den osteuropäischen Juden sollte der Zionismus bis 1939 an Einfluss gewinnen. Herzl vertrat die Idee des »politischen« Zionismus, wichtig war aber auch der »Kultur-Zionismus«, wie er von Ascher Ginsberg (Achad Ha-Am, 1856 bis

1927) entwickelt wurde, der in der russisch-jüdischen Tradition groß geworden war.

Sozialistische Integrationsbewegung: Der große Gegenspieler des Zionismus war der sozialistische »Allgemeine jüdische Arbeiterbund der Juden in Litauen, Polen und Russland«. Er setzte sich für die Integration der Juden als nationale Minderheit mit garantierten Minderheitsrechten (»Autonomie«) in Osteuropa ein. Basis seines kulturellen Programms war die jiddische Sprache und Kultur im Gegensatz zum Hebräisch der Zionisten. Führend wirkten hier Henryk Ehrlich (1882–1941, ermordet) und Wiktor Alter (1890–1941, ermordet). Gerade in den polnischen Großstädten war dieser »Bund« sozial und kulturell bis 1939 sehr einflussreich.

Israel: Politisch einflussreich schon unter der jüdischen Bevölkerung während der britischen Mandatszeit (1922–48), wurde der zionistische Sozialdemokrat David Ben Gurion zum charismatischen Gründervater des jungen Israel. Als erster Premierminister (1948–bis 1963) wollte er aus Israel einen modernen Musterstaat als »Licht für die Nichtjuden« schaffen. Mit dem Massenmord an den europäischen Juden setzt sich der aus Rumänien stammende Éli Wiesel (*1928) auseinander. Dieses Thema wurde ab den 1970er Jahren unter den nachgeborenen jüdischen Generationen wichtig, während vorher mehr das Entsetzen und die Sprachlosigkeit zwischen den Generationen vorherrschte.

Spaltungen und Richtungen

Judentum und Christentum

Eine Spaltung mit weltgeschichtlicher Bedeutung trennte im 2. Jh. n. Chr. die jüdische Religion von jener Splittergruppe der »Nazarener«, die sich im gesamten römisch-hellenistischen Bereich ausbreitete und im 4. Jh. n. Chr. zur Staatsreligion des Römischen Reiches erklärt wurde. Es dauerte – von wenigen Ausnahmen abgesehen – bis zum Ende des 20. Jh., bis der jüdisch-christliche Dialog ein Bestandteil der ökumenischen Bewegung wurde. Insbesondere das Papsttum sah sich dem Anschein nach vor unüberwindlichen Hürden, um die Last des *Antijudaismus* abzuschütteln.

Glaubensrichtungen innerhalb des Judentums

Heute lassen sich vier größere Strömungen im religiösen Judentum ausmachen, die in sich jeweils wieder starke Differenzierungen aufweisen: das orthodoxe Judentum, das Reform-Judentum, das konservative Judentum und der Rekonstruktionismus.

Die Orthodoxen: Das orthodoxe Judentum hielt auch nach Aufklärung und Emanzipation an den traditionellen Glaubensvorstellungen und Bräuchen fest. Samson Raphael Hirsch (1808–1888) begründete mit seinem

Zionistische Plakatwerbung in polnischer, hebräischer und jiddischer Sprache für die Kolonisation des Jezreel-Tals (Emek Jezreel) in Palästina; Polen, 1930

Anlässlich des Begräbnisses von Rabbi Menachem Mendel Schneerson, dem Begründer der Chabad-Bewegung, im New Yorker Stadtteil Brooklyn kam es im Juni 1994 zu bewegenden Szenen unter seinen Anhängern, den Lubawitschianern. Der Rabbi lehrte und arbeitete in New York; Gelehrte, Wissenschaftler und Geschäftsleute holten seinen Rat ein.

Motto »talmud tora im derech erez« (»Treue zur Tora mit weltlicher Bildung«) die Neoorthodoxie, die in den USA große Verbreitung fand und mit der Yeshiva University in New York eine wichtige Ausbildungsstätte hat. Der orthodoxe Zionismus ist seit 1902 im »Mizrachi« organisiert und strebt einen jüdischen Staat nach den Vorschriften der Tora an. Zu den streng Orthodoxen, auch Charedim (nach Jes 66,5: »Die vor Gottes Wort zittern«) genannt, mit ihren Zentren in Mea Schearim in Jerusalem und Bene Berak bei Tel Aviv zählen sowohl traditionalistische Gruppen aschkenasischer und sephardischer Prägung wie auch die chassidischen Gruppen. Der *Chassidismus* hat seinen Beginn mit Baal Schem Tow (auch Israel ben Elieser oder Bescht; 1700–1760) im Osteuropa des 18. Jh. Als Gegenbewegung zur traditionellen Tora-Gelehrsamkeit entstanden, betont diese spiritualistische Volksbewegung Gottesfreude und innere Begeisterung. Die chassidischen Gruppen zentrieren sich um eine charismatische Persönlichkeit, den *Zaddik* (Gerechten). Heute ist vor allem die *Lubawitscher Bewegung* von Bedeutung, entstanden um 1800 in Russland und auch unter dem Namen Chabad (von hebr. chochma, bina, daat: »Weisheit, Einsicht, Erkenntnis«) bekannt. Ihr Zentrum liegt im New Yorker Stadtbezirk Brooklyn, wo der Lubawitscher Rabbi Menachem Schneerson (1902–1994) Hof hielt, den viele seiner Anhänger als den Messias ansehen. Die Chabad-Bewegung setzt sich weltweit mit modernen Methoden und Engagement im Bildungswesen für die Verbreitung der chassidischen Orthodoxie ein.

Die Reformjuden: Die Reform-Bewegung hat ihre Ursprünge in Deutschland. Ihre Vertreter sahen mit den gesellschaftlichen Veränderungen durch Aufklärung und Emanzipation die Notwendigkeit, das Judentum neu zu positionieren. Nach ersten Bemühungen von Israel Jacobson (1768–1828) in Seesen und Berlin wurden seit 1818 im Hamburger Tempel in der Poolstraße reformierte Gottesdienste gefeiert. Vertreter der sich ausbreitenden Reformbewegung, unter ihnen Abraham Geiger (1810–1874), stimmten ihre Arbeit auf mehreren *Rabbinerversammlungen* ab. In den *Gottesdiensten* wurden Gebete und Predigten zunehmend in der Landessprache gesprochen; der Gottesdienst wurde von Chorgesang und Orgelmusik begleitet. Die Gebete um Rückkehr nach *Erez Israel* sowie um die Wiedererrichtung des Tempels und seines Kultes wurden gestrichen; statt des Messias erwarteten die Reformjuden ein messianisches Zeitalter. In den USA gründete Isaac Mayer Wise (1819 bis 1900) im Jahr 1873 die »Union of American Hebrew Congregations«. Als bedeutendste Ausbildungsstätte des Reformjudentums wurde 1875 das »Hebrew Union College« in Cincinnati/Ohio eingerichtet. In der *Pittsburgh Platform* von 1885 legten die US-amerikanischen Reformrabbiner ihre Richtlinien fest: Das Judentum wird als religiöse Gemeinschaft definiert, eine Rückkehr in einen jüdischen Staat und die Wiedereinrichtung des Tempels wird nicht mehr erwartet. Nur die Moralgesetze der Bibel gelten als bindend, die sonstigen Gebote und Bräuche werden als historisch bedingt und nicht mehr verpflichtend angesehen. Der Glaube an leibliche Auferstehung, Himmel und Hölle wird aufgegeben. Reformjuden betonen Wahrheit, Gerechtigkeit und soziale Verantwortung. Mit den »Guiding Principles« der Rabbinischen Konferenz von 1937 in Columbus/Ohio wandte sich diese Richtung wieder stärker der Tradition mit hebräischen Gebeten, Geboten und Bräuchen zu. Auch der Zionismus erhielt stärkeres Gewicht. Die »Centenary Perspective« von 1976 hebt neben der Bedeutung der *Schoa* bzw. des *Holocaust* für das Judentum auch die Wichtigkeit des Religionsgesetzes und des Staates Israel hervor.

Im Reformjudentum sind Männer und Frauen gleichgestellt; die Geschlechter sitzen in den Synagogen gemischt. Frauen werden zu Rabbinerinnen ordiniert. Das Reformjudentum setzt sich für eine Trennung von Staat und Religion ein.

Weltweite Dachorganisation des Reformjudentums ist die »World Union for Progressive Judaism« (gegründet 1926) mit Hauptsitz zunächst in New York, seit 1970 in Jerusalem. In Deutschland wurde die Tradition des liberalen Judentums in der Synagoge in der Berliner Pestalozzistraße fortgeführt. Seit den 1990er Jahren entstanden in Deutschland mehrere liberale Gemeinden und Gruppen; 1997 wurde in München die »Union progressiver Juden in Deutschland, Österreich und der Schweiz« gegründet.

Die konservativen Juden: Auch diese Richtung als Mittelweg zwischen Orthodoxie und Reform entstand in Deutschland. Zacharias Frankel (1801–1875), der die Aufgabe des Hebräischen als Gebetssprache durch die Reformer nicht akzeptieren wollte, begründete das »positiv-historische Judentum«. Der Kern der offenbarten Tradition sollte bewahrt werden, gleichzeitig wurde die historische Entwicklung des Judentums anerkannt. In den USA gründete die konservative Bewegung 1887 das »Jewish Theological Seminary« (JTS) in New York als Ausbildungsstätte ihrer Rabbiner, das seit 1985 auch Frauen ordiniert. 1995 wurde als weltweiter Dachverband der »World Council of Syna-

STICHWORT **Jüdisch-christlicher Dialog im 20. Jahrhundert**

Martin (Mordechai) Buber
*1878 Wien, †1965 Jerusalem
Der Religionsforscher und Religionsphilosoph beeinflusste als Lehrender in Frankfurt/Main (ab 1923) die christliche Theologie. 1938 emigrierte Buber nach Palästina. Dort lehrte er an der Hebrew University Jerusalem Philosophie sowie Soziologie bis 1951. Ein Jahr später erhielt Buber den Friedenspreis des Deutschen Buchhandels, 1961 erschien seine 1925 mit Franz Rosenzweig begonnene Bibelübersetzung. Zu seinen Hauptwerken zählt »Der Jude und sein Judentum« (1963).

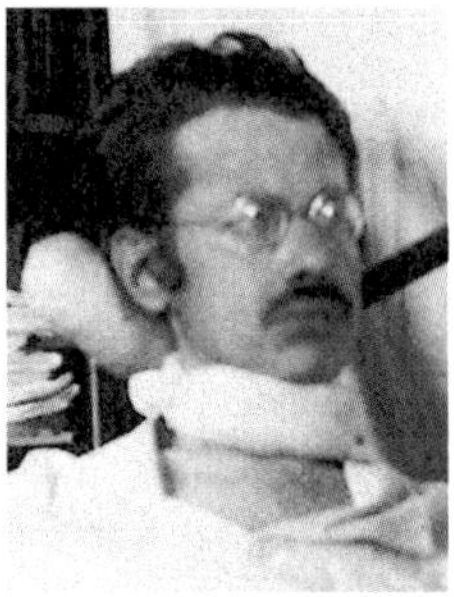

Franz Rosenzweig
*1886 Kassel, †1929 Frankfurt/Main
Der Religionsphilosoph und Pädagoge rang in seiner Jugend mit dem Entschluss einer Konversion zum Christentum. Sein Briefwechsel mit Eugen Rosenstock (1916) gilt als erster jüdisch-christlicher Dialog im 20. Jh. Mit dem Herausgeber des »Jüdischen Wochenblatts« Ernst Simon gründete Rosenzweig 1919 in Frankfurt/Main das »Freie Jüdische Lehrhaus«, eine Stätte jüdischer Erwachsenenbildung. Ein Bekenntnis zur jüdischen Tradition enthält Rosenzweigs Hauptwerk »Stern der Erlösung« (1921).

Marc Chagall
*1887 Liosno bei Witebsk, Weißrussland,
†1985 Saint-Paul-de-Vence, Südfrankreich
Der religiös im *Chassidismus* wurzelnde bildende Künstler ist ein Vertreter der Klassischen Moderne. Er brachte mit Bildern zur Bibel (Gemälde, Buchillustrationen, zahlreiche Kirchen- und Synagogenfenster) seine persönliche Sicht der gemeinsamen Quellen von Judentum und Christentum zum Ausdruck. Seit 1973 besteht in Nizza das »Musée Messague Biblique Marc Chagall«.

Nelly Sachs (eigtl. Leonie Sachs)
*1891 Berlin, †1970 Stockholm
Die Trägerin des Friedenspreises des Deutschen Buchhandels (1965) und des Nobelpreises für Literatur (mit Samuel Josef Agnon, 1966) entging 1940 dem Konzentrationslager mit Hilfe von Selma Lagerlöf durch die Flucht nach Schweden. Ihr Schaffen als Lyrikerin ist sowohl von der jüdischen als auch von der christlichen Mystik geprägt und deutet die *Schoa* als eschatologisches Zeichen einer Bedrohung der gesamten Menschheit (»In den Wohnungen des Todes«, 1947; »Sternverdunkelung«, 1949).

David Flusser
*1917 Wien, †2000 Jerusalem
Der Professor für Neues Testament emigrierte 1939 von Prag nach Palästina und lehrte ab 1962 an der Hebräischen Universität in Jerusalem vergleichende Religionsgeschichte. Ein Schwerpunkt war seine Auseinandersetzung mit der neutestamentlichen Überlieferung vor dem Hintergrund der rabbinischen Tradition. Flusser galt ebenfalls als herausragender Kenner der Qumran-Rollen vom Toten Meer. Weite Verbreitung fand ab 1968 seine Biografie »Jesus in Selbstzeugnissen und Bilddokumenten«.

gogues« gegründet, der seit 1979 seinen Hauptsitz in Jerusalem hat. Die Erklärung »Emet Ve-Emuna: Statement of Principles of Conservative Judaism« von 1988 betonte die zentrale Bedeutung der Tradition für das konservative Judentum wie auch die historische Entwicklung, der das Judentum unterworfen ist. Konservative Juden halten an den Geboten zum Sabbat, zu Fest- und Feiertagen wie auch an den Speisevorschriften fest, wenn auch angepasst an die Bedürfnisse des praktischen Lebens. Die konservative Richtung unterstützt den Aufbau des Staates Israel, strebt aber eine Trennung von Staat und Religion an. Auch diese Bewegung ist nicht homogen und deckt ein breites Spektrum zwischen moderner Orthodoxie und Reformbewegung ab.

Der Rekonstruktionismus: Diese Richtung des Judentums hat sich in den USA entwickelt und geht auf Mordechai M. Kaplan (1881–1983) zurück, der seit 1909 am »Jewish Theological Seminary« lehrte. Seine Bemühungen um eine Erneuerung des Judentums blieben zunächst im Rahmen der konservativen Bewegung, bis sie sich zu einer eigenen Strömung entwickelten. Kaplans Buch »Judaism as a Civilization« (1935) legt die Grundlagen für den *Rekonstruktionismus* dar. Das Judentum wird als eine dem Wandel unterworfene religiöse Zivilisation definiert. Gott wird naturalistisch als Macht erklärt, die dem Menschen Erlösung in dieser Welt ermöglicht. Die Tora gilt nicht als offenbart, sondern als ein Dokument der Auseinandersetzung der Menschen mit Gott. Das Land Israel steht im Mittelpunkt der jüdischen Zivilisation, die sich auf Religion, Kultur und Ethik stützt. Den Gemeindezentren kommt eine wichtige Rolle für das Fortbestehen dieser Zivilisation zu.

Frauen und Männer sind im rekonstruktionistischen Judentum gleichgestellt. Als Ausbildungszentrum dient das 1968 gegründete »Reconstructionist Rabbinical College« in Philadelphia/Pennsylvania. Dachorganisation ist die »Jewish Reconstructionist Federation«.

Am 1. April 1925 wurde die Hebrew University Jerusalem feierlich von Chaim Weizmann (1874–1952), dem späteren ersten Präsidenten Israels, eröffnet.

Die Diaspora

Gegen Ende des 19. Jh. entwickelte sich mit dem *Zionismus* eine jüdische Nationalbewegung, welche die Gründung eines jüdischen Staates in Palästina zum Ziel hatte. Der Glaube an eine Rückkehr ins Land Israel war zwar über die Jahrhunderte hinweg in den Gebeten aufrecht erhalten worden, eine Verwirklichung galt aber als allein vom Willen Gottes abhängig. Als politische Bewegung war der *Zionismus* ein Novum. Theodor Herzl (1860–1904) verschaffte der zionistischen Idee mit seinem Buch »Der Judenstaat« (1896) und dem 1. Zionistenkongress in Basel (1897) Gehör. Der Zionismus wies unterschiedliche Ausprägungen auf: nicht religiös-bürgerlich, religiös, sozialistisch und völkisch-national. Seit 1881 gab es mehrere große Einwanderungswellen nach Palästina. Die Immigration wird auch heute noch als Alija (hebr. »Aufstieg«) bezeichnet. 1948, nach dem Holocaust, erfolgte die Gründung des Staates Israel als jüdisches Gemeinwesen. Nach 1948 folgten große Einwanderungswellen von Juden aus Europa, aus den islamischen Ländern und seit 1989 aus den Ländern der ehemaligen Sowjetunion.

Die bedeutendsten Schriften

Tora: Die wichtigste Grundlage des jüdischen Lebens ist die *Tora,* der älteste Teil der hebräischen *Bibel.* Sie wird als heiligster Text angesehen und besitzt die höchste Autorität im jüdischen Glauben, seiner Lehre und Exegese. Die Tora setzt sich zusammen aus der schriftlichen Tora, d.h. den 613 Ge- und Verboten des *Pentateuch* (hebr. Chumasch), sowie der mündlichen Tora, die im rabbinischen Schrifttum niedergelegt wurde. Schriftliche und mündliche Tora gelten bei-

Im Mittelpunkt des Gottesdienstes in der Synagoge steht die Tora. Sie enthält den Pentateuch (Fünf Bücher des Mose). Ihre Form ist die Buchrolle. Sie besteht aus Pergament und ist stets mit spezieller Tinte handgeschrieben. Das rote Band wird als Torawimpel bezeichnet. Geöffnet und gelesen wird die Torarolle auf der Bima, einer podestförmigen Erhöhung in der Synagoge.

de als Offenbarungen Gottes, die Mose am *Berg Sinai* empfangen haben soll. Aus ihnen ergibt sich die *Halacha,* das religiöse »Gesetz« der Juden.

Hebräische Bibel: Sie umfasst drei Hauptteile: Tora, *Newiim* und *Ketuwim.* Aus deren Abkürzung ergibt sich das Kunstwort »Tanach«, die hebräische Bezeichnung der Bibel. Den Propheten und Schriften kommt gegenüber der Tora eine geringere Stellung zu.

Mischna: In der in Hebräisch verfassten *Mischna* wurden im 2. Jh. in Palästina die als verbindlich geltenden Traditionen der mündlichen Tora vermutlich von Jehuda ha-Nasi gesammelt und geordnet. Die Mischna umfasst die sechs Ordnungen Seraim (Saaten) mit Vorschriften zu Segnungen und zur Landwirtschaft, Moed (Feste) über Sabbat, Fest- und Feiertage, Naschim (Frauen) mit dem Eherecht, Nesikin (Schädigungen) mit dem Zivil- und Strafrecht, Kodaschim (Opfer) mit Vorschriften zu den Tempelopfern und Toharot (Reinheiten) mit Regelungen zu Reinheit und Unreinheit. Alle sechs Ordnungen sind in Traktate und diese wiederum in Abschnitte unterteilt. Die Abschnitte enthalten die einzelnen Lehrsätze, die wie das Gesamtwerk als *Mischna* (Pl. Mischnajot) bezeichnet werden. Lehrsätze, die nicht in die Mischna eingeflossen sind, heißen *Baraita* (Pl. Baraitot). Neben der Mischna entstand im 3./4. Jh. die *Tosefta,* eine ebenfalls in Hebräisch abgefasste, wie die Mischna aufgebaute und wesentlich umfangreichere Sammlung von Lehrsätzen, der aber weniger Autorität beigemessen wurde.

In den Akademien Palästinas und Babyloniens wurden die Lehrsätze der Mischna fortlaufend diskutiert und kommentiert. Daraus entwickelten sich die zwei Talmudim, der palästinische oder Jerusalemer *Talmud,* beendet im 5. Jh., und der umfangreichere und bedeutendere babylonische Talmud, abgeschlossen im 6./7. Jh. Die Talmudim bauen auf den sechs Ordnungen der Mischna auf, daneben existieren weitere kleine Talmudtraktate. Die talmudische Diskussion zur Mischna ist in der aramäisch verfassten *Ge-*

VERGLEICH **Die Bezeichnungen der Schriften**

Schriftliche Tora (schriftliches Gesetz, schriftliche Lehre)
Die Fünf Bücher Mose, der sog. Pentateuch oder Chumasch. Im engeren Sinn die 613 Gebote und Verbote der Tora.

Mündliche Tora (mündliches Gesetz, mündliche Lehre)
Die Lehren der Newiim (Propheten) und der Ketuwim (Hagiografen) sowie deren Auslegungen des schriftlichen Gesetzes.

Tanach – Die hebräische Bibel
Die schriftliche Tora und die mündliche Tora. Der Tanach entspricht dem Alten Testament.

Halacha – Das Religionsgesetz
Gesetzeskomplex, der sich aus der schriftlichen und mündlichen Tora ergibt sowie aus den Auslegungen und Urteilen der Schriftgelehrten und den feststehenden religiösen Bräuchen.

Mischna
Hauptwerk der mündlichen Lehre, welche die schriftliche Lehre begleitet und ergänzt. Eine im 2. Jh. n.Chr. von Rabbi Jehuda ha-Nasi abgeschlossene Sammlung der bis dahin nur mündlich überlieferten Gesetzesvorschriften.

Jerusalemer (palästinischer) Talmud
Korpus aus Lehre, Kommentar und Diskussion der Amoraim zur Mischna, abgeschlossen um 500 n.Chr. in *Erez Israel.*

Babylonischer Talmud
Korpus aus Lehre, Kommentar und Diskussion der Amoraim zur Mischna, abgeschlossen um 600 n.Chr. in *Babylonien.*

Haggada (Aggada)
Nicht autoritative Sammlung von Geschichten, Fabeln, Legenden, Gleichnissen, Rätseln, witzigen Bemerkungen u.a., entstanden um 500 v.Chr. – um 500/600 n.Chr.; Fundus des jüdischen Lebens, der Ethik, des Fühlens und Denkens. Die Handschriften aus dem Mittelalter zeichnen sich durch ihre buchmalerische Ausstattung aus.

Ketuwim (Hagiografen oder Schriften)

Der Psalter
Das Buch Mischle (Sprüche)
Das Buch Ijob (Hiob)
Das Buch Schir ha-Schirim (Hohelied)
Das Buch Rut
Das Buch Echa (Klagelieder)
Das Buch Kohelet (Prediger)
Das Buch Ester
Das Buch Daniel
Das Buch Esra
Das Buch Nehemia
Das Buch Diwre ha-Jamim (Die Bücher der Chronik)

Newiim (Propheten)

Das Buch Josua
Das Buch Richter
Das erste Buch Samuel
Das zweite Buch Samuel
Das erste Buch Könige
Das zweite Buch Könige
Das Buch Jesaja
Das Buch Jeremia
Das Buch Ezechiel
Das Buch Hosea
Das Buch Joel
Das Buch Amos
Das Buch Obadja
Das Buch Jona
Das Buch Micha
Das Buch Nachum
Das Buch Habakuk
Das Buch Zefanja
Das Buch Haggai
Das Buch Sacharja
Das Buch Maleachi

Tora (Pentateuch)

Das Buch Bereschit (Genesis)
Das Buch Schemot (Exodus)
Das Buch Wajikra (Levitikus)
Das Buch Bemidbar (Numeri)
Das Buch Dewarim (Deuteronomium)

mara niedergelegt. Innerhalb der Gemara wird eine amoräische Aussage als Memra bezeichnet, ein Abschnitt innerhalb der talmudischen Diskussion als Sugja. In späteren Zeiten wurde der aus Mischna und Gemara bestehende Talmudtext weiter kommentiert. Hervorzuheben sind der Kommentar Raschis aus dem 11. Jh. und die *Tosafot,* Kommentare weiterer mittelalterlicher Gelehrter. 1520–23 wurde der babylonische Talmud erstmals in Venedig in einer Ausgabe gedruckt, die zum Standard für weitere Drucke und für die Zitierweise des Talmud wurde. Bei dieser Ausgabe steht der Text von Mischna und Gemara in der Mitte der Seite, der Raschi-Kommentar jeweils auf der Innenseite und die Tosafot auf der Außenseite. Weitere Kommentare sind am Rand hinzugefügt.

Midrasch: Als *Midrasch* (Pl. Midraschim) werden Auslegungstexte zu den Schriften der Bibel bezeichnet. Midraschim können halachischen (gesetzlichen) oder aggadischen (nicht gesetzlichen, erzählenden) Charakters sein; weiterhin unterscheidet man zwischen kommentierenden und homilienartigen Midraschim. Ihre Entstehungszeit erstreckt sich vom 1. Jh. n. Chr. bis ins frühe Mittelalter.

Targumim: Sie stellen aramäische Übersetzungen biblischer Texte dar, die den hebräischen Bibeltext erläutern und die rabbinische Auslegungstradition widerspiegeln. Ein wichtiger mittelalterlicher Kommentar zum Bibeltext wurde von dem in Nordfrankreich wirkenden Raschi (11. Jh.) verfasst. Targumim *(Targum)* und die bedeutendsten mittelalterlichen Kommentare wurden in den Rabbinerbibeln neben dem Bibeltext abgedruckt und mit ihm gelehrt.

Torazeiger aus Silber. Um 1725; Judaika-Sammlung Max Berger, Wien

Halacha: Nach Abschluss der Talmudim erwuchs das Bedürfnis nach überschaubaren Zusammenstellungen der geltenden *Halacha.* Es entstanden verschiedene Kodizes zur Halacha, von denen vier besonders hervorzuheben sind:

– Isaak ben Jakob Alfasi (1013–1103), der in Nordafrika und Spanien wirkte, verfasste das »Sefer ha-Halachot«, das die verbindlichen Vorschriften des Talmud zusammenfasste.

– Moses Maimonides (Moses ben Maimon; 1135–1204) schuf mit seiner »Mischne Tora«, auch Jad ha-chasaka (»Die starke Hand«) genannt, ein Kompendium, das die Halacha in 14 Büchern darstellt.

– Jakob ben Ascher (†1340), der mit seinem Vater von Deutschland nach Spanien gezogen war, stellte die Halacha in seinem Werk *Arba Turim* (»Vier Reihen«) zusammen. Der Name leitet sich von den vier Edelsteinreihen auf dem Brustschild des Hohenpriesters ab. Die vier Reihen heißen: »Orach chajim« (»Lebensweise«) zu Gebeten, Sabbat, Fest- und Fastentagen, »Jore Dea« (»Lehrer der Erkenntnis«) zu Reinheitsvorschriften, Geldzins, Trauervorschriften u. a., »Eben ha-Eser« (»Stein der Hilfe«) zu Frauen und Eherecht und »Choschen Mischpat« (»Brustschild des Rechts«) zu Zivil- und Strafrecht.

– Josef ben Ephraim Karo (1488–1575) verfasste seinen *Schulchan Aruch* (»Gedeckter Tisch«) als Zusammenfassung seines umfangreicheren Werkes »Bet Josef«, eines Kommentars zu den *Arba Turim.* Ebenso folgt auch der »Schulchan Aruch« der Ordnung der vier Reihen. Er bildet mit der »Mappa« (»Tischtuch«), den Ergänzungen um die aschkenasischen Bräuche von Moses Isserles (16. Jh., Krakau), die wichtigste Zusammenstellung des jüdischen Rechts.

Im Hinblick auf die *Halacha* sind die Responsen von Bedeutung, in denen anerkannte Gelehrte Urteile zu Fragen der Halacha fällen, sowie Sammlungen zu Rechtsentscheiden (Pesakim) und Neuerungen (Chidduschim).

Kabbala: Die jüdische Mystik wird als *Kabbala* bezeichnet. Ein frühes Werk der Mystik stellt das »Sefer Jezira« (»Buch der Schöpfung«, 3.–6. Jh.) dar, das bereits von den zehn Sefirot spricht, den zehn Elementen

Fragmente der berühmten Qumran-Schriftrollen vom Toten Meer. Wissenschaftler datieren sie zwischen 250 v. Chr. und 70 n. Chr. Sie wurden auf Leder und Papyrus geschrieben und 1947 in Höhlen gefunden. Es wird angenommen, dass Essener, Mitglieder einer jüdischen Sekte, die Autoren bzw. Schreiber (Kopisten) der Texte waren. In Salem wurde für die Funde aus Qumran das Museum »Schrein des Buches« eingerichtet.

und Dimensionen der Schöpfung. In den Büchern »Bahir« (»Glanz«, 12. Jh.) und dem »Sohar« (»Lichtglanz«, 13./14. Jh.), dem Hauptwerk der Kabbala, werden die zehn Sefirot als Emanationen aus dem Unendlichen (En-Sof) beschrieben. Nach der Vertreibung der Juden aus Spanien im Jahr 1492 wurde der Ort Safed (Zefat) in Galiläa Zentrum der kabbalistischen Bewegung. Herausragende Vertreter sind Mose Cordovero (1522–1570) sowie Isaak Luria (1534–1572) und seine Schule.

Wichtige Institutionen

Jüdische Gemeinde: Traditionell obliegen in der sich um eine Synagoge sammelnden Gemeinde die wichtigsten Funktionen dem Rabbiner, dem Kantor und dem Schammasch. Sie sind die einzigen bezahlten Angestellten der Gemeinde. Die Aufgaben des Schammasch, der auch Angestellter eines *Bet din* sein kann, waren je nach Gemeinde verschieden. Sie reichten vom Gemeindediener, Sekretär bis zum Steuerbeamten,

STICHWORT Bibel-Archäologie

Unter dem Motto »Forscher beweisen die Wahrheit des Alten Testaments« gab der Sachbuchautor Werner Keller (1909–1980) einen Überblick über ein Jahrhundert biblischer Archäologie im Vorderen Orient. Der Titel seines Bestsellers lautet: »Und die Bibel hat doch Recht« (1955).

Inhalt: Der populärwissenschaftliche Bericht beginnt mit den Ereignissen und Personen im Buch Genesis und reicht bis zu den Kriegen der Juden gegen die hellenistischen Seleukiden im 2. Jh. v. Chr., von denen die beiden Makkabäer-Bücher handeln. Die Bibel ist somit auf das Alte Testament und dieses auf die Bücher des Mose und die »Bücher der Geschichte des Volkes Gottes« beschränkt. Keller machte anschaulich, dass die Erzählungen über die Patriarchen von Abraham bis zu Jakobs Sohn Josef in Ägypten sowie über den Exodus aus Ägypten mit außerbiblischen Quellen und archäologischen Zeugnissen in Einklang stehen bzw. gebracht werden können. Selbst der Mythos von der Sintflut (Genesis 6–8), dessen Übereinstimmung mit dem Bericht über eine Flutkatastrophe im Gilgamesch-Epos um 1900 erkannt worden war, erhielt in den 1920er Jahren durch die Entdeckung einer Schlammschicht in Ur in Mesopotamien eine archäologische Bekräftigung. Mutmaßungen bleibt die Lokalisierung des »Durchzugs durch das Rote Meer« bzw. »Schilfmeer« überlassen, nachdem der Bau des Suezkanals topografische Veränderungen zur Folge hatte. Ein weiteres Wunder, das »Himmelsbrot Manna« (Exodus 15), erhielt eine Erklärung im Zusammenhang der Sinai-Expedition der Hebräischen Universität Jerusalem von 1927: Zwei Botaniker identifizierten die »Mannatropfen« als gallertartiges, süßlich schmeckendes Sekret der auf dem Sinai heimischen Tamariskenbäume.

Wirkung: In mehr als 20 Sprachen übersetzt, erreichte das Buch eine Auflage von mehreren Millionen Exemplaren, zumal Fragen zum Verhältnis zwischen Judentum und Christentum ausgeklammert blieben. 1963 folgte als Ergänzung ein Bildband; 1977 entstand unter der Regie von Harald Reinl ein Dokumentarfilm, der mit einem Bericht über das Turiner Grabtuch die alttestamentliche Thematik von Keller weit hinter sich ließ; 1989 erschien eine aktualisierte, reich illustrierte Neuausgabe.

Wandgemälde der Synagoge von Dura Europos (244/245 n. Chr.) am Euphrat in Mesopotamien (Syrien). Aaron weiht das Stiftszelt ein, das hier bereits als Tempel dargestellt wird. Er opfert dem bildlosen Gott, der seinem Volk seinen Namen offenbart hat und dem Volk begegnen will.

STICHWORT **Kantor und Rabbi**

Der Kantor

Der Gottesdienst in der Synagoge wird durch den Vorbeter oder *Kantor* (hebr. Chasan oder Schaliach Zibbur) geleitet. Im Sprechgesang trägt er die hebräischen *Gebete,* Texte und die im Jahreszyklus festgelegten Toraabschnitte *(Toralesung)* vor – ausgerichtet an den jeweiligen Riten der *Aschkenasim, Sephardim* oder des orientalischen Judentums sowie an den Gewohnheiten und dem Melodienfundus der Region.

Ursprünglich bestand wohl die Aufgabe des Kantors nur in der Unterrichtung der Kinder. Doch verlangte der Ablauf der *Liturgie* der täglichen Gottesdienste bald mehr Professionalität, für die der Kantor herangebildet wurde: Das fließende Vorlesen aus der handgeschriebenen *Torarolle,* die in Hebräisch ohne Vokale, Punktation oder Akzente geschrieben ist, erfordert viel Übung und gute Hebräisch-Kenntnisse, die unter den Gemeindemitgliedern rückläufig waren. Hinzu kam die allmähliche Erweiterung der Dienste in der Synagoge wie auch in der Liturgie durch zusätzliche Gesänge und Pijutim *(Pijut).* Es entstand daher eine Kantorenausbildung, für die Kandidaten mit guter stimmlicher Begabung bevorzugt wurden.

In Europa entwickelte sich in der Folge eine ausgeprägte Kantor-Musik, deren Höhepunkt das »goldene Zeitalter« im 19. Jh. bildete, in dem einzelne Kantoren durch ihre hohe Stimmqualität und Vortragskunst außerordentliche Berühmtheit erlangten.

Der Rabbi

Das Amt des Rabbis oder Rabbiners entwickelte sich erst nach Hillel (spätes 1. Jh. v. Chr.–frühes 1. Jh. n. Chr.). Rabbi (hebr. »mein Meister«) war zur Zeit des *Talmud* ein Ehrentitel des Toragelehrten, der nur in *Erez Israel* geführt werden durfte, während die Weisen (hebr. Chacham) Babyloniens die Ehrenbezeichnung »Raw« erhielten.

Der Rabbi ist ein Toragelehrter, der seine Ausbildung mit der Ordination *(Semicha)* beendet. Er hat keinerlei Funktion im liturgischen *Gottesdienst* in der Synagoge. Zu seinen Aufgaben in der *Gemeinde* gehören Lehre und Predigt, Seelsorge, die Durchführung besonderer Zeremonien wie die *Eheschließung* sowie richterliche Funktionen in Fragen der *Halacha.* Die Predigt gewann vor allem mit dem *Reformjudentum* im 19. Jh. ein stärkeres Gewicht im Gottesdienst.

Gerichtsvollzieher, aber auch Totengräber. Zunehmend übernimmt er jedoch die Organisation von Gemeindetätigkeiten. Die Synagogengemeinde ist zuständig für Erhalt und Pflege der Synagoge und des Friedhofs, die Organisation religiöser Feste, die Vorbereitung von Hochzeiten und Beerdigungen, den Unterhalt eines Sozialwerks für bedürftige, kranke und alte Menschen. Traditionell ist der Synagoge bzw. Gemeinde ein Bildungswerk für Hebräisch und die Heiligen Schriften angeschlossen, das je nach Gemeindegröße vom einfachen Unterrichtsraum des Rabbiners bis zur *Jeschiwa* reicht. Heutige Gemeinden in Deutschland, insbesondere große wie in Berlin, München, Köln und Düsseldorf, nehmen ihre Aufgaben modern organisiert wahr bis hin zur Gemeinde-, Feiertags- und Veranstaltungsinformation über Internet. Ehrenamtliche Gemeindevertreter wählen einen Vorstand, der die Gemeindebelange nach innen und außen vertritt. Eine Verwaltung regelt die Aktivitäten der Gemeinde. Zu diesen gehören neben Veranstaltungen verschiedenster Art primär jüdische Erziehung, Bildung und jüdisches Leben in Kindergärten, Grundschulen, Jugend- und Studentenorgansisationen sowie

Erwachsenenbildung bis zu eigenen Volkshochschulen. Zur Gemeinde gehört ein Sozialwerk mit sozialem Dienst, Altersheimen und Versorgung Mittelloser. Hierzu zählt heute auch die Aufnahme und Unterstützung jüdischer Zuwanderer aus dem Osten.

Bet Din: Die Einrichtung eines jüdischen Gerichtshofs *(Bet Din)* geht vermutlich auf den *Kohen* und Schriftgelehrten Esra zurück. Im antiken Judentum gab es den lokalen Bet Din und einen Obergerichtshof in Jerusalem. Nach der Zerstörung Jerusalems 70 n.Chr. erhielt der Bet Din in Jawne die zentrale Gerichtsbarkeit. Ein Bet Din bestand meist aus drei Richtern, die in jüdischem Recht *(Halacha)* ausgebildet und für alle Arten von Streitfällen zuständig waren. Heute ist der Bet Din nur noch mit religiösen Fällen befasst wie der *Kaschrut* und dem Ehe- und Scheidungsrecht. Israel besitzt zwei Gerichtshöfe: Der Bet Din entscheidet als rabbinischer Gerichtshof über Personenrechtsfragen, der Bet Mischpat (hebr. »Haus des Rechts«) dagegen über weltliche Streitfälle.

Heilige Stätten

Jerusalem: Zentrale heilige Stätte des Judentums war bis zu seiner Zerstörung im Jahr 70 n.Chr. der *Tempel*. Von den Tempelbauten unter Herodes I., dem Großen, ist eine westliche Umfassungsmauer des Tempelberges erhalten geblieben, die West- oder *Klagemauer* (hebr. ha-Kotel ha-maarawi), ein Ziel von Pilgern. Es ist Brauch, in die Mauerritzen Zettel mit Gebeten zu stecken.

Hebron und die Höhle von Machpela: In der den Juden, aber auch Christen und Muslimen heiligen Pilgerstadt erwarb *Abraham* die *Höhle von Machpela,* um seine Frau Sara bestatten zu können (Gen 23,11–20). Nach rabbinischer Tradition ist die Höhle Grabstätte von Adam und Eva sowie der *Erzväter* Abraham, Isaak und Jakob und der *Erzmütter* Sara, Rebekka und Lea. Unter Herodes I. wurde die Grabeshöhle versiegelt und über ihr ein Tempel erbaut. Auf dessen Grundmauern errichteten die Byzantiner 1115 eine Basilika (die heutige Ibrahim-Moschee). Verehrt wird die Stadt aber auch, weil *David* hier zum König von Juda gekrönt wurde und Hebron sieben Jahre seine Residenz war. Zudem bildete die Stadt im 16. Jh. ein spirituelles Zentrum der 1492 aus Spanien vertriebenen *Sephardim* und im 17. Jh. von Kabbalisten, die 1659 eine bedeutende *Jeschiwa* gründeten.

Oben: Juden beten an der Klagemauer, dem einzigen Überrest des herodianischen Tempels. Sie ist Symbol für den Tempel und zugleich Mahnmal für dessen Zerstörung 70 n.Chr. Die Bezeichnung »Klagemauer« rührt daher, dass Juden jahrhundertelang aus der Diaspora kamen, um hier zu beten.

Links: Die prächtig ausgestattete Machpela-Höhle in Hebron. Hier soll sich das Grab Abrahams befinden.

Unten: Teilansicht der Stadt Hebron im Westjordanland mit der Moschee und der Mauer über der Stätte der Machpela-Höhle.

Das jüdische Jahr

Hebräischer Name	*Monate*
Tischri	September/ Oktober
Cheschwan	Oktober/ November
Kislew	November/ Dezember
Tewet	Dezember/ Januar
Schewat	Januar/ Februar
Adar	Februar/ März
Nissan	März/April
Ijar	April/Mai
Siwan	Mai/Juni
Tammus	Juni/Juli
Aw	Juli/August
Elul	August/ September

Tiberias: Herodes Antipas (reg. 20 v. Chr. bis 39 n. Chr.), Tetrarch von Galiläa und Peräa, ließ 18 n. Chr. am Westufer des Sees Genezareth die Stadt *Tiberias* auf den Ruinen der Orte Hammath, Rakkath und Chinneret errichten und machte sie zur Hauptstadt Galiläas. Fromme Juden mieden die Stadt, da sie auch auf Gräbern errichtet wurde, darunter jenen der Mutter, Schwester und Ehefrau von *Mose*. Doch Tiberias wurde nach der Zerstörung Jerusalems und des zweiten Tempels 70 n. Chr. Zufluchtsort vieler Juden und geistiges Zentrum des Judentums, aus dem viele berühmte und verehrte jüdische Gelehrte hervorgingen. Der Jerusalemer *Talmud*, der auch Stadtviertel von Tiberias beschreibt, und die *Mischna* wurden hier niedergeschrieben. Im 8. Jh. wurde hier das hebräische Schriftsystem *(Hebräisch)* durch die Punktierung (Vokale) ergänzt. Die Gräber vieler Gelehrter ziehen Scharen von Pilgern an, u. a. das von Moses Maimonides (Moses ben Maimon, 1135–1204), dem Verfasser der *Dreizehn Glaubensartikel*, von Jochanan Ben Sakkai Meir, der im 1. Jh. die Rabbinische Akademie in Jawne gründete, von Rabbi Meir Baal Haness und von Rabbi Akiba. Direkt am See liegt Hamat Tiberias, eine der ältesten Synagogen.
Zefat, Safed: Die kleine Stadt, vermutlich von Josephus Flavius (37/38–um 100 n. Chr.) gegründet, erlangte hohe Bedeutung und Ruhm als Stadt der Mystik, als sich 1492 aus Spanien, dann auch aus Portugal vertriebene *Sephardim* in ihr niederließen und im 16. Jh. ein neues Zentrum des jüdischen Lebens und der Gelehrsamkeit entwickelten, insbesondere der *Kabbala*. Josef ben Ephraim Karo (1488–1575) verfasste hier den *Schulchan Aruch*. Rabbi Mose Cordovero (1522–1570) systematisierte hier die kabbalistische Lehre. Sein Schüler Isaak Luria (genannt ha-'Älohi Rabbi Jitzak, »der göttliche Rabbi Isaak«, 1534–1572), gründete eine Schule und gewann großen Einfluss.

Prozession mit Reitern. Aus der Barcelona-Haggada; jüdische Buchmalerei, Spanien, 1350; British Library, London

Feste und Riten

Der Kalender

Die jüdische Zeitrechnung *(Zeit)* beginnt mit dem traditionellen Datum der Weltschöpfung 3761 v. Chr. Der Kalender ist lunisolar, d. h. die Monate orientieren sich an den Mondphasen, das Jahr am Sonnenzyklus. Die zwölf Monate beginnen jeweils mit dem Erscheinen des Neumonds *(Rosch Chodesch)* und umfassen 29 oder 30 Tage. Zum Ausgleich zwischen Mondphasen und Sonnenjahr wird in einem Zeitraum von 19 Jahren siebenmal ein Schaltmonat, *Adar II*, eingefügt. Ein Tag beginnt jeweils am Vorabend mit Einbruch der Dunkelheit. Die Woche beginnt am Sonntag und endet mit dem Sabbat.

Sabbat

Der *Sabbat* ist ein Tag der Ruhe, der an die Vollendung der Schöpfung am 7. Tag und an den Auszug aus Ägypten *(Exodus)* erinnert. Der festliche, von Freude bestimmte Tag gilt gleichsam als Vorwegnahme der Heilszeit. Am Sabbat herrscht Arbeitsverbot; Tätigkeiten wie das Anzünden von Feuer und Licht, Tragen und Fahren sind untersagt. Nur Lebensgefahr setzt das Gebot der Sabbatruhe außer Kraft.

Der Sabbat beginnt am Freitagabend (Erew Schabbat) mit Einbruch der Dunkelheit. Es ist Aufgabe der Hausfrau, zwei Sabbatleuchter anzuzünden und eine Segnung zu sprechen. In der Synagoge wird zum Empfang des Sabbat das Lied »Lecha Dodi« (»Geh', mein Geliebter, der Braut entgegen«) angestimmt, verfasst von Salomo ben Mose Alkabez (†1576). Im familiären Kreis erfolgt der Segen über den Wein *(Kiddusch)* und, nach dem Händewaschen, über die zwei Sabbatbrote (hebr. Challot). Für den Sabbat sind drei Mahlzeiten vorgeschrieben. Eine traditionelle Speise, die vor Sabbatbeginn zubereitet und warm gehalten wird, ist Tscholent, ein Eintopf mit Fleisch und Bohnen.

Jüdische Feste , Feier- und Fastentage			
Name	*Bedeutung*	*Jüd. Kalender*	*Gregor. Kalender*
Feiertage			
Rosch ha-Schana Neujahrsfest	Tag des Gedenkens des Gerichts, Tag des Posaunenhalls, Beginn von zehn Tagen der Buße und Selbstbesinnung bis Jom Kippur. Zweithöchster Feiertag des Judentums	1./2. Tischri	18./19. September
Jom Kippur Sühne-/Versöhnungstag	Letzter der zehn Bußtage seit Rosch ha-Schana. Höchster Feiertag des Judentums	10. Tischri	27. September
Sukkot Laubhüttenfest	Zweitägiges Gedenken an die 40-jährige Wüstenwanderung der Israeliten nach dem Auszug aus Ägypten; Pilgerfest	15./16. Tischri	2./3. Oktober
Schemini Azeret	Letzter Tag des Sukkotfestes (in Israel am 8., in der Diaspora am 9. Tag) mit Gedenkfeier für die Verstorbenen bei den Aschkenasim	21./22. Tischri	8./9. Oktober
Simchat Tora Freudenfest der Tora	Zusatzfeiertag zum Abschluss des Sukkotfestes, Beginn der jahres-zyklischen Toralesung	23. Tischri	10. Oktober
Pessach, Passa Fest des ungesäuerten Brotes (Mazza)	Siebentägiges (Israel), achttägiges (Diaspora) Gedenken an den Exodus aus Ägypten. Pilgerfest	14./15.–21./22. Nissan	28./29. März bis 4./5. April
Omer-Zählung	Beginn der 49-tägigen Omer-Zählung, den Gedenktagen an eine Pest-epidemie, bis 21./22. Nissan, Teil des Pessach	16. Nissan	30. März
Schawuot Wochenfest	Offenbarungsfest (Übergabe der Zehn Gebote an die Israeliten durch Gott), Erntedankfest und Erstlingsfest (Opfertag der Erstlingsfrüchte); Ende der Omer-Zeit. Pilgerfest	6./7. Siwan	17./18. Mai
Festtage			
Chanukka Lichterfest	Achttägiges Fest zum Gedenken an die Reinigung und erneute Weihe des zweiten Tempels durch Judas Makkabäus 164 v. Chr.	25. Kislew bis 2. Tewet	10.–17. Dezember
Tu Be-Schewat Neujahrsfest der Bäume	Fröhliches Fest zu Ehren der Bäume mit dem Verzehr von Baumfrüchten; in Israel auch »Tag Israel« genannt, als Tag des Pflanzens von Bäumen	15. Schewat	28. Januar
Purim	Fest zum Gedenken der Rettung der persischen Juden vor dem Tod durch Ester und Mordechai. Purim-Spiele	14./15. Adar	26./27. Februar
Jom ha-Azmaut	Jahrestag der Unabhängigkeitserklärung des Staates Israel von 1948	5. Ijar	17. April
Lag ba-Omer	Gedenktag zum Ende des Sterbens der Schüler von Rabbi Akibas an einer Epidemie am 33. Tag der Omer-Zählung	18. Ijar	30. April
Fastentage			
Zom Gedalja Gedalja-Fasten	Gedenktag der Ermordung von Gedalja, dem 586 v. Chr. von Nebukad-nezar eingesetzten jüdischen Statthalter Judas, und damit Gedenktag des Endes des 1. Reiches	3. Tischri	20. September
10. Tewet Assara Be-Tewet	Gedenktag des Beginns der Belagerung von Jerusalem durch Nebukad-nezar 586 v. Chr.	10. Tewet	25. Dezember
Taanit Ester Ester-Fasten	Gedenktag des Fastens und Betens Esters um Hilfe zur Rettung des jüdischen Volkes ein Tag vor Purim	13. Adar	25. Februar
17. Tammus, Schiwa-Assar Be-Tammus	Gedenktag zum Durchbruch der Mauern Jerusalems durch die Römer 70 n. Chr., der die Zerstörung Jerusalems und des Tempels einleitete	17. Tammus	27. Juni
9. Aw, Tischa Be-Aw	Gedenktag der Zerstörung des ersten Tempels (586 v. Chr.) und des zweiten Tempels (70 n. Chr.) sowie der Vertreibung der Juden aus Spanien durch das Dekret vom 9. Aw 1492	9. Aw	18. Juli

Der Sabbat endet mit der *Hawdala*-Zeremonie, die den Ruhetag vom folgenden Arbeitstag trennt. Eine Segnung wird über einen Becher Wein gesprochen, danach über Gewürze, deren Duft an die Freuden des Sabbat erinnern soll. Als Behälter für die Gewürze dienen Bessamim-Büchsen. Mit dem Segen der geflochtenen Hawdala-Kerze, die mit Wein gelöscht wird, endet der Ruhetag.

Jüdische Feste und Feiertage

Zum Jahresablauf gehören Festtage, darunter die Hohen Feiertage *(Rosch ha-Schana* und *Jom Kippur),* die drei Wallfahrtsfeste *(Pessach, Schawuot, Sukkot),* zu denen früher der Tempel besucht wurde, und die historisch begründeten Feste *(Chanukka, Purim)* als Halbfeiertage sowie Fasten- und Bußtage.

Das Hebräische Alphabet und seine Zahlenwerte	
Name	*Zahlenwert*
Alef	1
Bet	2
Gimel	3
Dalet	4
He	5
Waw	6
Sajin	7
Chet	8
Tet	9
Jod	10
Kaf	20
Lamed	30
Mem	40
Nun	50
Samech	60
Ajin	70
Pe	80
Zade	90
Kof	100
Resch	200
Schin (Sin)	300
Taw	400

Rosch ha-Schana: Das jüdische Neujahrsfest wird am 1. und 2. Tischri (18./19. September) gefeiert. Es gilt als Gerichtstag, an dem die vollkommen Gerechten ins Buch des Lebens und die vollkommenen Sünder ins Buch des Todes eingetragen werden. Durchschnittliche Menschen werden in ein besonderes Buch eingetragen; das Urteil über sie ergeht erst am Versöhnungstag *Jom Kippur.* Von dieser Vorstellung leitet sich der zu Neujahr geäußerte Wunsch ab: »Zu einem guten Jahr mögest du eingeschrieben werden.« An Rosch ha-Schana wird das *Schofar* (hebr. »Widderhorn«) geblasen. Die Gottesdienstbesucher sind häufig in Weiß gekleidet. Besondere Gebete im Zusatzgottesdienst *(Musaf)* betonen die Königsherrschaft Gottes (hebr. Malchujot), sein Gedenken (hebr. Sichronot) und das Schofarblasen (hebr. Schofarot). Am ersten Tag des Neujahrsfestes wird die Zeremonie des *Taschlich* begangen, bei der an einem fließenden Gewässer die Taschen ausgeschüttelt werden als Symbol für die abgeschüttelten *Sünden.* Als traditionelle Speise sind Äpfel mit Honig verbreitet, mit denen man sich ein »süßes Jahr« wünscht.

Die Tage bis zum Jom Kippur werden als »furchtbare Tage« (hebr. Jamim noraim) bezeichnet. Sie sollen Gelegenheit geben zu Buße *(Sühne)* und Versöhnung mit den Mitmenschen.

Gedalja-Fasten: Am 3. Tischri erinnern sich die Juden mit einem Fastentag an die Ermordung Gedaljas. Gedalja, Sohn des Achikam, war nach der Eroberung des Südreichs *Juda* 587/586 durch König Nebukadnezar dessen Statthalter über die babylonische Provinz Juda (Jer 40,5–41,3). Mit seiner Ermordung durch ein Mitglied des judäischen Königshauses schwanden die Hoffnungen auf eine unmittelbare Rückkehr aus dem *Babylonischen Exil.* Das Gedalja-Fasten wird heute praktisch nur noch vom *Orthodoxen Judentum* beachtet.

Jom Kippur: Am 10. Tischri wird der *Jom Kippur* (Versöhnungstag) begangen. Er ist ein strenger Fastentag, den die Gläubigen – wieder in Weiß gekleidet – nach Möglichkeit in der Synagoge verbringen. Er wird bestimmt von Sündenbekenntnis *(Widdui)* und Bußgebeten *(Selichot).* Am Vorabend wird das *Kol nidre* (»Alle Gelübde«) gebetet, das versehentlich geleistete *Gelübde* auflöst. Es wird in einer feierlichen, bewegenden Melodie kantilliert (als Sprechgesang vorgetragen). Mit dem Abschlussgottesdienst *(Neila)* endet Jom Kippur. Umstritten und von Rabbinern vergeblich bekämpft ist der jüdische Volksbrauch der *Kapparot* (hebr. »Sühnen«) am Vorabend des Versöhnungstags. Bei dieser Zeremonie wird, während Sühnegebete gesprochen werden, ein Huhn über dem Kopf geschwungen und dann wie ein Opfer geschlachtet.

Sukkot: Das Laubhüttenfest dauert sieben Tage, vom 15. bis zum 21. Tischri. In der Diaspora sind die ersten beiden Tage Feiertage, in Israel nur der erste Tag. *Sukkot* ist ein Erntefest, das gleichzeitig an die Zeit der Wüstenwanderung nach dem Auszug aus Ägypten erinnert. Die Menschen errichten eine Laubhütte (hebr. Sukka), die im Freien stehen muss und in der man während des Festes möglichst viel Zeit verbringen soll. An den Feiertagen wird die Segnung über die *Vier Sorten* (Arbaa minim) gesprochen: den *Etrog,* eine Zitrusfrucht, die in der linken Hand gehalten wird, und den Feststrauß Lulaw in der rechten Hand, benannt nach der hebräischen Bezeichnung für Palme und bestehend aus einem Palmzweig von Hadas (»Myrte«) und Arawa (»Bachweide«). Die Vier Arten werden auch bei den Umzügen in der Synagoge getragen, u.a. am 7. Tag von Sukkot *(Hoschana rabba).*

Schemini Azeret: Diesem Feiertag am 21./22. Tischri folgt am 23. Tischri *Simchat Tora,* das Fest der Torafreude: In Israel wird nur ein Feiertag begangen, Simchat Tora fällt dort auf den 22. Tischri. Hier endet und beginnt der einjährige Zyklus der *Toralesung* in der Synagoge. Der Freude an der Tora wird mit Gesängen und Tanz Ausdruck verliehen; die *Torarollen* werden in einer feierlichen Prozession durch die Synagoge getragen.

Chanukka: Das achttägige Lichterfest beginnt am 25. Kislew (10. Dezember). Es erinnert an die Wiedereinweihung des Tempels unter Judas Makkabäus im Jahr 164 v. Chr. Der Legende nach gab es nur noch wenig Öl für den Leuchter im Tempel, doch durch ein Wunder brannte es acht Tage, bis neues Öl bereitet werden konnte. An einem besonderen Leuchter, der *Chanukkia,* wird Abend für Abend eine Kerze mehr angezündet, bis alle acht Lichter brennen. Zu *Chanukka* werden in Öl gebackene Speisen, z.B. Krapfen, verzehrt. Beliebt ist auch das Spiel mit einem Kreisel, dem Dreidel.

15. Schewat (hebr. Tu Be-Schewat): Das Neujahrsfest der Bäume am 18. Januar ist

STICHWORT **Jüdische Feste**

Bei der Taschlich-Zeremonie an Rosch ha-Schana leert ein Mann seinen Tascheninhalt symbolisch in den Yarkon.

Pessach, das »Fest des ungesäuerten Brotes«, dauert sieben Tage und erinnert an den Exodus der Juden aus Ägypten vor über 3300 Jahren.

Am Purim-Fest schmücken Juden die Jerusalemer Altstadtmauern mit Figuren und veranstalten Spiele.

Ein traditionelles Lulaw-Gebinde mit Etrog zum Laubhüttenfest (Sukkot)

Ezer Weizman entzündet am Lichterfest Chanukka die erste Kerze der Chanukkia.

Am Lag ba-Omer-Fest pilgern zahlreiche Juden zur heiligen Stätte nahe Sheihk Jarah in Ost-Jerusalem, um des Todes von Rabbi Shimon Bar Yohaai zu gedenken.

Kopfbedeckung bei Männern

Die Kippa, jiddisch auch Jarmulka genannt, ist eine kleine runde Kopfbedeckung, die fromme Juden ständig, andere nur zum *Gebet* tragen. Es gibt sie gehäkelt, gestrickt oder aus verschiedenen Stoffen genäht. Ihre Farbe ist individuell oder von orthodoxem Schwarz (bei den *Sephardim)* bzw. Weiß (in Osteuropa). Häufig tragen orthodoxe Sephardim und Aschkenasim über der Kippa einen schwarzen Hut.

Schläfenlocken und Bart

Als *Peot* (hebr.) oder Peies (jidd.) werden die Schläfenlocken bezeichnet, die fromme jüdische Männer nach Vorschrift der Tora tragen: »Ihr sollt euer Kopfhaar nicht rundum abschneiden. Du sollst deinen Bart nicht stutzen« (Lev 19, 27). Vor allem Orthodoxe und Chassidim behalten die traditionelle Bart- und Haartracht bei.

ein Halbfeiertag, der ursprünglich mit der Fruchtabgabe zusammenhing. Er wird heute in Israel als Fest der Landwirtschaft begangen. Der 13. Adar (25. Februar) ist der Tag des *Ester-Fastens* (Taanit Ester).

Purim: Das Fest, das an die Errettung der Juden im Perserreich erinnert, wie im Buch Ester beschrieben, wird am 14. bzw. 15. Adar (26./27. Februar) begangen. An diesem Halbfeiertag wird die Ester-Rolle (hebr. Megillat Ester) gelesen, die im Gegensatz zur Tora auf nur einem Holzstab aufgerollt ist. Auch Jüdinnen sind aufgefordert, die Megilla zu lesen, da eine Frau an der Rettung der Juden beteiligt war. Es ist Brauch, z. B. mit einer Rassel zu lärmen, wenn der Name des »Bösewichts« Haman gelesen wird. Gefeiert wird mit *Purimspielen,* Sich-Verkleiden, Geschenken, Gebäck wie den mit Mohn oder Marmelade gefüllten »Haman-Taschen«. Auch dem Alkohol darf kräftig zugesprochen werden.

Pessach: Das achttägige (in Israel siebentägige) Fest beginnt am 14. Nissan (28. März). Es verbindet ein Erntefest mit der Erinnerung an den Auszug aus Ägypten. An *Pessach* ist es verboten, etwas Gesäuertes zu essen. Deshalb wird am Vortag das Haus von allen gesäuerten und gegärten Nahrungsmitteln gereinigt. Statt gesäuertem Brot wird ungesäuertes Mazzot *(Mazza)* verzehrt. Am Vorabend von Pessach wird im familiären Kreis der Sederabend begangen, der einer festen Ordnung folgt. Die Pessach-Haggada mit der Erzählung vom Auszug aus Ägypten wird gelesen. Die Feiernden vergegenwärtigen den Exodus, als seien sie selbst dabei gewesen: »Sklaven waren wir für den Pharao in Ägypten.« Die Kinder werden über ein Frage- und Antwortspiel einbezogen; der Jüngste stellt die wichtige Frage: »Was unterscheidet diese Nacht von allen anderen Nächten?« Zum *Seder* gehört ein Mahl mit symbolischen Speisen: Bitterkraut (hebr. Maror) erinnert an die bittere Zeit der Knechtschaft in Ägypten, ein Mus aus Äpfeln und Nüssen (hebr. Charosset) hat die Farbe der durch die Israeliten in Ägypten hergestellten Lehmziegel, ein Fleischknochen (hebr. Seroa) symbolisiert das ursprüngliche Pessach-Lamm, ein Ei (hebr. Beza) erinnert an das frühere Tempelopfer zum Wallfahrtsfest Pessach; vervollständigt wird das Mahl mit Gemüse (hebr. Karpas), Salzwasser zum Eintauchen und drei Mazzot. Beim Essen wird ein Teil der Mazzot, der *Afikoman,* durch die Kinder versteckt und nach dem Mahl wiedergefunden. Vier Becher *Wein* werden während des Seder getrunken. Ein weiterer Becher wird als Zeichen der Endzeiterwartung für den Propheten Elias bereitgestellt.

Omer-Zählung: Ab dem 16. Nissan beginnt die Periode der *Omer-Zählung,* die sich bis zum Schawuot-Fest erstreckt. Der Name leitet sich von der Gersten-Garbe der Erstlingsabgabe ab. Der 49-tägige Zeitraum gilt als Trauerperiode, in der z. B. Haareschneiden und das Feiern von Hochzeiten unterbleiben sollen. Nur der 33. Tag, Lag ba-Omer, fällt als Halbfeiertag aus dieser Trauerzeit heraus. Am 27. Nissan wird als Holocaust-Gedenktag der *Jom ha-Schoa* begangen. Am 4. Ijar (16. April), dem Vortag des israelischen Unabhängigkeitstages, wird mit dem *Jom ha-Sikkaron* der israelischen Kriegsgefallenen gedacht. Am 5. Ijar folgt der Jom ha-Azmaut, mit dem die Unabhängigkeitserklärung des Staates Israel am 14. Mai 1948 gefeiert wird. Der 28. Ijar als *Jom Jeruschalajim* ruft die Eroberung der Jerusalemer Altstadt im Sechstagekrieg von 1967 in Erinnerung.

Schawuot: Das Wochenfest am 6. und 7. Siwan (in Israel: 6. Siwan) im Mai verbindet ein Erntefest mit der Feier der Sinaioffenbarung, bei der die Tora übergeben wurde. Traditionell wird die Nacht dem Torastudium gewidmet. An *Schawuot* wird das Buch Rut gelesen und es werden Milchspeisen verzehrt.

Der 17. Tammus (hebr. Schiwa-Assar Be-Tammus) im Juni ist in Erinnerung an die Belagerung Jerusalems durch die Babylonier, durch die 586 v. Chr. die Zerstörung der Stadt eingeleitet wurde, ein Fastentag. Der Fastentag am *9. Aw* (hebr. Tischa be-Aw) im Juli erinnert an die Tempelzerstörungen von 586 v. Chr. und 70 n. Chr. Die Zeit zwischen 17. Tammus und 9. Aw wird als Trauerzeit begangen.

Riten

Gottesdienst: Zur Feier eines jüdischen *Gottesdienstes* sind mindestens zehn Männer *(Minjan)* erforderlich, die bereits ihre *Bar Mizwa* gefeiert haben. Zwar kann der Gottesdienst mit Gebet und Schriftlesung in jedem beliebigen Raum abgehalten werden, doch findet er in der Regel in der für den Gottesdienst ausgestalteten *Synagoge* (griech. synagein »zusammenführen«) im jeweiligen Gemeindezentrum statt. Im Hebräischen wird die Synagoge als Bet ha-Knesset (hebr. »Haus der Versammlung«) bezeichnet. Die enge Verbindung von Gottesdienst und Lehre, die für die Synagoge charakteristisch ist, kommt in der jiddischen Bezeichnung »Schul« zum Ausdruck. Synagogen entstanden bereits vor der Zerstörung des Jerusalemer Tempels im Jahr 70 n. Chr. Im Lauf der Jahrhunderte haben sich architektonische Typen entwickelt, die bestimmte, für den Gottesdienst notwendige Elemente aufweisen: An der Ostwand der Synagoge befindet sich der oft kunstvoll gestaltete *Toraschrein* (hebr. Aron ha-Kodesch), in dem die Torarollen der Gemeinde aufbewahrt werden. Vor dem Schrein steht ein Lesepult (hebr. Amud), von dem aus der Vorbeter bzw. *Kantor* den Gottesdienst leitet. Ein Ewiges Licht *(Ner Tamid)* erinnert an die Tag und Nacht brennende Flamme im Jerusalemer Tempel. Auf der *Bima,* einer Podestform, wird die Tora gelesen. Die Bima steht in Synagogen der *Aschkenasim* meist in der Raummitte, in italienischen und sephardischen Synagogen *(Sephardim)* ist sie an die Westwand gerückt. Um die Bima sind Sitzplätze für die Gottesdienstbesucher angeordnet. Männer und Frauen sitzen im orthodoxen Gottesdienst getrennt; meist beten die Frauen auf Emporen. Im Reformjudentum ist die Trennung zumeist aufgehoben.

Toralesung: In den Gottesdiensten wird im Laufe eines Jahres die gesamte Tora, aufgeteilt in 54 Wochenabschnitte (hebr. Sg.: Parascha), gelesen. Die *Toralesung* erfolgt am *Sabbat* sowie an Fest- und Feiertagen und wird jeweils mit einer Lesung aus den Propheten (hebr. *Haftara)* abgeschlossen. Kürzere Toralesungen finden am Sabbatnachmittag, Montag und Donnerstag statt. Zur Toralesung werden mehrere Personen aus der Gemeinde »aufgerufen«: als Erster ein *Kohen,* ein Nachfahre der Priester, als Zweiter ein Levi, ein Nachfahre der *Leviten,* darauf folgen Laien. Die Zahl der Aufgerufenen variiert: Am Sabbatnachmittag, Montag und Donnerstag sind es drei Personen, an Halbfeiertagen und Neumonden vier, an Festtagen fünf, am *Jom Kippur* sechs und am Sabbatmorgen sieben Personen. Zur Lesung wird die Tora unter feierlichen Gesängen und Gebeten aus dem Toraschrein ausgehoben und auf der Bima ausgerollt. Eine Torarolle (hebr. Sefer Tora) besteht aus mehreren

Ein Rabbiner liest während eines Gottesdienstes aus der Torarolle in der Synagoge von Warschau. Er ist in den Gebetsmantel (Tallit) gekleidet.

aneinander genähten Pergamenten, auf die mit der Hand der gesamte, in Spalten angeordnete *Pentateuch* (hebr. Chumasch) geschrieben wurde. Sie ist auf zwei mit Griffen versehenen Holzstäben aufgerollt und wird bei den Aschkenasim mit Bändern und einem Toramantel, bei den Sephardim mit einem festen Behälter, metallenen Kronen und Schilden reich geschmückt. Zum Lesen der Tora wird ein Zeigestock benutzt, dessen Spitze in Form einer Hand (hebr. Jad) ausgebildet ist. Nach der Lesung wird die Tora wieder feierlich in den Schrein eingehoben.

Gebete: Zentrale *Gebete* im Gottesdienst sind – neben Benediktionen (Segnungen), Gebeten, Psalmen und weiteren biblischen Texten – das *Schema Jisrael* (hebr. »Höre Israel«) mit den Versen Deuteronomium 6, 4–9, Deuteronomium 11,13–21 und Numeri 15,37–41, welche die Einzigartigkeit Gottes und die *Erwählung Israels* zum Ausdruck bringen, sowie das Achtzehngebet (hebr. Schemone-esre »18«). Dieses auch als *Amida* oder Tefilla bezeichnete Gebet, das im Stehen gesprochen wird, besteht aus ursprünglich 18, heute 19 Bitten, die in rabbinischer Zeit als Pflichtgebet zusammengestellt wurden. Es gliedert sich in drei Teile: Die Bitten 1–3 preisen Gott, 4–16 thematisieren Erkenntnis, Umkehr, Vergebung, Erlösung, Heilung, Segnung des Jahres und seines Ertrages, Sammlung der in der Zer-

STICHWORT Jüdische Riten

Beim Gedenken an einen Toten werden Steine auf dem Grab niedergelegt, hier auf dem Friedhof auf dem Ölberg bei Jerusalem.

Nur am Purim-Fest sollen Juden tanzen und Wein trinken, bis sie schließlich nicht mehr zwischen Gut und Böse unterscheiden können.

Ein Vater legt seinem 13-jährigen Sohn bei der Bar-Mizwa-Zeremonie erstmals den Gebetsriemen an.

Am Lag ba-Omer-Tag erhalten dreijährige Jungen orthodoxer Familien traditionell den ersten Haarschnitt.

Kopfbedeckung der Frauen

Verheiratete fromme Jüdinnen tragen aus Gründen der Keuschheit ihr Haar bedeckt mit einem Kopftuch, kleinen Hut oder einer Baskenmütze. Ein Brauch vor allem osteuropäischer Jüdinnen ist es, das Haar kurz zu schneiden und unter einer Perücke, dem sog. Scheitel, zu verbergen.

streuung Lebenden, Wiederherstellung des Rechtswesens, Verwünschen der Häretiker, Gerechte und Fromme, Rückkehr nach Jerusalem und Messiaserwartung *(Messias)*. Die Bitten 17–19 beenden das Gebet mit Themen wie Kult und Gottesdienst, Dank und der Bitte um Frieden. Der mittlere Teil mit den Bitten 4–16 wird an Sabbaten und Feiertagen nicht gebetet, sondern durch andere Benediktionen ersetzt.

Beschneidung: Am 8. Tag wird jedes männliche Kind – außer bei gesundheitlichen Bedenken – beschnitten. Die *Beschneidung* (hebr. Berit Mila), das Zeichen des Bundes Gottes mit Abraham (Gen 17), wird durch einen Spezialisten, den Mohel, durchgeführt. Mit der Beschneidung ist auch die Namensgebung verbunden.

Bei der Tochter erfolgt die Namensgebung in der Synagoge, meist am Sabbat nach der Geburt.

Bar Mizwa: Die religiöse Mündigkeit erhält ein Junge mit seiner *Bar-Mizwa*-Feier im Alter von 13 Jahren. Nun ist er als »Sohn des Gebots« zur Einhaltung aller Vorschriften verpflichtet. In der Synagoge wird der Junge zum ersten Mal zur Toralesung aufgerufen, der Tag wird mit der Familie festlich begangen. Mädchen gelten bereits im Alter von zwölf Jahren als religiös mündig. Mit dem Reformjudentum im 19. Jh. wurde auch eine *Bat-Mizwa*-Feier für Mädchen eingeführt.

Religion und Staat

Historische Voraussetzungen

Das Buch Genesis enthält ein Beispiel für eine im Prinzip theokratische Verbindung von Priestertum und Regierung: *Abraham* begegnet Melchisedek, dem König von Salem (wahrscheinlich das spätere Jerusalem) und »Priester des Höchsten Gottes« (Gen 14,18). In geschichtlicher Zeit besteht jedoch ein fortwährender Konflikt zwischen den beiden Teilreichen Israel und Juda sowie den *Propheten,* den Gesandten Gottes; er bezeugt auf vielfältige Weise das Spannungsverhältnis zwischen Religion und Politik. Es herrscht bis zum Verlust der Eigenstaatlichkeit durch die assyrische Eroberung *Samarias* und damit dem Ende des Nordreichs *Israel* (721 v. Chr.) sowie der babylonischen Eroberung des Südreichs Juda (Zerstörung Jerusalems, des salomonischen Tempels und Deportation in das *Babylonische Exil* 586 v. Chr.) zur Zeit des Propheten Jeremia. Eine Überwindung des Spannungsverhältnisses zwischen Religion und Politik ist Bestandteil der messianischen Hoffnung, die insbesondere das Buch des Propheten Jesaja enthält, benannt nach Jesaja aus Jerusalem (um 740 bis 701 v. Chr.); aufgrund der christlichen Lehre von der Erfüllung der Messiaserwartung in Jesus erhielt Jesaja die Bezeichnung »Evangelist des Alten Testaments«.

Eine alttestamentliche Personifikation des religiös legitimierten Rechts auf den gewaltsamen Widerstand ist die Freiheitsheldin Judit (Ermordung des feindlichen Feldherrn Holofernes, Buch Judit).

Der Staat Israel

Staat und Religion sind in Israel nicht völlig getrennt: Für das Personenstandsrecht – u. a. alle Fragen zur Zugehörigkeit zum Judentum im halachischen Sinn, über Eheschließungen und Scheidungen – ist das rabbinische Gerichtswesen zuständig. Das israelische Oberrabbinat hat einen sephardischen und einen aschkenasischen Vertreter. Konservatives, rekonstruktionistisches und Reformjudentum werden nicht anerkannt – eine Position, die von den religiösen Parteien in Israel unterstützt wird.

Einige streng orthodoxe Gruppen lehnen den Zionismus und den Staat Israel als eine Art Gotteslästerung ab, da ihrer Meinung nach die Errichtung eines jüdischen Staates nicht Aufgabe der Menschen, sondern allein vom Willen Gottes abhängig ist. Nicht jüdischen Konfessionen sichert der Staat Israel Religionsfreiheit zu. Neben dem Staat Israel bleibt – entgegen der zionistischen Zielsetzung – eine starke *Diaspora* bestehen, mit Schwerpunkt in den USA. Für das Diasporajudentum stellt der Staat Israel, vor allem nach der Erfahrung des *Holocaust,* Zentrum und Garant jüdischen Lebens dar. Für Israel wiederum ist die Unterstützung der Diaspora wichtig. Als weltweite Dachorganisation jüdischer Gemeinden und Vereinigungen fungiert der Jüdische Weltkongress (*World Jewish Congress,* gegründet 1936 in Genf) mit seinem Hauptsitz in New York.

Individuum und Gesellschaft

Jüdisches Leben

Das Fortpflanzungsgebot (Gen 1,28) gilt als erfüllt, wenn ein Ehepaar mindestens einen Sohn und eine Tochter gezeugt hat. Die Zugehörigkeit des Kindes zum Judentum im halachischen Sinn bestimmt sich über die Abstammung von der Mutter.

Die Frau ist von allen Geboten, die mit der Zeit in Zusammenhang stehen, befreit. Dazu gehören Torastudium, Anlegen der Tefillin und Tragen des Tallit, Gebete usw. Doch obliegen der Frau auch besondere Pflichten: das Anzünden der Sabbatlichter, das Entfernen der *Challa,* eines Stückchens Teig beim Brotbacken in Erinnerung an die Teighebe als Abgabe an die Tempelpriester, und die Gebote der *Nidda.* Letztere umfassen die Vorschriften zur rituellen Unreinheit wäh-

Plenum des 5. Jüdischen Weltkongresses 1966 in Brüssel

Eine Familie feiert den Sabbat. Die Mutter zündet nach alter Tradition die Sabbatlichter an und spricht die Segnung aus.

rend und sieben Tage nach der Menstruation sowie nach einer Geburt. Geschlechtsverkehr mit einer Nidda ist streng untersagt. Die Frau reinigt sich nach der Zeit als Nidda mit einem rituellen Tauchbad in der *Mikwe.*

Ehe: Heirat, Ehe und die Erfüllung des Fortpflanzungsgebotes gelten traditionell als wichtige Elemente jüdischen Lebens. Die Vorbesprechungen zur Eheschließung werden als Schidduchin bezeichnet. Vor der Hochzeit besucht die Frau die Mikwe. Die Eheschließung, geleitet durch einen Rabbiner, beginnt mit der Zeremonie von Kidduschin (»Heiligung«) oder Erusin (»Verlobung«), die vor Zeugen mit der Übergabe einer Wertsache – meist eines Ringes – an die Braut vollzogen wird. Der Bräutigam spricht die Formel: »Du bist mir durch diesen Ring angetraut nach dem Gesetz Moses und Israels.« Dann folgt mit Nissuin die eigentliche Trauung. Das Ehepaar steht unter dem Traubaldachin, der *Chuppa.* Bestandteil der Hochzeitszeremonie ist das Verlesen des Ehevertrages *(Ketubba),* welcher die finanziellen Verpflichtungen des Mannes gegenüber der Frau festhält. Ein beliebter Hochzeitsbrauch ist das Zerbrechen von Glas durch den Bräutigam, das auch in der Freude des Hochzeitstags an die Trauer um den zerstörten Tempel erinnern soll. Der Eheschließung folgt das Alleinsein des Paares (hebr. Jichud).

Die Ehescheidung (hebr. Geruschin, »Vertreibung«) wird durch die Übergabe des *Scheidebriefes* (hebr. Get) an die Frau vollzogen. Als Scheidungsgründe auch gegen den Willen des Partners gelten z. B. die Missachtung ehelicher Pflichten. Die Durchführung der Scheidung entsprechend der *Halacha* wird von einem rabbinischen Gericht überwacht. Problematisch ist der Status einer Frau, die ohne Scheidebrief von ihrem Mann verlassen wurde. Dies kann z. B. der Fall sein, wenn ihr Mann vermisst wird. Eine solche Frau *(Aguna)* darf nicht wieder heiraten, ohne dass der Tod ihres Mannes eindeutig bewiesen ist oder dass sie einen Get erhalten hat.

Krankheit und Sterben: Die Chewra kadischa (hebr. »Beerdigungsgesellschaft«) einer Gemeinde kümmert sich um Kranke, begleitet Sterbende und sorgt für das Begräbnis. Ein Toter gilt als rituell unrein und soll möglichst rasch beerdigt werden. Der Leichnam wird gewaschen, in Totenkleider gehüllt und in einem schlichten Holzsarg – in Israel auch ohne Sarg – bestattet. Der nächste männliche Angehörige spricht das *Kaddisch*-Gebet. Es folgt eine siebentägige Trauer (hebr. Schiwa), bei der die Angehörigen zu Hause auf niedrigen Schemeln sitzen und nicht arbeiten, sich nicht baden, rasieren oder die Haare schneiden. Ein weiterer Abschnitt der Trauerzeit *(Trauerriten)* mit weniger strengen Vorschriften endet nach 30 Tagen (hebr. Scheloschim); im Falle des Todes von Vater oder Mutter wird die Trauerzeit auf ein Jahr verlängert. Der Todestag wird als *Jahrzeit* begangen. Wenn sich der Todestag zum ersten Mal jährt, findet meist die Steinsetzung statt. Der Friedhof als »Haus der Ewigkeit« (hebr. Bet Olam) darf niemals aufgelöst werden, um die *Totenruhe* zu gewährleisten. Das Totengedenken in der Synagoge wird mit dem Jiskor-Gebet an den drei Wallfahrtsfesten und am Versöhnungsfesttag Jom Kippur begangen.

VERGLEICH **Die jüdischen Speisevorschriften**

Lebensmittel, die den Speisevorschriften entsprechen, werden als *koscher* bezeichnet. Fleisch muss von bestimmten Tieren stammen (vgl. Lev 11). Zu ihnen zählen die Paarzeher und Wiederkäuer (also kein Schwein oder Kaninchen), im Wasser lebende Tiere mit Flossen und Schuppen (aber kein Aal, keine Muscheln u. ä.) und Geflügel (doch keine Raubvögel). Blut darf nicht verzehrt werden. Die Tiere werden daher durch *Schächten* ausgeblutet und das Fleisch anschließend durch Salzen und Wässern »gekoschert«. Teile des Fleisches, wie ein bestimmter Hüftmuskel (vgl. Gen 32,33), müssen entfernt werden. Das Verbot, ein Zicklein in der Milch seiner Mutter zu kochen (Ex 23,19; Ex 34,26; Dtn 14,21) bildet den Ursprung des Verbotes, fleischige und milchige Speisen zu vermischen. So muss auch zwischen dem Verzehr von Fleischigem und Milchigem *(Fleischig/Milchig),* für die verschiedenes Geschirr und Besteck benutzt wird, ein gewisser zeitlicher Abstand gewahrt werden. Früchte und Gemüse sind koscher und neutral *(Parwe)* in Bezug auf Fleischiges und Milchiges, ebenso Fisch. Wein und daraus hergestellte Spirituosen müssen unter rabbinischer Aufsicht hergestellt werden, um koscher zu sein.

Sonderformen des Judentums

Samaritaner: Diese kleine, arabisch sprechende, von Israel als jüdisch anerkannte Volks- und Religionsgemeinschaft von ca. 560 Personen nennt sich selbst Schomrim, d. h. »Wächter, Bewahrer« der Wahrheit, oder B'nei Yisrael (»Söhne/Kinder Israels«). Die *Samaritaner* (hebr. Schomronim) leben heute in Nablus und in Holon (Cholon) bei Tel Aviv. Seit 1923 erlaubt ihnen ihre Führung, mit Juden Ehen einzugehen, wenn diese zum samaritanischen Glauben übertreten. Ihr Glaube, ihre Feste und Riten stützen sich auf eine eigene, an einigen Stellen vom *Pentateuch* abweichende *Tora*, geschrieben im ihnen heiligen Samaritanisch, einem antiken westaramäischen Dialekt in althebräischer Schrift. Die Samaritaner konnten ihr Priesterwesen mit einem Hohenpriester – bis ins 17. Jh. ein *Aaronide* – bis heute erhalten. Als Ausleger und Lehrer der Tora, Bewahrer der Liturgie und des Kalenders sowie Leiter des Gottesdienstes achten die Priester auf die deutlich strengeren rituellen Reinheitsgebote als im Judentum. Auf ihrem heiligen Berg Gerisim bei Nablus feiern die Samaritaner das Pessach-Opfer durch Schlachten von Lämmern. Die Juden sahen sie aufgrund ihrer Lossagung vom Tempel mit der Gründung des Nordreichs Israel (931–721 v. Chr.), dessen Nachfahren sie sind, sowie der Ablehnung der rabbinischen Lehre und der Vermischung mit anderen Völkern stets als Nicht-Juden und Gegner an. Erstmals als Juden wieder anerkannt wurden sie 1842 vom Oberrabbinat Jerusalem.

Karäer, Karaiten: Die Glaubensgemeinschaft entstand im 8. Jh. aus einer Bewegung im bereits islamisierten Babylonien, in der der Asket Anan ben David kleinere Sekten um sich scharte, indem er auf der *Tora* als einziger Autorität und der strengen Wahrung ihrer Gebote bestand. Im 9. Jh. festigte sich diese heterogene Bewegung und trat unter dem Namen Karäer (hebr. »Lesende«) auf. Die Karäer selbst bringen ihr Entstehen mit der Trennung der Israeliten durch die Spaltung des Reichs Salomos 931 v. Chr. in Zusammenhang und sehen sich zugleich als spirituelle Nachfolger der *Sadduzäer*. Der Karaismus gewann im Mittelalter viele Anhänger und verbreitete sich nach Ägypten und über das Osmanische Reich auf die Krim, nach Russland und Litauen. Unter dem Nazi-Regime als nichtjüdisch eingestuft, entgingen die Karäer der *Schoa*. Nach der Staatsgründung Israels 1948 unter dem Islam verfolgt, wurden sie in Israel aufgenommen. Hier leben heute ca. 6000 Karäer. Sie besitzen ihr eigenes *Bet din*, doch weder die *Halacha* noch ihre eigenen Gesetze erlauben ihnen, Ehen mit Juden einzugehen.

Judenchristen – messianische Juden: Weltweit kaum überschaubar, bilden Judenchristen derzeit in Israel 80 autonome, sich offen bekennende Gemeinden mit ca. 4000 Mitgliedern. Sie sind jedoch bisher durch das Fehlen einer übergeordneten Organisationsform und Abweichungen in Liturgie und Bräuchen nicht als einheitliche Glaubensgemeinschaft anzusehen. Gemeinsam ist den messianischen Juden – wie sie sich heute in Israel bezeichnen – der Glaube an Jesus Christus als den von den Juden erwarteten Messias sowie das Beharren darauf, Juden zu sein. Sie leben daher nach den jüdischen Religionsgesetzen und -riten, achten *Beschneidung, Bar Mizwa* und Sabbat; sie fasten und beten mit den Juden an *Jom Kippur*. Doch *Tora* und *Halacha* sind ihnen nicht Mittel und Weg zur Erlösung in künftiger messianischer Zeit, sondern die von Gott gegebene ewige Ordnung der bereits durch Jesus Erlösten – wie schon bei den Judenchristen des Frühchristentums. Historisch gehen sie auf die zahllosen zwangsgetauften Juden *(Anusim)* zurück. Jesusgläubige Juden stoßen beim *Orthodoxen Judentum* wie bei den Kirchen auch heute noch auf Unverständnis, Misstrauen und Ablehnung.

Susanne Borchers

Kinder in einem Kibbuz verfolgen gespannt ein Märchen. Dem Thema »Gemeinschaftserziehung als Weg zu einer neuen Pädagogik« widmete sich Bruno Bettelheim in seinem Bericht über die Kibbuzim in Israel. Er erschien 1969 unter dem Titel »The Children of the Dream« (dt. »Die Kinder der Zukunft«, 1971).

Das Judentum von A–Z

Die im folgenden Buchteil aufgeführten Stichwörter bieten Informationen, die für das Verständnis des Judentums wichtig sind. So wird z. B. Abraham hier ausschließlich in seiner Bedeutung für das Judentum betrachtet. Seitenverweise am Ende eines Stichwortes führen in den Buchteil *Das Judentum in Geschichte und Gegenwart.*

A

Aaron, Nachkomme *Levis,* älterer Bruder des *Mose.* Er ist dessen Begleiter und Sprecher – zeitweiser Gegner – auf dem Auszug der *Hebräer* von Ägypten zum Sinai. Trotz seiner Beteiligung an der Errichtung des *Goldenen Kalbs* und damit am Bruch des *Bundes* mit Gott werden A. und seine Söhne auf Geheiß Gottes von Mose zu Priestern *(Kohen)* des *Stiftszeltes* bestimmt (Ex 28,35; Lev 8,1–13) und gesalbt. A. gilt als Stammvater der Priester *(Aaroniden)* und des *Hohenpriesters.* Das rabbinische Judentum betont seine Friedensliebe. Sein Grab soll sich auf dem 1400 m hohen Gipfel des Dschebel an-Nabi Harun, auch Tur Harun (arab. »Berg Aaron«) genannt, südwestlich von Petra in Jordanien befinden. Bereits der jüdische Historiker Josephus Flavius (um 37/38–um 100) identifizierte den biblischen Ort des Todes von A., den Berg Hor (Num 20,22–29), mit diesem Berg, dessen Gipfel ein spätbyzantinischer Zentralbau mit Kuppel krönt. Der Berg Hor ist Pilgerort für Juden, Christen und Muslime.

Aaroniden, die Nachkommen *Aarons.* Die A. stellten die Priesterschaft *(Kohen),* der die Leviten dienten, und den *Hohenpriester* des *Stiftszeltes* und des *Tempels.* Nach Numeri 3,2–4 wurden Aarons vier Söhne zu seinen Lebzeiten zu Priestern der Stiftshütte gesalbt und die Erblichkeit des Priesteramtes begründet. Die ersten beiden Söhne starben kinderlos, sodass die weitere Nachkommen- und Priesterschaft auf die Söhne Eleasar und Itamar zurückgeht.

Aberglaube, von der offiziellen Religion und der anerkannten Praxis abweichende religiöse Vorstellungen und Bräuche. Obwohl von den religiösen Autoritäten des jüdischen Glaubens z. T. verurteilt, spielten offiziell dem A. zuzuordnende Bräuche der Volksfrömmigkeit eine bedeutende Rolle. Man glaubte an *Magie,* Geister und *Dämonen* und den bösen Blick. Viele dieser Vorstellungen und Bräuche wurden in die *Kabbala* integriert, z. T. leben sie auch noch heute im *Chassidismus* fort. Wie in der christlichen Umwelt waren auch im Judentum *Amulette* weit verbreitet.

Abfall vom Glauben → Apostasie

Abraham, urspr. Abram, der Älteste der drei *Erzväter* bzw. Patriarchen Israels, Sohn des Terach, Ehemann *Saras,* Vater von deren Sohn *Isaak* und Vater von Ismael (im Islam Ismail), den ihm die ägyptische Magd Hagar gebar, die er auf Verlangen Saras mit Ismael in die Wüste verstieß, sowie Großvater *Jakobs.* Bei der Darstellung seiner Geschichte (Gen 11,26–25,11) handelt es sich der kritischen Bibelauslegung zufolge um ursprünglich verschiedene Erzählstränge, die später vereinheitlicht wurden. Die Forschung geht weitgehend davon aus, dass A. eine historische Person war, die etwa im 18. Jh. v. Chr. gelebt hat. Die jüdische Tradition sieht A. als Erzvater der Juden und Gründer der jüdischen Religion schlechthin an. A. wanderte dem biblischen Bericht zufolge von Ur in Chaldäa nach Kanaan. Kern seiner Geschichte sind die Land- und Nachkommenverheißung und der Bund mit *Gott* sowie das Opfer Isaaks auf Befehl Gottes *(Akeda),* die ein von Gott gesandter *Engel* verhindert. Der *Bund* mit Gott findet Ausdruck im Ritual der *Beschneidung* der männlichen Nachkommen. Der *Aggada* zufolge, die ihn als Idealfigur sieht, bewahrte A.

Abraham. Das Buch Genesis berichtet von einer Begegnung bei den Eichen von Mamre mit »drei Männern« (Gen 18,2), die auch in der Einzahl angesprochen werden (»mein Herr«). Sie verkünden Abraham und Sara, die den Worten keinen Glauben schenkt, die Geburt des Sohnes Isaak (Gen 18,10 bis 15). Traditionell werden die drei von Abraham bewirteten Männer als Engel dargestellt, so auch auf Marc Chagalls Gemälde »Abraham und die drei Engel«, um 1958/60; Musée Message Biblique Marc Chagall, Nizza

das *Mündliche Gesetz,* bevor es offenbart wurde. Zudem wird er als der geistige Vater aller angesehen, die zum Judentum übertreten *(Konversion, Proselyt).* Während der Zeremonie, die den Übertritt begleitet, erhält der Konvertit einen hebräischen Namen und wird als »Kind Abrahams, unseres Vaters« bezeichnet.

Abrahams Schoß, nach volkstümlicher jüdischer Vorstellung der Ort im Himmel, an dem sich die Armen aufhalten, nämlich unter dem Thron Gottes. Der *Erzvater* Abraham gilt in der jüdischen Rezeption als Förderer der Armen.

Abtreibung, Abbruch einer Schwangerschaft. Das jüdische Gesetz stand der A. liberal gegenüber. Es gestattete die A. grundsätzlich, wenn der Fötus das Leben der Mutter bedrohte. Der Gelehrte der *Halacha* und *Kabbala,* Jakob Emden (1697–1776), gestattete dies sogar zu jeder Zeit der Schwangerschaft, um der Mutter Seelenqual und Schmerz zu ersparen, auch wenn das Leben der Mutter nicht bedroht war. Nach dem Talmud wird ein Fötus als solcher erst ab dem 41. Tag anerkannt. Allgemein gilt heute: Je früher das Stadium der Schwangerschaft, desto eher wird einer A. zugestimmt. Nicht erlaubt ist die A. eines missgebildeten Fötus, es sei denn seine Geburt bringt die Mutter in Gefahr oder bereitet ihr unzumutbare Seelenschmerzen.

Acharonim (hebr. »Spätere [Autoritäten]«), Gesetzesgelehrte und Kommentatoren der bis in die Gegenwart reichenden Epoche. Von ihnen zeitlich früher abgegrenzt sind die Geonim *(Gaon)* und *Rischonim.* Der Beginn der Zeit der A. wird im Allgemeinen im 16. Jh. mit Joseph ben Ephraim Karo (1488–1575) angesetzt.

Achtzehngebet → Amida

Adam (hebr. »Mensch«), nach dem Buch Genesis der erste Mensch. Die Namensbedeutung ist nicht geklärt: Das Wort A. bedeutete möglicherweise ursprünglich Erde, Rot oder Blut. Es existieren zwei biblische Schilderungen der Erschaffung von A.: Im ersten Schöpfungsbericht (Gen 1,1–2,4a) werden Mann und Frau als »Ebenbild Gottes« am sechsten Tag der Schöpfung, als Krönung der Schöpfung und von Gott mit Macht über alles Geschaffene bedacht. Der zweite Schöpfungsbericht (Gen 2,4b–24) besagt, Gott habe A. aus Erde geformt, ihm Lebensatem in die Nase geblasen (Gen 2,7f.) und für ihn den Garten *Eden* erschaffen; erst später gesellte Gott ihm *Eva* bei, erschaffen aus einer Rippe des von ihm in Schlaf versenkten A. Gott bestraft beide – die Verführerin Eva und den verführten Adam – nachdem sie vom Baum der Erkenntnis von Gut und Böse gegessen haben, mit der Vertreibung aus dem Garten Eden und verdammte A., für seinen Lebensunterhalt zu arbeiten (Gen 3). Dennoch sieht das Judentum den Sündenfall von A nicht als grundsätzliches Vergehen, wie dies im Christentum der Fall ist. Er wird positiver als eine Entwicklung zu neuen Möglichkeiten der Handlung und der Erkenntnis verstanden. Nach rabbinischer Tradition sind A. und Eva in der *Höhle von Machpela* bestattet.

Adam. Buchmalerei zum Bericht über den Sündenfall im Garten Eden (Gen 3, 1 bis 24). Lediglich die Inschrift lässt erkennen, dass dieses Medaillon zur Ausstattung einer hebräischen Handschrift gehört. Die Malerei selbst mit den graziösen, tänzerisch bewegten Gestalten Adam und Eva und die um den Stamm des Baums der Erkenntnis von Gut und Böse gewundene Schlange entsprechen der gleichsam interreligiösen gotischen Buchmalerei. Nordfrankreich, um 1280/90; British Museum, London

Adar, 6. Monat des jüdischen *Kalenders* (im gregorianischen Kalender: Februar/März) mit *Purim* (Losfest) am 14. A. zur Erinnerung an die Errettung der Juden in Persien durch *Ester.* Mit dem A. II wird dem Jahr in zyklischen Abständen ein 13. Monat eingefügt und so die Differenz zwischen dem Mondjahr (354 Tage) und dem Sonnenjahr (365,25 Tage) ausgeglichen (lunisolarer *Kalender).*

Adass Jisroel (hebr. »Gemeinde Israels«), Vereinigung gesetzestreuer Juden in *Berlin.* Sie entstand 1869 nach deren Austritt aus der jüdischen Gemeinde Berlins wegen religiöser

Adass Jisroel. Jüdischer Friedhof in Berlin-Weißensee (Wittlicher Straße). Die jüdischen Friedhöfe sind stumme Zeugen einer in Deutschland durch die nationalsozialistische Terrorherrschaft fast ausgelöschten Religion und Kultur.

Vorbehalte. 1885 wurde die A. eine offiziell anerkannte Synagogengemeinde. Der Gottesdienst der A. fand zunächst in Privathäusern statt, ab 1873 auch in eigenen Synagogen (Gipsstr. 12a, später auch Artilleriestr. 31 und Siegmundshof 11). Die A. gründete eigene Schulen und unterhielt einen eigenen Friedhof in Berlin-Weißensee. Ihre Mitglieder – in den 1920er Jahren etwa 250 wahlfähige und 1500 außerordentliche Mitglieder – mussten in Berlin wohnhaft und aus der Berliner jüdischen Gemeinde ausgetreten sein. 1938 erzwangen die Nationalsozialisten ihre Eingliederung in die »Reichsvereinigung der Juden Deutschlands«. In den Folgejahren wurden die Mitglieder vertrieben oder ermordet. Die A. gründete sich in den 1980er Jahren neu und hat heute ihren Sitz in Berlin-Mitte.

Adonai (hebr. »mein Herr«), der im Gebet am häufigsten verwendete Name *Gottes* bei Anrufungen Gottes und beim Lesen der hebräischen Schriften. Da der Name Gottes heilig ist und nicht ausgesprochen werden darf, werden die in der hebräischen *Bibel* vorkommenden Konsonanten *JHWH* (Jehova, Tetragrammaton) nicht artikuliert, sondern durch A. oder *ha-Schem* ersetzt.

Adon Olam (hebr. «Herr der Welt«), Lied, das traditionellerweise am Ende des *Sabbat,* dem *Musaf* und der Morgengottesdienste der Feiertage von der Gemeinde gesungen wird. Die Hymne wird mit nicht letzter Sicherheit dem jüdisch-spanischen Dichter und Philosophen Solomon ben Juda ibn Gabirol (um 1020–1057) zugeschrieben und ist seit dem 14. Jh. Teil der *Liturgie* der *Sephardim* wie der *Aschkenasim.* Sie preist Gott den Ewigen in seiner Größe, der über alles herrscht. Manche rezitieren die Worte der A. auch vor dem Einschlafen; ebenso ist es Brauch, den Text am Totenbett zu beten.

Afikoman, Afikomen (urspr. griech.; hebr. »Nachtisch«), das mittlere der drei Stücke der *Mazza,* das während des *Seders* gebrochen und erst am Ende des *Seders* des ersten *Pessachabends* gegessen wird. Es ist Brauch, danach nichts anderes mehr zu essen, damit der Geschmack der Mazza die ganze Nacht im Mund bleibt. Nach Sitte der *Aschkenasim* wird das A. von den anwesenden Kindern versteckt und vom Leiter des Seders durch ein Geschenk ausgelöst.

Ag(g)ada (Pl. Aggadot; aram. »Erzählung«), Teil der mündlichen Lehre, die aus Sammlungen erzählerischer, nicht religionsgesetzlicher Texte besteht. Zu ihr gehören auch Teile des *Midrasch,* der sog. agadische Midrasch, und des *Talmud.* Nach der Rabbinerlehre ist die A. nicht autoritativ und aus ihr können keine halachischen Gesetze abgeleitet werden. Doch ihre Stellung in Bezug auf Vermittlung von Erkenntnis und Frömmigkeit ist bedeutend. Die A. enthält zahlreiche literarische Gattungen: Berichte und Geschichten, Sagen und Legenden, Gleichnisse, Fabeln, Rätsel, Witze u.a., die einerseits die Lehre der *Halacha* erläuternd begleiten, andererseits auf spielerische, assoziative Weise einzigartig jüdisches Fühlen und Denken sowie Ethik vermittelt, auf die sich das Rechtssystem der *Halacha* stützt. Sie sind seit der Zeit des zweiten Tempels gesammelt und überliefert worden. Bibelverse können in der A. in unterschiedlicher, auch in sich widersprechender Weise ausgelegt sein.

Agudat Israel, 1912 in Kattowitz gegründetes lockeres Sammelbündnis verschiedener jüdisch-orthodoxer Gruppierungen. Es richtete sich vor allem gegen den *Zionismus.* In der A. fand sich das moderne deutsch-jüdische *Orthodoxe Judentum* mit der chassidisch geprägten polnischen und litauischen Orthodoxie *(Chassidismus)* zusammen. In den jüdischen Gemeinden Polens gab es vor 1939 heftige Kämpfe gegen die Zionisten und »Bundisten« *(Bundismus).* Mit der Gründung des Staates *Israel* kam es zu einer pragmatischen Wandlung und Beteiligung an verschiedenen Regierungen der auch dort tätigen Organisation. Durch das Erstarken des Selbstbewusstseins der orientalischen Juden in der Schass-Partei in den 1980er Jahren verlor sie auf politischer Ebene an Bedeutung.

Aguna (hebr. »die Gebundene«), ursprünglich Bezeichnung für eine unverheiratete Frau, in der späteren rabbinischen Gesetzgebung eine Frau, die keine neue *Eheschließung* eingehen darf, weil ihr Mann seine unerlässliche Mitwirkung an der *Scheidung* verweigert – im schlimmsten Fall, um wirtschaftliche Zugeständnisse abzupressen – oder unauffindbar ist, d. h. sich entzieht, einfach »verschwindet« oder in Katastrophen- und Kriegszeiten verschollen und sein Tod nicht nachweisbar ist. Da nach jüdischem Gesetz eine *Scheidung* nur aufgrund eines Get des Mannes *(Scheidebrief)* oder dessen nachgewiesenem Tod ausgesprochen werden kann, ist die Lage der A. problematisch. Ist der Ehemann verschollen, wird die Beweislast so großzügig wie möglich gehandhabt. Dies war vor allem in den Jahren nach der *Schoa* notwendig: Ehemänner wurden nach einer angemessenen Frist für tot erklärt und ihren Frauen die Wiederheirat erlaubt. Schwierig bleibt die Lage für Frauen, deren Ehemänner nicht in die Scheidung einwilligen. Die Gesetzesgeber bemühten sich durch Jahrhunderte, Lösungen zu finden. Die verschiedenen Richtungen des Judentums gehen jedoch weiterhin mit diesem Problem unterschiedlich um. Diese Lage führte zu einer Initiative englischer orthodox-jüdischer Frauen, die ein »pre-nuptial agreement« (Vereinbarung vor der Eheschließung) befürworten. Einige Rabbiner weigern sich jedoch, dies als rechtsgültig anzuerkennen.

Ahasverus, latinisierte Form für hebräisch Achaschwerosch, biblischer Name des Perserkönigs Xerxes I. (um 519–465 v. Chr.). Ein 1602 erschienenes christliches Volksbuch »Kurtze Beschreibung und Erzählung von einem Juden mit Namen Ahasverus« berichtet von einem jüdischen Schuster aus Jerusalem, der Jesus auf seinem Weg zur Kreuzigung die Rast verweigert hatte und hierfür zu ewiger Wanderschaft verdammt wurde. Die Legende weist keine Bezüge zum biblischen A. auf, seine Vorläufer findet A. in den vielen unsterblichen Wanderern christlicher und heidnischer Quellen sowie in mündlichen Überlieferungen verschiedener Kulturkreise. Nicht nur handelt es sich bei dem Volksbuch von 1602 um die erste selbstständige Schrift

Ahasverus. Plakat in niederländischer Sprache zum antisemitischen Hetzfilm »Der ewige Jude« (1940) beim Einsatz im besetzten Holland. Er wurde vom NS-Propagandaminister Joseph Goebbels (1897–1945) maßgeblich gestaltet.
Die seit dem Mittelalter in vielen Fassungen verbreitete Sage vom ewigen Juden, meist Ahasver genannt, erzählt, er sei einst am Kreuzweg Jesu gestanden und habe ihm Rast verweigert. Als Strafe müsse er nun bis zur Wiederkehr Christi die Welt durchwandern, bevor er Vergebung und Ruhe finde. Die Nationalsozialisten nutzten die Ahasver-Legende für ihre judenfeindlichen Zwecke.

zu A., es popularisiert ihn auch als Zeugen des Leidensweges Christi. In der Funktion des Zeugen verdient A. auch Respekt und wegen seiner Strafe Mitleid. Die im 17. Jh. folgenden Varianten des Volksbuches versehen die Legende mit judenfeindlichen Untertönen. Zunehmend wird A. als die Inkarnation seines Volkes gedeutet, wodurch sich an der Figur der jeweilige Stand christlich-jüdischer Beziehungen ablesen lässt. Die Wortfolge »Der ewige Jude« findet sich erstmals in einer Variante des Volksbuches im Jahr 1694, in anderen Sprachen werden andere Elemente der Figur betont (»the Wandering Jew«, »le juif errant«, »l'ebreo errante«). Gegen Ende des 18. Jh., vor allem aber im 19. Jh. wird A. zu einer bildermächtigen Figur in Kunst und Literatur. Ein von Goethe geplantes großes episches Gedicht »Des ewigen Juden, Erster Fetzen« (1774) blieb Fragment. Stefan Heyms »Ahasver« (1981) und Jean d'Ormessons »Histoire du Juif errant« (1990) lieferten die jüngsten Romane zum »ewigen Juden«.

Akeda (hebr. »Binden, Fesselung«), Geschichte der Opferung *Isaaks* (Gen 22). Sie wird am 2. Tag des Neujahrsfestes *(Rosch haschana)* in der *Synagoge* gelesen. Nachdem *Abrahams* ältester Sohn Ismael mit seiner Mutter Hagar verstoßen worden war, befahl Gott Abraham, seinen verbliebenen Sohn Isaak im Land Morija als Opfer darzubringen. Abraham gehorchte – erst als er bereits im

Begriff war, Isaak zu töten, griff ein gottgesandter *Engel* ein und sagte Abraham, dass Gott ihn habe prüfen wollen. Anstelle Isaaks wurde nun ein Widder geopfert. Die »Akeda Jizchak«, die »Fesselung Isaaks«, inspirierte durch die Jahrhunderte Ausleger und Kommentatoren zu verschiedenen Interpretationen: Einige verstehen die A. als freiwilliges Opfer Isaaks, da er zu diesem Zeitpunkt bereits erwachsen gewesen sei, andere befürworten, die Opferung habe tatsächlich stattgefunden und Isaak sei wieder ins Leben zurückkehrt. Die A. verkörpert zudem den absoluten Glauben an Gott und Gehorsam gegenüber seinem Willen. Viele Juden, die z.B. während der *Kreuzzüge* im Rheinland den Märtyrertod starben, d.h. *Kiddusch ha-Schem* begingen, hatten Abrahams Gehorsam vor Augen.

Der Überlieferung nach ist der Fels im Inneren des *Felsendoms* in Jerusalem die Stelle der Opferung Isaaks.

Al Chet (hebr. »der Sünde wegen«), Gebet am *Jom Kippur,* das um die Vergebung der *Sünden* bittet, die im vergangenen Jahr begangen worden sind. Die *Gemeinde* betet das A. mit seiner alphabetischen Sündenaufzählung sowohl laut als auch leise, da jeder nicht nur für seine eigenen Sünden verantwortlich ist, sondern auch für die der ganzen Gemeinde. Es ist Brauch, mit der rechten Hand leicht auf die Seite des Herzens zu schlagen, während die einzelnen Sünden aufgezählt werden.

Aleinu (hebr. »an uns ist es«), Abschlussgebet eines jeden Gebets, sowohl in der Gemeinschaft als auch beim täglichen privaten Gebet. Beim Neujahrsfest *(Rosch ha-schana)* ist es Bestandteil des Zusatzgebets *(Musaf)* und heißt dann *Awoda.* Verfasst wurde das A. von Rav Abba Aricha im 3. Jh. n.Chr. in *Babylonien* als Festgebet für das Neujahrsfest. Es ist Brauch, dass die stehend Betenden während des Gebets die Knie beugen und sich verneigen.

Alija (hebr. »Aufstieg«), 1. Einwanderung aus der *Diaspora* in das Land Israel. 2. Der Aufruf eines Gemeindemitglieds während der Versammlung in der *Synagoge* zur *Bima,* dem Lesepodium in der Synagoge, zu treten, um die *Segenssprüche* vor und nach der *Toralesung* zu sprechen. Die mit einer A. Geehrten werden mit ihrem hebräischen Namen aufgerufen: traditionell zuerst ein Nachkomme der Priester *(Kohen),* dann einer der *Leviten,* dann weitere Mitglieder der Gemeinde. 3. Pilgerfahrt nach *Jerusalem.*

Alija. Jüdische Einwanderer in der Hafenstadt Haifa im Juli 1947, rund zehn Monate vor der Staatsgründung Israels. Britische Soldaten helfen den jüdischen Immigranten vom Schiff. Seit 1920 war Palästina britisches Mandatsgebiet.

Allerheiligstes (hebr. debir; von hebr. dabar »Wort«), Innerstes des *Stiftszeltes* wie des *Tempels.* Es enthielt die *Bundeslade* mit den beiden *Kerubim,* durch die *Gott* sich mitteilte und welche die Gesetzestafeln schützten. Das Heiligtum im ersten wie im zweiten Tempel war ein kubusförmiger und fensterloser Einbau, der sich über dem heiligen Fels *(Felsendom)* befunden haben soll. Auf beiden Seiten des Eingangs zu ihm standen je fünf Leuchter. Das A. ist nicht Wohnstätte Gottes, sondern in ihm herrschte die Allgegenwart von Gottes Wort; es ist Ort der Offenbarung. Nur einmal im Jahr, am Tag der Sühne *(Jom Kippur),* durfte es betreten werden, jedoch ausschließlich vom *Hohenpriester.* Das A. des zweiten Tempels war nach dem Verlust der Bundeslade, an die nur noch eine aus dem Boden ragende Steinfliese, der so genannte Gründungsstein, aus der Zeit der ersten Propheten erinnert haben soll, bei der Zerstörung des ersten Tempels durch die Babylonier 586 v.Chr. ein leerer Raum – ein völlig unerwarteter Anblick für die Römer, bevor sie den zweiten Tempel 70 n.Chr. zerstörten.

Allgemeine Zeitung des Judentums (AZJ), maßgebliches, gemäßigt liberales Organ deutschsprachiger Juden, das 1837–1922 erschienen ist und dessen Redaktion über 50 Jahre Rabbiner Ludwig Philippsohn (Magdeburg-Bonn) innehatte. Die AZJ war die zentrale Quelle für religiöse Debatten innerhalb der mitteleuropäischen Juden, vor allem über die Modernisierung des jüdischen *Gottesdienstes.* Zugleich war das Blatt Wortführer im Kampf um Gleichberechtigung der Juden und der jüdischen Religionsgemeinschaft in Deutschland. Die AZJ enthält durch ihre Korrespondentenberichte viel Material über die jüdischen Gemeinden in den *USA,* in Nordafrika, Osteuropa und dem Orient. Philippson veröffentlichte in der A. auch moderne jüdische Erzählungen mit im Gegensatz zum Großteil der allgemeinen deutschen Literatur positiven jüdischen Protagonisten. Die liberale Haltung der AZJ ging dem *Orthodoxen Judentum* anlässlich der *Rabbinerversammlungen* der 1840er Jahre zu weit. Es gründete mit dem »Treuen Zionswächter« 1845 ein konkurrierendes Organ. 1922 ging die AZJ in der Zeitung des *Centralvereins* der *deutschen Staatsbürger jüdischen Glaubens* auf.

Almemar → Bima

Alphabet, hebräisches (hebr. alef-bet), eines der ältesten Alphabete, dessen Ursprung wahrscheinlich auf phönizischen Einfluss zurückgeht. Das A., von rechts nach links geschrieben, ist eine sog. Skelettschrift: Sie enthält keine Vokale, sondern 22 Konsonanten, wobei jedoch vier Konsonaten als Hilfsvokale dienen. Um Unklarheiten bzw. falsches Lesen zu vermeiden, wurde nach 800 n.Chr., d.h. nach dem *Talmud,* ein Punktierungssystem eingeführt, um eine Vokalisierung der Buchstaben zu ermöglichen. Im Lauf der Jahrhunderte hat sich eine Lesart des A. der *Aschkenasim,* die in Europa üblich ist, und eine der *Sephardim* ergeben, die im Vorderen Orient vorherrscht und heute das Neuhebräisch *(Iwrith)* bestimmt, das jedoch wieder unpunktiert geschrieben wird. Die Buchstaben des A. sind heilig, da in ihnen die *Tora* geschrieben wurde. Es wird ihnen auch ein ethisch-erzieherischer Wert beigemessen. Zugleich sind die einzelnen Buchstaben auch Zahlzeichen bzw. Zahlwert. Aus der Verbindung dieser drei Eigenschaften hat sich eine hoch entwickelte, religiös bestimmte *Zahlensymbolik* entwickelt und das A. ist von einer Fülle mystischer Erklärungen und Auslegungen umgeben.

Alphabet. Zierseite einer Handschrift der hebräischen Bibel (Tanach) aus Portugal oder Italien, 16. Jh.; Bibliothèque Nationale, Paris

Altar, im Judentum natürlicher oder von Menschenhand geschaffener, erhöhter Aufbau mit meist plattenartig flacher Oberfläche nach altorientalischem Vorbild, an dem Gott geopfert wurde. Die *Erzväter* und die *Zwölf Stämme Israels* suchten lokale Altäre zur Darbringung von *Opfern* auf. Die *Propheten* bekämpften diese und das Buch Deuteronomium suchte Altar und Opfer auf Jerusalem zu zentralisieren. *Stiftszelt* wie *Tempel* besaßen zwei Altäre: einen Brandopferaltar im Vorhof und einen Räucheraltar im Zelt bzw. Tempel. In Ezechiel 43,13–17 wird der Opferaltar beschrieben – wahrscheinlich der des Ersten Tempels. Seit dessen Errichtung und der damit verbundenen Zentralisierung des Kultes herrschte der Glaube vor, dass ein Opfer nur auf dem Tempelaltar rechtmäßig sei. Nach der Zerstörung des zweiten Tempels 70 n.Chr. trat der häusliche Tisch in den Familien an die Stelle des Opferaltars. In die sich nun stärker entwickelnde *Synagoge* wurden viele Tempelrituale und -bräuche übernommen, jedoch nicht das Opferritual. Die Synagogen besitzen keinen Altar und die Zeiten des Tempelopfers wurden zu den Zeiten der Gebete.

Altersstufen, der jüdischen Tradition nach meist in drei Phasen eingeteilt: Kindheit/ Jugend, Erwachsenenalter und Greisenalter. Die *Pirke Awot* (hebr. »Sprüche der Väter«), ein *Traktat* der *Mischna,* zählen folgende Stufen auf: mit fünf Jahren Erlernen der Tora, mit zehn Jahren Erlernen der Mischna, mit 13 Jahren Verpflichtung auf die Gebote *(Bar Mizwa),* mit 18 Jahren Heirat *(Eheschließung),* mit 20 Jahren eigener Lebensunterhalt, mit 30 Jahren auf der Höhe der Kraft, mit 40 Jahren Einsicht, mit 50 Jahren Ratgeber, mit 60 Jahren Greisenalter, mit 70 Jahren Weißhaarigkeit (entspricht hohem Alter) mit 80 Jahren Macht und mit 100 Jahren »so gut wie tot«. Auch wenn die meisten öffentlichen Funktionen mit 60 Jahren beendet waren, wurde das Alter und die damit verbundene Weisheit hoch geschätzt. Soweit möglich, wurden alte Menschen innerhalb des Familienverbundes versorgt; wo dies nicht möglich war, kümmerte sich die *Gemeinde* um ihre Versorgung.

Altes Testament, christliche Bezeichnung für die hebräische *Bibel.*

Amen (hebr. »so sei es«), von der Gemeinde gemeinsam gesprochene Antwort auf ein Gebet, die feierlich Übereinstimmung ausdrückt. Laut *Talmud* ist A. eine Abkürzung für »El Melech neeman« (»Der Herr ist ein treuer König«). Die Verwendung von A. geht zumindest auf die Zeit des zweiten *Tempels* zurück, wo es nach den von den *Leviten* angestimmten Gesängen gesprochen wurde.

Amulett. Kalkstein-Tafel zur Abwehr des »Blicks des Dämons«. Als apotrophäisches Zeichen dient der siebenarmige Leuchter Menora. 5. Jh.; Archäologisches Institut, Jerusalem

American Jewish Comitee, älteste jüdische Verteidigungsorganisation. Ihre Gründung 1906 in den USA war eine Reaktion auf die großen russischen *Pogrome* dieser Zeit. Sie drang auf eine liberale Einwanderungspolitik der *USA.* Die A. bekämpfte in den USA und weltweit den *Antisemitismus.* Nach 1945 bemühte sie sich auch um die Freiheitsrechte nicht jüdischer Gruppen. Aus der A. gingen das Jewish Relief Committee und zahlreiche philanthrope Organisationen hervor.

Amida (hebr. »Stehen«), aus 18 *Segenssprüchen* bestehendes Gebet, das bei jedem der drei täglichen Gottesdienste rezitiert wird. Die A., auch als »Schemone-Esre« (hebr. »Achtzehnbittengebet«) bekannt, wird stehend gesprochen. Die Sprüche segnen *Gott* in bestimmter Reihenfolge mit 18 verschiedenen Attributen, z.B. als das *Schild Abrahams,* den Spender von Wissen und als Retter *Israels.* An Werktagen werden alle 18 Segenssprüche aufgesagt, am *Sabbat* und an den Feiertagen (S. 303) nur der erste und die drei letzten.

Amoräer, Amoraim (aram. »Sprecher«), 1. Bezeichnung für die Person, die in den babylonischen Lehrhäusern für die Zuhörer die Predigten und Bibeltexte wiederholte bzw. in die Umgangssprache *Aramäisch* übersetzte. 2. Jüdische Gelehrte in *Palästina* und *Babylonien* zwischen 200 v.Chr. und 500 n.Chr, die den *Tannaiten* nachfolgten. Ihre Debatten, Diskurse und Kommentare über die *Mischna* sind in einem Teil des *Talmud,* der *Gemara,* festgehalten. Ihre Entscheidungen nach der *Halacha* werden mit denen der Tannaiten als gleichwertig angesehen. Die A. setzten auch die Tradition der *Aggada* fort. Die palästinensischen A. wurden vom *Nasi* und dem *Sanhedrin* bestimmt und führten den Titel *Rabbi,* die babylonischen Gelehrten den Titel »Rav«. Sie besaßen auch Funktionen in der *Gemeinde,* u.a. das Richteramt. Über 2000 A. sind namentlich bekannt.

Amulett, der Volksreligion zuzuordnendes Hilfsmittel zur Abwehr von Unheil. Sie können u.a. vor Teufeln, Geistern und *Dämonen,* dem bösen Blick, Dieben und Feinden schützen oder auch Weisheit, Liebe und eine leichte Kindsgeburt ermöglichen. Weit verbreitet waren sie zur Abwehr der Kindbettdämonin *Lilit.* Man trug die A. um den Hals oder brachte sie an Mauern an. Häufig handelte es sich um ein Stück Pergament, das mit den Namen *Gottes,* von *Engeln* oder mit Bibelversen beschrieben war, denen magische Kräfte zugeschrieben wurden. Dekorative Symbole auf den A. sind der *Magen Davids,* die *Menora* und eine Unglück abwehrende Hand. Auch traditionell-religiösen Objekten wie der *Mesusa,* den *Gebetsriemen* und *Schaufäden* wurde eine Schaden abwehrende Wirkung zugeschrieben. A., obwohl von *Rabbis,* Schriftgelehrten und Intellektuellen als *Aberglaube* eingestuft, blieben Bestandteil des Judentums, soweit sie mit dem jüdischen Monotheismus konform gingen. Formen, die einer Anerkennung anderer Götter und Mächte als Gott gleichkamen, wurden bekämpft.

Ani maamin (hebr. »ich glaube wahrhaftig«), die ersten Worte des *Glaubensbekenntnisses,* das auf den *Dreizehn Glaubensgrundsätzen des Maimonides* (Moses ben Maimon; 1135

bis 1204) basiert *(Jigdal)*. Das Glaubensbekenntnis wurde etwa im 15. Jh. von einem unbekannten Autor verfasst, war bald allgemein akzeptiert und dem *Siddur* beigefügt:

1. Anerkennung *Gottes* als einzigem Schöpfer und Herrn der Welt
2. Unteilbare und absolute Einheit Gottes
3. Unkörperlichkeit Gottes
4. Gott ist der Erste und Letzte, der Absolute und Ewige
5. Verbot einen anderen außer Gott anzubeten
6. Worte der biblischen *Propheten* sind Wahrheit
7. *Mose* ist der größte der Propheten
8. die *Tora* wurde dem Volk *Israel* durch Mose gegeben
9. Ewige Gültigkeit der Tora
10. Allwissenheit Gottes
11. Gott vergilt Gutes und bestraft Vergehen
12. Glaube an das Kommen des *Messias*
13. Glaube an die Wiederbelebung der Toten (Auferstehung).

Antijudaismus, seit der Antike, spätestens seit der frühchristlichen Zeit in Europa herrschende Judenfeindschaft, die von religiös-theologischen Gegensätzen bestimmt wurde. Erst als das Christentum mit der Regierung Kaiser Konstantins I., des Großen (306 bis 337 n.Chr.), Staatsreligion wurde, floss die Judenfeindschaft in die staatliche Rechtsprechung ein. Mit der Durchsetzung des Christentums wurden Juden zunehmend sozial an den Rand gedrängt, ihrer Bürgerrechte beraubt und verfolgt. Durch die Jahrhunderte war es der christlichen Kirche ein Ärgernis, dass die Juden die Taufe ablehnten. Die christliche Bevölkerung stand der jüdischen Minderheit voll Misstrauen gegenüber: Sie wurden als »Gottesmörder« für den Tod *Jesu* am Kreuz verantwortlich gemacht. Es entstanden *Ritualmordlegenden* und Vorwürfe der *Hostien- und Reliquienschändung*. Obwohl diese Diskriminierungen wie der spätere Vorwurf der *Brunnenvergiftung* jeder Grundlage entbehrten, führten sie während des ganzen Mittelalters immer wieder zu Verfolgungen und *Pogromen*. Die Kirche unternahm mit dem 4. Laterankonzil von 1215 den Versuch, die Judenfeindschaft endgültig festzuschreiben: Sie verfügte, dass sich Juden beiderlei Geschlechts von anderen Leuten durch ihre Kleidung zu unterscheiden haben und verstärkte damit ihre Isolation. Die Reformation änderte an der Lage der Juden nichts: Martin Luther wurde mit seiner Enttäuschung, die Juden nicht für seine Form des gereinigten Glaubens gewinnen zu können, zu ihrem Gegner. Seine Schrift »Gegen die Juden und ihre Lügen« (1543) sah radikale Maßnahmen vor wie das Niederbrennen ihrer *Synagogen*, Schulen und Häuser, die Benutzung der Straßen, das Konfiszieren des *Talmud* und der *Gebetbücher*, ein Verbot jeglicher Lehre durch die *Rabbiner* bei Todesstrafe, Verbot des Geldgeschäftes, Einzug des Vermögens und Zwangsarbeit, möglichst aber die Vertreibung aller Juden. Erst die Zeit der Aufklärung führte zu gewissen Verbesserungen in der gesellschaftlich-rechtlichen Stellung der Juden, z.B. als Gotthold Ephraim Lessing und andere Aufklärer allen Religionen einen Wahrheitskern zusprachen, an Menschlichkeit und Gerechtigkeit appellierten und die Lage der Juden thematisierten (Lessing, »Nathan der Weise«, 1779). Während sie in Frankreich mit der Französischen Revolution in ihren bürgerlichen Rechten einschließlich der Religionsausübung formal gleichgestellt wurden, erlangten sie im übrigen Europa gegen den Widerstand der katholischen Kirche erst in der zweiten Hälfte des 19. Jh. die vollen Bürgerrechte.

Antisemitismus, im Umkreis des Berliner Journalisten Wilhelm Marr (1818–1904) im Jahr 1879 geprägter Begriff, mit der Absicht, den damals in ganz Mitteleuropa herrschenden antijüdischen Vorurteilen einen »wissen-

Antijudaismus. Das Neue Testament berichtet vom Justizmord an Jesus und zitiert den Schrei der aufgehetzten Menge: »Sein Blut komme über uns und unsere Kinder!« (Mt 27,24). Hier liegt eine Wurzel des Antijudaismus als Garant christlicher Identität im Mittelalter. Er drang nicht zuletzt in die christliche Ikonografie ein, etwa beim Thema der Kreuztagung (»Zusammen mit Jesus wurden auch zwei Verbrecher zur Hinrichtung geführt«; Lk 23,32). Das Gemälde von Hieronymus Bosch konzentriert sich auf den physiognomischen Kontrast zwischen Jesus, den beiden Verbrechern (rechts) und den Schergen, die einem tradierten Typus des Jüdischen entsprechen. Um 1515; Museum voor Schone Kunsten, Gent

Antisemitismus. Felix Nussbaum, »Selbstbildnis mit Judenpass«, um 1943; Felix-Nussbaum-Haus, Osnabrück. Der von den Nationalsozialisten als »entartet« diffamierte Künstler Nussbaum emigrierte 1935 nach Belgien und wurde 1940 nach der deutschen Besetzung des Landes verhaftet und nach Südfrankreich deportiert. Im gleichen Jahr kehrte er illegal nach Belgien zurück. Von dort wurde er in das Konzentrationslager Auschwitz deportiert. Hier wurde er 1944 ermordet. 1998 wurde in seiner Heimatstadt Osnabrück das von David Libeskind erbaute Felix-Nussbaum-Haus eröffnet.

schaftlichen« Anstrich zu geben. Seit den 1870er Jahren kam es zu heftigen antisemitischen Übergriffen als Gegenreaktion auf den Eintritt der Juden in die nicht jüdische Gesellschaft. Erst 1871 hatten die Juden im Deutschen Reich die formale rechtliche Gleichberechtigung bekommen. Während die große Mehrheit der Juden sich als Deutsche verstand, wurde ihnen aber durch den A. ihre gesellschaftliche und politische Integration sowie ihr Deutschsein abgesprochen. Der A. wurde Teil des politischen Programms verschiedener Parteien, z.B. Marrs »Antisemitenliga« (1879), des »Deutschen Antisemitenbundes« (1884) und der »Antisemitischen deutsch-sozialen Partei« (1889).

In der Weimarer Republik richtete sich die antisemitsche Agitation gegen die vermeintlich »jüdischen« Ideologien des Liberalismus, Kapitalismus, Sozialismus und Kommunismus und gegen den Einfluss jüdischer Bürger in Musik, Kunst und Literatur. Dagegen stand die reale fortschreitende Assimilation des deutschen Judentums.

Nach der Machtübernahme der Nationalsozialisten 1933 wurde der A. integraler Bestandteil der Regierungspolitik. Administrativ gehörten dazu u.a. das Gesetz zur Wiederherstellung des Berufsbeamtentums von 1933 (Ausschluss von Juden aus dem Staatsapparat) und die Nürnberger Gesetze von 1935 (u.a. Verbot von Ehen zwischen Juden und Nichtjuden). Die systematischen Einschüchterungen und Gewaltaktionen gegen Juden vor dem Krieg gipfelten am 9.11.1938 in der Reichspogromnacht (»Reichskristallnacht«). Nach der Besetzung fast ganz Europas durch deutsche Truppen im Zweiten Weltkrieg (1939–45) fand der A. mit der Ermordung von Millionen europäischer Juden seine größte verbrecherische Ausprägung. Der auf der Berliner Wannseekonferenz im Januar 1942 beschlossenen totalen Vernichtung der europäischen Juden (im NS-Jargon »Endlösung der Judenfrage« genannt) fielen etwa sechs Mio Menschen zum Opfer.

Im Gegensatz zum Antijudaismus greift der A. die Juden nicht wegen ihrer Religion an, sondern als »Rasse« und als »Nation«.
→ Zentrum für Antisemitismusforschung

Anussim (hebr. »Gezwungene«), im Gegensatz zu *Apostaten* gegen ihren Willen zur Annahme einer anderen Religion gezwungene Juden. Zwangskonversionen gab es vor allem in der Geschichte des Christentums, aber auch in der des Islam. Vielfach lebten die A. heimlich ihren Glauben und seine Bräuche weiter *(Kryptojuden, Marranen)*. In der Regel hatten sie bei der Zwangskonversion nur die Wahl zwischen Taufe oder Verlust aller Rechte, Vertreibung und häufig dem Tod, wobei es zu vielen Selbsttötungen *(Martyrium)* von Juden kam. 576 n.Chr. wurde die gesamte jüdische Gemeinde von Clermont-Ferrand zwangsgetauft, im 10. Jh. häuften sich Zwangsübertritte im Rheinland, im 11./12. Jh. während der *Kreuzzüge* erneut in den Städten des Rheinlands, aber auch in ganz Europa sowie im Vorderen Orient. Im 7. Jh. war es in Spanien zu Zwangstaufen durch die christlichen Westgoten gekommen, aber auch zur Zwangsislamisierung unter der islamischen Reformbewegung der Almohaden, die auch Juden Nordafrikas einbezog; weitere Zwangstaufen erfolgten in Spanien 1391 und ab 1481 mit Einführung der Inquisition in Spanien und 1497 in Portugal. Zar Nikolaus I. (reg. 1825–55) ließ Zwangstaufen durchführen, u.a. wurden während seiner gesamten Regierungszeit auch jüdische Kinder entführt, zwangsrekrutiert und -getauft *(Kantonisten)*.

Apostasie, Apostat (griech. apostasis »Abfall«), Abfall von der überkommenen Religion. Die A. wurde während der Antike dem Götzendienst gleichgesetzt und galt als Kapitalverbrechen. In den Büchern der *Makkabäer* werden Juden, die hellenistische Bräuche annahmen, als A. bezeichnet. Doch die eindeutige Verurteilung von A. wurde in einer vom Christentum oder Islam dominierten Umwelt schwieriger. Die jüdische Minderheit war stets einem großen Konversionsdruck ausgesetzt; die Furcht vor Verfolgung wurde zu einer häufigen Ursache von A. Zwangstaufen von Juden *(Anusim)* schufen ein neues Problem der Bewertung von A. Viele der Zwangsgetauften lebten heimlich den jüdischen Glauben weiter *(Kryptojuden, Marranen)*. Nicht wenige A. attackierten das Judentum in polemischen Schriften und in öffentlichen Glaubensdisputationen, z.B. der 1504 in Köln zum Christentum konvertierte Johannes Pfefferkorn (1469 bis 1521/22), der die Konfiskation des *Talmud* und anderer rabbinischer Literatur veranlasste *(Talmudverbrennung)*. Unter zum Islam Konvertierten kam es kaum zu antijüdischen Attacken. Seit dem 18. Jh., vermehrt ab dem 19. Jh., konvertierten infolge der Aufklärung, von Emanzipation und Assimilation viele Juden zum Christentum, z.B. Heinrich Heine. A. berührt die Frage, ob ein Jude sein Judesein überhaupt aufgeben kann. Sie wird unterschiedlich beantwortet: Der *Halacha* zufolge bleibt ein A. ein Jude: Er kann eine gültige jüdische Ehe schließen. Kinder einer abgefallenen Mutter sind Juden. Der *Talmud* nennt verschiedene Kategorien von A. Die Wertung von A. in der rabbinischen Literatur hängt jedoch auch von den Umständen der Konversion ab. In traditionellen jüdischen Familien wurde es Brauch, für den A., auch wenn er lebt, *Trauerriten* zu begehen. Seit der Staatsgründung *Israels* (1948) ist ein vom Glauben abgefallener Jude nach dem *Gesetz der Rückkehr* nicht berechtigt, nach Israel einzuwandern.

Aqeda → Akeda

Aramäisch, semitische Sprache, die sich in ein östliches und westliches Sprachgebiet unterteilt. Sie wurde in der Antike im Gebiet des heutigen Syrien und Irak gesprochen und in hebräischen Buchstaben geschrieben. A. wurde zunehmend zur Alltagssprache der Juden und das *Hebräische* nahm stark an Bedeutung ab, auch wenn es den Status der heiligen Sprache beibehielt, wobei Worte des A. ins Hebräische eingingen und umgekehrt. Gegen Ende der Zeit des zweiten *Tempels,* als nur noch eine Minderheit das Hebräische beherrschte, wurde die *Tora* ins A. übersetzt *(Targum)*. Die späteren Bücher der hebräischen *Bibel* sind vom A. sprachlich beeinflusst. Viele der Schriftrollen, die am Toten Meer gefunden wurden, sind in West-A. geschrieben (Qumran), ebenso der Jerusalemer bzw. palästinensische *Talmud* wie auch der Kommentar zur *Mischna,* die *Gemara*. Der babylonische Talmud wurde dagegen in Ost-A. verfasst. Dialekte des A. werden heute noch in einigen Gebieten gesprochen.

Arbaa minim, vier Pflanzen, die beim Ritus des *Sukkot* verwendet werden *(Vier Sorten, Lulaw)*.

Arba kosot (hebr. »vier Becher«), vier Becher *Wein,* die traditionell beim *Pessach Seder* getrunken werden, wobei dies nach der *Midrasch* auch von den Ärmsten erwartet wird.

Arba Kuschiot (hebr. »vier Fragen«), vier beim *Pessach Seder* gestellte Fragen. Sie werden traditionell von der jüngsten anwesenden Person gestellt, die dazu in der Lage ist zu erfragen, warum diese Nacht mit ihren Bräuchen anders ist als andere: Warum in dieser Nacht nur ungesäuertes Brot? Warum nur bittere Kräuter? Warum tunken wir sie zweimal ein? Warum sitzen wir nicht, sondern lehnen uns zurück? Der Leiter des Seder erklärt daraufhin die Pessach-Tradition.

Arba Turim (hebr. »vier Reihen«), von Jakob ben Ascher (um 1280–1340) verfasste Sammlung religiöser Vorschriften, die nach den vier Reihen der Edelsteine auf dem Brustschild des *Hohenpriesters* benannt ist. Die vier Teile heißen: Orach Chaiim (hebr. »Lebensweise«) – eine Zusammenfassung der Gesetze zu den Gebeten, dem *Sabbat* und den Feiertagen; Jore Dea (hebr. »Lehrer der Erkenntnis«) – eine Zusammenfassung der Ritualgesetze; Eben ha-Eser (hebr. »Stein der Hilfe«) – die Gesetze, die *Frauen* betreffen; Choschen Mischpat (hebr. »Brustschild des Rechts«) – das Zivilrecht. Jakob ben Ascher legt seinen religionsgesetzlichen Festlegungen den entsprechenden Text des *Talmud* und verschiedene Kommentare zugrunde. Der Kompendiumscharakter dieses Werks half Laien, sich im Religionsgesetz, der *Halacha,* zurechtzufinden und machte es schnell populär. Das A. war auch das Vorbild für den *Schulchan Aruch*.

Arba kosot
Das Trinken von vier Bechern Wein, der symbolisch die Erlösung von Sorgen meint, wird u.a. auf Exodus 6,6–7 zurückgeführt, hier stehen die vier Worte Gottes geschrieben, die für die Erlösung des Volkes Israel aus der ägyptischen Knechtschaft entscheidend sind:
»Ich werde euch von dem Erliegen unter Ägyptens Lasten hinausführen (w'hozeti) und werde euch von ihrer Knechtschaft retten (w'hizalti) und werde euch mit gestrecktem Arme und mit großen Strafgerichten erlösen (w'ga'alti) und werde euch mir zum Volke nehmen (w'lakachti).«

Aschkenasim. »Süskind, der Jude von Trimberg«. Er war der einzige Jude unter den Minnesängern des Spätmittelalters. Sein Geburtsort Trimberg liegt vermutlich bei Schweinfurt in Unterfranken. Auf der Bildseite der Manesse-Handschrift spricht oder verhandelt Süskind (durch den »Judenhut« gekennzeichnet) mit einem geistlichen oder weltlichen Würdenträger aus Konstanz. Im Hintergrund ist das weiße Banner (hier damasziertes Silber) der Bodensee-Stadt zu erkennen. Codex Manesse, Anfang des 14. Jh.; Universitätsbibliothek Heidelberg

Aron ha-Berit → Bundeslade

Aron ha-Kodesch → Toraschrein

Ascher → Zwölf Stämme Israels

Aschkenasim (Sing. Aschkenas; hebr.), ursprünglich Bezeichnung für Juden und deren Nachkommen auf deutschem Gebiet. Urkundlich sind Juden erstmals 321 nachgewiesen. Doch wahrscheinlich ließen sie sich bereits im Gefolge der Römer in Germanien nieder. Im Frühmittelalter bildeten sie vor allem in Städten entlang des Rheins (Worms, Speyer, Mainz, Köln u.a.) größere Gemeinden. Im Heiligen Römischen Reich unter den karolingischen, ottonischen und staufischen Kaisern waren sie wohl gelitten und mit Rechten ausgestattet. Die Bezeichnung A. bezog sich in dieser Zeit bereits auch auf Juden Nordfrankreichs, den Niederlanden und Osteuropas, und zwar in Abgrenzung zu den spanischen Juden, den *Sephardim,* von denen sie sich im Brauchtum unterschieden: Die Geburt eines Mädchens wird gefeiert (Holegraasch, hebr. »Emporheben der Wiege«), obwohl *Tora* und *Halacha* keine Zeremonie vorsehen; aus der Windel, die ein Junge während seiner *Beschneidung* trug, wird ein verziertes Band angefertigt, das später die *Torarollen* zusammenhält; die *Eheschließung* ist ein besonders feierlicher Moment und die Hochzeit ein fröhlich festlicher, untermalt von *Klezmer*-Musik; besondere Trauerbräuche (Bestattung) gaben dem Abschied von einem Menschen ihr Gepräge, z.B. Spiegel verhüllen, Wasser ausgießen, den Toten um Verzeihung bitten, die Totenwache bis zur Beerdigung u.a. Einzelne Stadtgemeinden konnten bis zur *Schoa* ihren eigenen Ritus pflegen, u.a. die in Worms, Frankfurt/Main sowie Metz, und es gab regionale Unterschiede, z.B. in den Bräuchen des Elsass, Schwabens, Böhmens und Mährens. Handel, vor allem aber wirtschaftliche und soziale Einschränkungen, Verfolgungen und *Pogrome* führten seit dem Mittelalter immer wieder zu starker Dezimierung sowie Wanderbewegungen der A., die eine Besiedlung ganz West-, vor allem aber auch Osteuropas zur Folge hatten. Über Jahrhunderte entwickelte sich ein an seinen unterschiedlichen Sitten und Bräuchen, Glaubenssonderformen und -richtungen *(Chassidismus)* erkennbares aschkenasisches Ostjudentum. Die Brauchtumsgrenze verlief entlang der Oder, dahinter galt der der aschkenasisch-polnische Ritus, eine andere Aussprache des *Hebräischen* und das *Jiddische (Jüdische Sprachen)* gesprochen wurde. Vor 1945 gehörten ca. 90% des gesamteuropäischen Judentums zu den A. *Schoa* bzw. *Holocaust* führten zu einem nahezu vollendeten Genozid an den A., bei dem über sechs Millionen A. umkamen. Die Überreste der osteuropäischen A.-Kultur wurden während des Kommunismus, insbesondere während des Stalinismus, zerstört *(Polen,* Russland). Heute sind die A. durch Emigration, Flucht und Vertreibung aus West- und Osteuropa vor und nach 1945 weltweit verbreitet. Große Gemeinden gibt es in Israel (mit Oberrabbinat) und Australien; das Zentrum und die größte Zahl der A. befindet sich jedoch in den *USA.* Heute hat sich in den aschkenasischen Gemeinden eine modernisierte Variante osteuropäisch-jüdischer chassidischer Folklore mit israelischen Zutaten durchgesetzt.

Askese, dem Judentum als anhaltendes Lebensideal fremd und von den *Propheten* wie der Lehre im Allgemeinen als *Sünde* gegen die Wünsche *Gottes* betrachtet. Allerdings gab es Gruppen, die sich für eine begrenzte Zeit aus der Gemeinschaft zurückzogen, keinen Geschlechtsverkehr unterhielten und dem *Wein* entsagten oder die Haare und Fingernägel nicht schnitten. Besonders weit gingen die *Essener,* die wiederum Einfluss auf das frühe Christentum ausübten. Zwar befürworteten manche Autoritäten die A., doch das Judentum richtet sich bis heute nach Moses Maimonides

(Moses ben Maimon; 1135–1204), der einen Mittelweg zwischen Genuss und Entbehrung empfahl. In Teilen des *Chassidismus* (18./19. Jh.) gingen gewisse Dinge, wie die Betonung des Lernens durch den Entzug von Schlaf oder das Leben in Armut, in diese Richtung.

Asmachta (aram. »Stütze«), 1. Heranziehung eines biblischen Verses um ein religionsgesetzliches Gebot oder Verbot, das sich nicht vom biblischen Text ableitet, mit biblischer Autorität zu stützen. 2. Begriff des jüdischen Zivilrechts für ein mit einer Bedingung versehenes Rechtsgeschäft; die Rechtsverbindlichkeit derartiger Geschäfte ist der Auslegung im Einzelfall unterworfen.

Asomodeus, Asmodi, Aschmedai, ein böser Geist (Geister und *Dämonen*). Der A. findet sich erstmals im Buch Tobit, danach im Testament des *Salomo.* Die spätere *Aggada* schildert ihn eindrucksvoll als boshaften Charakter und bezeichnet ihn sogar als König der Dämonen. Die Folklore betrachtet ihn dagegen auch als freundlichen Geist und Freund der Menschen und treibt ihren Spott mit ihm.

Assimilation (lat. »Angleichung«), Anpassungs- bzw. Integrationsprozess in eine andere Kultur, sodass insbesondere die jüdische Mentalität und Eigenart durch die Identifikation mit der Gastnation verloren geht. Bereits zu biblischer Zeit befürchteten Juden, von den sie umgebenden heidnischen Kulturen assimiliert zu werden. Das frühe Christentum und die Judenchristen werden teilweise von Juden als eine A. an heidnische Lebensform angesehen. Seit der Aufklärung (zweite Hälfte des 18. Jh.) war die A. eine ernste Gefahr für den Bestand des jüdischen Glaubens und Volkes. Hauptsächlich von Westeuropa ausgehend, weitete sich der Prozess der A. bis in die Gegenwart auf die Mehrzahl der jüdischen Weltbevölkerung aus. Seit dem Zweiten Weltkrieg hat sich die A. erheblich beschleunigt durch die Vermehrung der Mischehen, die Ausbildungsmöglichkeiten an staatlichen Schulen und Universitäten sowie den allgemeinen und jüdischen Säkularismus. Die A. führt bis heute auch zu Spannungen innerhalb des Judentums. Der Widerstand gegen die A. ist ein wichtiges Anliegen vieler jüdischer Organisationen.

Astrologie, vom Judentum offiziell stets abgelehnt, da sie dem monotheistischen Ansatz des Judentums und der Willensfreiheit des Menschen entgegengesetzt ist. In der Volksreligion aber war das Horoskop durchaus üblich. Der jüdische Historiker Josephus Flavius (37/38–um 100 n.Chr.) berichtet, dass die Praxis des Sternelesens – von den *Propheten* abgelehnt, auch verspottet – weit verbreitet war. In der Zeit des *Talmud* beginnt das Eindringen der A. aus dem babylonischen Umfeld. Die Schriftgelehrten lehnten sie nicht einhellig ab, allerdings ist Gott immer stärker als der Einfluss der Gestirne. Die Philosophen jedoch waren gegen sie, allen voran Moses Maimonides (1135–1204). Durch den Aufschwung der jüdischen Mystik in Spanien im 13. Jh. gewann die A. an Bedeutung: Buchstabengruppen wurden mit Planeten assoziiert, in der praktischen *Kabbala* bestimmte Stunden und Tage als besonders heilend angesehen. Wichtig ist auch der Doppelsinn des hebräischen Wortes »masal«, das zugleich (Monats)zeichen und Glück bedeutet (vgl. die Eindeutschung »schlimmes Masel« in: Schlamassel, schlimmes Glück, d.h. Unglück). Abraham Zacuto (um 1450–1510), Astronom und Astrologe in Portugal, galt als einer der besten Wissenschaftler der Sternkunde und arbeitete am Hof des portugiesischen Königs.

Assimilation. Berühmte deutschsprachige Juden: *von links* der Philosoph Moses Mendelssohn (1729 bis 1786), der Dichter Heinrich Heine (1797–1856), der Psychoanalytiker Sigmund Freud (1856–1939) und der von Rechtsradikalen ermordete liberale Politiker Walther Rathenau (1867–1922)

Äthiopische Juden, wahrscheinlich durch Juden Oberägyptens in der Antike missionierte einheimische Stämme. Sie haben teilweise andere Feste und Bräuche. Sie bringen Opfer dar, die im rabbinischen Judentum nicht belegt sind. Die Feste *Purim* und *Chanukka* sind ihnen nicht bekannt. Besonderen Wert legen sie auf die *Sabbat*-Ruhe und die Reinheitsgebote. Die Sprache ihrer Heiligen Schriften ist Geez, nicht Hebräisch; allerdings leiten sich einige religiöse Grundbegriffe von hebräischen Wortwurzeln her. Jahrhundertelang bestand kein Kontakt mit dem rabbinischen Judentum. Erst als christliche Missionare die Falaschas entdeckten, kümmerten sich europäische Juden um sie, allen voran der französisch-jüdische Gelehrte Jacques Faitlovitch (1881–1955). Sie werden in Äthiopien als Falaschas bezeichnet, was »Vertriebene« bedeutet. Zehntausende entflohen der bitteren Armut nach Israel. Ihre Integration dort gestaltet sich als äußerst schwierig. Das israelische Oberrabbinat wollte sie zuerst nicht als Juden anerkennen, wie auch Vorurteile gegen ihr völlig anderes dunkles Aussehen herrschen. Ihre geistige Elite, die Kessim, wird nicht anerkannt. Verschiedene orthodoxe Gruppen bemühen sich in Israel um sie und entfremden sie ihrer Herkunftstraditionen.

Austrittsorthodoxie, 1851 auf Initiative von Rabbiner Samson Raphael Hirsch (1808 bis 1888) nach dem neuen, revolutionären Vereinsrecht in Frankfurt/Main gegründete jüdisch-orthodoxe Gemeinschaft. Die A. löste sich damit von den liberal dominierten Gemeinden. Auslöser waren unüberbrückbare Konflikte um eine Reform der Liturgie, die Einführung einer Orgel in den Synagogengottesdienst und um Synagogenarchitektur. Die Separatisten gründeten eine eigene, religiös bestimmte Infrastruktur: von der Volksschule bis zum Tauchbad *(Mikwe)* und von der *Synagoge* bis zum eigenen *Friedhof.* Da in den meisten deutschen Staaten für alle Untertanen bis in die 1870er Jahre die Zugehörigkeit zu einer Religionsgemeinschaft Pflicht war, konnten Juden in Baden erst 1869, in Preußen erst nach 1873 aus jüdischen Gemeinden formal austreten (Austrittsgesetz 1875). Austrittsgemeinden bildeten sich in Karlsruhe, Berlin, Wiesbaden, Bingen, Mainz, Stuttgart u. a. Viele blieben aber auch Doppelmitglieder. Das maßgebliche Organ war *»Der Israelit«* (Mainz-Frankfurt 1860 bis 1938). Die A. gründete eigene Lehrervereine, einen Rabbinerverband und 1919 einen eigenen Gemeindebund (»Halberstädter Verband«). Die Differenzen blieben bis in die NS-Zeit unüberbrückbar. Der in den Gemeinden verbliebene Teil des *Orthodoxen Judentums* wollte dort für seine Belange wirken und werben (»Gemeindeorthodoxie«). In angelsächsischen Ländern stellte sich dieses Problem nicht, da es keinen staatlichen Zwang zur Zugehörigkeit zu einer Religionsgemeinschaft gab.

Äthiopische Juden. Die sog. Falaschen warten am 24.5. 1991 vor der israelischen Botschaft in der von Rebellen eingeschlossenen äthiopischen Hauptstadt Addis Abeba auf ihren Bustransport zum Flughafen. Die israelische Armee flog binnen 36 Stunden rund 14 000 Falaschen nach Israel aus.

Auszug aus Ägypten → Exodus

Aw, 11. Monat im jüdischen Kalender (im gregorianischen Kalender: Juli/August) mit *Tischa be-Aw (Neunter Aw),* dem Fastentag zur Erinnerung an die Zerstörung des ersten *Tempels* in Jerusalem durch Nebukadnezar (586 v. Chr.) sowie des zweiten Tempels durch die Römer (70 n. Chr.).

Awinu Malkeinu (hebr. »Unser Vater; unser König«), Bittgebet, das während der meisten der Gottesdienste der *Zehn Tage der Umkehr* gebetet wird sowie an den Fastentagen außer dem *Neunten Aw.* Jede Zeile beginnt mit den Worten A.; seine Sprache, welche die private Bezeichnung »Unser Vater« der formellen »Unser König« gegenüber stellt, ist eine Neuerung der Bittgebete. Diese Grundform wurde später ausgebaut, sodass es in einigen Riten bis zu 44 Verse besitzt. Im *Reformjudentum* wird das Gebet nur an Neujahr und *Jom Kippur* gesprochen und teilweise im hebräischen Original wie in der Übersetzung leicht verändert, um so der feministischen Kritik an einer Bezeichnung von *Gott* als Vater und König entgegenzukommen.

Awoda (hebr. »Dienst«), ursprünglich aufwendiges Opferritual im Jerusalemer *Tempel* zum Neujahrsfest *Rosch ha-Schana,* d.h. am Tag der Reue bzw. des Gerichts. Seit der Zeit der *Synagogen* bezeichnet A. den Hauptteil des an die Stelle des *Opfers* getretenen Zusatzgebets *(Musaf).* Es geht zurück auf Levitikus 16 und wird in der *Mischna* beschrieben.

Awot, Abhandlung der *Mischna,* meist *Pirke Awot* genannt.

B

Babylonien, bedeutendstes Siedlungsgebiet der Juden in der Spätantike. Seit dem *Babylonischen Exil* (586 v.Chr.) befanden sich Juden im Gebiet zwischen Euphrat und Tigris (»Zweistromland«, Mesopotamien). Hier entstand der babylonische *Talmud* an den jüdischen Hochschulen Sura, Nehardea und Pumbedita (Niederschrift im 5. Jh. n.Chr.), das Fundament der rabbinischen Tradition nach der Zerstörung des Tempels (70 n.Chr.). Zwischen den Gelehrten des Landes Israel und Babylons bestanden lange Rivalitäten. Repräsentant der babylonischen Juden beim König waren die *Exilarchen,* die eine prunkvolle Hofhaltung betrieben und sich im vierten Rang des Hofprotokolls befanden. Zwischen den Vorstehern der jüdischen Hochschulen, den Geonim *(Gaon),* und dem Exilarchen gab es oft Spannungen.

Mit dem Aufkommen von jüdischen Hochschulen in Spanien und Mitteleuropa im Mittelalter verlor das babylonische Judentum allmählich an Bedeutung. Bürgerkriege verursachten einen allgemeinen Niedergang. Juden lebten aber kontinuierlich auch unter dem Islam im Irak (heutiger Name Babyloniens) bis zum Jahr 1948, als sie von der arabischen Nationalbewegung vertrieben wurden. Ihr synagogaler Ritus wird als »Nussach bawli« (»babylonischer Ritus«) bezeichnet und gehört zum sephardischen. Die aus dem Irak stammenden arabischsprachigen Juden sind neben jenen aus Marokko die größte orientalische Landsmannschaft im heutigen Israel.

Babylonischer Talmud → Talmud

Babylonisches Exil, Babylonische Gefangenschaft, Deportation vieler Einwohner des Reiches Juda 597 v.Chr. und besonders nach der Zerstörung Jerusalems und des ersten *Tempels* 586 v.Chr., Letztere durch König Nebukadnezar aus Babylon. Nach mehreren Jahrzehnten kehrte ein Teil der exilierten Juden ab 538 v.Chr. zurück, errichtete den Zweiten Tempel und baute die Stadt Jerusalem wieder auf. Das B. war der Beginn der ersten *Diaspora* durch das Weiterbestehen großer jüdischer Gemeinden, aus denen später der babylonische *Talmud* hervorging.

Babylonien. »Die Juden in der babylonischen Gefangenschaft« von Antonio Puccinelli, 1851; Galleria dell'Accademia, Florenz

Bahir, Sefer ha (hebr. »Das Buch Bahir«), das älteste, verbindliche Werk der *Kabbala,* eine Sammlung von Äußerungen, die verschiedenen Tannaim und *Amoräern* zugeschrieben werden. Gegner der Kabbala sehen es als häretisch an. Diese Anthologie tauchte im 12. Jh. in Südfrankreich auf. Wer sie in welchem Zeitraum zusammenstellte und bearbeitete, ist unbekannt, erkennbare Einflüsse sind strittig. In ihr werden die sog. *Sefirot,* die zehn Emanationen (schöpferischen Ausströmungen) *Gottes,* erstmals behandelt. Das B. wird als ein Werk gedeutet, das sich überwiegend nicht mit der von *Gott* geschaffenen Welt beschäftigt, sondern mit dem Reich Gottes, dem eigentlichen Gebiet der Sefirot.

Baldachin → Chuppa

Baraita (Pl. Baraitot; aram. »außerhalb«), Kommentare und Aussagen von *Tannaiten,* die sich in Schriften außerhalb der *Mischna* erhalten haben. Die B. dienen der Ergänzung der Mischna und der Lösung neu entstandener Probleme. Im *Talmud* führen die *Amoräer* häufig B. zur Unterstützung ihrer Argumente an. Die bekannteste und am häufigsten herangezogene Sammlung von B. ist die *Tos(s)efta.* Viele B. sind verloren gegangen.

Bar-Kochba-Aufstand. Silberdrachme des Freiheitskämpfers Bar Kochba aus der Zeit des jüdischen Aufstands um 135 n. Chr. Die Säulenfront symbolisiert den im Jahr 70 n. Chr. zerstörten Tempel, der Stern darüber vermutlich das messianische Zeichen des »Sternensohns« Bar Kochba.

Bar-Kochba-Aufstand, zweite jüdische Erhebung gegen die Römer im Land Israel, benannt nach ihrem Führer Bar Kochba. Anfänglich erfolgreich, besiegte ihn schließlich der von Kaiser Hadrian geschickte Feldherr Julius Severus. Bar Kochba sah sich als Messias. Besonders erbittert war der Kampf um die letzte Festung Betar bei Jerusalem, die 135 n. Chr. fiel. Wegen des Scheiterns wurde ein anderer Name von Bar Kochba (Sternensohn) »Kosiba« mit dem hebräischen Wort für »Lüge« (kasaw) in Verbindung gebracht.

Nach der Niederlage benannten die Römer die Provincia judaea in »Provincia palaestina« (»Land der Philister«) um, da sie jeglichen Gedanken an die jüdische Präsenz auslöschen wollten. Jerusalem wurde für Juden zur verbotenen Stadt erklärt und in eine römische Kolonie »Aelia capitolina« umgewandelt. Nur am Tag der Tempelzerstörung, am 9. Aw (Juli/August), durften Juden die Stadt betreten, um an den Resten der herodianischen Umfassungsmauern (»Klagemauer«) zu trauern. Die Niederlage der Juden und ihre Vertreibung ist die größte Katastrophe in der Geschichte des Judentums vor der *Schoa.* Sie ist der Beginn der fast 2000-jährigen Diaspora und Verfolgung der Juden, die ihr Land bis zur Staatsgründung Israels verloren.

Bar Mizwa. Jüdische Männer und Jungen lesen während der Bar-Mizwa-Feier an der Klagemauer in der Altstadt von Jerusalem aus einer Torarolle. Mit dieser Zeremonie werden jüdische Jungen ab vollendetem 13. Lebensjahr in die Glaubensgemeinschaft der Erwachsenen integriert.

Bar Mizwa (hebr. »Sohn des Gebotes«), Knabe, der mit Vollendung des 13. Lebensjahres religiös mündig wird: Er erhält vollverantwortlich die Rechte und Pflichten eines Mannes und wird in die *Gemeinde* aufgenommen. Dies bedeutet auch, dass der Vater nicht mehr für die Taten des Sohnes verantwortlich ist. Die Aufnahme geschieht durch eine Zeremonie in der *Synagoge:* An einem der Wochentage der *Toralesung* nach seinem 13. Geburtstag – bei den *Aschkenasim* meist am *Sabbat* während des Samstagsgottesdienstes – kann der B. aufgerufen werden, um die *Segenssprüche* über der *Tora* zu sprechen, Teile oder auch die ganze *Parascha* (Wochenabschnitt der Tora) und die *Haftara* zu lesen. Er darf nun die Gebetsriemen anlegen und beim *Minjan* mitgezählt werden. Gefeiert wird die B. mit einem Festmahl. Analog zur B. werden Mädchen in die Gemeinde aufgenommen *(Bat Mizwa).*

Baruch ata Adonai (hebr. »Gelobt seist Du, o Herr«), Formel, mit der viele der *Segenssprüche* oder *Berachot* beginnen.

Bat Mizwa (hebr. »Tochter des Gebots«), der Zeremonie der *Bar Mizwa* für Jungen entsprechende Feier für Mädchen. Sie ist erst im 19. Jh. entstanden. Nach jüdischem Recht erreicht ein Mädchen die Volljährigkeit mit zwölf Jahren und einem Tag; die B.-Zeremonie wird aber häufig auf das 13. Lebensjahr verschoben, um sie der Bar Mizwa gleichzustellen. Die B. entstand im *Reformjudentum* als nicht synagogale Zeremonie. Als Synagogenzeremonie wurde sie in den 1920er Jahren in den USA von Mordechai M. Kaplan (1881 bis 1983), dem Begründer des *Rekonstruktionismus,* eingeführt. Inzwischen ist die Zeremonie auch in anderen Strömungen des Judentums verbreitet.

Bedikat Chamez (hebr. »Suche nach Gesäuertem«), Zeremonie kurz vor *Pessach,* bei der die Familienmitglieder eine rituelle Suche nach Chamez, d. h. Gesäuertem wie z. B. Brot, durchführen. Dazu werden Brotstücke oder Plätzchen im Haus versteckt. Man sucht meist bei Kerzenlicht und benutzt eine Feder, um die Krümel in eine Tüte oder Serviette zu wischen, die später verbrannt wird. Während der Suche werden spezielle *Gebete* gesprochen.

Beit Midrasch (hebr. »Lehrhaus«), bis zur Säkularisierung unter den Juden Bestandteil jeder größeren jüdischen *Gemeinde.* Das Studium der mündlichen und schriftlichen Lehre galt auch für die jungen Männer als Ideal, die später einen Handelsberuf ergreifen wollten. Jüdische Lehrer erhielten dort ihre Grundausbildung. Die Studenten wurden durch Freitische verköstigt, sodass auch Kinder aus armen Familien studieren konnten. Mit der Professionalisierung der jüdischen Lehrerausbildung 1820–70 und der zunehmenden Säkularisierung verloren die B. immer mehr an Bedeutung und blieben auf die Orthodoxie beschränkt. Im osteuropäischen Judentum erhielt sich diese Tradition noch bis zum Massenmord an den europäischen Juden in stärkerem Maße, wenn sich auch viele ihrer Zöglinge als Erwachsene dem säkularen *Zionismus* oder dem *Bundismus* zuwandten.

Benjamin → Zwölf Stämme Israels

Berachot (hebr. »Segenssprüche«), die häufigste Form des jüdischen Gebets. Die B. behandelt der erste *Traktat* des *Talmud* und widmet sich den Fragen, wann und in welcher Form die B. bei den jeweiligen Gelegenheiten gesprochen werden. Im Einzelnen: das *Schema Israel* (siehe S. 276), das »Achtzehngebet« *(Amida),* die Tischgebete, die B. bei Sabbatausgang *(Hawdala)* und bei Naturereignissen.

Berg Hor → Aaron

Berg Horeb → Berg Sinai

Berg Morija, biblische Bezeichnung eines bergigen Gebietes, das in Genesis 22 beschrieben wird, sowie der Berg, auf dessen Gipfel *Abraham* auf Geheiß Gottes seinen Sohn *Isaak* opfern *(Akeda)* sollte. Einer späteren Tradition zufolge soll der Erbauer des ersten *Tempels,* König *Salomo,* ihn zum Mittelpunkt des Allerheiligsten gemacht haben (2 Chr 3,1), den heute die Kuppel des *Felsendoms* überwölbt. Er zählt zu den drei heiligen Bergen des Judentums, ist heilige Stätte und Pilgerort.

Berg Sinai, auf der Sinaihalbinsel zwischen dem Golf von Akaba und dem Golf von Suez gelegener Berg. In der hebräischen *Bibel* mehrfach erwähnt, wird er manchmal als »Sinai« (z.B. Ex 19,11), »Horeb« (z.B. Dtn 4,10) oder »Berg des Herrn« (z.B. Num 10,33) bezeichnet. Nach der biblischen Tradition ist dies einerseits der Ort, an dem *Gott* zu *Mose* im Dornbusch sprach (Ex 3). Zum anderen schlugen nach dem *Exodus* aus Ägypten die *Israeliten* hier ihre Zelte für fast ein Jahr am Fuß des Berges auf (Ex 19,1). Der Gipfel des B. ist der Ort, an dem Gott Mose die *Tora* und die *Zehn Gebote* offenbarte und ihm die *Gesetzestafeln* übergab. An seinem Fuß ließ *Aaron* das *Goldene Kalb* bauen, zerstörte Mose Gottes Gesetzestafeln und schuf sie neu. Hier bauten die Israeliten für sie die *Bundeslade* und das *Stiftszelt.* Als die Israeliten vom B. weiterzogen, verließ nach jüdischem Glauben auch die Gegenwart Gottes diesen Ort. Häufig wird der biblische B. als der Berg Gebel Musa (»Mosesberg«) neben dem Katharinenkloster identifiziert, eine Vorstellung, die aber erst aus byzantinischer Zeit stammt und die wissenschaftlich nicht gestützt wird. Der B. ist einer der drei heiligen Berge des Judentums *(Berg Morija, Zion),* wurde jedoch zu keiner Zeit eine heilige Stätte.

Berg Sinai. Die erste Gipfelkapelle auf dem Mosesberg auf der Sinaihalbinsel ließ der römische Kaiser Justinian im 6. Jh. n. Chr. errichten. Der abgebildete Neubau entstand im 19. Jh. Zu Füßen des Berges befindet sich das Katharinenkloster.

Berg Zion → Zion

Berit → Bund

Berlin, so wie die preußischen Herrscher Hugenotten und reformierte Schweizer zur Förderung der Wirtschaft beizogen, erlaubten sie 1671 auch 50 aus Wien vertriebenen jüdischen Familien den Zuzug nach Berlin. Nur wohlhabende Familien wurden zugelassen. Sie konnten sich im Verlauf von vier Jahrzehnten eine religiöse Gemeindeinfrastruktur mit Friedhof, Synagoge und Lernkreisen aufbauen. Obwohl später die Zahl der geduldeten Familien auf 120 erhöht wurde, lebten mehr Juden in der Stadt. Für das Jahr 1743 wird ihre Zahl auf 2000 geschätzt.

Die jüdischen Hoffaktoren-Familien stellten jüdische Gelehrte an. Bei ihnen studierte Moses Mendelssohn (1729–1786) aus Dessau, um den sich mit der Zeit eine bedeutende Gruppe jüdischer Aufklärer scharte. In B. wurde auch die moderne jüdische Pädagogik konzipiert. Um 1800 bis 1815 förderten jüdische Salondamen eine multikonfessionelle Gesellschaft. Hier war auch die Auseinandersetzung über eine Gleichstellung der Juden in Preußen zentral. Mit dem Zuzug jüdischer Fa-

Berlin. Das 2001 eröffnete Jüdische Museum (Luftaufnahme) in Berlin wurde von dem US-amerikanischen Architekten Daniel Libeskind (* 1946) als zerbrochener Davidstern konzipiert. Es bildet außen wie innen ein hervorragendes Beispiel »sprechender Architektur«, die bloßen Funktionalismus weit hinter sich lässt. Das 1735 errichtete ehemalige Kollegienhaus oberhalb des Neubaus beherbergte früher das preußische Kammergericht und nach dem Wiederaufbau 1963 das stadtgeschichtliche Berlin Museum. Heute dient es als Eingang und ist durch einen unterirdischen Gang mit dem Libeskind-Bau verbunden. Im Vordergrund links sind der »Holocaust-Turm« und der »Garten des Exils« zu erkennen.

milien aus Posen und Schlesien, später aus Osteuropa, wuchs die jüdische Gemeinde weiter, um 1900 die mit Abstand größte in Deutschland zu werden. Fast ein Drittel aller deutschen Juden wohnte 1925 in B. (172 000 von 564 000). Ihr Anteil an der Gesamtbevölkerung betrug 6,4%.

Juden waren in hohem Maße an der Entstehung einer urbanen modernen Kultur beteiligt, besonders in den Bereichen Pressewesen, Unterhaltungskultur, Textilproduktion (Konfektion) und Handel. Die Modernisierung des Judentums hatte in B. ein wichtiges Zentrum. Hier befanden sich nach 1872/73 das liberale und das modern-orthodoxe Rabbinerseminar, wie die Stadt auch der Hauptsitz für die meisten großen jüdischen Organisationen war (die wohltätige Bene-Brith-Loge, der *Centralverein der deutschen Staatsbürger jüdischen Glaubens,* der *Deutsch-Israelitische Gemeindebund* u.a.).

Beruria, einzige namentlich bekannte gelehrte Frau der rabbinischen Literatur. Sie lebte um das 2. Jh. n. Chr. in *Palästina.* Sie ist die einzige Frau, deren Meinung zu Fragen des Religionsgesetzes *(Halacha)* im *Talmud* erwähnt wird, selbst spätere Generationen rühmten noch ihre Gelehrsamkeit.

Beschneidung (hebr. Brit Mila), Entfernung der Vorhaut bei männlichen jüdischen Neugeborenen sowie bei Männern, die zum Judentum konvertieren. Die B. wird am achten Tag nach der Geburt durchgeführt, auch wenn er auf einen Sabbat oder hohen Feiertag fällt. Ein Aufschub ist nur aus gesundheitlichen Gründen erlaubt, denn die Achtung vor dem Leben hat Vorrang vor allen Geboten. Zwar gilt jeder, der von einer jüdischen Mutter geboren wird, als Jude, doch wurde in *Abrahams Bund* mit Gott (Gen 17,10–14) ihm und seinen Nachkommen von Gott die B. auferlegt. Sie ist das wichtigste, unauslöschliche Zeichen des Bundes zwischen Gott und Israel. Dem Vater des Neugeborenen obliegt die Pflicht, für die B. zu sorgen. Sie ist ein festliches Ereignis für Familie und Gemeinde und findet in Gegenwart einer Gemeindevertretung von zehn Männern, eines *Minjan,* statt. Die Zeremonie beginnt, indem der festlich gekleidete Säugling auf den »Elias-Stuhl« gelegt wird. Nach der Tradition ist der Prophet Elias wegen seines Eifers für den »Bund des Herrn« bei jeder B. als unsichtbarer Ehrengast anwesend. Der Pate hält den Säugling während der B. auf dem Schoß. Ausgeführt wird sie durch einen religiös und medizinisch geschulten Fachmann, den Mohel – heutzutage oft durch einen Arzt, der als Mohel fungiert. Nach der B. erfolgt die Namensgebung, indem erstmals der hebräische Name des Kindes sowie sein Name in der Landessprache laut verkündet wird. Anschließend folgt die Pflichtmahlzeit, ein Festmahl, bei dem der Neugeborene beschenkt und mit dem Spruch »Er wachse heran zur Tora, zur Chuppa und zu guten Werken« gesegnet wird, der später auch auf dem *Torawimpel* erscheint. Im 19. Jh. forderten deutsche Reformjuden die Abschaffung der B., da sie veraltet und barbarisch sei, und verweigerten die B. Heute betrachten jedoch alle religiösen jüdischen Gruppierungen und viele nicht religiöse Juden die B. als einen wichtigen Ritus. Es gibt jedoch noch einzelne religiöse Juden, welche die B. ablehnen.

Bessamimbüchsen → Hawdala

Bet Din (hebr. »Haus des Gerichts«), rabbinischer Gerichtshof, der von drei ordinierten Rabbinern besetzt ist und von einem Vorsteher (hebr. Aw bet din) geleitet wird. Er kann ad hoc einberufen werden. Seine Mitglieder müssen befugt sein, jüdisches Recht sprechen zu dürfen. Während der rabbinische Gerichtshof im Mittelalter und der frühen Neuzeit für Streitfälle zwischen Juden meist die alleinige Instanz war, wurden die nicht jüdischen Gerichte in der Neuzeit immer wichtiger. Mit dem Abbau der jüdischen Autonomie im 18. Jh. in Westeuropa wurde dies auch explizit verlangt. Der rabbinische Gerichtshof kam immer mehr in die Rolle eines bloßen Schiedsgerichts. In der Orthodoxie behielt er mehr an Bedeutung. Im Staat Israel wird das Personenstandswesen von den Religionsgemeinschaften geregelt. In diesem religiösen Bereich (Eheschließung, Scheidung, Übertritt zum Judentum) haben die rabbinischen Gerichtshöfe de jure weitgehende Befugnisse. Allerdings gibt es viele Konflikte mit dem säkularen staatlichen israelischen Gerichtswesen, dessen Spitze das »Beit ha-Mischpat ha-eljon«, der Oberste Gerichtshof, bildet. In Israel wird der Versuch gemacht, ein neues »Hebräisches Recht« aus den jüdischen rechtlichen Quellen im Rahmen der westlichen Rechtstradition zu schaffen. Bezüglich der Anerkennung von Konversionen *(Proselyt)* zum Judentum gab es Streit zwischen dem säkularen Obersten Gerichtshof, der jüngst auch die nicht orthodoxen Strömungen und ihre Übertrittsregelungen anerkannte, und den orthodox geprägten rabbinischen Gerichtshöfen. Insbesondere zur Regelung von Fragen der Stellung von Nichtjuden im Staat eignet sich das jüdisch-religiöse Recht nur schlecht, da die Verhältnisse im alten Israel vor 3000 Jahren ganz andere waren und seit 2000 Jahren die Entwicklung des jüdischen Rechts durch das Leben als Minderheit in der *Diaspora* geprägt wurde.

Bet (ha-)Midrasch → Jeschiwa

Bezalel → Stiftszelt

Bezalel-Kunstakademie, von Boris Schatz 1906 auf Initiative eines Berliner Fördervereins gegründete Kunsthochschule in Jerusalem. Der Name geht auf Bezalel, den Erbauer des biblischen Stiftszeltes, zurück (Ex 31, 1f.). Zu den Förderern gehörten der Grafiker Hermann Struck (1876–1944) und der Maler Max Liebermann (1847–1935). Bald trat die B. mit der Gestaltung religiöser Gebrauchsgegenstände sowie der Innenausstattungen von Synagogen hervor. 1925 begann die B. eine Sammlung von Judaika-Objekten aufzubauen. Nach der Gründung des Staates Israel (1948) wurde sie zum ersten Institut dieser Art des jungen Landes.

Bibel, hebräische, wichtigster und ältester Text des Judentums. Die B. – ein Begriff, der dem christlichen Gebrauch entlehnt ist – besteht weitgehend aus den gleichen Büchern wie das Alte Testament der christlichen Bibel, jedoch teilweise in anderer Reihenfolge. Außerdem bezieht sich die jüdische Tradition auf den hebräischen Urtext, die christliche Tradition wird eher von dessen griechischen und lateinischen Übersetzungen dominiert. Die religiöse Autorität der Bücher der B. ist enorm. Die innerjüdischen Strömungen interpretieren diese Autorität aber unterschiedlich, je nachdem, ob sie als direkte Worte Gottes verstanden werden oder nicht. Bis Anfang des 19. Jh. glaubten die meisten Juden, dass zumindestens die Tora Mose und dem Volk Israel am *Berg Sinai* von Gott direkt offenbart wurde *(Offenbarung)*, ein Glaube, den die Orthodoxie bis heute vertritt. Die Prophetenbücher (Newiim) haben in der Moderne an Autorität gewonnen, da ihre Forderungen nach Gerechtigkeit und Mitleid für sozial Schwächere viele Juden, besonders in liberalen und sozialistischen Kreisen, anspricht.

Bilderverbot, das in der Bibel *(Zehn Gebote)* formulierte Verbot »Du sollst dir kein Bildnis machen…« (Ex 20,4; Dtn 5,8). Es bezieht sich auf die Darstellung von Gott, Mensch und Tier. Auslegung und Praxis des B. standen in engem Kontext einer Abgrenzung der jüdischen Religion zu anderen Religionen. Das B. wurde in Zeiten angespannter Beziehungen zur Umwelt oft strenger gehandhabt. Im 1. Jüdischen Krieg (66–70 n. Chr.) kam es auch zu Bildzerstörungen durch die *Zeloten.* In allen Geschichtsperioden verboten blieben die Darstellung von Gott, der nicht vorstellbar und deshalb nicht darstellbar ist, sowie Kultbilder von Menschen. Aus biblischer Zeit sind wenige Tierplastiken, aber keine Darstellungen von Menschen bekannt. Genauer gefasst

Bibel, hebräische. Der siebenarmige Leuchter Menora (Ex 37,17–24) in der jüdischen Cervara-Bibel, Buchmalerei aus Portugal, um 1300; Biblioteca Nacional, Lissabon

Hebräische Bibel. Seite der Cervara-Bibel; Buchmalerei aus Portugal, um 1300; Biblioteca Nacional, Lissabon

Bilderverbot. Mit der islamischen Buchkunst teilt die jüdische den hohen Rang der kalligrafischen und ornamentalen, überwiegend geometrischen Gestaltung von Zierseiten; sie entsprechen den »Teppichseiten« irischer und byzantinischer Handschriften. Im übrigen legte die christliche Buchkunst bereits im Frühmittelalter Wert auf den lehrhaften Zweck bildlicher Darstellungen für Analphabeten: Eingangsseite des Buches Exodus mit dem ersten Wort in einem Medaillon als Schriftfeld im Pentateuch (Tora, Fünf Bücher des Mose), benannt nach dem Besitzer, dem Duke of Sussex; Süddeutschland, 14. Jh.; British Library, London

wird das B. im *Traktat* »Awodah Zarah« (hebr. »Götzendienst«) von *Mischna* und *Talmud.* Die rabbinische Auslegung deutet das 2. Gebot des Dekalogs nicht als allgemeines Bilderverbot. Im Gegensatz zu zweidimensionalen Darstellungen von Tieren und Menschen bleiben Hochreliefs und Skulpturen strikt abgelehnt. Bekannt sind insbesondere Mosaikfußböden spätantiker *Synagogen,* die neben Pflanzen- und Tierbildern auch Szenen mit menschlichen Gestalten zeigen. Berühmt sind die Wandmalereien mit fast ausschließlich biblischen Szenen der Synagoge in *Dura Europos.* Im Mittelalter und der Neuzeit wurde an der Ablehnung plastischer Darstellungen von Menschen festgehalten, wogegen vereinzelt Tierfiguren in der Synagogenarchitektur vertreten sind. Bildliche Ausschmückungen von Synagogen blieben die Ausnahme, so die Holzsynagogen mit reicher malerischer Ausschmückung in Polen. In Buchmalerei und Buchkunst dagegen sind illustrative Darstellungen von Mensch und Tier gebräuchlich. Inzwischen gehen die Auffassungen vom B. weit auseinander. In modernen Reformsynagogen in den USA finden sich neben Malerei auch Reliefs. Die Orthodoxie lehnt vor allem Plastiken und menschliche Figuren nach wie vor ab.

Bildung und Erziehung. Die Verpflichtung, Gottes Gebote zu lehren, wird in der Bibel häufig festgeschrieben (z.B. Ex 6,7). *Pirke* Awot, ein *Traktat* der *Mischna,* beschreibt das Lernpensum der Kinder: Mit fünf Jahren sollte ein Junge mit dem Erlernen der *Tora* (und damit dem Hebräischstudium) beginnen, mit zehn mit der *Mischna* und mit 15 mit dem *Talmud.* Ein Vater hat die Verpflichtung, seinen Sohn in der Tora zu unterrichten. Der Elementarschulunterricht fand im Beit Sefer statt, später auch Cheder (hebr. »Raum«) genannt. Der Unterricht wurde im Allgemeinen durch die *Gemeinde* veranlasst und finanziert. Für Begabte war der nächste Ort die *Jeschiwa,* eine Art Akademie, deren Schwerpunkt auf dem Studium des Talmud lag. Bis zur *Haskala,* der Epoche der jüdischen Aufklärung, wurde fast nur religiöses Wissen vermittelt; erst die jüdischen Aufklärer reformierten das Erziehungssystem. Seit der Verbreitung der allgemeinen Schulpflicht in der westlichen Welt besuchen die meisten jüdischen Kinder allgemeine Schulen und erhalten ihre jüdische Bildung in Nachmittags- oder Sonntagsunterricht.

Bima (hebr. »Podium«), aschkenasische Bezeichnung für die Plattform, auf der das Lesepult zur *Toralesung* in der *Synagoge* steht; sie wird auch als Almemor bezeichnet, bei den *Sephardim* als Tewa. Im Allgemeinen ist die B. in der Mitte des Raumes platziert, kann sich aber auch im östlichen Teil neben bzw. vor dem *Toraschrein* oder dem westlichen Teil der Synagoge befinden. Ersteres war im 19. Jh. eine Neuerung des *Reformjudentums,* Letzteres im Mittelalter bei den Sephardim üblich.

Birkat ha-Mason → Berachot

Brandopferaltar → Altar

Brit Mila → Beschneidung

Brunnenvergiftung, Anschuldigung gegen die Juden, absichtlich und heimlich durch Vergiftung des öffentlichen Brunnenwassers die Beulenpest, den schwarzen Tod, verursacht zu haben, um sich an den Christen zu rächen. 1348/49 wurde Europa von dieser schrecklichen Epidemie am stärksten heimgesucht. Sie war von Asien her über die Krim und das Mittelmeer nach Südfrankreich eingeschleppt worden. Verseuchte Rattenflöhe trugen die tödlichen Erreger, die sich unter den unhygienischen Zuständen der damaligen Zeit rasch ausbreiten konnten. Zuvor waren bereits Aussätzige in Südfrankreich desselben Vergehens bezichtigt worden. Die Seuche wanderte entlang des Rhônetals nach Mitteleuropa und breitete sich im Osten aus. An über 300 Orten wurden Juden ermordet. Diese Verfolgungswelle bedeutet einen entscheidenden Einschnitt in die mittelalterliche jüdische Geschichte Europas. Zwar überlebten Juden und gründeten im Deutschen Reich erneut Gemeinden, doch blieben diese wesentlich kleiner und unbedeutender. Der demografische Schwerpunkt der europäisch-jüdischen Bevölkerung hatte sich nach Mittel- und Osteuropa verlagert. Im populären Sprachgebrauch hat sich der Ausdruck »Brunnenvergifter« bis heute erhalten. Vielen ist jedoch der antijüdische Ursprung nicht mehr bekannt.

Buchstaben, Hebräische → Alphabet, hebräisches

Budapest, Stadt mit der größten städtischen jüdischen Gemeinde Mitteleuropas. Trotz massiver Verluste durch die *Schoa (Holocaust)* und die Abwanderung nach 1945, besonders nach dem Volksaufstand von 1956, konnte sich die Gemeinde auch über die Zeit des Kommunismus hinweg erhalten. Bestand hatte auch das Rabbinerseminar, das zur NS-Zeit im Untergrund überdauerte. Nach 1989 blühte das jüdische Leben in B. wieder auf. Heute leben in B. 60 000 Juden. Die Hauptsynagoge wurde renoviert, jüdische Schulen, Gymnasien, Jugendorganisationen, neue Synagogengemeinschaften entstanden unter US-amerikanisch-jüdischem Einfluss. Die gesamte jüdische Vielfalt ist heute in Budapest vorhanden, von progressiven Synagogen mit Gleichberechtigung der Frauen im Gottesdienst bis hin zur Bewegung des Chabad-*Chassidismus,* die sich vor allem in der Jugendarbeit engagiert. Für die Identitätsfindung wichtig war die Reorganisation des Jüdischen Museums. Allerdings sind die ungarischen Juden heute kaum mehr deutschsprachig wie vor 80 Jahren unter dem Einfluss der Donaumonarchie und so ist ein wichtiges Verbindungselement zum Westen nicht mehr vorhanden. Doch werfen weite Kreise der ungarischen Öffentlichkeit die jüdische Herkunft führender Kommunisten der 1920er Jahre pauschal »dem Judentum« vor und der Kommunismus wird generell als jüdische Erfindung dargestellt *(Antisemitismus).*

Bund (hebr. berit), 1. In der hebräischen *Bibel* ist B., der zwischen Menschen oder zwischen Mensch und *Gott* geschlossen wurde. Er wurde im Allgemeinen durch ein Ritual besiegelt und ist durch B.-Modelle des alten Vorderen Orient beeinflusst. Der B., den Gott mit *Abraham* schloss und gegenüber *Isaak* und *Jakob* bestätigte, bildet den Ausgangspunkt für die spätere Entwicklung des Judentums. Zeichen hierfür ist die *Beschneidung.* Der B., der mit Abraham geschlossen wurde (Gen 17), wird durch Gott gegenüber dem ganzen Volk Israel am *Berg Sinai* durch die Verkündung der *Zehn Gebote* bestätigt (Ex 24) und durch Esra (Neh 8) erneuert. Gottes Bündnistreue, die trotz Israels Abtrünnigkeit nicht wankt, ist ein wichtiges Thema im *Gebet* und in der *Aggada.* Ein B., der die ganze Menschheit umfasst, wurde zwischen Gott und *Noach* geschlossen – sein äußeres Zeichen war der Regenbogen. 2. Abkürzung für »Allgemeyner Yidischer Arbeter Bund in Lite, Polyn un Russland« *(Bundismus).*

Bundeslade (hebr. Aron ha-Berit), das Heiligste im *Allerheiligsten* des *Stiftszeltes* und des *Tempels:* ein hölzerner Schrein, der die zwei steinernen Gesetzes- oder *Bundestafeln* Gottes bewahrte. Auf Geheiß Gottes ließ *Mose* die Israeliten am Fuß des Berges Sinai die B. und das Stiftszelt bauen. Die B. verkörperte den *Bund* der Israeliten mit Gott und wurde als Zeichen seiner Allgegenwart im Allerheiligsten des Stiftszeltes stets mitgeführt. In Exodus 25,10–22 wird sie detailliert beschrieben: aus Akazienholz, versehen mit Tragestangen, innen und außen vergoldet, bedeckt mit einer goldenen Platte, an deren Enden zwei goldene Cherubim als ihre Hüter stehen, zwischen denen hindurch Gott seinen

Budapest. Mit einem Festakt vor über 1000 Gästen wurde am 5. September 1996 in Budapest die größte Synagoge Europas wieder eingeweiht. Der erste Bau war 1859 errichtet worden. Die Renovierungskosten von mehr als 6 Mio Euro wurden zu vier Fünfteln vom ungarischen Staat getragen.

Bundeslade. Relieffragment (Tür- oder Fenstersturz) mit Darstellung der Bundeslade auf Rädern; Relikt der Synagoge von Kapernaum (heute Tell Hum), spätes 2. oder frühes 3. Jh. n. Chr.

Willen kundtut. Nach 2 Sam 6 brachte König *David* mit 30 000 Mann die heilige B. von Baala nach Jerusalem auf den Berg *Zion,* der nun zur heiligsten Stätte der Juden wurde. Seit dem Bau des Ersten Tempels durch König Salomo auf dem *Berg Morija* befand sie sich in dessen Allerheiligsten. Nach jüdischer Tradition stand sie dort auf dem Fels, von dem aus die Welt erschaffen wurde *(Felsendom).* Seit der Zerstörung des *Ersten Tempels* 586 v. Chr. durch den babylonischen Herrscher Nebukadnezar ist die B. jedoch verschollen. Nach dem Traktat Joma der *Mischna* erinnerte im zweiten Tempel eine aus dem Boden ragende Steinfliese, der sog. Gründungsstein, aus der Zeit der ersten *Propheten,* an die B. Um ihren Verbleib ranken sich viele Legenden; einer zufolge bleibt sie bis zur messianischen Zeit *(Messias)* verborgen. Die B. ist Vorbild für den *Toraschrein* in der Synagoge.

Bundestafeln, Gesetzestafeln (hebr. luchot ha-brit), die Steintafeln, auf die *Gott* im Anschluss an seine Offenbarung an *Mose* die *Zehn Gebote* niederschrieb und die er ihm auf dem Berg Sinai übergab (Ex 31,18). Doch Mose zerschmetterte sie im Zorn über den Bruch des *Bundes* mit Gott durch das *Goldene Kalb* und dessen Anbetung durch das Volk (Ex 32,19). Auf Gottes Geheiß fertigte er zwei neue Steintafeln, auf die Gott nochmals die Gesetze schrieb. Diese Zweitfassung der B. wurde in der *Bundeslade* im *Allerheiligsten* des *Stiftszeltes,* später des ersten *Tempels* aufbewahrt. Die B. verschwanden mit der Bundeslade bei der Zerstörung des ersten Tempels 586 v. Chr. Nach talmudischer Tradition wurde die Bundeslade mit den B. noch vor der Tempelzerstörung in den Boden des Tempelberges versenkt.

Bundismus, in den Großstädten des Zarenreiches entstandene weltliche, sozialistische Bewegung unter jüdischen Arbeitern und Intellektuellen. Sie setzte sich für die Integration der Juden in Osteuropa mit nationalen Minderheitsrechten auf der Basis der jiddischen Kultur ein. Einen Monat nach dem ersten Zionistenkongress 1896 wurde der »Allgemeyne Yidische Arbeter Bund in Lite, Polyn un Russland«, kurz »Bund« genannt, in Wilna (Vilnius) gegründet. Zu anderen sozialistischen Bewegungen hatte er ein krisenhaftes Verhältnis, da diese die Vorstellung einer nationalen jüdischen Minderheit im Allgemeinen ablehnten. Anlässlich von Pogromen 1903 organisierte der Bund Selbstverteidigungsgruppen und nach einem Ritualmordprozess Demonstrationen gegen die Anschuldigungen. Der Bund distanzierte sich vom Kommunismus. 1920 wurde er in der Sowjetunion zwangsaufgelöst, während er in Polen bis 1939 weiterexistierte. Hier baute er ein beeindruckendes Fürsorgewesen für sozial schwache jüdische Familien auf. »Bundist« zu sein bedeutete in Polen auch, Teil einer Lebensgemeinschaft zu sein. In 130 polnischen Städten wurden Abgeordnete des Bundes gewählt. Er stand in scharfem Gegensatz zum *Orthodoxen* Judentum *(Agudat Israel)* und dem *Zionismus* (besonders der sozialistischen Variante). Der größte Teil des jiddischen Bildungswesens in Polen ging auf den Bund zurück. Er entfaltete eine rege Kulturtätigkeit und druckte viele jiddische Publikationen. Einige Aktivisten emigrierten nach Frankreich, die Mehrheit in die USA. Das polnische Zentrum wurde durch die *Schoa* zerstört.

C

Centralverein der deutschen Staatsbürger jüdischen Glaubens (CV), größte Organisation der deutschen Juden zwischen 1893 und 1933. Sie entstand als Reaktion auf die Erfolge der antisemitischen Parteien bei den Reichstagswahlen *(Antisemitismus).* Eine zentrale Abteilung beschäftigte sich mit der rechtlichen Abwehr antisemitischer Angriffe und der Aufklärung der nichtjüdischen Öffentlichkeit über das Judentum. Ziel seiner Mitglieder war die Durchsetzung bereits erreichter staatsbürgerlicher Rechte sowie die Stärkung des jüdischen Selbstbewusstseins. Der CV stand daher im Widerspruch zur »Zionistischen Vereinigung für Deutschland« (1897), und die beiden Organisationen hatten ein krisenhaftes Verhältnis zueinander: Als die Anhänger des *Zionismus* nach 1912 die Theorie von der »Entwurzelung« vertraten, protestierten führende Aktivisten des CV. Sie wehrten sich gegen eine ethnische Definition des Judentums, betrachteten sich als »deutsche Staatsbürger jüdischen Glaubens« und betonten ihre enge Beziehung zur deutschen Kultur. Die Anhänger des CV stammten vor allem aus dem Bildungsbürgertum und der Mittelschicht. 1916 hatte er neben 70 000 unmittelbaren Mitgliedern 200 000 weitere Mitglieder in angegliederten Verbänden – fast die Hälfte der Bürger jüdischen Glaubens in Deutschland. Der CV wurde auch mangels einer einheitlichen Dachorganisation der deutschen Juden oft als offizielle Interessenvertretung der Deutschen jüdischen Glaubens von der Öffentlichkeit anerkannt. Sehr früh bekämpfte er die Nationalsozialisten. Nach deren Wahlerfolg 1930 arbeitete er wieder enger mit den Zionisten zusammen und betrieb eine intensive Aufklärungsarbeit, verbunden mit bedeutenden publizistischen Tätigkeiten in der aus seiner Monatsschrift »Im deutschen Reich« 1922 hervorgegangenen »CV-Zeitung« und in »Der Morgen«. Nach der Machtübernahme Hitlers 1933 musste der CV zwangsweise seine öffentliche Tätigkeit einschränken. Er konzentrierte sich auf Rechtsunterstützung und beriet in ökonomischen Fragen. 1935 wurde der Verein gezwungen, sich in »Central Verein der Juden in Deutschland«, 1936 in »Jüdischer Central-Verein« umzubenennen. Einen Tag nach dem Novemberpogrom (»Reichskristallnacht«) wurden der CV und seine Publikationen verboten und zwangsweise in die »Reichsvereinigung der deutschen Juden« eingegliedert.

Chaliza (hebr. »Ausziehen«), Zeremonie, mit der die Witwe eines ohne Nachkommen Verstorbenen von der Verpflichtung zur *Leviratsehe* befreit wird (Dtn 25,5–10). Die C. muss vor einem Gericht mit fünf religiösen Richtern stattfinden. Hierbei liest die Witwe die Worte aus dem Deuteronomium und sagt aus, dass ihr Schwager sie nicht heiraten möchte. Ein spezieller Lederschuh mit Riemen wird vom Schwager am rechten Fuß angezogen. Nachdem er ein paar Schritte gelaufen ist, beugt sich die Witwe hinab, hält den Fuß des Schwagers in ihrer linken Hand und bindet den Schuh mit der rechten Hand auf. Dann zieht sie den Schuh aus und stellt ihn beiseite. Dann spuckt sie vor ihrem Schwager aus und sagt: »So behandelt man einen, der das Haus seines Bruders nicht baut« (Dtn 25,7–10). Das Gericht spricht ein Gebet und beide sind von der Verpflichtung zur Leviratsehe befreit. Heute lehnen viele Juden diese Zeremonie ab, orthodoxe und konservative Juden führen die C. aber durch. In Israel ist die Leviratsehe seit 1950 durch das Oberrabbinat verboten, die C. muss aber abgehalten werden.

Challa (hebr. »Teighebe«), nach der hebräischen Bibel eine Opfergabe (Num 15,17–21), bei der vom Brotteig eine bestimmte Menge abgezweigt und den Priestern gegeben wurde. Diese Verpflichtung galt ursprünglich nur während des Bestehens des *Tempels* und war damit nur in Israel gültig. Später wurde sie auf die *Diaspora* ausgeweitet, wo nun ein kleines Stück Teig in das Feuer geworfen und ein *Segensspruch* gesprochen wurde. Die C. ist eine von ursprünglich drei, später vier Pflichten der Frau *(Mizwa)*. Für den *Sabbat* und die Feiertage entwickelte sich eine besondere, C. genannte Brotform: ein geflochtener Kranz oder Zopf aus Hefeteig.

Challaf, scharfes Messer zum *Schächten.*

Chalukka (hebr. »Verteilung«), finanzielle Unterstützung bedürftiger Juden im Land Israel durch die jüdischen Gemeinden bzw. Einzelpersonen der *Diaspora.* Besondere Beachtung fanden arme Juden in den vier »heiligen Städten« *Jerusalem, Hebron, Zefat* (Safed) und *Tiberias.* Rabbiner der dortigen Gemeinden reisten in die Diaspora-Gemeinden, um für ihre Glaubensbrüder Geld zu sammeln. Obwohl bereits seit dem frühen Mittelalter verbreitet, war die C. vor allem im 19. Jh. wichtig für die Entwicklung der jüdischen Ansiedlung.

Chaluz (hebr. »Pionier, Avantgardist«), durch den *Zionismus* entwickelter neuer jüdischer Menschentyp. Er sollte durch physische Arbeit das alte Heimatland *Erez Israel* »erlösen« und den Aufbau einer gerechten Gesellschaft vorantreiben, die ein »Licht für die Nichtjuden« werden sollte. Der C. ist wehrhaft, selbstbewusst und spricht Hebräisch. Er lehnt die Diaspora-Kultur, die jiddische Sprache oder das Deutsche entschieden ab. Einzelne definierten sich nicht mehr als Juden, sondern als »Hebräer« oder »neue Kanaanäer«. Im sozialistischen Zionismus war der C. das Ideal schlechthin, der neue Formen des menschlichen Zusammenlebens in den *Kibbuzim* erprobte. Die Ideen gehen auf sozialphilosophische Überlegungen der Freilandbewegung der Zeit um 1900 und die agrarromantische Jugendbewegung des Wandervogels zurück, die beide eine neue »wahrhaftige« Lebensgemeinschaft im Gegensatz zum Leben in den als dekadent angesehenen Großstädten anstrebten. Mit dem Niedergang des sozialistischen Zionismus in den 1960er und 1970er Jahren verlor das Ideal des C. seine frühere Bedeutung. Etwa 3% der israelischen Bevölkerung leben heute in Kibbuzim, die selbst einem Wandel unterlagen und heute auch Industriebetriebe aufweisen.

Chamesch Megillot → Megillot

Chanukka (hebr. »Einweihung«), achttägiges, im Winter gefeiertes Fest, das an den in 1 Makk 4,59 berichteten Aufstand der *Makkabäer* (167 v. Chr.) gegen die Herrschaft des Seleukiden Antiochos IV. Epiphanes (reg. 175–164 v. Chr.) in Palästina erinnert, der den zweiten Tempel entweihte, und zugleich an die Wiedereinweihung des Tempels 164 v. Chr. durch Juda Makkabäus († 161 v. Chr.). Der Legende nach fanden die Makkabäer im Tempel einen Ölvorrat, der die *Menora* nur einen Tag speisen konnte. Durch ein Wunder reichte dieses Öl acht Tage lang, bis neues zur Verfügung stand. In Erinnerung an dieses Lichtwunder werden an C. die achtflammigen *Chanukkia* verwendet. An jedem Tag des Festes wird ein weiteres Licht entzündet und sichtbar vor dem Hauseingang oder im Fenster aufgestellt. Eierkuchen (»Latkes«) und Spritzkuchen (»Sufganiot«) sind neben Kreiselspielen fester Bestandteil dieses Familienfestes.

Chanukkia, achtflammiger Leuchter des *Chanukkafestes* mit einem zusätzlich angebrachten Licht, dem sog. »Schamasch« oder »Diener«, der zum Anzünden verwendet wird. Mit seinen nach zwei Seiten weisenden Armen ist die C. der *Menora* des Tempels nachempfunden.

Chasan, hebräische Bezeichnung des *Kantor* (s. auch S. 300).

Chasaren, Turkstämme, die in dem weiträumigen Gebiet zwischen Schwarzem und Kaspischem Meer siedelten. Juden, die sich ebenfalls dort angesiedelt hatten, konnten einflussreiche Ämter erringen. Mitte des 8. Jh. traten der König und große Teile der Oberschicht der C. zum Judentum über, und das Judentum wurde zur Staatsreligion. Dieser ungewöhnliche Schritt erregte großes Aufsehen unter den westeuropäischen Diasporagemeinden und gab der Hoffnung auf eine baldige Ankunft des *Messias* neue Nahrung. Doch russische Einfälle schwächten das Reich der C. seit dem 10. Jh., Mongolenüberfälle im 13. Jh. zerstörten es und das Volk verschwand. Juda Halevi (um 1075–1141), jüdischer Philosoph und Dichter, benutzte in seinem Buch »Sefer ha-Chusari« (»Das Chasaren-Buch«) – von steter Popularität im Mittelalter, im Kabbalismus *(Kabbala)* und im *Chassidismus* –

Chanukka. Rabbiner Zalman Gurevitch zündet am 21. Dezember 2000 auf der Terrasse der Alten Oper in Frankfurt am Main ein Licht der Chanukkia an. Das jüdische Lichterfest Chanukka wurde damit in Frankfurt zum fünften Mal auf einem öffentlichen Platz gefeiert.

die Geschichte der Bekehrung der C. zur Darstellung des Judentums und zur Verteidigung der unterdrückten Religion.

Chawa → Eva.

Chassidismus, Chabad-Chassidismus (ChaBaD, Abk. aus hebr. chochma »Weisheit«, Bina »Einsicht« und Daat »Wissen«), die von der in Litauen, neben der großen Mehrheit der traditionellen Orthodoxie, beheimatete Chabad-Bewegung vereinte neue Volksfrömmigkeit mit dem traditionellen Lernen der religiösen Quellen. Ursprünglich war der C. eine Bewegung unter den einfachen Juden Polens des 18. Jh., die weniger auf Bildung als auf ekstatische Frömmigkeit ausgerichtet war. Die Familie Schneersohn aus Lyadi/Liosna/Lubawitschi entwickelte sich zur prägenden Dynastie des C. Weltweit bekannt wurde die Verbindung von mystischen Elementen und Weltoffenheit durch das künstlerische schaffen des Malers Marc Chagall; er wurde 1887 im Dorf Llosno bei Witebsk in Weißrussland geboren und wurde hier vom C. geprägt. In den 1920er Jahren studierte Menachem Schneersohn (1902–1994) in Berlin (*Lubawitscher Bewegung).* In den 1930er Jahren wanderten einige ihrer Anhänger in den Westen aus. Einige konnten sich vor der *Schoa* retten. Nach 1945 blühte der C. in den USA erneut auf. Seine Anhänger sind gut organisiert und diszipliniert. Sie senden Rabbiner in die ganze Welt und versuchen säkulare Juden für ihre Bewegung zu gewinnen. Besonders zeichnen sie sich durch Jugendaktivitäten aus. Sogar die weltlich geprägte jüdische Gemeinschaft in Deutschland weist sechs rabbinische Abgesandte auf. Von den übrigen Strömungen mit einem gewissen Misstrauen betrachtet, entwickelte sich eine größere Kontroverse, als dem im Sterben liegenden greisen Menachem Schneersohn messianische Qualitäten zugesprochen wurden. Die Anhänger des C. lehnen weltliche Bildung ab und führen ein Leben in engen Gemeinschaften. Technische Mittel wie Computer und Fax machen sie sich zunutze, lehnen aber das Fernsehen ab. Sie tragen die im 18. Jh. entstandene polnisch-jüdische Tracht mit dem an Wochentagen schwarzen mit Gürtel versehenen *Kaftan* und einem Pelzhut.

Chawura (hebr. »Gemeinschaft«), von den USA ausgehende, spirituelle jüdische Bewegung. Die C. erfasst junge Menschen, die eine neue individualistische Religiosität suchen. Der Gottesdienst in den Synagogen erscheint ihnen festgefahren und zu unpersönlich. Ein wichtiger geistiger Mentor ist Rabbiner Salman Schachter. In den Gottesdiensten spielt das gemeinsame Singen eine große Rolle. Hier wirkte der neo-chassidische Rabbiner und Sänger Shlomo Carlebach (1925–1994). Viel Zeit wird auch im Gegensatz zum üblichen jüdischen Gottesdienst für Selbstreflexion und Meditation aufgewendet. In dieser Hinsicht ist die Bewegung eindeutig von der New-Age-Bewegung beeinflusst. Die Anhänger der C. tendieren dazu, geschlossene Gesellschaften auf der Basis emotionaler Beziehungen zu bilden und breiten sich deshalb kaum aus.

Chassidismus. Orthodoxe Juden mit Mantel und Pelzhut im New Yorker Stadtbezirk Brooklyn. Der Chassidismus blühte nach 1945 insbesondere in den USA erneut auf.

Cheder → Kinder, Bildung und Erziehung

Cherub → Kerub

Choschen, rituelle Brustplatte des *Hohenpriesters.*

Choschen Mischpat → Arba Turim

Chumasch (von hebr. »Fünf«), eine gängige Bezeichnung für den *Pentateuch* bzw. die *Tora.*

Chuppa (hebr. »Baldachin«), Tuch als eine Art von Dach, unter dem die Zeremonie der *Eheschließung* stattfindet. Diese Bedeckung repräsentiert das Ehegemach, denn ursprünglich bezeichnete die C. die Brautkammer, in der die Ehe vollzogen wurde und die Feierlichkeiten der Hochzeit sieben Tage lang stattfanden. Die C. kann sehr schlicht sein oder einfach aus einem hochgehaltenen *Gebetsmantel* bestehen. Oft aber ist sie reich verziert, z.B. mit Stickereien.

Credo → Glaubensbekenntnis

David. Mit dem Hirtenjungen und späteren König David verbindet sich die Botschaft von Gottes Kraft, die in den Schwachen mächtig ist. Dies gilt besonders für den Sieg des meist knabenhaft dargestellten David über den »Riesen« Goliat (»Der Schaft seines Speeres war so dick wie ein Wagenbaum«; 1 Sam 17,7). David »griff in seine Hirtentasche, nahm einen Stein heraus, schleuderte ihn ab und traf den Philister an der Stirn« (1 Sam 17,49). Buchmalerei einer hebräischen Handschrift, Nordfrankreich, 13. Jh.; British Library, London

D

Dämonen, in der jüdischen Volksfrömmigkeit und Folklore weit verbreitete Wesen. Die D. der hebräischen *Bibel* sind Gott unterstellt, zum Teil werden auch die heidnischen Götter als D. beschrieben (Dtn 32,17). Im nachbiblischen Judentum sind D. die Nachfahren der gefallenen Engel, Satan ist ihr Anführer. Es gibt sie in großer Zahl, sie sind unsichtbar und können fliegen; sie essen, trinken, pflanzen sich fort und sterben; ihren Aufenthaltsort haben sie an verlassenen Orten und sie sind hauptsächlich nachts aktiv. Zum Schutz vor D. hilft zum einen das Befolgen der *Halacha,* des Religionsgesetzes, zum anderen bietet das Tragen von *Amuletten* zusätzlichen Schutz.

Dan → Zwölf Stämme Israels

David, geboren in Bethlehem als Sohn des Isai (Jesse) aus dem Stamm *Juda,* König von Israel (reg. um 1010–970 v. Chr.); Begründer der erblichen Monarchie. In seine biblische Biografie (1 Sam 1ff., 2 Sam, 1 Kön 1–2, und 1 Chron 10ff.) flossen verbreitete Muster ein, wie der soziale Aufstieg vom einfachen Hirtensohn zum König. D. zeichnete sich durch seine musikalische und dichterische Begabung, den Kampf gegen den Riesen Goliath aus und gehörte später zum Hofstaat König *Sauls.* Nach dessen Tod wurde D. mit 30 Jahren in *Hebron* zum König von Juda gekrönt. Er schuf das Großreich Israel, modernisierte den Staat und schuf ein Söldnerheer. Nach zahlreichen Kriegen gegen die Philister, Moabiter, Aramäer, Ammoniter und Edomiter sowie durch eine kluge Heiratspolitik wurde das Land zu einer Großmacht, die sich von den Grenzen Ägyptens bis zum Euphrat erstreckte. Seine letzten Jahre trübten Familienintrigen im Streit um die Nachfolge. D. bestimmte schließlich *Salomo* zum Thronfolger. Bereits als junger König hatte D. die unbedeutende jebusitische Kleinstadt *Jerusalem* erobert und sie, da sie zu keinem der *Zwölf Stämme Israels* gehörte, zu seiner Hauptstadt gemacht; auf dem Berg *Zion* ließ er sich seinen Palast errichten. Den inneren Zusammenhalt des Reiches, Macht und Ansehen festigte er, indem er das *Stiftszelt* mit der *Bundeslade* von Schilo dorthin überführte und Jerusalem zum kultischen Mittelpunkt machte. D. plante einen *Tempel,* für dessen Standort er den *Berg Morija* wählte, Arbeiter anwarb und das notwendige Baumaterial herbeischaffen ließ. Doch dessen Bau wurde erst durch Salomo möglich. Nachfolgende Generationen nahmen D. zum Maßstab für alle weiteren Könige. Spätere Quellen suchten ihn idealer darzustellen als er war. Doch bei allen erwiesenen Fehlern zeichneten ihn auch Menschenfreundlichkeit, Großmut und Gerechtigkeit aus. Juden wie Christen wurde er zu einer zentralen Figur; traditionell betrachten sie D. als den Verfasser der *Psalmen.* Nach jüdischem Glauben wird ein Nachkomme des Geschlechts D. König der messianischen Zeit *(Messias)* sein und derjenige, der das Geschick Israels wiederherstellt und den dritten Tempel errichtet.

Davidstadt → Jerusalem

Davidstern → Magen David

Debir → Allerheiligstes

Dekalog → Zehn Gebote

Deutsch-Israelische Gesellschaft, 1966 gegründete Gesellschaft zur Förderung des kulturellen Austauschs u. a. durch begleitete Studienreisen nach Israel, Seminare und die Betreuung von Jugendaustauschprogrammen. Sie entstand nach der Aufnahme diplomatischer Beziehungen zwischen der Bundesrepublik und Israel (1965). Impulsgeber ist die deutsch-israelische Parlamentariergruppe. Über das Maß der Kritik an der israelischen Politik gab es nach 1977 (Machtwechsel in Israel, Regierungsantritt von

Menachem Begin) heftige interne Diskussionen. 1993 wiesen die verschiedenen Gruppen 3300 Mitglieder auf. Nach 1989 wurden Ableger in den neuen Bundesländern gegründet.

Deutsch-Israelitischer Gemeindebund (DIGB), konzipiert 1869, in Funktion getreten 1871. Seine wichtigsten Anliegen waren die Fürsorge für jüdische Arme, die Verbesserung der Lehrerbildung, Unterstützung von Lehramtskandidaten, die Konzeption von Lehrplänen und Lehrmitteln sowie die Aufklärung der deutschen Öffentlichkeit über das Judentum. Seine Fürsprecher gehörten dem liberalen Judentum an; dies machte orthodoxen Gemeinden einen Beitritt unmöglich. Seine statistischen Erhebungen bilden ein wertvolles Quellenmaterial, da er als einzige Organisation Angaben über alle Gemeinden des deutschen Kaiserreiches zentral zusammenstellte. Wichtig waren auch bis 1921 seine in lockerer Folge erschienenen »Mitteilungen aus dem DIGB«. Später übernahmen andere Organisationen Teile seiner Funktionen, so nach 1893 der *Centralverein der deutschen Staatsbürger jüdischen Glaubens* den Abwehrkampf und 1917 die Zentralwohlfahrtsstelle die Koordination des jüdischen Fürsorgewesens. Durch den Landesverband der jüdischen Gemeinden in Preußen erhielt der D. in den 1920er Jahren zusätzliche Konkurrenz. Formal scheint er als Amtspfleger von wohltätigen Stiftungen bis 1939 weiter bestanden zu haben.

Deutschland nach 1945, nur etwa 15000 Juden überlebten in Deutschland den Völkermord während der nationalsozialistischen Herrschaft (1933–45). Sie gründeten wieder Kultusgemeinden und veranstalteten bereits im Sommer und Herbst 1945 die ersten jüdischen Gottesdienste. Zur selben Zeit strömten polnisch-jüdische Staatenlose (»Displaced Persons«, DP) vor allem in die US-amerikanische Zone. Beide Gesellschaften existierten ohne viel Berührung nebeneinander. Bis etwa 1956 wanderten über 90% der jüdischen DP aus, der Rest stieß zu den ehemaligen deutschen Juden in den Städten. Aus einer Interessengemeinschaft der jüdischen Gemeinden entstand im Jahr 1950 der *Zentralrat der Juden in Deutschland.* Die jüdische Bevölkerung war einem ständigen Wandel ausgesetzt. Enttäuschte kehrten aus Israel zurück, nach politischen Veränderungen strömten 1956 ungarische, 1968 tschechische und polnische Juden hinzu, nach 1979 persische. Die demografische Struktur war bis 1989 überaltert und viele Kleingemeinden bestanden nur auf dem Papier. Die Juden außerhalb Deutschlands konnten nicht verstehen, wieso sich überhaupt noch Juden hier auf Dauer niederließen. Nach 1990 wanderten ca. 75 000 Juden aus der Gemeinschaft Unabhängiger Staaten (GUS) zu, dreimal so viele, wie vorher in Deutschland lebten. Diese Zuwanderer kommen meist aus einem säkularen Milieu und haben häufig wenig Kenntnisse des Judentums. Sie fliehen die zunehmend offenere Judenfeindschaft der Nachfolgestaaten der GUS und erhoffen sich in Deutschland einen wirtschaftlichen Aufstieg. Wie stark nicht nur die Mitgliederzahlen vermehrt werden, sondern auch das jüdische Leben gestärkt wird, ist offen. Durch die Zuwanderung seit 1989 wurde die jüdische Gemeinschaft in Deutschland zur drittstärksten in Westeuropa. Seit den 1990er Jahren ist eine vom angelsächsischen Raum beeinflusste Tendenz zur religiösen Differenzierung erkennbar.

Diaspora (griech. »Ausbreitung, Zerstreuung«; hebr. tefuzot), allgemein das Leben von Mitgliedern einer Glaubensgemeinschaft und /oder eines Volkes außerhalb ihres angestammten Gebietes als Minderheit in einem anderen Land und unter mehrheitlich Andersgläubigen. Trotz seiner Allgemeingültigkeit wird der Begriff hauptsächlich im Zusammenhang mit dem Judentum verwendet, dessen Angehörige in Gemeinschaften außerhalb *Erez Israels* in nahezu allen Ländern der Welt leben. D. ist ein wertneutraler Begriff, während die Bezeichnung *Galut* oder Gola (hebr. »Exil«) sich von der Wortwurzel für

Deutschland nach 1945. Die neue Synagoge in Kassel wurde am 28. Mai 2000 eingeweiht. In den 1990er Jahren wanderten zahlreiche jüdische Familien aus Osteuropa in die hessische Stadt ein, die jüdische Gemeinde Kassels wuchs auf über 800 Mitglieder. Besonderheit des Synagogen-Neubaus ist die Verknüpfung moderner Baustoffe wie Glas, Beton und Stahl mit Holz und Naturstein.

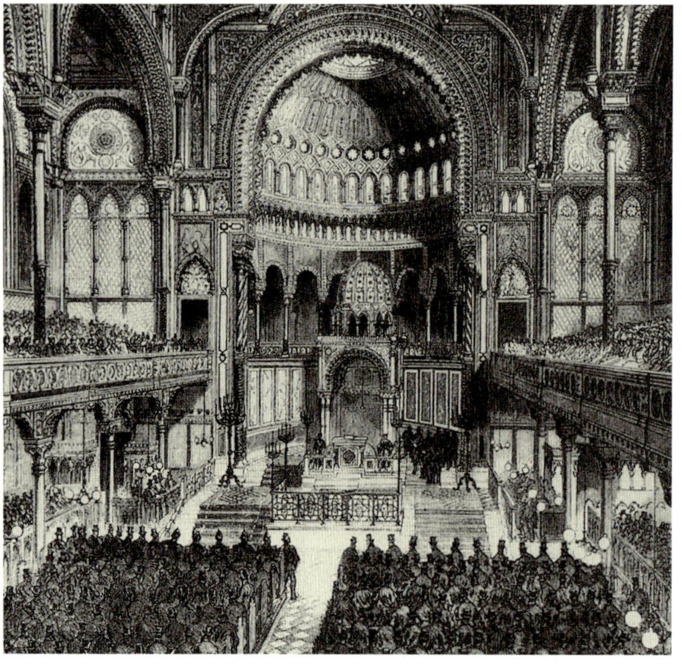

Diaspora. Die Neue Synagoge in der Oranienburger Straße 30 in Berlin wurde 1857–59 von Eduard Knoblauch entworfen und 1859 bis 1866 unter Leitung von August Stüler errichtet. Holzstich aus »Über Land und Meer«, 1866

»Gefangenschaft« herleitet und mehr den mit der Zerstreuung verbundenen Zustand der Entwurzelung, Entfremdung, Degradierung und Verfolgung wiedergibt und die sich darin niederschlagende Verweiflung und Trauer über die Vertriebenheit. Das hebräische Äquivalent zu D. ist Tefuzot, ein Wort, das sich bereits im biblischen und rabbinischen Schrifttum findet. Häufiger und vor allem in der Liturgie gebräuchlicher ist jedoch der Ausdruck Galut. Im *Zionismus* wird Letzteres verwendet, unter amerikanischen Juden eher das Wort Tefuzot. Darin zeigt sich eine heute unterschiedliche Beurteilung der Lebenssituation außerhalb Israels. Ursache der jüdischen D. waren Vertreibung und Verschleppung: das langjährige *Babylonische Exil* (586 v.Chr.), das zur Bildung großer Gemeinden in *Babylonien* führte; die Zerstörung des zweiten *Tempels* (70 v.Chr.), der unwiderbringliche Verlust der Eigenstaatlichkeit und die Vertreibung aus Palästina nach dem *Bar-Kochba-Aufstand* durch die Römer hatten zum einen die Entstehung jüdischer Gemeinden rund um das Mittelmeer sowie in Süd- und Westeuropa zur Folge und die strikte Befolgung des Gesetzes *Dina de malkutha dina* der *Halacha* als Grundregel des Lebens in der D. Zum anderen führten sie zur Entstehung der *Synagoge* als Ort der vom Zentralheiligtum unabhängigen Glaubensausübung und -erhaltung sowie der *Jeschiwa* als Ort der Torastudien und Ausbildung außerhalb Palästinas. Verfolgungen im Mittelalter und in der frühen Neuzeit führten zu Abwanderungen aus Süd- und Westeuropa und erweiterten das Gebiet der jüdischen D. nach Ost- und Nordeuropa. Ab Mitte des 18. Jh. bildeten sich erste D.-Gemeinden in den USA. Die Verfolgung und der geplante Genozid durch die Nationalsozialisten führten zur Emigration Tausender Juden aus Deutschland und Europa sowie zur weltweiten Bildung neuer bzw. zur Erweiterung bereits bestehender D.-Gemeinden außerhalb Europas, desgleichen die Verfolgungen unter dem Kommunismus. Erlebte der 1948 gegründete Staat *Israel* auch eine enorme Zuwanderung, so leben dennoch auch heute noch ca. zwei Drittel der Juden in der D. Befanden sich die größten jüdischen D.-Gemeinden vor 1933 in West- und Osteuropa, so trifft dies heute auf die *USA*, Australien und Südafrika zu.

Dibbuk (hebr. »Anheftung«), körperloser Geist eines Toten, der aufgrund seiner zu Lebzeiten begangenen Sünden keine Ruhe findet. Der D. »heftet« sich an die Seele eines Lebenden, spricht durch dessen Mund und lässt ihn als besessen erscheinen. Der Begriff des D. stammt aus dem 17. Jh., als sich dieser Glaube besonders im osteuropäischen *Chassidismus* verbreitete. Die Vorstellung selbst ist dagegen sehr viel älter. Dass ein D. die Persönlichkeit eines Menschen »besetzen« kann, findet sich in vielen Legenden und ist mit dem Gedanken der *Seelenwanderung* verbunden. Oft wurde die Annahme, dass der D. in eine bestimmte Person gefahren sei, als Zeichen für eine verborgene Sünde dieser Person angesehen. Ein D. kann durch eine religiöse Zeremonie exorziert werden.

Dina de malkutha dina (aram. »das Gesetz des Landes ist das Gesetz«), Grundregel der *Halacha*, dass für Juden in der *Diaspora* die Gesetze des jeweiligen Landes gelten – auch dann, wenn dies zu Konflikten mit jüdischen Gesetzen führen kann. Juden haben sich zudem stets loyal zur Regierung bzw. zum Herrscher des Landes zu verhalten und Steuern zu entrichten. Nach rabbinischer Lehre leitet sich dieses halachische Gesetz von Nehemia 9,37 her.

Dreizehn Glaubensgrundsätze des Maimonides, die von Moses Maimonides (Moses ben Maimon; 1135–1204) in seinem Kommentar zur *Mischna* 1190 zusammengestellten wichtigsten Glaubensgrundsätze des

Judentums. Andere Philosophen des Mittelalters akzeptierten die Anzahl der Glaubensgrundsätze oder ihren Inhalt nicht. Dennoch fanden Maimonides' D. weite Verbreitung und wurden in zwei Formen Bestandteil des *Siddur:* zum einen als Teil der Prosa, als das *Ani maamin,* zum anderen in gereimter Form, als *Jigdal* und *Glaubensbekenntnis.*

Dura Europos, Ort in Syrien, in dem sich eine spätantike Synagoge befand, die 1932 ausgegraben wurde und zur Überraschung der Fachleute eine aufwendige Bemalung mit biblischen Szenen, besonders aus dem Leben Moses enthielt. Für die jüdische Ikonografie der Antike ist sie zusammen mit den entdeckten Synagogenfußboden-Mosaiken eine zentrale Quelle. Die These von der Bilderfeindlichkeit der jüdischen Tradition musste revidiert werden; es erscheint nun als möglich, dass die jüdische Synagogenmalerei die christliche Kirchenmalerei beeinflusst haben könnte. Nachbildungen der Synagoge befinden sich heute in den USA. Die Fresken sollen aber auch in Damaskus gezeigt werden.

E

Eben ha-Eser → Arba Turim

Eden (von hebr. »fruchtbar sein« oder von sumerisch »flache Ebene«), von Gott geschaffener Aufenthaltsort der ersten Menschen, *Adam* und *Eva,* die noch nicht über »Erkenntnis« verfügten (Gen 2,4–3,24). Nach dem Essen eines Apfels vom Baum der Erkenntnis von Gut und Böse ließ Gott sie aus E., dem Paradies, vertreiben. In dieser Geschichte wurden altorientalische Stoffe aufgenommen; eine Nähe zum Gilgamesch-Epos ist nicht von der Hand zu weisen. Als »gan Eden« (»Garten Eden«) bezeichneten die *Rabbis* den Ort für die Rechtschaffenen nach dem Tod, im Gegensatz zu Gehinnom, wo die Bösen zurückgelassen werden.

Efod, rituelles Kleidungsstück des *Hohenpriesters.*

Ehernes Meer, riesiges, kesselartiges Wasserbecken aus Bronze zur rituellen *Waschung* für die Priester *(Kohen)* beim Opferritus (1 Kön 7,23 bis 26; 2 Chr 4,1–6). Es fasste nach der biblischen Maßangabe von 2000 Bat die heute durchaus als realistisch angesehene Wassermenge von 80 000 Litern. Das E. befand sich im Hof des ersten *Tempels* beim *Altar* für die Brandopfer *(Opfer).* Die Gestaltung des E. in Lotusblütenform wies auf die Vorliebe des Tempelerbauers *Salomo* für die ägyptische Formen- und Baukultur hin. Getragen wurde es von zwölf Stieren, angeordnet zu jeweils drei Stieren, die einer der vier Himmelsrichtungen zugewandt waren. Das E. verschwand 586 v. Chr. mit der Zerstörung des ersten Tempels durch die Babylonier.

Eheschließung, nach der Heiligen Schrift der Juden, der *Tora,* ist die Ehe von Gott gewünscht, denn: »Es ist nicht gut, dass der Mensch allein bleibt. Ich will ihm eine Hilfe geben, die ihm entspricht« (Gen 2,18). Die Tora äußert sich nicht zur Frage der Monogamie bzw. Polygamie. Obwohl die Polygamie bei mehreren Gestalten vorkommt, z. B. bei *Jakob,* der *Lea* und *Rahel* zur Frau nahm, überwiegt die Monogamie. Es besteht das Verbot der E. mit Verwandten oder Götzenanbetern. Energische Befürworter von Ehe, aber auch der Pflicht, Kinder zu haben, wurden die

Eheschließung. Der Ehevertrag Ketubba beschreibt die Pflichten des jüdischen Ehemannes und stellt die Rechte der Ehefrau bei Scheidung, Witwenschaft, Krankheit oder Verlassenwerden sicher. Die Abbildung zeigt einen kostbar gestalteten Ehevertrag aus Modena, Italien, 18. Jh.

Rabbis. Ehelosigkeit gilt im Judentum als Makel, insbesondere sollte ein Rabbiner verheiratet sein. Im aschkenasischen Judentum verlangte Rabbenu Gerschom (um 960 bis um 1030) die Einehe. Hohe Schranken wurden zur Verhinderung des Ehebruchs aufgebaut. Auf Ehebruch stand theoretisch die Strafe der Steinigung, die aber durch rechtsformale Vorschriften (Anwesenheit von zwei Zeugen, vorherige Verwarnung etc.) in der Praxis undurchführbar gemacht wurde. Im Talmudtraktat Naschim sind die vielfältigen Vorschriften abgehandelt. Die E. ist Vorbedingung des Zusammenlebens zwischen Mann und Frau in rechtlicher, wirtschaftlicher, gesellschaftlicher und religiöser Hinsicht. Sie wird in der *Ketubba,* dem Ehevertrag, festgelegt, der die gegenseitigen Rechte und Pflichten fixiert. Die E. wurde früher unter freiem Himmel vollzogen; heute findet sie meist in der *Synagoge* statt. Es hat sich auch eingebürgert, dass der Ortsrabbiner amtiert, was religionsgesetzlich nicht nötig ist. Zuerst erfolgt heute meist unmittelbar die Verlobung mit Segen, dann die eigentliche Zeremonie der Eheschließung unter einem Traubaldachin *(Chuppa),* der das Haus des Bräutigams symbolisiert: das Trinken eines Glases *Wein,* das Sprechen der Verehelichungsformel, die Überreichung des Ringes, das Verlesen der Ketubba, deren Unterzeichnung durch zwei gut beleumundete Zeugen und das Sprechen der klassischen sieben Segenssprüche *(Berachot).* Im Verlauf der Zeremonie wird in Erinnerung an die Tempelzerstörungen ein Glas zertreten, worauf die Gäste »Gut Glück« (hebr. masal tow) wünschen. Früher hatten die Frischvermählten Anrecht auf ein Freijahr bei den Eltern, doch dies wird heute außerhalb des *Orthodoxen Judentums* nicht mehr praktiziert. Viele mittelalterliche und neuzeitliche Bräuche um die E. sind heute unüblich geworden, so das Knass-Mahl nach Abschluss der Verlobung. Unter den orientalischen Juden sind ganz andere Bräuche üblich, die aus der Umgebungskultur stammen, so die Henna-Zeremonie bei den marokkanischen und jemenitischen Juden. Bei letzteren tragen die Bräute besonders prachtvolle Hochzeitskleider. Unklarheiten bei der Auflösung der Ehe führten zum Problem der *Aguna.*

Eheschließung. Jüdische Trauung unter dem Traubaldachin Chuppa. Das Foto entstand in der iranischen Hauptstadt Teheran. Im Iran leben etwa 45 000 Juden als anerkannte religiöse Minderheit, mit den größten Gemeinden in Teheran, Schiras und Isfahan.

Einig-einzig(keit), Begriff, der die monotheistische Gottesauffassung des Judentums bezeichnet. Er bürgerte sich im 19. und 20. Jh. in die deutsche Sprache jüdisch-religiöser Kreise ein wie auch in der *Wissenschaft des Judentums.* E. drückt das vom Judentum erklärte Einssein *Gottes* aus (Dtn 6,4) und erfasst zugleich dessen widersprüchlich anmutenden Doppelaspekt: Gottes Einzig(artig)- keit steht für seine Transzendenz, während seine Einigkeit die Immanenz, Gottes Allgegenwart im Dasein bezeichnet.

El (hebr. »Gott«), die Pluralform, die aber im monotheistischen Judentum Singularbedeutung hat, ist »Elohim«. Es gibt im Weiteren viele Gottesnamen. Am ehrwürdigsten ist das Tetragrammaton JHWH. Dieser Name durfte nur vom *Hohenpriester* am Versöhnungstag Jom Kippur im *Tempel* ausgesprochen werden. Religiöse Juden schreiben und sprechen deshalb das Tetragrammaton nie aus. Jüngst wurde eine Erklärung christlicher und jüdischer Wissenschaftler verabschiedet, die diese jüdische Tradition respektiert und auch in wissenschaftlichen Arbeiten diesen Namen nur in Form der Großbuchstaben verwendet.

Elephantine (aram. Ieb), Insel im Nil. Im 6./5. Jh. v. Chr. war sie eine persische Militärkolonie mit hohem jüdischem Bevölkerungsanteil. Um 1890 entdeckte man die sog. »Elephantine Papyri«. Der Stellenwert dieser Entdeckung ist vergleichbar mit der der Rollen vom Toten Meer (Qumran): In *Aramäisch* geschrieben, geben die Papyri Einblicke in Religion, Rechtswesen und Gesellschaft der zeitgenössischen jüdischen Bevölkerung, eine der ersten *Diaspora-Gemeinden.* Die Gemeinde hatte ihren eigenen Tempel und ein eigenes Opferwesen.

Elija, *Prophet* des 9. Jh. v. Chr., der gegen den Baalsdienst kämpfte und sich am Berg Karmel gegen ihn nach der biblischen Erzählung durchsetzte. In der *Midrasch*-Literatur gilt er als einer der Ankündiger des *Messias,* als Tröster der Armen, Warner vor Unrecht und Besucher der Lehrhäuser. Nach dem Volksglauben ist er bei jeder *Beschneidung* anwesend, weshalb auf den Beschneidungsbänken immer ein Platz für ihn vorhanden ist. Ebenfalls deckt man für ihn ein Gedeck zu *Pessach* auf. In der Unterscheidungszeremonie zwischen *Sabbat* und Wochentagen wird er in einem populären Lied besungen, das die Hoffnung auf den *Messias* ausdrückt.

El(l)ul, 12. Monat im jüdischen *Kalender* (im gregorianischen Kalender August/September). Der E. ist bestimmt durch die seelisch-geistige Vorbereitung auf die hohen Feiertage des nachfolgenden Monats *Tischri.* Dem Morgengebet *(Schacharit)* werden bestimmte Bußgebete hinzugefügt und es wird das *Schofar* geblasen.

Emanzipation, Gleichstellung. Die Aufklärer überdachten die Konventionen von Staat und Gesellschaft kritisch und hinterfragten auch den Rechtsstatus der Juden. Der preußische Kriegsrat Dohm verfasste 1781 eine ausführliche Abhandlung über die »bürgerliche Verbesserung der Juden«. Die Juden sollten seiner Auffassung nach Handwerker oder Bauern werden, um so dem Staat mehr zu nutzen, als die vielen Kleinhändler. Österreich öffnete 1782 mit seiner Toleranzgesetzgebung den Juden den Zugang zu den allgemeinen Schulen und Universitäten, schaffte besonders diskriminierende Bestimmungen ab und wollte ein deutsches modernes aufgeklärtes Schulwesen unter den Juden verbreiten. In vielen Bestimmungen deutscher Staaten der ersten Hälfte des 19. Jh. tauchen die Ideen Dohms und der österreichischen Monarchen wieder auf. Bayern legte 1813 eine Anzahl jüdischer Familien pro Ort fest. Ein zweiter Sohn musste Unternehmer, Bauer oder Handwerker sein, um zusätzlich in den Schutz aufgenommen zu werden. In Baden war nach 1809 die Freizügigkeit mit der Ergreifung »produktiver« Berufe verbunden. Die Rabbinerbildung sollte in süddeutschen Staaten – nicht in Preußen – modernisiert und allgemeine Bildung an Gymnasien und Universitäten erworben werden. Den süddeutschen jüdischen Gemeinden wurde nahe gelegt, moderne Volksschulen auf eigene Kosten zu errichten, Prüfungen für Lehrer wurden vorgeschrieben. In Sachsen-Weimar wurde 1823 sogar Deutsch als Gottesdienstsprache von Staats wegen vorgeschrieben. Diese eingreifenden Maßnahmen wurden nach 1848 teilweise abgeschafft. Mit der Emanzipation wurden die Juden 1871 gleichberechtigte Staatsbürger. Die jüdische Religionsgemeinschaft aber wurde bis 1918 nirgends im Deutschen Reich gleichgestellt.

Emigration aus Deutschland, Folge der Diffamierung, rechtlichen und wirtschaftlichen Einschränkungen, dann der systematischen Verfolgung und des geplanten Genozids an den Juden unter der Regierung der Nationalsozialisten. Der Boykotttag jüdischer Geschäfte am 1. April 1933 wirkte in diese Richtung ebenso wie die Krawalle, welche die SA in den 1930er Jahren, besonders aber anlässlich der »Reichskristallnacht«, veranstaltete: Schändung der *Synagogen,* Zerstörung von Geschäften, Verhaftung jüdischer Männer. Die Nazis duldeten jüdische Organisationen, welche die Auswanderung förderten, etwa die des *Zionismus,* dagegen noch längere Zeit. Für die Betroffenen war es nicht einfach, eine

Emigration. Bereits kurz nach der Machtübernahme der Nationalsozialisten Anfang 1933 begannen systematische Schikanen und Einschüchterungen gegen die jüdische Bevölkerung in Deutschland. Tausende Juden emigrierten ins europäische Ausland oder nach Übersee. Auf diesem Foto postieren SA-Mitglieder vor einem Berliner Warenhaus.

Emigration. Der österreichische jüdische Komponist Arnold Schönberg mit seiner Familie im November 1933 bei der Ankunft in den USA.

neue Bleibe zu finden. Die USA verlangten Unterhaltsgarantien (affidavits), die Schweiz unterschied in politisch und rassisch Verfolgte, andere Länder wollten nur Juden mit einer ganz bestimmten Berufsausbildung aufnehmen. Vermögenswerte gingen verloren, Devisen durften nicht exportiert werden. Liegenschaften mussten unter Druck unter ihrem Preis verkauft werden. Knapp 60% der deutschen Juden überlebten in der E. Für viele deutsche Städte war die Schließung der jüdischen Geschäfte ein wirtschaftlicher Verlust, die Universitäten verloren viele Lehrkräfte, die Großindustrie wichtige Forscher. Zwischen 1933 und 1938 nahmen die *USA* 102000, Großbritannien 52000, Argentinien 63500 und Palästina 33400 Juden auf. 13000 Juden überlebten in Shanghai. Die Emigranten schlossen sich in Landsmannschaften und in Dachorganisationen (in Palästina/Israel: Organisation der Auswanderer aus Mitteleuropa, in den USA: Council of Jews from Germany) zusammen und stellten nach 1945 Forderungen auf Schadenersatz, die 1952 ins Luxemburger Abkommen mündeten.

Empfängnisverhütung, der Mann hat die Pflicht, mindestens zwei *Kinder* zu zeugen. Er darf sich nicht sterilisieren lassen. Die Frau kann, wenn Lebensgefahr bei einer Empfängnis droht, die Pille nehmen oder ein Diaphragma verwenden. Allerdings darf man keine Geräte verwenden, die ein befruchtetes Ei daran hindern, sich in der Gebärmutter einzunisten. Dies gilt als *Abtreibung,* die verboten ist. Die traditionelle ungleiche Rollenverteilung bei der E. wird heute außerhalb der Orthodoxie wenig respektiert. Orthodoxe Familien haben häufig sehr viele Kinder. Wichtig bleibt, dass das Judentum im Gegensatz zur katholischen Kirche kein mönchisches Ideal und keinen Zölibat aufweist. Im Gegenteil, ein *Rabbiner* sollte verheiratet sein und Kinder haben.

Enderwartung, Endzeit → Eschatologie

Engel, übernatürliches Wesen, das für Gott Aufträge ausführt. In der hebräischen *Bibel* werden sie meist »Bote« (»Malach«) oder »Söhne Gottes« (»Bene Elohim«) genannt. Öfter auch einfach als »Mann« bezeichnet, erscheinen sie in menschlicher Gestalt, um Ereignisse anzukündigen. Die *Acharonim* sind geteilt in ihrer Ansicht, ob E. tatsächlich menschliche Gestalt besitzen. In der hebräischen Bibel sind sie im Allgemeinen noch ohne Namen, ohne persönliche Charakteristika; diese finden sich erst in der nachbiblischen Literatur. In der späteren Tradition werden Michael als E. des Erbarmens, Gabriel als E. der Gerechtigkeit, Raphael als E. des Heilens und Uriel als E. der Erleuchtung beschrieben. So heißt es auch in einem Gebet, das vor dem Schlafengehen gesprochen wird: »Im Namen des Herrn, des Gottes Israel, soll Michael auf meiner rechten Seite sein, Gabriel an meiner linken, Uriel vor mir, Raphael hinter mir und die Gegenwart Gottes über meinem Kopf.« Seit dem *Babylonischen Exil* werden die E. auch in verschiedene Hierarchien geordnet, auch wird die Zahl der E. immer größer und deckt viele Nuancen zwischen Gut und Böse ab *(Dämonen).* Eine Verehrung einzelner E. wird aber abgelehnt. Bei der Beschriftung von *Amuletten* spielen die Namen von E. eine wichtige Rolle.

Erez Israel (hebr. »Land Israel«), Bezeichnung für das Land Israel, ein in 1 Sam 13,19 geprägter Begriff. Gebräuchlich ist auch Erez Awot (hebr. »Land der Vorväter«). E. ist die jüdische Bezeichnung *Palästinas.* Zur Zeit des britischen Palästina-Mandats (1920 bis 1948) wurde er in abgekürzter Form der hebräischen Transkription von Palästina hinten angefügt. Der in der hebräischen *Bibel* ebenfalls vorkommende Begriff *Gelobtes Land,* wird im Christentum verwendet. Die Grenzen des E. sind weder in der hebräischen Bibel noch in der rabbinischen Literatur klar umrissen. Dies führt immer wieder zu Diskussionen, da einige landwirtschaftliche Gebote nur innerhalb von E. gelten. So gehört die Hafenstadt Akko im Norden von Haifa z.B. nach einer bestimmten Definition nicht zu E.

Erntedankfest → Sukkot

Erster Tempel → Tempel

Erstgeborener (hebr. bechor), der älteste Sohn. Das jüdische Gesetz gibt ihm einen besonderen Status. Er besitzt das Anrecht auf den doppelten Anteil der Erbschaft (Dtn 21,15–17). Der E. gehört nach der *Tora* Gott: »Der Herr sprach zu Mose: Erkläre alle Erstgeburt als mir geheiligt! Alles, was bei den Israeliten den Mutterschoß durchbricht, bei Mensch oder Tier, gehört mir« (Ex 13,1–2). Erstgeborene Tiere müssen einem *Kohen* übergeben werden; erstgeborene Söhne sind nach Numeri 18,16 bei Gott auszulösen. Die zeremonielle Auslösung eines E. (hebr. pidjon ha-ben), die mit einem Festmahl gefeiert wird, besteht in der Zahlung von »fünf Schekel Silber« an einen Kohen am 31. Tag nach der Geburt und einem Segen über das Kind; dann erhält der Vater sein Kind zurück. Die Pflicht der Auslösung bleibt beim Vater bis zur Religionsmündigkeit des Sohnes *(Bar Mizwa),* anschließend muss der Sohn sich selbst auslösen.

Erstlingsfrüchte, die ersten Früchte, die im Land Israel zur Zeit des Bestehens der *Tempel* zwischen dem Fest *Schawuot,* auch Hag ha-Bikkurim (»Fest der Erstlingsfrüchte«) genannt, und *Sukkot* geerntet wurden, standen nach dem Gesetz den Priestern *(Kohen)* zu (Dtn 26,1–11). Dazu gehörten Feigen, Datteln, Granatäpfel, Trauben, Weizen, Gerste und Oliven bzw. Olivenöl. Eine Gerstengarbe wurde traditionell am zweiten Tag des *Pessach* dargebracht. Auch heute noch wird in Israel an Schawuot die Feier der E. abgehalten. Üblich sind Spenden an den Jüdischen Nationalfonds.

Eruw (hebr. »Vermischung«), Vermischung von Grenzen und Gebieten zu einer fiktiven Einheit. Sie dient der Erleichterung der Verbote bzw. Gebote, die am *Sabbat* oder an Feiertagen gelten. So besagt z.B. das Religionsgesetz, dass es erlaubt ist, am Sabbat innerhalb der Stadtgrenzen unbeschränkt umherzulaufen, außerhalb dieser Grenzen sind aber nur jeweils 2000 Ellen (etwa 1 km) auf allen Seiten erlaubt (die sog. Sabbatgrenze). Ist eine größere Strecke erforderlich, kann durch den E. eine Erweiterung der erlaubten Strecke erreicht werden. Am Tag vor Sabbat legt man etwas Essen am Ende der 2000 Ellen nieder, in deren Richtung man laufen möchte, dadurch wird dies eine fiktive Wohnstatt und man kann weitere 2000 Ellen laufen. Der E. »vermischt« also zwei Grenzen zu einer. Dies war vor allem in kleinen Orten von Relevanz. Ein weiterer E. erleichtert das Verbot, am Sabbat Gegenstände aus der privaten in die öffentliche Sphäre zu tragen; Ketten, Schnüre oder Mauern »vermischen« mehrere Häuser oder Straßen zu einer einheitlichen privaten Sphäre, innerhalb derer Objekte bewegt werden können. Von Bedeutung ist dies heutzutage z.B. für Frauen mit kleinen Kindern: Durch den E. ist es ihnen möglich, einen Kinderwagen zum Synagogenbesuch an Sabbat zu benutzen. Der E. darf nur benutzt werden, wenn dadurch eine *Mizwa,* wie der Synagogenbesuch, erfüllt wird.

Erwähltes Volk, der Glaube, dass das jüdische Volk von Gott vor allen anderen Völkern ausgewählt worden sei. Er wird schon in der Hebräischen *Bibel* erwähnt (z.B. Dtn 14,2) und hat seinen Ursprung im *Bund* zwischen Gott und *Abraham* (Gen 15). Auch in der Liturgie spielt diese Vorstellung eine wichtige Rolle (z.B. in der *Amida).* Obwohl ein zentraler Punkt des jüdischen Glaubens, gibt es über die genaue Bedeutung der E. jedoch verschiedene

Erwähltes Volk. Buchmalerei zum Bericht über den am Berg Sinai geschlossenen Bund Gottes mit dem Volk Israel: Mose zeigt den Israeliten, die am Fuß des Berges versammelt sind, die beiden Tafeln der Zehn Gebote. Unmittelbar rechts neben dem Kopf des Mose symbolisiert ein Schofar den »gewaltigen Hörnerschall« (Ex 19,16). Sarajewo-Haggada (Aggada), 14. Jh.; Nationalmuseum Sarajewo, Bosnien-Herzegowina

Auffassungen. Ihrer Interpretation »Erwählung als Ausdruck einer Überlegenheit« stehen universalistische Vorstellungen, z. B. einer Verantwortung Israels für alle Völker, gegenüber.

Zwei Hauptströmungen lassen sich unterscheiden: 1. Das Erwähltsein bedeutet nicht, dass das jüdische Volk eine unterschiedliche Seele von Nichtjuden hat, vielmehr hängt ihr Erwähltsein daran, dass ihnen die ganze Tora offenbart wurde (schriftliche und *Mündliche Lehre, Offenbarung).* 2. Das jüdische Volk wurde erwählt, da ihm von den Nachkommen der glaubensstarken Patriarchen eine besondere Seelenqualität vererbt worden ist und diese sie von den Nichtjuden unterscheidet. Alle Autoritäten betonen auch, dass das Erwähltsein nicht Privileg, sondern Dienst an Gott, die Annahme des Religionsgesetzes und der Gebote bedeutet. Die großen jüdischen Philosophen des Mittelalters schenkten dem E.-Gedanken wenig Aufmerksamkeit, mit Ausnahme des Philosophen und Dichters Jehuda ha-Levi (Judah Halevi; um 1075 bis 1141) in seinem Werk »Das Khazaren-Buch der Begründung und des Beweises zur Verteidigung der unterdrückten Religion«. Eine zentrale Lehre blieb der besondere Status Israels in der *Kabbala* und im Chabad-*Chassidismus.* Aufklärung und Emanzipation machten die Vorstellung einer E. zunehmend problematisch. Der Anspruch einer E. Israels rief Auseinandersetzungen mit dem Christentum hervor, die oft apologetisch und polemisch geführt wurden. Heutzutage haben u. a. das *Reformjudentum* und *Rekonstruktionismus* alle Hinweise auf ein Auserwähltsein aus dem *Gebetbuch* gestrichen.

Erzmütter. Marc Chagall, »Isaak und Rebekka«, Ausschnitt aus dem linken Chorfenster der Kirche St. Stephan in Mainz. Chagall gestaltete die Neuverglasung der Fenster 1977–84.

Erzmütter, Stammmütter bzw. Matriarchen Israels. Als E. gelten *Sara, Rebekka, Lea* und *Rahel,* die vier Frauen der drei *Erzväter.* Im Gegensatz zu den Erzvätern werden sie in den täglichen Gebeten nicht erwähnt. Ihre Verehrung findet Ausdruck in Gebeten für *Frauen* und *Segenssprüchen* für Mädchen. Die Grabstätten der E., mit Ausnahme Rahels, die nach der Geburt von *Jakobs* jüngstem Sohn Benjamin in Bethlehem starb und dort bestattet wurde, sollen sich bei den Gräbern ihrer Männer in der *Höhle von Machpela* bei *Hebron* befinden.

Erzväter, Stammväter bzw. Patriarchen Israels. Als E. gelten *Noach (Noachidische Gebote)* sowie *Abraham,* sein Sohn *Isaak* und dessen Sohn *Jakob,* deren Verdienste auf alle Nachkommen übergehen. Im jüdischen Schrifttum werden die Patriarchen mit Awot (hebr. »Väter«) bezeichnet. Den *Bund* mit *Israel* schloss *Gott* mit Abraham und bestätigte ihn mit Isaak und Jakob. Das tägliche Morgengebet *(Schacharit)* wird traditionell auf Abraham, das Nachmittagsgebet *(Mincha)* auf Isaak und das Abendgebet *(Maariw)* auf Jakob zurückgeführt. Die Patriarchen sind Thema vieler synagogaler Dichtungen *(Pijut).* Die E. sollen in der *Höhle von Machpela* bei *Hebron* bestattet worden sein.

Eschatologie, Lehre von den »letzten Dingen«, Endzeiterwartung. Zum einen betrifft die E. das Individuum, zum anderen das Kollektiv. Der Zerfall des Königreichs *Davids* und *Salomos* in die Reiche *Juda* und *Israel* und später die Zerstörung *Jerusalems* und des ersten *Tempels* führten dazu, dass sich die Hoffnungen auf die Wiederherstellung des Königreiches, die eigenstaatliche Souveränität und die Wiedererrichtung des Tempels auf das Ende der Tage richteten. Im Verständnis der Epoche des zweiten Tempels entwickelte sich der Lauf der Geschichte nach einem festgelegten Plan Gottes: Fremdherrschaft war ein zu überwindender Schritt auf dem Weg zu dem letzten Königreich, dem Königreich Gottes. E.-Spekulation glaubte das Ende der Zeit nahe. Auch der *Bar-Kochba-Aufstand* (132–135 n. Chr.) und andere leidvolle Epochen der jüdischen Geschichte wurden als Vorboten des *Messias* verstanden. Die Vorstellungen vom Ende der Tage sind uneinheitlich. Mit der Ankunft des Messias beginnt das messianische Zeitalter.

Essener, Essäer, nach außerbiblischen Quellen – vor allem nach dem jüdischen Historiker Josephus Flavius (37/38–um 100 n. Chr.) – neben den Religionsrichtungen der *Pharisäer* und der *Sadduzäer* eine weitere jüdische Religionsgruppe (2. Jh. v. Chr.–1. Jh. n. Chr.). Trotz Gemeinsamkeiten ist eine Identität mit der Gemeinde der Schriften von Qumran umstritten. Die endzeitlich bzw. apokalyptisch *(Eschatologie)* orientierten E. lebten in Gemeinschaften meist außerhalb der Städte, achteten streng auf körperliche, sittliche und rituelle Reinheit. Sie betrieben ein intensives Torastudium, glaubten an die Unsterblichkeit der *Seele* und lehnten den Glauben an die körperliche Auferstehung *(Wiederbelebung der Toten)* ab.

Ester, Heldin des biblischen Buches Ester, einer der fünf Rollen oder *Megillot.* Die Aufnahme dieses Buches in den biblischen Kanon war umstritten, da Gott nirgendwo erwähnt wird. Der Name E., der in der Bibel nur in diesem Buch vorkommt, scheint persischen Ursprungs zu sein und »Stern« zu bedeuten. Die Geschichte von E. erzählt, wie König *Ahasverus* (wohl König Xerxes I., [486 bis 465 v. Chr.]) E., die ihre jüdische Identität verbarg, zur Frau nahm. Sein Minister Haman ließ sich von Ahasverus ein Dekret zur Ausrottung aller Juden im Reiche unterzeichnen, doch E. gelang es, diese Verschwörung aufzudecken und den Tod Tausender Juden zu verhindern. Sie erreichte, dass Haman hingerichtet wurde und ein Verwandter von ihr, Mordechai, an seiner Stelle trat. Am 15. Tag des jüdischen Monats Adar wird aus diesem Anlass das Fest *Purim* gefeiert. Hinzu kommen viele lokale Purimfeste, die auf Rettungen aus Zwangslagen zurückgehen (Frankfurter Purim aus Anlass der Rückführung der Juden nach dem Vinzenz-Fettmilch-Aufstand im 17. Jh. u. a.).

Ester-Fasten (taanit Ester), Fasten zur Erinnerung an das Fasten der Königin *Ester,* das sie verrichtete, bevor sie beim persischen König Ahasverus erschien, um sich für die Rettung der Juden einzusetzen. Das Fasten findet am 14. Adar statt, der Tag des *Purim* ist der 15. Adar.

Etrog, Zitrusfrucht, die in der Liturgie an *Sukkot* (Laubhüttenfest) verwendet wird. Sie galt seit frühester Zeit als die Frucht des Baumes der Erkenntnis, von der *Adam* und *Eva* aßen. Sie gehört zu den vier Pflanzenarten *(Vier Sorten),* aus denen der *Lulaw,* der besondere Feststrauß an Sukkot, besteht. Die Frucht darf dabei keinerlei Beschädigung aufweisen. In der Zeit des zweiten Tempels war sie ein häufiges Schmuckmotiv jüdischer Kunst.

Ester. Einleitungsseite zum Buch Ester, jüdische Buchmalerei aus Deutschland, 18. Jh.; Staatsbibliothek Hamburg

Eva (hebr. chawa »Leben«), die erste Frau, im Ersten Schöpfungsbericht (Gen 1,27) gemeinsam mit *Adam* am sechsten Tag der Schöpfung erschaffen, im Zweiten Schöpfungsbericht (Gen 2,21f.) aus einer Rippe Adams gebaut. Weder sie noch Adam tragen in diesen Berichten Namen. E. wurde von der Schlange der Versuchung verleitet, Gott nicht zu gehorchen, Adam zum Genuss der Frucht des Baumes der Erkenntnis von Gut und Böse zu verführen und selbst davon zu essen. Gott strafte sie damit, unter Schmerzen zu gebären, abhängig von ihrem Ehemann zu sein sowie mit ihrer und Adams Vertreibung aus dem Garten *Eden.* Der *Talmud* hält auch die Auffassung fest, dass Adam androgyn, d. h. halb männlich und halb weiblich, geschaffen worden sei, und Gott Eva nicht aus einer Rippe, sondern aus einer der Seiten Adams geschaffen habe. Nach der *Aggada* war E. Adams zweite Ehefrau, nachdem *Lilit* ihn verlassen hatte. Nach rabbinischer Tradition ist E. zusammen mit Adam in der *Höhle von Machpela* bestattet worden.

Etrog. Rückseite einer silbernen Tetradrachme aus der Zeit des jüdischen Bar-Kochba-Aufstands um 135 n. Chr. mit »Palmzweig« (Lulaw) und Paradiesapfel (Etrog); Israel-Museum, Jerusalem

Felsendom. Blick auf die Altstadt von Jerusalem mit der Klagemauer im Vordergrund und der goldenen Kuppel des Felsendoms. Die Moschee entstand nach der arabischen Eroberung von Jerusalem und Eingliederung in das Kalifenreich (637) unter al-Malik 691/92 über einem für Juden, Christen und Muslime heiligen Felsen.

Ewiger Jude → Ahasverus

Ewiges Licht → Ner Tamid

Exil → Babylonisches Exil → Diaspora

Exilarch (aram. reisch galuta), Laienoberhaupt der jüdischen Gemeinde in *Babylonien,* erstmals im 2./3. Jh. n. Chr. belegt, letzter um das Jahr 1040.

Exodus, Auszug der Israeliten, der Nachkommen *Jakobs,* aus Ägypten. Sie hatten sich in Ägypten zu einem Volk entwickelt, das der ägyptischen Gefangenschaft und Knechtschaft entfloh. Der E. wird heute allgemein in die 2. Hälfte des 13. Jh. v. Chr. datiert. Der *Tora* zufolge führte *Mose* 600 000 Männer mit ihren Frauen und Kindern aus Ägypten. Um ihren Verfolgern zu entgehen, wählten sie nicht den kürzesten Weg, sondern wanderten 40 Jahre durch die Wüste Sinai, ehe sie das ihnen von Gott verheißene Land *Kanaan* erreichten. Die näheren Umstände des E. aus Ägypten und seine Route ließen sich archäologisch und historisch nur bruchstückhaft ermitteln; traditionell werden diese Ereignisse aber als die Geburtsstunde des späteren Volkes Israel *(Israeliten)* verstanden.

F

Falaschas → Äthiopische Juden

Fasten, Motive für die Enthaltung jeglicher Nahrung sind neben Reue und Buße die Trauer über Katastrophen in der jüdischen Geschichte. Von den kalendarisch festgelegten Fastentagen werden der Versöhnungstag *(Jom Kippur)* und der *Tischa be-Aw* streng eingehalten. Außerdem fasten viele am Todestag eines nahen Verwandten *(Jahrzeit).*

Fasten Ester → Ester-Fasten

Felsendom, über dem Zentrum des ehemaligen jüdischen Tempels in Jerusalem errichtete Moschee. Nach jüdischer Überlieferung handelt es sich bei dem Felsstück, das ihre Kuppel überwölbt, um den Gipfel des biblischen *Berges Morija:* Von ihm aus wurde die Welt erschaffen, hier opferte *Abraham* Isaak *(Akeda)* und erschien Gott König *David.* Diesen Ort bestimmte David danach als Stätte für den von ihm geplanten *Tempel,* den erst sein Sohn, König *Salomo,* errichten lassen konnte. Der Fels war Mittelpunkt des *Allerheiligsten* des ersten wie des zweiten Tempels. Im ersten Tempel, dem salomonischen, stand auf ihm die *Bundeslade.*

Ferrara, Wirkungsstätte von Kommentatoren des Talmuds (Tossafisten). Im 15. und 16. Jh. gehörte die Gemeinde zu den wichtigsten in Italien. Die Herzöge d'Este betrieben eine wohlwollende Politik gegenüber den Juden. Im 15. Jh. wirkte Abraham Sarfati (hebr. »der Franzose«) als Hebräisch-Lehrer an der Universität. Die Herzöge nahmen 1492 aus Spanien vertriebene Juden auf und erlaubten auch Zwangsgetauften *(Anusim)* die Rückkehr zum Judentum. 1532 wurde eine aschkenasische Synagoge errichtet; ebenso unterhielten auch die Juden spanisch-portugiesischer Herkunft eine Synagoge. 1554 wurde in F. eine italienische Rabbinerversammlung abgehalten. Die Stadt war ein Zentrum des hebräischen, aber auch spanisch- und portugiesisch-jüdischen Buchdrucks im 16. Jh. In F. lebte der wichtige Bibelkommentator Asaria ben Moses dei Rossi (1511 bis 1577). Mit der Übergabe der Stadt an den Kirchenstaat 1597 setzte sofort eine Verschlechterung der Rechtslage ein und der Zwang, das Judenzeichen zu tragen *(Kennzeichnung der Juden).* Den Einmarsch der Franzosen 1796 empfanden die Ferrareser Juden als Befreiung. Zwei Jahre erfreuten sie sich der Gleichstellung. Doch 1814 übernahm der Kirchenstaat wieder das Regiment. Viele Juden in F. unterstützten die italienische Unabhängigkeitsbewegung und erlangten mit dem Anschluss an Savoyen 1859 die Gleichberechtigung. 1930 war der Jude Renzo Ravenna Bürgermeister der Stadt. Durch Abwanderung und die *Schoa* verlor die jüdische Gemeinde F. im 20. Jh. sehr viel an Bedeutung.

Fest- und Feiertage →S. 303

Fleischig/Milchig, die jüdischen Speisegesetze schreiben vor, Fleisch und Milch zu trennen. In der Bibel heißt es »Du sollst das Zicklein nicht in der Milch seiner Mutter kochen« (Ex 23,19). Daher werden Fleisch und Milch bei der Zubereitung und bei der Speisenfolge getrennt: Milch und Milchprodukte dürfen nur zusammen mit Gemüse, Mehlspeisen und Fisch gekocht und verzehrt werden, nie mit Fleisch und tierischen Fetten. Deshalb ist auch in traditionellen jüdischen Haushalten Besteck, Geschirr, Gerätschaften zweimal vorhanden: die einen für fleischige Speisen, die anderen für milchige *(Kaschrut).*

Frankisten, Anhänger der von Jakob Leib Frank (um 1726–1791) gegründeten sabbatianischen Sekte. Frank war früh mit dem *Sabbatianismus* im Osmanischen Reich und der *Kabbala* in Berührung gekommen. Er ernannte sich zum *Messias* und verstand sich als Reinkarnation des Sabbatei Zwi (1626 bis 1676). Seine Anhänger fand er zunächst in seiner Heimat Padolien und in Galizien. Rabbinische Autoritäten klagten ihn wegen Häresie und ausschweifendem Leben an; in Brody wurde über ihn und seine Anhänger der Bann verhängt. 1759 trat er mit mehreren hundert Anhängern zum Katholizismus über, die fortan eine Doppelexistenz als Katholiken und Anhänger der sabbatianischen Lehre führten. Nach einem Aufenthalt in Brünn ging Frank nach Hessen, kaufte dort das Offenbacher Schloss und legte sich den Titel eines Barons zu. Eva Frank (1729–unbekannt), seine Tochter und Nachfolgerin an der Spitze der F., musste bald hochverschuldet aufgeben. Die F. existierten als Geheimorganisation bis Mitte des 19. Jh. fort.

Frankreich nach 1945, 250 000 Juden überlebten den Massenmord zu einem großen Teil im Untergrund des unbesetzten Teils von F. Die Unabhängigkeit von Algerien führte 1964 zu einer verstärkten Einwanderung der algerischen Juden, die 1870 französische Staatsbürger mit allen Rechten geworden waren. Dadurch veränderte sich die Zusammensetzung der Gemeinschaft grundlegend. Die elsässisch-lothringische und die ostjüdische Landsmannschaft wurden allmählich in den Hintergrund gedrängt und die maghrebinische bildet heute die Mehrheit. Die städtischen algerischen Juden waren schon vor 1964 sehr frankophon. Dies trifft weniger auf die südalgerischen und marokkanischen Juden zu. Mit dem renouveau juif begann nun die Retraditionalisierung der jüdischen Gemeinschaft in Frankreich. Führend war hier der Heidegger-Schüler Emanuel Lévinas (1906–1995), der aus Litauen stammte und den modernen jüdischen Menschen auf hohem philosophisch-ethischem Niveau zum *Talmud* hinführen wollte. Unter den Einwanderern fanden auch die *Lubawitscher Bewegung* zahlreichen Zulauf, obwohl ihre Herkunftstraditionen ganz anders waren. Andererseits fanden frankophone algerische Juden zu den kleinen liberal-religiösen Gemeinden. Im zentralistischen F. gibt es paradoxerweise keine zentrale jüdische Organisation. Der CRIF (Repräsentationsverband jüdischer Organisationen in F.) ist nur eine lockere Dachorganisation, in der nicht alle jüdischen Strömungen vertreten sind. Heute wird die Zahl der Juden in F. auf 550 000 geschätzt. Zunehmende Übergriffe fundamentalistischer Muslime prägten die Atmosphäre in den letzten Jahren.

Frau, nach biblischer Auffassung Eigentum des Mannes. Die F. kann nur mit der Zustimmung des Mannes geschieden werden *(Scheidung).* Ihre Stellung wurde im mittelalterlichen aschkenasischen Judentum erheblich verbessert. Allerdings konnten auch in der Bibel F. Prophetinnen und Richterinnen werden (Miriam, Debora). In der Neuzeit finden sich jüdische F. als Ärztinnen, Dichterinnen oder Geschäftsfrauen (Donna Gracia Nassi im 16. Jh.). Während die Reformbewegung im Judentum die Stellung der F. in der *Synagoge* und in der religiösen Bildung verbesserte, kam

Frankreich. In der südfranzösischen Hafenstadt Marseille demonstrierten am 7. April 2002 Juden gegen Antisemitismus und Terrorismus. Am Vortag hatten in zahlreichen französischen Städten Tausende Menschen gegen die israelische Besatzungspolitik gegenüber den Palästinensern protestiert.

es zu keinem grundsätzlichen Wandel. Erst die F.-Bewegung führte zur Einführung des Stimmrechts in einigen großen jüdischen Gemeinden Deutschlands während der Weimarer Republik und in Polen. In der Sozialarbeit fanden sich in den *USA* viele jüdische F. in der Organisation »Hadassa« zusammen. Nach der *Schoa* nahm die F.-Bewegung in den 1970er Jahren wieder Aufschwung und führte zur Gleichstellung im *Gottesdienst,* im Rabbinat *(Rabbinerinnen)* und Kantorat *(Kantorinnen)* zuerst bei den liberalen, 1984 bei den konservativen Juden. Diese Bewegung strahlt seit etwa 1990 auf Deutschland aus und führte zur Gründung eigener Betgemeinschaften, in denen F. in allen Aspekten gleichgestellt sind (Synagoge Oranienburger Straße in Berlin). Unter orthodoxen F. in den USA und England wurden eigene F.-Gottesdienste eingeführt, bei denen aus der Tora vorgetragen wird und F. zur *Toralesung* aufgerufen werden, d.h. liturgische Funktionen wahrnehmen. Ein Teil der orthodoxen Rabbiner lehnt dies ab.

Frauenbund, Jüdischer, Organisation jüdischer Frauen. 1904 gegründet, setzte sich der F. gegen den Mädchenhandel ein und für die verarmten osteuropäisch-jüdischen Familien, die nach 1900 nach Deutschland gekommen waren und knapp am Existenzminimum lebten. Für sozial schwache Familien wurden Kinderheime eingerichtet, es entstand eine jüdische Bahnhofshilfe und von großstädtischen Tagesheimen aus konnten junge Frauen erwerbstätig sein. Über seine soziale Tätigkeit hinaus setzte sich der F. sehr für die allgemeinen Frauenrechte und die in den jüdischen *Gemeinden* ein. Er führte Seminare und Vorträge über Religiosität durch und kämpfte in den 1920er Jahren für das Frauenstimmrecht in den Gemeinden. Prägende Persönlichkeit war Bertha Pappenheim (1859–1936), die den F. von 1904–24 leitete und dem Kinderheim in Neu-Isenburg bei Frankfurt am Main vorstand. Der Jüdische F. war bis 1933 Teil des Bundes deutscher Frauenvereine.

Frauenliteratur, im klassischen Sinne die »techines«, die Fürbitt-Gebete für die Familie, die in jüdisch-deutsch/jiddisch im 16. bis 18. Jh. verfasst wurden. Im 19. Jh. knüpften jüdische Autorinnen an christliche Vorbilder an. Besonders populär waren die »Stunden der Andacht« (1855) von Fanny Neuda. Nach allgemeinen Vorbild kamen auch in der jüdischen Presse um 1900 Frauenbeilagen auf.

Freitod → Kiddusch ha-Schem

Friedhof, da für Juden die Totenruhe in Verbindung an den Glauben der Wiederauferstehung nach dem Tod steht, ist die Einrichtung eines Friedhofs eine unabdingbare Voraussetzung bei der Gründung einer jüdischen Gemeinde. In der Antike sind Höhlengräber und *Katakomben* belegt. Im aschkenasischen Judentum sind Stelen üblich. Der älteste jüdische Friedhof Europas befindet sich in Worms, dessen ältester Grabstein auf das 11.Jh. zurückgeht. Der älteste erhaltene Stein des jüdischen Friedhofs in Prag geht auf die Zeit nach 1389 zurück. Auch Frankfurt am Main hat einen auf das Mittelalter zurückgehenden Friedhof. Wichtige alte Friedhöfe befinden sich auch im Elsass (Ettendorf, Rosenwiller, Jungholtz, Hegenheim), in Wertheim, Rom, Venedig, Pisa und Ferrara sowie in Polen, der Ukraine, Weißrussland und Ungarn. In der Neuzeit finden wir Leichenwaschhäuser und Trauerhallen auf den jüdischen Friedhöfen. In der frühen Neuzeit waren Verbandsfriedhöfe üblich (Alsbach in Südhessen, Oberöwisheim in Baden, Unterbalbach in Württemberg, Schopfloch in Franken u.a.), denen sich Familien in umliegenden Gemeinden anschlossen.

Friedhof. Jüdischer Friedhof in Prag. Der älteste erhaltene Grabstein stammt aus der Wende vom 14. zum 15. Jh.

Eine heftige Kontroverse entwickelte sich um die Frage der Kremation, die einige Juden von den 1890er Jahren an befürworteten oder um die Bestattung nicht jüdischer Ehepartner auf einem jüdischen Friedhof. Die *Orthodoxie* sah in beiden Dingen einen Verstoß gegen die Tradition und richtete eigene Friedhöfe oder Abteilungen ein. In Anbetracht der NS-Mordmethoden gibt es heute keine Juden mehr, welche die Kremation befürworten. Der älteste jüdische Friedhof ist derjenige auf dem Ölberg im Osten von *Jerusalem,* der auch heute noch benutzt wird. Unter sephardischen Juden sind nach islamischem Brauch Steinplatten üblich, welche die Grabfläche abdecken. Aus Portugal stammende Juden ließen sich Tafeln mit Familienwappen, Putten und Engeln machen, etwa in Oudekerk bei Amsterdam oder in Hamburg, die aus dem traditionellen Rahmen herausragen. Die jüdischen Friedhöfe in Marokko bestehen aus weiß gekalkten Steintischen mit einer Inschrifttafel. Jüdische Friedhöfe waren immer wieder das Ziel von Schändungen. In Würzburg wurde nach der Vertreibung der Juden im Spätmittelalter ein Haus aus den Stelen des jüdischen Friedhofs gebaut. Dies wurde erst in den 1970er Jahren entdeckt. Dieser Fund ist heute der größte Europas und soll ausgestellt werden. Mittelalterliche Grabsteine traten in einigen deutschen Kirchen zutage, als diese im 19. und 20. Jh. renoviert wurden, so in Regensburg, Nürnberg und Augsburg.

Fundamentalismus, im jüdischen Bereich das unbedingte Festhalten an den religiösen Grundsätzen und eine energische Distanz zur Bibelkritik und zum Liberalismus. Betont wird die Einhaltung der religiösen Lebenspraxis in allen Einzelheiten. Meist kommt auch eine rigide mystische Interpretation der Gebote und Verbote dazu, bei deren Nichtbeachtung Gefahren für Leib und Leben drohen. In Israel hat sich ein Teil der Fundamentalisten auf die Besiedelung des Landes Israel festgelegt. Den Arabern wird gemäß einer fundamentalistischen Auslegung des religiösen Schrifttums kein Recht auf das Land zugebilligt. Sie werden als Nachkommen des Amalek, des »ewigen Feindes« des Judentums, gesehen. In der Siedlerbewegung gibt es auch eine säkulare Strömung, die sich nur auf die Besitznahme des »Landes Israel« verlegt hat. Zu den Fundamentalisten gehören auch die chassidischen Gruppierungen, die in den USA oft Allianzen mit evangelikalen fundamentalistischen Kreisen eingehen.

Fundamentalismus. Jüdische Siedler aus dem Westjordanland fordern vor dem Regierungssitz in Jerusalem am 10.9.2001 einen besseren Schutz gegen gewalttätige Übergriffe von Palästinensern sowie verstärkte finanzielle Unterstützung. Sie schwenken die Staatsflagge mit dem Davidstern.

Fürth, im 17. und 18. Jh. eine der bedeutendsten jüdischen Gemeinden Süddeutschlands. Um 1800 war ein Fünftel der Fürther jüdisch (ca. 2400 Personen). In der jüdischen Gemeinde wirkten bedeutende Rabbiner, die eigene Lehrkreise unterhielten. Viele Lehrer und Rabbiner aus ganz Süddeutschland erhielten hier ihre Grundausbildung. Überliefert sind auch Statuten, die zu einer bescheidenen Lebensweise aufforderten. Die F. Juden trugen am Sabbat einen »Schulmantel« (Synagogenkleid) mit Halskrause, welcher der städtischen Ratsherrentracht nachempfunden war. Sie waren bereits vor der *Emanzipation* mit zwei Delegierten im Rat des Ortes vertreten. F. war von 1691–1869 ein Zentrum des hebräischen Druckes in Deutschland. Die *Jeschiwa* (Talmudhochschule) ging 1828 mangels finanzieller Mittel und einer auf Modernisierung des Unterrichtswesens ausgerichteten Politik ein. Im 19. Jh. trugen jüdische Unternehmer wesentlich zur wirtschaftlichen Entwicklung des Ortes bei. Aus F. stammen der jüdische Schriftsteller Jakob Wassermann (1873–1934) und Henry Kissinger (*1923), Emigrant und späterer Außenminister der USA.

G

Galut (hebr. »Gefangenschaft«), traditioneller Ausdruck, vor allem in der Liturgie, für die *Diaspora.*

Gaon (Pl. Geonim), Vorsteher einer jüdischen Hochschule in Mesopotamien mit Einfluss in

Gebetbuch. In Polen nahmen Kirche und Staat schon unter König Sigismund III. (1587–1632) die Dienste jüdischer Buchbinder in Anspruch. Der abgebildete Einband aus geschnitztem Holz wurde 1879 von dem polnischen Künstler Mosche Stern geschaffen. Er stellt die Stadt Jerusalem dar; Sammlung W. L. Gross, Ramat Aviv, Israel

der gesamten jüdischen *Diaspora.* Ihr Wirken ist vom 2./3. Jh. bis um 1040 belegt. Danach besaßen die G. nur noch lokale Bedeutung. Später wurde G. zu einem Ehrentitel für besonders herausragende Gelehrte, wie etwa Elija, der G. aus Wilna, das religiöse Oberhaupt der litauischen Juden Ende des 18. Jh. und scharfer Kritiker des *Chassidismus.* Im heutigen Neuhebräischen *(Iwrith)* hat der Ausdruck die Bedeutung von »Genie«.

Gebet (hebr. tefilla), geht von der Voraussetzung aus, dass Gott G. hört und erhört. In der Hebräischen *Bibel* sind viele persönliche G. erhalten (z.B. 1. Sam 2,1–10) und auch viele der *Psalmen* sind G. Mit dem Entstehen der *Synagoge* in der Epoche des zweiten *Tempels* entwickelte sich das gemeinsame G. als hauptsächliche Ausdrucksform der Andacht; es ersetzte das *Opfer* im Tempel. Das Religionsgesetz *(Halacha)* beantwortet auch alle Fragen, die mit dem G. zusammenhängen. Es beschreibt beispielsweise, wann und wie gebetet werden soll. Traditionell bestehen G. aus zwei Hauptteilen: Bitte und Danksagung. Es gibt das G. bzw. den Gottesdienst am Morgen *(Schacharit),* am Nachmittag *(Mincha),* am Abend *(Maariw)* sowie das Zusatzgebet *(Musaf).* Diese Struktur spiegelt die Zeiten des Opfers im Tempel wider. Im *Siddur,* dem *Gebetbuch* für das tägliche G., und dem *Machsor,* einem besonderen Gebetbuch für Feiertage, sind die verschiedenen G. vereint. Die G. sind in *Hebräisch* und *Aramäisch* geschrieben; erst seit dem 19. Jh. ist es üblich, auch G. in der Landessprache zu integrieren. Beim G. und besonders der *Amida* wendet man sich in Richtung *Jerusalem* und *Tempelberg.*

Gebetbuch, Sammlung von *Gebeten.* Sie wurden bis etwa 500 n. Chr. mündlich überliefert. Mit der schriftlichen Fixierung des *mündlichen Gesetzes* wurden auch die Gebete aufgeschrieben. Die Stammgebete für den Privatgebrauch sind im *Siddur* (von hebr. »Ordnung«) enthalten, die besonderen Gebete für die Feiertage im *Machsor* (hebr. »Zyklus«). Die mittelalterlichen Machsorim enthielten auch Angaben zur Kalenderberechnung und alle liturgischen Gedichte *(Pijut)* für die Feiertage sowie das ethische Traktat »Sprüche der Väter« aus dem *Talmud.* Heute befindet sich Letzteres in den normalen G. Im Mittelalter entstanden die sephardische (stark mystisch geprägte) und aschkenasische G.-Tradition. Sonderfälle sind die älteren italienischen, byzantinisch-griechischen (»romaniotischen«) und altfranzösischen Varianten. Letztere zwei haben sich nicht mehr erhalten. Die Erfindung des Druckes führte zu einer gewissen Vereinheitlichung der Traditionen. Der *Chassidismus* verwendete ein anderes G. als das alte polnisch-jüdische, das sephardisch-mystische (»Nussach Sfard«), was große Proteste seitens der alten *Orthodoxie* hervorrief. Wolf Benjamin Heidenheim aus Rödelheim bei Frankfurt stellte um 1800/25 hervorragende Drucke mit Erklärungen her, die auch heute noch unter den aschkenasischen Juden verbreitet sind. Die Reformbewegung gab neue G. heraus und führte Änderungen im Text und Kürzungen aus. Besonders die schwer verständlichen liturgischen Gedichte des Mittelalters wurden reduziert und neue deutsche Übersetzungen mitabgedruckt sowie deutsche jüdische Gebete neu verfasst. Das deutsche Judentum vermochte kein einheitliches G. herauszugeben. 1871 verabschiedeten liberale Rabbiner in Augsburg eine Version; in den *USA* konnte sich 1894 ein G. in 300 Synagogengemeinden durchsetzen. Nicht einmal im Großherzogtum Baden war es möglich, ein einheitliches G. durchzusetzen (Gebetbuchstreit 1905). Pläne im Staat Israel, ein einheitliches G. für die Armee zu verfassen, wurden aufgegeben. Es gibt heute ein aschkenasisches und ein sephardisches staatliches G. Die lokalen Unterschiede des G.-Ritus in Deutschland (Minhag Frankfurt, Worms, Schwaben etc.) werden nur noch bruchstückweise von Emigranten-Gemeinden gepflegt, während sie sich in Elsass-Lothringen erhalten haben.

Gebetsmantel (hebr. tallit gadol), rechteckiges, bis zu 2 x 1,5 m großes Tuch mit Quasten. Seine kleinere Form in der Größe eines Winterschals wird Gebetsschal (hebr. tallit katan) genannt. Der G. wird während des Morgen- und des Zusatzgebets *(Gebet, Musaf)* getragen. Weitere Vorschriften regeln das Tragen an den Festtagen. Im *Orthodoxen Judentum* wird er beständig und in seiner großen Form unter den Kleidern getragen. Der G. ist aus Wolle, Seide oder Baumwolle und meist weiß und mit blauen, schwarzen oder mehrfarbigen Streifen durchzogen. An jeder seiner vier Ecken, eher selten jedoch entlang der Tuchseiten, befindet sich ein Zizit, eine Quaste *(Schaufäden),* die symbolisch an *Gott* erinnert und die Pflicht des Menschen, seine Gebote einzuhalten. Der G. wird nach dem Anlegen der *Gebetsriemen* am Kopf über Schultern und Kopf gelegt mit einem *Segensspruch,* der manchmal auch in den Tallit eingestickt ist: »Du bist die Quelle des Segens, Herr unser Gott, König der Welt, der uns durch seine Gebote geheiligt und uns befohlen hat, uns in die Zizit zu hüllen.« Getragen werden darf der G. ab der religiösen Mündigkeit (*Bar Mizwa* und *Bat Mizwa*). Mit Ausnahme des orthodoxen Judentums legen heute auch viele Frauen einen G. an.

Gebetsrichtung, wie von König *Salomo* (1 Kön 8,30/35 und 1 Chr 6, 21 und 26) vorgegeben, werden die Gebete in Israel und in der *Diaspora* nach *Jerusalem* bzw. zum *Tempelberg* mit dem *Allerheiligsten* gerichtet. In der *Synagoge* gibt der *Toraschrein* die Richtung nach Jerusalem an.

Gebetsriemen (hebr. tefillin), Lederriemen mit Kapseln, die Zitate aus der *Tora* enthalten (Ex 13,1–10 und 11–16; Dtn 6,4–9 und 11,13–21), für den Arm und die Stirn. Durchgehendes Thema dieser Torastellen ist das Gedenken, das Gedächtnis. Gewöhnlich sind die G. aus schwarzem Leder und die Kapseln schwarz lackiert. Die Reihenfolge und Art des Anlegens der G. ist genau festgelegt, auch wenn die *Aschkenasim* sie gegen den Uhrzeigersinn, die *Sephardim* mit ihm anlegen. Zuerst werden die G. von der Armbeuge aus angelegt, dann am Kopf, den anschließend der *Gebetsmantel* verhüllt. Den Riemen, dessen Kapsel ein Pergamentstück mit den vier Bibelstellen enthält, bindet man in sieben oder acht Windungen um den bloßen linken Arm, dreimal um die linke Hand sowie um den Mittelfinger. Der Stirn-G. befestigt eine Kapsel mit vier Bibelstellen auf vier verschiedenen Pergamentstücken an der Stirn und wird am Hinterkopf verknotet. Die Riemenwindungen und -verknotungen an Arm und Kopf beinhalten *Zahlensymbolik:* Arm- und Kopfknoten ergeben das Wort Schaddai, einen der Namen *Gottes.* Im Allgemeinen werden die G. von männlichen Juden angelegt, sobald sie *Bar Mizwa* sind. Heute tragen ab und zu auch *Frauen* die G., die zum Symbol des jüdischen Feminismus geworden sind. Ursprünglich auch während des Nachmittags- und Abendgebets getragen, erfolgt das Anlegen heute nur noch während des Morgengebetes an Werktagen *(Gebet).*

Geburt → Kinder

Gedalja-Fasten → S. 304

Geldhandel, zwischen 1000 und 1348 war der Geldhandel einer der Hauptberufe von Juden im Heiligen Römischen Reich. Nach der Kirchenlehre durften christliche Kaufleute keine Zinsen nehmen. In der Praxis kam es allerdings doch vor. Dies verhinderte nicht, dass den Juden die üble Nachrede vom »Wucherer« bis ins 20. Jh. angehängt wurde. Vor dieser Zeit waren Juden Waren- und Fernhändler, nach 1348 begann der Prozess der beruflichen Umschichtung. Juden waren nun Trödler und Kleinhändler. Im 16. Jh. drangen sie allmählich in den Landhandel vor. In den wenigen Städten, in denen sie in der Neuzeit wohnen

Gebetsriemen. Während seiner Bar-Mizwa-Feier an der Klagemauer in Jerusalem erhält dieser Junge erstmals Gebetsriemen (Tefillin).

durften, war ihre Präsenz im G. durchaus wichtig, etwa in Frankfurt am Main. Allerdings konnte hier die christliche Konkurrenz im Geldwechselgeschäft schneller und umfangreicher ins Privatbankwesen einsteigen. Im Königreich Polen entwickelte sich eine Handwerkertradition, im Byzantinischen Reich waren Juden dagegen in der Textilproduktion und in der Purpurfärberei bekannt.

Gelobtes Land, eigentlich zugedachtes, versprochenes Land. Der Begriff gehört eher zur christlichen Tradition, obwohl er in der hebräischen *Bibel* etwa in Buch Exodus 6,8 vorgeformt ist. Im Judentum spricht man vom Land Israel *(Erez Israel,* 1 Sam 13,19) oder dem Erez Awot (hebr. »Land der Vorväter«).

Gelübde (hebr. schebua), Ablegen von Versprechen oder Verpflichtungen, Unterlassen von bestimmtem Handeln, Verhaltensweisen, Lebensführungen u. a. Es gibt drei in der *Halacha* vorkommende hebräische Bezeichnungen des G.: Neder (allgemein), Neduwa (freiwilliges Opfer) und Schebua (bestimmte Dinge zu tun oder nicht zu tun). Das Ablegen von G. ist in der *Tora* nicht gefordert. Wurden jedoch G. geleistet, so waren sie strikt zu erfüllen (Dtn 23,22–24); eine Lossagung von ihnen war nicht möglich. Später entstanden Vorbehalte gegen die G. und die *Rabbiner,* ohnehin keine Freunde von Gelübden, entwickelten eine wenn auch komplizierte Möglichkeit der Aufhebung von Gelübden.

Gemara (aram. »Vollendung«), Bezeichnung für die schriftlich erfassten Diskussionen und Kommentare der *Amoräer* zur *Mischna* in den Lehrhäusern *Palästinas* und *Babyloniens.* Die Mischna und die G. bilden zusammen den *Talmud.* Im Gegensatz zur Mischna ist die G. nicht in *Hebräisch,* sondern in *Aramäisch* verfasst. Wie die Mischna gliedert sich die G. in sechs sog. Ordnungen *(Seder)* und umfasst alle Bereiche des jüdischen Lebens.

Gematrie → Zahlensymbolik

Gemeinde, die jüdischen G. des mittelalterlichen Heiligen Römischen Reiches organisierten sich ähnlich einer christlichen Zunft. Sie hatten ein eigenes Fürsorgewesen für Arme, insbesondere arme Bräute, ein Gotteshaus oder einen einfachen Betsaal, manchmal ein »Tanzhaus«, fast immer einen *Friedhof* und wenn möglich eine Armenherberge. Nach dem Vorbild der mittelalterlichen deutschen Stadtverfassung übten zwölf »gute Männer« abwechselnd in einem Jahr (»tuwei ha-Ir«) die Vorstandsfunktion aus. Erst ab dem 14. Jh. wird der *Rabbiner* Angestellter der G.; zuvor war er ein unabhängiger Gelehrter. Die jüdischen G. trachteten danach, unabhängig ihre Angelegenheiten regeln zu können. Im Rahmen der Vorgaben des Schutzherrn entschieden sie über den Zuzug anderer Juden. Zur besseren Koordination trafen sich G.-Vertreter an wichtigen Messe- und Marktorten und besprachen gemeinsame Angelegenheiten. Ähnlich dem rheinischen Städtebund trafen sich Notabeln der drei G. Speyer, Worms und Mainz im 13. Jh. und erließen die »Statuten von Aschkenas« *(Aschkenasim),* die das mitteleuropäische Judentum wesentlich prägten. Im späten 15. und 16. Jh. entstanden Landesjudenschaften, gemeindeübergreifende territoriale Dachorganisationen, die für die Eintreibung der Abgaben verantwortlich waren und auch innerjüdische Dinge regelten. Ab dem 18. Jh. begannen christliche Obrigkeiten, in die Autonomie der G. und in die rabbinische Gerichtsbarkeit einzugreifen. Bis und mit der NS-Zeit blieb die Fürsorgefunktion der G. wichtig, auch nach der rechtlichen Gleichstellung der Juden (1871). Verschiedene Versuche, Landesverbände zu gründen, waren bis 1914 nur begrenzt erfolgreich. Die Nationalsozialisten schafften die Autonomie der G. schrittweise ab, bis sie nach 1939 bloße Befehlsempfänger der Gestapo wurden. Nach Kriegsende wurden in den Besatzungszonen Deutschlands wieder jüdische G. gegründet.

Gemischte Ehe, Heirat zwischen Partnern unterschiedlicher Religionszugehörigkeit. In der christlichen Gesellschaft vor der Franzö-

Gemeinde. Darstellung des siebenarmigen Leuchters (links) und Seite aus dem Bibelkommentar des Raschi (Bd. 1), vollendet 1233; Bayerische Staatsbibliothek, München

sischen Revolution waren konfessionelle Mischehen nicht vorstellbar. Die G. wurde mit der Einführung der Ziviltrauung zuerst im revolutionären Frankreich und in den 1870er Jahren in Deutschland rechtlich möglich. Für die kleine Gruppe der Juden war sie eine zentrale Frage. Im 19. Jh. wurden die meisten Kinder aus solchen Verbindungen christlich aufgezogen und gingen dem Judentum verloren. Um 1900 war der Prozentsatz der G. gerade in Deutschland in den großen Städten schon relativ hoch, während er in Osteuropa gleichzeitig noch gering war. In Deutschland wurden die G. 1935 als »Rassenschande« verboten. Die Frage der G. ist auch heute noch in der jüdischen *Diaspora* eine häufig diskutierte. Allerdings werden Kinder aus diesen Ehen im Gegensatz zum 19. Jh. vermehrt jüdisch erzogen. Die Häufigkeit der G. führte im liberal-religiösen US-amerikanischen Judentum dazu, das man im Gegensatz zur traditionellen Auffassung auch Kinder, deren Vater Jude war, als jüdisch anerkannte. Einige wenige besonders liberale Rabbiner in den *USA* sind bereit, G. einzusegnen.

Genisa (hebr. »Aufbewahrung«), häufig verborgener, nicht leicht zugänglicher und meist zu einer *Synagoge* gehörender Aufbewahrungsort für rituelle Gegenstände, die abgenutzt sind, wenn diese nicht auf einem Abschnitt des Friedhofs begraben wurden. *Tora, Gebetbücher, Gebetsriemen* oder *Mesusot* werden nicht weggeworfen, sondern müssen in der G. aufbewahrt werden, ebenso als häretisch angesehene Bücher, wenn sie den Namen Gottes enthalten. Berühmtheit und hohe Bedeutung für die historische Forschung erlangte die im 19. Jh. entdeckte G. von Kairo: Sie enthielt sehr wertvolle Handschriften und gab Auskunft über Leben, Bräuche, Handel und Reisen vieler Juden über einen langen Zeitraum.

Gerichtshof, Rabbinischer → Bet din

Gesellschaften für christlich-jüdische Zusammenarbeit, auf Anregung der Alliierten 1946/47 in verschiedenen deutschen Städten entstandene Gesellschaft, die 1949 in einem Koordinierungsrat zusammengefasst wurden. Je nach Größe der Gruppe veranstalten diese ein eigenes Vortragsprogramm oder Seminare, organisieren Reisen nach Israel oder zu Sehenswürdigkeiten jüdischer Geschichte. Teils werden sie staatlich unterstützt, teils müssen sie ihre Aktivitäten durch Spenden finanzieren. Religionslehrer und Pfarrer spielen in ihr eine große Rolle. In den 1950er Jahren war eine Mitgliedschaft als Nachweis für Demokratiefähigkeit wichtig. Die G. sind häufig durch Überalterung gekennzeichnet. Nach 1989 entstanden ähnliche Gesellschaften in den neuen Bundesländern, die in Leipzig etwa an die kleinen Begegnungskreise der 1970er Jahre anknüpfen konnten. Das Programm »Studium in Israel« wird von Mitgliedern der G. betreut und ermöglicht Studenten einen Aufenthalt in Israel. Dachorganisation der Ländergesellschaften ist der in Heppenheim/Hessen im ehemaligen Wohnhaus von Martin Buber (1878–1965) ansässige International Council for Christians and Jews (ICCJ).

Gesetz der Rückkehr. Jüdische Siedler besetzten am 31. JULI 1995 in El Khader im Westjordanland den Dagan-Hügel, die israelische Polizei bereitete die Räumung vor. Die Siedler aus Israel beanspruchen das von den Palästinensern bewohnte Gebiet als »heiliges Land« der Juden.

Gesetz → Halacha

Gesetz der Rückkehr, vom jungen israelischen Staat 1950 verabschiedetes Gesetz, das jedem Juden ermöglicht, sich in *Israel* niederzulassen und die israelische Staatsbürgerschaft zu erwerben, vorausgesetzt er hat sich nicht schwerer Verbrechen schuldig gemacht oder aktiv gegen das jüdische Volk gearbeitet. Nach David Ben Gurion, dem Mitbegründer und ersten Premierminister des Staates Israel, ist »dieses Recht jedem Juden, aufgrund dessen, dass er Jude ist, inhärent«. Doch über die Definition von Judentum bzw. über die Frage wer Jude ist, entbrannte ein heftiger Streit zwischen der Orthodoxie und den Liberalen; ebenso wurde die staatliche Gesetzgebung sowie die Gerichte durch eine Reihe von Einzelfällen herausgefordert: Zu einem der Präzedenzfälle gehört der Einbürgerungsantrag

Ghetto. Mit erhobenen Händen wurden im Mai 1943 jüdische Frauen, Männer und Kinder von deutschen SS-Soldaten aus dem brennenden Warschauer Ghetto getrieben. Der rund einmonatige, verzweifelte Aufstand der Juden gegen die deutschen Besatzer wurde blutig niedergeschlagen. Die Nationalsozialisten hatten 1940, ein Jahr nach der Besetzung Polens, in Warschau rund 500000 Juden ins Ghetto gebracht. Die meisten Überlebenden wurden von hier in die Vernichtungslager deportiert.

des aus dem Judentum stammenden, bekennenden Katholiken und Karmelitermönchs Daniel Rufeisen, den das Oberste Gericht dahingehend entschied, dass er sich nicht als Jude einbürgern lassen könne und entsprechend die für Nichtjuden übliche längere Frist abwarten müsse. Das *Orthodoxe Judentum* akzeptierte keine Konversionen von liberalen und konservativen Rabbinern zum Judentum. Die weltliche, israelische Gerichtsbarkeit hat dem jüngst aber nicht entsprochen.

Gesetzesrolle → Torarolle

Gesetzestafeln, Bundestafeln, Steintafeln, auf denen Gott die *Zehn Gebote* niederschrieb und sie *Mose* offenbarte, in dem er sie ihm auf dem Berg Sinai übergab (G. Mose zerschmetterte sie im Zorn über das *Goldene Kalb).* Auf Gottes Geheiß fertigte er neue Steintafeln, auf die Gott noch einmal die Gesetze schrieb. Diese G. wurden in der *Bundeslade* im *Allerheiligsten* des *Stiftszeltes,* danach im Allerheiligsten des ersten *Tempels* aufbewahrt.

Get → Scheidebrief

Ghetto, Begriff mit umstrittener Worterkunft, vermutlich abgeleitet von der ital. Bezeichnung getto nuovo für die »Neue Gießerei« in Venedig, einem Juden ab dem Jahr 1516 zugestandenen, räumlich begrenzten Siedlungsgebiet. G., allgemein abwertend auf Wohnviertel von bestimmten sozialen Schichten oder ethnischen Minderheiten angewendet, bezeichnet im engeren Sinn zwangsweise von Juden bewohnte Stadtviertel, die seit dem 16./17. Jh. im christlichen Europa Stadtregierungen den Juden zuwiesen. Von diesen zu unterscheiden ist das freiwillige Zusammenwohnen in Judengassen oder Judenvierteln. Nach der Lockerung der städtischen Vorschriften wurde der Begriff G. auch auf freiwillig von Juden bewohnte Gebiete ausgedehnt. Die in der NS-Zeit im besetzten Osteuropa (Polen und Sowjetunion) geschaffenen G. für Juden leiteten den Übergang zur Vernichtungspolitik ein oder waren schon unmittelbar mit dem Vollzug der »Endlösung« verbunden.

Gilgul → Seelenwanderung

Giudezmo → Ladino

Glatt Koscher (jidd. »strikt koscher«), die Definition »Glatt« bezeichnete ursprünglich den Zustand, den die Lungen eines geschächteten Tiers *(Schächten)* haben müssen, um als *koscher* anerkannt zu werden, d. h. sie müssen vollkommen unbeschädigt sein. Der Ausdruck bezieht sich also eigentlich nur auf Fleisch. Inzwischen wird er aber auch zur Kennzeichnung von Lebensmitteln oder Restaurants verwendet, die den höchsten Ansprüchen der *Kaschrut,* dem jüdischen Speisegesetz, entsprechen.

Glaubensbekenntnis, Credo, eine verbindliche und autoritative Zusammenfassung der Glaubensgrundsätze und des religiösen Dogmas im christlichen Sinne gibt es im Judentum nicht. Ein Grund ist die Abwesenheit einer allem übergeordneten Instanz, die solch einen Katechismus formulieren könnte. Außerdem entspräche die Festlegung eines Credos nicht dem Charakter des Judentums, das nicht nur auf Glauben, sondern auch mindestens ebenso stark auf der Einhaltung der Gebote basiert *(Mizwa).* Die Einhaltung der Gebote bringt den Glauben mit sich. Der Mensch wird an seinen Taten gemessen, nicht an dem Glauben, den er zu haben vorgibt. Philo von Alexandria (um 20 v. Chr.–50 n. Chr.) stellte fünf Glaubensgrundsätze zusammen, die jedoch keine große Akzeptanz fanden. Auch die weit verbreiteten *Dreizehn Glaubensgrundsätze* des Moses Maimonides (Moses ben Maimon; 1135–1204) waren nie verbindlich und existierten im Mittelalter neben weiteren Auflistungen *(Ani maamin, Jigdal).* Die allgemein akzeptierten Glaubensgrundsätze finden ihren Ausdruck eher in der *Liturgie,* dem *Gebet* und sind im Religionsgesetz *(Halacha)* und seiner Anwendung enthalten. Im 19. Jh. gab es im *Reformjudentum* Versuche, ein Glaubensbekenntnis zu formulieren.

Gog und Magog, Gestalt und Land in der apokalyptischen Vision des Ezechiel. Nach ihr ist Gog der Fürst im Land Magog, der durch Gott besiegt werden wird (Ez 38,2). Nach der *Aggada* sind G. zwei gleichzeitig auftretende Feinde, gegen die Gott kämpft, und dieser Kampf gilt als letzter Kampf vor dem Kommen des *Messias.* Die Vorstellung eines endzeitlichen Kriegs gegen Gog und Magog finden sich auch in der christlichen und islamischen Tradition.

Goj (pl. Gojim), in der hebräischen *Bibel* allgemein als Bezeichnung für Volk oder Nation gebraucht. So wird auch Israel als G. bezeichnet (z. B. in Dtn 4,6). Das Buch Jesaja dagegen verwendet es für heidnische Völker (Jes 8,23). Später wurde der Begriff für nicht jüdische Völker und auch für den einzelnen Nichtjuden verwendet.

Goldenes Kalb, nach Exodus 31,18–33,6 eine von *Aaron* aus dem Goldschmuck der Israeliten am Berg Sinai geschaffene goldene Statue. Als *Mose* vom *Berg Sinai* 40 Tage nicht zurückkehrte, hatten die ängstlich wartenden *Israeliten* Aaron flehend bedrängt, ihnen einen Gott zu geben, und dieser hatte sich erweichen lassen. Mose zerstörte, als er das G. sah und den Bruch des *Bundes* mit *Gott* erkannte, im Zorn die beiden Gesetzestafeln des Bundes und zerschmolz das Götzenbild. Der *Aggada* zufolge ist alles Leid, das *Israel* widerfuhr, teilweise eine Vergeltung für die *Sünde* des G.

Golem, in der hebräischen *Bibel* Bezeichnung für Embryo (Ps 139,16), im Mittelalter für eine formlose Materie. Später wurde ein künstliches, durch Magie geschaffenes Wesen, der G., so benannt, der Tradition nach aus Lehm geschaffen. Erst als ihm ein Stück Papier mit dem Namen Gottes unter die Zunge gelegt wurde, erwachte es zum Leben und war nun seinem Schöpfer zu Willen. Viele jüdische Legenden drücken auch die Befürchtung aus, dass ein so geschaffenes Wesen außer Kontrolle geraten könne, so auch in der wohl bekanntesten Geschichte vom G., in der seine Schöpfung Juda Löw ben Bezalel von Prag (um 1525–1609) zugeschrieben wird. Die Sage vom G. fand auch Eingang in die nicht jüdische Literatur. Im *Jiddischen* und *Hebräischen* bezeichnet der Begriff auch einen dummen Menschen.

Gott, nach der Tora und der jüdischen Theologie ist G. einzig. Es gibt keinen anderen (Dtn 6,4) und keine weiteren Götter (Ex 20,3 bis 5). Er ist einmalig und ähnelt niemand (Ex 20,4). G. ist allgegenwärtig, allwissend, allmächtig und wirksam. Er ist der Schöpfer der Welt und der Mensch soll ihm liebend und vertrauend dienen. G. wirkt durch seine Offenbarung am Sinai. Er wirkt in Gerechtigkeit und Liebe, vergilt die Taten der Bösen am Jüngsten Tag, verzeiht aber auch und ist gnädig und barmherzig (»el rachum wechanun«). Die *Propheten* kämpften für eine ethische Lebenshaltung. Eine religionsphilosophische Formulierung wurde von außen an das Judentum angetragen. Philo von Alexandria (um 20 v.Chr.–50 n.Chr.) gehörte zu den Ersten, aber auch Saadia Gaon (892–942) baute auf der griechisch-arabischen Philosophie auf, um die Eigenschaften Gottes zu formulieren. In der *Liturgie,* besonders jener der hohen Feiertage, ist von den 13 Eigenschaften die Rede. Moses Maimonides (1135 bis 1204) vertrat die These, dass G. nur negative Attribute zugeschrieben werden können, und die spanisch-jüdische Philosophenschule baute darauf auf. Im 18. Jh. setzte sich Moses Mendelssohn (1729–1786) mit diesen Fragen auseinander. Die Philosophie Immanuel Kants (1724–1804) wirkte im 18. Jh. stark auf die Juden, auch auf die des 19. Jh. Moritz Lazarus und Hermann Cohen (1842–1918) waren von ihr geprägt. Martin Buber (1878 bis 1965) verarbeitete den osteuropäischen *Chassidismus* in seiner eigenwilligen Rezeption. Tief gehende Fragen nach dem Gottesverständnis wirft der Massenmord an den

Goldenes Kalb. Um das Götzenbild herstellen zu können, verlangte Aaron von den Frauen »goldene Ringe, die sie an den Ohren tragen« (Ex 32,2). Herodianischer Goldschmuck aus Bethlehem, 1. Jh. v. Chr.: Ohrring mit Anhängern in Form von Granatäpfeln; Sammlung Reuben und Edith Hecht, Universität Haifa

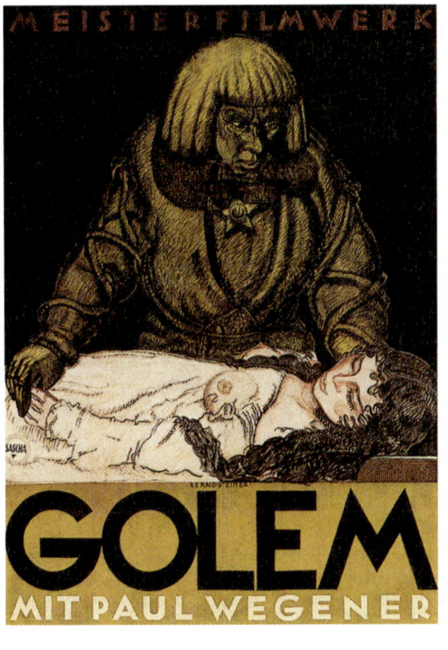

Golem. Plakat zum Film »Der Golem, wie er in die Welt kam« (1920) von und mit Paul Wegener. Der Part des Lehmkolosses, den der so genannte Wunderrabbi Löw zum Leben erweckt, wurde Wegeners Paraderolle. Die Produktion von 1920 war (nach 1914 und 1917) der dritte »Golem«-Film mit Wegener als Drehbuchautor, Regisseur und Titelfigur.

Hallel. Seite eines liturgischen Psalmenbuches aus Böhmen, 1813; Jüdisches Museum, Prag

europäischen Juden auf. Diese Diskussion ist noch im vollen Gange: Gibt es eine jüdische Theologie nach der *Schoa?*

Gottesdienst, gemeinsame, liturgisch geordnete Verehrung Gottes in einer Synagoge oder an einem beliebigen anderen Ort. Es müssen traditionell mindestens zehn Männer, die *Bar Mizwa* hatten, anwesend sein. Im Mittelpunkt des G. steht das Wort: das *Gebet,* die Lesung aus den fünf Büchern Mose *(Toralesung),* dem Tanach (hebräische *Bibel*) und den Hagiographien sowie die Predigt des *Rabbiners.* Der *Kantor* leitet den G. und trägt im Sprechgesang die Gebete im Wechsel mit der Gemeinde vor sowie den für diesen Tag vorgesehenen Abschnitt der *Tora.* Theoretisch kann jeder, der die traditionellen Melodien der Gebete oder das schwierige Lesen der Tora beherrscht, als Vorbeter den G. leiten, häufig sind es aber von der *Gemeinde* angestellte, ausgebildete Kantoren.

H

Haftara (hebr. »abschließen«), abschließender Abschnitt aus den Propheten, wird nach dem Abschluss der *Toralesung* bei jedem Morgengebet *(Schacharit)* und den Feiertagen gelesen. Meistens hängt die H. inhaltlich mit dem gelesenen Toraabschnitt zusammen. Diese Sitte entstand wahrscheinlich während des Religionsedikts Antiochus' IV. Epiphanes (reg. 175–164 v.Chr.), das die Lesung der Tora verbot. Um das Verbot zu umgehen, las man die H. beim Gebet; diese Gewohnheit wurde auch nach Aufhebung des Edikts beibehalten.

Haggada → Aggada

Halacha (hebr. »Gehen«), jüdisches Religionsgesetz. Die H. hat sich im Laufe von vielen Jahrhunderten entwickelt und ist eine von vielen Kommentaren ergänzte Sammlung von Gesetzen. Nach ihnen richtet sich auch heute das Leben gläubiger Juden. H. bezeichnet aber nicht nur das jüdische Religionsgesetz als solches, sondern auch seine praktische Umsetzung, die in verschiedenen Schriften detailliert beschrieben wurde, sich aber stets auch an der Lebensumwelt orientierte und sich neuen, moderneren Lebensumständen anpasste. Durch die tägliche religiöse Praxis, die Umsetzung der H., stellt ein gläubiger Jude seine tägliche Beziehung zu Gott her. Durch diese Möglichkeit der Anpassung blieb und bleibt die jüdische Religion lebendig und aktuell durch die Jahrhunderte. Die H. wurde immer wieder in systematischen Sammlungen geordnet. Die bekannteste ist der babylonische *Talmud.*

Hallel, die Psalmen 113–118; Teil der *Liturgie* der Synagoge. Der gesamte H. wird in der Synagoge an *Pessach, Sukkot* und *Chanukka* gesungen. Psalm 136 wird als Hallel ha-Gadol (»der große Hallel«) bezeichnet und am *Sabbat* und Festen vorgetragen. Nach dem *Talmud* gehört der H. zu den sehr früh eingeführten Teilen der Liturgie.

Ha-Meassef (hebr. »Sammler«), erste über einen längeren Zeitraum bestehende jüdische Zeitschrift, die mit Unterbrechungen von 1784 bis 1811 erschienen ist. Sie entstand im Umfeld der jüdischen Aufklärer *(Haskala)* in Berlin und Königsberg und vertrat ein neues Bildungsideal. Die allgemeinen Wissenschaften sollten durch Juden vermehrt zur Kenntnis genommen werden. Eine neue klassische, »reine« hebräische Sprache sollte entstehen. Literarische Vorbilder waren zeitgenössische Schriftsteller wie Charles de Montesquieu (1689–1755) und Friedrich Gottlieb Klopstock (1724–1802). Mystische Bräuche und Volksfrömmigkeit wurden kritisiert und abgelehnt. Eine moderne systematische Erziehung in den neuen jüdischen Schulen sollte an die Stelle des alten »Lernens« treten. Isaak Satanow versuchte, zwischen

Philosophie und Mystik zu vermitteln. Von den Rabbinern wurde gefordert, sich Allgemeinbildung zu verschaffen, und eine allzu rigorose Beachtung der Gebote wurde bespöttelt. Die rund zwei Dutzend Mitarbeiter stammten aus ganz Mitteleuropa, vom Elsass bis Westrussland. Der H. verfügte über eine deutsche Beilage. Während sich unter den osteuropäischen jüdischen Gelehrten das Hebräische im 19. Jh. halten sollte und dort in die zionistischen Pläne einer Wiederbelebung als Umgangssprache einmündeten, setzte sich im deutschsprachigen Raum das Deutsche als Verkehrssprache in der *Wissenschaft des Judentums* bis 1933 durch.

Haredim (hebr. »jene, die zittern«), Juden, welche die Lehrsätze sorgfältig beachten. Das Wort leitet sich von Jesaja 66,5 her: »Hört das Wort des Herrn, die ihr zitternd sein Wort befolgt.« Der Begriff bezeichnet nicht eine jüdische Glaubensrichtung, sondern Aktivisten, die sich gegen eine Akkulturation wenden in Form einer Assimilation des *Orthodoxen Judentums* an eine säkularisierte Welt wie auch dagegen, dass Juden allgemein ihren Glauben dem herrschenden Zeitgeist anpassen.

Haskala (hebr. »Aufklärung, Bildung«), jüdische Aufklärung. Sie entstand als Teil der europäischen Aufklärung im letzten Drittel des 18. Jh. in Berlin und Königsberg. Ihre Anhänger, die *Maskilim,* wollten der kulturellen und gesellschaftlichen Isolation der jüdischen Gemeinschaft ein Ende setzen. Sie traten für die Aneignung von Bildung und weltlichem Wissen ein. Die Symbolfigur der jüdischen Aufklärung war Moses Mendelssohn (1729 bis 1789). Er hielt noch strikt an der *Halacha* fest. Doch viele seiner Anhänger wandten sich offen gegen die jüdische Tradition. Sie befürworteten eine Reform der jüdischen Religion und die Abschaffung all jener Gebote, die sich mit einem Leben in ihrer Gesellschaft nur schwer vereinbaren ließen.

Hasmonäer → Makkabäer

Hawdala (hebr. »Unterscheidung«), Zeremonie, die das Ende des *Sabbat* kennzeichnet. Die H. trennt die heilige von der alltäglichen Zeit, kurz nachdem drei Sterne am Abendhimmel das Ende des Sabbat ankünden. Segenssprüche *(Berachot)* werden über Kerze, *Wein* und Gewürzen gesprochen. Das Anzünden der H.-Kerze verdeutlicht, dass alle Verbote des Sabbat, wie z. B. das Feuermachen, aufgehoben sind. Dann wird ein Weinbecher als Zeichen des Segens bis zum Überfließen gefüllt, gefolgt vom Riechen an den oft in besonderen Büchsen *(Bessamimbüchsen)* aufbewahrten Gewürzen; in Frage kommen Nelken, Zimt, Muskat und Myrte. Das Riechen an den duftenden Gewürzen wird oft als eine Möglichkeit verstanden, sich über den Verlust der *Neschama Jetera* (hebr. »besondere Seele«) hinwegzutrösten, die jeden Menschen während des Sabbat begleitet. Nun wird über dem Wein ein Segen gesprochen, der an die Unterscheidung Gottes zwischen heilig und unheilig, Licht und Finsternis sowie dem siebten Tag der Ruhe und den sechs Tagen der Arbeit gemahnt. Mit einem Rest des Weins wird das Kerzenlicht gelöscht, und man wünscht sich eine gute Woche (hebr. schawua tow).

Hebräer, abgeleitet von Eber, dem Stammvater in Gen 10, 24f., auf den nicht nur die Vorfahren der *Israeliten* zurückgehen. Die ursprüngliche Wortbedeutung ist »jenseits«. Neuere Forschungen ergaben, dass wahrscheinlich eine Volksgruppe »jenseits« des Flusses Euphrat gemeint war. Dieses Gebiet wird auch als Chaldäa bezeichnet. Hier befindet sich die Stadt Ur(-Kasdim), aus der *Abraham* stammt. In vielen der ausgegrabenen Texte ist von den »habiru« die Rede, sodass

Hawdala. Bessamimbüchse in Turmform aus Österreich, 18. Jh. Der Turm aus Silberfiguren besteht aus zwei Etagen und ist mit Edelsteinen sowie Emailleplatten mit biblischen Szenen verziert. Durch ein Türchen in der unteren Etage werden die Gewürze für die Hawdala-Zeremonie hineingelegt. An den Ecken deuten silberne Spiralen auf die Flammen der geflochtenen Hawdala-Kerze; Musée National des Thermes et de l'Hôtel de Cluny, Paris

Hebräisch. Leopold Zunz (1794–1886) war der bedeutendste unter den Gründern der Wissenschaft des Judentums. Ziel war laut Zunz »die Gleichstellung der Juden in Sitte und Leben«, die aus der Gleichstellung der Wissenschaft des Judentums hervorgehe.

Hebräische Universität Jerusalem. Physiknobelpreisträger Albert Einstein (1879–1955) war ein großer Förderer der Jerusalemer Hochschule.

auch dieser biblische Begriff eine wissenschaftlich belegbare Vergangenheit hat. In der christlichen Tradition war dieses Wort besser konnotiert als »Juden«. Es ist deshalb bezeichnend, dass von christlicher Seite als gut eingeschätzte Beiträge zur Bibelexegese als »hebraei dicunt« (»die Hebräer sagen«) bezeichnet wurden, die abgelehnten aber mit »judaei fabulantur« (»die Juden fabulieren«). Mit den H. assoziierte man ein wehrhaftes Volk, mit den Juden viele negative Stereotypen zusätzlich zum Gottesmord. Im Russischen ist »jewrei« zum staatlichen Ausdruck für Juden bis heute geworden, zum Sprachgebrauch im Westen »Israeliten«.

Hebräisch, ursprünglich eine semitische Sprache. Es wird zwischen dem Althebräischen der *Bibel* und dem Neuhebräischen der Zeit von der *Mischna* an unterschieden. Die Neubelebung des H. als Umgangssprache unter dem *Zionismus* wird mit dem Begriff *Iwrith (Hebräer)* bezeichnet. Seit dem 8. Jh. gehört das H. auch zu den in Europa gesprochenen Sprachen. In der Sprachforschung machten sich Saadia Gaon (882–942), Abraham Ibn Esra (um 1089–1167) und David Kimchi (um 1160–1235) verdient. Die Kirche errichtete an den Universitäten hebräisch-Lehrstühle für die Judenmission, war aber auch an einem Austausch mit jüdischen Gelehrten zum besseren Verständnis der hebräischen Bibel teilweise bereit. Die Renaissance pflegte ein vermehrtes Interesse am H. Elia Levita war der Lehrer von Johannes Reuchlin, der viel zur Intensivierung der Beschäftigung beitrug. Sebastian Münster war eine weitere Kapazität auf diesem Gebiet. Im 18. Jh. erlahmte das Interesse, der Antikenkult um Hellas und Rom verdrängte die Beschäftigung mit dem H. Erst die *Wissenschaft des Judentums* mit Leopold Zunz (1794 bis 1886) und anderen sollten eine Wiederbelebung der hebräischen Studien bewirken. Die Aufklärer um Moses Mendelssohn (1729–1786) versuchten das klassische H. als »moderne« Sprache wiederzubeleben und gaben die Zeitschrift *Ha-Meassef* heraus. Unter der Bildungselite der osteuropäischen Juden hielt sich diese Renaissance des H. unter Einfluss der Aufklärung bis zum Auftreten des politischen *Zionismus* in den 1890er Jahren. Es gab einflussreiche hebräische Zeitschriften, in denen über Fragen der jüdischen Existenz debattiert wurde (Ha-Schachar, Ha-Meliz u.a.). Elieser ben Jehuda (1858–1922), ein russischer Jude, siedelte sich in *Palästina* an und verfocht konsequent den Gebrauch des H. als moderne Alltagssprache. Der zionistische Teil der jüdischen Bevölkerung machte sich dieses Anliegen zu eigen. Pioniere waren die Lehrer an den zionistischen Schulen. 1913 kam es sogar zu einem Streik an einer Mittelschule in Haifa, weil die Lehrer auch hier das H. als Unterrichtssprache durchsetzen wollten. Der Träger der Schule, der Hilfsverein der deutschen Juden, konnte sich dies zuerst nicht vorstellen, lenkte später aber ein. Viele hebräische Ausdrücke drangen auch in die Gruppensprachen der Juden ein *(jüdische Sprachen).*

Hebräische Bibel → Bibel, hebräische

Hebräische Literatur, bis zur Neuzeit stark durch religiöse Stoffe geprägte Literatur. Zur hebräischen *Bibel* und zum *Talmud* wurden immer weitere Kommentare *(Tossafot)* und rechtliche Abhandlungen verfasst. Rechtsgutachten wichtiger Rabbiner wurden gesammelt (hebr. Scheilot und Teschuwot), z.B. von Rabbiner Meir ben Baruch (1215 bis 1293) aus Rothenburg ob der Tauber. Rabbinische Gleichnisse ergänzten den trockenen Stoff des jüdischen Rechts. Zusammenfassungen der praktischen Gebote *(Mizwa)* wurden verschiedentlich unternommen, u.a. 1340 von Jakob ben Ascher (1270–1340) die *Arba Turim.* Darauf aufbauend, stellte der sephardische Autor Josef Karo (1488–1575) ein Kompendium für das tägliche Leben zusammen, das *Schulchan Aruch* (hebr. »Gedeckter Tisch«, 16. Jh.). Dieses erhielt wiederum den Kommentar eines aschkenasischen Rabbiners. Besondere Verfolgungen wurden berichtet (1096 1. Kreuzzug, 1492 Vertreibung aus Spanien). Im 16. Jh. entstand in Prag die erste Chronik jüdischer Geschichte, der »Zemach David« (»Spross Davids«) von dem Astronomen und Historiker David Gans (1541–1613). Die mystische Literatur nahm vom 13. Jh. an ihren Aufschwung. Im arabischen Kulturbereich setzten sich jüdische Autoren mit den Wissenschaften, der Philosophie und Poesie auseinander. Apologetische Werke wurden verfasst. Nicht jüdische Fabeln und Legenden wurden übersetzt und der jüdischen Religion angepasst. In Sittenbüchern wurde zur Buße und Askese aufgerufen. Unter Frauen war das Genre der Bittgebete für die Familie sehr populär. Wichtige Werke der Astronomie, Astrologie, Medizin und Mathematik wurden ins *Hebräische* übersetzt, ebenso arabische Versionen antiker Werke. Diese wurden wiederum ins Lateinische übertragen und so einer breiteren Öffentlichkeit zugänglich gemacht. Viele Juden verstanden allerdings kein Hebräisch und so entwickelte sich im Hochmittelalter eine arabisch-jüdische, im Spätmittelalter eine jüdisch-deutsche/jiddische Literatur. Mit der Aufklärung setzte eine neue Epoche ein.

Hebräische Universität Jerusalem, gegründet 1925. Der Mathematiker und Zionist Hermann Schapira (1840–1898) vertrat bereits vor 1900 die Idee einer jüdischen Universität. Erst 1925 kam es zur Grundsteinlegung. An ihr sollten die an den europäischen Universitäten nur marginal vertretenen Disziplinen der Wissenschaft des Judentums vertreten sein, aber auch eine allgemeine akademische Ausbildung in hebräischer Sprache. Die H. sollte auch maßgeblich zur Entstehung einer neuen hebräischen Kultur im Lande Israel beitragen. Ein großer Förderer der Universität war Albert Einstein (1879–1955). Mit der Emigration deutscher Juden kamen nach 1933 viele hochrangige Akademiker nach Jerusalem. Die H. entwickelte sich zur größten des jungen Staates. Besonders gut vertreten sind an ihr die Mada'ei ha-Jahadut (hebr. »Wissenschaften des Judentums«). Die H. ist heute nach US-amerikanischem Muster organisiert. Ausländische Studenten können ein englischsprachiges einjähriges Programm besuchen und sich danach in den regulären Studienbetrieb integrieren. In Deutschland entstand für Theologiestudenten ein Sonderprogramm »Studium in Israel«, aber auch der Deutsche Akademische Austauschdienst (DAAD) erteilt Stipendien. An der H. wirkten die aus Deutschland stammenden Gershom Scholem (1897–1982), Martin Buber (1878–1965), Ernst Simon, Fritz Bär u. a. Ihre fast monopolartige Stellung büßte sie in den letzten Jahrzehnten durch den Ausbau anderer israelischer Universitäten in Tel Aviv, Haifa und Beer Sheva ein, wie überhaupt die israelischen »Jüdischen Studien« von Amerika her zusehends Konkurrenz bekamen.

Hebrew Union College (HUC) – **Jewish Institute of Religion,** ältestes, 1875 von einer Vereinigung liberal-religiöser Gemeinden in Cincinnati (Ohio) unter Führung von Isaac Meyer Wise (1819–1900) gegründetes Seminar für jüdische Religionsstudien und Rabbinerausbildung des *Reformjudentums.* Aus ihm gingen in den ersten 50 Jahren seines Bestehens fast 300 Rabbiner hervor. Hier ausgebildete Rabbi und Kantoren sind weltweit tätig, einige auch im heutigen Deutschland. Dem HUC ist seit 1911 ein Lehrerseminar in New York angeschlossen, an dem u.a. Isaac Meyer Wise, Kaufmann Kohler (1843 bis 1926), der Talmudist Jacob Z. Lauterbach und der Historiker Jacob Mann wirkten. Stephen S. Wise gründete 1922 in New York eine Zweigstelle des HUC, das Jewish Institute of Religion, das 1950 zu einem eigenständigen Zweitsitz aufgewertet wurde. 1954 entstand eine Zweigstelle in Los Angeles, 1963 in *Jerusalem.* In den 1970er Jahren öffnete sich das HUC auch Frauen mit einer Ausbildung zu *Rabbiner-* und *Kantorinnen;* mittlerweile bilden sie die Mehrheit in den Studienjahrgängen. Die erste Rabbinerin, Sally Priesand, wurde 1972 am HUC in Cincinnati ordiniert. Bis heute ist das HUC das bedeutendste liberale Rabbinerseminar der USA.

Hebron. Jüdische Siedler mit Gebetsschal (kleiner Tallit) tragen eine Torarolle durch die arabische Stadt Hebron im Westjordanland.

Hebron (arab. Al-Khalil »Der Freund Gottes«), Stadt in Judäa, eine der vier heiligen Städte des Judentums, aber auch heilige Stadt und Pilgerziel des Christentums und des Islam, die ursprünglich Kirijat Arba hieß (Gen 23,2). Die heute sich über vier Hügel erstreckende Stadt südlich Jerusalems zählt zu den ältesten Städten der Welt. Hier sollen sich in der *Höhle von Machpela* die Grabstätten *Adam* und *Evas* sowie der *Erzväter* und *Erzmütter* des Judentums befinden. Nach Genesis 23, 16–20 kaufte *Abraham* die Höhle vom Hethiter Efron, um *Sara* bestatten zu können. H. war zeitweise Hauptstadt des Südreichs *Juda. David* wurde hier zum König gekrönt;

er regierte sieben Jahre, bis er *Jerusalem* – damals eine kleine Stadt – eroberte und es zur Hauptstadt Judas und Israels machte.

Hechal → Tempel

Heichal → Toraschrein

Heilige Berge → Berg Morija; → Berg Sinai; → Zion

Heilige Städte, die vier Städte *Jerusalem, Hebron, Zefat* (Safed), *Tiberias*

Heirat → Eheschließung

Hochheilige Tage, Bezeichnung für die Tage der Feste *Rosch ha-schana* und *Jom Kippur* sowie die zehn Tage zwischen beiden Festen.

Hochschule für die Wissenschaft des Judentums, 1872 gegründete Berliner Hochschule zur Förderung der wissenschaftlichen Erforschung des Judentums. Sie wurde zum liberalen Rabbinerseminar im deutschsprachigen Raum und diente als Vorbild für die Konzeption des *Hebrew Union College.* Die H. stand im Gegensatz zu den beiden anderen Rabbinerseminaren auch Frauen und Nichtjuden offen. Im Gegensatz zu vielen christlichen theologischen Fakultäten erhielt sie keine staatliche Förderung; ihr Hochschulstatus wurde 1883–22 durch Preußen nicht mehr anerkannt. Sie musste sich um private Fördermittel bemühen und ihre finanzielle Lage war häufig prekär. An ihr wirkten bedeutende Gelehrte wie Abraham Geiger (1810–1874), Heymann Steinthal (1823–99), Chanoch Albeck, Eduard Baneth, Julius Guttmann, Israel Lewy (1841–1917) und Eugen Täubler (1879 bis 1953). Jüdische Studenten aus Osteuropa kamen durch sie erstmals in Kontakt mit der wissenschaftlich-kritischen Behandlung jüdischer Quellen. Nach 1904 waren Ismar Elbogen (1874–1943) und später Leo Baeck (1873 bis 1956) die prägenden Persönlichkeiten. 1933 mit ihrer Herkunft konfrontiert, suchten viele neue Studenten eine Beschäftigung mit ihren jüdischen Wurzeln. Die erste *Rabbinerin* Regina Jonas (1902–1944) wurde hier ausgebildet, erhielt aber eine private Ordination *(Semicha)* durch Max Dienemann. Pläne, die H. während des NS-Regimes nach England zu verlegen, scheiterten am Kriegsausbruch 1939. Unter schweren Bedingungen führte Leo Baeck bis Juni 1942 den Lehrbetrieb weiter *(Wissenschaft des Judentums).*

Hochheilige Tage. Ein ultraorthodoxer Vater im Jerusalemer Stadtviertel Mea Shearim hält ein Huhn über die Häupter seiner Kinder, damit ihre Sünden den Körper verlassen und auf das Tier übergehen. Das alte Ritual gehört zum Feiertag Kapparot, wenige Tage vor dem Versöhnungsfest Jom Kippur.

Hochschule für Jüdische Studien, 1979 auf Anregung von Rabbiner Nathan Peter Levinson (*1921) in Heidelberg gegründet. Die H. steht von Anfang an allen Konfessionen offen. Ihr Hauptanliegen ist es aber, künftigen jüdischen Religionslehrern und Rabbinern eine breite Grundausbildung in jüdischen Studien zu ermöglichen. Sie bietet die Fächer Hebräische Bibel/Jüdische Exegese, Geschichte, Talmud, Philosophie, Hebräische Sprache, Literatur sowie Jüdische Kunst an. Da die Tradition der *Wissenschaft des Judentums* in Deutschland durch die *Schoa* zerstört worden war, musste sie ein Lehrerkollegium anwerben und eine Bibliothek aus dem Nichts aufbauen. Erst 20 Jahre nach ihrer Gründung wurde ein Lehrgang für das Fach Jüdische Religionslehre in Zusammenarbeit mit der Kultusministerkonferenz und den zuständigen Ministerien des Landes Baden-Württemberg erarbeitet. 1994 wurde ihr das Promotionsrecht verliehen. Die H. ist durch einem Kooperationsvertrag mit der Universität Heidelberg verbunden. Letztere hat das Recht, in die Verwaltungsgremien und wichtigen Kommissionen Delegierte zu entsenden.

Hochzeit → Eheschließung

Hochzeitsschleier → Jidd

Hoherpriester (hebr. »kohen gadol«), höchster Priester des *Stiftszeltes,* dann des *Tempels* in Jerusalem, der mit besonderen Rechten und Pflichten sowie einer großen religionsgesetzlichen Autorität ausgestattet war: Die heiligsten Opferhandlungen im Tempel durften nur vom H. vollzogen werden; nur er durfte einmal im Jahr an *Jom Kippur* das *Allerheiligste* des Tempels betreten sowie alle wichtigen Tempelhandlungen an diesem Hohen Feiertag vollziehen (Lev 16); er befragte das Orakel mit *Urim we-Tumim* und warf die Lose, um wichtige Entscheidungen zu fällen. Den H. kennzeichneten zusätzlich zur üblichen Priesterkleidung vier weitere Kleidungsstücke, die er während der rituellen Handlungen im Tempel trug: das Efod, eine Art Schürze, die, hinten getragen und vorn gebunden wurde; das Meil, ein langer Mantel mit Glocken und Verzierungen; das »Choschen«, eine Brustplatte mit zwölf Edelsteinen, den Namen der zwölf Stämme sowie das »Zitz«, ein goldener Stirnschmuck, auf dem die Worte »Heilig für den Herrn« eingraviert waren. Nach dem Buch Exodus beinhaltete die Brustplatte auch das Orakel *(Urim we-Tumim)*. Im Gegensatz zu den anderen Priestern war es dem H. nur erlaubt, eine Jungfrau zu ehelichen. Physischer Kontakt mit Toten, selbst von nahen Angehörigen, war ihm untersagt. Das H.-Amt bekleideten nur *Aaroniden*. Von König *David* bis Antiochus IV. Epiphanes (reg. 175–160 v. Chr.), der 171 v. Chr. den Tempel entweihte und das H.-Amt an den Griechen Jason verkaufte, blieb es zudem in der Hand einer einzigen Familie, den Zadokiten *(Zadok)*. Nach der Wiedereinführung des Amtes und während der römischen Herrschaft über Palästina war die Ernennung des H. oft politisch motiviert, und es verlor an Ansehen. Es verschwand mit der Zerstörung des zweiten Tempels 70 n. Chr.

Höhle von Machpela, jüdische, christliche und muslimische Pilgerstätte. Hier sollen sich die Gräber von *Adam* und *Eva* sowie der *Erzväter* und *Erzmütter* befinden: *Abraham* und *Sara, Isaak* und *Rebekka, Jakob, Lea* und *Rahel*. Die H. wird im Allgemeinen mit Haram el-Khalil in *Hebron* identifiziert. Das Buch Genesis berichtet, dass Abraham, als er eine Grabstätte für Sara suchte, die H. vom Hethiter Efron für 400 Silberstücke erwarb und dass sie bei Mamre liege, das mit dem heutigen Hebron identisch sein soll (Gen 33,19f.). Jakob ermahnte seine Söhne, ihn nicht in Ägypten zu bestatten, sondern neben seinen Vorfahren (Gen 47,28–31; 49,30). Über Jahrhunderte beteten hier Juden und ließen sich in der Nähe der H. bestatten, bis ihnen ab 1267 der Zutritt verwehrt wurde. Unter Herodes I. wurde die Grabeshöhle versiegelt und über ihr ein Tempel erbaut, auf dessen Grundmauern die Byzantiner 1115 eine christliche Basilika errichteten, welche die Muslime in die heutige Ibrahim-Moschee umwandelten. Seit dem Sechstagekrieg von 1967 ist die H. wieder jüdische Pilgerstätte.

Höhle von Machpela. In der Pilgerstätte für Juden, Christen und Mulime sollen sich die Gräber von Adam und Eva sowie der Erzväter und Erzmütter befinden: Abraham und Sara, Isaak und Rebekka, Jakob, Lea und Rahel.

Holocaust (engl.), Bezeichnung der Massenvernichtung der europäischen Juden im nationalsozialistischen Machtbereich. Der aus dem Griechischen stammende Begriff ist wegen der alten Bedeutung in der Bibel (»Ganzopfer« oder »Brandopfer«) umstritten. Im Hebräischen wird der Völkermord als *Schoa* (»Vernichtung«, »Katastrophe«) bezeichnet. Ein Gedenktag an den H. wird im Staat Israel *(Jom ha-Schoa)* am 27. Nissan (Beginn des Aufstands im Warschauer Ghetto), in der Bundesrepublik Deutschland am 27. Januar (Befreiung des KZ Auschwitz) begangen.

Holocaust-Theologie, kann als Reflex auf die offene Frage verstanden werden: Wie lässt sich der *Holocaust* mit dem Glauben an die Allmacht Gottes und an den Bund, den Gott mit Israel geschlossen hat, vereinbaren? Die Singularität des Holocaust ist einer der zentralen Aspekte in den Versuchen, den Massenmord an den europäischen Juden theologisch zu werten. Einige orthodoxe Rabbiner suchten eine Erklärung des Holocaust im traditionellen Glauben, dass Leiden Strafen für Sünden seien. Richard Rubinsteins »After Auschwitz« (1966) basiert auf einer modernen »Gott-ist-tot«-Theologie, während Emil Fackenheim in »The Jewish Return into History« (1978) die Verpflichtung des Überlebens, die ethnische Selbstbehauptung des

Judentums betont. Der israelische Philosoph Eliezar Schweidt stellt die Frage anders: Es gehe nicht um eine Rechtfertigung Gottes, sondern um der Religion, insbesondere der christlichen, da diese im ethischen Sinne versagt habe. Einige Denker sehen die Antwort auf die theologischen Probleme in der Etablierung des Staates Israel. Andere, so Elie Wiesel (* 1928), verwerfen diese Interpretation oder lehnen sie, wie Schweidt, als bloße Ausflucht aus dem Dilemma ab.

Hoschana Rabba, siebter Tag des Laubhüttenfestes *(Sukkot),* an dem der Feststrauß *Lulaw* siebenmal in der Synagoge hinter allen *Torarollen* herumgetragen wird und die Hoschanot-Gebete (hebr. hoschia na: »hilf doch«, vgl. Hosianna) rezitiert werden. An diesem Tag werden die Blätter der inzwischen welken Bachweiden abgeklopft. Die Mystiker messen ihrem Aufguss heilende oder fruchtbar machende Wirkung zu. In einigen Gemeinden werden die trockenen Blätter aufbewahrt und zum Anfeuern des Backofens zur Herstellung von *(Mazza)* im Frühling verwendet, um eine symbolische Verbindung zwischen den beiden Feiertagen herzustellen.

Hostien- und Reliquienschändung, im 11./12. Jh. verbreiteter Vorwurf gegen die Juden. Ab dem 13. Jh. nahm die Unterstellung, dass Juden heimlich Hostien schändeten, stark zu. Unter diesem Vorwand überfielen die von Ritter Rindfleisch angeführten Banden 1298 in Franken und im benachbarten Raum jüdische Ansiedlungen. Besonders lange hielt sich die 1337 initiierte Wallfahrt nach Deggendorf (Bayern, »Deggendorfer Gnad«), die erst auf Befehl des Bischofs in den 1960er Jahren abgeschafft und in eine Besinnungswoche umgewandelt wurde. Eine H.-Unterstellung führte 1510 zur Verbrennung einiger Juden in Berlin und zu ihrer Vertreibung aus Brandenburg. Mit der Kritik der Reformatoren an vielen kirchlichen Bräuchen verlor die Unterstellung der H. an Bedeutung.

I

Ijar, 8. Monat des jüdischen *Kalenders* (im gregorianischen Kalender April/Mai), mit dem Unabhängigkeitstag Israels *(Jom ha-Azmaut)* am 5. und dem *Lag ba-Omer* am 18. dieses Monats.

Irak, seit der Antike und lange vor dem Islam lebten Juden in Mesopotamien, dem späteren Irak. 1931 wurde ihre Zahl auf 110000 geschätzt. Gemäß den Bestimmungen der Dhimma (Schutz für Nichtmuslime) mussten sie in einem besonderen jüdischen Viertel (Dar al-Jahud) wohnen, eine besondere Kleidung tragen und durften nicht wie Muslime Pferde reiten. Die wichtigste Gemeinde war Bagdad, wo sich über Jahrhunderte der Sitz des Repräsentanten der babylonischen, bzw. irakischen Judenschaft befand *(Exilarch).* Für das 12. und 13. Jh. ist eine Talmudhochschule belegt. Vom 16. Jh. setzt die historische Überlieferung ein. Jüdische Reisende berichteten im 19. Jh. über die Lage der Juden im Irak. Eine wichtige Familie waren die Sassoons, die in den 1820er Jahren nach Indien auswanderten. Der Ritus der arabischsprachigen Juden entspricht dem sephardischen, wenn auch z.T. arabische Übersetzungen eingeflochten wurden. Besondere Bräuche wurden bei *Beschneidung, Hochzeit* und Bestattung gepflegt. In Bagdad waren zwei lokale *Purim*-Feste üblich. Zweitwichtigste Gemeinde war Basra, wo sich das Grab von Esra befand. Auch hier wanderten Gemeindemitglieder nach Indien (Kalkutta) aus. Im Norden Iraks wohnten kurdischsprachige und aramäischsprachige Juden mit eigenen religiösen Traditionen. Mit der Entstehung des Staates *Israel* 1948 wurden fast alle irakischen Juden ver-

Hostien- und Reliquienschändung. Zwei von sechs Szenen, mit denen Paolo Uccello eine Predella (Sockelfries eines Altarbildes) bemalt hat. Das Thema ist ein Hostienwunder, dem eine Hostienschändung vorausgeht. Erste Szene: Übergabe einer konsekrierten (geweihten) und danach gestohlenen Hostie an einen jüdischen Pfandleiher. Zweite Szene: Entsetzt bemerkt die jüdische Familie, dass aus der Hostie, die sie eben verbrennen will, Blut fließt. Von rechts suchen inzwischen alarmierte Soldaten in das Haus zu dringen, um die Frevler festzunehmen. Um 1465 bis 1469; Galleria Nazionale delle Marche, Urbino

trieben. Sie wurden mit Flugzeugen nach Israel ausgeflogen (»Operation Esra und Nechemia«) und bilden dort mit ihren Nachkommen eine große Landsmannschaft. Heute leben noch ca. 200 Juden in Bagdad.

Isaak, Zweiter der *Erzväter* nach *Abraham* und vor *Jakob.* Er war der Sohn der Verbindung von Abraham mit *Sara.* Mit ihm durchlief Abraham die Glaubensprüfung mit der Bindung I. (hebr. Akedat Jzchak). I. heiratete *Rebekka* und sie gebar ihm *Jakob* und Esau. Er war als Ackerbauer und Viehzüchter tätig. Im Alter erblindet, ließ seine Frau Jakob anstelle des *Erstgeborenen* Esau durch ihn segnen. I. wurde in der *Höhle von Machpela* in Hebron bestattet.

Islam und Judentum, im Koran finden sich viele Angaben über Kontakte von Muhammad zu Juden auf der Arabischen Halbinsel. Obwohl jüdische Einflüsse von den orientalisch-christlichen nicht immer einfach zu trennen sind, sind doch Berührungspunkte offensichtlich, etwa im Ideal des Spendens, der Wallfahrten, der Attribute Gottes, der Organisation des Gebets, wie auch das muslimische Glaubensbekenntnis von jedem Juden ausgesprochen werden könnte. Für jüdische Bibelexegeten war die islamische Methode vorbildlich, wie es auch zu einer engen sprachlichen Akkulturation kam. Die meisten religiösen Schriften jüdischer Autoren des arabischen Bereichs wurden auf Arabisch, nicht in Hebräisch verfasst. Asketischer war die spätere islamische Tradition etwa im Falle des Weingenusses. Bei aller historischen Nähe zwischen Islam und Judentum muss festgehalten werden, dass nicht muslimische Minderheiten als »Geschützte« (Dhimmi) keineswegs gleichberechtigt waren, und diese Bestimmungen in einigen Regionen und Epochen zu einem starken Konversionsdruck zum Islam führten. Allerdings waren die muslimischen Fürsten oft sehr pragmatisch eingestellt, so erreichten etwa im mittelalterlichen Andalusien die arabischsprachigen Juden einen hohen Grad der gesellschaftlichen Integration. Der Islam betrachtet sich aber als letztgültige richtige Interpretation der religiösen Tradition. Juden und Christen besitzen seiner Auffassung nach keine korrekte Textüberlieferung. Das Bild von den Juden im Koran enthält teilweise auch unfreundliche Züge, die auf die Frühzeit der religiösen Ausdifferenzierung zurückgehen. Heute sind die Beziehungen zwischen den beiden Weltreligionen vom Konflikt Israels mit seinen Nachbarn überschattet und in Europa mehren sich muslimische Übergriffe auf unbeteiligte jüdische Gemeinschaften.

Islam und Judentum. Eine gemeinsame Tradition ist die babylonische Hierarchie von Engeln, die in der rabbinischen Literatur (wie später beim christlichen Pseudo-Dionysius Areopagita) eine Rolle spielen. In der hebräischen Bibel ist u.a. im Buch Deuteronomium von den Himmeln die Rede: »Sieh, dem Herrn, deinem Gott, gehören der Himmel, der Himmel über dem Himmel« (Dtn 10,14; ähnlich 1 Kön 8,27; Ps 148,4). Abgebildet ist eine Seite einer arabischen Handschrift der »Wunder der Schöpfung«, einer Abhandlung des im 13. Jh. tätigen Kosmografen al-Qasuini. Die Buchmalerei zeigt den höchsten Engel des sechsten und darüber den höchsten Engel des siebten Himmels. 16. Jh.; Institut für Orientalistik, St. Petersburg

Israel (hebr. »Gottesstreiter«),

1. Zweitname des Erzvaters *Jakob,* den dieser von Gott erhielt.
2. Name aller Nachkommen Jakobs (hebr. Bene Israel »Söhne Israels« oder auch *Israeliten)* und damit der des gesamten jüdischen Volkes.
3. Name des Nordreichs der Juden (931–722 v.Chr.). Es entstand durch Abspaltung von zehn der *Zwölf Stämme* vom Großreich *Salomos* nach der Übernahme der Herrschaft durch dessen Sohn, König Rehabeam (reg. 931–914 v.Chr.). Die beiden Stämme *Juda* und Benjamin blieben der davidischen Königslinie treu und bildeten das Südreich *Juda.* Das Nordreich I. erhielt ein eigenes Königshaus, dessen Herrschaft mit Jerobeam I. (931–910 v.Chr.) begann. Sein letzter König war Hoschea. Mit der Eroberung durch die Assyrer 722 v.Chr. ging das Nordreich I. unter *(Zehn verlorene Stämme).*
4. Der 1948 in Palästina gegründete säkulare Staat I. (S. 309). Bei seiner Namenswahl knüpften die zionistischen Staatsgründer an die Tradition an, obwohl Theodor Herzl *(Zionismus)* zunächst an *Zion* als Namen für den künftigen jüdischen Staat gedacht hatte. Zu Staatsbürgern Israels gehören nicht nur Juden, sondern auch Muslime, Christen und Drusen arabischer Herkunft.

Israeli, Bezeichnung für den Staatsbürger des 1948 gegründeten säkularen Staates *Israel.* Der Begriff I. ist nicht identisch mit dem des *Israeliten,* wird jedoch häufig mit ihm verwechselt.

Israeliten, Bezeichnung der Nachkommen *Jakobs,* der von Gott den Namen Israel erhielt. Auf seine zwölf Söhne gehen die *Zwölf Stämme Israels,* die »Bene Israel«, zurück. Später wurde I. für die Bewohner des Nordreichs der zehn Stämme im Gegensatz zum Südreich *Juda* verwendet, blieb aber immer als religiöser Ausdruck für die Gesamtheit der Glaubensgemeinschaft bestehen. Die europäische Aufklärung verband mit den kämpferischen siegreichen I. positivere Assoziationen als mit dem Begriff »Juden«. Unter Napoleon drang der Begriff I. in die französische Amtssprache ein und übte einen Einfluss auf Italien, Süd- und Westdeutschland sowie die Schweiz aus (»Oberrat der Israeliten Badens«, 1809 ff.; »Israelitische Oberkirchenbehörde Württemberg«, 1831 ff.). Im 19. Jh. begannen die Juden sich selbst als I. zu bezeichnen, etwa in den deutschen Formulierungen »Israelitische Cultusgemeinde« oder in Italien mit »il vesillo israelitico«, dem Titel der führenden Zeitschrift der italienischen Juden. Allerdings wurden die Begriffe gemischt verwendet, wie auch der Begriff *»Hebräer«* besonders im slawischen Osteuropa in den Amtssprachen auftaucht. Der *Zionismus* lehnte die Unterscheidung zwischen I. und Juden prinzipiell ab. Er konstruierte einen Gegensatz zwischen selbstbewussten Zionisten und den angeblich assimilatorischen I. Nach 1945 verlor der Ausdruck an Bedeutung, hat sich aber in historischen Titeln erhalten (consistoire israelite, communauté israelite), wie er in *Frankreich* auch heute noch auf der offiziellen Sprachebene verwendet wird. In der innerjüdischen Debatte in Frankreich nach 1945 galten in Analogie dessen die alteingesessenen westeuropäischen Juden als I., die neu hinzugewanderten osteuropäischen Juden als »Juifs«.

Israelit, Der, vom Rabbiner der Austrittsgemeinde, Marcus Lehman (1831–1890), 1860 in Mainz gegründete Zeitschrift. Der I. entwickelte sich bald zum Sprachrohr des deutschsprachigen jüdischen modernen *Orthodoxen Judentums.* Er betrieb eine oft heftige Polemik gegen das *Konservative Judentum* und liberal-religiöse Juden. Wichtig sind seine Korrespondentenberichte aus dem orthodoxen Milieu Osteuropas, in denen er sich zugleich vom *Chassidismus* deutlich abgrenzte. Der I. publizierte auch Erzählungen, die das religiöse Ideal hochhielten, und Lehrerbeilagen, die viel zur Entwicklung der Diskussion über eine Modernisierung des jüdischen Religionsunterrichts beitrugen. Der I. wurde im November 1938 verboten.

Italien, rund 40% der Juden I. wurden während der *Schoa* umgebracht. Zu den 30000 Überlebenden kamen 26000 Flüchtlinge aus Zentral- und Osteuropa hinzu. Die aus Sicht der Briten illegale Einwanderung von Juden nach Palästina wurde über I. organisiert. Im Gefolge der Suez-Krise wurden 1956 Juden aus Nordafrika vertrieben, die in Italien Zuflucht fanden. Nicht ganz die Hälfte der Juden wohnt in Rom, etwa 7% in Mailand. In sieben Gemeinden gibt es jüdische Schulen. Die meisten Gemeinden haben sich in der Union italienisch-jüdischer Gemeinden zusammengeschlossen und in Verhandlungen ihre öffentlich-rechtliche Anerkennung erreicht. Im Geistesleben sind einige italienische Juden prominent vertreten. Zu jüdischen Themen äußerten sich Giorgio Bassani, Natalia Ginzburg und Primo Levi. Jahrzehntelang diente Oberrabbiner Elio Toaff in Rom; er war es auch, der den Papst beim historischen ersten Besuch in der Hauptsynagoge empfing.

Iwrith, Neuhebräisch. Durch ihre religiöse Bildung beherrschten viele Juden zwar einige hundert hebräische Worte, doch nur die Gelehrtenelite war um 1880 in der Lage, Heb-

Italien. In Italien leben heute etwa 38000 Juden, rund 50% davon in Rom; in der Tibermetropole sind Juden seit über 2000 Jahren vertreten. So bildet Italiens Hauptstadt eine der ältesten jüdischen Gemeinden Europas. Zum Verano-Friedhof in Rom gehört auch eine Sektion mit jüdischen Gräbern. In der Nacht vom 18. auf den 19. Juli 2002 wurden 50 Gräber durch Vandalen geschändet.

räisch zu schreiben und meist konnten nur *Kantoren* die *Tora* fließend lesen. Der russische Jude Elieser ben Jehuda (1858–1922) forderte daher die Wiederbelebung des *Hebräischen* als Umgangs- und Volkssprache und lebte dies mit seiner Familie vor. Der *Zionismus* nahm diese Forderung auf. 1912 löste die Weigerung zionistischer Lehrer, an der vom Hilfsverein der deutschen Juden unterstützten Mittelschule in Haifa in deutscher Sprache zu unterrichten, einen Sprachenstreit aus. Er endete 1922 mit der Einführung des I. als dritter Amtssprache im britischen Mandatsgebiet *Palästina.* Ein wichtiges Zentrum für Neuhebräisch war in den 1920er Jahren Berlin, wo bedeutende Verlage tätig waren und sich ein Teil der osteuropäisch-jüdischen Intelligenz aufhielt. I. entwickelte sich in Palästina und im Staat Israel zur Verkehrssprache für die aus aller Welt eintreffenden, verschiedene Sprachen sprechenden Immigranten. Der Aussprache des I. wurde nicht die der *Aschkenasim,* sondern die der *Sephardim* zugrunde gelegt, da man diese der jüdischen Aufklärung zufolge als »authentischer« ansah. Dies wird aber nicht konsequent befolgt, z. B. hinsichtlich der Kehllaute, die meist nicht ausgesprochen werden. Seither entstand auch eine neuhebräische Literatur mit vielen Wortneuschöpfungen, die das »Komitee der Sprache« begutachtet, das auch kontinuierlich Hebraisierungen fremdsprachlicher, meist englischer Begriffe anerkennt und veröffentlicht.

Iwrith. Auf Plakaten in Israel wird die Amtssprache Iwrith verwendet.

J

Jahrzeit, Gedenken zum Jahrestag des Todes eines nahen Verwandten. An ihm wird häufig ein Gottesdienst abgehalten, in jedem Fall jedoch im Haus ein Licht entzündet (hebr. Ner Neschama »Seelenlicht« oder »Jahrzeit-Licht«). Das Totengebet wird gesprochen und, wenn möglich, die Gräber aufgesucht. Diese Sitte, die in der christlichen Gesellschaft schon um 1200 belegt ist, wurde vermutlich um 1400 von den *Aschkenasim* übernommen; den *Sephardim* ist dieser Brauch unbekannt.

Jakob, Dritter der drei *Erzväter,* der von Gott den Namen *Israel* (»Gottesstreiter«; *Israeliten)* erhielt; Sohn von *Isaak* und *Rebekka* und jüngerer Zwillingsbruder von Esau. Die Zwillinge stießen im Mutterleib aufeinander und eine daraufhin erfolgte Vorhersage Gottes an Rebekka besagte: »Zwei Völker sind in deinem Leib, zwei Stämme trennen sich schon in Deinem Schoß. Ein Stamm ist dem anderen überlegen, der ältere muss dem jüngeren dienen« (Gen 25,23). Der Erstgeborene Esau wurde danach Ahnherr der Edomiter und J. Erzvater der Israeliten; J. aber bemächtigte sich des Erstgeburtsrechts Esaus und nahm ihm später auch den Segen. J., dessen Leben Genesis 25,26–49,33 schildert, ehelichte die Töchter Labans, *Lea* und *Rahel.* Lea gebar ihm sechs Söhne, Rahel zwei und ihre Mägde Bilha und Silpa ebenso jeweils zwei. Diese zwölf Söhne von J. wurden die Ahnherrn der nach ihnen benannten *Zwölf Stämme Israels.* J. verließ mit seinen Frauen und Kindern Laban und zog nach *Kanaan.* Auf dem Weg dorthin siegte J. im Kampf mit einem Unbekannten (Gott), der ihn auf die Hüfte schlug, an der Furt des Jabbok. Dieser erteilte ihm den Segen und gab ihm den Namen Israel (Gen 32,23-33); die Hüftverletzung aber führte in den Speisevorschriften (S. 310) zum Gebot, den Muskelstrang über dem Hüftgelenk nach dem *Schächten* zu entfernen (Gen 32,32). Eine besondere Beziehung unterhielt J. zu seinem Sohn Josef, dem er nach Ägypten folgte. In der hebräischen *Bibel* steht er für Ausdauer, Demut und Gottesfurcht, die aber von Hinterlist konterkariert werden. Unter den Erzvätern wird J. als der herausragendste und tugendhafteste angesehen und die rabbinischen Schriften fassen sein Leben als Urmodell der Geschichte des jüdischen Volkes auf: Der Zusammenstoß der Brüder im Mutterleib wird als Vorwegnahme des Konfliktes zwischen Israel und Rom ge-

Jerusalem. 1953 wurde in der Hauptstadt Israels Yad Vashem (»Ein Denkmal und ein Name« oder »dauerndes Gedenken«), eine Gedenk- und Forschungsstätte zur Erinnerung an den Holocaust, gegründet. *Links:* »Der stumme Schrei«, Plastik von Leah Michelson auf dem Gelände der Gedenkstätte. *Rechts:* Steinerne Tafel mit den Namen deutscher Städte zum Gedenken an diejenigen jüdischen Gemeinden, die im »Dritten Reich« zerstört wurden.

deutet und auch auf das Verhältnis zwischen Judentum und Christentum übertragen – eine Vorstellung, welche die jüdische Literatur aufgriff und die auch Heinrich Heine übernahm. Im Mittelalter entstand die Legende, dass J. nicht gestorben sei, sondern in der *Höhle von Machpela,* in der er bestattet sein soll, auf die Erlösung seiner Nachkommen warte.

Jarmulka, Jarmulke → Kippa

Jawne, Stadt mit Hafen südlich des heutigen Tel Aviv. Das Gebiet um die Stadt J. diente zur Versorgung des *Tempels* in *Jerusalem.* Seit etwa dem 1. Jh. v. Chr. besteht hier eine jüdische Siedlung. Um 68 n. Chr. wurde ein Lehrhaus durch Jochanan ben Zakkai gegründet. Nach der Zerstörung des zweiten Tempels 70 n. Chr. konstituierte sich dort in einem Weingarten der *Sanhedrin* von neuem. Deswegen ist das Lehrhaus auch als »Weingarten von J.« bekannt. 70–135 n. Chr. war J. das neue Zentrum des rabbinischen Judentums und der Gelehrsamkeit. Es wurde in vielen Teilen ebenbürtig mit Jerusalem angesehen. In J. wurden nun wichtige religionsgesetzliche Entscheidungen wie die Bestimmung des Schaltmonats oder der Schalttage getroffen *(Kalender).* Eine der weit reichendsten Entscheidungen waren die Anfänge der Festlegung des Kanons der hebräischen *Bibel,* d.h. der Schriften, die als autoritativ angesehen wurden. Auch die Edition der *Mischna* wurde in J. begonnen. Das Ausbrechen des *Bar-Kochba-Aufstands* beendete die Rolle von J. als geistiges Zentrum des Judentums.

Jeb → Elephantine

Jerusalem, Jeruschalayim (hebr. »Stadt des Friedens«), im judäischen Bergland gelegene Hauptstadt Israels (seit 1950) mit Sitz des Parlaments und der Regierung. Als religiöses Zentrum des Landes ist J. Sitz der Oberrabbinate der *Aschkenasim* und der *Sephardim.* Die ehemalige Hauptstadt des davidischen Königreichs und des nachfolgenden Südreichs *Juda* ist das Zentrum der nationalen Identität und des jüdischen Glaubens als der Ort des ersten und zweiten *Tempels;* J. ist daher weltweit der heilige Ort des Judentums *(Gebetsrichtung).* Eine erste Ansiedlung ist für die frühe Bronzezeit (3. Jt. v. Chr.) belegt. Die älteste gesicherte Erwähnung der Stadt findet sich in den sog. Amarna-Briefen des 14. Jh. v. Chr. (»Urusalimmu«). Vielfach in der hebräischen *Bibel* erwähnt, beziehen sich die Textstellen jedoch nicht immer auf das reale, historische J., sondern beschreiben häufig das ideale J. des messianischen Zeitalters *(Messias, Eschatologie).*

Eine andere wichtige Quelle für die Stadt, ihre Anlage und Bauten sind die Werke des jüdischen Historikers Josephus Flavius (37/38 bis nach 100 n.Chr.). Die jebusitische Kleinstadt Jerusalem wurde nach der Eroberung durch König *David* um 1000 v.Chr. (2 Sam 4,6–9, 1 Chr 6,4–8) und nach der Ankunft der *Bundeslade* zum religiösen, kulturellen und politischen Zentrum des Reiches (»Stadt Davids«). König *Salomo* erbaute dort den ersten *Tempel,* der zum Ziel der drei Wallfahrtsfeste wurde *(Pessach, Schawuot, Sukkot).*

Als Hauptstadt des Südreiches Juda wurde J. mehrfach von fremden Völkern erobert: den Babyloniern, Persern, Makedoniern, Seleukiden und Römern. 586 v.Chr. zerstörten die Babylonier Tempel und Stadt. Während der Epoche des 520–15 v.Chr. errichteten zweiten Tempels wallfahrteten selbst Juden der Diasporagemeinden nach J. Im Jahr 70 n.Chr. zerstörten die Römer den zweiten Tempel und die Stadt. Nach dem *Bar-Kochba-Aufstand* (132–135 n.Chr.) gegen die römischen Besatzer wurden die jüdischen Bewohner vertrieben und die Stadt nahezu dem Erdboden gleichgemacht. Als römische Stadt Aelia Capitolina wieder aufgebaut, wurde Juden der Zutritt untersagt. Sie verloren in der Folge für fast 2000 Jahre das kultische Zentrum ihres Glaubens. Die Sehnsucht nach J. und die Trauer um den zerstörten Tempel prägte bis in die Gegenwart die Diasporaerfahrung entscheidend mit. Die Rückkehr nach J. wurde zum zentralen Wunsch des Judentums.

Jerusalemer Talmud → Talmud

Jeschiwa (Pl. Jeschiwot, hebr. »Sitzen«) oder Bet (ha-)Midrasch (Pl. Battei ha-Midrasch; hebr. »Haus des Studiums«), überwiegend dem Studium des *Talmud* gewidmete höhere Lehr- und Studienhäuser. Hier wurde das Religionsgesetz, die *Halacha,* studiert und diskutiert sowie Kommentare verfasst. Häufig waren sie ein mit der Synagoge verbundenes Gemeindezentrum, in dem die Gelehrsamkeit gepflegt und die jüdische Kultur bewahrt wurde; das Lehrhaus diente oft auch als Gotteshaus, Fest- oder Speisesaal. Der Besuch der J. zum Zweck des Studiums galt als verdienstvolle Handlung. Der über Jahrhunderte sprichwörtliche, abfällige Satz »Hier geht es zu wie in der Judenschule« bezieht sich darauf, dass beim Studieren keine bibliotheksartige Ruhe gefordert war, sondern ein gewisser Lärmpegel durch lautes Lesen, Rezitieren und Blättern, Diskutieren, Hin- und Herlaufen, Kommen und Gehen herrschte. Die J. gehen mindestens auf das 2. Jh. zurück und seit dem Frühmittelalter gab es sie z.B. in Nordafrika, Syrien, Spanien, Frankreich und im Rheinland. Bedeutende J. befanden sich in Troyes, Worms, Mainz und Speyer, ab dem 14. Jh. auch in Österreich. Das Anwachsen jüdischer Gemeinden in Osteuropa führte auch dort zu Zentren des Studiums. Im 19. Jh. entstand in einigen dieser J. eine Bewegung, die einen hohen moralischen Lebenswandel verlangte und das Studium ethischer Texte förderte *(Mussar).* Die europäischen J. wurden in den Jahren 1933–45 zerstört; einige wurden von Überlebenden der *Schoa* in *Israel* und den *USA* neu gegründet.

Jesus, Sohn des Josef und der Miriam (Maria) aus Nazaret. J. lebte im Gefühl einer nahenden Endzeit, wie viele seiner Altersgenossen. Er wollte das einfache Volk ethisch heben und vertrat eine erleichternde Interpretation des jüdischen Rechts im Sinne der Gelehrtenschule von Rabbi Hillel. In diesem Sinne wandte er sich gegen eine Betonung des Formalen bei den Tempelopfern oder der Sabbat-Ruhe, lehnte beides aber nicht grundsätzlich ab. Sein Ideal war die Armut, in gewisser Beziehung war er von der Lehre der *Essener (Askese)* beeinflusst. J. lebte stets als frommer Jude, hielt die Speisegesetze und den Sabbat genau ein. Er lehnte eine Heidenmission ab. Gegen Ende seines Lebens hatte er wahrscheinlich ein messianisches Bewusstsein von sich selbst. Auch dies wäre nicht das erste Mal in der jüdischen Geschichte *(Bar Kochba,* Sabbatai Zwi). Von den mächtigen Römern wurde er als Anführer einer möglichen Rebellion in der unruhigen Provinz hingerichtet, worauf der Name »rex judaeorum« (König der Juden) über dem Kreuz anspielt.

Jeschiwa. Doppelseite aus einer Pessach-Haggada mit einer Sammlung von Schrift- und Gebetstexten. Jüdische Buchmalerei, französisch-spanisch, 14. Jh.; Privatsammlung

Mit dieser und weiteren Darstellungen der Kreuzigung deutet Marc Chagall Jesus als frommen Juden (das Lendentuch zeigt die Streifen eines Gebetsschals [kleiner Tallit]) und als Symbolfigur des leidenden Volkes Israel: Links oben überfallen Rotarmisten ein Dorf, rechts rettet ein Rabbi die Torarolle aus einer in Brand gesteckten Synagoge. Zugleich ist das Kreuz Jesu in das Licht eines Mysteriums getaucht, das sich am Fuß des Kreuzes mit dem Kerzenschein einer Menora vereint, ja diese überstrahlt. Die »Weiße Kreuzigung« schuf Chagall 1938, wohl vor und in Vorahnung des Pogroms am 9. November; The Art Institute, Chicago

Viele Juden scheuten sich, den Namen J. auszusprechen, da sie meinten, es bringe Unglück. Mit der Aufklärung schwanden diese Bedenken und im wichtigen Werk des Historikers und Rabbiners Heinrich Graetz (1860er Jahre) wird J. ganz in der jüdischen Tradition gesehen. Auf dieser Linie befanden sich auch der englische liberale Jude Claude Montefiore, der neuhebräische Dichter Joseph Brenner und der Religionswissenschaftler Martin Buber. Als Nationalisten interpretierte ihn der Zionist Joseph Klausner, der mit seinem Buch einige Opposition unter osteuropäischen Zionisten hervorrief. Die unbestreitbare Tatsache der jüdischen Herkunft und des jüdischen Traditionsbewusstseins von J. war Stein des Anstoßes für die Antisemiten, die aus ihm ab Ende des 19. Jh. einen »Arier« machen wollten. Nach dem Massenmord an den Juden haben verschiedene Strömungen der europäischen christlichen Theologie die Verwurzelung von J. im Judentum betont.

JHWH → El

Jidd (hebr. »das Bedecken«), letzte rituelle Handlung vor der Hochzeitszeremonie: der Bräutigam hebt den Schleier vom Gesicht der Braut, während der Rabbiner einen Segensspruch spricht *(Eheschließung).* Angeblich geht dieser Brauch auf Buch Genesis 29,16 bis 30 zurück, demzufolge *Jakob* die verschleierte *Lea* anstelle von *Rahel,* die er eigentlich liebt, heiratet. Dem Bräutigam wird deshalb bei traditionellen Hochzeiten die Gelegenheit gegeben, durch Heben des Schleiers die Identität seiner Braut zu überprüfen.

Jiddisch (Kontraktion aus »jüdisch-deutsch«), die von den *Aschkenasim* gesprochene Sprache. Im J., das in *Hebräisch* geschrieben wird, sind Deutsch, Slawisch, Hebräisch und *Aramäisch* eine Verbindung eingegangen. Seit der Zeit der jüdischen Aufklärung *(Haskala)* wurde J. in Westeuropa rückläufig und verschwand schließlich, während es in Osteuropa weit verbreitet blieb. Hier betrug die Zahl der das J. sprechenden Juden vor der *Holocaust* ca. 11 Mio.

Jiddischismus, im Gegensatz zur breiten Masse der Juden schrieben die jüdischen Gelehrten Osteuropas in der ersten Hälfte des 19. Jh. meist Hebräisch. In den 1860er Jahren begannen einige aber, das *Jiddische* zu verwenden, und es entstand eine moderne, oft sozialkritische jiddische Literatur in Osteuropa. Die Allgemeine jüdische Arbeiterbewegung *Bund* machte das Jiddische zur Basis seines kulturellen Programms und später des Schulwesens. 1908 fand eine wichtige erste Sprachenkonferenz statt, während der das Jiddisch als »Nationalsprache« der Juden bezeichnet wurde. Dies stand im scharfen Gegensatz zur Ideologie des *Zionismus,* der eine neue jüdische Kultur aus dem Hebräischen schöpfen wollte. Um 1900 entwickelte sich auch das jiddische Theater, und in Polen entstand nach 1921 ein bedeutendes jiddisches Schulwesen unter der Anführung des »Bundes« bis zur deutschen Besetzung 1939. 1925 wurde in Berlin das »Jiddische Wissenschaftliche Institut« (YIVO) gegründet, das sich die Erforschung des osteuropäischen Judentums zum Ziel setzte und dessen New Yorker Filiale die *Schoa* überstehen konnte. Durch den Massenmord an den europäischen Juden wurde die jiddische Kultur fast ganz vernichtet. In den USA, dem Zentrum der osteuropäisch-jüdischen Emigration, setzte eine starke Anglisierung ein. Jiddisch wird heute nur noch in einem Teil der Orthodoxie in den USA und in Israel gesprochen. Das Jiddisch-Revival der anglisierten Enkel der Einwanderer hat keine Massenbasis mehr.

Jigdal (hebr. »Hymne«), am Ende des *Sabbat* und der Abendgottesdienste an Festtagen gemeinsam gesungene Hymne. Bei den *Aschkenasim* wird sie auch vor dem täglichen Morgengottesdienst gesprochen. Wie das *Ani maamin* geht auch die gereimte J. auf die *Dreizehn Glaubensgrundsätze des Maimonides* (Moses ben Maimon; 1135–1204) zurück. Verfasser der Hymne war wohl Daniel ben Jehuda aus Rom im 14. Jh.

Joch der Gebote (hebr. ol mizwot), aus der *Mischna* stammende Bezeichnung für die von einem Juden erwartete Bereitschaft, den Geboten *(Mizwa)* Gottes bedingungslos zu folgen. Das Wort »Joch« wird hier nicht in seiner Bedeutung der »schweren Bürde« verwendet, sondern positiv, entsprechend der eigentlichen Funktion des Joches, als lenkendes, richtungweisendes Mittel aufgefasst.

Jom ha-Azmaut, Unabhängigkeitstag des 1948 gegründeten Staates Israel, der auf den 5. Ijar (17. April) fällt.

Jom ha-Schoa, Tag des Gedenkens an die Opfer des Massenmordes an den europäischen Juden, mit vollem Namen »Jom ha-sikkaron laschoah u-lagwura«: Gedenktag für die *Schoa* und das Heldentum, d. h. des jüdischen Widerstandes gegen das NS-Regime. Der Tag ist nach dem jüdischen Kalender auf den 27. Nissan festgesetzt, den Tag des Beginns des Ghetto-Aufstandes in Warschau.

Jom ha-Sikkaron, Gedenktag für die Opfer der israelischen Verteidigungsarmee, mit vollem Namen »Jom ha-sikkarin le-chalale zwa hagana le-Israel«.

Jom Jeruschalajim, Tag der Befreiung Jerusalems durch die israelische Armee im Sechs-Tage-Krieg im Juni 1967. Die Jordanier zerstörten nach 1948 das jüdische Viertel und den *Friedhof* auf dem Ölberg. Juden hatten zu beiden Orten zwischen 1949 und 1967 keinen Zugang. Die Palästinenser in Ostjerusalem fühlen sich nicht befreit, sondern besetzt.

Jom Kippur (hebr. »Versöhnungstag«), Kurzform von »Jom ha-Kippurim«. Der J. ist der höchste Feiertag im jüdischen Kalender und wird am 10. *Tischri* begangen. In der Hebräischen *Bibel* ist er der »Sabbat der Sabbate« und war ein Sühnetag, an dem das Tempelheiligtum rituell von allen Vergehen der *Israeliten* gereinigt wurde. Er ist ein Tag des Fastens, der Besinnung und der Sühne. Das jüdische Neujahrsfest *Rosch ha-schana* steht am Beginn einer zehntägigen Periode der Selbstreflexion und Buße – an ihrem Ende steht J. Nach der jüdischen Tradition wird das Schicksal jedes Einzelnen für das folgende Jahr an Rosch ha-Schana festgelegt. Diese Bestimmung wird zehn Tage später an J. besiegelt. Vor Beginn des Feiertages wird ein festliches Mahl eingenommen. Ab Sonnenuntergang – die jüdische Zeitrechnung definiert einen Tag als die Periode zwischen zwei Sonnenuntergängen – bis zum Sonnenuntergang des nächsten Tages wird gefastet, und es findet ein Gottesdienst statt. Der *Toraschrein* ist mit einem besonderen Vorhang verhüllt, die *Torarollen* mit festlichen Hüllen geschmückt. Viele Gläubige tragen weiße Kleidung, und es wird ein besonderes Gebetbuch, der *Machsor,* verwendet. Am Ende des Feiertages ertönt das *Schofar,* das Widderhorn.

Jore Dea → Arba Turim

Jossipon, Sefer (hebr. »Buch Jossipon«), im 10. Jh., vermutlich in Süditalien hebräisch geschriebene Geschichte der Epoche des zweiten Tempels. Der Verfasser ist unbekannt; Hauptquelle sind die Schriften des jüdisch-römischen Geschichtsschreibers Josephus Flavius (37/38 – um 100 n. Chr.). Für Juden des Mittelalters war der J. die mit Abstand wichtigste nachbiblische Chronik.

Jubeljahr (hebr. jovel), nach biblischem Gesetz die Befreiung von Sklaven und Wiederherstellung des ursprünglichen Familienvermögens mit dem 50. Jahr, dem J. In Levitikus 25,10ff. heißt es: »Erklärt dieses fünfzigste

Jom Kippur. Orthodoxe Juden am Damaskus-Tor von Jerusalem. Sie sind auf dem Weg zum Gebet anlässlich des Jom Kippur-Tages, des höchsten Feiertages im jüdischen Kalender.

Judenstern. Ein Davidstern aus Stein an einer Mauer neben dem Herodes-Tor in Jerusalem. Das Symbol in der Form eines Hexagramms ist nach König David (etwa 1000–970) benannt, dem ersten eigentlichen König von Israel-Juda sowie Gründer der judäischen Dynastie. Unter der Bezeichnung Davidstern ist das Symbol seit dem Mittelalter verbreitet, seit dem 19. Jh. ist der Davidstern religiöses Symbol des Judentums. Im »Dritten Reich« war er ein meist gelbes Erkennungszeichen der Juden und musste seit 1941 gut sichtbar getragen werden. Mit der Gründung des Staates Israel wurde er 1948 in die Staatsflagge aufgenommen.

Jahr für heilig und ruft Freiheit für alle Bewohner des Landes aus! Jeder von euch soll zu seinem Grundbesitz zurückkehren, jeder soll zu seiner Sippe heimkehren…« Zugleich sollten im J. alle Felder brachliegen. Da das Gesetz von der Zustimmung der *Zwölf Stämme* abhing, kam es nach der Rückkehr aus dem *Babylonischen Exil* außer Gebrauch.

Jubiläen, Buch der, nicht in den Kanon der hebräischen *Bibel* aufgenommenes Buch aus dem 4. Jh. v. Chr., das großen Einfluss auf die *Essener* nahm.

Juda (hebr. »Jehuda«), Sohn des *Erzvaters Jakob* und Ahnherr des bedeutendsten südlichen Stammes der *Zwölf Stämme.* Ihm wurde das Gebiet um Jerusalem zugesprochen. Der Name wurde für das südliche israelitische Königreich benutzt, nachdem das Großreich *Salomos* zerfallen war. J. konnte sich nach dem Fall des Nordreichs *Israel* noch bis 586 v. Chr. halten. Danach wurden die Judäer in das *Babylonische Exil* geführt. Der Name »Jude« leitet sich von dieser Bezeichnung ab. Die eigentliche jüdische Geschichte beginnt erst jetzt; die vorherige Epoche muss mit »israelitischer Geschichte« bezeichnet werden.

Judaika, 1. Objekte mit Bezug zum Judentum, z. B. auch Bücher jüdischen Inhalts oder Geräte, die mit der Ausübung der jüdischen Religion in Zusammenhang stehen (Sabbat-, Chanukkaleuchter, Tefillin, Gebetsschal u. a.). 2. Name einer 1946 in Zürich gegründeten Zeitschrift, die bis heute besteht.

Judaisierte, Bezeichnung für dem Judentum sympathisch eingestellte Menschen, auf Hebr. »Gottesfürchtige« (Jore Schamajim), die aber nicht formal dem Judentum beigetreten sind. Zur Zeit der Antike waren viele Heiden vom Monotheismus angezogen. Das Judentum pflegte eine aktive Mission, auf der auch die christliche aufbaute. Schließlich war Letztere erfolgreicher und wurde unter Kaiser Konstantin 324 n. Chr. zur Staatsreligion des Römischen Reiches. Danach wurde die jüdische Mission verboten.

Judaistik → Wissenschaft des Judentums

Jude, das Wort geht aus dem Namen für den Stamm *Jude* hervor, der als einziger die Babylonische Gefangenschaft überstand und so die Kontinuität sicherte.

Judenbad, Bezeichnung, die im Mittelalter verwendet wurde und auf dem Land bis heute verwendet wird. Es handelt sich um das Ritualbad für Frauen, die rituelle *Waschungen* durchführen müssen *(Mikwe).* Eine besonders große Badeanlage hat sich in Speyer erhalten.

Judengasse → Ghetto

Judensau, vulgäre Darstellung von Juden, die in Verbindung mit dem von ihnen als rituell unrein angesehenen Tier gebracht werden. Die Darstellungen an Kirchen, u. a. in Wittenberg, Köln, Regensburg, Magdeburg, Freising und Brandenburg, dienten der Verhöhnung der Juden. Oft wurde diese Darstellung mit dem Vorwurf des *Ritualmords* kombiniert, so etwa im Schandbild, das der Frankfurter Stadtrat an der Brücke zur Judengasse aufstellen ließ.

Judenschule, aus dem Mittelalter stammender Ausdruck für die *Synagoge,* die häufig auch als Lehrhaus *(Jeschiwa)* diente.

Judenstern → Kennzeichnung der Juden

Jüdische Sprachen, ausgehend von den vielen hebräischen religiösen Begriffen entstand unter den Juden oft eine Gruppensprache, die diese mit der Sprache der Mehrheitsgesellschaft mischte. In der Sprachforschung wird über die Ursprünge des Jüdisch-Deutschen oder *Jiddischen* diskutiert. Der Mangel an Quellen erschwert eine Entscheidung. Das osteuropäische Jiddische blieb bis 1939 die Hauptsprache der Juden dieses Raumes. Die jiddische Literatur blühte von den 1860er Jahren an auf und fand zu säkularen Formen *(Jiddischismus).* Im Westen wurde das Jüdisch-Deutsche durch das Hochdeutsche allmählich verdrängt. Die Landjuden in Süd- und Westdeutschland benutzten bis zur Zeit der NS-Verfolgung immer noch viele jüdisch-deutsche Ausdrücke v.a. im religiösen Bereich. Für die Entstehung des Italienisch-Jüdischen gehen Forscher vom Spätmittelalter aus. Dieses wurde in Rom, im Piemont, auf Korfu und gewissen ägäischen Inseln gesprochen. Hier blieben Dialekteinflüsse der Landschaften erhalten, aus denen die Juden zwischen 1510/41 vertrieben worden waren. Nur mündlich überliefert ist das Jüdisch-Berberische aus dem Atlasgebirge des Maghreb. Hier waren gereimte biblische Geschichten, Fabeln, Legenden und Sprichwörter verbreitet. Umfangreich war die jüdisch-arabische Literatur, kaum erforscht ist das Jüdisch-Aramäische von Juden des Irak oder das Jüdisch-Persische. Wenige Quellen sind vom Jüdisch-Griechischen erhalten, das von den Juden des Balkans und einem Teil der griechischen Inseln gesprochen wurde. Auch die 1492 vertriebenen spanischen Juden behielten ihre Gruppensprache in der Emigration in Nordafrika und dem Gebiet der heutigen Türkei bei *(Ladino,* Judesmo, Spaniolisch). Sie entwickelten ebenfalls eine reiche Literatur. Typisch für alle jüdischen Gruppensprachen war, dass sie in hebräischen Buchstaben geschrieben wurden.

Jüdisches Recht, die Rechtsquellen gehen neben der hebräischen *Bibel* auf die mündliche Lehre zurück, die später in *Talmud,* in *Mischna* und *Gemara* festgehalten wurden (Abschluss um 500 n. Chr.). Die Rechtsentwicklung ging durch die Kommentatoren des Mittelalters (*Tossafot,* Baalei ha-Tossafot 11./12. Jh.) weiter und mündete in die Literatur der »Entscheider« (hebr. Posskim, 13./18. Jh.). Weiter gab und gibt es einen Strom von rabbinischen Rechtsgutachten (*Responsen,* Scheilot u-Teschuwot). Verschiedene Gelehrte versuchten das jüdische Recht zu systematisieren, etwa Moses Maimonides (Moses ben Maimon; 1135–1204) in seiner *Mischne* Tora. Das J. kennt keine Unterscheidung in bürgerliches und weltliches Recht. Wichtige Bereiche sind das Familien-, Vermögens- und Strafrecht. Das staatliche Recht war bis zum Untergang der Eigenständigkeit wichtig. Gewisse Aspekte desselben wurden durch die Zuwanderung ins ursprünglich osmanische *Palästina* wieder belebt, da sich dort die Religionsgemeinschaften selbst verwalteten. Die Autonomie im Personenstandswesen wurde 1922 von den Briten und 1948 mit der Staatsgründung von Israel übernommen. So gibt es bis heute keine Zivilehe in Israel. Versuche, das staatliche J. wiederzubeleben, sind deshalb problematisch, weil sich dies nicht mit der bedeutenden arabischen Minderheit, die rund ein Fünftel der Bevölkerung in Kernisrael ausmacht, vereinbaren lässt. Zudem leben über 80% der jüdischen Israelis säkular.

Jüdisch-theologisches Seminar Breslau, 1854 gegründetes erstes modernes Rabbinerseminar im deutschsprachigen Raum. Die Mittel kamen aus einer durch den Bankier Jonas Fraenkel (1773–1846) gegründeten Stiftung. Gründungsdirektor war der sächsische Oberrabbiner Zacharias Frankel (1801 bis 1875). Zwischen 1854 und 1927 wurden hier mehr als 500 *Rabbiner* ausgebildet. Am J. wurde allgemeine und rabbinische Bildung im Sinne des »positiv-historischen Judentums« miteinander vereint; das Bildungsideal war der »Doktorrabbiner«, dessen Promotion meist in den Geisteswissenschaften erfolgte. Der Dozent für Talmud erteilte jeweils die Lehrbefugnis (hebr. Hatarat Horaah). In den ersten Jahren war eine Präparandie und eine Lehrerbildungsabteilung aktiv. Das Breslauer Modell wirkte auch auf parallele Gründungen in Budapest (1877), New York (1884) und Wien (1893) ein. In den 1920er Jahren befand sich das J. in finanzieller Bedrängnis, die nur mit amerikanisch-jüdischer Hilfe überwunden werden konnte. Der deutsche Staat erkannte das Seminar nur als private Institution an. Rabbinerbildung galt in Preußen als Privatangelegenheit der jüdischen Gemeinschaft und wurde finanziell im Gegensatz zu den hohen Summen für die christlichen theologischen Universitätsfakultäten nicht unterstützt. Im November 1938 musste der Lehrbetrieb eingestellt werden.

»Got is ejner, wus er thüt seht kejner.« (Gottes Werke sind oft unerforschlich.)
Jüdisches Sprichwort

»Got geht nit iber kejn kloz.«– (Gott geht den geraden Weg und macht keine Sprünge.)
Jüdisches Sprichwort

K

Kabbala, jüdische Mystik, d.h. das Bemühen, sich Gott anzunähern und geheime alte Traditionen (hebr. Kabbala: »Empfangenes«) zu nutzen. Mit Konzentration auf gewisse heilige Namen und Schriftstellen sollte man über den Ursprung der sinnlichen Welt nachdenken. Die mystische Tradition war unter den Frommen von Aschkenas (Chasside Aschkenas) um 1200 stark verbreitet, erlebte aber auch unter den sephardischen Juden einen großen Aufschwung. Ein zentrales Werk, das »Sefer ha-Sohar« (»Buch des Glanzes«), wurde dort im 13. Jh. zusammengestellt. Die aus Spanien vertriebenen Juden nahmen die Beschäftigung mit der Mystik ins Land Israel mit, besonders nach *Zefat*. Zentral in dieser Tradition war hier Isaak Luria (1534–72). Später wirkte die K. auch im *Chassidismus.* Einige christliche Gelehrte des Humanismus waren von der K. ebenfalls angezogen, so Johannes Reuchlin und der Juden gegenüber nicht freundlich eingestellte Erasmus von Rotterdam. Sie hofften im kabbalistischen Schriftgut Beweise für die christliche Dreieinigkeit zu finden. Später interessierten sich esoterische Gruppen im 19. und 20. Jh. dafür. Die jüdische Historiografie des 19. Jh. hat die Bedeutung der K. heruntergespielt. Heinrich Graetz war einer ihrer großen Gegner. Gershom Scholem begründete im 20. Jh. die Erforschung der K. als eigene akademische Disziplin. In der heutigen Forschung wird nicht mehr so scharf zwischen jüdischer Philosophie, Rechtsprechung und K. getrennt wie früher.

Kabbalat Sabbat (hebr. »Empfang des Sabbats«), Gebet am Freitagabend vor Einbruch der Dunkelheit. Das erst seit dem 16. Jh. gebräuchliche K. besteht im aschkenasischen Ritus aus *Psalmen* und dem Sabbatlied »Lecha Dodi«.

Kaddisch (aram. »Heiligung«), Lobpreisung Gottes, welche die Hoffnung ausdrückt, dass Gottes Name im ganzen Erdkreis geheiligt werden wird. Seit der gaonischen Zeit *(Gaon)* Teil der synagogalen Liturgie, zeigt es das Ende eines Gebetsteils oder eines Gebetsabschnittes an und wird im Wechsel von *Kantor* und Gemeinde gebetet. Es gibt fünf Arten des K.: das Vollkaddisch, das am Ende eines Gebetsteils, der *Amida,* steht und die Heiligung des Namens Gottes und die Bitte um die Errichtung seines Königreiches enthält, sowie die Segnung, Lobpreisung und Erhöhung seines Namens, dann folgen die Bitte um Annahme des Gebets und zwei Bitten um Frieden. Das Halbkaddisch, das zwischen Gebetsabschnitten steht, enthält Teile des Vollkaddischs. Das Kaddisch de-Rabbanan enthält eine Bitte für das Wohlergehen der Gelehrten, das Waisenkaddisch wird von Trauernden elf Monate lang am Ende des Gottesdienstes gesprochen und jeweils am Todestag gesprochen. Eine weitere Form wird bei Bestattungen gesprochen, hier ist noch ein Abschnitt über die Auferstehung und den Wiederaufbau Jerusalems eingefügt. (Totenbäuche)

Kaftan. Orthodoxe Juden im schwarzen Gehrock, dem Kaftan, beten an der Klagemauer.

Kaftan, langer mantelartiger schwarzer Rock. Seit dem 16. Jh. trugen besonders die osteuropäischen Juden dieses Kleidungsstück, auch heute noch ist es in orthodoxen Kreisen *(Orthodoxes Judentum)* verbreitet.

Kain, Sohn des ersten Menschenpaares *Adam* und *Eva.* Er ermordete seinen Bruder Abel und wurde in der nachbiblischen Literatur zur Personifikation des Bösen. Gott versah in deswegen mit einem Zeichen.

Kalender, jüdischer, der K. richtet sich nach dem Mond und der Sonne. Es gibt zwölf Monate von 29 und 30 Tagen. Die Monate beginnen mit dem Neumond *(Mond).* Es muss ein Schaltjahr eingeschaltet werden (Adar scheni). Die jüdischen Feiertage bewegen sich so ca. drei bis vier Wochen in einer Periode. Da in der Antike der Beginn des Neumonds nicht immer einfach zu bestimmen war, wurden gewisse Feiertage zweimal hintereinander begangen (Pessach, Sukkot). Die liberalen Juden des 19. Jh. schafften diese Zweitfeiertage ab.

Kanaan, Bezeichnung für das Land Israel/Palästina vor der Landnahme durch die *Israeliten.* Es befand sich zu dieser Zeit unter ägyptischem Einfluss. Die Kanaaniter verschwanden unter König *Salomo* aus der Geschichte.

Kantonisten, vor Einführung der allgemeinen Wehrpflicht in Russland wurden von 1827 an 12- bis 25-Jährige von der Armee einberufen. Dabei kam es auch vielfach zu Kindesentführungen. Die Jüngeren erhielten bis zum 15. Jahr noch Schulunterricht. Vom 18. Lebensjahr an galt eine 25-jährige Dienstpflicht. Auf Juden wurde im Gegensatz zu den Christen, die von der K.-Regelung auch betroffen waren, massiver Druck ausgeübt, zur orthodoxen Kirche überzutreten. Viele Juden flohen oder versteckten sich vor den Behörden. Reiche Familien konnten ihre Söhne freikaufen, was die sozialen Spannungen innerhalb der russischen Juden verstärkte. 1856 wurden die K.-Bataillone abgeschafft und die allgemeine Wehrpflicht eingeführt. Besonders in der jiddischen Literatur werden die harten Bedingungen für die jüdischen K. eindringlich geschildert.

Kantor (hebr. Chasan oder Schaliach Zibbur), Vorbeter. In rabbinischer Zeit konnte jedes Gemeindemitglied die Tora vorlesen *(Toralesung)* und das Gebet leiten. Erst seit der gaonäischen Zeit *(Gaon)* entwickelte sich der Chasan zum ständigen Vorbeter der Gemeinde. Grund hierfür waren zum einen die abnehmenden Hebräischkenntnisse der Gemeindemitglieder und zum anderen die ständige Weiterentwicklung der *Liturgie* und der synagogalen Poesie *(Pijut)*, die mehr und mehr auch eine ausgebildete Stimme verlangten. Im Laufe der Zeit verlagerte sich der Schwerpunkt teilweise immer mehr auf die stimmlichen Qualitäten, eine Entwicklung, die bei den religiösen Autoritäten durchaus auch Kritik hervorrief. Der Begriff K. hat sich erst seit den Synagogenreformen im 19. Jh. durchgesetzt, vorher war »Chasan« gebräuchlich. Nun waren die K. mehr und mehr auch Chorleiter und Komponisten; manche besaßen auch eine klassische Sängerausbildung. Heutzutage können auch Frauen (außer in orthodoxen Gemeinden) dieses Amt übernehmen.

Kantorinnen, im traditionellen Judentum besteht das Verbot, die »Stimme einer Frau« zu hören. Die liberal-religiöse Strömung des 19. Jh. sah in diesem Verbot eine veraltete Regelung und erlaubte den Auftritt von gemischten Chören in Synagogen. K. wurden allerdings nicht ausgebildet. Erst nach dem Zweiten Weltkrieg setzte diese Entwicklung in den *USA* ein. Sie war eng verknüpft mit der Zulassung der *Frauen* zum Rabbinat *(Rabbinerinnen)*, da das Studium für beide Spezialisierungen anfänglich viele gemeinsame Komponenten aufweist.

Kappara (Pl. Kapparot), Sühneopfer im Tempel. In Anlehnung daran schlachten orthodoxe Juden vor *Jom Kippur* einen Hahn für einen Mann und eine Henne für eine Frau als rituelles Sühneopfer, jidd. Kappore.

Karäer, im islamischen Bereich entstandene, vom rabbinischen Judentum abweichende Gruppe, die im 7.–9. Jh. ihren Höhepunkt erreichte. Von Kairo aus verlagerte sich ihr Schwerpunkt nach Istanbul und später nach Südrussland. Ein litauischer Großfürst siedelte sie weiter nördlich bis zum Gebiet des heutigen Litauen (u.a. in der Stadt Troki bei Vilnius) an. In Russland erreichten sie 1795 ihre Gleichstellung mit den Christen. Um 1930 wurde ihre Zahl auf 12000 geschätzt. Die K. lehnen die rabbinische *Mündliche* Lehre ab und legten besonderen Wert auf eine wörtliche Auslegung der Bibel. Einer ihrer Vertreter, Isaak aus Troki (1533–1594), verfasste ein polemisches Buch gegen das Christentum, »Chisuk Emuna«, das übersetzt und von Religionskritikern verwendet wurde. Im Zweiten Weltkrieg distanzierten sich die K. im nationalsozialistischen Machtbereich von

Kalender. Seite eines jüdischen Kalenders aus einer Bibelhandschrift. Ein siebenstrahliger Stern teilt den Kreis in die sieben Tage. Diese entsprechen (wie die sieben Arme der Menora) den sieben Tagen der Schöpfung (Gen 1,1–2,4a). Spanien, 1301; Bibliothèque Nationale, Paris

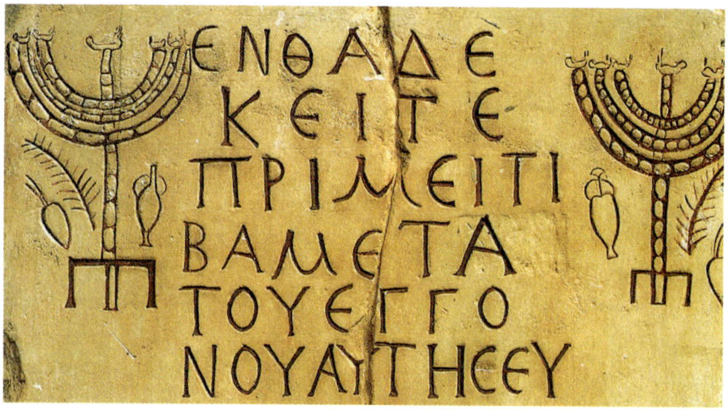

Katakombe. Die Katakombe von Monteverde gilt bislang als die älteste jüdische Katakombe in Rom. Die griechische Inschrift auf einem ihrer Grabsteine erinnert an Primitiva und ihren Enkel Euphrenon (Ausschnitt). Die Inschrift wird auf beiden Seiten von den jüdischen Symbolen Menora, Lulaw (»Palmzweig« beim Laubhüttenfest) und Etrog (eine Zitrusfrucht, ebenfalls beim Laubhüttenfest gebräuchlich) flankiert.

den Juden und versuchten eine bessere Behandlung zu erhalten. Heute sind nur noch kleine Reste der Gemeinschaft vorhanden. Eine kleine Gruppe lebt in Jerusalem.

Karet (hebr. »abschneiden«), Strafe Gottes. Sie ist definiert als vorzeitiger Tod, insbesondere als Tod im Alter von 50 Jahren, als Kinderlosigkeit *(Kinder)* oder Ausschluss aus dem Leben in der zukünftigen Welt. 36 Sünden werden nach der *Mischna* mit K. bestraft, z. B. Anbetung fremder Götter, Essen von ungesäuertem Brot an *Pessach,* Inzest und Unzucht. Als die antike jüdische Gemeinschaft in *Erez Israel* noch die volle Autonomie besaß, konnte ein Richterkollegium von 23 Mitgliedern mit einer qualifizierten Mehrheit von zwei Stimmen eine Todesstrafe verhängen; allerdings musste der Täter zuvor verwarnt und zwei Zeugen bei der Tat zugegen gewesen sein. Dies führte nur selten zur wirklichen Durchführung der Todesstrafe.

Kaschrut (hebr. »rituelle Reinheit«), im Judentum gibt es erlaubte und verbotene Speisen. Die Speisegesetze (S. 310) haben ihren Ursprung in der *Tora,* den fünf Büchern Mose (z.B. Lev 11). Die hebräische *Bibel* unterscheidet zwischen reinen und unreinen Tieren. Weitere Vorschriften regeln die Zubereitung des Essens *(Milchig/Fleischig, Wein).* Zum Verzehr erlaubte Speisen werden als *koscher* bezeichnet. Die Säugetiere müssen geschächtet werden *(Schächten).*

Katakomben, unterirdische jüdische Grablegen. Sie sind in Israel, Alexandria, Sizilien, Sardinien, Libyen und Rom belegt. In Rom finden sich vom 1. bis 3. Jh. griechische, für das 3. und 4. Jh. lateinische Inschriften in fünf großen Anlagen. Oft wurden auch kurze hebräische Formeln hinzugefügt. An jüdischen Symbolen wurde der siebenarmige Leuchter *Menora,* der Feststrauß *Lulaw,* die Zitrusfrucht *Etrog,* das Widderhorn *Schofar* und die *Bundeslade* verwendet. Die K. sind wichtige Quellen für die Kultur- und Kunstgeschichte der Juden der Spätantike.

Kennzeichnung der Juden, schon der Islam führte im 8. Jh. eine Kennzeichnung der nicht muslimischen Minderheiten, u.a. auch der Juden, ein. Das christliche Europa übernahm dies und das Konzil des Jahres 1215 forderte erneut die Kennzeichnung von Juden und Muslimen. Im Mittelalter waren zuerst gehörnte Hüte als Kennzeichnung üblich, später finden sich ein gelbes Rad. Die Kennzeichnung wurde in ganz Europa verlangt und hatte die Isolierung der Juden zum Ziel. Tatsächlich wurde die Kennzeichnung aber nicht überall beachtet. Für jüdische Reisende galt sie ohnehin nicht. In der 2. Hälfte des 16. Jh. verliert sie an Bedeutung. Im österreichischen Kaiserreich wurde sie 1781 offiziell abgeschafft, von Frankreich während der Französischen Revolution. Nur der Kirchenstaat pochte nach 1814 auf die Wiedereinführung eines Zeichens. Im Unterschied dazu war die jüdische Tracht in Polen und Litauen im 18. Jh. – ein langer schwarzer Mantel (Kaftan) mit Gürtel und Pelzhut – freiwillig und dem älteren polnischen Adelskostüm nachempfunden. Die Nationalsozialisten führten die Kennzeichnung für Juden in Polen schon im November 1939 ein, für die Juden des Deutschen Reiches galt sie ab dem 1. September 1941. Die Nationalsozialisten benutzten einen *Davidstern* aus gelbem Stoff mit der Aufschrift »Jude« bzw. die Übersetzung des Wortes in die jeweiligen Landessprachen (Judenstern).

Kerubim, nach der Bibel eine Gruppe Engel neben den Ofanim und Seraphim. Zwei K. sind nach der *Tora* Wächter am Tor des Garten *Eden* und zwei goldene K. Hüter der *Bundeslade* im *Allerheiligsten* des *Stiftszeltes* und später des ersten *Tempels.* Nach archäologischen Funden ähnelten sie wahrscheinlich einem Sphinx. Im zweiten Tempel befanden sich keine K. mehr.

Ketu(b)ba, Ehevertrag, in dem die gegenseitigen Pflichten und Rechte von Gatte und Gattin sowie ein symbolischer Kaufpreis auf *Aramäisch* angeführt werden. Die K. wird bei jeder jüdischen Eheschließungszeremonie verlesen und von zwei Zeugen beglaubigt. Heute trägt meist der Rabbiner die K. vor, obwohl dies religionsgesetzlich nicht notwendig ist *(Eheschließung).*

Ketuwim (hebr. »Schriften«), dritter Teil der hebräischen *Bibel,* der aus unterschiedlichen Schriften teils historischen, teils poetischen Inhalts besteht. Den größten Teil bilden die *Psalmen.* Sie sind in fünf Teile geteilt und spiegeln so die *Tora.* Die Psalmen sind Teil sowohl öffentlicher als auch privater Gebete. Der Teil der *Megillot* besteht aus dem Hohenlied, dem Buch Rut, den Klageliedern, dem Buch Kohelet (Prediger) und dem Buch *Ester;* auch sie werden zu bestimmten Anlässen und Festen in der *Synagoge* öffentlich vorgelesen. Im Kulturkreis der *Sephardim* wird auch das Buch Ijob in der Synagoge verlesen. Die anderen Bücher werden weniger studiert und haben auch deutlich weniger religiöse Autorität.

Kiddusch (hebr. »Heiligung«), über einem Kelch Wein, dem sog. K.-Becher, gesprochenes Gebet zur Heiligung des *Sabbat* oder eines Festes. Der K. erinnert an die Schöpfung der Welt in sechs Tagen und das Ruhen des Schöpfungswerkes Gottes am siebten Tag. Zugleich heiligt er den Sabbat als Gedenktag des Exodus der Israeliten aus Ägypten und ihres 40-jährigen Zuges durch die Wüste. Das Gebet besteht aus den Versen 1,31 und 2,1–3 des Buches Genesis, einem Segensspruch für den Wein und einem Segen für den Tag. Da die Zeremonie des K., auch Gefen genannt, vor dem Essen stattfinden muss, hat es sich eingebürgert, ihn am Vorabend des Sabbat vor der Mahlzeit zu Hause bzw. am Ende des Sabbat-Gottesdienstes in den Synagogen zu sprechen. Heute wird der K. in progressiven Synagogen auch nach dem Sabbat-Morgengottesdienst aufgesagt.

Kiddusch ha-Schem (hebr. »Heiligung des [göttlichen] Namens«), Verherrlichung des Namens des Gottes Israels, der nach rabbinischer Lehre auf drei Arten geheiligt werden kann: Gebet, Standhaftigkeit im Glauben und vorbildliche Lebensführung. Dazu gehört auch die Bereitschaft zur Opferung des eigenen Lebens *(Martyrium).* Die Selbsttötung ist im Allgemeinen geächtet und gilt als letzter Ausweg vor den aufgezwungenen Todsünden Götzendienst, Unzucht oder Mord. Die Vorstellung des Märtyrertods geht zurück auf die *Akeda,* die Prüfung *Abrahams* durch *Gott.* Im Mittelalter, insbesondere während der ersten *Kreuzzüge,* entzogen sich viele Juden durch Selbstmord einer Zwangstaufe *(Anusim).*

Kinder, das erste Gebot im Judentum ist nach Genesis 1,28 das der Fortpflanzung: »Seid fruchtbar und mehret euch.« Es ist erfüllt, wenn ein Ehepaar mindestens einen Sohn und eine Tochter gezeugt hat. Kinderlosigkeit wird als Makel angesehen. Der *Erstgeborene* Junge besitzt einen besonderen Status. Ein Problemfall ist ein Kind, das ein *Mamser* ist. Nach der Geburt eines Jungen ist die *Beschneidung* unerlässlich, die bei guter Gesundheit des Säuglings am achten Tag danach vollzogen wird. Nach dem Religionsgesetz *(Halacha)* ist ein Kind Jude, wenn die Mutter Jüdin ist *(gemischte Ehe).* Ist sie keine Jüdin, wird ein Kind als nicht jüdisch angesehen, unabhängig davon, wer der Vater ist. Das Kind kann dann zum Judentum übertreten mit dem Einverständnis und in Gegenwart eines aus drei qualifizierten Personen bestehenden Rabbinatsgerichtes *(Bet Din),* wenn die Eltern danach ersuchen. Ein Junge muss für die Konversion beschnitten werden. Ist dies bereits geschehen, so erfolgt dennoch eine symbolische Beschneidung durch einen Nadelstich, damit etwas Blut hervortritt. Ist der Junge älter als ein Jahr, so wird er in einem Ritualbad *(Mikwe)* untergetaucht. Das Bet din spricht dabei die Segenssprüche zum Untertauchen eines *Proselyten.* Diese werden ebenso beim Übertritt eines Mädchens gesprochen, bei dem jedoch nur das Untertauchen erfolgt. Die K. erhalten im Kindergarten, der Elementarschule (hebr. Cheder) Unterricht im Chumasch *(Pentateuch)* und in Hebräisch, später an einer *Jeschiwa* bzw. Bet (ha-)Mid-

Kinder. Jüdische Kinder mit der traditionellen Kopfbedeckung lesen die Tora. Schon früh beginnen jüdische Schüler in Israel mit der Lektüre und Interpretation der heiligen Texte.

Klagemauer. Die 18 m hohe und 48 m lange Klagemauer an der Westseite des Tempelberges ist eines der Wahrzeichen Jerusalems und Wallfahrtsort für Juden. Täglich kommen unzählige Gläubige auf den Tempelplatz, um zu beten. Einige von ihnen stecken kleine Zettel mit ihren Bitten in die Ritzen des Mauerwerks. Zwei Drittel des Platzes unmittelbar vor der Mauer sind für Männer reserviert. Im letzten Drittel, das durch eine Gitterwand abgetrennt ist, haben Frauen Zutritt. Kopfbedeckung – auch für Touristen – ist vorgeschrieben.

rasch *(Bildung und Erziehung)*. Jungen werden mit 13 Jahren religiös mündig *(Bar Mizwa)*, Mädchen mit zwölf *(Bat Mizwa)*. Reformgemeinden in Deutschland vertraten im 19. Jh. die Auffassung, dass K. mit 13 Jahren noch nicht die Religionsreife besäßen und daher noch nicht in die Gemeinde der Erwachsenen aufgenommen werden sollten. Sie ersetzten daher die Bar Mizwa durch eine Feier, die sie nach protestantischem Vorbild Konfirmation nannten und die der Junge erst mit 16/17 Jahren beging. Die Konfirmationsfeier besteht wie bei der lutherischen Konfirmation in der Prüfung und dem Bekenntnis des Glaubens vor versammelter Gemeinde. In den USA feiern heutzutage die Reformgemeinden und die meisten konservativen Gemeinden eine Konfirmation von Jungen und Mädchen, wenn sie 15 Jahre alt sind. Konfirmationstag ist meist *Schawuot,* der Tag, an dem man den Empfang der Tora vom *Berg Sinai* feiert.

Kippa (hebr.; jidd. Jarmuka/-e), kleines, rundes, von Männern getragenes Häkel- oder Stoffkäppchen. Es ist u. a. ein Zeichen der Erniedrigung vor Gott. Im *Orthodoxen Judentum* wird die K. ständig getragen, von Juden des *Konservativismus* beim *Gebet,* während im liberalen Judentum des *Reformjudentum* und des *Zionismus* das Tragen der K. freigestellt ist. Orthodoxe *Sephardim* tragen eine gestrickte schwarze K. unter einem schwarzen Hut, ebenso orthodoxe *Aschkenasim,* jedoch eine aus schwarzem Stoff. Im liberalen Judentum ist sie gehäkelt oder aus Stoff in beliebigen Farben. Der *Talmud* überließ das Tragen einer Kopfbedeckung der persönlichen Entscheidung. Ab dem 18. Jh. wurde die K. jedoch allgemein ein Zeichen der Frömmigkeit und der Zugehörigkeit zum Judentum bzw. der freiwilligen Abgrenzung zu den Nichtjuden.

Kislew, 3. Monat des jüdischen Kalenders (im gregorianischen Kalender November/Dezember) mit dem achttägigen Lichterfest *Chanukka,* das am 25. K. beginnt.

Klagemauer, Überreste der Umfassungsmauer des *Tempelberges,* die Herodes der Große aus monumentalen Steinquadern um 20 v. Chr. errichten ließ. Die hebräische Bezeichnung lautet »westliche Mauer« (Kotel maarawi). Nach 132 n. Chr. wurden die Juden nur am Gedenktag der Tempelzerstörung (9. Tag des jüdischen Monats Aw) nach Jerusalem an die Klagemauer gelassen. Die K. bildete für viele Juden durch die Jahrhunderte ein Wallfahrtsort. Unter muslimischer Herrschaft wurde in der Nähe das Dungtor in der Altstadtmauer eingerichtet. Unmittelbar vor der K. befanden sich bis 1948 elende Hütten. 1948 wurden die Juden aus dem anliegenden jüdischen Viertel der Altstadt Jerusalems vertrieben. Nach 1967 wurde ein großzügiger Platz eingerichtet und weitere Gewölbe Richtung Norden freigelegt. Sogar Reste der zum Tempelberg führenden großen Treppe wurden gefunden. Fromme Juden stecken Zettel mit Bitten in die Ritzen des Mauerwerks in der Hoffnung, dass diese erhört werden. Jüngst tat dies auch Papst Johannes Paul II., als er sich für das Verhalten der katholischen Kirche während des Massenmords an den europäischen Juden entschuldigte und für ein besseres Verhältnis zwischen Katholiken und Juden betete.

Klezmer (Pl. Klezmorim, jidd. »Musiker«), die traditionelle Instrumentalmusik der Jiddisch sprechenden Juden Osteuropas, als Gattungsbezeichnung aber erst seit den 1970er Jahren im Zuge der Wiederbelebung dieser Musik verbreitet. Die Ursprünge der Musik reichen bis ins Mittelalter und die musikalischen Einflüsse umfassen ein weites geografisches Gebiet, ein wichtiger Einfluss war der osteuropäische synagogale Gesang und die Melodien des *Chassidismus.* Die K. spielten bei den Festen der jüdischen Gemeinschaft, besonders auf Hochzeiten, aber auch bei nicht jüdischen Festen. Bei den Hochzeiten ist die K.-Musik auch strukturierendes Element. Ihr sozialer Status war eher gering und der Verdienst karg, viele der Musiker übten daher noch andere Berufe aus. Die frühen Gruppierungen bestanden aus zwei bis vier Musikern, später waren die Gruppen durchaus auch größer, die Geige war meistens das führende Instrument.

Knesset Jisrael (von hebr. kaness, »versammeln«), schon die Gelehrten-Versammlung nach der Rückkehr aus dem *Babylonischen Exil* hieß »Knesset ha-gedola«. Die Synagoge als Versammlungshaus heißt ebenfalls »Bet Knesset«, das heißt »Haus der Versammlung«. Die jüdische Gemeinschaft im britischen *Palästina* (1922–48) gab sich den Namen »Knesset Israel«, aus der man allerdings austreten konnte. Das Parlament im neu gegründeten Staat Israel griff diese Tradition auf und nannte sich »Knesset« (Konstituierung 1949).

Kohen (Pl. Kohanim, hebr.), Bezeichnung für die Priester im Tempel sowie Name von Familien, die sich auf priesterliche Herkunft zurückführen. Die K. sind *Aaroniden,* d.h. Nachkommen von *Aaron* aus dem Stamm *Levi,* des von *Mose* bestimmten ersten Priesters des *Stiftszeltes.* Aus den Reihen der K. wurde der *Hohepriester* bestimmt, bis das Amt mit dem Hohepriester *Zadok* erblich wurde. Die K. sind berechtigt, den »aaronitischen Priestersegen« zu sprechen: Sie erheben dabei ihre Hände und spreizen ihre Finger in jeweils zwei Teile. Zu ihren Aufgaben gehörte u. a. die Darbringung von Opfern, das Blasen des *Schofar,* das Vorbereiten von Riten, Zeremonien zur Heilung und Reinigung von Mensch und Tier und sowie Beteiligung an Rechtsprechung und Glaubensunterweisung. Die *Leviten* hatten den K. zu dienen, z.B. beim rituellen Waschen der Hände vor dem Sprechen des Priestersegens. In Erinnerung an diese Tradition finden wir auf neuzeitlichen Grabsteinen als Symbol für Priesterfamilien segnende Hände. In der Zeit des Zweiten *Tempels* wurden die K. in 24 Gruppen eingeteilt, die jeweils zwei Wochen im Jahr ihren Priesterdienst versahen. In der Synagoge sollte ein Nachfahre der K. dem *Minjan* angehören und als Erster zur *Toralesung* aufgerufen werden. Ein K. ist berechtigt, den Segen auszusprechen. Nach der *Halacha* dürfen die K. keine Berührung mit Toten haben, keine geschiedene Frau oder Proselytin ehelichen. Auch wenn Familiennamen wie Kahn, Kohn und Cohen auf die Abstammung von Priestern hinweisen, ist die Herkunft nicht mehr eindeutig nachprüfbar. Das liberale Judentum hat u.a. deshalb die gottesdienstlichen Privilegien dieser Familien wie die der Leviten abgeschafft. Die junge christliche Kirche hat den Priestersegen übernommen, der heute noch häufig im christlichen Gottesdienst rezitiert wird.

Kol Nidre (aram. »alle Versprechen«), feierliches aramäisches Eingangsgebet des Abendgottesdienstes zu *Jom Kippur,* das vom *Kantor* dreimal wiederholt wird. Es wird Gott um Verzeihung für alle ihm geleisteten, aber nicht eingehaltenen Versprechen gebeten, und diese werden für nichtig erklärt. Die *Halacha* hat für die Aufhebung eines gegebenen Wortes strenge Auflagen. Die antijüdische Polemik unterstellte jedoch, dass sich die Juden von allen Versprechungen und *Gelübden* lossagen würden und infolgedessen dem Eid der Juden nicht zu trauen sei. In der Folge ließ ein wichtiger liberaler Rabbiner, Abraham Geiger, das K. im von ihm herausgegebenen *Gebetbuch* (1844) aus. 1880 schrieb der deutsche Komponist Max Bruch die heute traditionelle Melodie zu K. 1961 wurde das ergreifende Gebet wieder eingeführt und ist so populär, dass vielfach der ganze Abend des Jom Kippur nach ihm benannt wird.

Konfirmation → Kinder

Konservatives Judentum, moderne religiöse Strömung des Judentums, die sich 1845 anlässlich einer Rabbinerversammlung herausbildete. Konservative wollten den »histo-

Klezmer. Aschkenasische Musiker (Klezmorim) spielen anlässlich einer Hochzeit. Zumeist handelte es sich um Volksmusik, die von professionellen Musikern vorgetragen wurde. Die Besetzung mit Violine, Kontrabass, Becken und Hackbrett war weit verbreitet. Aquarell von J. S. Dlayewski, Polen, 1850; Israel Museum, Jerusalem

risch-positiven« Kern der jüdischen *Liturgie* erhalten und wandten sich gegen eine Verdrängung des *Hebräischen* aus dem Gottesdienst. Eine wichtige Stütze des K. bildete das Breslauer Rabbinerseminar unter Leitung von Zacharias Frankel (1803–1875), das zwischen 1854 und 1938 existierte. Deutsche Juden brachten diese Strömung in die *USA,* wo sie heute noch sehr wichtig ist. Heute haben sich viele Unterschiede zwischen dem liberalen Judentum und dem K. verwischt. Der große Konfliktpunkt zwischen den beiden Strömungen ist die Definition der jüdischen Abstammung. Die Liberalen haben die Abstammung vom Vater derjenigen von der Mutter gleichgestellt. Diesen Schritt wollte das K. nicht mitmachen.

Konversion, das Judentum ist keine ethnisch abgeschlossene Gemeinschaft, wie die der Drusen. Ein Übertritt erfolgt erst nach längerem Studium. Ein rabbinischer Gerichtshof prüft die Anwärter. Verlangt werden die Annahme des *Jochs der Gebote,* das Eintauchen im Ritualbad *(Mikwe)* und bei männlichen Personen die *Beschneidung.* Danach gilt die aufgenommene Person als gleichwertiges Mitglied der jüdischen Gemeinde. Existierende gesellschaftliche Vorbehalte entbehren der religiösen Grundlage. Die Frage ist für die jüdische Gemeinschaft in Deutschland durch die Einwanderung seit 1989 aus den Staaten der GUS aktuell geworden; die Gemeinden des *Zentralrats der Juden in Deutschland* richten sich ausschließlich nach der Abstammung der Mutter. Ist ein Familienvater jüdisch, wird von seinen *Kindern* die K. verlangt.

Kreuzzüge. 1071 eroberten die Seldschuken das Heilige Land. 1095 rief Papst Urban II. zum Kreuzzug auf: Französische und flandrische Ritter führten den ersten Kreuzzug (1096–99) an und verübten auf ihrem Weg durch Europa große Grausamkeiten. Nach sechswöchiger Belagerung nahmen die Kreuzritter Jerusalem ein und töteten einen Großteil der nicht christlichen Bevölkerung.

Koscher (aschkenas.; hebr. kascher »tauglich«), rituell rein bzw. vorschriftsmäßig. Der Begriff wird angewendet 1. für nach den jüdischen Speisegesetzen hergestellte Lebensmittel *(Kaschrut, Schächten),* 2. für die vorschriftsmäßig hergestellten und einwandfreien *Torarollen, Gebetsriemen, Mesusa, Schaufäden* und Mikwaot *(Mikwe)* sowie 3. für Zeugen, soweit ihre Auswahl und ihre Fähigkeit dem jüdischen Religionsgesetz, der *Halacha,* entspricht.

Kreuzzüge, militärische Feldzüge europäischer Christen zur »Befreiung« des Heiligen Landes von den nach ihrer Auffassung ungläubigen Muslimen. Sie waren mit schweren Judenverfolgungen in Europa und Palästina verbunden. Der erste K. (1096–99) war in Spanien, Frankreich, Italien und Deutschland mit zahlreichen *Pogromen* gegen Juden verbunden; in Deutschland gingen die Judengemeinden in Worms, Mainz und Köln unter. Beim dritten K. (1189–92) wurden vor allem in England zahlreiche Judengemeinden vernichtet.

Kryptojuden, Juden, die aus Gründen der Sicherheit freiwillig oder unter Zwang *(Anusim)* zum Christentum oder Islam konvertierten, jedoch insgeheim ihren jüdischen Glauben weiter ausübten. Dazu gehören u.a. im 13. Jh. die Neofiti in Süditalien, im 14., 15. und 16. Jh. die *Marranen* in Spanien oder im 19. Jh. die Gadid al-Islam aus Mashad in Persien.

Kulturbund, Jüdischer, als Reaktion auf die NS-Ausgrenzung der Juden aus der Gesellschaft entstanden lokale Kulturbünde, die sich 1936 in einem Reichsverband zusammenschlossen. Schwerpunkte der Aktivitäten lagen in Berlin, Hamburg, München und der Rhein-Ruhr-Region. Die K. organisierten Vorträge und Theatervorstellungen. Stücke verbotener jüdischer Schriftsteller wurden aufgeführt, ebenso Werke von Musikern jüdischer Abstammung, wie etwa Felix Mendelssohn Bartholdy (1809–1847), oder solche, deren Tendenz dem NS-Regime nicht zusagte, etwa »Nathan der Weise« von Gotthold Ephraim Lessing (1729–1781). Im Bereich Theater und Rhetorik war der Kritiker Julius Bab (1881–1955) wichtig, der 1939 nach New York emigrierte. Vielen Juden boten die Aktivitäten Abwechslung und moralischen Rückhalt zur Zeit der Verfolgung. Am 11. September 1941 wurden die Kulturbünde mit ihrem Reichsverband aufgelöst.

L

Lade → Toraschrein

Ladino, klassische Übersetzungssprache der Bibel im Gegensatz zu Giudezmo (Alltagssprache). Die 1492 vertriebenen Juden (»Spaniolen«) behielten in den Ländern ihres Exils in Nordafrika und im Osmanischen Reich das Spanische des 15. Jh. bis zu Beginn des 20. Jh. bei. Im Lauf der Zeit wirkten die Sprachen der Mehrheitsgesellschaft auf dieses ein, so das Marokkanisch-Arabische, das Griechische, Türkische und Bulgarische. In Istanbul, Izmir und Sofia wurden Werke auf Jüdisch-Spanisch gedruckt. Die spanisch-jüdische Literatur bestand anfänglich v. a. aus Bibelübersetzungen und anderen religiösen Schriften, ethischen und mystischen Werken. Besonders wichtig war der Kommentar zum Chumasch *(Pentateuch),* »me-Am loes« (»von einem fremden Volk«), der zugleich eine Art Enzyklopädie darstellte. Hoch entwickelt waren auch die Liedkultur und die Romanceros, eine Art Erzählungen aus dem Leben der jüdischen Gemeinden. Bis zum Erziehungswerk der Alliance Israelite Universelle blieb das Spaniolische uneingeschränkt erhalten; danach verlor es zu Gunsten des Französischen an Einfluss. Im frühen 20. Jh. setzten sich die Nationalsprachen der Mehrheitsgesellschaft durch. Ältere Juden in Istanbul aber sprechen heute noch Jüdisch-Spanisch.

Lag ba-Omer (hebr. »der 33. des Omer«), Festtag am 18. *Ijar,* dem 33. Tag während des insgesamt 49-tägigen Zeitraums von *Pessach* bis *Schawuot,* an dem die Schüler des Rabbis und Märtyrers Akiba (um 50–153), insbesondere sein Schüler Schimon bar Jochai (2. Jh.), nicht mehr den Tod durch die Römer zu befürchten hatten. Akiba und seine Schüler hatten den *Bar-Kochba-Aufstand* unterstützt und den Freiheitskämpfer Simon bar Kochba († 135) für den seit langer Zeit erwarteten Messias gehalten. Am L. pilgern sephardische Juden zum Grab des Schimon bar Jochai in der Nähe von *Zefat* (Safed), werden Hochzeiten abgehalten, dreijährigen Jungen erstmals die Haare geschnitten und Spiele mit Pfeil und Bogen veranstaltet sowie Freudenfeuer entzündet. Zuvor wurde L. nach der Tradition der *Aggada* als der Tag gefeiert, an dem die Israeliten auf ihrem Auszug aus Ägypten erstmals Manna erhielten (Ex 16); im Mittelalter war er der Festtag der Gelehrten, später Gedenktag des Endes einer Pestepidemie.

Ladino. Am 31. März 1492 unterzeichneten Isabella und Ferdinand II., das katholische Königspaar, in Granada das Vertreibungsedikt, um, wie es hieß, die Christen vor den Juden zu schützen. »Die Vertreibung der Juden«, Gemälde von Emilio Sala Francés, 1889; Museo de Bellas Artes, Granada

Laubhüttenfest → Sukkot

Lea, Ehefrau *Jakobs,* die dieser zunächst anstelle *Rahels* heiraten musste; eine der *Erzmutter* der Israeliten. L. schenkte Jakob sechs Kinder, auf die sechs der *Zwölf Stämme Israels* zurückgehen: Ruben, Simeon, *Levi, Juda,* Issachar und Sebulon. Aus dem Stamm Levi gingen die Priester *(Kohen)* und *Leviten* hervor, aus dem Stamm Juda die Könige. Nach der späteren jüdischen Literatur verdarb sich L. durch das viele Weinen über ihre unglückliche Lage als Zweitfrau das Augenlicht.

Leben nach dem Tod → Seele

Lesepult der Synagoge (hebr. teba) → Bima

Levi, dritter Sohn von *Jakob* und *Lea,* Stammvater der Priesterschaft *(Kohen)* des *Stiftszeltes* und des Tempels, der *Aaroniden* und der Verantwortlichen für das Stiftszelt und den Tempel der *Leviten.* Der Stamm L. war der einzige der *Zwölf Stämme Israels,* der kein festgesetztes Gebiet besaß; er erhielt daher und auch aufgrund seiner religiösen Pflichten als einziger Stamm den *Zehnten* aus dem Ertrag der übrigen elf Stämme.

Leviratsehe, zu biblischer Zeit die Pflicht des Bruders eines verstorbenen Ehegatten (der Levir), dessen Gemahlin zu heiraten, »damit der Name des Verstorbenen nicht verschwinde aus Israel«. Hier mögen soziale Gründe (Versorgung) eine Rolle gespielt haben. Nachdem Rabbenu Gerschom (um 960 bis um 1030) aber die Einehe verfügt hatte, wurde die L. unter den aschkenasischen Juden nicht mehr praktiziert. Mit der Zeremonie der Chaliza (Werfen eines Schuhes) verzichtet der Schwager auf sein Recht. Danach war die Witwe frei, nach einer bestimmten Zeit eine beliebige Ehe *(Eheschließung)* einzugehen.

Leviten (hebr. lewiim), Nachkommen von *Levi* bzw. Mitglieder des Stammes Levi. Nach Numeri 1,47–53 waren sie von *Gott* für die Sicherung und Pflege der *Bundeslade,* des *Stiftszeltes,* später des *Tempels* und seiner heiligen Altäre und Gerätschaften ausersehen und hatten die Aufgabe, den Priestern *(Kohen, Hohepriester)* zu dienen. Ihre Lager bzw. Wohnstätten grenzten unmittelbar an das Stiftszelt bzw. den Tempel an. Den L. oblag der Auf- und Abbau des Stiftszeltes und dessen Transport. Ihre besondere Rolle befreite sie vom Waffendienst. In der Zeit der Monarchie wurden die L. Staatsbeamte und Tempelsänger. Zur Abhaltung des *Gottesdienstes* in der Synagoge sind zehn Männer *(Minjan)* erforderlich: Der Erste muss nach der Orthodoxie ein Nachkomme der Priester, der Zweite ein Nachkomme der L. sein. Neuzeitliche Grabsteine zeigen als Symbol levitischer Familien eine kleine Kanne.

Lilit, ursprünglich ein gefallener Engel, der es nach volksfrommer Auffassung auf die Seelen der Kinder abgesehen hat. Gegen ihren bösen Einfluss hingen jüdische Frauen früher gedruckte Geburtsamulette auf, die Verwünschungsformeln gegen L. enthielten (Fürther Drucke). Die jüdischen Aufklärer kämpften gegen diese Bräuche, die sie als *Aberglauben* empfanden. Mit der Säkularisierung hat sich dieser Glaube bei den meisten *Aschkenasim* verloren.

Leviten. Als ersten Priester weihte Mose auf Geheiß Gottes seinen Bruder Aaron aus dem Stamm Levi (Ex 29,1–37). Die Buchmalerei zeigt Aaron beim Dienst in der Stiftshütte bzw. im Offenbarungszelt: Er gießt Öl aus einem Krug in die Schalen an den sieben Armen der Menora (vgl. Ex 37,17–24). Bilderhandschrift Benjamins des Schreibers, vermutlich aus Troyes, Frankreich, um 1280; British Museum, London

Liturgie, das Judentum kennt eine Reihe von Pflichtgebeten, die sich teilweise auf den Tempeldienst beziehen bzw. als Ersatz für diesen gedacht sind. Zur täglich zu rezitierenden Liturgie gehören u.a. das »Höre Israel« *(Schema Israel)* und das 18-Bitten-Gebet *(Amida)* sowie verschiedene Segenssprüche *(Berachot).* An Feiertagen und Monatsanfängen gibt es verschiedene Einschaltungen. Dreimal in der Woche wird während des Gottesdienstes aus der *Tora* vorgetragen. Am *Sabbat* wird der ganze Wochenabschnitt der Tora und ein Prophetenabschnitt *(Haftara)* vorgetragen. In Anbetracht des historischen liturgischen Erbes gibt es heute kaum Zeit für spontane Einfügungen oder Meditationen. Es gibt aber Strömungen, die diesen wieder mehr Raum verschaffen (New-Age-Bewegung, Neo-Chassidismus u.a.). In den USA wurde in vielen *Synagogen* neben Hebräisch auch Englisch gebetet, allerdings kam es unter dem Einfluss des *Zionismus* zu einer Re-Hebraisierung seit den 1920er Jahren. Das Judentum kennt keine liturgischen Farben wie z.B. der Katholizismus. Zu den hohen Feiertagen im Herbst pflegt man allerdings einen weißen Vorhang über dem *Toraschrein* zu hängen und weiße Decken auf den Vorlesepulten zu verwenden. Zum Wochenfest *(Schawuot)* im Frühling werden grüne Zweige in der Synagoge aufgestellt.

Loschen Kaudesch (hebr. »Heilige Sprache«), Bezeichnung für das Jüdisch-Deutsche in Süddeutschland, das im Unterschied zum Hochdeutschen die hebräischen Begriffe aus dem religiösen Bereich beinhaltete *(Jüdische Sprachen).*

Lubawitscher Bewegung, Begründer dieser chassidischen Dynastie war Salman Schneur aus Lyady (1745–1813) in Litauen. Sie vereinte das ekstatische Erleben mit der Lerntradition der Gegner des *Chassidismus.* Ihr Leitmotiv heißt »Chochma, Bina, Daat«, abgekürzt »ChaBaD« (Weisheit, Verstand, Wissen). Salman Schneur war Student des Dov Bär aus Mesritsch und versuchte sich 1774 mit dem *Gaon Elija* aus Wilna zu einigen. Er verfasste auch religionsgesetzliche Werke. Seine Äußerungen wurden unter dem Titel »Gesammelte Worte« oder »Tanja« zusammengefasst, die eine Art Hauptwerk der L.

darstellen. Seine Familie, die sich später Schneersohn nannte, teilte sich in verschiedene Stämme auf. 1924 flüchteten sie aus der UdSSR und gingen nach Riga, 1934 nach Polen. Josef Isaac Schneersohn baute in den USA in den 1920er Jahren ein weltweites Netz von Verbindungen auf. Die charismatische Gestalt der 2. Hälfte des 20. Jh., Menachem Mendel Schneersohn, studierte an der Sorbonne in Paris Naturwissenschaften und Mathematik, was für einen Sohn einer chassidischen Rabbinerfamilie außerordentlich war. Um 1950 wurde die Zahl ihrer Anhänger in den USA auf 50 000 geschätzt. Sie betreiben eine aktive innerjüdische Mission, die aber unter den säkularen westeuropäischen Juden nur begrenzt Erfolg hat. Auch die neuen Initiativen in den GUS-Staaten nach 1989 erreichten nicht so viel wie erwartet. In Deutschland sind zur Zeit sieben Rabbiner der L., meist neben dem Gemeinderabbiner, v. a. in der Jugendarbeit tätig. Die in der orthodoxen litauischen Tradition stehenden Gelehrten nehmen weiterhin eine kritische Stellung zur L. ein, ebenso viele nicht orthodoxe Juden.

Lulaw (hebr. »Palmzweig«), Pflanzenstrauß, der an den Tagen des Laubhüttenfestes *(Sukkot)* beim Morgengebet gehalten wird und seinen Ursprung in der Bedeutung des Sukkot als Erntedankfest hat. Der Palmzweig, der dem ganzen Strauß den Namen gibt, ist nur ein Bestandteil. Die anderen sind der Hadass (drei Myrtenzweige), der Arawa (zwei Bachweidenzweige) und der *Etrog* (Zitrusfrucht).

M

Maariw, Abendgebet, das bei Anbruch der Dunkelheit zu sprechen ist. Es folgt dem Mincha-Gebet (Mittagsgebet) und wird oft bereits kurz danach gesprochen.

Machpela, Höhle von → Höhle von Machpela, → Hebron

Machsor (hebr. »Zyklus«), *Gebetbücher* für die Feiertage im Gegensatz zum *Siddur,* dem Gebetbuch für das tägliche Gebet.

Magen David (hebr. »Davidschild«), Davidstern, Symbol des Judentums. M. war in Persien, Indien und China verbreitet, lange bevor es einen Bezug zum Judentum hatte. Unter den vielen geometrischen Verzierungen der Bausteine der antiken Synagoge von Kapernaum am See Genezareth ist es auch schon zu finden. Im 14. Jh. wurde es zuerst zu einem

Machsor. Farbenprächtig illuminierte Seite des Gebetbuches für die jüdischen Feiertage. Um 1320; British Library, London

Kennzeichen der jüdischen Gemeinde in Prag. Danach breitete es sich allmählich aus und machte der *Menora,* dem siebenarmigen Leuchter, Konkurrenz. Mystiker sahen im Davidstern die Vereinigung der Elemente Feuer und Luft, aus der Engel geschaffen seien. Besonders der *Zionismus* nahm das Symbol vermehrt auf und so wurde es zum Emblem des Staates Israel. Unabhängig davon wählten sich Wirte das gleiche Zeichen als Symbol aus; es ist daher an vielen Gasthäusern ohne religiösen Bezug zu sehen.

Magie, nach der Bibel (Ex 22,17 und Dtn 18,9-12) ein Kapitalverbrechen. Im Volksglauben war die M. jedoch weit verbreitet und jüdische und nicht jüdische, d. h. altorientalische bzw. christliche magische Vorstellungen und Praktiken beeinflussten sich gegenseitig. Bestimmte Praktiken wurden offiziell akzeptiert und integriert, z. B. der Gebrauch von *Amuletten.* Auch der Glaube an die Macht der Gottesnamen oder der Brauch der *Mesusa* weist durchaus Züge der M. auf. Man meinte dadurch übernatürliche Mächte beschwören zu können *(Dibbuk, Golem).* Auch in Teilen der *Kabbala* spielt M. eine wichtige Rolle.

Maimonides-Streit, nach dem Tod von Moses Maimonides (Moses ben Maimon, 1135–1204) entbrannte ein heftiger innerjüdischer Streit um die Bedeutung seines philosophischen Werkes, der mehrere Jahrzehnte dauerte. Insbesondere die Mystiker *(Kabbala)* stießen sich an vielen seiner Äußerungen.

Massada. 20 km nördlich von Newe Zohar erhebt sich das Felsplateau von Massada/Mezada – Israels Symbol für Freiheit und Widerstand.

Makkabäer, hohepriesterliches und königliches Geschlecht, leitet sich von dem Beinamen des Juda ha-Makkabi (»der Hammer«) her. Er war einer der fünf Söhne des Priesters Mattathias, welche die Aufstandsbewegung gegen die seleukidische Oberherrschaft, insbesondere gegen Antiochos IV. Epiphanes (reg. 175–164 v.Chr.), und die vom Hellenismus beeinflusste Reformbewegung im Judentum anführten. Den Aufständischen gelang es *Jerusalem* einzunehmen und den Kult in dem durch Antiochos IV. entweihten Tempel wiederherzustellen (164 v.Chr.). An den Sieg der M. und die Neuweihe des Tempels erinnert das Fest *Chanukka.* Mit dem Herrschaftsantritt von Herodes I., dem Großen (37 v.Chr.), endete die Epoche der M., die nach einem ihrer Vorfahren auch Hasmonäer genannt werden. Die Dynastie gab der 1911 gegründeten und zionistisch ausgerichteten Sportorganistion »Makkabi« sowie deren seit 1932 ausgerichteten internationalen Wettkämpfen, den »Makkabiaden«, ihren Namen.

Mamser (m), Mamseret (w), Kind, das einer verbotenen, d.h. einer ehebrecherischen Beziehung oder einem Inzest entstammt. Die Bibel bestimmt, dass ein M. nicht Teil der Gemeinde Gottes sein kann (Dtn 23,3), was dahingehend interpretiert wurde, dass er/sie keinen ehelich geborenen Juden heiraten darf. Da dieses Verbot bis »ins 10. Glied« ausgesprochen wird, gilt es auch für alle nachfolgenden Generationen. Zulässig ist eine Ehe zwischen zwei M. oder einem M. und einem *Proselyten.* In allen anderen rechtlichen Belangen, z.B. dem Erbrecht, ist ein M. jedoch gleichberechtigt. Die Bestrafung unschuldiger Kinder wurde durch die Jahrhunderte als ein großes theologisches und ethisches Problem erkannt und man bemühte sich, in den einzelnen Fällen die Gesetze dahingehend zu interpretieren, dass ein M. nicht als solcher benannt wurde. Heutzutage ist mit der Existenz ziviler *Eheschließungen* und *Scheidungen* das Problem akuter als in früheren Zeiten: Ein Kind, das von einer Jüdin in zweiter Ehe geboren wird, nachdem ihre erste Ehe zivilrechtlich geschlossen und geschieden wurde, ist – formal rechtlich – ein M.

Mappa (hebr. »Tischtuch«), von Mose Isserles (um 1525–1572) in Krakau verfasstes Kompendium, das die religionsgesetzliche Praxis der *Aschekenasim* beschreibt und als Ergänzung zum hauptsächlich sephardischen *Schulchan Aruch* – dem »Gedeckten Tisch« – gedacht war.

Marcheschwan, Cheschwan, 2. Monat des jüdischen *Kalenders* (im gregorianischen Kalender: Oktober/November).

Marranen, Schimpfname im mitteralterlichen Spanien und Portugal für zum Christentum übergetretene *Sephardim.* Trotz ihrer *Konversion* wurden sie von der Bevölkerung nicht akzeptiert, da man annahm, sie seien nur zum Schein übergetreten. Diese Annahme war nicht einfach von der Hand zu weisen, denn die meisten Konversionen waren 1391, nach dem 1414/15 und ab 1481 nach der Einführung der Inquisition in Spanien sowie 1497 in Portugal zwangsweise erfolgt *(Anusim)* bzw. Juden kamen in der Not der Zwangstaufe zuvor. Viele Juden flohen nach Marokko und ins Osmanische Reich *(Safed),* aber auch in protestantische Städte Deutschlands *(Portugiesische Gemeinde)* und Hollands *(Amsterdam),* während sie in katholischen Gebieten einen schweren Stand hatten. Nach einer Volksetymologie stammt der Begriff von »marit ajin« (hebr. »Augenschein«). Die Herkunft von einem spanischen Ausdruck für Schweine (marranos) hat angesichts der klassischen Verbindung von Schweinen und Juden *Judensau* im mittelalterlichen *Antijudaismus* mehr Plausibilität.

Martyrium, Märtyrer → Kiddusch ha-Schem

Maskilim (Sing. Maskil, hebr. »Aufklärer«), Anhänger der jüdischen Aufklärungsbewegung *(Haskala).* Die M. bemühten sich, das traditionelle Judentum mit der modernen Kultur ihrer Zeit in Einklang zu bringen.

Dabei betonten sie die Gemeinsamkeiten von Judentum und Christentum: Sie gaben der Herbräischen *Bibel* und dem biblischen Hebräisch den Vorrang vor dem *Talmud.* Ein zentrales Argument der M. war, dass die jüdische Religion mit der modernen Aufklärungsphilosophie nicht in Widerspruch stehe und dass die Juden den Christen ebenbürtig seien. Sie kämpften für die Gleichberechtigung und gesellschaftliche Anerkennung der jüdischen Minderheit. Eine bleibende Errungenschaft waren die modernen jüdischen Schulen, die von den M. gegründet wurden, um den traditionellen Lehrplan um weltliches Wissen zu bereichern und die jüdischen Schüler so auf ein Leben in der modernen Gesellschaft vorzubereiten *(Bildung und Erziehung).*

Mas(s)ada, Mezada, etwa 450 m steil aufragendes und 600x300 m großes Felsplateau mit Blick über die Wüste und das Tote Meer. Auf ihm ließ König Herodes I. um 37–31 v. Chr. vorhandene Bauten zu einer gewaltigen Festung ausbauen, die ihm als Zufluchtsort diente. Eine 1300 m lange Kasemattenmauer, verstärkt durch 38 Türme, umschloss das Plateau mit seinen beiden Palästen, Verwaltungsgebäuden, Magazinen, Truppenunterkünften und zwölf Zisternen, die 80 000 Liter Wasser fassten. Archäologische Grabungen legten u. a. eine der frühesten *Synagogen* und einen der ältesten Mosaikboden Israels frei. Die Anlage gehört seit 2001 zum Weltkulturerbe. Während des 1. Jüdisch-römischen Kriegs (66–70 n. Chr.) und nach der Zerstörung Jerusalems hatten sich *Zeloten* mit ihren Familien hierher zurückgezogen. Erst nach monatelanger Belagerung gelang es den Römern 73 n. Chr. dieses aus ihrer Sicht letzte jüdische Widerstandsnest zu erobern. Doch zuvor sollen, wie schon der zeitgenössische jüdische Historiker Josephus Flavius (37/38 – um 100 n. Chr.) berichtet, die 960 Juden auf der Festung kollektiven Selbstmord begangen haben, um nicht Sklaven der Römer zu werden. Ihre Durchhaltekraft und ihr Heroismus wurden zur Inspirationsquelle und zum Symbol des jüdischen Behauptungswillens. Jedes Jahr werden auf dem Felsplateau die neuen Rekruten Israels mit den Worten vereidigt: »Nie wieder darf Mezada fallen!«

Massora (hebr. »Überlieferung«), der hebräische Bibeltext, der durch die Jahrhunderte unverändert weitergegeben wurde. Dieser sog. masoretische Text erhielt seine Form im 10. Jh. in Palästina durch Aaron ben Ascher (1. Hälfte des 10. Jh.), den letzten einer langen Reihe von Textgelehrten, sog. Massoreten, die ihre Aufgabe darin sahen, den Text so zu definieren, dass er in Zukunft ohne Veränderungen von Generation zu Generation weitergegeben werden kann. Wie andere semitische Sprachen, so wird auch das *Hebräische* im Allgemeinen ohne Vokale geschrieben. Der logische Aufbau der Sprache erschließt dem Leser den konsonantischen Text, ohne dass Vokalzeichen dazu zwingend notwendig wären. Trotzdem gibt es Fälle, wo die Zuordnung für den Lesenden nicht unbedingt eindeutig ist. Da aber die Worte der Heiligen Schrift ohne jeden Zweifel und ohne irgendeine Abweichung weitergegeben werden sollten, wurde der Text von den Masoreten mit Vokalzeichen versehen. Die M. beinhaltet darüber hinaus einen Textapparat, der Varianten nebeneinander stellt, Verbesserungen vorschlägt und die Buchstaben, Worte und Verse der einzelnen Abschnitte zählt. All dies geschah um die unveränderte Weitergabe des biblischen Textes zu gewährleisten. Da zu jenem Zeitpunkt weder Seitenzahlen noch Kapitel oder Versnummern gebräuchlich waren, wurde jedes Wort in seinem Zusammenhang angeführt.

Mazza. In einer Jerusalemer Bäckerei stellen orthodoxe Juden das ungesäuerte Fladenbrot, Mazza, für das Pessachfest her.

Matriarchen → Erzmütter

Mazza (Pl. Mazzot), ungesäuerter Brotfladen. Die Schilderung des Auszugs aus Ägypten *(Exodus)* berichtet, wie das Volk Israel in der Hast des Aufbruchs den rohen, ungesäuerten Teig mitnahm und daraus Brote backte

Menora. Der siebenarmige Leuchter ist eines der Kultsymbole des Judentums. Die Abbildung zeigt die Menora vor der Knesset, dem israelischen Parlament, in Jerusalem.

(Ex 12,34 und 12,39). Im Gedenken daran wird am *Seder,* dem ersten Abend des *Pessachfestes,* M., eine Art Knäckebrot aus Mehl und Wasser, als eine der symbolischen Speisen verzehrt. Obwohl das Gesetz nur verlangt, dass am Seder M. gegessen wird, wird heutzutage meist während des ganzen Pessachfestes M. gegessen. M. ist geradezu das Symbol dieser Feiertage geworden *(Sederspeisen).* Es wird nach strengen Regeln hergestellt: Der Teig muss so schnell wie möglich verbacken werden, um Säuerung zu vermeiden; dieser Prozess geschieht deswegen auch unter rabbinischer Aufsicht. Die M. sind meist quadratisch. Fromme Kreise lassen in Handarbeit besonders »überwachte« kreisrunde M. (die »Schmure Mazzes«) herstellen. In der Küche der *Aschkenasim* haben sich viele Rezepte mit diesem Bestandteil entwickelt. Heute erfolgt die Produktion der M. automatisch auf maschinelle Weise. Nahe der deutschen Grenze im französischen Waselonne befindet sich eine bedeutende Mazzen-Bäckerei.

Megillot (Sing. Megilla, hebr. »Rolle«), meist Chamesch Megillot (»Fünf Rollen«) genannt. Sie umfassen die biblischen Bücher Hohelied, Rut, Klagelieder, Kohelet und *Ester.* Früher waren alle Bücher der hebräischen *Bibel* auf Rollen geschrieben, heute ist es üblich, nur noch diese fünf Bücher der M. sowie die *Tora* auf Rollen zu schreiben *(Torarolle),* da sie an bestimmten Wochentagen und zu bestimmten Festtagen in der *Synagoge* vorgelesen werden. Laut Religionsgesetz *(Halacha)* muss aber nur das Buch Ester als Schriftrolle geschrieben sein; die anderen Bücher werden zwar oft von Rollen abgelesen, können aber ebenso aus gedruckten Bibeln vorgelesen werden. Die wichtigste Rolle ist die Ester-Rolle; sie wird an *Purim* vorgelesen. Fast ebenso lange besteht der Brauch, aus der Rolle Klagelieder an *Tischa be-Aw* vorzulesen, um an die zweimalige Zerstörung des Jerusalemer *Tempels* zu erinnern. Das Hohelied wird am Sabbat während *Pessach* verlesen, Rut während *Schawuot* und Kohelet am *Sabbat* von *Sukkot.*

Meil, Teil der rituellen Kleidung des *Hohepriesters.*

Menora, siebenarmiger Leuchter, neben dem *Magen David* (hebr. »Davidstern«) das wichtigste und zugleich bekannteste Symbol des Judentums. 1948 wurde die M. zum offiziellen Emblem im Wappen des Staates Israel. Die M., deren Gestalt in der hebräischen *Bibel* genau beschrieben ist, gehörte auch zum Inventar des *Stiftszeltes* und des *Tempels* in *Jerusalem* und bestand dort aus reinem Gold. Die Herstellung einer exakten Kopie ist verboten, da sie der Wiedererrichtung des Tempels im messianischen Zeitalter *(Messias)* vorgreifen würde. Jede Nachbildung muss sich in zumindest einem Detail vom Original unterscheiden. Darstellungen der M. finden sich z. B. in der Dekoration von *Synagogen* oder Grabstätten.

Messias (hebr. Maschiach »Gesalbter«), der gesalbte König Israels, der von *Gott* am Ende der Tage gesandt werden wird. Seine Ankunft wird das Ende von Krieg und Auseinandersetzung bedeuten, Frieden wird herrschen und alle werden an den Einzigen Gott glauben. Im Allgemeinen wird der M. als »Sohn Davids«, d. h. als Nachkomme König *Davids,* verstanden und es wird erwartet, dass gleichzeitig das Königreich von *Juda* und *Israel* wieder hergestellt und der Tempel wieder errichtet werden wird. Hauptpunkt des Glaubens an den M. ist die Vorstellung, dass die menschliche Geschichte in der diesseitigen Welt ihre Vollendung finden wird *(Eschatologie).* Obwohl sich schon in der hebräischen *Bibel* die Vorstellung der zukünftigen Erlösung der Menschheit findet, bezeichnet dort »Maschiach« jemanden, der mit heiligem Öl gesalbt worden ist, um die Herrschaft zu übernehmen. In den späteren Schriften entwickeln sich die Vorstellungen immer weiter; in den rabbinischen Schriften ist die Vorstellung eines Erlösers schon fest verankert. Im Gegensatz zum Christentum geht es nicht um die Erlösung von den Sünden des Einzelnen, sondern um die (physische) Errettung des jüdischen Volkes von Unterdrückung und Verfolgung *(Sabbatianismus, Kabbala).*

Messianische Juden → S. 311

Mesusa (Pl. Mesusot, hebr. »Türpfosten«), Kapseln mit Pergamentrollen, die üblicherweise an allen Türen (außer der des Badezimmers) jüdischer Wohnstätten angebracht werden. Die kleine Pergamentrolle enthält zwei Bibelstellen, den Anfang des *Schema*-Gebetes (Ex 6,4–9 und Dtn 11,13–21). Oft ist der Buchstabe »Schin«, der auf die Rückseite des Pergaments geschrieben wird, sichtbar. »Schin« ist eine Abkürzung für *Schaddai,* einen der Namen Gottes, und wird von den Juden als »Wächter der Tore Israels« verstanden. Im oberen Drittel des rechten Türpfostens angebracht und mit dem oberen Ende nach innen weisend, gemahnt die M. an die Gegenwart *Gottes.* Es ist üblich, beim Betreten oder Verlassen des Hauses die M. zu küssen oder sie mit den Fingern zu berühren und diese dann zu küssen.

Midrasch (Pl. Midraschim, hebr. »Forschen«), Art der Bibelauslegung, die weniger die wörtliche Bedeutung des Textes zu erforschen sucht, als vielmehr alle verborgenen Bedeutungen zu finden trachtet. Diese Art der Auslegung spiegelt oft die besonderen gesellschaftlichen, politischen oder historischen Bedürfnisse dieser Epoche. Die jüdische Tradition geht davon aus, dass bereits parallel zur schriftlichen Lehre eine Art M., d. h. ein Kommentar zur hebräischen *Bibel,* existiert hat, da viele der Vorschriften ohne diese Art von Kommentar nicht zu verstehen sind. M. ist somit auch Teil der *Mündlichen Lehre.* Ursprünglich mündlich überliefert, wurden die M. später gesammelt und niedergeschrieben. Die frühesten Sammlungen sind eher religionsgesetzlicher und exegetischer Natur *(Halacha),* die späteren (nach dem 3. Jh. n. Chr. bis zum 12. Jh.) beschäftigen sich eher mit dem nicht legalen Teil der Bibel *(Aggada).* Sie können sowohl exegetisch als auch homiletisch sein.

Mikwe (hebr. »Wasseransammlung«), Ritualbad. Seit der Zerstörung des zweiten *Tempels* und dem damit verbundenen Verlust der Zeremonien zur rituellen Reinigung erlangte der Besuch in der M. zunehmend Bedeutung. Die M. ist ein wichtiger Bestandteil des Gemeindelebens. Sie dient nicht körperlicher Reinigung – diese sollte vor dem Besuch des Ritualbades bereits stattgefunden haben –, sondern der rituellen. Frauen gehen erstmals vor ihrer Hochzeit in die M. Die *Halacha* verpflichtet sie, sich nach jeder Menstruation und nach der Geburt eines Kindes *(Kinder)* einer rituellen Reinigung zu unterziehen. Außerdem gilt die Vorschrift, nach Berührung eines Toten und bei bestimmten Hautkrankheiten die M. aufzusuchen. Männern wird der Besuch empfohlen, für sie ist es aber kein religiöses Gebot. Viele Männer besuchen die M. vor dem *Sabbat* und vor dem Beginn von Feiertagen (S. 303). Auch Geschirr kann durch Eintauchen in die M. wieder rituell rein werden.

Mincha, Nachmittagsgebet bzw. -gottesdienst. Der Tradition nach geht es auf die biblische Gestalt des *Isaak* zurück, der ausging, um abends auf dem Feld zu meditieren. M. kann bis Sonnenuntergang abgehalten werden und heute kann *Maariw* kurz danach gebetet werden.

Minhag (hebr. »Sitte«), religiöser Brauch, der sich im Judentum meist lokal entwickelt hat. Der »Brauch des Ortes« (hebr. minhag ha-Makom) hat in der jüdischen Liturgie eine große Bedeutung. Rabbiner Jakob ben Moses Molin in Mainz (um 1355–1427) sammelte die aschkenasischen Bräuche. Es gibt eine eigene Gattung der »Minhagim«-Literatur. Allerdings hat der Buchdruck viel zur Vereinheitlichung der Bräuche beigetragen.

Mikwe. Der Kupferstich einer Ansicht aus Amsterdam zeigt die portugiesische Synagoge (l.) und die deutsche Synagoge (r.) mit Bogenfenstern, beide aus der Mitte des 17. Jh. Rechts daneben in dem kleinen Gebäude mit dem Spitzdach befindet sich das Badehaus für das rituelle Bad, die Mikwe. Adolf van der Laan, »Amsterdam«, um 1710; Joods Historisch Museum, Amsterdam

Mischne Tora. Seite einer Handschrift des Werkes »More Newuchim« (»Führer der Unschlüssigen«) des jüdischen Religionsphilosophen Moses Maimonides (1135–1204). Jüdische Buchmalerei, Barcelona, 1348; Königliche Bibliothek, Kopenhagen

Minjan (hebr. »Zahl«), die zehn jüdischen Männer, die nach der *Halacha* mindestens anwesend sein müssen, um einen Gottesdienst in der *Synagoge* abhalten zu können. Im *Reformjudentum* können hierfür auch *Frauen* mitgezählt werden. Als Mann im Sinne des Religionsgesetzes gilt, wer *Bar Mizwa* (bei Frauen *Bat Mizwa)* gefeiert hat. Zehn ist die Anzahl, die bestimmt, dass eine Gemeinde beisammen ist und daher die dafür bestimmten gemeinsamen Gebete oder Gebetsteile vollzogen werden können *(Amida, Kaddisch, Toralesung, Haftara).*

Mischna (hebr. »Wiederholung, Lehre«), die nach traditioneller Auffassung *Mose* auf dem *Berg Sinai* neben der schriftlichen Lehre, den fünf Büchern Mose, ebenfalls offenbarte *Mündliche Lehre,* die von Generation zu Generation weitergegeben wurde. Diese rein mündliche Überlieferung war nach der Zerstörung des zweiten *Tempels* durch die *Diaspora* gefährdet. Um 200 n. Chr. ordnete Rabbi Jehuda ha-Nasi (um 150–um 220) in *Palästina* diese Überlieferungen und schuf den religionsgesetzlich verbindlichen Text der M.

Mischne Tora (hebr. »Wiederholung der Tora«), 1180 von Moses Maimonides (Moses ben Maimon, 1135–1204) verfasstes halachisches Werk. In diesem in Hebräisch geschriebenen Werk versucht Maimonides das gesamte Religionsgesetz *(Halacha)* systematisch aufzubereiten und dadurch Studierenden zugänglicher zu machen. Dieser umfassende Anspruch führte zum sog. *Maimonides-Streit.* Trotz der Diskussionen, die das Werk auslöste, wurde es bald zum Standardwerk für das jüdische Religionsgesetz und zum Vorbild für spätere Gesetzeskodifikationen *(Schulchan Aruch, Arba Turim).*

Misrach (hebr. »Osten«), Ostwand der Synagoge, in jüdischen Haushalten eine Tafel zur Anzeige der *Gebetsrichtung* nach Osten, d. h. nach Jerusalem und den Tempel, oft mit Psalmtexten und Abbildungen des Tempels oder jüdischen Festen (S. 305) versehen.

Mizwa (Pl. Mizwot, hebr. »Gebot«), religiöses Gebot, rituelle Pflicht oder gute Tat. Nach traditioneller Zählung weist das Judentum 613 Gebote und Verbote auf. Die jüdische Religion legt Wert auf die Heiligung des Alltags. Es gilt als Ideal, möglichst viele Gebote zu erfüllen. Die rabbinische Lehre die M. in biblische und rabbinische Gebote. Es gibt *613 Gebote* und Verbote in der *Tora.* Alle männlichen Juden sind verpflichtet, ab der *Bar Mizwa* die Gebote zu befolgen, während bei Frauenen kein zeitlicher Rahmen gegeben ist.

Mohel, religiöser und medizinischer Experte für die *Beschneidung,* heute meist ein Arzt.

Monatsschrift für Geschichte und Wissenschaft des Judentums, maßgebliche Fachzeitschrift der Judaistik, 1851–1938 in deutscher Sprache herausgegeben. Neben den fachwissenschaftlichen Aufsätzen zu allen Aspekten der Religionsgeschichte und religiösen Literatur enthielt sie anfänglich auch aktuelle Meldungen und Korrespondentenberichte aus dem jüdischen Leben. Sie stand dem konservativen *Jüdisch-Theologischen Seminar* in Breslau nahe. Der Versuch, eine eigenständige historische Zeitschrift zu etablieren, glückte erst in der Weimarer Republik. Konkurrenzorgane entstanden in den 1880er Jahren mit der französischen Revue des Études Juives, die im Gegensatz zur M. heute wieder erscheint. Der letzte Band der M. des Jahres 1939 wurde von der Gestapo beschlagnahmt und in den 1960er Jahren nach sicher gestellten Korrekturfahnen gedruckt. Damals wurden auch Register erstellt, die vom Leo Baeck Institut herausgegeben wurden.

Mond, mit dem Neumond beginnt jeder jüdische Monat. Von traditionellen Juden wird ein Gebet für den Mond gesprochen (»Birkat ha-lewana«). → Kalender, jüdischer

More (hebr. »Lehrer«), akademischer Titel jüdischer Hochschulen, der in Mittelalter und Neuzeit dem »Doctor« der christlichen Universität entsprach (Rabbinerausbildung).

More Newuchim (hebr. »Führer der Unschlüssigen«), 1190 von Maimonides (Moses ben Maimon, 1135–1204) in Arabisch verfasstes philosophisches Werk. Die erste hebräische Übersetzung entstand 1204. Es ist das wichtigste philosophische Werk eines mittelalterlichen Juden und knüpft an Aristoteles und arabische Philosophie an. In der Schrift versucht Maimonides die Übereinstimmung von zeitgenössischer Wissenschaft und jüdischem Schrifttum zu zeigen. Er setzt sich mit den Einwänden auseinander, die ein Rationalist gegen die Inhalte der hebräischen *Bibel* haben könnte: Was sind die Eigenschaften *Gottes?* Wie kommt das Böse in die Welt? Was sind wesentliche oder zufällige Eigenschaften? Wie wurde die Welt geschaffen? Wie entsteht die *Prophetie?* Was ist göttliche Vorsehung? Wie viel kann der Mensch bewirken? Nach Maimonides ist Glaube im besten Fall eine Überzeugung, die sich auf philosophisches Verstehen gründet. Das Werk beeinflusste spätere jüdische und nicht jüdische Gelehrte wie Baruch de Spinoza (1632–1677) und Gottfried W. Leibniz (1646–1716).

Morija → Berg Morija

Mose, Sohn des Amram und der Jochebed. Geboren in Ägypten, Anführer der Israeliten, der diese auch gegen den ursprünglichen Willen des Pharao nach einer 40-jährigen Wüstenwanderung in die Nähe des Landes Israel zurückbrachte. Überbringer der Gesetzestafeln während der Wüstenwanderung und Einrichter des Stiftszeltes.

Mündliches Gesetz, *mündliche Lehre,* Kommentare zur Tora, zur schriftlichen Lehre. Sie wurde bis zum 5. Jh. n. Chr. nur mündlich überliefert. Angesichts einer unsicheren Lage entschlossen sich die jüdischen Gelehrten, diese dann doch schriftlich zu fixieren. Auch die *Mündliche Lehre* ist nach der traditionellen Auffassung verbindlich und gilt wie die schriftliche als am Sinai offenbart. Das liberale Judentum differenziert zwischen Satzungen der Tora und rabbinischen. Letztere können uminterpretiert werden.

Mussaf (hebr. »Zusatz«), anfangs das zusätzliche Opfer im *Tempel,* das die *Tora* für den *Sabbat* und für die drei Wallfahrtsfeste *Pessach, Schawuot* und *Sukkot,* für *Jom Kippur* und den Neumond *(Rosch Chodesch)* vorschrieb (Num 28). Nach der Zerstörung des zweiten Tempels trat das *Gebet* an die Stelle des *Opfers.* M. bezeichnet das Gebet an Sabbat, Pessach, Schawuot, Sukkot, Jom Kippur, Neumond und Neujahr, das zusätzlich zu den drei Tagesgebeten gesprochen wird. Es beinhaltet die Bitte um Rückkehr nach *Erez Israel* und die Wiederherstellung des Opferkultes in messianischer Zeit *(Messias).*

Mussar (hebr. »Ethik«), Ethik, Moral, moralische Anweisung. Im biblischen *Hebräisch* bedeutete das Wort Strafe, aber auch Anweisung; seine heutige Bedeutung erhielt es zu Zeiten des *Talmud.* Bereits im Mittelalter gab es die M.-Literatur, etwa das »Buch der Frommen« (Sefer Chassidim), und große Popularität erhielt das 1740 in Amsterdam von Mosche Chajim Luzzatto verfasste Werk »Messillat Jescharim« (»Weg der Frommen«). Als Reaktion auf die innerjüdische Aufklärung entstand im litauischen Judentum des 19. Jh. die »M.-Bewegung«, die Wert auf Studium und Besinnlichkeit sowie hohe ethische und asketische Ideale legte. Die zentrale Hochschule des Talmud war diejenige von Slobodka bei Kowno (heute Kaunas), die 1923 nach *Hebron* in Israel verlegt wurde. Rabbiner Israel Lipkin Salanter (1810 bis 1883) war im 19. Jh. die führende Persönlichkeit. Die pessimistische Weltanschauung der

Mose. Die Vielzahl der biblischen Erzählungen über Moses Lebensweg von der Aussetzung des Säuglings auf dem Nil bis zu seinem Tod unmittelbar vor der Überschreitung des Jordans hat in der jüdischen Buchmalerei eine ähnlich vielseitige Ikonografie inspiriert. Hier ist es der wundertätige Mose, der in der oberen Szene mit seinem Stab Quellwasser aus einem Felsen entspringen lässt (Ex 17,1–7). Die untere Szene bezieht sich auf die Errichtung der kupfernen bzw. ehernen Schlange, deren Anblick vor dem Tod bewahrt (Num 21,4–9). Nordfrankreich, spätes 13. Jh.; British Library, London

Neuere hebräische Literatur. Zu ihren bekannten Autoren zählt Amos Oz. Er wurde 1939 in Jerusalem geboren, studierte an der Hebräischen Universität und lebte lange Zeit in einem Kibbuz, Schauplatz einiger seiner Werke. Bekannt wurde Oz in Israel 1971 mit der Erzählung »Ad mavet« (»Bis zum Tod«) aus der Zeit der Kreuzzüge. Sein kritischer Reisebericht »Im Lande Israel« (1982; dt. 1984) führte ihn an die Spitze der Schriftsteller seines Landes. 1992 erhielt Oz den Friedenspreis des Deutschen Buchhandels.

litauischen M.-Bewegung wurde im Verlauf der Zeit gemildert. Durch die Emigration ist sie heute in den *USA* und *Israel,* wenn auch in bescheidenem Rahmen, wieder präsent.

Mystik → Kabbala

N

Nagid (Pl. Negadim), 1. Oberhaupt der jüdischen Gemeinde in einem islamischen Land. Sie wurden nicht von der Gemeinde bestimmt, sondern vom Herrscher des Landes ernannt. 2. Vorsteher der ägyptischen Juden. Der Begriff ist vom 11. bis 16. Jh. belegt. Im modernen Hebräischen wird der Vorsteher der israelischen Staatsbank »Nagid« genannt.

Nasi, ursprünglich Vorsitzender des 444 v. Chr. neu begründeten *Sanhedrins,* mit der Zeit Begriff für einen Repräsentanten der jüdischen Gemeinschaft oder bloßer Ehrentitel, im modernen Hebräisch der Staatspräsident Israels.

Nasir (hebr. »abgesondert«), Mann oder Frau, die gelobt haben, abgesondert zu leben. Das *Gelübde* konnte jeder Zeit wieder aufgehoben werden, musste aber einen Zeitraum von mindestens 30 Tagen umfassen. Die entsprechenden Gesetze finden sich im Buch Numeri (6,1–21): Einem N. war es verboten, *Wein* zu trinken oder Weintrauben zu essen; er bzw. sie durfte das Haar nicht schneiden und nicht in Kontakt mit einem Leichnam kommen. Komplexe Rituale beendeten das Gelöbnis und der N. musste zu dessen Abschluss verschiedene Tiere als *Opfer* im *Tempel* darbringen sowie einen Korb mit ungesäuertem Kuchen und Waffeln, die mit Öl beträufelt waren. Deshalb konnten diese Gelöbnisse eigentlich nur gelten, als der Tempel in Jerusalem noch stand. Dennoch haben auch in späteren Zeiten manche Juden das N.-Gelöbnis abgelegt, obwohl es dann nur noch ein »normales« Gelübde war. Es ist nicht klar, warum manche Menschen das besondere Gelöbnis auf sich nahmen; vermutlich sollte es ein Mittel gegen Anfechtungen durch Versuchungen sein.

Neila (hebr. »Verschließen«; Abk. für Neilat Schearim »Schließen der Tore«), Schlussgebet am *Jom Kippur.* Ursprünglich die Bezeichnung des Abschlussgebets im *Tempel,* bevor die Tore eine Stunde vor Sonnenuntergang geschlossen wurden. Nach der Zerstörung des zweiten Tempels 70 n. Chr. wurde damit eine zusätzliche Gebetszeit an allen Fasttagen *(Fasten)* bezeichnet, später nur noch am Jom Kippur. Hier wird das Schließen der Tore im übertragenen Sinn als das Schließen der himmlischen Tore verstanden, das den himmlischen Urteilsspruch über die Menschen und ihre Taten besiegelt.

Ner Neschama, Seelenlicht zur *Jahrzeit*

Ner Tamid (hebr. »Ewiges Licht«), stets brennende Lampe vor dem *Toraschrein* der *Synagoge,* ursprünglich eine Öl-, heute meist eine elektrische Lampe. Sie symbolisiert die goldene *Menora,* deren Lichter während der Nacht im *Tempel* brannten und ihrerseits Symbol der Gegenwart Gottes war.

Neschama Jetera (hebr. »zusätzliche Seele«), Seele, die der Mensch am Sabbat erhält. Mit dessen Ausgang zieht sie sich wieder zurück. → Hawdala

Neuere hebräische Literatur, die jüdischen Aufklärer *(Maskilim)* versuchten einen klassischen hebräischen Stil zu schaffen. In der Zeitschrift *Ha-Meassef* (hebr. »Der Sammler«) wurde er 1783–1811 (mit Unterbrechungen) entwickelt. Die Maskilim schrieben Dramen und beschäftigten sich mit Philologie und Grammatik. In Westeuropa verlor das *Hebräische* gegenüber dem Deutschen an Bedeutung, in Russland blühte es in den 1820/1830er Jahren auf. Hier kritisierten Aufklärer die Zustände in der jüdischen Gesellschaft und besonders den *Chassidismus.,* z. B. Josef Perl, Isaak Bär Lewinsohn (1788–1860), später Juda Leib Gordon (1830–1892). Abraham Mapu benutzte biblische Stoffe für seine Romane. Mendele Mocher Sforim schrieb auf Jiddisch und Hebräisch. Elieser ben Jehuda (1858–1922) forderte 1878, dass Hebräisch wieder Volkssprache werden müsse; 60 Jahre später wurde es Wirklichkeit. Glänzende Stilisten waren die Zionisten Achad HaAm und Chaim Nachman Bialik. Jüdische Legenden sammelte Micha Josef bin Gorion. Saul Tschernichowsky versuchte eine Synthese von Begeisterung für die griechisch-römische Antike und *Zionismus.* Gegen die neuhebräischen Klassiker wie Bialik und Achad HaAm revoltierten eine Gruppe junger Dichter unter Abraham Shlonsky. Das Leben der frühen zionistischen Pioniere beschrieb Chaim Josef Brenner und die Dichterin Rachel. Uri Zvi Grinberg (1896–1981) vertrat den jüdischen Nietzscheanismus; fruchtbar wirkten auch Lea Goldberg (1911–1970) und Shmuel Jzchak Agnon (Samuel Josef, 1888–1970), der den Nobelpreis für Literatur erhielt. In den 1950er Jahren führte eine Schriftsteller-Generation im jungen *Israel* eine entschiedene Distanzierung vom jüdischen Leben in der *Diaspora* durch (Moshe Shamir, *1921; Samech Yishar, *1916). Jüngere, vor allem orientalisch-jüdische Autoren, suchten nach den Wurzeln ihrer Familien und die *Schoa* ist für einige Autoren ein zentrales Thema, wie bei Aharon Appelfeld (*1932). Kritische Schilderungen der israelischen Gesellschaft verfassen Abraham Jehoschua (*1936), Amos Oz (*1939) und David Grossman (*1954).

Neujahr, nach der Tradition gab es verschiedene Jahresanfänge. Im Land Israel wurde es im Herbst begangen, in der Babylonischen Gefangenschaft wurde es der 1. Nissan (im Frühling). Am 15. Schewat findet das Fest der Bäume statt, das durch den Zionismus und die beabsichtigte Fruchtbarmachung des Landes Israel erheblich an Bedeutung gewann. Durchgesetzt hat sich der erste und zweite Tischri (im Herbst) für das Neujahr *Rosch ha-Schana.* Es ist der Geburtstag der Welt und Beginn der zehn Bußtage bis zu *Jom Kippur.* Nach der traditionellen Auffassung trägt Gott die Menschen ins Buch des Lebens ein oder auch nicht. Im Judentum werden die Monate nach den Mondaufgängen berechnet, die Jahre nach der Sonne *(Kalender, jüdischer).*

Neumond, Tag des → Rosch Chodesch; → Kalender, jüdischer; → Mond

Neunter Aw → Tischa be-Aw

Newiim (hebr. »Propheten«), der zweite Teil des Tanach, der hebräischen *Bibel.* N. enthält acht Bücher, von denen eins aus zwölf kürzeren Werken besteht und zwei aus jeweils zwei Teilen. Diese acht Bücher erzählen die Geschichte der *Israeliten* von der Ansiedlung in *Kanaan* unter Josua bis zum *Babylonischen Exil.* Sie enthalten die Lehren der verschiedenen *Propheten.* Die Autorität der Schriften ist im Vergleich zu der *Tora* zweitrangig und es werden nur kurze, ausgesuchte Abschnitte in der *Synagoge* vorgelesen *(Haftara).*

Nidda, Zeit der Regelblutung einer Frau, die auch ihre rituelle Unreinheit umfasst. Sieben Tage nach Aussetzen der Menstruation sollte die jüdische Frau ein Tauchbad *(Mikwe)* aufsuchen, um rein zu werden. Während der Zeit der N. ist der Geschlechtsverkehr untersagt. Zur Regelung dieser Frage gibt es ein eigenes Talmud-*Traktat,* das denselben Namen trägt.

Nissan, 7. Monat des jüdischen *Kalenders* (gregorianischer Kalender: März/April), mit *Pessach,* das am 15. N. beginnt, und dem *Jom ha-Schoa* (Holocaust-Gedenktag) am 27. N.

Noach. »Nach vierzig Tagen öffnete Noach das Fenster der Arche, das er gemacht hatte, und ließ einen Raben hinaus. Der flog aus und ein, bis das Wasser vertrocknet war« (Gen 8,6). Doch erst an einem frischen Ölzweig, den eine Taube in die Arche bringt, erkennt Noach das Ende der Sintflut. Nun verlässt er mit seiner Familie und allen Tieren, die mit ihm die Verwüstung der Erde überlebt haben, die Arche. Buchmalerei einer hebräischen Handschrift, Nordfrankreich, um 1280/1290; British Library, London

Noach, Vater von Schem, Ham und Jafet, d.h. symbolisch Vater einer großen Völkerfamilie. Er überlebte durch den Bau einer Arche die Sintflut (Gen 6–11).

Noachidische Gebote, traditionell auf *Adam* und *Noach* zurückgeführte Gesetze, die älter sind als die Offenbarung am Sinai. Sie gelten für alle Menschen, nicht nur für das jüdische Volk. Die N. stellen eine Art allgemeines Menschenrecht dar und implizieren, dass alle Menschen instinktiv oder durch Tradition wissen, was Recht und Gerechtigkeit ist. Sie bestehen aus den sechs Verboten Gotteslästerung, Götzendienst, Unzucht, Blutvergießen, Raub, Genuß eines Glieds von einem lebendigen Tier und dem Gebot der Einsetzung eines Rechtssystems. Später kam es zu Zusätzen, z.B. die Verbote von Zauberei *(Magie)* und Kastration und die Gebote *(Mizwa),* wohltätig zu sein und Kinder zu zeugen. Nichtjuden, die diese N. einhielten, wurden »Gerechte unter den Völkern« genannt. Diese Tradition wurde im 19. Jh. zitiert, um auf den universalen Charakter der jüdischen Lehre aufmerksam zu machen und dem christlichen Vorwurf des jüdischen Partikularismus entgegenzuwirken.

Nordreich → Israel

O

Oberrabbinat → Rabbi

Offenbarung, Erkenntnis von Gott, die Mose am Berg Sinai den *Israeliten* vermittelt. Nach klassischer Auffassung wurde auch die spätere Interpretation der Lehre, die *Mündliche Lehre,* am Sinai mit offenbart. Über den Freiraum in der Deutung der sinaitischen O. entwickelte sich im 19. Jh. eine innerjüdische Debatte, die mit zur Spaltung in die drei modernen religiösen Strömungen (modern orthodox, konservativ, liberal-religiös) führte.

Olam ha-ba, Zukunft, messianische Endzeit.

Omer-Zählung, wörtlich eigtl. Zählung der (Getreide-)Garben. 49 Tage von *Pessach* bis zum *Schawuot* werden gezählt und die Segenssprüche *(Berachot)* dazu gesprochen.

Opfer, durch das O. tritt der Mensch in Verbindung mit Gott. Im *Tempel* zu Jerusalem wurden täglich zweimal O. dargebracht. Es wurde in Speise-, Schlacht- und Brandopfer unterschieden. Mit der Zerstörung des Tempels um 70 n.Chr. kam diese Tradition zum Erliegen. Eine Erinnerung daran stellt das Schlachten eines Hahns oder eine Henne als Sühneopfer *(Kappara)* vor *Jom Kippur* dar, das von einem Teil der Orthodoxie noch betrieben wird. Moses Maimonides (Moses ben Maimon;1135–1204) betrachtete die O. als überholte Phase der jüdischen Geschichte, während Mystiker die Vorschriften weiter lernten. In *Jerusalem* gibt es eine eigene *Jeschiwa,* die sich mit ihnen beschäftigt, um bereit zu sein, wenn durch ein göttliches Wunder der dritte Tempel erstehen würde. Dagegen schloss sich das liberale Judentum Maimonides an.

Opferaltar → Altar

Orach Chaiim → Arba Turim

Ordination, rituelle Übertragung eines Amtes wie das des *Rabbis (Semicha).*

Orthodoxe Juden. Zum Habitus gehören Vollbart, Schläfenlocken (Peot) und die traditionelle Kleidung mit schwarzem Mantel und schwarzem Hut. Das Foto entstand vor der Darbringung eines rituellen Sühneopfers (Kappara), das orthodoxe Juden vor Jom Kippur in Anlehnung an das Tempelopfer begehen. Für einen Mann wird ein Hahn geschlachtet, für eine Frau eine Henne.

Orthodoxes Judentum, die moderne aschkenasische Orthodoxie entstand 1844 in Deutschland in Auseinandersetzungen mit den Rabbinerversammlungen. Diese Gruppe wollte keine Änderungen der Liturgie zulassen, ging aber auf einige Forderungen ein. Typisch für sie war und ist die Offenheit zur allgemeinen Kultur. Davon unterscheidet sich die osteuropäische Orthodoxie, die sich grob in »gewöhnlich« orthodoxe, in die chassidischen Gruppen, die zu ihrer Entstehungszeit (1750–80) fast daran waren, das traditionelle Lager zu verlassen, und die litauischen unterteilt. Alle tragen hier eine besondere Tracht mit langen Mänteln und je nach Denomination unterschiedlich gestalteten Hüten. Auch die sephardischen Juden weisen im Zeitalter der Säkularisierung einen traditionalistischen Flügel auf, der sich erfolgreich von der aus Osteuropa stammenden freimachte. In den letzten Jahren gab es eine Rückkehr-Bewegung weltlicher Juden zu fundamentalistischen Gruppen. Wie viele aber den umgekehrten Weg gingen, ist nicht bekannt. Vor 1750 wäre es besser, von »traditionellen Gruppen« zu sprechen, da es noch keine weite Verbreitung *Chassidismus,* keine Säkularisierung und Reformbewegung gab, gegen die sich eine Orthodoxie hätte formieren können.

Orthodoxie, orthodox, 1. streng nach dem jüdischen Religionsgesetz *(Halacha)* lebend und dessen Gebote und Verbote als verbindlich ansehend. 2. Selbstbezeichnung des *Orthodoxen Judentums.* Die der überlieferten Religion treu gebliebenen deutschen Juden zogen den Begriff der »Gesetzestreue« der an sie von außen herangetragenen Charakterisierung »orthodox« vor.

Ostjuden, etwas unscharfe Bezeichnung für die osteuropäischen Juden. Ihr Brauchtum entstammte den mittelalterlichen heiligen drei Gemeinden Speyer, Worms und Mainz, durchlief aber im Spätmittelalter und der Neuzeit eine Eigenentwicklung (Minhag Polin). Die sprachprägende Gruppe war die deutschsprachige: Das Jüdisch-Deutsche verwandelte sich im slawischen Umfeld ins *Jiddische (Jüdische Sprachen).* Typisch war auch die um 1750 sich rasch ausbreitende chassidische Bewegung und ihre Gegner, die in Westeuropa keinen Widerhall fanden. Auch erfreute sich die Mehrheit der osteuropäischen Juden bis nach 1917/21 keiner Gleichberechtigung. *Pogrome* und wirtschaftliche Nöte veranlassten sie, nach 1881 in Richtung Westen auszuwandern. Die große jüdische Gemeinschaft in den *USA* geht zum größeren Teil auf die ostjüdische Emigration zurück. Die O. bildeten den Grundstock der jüdischen Bevölkerung in *Palästina* bis 1948, dem Zeitpunkt der Vertreibung der orientalischen Juden aus ihren Heimatländern. Sie sahen sich im Gegensatz zu ihren Glaubensgenossen im Westen als eigene nationale Minderheit an und forderten 1918/22 entsprechende Rechte. Allerdings waren sie in drei große Gruppierungen unterteilt: die Anhänger des sozialistischen *Bundismus,* der orthodoxen Agudat Israel und des *Zionismus.* Die Gruppe der Juden, die sich als »Polen jüdischer Konfession« ansahen, war klein. In Westeuropa und den USA herrschten große soziale Spannungen zwischen West- und Ostjuden, die erst in den 1920er Jahren entschärft wurden.

Palästina. Die Landschaftsaufnahme erinnert an »biblische Zeiten«, die allerdings zur Vorgeschichte der gegenwärtigen Konflikte im Land gehören. »Biblisch« ist vor allem das im hebräischen Alten (und danach im griechischen Neuen) Testament häufig verwendete Bild des Hirten, etwa in Psalm 23: »Der Herr ist mein Hirte, nichts wird mir mangeln.«

P

Palästina (hebr. »Land der Philister«), historische Landschaft zwischen Mittelmeer und Jordan mit in der Geschichte wechselnder Begrenzung, das im hebräischen Sprachgebrauch *Erez Israel* genannt wird. Die Bezeichnung P. geht auf die Römer zurück, die das von ihnen eroberte Gebiet nach dem *Bar-Kochba-Aufstand* (132–135) von Provincia Judaea in Provincia Syria Palaestina umbenannten und das zerstörte Jerusalem als römische Stadt Aelia Capitolina wieder aufbauten, um die Erinnerung an die Juden, die sie aus Jerusalem und der Provinz Judäa vertrieben hatten, auszulöschen. Die Folge war eine fast 2000-jährige *Diaspora* des jüdischen Volkes, das in seinem Bewusstsein die Hoffnung nach Rückkehr in sein Land und zu seinem Glaubenszentrum Jerusalem wachhielt, die erst im 20. Jh. in Erfüllung ging. Für Jahrhunderte blieben die Juden in P. eine verfolgte oder geduldete Minderheit unter wechselnder, fremder Herrschaft. Eine Besserung der Lage der Juden in P. trat erst mit der Mameluckenherrschaft (1291–1517) ein, während der sie verschiedene Lehr- und Glaubenszentren *(Zefat)* bildeten. Ab 1517 erfuhren sie Erleichterungen durch die Toleranzpolitik des Osmanischen Reichs, die eine steigende Zuwanderung von Juden zur Folge hatte. Osteuropäisch- chassidische Juden wanderten im 18. Jh. ein; im 19. Jh. kamen weitere jüdisch-orthodoxe Gruppen hinzu und 1882 kam es zu einer ersten größeren Einwanderung (1. *Alija).* Der *Zionismus* mit seiner Forderung nach einer Rückkehr nach *Erez Israel* und einer »öffentlich-rechtlich gesicherten Heimstätte« für das jüdische Volk führte 1905 zu einer zweiten Einwanderungswelle (2. Alija), der weitere 1909 und 1920 folgten. Die Balfour-Declaration vom 2.11.1917 mit der Zusicherung einer jüdischen Heimstatt leitete nach der britischen Eroberung von P. 1917/18 eine zionistische Aufbauphase bei sich bildendem Widerstand der arabischen Bevölkerung ein. 1920/22 erhielt Großbritannien das Völkerbundmandat über P. und trennte vom Gesamtgebiet das Ostjordanland als Emirat Transjordanien (das spätere Königreich Jordanien) ab. Die wachsenden Proteste und Aufstände der Palästinenser führten zur Forderung eines unabhängigen arabischen Staates P. Großbritannien brachte die »Palästinafrage« vor die UN, deren Vollversammlung bei wirtschaftlicher Einheit und Internationalisierung Jerusalems am 29.11. 1947 die Zweiteilung in einen jüdischen und einen arabischen Staat empfahl, dem die Vertreter der Juden zustimmten, die der Araber aber ablehnten. Nach dem Ende des britischen Mandats wurde am 14.5.1948 der säkulare, demokratische Staat Israel proklamiert.

Palästinensischer Talmud → Talmud

Parascha, der innerhalb einer Woche bei der *Toralesung* in der Synagoge zu lesende Abschnitt des Chumasch bzw. *Pentateuchs.* Innerhalb eines Kalenderjahres wird der gesamte Pentateuch gelesen und dazu in Wochenabschnitte unterteilt. Der Wochenabschnitt wird wiederum auf drei Wochentage verteilt: Sabbat, Montag und Donnerstag.

Pardes (pers. »Obstgarten«), im übertragenen Sinn »himmlisch«; seit Anfang des 14. Jh. als Akronym eine Art Eselsbrücke für die vier verschiedenen Arten der Bibelauslegung: Peschat« (die buchstäbliche Auslegung), Remes (Hinweise auf den Auslegungssinn durch Zahlenmystik), Derasch (homiletische Auslegung) und Sod (mystische Auslegung).

Parnass, Barnoss (hebr. »Ernährer«), Vorsteher einer jüdischen Gemeinde und der Obrigkeit gegenüber verantwortlich für den Einzug der Abgaben (Judenschutzgeld u. a.).

Parochet, bei den *Aschkenasim* der Vorhang vor dem *Toraschrein.* Ursprünglich war P. der Vorhang, der im *Stiftszelt* den Kultraum, den »heiligen Ort« (Ex 26,31–33), vom *Allerheiligsten* abtrennte. Bezalel, der Haupterbauer des Stiftszeltes, fertigte ihn aus scharlachrotem, pupurnem und feinem Leinen mit eingewebtem Muster.

Parwe (jidd. »neutral«), Speisen, die nach den Speisevorschriften *(Kaschrut* und S. 310) weder als fleischig oder milchig *(Fleischig/Milchig)* gelten, sondern neutral sind und mit beiden Kategorien verzehrt werden dürfen. Dazu gehören beispielsweise Obst und Gemüse, Brot und Mehlspeisen, wie z. B. Nudeln, Eier, Öl, Pflanzenfett. Fisch gilt auch als P., darf aber dennoch traditionell nicht zusammen mit Fleisch verzehrt werden.

Passafest → Pessach

Pentateuch. Titelzierseite des vierten der Fünf Bücher des Mose, benannt nach der Volkszählung auf dem Weg zum Gelobten Land: »Am ersten Tag des zweiten Monats im zweiten Jahr nach dem Auszug aus Ägypten sprach der Herr in der Wüste Sinai im Offenbarungszelt zu Mose: Ermittelt die Gesamtzahl der Israeliten in der Gemeinde, geordnet nach Sippenverbänden und Großfamilien« (Num 1,1f.). Zierseiten dieser Art enthalten im Schriftfeld nicht einen »Titel«, sondern das erste Wort des betreffenden Buches. »Herzog von Sussex-Pentateuch«, Süddeutschland, um 1300; British Library, London

Passionsspiele, Laieninszenierungen zu Leben, Tod und Auferstehung Jesu. Die P., die ursprünglich didaktischen Zielen dienten und von der katholischen Kirche getragen wurden, enthielten vor 1945 häufig judenfeindliche Passagen. So wurden Juden u. a. immer wieder als Gottesmörder beschimpft und karikiert. Nach 1945 setzte ein Prozess des Umdenkens in der katholischen Kirche ein: Bilder von angeblichen Ritualmorden *(Ritualmordlegende)* verschwanden aus den Haupträumen der Kirchen, Wallfahrten mit antijüdischer Spitze wurden auf Weisung der Bischöfe umgewidmet. Nach verschiedenen Anläufen gelang es sogar im Fall des bekanntesten P., den im 17. Jh. entstandenen populären Oberammergauer Passionsspielen, einen Kompromiss hinsichtlich antijüdischer Textpassagen zu finden.

Patriarchen → Erzväter

Pentateuch (griech. penta »fünf«, teuchos »Buch«), die fünf Bücher des *Mose,* die als *Tora* bezeichnet werden und den ersten Teil der hebräischen *Bibel* bilden: Genesis, Exodus, Numeri, Levitikus und Deuteronomium. Der P. umfasst die Geschichte des jüdischen Volkes von der Schöpfung der Welt, den Gesetzen Gottes bis zum Tod Moses. Nach der rabbinischen Lehre offenbarte Gott den P. in seiner Gesamtheit Mose, der ihn niederschrieb.

Peot (hebr.), Schläfenlocken. Das Gebot der *Tora,* sich die Haare an den Schläfen nicht zu scheren (Lev 3,27) wurde vor allem von den jüdischen Mystikern dahingehend interpretiert, dass sie zu Korkenzieher-Locken gestaltet werden sollten. Auf diese bezogen, aber voneinander unabhängig, lassen sich jemenitische und chassidische Juden P. wachsen. Im Jiddischen wurde aus dem Wort P. »Pajes«.

Perücke → Kopfbedeckung der Frauen, S. 308

Pessach, Passa, Pascha, Fest im jüdischen Monat *Nissan,* das an den *Exodus* der *Israeliten* aus ägyptischer Gefangenschaft erinnert. Die genaue Bedeutung des Begriffs ist nicht bekannt. Es ist eines der drei biblischen Wallfahrtsfeste; die anderen beiden sind das Laubhüttenfest *(Sukkot)* und das Wochenfest *(Schawuot).* In der Eile ihres Aufbruchs aus Ägypten nahmen die Israeliten nur ungesäuertes Brot mit. Daher wird während des achttägigen P.-Festes nichts Gesäuertes gegessen. Als Brotersatz dient die ungesäuerte *Mazza,* ein Fladenbrot, vergleichbar dem Knäckebrot. Es wird aber nicht nur auf Sauerteigbrot verzichtet, auch auf Brühe und Gewürze, da sie oft Hefe enthalten. Aus dem gleichen Grund wird in dieser Zeit auch kein Bier getrunken. Um sicherzustellen, dass nichts Gesäuertes (hebr. chamez) mehr in der Wohnung ist, findet ein »Frühjahrsputz« statt, in der Küche werden die Herdplatten erhitzt und die Arbeitsflächen mit Aluminium abgedeckt und das nur für P. bestimmte Geschirr benutzt. Wie alle jüdischen Feiertage beginnt auch das P.-Fest bei Sonnenuntergang des vorhergehenden Abends mit dem *Seder,* einer festlichen Mahlzeit. Am zweiten Tag von P. beginnt die *Omer-Zählung.*

Pest → Brunnenvergiftung

Petiha → Toraschrein

Pharisäer, Schriftgelehrte, die sich der Weiterentwicklung der jüdischen Lehre widmeten. Sie begründeten das rabbinische Judentum und führten es weiter. In den späteren Schriften des Neuen Testaments aus Gründen der Distanzierung stark verzeichnet. Tatsächlich gehörte auch Jesus in das Umfeld der P. Von da aus drang der Begriff in die Umgangssprache ein. Heute noch wird in der deutschen Umgangssprache der P. mit Heuchler gleichgesetzt und damit die antijüdische Polemik des Neuen Testamentes aufgenommen.

Pijut, poetische Zusatzgebete zur klassischen Liturgie, die im Mittelalter verfasst wurden. Sie preisen die Eigenschaften Gottes. Ihre oft schwer verständliche Sprache machte sie zum Objekt der Kritik im 19. Jh. Manche der P. erfuhren daher eine verständliche Nachdichtung und werden in der Liturgie verwendet. Doch viele Pijutim werden von den liberalen Juden, einige auch von den konservativen weggelassen.

Pilpul (hebr. »Pfeffer«), Interpretationsmethode, die bei Diskussionen und Auslegungen der *Halacha* angewandt wird. Sie bezweckt Widersprüche im Text aufzulösen und ihn den jeweiligen historischen Gegebenheiten anzupassen. In manchen Jeschiwot *(Jeschiwa)* wurde diese Methode zum Selbstzweck, d. h. sie diente allein der Demonstration der Gedankenschärfe, und wurde dafür häufig kritisiert. Deswegen meint P. heute auch oft haarspalterische Diskussionen.

Pirke Awot (hebr. »Sprüche der Väter«) volkstümliche Bezeichnung für Awot, den *Traktat* der *Mischna,* der als einziger Bestandteil der synagogalen *Liturgie* wurde. Aus den P. wird am *Sabbat* in den Sommermonaten gelesen, beginnend am Sabbat nach *Pessach* bis vor *Rosch ha-Schana.* Die zahlreich kommentierten P. sind die beliebteste Spruchsammlung im Judentum. Sie geben die Anschauung des pharisäischen Judentums wieder. Im ersten Kapitel wird in einem historischen Rückblick die Weitergabe der Tradition, die ununterbrochene Traditionskette, von *Mose* bis Jehuda ha Nasi (spätes 2. Jh.), aufgeführt.

Pessach. Gedeckter Tisch zur Seder-Mahlzeit am Vorabend des Festes. Zur häuslichen Liturgie gehören Texte aus der Pessach-Haggada über den Auszug aus Ägypten.

Pittsburgh Platform, 1885 vereinbarte Erklärung des liberal-religiösen US-amerikanischen Judentums, die sich für die Idee von der Unsterblichkeit gegen den Glauben an eine leibliche Wiederauferstehung wandte und gegen die Idee einer Rückkehr ins Land Israel. Die Speisegesetze *(Kaschrut)* wurden als nicht wesentlich bezeichnet. Diese Vorschriften für Nachkommen von Priesterfamilien und eine besondere Kleidung wurden als auf »äußeren Einflüssen« basierend abgelehnt. In der Erklärung trat man für ein gutes Verhältnis von Christen, Muslimen und Juden ein und warb für die Lösung der sozialen Frage. Das Judentum wurde als reine Religionsgemeinschaft definiert. Die Religion sollte zu den Ansichten und Gewohnheiten der modernen Kultur passen. Diese rationalistische Stellungnahme wandte sich ebenfalls gegen den Glauben an einen *Satan* und die Hölle *(Scheol).* Unter dem Einfluss des *Zionismus* fand in den 1920er Jahren und vermehrt nach 1960 eine Rückkehr zu den traditionellen Quellen und Normen im religiös-liberalen amerikanischen Judentum statt. Die San-Francisco-Erklärung (1973) suchte insbesondere den Ausgleich mit dem Zionismus.

Pogrome. Blick in die im 2. Weltkrieg zerstörte Synagoge von Berlin. Sie war bereits im landesweit organisierten Pogrom am 9. November 1938 stark beschädigt worden.

Pogrome (russ. »Gewitter, Verwüstung«) ursprünglich für Ausschreitungen gegen nationale, religiöse und andere Minderheiten verwendeter Begriff. Seit den antijüdischen P. in Russland 1881–83 nur auf Gewalttätigkeiten gegen Juden bezogen. Für den P. gegen Juden in der Nacht vom 9. auf den 10. November 1938 haben sich neben »Reichskristallnacht« die Bezeichnungen »Reichspogromnacht« bzw. »Novemberpogrom« durchgesetzt. Inzwischen werden mit P. kollektive Gewaltaktionen gegen Minderheiten allgemein bezeichnet.

Polen, schon im 10. Jh. sind in Polen jüdische Händler belegt, organisierte Gemeinden finden wir im 13. Jh. Günstig waren die Statuten von Kalisch (1263), die den Juden religiöse Autonomie und Rechtsschutz anboten. Im 15. Jh. kam es wie im Westen zu einem Anschwellen der judenfeindlichen Strömung in der Kirche. Juden wurden aus Städten wie Warschau (1483) und Krakau (1493) vertrieben. Die polnischen Juden betätigten sich im Osthandel, aber auch im Handwerk. Die Blütezeit der Talmudhochschulen war im 16. Jh. und bis 1648. Dann fügte der Kosaken-Aufstand 1648 den jüdischen Gemeinden einen heftigen Schlag zu. Über diese Zeit hinweg existierte ein Koordinationsgremium in Form der Vierländer-Synode (1581–1772, mit litauischem Zweig). Um 1750 breitete sich der *Chassidismus* aus, der aber auch Gegner, vor allem im damals polnischen Litauen, fand. 1794 beteiligte sich der jüdische Berek Kosziusko am polnischen Aufstand. Die Politik gegenüber den Juden war teilweise sehr hart (Verdrängung aus den Dörfern, Taufdruck während des 25-jährigen Armeedienstes u.a.). Während die polnische Emigration nach 1831 den Juden gegenüber freundlich eingestellt war (Adam Mickiewicz), zeichnete sich nach 1861 ein scharfer Gegensatz ab. Auch im neu gegründeten P. (1920–39) war ihre Lage ambivalent. Die polnische katholische Kirche sah in den Juden schädliche Modernisierer und legitimierte Boykotte sowie antijüdische Quoten. Die Juden machten 10% der Gesamtbevölkerung aus (3,2 Mio), in Warschau erreichte ihr Anteil ein Drittel. Bis 1939 gewann das Polnische im Gegensatz zum *Jiddischen (Jüdische Sprachen)* an Boden. Die Nationalsozialisten ermordeten 90% der polnischen Juden. Die Überlebenden emigrierten nach 1946 in den Westen oder wurden 1967 unter Wladyslaw Gomulka (1905–1982) vertrieben. Heute leben zwischen 3000 bis 10000 Juden in Polen.

Portugiesische Gemeinde, eine im 17. Jh. in Hamburg mit einem späteren Ableger in Altona gegründete Gemeinde sephardischer Juden aus Portugal. Die Altonaer P. löste sich Ende des 18. Jh. auf.

Possek (hebr. »Entscheider«), Gelehrter, der bei Fragen des jüdischen Religionsgesetzes *(Halacha)* nach einer Konsultation der traditionellen Gesetzestexte (z.B. *Talmud)* die abschließende Entscheidung traf. Diese Aufgabe konnte nur eine Person übernehmen, der innerhalb der jüdischen Gemeinschaft genügend Autorität zugestanden und Respekt entgegengebracht wurde, sodass ihre Entscheidung als bindend akzeptiert werden konnte. Zu jeder Zeit gab es allgemein nur einen P., an den alle grundsätzlichen Fragen zur Entscheidung herangetragen wurden. Daneben hatten viele größere jüdische *Gemeinden* einen P., meist den *Rabbiner* der Gemeinde, der die täglichen religionsgesetzlichen Entscheidungen traf (z.B. ob das geschlachtete Huhn den Vorschriften der *Kaschrut* entsprach).

Priester → Kohen

Priestersegen, ursprünglich Teil der Tempelliturgie, der vom *Gottesdienst* der Synagogen übernommen wurde. Der P. lautet nach Buch Numeri: »Es segne Dich der Ewige und behüte Dich. Der Ewige lasse Dir leuchten sein Antlitz und sei Dir gnädig, der Ewige wende sein Antlitz Dir zu und gebe Dir Frieden.« Bei den *Aschkenasim* wird er nur an den Feiertagen, die nicht auf *Sabbat* fallen, bei Geburten und Trauungen *(Eheschließung)* rezitiert. Er wurde vom christlichen Gottesdienst übernommen. In protestantischen Kirchen wird er wöchentlich vom Pastor als Abschlusssegen gesprochen.

Prophet, in der hebräischen *Bibel* jemand, der im Namen Gottes spricht. Als Stifter der Prophetie gilt *Mose.* Vorbilder gab es im babylonisch-assyrischen Kulturraum. Die Gottesmänner verkündeten das Geschick des Volkes und traten als Warner und Mahner auch gegen Könige auf. Sie verlangten Gerechtigkeit und Nächstenliebe und kündeten vom kommenden Tag des himmlischen Gerichts; sie wandten sich gegen Luxus und wollten die ideale alte Frömmigkeit wiederherstellen. Sie fochten für den Monotheismus und gegen die Annahme polytheistischer Bräuche unter den Juden. Viele sprachen von der Vision des künftigen ewigen Friedens. Von den 15 P. sind Schriften überliefert. Das Christentum baute auf dem universalistischen Ansatz einiger P. auf. Viele Juden des 19. und 20. Jh. sahen in ihnen das Wesen des Judentums.

Prophetenlesung → Haftara

Proselyt (griech. »der Hinzugekommene«), ein zum Judentum Konvertierter. Die Bedingungen für einen Übertritt zum Judentum sind eine Erklärung mit Zeugen vor einem rabbinischen Gericht, die *Beschneidung,* das Bad in der *Mikwe* und das Bekenntnis zur *Tora.* Der P. nimmt einen hebräischen Namen an. Als Stammvater der P. gilt *Abraham.* Bis auf wenige Einschränkungen gilt der P. nach der *Halacha* als Jude. Im Staat *Israel* werden nur Übertritte anerkannt, die bei orthodoxen *Rabbinern* durchgeführt wurden.

Psalmen, eine Sammlung von 150 Liedern im »Buch der Psalmen« (Psalter). Ihre Entstehung reicht von der Zeit Davids bis Esra. Die Gliederung in fünf Bücher unterstreicht den hohen religiösen Rang, denn sie entspricht der Gliederung der Tora in die fünf Bücher des Mose. Diese fünf Bücher des Psalter besitzen folgende Einteilung: Ps 1–41; Ps 42 bis 72; Ps 73–89; Ps 90–106; Ps 107–150. Davon unabhängig ist die Unterscheidung einzelner Gattungen: Hymnen, Danklieder, Klagelieder eines Einzelnen und des Volkes, Bittpsalmen, Wallfahrtslieder, Königslieder, Weisheitslieder und messianische P. An erster Stelle der Autoren, die zu Beginn der P. genannt werden, steht *David.* Der liturgische Gebrauch der P. gewann in der Zeit nach dem *Babylonischen Exil* seine festliegende Form für den Wortgottesdienst in der Synagoge anstelle des Opferdienstes im Tempel: Nach der Lesung eines Abschnittes aus der *Tora* bzw. des *Pentateuchs* antwortete die Gemeinde mit dem zugehörigen Psalm, der gesprochen oder gesungen wurde. Es folgten Lesungen aus den Büchern der Propheten, eine Homilie (Predigt) und zuletzt *Segenssprüche.* Ein Beispiel für diese Ordnung des Gottesdienstes in der Synagoge enthält das Buch Nehemia (8,1 bis 12). Die P. wurden zu einem Erbe, das Judentum und Christentum verbindet. Ein frühes Zeugnis ist ein Brief des Athanasius von Alexandria (um 295–373): »Ich bin der Ansicht, dass in den Worten dieses Buches, das sowohl die geistlichen Grundhaltungen als auch die jeweiligen Bewegungen und Gedanken umfasst, das ganze menschliche Leben enthalten ist. Nichts kann darüber hinaus im Menschen gefunden werden.«

Prophet. Titelseite einer Handschrift des Werkes Mischne Tora (»Wiederholung des Gesetzes«) von Moses Maimonides, 1180. Die Buchmalerei zeigt einen Propheten mit einer Torarolle, dem Gesetz. Dessen Einhaltung gehörte neben Weissagungen zu den Mahnungen, mit denen sich die Propheten an die Israeliten wandten und dadurch vielfach Verfolgung erlitten. Italien, um 1400; Bibliothek der Hebräischen Universität, Jerusalem

Purim (Pur, pers. »Los«, Pl. Purim), Fest am 15. Adar (Februar/März) zur Erinnerung an die Rettung der persischen Juden vor den Verfolgungen Hamans. Dieser war ein führendes Mitglied des Hofes des persischen Königs *Ahasverus;* gemeint ist wahrscheinlich Xerxes I. (486–465 v. Chr.). Das Buch Ester berichtet, dass Haman ein Los warf, um das Datum zu bestimmen, an dem alle Juden im persischen Weltreich – von Indien bis Äthiopien – getötet werden sollten, da sich Mordechai dem Gebot, sich vor dem König niederzuwerfen, widersetzte. Das Los viel auf den 15. *Adar,* doch *Ester,* die Pflegetochter Mordechais und zugleich unter dem Namen Hadassah eine der Lieblingsfrauen des Königs, vereitelte mutig diesen Plan und rettete damit ihr Volk. Am P. wird in der *Synagoge* die Ester-Rolle gelesen und wenn der Name Hamans fällt, wird mit Rasseln und ähnlichem Gerät Krach geschlagen. P. ist ein Freudenfest, das mit *Wein* und P.-Speisen (u. a. »Malchesbrejtel«, ein süßes Gebäck, das an Esters Diadem erinnern soll, und »Haman-Ohren«) gefeiert wird. Teilweise wird am Tag vor dem P.-Fest im Angedenken an Esters todesmutige Tat gefastet, um darauf umso ausgelassener zu feiern. Üblich sind auch Speisegeschenke an Freunde (»Schlachmones«) und Almosen für Arme, die auch ihnen das Feiern ermöglichen sollen. Unter dem Einfluss des christlichen Karnevals entwickelte sich später auch der Brauch des Verkleidens.

Purim. Vorstellung eines Neudrucks der Ester-Rolle am 22. Februar 2002 im Berliner Centrum Judaicum wenige Tage vor Beginn des Purim-Festes. Erzählt wird, wie der Minister Haman den Perserkönig bewog, alle Juden in seinem Reich auszurotten. Doch der jüdischen Ehefrau des Königs gelang es, die Juden zu retten und den Minister zu stürzen. Während des Purim-Gottesdienstes wird die Geschichte aus einer auf Pergament geschriebenen Rolle vorgelesen.

Purimspiele, frühe Form des jüdischen Volkstheaters. Gezeigt wird die wunderbare Errettung des jüdischen Volkes bei den Persern durch das mutige Eingreifen der Jüdin *Ester.* Verschiedene lokale Traditionen bildeten sich heraus, so etwa anlässlich der Rückkehr der Frankfurter Juden in ihre Judengasse (1617), nachdem sie durch einen von Vinzenz Fettmilch angeführten Aufstand vertrieben worden waren. Die P. lebten von der krassen Überzeichnung der Charaktere und wurden im Westen im Verlauf des 19. Jh. nur noch selten aufgeführt. Das von den 1890er Jahren an populäre osteuropäisch-jiddische Theater befasste sich dagegen mit anderen Themen.

R

Rabbiner, Rabbi (hebr. rabbi »Meister«, »Lehrer«), heute Gelehrter und Vermittler des Torawissens und je nach Strömung Träger verschiedener Funktionen in einer bestimmten *Gemeinde.* Zudem ist der R. für religionsgesetzliche Fragen der Gemeindemitglieder und deren Entscheidung zuständig. Sekundär hat er oft auch eine seelsorgerische Funktion. Besaß der R. zunächst keinerlei leitende Funktion im *Gottesdienst* (*Kantor),* so weist sein Amt mit seinen Gemeindeaufgaben im *Reformjudentum* heute Ähnlichkeit mit dem eines christlichen Geistlichen: Er ist geistlicher Führer der Gemeinde, Prediger im Gottesdienst, Berater in Lebenslagen und Erziehung. Im *Orthodoxen Judentum* übernimmt der R. inzwischen ebenfalls diese Aufgaben, bleibt jedoch Rechtsberater und Interpret der Schriften. In *Israel,* wo *Aschkenasim* wie *Sephardim* jeweils ein Oberrabbinat besitzen, hat der R. einen besonderen Status, da den orthodoxen rabbinischen Gerichtshöfen *(Bet Din)* die Gerichtsbarkeit in persönlichen Angelegenheiten obliegt, z. B. bei Eheverträgen *(Ketubba, Eheschließung)* und *Scheidungen.* Historisch war R. ursprünglich der Titel eines herausragenden Gelehrten der Heiligen Schriften sowie des Talmud und Experte für jüdisches Recht *(Halacha).* Der R. war zu keiner Zeit Priester *(Kohen);* er war weder angestellt noch erhielt er ein Entgelt und sein Lebensunterhalt war bescheiden, oft an der Armutsgrenze. Ab dem 14. Jh. lebte er von Studiengebühren und anderen beruflichen Tätigkeiten, z. B. der Geldleihe. Danach änderte sich dies und das Rabbinat wurde als Gemeindeamt eingeführt. Um 1370 wurde auch die Zeremonie der Ordination *(Semicha)* wieder eingeführt, nachdem zuvor Unklarheiten über Inhalt und Form bestanden. In der frühen Neuzeit entstanden Landesrabbinate, die sich von den Ortsrabbinaten unterschieden. Die christlichen Fürsten setzten rabbinische Zuständigkeitsbereiche fest, die der Größe ihres Territoriums entsprachen. Im 18. Jh. sank das Ansehen des Rabbinats infolge von Querelen zwischen führenden R. in Deutschland um die Gültigkeit eines *Scheidebriefes* und wegen gegenseitiger Verbannungen sowie judenfeindlicher Stereotypen der Aufklärung. Ihr galt der Rabbiner als Verkörperung des »jüdischen Fanatismus«. Eine völlige Neustrukturierung des Rabbinats setzte im 19. Jh. in Deutschland ein. Staaten begannen diese gesetzlich zu regeln und griffen in die Autonomie des Rabbinats ein. In Württemberg wurde 1828 eine Prüfungskommission eingesetzt, die nur ein jüdisches Mitglied aufwies, das bezüglich der Bibel im Gegensatz zum Ordinarius für Neues Testament der Universität Tübingen kein Fragerecht hatte. In Baden und Württemberg war je ein R. Mitglied des jüdischen Landesverbandes. Er hatte eine Amtstracht zu tragen, die dem Talar des evangelischen Geistlichen nachempfunden war. In Hessen-Darmstadt wurde gerade dies verboten. Das konservative Preußen dagegen schuf weder einen jüdischen Landesverband noch regelte es Fragen des Rabbinats. In den 1867 neu erworbenen Gebieten wurden alte »Judenordnungen« übernommen, etwa die des Landesrabbinats in Oldenburg oder die relativ starke Stellung des Hannoverschen R. im ehemaligen Königreich Hannover. In Osteuropa ersetzte der charismatische chassidische *Zaddik* oft den lokalen R., was zu heftigen Konflikten führte.

Rabbinerbildung, Studium der Lehre als Selbstzweck im Judentum. Traditionell haben viele jüdische Privatleute an den Talmudhochschulen eine religiöse Ausbildung erhalten, ohne je eine Rabbinerkarriere einzuschlagen. Drei Kompetenzgrade könnten in der traditionellen Rabbinerbildung unterschieden werden: a) Entscheidung in Ritualfällen, b) Kompetenz bei Zivilstreitigkeiten, c) Befugnis, Scheidungen auszusprechen. Bedingt durch die Verfolgung während der Pestzeiten oder anderer schwerer Epidemien waren die Grundstrukturen der jüdischen Gemeinden nach 1348 erschüttert worden. Meir ben Baruch (um 1215–1293) erneuerte um

Rabbiner. Das Gemälde von Marc Chagall zeigt einen Rabbi mit Gebetsschal um die Schultern sowie mit Gebetsriemen am Arm und um das Haupt, mit einer Kapsel für Toraworte an der Stirn. Der Titel »Der Rabbi von Witebsk« bezieht sich auf Chagalls weißrussische Heimat, in die er unmittelbar vor Ausbruch des Ersten Weltkriegs aus Berlin zurückgekehrt war. Hier entstand der Zyklus »Betender Jude (Rabbi von Witebsk)«; das abgebildete Werk von 1914 befindet sich im Museo d'Arte Moderna, Venedig.

1270 die Ordination: Angesehene Persönlichkeiten gaben nun eine Bestätigung über die Fähigkeiten des zukünftigen Rabbiners ab. Zentrum jüdischer Gelehrsamkeit in der Neuzeit war *Polen.* In Deutschland gab es im 17. und 18. Jh. in *Fürth* eine eigene Talmudhochschule. Sonst unterrichteten Rabbiner an ihren Wohnorten Studenten. Diese erhielten bei jüdischen Familien Freitische. Die Gemeinden verlangten üblicherweise die Bestätigung von drei ordinierten Rabbinern, dass sie den Kandidaten anerkannten. Diese private »Meisterlehre« in der R. hielt sich in Deutschland bis zum Aufkommen der modernen Rabbinerseminare mit paralleler akademischer Ausbildung. In der Übergangszeit (1820–1854/73) dienten oft Rabbiner an Universitätsorten als Ausbilder in rabbinischen Fächern, etwa Abraham Bing von 1814–39 in Würzburg. Nach vielen Diskussionen über eine moderne R. öffnete 1829 als erstes in Padua ein Collegio Rabbinico auf Veranlassung des österreichischen Kaisers Franz II. (reg. 1804–35) seine Pforten (bis 1872). Dessen Einfluss blieb aber auf die nordöstlichen italienischen Gemeinden be-

Rabbiner. Seite einer in aschkenasischer Quadratschrift geschriebenen Pessach-Haggada. Die Buchmalerei illustriert die Textstelle: »Es geschah, dass fünf Rabbiner, Elieser, Josua, Eleasar ben Asarja, Akiba und Tarfon um ihren Seder-Tisch saßen und die ganze Nacht vom Auszug aus Ägypten erzählten.« Hier stehen die fünf Rabbiner um ein Lesepult mit einem geöffneten Buch; der mittlere im roten Gewand weist auf eine bestimmte Passage. Als Urheber dieser Handschrift gilt der Schreiber und Buchmaler Joel ben Simeon Aschkenasi aus Bonn oder Köln. Deutschland oder Norditalien, um 1460/70; British Library, London

schränkt. Modern konzipiert und systematisch aufgebaut war das Rabbinatsstudium am *Jüdisch-theologischen Seminar Breslau,* das von 1854–1938 wirkte. Es diente als Vorbild für spätere Gründungen in Mitteleuropa und den *USA.* 1872 wurde in Berlin die liberale *Hochschule für die Wissenschaft des Judentums* eröffnet, die de facto zum liberalen Rabbinerseminar wurde. Ein Jahr später entstand hier auch das orthodoxe Rabbinerseminar. Der »Doktorrabiner« war im deutschsprachigen Raum das Ideal, während in Osteuropa die Ausbildung zwar konzentriert und neu strukturiert wurde, etwa als Reaktion auf die jüdischen Aufklärer in Berlin im litauischen Volozhin nach 1803, doch blieb ein Universitätsstudium unter den Rabbinern Russlands und Kongress-Polens bis 1939 unüblich. Einzelne deutsche Staaten verlangten im 19. Jh. zunehmend den Nachweis allgemeiner Bildung, nur Preußen äußerte sich dazu nicht. Die Rabbinerseminare dienten für jüdische Wissenschaftler als Wirkungsstätte, weil sie mit ihrer Spezialisierung keinen Platz an einer deutschen Universität finden konnten. Die Rabbinerseminare in Deutschland waren nicht staatlich anerkannt und finanziert. 1938 wurden das Breslauer und das Berliner orthodoxe Seminar geschlossen, 1942 die Berliner Hochschule. Rabbinerseminare ohne streng wissenschaftlichen Zuschnitt existierten auch in Frankreich (1830 in Metz, ab 1859 in Paris) und nach 1899 wieder in Italien (Florenz). Nach 1945 gab es keine R. mehr in *Deutschland.* Angekündigte Projekte wurden nicht umgesetzt oder befinden sich noch in der Gründung, z.B. das Abraham Geiger Kolleg in Potsdam.

Rabbinerinnen, Zulassung von Frauen zum Rabbinat. Bereits 1922 wurde im amerikanischen liberal-religiösen Judentum über die Zulässigkeit der Ordination *(Semicha)* von *Frauen* zum Rabbinat diskutiert. Unabhängig davon erhielt Regina Jonas (1902–1944) aus Berlin, Absolventin der Hochschule für die *Wissenschaft des Judentums,* ihre private Ordination. Mit der Frauenrechtsbewegung in den *USA* der 1960er Jahre setzte die Diskussion erneut ein und 1972 wurde Sally Priesand als erste amerikanische jüdische Frau ordiniert. Nach heftigen Auseinandersetzungen vollzogen auch die Strömungen des *Konservativen Judentums* 1984 diesen Schritt. Damit unterstützen 93% der in Synagogen organisierten Juden in den USA diese Entwicklung (7% sind orthodox). Inzwischen stellen Frauen die Hälfte der Jahrgänge an den beiden Rabbinerseminaren und ihren Zweigstellen. Zwischen 1972 und 1994 wurden 205 Frauen ordiniert; in der konservativen Rabbinervereinigung sind 63 Frauen Mitglied. 1993 wurde die erste Israelin, Maya Leibovich, am *Hebrew Union College* ordiniert. Heute sind R. in den USA selbstverständlich, nicht so in den Gemeinden des *Zentralrats der Juden in Deutschland.* Die einzige Rabbinerin in Deutschland ist in Oldenburg tätig. Sie ist Absolventin des konservativen Jewish Theological Seminary und stammt aus der Schweiz.

Rabbinerversammlungen, freiwillige private Treffen akademisch gebildeter Rabbiner, die sich grundsätzliche Gedanken über die Modernisierung des Judentums zwischen 1844 und 1846 machten. Gegen diese protestierte die moderne *Orthodoxie* und die konservative Strömung, sodass nur noch liberale Rabbiner übrig blieben. Eine Fortsetzung bildeten die Synoden von Leipzig und Augsburg (1869/71). Dieses Gedankengut floss auch in die *Pittsburgh Platform* (1885) der liberalen amerikanischen Juden ein.

Rahel, eine der vier *Erzmütter,* Ehefrau des *Jakob.* Für sie diente er 14 Jahre ihrem Vater Laban. Nach langer Zeit der Kinderlosigkeit gebar R. Jakob zwei Söhne, Josef und Benjamin, die zu den Ahnherrn der *Zwölf Stämme Israels* zählen. R. starb nach der Geburt

Benjamins in Bethlehem. Ihr Grab ist Pilgerstätte.

Rat → Sanhedrin

Räucheraltar → Altar

Raw, Wurzel des Ausdrucks für »Rabbiner«, ursprünglich »Meister«, »Lehrer«, abgeleitet von der Wortwurzel für »viel [Wissen]«.

Rebekka, eine der vier *Erzmütter,* Ehefrau des *Isaak* sowie Mutter der Zwillinge *Jakob* und Esau. Sie bewirkte, dass *Isaak* die Erteilung des Segens für die *Erstgeborenen* nicht dem älteren Esau, sondern an den jüngeren, zweitgeborenen Jakob erteilte. R. soll der Überlieferung nach in der *Höhle von Machpela* bestattet worden sein.

Reformgemeinde Berlin, seit Mitte des 19. Jh. bis 1941 bestehende jüdische Gruppierung. Sie setzte sich für tief greifende Reformen der *Liturgie,* z.B. Einführung fast nur deutschsprachiger *Gebete,* und Abänderungen der Feiertage ein. Sie verlegte den *Sabbat* auf den Sonntag und schaffte die Zweitfeiertage ab. Prägende Gründerpersönlichkeit war Rabbiner Samuel Holdheim. Die Synagoge der R. war die einzige in Deutschland, in der Männer und Frauen zu üblichen *Gottesdiensten* gemischt saßen, was in den *USA* bereits in der zweiten Hälfte des 19. Jh. sehr verbreitet war. Unter dem Einfluss der Rückkehr zu jüdischen Quellen setzte in ihr eine Rehebraisierung des Gottesdienstes ein, und der Ruhetag wurde wieder am Samstag begangen.

Reformjudentum, Bezeichnung für die liberal-religiöse Strömung im Judentum. Sie bildete sich anlässlich der *Rabbinerversammlungen* (1844/45). Ihr Gedankengut wurde in die *USA* mit der großen Auswanderungswelle (1830–80) ausgeführt, in denen sie heute eine der beiden großen Glaubensströmungen bildet. Das R. schuf einen zeitgemäßen, gekürzten und in Teilen landessprachlichen Gottesdienst. Es erwies sich als Vorreiter für die Verbesserung der Mädchenbildung, der Einführung einer *Bat Mizwa* und schließlich der Gleichberechtigung der *Frau* im *Gottesdienst,* im Rabbinat und im Kantorat sowie neuestens auch in der Diskussion über den Status der Homosexualität. Unter dem Einfluss des *Zionismus* und der jüdischen Renaissancebewegung des Theologen Franz Rosenzweig (1886–1929) machte es eine gewisse Rückkehr zu den traditionellen Quellen durch. Im Staat Israel muss das R. immer noch um Anerkennung kämpfen. Die liberalen wie die konservativen Rabbiner sind dort nicht staatlich anerkannt.

Reformjudentum. Jüdische Siedler im US-Bundesstaat Montana mit ihrem Rabbi, um 1890

Reichsvereinigung der Juden in Deutschland, am 17.8.1933 gegründeter Dachverband der jüdischen Landesverbände und Gemeinden mit Rabbiner Leo Baeck (1873 bis 1956) als höchsten Repräsentanten. Sie unterhielt Abteilungen für wirtschaftliche Fragen, Erziehung, Auswanderung, juristische Betreuung sowie Kunst und Kultur. 1939 wurde die Organisation direkt der Gestapo unterstellt. Am 10.6.1943 wurde ihre Geschäftsstelle geschlossen. Sie beschäftigte sich auch mit dem Verkauf von Grundstücken der durch Deportationen aufgelösten jüdischen Gemeinden an die Kommunen, besonders der Friedhöfe, was den jüdischen Grundsätzen der ewigen *Totenruhe* unmittelbar widersprach. Über die Bewertung ihrer Rolle bei der Organisation der Deportation der deutschen Juden 1941/43 wird in der Forschung heftig debattiert, da der R. der Vorwurf der Kollaboration gemacht wird.

Rekonstruktionismus, Strömung im amerikanischen Judentum, die sich aus dem *Konservativen Judentum* entwickelte. Die prägende Figur war Rabbiner Mordechai Kaplan. Judentum wird hier sehr stark als Kultur aufgefasst. Diese gilt es zu »rekonstruieren«. In den Synagogen des R. finden deshalb viele, nicht im engeren Sinn religiöse Veranstaltungen statt. Kaplan hat in den *USA* auch die *Bat Mizwa* in den 1920er Jahren eingeführt; die Mädchen wurden dadurch den Jungen gleichgestellt. Es gibt heute ein rekonstruktionistisches Rabbinerseminar. Die Bewegung ist eher intellektuell geprägt und hat im Vergleich zum liberal-religiösen und *Konservativen Judentum* weniger Anhänger.

Religionsgesetz → Halacha

Religionsunterricht, Unterricht in *Tora, Talmud* und Hebräisch. Traditionell wurde über die Feste unterrichtet, das Lesen der Gebete geübt – oft ohne Textverständnis – und auf die jüdische Lebenspraxis vorbereitet. Die jüdischen Aufklärer entwickelten Konzepte zur Modernisierung des R. 1778 wurde die erste Modellschule in Berlin entwickelt. In der ersten Hälfte des 19. Jh. entstanden viele neue Lehrmittel. Versuche wurden unternommen, gemeinsame Lehrpläne zu entwerfen. Da es aber vor 1933 keinen Staatsvertrag mit den jüdischen Gemeinschaften hinsichtlich der jüdischen Religionslehrerausbildung gab, entstand kein Druck zur Vereinheitlichung. Während der jüdische R. in den süddeutschen Staaten eine begrenzte Anerkennung und teilweise auch staatliche Zuschüsse erhielt, »nahm« der preußische Staat »keine Notiz« von ihm. Der Unterricht durfte nicht in der Schule und nur auf Kosten der jüdischen *Gemeinden* erteilt werden. Die privaten jüdischen Lehrerseminare versuchten den Unterricht durch die Lehrerbildung zu professionalisieren. Wichtig waren auch die Lehrbeilagen der jüdischen Presse (Israelitisches Familienblatt, *Der Israelit).* In den 1920er Jahren machten sich die neu entstandenen Landesverbände daran, doch war die Zeit bis 1933 zu kurz. Nach der *Schoa* wurde das Fach Jüdische Religionslehre in einigen Bundesländern in den 1970er Jahren zum Abiturfach und als versetzungsrelevant erklärt. Die Formalisierung der Lehrausbildung zusammen mit der Kultusministerkonferenz soll nach einem grundsätzlich positiven Beschluss 2002/03 formuliert werden.

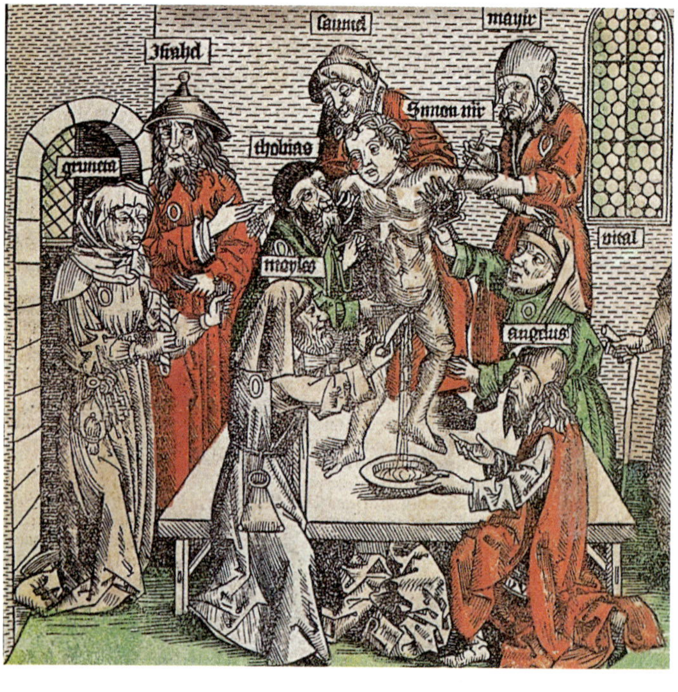

Ritualmord. Kolorierter Holzschnitt und insofern auf Verbreitung zielende Darstellung im Zusammenhang von extremem christlichem Antijudaismus in der frühen Neuzeit. Dargestellt ist der Knabe Simon aus Trient, der einer Überlieferung zufolge im Mittelalter einem jüdischen Ritualmord zum Opfer fiel. Die Hetzkampagnen unterstellten, Juden benötigten Christenblut für ihr Pessach-Fest. 16. Jh.; Germanisches Nationalmuseum, Nürnberg

Responsen (hebr. sche'elot uteschuwot »Fragen und Antworten«), seit der Zeit der Geonim *(Gaon)* im Judentum verbreitete selbstständige Literaturgattung, in der die jeweiligen maßgeblichen rabbinischen Autoritäten ihrer Zeit auf halachische Anfragen Antworten erteilen, die sich auf den Talmud stützen. Da die in den R. getroffenen halachischen Entscheidungen häufig Präzedenzcharakter besaßen und daher für die weitere halachische Diskussion von Bedeutung waren, wurden sie von ihren Verfassern bzw. deren Schülern oft in schriftlichen R.-Sammlungen festgehalten, von denen viele gedruckt wurden. Auf diese Weise blieben die R. führender mittelalterlicher Gelehrter, z. B. die von Raschi (Rabbi Solomon ben Isaac; 1040–1105) und Moses Maimonides (Moses ben Maimon; 1135–1204), erhalten.

Rischonim, jüdische Gelehrte, die zwischen dem 10. und 15. Jh. wirkten und den Geonim *(Gaon)* folgten. Die danach Tätigen werden auch als (»Acharonim«) (»Letztere, Jüngste«) bezeichnet.

Ritualbad, rituelle Waschung → Mikwe

Ritualmordlegende, Unterstellung, dass die Juden heimlich kleine Kinder schlachteten, um ihr Osterbrot *(Mazza)* herzustellen. Die absurde Vorstellung hielt sich vereinzelt hartnäckig bis heute, obwohl sich die Kirche bereits im Mittelalter z. T. von ihr distanziert hatte. Mit der Umbesinnung der katholischen Kirche nach 1945 wurden entsprechende Wallfahrten verboten. Diese Komponente des *Antijudaismus* gehört in den Zusammenhang der Unterstellung der *Brunnenvergiftung* und der *Hostienschändung.*

Rosch Chodesch, der Tag des Neumonds, Beginn des Monats. Am Tag vor dem R. wird in vielen Gemeinden gefastet, in anderen nur einen halben Tag, und am Abend beginnt R.

mit dem Mondsegen, der Birkat halewana, wenn das erneute Gestirn wolkenlos sichtbar ist. Die Gemeinde – besonders die Chassidim legen auf die Gemeinschaft hohen Wert – versammelt sich unter freiem Himmel und spricht das Gebet, das in den alten Gebetbüchern mit großen Lettern gedruckt wurde, um sie lesen zu können. Ursprünglich ein Feiertag, der wohl ähnlich wie der *Sabbat* begangen und als Ruhe- sowie Freudentag bezeichnet wurde und an dem man entfernter wohnende Bekannte besuchte. An Neumond feierten die Sippen ihre Feste, König *Saul* z.B. hielt mit seinem Hofstaat ein Festmahl und zur Zeit des Propheten Amos (767–739) durften keine Geschäfte gemacht werden. Der R. verlor mit der Einführung des festen Kalenders gegenüber dem Sabbat an feierlicher Strenge, behielt jedoch bis heute seinen festlichen Grundcharakter.

Rosch ha-Schana (hebr. »Haupt des Jahres«), klassischer Anfang des jüdischen Jahres, der die Zeit der *Zehn Tage der Umkehr* bis zum *Jom Kippur* eröffnet. Fällt der *Gottesdienst* nicht auf einen Sabbat, wird das *Schofar* mehrmals feierlich geblasen (hebr. seder tekia).

Rötliche Kuh, rote Färse, die Asche der rötlichen Kuh war notwendig, um das Reinigungswasser herzustellen, das zur rituellen Reinigung eines Menschen *(Mikwe),* der einen Toten berührt hatte, benötigt wurde (Num 19, 1–22). Die Asche des geschlachteten und verbrannten Tieres wurde mit Quellwasser vermischt. Dieser Ritus aus der Zeit der *Tempel* blieb bis in die Zeit der *Amoräer* (200 v.Chr. bis 500 n.Chr.) erhalten.

Rotwelsch, Sprache des umherziehenden Volkes, wandernder Studenten, Schausteller, Vaganten und Diebe. Das R. ist neben anderen Einflüssen mit hebräischen Worten durchsetzt. *Hebräisch* war eine durch die Juden im deutschsprachigen Raum präsente Fremdsprache. Oft waren Begriffe unter Verdrehung ihrer ursprünglichen Bedeutung schon im Spätmittelalter, der Zeit der Vertreibung der Juden aus den Städten im Heiligen Römischen Reich, aufgenommen worden. Reste finden sich auch noch in der heutigen Umgangssprache: Schmiere stehen (hebr. Wache), Makke (hebr. Schlag), blau machen (hebr. belau »nichts [tun]«, Ganove (hebr. Ganaw »Gauner«), schofel (hebr. »niedrig, schlecht«). Davon zu unterscheiden ist der Einfluss der Viehhändlersprache, die vielen christlichen Metzgern und Angestellten be-

Sabbat. Das feminine Wort »Sabhat« führte zur Personifizierung des Sabbats als Königin und Braut, die sich in Gebeten, Gesängen und Darstellungen mit zahlreichen Bezügen zum Hohenlied der Bibel findet. Das Sabbatlied »Echa Dodi« stammt von Salomo Alkabez aus dem 16. Jh.

kannt war: Schuk (hebr. »Markt«), Schmuser (hebr. »Gerüchte«, d.h. einer, der gut zuredet), Makler, Hejermann (hebr. der Buchstabe hej, »fünf«, ein Geldstück von fünf Grundeinheiten), betucht (hebr. »sicher«, d.h. kreditwürdig), boore (hebr. »Kuh«), sus (hebr. »Pferd«; norddt. »Zosse«). Viele Christen kannten durch den alltäglichen Kontakt auf dem Land religiöse Ausdrücke, wie Schabbes, *schächten* (»schlachten«), kauschern (*koscher* machen), Sukkes (hebr. *Sukkot),* Mazzen (hebr. *Mazza),* Niile (hebr. *Neila).*

S

Sabbat, Schabbat (hebr. »Ruhen«), Ruhetag am siebten Tag der Woche. Das Gebot der S.-Ruhe ist das vierte der *Zehn Gebote* und damit Symbol für den *Bund Israels* mit Gott (Ex 20,8–11). Er dient der Erinnerung an das Ruhen Gottes am siebten Tag der Schöpfung (Gen. 2,2f.) sowie dem Gedenken an den Auszug des Volkes Israel aus Ägypten *(Exodus).* Das Arbeitsverbot am S. dauert vom Sonnenuntergang des Freitags bis zum Sonnenuntergang des Samstags. Die *Mischna* zählt 39 Arten verbotener Arbeiten auf, die *Halacha* nennt jene Fälle, die diese Verbote einschränken. So hat beispielsweise das Gebot, Leben zu retten, Vorrang vor allen Arbeitsverboten. Der S. ist ein Tag der Freude, der Familie und des Friedens *(Eruw).* Er wird zu Hause und in der Synagoge begangen. Vor Einbruch der Dunkelheit zündet tradionellerweise die Frau des Hauses zunächst zwei Kerzen an, bedeckt ihre Augen mit den Händen und spricht

Aus dem Sabbatlied *Lecha Dodi* von Salomo Alkabez, 16. Jh.:

»Komm, mein Freund,
der Braut entgegen,
wir wollen den Sabbat
empfangen.

Halte! Gedenke!
In einem Wort ließ uns
hören der einzige Gott.
Der Ewige ist einzig,
sein Name ist einzig,
zum Ruhm und zum
Lobgesange.
Komm, mein Freund,
der Braut entgegen,
wir wollen den Sabbat
empfangen.

Der Ruhe entgegen,
auf, lasst uns gehen!
Denn sie ist uns
des Segens Quell.
Von Anfang, von Vorzeit
dazu ersehn,
Schöpfungsende, vom
Anfang umfangen.
Komm, mein Freund, der
Braut entgegen,
wir wollen den Sabbat
empfangen.

Krone des Herrn, in Friede
tritt ein,
zu Freude, zu Jubel komme
herein,
in unsre Mitte, dein treues
Volk,
komm Braut, komm Braut
gegangen.
Komm, mein Freund, der
Braut entgegen,
wir wollen den Sabbat
empfangen.«

den dazugehörigen Segensspruch. Danach dürfen keine der am S. verbotenen Tätigkeiten mehr ausgeübt werden. Nach dem *Gottesdienst* in die Synagoge findet zu Hause das S.-Essen am festlich gedeckten Tisch statt. Oft werden hierzu Gäste eingeladen. Traditionellerweise liest das Familienoberhaupt aus der hebräischen *Bibel* das Lob der Frau (Spr 31) und segnet die Kinder und den *Wein (Kiddusch).* Nach dem Händewaschen und dem Brotsegen über der *Challa* beginnt das festliche Essen. Während des S.-Abends werden immer wieder S.-Lieder gesungen. Das Mahl endet mit dem Lesen des Psalm 26 und Birkat Ha-Mazon, dem Segensspruch nach den Mahlzeiten. Der Gottesdienst am nächsten Tag unterscheidet sich in seinen Gebeten teilweise von dem anderer Tage. Der S. klingt mit der *Hawdala* aus.

Sabbatianismus, messianische Bewegung im Judentum im 17./18. Jh. Sie entstand in der Türkei und griff rasch auf Europa und den Orient über. Ihre Begründer waren Sabbatai Zwi (1626–1676), ein von innerer Unruhe getriebener Talmud- und Kabbalagelehrter, der Frieden in Vorstellungen der Wiederherstellung des Kosmos suchte, und der Kabbalist Nathan von Gasa (1644–1680) in Smyrna (Izmir), den er um Rat aufsuchte. Nathan überzeugte ihn, der Messias zu sein. 1665 erklärte sich Sabbatai zum Messias und Nathan verkündete ihn und die Endzeit durch Briefe, Broschüren und Flugblätter an die Diasporagemeinden Europas und des Orients. Dieser Pseudomessianismus erfasste mit seinen mystischen Hoffnungen auf Erlösung weite Teile des Judentums. Er führte zu dessen Spaltung, zur Schwächung des Rabbinismus und der Gemeinden, zu Unruhen und hysterischen Endzeitstimmungen, die *Pogrome* in Polen und Russland noch steigerten. Trotz der Konversion Sabbatais zum Islam, die schockartig zum Rückgang des S. führte, konnte sich die Bewegung, von Nathan weiter propagiert, halten und inspirierte die *Kabbala.* Die Dönmeh (türk. »Renegaten«), Anhänger Sabbatais, setzten den S. fort, indem sie in Saloniki eine jüdisch-islamische Sekte gründeten. Sie besteht noch heute; Saloniki musste sie jedoch 1924 verlassen.

Sabbatjahr, das siebte Jahr, in dem nach jüdischem Gesetz die Landwirtschaft ruht, die Zeit des »Loslassens« (schemitta). Das S. beginnt und endet an *Rosch ha-Schana.* Im Siebenjahreszyklus ist 2000/01 und 2007/08 ein S. Im S. muss jede landwirtschaftliche Arbeit eingestellt werden. Den Armen sollten auch die Schulden erlassen und ihnen dadurch ein Neuanfang ermöglicht werden. Die Vorschriften für das S. galten nur für das *Erez Israel.* Orthodoxe Juden in Israel legen Wert darauf, dass die landwirtschaftlichen Produkte während des S. von Nichtjuden erzeugt worden sind.

Saboräer, Gelehrtengruppe, die nach der schriftlichen Fixierung der *Mündlichen Lehre* (5. Jh. n. Chr.) in der Zeit zwischen den *Amoräern* und Geonim *(Gaon)* tätig war. Der Begriff geht auf die hebräische Wortwurzel für »erklären« zurück.

Sadduzäer, Anhänger des Priesters Zad(d)ok. Sie vertraten den *Pharisäern* entgegengesetzte Auffassungen und lehnten wie die späteren *Karäer* die *Mündliche Lehre* ab. In der pharisäischen Polemik erscheinen sie als gottlos. Die S. verschwanden mit dem Untergang des zweiten *Tempels* und des Priestertums *(Aaroniden, Kohen).*

Safad, Safed → Zefat

Säkularisierung, Verweltlichung. In der zweiten Hälfte des 19. Jh. setzte analog zu Entwicklungen im Christentum auch unter den westeuropäischen Juden eine S. ein. Das sog. »Dreitage-Judentum« entstand: Man besuchte nur noch zum jüdischen Neujahr *(Rosch ha-Schana)* und zu *Jom Kippur* die *Synagoge* und feierte mit der Familie den *Pessach.* Für die Riten des Lebenslaufes nutzte man die Dienste der *Gemeinde,* insbesondere die Beerdigung auf einem jüdischen *Friedhof* blieb für die meisten wichtig. Dinge, die Mühe oder Erwerbsausfälle verursachten, wurden nicht mehr praktiziert: Die Mehrheit der deutschen Juden beachtete um 1900 weder die Speisegesetze noch den *Sabbat.* Unter den osteuropäischen Juden setzte die S. später ein, spielte sich aber zügiger ab. Besonders die in die *USA* ausgewanderte Generation verließ viele Traditionen ihrer Väter. Ähnliches spielte sich mit orientalisch-jüdischen Familien ab, die in den jungen Staat Israel emigrierten und dort auf eine moderne säkulare Gesellschaft stießen. In den USA ist ein Verdichtungsprozess zu beobachten: Einige Familien fanden zurück zu mehr Tradition, andere gingen der jüdischen Gemeinschaft ganz verloren. Tatsache ist, dass hier die Juden deutlich weniger den *Gottesdienst* besuchen, als die Protestanten. Gegen die S. setzten sich die Lubawitscher Chassidim *(Lubawitscher Bewegung)* ein und versuchten

Juden für ihre Ziele einzunehmen. Besonders weltlich ist die jüdische Gemeinschaft in Deutschland. Ihr fehlt weitgehend der Grundstock traditioneller Familien, wie er etwa die jüdischen Gemeinden Frankreichs, Englands oder der Schweiz kennzeichnet.

Salomo (reg. um 965–926 v. Chr.), König von Juda und Israel, Sohn *Davids* und Batsebas. S. übernahm, vom Propheten Nathan und dem Hohenpriester *Zadok* (Zadokiten) zum König gesalbt, das von David begründete Großreich, das sich von der Grenze Ägyptens bis zum Euphrat erstreckte. Zwar hart gegen innenpolitische Gegner, war S. jedoch kein Kriegsherr wie sein Vater, sondern bewahrte und stabilisierte Reich und Staatswesen. Weltgewandt und klug schuf er außenpolitisch eine Zeit des 40-jährigen Friedens durch intensive Handelsbeziehungen, Bündnis- und Heiratspolitik – S. war mit mehreren auch nicht jüdischen Frauen von Nachbarvölkern zugleich verheiratet, darunter eine ägyptische Königstochter – sowie durch sein hohes Interesse an Wissenschaft und Kunst, die eine nie wieder erreichte Blüte erfuhren. Über Jahrtausende für seine Weisheit gerühmt, wird S. traditionell als Verfasser der biblischen Bücher Hohelied, Sprichwörter, Kohelet sowie einiger Psalmen bezeichnet. Der heutige Forschungsstand besagt jedoch, dass sie weit später entstanden sind – das Hohelied z. B. um 400 v. Chr. S. entfaltete eine intensive Bautätigkeit, u. a. den Königspalast und Festungsanlagen in Jerusalem und anderen Städten. Nachhaltigste Bedeutung erlangte er jedoch durch den Bau des ersten *Tempels*, auch »Salomonischer Tempel« genannt. *Jerusalem*, die Stadt Davids, wurde nun zu der Stadt, in der *JHWH* selbst seinen Einzug genommen hat (1 Kön 8,12f.). Der Königspalast grenzte unmittelbar an das Tempelgelände; den Tempel unterhielt nicht das Volk, sondern der Königshof und der König hatte den Hohenpriester eingesetzt. S. schuf so eine folgenreiche, enge Verflechtung von Staat und Tempel, König und Altar. Bauten, Reichtum und Pracht hatte er durch Fronarbeiten, hohe Steuern und Benachteiligung anderer Landesteile erwirtschaftet. Sein Sohn, König Rehabeam, konnte nach dem Tod von S. das Großreich gegen den inneren Widerstand, der sich entwickelt hatte, nicht mehr aufrechterhalten.

Samaria, biblische Bezeichnung einer Stadt und eines Gebietes nördlich von Jerusalem. Das Land S. entstand nach dem Untergang des Nordreiches *Israel* und der Vertreibung der Assyrer. Die dort lebenden *Samaritaner* wurden nach ihr so bezeichnet. In Sebastije, dem heutigen griechisch-arabischen Namen für S., sind interessante Ausgrabungen zu verschiedenen Kulturepochen zu besichtigen.

Samaritaner, Gruppe, die nicht zum rabbinischen Judentum gehört und von den Überlebenden des Nordreichs *Israel* und Zuwanderern abgeleitet wird. Die S. sehen ihre Wurzeln in zwei der *Zehn verlorenen Stämme*, den Efraim und Manasse. Ihre Tradition weist erhebliche Unterschiede zur rabbinischen auf. Sie benutzten eine eigene Schrift. Ihre heilige Sprache ist das Samaritanische, ein westaramäischer Dialekt *(Aramäisch)*. Sie besaßen in Konkurrenz zum Jerusalemer *Tempel* einen eigenen. Bis ins 17. Jh. n. Chr. war ihr *Hohepriester* ein *Aaronide*. Die S. haben ihren eigenen *Pentateuch* und ihre eigene Liturgie. Ihre Priester sind die Ausleger der Gesetze und Bewahrer des Kalenders. Ihre einzigen *Propheten* sind Mose und vielleicht Josua. Sie glauben an die Auferstehung. Sie wohnen in Cholon und bei Nablus. Auf

Salomo. Insbesondere drei Themen beherrschen die Salomo-Ikonografie: die Begegnung mit der Königin von Saba (1 Kön 10,1–13), die Weihe des Tempels (1 Kön 8) und das hier dargestellte »salomonische Urteil« (1 Kön 3,16–28): Von zwei Frauen, die dasselbe Kind beanspruchen (l.), erweist sich diejenige als leibliche Mutter, die zum Verzicht bereit ist, als Salomo das Urteil fällt, das Kind möge gezweiteilt werden (r.). Nordfrankreich, um 1280/90; British Library, London

dem Berg Gerisim bei Nablus feiern sie ihr Pessach-Opfer durch Schlachten von Lämmern. 1842 erkannte sie der Jerusalemer Oberrabbiner als Zweig des jüdischen Volkes an. Ihre Zahl hat sich in der Neuzeit stark verringert (1930: 500 Personen). Nach der Gründung des Staates Israel wurden sie nach dem *Gesetz der Rückkehr* als Staatsbürger anerkannt. 1963 entstand ihre erste Synagoge.

Sambation, legendärer Fluss, an dessen Ufern angeblich die *Zehn verlorenen Stämme* Israels lebten. Die Legende, die sich nach der assyrischen Eroberung 721 v. Chr. bildete, erzählt, *Gott* habe den S. geschaffen, um diesen Stämmen einen sicheren Zufluchtsort zu geben. Der Fluss sei sechs Tage reißend, führe Geröll und Sand mit sich und sei unüberwindbar. Nur am *Sabbat* ruhe er; dann allerdings dürften die Stämme ihn nicht überqueren, da dies die Sabbatruhe verletze. Weitere Legenden weisen darauf hin, dass der Fluss erst mit der Ankunft des *Messias* ruhen und damit eine Rückkehr der Stämme möglich werde. Über Jahrhunderte suchten jüdische Reisende diesen Fluss zu finden.

Sanhedrin, auch Synhedrion (hebr. Knesset gedola), in der Zeit nach der Rückkehr aus der Babylonischen Gefangenschaft eingesetztes Gelehrtengremium von 71 Mitgliedern, das die religiösen Grundfragen und Urteile in letzter Instanz entschied. Es erhielt sich bis zur Römerzeit. An seine Stelle traten von der Funktion her die Talmudhochschulen Babylons und deren Vorsteher, die Geonim *(Gaon).*

Saul. Gemälde von Rembrandt Harmensz. van Rijn: »David spielt Harfe vor Saul«. Zugrunde liegt der Vers aus dem 1. Buch Samuel: »Sooft nun ein Geist Gottes Saul überfiel, nahm David die Zither und spielte darauf. Dann fühlte sich Saul erleichtert, es ging ihm wieder gut, und der böse Geist wich von ihm« (1 Sam 16,23). Die lebenslange Beschäftigung Rembrandts als Historienmaler mit biblischen Themen stand nach der Niederlassung in Amsterdam in Verbindung mit persönlichen Beziehungen zu Mitgliedern der dortigen jüdischen Gemeinde. Um 1655; Mauritshuis, Den Haag

Sara, Gattin des *Abraham, Erzmutter.* Der *Tora* zufolge erhält sie erst mit 90 Jahren ihren Sohn Isaak. Gegenüber der Magd Hagar tritt sie sehr hart auf. S. soll in der *Höhle von Machpela* bei *Hebron* bestattet worden sein.

Satan (hebr. »Hindernis«, »Verführer«), in der hebräischen *Bibel* eine boshafte Macht oder böser Engel, die Gott den Menschen schickt, um sie zu prüfen. In der nachbiblischen Literatur gewann der Dämonenglauben *(Dämonen)* an Einfluss. In der *Kabbala* wurde ein ganzes System mit dem Engel Samael als Anführer der bösen Macht entwickelt. Zu ihr wurde auch der Todesengel (hebr. malach ha-mawet) gerechnet. Die jüdische Aufklärung unter Moses Mendelssohn (1729–1786) und seinen Nachfolgern lehnte dieses System entschieden ab.

Saul (hebr. Schlomo), Sohn des Kisch aus dem Stamm Benjamin *(Zwölf Stämme Israels),* erster König der *Israeliten* (reg. um 1020–1000 v. Chr.). S. einte als Feldherr um 1020 v. Chr. alle israelitischen Stämme in der Verteidigung ihrer Ansprüche im Krieg gegen die Nachbarvölker. Auf Verlangen des Volkes wurde er vom Propheten Samuel zum König gesalbt, »damit uns ein König beherrsche wie alle Völker« (1 Sam 8,3). Doch die Einführung der Monarchie stieß auch auf heftigen Widerspruch. Die Behauptung im Wechsel von Sieg und Misserfolg im Kampf gegen die Philister, Moabiter, Ammoniter, Amalekiter, Edomiter und Gideoniter sowie die Wahrung seiner Herrschaft wurden zu seiner Lebensaufgabe. Verzweiflung, Schwermut und Verfolgswahn kennzeichneten seine letzten Jahre. Aufgrund der Erfolge und des wachsenden Ansehens des jungen *David,* der ihn der Bibel zufolge mit seinem Harfenspiel aufheiterte, plagten ihn Eifersucht und Sorge um die eigene Stellung. S. soll sich nach seiner Niederlage in der Schlacht bei Gilboa gegen die *Philister* in sein Schwert gestürzt haben. Zu seinem Nachfolger wurde *David* bestimmt.

Schabbat → Sabbat

Schacharit (hebr.), tägliches Morgengebet bzw. Morgengottesdienst mit speziellen Zusätzen, wie die Morgen-Segenssprüche. Jeweils montags und donnerstags werden während des Morgengebets Auszüge aus der *Tora* vorgetragen.

Schächten (hebr. Schechita), der hebräischen *Bibel* (Dtn 12,21) und der *Halacha* zufolge die einzig zulässige Schlachtmethode für Tiere, deren Fleisch verzehrt werden darf *(Kaschrut, Koscher).* Ein Fachmann, der Schochet, führt mit einem besonders scharfen Messer, dem Challaf, einen Schnitt durch Halsschlagader, Luft- und Speiseröhre durch. Durch diesen schnellen und tiefen Schnitt soll die sofortige Bewusstlosigkeit des Tieres eintreten und zugleich möglichst viel Blut ausfließen. Um die Ansprüche der Kaschrut zu erfüllen, muss anschließend an den inneren Organen, insbesondere den Lungen, untersucht werden, ob das Tier gesund war, und ob der Schnitt fachgerecht erfolgt ist. Vor und nach dem S. wird ein *Segensspruch* gesprochen.

Schaddai, einer der Namen *Gottes.* Für seine eigentliche Bedeutung gibt es unterschiedliche etymologische Erklärungen; sie ist jedoch nicht mit Sicherheit erschlossen. Die Buchstabeneinzeichnung und der Knoten am Hinterkopf des *Gebetsriemen,* der auf dem Kopf getragen wird, und der Knoten am Gebetsriemen des Arms ergeben die Buchstaben Schin, Dalet und Jod, die gleichbedeutend sind mit dem Gottesnamen S. *(Alphabet, Zahlensymbolik).*

Schaliach Zibbur → Kantor und S. 300

Schas, hebr. Kurzwort aus »schischa sedarim« für die sechs Ordnungen des *Seder* der *Mischna* und des *Talmud.*

Schaubrot, zwölf frische Brote, die an jedem Sabbat im Tempel auf einem goldenen Tisch dargebracht wurden. Die Zahl erinnert an die zwölf Monate und die zwölf Stämme Israels. Nach antikem Brauch war es nur den Priestern *(Kohen)* erlaubt, die Brote zu verzehren. In der jüdischen Handschriftenkunst des Mittelalters sind sie ein wichtiges jüdisches Symbol.

Schaufäden (hebr. Zizit), vier in der *Tora* von Gott geforderte Quasten (Dtn 22,12) an den vier Enden des rechteckigen *Gebetsmantels* (hebr. Tallit), die an die Erfüllung der Gebote Gottes erinnern (Num 15,37–40). Sie gehen vermutlich auf im Nahen Osten verbreitete Verzierungen von Kleidung zurück. Die S. bestehen aus einem längeren und drei kürzeren Fäden, die möglichst aus dem gleichen Material wie der Tallit (Seide, Wolle, Leinen) bestehen sollen, meist aber aus Wolle sind. Sie werden durch die Löcher an den vier Ecken gezogen. Der längere Faden war früher von hellblauer Farbe, die aus einem selten gewordenen Fisch gewonnen wurde – ein Brauch, der neuerdings vereinzelt wieder aufgegriffen wird. Mit ihm werden die Fäden in ritueller Knoten- und Wickeltechnik zum Zizit verbunden: Eine bestimmte Zahl von Knoten (10) und Umwicklungen (26) erzeugt entweder das *Tetragrammaton* JHWH (J=10, H=5, W=6, H=5) oder die Variante »Gott (JHWH) ist Einzig (ECHAD)« mit dem Zahlenwert 39, der auch in der *Kabbala* eine bedeutende Rolle spielt *(Alphabet, Zahlensymbolik).* Mit dem Zahlenwert des Wortes Zizit ergibt sich die Zahl der Gebote Gottes *(613 Gebote). Frauen* sind vom Tragen der S. ausgeschlossen, auch wenn sie einen Tallit tragen.

Schaufäden. Bar-Mizwa-Feier an der Klagemauer in der Altstadt von Jerusalem. Die vier in der Tora von Gott geforderten Quasten an den vier Enden des rechteckigen Gebetsmantels erinnern an die Erfüllung der Gebote Gottes.

Schawuot (hebr. »Wochen«), Wochenfest 50 Tage nach *Pessach.* Neben der ursprünglichen landwirtschaftlichen Bedeutung, dem Fest zum Ende der Getreideernte in Israel, ist es das Fest der Übergabe der Lehre (hebr. Matan Tora), d.h. der Offenbarung am *Berg Sinai* (Vorbild für Pfingsten, das zur gleichen Zeit gefeiert wird). Die Synagogen werden mit grünen Laubzweigen geschmückt und man isst milchige Speisen (S. 310).

Schebbes (jidd.) → Kippa

Schechita → Schächten

Scheidebrief (hebr. Get), schriftliche Einwilligung des Ehemanns in die *Scheidung,* in der *Tora* (Dtn 24,1–4) als Sefer Kritut (»Buch der Trennung«) bezeichnet. Der S. ist nach strengen Regeln verfasst, großteils in *Aramäisch,* und er wird nach einem bestimmten Muster angefertigt. Sind sich beide Ehegatten über die Scheidung grundsätzlich einig, soll der Ehemann den S. der Ehefrau übergeben. Erst mit der Annahme des S. durch die Frau ist die Ehe rechtsgültig geschieden.

Scheidung, Ehetrennung nach dem Religionsgesetz. Die Möglichkeit der S. bestand im Judentum immer, doch die Vorschriften wurden so gestaltet, dass ein Vollzug der S. nicht leicht fällt. Die Voraussetzungen für sie werden im *Traktat* »Gittin« des *Talmud* erörtert. Rabbenu Gerschom (um 960–um 1030) verfügte im 11. Jh., dass eine Frau nicht gegen ihren Willen geschieden werden darf. Seither müssen beide Ehepartner einer S. zustimmen. Ist der Ehemann mit der S. einverstanden, so übergibt er seiner Frau nach jüdischem Gesetz den *Scheidebrief.* Das rabbinische Gericht, der *Bet Din,* legt die S.-Bedingungen fest und trifft im Streitfall die Entscheidung. Widerspricht der Ehemann einer S., bleibt die Frau an ihn gebunden, kann sich nicht wieder verheiraten und alle nachfolgenden Kinder werden *Mamserim.* Besondere Probleme beim Vollzug einer S. gibt es jedoch, wenn der Mann verschollen ist *(Aguna).* Das *Konservative Judentum* lässt bei der Zustimmungsverweigerung eine Entscheidung des Bet Din zu. Das *Reformjudentum* hat die Praxis der Zustimmung abgeschafft.

Schem, ha- (hebr. »der Name«), Ausdruck für *Gottes.* Er wird benutzt, um zu vermeiden, das Tetragrammaton *(El)* auszusprechen.

Schema Israel (hebr.), »Höre Israel, der Ewige, unser Gott, der Ewige ist einzig« (erster Satz). Hauptgebet der jüdischen *Liturgie,* das in jedem *Gottesdienst* vorkommt. Es geht auf drei biblische Textstellen zurück (Dtn 6, 4–9, Dtn 11, 13–21, Num 15,37–41) und besteht in einer Ermahnung, sich um die religiöse Lehre zu kümmern, sie die Kindern zu lehren und sie im täglichen Leben zu beachten; des Weiteren keine anderen Götter zu verehren und Zeichen an den Türpfosten des Hauseingangs zu machen *(Mesusa).* Im Sinne eines Vertrags verspricht Gott dafür Regen und eine gute Ernte. Das S. soll nach einem rabbinischen Gleichnis schon vom *Erzvater Isaak* in seiner Sterbestunde gesprochen worden sein. Auch heute ist dies in einer Kurzfassung üblich. Das S. wird von Segenssprüchen *(Berachot)* eingeleitet, von denen sich eine vom Gottesdienst im *Tempel* herleitet. Es gibt für das S. eine Sabbat- und für die Wochentage eine Abend- und Morgenversion. Als Zeichen der Verpflichtung werden an den Wochentagen nach der Aufforderung des S. *Gebetsriemen* (hebr. Tefillin) zum Gebet getragen. Nur orthodoxe Juden tragen die *Schaufäden* an den Enden der Kleider. Liberale Juden praktizieren das erste kaum und das zweite gar nicht. Die Gemeinde beantwortet den Schluss des Gebetes mit der Wiederholung »euer Gott, Wahrheit und Glauben«. Falls ein *Rabbiner* anwesend ist, spricht er das S. vor. Als zentraler Text wurde es in Zeiten der Verfolgung, z.B. von byzantinischen Kaisern, verboten. Darauf wurde der erste Satz an einer anderen Stelle des Gebetes eingefügt, um dem Minimum zu genügen.

Schemini Azeret, letzter Tag des Laubhüttenfests *(Sukkot),* das in der *Diaspora* am 9., in Israel am 8. Tag desselben gefeiert wird. Neben besonderen Gebeten wird unter aschkenasischen Juden eine Seelenfeier zum Gedenken der Verstorbenen begangen.

Schemone-Esre → Amida

Scheol (hebr. »Untergrund«, »Unterwelt«), analog zum hebräischen Begriff Gehinom für »Hölle«, abgeleitet von Gai ben-Hinom, einem Tal unterhalb des Berges *Zion,* und der Ort, an den nach traditioneller Auffassung die Seelen der bösen Menschen kommen und geläutert werden.

Schewat, 5. Monat des jüdischen *Kalenders* (im gregorianischen Kalender: Januar/Februar), mit Tu Bischwat (Neujahrsfest der Bäume) am 15. S.

Schoa (hebr. »Unheil«), jüdische Bezeichnung für den Massenmord an den europäischen Juden zwischen 1933 und 1945 durch die deutschen Nationalsozialisten. Der hebräische Ausdruck bedeutet »Katastrophe«, während der allgemein übliche englische Be-

Schoa. Neu angekommene Häftlinge auf der Todesrampe des Konzentrationslagers Auschwitz in Polen, links die Frauen und Kinder, rechts die Männer. Die Arbeitsfähigen wurden von den Kranken und Alten getrennt. Allein in Auschwitz wurden etwa 1,8 Mio Juden ermordet.

griff *Holocaust* die (hier pseudo-)religiöse Bedeutung von »Brandopfer« hat. → S. 289

Schochet, Fachmann für das *Schächten*

Schofar, lang gebogenes Widder- oder Antilopenhorn, das im Gottesdienst an hohen Feiertagen verwendet wird und zu Buße und Einkehr aufruft. Es werden verschiedene Töne nach einer bestimmten Ordnung (Seder tekija) erzeugt. Bei herausragenden Ereignissen wird der S. geblasen, z. B. bei der Befreiung der *Klagemauer* im Sechstagekrieg 1967.

Schulchan Aruch (hebr. »Gedeckter Tisch«), Titel des von Josef Karo (1488–1575) verfassten Gesetzeskompendiums. Der S. ist die maßgebliche Sammlung von Gesetzen zur jüdischen Praxis. Karo veröffentlichte diesen Kodex 1565 als leicht verständliche Zusammenfassung seines Werkes »Beit Josef« (»Haus Josephs«, 1555), einem Kommentar zu den *Arba Turim*. Der S. ist in vier Teile gegliedert: Zuerst werden die rituellen Alltagspflichten sowie die Segenssprüche *(Berachot)* und *Gebete*, der *Sabbat* und die Feste behandelt. Der zweite Teil widmet sich der *Kaschrut* sowie dem Ritualgesetz und der dritte Teil umfasst den persönlichen Status, die *Eheschließung* und *Scheidung*. Die Gesetzessammlung wird mit der Anwendung des jüdischen Zivilrechts abgeschlossen. Mit der Zeit verdrängte der S. andere Gesetzessammlungen. Da auch der S. zahlreiche Kommentierungen erfuhr und dadurch ein Verständnis erschwert wurde, entstanden neue Kurzfassungen *(Mappa)*.

613 Gebote, nach der jüdischen Tradition, wie sie der babylonische *Talmud* wiedergibt, gibt es 613 Gebote oder Mizwot *(Mizwa)*. 248 davon sind positiv (Gebote), 365 negativ (Verbote). Die Anzahl wird traditionell mit den 248 Knochen des menschlichen Körpers und den 365 Muskeln oder den 365 Tagen des Sonnenjahres erklärt. Jüdische Gelehrte des Mittelalters stellten immer wieder unterschiedliche Listen mit den Geboten der hebräischen *Bibel* zusammen, um so die geforderte Anzahl zu erreichen, d. h. es gibt keine einheitliche Zählung. Die bekannteste Aufzählung stammt von Moses Maimonides (Moses ben Maimon; 1135–1204).

Seder (hebr. »Ordnung«, Pl. Sedarim), Bezeichnung für die Hauptordnungen oder Unterteilungen der *Mischna*. Sie besteht aus sechs Sedarim, die sich ihrerseits wiederum in 63 *Traktate* unterteilen. Diese Gliederungsstruktur wurde vom Jerusalemer wie vom babylonischen *Talmud* übernommen.

Schofar. Bläser des traditionellen Widderhorns auf dem Tempelplatz vor der Klagemauer. Die Perspektive erweckt den Eindruck, als richte sich der Schall des Schofar, der einst die Mauern von Jericho zum Einsturz brachte (Jos 6,1–27), gegen den muslimischen Felsendom, dessen goldene Kuppel hinter der Mauer glänzt.

Sederabend, erster Abend des Festes *Pessach*, in der Diaspora die ersten zwei Abende. Seder heißt Ordnung, denn der S. zeichnet sich durch eine besondere Ordnung aus: den »Seder Pessach«. Dieser besteht aus einer bestimmten Reihenfolge von Handlungen, die im Rahmen einer familiären Festmahlzeit vorgenommen werden. Ab dem 12. Jh. war der »Seder Pessach« in der gesamten *Diaspora* einheitlich. Seit dieser Zeit hat sich wohl auch die *Seder-Schüssel* eingebürgert, auf der die für diese Tischzeremonie bestimmten symbolischen Gerichte (hebr. Simanim) angeordnet sind.

Seder-Schüssel, am *Sederabend* benutzte Schüssel. Sie trägt dazu bei, dass die für diesen Abend vorgeschriebene, in Form einer Festmahlzeit abgehaltene familiäre Tischzeremonie übersichtlich gestaltet und somit ihre Abhaltung erleichtert wird. Auf der S. sind die für den Sederabend erforderlichen Speisen, die so genannten Simanim (symbolische Gerichte), angeordnet. Sederspeisen sind besondere, am *Sederabend* gereichte Speisen, welche die Ereignisse während des Auszugs der Israeliten aus Ägypten *(Exodus)* symbolisieren: drei makellose Mazzot *(Mazza)* für die Hast des Aufbruchs; Petersilie oder Radieschen für das Kraut Ysop, das verwendet wurde, um die Türen der Israeliten mit dem Blut des Pessachlamms zu bestreichen; Salzwasser für die Tränen während der schweren Zeit der ägyptischen Sklaverei; Bitterkraut bzw. Meerrettich für die Leiden der Sklaverei; »Charosset«, ein süßer Brei aus Äpfeln, Nüssen, Zimt, Zucker und Wein für den Lehm, mit dem die Israeliten in Ägypten Häuser bauen mussten; ein Ei für die Zerstörung des *Tempels* und ein gebratener Knochen für das Pessachopfer im Tempel.

Seele, Prinzip des Lebens und der Wahrnehmung. Nach dem Talmud steigt sie nach dem Tod des Menschen in den himmlischen Schutz auf. Die jüdische Auffassung war von Plato und Aristoteles beeinflusst. Saadia Gaon (892–942) schreibt, dass Gott die S. aus dem Nichts erschaffen habe und dass sich die S. bei der Wiederauferstehung des Menschen mit dessen Körper vereinige. Das Leben sollte nach Reinigung der S. trachten. Sie gilt als unsterblich. Nach Solomon ben Judah Ibn Gabirol (um 1020–um 1057) ruhen die S. der Gerechten unter dem Thron Gottes. Nach Moses Mendelssohn (1729–1786) strebt die S. nach Vollkommenheit. Hermann Cohen (1842 bis 1918) entwickelte die Vorstellung einer Volksseele, die sich ewig in der Geschichte fortentwickle, während er die individuelle Unsterblichkeit in den Bereich der Mythologie verwies. Achad Ha-Am, der zionistische Denker, kritisierte die Vorstellung von einer S. prinzipiell und tat sie als Erfindung älterer Leute ab, die Angst vor dem Tod hätten.

Seelenwanderung (hebr. gilgul), der Glaube an die Seelenwanderung ist nicht Teil des jüdischen »Mainstreams«, jedoch Teil der Lehre der *Kabbala* und findet z.B. im Buch Sohar seinen Ausdruck. Die kabbalistische Lehre besagt, dass die Seele durch gilgul gereinigt wird und darauf als Mensch oder Tier wiedergeboren werden kann. Die Meinung der kabbalistischen Gelehrten geht auseinander, wie oft dieser Prozess stattfinden kann: Einige meinen dreimal, andere sind der Meinung, dass eine unbegrenzte Anzahl von Wiedergeburten möglich ist.

Sefirot (hebr. »Sphären«), zehn Bereiche oder Ausflüsse des Wesens Gottes vor dem »Unendlichen« (»Ein-Sof«) gemäß der Lehre der jüdischen Mystik *(Kabbala).* Sie bilden in einer dynamischen Einheit eine Kette des göttlichen Lichts.

Segenssprüche → Berachot

Segen, S. oder Segnungen werden im religiösen jüdischen Leben häufig gesprochen und als eine Quelle der Kraft angesehen. Es gibt das Sprichwort, dass es für jede Gelegenheit einen Segen gibt. S. werden vor dem Essen gesprochen und nach ihm das danksagende Tischgebet (Birkat ha-Mason), aber auch beim Anblick von Weltwundern, Naturereignissen, Gelehrten. Man segnet die Kinder nach der Rückkehr aus der Synagoge am Freitagabend. Im Achtzehnbittengebet *(Amida)* werden Bitten mit dem S. verbunden, nach der Zeremonie der Verheiratung werden die klassischen sieben S. gesprochen. Der spezielle Weinsegen und der Brotsegen eröffnen am *Sabbat* das Essen.

Selichot, Verzeihungsgebete, die in den *Zehn Tagen der Umkehr und Einkehr* zwischen *Rosch ha-Schana* und *Jom Kippur* sehr früh gesprochen werden. Teilweise werden sie auch schon einige Tage vor Rosch ha-Schana rezitiert. Ihre Zusammenstellung ist sehr unterschiedlich, und in Deutschland haben sich die regionalen spätmittelalterlichen Bräuche *(Minhag* Worms, Schwaben, Frankfurt am Main, Elsass u.a.) erhalten, solange es ein deutsches Judentum gab.

Semicha (hebr. »Auflegen« [der Hände]), ursprünglich die Ordination für Rabbiner, die drei autorisierte Richter im antiken Israel aussprechen konnten. Mit dem Zerfall der dortigen Infrastruktur blieb die Ordination bis 1370 ungeregelt. Dann wurde sie für das aschkenasische Judentum neu eingeführt. Drei bekannte Rabbiner unterzeichnen nach einer eingehenden Prüfung eine Urkunde, dass der Kandidat befugt ist, nach jüdischem Recht zu entscheiden. Die Semicha weist drei Stufen auf. Die Befugnis reicht von einfachen Verbots- und Erlaubnisfällen über zivilrechtliche Fragen bis hin zu Ehescheidungen. Die nach 1854 in Deutschland entstandenen Rabbinerseminare versuchten durch eine systematische Ausbildung und ein paralleles geisteswissenschaftliches Studium die Frage zu regeln. Prinzipiell gilt dies auch heute noch, doch hat die Bedeutung des geisteswissenschaftlichen Studiums abgenommen, während im Bereich der nicht modernen *Orthodoxie* die private Ordination weiterhin Gültigkeit hat.

Sephardim (Sing. Sepharad), spanische Juden. Sepharad war ein ursprünglich biblischer geografischer Ausdruck. Nach dem 9./10. Jh. wurde er mit Spanien gleichgesetzt und bezeichnete schließlich den spanischen Juden. Hier entstand auch die sephardische Liturgie, die viele Zitate aus mystischen Texten einschließt, die bei den *Aschkenasim* nicht gebräuchlich sind. Die spanischen Juden nahmen nach der Vertreibung 1492 das Kastilianische mit in das Exil und sprachen unter sich bis ins 20. Jh. *Ladino* (z.B. in Nordmarokko, im südlichen Balkan und der Türkei). Von diesen zu unterscheiden sind die arabischen bzw. orientalischen Juden (z.B. in Jemen). Allerdings wird diese Differenzierung in der Umgangssprache oft nicht gemacht. Im osmanischen und britisch verwalteten Palästina bzw. dem jungen Staat Israel trafen die Gruppen aufeinander, wie auch die französischen Juden heute mehrheitlich maghrebinischer Abstammung sind. In Israel verschwanden die sephardischen Einwandererparteien der frühen Jahre nach der Staatsgründung 1948, um in den 1990er Jahren in der Schass-Partei als Protestbewegung wieder aufzutauchen.

Seraph, Gruppe von Engeln. → Kerubim

Siddur (Pl. Siddurim, hebr. »Ordnung«), *Gebetbuch* für den Alltag. Der S. enthält die Texte für die *Gebete* in der *Synagoge,* für die individuellen Gebete (z.B. *Segensspruch* für das Anlegen der *Gebetsriemen)* sowie für besondere Anlässe wie die *Beschneidung.* Bis zum frühen Mittelalter wurden die Gebete nicht schriftlich niedergelegt. Der Chasan *(Kantor)* trug die Gebete vor. Es gab daher große örtliche Unterschiede in der Auswahl und im Inhalt der Gebete. Sammlungen von Gebeten und später die Erfindung des Buchdrucks führten zu einer gewissen Vereinheitlichung, aber auch heute noch bestehen lokale Unterschiede *(Minhag).*

17. Tammus (hebr. Schiwa Asar be-Tammus), Fasttag zum Gedenktag an den Bruch der Mauern von Jerusalem durch die Römer im Jahr 70 n.Chr., der zur Zerstörung der Stadt und des zweiten Tempels führte.

Simchat Tora, Torafreudenfest, letzter Tag des Laubhüttenfests *(Sukkot).* An S. endet der Jahreszyklus der *Toralesung* und der neue Jahreszyklus beginnt. In Israel wird er am gleichen Tag wie *Schemini Azaret* gefeiert, in der *Diaspora* am nachfolgenden. Die Toralesungen werden festlich begangen. Es gibt Toraprozessionen und die *Bima* wird siebenmal umwandelt. Auch die *Kinder* werden mit einbezogen und dürfen mit den *Torarollen* tanzen.

Siwan, 9. Monat des jüdischen *Kalenders* (im gregorianischen Kalender: Mai/Juni), mit *Schawuot,* dem Wochenfest, dem jüdischen Pfingstfest, das am 6. S. beginnt. Es erfolgt am 50. Tag nach dem ersten Pessach-Festtag. Ursprünglich zeigte es das Ende der Gerstenernte und den Beginn der Weizenernte an. Zur Zeit der Rabbis war der 6. S. der Jahrestag der Übergabe der *Tora* an *Mose* auf dem *Berg Sinai.*

Simchat Tora. »Fest der Gesetzesfreude in der Synagoge von Livorno«, Ölgemälde von Solomon Alexander Hart, 1850; Jewish Museum, New York

Slichot, Sliches (Sing. Slicha, hebr. »Vergebung«), die den hohen Feiertagen vorausgehenden Zusatzgebete. Diese Bußgebete waren ursprünglich für *Jom Kippur* und die Fastentage verfasst, wurden jedoch später auch in anderen *Gottesdiensten* gebetet. Alle S. gehen von der Aufzählung der 13 Eigenschaften Gottes (Ex 34,6f.) aus. Voraussetzung für die Vergebung ist in der jüdischen Tradition die Umkehr. Es gibt verschiedene Kategorien der S.:

1. Tochacha (hebr. »Ermahnung«), hier soll der Betende sein Schicksal bedenken
2. Bakascha (hebr. »Bitte«), mit dem Leiden Israels und den Bitten um Gottes Barmherzigkeit
3. Gesera (hebr. »böser Erlass«) mit der Beschreibung der verschiedenen Verfolgungen und Leiden, insbesondere der *Kreuzzüge*
4. *Akeda* (hebr. »Fesselung Isaaks«), über das Martyrium
5. Techinna (hebr. »flehende Bitte«), über die Beziehung zwischen Gott und Israel
6. *Widdui* (»Sündenbekenntnis«)
7. Chatanu, mit der Erwähnung der *Zehn Märtyrer.*

Die frühesten S. stammen aus dem 5. Jh.

Söhne Israels → Israel und → Israeliten

Speisegesetze → Kaschrut und S. 310

Sprechgesang → Gottesdienst → Kantor → Toralesung

Stämme, die Zwölf → Zwölf Stämme Israels

Sukkot. Orthodoxe Juden im Jerusalemer Stadtviertel Mea Shearim mit Zweigen des Lulawstraußes zum Laubhüttenfest. Es erinnert an den Auszug der Israeliten aus Ägypten.

Stämme, Zehn verlorene → Zehn verlorene Stämme

Stammmütter → Erzmütter

Stammväter → Erzväter

Stiftszelt, Stiftshütte, Tabernakel, mobiles, auf- und abbaubares, aus Holz, Tüchern, Fellen bestehendes, provisorisches Heiligtum der Israeliten, das sie auf Geheiß Gottes nach seinem Plan, den er *Mose* auf dem *Berg Sinai* offenbarte, an dessen Fuß schufen: als »Wohnstätte« *Gottes* und Ort seiner künftigen Offenbarungen sowie als Aufbewahrungsort der *Gesetzestafeln* bzw. der *Bundeslade.* Der Erbauer war nach Exodus 31,1 bis 11 und 36–39 Bezalel. Das S. begleitete sie auf ihrem Zug durch die Wüsten des Sinai. Nach Exodus 25,1–31; 17; 35,1–40 und 38 bestand das S. aus einem 100 x 50 Ellen großen äußeren Hof, der durch Vorhänge nach außen abgegrenzt war und dessen abgeschirmter Eingang auf der Ostseite liegen musste. Nach oben war die Anlage geöffnet. Vergoldete Säulen aus Akazie mit Sockeln aus Kupfer trugen die Vorhänge. Das Innere bestand aus zwei Quadraten, in dessen westlichen sich das fensterlose *Allerheiligste* (10 x 10 Ellen) mit der Bundeslade befand, abgetrennt durch einen Vorhang. Ein Sichtschutz verdeckte den Eingang des S., ein weiterer stand zwischen dem Heiligtum und dem übrigen Innenhof. Nur den *Priestern,* deren erster *Aaron* war, war es erlaubt, es zu betreten. Im Heiligtum befand sich ein Tisch, die goldene *Menora* und ein vergoldeter hölzener Räucheraltar. Im Ostteil des Innenhofes befand sich ein weiterer *Altar,* auf dem das Brandopfer *(Opfer)* vollzogen wurde und ein Behälter mit Wasser für die rituelle *Waschung.*

Südreich → Juda

Sühne, das Bereuen einer falschen Tat, für die Umkehr (Teschuwa) zu den religiösen Idealen Voraussetzung ist. Jedes Jahr gibt es von neuem die Pflicht, an den zehn Tagen der Buße, den *Hochheiligen Tagen,* zwischen Rosch ha-Schana und Jom Kippur sich seiner *Sünden* bewusst zu werden.

Sühnetag → Jom Kippur

Sukkot (hebr. »Laubhüttenfest«), ursprünglich das Erntedankfest im Herbst (S. 304). Sieben Tage lang sollte man in der Laubhütte essen, besonders fromme Leute übernachten in ihr. Der Brauch erinnert an die Wanderung der Israeliten in der Wüste. Während dieser Zeit wird der *Lulaw*-Strauß mit seinen *Vier Pflanzensorten* geschüttelt und die Zitrusfrucht *Etrog* gehalten.

Sünde, Überschreiten des göttlichen Gesetzes. Der böse Trieb verlockt ständig dazu, die Entscheidung zur S. geschieht aber aus freiem Willen. Das Judentum kennt keine Erbsünde. Sowohl das Volk als der Einzelne können sündigen. S. an den Mitmenschen sollen vor *Jom Kippur* mit diesen bereinigt werden, damit man sich danach an Gott wenden und ihn um Verzeihung bitten kann.

Synagoge, in der jüdischen *Diaspora* entstandene Gebetsstätte, ursprünglich »Haus der Versammlung«. Zentrum einer jüdischen Gemeinde. Sie sollte sich am höchsten Ort der Stadt befinden. → Stichwort S. 411

T

Taanit Ester → Ester Fasten

Tabernakel → Stiftszelt

Takkanot (Sing. Takkana; hebr.), Verordnungen religiöser, ethischer, sozialer und steuerrechtlicher Art der jüdischen *Gemeinden* von der Antike bis zur frühen Neuzeit. Ihre Beachtung konnte bei Androhung von Geldstrafen oder des Bannes durchgesetzt werden. Auch einzelne *Rabbiner* konnten T. erlassen. Besonders bekannt sind die T. des Rabbenu Gerschom (um 960–um 1030) aus Mainz, der für die aschkenasischen Juden die Polygamie verbot und die Stellung der Frau in der Familie stärkte. Die komplizierten Regelungen der *Scheidung,* die im Judentum stets möglich war, erzeugte im 13. Jh. das Bedürfnis einer Koordination der Gemeinden untereinander.

STICHWORT **Synagoge**

Oft wurde der Fußboden der S. tiefer als der in der Umgebung verlegt, um mehr Raumhöhe zu gewinnen. Für das Mittelalter sind die »Frauenschulen« belegt, in denen parallel Gottesdienste gehalten wurden. Danach wurden, wo dies möglich war, Frauenemporen gebaut. Im 19. Jh. wurden die Gitter und Vorhänge oft entfernt. Im deutschsprachigen Raum wurde nach 1810 das Vorlesepult von der Mitte das Raumes nach Osten verlegt. Bankreihen ersetzten die einzelnen Stühle. Je nach Größe der Gemeinde gab es einen separaten Raum, wo die klassischen Quellen gelehrt und gelernt wurden (Beit Midrasch, Lehrhaus). Häufig waren eine Mikwe angebaut oder in der Nähe. Der Vorstand besaß ein Sitzungszimmer mit Schränken. Da das Lernen zentral war, kam der Ausdruck »Judenschule« auf und auf Jüdisch-deutsch »ging« man zur »Schule«, d.h. besuchte die S.

Bis in das 19. Jh. wurden die Synagogen im Stil der jeweiligen Umgebung gebaut. Die Innenstruktur war allerdings anders als die einer Kirche, da an einem zentralen Platz mitten in der Gemeinde aus der Tora vorgelesen wurde. Vom Beginn des 19. Jahrhunderts an wurden viele Synagogen gebaut, in denen direkt vor dem Toraschrank, also im Osten, vorgelesen wurde. Christliche Architekten in Deutschland wählten oft modische neue Baustile aus, so um 1800 den ägyptisierenden und nach 1834 den »maurischen« (bis in die 1880er Jahre). Mit dem Zuzug der Juden zu den Städten wurden viele Synagogen so gebaut. Das herausragende Beispiel war die Neue Synagoge an der Oranienburgerstraße in Berlin. Danach wurden neugotische und Jugendstil-Synagogen errichtet, nach 1918 hielt die Neue Sachlichkeit Einzug. Die meisten Synagogen wurden 1938 geschändet oder zerstört. Oft blieb nur die Gebäudehülle übrig. Sie wurden nach 1945 des öfteren abgerissen, wie eine Studie von Thea Altaras für Hessen zeigt. An diese Schlichtheit knüpfte der Synagogenbau der Nachkriegszeit in Deutschland an. In den 1970er Jahren wurden aufwändigere Synagogen und Gemeindezentren gebaut. Oft griff man auf die nach der Raummitte orientierten Struktur zurück. Analog zur Architektur-Mode hat in den jüngsten Bauten die Postmoderne Einzug gehalten (Heidelberg, Aachen, Dresden, Chemnitz).

Im Vordergrund der Neuen Synagoge in der Oranienburger Straße in Berlin steht das Vorbeterpult (Chasan), dahinter der Toraschrein, links und rechts daneben ein siebenarmiger Leuchter (Menora).

Innenraum der Prager Synagoge mit Blick auf den Vorhang des erhöhten Toraschreins

Ein Davidstern ziert die Kuppel der Neuen Synagoge in der Berliner Oranienburger Staße.

Fritz Landauer (1883–1968) erbaute 1914–17 die Augsburger Synagoge im Jugendstil.

Synagoge in Darmstadt mit überkuppeltem Toraschrein, Bima und Emporen

Talmud. Seite einer Handschrift aus dem 15. Jh. mit der Darstellung der Ankunft Elias; Library of Congress, Washington

Dies führte im 13. Jh. zu Versammlungen, aus denen die »Satzungen der heiligen drei Gemeinden« (Speyer, Worms und Mainz) hervorgingen. Diese blieben für das gesamte aschkenasische Judentum bedeutsam. Im 17. und frühen 18. Jh. erließen deutsche jüdische Gemeinden T., die die persönliche Lebensführung betrafen und die den allgemein üblichen »Sittenmandaten« und ihren Luxusverboten nachempfunden waren. Mit dem Verlust der Autonomie der jüdischen Gemeinden in der zweiten Hälfte des 18. und im frühen 19. Jh. in Westeuropa schwand die Bedeutung der T.

Tallit → Gebetsmantel

Talmud (hebr. »Lernen«, pl. Talmudim), Sammlung der Diskussionen und Kommentare der *Amoräer* zur *Mischna (Gemara).* Neben hauptsächlich religionsgesetzlichen Texten enthält der T. auch diese begründende Erzählungen, theologische Spekulationen und moralische Lehren. Es gibt einen palästinensischen oder Jerusalemer T., dessen Endredaktion um 425 n. Chr. stattfand, und den babylonischen T., der im 6. Jh. n. Chr. seine endgültige Form erhielt. Beide sind in *Aramäisch* verfasst, aber in unterschiedlichen Formen der Sprache. Der babylonische T. ist der umfangreichere und aus historischen Gründen weiter verbreitet. Der T. wird auch als »Schas« bezeichnet, eine Abkürzung von »Schischa Sidrei« (hebr. »sechs Ordnungen«). In diesen sechs Ordnungen spiegelt der T. die Struktur der Mischna. Nicht nur sind die beiden Talmudim, und hier besonders der babylonische, die wichtigste Quelle für die *Halacha,* sie sind gleichzeitig auch das wichtigste Zeugnis für die reale und geistige Welt des Judentums dieser Zeit.

Talmudseite, seit der Bomberg-Talmud-Ausgabe (Venedig, 1520) ist die Anlage einer T. immer gleich geblieben: In der Mitte stehen *Mischna* und *Gemara,* um die sich die Kommentare gruppieren. Der Kommentar Raschis (Rabbi Salomon ben Isaak, 1040–1105) wird stets auf die innere Blatthälfte gesetzt; dabei wird die sog. Raschischrift benutzt, die von der normalen hebräischen Druckschrift abweicht. Die *Tossafot* werden immer in der äußeren Blatthälfte gedruckt, meistens auch in Raschischrift. Ganz links und rechts außen, jenseits von Raschi und den Tossafot, befinden sich die Kommentare und Querverweise weiterer Talmudgelehrter. Die obere Leiste dient der Orientierung innerhalb der Bände: Blattzahl, *Traktat,* Kapitelnummer, Kapitel. Die immer gleich bleibende Struktur einer jeden T. hilft Lernenden, sich in der großen Materialfülle zurechtzufinden, und erleichtert auch Seiten auswendig zu lernen. Die meisten heutigen Ausgaben sind Reproduktionen der Wilnaer Ausgabe, die Ende des 19. Jh. in 20 Bänden erschien.

Talmudverbrennung, Schriftenverbrennung, 1240 erhob Nicholas Donin, ein zum Christentum übergetretener Jude, die Anschuldigung, dass der *Talmud* gegen Jesus gerichtete, blasphemische Stellen enthalte. Daraufhin fand in Paris ein öffentliches Streitgespräch zwischen Nicholas Donin und Rabbi Jehiel aus Paris statt, an dessen Ende König Ludwig IX. (1226–70) alle Exemplare des Talmuds konfiszieren und verbrennen ließ. 24 Wagenladungen wurden 1242 verbrannt. Dies blieb kein Einzelfall. Die Päpste befürworteten meist die T., aber erst mit Aufkommen der Inquisition ließ Papst Julius III. 1552 den Talmud wieder im großen Stil verbrennen. Angeblich wurden allein in Venedig über 1000 Exemplare des Talmuds und anderer heiliger Schriften verbrannt. Die letzte öffentliche T. vor den Zerstörungen durch die Nationalsozialisten fand 1757 in Polen statt, wo über 1000 Exemplare verbrannt wurden.

Tammus, 10. Monat des jüdischen Kalenders (Juni/Juli) mit dem Feier- und Fastentag *17. Tammus* als Gedenktag der Belagerung Jerusalems durch die Babylonier.

Tanach, jüdische Bezeichnung der hebräischen *Bibel.* T. ist ein Kunstwort bzw. Akronym aus den Anfangsbuchstaben seiner drei Hauptteile *Tora, Newiim* und *Ketuwim.*

Tannaiten (Sing. Tanna), jüdische Weise und Lehrer in der Zeit vom Ende des Zweiten Tempels 70 v. Chr. bis etwa 220 n. Chr. Das ist die Zeit von Hillel (spätes 1. Jh. v. Chr.–frühes 1. Jh. n. Chr.) und Schammai (50 v. Chr.–um 30 n. Chr.) bis Juda ha-Nasi (um 150–um 220).

Targum (aram. »Übersetzung«), sinngemäße, umschreibende Übersetzung des biblischen Textes ins *Aramäische.* Der genaue Wortlaut dieser Paraphrase wurde im 5. Jh. n. Chr. in Babylonien festgelegt. Ursprünglich entstanden, weil während der *Toralesung* das hebräische Original für viele Gemeindemitglieder im Persischen Reich nicht mehr verständlich war und eine Übersetzung in die aramäische Umgangssprache notwendig war, wurde es später dem biblischen Text beigefügt, um – ebenso wie Raschis (Rabbi Solomon ben Isaac; 1040–1105) Kommentar – zur Verständlichkeit beizutragen. Die Toralesung wurde sozusagen simultan übersetzt und mit auf den Ort der Lesung bezogenen Anmerkungen versehen. Aus diesem Grund waren verschiedene mündliche Versionen im Umlauf und auch später, als einige der Übersetzungen schriftlich festgehalten wurden, blieben verschiedene Versionen erhalten.

Taschlich, symbolische Zeremonie des Wegwerfens der Sünden am ersten oder zweiten Tag von *Rosch ha-schana,* je nachdem ob einer von ihnen auf *Sabbat* fällt, meist in der Nähe eines Flusses oder eines Meeres. Der Brauch ist erst bei Rabbiner Jacob Molin (»Maharil«) aus Mainz belegt (15. Jh.).

Tass, meist silbernes Schild einer Torarolle. Es enthält eine Vorrichtung zum Austausch von Täfelchen, mit denen die Festtage gekennzeichnet werden. Oft sind zwei gedrechselte Säulen eingehämmert. Es finden sich Löwen (Symbol für den Stamm Juda) oder eine Krone (Königtum der Tora) als Symbole.

Taufbewegung, nach der Mission des frühen Christentums gab es im mittelalterlichen Spanien unter Druck zwei größere T.: 1391 in Sevilla und Umgebung und 1492 anlässlich der allgemeinen Vertreibung der *Sephardim* aus Spanien. Damals trat etwa die Hälfte der Juden zum Christentum über. Auch nach dem Abfall des Pseudomessias Sabbatai Zwi (1626–1676; *Sabbatianismus)* vom Judentum wandten sich einige Anhänger dem Islam zu. In der Neuzeit übten die europäischen Staaten einen Taufdruck aus, denn in Deutschland und Österreich-Ungarn wie auch in Russland standen Juden wichtige Ämter erst nach ihrer Taufe offen. Die T. nahm im Westen durch die Emanzipation seit den 1860er Jahren ab. In Wien traten allerdings zwischen 1881 und 1927 20000 Juden zum Christentum über. Die evangelische Judenmission versuchte nach den 1820er Jahren v. a. unter den armen osteuropäischen Juden Anhänger zu finden, doch blieb ihr Unternehmen wenig erfolgreich. Einige Konvertiten wurden scharfe Judenfeinde, etwa Johannes Pfefferkorn (1469–1521/22), der die jüdischen Schriften um 1504 denunzierte, oder der Rechtsphilosoph und Politiker Friedrich Julius von Stahl (1802–1861), der die Ideologie vom christlichen Staat im 19. Jh. formuliert hatte. Andere Konvertiten setzten sich im 19. Jh. gegen den *Antisemitismus* ein. Ein prominenter Konvertit ist der ehemalige polnische Jude Kardinal Lustiger, jetzt Erzbischof von Paris, der während der deutschen Besetzung Polens in einem Kloster versteckt übertrat. Er gehört zu den Vertrauten des polnischen Papstes Johannes Paul II. und ist ein Förderer des christlich-jüdischen Dialogs.

Taufe, erzwungene → Anusim

Teba → Bima

Tefilla → Gebet

Tefillin → Gebetsriemen

Tempel (hebr. Bet ha-Mikdasch), der zentrale, heiligste Ort des jüdischen Glaubens und Kultus, auf dessen Wiedererstehung in messianischer Zeit *(Messias)* sich Glaube und Hoffnung richten. Er ist das Zentrum des jüdischen Gottesdienstes, auf das die Gebete aller Juden ausgerichtet sind *(Gebetsrichtung),* und der jüdischen Gotteserfahrung, die ohne den T. immer unvollständig bleiben wird. Der einzige für den T. geheiligte Ort ist der *Tempelberg* in Jerusalem, auf dem nach der Zerstörung des ersten und des zweiten T. auch der in Ezechiels Vision (Ez 40–44) beschriebene dritte T. stehen soll. Das Vorhaben der Errichtung eines Tempels geht auf König *David* zurück, der seinen Ort, den *Berg Morija* in Jerusalem, bestimmte, Bauarbeiter rekrutierte und Baumaterial heranschaffen ließ. Nach 1 Kön 6–8 und 2 Chr 3–5 ließ erst König *Salomo* den ersten T. in Jerusalem 966–959 v. Chr. dort errichten. Das Traktat Middot (hebr. »Maße«) der *Mischna* beschreibt ihn in fünf Kapiteln. Dem Bauplan des T. diente das

Tass. Jüdische Ehrenträger mit Gebetsmantel und Kippa bei der Einweihung der neuen Synagoge in Dresden am 9. November 2001. Die Tafeln auf den silbernen Schildern (Tass) der Torarollen zeigen die Fest- und Feiertage an.

Tempel. Rekonstruktion des Zweiten Tempels (um 520–515 v.Chr.) und des Tempelbezirks, der ab 20 v.Chr. unter König Herodes I. monumental ausgebaut wurde; die Bauarbeiten währten bis zur Zerstörung des Tempels im 1. Jüdisch-römischen Krieg. In der Mitte des riesigen umgrenzten Areals auf dem eingeebneten Tempelberg befand sich der von Ost (r.) nach West (l.) orientierte Tempel. Vor seiner Ostfront lag der Priesterhof mit dem Brandopferaltar und dem Ehernen Meer. Letzteres befand sich nach der Forschung jedoch nur im Salomonischen Tempelhof; insofern irrt diese Rekonstruktion. Östlich davon erstreckte sich der Frauenhof. Im Süden (u.) durchbrachen das Doppelte und das Dreifache Tor die Ummauerung. Zwischen den beiden Südtoren und der Umgrenzung des Tempels breitete sich der Hof der Helden aus. Im Nordwesten erhob sich die Festung Antonia. Der Mauerabschnitt im Südwesten (l. u.) bildete eine über 18 m hohe Stützmauer. Dieser Teil blieb als einziges Baudenkmal erhalten und ist heute als »Klagemauer« eine heilige Wallfahrtsstätte.

Stiftszelt als Vorbild und setzte architektonisch die Vorstellung von konzentrisch abgestuften Bereichen der Heiligkeit um: Vor der Vorhalle standen die beiden Säulen Jachin und Boas, diese wurde vom Hauptraum (Hechal) gefolgt, in dem der Tisch mit *Schaubroten,* zehn Leuchter und ein Räucheraltar standen. Dahinter befand sich das *Allerheiligste* (»Debir«) mit der *Bundeslade* und ihren beiden Wächtern, den *Kerubim.* Der T., an den sich im Süden der Palastkomplex anschloss, befand sich in einem Hof mit Brandopferaltar und riesigem Wasserbecken *(Ehernes Meer);* nach Osten folgten weitere Höfe. Dieser T. wurde 586 v.Chr. durch die Truppen des babylonischen Königs Nebukadnezar zerstört. Zweiter T.: Nachdem die Israeliten aus dem babylonischen Exil *(Babylonien)* zurückgekehrt waren, begann der Bau des Zweiten T. um das Jahr 520 v.Chr. Er war schlichter als der Erste T. und wurde mehrmals umgebaut. Der letzte, der den Tempel umbaute, war König Herodes I., der Große (um 72 bis 4 v.Chr.), in den Jahren 20/19 v.Chr. Im Jahr 70 n.Chr. wurde der Zweite T. durch die Römer zerstört und der Tempelkult fand ein Ende. Im Hauptraum, dem »Hechal«, stand eine *Menora.* Die traditionelle Anlage maß 500 x 500 Ellen, Herodes der Große ließ sie im Norden, Osten und Süden durch eine weitere Hofanlage erweitern. Die Tempelanlage *(Tempelberg)* hatte aber auch strategische Bedeutung; sie war die stärkste Festung Jerusalems. Die Zerstörung des Zweiten T. im Jahr 70 n.Chr. wurde durch die Jahrhunderte im Judentum als katastrophales Ereignis verstanden und auch datumsmäßig mit der Zerstörung des Ersten T. gleichgesetzt und betrauert *(Tischa be-Aw).* Die erhaltene westliche Substraktionsmauer ist heute die *Klagemauer.* Bis zur Aufklärungsepoche – und im orthodoxen Judentum auch weiterhin – wurde der Aufbau des Dritten T. in der Endzeit, der messianischen Zeit, erwartet *(Eschatologie).*

Tempelberg, ummauerte Anhöhe in *Jerusalem,* auf der sich der erste und der zweite *Tempel* befanden. Der T. ist die heiligste Stätte des Judentums *(Akeda* und *Berg Morija).* Innerhalb dieses Gebiets werden noch einmal unterschiedliche Sphären der Heiligkeit unterschieden, vom heiligsten Ort, der Stelle an der das Allerheiligste (»Debir«) stand; bis zu dem Teil, den das Volk nach entsprechender ritueller Reinigung zum Gottesdienst betreten durfte. Der eigentliche T. befand sich wahrscheinlich zwischen dem heutigen Felsendom und der Al-Aqsa-Moschee. Auch nach der Zerstörung des zweiten Tempels sahen die religiösen Autoritäten den T. als heilige Stätte an. Dies bedeutet, dass nach dem Religionsgesetz Juden den T. nicht betreten dürfen, da die zur vorherigen rituellen Reinigung notwendige Zeremonie nach Zerstörung des zweiten Tempels nicht mehr möglich ist *(Rötliche Kuh).* Einige wenige religiöse Autoritäten erlauben, dass bestimmte Bereiche unter bestimmten Umständen betreten werden dürfen.

Tetragrammaton → El

Tewet, 4. Monat des jüdischen Kalenders (im gregorianischen Kalender der Zeitraum Dezember/Januar).

Theodizee (von griech. theos »Gott«, dike »Gerechtigkeit«), insbesondere in monotheistischen Religionen die Frage einer theologisch-philosophischen Rechtfertigung *Gottes* angesichts des Leidens und des Bösen in der Welt. Im Judentum gibt es die frühe biblische Erkenntnis, dass Leiden eine Folge von *Sünde* sei und zugleich unausweichlicher Bestandteil des Lebens (Gen 3,16–19): Als Folge des Sündenfalls wird *Eva* unter Schmerzen gebären und *Adam* unter Mühsal seinen Lebensunterhalt erwerben, im Schweiße seines Angesichts bis zum Tod arbeiten. Es gilt auch der Umkehrschluss: Wo du Leiden siehst, dort ist auch Sünde. Doch bereits *Abraham* erhebt Vorwürfe gegen Gott, weil das Leiden unverdient und unverhältnismäßig erscheint. Besonders aber seit dem Buch Ijob (Hiob) wird das Verhältnis von Leiden und Gerechtigkeit sowie die Zulassung von Leid und Bösem durch Gott ein wichtiges Thema. Seit dem unfassbaren Grauen der *Schoa* bildet die T. den neuralgischen Punkt innerhalb der *Holocaust-Theologie.*

Tiberias, Stadt in Israel am Westufer des See Genezareth, eine der vier heiligen Städte des Judentums. T. wurde 21 n. Chr. gegründet und nach dem römischen Kaiser Tiberius (reg. 14–37 n. Chr.) benannt. Vom 2. Jh. bis ins frühe Mittelalter war T. ein Zentrum jüdischer Gelehrsamkeit und Sitz des *Sanhedrins.* In T. wurden die *Mischna* und der palästinensische *Talmud* redigiert. 1099–1187 war T. in der Hand der Kreuzfahrer.

Tischa be-Aw (hebr. »Neunter Aw«), Trauer- und Gedenktag, der an die Zerstörung des ersten *Tempels* und *Jerusalems* durch die Babylonier 586 v. Chr. und des zweiten Tempels durch die Römer 70 n. Chr. erinnert sowie an die Niederschlagung des *Bar-Kochba-Aufstandes* 135 n. Chr. und die Vertreibung der Juden aus Spanien 1492. Eine Trauerzeit von drei Wochen, die der Belagerung Jerusalems gedenkt, bereitet diesen Tag vor. Mit dem Beginn des Monat Aw wird auf Wein, Fleisch und tierische Fette verzichtet, am T. selbst wird von Sonnenaufgang bis Sonnenuntergang gefastet. Es werden Klagetexte (Teile aus den Büchern Ijob, Klagelieder, Jeremia) gelesen. Abends und morgens ist die *Synagoge* ungeschmückt, weder Lederschuhe noch *Gebetsmantel* und *Gebetsriemen* werden angelegt. Fällt der T. auf einen *Sabbat,* wird er um einen Tag verschoben, da er sich mit der Trauer nicht vereinbaren lässt. Im 19. Jh. hat das *Reformjudentum* (s. auch S. 292) diesen Fastentag nicht mehr begangen, da ihm die

Tiberias. Blick von der Kirche der Bergpredigt auf den See Genezareth bzw. das Galiläische Meer. Zur heiligen Stätte der Juden wurde Tiberias erst in nachbiblischer Zeit aufgrund der Gräber der Rabbiner Akiba und Maimonides, der in Kairo lebte, aber kurz vor seinem Tod 1204 Tiberias aufsuchte. Zur Zeit der römischen Besatzung betrat kein frommer Jude die über heiligen Gräbern erbaute Stadt, und das Neue Testament spricht nur beiläufig von der Stadt am See: Nach der Rede über seine Vollmacht »ging Jesus an das andere Ufer des Sees in Galiläa, der auch See von Tiberias heißt« (Joh 6,1; vgl. Joh 21,1).

Tora. Das sogenannte Toraschild (Tass) schützt die Torarolle. Eine Krone symbolisiert das Königtum der Tora und Säulen erinnern an die Säulen des Tempels Salomos. Den Mittelteil nehmen die beiden Gesetzestafeln mit je fünf der Zehn Gebote ein. Darunter bietet ein Wechselrahmen Platz für Schriftplättchen mit dem Namen des jeweils aktuellen Festtags.

Trauer um den Tempel und der damit verbundene Wunsch seines Wiederaufbaus überholt erschienen. Heute begehen auch viele Reformjuden diesen Tag mit *Fasten,* um der *Schoa* zu gedenken.

Tischri, 1. Monat des jüdischen *Kalenders* (im gregorianischen Kalender: September/Oktober), mit den Festtagen *Rosch ha-schana* (Neujahr) am 1. T., *Jom Kippur* (Sühnetag) am 10. T., *Sukkot* (Laubhüttenfest), das am 15. T. beginnt, und *Simchat Tora* (hebr. »Freude der Lehre«) am 23. T.

Toldoth Jeschu (»Geschichte«, »Abstammung von Jesus«), polemische Lebensbeschreibung Jesu, vermutlich aus italienisch-jüdischer Quelle (8. Jh.). *Jesus* wird als unehelicher Sohn von Miriam und Josef Pandera geschildert, der aus der jüdischen Gemeinde ausgestoßen worden sei, weil er Gottesnamen *(Gott)* zu magischen Zwecken *(Magie)* missbraucht habe. Er habe einen Kampf mit *Juda* verloren. Nach dem Pessachmahl sei er erhängt worden. Seine Leiche sei jedoch nicht mehr auffindbar gewesen, was seine Jünger mit der Theorie von der Wiederauferstehung zu überspielen suchten. Wunder und der Erlösungsgedanke des Leben Jesu nach christlicher Auffassung (jungfräuliche Geburt, Wundertätigkeit, Wiederauferstehung) werden auf diese Weise karikiert. Die jüdischen Forscher des 19. Jh. distanzierten sich von dieser Überlieferung. Samuel Krauss hat sie 1902 kritisch untersucht.

Toleranzedikt von 1812, Anerkennung der Juden als gleichberechtigte Staatsbürger durch den nicht eben judenfreundlichen Friedrich Wilhelm III. von Preußen (reg. 1797–1840) im Zuge der napoleonischen Politik. Das T. verlangte im Gegenzug von den Juden u. a. folgende Konzessionen: Annahme eines Familiennamens, Verwendung der deutschen Sprache im Geschäftsverkehr, Aufgabe der innerjüdischen Gerichtsbarkeit. Das T. schloss Juden aufgrund ihres Glaubens *(Antijudaismus)* erneut aus einer Reihe von Berufen und Ämtern aus, v. a. durften sie nicht Offiziere, Richter und Lehrer werden. Trotz der Einschränkungen setzte sich das Edikt nur langsam durch. In der Folge führte das halbherzige T. verstärkt zu *Assimilation* und *Konversion* zum christlichen Glauben vieler, vor allem gebildeter Juden, um die Barrieren des Edikts zu umgehen; andererseits verstärkte es die antijüdischen Tendenzen in allen Gesellschaftsschichten und Kirchen. Ab 1819 kam es für ein Jahrzehnt immer wieder zu den sog. Hep-Hep-Krawallen gegen Juden. Ihre uneingeschränkte Gleichberechtigung erhielten die Juden erst mit der Verfassung des Deutschen Reichs von 1871.

Toleranzpolitik, Einschränkung antijüdischer Gesetze. Viele Fürsten wollten in der zweiten Hälfte des 18. Jh. die Wirtschaft ihrer Staaten fördern. Sie zogen dazu auch Unternehmer heran, die nicht die dominante Konfession aufwiesen. So verbesserte Kaiser Josef II. von Österreich (reg. 1765–90) zuerst die Stellung der Protestanten im katholischen Österreich und schaffte danach mit den Toleranzpatenten (1782–89) viele diskriminierende Bestimmungen gegen Juden ab. Er öffnete ihnen das allgemeine Schulwesen und erhoffte sich eine Berufsumschichtung. Juden sollten keine Kleinhändler mehr sein, sondern Unternehmer, Wissenschaftler, Handwerker und Bauern werden. Dieser »Produktivierungsdruck« gegenüber den Juden ist in den Gesetzgebungen vieler deutscher Staaten noch bis zur Mitte des 19. Jh. erkennbar.

Tora (hebr. »Lehre«), die Lehren und Gesetze des jüdischen Glaubens: 1. im engeren Sinn die im ersten und ältesten Teil des Tanach (hebräische *Bibel)* aufgezeichneten fünf Bücher des *Mose,* die auch als *Pentateuch* oder Chumasch (von hebr. »Fünf«) sowie als Schriftliches Gesetz oder *Lehre* bezeichnet werden. Der Begriff T. kann wiederum, bezogen auf den Chumasch, alle Gesetze zu einem bestimmten Thema bedeuten oder die Gesamtheit aller Gesetze. Der Chumasch besitzt bei allen jüdischen Glaubensrichtungen einschließlich der Sonderformen (S. 311) höchste Autorität und gilt als heilig; nur die *Samaritaner* besitzen ihren eigenen Pentateuch. Die hebräischen Namen der Bücher leiten sich von den ersten Worten des Beginns des jeweiligen Buches her: beReschith (hebr. »im Anfang«), Schemoth (hebr. die »Namen«), vajikra (hebr. »Er rief«), baMidbar (hebr. »in der Wüste«) sowie Dewarim (hebr. die »Reden«). Die T. enthält die Schöpfungsgeschichte und die Frühgeschichte der *Israeliten* bis zu Moses Tod sowie die ihm von *Gott* offenbarten Lehren, Gebote und Gesetze, die bis heute die Grundlage des jüdischen Lebens bilden. Nach rabbinischer Lehre erhielt Mose den Chumasch in Gänze von Gott auf dem *Berg Sinai* und schrieb ihn allein nieder – Letzteres hat die jüdische wie christliche Bibelforschung widerlegt ebenso wie die Reihenfolge der fünf Bücher nach ihrer Entstehung: das 5. Buch Mose (Deuteronomium) ist z. B. vor dem 2. Buch Mose (Exodus) entstanden. Seit etwa dem 4./5. Jh. wird die T. auf eine Pergamentrolle, die *Torarolle,* geschrieben, später für den Gebrauch außerhalb der *Synagoge* auch als Handschriften-Kodizes hergestellt und ab dem 15. Jh. gedruckt.

2. Im erweiterten Sinn wird der Begriff T. für die gesamte hebräische Bibel (hebr. Tanach) verwendet, d.h. für das schriftliche Gesetz und das *Mündliche Gesetz* mit den Lehren der *Propheten (Newiim)* und den Hagiografen *(Ketuwim).* Das Mündliche Gesetz gilt als ebenso von Gott gegeben und heilig. Einige historische wie heutige innerjüdische Glaubensrichtungen lassen nur den Chumasch als Tora gelten *(Karaiten).*

Eine erste Gesamtausgabe der hebräischen Bibel wurde 1488 in Soncino in Norditalien gedruckt. Obwohl danach viele verschiedene jüdische und christliche Ausgaben der hebräischen Bibel erschienen sind, gibt es kaum inhaltliche Unterschiede, da sie alle auf dem masoretischen Text basieren *(Massora).*

Toragebote, die von der Tora vorgeschriebenen *613 Gebote* und Verbote.

Toralesung, öffentliche Lesung der *Tora,* d.h. des *Pentateuch* (hebr. Chumasch), während des *Gottesdienstes* in der Synagoge. Die T., die bereits zur Zeit des *Tempels* Bestandteil des Gottesdienstes war, erfolgt seit dem 4./5. Jh. bis heute von den *Torarollen,* die in ritueller Form dem *Toraschrein* entnommen und auf das Lesepult auf der *Bima* gelegt werden. Dabei muss wie bei anderen wichtigen Vorgängen des Gottesdienstes ein *Minjan,* mindestens zehn jüdische Männer, anwesend sein. Am Ende der Lesung wird die Torarolle wieder feierlich in den Toraschrein zurückgestellt. Seit dem 12. Jh. ist es Brauch, den gesamten, in 54 Wochenabschnitte (hebr., Sing. *Parascha*) unterteilten Chumasch während eines Kalenderjahres in der *Synagoge* vorzulesen, beginnend am *Sabbat* nach *Sukkot* und endend an *Schemini Azaret* bzw. *Simhat Tora.* Den Abschluss der jahreszyklischen Lesung bildet die *Haftara,* ein Text aus den prophetischen Büchern. Die wöchentliche Lesung findet an Sabbat, am Montag und Donnerstag (den ursprünglichen Markttagen) während des Morgengottesdienstes statt, an den Feier- und Festtagen sowie an Neumond *(Rosch Chodesch)* auch während des Nachmittagsgottesdienstes. Einzelne Ge-

Tora. Torakasten aus einem hölzernen Kern mit vergoldetem Silberblech, Türkei, 1860; Musée National des Thermes et de L'Hôtel de Cluny, Paris

Tora. Vermutlich in Italien gefertigter Vorhang für den Toraschrein. Das Tuch aus Samtseide ist mit Metallfäden, Flussperlen und Seidenapplikationen bestickt, 1601/02; Staatliches Museum, Prag

meindemitglieder werden aufgerufen, aus der Tora vorzulesen und über ihr einen Segen *(Alija)* zu sprechen. Die Zahl der aufgerufenen Gemeindemitglieder richtet sich nach der Bedeutung des Tages, am Sabbat mindestens sieben. Der zuerst Aufgerufene muss ein *Kohen* sein, ein Nachfahre der Priester (s. auch *Aaroniden),* der zweite ein Nachkomme der *Leviten (Levi);* danach folgen Laien. Wichtige Familienereignisse wie eine Geburt, ein *Bar Mizwa* oder das Ende der Trauerzeit werden ebenfalls durch einen Aufruf gewürdigt. Die Lesung erfolgt in traditionellem Sprechgesang. Da der Text der Torarolle ohne Vokale, Punktation oder Akzente geschrieben ist, erfordert ein fehlerfreies Lesen viel Übung. Daher ist es heute üblich, dass nicht die Aufgerufenen selbst, sondern ein geübter Vorbeter *(Kantor)* den Text liest, nicht zuletzt weil auch allgemein die Hebräisch-Kenntnisse abgenommen haben.

Torarolle, die traditionell nach genauen religionsgesetzlichen Regeln hergestellte Rolle aus zusammengenähten Pergamentstücken mit den handgeschriebenen fünf Büchern *Mose,* dem *Pentateuch* (hebr. Chumasch). Sie wird nur für den *Gottesdienst* in der Synagoge benutzt und im *Toraschrein* aufbewahrt. Zum Ein- und Ausheben der großen T. aus dem Schrein und ihrem Öffnen (hebr. Petiha) erhebt sich die Gemeinde und folgt dem Vorgang mit den Augen. Die T. besitzt besondere Heiligkeit. Nach der Zerstörung des *Tempels* ist sie an die Stelle der *Gesetzestafeln* getreten, während der *Toraschrein* auf die *Bundeslade* zurückgeht. Die T. wird über zwei seitliche Holzstäbe, die »Bäume des Lebens« (hebr. Azei hajjim) gerollt, sodass sie nach beiden Seiten aufrollbar ist. An ihren oberen Enden befinden sich zwei Knaufe (hebr. Rimmonim), oft verziert mit einer offenen Silberkrone (hebr. Keter), die die Herrschaft der Tora über das jüdische Volksleben symbolisiert. Die *Aschkenasim* hüllen ihre T. in einen meist aus Samt gefertigten, kunstvoll ausgeführten, bestickten und mit Bändern verzierten Toramantel ein, an dem Schilde aus Edelmetall *(Tass),* befestigt sind, z.B. eine Brustplatte – eine Erinnerung an jene des *Hohepriesters.* Bei den *Sephardim* werden die Rollen von einem trommelartigen, kunstvoll verzierten Holz- oder Silberbehälter mit Scharnieren umgeben. Zum Lesen der T. wird, um Verunreinigung oder Beschädigung zu vermeiden, ein Zeiger mit handförmigem Ende benutzt, der Jad (hebr. »Hand«).

Toraschrein, Lade (hebr. Aron ha-Kodesch), bei den *Sephardim* Heichal (»Heiligtum«) genannt, Aufbewahrungsort der *Torarollen* in der *Synagoge.* In den westlichen Ländern steht der T. – meist in eine Nische eingefügt – üblicherweise an der Ostseite der Synagoge, d.h. in Richtung des *Tempelbergs* in *Jerusalem,* und ist der meist aufwändig gestaltete und verzierte heiligste Bereich der Synagoge. Bei den *Aschkenasim* verdeckt oft ein Toravorhang die *Torarollen.* Häufig ist der T. mit einer Nachbildung der oben halbrund abgeschlossenen steinernen *Gesetzestafeln* verziert. Vor ihm befindet sich das brennende Ewige Licht *(Ner Tamid)* und häufig auch die *Bima.* Zum rituellen Öffnen des T. (hebr. Petiha) und Entnehmen der Torarollen zur Lesung während des *Gottesdienstes* erhebt sich die versammelte Gemeinde, ebenso beim Zurücklegen. Auch bei bestimmten wichtigen *Gebeten* wird der T. geöffnet.

Torawimpel, aus einer bei der *Beschneidung* verwendeten Windel gefertigte Stoffstreifen, die mit den Wünschen für den Lebensweg des Jungen bestickt oder bemalt sind sowie dem *Segensspruch:* »Er wachse heran zur *Tora,* zur *Chuppa* und zu guten Werken.« Oft sind die Motive das Torastudium, die Hochzeit und neben hebräischen Texten Blumen, Ranken und Tiere als Verzierung. Die Eltern oder die Paten stiften die T. der *Synagoge;* in Deutschland ist es Brauch, dass der Junge sie selbst bei seinem ersten Synagogenbesuch übergibt. Die T. werden als Befestigung um die *Torarollen* geschlungen. Der Brauch der T. ist bei *Aschkenasim* erst seit dem 18. Jh. bekannt.

Tortosa, Gespräch von, 1413/14 in Spanien erzwungene jüdisch-christliche Glaubensdisputation unter dem Vorsitz des (Gegen-) Papstes Benedikt XIII. (reg.1394–1417) in einer Zeit des Niedergangs der spanischen *Sephardim,* das v.a. den Zweck der Missionierung verfolgte. Wortführer der christlichen Seite war der *Apostat* Josua Lorki, der sich Geronimo de Santa Fé nannte. Er wollte die Messianität *Jesu* aus dem *Talmud* beweisen. Einige Juden traten in Folge des Druckes zum Christentum über *(Marranen).* 1415 verfügte Benedikt XIII., dass alle Talmudexemplare verbannt werden sollten. Weniger als 80 Jahre später erfolgte die Vertreibung der Juden aus Spanien (1492).

Tos(s)efta (aram. »Hinzufügung«), Kommentar zur *Mischna (Baraita),* dessen Autoren unbekannt sind. Wahrscheinlich im 4. Jh. im *Erez Israel* verfasst.

Tos(s)afot (hebr. »Zusätze«), Ergänzungen zu den Bibel- und Talmudkommentaren Raschis, des Gelehrten *Rabbi* Solomon ben Isaac (1040–1105), verfasst von seinen Nachkommen und Schülern. Ursprünglich handelte es sich um einfache Zusätze und Notizen zu Raschis Kommentaren, die im Laufe der Zeit aber immer umfassender wurden. Die Talmudhochschulen *(Jeschiwa)* Deutschlands und Frankreichs waren im 12. und 13. Jh. bekannt und berühmt für ihre Forschungs- und Lehrmethoden. Die T. spiegeln diese charakteristischen Forschungsansätze wider *(Talmudseite).*

Totenruhe, im Judentum ist die ewige Totenruhe üblich. Ein Grab darf nicht aufgehoben und nur unter ganz besonderen Bedingungen verlegt werden. Der Glaube an die Wiederauferstehung der Toten in der messianischen Endzeit bildet dafür die Grundlage. Jegliche Störung der Totenruhe gilt als schweres Verbrechen. Jüdische *Friedhöfe* wurden aber in allen Zeiten immer wieder geschändet, auch in Deutschland nach 1945.

Traktat (hebr. Massechet, Pl. Massechtot), Abhandlung eines Themas oder mehrerer verwandter Themen in der *Mischna* oder dem sich an sie anschließenden *Talmud.* Beide sind in sechs Ordnungen (hebr. *Seder)* unterteilt, die den Stoff der *Mündlichen Gesetze* grob untergliedern. Jede dieser sechs Sedarim enthält eine unterschiedliche Anzahl von T., die ihrerseits wieder in Kapitel unterteilt sind. So enthält der Seder Semanim (hebr. »Zeiten«), dessen übergeordnetes Thema die Fest- und Fastentage (S. 303) sind, u.a. die T. *Sabbat* und *Rosch ha-Schana.* Mischna wie Talmud enthalten 63 T.

Trauerriten, dem Sterbenden wird das Glaubensbekenntnis *Schema Israel* vorgelesen, *Psalmen* werden für seine mögliche Genesung rezitiert. Beim Hören der Nachricht vom Tod eines nahen Verwandten wird die Kleidung etwas eingerissen. Der Tote wird nach der Leichenwaschung, die von der Beerdigungsbruderschaft oder -schwesternschaft durchgeführt wird, in die Leichengewänder (hebr. sargenes, »Kittel«) gekleidet. Wenn die nächsten Angehörigen nicht weit entfernt wohnen, wird auf eine rasche Beerdigung geachtet. In der Trauerhalle der jüdischen *Gemeinde* wird ein Nachruf gesprochen und der Verstorbene auf dem jüdischen *Friedhof* bestattet. Nach einer Totenrede und dem Verlesen der Gebete wird der Sarg, begleitet von der Rezitation religiöser Texte, zur Grabstelle geleitet. Nach dem Versenken des Sarges sind alle Anwesenden aufgerufen, eine Schaufel Erde in das Grab zu werfen. Sieben Tage dau-

Trauerriten. »Frauen beklagen ihre toten Männer«, Pessach-Haggada (Erzählung des Auszugs aus Ägypten). Jüdische Buchmalerei aus Spanien, 14. Jh.; British Library, London

ert die absolute Trauer. Gottesdienste werden im Trauerhaus gehalten und die Trauernden setzen sich nicht auf weiche Kissen (Stühle) und Matratzen. 30 Tage nach der Beerdigung gibt es eine Zusammenkunft am Grab, um des Toten zu gedenken. Die Trauerzeit gilt ein Jahr und man spricht im Synagogengottesdienst jeweils öffentlich das Totengebet. Nach einem Jahr wird ein Stein gesetzt und in den folgenden Jahren jeweils *Jahrzeit* begangen. Als Zeichen des sich Kümmerns um die Grabstelle wird symbolisch jeweils ein Stein auf die Stele gelegt. Orthodoxe Gemeinden pflegen keinen Blumenschmuck. Einige Einheitsgemeinden, konservative wie liberale Gemeinden, lassen dagegen eine einheitliche gärtnerische Bepflanzung vornehmen. Der Bereich des Grabes darf nicht betreten werden *(Totenruhe)*. Die Gräber sind in Richtung Jerusalem ausgerichtet.

U

Ungesäuertes Brot → Mazza

U-Netane Tokef (hebr. »Lass uns die Bedeutung [der Heiligkeit des Tages] erklären«), zentrale, an den hohen Feiertagen *Rosch ha-Schana* und *Jom Kippur* gesprochene *Pijut,* das nach seinen Anfangsworten benannt ist. Sie verkündet in einer Hymne die unbedingte Herrschaft Gottes, dass Gott voller Vergebung ist und dass »Bußfertigkeit, Gebet und Mildtätigkeit das strenge Urteil abwenden«. Der Volkssage nach geht U. auf einen im 11. Jh. in Mainz lebenden Rabbi Amnon zurück. Da die Pijut jedoch auch in einer Handschrift in der Kairoer *Genisa* gefunden wurde, ist sie etwa im 8. Jh. geschrieben worden.

Urim we-Tumim, Instrumente zur Orakelbefragung und -verkündung, die der *Hohepriester* der altisraelitischen Religion an seiner Brustplatte trug (Num 27,21). Die Orakelbefragung erfolgte im Auftrag des Herrschers bei schwierigen Entscheidungen. Der Orakelspruch folgte wahrscheinlich dem Prinzip »Ja oder Nein« (1 Sam 23,10ff.). Mit dem Raub der Geräte und des Schatzes des ersten *Tempels,* dessen Zerstörung und der Tötung bzw. Deportation *(Babylonisches Exil)* der Priesterschaft *(Kohen)* und *Leviten* durch die Babylonier 586 v.Chr. endete der Brauch der Orakelbefragung.

USA nach 1945, nach dem Zweiten Weltkrieg nahm der *Antisemitismus* in den USA, der sich u.a. in Quoten an Eliteuniversitäten, Aufnahmeverweigerungen bei wichtigen »social clubs« und in Hotelverboten zeigte, allmählich ab. Viele Juden fanden nun Einlass in führende Positionen der Gesellschaft. 1944 bis 1959 wanderten 200000 Juden ein, später kamen Tausende russischer Juden hinzu. Rund 40% der Juden in den USA (5,5 Mio bis 5,8 Mio) wohnen im Großraum New York. Sie arbeiten v.a. in den freien Berufen und in der Medizin. Ein eigenes Genre der amerikanisch-jüdischen Literatur entstand u.a. durch die Werke von Bernard Malamud (1914 bis 1986), Saul Bellow (*1915), Irving Howe, Philip Roth (*1933). Viele Juden gaben angesichts der Erfolge des Staates *Israel* ihre Distanz zum *Zionismus* auf. Neu war die Entwicklung jüdischer Tagesschulen in Folge der Verschlechterung des öffentlichen Schulsystems. In den 1960er Jahren setzten sich jüdische Politiker und Rabbiner (A.J. Heschel) in der Bürgerrechtsbewegung für die diskriminierten Schwarzen ein. Doch aufgrund des israelisch-arabischen Konflikts nach 1967 und der Islamisierung der Schwarzen als Folge eines Sozialprotests entfernten sich beide Gruppen voneinander. Die Enkel der aus Osteuropa zugewanderten Juden suchten nach kulturellen Wurzeln und belebten die Musik der *Klezmer* wieder. Eine fruchtbare Tätigkeit entfalteten das YIVO, die Forschungsstätte des osteuropäischen Judentums, und das 1955 gegründete Leo-Baeck-Institut für deutsch-jüdische Geschichte in New York. Das *Jiddisch* verlor stark an Bedeutung, so-

USA nach 1945. Ein orthodoxer Jude in Williamsburg im New Yorker Stadtteil Brooklyn geht an einer antisemitischen Wandmalerei vorüber, die in rassistischer Überzeichnung eine angeblich »typisch jüdische« Physiognomie zeigt.

dass sogar die Tageszeitung »Forwerts« in den 1990er Jahren auf Englisch umstellen musste. In den USA kam es seit den 1960er Jahren zu einem Aufschwung der jüdischen Studien, der die Dominanz des israelischen Zentrums relativierte. Die kreativen Anstöße zu Neuerungen der jüdischen Religionspraxis kommen aus den USA, u. a. die Gleichberechtigung der Frau.

V

Verband der deutschen Juden, 1904 auf Initiative des *Deutsch-Israelitischen Gemeindebunds* und des *Centralvereins der deutschen Staatsbürger jüdischen Glaubens* gegründeter Dachverband der bestehenden jüdischen Organisationen. Der V. arbeitete an der rechtlichen Gleichstellung und bemühte sich aktiv um die Abwehr des *Antisemitismus.* 1922 löste sich der Verband auf.

Verband der jüdischen Gemeinden in der DDR, als Körperschaft öffentlichen Rechts 1952 gegründeter Dachverband der jüdischen Gemeinden mit Sitz in Halle/Saale (bis 1962), dann bis zu seiner Auflösung 1990 in Dresden. Er erfüllte Repräsentationsaufgaben und vertrat die Interessen der jüdischen *Gemeinden* gegenüber staatlichen Organen. Ihm oblag die Kontrolle der Tätigkeit der Gemeinden sowie die Verwaltung der Finanzen, mit Ausnahme der Gemeinde in Ostberlin. Die Hauptorgane des V. waren die Mitgliederversammlung und der Vorstand. Zu seinen verschiedenen Ausschüssen gehörte das Redaktionskollegium des vom V. herausgegebenen »Nachrichtenblatts«.

Verein für Cultur und Wissenschaft der Juden, im Zusammenhang mit antijüdischen Unruhen 1819 zunächst als »Verein zur Verbesserung des Zustands der Juden im deutschen Bundesstaate« gegründet. Unter seinen Initiatoren waren der Jurist und Hegelschüler Eduard Gans, der Philologe Leopold Zunz und der Kaufmann Mose Moser. Heinrich Heine gehörte zeitweise dem Verein an. Der bald umbenannte Verein junger jüdischer Intellektueller existierte lediglich bis 1824. Seine Aufgabe sah er in der Erforschung und Vermittlung jüdischer Geschichte und Kultur nach den Maßstäben moderner Wissenschaft.

Versöhnungstag → Jom Kippur

Vier Fragen → Arba Kusirot

Vier (Pflanzen-)Sorten, zum Laubhüttenfest wird als Zeichen für die Erntezeit ein Feststrauß namens *Lulaw* geschwungen, der sich aus einem Palmzweig, Bachweiden und Myrten zusammensetzt. Dazu wird in der anderen Hand der *Etrog,* eine zitronenähnliche Frucht, gehalten. Diese Pflanzensorten wurden bereits im *Tempel* benutzt (Lev 23,40). Den Strauß schüttelt man in alle vier Himmelsrichtungen und zieht mit ihm um die *Bima* in der *Synagoge.* Die jüdische Mystik entwickelte eine reiche Symbolik zu diesen V. Sie stehen für Geschmack und Geruch, für die Tora und die guten Taten, aber auch für bestimmte Körperteile: der Palmzweig für das Rückgrat, der Etrog für das Herz. Die Volksfrömmigkeit weist dem Stiel des Etrog eine besondere Fruchtbarkeit erzeugende Wirkung zu.

Vorbeter → Kantor und S. 300

W

Waschung, rituelle, Wasser ist das gebräuchlichste Mittel zur rituellen Reinigung bzw. Heiligung. Die Reinigungsriten werden dabei vom Grad der Verunreinigung einer Sache oder einer Person bestimmt. Seit der Zerstörung des *Tempels* gehören die Waschung der Hände, verbunden mit *Berachot,* vor der Mahlzeit und vor der Berührung heiliger Schriftrollen *(Torarolle)* zu den obligatorischen Riten. Ein Tauchbad in der *Mikwe* nimmt die Braut vor der Hochzeit, ein Nichtjude bei der Konversion *(Proselyt).* Rituell verunreinigte Geräte können durch Untertauchen wieder »tauglich« gemacht werden.

Vier (Pflanzen-)Sorten. Ein orthodoxer Jude hält das Gebinde des Lulaw mit den drei Zweigen von Palme, Bachweide und Myrte, während zwei Gläubige in den Bänken der Synagoge den Etrog betrachten. Gemälde von Leopold Pilichowski, 1894/95; Jewish Museum, New York

Wien. Der jüdische Schriftsteller Stefan Zweig (1881 bis 1942) emigrierte 1938 aus Wien und kam über New York nach Brasilien. »Ich zögere nicht zu bekennen«, schrieb er in »Die Welt von Gestern« (1942), »dass seit dem Tage, da ich mit eigentlich fremden Papieren oder Pässen leben musste, ich mich nie mehr ganz als mit mir zusammengehörig empfand.« Im brasilianischen Exil schied Zweig 1942 gemeinsam mit seiner Frau aus dem Leben.

Wein, die Herstellung des W. unterliegt den Anforderungen der *Kaschrut.* W. ist als Symbol der Freude und Loslösung von Sorgen Teil verschiedener jüdischer Festtagsbräuche. *(Kiddusch, Hawdala, Seder).* Daher ist beim Freudenfest *Purim* das Trinken von Alkohol ausdrücklich erlaubt: Eine Redewendung besagt, dass man so lange feiern und trinken soll, bis man nicht mehr zwischen den Worten »Verflucht sei Haman« und »Gesegnet sei Mordechai« unterscheiden kann. Da in der Antike die Weinlese und übermäßiger Weingenuss häufig mit heidnischen Ritualen verbunden waren, entwickelte sich das Verbot, von Nicht-Juden hergestellten W. zu trinken. *Koschere* W. werden überall auf der Welt hergestellt. Süßer Likörwein hat sich für den traditionellen Weinsegen *(Kiddusch)* am Freitagabend zu Beginn des *Sabbats* eingebürgert. Biere und Weizen-Schnäpse sind ebenso wie Wodka immer koscher, da sie nicht aus Trauben hergestellt werden. Als wichtiges landwirtschaftliches Produkt in *Palästina* spielte W. auch im Kult eine wichtige Rolle. Von besonderer liturgischer Bedeutung ist der Wein am *Sabbat:* Bei Sabbatbeginn werden *Berachot* über einen mit Wein gefüllten Kiddusch-Becher, am Ende des Sabbats über einen Hawdala-Becher gesprochen. W. hat auch seinen festen Platz in der Liturgie am *Sederabend,* bei der Hochzeit und der *Beschneidung.*

Weiser (hebr. chacham), Gelehrter, der die Beziehung der Dinge zu Gott am besten erkennt. Ideal ist der Talmid chacham (hebr. »weiser Schüler«), der ein hervorragender Talmudforscher ist und zugleich eine vorbildliche Lebenshaltung führt. Als Titel (Chacham) wird er bis heute von sephardischen Juden ihren *Rabbinern* verliehen.

Weisheit (hebr. chochma), im Judentum entwickelte sich ein eigenes Genre der Weisheitsliteratur, zu der Bücher wie Kohelet (Ecclesiastes), Ijob u.a. gerechnet werden. Unter Chochma verstanden die jüdischen Aufklärer der zweiten Hälfte des 18. Jh. die allgemeine Bildung, die Juden vermehrt zu erwerben hätten (Naftali Herz Weisel). Die moderne kritische Erforschung der jüdischen Quellen im 19. Jh. wurde in Anlehnung daran Chochmat Jisrael (hebr. Weisheit Israels, *Wissenschaft des Judentums*) genannt. Die *Lubawitscher Bewegung* verwendete den hebräischen Ausdruck Chochma in ihrer Parole von »Chochma, Bina, Daat« (Kurzform »Chabad«, dt. etwa »Weisheit, Verstand, Wissen«).

Widdui (hebr. »Sündenbekenntnis«), Gebet, das bei der Abgabe der *Erstlingsfrüchte* und des *Zehnten* im Tempel gesprochen wurde. Heute wird es an *Jom Kippur* gebetet.

Wiederbelebung der Toten, Glaube an die leibliche Auferstehung. Er entwickelte sich gegen Ende der biblischen Epoche und gewann in der Zeit des zweiten *Tempels* an Bedeutung. Er besagt, dass die Körper der Toten vor dem Tag des Gerichts auferstehen werden. Besonders die *Pharisäer* sahen den Glauben an die Auferstehung als wichtigen Bestandteil ihres Glaubens an und verliehen ihm mosaische Autorität *(Mose),* etwas, das sie von den *Sadduzäern* unterschied. Auch im Gebet der *Amida* wird auf die Auferstehung Bezug genommen, es ist einer der *Dreizehn Glaubensgrundsätze des Maimonides* (Moses ben Maimon; 1135–1204). Im Gegensatz zu den Pharisäern scheint Maimonides aber die Auferstehung mit der Unsterblichkeit der Seele gleichgesetzt zu haben. Auch über die Frage, ob die Auferstehung alle Menschen, nur Juden oder nur Gerechte betreffe, gab es historisch Uneinigkeit. *Reformjudentum* und *Rekonstruktionismus* lehnen den Glauben an die leibliche Auferstehung ab, andere, z.B. im *Konservativem Judentum,* setzen Auferstehung mit der Unsterblichkeit der *Seele* gleich.

Wien, Stadt mit der größten jüdischen Gemeinde Österreichs. Einzelne Juden sind für W. schon im 10. Jh. belegt. Im 13. Jh. existierte sicher eine Gemeinde. Im 14. Jh. wurden die Juden in ein Judenviertel abgedrängt. 1421 unterstellte man ihnen einen Hostiendiebstahl *(Hostien- und Reliquienschändung)* und viele wurden verbrannt. Erst 1512 erneuerte sich die Niederlassung, die um 1670 aufgehoben wurde. Die Vertriebenen gingen nach *Berlin* und *Fürth.* Übrig blieben jüdische Hoflieferanten und ihre Angestellten, die 1753 753 Personen ausmachten. Um 1800/14 gab es in W. auch eine überkonfessionelle Salonkultur, die von jüdischen Damen mitgeprägt wurde. 1823 wurde die erste Synagoge gebaut und Salomon Sulzer, der Erneuerer und Aufzeichner der jüdischen *Liturgie,* berufen. Die konservative Liturgiereform in W. wirkte auf viele Gemeinden der Donaumonarchie. Bis 1869 wanderten 40 000 Juden zu. Sie waren in Kunst, Kultur, Wissenschaft und Presse um 1900 vertreten (u.a. Stefan Zweig, Sigmund Freud). Besonders feindlich war die katholische christlich-soziale Bewegung eingestellt. Ein bekennender Antisemit, Karl Lueger (1844–1910), wurde 1897 zum Bürgermeister der Stadt gewählt. 1893 entstand die israelitisch-theologische Lehranstalt. In W. lebte Theodor Herzl (1860 bis 1904), der Begründer des *Zionismus.* Aus Galizien wanderten bis 1920 viele Juden zu. 1923 wohnten in W. 201 513 Juden, 10% der Stadtbevölkerung. Der »Anschluss« Österreichs an das Deutsche Reich unter Hitler kam für die meisten überraschend. Viele fanden kein Asyl mehr. 90% der Wiener Juden wurden ermordet. Nach 1945 bildete sich wieder eine Gemeinde mit heute etwa 6000 Personen.

Wissenschaft des Judentums, um 1819/22 entstandener historischer Sammelbegriff, der die Fachdisziplinen der wissenschaftlichen Erforschung von Religion, Literatur, Sprachen und Kultur der Juden umfasst. Die Universitäten interessierten sich bis zum 20. Jh. nur für das biblische *Hebräisch.* Die spätere Sprachentwicklung wurde kaum wahrgenommen und fristete in der Orientalistik/Semitistik ein Schattendasein. Einzig zur Zeit der Renaissance gab es ein vermehrtes Interesse in Italien und Deutschland am nachbiblischen Judentum. Die Hebraisten des 17. und 18. Jh. interessierten sich nur begrenzt etwa für den *Talmud* und waren dem Judentum gegenüber kritisch bis feindlich eingestellt. Im 19. Jh. leisteten deutsch-jüdische Gelehrte Pionierarbeit in der Sammlung und Auswertung von Manuskripten. Neben Leopold Zunz (1794–1886) und Mose Steinschneider war auch Meir Letteris und die galizisch-jüdische Schule von Samuel Leib Rappoport von Bedeutung, in Italien die Gelehrtenfamilie Luzzatto. In Frankreich wurden deutsch-jüdische Gelehrte an akademischen Institutionen besser integriert als in Deutschland (Salomon Munk, Josef Derenbourg). Quelleneditionen leisteten auch osteuropäische jüdische Gelehrte, jedoch aus religiösen Gründen. Von 1900 bis 1933 sind Ansätze einer Integration der W. in deutsche Universitäten zu verzeichnen. Die in Deutschland ab 1963 neu begründete Judaistik war anfangs stark durch christliche Theologen geprägt. Seit 1990 erfolgten Neugründungen von Instituten in Halle/Saale und Leipzig sowie Erweiterungen (Duisburg).

Wochenfest → Schawuot

Wohltätigkeit → Zedaka

World Council of Conservative Synagogues, Dachorganisation konservativer Synagogen, d. h. der mittleren religiösen modernen Strömung zwischen liberalem und orthodoxem Judentum. In den USA stark verbreitet, hat er dort seinen Hauptsitz. In Israel nennt er sich Massorti (hebr. »traditionell«).

Wien. Eine orthodoxe jüdische Familie auf dem Wiener Jüdischen Friedhof. Der älteste Grabstein trägt das Datum 1582.

World Jewish Congress, 1936 beim Völkerbund in Genf gegründete Dachorganisation jüdischer Landesverbände und Gemeinden, welche die *Diaspora* vertreten. Ultraorthodoxe Organisationen sind nicht beteiligt. Es gibt eine europäische Unterorganisation, den European Jewish Congress, der seit 1989 an Gewicht gewonnen hat, da die Gemeinden Osteuropas ungehindert Mitglied sein dürfen.

Wucher → Geldhandel

Z

Zaddik (Plural Zaddikim; hebr. »Gerechter, Rechtschaffener«), zentrales Vorbild jüdischen Verhaltens in der hebräischen *Bibel* und im *Talmud.* Nach rabbinischer Legende wird die Welt so lange nicht durch *Gott* zerstört, wie es in ihr noch 36 Z. gibt. Die Chassidim *(Chassidismus)* verleihen ihren Führern den Titel Z. in dem Glauben, dass sie eine mystische Gemeinschaft mit Gott erreicht haben. Dieser Z. wird als die Verbindung zwischen Himmel und Erde angesehen und hoch geehrt. Er und sein »Hof«, d. h. seine Wohnstätte, Lehrhaus sowie seine Schüler und Anhänger sind das Ziel von Pilgerfahrten.

Zadok (11. Jh. v. Chr.), Nachkomme *Aarons* und *Hoherpriester (Aaroniden)* unter König *David* (reg. um 1010 – 970 v. Chr.). Er salbte auf Anordnung Davids dessen Sohn *Salomo* zum König und Salomo bestimmte den Sohn von Z. zum Hoherpriester des *Tempels.* Von nun an blieb das Amt des Hoherpriesters bis in die Zeit der *Makkabäer* bei der Nachkommenschaft von Z., den Zadokiten (hebr. Benei Zadok). Ihr über 800 Jahre währendes machtvolles Monopol wurde beendet, als der seleukidische Herrscher Antiochus IV. Epiphanes 171 v. Chr. den Tempel entweihte, plünderte und das Amt des Hoherpriesters an den Griechen Jason verkaufte. Nach der Wiedereinführung des Amtes wurde kein Zadokit mehr Hoherpriester. Strittig ist, ob die Zadokiten den Kern der asketischen Gemeinde von Qumran oder der Essener bildeten, die sich als die Erwählten *Israels* und die wahren Gläubigen ansahen und z. T. die Wiederherstellung des alten Tempels anstrebten.

Zahlensymbolik (hebr. gimatrija, von griech. geometria), Gematrie, Verwendung oder Studium verborgener Bedeutungen durch Zahlen; meist stützt sich die Z. auf den Zahlenwert von Buchstaben, sodass auch von einer Buchstabensymbolik gesprochen werden kann. Das Verfahren ist alt und wurde bereits von Assyrern, Babyloniern und Griechen benutzt. In der jüdischen Literatur findet es sich erstmals im 2. Jh. Mit ihr beschäftigt hat sich v. a. die *Kabbala,* die die Z. zur Sinnentschlüsselung von Bibelstellen, aber auch zur Sinncodierung und Beweisführung nutzte; dabei wurden mehrere, z. T. hochkomplizierte Systeme entwickelt. Jeder Buchstabe des hebräischen *Alphabets* besitzt einen eigenen Zahlenwert, so hat der erste hebräische Buchstabe »aleph« den Zahlenwert 1, der zweite »bet« entspricht der 2 (S. 279). Man verwendet den Zahlenwert der Buchstaben biblischer Worte und führt damit verschiedene Rechenoperationen durch. Mit solchen Rechnungen lassen sich auch Beziehungen zwischen Worten feststellen, deren Buchstaben den gleichen Zahlenwert besitzen. Zahlensymbolische Wortcodierungen finden sich z. B. bei den *Schaufäden* und den *Gebetsriemen.* Obwohl *Sephardim* wie *Aschkenasim* Kritik an der Z. übten, ist sie bei beiden weit verbreitet.

Zedaka (hebr. »Gerechtigkeit, Wohltätigkeit«), religiös motivierte Wohltätigkeit, die im Judentum eine hohe Stellung einnimmt. Jeder Bedürftige hat Anspruch auf Unterstützung und jeder ist verpflichtet, wirtschaftlich Schwachen und Kranken zu helfen. Die jüdische Wohlfahrtspflege war aufgrund des minderrechtlichen Status der Juden in der *Diaspora* von besonderer Bedeutung. Im 19. und 20. Jh. wurde die Fürsorge der traditionellen jüdischen Gemeinde in eine moderne jüdische Wohlfahrtspflege transformiert.

Zefat, Safed oder **Safad,** eine der vier heiligen Städte, malerische Kleinstadt mit Kurklima, die als »Hauptstadt Galiläas« und »Stadt der Mystik« bezeichnet wird. Das mittelalterliche Stadtbild enger Gassen mit Kopfsteinpflaster, bevölkert von orthodoxen Juden in schwarzer Einheitskleidung und mit *Peot,* erinnert an ein Stetl (jidd. »jüdisches Viertel«) Osteuropas; ein berühmtes jährliches *Klezmer-Festival* untermalt diesen Eindruck. Der Ort, vermutlich im 1. Jüdischen Krieg (66–70 n. Chr.) von Josephus Flavius (37/38–um 100 n. Chr.) gegründet, gehörte im 12. Jh. zum Königreich Jerusalem und besaß eine wichtige Festung. 1167–88 und 1240–66 war er im Besitz des Templerordens. Hohe Bedeutung erlangte Z. erst, als sich 1492 aus Spanien, dann auch aus Portugal vertriebene *Sephardim* hier niederließen und im 16. Jh. ein neues Zentrum des jüdischen Lebens und der Gelehrsamkeit entwickelten, das später auch viele *Aschkenasim* anzog. Hier verfasste die rabbinische Autorität Joseph ben Ephraim Karo (1488–1575) den *Schulchan Aruch.* Z. entwickelte sich im 16./17. Jh. zu einem Zentrum der jüdischen Mystik *(Kabbala):* Rabbi Moses Cordovero (1522–1570) systematisierte hier die kabbalistische Lehre. Sein Schüler Isaac Luria (genannt ha-'Älohi Rabbi Jitzak, 1534–1572), dessen Akronym »Ari« zum Namen der beiden bedeutendsten und schönsten Synagogen in Z. wurde, gründete eine Schule und gewann mit seiner lurianischen Lehre großen Einfluss. Lurias Schüler Hajim ben Joseph Vital (1543–1620) verfasste hier das einflussreiche Lehrwerk »Ez ha-Hajim« (»Baum des Lebens«).

Zehn Gebote, wichtigster Teil der israelitischen Offenbarung an *Mose* und damit an alle Israeliten auf dem *Berg Sinai* (Ex 20, 2–17). Grundlage der Ethik. Nach dem biblischen Bericht wurden sie auf zwei Tafeln geschrieben. Die Z. werden in der jüdischen Tradition leicht anders als in der christlichen gezählt. Gott ist der Erlöser aus der Knechtschaft in Ägypten, man darf keine anderen Götter verehren und sich kein Bildnis von ihm machen;

sein Name darf nicht missbraucht werden; der Sabbat muss beachtet, die Eltern sollen durch ihre Kinder geehrt werden; Mord, Ehebruch, Diebstahl und der falsche Eid werden verboten. Die Z. gelten nicht nur für Juden. Das Christentum hat sie auch übernommen, verwarf aber die jüdische Bibelexegese. Gegen diese Reduzierung der jüdischen Tradition wurde im 18. und 19. Jh. oft gestritten. Auf den Dachfirsten von *Synagogen* des 19. Jh. wurden häufig zwei steinerne Tafeln mit den hebräischen Anfängen der Z. aufgestellt. Sie dienten auf diese Weise als jüdisches Symbol neben dem *Magen David* und der *Menora.*

Zehn Märtyrer, zehn *Weise,* die durch die Römer den Märtyrertod *(Kiddusch ha-Schem)* während der Verfolgungen nach der Niederschlagung des *Bar-Kochba-Aufstandes* (132–135 n.Chr.) erlitten. Jehuda ben Bawa soll z.B. dafür hingerichtet worden sein, dass er fünf seiner Schüler als Rabbiner ordinierte. Eine erste Liste der zehn betroffenen *Tannaiten* befindet sich im *Midrasch* Klagen Rabba. Es existieren jedoch weitere, nicht identische Namenslisten, die alle historisch nicht belegbar sind. Die verschiedenen Märtyrertode wurden schließlich in der Legende der Z., die insbesondere mystische Kreise beschäftigt hat, zusammengefasst, in der ein gemeinsamer Märtyrertod geschildert wird. Die Legende ist Teil der Bußgebete an *Jom Kippur* und der Klagelieder des *Tischa be-Aw.*

Zehn Tage der Umkehr, die zehn Tage zwischen Neujahr *(Rosch ha-Schana)* und *Jom Kippur,* eine feierliche Zeit der Besinnung und der Buße, die zur Einkehr genutzt wird: Bittgebete *(Sliches)* werden gesprochen, *Friedhöfe* besucht und es wird Geld für wohltätige Zwecke *(Zedaka)* gespendet.

Zehn verlorene Stämme, das Königreich von Juda und Israel brach nach dem Tod von König *Salomo* auseinander und es spalteten sich zehn der ursprünglich *Zwölf Stämme Israels* ab und begründeten das Nordreich Israel. Erklärt wird dies in der Bibel mit der Weigerung des Thronfolgers Rehabeam, König Salomos Sohn, den Frondienst und die Steuern für die Nordstämme zu mindern. Es entstand ein neues Heiligtum, und dieser Abfall vom nach biblischer Sicht einzig legitimen Kult in Jerusalem beinflusste die weitere biblische Geschichtsschreibung. Zwischen Süd- und Nordreich fanden viele Kriege statt, u.a. führten militärische Schwäche und innenpolitische Instabilität des Nordreichs dazu, dass es 722 v.Chr. von Assyrien erobert und ein Großteil der Bevölkerung verschleppt wurde (s. auch *Samaritaner).* Die Erinnerung an die Z. blieb wach; Legenden erzählen vom weiteren Schicksal *(Sambation).*

Zehnter, Abgabe von Gütern oder Geld zur Aufrechterhaltung sakraler Einrichtungen. Die *Tora* nennt mehrere Arten des Z.: Den ersten Z. erhielten die *Leviten* nach Abzug des »Hebeopfers« für die Priester (Num 18,24); der zweite Z. betrug ein Zehntel des Z. (Lev 27,30f.; Dtn 14,22 bis 26). In der Bibel stehen genaue Vorschriften zur Abgabe des Z. aller landwirtschaftlichen Erträge und des Viehs. Alle Gesetze zum Z. sind in *Traktaten* der *Mischna* zusammengestellt worden.

Zeloten (griech. »Eiferer«; hebr. Kanaim), neben den *Sadduzäern, Pharisäern* und *Essenern* eine vierte Gruppierung innerhalb des Judentums im 1. Jh. n.Chr. Radikale, nationalistisch-religiöse Widerstandskämpfer gegen die römische Herrschaft in Palästina, insbesondere im 1. Jüdischen Krieg (66–73

Zehn Gebote. Das mit Rankenornamenten strukturierte Bildfeld zeigt Mose beim Empfang der Gesetzestafeln am Berg Sinai bzw. Horeb. Hinter ihm steht in gleicher Größe sein Bruder Aaron; er trägt eine Mitra auf dem Haupt, die auf seine Weihe als erster Priester vorausweist. Am Fuß des Berges ist das (durch spitze »Judenhüte« gekennzeichnete) Volk versammelt. Seite des »dreiteiligen Machsor«, 14. Jh.; British Museum, London

n. Chr.). Der Fall der jüdischen Festung *Ma(s)sada* (74 n. Chr.) besiegelte das Ende ihrer Bewegung. Ihr »Eifer« galt *Gott* und der *Tora* bzw. der Errichtung eines Gottesstaates, fanatisiert durch eine messianische Endzeit- und Erlösungserwartung.

Zemirot, zweiter Teil des täglichen Morgengebets *(Schacharit),* das im Kern aus *Psalmen* besteht. Im aschkenasischen Ritus auch die Bezeichnung für die Tischgesänge während oder nach den Sabbatmahlzeiten. Die hebräischen und aramäischen Z. preisen Gott und die Wonnen des *Sabbat.*

Zentralrat der Juden in Deutschland, 1950 gegründete Dachorganisation der Juden in der Bundesrepublik Deutschland. Seine wichtigsten Aufgaben sind die Förderung und Pflege der religiösen und kulturellen Aufgaben der jüdischen *Gemeinden* und ihrer Landesverbände sowie die Vertretung der gemeinsamen Interessen der Gemeinden im In- und Ausland. Seine Organe sind die Ratsversammlung, das Direktorium und der Verwaltungsrat des Direktoriums. Das Direktorium wählt aus seinen Reihen den Vorsitzenden für zwei Jahre.

Zentralarchiv zur Erforschung der Geschichte der Juden in Deutschland, Einrichtung des *Zentralrats der Juden in Deutschland* in Heidelberg, gegründet 1987. Das Z. steht in enger Kooperation mit der *Hochschule für Jüdische Studien* in Heidelberg, die seine Verwaltungsgeschäfte durchführt. In seiner Konzeption knüpft es an das Gesamtarchiv der deutschen Juden an, das von 1905–39 in Berlin bestand. Hauptanliegen ist die Aufbewahrung und Erschließung von historisch wertvollem Schriftgut jüdischer Gemeinden, Verbände, Organisationen und Personen. In der Regel werden die Akten dem Z. als Depositum übergeben. Das Z. arbeitet mit anderen wissenschaftlichen Einrichtungen im In- und Ausland zusammen.

Zentrum für Antisemitismusforschung der Technischen Universität Berlin, europaweit das einzige Institut seiner Art. Das 1982 gegründete Z. arbeitet interdisziplinär in Forschung und Lehre über Vorurteile und ihre Folgen wie Antisemitismus, Antiziganismus, Fremdenfeindlichkeit, Rassismus. Weitere Schwerpunkte sind deutsch-jüdische Geschichte, *Holocaust* und Rechtsextremismus.

Zion, heiliger Berg im Süden der Altstadt von *Jerusalem.* Hier baute *David* seine Burg. An seinem Abhang erstreckte sich die Davidstadt. Z. kann auch die Stadt Jerusalem oder das Land Israel bedeuten. Auch ein Anführer der christlichen Kreuzritter ließ im 12. Jh. seinen Palast auf dem Zionsberg erbauen. Heute befinden sich auf ihm das angebliche Grab Davids, die christliche Dormitio-Abtei mit einer Fortbildungsstätte für deutsche katholische Theologen, der angebliche Ort des letzten Abendmahls und ein italienisches Kloster (Gallicantu). Ein Teil der osmanischen Südmauer der Altstadt zieht sich auf dem Hügel in westöstlicher Richtung hin.

Zionismus, politische Bewegung seit dem späten 19. Jh. zur Schaffung einer Heimstätte für die Juden in *Palästina.* Theodor Herzl (1860–1904) berief 1897 den ersten *Zionistenkongress* in Basel ein. Er vertrat den politischen Z., der durch die vorherige Erlangung einer Charta die Ansiedlung der verfolgten osteuropäischen Juden in Palästina erreichen wollte. Seine Gegner legten den Akzent auf die geistig-kulturelle Erneuerung des Judentums in der Moderne (Kulturzionismus, Achad HaAm, Martin Buber) oder auf praktische Taten vor Ort wie Landankauf und die Einrichtung ländlicher Siedlungen (praktischer Zionismus, Arthur Ruppin). Der Versuch, all dies zu vereinen, wurde »synthetischer Zionismus« genannt. Parallel dazu gab es auch parteipolitische Differenzierungen. Um 1905 organisierte sich der sozialistische Zionismus (Nachman Syrkin, später Gründung von Kwuzot und *Kibbuzim),* etwa zur selben Zeit der national-religiöse (Misrachi, modern-orthodox), aber auch der orthodoxe antizionistische Widerpart *(Agudat Israel 1912).* Besonderen Wert auf militärische Stärke und Selbstverteidigung legte Wladimir Jabotinsky, der 1925 eine neue

Zentralrat der Juden. Der Präsident des Zentralrats, Paul Spiegel, trägt am 28. Mai 2000 bei der Einweihung der neuen Kasseler Synagoge eine Torarolle. Spiegel ist Nachfolger des 1999 verstorbenen Ignatz Bubis.

zionistische Partei gründete, welche die bisherige Politik einer kritischen »Revision« (»Revisionisten«) unterziehen wollte. Er verlangte, die Städte und privatwirtschaftlichen Gründungen zu fördern und wollte beide Ufer des Jordans mit Juden besiedeln, also auch das Gebiet des heutigen Staates Jordanien. Diese Debatten und Strömungen bildeten die Grundlage der späteren Parteistruktur im jungen Staat *Israel* und haben sich in ihrem Grundmuster bis heute erhalten.

Zionistenkongresse, als öffentliches demokratisches parlamentarisches Forum für alle Mitglieder der zionistischen Organisation gedacht. Das Wahlrecht galt von 1897 an auch für Frauen, was damals revolutionär war. Die Verhandlungen waren öffentlich und wurden bis 1939 auf Deutsch protokolliert und gedruckt (»Stenographische Protokolle« der Zionistenkongresse). Die Kongresse fanden bis 1939 in Basel, Wien, Den Haag, Karlsbad, Hamburg, London und Zürich statt. Sie erregten in der jüdischen Presse besonders nach der Balfour-Declaration 1917, in der das britische Weltreich die Organisation als Ansprechpartner anerkannte, großes Aufsehen. Nach der Gründung des Staates Israel verloren die Kongresse an Bedeutung und wurden zu symbolischen in Jerusalem abgehaltenen-Versammlungen. Die *Knesset,* das israelische Parlament, bestimmte die Politik des jungen Staates. In letzter Zeit wurden Stimmen laut, ob es in der Arbeit der zionistischen Organisation, insbesondere der mit ihr kooperierenden Jewish Agency, nicht unnötige Überschneidungen mit Arbeitsbereichen israelischer Ministerien gebe, etwa in der Betreuung der Neueinwanderer.

Zionistische Vereinigung für Deutschland (ZVfD), Landesverband der Zionisten im Deutschen Reich, der 1897 gegründet wurde. Er hielt teilweise parallel zu den allgemeinen Zionistenkongressen eigene Jahresversammlungen ab. Die unter Heinrich Loewe ab 1902 und nach 1919 unter Robert Weltsch redigierte Jüdische Rundschau war ihr Sprachrohr (verboten im November 1938). Besonderes Aufsehen erregte die Jahresversammlung in Posen 1912. Hier wurde von jedem Mitglied der Vereinigung verlangt, die Auswanderung nach *Palästina* in sein »Lebensprogramm« aufzunehmen, da die Juden in Deutschland »entwurzelt« seien. Dies führte zum scharfen Protest des *Centralvereins der deutschen Staatsbürger jüdischen Glaubens,* aber auch der alteingesessenen Mitglieder der Vereinigung, die Zionismus in philantropischem Sinne nur als Hilfe zur Auswanderung für die verfolgten Ostjuden betrachteten. Ein guter Organisator war Kurt Blumenfeld, der Anführer der Posener Revolte 1912, der 1924–33 als Vorsitzender diente. 1931 umfasste die ZVfD 20000 Mitglieder bei 600000 Juden in Deutschland. Sie setzte sich für die Gleichbehandlung der Ostjuden in den jüdischen Gemeinden Deutschlands ein und propagierte eine Rückkehr zur jüdischen Volksschule. Die Nationalsozialisten duldeten nach ihrem Machtantritt die Z. noch für einige Jahre, weil sie die Organisation als hilfreich bei der Auswanderung der Juden einstufte.

Zionismus. Der Begründer des Zionismus, Theodor Herzl (1860–1904, Mitte, mit Mütze), 1898 mit einer Delegation von Zionisten an Deck des deutschen Ozeandampfers »Imperator« auf dem Weg nach Palästina. Herzls Utopie eines »Judenstaats« wurde 50 Jahre später verwirklicht.

Zitz, Goldschmuck des *Hohenpriesters*

Zizit → Schaufäden

Zwangskonversion, Zwangstaufe → Anusim, → Apostasie

Zweiter Tempel → Tempel

Zwölf Stämme Israels, der Tradition folgende Zusammensetzung des jüdischen Volkes. Von den Z. stammen nach der hebräischen *Bibel* alle Juden ab. Sie waren nach den zwölf Söhnen *Jakobs* benannt: Ruben, Simon, *Levi, Juda,* Issachar, Sebulon, Josef, Benjamin, Dan, Naftali, Gad und Ascher. Als Josua, der Nachfolger *Moses,* die *Israeliten* nach *Kanaan* führte, teilte er das Land in zwölf Teile auf und jeder Stamm, außer dem Stamm Levi, erhielt ein bestimmtes Gebiet. Josef erhielt die doppelte Menge an Land und später siedelten zwei seiner Söhne dort: Efraim und Manasse *(Samaritaner).* Zehn der Stämme verschwanden durch Eroberung des Nordreichs Israel *(Zehn verlorene Stämme).* Die meisten heutigen Forscher lehnen den Bericht der Bibel über den Ursprung der Z. ab.

Der Islam im Überblick

Begriff und Bedeutung

Die jüngste der großen Weltreligionen hat ihren Namen vom arabischen Wort »aslama« in der Bedeutung »sich ergeben, unterwerfen« unter den Willen des alleinigen und allmächtigen Gottes (arab. allah). Der Islam ist heute mit etwa 1,2 Mrd Anhängern, die sich als Muslime bezeichnen, die zweitgrößte Religionsgemeinschaft der Erde nach dem Christentum. Obwohl die Mehrzahl der Muslime in Südostasien lebt, sind die arabischen Kernländer des Islam tonangebend, vor allem in theologischer Hinsicht. → S. 431

Grundzüge des Glaubens

Der Islam versteht sich als Wiederherstellung der im Judentum und Christentum verfälschten Urreligion: des Glaubens an den einen Gott. Das islamische Glaubensbekenntnis beginnt mit den Worten »Ich bezeuge: Es gibt keinen Gott außer Allah«. Dieses Bekenntnis ist die erste der Fünf Säulen des Islam und gehört zum täglichen fünfmaligen Pflichtgebet, der zweiten Säule. Die dritte Säule ist das Fasten im Monat Ramadan, die vierte verpflichtet zu Almosen und die fünfte zur einmal im Leben unternommenen Pilgerfahrt nach Mekka. Der Unterwerfung unter Gottes Allmacht entspricht der Glaube an Gottes absolute Gerechtigkeit im Jüngsten Gericht. Zur islamischen Rechtgläubigkeit treten vielfältige Glaubenspraktiken des Volksislam einschließlich der Verehrung von Heiligen. → S. 434

Muhammad, der Prophet und Gesetzgeber des Islam, gründete in Medina die erste muslimische Gemeinde. Buchmalerei in einer religiösen Handschrift aus Lahore, Pakistan, um 1800

Götter und Symbole

Der vorislamische Glaube der Araber an Götter und gottähnliche Wesen wird im Islam verworfen. Dem entspricht das zumindest im kultischen Zusammenhang (Ausstattung des Korans und der Moschee) eingehaltene Bilderverbot zugunsten der alleinigen Offenbarung Gottes durch das Wort. Symbolische Bedeutung besitzen der Halbmond und die mit dem Paradies assoziierte Farbe Grün. → S. 442

Geschichte des Islam

Die islamische Zeitrechnung beginnt mit der Auswanderung Muhammads von Mekka nach Medina im Jahr 622 n. Chr. und umfasst somit rund 1400 Jahre. Im ersten Jahrhundert seiner Geschichte verbreitete sich der Islam von der Arabischen Halbinsel über Nordafrika bis nach Spanien und über den Vorderen Orient bis nach Zentralasien. Die Islamisierung eroberter Länder verband sich jeweils mit einem gewissen Grad an Arabisierung; zugleich vermittelte der Islam im Mittelalter vor allem den christlichen Ländern des Mittelmeerraums durch arabische Übersetzungen das literarische und wissenschaftliche Erbe der in Vergessenheit geratenen griechischen Antike. Die längste der nach Dynastien unterschiedenen Epochen in der Geschichte des islamischen Weltreichs repräsentiert das Osmanische Reich (um 1290–1923 n. Chr. bzw. um 668–1301 n. d. H.) mit Vorstößen bis nach Wien. Zu Beginn des 21. Jh. beträgt der Anteil von Muslimen in Europa zwischen 65% (Albanien), 11% (Großbritannien), 4,5% (Frankreich), 3,1% (Deutschland) und bis zu ca. 1% in anderen Ländern. → S. 443

Stifter und Leitfiguren

In seinem Glaubensbekenntnis bezeugt der Muslim, dass Muhammad der Prophet Allahs ist. Aus islamischer Sicht vollendete Muhammad (569/570–632) die bei Adam beginnende Reihe der Propheten des allmächtigen und alleinigen Gottes; Jesus Christus hat als Vorläufer Muhammads dessen Sendung angekündigt. Leitfiguren einer Lebensführung getreu dem Islam sind als »Mütter der Gläubigen« die Ehefrauen Muhammads und die ersten vier Kalifen (Regierungszeit 632–661) Abu Bakr, Umar, Uthman und Ali. → S. 444

Spaltungen und Richtungen

Bereits unmittelbar nach Muhammads Tod legte die ungeklärte Frage der Nachfolge des

Propheten als Oberhaupt der Gemeinde den Keim für die Spaltung in Sunniten (heute rund 90% aller Muslime), Haridjiten und Schiiten, die »Partei des Ali« (heute vor allem im Iran). Ebenfalls in frühislamischer Zeit wurzelt die Mystik. Diese sich zunächst um einzelne Lehrer konzentrierende und durch die Bildung von Orden geförderte Bewegung versteht die Erfüllung der islamischen Pflichten als lediglich ersten Schritt auf dem Weg zur Gotteserkenntnis. → S. 446

Die bedeutendsten Schriften

Die heilige Schrift des Islam ist der in 114 Suren gegliederte Koran. Er enthält die Offenbarungen, die Muhammad ab etwa 610 n. Chr. zuteil wurden. Der Koran bildet als das »unerschaffene« Wort Gottes an die Menschen die Abschrift in arabischer Sprache einer im Himmel aufbewahrten Urschrift. Die islamische Überlieferung enthält Detailvorschriften für den rechtlichen und religiösen Bereich sowie Berichte über Muhammad und die Prophetengefährten. → S. 449

Wichtige Institutionen

Der Islam kennt keine vergleichbaren und allgemein verbindlichen »kirchlichen« Instanzen. Theologische Ausbildungsstätten und bedeutende Theologen sowie Personen, die zu Rechtsgutachten in konkreten Einzelfällen befähigt sind (Muftis), üben jedoch erheblichen Einfluss aus. → S. 452

Heilige Stätten

Den höchsten Rang besitzen Muhammads Heimatstadt Mekka mit der durch Muhammad vom vorislamischen Götzendienst gereinigten Ka'ba und Medina, wo nach der Auswanderung des Propheten und seiner Anhänger aus Mekka die erste muslimische Gemeinde entstanden ist. Es folgen Jerusalem mit dem Felsendom und eine Vielzahl von Wallfahrtsorten im Zusammenhang der kultischen Verehrung von Grabstätten im Volksislam. → S. 453

Feste und Riten

Höhepunkte im islamischen Festkalender bilden das Opferfest in Erinnerung an das Tieropfer anstelle der Opferung von Abrahams Sohn Ismail und das Fest des Fastenbrechens am Ende des Fastenmonats Ramadan. Rituellen Charakter besitzen das fünfmalige Pflichtgebet und die Pilgerfahrt nach Mekka. → S. 455

Zwei kalligrafisch gestaltete Seiten zeigen die beiden Namen Allah (rechts) und Muhammad, die eine Kurzfassung des Glaubensbekenntnisses bilden: »Ich bezeuge: Es gibt keinen Gott außer Allah, und ich bezeuge, Muhammad ist sein Prophet.« Religiöse Handschrift aus der Türkei, um 1800.

Religion und Staat

Die vielfältigen historischen und gegenwärtigen Gestaltungen einer islamischen Staatsreligion basieren auf der Scharia als Gesamtheit des islamischen Gesetzes. Dieses ist nach muslimischer Auffassung göttlichen Ursprungs. Als Vorbild für die vollständige Anwendung der Scharia dient Muhammads erste Gemeinde in Medina. Einige islamische Länder haben die Scharia zur einzigen Quelle der Gesetzgebung erklärt, andere hingegen haben sich ausdrücklich der Trennung von Staat und Religion verschrieben (z. B. die Türkei). → S. 457

Individuum und Gesellschaft

Durch die Gründung von Ehe und Familie erfüllt der gläubige Muslim Gottes Willen. Zu Muhammads Reformen gehörte eine Verbesserung der Stellung der Frau. Hohe islamische Normen sind die Bewahrung der Ehre sowie die Einhaltung von Speise- und Reinheitsgeboten. → S. 462

Sonderformen des Islam

Neben den verschiedenen Richtungen des Islam bestehen Gruppierungen, die sich teilweise erst im 20. Jh. gebildet haben, wie z. B. die Ahmadiyya oder die Bahai. → S. 465

قد نرى تقلب وجهك في السماء
فلنولينك قبلة ترضاها
حسبي الله
الله ربي
الله نور السموات والأرض
بسم الله الرحمن الرحيم لقد صدق الله رسوله الرؤيا بالحق لتدخلن المسجد الحرام إن شاء الله آمنين
لا إله إلا الله الملك الحق المبين
بسم الله الرحمن الرحيم لإيلاف قريش
فليعبدوا رب هذا البيت الذي أطعمهم

Der Islam in Geschichte und Gegenwart

Begriff und Bedeutung

Der Islam ist mit seiner rund 1400-jährigen Geschichte die jüngste der großen Weltreligionen. Seine Anhänger bezeichnen sich niemals als Mohammedaner, sondern als Muslime: Sie unterwerfen sich Gott, ergeben sich Gottes Willen, anerkennen ihn als Schöpfer und erweisen ihm Dankbarkeit. Nach nichtmuslimischer Auffassung wurde der Islam durch die Verkündigungen seines Stifters, Abu l-Qasim ibn Abdallah Muhammad (569/570 bis 632 n. Chr.), ab etwa 610 ins Leben gerufen; aus muslimischer Sicht ist der Islam die von Urzeiten her existente *Urreligion* der Menschheit, die bereits von *Adam* verkündet wurde und nach ihm von allen anderen *Propheten* der Geschichte, darunter von *Abraham, Mose* und *Jesus Christus,* der das Kommen Muhammads angekündigt hatte. Alle anderen Religionen sind aus muslimischer Sicht durch ihre Abweichungen von dem von den Propheten verkündeten Monotheismus letztlich polytheistische Religionen; der Islam ist nach seinem Selbstverständnis die einzige wahrhaft monotheistische Religion.

Koran: Der arabische Koran, der durch Gabriel auf Muhammad als das heilige Buch des Islam »herabgesandt« wurde, gilt seinen Anhängern als detailgenaue Abschrift der im Himmel bewahrten Uroffenbarung, der himmlischen Urschrift. Altes Testament und Evangelium sind ebenfalls Abschriften der Uroffenbarung, jedoch im Lauf der Zeit von Juden und Christen verfälscht worden und daher nicht mehr verlässlich.

Weltreligion: Der Islam ist heute nach dem Christentum die zweitgrößte Religionsgemeinschaft der Erde, in allen Erdteilen und in über 100 Ländern vertreten. Er bildet in etwa 40 Ländern die Mehrheitsreligion. Insgesamt zählt der Islam ca. 1,2 Mrd Anhänger. Bei 1,2 Mrd Menschen gibt es »den Islam« ebenso wenig wie »den Muslim«. Das theologische Spektrum ist breit gefächert, die Auslegungsvarianten des Korans sind zahlreich und die Traditionen unterschiedlich.

Zwar wurde der Islam im 7. Jh. auf der Arabischen Halbinsel in *Mekka* und *Medina* verkündet und ist daher im arabischen Raum beheimatet. Er fordert zu seiner Ausübung zumindest Grundkenntnisse des Arabischen, denn die Gottesverehrung geschieht im Islam im vollgültigen Sinne nur in arabischer Sprache, vor allem der Vollzug der *Fünf Säulen,* darunter das ausschließlich arabisch gesprochene *Gebet.* Allerdings ist der Islam nicht exklusiv arabisch, sondern verbreitete sich bald nach Muhammads Tod im nordafrikanischen und vorderasiatischen Raum. Es entwickeln sich außer dem arabischen Islam – z. T. in Spannung zu diesem – auch ein iranischer, vor allem schiitisch geprägter Islam *(Schiiten),* ein osmanisch-türkischer Islam und besonders im Übergang zur Neuzeit ein südostasiatischer, schwarzafrikanischer und westlicher Islam.

Großes Bild links: Die Ka'ba, das »Haus Gottes«, ist das bedeutendste islamische Heiligtum in Muhammads Geburtsstadt Mekka. Die Kiswa, ein schwarzer Umhang mit kalligrafisch gestalteten arabischen Schriftzeichen, schmückt das Äußere der Ka'ba.

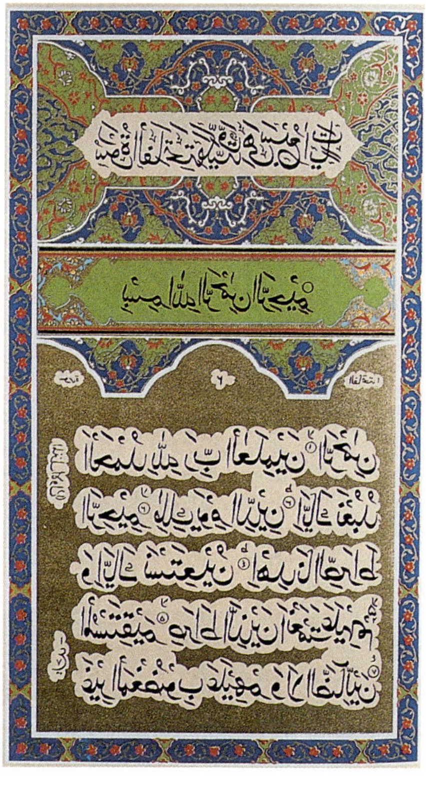

Der Koran beginnt mit der Sure al-Fatiha (die »Eröffnende«). Mit den Worten »Im Namen Gottes, des Gnädigsten, des Barmherzigsten« wird Allah angerufen. Die Gläubigen rezitieren in allen rituellen Gebeten die al-Fatiha. Kalligrafisch gestaltete Seite einer Handschrift des Korans in der Moschee Add'awa in Paris

STICHWORT **Muslime in aller Welt**

Koranschule für Mädchen der muslimischen Minderheit der Hui in Cansu-Lanzhou, China

Ein muslimischer Geistlicher spricht während der Eröffnungszeremonie einer Moschee in Moskau zu den Gläubigen.

Vor der Moschee De Belleville in Paris. Heute sind 4,5% der Franzosen Muslime.

Betende Muslime in der Moschee und Koranschule Termez, Usbekistan

Vor dem Freitagsgebet in einer Moschee, hier im Irak, müssen die Gläubigen ihre Schuhe ausziehen.

Heute ist die Mehrzahl der Muslime nichtarabischer Herkunft. Zahlenmäßig ist der Islam in Asien am stärksten vertreten. An der Spitze steht Pakistan mit 157 Mio Muslimen, dicht gefolgt von Indonesien (156 Mio). Ihnen folgen Bangladesh (134 Mio) und Indien (130 Mio), in dem der Islam zwar eine Minderheit darstellt, aber mit seinen absoluten Zahlen die Zahl der Muslime in islamischen Länder wie Jordanien, Syrien oder Saudi-Arabien um ein Vielfaches übersteigt. Erst auf Platz 8 der Länder mit den meisten Muslimen folgt Ägypten, eines der islamisch-arabischen Kernländer (58 Mio).

Arabien: Trotz dieses zahlenmäßigen Übergewichts des südostasiatischen Islam dürfen die arabischen Länder (vor allem Ägypten und Saudi-Arabien) im sunnitischen Bereich (Sunniten) in theologischer Hinsicht als tonangebend betrachtet werden, im schiitischen Bereich kommt diese Rolle dem Iran zu. Die Vorrangstellung des Arabischen gründet in der Tatsache der Sprache des Korans, mit der eine besondere Wertschätzung der arabischen Kultur verbunden ist. Mit der Verbreitung des Islam in die außerarabische Welt ging stets nicht nur eine Islamisierung, sondern auch eine gewisse Arabisierung der Bevölkerung (Kleidung, Annahme arabischer Namen, islamischer Sitten) und Durchdringung der Sprache mit arabischen Lehnwörtern in den eroberten Gebieten Hand in Hand. Einflussreiche islamische Theologen sind zum allergrößten Teil arabischer Herkunft, arabische Lehrinstitutionen wie die al-*Azhar* in Kairo gehören zu den bedeutendsten Ausbildungsstätten. Arabisch ist die bevorzugte Sprache der Korankommentare und theologischen wie juristischen Standardwerke. Die Überlieferungstexte waren jahrhundertelang nur auf Arabisch erhältlich. Der Gläubige soll den Koran möglichst auf Arabisch studieren, da alle Übersetzungen nur als Übertragungen gelten, und er muss auf Arabisch beten und Gott anrufen, um Gott im vollgültigen Sinn zu verehren.

Ausbreitung: Der Islam hat von Anfang an eine rasche Ausbreitung erlebt und die eroberten Gebiete nach und nach völlig durchdrungen. Eine dauerhafte Rückeroberung islamischer Gebiete hat nur in Spanien stattgefunden. Der Orient war Europa in der Entwicklung der Medizin lange Zeit überlegen, die Hochkultur des Islam brachte bedeutende Bauwerke, Literatur, Mathematik und Astronomie hervor, von denen die europäischen Wissenschaften profitierten, und gab Europa durch die arabischen Übersetzungen die in Vergessenheit geratenen wissenschaftlichen Werke der Antike zurück. Islamisten sind davon überzeugt, dass eine Rückkehr der islamischen Welt zum »wahren« Islam eine erneute Blüte, Fortschritt und Vorherrschaft in der Welt herbeiführt.

Der Islam ist prinzipiell auf Ausbreitung angelegt. Für den Übertritt zum Islam genügt das Aussprechen des islamischen *Glaubensbekenntnisses* vor zwei Zeugen *(Konversion)*. Eine Abwendung vom Islam wird von der *Scharia* mit dem Tod bedroht *(Abfall vom Islam)*. Der Islam breitete sich in den ersten Jahrzehnten durch Eroberungen vor allem christlicher Länder und Landstriche aus. Ab dem 10. Jh. trugen arabische Händler den Islam nach Südostasien, im Mittelalter und im Übergang zur Neuzeit auch ins Innere Afrikas und nach Schwarzafrika, wobei die Opposition gegen das mit dem Kolonialismus verbundene »westliche« Christentum auch eine Rolle gespielt und der Annahme des Islam z.T. einen günstigen Boden bereitet hat. Heute wächst der Islam

Der Islam verbreitete sich von der Arabischen Halbinsel über Nordafrika und über den Vorderen Orient bis nach Zentralasien. Die Mehrzahl der Muslime ist heute nicht-arabischer Herkunft. Die zahlenmäßig größten muslimischen Bevölkerungsgruppen leben in Pakistan, Indonesien, Bangladesh und Indien.

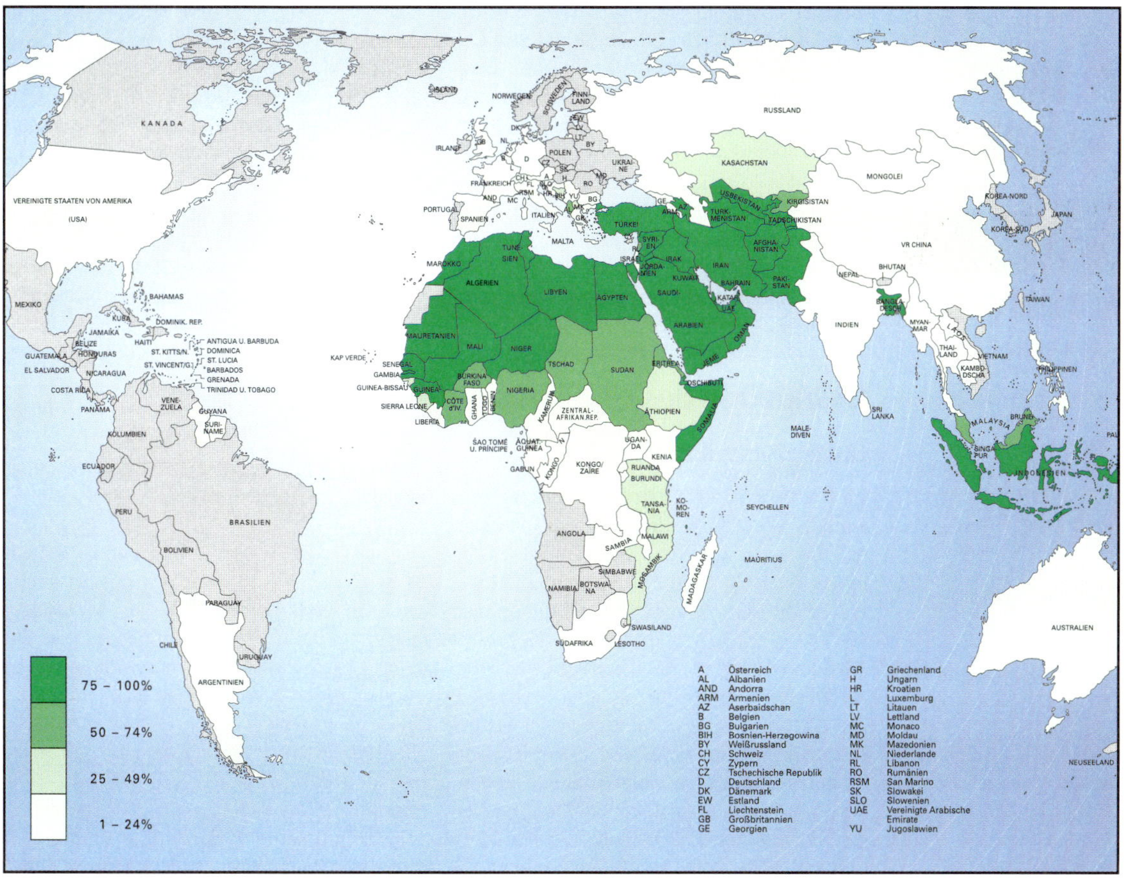

durch eine hohe Geburtenrate und durch bireligiöse Ehen, deren Kinder automatisch Muslime sind, sowie durch die Werbung für den Islam, die *»Da'wa«*-Arbeit (arab. Da'wa: »Ruf, Einladung zum Islam«), durch die Verbreitung des Korans, durch Literatur und Schriften, Informations-, Presse- und Öffentlichkeitsarbeit sowie das Internet.

Deutschland: In Deutschland ist die Zahl der Muslime durch Arbeitskräfteanwerbung in den 1960er und frühen 1970er Jahren, durch Familiennachzug und Flüchtlinge auf etwa 3,3 Mio Menschen angewachsen, davon sind etwa 2,1 Mio Menschen türkischer Herkunft. Im Gegensatz zum vorwiegend nordafrikanisch geprägten Islam in Frankreich und zum indo-pakistanischen Islam in Großbritannien entstammen die meisten Muslime in Deutschland einem säkularen Gemeinwesen. Aber auch innerhalb des türkischen Islam gibt es islamistische Kräfte und Gruppierungen, die u.a. umfangreiche Minderheitenrechte einfordern und sich für die Gleichstellung mit den christlichen Kirchen sowie für die Anerkennung der islamischen Religionsgemeinschaft als Körperschaft des öffentlichen Rechts einsetzen. Der islamische Religionsunterricht an staatlichen Schulen, der Bau von Moscheen (evtl. mit hohem Minarett), der lautsprecherverstärkte Gebetsruf, die Schächtung oder die Mehrehe (Polygamie) werfen in der westlichen, größtenteils säkularisierten Gesellschaft viele Fragen des gesellschaftlichen Zusammenlebens von Mehrheit und Minderheit auf, die nicht einfach zur beiderseitigen Zufriedenheit zu beantworten sind.

In Deutschland sind seit Beginn der Zuwanderung vor allem türkischer Arbeitnehmer in den 1960er Jahren zahlreiche Moscheen entstanden. Minarette bilden heute neben Kirchtürmen neue Orientierungspunkte im Stadtbild. Die Mannheimer Yavus-Sultan-Selim-Moschee wurde 1995 in Nachbarschaft der Liebfrauenkirche errichtet.

Grundzüge des Glaubens

Gottesvorstellung

Im Koran wird für Gott das arabische Wort »Allah« (»der Gott, die Gottheit«) verwendet. Im vorislamischen Arabien ist es der Name einer Gottheit; ebenso wurde »Allah« von arabischen Christen vor Muhammad als Gottesname verwendet. Im Koran ist Allah der Schöpfer des Himmels, der Erde, der *Tiere, Geister, Engel* und der Menschen, der Richter, dem alle Menschen zur festgesetzten Stunde im *Jüngsten Gericht* Rechenschaft schuldig sind, wenn Tote und Lebendige zu Gott »zurückgebracht« werden (2,281). Gott wird in absoluter Gerechtigkeit richten und die einen mit dem Eingang ins *Paradies* belohnen, die anderen aber zur Höllenstrafe verurteilen *(Hölle).*

Eigenschaften: An keiner Stelle im Koran existiert eine systematische Abhandlung über Wesen oder Eigenschaften Gottes. Im Volksislam herrscht die Auffassung von den »99 schönsten Namen Gottes«, mit denen er angerufen und verehrt werden kann *(Gottes schönste Namen).* Er ist verborgen, ein Geheimnis, vollkommen von der Schöpfung losgelöst, in keiner Hinsicht seinen Geschöpfen ähnlich, denn »nichts ist ihm gleich« (42,11). Der Mensch kann sich mit seinem begrenzten Denken keine Vorstellung vom Allmächtigen machen. Er kennt zwar die Namen Gottes, die ihm im Koran beigelegten Attribute, und er erfährt von seinem Handeln in der Geschichte. Gott offenbart sich jedoch nicht selbst, denn er überschreitet seine Transzendenz nicht. Gott sendet seine Botschaft in einer Schrift, nicht in einer Person (wie im Christentum). Der Engel Gabriel übermittelt diese Botschaft den Gesandten Gottes. Außerdem kann der Mensch Gott in den »Zeichen« erkennen, in der Schöpfung, seiner Fürsorge, in der Natur. Mit diesen Zeichen ergeht der »Ruf« Gottes an die Menschen, den sie mit Unglauben oder Unterwerfung beantworten können.

Gott ist zwar transzendent, aber dem Menschen trotzdem »näher als seine Halsschlagader« (50,16). Der Mensch erfährt diese Nähe jedoch nicht durch Gott als »Person«, sondern durch seine Fürsorge und Güte, also sein Handeln. Gott ist weder Vater (wie im Christentum), noch dreifaltig *(Trinität),* denn das Zentrum der islamischen Gottesauffassung ist die Einheit oder Einzigartigkeit Gottes *(Tauhid),* die seine Unvergleichlichkeit und Unvorstellbarkeit miteinschließen: »Er ist Gott/Ein Einziger/Gott der Ewige/Er zeugt nicht/Er wurde nicht gezeugt!/Es gibt niemand, der ihm gleicht!« (112,1–4)

Gnade: Gott ist gnädig und voll Erbarmen, allwissend und allmächtig zugleich, nichts ist ihm verborgen (6,59). Der Mensch ist »arm und auf Gott angewiesen« (35,16), Gott ist seinerseits auf niemand angewiesen. Trotz seiner Allmacht ist seine herausragendste Eigenschaft die Gnade und Barmherzigkeit, mit der er sich dem Menschen zuwendet, ihm Wohltaten erweist, ihm Güter zukommen lässt und zu seiner Warnung Propheten mit seiner Offenbarung sendet. Jede Sure (mit Ausnahme von Sure 9) wird eingeleitet mit »Im Namen Gottes, des Gnädigen und Barmherzigen«, oder: »Im Namen des gnädigen und barmherzigen Gottes«, denn »meine Barmherzigkeit kennt keine Grenzen« (7,156). Für den Gläubigen ist Gott ein barmherziger Wohltäter, der Nachsicht übt, verzeiht und ihn beschützt, während der Ungläubige in Gottes Gericht keine Gnade zu erwarten hat. Gottes Güte soll den Menschen zur Dankbarkeit führen; der Ungläubige ist immer zugleich undankbar gegen Gott, der die Gläubigen und Rechtschaffenen liebt, aber Zorn und Verurteilung über die Ungerechten und Ungläubigen kommen lässt.

Zwar betont der Koran die Verantwortung des Menschen, aber letztlich ist es doch Gott selbst, der einem Menschen Glauben oder Unglauben schenkt: »Und wenn Gott einen rechtleiten will, weitet er ihm die Brust für den Islam. Wenn er aber einen in die Irre führen will, macht er ihm die Brust eng und bedrückt, als wenn er in den Himmel emporsteigen müsste. So straft Gott diejenigen, die nicht glauben« (6,125), denn »Niemand darf gläubig werden, es sei denn, Gott erlaubt es ihm« (10,100). Weil er sich im Diesseits auf keine Handlung festlegen und vorhersagen lässt, bleibt trotz der Barmherzigkeit Gottes eine gewisse Unsicherheit über seine letzte Entscheidung im Gericht. Der Koran beschreibt seine List: »Gott ist voller Tücke« (13,13), und: »Die Ungläubigen schmieden Ränke. Aber Gott schmiedet Ränke. Er kann es am besten« (8,30).

Der Mensch

Der Mensch ist Gottes Geschöpf, jedoch nicht sein Ebenbild, nicht die »Krone der Schöpfung«, da die Erschaffung von Himmel und Erde ein »größeres Wunder« als die Erschaffung des Menschen war (40,57). Der Mensch ist jedoch Gottes Stellvertreter (arab. halifa) auf Erden, den Gott zum Beherrscher der Tiere und der Erde macht und ihm den Genuss ihrer Güter anvertraut (35,39). Zwar sündigten *Adam* und seine Frau im *Paradies,* bekannten aber ihre Sünde, sodass Gott sie wieder »rechtleitete« (2,37), denn sie sündigten »nur gegen sich selbst« (7,23). Einen eigentlichen »Sündenfall« kennt der Islam nicht, der Mensch leidet in seiner Gottesbeziehung und dem Verhältnis zu anderen Menschen nicht unter einer *Erbsünde,* denn »keiner trägt die Last einer anderen Seele« (39,7); die Notwendigkeit zur Erlösung besteht nicht. Wenn der Mensch Gottes Gebote vergisst, von ihnen abirrt oder den »Einflüsterungen« des Satans Folge leistet, der ein »ausgemachter Feind« der Menschen ist (35,6), kann er zwar einzelne *Sünden* begehen, ist jedoch nicht prinzipiell verloren, gefallen oder von Gott getrennt. Wenn er sich wieder auf Gottes Gebote besinnt und seine »Zuflucht« zu Gott nimmt, ist er in der Lage, wiederum das Gute zu tun und seinen Geboten Folge zu leisten. Das ganze Leben ist für ihn eine »Prüfung«, mit der ihn Gott auf die Probe stellt (6,245). Gott wendet sich dem Mensch seinerseits voll *Gnade* und *Barmherzigkeit* zu.

Der Gottesname in arabischer Kalligrafie. Handschrift vom Anfang des 20. Jh.; Museum in Fes, Marokko

Durch viele »Zeichen« Gottes (Naturerscheinungen, Beistand Gottes, Sendung der *Propheten,* Herabsendung der *Offenbarung*) wird jeder Mensch immer wieder auf Gott hingewiesen (16,10–14). Da der Islam von Adam an verkündet wurde und die »natürliche« Religion jedes Menschen ist, trägt jeder eine Urahnung von der Wahrheit des Islam in sich. Um Gottes einzelne Gebote jedoch zu erkennen, muss er Zugang zu seiner *Offenbarung* erhalten. Der Mensch soll sein Leben im *Diesseits* verantwortlich von der Gewissheit des kommenden *Gerichts* im *Jenseits* gestalten, an Gott »glauben und das Rechte tun« (2,25). Zu Gott steht der Mensch im Verhältnis eines Dieners oder Sklaven, dem er Anbetung, Dank und Verehrung schuldet. Er soll sich Gott ergeben (arab. aslama: »sich [Gott] ausliefern, in seinen Willen ergeben, Muslim werden«), denn: »Niemand in den Himmeln und auf der Erde wird zum Erbarmer anders denn als Diener kommen können« (19,93). Die Unterwerfung und die Anerkennung seiner Herrschaft führt den Menschen zur Furcht Gottes und zur Anbetung. Gott leitet ihn recht und schenkt ihm Glauben (6,125).

Der Glaube

Der Glaube (arab. iman) ist in erster Linie die Anerkennung des alleinigen, ewigen Gottes, seiner Allmacht und unumschränkten Herrschaft, die sich in demütiger Hingabe an Gott und Unterwerfung unter seinen Willen ausdrückt. Gott erwartet Glaube nicht nur in einer Notsituation (39,8), sondern als grundsätzliche Lebensausrichtung. Der Glaube an Gott ist heilsnotwendig und bedingt den Glauben an das *Jüngste Gericht*, die *Engel*, die *Heiligen Schriften* und die *Propheten* (2,177). Über diese Glaubenspfeiler hinaus hat der Islam keine umfangreicheren Glaubensbekenntnisse formuliert, die von allen muslimischen Gruppierungen uneingeschränkt anerkannt worden wären.

Folgen: Glaube beschränkt sich jedoch nicht auf ein theoretisches Fürwahrhalten bestimmter Dogmen. Aus dem Wissen um Gottes Existenz ergeben sich Konsequenzen: das Gute zu tun und das Böse zu meiden (3,110), zu »glauben und das Rechte zu tun« (2,25), die Fünf Säulen des Islam zu befolgen und das Leben im Diesseits (Welt) stets in der Verantwortung vor Gott und dem Wissen um das sichere Kommen des Jenseits her zu gestalten. Gott ist derjenige, der Glaube schenkt und den rechtleitet, den er rechtleiten will, aber auch den in die Irre führt, den er irreführen will (6,125; Willensfreiheit). Dennoch ist der Mensch im Gericht selbst für sich verantwortlich.

Umma: Wer sich Gott unterwirft und die Herabsendung des Korans sowie das Prophetentum Muhammads anerkennt, gehört zu den »Gläubigen« (arab. mu'minun), alle anderen Menschen sind »Ungläubige« (arab. kafirun). Der Gläubige gehört zur weltweiten islamischen Gemeinschaft (arab. umma), deren Brüderlichkeit und Solidarität grundsätzlich familiäre Bindungen und nationale Zugehörigkeit in den Hintergrund treten lassen. Der Gläubige wird nach überwiegender muslimischer Auffassung, selbst wenn er schwer gesündigt hat, möglicherweise nach einem zeitweisen Verbleib im Höllenfeuer, ins Paradies eingehen.

Verantwortung: Glaube führt zur Anbetung Gottes, aber auch zur sozialen Verantwortung, z. B. im Spenden der Almosen (57,7), in der Fürsorge für »Verwandte, Waisen und Arme, Reisende und Bettler, im Loskauf von Sklaven und Gefangenen« (2,177). Sure 23,1–11 beschreibt den als Gläubigen, dessen Gebet demütig ist, der nicht auf eitles Geschwätz hört, Almosen gibt, keinen sexuellen Umgang hat außer mit seinen Frauen und Sklavinnen, anvertrautes Gut treuhänderisch bewahrt, seine Verpflichtungen erfüllt und seine Gebete verrichtet. Glaube wird geweckt durch das Nachdenken über die »Zeichen« und Wunder Gottes, durch sein Handeln in der Geschichte, seine Güte, die Sendung seiner Propheten und die Herabsendung seiner Offenbarung.

STICHWORT Das Glaubensbekenntnis

Bekenntnis zu Allah: »Ich bezeuge: Es gibt keinen Gott außer Allah, und ich bezeuge, Muhammad ist sein Prophet«, lautet das stets auf Arabisch gesprochene sunnitische Glaubensbekenntnis *(Sunniten)*, *Schiiten* fügen als Lobpreis des vierten Kalifen hinzu: »Und Ali ist der Freund Gottes.« Das Glaubensbekenntnis (arab. schahada) beinhaltet das wichtigste islamische Dogma von der Einzigartigkeit Gottes, des Tauhid, sowie die Bejahung der Sendung Muhammads als Prophet Gottes. Darüber hinaus hat es in der Geschichte des Islam niemals ein umfangreicheres, allgemein anerkanntes Glaubensbekenntnis gegeben.

Bedeutung: Das Glaubensbekenntnis wird täglich mehrfach beim rituellen *Gebet* gesprochen und gehört damit zur verbindlichen Glaubensausübung für alle Männer und Frauen jenseits der Pubertät. Es bekundet die *Konversion* zum Islam. Spricht ein Apostat das Glaubensbekenntnis voller Reue wieder aus, gilt es als Zeichen seiner Rückkehr zum Islam. Das Glaubensbekenntnis wird auch in besonderen Situationen, z. B. in Gefahr, ausgesprochen, findet aber auch beim *Gebetsruf* Verwendung. Einem Neugeborenen wird es ebenso ins Ohr gesprochen wie einem Sterbenden, der es nicht mehr selbst formulieren kann, damit er es in Erinnerung behält, wenn ihn im Jenseits die *Todesengel* nach seinem Glauben befragen. Im *Volksislam* nimmt man an, dem Glaubensbekenntnis hafte Segenskraft *(Baraka)* an, daher wird es oft als *Amulett* getragen und auf Grabdecken gestickt. In Mystikerorden *(Mystik)* werden einzelne Worte oder Silben des Glaubensbekenntnisses beim lauten oder leisen »Gottgedenken« *(Dhikr)* wiederholt. In einigen Situationen darf es nicht gesprochen werden, z. B. von einer Frau zur Zeit ihrer Unreinheit (*Waschung, rituelle)* oder an einem unreinen Ort wie der Toilette.

Die Fünf Säulen

Positiv drücken sich der Glaube und die Zugehörigkeit zum Islam in der Beachtung der *Fünf Säulen* des Islam aus. Die überwiegende Mehrzahl der Muslime betrachtet ihre Befolgung prinzipiell als verpflichtend, obwohl es auch Gruppierungen gibt, die sie weniger streng beachten (z. B. die *Aleviten*).

Das Glaubensbekenntnis: Die erste der fünf Säulen des Islam beinhaltet das Dogma von der Einzigartigkeit Gottes.

Das Gebet: Zum Gebet (arab. salat, vermutlich: sich »niederbeugen, unterwerfen«) gehört vor allem das rituelle Pflichtgebet, das fünfmal täglich von allen geistig gesunden, erwachsenen Männern und Frauen in Richtung *Mekka* gesprochen werden soll. Das Gebet darf nur in einer »Notlage« versäumt werden und muss später nachgeholt werden. Auch Kranke dürfen ihre Gebetspflicht nur aufschieben, Todkranke sollen in Gedanken beten. Kinder sollen spätestens ab 7 Jahren zum Gebet angeleitet werden und sind nach der islamischen Pflichtenlehre mit etwa 10 Jahren zum Gebet verpflichtet. Das Gebet vorsätzlich zu versäumen, gilt als eine der schwersten *Sünden* überhaupt; wer sie begeht, den bezeichnet die Überlieferung als Ungläubigen, der ins Höllenfeuer geworfen wird. Muhammad soll gesagt haben: »Das Erste, wofür der Mensch am Tag des Gerichts zur Verantwortung gezogen wird, ist das Gebet.« Das Gebet zu Hause ist ebenso gültig wie in der *Moschee,* im *Volksislam* gilt das dort vollzogene Gebet jedoch als *verdienstvoller* und besonders segenspendend. Das Gebet von Nichtmuslimen wird von Gott nicht erhört und ist ungültig.

Mit Sicherheit waren die Details zur Durchführung des Pflichtgebets zu Muhammads Lebzeiten weder festgelegt, noch hat Muhammad von Anfang an ein fünfmaliges Gebet gefordert. Wohl erst nach Muhammads Übersiedlung von Mekka nach Medina im Jahr 622 *(Hidjra)* wurde der *Freitag* zum Tag des Gottesdienstes bestimmt, weil Freitag Markttag in Medina war (62,9).

Die zu Anfang wohl in Anlehnung an die jüdische Frömmigkeitspraxis auf *Jerusalem* festgelegte Gebetsrichtung wurde um 624 auf *Mekka* geändert. Im Zeitraum 620–624 scheint das Ritualgebet für alle Muslime als verpflichtend erklärt worden zu sein (7,204 bis 7,206). Sure 11,114 nennt drei tägliche Gebete, Sure 24,58 erwähnt das Morgen-, Mittag- und Abendgebet. Erst vom 8. Jh. an lassen sich aus der Überlieferung mit Bestimmtheit fünf Gebete zu festgelegten Tageszeiten (Mittags-, Nachmittags-, Abend-, Nacht- und Morgengebet) herauslesen *(Gebetszeiten).*

Hinsichtlich des Gebetsritus existieren Unterschiede zwischen den einzelnen *Rechtsschulen.* Am Beginn steht die rituelle *Waschung,* denn Unreinheit macht ein Gebet ungültig. Der Betende steht mit dem Gesicht in Richtung Mekka und spricht: »Ich suche Zuflucht beim Herrn der Menschen« (114,1). Es folgt die *Absichtserklärung,* ohne die das rituelle Gebet ungültig ist. Mit dem Gotteslob »Gott ist groß« (arab. Allahu akbar) tritt der Beter in den *Weihezustand* ein. Es folgt die Rezitierung der ersten Sure *(Fatiha)* sowie weiterer Koranverse. Danach verneigt sich der Betende zum ersten Mal und spricht: »Ehre sei Gott.« Er richtet sich auf: »Möge Gott den hören, der ihn lobpreist«, fällt erneut nieder: »Gott ist am größten«, fällt zur Erde und spricht: »Lob sei dir, mein Herr, dem Höchsten.« Er richtet sich auf die Knie auf und spricht: »Gott ist am größten.« Beim erneuten Niederfallen spricht er: »Mein Herr, vergib mir, habe Erbarmen mit mir, gib mir, was mir zukommt, und führe mich den rechten Weg.« Damit ist die erste Niederwerfung (arab. rak'a) beendet. Jedes Gebet beinhaltet mehrere Niederwerfungen. Auch das *Glaubensbekenntnis*

Die täglich fünf Pflichtgebete sind eine der Fünf Säulen des Islam. Das erste soll vor Sonnenaufgang gebetet werden. Das Foto zeigt ein solches Morgengebet in Algerien.

Links: Pakistanische Muslime in der Faisal-Moschee in Islamabad im Fastenmonat Ramadan.

Rechts: Gläubiger im Iran beim Gebet in Richtung Mekka.

Zu den Fünf Säulen des Islam gehört das Spenden von Almosen: Beim Fest des Fastenbrechens (arab. id al-fitr) verteilt ein gläubiger Muslim Almosen vor der Moschee Jame Masjid in Katmandu, Nepal.

und ein Segenswunsch über Muhammad werden beim Gebet gesprochen: »Gott segne ihn und schenke ihm Heil.« Zum Schluss folgt der nach rechts und links gesprochene Friedensgruß »Friede sei mit dir und die Gnade Gottes.« Er richtet sich beim Moscheegebet an die Mitbetenden, zu Hause an die beiden Engel, die nach volksislamischer Auffassung jeden Menschen begleiten und alle guten und bösen Taten verzeichnen. Jegliche Abweichung vom vorgeschriebenen Ablauf oder Unterbrechung machen das Gebet ungültig *(nichtig)*, und der Beter muss es von Anfang wiederholen.

Zu den fünf Pflichtgebeten können weitere freiwillige Gebete gesprochen werden, z. B. im Rahmen des Freitagsgebets oder an bestimmten Feiertagen. Auch freie Gebete (arab. du'a), nicht selten vorformulierte Texte aus der Überlieferung oder aus Gebetssammlungen von Mystikern *(Mystik)*, finden Verwendung. Der Koran ermutigt dazu, Gott um Hilfe anzurufen: »Ruft mich an, dann werde ich euch erhören« (40,62), denn »ich erhöre, wenn einer zu mir betet, sein Rufen« (2,186).

Das Fasten: Verpflichtend für alle Männer und Frauen ab der Pubertät ist das 30-tägige Fasten (arab. sawm) im Monat *Ramadan.* Es können zusätzliche Fastentage als *verdienstvolle* Handlungen oder als Sühne für bestimmte Vergehen (wie z. B. für einen gebrochenen Eid) hinzutreten. Durch das 30-tägige Fasten im Ramadan von Sonnenaufgang bis Sonnenuntergang gedenkt der Gläubige der Herabsendung des Korans (2,185). Essen, Trinken – nach Auffassung mancher Theologen auch das Schlucken des Speichels –, Rauchen, Parfüm, Injektionen und Geschlechtsverkehr sind untersagt, solange man »einen weißen von einem schwarzen Faden unterscheiden« kann (2,187). Auch Nachrede, Klatsch, Streit und unangemessenes Verhalten sollen gemieden werden. Schwangere, Stillende, Reisende, Kranke (2,184) und Kinder sind von der Fastenpflicht ausgenommen und sollen – mit Ausnahme der Kinder – die fehlenden Fastentage später nachholen oder aber einen Ersatz als Buße leisten.

In der islamischen Welt ist das gesamte Leben im Ramadan eingeschränkt. Geschäfte und Behörden öffnen oft nur wenige Stunden, das gesellschaftliche Leben verlagert sich auf den Abend und die Nacht. Das Fasten wird vor der gemeinsamen, nicht selten üppigen Abendmahlzeit traditionell mit einer ungeraden Anzahl von Datteln und einem Schluck Wasser gebrochen.

Der Ramadan ist der Monat, in dem der Koran von vielen Muslimen in 30 Abschnitten rezitiert wird. Nach einer Überlieferung sollen am ersten Tag des Ramadan die bösen Geister und der *Teufel* gefangen gesetzt, die Tore der *Hölle* geschlossen werden und die Tore zum *Paradies* sich öffnen. Der Ramadan ist ein Monat der Suche nach geistlichen Segnungen, der Überwindung des Bösen und oft auch der Versöhnung zwischen Zerstrittenen. Zusätzliches Fasten außerhalb des Ramadan gilt als verdienstvoll. An einigen Tagen ist es jedoch untersagt: beim *Fest des Fastenbrechens* und beim *Opferfest* sowie zur Zeit der Gefahr. Frauen ist es außerdem während ihrer rituellen Unreinheit (Menstruation, Wochenbett, Geburt) untersagt. Darüber hinaus nennen die *Rechtsschulen* einige Tage, an denen das Fasten nicht verboten, aber nicht empfohlen wird (z. B. die Zeit unmittelbar vor dem Ramadan).

Almosen: Abgaben waren von der Frühzeit des Islam in Form von *Almosen* (arab. zakat) für Arme und Bedürftige verpflichtend, vor allem nach der Übersiedlung der ersten islamischen Gemeinde nach Medina. Als diese offensichtlich nicht wohlhabende Gemeinde durch Raubzüge zu mehr Besitz gekommen war, wurden Arme und Mittellose unterstützt und auf Erträge aus der Landwirtschaft und

Besitz Abgaben von etwa 5–10% erhoben. Der Koran nennt als zum Empfang der Almosen Berechtigte Arme, Bedürftige, Gefangene, Verschuldete, Reisende und »diejenigen, die im Einsatz auf dem Weg Gottes« sind (9,60). In der Art und Weise der Erhebung der Almosen unterscheiden sich die islamischen Länder heute stark voneinander. In den wenigsten Ländern werden die Almosen vom Staat eingezogen; in den meisten Ländern geschieht die Entrichtung der Almosen auf freiwilliger Basis. Es wird an Bedürftige und Bettler gegeben, vor allem an hohen Feiertagen wie dem *Fest des Fastenbrechens* und dem *Opferfest.* Manche Theologen lehnten Steuererhebungen über diese Almosen hinaus als »unislamisch« ab. Eine schiitische Sonderform der religiösen Almosen ist der aus Sure 8,41 abgeleitete »Fünft« (arab. khums), der auf allen Gewinn abzuführen ist und für Waisen, Arme und Bedürftige verwendet wird, sowie in der Neuzeit auch für schiitische Gelehrte *(Schiiten).*

Pilgerfahrt nach Mekka: Weitaus wichtiger als die »kleine Pilgerfahrt« *(umra),* die mit weniger umfangreichen Riten verbunden ist und zu jeder Jahreszeit durchgeführt werden kann, ist die »Große Pilgerfahrt« (arab. hadjdj) zur *Ka'ba* in Mekka im Wallfahrtsmonat Dhu l-hidjdja, die jeder Muslim – und nur Muslimen ist sie erlaubt – nach Möglich-

Die dritte Säule des Islam ist das Fasten. Das 30-tägige, für alle Männer und Frauen verpflichtende Fasten im Monat Ramadan wird auf dem Hof der Moschee in Karatschi, Pakistan, mit einem großen Festmahl beendet.

Die »Große Pilgerfahrt« nach Mekka ist die fünfte Säule des Islam: Unzählige Muslime pilgern im heiligen Fastenmonat Ramadan zur Großen Moschee von Mekka. Mittelpunkt der Moschee in Muhammads Geburtsstadt und das wichtigste Ziel der Pilgerfahrt ist die Ka'ba.

Die Pilgerfahrt nach Mekka, die einmal im Jahr im Wallfahrtsmonat Dhu l-hidjdja möglich ist, wird von den Pilgern als Gruppe gemeinsam durchgeführt. Der Aufenthalt am heiligen Ort Arafat ist Teil der Zeremonie. Auf diesem Hügel empfing Muhammad vom Erzengel Gabriel den Koran.

keit einmal im Leben durchführen soll. Eine Frau soll nicht während ihrer *Wartezeit* reisen, nicht während ihrer Unreinheit *(Waschung, rituelle)* und nur mit geeigneter Begleitung *(Mahram).* Es ist auch möglich, die Pilgerfahrt für eine andere Person durchzuführen – auch noch nach dessen Tod –, sofern der Wallfahrer sie für sich selbst bereits absolviert hat. Die Ka'ba und die Pilgerfahrt erfährt von allen muslimischen Gruppierungen unumschränkte Anerkennung und ist für die *Umma,* ungeachtet aller sonstigen nationalen und theologischen Unterschiede, ein sichtbares Symbol der Einheit, Brüderlichkeit und Gleichheit vor Gott. Das Gebet in Mekka und vor allem in der Ka'ba gilt als besonders *verdienstvoll* und Sünden vergebend.

Schon aus vorislamischer Zeit sind Pilgerfahrten zu lokalen Heiligtümern sowie eine Pilgerfahrt zur Ka'ba in Mekka bekannt, die das wichtigste Heiligtum Arabiens mit einer Vielzahl von Götterstatuen und Gottheiten bildete. Aufgrund der Deutung des Islam als *Urreligion der Menschheit,* die von *Adam* an verkündet worden war, wurde die Ka'ba von Muhammad als islamisches Heiligtum aufgefasst, das durch den altarabischen Animismus vorübergehend missbraucht worden war.

Bei der Pilgerfahrt müssen diejenigen Elemente (arab. arkan) befolgt werden, welche die Rechtsgelehrten als verbindlich festgelegt haben; zudem gibt es freiwillige Elemente, die als empfohlene Handlungen gelten. Der Wallfahrer begibt sich mit dem Eintritt in den »Heiligen Bezirk« um Mekka und Medina durch eine große rituelle Waschung in den *Weihezustand,* in dem jegliche Verunreinigung, vor allem durch Geschlechtsverkehr, aber auch Parfüm, Schmuck, Streit und nutzloses Gerede untersagt sind. Der Wallfahrer spricht die *Absichtserklärung,* er trägt ein besonderes Pilgergewand ohne Nähte, das später meist als Leichentuch Verwendung findet, und vollzieht nun die genau vorgeschriebenen mehrtägigen Riten wie die rund 2 Mio Menschen, die jedes Jahr nach Mekka pilgern: Er umschreitet die Ka'ba siebenmal in langsamem und schnellem Schritt und versucht dabei, in die Nähe des *Schwarzen Steines* in der Nordostecke der Ka'ba zu gelangen, um dessen Segenskraft *(Baraka)* teilhaftig zu werden. Zur Pilgerfahrt gehören weiter eine Predigt (arab. *hutba*) eines der *Imame Mekkas,* der Aufenthalt in Mina, einem Dorf östlich von Mekka, die Wanderung in die Ebene von Arafat, etwa 25 km von Mekka entfernt, und die Sammlung auf dem »Gnadenberg« (arab. djabal ar-rahma) in der Ebene Arafat. Die Pilger eilen zurück in Richtung Mekka durch das heilige Tal von Muzdalifa. Dort sammeln sie sieben Steine oder ein Vielfaches davon, um die symbolische Steinigung des Teufels in Erinnerung an die Versuchung, als dieser *Abraham* von der Opferung seines Sohnes abbringen wollte, nachzuvollziehen. Den Abschluss der Pilgerfahrt bildet die Opferung eines Tieres, die im *Opferfest* am »Tag des Opfers« (arab. yawm al-adha) oder dem »Tag des Schlachtens« (arab. yawm an-nahr) mündet. Danach beenden die Pilger vorläufig den Weihezustand. Zum Schluss umschreiten sie nochmals die Ka'ba. Damit gelten die verpflichtenden Elemente der großen Pilgerfahrt als erfüllt. Danach verbringen viele Pilger weitere Tage in Mina oder reisen nach Medina, um die Gräber Muhammads und der ersten beiden *Kalifen,* Abu Bakr und Umar, zu besuchen.

Das Jüngste Gericht

Einer der frühesten mekkanischen und grundlegendsten Verkündigungsinhalte im Islam, das Jüngste Gericht, ist Hauptthema in mindestens 20 der 114 Suren. Nicht an das Jüngste Gericht zu glauben wird von der islamischen Theologie als *Unglaube* bezeichnet.

Endzeit: Den Zeitpunkt des Jüngsten Gerichts kennt nur Gott (7,187). Er wird dann die Erde und die Himmel zusammengefaltet in seiner Rechten halten. Dem Jüngsten Gericht werden kosmische Veränderungen als eschatologische Ereignisse vorausgehen *(Endzeit),* bevor die Toten aus ihren Gräbern auferweckt werden (21,96), um sich vor Gott zu verantworten. Ausgenommen von dieser Beurteilung sind *Propheten* und *Märtyrer,* die unmittelbar ins *Paradies* eingehen.

Gerechtigkeit: Im Jüngsten Gericht wird Gott in absoluter Gerechtigkeit richten. Es gibt dann keine Möglichkeit mehr, sich dem Islam zuzuwenden; vergeblich werden einige Ungläubige angesichts des Todes darum bitten, noch einmal ins Leben zurückkehren zu dürfen. Außer den Menschen werden auch die *Engel* (78,38), *Geister* und *Teufel* gerichtet (19,68). Die Schrift, in der die Engel gute und schlechte Taten jedes Menschen verzeichnet haben, wird hervorgeholt. Die Taten des Verstorbenen werden auf einer Waage gewogen (21,47), auf der anderen Seite liegt nur ein winziges Stück Papier mit dem *Glaubensbekenntnis,* das aber alle Sünden des Menschen aufwiegt. Die *Überlieferung* fügt hinzu, dass die Toten von zwei furchtbaren Engeln, Munkar und Nakir, nach ihrem Glaubensbekenntnis befragt werden. Wer es nicht sprechen kann, wird von ihnen im Grab geschlagen. Gläubige Muslime können, sofern sie eine schwere Sünde begangen haben, auf *Fürsprache* im Jüngsten Gericht hoffen. Sie werden über eine Brücke, die schärfer als ein Schwert und dünner als ein Haar ist, ins *Paradies* eingehen, während die Ungläubigen von der Brücke in das *Höllenfeuer* hinabstürzen. Die zur Hölle verurteilten Ungläubigen werden von Schrecken und Verzweiflung heimgesucht (30,12), da nun das eintritt, was sie zu ihren Lebzeiten nicht für wahr hielten. Sie bitten die *Höllenwächter,* bei Gott um einen Tag »Straferleichterung« nachzusuchen (40,49), aber Gott gewährt ihnen den Tod nicht; sie können ihren Qualen nicht entfliehen (43,77). Einige Theologen verstehen die Brücke, die Waage und sogar die Qualen der Hölle als Symbole der Gerechtigkeit Gottes. Der Großteil der mit dem Jüngsten Gericht zusammenhängenden Vorstellungen entstammt nicht dem Koran, sondern der islamischen Überlieferung. Manche Theologen lehnen die detailreichen Schilderungen ab, da der Gläubige nur verpflichtet sei, an ein Jenseits zu glauben.

Ausschnitt aus der in 86 Verse gegliederten Sure 40. Sie gehört zu den zahlreichen Suren mit Aussagen über das Jüngste Gericht. Diese Handschrift des Korans ist im 9. Jh. entstanden und stammt aus der Großen Moschee von Kairouan, Tunesien; Bibliothèque Nationale, Tunis

Volksislam

Zum Volksislam gehören alle Überzeugungen und Glaubenspraktiken, die nach orthodoxer Auffassung keine Grundlage in Koran und *Überlieferung* finden. Der Volksislam ist nicht der Islam der Gelehrten, der theologischen Hochschulen und Korankommentare, nicht selten jedoch alltäglich gelebter Islam, der von Ort zu Ort sehr unterschiedliche Praktiken aufweisen kann. Kennzeichnend sind *Heiligenverehrung,* Wallfahrten zu ihren Gräbern und dort geleistete Gelübde, Schadens- und Schutzzauberpraktiken, Orakelbefragung, mystische Bruderschaften und Verehrung ihrer Führer *(Mystik),* die Abwehr des *Bösen Blicks* durch *Amulette* sowie magische Praktiken zur Abwehr von Schaden und Herbeiführung des Gewünschten. Die muslimische Theologie (vor allem die *Wahhabiten*) hat einige dieser Praktiken als unzulässige *»Neuerung«* (arab. bid'a) verurteilt und danach getrachtet, den Einfluss des Volksislam zurückzudrängen oder sogar zu unterbinden, da man u. a. den Gräberkult und die Heiligenverehrung als Widerspruch zur Einzigartigkeit Gottes betrachtete.

Der Koran über die arabische Sprache: *»Wir haben ihn zu einem Koran in arabischer Sprache gemacht, auf dass ihr verstehen mögt.«* (Sure 43,3)

Götter und Symbole

Aufgrund seines strengen *Monotheismus* verurteilt der Islam den Glauben an jegliche Gottheit neben Gott und bezeichnet den animistischen *Polytheismus* der vorislamischen Araber als »Zeit der Unwissenheit« *(Djahiliyya)*. Der Glaube an den einen allmächtigen Gott, den Schöpfer des Himmels und der Erde, ist Zentrum und Kernpunkt des Islam.

Götter und Götzen

Der Glaube an Götter und gottähnliche Wesen war auf der Arabischen Halbinsel als Verehrung von Geistern, Dämonen und lokalen Gottheiten, deren Verehrungsstätten bei den Wanderungen der nomadischen Stämme aufgesucht wurden, weit verbreitet. Götter wurden in heiligen, unbehauenen Steinen, in Bäumen oder Quellen verehrt. Bei den Opfern floss Blut auf einen heiligen Stein. So wurde ein Bund mit der Gottheit geschlossen.

Seher, Wahrsager, Priester (arab. kahin) standen mit den in Bäumen oder Tieren wohnenden *Geistern* und Dämonen in Verbindung, die den Menschen Schaden zufügen oder Gutes bewirken konnten, ja, die Seher galten selbst als besessen. Die Wirkung der Dämonen konnte durch Schutzzauber aufgehoben werden. Die Furcht vor dem *Bösen Blick* und seine Abwehr durch *Amulette* und Talismane geht auf die vorislamische Zeit zurück. Bekannt sind von der Arabischen Halbinsel außerdem die Verehrung dreier weiblicher Gottheiten, Manat, al-Lat und al-Uzza, und des Gottes Hubal; ebenso der altarabische Kult der Gestirne sowie der Glaube an einen höchsten Gott, einen Schöpfergott.

Im Koran stellt Muhammad der uneingeschränkten Allmacht und alleinigen Herrschaft Gottes die Machtlosigkeit der Götzen gegenüber (22,73–74). Sie können nicht einmal über das Häutchen in einem Dattelkern bestimmen, sie hören kein Gebet und sind machtlos und stumm (35,14). Als »Beigesellung« (arab. schirk) anderer Wesen neben Gott und als eine Form des *Unglaubens* (arab. kufr) wird der Götterglaube aufgefasst, weil er eine Herabminderung der Allmacht Gottes bedeutet, eine der schlimmsten Sünden überhaupt. Der Koran droht den Götzendienern eine schwere Strafe im Jenseits an, ein böses Unheil, den Fluch Gottes und die Hölle (48,6 u.a.); sie sind die erbittertsten Gegner der Gläubigen (5,82) und die »schlechtesten der Geschöpfe« (98,6). Anhänger polytheistischer Religionen (Buddhismus, Hinduismus) gehören im Islam nicht zu den *Schriftbesitzern;* sie haben im islamischen Staat prinzipiell keine Existenzberechtigung, ihre religiösen Schriften werden nicht als *Offenbarungen* anerkannt.

Bilderverbot

Nicht ausdrücklich im Koran formuliert, wurde das Bilderverbot jedoch von der *Überlieferung* mit der Androhung der Höllenstrafe erheblich verschärft. Die Theologie der *Sunniten* und *Schiiten* stimmt darin überein, dass Darstellungen von Mensch und Tier, von Gott und den Engeln untersagt sind. Auch Muhammad wurde vermehrt erst seit dem Übergang zur Neuzeit bildlich dargestellt, aber sein Gesicht oft verhüllt oder als weißer Fleck belassen. In *Moscheen* finden sich daher keine bildlichen Darstellungen, auch nicht in Koranexemplaren. Manche Muslime lehnen Fotografien ab.

Begründet wurde das Bilderverbot mit den eindrücklichen Warnungen des Korans vor dem *Götzendienst* und der Verehrung von Geschöpfen anstelle des Schöpfers. Der bildhaft gestaltende Mensch nähme mit einer Nachahmung die Schöpferrolle Gottes ein, die Darstellung durch den Menschen sei nur ein Trugbild der Wirklichkeit. Gestattet wurden bildliche Darstellungen dort, wo die Gefahr der Anbetung nicht besteht, aber auch in religiösen, historischen, literarischen und wissenschaftlichen Handschriften mit Buchmalerei.

Halbmond

Der Halbmond oder die Mondsichel (arab. hilal) findet häufig Verwendung auf dem *Minarett* einer Moschee, manchmal in Verbindung mit einem Stern. Schon aus vorislamischer Zeit ist der Halbmond als Schmuckelement bekannt (z.B. auf Münzen). In der *Ka'ba* soll in vorislamischer Zeit neben vielen anderen Göttern auch ein Mondgott oder der Mond selbst verehrt worden sein. Im vorislamischen Arabien wurde bei der Sonne, beim Mond und anderen Naturelementen geschworen. Muhammad mahnt die Araber, sich von der Verehrung der Gestirne abzuwenden (41,37). In islamischer Zeit findet sich der Halbmond auf Fahnen, Münzen,

Bucheinbänden und sogar Kleidungsstücken. Der Mond besitzt zudem durch die Verwendung des Mondkalenders große Bedeutung, denn der Beginn des Wallfahrtsmonats, die religiösen Feste sowie Anfang und Ende des Fastenmonats *Ramadan* werden durch Sichtung der Neumondsichel bestimmt.

Geschichte des Islam

Der Prophet

Abu l-Qasim ibn Abdallah Muhammad (um 569/570–632) begann um das Jahr 610 in Mekka mit der Verkündigung des Islam, nachdem er in einer Höhle am Berg Hira bei Mekka die Eingebung gehabt hatte, der Engel *Gabriel* habe ihn aufgefordert, eine Botschaft »vorzutragen« (arab. qara'a, daher Quran: »Lesung, Rezitierung«). Seine Frau *Hadidja* soll den sich seiner Berufung unsicheren Muhammad, der sich von einem Geist besessen sah, darin bestärkt haben, dass er von Gott zum Propheten und Gesandten berufen worden sei.

Visionär: Muhammads früheste Verkündigungen konzentrierten sich vor allem auf die Warnung vor einem kommenden Gericht und auf die Einzigartigkeit Gottes, des allmächtigen Schöpfers und Richters, die sich insbesondere gegen den animistischen Polytheismus seiner Landsleute richtete, in späteren Jahren auch gegen Juden und Christen, die nach Muhammads Auffassung ebenfalls den wahren Monotheismus verlassen hatten.

Hidjra: Muhammad stieß in seiner Heimatstadt Mekka überwiegend auf Widerstand und heftige Ablehnung. 622, nach rund zehn Jahren der Verkündigung des Islam, hatten offensichtlich der Druck und die Drohungen gegen Muhammad so zugenommen, dass er am 25.9.622 mit einer etwa 70-köpfigen Anhängerschar in die Nachbarstadt *Medina* auswich. Dieses Ereignis, die *Hidjra,* markiert den entscheidenden Wendepunkt in Muhammads Leben: In Medina wurde Muhammad zum anerkannten religiösen Führer seiner ersten Gemeinde, zum Gründer eines politischen Gemeinwesens, zum Gesetzgeber und Heerführer.

Im Lauf der letzten zehn Jahre seines Lebens vermochte Muhammad seine Stellung so zu festigen, dass er im Jahr 632, nur wenige Monate vor seinem Tod am 8.6.632, die Wallfahrt zur *Ka'ba* nach Mekka durchführen konnte.

CHRONIK **Zeittafel zur Geschichte des Islam**

632	Muhammads Tod
632–634	Abu Bakr herrscht als erster Kalif: umfangreiche Eroberungen in Mesopotamien (Zweistromland) und Syrien
634–644	Umar herrscht als zweiter Kalif: Eroberungen in Ägypten (639–642), Syrien, Palästina, Mesopotamien und Persien (640–642)
638	Eroberung Jerusalems
644–656	Uthman herrscht als dritter Kalif: Koranredaktion, Eroberungen im Iran und in Nordafrika
656–661	Ali herrscht als vierter und einziger schiitischer Kalif
661	Machtübernahme der Umayyaden
680	Tod des Prophetenenkels al-Husain bei Kerbela
691/692	Errichtung des Felsendoms in Jerusalem
711	Beginn der islamischen Eroberung Spaniens
732	Zurückdrängung der muslimischen Heere bei Tours und Poitiers durch Karl Martell
ab 743/744	Abbasidische Revolution
749/750	Machtübernahme der Abbasiden
750–1258	Dynastie der Abbasiden; endgültige Vernichtung der Umayyaden-Herrschaft im arabischen Raum
755–1031	Herrschaft der Umayyaden in Córdoba, ab 929 bezeichnen sie sich als Kalifen
909–1171	Dynastie der siebenerschiitischen Fatimiden in Nordafrika
929–1031	Kalifat von Córdoba
969	Begründung des Fatimiden-Kalifats in Ägypten
1099	Eroberung Jerusalems durch die Kreuzfahrer
1187	Rückeroberung Jerusalems durch Salah ad-Din (Saladin)
um 1252–17	Herrschaft der Dynastie der Mamluken in Ägypten
1256–1353	Herrschaft der Mongolen in Persien und im Zweistromland
um 1290–1923	Dynastie der Osmanen
1453	Eroberung von Konstantinopel durch den Osmanen Mehmed II.
1492	Fall von Granada (Spanien)
1529	Erfolglose Belagerung Wiens durch den osmanischen Sultan Süleiman den Prächtigen
1683	Erneute Belagerung Wiens durch die Osmanen
1922	Ende der Osmanenherrschaft
1923/24	Die Türkei wird Republik, Ende des Kalifats

Die ersten vier Kalifen (632–661)

Muhammad starb, ohne eine Nachfolgeregelung getroffen zu haben; daraus ergab sich die erste Spaltung der muslimischen Gemeinde *(Sunniten, Schiiten, Haridjiten).* Noch im Jahr 632 wurde Muhammads Heerführer und Vertrauter, Abu Bakr, zum ersten Kalifen bestimmt.

Schon unter den ersten vier Kalifen, Abu Bakr (632–634), Umar (634–644), Uthman (644–656) und Ali (656–661) erfuhr das islamische Reich eine enorme Ausdehnung bis nach Byzanz, Persien, in den Irak, Syrien, Palästina, Ägypten und Nordafrika.

Die Umayyaden (661–750)

Nach dem Tod des vierten Kalifen, Ali, konnte Mu'awiya für die Familie der Umayyaden das Kalifat als erbliche Würde sichern. Vergeblich versuchten die Schiiten, die Macht zu erringen; der Prophetenenkel al-Husain unterlag 680 in der Schlacht bei Kerbela, womit die Hoffnung der Schiiten auf eine Machtübernahme zunichte gemacht wurde. Die Umayyaden eroberten Spanien (711–713 fielen Córdoba, Saragossa, Barcelona, Tarragona und weitere Städte) und drangen bis nach Südfrankreich vor.

Die Abbasiden (750–1258)

Durch die »abbasidische Revolution« wurde Ende der 740er Jahre die Macht der Umayyaden ausgehöhlt; 750 übernahmen die Abbasiden endgültig die Herrschaft über das islamische Weltreich. Doch Auflösungserscheinungen machten sich bemerkbar. Einzelne einflussreiche Familien verselbstständigten sich; sie erkannten den Kalifen zwar noch formal an, gründeten aber lokale Dynastien. Ende des 11. Jh. zersplitterte das riesige Reich in Einzelstaaten. 1258 eroberten die Mongolen *Bagdad* und setzten der Abbasidenherrschaft ein Ende.

STICHWORT **Muhammad und die Schriftbesitzer**

Muhammad und die Juden

Juden waren seit dem 1. Jh. n. Chr. auf der Arabischen Halbinsel ansässig. Seit Anfang des 7. Jh. sind mehrere jüdische Siedlungen bekannt; in Medina (damals Yathrib) lebten vor allem drei Stämme, die Banu Qainuqa, die Banu Nadir und die Banu Quraiza. Der Koran zeugt von einer intensiven Auseinandersetzung Muhammads mit den Juden, von denen er sich nach seiner Übersiedlung nach Medina zunächst Anerkennung seiner Sendung erhofft hatte, die jedoch nach der Zurückweisung seines Anspruchs etwa ab 624 in zunehmende Distanzierung, Feindschaft und Kampf umschlug. Als die Juden Muhammad verspotteten und in ihrer Ablehnung immer entschiedener wurden, begann er seinerseits, ihren Glauben und ihre Gemeinschaft zu verurteilen (2,90), bis die theologischen Feindseligkeiten ab 624 in der Belagerung, Vertreibung und Vernichtung der drei großen jüdischen Stämme in Medina gipfelten.

Muhammad und die Christen

In Arabien gab es zu Muhammads Lebzeiten christliche Mönche und Eremiten, möglicherweise auch christlich-arabische Stämme, von denen er in Mekka, in Medina, aber wohl auch auf seinen Handelsreisen durch mündliche Erzählungen Kenntnisse des christlichen Glaubens erworben haben muss. Muhammad war zu Beginn der Auffassung, Juden und Christen hätten eine gleichlautende göttliche Botschaft empfangen, die mit seinen Verkündigungen völlig übereinstimmte (3,84). Wie von den Juden erhoffte er sich auch von den Christen seine Anerkennung als Gesandter Gottes. Er nennt sie wie die Juden *Schriftbesitzer,* lobt im Koran die Liebe, Bescheidenheit und Demut der Christen den Muslimen gegenüber (5,82) sowie ihren Glauben (3,110), auch wenn hier bereits eingeschränkt wird: »Aber die meisten von ihnen sind Frevler.«

Aber da auch die Christen Muhammad die Gefolgschaft versagten, schlugen sein Wohlwollen und seine Sympathie in Entfremdung und Distanzierung um. Muhammad zog den Schluss, dass die christlichen Dogmen, die für ihn im Widerspruch zum Koran standen, von den Schriftbesitzern im Lauf der Zeit verfälscht worden seien. Vor allem die *Trinität* und die *Gottessohnschaft* Jesu (2,116) wirft Muhammad den Christen als »Irrtümer« vor, denn sie begehen damit die schwere Sünde der »Beigesellung« (arab. schirk) eines anderen Wesens neben Gott *(Polytheismus).* Aufgrund der prinzipiellen Anerkennung der Offenbarung der Juden und Christen und ihrer Beurteilung als Schriftbesitzer wurden beide Gruppen bei den islamischen Eroberungen zu *Schutzbefohlenen,* die ihre Religionszugehörigkeit behalten durften. Dennoch waren Juden und Christen mancherlei Einschränkungen und Behinderungen bis hin zu Diskriminierungen und Druck zur Konversion in den islamisch eroberten Gebieten ausgesetzt, die sie stets Bürger zweiter Klasse bleiben ließen und von vielen gesellschaftlichen einflussreichen Positionen in Regierung, Justiz, Militärwesen und Verwaltung ausschlossen.

Die Osmanen (um 1290–1923)

Die Osmanen konnten noch einmal für einige Jahrhunderte die Macht in Händen halten. 1453 eroberte Mehmet II. Konstantinopel; die Blütezeit des Osmanischen Reiches lag im 16. Jh. Die Osmanen beherrschten fast den gesamten Mittelmeerraum, den Balkan, Nordafrika, Ägypten, Mesopotamien, Syrien, Palästina sowie die heiligen Stätten Mekka und Medina. 1923/24 wurde das Kalifat mit der Gründung der Türkischen Republik durch Kemal Atatürk abgeschafft.

Stifter und Leitfiguren

Muhammad

Muhammad, der Sohn des Abdallah und der Amina bint Wahb, stammte aus dem Geschlecht der Banu Haschim und dem Stamm der Quraysch in Mekka, dessen Domäne der Handel war. Muhammad und seine Familie können nicht sehr einflussreich in Mekka gewesen sein (angedeutet in Sure 43,31). Nachdem Muhammads Vater Abdallah schon vor seiner Geburt gestorben war und seine Mutter Amina starb, als Muhammad noch ein Kind war, kam er zunächst zu seinem Großvater Abd al-Muttalib und nach dessen baldigem Tod zu seinem Onkel Abu Talib, einem Kaufmann.

Als etwa 25-Jähriger trat Muhammad in die Dienste der wohlhabenden Kaufmannswitwe *Hadidja* bint Huwaylid, die damals 40–45 Jahre alt gewesen sein soll. Aus seiner Ehe mit ihr gingen zwei oder drei Söhne hervor, die jedoch alle im Kindesalter starben (108,3), und vier Töchter: Zaynab, Umm Kulthum, Ruqayya und Fatima.

Mit seinen Verkündigungen stieß Muhammad in seiner Heimatstadt auf erbitterte Gegnerschaft. Die Mekkaner bezeichneten Muhammads Botschaft als »Schwindel«, wobei auch wirtschaftliche Gründe – die Sorge um Einkommenseinbußen im Zusammenhang mit der vorislamischen Wallfahrt zur Ka'ba – eine Rolle gespielt haben mögen. Schließlich war Muhammad gezwungen, mit seinen Anhängern in die benachbarte Stadt Medina auszuweichen (25.9.622). Dort stieg er zum anerkannten religiösen Führer seiner ersten Gemeinde auf. Er konnte sich gegen mehrere arabische Stämme in und um Medina durchsetzen sowie die mehrfach gegen ihn zu Feld ziehenden Mekkaner und die drei großen, in Medina ansässigen jüdischen Stämme unterwerfen. Seine Wallfahrt zur Ka'ba nach Mekka kurz vor seinem Tod am 8.6.632 bezeugt seine gefestigte Machtposition in Mekka und Medina.

Die »vier rechtgeleiteten Kalifen«

Abu Bakr (* 570/572) trat bereits in Mekka als einer der ersten Anhänger Muhammads zum Islam über. Er wurde dessen Vertrauter, Heerführer und Berater. Eine verwandtschaftliche Bindung entstand zwischen beiden durch die Heirat Muhammads mit Abu Bakrs Tochter Aischa, laut Überlieferung Muhammads »Lieblingsfrau«. Nach dem Tod Muhammads 632 wurde Abu Bakr der erste der vier »rechtgeleiteten *Kalifen*«. In den nur zwei Jahren seiner Herrschaft (632–634) warf er Aufstände arabischer Stämme auf der Halbinsel nieder und erweiterte die Grenzen des islamischen Reiches bis nach Byzanz und Persien, nach Syrien, Palästina und in den Irak hinein. *Schiiten* gilt Abu Bakr, ebenso wie die beiden nachfolgenden Kalifen, als »unrechtmäßiger Herrscher«, als »Usurpator«, da sie die Berechtigung zur Übernahme des Kalifenamtes nur Verwandten des Propheten zubilligten *(Schia)*.

Umar ibn al-Hattab, der zweite der vier »rechtgeleiteten« Kalifen, wurde von seinem Vorgänger Abu Bakr designiert und regierte 634–644. Er war *Prophetengefährte*, Berater, Vertrauter und Schwiegervater Muhammads. Er gilt als derjenige, der das bereits unter Abu Bakr gewachsene islamische Reich durch zahlreiche Eroberungen zu einem Weltreich erweitern konnte: Er hatte maßgeblich Anteil an der Eroberung von Syrien, Palästina, Ägypten, Iran und Mesopotamien. Umar befestigte die neuen Gebiete militärisch (es entstanden Kufa, Basra und al-Fustat/Alt-Kairo), organisierte eine funktionsfähige politische Verwaltung der neu eroberten Gebiete und setzte u.a. das islamische Strafrecht ein. Umar nahm den Titel »Fürst der Gläubigen« (arab. amir al-mu'minin) an und führte die islamische Zeitrechnung ein. Die sunnitischen Quellen heben seine Frömmigkeit, Bescheidenheit und Gerechtigkeit hervor. Einige Theologen sind der Auffassung, dass er an der nach Muhammads Tod stattfindenden endgültigen Koran-

Die erbitterte Gegnerschaft der Einwohner von Mekka zwang Muhammad, seine Heimatstadt zu verlassen. 622 wanderte er mit seinen Anhängern nach Medina aus (Hidjra). Buchmalerei aus dem Pandschab, um 1800

CHRONIK	**Zeittafel zum Leben Muhammads**
569/570	Geburt in Mekka
ca. 595	Eheschließung mit der Kaufmannswitwe Hadidja
ca. 610	Berufungserlebnis am Berg Hira
ca. 613	Beginn der öffentlichen Verkündigung des Islam
ca. 615	Abwanderung von etwa 110 Anhängern Muhammads nach Abessinien
622	Auswanderung der Muslime nach Medina (arab. hidjra); Gründung des ersten muslimischen Gemeinwesens; Beginn der islamischen Zeitrechnung
632	Abschiedswallfahrt nach Mekka
8.6.632	Tod in Medina

Die frühe Geschichte des Islam kennt Auseinandersetzungen über das religiöse Vermächtnis des Propheten. Schauplatz einer solchen Konfrontation war der Innenhof der Moschee von Mekka mit der Ka'ba, die Muhammad nach seiner Rückkehr von Medina in seine Heimatstadt der neuen Religion geweiht hatte. Buchmalerei in einer religiösen Handschrift, 18. Jh.; Spencer Collection der Public Library, New York

redaktion einen gewissen Anteil hatte, der jedoch nach überwiegender Meinung geringer war als der des dritten Kalifen, Uthman.

Uthman ibn Affan ist der dritte der vier »rechtgeleiteten« Kalifen. Der Schwiegersohn Muhammads und *Prophetengefährte* regierte 644–656. Uthman konnte das islamische Weltreich kaum noch weiter ausdehnen; nur die endgültige Eingliederung Persiens kam zum Abschluss. Ihm wird der maßgebliche Anteil an der Erstellung eines einheitlichen Korantextes zugeschrieben.

Ali ibn Abi Talib (* um 600, Amtszeit 656 bis 661), vierter und letzter der »rechtgeleiteten« Kalifen, war einer der frühesten Anhänger und Kampfgefährten Muhammads, sein Neffe und durch die Ehe mit Muhammads Tochter Fatima sein Schwiegersohn. Fatima wurde die Mutter der beiden einzigen männlichen Nachkommen, die Muhammad überlebten: die Prophetenenkel al-Hasan und al-Husein. Ali soll im Kampf von herausragendem Mut und ein ausgezeichneter Kenner des Korans und der *Überlieferung* gewesen sein.

Als nach Muhammads Tod die Auseinandersetzungen um seine Nachfolge ausbrachen, konnte sich Ali als der von den *Schiiten* und zunächst auch *Haridjiten* protegierte Kandidat nicht durchsetzen. Erst 656 wurde er vierter Kalif. Für den schiitischen Zweig des Islam ist Ali der erste legitime Herrscher nach Muhammad, daher genießt er hohe Verehrung. Um seine Grabstätte in der Nähe von Kufa entstand die Stadt Nadjaf, ein Zentrum schiitischer Gelehrsamkeit und Wallfahrtsort schiitischer Gläubiger.

Spaltungen und Richtungen

Sunniten

Die Sunniten setzten sich in der nach Muhammads Tod ausgebrochenen Auseinandersetzung um die Nachfolge durch und wählten den Heerführer und Vertrauten Muhammads, Abu Bakr, zum ersten *Kalifen,* während die ihnen widerstreitende Gruppierung, die später als *Schiiten* bezeichnet wurden, einen Verwandten Muhammads als Nachfolger forderte. Heute machen die Sunniten mit rund 90% Anteil am Islam

STICHWORT **Mütter der Gläubigen**

Ehefrauen: Weibliche Leitfiguren sind in erster Linie die Frauen Muhammads (33,6), sodann die Frauen der *Prophetengefährten* sowie *Maria* und Muhammads Tochter Fatima. Nach der Überlieferung heiratete Muhammad 13 oder 14 Frauen, eine genaue Festlegung lässt die Quellenlage nicht zu. Ehefrauen Muhammads sind nach der Überlieferung 1. Hadidja bint Huwaylid (um 554/555 bis 619); 2. Sauda bint Zam'a (* um 590); 3. Aischa bint Abi Bakri (um 614/615–678); 4. Hafsa bint Umar (* 607); 5. (Hind) Umm Salama bint Abi Umayya (* 597); 6. Zainab bint Huzayma al-Hilaliyya (* um 596); 7. Djuwayria bint al-Harith (* um 607); 8. Zainab bint Djahsch (* 589); 9. Mariya, eine Koptin, sie blieb Nebenfrau; 10. (Ramla) Umm Habiba bint Abi Sufyan (* um 593); 11. Safiya bint Huyayy ibn Ahtab, eine Jüdin, (* 611); 12. Maymuna bint al-Harith (* 602); 13. Rayhana bint Zayd, eine Jüdin, sie blieb Nebenfrau. Drei der Ehefrauen waren bei Muhammads Tod 632 n. Chr. bereits verstorben, und Mariya, die Koptin, sowie Rayhana bint Zayd waren nur Nebenfrauen. Die übrigen neun Frauen gelten als »Mütter der Gläubigen« (arab. umm al-mu'minin). Sie sind Vorbild in Frömmigkeit und Lebensführung für alle anderen muslimischen Frauen der Geschichte. An sie sind eine Reihe von Koranversen zum korrekten Verhalten innerhalb und außerhalb der Familie, zur Zurückhaltung im Umgang mit nichtverwandten Männern, zur Zurückgezogenheit ins eigene Haus und Zurückhaltung im Umgang mit Schmuck und Putz gerichtet (33,32f.).

Weibliche Vorbilder: In der Überlieferung werden die Mütter der Gläubigen einerseits als Vorbilder in Religion und Moral dargestellt, auf der anderen Seite wird jedoch auch von Streitigkeiten und Eifersuchtsszenen, von Gefühlsausbrüchen und Auflehnung gegen bestimmte Anordnungen Muhammads gesprochen. Verstreute Angaben über weitere Frauen lassen keinen eindeutigen Schluss zu, ob weitere Frauen mit Muhammad verbunden oder sogar verheiratet waren.

Hintergrund: Es steht außer Frage, dass einige der Eheschließungen Muhammads politisch motiviert waren; so war Aischa die Tochter des wohl einflussreichsten Heerführers Muhammads, Abu Bakr. Muslimische Apologeten haben stets betont, dass Muhammad seine Frauen aus Gründen der Versorgung heiratete, wenn ihre Ehemänner in einer der zahlreichen Schlachten der ersten islamischen Gemeinde gefallen waren. Das gilt jedoch nicht für alle Frauen, z. B. nicht für Djuwayriya, Safiya und Rayhana, die an Muhammad als Kriegsbeute verheiratet wurden, ebenso wenig für Aischa und für Zainab, die sich scheiden ließ, weil Muhammad sie zur Frau haben wollte.

die Mehrheit aus und betrachten sich selbst als Vertreter der orthodoxen Theologie. Aufgrund ihrer Berufung auf Koran und *Sunna* bezeichnen sich die Sunniten selbst auch als »Leute der Sunna und der Gemeinschaft«.

Haridjiten

Die »Ausziehenden« sind eine schon zur Frühzeit des Islam entstandene Splittergruppe, die sich dafür einsetzte, dass der fähigste Mann zum Anführer der muslimischen Gemeinde *(Umma)* und zum Nachfolger Muhammads bestimmt werden sollte. Die Haridjiten hielten prinzipiell jeden Mann für dieses Amt für geeignet und berechtigt, das *Kalifat* anzutreten, unabhängig von seiner Herkunft, »und sei es auch ein abessinischer Sklave«. Die einzige Bedingung für die Haridjiten war die Fähigkeit, die mit der Führung der Gemeinde verbundenen religiösen und moralischen Anforderungen erfüllen zu können. 657 spalteten sie sich von den *Schiiten* ab, die sie bis dahin unterstützt hatten, und wurden zu Feinden des späteren vierten Kalifen *Ali* (daher »die Ausziehenden«). 661 wurde Ali Opfer des Attentats eines Haridjiten. Die Haridjiten unterschieden sich hinsichtlich ihres Führungsverständnisses der islamischen Gemeinde sowohl von den *Sunniten* als auch von den *Schiiten.*

Schiiten

Die Schiiten (eigtl. Schi'at Ali, die Partei des Ali) bezeichnet die Anhänger des Neffen und Schwiegersohns Muhammads. Sie vertraten nach Muhammads Tod 632 die Auffassung, nur ein Verwandter des Propheten könne sein legitimer Nachfolger werden, da nur auf ihm dessen *Baraka* (Segenskraft) ruhe. Die Schiiten behaupteten, dass Gott Ali zum Nachfolger ausersehen und dies Muhammad vor seinem Tod mitgeteilt habe, eine Ansicht, die im sunnitischen Bereich nicht geteilt wurde. Die Schiiten bestimmten Ali zum Kalifatsanwärter, da die Söhne Alis, die Enkel Muhammads, al-*Hasan* und al-*Husain,* als einzige direkte Nachkommen bei Muhammads Tod erst etwa 6 und 8 Jahre alt waren. Ali unterlag jedoch 632 im Nachfolgestreit Abu Bakr und dessen Anhängern, die später die Bezeichnung *Sunniten* erhielten. Nach Abu Bakr wurden zwei weitere Kalifen gewählt, die zur Partei der Sunniten gehörten; erst 656 konnte Ali das Kalifat erringen. Nach Alis Tod 661 versuchten die Schiiten erneut, die Macht an sich zu reißen, doch beide Prophetenenkel scheiterten. Im Gedenken an al-Husains Tod begehen die Schiiten jedes Jahr Trauerfeierlichkeiten *(Passionsspiele).*

Die Sunniten konnten sich das Kalifat nach Ali mit der Dynastie der *Umayyaden* (661–750) und *Abbasiden* (750–1258) auf Jahrhunderte durch Erbfolge sichern. Die Schiiten errangen nur zeitweise die Herrschaft über einzelne Gebiete wie den Jemen oder den Iran (vor allem zur Zeit des safawidischen Reiches, 1501–1722) sowie Teile Nordafrikas *(Fatimiden).* Im Iran ist heute der so genannte Zwölferschiismus Staatsreligion *(Zwölferschiiten).*

Schiiten vor der Al-Husain-Moschee in Kerbela, Irak. Hier wurde am 10. Oktober 680 der Prophetenenkel al-Husain ermordet.

Auf dem Friedhof in Nadschaf, Irak, liegen die Anhänger von Ali begraben. Für Schiiten gehört dieser Friedhof deshalb zu den heiligsten Stätten.

STICHWORT Besonderheiten der schiitischen Theologie

Herausragendstes Kennzeichen ist der Glaube an das Imamat. Der Imam (nicht zu verwechseln mit dem Moscheevorsteher, den er im sunnitischen Bereich verkörpert) ist für Schiiten die wichtigste religiöse Persönlichkeit, der oberste Führer der Gemeinde *(Umma)*, ein von *Gott* auserwählter Leiter, der als Einziger den hinter dem Wortlaut verborgenen Sinn des Korans kennt. Er ist eine Art Mittler zwischen Gott und der Gemeinde. In seinen Lehrentscheidungen ist er unfehlbar und sündlos, er verfügt über übernatürliches Wissen und Fähigkeiten. Die Aussprüche der Imame, die in eigenen schiitischen Überlieferungssammlungen zusammengestellt sind, besitzen für Schiiten dieselbe Lehrautorität wie der Koran. Von den übrigen Überlieferungen erkennen Schiiten nur die Berichte und Aussprüche der Familie Muhammads an; die drei ersten *Kalifen* sind für sie unrechtmäßige Herrscher. In der Frühzeit fochten Schiiten den sunnitischen Korantext an und behaupteten, der Text sei von sunnitischer Seite zuungunsten der Familie Muhammads verfälscht worden. Schiiten beharren auf der Rechtmäßigkeit der *Zeitehe* und praktizieren die *Taqiya*.

STICHWORT Besonderheiten der sunnitischen Theologie

Kernpunkt des Herrschaftsverständnisses ist das Konzept des Kalifats: Der *Kalif* muss kein Verwandter Muhammads sein, sondern soll ein fähiger Führer der Gemeinschaft *(Umma)* und ein Mitglied des Stammes Muhammads, der Quraysch, sein, der durch Wahl bestätigt wird. Die sunnitische Theologie weiß sich als Fundament ihres Glaubens dem Koran und der *Sunna* Muhammads verpflichtet. Es bestehen vier *Rechtsschulen,* andere wie die *Mu'taziliten* sind untergegangen. Die sunnitische Theologie brachte über Jahrhunderte einflussreiche Korankommentare wie den von at-Tabari († 923) hervor. Die bedeutendste sunnitische Universität ist die al-*Azhar* in Kairo.

Die Mystik

Die Mystik ist eine schon in der Frühzeit des Islam auch durch außerislamische Einflüsse gespeiste Frömmigkeitsform der inneren Suche nach Gott. Sie leugnet nicht die Bedeutung der islamischen Pflichtenlehre und des islamischen Gesetzes, betont aber, dass dessen Befolgung nur als erste, vordergründige, zu überwindende Stufe auf dem Weg zur Gotteserkenntnis betrachtet werden müsse. Der mystische Pfad (arab. tariqa) wird durch die innere Reinigung der Seele, durch Selbsterkenntnis, Kasteiung, Meditation und Anbetung Gottes beschritten, bis das Endziel der Innewohnung des Göttlichen unter Auslöschung des eigenen Ich erreicht ist. Im Laufe des 10. Jh. wurden *Bruderschaften* gegründet und Ordensmitglieder initiiert. Die Mystik ist im sunnitischen wie schiitischen Bereich beheimatet.

Sufis: Ab dem 8. Jh. taucht der Begriff Sufi auf, vermutlich in Bezug auf die wollenen Gewänder der Mystiker eine Ableitung von arab. suf (Wolle). Bereits aus dem 8. Jh. sind mystische Übungen mit Musik, Poesie und dem lauten oder schweigenden »Gottgedenken« *(Dhikr)* bekannt. Mystiker führen als Begründung für die Versenkung in Gott und das Gottgedenken Koranverse an wie: »So gedenket meiner, damit auch ich euer gedenke« (2,152) oder »O ihr Gläubigen! Gedenkt Gottes unablässig!« (33,41). Die *Himmelsreise* Muhammads ist für Mystiker das Vorbild ihrer spirituellen Reise in die Gegenwart Gottes.

Weltflucht: Die Versenkung in Gott wird durch die Unterdrückung der natürlichen Bedürfnisse (Schlaf, Nahrungsaufnahme, Schmerz) erreicht, durch Meditation und Kontemplation zur Abtrennung des Ich von der diesseitigen Welt, bis die Seele frei wird zur Erfahrung des Göttlichen. Als Hindernisse auf der mystischen »Reise zu Gott« werden Faulheit, Selbstzufriedenheit und Arroganz betrachtet, als Voraussetzung die Sehnsucht nach Gott und der Wunsch nach absoluter Hingabe an ihn, Buße und Reue, Verzicht auf die Welt und ihre Güter, Armut, das Aufhören des Verlangens und das Bewusstwerden der eigenen Armut vor Gott.

Die Versenkung in Gott geht mit der Versenkung in Muhammad einher, in seinen Namen, in die Namen Gottes *(Gottes schönste Namen),* in die geistige Reise zur *Ka'ba* und Muhammads Grab durch Musik, durch Tanz, rhythmische Bewegungen oder durch Schweigen. Andere Mystiker tranken auf dem Höhepunkt der Ekstase Gift, schluckten Glasscherben, durchbohrten sich mit Schwertern und Dolchen, ohne Verletzungen davonzutragen, um so ihre Versenkung in Gott und seine Macht zu demonstrieren. Wieder andere Mystiker lehnten diese Praktiken ab, da es viel schwieriger sei, gegen die niedrigen Regungen des Ich anzukämpfen.

Mystiker, die in Bruderschaften lebten, waren zum absoluten Gehorsam, zu Dankbarkeit und Ehrfurcht gegenüber dem Führer ihres Ordens verpflichtet, der den Schüler in der Befolgung des mystischen Pfades unterrichtet. Im Ordensführer spiegelt sich die göttliche Wirklichkeit; er gilt als Heiliger, verfügt über übernatürliche Segenskräfte *(Baraka)*. Er kann Wunder tun, seine Gedanken auf andere Ordensmitglieder übertragen, und sein Grab wird als Heiligengrab verehrt.

Da schon die frühen Mystiker meditative Übungen zum Einswerden mit Gott höher bewerteten als die Befolgung der *Scharia,* entstanden früh Spannungen zur orthodoxen Theologie. Der Konflikt entzündete sich an der Weltflucht der Mystiker, an ihrem Wunsch, die Transzendenz Gottes zu überschreiten, zu Gott in eine Liebesbeziehung zu treten und in ihm die Auflösung des eigenen Ich zu erfahren sowie an der Heiligen- und Gräberverehrung. Die Mystik übt bis heute durch teilweise große Orden und Besitztümer sowie Verbindungen zu bedeutenden Theologen, die oft Mitglieder mystischer Orden waren, teilweise erheblichen Einfluss auf das politische und gesellschaftliche Leben eines Landes aus.

Die bedeutendsten Schriften

Der Koran

Das heilige Buch der Muslime, der »edle Koran« (arab. al-qur'an al-karim), ist das unerschaffene Gotteswort, präexistent und ewig gültig, das vollkommene Gesetz, die friedensschaffende Ordnung. Unterteilt in 114 *Suren* zu rund 6200 Versen, den Zeitraum der letzten 22 Lebensjahre Muhammads beschreibend, von seiner Berufung um 610 bis zu seinem Tod 632. Nach muslimischer Auffassung ist der Koran eine wortgetreue Abschrift der im Himmel aufbewahrten Uroffenbarung *(Urschrift),* allen Menschen verständlich (54,17), die einzige in allen Aussagen verlässlich, unverfälscht erhaltene unter den *Heiligen Schriften,* herabgesandt auf den Engel *Gabriel,* der seinen Inhalt ab etwa 610 dem Propheten Muhammad in einzelnen *Offenbarungen* übermittelt hat (2,97).

Gottes Botschaft: Koran (arab. qur'an), abgeleitet von qara'a (»er las, er trug vor, er rezitierte«) bedeutet »Vortragen, Rezitieren« oder auch »Abschnitt(e) zur Rezitierung«. Der Koran gebraucht selbst den Begriff Qur'an rund 70-mal, nennt den Text aber auch »Herabsendung«, »Erinnerung«, »Gedenken« oder »Mahnung«, mit dem Muhammad zu seinen Landsleuten als »Warner« gesandt ist (88,21), als »Verkünder froher Botschaft«, als »Freudenbote« (41,4). Im Koran wendet sich Gott an die Menschen »in aller Welt« mit der Aufforderung, ihn und seine Allmacht anzuerkennen, sich ihm zu unterwerfen und den ihm schuldigen Dank zu erweisen. Dem Menschen steht es nicht zu, den Koran anzuzweifeln (2,2).

Gott, der Allmächtige und Transzendente, der dem Menschen verborgen ist, offenbart sich nicht selbst, er übermittelt seinen Willen in einem Buch. Besonderes Gewicht legt der Koran auf die Aussage, dass er auf *Arabisch* übermittelt wurde, er eine Warnung für das Volk der Araber sei (13,37), nachdem bereits andere Völker *(Juden, Christen, Sabier, Zoroastrier)* eine *Offenbarung* in ihrer Sprache erhalten haben. Da der Koran in seinem Duktus, seiner Wortwahl, seiner Ausdrucksweise und inhaltlichen Geschlossenheit, Schönheit und Harmonie als vollkommen, unübertrefflich und unnachahmlich gilt *(I'djaz),* ist nur eine arabische Ausgabe ein vollgültiger Koran, während eine Übersetzung eine sinngemäße Übertragung darstellt.

Inhalt und Selbstverständnis des Korans: Die islamische Theologie unterteilt die Gebote des Korans in vier Hauptkategorien: die Glaubensartikel (arab. aqa'id), die religiösen Pflichten (arab. ibadat), die ethischen Vorschriften (arab. ahlaq) und die Vorschriften für die zwischenmenschlichen Beziehungen (arab. mu'amalat).

Nach seinem eigenen Zeugnis ist der Koran eine von Gott kommende Offenbarung (arab. wahy), nicht das Werk Satans (81,25) oder die Worte eines Dichters oder Wahrsagers. Der Koran wurde von Gott »mit der Wahrheit herabgesandt« zur Festigung der Glaubenden und zur »Rechtleitung« für die Gläubigen (16,102). Die Überlieferung berichtet, dass Muhammad vom Engel *Gabriel* aufgefordert wurde: »Trag vor!« oder »Lies!« (arab. iqra!): »Trag vor im Namen deines Herrn, der erschaffen hat...« Muhammad soll sich geweigert haben, worauf der Engel Gabriel ihn zu Boden warf und würgte, bis Muhammad einwilligte, vorzutragen (angedeutet in 96,1–5).

Anordnungsprinzip und Datierung: Die 114 *Suren* des Korans sind im Großen und

Tanzende Derwische sind spektakuläre Repräsentanten der islamischen Mystik und gehören Sufiorden an. In der Kolonialzeit wurden Mitglieder solcher Bruderschaften in Persien und Syrien aufgrund ihrer ständig wiederholten Gesänge als »tanzende Schreihälse« verspottet. Der ekstatische Tanz der Derwische ist eine Form der Befreiung vom Selbst und der Hinwendung zu Gott.

Symmetrisch gestaltete Doppelseite einer prachtvollen Handschrift des Korans aus dem 14. Jh. Sie ist im Besitz einer Bibliothek in Kairo.

Ganzen der Länge nach in absteigender Reihenfolge geordnet und umfassen 286 bis drei Verse. Sure 1, die al-*Fatiha,* bildet eine Art Einleitungsgebet. Nach der Überschrift der Sure folgt die *Basmala:* »Im Namen Gottes, des Gnädigen und Barmherzigen«, danach bei etlichen Suren einige *Geheimnisvolle Buchstaben,* deren Bedeutung nach wie vor nicht als entschlüsselt gilt. In arabischen Koran-Ausgaben ist der Text in 30 Abschnitte eingeteilt, die während des 30-tägigen Fastenmonats *Ramadan* rezitiert werden können.

Die einzelnen Suren bilden keine abgeschlossenen Erzählungen, sondern sind aus Sequenzen von einem oder mehreren Versen mit häufig wechselnden Themen zusammengestellt: Aussagen über Gottes Handeln und seine Schöpfung können sich unmittelbar an die Erzählung eines Propheten (z. B. *Abraham* oder *Mose*) anschließen. Ihnen folgt eine Warnung vor dem nahenden *Jüngsten Gericht,* Erbschaftsgesetze, eine Anspielung auf eine kämpferische Auseinandersetzung Muhammads mit den Mekkanern oder eine eindringliche Verurteilung des vorislamischen Glaubens an die Gestirne. Nur ganz wenige Erzählungen sind in sich abgeschlossen, wie z. B. die Josefsgeschichte in Sure 12 *(Josef).* Muslimische wie nichtmuslimische Koran-Wissenschaftler stimmen darin überein, dass vor allem die längeren Suren nicht zusammenhängend offenbart, sondern mit großer Wahrscheinlichkeit später zu Kapiteln zusammengefügt wurden.

Dieses Anordnungsprinzip wirft etliche Fragen auf: Der Koran selbst, aber auch die muslimische Theologie, definieren einige Verse als aufgehoben, da der Satan Muhammad falsche Offenbarungen »untergescho-

VERGLEICH **Bibel und Koran: Adam im Paradies**

Genesis 2,16f.: »Dann gebot Gott, der Herr, den Menschen: Von allen Bäumen des Gartens darfst du essen, doch vom Baum der Erkenntnis von Gut und Böse darfst du nicht essen; denn sobald du davon isst, wirst du sterben.«

Genesis 3,4–7: »Darauf sagte die Schlange zur Frau: Nein, ihr werdet nicht sterben. Gott weiß vielmehr: Sobald ihr davon esst, gehen euch die Augen auf; ihr werdet wie Gott und erkennt Gut und Böse. Da sagte die Frau, dass es köstlich wäre, von dem Baum zu essen, dass der Baum eine Augenweide war und verlockte, klug zu werden. Sie nahm von seinen Früchten und aß: Sie gab auch ihrem Mann, der bei ihr war, und auch er aß. Da gingen beiden die Augen auf, und sie erkannten, dass sie nackt waren. Sie hefteten Feigenblätter zusammen und machten sich einen Schurz.«

Sure 2,35: »Und Wir sprachen: ›O Adam, bewohne du und deine Gattin das Paradies. Esst reichlich von ihm zu eurem Wohl, wo ihr wollt. Aber naht euch nicht diesem Baum, sonst gehört ihr zu denen, die Unrecht tun.‹«

Sure 20,120f.: »Da flüsterte ihm der Satan ein, er sagte: ›O Adam, soll ich dich auf den Baum der Ewigkeit hinweisen und auf eine Königsherrschaft, die nicht vergeht?‹ Und sie aßen beide davon, da wurde ihnen ihre Blöße offenbar, und sie begannen, Blätter des Paradieses über sich zusammenzuheften. Adam war gegen seinen Herrn ungehorsam, und so irrte er ab.«

ben« oder Gott sie später durch andere ersetzt habe *(Abrogation)*. Der Text selbst datiert weder die Suren noch die einzelnen Sequenzen; die muslimische Koran-Wissenschaft hat nur die Verse mehrheitlich in »mekkanische«, d. h., in der Zeit von 610 bis 622 offenbarte und in »medinensische« Verse (622–632) unterteilt, was jedoch eine spätere Festlegung von inhaltlichen Gesichtspunkten her und zudem keine genaue Datierung darstellt. Auch stilistische Kriterien (längere, weitschweifigere Verse für die medinensischen oder kürzere, abgehacktere Verse für die mekkanische Zeit) geben nur ungefähre Leitlinien für eine Datierung.

Die Überlieferung

Die Überlieferung (arab. hadith) bezeichnet den Textkorpus, der die *Sunna* (Gewohnheit) Muhammads beschreibt, also all das, was Muhammad zu seinen Lebzeiten für gut befand, was er verurteilte, welche Entscheidungen er in welchen Fragen traf, was seine Vorlieben und Abneigungen waren. Die Überlieferung enthält u. a. zahlreiche Details zur islamischen Pflichtenlehre *(Fünf Säulen)*, zu den islamischen Festen, zu Essen und Trinken, Kleidungsvorschriften, zum Ehe- und Familienrecht, zu Regeln des gesellschaftlichen Umgangs, zum *Jüngsten Gericht*, zum *Jenseits* und zum Strafrecht. Die Überlieferung enthält Berichte Muhammads, seiner *Prophetengefährten*, der ersten *Kalifen* (Nachfolger Muhammads), ja selbst von Muhammads Lieblingsfrau Aischa.

Schon der Koran weist auf die Vorbildfunktion Muhammads und die Pflicht der Gläubigen hin, sein Beispiel nachzuahmen: »Im Gesandten Gottes habt ihr doch ein schönes Beispiel« (33,21), daher ist die Gewohnheit Muhammads *(Sunna)*, wie die Überlieferung sie darstellt, für das tägliche Leben richtungweisend und vor allem bei rechtlichen Anordnungen ebenso bindend wie der Koran. Alles übrige Verhalten Muhammads gilt als vorbildlich. Niemand darf wissentlich und willentlich gegen die Anordnungen Muhammads handeln (33,36), denn »wer Muhammad gehorcht, der gehorcht Gott« (4,80). Die Überlieferung gilt in allen rechtlichen und die Gemeinde betreffenden Regelungen als zweitwichtigste Grundlage der *Scharia* und ist im Strafrecht auch dort bindend, wo sie über den Koran strafverschärfend hinausgeht und z. B. bei *Ehebruch* oder *Abfall* vom Islam die im Koran nicht explizit angeordnete Todesstrafe fordert.

Das Bilderverbot wurde und wird im Islam wie im Judentum (Koran, Tora), anders als im Christentum, bei der Ausstattung der jeweils zentralen Heiligen Schriften konsequent befolgt, weit weniger dagegen bei religiösen historischen Werken der Literatur und Wissenschaft. Beim Koran jedoch sind die zur höchsten Blüte gelangten Künste der Ornamentik und Kalligrafie die legitimen Widerspiegelungen von sakraler Würde. Doppelseite einer Handschrift des Korans im Besitz der Bayerischen Staatsbibliothek, München

Es scheint erwiesen, dass die einzelnen Überlieferungstexte vorwiegend im 9. und 10. Jh. (also im 2. und 3. Jh. nach Muhammads Tod) niedergeschrieben wurden, auch wenn es bereits Vorformen gegeben haben mag. Die Menge der Überlieferung, die unter der muslimischen Gemeinde in Umlauf war, muss in den ersten Jahrzehnten nach Muhammads Tod rapide angewachsen sein, so dass muslimische Theologen die Notwendigkeit erkannten, das überkommene Material zu sichten und legendenhafte Erzählungen von Augenzeugenberichten zu trennen. Nach der Aufstellung von Kriterien wurden alle Texte in »schwache« (arab. da'if), d.h. nicht verlässliche, »schöne« (arab. hasan), d.h. bedingt verlässliche, und »echte, gesunde« (arab. sahih), d.h. verlässliche Überlieferungen unterteilt, wobei Letztere eine lückenlose Überliefererkette (arab. Isnad), Unbescholtenheit und Glaubwürdigkeit des Überlieferers sowie die Übereinstimmung in mehreren Sammlungen u. a. aufzuweisen hatten. Als authentisch betrachtete Überlieferungstexte wurden in sechs kanonischen Sammlungen zusammengefasst, die jeweils mehrere Bände umfassen und – trotz mancher inhaltlichen Doppelung – mehrere Tausend Einzeltexte umfassen. Schiiten haben eigene Überlieferungssammlungen, da für sie die Aussprüche der von ihnen als unrechtmäßig beurteilten drei ersten *Kalifen* keine Autorität besitzen, sondern nur die der Prophetenfamilie.

Wichtige Institutionen

Der Islam kennt weder eine Kirchenhierarchie noch ein Priestertum, ein oberstes Lehramt, Konzilien und für alle muslimischen Gruppierungen verbindlichen Verlautbarungen theologischer Autoritäten. Es gab und gibt einflussreiche Theologen (z.B. Korankommentatoren), Religionsgelehrte (*Muftis,* allgemein Angehörige der *Ulama*), die jedoch – abhängig von den jeweiligen politischen Verhältnissen und theologischen Entwicklungen im Lauf der Jahrhunderte – stets nur partielle Lehrautorität beanspruchen konnten.

al-Azhar-Moschee

»Die Strahlende«, eine der ältesten und bedeutendsten Moscheen *Kairos,* ist zugleich die älteste und größte, heute sunnitische Universität, einflussreich und in bestimmtem Maß tonangebend im Bereich der sunni-

Blick auf den Innenhof der Moschee al-Azhar in Kairo. Ihre herausragende Bedeutung in der islamischen Welt verdankt sie der Verbindung mit einer theologischen Hochschule, die vom fatimidischen Kalifen Al Asis Billah (reg. 975–999) als Zentrum der ismailitischen Lehre gegründet wurde. Nach der Neugründung 1267/68 entwickelte sich die Hochschule zum Mittelpunkt des sunnitischen Islam. Sie gliedert sich heute in eine theologische, eine rechtswissenschaftliche und eine philologische Fakultät. Mit mehr als 50000 eingeschriebenen Studierenden ist die Hochschule der al-Azhar die bedeutendste wie auch größte muslimische Universität.

tischen Theologie *(Sunniten)*, jedoch ohne autoritative Befugnisse. Die al-Azhar blickt auf einen über 1000-jährigen ununterbrochenen Lehrbetrieb und eine Vielzahl herausragender Gelehrter zurück. Sie wurde 969 als schiitische Institution von den *Fatimiden* gegründet, die an der al-Azhar ihre Propagandisten für den schiitischen Glauben ausbildeten und damit bei ihren sunnitischen Glaubensgenossen sehr erfolgreich waren. Unter den Ayyubiden im 12./13. Jh. wurde die al-Azhar zur sunnitischen Lehrstätte. Heute sind hier in unterschiedlichen Ausbildungsgängen einige Zehntausend Studenten aus der ganzen islamischen Welt vor Ort eingeschrieben, die teilweise – insbesondere aus schwarzafrikanischen und südostasiatischen Ländern – mithilfe von Stipendien studieren und nach ihrer Ausbildung als Religionsgelehrte meist in ihre Heimatländer zurückkehren. Wurden an der al-Azhar früher nur die »klassischen« Fächer der islamischen Theologie wie Koran- und Hadithwissenschaften (vgl. S. 451), islamisches Recht, Apologetik u. a. unterrichtet, kamen nach grundlegenden Reformen im 20. Jh. auch Geschichte, Philosophie, Pädagogik, Mathematik, Medizin und Naturwissenschaften hinzu. Zudem sind zahlreiche Schulen inner- und außerhalb Ägyptens institutionell mit der al-Azhar verbunden, so dass ihr Einfluss – auch durch die zahlreichen Rechtsgutachten *(Fatwas)* – weit über Ägypten hinausreicht.

Heilige Stätten

Mekka

In der heiligsten Stadt des Islam, Muhammads Geburtsstadt, befindet sich das von allen Muslimen anerkannte Zentralheiligtum, die *Ka'ba*. In der Nähe von Mekka erhielt Muhammad seine ersten *Offenbarungen*, hier begann er mit der Verkündigung des Islam. Nach Mekka gewandt, verrichten alle Muslime weltweit das rituelle *Gebet*. Mekka hat heute ca. 300 000 Einwohner; zur Zeit der *Pilgerfahrt* besuchen etwa 2 Mio Menschen die Stadt.

Im *Volksislam* glaubt man, dass Mekka als Stadt des Propheten besondere Segenskraft *(Baraka)* innewohne, dass ein Besuch dieser Stadt segensspendend und ein Gebet in der Ka'ba um ein vielfaches sündenvergebender sei als ein Gebet in einer *Moschee* oder zu Hause. Allen mit Mekka und der Ka'ba verbundenen Gegenständen haftet Segenskraft an, daher nehmen die Pilger Staub von der Erde im Vorhof der Ka'ba ebenso mit nach Hause wie Wasser aus dem heiligen Brunnen *Zemzem*, das in Fläschchen verkauft und insbesondere zur Behandlung von Krankheiten benutzt wird.

STICHWORT **Ka'ba – Ziel der Pilgerfahrt nach Mekka**

Bei der Umrundung der Ka'ba in Mekka küssen die muslimischen Pilger den in Silber eingefassten schwarzen Stein.

»Haus Gottes«: Das bedeutendste islamische Heiligtum in Muhammads Geburtsstadt *Mekka* ist die Ka'ba, das »Haus Gottes« (arab. bait allah), auf das alle Muslime weltweit ihr tägliches Pflichtgebet ausrichten. Die Ka'ba (arab. »Würfel«) hat einen Umfang von etwa 12 x 15 m. Sie ist mit der *Kiswa*, einem schwarzen Umhang, geschmückt, im Inneren bis auf einige Lampen leer und an einigen Tagen im Jahr begehbar. In der Ostecke der Ka'ba befindet sich ein in mehrere Teile zerbrochener, in eine Silberfassung eingelassener schwarzer Stein, dessen Berührung wegen der ihm anhaftenden *Baraka* (Segenskraft) das Ziel jedes Pilgerfahrers ist. Die Ka'ba ist Mittelpunkt eines im Lauf der Jahrhunderte mehrmals erweiterten Areals mit einem ausgedehnten Moscheeinnenhof, um die jährlich über 2 Mio Pilger aufnehmen zu können, die im Pilgermonat *(Kalender)* nach Mekka kommen, um die Wallfahrtsriten zu vollziehen *(Pilgerfahrt)*.

Heiligtum des gesamten Islam: Die Ka'ba ist das einzige von allen Muslimen rückhaltlos anerkannte Heiligtum und das einzige aus vorislamischer Zeit bekannte Gebäude der Gottesverehrung. Nichtmuslimen ist der Zutritt zur Ka'ba, aber auch das Betreten von *Mekka* und *Medina* sowie eines mehrere Kilometer breiten, die beiden Städte umgebenden Gürtels untersagt.

Bereits in vorislamischer Zeit wurde das Heiligtum als wohl einziges Gebäude vorislamischer Gottesverehrung besucht, in dem Priester, die zugleich Seher und Wahrsager waren, ihren Dienst taten. In der Ka'ba wurden eine Vielzahl von Götterstatuen und -bildern verehrt (u. a. der Gott Hubal) und im Wallfahrtsmonat Opfer dargebracht. Schon damals wurde der schwarze Stein in einem mit einer Decke behangenen Steinbau verehrt, zur Kontaktaufnahme mit der Gottheit berührt und die Umgangsprozession in einem Zustand der Weihe vollzogen. Zumindest einige arabische Stämme verehrten »Allah« als obersten Gott und »Herrn der Ka'ba«. Nach muslimischer Auffassung gelten *Adam* und *Abraham* als Begründer und Erneuerer der Ka'ba. Zur Zeit Muhammads war sie durch Götzendienst entweiht worden. Bei seiner *Abschiedswallfahrt* zerstörte er zahlreiche Götterbilder in und um die Ka'ba und stellte sie als Ort der wahren Gottesverehrung wieder her.

Medina

Medina (arab. »Stadt«) ist nach der Nachbarstadt *Mekka* die zweitheiligste Stadt im Islam; sie hieß zu Muhammads Zeiten Yathrib. Medina könnte eine Abkürzung von Medinat an-nabi (»Stadt des Propheten«) sein, also der Stadt, in der Muhammad seiner Rolle als Religionsstifter und Gründer des ersten Gemeinwesens gerecht wurde. Muhammad war 622 verfolgt und schutzlos mit wenigen Anhängern aus Mekka nach Medina ausgewandert, um sich den Drohungen zu entziehen, welche die Mekkaner seinen Verkündigungen entgegengesetzt hatten *(Hidjra)*. Hier erfuhr der Islam seine wesentliche Ausprägung. Von dieser Stadt aus errang Muhammad seine wichtigsten Siege; durch Kämpfe, Kriege, Allianzen, Verbindungen, Verträge und Überfälle konnte er eine Machtposition erlangen, die ihn bis 632 zum bedeutendsten Machtfaktor der Arabischen Halbinsel werden ließ. In Medina verbrachte Muhammad die letzten zehn Jahre seines Lebens und hier starb er 632.

Wer die *Pilgerfahrt* nach Mekka durchführt, besucht meist auch in Medina das Grab Muhammads, die dortigen Gräber der rechtgeleiteten *Kalifen* und der Prophetentochter Fatima. Die in Saudi-Arabien tonangebenden *Wahhabiten* haben im 20. Jh. einige kunstvoll ausgebaute Gräber eingeebnet, um den Gräberkult zu unterbinden bzw. einzudämmen; die Gräber Muhammads, der Kalifen und das Grab Fatimas sind jedoch erhalten geblieben. Der Stadt Medina haftet besondere Segenskraft an, ihr Besuch gilt als segensspendend.

Im Islam gilt Medina nach Mekka als zweitheiligste Stadt: Muslime, welche die Hadjdj, die »Große Pilgerfahrt«, ausführen, versammeln sich nach dem Gebet vor der Muhammad-Moschee in Medina. Zu den Merkmalen des Sakralbaus gehören besonders schlanke und hohe Minarette.

Jerusalem

Jerusalem wird im Islam im Allgemeinen nach Mekka und Medina als drittheiligste Stadt betrachtet (arab. al-Quds: »das Heiligtum«). Der zweite Kalif Umar eroberte 638 Jerusalem. Der Name wird im Koran selbst nicht erwähnt, nur die ersten Verse der Sure 17 deuten nach überwiegender muslimischer Meinung auf Jerusalem hin, wenn dort von der Zerstörung des Heiligtums (oder: »der Kultstätte«) durch die Feinde der Kinder Israels berichtet wird (17,7). Dieselben Verse spielen auf die Nachtreise Muhammads von Mekka nach Jerusalem und seine *Himmelsreise* von Jerusalem in die Gegenwart Gottes an. Am Ausgangspunkt der Himmelsreise wurde 691 der Felsendom errichtet.

Indirekt spielt Jerusalem im Koran eine Rolle, wenn Muhammad im Lauf seiner Verkündigungen und der zunehmenden Distanzierung von *Juden* und *Christen* von einzelnen jüdischen Glaubenspraktiken (z. B. der Fastenpflicht) mehr und mehr abrückt und in diesem Zusammenhang auch die zunächst mit Jerusalem angegebene Gebetsrichtung *(Qibla)* auf *Mekka* abändert (2,142ff.). Nach der Überlieferung waren viele *Propheten* in Jerusalem und haben den Islam verkündet. Am Ende der Zeiten wird der Erzengel Izrafil von Jerusalem aus die Posaune blasen. Einige Theologen sind der Auffassung, *Jesus Christus* kehre am Ende der Tage in Jerusalem noch einmal auf die Erde zurück; die überwiegende Meinung geht jedoch von Damaskus aus *(Endzeit)*.

Heilige Stätten des Volksislam

Über diese heiligen Stätten hinaus gelten einige Städte wie *Kerbela,* die Stadt, in der der Prophetenenkel al-Husain 680 aus schiitischer Sicht den Märtyrertod starb oder Nadjaf im Irak, die Stadt, in der Kalif Ali begraben ist, als besonders heilig.

Der Volksislam kennt darüber hinaus eine Vielzahl heiliger Stätten. Da die islamische *Heiligenverehrung* vor allem ein Gräberkult ist, sind die meisten heiligen Stätten Gräber und Grabmoscheen. An unzähligen solcher heiligen Stätten werden die Mitglieder der Familie Muhammads, die *Prophetengefährten* und ihre Familien, die ersten vier *Kalifen* und die schiitischen *Imame* verehrt. Als lokale Heilige gelten besonders fromme, vorbildliche Persönlichkeiten, Leiter von Mystikerorden *(Mystik), Märtyrer* oder berühmte Gelehrte; nicht immer ist die konkrete Person historisch fassbar.

Mit dem Besuch der Grabstätte des Heiligen erhofft der Bittende, der Segenskraft *(Baraka),* die von dem Toten und seiner Grabstelle ausgeht, teilhaftig zu werden. Er umschreitet das Grab (ähnlich wie die *Ka'ba* bei der *Pilgerfahrt* in Mekka) oder übernachtet dort. Die gesamte Umgebung des Grabes gilt als heilig. Heilige Bäume, Wasserquellen oder Steine werden berührt, geküsst, umschritten. Gebete werden gesprochen, Bitten geäußert, Gelübde geleistet, Opfer (Lebensmittel, Stoffe, Tiere) gebracht, damit der Heilige ein Wunder bewirken oder bei Gott *Fürsprache* einlegen kann. Häufig vorgebrachte Bitten sind Heilung von Krankheit, Besessenheit und Unfruchtbarkeit, Gelingen einer Reise oder eines Geschäftsabschlusses, Schutz vor Feinden und Bedrohung, eine gute Ernte oder eine glückliche Heirat.

Feste und Riten

Opferfest

Noch vor dem dreitägigen *Fest des Fastenbrechens* ist das Opferfest (arab. id al-adha) das wichtigste Fest im Islam, das am 10. des Monats Dhu-l-hidjdja *(Kalender),* dem »Tag des Opfers« (arab. yawm al-adha) oder dem »Tag des Schlachtens« (arab. yawm an-nahr) im Gedenken an die Opferung des Sohnes *Abrahams,* die Gott durch die Gabe eines Lammes abwendete, gefeiert wird. Es wird als vorläufiger Abschluss der Wallfahrtszeremonien von den Pilgerfahrern in Mekka ebenso wie von den Daheimgebliebenen mit der Schlachtung eines fehlerlosen Schafes, einer Ziege oder – gemeinsam mit anderen Familien – einer Kuh oder eines Kamels begangen. Im Unterschied zum Fest des Fastenbrechens muss beim Opferfest Blut als Zeichen der Hingabe an Gott vergossen werden. Das Schlachten eines Tieres gilt als *Sunna* und muss daher von jedem vollzogen werden, der dazu finanziell in der Lage ist.

Mashad ist der wichtigste Wallfahrtsort im Iran. Zu den bedeutenden Heiligtümern der Stadt gehört der goldene Schrein mit den Reliquien des 8. Imams der Zwölferschiiten, Ali Reza.

Unter der Anrufung Gottes, der Bitte um gnädige Annahme des Opfers und unter Aussprechen der *Basmala* werden die Tiere auf die *Ka'ba* hin ausgerichtet und geschlachtet. Ein Drittel des Fleisches wird von den Pilgern (bzw. zu Hause von der Familie) verzehrt, der Rest ist für die Armen bestimmt.

Fest des Fastenbrechens

Das dreitägige Fest des Fastenbrechens (arab. id al-fitr) am Ende des Monats *Ramadan* ist das zweitwichtigste Fest im islamischen *Kalender.* Am Ende der entbehrungsreichen Fastenzeit werden umfangreiche Vorbereitungen getroffen: Besondere Einkäufe werden getätigt, aufwendige Speisen zubereitet, die Familie nach Möglichkeit neu eingekleidet, und die Kinder erhalten Geschenke. Auch besondere Gebäcksorten werden von den Frauen hergestellt, die oft als Geschenke für Nachbarn und Verwandte Verwendung finden. Auch Mütter verlobter Söhne schicken Gebäck in das Haus der Braut. Zahlreiche Besuche zu empfangen und zu erwidern gilt als obligatorisch. Das Fest des Fastenbrechens gilt auch als günstiger Zeitpunkt, um alte Streitigkeiten beizulegen und sich zu versöhnen. Der Besuch der *Moschee* zum Gemeinschaftsgebet gilt als verpflichtend, ebenso die Gabe von *Almosen.* Viele Muslime besuchen zum Fest des Fastenbrechens die Gräber von Verwandten und bringen den Grabwächtern und den Armen, die in vielen Städten bei den Gräbern wohnen, Geschenke (Früchte, Gebäck oder Geld)

Al-Maqamat: Die Garde des Kalifen verkündet das Ende des Fastenmonats Ramadan. Buchmalerei der Schule von Bagdad in einer Handschrift (1237) des berühmtesten Werkes von al-Hariri (1054–1122) in der Gattung der Makame (arab. maqama). In 50 Kapiteln schildert die Reimprosa die Abenteuer des Abu Zaid, der von Kreuzfahrern aus seiner Heimat vertrieben wird und sein Leben als Asket beschließt. Bibliothèque Nationale, Paris

mit. In Kairo soll zur Linderung der Qualen der Toten Wasser über die Gräber gegossen, der Koran rezitiert und Fürbitte für die Toten geleistet werden.

Das Feiern des Festes des Fastenbrechens ist keine religiöse Pflicht, gilt jedoch als *verdienstvoll* vor Gott. Der Tag hat im *Volksislam* auch einen Heilsaspekt, denn an diesem Tag vergibt Gott den Gläubigen und schenkt ihnen seinen Segen. Wer nach dem dreitägigen Fest weiter fastet, leistet ein besonders verdienstvolles Werk.

Mawlud (Geburtstag Muhammads)

Das Datum des Geburtstags Muhammads ist nicht bekannt; daher wurde sein Todestag, der 12. Rabi'I im dritten Monat des islamischen Mond-*Kalenders,* auch zum Tag seiner Geburt erklärt. Obwohl schiitischen Ursprungs, gehören heute die Mawlud-Feiern mit dem *Fest des Fastenbrechens* und dem *Opferfest* zu den drei größten Festen im sunnitischen Islam; der Koran und die *Überlieferung* enthalten aufgrund der wohl erst im Übergang vom 10. zum 11. Jh. eingeführten Festlichkeit keine Regelungen dazu. Der wahhabitische Islam *(Wahhabiten)* hat die Mawlud-Feiern stets als »unzulässige *Neuerung«* (arab. bid'a) verurteilt.

Zur Feier des ein- bis zweitägigen Mawlud-Festes gehören meist Gedichte, Prozessionen, Gebete, Predigten, Wunderberichte Muhammads und Koranrezitationen, häufig in Verbindung mit Veranstaltungen von Mystikern *(Mystik).* Über den Geburtstag Muhammads hinaus werden auch die Geburtstage einiger Familienmitglieder Muhammads und – von Ort zu Ort verschieden – die lokaler Heiliger begangen.

Aschura

Der höchste schiitische Feiertag am 10. des Monats Muharram wird mit *Passionsspielen,* Umzügen und Geißlergruppen zu Ehren und im Andenken des Märtyrertodes al-Husains begangen, des Prophetenenkels und Sohnes des vierten *Kalifen* Ali ibn Abi Talibs. al-Husain unterlag im Jahr 680 bei *Kerbela* in einer Schlacht gegen den umayyadischen Heerführer Yazid I. der sunnitischen Übermacht *(Schiiten).* Dieses Erleiden des Märtyrertodes – das Vorbild allen schiitischen Leidens – wird in Lesungen rezitiert und in Passionsspielen nachgespielt *(Märtyrer).*

Fasten, Koranrezitationen, Trauerkleidung und -lieder und Weinen um al-Husain gehören zu den Feierlichkeiten, auch der Besuch der Gräber der übrigen schiitischen *Märtyrer.* Darauf folgt 40 Tage nach seinem Tod eine Gedächtnisfeier. Nicht selten sollen bei diesen Feierlichkeiten die von den Schiiten als unrechtmäßige Herrscher betrachteten ersten drei sunnitischen *Kalifen* verflucht worden und dadurch Aufruhr ausgebrochen sein. Sunniten begehen Aschura als Freudentag, als Tag der Vergebung und Gnade Gottes und den Tag, an dem *Noah* die Arche verließ.

Weitere Feste

Weitere wichtige islamische Feste sind der Tag der *Himmelsreise* Muhammads am 27. Radjab (arab. mi'radj), die »Nacht der Macht« am 27. Ramadan (arab. lailat alqadr) als Datum der Herabsendung des Korans, die »Nacht der Sündenvergebung« am 15. Scha'ban oder der Tag der *Hidjra* am 1. Muharram, die jedoch von weit geringerer Bedeutung sind. Feste, die darüber hinaus zu

Ehren des Geburtstags bestimmter *Heiliger* gefeiert werden, unterliegen von Ort zu Ort unterschiedlichen Traditionen. Das am 21.3. von Kurden und Iranern gefeierte Frühlingsfest (Nowruz) ist kein religiöses Fest.

Religion und Staat

Staat

In islamischen Ländern, in denen die *Scharia* eine oder die Hauptquelle der Gesetzgebung darstellt, erhält der Staat nach klassisch-sunnitischer Auffassung seine Legitimation nicht an sich, sondern dadurch, dass er für seine Untertanen den Rahmen für die Gestaltung eines Lebens auf der Grundlage der islamischen Gesetze schafft. Damit wird der Staat selbst als eine religiöse Institution begriffen. Seine Existenzberechtigung verlieren er und sein Oberhaupt nach islamistischer Auffassung *(Islamismus)* vor allem dann, wenn er Gesetze erlässt, die der Scharia zuwiderlaufen, denn die Religion ist prinzipiell Grundlage jeder politischen Herrschaft, auch wenn einzelne Länderverfassungen heute säkulare Elemente enthalten.

Der Idealtypus des islamischen Staates ist für Islamisten in der Zeit der ersten muslimischen Gemeinde in Medina ab 622 *(Hidjra)* zu sehen, in der nach ihrer Überzeugung das islamische Gesetz ebenso vollständig zur Anwendung kam wie zur Zeit der vier »rechtgeleiteten *Kalifen*«, die wie Muhammad die geistliche und weltliche Herrschaft über die islamische Welt in ihrer Hand hielten. Im Bereich des Islamismus, in dem der Islam als Religion, Gesellschaftsordnung und politisches System mit dem Anspruch aufgefasst wird, einen Staat unter der Maxime »al-islam din wa-daula« (Der Islam, Glaube und Staat) zu errichten, bestehen oft wenig konkrete und stark differierende Vorstellungen, wie diese Theokratie auszusehen hätte, zumal die Scharia stets ein idealtypisches Gesetz geblieben ist. Es hat verschiedene Versuche und zahlreiche Forderungen nach einer erneuten Einigung der islamischen Welt unter Führung eines Kalifen und nach der Abschaffung der vier *Rechtsschulen* und der Nationalstaaten gegeben. Für *Schiiten* ist allerdings jede Herrschaft, die nicht von einem geistlichen Leiter, dem Imam, ausgeübt wird, eine unrechtmäßige, auch wenn ein gewählter Kalif die Herrschaft innehätte.

STICHWORT **Feste und Feiertage im Islam**

Ägyptische Frauen bereiten traditionelle Süßigkeiten für das dreitägige Fest des Fastenbrechens (arab. id al-fitr) vor, das im Anschluss an die Fastenzeit folgt.

Ein Muslim erwirbt ein Schaf für das Opferfest (arab. id al-adha).

Am Fest des Fastenbrechens (arab. id al-fitr) schmücken sich Gläubige mit Henna.

Bei den Passionsspielen während des höchsten schiitischen Feiertags Aschura ahmen Gläubige im Iran die Leiden al-Husains nach, der im Kampf gegen die Umayyaden den Märtyrertod erlitt.

STICHWORT **Zwischen Laizismus und Theokratie**

Atatürk * 12.3.1881 Saloniki (Thessaloniki), † 10.11.1938 Istanbul
Mustafa Kemal Pascha, der ab 1934 den Ehrennamen Atatürk (»Vater der Türken«) trug, ist der Begründer der modernen Türkei. Nach einer Militärausbildung nahm er am Putsch der Jungtürken teil, die eine liberale Verfassung forderten. Während des 1. Weltkriegs war er Armeebefehlshaber. Nach seiner Machtübernahme 1923 – am 29. Oktober rief er die Republik aus – beseitigte er neben Sultanat und Kalifat auch die Scharia, das islamische Recht. Damit erreichte er eine Trennung von Staat und Islam (Laizismus). Kemal Atatürks Reformen mit dem Ziel einer Annäherung an Europa bilden den Kemalismus.

Khomeini (Chomeini) * 17.5.1900 Chomain, † 3.6.1989 Teheran
Der persische Politiker Ruhollah Khomeini lebte im Irak und in Frankreich im Exil. Hier sammelte er die Gegner von Schah Muhammad Reza Pahlawi und dessen westlich orientierter Politik. Nachdem der Schah 1979 unter dem Druck von Unruhen und auf Anraten der USA den Iran verlassen hatte, kehrte Khomeini nach Teheran zurück. Als Ayatollah (»Führer der Schiiten«) proklamierte er 1979 die Islamische Republik Iran. Ohne ein offizielles politisches Amt auszuüben, setzte er den Aufbau einer streng muslimischen Gesellschaftsordnung mit strikter Abgrenzung gegenüber dem Westen durch.

Scharia

Die Gesamtheit des islamischen Gesetzes göttlichen Ursprungs, die Bestimmungen von Koran und *Überlieferung,* die ihre Auslegung durch die Rechtsgelehrten erfahren, vor allem die Gründer der vier *Rechtsschulen,* wird Scharia (arab. »Weg«) genannt. Üblicherweise wird die Scharia aufgeteilt in die Bereiche »Glaubensartikel« (arab. aqa'id), die »Religiösen Pflichten« (arab. ibadat), die »Ethischen Vorschriften« (arab. ahlaq) und die »Vorschriften für die zwischenmenschlichen Beziehungen« (arab. mu'amalat).

Die Scharia ist ein idealtypisches Gesetz und zu keiner Zeit vollständig umgesetzt worden, auch wenn einzelne Länder die »Wiedereinführung der Scharia« proklamiert haben. Die Frage bleibt offen, ob einige im Koran niedergelegte Einzelentscheidungen, die offensichtlich der Praxis der frühislamischen Gemeinde in Medina entstammen, ergänzt durch einige weitere in der Überlieferung behandelte Fälle und ihre Auslegung durch Rechtsgelehrte, ausreichen, um ein übereinstimmendes, auf alle Fragen der Moderne anwendbares Straf- und Zivilrecht begründen zu können.

Als eigentlicher Begründer der islamischen Rechtswissenschaft gilt Muhammad ibn Idris asch-Schafi'i († 820; *Schafiiten*), der ausgehend vom Koran zwischen der in der Überlieferung festgeschriebenen Gewohnheit Muhammads (arab. sunna) und den Erkenntnissen der frühen islamischen Rechtsgelehrten aus den Diskussionszirkeln in Medina und Kufa eine Verbindung herstellte. Dieses Konglomerat aus Koran, Überlieferung und früher Rechtspraxis führte, vereinfacht gesagt, die Disziplin der islamischen Rechtswissenschaft. Asch-Schafi'i zählte vier Elemente zu den Grundlagen des Rechts: das Buch (arab. al-kitab), d.h. der Koran, die Gewohnheit des Propheten (arab. *sunna*), der Analogieschluss (arab. qiyas) und der Konsens (arab. *Idjma*). Diese vier genannten Rechtsquellen wurden von allen orthodoxen Rechtsgelehrten akzeptiert. Es entwickelten sich *Rechtsschulen,* von denen sich im sunnitischen Bereich die schafiitische *(Schafiiten),* malikitische *(Malikiten),* hanbalitische *(Hanbaliten)* und hanafitische *(Hanafiten)* Rechtsschule dauerhaft durchgesetzt haben. Bei den Schiiten existieren eigene Rechtsschulen.

Die heutigen Rechtsordnungen der einzelnen islamischen Länder stellen meist Konglomerate aus Elementen des örtlichen Gewohnheitsrechts und der Scharia dar, wobei in einigen Ländern aus der Kolonialzeit übernommenes Rechtsgut europäischer Gesetzbücher hinzukommt. Zwar hat sich die Türkei bereits 1926 vollständig von der Scharia getrennt, in den meisten anderen Ländern aber wurde sie im Bereich des Ehe-, Familien- und Erbrechtes und der frommen *Stiftungen* teilweise beibehalten. Da die Scharia als unveränderlich gilt und auch keine selbstständige Rechtsfindung *(Idjtihad)* durch die Rechtsgelehrten mehr als erlaubt gilt, ist die Folge eine Erstarrung der Scharia, die es der muslimischen Gemeinschaft auch in der westlichen Diaspora nicht leicht macht, neue Wege zu finden, in einer mehrheitlich nichtislamischen Gesellschaft nach der Scharia zu leben.

Islamismus

Der Islamismus (früher Fundamentalismus) betrachtet den Islam, wie er in Koran und Sunna niedergelegt ist, nicht nur als Religion, sondern gleichermaßen als gesellschaftsbildende Ordnung und politisches System und leitet Handlungsanweisungen aus dem Koran und dem Vorbild Muhammads ab. Für Islamisten ist der Islam das beste aller Systeme und Gesellschaftsordnungen, die gerechteste aller politischen Ordnungen, die allen Menschen – auch nichtmuslimischen Minderheiten und Frauen – Frieden und Würde verleiht; daher soll der Islam überall auf der Welt aufgerichtet werden. Islamisten teilen die klassische Anschauung von der Einteilung der Welt in ein »Haus des Islam« und ein »Haus des Krieges«, in dem so lange der *Djihad* gekämpft werden muss, bis alle Welt in das »Haus des Islam« überführt worden und überall die islamische Ordnung errichtet ist. Dabei bedeutet Djihad nicht unbedingt bewaffneter Kampf, und Islamismus ist nicht gleichbedeutend mit Terrorismus. Djihad steht in diesem Kontext für jeglichen »Einsatz« für die Sache des Islam, sei es durch das Erstreiten von Gleichberechtigung, sei es durch *Da'wa*-Arbeit, durch Stellungnahmen und Pressearbeit oder durch Koranverbreitung und Moscheebau. Ziel des Islamismus ist die Schaffung einer einheitlichen (islamischen) Gesellschaft und die Wiederherstellung der Einheit von weltlicher und religiöser Autorität unter einem islamischen Herrscher, dem *Kalifen.*

Ethik: Die grundlegenden ethischer Richtlinien umreißt der Koran mit »das Gute gebieten, das Böse verbieten« (3,114 u.a.). Sie sind jedoch an keiner Stelle des Korans in allen Einzelbestimmungen systematisch zusammengefasst; Sure 17,22–38 enthält eine recht umfangreiche Liste ethischer Anordnungen. Grundlage allen ethischen Verhaltens ist die Anerkennung Gottes und aus Gehorsam gegen ihn die Befolgung der *Fünf Säulen* des Islam. Aus der Unterwerfung unter Gott resultieren Anweisungen wie z.B. Gott dankbar zu sein, demütig, geduldig, gerecht, friedliebend, hilfsbereit, rechtschaf-

STICHWORT Islamisches Strafrecht

Wiedervergeltung (arab. qisas): W. ist im islamischen Recht für einige genau festgelegte Verbrechen, die sich gegen Leib und Leben eines Menschen richten und weder unter die »Grenzvergehen« noch die »*Ermessensstrafen*« fallen, vorgesehen. Formal korrekt muss zunächst vor Gericht die Schuldfrage und die Form der W. geklärt werden. Ist ein Opfer verletzt worden, ist es nach der *Scharia* berechtigt, dem Täter unter Aufsicht des Gerichts dieselbe Art von Verletzung zuzufügen, ist ein Mensch zu Tode gekommen, so ist der nächste männliche Verwandte des Opfers berechtigt, den Täter unter Beachtung des Gleichheitsgrundsatzes zu töten (ein Sklave für einen Sklaven, ein Mann für einen Mann). Die W. entfällt, wenn der Gleichheitsgrundsatz nicht herzustellen ist. Die Tötung oder Verletzung kann, wenn die Familie des Opfers zustimmt, in die Zahlung eines Blutpreises umgewandelt werden. Zusätzlich soll der Schuldige vor Gott seine Schuld durch eine Sühneleistung abbüßen (durch Bußfasten oder den Freikauf eines Sklaven) (2,178–179; 4,92–93).

Ermessensstrafen (arab. ta'zir): Ein vergleichsweise großes Spektrum an Vergehen (z.B. Betrug, Erpressung, Urkundenfälschung usw.), das weder unter die *Grenzstrafen* noch unter die *Wiedervergeltung* fällt und zur Festsetzung des Strafmaßes in das Ermessen des Richters gestellt ist (die meisten islamischen Länder verfügen heute über kodifizierte Strafgesetzbücher). Der Richter kann den Täter je nach Schwere des Vergehens mit Ermahnung, Geld- oder Gefängnisstrafe, Enteignung, Amtsenthebung u.a. belegen, in schweren oder Wiederholungsfällen, wenn keine Aussicht auf Besserung besteht, auch die Todesstrafe verhängen (Homosexualität, Häresie, Mord, Spionage).

Grenzstrafen (arab. hadd-Strafen): Strafen für Kapitalverbrechen sind in Koran und Überlieferung mit konkretem Strafmaß benannt. Grenzvergehen verletzen nicht Menschen-, sondern Gottesrecht und müssen daher nach Anklageerhebung verfolgt werden, eine Aussetzung oder Begnadigung ist nicht möglich. Für alle Vergehen sind Zeugenaussagen oder ein Geständnis erforderlich, was jederzeit zurückgezogen werden kann, dann muss die Bestrafung ausgesetzt werden. Die Verjährungsfristen sind sehr kurz.

1. Ehebruch und Unzucht (arab. zina), »freiwilliger, im Bewusstsein des Verbotenseins geübter Geschlechtsverkehr von zurechnungsfähigen, dem islamischen Gesetz unterworfenen Personen außerhalb von Ehe und Konkubinat«. Strafmaß: 100 Peitschenhiebe (24,2–3), nach der Überlieferung für Verheiratete die Todesstrafe durch Steinigung. Bedingung für eine Verurteilung sind vier männliche Augenzeugen oder ein Geständnis. Ein Indizienprozess ist unüblich, aber in Einzelfällen möglich.

2. Verleumdung wegen Unzucht (arab. qadhf): Strafmaß: 80 Peitschenhiebe für die fälschliche Anklage der Unzucht. »Nie mehr« soll von diesem falschen Zeugen eine Zeugenaussage angenommen werden (24,4).

3. Schwerer Diebstahl (arab. sariqa): Strafmaß: Beim ersten Mal Amputation der rechten Hand, im Wiederholungsfall des linken Fußes (5,33+38). Die Rechtswissenschaft hat Bedingungen festgelegt, unter denen Diebstahl als schwer gilt: u.a. ein Mindestwert des Gutes, ausreichende Verwahrung, Heimlichkeit des Diebstahls, rechtmäßiger Besitz.

4. Schwerer Straßen- und Raubmord (arab. qat at-tariq). Strafmaß (bei unterschiedlichen Auffassungen unter Gelehrten): Gefängnis oder Verbannung für Wegelagerei ohne Raub und Mord; Amputation der rechten Hand und des linken Fußes bei Wegelagerei mit Raub; Todesstrafe für Wegelagerei mit Tötung eines Menschen; Hinrichtung und Kreuzigung für Raub und Mord.

5. Der Genuss von Wein (arab. schurb al-hamr) bzw. der Genuss von allem Berauschenden, auch Drogen. Strafmaß aus der Überlieferung: 40–80 Peitschenhiebe. Die Überlieferung nennt einige weitere Kapitalverbrechen wie Homosexualität oder Vergewaltigung. Allerdings wird das Strafmaß dafür kontrovers diskutiert, es reicht von der Forderung nach der Todesstrafe bis zu Bußgeldern.

STICHWORT Ethik: Fünf Kategorien für das Verhalten

Die islamische Rechtswissenschaft unterteilt alle Handlungen in fünf Kategorien: verboten, verwerflich, neutral, empfohlen, verpflichtend.
Jede Handlung ist entweder
1. verboten, untersagt (arab. *haram*) (z.B. Schweinefleisch- oder Alkoholgenuss) oder
2. verwerflich, missbilligt (arab. makruh), aber keine Sünde (z.B. der Genuss bestimmter Fischsorten), oder
3. neutral (arab. dja'iz oder mubah), es gibt keine Empfehlung dafür und kein Verbot dagegen (z.B. die Reise in einem Flugzeug), oder
4. empfohlen, erwünscht (arab. mustahhab oder mandub), aber ihre Unterlassung ist keine Sünde (z.B. zusätzliche Gebete, zusätzliches Fasten), oder
5. Pflicht (arab. wadjib), sie muss vollzogen werden (z.B. das tägliche rituelle Gebet, das Fasten im Monat Ramadan).

fen, bußbereit, züchtig, ehrlich, freigebig gegen Bedürftige und voll Erbarmen zu sein und die Eltern ehrerbietig zu behandeln. Für die Befolgung der Fünf Säulen empfiehlt der Koran die Erfüllung weiterer guter, vor Gott *verdienstvoller* Werke (zusätzliche Gebete, Fasten, Almosen u.Ä.). Zu den wichtigsten Verboten gehören die »Beigesellung« eines Partners neben Gott (arab. schirk), Diebstahl und Mord, Ehebruch und Verleumdung wegen Ehebruch, Lüge und Betrug, Wucher und Heuchelei, Ausnutzung des Hilflosen, Hartherzigkeit, Hochmut und Selbstherrlichkeit, Geiz und Verschwendung. Was ethisch-moralisches Verhalten im gesellschaftlichen Kontext ist, entscheidet in der nahöstlichen Gesellschaft nicht so sehr der Einzelne, sondern die Familie und die Gesellschaft, damit die *Ehre* der Familie nicht aufs Spiel gesetzt wird.

Strafrecht: Im Koran wird das Thema Strafrecht nur in einigen wenigen Einzelfällen behandelt und von der Überlieferung ergänzt. Es ist aber in Koran und Sunna zu lückenhaft, um daraus ein vollständiges Strafgesetzbuch erstellen zu können. Ergänzungen bieten Werke bedeutender Juristen, u.a. der Gründer der vier *Rechtsschulen,* das örtliche Gewohnheitsrecht sowie auf europäischen Gesetzbüchern basierende Rechtskodifikationen. Im islamischen Strafrecht wird meist zwischen drei Kategorien unterschieden: Verbrechen mit *Grenzstrafen, Ermessensstrafen* und *Wiedervergeltung.* Bereut der Täter und stellt er sich vor offzieller Feststellung seiner Tat der Gerichtsbarkeit, so kann er die vorgeschriebene Wiedergutmachung und Sühne leisten und eine Milderung oder Aussetzung der ursprünglichen Bestrafung erwarten, sofern er kein Kapitalverbrechen *(Grenzstrafen)* begangen hat. In diesem Fall hat seine Reue keinen Einfluss auf die Bestrafung, weil er Gottes Recht verletzt hat, nicht Menschenrecht. Bei *Mord* kann die Familie des Opfers ungeachtet der Reue des Täters dessen Tod verlangen *(Wiedervergeltung).*
Abfall vom Islam (arab. Irtidad): Zur willentlich, freiwilligen, im Vollbesitz der geistigen Kräfte und Zustand der Nüchternheit vollzogenen Abkehr vom Islam eines als Muslim Geborenen oder zum Islam Konvertierten durch Handeln oder Denken (z.B. gehört dazu die Nichtanerkennung Gottes,

Links: Islamische Fundamentalisten und Anhänger der Taliban skandierten am 20.9.2001 in Karatschi, Pakistan, antiamerikanische Parolen.

Rechts: Anhänger des als »Kalif von Köln« bekannt gewordenen islamischen Extremistenführers Metin Kaplan demonstrierten am 15.11.2000 anlässlich der Urteilsverkündung gegen Kaplan vor einer Außenstelle des Oberlandesgerichts Düsseldorf.

Verspottung Muhammads, vorsätzliche Nichtbefolgung der *Fünf Säulen,* Götzendienst, Interesse an oder Konversion zu einer anderen Religion). Abfall vom Islam ist nicht Privatangelegenheit, sondern wird dort als Unterminierung der Stabilität von Staat und Gesellschaft aufgefasst, wo der Islam Staatsreligion und eine tragende Säule der Gesellschaft und staatlichen Ordnung ist.

Der Koran erwähnt den Abfall vom Islam einige Male und scheint auch die Tötung des Apostaten anzuordnen (4,89); insgesamt fehlen jedoch detaillierte Anweisungen zu einem Strafverfahren. Angedroht wird »Gottes Zorn« und eine »gewaltige Strafe«, der »Fluch« Gottes, der Menschen und der Engel (16,106; 9,68). Die Überlieferung äußert sich spezifischer: »Wer seine Religion wechselt, den tötet.« Auch Muhammad soll selbst die Tötung von Apostaten angeordnet haben. Die Mehrheit sunnitischer wie schiitischer Theologen geht daher davon aus, dass die Scharia die Tötung eines Apostaten verlange, sofern sein Abfall gerichtlich festgestellt wurde. Da jedoch der Abfall vom Islam von der Familie und dem gesellschaftlichen Umfeld meist als große Schande aufgefasst wird, verlieren in der Praxis Apostaten ihr Leben eher durch privates Eingreifen als durch die Anordnung der Todesstrafe per Gerichtsverfahren, das auch Gefängnis oder Verbannung anordnen kann. Gesellschaftliche Konsequenzen wie Verlust der Arbeitsstelle, Enterbung (ein Nichtmuslim kann keinen Muslim beerben), Zwangsscheidung (ein Nichtmuslim kann nicht mit einer muslimischen Frau verheiratet bleiben), Verlust der eigenen Kinder (ein nichtmuslimischer Vater darf keine muslimischen Kinder erziehen), Ächtung oder Verstoßung aus dem Familienverband sind weitaus häufiger als die Todesstrafe.

Menschenrechte: Auch im islamischen Bereich wird die Menschenrechtsdiskussion intensiv geführt. Islamische Menschenrechtserklärungen sind entworfen, diskutiert und z.T. auch verabschiedet worden, wie die Kairoer Erklärung von 1990. Islamische Menschenrechtsdeklarationen formulieren umfangreiche Rechte wie das Recht auf Leben und Eigentum, Schutz der Ehre, Unantastbarkeit der Privatsphäre, Sicherheit der persönlichen Freiheit, das Recht, gegen Tyrannei zu protestieren, Freiheit der Meinungsäußerung, Freiheit des Gewissens und der Überzeugung, Schutz der religiösen Gefühle, vor willkürlicher Haft, Gleichheit vor dem Gesetz und das Recht, an Staatsangelegenheiten teilzunehmen.

Viele islamische Länder formulieren darüber hinaus ausdrücklich das Recht auf Religionsfreiheit oder den Wechsel der Religion, denn: »Es gibt keinen Zwang in der Religion« (2,256). Allerdings kann »Religionsfreiheit« vor dem Hintergrund der Androhung der Todesstrafe für Apostaten in der

Mit Fotos vermisster Personen zogen protestierende Frauen am 16.5.1998 zum Galatasaray-Platz in Istanbul. Seit Mai 1995 demonstrieren Frauen jeden Samstag in der Innenstadt der Metropole am Bosporus gegen das spurlose Verschwinden von Angehörigen und gegen die Verletzung von Menschenrechten in der Türkei. 1996 wurden sie für ihr Engagement mit der Carl-von-Ossietzky-Medaille der Internationalen Liga für Menschenrechte ausgezeichnet.

Gehorsam der Ehefrau: *»Der Islam sieht die uns allen bekannte Realität, dass Führung von Menschen in allen Bereichen ohne Gehorsam nicht möglich sein kann und verlangt deshalb von der Frau als auch von den Kindern und allen Personen im Haushalt Gehorsam gegenüber dem Familienoberhaupt.«* Muhammad Ibn Rassoul, Handbuch der muslimischen Frau

Scharia für den überwiegenden Teil muslimischer Theologen nur die Freiheit der Konversion zum Islam bedeuten, nicht aber die Freiheit der Abkehr vom Islam. Einige, insgesamt allerdings wenig einflussreiche Stimmen befürworten den freien Religionswechsel in beide Richtungen.

Aber auch in anderen Bereichen stoßen islamische Menschenrechtserklärungen stets an ihre Grenzen, wo sie Bestimmungen der *Scharia* berühren. »Gottesrecht bricht Menschenrecht« heißt ein Grundsatz islamischer Menschenrechtserklärungen. Gott habe in erster Linie Rechte gegenüber dem Menschen, der Mensch jedoch Pflichten gegenüber Gott. Erst in zweiter Linie könne der Mensch seine von der Scharia definierten Rechte einfordern. Auch Menschenrechte können daher nur in Ableitung von den in der Scharia formulierten Rechten gewährt werden, nicht unabhängig davon und nicht in Widerspruch dazu. Daher stoßen Rechte und Freiheiten von Frauen, Minderheiten oder Apostaten an ihre Grenzen, wo die Scharia deren Rechte bereits definiert hat (benachteiligtes Zeugen-, Erb- und Eherecht für Frauen, rechtliche Einschränkungen für Minderheiten, Entzug von Bürgerrechten für Apostaten).

Individuum und Gesellschaft

Ehe und Familie

Im Islam sind Ehe und Familie Gottes Werk und ein Zeichen seines Handelns. Die Ehe ist kein Sakrament, Heirat und Familiengründung gelten jedoch als *verdienstvolle* Handlungen. Die Ehe wird als notwendige Institution zur Verhinderung von Unmoral (Unzucht und Hurerei) betrachtet, die die Stabilität der Gesellschaft und die Schaffung eines legitimen Rahmens zur Fortpflanzung garantiert. Ehe und Familie sind im Islam und in der nahöstlichen Gesellschaft eine Lebensform von zentraler Bedeutung. Einerseits sind der Familienzusammenhalt, die Solidarität und gegenseitige Hilfeleistung in den meisten Fällen erheblich größer als in der westlichen Welt. Dem stehen auf der anderen Seite ein geringer ausgeprägter Individualismus, stärker festgelegte Rollen für den Einzelnen, größere Rücksichtnahme auf Familie und Gesellschaft bei persönlichen Entscheidungen und, daraus resultierend, ein geringerer individueller Handlungsspielraum gegenüber. An der Spitze der Familie steht der Vater als respektiertes Oberhaupt, dem alle Familienmitglieder Gehorsam und Respekt schuldig sind. Der Ehefrau sind die Kinder untergeordnet sowie später die angeheiratete Schwiegertochter, sofern sie in ihrem Haushalt lebt. Ältere genießen mehr Autorität als Jüngere, Verheiratete mehr als Ledige, Männer mehr als Frauen.

Rolle der Frau

Mit Sicherheit hat Muhammad die unterprivilegierte Stellung der Frau des vorislamischen Arabiens verbessert. Dennoch bleibt sie im Islam, obwohl der Koran hinsichtlich ihrer Stellung vor Gott und ihrer Religionsausübung keinen Unterschied zum Mann macht, in Bezug auf das Zeugen-, Erb-, Ehe- und Familienrecht benachteiligt. Koran und *Sunna* schreiben fest, dass das Zeugnis zweier Frauen das eines Mannes aufwiegt, eine Erbin grundsätzlich nur die Hälfte vom Erbe eines männlichen Familienmitgliedes erhält, eine Frau grundsätzlich nur eine Ehe eingehen *(Polygamie)* und eine *Scheidung* nur in einigen klar umgrenzten Fällen vor Gericht erstreiten kann. Prinzipiell ist sie dem ihr übergeordneten Mann zu Gehorsam verpflichtet (4,34), den die Überlieferung für sie als »Schlüssel zum *Paradies*« bezeichnet. Sure 4,34 gibt nach überwiegender Meinung muslimischer Theologen dem *Mann* das Züchtigungsrecht gegenüber seiner Frau, das die Überlieferung noch unterstreicht. Andere Überlieferungen rühmen die liebevolle, geduldige Behandlung der Frau durch ihre Männer. Der Mann solle sich seiner Frau widmen, sich ihrer Probleme annehmen und sie unterstützen. Allerdings stehen diesen Äußerungen zahlreiche Überlieferungen gegenüber, die die Frau in einem negativen Zusammenhang erwähnen und ihr Verführung, Untreue, Betrug und List unterstellen.

Die traditionelle Aufgabenverteilung umfasst für die Frau die Versorgung von Haushalt und Kindern. Dem steht die Pflicht des Mannes zum Unterhalt und zum Schutz der Familie gegenüber. Eine Berufsausbildung wird für Töchter dann nicht angestrebt, wenn sie den allgemein anerkannten Anstandsregeln zu widersprechen bzw. den guten Ruf eines Mädchens zu gefährden scheint. Eine Tochter wird daher im traditionellen Bereich nach einigen Schuljahren von der Mutter in ihre späteren Haushaltspflichten eingewiesen, bis sie vielleicht schon mit 12 bis 14, spätestens jedoch zwischen 18 Jahren und Anfang 20 das Elternhaus verlassen und heiraten wird. Heute nimmt eine zunehmende Zahl von Frauen im städtischen Bereich (vor allem in Ländern wie der Türkei oder Tunesien) berufliche Eigenständigkeit und Selbstbestimmung in Anspruch. Prinzipiell sind die Lebensumstände muslimischer Frauen so weit gefächert, dass sie nicht einheitlich dargestellt werden können.

Mann

Vermutlich hat Muhammad die in vorislamischer Zeit bestehenden Entscheidungs- und Machtbefugnisse des Mannes im Ehe-, Erb- und Scheidungsrecht zugunsten der Frau eingeschränkt. Dennoch bleibt der Mann das entscheidungsberechtigte Oberhaupt der Familie, der Frau gegenüber rechtlich bevorzugt, ihr übergeordnet und prinzipiell zur Einforderung ihres Gehorsams berechtigt, auch im sexuellen Bereich (2,223). Obwohl Gott den Mann und die Frau als seine Geschöpfe ins Leben rief, stehen »die Männer über den Frauen« (4,34). Die Zeugenaussage eines Mannes wiegt die zweier Frauen auf (2,282), der Mann erbt stets das Doppelte des Erbteils der Frau, ihm allein steht die Möglichkeit zur *Polygamie* und zur Verstoßung seiner Ehefrau offen. Ihm gehören im Fall einer *Scheidung* die gemeinsamen Kinder, allerspätestens ab der Pubertät.

Der Entscheidungsbereich des Mannes umfasst alles, was über den Bereich Haushalt und Kindererziehung hinausgeht. Dem steht seine Verpflichtung zum Unterhalt seiner Familie, ihrer Vertretung nach außen und die Verteidigung ihrer *Ehre* gegenüber. Der Wirkungsbereich des Mannes ist der außerhäusliche, öffentliche Bereich (das Café, öffentliche Plätze, ein Club), sowie sein Beruf und vorzugsweise auch die *Moschee.* Ihm ist meist der Besuch des Freitagsgottesdienstes vorbehalten, sowie eventuell das Amt des Gemeindevorstehers *(Imam),* des Koranschullehrers oder *Muftis* (Erteilers von Rechtsgutachten).

Geschlechtertrennung

Im Islam werden im öffentlichen, religiösen und teilweise auch im privaten Bereich die Geschlechter getrennt, um Unmoral und Entehrung zu verhindern. Schon der Koran enthält Hinweise auf die Trennung der Lebens-, Aufgaben- und Autoritätsbereiche von Mann und Frau. Der Frau ist traditionell das Haus als Entscheidungs- und Wirkungsbereich zugewiesen, dem Mann obliegt der außerhäusliche Bereich des Broterwerbs, der öffentlichen Religionsausübung in der Moschee (Freitagsgottesdienst) und der Vertretung der Familie nach außen. Einen »neutralen« Bereich der Begegnung zwischen Mann und Frau gibt es nicht.

Die Frau hat Zutritt zum öffentlichen Bereich, aber nur in korrekter Kleidung, die je nach Landessitte und von Stadt zu Land unterschiedlich ist. Geht sie aus, achtet sie auf die Wahrung ihres guten Rufes, den sie als Trägerin der Familienehre *(Ehre)* aufs Spiel setzen kann. Fürchtet der Ehemann, dass ihr Ruf gefährdet wird, kann er ihre Bewegungsfreiheit einschränken oder ihr im Extremfall das Verlassen des Hauses verbieten.

Die Geschlechtertrennung wird nach Möglichkeit auch bei der Schulbildung angestrebt, allerdings ist hier die Praxis von Land zu Land verschieden. Während in den

Ein Liebespaar in inniger Zweisamkeit, umgeben von Menschen und Tieren – sicher keine rein künstlerische Fiktion. Die Buchmalerei schmückt eine im 16. Jh. entstandene Handschrift des Liebesepos »Laila und Madjnun« des persischen Dichters Nizami (1141–1209). Bayerische Staatsbibliothek, München

meisten islamischen Ländern Männer und Frauen gemeinsam Vorlesungen an der Universität besuchen können, ist im Iran und in Saudi-Arabien die Übertragung der Vorlesung eines männlichen Dozenten für Frauen über Videogerät die Regel.

In der Moschee beten Mann und Frau in getrennten Räumen oder zumindest Bereichen: Männer im Hauptraum der Moschee, Frauen entweder im abgesonderten hinteren Bereich, häufiger jedoch in einem Raum im Keller oder einem Obergeschoss. Generell wird der Moscheebesuch der Frau von der islamischen Theologie nicht erwartet, ja bisweilen abgelehnt.

Ehre

Der Begriff Ehre ist im nahöstlichen Kontext im Verhältnis der Geschlechter von großer Bedeutung. Ehre hat vor allem als Frau, wer sich gemäß der gesellschaftlich festgelegten Rollen verhält, Schande bringt dagegen über die Familie, wer diese Grenzen überschreitet.

Die Ehre der Frau hängt von ihrem eigenen Verhalten ab, also davon, ob sie ihren Ruf in moralischer Hinsicht untadelig erhalten kann. Sie muss jeden möglichen Ehrverlust durch ihr Verhalten zu vermeiden versuchen. Ihr Handlungsspielraum ist daher im traditionellen Kontext im Verhalten zum anderen Geschlecht sehr begrenzt und wird stets von der Familie und Gesellschaft kontrolliert. Überschreitet die Frau ihre Grenzen, kann sie durch vergleichsweise geringe »Verstöße« die Ehre der ganzen Familie beschmutzen. Die Frau kann die Ehre selbst nicht wieder erwerben, sie kann Ehre nur verlieren. Nur ein männliches Familienmitglied kann die Ehre für die Familie zurückgewinnen, indem er Stärke und Kontrolle beweist und der Frau Grenzen setzt, häufig durch ihre Beschränkung auf den häuslichen Bereich, im Extremfall sogar durch ihren Tod. Die Ehre zu erhalten oder wieder herzustellen kann als wichtiger betrachtet werden als ein Leben zu erhalten, da im gesellschaftlichen Kontext niemand ohne Ehre leben kann.

Die Ehre eines Mannes hängt weniger von seinem eigenen als vom Verhalten seiner Frau, Mutter, Schwester oder Tochter ab. Der Mann trägt die Verantwortung für das Auftreten der Frauen seiner Familie in der Öffentlichkeit. Wenn er nicht Stärke, Kontrolle und Verteidigungsbereitschaft demonstriert, wird er selbst nicht respektiert werden. Wird seine Ehre durch das Verhalten seiner Frau herabgesetzt, muss er die Ehre der Familie verteidigen.

Gastfreundschaft

Ein traditionell sehr hoch geachteter Wert in nahöstlichen – auch islamischen – Gesellschaften, der auf der Arabischen Halbinsel bereits zu vorislamischer Zeit gepflegt wurde und Verfolgten in einer Art Schutzbündnis zugute kam, ist die Gastfreundschaft. Der Koran erwähnt die Pflicht zur Gastfreundschaft (4,36) ebenso wie die Überlieferung. Gastfreundschaft wird vor allem bei Hochzeiten und Familienfeiern zum Maß, mit dem Großzügigkeit und Wohlstand gemessen werden, aber auch zur Gelegenheit, das in der nahöstlichen Gesellschaft so wichtige Geben und Nehmen im Gleichgewicht zu halten. Vor allem anlässlich der großen religiösen Feiertage (vgl. S. 455) ist

Oben links: Ein Jemenite ruft zum Gebet. Die charakteristische Geste des Gebetsrufers (Muezzin) sind die trichterförmig zum Kopf erhobenen Hände.

Oben rechts: Zwei Studentinnen vor der Koranschule im arabischen Ostteil von Jerusalem; im Hintergrund die Kuppel des Felsendoms. In den meisten islamischen Ländern ist der gemeinsame Besuch der Vorlesungen von Männern und Frauen an den Universitäten möglich.

Unten: Bei einer Hochzeitsfeier in Kabul, Afghanistan, tragen alle Frauen den bis zum Sturz des Taliban-Regimes Ende 2001 außerhalb des Hauses vorgeschriebenen Ganzkörperschleier Burka.

das Empfangen und Erwidern von Besuchen sowie die großzügige Bewirtung der Gäste unbedingte Pflicht.

Speisegebote

Als wichtigste Speisegebote gelten das koranische Verbot von Aas, *Alkohol, Schweinefleisch* und *Blut* sowie allen daraus gewonnenen Produkten: Sie sind *haram* (arab. »verboten, tabu«; 2,173). Ausnahmen in »Zwangslagen« sind gestattet, was vor allem auf den drohenden Hungertod bezogen wird: »Wenn aber einer aus Hunger gezwungen wird, ohne sich einer Sünde zuzuneigen, so ist Gott voller Vergebung und bereit, zu vergeben« (5,4). Bei Medikamenten mit Alkoholsubstanzen wird von zeitgenössischen Theologen meist geraten, diese möglichst zu ersetzen, sie jedoch zu akzeptieren, wenn die Gesundheit ernsthaft bedroht sein sollte und keine Alternative bestünde. Die *Überlieferung* untersagt zudem den Genuss des Fleisches von Hauseseln, Raubtieren mit Fangzähnen und Raubvögeln. Kaninchen- und Pferdefleisch gelten als erlaubt.

Reinheitsgebote

Rituelle Reinheit zu erlangen und zu erhalten ist im Islam von großer Bedeutung, da sie darüber entscheidet, ob bestimmte Formen der Gottesverehrung praktiziert werden können. Im Zustand der Unreinheit ist es untersagt, zu fasten *(Fasten)*, einen Koran zu berühren, das rituelle *Gebet* zu sprechen oder eine *Moschee* zu betreten. Wer es dennoch wagt – bewusst oder unbewusst –, dessen Gottesverehrung ist nichtig und seine Glaubenspflichten gelten als nicht erfüllt.

Schon der Koran lobt die Reinigung der Gläubigen: »Und Gott liebt die, die sich reinigen« (2,222; 9,108) und fordert die Gläubigen zur Reinigung vor dem rituellen Gebet auf (4,43). Eine Überlieferung Muhammads besagt sogar: »Reinheit ist die Hälfte des Glaubens.« Nach der volksislamischen Auffassung reinigt die rituelle Waschung nicht nur von äußerlichem Schmutz, sondern auch von Sünde.

Unreinheit wird durch die Berührung des Unreinen hervorgerufen: durch Kontakt mit allen Körperflüssigkeiten, durch Bewusstseinsschwund, Berühren des Intimbereichs, Abgehen von Winden, Benutzen der Toilette, Berühren eines Leichnams, einer Person des anderen Geschlechts und den Kontakt mit den verbotenen Getränken und Speisen *(Alkohol, Blut,* Aas, *Schweinefleisch)* und allen daraus hergestellten Produkten. Die »große« rituelle Unreinheit tritt vor allem durch Geschlechtsverkehr, Geburt oder Menstruation ein. Frauen müssen zur Zeit ihrer Unreinheit ihre Religionsausübung (insbesondere *Gebet* und *Fasten* im Monat *Ramadan*) unterbrechen, nach erfolgter »großer Waschung« erneut aufnehmen und die versäumten Fastentage nachholen.

Je nach Grad der Unreinheit ist eine »große« Waschung erforderlich (in der Regel ein völliges Eintauchen in Wasser oder wenigstens vollständiges Benetzen mit Wasser) oder eine »kleine« rituelle Reinigung (die Benetzung des Kopfes, die Reinigung von Gesicht, Nase, Ohren, Mund, Händen, Unterarmen und Füßen) mit Wasser (im Notfall mit Sand oder einem Stein; 4,34; 5,6); die einzelnen Rechtsschulen unterscheiden im Detail. In früheren Zeiten wurde die rituelle Waschung vor allem im öffentlichen Badehaus *(Bad)*, dem Hammam, durchgeführt, da viele Privathaushalte keine Möglichkeit zur Ganzkörperwaschung boten *(Waschung, rituelle)*.

Irakische Familie während der Mittagsmahlzeit. Bei den Speisen wird von Muslimen streng darauf geachtet, dass kein Schweinefleisch und Blut gegessen oder Alkohol getrunken wird. Derartige Speisen und Getränke sind verboten und gelten deshalb als haram (arab. »verboten, tabu«). Um den Verzehr von Blut zu vermeiden, werden Tiere bei der Schlachtung ausgeblutet (Schächtung).

Sonderformen des Islam

Ahmadiyya

Von Mirza Ghulam Ahmad (1839–1908) im indo-pakistanischen Raum gegründete Bewegung, der 1880 mit der Behauptung hervortrat, mit einer besonderen Sendung beauftragt zu sein. 1889, dem Gründungsjahr der Bewegung, bekundete Ghulam Ahmad, er habe eine Offenbarung von Gott empfangen. 1891 bezeichnete er sich erstmals als Messias (arab. masih), als einer, der Vorherwissen besitzt und Wunder vollbringen kann. 1904 beanspruchte er, eine Verkörperung Krishnas zu sein, der wiedergekommene Jesus, der *Mahdi* (»der endzeitlich Rechtgeleitete«), der Erneuerer (arab. mudjaddid), mit dem Gott besondere Zwiesprache hege, sowie eine Wiedererscheinung Muhammads. Damit hatte er sich einem Propheten gleichgesetzt und sich in direkten Widerspruch zum muslimischen Dogma von Muhammad als dem »*Siegel* der Propheten« gesetzt. Im Jahr 1914 spaltete sich die Bewegung in die kleinere Lahore-Gruppe, die den Prophetenanspruch ihres Gründers ablehnte, und die größere Gruppe der Qadiyanis, die an ihm festhielt. 1974 wurde die Ahmadiyya auf Beschluss der pakistanischen Nationalversammlung als ketzerisch verurteilt und aus der Gemeinschaft der Muslime ausgeschlossen. Die Ahmadiyya betrachten sich selbst als wahrhaftige Muslime und nehmen die islamische Pflichtenlehre sehr ernst. In der westlichen Welt ist die Ahmadiyya-Bewegung missionarisch sehr aktiv. Nach eigenen Angaben hat sie weltweit über 10 Mio Mitglieder, andere gehen von ca. 7 Mio aus.

Alawiten (Nusairier)

Eine aus dem Schiismus *(Schiiten)* hervorgegangene Gruppierung, zunächst als »Nusairier« nach Muhammad ibn Nusair benannt, der vom elften Imam al-Hasan al-Askari (†874) *(Zwölferschiiten)* geheime Offenbarungen empfangen haben soll. Erst ab dem 20. Jh. bezeichnen sich die Nusairier selbst als Alawiten, als Anhänger des vierten *Kalifen Ali ibn Abi Talib.*

Die erst teilweise bekannte Lehre der Nusairier stellt eine Mischung aus einer Weltentstehungslehre (Kosmogonie) und der Vorstellung dar, in Ali habe sich der urewige, namenlose Gott verkörpert. Alle Seelen der Alawiten waren zu Beginn der Zeit Lichter, die sich über 7000 Jahre bei Gott befanden und ihn lobten, sich dann aber gegen ihn auflehnten. Sie wurden auf die Erde verbannt und mussten fortan ein Leben in stofflichen Körpern führen. Die Bestimmungen der *Scharia* halten sie im eigentlichen Sinne für nicht mehr gültig, da sie die dahinterliegende Bedeutung der Scharia erfasst haben. Alawiten besuchen nicht die Moschee und vollziehen keine Waschungen. Frauen dürfen nicht an den Riten der Männer teilnehmen, da sie als Ausgeburten des Teufels gelten. Verlässliche Angaben über die Zahl der Alawiten sind kaum möglich. Vorsichtige Schätzungen gehen von ca. 1,6 Mio Anhängern aus.

Aliden

Die Aliden (türkische Bezeichnung »Aleviten«) sind eine schiitische Gruppierung vor allem in Ostanatolien, die Ali, den vierten *Kalifen,* und 12 *Imame* verehrt. Als bedeutendster Heiliger gilt den Aliden Haci Bektasch Veli, der als Gründer des mystischen Bektaschiye-Ordens *(Mystik)* betrachtet wird. Die Aliden befolgen weder die *Fünf Säulen* des Islam noch die Gebote der *Scharia.* Sie fasten nicht im *Ramadan,* sondern einen knappen halben Monat lang im Monat *Muharram.* Sie lehnen das Alkohol- und Schweinefleischverbot, die Polygamie und die Pflicht zur *Verschleierung* der Frauen ebenso wie die strikte islamische *Geschlechtertrennung* ab. Sie haben keine Moscheen, sondern Versammlungshäuser (Cem), in denen Frauen und Männer zusammenkommen. In der Türkei sind die meisten Aliden Kurden und Anhänger des Laizismus, der Demokratie und des Säkularismus. Zwischen türkisch-sunnitischen Nationalisten und Aliden kommt es immer wieder zu Auseinandersetzungen. Auch in Deutschland leben viele Türken alevitischen Glaubens.

Bahai

Aus dem schiitischen Islam ging die von Mirza Husain Ali Nuri, genannt Baha Allah (1817–1892), gegründete Splittergruppe *(Schiiten)* der Bahai hervor. Die einzige von den Bahai anerkannte Schrift ist das »Heiligste Buch« ihres Gründers Baha Allah; alle anderen heiligen Schriften und Religionen (auch der Islam und der Koran) werden von den Bahai als aufgehoben betrachtet. Die Bahai haben einige z.T. modifizierte islamische Elemente beibehalten, wie das Fasten, das jedoch nur 19 Tage dauert *(Fasten),* das tägliche Gebet, jedoch nur dreimal am Tag, oder die Ablehnung des Alkoholkonsums *(Alkohol).* Andere Elemente entspringen nicht dem Islam wie die Befürwortung der Einehe, die Gleichberechtigung der Geschlechter, die Ablehnung der Scheidung oder die im 19-tägigen Rhythmus abgehaltenen Versammlungen. Die Reihe der Propheten ist für die Bahai nicht mit Muhammad abgeschlossen.

Die Bahai sind missionarisch sehr aktiv. Von der muslimischen Gemeinschaft als Häretiker betrachtet, mussten sie vor allem im Iran seit 1979 verstärkt Verfolgungen erdulden. Die größte Gruppe lebt in Indien mit ca. 1 Mio Anhängern. Das Zentrum der Bahai befindet sich heute in Haifa/Israel.

Tempel der Bahai in der israelischen Stadt Haifa. Hier ist der Begründer dieser Sonderform des Islam, der Bab (arab. »Pforte«), begraben. Am 22.5.2001 wurden die Hängenden Gärten der 150 Jahre alten Bahai-Religionsgemeinschaft am Westhang des Berges Karmel eingeweiht (im Bildhintergrund zu sehen).

Drusen

Die Glaubensgemeinschaft der Drusen entstand unter den ismailitischen *Fatimiden:* In den letzten Regierungsjahren des Fatimidenkalifen al-Hakim (1017–21) spaltete sich eine Gruppierung ab, die seine Person als Inkarnation Gottes betrachtete, die am Ende der Zeiten als *Mahdi* wieder auf die Erde zurückkehren werde. Aus diesem Ansatz entwickelte sich das esoterische Lehrgebäude der Drusen. Sie konnten nach der Verfolgung durch die Fatimiden vor allem im Libanon und Teilen Syriens überleben. Die streng geheim gehaltenen Dogmen der Drusen enthalten schiitisch-ismailitisches Gedankengut, das mit christlichen und gnostisch-neuplatonischen Elementen verwoben ist. Drusen praktizieren die Endogamie (Heirat nur innerhalb der eigenen Glaubensgemeinschaft); ein Beitritt ist nicht möglich. Zwischen Laien und Klerikern besteht eine strikte Trennung. Die Drusen wurden in ihrer Geschichte von Sunniten wie Schiiten verfolgt. Als eines der wichtigsten Heiligtümer wird das Grab Jethros, des Schwiegervaters von *Mose,* westlich des Sees Genezareth verehrt, das zur Wallfahrtsstätte geworden ist. Heute sollen insgesamt etwa 800000 Drusen vor allem im Libanon und kleinere Gruppen in Syrien, Israel und Jordanien sowie im westlichen Ausland leben.

Jesidi

Die überwiegend kurdische Geheimreligion vereint das Glaubensgut des Islam mit Elementen aus Zoroastrismus (bzw. altiranisch-indo-orientalischen Religionselementen), des Mithraskults, Judentums, Christentums und Manichäismus. Jesidi wird man nur durch Geburt. Das »Buch der Offenbarung« und die »Schwarze Schrift« sind auf Kurdisch abgefasst, daneben existiert eine Reihe mündlicher Überlieferungen. Die Jesidi glauben weder an eine ewige Bestrafung des Sünders in der Hölle (die sie als überwunden ansehen) noch an einen Teufel, sondern an eine Seelenwanderung, bei der gute Seelen in Menschen, schlechte in Tiere eingehen. Die Zahl der Jesidi soll nach Schätzungen weltweit bei etwa 220000 Menschen liegen.

Ahl-i haqq

»Die Leute der Wahrheit« sind Anhänger einer in der Türkei, im Iran, in Kurdistan und Aserbaidschan verbreiteten Geheimreligion, die ihren Ursprung im extremen *Schiismus* hat. Die Ahl-i haqq glauben an sieben Manifestationen Gottes. Die erste Manifestation Gottes geschah in einer Perle, die zweite im vierten *Kalifen Ali.* Noch bedeutender ist jedoch die vierte Manifestation Gottes in Sultan Sohak im 15. Jh. Die Ahl-i haqq glauben an die Reinkarnation der Gottheit und die Seelenwanderung der Menschen. Gute Menschen sind aus gelbem Ton, schlechte aus schwarzer Erde geschaffen.

Christine Schirrmacher

Der Islam von A–Z

Die im folgenden Buchteil aufgeführten Stichwörter bieten Informationen, die für das Verständnis des Islam wichtig sind. So wird z. B. Abraham hier ausschließlich in seiner Bedeutung für den Islam betrachtet. Seitenverweise am Ende eines Stichwortes führen in den Buchteil *Der Islam in Geschichte und Gegenwart.*

Abraham. Die türkische Buchmalerei zeigt oben die Vorbereitungen Abrahams für die Opferung Ismails (statt Isaak) und darunter Abraham im Feuer der Götzendiener. Religiöse Handschrift, 16. Jh.; Museum des Topkapi-Serail, Istanbul.

A

Abaya, schwarzer Körperschleier, mit oder ohne kapuzenartige Kopfbedeckung, vorwiegend auf der Arabischen Halbinsel getragen, *Verschleierung.*

Abbasiden, nach den *Umayyaden* die zweite Herrscherdynastie der islamischen Geschichte (750–1258). Im 8. und 9. Jh. verselbstständigten sich lokal einflussreiche Dynastien, so dass die Macht der abbasidischen Kalifen mehr und mehr zerfiel. → S. 444

Aberglaube, aus Sicht vor allem puristischer Richtungen des Islam (*Wahhabiten,* Teile des Reformislam) die verschiedenen Erscheinungsformen des *Volksislam,* magische Praktiken, Dämonenbekämpfung, Amulette, Reliquienkult, Schutz- und Abwehrzauber und insbesondere die *Heiligenverehrung.* Der Mensch setze sein Vertrauen nicht auf Gott, sondern auf Heilige oder *Geister.*

Abfall vom Islam (arab. irtidad), die willentliche, freiwillige, im Vollbesitz der geistigen Kräfte und im Zustand der Nüchternheit vollzogene Abkehr vom Islam eines als Muslim Geborenen oder zum Islam Konvertierten. Der Koran droht dem Apostaten Gottes Zorn an, die *Überlieferung* fordert die Todesstrafe.

Abraham. Der Felsendom auf dem Tempelberg in Jerusalem entstand 691/692 als Oktogon. Der Blick von der Höhe der Kuppelschale zeigt im Zentrum des islamischen Heiligtums den Felsen, auf dem Abraham seine Gottergebenheit bekundet haben soll. Hier begann Muhammads nächtliche Himmelsreise auf dem Flügelross Burak.

Abgaben → Almosen

Abraham, im Islam einer der bedeutendsten Propheten, ein Vorläufer Muhammads, ein Gottsucher (*Hanif,* 16,120), der »Wahrhaftige« (19,41), der »Rechtschaffene« (16, 122), »ein Vorbild, Gott demütig ergeben« (16,120). Ein Prophet, den Gott »erwählt und auf einen geraden Weg geführt« hat (16,121), »langmütig, empfindsam und bereit zur Umkehr« (11,75), ein »Freund« Gottes (4,125) und – Muhammad gleich – ein Verkünder des *Monotheismus* gegen den Widerstand seiner Familie und Landsleute, indem er dem Gehorsam gegen Gott größeres Gewicht beimaß als der Solidarität mit Familie und Volk. Er reinigte die *Ka'ba* in *Mekka* von ihren Götzenbildern und stellte sie – Muhammad gleich – als Ort der wahren Gottesverehrung und Wallfahrt wieder her (22,26–29). Als er seinen Sohn opfern will, sorgt Gott für ein Lamm als Ersatz. Der Teufel versucht, A. zum Ungehorsam gegen Gott zu verführen; im Gedenken daran wird bei der *Pilgerfahrt* in Mekka symbolisch der *Teufel* gesteinigt.

Abrogation (Aufhebung), in der islamischen *Theologie* unumstrittene Tatsache, dass bestimmte Texte der *Überlieferung* oder auch Koranverse durch andere abgelöst bzw. durch sie aufgehoben wurden. So gilt z. B. der Vers, in dem die Gebetsrichtung *(Qibla)* auf Jerusalem festgelegt wurde, mit der Änderung auf Mekka als abrogiert (2,142–150). Sure 73,1–4 fordert zum Gebet während des »größten Teils der Nacht« auf, Vers 20 nur zum Gebet, wie es dem Einzelnen nachts möglich ist. Der Koran selbst räumt mehrfach ein, dass Verse »ausgetilgt« wurden oder »in Vergessenheit gerieten« (2,106). Andere Verse habe der *Teufel* – wie jedem Propheten – Muhammad untergeschoben (22,52), andere habe Gott selbst abgeändert (87,6f.). Über die Zahl und Bestimmung der abrogierten Verse gibt es in der islamischen

Theologie keine Übereinstimmung. Das Dogma von der Vollkommenheit des Korans *(I'djaz)* und der wortgetreuen Abschrift der himmlischen Uroffenbarung *(Urschrift)* wird aus muslimischer Sicht von der A. nicht berührt.

Abschiedswallfahrt, *Pilgerfahrt* Muhammads einige Monate vor seinem Tod im Jahr 632 n. Chr. nach Mekka. Bis zum Jahr 631 verhinderten die machtpolitischen Verhältnisse eine Rückkehr nach Mekka. Nun konnte Muhammad die *Ka'ba* von den dort aufgestellten Götterbildern »reinigen«. Diese A. in seine Heimatstadt war für ihn ein persönlicher Triumph, da er zehn Jahre zuvor unter dem Druck der Mekkaner fliehen musste.

Absichtserklärung (arab. niyya), Festlegung durch den Gläubigen, welche Handlung er durchführen wird (das *Fasten,* das rituelle *Gebet,* die Abgabe von *Almosen,* die rituelle *Waschung,* die *Schächtung*). Eine A. kann etwa lauten: »Ich spreche um Gottes Wohlgefallen willen den Vorsatz aus, die Waschung zu vollziehen.« Ohne A. ist die nachfolgende religiöse Handlung im rechtlichen Sinne *nichtig* (arab. batil). Einige *Überlieferungen* betonen, Gott beurteile das Handeln des Menschen nach dessen Absichten und Vorsätzen, der gute Vorsatz sei entscheidend für die Durchführung einer religiösen Handlung.

Absolutheitsanspruch → Offenbarung

Abtreibung → Schwangerschaftsabbruch

Adam, der erste Mensch. Gott hat ihn »vor den Menschen in aller Welt« auserwählt und mit ihm einen *Bund* geschlossen (3,33; 7,172). A. wird von Gott aus Lehm und Schlamm geformt (38,71f.; 15,26). Nach der *Überlieferung* stammt dieser Lehm von der *Ka'ba* und aus *Jerusalem.* Es wird berichtet, dass Gott A. befahl, unter Führung eines Engels aus Indien nach *Mekka* zu ziehen, ihm dort ein Heiligtum zu errichten und die Umgangsprozession zu vollziehen. A. ist Begründer der Ka'ba und ein Vorläufer Muhammads in der Verkündigung des Monotheismus; die Verkündigung des Islam wird mit dem Beginn der Menschheitsgeschichte verbunden. Im Koran ist A. der Stammvater der Menschheit (4,1). Er benennt die Tiere, die Engel werfen sich vor ihm nieder, mit Ausnahme des *Teufels* Iblis, der sich aus Hochmut weigert (2,34; 20,116). Gott verbietet A. und seiner Frau einen bestimmten Baum (2,35). Der Teufel verführt A. (20,120); er und seine Frau begehen einen »Fehltritt« (2,36) und essen von dem verbotenen Baum. Ihre Nacktheit wird ihnen offenbar (7,22), sie flechten sich ein Kleid aus Blättern (2,121). Gott vertreibt sie aus dem Paradies auf die Erde (7,22). A. und seine Frau bitten Gott für ihr Vergehen um Verzeihung (7,23) und betonen: Wir haben »gegen uns selber gefrevelt« (7,23). Gott vergibt ihnen ihren Fehltritt (2,37).

Adoption, in vorislamischer Zeit gängige Praxis, im Koran jedoch mit der Begründung verboten, dass es nicht rechtens sei, Kinder ohne Kenntnis ihrer Verwandtschaft und ihrer Abstammung bei einem nichtleiblichen Vater aufwachsen zu lassen. Die *Überlieferung* bezeichnet einen Menschen, der sich zu einem anderen Vater als zu seinem leiblichen bekennt, als Ungläubigen und seine Tat als »verwerfliche Lüge«, für die ihn die Strafe des Höllenfeuers erwartet. Wenn heute unter bestimmten Umständen nichtleibliche zu eigenen Kindern erklärt werden, gilt dies meist nicht als Adoption, die außer in Tunesien und der Türkei noch überall verboten zu sein scheint.

Agra, Stadt im indischen Bundesstaat Uttar Pradesch. Das historische A. entstand als Neugründung von Akbar (1542–1605, ab 1556 Großmogul von Indien), der es 1558 zur Hauptstadt seines Mogulreiches erhob. Zu den Hauptwerken der islamischen Mogularchitektur gehörten die Perlmoschee (1643–53) und das bei A. gelegene Grabmal Taj Mahal (1632–54).

Ahl al-kitab (arab. »Leute der Schrift«) → Schriftbesitzer

Ahl as-sunna wa l-djama'a (arab. »Leute der Sunna und der Gemeinschaft«) → Sunniten

Agra. Auf den ersten Blick erscheint der Taj Mahal (Tadsch Mahal, 1632–54) bei Agra als Moschee; doch von den vier Minaretten ertönte nie der Ruf zum Gebet. Vielmehr bekrönt die 59 m hohe Kuppel einen – in gewisser Weise den ägyptischen Pyramiden vergleichbaren – Grabbau. Der Großmogul Schah Jahan ließ ihn für seine Lieblingsfrau errichten, die bei der Geburt des 14. Kindes gestorben war. Dem weißen, das wechselnde Tageslicht farbig reflektierenden Marmorbau sollte ein schwarzes Pendant für den Schah gegenübergestellt werden; er starb jedoch bald nach der Entmachtung durch einen Sohn und wurde neben seiner Gemahlin beigesetzt. Der Taj Mahal ist der Höhepunkt der Architektur im indischen Mogulstil (16.–18. Jh.).

Alhambra. 124 schlanke Säulen aus weißem Marmor, die sich wie Palmen auffächern, bilden in der Alhambra von Granada einen Arkadenumgang rund um den Patio de los Leones, den Löwenhof. In der Mitte des Hofes steht der namengebende Brunnen, der von zwölf Wasser speienden Löwen getragen wird. Die Anlage aus dem 13./14. Jh. bildete einen Höhepunkt der profanen islamischen Architektur im Spätmittelalter. Rund 250 Jahre lang residierten die maurischen Könige der Nasriden-Dynastie auf der Alhambra. 1984 wurde die Alhambra mit der angrenzenden Sommerresidenz (Generalife) der maurischen Herrscher zum Weltkulturerbe erklärt.

Ahl at-tauhid (arab. »Leute der Einheit«) → Wahhabiten

Ahl-i haqq (arab. »Leute der Wahrheit«), Anhänger einer Geheimreligion, die ihren Ursprung im extremen *Schiismus* hat. → S. 467

Ahmadiyya, Anfang des 20. Jh. im indo-pakistan. Raum von Mirza Ghulam Ahmad (1839–1908) gegründete Bewegung. Er bezeichnete sich als der wiedergekehrte *Messias,* Krishna, *Mahdi, Jesus* und als Wiedererscheinung Muhammads. → S. 465

Alawiten, extreme schiitische Gruppierung, deren Anhänger an die Verkörperung des vierten *Kalifen Ali* als Gottheit glauben.

Aleviten, türk. Bezeichnung der *Aliden.*

Alhambra, im 13./14. Jh. auf einem Bergrücken oberhalb von Granada entstandene Anlage. Sie vereinte als Sommerresidenz der Herrscher im maurischen Königreich Granada (1238–1492) Festung und Palast mit Gärten und Innenhöfen. Nachdem die Reconquista (span. »Rückeroberung«) 1492 mit der Einnahme von Granada ihren Abschluss gefunden hatte, gab Kaiser Karl V. 1526 einen eigenen symbolträchtigen Palast im Bereich der A. in Auftrag; er blieb unvollendet und konnte somit keinen größeren Schaden anrichten. Im 19. Jh. wurde die A. umfassend restauriert. Sie ist ein Juwel der Weltarchitektur und des arabischen Erbes in Europa.

Aliden, schiitische Gruppierung, vor allem in Ostanatolien, die Ali, den vierten *Kalifen,* verehren. Als bedeutendster Heiliger gilt den A. Haci Bektasch Veli. Die A. befolgen nicht die *Fünf Säulen* des Islam.

Alim (Religionskundiger) → Ulama

Alkohol (Weingenuss), vom Koran verurteilt (z.B. 2,173), ohne ein konkretes Strafmaß zu bestimmen. Schärfer urteilt die *Überlieferung,* die Alkoholgenuss unter die Kapitalverbrechen einreiht, das mit 40–80 Schlägen bestraft werden soll *(Grenzstrafen).* In einem früh datierten Korantext werden noch die Weinstöcke als Schöpfung Gottes bezeichnet (16,10f.). Im *Paradies* gibt es außer Früchten und Fleisch (55,68) auch »Ströme von Wasser, Milch, Wein und Honig« (47,15). Korankommentatoren haben hervorgehoben, dass der Wein des Paradieses nicht berauschend wirke. In späteren Texten verurteilt der Koran zunächst ein Übermaß an berauschendem Getränk (4,43). Nach Sure 5,90f., dem um das Jahr 626 und somit zuletzt offenbarten Koranvers zum Thema A., sind »Wein, Glücksspiel… ein Gräuel und des Satans Werk!« Eine Minderheit der muslimischen Theologen vertritt die Auffassung, dass nur ein Übermaß an Wein verboten sei, die Mehrheit jedoch, dass der Genuss von A. und allem, was berauscht (wie z.B. Drogen), untersagt ist.

Allah → Gott

Allahu akbar (arab. »Gott ist groß«, »Gott ist größer« oder »Gott ist am größten«), im Arabischen *Takbir* genannt, ist Teil des *Gebetsrufes* und wird beim *Djihad,* bei der *Schächtung* und bei *Bestattungen* gesprochen.

Almosen (arab. zakat), die vierte Säule des Islam. Der Koran nennt als zum Empfang der A. Berechtigte Arme, Bedürftige, Gefangene, Verschuldete, Reisende und »diejenigen, die im Einsatz auf dem Weg Gottes« sind (9,60). Heute geschieht die Entrichtung der A. in den meisten Ländern auf freiwilliger Basis, nur wenige Länder haben sie in der Vergangenheit durch staatliche Stellen eingezogen.

Altes Testament (arab. taurah), im Koran als Schrift anerkannt, die *Mose* von Gott offenbart wurde. Der Koran erläutert allerdings nicht, was mit der Tora inhaltlich gemeint ist, und gibt keinen Hinweis auf die unterschiedlichen Verfasser des A., die verschiedenen literarischen Kategorien oder Abfassungszeiten (lediglich die *Psalmen* tauchen unter dem Begriff »Zabur« gesondert auf). Der Koran greift allerdings stark auf das A. zurück, wenn er *Propheten* und Erzväter wie *Adam,* Kain und Abel, *Noah,*

Abraham, Isaak, *Ismail,* Jakob, Lot, *Mose, Josef,* Hiob, Saul, David, Salomo, Jona, Elias und Elisa benennt und ihre Lebensgeschichte teilweise in deutlichem Anklang an jüdisch-christliche Erzählstoffe gestaltet. Die islamische Apologetik begründet die Ankündigung der Sendung Muhammads aus dem A.

Amulett, Gegenstand aus unterschiedlichen Materialien (vor allem geschriebene Koranverse) zur Abwehr des *Bösen Blicks,* des Schadenzaubers, des Neides und des Wirkens der Dämonen und Geister. Das Schreiben von A. gehört zum Bereich der »erlaubten« Magie, sofern hierbei nicht die Sünde der Beigesellung eines Wesens neben Gott (Schirk) begangen wird. Wenn Zettel beschrieben werden, so finden außer bestimmten Koranversen wie der ersten Sure auch häufig die Namen Gottes (Gottes schönste Namen) oder der Name Muhammads und der *Prophetengefährten* Verwendung, die Namen der vier ersten *Kalifen* oder der elf Imame nach *Ali (Schiiten),* die sieben Buchstaben des arab. Alphabets, die nicht in der ersten Koransure *(Fatiha)* vorkommen, das *Glaubensbekenntnis* und die *Geheimnisvollen Buchstaben* des Korans sowie magische Buchstaben- und Zahlenquadrate. Ein häufiges A. ist auch »die Hand der Fatima« oder ein Pantoffel. Bei Neugeborenen bestehen A. häufig aus Brot, Salz, Getreide, einer Münze oder einer blauen Perle. Andere beliebte A. bestehen aus Skorpionen oder Fischen aus bunten Glasperlen oder Stoff, darüber hinaus finden jegliche aus Tierkadavern hergestellte A. Verwendung.

Ansar → Helfer

Antichrist (arab. dadjdjal), der große Verführer, der am Ende der Zeiten die Menschen zum Abfall vom Islam verleiten wird. Dem Kommen des A. gehen Naturkatastrophen voraus, ein Tier wird aus der Erde hervorkommen (27,82), die Völker Gog und Magog werden ins Land einfallen (angedeutet in 18,94). Danach erscheint der – nur in der *Überlieferung* geschilderte – einäugige A. auf der Erde, tut Wunder und wird viele vom wahren Glauben abbringen. Gläubige Muslime werden jedoch auf seiner Stirn das Wort »Ungläubiger« (arab. kafir) lesen und ihm daher keinen Glauben schenken. Wenn Gott der Wirkungszeit dieses Betrügers ein Ende setzt und das Gericht sich nähert, erscheint nach sunnitischer Vorstellung *Jesus Christus* als *Mahdi* und tötet den A. mit einer Lanze *(Endzeit).*

Amulett. Die »Hand der Fatima« am Tor der Kasbah, der Altstadt von Algier, Algerien. Dieses Amulett ist ein beliebtes Abwehrsymbol, das vor dem Bösen Blick und Geistern schützen soll. Es wird in allen Größen, Techniken und Materialien hergestellt und dient auch als Anhänger. Benannt ist dieses Amulett nach Muhammads Tochter Fatima.

Apologetik → Kalam

Apostasie → Abfall vom Islam

Apostel → Prophet

Arabisch, semit.-hamit. Sprache mit von Land zu Land unterschiedlichem Dialekt, in Nordafrika, dem Nahen und Mittleren Osten verbreitet. A. wird von rechts nach links geschrieben, mit 28 Konsonanten, zu denen drei lange Vokale hinzukommen. Im Wesentlichen enthält nur der Koran, der im klassischen A. abgefasst ist, unter und über die Konsonanten gesetzte Vokalzeichen. d.h., ein unvokalisierter Text in Zeitung oder Literatur kann eigentlich nur gelesen werden, wenn die Worte (und ihre Vokalisation) dem Leser schon bekannt sind. A., die Sprache des Korans, der im Dialekt des Hedschas des 7. Jh. n. Chr. (des Gebiets um *Mekka* und *Medina*) abgefasst ist, gilt Muslimen als schönste, vollkommenste, ja als göttliche Sprache. Der Koran betont, dass er auf A. herabgesandt worden ist (12,2 u.a.), damit auch das Volk der Araber eine ihm verständliche Offenbarung erhält, so wie er früher zu anderen Völkern *Propheten* in deren Sprache geschickt hat. Da der Koran Wort für Wort eine Abschrift der im Himmel aufbewahrten *Uroffenbarung* bildet, ist nur ein arab. Koran ein Koran im eigentlichen Sinn. Übersetzungen gelten nur als sinngemäße Übertragung. Auch das rituelle *Gebet* muss von allen Muslimen weltweit auf A. gesprochen werden, ebenso wie die bei der *Pilgerfahrt* vorgeschriebenen Gebete oder die *Absichtserklärung.* Durch die zentrale Rolle, die das A. auch für die theologische Begrifflichkeit gespielt hat (da wesentliche Begriffe nie übersetzt und in andere kulturelle Zusammenhänge übertragen wurden), hat das A. mit seinen theologischen und juristischen Begriffen prägenden Einfluss auf viele Sprachen islamisierter Völker gefunden, wie z. B. das Suaheli.

Arche Noah → Noah

Arkan al-islam → Fünf Säulen des Islam

Asch'ariten, sunnitisch-theologische Schule, benannt nach und zurückgehend auf Abu l-Hasan al-Asch'ari (873–935). Gegenpol zu den *Mu'taziliten.* Verfechter eines eingeschränkten Rückgriffs auf den menschlichen Verstand, eines gemäßigten Traditionalismus und der absoluten Souveränität Gottes. Die A. wurden im 14. Jh. zur tonangebenden Schule in der sunnitisch-orthodoxen Theologie.

Aschura, die höchsten schiitischen Feiertage vom 1. bis 10. des Monats Muharram, an denen mit *Passionsspielen,* Umzügen und Geißlergruppen des Leidens und Märtyrertodes des Prophetenenkels al-Husains gedacht wird, der im Jahr 680 in der Schlacht von Kerbela dem sunnitischen Heer unter al-Yazid unterlag.

Astrologie. Seite einer Handschrift der Iskander-Anthologie (Schiraz, 1411), benannt nach ihrem Auftraggeber Iskander Sultan. Die Buchmalerei zeigt das astrologische Tierkreiszeichen Krebs und das Sternbild des Großen Bären. Iskander, ein Enkel Timurs, war Gouverneur in Schiraz, einem Zentrum persischer Kultur, und residierte ab 1412 in Isfahan, Iran. Sein astronomisches und astrologisches Interesse wurde durch die Tätigkeit im Observatorium seines Vaters in Samarkand, Usbekistan, gefördert. Die Iskander-Anthologie ist auf prägnante Weise mit schiitischen Glaubenssätzen versehen und verbindet insofern religiöse und wissenschaftliche Literatur. British Museum, London.

Askese, wird in Mystikerorden *(Mystik)* praktiziert, wo *Derwische* mit Wachen, Fasten, Enthaltsamkeit, Reinheit, Schweigen, Ausharren in Dunkelheit oder Einsamkeit und anderweitigen körperlichen Übungen die Vorstufen zur Versenkung in Gott durchschreiten. Der sunnitisch-orthodoxe Islam kennt kein Mönchtum, kein Zölibat und keine besondere A., abgesehen vom temporären Verzicht im Fastenmonat *Ramadan* und der *Pilgerfahrt.* Koran und *Überlieferung* ermahnen jedoch zur Mäßigung und warnen vor jeder Art von verantwortungsloser Verschwendung und Wucher, vor der Zurschaustellung von Luxus und Überfluss, vor Habsucht und Geiz.

Assassinen (Nizariten), benannt nach Nizar, dem ältesten Sohn des Kalifen al-Mustansir (gestorben 1094), der ismailitischen Dynastie der *Fatimiden* (909–1171). A. ist eine Ableitung des durch die Kreuzfahrer eingeführten Begriffes der »Haschaschiyyun« (»Haschischkonsumenten«), eine Behauptung, für die es keine Beweise gibt. Der Begriff A. bezeichnet eine Sondergruppe der siebenerschiitischen *Ismailiten,* Anhänger des Hasan-i Sabah, der sich um 1090 in der Bergfestung Alamut im Elbruz-Gebirge im Ostiran niederließ. Die A. vertraten eine gnostisch-esoterische Lehre, die sich mit islamischen Elementen verband, und entsandten sehr erfolgreich »Missionare« (arab. da'is) zur Werbung für ihren Glauben. Da sie gleichzeitig gegen sunnitische Herrscher und religiöse Würdenträger mehrere, z. T. selbstmörderische Attentate verübten, drang ihr Ruf als skrupellose Mörder bis nach Europa. Besiegt wurden die A. 1256 von den Mongolen unter Hülägü. In den folgenden Jahren fielen auch die übrigen Burgen in Syrien. Damit war der Niedergang der A. besiegelt. Heute existieren Nizariten in Afrika, Iran, Syrien und Indien.

Astrologie/Astronomie, Sterndeutung und -bestimmung. Sie waren im vorislamischen Arabien für die Orientierung der Nomaden von großer Bedeutung, den Sternen wurden aber auch Einfluss auf das Leben der Menschen zugeschrieben. In islamischer Zeit sind Astronomie, Geografie und Mathematik für die Bestimmung der *Qibla* (Gebetsrichtung), der täglichen Gebetszeiten, des Fastenmonats und der Pilgerfahrt wichtig. Astrologische Werke des Hellenismus wurden in der Abbasidenzeit ins Arabische übersetzt. Im 12. und 13. Jh. fanden islamische astrologische Werke in lat. und griech. Übersetzung ihren Weg ins Abendland. Vertreter der orthodoxen Theologie betrachteten die Astrologie als Beweis des Zweifels an der Allmacht Gottes und begegneten ihr daher mit Missbilligung.

Atheismus, aus islamischer Sicht eine Form des Unglaubens (arab. kufr), die Leugnung der Existenz Gottes und seines Herrschaftsanspruches über den einzelnen Menschen. Unter Theologen gab es unterschiedliche Auffassungen darüber, woran eine Leugnung Gottes zu erkennen ist. Der Atheist bleibt Gott die ihm zustehende Verehrung und Dankbarkeit schuldig; aus islamischer Sicht eine »unvernünftige Position«, die sich bei ernsthaftem Nachdenken nicht halten lässt, da Gott Zeichen, Wunder, Warnungen und *Propheten* mit seiner Botschaft gesandt hat, die jeden Menschen auf seinen Schöpfer und Richter hinweisen. Jeder Mensch trägt eine Art Urahnung in sich, die ihn zu der Verehrung Gottes führt, wenn er seinerseits bereit dazu ist. A. ist immer Eigenverschulden des Menschen, auch wenn der Koran gleichzeitig hervorhebt, dass auch Gott einen Menschen in die Irre führt, so dass er nicht zu den »Rechtgeleiteten« (Gläubigen) gehört und am Ende der Tage zur Hölle verurteilt wird. Trotzdem ist der Mensch nicht berechtigt, Gott anzuklagen, denn Gott handelt souverän (35,16).

Auferstehung, bringt die Toten unmittelbar vor dem Jüngsten *Gericht* aus ihren Gräbern zu Gott »zurück«, um sich vor Gott für ihr Leben im *Diesseits* zu verantworten. Der Glaube an die A., deren Zeitpunkt niemand kennt, gehört zu den wichtigsten islamischen Lehrsätzen.

Aufhebung → Abrogation

Ayatollah (arab. ayatu llah: »Zeichen Gottes«), theologischer Ehrentitel im schiitischen Islam *(Schia),* erstmals im 13. Jh. verwandt. Er wird weder durch eine offizielle Verleihung errungen noch von einer bestimmten Autorität verliehen. Der Rang eines A. wird als höher erachtet als der eines bloßen Religionsgelehrten (eines mudjtahids) und bedingt z. B. eine bestimmte Zahl an Veröffentlichungen, besonderes Ansehen oder hohe Studentenzahlen.

(al-)Azhar (arab. »die Strahlende«), eine der bedeutendsten Moscheen *Kairos* und zugleich die älteste und größte islamische Universität, tonangebend innerhalb des Sunnismus, mit über 1000-jährigem ununterbrochenem Lehrbetrieb. Gegründet im Jahr 969 nach der Neugründung von *Kairo* durch die schiitischen *Fatimiden,* ist die A. heute die größte theologische Hochschule der islamischen Welt.

(al-)Azhar-Moschee. Der Innenhof der Moschee und die Arkaden, die ihn säumen, bieten den Mitgliedern der Hochschule dieser Moschee die willkommene Gelegenheit zum Gedankenaustausch. Die größte und älteste islamische Universität zählt über 50 000 eingeschriebene Studierende, die jedoch nicht alle vor Ort tätig sind.

B

Bad (arab. hammam), öffentliche Einrichtung mit getrennten Öffnungszeiten für Männer und Frauen, in der meist Reinigungs-, Entspannungs- und Dampfbäder, Kalt-, Warm- und Heißwasserbehandlungen sowie Massagen angeboten werden. Das B. war insbesondere in der Vergangenheit von so großer Bedeutung, weil in Privathäusern meist keine Bäder vorhanden waren, aber nach einer »großen rituellen Verunreinigung« *(Unreinheit)* eine »große Waschung« mit dem vollständigen Eintauchen in Wasser vorgeschrieben ist. Erst dann können *Gebet* und *Fasten* wieder vollzogen werden. Der Besuch im B. gehörte für Frauen zum anerkannten Bewegungsspielraum und zum Nachrichtenaustausch außerhalb der eigenen Familie. Nicht selten sollen hier von den Müttern Ehen angebahnt worden sein. Heute hat durch das zunehmende Vorhandensein privater B. vor allem im städtischen Bereich

Bagdad. Muslimische Frauen sind zum Freitagsgebet in der Gailani-Moschee von Bagdad zusammengekommen. In den Moscheen beten Männer und Frauen in getrennten Bereichen. Während die Männer sich im Hauptraum der Moschee aufhalten, versammeln sich die Frauen in Nebenräumen.

die Bedeutung des Hammam deutlich nachgelassen.

Badr, ein Kriegszug (»Die Schlacht von B.«) des mekkanischen Stammes der Quraysch gegen die muslimische Gemeinde in Medina im Jahr 624. Die Muslime trugen einen überlegenen Sieg davon, den der Koran als Beweis des Beistands und der Hilfe Gottes wertet (8,17). Mit diesem Sieg festigte sich Muhammads Stellung entscheidend.

Bagdad, seit 1920 Hauptstadt des Irak. 762 vom Kalifen Al Mansur aus der Dynastie der *Abbasiden* als Hauptstadt seines Reiches gegründet, entwickelte sich B. als Madinat As Salam im 10. und 11. Jh. zum kulturellen und wirtschaftlichen Zentrum des Islam. Die Baudenkmale dieser Blütezeit fielen der Zerstörung durch die Mongolen zum Opfer (1258). Ab 1638 gehörte B. zum Reich der *Osmanen* und wurde 1917 von Briten erobert. In jüngster Zeit ersetzt ein modernes Großstadtzentrum die historische Altstadt.

Bahai, aus dem schiitischen *(Schia)* Islam hervorgegangene Gruppierung, die nur das »Heiligste Buch« ihres Gründers Baha Allah anerkennt und alle anderen Schriften und Religionen als aufgehoben betrachtet.

Baraka (arab. »Segenskraft«), überall in der islamischen Welt ein wichtiges Element des *Volksislam.* Zur Aussage des Korans, dass *Geister* und Dämonen den Menschen Gutes oder Schlechtes zufügen und dem fest verwurzelten Volksglauben, dass der *Böse Blick* jeden überall treffen und großen Schaden, Krankheit oder sogar Tod hervorrufen kann, stellt der Glaube an die Wirksamkeit der B. ein positives Gegengewicht dar. B. kommt letztlich von Gott, wird aber mittels eines bestimmten Menschen oder Gegenstandes weitergegeben, ebenso wie durch Gegenstände, die der Betreffende berührt hat. B. ist erblich und geht insbesondere auf die Nachkommen Muhammads über. Wer B. besitzt, ist gegen mancherlei Angriffe geschützt, z. B. vor vielerlei Krankheiten. B. bewahrt vor den Machenschaften der Dämonen und des Teufels. B. kann vermindert oder auch neu gewonnen werden. B. haftet grundsätzlich allen mit der Religionsausübung verbundenen Gegenständen in unterschiedlicher Intensität an: jedem Koranexemplar, Gegenständen in der Moschee, wie der Gebetsnische *(mihrab)* oder der Kanzel *(minbar)* oder Gegenständen von *Heiligen* und *Heiligen Stätten.* B. wohnt auch der *Nacht der Macht* inne, in der der Koran herabgesandt worden sein soll. In der *Mystik* spielt die B. eine besondere Rolle: Der Leiter eines Mystikerordens gibt die B. an seine Schüler weiter.

In besonderer Intensität ist die B. in *Mekka* und dort in der *Ka'ba* im *Schwarzen Stein* vorhanden. Alle Pilgerfahrer versuchen, im Zuge der vorgeschriebenen Umschreitungen der Ka'ba den Schwarzen Stein zu berühren. Die Pilger nehmen Wasser aus dem Brunnen *Zemzem* im Vorhof der Ka'ba mit, denn ihm haftet B. an. Zu Hause wird es gegen Beschwerden und Krankheiten getrunken. Auch der *Kiswa,* dem schwarzen Tuch, das die Ka'ba bedeckt, haftet viel B. an.

Barmherzigkeit, im Koran das am häufigsten erwähnte Attribut Gottes, auch Bestandteil der vor fast jeder *Sure* verwendeten Formel der *Basmala* (»Im Namen Gottes, des Gnädigen und Barmherzigen«). Der Koran thematisiert wieder und wieder die B. Gottes, mit der er sich den »gläubigen Männern und Frauen« zuwendet (33,73). Er schenkt ihnen in seiner B. Wohltaten und seine Rechtleitung durch die *Herabsendung* des Korans (31,3). »Seine B. kennt keine Grenzen« (7,156), »er hat sich selbst die B. vorgeschrieben« (6,12), sich also zur B. verpflichtet. Mit B. vergibt Gott dem Bereuenden seine Sünde (6,54); wer jedoch Gott verleugnet, sich ihm nicht unterwirft und undankbar gegen ihn ist, hat keine B. zu erwarten. Hand in Hand mit seiner B. geht Gottes *Gnade,* mit der er sich der Menschen erbarmt.

Barnabasevangelium, Schrift mit 222 Kapiteln mit dem Titel »Wahres Evangelium Jesu Christi«, vermutlich in der Zeit zwischen dem 14. und 16. Jh. entstanden, das die Autorschaft des Barnabas, eines Jüngers Jesu, beansprucht, jedoch vermutlich in Spanien oder Italien von einem zum Islam übergetretenen Christen verfasst wurde. Es gilt vielen muslimischen Theologen als das wahre, unverfälschte Evangelium. Im B. bezeichnet sich Jesus als Mensch (nicht als Gottessohn), er wird nicht gekreuzigt *(Kreuzigung)*, er erlebt keine Auferstehung, und er kündigt Muhammad als nach ihm kommenden Propheten an. Dieser Text hat in der islamischen Apologetik des 20. Jh. für die Argumentation, dass der Islam sich in völliger Übereinstimmung mit dem »ursprünglichen« Christentum befände, eine große Rolle gespielt.

Basar, traditioneller, überdachter Markt, in dem alle Dinge des täglichen Bedarfs (Kleidung, Nahrungsmittel, Schuhe, Taschen, Teppiche, Stoffe, Porzellan, Handwerkserzeugnisse, Bücher, ja auch Goldschmuck für die Hochzeit) gekauft werden können. Im unteren, nach vorne offenen Laden bietet der Besitzer seine Waren an bzw. stellt sie selbst her, zugleich befindet sich hier sein Lager. Im B. gibt es keine festen Preise, es wird gehandelt. Bei Einbruch der Dunkelheit schließt der B. Er ist in einzelne Bezirke oder Gassen unterteilt, in denen Händler und Handwerker einer Berufssparte gemeinsam angesiedelt sind (Kupferschmiede, Schneider, Bäcker, Färber, Kesselflicker usw.). Oft sind die B. aus *Frommen Stiftungen* entstanden, d. h. aus zweckbestimmten Zuwendungen wohlhabender Bürger. Durch die überdachten Holzkonstruktionen fielen die B. leicht Großbränden zum Opfer. Die Gassen der B. sind meist so eng, dass nur wenige Menschen aneinander vorbeigehen können und Waren bis heute mit Eseln, Fahrrädern oder Motorrädern transportiert werden müssen.

Basmala, der Beginn aller Suren (mit Ausnahme von *Sure* 9): »Im Namen Gottes, des Gnädigen und Barmherzigen« (arab. bi-smillahi r-rahmani r-rahim). Vor allen wichtigeren Handlungen gesprochen, drückt die B. die Bitte um Gelingen und den Segen Gottes aus. Eine auf Muhammad zurückgehende Überlieferung empfiehlt, die B. vor jeder verpflichtenden Handlung (*Fünf Säulen* des Islam) sowie allen empfohlenen Handlungen *(Ethik)* auszusprechen. Auch die Kurzform »Im Namen Gottes« (arab. bi-smi-allah) findet häufige Verwendung. Die B. findet in der *Kalligrafie* ebenso Verwendung wie bei der Ausschmückung von Buchmanuskripten und in der Ornamentik. Nach volksislamischer Auffassung enthält die B. Segenskraft *(Baraka)*. Ihr wohnen Schutz-, Heil- und magische Kräfte inne, wenn sie mit Tinte auf Papier geschrieben, diese Tinte abgewaschen und das Wasser getrunken wird. Sie schützt vor dem *Bösen Blick* und dem Einfluss böser *Geister*. Wer sie in schönen Buchstaben schreibt, wird einen Platz im *Paradies* erhalten. Auch in der *Mystik* spielt die B. eine große Rolle.

Basar. Am Schahplatz, dem Zentrum von Isfahan, Iran, liegt der Basar der Stadt. Die meisten orientalischen Städte besitzen ein Viertel für den Basar. In dessen dicht gedrängten Gassen gibt es eine vielfältige Auswahl von Kunsthandwerk, Teppichen, Stoffen sowie Gold- und Silbergefäßen.

Batil → Nichtig

Beerdigung → Bestattung

Befragung → Endzeit

Beglaubigungswunder → Wunder

Begräbnis → Bestattung

Beigesellung → Polytheismus

Beisetzung → Bestattung

Bekehrung → Konversion

Bekenntnis → Glaubensbekenntnis

Bekleidungsvorschriften → Kleidungsvorschriften

Berufung → Prophet

Beschneidung, im Koran weder für Jungen (arab. hitan) noch Mädchen (arab. hifad) ausdrücklich gefordert, in der *Überlieferung* jedoch für Jungen als *verdienstvolles Werk* und als *Sunna* (nachzuahmende Gewohn-

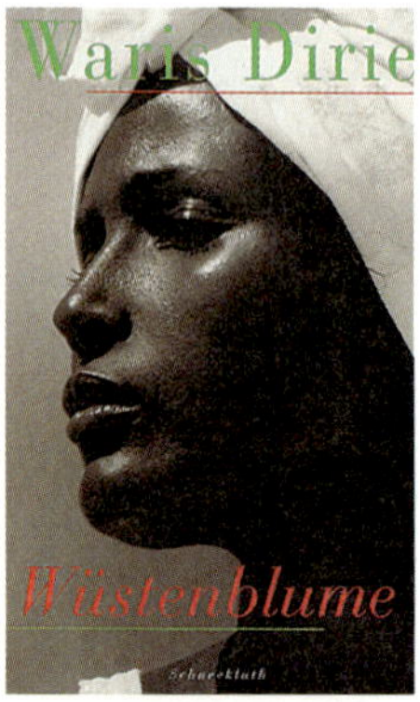

Beschneidung. Mit der Autobiografie »Wüstenblume« (1998) brach Waris Dirie das Schweigen über die Genitalverstümmelung von Mädchen. Die Tochter einer Nomadenfamilie in Somalia erlitt das blutige Ritual mit fünf Jahren. Mit 18 Jahren floh sie nach London und wurde als Model entdeckt. Heute kämpft sie als UNO-Sonderbotschafterin gegen die Mädchenbeschneidung.

heit) empfohlen, bei Mädchen in der »milderen« Form als »ehrenvolle« Handlung und »gute Gabe« befürwortet. Der »Vater der islamischen Rechtswissenschaft«, asch-Schafi'i *(Schafiiten),* bezeichnet sie für Mädchen als »verpflichtend«. Die B. wurde mit großer Wahrscheinlichkeit bereits in vorislamischer Zeit auf der Arabischen Halbinsel und darüber hinaus praktiziert und in den Islam integriert. Die Art und Weise der B. variiert je nach Rechtsschule, Land und Region.

Jungenbeschneidung ist in der ganzen islamischen Welt obligatorisch. Sie wird als Familienfest mit Geschenken und Süßigkeiten gefeiert, meist im Alter von vier bis zehn, höchstens zwölf bis 14 Jahren. Danach gehört er zur Gesellschaft der Männer und ist vollwertiges Mitglied seiner Religionsgemeinschaft. Für einen Sohn ist die B. eine ehrenvolle Angelegenheit, die mit einem begrenzten Schmerz, einem Fest und Geschenken, sowie Zuwachs an Ansehen und Erwachsensein einhergeht.

Mädchenbeschneidung ist eine in einigen islamischen Ländern weit verbreitete Praxis, die ihren Ursprung möglicherweise in den afrikan. Religionen hat. Die Mädchenbeschneidung ist kein Anlass für ein Fest, sie ist eine Frauenangelegenheit. Sie umfasst in der »milderen« Form die (teilweise) Entfernung der Klitoris und eventuell eines Teils der kleinen Schamlippen, in der radikaleren Form die Entfernung von Klitoris, kleinen und großen Schamlippen und das Vernähen der Scheide bis auf eine kleine Öffnung für das Blut der Menstruation und den Urin. Für eine Heirat oder Geburt muss das Mädchen bzw. die Frau nochmals operiert werden. Lebenslange Schmerzen, Verwachsungen, Schwierigkeiten bei der Menstruation und bei der Geburt, Infektionen und tief greifende seelische Traumata sind die Folge. Obwohl in einigen islamischen Ländern die Mädchenbeschneidung verboten ist, wird sie in Ägypten, in Schwarzafrika, insbesondere in Somalia, im Sudan, in Äthiopien, in Kenia sowie bei den Beduinen praktiziert. Durchgeführt von der Dorfhebamme unter primitiven hygienischen Bedingungen, kommt es häufig zu Komplikationen, nicht selten zu Blutvergiftungen mit Todesfolge. Dennoch gehen die Zahlen der Mädchenbeschneidungen nicht zurück. Sie wird als Mittel zur Bewahrung der Keuschheit und zur Mäßigung des sexuellen Verlangens der Frau betrachtet; in einem Umfeld, in dem die Mädchenbeschneidung bis heute üblich ist, kann sich eine einzelne Familie kaum dagegen auflehnen, da das Mädchen sonst nicht verheiratet werden kann.

Bestattung. Der Friedhof von Nabeull, Tunesien. Muslime werden ohne Sarg in schmucklosen Gräbern beigesetzt. Auch für den Friedhof insgesamt gilt das Bilderverbot.

Bestattung, ist für den Toten das Beerdigungsgebet gesprochen *(Tod),* ist eine rasche B. erwünscht, normalerweise noch am selben Tag. Der Leichenzug, zu dem traditionell nur Männer gehören, begleitet den Toten zum Friedhof. Der Tote wird in seinem Grab auf die rechte Seite gelegt und sein Kopf in Richtung Mekka ausgerichtet. Er wird sarglos bestattet, nur in weiße Leichentücher gehüllt. Hat er zu seinen Lebzeiten die *Pilgerfahrt* nach *Mekka* vollzogen, wird er in seinem Pilgergewand bestattet. Die Anwesenden füllen das offene Grab mit Erde, bitten Gott für den Toten um Vergebung, rezitieren Korantexte und sprechen das *Glaubensbekenntnis.* Der Islam schreibt die Erdbestattung vor, eine Verbrennung ist nicht erlaubt. Üblicherweise wird das Grab nicht geschmückt, eine Wiederbelegung der Gräber nach einer bestimmten Frist ist nicht vorgesehen. In den folgenden Tagen empfangen die Angehörigen Besuche von Verwandten, Nachbarn und Freunden, die üblicherweise getrennt nach Geschlechtern gemacht werden *(Geschlechtertrennung).* Trauernde Witwen werden von den Nachbarinnen und Verwandten versorgt, Männer lesen Korantexte und gedenken des Toten, Almosen werden verteilt und es wird ein Totenmahl gehalten.

Besuche → Gastfreundschaft

Bibel, ist als Begriff nicht im Koran vorhanden. Der Koran unterteilt den biblischen Schriftenkanon in das *Alte Testament* (arab. taurah), die *Psalmen* (arab. zabur) und das *Neue Testament* (arab. indjil). Dass alle drei Bestandteile in der christlichen Tradition zu einem Buch zusammengefasst und die Psalmen Bestandteil des Alten Testaments sind, ist dem Koran nicht zu entnehmen. An biblischen Stoffen finden sich im Koran in ausführlicherer Darstellung die Paradieserzählung von *Adam* und seiner Frau, von *Abraham* und der Opferung seines Sohnes, vom Auszug der Israeliten aus Ägypten unter *Moses* Führung, die *Josefsgeschichte* und aus dem Neuen Testament Berichte über *Maria* und *Jesus Christus*.

Bibelverfälschung → Schriftverfälschung

Bid'a → Neuerung

Bilderverbot, das Verbot der Darstellung von Mensch und Tier, von Gott und den Engeln; im Koran nicht ausdrücklich, jedoch in der *Überlieferung* gefordert. In Moscheen findet man niemals bildhafte Darstellungen, strenggläubige Muslime lehnen auch Fotografien ab.

Blasphemie, Gotteslästerung. Im Islam keine Privatangelegenheit, sondern ein ernst zu nehmendes Vergehen, das staatlich verfolgt werden kann. Islamische Strafgesetzbücher enthalten konkrete Strafzumessungen für B. bis hin zur Todesstrafe. B. liegt bei *Abfall* vom Islam vor sowie bei Leugnung eines oder mehrerer der fünf von vielen Theologen als verbindlich eingestuften Glaubensartikel (der Glaube an die Einheit Gottes, an das Prophetentum Muhammads, an das Leben nach dem Tod und das Jüngste Gericht, an die Engel und die heiligen Bücher der Offenbarung). Insbesondere die Herabsetzung Muhammads und die Leugnung seiner Vollkommenheit gelten als B., aber auch die Beschmutzung oder Zerstörung eines Koranexemplars.

Blut, sein Genuss ist nach Sure 2,173 untersagt. B. gehört im Islam wie andere Körperflüssigkeiten (Speichel, Sperma, Urin, Kot u.a.) zu den Substanzen, die unrein sind und den Menschen durch Berührung oder Aufnahme verunreinigen, insbesondere in Zusammenhang mit Menstruation, Geburt oder Tod. Ist der Gläubige in Kontakt mit B. gekommen, muss er sich einer rituellen *Waschung* unterziehen, um erneut Reinheit zu erlangen und die rituelle Religionsausübung aufnehmen zu können. Bei der Schlachtung von Tieren bedeutet das Verbot von Blutgenuss, dass Tiere rituell geschächtet und dabei vollständig ausgeblutet werden sollen *(Schächtung)*. Der Genuss von tot aufgefundenen Tierkörpern (Aas), die nicht mehr ausgeblutet werden können, ist prinzipiell verboten *(Speisegebote)*.

Blutrache, im Koran als Möglichkeit der Vergeltung bei Totschlag vorgesehen, indem unter richterlicher Aufsicht der dem Opfer nächste männliche Verwandte den erwiesenermaßen Schuldigen durch Enthauptung mit dem Schwert töten darf *(Wiedervergeltung)*, sofern Gleichheit zwischen Täter und Opfer besteht (eine Frau für eine Frau, einen Freien für einen Freien). Die Familie des Opfers kann auf die Tötung verzichten und einen Blutpreis akzeptieren.

Böser Blick (arab. al-'ayn: »das Auge« oder an-nazar: »der Blick«), die Furcht vor dem B. war schon bei den vorislamischen Arabern bekannt und findet in islamischer Zeit ihre Fortsetzung. Bis heute ist die Furcht vor dem B. groß, insbesondere in Bezug auf Schwangere, Wöchnerinnen und Neugeborene, aber auch auf jeden, der etwas Begehrenswertes (Schönheit, Reichtum, Ansehen) besitzt. Der B. ist der Blick, den der Neider absichtlich oder unabsichtlich auf einen Menschen oder einen Gegenstand wirft und damit Unheil, Krankheit oder Tod herbeiführt. Gratulieren Nachbarn und Verwandte einer Mutter zu ihrem Kind, wird oft die Formel »ma scha'allah« (»was Gott

Bilderverbot. Wie bei der Ausstattung von Koranausgaben wird auch bei der Ausgestaltung von Moscheen seit jeher das islamische Bilderverbot streng beachtet. Statt bildhafter Darstellungen oder Kultstatuen begegnet der Besucher einer Moschee kalligrafischen Inschriften mit Versen aus dem Koran und einer hoch entwickelten Bauornamentik. Dies gilt auch für jüngste islamische Sakralbauten wie die nach König Hassan II. benannte Moschee in Casablanca, Marokko. Sie ist heute nach der Großen Moschee von Mekka die weltweit zweitgrößte Moschee.

will«) angefügt. Damit soll die Macht des B., sollte er unabsichtlich auf das Kind geworfen worden sein, gebrochen werden. Besonders tragische, ohne medizinische Ursachenforschung nicht erklärbare Krankheiten (insbesondere Unfruchtbarkeit), Behinderungen oder Todesfälle (Kindersterblichkeit, Lähmungen, Todesfälle bei Tieren) werden vielfach auf die Wirkungen des B. zurückgeführt. Redensarten wie »die meisten Menschen sterben, weil sie Opfer des B. geworden sind«, sind allgegenwärtig. Dementsprechend groß ist die Angst vor Schadenzauber und das Misstrauen vor Fremdem und Unbekanntem. Als Schutzmechanismus werden vor allem *Amulette* verwendet.

Brautgabe (arab. mahr) → Ehevertrag

Brautpreis → Ehevertrag

Brüderlichkeit → Umma

Bruderschaft, Zusammenschluss von *Derwischen;* eine Fortentwicklung der Sammlung kleiner Schülerzirkel um einen Sufi-Meister (Schaich, Murschid oder Pir) und der Bildung eines Ordens (arab. tariqa) in einem Konvent. Diese Entwicklung begann noch vor dem Jahr 1000 und erlebte im 12. und 13. Jh. ihren Höhepunkt. Der Orden wird durch Spenden und *Fromme Stiftungen* unterhalten. Die Schüler werden vom Leiter der B., der sich auf eine Reihe von mystischen Leitern, bestenfalls bis auf Muhammad selbst zurückführen kann, über Segenskraft *(Baraka)* verfügt und Wunder tun kann, in unterschiedlichem Maß durch Initiation und fortgesetzte Übungen für Körper und Geist in die Geheimnisse der *Mystik* eingewiesen und sind ihm gegenüber zu absolutem Gehorsam verpflichtet. In manchen Orden muss der Neuling eine Zeit lang niedere Arbeiten verrichten, um das eigene Ich, die Triebseele (arab. nafs) zu knechten und sich moralisch zu läutern. Die einzelnen B. weisen von Land zu Land und von Jahrhundert zu Jahrhundert Besonderheiten auf, die kaum verallgemeinert werden können.

B. sind zu verschiedenen Zeiten verboten worden (wie etwa in der Türkei von Kemal Atatürk), denn ihr Einfluss war zeitweise sehr groß. Aber sie sind aufgrund ihrer festen Verwurzelung im Islam – vor allem im *Volksislam* – niemals gänzlich verschwunden.

Buchara. Das prominenteste Bauzeugnis aus den ersten Jahrhunderten islamischer Herrschaft im heutigen Usbekistan ist das so genannte Mausoleum der Samaniden. Es entstand vermutlich als Grabbau für Ismail (reg. 892–907), der als Begründer der Dynastie gilt. Der Kuppelbau über quadratischem Grundriss besitzt an jeder Seite ein Portal, und vier Säulen betonen die allseitige Symmetrie des kubischen Zentralbaus. Die Innen- und Außenwände sind ornamental gestaltet. Dieser Schmuck entsteht durch die versetzte Anordnung flacher Ziegel.

Brunnen, gehört zur Grundausstattung jeder Moschee. Da vor jedem rituellen *Gebet* die Pflicht zur rituellen *Waschung* besteht, ist das Vorhandensein der Wasserquelle oder zumindest eines Wasserhahns unumgänglich. Männer und Frauen vollziehen die rituelle Reinigung getrennt, ebenso wie das Gebet selbst.

Buchara, Gebietshauptstadt und Mittelpunkt einer gleichnamigen Oase in der Sandwüste Kysylkum in Usbekistan. Als Mittelpunkt Transoxaniens mindestens seit dem 7. Jh. v. Chr. besiedelt; urkundlich erstmals im 6. Jh. n. Chr erwähnt. 709 unter arab. Herrschaft (Sitz eines Emirats innerhalb der Provinz Chorasan). 892 Hauptstadt eines Reichs, das sich vom Kaspischen Meer bis zum Indus erstreckte; 999 türkisch. 1220 Eroberung durch Dschingis-Khan, um 1370 durch Timur-Leng und 1500 durch die usbek. Schaibaniden. Abd Allah II. (1556 bis 1598) baute die Stadt zur Residenz aus. Sitz eines unabhängigen Khanats bis zur russ. Eroberung des Gebietes B. 1868 (Unabhängigkeit Usbekistans 1991).

Buchbesitzer → Schriftbesitzer

Bücher → Heilige Schriften

Buchstaben → Geheimnisvolle Buchstaben des Koran

Bund (arab. ahd oder mithaq), im Koran inhaltlich nicht bis ins Einzelne zu klärender Begriff; eine Art Bindung Gottes an die Menschen (vor allem die *Propheten*) sowie einzelne Völker. Ausdrücklich benannt wird der Bundschluss Gottes mit den Propheten *Noah, Abraham, Mose, Jesus* und Muhammad (33,7), sowie mit dem Volk der Israeliten (2,83ff.). Darüber hinaus nennt der Koran den B. mit *Abraham* (7,134) und vor allem mit *Adam* (7,172), mit dem er einen »Bund der Vorewigkeit« schloss, der für das ganze Menschengeschlecht besiegelt wird. Aus Sicht der muslimischen Theologie umfasst dieser B., dass am Tag des *Gerichts* kein Mensch eine Entschuldigung vorbringen kann, wenn er die Wahrheit des Islam in Zweifel gezogen hat, denn Gott hat den Menschen eine Ahnung vom Bekenntnis zu dem wahren Gott ins Herz gelegt. Mit der Bekehrung zum Islam antwortet der Mensch auf diese Vorahnung, sie wohnt ihm jedoch von Anbeginn inne.

Burak, nur in der Überlieferung erwähntes, schnelles weißes Reittier mit Flügeln, kleiner als ein Pferd, auf dem Muhammad seine *Himmelsreise* angetreten hat und mit *Gabriel* von *Mekka* nach *Jerusalem* geritten ist. Der B. wurde häufig Gegenstand bildlicher Darstellungen. Bis heute wird B. türk. Kindern als Namen gegeben.

Burka (arab. »Zelt«), zeltförmiges Frauengewand, das weit und faltenreich vom Kopf bis zu den Knöcheln fällt und vor den Augen nur ein mit Stoff vergittertes Feld frei lässt. Die B. wird vor allem im asiat. Teil der islamischen Welt getragen, in Pakistan, Indien und in Afghanistan, wo sie zur Zeit der Talibanherrschaft das vorgeschriebene Kleidungsstück für alle Frauen außerhalb des Hauses war.

Buße (arab. tauba), Abkehr vom Bösen, Reue, Bitte um Vergebung, innere Umkehr und der Wunsch, diese Sünde nicht wieder zu begehen. Der im Koran verwendete Begriff für »Umkehr, Buße, Reue« bedeutet »Kehrtwendung«; der Koran ermahnt die Gläubigen, B. zu tun (5,74). Gott wendet sich dann dem Menschen wieder zu, vergibt ihm und leitet ihn recht (9,104ff.). Nach allgemeiner Auffassung löscht ehrliche Buße die Sünde aus, aber der Schuldige muss trotzdem eine Wiedergutmachung (arab. kaffara) leisten. Dieser Gedanke hat sich insbesondere im *Volksislam* entwickelt. Bestimmte gute Werke gelten dort als *verdienstvoll* und sündenvergebend, wie der Koran andeutet: »Die guten Werke vertreiben die bösen« (11,115). Bei einigen Vergehen (wie z.B. dem willentlichen Brechen des *Fastens* im *Ramadan*) sind im Islam als Bußleistungen bestimmte religiöse Handlungen (wie zusätzliches Fasten oder Almosen) vorgeschrieben.

Burak. Bei seiner Himmelsreise reitet Muhammad auf dem weißen Flügelross Burak, der Erzengel Gabriel fliegt voran. Buchmalerei in einer Handschrift der Dichtung »Khamza« des Nizami, 1539–43; British Museum, London

C

Christen (arab. nasara), die christlichen Mönche und Einsiedler auf der Arabischen Halbinsel beurteilt Muhammad ähnlich wie die Juden als »Teilgläubige«: Er hebt ihre Liebe, Bescheidenheit, Demut (5,82) und ihren Glauben hervor (3,110), geht aber gleichzeitig davon aus, dass sie mit der Dreifaltigkeit *(Trinität)* und Gottessohnschaft Jesu (2,116; 5,72f.; 9,30) irren und damit die schwere Sünde der »Beigesellung« (arab. schirk) eines anderen Wesens neben Gott begingen. Sure 9,29–36 fordert zum Kampf gegen Juden und C. auf, diese »gottverfluchten Leute« (9,30), die »nicht der wahren Religion angehören« (9,29).

Córdoba, Stadt in Niederandalusien und Verwaltungssitz der Provinz C. Das iber. Karta Tube (Große Stadt) wurde 159 v. Chr. von den

Damaskus. Die syrische Hauptstadt besitzt mit der 705 begonnenen Umayyaden-Moschee ein Bauwerk, das gleichsam die kulturgeschichtliche Schichtung dieser Region repräsentiert: Vorgängerbauten sind ein römischer Jupitertempel (4. Jh.), dem an derselben Stelle eine byzantinische Basilika folgte. Zu ihren Reliquien gehörte ein Schrein mit dem Haupt Johannes' des Täufers, den der Bauherr der Moschee, Kalif Al Walid, in seinen Sakralbau übernahm. Im Innenhof der Moschee entstand 1026 das auf Säulen ruhende, polygonale Brunnengebäude für rituelle Waschungen.

Römern besetzt und als Corduba in die Provinz Baetica eingegliedert. Ab 572 westgot., wurde C. 711 von den Arabern erobert. Als Sitz des Emirats, dann des Kalifats von C. (929–1030) entwickelte sich die Stadt – sie zählte zu den reichsten in Europa – zu einem kulturellen Zentrum des Islam und galt im 10. Jh. als das »Mekka des Westens«. Mit der Reconquista (1236) setzte der Niedergang ein. Die Umayyaden-Moschee »La Mezquita« (785–10. Jh.) gehört zum Weltkulturerbe.

D

Damaskus, Hauptstadt von Syrien. Die Besiedlung reicht zurück bis in das 4. Jt. Im Altertum wurde D. nach häufigem Besitzerwechsel 64 v. Chr. römisch und entwickelte sich im Byzantinischen Reich zu einem Zentrum verschiedener christlicher Richtungen. 635/636 von den Arabern erobert, war D. 661–744 Residenz der *Umayyaden;* nach deren Sturz (750) stand D. unter der Herrschaft verschiedener Dynastien, z. B. der in *Kairo* residierenden *Fatimiden,* und gehörte ab 1516 zum Reich der *Osmanen;* 1920 wurde D. Hauptstadt des frz. Mandatsgebiets Syrien (Unabhängigkeit 1941).

Dämonen → Geister

Dämonenaustreibung → Zar

Dar al-ahd (arab. »Haus des Vertrages«) → Djihad

Dar al-harb (arab. »Haus des Krieges«) → Djihad

Dar al-islam (arab. »Haus des Islam«) → Djihad

Dar al-sulh (arab. »Haus des Friedensschlusses«) → Djihad

Da'wa (arab. »Werbung für den Islam«, »Ruf« oder »Einladung zum Islam«), islamische Entsprechung der christlichen Mission. Der Islam ist grundsätzlich expansiv und strebt an, das islamische Gesetz auf der ganzen Erde einzurichten. D. bedeutet, durch positiv-werbende Aussagen über den Islam zu informieren, um Menschen zum Übertritt einzuladen und von der Vollkommenheit der islamischen Religion zu überzeugen. Die D.-Arbeit geschieht heute in vielen Ländern der Erde durch Koran- und Literaturverbreitung, durch Tage der Offenen Tür in Moscheen, Videos und Vorträge, die den Islam als »Religion des Friedens« vorstellen, durch islamische Zeitschriften und vor allem durch zahlreiche Internetauftritte.

Derwisch, Fakir, im Allgemeinen Mitglied eines Sufiordens *(Sufi),* d. h. Mitglied eines Mystikerordens *(Mystik).* Der D. ist Schüler der geistlichen Autorität dieser *Bruderschaft,* des Scheichs oder Pirs und nimmt entweder an regelmäßigen Zusammenkünften teil oder lebt sogar in einem Konvent. Manche D. ziehen als bettelnde Wanderderwische von Ort zu Ort. Die meisten Derwischorden sind Männerorden, es gibt jedoch auch einige Frauenorden. Schüler werden nach einer Probezeit, oft zahlreichen asketischen Übungen und bestimmten Initiationsriten aufgenommen und anerkennen damit die absolute, nicht hinterfragbare Autorität des Ordensleiters. Durch Askese (Wachen, Fasten, Kasteiungen, Entsagungen) soll das niedere Verlangen des eigenen Ich abgetötet, Bedürfnislosigkeit eingeübt und die Hinwendung zu Gott allein praktiziert werden.

Dhabiha → Schächtung

Dhikr, »Gottgedenken«, Gebets- und Meditationspraxis in Mystikerorden *(Mystik),* Versenkung in Schweigen, rhythmischen Bewegungen, Tanz, Musik oder der schnellen, lauter oder leiser werdenden ekstatischen Wiederholung von Gottesnamen (oft viele Tausend Male), mit dem Ziel, dem eigenen seelischen Ich mehr und mehr zu »entwerden« (sich vom Ich zu entfernen), Gott im eigenen geistigen Sein bis zu einer Verschmelzung des Göttlichen im menschlichen Wesen aufzunehmen.

Dhimmi → Schutzbefohlene

Diesseits → Welt

Djahiliyya (arab. »Unwissenheit«), die vorislamische Zeit, in der auf der Arabischen Halbinsel außer dem Juden- und Christentum auch ein animistischer *Polytheismus* praktiziert wurde. Die D. wurde durch die Vermittlung der Offenbarung des Korans beendet.

Djama'a (arab. »Gemeinschaft«), die Gemeinschaft aller Muslime in Abgrenzung von Nichtmuslimen und den als Häretiker betrachteten Gruppen. Der Koran gebraucht nicht den Begriff der D., sondern der *Umma.*

Djami' → Moschee

Djihad (arab. »das Bemühen auf dem Weg Gottes«), nicht unbedingt »Heiliger Krieg«, sondern die »Anstrengung« auf dem Weg Gottes. Diese »Anstrengung« kann auf ganz verschiedene Weise geschehen, ist aber auf die Ausbreitung des Islam gerichtet. In der Frühzeit des Islam wird der Begriff D. im Sinne der friedlichen Verkündigung des Islam benutzt, zumal Muhammad aufgrund seiner bedrängten und schließlich bedrohten Situation in seiner Heimatstadt *Mekka* vor 622, ohne über ein wirksames familiäres Schutzbündnis zu verfügen, nicht in der Lage gewesen wäre, mit kämpferischer Auseinandersetzung zu drohen. In der medinensischen Zeit (622–632), in der Muhammad einen linearen Zuwachs der Größe seiner Gemeinde, seines Ansehens, Einflusses und Macht in Medina zu verzeichnen hatte, liegt der Schwerpunkt des Begriffs D. – insbesondere in Bezug auf die erbitterten kämpferischen Auseinandersetzungen mit den jüd. und arab. Stämmen, die Muhammad keine Gefolgschaft leisten wollten – vermehrt auf dem Kampf und der Verteidigung des Islam gegen seine Feinde. Wer im Kampf für die Sache Gottes stirbt, dem wird im Jenseits »großer Lohn« verheißen: »Und so soll auf Gottes Weg kämpfen, wer das irdische Leben für das Jenseits verkauft. Wer auf dem Weg Gottes kämpft, ob er nun getötet wird oder siegt, wahrlich, dem geben wir gewaltigen Lohn« (4,47). Nach der Überlieferung ist der D. eines der Tore zum Paradies, ein »Akt reiner Hingabe an Gott«. Das Endziel des Kampfes ist erreicht, wenn das islamische Gesetz überall aufgerichtet ist und sich ihm alle unterwerfen (48,16 u.a.), nach klassischer Einteilung also das »Haus des Krieges« (arab. dar al-harb) in das »Haus des Islam« (dar al-islam) überführt worden ist. Solange herrscht prinzipiell Kriegszustand mit dem »Haus des Krieges«, der aber zum Waffenstillstand ausgesetzt werden kann. Eine Zwischenstellung nehmen das »Haus des Vertrages« (arab. dar al-ahd) und das »Haus des Friedensschlusses« (arab. dar al-sulh) ein, in dem Muslime prinzipiell leben dürfen – die westlichen Länder werden von muslimischen Theologen häufig als solche betrachtet – solange sie ihre Religion ungehindert leben dürfen. Mystiker verstehen unter D. vor allem den geistigen »D. des Herzens, der Zunge und der Hände« – den Einsatz in Wort und Tat für das Gute – der besser sei als der minderwertigere »D. des Schwertes«. Auch andere Gruppierungen lehnen eine Ausbreitung des Islam durch bewaffnete Auseinandersetzungen ab.

Djihad. Die Buchmalerei in einer Handschrift der Chronik von Giovanni Villani (14. Jh.) zeigt Kaiser Friedrich II. und den ägyptischen Sultan Al Kamil. 1229 schlossen die beiden Herrscher einen Vertrag über den Zugang der Christen zu den heiligen Stätten in Jerusalem, das Saladin 1187 zurückerobert hatte: Der Sultan weist mit seiner rechten Hand in Richtung der Stadt. Ausgenommen war der Zugang von Christen zum Felsendom. Der Vertrag diente jenem Aspekt des Djihad, der als »Haus des Vertrages« und als »Haus des Friedensschlusses« dem Gebot der wechselseitigen religiösen Toleranz verpflichtet ist. Dass Friedrich II. sich dieses Gebot zu Eigen machte, das er in Sizilien im Umgang mit muslimischen Gelehrten ohnehin unter Beweis stellte, verstärkte im »christlichen Abendland« seinen üblen Leumund als gottloser Ketzer. Biblioteca Apostolica Vaticana, Rom

Djinn → Geister

Djizya → Kopfsteuer

Dreieinigkeit → Trinität

Dreifaltigkeit → Trinität

Drusen, unter den ismailitischen *Fatimiden* entstandene esoterische Geheimreligion, die von der Manifestation Gottes im fatimidischen Kalifen al-Hakim (gestorben 1021) ausgeht, deren Anhänger heute in Syrien, Libanon, Israel und Jordanien leben.

Dschihad → Djihad

Du'a → Gebet

E

Eheanbahnung, traditionell bahnt die Mutter des Bräutigams die Ehe ihres Sohnes an, indem sie die künftige Brautmutter und mögliche Braut besucht und Erkundigungen über die Familie und ihre Tochter einzieht. Im städtischen Bereich verliert die traditionelle Eheanbahnung teilweise ihre Bedeutung; andere Familien verbinden Cousin und Cousine miteinander, die nicht selten in Kindertagen einander versprochen werden.

Ehebruch, E. und Unzucht wird in Koran und *Überlieferung* bei Frau und Mann gleichermaßen scharf verurteilt (17,32) und soll mit je 100 Peitschenhieben geahndet werden (24,2). Bedingung sind allerdings vier (Augen-)Zeugen (24,4) oder ein Geständnis; ein Indizienprozess ist möglich, aber nicht üblich. Die Überlieferung fordert sogar die Todesstrafe. In der Praxis dürfte E. kaum vor Gericht verhandelt, sondern entsprechende Konflikte innerhalb der Familie ausgetragen werden. Bricht die Frau die Ehe oder gerät sie in den Verdacht, muss sie mit Sanktionen und harten Strafen seitens ihres Mannes, ihrer und seiner Familie und der Gesellschaft rechnen, die Schläge, Einsperren, Verstoßen oder sogar Tötung bedeuten können, da sie die *Ehre* der Familie beschädigt hat.

Ehehindernisse, für einen Mann eine fünfte Eheschließung über die ihm erlaubten vier Ehefrauen hinaus *(Polygamie),* für die Frau eine zweite gleichzeitige Eheschließung, eine zu nahe Verwandtschaft (Eltern, Kinder, Geschwister, Milchgeschwister *[Milchverwandtschaft]*) und für die Frau eine Eheschließung mit einem nichtmuslimischen Mann, während es einem Mann gestattet ist, eine Frau der *Schriftbesitzer* zu heiraten. Auch eine Überlegenheit der Frau von ihrer Herkunft, ihrer Bildung, ihrem Vermögen, ihrem Charakter und ihrer gesellschaftlichen Stellung gelten als (allerdings nicht zwingende) E.

Ehelosigkeit.
»Selbst wenn ich nur noch zehn Tage zu leben hätte, so würde ich mich verheiraten, um nicht unverheiratet vor Gott zu erscheinen.«
Der Prophetengefährte Ibn Mas'ud

Ehelosigkeit, im islamischen Kontext immer noch die Ausnahme, freiwillige, auf Dauer angelegte E. zumindest im ländlich-traditionellen Bereich fast nicht vorstellbar, in modernen Großstädten gibt es Ausnahmen. Koran und *Überlieferung* gehen davon aus, dass alle Menschen nach Möglichkeit heiraten (24,32). Der Islam kennt kein Zölibat, auch nicht für Religionsgelehrte. Der Koran verurteilt das Mönchtum als menschliche Erfindung, die nicht wirklich einzuhalten ist (57,27). Daher gilt Heiraten prinzipiell als Bestimmung für jeden Menschen und als *verdienstvolles Werk* vor Gott. Auch praktische Gründe wie die notwendige Arbeitsteilung und die den Kindern obliegende Altersversorgung der *Eltern* sprechen für eine Eheschließung. Insbesondere für ledige Frauen stellt sich zudem die Frage nach ihrer Versorgung, da es ihnen in vielen Bereichen der islamischen Welt bis heute nicht möglich ist, ihren Lebensunterhalt selbst zu verdienen. Zudem wird eine Frau ihre *Ehre,* über die ihre Eltern in ihrer Kindheit und Jugend wachen, am ehesten in dem sie schützenden und zugleich kontrollierenden Rahmen einer Familie wahren können, die sie nötigenfalls verteidigen kann.

Ehescheidung, obwohl von der *Überlieferung* als »verwerflich« bezeichnet, ist die E. im Islam möglich und für den Ehemann prinzipiell leichter als für die Frau. Zur unwiderruflichen Beendigung einer staatlich nichtregistrierten Ehe *(Imamehe)* spricht der Mann dreimal die Scheidungsformel aus »Ich verstoße dich!«. In einigen Ländern werden derartige Scheidungen heute erschwert. Eine ein- oder zweimalige Scheidungsformel bedeutet eine widerrufliche Scheidung, und der Ehemann kann die Frau wieder zurückholen und die Ehe fortsetzen. Die Frau kann eine E. in fast allen Ländern erwirken, aber nur vor Gericht, und zwar nur in einigen klar begrenzten Fällen, die im Kern vor allem auf eine Vernachlässigung der Unterhaltspflicht des Mannes hinauslaufen (andere Gründe sind schwere geistige und körperliche Krankheit, Impotenz, langjährige Abwesenheit, dauerhafte sexuelle Vernachlässigung, Grausamkeit). Eine geschiedene Frau kehrt meist in ihre Herkunftsfamilie zurück, wird aber oft aufgrund wirtschaftlicher Gegebenheiten bald erneut heiraten. Heute findet das Zerrüttungsprinzip teilweise schon Anwendung. Andere Scheidungsformen sind von marginaler Bedeutung (Loskauf durch die Frau; Schwur des Mannes, seine Frau vier Monate nicht zu berühren; Abwehr des Ehebruchvorwurfs durch viermaligen Schwur durch die Frau). Kinder aus geschiedenen Ehen gehören nach islamischem Recht grundsätzlich dem Vater, die Mutter darf sie jedoch in den Kleinkindjahren betreuen. Außer durch Scheidung endet eine Ehe durch Tod oder automatisch auch durch *Abfall* vom Islam.

Eheschließung, keine geistliche Handlung, enthält keine Bitte um den Segen Gottes, sondern ist ein zivilrechtlicher Vertrag, der zwischen der Familie der Braut – meist vertreten durch ihren nächsten männlichen Verwandten, denn die Anwesenheit der Braut ist rechtlich nicht erforderlich – und dem Bräutigam vor zwei Zeugen und in Anwesenheit eines *Imams* geschlossen wird. Heute werden Ehen darüber hinaus in vielen Ländern staatlich registriert. Bräutigam und gesetzlicher Vertreter der Braut unterzeichnen den *Ehevertrag.* Ein Treueversprechen ist nicht Bestandteil der E.

Ehe und Familie, im Islam und in der nahöstlichen Gesellschaft eine Lebensform von zentraler Bedeutung, die die Stabilität der Gesellschaft sichern, Unmoral abwenden und Kinder im Schutz der Familie aufwachsen lässt. Die E. ist kein Sakrament, Eheschließung und Familiengründung gelten aber als *verdienstvolle Handlungen* vor Gott.

Ehevertrag, vor der *Eheschließung* zwischen beiden Familien aufgesetztes Schriftstück, das am Hochzeitstag vom Bräutigam und dem gesetzlichen Vertreter der Braut unterzeichnet wird. Wichtigste Bestimmung des E. ist die Höhe und der Zahlungsmodus der Brautgabe (arab. mahr), die die Familie des Bräutigams am Tag der Hochzeit auf einmal oder in zwei Raten, am Tag der Hochzeit (Morgengabe) und am Tag der Scheidung (Abendgabe) an die Braut auszahlen muss. Die Morgengabe soll der Frau innerhalb der Ehe die Verfügung über eigenen Besitz ermöglichen – denn eine Gütergemeinschaft existiert nicht –, die Abendgabe verhindern, dass sie am Tag ihrer Scheidung mittellos zurückbleibt. Brautväter erhandeln nicht selten hohe Brautgelder zur Absicherung ihrer Tochter für den Scheidungsfall. Dadurch müssen – je nach wirtschaftlicher Lage – viele junge Männer eine lange Verzögerung ihrer Eheschließung hinnehmen, so dass einige Länder Hilfsfonds für Mittellose eingerichtet haben. Heute lassen junge Frauen in den E. häufig das Recht auf Scheidung im Falle einer Zweitheirat des Mannes *(Polygamie),* auf Beendigung ihrer Ausbildung oder Fortsetzung ihrer Berufstätigkeit aufnehmen, was vor dem Hintergrund der grundsätzlichen Gehorsamspflicht der Ehefrau ihrem Ehemann gegenüber verständlich wird.

Ehre, insbesondere in Bezug auf das Verhalten der Geschlechter zueinander von großer Bedeutung. E. zu haben bedeutet, sich gemäß der gesellschaftlich festgelegten Rollen zu verhalten; Schande über die Familie bringt, wer diese Grenzen überschreitet. Die E. der Frau und ihrer ganzen Familie hängt von ihrem eigenen Verhalten ab, vor allem davon, ob sie ihren Ruf in moralischer Hinsicht untadelig halten kann; sie kann ihre Ehre selbst nicht wieder herstellen. Die Ehre eines Mannes hängt nicht von seinem Verhalten ab, sondern vom Verhalten seiner Frau, Mutter, Schwester oder Tochter.

Ehevertrag. Eine muslimische Tradition verlangt die schriftliche Kodifizierung der Bedingungen, unter denen eine Ehe geschlossen wird. Hier wird der Ehevertrag in einer Kanzlei in Marokko aufgesetzt. Ein Teppich auf dem Schreibtisch unterstreicht die Bedeutung und Würde dieser notariellen Amtshandlung.

Einehe, eine im Islam mögliche, für die Frau die einzig zulässige, insgesamt in der islamischen Welt zahlenmäßig häufigste Eheform. Der Ehemann kann auch eine polygame Ehe führen *(Polygamie):* Erlaubt ist ihm nach Auffassung der Mehrzahl der muslimischen Theologen in Sure 4,3 die Ehe mit bis zu vier Frauen gleichzeitig, unbeachtet weiterer eheähnlicher Verhältnisse.

Eingottglaube → Monotheismus

Einladung zum Islam → Da'wa

Einzigartigkeit Gottes → Tauhid

Eltern, von Kindern fordert der Koran Respekt, ehrbares Verhalten, Dankbarkeit und Barmherzigkeit im Umgang mit ihren Eltern (17,23f.). Der Koran (46,15), aber auch die *Überlieferung* hebt insbesondere die Mütter lobend hervor (»Das Paradies liegt zu Füßen der Mütter«). Da die staatliche Altersversorgung in den meisten islamischen Ländern lediglich in geringem Umfang zum Tragen kommt, übernehmen die Söhne – häufig der älteste Sohn – die Versorgung der alt gewordenen Eltern.

Empfängnisverhütung → Geburtenregelung

Engel. Die Bilder von Engeln als Figuren mit Flügeln folgen dem Vorbild antiker Darstellungen der Siegesgöttin Nike, der Allegorie Victoria oder der Genien. Vermittelt durch die byzantinische Kunst, gelangte das Motiv der geflügelten Gottesboten und Himmelswesen in die islamische Kunst. Buchmalerei in der 1366 in Damaskus entstandenen Handschrift einer kosmografischen Abhandlung von al-Qazwini (13. Jh.); Bayerische Staatsbibliothek, München

Endzeit, vor allem in der *Überlieferung* geschilderte letzte Zeit unmittelbar vor dem *Jüngsten Gericht,* angekündigt durch Naturkatastrophen. Der *Mahdi* (der Rechtgeleitete) wird erscheinen und mit ihm auch *Jesus Christus* (bisweilen wurden in der sunnitischen Theologie beide Personen miteinander gleichgesetzt), und zwar in Damaskus oder in *Jerusalem.* Er wird den Islam in vollkommener Weise herstellen, bevor der *Antichrist* kommt. Nachdem der Antichrist durch Wunder viele zum Abfall verführt hat und getötet wird, nähert sich das Gericht, wozu auch bestimmte Zeichen wie die Verwüstung der *Ka'ba* und der Aufgang der Sonne im Westen gehören. Jesus wird sich nun nach Jerusalem begeben. Dort wird er vom *Imam* aufgefordert, beim rituellen Morgengebet als Vorbeter zu fungieren. Doch wird Jesus diese Ehrung ablehnen und sich zum Gebet hinter dem Imam einreihen. Dann wird Jesus alle christlichen Symbole zerstören, alle Schweine töten, jedes Kreuz zerbrechen, alle Synagogen und Kirchen zerstören. Schließlich tötet er alle Christen, die sich weigern, den Islam anzunehmen. Danach folgt das Jüngste Gericht, in dem alle Menschen nach ihrem Glauben und ihrem Tun befragt und zur *Hölle* verdammt werden oder den Zugang zum *Paradies* erhalten. In der schiitischen Theologie ist die E. mit der Wiederkehr des Imam aus der Verborgenheit verbunden *(Schiiten).*

Engel, der Glaube an die E. gehört zu den grundlegenden Glaubensdogmen: »Wer nicht an Gott, seine E., seine Bücher, seine Gesandten und den Jüngsten Tag glaubt, der ist weit abgeirrt« (4,136). Der Koran erwähnt die E. Michael (arab. Mika'il oder Mikal; 2,98) und *Gabriel* (arab. Djibril; 2,97f.; 66,4). Die Überlieferung nennt darüber hinaus die E. Israfil und den Todesengel Izrail; diese vier E. werden als Erzengel bezeichnet. Ferner spricht der Koran von E. als Paradieswächtern sowie Cherumbim und E., die den Thron Gottes tragen. Sie sind als sterbliche Geschöpfe Gott gehorsam, sie werden auferweckt und gehen ins Paradies ein. Sie übermitteln den *Propheten* Gottes Offenbarungen, sie preisen Gott Tag und Nacht. Acht (oder vier) E. tragen den Thron Gottes (69,17) im siebten Himmel (7,54) und bitten für muslimische Gläubige Gott um Vergebung. Sure 40,7f. deutet die Fürsprache der E. an. Sie sind der »oberste Rat« und bewachen die sieben Himmel. Andere E. sind von Gott als Wächter der Hölle eingesetzt (96,18). Der »E. des Todes« (32,11) kommt zur Todesstunde zum Menschen, um ihn aus dem Leben »abzuberufen« (7,37). Im *Jüngsten Gericht* werden die von E. in einem Buch verzeichneten guten und schlechten Taten der Menschen hervorgeholt (82,10ff.). Die *Überlieferung* fügt der koranischen Engellehre hinzu, dass jeder Mensch nach seinem Tod von den beiden E. Munkar und Nakir nach seinem *Glaubensbekenntnis* befragt wird. Darum wird einem Sterbenden kurz vor dem Tod das Glaubensbekenntnis ins Ohr gesprochen. – Nach der schiitischen Engelslehre stehen die E. mit dem obersten Führer der muslimischen Gemeinde, den *Imam,* in ständigem Kontakt *(Schiiten).*

Erbrecht, von Muhammad für Frauen verbessert. Waren Frauen und Minderjährige in vorislamischer Zeit nicht erbberechtigt und konnten vermutlich selbst an männliche Verwandte weitervererbt werden, kann eine Frau in islamischer Zeit prinzipiell erben. Grundlage des auch von islamischen Theologen als kompliziert bezeichneten E. ist, dass Frauen stets die Hälfte von dem erhalten, was ein männlicher Erbe bekommt (4,11f.). Ein Nichtmuslim kann grundsätzlich keinen Muslim beerben, ein Muslim jedoch einen Nichtmuslim. In der Türkei ist die Frau seit der offiziellen Abschaffung der *Scharia* aus der Gesetzgebung und der Neuformulierung zahlreicher Gesetze in Anlehnung an das schweizer. Zivilgesetzbuch ab 1926 bei der Erbschaft dem Mann prinzipiell gleichgestellt.

Erbsünde, zwar enthält der Koran eine Paradieserzählung *(Adam),* das biblische Dogma von der E.-Bedürftigkeit des Menschen taucht jedoch in diesem Zusammenhang nicht auf. Adam übertritt Gottes Gebot im Paradies und isst vom verbotenen Baum, aber Adam bereut seine *Sünde* und Gott wendet sich ihm »gnädig wieder zu« (20,122). Adam und seine Frau werden auf die Erde vertrieben, aber das Geschehen nimmt keinen Einfluss auf den Verlauf der Menschheitsgeschichte. Im Koran wird also ein viel optimistischeres Menschenbild gezeichnet als im *Alten* und *Neuen Testament,* wenn es darum geht, die Gebote Gottes einzuhalten, das Gute zu tun und das Böse zu meiden. Der Einzelne ist nicht – wie nach christlicher Auffassung – von Gott und den Mitmenschen durch die Sünde getrennt und ist mit der ganzen *Schöpfung* nicht auf den Erlöser angewiesen. Der Mensch kann das Gute tun, wenn er den Einflüsterungen des *Teufels* widersteht und seine »Zuflucht« zu Gott nimmt.

Ermessensstrafen (arab. ta'zir), Strafen, die weder unter die *Grenzstrafen* für Kapitalvergehen noch unter die Strafen mit *Wiedervergeltung* fallen.

Errettung, im Jenseits für all diejenigen bestimmt, die sich im *Diesseits* dem einen Gott zuwenden, an ihn glauben und sich ihm unterwerfen und Muhammad als seinen Gesandten *(Propheten)* anerkennen. *Ungläubige,* Atheisten *(Atheismus),* Polytheisten *(Polytheismus)* und – nach überwiegender Meinung muslimischer Theologen – auch die *Schriftbesitzer* Juden und Christen, an die früher bereits eine Offenbarung ergangen ist, werden nicht errettet, solange sie sich nicht vom Glauben an die Dreifaltigkeit ab- und einem strengen *Monotheismus* (arab. tauhid) zuwenden.

Erwählung, gesteht der Koran keinem der Völker zu, zu denen im Lauf der Geschichte ein *Prophet* und Warner mit der *Offenbarung* Gottes gekommen ist. Allerdings haben alle übrigen Völker (vor allem Juden und Christen) ihre Botschaft im Lauf der Zeit verfälscht, so dass sie nicht mehr der Uroffenbarung entsprechen. Nur der Koran ist unverfälscht erhalten geblieben *(Urschrift).* Zwar ist das Volk der Araber in der Sendung eines Propheten nicht bevorzugt worden, allerdings wurde zu ihm der letzte und bedeutendste Prophet, Muhammad, gesandt, der den Koran, die einzige unverfälschte Offenbarung, brachte. Der Koran anerkennt die muslimische Gemeinschaft als »die beste Gemeinschaft, die je unter den Menschen hervorgebracht wurde« (3,110).

Erziehung. Koranschule für Mädchen (Mahad Kutawato al Islami) in Cotabato, Philippinen. Der Islam ist auf die Geschlechtertrennung und Aufgabenverteilung angelegt. Während die Mädchen für die Arbeiten im Haus zuständig sind, ist das Aufgabenfeld für Männer die Versorgung der Familie.

Erziehung, von Anfang an sehr geschlechtsspezifisch ausgerichtet, da *Geschlechtertrennung* und Aufgabenverteilung in der Religion verankert sind. Der Frau obliegt die Fürsorge für Haus und Kinder, dem Mann meist der Broterwerb. Ein Junge wird in den Kleinkindjahren von der Mutter erzogen, wächst aber ab etwa sieben Jahren mehr und mehr in die Welt der Männer hinein. Der Vater wird den Sohn mit zur Moschee nehmen und ihn – natürlich in Abhängigkeit seiner eigenen Religionsausübung – zur Erfüllung der *Fünf Säulen* des Islam (vor allem *Gebet* und *Fasten*) anleiten. Das Mädchen bleibt über die Kleinkindzeit hinaus – eigentlich bis zur Eheschließung – in der Obhut der Mutter und wird von ihr in den religiösen Pflichten und den Haushaltsaufgaben sowie in angemessenem sozialem Verhalten unterwiesen, denn nur dann ist ein Mädchen im ländlichen und überwiegend auch im städtischen Bereichs zu verheiraten. Religiöse Erziehung erfolgt außer in der Koranschule auch durch die Unterweisung in der Familie, durch die religiösen Feste *(Fest des Fastenbrechens, Opferfest)* und Riten, durch die *Speisegebote* und Reinigungsvorschriften *(Waschung, rituelle),* die im täglichen Leben zu beachten sind, durch die religiös definierte Rolle von Mann und Frau und die damit verbundenen Moralauffassungen. Nicht der Individualismus prägt die nahöstliche Gesellschaft, sondern gesellschaftskonformes Verhalten im Familienverband, in dem erwartet wird, dass der Einzelne den ihm durch Geburt, Stellung und Geschlecht zukommenden Platz ausfüllt und die damit verbundenen Verhaltensweisen übernimmt. Angemessenes, respektvolles Verhalten gegenüber Eltern und Schwiegereltern, Älteren im Allgemeinen, von Frauen gegenüber Männern, Zurückhaltung im Umgang mit dem anderen Geschlecht und die Wahrung eines untadeligen Rufes für Mädchen und Frauen gehören ebenfalls zu den grundlegenden Erziehungsidealen des Islam.

Eschatologie → Endzeit

Ethik, sittliches Handeln. Sie entwickelt sich im Islam aus der Anerkennung Gottes und dem Gehorsam gegen ihn in der Erfüllung seiner Gebote, wie sie in Koran und *Überlieferung* niedergelegt sind. Die islamische Rechtswissenschaft unterteilt alle Handlungen in fünf Kategorien: verpflichtend, empfohlen, neutral, verwerflich und verboten.

Evangelium (arab. indjil), Schrift, mit der *Jesus Christus* zu den Israeliten gesandt wurde, um sie – nach ihrem Abweichen von der *Uroffenbarung* des Monotheismus – zum Islam zurückzurufen (57,27). Der Koran sagt weder etwas über den Inhalt des E. aus, noch spezifiziert er, ob er mit dem »indjil« eines der vier neutestamentlichen Evangelien bezeichnet oder – was wahrscheinlich ist – das Neue Testament als Ganzes. Er betont lediglich die Übereinstimmung der Botschaft Jesu mit dem Koran. Zwar berichtet der Koran über die Person Jesu recht ausführlich, wesentliche Elemente des Neuen Testaments werden jedoch nicht aufgegriffen: Taufe und Auferstehung Jesu, das Abendmahl, Gleichnisse, Lehrpredigten wie z.B. große Teile der Bergpredigt oder das letzte Buch des biblischen Kanons, die Offenbarung. Die Wunder Jesu werden z.T. erwähnt, ähneln jedoch mehr den apokryphen Erzählungen. Während zahlreiche Personen des *Alten Testaments* im Koran erscheinen, werden aus dem Neuen Testament außer Jesus Christus nur Johannes der Täufer, Maria und Zacharias sowie am Rande die Jünger Jesu erwähnt. Der Koran weist auf die positive Bedeutung des E. hin. Es bestätigt die früher ergangenen Botschaften und ist »Rechtleitung und Ermahnung für die Gottesfürchtigen« (5,46). Erst als die von Muhammad erhoffte Anerkennung seiner Person und Sendung durch die *Christen* ausblieb, diese auf ihren von Muhammad abgelehnten Dogmen wie der *Trinität* und Gottessohnschaft Jesu beharrten und die Lehrunterschiede zu seiner Botschaft scheinbar unüberbrückbar wurden, zog er den Schluss *Schriftverfälschung.*

Ewigkeit (arab. dahr), die Zeit nach der *Auferstehung* der Toten und der Verantwortung im *Jüngsten Gericht,* zu dem alle Menschen zu Gott »zurückgebracht« werden. Die E. werden die Menschen, je nach ihrer Beurteilung durch Gott, den Richter, entweder im *Paradies* oder in der *Hölle* verbringen. Sie werden dort ewig leben; ein Übergang in den jeweils anderen Bereich ist nicht möglich. Jeder Mensch soll daher sein Leben im *Diesseits* auf die E. ausrichten.

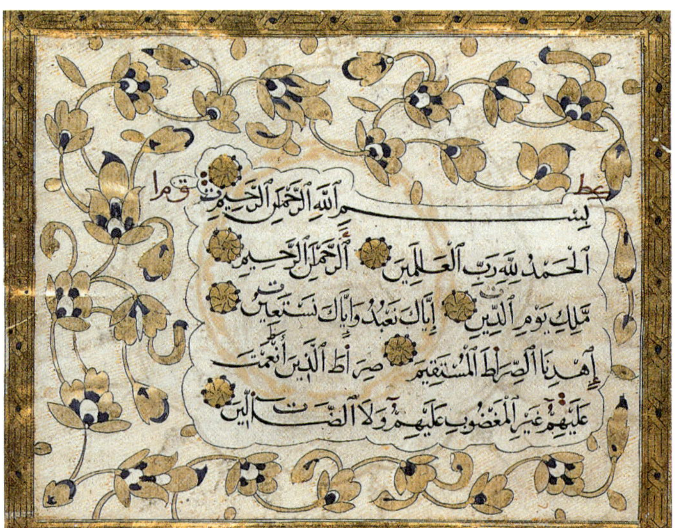

(al-)Fatiha. Mit Ausnahme von Sure 9 beginnen die 114 Suren des Korans mit der Basmala: »Im Namen Gottes, des Barmherzigen und Gnädigen«. So auch die erste Sure mit dem Namen (al-)Fatiha, die »Eröffnende«; Blatt 44 einer mit floraler Ornamentik geschmückten Handschrift des Korans; Bayerische Staatsbibliothek, München

F

Fakir → Derwisch

Familie → Ehe und Familie

Familienplanung → Geburtenregelung

Farbsymbolik, verwendet Grün allgemein als Farbe des Propheten, des Islam sowie des *Paradieses.* Grün findet in Moscheen Verwendung, und Koranexemplare sind häufig in Grün (und Rot) gebunden.

Fasten, dritte Säule des Islam, als 30-tägiges F. im Monat *Ramadan* verpflichtend für alle Männer und Frauen ab der Pubertät. Zusätzliches F. gilt als verdienstvolle Handlung oder Sühneleistung für bestimmte Vergehen.

(al-)Fatiha (arab. die »Eröffnende«), Name der ersten Sure. Die F. ist eine Art Einleitungsgebet des Korans, vermutlich aus mekkanischer Zeit. Sie fasst wichtige Teile der islamischen Dogmatik zusammen: Lob der Gnade und Barmherzigkeit Gottes, seine Herrschaft über alle Menschen, das Kommen des Gerichtstages, Gottes Beistand für die Frommen, Verdammnis für die Irrenden. Die F. wird täglich beim rituellen *Gebet* wie bei anderen Anlässen rezitiert, z. B. beim Abschluss eines *Ehevertrages;* auch in der *Mystik* findet die F. Verwendung. Im *Volksislam* genießt sie hohes Ansehen, z. B. als Text für *Amulette.* Die *Überlieferung* verspricht dem, der sie rezitiert, Wohlgefallen bei Gott. Am Krankenbett soll sie durch ihre Segenskraft *(Baraka)* Genesung bringen.

Fatimiden, eine durch die Mission der *Ismailiten* 893 entstandene Bewegung, die unter den nordafrikan. Berberstämmen der Kutama viele Anhänger gewann und damit die Grundlage des späteren Reiches der F. schuf. Die ismailitischen F. wandten sich gegen die *Abbasiden* und erstrebten die Herrschaft über die gesamte islamische Welt. 910 zog Abdallah al-Mahdi in *Kairouan* ein und ließ sich zum Kalifen ausrufen, womit die »Reichsgründung« der schiitischen F. vollzogen war. Allerdings konnten die F. ihr Kalifat nur rund 200 Jahre behaupten (973–1171), danach erlosch ihre politische Bedeutung. Ihre religiöse Organisation und Lehre überlebten jedoch bis zum Untergang der *Assassinen* im 13. Jh. Die F. gründeten 969 die heute sunnitische theologische Hochschule (al-)*Azhar* in *Kairo.*

Fatwa (arab.), Rechtsgutachten mit der von einem *Mufti* erstellten Beurteilung einer konkreten (oder fiktiven) Frage, die ihm zur Beantwortung vorgelegt wurde. Beurteilt wird ein Sachverhalt, zu dem ein Fragesteller Orientierung sucht, da er sich über die Position des Korans, häufiger noch über die der *Überlieferung* nicht sicher ist und das richtige islamische Verhalten wissen möchte (z. B.: »Ist es zulässig, eine Organspende anzunehmen?«). Eine F. hat keinerlei Rechtsverbindlichkeit und kann von niemandem

Fatwa. Salman Rushdie (*1947) löste 1988 mit seinem Roman »Die satanischen Verse« Massenproteste strenggläubiger Muslime aus, die das Werk als blasphemisch verurteilten. Die Proteste gipfelten im Mordaufruf (1989) gegen Rushdie und zwei Morden an Rushdie-Übersetzern. In dem Roman schildert er in teils realistischer, teils surrealistisch-traumhafter Erzählweise Episoden aus dem Leben des Propheten Muhammad.

Befolgung einklagen (im schiitischen Bereich ist die Verbindlichkeit allerdings höher). Sie ist die Abgabe einer persönlichen Meinung. Von einem Mufti wird erwartet, dass er die an ihn gestellte Frage nach bestem Wissen in voller Anwendung seiner Kenntnisse der theologischen Literatur beantwortet. Manche Muftis haben durch die Veröffentlichung von tatsächlich an sie gerichteten (oder auch fiktiven) Fragen großen Einfluss und sogar Berühmtheit erlangt. Eine F. verliert normalerweise mit dem Tod des betreffenden Muftis ihre Gültigkeit; bei einer F. von großer (politischer) Brisanz kann ein anderer Mufti diese F. erneuern (z. B.: Salman Rushdie). Heute bieten islamische Internetauftritte und Organisationen F.-Online-Dienste an, d. h., jedermann kann per Internet einer anerkannten F.-Autorität Fragen zur persönlichen Lebensführung stellen.

Fest des Fastenbrechens (arab. id al-fitr), zusammen mit dem *Opferfest* das wichtigste Fest im islamischen *Kalender* am Ende des Monats *Ramadan.* Es wird mit besonders zubereiteten Speisen, Geschenken, zahlreichen gegenseitigen Besuchen und oft auch dem Besuch der Gräber begangen.

Fetwa → Fatwa

Frau, in vorislamischer Zeit in Arabien unterprivilegiert. Mit Sicherheit hat Muhammad die Stellung der F. verbessert. Trotzdem behält sie auch in islamischer Zeit eine rechtlich benachteiligte Position, die in Koran und *Überlieferung* im Erb-, Zeugen-, Ehe-, Scheidungs- und Kindschaftssorgerecht festgeschrieben ist, auch wenn der Koran hinsichtlich ihrer Erschaffung, Stellung vor Gott

Frau. Benazir Bhutto (*1953) wurde 1988 als erste Frau in einem islamischen Land Premierministerin. Ihre innenpolitischen Gegner wollten die Re-Islamisierung Pakistans vorantreiben und riefen zum »Heiligen Krieg« gegen die Regierungschefin auf. Als das Militär mit einem Putsch drohte, entließ Präsident Ghulam Ishaq Khan sie unter dem Vorwurf des Machtmissbrauchs und der Korruption. 1993 wurde Benazir Bhutto erneut zur Premierministerin gewählt, aber nach Protesten gegen ihre Regierung 1996 von Präsident Faruk Leghari ihres Amtes enthoben.

und der Erfüllung der religiösen Pflichten keinen Unterschied zwischen Mann und Frau macht (7,189; 4,1). Die F. ist prinzipiell ihrem Mann zu Gehorsam verpflichtet (4,34).

Freitag (arab. yaum al-djum'a), Tag der Zusammenkunft in der Moschee zum *Freitagsgebet,* aber kein definitiver Feier- und Ruhetag wie der *Sonntag.* In vielen islamischen Ländern ist der F. der einzige schulfreie Tag. Viele Geschäfte schließen am Vormittag oder ganztags. Der F. gilt als »bester« Tag der Woche. Die Überlieferung misst dem F. einige Besonderheiten bei: *Adam* soll an einem F. erschaffen, Abraham am F. geboren worden sein. Etliche Wunder Muhammads soll dieser an einem F. getan haben. Das Gebet am F. – vor allem in der *Freitagsmoschee* – gilt als sündentilgend. Zu einer bestimmten Stunde am F. erhört Gott alle Gebete, mit denen Gutes erfleht wird. Auch die Auferstehung wird an einem F. stattfinden.

Freitagsgebet, für alle erwachsenen Männer (nicht jedoch für Frauen) Pflicht. Ebenso die Teilnahme an der dazugehörigen zweiteiligen *Freitagspredigt* in der *Freitagsmoschee* (62,9). Nach einer Überlieferung ist das Glaubensleben desjenigen, der das F. versäumt, gering zu schätzen, auch sein *Fasten* und seine *Pilgerfahrt* sind vor Gott wertlos. Das F. ist zeitlich erheblich umfangreicher als die sonst üblichen Gebetszeiten. Die Islamwissenschaft geht davon aus, dass sich die erste islamische Gemeinde ab 610 in Mekka zwar zum Gebet versammelte, mit Sicherheit aber nicht zu einem besonderen F. mit Predigt. Erst nach der *Hidjra* scheint der Freitag zum Tag des Gottesdienstes bestimmt worden zu sein, da dies der Markttag in *Medina* war. Ein versäumtes F. kann nicht nachgeholt werden. Die *Überlieferung* bezeichnet den, der ein F. mehrfach hintereinander auslässt, als Ungläubigen. Bei den ersten Männern zu sein, die zum F. in die Moschee kommen, gilt in der Überlieferung als verdienstvoll vor Gott. Ein Gebet in der Freitagsmoschee gilt als 500-mal wertvoller als das Gebet zu Hause, das Gebet in den Moscheen von Medina oder *Jerusalem* sogar um 50000-mal und in der *Ka'ba* in Mekka um 100000-mal wertvoller.

Freitagsgebet. Gläubige im Hof der Freitagsmoschee Dschamid Masdschid (Jamia Masjid) in der indischen Hauptstadt Neu-Delhi. Am Freitag sind alle männlichen Muslime (ab der Pubertät) verpflichtet, ihr Gebet in der Moschee zu verrichten. Frauen sind von dieser Pflicht ausgenommen.

Freitagsmoschee (arab. djami'), größte Moschee einer Stadt, Moschee für das *Freitagsgebet.* Dörfer und kleinere Ortschaften sollen keine F. besitzen; daher müssen sich Land- und Dorfbewohner am Freitag in die nächstgrößere Stadt begeben.

Freitagspredigt, zur Versammlung am *Freitag* in der *Freitagsmoschee* gehörende zweiteilige Predigt, die der *Imam* von der Kanzel *(minbar)* herab hält. Teile der F. können auch politische oder aktuelle Themen berühren. Der erste Teil der F. ist die »Ermahnungspredigt«, ein eigenständig formulierter Text oder eine Entlehnung aus einer historischen Predigt. Sie enthält religiöse Elemente wie Koranverse, den Lobpreis Gottes *(Takbir),* ein Segensgebet über Muhammad und eine Ermahnung an die Gläubigen. Nach persönlichen Gebeten der Einzelnen folgt der zweite Teil der F., die »Predigt der Beschreibung«, der Prophetenlobpreis und die Bitte um Segen über ihn und seine Familie. Während der Ansprache ist es streng verboten, unaufmerksam zu sein, zu sprechen oder zu essen. Danach folgt das gemeinsame *Freitagsgebet* unter der Leitung des *Imam,* an das sich oft weitere Gebete Einzelner anschließen.

Friede, zwar rühmt der Koran den F. zwischen den Menschen (8,61), das friedliche Zusammenleben, das Friedenstiften (2,224; 49,10) und die Versöhnung (4,35), vor allem jedoch den F. zwischen Muslimen. Im politischen Bereich wird nach klassischer islamischer Lehre der F. erst dann erreicht, wenn der Islam auf der ganzen Erde durch den *Djihad* (nicht notwendigerweise durch bewaffnete Auseinandersetzung) ausgebreitet ist. In dem Streben nach der Schaffung einer einheitlichen Gesellschaft, der weltumspannenden Gemeinschaft aller Muslime *(Umma)*, die unter dem Gesetz Gottes lebt, von seiner koranischen Prämisse, die von der islamischen Gemeinschaft als der »besten Gemeinschaft« auf Erden ausgeht *(Überlegenheit)* und von der Denkvoraussetzung des Islam als der einzig wahren *Offenbarung*, kann der F. erst mit der vollständigen Unterwerfung aller Menschen durch den Islam entstehen, wobei *Schriftbesitzer* als *Schutzbefohlene* prinzipiell die Beibehaltung ihrer Religion gestattet wird, wenn sie sich der islamischen Oberherrschaft unterwerfen. Ketzer, Abtrünnige und Gottlose haben keinen Platz in einer einheitlichen islamischen Gesellschaft. Mit der Absolutsetzung des islamischen Gesetzes *(Sharia)* als gerecht, ewig, göttlich und friedensstiftend muss auch eine Gesellschaft, die nach diesen Prämissen lebt, den Idealzustand verkörpern. Zwar können in der Zeit des Waffenstillstandes Verträge mit dem nichtislamischen Gebiet geschlossen werden, was jedoch keine prinzipielle Anerkennung der nicht-islamischen Welt bedeutet. Auch bezüglich der letzten Dinge *(Endzeit)* findet diese Sicht ihre Bestätigung, weil erst in der Abschaffung der übrigen Religionen das Friedensreich anbrechen wird.

Fromme Stiftungen (arab. waqf), religiöse Stiftungen wohlhabender Muslime, meist in Form von Grund und Boden oder bebauten Grundstücken, aber auch von Geld, Büchern oder Vieh. Oft kurz vor dem Tod für religiöse, kulturelle, gemeinnützige oder militärische Zwecke für immer verfügter Besitz, dessen Erlös zur Unterstützung von Armen und Bedürftigen verwendet wurde (Krankenhäuser, Bibliotheken, Armenküchen, Schulen, Loskauf von Sklaven) oder religiösen Zwecken zugute kam (die Bezahlung theologischer Lehrer oder *Imame*, Unterstützung mittelloser Theologiestudenten). Für die Stiftung zu einem solchen Zweck wurden im Lauf der Jahrhunderte genau einzuhaltende Regeln erarbeitet. Nicht selten sollen auf diese Weise rechtmäßigen Erben Erbteile vorenthalten worden sein, vor allem Frauen. Der Koran erwähnt die F. nicht ausdrücklich; man glaubte jedoch, in der *Überlieferung* Anklänge daran zu finden.

Fundamentalismus →Islamismus

Fünf Kategorien →Ethik

Fünf Säulen des Islam (arab. arkan al-islam), Glaubenspflichten für jeden Mann und jede Frau ab der Pubertät, deren vorsätzliche, dauerhafte Vernachlässigung von der offiziellen muslimischen Theologie als *Abfall* vom Islam und in religiöser Hinsicht als schwere Sünde betrachtet wird. Der Koran zählt diese F. zwar an keiner Stelle zusammenhängend auf, benennt sie jedoch einzeln als Kennzeichen »echter Frömmigkeit«. Zu den F. gehören das *Glaubensbekenntnis*, das fünfmalige tägliche *Gebet* in Richtung Mekka, das 30-tägige *Fasten* im Monat *Ramadan*, die *Almosen* an Arme und Bedürftige sowie die *Pilgerfahrt* nach Mekka. Die Beachtung der F. gilt für *Sunniten* und *Schiiten* gleichermaßen als verpflichtend; einige Sondergruppen weichen davon ab. Es ist davon auszugehen, dass zu Muhammads Lebzeiten die diversen Detailvorschriften zu den einzelnen Säulen noch nicht festgelegt waren.

Fürsprache (arab. schafa'a), Form der Rechtfertigung. Die Frage, ob für einen Sünder oder Ungläubigen im *Jüngsten Gericht* F. eingelegt werden kann, um seinen Aufenthalt im Höllenfeuer zu verkürzen oder ihn sogar davor zu bewahren, beantworten Koran und *Überlieferung* mehrschichtig: Die F. von Göttern lehnt der Koran deutlich ab (10,18), ebenso die F. für Ungläubige wie z. B. Polytheisten (2,48–123). Andere Verse räumen ein, dass Gott selbst F. bzw. die Erlaubnis dazu gewährt (2,255; 10,3). Andere Verse benennen keinen Fürsprecher konkret (2,255), aber in einigen Überlieferungen wird Muhammad als Fürsprecher benannt. Manche Theologen gehen davon aus, dass Muslime, die große Sünden begangen haben, erst nach einem begrenzten Aufenthalt in der *Hölle* durch F. ins *Paradies* kommen können. Dem *Volksislam* zufolge können außer Gott und Muhammad auch *Heilige* für Gläubige F. einlegen (Propheten, Märtyrer, Leiter von *Mystikerorden*, besonders vorbildliche Personen), um die auch nach ihrem Tod gebetet werden kann. Lediglich die *Mu'taziliten* gehen davon aus, dass keine Möglichkeit der F. existiert.

Fürsprache.
»Die Welten sehnen sich
nach dir. – Muhammad,
bitte du für uns!
Dein Richtspruch gilt so
dort wie hier. –
Muhammad, bitte du für
uns!
Du bist der Freund von
Gott, dem Herrn,
sein Freund und sein
Gesandter du.
Du bist der beiden Welten
Stolz – Muhammad, bitte
du für uns!«
Volkstümliches Gedicht, nach A. Schimmel »Und Muhammad ist sein Prophet«

G

Gabriel (arab. Gibril oder Gibra'il), einer der *Engel*; der Übermittler der an die *Propheten* ergangenen *Offenbarungen* Gottes, auch

Gabriel. Muhammad und der Engel Gabriel; dieser gab dem Propheten »auf Allahs Geheiß die Offenbarung ein, die das erfüllt, was schon früher an Weissagungen vorhanden war, als eine Richtschnur und frohe Verheißung an die Gläubigen« (Sure 2, 98). Die Buchmalerei in einer religiösen Handschrift (18. Jh.) steht in der Bildtradition der Verkündigung an Maria (Lk 1,26–38); Bibliothèque Nationale, Paris

großer Teile des Korans (teilweise soll Gott zu Muhammad selbst gesprochen haben). Nach Berichten der *Überlieferung* wurde Muhammad in einer Höhle am Berg Hira bei *Mekka* etwa 610 von G. aufgefordert, aus einem ihm überreichten Buch vorzutragen. Auf seine Weigerung wurde er von G. zu Boden geworfen und gewürgt. Dies geschah zweimal, bis Muhammad einwilligte, vorzutragen (Bericht nach Ibn Ishaq). Auf dem Weg nach Hause vernahm Muhammad vom Himmel her, dass G. zu ihm gesprochen habe und er als Prophet Gottes auserwählt sei. G. erschien Muhammad. Muhammad hatte nach dem Bericht des Korans ein besonders vertrautes Verhältnis zu G., denn G. war sein Beschützer und sein Freund (66,4). Außer den wenigen Koranstellen, die G. namentlich erwähnen (2,97f.), werden in der islamischen Theologie einige weitere Koranverse auf ihn bezogen, die das Ereignis einer Offenbarung z. T. nur andeuten (z. B. 53,4–10). Nach der Überlieferung begleitete G. Muhammad auch auf seiner *Himmelsreise.* Er war es, der bei Muhammad in dessen Todesstunde wachte, bis er starb.

Ganzkörperschleier → Burqa

Gastfreundschaft, traditionell sehr hoch geachteter Wert in nahöstlichen – auch islamischen – Gesellschaften. Der Koran erwähnt die Pflicht zur G. (4,36) ebenso wie die *Überlieferung.*

Gebet (arab. salat), zweite Säule des Islam, das fünfmalige rituelle tägliche Pflichtgebet auf *Arabisch,* das zu genau festgelegten Zeiten im Zustand der rituellen Reinheit *(Waschung, rituelle)* in Ausrichtung auf die *Ka'ba* in *Mekka* gesprochen wird. Das rituelle G. vorsätzlich zu vernachlässigen, gilt als eine der schwersten Sünden. Darüber hinaus gibt es freiwillige G. sowie freie G. (arab. du'a).

Gebetsnische → Mihrab

Gebetsrichtung → Qibla

Gebetsruf (arab. adhan), Ruf des *Muezzin* vor dem rituellen Pflichtgebet zur Einleitung des sich anschließenden *Gebets* vom *Minarett* der *Moschee,* heute meist per Tonband und Lautsprecher. Der sunnitische G. enthält das *Glaubensbekenntnis,* den *Takbir* und die Aufforderung zum Gebet. Der G. ist ein für die Gültigkeit des rituellen Gebets erforderlicher Bestandteil. Es gilt als empfohlen, dass das Gebet nach dem G. möglichst bald beginnt. Nicht erforderlich für die Gültigkeit des Gebets ist der Lautsprecher, auch das zu Hause verrichtete Gebet wird mit einem G. in Zimmerlautstärke eingeleitet. Wenn der Muezzin den G. erschallen lässt, ist nur noch das rituelle Pflichtgebet erlaubt, kein freies Gebet (arab. du'a). In Muhammads Geburtsstadt Mekka hat es aufgrund der bedrängten Lage der ersten Anhänger des Islam mit Sicherheit keinen G. gegeben. In Medina soll das Gebet zunächst durch Klanghölzer eingeläutet worden sein. Nach einer nach 622 datierten *Überlieferung* soll Muhammad in Medina selbst seine Gemeinde befragt haben, durch welches Signal das Gebet angekündigt werden solle, durch eine Trompete, eine Glocke oder einen Gong. Ein Gläubiger habe von einem Traum erzählt, indem er den G. gehört habe.

Gebetszeiten, die fünf täglichen, genau festgelegten G. für das rituelle *Gebet,* in Moscheen erkennbar auf fünf Uhren im Eingangsbereich. Das Morgengebet soll zwischen Morgendämmerung und Sonnenaufgang gebetet werden, das Mittagsgebet in der Zeit, wenn die Sonne ihren Zenit überschritten hat, bis der Schatten einer Person seiner Größe entspricht, das Nachmittagsgebet in der darauffolgenden Zeit bis zum Sonnenuntergang, das Sonnenuntergangsgebet nach Sonnenuntergang bis das Abendrot verschwindet und das Nachtgebet in der Zeit danach und noch vor der Zeit für das Morgengebet. Zu bestimmten anderen Tageszeiten ist das Gebet verboten, z. B. genau zum Zeitpunkt des Sonnenaufgangs.

Geburt, ein einschneidendes Erlebnis vor allem im Fall des ersten Kindes oder der Geburt eines Sohnes, das die Stellung der Ehefrau erheblich verbessert. Den Namen des Kindes – vor allem eines Sohnes – legt der Vater oft fest, wenn ihm das Kind von der Hebamme gebracht wird, damit er ihm in ein Ohr das *Glaubensbekenntnis,* in das andere Ohr den *Gebetsruf* sprechen kann. Almosen werden verteilt und am siebten Tag ein Opfer gebracht, das bei Jungen den doppelten Umfang hat als bei Mädchen. Die Mutter gilt ab dem 40. Tag nach der Entbindung nach einer großen *Waschung* wieder als rituell rein und zur Religionsausübung berechtigt *(Gebet, Fasten).* Die größte Sorge gilt dem Neugeborenen in Bezug auf den *Bösen Blick* des Neiders und des übel Wollenden, der Krankheit und Tod des Kindes verursachen könnte. Zahlreiche Schutzmaßnahmen, wie die Verwendung blauer Perlen oder eines *Amuletts* sind daher üblich.

Geburtenregelung, ist im Koran nirgends verboten; von konservativeren Kreisen in der Vergangenheit oft als »unislamisch« missbilligt, heute aber von zeitgenössischen Theologen angesichts eines rasch fortschreitenden Bevölkerungswachstums und der daraus resultierenden sozialen und wirtschaftlichen Probleme vielfach befürwortet. In einer Zeit verminderter Kindersterblichkeit stellt sich die Frage der G. auch wegen der oft begrenzten Schul- und Ausbildungsmöglichkeiten, der niedrigen Einkommen der Eltern, der hohen Arbeitslosigkeit, der kleinen Wohnungen und der vielfach düsteren Zukunftschancen der Kinder. Zwar gibt es noch Stimmen, die zugunsten der Ausbreitung des Islam die G. als mangelndes Vertrauen in Gottes Versorgung ablehnen; die Befürworter der G. dürften heute jedoch überwiegen. Am langsamsten setzen sie sich dort durch, wo eine kleine Kinderzahl die Arbeitsbewältigung und spätere Altersversorgung der Eltern nicht ermöglicht.

Geburtstag des Propheten (arab. mawlud oder maulid, türk. mevlud), festgelegt und festlich begangen am Todestag Muhammads, dem 12. Rabi'I, da sein Geburtstag wie auch sein Geburtsjahr nicht mit letzter Sicherheit feststehen. Obwohl schiitischen Ursprungs, ist heute die Feier des G. zusammen mit dem *Fest des Fastenbrechens* und dem *Opferfest* eines der größten Feste im sunnitischen Islam. Gedichte, Prozessionen, Gebete, Predigten, Wunderberichte Muhammads und Koranrezitationen begleiten es (*Feiertage,* Feste, Riten).

Geheimnisvolle Buchstaben des Korans, einzelne arab. Buchstaben, die insgesamt vor 29 Koransuren nach der Überschrift genannt werden, unmittelbar vor Beginn des Textes mit der *Basmala* (»Im Namen Gottes, des Gnädigen und Barmherzigen«). Weder die Reihenfolge noch die Anordnung der Buchstaben lassen einen Bezug zum nachfolgenden Text erkennen. So beginnt etwa Sure 12 mit den Buchstaben a, l, r, Sure 7 mit den Buchstaben a, l, m, s, Sure 46 mit h, m. Eine allgemein anerkannte, zufrieden stellende Erklärung zur Bedeutung und Anordnung der G. konnte bisher weder die muslimische Koranwissenschaft noch die westliche Islamwissenschaft geben. Der *Volksislam* misst G. des Korans besondere Segenskraft und Schutzwirkung bei.

Geister und Dämonen (arab. djinn), von Gott aus rauchlosem Feuer und Dampf erschaffene Wesen (15,27). Bereits in vorislamischer Zeit ist der Glaube an G. bezeugt, denen Opfer gebracht wurden. Er findet im Koran seine Kontinuität. Die G. können Erfüllungsgehilfen des Teufels bei der Verführung der Menschen sein, indem sie diese täuschen. Auch den G. hat Gott Gesandte geschickt (6,130). Daher können sie wie die Menschen Muslime werden. Der Koran berichtet, dass einige von ihnen sich vom *Polytheismus* und dem Glauben an die *Trinität* abwandten und an den einen Gott glaubten, als sie Muhammad den Koran rezitieren hörten (72,1ff.). Alle G. werden sich am Tag des *Jüngsten Gerichtes* ebenso wie die Menschen verantworten müssen, um das Urteil Gottes über ihr Leben zu hören (3,128–131). Die ungläubigen G. werden in die *Hölle* geworfen werden (11,119). Im *Volksislam* spielt der Glaube an die G. eine große Rolle. Man geht davon aus, dass G. und Menschen miteinander in Kontakt treten können. Mit

Gebetsruf

1. Gott ist am größten.
   Gott ist am größten.
   Gott ist am größten.
   Gott ist am größten.
2. Ich bezeuge, es gibt keinen Gott außer Allah. Ich bezeuge, es gibt keinen Gott außer Allah.
3. Ich bezeuge, Muhammad ist der Gesandte Gottes. Ich bezeuge, Muhammad ist der Gesandte Gottes.
4. Auf zum Gebet! Auf zum Gebet! Auf zum Wohlergehen! Auf zum Wohlergehen!
5. (Zur Morgendämmerung wird hinzugefügt: Das Gebet ist besser als der Schlaf.)
6. Gott ist am größten. Gott ist am größten.
7. Es gibt keinen Gott außer Allah.

Geister und Dämonen. Der tollkühne und übermütige Jüngling Mahan wird von Dämonen in eine unwegsame Einöde gelockt. Buchmalerei in einer um 1500, vermutlich in Herat, Afghanistan, entstandenen persischen Handschrift des Epos »Haft paikar« (um 1197; dt. »Die sieben Geschichten der sieben Prinzessinnen«, 1959). Dieses vierte Werk des persischen Dichters Nizami (1141–1209) enthält sieben Liebesromanzen, die dem Sassanidenkönig Bahram Gur von seinen Geliebten erzählt werden; Österreichische Nationalbibliothek, Wien

zahlreichen Praktiken werden G. und der Schaden, den sie verursachen könnten, abgewendet, vor allem durch *Amulette.* Durch die *Zar-Zeremonie* werden G. beruhigt, durch Opfer günstig gestimmt. G. wirken vor allem nachts bis zum ersten Hahnenschrei oder dem morgendlichen *Gebetsruf* und kommen an bestimmten Orten zusammen, z.B. in alten Mühlen, Ruinen, Friedhöfen oder am Fuß großer Bäume. Sie können auch in Gestalt eines Tieres (z.B. einer Ziege, schwarzen Katze, Ente, eines Fuchses u.a.) auftreten. Die G. schaden den Menschen nicht, wenn die Menschen sie nicht herausfordern, indem sie ihre Treffpunkte betreten oder sie durch Verunreinigungen entweihen. Denjenigen, die Gutes tun, bringen sie Belohnungen, und den Bösen schaden sie mit Krankheiten wie Lähmungen und verkrümmten Gliedern. Der Koran erwähnt über die G. hinaus einen »Ifrit« (dt. Dämon, Teufel). Viele Ausleger sind der Auffassung, dass der Ifrit ein besonders böser, rebellischer Dämon sei. Nach dem Volksglauben sind sie Totengeister, denn sie wurden aus dem Blut von Ermordeten geschaffen. Auch unter ihnen gibt es weibliche und männliche, gute und böse Dämonen, die untereinander, aber auch Menschen heiraten können.

Gelehrte → Ulama

Gelübde, werden vor allem an Heiligengräbern *(Heiligenverehrung)* geleistet, in Verbindung mit einem Versprechen (in Form eines Schwurs) für ein Opfer (Kerzen, Blumen, Geld, Lebensmittel, ein Tier), um den Heiligen zu bitten, einen bestimmten Wunsch zu erfüllen (sehr oft Fruchtbarkeit, aber auch den günstigen Verlauf einer Reise, Schutz vor Krankheit und Tod, einen Geschäftsabschluss o.Ä.). Ist die Bitte erhört worden, muss das Gelübde erfüllt und die Gabe am Heiligtum entrichtet werden, sonst fürchtet man die auf übernatürliche Weise den Bittenden ereilende Strafe durch den Heiligen.

Gemeinde, islamische → Umma

Gemeinschaft → Djama'a

Gerechtigkeit, wird in vollkommener Art und Weise in Gottes Attributen und seinem Handeln sichtbar. Der Koran betont an vielen Stellen Gottes G., vor allem im *Jüngsten Gericht* (40,20), wenn er jedem das zuteil werden lässt, was er verdient. Der Koran ist das »Buch der G.« (42,17). Die Gläubigen werden als »die Gerechten« bezeichnet, die ins Paradies eingehen werden (68,34). Sie sollen zu anderen Menschen gerecht sein, sie nicht betrügen, keine (Wucher) *Zinsen* nehmen und auch nicht aus Hass gegen andere Menschen davon abweichen (5,8), denn »Gott liebt die Gerechten« (60,8). Um diese G. zur Anwendung zu bringen, soll der Mensch zwischen anderen in G. richten (4,58). Der Koran erwähnt auch, dass es in einer polygamen Ehe zwischen den Frauen eigentlich keine G. gibt (4,129); eine Aussage, die manche muslimische Theologen als Aufforderung des Korans zur Einehe und Außerkraftsetzung der Erlaubnis zur *Polygamie* in Sure 4,3 interpretierten.

Gesandter → Prophet

Geschlechtertrennung, im Islam im öffentlichen, religiösen und teilweise auch im privaten Bereich praktiziert. Schon der Koran enthält Hinweise auf die Trennung von Lebens-, Aufgaben- und Autoritätsbereichen von Mann und Frau: Während der Frau traditionell das Haus mit Haushalt und Kindererziehung als Entscheidungs- und Wirkungsbereich zugewiesen ist, obliegt dem Mann der außerhäusliche Bereich und der Gelderwerb.

Geschöpf, ist – außer den Tieren – in erster Linie der sterbliche Mensch, von seinem Schöpfer als Verwalter seiner Güter erschaffen und berechtigt, die Wohltaten zu genießen, die ihm Gott während seines diesseitigen Lebens zukommen lässt. Der Mensch ist dazu aufgerufen, verantwortlich zu handeln, sich seinem Schöpfer und Herrn demütig zu ergeben, ihm Dankbarkeit zu erweisen, an ihn zu glauben und das Gute zu tun, so dass er im *Jüngsten Gericht* auf Gottes Erbarmen hoffen kann.

Gesetz → Scharia

Gewohnheit des Propheten → Sunna

Ghusl → Waschung, rituelle

Glaube (arab. iman), der immer von *Gott* kommt, drückt sich in der Anerkennung des alleinigen, ewigen Gottes, seiner Allmacht und Herrschaft aus, sowie in der demütigen Hingabe des Menschen an Gott und die Unterwerfung unter seinen Willen. Aus dem G. heraus soll der Mensch das Gute tun und das Böse meiden (3,110), die *Fünf Säulen des Islam* befolgen und das Leben im *Diesseits* stets in der Verantwortung vor Gott gestalten.

Glaubensbekenntnis (arab. schahada), die erste Säule des Islam: »Ich bezeuge: Es gibt keinen Gott außer Allah, und ich bezeuge, Muhammad ist sein Prophet« (arab. aschhadu an la ilaha illa llah, wa aschhadu Muhammadan rasulullah) und zugleich das wichtigste Dogma der Einzigartigkeit Gottes und der Sendung Muhammads als seinem Propheten. Mit dem vor Zeugen ausgesprochenen G. tritt ein Konvertit zum Islam über.

Gnade, gehört wie die *Barmherzigkeit* zu den grundlegenden und im ganzen Koran wieder und wieder bezeugten Attributen Gottes. Auch die G. Gottes ist – wie die Barmherzigkeit – Bestandteil der *Basmala,* die mit Ausnahme von Sure 9 alle übrigen 113 Suren des Korans einleitet: »Im Namen Gottes, des Gnädigen und Barmherzigen.« Gott erweist dem G., der sich ihm unterwirft und seine Herrschaft anerkennt (4,17), während dem Ungläubigen, der Gottes G. leugnet (16,83) und undankbar ist, die Hölle bestimmt ist (14,28f.). Gott schenkt durch seine G., seine Güte, Milde und Barmherzigkeit dem Menschen alles, was er nötig hat (35,3), er ist sein Beschützer und Helfer. Er erbarmt sich dessen, der seine Sünde bereut, »wendet er sich ihm gnädig wieder zu und leitet ihn recht« (20,122). Auch die Beauftragung der *Propheten* und Herabsendung der *Offenbarung* ist eine besondere G. Gottes (2,231), denn wenn Gott nicht seine G. gesandt hätte, wären fast alle Menschen dem Teufel in die Irre gefolgt (4,83).

STICHWORT **Gottes schönste Namen**

Gott,
Der Erbarmer, der Barmherzige,
Der König, der Heilige, das Heil,
der, der Gewissheit gibt, der Beschützer,
der Mächtige,
der Gewaltige, der Stolze,
der Schöpfer, der Erschaffer, der Gestalter,
der Verzeihende, der Besiegende,
der Freigebige, der Versorger, der Ebnende,
der Wissende, der, der eng macht,
der, der weit macht,
der, der erniedrigt, der, der erhöht,
der, der Macht verleiht,
der, der demütigt,
der Hörende, der Sehende,
der Richter, der Gerechte,
der Feinfühlige und Kluge, der Kundige,
der Milde, der Großartige,
der Vergebende, der Dankbare,
der Erhabene, der Große,
der Hüter, der Ernährer, der Abrechnende,
der Ehrwürdige, der Vortreffliche
der Bewahrer, der Erhörende,
der Umfassende, der Weise,
der Liebreiche, der Glorreiche,
der Wiedererweckende,
der Zeuge, der Wahrhaftige, der Sachwalter,
der Starke, der Standhafte, der Freund,
der, der des Lobes würdig ist, der Erfassende (Aufzeichnende),
der, der beim ersten Mal erschaffen hat, der, der wieder erschaffen wird,
der Lebensspender, der, der sterben lässt,
der Lebendige, der in sich Bestehende,
der ins Dasein Rufende, der Edle,
der Eine, der Souveräne,
der Mächtige, der Allmächtige,
der, der die Dinge früher schickt,
der, der die Dinge später schickt,
der Erste, der Letzte, der Offenbare,
der Verborgene, der Herrschende,
der Transzendente,
der Gütige, der Gnädige, der Rächer,
der Nachsichtige, der Mitleidige,
der, der die Königsherrschaft besitzt,
der, der die Majestät und die Verehrung besitzt,
der gerecht Handelnde, der Versammelnde,
der Reiche, der reich Machende,
der Verbietende, der, der Schaden schickt,
der, der Nutzen schickt,
das Licht, der Rechtleitende,
der ohnegleichen Schaffende,
der Bleibende, der alles Erbende,
der, der auf den rechten Weg bringt,
der Geduldige.

Gott (arab. allah, der Gott), der Schöpfer des Himmels und der Erde und jedes einzelnen Menschen; der barmherzige Wohltäter und der gerechte Richter im *Jüngsten Gericht.* G. ist verborgen, ein Geheimnis, in keinerlei Hinsicht mit seinen Geschöpfen vergleichbar, gütig und gnädig, allwissend und allmächtig, ewig und allgegenwärtig, unveränderlich und unvergänglich, barmherzig und gleichzeitig unumschränkt.

Gottesdienst und Gottesverehrung, findet in der Gemeinschaft vor allem beim gemeinsamen *Freitagsgebet* statt sowie bei der *Pilgerfahrt* nach *Mekka* und beim *Fasten* im Monat *Ramadan.* Als individueller G. können die *Almosen* und das *Glaubensbekenntnis* gelten, auch das Gebet, das zu Hause verrichtet wird. Bei den *Schiiten* ist auch das Gedenken an den Märtyrertod al-Husains im *Passionsspiel* eine gemeinschaftliche Handlung; in der *Mystik* oder dem *Volksislam* finden sich im gemeinsamen Gottgedenken bzw. der Anrufung von *Heiligen* und den verschiedenen magischen Praktiken gemeinschaftliche Elemente.

Gottesebenbildlichkeit, des Menschen mit Gott lehrt weder der Koran noch die Überlieferung, noch die islamische Theologie. Zwar

Grabmoschee. Zu den Wahrzeichen von Kairo gehört die Sultan-Hasan-Moschee aus dem 14. Jh. Sie entstand als Grablege des Sultans und Gebetsstätte. Wie eine Reihe weiterer Grabmoscheen aus der Zeit der Mamelucken in Kairo gehört sie zu den islamischen Memorialbauten. Hierzu zählen auch die Mausoleen und die zumeist ebenfalls überkuppelten orientalischen Grabbauten, die als »Türbe« bezeichnet werden. Die Grabmoscheen sind als Verbindung von dynastischer Grablege und Sakralbau monumentalen Kirchen wie den »Kaiserdomen« am Rhein (Mainz, Speyer, Worms) vergleichbar.

ist der Mensch Gottes Geschöpf und Gott sein Herr und Richter. Eine Ähnlichkeit oder Vergleichbarkeit zwischen Geschöpf und Schöpfer widerspricht jedoch dem Gedanken der Einzigartigkeit Gottes *(tauhid)*.

Gotteslästerung → Blasphemie

Gottes schönste Namen (arab. al-asma al-husna), auf Sure 7,180 (u. a.) zurückgeführte Annahme, dass Gott »99 schönste Namen« besitze, mit denen er angerufen werden kann. Auch die Überlieferung spricht von »Hundert Namen weniger einen«, die dem das *Paradies* eröffnen, der sie kennt. Der 100. Name gilt den Gläubigen als verborgen. Die 99 Namen finden in der *Mystik* Verwendung, sie werden auch unter Zuhilfenahme des *Rosenkranzes* gebetet. Die Namen selbst besitzen Segenskraft *(Baraka)* und werden auch für magische Buchstaben- oder Zahlenquadrate in *Amuletten* verwendet.

Gottessohnschaft Jesu, wird vom Koran wie der muslimischen Theologie als im unversöhnlichen Widerspruch zum wichtigsten islamischen Dogma, der Einzigartigkeit Gottes *(Tauhid)*, betrachtet. Schon der Koran lehnt eine G. ab, fasst sie allerdings im biologischen Sinne auf (*Trinität;* 6,100f.). Der Gedanke, Gott könne sich »ein Kind zugelegt« haben, bezeichnet der Koran als »etwas Ungeheuerliches« (19,88), eine »Lüge« (18,4f.) und als Zeichen des »Unglaubens« (5,73–75). Eine Verbindung zwischen dem Ewigen, Göttlichen und dem Vergänglichen, Menschlichen, ist für den Koran wie für die islamische Theologie undenkbar, denn zwischen Gott und allen anderen Wesen ist kein Vergleich und keine Annäherung, keine Verwandtschaft (Vaterschaft), keine *Inkarnation* und keine Begegnung auf gleicher Ebene möglich, was gleichbedeutend mit *Polytheismus* wäre. Muhammad versichert: »Gesetzt den Fall, der Barmherzige hätte ein Kind, dann wäre ich der Erste, der es anbeten würde« (43,81). Zudem offenbart sich Gott nach koranischer Auffassung nicht in einer Person, sondern durch die *Herabsendung* seiner Botschaft, die er durch den Engel *Gabriel* überbringen lässt. Er selbst bleibt in vollkommener Transzendenz, verborgen, ein Geheimnis. Die islamische Theologie hat vor allem seit dem 19. Jh. vermehrt Argumente aus der innerkirchlichen Kritik an der Zuverlässigkeit der biblischen Berichte rezipiert und als Beweise für die islamische Kritik an G., *Kreuzigung* und *Trinität* aufgegriffen.

Gottgedenken → Dhikr

Gottlosigkeit → Atheismus; → Unglaube

Gottsucher → Hanif

Götzen, eine Vielzahl von Göttern. Die Zeit der vorislamischen Verehrung von G. gilt im Islam als die »Zeit der Unwissenheit« (arab. *djahiliyya*). Im Koran stellt Muhammad der uneingeschränkten Allmacht *Gottes* die Machtlosigkeit der G. gegenüber (22,73f.).

Götzendienst, als »Beigesellung« (arab. schirk) anderer Wesen neben *Gott* eine Form des Unglaubens (arab. kufr), weil gleichbedeutend mit einer Herabminderung der Allmacht Gottes; G. gilt daher als eine der schlimmsten Sünden.

Gräberverehrung → Heilige Stätten

Grabmoschee, *Moschee* über der Grabstätte einer verehrten Persönlichkeit, auch Stiftung eines Herrschers als Grablege.

Grenzstrafen (hadd-Strafen), die härtesten Strafen des islamischen Strafrechts, vorgesehen für Kapitalvergehen. Im Koran und in der *Überlieferung* werden solche Vergehen mit konkreten Strafzumessungen (Amputation von Gliedmaßen, Todesstrafe, Auspeitschen) gesühnt: Ehebruch und Unzucht, Verleumdung wegen Ehebruch, Schwerer Diebstahl, Schwerer Raub und Raubmord sowie Alkoholgenuss. Die Grenzvergehen verletzen nicht Menschen-, sondern Gottesrecht und müssen deshalb unbedingt geahndet werden.

Grenzvergehen → Grenzstrafen

Grundsteuer (arab. haradj), zeitweise im islamisch eroberten Gebiet von den *Schriftbesitzern* durch die muslimischen Eroberer eingeforderte Kollektivsteuer auf Grund und Boden, jedoch weniger konsequent eingezogen und früher abgeschafft als die *Kopfsteuer.* Im Gegensatz zur Kopfsteuer endet die Zahlungsverpflichtung nicht mit der *Konversion* zum Islam.

Grußformeln → Salam

H

Hadith → Überlieferung

Hadjdj → Pilgerfahrt

Hafiz (arab. Bewahrer), der Korankundige, vor allem derjenige, der – meist durch den im Alter von etwa vier Jahren einsetzenden Unterricht in der *Koranschule* – den gesamten Korantext auswendig kennt. Die Aneignung des Textes gilt als vor Gott *verdienstvoll.*

Halal (erlaubt, legitim), im Gegensatz zu *Haram* das von Allah »Erlaubte«, das nicht Verbotene (wie *Schweinefleisch* oder *Alkohol*) und das nicht durch Kontakt mit Unreinem ebenfalls Verunreinigte, z. B. ein zwar rituell durch *Schächtung* geschlachtetes Stück Rindfleisch, das aber durch Kontakt mit einem Behältnis, in dem zuvor Schweinefleisch aufbewahrt wurde, ebenfalls unrein und damit verboten ist. Das Wort H. bezieht sich im Koran (2,29; 31,20; 45,13) zwar auf alles, was Allah für den Gebrauch durch den Menschen erschaffen hat, wird jedoch meist in Bezug auf Nahrungsmittel benutzt.

Halbmond (arab. hilal), Symbol des Islam. Er findet häufig Verwendung auf dem Minarett einer Moschee, manchmal in Verbindung mit einem Stern. Der H. ist bereits aus vorislamischer Zeit als Schmuckelement bekannt.

Hammam → Bad

Hanafiten, Anhänger der nach dem Schüler des damals wohl bedeutendsten Juristen von Kufa, Hammad ibn Abi-Sulayman, dem Rechtsgelehrten Nu'man ibn Thabit Abu Hanifa (697/699–767), benannten Rechtsschule. Sie wurde von Abu Hanifas Schülern als Rechtsschule der Kalifendynastie der *Abbasiden* (ab 750) begründet. Die Rechtsschule der H. wurde in Bagdad, in Indien und im Osmanischen Reich bestimmend, in *Mekka* fand sie jedoch wenig Widerhall. Heute ist sie vor allem auf dem Balkan und in Asien vertreten und gilt als die liberalste aller sunnitischen Rechtsschulen.

Hanbaliten, Anhänger der strengsten der vier sunnitischen *Rechtsschulen,* die auf Ahmad ibn Hanbal (780–855), Autor einer großen Überlieferungssammlung mit rund 80 000 Texten, zurückgeht. Er war ein Schüler von asch-Schafi'i *(Schafiiten)* und ein Verfechter der Auffassung von der Unerschaffenheit des Korans, was ihm Gefangenschaft und Verfolgung unter dem abbasidischen Kalifen al-Ma'mun eintrug. Die H. forderten primär die Anerkennung von Koran und *Überlieferung* als Grundlage des islamischen Rechts und lehnten jegliche Form menschlicher Rechtsfindung ab. Besonderen Einfluss erhielt die hanbalitische Rechtsschule durch Muhammad ibn Abd al-Wahhab († 1792) und die sog. »wahhabitische Bewegung« *(Wahhabiten).* Abd al-Wahhab verhalf dieser Rechtsschule in Afrika, Ägypten und Indien, insbesondere aber auf der Arabischen Halbinsel zu großer Geltung. Heute ist diese Rechtsschule vor allem in Saudi-Arabien, Qatar und den Vereinigten Arabischen Emiraten verbreitet.

Hand → Rechte/Linke Hand und Seite

Hand der Fatima → Amulett

Hanif (arab. »Gottsucher«), Der Koran berichtet von *Abraham,* dass er »weder Jude noch Christ« (3,67), noch *Polytheist* gewesen sei, sondern ein »Gottsucher« (6,79), ein Anhänger des (islamischen) Monotheismus (16,120f.).

Haradj → Grundsteuer

Haram (arab. »verboten, tabu, unverletzlich, heilig«), Begriff, der für absolute Verbote benutzt wird, bei denen es keinerlei Ermessensspielraum gibt. Der Genuss von Blut, Aas oder Schweinefleisch ist »haram«, denn der Koran verbietet diese Speisen ausdrücklich (2,173) *(Speisegebote).* Im juristischen Sinn »haram« ist es aber auch, wenn ein Mann zwei Schwestern heiratet oder eine zu enge Verwandte, z. B. seine Tochter oder seine »Milchschwester« *(Milchverwandtschaft).* Im Zustand der Unreinheit darf eine Moschee nicht betreten werden, dies wäre ebenso »haram« wie vor der rituellen Reinigung einen Koran zu berühren, zu beten, zu fasten oder unbedeckte Körperteile einer nicht verwandten Frau außer ihrem Gesicht und ihren Händen zu sehen. »Haram« wird

Halbmond. Dem Kreuz an der Spitze von Kirchtürmen entspricht der Halbmond an der Spitze von Minaretten und auf den Kuppeln von Moscheen, hier im ägyptischen Theben. Eine entsprechende Analogie besteht zwischen den Namen der Organisationen »Rotes Kreuz« und »Roter Halbmond«.

im Bereich der Moschee im Sinne von »heilig« benutzt. »al-haraman« sind »die beiden heiligen Stätten«, ein Synonym für *Mekka* und *Medina,* die beiden heiligsten Städte vor *Jerusalem.* Diese und ein mehrere Kilometer umfassender Bezirk um beide Städte sind für Nichtmuslime »haram«, d.h., sie dürfen nicht von ihnen betreten werden.

Harem (arab.), abgeleitet von *Haram,* der den Frauen vorbehaltene Bereich eines Hauses, zu dem niemand von außerhalb Zutritt erhält. Im traditionellen muslimischen Haus liegt der H. abseits des Besucherbereichs, so dass niemand zufällig dorthin geraten kann. Dort sind die Frauen unverschleiert unter sich ohne die Sorge, von einem männlichen Besucher überrascht zu werden. Dieser Frauenbereich ist »haram«, vor allem für Männer, die nicht zu den engsten Verwandten gehören. Aber auch ein Onkel oder Neffe wird nicht ohne weiteres diesen Frauenbereich des Hauses betreten, denn es könnten sich dort durchaus auch unverschleierte entferntere weibliche Verwandte oder Besucherinnen aufhalten. Der Begriff des H. gelangte wohl vor allem durch die Märchen von »1001 Nacht« und die Berichte über den H. der osmanischen *Sultane* nach Europa. Am osmanischen Sultanshof bezeichnete der H. nicht nur den Frauenbereich des Palastes, sondern war aufgrund der vielschichtigen familiären Verflechtungen auch ein Ort, an dem sich der Aufstieg und Niedergang ganzer Familien entschied und Politik gemacht wurde.

Heilige Schriften. An ihrer Spitze steht im Islam der Koran (arab. »Lesung«). Nach muslimischem Verständnis enthält das heilige Buch die Offenbarungen Gottes, die dem Propheten Muhammad überwiegend in Mekka, zu einem geringen Teil (19 der 114 Suren) in Medina zuteil wurden. Seite einer prachtvoll kalligrafisch und ornamental gestalteten Handschrift des Korans. Dieses Exemplar gelangte einst in Besitz von Père La Chaise, dem Beichtvater von Ludwig XIV., und gehört heute zu den Schätzen der Bayerischen Staatsbibliothek, München.

Häresie, abweichende Lehre, Ketzerei. Sie ist im Islam nicht einheitlich definiert und allein zwischen *Sunniten* und *Schiiten* in der Praxis ein wohl kaum konsensfähiger Begriff. Zu keiner Zeit hat es im Islam – wie etwa in der christlichen Kirchengeschichte – eine Festlegung der »reinen Lehre« einzelner theologischer Gruppierungen gegeben, etwa durch Konzile, Bekenntnisschriften oder eine oberste Lehrautorität. Dies gilt auch für die »großen« Gruppierungen wie die Sunniten oder Schiiten. Minimalkonsens ist meist die für Männer und Frauen als obligatorisch definierte Pflicht, die *Fünf Säulen des Islam* einzuhalten. Dennoch gibt es auch als islamisch anerkannte Gruppen, die die Fünf Säulen nur teilweise befolgen (z.B. die *Alawiten*). Andererseits existieren Richtungen, die Wert auf strenge Einhaltung der Fünf Säulen legen, aber aus der Gemeinschaft der Muslime ausgeschlossen sind (z.B. die Bewegung der *Ahmadiyya*). Andere Gruppierungen definieren bestimmte, fast überall praktizierte Glaubensformen wie den Besuch von Heiligengräbern als H. (z.B. die *Wahhabiten*).

Haridjiten (dt. die Ausziehenden), Anhänger einer schon zur Frühzeit des Islam in der Auseinandersetzung um die rechtmäßige Nachfolge Muhammads entstandene Splittergruppe, die sich dafür einsetzte, dass der fähigste Mann zum Anführer der muslimischen Gemeinde und zum Nachfolger Muhammads bestimmt werden sollte, ungeachtet seiner Herkunft. Die H. setzten sich damit zu den *Schiiten* wie den *Sunniten* in Widerspruch.

Haus des Friedensschlusses (arab. dar al-sulh) → Djihad

Haus des Islam (arab. dar al-islam) → Djihad

Haus des Krieges (arab. dar al-harb) → Djihad

Haus des Vertrages (dar al-ahd) → Djihad

Heiden → Ungläubige

Heiligenverehrung, weder im Koran, der die Einzigartigkeit Gottes *(Tauhid)* zum Zentrum der islamischen Dogmatik erklärt, noch in der Theologie ist für die H. offizieller Raum. Der Islam betonte stets, dass er keine Stellvertretung des Gläubigen vor Gott und keine Vermittlung der göttlichen Gegenwart und Gnade kennt, sondern alle Menschen gleichermaßen Zugang zu Gott haben. Hinzu kommt die ausdrückliche Warnung des Korans vor »Beigesellung« (arab. schirk) eines anderen Wesens neben Gott *(Polytheismus)*, im Islam die schwerste Sünde überhaupt, da sie Gottes Einzigartigkeit infrage stellt. Trotz dieser theologischen Vorgaben existiert in der *Mystik* und im *Volksislam* eine umfangreiche H., die die orthodoxe Theologie nicht selten missbilligte und bekämpfte, vor allem die Anrufung verstorbener Heiliger. Die Theologie betont, dass nur lebende Heilige angerufen werden dürften und der Heilige selbst keine Macht habe, etwas für den Bittenden zu bewirken; nur Gott selbst könnten Bitten vorgebracht werden. Trotzdem entwickelte sich schon bald nach Muhammads Tod eine intensive Verehrung seiner Person, seiner Familie, der *Prophetengefährten*, der ersten vier *Kalifen* und – bei den *Schiiten* – auch der Imame. Die lokale Verehrung frommer, vorbildlicher, manchmal asketisch lebender Persönlichkeiten, Sufimeister *(Sufi, Mystik, Bruderschaften)* oder berühmter Rechtsgelehrter, trat hinzu. Eigentlich kann jede Person als heilig verehrt werden, wenn sie als vorbildlich und fromm aufgefasst wird. Die islamische H. konzentriert sich auf die Gräber Verstorbener *(Heilige Stätten)*. Von einem Heiligen erhofft sich der Gläubige Hilfe, Heilung und Segen, die Erhörung von Gebeten, deren Anliegen durch Opfer, Gelübde und Versprechen unterstrichen werden. Viele Menschen übernachten beim Grab des Heiligen, um Hilfe zu finden.

Heiliger Geist, im Koran nicht – wie im Christentum – eine Person oder in Zusammenhang mit der *Trinität* erwähnt. Zwar benennt der Koran an mehreren Stellen einen »Geist von Gott« (Geist Gottes) bzw. einen »Geist der Heiligkeit«, aber nicht immer ist eindeutig festzulegen, von welchem »Geist« dabei die Rede ist. An einigen Stellen darf angenommen werden, mit dem H. sei der Engel *Gabriel* gemeint. Grund für diese Annahme sind einige Koranverse, die berichten, dass der H. mit der »Wahrheit« herabgesandt wurde (»die Wahrheit« wird als Metapher für den Koran aufgefasst): Gott hat den »H.… mit der Wahrheit herniedergesandt, um diejenigen, die gläubig sind, zu festigen, und als Rechtleitung und frohe Botschaft für die Gott Ergebenen« (16,102). Allerdings scheint gleichzeitig unzweifelhaft zu sein, dass nicht bei allen Erwähnungen eines Geistes oder H. von einem Synonym für Gabriel ausgegangen werden kann (so wird z. B. *Jesus* von Gott als Geist *Maria* eingehaucht

Heilige Stätten.
Die heiligste Stadt und wichtigster Wallfahrtsort im Islam ist Mekka, die Geburtsstadt des Propheten Muhammad. Auf einem Hügel der Umgebung wurde ihm der Koran offenbart. Die altarabische Handelsstadt im Westen der Halbinsel gehörte zuletzt zum gleichnamigen Emirat und wurde 1926 Saudi-Arabien eingegliedert. 1955 wurde die im 8. Jh. begonnene Hauptmoschee mit der Ka'ba im Innenhof großzügig erweitert. Für Nichtmuslime ist Mekka eine »verbotene Stadt«.

und sie wird schwanger; 66,12). Auch Jesus wird im Koran mehrmals als »Geist Gottes« oder »Geist von Gott« bezeichnet (4,171 u. a.): Gott hat ihn von Kind an (5,110) sein ganzes Leben hindurch mit dem H. gestärkt (2,87), und der H. stand Jesus bei, als Gott ihn vor dem Zugriff der Israeliten bewahrte, die sich seiner Botschaft widersetzten (5,110). Darüber hinaus betont der Koran, dass Gott die Gläubigen mit seinem Geist stärkt (58,22). Bei der *Herabsendung* des Korans war der H. beteiligt: »Sprich: Der heilige Geist hat ihn von deinem Herrn herabgesandt mit der Wahrheit...« (16,102).

Heiliger Krieg → Djihad

Heilige Schriften, alle Schriften, die Gott jemals einem *Propheten* offenbarte, der sie seinem Volk überbrachte und es mahnte, zum *Monotheismus* und zur wahren Gottesverehrung umzukehren. Nach muslimischer Auffassung gibt es kein Volk, das nicht durch einen Gesandten Gottes gewarnt wurde, nur einige von ihnen brachten ihrem Volk eine Schrift. Konkret benennt der Koran jedoch nur das *Alte Testament*, das *Mose* offenbart wurde, die *Psalmen* Davids, einige »Blätter«, die *Abraham* erhielt und das *Evangelium*, das *Jesus Christus* offenbart wurde. Aufgrund der *Schriftverfälschung* bei all diesen Texten ist nur der Koran im vollkommenen Sinn eine H.

Heilige Stätten, außer den von allen muslimischen Gruppierungen anerkannten heiligen Städten *Mekka, Medina* und *Jerusalem* kennt der Islam weitere Städte, die von einer oder mehrerer Gruppierungen als heilig betrachtet werden oder lokal als Grabstätten von Heiligen verehrt werden.

Heilsgeschichte, allgemein Bezeichnung für das geschichtliche Heilshandeln Gottes am Menschen. Der Islam weist sowohl eine Fortentwicklung der Geschichte auf, als auch ein zyklisches Geschichtsbild. Eine voranschreitende Geschichtsauffassung liegt dem Koran zugrunde, wenn er von der Erschaffung der Menschen zu Beginn der Menschheitsgeschichte berichtet und der Sendung zahlreicher *Propheten* von *Adam* bis Muhammad. Geht die *Überlieferung* von der Sendung von bis zu 124000 oder sogar 144000 Propheten aus; so berichtet der Koran vom Wirken von etwa 25 Propheten und erwähnt etwa weitere 15 namentlich. Nach Ablauf der Sendung dieser Propheten legt der Koran auch einen »Schlusspunkt« der Geschichte fest: Er tritt ein, wenn sich am Ende der Tage das *Jüngste Gericht* mit Naturkatastrophen und dem Kommen des *Antichrist* ankündigt *(Endzeit).* Mit dem Erlöschen aller anderen Religionen außer dem Islam, der *Auferstehung* der Toten und der Beurteilung der Menschen im Jüngsten Gericht kommt dieser Teil der Geschichte zu ihrem Abschluss. Zugleich vertritt der Islam eine zyklische Geschichtsauffassung, wenn er davon ausgeht, dass immer wieder Propheten mit einer durchweg gleichlautenden Botschaft entsandt werden: Stets schenken ihnen nur wenige Menschen Glauben, stets haben sie die Schrift verfälscht *(Schriftverfälschung).* Selbst Muhammad brachte keine andersartige, höher entwickelte oder detailliertere *Offenbarung* als seine Vorgänger wie z. B. *Mose* oder *Jesus,* die alle den Islam, den Glauben an den einen Gott und das Jüngste Gericht verkündeten. Zur Zeit der Propheten kennt der Koran keine sich entfaltende, fortschreitende Offenbarung. In der islamischen H. existiert zwar eine gewisse Weiterentwicklung der Menschheitsgeschichte (Paradies – Verkündigung – Jüngstes Gericht), aber keine voranschreitende Gottesoffenbarung.

Heirat → Hochzeit

Heiratsalter, heute meist gesetzlich auf ein Mindestalter von 16 Jahren bei Frauen und 18 Jahren bei Männern festgelegt. Längere Ausbildungszeiten oder hohe *Brautgelder* in Verbindung mit einer desolaten Wirtschaftslage führen häufig zu späteren Heiraten. Früher wurde traditionsgemäß eine Eheschließung ab neun Jahren bei Mädchen prinzipiell als möglich betrachtet, da Muhammad seine Lieblingsfrau Aischa mit sechs Jahren geheiratet und mit neun Jahren die Ehe mit ihr vollzogen haben soll, eine frühe Heirat also ein nachzuahmendes Vorbild *(Sunna)* war. Zwar nimmt die frühe Eheschließung ab, vor allem in den Städten, im ländlichen Bereich ist sie aber bei Mädchen im Alter von 12 bis 14 Jahren keine Seltenheit.

Heiratsalter.
Der Prophet Muhammad soll gesagt haben: »Ihr jungen Männer, wer von euch es sich leisten kann zu heiraten, soll dies tun, denn es hilft ihm, die Blicke zu senken und die Keuschheit zu wahren.«
Überliefert von Buhari

Helfer (arab. ansar), Bezeichung für Muslime *Medinas,* die bereits vor der Auswanderung *(Hidjra)* Muhammads und seiner ersten muslimischen Gemeinde von *Mekka* nach Medina 622 durch Abgesandte im Islam unterrichtet worden waren. Diese früh zum Islam konvertierten Medinenser werden im Koran die H. genannt, da sie Muhammad bei der Hidjra und in Medina Hilfe boten.

Herabsendung des Korans (arab. tanzil), dem Koran nach ist seine im Himmel aufbewahrte *Urschrift* mehrfach im Laufe der Geschichte als *Offenbarung* auf die Menschen »herabgesandt« worden: auf *Mose* die Tora, auf David die *Psalmen* und auf Jesus das *Evangelium.* Im Laufe der Zeit verfälschten die Menschen jedoch die von den *Propheten* überbrachte Schrift, so dass Gott erneut einen Propheten, Muhammad, sandte. Nur der Koran ist die Wort für Wort getreue Abschrift der himmlischen Urschrift, die vom Himmel »herabgesandt« wurde.

Heuchler (arab. munafiqun), Anhänger Muhammads in *Medina,* die ab 622 mit seiner zunehmenden Machtentfaltung zum Islam übertraten, aber offensichtlich bereit waren, sich im Fall der Niederlage des um Anerkennung und das politische Überleben kämpfenden Muhammad auf die Seite des Feindes zu schlagen. Der Koran schildert sie deshalb als heimtückische Opportunisten. Ab etwa 625 stellt der Koran die H. mit den den Muslimen feindlich gesonnenen *Juden* auf eine Stufe, zu denen die H. freundschaftliche Verbindungen unterhielten. Der Koran bezichtigt sie der Unehrlichkeit (3,167), der mangelnden Gottesfurcht (4,142) und des Unglaubens; ihnen droht im *Jenseits* die *Hölle* (4,138ff.). Während eines Kampfes im Jahr 627, dem »Grabenkrieg«, zog sich ein Teil der muslimischen Kämpfer unter Vorwänden zurück und schwankte, auf welche Seite er sich im Falle der Niederlage der Muslime stellen sollte (33,13f.). Auch bei anderen Gelegenheiten hatten die H. Feindschaft gegen Muhammad bewiesen. Erst ab 627 scheint der Einfluss der H. vorläufig zurückgegangen zu sein, nachdem Muhammad den jüd. Stamm der Qurayza ausgerottet hatte. Nach Muhammads Tod sollen die H. teilweise wieder vom Islam abgefallen sein.

Hidjab → Verschleierung

Hidjra (arab.), Auswanderung, d. h. die Übersiedlung der ersten muslimischen Gemeinde von etwa 70 Männern und Frauen aus *Mekka* ins benachbarte *Medina* (damals Yathrib) im Jahr 622. Schon in den Jahren zuvor hatte Muhammad Verbindungen mit Medina geknüpft. Nach 12 Jahren der Verkündigung des Islam in seiner polytheistischen Geburtsstadt Mekka hatte er nur wenige Anhänger gefunden und sah sich einem immer stärker werdenden Druck bis hin zur akuten Bedrohung seines Lebens ausgesetzt, der ihn nach einem Ausweg Ausschau halten ließ. Die H. markiert den Beginn der islamischen Zeitrechnung *(Kalender)*. Das genaue Datum wurde auf den 15./16. 7. 622 festgelegt.

Hidschra → Hidjra

Himmelsreise Muhammads. Geleitet vom Engel Gabriel (Mitte, mit Krone und Doppelflügeln), begegnet Muhammad (im grünen Gewand und mit verschleiertem Gesicht) dem Propheten Mose. Dieser hat bereits lange vor dem Propheten des Islam in der Tora den Glauben an den einen und einzigen Gott verkündet, etwa mit dem ersten der Zehn Gebote im 2. Buch Mose bzw. Exodus: »Ich bin Jahwe, dein Gott… Du sollst neben mir keine anderen Götter haben« (Ex 20,3f.). Bildteil eines Einzelblatts aus einer türkischen religiösen Handschrift des 16. Jh.; Museum für Islamische Kunst, Berlin

Himmelsreise Muhammads (arab. mi'radj), nächtlichen Reise Muhammads in die Gegenwart Gottes. Teilweise unterscheidet die muslimische Theologie zwischen der Nacht- und der H. Muhammads, teilweise werden sie als ein einziges Ereignis betrachtet. Manche Theologen legen die H. als einen Traum Muhammads aus, eine rein seelische Entrückung (insbesondere die *Mu'taziliten*); für die islamische *Mystik* ist der Bericht eine Allegorie der inneren Reise der Seele zu Gott. Die orthodoxe Theologie vertritt zumeist die Ansicht, dass Muhammad diese Reise tatsächlich angetreten hat. Der Koran enthält lediglich Andeutungen (17,1): Bei seiner Nachtreise soll Muhammad, der in der Nähe der *Ka'ba* in *Mekka* schlief, vom Engel *Gabriel* auf einem weißen Reittier, dem *Burak,* von Mekka nach *Jerusalem* (»nach der fernen Kultstätte«) geführt worden sein. Dort wurde über dem Ausgangspunkt seiner Reise 691 der Felsendom errichtet. Muhammad soll von Jerusalem aus in die Gegenwart Gottes versetzt worden sein (nach 53,1ff. und 53,1–18; ein Bericht über ein himmlisches Wesen, mit dem möglicherweise der Engel *Gabriel* gemeint sein könnte). In Verbindung mit Sure 17,1f. wurde gefolgert, dass Muhammad eine Reise in den Himmel unternommen habe. Einzelheiten berichtet ausschließlich die *Überlieferung:* Muhammad sei auf einer Leiter in den Himmel gestiegen. Er habe die Qualen der Verdammten in der *Hölle* gesehen und die sieben Himmel durchschritten, in denen er auf *Adam, Jesus* und Johannes, *Josef,* Idris, Aaron, *Mose* und *Abraham* getroffen sei. Schließlich habe er mit Gabriel das *Paradies* betreten und sei Gott selbst gegenübergestanden, der ihn zu fünfzig täglichen Gebeten verpflichtet habe. Mose jedoch habe Muhammad nahe gelegt, bei Gott um die Reduzierung der Gebetspflicht auf fünf tägliche *Gebete* zu bitten. Eine weitere Reduzierung der Gebetspflicht habe Muhammad von sich gewiesen. Im Gedenken an die H. wird die Nacht zum 27. Radjab, dem siebten Monat des islamischen *Kalenders,* als die Nacht der H. gefeiert.

Hochzeit, Feier eines zivilrechtlichen Vertrages, der Eheschließung. Mit der Unterzeichnung des *Ehevertrages* wird der Termin der H. festgelegt. Im traditionellen Rahmen feiern Männer und Frauen getrennt. Für die H. wird das Beste an Bewirtung und Großzügigkeit aufgeboten, was möglich ist. Die Feier kann bis zu sieben Tage dauern, und nicht selten verschulden sich die Familien erheblich. Die Aussteuer der Braut ist von ebensolcher Bedeutung wie die (Geld-)Ge-

Hochzeit. Dem Eheversprechen und dem Ehevertrag folgt die Hochzeit. Das Foto entstand im Iran; hier sind gemeinsame Hochzeitsfeiern einer großen Anzahl von Brautpaaren keine Seltenheit.

schenke der Gäste, die im ungefähren Verhältnis zu früher empfangenen Geschenken stehen sollten. Den Höhepunkt der Feier stellt die Überführung der Braut von ihrem Elternhaus in das Haus des Bräutigams dar, der mit seiner Frau traditionell bei seinen Eltern wohnen wird. Die Braut wird zu ihrer H. den Goldschmuck tragen, der ein Teil ihrer Brautgabe sowie ihrer finanziellen Absicherung für den Fall ihrer *Scheidung* ist. Sie ist über mehrere Tage geschmückt, gebadet, parfümiert und geschminkt worden, die Handinnenflächen werden oft mit Henna bemalt, was als glück- und segensverheißend gilt. *Jungfräulichkeit* ist noch immer das absolut höchste Gut einer Frau, die sie unbedingt bis zur Ehe wahren muss, da sie sonst als nicht zu verheiraten gilt. Im Haus des Bräutigams wird die Ehe vollzogen, und als Beweis für die Jungfräulichkeit des Mädchens den weiblichen Verwandten das Laken gezeigt. Dann sind alle erleichtert, denn damit ist die Unbescholtenheit der Braut und ihrer Familie erwiesen und ihr guter Ruf öffentlich bestätigt. Geschieht dies nicht (und die Brautleute sind sich nicht einig, eine »Täuschung« einzuleiten), gilt die Braut als ehrlos; sie wird mit Schimpf und Schande zu ihrer Familie zurückgejagt und die Ehe aufgelöst. Dies bedeutet für die Familie des Mädchens und sie selbst die größte denkbare Katastrophe und eine unermessliche *Schande.* Die Familie des Mannes wird sich als öffentlich gedemütigt betrachten. Die Frau wird nach einem solchen Ereignis kaum noch Heiratschancen haben. Es kann geschehen, dass ein männlicher Verwandter versuchen wird, die Schande von der Familie durch die Tötung der Frau abzuwaschen.

Hodscha, türk. Titel eines Religionskundigen. Die Bezeichnung H. ist nicht auf eine einzige inhaltliche Bedeutung festzulegen. Oft übt der H. die Funktion eines *Imams* (Vorbeters) bzw. eines Gemeindeleiters und Koranschullehrers aus. Er besitzt meist ein größeres theologisches Wissen bzw. eine respektiertere Position als ein Imam. Mit H. wird auch der Universitätsprofessor, Rechtsgelehrte oder ein Lehrer in der *Mystik* bezeichnet, der auch Wunderheiler und Verkäufer von *Amuletten* sein kann. Im schiitischen Bereich wird mit dem Titel des H. auch der Stellvertreter des Imams bezeichnet, der sich anstelle des in der Zukunft erwarteten *Mahdi* offenbart.

Hölle (arab. djahannam), vermutlich über das Äthiopische vom hebräischen »Gehenna« übernommener Begriff. Auch das »Feuer« (arab. nar) oder *Höllenfeuer* ist ein Synonym für die H., in der die Verurteilten besonders unter Hitze und Verbrennungsqualen leiden werden. Die H. hat sieben Tore (15,44). Die Ungläubigen ergreift Schrecke und Verzweiflung (30,12), da sie die Warnungen der *Propheten* verworfen haben. Sie werden auf dem Gesicht zur H. geschleift (25,34). Ungläubige, Gottlose, Abgefallene, Götzendiener und ungläubige *Geister* werden im *Jüngsten Gericht* zur H. verurteilt werden (11,119). Es gibt für sie kein Zurück ins frühere Leben, um sich dem Glauben zuwenden zu können. Selbst ihrer Bitte um einen raschen Tod wird nicht entsprochen (43,75ff.). Sie werden zusätzlich durch das Bewusstsein ihrer Schuld gequält (37,25 bis 33). Gläubige Muslime, die sich schwerer Sünde schuldig gemacht und nicht bereut haben, können nach Auffassung mancher Theologen für eine begrenzte Zeit in die H. geworfen, jedoch durch die *Fürsprache* Muhammads daraus erlöst werden. Sie haben eine schmerzhafte Strafe zu erwarten, denn sie werden »heißes Wasser zu trinken bekommen« (6,70), Feuer wird ihre Haut versengen und Speisen bleiben ihnen »im Hals stecken« (73,12). Schmerzen verursacht auch das Essen der Früchte des Saqqum-Baumes, die wie »geschmolzenes Blei« schmecken (44,45). Der Koran erwähnt auch »Stöcke aus Eisen« (22,21), mit denen die Bewohner der H. ins Feuer zurückgetrieben werden, sowie »Fesseln« (34,33) und »Ketten« (40,71), mit denen die Verurteilten aneinander gebunden sind. Die Bewohner der H. sind von den *Paradiesbewohnern* nur durch eine Wand getrennt (7,46) und bitten sie um Wasser, aber die Paradiesbewohner dürfen ihre Qualen nicht lindern, weil Gott es ihnen verboten hat (7,50).

Höllenfeuer, oft als Synonym für die *Hölle* selbst verwendet, in die alle im *Jüngsten Gericht* Verurteilten geworfen werden. Das H., dessen Brennstoff »Menschen und Steine« sind, quält die Höllenbewohner mit großer Hitze (66,6). Die Verurteilten leiden unter großem Durst, den sie nicht löschen können, »die Höllenhitze… versengt ihnen die Haut« (74,29). Die Ungläubigen tragen in der Hölle »Kleider aus Feuer«, ihnen wird »heißes Wasser über den Kopf gegossen« (22,19). Ihre versengte Haut wird immer wieder ersetzt, um die Qualen zu vergrößern (4,56).

Höllenwächter, nach dem Koran die »Schergen« der Hölle (96,18), »harte und strenge Engel« (66,6) oder »Strafengel«, von Gott als Wächter der Hölle eingesetzt (66,6) und nach Sure 74,30 mit 19 beziffert. Die H. fragen die Höllenbewohner höhnisch, warum sie die Warnungen der *Propheten* im Diesseits *(Welt)* nicht beachtet (66,6) und sie als Lüge bezeichnet haben. Die Höllenbewohner erkennen ihr Versäumnis als Schuld (67,8–11). Sie bitten die H., einen Tag »Straferleichterung« von Gott zu erflehen. Diese aber lehnen das mit dem Hinweis, doch selbst zu Gott zu beten, ab; das Gebet der Ungläubigen erhört Gott jedoch nicht (40,47–50). Die Verurteilten haben weder Helfer noch Fürsprecher.

Homosexualität, im Koran verurteilt, jedoch ohne Nennung eines konkreten Strafmaßes (4,16; 7,80f.). Die *Überlieferung* beurteilt die H. wie Grenzvergehen und soll daher nach Auffassung einiger Rechtsgelehrter wie *Ehebruch* bestraft werden, also mit der Todesstrafe im Fall ihres Verheiratetseins und mit Auspeitschung im Fall ihres Ledigseins *(Grenzstrafen).*

Huri (von arab. hur »weiß«), Paradiesjungfrau. Den Gläubigen werden im *Paradies* »großäugige H. als Gattinnen« erwarten (44,54; 56,22). Huri meint »die, in deren Augen das Weiße und das Schwarze stark hervortreten«, womit nach Meinung der Kommentatoren auf die besondere Schönheit dieser Frauen hingewiesen wird. Zwar berichtet die *Überlieferung,* dass die meisten Bewohner der *Hölle* Frauen sein werden. Dennoch bejaht der Koran, dass Männer und Frauen (2,25) gleichermaßen, ja ganze Familien, ins Paradies eingehen werden (13,23). Zugleich verspricht er den Gläubigen H. als Gattinnen (52,20), die Gott wohl für die Gläubigen erschaffen hat: »Jungfrauen… heiß liebend und gleichaltrig« (56,36f.) »mit schwellenden Brüsten« (78,33), Hyazinthen und Korallen vergleichbar (55,58), die vor ihnen weder Mensch noch *Geist* entjungfert haben (55,56) *(Paradies).*

Hutba, Predigt in der Moschee, insbesondere die *Freitagspredigt.*

I

Ibaditen (arab. Ibadiyya), auf einen ihrer Führer, Abd-Allah ibn-Ibad al-Murri, zurückgehende Bezeichnung für eine gemäßigten Überrest der *Haridjiten,* die sich 657 von der Partei des Ali und den *Schiiten* abspalteten. An ihrer Spitze stand ein *Imam,* der als weltliches und religiöses Oberhaupt betrachtet wurde und zudem das Richteramt ausübte. Die I. stimmen, obwohl aus der *Schia* hervorgegangen, dogmatisch in einigen Punkten mit sunnitischen Gruppierungen (wie den *Malikiten*) überein, unterscheiden sich jedoch z. B. durch die Annahme der Erschaffenheit des Korans grundlegend von ihnen und stehen damit den *Mu'taziliten* näher. Die Bewegung spaltete sich im Lauf der Zeit in zahlreiche Untergruppierungen. Vom 8. bis zum 10. Jh. konnten die I. in Algerien eine gewisse Machtposition erringen. Heute sind die I. in Nord- und Ostafrika (Sansibar) und insbesondere im Sultanat Oman vertreten.

Iblis → Teufel

Ibrahim → Abraham

Id al-adha → Opferfest

Id al-fitr → Fest des Fastenbrechens

I'djaz (arab.), Dogma von der »Unnachahmlichkeit« des Korans, »etwas, was unfähig macht, etwas Ähnliches hervorzubringen«: Das seit dem 3. Jh. thematisierte Dogma des I. erfährt spätestens seit Ende des 9. Jh. weit-

Ibaditen. Das Amram-Mausoleum im Sultanat Oman (Salala) ist ein ibaditisches Heiligtum. Die Ibaditen sind eine eigenständige islamische Richtung; ihr gehört die Mehrheit der etwa 2,5 Mio Einwohner des Oman an.

Imam. Der religiöse Führer der muslimischen Gemeinde und Vorsteher des Gottesdienstes in der Moschee ist der Imam. Sein Amt ist weder ein Beruf noch ein Rang. Jeder Muslim kann Imam werden. In der Regel wird der gelehrteste Muslim zum Imam einer Gemeinde bestimmt.

gehende Anerkennung. Ausgehend von der koranischen Aussage, dass der Korantext selbst Muhammads Beglaubigungswunder sei, das von jedem *Propheten* gefordert ist *(Wunder),* geht die islamische Theologie davon aus, dass der Koran in einer in jeder Hinsicht vollkommenen, einzigartig schönen Sprache abgefasst sei, einem so unnachahmlichen *Arabisch,* dass kein Geist und kein Mensch Ähnliches hervorbringen könne (17,88). Damit erreicht das Arabische den Rang einer göttlichen Sprache. Im *Volksislam* gilt das Arabische als von Segenskraft *(Baraka)* erfüllt. Aufgrund des Dogmas vom I. des Korans missbilligten und untersagten religiöse Autoritäten jahrhundertelang eine Übersetzung des Korans in andere Sprachen. Ein weiterer Grund dafür lag in den drucktechnischen Verfahren vergangener Jahrhunderte: Der Bleiguss einzelner Buchstaben hätte eine Zerlegung des arab. Textes in seine Einzelteile erfordert. Dies sahen manche Theologen als Eingriff in die Vollkommenheit des Textes an. Auch die Sorge vor einer Gefährdung der Einheit der weltweiten islamischen Gemeinschaft *(Umma)* durch verschiedene Koranausgaben hat wohl eine Rolle gespielt. Der Theologie gilt bis heute aufgrund der sprachlichen Unnachahmlichkeit eine Übersetzung nur als Interpretation des »eigentlichen« Korans, bestenfalls als sinngemäße Übertragung. Der Koran selbst betont, ein »arabischer Koran« (12,2 u. a.) zu sein; eine Übersetzung, so kann man im Umkehrschluss resümieren, ist folglich kein Koran mehr. Der Konvertit wie der nicht arabischsprachige Muslim muss in Schule, Elternhaus oder Koranschule die vorgeschriebenen Gebete und Koranverse auf Arabisch erlernen, da das rituelle *Gebet* nur auf Arabisch Gültigkeit besitzt. Die Ausrufung des Gebetsrufes auf Türkisch Mitte des 20. Jh. in der Türkei war nur von kurzer Dauer.

Idjma (arab. »Konsens«), drittwichtigste Quelle der Rechtsfindung nach Koran und *Sunna;* der Konsens aller Rechtsgelehrten einer Zeit in einer bestimmten Rechtsfrage, deren Urteil die Mehrheit der islamischen Theologen als bindend anerkennt. Der I. darf nicht im Widerspruch zu Aussagen von Koran und Sunna stehen. Die Anerkennung der Übereinstimmung als Quelle der Rechtsfindung geht auf Koranverse wie Sure 4,59 zurück, die die Autorität der »Kundigen« hervorheben, aber ebenso auf Grundsätze der *Überlieferung* wie: »Meine Gemeinde wird nicht in einem Irrtum übereinstimmen.« Einige Theologen erkannten nur den I. derjenigen an, die Muhammad noch gekannt hatten, andere hielten den I. für einen Konsens der Gelehrten einer bestimmten *Rechtsschule,* wieder andere für die Übereinstimmung aller Gelehrten zu allen Zeiten. Ebenfalls nicht eindeutig definiert bleibt dabei, wer »Gelehrter« in diesem Sinne ist. Für *Schiiten* ist der oberste Gemeindeleiter, der *Imam,* die oberste Autorität in allen Rechtsfragen.

Idjtihad (Urteilsfindung), selbstständige Rechtsfindung durch Anwendung der allgemein anerkannten Rechtsgrundlagen Koran und *Sunna.* Der I. kann individuell angewandt werden, also nicht nur in der Gemeinschaft wie der *Idjma.* Der zum I. Berechtigte ist der »Mudjtahid«, für die *Schiiten* der Vertreter des in der Verborgenheit lebenden Imams. Die ersten zweieinhalb Jahrhunderte soll der I. unter Gelehrten ohne Beschränkungen geübt worden sein. Ende 9./Anfang 10. Jh. bildete sich die Überzeugung heraus, dass die wesentlichen Rechtsfragen geklärt seien und dass eigentlich nur die Gelehrten der ersten Jahrhunderte die erforderlichen Qualifikationen zur eigenständigen Urteilsfindung besessen hätten, so dass das »Tor des I.« als geschlossen galt. Seitdem tritt der *Taqlid* an seine Stelle.

Iftar, Mahlzeit, mit der das Ende eines Fastentages im Monat *Ramadan* gefeiert wird oder auch die Mahlzeit am Ende des Fastenmonats selbst *(Fasten).* Wenn der Fastentag endet, ist die erste Nahrung oft eine Dattel bzw. eine ungerade Zahl von Datteln und ein Schluck Wasser. Danach wird gemeinsam gegessen. Gemeinsame Mahlzeiten haben im Ramadan besondere Bedeutung. Viele *Moscheen* und Kulturzentren laden zum I.-Essen Gäste ein.

Ihram → Weihezustand

Imam, Inhaber eines nicht klar umrissenen religiösen Amtes, im sunnitischen Islam einer Art religiöser Ehrenstellung. Es bezeichnet meist den Vorbeter einer Moschee, der oft auch Koranschulunterricht erteilt und bei religiösen *Eheschließungen (Imamehe)* anwesend ist. Nur der I. an großen Moscheen – dort können sich auch mehrere I. das Amt des Vorbeters teilen – besitzt eine theologische Ausbildung. Gleichzeitig steht der Begriff I. auch für den obersten Leiter der muslimischen Gesamtgemeinde, wie er für *Sunniten* außer in Muhammad nur in den ersten vier *Kalifen* verkörpert war. Er muss nach sunnitischer Auffassung aus Muhammads Stamm der Quraysch stammen, Recht sprechen können, die Gemeinde religiös und politisch leiten und den Islam gegen Irrlehre und Feinde verteidigen können. Im schiitischen Bereich kommt der I. dem Rang eines *Propheten* gleich, übermittelt jedoch keine Offenbarung. In der Frühzeit des Islam war der I. der in einer leiblichen Person verkörperte und als Oberhaupt angesehene oberste Gemeindeleiter, in deren Reihe als erster I. nach Muhammad Ali galt, der Cousin und Schwiegersohn Muhammads (nicht jedoch die drei ersten *Kalifen*). Aufgrund der Unterbrechung der Imamlinie – für *Zwölferschiiten* mit dem 12. Imam – wurde der I. in die Verborgenheit entrückt und steht von dort als spiritueller Leiter über seine Stellvertreter mit der schiitischen Gemeinde in Kontakt. Er ist ein sündloser Führer, besitzt übernatürliches Wissen und Fähigkeiten, legt *Fürsprache* für die Gläubigen ein, kann an verschiedenen Orten gleichzeitig sein, Kranke heilen, Tote auferwecken, in die Zukunft sehen und kennt als einziger die hinter dem vordergründigen Wortsinn verborgene, eigentliche Bedeutung der Koranverse. Der I. wird nach der Eschatologie der *Schiiten* am Ende der Zeiten als *Mahdi* auf die Erde zurückkehren und ein Friedensreich errichten.

Imamehe, die nur vor einem Imam geschlossene, aber nicht – wie es z.B. in der Türkei gesetzlich vorgeschrieben ist – staatlich registrierte Ehe, die trotz des seit 1926 bestehenden Verbots *(Polygamie)* in der Türkei oft als Zweitehe, vor allem auf dem Land geschlossen wird. Eine I. kann ohne Gerichtsverfahren durch die bei religiösen *Ehescheidungen* üblicherweise dreimal ausgesprochene Formel »Ich verstoße dich« geschieden werden. Alle Kinder aus dieser Ehe gelten als legitime Nachkommen und werden als Kinder der »einzigen«, rechtmäßigen Ehefrau anerkannt.

Imamiten → Zwölferschiiten

Iman → Glaube

Indjil → Evangelium

Inkarnation, Lehre von der Fleischwerdung einer Gottheit. Sie wird im Koran und Islam strikt abgelehnt, wobei der Koran die *Trinität* aus Gott, dem Vater, Maria, der Mutter und Jesus, ihrem Sohn allerdings im biologischen Sinn auffasst. Gott offenbart sich nicht als Mensch, sondern nur durch eine Schrift – in vollkommener, unverfälschter Weise ausschließlich im Koran.

Isfahan. Schah Abbas I., der Große, leitete die Blütezeit der ehemaligen persischen Hauptstadt Isfahan ein. Aus dieser Zeit stammt die Schah-Moschee, errichtet im 17. Jh. Innen und am Außenbau prachtvoll mit farbigen Fayencen ausgestattet, ist die Moschee ein herausragendes Beispiel persischer Architektur.

Inspirationsverständnis, der Islam geht von einer Verbalinspiration des Korans aus: Der Engel *Gabriel* übermittelte Muhammad die *Offenbarung* Gottes, der sie wortgetreu bewahrte und seinen Landsleuten verkündete; danach ist sie ebenso wortgetreu niedergeschrieben worden. Stets hat die islamische Theologie betont, dass die Person Muhammads bei der *Herabsendung* des Korans und der Weitergabe seines Inhalts an seine Landsleute keine Rolle gespielt habe, und der Koran die einzige, vollkommen unverfälschte Botschaft sei, frei von menschlichen Einflüssen und Veränderungen.

Isa Masih → Jesus Christus

Isfahan, drittgrößte Stadt des Iran. Die antike Stadt Aspadana wurde 643 von den Arabern erobert. Im 11. Jh. war I., die Hauptstadt der Seldschuken, die bedeutendste Stadt im östlichen Kalifat. Nach der Herrschaft der Mongolen (13./14. Jh.) erhob Schah Abbas I., d. Gr., I. zur pers. Hauptstadt (bis 1722). Aus dieser Blütezeit stammen der zentrale, zum Weltkulturerbe erklärte Schahplatz (Maidan e Schah; 1598) mit dem Palast Ali Kapu (15. Jh.), der Königsmoschee (1612–37), der Frauenmoschee (Lotfollah-Moschee; vollendet 1619), der *Medrese* Madar e Schah (1706–14) und dem Basar.

Istanbul. Ansicht der Hagia Sophia (griech. »Heilige Weisheit«) von Südwesten. Die unter Justinian I. erbaute Palast- und Krönungskirche der byzantinischen Kaiser (geweiht 537) ließ Sultan Mehmed I. unmittelbar nach der Eroberung von Konstantinopel (1453) in eine Moschee umwandeln und mit Minaretten versehen. Jahrhunderte zuvor bildete der monumentale Kuppelbau ein Vorbild für die islamische Architektur, welche die Konstruktion von Kuppelschalen mit Innengewölbe, ein Symbol der Himmelswölbung, zu hoher Kunstfertigkeit entwickelte. Einen Ausgangspunkt bildete der Felsendom in Jerusalem (691/692).

Zu den kulturhistorisch bedeutenden Gebäuden gehören auch der Palast der vierzig Säulen, die Freitagsmoschee, deren älteste Teile aus dem 11. Jh. stammen, und die alten Brücken über den Sajande Rud.

Islamisches Recht → Scharia

Islamisches Strafrecht → Grenzstrafen; → Wiedervergeltung, → Ermessensstrafen

Islamismus, früher meist als »Fundamentalismus« bezeichnetes Spektrum des Islam, das den Islam nicht nur als Religion, sondern auch als gesellschaftsbildende Ordnung und politisches System auffasst und ihm weltweit zur Durchsetzung verhelfen will.

Ismail (Ismael), im Koran (14,39) als Sohn *Abrahams,* den er mit seiner Nebenfrau Hagar zeugte, und als einer der Propheten erwähnt (3,84; 3,4,163). Nach der heute überwiegenden Meinung muslimischer Theologen jener Sohn, der von seinem Vater geopfert werden sollte, während frühe Korankommentatoren Isaak angeben. Die Überlieferung berichtet, dass Abraham und I. einst die Grundmauern der *Ka'ba* legten und eine Art Einweihungsgebet gesprochen haben. Später sollten I. und sein Vater die Ka'ba wieder neu als Stätte der Gottesverehrung durch die Reinigung von den dortigen Götzenbildern wiederherstellen (2,125 bis 128). Nach der Überlieferung wurde I. mit seiner Mutter Hagar von Abraham in der Wüste zurückgelassen, wo Gott ihr Gebet um Wasser erhörte und dort, wo I. verdurstend auf der Erde lag, die Quelle *Zemzem* hervorsprudeln ließ. Am Wohnort der Hagar entstand später die Stadt *Mekka.*

Ismailiten (arab. ahl al-haqq, Leute der Wahrheit), »Siebenerschiiten«, nach dem ihrer Auffassung nach letzten rechtmäßigen *Imam Muhammad ibn Ismail* benannte schiitische Gruppierung *(Schiiten).* Nach dem Tod des 5. Imams, Muhammad al-Baqir um 733 spalteten sich die I. ab, denn sie verweigerten dem Sohn des 5. Imams, Ja'far as-Sadiq (†765), und 6. Imam die Anerkennung, und hielten dem bereits vor ihm verstorbenen älteren Sohn Ismail (†um 755 bis 760) für den rechtmäßigen Nachfolger. Nach Ismail als 6. Imam erkennen die I. dessen Sohn Muhammad ibn Ismail an, den für sie letzten Imam. Für die I. liegt der Sinn des Korans nicht im Wortlaut der einzelnen Verse offen zutage, sondern muss durch Auslegung erschlossen werden. Die I. entwickelten ausgehend von der Emanationslehre der neuplatonischen Philosophie eine Art philosophisch-metaphysische Kosmogonie. In diesem Lehrgebäude verbanden sich naturwissenschaftliche, astrologische, alchemistische, gnostische, kabbalistische und mystische Vorstellungen. Von den I. spalteten sich weitere Gruppierungen ab, z.B. die Qarmaten. Heute sind die I. zahlenmäßig unbedeutend in Ost- und Westsyrien, Jemen, Saudi-Arabien, Indien, Ostafrika, Iran, Afghanistan und Zentralasien mit insgesamt etwa 20 Mio Anhängern vertreten.

Ismailiya → Ismailiten

Isnad, »Überliefererkette«, möglichst lückenlose Kette von Überlieferern, die u.a. die Echtheit eines Textes der *Überlieferung* belegen soll und bis auf Muhammad, einen seiner *Prophetengefährten* oder einen der vier »rechtgeleiteten« *Kalifen* zurückführt.

Istanbul (bis 1930 Konstantinopel), größte Stadt der Türkei, am asiat. und am europ. Ufer des von zwei Hängebrücken überspannten Bosporus. Den Ursprung bildete die griech. Kolonie Byzantion (gegründet um 660 v.Chr.). 330 n.Chr. weihte der röm. Kaiser Konstantin I. hier seine neue Reichshauptstadt Constantinopolis ein, nach der Reichsteilung Hauptstadt des Oströmischen bzw. des Byzantinischen Reichs. Nach der Eroberung durch Sultan Mehmed Mahmed II. am 29.5.1453 wurde Konstantinopel Hauptstadt des Osmanischen Reichs, Hauptstadt der Republik Türkei wurde 1923 Ankara. Aus byzantin. Zeit stammt die unmittelbar nach der Eroberung in eine Moschee verwandelte Palast- und Krönungskirche Hagia Sophia (seit 1934 Museum). Die osman. Palastanlage Topkapi-Serail (heute Museum) wurde 1462 begonnen. Hauptwerke des islamischen Sakralbaus sind drei Moscheen des Architekten Sinan: die Prinzenmoschee (1544–48), die Sulaiman-Moschee (1550 bis 1557) und die Rüstam-Pasa-Moschee (vollendet 1561). Die heutige Hauptmoschee von I. ist die an allen Wänden mit blaugrünen Fayencen verkleidete Blaue Moschee bzw. Sultan-Ahmad-Moschee (1609–16).

Ithna Aschariyya → Zwölferschiiten

Izrail → Todesengel

J

Jathrib (Yathrib) → Medina

Jenseits (arab. al-ahira »die Letzte«), Bereich, der dem Sterblichen zu seinen Lebzeiten verborgen ist und über den er nur das weiß, was Gott ihm offenbart hat. Im Koran bildet das J. stets den Gegenpol zum Diesseits, bzw. der diesseitigen *Welt,* die Prüfung (11,7; 21,35) und Vorbereitung für das Leben nach dem Tod ist. Im J. wird jeder Mensch durch das *Jüngste Gericht* zu Gott »zurückgebracht«, in dem er zu seinem Glauben und Handeln befragt wird und darauf Eintritt ins *Paradies* erhält oder zur ewigen Qual in der *Hölle* verdammt wird.

Jerusalem (arab. al-Quds »das Heiligtum«), im Islam im Allgemeinen nach *Mekka* und *Medina* als drittheiligste Stadt betrachtet. Der Name J. wird im Koran nicht erwähnt, doch glauben Muslime, dass Muhammad von J. aus seine *Himmelsreise* in die Gegenwart Gottes angetreten hat. An dieser Stelle wurde 691 der Felsendom errichtet. Die um 1000 v. Chr. zur Hauptstadt des Königreichs Israel bzw. nach der Teilung des Südreichs Juda erhobene »Davidstadt« wurde 597 v. Chr. von den Babyloniern erobert und zehn Jahre später entvölkert; die Wiederbesiedlung erfolgte nach dem Babylonischen Exil Ende des 6. Jh. v. Chr. Ab 63 v. Chr. stand J. unter röm. Oberherrschaft; Aufständen folgten 70 n. Chr. die Zerstörung des Tempels, 135 n. Chr. die Vertreibung der Juden und die Umbenennung in Aelia Capitolina; unter Kaiser Konstantin I. (reg. 306–337) wurde J. zu einer christlichen Metropole. 637 von Utmar in das Kalifenreich eingegliedert, diente J. nach der Eroberung 1099 im 1. Kreuzzug als Hauptstadt des Kreuzfahrerstaats Königreich Jerusalem; nach der Eroberung durch den ägypt. Sultan Saladin (1187) ab 1244 für Jahrhunderte in islamischem Besitz (1517–1917 osman. Provinzhauptstadt), wurde J. 1920 Hauptstadt des brit. Völkerbundmandats Palästina und sollte nach einem Plan der UNO von 1947 internationalisiert werden. Die Teilung in die jordan. Altstadt und die 1950 zur Hauptstadt Israels erklärte Neustadt endete 1967 durch die israel. Besetzung des jordan. Teils; seit 1980 ist ganz J. die Hauptstadt Israels.

Jerusalem. Ansicht von Osten mit der arabischen Altstadt im Vordergrund. Blickpunkt ist die goldglänzende Kuppel des muslimischen Felsendoms (691/692) auf dem Plateau des 70 n. Chr. von den Römern zerstörten herodianischen Tempels. In unmittelbarer Nachbarschaft des Felsendoms entstand ab 702 die Al-Aqsa-Moschee (arab. »die ferne Gebetsstätte«).

Jesidi (Jezidi, Jeziden), Anhänger einer hauptsächlich in Kurdistan praktizierten Geheimreligion, die Glaubenselemente mehrerer Religionen – darunter auch des Islam – miteinander in Beziehung setzt. Die J. glauben an die Seelenwanderung.

Jesus Christus (arab. Isa Masih), im Koran einer der bedeutendsten *Propheten,* wenn auch Muhammad nachgeordnet, den er als dessen direkter Vorläufer ankündigt (61,6), ein sterblicher Mensch und Verkünder des Islam, gesandt zu den Israeliten *(Juden)* mit einer Schrift, dem Indjil *(Evangelium).* Geboren von *Maria,* einer gottesfürchtigen Jungfrau, verkündet J., der »Sohn der Maria«, den Glauben an den einen Gott und das *Jüngste Gericht,* gibt *Almosen* und verrichtet das rituelle (islamische) *Gebet.* Er ist das durch Gottes Reden erschaffene »Wort Gottes«, »Geist von ihm« (4,171), der »Diener Gottes« (4,172), »Prophet« (19,30) und

Jesus Christus. Das so genannte Jesus-Minarett in Damaskus. Nach der Überlieferung erscheint Jesus beim Jüngsten Gericht in Damaskus und kämpft gegen den Antichrist. Buchmalerei des 16. Jh.; Museum für türkische und islamische Kunst, Istanbul

»Gesandter« (arab. rasul) (4,157), er wird sein ganzes Leben hindurch mit dem *Heiligen Geist* gestärkt (2,87). Er ist der »Messias« (arab. al-masih), ein »Vorbild«, »Gleichnis« oder »Beispiel« (arab. mathal) (43,59), ein »Zeuge« gegen die Ungläubigen (arab. schahid) (4,159). Er tut Wunder (erweckt Tote zum Leben, heilt Kranke, belebt tote Materie) und wird am Ende der Tage noch einmal auf die Erde zurückkehren *(Endzeit).* Er ist einer derjenigen, die im Diesseits *(Welt)* und im *Jenseits* Ansehen genießen und Gott nahestehen (3,45), und ihm ist der Segen Gottes verliehen (19,31). Er ist wie jeder andere Gesandte rechtschaffen (arab. salih; 3,46), ein Beispiel für Frömmigkeit und moralische Vorbildlichkeit. Die islamische Theologie legt ihm wie allen Propheten Sündlosigkeit bei.

Seiner Mutter, der Jungfrau Maria, wird vom Engel *Gabriel* die Geburt eines Sohnes verkündet, der trotz seiner partiellen Sendung zu Israel ein »Zeichen für die Menschen« (19,21) sein wird. Gott haucht ihr seinen Geist ein (21,19), und J. wurde geschaffen, als Gott sprach: »Sei!« (3,47). Maria bringt J. unter einer Palme zur Welt. Er spricht unmittelbar nach seiner Geburt zu ihr (19,30–31). Auf Lehrinhalte, von denen das Neue Testament berichtet, wie die Bergpredigt, wird im Koran ebenso wenig eingegangen wie auf die Berufung und Aussendung seiner Jünger – sie werden im Koran nur am Rand als *Helfer Gottes* (3,52) erwähnt – noch ist seine Sendung mit Erlösung verbunden. Er ist nicht gekreuzigt worden *(Kreuzigung).* Er ist nicht der Sohn Gottes *(Gottessohnschaft Jesu),* hat keinen Anteil an einer *Trinität* und kann Sünde nicht vergeben. J. Lehre beschränkt sich auf die Ermahnung der Israeliten zur Unterwerfung unter Gott und Einhaltung der (islamischen) Glaubenspflichten. Er verkündet also keine neue Botschaft, sondern bestätigt die zuvor herabgesandten Schriften (5,46). J. erinnert lediglich an den von Beginn der Menschheitsgeschichte an verkündigten *Monotheismus.*

Offen lässt der Koran die Frage nach dem Tod Jesu. Außer einem Vers in Sure 4,157, der die *Kreuzigung* Jesu abzulehnen scheint, gibt es nur noch wenige weitere Koranstellen, die sich allegorisch auf den Tod Jesu beziehen. Nach allgemeiner Auffassung wurde J. lebend in den Himmel erhoben (3,55) und lebt bei Gott, bis er am Ende der Tage noch einmal auf die Erde kommen und sterben wird (19,33) *(Endzeit).* Die genauen Umstände seines Todes (Kreuzigung, natürlicher Tod oder Abberufung zu Gott) und der Zeitpunkt seines Todes (während seines Lebens auf der Erde oder nach seiner Wiederkunft) bleiben nach den Aussagen des Korans nahezu vollständig im Dunkeln.

Ka'ba. Das aus vorislamischer Zeit stammende Heiligtum wurde von allen Relikten des Götzendienstes gereinigt und bildet seit jener Zeit den Mittelpunkt der Großen Moschee in Mekka. Die türkische Buchmalerei in einer religiösen Handschrift des 16. Jh. zeigt Männer und Frauen in getrennten Gruppen bei der rituellen Umrundung des mit der schwarzen Kiswa verhüllten »Würfels«, der hier von Palmen umgeben ist; Museum des Topkapi-Serail, Istanbul

Jeziden (Jezidi) → Jesiden

Josef (arab. Yusuf), einer der wenigen *Propheten* des Korans, dessen Lebensgeschichte fortlaufend in Sure 12 erzählt wird. Man nimmt an, dass die Sure »Josef« um 619/620 verfasst wurde, also zu einer Zeit, in der sich Muhammad selbst in *Mekka* in höchster Bedrängnis befand. Die Geschichte von J. folgt dem »klassischen« Verlauf der Berufung zum Propheten, seiner Verkündigung des *Monotheismus* gegen den Widerstand seiner Familie (Verkauf nach Ägypten) und der Rechtfertigung von J. Sendungsanspruchs durch Gott. Das Ende ist insofern untypisch, als kein Strafgericht hereinbricht, sondern die Familie seiner Botschaft schließlich Glauben schenkt. – J., der Mann *Marias,* findet im Koran keine Erwähnung.

Juden (arab. yahud oder banu Israil), wie die *Christen* von Muhammad als *Schriftbesitzer* zunächst anerkannt, jedoch in der Erwartung, dass sie ihrerseits seine Sendung anerkennen. Als die J. ihn stattdessen mit Spott bedachten und ihn durch Allianzen mit seinen Feinden bedrohten, antwortete Muhammad den drei großen, in *Medina* ansässigen jüd. Stämmen seinerseits mit theologischer Verurteilung und mit Kampf und Vertreibung.

Jungfräulichkeit, das höchste Gut im Leben einer unverheirateten Frau, für die die Wahrung ihres guten Rufes oberstes Gebot ist. Eine Einbuße ihrer J. kann für sie drastische Konsequenzen haben. Daher unterliegt sie in ihren Außenkontakten in starkem Maß der familiären und gesellschaftlichen Kontrolle. Auch nach ihrer Heirat achtet die *Frau* auf die Erhaltung ihres guten Rufes und ist darauf bedacht, nicht in den leisesten Verdacht des *Ehebruchs* zu geraten und ihre *Ehre* zu wahren. Ehrlos kann weder sie noch ihre Familie im gesellschaftlichen Kontext bestehen. Auch Klugheit, Frömmigkeit, eine gute Ausbildung, hausfrauliche Fähigkeiten oder Schönheit mögen für eine *Eheschließung* von Bedeutung sein, an die Bedeutung der J. reichen sie jedoch nicht heran. Ein möglicher Verlust der J. bedeutet für die ganze Familie eine unermessliche *Schande.* Mit Ausnahme von bestimmten Bereichen im großstädtischen Kontext ist eine Frau »ohne Ehre« nicht mehr zu verheiraten, es sei denn, die Eheleute sind sich einig und verheimlichen dies vor ihren Familien oder die Frau unterzieht sich vor der *Hochzeit* einer kleinen »Wiederherstellungsoperation«.

Jüngstes Gericht, verbunden mit der *Auferstehung* der Menschen einer der frühesten, bereits aus Muhammads mekkanischer Zeit stammenden und grundlegendsten Verkündigungsinhalte des Islam und Hauptthema in mindestens 20 der 114 Suren. Nicht an das J. zu glauben, wird daher von der islamischen Theologie als *Unglaube* gewertet. Am Tag des J., dessen Ereignisse Koran wie *Überlieferung* detailliert beschreiben, wird Gott in absoluter Gerechtigkeit richten: »Jedem kommt zugute, was er verdient, und über ihn bricht herein, worin er gesündigt hat« (2,286). Für den Gläubigen hat er den Eingang ins *Paradies* bestimmt, für den Ungläubigen die Verurteilung zur *Hölle.*

K

Ka'ba (arab. »Würfel, Quader«), das wichtigste Heiligtum des Islam im Zentrum der Großen Moschee in *Mekka,* zu dem jährlich im Pilgermonat etwa 2–3 Mio Menschen eine *Pilgerfahrt* machen, die mit dem *Opferfest* endet. Die mit einem riesigen schwarzen Tuch *(Kiswa)* bedeckte K., birgt in ihrem Inneren den *Schwarzen Stein.* Die K. ist für alle Muslime weltweit der Ort der Gebetsrichtung *(Quibla).*

Kairo. Die Hauptstadt Ägyptens besitzt mehr als 1000 Moscheen, darunter die berühmte al-Azhar-Moschee. Ein Wahrzeichen der Stadt ist die Muhammad-Ali-Moschee auf der Zitadelle, die 1830 Sultan Muhammad Ali errichten ließ. Heute liegt die meiste Zeit eine Dunstglocke über der größten Stadt Afrikas, deren Agglomeration über 16 Mio Einwohner zählt.

Kafir (arab. »Ungläubiger«) → Unglaube

Kairo, Hauptstadt Ägyptens und größte Stadt Afrikas, Sitz der mit der Moschee (al-) *Azhar* verbundenen ältesten und größten islamischen Universität. K. entstand in dem ab 639 von muslimischen Arabern eroberten Ägypten, einer Provinz des Kalifenreichs, als Neugründung (969) der Fatimiden in der Nähe der Ansiedlung Al Fustat (heute Alt-Kairo mit der Ibn-Tulun-Moschee, 876 bis 879). Nach der Eroberung von *Bagdad* durch die Mongolen (1261) rückte K. ins Zentrum der islamischen Welt, doch repräsentierten die Nachkommen der Annasiden am Hof der Mamelucken in Kairo lediglich ein »Schattenkalifat«. 1517 wurde K. Provinzhauptstadt im Osmanischen Reich; ab 1914 Hauptstadt des brit. Protektorats, ab 1922 des Königreichs, ab 1953 der Republik Ägypten. Die Altstadt von K. gehört zum Weltkulturerbe.

Kairouan, heilige Stadt des Islam und bedeutender Wallfahrtsort südlich von Tunis, der Hauptstadt von Tunesien. K. entstand um 670 n.Chr. als Militärlager und Rastplatz für Karawanen; die ältesten Teile der Sidi-Okba-Moschee stammen vom Anfang des 8. Jh. K. entwickelte sich im 9. Jh. zur Residenz der in Nordafrika herrschenden arab. Dynastie der

Die arabischen Monate im Islam

1. Muharram
2. Safar
3. Rabi' I
4. Rabi' II
5. Djumada I
6. Djumada II
7. Radjab
8. Scha'ban
9. Ramadan (Fastenmonat)
10. Schawwal
11. Dhu-l-Qa'da
12. Dhu-l-Hidjdja (Wallfahrtsmonat)

Türkei und Iran haben abweichende Monatsbezeichnungen und Zeitrechnungen.

Aghlabiden (nominell Vasallen des abbasidischen Kalifen von *Bagdad*) und danach der *Fatimiden* (9. Jh.–1057). Die ummauerte Altstadt mit ihren Moscheen gehört zum Weltkulturerbe.

Kalam (von arab. kalima »Wort«), Beweisführung, Apologetik, »die Wissenschaft des Wortes«. Gemeint ist die Beweisführung für die Wahrheit des Islam, insbesondere seiner fünf grundlegenden Glaubensartikel (der Glaube an *Gott,* die *Engel,* die *Propheten,* die *Heiligen Schriften* und das *Jüngste Gericht*), und für die Echtheit der Sendung Muhammads. Der K. hat zwei Stoßrichtungen: die Erläuterung, Definition und Begründung des eigenen Glaubens, u. a. zur Abgrenzung gegen *Häresien,* sowie die Widerlegung anderer Glaubenssysteme und Religionen.

Kalender, im Unterschied zum julianisch-gregorianischen Kalender des Christentums beruht die Berechnung des islamischen K. nicht auf Sonnen-, sondern auf Mondjahren. Ein Tag beginnt mit Sonnenuntergang, ein Monat mit dem Erscheinen der Neumondsichel. Das Mondjahr umfasst 6 Monate mit 29 und 6 Monate mit 30 Tagen, also insgesamt 354 Tage. In 30 Jahren ergeben sich 11 Schaltjahre mit 355 Tagen, die durch Hinzufügen eines zusätzlichen Tages an den letzten Monat des Jahres etwa alle drei Jahre geschaffen werden. Die Tatsache, dass das islamische Jahr etwa elf Tage kürzer ist als das christliche, bedeutet, dass die 12 Monate des islamischen Jahres etwa elf Tage pro Jahr rückwärts durch den christlichen Kalender wandern, was vor allem das *Fasten* an langen Sommertagen mit 16 bis 18 Stunden Tageshelle erheblich erschwert.

Kalligrafie. Die Kunst der »Schönschrift« findet sich in allen Bereichen der islamischen Kunst von Bauinschriften bis zu Gebrauchsgegenständen. Hier ist es eine Moscheeampel aus Glas mit vier Ösen, an denen sie aufgehängt wurde. Die kalligrafisch mit blauen Buchstaben auf vergoldetem Grund ausgeführte Inschrift des oberen Teils ist der »Lichtvers« aus dem Koran: »Allah ist das Licht von Himmel und Erde. Sein Licht ist einer Nische zu vergleichen mit einer Lampe darin« (Sure 24,35). Der untere Teil preist den Mamelucken-Sultan Nasir ad-din Muhammad (reg. 1299 bis 1340), der die Moscheeampel um 1300 in Syrien für eine seiner Stiftungen in Kairo anfertigen ließ. Museum für Islamische Kunst, Berlin

Kalif (arab. halifa), Nachfolger, Stellvertreter. Im Koran wird der Begriff K. wenige Male (2,30; 38,26) in dem Sinn erwähnt, dass der Mensch ein von Gott eingesetzter K. auf Erden ist (6,165); es wird damit jedoch offensichtlich in beiden Fällen kein Leitungsamt der muslimischen Gemeinde benannt. Nach Muhammads Tod 632 werden mit dem Titel K. die Nachfolger Muhammads bezeichnet, insbesondere die ersten vier »rechtgeleiteten K.« Abu Bakr (reg. 632–634), Umar (reg. 634 bis 644), Uthman (reg. 644–656) und Ali (reg. 656–661). *Islamisten* gilt diese 29 jährige Herrschaft als das »Goldene Zeitalter des Islam«, das vor allem in der Einheit von weltlicher und religiöser Herrschaft wieder hergestellt werden muss, um in der islamischen Welt Blüte und Ansehen wiederherzustellen. Nach Alis Tod wurde mit der Dynastie der *Umayyaden* (661–750) und der ihnen nachfolgenden Abbasiden (750–1258) die Würde der K. erblich. Schon ab dem 10. Jh. zeichnet sich ein Niedergang des Kalifats ab; im ausgedehnten islamischen Weltreich erklären sich mächtige Statthalter als vom K. unabhängig und lassen sich zu Gegenkalifen ausrufen (Samaniden, Ghaznaviden, Bujiden u.a.). Im 11. Jh. entwickeln sich die vielen Kalifate zu Sultanaten. 1258 markiert das vorläufige Ende des Kalifats. Von da an bestand noch das »Schattenkalifat« der Abbasiden in Kairo (1261–1517). Offiziell wurde das Kalifat mit der Eroberung Ägyptens durch die Osmanen 1517 abgeschafft. Der Titel K. war ab dieser Zeit nur noch eine Ehrenbezeichnung des osman. *Sultans,* bis er 1924 im Zuge der Säkularisierung der Türkei abgeschafft wurde. Seitdem hat es mehrere Versuche gegeben, das Kalifat wiederzubeleben. Ein K. galt als »Nachfolger« Muhammads und – von der Zeit der Abbasiden an – auch als Stellvertreter Gottes auf Erden. Der Koran beschreibt die Anforderungen an sein Amt nicht, sondern sie wurden mehr aus praktischen Überlegungen festgelegt: Der K. musste Urteilsfähigkeit besitzen, Kenntnis der islamischen Wissenschaften, Mut, Entschlossenheit und Stärke, um seinen Aufgaben der Verteidigung von Religion, Land und Untertanen – auch durch die Führung des *Djihad* – gewachsen zu sein, sowie eine funktionierende Verwaltung und Führung seines Volkes und Landes zu bewältigen. Der K. besaß streng genommen keine gesetzgeberische Gewalt, sondern nur ausführende und Recht sprechende (exekutive und judikative, nicht jedoch legislative Gewalt), konnte aber inoffiziell durch Auslegung und Verwaltung der Gesetze neue Gesetze schaffen. Das Konzept des K. ist eine rein sunnitische Angelegenheit *(Sunniten). Schiiten* haben sie stets als eine von Menschen angemaßte Autorität abgelehnt. Im schiitischen Bereich spielt einzig der Imam *(Schia)* die entscheidende Rolle für die geistliche und weltliche Führung der islamischen Gemeinde.

Kalligrafie, früh und hoch entwickelte Schriftkunst zur Ausschmückung von Koranexemplaren, aber auch zur Verzierung von Moscheen. Ihre Entwicklung wurde im Islam durch das *Bilderverbot* begünstigt.

Kanzel → Minbar

Ketzerei → Häresie

Kindererziehung → Erziehung

Kinder Israels → Juden

Kinderlosigkeit, auf Dauer angelegte, freiwillige K. ist in der islamischen Welt wohl nirgends anzutreffen. Die Liebe zu Kindern, welche die *Überlieferung* auch von Muhammad berichtet, ist in aller Regel groß. Kinder gelten als sichtbarer Segen Gottes; kinderlos zu bleiben wird meist als *Schande* empfunden. Außerdem spielen Kinder, insbesondere auf dem Land, bei der Bewältigung der täglichen Arbeit, für die Altersversorgung der Eltern sowie bei der Betreuung jüngerer Geschwister eine wichtige Rolle. Trotz der Erkenntnisse der modernen Medizin, welche die islamische Theologie nicht ablehnt, solange es sich um mit dem Islam vereinbare Methoden handelt, wird die Verantwortung für die K. oft noch der *Frau* zugewiesen. K. dürfte noch immer zu den häufigsten Gründen für eine *Ehescheidung* oder den Entschluss des Mannes zu einer Zweitehe *(Polygamie)* gehören. Der Koran verweist darauf, dass es Gottes Entscheidung ist, wem er Jungen und Mädchen schenkt und wer »unfruchtbar« bleibt (42,50). Wegen der mit der K. verbundenen Schande wird eine Ehefrau nach Ablauf des ersten, spätestens im zweiten Ehejahr medizinische Hilfe suchen, eine Wunderheilerin aufsuchen oder an einem Heiligengrab mit einem Gelübde oder einem Opfer Fruchtbarkeit erbitten *(Heiligenverehrung).*

Kiswa. Das aus Seide und Baumwolle gewebte schwarze »Gewand« der Ka'ba ist mit dem Glaubensbekenntnis und Versen aus dem Koran bestickt. Die Teile, in welche die Kiswa am Ende der Pilgerfahrt nach Mekka zerschnitten wird, haben den Rang von Reliquien.

Kismet (türk., von arab. qisma »Teil, teilen«), Schicksal, die Vorherbestimmung von allem, was auch immer sich ereignet *(Willensfreiheit).*

Kiswa (arab. »Gewand, Umhang«), schwarzes, mit dem *Glaubensbekenntnis* und Koranversen auf schwarzem Brokat besticktes Tuch, das das würfelförmige Gebäude der *Ka'ba* bedeckt. Die K. wurde bis Mitte des 20. Jh. mit kurzen Unterbrechungen in Ägypten hergestellt (heute in Saudi-Arabien) und wird jährlich erneuert. Am Ende der *Pilgerfahrt* wird die alte K. zerschnitten und in kleinen Stücken an die Pilger verkauft. Nach Auffassung des *Volksislam* haftet der K. wie allen Gegenständen um und an der Ka'ba besonders viel Segenskraft *(Baraka)* an, daher wird das mitgebrachte Stück Tuch vor allem als *Amulett* verwendet.

Kleidungsvorschriften, teilweise abhängig von der jeweiligen Landessitte, dem Wohnort (Stadt oder Land), der Ausrichtung der jeweiligen Familie (dem Grad konservativer Frömmigkeit), teilweise auch in Abhängigkeit vom Bildungsstand und vom Beruf. Übereinstimmung unter den muslimischen Theologen besteht darüber, dass *Frauen* in Anlehnung an den Koran (33,59; 24,31) zurückhaltend, möglichst verhüllend, in lange, nicht eng anliegende Kleidungsstücke gekleidet sein sollen, bestenfalls in einen Mantel oder Tschador. Hinsichtlich einer möglichen Kopfbedeckung existieren ebenfalls viele verschiedene Varianten *(Verschleierung),* besonders in Städten tragen viele Frauen keine Kopfbedeckung. All diese

Kleidungsvorschriften. Auch bei einer Fahrt auf dem Mofa tragen die Frauen in der marokkanischen Provinzhauptstadt Marrakesch verhüllende, unauffällige Kleidung. Als Kopfbedeckung dient ein schlichtes Kopftuch.

Konversion. Cassius Clay errang als Profi-Boxsportler 1964 den Weltmeistertitel. Er konvertierte 1965 als Muhammad Ali zum Islam und trat der militanten Sekte »Black Muslim« bei.

Vorschriften bestehen lediglich für den außerhäuslichen Bereich, im Haus im Kreis der Familie gelten sie hingegen nicht. Für das rituelle *Gebet* muss die Frau vollständig verhüllt sein, mit Ausnahme von Gesicht und Händen. Der Mann muss für das Gebet mindestens vom Nabel bis zum Knie bedeckt sein. Die K. gelten auch für das Pilgergewand, das bei der *Pilgerfahrt* nach *Mekka* getragen wird.

Konsens → Idjma

Konstantinopel → Istanbul

Konversion, aus der Sicht der *Scharia* von jeder beliebigen Religion oder der Religionslosigkeit zum Islam erlaubt und willkommen. Eine Abkehr vom Islam ist jedoch nicht gestattet und wird von der Scharia mit dem Tod bedroht *(Abfall vom Islam)*. Ein offizieller Austritt aus dem Islam bzw. eine Änderung der meist im Pass vermerkten Religionszugehörigkeit ist nicht möglich (Einzelfälle in der Türkei). Sogar wenn ein muslimisches Ehepaar zu einem anderen Glauben übertritt und die Religionszugehörigkeit nicht geändert werden kann, bedeutet das, dass die Kinder dieser Familie wieder als Muslime gelten, ein Austritt ist de facto also auch dort nicht möglich, wo es nicht zu Verfolgung und Strafe kommt. Eine K. von Kindern muslimischer Eltern ist nicht erforderlich, da sie als zur muslimischen Religionsgemeinschaft gehörig betrachtet werden. Eine spätere K. eines nicht als Muslim Geborenen geschieht durch das Aussprechen des islamischen *Glaubensbekenntnisses* im Beisein von zwei Zeugen. Viele Konvertiten nehmen einen islamischen Vornamen an. In islamisch eroberten Gebieten war der Übertritt eines *Schutzbefohlenen* zum Islam mit dem Ende der Zahlung seiner *Kopfsteuer* verbunden sowie einer Erweiterung seiner Bürgerrechte.

Kopfsteuer (arab. djizya), Abgabe, die die *Schriftbesitzer* (*Juden, Christen, Sabier* und *Zoroastrier*) in islamisch eroberten Gebieten in Anerkennung der islamischen Oberherrschaft als *Schutzbefohlene* entrichten mussten. Diese Steuer wurde in Anlehnung an Sure 9,29 als »Tribut der Erniedrigten« festgelegt. Die K. war Zeichen ihrer Unterwerfung unter den Islam und Kennzeichen des Zwei-Klassen-Systems der Bürger unterschiedlicher Religionszugehörigkeit im islamischen Staat. Die Schutzbefohlenen behielten dafür Bleibe-, Besitz- und Autonomierechte. Sie leisteten keinen Militärdienst und nahmen meist nicht am *Djihad* teil. Eine genaue Reglementierung der K. fand erst unter der Herrschaft der *Abbasiden* (ab 750) statt. Bei Übertritt zum Islam erlosch die Zahlungsverpflichtung.

Kopftuch → Verschleierung

Koran, das heilige Buch der Muslime, das unerschaffene, ewig gültige Gotteswort, durch Vermittlung des Engels *Gabriel* von Gott auf Muhammad ab etwa 610 in arab. Sprache herabgesandt *(Herabsendung)*, eine wortgetreue Abschrift der im Himmel existenten *Urschrift*, des Urkorans. Der K. behandelt in 114 Suren und rund 6200 Versen zahlreiche Themen wie das Lob des Schöpfers *(Schöpfung)*, die Warnung vor dem *Jüngsten Gericht*, Erzählungen der *Propheten* von *Adam* bis *Jesus Christus*, Erb-, Handels-, Ehe-, Strafgesetze und Bestimmungen zu *Frommen Stiftungen*, religiöse Gebote und Ehe, Familie und die Gesellschaft betreffende Anordnungen.

Korankommentar (arab. tafsir »Erklärung«), philologische, apologetische, moralische, dogmatische oder juristische Erörterung und Auslegung des Korantextes. K. haben teilweise tief greifenden Einfluss ausgeübt. Das umfassende Studium der K. und die Rezeption der dort vertretenen Auffassungen gehören zu jeder grundlegenden theologischen Ausbildung. Bedeutende K. stammen etwa von at-Tabari (†923), al-Zamahschari (†1145), Fahr ad-Din ar-Razi

(† 1210/11), Baydawi († 1286 o. 1291) oder auch in moderner Zeit von Muhammad Abduh († 1905) und Raschid Rida († 1935); hinzu kommen schiitische K. von at-Tusi (11. Jh.) und at-Tabarsi (13. Jh.). Die großen, klassischen K. wurden später teilweise erneut kommentiert, indem um den Korantext in der Mitte des Buches ein weiterer K. geschrieben wurde, um den der zweite K. sich anordnet. Ein solches Werk nennt man »Superkommentar«.

Koranredaktion, Prozess der Entstehung und Bearbeitung der Texte des Korans sowie ihrer Anordnung zur heute bestehenden Textsammlung in Inhalt und Form. Der Koran selbst gibt darüber keine Auskunft; auch die *Überlieferung* und die Aussagen der frühislamischer Schriften sind nicht leicht zu einem Gesamtbild zu ordnen. Unbestritten ist, dass zum Zeitpunkt des Todes Muhammads der Korantext nicht vollständig schriftlich vorlag. Die einzelnen Teile sollen, so traditionelle muslimische Berichte, »von Zetteln, Steinen, Palmstängeln und den Herzen der Menschen zusammengetragen« worden sein. Möglicherweise existierte eine Art schriftlicher Vorform des heutigen Korans, jedoch keine vollständige Sammlung, da sonst nach Muhammads Tod keine Sammlung des Korans hätte erfolgen müssen. Einzelne Suren scheinen durchaus existiert zu haben, da der Koran selbst diesen Ausdruck verwendet (2,238). Nicht auszuschließen ist, dass sie bei der Redaktion des Korantextes nach Muhammads Tod umgestaltet und neu angeordnet wurden. Je nachdem, wie groß man den Anteil der schriftlichen Substanz am Gesamtumfang des heutigen Korantextes vermutet, fällt der Anteil an der Mitwirkung der Koranrezensenten größer oder geringer aus. Tatsache ist, dass sich in der frühislamischen Literatur Tausende von Varianten finden, die in den heute offiziell gültigen Korantext nicht eingegangen sind. Die westliche Islamwissenschaft vertritt daher überwiegend die Ansicht, dass der Korantext vor seiner Festlegung auf seine heutige Form erhebliche Änderungen erfahren haben muss. Es deutet manches darauf hin, dass die einzelnen Suren Kompilationen aus mehreren Bruchstücken darstellen, deren ursprünglicher Text von Muhammad oder späteren Koranredaktoren überarbeitet worden ist. Einige muslimische Koranwissenschaftler gehen davon aus, dass die einzelnen Offenbarungstexte unmittelbar nach ihrer *Herabsendung* niedergeschrieben worden sind. Damit wäre die Rolle, die die einzelnen *Prophetengefährten* bei der Redaktion des Korantextes eingenommen haben – darunter vor allem der dritte *Kalif,* Uthman (reg. 644–656) –, weniger eine eigenständige Arbeit am Text als eine bloße Kompilation gewesen ist. Die überwiegende muslimische Meinung geht davon aus, dass der erste Kalif Abu Bakr (reg. 632–634) mit der ersten offiziellen Rezension des Textes begonnen habe, dass aber auch der zweite Kalif, Umar ibn al-Hattab (reg. 634–644) einen Anteil an der endgültigen Textkomposition hatte. Auch dem dritten Kalifen, Uthman (reg. 644–656) wird ein großer Anteil an der Textsammlung zugeschrieben. Einig sind sich wohl alle muslimischen Theologen darüber, dass Muhammad selbst den Koran nicht schriftlich festgehalten hat und er zum Zeitpunkt seines Todes nirgends vollständig in schriftlicher Form vorlag. Ebenso unbestritten ist, dass in dem zur Zeit der ersten Kalifen schon sehr weit ausgedehnten islamischen Reich auch von anderen Personen Textsammlungen durchgeführt wurden und dass es Textvarianten in unterschiedlichen Korankodizes in den Teilen des islamischen Reiches gegeben haben muss, sowie, dass nach der autoritativen Festlegung des Textes durch den Kalifen Uthman alle anders lautenden Koranexemplare vernichtet worden sein müssen. So fand – nach allem, was man aus der insgesamt nicht sehr günstigen Quellenlage,

Koran. Holzbrett aus Nigeria mit arabischer Inschrift eines Textes aus dem Koran. Für den Gebrauch in Koranschulen. Museum für Völkerkunde, Berlin

Koran. Als Behälter des heiligen Buches diente dieser mit Seide ausgekleidete Korankasten aus tauschierter Bronze auf Holz. Die Beschriftung der Deckel-Schrägen bekennt, dass der Koran in arabischer Sprache herabgesandt wurde. Ägyptisches Kunsthandwerk aus der ersten Hälfte des 14. Jh.; Museum für Islamische Kunst, Berlin

schließen kann – eine erste Festlegung des Textes mit der letztlich gültigen Zahl und Abfolge der einzelnen Suren und dem ungefähren Wortlaut des Konsonantentextes unter dem dritten Kalifen Uthman zwischen 650 und 656 statt. Uthman ist also in die Geschichte als der eigentliche Kompilator und Bewahrer des Korantextes eingegangen. Zugleich verhinderte die autoritative Festlegung des Textes durch Uthman die Zersplitterung des Reiches unter Berufung auf unterschiedliche Textvarianten. Eine weitere Schwierigkeit über die Festlegung des Wortlautes hinaus ergab sich mit der Definition der Vokalisation, da die frühen arab. Koranmanuskripte keine Vokale hatten und auch die Konsonanten nicht immer eindeutig zu unterscheiden waren. Erst im 7. (nach anderen Überlieferungen im 8. Jh.) sollen Vokale in den Korantext eingefügt worden sein. Daher entwickelten sich zur Zeit der *Umayyaden* (661–750), ausgehend von der uthmanschen Texttradition, verschiedene Lesarten. Ein Teil der Verwirrung wurde beseitigt, indem man wohl zu Beginn des 8. Jh. diakritische Punkte auf den Konsonanten festlegte und Vokale einfügte. Allerdings erreichte dieser ›vervollständigte Text‹ nur schwer Akzeptanz und konnte sich erst im frühen 10. Jh. vermehrt bei den Korangelehrten durchsetzen. Etwa ab dem 11. Jh. setzte sich eine bestimmte Lesart durch, die schließlich Grundlage für den 1924 festgelegten ägypt. Standardtext des Korans wurde.

Koranschule. Kinder muslimischer Eltern besuchen frühestens ab etwa vier Jahren die Koranschule. Jungen und Mädchen gehen in unterschiedliche Schulen, in denen sie den Koran auf Arabisch auswendig lernen. Eigene Gedanken, Diskussionen sowie die kritische Auseinandersetzung mit den Texten gehören nicht zum Unterricht. Das Foto entstand in einer afghanischen Koranschule.

Koranschule, außerschulische Lehranstalt für Koranunterricht für Jungen und Mädchen, meist in einer Moschee. Die K. steht weniger für das eigenständige Reflektieren des Textes und seine Bedeutung als vor allem für die Aneignung des Textes durch Auswendiglernen, zu dem meist das Erlernen einiger Gebete und Segensformeln hinzukommt. Die K. kann bereits im Alter von etwa vier bis sechs Jahren beginnen; einige Kinder lernen im Verlauf weniger Jahre den gesamten Koran auswendig und gelten dann meist für ein theologisches Studium als prädestiniert.

Koranverehrung, nicht nur der Inhalt des Korans als *Offenbarung,* sondern auch das einzelne Koranexemplar. Es wird als Zeichen der Verehrung geküsst, an einem besonders exponierten Ort aufbewahrt, niemals jedoch auf den Boden gelegt. Der Koran soll nur nach einer rituellen *Waschung* berührt, niemals darf er aber zerrissen oder weggeworfen werden (dies gilt in Pakistan als schweres Vergehen und als *Abfall vom Islam*) und an einen Ort mitgenommen werden, wo Verunreinigung unvermeidlich ist. Dem Koran haftet *Baraka* (Segenskraft) an, die ihn als Ganzes oder in einzelnen Versen u.a. zur Krankenheilung geeignet macht. Koranverse werden mit Tinte, Rosenwasser oder Honig auf Papier, Tierknochen oder Holz geschrieben, in Wasser getaucht, das dann getrunken oder in einem Lederbeutel als *Amulett* getragen wird. Einige Verse, die einem anderen Menschen zugetragen werden, sollen ihm Schaden zufügen, andere Verse werden zur Erleichterung von Geburten benutzt, andere wenden Tod und Krankheit ab, wieder andere bewahren den Besitz und die betreffenden Personen vor *Geistern* und Dämonen oder dem *Bösen Blick,* andere vor Hunger und Durst. Zudem kann der Koran durch das Aufschlagen an einer beliebigen Stelle für die Beurteilung zukünftiger Sachverhalte (Orakel) benutzt werden (»Ist es günstig, dies oder jenes zu tun?«).

Krankheit, wird – wie ein unerklärlicher Tod – vielerorts auf die Auswirkungen des *»Bösen Blicks«* zurückgeführt, der einen Erkrankten getroffen haben mag. Schlaganfälle mit Lähmungen werden meist mit dem Wirken böser *Geister* und Dämonen erklärt. Man versucht, durch Schutzmechanismen (Gebrauch von *Amuletten*), Beschwörungen (*Zar*-Zeremonien) oder dem Besuch eines

Heiligengrabes *(Heilige Stätten)* Gesundheit zurückzuerlangen.

Kreuzigung, Hinrichtung von *Jesus Christus* als Aufrührer durch die röm. Besatzungsmacht. Sie wird im Koran nur an einer Stelle thematisiert (4,157f.). Auf die Bedeutung der K. geht der Koran nicht ein; *Erbsünde* und Trennung von Gott berührt er nicht. Der Wortlaut des »Kreuzigungsverses« bleibt für unterschiedliche Deutungen offen: »...sie töteten ihn nicht mit Gewissheit, sie haben ihn nicht gekreuzigt... vielmehr erschien ihnen es/er so... Gott hat ihn zu sich erhoben.« Heute gehen die meisten muslimischen Theologen von der »Substitutionstheorie« aus, nach der ein anderer an Jesu Stelle gekreuzigt wurde, z.B. Judas. Andere sind der Auffassung, die Betonung des Verses liege darauf, dass Jesus lebend vom Kreuz abgenommen und wiederbelebt wurde. Welche Deutung man auch immer vorzieht, die muslimische Theologie betonte, dass dieses Geschehen keinerlei Verbindung zu einer Erlösung habe. Sie hob zudem hervor, dass die K. Schmach (als Vergeltung eines Verbrechens) und Niederlage (das Scheitern seiner Sendung) bedeute. Ein solch schändliches Ende käme einem so hoch geachteten Propheten wie Jesus Christus nicht zu. Im 19. und 20. Jh. griffen islamische Theologen die innerkirchlich geführte Debatte um die Authentizität der Evangelienberichte auf und führten sie als Beweis für die islamische These der *Schriftverfälschung* sowie die Unglaubwürdigkeit der Berichte über die K. an.

Kreuzzüge, von Ende des 11. bis Ende des 13. Jh. geführte Kriegszüge der abendländischen Ritterschaft gegen den Nahen Osten mit dem Ziel, die Heiligen Stätten (in erster Linie *Jerusalem*) des Christentums von der muslimischen Herrschaft zu befreien. Auf der Synode von Clermont rief Papst Urban II. Ende des Jahres 1095 erstmals die Christenheit zum Kreuzzug gegen den Islam auf. Dieser Aufruf fand begeisterten Widerhall; schon 1096 brach das erste Heer auf. Für die Teilnahme am K. wurde von der Kirche ein Sündenerlass zugesagt und die Teilnahme am K. als persönliche Bußübung aufgefasst. Auf dem Weg nach Palästina führen die Heere Judenpogrome durch, später auch im Nahen Osten. 1099 wurde Jerusalem erobert und vier Kreuzfahrerstaaten gegründet: das Königreich Jerusalem (1099–1291), die Grafschaft Edessa (1098–1144) und Tripolis (1102–1289) sowie das Fürstentum Antiochien (1098–1268). Die Motive für die K. waren vielschichtig: neben religiöse traten auch wirtschaftliche und politische Gründe. Der Gedanke der christlichen Pilger- und Bußwallfahrt ins Heilige Land verband sich mit Theorien über den »gerechten Krieg gegen die Heiden«, durch den an die Muslime verlorenes Territorium zurückerobert werde. Hinzu kamen der Wunsch nach Ausübung von Herrschaft im Nahen Osten, aber auch Abenteuer- und Beutelust. Durch die Fatimiden wird das Heilige Grab in Jerusalem 1009 zerstört und die Christenverfolgung eingeleitet; es folgen die Hilferufe des byzantin. Kaisers Alexios I. Komnenos gegen die türk. Seldschuken und die Niederlage der Byzantiner im Jahr 1071. Die innere Zerrissenheit der islamischen Welt (u.a. hervorgerufen durch den Kampf der *Sunniten* gegen die schiitischen *Fatimiden*) begünstigte zunächst die Kreuzfahrer. Eine Schlüsselfigur ist dabei der kurd. Heerführer Saladin (Salah ad-Din, †1193), der die Fatimiden aus Kairo vertreiben kann. Im 12. Jh. beginnen die Rückeroberungen von muslimischer Seite. 1291 setzen die Mameluckensultane der Präsenz der christlichen Kreuzfahrer im Nahen Osten ein Ende. Muslimische Autoren bezeichneten die Kreuzfahrer als »Franken«; es gibt zahlreiche Berichte über die Begegnung zwischen West und Ost. Für zeitgenössische muslimische Apologeten sind die K. ein Vorläufer des Kolonialismus, der

Kreuzzüge. Die berühmteste Kreuzfahrerburg ist der Krak de Chevalier in Syrien, der im 11. Jh. entstand und als militärischer Stützpunkt der Christen gegen die Araber diente. Durch die Kreuzzüge sollten die Heiligen Stätten des Christentums den Muslimen entrissen werden. Mit der muslimischen Rückeroberung von Akko endete 1291 die Geschichte der Kreuzzüge.

Die Kreuzzüge

1. Kreuzzug (1096–99): Eroberung von Jerusalem
2. Kreuzzug (1147–49): gescheitert
3. Kreuzzug (1189–92): Eroberung von Akko
4. Kreuzzug (1202–04): Unter Venedigs Führung Eroberung der Konkurrentin Konstantinopel
5. Kreuzzug (1228/29): Vertrag Friedrichs II. mit Sultan Al Kamil
6. Kreuzzug (1248–54): Ludwig IX., d. Hl., Eroberung von Damiette, Ägypten, gescheitert
7. Kreuzzug (1270): Ludwig IX., d. Hl., gescheitert (Tod des Königs vor Tunis)

wiederum den Boden für erneute Kriege und den westlichen Imperialismus der Neuzeit bereitet habe.

Kufr → Unglaube

Kurban Bayrami → Opferfest

L

Lahore, Hauptstadt der Provinz Punjab in Pakistan. Aus der Blütezeit (16.–18. Jh.), in der L. der islamischen Moguldynastie mehrmals als Residenz diente, stammt die Perlenmoschee, die von acht Minaretten umgebene Hofmoschee. Die unter Akbar (1556–1605 Großmogul von Indien) begonnene Festung und der in drei Terrassen gegliederte Schalimargarten gehören zum Weltkulturerbe.

Ledigsein, in der islamischen Welt nach allgemeinem Verständnis ein vorübergehender Zustand, der von möglichst begrenzter Dauer sein sollte. Schon der Koran mahnt zur Verheiratung der Ledigen (24,32), und die *Überlieferung* rühmt die Vorzüge der *Eheschließung,* die als der Gesellschaft Stabilität verleihend und in religiöser Hinsicht als verdienstvolles Werk vor Gott gilt. Dauerhafte Ehelosigkeit ist allenfalls in Großstädten möglich, bleibt aber bisher die Ausnahme.

Leichentuch → Bestattung

Leiden, hat aus der Perspektive des Korans keine heilsmitwirkende Konnotation. Weder dem Gottgesandten noch dem Gläubigen an sich wird L. verheißen. Allenfalls eine kurze Zeit leidet der Prophet, der bei seinem Volk mit der Verkündigung seiner Botschaft keine Anerkennung findet, wird aber von Gott bald darauf durch das Eintreffen des Strafgerichts gerechtfertigt. Vor allem wird das L. des Gottlosen in der *Hölle* thematisiert, der sich zeit seines Lebens nicht um Gottes Gebote gekümmert hat. Für die schiitische Theologie *(Schiiten)* hat das L. dagegen grundsätzlich eine weit größere Bedeutung, gilt doch das L. des Prophetenenkels al-Husain bei seinem Tod 680 als vorbildlich und das Anteilnehmen daran durch Trauer und eigenen Schmerz als mit erlösend.

Leiden und Liebe Gottes. *In der islamischen Mystik hat der Gedanke an das Leiden für Gott im Gegensatz zur orthodoxen Theologie durchaus seinen Platz. Der Mystiker al-Halladj wurde 922 hingerichtet, weil er von der Innewohnung Gottes in seiner Person gesprochen hatte. Er betrachtete sich als Märtyrer, als leidender Liebender.*

Liebe Gottes, Begriff, der im Koran zwar erwähnt wird (3,31; 85,14), allerdings nur am Rand, wenn er davon spricht, dass Gott die Rechtschaffenen liebt (2,195), die, die sich reinigen (9,108), die Geduldigen (3,146), die an ihn glauben, ihn fürchten (9,7), das Rechte tun (19,96) und für ihn kämpfen (61,4). Allerdings scheint die L. an die vorausgehende Liebe des Menschen gebunden zu sein: »Wenn ihr Gott liebt… so wird euch Gott lieben« (3,31). Er liebt nicht die Ungläubigen, die Prahler, die Hochmütigen, die Geizigen (4,37) und die Verräter (8,58). Muslimische Theologen haben stets betont, dass zwischen dem allmächtigen, ewigen, unvergleichlichen und unvorstellbaren Schöpfer und seinem Geschöpf keine Beziehung bestehen kann, die – wie dies z. B. der Begriff der Liebe nahe legen könnte – auf irgendeine Weise eine Vergleichbarkeit oder sogar Gleichartigkeit beider Beteiligter auf einer Ebene implizieren würde. Wesentlich häufiger als der Begriff der L. wird im Koran die *Barmherzigkeit* und das Erbarmen Gottes genannt, mit dem er sich zu seinem Geschöpf gnädig herabneigt.

Linke Hand → Rechte / Linke Hand und Seite

Liwan, Lehrsaal in Form einer überwölbten Halle, die sich in einem Bogen zum Innenhof einer *Medrese* öffnet.

M

Madrasa → Medrese

Mahdi (arab. »der Rechtgeleitete«), der nicht im Koran, sondern nur in der Überlieferungsliteratur angekündigte und zur *Endzeit* erwartete Rechtgeleitete, der den Islam in einer Zeit seiner Entartung und allgemeinen Bosheit in vollkommener Weise herstellen wird, bevor der *Antichrist* auftreten wird. *Sunniten* haben bisweilen *Jesus Christus* mit dem M. gleichgesetzt; für *Schiiten* ist der M. mit dem wiederkommenden Leiter der Gemeinde identisch, mit dem *Imam,* der derzeit in der »großen Verborgenheit« herrscht und erst am Ende der Zeiten daraus hervortreten wird. Immer wieder sind einzelne Führer mit dem Anspruch hervorgetreten, der wiedergekehrte M. zu sein, darunter der Gründer der *Ahmadiyya*-Bewegung, Mirza Ghulam Ahmad.

Mahr → Brautgabe

Mahram, männlicher Verwandter einer Frau, der nicht mit ihr die Ehe eingehen und sie daher (z.B. auf der *Pilgerfahrt* nach Mekka) begleiten kann, ohne dass sie ihren Ruf gefährdet: ihr Gatte, ihr Vater, Sohn, Schwiegersohn, Onkel, blutsverwandte Neffen, Bruder und Milchbruder *(Milchverwandtschaft).*

Malikiten, Anhänger der nach Malik ibn Anas (um 713/715–795) oder, wahrscheinlicher, nach seinen Schülern benannten sunnitischen *Rechtsschule.* Malik ibn Anas erarbeitete allgemein gültige Rechtsprinzipien aus den Fallgesetzen der ersten muslimischen Gemeinde und dem örtlichen Gewohnheitsrecht. Die malikitische Rechtsschule entstand in *Medina* als Gegenbewegung zur hanafitischen Schule *(Hanafiten)* und ist heute in Teilen Ägyptens, Mauretaniens, Westafrikas, der Arabischen Halbinsel und in Nigeria vertreten.

Mandäer → Sabier

Mann, traditionell das Oberhaupt der Familie, entscheidungsberechtigt, erwerbsverpflichtet und der Frau vom Koran her übergeordnet (»die Männer stehen in allem über den Frauen«, 4,34). Im Zeugen-, Erb-, Ehe-, Scheidungs- und Kindschaftssorgerecht sind die M. vor den Frauen rechtlich bevorzugt.

Maria (arab. Maryam), Mutter Jesu, eine der wenigen Personen des *Neuen Testaments* und der ganz wenigen im Koran namentlich erwähnten Frauen; Sure 19 ist nach ihr benannt. Die islamische Theologie nimmt für M. Sündlosigkeit an; *Korankommentatoren* sind häufig der Auffassung, M. werde aufgrund ihrer Gottergebenheit und Reinheit die erste unter den Frauen des *Paradieses* sein. Wahrscheinlich hat Muhammad M. – zumindest anfangs – mit der Mirjam des *Alten Testaments* verwechselt, wenn er sie als »Schwester Aarons« bezeichnet (19,28).

Ihre vorrangige Bedeutung liegt in ihrer beispielhaften Demut und Gottergebenheit und darin, Mutter des Gesandten *Jesus Christus* zu sein. Sie wurde »…vor den Menschen in aller Welt auserwählt« (3,33). Die Jungfrauengeburt deutet der Koran an (66,12). Schon vor ihrer Geburt wird M. Gott geweiht (3,35ff.). Sie wohnt später im Tempel und wird von Gott zu einem »Zeichen« (arab. aya) gemacht (23,50), an dem Menschen Gott und sein Handeln erkennen können. Als ihr die Geburt eines Kindes angekündigt wird (3,47) – wie muslimische Theologen annehmen, vom Engel *Gabriel* – erschrickt M., da sie eine Jungfrau und »keine Hure« (19,20) ist. Der Geist verkündet jedoch das Handeln Gottes an ihr. Besonders hebt der Koran die Unbescholtenheit M. hervor (3,47; 21,91; 66,12). M. bringt Jesus unter einer Palme zur Welt (19,23), und der neugeborene Jesus spricht mit ihr (19,24ff.). Er weist sie an, sie solle schweigen, wenn die Menschen sie zu seiner Geburt befragen sollten. Er selbst antwortet den Fragenden und bezeugt, ein Gesandter zu sein, um den Islam zu verkündigen (19,30f.). Im *Volksislam* genießt M. hohe Verehrung, zum einen in der *Mystik,* zum anderen an besonderen Marien-Wallfahrtsstätten (z.B. in der Nähe von *Kairo* oder in *Jerusalem*), die von *Christen* und Muslimen gleichermaßen besucht werden.

Maria. Jesus in den Armen seiner Mutter Maria in der Szene der Anbetung der Könige entsprechend dem Bericht im Neuen Testament (Mt 2,11). Buchmalerei des 17. Jh. aus Indien im islamischen Mogulstil

Marrakesch, am Fuß des Hohen Atlas gelegene Provinzhauptstadt in Marokko. M. entstand im 11. Jh. als Hauptstadt der berber. Dynastie der Almoraviden (1061–1147). Wahrzeichen von M., das zu den marokkan. Königsstädten zählt, ist die Kutubijja-Moschee aus dem 12. Jh. mit einem 69 m hohen *Minarett.*

Märtyrer (arab. schahid »Zeuge«), diejenigen, die sich im *Djihad* für die Verbreitung oder Verteidigung ihres Glaubens opfern

Marrakesch. Marokkanische Provinzhauptstadt, die im 11. Jh. als Hauptstadt der berberischen Dynastie der Almoraviden entstand. Wahrzeichen der Stadt ist die Kutubijja-Moschee aus dem 12. Jh. mit einem 69 m hohen Minarett.

und sterben, »die das irdische Leben um den Preis des jenseitigen Lebens verkaufen« (4,74). Sie sind nicht tot, sondern sie »leben bei ihrem Herrn« (3,169).

Während die muslimische Theologie davon ausgeht, dass alle Toten sich nach ihrer *Auferstehung* vor Gott verantworten müssen *(Jüngstes Gericht),* ihre Taten auf eine Waage geworfen werden und die *Todesengel* sie nach ihrem Glauben befragen, wird aus den Koranversen, die den Tod als M. unmittelbar mit dem Eingang ins *Paradies* verbinden (2,154; 47,4ff.), geschlossen, dass die M. ebenso wie die *Propheten* – deren Glaube und Lebenswandel keiner Befragung bedarf – sofort ins Paradies eingehen werden.

Nach der *Überlieferung* sind die M. die Einzigen, die aus dem Paradies wieder auf die Erde zurückkehren möchten, um noch einmal für ihren Glauben zu sterben. M. werden ohne die sonst übliche rituelle *Waschung* in ihren blutbefleckten Kleidern beigesetzt. Im *Volksislam* wird davon ausgegangen, dass die M. für die Gläubigen im Jüngsten Gericht *Fürsprache* einlegen können. Ihre Gräber werden besucht und verehrt *(Heiligenverehrung),* um ihrer Segenskraft *(Baraka)* teilhaftig zu werden. Bei den *Schiiten* spielt die kultische Verehrung des M. eine ungleich wichtigere Rolle als bei den *Sunniten,* da sie in der Niederlage und dem Tod al-Husains in der Schlacht bei Kerbela 680 den »Prototyp« des M. besitzen, der für seinen Glauben sterben musste.

Mawlud → Geburtstag des Propheten

Medina (Madina »Stadt«), aus der Oase Yathrib (auch Jathrib) hervorgegangene und nach dem 450 km entfernten *Mekka* die zweitheiligste Stadt des Islam, in der Muhammad 622 seine erste Gemeinde gründete und zu seiner eigentlichen Rolle als Religionsstifter und Staatsmann fand.

Medrese (arab. madrasa »lehren«), aus der *Moschee* hervorgegangene, ab dem 10. Jh. bezeugte religiöse Lehreinrichtung. Als Typus der islamischen Sakralarchitektur gliedert sich die M. in vier zweigeschossige Flügel mit Wohnzellen für die Lehrer und Schüler um einen quadratischen oder rechteckigen Innenhof. Die sich zum Hof öffnenden *Liwane* dienten als Lehrsäle.

Mekka, Geburtsstadt Muhammads und die Stadt des Zentralheiligtums des Islam, der *Ka'ba,* daher die heiligste Stadt des Islam, in deren Richtung alle Muslime weltweit das rituelle *Gebet* verrichten *(Quibla).*

Mensch, Gottes Geschöpf – jedoch nicht sein Ebenbild. Sein Stellvertreter auf Erden, dem Gott die Erde und den Genuss ihrer Güter anvertraut (35,39). Nicht gefallen oder von Gott getrennt (wie im Christentum), ist er in der Lage, Gottes Geboten Folge zu leisten. Sündigt er, kann er von Gott Vergebung erbitten und sein Leben im Diesseits *(Welt)* von der Gewissheit des kommenden *Jüngsten Gerichts* her gestalten, an Gott »glauben und das Rechte tun« (19,96).

Menschenrechte, im islamischen Kontext immer in der Bindung an die *Scharia* formuliert, denn »Gottesrecht bricht Menschenrecht«, auch in Bezug auf die Behandlung von Frauen, Minderheiten und Apostaten. Zwar macht der Koran keine Rassenunterschiede, jedoch zwischen den Anhängern der einzelnen Religionsgemeinschaften. Das Recht auf Religionsfreiheit bedeutet in aller Regel das einseitige Recht, zum Islam überzutreten, nicht, ihn verlassen zu können *(Konversion).*

Messias (arab. al-masih), Titel von *Jesus Christus* im Koran in den in *Medina* geoffenbarten Suren wie in der Überlieferung. Es scheint, als sei Muhammad sich nicht bewusst gewesen, dass M. im biblischen Kanon als Titel verwendet wurde (der »Gesalbte«), nicht als Name, denn der Koran verwendet ihn wie einen Namenszusatz zu Jesus. Da der Koran an keiner Stelle auf die

Bedeutung des Begriffes M. eingeht, ist anzunehmen, dass Muhammad seine Bedeutung nicht gekannt hat. Korankommentatoren gilt er als eine Art Ehrenbezeichnung, deren genaue Bedeutung nicht bekannt ist (vgl. *Mahdi*).

Mevlud → Geburtstag Muhammads

Mihrab, Gebetsnische, oft halbrunde, seltener rechteckige, in größeren *Moscheen* durch besondere Verzierungen hervorgehobene Wandnische, die nach *Mekka* ausgerichtet ist. Nur wenn in der Moschee ein M. vorhanden ist, ist das dort verrichtete *Gebet* gültig. Vor dem M. steht der Vorbeter *(Imam),* der das gemeinschaftliche Gebet in der Moschee, insbesondere am *Freitag* oder auch zu besonderen Feiertagen, leitet. Durch das Berühren des M. geht auf den Gläubigen Segenskraft *(Baraka)* über. Möglicherweise ist der M. aus der Apsis christlicher Kirchenbauten hervorgegangen.

Milchverwandtschaft, die Beziehung zwischen den Kindern, die von derselben Amme ernährt wurden. Zwischen Milchgeschwistern gilt das Verbot der *Eheschließung,* sie gelten de facto wie Geschwister *(Ehehindernisse).*

Minarett (von arab. manara »Leuchtturm«), ein bis vier (selten sechs) hohe, meist schlanke runde oder eckige Türme in direkter oder weitläufigerer Verbindung zum Hauptgebäude, dem Gebets- und Versammlungsraum der *Moschee.* Vom M. ruft der *Muezzin* auf *Arabisch* mit dem *Gebetsruf* zum täglich fünfmaligen *Gebet.* Zu Muhammads Lebzeiten war das M. mit Sicherheit unbekannt. Es soll im 7. Jh. in Irak entstanden sein, in Syrien wohl auch in Anlehnung an die Glockentürme christlicher Kirchen. In neu vom Islam eroberten christlichen Gebieten war das M. auch eine Demonstration der Präsenz der islamischen Minderheit. In Saudi-Arabien besitzen Moscheen in der Regel keine M.

Minbar, oft kunstvoll geschmückte, geschnitzte oder verzierte Kanzel, meist aus Stein oder Holz, seltener aus Eisen, die der Vorbeter *(Imam)* für die *Freitagspredigt* benutzt. In früheren Jahrhunderten wurden von der Kanzel aus auch Herrscheredikte und Steuererlasse verkündet. Der M. steht häufig direkt neben der Gebetsnische *(Mihrab)* und ist abgesehen von den Teppichen, Lampen oder Leuchtern, Koranständern oder Bücherregalen einer der wenigen Zier- und Nutzgegenstände in einer *Moschee.*

Mi'radj → Himmelsreise Muhammads

Misbaha → Rosenkranz

Mission → Da'wa

Mohammed → Muhammad

Mohammedaner → Muslim

Monate → Kalender

Mondkalender → Kalender

Mondspaltung → Muhammadverehrung

Monotheismus, der Glaube an einen einzigen Gott, die Grundlage und das Zentrum des Islam, wie es im *Glaubensbekenntnis:* »Es gibt keinen Gott außer Gott«, zum Ausdruck kommt *(Tauhid).* Der Islam betrachtet sich selbst als die einzige wahrhaft monotheistische Religion. Alle anderen Religionen vertreten aus der Sicht des Korans im Grunde einen polytheistischen Ansatz durch ihren Glauben an mehrere Gottheiten, z. B. der Hinduismus, der Buddhismus und das Christentum *(Trinität);* Weltanschauungen wie der Kommunismus oder Säkularismus sind aus islamischer Sicht durch ihre im Atheismus gründende Basis grundsätzlich inakzeptabel.

Moral → Ethik

Mord (arab. qatl), zwar als schwere Sünde beurteilt, fällt aber im Islam nicht unter die am härtesten zu ahndenden Grenzvergehen *(Grenzstrafen),* die mit Auspeitschen, Amputation und Todesstrafe belegt werden, sondern unter die Verbrechen mit *Wiedervergeltung,* für die Zahlung von Blutgeld vorgesehen ist (bei unabsichtlicher Tötung) oder die Exekution des Täters durch die betroffene Familie zusätzlich zu einer Bußleistung *(Wiedervergeltung).*

Mord. *»Kein Gläubiger darf einen anderen Gläubigen töten, es sei denn, es geschieht aus Versehen. In diesem Fall ist eine Sühne zu leisten… Und wenn einer einen Gläubigen vorsätzlich tötet, ist die Hölle sein Lohn, dass er ewig darin weile. Und Gott ist zornig auf ihn und hat ihn verflucht, er hat eine gewaltige Strafe für ihn bereit.«*
Sure 4,92 und 4,93

Moschee (arab. masdjid: »Ort, an dem man sich niederwirft«), M. sind »Häuser, für die Gott die Erlaubnis gegeben hat, dass sie errichtet werden und dass darin seines Namens gedacht wird« (24,36). In Muhammads Geburtsstadt *Mekka* existierte in den ersten Verkündigungsjahren des Islam wohl kaum ein spezieller Gebets- und Versammlungsraum und mit Sicherheit keine speziell für das Gebet erbaute M. Muhammad soll aufgrund des erbitterten Widerstands gegen seine Verkündigungen in seiner Heimatstadt das rituelle *Gebet* in den schmalen Gassen Mekkas mit seinen ersten Anhängern im Geheimen vollzogen haben. Erst nach Übersiedlung Muhammads und seiner Anhänger nach *Medina* 622 *(Hidjra)* war es der ersten muslimischen Gemeinde möglich, sich öffentlich zu versammeln. In den ersten Jahren sollen sich die Muslime jedoch noch an verschiedenen

STICHWORT **Aufbau einer Moschee**

Oben: Ab 705 entstand in Damaskus im Bereich eines antiken Heiligtums und einer Kirche die Umayyaden-Moschee. Sie beherbergt aus dem byzantinischen Vorgängerbau den Schrein des Propheten Johannes des Täufers.

Ganz links: Fast jede Moschee besitzt ein bis vier, selten sechs, zumeist schlanke Minarette mit rundem oder quadratischem Grundriss.

Links: Blick in den von Arkaden gesäumten Umgang des weiträumigen Innenhofs der Umayyaden-Moschee von Damaskus

Unten links: Arkaden unterteilen den Gebetsraum der al-Azhar-Moschee in Kairo in mehrere parallele Raumsegmente, deren mittleres zur Gebetsnische Mihrab führt.

Unten rechts: Mitten in die Moschee von Córdoba bauten die Spanier nach der Reconquista im 16. Jh. eine Kirche.

Anlage einer Moschee: Eine M. hat gewöhnlich einen quadratischen oder rechteckigen Grundriss. Die Außenmauern umschließen einen Innenhof, in dem oft ein Wasserbecken oder *Brunnen* steht. An den Seiten finden sich gewöhnlich überdachte Säulengänge. In diesen Säulengängen sammelten sich auch in früheren Zeiten die Schüler und Studenten der theologischen Lehrer einer M. zum Unterricht.

Gebetsraum: An einer der Moscheeseitenwände öffnet sich der Zugang zum eigentlichen Gebetsraum, der außer der Kanzel *(Minbar)* für die *Freitagspredigt* – zumindest in einer *Freitagsmoschee* – und vielleicht einigen Lampen oder einem Koranständer kein Mobiliar enthält. Der Boden ist ganz mit Teppichen ausgelegt, auf denen die Gläubigen zum Gebet knien. Die Seitenwände können mit ornamental verzierten Kacheln ausgeschmückt sein, ebenso die Gebetsnische *(Mihrab),* in deren Nähe ein Podest für den *Gebetsruf* stehen kann.

Besuch der Moschee: Eine M. kann über die fünf täglichen *Gebetszeiten* hinaus auch für zusätzliche Gebete, für das persönliche Koranstudium, zur Meditation, zum Ausruhen oder Rasten während einer Reise benutzt werden. Im Fastenmonat *Ramadan* verbringen viele Muslime mehr Zeit in der M., manche die letzten zehn Tage vollständig. Auch *Dhikr*-Veranstaltungen der Mystiker *(Mystik)* finden in M. statt. Nach Auffassung des *Volksislam* ist das Gebet in einer M. verdienstvoller als das Gebet zu Hause und wirkt sündenvergebend für kleine Vergehen.

Personal: Die M. hat keinen Geistlichen im eigentlichen Sinne, sondern einen *Imam,* der das gemeinschaftliche Gebet am Freitag leitet und in kleineren M. zugleich das Amt des *Muezzin* versieht. Hinzu kommen mitunter ein Prediger (arab. hatib), der die Freitagspredigt hält, und Diener, die für Ordnung in der M. sorgen.

Weitere Funktionen: Vor allem größere M. sind multifunktional, und dies auch zunehmend in der westlichen Welt. So ist an die M. stets eine *Koranschule* angeschlossen, manchmal auch ein Buchladen und ein Friseur. In den ersten Jahrhunderten soll die M. auch ein Ort des Handels gewesen sein, ebenso für Gerichtsstreitigkeiten oder die Erörterung von Verwaltungsangelegenheiten.

Frauen in der Moschee: Obwohl *Frauen* nicht pauschal der Zutritt zur M. verboten ist, betrachten es die meisten Rechtsgelehrten doch für angemessener, wenn Frauen ihre Gebete zu Hause verrichten. In der Zeit ihrer *Unreinheit* dürfen sie nicht über die Schwelle einer M. treten. Kommen sie zum Gebet in die M., müssen sie entweder in einem von den Männern abgetrennten, hinteren Bereich beten oder aber, was häufiger der Fall ist, in einem anderen Raum im Ober- oder auch Untergeschoss der M.

Ausschluss: Nichtmuslime dürfen aus Reinheitsgründen nicht überall die M. betreten, die M. in *Mekka* und *Medina* überhaupt nicht, da ihnen bereits der Stadtbezirk verboten ist.

Oben: Das wichtigste und meist einzige Mobiliar des Gebetsraums ist der treppenförmige Minbar (hier in der Moschee von Lyon). Er dient dem Imam bei Predigten und Bekanntmachungen als Kanzel.

Links: Unentbehrlicher Bestandteil einer Moschee ist der Brunnen für die vorgeschriebenen rituellen Waschungen. Die Formen reichen vom kleinen Becken an einer Wand des Innenhofs bis zum selbstständigen Brunnengebäude wie hier in einer Moschee in Kairo.

Unten: Die Gebetsnische Mihrab ist eine (der Apsis einer Kirche vergleichbare) Orientierungshilfe und weist stets nach Mekka. Das Gebet in der Moschee ist nur gültig, wenn diese einen Mihrab besitzt.

Orten zum Gebet versammelt haben. Später wurde Muhammads Privathaus in Medina mit einem Innenhof und überdachten Galerien Vorbild für die M., in dem die ersten Muslime zum Gebet zusammenkamen.

Mose (arab. Musa), einer der fünf gesetzgebenden *Propheten* im Koran, der seinem Volk eine Schrift bringt, die Tora. Im Koran ein Verkündiger des Islam und ein Vorläufer Muhammads, der in der Tora angekündigt wird (7,157).

Als der Pharao alle neugeborenen Knaben im Land töten will (2,49), wird M. von seiner Mutter in einer Kiste auf dem Fluss ausgesetzt (20,39) und von der Frau des Pharao geborgen. Er wächst am Hof des Pharao auf. Als er einen Mann erschlägt, muss er vor dem »Volk der Frevler« (28,21) fliehen. Er wendet sich nach Midian, wo er von einem Scheich aufgenommen wird und eine seiner Töchter heiratet. Eines Tages spricht Gott zu ihm aus einem Baum heraus (28,30), er sei der Gesandte Gottes. Gott kündigt das Gericht an (20,15). M. solle sein »Volk aus der Dunkelheit hinaus ans Licht« führen und es an die Uroffenbarung des Islam erinnern (14,5). Gott beweist sich M. durch einige Wunder, mit deren Hilfe M. vom Pharao um die Freilassung des Volkes Israel bittet. M. bezeugt Gott vor dem Pharao als Schöpfer und Rechtleiter der Menschen (20,50–55). Als M. ihm die Wunder Gottes zeigt, erklärt der Pharao sie für »Zauberei«, M. für einen »Lügner« und sich selbst zu Gott. M. warnt noch einmal vor dem drohenden Strafgericht (20,61), die Hofzauberer unterwerfen sich Gott (20,70), während der Pharao an seinem Unglauben festhält. Gott schickt Missernten, eine Flut, Heuschrecken, Läuse, Frösche, Blut und ein letztes Strafgericht, das nicht näher erläutert wird. M. bittet Gott daraufhin um die Vernichtung des Pharaos und seiner Landsleute. Gott verflucht die Ungläubigen zur Hölle, schickt das Strafgericht und lässt den Pharao und seine Soldaten im Meer ertrinken (28,40). Kurz vor seinem Tod bekennt sich der Pharao zu Gott als dem einzigen, wahren Gott und wird errettet (10,90ff.). M. zieht mit dem Volk Israel durch das Meer. Es macht sich ein Götzenbild (20,90f.). Gott übergibt M. (2,51) die Gesetzestafeln mit den Geboten, Gott allein zu dienen, Eltern, Verwandte, Waisen und Arme gut zu behandeln, freundlich zu sein, das *Gebet* und die *Almosen* zu beachten, nicht zu töten und die Menschen nicht aus ihren Wohnungen zu vertreiben. Dies wird als der Bundesschluss der Israeliten mit Gott bezeichnet. Das Volk Israel hat sich ein Kalb aus Schmuck gemacht, um es anzubeten (7,148). M. erzürnt, ein Teil des Volkes entschließt sich zum Glauben an Gott (7,159). Als die Israeliten von M. verlangen, dass er ihnen Gott doch zeigen möge (2,55), schickt Gott Blitz und Donner, sodass sie sterben. Aber Gott erweckt sie aus Barmherzigkeit wieder zum Leben. Trotz Gottes Wohltaten waren die Israeliten »widerspenstig« und »frevelten« (7,160), waren undankbar gegen Gott. Daher müssen sie 40 Jahre umherirren, bevor sie in das Land kommen können, das Gott für sie ausersehen hat (5,26).

Muezzin. Der traditionelle Anblick eines Gebetsrufers, der fünfmal am Tag zum Pflichtgebet auffordert, gehört zunehmend der Vergangenheit an. An die Stelle des Muezzin treten Lautsprecher, die an den Minaretten angebracht sind. Ursprünglich ist der Muezzin ein in Sprechtechniken ausgebildeter Amtsinhaber. Beim Gebetsruf legt er die geöffneten Hände seitlich an die Ohrmuscheln, bildet also kein »Sprachrohr« im engeren Sinn. Das Foto zeigt den Muezzin einer Moschee im Sultanat Brunei an der Nordwestküste von Borneo.

Moslem → Muslim

Muezzin (arab. mu'adhdhin »Gebetsrufer«), der die Gläubigen vom *Minarett* der *Moschee* zu genau festgesetzten Zeiten *(Gebetszeit)* zum *Gebet* ruft. Er benötigt keine theologische Ausbildung. Häufig wurden Blinde als M. angestellt, damit niemand Blicke von oben auf die von den Familien genutzten Flachdächer und in die Häuser werfen konnte. Heute wird der *Gebetsruf* meist vom Tonband per Lautsprecher verkündet. In einer größeren Moschee gibt es mehrere M.

Muezzinruf → Gebetsruf

Mufti, Erteiler von Rechtsgutachten; ausgebildeter Theologe (seltener eine Frau), dem eine bestimmte Frage vorgelegt wird, die er nach den Richtlinien von Koran und *Sunna* zu beurteilen hat, z. B.: »Ist es einem Muslim erlaubt, eine Organspende zu empfangen?« Dabei folgt der M. der Rechtsschule, der er selbst angehört. Die Frage muss mit »Ja« oder »Nein« beantwortet werden und darf nicht durch ein bloßes Abwägen der Positionen offen bleiben. Kompliziertere Fragen lassen über ein »Ja« oder »Nein« hinaus auch eine Begründung erwarten. Ein Fragesteller kann seine Frage einem zweiten M. vorlegen, wenn er mit der ersten Beantwortung nicht konform geht. Er ist nicht verpflichtet, sich nach dieser Rechtsauskunft zu richten *(Fatwa)*.

Muhammadreliquien, an verschiedenen Stätten der islamischen Welt verehrte, Muhammad zugeschriebene Reliquien wie Barthaare, Schuhe, Schriftstücke, Gewänder, Fußabdrücke in Stein, eine Lanze u. a.

Muhammadverehrung, Legendenbildung über die Person Muhammads, seine Fähigkeiten und Taten. Obwohl Muhammad im Koran mehrfach seine Menschlichkeit (17,93) und Fehlbarkeit betont (110,3; 48,2), rankten sich nach seinem Tod rasch Legenden um seine Person, Berichte über seine übernatürlichen Fähigkeiten und Wundertaten. Ein Teil dieser Inhalte, wie die im Koran nicht bezeugte *Sündlosigkeit* Muhammads, ist – möglicherweise durch den Einfluss von *Mystik* und *Schiismus* – Bestandteil der offiziellen Theologie geworden, die demjenigen Unglauben vorwirft, der Zweifel an Muhammads ethischer und religiöser Vollkommenheit anmeldet und ihm einen Mangel oder Fehlverhalten unterstellt. Vor allen Dingen soll sich Muhammad zeitlebens vom *Polytheismus* und *Götzendienst* seiner Landsleute fern gehalten haben. Muhammad gilt als der letzte und bedeutendste Prophet, als der Höhepunkt der Menschheitsgeschichte. Schon über die Zeit vor seiner Geburt werden Wunder berichtet, die auf seine zukünftige Bedeutung hinwiesen, wie die Reinigung seines Herzens durch zwei Engel. Als er noch ein Kind ist, schützt ihn eine Wolke vor der Sonne, und die Äste eines Baumes senkten sich über ihn, um Schatten zu spenden. Bäume und Steine, an denen Muhammad vorbeiging, riefen ihm einen Gruß zu. Ein Baum soll sich auf den Zuruf des Propheten von seinem Platz fortbewegt und ihn als Propheten bekannt haben. Ein sprechender Wolf bezeugte das Prophetentum Muhammads usw. Sodann werden Wunder Muhammads berichtet wie die Speisung vieler Menschen, die Vermehrung von Wasser, Regenwunder, Krankenheilungen und Prophezeiungen, die Verwandlung von Wasser in Milch und Butter. Dazu gehören auch die Spaltung des Mondes durch Muhammad (angedeutet in 54,1f.) und seine Nacht- bzw. *Himmelsreise,* bei der er in die Gegenwart Gottes versetzt wurde. Die Überlieferung berichtet von zahlreichen Vorzügen Muhammads: Er soll wohltätig und selbstlos, mitleidig, bescheiden, nachsichtig und geduldig, humorvoll und höflich, fröhlich und liebenswürdig gegen seine Frauen gewesen sein, wahrhaftig und treu, ehrlich und aufrichtig, mutig und gütig, freigebig und demütig, kinder- und tierlieb, voller Erbarmen und freundlichem Ernst.

Muhammadreliquien. Diese silberne Schatulle ist als Reliquiar zu betrachten. Sie enthält eine Glasröhre mit Barthaaren Muhammads. Diese haben – über die Beteuerungsformel »Beim Barte des Propheten!« hinaus – den Rang einer Reliquie Muhammads und werden in der kleinen Sophia-Moschee in Istanbul aufbewahrt.

Muharram, der erste Monat des islamischen *Kalenders.* Während der ersten zehn Tage des M. werden im Gedenken an das Leiden und den Märtyrertod des Prophetenenkels al-Husain Passionsspiele, Rezitationen, Gesang und Prozessionen öffentlich aufgeführt. Mit Pferden, den kämpfenden Parteien und vor allem einem Darsteller von al-Husain werden die Machtverhältnisse der Schlacht von Kerbela im Jahr 680 nachgestellt, bei der durch den Sieg der *Sunniten* die schiitische Hoffnung auf Erringung des *Kalifats* endgültig zunichte wurde *(Schiiten)*.

Mystik. Eine Ausdrucksform der islamischen Mystik ist der Tanz der Derwische. Er dient der Befreiung von irdischen Bedürfnissen durch Ekstase. Das gemeinsame Ziel aller Formen der Mystik ist es, vollständig des Göttlichen teilhaftig zu werden.

Schwert-, Ketten-, Säbel- und Geißlergruppen schlagen sich auf die Brust, den Rücken und die Stirn als Zeichen der Trauer über das Martyrium aller schiitischen Imame und der Trauer über die eigene, bemitleidenswerte Lage als schiitische, unterdrückte Minderheit. Die Zuschauer weinen und klagen, zerreißen bisweilen ihre Kleider oder greifen sogar die Darsteller der Feinde al-Husains an. Nicht selten soll es zu Todesfällen und Übergriffen auf Sunniten bei den Feierlichkeiten gekommen sein. Die von der schiitisch-orthodoxen Theologie meist nicht mit Wohlgefallen betrachteten Feierlichkeiten konnten in Ländern mit schiitischer Bevölkerung niemals wirklich erfolgreich unterdrückt werden.

Mullah, Religionsgelehrter, ein in Religionsfragen Kundiger; bei den *Schiiten* werden die *Ulama* als M. bezeichnet.

Munafiqun → Heuchler

Murtadd (arab. »Apostat«) → Abfall vom Islam

Muschrik, jemand, der Gott andere Wesen an die Seite stellt und damit *Polytheismus* betreibt.

Muslim (Plural Muslime), »einer, der sich Gott unterwirft, in seinen Willen ergibt«. Diese Selbstbezeichnung der Anhänger des Islam gibt den Kern des islamischen Glaubensbekenntnisses, die Unterwerfung unter den Willen Gottes, wieder. Frauen werden in der Einzahl »Muslima«, in der Mehrzahl »Musliminnen« genannt. Die Bezeichnung »Moslem« stammt aus dem englischsprachigen Bereich und ist in der Übertragung der arab. Lautschrift eigentlich unkorrekt, da das Arab. weder ein »o« noch »e« kennt. »Mohammedaner« ist eine veraltete, für Muslime herabsetzende Bezeichnung, eine Ableitung von der – aus muslimischer Sicht – irrtümlichen Annahme, dass Muhammad der Stifter der islamischen Religion sei, ein »Mohammedaner« also ein Anhänger Mohammeds bzw. arab. korrekt Muhammads sei. Aus islamischer Sicht hat Muhammad jedoch keine neue Religion verkündet, da der Islam von Ewigkeit her bestand und von *Adam* an, dem ersten islamischen *Propheten,* bis zu Muhammad, seinem letzten, verkündet wurde. Nicht an Muhammad glauben daher Muslime, sondern an Gott, den Einzigen, an die Sendung Muhammads und die Wahrheit des Korans als Worte Gottes *(Herabsendung).*

Mu'taziliten, eigentlich eine fünfte sunnitische theologische Schule *(Rechtsschulen),* die sich jedoch auf Dauer nicht durchsetzen konnte. Gegründet zu Beginn des 8. Jh. in Basra (Irak), gewann sie ab Ende des 9. Jh. Einfluss, erlebte ihre Blüte bis zur Mitte des 11. Jh. und verlor danach an Bedeutung. Zu den wichtigsten Dogmen der M. gehört die Ablehnung der absoluten, willkürlichen Allmacht Gottes, denn, so die M., Gott habe die Verpflichtung, gerecht zu handeln und so, wie es der Vernunft entspricht. Die M. wandten sich gegen die absolute Prädestination des *Menschen (Willensfreiheit)* und betrachteten den Koran als von Gott erschaffen, während die Mehrheit der muslimischen Theologen ihn für das unerschaffene Gotteswort hält.

Mutter der Schrift oder des Buches → Urschrift

Mystik (arab. tasawwuf), eine schon in der Frühzeit des Islam, möglicherweise bereits zu Muhammads Lebzeiten, auch unter außerislamischen Einflüssen entstandene Frömmigkeitspraxis der inneren Suche nach Gott. Ihre Führer leugneten die Bedeutung der islamischen Pflichtenlehre und der islamischen Gesetze zwar überwiegend nicht, betrachteten aber ihre Befolgung lediglich als erste, vordergründige, minderwertigere Stufe auf dem Weg zur Gotteserkenntnis. Die sich dahinter verbergende Sinnebene wird erschlossen durch die schrittweise Beschreitung des mystischen Pfades (arab. tariqa), durch innere Reinigung der Seele, Selbsterkenntnis, Kasteiung, Meditation und Anbetung Gottes bis zur Innewohnung des Göttlichen unter Auslöschung des eigenen Ich. Im Lauf des 10. Jh. wurden *Bruderschaften* gegründet. Durch die Unterdrükkung der Bedürfnisse des Körpers (Schlaf, Nahrungsaufnahme, Ruhebedürfnis und Schmerzempfinden), durch Meditation und Versenkung in Gott soll die Verbindung zur diesseitigen Welt weitestgehend ausgeschaltet werden, damit die Seele frei wird und sich zu Gott erheben kann.

N

Nachahmung → Taqlid

Nacht der Macht (arab. laylat al-qadr), eine der letzten zehn Nächte des Fastenmonats *Ramadan,* in der der Koran herabgesandt worden sein soll (2,185). Zu der Frage, welche Nacht genau die N. sei, existieren unterschiedliche Überlieferungen und Anschauungen. Eine Nacht mit ungerader Zahl der letzten zehn Tage des *Ramadan* wird favorisiert, meist die 17., 21. oder 27. Nacht. Als am wahrscheinlichsten für den Zeitpunkt der Koranoffenbarung gilt die Nacht vom 26. auf den 27. Ramadan, die in besonderer Weise als von Licht und Segenskraft *(Baraka)* erfüllt gilt. Da eine Überlieferung berichtet, Muhammad habe die letzten zehn Nächte des Ramadan gewacht und gebetet, verbringen manche Muslime diese ganzen zehn Tage in der *Moschee.*

Nachtreise Muhammads → Himmelsreise Muhammads

Namen Gottes → Gottes schönste Namen

Namensgebung, Festlegung des Namens eines Neugeborenen. Dies geschieht häufig durch den Vater, entweder spontan nach der Geburt oder auch erst einige Tage danach. Er spricht dem Kind dann das *Glaubensbekenntnis* in ein Ohr, den *Gebetsruf* in das andere. Almosen werden verteilt und am siebten Tag ein (für Jungen umfangreicheres) Opfer im Zusammenhang mit dem Abschneiden einer Haarlocke am siebten Lebenstag gebracht. Den Namen eines Mädchens beeinflusst eher die Mutter. Namen mit religiöser Bedeutung sind im Allgemeinen sehr beliebt, vor allem Muhammad und alle Nebenformen wie Mehmet, Ahmed, Hamid oder Mahmud, ebenso Namen der koranischen Propheten wie Youssuf (Josef), Dawud (David) oder Ayyub (Hiob), bei *Schiiten* auch Ali oder Hussein, sowie zusammengesetzte Namen wie Abd ar-Rahman (»Diener des Barmherzigen«) oder Abdallah (»Diener Gottes«), Nur ad-Din (»Licht des Glaubens«) oder für Mädchen Aischa, Zainab oder Fatima, sofern kein Name eines Verwandten oder Heiligen bevorzugt wird.

Neuerung (arab. bid'a), zunächst neutraler Terminus für alles, was zu Lebzeiten Muhammads nicht existierte. Prinzipiell besteht die Möglichkeit, dass auch positive N. in den Islam aufgenommen werden können, die mit der islamischen Glaubens- und Pflichtenlehre in Einklang stehen. Tatsächlich wird der Begriff der N. von muslimischen Theologen jedoch primär ablehnend für alles, was nicht als genuin zum Islam gehört, gebraucht, wenn es um die Verurteilung bestimmter Phänomene geht (technischer Errungenschaften ebenso wie Glaubenspraktiken, z. B. die *Heiligenverehrung).* Sie werden als »ungesetzliche Neuerung«, als »unislamisch« verurteilt und damit in die Nähe der Ketzerei gerückt. In der konkreten Anwendung weichen die Urteile darüber, was »bid'a« genau ist, erheblich voneinander ab.

Neues Testament → Evangelium

Nichtig (arab. batil), ist eine religiöse Handlung, die nicht vorschriftsmäßig ausgeführt wurde, d. h. entweder im Zustand der *Unreinheit* oder dadurch, dass wesentliche Elemente ausgelassen wurden (wie Teile des rituellen *Gebets* oder die *Absichtserklärung*), ebenso, wenn sie von einem Ungläubigen oder zum falschen Zeitpunkt durchgeführt wurde (z. B. an Tagen gefastet wurde, an denen das *Fasten* untersagt ist). Eine derartige religiöse Handlung zählt dann nicht zur Erfüllung der *Fünf Säulen* des Islam.

Niyya → Absichtserklärung

Noah (Noach), der Erbauer einer Arche und Verkünder eines baldigen Gerichtes über seine ungläubigen Landsleute, zählt zu den bedeutendsten, da gesetzgebenden *Propheten* im Koran.

Noah und die Flut:
»Wir haben ja Noah zu seinem Volk gesandt: ›Ich bin euch ein deutlicher Warner, damit ihr allein Gott dienen sollt‹ (11,25). Da bezichtigten sie ihn der Lüge. Aber wir erretteten ihn und diejenigen, die mit ihm auf dem Schiff waren. Und wir ließen diejenigen ertrinken, die unser Zeichen für Lüge erklärt hatten.« (7,64)
Aus dem Koran

O

Offenbarung (arab. wahy), an der der *Heilige Geist* mitbeteiligt ist. Sure 42,51 fasst klassisch die drei Arten von O. zusammen, durch die Gott sich den Menschen mitgeteilt hat: »Und es steht keinem Menschen zu, dass

Offenbarung. Als Ort der Offenbarung des Korans an Muhammad gilt der Hügel Arafat bei Mekka. Er gehört zu den heiligen Stätten, die bei der Pilgerfahrt nach Mekka aufgesucht werden.

Gott mit ihm spricht, es sei denn durch Eingebung oder von hinter einem Vorhang oder durch Entsendung eines Propheten, um auf sein Geheiß zu offenbaren, was er will.« Gott offenbart sich nach islamischer Auffassung dem Menschen also nicht unmittelbar, sondern durch indirekte Übermittlung seiner Botschaft. Die wichtigste Bedeutung kommt zweifellos der Sendung der *Propheten* zu, zu denen die O. »herabgesandt« und durch den Engel *Gabriel* übermittelt wird *(Herabsendung)*. Diese O. begann nach islamischer Auffassung bereits bei *Adam,* der ein Verkünder des Islam gewesen ist. O. hat es also immer gegeben, die O. von der Existenz Gottes und seiner Schöpferkraft, die der Mensch aus den Zeichen *(Wunder)* wie den Naturphänomenen erkennen kann. O. im vollkommenen und vollgültigen Sinn ist aus islamischer Sicht ausschließlich der *Koran,* eine wortgetreue Abschrift der im Himmel befindlichen Uroffenbarung *(Urschrift),* und dieser auch nur in *Arabisch.* Dieser O. des Korans gingen andere O. voraus (z.B. das *Evangelium,* das *Jesus Christus* seinem Volk brachte). Diese vorausgehenden O. wurden jedoch alle im Lauf der Geschichte durch ihre Anhänger verfälscht und werden nun von der O. des Korans korrigiert.

Beim Vorgang der O. ist der Prophet mit seiner eigenen Person selbst nicht beteiligt, er ist lediglich »Gefäß« und empfängt die Botschaft, die er unverfälscht weiterzugeben hat. Die Überlieferung beschreibt zwar verschiedene Empfindungen, welche Muhammad beim Erhalt der O. überkamen (Geräusche, körperliche Zustände), diese bieten aber nur wenig Aufschluss über das Geschehen an sich.

Omayyaden → Umayyaden

Opfer (arab. qurban), werden traditionell am 10. Dhu l-hidjdja, am Ende der *Pilgerfahrt* im Gedenken des O. *Abrahams* gebracht, den Gott mit der von ihm geforderten Opferung seines Sohnes *Ismail* auf die Probe des Gehorsams stellen wollte *(Opferfest).* Aber auch bei anderen Gelegenheiten können O. dargebracht werden, z.B. bei der Geburt eines Kindes. Der *Volksislam* kennt zahlreiche Opfer an *Heiligen Stätten,* vorzugsweise Heiligengräbern (meist Opfer in Zusammenhang mit Gelübden), mit deren Darbringung um die Erfüllung bestimmter Bitten (Kinderwunsch, Heilung, Heirat, Geschäftsabschluss) gefleht wird oder die bei Erhörung als Dank dargebracht werden.

Opferfest (arab. id al-adha), das wichtigste Fest im Islam, das am 10. des Monats Dhu-l-hidjdja *(Kalender),* dem »Tag des Opfers« (arab. yawm al-adha) oder dem »Tag des Schlachtens« (arab. yawm an-nahr) im Gedenken an die Opferung des Sohnes *Abrahams* gefeiert wird, die von Gott durch die Gabe eines Lammes abgewendet wurde.

Osmanen, letzte große Herrscherdynastie, welche die islamische Welt vom 13./14. Jh. und ab 1455 von Konstantinopel aus über den Balkan bis nach Ungarn, fast über den gesamten Mittelmeerraum, Nordafrika, Ägypten, Mesopotamien, Syrien, Palästina, *Mekka* und *Medina* regierte. Mit dem Untergang des Osmanischen Reiches wurde das Kalifat *(Kalif)* von Kemal Atatürk für abgeschafft erklärt.

P

Palermo, geht auf eine phönik. Gründung aus dem 7. Jh. v. Chr. zurück; die antike Geschichte der Hafenstadt kennt eine karthag. und röm., dann eine byzantin. Epoche. Ab 827 eroberten die Aghlabiden, eine nordafrikan. muslimische Herrscherdynastie, vom Maghrev aus Sizilien und machten P. zur Hauptstadt der Insel. Nach der Eroberung durch die Normannen (1071) behielt P. diesen Rang und bewahrt bis heute Spuren des für Jahrhunderte wirksamen arab. Einflusses. Zu den künstlerischen Überresten zählt das islamisch bemalte, hölzerne Stalaktitengewölbe der Cappella Palatina (1131–43) des auf arab. Festungsanlagen errichteten Palazzo dei Normanni. Die Hofwerkstätten der normannischen und staufischen Herrscher in Palermo pflegten arab. Kunsthandwerk (Krönungsmantel Kaiser Friedrichs II.).

Paradies, im Koran der »Garten« (arab. djanna) im *Jenseits,* in den am Tag der *Auferstehung* die »Gottesfürchtigen« (52,17) eintreten dürfen, die »glauben und tun, was recht ist« (2,25). Der Koran beschreibt das P. in leuchtenden Farben (die einige Theologen nur bildhaft verstehen): In den »Gärten der Wonne« (56,26), bewacht durch Türhüter (39,73), liegen die Gläubigen im Schatten, genießen Früchte (Granatäpfel, Trauben und Datteln) und Fleisch. Sie ruhen an Wasserquellen, während sie »ewig junge Knaben« mit Getränken bedienen. Es fließen »Ströme von Wasser, Milch, Wein und Honig« (47,15). Sie tragen schöne Gewänder aus Brokat, Seide (35,33), Goldschmuck (18,31) und Perlen« (35,33). Auf ihren Gesichtern liegt die »Glückseligkeit der Wonne« (83,24). Gott schenkt ihnen »großäugige Huris als Gattinnen« *(Huri).* Dem widerspricht nicht, dass auch Frauen und Kinder ins P. eingehen werden (43,70). Die Schilderungen des P. beinhalten aber auch ideelle Werte. Die Geretteten werden weder von »Geschwätz« noch »Lüge« noch »Sünde« hören, sie erleben in dieser »Behausung des Heils« (6,127) keine Mühsal und keine Ermüdung mehr (35,35). Sie loben Gott (10,10) und verspotten die Bewohner der *Hölle* (83,29–35). Sie können »das Wohlgefallen Gottes« schauen. Dies bewertet der Koran höher als alles andere (3,15). Vielleicht werden die Gläubigen sogar Gott selbst sehen, aber darüber geht die Meinung der Theologen auseinander.

Paradiesjungfrau → Huri

Passionsspiel (pers. Taz'iye), dramatische Darstellung der Leiden des Märtyrertodes von Ali, al-Husain. Während das Konzept des (heilsbringenden) *Leidens* im sunnitischen Islam keinerlei Rückhalt hat, findet ihn die schiitische Theologie im Leiden des Prophetenenkels und Sohnes des 4. Kalifen, Ali, al-Husain: Er gilt *Schiiten* als Prototyp des Leidenden, der in der Schlacht von Kerbela im Jahr 680 gegen die ungerechte Übermacht der Sunniten nicht ankommen konnte und am Ufer des Euphrat den Märtyrertod starb. Dieses Leiden wird mit den jährlich aufgeführten P. im Monat *Muharram* wiederbelebt. Die P. werden zum Gedenken in den ersten 10 Tagen des Monats Muharram in islamischen Ländern mit schiitischer Bevölkerung aufgeführt. Der 10. Muharram ist der höchste schiitische Feiertag, der Höhepunkt des zehntägigen *Aschura*-Festes. Bei den P. werden Dramenspiele aufgeführt und der gefallenen schiitischen Kämpfer gedacht. Nicht nur die Teilnahme am P. gilt als *verdienstvoll,* sondern auch die Zuschauerrolle. Die dabei vergossenen Tränen gelten als »Mitleiden« und »Mitsterben« mit al-Husain und bewirken Erlösung. Mit den P. ziehen Geißlergruppen durch die Straßen, und die sunnitischen *Kalifen* werden von den Schiiten als »unrechtmäßige Herrscher« verflucht.

Pflichtgebet → Gebet

Pilgerfahrt (arab. hadjdj), Wallfahrt zum islamischen Zentralheiligtum, der *Ka'ba* in *Mekka,* und als fünfte Säule des Islam einmal im Leben verpflichtend für jede Frau und jeden Mann, die dazu in der Lage sind. Im *Volksislam* gilt das Gebet in der Ka'ba als besonders sündenvergebend.

Polygamie, Vielehe. Muhammad hat die in vorislamischer Zeit vermutlich unbeschränkte P. (eigentlich eine Polygynie, d.h. Vielweiberei) auf die Ehe mit vier Frauen eingeschränkt, weitere Nebenfrauen gestattet der Koran: Die überwiegende Mehrzahl

Palermo. Ein Zeugnis des orientalischen Erbes in der ehemals arabischen Hauptstadt von Sizilien sind die Goldgrundmosaiken im so genannten Zimmer des Roger im Normannenpalast aus der Zeit Wilhelms I. (reg. 1154–66). Die symmetrische Darstellung von Panthern, Pfauen und Kentauren zwischen Lebensbäumen beruht auf persisch-sassanidischen Motiven. Gleiches gilt für einen Umhang aus rotem Samt, bestickt mit zwei Löwen auf zu Boden geworfenen Kamelen und mit arabischer Inschrift. Er entstand 1134 in der Hofwerkstatt von Palermo für den Normannenkönig Roger II. Seit dem Staufer Friedrich II. diente er als Krönungsmantel der Kaiser und gehörte somit zu den Reichsinsignien (Weltliche Schatzkammer, Wien).

Prophet. Aaron und Mose beschwören einen Drachen, der die Magier des Pharaos bedroht. Buchmalerei in einer um 1590/1600 für Schah Abbas geschaffenen Handschrift der »Geschichte der Propheten«. Mose und sein Bruder Aaron, beide mit Bart und Turban dargestellt, gehören als frühe Verkünder des Monotheismus zu den Vorläufern Muhammads, der als »Siegel der Propheten« die mit Adam beginnende Reihe beschließt. Zur biblischen Quelle des Motivs einer gemeinsamen Zauberei der beiden Brüder zählen die Berichte über ihr Auftreten vor dem Pharao, um die Befreiung der Israeliten aus der ägyptischen Knechtschaft zu fordern (etwa mit einem »Wunder« zu ihrer »Beglaubigung«; Ex 7,8–13). Bibliothèque Nationale, Paris

der islamischen Theologen erkennt aus Sure 4,3 die Erlaubnis für einen Mann, mit bis zu vier Frauen gleichzeitig verheiratet zu sein: »Und wenn ihr fürchtet, den Waisen nicht gerecht werden zu können, nehmt euch als Frauen, was euch gut erscheint, zwei oder drei oder vier. Doch wenn ihr fürchtet, ihnen nicht gerecht werden zu können, dann nur eine oder diejenigen, die ihr von Rechts wegen besitzt« (4,3). Nur eine Minderheit der Theologen hat aus der Einschränkung »wenn ihr fürchtet, ihnen nicht gerecht werden zu können« geschlossen, dass der Koran damit de facto für die *Einehe* eintrete. Alle stimmen jedoch darin überein, dass eine gleichmäßig gerechte Behandlung aller Frauen für den Mann verpflichtend ist. Tatsächlich ist nur ein geringer Teil muslimischer Ehen polygam, nicht selten auf dem Land, wo eine Verteilung der Arbeitslast von großem Vorteil ist. Ein häufiger Grund für eine Zweitheirat ist bis heute auch die Unfruchtbarkeit der Frau. Die Türkei und Tunesien haben die P. 1926 bzw. 1956 gesetzlich verboten. Manchmal lassen sich Frauen heute das Recht auf *Ehescheidung* in ihren *Ehevertrag* aufnehmen, wenn der Mann eine zweite Frau hinzuheiratet.

Polygynie → Polygamie

Polytheismus (arab. schirk), das Beigesellen anderer Wesen oder Götter an die Seite des einzigen Gottes, gilt dem Koran als die schlimmste Form des Unglaubens und die größte Sünde, die nicht im *Jüngsten Gericht* vergeben werden kann, es sei denn, der Betreffende vollzieht eine Hinwendung zum Islam: »Gott vergibt nicht, dass ihm beigesellt wird. Was darunter liegt (d. h., geringere Sünden), vergibt er, wenn er will« (4,48). Das Bekenntnis zu dem einen Gott (arab. *tauhid*), dem Schöpfer des Himmels und der Erde, dem allmächtigen Richter und Vergelter von Gut und Böse stand von Anfang an im Zentrum der Verkündigung des Islam. Seine Hauptstoßrichtung fand der P.vorwurf im animistischen Vielgötterglauben der vorislamischen Araber, die ihre Götterbilder und Statuen mit sich führten, Wallfahrten zu ihren Wohnstätten vollzogen und ihnen Opfer brachten. Vor allem nach der *Hidjra* (dt. Auswanderung) nach *Medina* im Jahr 622 verurteilt Muhammad mehr und mehr auch die Christen aufgrund ihres Glaubens an die Dreifaltigkeit als Polytheisten *(Trinität)*. Ebenso erhebt Muhammad gegen die *Juden* den Vorwurf des P.: »Die Juden sagen: ›Esra ist der Sohn Gottes‹« (9,30), wobei der Koran diesen Vorwurf an keiner weiteren Stelle weiter ausführt oder näher erläutert.

Prädestination → Willensfreiheit

Prophet, der Gesandte, den Gott mit einem besonderen Auftrag zu den Menschen schickt. Der Koran nennt den »Warner« oder »Mahner« (arab. nabi), der die Menschen an den Weg Gottes erinnern soll, aber auch den »Gesandten« (arab. rasul), der den Menschen eine Botschaft Gottes überbringt, eine Schrift. Die Kernbotschaft aller P. ist das Bekenntnis zu dem einen Gott. Seit Beginn der Menschheitsgeschichte hat Gott immer wieder P. und Warner geschickt, die die Menschen an seine Botschaft erinnerten (35,24). Nur wenige hörten auf diese Gesandten, deren Sendung Gott durch ein Beglaubigungswunder legitimierte, und die meisten verspotten ihn und seine Botschaft; die Mehrheit wird daher von Gottes Strafgericht getroffen. Wenn die Menschen nach einer gewissen Zeit Gottes Gebote vergaßen und von seinem Weg abwichen, schickte Gott erneut einen Gesandten. Der Koran vertritt damit ein zyklisches Geschichtsbild, das mit der Sendung *Adams* beginnt und der Sendung Muhammads, dem *Siegel der Propheten,* seinen Abschluss findet (33,40). Zu den Warnern und Gesandten gehören im Koran *Adam, Noah, Abraham, Ismail,* Isaak, Jakob, *Mose,* Aaron, Lot, Hiob, *Josef,* Saul, David,

Salomo, Jona, Elia, Elisa, Zacharias, Johannes der Täufer und *Jesus Christus.* Hinzu kommen die nicht im biblischen Kanon erwähnten Gesandten Idris, Hud, Salih, Dhu l-Kifl, Schu'aib und Muhammad. Unter den P. des Korans nehmen die fünf gesetzgebenden P. eine Sonderstellung ein (Abraham, Noah, Mose, Jesus Christus, Muhammad). Die P., die eine Schrift überbrachten, werden im Koran besonders hervorgehoben: Abraham (»Blätter« – eine Schrift?), Mose (die Tora), David (die Psalmen), Jesus Christus (das *Evangelium*) und Muhammad (den Koran).

P. sind sterbliche Menschen, die zu einem bestimmten Zeitpunkt von Gott berufen und zu den Menschen mit seiner Offenbarung gesandt werden. Die muslimische Theologie geht wohl seit dem 10. Jh. davon aus, dass alle P. sündlos waren (arab. ma'sum). Der Koran berichtet an mehreren Stellen, dass P. Gott um Vergebung baten, wobei der Anlass für diese Bitte nicht immer konkret benannt wird (Adam: 7,23; Noah: 11,47; Abraham: 14,41; Mose: 28,16; David: 38,24; Muhammad: 110,3; 48,2). Die P. werden wie die *Märtyrer* nach ihrer *Auferstehung* nicht nach ihrem Glauben und ihren Werken befragt, sondern können sofort ins *Paradies* eingehen.

Prophetengefährte, Vertraute, Heerführer und frühe Anhänger Muhammads, die zu den wichtigsten Stützen der frühislamischen Gemeinde gehörten. Einige der P. treten als Überlieferer einzelner Traditionstexte *(Überlieferung)* hervor. Ihr Verhalten als Vorbilder der islamischen Gemeinde ist in besonderer Weise richtunggebend für Männer, während sich Frauen am Vorbild der Mütter der Gläubigen ausrichten. Die ersten vier *Kalifen* gehörten ebenfalls zu den P.

Psalmen (arab. zabur), die Psalmen Davids. Der Koran sagt, dass Gott David die P. geoffenbart hat (4,163). Dass im *Alten Testament* nicht alle P. von David stammen, erwähnt der Koran nicht; auch ihre Themen, den Inhalt der Texte oder ihre Entstehungsgeschichte berührt er nicht.

Q

Qadi, Richter, einer der wenigen religiösen Amtsträger mit juristischer Handlungsbefugnis. Sein Amt ist nicht absolut deckungsgleich mit dem eines Richters, da er nicht alle Funktionen eines Richters ausübt. Handlungsspielraum und Zuständigkeit veränderten sich im Lauf der Jahrhunderte. Ein Q. war ein vom *Kalifen* zur Rechtsprechung eingesetzter, aber diesem unterstellter Richter, vor allen Dingen für den religiösen Teil des Rechts (Ehe- und Familienrecht, Erbrecht, Waqfrecht und religiöses Recht). Q. verwalteten Vormundschaften, Besitz von Waisen, *Fromme Stiftungen* oder schlossen Ehen für Frauen, die keinen Vormund hatten, der diese Funktion hätte wahrnehmen können. Damit nahm der Q. auch Funktionen eines Notars war.

Qibla, Gebetsrichtung. Gebete sind in die Richtung zu sprechen, in der, aus der Perspektive des Betenden betrachtet, die *Ka'ba* in *Mekka* liegt. Alle Muslime weltweit vollziehen das rituelle *Gebet* in dieser Ausrichtung. In großen Moscheen ist sie durch die Gebetsnische *(Mihrab)* gekennzeichnet. Zu den Fragen, die einem Toten im *Jenseits* gestellt werden, soll – nach der Frage zu Glaube und Bekenntnis – auch gehören: »Was ist deine Q.?« (»Wohin richtest du dein Gebet aus«?). Zur Frühzeit des Islam war, vermutlich in Anlehnung an die jüd. Gebetspraxis, den Muslimen *Jerusalem* als Q. befohlen, bis Muhammad wohl nach 624 eine Offenbarung erhielt, die diese auf die Ka'ba änderte (2,144).

Qibla. Gewöhnlich und in gewisser Weise zwingend gibt in jeder Moschee die Gebetsnische Mihrab die Richtung nach Mekka an, in die das Gebet zu richten ist. Fehlte die bauliche Orientierung, konnte ein Qibla-Kompass wie dieser zu Hilfe genommen werden; er stammt vom Ende des 19. Jh.

(al-)Quds (»das Heiligtum«), arab. Bezeichnung für *Jerusalem.*

Quran → Koran

R

Ramadan, der 9. Monat des islamischen Jahres und die Zeit des *Fastens.* Der aufgrund des nur 354 Tage dauernden Mondjahres durch alle Jahreszeiten wandernde 9. Monat

Ramadan. Am Abend des ersten Fastentages erhalten die Armen kostenlose Speisen. Das Foto einer solchen wohltätigen Speisung entstand in Kairo.

des islamischen *Kalenders,* in dem alle gesunden Männer, die dazu in der Lage sind und alle gesunden, rituell reinen Frauen jenseits der Pubertät verpflichtet sind, von Sonnenaufgang bis -untergang sich aller Speisen, Getränke, des Rauchens, aller Injektionen, des Parfüms und Geschlechtsverkehrs zu enthalten. Der Beginn des R. ist abhängig von der Sichtung der Neumondsichel durch die religiösen Autoritäten des betreffenden Landes bzw. der offiziellen Verkündigung des Beginns des R. aufgrund astronomischer Berechnungen *(Fasten).* Der R. wird im Gedenken an die *Herabsendung* des Korans begangen, die sich in diesem Monat ereignet haben soll (2,185).

Ramadanfest → Fest des Fastenbrechens; → Zuckerfest

Rauschmittel, im Islam nach überwiegender Auffassung ebenso verboten wie berauschende, alkoholische Getränke (2,219; 5,90f.). Der Koran äußert sich jedoch nicht explizit zu R. In der *Mystik* fanden sie zur Intensivierung der religiösen Ekstase wohl immer Verwendung. Heute stellt der Drogenkonsum die islamische Welt vor große Herausforderungen.

Rechte/Linke Hand und Seite, Vorschriften zur seitenrichtigen Nutzung des Körpers und einzelner Glieder. In der islamischen Welt ist der Einsatz der rechten bzw. linken Hand für bestimmte Handlungen keine individuelle Entscheidung. Es geht vor allem um die Frage, welche Handlungen mit der linken Hand (der Hand für »verunreinigende« Tätigkeiten) ausgeführt werden dürfen und welche mit der rechten Hand ausgeführt werden müssen. So wird zum Essen, insbesondere dort, wo kein Besteck benutzt wird, prinzipiell nur die rechte Hand eingesetzt, ebenso wie zur Begrüßung und zur rituellen *Reinigung.*

Die linke Hand wird vor allem auf der Toilette benutzt (die traditionelle nahöstliche Toilette kennt kein Porzellanbecken, sondern eine Abflussvorrichtung im Boden. Zur Reinigung wird – idealerweise fließendes – Wasser benutzt, kein Papier). Die linke Hand wird für alle Tätigkeiten eingesetzt, die mit ihrem »verunreinigenden« Gebrauch auf der Toilette nicht in Konflikt gerät. Eine Toilette soll mit dem linken Fuß betreten werden, ein Haus, ein Zimmer oder eine *Moschee* jedoch unbedingt mit dem rechten.

Zeitgenössische Theologen empfehlen, auf der rechten Seite zu schlafen. Auf dem Friedhof soll der Leichnam auf seiner rechten Seite liegend begraben werden. Insgesamt wird also die rechte Seite mit allem Richtigen, Guten, Reinen verbunden (auch der Hoffnung auf Gottes Beistand und das *Paradies*), die linke dagegen mit allem Unreinen, Falschen und Gott Zuwiderlaufenden, im übertragenen Sinne auch mit *Sünde, Jüngstem Gericht* und *Hölle.*

Rechtgeleitete Kalifen → Kalif

Rechtsgutachten → Fatwa

Rechtsschulen (arab. madhahib), unterschiedliche Rechtstraditionen in der Auslegung der *Scharia,* die sich im Lauf des 8. Jh. in der Interpretation der Grundlagen der Rechtsfindung herausbildeten. Mehrere R. sind im Lauf der Jahrhunderte untergegangen. Die bedeutendste schiitische R. ist die djafaritische R. der *Zwölferschiiten,* die wichtigsten vier sunnitischen R. die der *Hanbaliten, Hanafiten, Malikiten* und *Schafiiten.*

Reinheit, rituelle → Waschung, rituelle

Reinigung → Waschung, rituelle

Reliquien → Muhammadverehrung

Reue (arab. tauba), Umkehr und die feste Absicht, das betreffende Vergehen künftig zu meiden, lassen den *Sünder* die Vergebung *Gottes* erlangen (6,54), wobei die muslimische Theologie überwiegend annimmt, dass R. – außer im Fall von *Unglauben* – nicht zwingend für die Vergebung erforderlich ist. Gott ist jedoch dem gegenüber barmherzig,

Rosenkranz. Muslim mit Gebetskette vor einer Moschee in Lahore, Pakistan. Der islamische Rosenkranz ist eine 33- oder 99-teilige Perlenkette oder eine Schnur mit Knoten. Sie dient dazu, Gott mit seinen im Koran genannten 99 schönsten Namen anzurufen.

der sich ihm voller R. zuwendet (5,39), an ihn glaubt und sich an seine Gebote hält (3,31). Je nach der Schwere des Vergehens kann zur *Buße* und R. eine Sühneleistung (wie etwa zusätzliches *Fasten* oder Spenden von *Almosen*) hinzukommen. Im *Volksislam* hat sich dieser Gedanke so fortentwickelt, dass zusätzliche verdienstvolle Handlungen (zusätzliche Gebete, Fastentage oder Almosen) als Aufhebung kleiner Sünden betrachtet werden.

Riba → Zins

Richter → Qadi

Rituelle Reinheit → Waschung, rituelle

Rosenkranz (arab. misbaha), seit der Frühzeit des Islam zur Anrufung Gottes benutzt. Mit dem Abtasten der 33 oder häufiger 99 Perlen werden außer dem *Glaubensbekenntnis* (»Es gibt keinen Gott außer Gott«) vor allem die drei Formeln »Subhana llah!« (»Gepriesen sei Gott!«), »Allahu akbar« (»Gott ist groß«) und »al-hamdu lillah« (»Lob sei Gott!«) gesprochen. Die Zahl von 99 Perlen scheint auf die *Überlieferung* zurückzugehen, die von den »schönsten« 99 Namen Gottes spricht, mit denen Gott angerufen werden soll *(Gottes schönste Namen).* Meist werden die 99 Namen nicht für das Gebet mit dem R. benutzt, sondern vielmehr die oben genannten Lobpreisformeln.

Die ersten verlässlichen schriftlichen Hinweise auf den Gebrauch des R. im Islam stammen vom Ende des 8. Jh. Im Verlauf der islamischen Geschichte gibt es zahlreiche Zeugnisse für seine ungebrochene Beliebtheit. Von Männern wird er in der Öffentlichkeit benutzt, von Frauen eher zu Hause. Auf der *Pilgerfahrt* wird der R. ebenfalls mitgeführt. Er besteht ursprünglich aus Natursteinen (Dattelkernen, Muscheln, Bernstein, Korallen), heute auch aus Kunststoff, häufig aus blauen Perlen, denen nach allgemeiner Überzeugung in besonderer Weise Segenskraft *(Baraka)* anhaftet. Der R. besitzt als *Amulett* Schutzfunktion (in Fahrzeugen, in Wiegen), wird als Orakel befragt, zur Krankenheilung und als Gräberschmuck oder zur Bekräftigung von Versprechen benutzt.

Auch in der *Mystik* spielt der R. beim Gottgedenken *(Dhikr)* eine bedeutende Rolle. Diese besonderen R. besitzen manchmal bis zu 1000 Perlen. Islamische Theologen sehen seinen Gebrauch im Allgemeinen als erlaubt an mit Ausnahme der *Wahhabiten,* welche die Verwendung des R. als unzulässige *Neuerung* (arab. bid'a) verurteilen.

Samarkand. Gesamtansicht der Medrese Tillja-Kari aus dem 17. Jh. Sie befindet sich am Registan, dem wichtigsten Platz der Stadt. Unterhalb der Kuppel ist die Spitze eines Liwan erkennbar; diese Öffnungen sind das architektonische Kennzeichen einer Medrese.

Ruf zum Islam → Da'wa

S

Sabier, Anhänger der in Sure 2,62 erwähnte Gruppierung, die wie *Juden* und *Christen* als *Schriftbesitzer* bezeichnet werden und daher während der islamischen Eroberungen zu *Schutzbefohlenen* wurden. Mit den S. ist wohl die gnostische Täufersekte der Mandäer gemeint (5,69; 22,17).

Salam (arab. »Friede«), der übliche Gruß als Kurzform von »as-salam alaykum« (»Friede sei über dir« oder »…über euch«). Die Entgegnung lautet »wa alaykum as-salam« (»Und der Friede sei auch über euch/dir«). Eigentlich darf dieser religiöse Gruß nur zwischen Muslimen ausgetauscht werden. Mit einem Muslim befindet sich ein anderer Muslim prinzipiell im Zustand des Friedens, mit einem Nichtmuslim muss die beiderseitige Beziehung erst geklärt werden. Aufgrund der im Islam üblichen *Geschlechtertrennung* tauschen Männer und Frauen, die nicht eng miteinander verwandt sind, kaum Grüße aus und geben sich auch nicht die Hand.

Salat → Gebet

Samarkand, Gebietshauptstadt in Usbekistan. Im Altertum als Marakanda Hauptstadt der pers. Provinz Sogdiana, wurde S. 712 von den Arabern erobert und gehörte zum

Reich der *Kalifen.* 1220 zerstörte Dschingis-Khan S. Bauten; aus der erneuten muslimischen Blütezeit (15.–17. Jh.) sind die Bibi-Chamym-Moschee, ein von *Minaretten* flankierter Torbau mit einem 41 m hohen Portal, drei *Medresen,* Mausoleen und ein Anfang des 15. Jh. errichtetes Observatorium erhalten.

Samarra, schiitischer Wallfahrtsort in Irak. Der ehemals antike Ort Sumere am Tigris diente den *Abbasiden* 839–883 als Residenz. Aus dieser Zeit stammen die Überreste einer Palastanlage mit Stuckdekorationen und der Großen Moschee mit einem 60 m hohen Spiralminarett.

Schande.
»Ihr sollt euch nicht den Schändlichkeiten nähern, seien sie offenkundig oder verborgen.« (Sure 6,151)

Satan → Teufel

Säulen → Fünf Säulen des Islam

Saum → Ramadan

Schächtung (arab. dhabiha), rituell-religiöse Schlachtung, bei der das Tier ausgeblutet wird. Dieses Fleisch gilt als »halal«, d. h. für Muslime zum Verzehr erlaubt *(Halal).* Bei der Schlachtung wird der Name Gottes über dem Tier ausgerufen, die *Absichtserklärung* wird ausgesprochen, das Tier auf seiner linken Seite liegend in Richtung Mekka ausgerichtet und bei Bewusstsein ein Schnitt durch Luft-, Speiseröhre und Halsschlagader geführt. Für Tiere, die nicht ausbluten können, gilt das Gebot des Schächtens nicht; sie sind trotzdem zum Verzehr erlaubt (z. B. Fisch, Seetiere oder Heuschrecken). Der Koran fordert zwar das Ausrufen des Namens Gottes über dem Tier (6,118ff.) und nennt auch das Ausbluten, solange das Tier noch lebt (5,3), beschreibt aber keine konkrete Methode des Schächtens. Idealerweise soll ein Muslim nur rituell geschächtetes Fleisch verzehren. Muslimische Theologen sind jedoch überwiegend der Meinung, dass aufgrund von Muhammads Teilanerkennung der Juden und Christen als *Schriftbesitzer* und Offenbarungsempfänger das von ihnen geschlachtete Fleisch Muslimen ebenfalls erlaubt ist.

Schafa'a → Fürsprache

Schafiiten, Anhänger einer der im 8. Jh. entstandenen vier sunnitischen *Rechtsschulen,* benannt nach ihrem Gründer Muhammad ibn Idris asch-Schafi'i (um 767–820), dem vielleicht bedeutendsten Vertreter der islamischen Jurisprudenz. Daher auch der »Vater der islamischen Rechtswissenschaft«. In dem Versuch, die malikitische und die hanafitische Rechtsschule miteinander in Einklang zu bringen, schuf asch-Schafi'i eine neue Rechtsschule. Heute soll sie die Rechtsschule mit den meisten Anhängern und teilweise im Nahen und Mittleren Osten, in Ostafrika, Südarabien und Südostasien vertreten sein.

Schahada → Glaubensbekenntnis

Schahid → Märtyrer

Schaitan → Teufel

Schande zu vermeiden spielt im nahöstlichen Kontext eine entscheidende Rolle, weil niemand, der große S. auf sich geladen hat, Achtung genießen, ja in schweren Fällen vielleicht aus der Familie ausgestoßen oder zum Außenseiter der Gesellschaft werden kann. S. zu vermeiden bedeutet für Frauen vor allem, einen tadellosen Ruf in erster Linie vor und dann auch in der Ehe zu wahren. Vor der Ehe, indem sie sich an die allgemein anerkannten Anstandsregeln zur Wahrung ihrer *Jungfräulichkeit* hält, also jeglichen Kontakt mit Männern vermeidet, die nicht zu den engsten Verwandten gehören, allgemeine Zurückhaltung in Kleidung und Verhalten übt und sich möglichst strikt auf den Frauenbereich der Gesellschaft beschränkt. In der Ehe, indem sie sich ebenfalls von dem Bereich fern hält, der traditionell den Männern vorbehalten ist (z. B. das Kaffeehaus, die Öffentlichkeit überhaupt, wenn es nicht um notwendige Besorgungen geht) und keinerlei Anlass zum Verdacht des Ehebruchs gibt. Ist eine Frau und mit ihr ihre ganze Familie in S. geraten, ist es unabdingbar, dass der Mann die verlorene *Ehre* der Familie wieder herzustellen versucht, unter Umständen, indem er drastische Maßnahmen ergreifen muss.

Scharia (arab. »Weg«), die Gesamtheit des islamischen Gesetzes, nach muslimischer Auffassung göttlichen Ursprungs und unwandelbar; die Bestimmungen von Koran und *Überlieferung,* die ihre Auslegung durch die Rechtsgelehrten erfahren, insbesondere die Gründer der *Rechtsschulen.* Die S. ist ein idealtypisches Gesetz und zu keiner Zeit vollständig umgesetzt worden.

Scheich, ein nicht auf eine einzige Funktion festgelegter Ehrentitel für einen älteren, oft bereits ergrauten Mann mit besonderer Würde und Autorität wie z. B. ein Vorsteher eines Mystikerordens *(Mystik),* ein Leiter einer religiösen Lehranstalt oder allgemein ein Gelehrter oder Weiser. In frühislamischer Zeit auch die Bezeichnung für die ersten *Kalifen.* Eine Frau, die eine Autoritätsstellung ausschließlich über Frauen innehaben kann, heißt dementsprechend »Scheicha«.

Scheidung → Ehescheidung

Scheitan → Teufel

Scheker Bayrami → Zuckerfest

Schia (arab. »Partei«), Anhänger des vierten *Kalifen Ali,* die ihn nach Muhammads Tod 632 als Schwiegersohn und Neffen zu seinem Nachfolger bestimmen wollten *(Schiismus, Schiiten).*

Schicksal → Kismet; → Willensfreiheit

Schiismus, der Bereich der schiitischen Theologie, dessen Kernpunkt der Glaube an das Imamat ist. Der Imam (nicht zu verwechseln mit dem Moscheevorsteher) ist für Schiiten die wichtigste, von Gott auserwählte religiöse Persönlichkeit mit übernatürlichen Fähigkeiten, von der alle Leitung und Orientierung der schiitischen Gemeinde ausgeht, eine Art Mittler zwischen Gott und der Gemeinde.

Schiiten, Anhänger des Neffen und Schwiegersohns Muhammads, *Ali ibn Abi Talib,* die nach Muhammads Tod 632 die Auffassung vertraten, nur ein Verwandter des Propheten könne sein legitimer Nachfolger werden, da nur auf ihm dessen Segenskraft *(Baraka)* ruhe. Da Muhammad keine Söhne hatte, die zum Zeitpunkt seines Todes noch am Leben waren, wäre Ali der nächste Verwandte Muhammads gewesen. Die S. konnten niemals die Herrschaft über die gesamte islamische Welt erringen. Heute ist der Iran das einzige islamische Land, in dem der *Zwölferschiismus* Staatsreligion ist.

Schirk → Polytheismus

Schlachtung, rituelle → Schächtung

Schleier → Verschleierung

Schöpfung, dass Gott der Schöpfer der Tier- und Pflanzenwelt und der Schöpfer jedes Menschen ist, gehört zu den frühesten und grundlegendsten Inhalten islamischer Dogmatik (55,1–78). Der Koran beschreibt die S. weniger detailliert als das *Alte Testament:* In sechs Tagen erschuf Gott die Welt und setzte sich danach auf seinen Thron im siebten Himmel (7,54). Nach der Schöpfung war Gott nicht ermüdet und ruhte nicht (50,38), er braucht keinen Schlaf *(Sonntag).* Himmel und Erde schuf Gott aus einer Urmasse, die sieben Himmel aus Rauch, dann folgten Berge, Flüsse und Pflanzen. Aus dem Wasser schuf er die Tiere und machte den Menschen aus einem »Tropfen Sperma« (75,36–40). Der *Mensch* ist im Koran (anders als im Alten Testament) nicht die Krone der Schöpfung, denn die Erschaffung von Himmel und Erde »war ein größeres Wunder« (40,57). Der Mensch ist im Koran nicht Ebenbild Gottes, obwohl Gott *Adam* seinen »Geist einhauchte« (15,29). Am untersten der Himmel, die Gott stützt und vor dem Niederfallen bewahrt (22,65), wacht ein Wächter, damit der *Teufel* nicht den Ratschluss der *Engel* belauscht (37,1–9). Sonne, Mond und Sterne sind ebenfalls Gottes Schöpferwerk; sie geben den Menschen Licht und ermöglichen ihnen die Zeitrechnung (10,15). Den Menschen setzt Gott als seinen »Nachfolger« *(Kalif)* ein (57,7), er schenkt ihm Güter, die der Mensch genießen darf (5,87f.), und erweist ihm Wohltaten, wird aber für alles am Jüngsten Tag Rechenschaft von ihm fordern *(Jüngstes Gericht).*

Schriftbesitzer (arab. ahl al-Kitab), Bezeichnung für *Juden, Christen, Sabier* und *Zoroastrier.* Völker, die bereits vor der *Herabsendung* des Korans eine *Offenbarung Gottes,* eine Schrift in ihrer Sprache, empfangen haben. Juden und Christen haben jedoch ihre Schrift (*Altes Testament* und *Evangelium*) im Laufe der Zeit verfälscht *(Schriftverfälschung).* Sie werden vom Koran korrigiert. Dennoch gelten S. dem Koran als eine Art

Schiiten. Der Iran ist heute das einzige Land, in dem der Glaube der Schiiten in der Form des Zwölferschiismus – im Unterschied zum Glauben der Sunniten – Staatsreligion ist. Zu den Metropolen gehört neben der Hauptstadt Teheran die Stadt Mashad mit ihrer hier festlich beleuchteten Imam-Reza-Moschee. Ihr Name unterstreicht die Bedeutung der Imame als von Gott auserwählte religiöse Persönlichkeiten im Schiismus. Neben dem Iran hat auch der Irak einen schiitischen Bevölkerungsanteil. Zu den kleineren schiitischen Gruppen gehören die Ismailiten, die nur sieben, und die Zayditen, die lediglich die ersten fünf schiitischen Imame anerkennen.

»Teilgläubige«, die sich über einige Dogmen im Irrtum befinden, wie die *Christen* z.B. über die *Gottessohnschaft Jesu.*

Schriften, Heilige → Heilige Schriften

Schriftverfälschung (arab. tahrif), These, die besagt, dass die ursprünglich *Juden* und *Christen* herabgesandten *Offenbarungen, Altes Testament* und *Evangelium,* im Laufe der Zeit von diesen verfälscht wurden. Wie und in welchem Umfang die Verfälschung vorgenommen wurde (Verfälschung einzelner Worte, Inhalte oder nur Auslegungen), darüber herrscht keine Einigkeit unter Theologen. Im Koran wird die Theorie der S. angesprochen, wo es um den Vorwurf Muhammads geht, dass weder Juden noch Christen in ihm einen in ihren Offenbarungen prophezeiten Gesandten Gottes erkennen und er sich als der von *Jesus* angekündigten Gesandten behauptet, seinem direkten Vorläufer in der Reihe der *Propheten.* Zum Ende seiner Verkündigungen wandelt sich Muhammads anfänglich positive Einstellung gegenüber den Schriftbesitzern und ihren Offenbarungen, und er kommt mehr und mehr zu der Auffassung, dass dort, wo die Offenbarungen der Juden und Christen nicht mit dem Koran übereinstimmen, sie verfälscht worden seien (z.B. in der Frage der *Gottessohnschaft* Jesu Christi). Der Koran als die wortgetreue Abschrift der im Himmel aufbewahrten Uroffenbarung kann nicht die Quelle des Irrtums sein. Wenn Muhammad, wie die islamische Theologie annimmt, weder lesen noch schreiben konnte, wird damit das Dogma von der Unverfälschtheit und irrtumslosen Bewahrung des Korantextes zusätzlich unterstrichen.

Schutzbefohlene (arab. dhimmi), *Juden* und *Christen,* die als *Schriftbesitzer* bereits im Koran einen Sonderstatus als Offenbarungsempfänger und Teilgläubige erhalten, behielten diesen Status auch bei den islamischen Eroberungen (die von ihnen teilweise als Befreiung von der byzantin. Herrschaft begrüßt wurden). Mit der Eroberung des Iran erhielten auch die *Zoroastrier* den Status der Schriftbesitzer und S. Sie mussten nicht zum Islam konvertieren, wenn sie in Anerkennung der muslimischen Oberhoheit die *Kopfsteuer* und teilweise auch die *Grundsteuer* entrichteten. Sie behielten dann theoretisch ihre religiöse Autonomie, ihren Besitz, ihr Bleibe- und Handelsrecht im islamischen Gebiet und die Möglichkeit, zivilrechtliche Belange nach den Gesetzen ihrer Religionsgemeinschaften zu regeln. Bei einem Rechtsstreit mit einem Muslim wurden sie jedoch nach islamischem Gesetz beurteilt, zumal ihr Zeugnis gegen einen Muslim vor Gericht nicht angenommen werden darf. In der Praxis waren die S. mancherlei Einschränkungen, teilweise auch Diskriminierungen und Unterdrückung ausgesetzt. Sie blieben rechtlich benachteiligte Bürger zweiter Klasse: Sie durften keine Waffen tragen, keine Pferde reiten und mussten sich an der Kleidung zu erkennen geben. Meist blieben ihnen höhere Staatsämter verwehrt. Oft wurde in ihre internen Belange, z.B. durch die staatliche Mitsprache bei der Wahl ihrer obersten Kirchenführer, eingegriffen oder ihnen Rechte und Privilegien entzogen, um Druck und Anreiz zu Zusammenarbeit und *Konversion* auszuüben. Auch eine gemischtreligiöse Ehe vergrößert automatisch die muslimische Gemeinschaft, denn die Kinder aus einer solchen Ehe sind immer Muslime. Werbung für ihren Glauben (Mission) war dem S. nirgends erlaubt. Die Teilnahme an ihrem kirchlichen Leben war nur Angehörigen ihrer eigenen Religionsgemeinschaft vorbehalten, während Konversionen der S. zum Islam begrüßt wurden. Der muslimische Staat geht also für S. prinzipiell von einer Ungleichbehandlung und rechtlichen Ungleichstellung aufgrund ihrer Religionszugehörigkeit aus. Der Status der S. wurde erst in der Neuzeit abgeschafft, lebt aber im religiösen Denken vielfach fort.

Schwangerschaftsabbruch.
»Und wahrlich: Wir erschufen den Menschen aus einer Substanz aus Lehm. Alsdann setzten wir ihn als Samentropfen an eine sichere Ruhestätte.« (23,12)
»Und tötet nicht das Leben, das Allah unverletzlich gemacht hat.« (17,33)
Aus dem Koran

Schwangerschaftsabbruch, der Koran verurteilt verschiedene Arten des Tötens eines Menschen (Mord, Totschlag, Vergraben neugeborener Kinder), auf den S. geht er jedoch an keiner Stelle spezifisch ein. Muslimische Theologen nehmen daher unterschiedliche Positionen zur Frage der Legalität des S. und zum möglichen Zeitpunkt eines S. ein. Frühere Theologen gestatten im Allgemeinen einen Zeitraum zwischen dem 40. und 120. Tag nach der Befruchtung, moderne Theologen neigen eher dazu, diese Erlaubnis einzuschränken und auf einige klar definierte Fälle wie eine Gefährdung der Gesundheit der Mutter oder auch unzumutbare Notlagen einzugrenzen. Einige Länder verbieten den S. völlig. In den meisten Ländern wird er nicht propagiert, aber auch nicht verboten, sondern bewegt sich zumeist im Feld der Duldung im Frühstadium der Schwangerschaft. Der S. gilt als tadelnswert, wird aber nicht als Verbrechen geahndet.

Schwarzer Stein, der in der Ostecke der *Ka'ba* eingelassene und mit einer Silberfassung zusammengehaltene Stein, möglicherweise ein Meteorit. Er ist Gegenstand der höchsten Verehrung bei der jährlichen *Pilgerfahrt* nach *Mekka;* alle Pilger versuchen, ihn zu berühren und zu küssen oder wenigstens in seine Nähe zu kommen, um der ihm innewohnenden Segenskraft *(Baraka)* teilhaftig zu werden.

Schweinefleisch, der Genuss von S. sowie der Verzehr, Gebrauch oder Kontakt mit allen Produkten, die aus Schweinefetten, Schweinsleder, Schweineborsten oder aus anderen Körperteilen des Schweins gewonnen werden, ist im Islam generell verboten *(haram).* Wohl zu allen Zeiten wurde das Verbot von S. im Islam anerkannt, zumal der Koran es – möglicherweise in Anlehnung an jüd. Speisevorschriften – unmissverständlich formuliert (2,173). Wie beim *Alkohol* gilt jedoch, dass in einer »Zwangslage« bei Zuwiderhandlung keine »Schuld« vorliegt, was vor allem auf einen drohenden Hungertod bezogen wird (5,4).

Segenskraft → Baraka

Selbstmord (arab. qatl nafsi-hi oder intihar), gilt im Islam als verboten. Der Koran äußert sich zwar nicht explizit zu diesem Thema; ob er in einigen Versen darauf anspielt (2,54; vor allem 4,29 u.a.), ist zu bezweifeln. Die *Überlieferung* allerdings verurteilt den S. deutlich und droht dem Selbstmörder ewige Höllenstrafe an *(Hölle).*

Sexualität, hat im Islam keine negative Konnotation, sondern wird als natürliches Bedürfnis des Menschen bejaht, dessen Erfüllung allerdings nur innerhalb der Ehe legitim ist. Wem immer es möglich ist, der soll heiraten *(Ehe, Ehelosigkeit),* wer aber nicht heiraten kann, »soll Enthaltsamkeit üben« (24,33). Prostitution (24,33) und *Homosexualität* (4,16) werden im Koran verurteilt, das Zölibat wird abgelehnt (57,27). S. außerhalb der Ehe wird im Koran streng missbilligt (24,2ff; 70,31). *Mann* und *Frau* werden mit harten Sanktionen bedroht (Auspeitschung bzw. Steinigung), der Beweis erfordert jedoch vier männliche Zeugen oder ein Geständnis. In der Praxis dürfte allerdings eher die Frau als Schuldige ausgemacht werden. Innerhalb der Ehe ist die Frau dem Mann gegenüber in Bezug auf die S. Gehorsam schuldig. Zwar hat auch die Frau ein prinzipielles Recht auf S. (dauerhafte Vernachlässigung gehört für sie zu den anerkannten Gründen für eine *Ehescheidung*), das Recht kann jedoch im Einzelfall nur der Mann einfordern. Die *Überlieferung* droht der Frau im Fall ihres Ungehorsams den »Fluch der Engel« an, und der Koran betont das uneingeschränkte Recht des Mannes auf S. (2,223). Befristeter Verzicht muss von beiden Partnern zu bestimmten Zeiten geleistet werden *(Unreinheit der Ehefrau, Fasten, Pilgerfahrt).* Der Frau obliegt generell die Verantwortung, durch angemessenes, zurükkhaltendes Verhalten, seltene Stadtgänge und eine entsprechende Kleidung dem Mann keinen Anstoß und Veranlassung zu unmoralischem Verhalten zu geben. Offen getragene Haare oder Parfüm, das außer Haus benutzt wird, gelten nach Ansicht mancher Theologen als Signal zur Bereitschaft der Frau zu *Ehebruch* und Unzucht und als Kennzeichen von Ehrlosigkeit *(Ehre).*

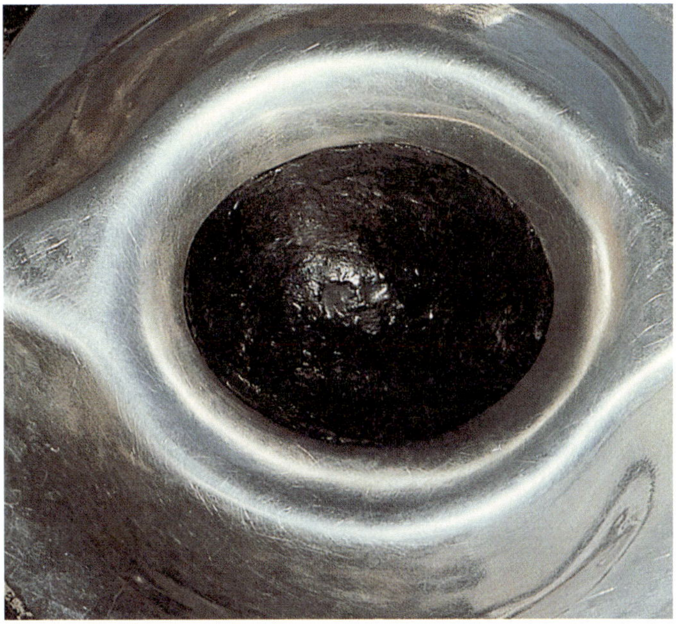

Schwarzer Stein. Ein in Silber eingefasster Stein, der in die nordöstliche Ecke der Ka'ba eingelassen ist, bildet das gleichsam auf einen Punkt konzentrierte Ziel der »Großen Pilgerfahrt« nach Mekka. Möglicherweise handelt es sich um einen bereits in vorislamischer Zeit kultisch verehrten Meteoriten.

Siebenerschiiten → Ismailiten

»Siegel der Propheten« (arab. hatam al-anbiya), Ehrentitel Muhammads, der letzte und zugleich bedeutendste *Prophet* der Geschichte (33,40), der die mit *Adam* beginnende Reihe der vor ihm gesandten Propheten bestätigt und abschließt. Er ist es, der die

Speisegebote. Iranischer Mullah beim Einkauf von Gemüse. Gleichgültig, ob als Anhänger des Schiismus oder des Sunnismus, befolgen Muslime die koranischen Speisegebote, die vor allem den Verzehr von Fleisch beschränken: »Euch ist nur verboten, was verendet ist, und Blut und Schweinefleisch, und was nicht im Namen Allahs geschlachtet ist.« (2,174)

ewig gültige *Offenbarung* unverfälscht verkündet und damit alle anderen Offenbarungsschriften korrigiert. Als der Gründer der *Ahmadiyya*-Bewegung, Mirza Ghulam Ahmad (1839–1908), Ende des 19. Jh. mit dem Anspruch hervortrat, diese Prophetenschaft Muhammads in seiner Person fortzuführen, führte das zu einer fast einhelligen Verurteilung der Ahmadiyya-Bewegung als »unislamisch«.

Sklaven, von Koran und *Überlieferung* die Sklaverei als existent vorausgesetzt und zugelassen. Der Handel mit Sklaven gilt im Islam als erlaubt, S. als Handelsgut. Der Islam führte die Sklaverei fort, die er auf der Arabischen Halbinsel und in den eroberten Gebieten vorfand. Schon aus Muhammads Kriegszügen, z.B. gegen die *Juden* in *Medina,* ist bekannt, dass meist Frauen und Kinder in die Sklaverei verkauft wurden. Männer konnten durch Übertritt zum Islam noch während des Kampfes ihre Freiheit erhalten. Besonders in Schwarzafrika wurden S. von muslimischen Kampftruppen erbeutet. Die Versklavung von Muslimen war verboten, wurde aber nicht immer geachtet. S. wird man durch Geburt in der Sklaverei oder durch Kriegsgefangenschaft. Ein S. galt als Besitz seines Herrn und als einer, »der über nichts Gewalt hat«, also jemand, der selbst keinen Besitz und keine Handlungsfreiheit (und daher auch kein Zeugenrecht vor Gericht) hat (16,75). Der Besitzer konnte den S. selbst verwenden – der Koran erlaubt einem Mann außer vier Ehefrauen S. als Nebenfrauen (4,3) – oder ihn verleihen, vererben oder veräußern. Viele S. wurden für Armeen gekauft. Das Osmanische Reich rekrutierte bei der »Knabenlese« bis ins 17. Jh. Tausende von christlichen Kindern aus dem Balkan für den osman. Sultanshof. S. brauchten zur Eheschließung die Erlaubnis ihrer Herren. Kinder von S. waren ebenfalls Eigentum ihrer Besitzer, nur wenn der Vater der Besitzer der S. war, waren die Kinder frei und seinen ehelichen Kindern gleichgestellt; die Mutter gilt nach dem Tod ihres Herrn als frei. Der Koran ermahnt, die S. gut zu behandeln (4,36), sie nicht zur Prostitution zu zwingen und ihnen den Freikauf zu ermöglichen (24,33), insbesondere, wenn sie Muslime werden. Eine Pflicht dazu bestand jedoch nicht. Einen S. selbst freizukaufen, gilt im Koran als verdienstvolles Werk vor Gott und ist als Sühneleistung für bestimmte Vergehen vorgesehen, wie das Versäumen des *Fastens.* Die Sklaverei wurde im Osmanischen Reich Mitte des 19. Jh. abgeschafft, in einigen islamischen Ländern (vor allem Jemen, Saudi-Arabien und Mauretanien) erst Mitte bis Ende des 20. Jh.

Solidarität → Umma

Sonntag, Ruhetag. Im Islam gibt es ursprünglich keinen ausgesprochenen Ruhe- oder Feiertag, der mit dem S. im christlichen Abendland vergleichbar wäre. Theologische Ursache ist die Aussage des Korans, dass Gott nach der *Schöpfung der Welt* nicht ruhte, denn ihn »berührte keinerlei Ermüdung« (50,38). Den Sabbat hat Gott nicht den Muslimen bestimmt (16,124). Am ehesten ähnelt der *Freitag* einem Ruhetag, und in islamischen Ländern mit Kolonialvergangenheit ist teilweise der S. eingeführt und später beibehalten worden.

Speisegebote, vor allem das koranische Verbot von Aas, *Alkohol, Schweinefleisch* und *Blut* und allen daraus gewonnenen Produkten (2,174). Bei Gefahr für Leib und Leben wäre nach Meinung der Mehrzahl der muslimischen Theologen ein Übertreten der S. möglich.

Staat, in islamischen Ländern, in denen die *Scharia* eine oder die eigentliche Quelle der Gesetzgebung darstellt, besitzt der S. nach sunnitischer, also mehrheitlicher islamischer

Auffassung seine Legitimation nicht an sich, sondern erhält sie dadurch, dass er für seine Untertanen den Rahmen dafür schafft, ihr Leben auf der Grundlage der islamischen Gesetze gestalten zu können.

Stätten → Heilige Stätten

Sterben → Tod

Stiftung → Fromme Stiftung

Strafrecht, im Koran lediglich in einigen wenigen Einzelfällen behandelt, von der *Überlieferung* ergänzt, aber dennoch in Koran und *Sunna* zu lückenhaft, um ein vollständiges Strafgesetzbuch daraus ableiten zu können. Ergänzungen bieten Werke bedeutender Juristen, insbesondere der Gründer der vier *Rechtsschulen,* das örtliche Gewohnheitsrecht sowie auf europ. Gesetzbüchern basierende Rechtskodifikationen. Meist wird zwischen *Grenzstrafen, Ermessensstrafen* und Strafen mit *Wiedervergeltung* unterschieden.

(Die) **Stunde** (arab. sa'at), Synonym für den Zeitpunkt des *Jüngsten Gerichtes* (30,12), zu dem alle Menschen in den Gräbern auferweckt *(Auferstehung)* und »zu Gott zurükkgebracht« werden, um sich vor ihm zu verantworten. Diese S. kennt niemand, nur Gott weiß, wann sie anbricht.

Sufi, Mystiker *(Mystik),* Mitglied eines Mystikerordens. Der Begriff des S. aus dem 8. Jh. ist vermutlich abgeleitet von arab. suf »Wolle« und weist auf das bevorzugte wollene Gewand der frühen S. hin.

Sufismus → Mystik

Sultan (arab. »Macht, Herrschaft«), zunächst ein dem *Kalifen* verliehener zusätzlicher Titel, später bezeichnet er den Herrscher, der unter offizieller Anerkennung der Oberherrschaft des jeweiligen Kalifen, der den S. in sein Amt einsetzt, de facto in seinem Bereich über eine ebenso unumschränkte Machtposition verfügte wie dieser. Als Inhaber der weltlichen Macht wird seine Herrschaft in religiöser Hinsicht nur mit der Anerkennung seiner Person durch die religiösen Autoritäten legitimiert.

Sünde, im Koran als Ungehorsam und Übertretung der Gebote *Gottes* definiert, als Hören auf die Einflüsterungen des *Teufels.* Grundsätzlich betrifft S. Gott nicht, sondern nur den Menschen, denn er frevelt damit »gegen sich selbst« (4,110f.). S. trennt den Menschen nicht von Gott, denn es gibt keine *Erbsünde* im Islam. S. ist nicht innere Auflehnung gegen Gott und seine Gebote (wie im Christentum), sondern nur eine von außen an ihn herangetragene Versuchung, der der *Mensch* widerstehen kann, denn er ist grundsätzlich in der Lage, das Gute zu tun und die S. zu meiden. Die S. hat ihren Ursprung nicht in der gefallenen Natur des Menschen (wie im Christentum), sondern wird ausschließlich von außen durch die vom Teufel bewirkte Verführung an ihn herangetragen. Gott verzeiht S., denn seine Barmherzigkeit »kennt keine Grenzen« (7,156). Der Sünder tut *Buße,* kehrt sich von der S. ab und dem Guten wieder zu und leistet – je nach Art und Schweregrad des Vergehens – eine Wiedergutmachung *(Wiedervergeltung).* Der Koran und die Theologie unterscheiden zwischen »kleinen« und »großen« S. (4,31; 42,37); hinsichtlich der Frage, ob Gott S. vergibt, die der Mensch nicht bereut und ob ein Muslim, der sich schwerer S. schuldig gemacht hat und stirbt, dennoch errettet wird oder *Fürsprache* benötigt, existieren unterschiedliche Auffassungen. Zu den S., die nicht vergeben werden, gehört in jedem Fall der *Unglaube,* der *Polytheismus* und der *Abfall vom Islam.* Nach volksislamischer Auffassung werden kleine S. durch gute Taten gesühnt, große S. durch Fürsprache Muhammads im *Jüngsten Gericht.*

Sündenfall → Erbsünde

Sündenvergebung → Vergebung

Sündlosigkeit, nehmen weder die *Überlieferung* noch der Koran grundsätzlich von irgendeinem Menschen an, ja, der Koran benennt konkret die *Sünden* einzelner *Propheten* und berichtet von ihren Bitten um Vergebung (*Adam* in 7,23; *Noah* in 11,47; *Abraham* in 14,41; *Mose* in 28,16; David in 38,24; Muhammad in 110,3 und 48,2). Eine Ausnahme ist *Jesus Christus,* dem im Koran kein Vergehen zur Last gelegt wird. Die islamische Theologie hat einige Jahrhunderte nach Abfassung des Korans die S. aller Propheten festgeschrieben. Gott schenkt ihnen die »isma«, die Bewahrung vor einem Übel, der Sünde. Bei der S. Muhammads erörterte die Theologie, ob Muhammad lediglich in Bezug auf die *Offenbarung* oder auch in alltäglichen Belangen irrtumsfrei war, ob die Propheten von allen Sünden befreit waren oder eventuell kleine Sünden aus Unachtsamkeit begehen konnten und ob sie zeit-

Sultan. Im zuletzt britisch besetzten, seit 1984 unabhängigen Sultanat Brunei an der Nordwestküste von Borneo ist der Islam Staatsreligion. Als absoluter Monarch regiert ein Sultan (seit 1967 Hassanal Bolkiah, * 1946).

Sunniten. Gläubige in der ab 702 auf dem Plateau des Tempelbergs von Jerusalem erbauten Al-Aqsa-Moschee. Dieses Heiligtum der Sunniten befindet sich in unmittelbarer Nachbarschaft des Felsendoms (691/692). Beide Moscheen entstanden unter den ersten Nachfolgern Muhammads, deren Anerkennung die Sunniten (rund 90% aller Muslime) von den Schiiten trennt.

lebens sündlos (arab. ma'sum) waren oder nur nach ihrer Berufung zum Propheten. Das Konzept der S. stammt offensichtlich aus der *Schia,* die sie seit dem 8. Jh. für die *Imame* annahm, danach griffen die *Mu'taziliten* dieses Dogma auf.

Sunna, Gewohnheit, Sitte, Brauch; bezeichnet die Gewohnheit des Propheten Muhammad, wie sie in der *Überlieferung* in vielen Tausend kurzen Berichten, Beispielen und Einzelanweisungen aufgezeichnet ist, sowie die Handlungen und Aussprüche der *Prophetengefährten. Sunniten* erkennen sechs umfangreiche Traditionssammlungen als authentisch an, *Schiiten* verfügen über ihren eigenen Überlieferungskorpus, der Berichte über die Familie Muhammads in den Mittelpunkt stellt. Jeder Muslim hat die Pflicht, der S. Muhammads nachzueifern, zu befolgen, was er empfahl, und zu meiden, was er missbilligte. Damit erhält die Überlieferung einen Rang, der von der Autorität her dem Koran gleichwertig ist.

Sunnismus, der Bereich der sunnitischen Theologie, die den *Kalifen* als den fähigsten, von der Gemeinschaft *(Umma)* gewählten und bestätigten Führer, der ein Mitglied des Stammes Muhammads, der Quraysch sein soll, bestimmt. Innerhalb des S. existieren heute vier *Rechtsschulen,* andere sind im Lauf der Zeit untergegangen.

Sunniten, Gruppierung, die nach Muhammads Tod 632 den Heerführer und Vertrauten Muhammads Abu Bakr zum ersten *Kalifen* wählte und sich dauerhaft gegen die *Schiiten* durchsetzen konnte, die sich auf einen Verwandten Muhammads festlegen wollten. Heute sind die S. mit rund 90% Anteil am Islam (etwa 1,2 Mrd Menschen) die Mehrheit der Muslime.

Sure, die 114 durch Überschriften und Zahlen bezeichneten Kapitel des Korans (syr. surtha/surta, »Schrift«). Die S. sind nicht in chronologischer Reihenfolge, sondern der Länge nach angeordnet (eine Ausnahme bildet S. 1). Die längsten S. stehen am Anfang, die kürzesten am Ende, wobei dieses Prinzip nicht streng durchgehalten wird. Inhaltlich sprechen die meisten S. eine Vielzahl von Themen in einzelnen Sequenzen an, die keine inhaltliche Gliederung erkennen lassen und wohl das Ergebnis einer oder mehrerer Koranredaktionen nach Muhammads Tod sind: Einer Beschreibung der *Schöpfung* folgen etwa Berichte über einzelne *Propheten,* dann eine Ankündigung des *Jüngsten Gerichts, Speisegebote* und eine Verurteilung des *Polytheismus,* an die sich Regelungen zum Straf-, Erb- oder Eherecht oder eine Paradiesschilderung anschließen können. Ganz wenige Erzählungen des Korans sind in sich abgeschlossen, wie z.B. die über *Josef* in S. 12. Üblicherweise sind einzelne Themen über viele S. verstreut. Diese Anordnung macht eine zeitliche Einordnung der einzelnen Abschnitte und systematische Erfassung des Inhalts sehr schwierig.

T

Tabu → Haram

Tafsir → Koranauslegung

Tahrif → Schriftverfälschung

Takbir, Lobpreis, Gotteslob (arab. Allahu akbar, »Gott ist groß«, »Gott ist größer« oder auch »Gott ist am größten«), Lobpreisformel, die z.B. bei der Benutzung des *Rosenkranzes,* bei der mystischen Versenkung in Gott *(Mystik),* beim *Gebetsruf,* beim täglichen rituellen *Gebet,* bei der *Pilgerfahrt* u.a. Gelegenheiten Verwendung findet.

Takiya → Taqiya

Talaq → Ehescheidung

Talisman → Amulett

Tanzil → Herabsendung des Korans

Taqiya (arab. »Furcht, Vorsicht«), Verheimlichung des religiösen Bekenntnisses, oft nicht zutreffend mit »Lüge« oder »Betrug« übersetzt. Die schiitische Minderheit *(Schiiten)* entwickelte mit Bezug auf Sure 3,29 (»Geheimhalten«) oder 16,106 (ein Vers, der vom »Zwang zum Unglauben« bei einer gleichzeitig bewahrten inneren Glaubensgewissheit spricht) die Auffassung, dass es zulässig sei, bei Gefahr oder Verfolgung ihren schiitischen Glauben zu verbergen, um eine eventuelle Verfolgung der Gemeinschaft abzuwenden.

Taqlid, Nachahmung. Mit der Schließung des »Tores des idjtihad« um das 10., spätestens 11. Jh. wird in der sunnitisch-islamischen Rechtswissenschaft die Beantwortung von Rechtsfragen durch selbstständige Rechtsfindung (arab. idjtihad) nicht mehr als erlaubt und der Rückgriff auf frühe Autoritäten der Rechtswissenschaft und deren Rechtsentscheidungen, der T., von der Mehrheit der Theologen als verpflichtend betrachtet.

Tariqa → Mystik

Tasawwuf → Mystik

Tauhid, Einzigartigkeit Gottes: »Er ist Gott, ein Einziger… und es gibt keinen, der ihm gleicht« (112,1–4). Faßt das Bekenntnis zur Einzigartigkeit Gottes, das Zentrum islamischer Theologie zusammen. Der T. gehört zu den frühesten Verkündigungsinhalten des Islam. Das Bekenntnis zu dem einen Gott wird bei vielen Gelegenheiten täglich gesprochen; z.B. beim *Gebetsruf,* beim täglichen rituellen *Gebet* oder dem islamischen *Glaubensbekenntnis.* Die Einzigartigkeit Gottes beinhaltet seine unumschränkte Herrschaft und Souveränität, seine Unvergleichlichkeit, auch seine Unvorstellbarkeit, seine Allmacht und seine Entscheidungsfreiheit, seine Gnade und Barmherzigkeit.

Tayammum → Waschung, rituelle

Taziye → Passionsspiele

Teufel, der häufigste Name im Koran ist »Iblis« (möglicherweise eine Verkürzung von griech. diabolos »Teufel«), häufig auch »Feind (Gottes)« (arab. aduw Al lah) oder Satan (arab. schaytan). Einige Theologen unterscheiden zwischen »Iblis« und »Schaitan«, andere nicht. Nachdem sich der T. im *Paradies* gegen *Gott* aufgelehnt und sich aus Hochmut geweigert hatte, vor *Adam* niederzufallen (2,34), bat er Gott um Aufschub seiner Bestrafung bis zum *Jüngsten Gericht* (7,11f.). Der T. möchte Menschen in die Irre führen (7,17), ihnen böse Gedanken einflüstern (114,1–6), ihnen Lug und Trug vorgaukeln (27,24). Der T. ist in der Lage, die Botschaften der *Propheten* zu verändern *(Abrogation),* Gott korrigiert sie jedoch (22,52). Der T. kann Krankheit hervorrufen (38,41), er ist jedoch nicht der Verursacher des Todes *(Erbsünde).* Nachdem der T. Adam und seine Frau zum Ungehorsam verführt hatte (2,35f.), verfluchte Gott ihn (15,35) und forderte ihn auf, den Menschen Schaden zuzufügen, bestätigt aber gleichzeitig, dass er über die Gläubigen keine Macht besitzt (17,64f.) und er sie nicht in die *Hölle* werfen kann. Der Gläubige soll daher seine »Zuflucht« bei Gott suchen und gegen die Verführungen des T. ankämpfen (16,98ff.). Am Tag des Jüngsten Gerichts wird die Machtlosigkeit des T. offenbar (14,22). Er wird in die Hölle geworfen (26,94f.).

Teufelsaustreibung → Zar

Theologie → Schiismus; → Sunnismus

Tier, Geschöpf Gottes, dem *Menschen* untertan und ihm zum Nutzen geschaffen (40,80), damit der Mensch daran und an der Tatsache, dass Gott für die T. sorgt, Gottes Güte erkennen kann (43,14). Die reinen T. sind dem Menschen zum Verzehr erlaubt (wie die See-

Teufel. Zu den Riten der »Großen Pilgerfahrt« nach Mekka gehört die Steinigung des Teufels: In Mina bei Mekka bewerfen die Pilger einen Pfeiler, der den verhassten Widersacher symbolisiert.

Tier. Neben der Unterscheidung von reinen und unreinen Tieren ist insbesondere die Tierfabel geeignet, die Beziehung zwischen den Menschen und den zu seinem Nutzen geschaffenen Tieren zu spiegeln bzw. menschliche Verhaltensweisen in verfremdeter Form darzustellen. Die Buchmalerei im Stil der Bagdad-Schule gehört zur Ausstattung einer in Ägypten in der zweiten Hälfte des 14. Jh. entstandenen Handschrift der Sammlung »Kalila wa-Dimna«, einer arabischen Version der Fabeln des Dichters Bidpai. Die Illustration zeigt einen Löwen, der den vom Schakal Dimna verleumdeten Stier tötet. Bayerische Staatsbibliothek, München

tiere), die unreinen – wie das Schwein – zur Haltung, dem Handel und dem Verzehr verboten, da jeder Kontakt mit ihnen unrein macht *(Waschung, rituelle)*. Außer dem Schwein wird häufig auch der Hund als unrein betrachtet, als Jagd-, Hüte- oder Wachhund gilt er jedoch vielen Theologen als erlaubt. Katzen werden meist als rein betrachtet, da es Überlieferungen gibt, nach denen Muhammad Katzen liebte und auf seinem Ärmel sitzen ließ.

Tieropfer → Opfer

Tierschlachtung → Schächtung

Tod, Gott kennt den Todestag jedes Menschen, an dem er ihn ins *Jenseits* abberuft (56,60f.). Vor dem T. wird der Gläubige nach Möglichkeit noch einmal die rituelle *Waschung* vollziehen und das *Glaubensbekenntnis* sprechen. Ist der T. eingetreten, werden dem Toten Augen und Mund geschlossen und die Totenklage wird angestimmt. Der Leichnam wird gewaschen, parfümiert und in vorzugsweise weiße, in eine von Beschaffenheit und Größe genau festgelegte Zahl von Leintüchern gehüllt. Häufig handelt es sich um sein Pilgergewand aus *Mekka (Pilgerfahrt)*. Die durch die Berührung des Toten verursachte Unreinheit muss durch eine rituelle Waschung beseitigt werden. Der Tote wird (traditionell nur von Männern) zum Friedhof getragen, das Beerdigungsgebet mit einer Bitte um Vergebung für den Toten gesprochen, danach folgt die *Bestattung.*

Todesengel, werden nicht im Koran, sondern nur in der *Überlieferung* erwähnt. Der T. Izrail (einige Überlieferungen nennen mehrere T.) entzieht dem Menschen zum Zeitpunkt seines *Todes* seine Seele. Er hat im vierten Himmel seinen Sitz, besitzt 4000 Flügel und vier Gesichter, und sein Körper besteht aus Augen und Zungen. Der T. führt über jeden Menschen eine Schriftrolle, in der seine Taten verzeichnet werden. Izrail kennt den Todeszeitpunkt der Menschen nicht, weiß aber, wer zu den Gläubigen gehört.

Toleranz → Abfall vom Islam; → Umma; → Schutzbefohlene; → Christen; → Juden; → Schriftbesitzer

Tora → Altes Testament

Töten, im Islam generell ein schweres Verbrechen (4,29). Der Koran unterteilt zwischen »unabsichtlichem« *(Totschlag)* und vorsätzlichem Töten *(Mord)* und droht über die weltliche Strafe hinaus dem Schuldigen Vergeltung im *Jenseits* im *Höllenfeuer* an (4,93). Ausdrücklich verbietet der Koran, neugeborene Kinder aus Furcht vor Verarmung zu töten, eine offensichtlich vorislamische Praxis (17,31), denn dies ist eine »große Sünde«. Einzige Rechtfertigung für das T. anderer Menschen ist der Verteidigungsfall und die Hilfe für Bedrängte, vor allem Glaubensgenossen, unter Umständen auch durch einen Präventivschlag, die Bestrafung des Täters bei Mord, *Ehebruch* und *Abfall vom Islam (Wiedervergeltung).*

Totenwaschung → Bestattung

Totschlag, Verbrechen, bei dem die Familie des Opfers zur *Wiedervergeltung* berechtigt ist (Tötung des Täters oder Erhalt eines »Blutpreises«); hinzu kommt eine religiöse Sühneleistung.

Traditionen → Überlieferung

Traditionssammlung → Überlieferung

Trauerspiele → Passionsspiel

Trinität, Dreifaltigkeit. Sie wird vom Koran als Tritheismus, bestehend aus *Gott*, dem Vater, *Maria,* der Mutter und *Jesus,* dem »Sohn der Maria« aufgefasst. Der *Heilige Geist* findet keinerlei Erwähnung in diesem

Zusammenhang. Wahrscheinlich beeinflusst von der bereits in frühchristlicher Zeit einsetzenden Verehrung Marias als Märtyrerin, der Identifikation ihrer Person mit Gottheiten wie der Diana der Epheser und die daraus resultierende Erhöhung ihrer Person bis zu ihrer Vergöttlichung als »Gottesgebärerin« auf der Arabischen Halbinsel und angrenzenden Ländern, schildert und verneint der Koran die T. als biologische Verbindung des Göttlichen mit dem Menschlichen, die im unversöhnlichen Widerspruch zur Einzigartigkeit Gottes, dem *Tauhid,* stehe (6,100f.). Damit unvereinbar seien ebenfalls eine die T. bedingende *Gottessohnschaft* Jesu Christi, eine Vaterschaft Gottes und eine *Inkarnation* des Wortes Gottes. Den Glauben an eine T. bezeichnet der Koran als *Unglauben.* Da Muhammad den christlichen T.-Gedanken als Tritheismus auffasste, beurteilt er die *Christen* in seinen späteren Jahren als *Polytheisten* (5,73).

Tschador → Verschleierung

U

Übereinstimmung → Idjma

Überlegenheit, der Islam geht davon aus, dass er die einzige unverfälschte *Offenbarung* ist und frühere Offenbarungen in ihrer zeitlichen Gültigkeit ablöst und die Religion *Gottes* ist: »Wahrlich, die Religion bei Gott ist der Islam.« Überlegen sind auch allen anderen Gesellschaftsordnungen die Prinzipien der islamischen Gesellschaft, das Erb-, Ehe-, Familien- und Strafrecht. Aus Sicht der muslimischen Apologetik ist der Islam das einzige System, das Gerechtigkeit schafft, jedem Menschen, Mann und Frau, seine ihm zustehende Würde zumisst und jedem dem ihm in der Gesellschaft zukommenden Platz anweist. Der Koran begründet die Ü. der muslimischen Gemeinschaft *(Umma)* damit, dass sie die »beste Gemeinschaft« sei, weil die Muslime »das Rechte gebieten und das Verwerfliche verbieten und an Gott glauben« (3,110), also durch ihre Offenbarung die Richtlinien für Glauben und Gesellschaft kennen. Muslimische Apologeten begründen auch mit »Vernunftgründen» die Ü. des Islam, wie z. B. damit, dass die Wissenschaft mehr und mehr feststelle, wie ungesund und krankheitskeimsanfällig *Schweinefleisch* sei, auch dies sei ein Grund für das koranische Schweinefleischverbot. Ebenso zerstöre *Alkohol* die westliche Gesellschaft, daher zeige das Alkoholverbot die göttliche Weisheit der koranischen Bestimmungen.

Uhud. Palästinensische Pilger in Uhud bei Medina. Der Koran deutet Uhud im Hinblick auf den Sieg der Mekkaner über die Muslime 625, im dritten Jahr der mit Muhammads Auswanderung von Mekka nach Medina beginnenden muslimischen Zeitrechnung: »Hier (im Koran) ist deutliche Lehre, Richtschnur und Ermahnung für die Frommen. Seid daher nicht verzagt und nicht traurig. Ihr werdet die Oberhand behalten, wenn ihr nur Gläubige seid... Allah will die Gläubigen prüfen.« (3,139–142)

Überliefererkette → Isnad

Überlieferung (arab. hadith), Textkorpus, der die *Sunna* Muhammads beschreibt, seine von allen Muslimen nachzuahmende »Gewohnheit«: seine Entscheidungen, seine Vorlieben und konkreten Ereignisse seines Lebens. Die Ü. enthält darüber hinaus Berichte der ersten vier *Kalifen,* der *Prophetengefährten* und einiger Familienangehöriger Muhammads. Sie ist für Muslime ebenso verbindliche Richtschnur für Leben und Glauben wie der Koran.

Übersetzung des Korans → I'djaz

Uhud, Ort in der näheren Umgebung von *Medina,* bei dem 625 die im Koran erwähnte »Schlacht von U.» stattfand, in der die muslimische Gemeinschaft einem Rachefeldzug der Mekkaner unterlag, der als Vergeltung für die Schlacht von *Badr* geplant war; dennoch konnten die Mekkaner die Muslime nicht vernichtend schlagen. Damit war erwiesen, dass die Muslime von Medina ein ernst zu nehmender Machtfaktor im westlichen Arabien geworden waren. Der Koran verweist darauf, dass nach dem Sieg von Badr die Niederlage von U. durch den »Ungehorsam« der Muslime zustande gekommen war und zudem Gott die Gläubigen auf die Probe stellen wollte (3,139–148).

Ulama (arab., Plural von Alim), Gelehrte, bezeichnet den muslimischen »Gelehrten«

(eigentlich den »Wissenden«), den in Koran- oder Hadithwissenschaften *(Überlieferung),* in der Rechtswissenschaft, der arab. Sprache oder Theologie Versierten zur Bekleidung eines religiösen Amtes wie das eines *Muftis* (Erteiler von Rechtsgutachten) oder theologischen Lehrers oder Vorbeters *(Imam)* an einer großen Moschee oder Universität, das Amt eines *Qadis* (Richter) oder Rechtsgelehrten. Umgekehrt ist die Ausübung eines solchen Amtes nicht Bedingung für den Status eines Alim. Der Konsens der U. in einer bestimmten theologischen Frage ist in der Ausübung des *Idjma* nach überwiegender Ansicht richtungweisend und unfehlbar.

Umayyaden, erste Dynastie, die nach dem Tod des vierten *Kalifen* Ali ibn Abi Talib die Herrschaft übernahm und sich das Kalifat als erbliche Würde zu sichern vermochte (661–750).

Umgangsprozession → Umra

Umkehr → Buße

Umma. *»Und wenn Gott gewollt hätte, hätte er euch zu einer einzigen Gemeinschaft (umma) gemacht. Er wollte euch aber in alledem, was er euch gegeben hat, auf die Probe stellen. Darum sollt ihr um die guten Dinge wetteifern.«* Sure 5,48

Umma, Gemeinde, der koranische Ausdruck für eine ethnische oder religiöse Gemeinschaft (auch übersetzbar mit »Volk«, »Nation«). In Bezug auf den Islam die Gemeinschaft aller Muslime, zu der jeder gehört, der das *Glaubensbekenntnis* spricht und für wahr hält. Meinte der Begriff zu Muhammads Lebzeiten noch die muslimische Gemeinde in *Medina,* gewann er nach dessen Tod und den rasch fortschreitenden Eroberungen der umliegenden Länder um die Arabische Halbinsel die Bedeutung der weltweiten islamischen Gemeinschaft. Die Einheit der U. kommt in der weltweit zur selben Zeit ausgeübten religiösen Pflichtenlehre wie der *Pilgerfahrt* oder der Beachtung des Fastenmonats *Ramadan* zum Ausdruck. Die muslimische Gemeinschaft ist für den Koran »die beste, die unter den Menschen entstanden ist« (3,110). Eine uneingeschränkte Solidarität und Verpflichtung zu gegenseitiger Hilfeleistung besteht innerhalb der U., eine eingeschränkte Solidarität außerhalb der U. mit den *Schriftbesitzern,* die durch ihre *Offenbarung* Gotteserkenntnis haben, aber auch Irrtümer befürworten; prinzipiell keine Solidarität besteht mit den Heiden und Ungläubigen.

Umra, »Kleine Pilgerfahrt«. Sie umfasst – ähnlich der großen Pilgerfahrt – einen Besuch *Mekkas,* die Ka'baverehrung und Besuche der heiligen Orte in der Nähe Mekkas. Ebenso wie für die eigentliche *Pilgerfahrt* muss der Reisende ein freier, erwachsener Muslim, im Vollbesitz seiner geistigen und körperlichen Kräfte sein und finanziell die U. ermöglichen können. Eine Frau soll nicht während ihrer *Wartezeit,* nicht im Zustand der *Unreinheit* reisen und nur mit geeigneter Begleitung (möglichst mit einem *Mahram*). Der Unterschied zur eigentlichen Pilgerfahrt liegt zum einen in einer verkürzten Form und Länge der vorgeschriebenen Riten, zum anderen darin, dass die U. zu jeder Zeit des Jahres durchgeführt werden kann und nicht an einen bestimmten Monat gebunden ist.

Unglaube (arab. kufr), wird im Koran in jeder Form verurteilt: U. als Nichtanerkennung *Gottes (Atheismus),* als »Beigesellung« anderer Götter neben dem einzigen Gott (arab. schirk), die als *Polytheismus* betrachtet wird, und als *Abfall vom Islam* (arab. irtidad). U. wird im *Jüngsten Gericht* nicht vergeben werden, für den Ungläubigen gibt es keine *Fürsprache* im Jüngsten Gericht, es sei denn, der Betreffende wendet sich noch vor seinem Tod (erneut) Gott zu, bereut und unterwirft sich ihm. Wer nicht zu seinen Lebzeiten die Existenz Gottes anerkennt und sich ihm unterwirft, wird zur *Hölle* verurteilt werden.

Ungläubiger (arab. kafir) → Unglaube

Ungültig → Nichtig

Unnachahmlichkeit des Korans → I'djaz

Unreinheit → Waschung, rituelle

Unsterblichkeit, besitzt nach koranischem Zeugnis kein *Mensch.* Auch die *Propheten* betonten, von *Gott* beauftragte und zu ihrem Volk mit einer Botschaft gesandte, sterbliche Menschen zu sein. Nur über den Tod *Jesu Christi* besteht im Koran insofern Unklarheit, als er keine konkreten Angaben zu dessen Ende macht. Die Mehrzahl der muslimischen Theologen geht davon aus, dass er nicht auf der Erde starb, sondern lebend in den Himmel aufgenommen wurde, und erwartet seine Wiederkunft auf der Erde am Ende der Tage *(Endzeit).* Dies ließe den Schluss zu, dass Jesus jetzt im Himmel lebt, also bisher nicht gestorben ist. Er wird jedoch nach seiner Wiederkunft auf die Erde sterben und neben Muhammad begraben werden. U. wird den Menschen erst nach ihrer *Auferstehung* und Befragung im *Jüngsten Gericht* zuteil, wenn sie ewig in der *Hölle* oder im *Paradies* wohnen.

Unterwerfung, eines der Synonyme für »Islam«, von arab. »aslama«, sich hingeben, sich unterwerfen, sich [Gott und seinem Willen] ergeben. U. unter die Religion des Islam fordert der Koran von allen Menschen schon jetzt, die spätestens im *Jüngsten Gericht* auch die leisten müssen, die jetzt noch Ungläubige sind. U. im rechtlichen Sinn fordert das islamische Gesetz im islamischen Gebiet, aber auch für alle Nichtmuslime in den vom Islam eroberten Ländern. Diese U. bestand bei islamischen Eroberungen für jüdische und christliche Minderheiten darin, dass sie als *Schriftbesitzer* eine Sonderstellung einnahmen und als *Schutzbefohlene* behandelt wurden, d. h., ihre Religion in Anerkennung ihrer »Teilgläubigkeit« behalten durften, aber als Anerkennung der Oberherrschaft des Islam eine *Kopfsteuer* und teilweise auch eine *Grundsteuer* entrichten mussten.

Unwissenheit → Djahiliyya

Unzucht → Ehebruch

Uroffenbarung → Urschrift

Urreligion, der Islam versteht sich als die U. der Menschheit, die von *Adam* an bestand und auch als einzige Religion über das Ende der Zeiten hinaus bestehen wird. Bereits Adam ist Muslim gewesen und hat den Eingottglauben *(Monotheismus)* und das *Jüngste Gericht* verkündet, ebenso wie alle ihm nachfolgenden *Propheten* wie *Abraham, Noah, Mose,* Jona, *Josef,* Hiob und *Jesus Christus,* der direkte Vorläufer Muhammads. Menschen haben im Lauf der Zeit diese Uroffenbarung immer wieder verfälscht, sodass Gott erneut einen Propheten sandte, um sie zur ursprünglichen Botschaft zurückzurufen. Der Islam ist auch die »natürliche Religion« jedes Menschen, in die er hineingeboren wird, d. h., jeder Mensch hat eine Urahnung von der Wahrheit des Islam in sich, ist bei seiner Geburt quasi Muslim und wird nur durch die jeweilige Erziehung zum Juden oder Christen. Den Islam anzunehmen bedeutet, sich seiner natürlichen Bestimmung bewusst zu werden und in Einklang mit seinen Wurzeln zu kommen.

Urschrift, die Uroffenbarung im Himmel. Sie stimmt Wort für Wort mit dem Koran überein. Nur der Koran gilt bis in alle Einzelheiten als wortgetreue Abschrift der himmlischen Uroffenbarung, die der Mehrzahl der muslimischen Theologen als »unerschaffen« gilt, als ewig, ohne Anfang. Ursprünglich stimmten alle Bücher, die Gott über den Engel *Gabriel* den Menschen als Offenbarung zukommen ließ, mit der Urschrift überein, aber sie wurden im Lauf der Zeit verfälscht. Rein erhalten ist nur der Koran als direkte Abschrift der Uroffenbarung, der »Mutter des Buches« (arab. umm al-kitab) (43,4; *Schriftverfälschung*).

Ursünde → Erbsünde

Urreligion. Buchmalerei zu einem sowohl alttestamentlichen (Buch Jona) als auch koranischen Thema: Der Prophet wird von einem Fisch, der ihn verschlungen hat, wieder ausgespien. In der islamischen Version versorgt ihn ein Engel mit Kleidung. Aus der persischen Handschrift einer »Weltgeschichte«, um 1400; Metropolitan Museum of Art, New York

V

Verantwortung → Willensfreiheit

Verdammung, wird diejenigen im *Jenseits* treffen, die es im *Diesseits* versäumt haben, sich Gott zuzuwenden und sich ihm und seinem Willen nicht unterworfen haben, nicht Muslim geworden sind. V. wird diejenigen gleichermaßen treffen, die Gottes Existenz leugneten *(Atheismus),* sich des *Polytheismus* oder des *Abfalls vom Islam* schuldig gemacht haben. Wer nach der Totenbefragung im *Jüngsten Gericht* zur *Hölle* verurteilt wird, wird ewig darin bleiben.

Verdienstvoll, sind alle empfohlenen Handlungen *(Ethik),* die wünschenswert, löblich und der Gesellschaft zuträglich sind, aber nicht verpflichtend zur Glaubensausübung vorgeschrieben.

Verehrung des Korans → Koranverehrung

Verehrung Muhammads → Muhammadverehrung

Verfälschung → Schriftverfälschung

Vergebung, wird dem Sünder zuteil, der sich *Gott* wieder zuwendet, seine Sünde bereut und den Vorsatz fasst, diese Sünde in Zukunft zu meiden (3,135f.). Der Koran spricht von der V. Gottes für den reuigen Sünder (»Gott ist voller Barmherzigkeit und bereit zu vergeben«; 57,28) und warnt vor der Strafe für den, der nicht zu ihm umkehrt. Weder im Koran noch in der *Überlieferung* gibt es allerdings Gebete, in denen der Sünder Gott für die erhaltene, gewisse V. dankt (vergleichbar etwa mit den biblischen Psalmengebeten). Zwar erwartet der Gläubige Gottes V., aber sie schon selbst auszusprechen und als Tatsache zu beschreiben, würde die unumschränkte Souveränität Gottes begrenzen, der in seinem Handeln und Urteilen (auch im *Jüngsten Gericht*) frei und von Menschen im Voraus nicht festzulegen ist.

Vergehen mit Ermessensstrafen → Ermessensstrafen

Vergehen mit Grenzstrafen → Grenzstrafen

Verschleierung. Im Islam ist für Frauen eine Kleidung, die den Körper mit Ausnahme von Gesicht und Händen bedeckt, eine Voraussetzung für die Ausübung ihrer Religion. Darüber hinaus bedeckt der Ganzkörperschleier Burka vor allem in Pakistan und bis in jüngste Zeit in Afghanistan (das Foto entstand 2002 in Kabul) auch das Gesicht; der Ausschnitt für die Augen ist »vergittert«.

Vergehen mit Wiedervergeltung → Wiedervergeltung

Vergeltung → Wiedervergeltung

Verkündigung → Da'wa

Verlobung, ist im eigentlichen Sinn im Islam nicht bekannt. Wenn die Ehe auf traditionelle Weise arrangiert wurde, hat die Mutter des Bräutigams mit der Mutter der Braut das erste Gespräch über eine mögliche Eheanbahnung geführt, das bei positivem Verlauf mit einer Vereinbarung zwischen den beiden Familien über die Höhe der Brautgabe und den Hochzeitstermin zum Abschluss kommt. Damit gilt das Paar als »fest versprochen« und de facto als verlobt, eine offizielle Feier der Verlobung gibt es jedoch in der Regel nicht. Es kommt vor, dass bereits Kinder – auch schon vor ihrer Geburt – von ihren Eltern einander versprochen werden. Dies geschieht praktisch nur innerhalb einer Familie, da die Kreuzkusinenheirat die noch heute häufig bevorzugte Eheverbindung zwischen zwei Familien – meist zweier Brüder – ist.

Verlorene → Verdammte

Verschleierung, ist mit aller Wahrscheinlichkeit nicht erst durch den Islam aufgekommen. Heute ist die V. im ganzen Nahen Osten üblich, nicht nur dort, wo der Islam Mehrheitsreligion ist. Die für die Religionsausübung korrekte Kleidung für Frauen ist die vollständige Bedeckung des Körpers mit Ausnahme von Gesicht und Händen. Der Koran fordert – genau genommen – nur die Verhüllung der Frauen Muhammads, denn nur von ihnen ist im Koran die Rede. Allerdings sind alle an sie als »Mütter der Gläubigen« ergangenen Anweisungen verbindlich, da sie als Vorbilder aller muslimischen Frauen gelten. Den Frauen Muhammads gebietet der Koran »die Gewänder tief über sich zu ziehen« (33,59), dies biete Schutz vor Belästigung (33,59). Weiter weist der Koran die Frauen Muhammads an, die »Augen niederzuschlagen« und die »Scham zu bewahren« (24,31). Diesen Versen ist keine konkrete »Kleiderordnung« für Frauen zu entnehmen, es ist jedoch anzunehmen, dass Frauen sich zu Muhammads Zeiten in lange Gewänder und wohl auch mit einer Kopfbedeckung bekleideten. Wie Frauen sich konkret im Alltag kleiden und wie sie sich »bedecken«, wenn sie das Haus verlassen, um Zurückhaltung und Frömmigkeit zu zeigen, ist daher von

Land zu Land sehr unterschiedlich und hängt ebenso von der Frömmigkeit und dem Grad der konservativen Ausrichtung der Familie ab. Es existieren viele verschiedene Arten der V. in der islamischen Welt: ein bloßes Kopftuch in Kombination mit einem Mantel oder einer Jacke bzw. einem Kleid, wobei das Kopftuch lose unter dem Kinn gebunden wird; ein Kopfschleier, der eng am Gesicht anliegt, bis auf Schultern und Rücken oder bis zur Hüfte herabreicht und die Haare völlig verdeckt; ein Körperschleier (Hidjab) oder Tschador. In einigen Ländern wird eine zusätzliche Gesichtsmaske oder ein Gesichtsschleier getragen, der nur die Augenpartie frei lässt (Niqab), oder sogar die *Burqa,* ein Ganzkörperschleier, der als einziges Sichtfenster ein mit Stoff vergittertes Feld vor den Augen frei lässt. Jedoch nicht alle muslimischen Frauen tragen Kopfbedeckungen. Besonders in großen Städten tragen Frauen auch westliche Kleidung ohne jedes Kopftuch oder westliche Kleidung in Kombination mit der Kopfbedeckung.

Vielehe → Polygamie

Vielgötterei → Polytheismus

Volksislam, alle Überzeugungen und Verhaltensweisen, die neben dem offiziellen Islam existieren und teilweise von diesem abweichen oder sogar zu ihm in Widerspruch treten, nicht selten der »eigentliche«, gelebte Alltagsislam, der Islam der Heiligen- und Gräberverehrung *(Heilige; Opfer),* der *Mystik* und der zahlreichen magischen Praktiken des Schadenzaubers und der Gefahrenabwehr.

Vorbeter → Imam

Vorherbestimmung → Kismet; → Willensfreiheit

Vorsehung → Willensfreiheit

W

Wahhabiten, Anhänger des Muhammad Ibn Abd al-Wahhab (1703/04–1792) und seiner Lehre. Sie selbst bezeichnen sich als »Leute der Einheit Gottes« (arab. ahl at-tauhid) oder »Bekenner der Einheit« (arab. muwahhidun), da die Bezeichnung W. nach ihrer eigenen Auffassung abwertend klingen und den Vorwurf des Extremismus implizieren könnte. Ibn Abd al-Wahhab entstammte einer hanbalitischen Gelehrtenfamilie und studierte in *Mekka, Medina,* Basra, *Bagdad, Isfahan, Kairo* und *Damaskus* islamisches Recht *(Hanbaliten).* Er setzte sich für eine Reform und Reinigung des Islam von allen unzulässigen *Neuerungen* (arab. bid'a) ein, also von allem, was er als nicht zum ursprünglichen, idealen Islam zu Lebzeiten Muhammads gehörig betrachtete. Dies betraf die *Mystik* ebenso wie die vielen Erscheinungsformen des *Volksislam* mit der ihm eigenen *Heiligenverehrung* und dem Gräberkult. Auch der schiitische Zweig des Islam *(Schia)* wird von den W. als nicht im eigentlichen Sinn rechtgläubig betrachtet. Das gegenwärtige saud. Herrscherhaus ist mit dem Gründer des Wahhabismus verwandtschaftlich verbunden.

Wahy → Offenbarung

Wallfahrt → Pilgerfahrt; → Abschiedswallfahrt

Waqf → Fromme Stiftung

Wartezeit, der Zeitrahmen (meistens drei Monate, höchstens ein Jahr), in der eine *Frau* nach einer *Ehescheidung* oder dem Tod ihres Mannes nicht wieder heiraten darf. Stellt sich während der W. eine Schwangerschaft heraus, ist der geschiedene Mann in dieser Zeit der Frau gegenüber unterhaltspflichtig. Er kann in der W. eine neue Ehe eingehen oder auch seine Frau, die er verstoßen hat, wieder zurückholen und die Ehe fortsetzen, sofern es sich um eine widerrufliche Scheidung gehandelt hat. Ist die Frau nicht schwanger, endet die Unterhaltspflicht des Mannes für die Frau mit dem Ablauf der W.

Waschung, rituelle, hat im Islam einen hohen Rang, denn im Zustand der *Unreinheit* kann der Gläubige bestimmte Formen

Waschung, rituelle. Muslim bei der Waschung von Gesicht, Händen, Handgelenken und Füßen vor dem Gebet in der Moschee von Fez, Marokko. Für diesen unabdingbaren Ritus besitzt jede Moschee einen Brunnen oder eine sonstige Waschgelegenheit.

der rituellen Gottesverehrung nicht praktizieren (*Fasten*, einen Koran berühren, das rituelle *Gebet* sprechen, eine *Moschee* betreten). Die religiösen Handlungen wären in diesem Fall *Nichtig*.

Weihezustand (arab. ihram), Voraussetzung für bestimmte Riten wie die *Pilgerfahrt*. Während des W. ist jegliche Verunreinigung, insbesondere durch Geschlechtsverkehr, verboten, aber auch Parfüm, Schmuck, Streit und nutzloses Reden. Der Eintritt in den W. erfolgt durch eine große rituelle *Waschung;* während der Pilgerfahrt gehört dazu auch das Schneiden der Nägel, des Schnurrbarts und das Entfernen der Körperhaare. Ein besonderes Gebet wird zum Eintritt in den W. empfohlen. Darauf folgt die *Absichtserklärung* zur Art und Weise, auf die die folgende Wallfahrt durchgeführt wird. Der W. der Wallfahrt wird auch durch ein besonderes Pilgergewand markiert.

Wein → Alkohol

Welt (arab. ad-dunya), umfasst die von Gott erschaffenen *Menschen, Tiere,* Pflanzen und Gestirne. Der *Mensch* ist Gottes »Nachfolger« auf Erden (2,30). Ihm ist die Erde übergeben, zu seinem Nutzen und seiner Verwaltung, aber er ist am Ende der Tage Gott für sein Tun Rechenschaft schuldig. Wenn sich zur *Endzeit* Naturkatastrophen ereignet haben und der *Antichrist* auf der Erde erschienen ist, wird die W., wie die *Überlieferung* andeutet, in ihrer bisherigen Gestalt ein Ende finden. Mit W. bezeichnet der Koran das *Diesseits,* in dem der Mensch die Prüfungen, die ihm Gott auferlegt (11,7; 21,35), ertragen und sich bewähren muss. Das Leben im Diesseits erhält durch die religiösen Richtlinien und Werte seine grundsätzliche Ausrichtung und ist auf das *Jenseits* und die dortige Belohnung ausgerichtet. Der Gläubige soll sich durch das Diesseits von seiner Ausrichtung auf das Jenseits nicht ablenken lassen.

Wiedervergeltung (arab. qisas), für einige genau festgelegte Verbrechen vorgesehene Bestrafung des Täters durch die Familie des Opfers, die sich gegen Leib und Leben eines Menschen richten und weder unter die *Grenzvergehen* noch die *Ermessensstrafen* fallen.

Willensfreiheit, betrifft die im Islam bereits früh erörterte Frage, ob der *Mensch* in seinem Handeln frei oder sein Weg von *Gott* als sein »Schicksal« (arab. qadar, türk. Kismet) vorherbestimmt ist, und wenn ja, in welchem Maß er einen freien Willen besitzt. Der Koran betont sowohl die Verantwortung des Menschen, sich für oder gegen Gottes Gebote zu entscheiden als auch Gottes unumschränkte Herrschaft und Allmacht, der alle Handlungen für den einzelnen Menschen bereits vorherbestimmt hat. Zahlreiche Koranverse belegen, dass Gott der Handelnde der Geschichte und der entscheidende Faktor im Leben jedes Menschen ist. Gott ist derjenige, der den Willen der Menschen lenkt (76,30; 81,29). Gott leitet den Menschen recht oder in die Irre (2,26). Gott bestimmt den Todeszeitpunkt jedes Menschen (63,11). Gott schafft Glauben und Unglauben (6,125). Auf der anderen Seite betont der Koran die Verantwortung des Menschen für sein Denken und Handeln, denn Gott wird ihn im *Jüngsten Gericht* zur Rechenschaft ziehen. Jeder wird nur aufgrund seines eigenen Tuns verdammt werden (4,13f.): »Gott verlangt von niemand mehr, als er vermag. Jedem kommt zugute, was er verdient, und über ihn bricht herein, worin er gesündigt hat« (2,286). Eine dritte Gruppe von Versen (z. B. 76,29ff.) betont gleichzeitig das Handeln Gottes und die Verantwortung des Menschen. Gutes und Schlechtes im Leben der Menschen kommt von Gott. Der Mensch entscheidet sich für das Böse und wendet sich von der Botschaft ab. Zugleich macht Gott ihn unfähig, das Richtige zu hören, selbst wenn ihm weiter verkündigt wird (18,57). Die *Überlieferung* betont die Vorherbestimmung stärker: »Jeder von euch wird dazu gebracht das zu tun, wozu er geschaffen ist.« Diese Tendenz der Überlieferung bestimmt die Auffassung vieler Menschen stärker und kann dadurch zu Schicksalsergebenheit (Fatalismus) führen.

Wort Gottes. *»Wäre das Meer Tinte für die Worte meines Herrn, wahrlich, das Meer würde versiegen, ehe die Worte meines Herrn zu Ende gingen, auch wenn wir noch ein gleiches als Nachschub brächten.«*
Sure 18,109

Wort Gottes, die Offenbarung im Koran. Nach islamischer Auffassung tritt *Gott* nicht in unmittelbaren Kontakt zu den *Menschen,* sondern hat ihnen seinen Willen mittels einer vom Himmel herabgesandten Schrift offenbart; sie wurde durch die Vermittlung des Engels *Gabriel* überbracht (*Herabsendung* des Koran). Der Koran gilt als eine detailgenaue Abschrift der im Himmel aufbewahrten präexistenten *Urschrift,* als vollkommene, abschließende *Offenbarung,* als das unverfälschte W. Die Bücher, die frühere *Propheten* überbrachten, wie z. B. *Mose* die Tora, David die Psalmen oder *Jesus Christus* das *Evangelium,* gelten aufgrund ihres Abweichens vom Koran als nachträglich von *Juden* bzw. *Christen* verfälscht. Sie sind also noch W., aber im Gegensatz zum Koran nicht mehr in »Reinform« erhalten. Außerdem bezeichnet der Koran Jesus Christus als W. (arab. kalima). Korankommentatoren sind unterschiedlicher Meinung über die Bedeutung dieses Titels. Möglicherweise legt ihm ihn der Koran bei, weil Jesus durch das W. »Sei!« (arab. kun!) erschaffen wurde (4,171), oder – wie andere Kommentatoren annehmen – weil er bereits in der Wiege gesprochen habe.

Wucher → Zins

Wunder, Zeichen der göttlichen Allmacht. Der Koran geht davon aus, dass sich W. und Zeichen ereignen, an denen die Menschen Gottes Handeln ablesen können. Zeichen (arab. aya) für Gottes Schöpferkraft sind z. B. die Jahreszeiten und Naturerscheinungen (Blitz, Regen, Donner) oder die Erschaffung des Menschen. W. ereignen sich vor allem, um Menschen im Zusammenhang mit der Verkündigung der Gebote Gottes vor dem drohenden *Jüngsten Gericht* zu warnen, die Gläubigen (z.B. in Noahs Arche) zu retten und die Sendung des betreffenden Propheten zu beglaubigen (z.B. *Moses* W. vor Pharao). Die islamische Theologie ist der Auffassung, dass jeder *Prophet* ein »Beglaubigungswunder« (arab. mu'djiza) vollbringt, etwas Übernatürliches, was zuvor als kommendes W. angekündigt wurde. Erst dieses W. erweist, dass Gott ihn zum Propheten berufen hat. Der Koran benennt konkret kein W. Muhammads, berichtet jedoch, dass Muhammads arab. Landsleute nachdrücklich ein W. von ihm forderten (z.B. 17,90ff.), eine Forderung, die Muhammad als Vorwand zurükkwies (6,7). Die islamische Theologie ist im Anklang an den Koran der Auffassung, dass der Koran das Beglaubigungswunder Muhammads sei, da er als des Lesens und Schreibens Unkundiger dieses sprachliche Kunstwerk andernfalls nicht hätte hervorbringen können. Muhammad fordert seine Landsleute auf, etwas Ähnliches zu schaffen wie den Koran, aber sie scheitern (vgl. 10,37f.). Im *Volksislam* existieren zahlreiche Berichte über einzelne W. Muhammads, z. B. die im Koran angedeutete Mondspaltung (54,1f.), seine *Himmelsreise* (17,1) oder die nur von der *Überlieferung* berichteten Speisungs- und Regenwunder, Krankenheilungen und Zukunftsprophezeiungen. Auch Berichte über das Leben und Wirken von *Heiligen* und Mystikern *(Sufi)* sind meist mit Wundererzählungen verbunden (Krankenheilungen, übernatürliches Wissen, Totenauferweckungen u. a.).

Zahlensymbolik. Die Buchmalerei in einer türkischen Handschrift der »Geschichte der Welt und der Propheten« von 1583 zeigt die Himmelfahrt Jesu (nach Sure 4,159). Jesus bildet mit Abraham, Noah, Mose und Muhammad die Gruppe der fünf großen Propheten. Neben der Fünf kommt der Sieben besondere Bedeutung zu. So ist die Redewendung vom »siebten Himmel» islamischen Ursprungs.

Z

Zabur → Psalmen

Zahiriten, untergegangene Rechtsschule. Die Z. (von arab. zahir: »sichtbar, äußerlich«) waren der Auffassung, dass der äußerlich erkennbare, vordergründige, verständliche Wortlaut von Koran und *Sunna* maßgeblich für den Glauben ist und nicht nach einer verborgenen, mit dem vordergründigen Sinn korrespondierenden esoterischen Bedeutung geforscht werden muss. Weder darf die Vernunft Gradmesser bei der Beurteilung von Offenbarungsinhalten sein, noch dürfen durch Anwendung der Vernunft »neue« Gebote formuliert werden. Das Lehrgebäude der Z. fand im 9. Jh. seine maßgebliche Ausformulierung und in den nachfolgenden Jahrhunderten auch Anhänger unter wichtigen Theologen wie Ibn Hazm († 1064).

Zahlensymbolik, Zahlen mit Symbolwert. Eine herausragende Stellung hat im Islam die Fünf: *Fünf Säulen* des Islam, fünf tägliche *Gebete* und – nach überwiegender muslimischer Auffassung – fünf grundlegende

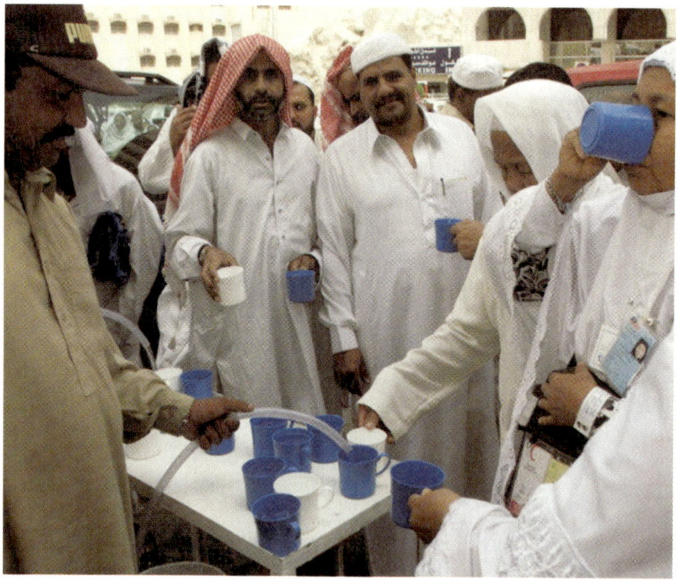

Zemzem. Pilger trinken in der Großen Moschee von Mekka nach dem mittäglichen Freitagsgebet aus der heiligen Quelle Zemzem. Da dieses Wasser Segenskräfte besitzt und vor allem bei Krankheiten helfen soll, nehmen es viele Gläubige, nachdem sie es in Flaschen abgefüllt haben, am Ende der »Großen Pilgerfahrt« mit auf die Heimreise.

Dogmen (der Glaube an die Einheit Gottes, das Prohetentum Muhammads, die Verantwortung des Menschen im *Jüngsten Gericht,* die *Engel* und die heiligen Bücher der *Offenbarung*). Die *Ethik* teilt alles Handeln des Menschen in die fünf Kategorien verpflichtend, lobenswert, neutral, tadelnswert und verboten ein. Beute soll in frühislamischer Zeit in fünf Teile aufgeteilt worden sein, der Islam kennt fünf gesetzgebende Propheten (*Abraham, Noah, Mose, Jesus Christus* und Muhammad). Der Buchstabe h hat den Zahlenwert fünf, und h ist auch der Endbuchstabe des Wortes Allah, das aus fünf Buchstaben besteht. Als Glück und Segen spendend gilt auch das *Amulett* der fünffingrigen »Hand der Fatima«. Andere Zahlen wie die drei oder sieben sind bei weitem nicht so symbolträchtig wie die Fünf.

Zakat → Almosen

Zar, eine aus den afrikan. Religionen stammende Zeremonie. Sie dient vor allem in einigen Ländern Afrikas, auf der Arabischen Halbinsel und im Iran der Kontaktaufnahme zu den in einem Menschen wohnenden Z.-Geistern. Sie kommt bei schwerer Besessenheit zur Anwendung, bei der die üblichen Abwehr- und Schutzmechanismen versagen. Die mit Gesang, Tanz, Musik und Tieropfern verbundene Z.-Zeremonie wird meist von einer älteren Frau, einer Scheicha *(Scheich),* durchgeführt, von der man annimmt, dass sie durch bestimmte Rituale mit den Dämonen in Kontakt treten und sie nach ihren Wünschen befragen und beruhigen kann, damit die Betreffende von ihrer Krankheit genesen oder ihren Problemen befreit werden kann. Es nehmen meist etliche Frauen teil, die z. T. tagelang zusammen tanzen und dabei in Trance geraten, bis der Z.-Geist sich zu erkennen gibt. Auch Führer von Mystikerorden *(Mystik, Bruderschaft)* nehmen daran teil. Die orthodoxe Theologie beobachtet die Z.-Sessionen mit Kritik.

Zayditen, Untergruppierung der *Schiiten,* die auch als »Fünferschiiten« bezeichnet werden, da sie sich auf den Sohn des 4. Imam, Ali Zayn al-Abidin († um 713), berufen, einen Enkel des Prophetenenkels al-Husain († um 680) und Urenkel des 4. *Kalifen,* Ali ibn Abi Talib († 661), sowie auf Zayd ibn Ali († 739/740), der 739/740 einen erfolglosen Aufstand gegen die sunnitische Dynastie der *Umayyaden* anführte. Die Z. halten nicht an der Lehre der *Zwölferschiiten* von der Entrückung des *Imam* und der Wiederkehr eines *Mahdi* fest. Für sie ist der Imam nicht unfehlbar (sündlos), die *Taqiya* wird nicht praktiziert. Heute gibt es etwa 6–8 Mio Z., vor allem im Jemen. Die Z. stehen von allen schiitischen Gruppierungen den Sunniten am nächsten, denn sie verurteilen die drei ersten *Kalifen* nicht als unrechtmäßige Herrscher.

Zeichen → Wunder

Zeitehe (arab. mut'a-Ehe), vorwiegend von schiitischen Gruppierungen vor allem im Iran, im Irak und in Pakistan praktizierte Sonderform der Ehe. Sie wird für einen vorher bestimmten Zeitraum geschlossen. Die unverheiratete Frau schließt die Ehe eigenständig, ohne Vormund, ohne Zeugen, ohne Richter, hat keinen Anspruch auf Versorgung, erhält aber am Ende eine Entlohnung, die gekürzt werden kann, wenn der Mann die Frau vorher verstößt oder sie ihn frühzeitig verlässt. Der Mann kann eine Z. parallel zu seiner Ehe (oder seinen Ehen) eingehen *(Polygamie).* Kinder aus Z. sind ehelich und gehören dem Vater. Frauen scheinen Z. oft zur Sicherung des Lebensunterhalts nach Scheidung oder Tod ihres Ehemanns zu schließen. *Sunniten* lehnen die Z. fast durchgängig als »Prostitution« ab, da Muhammad sie zum Ende seines Lebens verboten habe. Für *Schiiten* gibt es meist keine derartige eindeutige Verurteilung der Z. Der Koran äußert sich nicht explizit zur Z., Anklänge werden in Sure 4,24 vermutet.

Zeitrechnung → Kalender

Zemzem, nach muslimischer Auffassung die Quelle, die Gott für die von *Abraham* in der Wüste zurückgelassene Magd Hagar und ihren vom Verdursten bedrohten Sohn *Ismail* hervorsprudeln ließ, als ihr nach der Überlieferung ein Engel erschien und ihr Rettung verhieß. Heute spielt die Quelle Z. für die *Pilgerfahrt* eine wichtige Rolle, denn sie befindet sich in der Heiligen Moschee in *Mekka* und wird von den Mekkapilgern zur rituellen *Reinigung* und zum Trinken besucht. Um bei der jährlichen *Pilgerfahrt* zur *Ka'ba* der großen Zahl von Pilgern den Zugang zum Wasser und Gelegenheit zur rituellen *Reinigung* zu ermöglichen, wurde die Quelle zu einer umfangreichen Brunnenanlage ausgebaut. Pilger nehmen häufig Z.-Wasser mit nach Hause, da diesem Wasser insbesondere für Krankheitsfälle besondere Segens- und Heilkräfte zugeschrieben werden. Es wird häufig auch kurz vor dem Tod getrunken oder das Leichentuch darin eingetaucht.

Zina → Ehebruch

Zins (arab. riba), ist im Koran verboten, im Gegensatz zu Gewinnen durch Handel: »Die, die Zins verzehren, sollen nicht anders dastehen als einer, der den Teufel erfasst und niedergeschlagen hat«, denn »Gott hat den Kauf erlaubt, aber das Zinsnehmen verboten... Wer es [das Zinsnehmen] von neuem tut – die sind die Insassen des Höllenfeuers« (2,275–280). Mit dem Thema Z. wird im Koran das Thema Ausbeutung und Übervorteilung (Wucher) verbunden. Die Mehrzahl der muslimischen Theologen lehnt daher das Nehmen von Z. als eine Art des Wuchers ab und erklärt jeglichen Z. im Kredit- und Zahlungsverkehr des islamischen Bankwesens für unzulässig. In der Vergangenheit lag der Geldverleih daher in den Händen der jüdisch-christlichen Minderheiten oder es kamen so genannte »Rechtskniffe« zur Umgehung des Z.-Verbots zur Anwendung (wie das Erheben von »Gebühren« anstelle von Z.). Manche Theologen fordern ein Verbot des gesamten Bankwesens. Da es kein allgemein gültiges, abschließendes Urteil der islamischen Theologie zum Thema Z. gibt, ist die Frage nach der Zulässigkeit von Z.-Gewinn durch Geldanlage immer wieder Gegenstand von *Fatwas* (Rechtsgutachten), auch bei Fatwa-Onlinediensten.

Zölibat → Ehelosigkeit

Zoroastrier, nur in Sure 22,17 zusammen mit *Juden, Christen* und *Sabiern* als *Schriftbesitzer* erwähnt. Aufgrund dieses Koranverses wurden die Z. bei den islamischen Eroberungen als *Schutzbefohlene* behandelt.

Zuckerfest (türk. Scheker Bayrami), türk. Bezeichnung der sonst *Fest des Fastenbrechens* genannten Feierlichkeit am Ende des Fastenmonats *Ramadan* (auch Ramadanfest).

Zwölferschiiten (Imamiten), größte schiitische Gruppe, heute vor allem in Irak und Iran sowie im indo-pakistan. Raum vertreten, mit Minderheiten in Afghanistan, Libanon, Zentralasien, Türkei, Bahrain und in den arab. Golfstaaten. Die Z. führten die Reihe der schiitischen Gemeindeleiter *(Imame)* bis zum 11. Imam, al-Hasan al-Askari († 874), weiter und behaupteten, dass dieser einen Sohn, Muhammad ibn Hasan al-Mahdi al-Muntazar, gehabt habe, der schon als etwa fünfjähriges Kind in die Verborgenheit entrückt worden sei und in der *Endzeit* als *Mahdi* auf die Erde zurückkehren werde; er wird als 12. Imam verehrt. Z. gehen davon aus, dass dieser 12. Imam in den Jahren 874–941 durch vier Sendboten mit der schiitischen Gemeinde in brieflichem Kontakt gestanden habe. Nach dem Tod des vierten und letzten Sendboten 941 setzte sich die Ansicht durch, dass sich der Imam nun endgültig in die »große Verborgenheit« zurückgezogen habe.

Zuckerfest. Zubereitung der traditionellen Süßigkeiten für die Feierlichkeiten beim Ramadanfest bzw. Fest des Fastenbrechens. Diese Leckereien gaben dem Fest im Türkischen den Namen Zuckerfest. Das Foto entstand in Kairo.

Der Hinduismus im Überblick

Neben dem Ausdruck der Gottesliebe in Opfern und Riten ist die Meditation eine Form des religiösen Verhaltens. Die grundlegende Körperhaltung der Meditation ist der Lotussitz. Singhalesische (südindische) Statuette, 7./8. Jh.; Nationalmuseum von Sri Lanka, Colombo.

Begriff und Bedeutung

Hinduismus ist die Sammelbezeichnung für religiöse Strömungen, die sich in Indien aus der antiken vedischen Religion entwickelt haben. Der Begriff entstand erst im 19. Jh. in seiner heutigen Verwendung als Name einer Weltreligion; zugrunde liegt die Bezeichnung Hindu für die Bewohner Indiens, die aus muslimischer Sicht weder dem Islam noch Christentum und Judentum angehörten. Heute haben die hinduistischen Religionsgemeinschaften ca. 850 Mio Anhänger. Sie leben überwiegend in Vorderindien, Sri Lanka und auf Bali. Hinzu kommen Inder in der Südsee, der Karibik und in Afrika. Gemeinden entstanden in den USA und in Europa, vor allem in Großbritannien, der ehemaligen Kolonialmacht in Indien. → S. 551

Grundzüge des Glaubens

Fast allen Strömungen des Hinduismus gemeinsam ist die Lehre vom Kreislauf der Wiedergeburten als Mensch oder Tier; diesem Samsara sind auch die Götter unterworfen. Die Form der Wiedergeburten richtet sich nach dem im Leben erworbenen guten oder schlechten Karma und somit nach der Erfüllung von Pflichten, dem Dharma. Dieses steht in enger Verbindung mit dem Kastenwesen. Erlösung bedeutet Ausscheiden aus dem Kreislauf der Wiedergeburten. Wege zu diesem Ziel sind Askese und Meditation, die im Yoga zu einem höheren Bewusstsein führen, sowie die Gottesliebe Bhakti einschließlich vielfältiger Riten und Zeremonien. → S. 552

Götter und Symbole

Von anderen Weltreligionen hebt sich der Hinduismus durch seine Götterwelt ab. Den Ausgangspunkt bildete eine Personifizierung. Vorrang vor vedischen Göttern wie Agni, dem Gott des Feuers und des Opfers, und Indra, dem Himmels- und Kriegsgott, gewannen Vishnu mit seinen zehn Inkarnationen, darunter Krishna und Râma, sowie Shiva. Hinduistische Götter sind ambivalent: Shiva ist zerstörerisch *und* wohltätig. Die höhere Einheit der Gegensätze symbolisieren Darstellungen Shivas und Vishnus in einer Gestalt. Symbolische Bedeutung besitzen die vielen Gliedmaßen einer Figur und das dritte Auge über der Nasenwurzel. Den Göttern sind Symboltiere zugeordnet: Shiva ist mit dem Buckelochsen verbunden, seine Gemahlin Pârvatî mit einem Löwen, ihr Sohn Ganesha mit einer Ratte, sein Bruder Kârttikeya reitet auf einem Pfau. Die Götterwelt ist Teil einer reichen Mythologie. → S. 557

Geschichte des Hinduismus

Die Ursprünge lassen sich bis zur vedischen Kultur im 2. Jt. v. Chr. zurückverfolgen. Die vedische Religion vermischte sich im 1. Jt. v. Chr. mit autochthonen dravidischen Religionen zum Brahmanismus, dem frühen Hinduismus, gefolgt vom Vishnuismus und Shivaismus. Davor hatten sich in Indien die Religionen des Jainismus und des Buddhismus gebildet. Letzterer erlebte im 8. Jh. n. Chr. in Indien seinen Niedergang. Mit der Expansion türkischer Eroberer ab dem 12. Jh. begann der Islam in Indien heimisch zu werden, zumal viele Hindus zu dieser Religion konvertierten; kriegerische Konflikte standen primär nicht unter religiösen Vorzeichen. Unter englischer Herrschaft setzte mit der von ihr geförderten Demokratisierung ein indisches Nationalbewusstsein und z. T. eine Entfremdung zwischen Hindus und Muslims ein. Sie mündete 1947 in die Teilung des von der britischen Kolonialherrschaft befreiten Landes in das muslimische Pakistan und die säkulare Republik Indien. → S. 563

Stifter und Leitfiguren

Als eine in Jahrtausenden gewachsene Religion kennt der Hinduismus statt eines oder mehrerer Religionsstifter eine Vielzahl mythischer Seher und Weiser, Begründer philosophischer Schulen, religiöser Richtungen und Reformbewegungen. → S. 565

Statt einer einzelnen Heiligen Schrift speist sich der Hinduismus aus einer Vielzahl heiliger Texte. Zu den mythologischen Werken gehört das »Devî Mahâtmya« in Sanskrit aus dem 5./6. Jh. über die Göttinen Durgâ und Devî. Die Buchmalerei einer neuzeitlichen Handschrift dieses Werkes zeigt, wie Devî, welche die aus den Fugen geratene kosmische Ordnung wieder herstellt, einen Dämon dem Feuer überantwortet. Spätes 16. Jh.; Himachal Pradesh State Museum, Simla.

Spaltungen und Richtungen

Die größten Unterschiede bestehen zwischen dem philosophisch fundierten Hochhinduismus und der Volksfrömmigkeit. Im Mittelalter wurzelt die nachvedische und bis in die Moderne andauernde Ausdifferenzierung zwischen Shivaismus, Vishnuismus sowie dem mit magischen und orgiastischen Praktiken verbundenen Tantrismus. → S. 567

Die bedeutendsten Schriften

Der Hinduismus besitzt eine umfangreiche Überlieferung religiöser Literatur von vedischen Hymnen über die Schriften zur Opferwissenschaft (Brahmanas) und die Gattungen der Upanishaden, Purânas und Sûtras bis zu den Epen Mahâbhârata mit der Bhagavadgîtâ und Râmâyana. Diese Werke der Weltliteratur enthalten mythologische, religiöse und philosophische Abschnitte. → S. 571

Wichtige Institutionen

Den lokalen geistlichen Stand bildeten seit vedischer Zeit die Brahmanen sowie Tempel- und Opferpriester. Die Gurus sind spirituelle Lehrmeister. Hierarchisch gegliederte religiöse Gemeinschaften entstanden ab dem 12. Jh. Seit Beginn des 20. Jh. bildete sich auch ein extremer Hindu-Nationalismus heraus, der sich in politischen Organisationen wie der BJP und der Vîshnu Hindû Parishad (»Weltrat der Hindus«) formierte. → S. 572

Heilige Stätten

Heiligster Ort in Indien ist Vârânâsî (früher Benares) am Ganges mit seinen Plätzen für rituelle Bäder und Leichenverbrennungen. Neben Stätten mit überregionaler Bedeutung gibt es heilige Orte mit Besondererheiten der Lage und der Vegetation. Die Hauptwerke der hinduistischen Architektur und Bildhauerkunst finden sich in Tempelbezirken, von denen einige zum Weltkulturerbe zählen. Eine Besonderheit sind Höhlentempel wie auf der Insel Elephanta bei Bombay. → S. 573

Feste und Riten

Der Hinduismus kennt Tausende von lokalen Tempelfesten sowie überregional bedeutende Feste zu Ehren der herausragenden Gottheiten, aber auch Feste im Zeichen des Jahreslaufs und zwischenmenschlicher Beziehungen. Feste mit der Aktivierung der wie menschliche Wesen behandelten Kultbilder bilden den Höhepunkt von Riten, die in der Öffentlichkeit oder im Haus vollzogen werden. Neben dem Bade-Ritual zur Reinigung von Sünden sowie dem Blumen- und dem Feueropfer zählt dazu auch der Tempeltanz. → S. 574

Religion und Staat

Eine historisch verwurzelte Auffassung vom Staat verpflichtet den Herrscher zum Schutz der Religionsgemeinschaft. Die seit 1947 bestehende Indische Union besitzt eine säkulare Verfassung mit dem Prinzip der Religionsfreiheit; in jüngster Zeit bekämpfen nationalistische und chauvinistische Kreise im Namen religiöser Tradition alle egalitären Tendenzen, zumal die per Verfassung erfolgte Aufhebung des Kastenwesens. → S. 577

Individuum und Gesellschaft

Das religiös legitimierte Kastenwesen hat auch im modernen Indien – trotz der verfassungsmäßigen Abschaffung – seine Bedeutung nicht verloren. Vor allem auf dem Land und im häuslichen Bereich gelten weiterhin die traditionellen Vorstellungen einer »Ständegesellschaft«; hierzu gehört die Heirat innerhalb der Jâti, der Kaste. → S. 578

Sonderformen des Hinduismus

Im 15. Jh. entstand im nordwestlichen Indien das Sikhtum als Synthese aus Hinduismus und Islam. Gruppen der bis 1708 von einem Guru, dann von Meistern geführten Sikhs (»Schüler«) bilden seit der Teilung des Pâñjâb in eine pakistanische Provinz und einen indischen Bundesstaat (1947) eine militante Separatistenbewegung. → S. 580

Der Hinduismus in Geschichte und Gegenwart

Begriff und Bedeutung

Bezeichnung: Der Begriff »Hinduismus« ist, anders als bei den Bezeichnungen der anderen großen Weltreligionen, ein im 19. Jh. geschaffener Name für alle in Indien entstandenen Religionen, die nicht dem Buddhismus, dem Jainismus, dem Sikhtum oder Stammesreligionen zuzurechnen sind. Er geht zurück auf den von Muslims gebrauchten persischen Namen Hindû für alle Bewohner Indiens, die keine Muslims, Christen, Juden oder Zoroastrier waren, und stand für alle, die nach ihrem Verständnis »Götzendiener Indiens« waren. Sie machten keinen Unterschied zwischen denen, die heute als Hindus bezeichnet werden, und Buddhisten oder Jainas. Diese Differenzierung trafen erst die Engländer, die Hinduism als Sammelbegriff für sonst recht unterschiedliche Religionen und philosophische Anschauungen benutzen, denen aber bestimmte Hauptmerkmale gemeinsam waren und sind. Zu den wichtigsten Merkmalen des Hochhinduismus (in Abgrenzung zum volkstümlichen Hinduismus) gehört die Anerkennung der religiösen Schriften der vedischen Religion (S. 554, vedische Literatur, S. 572) als bindend, aber auch die von *Brahmanen* entwickelte, religiös begründete Sozialordnung, die besonders in der Einteilung der Gesellschaft in Kasten *(Jâti)* ihren Niederschlag fand.

Entstehung: Hinduismus als ein System von Religionen geht aber nicht ausschließlich auf die Religion der sich selbst als *Âryas* (»Arier«) bezeichnenden Volksgruppe zurück, sondern auch auf die der unterworfenen Bevölkerung Nordindiens, die Nachwirkungen der Industalkultur sowie die Kultur der dravidischen Völker Südindiens. Daraus lässt sich aber nur begrenzt auf eine Abfolge von Entwicklungsstufen schließen. Bis ins 21. Jh. hinein existieren noch Bräuche, Rituale und Glaubensinhalte früherer Epochen neben den jüngeren.

Nach wie vor leben die rund 840 Mio Anhänger der zum Hinduismus gerechneten Religionsgemeinschaften hauptsächlich auf dem indischen Subkontinent. Der ehemals in vielen Ländern Südostasiens verbreitete historische Hinduismus hat sich nur auf der indonesischen Insel Bali behaupten können. Doch wanderten im Zuge der Ausbreitung der kolonialen Macht Englands viele Inder (Hindus und Muslime) seit dem 19. Jh. in die britischen Besitzungen in Afrika, im Indischen Ozean, in der Südsee und der Karibik sowie ins Mutterland selbst aus. In einigen Staaten wie Mauritius (Afrika), Guayana (Südamerika) sowie Trinidad und Tobago

Abb. links: Das Badefest Kumbha Melâ in Hardwâr am Oberlauf des Ganges. Die Stadt verdankt ihre Entstehung einem Tropfen vom Nektar der Unsterblichkeit.

Ritueller Tanz vor einem mit Relief verzierten steinernen Rad des Sonnenwagens im Tempelbezirk des 13. Jh. von Konârak, Orissa

STICHWORT **Hinduismus weltweit**

Oben links: Ein heiliger Mann (Sâdhû) träufelt bei einer Zeremonie am Fluss Sary in Ayodhyâ Wasser auf die Statue der elefantenköpfigen Ganesha. Dieser Sohn von Shiva und Pârvatî (mit einer Vorliebe für Süßigkeiten) ist ein Gott des weltlichen Erfolgs.

Oben Mitte: Ein Gläubiger in Singapur läuft über glühende Kohlen zu Ehren der hinduistischen Göttin Drobatha.

Oben rechts: Beim Opferfest für Shiva auf Bali nimmt ein hinduistischer Priester die Opfergaben von Frauen entgegen.

Unten links: Hindus in Hamm (Westfalen) tragen während des Tempelfestes die Figur der Göttin Sri Kamachi Ampal.

Unten rechts: Gläubige vor dem größten hinduistischen Tempel in London

(Karibik) ist der indische Bevölkerungsanteil so hoch, dass aus seinen Reihen Staats- und Ministerpräsidenten hervorgingen. Im Zuge der Globalisierung kam es auch zur Bildung größerer Gemeinden in den Vereinigten Staaten von Amerika und Europa. In Deutschland sind insbesondere die südindischen Tamilen in Nordrhein-Westfalen vertreten.

Das weltweite Interesse am Hinduismus hängt einerseits mit dessen Mythologie zusammen, andererseits mit dem Streben nach geistiger Erneuerung, die sich vor allem aus östlichen Quellen speist. Hierzu gehören esoterische Strömungen im Westen und die westliche Rezeption des Yoga. Zur Weltliteratur zählen die altindischen Epen Ramâyana und Mahâbhârata.

Grundzüge des Glaubens

Götter und Menschen

Bereits nach vedischer Vorstellung ist der Mensch von den Göttern, die übernatürliche Kräfte besitzen, abhängig und versuchte, zu ihnen in besondere Beziehungen zu treten. Dies geschah durch richtiges kultisches Verhalten, Anrufungen der Ehrfurcht gebietenden numinosen Mächte und vor allem durch Opfer *(Yajña),* mit denen ein Hindu diesseitige Ziele wie Gesundheit, Reichtum und (männliche) Nachkommenschaft erreichen wollte. Vorstellungen von einem Jenseits waren sehr vage, eine Existenz nach dem Tod wurde im Allgemeinen nicht angenommen, allenfalls ein schattenhaftes Dasein. Erst in einer späteren Phase glaubten die Hindus, dass die Toten bei richtiger Durchführung der Rituale als vollständige Person (und nicht nur als Seele) in ein Jenseits, die Wohnung des Totengottes Yama, eingingen.

Glaube und Wissen

Aus der Sicht der Anhänger der vedischen Religion gab es im Grunde keinen Glauben, sondern im Gegenteil heiliges Wissen (singhales. *Veda),* das durch Seher mit Kontakten zur Welt des Übernatürlichen vermittelt wurde. Allerdings ist dieses Wissen alles andere als einheitlich und es entwickelten sich verschiedene Schulen, von denen einige sogar die Existenz der Götter bezweifeln. Dennoch sind die Veden, insbesondere die vedischen Hymnen *(Rigveda, Atharvaveda, Yajurveda, Sâmaveda)* die allgemein anerkannte Quelle der Autorität. Obwohl die vedische Religion eine der Vorläuferreligionen des Hinduismus ist, bei der das Ritual und das Streben nach diesseitigem Heil im Vordergrund stand, ist ihr Einfluss auf die spätere Entwicklung kaum zu unterschätzen, da die gesamte ihr angehörende religiöse Literatur vom Hinduismus übernommen, teilweise neu interpretiert oder vertieft wurde. Vor allem spielen im heutigen Hinduismus Glaubensvorstellungen, Frömmigkeit und persönliche Beziehungen zwischen Göttern und Menschen eine größere Rolle.

Weltseele und individuelle Seele

Kreislauf von Wiedergeburten: In der mittleren Phase der vedischen Religion (8.–6. Jh. v. Chr.) stellten noch komplizierte Anweisungen und Erklärungen zum Ritual in der Literatur des *Brâhmanas* den Kern der Beziehungen des Menschen zu den übernatürlichen Kräften dar. Danach setzte die Reflexion über Sinn und Konsequenzen der Rituale ein. Der Opferkult wurde bei den jetzt auftretenden Vorstellungen von einem als unheilvoll betrachteten endlosen Kreislauf von Wiedergeburt (und Wiedertod) als nicht mehr hilfreich angesehen. In dieser als jung-

Der weitaus größte Teil der Hindus lebt auf dem indischen Subkontinent. Mehr als ein Viertel der Bevölkerung stellen die Hindus in Bhutan, Suriname und Guyana.

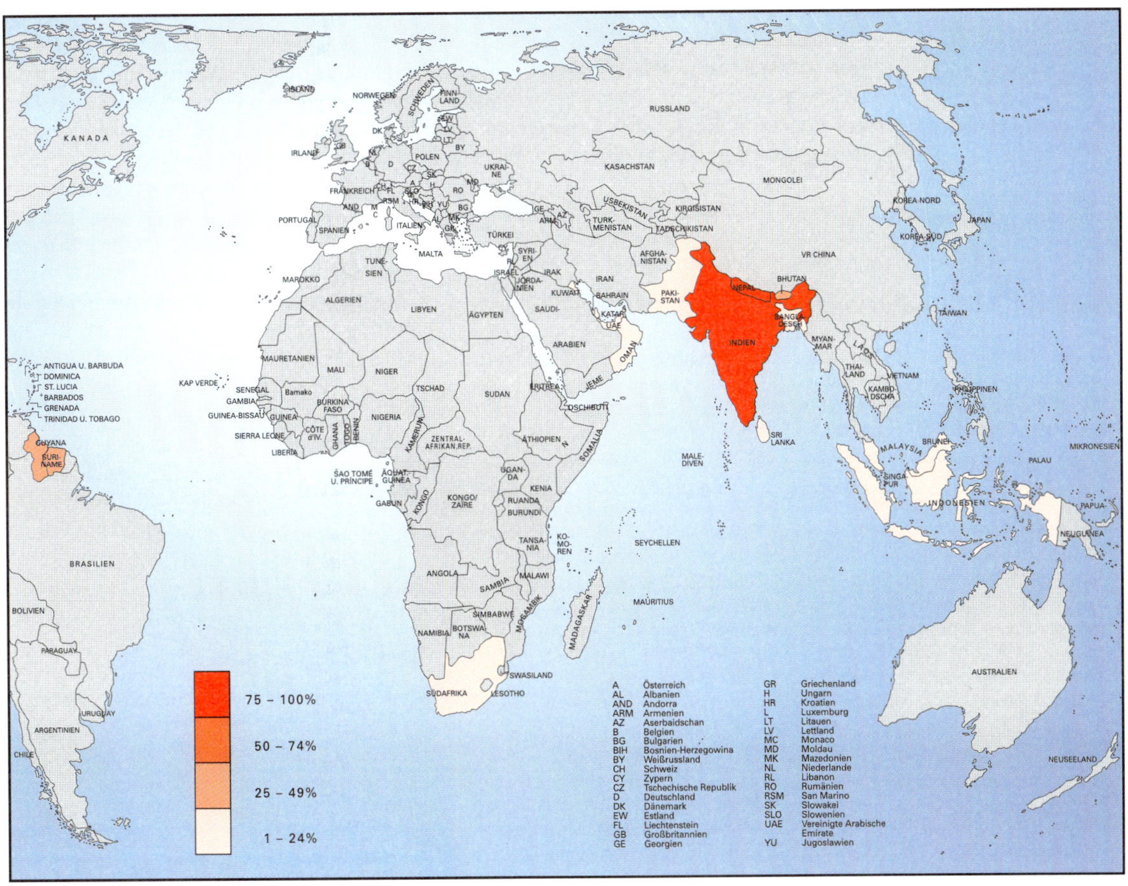

Opferfest für Gott Shiva auf der Insel Bali. Priester weihen die Opfergaben mit dem heiligen Feuer. Rechts sind »Barongs« zu sehen, Symbole für Geister, die durch das heilige Feuer vertrieben werden sollen.

vedisch oder frühhinduistisch bezeichneten Epoche (6.–3. Jh. v. Chr.) entstanden Schriften wie die *Âranyakas* und die älteren *Upanishaden.*

Der Âtman: Durch Beschäftigung mit der Bedeutung des Atems (Prâna) als Urprinzip des Lebens ließen sie den Glauben entstehen, jedes Individuum habe ein eigenes Selbst, das *Âtman* bzw. eine Seele, die unveränderlich von einer Existenzform zur nächsten über viele Leben und Lebensformen hinweg fortbesteht.

Das Brahman: Analog zur Vorstellung einer Individualseele entstand der Glaube an eine unerschaffene Schöpfermacht alles Existierenden *(Brahman),* eine Art Weltseele, die das gesamte Universum durchdringt. Sie ist zwar Verursacher aller Erscheinungsformen, aber nicht unbedingt mit ihnen gleichzusetzen. Daraus ergaben sich Spekulationen über das Verhältnis von Âtman und Brahman, denn durch den in Gang gesetzten Prozess der Evolution entstanden Welt und Einzelseelen und die Letzteren waren so ins Weltgetriebe *(Samsâra)* verstrickt, dass der Bezug zum Brahman verloren ging.

STICHWORT **Vedische Religion**

Begriff und Ziel: Die vedische Religion verdankt ihren Namen den Veden *(Veda),* den ältesten erhaltenen religiösen Texten der Inder. Sie beschäftigen sich vor allem mit dem Hauptthema der vedischen Religion, dem Opfer *(Yajña).* Wie in der Religion des antiken Griechenlands sollen die Götter durch Opfer positiv gestimmt werden, um Nachkommen, reiche Viehherden usw. zu erlangen oder Gegnern zu schaden.

Ursprung: Die vedische Religion stammt von den um 1500 v. Chr. nach Nordindien eingewanderten Stämmen, den Âryas (»Edlen«). Die Umstände der Einwanderung sind umstritten. Aus archäologischer Sicht ist über diese Einwohner Nordindiens wenig bekannt, außer dass sie Hirten und Viehzüchter waren. In den Hymnen des *Rigveda* werden zahlreiche Götter angerufen, von denen ein Großteil sich auf Naturphänomene zurückführen lässt.

Götter und Priester: Die Menschen der vedischen Zeit suchten den Einklang mit den Göttern und der Umwelt. In den *Brâhmanas* (8.–6. Jh. v. Chr.) wird eine neue Tendenz sichtbar, der *Brahmanismus,* benannt nach der Priesterkaste, welche die Opfer ausführte. Mit der Zeit wurde das Opferritual immer ausgefeilter und die Bedeutung der Priester wuchs. Im Brahmanismus haben die Götter ihre Stellung als Lenker der Welt verloren. Es liegt nicht mehr am jeweiligen Gott, ob das durch das Opfer Beabsichtigte eintrifft, sondern an der korrekten Durchführung des Rituals. In den Brâhmanas werden die Priester sogar als Götter bezeichnet.

Wandel: Wegen ihrer Bedeutung für die Opfer erhielt die Priesterkaste größten Einfluss im Gemeinwesen. Aus der Kritik am Brahmanismus erwuchsen jedoch wichtige neue religiöse Strömungen. Bis heute ist die vedische Religion lebendig, da Elemente im modernen Hinduismus überlebt haben. Die Veden werden weiterhin von allen hinduistischen Religionsgruppen als heilige Texte betrachtet.

Begierde nach der Welt und Wiedergeburt

Der Kreislauf der Wiedergeburten wird von der Begierde nach der Welt verursacht. Die Wiedergeburten können in unterschiedlichen Erscheinungsformen nicht nur auf der Erde, sondern auch in Himmeln und Höllen stattfinden. Die bis dahin kaum ausgeprägten Vorstellungen über die jenseits der Erde befindlichen Bereiche hatten im Denken der Menschen an Intensität gewonnen und dienten als Orte höchster Belohnung oder Bestrafung. Doch waren auch diese Folgen aus einem früheren Leben zeitlich begrenzt, obwohl die Zeiträume Jahrzehntausende umfassen konnten. Richtschnur für Belohnung oder Bestrafung ist die Summe der in einer Existenz begangenen Handlungen und Taten. »Handlung«, »Tat«, »Werk« aber heißt in Sanskrit *Karman* und ist einer der Zentralbegriffe des Hinduismus, der nicht nur für die Handlung selbst, sondern auch für deren »Vergeltung« benutzt wird. Der Ausdruck »Vergeltung« trifft den Kern der damit verbundenen Vorstellungen besser als Belohnung und Strafe.

Das Karman

Das Karman des Menschen: Die Herkunft des Karman-Begriffs ist unsicher, aber er könnte auf nicht vedische religiöse Gruppen wie z. B. die Jainas zurückgehen, die eine umfangreiche Literatur über das Karman hervorgebracht haben. In der vedischen Religion erscheint das Wort zuerst im *Rigveda,*

Die Buchmalerei aus dem zentralindischen Mâlawa zeigt den Pavillon eines Palastes. Der Strom am unteren Rand symbolisiert den Ganges. Während von rechts eine Frau mit Blüten eintritt, gießt ein Mann zerlassene Butter in ein Opferfeuer. Es ist Brahmâ; mit Vishnu und Shiva bildet er die Hindu-Trias. Ein Kronreif umspannt seine vier Köpfe, aus denen die vier vedischen Überlieferungen geströmt sind. Mitte 17. Jh.; Museum für Indische Kunst, Berlin.

wo es die religiöse Handlung meint, insbesondere das Opfer. Doch gibt es hier noch keinen Hinweis auf seine spätere Bedeutung. Erst in den *Upanishaden* findet sich Karman im Sinne von Tatvergeltung, z. B. in der Brihadâranyaka-Upanishad 4,4,5: »Wie ein Mensch handelt, wie er sich verhält, so wird er werden. Wer also gute Taten vollbringt, wird gut; wer aber böse Taten begeht, wird böse.« Das Karman haftet gewissermaßen der Seele einer Person an und begleitet sie über den Tod hinaus in eine neue Existenz, die dadurch entscheidend geprägt wird. Die gegenwärtige Situation eines Individuums wird durch seine Handlungen bei früheren Ereignissen erklärt, entweder in seinem jetzigen oder in seinem einstigen Leben. Das bedeutet aber nicht, dass auch die Handlungen im jetzigen Leben bereits durch das Karman festgelegt sind, sondern lediglich die Lebenssituation, aus der heraus neues, gutes oder schlechtes Karman gesammelt werden kann. Einige Schulen des indischen Denkens glaubten, Karman sei übertragbar oder wirke auch bei anderen, sodass die Auswirkungen einer Tat von einer Person auf eine andere übergehen können. Philosophische Schulen unterschieden auch zwischen dem in einer früheren Existenz geschaffenen Karma, dem gegenwärtigen und dem latent vorhandenen.

Das Karman der Götter: Auch die Götter sind dem gesetzmäßig ablaufenden Karman unterworfen (Karman-Automatismus), so wie sie in der vedischen Religion an die richtig durchgeführte Opferhandlung gebunden waren. Diese Götter *(Deva)* sind nicht allmächtige, ewige Wesenheiten, sondern nur mit einem langen Leben und ungewöhnlichen Fähigkeiten ausgestattete Existenzformen.

Das Brahman

Als Urgrund und Quelle des Seins gilt das *Brahman,* von dem alle Erscheinungen und Existenzformen abhängig sind. Ein Mensch, der durch intuitives Erkennen erfährt, dass seine Einzelseele mit der Weltseele Brahman identisch ist, scheidet aus dem karmischen Prozess aus und wird zu einem schon zu Lebzeiten Befreiten (Jîvanmukta). Er erzeugt kein neues *Karman* mehr und wird nach dem Tod nicht mehr wiedergeboren, weil er kein weiteres Karman mehr besitzt.

In der frühen Phase des Hinduismus verband sich diese Brahman-Konzeption mit einigen nun in den Vordergrund tretenden Göttergestalten wie *Shiva* und *Vishnu.* Daraus entwickelten sich alternative Möglichkeiten, aus dem karmisch bedingten Kreislauf von Wiedergeburt und Wiedertod auszutreten (siehe unten).

Tugenden

Der Dharma: Um gutes *Karman* anzusammeln, muss sich ein Hindu ordnungsgemäß betragen und die auferlegten Pflichten erfüllen. Das den Regeln entsprechende Verhalten beruhte in der vedischen Zeit auf den von den Vorfahren übernommenen und den Brahmanen gelehrten religiösen Vorschriften, Pflichten und Gesetzen, deren Befolgung allein die Ordnung von Natur und menschlicher Gesellschaft sowie das Wohlergehen des Einzelnen gewährleistete. Alles, was der Aufrechterhaltung dieser Ordnung diente, erhielt den Namen *Dharma* (»das Tragende«; das, was der Stabilität dient). Ursprünglich bezog sich der Begriff fast aus-

STICHWORT **Yoga**

Aus einer Serie von Yoga-Darstellungen, 18. Jh.: Yogî im Lotussitz (l.), mit den Füßen am Baum hängend (Mitte), auf einer Matte liegend (r.)

Begriff und Ziel: Der Begriff »Yoga« leitet sich von der Sanskritwurzel yuj ab, was wörtlich »anjochen« und im übertragenen Sinne »sich anstrengen, sich bemühen« bedeutet. Im religiösen Sinn ist das Streben nach spiritueller Vervollkommnung gemeint. Folglich ist Heilsziel des Yoga, mit Hilfe von intensiver körperlicher und geistiger Übung zur Erleuchtung zu gelangen und den Kreislauf der Wiedergeburten (Samsâra) zu beenden.

Ursprung: Die Ursprünge des Yoga reichen bis in die Zeit der Upanishaden (ab 800 v.Chr.), als Einsiedler und Asketen begannen, individuelle Methoden der Heilssuche zu entwickeln. Dazu gehörten u.a. Atem- und Meditationstechniken. Diese Methoden wurden im Laufe der Zeit erweitert und verfeinert und etwa im 5. Jh. n.Chr. von Patañjali im Yoga-Sûtra, dem »Leitfaden des Yoga«, systematisiert.

Glieder: Patañjali unterteilt den Yoga in acht Glieder (Ashtânga): Yama, Niyama, Âsana, Prânâyâma, Pratyâhâra, Dhâranâ, Dhyâna und Samâdhi. Die acht Glieder bauen zwar stufenweise aufeinander auf, müssen aber gemeinsam praktiziert werden, um zum Erfolg zu führen. Am Anfang muss der Betreffende äußere Zucht (Yama) üben: Gewaltlosigkeit, Wahrhaftigkeit, Keuschheit, Besitzlosigkeit und Respektierung fremden Eigentums. Die innere Zucht (Niyama) umfasst körperliche Reinheit, Zufriedenheit, Askese, Schriftstudium und Gottesliebe.

Meditation: Um bei der langwierigen Meditation nicht durch körperliche Regungen abgelenkt zu werden, soll der Schüler eine ruhige Stellung (Âsana) einnehmen, z.B. den Lotussitz, im Westen als »Schneidersitz« bekannt. Es folgt die Regulierung des Atems (Prânâyâma), die bereits als Vorstufe der Meditation gilt. Nachdem die Sinne von der Außenwelt zurückgezogen wurden (Pratyâharâ), konzentriert sich der Übende auf einen Punkt (Dhâranâ), z.B. auf seine Nasenwurzel, wo das »dritte Auge« liegen soll. Wenn die bewusste Konzentration allmählich in die eigentliche Meditation (Dhyâna) übergeht, ruht der Geist völlig in sich selbst und nimmt seine Umwelt nicht mehr wahr.

Bewusstsein: Am Ende kann die Erfahrung des Samâdhi stehen (Überwindung aller Dualitäten, reines Bewusstsein). Dann erkennt der Mensch intuitiv die Wesenseinheit seines Âtman mit dem universellen Brahman. Von nun an ist er ein Jîvanmukta, ein »im Leben Befreiter«. Ob und wann die Samâdhi-Erfahrung eintritt, hängt jedoch nicht allein von der Intensität der Yoga-Praxis ab, sondern vor allem von der spirituellen Reife und dem Erwerb ausreichend positiven Karmas durch zahllose Leben. Als Wesensmerkmal des Yoga definiert Patañjali das »Zur-Ruhe-kommen geistiger Vorgänge«.

Gott: Bei Patañjali liegt die Yoga-Lehre in ihrer klassischen Ausformung vor. Da sich seine Lehre sehr eng an die Weltanschauung des Sâmkhya anlehnt und deren praktischer Teil ist, kommt der Gottesvorstellung keine besondere Bedeutung zu. Die von Patañjali erwähnte Hingabe an Gott dient als Hilfestellung zur Meditation. Der im Yoga-Sûtra genannte Îshvara, der höchste Herr, ist nicht mehr als ein Ideal, an dem sich der Yogi orientieren soll. Doch im Zuge der ab dem 10. Jh. n.Chr. verstärkt aufkommenden theistisch geprägten Religiosität (Bhakti) rückte die Verehrung eines bestimmten Gottes in den Mittelpunkt. So verschob sich die Aufmerksamkeit vom eher impersonalen Îshvara Patañjalis zu persönlich gedachten Göttern wie Shiva, der zum »Gott der Yogis« wurde.

Formen: Die im Westen bekannteste Yoga-Form ist der Hatha-Yoga. Durch Erlernen einer Vielzahl von Posituren (Âsanas) soll der Übende seinen eigenen Körper möglichst perfekt beherrschen. Der Hatha-Yoga kam jedoch erst im 16. Jh. auf, Patañjali verstand unter Âsana nur eine »feste und angenehme Sitzposition«.

Verbreitung: Als psycho-physische Disziplinierungsmethode ist Yoga Bestandteil aller indischen Religionen einschließlich des Buddhismus. Nur die Schwerpunkte und die angewandten Techniken variieren. Die heute häufig anzutreffende Unterteilung in Karma-, Râja-, Jñâna- und Bhakti-Yoga entspricht nicht der Tradition, sondern geht auf Vivekânanda (1863–1902) zurück. In seinem Bestreben, Indiens Gleichrangigkeit mit dem Westen zu belegen, deutete Vivekânanda alte Sanskritbegriffe in abendländischer Denkweise und verlieh ihnen einen Sinn, den sie zuvor nicht gehabt hatten. Râja- und Jñâna-Yoga sind nur neue Bezeichnungen für den Ashtânga-Yoga Patañjalis. Karma- und Bhakti-Yoga kommen dagegen in den autoritativen Schriften in einer anderen als in der von Vivekânanda gemeinten Bedeutung vor.

schließlich auf Rituale und religiöse Regeln (besonders Opfer) und kaum auf Ethik.

Der Dharma ist Richtschnur für das Leben eines Hindu und bedeutet das Festhalten an bestimmten Sitten und Einrichtungen, Riten und Praktiken. Es wird zwischen einem allgemein verbindlichen Dharma, dem Sanâtana-Dharma (»immerwährender Dharma«) und einem persönlichen Pflichtenkodex (Svadharma) unterschieden. Zum absoluten Dharma gehören Reinheit, guter Wille, Barmherzigkeit und Geduld, später kamen andere Elemente hinzu (möglicherweise unter dem Einfluss von Buddhismus und Jainismus), u.a. Nichtverletzen, Wahrheit, Mildtätigkeit, Selbstbeherrschung und Freigebigkeit.

Dharma und Kaste: Häufig steht dieser Katalog des Sanâtana-Dharma aber im Widerspruch zu den durch die Kasten vorgegebenen Pflichten. So verstoßen die Krieger aufgrund ihrer Kastenpflicht gegen das Gebot des Nichtverletzens und viele Berufsgruppen gehen Tätigkeiten nach, durch die sie unrein werden. Eine Lösung gestaltet sich schwierig, doch besteht die Tendenz, den Kastenpflichten den Vorrang einzuräumen. Schließlich gilt es als besser, Pflichten innerhalb der eigenen Kaste nur unvollkommen zu erfüllen, als den Pflichten einer anderen Kaste völlig zu genügen.

Götter und Symbole

Ein konstituierendes Element des Hinduismus ist der Polytheismus. Die Herausbildung des Götterpantheons war ein jahrhundertelanger Prozess. Seine gestaltende Entwicklungsphase ist etwa für den Zeitraum vom 3. Jh. v.Chr. bis zum 4. Jh. n.Chr. anzusetzen. Auf der Ebene der philosophisch geprägten Hochreligion setzte sich zwar die Vorstellung von einem meist unpersönlich gedachten Urgrund allen Seins, dem Brahman, weitestgehend durch. In der Volksreligion wurden aber weiterhin die alten vedischen Götter wie *Râma* und *Krishna,* Genien und Tiere (u.a. Schlangen) verehrt. Die meisten alten vedischen Götter sind heute im Ansehen gesunken und treten hinter Helden, göttlichen Sehern (Rishis) und ehemals zweitrangigen Gottheiten an Bedeutung zurück. Von den Letzteren nehmen insbesondere zwei – *Vishnu* und *Shiva* – eine herausragende Stellung ein, da sie mit anderen populären Gestalten identifiziert werden.

Shiva als Vater und Asket; Haut und Haare zeigen, dass er sich mit Asche beschmiert hat. Das Familienbild vereint ihn mit Pârvatî sowie den Kindern Ganesha und Kârttikeya an einem Fluss im Himâlaya. Ihre Symboltiere sind Shivas Buckelrind Nandin, Pârvatîs Löwe, Ganeshas Ratte und Kârttikeyas Pfau. 19. Jh.; Museum für Indische Kunst, Berlin.

Die wichtigsten Götter des Hinduismus	
Brahmâ	Schöpfer und Urgrund allen Seins
Vishnu	Der Erhalter stellt in jeder seiner zehn Inkarnationen (Avantaras) die Ordnung wieder her.
Shiva	Der Zerstörer vernichtet die Welt am Ende eines Zyklus, spendet aber auch neues Leben.
Sarasvatî	Die Gemahlin Brahmans steht für Gelehrsamkeit und Wahrheit.
Lakshmî	Die Gemahlin Vishnus ist die Göttin der Schönheit und des Glücks.
Kâlî/Durgâ	Die Gemahlin Shivas wirkt zerstörerisch und wohltätig zugleich.
Pârvatî	Gemahlin Shivas, Tochter des Himâlaya und Reinkarnation von Shivas Gemahlin *Satî*
Ganesha	Sohn des Shiva und der Pârvatî
Kârttikeya	Sohn des Shiva und der Pârvatî, Kriegsgott
Krishna	Inkarnation des Vishnu, Idealbild der Liebenden, Held der Epen *Mahâbhârata* und *Bhagavadgîtâ*
Râma	Inkarnation des Vishnu, Held des Epos *Râmâyana*

STICHWORT **Götter**

Oben links: Das Liebespaar Krishna und Râdhâ. Buchmalerei der Pathari-Schule, 18. Jh.; Privatsammlung.

Oben rechts: Krishna stemmt den Berg Govadhana empor. Buchmalerei der Jaipu-Schule, 18. Jh.

Links: Shiva als Nâtarâja. Dieser in Südindien verbreitete Typus seines Kultbildes zeigt Shiva als kosmischen Tänzer in einem Feuerkreis. Singhalesische Bronzeskulptur, 11. Jh.; Archäologisches Museum Anuradhapura, Sri Lanka.

Unten: Zwei Götter der Hindu-Trias sind Vishnu und der vierköpfige Brahmâ. Buchmalerei der Pathari-Schule., 18. Jh.

Das hinduistische Pantheon

Vishnu: Der »Alldurchdringer« wurde zu einem allgegenwärtigen Gott, der im gesamten Universum herrscht und Funktionen anderer Götter übernahm. Aufgrund dieser Eigenschaften wurde er im Epos *Mahâbhârata* zu einem Aspekt des *Brahman,* weil er genauso allgegenwärtig ist, wenngleich er hier noch nicht so bedeutend wie *Krishna* ist.

Krishna, der später als eine der Verkörperungen Vishnus galt, war vielleicht eine historische Gestalt und ist im Mahâbhârata ein tapferer und listenreicher Krieger, der aufgrund seiner Taten in den Rang eines Gottes erhoben und in der späteren religiösen Literatur endgültig mit einer eigenen Biografie versehen wurde. Eine frühe, aber noch nicht endgültige Identifizierung von Krishna und Vishnu ist um 100 v. Chr. belegt. Hier kommt bereits die hingebende Verehrung Gottes, die Gottesliebe *(Bhakti),* zum Ausdruck.

Eine weitere Gestalt namens *Nârâyana,* Verkörperung der schöpferischen Energie des *Vishnu,* ist ein ekstatischer Heiliger, der als Einsiedler am Ganges lebte. Im Mahâbhârata wird er als höchster Geist bezeichnet. Zu seinem Kult gehören *Ahimsâ* (Gewaltlosigkeit) und *Bhakti* ebenso wie Opfer, *Askese* und *Yoga.* Es lassen sich auch Tendenzen nachweisen, sich der Gottesliebe Krishnas anzupassen.

Nach der epischen Zeit, etwa ab dem 3. Jh. n. Chr., tritt Vishnu als übergeordneter Gott endgültig in den Vordergrund. Die Gestalt des Nârâyana verblasst und wird zu einem bloßen Beiwort Vishnus. Krishna dagegen bewahrt seine Eigenständigkeit. Vishnu besitzt zahlreiche Namen, die entweder sein vielschichtiges Wesens oder Bezeichnungen regionaler Götter ausdrücken, die mit ihm identifiziert und deren Charakter auf ihn übertragen wird. Da das Wohl der Welt zu seinen Aufgaben gehört, entwickelte sich die Vorstellung von seinen periodischen »Herabkünften« *(Avatâras)* auf die Erde, um sie vor dem Untergang zu retten und die Ordnung wiederherzustellen. Zu den Avatâras gehören Krishna, *Râma* (Held des Epos *Râmâyana)* und Buddha, also für den Menschen sichtbare Manifestationen Vishnus.

Shiva: Der Name *Shiva* (»freundlich, wohlwollend«) war ursprünglich nur ein Beiwort des vedischen Gottes *Rudra,* doch auch Shiva erlebte wie Vishnu einen Aufstieg zum universalen Gott. Er vereinigte andere Gestalten und lokale Kulte in sich und wurde bereits in der jungvedischen Phase (6.–3. Jh. v. Chr.) mit dem »großen Unerkennbaren« gleichgesetzt. Im *Mahâbhârata* ist er dem Rang nach noch nicht Vishnu gleichgestellt, doch wird er später wie jener als Mahâdeva (»Großer Gott«) bezeichnet. Er kann in vielerlei Aspekten erscheinen, von denen der auf *Rudra* zurückgehende furchtbare und schreckliche zwar ein hervorstechender, aber keinesfalls der einzige ist. Shiva kann Tod und Verderben bringen, aber auch freundlich sowie für Leben und Zeugung zuständig sein. Letztere Funktion kommt in der Verehrung seines Phallus (*Linga*, wörtlich »Merkmal«) zum Ausdruck, der bis heute in stilisierter Form in den meisten Tempeln aufgestellt ist.

Gattinnen und Kinder: Beide großen hinduistischen Götter sind verheiratet: Vishnu mit *Lakshmî* und Shiva mit *Pârvatî* (»Bergtochter«, Tochter des Himâlaya). Pârvatî bzw. *Umâ* ist aber nicht nur die Gemahlin Shivas, sondern hat eine Eigendynamik als Muttergöttin entwickelt, die ebenso wie die beiden großen männlichen Gottheiten in ganz Indien lokale Göttinnen überlagert hat und selbst verehrt wird. Eine gewisse übergeordnete Rolle spielen auch die beiden Kinder von Shiva und Pârvatî, *Ganesha* und Kârttikeya (Skanda). Die shivaitischen Strömungen innerhalb des Hinduismus stehen den Vorstellungen der *Brahmanen* eher reserviert gegenüber und manche von ihnen brechen bewusst mit deren Traditionen, indem sie alles für rein erklären. So konkurrieren vishnuitische und shivaitische Gemeinschaften in gewissem Maß, die Gottesvorstellungen ergänzen sich aber und erscheinen den Gebildeten als Ausdrucksformen des höchsten Seins.

Mythen und Kulte: Die ungeheure Popularität und Verbreitung der beiden großen Götter Vishnu und Shiva führte zu einer reichhaltigen Mythologie und starken kultischen Verehrung. In theistischen Kreisen nahmen sie allmählich die Stelle des unpersönlichen *Brahman* ein und waren als Urgrund alles Seienden anders als die *Deva-Gottheiten* nicht mehr dem *Karman* unterworfen. Dieses Konzept eines höchsten persönlichen Gottes *(Îshvara)* liegt allen philosophischen Anschauungen zugrunde, ganz gleich, ob der Gott Vishnu, Shiva, Krishna, Râma oder auch *Sûrya* (der Sonnengott) heißt. Letzterer erfreute sich vom 6. bis 13. Jh. n. Chr. einer Popularität, die mit der Shivas und Vishnus vergleichbar ist.

Hari-Hara-Skulptur. Dieser Typus vereint den gütigen Vishnu und den furchterregenden Shiva in einer Gestalt mit gemeinsamem Nimbus. Dieser bildet auch den Hintergrund für die Profilköpfe: links ein Eber, als Varâha die dritte Inkarnation (Avata) Vishnus; der Kopf eines Dämons gehört zur Shiva-Seite rechts. Verloren sind die beiden Arme, die sicher jeweils unterschiedliche Attribute trugen. Bemerkenswert ist am Typus Hari-Hara, dass er die Überwindung der Gegensätze (nicht zuletzt zwischen den rivalisierenden Anhängern der beiden Götter) verkörpert. Kaschmir, 9. Jh.; Museum für Indische Kunst, Berlin.

In ihrer kultischen Ausprägung besitzen alle Götter eigene Symbole und Attribute sowie ihnen zugeordnete Tiere. Zu Vishnu gehört das Vogel-Mischwesen Garuda, zu Shiva der Stier Nandin, zu Ganesha die Ratte und zu Kârttikeya der Pfau.

Theogonie und Kosmogonie

Die Schöpfer der altindischen Literatur befassten sich intensiv mit Fragen zur Herkunft der Götter (Theogonie), zur Entstehung der Welt (Kosmogonie), zur Beschreibung des Universums (Kosmologie) und zum Zusammenhang von Natur, Mensch und Ritual. Im Denken der spätvedischen Zeit (600–400 v. Chr.) standen höchst verschiedene Theorien und Versionen nebeneinander. Weitgehend akzeptiert ist die Kombination von vedischer und purânischer Kosmogonie. Kenntnisse über die Kosmologie der vedischen Zeit, der ältesten Epoche der Geschichte des »arischen« Indien, sind vorwiegend durch die *Upanishaden, Brâhmanas,* und *Sûtras* überliefert. Weitere Quellen finden sich in späteren Werken nichtorthodoxer Schulen *(Âgamas)* und den *Purânas.* Bereits im *Veda* gibt es einen weitgehenden Pluralismus bezüglich der Vorstellungen zur Schöpfung.

Der Ursprung des Universums: Die berühmte Schöpfungshymne im *Rigveda* 10, 90 feiert den *Purusha* (»Mann, Person«) als ursprünglichen kosmischen Menschen,

Ein Sâdhû (Heiliger, welcher der Welt entsagt hat) am Ursprung des Ganges. Dieser größte Strom Nordindiens, einer der sieben heiligen Flüsse des Subkontinents, entsteht im westlichen Himâlaya durch die Vereinigung zweier Flüsse. Zuletzt bildet er ein riesiges Delta mit Mündungsarmen im Golf von Bengalen. Nach hinduistischer Mythologie entspringt der Ganges dem Fuß des wohltätigen Vishnu; seine Verkörperung ist die Tochter des Himâlaya und Flussgöttin Gangâ.

einen Riesen, den man sich als bewirkende Kraft und Ursache des Universums vorstellt. Der Purusha wird als tausendäugig und mit tausend Füßen beschrieben. Er durchdringt die Welt in alle Richtungen. Die Hymne stellt den frühesten Mythos der sekundären Schöpfung dar. Die Opferung *(Yajña)* des Purusha durch die Götter wird zum Modell für alle vedischen Opfer. Aus ihm werden die Metren und Hymnen des *Veda* geschaffen, das tierische Leben sowie die sozialen und ökonomischen Unterschiede der menschlichen Gesellschaft. Als ein zum Opfer bestimmtes Wesen wurde der Körper des Purusha geteilt: Der *Brahmane* war sein Mund, seine Arme wurden zum Râjanya (»Krieger«, auch *Kshatriya),* die Schenkel zum Vaishya (Händler und Bauer), aus seinen Füßen entstand der Shûdra (die unterworfene Klasse*).* Der Mond wurde aus seinem Geist *(Manas)* geschaffen, die Sonne aus seinem Auge, aus seinem Mund *Indra* und *Agni,* aus seinem Atem *Vâyu.* Aus dem Nabel des Riesen entwickelte sich der Luftraum, aus seinem Kopf der Himmel, aus seinen Füßen die Erde, aus dem Ohr die Weltgegenden (Hymne 10,90, 12–14). Diese Hymne bildet die mythische Grundlage für die Unterteilung der Gesellschaft und das in der Manusmriti *(Manu)* ausführlich behandelte Kastensystem.

Götter, Himmel und Erde: Nach einem anderen Mythos entstand aus der ewigen Ursache ein goldener Embryo (hiranyagarbha) bzw. ein kosmisches Ei (anda), das auf der Oberfläche der Urwasser schwamm. In der frühen Hindu-Philosophie wird dieses Ei mit der kosmischen Intelligenz, der Seele oder mit *Brahmâ* identifiziert. Das Ei zersprang in zwei Hälften. Die goldene obere Hälfte wurde der Himmel, die silberne untere Hälfte die Erde. Aus der äußeren Haut entstanden die Gebirge, aus der inneren Wolken und Nebel. Die Adern wurden zu Flüssen; aus der inneren Flüssigkeit des Eis entwickelten sich die Ozeane.

Nach einer anderen Erzählung erschuf *Prajâpati* aus seinem Mund die Götter.

Atem und Opfer: Im Atharva-Veda ist der Atem (Prâna) personifiziert, ihm ist eine Hymne gewidmet. Es gibt fünf verschiedene »Lebenswinde«, d.h. Arten von Prâna, von denen der erste, das wesentliche Merkmal des Atems als Lebensspender, schließlich mit dem *Brahman* identifiziert wurde; er ist als *Âtman* gegenwärtig. Ein dritter Gedanke, der des Sarvamedha, sieht das Opfer als universelle, Kraft schaffende Wirkung. Es wird im Shatapatha-Brâhmana 13,7,1ff. beschrieben, dauert zehn Tage und besteht in der Selbstopferung des Gottes *Svayambhu* für seine Schöpfung.

Am Mittellauf des Ganges, der hier, im nordindischen Bundesstaat Uttar Pradesh eine ausgedehnte Tiefebene durchfließt, liegt die heilige Stadt Vârânasî (früher Benares). Vielstufige Steintreppen führen entlang mehrerer Kilometer des Ufers hinab zu den Fluten, denen beim rituellen Bad reinigende Kraft innewohnt. Opfergaben an den Fluss bzw. die Flussgöttin Gangâ sind Blumen.

Der Mensch: Am Ende der Brâhmana-Zeit (ca. 6. Jh. v. Chr.) entwickelte sich die Idee vom Werden und Entstehen des Menschen im Wasserkreislauf. Diese Vorstellung besitzt manche Ähnlichkeit mit dem Gedanken der Wiedergeburt: Ein Lebewesen gelangt durch den Regen (vrishti) vom Himmel zur Erde. Es bildet sich dort im Mann zum Sperma, in der Frau zum Embryo. Es wird geboren, verbringt auf der Erde sein Leben und kommt nach dem Tod bei der Verbrennung durch das Feuer *(Agni)* in den Himmel. Wer diese Lehre kennt und strenge Askese übt, gelangt über den Weg der Elemente Feuer, Sonne, Mond und Blitz zu den Göttern (devâyana, »Weg der Götter«).

Aus der früheren Upanishaden-Epoche stammt ein anderer Mythos von der schöpferischen Kraft des *Purusha,* durch Paarung mit seiner weiblichen Hälfte (Brihad-Âranyaka-Upanishad 1,4,4). Sie flieht vor seiner Zudringlichkeit, indem sie sich in die Weibchen aller Gattungen verwandelt. Sobald ein Weibchen einer bestimmten Gattung befruchtet ist, verwandelt sie sich in ein anderes Tier, bis die Erde schließlich mit Wesen ausgestattet ist.

Die Ursubstanz: Innerhalb der philosophischen Schulen ist der Begriff Srishti (»Aussendung«) eine Bezeichnung für die Schöpfung als Hervorgehen oder Wiedererscheinen des Kosmos nach einer Ruheperiode. Vor allem in der *Sânkhya*-Philosophie wird die Urmaterie Prakriti als materielle Grundlage der Welt betrachtet. Prakriti als höchste materielle Realität, die mit dem Purusha, der letzten spirituellen Realität, einhergeht, ist die Grundsubstanz des Universums. An sich besteht die Prakriti aus drei sich ausgleichenden *Gunas* (»Qualitäten«) oder Strukturelementen, die sich ungleichgewichtig miteinander verbinden, um alle anderen materiellen Prinzipien *(Tattvas)* hervorzubringen: Intellekt *(Buddhi),* Ego *(Ahamkâra),* Geist *(Manas),* die fünf Sinnesfähigkeiten, die fünf Fähigkeiten des Handelns, die fünf feinstofflichen und die fünf grobstofflichen Elemente. Die schöpferische Ausbreitung der Prakriti geschieht unbewusst. Das Prinzip des Purusha erleuchtet als reines Bewusstsein die Prakriti und inspiriert durch seine bloße Gegenwart ihren evolutionären Tanz, die Ausprägung und beständige Umwandlung des Universums. Das Brahmânda (Ei des *Brahmâ*) enthält den gesamten Kosmos und wird in insgesamt 21 Gebiete *(Loka)* eingeteilt. Im *Vedânta* ist Prakriti ein Synonym für die kosmische Manifestation und die Erscheinung *(Mâyâ).*

Der Urozean: Ein berühmter indischer Mythos, typisch für die *Purânas,* ist die Vorstellung von der Quirlung des Milchozeans

Quirlung des Ozeans durch Götter und Dämonen am Beginn der Schöpfung, Stoffmalerei, vermutlich Tempelvorhang, Kamasan, Mitte des 20. Jh., Denpasar Museum auf Bali

Die unendliche Schlange, indische Buchmalerei aus einer Werkstatt in Rajasthan, Ende des 18. Jh.; Gouache auf Papier, Jodhpur, Umaid Bhawan Palast

Der **Hinduismus auf Bali** (Agama Hindu Bali) ist wohl wie in ganz Südostasien im 1. Jt. n. Chr. durch Händler und Abenteurer aus Indien verbreitet worden und hat sich mit autochthonen Vorstellungen vermischt. Transzendenter Gott ist Shiva in seinen verschiedenen Erscheinungsformen, aus dem sich auch die anderen großen Götter herleiten. Bei den Wiedergeburtsvorstellungen herrscht der Glaube an eine neue Existenz in der eigenen Familie vor. Die indische Vierständeordnung (warna/verna) wird hier eher lax gesehen.

(Samudramathana). Nach einer großen Flut, welche die Erde bedeckte, ging u.a. der Trank der Unsterblichkeit *(Amrita)* verloren. Gott *Vishnu* tauchte in seiner Herabkunft als Schildkröte *(Kûrma)* auf den Grund des Ozeans und setzte den Berg Mandara auf seinen Rücken. Die Götter und Dämonen banden die Schlange Vâsuki um den Berg und quirlten den Ozean, indem sie an ihren jeweiligen Enden zogen. Dabei wurde u.a. der Nektar und die Göttin der Schönheit *(Shrî)* hochgespült, aber auch das Gift Halâhala.

In weitere Schöpfungsvorstellungen wird kundgetan, der Schöpfergott *Brahmâ* habe sich in Gestalt von Âpava (»Wasserbeweger«) in eine männliche (Purusha) und eine weibliche Gestalt (Virâj) geteilt. Eine andere Version des Schöpfungsmythos erzählt, wie beide auseinander entstanden. Die Vereinigung von Brahmâ und Virâj führte zur Geburt von *Manu Svâyambhu[va],* dem sich selbst hervorbringenden Menschen.

Eine weitere Legende ist die des *Pralaya* oder Laya (»Auflösung«). Danach sind alle Erscheinungsformen nicht der Zerstörung, sondern der Auflösung unterworfen, was zur Neuschöpfung führt. Der Begriff wird besonders für das Ende eines kosmischen Zyklus *(Kalpa)* benutzt. Das Prinzip des Entstehens *(Pravritti)* führt zum Beginn einer neuen Schöpfung. Aber es kann auch kleinere Pralayas geben, wie z.B. in der großen Flut des Manu (siehe die Berichte zur Sintflut im Mahâbhârata).

Verschiedenen Mythen zufolge versank die gesamte Schöpfung in einer Flut. Aber Manu hatte einen kleinen Fisch gerettet und großgezogen. Er befahl Manu, ein großes Schiff zu bauen und Samen und Tiere mitzuführen. Der Fisch schleppte das Schiff in Sicherheit und verankerte es auf dem höchsten Berg des Himalaja.

Der Aufbau der Welt: Der Begriff *Loka* bezeichnet einerseits die gesamte Welt, andererseits die erste Sphäre des Triloka (»drei Welten«). Das Universum ist nach gängiger Vorstellung aus dem Reich der Götter, der Atmosphäre und der Erde aufgebaut. Alle Sphären werden stärker differenziert dargestellt. In manchen Aufzählungen ist auch die Hölle (Naraka) mit ihren verschiedenen Regionen inbegriffen.

Amarâvatî ist im Allgemeinen der Wohnort der Unsterblichen bzw. der Götter, im Besonderen aber die Hauptstadt von *Indras* Reich, auch als *Svarga* bekannt, im Osten des Berges *Meru.* Der Eintritt ist auf jene beschränkt, die sich der Askese (Tapas) unterzogen haben, in der Schlacht fielen und geklärte Butter (ghrita) geopfert haben. Durch richtige Durchführung des Opfers können die guten Menschen hoffen, den Himmel zu erlangen. Nach späteren Texten (z.B. Vishnu-Purâna 2,2) können sie die Gestalt von

Göttern *(Devas)* annehmen. Die Lokapâlas (»Welthüter«) beschützen die gesamte Welt bzw. die vier Weltgegenden und dazwischen liegenden Richtungen – im Norden *Kubera,* im Nordosten *Soma,* im Osten *Indra,* im Südosten *Agni,* im Süden Yama, im Südwesten *Sûrya,* im Westen Varuna, im Nordwesten *Vâyu.*

Drei Stufen der Schöpfung

Die Schöpfung vollzieht sich im Pâñcarâtra, einer frühen vishnuitischen Tradition, in drei Stufen: der reinen, gemischten und verunreinigten. Die reine Schöpfung besteht aus den Hervorbringungen (vyûha) von Vasudeva (oder *Vishnu,* der mit *Lakshmî* vereinigt ist) bis zu Shankarshana, Pradyumna und Aniruddha. Die gemischte und verunreinigte Schöpfung folgt der Anordnung der *Tattvas,* obwohl die Zeit *(Kâla)* und eine fest stehende Ordnung (niyati) hinzugefügt wurden. Die schöpferische Kraft *(Shakti)* des *Vishnu* entwirft die sechs Attribute *(Guna)* Wissen *(Jñâna),* Herrschaft, Macht, Kraft, Männlichkeit und Glanz (tejas). Die Seelen *(Jîva)* sind nach dieser Vorstellung von Vishnu getrennt, ewig frei, befreit durch die Gnade oder gefangen.

In den Schöpfungsmythen der vishnuitischen und shivaitischen Schulen gilt die Idee eines persönlichen Gottes *(Îshvara).*

Geschichte des Hinduismus

Die Induskultur

Über die Religion der frühen Hochkultur des Industales (3.–2. Jt. v. Chr.) lässt sich wenig Sicheres sagen, da es meist nur Siegel mit Hinweisen auf Baum- und Tierverehrung sowie auf eine Muttergöttin gibt. Daneben wurde eine als Proto-Shiva bezeichnete Gestalt im Asketensitz mit Büffelhörnern verehrt. Obwohl die Stadtkultur selbst untergegangen ist, dürften ihre religiösen Vorstellungen mit denen der Urbevölkerung Indiens vergleichbar gewesen sein. Etwa ab Mitte des 2. Jt. v. Chr. wanderten Bevölkerungsgruppen, die sich selbst als Ârya (»Edle«, davon abgeleitet »Arier«) bezeichneten, über die afghanischen Gebirgsketten in den indischen Subkontinent ein. Vom modernen hinduistischen Fundamentalismus wird diese Annahme heftigst bestritten und stattdessen die These vertreten, die Âryas seien

CHRONIK **Zeittafel des Hinduismus und der indischen Geschichte**	
1500–500 v. Chr.	Vedische Kultur, weit verzweigte Mythologie mit vielen Göttern
Um 1000 v. Chr.	Erste Erwähnung des Kastenwesens
Ab 1000 v. Chr.	Früher Hinduismus (Brahmanismus) durch die Vermischung des nichtarischen einheimischen Dravidenglaubens und der alten arischen Vedenreligion, welche die eindringenden Arier mitbrachten
8.–6. Jh. v. Chr.	Entstehung der Upanishaden
Ab 8. Jh. v. Chr.	Frühe Wissenschaften und Philosophie: Lehre von Karma und Wiedergeburt
800–600 v. Chr.	Entstehung der Texte der Brahmanas
5. Jh. v. Chr.	Entstehung der Religionen des Jainismus und des Buddhismus
Ab 400 v. Chr.	Entstehung der Epen »Mahâbhârata« (darin enthalten die »Bhagavadgîtâ«) und »Râmâyana«
Ab 3. Jh. v. Chr.	Vishnuismus, Shivaismus, und andere Hindureligionen treten in den Vordergrund
Um 200 v. Chr.	Entstehung des Lehrgedichtes »Bhagavadgîtâ«
3./4. Jh. n. Chr.	Vâtsyâyana verfasst das Lehrbuch der Liebeskunst »Kâmasûtra«
6.–13. Jh.	Blüte des Sonnenkults
712 n. Chr.	Beginn der islamischen Expansion im Industal
Ab Ende 9. Jh.	Blüte des Shivaismus in Kaschmir und Südindien, Niedergang des Buddhismus in Indien
12. Jh.	Bildung von Orden als hierarchisch gegliederte shivaitische Gemeinschaften mit einem Netz klosterähnlicher Institutionen
14. Jh.	Erste Lehrstühle für Fragen des religiösen Rechts
15. Jh.	Verstärkte Bildung von Gemeinschaften unter der Leitung von Gurus
1498	Vasco da Gama entdeckt den Seeweg nach Indien; die Portugiesen gründen Handelsniederlassungen auf dem Subkontinent
Ab 1582	Der Mogulkaiser Akbar führt Religionsgespräche mit allen in seinem Reich vertretenen Schriftreligionen
1600	Die Engländer gründen die Ostindische Kompanie: 1612 Niederlassung in Surat, 1639 in Madras, 1661 in Bombay, 1690 in Kalkutta
1668	Die Franzosen gründen ihre Ostindische Kompanie: 1674 Pondicherry, 1688 Chandernagore
15.–17. Jh.	Blütezeit der Râmabhakti und der Krishnabhakti, Vermittlungsversuche zwischen Islam und Hinduismus; Entstehung des Pâñjâb-Sikhismus (1577 wird in Amritsar der Goldene Tempel als religiöses Zentrum der Sikhs erbaut)
Ab 1740	Kämpfe zwischen Briten und Franzosen bei Thronstreitigkeiten lokaler Dynastien
1818–55	»Pax Britannica« nach fast 150 Jahren kriegerischer Konflikte
1858	Indien wird Teil des British Empire
Ab 1870	Religiöse und politische Reformbewegungen, nationaler Hinduismus
1897	Ramakrishnas Schüler Vivekananda gründet die in Indien, USA und Europa tätige Ramakrishna-Mission
Ab 1920	Der Hindu Mahâtma Gândhî repräsentiert nach blutigen Auseinandersetzungen die indische Unabhängigkeitsbewegung im Zeichen des gewaltlosen Widerstandes
1925	Der paramilitärische hinduistische »Freiwilligenbund« entsteht
1947	Unabhängigkeit Indiens von Großbritannien und Teilung in das muslimische Pakistan und den säkularen Staat Indien
1964	Gründung der Vishva Hindu Parishad (»Weltrat der Hindus«)

Männliche Statue (Priester?), Kalkstein aus der Harappa-Kultur (Indus-Kultur); um 2500 v. Chr., Nationalmuseum Karachi

schon immer in Indien ansässig gewesen *(Hindutva)*. Âryas breiteten sich in jahrhundertelangen Kämpfen in Nordindien aus. Ihre Religion wird nach ihren heiligen Schriften (Sanskrit *Veda* »Wissen«) als vedisch bezeichnet.

Lehre von den Weltzeitaltern

Über Spekulationen zur Entstehung des Universums bildete sich allmählich eine Weltzeitalterlehre heraus. Sie nimmt vier aufeinanderfolgende große Zeitabschnitte an, von denen jeder folgende eine Verschlechterung des vorgehenden darstellt. Das Konzept entwickelte sich in den ersten vorchristlichen Jahrhunderten, die von orthodoxen Zeitgenossen aufgrund der Dominanz von Buddhismus und anderer nicht brahmanischer Strömungen sowie nach dem Einfall von »Barbaren« (Griechen, Saken, Parther, Kushânas) als Epochen des Niedergangs angesehen wurden. Möglicherweise ist die Weltzeitalterlehre von ähnlichen vorderorientalischen Vorstellungen und griechischen Zeitalterlehren beeinflusst worden. Die Festlegung der einzelnen *Yugas* (»Zeitalter«) auf immens große Zeiträume geschah wohl erst im 5. Jh. n. Chr. Damals wurde aufgrund astronomischer Berechnungen der Beginn des gegenwärtigen Kaliyuga auf 3102 v. Chr. festgelegt, dem Zeitpunkt einer großen Planetenkonjunktion, an dem der Gott Krishna gestorben sei.

Eine Erinnerung an die Zeit der islamischen Mogulherrschaft in Indien: Als Kaiser Aurangzîb im Kampf gegen den »Götzendienst« seiner indischen Untertanen den Tempel in der heiligen Stadt Mathura zerstören ließ, retteten diese das berühmte Kultbild des Krishna nach Rajasthan, 19. Jh.; Museum für Indische Kunst, Berlin.

Indisches Mittelalter

Bis zum Einbruch türkischer Eroberer Ende des 12. Jh. in das nördliche Indien lösten sich in den Großregionen Indiens periodisch hinduistische Dynastien ab. Nach der Eroberung Nordindiens (ab 1191) durch die Türken wurde auch der Islam auf dem Subkontinent heimisch. Zunächst entstanden dort die Sultanate von Delhi und Bengalen. Durch eine ausgeprägte Geschichtsschreibung gibt es von nun an viel bessere Kenntnisse über den historischen Verlauf. Nach einigen Generationen hatte sich der muslimische Adel mit Angehörigen der Hindu-Oberschicht vermischt, während sich andererseits viele Hindus zum Islam bekehrt hatten. Aufgrund seiner militärischen Überlegenheit (Kavallerie) breitete sich das Sultanat von Delhi im 14. Jh. zeitweise bis nach Südindien aus, doch spaltete sich 1347 auf dem Dekhan das Bahmanî-Sultanat ab. Etwa zur gleichen Zeit bildete sich in Südindien das Reich von Vijayanagara, das sich militärtechnisch durch Bildung einer Muslimkavallerie den Nachbarstaaten als ebenbürtig erwies. Bündnisse und Kriege verliefen nicht entlang der religiösen Linien, sondern waren durch machtpolitische Interessen bestimmt.

1526 begründete der transoxanische Eroberer Bâbur das Moghulreich, das aber erst sein Enkel Akbar (1556–1605) zur beherrschenden Macht in Nordindien ausbaute. Das Reich erlebte seine Hochblüte und größte territoriale Ausdehnung im 17. Jh., doch verstrickte sich Aurangzîb (1658–1707) in das Reich belastende militärische Unternehmungen, die nach seinem Tod zum Herausbilden zentrifugaler Kräfte führte, die sich im 18. Jh. bekriegten, z. T. im Bündnis mit Truppen europäischer Handelskompanien.

Das Kolonialreich

Unter ihnen schälte sich ab 1757 die englische East India Company als Territorialmacht heraus, zunächst in Bengalen, bis sie 1818 große Teile Indiens dominierte. Diese Handelsgesellschaft wurde zunehmend dem englischen politischen System unterstellt. Sie reformierte zum einen einige Institutio-

nen und betrieb ein Ausbildungsprogramm für Inder. Andererseits annektierte sie rigoros indische Fürstenstaaten. Nach Niederschlagung eines Aufstands wurde die Company aufgelöst und Indien der englischen Krone unterstellt. Die Beseitigung der Moghul-Dynastie hatte für Jahrzehnte eine Art »innerer Emigration« der indischen Muslims zur Folge, während sich gleichzeitig Hindus vertärkt in den englischen Dienst begaben und am westlichen Bildungssystem teilhatten. Es erwachte ein indisches Nationalbewusstsein, das sich nach demokratischen Spielregeln organisierte. An diesem politischen Kampf beteiligten sich auch wieder die Muslims. Wichtige Plattform war der Indische Nationalkongress, doch bildeten sich Anfang des 20. Jh. auch extrem hindunationalistische Kräfte, die sich gegen die Vorstellung von einem pluralistischen Indien wandten. Zur beherrschenden Gestalt im Unabhängigkeitskampf wurde Mohandâs Karamchand »Mahâtmâ« Gândhî (1869 bis 1948). Mit Gewaltlosigkeit und zivilem Ungehorsam erreichte er 1947 die Unabhängigkeit Indiens, wenn auch um den Preis der Teilung des Landes in die islamische Republik Pakistan und die säkulare Republik Indien.

Das moderne Indien

Die ersten Jahrzehnte nach der Unabhängigkeit waren von der Dominanz der Kongresspartei (1947–64) unter Jawaharlal Nehrû (1889–1964) und 1966–77 von seiner Tochter Indîrâ Gândhî (1917–1984) bestimmt. Nach der vorübergehenden Regierung einer Parteienallianz kehrte die Kongresspartei 1980–89 noch einmal an die Macht zurück, doch erstarkten ab diesem Zeitpunkt sowohl neu entstandene sozialistische Parteien als auch die hinduchauvinistische Partei BJP, die 1998 im Rahmen einer Parteienkoalition mit Atal Vajpayee (* 1924) den Ministerpräsidenten stellt.

Stifter und Leitfiguren

Die großen Strömungen des Hinduismus besitzen keine historischen Stifter. Die grundlegenden Texte stehen mit mythischen Sehern und Weisen in Zusammenhang, deren Historizität fragwürdig ist oder sich zumindest im Dunkel der Geschichte verliert. In diesem Sinne handelt es sich bei den Strömungen um »gewachsene« Religionen, deren Leitfiguren Seher und vergöttlichte Heroen sowie deren Umfeld sind. So gilt z. B. Râmas Ehefrau *Sîtâ* als Musterbeispiel der treuen Gattin, die ihrem Mann in jeder Situation klaglos untertan ist. Dieses Konzept sagt viel aus über das weit verbreitete Frauenbild des vom brahmanischen Normensystem bestimmten Hinduismus, der in der modernen indischen Mittelschicht des späten 20. Jh. eine Renaissance feiert. Dennoch haben sich auch andere Frauenideale herausgebildet.

Links: Lord und Lady Curzon of Kedleston nach der Tigerjagd 1902. Der britische Lord Curzon (1859 bis 1925) war 1896–1905 Vizekönig und Generalgouverneur von Indien. In dieser Zeit sicherte er die North-West Frontier Province, brachte Tibet in Abhängigkeit und widersetzte sich den russischen Expansionsbestrebungen in Afghanistan und Persien.

Rechts: Der Führer der indischen Unabhängigkeitsbewegung Mahâtmâ Gândhî wenige Tage vor seiner Ermordung im Januar 1948 im Garten seines Hauses in Neu-Delhi mit Jawaharlal Nehrû (Mitte), dessen Tochter Indîrâ Gândhî und Mohammed Alî Jinnah (r.), dem ersten Präsidenten des islamischen Pakistan.

STICHWORT: Integraler Yoga

Shrî Aurobindo Ghose
* 1872 Kalkutta,
† 1950 Pondicherry
Der indische Philosoph Shrî Aurobindo Ghose lernte 1879–93 an Schulen in England die abendländische Bildung und Denkweise kennen. Nach der Rückkehr nach Indien wurde er einer der führenden Köpfe des bengalischen Nationalismus. Sein politisches Engagement brachte ihn im Jahr 1908 für ein Jahr ins Gefängnis, wo er sein religiöses Erweckungserlebnis hatte. Einer nach seiner Freilassung erneut drohenden Verhaftung entzog sich Aurobindo durch Flucht in die damalige französische Enklave Pondicherry. Hier wandte er sich von der Politik ab und widmete sich bis zu seinem Tod dem Yoga.

Aurobindos Hauptwerk »Integraler Yoga« ist eine Synthese aller zuvor entwickelten Yoga-Systeme mit den Ergebnissen westlicher Wissenschaft. Ziel ist der stufenweise Aufstieg und die Verbindung des menschlichen Geistes (Mental) mit dem göttlichen Bewusstsein (Supramental). Am Ende soll eine völlig supramentalisierte Menschheit das Göttliche auf Erden verkörpern. Weltbezug und Evolutionsdenken unterscheiden Aurobindos Integralen Yoga von traditionellen hinduistischen Auffassungen. Mit seinem Werk wurde er einer der bedeutendsten Vordenker des Neohinduismus. Seine Lehren fanden in den 1970er Jahren in Europa und in den Vereinigten Staaten von Amerika vor allem bei Jüngeren großen Anklang.

Ab der zweiten Hälfte des 1. Jt. n. Chr. traten im Hinduismus wie im Jainismus und Buddhismus konkrete Persönlichkeiten auf, die bestehende philosophische und religiöse Richtungen neu formulierten, neue Akzente setzten sowie eigene philosophische Schulrichtungen und/oder religiöse Bewegungen begründeten. Diese werden heute bisweilen als Sekten bezeichnet, weil sie über das Hineingeborenwerden in einen allgemeinen hinduistischen Kontext hinaus die persönliche Entscheidung zu einem bestimmten religiösen Verhalten einfordern und sich durch spezielle Gemeinschaftsbildung aus allgemeinen Strömungen herausheben.
Sänger: In Südindien traten z. B. die *Âlvâr* in Erscheinung, vishnuitische Hymnensänger, welche Gottesliebe verkündeten, aber auch ihr shivaitisches Gegenstück, die *Nayanmâr.*
Shankara: Der im 6./7. Jh. lebende Shankara war Hauptvertreter der monistischen *(Advaita)* Vedânta-Schule, nach dem das Brahman das Absolute und der Urgrund aller Erscheinungen ist. Die sinnlich wahrgenommene Welt der mannigfaltigen Erscheinungen ist nur oberflächlicher Schein. Es gibt nicht einmal einen Unterschied zwischen dem Brahman und der Einzelseele und die Erlösung besteht darin, dies zu erkennen.
Râmânuja: Auch der Philosoph Râmânuja (11./12. Jh.) vertrat diese Anschauung, gestand aber den Einzelseelen und der Materie eine eigene Realität zu, wenn auch in Abhängigkeit von der höchsten Wirklichkeit, die für ihn der Gott Vishnu bildete.
Madhva: Dagegen war die Schule des Madhva (12./13. Jh.) dualistisch ausgerichtet. Die Einzelseele behält nach der Vereinigung mit dem Göttlichen ihre Individualität.
Râmânanda: Starke Impulse für die Bhaktibewegung gingen von Râmânanda (14./15. Jh.) aus, für den Râma der höchste Gott war. Aus seiner Schule entstanden andere Strömungen, darunter einige Generationen später der Râmânandin-Orden, der wesentlich zur Verbreitung des Râmakults in Nordindien beitrug und im heutigen Indien eine bedeutende Rolle spielt.

STICHWORT: Ramakrishna-Mission

Shrî Ramakrishna
(eigtl. Gadadhara Chatterji)
* 1836 Dorf Kamarpukur (Bengalen), † 1886 Kalkutta
Ramakrishna war der Sohne eines verarmten Brahmanen. Der hinduistische Reformer wurde 1856 Priester eines der Göttin *Kali* geweihten Tempels bei Calcutta. Zustände religiöser Verzückung ließen ihn als »Narr Gottes«, aber auch als Inkarnation eines Gottes erscheinen. Im Mittelpunkt seiner mündlich verbreiteten Lehre steht die mystische, in der religiösen Ekstase gipfelnde Vereinigung mit dem *Brahman;* sie übersteigt die Kraft der Riten und alle Schranken des Kastenwesens. Seine Lehre der All-Einheit des Göttlichen geht davon aus, dass alle Religionen als gleichberechtigte Wege den Menschen zur letzten Gotteswirklichkeit führen.

Im Garten des Kali-Tempels sammelte sich eine Schar von Jüngern um den asketischen, charismatischen Guru Ramakrishna, die seine »Evangelien« in ganz Indien verbreiteten. Sein Schüler Vivekananda gründete im Jahr 1897 die Ramakrishna-Mission. Sie widmet sich in Indien neben einer geistigen Erneuerung des Hinduismus vor allem dem (humanitären) Dienst am Mitmenschen; in den USA und in Europa steht eine Anpassung des *Veda* an westliches Gedankengut im Vordergrund.

Caitanya: Eine Neubelebung der Verehrung *Krishnas* geht auf den Bengalen Caitanya (1486–1533) zurück. Auf ihn bezieht sich auch die moderne *Hare-Krishna*-Bewegung (ISKCON).

Vertreter von Reformbewegungen

Râm Mohan Roy: Die durch die Ausbreitung der britischen Herrschaft in Indien (ab 1757) stetig zunehmende Beeinflussung mit westlichem Gedankengut führte in den westlich gebildeten hinduistischen Kreisen im 19. Jh. zu Reformbewegungen, als deren erster Vorreiter Râm Mohan Roy (1772–1833) gilt. Er war von den westlichen Errungenschaften beeindruckt, glaubte aber zugleich an die Überlegenheit der indischen Spiritualität. Roy stand in Verbindung mit christlichen Missionaren und wandte sich in Berufung auf die *Upanishaden* u.a. gegen die Verehrung von Götterbildern und Witwenverbrennung *(Satî),* deren Verbot durch die Engländer 1828 durchgesetzt wurde. Die Reformbewegung führte zur Neuinterpretation des frühen Hinduismus und 1843 zur Gründung des Brahmo-Samâj, dessen Bedeutung aber im 20. Jh. abnahm.

Ârya-Samâj: Eine weitere hinduistische Reformbewegung war der im Jahr 1875 begründete Ârya-Samâj, der sich gegen Idolverehrung und bedeutungslose Rituale im modernen Hinduismus wandte und die Rückkehr zur vedischen Religion mit ihren Glaubensvorstellungen und Ritualen verlangte. Dies schloss die Ablehnung des traditionellen Kastensystems ein.

Mohandâs Karamchand Gândhî: Von reformerischen Ideen war auch der Rechtsanwalt Mohândas Karamchand Gândhî (1869 bis 1948), der Vater der indischen Unabhängigkeit, beeinflusst. Er wollte Reformauffassungen vor allem in die Praxis umsetzen und erreichte mit seiner Strategie des zivilen Ungehorsams schließlich 1947 die Unabhängigkeit Indiens.

Esoterik: Als Kontrapunkt zu diesen Bewegungen mit ihren starken sozialreformerischen Ideen bildeten sich im Lauf des 20. Jh. verschiedene politische Hindu-Bewegungen *(Hindutva)* und spirituell ausgerichtete Zentren, die teilweise in Europa und in den Vereinigten Staaten von Amerika erhebliche Resonanz fanden. Zu ihren Repräsentanten gehören Aurobindo (1872–1950) und Ramakrishna (1834/36–1886).

Weinopfer, indische Buchmalerei der Rajasthan-Schule aus einer Werkstatt in Jodhpur, frühes 19. Jh.; Gouache auf Papier, Meherangarh Fort Museum in Jodhpur

Spaltungen und Richtungen

Mit den anderen Weltreligionen teilt der Hinduismus den Unterschied zwischen Hochreligion und Volksfrömmigkeit; Letztere beherrscht das Erscheinungsbild des Hinduismus. Dagegen ist die Hochreligion in besonderem Maße von der indischen Philosophie und deren Entwicklung geprägt.

Religion und Philosophie

Philosophisches Spekulieren findet sich bereits in den Hymnen des *Rigveda* (1500 bis 1000 v. Chr.) in vielen Ausformungen ohne Dogmen. »Am Anfang«, so heißt es in der berühmten Hymne im Rigveda 10,129, »war weder Sein noch Nichtsein.« Es gab weder Tod noch Leben, weder Himmel noch Erde, sondern nur Finsternis. »Ein Keim, der von Leere bedeckt war, wurde geboren... durch die Macht einer Hitze«, ein Begehren existierte als »Same des Denkens«.

Hintergrund: Die Philosophie Altindiens ist nicht zu trennen von der vedischen Religion (*Veda*), der Reflexion des Rituals und seiner Ursachen sowie den Auswirkungen der kosmischen Mächte. Die frühen Seher und Dichter (rishis) versuchten das Geheimnis des Kosmos zu durchdringen, damit sich die Menschheit in dieses System optimal integrieren könnte. Hinduistisches philosophisches Denken im engeren Sinn entstand in

HINTERGRUND Gründer von Schulen

Shankara (wahrscheinlich 6. Jh. [die späte Datierung 788–820 ist unhistorisch])
Philosoph und Vertreter des *Advaita-Vedânta;* Nachfolger trugen dazu bei, dass er zu einem der einflussreichsten Denker in der Geschichte indischer Religiosität wurde, mit einer durch Legenden und Wundertaten ausgeschmückten Biografie. Sein Hauptwerk ist ein Kommentar zum Brahmasûtra.

Râmânuja (11./12. Jh.)
Der Philosoph und Theologe begründete eine Schule, die als Vishishtâdvaita-*Vedânta* bezeichnet wird. Er war ein *Shrîvaishnava,* der die religiöse Einstellung und Glaubenspraxis seiner Zeit reflektierte und auf eine neue philosophische Grundlage stellte. Er ging von drei Erkenntnismitteln aus: die Wahrnehmung (pratyaksha), die Schlussfolgerung (anumâna) und das mündliche Zeugnis (shabda oder shâstra). Er übernahm die Grundtexte des Vedânta (die *Upanishaden,* das *Brahmasûtra* und die *Bhagavadgîtâ),* aber er ließ auch die Autorität der Hymnen der *Âlvârs,* die Pâñcarâtrâgamas und das Vishnu- und das Bhâgavatapurâna zu. Es gibt nach seiner Lehre zwei Mittel zur Befreiung: Ergebenheit *(Bhakti)* und Zuflucht (prapatti). Der Zustand, der durch *Moksha* erlangt wird, entspricht nicht dem vollständigen Aufgehen im *Brahman*

Nimbârka (11./12. Jh.)
Philosoph der unmittelbaren Dvaita(Bhedâbheda)-*Vedânta*-Tradition und Gründer einer vishnuitischen Sekte, die *Râdhâ-Krishna* verehrt. Im Vorbild des Liebespaares Krishna und *Râdhâ* suchen die Vaishnavas nicht nur die Vereinigung mit Gott, sondern vielmehr die Nähe der immerwährenden gegenseitigen Freude.

Shrîharsha (*1125, †1180)
Philosoph der *Vedânta*-Tradition und einer der bedeutenden indischen Logiker. Sein Hauptwerk ist der Khandanakhandakhâdya, in dem er das System des Erkenntnismittels *Pramâna* ablehnt. Um seine Gegner zu widerlegen, verwendete er eine bestimmte Methode der Argumentation (vitanda), die eine These (pratijñâ) durch die reductio ad absurdum widerlegt, aber keine positive Gegenthese anbietet. Dies ist mit der Prasanga-Methode des Buddhisten Nâgârjuna vergleichbar.

Madhva oder Madhvâcârya
(*1199, †1278 oder *1238, †1317)
Gründer einer vishnuitischen Schule und Philosophie. Seine Schule ist mit denen des Shankara und des Râmânuja die dritte der drei bedeutenden philosophischen Schulen und wird auch als Dvaita-Vedânta bezeichnet. Sie stellt fünf Unterscheidungen auf, die zwischen Gott und der Seele, Gott und der Materie, der individuellen Seele und der Materie, zwischen den Seelen und zwischen den Einzelbestandteilen der Materie. Die Vereinigung des Individuums mit Gott kann in der Haltung des Liebenden geschehen.

Râmânanda (um *1360, †1470)
Gründer einer vishnuitischen Sekte namens Râmânandi. Er war Samnyâsin *(Samnyâsa)* und Schüler des Râmânuja. Râmânanda versuchte, das Kastensystem auf dem Subkontinent zu überwinden und nahm auch Frauen in seinen Orden auf. Zu seinen Schülern gehörten auch Muslime.

der späten Brâhmana-Zeit (1000–500 v. Chr., vedische Literatur). Es wurden nicht nur die ältesten *Upanishaden* verfasst, sondern im Gefolge der asketischen Strömungen bildeten sich nichtbrahmanische Gruppierungen und Schulen des Buddha oder des Mahâvîra (um 400 v. Chr.). Aus der philosophischen Beschäftigung mit dem Ritual und seinen Konsequenzen entstanden die orthodoxen sechs Schulen des *Darshana* (»Anschauungen, Ansicht«). Astika (»es gibt«) ist eine andere Bezeichnung für diese Denksysteme, die genau genommen zum *Veda* gehören, weil sie dessen Autorität anerkennen. Der indische Gelehrte Chandradhar Sharma weist darauf hin, dass sich die Doktrin der Prakriti und des *Yoga* aus der Shvetâshvatara-Upanishad, die Doktrin der drei *Gunas* aus der Chândogya-Upanishad und die Doktrin des *Purusha* aus der Katha-Upanishad entwickelt habe (→ Upanishaden). Als Gegenpol und Ergänzung der orthodoxen Schulen sind die *Nâstika*-Systeme zu nennen. Die Darshanas sind nur im Diskurs mit den abweichenden Schulen des Buddhismus, des Materialismus *(Cârvâka)* und des philosophischen Jainismus denkbar.

Denksysteme: Die klassischen indischen philosophischen Denksysteme heißen *Pûrvamîmâmsâ* (»Untersuchung«), *Nyâya* (»Logik«), *Sânkhya* (»Aufzählung«), Vaisheshika (»Lehre der Besonderheit, Verschiedenheit»), *Vedânta* (»Ende des Veda») und *Yoga* (»Anspannung«). Alle erkennen sie den Veda als Autorität an; darauf gründet sich auch die Vorherrschaft der *Brahmanen.*

Die Schulen der Mîmâmsâ und des *Vedânta* sind systematische Darlegungen des Inhalts der Offenbarung *(Shruti).* Mit menschlichen Mitteln der Erkenntnis argumentieren die anderen Schulrichtungen. Stets wurde eine knappe Zusammenfassung der Lehre im *Sûtra* (»Leitfaden«) niedergelegt. Darauf folgen Kommentare und Subkommentare. Kurz skizziert hat der Vedânta eine »All-Einheitslehre« hervorgebracht, die auch als *Advaita* oder Monismus bezeichnet wird. Der Advaita ist eines der drei grundlegenden philosophisch-theologischen Systeme im Vedânta, dessen führender Vertreter Shankara war. In dieser Schulrichtung ist *Brahman* das Absolute und der einzige Urgrund aller Erscheinungen. Daraus folgt, dass es nicht einmal einen Unterschied oder einen Dualismus zwischen dem menschlichen Subjekt bzw. Selbst und Brahman geben kann, weil Brahman eben dieses Selbst *(Âtman)* ist. Das Ziel des menschlichen Lebens ist es, zu erkennen, dass das Selbst mit Brahman identisch ist. In der Zwischenzeit, bevor diese Realisierung geschieht, ist das Selbst in die Welt der Erscheinungen verstrickt und in diesem Zustand als *Jîva* bekannt. Shankara unterscheidet, basierend auf bestimmten Aussagen der Upanishaden, zwei Aspekte des Brahman, saguna und nirguna. Sie sind Grundlagen des niedrigen (aparâvidyâ) und höheren Wissens (parâvidyâ). Aus der Mundaka-Upanishad entwickelte er allgemeine erkenntnistheoretische Konzepte.

»Kâlî vernichtet den Dämon Raktabîja«, Buchmalerei der Pahar-Schule im Guler-Stil; , 1781, Gouache auf Papier, Chandigarh Museum

Shivaismus und Tantrismus

Für die Entwicklung des Hinduismus entscheidend sind die im indischen Mittelalter entstandenen nichtorthodoxen Schulen des Vishnuismus, Shivaismus und *Tantrismus*. Eine herausragende Bedeutung nimmt der monistische kaschmirische Shivaismus ein. In diesen Schulen bzw. Sekten beruhen die Vorstellungen der Gläubigen auf einem Kanon heiliger Schriften (*Âgama* oder *Tantra*), in denen ihr höchster Gott *(Shiva)* selbst die Grundlagen ihrer Religion gelehrt habe.

Shivaismus: Zwischen dem 8. und 11. Jh. erblühten eine Reihe von Sekten und exegetischen Traditionen des kaschmirischen Shivaismus, die in eine dualistische und mehrere nichtdualistische eingeteilt werden können. Die erste Gruppe *Shaiva-Siddhânta*, dessen herausragender Vertreter Bhatta Râmakantha II. (um 950–1000) war, vertritt philosophisch die absolute Trennung von Shiva und den Seelen. Die Bindung der Seelen an die leidvolle Welt wird durch die Initiation in die shivaitische Religion und die

HINTERGRUND Philosophische Schulen und Richtungen

Madhva: Die Schule des Madhva (auch Dvaita-Vedânta) stellt fünf Unterscheidungen auf: Gott und Seele, Gott und Materie, individuelle Seele und Materie, zwischen den Seelen und zwischen Einzelbestandteilen der Materie.

Shuddhâdvaita (»reiner Nichtdualismus bzw. Monismus«) wird die philosophische Richtung des Vallabha (1473–1531 n.Chr.) und seiner Anhänger genannt. Diese Vedânta-Schule akzeptiert die Vedas, die *Bhagavadgîtâ*, das Brahmasûtra und das *Bhâgavata-Purâna* als binden. Ursache (Brahman) und Wirkung (Welt der Phänomene) seien »rein« (wirklich) und eins. Shankaras Lehre der *Mâyâ* wird abgelehnt und Parabrahman, bestehend u.a. aus Bewusstsein, Seligkeit und Liebe, gilt als die materielle und wirkende Ursache des Universums. Zweck der Schöpfung ist ein »göttliches Spiel« *(Lîlâ)*. Parabrahman ist als Person gedacht und gilt als vollkommenes höchstes Wesen (purushottama) mit Eigenschaften wie Wissen *(Jñâna)* und Aktivität (kriyâ). Die drei traditionellen Wege zur Befreiung, *Karma* (rituelle Handlung), *Jñâna* (Erkenntnis, dass alles Brahman ist) und *Bhakti* (Hingabe an den höchsten persönlichen Gott) werden als gültig anerkannt. Die Individualseelen wurden nach dieser Auffassung aus einem geringeren, unveränderlichen Akshara-Brahman geschaffen wie die Funken aus dem Feuer.

Mîmâmsâ: Die Schule der (Pûrva-)Mîmâmsâ (»Untersuchung«) studiert im Wesentlichen die Ritualtexte, die hier vorgeschriebenen Pflichten und verheißenen Belohnungen bzw. Vergeltungen. Die Schule gründet sich auf das Jaimini-Sûtra, das um die Zeitenwende entstanden ist (2.Jh. v.Chr. –1. Jh. n.Chr.). Eine eigene metaphysische Richtung wurde ausgebildet, wobei der Atheismus und die Lehre der Existenz vieler ewiger Einzelseelen vertreten wird. Die Mîmâmsâ zeigt gewisse Nähe zur Vaisheshika-Schule.

Sânkhya: Die Schule des *Sânkhya* erfasst das Wesen der Wirklichkeit durch Aufzählung der Prinzipien des Daseins *(Tattva)*. Als ihr Gründer gilt Kapila. Freiheit wird durch das unterscheidende praktische und theoretische Wissen erlangt. Aus diesem Grund wurde der Yoga mit dem Sânkhya verbunden. Jede Wirkung oder Manifestation ist in der vorhergehenden Ursache angelegt, weil die Ursachen sonst keine stabilen oder voraussagbaren Wirkungen hervorbringen würden, sondern zufällige. Dennoch können Götter leicht als Produkte der Prakriti oder der Gott als *Purusha* in das System eingebunden werden. Îshvarakrishnas Sânkhyakârikâ ist der früheste erhaltene Text dieser Schule (ca. 4. Jh. n.Chr.).

Yoga: Diese Schule enthält eigentlich eine Anweisung zur Meditationspraxis und vertritt philosophisch einen Dualismus wie der Sânkhya. Patañjali gilt als Verfasser des *Yoga*-Sûtra (2./3. Jh. n.Chr.), in dem der klassische Yoga seine systematische Darstellung erhalten hat. Patañjali scheint verschiedene Yoga-Traditionen zusammengefasst und den Yoga zum philosophischen System geformt zu haben.

Jainismus: Der philosophische Jainismus ist im Vergleich zum Buddhismus von westlichen Wissenschaftlern wenig untersucht worden. Die grundlegenden jainistischen Denker heißen Umâsvâti (Tattvârthasûtra, 4./5. Jh.) und Kundakunda (Pravacanasâra, bzw. Prakrit: Pavayanasâra), der vielleicht noch früher, im 2./3. Jh., wirkte.

Die jainistische Lehre des *Anekântavâda* (»Nicht-Einseitigkeit«, »Vieldeutigkeit«) zeigt sich im Urzustand in den von Mahâvîra geführten Diskussionen, sie wurde aber von Jaina-Philosophen weiterentwickelt und verfeinert, möglicherweise aufgrund ihrer praktischen Bedeutung für eine Minderheitengemeinschaft, die in einer fremden Umgebung lebte. Es ist eine Kombination der verwandten Jaina-Lehren des Nayavâda (»Anschauungen«, »Standpunkte«) und Syâdvâda (»es mag sein«).

Materialismus: Diese Lehre wird als *Cârvâka* oder Lokâyata-Darshana bezeichnet, da sich ihre Wahrheiten auf diese Welt *(Loka)* erstrecken. Einer ihrer Gründer soll Brihaspati gewesen sein (ca. 6. Jh. v.Chr.). Ihre Anhänger sehen keine Dauerhaftigkeit, sondern den ständigen Wandel aller Erscheinungsformen.

Bauplastischer Schmuck an der Außenseite eines Tempels im sakralen Bezirk von Khajur (9.–12. Jh.) im Bundesstaat Madhya Pradesh. Das Thema sind Himmelsnymphen (Apasaras). Die freizügige Schilderung körperlicher Verschlingung entspricht darüber hinaus einer Seite des Tantrismus: Orgiastisch ausgelebte Sinnlichkeit ist ein Weg ihrer Überwindung bzw. Sublimierung.

fest vorgeschriebene rituelle Praxis, nämlich die kultische Verehrung des Shiva (in bestimmten Aspekten), zerstört. Am Ende des Lebens kann Erlösung durch meditative Verschmelzung oder Vereinigung mit Shiva erlangt werden.

Die zweite Gruppe der monistischen Schulen hebt sich vom Siddhânta ab, wobei es neben der Philosophie auch Unterschiede im Ritual gibt. Gerade die Eigenheiten des Rituals bilden das prägende Element der jeweiligen Schule; so werden im *Trika* (»Triade«) bestimmte Aspekte (parâ, parâparâ, aparâ), personifiziert als drei Göttinnen, verehrt, im Krama (»Sequenz«) eine Abfolge verschiedener Aspekte der Göttin *Kâlî.*

Die auf der philosophischen Ebene nicht dualistischen Traditionen des *Trika* sahen sich dem gewöhnlichen (dualistischen) Shivaismus überlegen, da ihre Methoden schnell und noch in diesem Leben zur Erlösung führen sollten. Ihrem Selbstverständnis nach überwindet der Praktizierende die Begrenzungen seines Ich-Bewusstseins durch Überschreitung der durch die vedische Religion gesetzten Grenzen und Reinheitsgebote. In Schulen des Tantrismus wird u. a. *Bhairava,* ein furchterregender Aspekt des Shiva, oder auch der Bhairavî, verknüpft mit dem der Kâlî, verehrt, insbesondere von den Kâpâlikas (»Schädelträger«). Diese Sekte befolgte viele ungewöhnliche Praktiken und wurde von den orthodoxen Schulen verachtet. Mit Hilfe der Meditation über den furchterregenden Aspekt der Gottheit und sexuellen Riten sollte der Adept schließlich das Transzendente jenseits der Form begreifen. Befreiung *(Moksha)* erlangt er durch das Annehmen der dunklen Aspekte der Existenz, die ebenfalls Manifestationen des absoluten Bewusstseins von Shiva sind. Bhairava wird auch mit dem absoluten Parameshvara gleichgesetzt, der als Vereiniger von Licht und Bewusstsein angesehen wird und den Kosmos hervorbringt, bewahrt und zerstört.

Tantrismus: Eine besondere Strömung innerhalb der Anhängerschaft von *Vishnu, Shiva* und der Göttin *Durgâ* bildet der Tantrismus, der nach dem Sammelbegriff der Literatur dieser Richtung, *Tantra* (»System«, eigtl. »Gewebe«), benannt ist. Er beansprucht, die religiösen Schriften nach und außerhalb der vedischen zu repräsentieren. Das bedeutet nichts anderes, als dass sie für das gegenwärtige schlechteste Weltzeitalter (Kaliyuga) bindend sind. Ihre Lehren sind esoterisch und verbinden Ritualismus mit *Yoga.* Im Vordergrund stehen magische Praktiken, die stark ritualisiert sind und bisweilen orgiastischen Charakter haben. Sie alle dienen aber nur dazu, die niederen Triebe zu überwinden und einen Weg zur Erlösung zu finden.

Vishnuismus: Unter den vishnuitischen Schulen *(Bhâgavata)* ist als frühes Beispiel der Pañcarâtra (entstanden im 5./6. n. Chr.) zu erwähnen. Auch gibt es bedeutende Bewegungen, besonders in Südindien, bei denen der Kult von einer (Regional-)Göttin *(Devî)* mit dem des *Vishnu* verschmolz *(Âlvârs, Shrîvaishnava).* Gerade die vishnuitischen und shivaitischen Bewegungen übten großen Einfluss auf hinduistische Strömungen in der Moderne aus.

Die bedeutendsten Schriften

Im Gegensatz zu vielen anderen Weltreligionen gibt es für den Hinduismus keinen fest umrissenen Kanon religiöser Schriften, sondern vielmehr eine Fülle von Texten, die je nach philosophischer oder sektiererischer Ausrichtung entgegengesetzte Inhalte haben können.

Literarische Quellen

Zu den ältesten Literaturdenkmälern Nordindiens gehören die vier vedischen Hymnen, allen voran der *Rigveda* (entstanden um 1500–1200 v.Chr.), an die sich die *Brâhmanas* anschließen, die sich hauptsächlich mit Opferwissenschaft beschäftigen. Erste philosophische Spekulationen finden sich in den *Âranyakas* (»Waldtexten«), die aber erst in den *Upanishaden* voll ausgeprägt sind. Ihre Anschauungen vom Kosmos und seiner Entstehung sowie das Verhältnis von Brahman und Âtman sind alles andere als einheitlich. Für häusliche Rituale dienten die Grihyasûtras. Eine besondere Rolle nehmen die großen Epen *Mahâbhârata* und *Râmâyana* ein, die neben dem eigentlichen epischen Teil auch mythologische, religiöse und philosophische Abschnitte enthalten. Eine Sonderstellung kommt z.B. der *Bhagavadgîtâ* (»Gesang des Erhabenen«) im Mahâbhârata zu. Durch den Mund des Helden *Krishna* werden atheistische wie theistische Konzepte und verschiedene Möglichkeiten zur Erlösung *(Bhakti,* absichtsloses Handeln) verkündet. Mit dem Auftreten neuer Götterkulte entstanden die *Purânas* (»Alte Texte«), die mythologische Themen des jeweiligen Hauptgottes, Welt- und Neuschöpfung sowie quasihistorische Genealogien zum Inhalt haben. Eine besondere Kategorie von Texten bilden die Dharmashâstras über Regeln zum Lebenswandel und die Gesetze. Sie behandeln auch religiöse Gelübde, Schenkungen öffentlicher Bauwerke, Schreine und Tempel. Die Dharmashâstras vertreten die brahmanischen Interessen im Gegensatz zur Arthashâstra-Literatur, die sich mit Politik und anderen weltlichen Themen beschäftigt. Von den mehr als 2000 noch existierenden Dharmashâstras ist die Manusmriti *(Manu)* das

»Râma und Dasharatha im Königreich der Affen«, Illustration zum Ramayana-Epos aus Rajasthan; spätes 18. Jh., Jaipur, Sammlung Rao Raja Rajendra Singh von Uniara

»Eine Gopî, schön wie eine Göttin«, Illustration zum Rasikapriya aus dem 17. Jh.

»Die Göttin als Verschlingerin der Zeit«, Illustration zum Devî Mahâtmya, 16. Jh.

Illustration zu den zwölf Gesängen »Gîtagovinda« des bengalischen Hofdichters Jayadeva, 12. Jh., über die Liebe Krishnas zu Râdhâ; 1730, Chandigarh Museum

einflussreichste. Neben Dharma und Artha gehört auch der Liebesgenuss zu den Lebenszielen eines Inders, was literarisch in der Kâmashâstra-Literatur, insbesondere in dem im 3. Jh. n. Chr. entstandenen *Kâmasûtra,* seinen Niederschlag gefunden hat.

Philosophische Schriften

Sehr umfangreich ist auch das hinduistische Schrifttum zur Philosophie. Dazu zählen nicht nur die sechs klassischen *Darshanas* (Systeme), sondern auch vishnuitische *(Pâñcarâtra,* Shrîvaishnava) und shivaitische Schulen (Shaivasiddhânta, Pâshupata, Kashmîr-Shivaismus). Das Auftreten neuer religiöser Bewegungen verursachte naturgemäß die Entstehung weiterer Schriften, darunter die der Marâthâ-Heiligen oder die am Yoga ausgerichtete Nâth-Bewegung. Das berühmteste Werk der Râma-Verehrung ist das *Râmcaritmânas* des Tulsîdâs (16./17. Jh.), eine Neudeutung des Râmâyana. Auch in der Moderne entstanden weitere religiöse Schriften, zunächst die der Reformbewegungen Brahmo-Samâj und Ârya-Samâj, später die solch religiöser Denker wie Râmakrishna, Vivekânanda, Aurobindo und Gândhî bis hin zu Bhagvân Shree Rajneesh und Bhaktivedânta Prabhupâda.

STICHWORT **Vedische Literatur**

Begriff: *Veda* (»Wissen«) ist die Bezeichnung für den ältesten Textkorpus der indischen Sanskrit-Literatur. Nach traditioneller Auffassung wurden diese heiligen Texte nicht von Menschen verfasst, sondern sind eine übernatürliche, ewige und ungeschaffene Offenbarung *(Shruti).* Der Veda sei von Priestern und Sehern (rishis) gehört bzw. geschaut worden. Durch den Veda kommt der Wissende in Berührung mit dem Göttlichen.
Epoche: Die vedische Zeit, die älteste Epoche der Geschichte des »arischen« Indiens, reicht von etwa 1500 bis 400 v.Chr. Die vorläufige Chronologie des Gelehrten Max Müller aus dem späten 19. Jh. wurde durch archäologische Funde bestätigt.
Struktur: Der Kern des Veda besteht aus zwei Teilen, *Mantras* (Versen bzw. Hymnen) und *Brâhmanas* (Erläuterungen zu den Versen und ihrem Gebrauch im Ritual). Als Erweiterungen zu den Sprüchen und Erörterungen sind für jede Vedaschule eigene Textgattungen entstanden, Âranyakas (»Im Wald zu studierende Texte«), *Upanishaden, Sûtras* und Vedânga. Die Sammlungen von Versen bzw. Mantras, der eigentliche Veda, wird auch Samhitâ genannt.
Inhalt: Der Veda (um 1500–1200 v.Chr.) wurde zunächst in drei Teile unter dem Aspekt der Aufgaben der jeweiligen Priester überliefert: Rigveda (Verse), Sâmaveda (Lieder, Melodien) und Yajurveda (Opfersprüche). Ein vierter Zweig sind die Atharvaveda (Zaubersprüche). Die vier Vedas dienten den Hauptpriestern als Handbücher für den Kultus. Die Brâhmanas (800–500 v.Chr.) sind Prosatexte über metaphysische Spekulationen zu Opfern, Erklärungen der Opferverse und kosmologische Vorstellungen einer Schule bzw. eines Zweigs des Veda. Auf die Brâhmanas folgen die Upanishaden mit vielfältigen Passagen zur Kosmologie und Philosophie. Die frühen Upanishaden nahmen Gedanken aus asketischen Bewegungen auf. Sie entstanden vor dem Auftreten des Buddhas (560-480 v.Chr.) und der Entstehung größerer städtischer Gesellschaften. Die *Sûtras* (Leitfäden) sind Handbücher in dichter Prosa für vedische Rituale. Die Kalpasûtras beschäftigen sich insbesondere mit der Durchführung von Opfern und zerfallen in drei Hauptkategorien: Shrautasûtras, Grihyasûtras und Dharmasûtras. Sie wurden in der in Versform verfassten *Shâstra*-Literatur erweitert. Diese Form liegt auch in der Kommentarliteratur zu den *Darshanas* vor, den sechs philosophischen Schulen.

Wichtige Institutionen

Der Hinduismus bzw. die unter dieser Bezeichnung zusammengefassten Religionen kennen keine den abendländischen Kirchen vergleichbare Organisation. Da die Vorstellungen über Ursprung und Wesen des Universums, Götter und Formen des Umgangs mit ihnen zu allen Zeiten divergierten, gab es nie ein verbindliches Glaubensbekenntnis. Die Existenz des Dharma und das Wirken des Karma wurde zwar weitestgehend akzeptiert, aber schon über das Wie bestand keine einhellige Meinung.

Schulen und Gemeinschaften: Zwar begründeten schon in vedischer Zeit verschiedene Schulen eigene Traditionslinien, aber keine feste Organisation. Der geistliche Stand setzte sich aus Brahmanen und anderen Priestern zusammen, die als Opfer- und Tempelpriester sowie als Gelehrte fungierten. Doch waren sie fast ausschließlich von lokaler Bedeutung. Erst im Hochmittelalter bildeten sich organisierte religiöse Gemeinschaften mit mehr oder weniger hierarchischem Aufbau. Dazu zählen z.B. die im 12. Jh. entstandenen shivaitischen *Lingâyats* mit einem Netz klosterähnlicher Institutionen (matha), vornehmlich in Karnâtâka, oder der im Gefolge von Râmânanda im 15. Jh. sich herausbildende Orden der Râmânandins, der heute der zahlenmäßig größte Orden der Welt sein dürfte. Im 14. Jh. wurden die ersten heiligen Lehrstühle eingerichtet, die insbesondere in Fragen des religiösen Rechts an Bedeutung gewannen, darunter der Matha von Shringeri in Südindien sowie andere Institutionen in Mahârâshtra (z.B. Sankeshvar und Karvîra) oder Purî in Orissa, Dvâraka in Gujarât und Badrînâth im Norden, die von Superioren geleitet werden (in Shringeri trägt er den Titel »Jagadguru«, »Lehrer des Universums«). Im 15. Jh. entstanden verstärkt organisierte Glaubensgemeinschaften, die sampradâyas (»mündliche Überlieferung«), und Sekten. Sie bildeten unter der Leitung von *Gurus* (Lehrern) auch nackt (nâga) auftretende Kampfeinheiten, die gegen konkurrierende Gruppen auch mit Waffengewalt vorgingen. Ein Beispiel ist

Die Steintreppen (Ghats) entlang des Ganges in Vârânasî (früher Benares) sind der Schauplatz vielfältiger ritueller und zeremonieller Handlungen vom Schneiden des Haupthaars bis zur Leichenverbrennung. Vor allem aber führen sie hinab in den heiligen Fluss. Das Bad im Ganges ist das religiöse Ziel der Pilgerfahrt nach Vârânasî.

eine regelrechte Schlacht zwischen shivaitischen Nâgas und vishnuitischen Vairâgîs im Jahr 1760 in Haridvâr. Diese Orden oder Sekten, von denen einige bedeutende den Râma- und den Krishna-Kult neu belebten, beeinflussten teilweise moderne Entwicklungen innerhalb des Hinduismus. So beruft sich die auch außerhalb Indiens missionierende Hare-Krishna-Bewegung auf den im 16. Jh. wirkenden Caitanya.

Hinduistische Identität: Nach Einführung des englischen Begriffs Hinduism im frühen 19. Jh. bezeichneten sich die westlich gebildeten Inder als Hindus, um eine Einheit gegenüber den christlichen Kolonialherren und den Muslimen zu demonstrieren, die es vorher in dieser Form nicht gegeben hatte. Davor hatten sie sich bei Fragen nach der Religionszugehörigkeit über die Kaste oder allenfalls als Vishnuit, Shivait, Krishna- oder Râma-Anhänger und Bhakta definiert. Zu Beginn des 20. Jh. bildete sich sogar eine politische Hindu-Identität, die sich radikal und mitunter gewaltsam gegenüber dem Westen und dem Islam abgrenzte. Aus diesen unter dem Begriff *Hindutva* (»Hindutum«) zusammengefassten Gruppierungen formten sich mehrere radikale Organisationen wie der 1925 gegründete Râshtriya Svayamsevak Sangha (RSS, Nationaler Freiwilligenbund, ein paramilitärisches Korps), die seit 1964 bestehende Vishva Hindû Parishad (VHP, Welt-Hindu-Rat), die politische Partei Bhâratîya Janata Party (BJP, Indische Volkspartei), die seit 1998 die indische Zentralregierung stellt, und die in Mahârâshtra beheimatete Shiv Senâ (Armee Shivas). Trotz ihres Anspruchs, Sprachrohr des Hinduismus zu sein, haben ihre z.T. stark vergröbernden Vorstellungen vom Hinduismus die gelebten Formen nicht überholt oder ersetzt.

Heilige Stätten

Bei den heiligen Orten des Hinduismus ist zwischen allgemeinen natürlichen Stätten wie auffälligen Felsformationen, Bergen, Hainen oder Plätzen an Flüssen sowie zwischen ganz besonders heiligen Orten zu unterscheiden, die überregionale Bedeutung erlangt haben, weil sie Schauplätze bestimmter mythologischer Ereignisse waren.

Der Ganges: Solch ein Ort ist die Stadt Benares mit ihren Ghâts, rituellen Bade- und Leichenverbrennungsplätzen, weil sie zum einen am heiligen Fluss Ganges (in Sanskrit die Göttin *Gangâ)* liegt und zum anderen der heilige Ort des Gottes Shiva ist. Dieser Ort ist wie so viele andere in Indien ein Tîrtha (»Furt«), ein heiliger Badeplatz, an dem der Hindu seiner Sünden ledig werden kann und von dem aus er im Todesfall unmittelbar Erlösung oder himmlische Wiedergeburt erlangen kann. Da der Ganges als der heiligste Fluss ganz Indiens gilt, befinden sich an seinem rund 2700 km langen Lauf eine Reihe heiliger Stätten – von Gangotri und Haridvâr an der Quelle bis zum Zusammenfluss von Gangâ und Yamunâ bei Allâhâbâd, dem alten Prayâg.

Die Tempel: Mit der Entstehung des Tempelkults im nachvedischen Hinduismus waren die heiligen Wohnstätten eines oder mehrerer Götter Orte des Kultus geworden. Doch genossen einige darüber hinaus den Ruf besonderer Heiligkeit und waren Treffpunkte für Pilgerfeste. Der Tempel war ursprünglich als Quadrat angelegt. Darin lag die Cella mit dem Götterbild oder ein Shiva-linga, später wurden zahlreiche andere Kammern hinzugefügt. Über dem Schrein erhebt sich ein Turm (shikhara), das Symbol des Weltenbergs, dessen Achse nach oben den Durchbruch zur Himmelswelt darstellt. Die Tempelanlagen sind in der Regel mit Skulpturen übersät, ihre verschiedenen Hallen dienen u. a. Tanz und Musik, die Teil der *Pûjâ* sein können.

STICHWORT **Die wichtigsten Feste und Feiertage des Hinduismus**

Name	*Bedeutung*	*Monat des Hindu-Kalenders*	*Monat gregor. Kal.*
Mînâkshî Kalanam	Letzter Tag eines zehntägigen Festes zu Ehren d. Vermählung Mînâkshîs mit Shiva	Vaishâkha	April/Mai
Ramanavami	Geburtstag von Rama	Vaishâkha	April/Mai
Guru Pûrnima	Verehrung des eigenen Guru zu Hause oder im Tempel	Jyaishtha	Mai/Juni
Rathayâtra	Wagenfest zu Ehren d. Gottes Jagannâtha in Puri (Orissa)	Âshâdha	Juni/Juli
Rakhi Bandhan	Fest der Zuneigung und Freundschaft	Shrâvana	Juli/August
Tîj	Dreitägiges Fest der Frauen mit Tanz, Gesang und Spenden für Shiva	Shrâvana	Juli/August
Krishna Jayanti	Geburtstag von Krishna	Bhâdrapada	August/ September
Tîj	Beginn des Monsuns und Fest zu Ehren der Göttin Pârvatî	Bhâdrapada	August/ September
Dasharâ	zehntägiges Fest zu Ehren der Göttinnen Durgâ bzw. Kali, weiterer Göttinnen sowie des Gottes Râma	Âshvina	September/ Oktober
Ganesh Charturthî	Fest zu Ehren des Gottes Ganesha	Âshvina	September/ Oktober
Gândhî Jayant	Geburtstag Mahâtmâ Gândhîs	Âshvina	2. Oktober
Dîvâlî	Fünftägiges Lichterfest zu Ehren der Göttin Lakshmî	Kârttika	Oktober/ November
Pushkar	Ajmer mit Kamelwettrennen und Reiterspielen	Mârgashîra	November/ Dezember
Makara Samkrânti	Neujahrsfest	Pausha	Dezember/ Januar
Pongal-Sankrânti	Erntefest	Mâgha	Januar/ Februar
Vasanta Panchami	Fest zu Ehren von Saraswati, Göttin der Gelehrten	Mâgha	Januar/ Februar
Holî Ber	Frühlingsfest	Phâlguna	Februar/ März
Mahâshivarati	Fest zu Ehren des Gottes Shiva	Phâlguna	Februar/ März
Hanumân Jayanti	Fest zu Ehren des Affengottes Hanumân	Caitra	März/April
Râmanavami bzw. Râma Jayanti	Fest des Geburtstages des Gottes Râma in *Ayodhyâ*	Caitra	März/April

Feste und Riten

Hindus wie auch Angehörige anderer indischer Religionsgemeinschaften unterscheiden zwischen Festen, die von allen Gläubigen entweder im jährlichen Turnus oder in größeren zeitlichen Abständen gefeiert werden, und solchen von regionaler oder lokaler Bedeutung.

Bei einer Auflistung aller hinduistischen Feste (vrata) kommen ohne Weiteres mehr als 1000 zusammen, da auch jeder Tempel sein eigenes lokales Fest feiert. Eines der bedeutendsten Tempelfeste mit überregionalem Charakter ist das des Gottes *Jagannâtha* (»Herr der Welt«), einer besonderen Form Vishnus. Es wird in Puri im ostindischen Bundesstaat Orissa mit Prozessionen und großen Wagen (ratha) gefeiert.

Der hinduistische Kalender

Alle größeren Feste sind im lunisolaren Hindu-Kalender festgelegt. Diesem System liegt ein Sonnenkalender mit 365 bzw. 366 Tagen zugrunde. Die Daten sind aber meist nach dem Mondkalender angegeben. Ein Mondmonat wird definiert nach dem Neumond in einem Sonnenmonat und trägt dessen Namen. Die weiteren Angaben erfolgen nicht in Sonnentagen, sondern in sog. Tithis (lunaren Tagen) von einem Mondaufgang zum nächsten, der durchschnittlich etwas kürzer ist als ein Sonnentag. Davon gibt es in jedem Mondmonat 15 der hellen (zunehmender Mond) und 15 der dunklen (abnehmender Mond) Hälfte. Fallen Feste in eine dunkle Monatshälfte, können die Monatsnamen differieren, weil es zwei Systeme des Monatsbeginns gibt. Bei dem am Neumond orientierten (amânta) fängt der Mondmonat mit der hellen Monatshälfte an, bei der am Vollmond orientierten (pûrnimânta) mit der dunklen Monatshälfte. Daher ist die dunkle

STICHWORT Hinduistische Feste und Riten

Rituelles Bad hinduistischer Pilger im heiligen Fluss Ganges zur symbolischen Reinigung

Während des traditionellen Cat-Pûjâ-Festes in Kalkutta bringen gläubige Hindus, bis zu den Hüften im heiligen Fluss Ganges, dem Gott der Sonne Opfergaben dar.

Musik zu Ehren der Göttin Durgâ am gleichnamigen Fest im Oktober

Ein Hindu in Malaysia weiht am Thaipusam-Fest dem Gott Murugan Orangen.

Frauen in Kathmandu, Nepal, bitten am Rishi-Pañchamî-Tag im August Gott Shiva um Glück und langes Leben für ihre Ehemänner, unverheiratete Frauen beten für ihre eigene Zukunft.

Gestalt des Hindu-Gottes Ganesha beim Ganapati-Fest im September in Bombay

Fürstenverbrennung 1975 auf Bali. Der hinduistische Beerdigungsritus soll die unsterbliche Seele eines Menschen nach dessen Tod durch Wasser und Feuer von der sterblichen Hülle befreien. Eine Bambustreppe verbindet den Turm mit einem Podest, auf dem ein Stier den Toten zur Verbrennung aufnimmt.

Monatshälfte eines Monats im ersten System mit der dunklen Monatshälfte des Folgemonats im zweiten System identisch. Fällt in einen Sonnenmonat ein zweiter Neumond, dann wird dieser Mondmonat wiederholt, er ist ein Schaltmonat. So kommt es über einen längeren Zeitraum kaum zu Diskrepanzen zwischen Sonnen- und Mondjahr. Die Namen der Monate des Hindujahres lauten der Reihenfolge nach Vaishâkha (April/Mai), Jyaishtha, Âshâdha, Shrâvana, Bhâdrapada, Âshvina, Kârttika, Mârgashîra, Pausha, Mâgha, Phâlguna und Caitra (März/April). Häufig wird die Pûrnima-Tithi, der Tag des Vollmonds bzw. die 15. Tithi, gefeiert.

Die bedeutendsten Feste

Krishna Jayantî ist der Geburtstag des Gottes Krishna an der 8. dunklen Tithi des Monats Shrâvana (bzw. Bhâdrapada). *Rakhi Bandhan* wird am Vollmondtag des gleichen Monats zur Erneuerung von Freundschaften gefeiert. Ein Fest zu Ehren des elefantenköpfigen Gottes *Ganesha* ist die Ganesha Caturthî im Monat Bhâdrapada. Ein insgesamt zehntägiges Fest ist das *Dashâhrâ* (»zehn Tage«, engl. Dussehra geschrieben) von der 1. bis 10. hellen Tithi des Monats Âshvina, eigentlich eine Reihe von Festen. Das wichtigste Hindufest überhaupt ist *Dîvâlî* oder Dîpâvalî. Es beginn an der 13. Tithi der dunklen Monatshälfte des Monats Âshvina und dauert bis zum 2. Tag der hellen Monatshälfte des Kârttika und ist ein Lichterfest der Freude. An der 14. dunklen Tithi des Monats Mâgha wird *Shivarâtri* (»die Nacht Shivas«) gefeiert. Eines der wichtigen jährlichen Hindufeste mit karnevalistischem Charakter ist *Holî*. Es wird in ganz Indien zu Frühlingsanfang (an der 15. hellen Tithi des Monats Phâlguna) gefeiert. Ein dreitägiges Fest für Frauen ist *Tîj* (»drei«), das an der 3. hellen Tithi des Monats Shrâvana beginnt und strenges Fasten wie ausgelassenes Feiern in sich vereint. Ein alle drei Jahre an vier verschiedenen Orten Indiens (Hardvâr, Nâsik, Prayâga und Ujjain) abgehaltenes Pilgerfest ist die *Kumbhamelâ.* Dort fielen nach der Mythologie von der Quirlung des Ozeans (*Samudramathana*) Tropfen des *Amrita,* des Nektars der Unsterblichkeit, bei einer Auseinandersetzung im Himmel auf die Erde.

Die wichtigsten Riten

Die allgemeine Bezeichnung für das Ritual im Hinduismus ist *Pûjâ* (»Achtung, Huldigung, Verehrung«). Damit sind recht unterschiedliche Handlungen gemeint, darunter Opfer (häufig in Form eines Blumenopfers), Verehrung und Versöhnung mit der Gottheit. In der spätvedischen Zeit ersetzte die Pûjâ allmählich die alten, oftmals blutigen Opfer (yajña) und diente zur Aufnahme Gottes als eines königlichen Gastes. Die Pûjâ konnte von allen durchgeführt werden und verdrängte unter dem nicht zuletzt auch von den Buddhisten verbreiteten Gedanken der *Ahimsâ* (Gewaltlosigkeit) die Opfer. Dennoch wurden die blutigen Opfer nicht auf allen Ebenen des Hinduismus beseitigt. In Nepal z.B. finden noch heute alljährlich größere Tieropfer statt.

Die Pûjâ stellt die Beziehung der Menschen zum Bereich der Götter und ihren Taten her und richtet sich insbesondere auf die Erhaltung des Universums und des Lebens. Die unüberschaubare Zahl unterschiedlicher hinduistischer Riten reicht von im Haus vollzogenen bis hin zu großen öffentlichen Feiern im Tempel, bei denen das Götterbild durch Wecken, Baden, Speisen usw. wie ein lebendiges Wesen behandelt wird. Tatsächlich wird durch solche Handlungen das Bild aktiviert, d.h. der Gott manifestiert sich in ihm.

Religion und Staat

Das Verhältnis von Religion und Staat bzw. von Religion und Politik in Indien war in historischer Zeit von der weit verbreiteten Vorstellung bestimmt, dass der König Beschützer des *Dharma* und damit aller Religionsgemeinschaften in seinem Reich sei. »Den Dharma wiederherstellen« konnte in diesem Zusammenhang auch die Bestätigung oder Einrichtung von Kastenhierarchien bedeuten oder Landschenkungen an gelehrte *Brahmanen,* die auf diese Weise für die Pflege des Dharma sorgten.

»Râma vernichtet das Heer der Dämonen«, Illustration zum Râmâyana-Epos des 1. Jt. v. Chr.; Gouache auf Papier der Pahari-Schule aus dem frühen 18. Jh., Chandigarh Museum

Frühzeit

Eines der frühesten Beispiele für Schutz und Förderung verschiedener Religionsgemeinschaften im alten Indien ist der Maurya-König Ashoka (reg. 268–236/32? v. Chr.), der persönlich dem Buddhismus nahe stand. In den meisten Fällen neigten die Herrscher – falls sie der hinduistischen Religion angehörten – einem der beiden großen Götter *Vishnu* oder *Shiva* zu und förderten deren Kulte und Institutionen, ohne allerdings die anderen Religionsgemeinschaften ganz zu vernachlässigen. Diese Tendenz zeigte sich insbesondere in zahlreichen Tempelstiftungen und Landschenkungen an Brahmanen und Priester. Letztere erfüllten auch eine politische Funktion, indem sie neue Gebiete kultivierten und die dort ansässige Bevölkerung mit dem Sanskrit bzw. dem Hinduismus vertraut machten.

Mittelalter und frühe Neuzeit

Im indischen Mittelalter kam es gelegentlich zu Verfolgung und Unterdrückung anderer Religionsgemeinschaften. So wurden z. B. in Südindien durch verschiedene Dynastien die Jainas verfolgt und z. T. hingerichtet. Der Chola-König Kulottunka II. (1135–1150) wandte sich gegen die Vishnuiten. Offensichtlich wurde auf diese Weise der Jainismus in Südindien erheblich zurückgedrängt, worüber epigrafische Zeugnisse von Vertretern der jeweiligen siegreichen Religion, die sich auch der Plätze der unterlegenen bemächtigte, teilweise recht lebhaft berichten. Meist wurde jedoch allen Religionen in einem Staat ein Existenzrecht eingeräumt.

HINTERGRUND Hinduchauvinistische Nationalisten des 19. und 20. Jahrhunderts

Rânî von Jhânsî (*1830, †1858)
Die Königin von Jhânsî, Lakshmî Bâî, gilt als Märtyrerin bei der Verteidigung ihres Territoriums gegen Übergriffe der Briten. In hindufundamentalistischen Bewegungen der Gegenwart ist Rânî von Jhânsî Vorbild für militante Aktivistinnen.

Vinayak D. Savarkar (*1883, †1966)
Der patriotische Führer der Unabhängigkeitsbewegung verbrachte viele Jahre in Gefangenschaft. Als Gegner des gewaltfreien Widerstandes Mahatma Gandhis vertrat er die Auffassung, dass nur eine bewaffnete Revolte zur Unabhängigkeit von den Briten führe. Der Verfasser zahlreicher einflussreicher nationalistischer Pamphlete, u. a. prägte er den Begriff Hindûtva, forderte eine aggressive Politik der Hinduisierung Indiens unter Ausschluss von Muslimen und Christen. Er ist Mitbegründer des Hindû Mahâsabhâ und wurde 1937 deren Präsident.

Keshwar Baliram Hedgewar (*1889, †1940)
Der Gründer des *Râshtrîyâ Svayamsevak Sangh* (RSS) prägte durch seine antimuslimische Haltung die kommunale Ausrichtung des RSS, nach der Muslime und Christen nicht Werte und Kultur der indischen Nation teilen und entsprechend ausgegrenzt werden müssen.

Mâdhavrao Sadâshivrao Golwâlkar (*1906, †1973)
Von Hedgewar ernannter Nachfolger in der Führung des *Râshtrîyâ Svayamsevak Sangh* (RSS), gründete die *Vishva* Hindu Parishad (VHP). Er unternahm viele Reisen durchs Land, um die patriotischen Ideologien des RSS zu verbreiten. Nahm mit seinen Publikationen »We or Our Nationhood Defined« (1939) und einer Reihe von Artikeln und Reden (1966) Einfluss auf die Verbreitung der Ideologien des RSS und seiner kommunalen Ausrichtung. Bekannt ist er auch unter seinem Titel Gurujî.

Sâdhvî Ritâmbharâ (*1964)
Hindu-Fundamentalistin und militante Asketin, die in den 1990er Jahren mit ihren Brandreden gegen die Muslime politische Kontroversen hervorrief, die u.a. zum Verbot des Vertriebs ihrer auf Kassetten aufgenommenen Reden führte. Aktive Förderin der Râm-Janmabhûmi-Bewegung, die zur Zerstörung der Bâbrî-Moschee führte. Gründerin der Bhav Parivâr, Gemeinschaften von Waisenkindern und ausgestoßenen Frauen.

STICHWORT **Gândhî – gewaltloser Widerstand**

Mit dem Spinnen wandte sich Mohândâs Karamchand Gândhî symbolisch gegen die Abhängigkeit Indiens von der britischen Baumwollindustrie (Foto um 1930).

Mohândâs Karamchand Gândhî
*1869 Porbandar (Gujarat),
† 1948 Neu-Delhi
Der religiös geprägte Repräsentant der indischen Unabhängigkeitsbewegung mit dem Ehrennamen (ab 1915) Mahâtmâ (Sanskrit »dessen Seele groß ist«) entwickelte ab 1893 in Südafrika im Kampf um die politischen Rechte der indischen Einwanderer seine Form des gewaltlosen Widerstands: Das »Festhalten an der Wahrheit« (Satyâgraha) soll die Gegner zur Einsicht in ihr Fehlverhalten und Änderung ihrer Handlungsweisen führen. 1914 nach Indien zurückgekehrt, war Gândhî bis 1934 Mitglied des Indian National Congress. Er initiierte mit der Handspinnbewegung (1912) und dem »Salzmarsch« zum Meer (1930) Kampagnen gegen das britische Textil- und Salzmonopol und wurde mehrmals inhaftiert. Nach 1934 setzte er sich für die »Unberührbaren« ein; nach Erlangung der Unabhängigkeit Indiens schlichtete er Auseinandersetzungen zwischen Hindus und Muslimen. Gândhî fiel dem Attentat eines fanatischen Hindu zum Opfer.

Das Spinnrad als Symbol für Gândhîs Aufruf und Anleitung an alle seine Landsleute zur Selbstversorgung der Inder wurde in die indische Nationalflagge aufgenommen.

Gândhî 1931 beim Salzmarsch aus Protest gegen das britische Salzmonopol

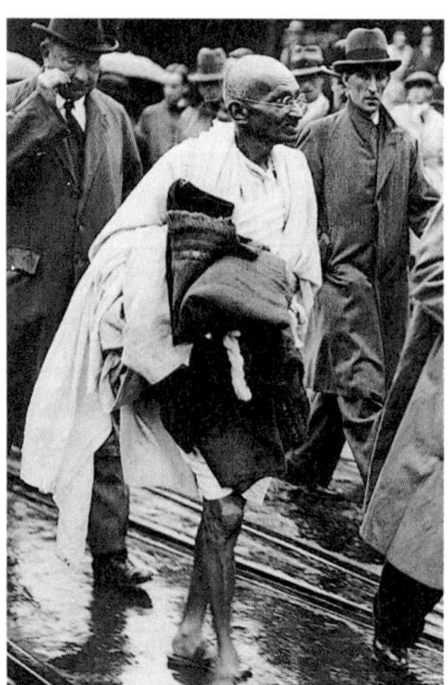

Gândhî 1931 erstmals in London auf dem Weg zu einer Indien-Konferenz

Dies galt auch für nicht in Indien entstandenen Religionen wie Judentum, Christentum und Islam. Die Könige von Vijayanagara (14.–17. Jh.) besaßen sogar eine Kavallerie aus Muslimen. Die muslimischen Herrscher Indiens duldeten die Religionsausübung der Hindus in der Regel, doch mussten Letztere die übliche Kopfsteuer entrichten.

Kolonialzeit und Unabhängigkeit

Die englische Kolonialmacht verfolgte zunächst das Prinzip der Nichteinmischung in religiöse Angelegenheiten bis zum 1813 aufgehobenen Verbot der christlichen Mission, stärkte dann aber Reformkräfte innerhalb des Hinduismus und schritt gegen Bräuche wie Witwenverbrennung und Kinderheirat ein, die sie als Auswüchse betrachteten. Der Einfluss des westlichen Gedankenguts machte sich auch bei der Unabhängigkeit der vom muslimischen Staat Pakistan getrennten und überwiegend hinduistischen Indischen Union (1947) bemerkbar. Sie wurde als weltlicher Staat eingerichtet, in dem alle Religionen gleiche Rechte haben sollten und das Kastenwesen per Verfassung abgeschafft wurde. Gegen die egalitären Tendenzen wenden sich seit Anfang des 20. Jh. vor allem hinduchauvinistische Kreise. Ihr Ideal ist eine hinduistische Leitkultur, der sich andere Gemeinschaften unterzuordnen haben. Als Vorbild gilt ihnen die Herrschaft des aus dem Epos *Râmâyana* bekannten Helden *Râma*. Trotz des Erstarkens dieser Strömungen (auch in der Regierung) ist die säkulare Verfassung Indiens weiterhin in Kraft.

Individuum und Gesellschaft

Das Kastenwesen

Das Wort »Kaste« (von portugies. Casta »Rasse, Gruppe«) bezeichnet ein einzigartiges hierarchisch strukturiertes System der Gesellschaft des indischen Subkontinents, das für alle Religionen und Gruppierungen gilt. Das Kastensystem entstand bereits um 300 v. Chr., bestimmte Vorstellungen gehen sogar auf die noch ältere vedische Religion zurück. In ihr wurde der Begriff varna (»Farbe«) geprägt, der vom späteren Wort jâti (»Geburt«) zu unterscheiden ist.

Einteilung und Begründung: Das Varna-System soll der Überlieferung nach *(Rigveda X, 90)* göttlichen Ursprungs sein und gibt eine Definition der vier großen Stände: *Brahmanen* (Priester, politische Berater, Gelehrte), *Kshatriya* (Kriegeradel, politische Führer), Vaishya (in der Einwanderungsphase die indoarischen Viehzüchter, später Bauern, Händler, gehobene Handwerker) und Shûdra (die dienende Schicht, zu der auch niedere Handwerker gehören können).

Das Konzept der »Stände« galt in der späteren religiösen Literatur als Ausgangspunkt aller Kasten und erklärte die bestehende Vielfalt durch unzulässige Vermischung der Kasten (Manusmriti, religiöses Rechtsbuch des 2./3. Jh. n. Chr.). Tatsächlich entstanden jedoch die Jâtis, die Kasten im eigentlichen Sinne, in die ein Hindu hineingeboren wird, ohne sie jemals auf regulärem Weg verlassen zu können, vor allem aus Berufsgruppen. Begründet und gerechtfertigt wird die schier unübersehbare Zahl der Kasten und ihre Rangordnung, die für ganz Indien uneinheitlich ist und von Region zu Region variiert, durch religiöse und weltliche Grundsätze.

Entwicklung und Ausprägung: Die Abertausenden von Kasten und Unterkasten wurden im Nachhinein an das Varna-Schema angepasst. Ihr Ursprung geht meist auf nicht religiöse Kriterien zurück. Die Kasteneinordnung richtet sich in erster Linie nach dem ausgeübten Beruf. Daneben spielt häufig auch die ethnische oder regionale Herkunft eine Rolle. Eine aus einem sozial deklassierten Stamm hervorgegangene Berufsgruppe steht in der Hierarchie niedriger als dieselbe Berufsgruppe aus nicht stammesbezogenem Milieu. Bereits kleinere Veränderungen in der Arbeitsweise bzw. eine Spezialisierung kann zur Entstehung einer neuen Unterkaste und zum Anwachsen der Gesamtzahl der Kasten führen. Die Stellung einer Kaste wird durch den religiös begründeten Grad ihrer Unreinheit, den Grad gegenseitigen Nutzens, durch Heiratsbeziehungen, erbliche Berufe und den Austausch wirtschaftlicher Güter mit anderen Kasten bestimmt. Eine durch den Beruf festgelegte Kaste war eine Art Innung, die in ihrer Region ein Berufsmonopol ausübte und eine eigene Beziehung zur Kundschaft pflegte. Der zugehörige Begriff jajmânî ist nach dem Opferherrn (yajamâna) der vedischen Religion benannt, der eine Dienstleistung (Opfer) durch einen Spezialisten durchführen ließ. Es wurde exakt festgelegt, welche Kasten Dienstleistungen für andere Kasten erbringen.

Im Kastenwesen der Vergangenheit war die soziale Stellung einer Kaste und des ihr angehörenden Individuums in der Gesellschaft unverrückbar festgelegt. Durch Geburt blieb der Hindu ein Leben lang in einer Kaste, außer wenn er aufgrund eines schweren Vergehens ausgestoßen und kastenlos wurde. Nur eine Kaste oder Unterkaste als Ganzes konnte ihre Stellung in der Hierarchie verändern, indem sie Bräuche einer höheren Kaste annahm, z. B. das Verbot der Wiederverheiratung von Witwen, Alkoholverzicht und Vegetarismus oder durch Heiratsvermittlungen mit einer höheren Kaste.

Regionale Verbreitung: Weil die meisten Kasten mit Ausnahme der Händler (und bis zu einem gewissen Grad auch der Krieger und Brahmanen) überhaupt nicht mobil waren, traf die Rangordnung immer nur auf eine Region, niemals auf ganz Indien zu. Auf den gesamten Subkontinent bezogen gab es nie die Kaste der Brahmanen oder Ksha-

Bild oben: Straßenkehrer aus der Kaste der Unberührbaren (Dalits).

Unten links: Die Gerber stehen an unterster Stelle der sozialen Leiter.

Unten rechts: Die unberührbaren Frauen Indiens wehren sich. Das Bild zeigt die 25-jährige Kûrmilâ Devî, Angehörige der sog. Dalit (Unberührbare)

triyas schlechthin, sondern immer nur regionale Brahmanen- oder Kshatriya-Kasten, die ganz unterschiedlich eingestuft wurden. Schon frühbuddhistische Texte erwähnen eine Reihe von Kasten, darunter solche von Kaufleuten und Handwerkern, aber auch für das Varna-Schema nicht vorgesehenen Gruppen der künstlerischen Berufe, der Köche, Fischer, Jäger und Sklaven, von denen viele in königlichen Diensten standen oder für wohlhabende Privatpersonen arbeiteten. Dazu gehören auch völlig verachtete Kasten aus ehemaligen Stammesvölkern. In historischer Zeit wurden sie oft nach dem in Nordostindien lebenden Volk der Candâla benannt, die aus der Gesellschaft ausgegrenzt waren und Berufen wie Weben, Flechten und Lederverarbeitung nachgingen.

Das heutige soziale System: Im modernen Indien, wo Kasten zwar laut Verfassung abgeschafft sind, aber weiterhin eine soziale Realität darstellen, haben sich viele Kasten als Registrierte Kasten (Scheduled Castes) neu einstufen lassen. Ihnen werden gewisse Privilegien auf dem Bildungssektor und in der Wirtschaft eingeräumt, die für sie reserviert und den höheren Kategorien verwehrt sind. Auch die klassischen Kriterien zur Aufrechterhaltung des Kastensystems (Unreinheit usw.) lassen sich in der Öffentlichkeit im städtischen, industrialisierten Indien nicht mehr aufrecht erhalten. Doch auf dem Land, wo rund vier Fünftel der indischen Bevölkerung wohnen, und im häuslichen Leben gelten weiterhin die traditionellen Vorstellungen und die aus ihnen abgeleiteten diskriminierenden Verhaltensweisen. Auch Endogamie, die Heirat innerhalb einer Kaste, wird im modernen Indien weithin befolgt.

Sonderformen des Hinduismus

Sikhs – zwischen Hindu und Islam

Die Sikhs (»Schüler«) sind im 15. Jh. als Reformsekte aus dem Hinduismus hervorgegangen und wurden bis zum Jahr 1708 von einem Gurû (»Lehrer«) angeführt, später von einem Master. Der Gründer der Sekte, Gurû Nânak (1469–1538), fand eine Synthese aus Hinduismus und Islam. Der Sikhismus entstand im Pâñjâb. Der vierte Gurû Râm Dâs (1574–1581) ließ 1577 den Goldenen Tempel von Amritsâr erbauen, der zum religiösen Zentrum der Sikhs wurde.

Sikhismus: Im Sikhismus verbinden sich der islamische Monotheismus, der Glaube an die Gleichheit aller Menschen vor Gott sowie Weltbild, Theologie und Zeremonien aus der hinduistischen Tradition. Grundlage des Sikhismus ist das von dem fünften Gurû Arjan Mal auf Pâñjâbî in Versen verfasste »Âdi Granth« oder »Granth Sâhib«, das als heiliges Buch verehrt wird und die überlieferten Glaubensregeln festhält.

Zum Sikhismus können die Menschen bekehrt werden. Die Sikhs glauben an die Wiedergeburt, lehnen aber das indische Kastenwesen rigoros ab. Der Erlösung nähert sich

HINTERGRUND Organisationen und ihre Gründer im 20. Jahrhundert

Paramahansa Yogânanda (*1893, †1952)
Nach einem Studium in Kalkutta und der Initiation der Mönchsweihe gründete er 1920 die Self-Realization-Fellowship (in Indien Yogoda Satsanga Society), deren spiritueller Führer er wurde; die Hauptzentrale entstand in Los Angeles. Yogânanda führte seine Schüler in das Kriya-Yoga ein. Bekannt durch sein Hauptwerk, die »Autobiografie eines Yogi« (1946).

Muktânanda (*1908, †1982)
Die Initiation durch seinen *Guru* Bhagwân Nityananda weckte die Kundalinî (spirituelle Energie) und soll neun Jahre später zur »Gottrealisierung« geführt haben. In den 1970er Jahren brachte Muktânanda (»Glückseligkeit der Erlösung«) auf Wunsch seines Guru die Tradition der Shaktipat-Initiation (spirituelles Erwachen) in den Westen. Er gründete den Gurudev Siddha Peeth in Indien und den SYDA-Verein in den USA, um die Ideen des Siddha-Yoga in über 600 Meditationszentren global zu verbreiten. Verfasser mehrerer Bücher. Vor seinem Tod ernannte er zwei Nachfolger, den weiblichen Swâmi Chidvilasânanda, besser bekannt als Gurumâ (sie leitet die Organisation) und ihren Bruder Swâmi Nityânanda, der sein Amt als Guru jedoch 1985 niederlegte.

Nirmalâ Devî (*1923)
Die »Mutter« (mâtâjî) ist Vertreterin des Sahaja-Yoga, einer Meditationspraxis, die auf Praktiken des tantrischen Kundalinî aufbaut und die Reinigung der Energiezentren (der sieben Chakren) vorsieht. Die aufsteigende Energie, die »Erweckung der Kundalinî«, soll zur Erkenntnis des Selbst und Erfüllung aller Wünsche führen, wobei Devî die weibliche Natur der zu erweckenden Energie betont. Sie beansprucht, die Verkörperung der Kundalinî-Energie zu sein und verspricht ihren Anhängern, sie auf einfachem und natürlichem Weg zu erleuchteten Wesen und »realisierten« Seelen zu machen.

Shrî Chinmoy (*1931)
Der Schüler Aurobindos ging 1964 in den Westen und gründete eine Meditationsbewegung, die mit Friedenskonzerten und -läufen auf sich aufmerksam machte. Bhakti-Yoga als vollkommene Hingabe an den *Guru* ist eine Voraussetzung für den Weg spiritueller Erleuchtung; für meditative Anleitungen und Kurse werden keine Gebühren erhoben. Verschiedene wirtschaftliche Unternehmen wie das »Divine Enterprise«, Unterorganisationen wie der »Club des Integralen Yoga« sind an die Bewegung angebunden.

der Sikh-Gläubige durch die Hingabe an Gott und durch Meditation.

Anhänger: Äußerlich fallen die Sikh-Männer durch ihren Turban auf; sie tragen ungeschnittenes Haupt- und Barthaar sowie Kamm, Dolch, kurze Kniebundhosen und einen eisernen Armreif. Seit der Militarisierung der Sikhs tragen die männlichen Gläubigen den Beinamen Singh (der Löwe).

Radikalisierung: Anfangs hoch geachtet, waren die Sikhs eine friedliebende Gemeinschaft. Als Reaktion auf die Verfolgung durch die Mogulkaiser im 17. Jh. und der Hinrichtung des neunten Gurû Tegh Bahâdur (1664–1675) bekam die Sikh-Sekte unter ihrem zehnten und letzten Gurû Govind Singh (1666–1708, ermordet), der seinen Anhängern Waffengewalt zur Verteidigung der Bruderschaft predigte, ein militantes Gepräge. Die Sikhs kämpften gegen die Mogulherrscher und die Briten. Wegen ihrer kriegerischen Gesinnung stellen sie noch heute einen großen Anteil der Soldaten in der indischen Armee.

Separatistenbewegung: Die Reformbewegung im 20. Jh. und der wirtschaftliche Erfolg der Sikhs, von denen etwa die Hälfte allein im Pâñjâb lebt, vertiefte die Kluft zu den Hindus. Mit der Teilung des Subkontinents in Pakistan und die Indische Union fiel die Hälfte des Pâñjâb an den Moslemstaat. Seit 1946/47 erhob die militante Gruppierung Akâlî Dâl (Bund der Unsterblichen) die Forderung nach einem eigenen Staat der Sikhs, dem sog. Khâlistan. Erster Höhepunkt in der Auseinandersetzung zwischen radikalen Sikhs und der indischen Regierung um Autonomie war die polizeiliche Stürmung des Goldenen Tempels in Amritsar 1984, in dem einige Sikh-Fundamentalisten Zuflucht gesucht hatten. Seitdem kosteten Terroranschläge extremistischer Sikhs mehrere tausend Menschenleben. *Karl-Heinz Golzio*

Oben links: Sikh in traditionellem Äußeren mit Turban, langem Bart und Säbel

Oben rechts: Der Goldene Tempel von Amritsâr, das Heiligtum der Sikhs

Unten: Blick in das Innere des Goldenen Tempels

Der Hinduismus von A–Z

Die im folgenden Buchteil aufgeführten Stichwörter bieten Informationen, die für das Verständnis des Hinduismus wichtig sind. So wird z. B. Askese (S. 585) hier nur in seiner Bedeutung für den Hinduismus betrachtet. Seitenverweise am Ende eines Stichwortes führen in den Buchteil *Der Hinduismus in Geschichte und Gegenwart.*

A

Âbhâsa-Caitanya (Sanskrit »Reflexion, Bewusstsein«), Bezeichnung für die Widerspiegelung des reinen Bewusstseins *(Cit)* im menschlichen Bewusstsein. Das in die Welt verstrickte Selbst *(Jîva)* hält diese Widerspiegelung für die Realität und ist daher nicht in der Lage, zur echten Verwirklichung des *Brahman* und zum wahren Selbst *(Âtman)* als Brahman durchzubrechen.

Abhava (Sanskrit »Nicht-Existenz«), die Erkenntnis, dass die manifesten Erscheinungen nicht wirklich existieren. Voraussetzung für die Befreiung *(Moksha)* von der Verstrickung in die Erscheinungen der Welt.

Âcârya → Guru

Adhvâryu, einer der Hauptpriester der vedischen Religion. Er ist dem *Yajurveda* zugeordnet und vollzieht die eigentlichen Opferhandlungen.

Aditi, Göttin des unendlichen Raums und der Ursprünglichkeit im *Rigveda.* Mutter der *Âdityas.* A. taucht auch in den späteren Epen und den *Purânas* auf.

Âditya (Sanskrit »Sonne«), nach den Vorstellungen des *Veda* oftmals eine goldene runde Scheibe, angesiedelt in der Mitte des Zwischenreichs oder des Bereiches des Himmels. In manchen Vorstellungen steht die Sonne für den Bereich der Unsterblichkeit. Das alte vedische Mahâvrata-Ritual ist mit dem Lauf der Sonne verbunden. Der Sonnengott *Sûrya* ist im Veda als »Sohn der ursprünglichen Unermesslichkeit« auch der Oberste der *Âdityas.* Er ist Herrscher über den Bereich des Lebens und das Tor zur Unsterblichkeit (Chândogya-Upanishad 8, 6, 5). Später löste *Vishnu* diese Gottheit in ihrer Bedeutung ab. Doch der Kult Sûryas erfuhr zwischen dem 6. und 13./14. Jh. eine bemerkenswerte Wiederbelebung aufgrund seiner Verquickung mit dem iranischen Sonnengott (und ikonografisch mit dem griechischen Helios), zunächst durch den Einfluss von *Brahmanen* aus dem Land der Saken (Afghanistan).

Agni. Der Gott des Opferfeuers gehört zu den vedischen Ursprüngen, blieb aber Gegenstand der Verehrung. Kultbild aus Utta Pradesh, 17. Jh.; Indisches Nationalmuseum, Neu-Delhi

Âdityas, Gruppe von zunächst acht, dann (korrelierend zu den zwölf Sonnenmonaten) zwölf Göttern der vedischen Religion. Sie sichern die kosmische Ordnung, gelten gleichzeitig aber auch selbst als Prinzipien kosmischer Ordnung. Ihr Name leitet sich von *Aditi* her, der Mutter der Â. Zu ihnen gehören u. a. die Götter *Varuna, Mitra, Vishnu* und *Sûrya.*

Advaita (Sanskrit »Nicht-Zweiheit«), philosophische Richtung des *Vedânta.* Der Begriff bezieht sich auf einen Zustand, in dem es nur eine Einheit gibt ohne Unterscheidung zwischen allem, was existiert. In diesem Zustand werden alle Erscheinungsformen (z. B. Unterschiede zwischen Subjekt und Objekt, Wahrnehmendem und Wahrgenommenem) nur als Folge und Ergebnis falschen Verstehens oder der Unwissenheit *(Avidyâ,* auch Adhyâsa) angesehen. A. kann nur Gott oder *Brahman* als Absolutem zugeschrieben werden.

Âgama (Sanskrit »Ankunft, Aneignung von Wissen«), religiöse und philosophische Schriften nichtorthodoxer Schulen, im spezielleren Sinn aber ein Korpus von mittelalterlicher Vaishnava- *(Vishnuismus,* vor allem Pañcarâtra), Shaiva- und Shâkta-Literatur in Sanskrit und Tamil, die sich teilweise vedischer Terminologie bedient. Es gibt auch eine Sammlung von Jaina-Âgamas. In engerem Sinn bezieht sich Â. auf dualistische und nicht dualistische Shaiva-Texte und kann manchmal auch als Synonym für *Tantra* verstanden werden. Die Â. gliedern sich traditionell in vier Teile: den *Jñâna-* oder Vidyâ-Pada, der sich mit dem höheren Wissen theoretisch beschäftigt; *Yoga*-Pada für die Konzentrationsübungen und das Wissen von den feinstofflichen Körpern; Kriyâ-Pada, der sich mit Tempelbau, dem Errichten von Götterbildern und den Ritualen befasst; Carya-Pada mit Vorschriften zu Festen und den Kasten *(Jâti).*

Agni (Sanskrit »Feuer«; vgl. lat. ignis), der Gott des Feuers, mit großer Bedeutung in der vedischen Periode. Wie das Opfer der Mittelpunkt der vedischen Religion ist, so ist A. der Mittelpunkt des Opfers. Als Götterbote ist er der Mittler zwischen der Menschheit und den himmlischen Gefilden. Alle Opfergaben müssen durch das heilige Feuer gehen, um ihre göttlichen Ziele zu erreichen. Zu seinen drei hauptsächlichen Wirkungsweisen zählt neben dem Feuer auf der Erde der Blitz in der Atmosphäre und die Sonne am Himmel.

Ahamkâra (Sanskrit »Ich-Prinzip«), vor allem in der *Sânkhya*-Philosophie das Prinzip des Ego. Im Allgemeinen ist A. für die Individualität, bzw. das Selbstbewusstsein verantwortlich. Diese Funktion wird als die zweite Entfaltung der nicht manifesten Prakriti und das unmittelbare Ergebnis der *Buddhi* (oder des *Mahat)* aufgefasst. Die Sânkhya-Kârikâ 24 setzt den A. mit Abhimâna (Sanskrit »Einbildung«) oder »Selbstbehauptung« gleich und beschreibt die Wirkungen dieses Prinzips.

Ahimsâ (Sanskrit »Nichtverletzen«), Gewaltlosigkeit, eine der fünf Tugenden des ersten Gliedes des Râja-*Yoga.* A. ist ein Prinzip von grundsätzlicher Bedeutung, besonders im Jainismus und Buddhismus. Gândhî, beeinflusst von dem Jaina Râjacandra, benutzte A. als Maxime des politischen Handelns.

Âkâsha (Sanskrit »offener Raum, leerer Raum, Luftraum«), das feinstofflichste der fünf Elemente *(Mahâbhûta).* Der Luftraum, der das Universum durchdringt, ist der Träger des Lebens und der Geräusche.

Âlvârs (Tamil »heilige Meister«), alte Schule tamilischer Anhänger der Verehrung von *Vishnu* in seiner Gestalt als *Krishna.* Es handelt sich um eine Gruppe von angeblich zwölf Sängern, die eine *Bhakti*-orientierte Form der Spiritualität im Süden Indiens verkündeten. Ihre Dichtungen zeigen die Kenntnis der zehn Inkarnationen *(Avatâra)* mit einer starken Betonung auf Krishna. Ein berühmter Dichter und Theologe dieser im Süden populären Gruppe war Nammâlvâr (7./8. Jh. n.Chr.). Theologisch gelten die Â. als Vorläufer der *Shrîvaishnava.*

Ambikâ, eine der unzähligen Gestalten der *Devî;* auch Schwester, später Frau des vedischen Gottes *Rudra.*

Amrita (Sanskrit »Nektar«), Unsterblichkeitstrank; Bestandteil eines berühmten Mythos *(Samudramathana).* Bei der Quirlung des Milchozeans, an der eine Schildkröte *(Kûrma),* die Schlange Vasuki, die Götter und Dämonen und der Berg Mandara beteiligt waren, entstanden aus dem Wasser viele Kostbarkeiten, darunter der Unsterblichkeitstrank.

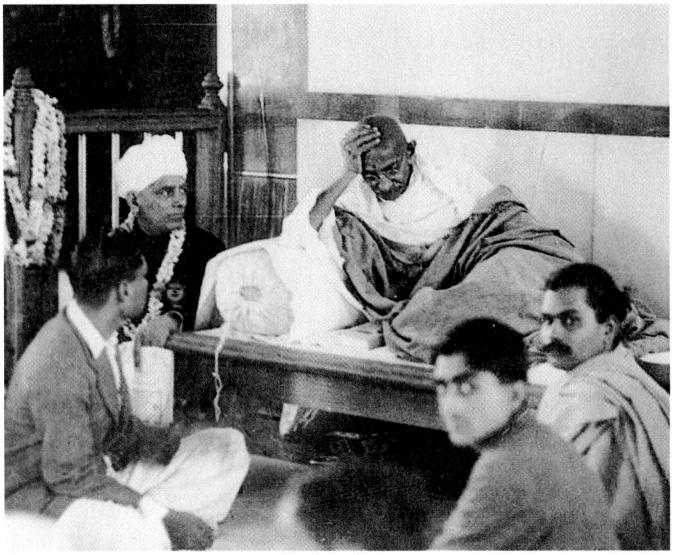

Ahimsâ. Der Vater des indischen Unabhängigkeitskampfes, Mahâtmâ Gândhî (auf dem Foto 1939 im Lakshmî-Nârâin-Tempel in Neu-Delhi), verfolgte sein Ziel mit dem Prinzip strikter Gewaltlosigkeit, das er aus dem Jainismus ableitete.

Ânanda Mârga (Sanskrit »Weg zur Glückseligkeit«), 1955 von dem Inder Prabhat Ranjan Sarkar geründete Organisation, die man als religiös-politische Erneuerungsbewegung bezeichnen kann. Der *Gurû* ist Garant des Weges zur Glückseligkeit, wobei Initiationen, tantrisches Yoga und Meditation eine wichtige Rolle spielen. Die Mitglieder der hierarchisch gegliederten Organisation folgen einem streng geregelten Arbeitstag. Der Gründer, als göttlicher Vater und mit dem Namen Shri Anandamurti angesprochen, ist die höchste Autorität. Ihm folgen die orange gekleideten Avadhûtas, Gläubige, die bereits göttliche Erkenntnis erlangt haben und keine weltliche Haftung mehr haben. Den Avadhûtas sind die spirituellen Führer (Âcâryas) unterstellt, erkennbar an ihrer weißen Hose mit orangenem Gewand und weißem Gürtel; sie wählen die *Mantras* für Neuinitiierte aus. Weiter gibt es die Sadvipras (Sanskrit »die neuen Moralisten«) und an der Basis schließlich die Margis. Spektakuläre Selbstverbrennungen von Mitgliedern haben die A. der Öffentlichkeit bekannter gemacht.

Ananta (Sanskrit »der Unendliche«), die sich beständig rollende kosmische Schlange, auf der *Vishnu* ruht *(Shesha).*

Anekântavâda (Sanskrit »Lehre bzw. Schule der Nicht-Einseitigkeit«), Lehre von der Vielseitigkeit der Realität in der Jaina-Philosophie. Sie geht davon aus, dass das Wissen über die Realität nur bruchstückhaft ist und bei gewissen Anschauungen über die Realität auch das Gegenteil miteinbezogen werden sollte.

Apasara. Die Himmelsnymphen wurden von den Devas und Asuras verschmäht. Dieser Mythos gab Anlass, sie in verführerischer, doch wirkungsloser Sinnlichkeit darzustellen. Ihre Entstehung aus dem Wasser verbindet sich mit der »schaumgeborenen Aphrodite« (griech. aphrós »Schaum«). Die als Büste abgebildete Apasara ist ein charakteristisches Werk indischer Skulptur des Mittelalters, der die abendländische Kunst dieser Zeit nichts Vergleichbares an die Seite zu stellen hat (siehe Tantrismus). 11. Jh.; Archäologisches Museum, Kharjurâho

Ein bekanntes Beispiel für diese Argumentation ist der Blinde, der einen Teil eines Elefanten ertastet und eine unvollständige Vorstellung erhält.

Anitya (Sanskrit »nicht beständig«), Merkmal der *Mâyâ,* verstanden nicht in dem abgeleiteten Sinn von Illusion, sondern als die vergängliche Natur aller Erscheinung.

Antariksha (Sanskrit »Zwischenreich«), nach Ansicht der *Brâhmanas* das Reich zwischen Himmel *(Svarga)* und Erde *(Prithivî),* an die es entweder direkt anstößt oder durch einen kleinen Raum getrennt wird. A. wird auch als leerer Raum *(Âkâsha)* bezeichnet.

Anu (Sanskrit »dünn, fein; Atom«), in der Schulrichtung des *Vaisheshika* ein Punkt im Raum ohne eine Dimension, der aus den feinen Elementen *(Tanmâtra)* entsteht. A. werden als ewig, unsichtbar und unfassbar definiert und befinden sich permanent in einem Zustand von Auflösung und Wiederherstellung. Das materielle Universum ist durch das Zusammentreffen von A. und deren Verbindungen entstanden. Es gibt vier grundlegende höhere Atomzustände (Paramânus); sie bilden die wesentlichen Komponenten von Erde, Wasser, Feuer und Luft. Diese stimmen mit den *Mahâbhûtas* anderer philosophischer Systeme Indiens überein. Im kaschmirischen Shivaismus wird A. als die Seele oder als Urpartikel des *Shiva* aufgefasst.

Anubhava (Sanskrit »Erfahrung«), im *Vedânta* Grundlage des Erkennens von *Brahman,* dem Absoluten. Für *Shankara* ist die »Intuition von Brahman« (brahmananubhava) die endgültige Erfahrung – impersonal, transzendental und abstrakt. Er unterscheidet sich von allen anderen Erfahrungen darin, dass er nichtdual, jenseits der Unterscheidung von Subjekt und Objekt, doch seiner Essenz nach als *Sat-cid-ânanda* feststellbar ist, d.h. seinem Wesen nach von unwandelbarem Wonnebewusstsein. Das Erschauen von Brahman entspricht der Erleuchtung bzw. der Befreiung. Es ist die Erfahrung des eigenen Selbst als Brahman (brahmâtmabhâva).

Anubhûti (Sanskrit), unmittelbare Erfahrung des *Brahman.*

Anumâna (Sanskrit »Schlussfolgerung«), Begriff aus der Logik, besonders bei *Râmanuja* und *Nyâya.*

Anusvâra → Bindu

Âpas (Sanskrit »Gewässer«), eines der fünf Elemente. Ein bekannter Mythos ist der von der Entstehung der Welt aus den Urwassern. Nach einigen Quellen der *Brâhmanas* suchte der Schöpfergott *Prajâpati* in der großen Flut einen festen Halt und fand ihn im Somaopfer *(Soma).* An anderen Stellen wird von der Entstehung von Wassern aus dem Nicht-Seienden oder dem leeren Raum gesprochen.

Apasara (Sanskrit »sich im Wasser bewegend«), Tänzerinnen in *Indras Svarga* (Himmel). Sie entstanden durch die Quirlung des Milchozeans. Da weder die *Devas* noch die *Asuras* sie heiraten wollten, blieben sie für alle zugänglich.

Âranyaka (Sanskrit), Textgattung des *Veda.* Diese sog. »Waldbücher« beschäftigen sich (im Gegensatz zu den *Brâhmanas)* verstärkt mit der Symbolik der Opfer und ersten philosophischen Gedanken. Man nimmt an, dass diese Texte wegen ihrer neuen Denkweise als gefährlich betrachtet und deshalb außerhalb des Dorfes vom Lehrer an den Schüler weitergegeben wurden. Inhaltlich sind sie eng mit den *Upanishaden* verbunden.

Ardhanârîshvara, der Gott *Shiva* mit einem vertikal geteilten, halb männlichen, halb weiblichen Körper.

Arjuna, Figur des *Mahâbhârata,* ein großer Krieger und Bogenschütze und der drittälteste der *Pândavas.* Bekannt ist A. aber vor allem durch die *Bhagavadgîtâ,* in der sein Freund und Vetter *Krishna* ihn überredet, trotz moralischer Bedenken gegen seine Verwandten zu kämpfen. Die Episode über die göttliche Herkunft der Pândavas berichtet, dass A. von *Indra* gezeugt worden ist.

Âryas (Sanskrit »Edle«), Arier. Zweig der indoeuropäisch sprechenden Bevölkerung, die sich im 2. Jt. v. Chr. im Iran und in Nordindien ausbreiteten. Im engeren Sinne die Selbstbezeichnung dieser Bevölkerungsgruppen, die in mehreren Schüben nach Indien vordrangen (Indian Invasion Theory) und dort auf die eingeborene Bevölkerung stießen (Dravida-Kultur). Die Â. zeichneten sich durch eigene Bräuche, eine Textüberlieferung und ein spezielles Götterpantheon aus. Sie führten auch die Unterteilung der Gesellschaft in vier Stände ein *(Varna),* wobei der einheimischen Bevölkerung der niedrigste Stand zugewiesen wurde. Die religiösen Merkmale einer früheren hoch entwickelten Zivilisation, der Industalkultur (um 2300–1750 v. Chr.), setzten sich nach dem Einfall der Â. in der vedischen Literatur fort (*Yoga,* → S. 556).

Asat → Sat

Ashvinas (von Sanskrit Ashva »Pferd«), zwei vedische Gottheiten, die in der Morgendämmerung auf einem goldenen, von Pferden oder Vögeln gezogenen Wagen erscheinen. Sie sind mit dem Licht und der Sonne verbunden und gelten als besonders Glück bringend und hilfreich. Sie werden häufig im *Veda* erwähnt und treten immer gemeinsam auf, obgleich sie in der späteren Literatur als Nâsatya und Dasra unterschieden werden.

Askese, aus dem Griechischen stammender Begriff für die konsequente, Verzicht leistende Übung von Tugenden. Im Hinduismus umfasst A. eine Vielfalt persönlicher Opfer und Enthaltsamkeiten, die aus freiem Willen mit dem Ziel der Reinigung, der Charakterfestigung, der körperlichen und geistigen Selbstkontrolle sowie zur Erlangung übernatürlicher Kräfte praktiziert werden. Asketische Praktiken des Hinduismus finden sich bereits in den *Upanishaden.*

Asura (etymologisch mit dem iran. ahura verwandt), nach Macht strebendes, machthungriges Wesen, einem Titan nicht unähnlich und bisweilen irreführend als »Dämon« oder Anârya (nichtarische Bevölkerung des alten Indien) übersetzt. In der Hindu-Mythologie erhielt sura die Bedeutung eines kleineren Gottes im Gegensatz zu a-sura (»Nicht-Gottheit«, daher »Dämon«); dies ist jedoch eine falsche Etymologie. Eigentlich bezeichnet A. die vedischen Götter *(Devas),* meinte später aber deren Gegenspieler. Diese werden dann häufig als Dämonen bezeichnet. Aber weder Devas noch A. können den Kategorien Gut und Böse zugeordnet werden. Beide Gruppen zeichnen sich durch ihr ambivalentes Verhalten aus. In den älteren Teilen des *Rigveda* bezieht sich A. auf den höchsten Geist, wie den zoroastrischen Ahura Mazda oder auf Devas wie *Varuna, Agni, Mitra* und *Indra.* In jüngeren vedischen Texten sind A. meist Dämonen oder Titanen, die gegen die Götter kämpfen. Nach Aussagen des Shatapatha-Brâhmana stammen Devas und A. von *Prajâpati* ab, wobei Erstere die wahre Rede, Letztere die Lüge wählten. Auch die nichtarischen Dânavas und Daityas wurden als A. bezeichnet. Es handelt sich dabei vermutlich um Völker, die Gegner der Indoeuropäer waren und mythologisch mit den Titanen und Dämonen gleichgesetzt wurden.

Atharvan, Priester der vedischen Religion, der sich speziell mit dem *Atharvaveda* beschäftigt.

Atharvaveda, ein Text des *Veda,* der unter ihnen eine Sonderstellung einnimmt. Da der A. sich mit Heilung, Flüchen und Beschwörungen beschäftigt, wurde er häufig von Priestern und auch von der späteren Forschung ausgeklammert, wodurch oft nur von drei Vedas (*Rigveda, Yajurveda* und *Sâmave-*

Askese. Sie findet sich in allen Weltreligionen, bildet aber im Hinduismus durch die Verbindung mit dem Yoga eine umfassende Lehre der Bewusstseinserweiterung und Selbstkontrolle in Verbindung mit Meditation. Der Ort, an dem sich dieser Asket im Lotussitz befindet, erinnert an das gleichfalls »interreligiöse« Eremitentum.

da) die Rede ist. Der Schwerpunkt des A. liegt im häuslichen Opfer *(Grihya)* und ist damit dem Volksglauben besonders nah. Er wird von den *Atharvan* benutzt und gliedert sich wie der *Rigveda* in vier Teile.

Âtman (Sanskrit »Selbst, Seele«), zentraler Begriff aus der Zeit der *Upanishaden.* Für Hindus und Sikhs das wirkliche oder wahre Selbst bzw. die Seele, die der menschlichen Erscheinung zugrunde liegt und in ihr gegenwärtig ist. In der Zeit der *Âranyakas* und Upanishaden wurden Versuche unternommen, das Wesen dieses »Selbst« genauer zu bestimmen und zu beschreiben. Die Brihadâranyaka-Upanishad 1,3,22 stellt fest, dass die Lebenskraft, Â., in jeder Lebensform gegenwärtig ist, nicht allein in der menschlichen. Der Â. ist deshalb notwendigerweise identisch mit *Brahman.* Aber Brahman kann selbstverständlich nicht auf die materiellen und zufälligen Gegebenheiten des individuellen menschlichen Lebens reduziert werden; das Selbst dieser Eigenständigkeit wird daher als *Jîva* bezeichnet. Damit wird der Â. zum nicht verstrickten Beobachter des *Jîva* trotz seiner Verwicklungen in die Welt, die ihn an zahllose Wiedergeburten fesselt.

Aum → Om

Avasthâ (Sanskrit »Bedingung, Zustand«), Bewusstseinszustand oder Bedingung in einer Welt *(Loka).* Eine allgemeine Klassifizierung von A. findet sich in den *Upanishaden,* besonders der Mândûkya-Upanishad, nämlich die vier Ebenen des Wachens, Träumens, Tiefschlafes (Svapna) und des Turiya (der vierten Stufe), einer konzentrierten Versenkung bzw. Absorption *(Samâdhi),* die durch *Yoga* erreicht und manchmal mit der Befreiung *(Moksha)* gleichgesetzt wird. Die drei anderen A. werden mit den drei Ebenen des hierarchisch gegliederten Kosmos und den drei Ebenen des Tones *Om* identifiziert. Der vierte Zustand entspricht dem *Brahman,* dem Absoluten.

Avatâra. Der Fisch (Matsya) ist die erste Inkarnation im Sinne einer Erscheinung auf Erden des Gottes Vishnu aus der Hindu-Trias (mit Brahmâ und Shiva). Die Buchmalerei veranschaulicht den Begriff der »Erscheinung« durch ein Motiv, das nicht als Verschlingen des (wie Brahmâ vierarmigen) Gottes durch einen Fisch missverstanden werden darf. Der Fisch ist der Gott; 17. Jh.

Avatâra (Sanskrit), Inkarnation, Erscheinung und Herabstieg des Göttlichen auf die Erde – für gewöhnlich des Gottes *Vishnu.* Am bekanntesten sind seine zehn A.:

1. Matsya (der Fisch)
2. Kûrma (die Schildkröte)
3. Varâha (der Eber)
4. Narasimha (der Mannlöwe)
5. Vâmana (der Zwerg)
6. Parashurâma (Râma mit der Axt)
7. Râma (Prinz von Ayodhyâ)
8. Buddha oder *Balarâma* (Bruder Krishnas)
9. Krishna
10. Kalkin (der zukünftige, noch nicht erschienene A. auf dem weißen Pferd).

Avidyâ (Sanskrit »Nichtwissen, Unkenntnis«), das »Nichtwissen um die Befreiung« *(Moksha, Nirvâna)* und zentraler Begriff indischer Philosophie, der in seiner weitesten Bedeutung als dasjenige zu verstehen ist, was eine Person aufgrund ihrer Taten *(Karma)* an das Rad der Wiedergeburten *(Samsâra)* fesselt. Im *Veda* bedeutet A. die Unkenntnis der rituellen und moralischen Pflichten. In den Lehren, in denen die Erlösung auf dem Erkennen des *Âtman* beruht, ist A. die Unkenntnis des *Âtman.* In den *Upanishaden* hat es die Bedeutung von spiritueller Täuschung und dem Nichterkennen von *Brahman.* Die Mundaka-Upanishad vergleicht die Unwissenheit mit einem Knoten, den der Mensch zu lösen hat, um sein Selbst in Besitz zu nehmen. Im System des *Sânkhya-Yoga* wird das Nichtwissen, das die Ursache von Gebundenheit und Leiden ist, mit dem Gedanken der Nichtunterscheidung des individuellen Selbst *(Purusha)* von der Materie (Prakriti) verknüpft.

Avyakta (Sanskrit), das Nicht-Manifeste, entweder als Kraft eines Gottes oder als *Prakriti,* bevor sie sich in geschaffenen Erscheinungsformen oder als *Brahman* manifestiert.

Ayodhyâ, nordindische Stadt, die 1992 mit der Zerstörung der Bâbrî-Moschee ins Zentrum muslimisch-hinduistischer Spannung rückte. Traditionell wird A. von Hindus als Geburtsstadt ihres Gottes *Râma* betrachtet. Die Debatte zur Grundsteinlegung eines Tempels zu Gunsten Râmas in A. und die Ausübung religiöser *Pûjâs* auf dem ehemaligen Gelände der Bâbrî-Moschee hat in Indien wiederholt zu landesweiten, blutigen Auseinandersetzungen zwischen Muslimen und Hindus geführt.

Âyurveda (Sanskrit »Wissen vom Leben«), altes Lehrsystem der Heilkunst, das als Ergänzung zum *Atharvaveda* angesehen wird. Die frühen Werke sind in Sanskrit verfasst.

Ayyappan (Tamil), populäre Hindu-Gottheit des Wachstums mit bedeutendem Pilgerort in Kerala (Südindien). A., Sohn *Mohinîs* und *Shivas* und Junggeselle, wird in hockender Position mit Krone, Schmuck und Yoga-Band um die Knie dargestellt.

B

Bâbâ Jaimal Singh → Râdhâ Soâmî Satsang

Bajrang Dâl (Hindi), militante Jugendorganisation aus dem rechtsfundamentalistischen Spektrum, bekannt für gewalttätige Übergriffe auf Einrichtungen und Veranstaltungen, die ihren politischen Interessen entgegenstehen.

Baladeva → Krishna

Balarâma (Sanskrit »der starke *Râma*«), Figur des *Mahâbhârata.* B. ist *Krishnas* älterer Bruder. Man nimmt an, dass diese Figur auf einen alten Gott des Weins, Ackerbaus und Schlangenkultes zurückgeht. Häufig wird er mit der mythischen Schlange *Shesha* in Verbindung gebracht und ist, wie sein Bruder Krishna, → Avatâra Vishnus.

Bali, in der Hindu-Mythologie ein Führer der Daityas (»Dämonen«). Nachdem er die Macht über den Triloka (Sanskrit »Dreiwelt«, *Loka*) erlangt hatte, wurde er von *Vishnu* in seiner *Vâmana*-Gestalt überlistet und gefesselt in die Unterwelt verbannt. Nach einigen Versionen der Geschichte wurde ihm von Vishnu jedoch versprochen, dass er der *Indra* des nächsten Manvantara (Sanskrit »Weltperiode«) werden solle.

Benares → Varanasi

Bhagavadgîtâ (Sanskrit »Lied des Erhabenen«), Kapitel des sechsten Buches *Mahâbhârata.* Die B. hat einen Umfang von etwa 700 Versen und ist vermutlich um 200 v. Chr. entstanden. Arjuna will angesichts der Tatsache, dass ihm auf der anderen Seite Mitglieder der eigenen Familie gegenüberstehen, an der entscheidenden Schlacht nicht teilnehmen. *Krishna* legt dar, dass es als Krieger seine Pflicht und sein Schicksal sei zu kämpfen. Er geht aber noch weiter: Nur ein Handeln in völliger Hingabe an *Îshvara,* ohne Blick auf die Konsequenzen, könne zur Befreiung führen. Es gehe nicht um moralische Überlegungen, sondern um das absolute Vertrauen zu Gott. Krishna erläutert drei Wege, um die Befreiung zu erreichen und mit *Brahman* eins zu werden: den Weg des Wissens (Jñâna-mârga), den Weg des Handelns (im oben erläuterten Sinne, Karma-mârga) und den höchsten der drei, den Weg der Hingabe (Bhakti-mârga, *Bhakti*). Schließlich offenbart sich Krishna Arjuna als *Avatâra* und gibt sich als *Vishnu* zu erkennen. Auch dieser Text ist, wie viele andere Ideen dieser Zeit, beeinflusst durch die Kritik am *Brahmanismus.* Die B. ist, über ihre Bedeutung für den *Vishnuismus* hinaus, einer der bedeutendsten Texte für die Hindus. Er ist offen für vielfältige Interpretationen und wird daher als Beleg für die verschiedensten Ideen herangezogen. Auch in diesem Sinne ist er ein für den Hinduismus typischer Text.

Bhâgavata (von Sanskrit Bhagavân »Gott, Erhabener«, oft verwendet als »Herr« im Sinne einer respektvolle Anrede), Verehrer des Bhagavân, womit in der Regel eine Gestalt (bzw. ein Aspekt) des *Vishnu* oder *Krish-*

Ayodhyâ. Die nordindische Stadt war in den 1990er Jahren wiederholt Schauplatz blutiger Auseinandersetzungen zwischen Muslims und Hindus. Das Bild zeigt den Sturm auf die Bâbrî-Moschee am 6. Dezember 1992.

Bhâratiya Janatâ Party. Wahlveranstaltung der nationalistischen BJP eine Woche vor den Wahlen im Februar 2002 in Lucknow im indischen Bundesstaat Uttar Pradesh.

na gemeint ist, die von seinen Anhängern jeweils als höchster Gott verehrt wird *(Bhakti).* Die früheste Bewegung des B. ist wahrscheinlich die des Pâñcarâtra.

Bhâgavata-Purâna (Sanskrit), mythologisches Werk in Sanskrit in der Tradition der *Bhâgavata,* das hier *Vishnu* in seiner Inkarnation als *Krishna* als zentrale Gottheit verehrt. Es ist das bekannteste *Purâna* und auch in sprachlicher Hinsicht herausragend gestaltet. Manches weist auf eine Herkunft aus dem tamilsprachigen Gebiet Südindiens im späten 9. oder frühen 10. Jh. n.Chr. hin. Spätestens seit dem 11. Jh. ist es auch in Nordindien bekannt und entwickelte sich bald zu einer der wichtigsten heiligen Schriften des mittelalterlichen Hinduismus. Viele Versionen wurden in beinahe allen Volkssprachen Indiens hervorgebracht und einige bedeutende religiöse Bewegungen (darunter die Schulen des Caitanya und Vallabha) machten es zur ihrer autoritativen Schrift. Mit seinem aus der Tradition des *Advaita* entlehnten metaphysischen Rahmen stellt es einen theistischen Krishna-Vishnu-Advaita dar.

Bhairava (Sanskrit), furchterregende, mehrarmige Gestalt *Shivas* mit ausgemergeltem Körper, aufgerissenem Mund, flammendem Haar, Fangzähnen und Schlangen um den Körper. Charakteristische Embleme sind ein Stock mit Menschenschädel, Schwert, Schlinge, Dreizack, Stundenglas-Trommel und Schädelschale. Er hat drei Augen, eine Girlande mit Menschenschädeln um den Hals und ist nackt. Sein Reittier ist der Hund.

Bhakta (Sanskrit), Anhänger der *Bhakti.* Der B. wählt zur Erlösung den Weg der Liebe und Hingabe zu Gott. Gott wird in der vom B. gewählten Gestalt Ishtadeva (Sanskrit »die auserwählte Gottheit«) verehrt *(Îshvara).*

Bhakti (Sanskrit »Anteilnahme, Hingabe, Ergebenheit«), liebevolle Hingabe an eine auserwählte Gottheit (Ishtadeva). Hingabe sollte der Schüler aber auch seinem *Guru* und dessen Anleitungen erweisen. Der persönliche Gott *Îshvara* manifestiert sich insbesondere in der *Trimûrti,* der Trinität von *Brahmâ, Vishnu* und *Shiva.* Besonders in Tamilnadu/Südindien entwickelte die B.-Bewegung eine Form von Spiritualität, bei der *Prasâda,* die »Gnade der Gottheit« *(→ Pûjâ),* ein Gegengewicht zur Kausalität des *Karma* schuf.

Bhakti-mârga (Sanskrit »Weg der Hingabe«); → Bhakti; → Bhagavadgîtâ

Bhârat, (Hindi »Indien«), in hindunationalistischen Zirkeln verwendete Bezeichnung für Indien *(Bhârat Mâtâ).*

Bharata, 1. Ahnherr des Geschlechts der Bhâratas. Als solcher taucht er im *Bhâgavata-Purâna* auf. Die B. lassen sich wahrscheinlich auf den kriegerischen Stamm der B. zurückführen, der im *Rigveda* erwähnt wird. Von B. stammt *Kuru,* von dessen Namen sich *Kauravas* ableitet. Aber auch die *Pândavas* sind Abkömmlinge des B. 2. Halbbruder des Râma (Sohn der Kaikeyî) im *Râmâyana.*

Bhâratîya Jana Sangh (BJS), im Jahr 1951 gegründete Partei mit Shyama Prasad Mookerjee als ersten Präsidenten; sie ist aus dem Râshtrîyâ Svayamsevak Sangh (RSS) hervorgegangen. Der B. ist Vorgängerpartei der Bhâratîya Janatâ Party (BJP).

Bhâratîya Janatâ Party (BJP, Hindi »Indische Volkspartei«), nationalistische politische Partei, die sich 1980 aus dem Bhâratîya Jana Sangh konstituierte. Sie versteht sich als Teil eines Netzwerkes weiterer Organisationen der Hindu-parivâr (Sanskrit »Hindu-Familie«), wie z.B. der *Vishva Hindu Parishad* (VHP) und dem *Râshtrîya Svayamsevak Sangh* (RSS). Die B. ist stark von den Ideologien des RSS beeinflusst, Politiker der BJP kommen gewöhnlich aus dem RSS.

Bhârat Mâtâ (Hindi »Mutter Indien«), Göttin in Gestalt der territorialen Landesgrenzen Indiens, in ihrer Erscheinung der Göttin *Durgâ* ähnlich, mit einem safranfarbenen Banner, eingerahmt von der geografischen Karte Indiens. Das Erscheinungsbild der Göttin entstand im ausgehenden 19. Jh. zur Stärkung des Nationalbewusstseins im Kampf gegen die englische Kolonialmacht und wurde u.a. 1882 durch Bankim Chandra Chatterjis populären Roman »Ânandamath« verbreitet. Die nationalistischen und fundamentalistischen Kreise der Gegenwart bemühen sich, die nach der Unabhängigkeit in Vergessenheit geratene B. erneut ins politische Bewusstsein der Bevölkerung zu tragen.

Bhâva (Sanskrit »Sein, Manifestation«), in der Philosophie des *Sânkhya* eine Gruppe von psychologischen Vorbedingungen. Die kürzere Zählung von acht ergibt Tugend *(Dharma)*, Laster (adharma), Wissen *(Jñâna)*, Nichtwissen (ajñâna), Leidenschaftslosigkeit (virâga), Leidenschaft (râga), Macht (aishvarya) und Ohnmacht (anaishvarya). Diese Vorbedingungen sind ein der menschlichen Natur innewohnender Bestandteil. Sie wohnen im Intellekt *(Buddhi)* und werden in einen stufenweisen Entwicklungsprozess getragen, der schließlich zur ihrer Überwindung führt.

Bhûdevî / Bhû (Sanskrit »Erdgöttin«), zweite Frau *Vishnus;* Prinzip der Materie, notwendig zur Vollendung der Schöpfung.

Bhûta (Sanskrit »Wesen, Element«), 1. in der südasiatischen Philosophie ein Element, insbesondere ein grobes *(Mahâbhûta)* oder ein feinstoffliches *(Tanmâtra)*, meist Äther, Luft, Feuer, Wasser und Erde. Eine bestimmte Form der rituellen Reinigung des Körpers wird von einigen Anhängern des *Tantrismus* vollzogen, um auf diese Weise den Körper zur Verehrung der Gottheit zu heiligen. Der grobstoffliche menschliche Körper besteht aus fünf Elementen (Erde, Wasser, Feuer, Luft, Äther) und durch Vergegenwärtigung und Wiederholung von *Mantras* wird jedes Element systematisch in seine feinstoffliche Quelle aufgelöst (Bhûtashuddhi »Reinigung der Elemente«). 2. Geister, nicht menschliche Wesen und Kobolde.

Bîja (Sanskrit »Samen, Stärke«), verborgene Kraft, die jeder manifesten Erscheinung zugrunde liegt. Im Besonderen steht B. für die Kraft, die sich in einem symbolischen Ton konzentriert, den ein *Guru* durch Erfahrung erlernt hat und den er an einen Schüler in einem B.-Mantra (Sanskrit »Samensilbe«) weitervermittelt. Als ein Aspekt der absoluten Realität ist er daher im *Mantra* in konzentrierter Form enthalten.

Bindu. Der rote Punkt zwischen den Augenbrauen der jungen Frau in Bombay symbolisiert einen Tropfen, der ein Meditationsgegenstand ist.

Bindu (Sanskrit »Tropfen, Partikel«), komplexer Begriff mit unterschiedlicher Bedeutung im Hinduismus und besonders im *Tantrismus.* Allgemein wird er als Ausdruck des höchsten Bewusstseins (samvid), als *Shakti,* verstanden, die feinstofflich, ewig ist und das ganze Universum durchdringt. In einem spezielleren Sinn ist B. im kaschmirischen Shivaismus *(Shiva)* und im *Shaktismus* ein Terminus technicus für die materielle Ursache der reinen Schöpfung. Er bildet den Gegensatz zu *Mâyâ,* der materiellen Ursache der Schöpfung, obgleich beide als zwei Aspekte der einen Wirklichkeit betrachtet werden müssen, die sich gegenseitig durchdringen. B. wird außerdem mit dem Anusvâra, dem nasalierten Vokal im Sanskrit gleichgesetzt, der in der Devanâgarî-Schrift als ein mit dem Buchstaben kombinierter Punkt dargestellt wird. Er hat große symbolische Bedeutung im *Mantra* als das Absolute, das in einem Punkt zusammengezogen ist, die reine Potenz, aus der das Universum sich entfaltet und zu dem es zurückkehrt. B. ist auch Synonym für den Samen, der das kosmische Potenzial auf eine individuelle Ebene reduziert. Der B. zwischen den Augenbrauen wird als Tropfen gedacht, der ein Meditationsgegenstand ist und z.T. mit *Kundalinî* gleichgesetzt wird. Wie das Denken *(Citta)* und der Atem (prâna) ist der Samen rastlos. Durch *Yoga* und *Dhyâna* werden Samen, Denken und Atmen kontrolliert und der niedrigere B. zum höheren B. zwischen den Augenbrauen umgewandelt.

Brahma → Brahman

Brahmâ, vierköpfige und vierarmige spätvedische Gottheit, Schöpfer des Universums und mit *Vishnu* und *Shiva* Teil der Hindu-Trias *(Trimûrti)*. Er wird oft auf einem Lotus sitzend, mit Bart und in roter Farbe dargestellt; seine Attribute sind Lotusblüte, Gebetskette oder Bogen, der *Veda,* Wassertopf oder Opferlöffel. Sein Reittier ist die Gans. Anders als bei *Vishnu* und *Shiva* sind B. in Indien nur zwei Tempel gewidmet: in Pushkar (Rajasthan) und in Khedabrahma (Kerala). B. spielt sowohl im Buddhismus als auch im Jainismus eine Rolle. Er hat zahlreiche Söhne, die den Beinamen »Geistgeborene« erhielten, da sie Personifizierungen seines Denkens als universaler Schöpfergeist sind.

Brahmâ Kumârî (Sanskrit »Töchter Brahmâs«), neureligiöse Bewegung, die sich 1930 in Haidarâbâd unter Führung des Inders Lekh Râj (1876–1969) gebildet hat und sich seit ca. 1950 missionierend verbreitet, mit dem Ziel, die Verkörperung der Seele im Goldenen Zeitalter herbeizuführen. Ihr Gründer Râj wird als *Brahmâ* betrachtet, als Schöpfer einer neuen Welt, durch den die spirituellen Führerinnen (Dâdîs) u.a. Unterweisungen und Botschaften empfangen, die aufgeschrieben und weitervermittelt werden. Die B. haben zahlreiche Zentren im Westen und in Indien; ihre Weltzentrale ist Mount Abu (Rajasthan), wo die B. 1952 die »World Spirituality University« einrichteten.

Brahman. Trimûrti: Stele aus Sandstein mit der Darstellung der drei Götter Brahmâ, Shiva und Vishnu durch Symbole aus der Prä-Angkor-Zeit in Kambodscha, 2. Hälfte des 7. Jh.; Musée Guimet, Paris

Brahman (auch Brahmâ, Sanskrit »Weltgeist, Wachsen, Ausdehnung«), der höchste und alles durchdringende Geist, der Ursprung und Träger des sichtbaren Universums. Die früheste Verwendung dieses Begriffs im *Veda* und besonders im *Atharvaveda* meint die geheimnisvolle Kraft hinter der magischen Formel, durch die *Devas* Größe erlangen und durch die sie auch die rituelle Macht erhalten, sowie jene, die für sie zuständig sind (d.h. die *Brahmanen*). In der *Upanishaden*-Zeit und in der späteren systematischen Philosophie, besonders im *Vedânta,* bildete sich der Begriff B. für den höchsten Geist, das impersonale Absolute ohne Attribute, heraus. B. ist identisch mit der allem innewohnenden Seele *(Âtman)* und die Erkenntnis des B. (Brahmavidyâ) ist das höchste Ziel des menschlichen Lebens, da es die Befreiung *(Moksha)* aus dem Kreislauf des Leidens und der Wiedergeburt bedeutet. Dieses neutrale Nomen Brahman (oder Brahma) ist von der maskulinen Gestalt *Brahmâ,* dem personalen Schöpfergott der *Trimûrti,* zu unterscheiden.

Brâhmana (Sanskrit »das, was zu Brahman gehört«), 1. Gattung von Prosatexten der vedischen Literatur, die um 800–600 v.Chr. entstanden und für die Erklärung des Rituals und das Erfassen von zahlreichen Legenden, Mythen und philosophischen Spekulationen zuständig ist. Zu ihnen zählen Erläuterungen der Opferverse des vedischen Rituals *(Mantra),* Überlegungen zur Kosmologie und Anweisungen zur Metrik, den Gesangsmelodien und der Zahlensymbolik. Im engeren Sinne meint B. daher das Erklären der heiligen Macht *(Brahman),* die von den Mantras ausgeht. Diese Texte sind die Grundlage des *Brahmanismus.* Bedeutende Werke dieser Gattungen sind das Shatapata-Brâhmana des *Yajurveda* und das Jaiminîya-Brâhmana des *Sâmaveda.* Das Shatapatha-Brâhmana (»Brâhmana der hundert Wege«) ist das umfangreichste und ausführlichste dieser Werke. Es gehört zum sog. Weißen Yajurveda mit der Brihadâranyaka-Upanishad als beigeordnetem *Âranyaka.* Es beschreibt die fünf großen Opferfeiern Vâjapeya, Râjasûya, Ashvamedha, Purushamedha und Sarvamedha und offenbart zahlreiche Aspekte der politischen und religiösen Zustände der spätvedischen Zeit. Heute existiert es in verschiedenen Versionen, die jeweils unterschiedlichen Texttraditionen entsprechen.

Brahmane, Mitglied der höchsten der vier gesellschaftlichen Gruppen → *Varna.* Die B. waren traditionell die Hüter, Interpreten und Lehrer des religiösen Wissens und hatten als Priester die Aufgabe, zwischen Menschen, der Welt und den Gottheiten zu vermitteln. Das Leben eines B. gliedert sich dem traditionellen hinduistischen Ideal nach in vier Stufen (Ashrahmas): Schüler der Veden (Brahmacarin), Hausherr (Grihastha), Waldeinsiedler (Vanaprastha) und Asket oder Bettelmönch (Sannyasin), der Hab und Gut aufgegeben hat und sich in mystischer Schau in das Brahman versenkt. Den höchsten Rang unter den B. nehmen die Gelehrten (Pandits) ein, weniger geachtet sind die B. mit sakralen Funktionen z.B. in Tempeln, an Wallfahrtsplätzen und bei Leichenverbrennungen.

Brahmanismus, mittlere Phase der vedischen Religion (um das 8.–6. Jh. v.Chr.), die durch eine Betonung des Opfers *(Yajña)* gekennzeichnet ist, bei der die Götter selbst in den Hintergrund traten. Nur die exakte Ausführung der Opferriten war von Bedeutung. Die Brahmanen, die dies sicherstellten, werden in den *Brâhmanas* sogar als Götter bezeichnet.

Brahmasûtra, altindisches Werk, das die Lehren der *Upanishaden* in Bezug auf das *Brahman* systematisiert. Es bildet zusammen mit den wichtigsten Upanishaden und der *Bhagavadgîtâ* den Prasthânatraya, die »dreifache Quelle« der *Vedânta*-Philosophie. Zur Erklärung der Bedeutung der knappen und manchmal zweideutigen *Sûtras* wurden Kommentare verfasst, die zur Entstehung von einigen voneinander abweichenden Traditionen innerhalb des Vedânta führten. Die berühmtesten dieser Traditionen sind *Shankara, Râmânuja* und *Madhva.* Andere Bezeichnungen für das B. sind Vedântasûtra und Uttaramîmâmsâs.

Brahmavâdinî (Sanskrit »eine, die um *Brahman* weiß«) → Gargî

Brahmavidyâ → Brahman

Buddha → Avatâra

Buddhi (Sanskrit »Intellekt«), höhere geistige Fähigkeit, das Mittel zur Erkenntnis, Urteilskraft und Entscheidung. B. wird in den verschiedenen philosophischen Systemen auf leicht unterschiedliche Art aufgefasst. Insgesamt steht sie im Gegensatz zu *Manas,* dem Verstand, dessen Bereich das gewöhnliche Bewusstsein und die Verbindung des *Âtman* mit den Sinnen ist. B. ist eine höhere Fähigkeit, die in den Sinneswahrnehmungen wirkt. Sie wird mit intellektueller Unterscheidung, Bestimmung, Verstand und Willen ausgestattet vorgestellt. Im *Sânkhya-Yoga* spielt B. (oder *Mahat,* »das Große«) eine Schlüsselrolle. Es ist das erste Prinzip, das sich aus der unmanifestierten Prakriti herleitet.

Brahmanen. Kâncîpuram im südindischen Bundesstaat Tamil Nadu bei einer Opferzeremonie zu Ehren des Gottes Vishnu

C

Cakra (Sanskrit »Rad«), Zentren der Energie im Körper, die durch die *Nâdîs* (Energiekanäle) miteinander verbunden sind. Im Allgemeinen werden sechs Haupt-C. beschrieben, die sich am unteren Ende der Wirbelsäule, im Genitalbereich, am Nabel, im Bereich des Herzens, an der Kehle und zwischen den Augenbrauen befinden. Hinzu kommt der höchste C., der Sitz *Shivas* über dem Scheitel *(Kundalinî).*

Câmundâ, Emanation der *Kâlî,* eine furchterregende Gestalt *Durgâs,* mit hängenden Brüsten, ausgemergeltem Körper und wildem Gesichtsausdruck. Um ihren Hals trägt sie eine Girlande mit Menschenschädeln, in den Händen hält sie eine Schädelschale mit Blut und ein Schwert. Ihr Name leitet sich von den zwei Dämonen Chanda und Munda her, die sie im Kampf vernichtete.

Candramâ (Sanskrit »Mond«), Himmelsgestirn, das im *Veda* mit *Soma,* dem beim Opfer dargebrachten Presstrank, identifiziert wurde.

Cârvâka (Sanskrit), Schule des indischen Materialismus, die auch als Lokâyata-*Darshana* oder Nâstika-*Darshana* bezeichnet wird. Die Wahrheit dieser Schule soll sich auf diese Welt *(Loka)* beschränken. Der Tradition nach war Brihaspati ihr Gründer. Ihre Anhänger sehen keine Dauerhaftigkeit, sondern den beständigen Wandel in allen Erscheinungsformen, sodass das Selbst nichts anderes als die Summe seiner Teile ist. Der Sarvadarshanasamgraha fasst die Vorstellungen dieser Schule zusammen: Es gibt keinen Himmel, keine Befreiung in einer anderen Welt. Opferformen wie das Agnihotra, die *Vedas* und Rituale wie das Beschmieren mit Asche sind lediglich eine Lebenshilfe für jene ohne Fähigkeiten oder Wissen.

Cit (Sanskrit »Geist«), das reine Bewusstsein als wesentliche und nicht rückführbare Qualität des ewigen Selbst und des *Brahman.* Es wird unterschieden von geistigen Zuständen und Ideen. Obwohl C. nicht identisch mit bestimmten Zuständen des Geistes oder des Denkens ist, erleuchtet es sie und verleiht ihnen Leben. Es wird als ewig und unveränderlich vorgestellt. Im *Vedânta* wird C. häufig mit Sein *(Sat)* und Seligkeit *(Ânanda)* als eine Beschreibung vom Brahman zusammengefasst.

Citta (Sanskrit »Geist, Vernunft«), das zum Bewusstsein Gehörende. Ein Begriff für den reflektierenden und damit bewussten Geist; im Buddhismus ein Gegenstück zu *Manas* (dem reflektierenden Verstand) und Vijñâna (dem fortgesetzten Bewusstsein). Er ist allen Wesen oberhalb der Pflanzenwelt zu eigen.

D

Dakshinâcâra (Sanskrit), »rechtshändige Schule« des *Tantrismus.* Sie wird so bezeichnet, weil sie im Gegensatz zu *Vâmâcâra* als reiner Tantrismus gilt und reine Handlungen mit der rechten Hand ausgeführt werden *(Sâdhana).*

Darshana (Sanskrit »Anschauung«), in nachvedischer Zeit »Schulen« oder »Anschauungen« der indischen Philosophie, sowohl orthodoxer wie auch heterodoxer Art. Zu den orthodoxen hinduistischen D. gehören sechs verschiedene Systeme, die bestimmte Voraussetzungen gemeinsam haben, insbesondere die Autorität des *Veda* als unfehlbare Quelle des Wissens. Diese sechs philosophischen Schulen werden traditionellerweise paarweise in folgender Anordnung aufgeführt: *Nyâya* und *Vaisheshika, Sânkhya* und *Yoga; Pûrvamîmâmsâ* und *Vedânta.* Als das älteste gilt der Sânkhya, auf den Yoga, Pûrvamîmâmsâ, Vedânta, Vaisheshika und schließlich Nyâya gefolgt sein sollen – die tatsächliche Reihenfolge ihrer Entstehung lässt sich nicht genau bestimmen. Die Grundtexte stammen vermutlich aus dem 6. und 3. Jh. v.Chr. Ihre grundlegenden Lehrsätze sind in *Sûtras* (»Aphorismen«) verfasst, die von Kommentatoren über die Jahrhunderte erläutert und ausgearbeitet wurden.

Dasha-Avatâra (Sanskrit »Zehn Herabkünfte, Zehn Inkarnationen«) → Avatâra.

Dashâhrâ (Hindi »zehnter Tag«), auch als Râmlîlâ, Dussehra, Durgâ *Pûjâ* oder Navarâtri (»neun Nächte«) bekanntes, zehn Tage dauerndes Fest im Monat Âshvina (September/Oktober). Es umfasst Opferzeremonien, Fasten, gemeinsame Mahlzeiten, Tanz und Musik, wobei in allen Durgâ-Tempeln Feuer brennen, die mit Reis und Butterschmalz angefacht werden. Anlass ist die Verehrung der Göttin *Durgâ* bzw. *Kâlî,* die einen gefährlichen Dämon getötet haben soll. Dieses Ereignis bildet den mythologischen Hintergrund des Festes, an dessen Höhepunkt am letzten Tag meist ein Bildnis der Durgâ in einem Weiher oder Fluss versenkt wird. Neben Durgâ werden an D. auch andere weibliche Gottheiten wie *Lakshmî* oder *Sarasvatî* verehrt. Eine weitere Bedeutung erhält das Fest durch den Sieg *Râmas* über den Dämonen Râvana, was ebenfalls am zehnten Tag gefeiert wird. Wo dieses Motiv im Vordergrund steht, heißt das Fest Râmlîlâ.

Dasharatha, König von *Ayodhyâ* aus dem *Râmâyana* und Vater *Râmas.* Er hatte Kaikeyî, einer seiner drei Frauen, einen Wunsch gewährt. Da diese sich wünscht, dass der rechtmäßige Thronfolger Râma ins Exil geschickt wird und ihr eigener Sohn Bharata die Herrschaft von Dasharatha übernehmen soll, verlässt Râma freiwillig die Stadt, damit sein Vater sein Versprechen nicht brechen muss. Dasharatha stirbt vor Kummer, kurz nachdem Râma die Hauptstadt *Ayodhyâ* verlassen hat.

Deva (Sanskrit »Gott, himmlische Macht«), die Götter der vedischen Religion. Sie verkörpern in der Regel Naturphänomene, haben sowohl negative als auch positive Eigenschaften und sind insgesamt den Menschen recht ähnlich. In der später vorherrschenden Kosmogonie stammen sie von dem Schöpfergott *Pra-*

jâpati ab. Sie werden durch den Genuss von Opferspeisen *(Yajña)* unsterblich, vor allem aber vom Getränk *Soma.*

Devî (Sanskrit »Göttin, himmlische Macht«), jede weibliche hinduistische Gottheit. Später wird dieser Begriff meist auf Göttinnen angewandt, die mit *Shakti* identifiziert werden. Diese feminine Form von *Deva* kann aber auf jede der vielen weiblichen Aspekte der Göttin bezogen werden. Schon in der vedischen Zeit erscheinen sie als Manifestationen der Macht, die in den Naturerscheinungen wirksam sind, wie z.B der Morgenröte (Ushas), die Nacht (Râtrî), des Ganges (Gangâ) und anderer heiliger Flüsse. In nachvedischer Zeit glichen sich viele von diesen Merkmalen der Mahâdevî (Sanskrit »Große Göttin«) an, welche nach hinduistischer Vorstellung die Quelle der Energie im Kosmos *(Shakti)* ist.

Devî-Bhâgavata-Purâna, mythologisches Werk in Sanskrit, das sich an das *Bhâgavata-*Purâna anlehnt, aber einer Göttin gewidmet ist. Historisch wird dieser Text als eine späte Überarbeitung des klassischen Bhâgavata-Purâna eingestuft, im Sinne der Verehrung einer zentralen weiblichen Gottheit. Möglicher Entstehungsort ist Benares *(Vârânasî)* im 15. Jh.

Devî Mâhâtmya, bedeutender Text aus dem 5./6. Jh. n. Chr., Teil des Mârkandeya-Purâna, in dem der Sieg *Durgâs* über die Dämonen thematisiert wird. Dabei nimmt *Devî* (die Große Göttin) die zentrale Rolle im Schöpfungsmythos ein. Sie ist *Shakti* (Sanskrit »Energie, Macht«), welche die aus den Fugen geratene kosmische Ordung wiederherstellt.

Dharma (Sanskrit »Ordnung, Recht«), Recht und Sitte, die erst das universale und individuelle Leben ermöglichen; im weiteren Sinn das Verhalten, das der Aufrechterhaltung dieser Ordnung dient. Es gibt keinen allgemeinverbindlichen D., sondern dieser ist abhängig von der Kaste *(Jâti).* Die Regeln, welche die vedische Gesellschaft beherrschen (und ermöglichen), sind in den *Dharmashâstras* gesammelt, von denen das wichtigste das Gesetzbuch des *Manu* ist *(Manusmriti).* In den *Upanishaden* steht D. mehr in Bezug zu den Wegen, die zum Erlangen des *Brahman* geeignet sind. Der Sanâtana-D. bezeichnet das absolute und ewige Gesetz im Gegensatz zur relativen Pflicht (Svadharma) und bezieht sich auf jeden Menschen, einschließlich der Kastenlosen.

Dharmashâstra, Gattung von Texten in Sanskrit, die sich mit den Regeln des Lebenswandels und den Gesetzen beschäftigen *(Dharma, Shâstra).* Diese Texte sind länger und planmäßiger angeordnet als die Dharmasûtras *(Sûtra)* und behandeln Themen, die in diesen vernachlässigt werden, wie religiöse Gelübde, die Schenkung öffentlicher Bauwerke, Schreine und Tempel oder auspiziöse Zeiten und Pilgerreisen zu heiligen Orten. In der Regel sind die D. – im Unterschied zu den Dharmasûtras – ganz in Versen verfasst. Zu den wichtigsten D. zählt der *Manusmriti.*

Devî. Kultbilder der Göttin sind ein Beispiel für die Personifizierung und Individualisierung einer elementaren Kraft. Dieser Prozess beginnt mit der Verehrung der Devî als feminine Form von Deva. Als Shakti ist Devî eine der mehreren Gemahlinnen von Shiva. Kultbild der Prâ-Angkor-Periode in Kambodscha, 7. Jh. n.Chr.; Königliches Museum, Phnom Penh

Dhyâna (Sanskrit »Meditation, Versenken«), Meditation, höherer Bewusstseinszustand. Oft bezeichnet D. die Konzentration auf einen Punkt, ein einziges Objekt. Von zentraler Bedeutung ist dieser Begriff im *Yoga-Sûtra.*

Dîkshâ (Sanskrit »Weihe«), Initiation. Sie wird in der Regel vom *Gurû* durchgeführt; oft erhält dabei der Kandidat einen neuen Namen. Die D. spielt eine Rolle in den Handlungen, die ein Hindu höherer Kasten entsprechend seines Standes und seines Lebensabschnittes vollzieht (varnâshramadharma). In vedischer Zeit war die Initiation Voraussetzung für das *Soma*-Opfer.

Diti, mythologische Gestalt, Tochter von Daksha und Frau des *Kashyapa.* D. bildet eine Art Polarität zu *Aditi,* ihrer Schwester und mit ihr rivalisierenden Ehefrau. Während Aditi die Götter gebiert, sind die Kinder von D. die Daityas (»Dämonen«). Dies führte zu einem

Dîvâlî. In Kalkutta entzünden Frauen die Tonlämpchen für das Lichterfest.

permanenten Zustand der Feindschaft zwischen den Nachkommen beider. D. ist in einigen Versionen der Geschichte ihrer Geburt auch die Mutter der *Maruts.*

Dîvâlî, das wichtigste hinduistische Fest, das seinen Höhepunkt am 15. Tag der dunklen Hälfte von Kârttika (Oktober/November) hat. Seinen Namen erhielt es von den kleinen Tonlämpchen (Dîvâ), die mit Butterschmalz gefüllt werden und während der fünf Tage des Festes brennen. Diese Lampen erinnern an die Rückkehr *Râmas* aus der Verbannung und dienen gleichzeitig als Wegweiser für die Glücksgöttin *Lakshmî* auf ihrer Suche nach den Gläubigen. Jeder einzelne Tag ist mit einer bestimmten Erzählung aus den heiligen Schriften verbunden, wobei es meist um die Bestrafung von Dämonen durch die Götter geht. Anlässlich dieses »Lichterfestes« werden auch Feuerwerke abgebrannt. Traditionell trägt man neue Kleider, besucht die Tempel, vergnügt sich mit Freunden und Verwandten und versendet Glückwunschkarten.

Divine Light Mission (DLM), von Shri Hansji Mahârâj (1890–1966) gegründete Organisation. Er war ursprünglich Aktivist des *Reformhinduismus* und fand schließlich unter Einfluss seines *Guru* zu einer eigenen Lehre, die auf der Tradition der Sant Mat fußt und die er 1960 zur D. ausformte. Nach dem Tod des Gründers übernahm sein jüngster Sohn Prem Pal Singh Rabat die Leitung der Organisation, wurde aber 1975 von seiner Mutter und seinem Bruder Sat Pal wegen seines ausschweifenden Lebensstils abgesetzt. Aufgrund der Krise wird die Bewegung Anfang der 80er Jahre im Westen in »Elan Vital« umbenannt. Der indische Zweig, der von der Mutter und dem älterem Bruder übernommen wurde, ist seit 1981 als »Spiritual Life Society« auch im Westen aktiv.

Draupadî, gemeinsame Frau der *Pândavas* im *Mahâbhârata. Arjuna* gewinnt den Wettkampf, der veranstaltet wird, um einen Ehemann für sie zu finden. Er macht sie dann aber zur gemeinsamen Ehefrau der Pândavas. Bei dem Würfelspiel, in dem *Yudhishthira* am Ende sein ganzes Reich verlieren wird, setzt er auch D. ein. Er verliert und D. soll die Sklavin der *Kauravas* werden. In Darstellungen des Mahâbhârata ist häufig zu sehen, wie einer der Kauravas versucht, D. das Gewand vom Körper zu reißen. Dank der Hilfe *Vishnus* gelingt dies aber nicht. Anlass zu Diskussionen hat immer wieder die polyandrische Ehe (Verheiratung einer Frau mit mehreren Männern, meist Brüdern) zwischen D. und den Pândavas gegeben. In den Epen ist es üblich, dass ein Mann mehrere Frauen hat, z. B. Pându (der Vater der Pândavas) und *Dasharatha* (der Vater *Râmas)* u. a. Die Verheiratung von D. mit den Pândavas scheint aber der einzige Fall einer polyandrischen Ehe zu sein. Manche vermuten, dass hier eine nichtarische Kultur ihre Spuren hinterlassen hat.

Dravya (Sanskrit »Substanz«), die Substanz; philosophischer Begriffs für die grundlegenden Strukturelemente der Realität. Die Definition dieses Begriff gab Anlass zur philosophischen Diskussion und war ein zentraler Faktor in den unterschiedlichen Lehren. Z. B. behauptet der dualistische *Shaiva-Siddhânta,* dass die Verschmutzung (mala), die die Seele bedeckt, eine D. sei, während der monistische Shivaismus dies ablehnt. In der *Nyâya-Vaisheshika* Tradition ist die Substanz eine der sechs Kategorien (Padârtha), die selbst wieder in verschiedene Typen differenziert sind. Die materiellen Substanzen umfassen die Elemente Erde, Luft, Feuer und Wasser zusammen mit dem »inneren Lenker« (Antahkarana, nämlich *Ahamkâra, Manas* und *Buddhi),* während die immateriellen Substanzen Zeit *(Kâla),* Raum, Äther *(Âkâsha)* und Individualseelen *(Âtman)* umfassen. Die Ersteren sind vorübergehend, die Letzteren ewig. Der Philosoph Shankara kritisierte die Behauptung, dass die Substanz und die Qualität unterschiedliche Kategorien seien, indem er betonte, dass es in Wirklichkeit nur eine einzige Substanz gebe, nämlich *Brahman.* Daher nimmt der *Advaita-Vedânta* eine einzige Substanz an, während der *Nyâya-Vaisheshika* eine Vielzahl von Substanzen behauptet. In der jainistischen Philosophie wird davon ausgegangen, dass alles entweder Substanz oder Modifikation (paryâya) ist. Fünf Substanzen werden anerkannt: die Materie (pudgala), die Seele *(Jîva),* Raum oder Äther, Handeln *(Dharma),* und Nichthandeln (adharma). Die Zeit *(Kâla)* wurde später hinzugefügt.

Durgâ (Sanskrit »die, die schwer zugänglich ist«), eine Muttergottheit mit dem furchterregenden Aspekt der großen Göttin *(Devî),* eine Vernichterin von Dämonen, die den *Dharma* der Schöpfung bedrohen. Besonders erwähnenswert ist der Büffeldämon *Mahisha,* der weder von einem Mann noch einem Tier getötet werden konnte. D. erschlug das Geschöpf ohne Mühe. Sie wird auch als ein Aspekt der *Kâlî* aufgefasst. Besonders verehrt wird die D. in Bengalen.

Durgâ Pûjâ → Dashâhrâ

Durgâ Vâhinî (Sanskrit »das Fahrzeug der *Durgâ«),* militanter Frauenflügel der Vishva Hindu Parishad (VHP).

Dussehra → Dashâhrâ

Dyaus (Sanskrit »Himmel«) → Svarga

E

Ekâtmâtâ-yâtrâ, 1983 durchgeführte Kampagne der *Vishva Hindu Parishad* mit dem Ziel, die Einheit der Nation durch eine groß angelegte Pilgerfahrt (Yâtrâ) durch Indien zu demonstrieren.

Elephanta, eine Insel in der Nähe der Hafenstadt Bombay im westindischen Bundesstaat Maharashtra, ist ein bedeutender hinduistischer Wallfahrtsort. E. besitzt sechs Höhlentempel; sie gehören zum Weltkulturerbe. Im Haupttempel befindet sich eine aus dem Fels gehauene Kolossalbüste des dreiköpfigen *Shiva;* sie stammt wie die Skulpturen der Torwächter aus dem 8. Jh. n. Chr. Den heutigen Namen erhielt das frühere Gharapuri (»Festungsstadt«) von den Portugiesen aufgrund einer monumentalen Steinskulptur eines Elefanten. Sie zerbrach 1814; Überreste befinden sich im Victoria Garden in Bombay.

Ellora, bedeutende Tempelstadt des Hinduismus, Buddhismus und Jainismus auf dem Hochland von Dekhan im westindischen Bundesstaat Maharashtra. E. besitzt 34 aus dem Fels gehauene Tempel und Klöster aus dem Zeitraum vom 5. Jh. bis zum 9. Jh. n. Chr.; sie gehören zum Weltkulturerbe. Mit 20 Tempeln überwiegt der hinduistische Anteil.

G

Gandharvas (Sanskrit »himmlische Sänger«), Genien, Musikanten der Götter.

Gândhî Jayantî, Fest zum Geburtstag Mahatma Gândhîs (S. 578) am 2. Oktober und zugleich der Nationalfeiertag Indiens.

Ganesha (Sanskrit »Herr der Scharen«), der auch unter einer Vielzahl anderer Namen (u. a. Ganapati und Ekadanta) bekannte populäre, in ganz Indien verehrte Elefantengott. G. ein Sohn *Shivas* und *Pârvatîs,* ist dickbäuchig, besitzt einen menschlichen, meist vielarmigen Körper und einen Elefantenkopf mit einem abgebrochenen Stoßzahn. Seine häufigsten Attribute sind eine Schüssel mit Süßigkeiten (laddoos), eine weiße Schneckentrompete, Axt, Diskusscheibe, Keule, Lotus, Seil, Gebetskette und Elefantenhaken. Sein Reittier ist eine Ratte oder Maus. G. ist der Gott der Weisheit, der Anfänge und des weltlichen Erfolgs. Am 4. Tag des Monats Bhâdrapada (August/September) finden landesweit Umzüge statt, bei denen Darstellungen von G. mitgeführt werden.

Gangâ, Tochter des Himâlaya, Flussgöttin und Verkörperung des Ganges, einer der sieben großen, heiligen Flüsse Indiens. In menschlicher Gestalt als schöne Frau dargestellt, sitzt oder steht G. meistens auf ihrem Reittier, dem *Makara,* einem Fabeltier, das einer Mischung aus Krokodil und Flussdelfin gleicht. Mit der Flussgöttin Yamunâ findet

Ellora. Löwenskulpturen auf einem Dach des Kailash-Tempels in Ellora im Bundesstaat Maharashtra. Der Tempel ist dem Gott Shiva geweiht.

man G. häufig an Tempeleingängen, zur (symbolischen) Reinigung der Eintretenden.

Gargî, weise, gelehrte Tochter des heiligen Vacaknu, die als Brahmavâdinî (»eine, die um *Brahma* weiß«) galt, und eine der wenigen Frauen, die in den *Upanishaden* als Gelehrte Eingang fand und in der Brihadâranyaka-Upanishad als Siegerin einer religiösen Debatte mit dem heiligen Yâjñavalkya hervorging.

Garuda, mythologisches Geschöpf, das entweder als gekrönter Vogel oder als Vogel mit Menschenkopf dargestellt ist. Er ist der Sohn des *Kashyapa* und der Vinatâ, und das Reittier des *Vishnu.* Er spielt in vielen Erzählungen der Taten Vishnus eine Rolle und kämpft oft gegen Dämonen in Gestalt von Schlangen.

Grihya-Rituale, häusliche Opferrituale der vedischen Religion, die vor allem bei Ereignissen, die die Familie betrafen, praktiziert wurden. Typisch (und auch heute noch lebendig) sind Opferrituale bei der Geburt eines Kindes, bei Hochzeiten und Todesfällen. Darüber hinaus gab es aber auch Rituale, die zu festen Zeiten im Haus durchgeführt wurden, z.B. bei Sonnenaufgang, Sonnenuntergang, Vollmond und Neumond. Diese G. wurden im Allgemeinen vom (männlichen) Familienoberhaupt selbst durchgeführt, es konnte aber auch ein Priester hinzugezogen werden.

Guna (Sanskrit »Qualität, Faden«), im *Sânkhya* die drei Bestandteile bzw. Qualitäten der materiellen Natur *Sattva, Tamas* und *Rajas.* Alles Geistige und Körperliche besteht in unterschiedlicher Abstufung aus diesen drei G.; nur das reine Bewusstsein *(Purusha)* ist ohne Attribute (nirguna). Die Veränderung des Gleichgewichts der Qualitäten wird als Ursache für die Schöpfung angesehen, die ganze Schöpfung kann nach dem Vorherrschen von einem der drei G. in Gruppen unterteilt werden. Das Vorherrschen der Helligkeit (Sattva) entsteht durch die Nähe des Purusha zur Prakriti, stört das Gleichgewicht und setzt den Schöpfungsprozess in Gang; ein Vorherrschen des Tamas bringt die materielle Welt hervor. Zuerst bilden sich die feinstofflichen Elemente, dann aus dem Wechselspiel der drei Qualitäten die grobstofflichen Elemente.

Gurû (Sanskrit »schwer«), spiritueller Lehrer, religiöser Führer. Ursprünglich auch Bezeichnung für den Lehrer in weltlichen Dingen. Ein Synonym für Âcârya, einen Lehrer, den der Schüler mit Ehrfurcht behandelt. Ein G. wird auch von einem Gelehrten (Pandita) unterschieden. Im *Vishnuismus, Shaivismus* und *Tantrismus* sind die G. die Träger Jahrhunderte währender Traditionen. Mit der Herausbildung der *Bhakti* galt auch die Verehrung der G. als Weg zur Befreiung *(Moksha),* insbesondere in der Sant-Tradition.

Guruismus, missionarische Religionsgemeinschaften, in denen der religiöse Führer *(Gurû)* als unbestrittene Autorität anerkannt wird und die vollkommene Unterwerfung seiner Anhänger beansprucht. Die Mehrzahl der auch im Westen verankerten neuen Religionen Indiens zentrieren sich um den Guru.

Gurû Pûrnimâ, Verehrung des eigenen Lehrers *(Gurû)* an Vollmond (Pûrnimâ) in Jyaishtha (Mai / Juni) zu Hause und im Tempel. Jeder gläubige Hindu lässt sich von einem Guru in die religiösen Traditionen einweisen und betrachtet ihn als gottgleichen Meister.

Gurû. Nach einer Meditationsübung folgen die Beatles (v. l.: Paul McCartney, George Harrison, John Lennon und Ringo Starr) im August 1967 ihrem Gurû Maharishi Mahesh Yogi (vorn). Die vier weltberühmten Musiker waren ins walisische Bangor gekommen, um mit anderen Anhängern des Gurûs zu meditieren.

H

Hanumân, Figur des *Râmâyana,* ein Affenkönig, der *Râma* half, seine Frau *Sîtâ* aus der Gewalt Râvanas zu befreien. Besonders bekannt ist die Episode, in der H. vom Festland auf die Insel *Lankâ* springt (oft ist er auch fliegend dargestellt), um Sîtâ zu sagen, dass Râma sie befreien wird. Dabei wird er von den Wächtern gefangen genommen. Râvana lässt ein ölgetränktes Tuch an H. Schwanz befestigen, das angezündet wird. H. bleibt aber unversehrt und steckt mit seinem brennenden Schwanz ganz Lankâ in Flammen. Auch bei der späteren Schlacht hilft H. Râma tatkräftig und kehrt schließlich mit ihm nach Ayodhyâ zurück. Wie Lakshmana verkörpert H. den idealen *Bhakta.* Auch H. hat wie die meisten Götter einen eigenen Feiertag, den H. Jayantî an Vollmond in Caitra (März/April).

Hare Krishna → International Society for Krishna Consciousness

Haridvâr (Haridvâra (Hindi) »*Vishnus* Tor«), heilige Stadt der Hindus. Sie liegt dort, wo der Ganges *(Gangâ)* das Gebirge verlässt und in die Ebene strömt. Alle zwölf Jahre wird hier eines Mythos gedacht: Während eines Konfliktes unter den Göttern fiel hier ein Tropfen vom Nektar der Unsterblichen auf die Erde.

Hari-Hara, vertikal geteilter Körper, in dem sich *Shiva* mit *Vishnu* vereint.

Haritî → Sîtalâ

Harivamsha, Anhang des *Mahâbhârata.* Er weist verschiedenste Textschichten auf, von denen einige vermutlich um 200 n. Chr., andere erst um 1000 n. Chr. entstanden sind. Es handelt sich um eine Sammlung mythologischer Erzählungen und könnte insofern als *Purâna* betrachtet werden, sein Kerntext geht aber auf ein Epos über den Stammeshelden *Krishna* zurück. Der H. ist deshalb von besonderer Bedeutung für die Verehrer Krishnas unter den Vaishnavas *(Vishnuismus).*

Heilige Bäume, eine Vielzahl an Bäumen, die im Volksglauben als heilig gelten und entsprechend verehrt werden, insbesondere diejenigen, deren Früchte, Blätter, Rinde u. ä. essbar sind oder von medizinischem Nutzen. Unter den bekannteren sind der Pîpal-Baum, der Neem-Baum, die Kokospalmen und der Mango-Baum. Eine große Anzahl an Bäumen gilt als Wohnsitz einer Gottheit.

Heilige Familie, prototypische Darstellungen *Shivas,* seiner Gattin *Pârvatî* und ihren Kindern *Ganesha* und *Kârttikeya.*

Heilige Kuh, gilt als Nahrungsquelle und wird als Symbol des Lebens verehrt. In den Veden wurde die Kuh als Geschenk der Götter betrachtet. Rinder dienten den *Brahmanen* für ihre Opferrituale als Opferlohn, was ihr heiliges und unverletzliches Wesen begründete: Eine Kuh zu töten ist wie die Tötung eines Brahmanen. Die fünf Produkte (pañcagavya) der Kuh (Milch, Quark, Ghrita, Harn, Dung) finden alle in den *Pûjâs* Verwendung. Sie dienen auch bei Riten zur Abwehr von Unheil: So wird z. B. getrockneter Kuhmist auf die Köpfe von Kindern gelegt, die von bösen Geistern besessen sind.

Heilige Kühe in den Straßen von Alt-Delhi. Besonders gefeiert wird die Kuh am Gopâshtamî-Tag (an der 8. hellen Tithi des Monats Kârttika), an dem die Kuh gewaschen und im Tempel geschmückt wird. Die Hindus bringen ihr Gaben dar, um weiter ihre lebensspendenden Produkte zu erhalten.

Heirat (Sanskrit Vivâha), in der *Manusmriti* werden acht Formen der Heirat beschrieben: Paishâca, Râkshasa, Gandharva, Âsura, Prâjâpatya, Ârsha, Daiva und Brâhma. Allgemein reguliert die H. die Verwandtschaftsverhältnisse zweier Familienlinien und gilt als Sakrament. Im Hinduismus ist die H. mit einer der bedeutendsten Übergangsriten *(Samskâra)* verbunden, wobei nicht das individuelle Glück, sondern die Erfüllung religiöser und sozialer Pflichten im Vordergrund steht und die H. als Familienangelegenheit betrachtet wird. Entsprechend sind H. gewöhnlich arrangiert, wobei auch heute noch überwiegend innerhalb der eigenen Kaste oder Sub-Kaste geheiratet wird. Außer der Hinwendung zur Askese gibt es keine sozial respektierte Alternative zur Heirat, die als wichtigstes Familienereignis und als Upanayana-Ritual für Frauen gilt. Die Heirat gilt als vollzogen, wenn das Brautpaar die sieben zeremoniellen Schritte (Saptapadî) um das heilige Feuer begangen hat.

Hindu-Fundamentalismus, radikaler und gewaltsamer Protest organisierter Hindu-Bewegungen in dem Bemühen, eine auf religiösen und kulturellen Fundamenten aufbauende »alternative Moderne« in Abgrenzung zum westlichen Liberalismus zu schaffen. Erste Strömungen des H. bildeten sich im Zusammenhang mit einem aufkeimenden Nationalismus im 19. Jh. Während der Begriff »Fundamentalismus« in seinem historischen Kontext als eine Selbstbezeichnung amerikanischer, protestantischer Bewegungen Ende des 19. bzw. Anfang des 20. Jh. aufgekommen ist, wird der Begriff heute auch deskriptiv für andere religiöse Gemeinschaften angewendet. Aufgrund der mangelnden »Fundamente« im Hinduismus wird in der religionswissenschaftlichen Debatte vereinzelt gefordert, den Begriff »Hindu-Fundamentalismus« durch Termini wie *Kommunalismus,* Militanz oder »Revivalism« zu ersetzen. Diese Ersatzbegriffe erfassen jedoch jeweils nur Teilaspekte des H. Gemeinsamer Nenner der diversen Gruppen des H. ist ihre betonte Liebe zur Heimat, zum Volk und seiner religiösen Kultur und ihre Ablehnung moderner Prinzipien wie Pluralismus, Toleranz, *Säkularisierung* und Relativismus.

Hindû-râshtra, Konzept eines einheitlichen Hindustaates.

Hindutva (Hindi »organisiertes Hindutum«), 1922 von Vinayak D. Savarkar geprägter Begriff über die Erschaffung bzw. Revitalisierung der »Hindunation«. Dahinter verbirgt sich das Ziel der »Hinduisierung Indiens«.

Holî, Frühlingsfest, das an Vollmond im Monat Phâlguna (Februar/März) beginnt. Aus alten Fruchtbarkeitsriten hervorgegangen, wird es mythologisch mit der Vernichtung der Hexe Holikâ in Verbindung gebracht. Dieser Bezug zeigt sich in der Verbrennung einer sie symbolisierenden Strohpuppe in den zu H. entzündeten Freudenfeuern. Den Ablauf des Festes kennzeichnet große Ausgelassenheit: Die Menschen tragen alte Kleidung und bespritzen sich auf den Straßen gegenseitig mit Farbe. Die an H. üblichen frivolen Sitten erklärt man mit Erzählungen über die Spiele *Krishnas* mit Hirtenmädchen (Gopîs) und den Taten des Liebesgottes *Kâma.*

Holî. Zwei Frauen bespritzen sich mit rosa Farbe während des Holî-Festes in den Straßen von Neu-Delhi. Das Fest kündigt den Frühling an.

Hotri (Sanskrit), einer der Hauptpriester der vedischen Religion. Der H. ist im vedischen Opferritual für die Rezitation der *Rigveda* (Samhitâ-)Hymnen zuständig. Seine Aufgabe besteht darin, die Götter mit diesen Hymnen zum Opfer herbeizurufen.

I

Indra, neben dem Feuergott *Agni* höchster Gott im Pantheon der vedischen Religion, an den mehr Hymnen des *Rigveda* gerichtet sind als an jede andere Gottheit. Er ist der Spender des Regens, Quelle der Fruchtbarkeit und gleichzeitig der Gott des Krieges und des Kampfes, der sich selbst mit Unmengen von *Soma* stärkt. Seine Kraft wird durch seinen Blitzstrahl (vajra) dargestellt. Seine Erscheinungsformen sind unzählig, da er jede Gestalt annehmen kann. Er erobert neues Land für die eingewanderten vedischen Stämme und ist damit der Prototyp des Helden. Der Indraloka ist das Reich, in das alle heroischen *Kshatriyas* nach dem Tod eingehen. Mit der Schwächung der vedischen Religion trat auch I. stark in den Hintergrund. Er ist auch in der jainistischen und buddhistischen Mythologie (als Sakka) anzutreffen.

Indriya (Sanskrit), Ausdruck für die Sinnesorgane, besonders im System des *Sânkhya*-Yoga. Es gibt zehn Funktionen, die in zwei Kategorien unterteilt werden: die Organe der Wahrnehmung (buddhîndriya) und die Organe des Handelns (karmendriya). Erstere sind die Fähigkeiten des Sehens, Hörens, Riechens, Schmeckens und Berührens. Sie sind Vermittler zwischen der äußeren Welt und dem Intellekt *(Buddhi).* Letztere sind die Fähigkeiten des Redens, Greifens, der Fortbewegung, der Ausscheidung und des Zeugens. Sie sind die Werkzeuge, durch die eine Person in der Welt handelt. Es besteht generell die Ansicht, dass ein Anhänger des *Yoga,* der seine Sinne durch Meditation »zurückgezogen« hat, die Welt ohne die Vermittlung der natürlichen Organe wahrnehmen kann.

Initiation → Dîkshâ

International Society for Krishna Consciousness (ISKCON), auch als »Hare Krishna« bekannte, 1966 von dem Inder A. C. Bhaktivedânta Swâmi Prabhupada (1896 bis 1977) in New York gegründete Organisation mit dem Ziel, die vedische Kultur und Religion im Westen zu verbreiten. Sie kam in den 1970er Jahren mit der Hippie-Bewegung nach Europa und ist seit den 1990er Jahren auch in Indien fester verankert. Nach dem Tod Swâmi Prabhupadas übernahmen elf Nachfolger die Führung. Die Mitglieder leben als Laien oder mit asketischen Gelübden in ordensähnlichen Mönchsgemeinschaften. Die I. kann als westlicher Ausläufer der *Bhakti*-Bewegung betrachtet werden, wobei *Krishna* als höchster persönlicher Gott verehrt wird. Die liebende Hingabe und Verschmelzung mit ihm wird als höchste Gottesverehrung verstanden, wobei die I. die *Bhagavadgîtâ* und das *Bhâgavata-Purâna* nach ihrer Glaubensbasis radikal neu deutet und ihre Publikationen im Eigenverlag herausgibt. Sie werden u.a. von Auslandsindern unterstützt und stehen Gruppierungen des Hindu-Fundamentalismus wie der *Vishva Hindu Parishad* nahe.

Îshvara (Sanskrit »Herr«), die höchste Gottheit in den monistischen Schulrichtungen, ein allumfassender, absoluter Gott. Î. ist die persönliche Gestalt des unbestimmten, absoluten *Brahman.* Sie ist die Gestalt des Brahman, die den Menschen seine Verehrung erst ermöglicht, denn in ihr haben sie eine individuelle Gottheit mit persönlichen Zügen vor sich.

J

Jagadguru (Sanskrit »Weltenführer, Weltenlehrer«), Begriff, der in hindufundamentalistischen Kreisen in Rückbesinnung auf eine idealisierte, »spirituelle Vergangenheit« Indiens zirkuliert und den Anspruch formuliert, in der internationalen Gemeinschaft der (spirituelle) »Weltenführer« zu sein.

Jagannâtha (Sanskrit »Herr der Welt«), aus Holz gefertigte Gestalt *Vishnus* mit Armstümpfen und ohne Beine, der in Orissa als Dreiergruppe gemeinsam mit seiner Schwester Subhadrâ und seinem Bruder *Balarâma* verehrt wird. Leicht erkennbar ist die Dreiergruppe an den großen, aufgemalten Augen.

International Society for Krishna Consciousness. Junge Hindus haben sich zur Einweihung eines Hare-Krishna-Tempels im April 1998 in Neu-Delhi betend um ein heiliges Feuer versammelt. Der Tempelkomplex wurde für rund 6 Mio Dollar von der Hare-Krishna-Bewegung gebaut.

Die Statuen werden alle zwölf Jahre neu geschnitzt und zeremoniell ersetzt.

Jagannâtha → Rathayâtrâ

Japa (Sanskrit »Murmeln«), Litanei, das ständige Wiederholen von *Mantras,* meist in Verbindung mit der Visualisierung von Gottheiten. → Tantrismus; → Sâdhana.

Jâti (Sanskrit »Geburt, Rang«), allgemein die Geburt in Bezug auf Rasse, Kaste und Geschlecht, im speziellen Sinne der Kaste.

Jayamangalâ → Kâmasûtra

Jîva (Sanskrit »belebt«), bedeutender philosophischer Begriff für das lebendige Selbst, das in der Welt handelt und das sich mit Geist und Körper als empirische Realität identifiziert. Das wahre Selbst ist der *Âtman,* der alle Erscheinungen durchdringt. Es wurde die Frage diskutiert, ob J. und Âtman identisch seien oder ob ein gewisser Unterschied zwischen ihnen bestehen bleibt. Jîvanmukti ist eine Bezeichnung für einen Zustand, in diesem Leben befreit zu sein. Ein Jîvanmukta, d.h. einer, der diesen Zustand erlangt hat, befindet sich zwar in der Welt, aber er wird nicht (mehr) von ihr beherrscht. J. bedeutet im Jainismus die empfindende Seele. Dagegen wird der Begriff Ajîva mit den nicht fühlenden Bestandteilen des natürlichen Universums assoziiert. Die Jainas haben fünf Kategorien des Ajîva entwickelt: die Materie, die aus Atomen besteht (pudgala), nicht geschaffen wurde und die unzerstörbar und real ist; Dharmadravya, das Prinzip der Bewegung; Adharmadravya, das Prinzip der Ruhe; Raum *(Âkâsha);* Zeit *(Kâla),* die zusammen mit

Kâlî. Bild der furchterregenden Göttin als Shakti, eine der mehreren Gemahlinnen des Shiva; mit ihm teilt sie den Aspekt der Zerstörung. Zur Identifizierung der Göttin dienen die blaue Hautfarbe, an deren Stelle das Schwarz treten kann, vor allem aber die Menschenschädel in den beiden unteren ihrer acht Arme. Stoffmalerei, frühes 17. Jh.; Museum Chandigarh

dem Raum besteht. Es herrscht die Vorstellung, dass J. bereits seit anfanglosen Zeiten in Berührung mit dem Ajîva stehe; zusammen bilden sie die Realität. Der Ajîva hält den J. in Fesseln, und das Ziel des Jainismus ist die Befreiung der Seelen durch Bußübungen und asketische Praktiken.

Jñâna (Sanskrit »Wissen«), das Wissen, besonders das spirituelle Wissen und die Kenntnis des Weges, sich dem *Brahman* oder Gott zu nähern. Weil *Avidyâ* (Sanskrit »Nichtwissen«) der Zustand ist, der das Fortschreiten zur Erleuchtung verhindert, erhielt J. eine starke soteriologische Bedeutung.

Jñâna-mârga (Sanskrit »Weg des Wissens«) → Bhagavadgîtâ

K

Kâla (Sanskrit »Zeit«), Begriff für Zeit, der den vedischen Begriff Ritu (»Jahreszeiten«) ersetzte. K. ist auch ein Zeitmaß für einen Tagesabschnitt. Sowohl *Vishnu* als auch *Shiva* werden unter den Aspekten kosmischer Zeitabläufe betrachtet. Auch der Todesgott Yama steht in Beziehung zur Zeit. Eines seiner Wahrzeichen ist sein Stock des Todes.

Kâlî (Sanskrit »die Schwarze«), furchterregende Manifestation der *Shakti,* mit blauer oder schwarzer Hautfarbe, geschmückt mit einer Girlande aus Menschenschädeln und einem Gürtel aus Menschenhänden, mit weit heraushängender Zunge. Oftmals trägt sie eine Schädelschale mit Blut und eine Lanze, auf ihrem Körper tanzt ihr Gatte *Shiva.*

Kaliyuga, letztes Weltzeitalter, in dem sich die Welt seit 3102 v. Chr. bis heute befindet. Es ist gekennzeichnet durch zunehmenden Verfall von Ordnung und Moral.

Kalkin, zehnter und letzter *Avatâra* des *Vishnu,* der in der Zukunft kommen soll. Seine früheste bekannte Beschreibung befindet sich im *Mahâbhârata,* doch wird diese Figur zunächst nicht mit Vishnu identifiziert. Er wird gewöhnlich als *Brahmanen*-Krieger bezeichnet, der auftreten wird, um Abtrünnige am Ende des *Kaliyuga* zu bestrafen und somit ein neues Zeitalter *(Yuga)* einzuleiten.

Kalpa (Sanskrit »Äon«), ein Tag und Nacht des *Brahmâ.* Der Schöpfergott *Brahmâ* besitzt eine bestimmte Lebensspanne. Ein vollständiger Tag wird K. genannt. Eine weitere Unterteilung wird in Zeiteinheiten des *Manu* vorgenommen (Manvantara). Eine gewisse Uneinheitlichkeit herrscht über das Maß eines K. in den unterschiedlichen Traditionen. Vier *Yugas,* für das menschliche Maß wahrnehmbare Epochen, ergeben ein Mahâyuga, 2000 Mahâyugas wiederum einen K.

Kâma (Sanskrit »Liebe, Erotik«), 1. Gott der Liebe und Leidenschaft, dargestellt mit Bogen und Blumenpfeil; Gemahl von Râtî. 2. Sinnengenuss, einer der vier legitimen Lebensziele *(Purushârtha)* der Hindus höherer Kasten.

Kâmasûtra (von Sanskrit kâma »Liebe, Erotik« und sûtra »Leitfaden, Aphorismus«), Lehrbuch der Liebeskunst des Vâtsyâyana (3./4. Jh. n. Chr.). Das bekannteste indische Handbuch zur Psychologie der Liebe, des Geschlechtslebens, der Stellungen bei der sexuellen Vereinigung und den regionalen Varianten der Liebe. Der Autor des enzyklopädisch aufgebauten Buches bedient sich vieler früherer Einzeluntersuchungen von Autoren, deren Werke nicht erhalten sind. Berühmt ist z. B. der Abschnitt über die Kurtisanen (Veshyâ). Das Werk des Vâtsyâyana fand im indischen Mittelalter viele Imitatoren, z. B. das Ratirahasya des Kokkoka. Der berühmteste Kommentar zum K. ist die Jayamangalâ des Yashodhara (13. Jh.).

Kañcuka (Sanskrit »Harnisch, Panzer«), zentraler Begriff des kaschmirischen Shivaismus. Dort werden fünf Arten bestimmt, in denen sich die *Mâyâ* über das reine Bewusstsein *(Cit)* legt. Es sind die Einschränkung der Wirksamkeit, das eingeschränkte Wissen, die Leidenschaft, die Zeit und die feste Ordnung bzw. die Einschränkung in Bezug auf Raum und Ursache.

Kannagî beispielhafte, ideale, tugendhafte Frau und südindische Heldin einer Legende des tamilischen Poeten Ilango.

Kanyâ, (Sanskrit »jungfräuliches«) Mädchen. Im nordindischen Heiratsritus übergibt ein Vater seine Tochter an ihre neue Familie als »Geschenk des Mädchens« (kanyâ dhâna), das die Unsterblichkeit gegenwärtiger und vergangener Generationen sichern soll.

Karma-mârga (Sanskrit »Weg des Handelns«) → Karman; → Bhagavadgîtâ

Karman (Sanskrit »Handlung, Tat«), das Gesetz der Tat bzw. der aus Handlungen resultierenden Folgen, die eine Triebkraft hinter dem Kreislauf der Reinkarnation *(Samsâra)* in asiatischen Religionen ist. Nach der Theorie des K. hat jede Handlung eine Konsequenz, die sich entweder in diesem oder einem künftigen Leben bemerkbar machen wird; moralisch gute Handlungen werden somit positive Konsequenzen nach sich ziehen, wohingegen schlechte Handlungen negative Ergebnisse hervorbringen werden. Die *Pûrvamîmâmsâ,* die die vedische Denkweise fortsetzte und den *Dharma* in den Vordergrund stellte, schloss das K. zunächst aus ihrer Literatur aus, fügte es aber später in die Vorstellung über die Wirksamkeit des Rituals (apûrva) hinzu. Die frühere Ablehnung des Karmagedankens durch diese philosophische Schule deutet auf seinen nicht-vedischen Ursprung hin.

Kârttikeya, Sohn des *Shiva* und der *Pârvatî,* auch bekannt unter den Namen Skanda, Subramanyam und Murugan. Gott der Krieger und erkennbar an seinen sechs Gesichtern. Dem Mythos nach wurde K. ohne die Hilfe einer Frau geboren. Er wurde von den sechs Krittikas (Pleiaden) gesäugt und erhielt dadurch seine sechs Gesichter. Von ihnen leitet sich der Name K. her, mit dem er für gewöhnlich bezeichnet und unter dem er verehrt wird. Er wird jung und keusch (kumâra) dargestellt, in roter Kleidung und mit einem Pfau als Reittier. Sein Attribut ist der Speer, der stets sein Ziel trifft und in die Hand zurückkehrt. Der Kult dieses Kriegsgottes ist sehr alt und heute vor allem in Südindien anzutreffen: in Tamilnadu ist K. mit Murugan (auch Murukan) verschmolzen.

Karvâ Cauth (Hindi), wichtigstes rituelles Fastengelübde für verheiratete Frauen im nordindischen Raum, das nach dem Mondkalender einmal jährlich im Monat Kârtik (Oktober) stattfindet und dem Wohlergehen und langen Leben der Ehemänner gewidmet ist.

Kashyapa, ein göttlicher Seher, Sohn der Marîci und Enkel von *Brahmâ.* Er heiratete 13 Töchter des Daksha, die ihm alle Arten lebender Geschöpfe gebaren. Er ist damit der gemeinsame Urvater von sich bekämpfenden Kräften, z. B. von Göttern und Dämonen (von *Aditi,* Danu und Diti), Vögeln und Schlangen. Zu den Vögel gehört *Garuda,* zu den Schlangen *Shesha* und Vâsuki.

Kauravas, Figuren des *Mahâbhârata.* Die K. sind die Gegenspieler der *Pândavas,* der Helden des Epos. Es handelt sich um die 100 Söhne des Königs Dhritarâshtra. Sie sind Vettern der Pândavas, ihr gemeinsamer Großvater ist *Vyâsa.* Der älteste K. und Hauptgegenspieler der Pândavas ist Duryodhana.

Ketu → Râhu

Khajurâho, Tempelstadt des Hinduismus und Jainismus im indischen Bundesstaat Madhya Pradesh. Vom 9. Jh. bis zum 12. Jh. entstand hier zur Zeit der Chandella-Dynastie ein Bezirk, der schließlich 85 Tempel umfasste; er zählt zum Weltkulturerbe. Berühmt ist der bauplastische Schmuck mit der freizügigen Darstellung von Himmelsnymphen *(Apasaras).*

Kâmasûtra. Illustrationen in einer neuzeitlichen Prachthandschrift des altindischen Leitfadens der Liebeskunst und -technik des Vâtsyâyana (3./4. Jh n.Chr.). In seiner thematischen Breite und in seiner jahrhundertelang fortwirkenden Autorität entspricht das Kâmasûtra der lateinischen »Ars amatoria« von Ovid (43 v.Chr.–17 n.Chr.).

Konârak. Ein achtspeichiges Rad einer der in Stein gehauenen Nachbildungen eines Kultwagens des Sonnengottes Sûrya. Wie das mobile Vorbild symbolisiert die monumentale Architektur-Skulptur den Lauf der Sonne.

Kommunalismus, Bezeichnung für die Bestrebungen von Gemeinschaften, sich über ihren Glauben sowie über gemeinsame soziale, politische und ökonomische Interessen zu definieren, die mit den Interessen anderer religiöser Gemeinschaften im gleichen geografischen Raum in Konflikt stehen *(Hindu-Fundamentalismus)*.

Konârak, heiliger Ort im indischen Bundesstaat Orissa mit der Ruine eines im 13. Jh. erbauten Sonnentempels. Erhalten ist die monumentale Nachbildung des Sonnenwagens des *Surya;* sie gehört zum Weltkulturerbe.

Krishna (Sanskrit »schwarz, dunkel«), bedeutende Gestalt im Hinduismus, die sich aus verschiedenen legendären und mythischen Figuren herausgebildet hat und schließlich zur achten berühmten Inkarnation *(Avatâra)* des *Vishnu* wurde. Sie zeigt Vishnu als einen Halbgott mit übernatürlichen Fähigkeiten und als Idealbild der Liebenden. K. ist der Sohn der vedischen Devakî und ihres Mannes Vasudeva (daher sein Patronymikon Vâsudeva). Der Legende nach riss sich *Vishnu* zwei Haare aus, ein schwarzes und ein weißes. Die Haare gingen in zwei Göttinnen ein, aus dem schwarzen wurde K., aus dem weißen sein Bruder Baladeva. Als Geburtsort gilt Mathurâ in Nordwestindien. In unmittelbarer Nähe liegt das zweite Hauptzentrum der K.-Verehrung Vrindâvan, wo K. seine Jugend verbrachte. Er ist eine zentrale Figur des *Mahâbhârata* und gibt Arjuna in der *Bhagavadgîtâ* die berühmten moralischen und religiösen Anweisungen. K. wurde im mittelalterlichen Indien Gegenstand intensiver Verehrung *(Bhakti)*. Seine Verstrickungen mit den Hirtinnen (Gopîs) im Tanz wurden zum Sinnbild der leidenschaftlichen Vereinigung mit Gott. K. wird gewöhnlich mit blauer Hautfarbe und Flöte als Kuhhirte (Gopâlakrishna) dargestellt, häufig gemeinsam mit seiner Gefährtin und Liebhaberin Râdhâ. Eine weitere populäre Darstellung zeigt K. als dickliches Kleinkind mit einer Butterkugel in der Hand.

Krishna Jayantî, auch Krishnajanmâshtamî, Fest anlässlich der Geburt *Krishnas* am 8. Tag der dunklen Hälfte im Monat Bhâdrapada (August / September).

Kshatriya (von Sanskrit kshatra »die [mit dem Opfer verbundene] Macht«), Kriegeradel, einer der vier Stände *(Varna)* der vedischen bzw. frühen hinduistischen Gesellschaft. Die K. stellten die Regierung bzw. den Râja (Sanskrit »König«), daher auch die Bezeichnung Râjanya für die K. Die anderen Stände sind der des *Brahmanen* oder Priestertums, der der Kaufleute (Vaishya) und der der Arbeiter (Shûdra). Letztere hatten dienende Funktionen und zählten nicht zu den »Zweimalgeborenen« (Dvija).

Kubera, Gottheit des Reichtums und Wohlstands. K. ist auch ein Erdgeist, der als einer der acht Weltenhüter (Lokapâlas, *Loka)* gilt und mit der Zeugungskraft assoziiert wird. Er ist der Herr der Yakshas. Darstellungen zeigen ihn mit untersetzter Statur und dickem Bauch, oft mit Geldbeutel in den Händen.

Kult, umstrittener Begriff für Organisationen, die durch eine charismatische Führungsperson zusammengehalten werden und ein hohes Maß an Hingabe fordern, wobei einseitige Abhängigkeitsverhältnisse entstehen.

Kumâri (Sanskrit »Jungfrau«), Tradition der »lebenden Göttin«, die im 16. Jh. in Nepal entstand. Bei ihr wird ein Mädchen der Goldschmiedekaste auserwählt und als Inkarnation der Taleju Bhavânî oder *Durgâ* verehrt. Die Göttin zieht während einer Initiationszeremonie bis zur Pubertät vorübergehend in den Körper der erwählten Jungfrau ein. Setzt bei der K. die Menstruation ein, wird sie wieder menschlich und eine neue Jungfrau, die alle Zeichen der Göttin aufweist, ernannt. Verehrt von der hinduistischen Bevölkerung Nepals und von der Königsfamilie, gilt die K. als Schutzpatronin der Hauptstadt Kathmandu.

Kumbha Melâ (Hindi), Badefest. Als die Götter einst mit den Dämonen um einen Krug (Kumbha) mit dem Nektar der Unsterblichkeit stritten *(Amrita),* fielen einige Tropfen an vier Stellen auf die Erde. Der Legende nach entstanden an diesen Orten die Städte Allâhâbâd, Hardwar, Nasik und Ujjain. Hier finden in regelmäßigem Turnus Versammlungen (Melâ) statt, bei denen Hunderttausende von Gläubigen an bestimmten heilbringenden Tagen ein Bad im Fluss nehmen. Das größte und bedeutendste dieser Feste ereignet sich alle zwölf Jahre im nordindischen Allâhâbâd am Zusammenfluss von Ganges und Yamunâ.

Kundalinî (Sanskrit »Schlange«), spirituelle Kraft, die sich am unteren Ende der Wirbelsäule befindet. Sie ruht dort, zusammengerollt wie eine Schlange. Das Wecken der K. ist eine der Praktiken des *Tantrismus,* um einen höheren Bewusstseinszustand in Einheit mit der Gottheit und schließlich Befreiung *(Moksha)* zu erlangen. Durch spezielle Atemtechniken, Zurückhalten des Samens und *Mantra*-Rezitation *(Japa)* soll es möglich sein, die K. zu wecken. Gelingt dies, so bewegt sie sich über die verschiedenen Energiezentren *(Cakra)* durch den Körper bis zum höchsten Cakra des *Shiva,* das sich über dem Scheitel befindet. Dort vereinigt sie sich mit Shiva. Damit ist das Ziel tantrischer Praxis innerhalb des Körpers erreicht: Die *Shakti* vereinigt sich mit Shiva, Schöpferkraft vereinigt sich mit Materie. Das Wecken der K. gilt als gefährlich und soll nur mit der Unterweisung eines *Guru* durchgeführt werden.

Kuntî, verehrte Persönlichkeit des *Mahâbhârata;* Königin und Mutter der *Pândavas* und Schwiegermutter *Draupadîs.*

Kûrma (Sanskrit »Schildkröte«), zweiter der zehn *Avatâra* des Vishnu. In der alten Kosmografie der *Purânas* von den vier Kontinenten wird gesagt, das K. *Bhârata* (»Indien«) stütze. In den frühesten bekannten Versionen des Mythos von der »Quirlung des Milchozeans« *(Samudramathana)* gestattet die Schildkröte den Göttern und Dämonen, ihren Rücken als Basis für den Berg zu benutzen, der ihnen als Quirlstock dient, und in späteren Versionen nimmt Vishnu selbst die Gestalt einer Schildkröte an, um dies zu bewerkstelligen. Einige Ritualtexte identifizieren die Schildkröte mit *Prajâpati,* von dem gesagt wird, dass er deren Gestalt annahm, bevor er die Lebewesen erschuf.

Kuru, Herrscherfigur des *Mahâbhârata,* Abkömmling *Bharatas* und Vorfahre sowohl der *Pândavas* als auch der *Kauravas.* Nach ihm ist der Schauplatz des großen Kampfes im Mahâbhârata, *Kurukshetra,* benannt.

Krishna. Die Geburt der achten Erscheinung (Avatâra) des Vishnu als Inkarnation in Menschengestalt. Die Buchmalerei zeigt in der unteren Hälfte den (schwarzen, später blauen) Säugling an der Brust seiner Mutter Devakî. Diese erscheint in der oberen Hälfte mit ihrem Mann Vâsudeva. Handschrift des Kalpasûtra Mady Pradesh, 1439; Indisches Nationalmuseum, Neu-Delhi

Kurukshetra (Sanskrit »Feld des *Kuru*«), Schauplatz der Schlacht zwischen *Pândavas* und *Kauravas* im *Mahâbhârata.* Man nimmt an, diese Schlacht war ein historisches Ereignis, das sich in der Umgebung des heutigen Delhi zugetragen haben könnte.

L

Lakshmana, Halbbruder *Râmas* und Sohn des Königs *Dasharatha* von Ayodhyâ. Er begleitete, so wird es im *Râmâyana* geschildert, Râma in die Verbannung. Nach der Entführung *Sîtâs* half er ihm bei der Suche nach seiner Frau und kämpfte an seiner Seite gegen Râvana. L. war der Auslöser der Entführung Sîtâs, da er die Schwester Râvanas, die ihn heiraten wollte, abwies und ihr Nase und Ohren abschnitt. Daraufhin bat diese ihren Bruder, als Rache die Frau Râmas zu entführen. Als Râvana Sîtâ sah, verliebte er sich in sie. Wie *Hanumân* ist L. das Vorbild eines jeden *Bhakta.*

Lakshmî. Fließende Linien konturieren die Figurengruppe und verstärken den Eindruck geschmeidiger körperlicher Nähe. Sie vereint Lakshmî mit ihrem Gemahl Vishnu. Skulptur aus Gahadavala, 11./12. Jh.; Indisches Nationalmuseum, Neu-Delhi

Lakshmî, Göttin des Wohlstandes, Gattin *Vishnus,* auch bekannt unter dem Namen Shrî. Darstellungen (häufig über Hauseingängen, Ladenkassen u.a.) zeigen sie als schöne, junge Frau, die auf einem Lotus sitzt und in beiden Händen eine geöffnete Lotusblüte hält. Über ihr befinden sich oft zwei, die Fruchtbarkeit symbolisierende Elefanten, die Wasser oder Münzen über sie ergießen.

Lankâ, Insel des *Râkshasa*-Herrschers Râvana, der *Râmas* Gattin *Sîtâ* dorthin entführt *(Hanumân).* Trotz der Namensähnlichkeit dürfte es sich bei dieser Insel nicht um das heutige Shrî Lankâ handeln.

Lîlâ (Sanskrit »Spiel«), freudige Ausübung der schöpferischen Spontaneität, die Freiheit der Bewegung, vergleichbar dem Wasserstrahl einer Fontäne. Der Begriff bezieht sich auch auf die Taten der Götter und Helden, vor allem auf die des Buddha, der in bestimmten Schulen des *Vishnuismus* als ein *Avatâra* des *Vishnu* angesehen wird.

Linga des Shiva, der die schöpferischen und die zerstörerischen Kräfte des Alls verkörpert, Phallus-Darstellung aus dem 5./6. Jh.; de Young Memorial Museum, San Francisco

Linga (Sanskrit), Phallus, eine Form der Darstellung des Hindu-Gottes *Shiva.* Der aus Stein geformte Phallus, der gewöhnlich auf einer Basis (Yoni) steht, wird im Sanktum von Shiva-Tempeln rituell verehrt.

Lingâyat (von Sanskrit linga »Symbol«), Wahrzeichen *Shivas,* eine shivaitische Sekte, die an das Eine Ungeteilte oder Nicht-Dualistische Wesen, *Brahmâ* oder Shivatattva ‚glaubt, das eine latente kreative Energie in seinem Aspekt als reine »Existenz« (Sthala) besitzt. Seine Anhänger werden auch als Vîrashaivas bezeichnet. Sobald das schöpferische Prinzip aktiviert wird, zerfällt dieses Wesen in zwei Teile: in Shiva, der sich manifestiert und verehrt wird, und jede individuelle verehrende Seele. Vor dem 12. Jh. pflegte diese Sekte viele traditionelle brahmanische Bräuche, aber Basava (um 1106–1167/68), ein südindischer *Brahmane,* begründete eine Reformbewegung und richtete sich mit systematischen Angriffen gegen die Jainas, Buddhisten und Vaishnavas, während er den Shivaismus und insbesondere die Lingâyat-Sekte förderte.

Loka (Sanskrit »Welt«), die Bereiche oder Regionen des Kosmos. Ursprünglich gab es drei L. (Triloka), Stätten, die von den ihnen entsprechenden Wesen bewohnt werden: die Erde, der Luftraum und die »jenseitige Welt« (der Götter, der Sonne, des Mondes und der Sterne). Nach einer anderen Aufzählung ist die Reihe die von Himmel, unterirdischer Sphäre (Tala) und höllischer Region. Aber diese Sphären wurden früh mit den Bereichen in Beziehung gesetzt, die der Erlösung angehören (und deren Gegenteil). Später wurden diese Bereiche stärker differenziert in detailliertere (insbesondere soteriologische) Orte. In dieser Vorstellung besitzen Götter von besonderer Bedeutung ihre eigenen L. – daher Yama-Loka, Svar-Loka *(Indras* Paradies), *Brahmâ*-Loka. Die kosmologische Aufteilung brachte noch längere Listen hervor, z.B. acht im *Sânkhya* und *Vedânta,* 14 in der *Bhakti,* die den soteriologischen Bereich umfassen.

Lokâyata, hinduistische Philosophie, die Wahrheit und Realität ausschließlich auf das Diesseits *(Loka)* beschränkt, daher ein Name für die *Cârvâka*-Schule.

M

Mâdhava (Sanskrit »ein Nachkomme des Madhu«), 1. Mitglied aus dem Stamm der Madhu und daher oft ein Beiname des *Krishna.* 2. Name eines Autors (auch Mâdhavâcârya) aus der zweiten Hälfte des 14. Jh., der zusammen mit seinem Bruder Sâyana, dem Kommentator der *Vedas,* in enger Verbindung zum Hof des Königreiches von Vijayanagara stand. Diesem werden folgende Werke zugeschrieben: Sarvadarshanasamgraha, ein Überblick über die 16 philosophischen Systeme, die es damals in Indien gab; Jaiminîyanyâyamâlâvistara, ein Kommentar zur *Nyâya*-Philosophie; Pañcadashî, ein wichtiger Überblick über den *Advaita-Vedânta;* Jîvanmuktiviveka, ein Werk des *Advaita-Vedânta,* welches das Leben eines erlösten Weisen beschreibt, sowie Shankaradigvijaya, eine poetische Biografie des bedeutenden Advaita-Philosophen Shankara. M. lehrte vielleicht auch die ayurvedische Medizin.

Mahâbalipuram, ehemaliger Hafen an der Südostküste Indiens. Hier entstanden im 7. Jh. n.Chr. Hauptwerke der hinduistischen Sakralarchitektur. Hierzu gehören monolithische Höhlentempel sowie ein monumentaler Ufertempel, der mit Leuchtfeuern für die Fischer ausgestattet war. Felswände sind in mythologische Bildergeschichten verwandelt mit Themen wie die Herabkunft der *Gangâ.* Der Tempelbezirk gehört zum Weltkulturerbe.

Mahâbalipuram. Teilansicht des Tempelbezirks aus dem 7. Jh. n.Chr. Sie zeigt rechts einen reich mit bauplastischem Schmuck ausgestatteten Wagentempel und in der Mitte eine der hier versammelten Großskulpturen von Elefanten, die aus dem Fels gehauen sind. Sie spiegeln den Anteil dieser Kolosse an der Gestaltung von Tempelfesten; ihr Gott ist Shivas Sohn Ganesha.

Mahâbhârata, eines der beiden großen Epen des Hinduismus *(Râmâyana).* Es umfasst etwa 100000 Verse in 18 Büchern (hinzu kommt das *Harivamsha* als Anhang). Die Datierung beider Epen ist sehr schwierig, da sie sich über Jahrhunderte hinweg zu ihrer heutigen Form entwickelt haben. Dennoch wird das M. einem Autor, dem Weisen *Vyâsa,* zugeschrieben. Man nimmt an, dass sie im Zeitraum um 400 v.Chr.–400 n.Chr. entstanden sind. Das M. schildert den Kampf um die Thronfolge des Reiches zwischen den *Pândavas,* den Helden des Epos, und den *Kauravas,* ihren Gegenspielern. Dieser Kampf endet mit der großen Schlacht auf dem *Kurukshetra.* Pândavas und Kauravas sind Vettern. Die Pândavas sind Söhne des Dhritarâshtra, die Pândavas Söhne des Pându. Dhritarâshtra und Pându sind Söhne der Satyavatî und des Vyâsa, wobei Vyâsa der uneheliche Sohn der Satyavatî ist und, um die Thronfolge und den Weiterbestand des Geschlechts zu sichern, mit seiner Mutter Nachkommenschaft zeugt. Weil Dhritarâshtra, der Vater der Kauravas, blind auf die Welt kommt, wird Pându, der Vater der Pândavas, als König eingesetzt. Schon seit ihrer gemeinsamen Kindheit am Hof sind die Pândavas und Kauravas verfeindet. Der älteste Pândava *Yudhishthira* tritt schließlich die Nachfolge des Königs an. Allerdings beansprucht der älteste Sohn des Königs, Duryodhana (ein Kaurava), seinerseits die Thronfolge. Von nun an versuchen die Kauravas immer wieder Yudhishthira die Macht zu entreißen. Bei einem Würfelspiel *(Draupadî)* verliert Yudhishthira sein Königreich an einen der Kauravas. Die Pândavas müssen in die Verbannung ziehen. Als sie zurückkehren, wollen die Kauravas das Königreich aber nicht wie vereinbart zurückgeben. Dieser Streit mündet schließlich in die große Schlacht auf dem Kurukshetra. Um diesen Kern des Epos ranken sich unzählige weitere Handlungsstränge verbunden mit Sagen und Legenden. In ihn fließen vielfältige religiöse und philosophische Ideen seiner Entstehungszeit ein, sodass man ein sehr vielschichtiges, aber auch wenig einheitliches Werk vor sich hat. Die Struktur dieses Epos ist die einer hochkomplexen Rahmen- und Binnenerzählung, wobei die Erzählung nie springt, sondern jeweils nur von einer Rahmengeschichte in die nächste Binnengeschichte wechselt und umgekehrt. Die Rahmenhandlung der Schlacht zwischen Pândavas und Kauravas wird auch als mythischer Kampf zwischen *Devas* und *Asuras,* zwischen Gut und Böse betrachtet. Allerdings ist die Abgrenzung von Gut und Böse in diesem Epos nicht ganz einfach. Zwar sind die Pândavas die Helden, aber auch sie bedienen sich nicht unredlicher Mittel. Viel stärker noch als im Râmâyana tritt in diesem Epos die Ambivalenz der Figuren zutage. Besonders wichtig für den Hinduismus ist das Kapitel der *Bhagavadgîtâ.* Hier will der Held *Arjuna* der Pândavas nicht zur alles entscheidenden

Mahâbhârata. Ein Kernstück dieses Epos mit religiöser Bedeutung und zugleich – was ein Widerspruch ist – weltliterarischem Rang ist das Gespräch von Arjuna mit Krishna. Zu den ikonographischen Merkmalen Krishnas, achter Avatâra des Vishnu in Menschengestalt, gehört die blaue Hautfarbe. Neuzeitliche Buchmalerei, gerahmt als Einzelbild, vermutlich aus einer Handschrift des Epos.

Schlacht antreten, weil ihm auf der gegnerischen Seite Verwandte und Freunde gegenüberstehen. *Krishna* als der Lenker seines Streitwagens überzeugt ihn aber zu kämpfen. Krishna ist der Vetter Arjunas. Sein Vater Vasudeva ist der Bruder der Kuntî, der Mutter der drei ältesten Pândavas *Yudhishtira,* Arjuna und Bhîma. Dieses Gespräch Krishnas mit seinem Vetter Arjuna wird zum Kern der Verehrung Krishnas, eines *Avatâras* des Gottes *Vishnu* und damit auch zum Zeugnis der *Bhakti* in diesem Epos. Allerdings ist Krishna als Figur des Epos durchaus eine vielschichtige und listige Figur, der zwar der Gefährte der heldenhaften Pândavas ist, aber auch Beziehungen zu den Kauravas unterhält. Sein Verhalten ist durchaus nicht immer zweifelsfrei. So veranlasst er Arjuna z.B. dazu, den wehrlosen Karna, der diesen früher in den Streitkünsten unterwiesen hatte, anzugreifen. Ein anderes Mal sorgt er dafür, dass Arjuna Bhîshma, den Großonkel der Pândavas und Kauravas, mittels einer List tötet.

Mahâbhûta (Sanskrit »Element«), meist die fünf Elemente (auch dhâtu) Erde, Feuer, Wasser, Luft, Zwischenraum. In den Schriften des *Âyurveda* (Sanskrit »Wissen vom Leben«) wird gelehrt, dass sich der menschliche Körper aus den fünf Elementen, Erde, Luft, Feuer, Wasser und Äther zusammensetzt. In unterschiedlichen Kombinationen bringen diese die drei charakteristischen Lebensäußerungen (dosha) hervor, die in Beziehung zu den drei Qualitäten *(Guna)* stehen.

Mahâdeva → Shiva

Mahâdevî → Devî

Mahâpurâna → Purâna

Mahat (Sanskrit »das Große«), im *Sânkhya* und anderen (nichttheistischen) Philosophien die erste Entwicklung der mûlaprakriti, einem Synonym für *Buddhi* (Sanskrit »Intellekt«). M. enthält alle individuellen Buddhis und alle potenzielle Materie des grobstofflichen Universums in seiner kosmischen Ausdehnung als das erste manifeste Prinzip *(Tattva).* M. erzeugt den *Ahamkâra* (Ich-Prinzip).

Mahâtman oder Mahâtmâ (Sanskrit mahâ »groß« und âtman »Seele«), Beiname für eine großherzige Persönlichkeit, u. a. M. Gândhî.

Mahâvâkya (Sanskrit »bedeutender Ausspruch«), Aussprüche bzw. Zitate der *Upanishaden,* in denen die Einheit des Selbst *(Âtman)* und der letztendlichen Realität *(Brahman)* kundgetan wird. Beispiele sind Tat tvam asi (Sanskrit »Das bist du«), aham brahmâsmi (Sanskrit »Ich bin das Brahman«), sarvam khalv idam brahma (Sanskrit »Alles dies ist tatsächlich Brahman«), ayam âtmâ brahma (Sanskrit »Dieses Selbst ist Brahman«) und prajñânam brahma (Sanskrit »Das reine Bewusstsein ist Brahman«).

Mahâvidyâs (von Sanskrit mahâ »groß« und veda »Wissen«), zehn hinduistische Göttinnen, die zehn Formen des transzendenten Wissens und tantrischer Macht repräsentieren. Durch ihre Verehrung soll das Wissen des *Brahman* erlangt werden, da sie alle Personifikationen der *Shakti* des Brahman sind. Sie heißen *Kâlî* bzw. Lalitâ, Târâ, Sodashî, Bhuvaneshvarî, Bhairavî, Chinnamastâ (bzw. Vîrarâtrî), Dhûmâvatî, Bagalâ, Mâtangî, Kamalâ. Der M.-Kult erlebte seine Blüte im mittelalterlichen Bengalen.

Mahâvira, Ehrentitel im Jainismus. Beiname des 24. Furtbereiters (tîrthankara) Vardhamâna Jñâtriputra, der nach der Tradition der Shvetâmbara-Jinas von 599–527 v. Chr. lebte. Die moderne Wissenschaft verlegt die Lebenszeit des bedeutenden Lehrers und Wanderasketen ins 5.–4. Jh. v. Chr., da er ein Zeitgenosse des Buddha war.

Maheshvara (Sanskrit »Großer Herr«), Beiname des *Shiva* (manchmal auch des *Vishnu).* Er wird als Quelle des Wissens *(Jñâna),* Willens (iccha) und Handelns (kriya) verehrt. Im kaschmirischen Shivaismus weist der Beiname auf das Verständnis des Kosmos und der Natur als einen sich entfaltenden Prozess innerhalb des universellen Geistes hin. Das M.-Sûtra ist ein shivaitisches Werk, das Shiva zugeschrieben wird. Es behandelt die vier Wege, die zur letzten Erkenntnis führen: *Yoga, Vedânta,* Sprache und Musik.

Mahisha (auch Mahishâsura, Sanskrit »Wasserbüffel«), ein *Asura* in Gestalt eines Büffels oder Wasserbüffels. Die klassische Version des Mythos über eine Göttin, die den M. tötet, befindet sich im *Devî Mâhâtmya* des Mârkandeya-*Purâna.* Ein Wasserbüffel ist auch das Vâhana (»Fahrzeug«) des Todesgottes *Yama.*

Makara, krokodilartiges Meeresungeheuer und Reittier des *Varuna.* M. ist als Wahrzeichen des *Kâma* auch Fruchtbarkeitssymbol.

Makara Samkrânti, Neujahrsfest, das zur Wintersonnenwende am 14. Januar (im Monat Mâgha) gefeiert wird. In Südindien wird es Pongal (»Fest des Reiskochens«) genannt und ist zugleich ein Erntefest.

Manas (Sanskrit »Geist«), der Geist als das koordinierende Organ der Intelligenz, des Denkens, Verstehens, der Vorstellung und des Willens. Zur Zeit der *Upanishaden* hatte M. einen unterschiedlichen Stellenwert: Zum einen stand es in enger Verbindung zur Rede und zum Atem (prâna) und bildete mit ihnen eine Trias, zum anderen galt es als Bindeglied zwischen dem Selbst, *Âtman,* und den Sinnen. In der *Sânkhya*-Philosophie bildet das Prinzip *(Tattva)* des M. mit dem Intellekt *(Buddhi)* und dem Ich *(Ahamkâra)* ein dreifaches »inneres Instrument« (antahkarana).

Mandala (Sanskrit »Kreis«), abstrakt oder bildhaft ausgeführte Darstellung. Meist zeigen sie den Kosmos und die Götterwelt. M. werden in den *Tantras* und *Âgamas* ausführlich beschrieben. Z.B. beschreibt der *Pañcarâtra* des Lakshmî-Tantra (37, 3 bis 19) ein M. mit neun Lotusblüten. Es besteht aus Quadraten innerhalb eines zentralen Quadrats, in dem verschiedene Gottheiten abgebildet sind und stellt ein Modell der Kosmogonie dar: die Quelle der Manifestation, die durch die zentralen Gottheiten symbolisiert wird, aus denen der Kosmos und weitere Gottheiten hervorgehen. In der Liturgie *(Pûjâ)* ist ein M. der Ort, an dem durch *Mantras* eine Gottheit angerufen wird. Das Anbringen von Mantras im M. (nyâsa) verleiht ihm Leben und das Mandala wird dann wie der Mantra als die Gottheit selbst (und nicht ihre bloße Darstellung) betrachtet. Ein M. wird auch von dem Yogin vergegenwärtigt *(Dhyâna),* dessen Ziel es ist, mit der Gottheit zu verschmelzen.

Mantra (Sanskrit »Werkzeug des Denkens«),Vers, Silbe oder eine Reihe von Silben, denen eine spirituelle Kraft oder ein göttlicher Ursprung zugeschrieben wird. Als M. werden zunächst die Hymnen der vedischen *Samhitâs* bezeichnet (um 1500 v.Chr.). Daneben gibt es Keim-Silben (bîja), die oft kontrahierte Formen von Götternamen sind oder mit Texten und den ihnen gewidmeten Gottheiten in Verbindung stehen. In bestimmten Richtungen des *Tantrismus* gilt der Ton *(Shabda)* als ewig und Ursprung der Schöpfung. Laufendes Rezitieren eines M. *(Japa),* das man in der Initiation erhalten hat, soll zur transzendenten Erfahrung führen. Der M.-*Yoga* ist daher ein Mittel zur Befreiung *(Moksha).*

Manu, hinduistischer Gesetzgeber und mutmaßlicher Verfasser der *Manusmriti.* Wenn er historisch ist, könnte er zum *Kshatriya*-Varna gehört haben und gilt als Kompilator der altindischen Rechtstraditionen. Der Name könnte mit der Autorität der mythologischen Persönlichkeit M. *Svâyambhu(va)* verknüpft sein. In der Mythologie ist ein M. ein halbgöttlicher Patriarch und Ahnherr der Menschheit. Jeder M. beherrscht ein Äon oder Manvantara (Sanskrit »Weltzeitalter«), von denen jedes kürzer ist als das vorangegangene. Im Allgemeinen werden 14 Manus aufgezählt.

Mandala. Die geometrischen Elementarformen Kreis und Quadrat als Grundstruktur verbinden das hinduistische mit dem jüngeren buddhistischen Meditationsbild und besitzen Parallelen in anderen Weltreligionen.

Manusmriti (Sanskrit »Die Gesetze des Manu«), der wichtigste in Sanskrit verfasste Rechtstext aus der Gruppe der *Dharmashâstra.* Seine gesellschaftlichen, moralischen und ethischen Grundsätze sowie seine zeremoniellen Regeln gelten für Hindus als verbindlich, obwohl es Widersprüche im Text und seiner Auslegung gibt. Das Werk beschreibt u.a. die Schöpfung, die Quelle des Rechts, den *Varnâshramadharma,* die Rolle der Frauen in der Gesellschaft, Speisevorschriften, politische Maximen und die Pflichten des Königs, Zivil- und Strafrecht, Hausregeln, die Ursprünge der Kaste und der Kastenmischung, das Wesen von Gut und Böse, das Erlassen von Sünden, die Lehren des *Karma* und der Wiedergeburt. Im M. wird die Institution der Stände *(Varna)* durch göttliche Macht garantiert und der Supremat der *Brahmanen* bewahrt. Obwohl die M. die Autorität einer *Smriti* hat, wird dieser Text von einigen niedrigkastigen Hindus abgelehnt, die die »Gesetze des Manu« als brahmanische Propaganda betrachten. Die M. könnte eine metrische Neubearbeitung eines früheren Dharmashâstra sein, vielleicht das der Mânava-Brahmanen, eine der Schulen des Schwarzen Yajurveda. Die heutige Zusammenstellung ist nicht älter als 100–300 n. Chr.

Manvantara → Manu

Maruts, Gruppe (gana) vedischer Sturmgötter, die im Dienste *Rudras* arbeiten und deshalb auch als die Rudriyas bezeichnet werden. Sie erscheinen im Blitz, reiten auf dem Wind und bringen den Regen. Ihre Anzahl variiert von 21 bis 180. Sie sind die Verbündeten des *Indra,* der als Führer der Maruts den Beinamen Marutvat erhält.

Matsya (Sanskrit »Fisch«), die Hauptfigur in einem bedeutenden Hindu-Mythos und erste Inkarnation des *Vishnu (Avatâra).* In der frühesten bekannten Version findet *Manu,* der Ahnherr der Menschheit, bei seiner morgendlichen Waschung einen kleinen Fisch im Wasser. Er bittet ihn um Schutz und verspricht im Gegenzug, Manu vor einer großen Flut zu retten. Manu setzt den Fisch in immer größere Behälter, bis er zu solcher Größe anwuchs, dass ihn nur das Meer aufnehmen konnte. Als die Flut kam, schleppte der Fisch Manus Schiff in die Sicherheit des nördlichen Berges. Im *Mahâbhârata* endet die Erzählung damit, dass der Fisch sich als *Brahmâ* offenbart. In den *Purânas* wird er mit *Vishnu* identifiziert, in der Version des *Bhâgavata-Purâna* rettet er nicht nur Manu, die sieben Seher (saptarshi) und alle Arten Tiere und Pflanzen, sondern auch die *Vedas* vor dem Dämon Hayagrîva, der sie *Brahmâ* gestohlen hatte.

Mâyâ (Sanskrit »übernatürliche Macht, Täuschung«), in der frühvedischen Literatur Begriff für übernatürliche Macht oder Magie. Sie hat auch den Beigeschmack von Täuschung oder Betrügerei. In der Philosophie des *Advaita-Vedânta* benutzte Gaudapâda den Begriff M. für die Macht der offensichtlichen Schöpfung der Welt wie auch für die so geschaffene Welt. Shankara erweiterte den Begriff, indem er ihn mit *Avidyâ* (Nichtwissen) in Verbindung brachte. Für Shankara bringt die Avidyâ, das Nichtwissen von der Endgültigen Realität *(Brahman),* die illusorische Welt von Namen und Formen hervor. Spätere Überlegungen stellen M. als die Macht dar, welche die Realität verbirgt und gleichzeitig als eine Kraft, diese Realität als die Welt der Phänomene zu deuten. Im Gegensatz zu der im Mahâyâna-Buddhismus entwickelten Bedeutung ist es meist irreführend, M. als »Illusion« zu übersetzen. Mâyâdevî ist der Name einer Hindu-Göttin, welche die Illusion verkörpert *(Devî).*

Meru, sowohl im Hinduismus wie im Buddhismus der mythische, auch Sumeru genannte Goldene Berg, die Achse oder das Zentrum der Welt. Im Hinduismus erscheint er in vielen Mythen der *Purânas,* die ihn im *Himâlaya* ansiedeln. *Brahmâs* Stadt aus Gold befindet sich auf seinem Gipfel und ihre Vororte sind die acht Städte der Lokapâlas. Aus ihm entspringt der Ganges *(Gangâ).*

Meru. Tempelfront mit pyramidalen Miniaturtempeln zu beiden Seiten der Freitreppe. Ihrer vertikalen Orientierung entspricht die Baugestalt des hinduistischen Tempels. Sie symbolisiert den Goldenen Berg bzw. die Weltachse.

Mitgift (Hindi dahej), das System der M. basiert auf zwei Konstanten: dem niedrigen Status der Brautfamilie und dem Ausschluss der Frauen vom Erbe unbeweglicher Güter (Land, Häuser). Die M. und die Ausrichtung der Hochzeit durch die Brautfamilie ersetzt den Erbteil der Tochter. Die M. ist kein Besitz der Braut, sondern gehört der Schwiegerfamilie und wird von den Familienältesten verwaltet. Nur der ganz persönliche Besitz einer Frau wie Schmuck und Kleidung ist unter ihrer Kontrolle und wird entsprechend von der M. unterschieden (strîdhan). Wert und Umfang der M. werden im Vorfeld der Hochzeit genauestens ausgehandelt und schließen heute nicht nur Gold, Kleidung und Haushaltsgegenstände, sondern ebenso Bargeld und teure Konsumgüter wie Kühlschränke, Farbfernseher, Computer oder Autos ein. Hochzeitsfeier und M., die heute Ausmaße angenommen haben, die das Zehnfache des Jahresgehalts der Brautfamilie überschreiten kann, treibt Familien, die keine Söhne, aber mehrere Töchter haben, oft in den finanziellen Ruin.

Mitgiftmord, mit dem wirtschaftlichen Aufstieg der Mittelklasse und wachsender Konsumhaltung ist die *Mitgift* als einseitiger Fluss von Geld und Gütern von der Brautfamilie zur Familie des Bräutigams zu einem lukrativen Handelsgeschäft geworden. Da die Verheiratung in Indiens Metropolen zunehmend über anonyme Institutionen (z. B. Annoncen) verläuft statt über Reputationen aus dem Verwandtschafts- und Bekanntschaftskreis, wird das Überprüfen familiärer Hintergründe schwieriger. Kann eine Familie die geforderte Mitgift nicht zahlen, kommt es – insbesondere in der städtischen Mittelschicht – zur Misshandlung der Braut, psychischer und physischer Gewalt bis hin zum Mord.

Mithyâ (Sanskrit »falsch«), im *Advaita-Vedânta* die von den Sinnen wahrgenommene Welt der Phänomene. Die Welt kann weder als existent noch als nicht existent bestimmt werden. Das Beispiel von der Schlange und dem Seil illustriert dies: Ein Seil, das über einem Weg liegt, kann in der Dämmerung irrtümlich für eine Schlange gehalten werden, aber unter besseren Lichtverhältnissen betrachtet erkennt man, dass es ein Seil ist.

Mitra, Gottheit der vedischen Religion, der Herrscher über den Tag. Er taucht meist als Paar mit *Varuna* auf und gehört wie dieser der Göttergruppe der *Âdityas* an. Er wacht über Abschlüsse und Einhaltung von Verträgen.

Mitgift. Braut und Bräutigam bei einer hinduistischen Hochzeit. Der Zeremonie vorausgegangen sind detaillierte Verhandlungen über die Mitgift, wobei das finanzielle Ausmaß Familien mit mehreren Töchtern und ohne Söhne in den Ruin treiben kann.

Mohinî, weibliche Erscheinung des *Vishnu,* der diese schöne Gestalt annahm, um die *Asuras* zu verführen und an deren Anteil an *Amrita* (der Nektar der Unsterblichkeit) zu kommen. Außerdem unterzog er in Gestalt der M. *Shiva* einer Prüfung, als dieser sich der Askese widmete.

Moksha (Sanskrit »Erlösung, Befreiung«), die Befreiung aus dem Zyklus von Tod und Wiedergeburt *(Samsâra)* als viertes und endgültiges Ziel des Menschen im Hinduismus *(Purushârtha).* Es wird erlangt, wenn Nichtwissen *(Avidyâ)* und Verlangen überwunden sind. Die Wege, die zur Befreiung führen, sind in einer Art »Kartografie des Hinduismus« dargestellt: Die *Bhagavadgîtâ* versucht die verschiedenen Formen von *Yoga, Jñâna, Karma* und *Bhakti* in Einklang zu bringen, indem sie jedem ihren Platz zuweist. Obwohl M. als das Heilsziel des Hinduismus gilt, ist die Befreiung nicht das Ziel schlechthin, denn Befreiung ist die Überwindung aller Ziele (artha), also auch die Überwindung des Strebens. Bei den Jainas ist M. die Befreiung von den Hindernissen des *Karma* und befindet sich jenseits der Erleuchtung. M.-Dharma ist ein Textabschnitt im *Mahâbhârata,* der sich mit philosophischen Fragen beschäftigt.

Mrityu (Sanskrit), Personifikation des Todes. In vedischer Zeit gab es keinen Glauben an ein Leben nach dem Tod. Das äußerste, auf das man hoffen konnte, war die Wiederherstellung des Lebens auf dieser Erde. Der Tod wurde somit als Gegner gesehen, den man besiegen musste. Entsprechend enthalten die *Vedas* spezielle *Mantras,* die den Tod abweh-

Mutterschaft. Eine indische Frau mit ihrem Säugling in Rajasthan. Um einen hohen Status innerhalb der traditionellen Familienhierarchie zu erhalten, muss die Frau in Indien ihrem Mann einen Sohn gebären.

ren sollen. Ursprünglich waren die Götter nicht vom Tod ausgenommen. Sie leisteten ihm durch Empfang von Opfern Widerstand und belohnten diejenigen, die ihnen opferten. *Prajâpati* machte seinen Körper durch Opfer und Askese unvergänglich und lehrte die übrigen Götter, das Gleiche zu tun. Mrityu beklagte sich, dass er keine Nahrung haben würde, wenn diese Fähigkeit auch auf die Menschen übertragen werde, und er wies darauf hin, dass der Himmel überfüllt sein werde. Die Götter beschlossen daraufhin, dass nur die Menschen, die sich Mrityu freiwillig ausliefern, die Unsterblichkeit erlangen sollen.

Murugan (Tamil) → Kârttikeya

Mutterschaft, im Hinduismus idealisiert als Erfüllung des *Strîdharma* einer Frau. Insbesondere mit der Geburt eines Sohnes (Stammhalter) erhöht sich der Status einer Ehefrau in der Familienhierarchie. Zur M. existiert bis heute keine sozial respektierte Alternative.

N

Nâdî (Sanskrit »Kanal«), feinstoffliche Energiebahnen. Durch sie fließt die Lebensenergie, sie verbinden die Energiezentren *(Cakra)*.

Nâga, Schlangengottheiten, die große Verehrung in allen Teilen Indiens genießen. Gewöhnlich werden sie als Kobra mit einer oder mehreren Hauben oder mit menschlichem Kopf und Schlangenkörper dargestellt. N.-Steine finden sich oft in Gruppen unter Bäumen, in Tempelanlagen oder Dörfern.

Nandin, ein Stier, der *Shiva* als Reittier dient.

Narasimha (Sanskrit »Mannlöwe«), vierter *Avatâra Vishnus.* In dieser Gestalt muss sich Vishnu gegen den Daitya Hiranyakashipu behaupten, der intensive Askese geübt hatte und sich daher die Herrschaft über die drei Welten anmaßte. In einigen Versionen der Geschichte wird berichtet, dass er nur von einem Feind getötet werden könne, der weder Mensch noch Tier sei, weder bei Tag noch bei Nacht und nicht innerhalb oder außerhalb eines Gebäudes. Diese anscheinend unmöglichen Bedingungen wurden aber durch Vishnus Auftreten in Gestalt eines N. im Dämmerlicht auf der Veranda des Palastes erfüllt.

Nârâyana, Verkörperung der schöpferischen Energie des *Vishnu,* der deshalb mit der Sonne in Verbindung gebracht wird. Als Sonnenenergie bewegt er sich auf der Oberfläche der Wasser, die die Schöpfung erzeugen. Am Ende des Schöpfungszyklus speziell dieses Universums ruht sich N. auf der *Sesha-Nâga,* der unendlichen Schlange, aus. Wenn er wieder erwacht, beginnt der Schöpfungsvorgang von neuem. Dieser Mythos vom Ursprung des Kosmos wurde häufig auf das spirituelle Erwachen bezogen, das derjenige erlebt, der über Vishnu in seinen verschiedenen Aspekten meditiert.

Nâstika (Sanskrit »atheistisch«), Ausdruck für heterodoxe Systeme indischer Religiosität und indischen Denkens, welche die Autorität des *Veda* leugnen.

Nâtarâja, in Südindien verbreitete Darstellung Gott Shivas als kosmischer Tänzer in einem Feuerkreis.

Navagrahas (von Sanskrit nava »neun« und grahas »Planeten«), göttliche Personifikationen der Himmelskörper Sûrya (Sonne), Candra (Mond), Mangala (Mars), Budha (Merkur), Brhaspati (Jupiter), Shukra (Venus) und Shani (Saturn). Zu ihnen werden außerdem Ketu (der absteigende Mondknoten) und *Râhu* (der aufsteigende Mondknoten) gezählt. Die neun Planetengötter findet man häufig an Hindu-Tempeln, nicht selten als Querbalken über einer Eingangstür; sie haben nach hinduistischer Vorstellung signifikanten Einfluss auf das Schicksal der Menschen (Astrologie).

Navarâtri → Dashahrâ

Nâyanmâr (Tamil »Führer«), Titel von etwa 63 Heiligen der tamilischen shivaitischen Tradition. Diese verehren *Shiva* in Form der persönlichen Hingabe *(Bhakti)*. Ihre Hymnen werden von vielen südindischen Shivaiten als gleichwertig zum *Veda* betrachtet.

Neureligiöse Bewegung, Sammelbegriff für religiöse Bewegungen jüngeren Datums (auch Jugendreligionen oder *Guruismus* genannt). Sie sind überwiegend von charismatischen Führungspersonen begründet, mit breitem Angebot an Heilsvorstellungen und meditativen und asketischen Praktiken.

Nirvâna, das Erlöschen weltlicher Begierden und Anhaftungen als Voraussetzung für die Vereinigung mit Gott oder dem Absoluten. Nach S. K. Belvalkar entstand der Begriff vor dem Auftreten des Buddhismus. In der *Bhagavadgîtâ* wird es mit dem Ausdruck des Erlangens des *Brahman* umschrieben. Der Zustand des N. ist daher gleichbedeutend mit *Moksha.*

Nyâya, logische Beweisführung, die Herleitung: das dritte Mittel (neben *Shruti* und *Smriti)* zur Erlangung religiösen Wissens. Im engeren Sinne ist N. eines der sechs philosophischen Systeme *(Darshana)*, das auf logischer Argumentation und Analyse beruht. Es wird deshalb auch als Hetuvidyâ (»das Wissen von den Ursachen«), Vâdavidyâ (»das Wissen von der Beweisführung«) und Pramânashâstra (»Lehre der Logik und Epistemologie«) u. a. bezeichnet. Als sein Gründer gilt Gautama, dem das N.-Sûtra, das Hauptwerk dieser philosophischen Schule, zugeschrieben wird.

O

Om, auch Aum, die heiligste Silbe im Hinduismus, eine Affirmation, gleichbedeutend mit »Amen«. In den drei Lauten a, u und m sind der hinduistischen Überlieferung nach die Schöpfung, die Erhaltung und die Zerstörung der Welt enthalten.

P

Pândavas, die Helden des *Mahâbhârata.* Ihr Vater ist Pându. Die P. kämpfen gegen die Söhne seines Bruders Dhritarâshtra, die *Kauravas.* Von den fünf P. sind drei *(Yudhishthira,* Bhîma, *Arjuna)* Söhne der Kuntî und zwei (Nakula, Sahadeva) Söhne der Mâdrî. Neben der Schilderung ihrer Zeugung durch Pându existiert eine Version, die ihre göttliche Herkunft schildert: Da Pându sich wegen eines Fluches zur Keuschheit verpflichtet hatte, bat Kuntî die Götter um Hilfe, und so wurden die einzelnen P. von verschiedenen Göttern gezeugt.

Paramâtman, auch als Paramashiva bezeichnetes höchstes Selbst, der höchste Geist, d. h. *Brahman.* Er verkörpert z. B. im kaschmirischen Shivaismus die höchste Realität, die man sich entweder jenseits aller 36 *Tattvas* oder als den 37. Tattva vorstellt. Jegliche Realität, sowohl die geistige als auch die materielle, geht durch einen Prozess des »Strahlens« (âbhâsa) vom P. aus.

Parashurâma (Sanskrit »Râma mit der Axt«) mythische Figur und *Avatâra* des *Vishnu.* Besonders bekannt ist P. durch die Episode von der Vernichtung der *Kshatriyas* (Kriegerkaste). Aus Rache für den Tod seines Vaters tötet der *Brâhmana* P. nicht nur alle Söhne des Mörders, sondern alle Kshatriyas der Welt insgesamt 21-mal. Die Welt muss daraufhin durch die Brahmanen und die Witwen der Kshatriyas wiederbevölkert werden. Darüber hinaus tritt P. in beiden großen Epen auf: Im *Mahâbhârata* wird berichtet, dass er *Arjuna* im Gebrauch der Waffen schult. Außerdem kämpft er mit Bhîshma, dem Großonkel der *Kauravas* und *Pândavas.* Im *Râmâyana* spielt

Nandin, der Stier im Gefolge des Gottes Shiva, nepalesische Bronzeplastik aus dem 16.–18. Jh.; Philip Goldman Collection, London

Pârvatî, singhalesische Bronzeplastik aus der Polonnaruwa-Periode, 11. Jh.; Archäologisches Museum in Anuradhapura

er bei dem Wettstreit um *Sîtâs* Gunst eine Rolle. Die Wettstreiter sollen den Bogen *Shivas* spannen. Dies gelingt *Râma,* der damit den Shiva-Verehrer P. erzürnt und von ihm zum Kampf herausgefordert wird. In diesem 1. Buch des Epos gelten P. und Râma als Avatâra Vishnus, die sich zur gleichen Zeit auf der Erde befinden.

Pârvatî (Sanskrit »Tochter des Berges«), Tochter des Himâlaya und Gattin des *Shiva.* Sie wird auch als Umâ oder Gaurî bezeichnet. Ihre Mythologie findet sich im *Mahâbhârata* und den *Purânas.* In Trauer über den Tod seiner geopferten Frau *Satî,* deren Reinkarnation P. ist, kehrt *Shiva* zu seiner Meditation auf dem Berg Kailâsa zurück. Während dieser Zeit beginnt jedoch der Dämon Târaka den Kosmos zu bedrohen, sodass *Brahmâ* den Gott der Liebe, *Kâma,* entsendet, um in Shiva die Liebe zu wecken. Ihm soll ein Sohn geboren werden, der den Dämon vernichtet. Shiva vernichtet jedoch den Liebesgott mit einem Strahl aus seinem dritten Auge und verachtet zunächst die Tochter des Himâlaya. Um seine Achtung zu gewinnen, betreibt sie *Askese* (tapas) und ist erfolgreich (Matsya-Purâna 154, 289–292). Ihnen wird der Sohn Skanda *(Kârttikeya)* geboren, der Târaka vernichtet. Ein späterer Sohn ist der Gott *Ganesha.*

Pativratã (von Sanskrit pati »Ehemann« und vrata »Gelübde«), Ausdruck für eine »tugendhafte Frau« und »ideale Ehefrau«; ideologisch aufgeladenes Weiblichkeitsideal, verbunden mit der Erwartung, dass die Frau ihrem Gatten wie einem Gott dient, um mit ihrer Hingabe sein Glück und langes Leben zu begünstigen.

Pitri Paksha, Verehrung der Ahnen. Generell an den Neumondtagen praktiziert, mit Ausnahme der zusätzlichen Gedenkfeiern im Monat Âshvina (September/Oktober), bei denen Brahmanen *Mantras* zu Ehren der Verstorbenen der drei letzten Generationen rezitieren.

Politischer Hinduismus, Bezeichnung für Entwicklungen, die erstmals mit dem Reformhinduismus des 19. Jh. auftraten und bei denen religiöse Konzepte bewusst zur politischen Mobilisierung der Bevölkerung genutzt wurden.

Prajâpati (Sanskrit »Herr der Geschöpfe/Schöpfung«), der Schöpfergott. Eine Entwicklung von Vorstellungen in spätvedischer Zeit, welche die vielen Kräfte, die sich in der Natur manifestieren, in einer einzigen Quelle der Schöpfung zusammenfasste. Häufig wird P. als Synonym zu *Indra* und *Brahmâ* aufgefasst. P. steht in Verbindung mit jener Quelle der Schöpfung, die ihre Wurzeln im Opfer hat, indem er entweder immer wieder lebende Geschöpfe aus den Opfern an die Götter erschafft (Taittirîya-Brâhmana 1, 6, 2, 1) oder indem er selbst das Opfer ist, durch das Leben erhalten wird. Nach einer mythischen Auffassung entstand er am Anfang als goldenes Ei.

Prajñâ (Sanskrit »Weisheit, Bewusstsein«), Fähigkeit des *Âtman,* selbst zu erkennen, was er ist und sich somit wie in einem traumlosen Schlaf in diesem Zustand aufzuhalten.

Pralaya (Laya, Sanskrit »Verschmelzen«), die Verschmelzung der Seele mit *Brahman* im Hinduismus und die Auflösung des Kosmos am Ende eines *Kalpa.*

Pramâna (Sanskrit »Maß, Autorität«), ein Beweismittel, um Wissen zu erlangen, etwa durch Logik, Sinneswahrnehmung (innerhalb der Grenzen der *Mâyâ),* oder die *Vedas.*

Prasâda (Sanskrit »Gnade der Gottheit«) → *Pûjâ*

Pravritti (Sanskrit »Ursprung, Entstehen«), die Entfaltung oder das Entstehen eines neuen Kosmos nach seiner Auflösung *(Pralaya).*

Prithivî (Sanskrit »die Ausgedehnte«), die Verkörperung der Erde, der Mutterschoß des *Agni* (Shatapatha-Brâhmana 7, 4, 1, 8), die Mutter, in deren Schoß die embryonale Erde gebildet wird. Nach einem Mythos konnte sie die wachsende Bevölkerung nicht ertragen und bat *Brahmâ* um Erleichterung. Er erschuf den Tod als eine schöne Frau, die über ihre Aufgabe weinte; ihre Tränen wurden zu verhängnisvollen Krankheiten. Die Erde wird manchmal mit dem Himmel als Dyâvâ-P. vereint erwähnt.

Pûjâ (Sanskrit), Opferritual, das die *Yajña*-Rituale der vedischen Religion ablöste. Bei der P. werden, wie beim vedischen Opfer, einer Gottheit Gaben dargebracht. Allerdings handelt es sich bei der P. meist um Speisen, Blumen u.a. Die Speiseopfer werden, nachdem sie der Gottheit dargeboten wurden, unter den Gläubigen verteilt und dann als Prasâda (Sanskrit »Gnade, Wohlwollen der Gottheit«) bezeichnet. Es gibt zahlreiche Riten, die unter den Begriff P. fallen. Dazu gehören z.B. auch das Waschen einer Götter-Figur (in der die Gottheit anwesend ist), das Darbringen von Rauchopfern oder das Darshana, das bloße Erblicken eines Götterbildes. Die P. ist eines der zentralen Rituale des Hinduismus und prägte auch den Buddhismus und den Jainismus.

Purâna (Sanskrit »alt«), Gattung von Texten hinduistischer Religiosität in Versform. Man nimmt an, dass die Purânas etwa zwischen 500 und 1500 n. Chr. zusammengestellt wurden. Allerdings sind in die 18 größeren Mahâ-P. und 18 kleineren Upa-P. wahrscheinlich sehr viel ältere Heldenerzählungen eingeflossen. Die P. erzählen Götterlegenden und betonen *Bhakti* und die Gnade der Götter. Sie sind sehr viel stärker als andere Texte mit der Volksfrömmigkeit verbunden und daher auch heute noch von sehr großer Bedeutung. Die wichtigsten und bekanntesten Texte dieser Gattung sind das *Bhâgavata*-P. und das *Vishnu*-P. Eines der ältesten ist das Mârkandeya-P. In ihm tritt der Weise Mârkandeya als Erzähler der Rahmenhandlung auf und erläutert die Geschichte. Im Kern beschäftigt es sich mit der alten indischen Kosmografie und Kosmologie, mit dem Aufbau der Welt und der Geschichte seiner Könige (den Nachkommen des *Manu*) während der vergangenen und künftigen Manvantaras. Dieser Kern könnte mit gutem Grund aus dem 3. Jh. n. Chr. stammen. Aber beinahe die Hälfte des noch vorhandenen Textes besteht aus späteren Ergänzungen. Ein weiteres bedeutendes P. ist das Devî Mâhâtmya (Sanskrit »Lobpreisung der Göttin«), das den klassischen Text zur Mythologie der großen Göttin *(Devî)* liefert.

Purusha (Sanskrit »Mann, Person«), komplexe Vorstellung der indischen Religion und Philosophie. Der berühmte Purushasûkta (Rigveda 10, 90) ruft den P. als einen kosmischen Demiurgen an, als die materielle und bewirkende Ursache des Universums, dessen Opfer *(Yajña)* und Aufteilung den *Veda* und die gesamte Schöpfung entstehen ließen. Die frühen *Upanishaden* und die *Bhagavadgîtâ* benutzen den Begriff des P. in der Bedeutung des Geistes eines Individuums, einer psychischen Essenz oder des unsterblichen Selbst *(Âtman)*. In der *Sânkhya*-Philosophie ist der P. das erste Prinzip *(Tattva)* und entspricht dem reinen Bewusstsein, das als Beobachter der unbewussten Dynamik der Prakriti fungiert. Die Erlösung des Menschen ist hier wie in der *Yoga*-Philosophie das Ergebnis der Unterscheidung der beiden unabhängigen letztendlichen Realitäten.

Purushârtha, die vier legitimen Lebenziele für Hindus höherer Kasten. Das erste ist der *Dharma,* der die anderen lenkt, weil zu ihm der entsprechende Glaube und das dementsprechende Verhalten gehören. Das zweite ist Artha, materielle Güter und Reichtum. Das dritte ist *Kâma,* der Sinnengenuss. Das vierte geht über die anderen hinaus, denn es handelt sich dabei um *Moksha,* die Befreiung.

Râdhâ. Die Kuhhirtin (Gopî) motivierte die indischen Buchmaler zu anmutigen Naturschilderungen, in welche sie die liebste unter den Gespielinnen einbetteten. Hier ist das konkrete Thema die Sehnsucht Radhâs nach dem Geliebten. Illuminierte Handschrift der Mewar-Schule, Mitte des 16. Jh., Privatsammlung.

Pûrvamîmâmsâ, auch Mîmâmsâ (Sanskrit »Untersuchung«), eines der sechs orthodoxen Systeme der indischen Philosophie *(Darshana)*. Es beschäftigt sich mit der Interpretation des ritualistischen und zeremoniellen Teils des *Veda*. Es ist von der späteren Uttara-Mîmâmsâ zu unterscheiden, die auch als *Vedânta* bezeichnet wird und die sich mit den Lehren der *Upanishaden* beschäftigt. Von Jaimini wurde der älteste und der grundlegende Text dieser Schule formuliert.

R

Râdhâ, liebste Gespielin *Krishnas,* eine der Kuhhirtinnen (Gopîs), mit denen er sein Liebesspiel treibt. Als von Krishna favorisierte Geliebte taucht sie erst sehr spät (etwa im 13. Jh.) auf. R. und Krishna symbolisieren die Beziehung liebender Hingabe des Gläubigen *(Bhakti)* zu Gott *(Îshvara)*.

Râdhâ Soâmî Satsang, hinduistische Reformbewegung, begründet von dem indischen Mystiker Shiv Dayâl Singh (1818 bis 1878), der in der Tradition der Sants (Kabîr, Gurû Nânak, u. a.) steht und seine Lehre im Sar Bachan zusammenfasst. Gnostische Lehrinhalte, wobei die Initiation mit einem *Mantra* durch einen lebenden Meister (Sant Satguru) notwendig ist. Auf Anschauungen

Rajneesh Foundation International. Versammlung der Sanyassin im indischen Poona, dem Hauptsitz und Geburtsort des Gründers Rajneesh Chandra Mohan, genannt »Bhagwân« (der Erhabene)

der Bhakti-Bewegung fußend, wird der *Guru,* genannt »Râdhâ Soâmî« (Hindi »Gatte Râdhâs«), als neu offenbarter, höchster Gott verehrt. Im Jahr 1891 gründet sich unter Bâbâ Jaimal Singh ein stärker sikhistisch ausgerichteter Zweig, der sich 1951 unter Führung von Kirpal Singh als Ruhânî Satsang vom R. abspaltete und sich nach Kirpal Singhs Tod erneut teilte.

Râhu, ein Dämon. Im Mythos von der Quirlung des Milchozeans wird berichtet, dass sich R. unrechtmäßig den Unsterblichkeitstrank *Amrita* beschaffte, indem er eine göttliche Gestalt annahm. Von Sonne und Mond entdeckt, wurde *Vishnu* beauftragt, R. den Kopf abzuschlagen. Da er bereits getrunken hatte, blieben die Teile seines Leibes unsterblich. Sein Kopf und Hinterteil bzw. Schweif (Ketu) verschlingen von Zeit zu Zeit den Mond und die Sonne, um sie nach einer Weile wieder auszuspucken. So werden die Mond- und Sonnenfinsternisse als Racheakt des Dämons gedeutet. In der indischen Astrologie (Jyotisha) entsprechen R. und Ketu den aufsteigenden und absteigenden Mondknoten, d. h. den Schnittpunkten der Mond- und Sonnenbahn in der Ekliptik *(Navagrahas).*

Râjanya → Kshatriya

Râjarshi, königlicher Weiser, der gleichzeitig ein Seher ist und aus dem Stand der *Kshatriya* stammt.

Rajas, im *Sânkhya* eine der drei Qualitäten *(Gunas)* der materiellen Natur (Prakriti). Es ist in unterschiedlichen Abstufungen in allen Dingen außer dem reinen Bewusstsein *(Purusha)* vorhanden. In der äußeren Welt manifestiert sich R. als Kraft oder Bewegung: in dem, was sich bewegt, herrscht R. vor. Im Individuum ist es der Ehrgeiz, das Bemühen und Handeln, die Leidenschaften.

Rajneesh Foundation International, gegründet von Rajneesh Chandra Mohan (1931 bis 1990), ursprünglich Professor für Philosophie an der Universität in Jabalpur. Auch unter den Namen »Bhagwân« (der Erhabene) und »Osho« (ursp. Ehrentitel für Bodhidharma) bekannt. Ziel ist die spirituelle Erleuchtung, wobei ein synkretistisches Angebot östlicher Meditations- und westlicher Therapieformen den Weg dazu bereitete. Tantrismus und ein Konzept freier Sexualität spielten eine wichtige Rolle. In den frühen 80er Jahren errichtete die Bewegung unter Leitung Rajneeshs »Rajneeshpuram« eine Kommune in Oregon/USA. Die Bewegung baute ein großes Wirtschaftsimperium auf, u.a. mit Diskotheken, Restaurants und Läden in vielen Städten Europas und Nordamerikas. Nach dem Tod Rajneeshs ist die R. weniger sichtbar geworden, die Organisation mit ihren Zentren besteht hingegen in veränderter Form weiter.

Rakhi Bandhan (Hindi), am Tag des Vollmonds im Juli/August (indischer Monat Shrâvana) bindet man sich gegenseitig Glück bringende Amulette (rakhi) in Form von Baumwollfäden um das rechte Handgelenk als Zeichen der Zuneigung und Freundschaft. Junge Mädchen und verheiratete Frauen tun dies bei ihren Brüdern, um damit dem Beispiel des Gottes Indra zu folgen, der so seine Gattin vor Dämonen schützte. An diesem Tag erneuern auch viele der »Zweimalgeborenen« (Dvija) ihre heilige Baumwollschnur und die Familienpriester erhalten Geschenke.

Râkshasa, Klasse von Dämonen, die meist sehr mächtig sind und menschliche Züge aufweisen. R. können auch Askese praktizieren und zu Weisen werden. Der wohl bekannteste Vertreter ist Râvana, der Gegenspieler *Râmas* im *Râmâyana.*

Râma, zunächst der Held in dem Epos *Râmâyana,* der ein vorbildliches, dem *Dharma* entsprechendes Leben führt. Schon in diesem Epos wurde R. aber auch als *Avatâra* des Gottes *Vishnu* dargestellt. Als solcher ist R. ähnlich bedeutend geworden wie *Krishna* und wie dieser ist er Objekt der *Bhakti*-Verehrung.

Râma Jayantî, am 9. Tag (daher auch Râma Navamî genannt) der hellen Monatshälfte im März/April (Caitra), feiern Vishnuiten die Geburt des Gottes *Râma* in *Ayodhyâ.* Weltweit bekannt wurde Ayodhyâ im Dezember 1992, als fanatisierte Hindus die dortige Bâbrî-Moschee zerstörten, weil sich an genau dieser Stelle früher ein Râma-Tempel befunden haben soll.

Râmakrishna Utsav, Geburtstag Râmakrishnas (1836–1886), des bedeutendsten neuzeitlichen Heiligen Indiens, wird am 20. Februar gefeiert. Zentrum der Feierlichkeiten ist der Dakshineshvar-Tempel in Calcutta, an dem Râmakrishna Priester war und wo er seine mystischen Visionen der Göttin *Kâlî* empfing.

Râmâyana, eines der großen Epen des Hinduismus. Es ist von deutlich geringerem Umfang als das zweite große Epos, das *Mahâbhârata.* Beide behandeln einen Thronfolgestreit, der dazu führt, dass der Held sich in die Verbannung begeben muss. Er hat viele Abenteuer zu bestehen, wird aber schließlich doch als Herrscher eingesetzt. Das R. wird Vâlmîki zugeschrieben. Es umfasst 7 Bücher, wobei man annimmt, dass Buch 1 und 7 deutlich später unter dem Einfluss des *Vishnuismus* hinzugefügt wurden. Die älteren Bücher 2 bis 6 schildern die Geschichte des Helden *Râma.* Er ist der älteste Sohn des Königs *Dasharatha.* Aufgrund einer Intrige muss er von *Ayodhyâ* in die Verbannung in den Wald ziehen. Dort wird seine Frau *Sîtâ,* die ihn mit seinem Bruder *Lakshmana* zusammen begleitet hat, von einem Râkshasa namens Râvana entführt. Es wird dann erzählt, wie Râma Sîtâ mit Hilfe des Affen *Hanumân* befreit und schließlich Râma in *Ayodhyâ* zum König gekrönt wird. Von dem darauf folgenden Abschnitt über die Verbannung Sîtâs und ihrer Aufnahme durch die Mutter(göttin) Erde wird ebenfalls angenommen, dass er nicht zum ursprünglichen Kern des Epos gehört. In Buch 1 wird Râmas Kindheit geschildert und in Buch 7 das paradiesische Leben unter seiner göttlichen Herrschaft. In beiden Büchern wird er als Gott dargestellt und als *Avatâra Vishnus* gepriesen. Diese Verehrung und Identifikation mit Vishnu wird in den *Purânas* fortgeführt. Es gibt unzählige Bearbeitungen dieses Erzählstoffes. Die wohl bekannteste dürfte das Werk *Râmcaritmânas* des Autors Tulsîdâs sein. Auch heute noch ist das R. von großer Bedeutung für die Hindus. Es wurde verfilmt, es wird in der Schule behandelt und es gibt sogar Comic-Versionen dieses Epos.

Râmcaritmânas (Sanskrit »See der Taten Râmas«), Werk des Dichters Tulsîdâs aus dem 16. Jh. Es handelt sich um eine Hindi-Version des *Râmâyana.* In diesem Werk wird *Râma* als Gott verehrt und die Notwendigkeit liebender Hingabe an den Gott *(Bhakti)* steht im Vordergrund. Der Held des Epos, der durchaus noch einige negative Züge aufweist, ist hier zum allwissenden, gnädigen und immer gerechten Gott geworden. Für die Râma-Verehrung ist das R. einer der wichtigsten Texte.

Râmiâjya (Hindi »Das Königreich *Râmas«),* Bezeichnung für den idealen Staat.

Râm-Janmabhûmi-Bewegung, kommunalistische Bewegung zu Neuerrichtung eines Tempels am mythischen Geburtsplatz Gott *Râmas* in *Ayodhyâ.*

Râmlîlâ → Dashâhrâ

Râshtrîya Sevikâ Samiti, weiblicher Zweig der *Râshtrîyâ Svayamsevak Sangh* (RSS), gegründet 1936 von Laxmî Bâî Kelkar.

Râshtrîya Svayamsevak Sangh (RSS), nationalistisch-hinduistische Organisation, die 1925 von K. B. Hedgevar in Nagpur gegründet wurde mit der Mission der Hinduisierung Indiens und Etablierung eines starken Nationalstaates *(Hindutva).* Insbesondere Jugendliche wurden in den R. rekrutiert, um sie körperlich auszubilden, zu disziplinieren und mit hindunationalistischen Ideologien vertraut zu machen, wobei die starken kommunalistischen Ausschreitungen zwischen Muslimen und Hindus zwischen 1924–27 dem R. großen Auftrieb verliehen. Der R. wurde zweimal verboten, das erste Mal nachdem

Râmâyana. Szene aus dem gleichnamigen Epos: »Râma und Dasharatha im Königreich der Affen«. Die figurenreiche Komposition zeigt rechts einen Palast, dem von links der Held Râma und sein Vater Dasharatha zustreben. Sie befinden sich im Reich der Affen des Königs Hanumân. Dieser hilft Râma, seine Gemahlin Sîtâ zu befreien. Spätes 18. Jh.; Privatsammlung.

Rathayâtrâ. Beim traditionellen Wagenfest werden Götterstatuen in fahrbaren Tempeln an Seilen durch die Stadt gezogen, hier im Wallfahrtsort Puri im indischen Bundesstaat Orissa.

Nathurâm Godse, ein R.-Mitglied, Mahâtmâ Gândhî ermordete, das zweite Mal in der Regierungszeit Indira Gandhis. Die Ideologien des R. führten zur Formierung einer Vielzahl weiterer Organisationen, z.B. der Shiv Senâ, dem Bajrang Dal, der Vishva Hindu Parishad. Die Führungsschicht des Bhâratiya Jana Sangh und heute der Bhâratiya Janatâ Party wurde fast ausschließlich aus RSS-Mitgliedern rekrutiert.

Rathayâtrâ, Wagenfest. Zu Ehren des Gottes Jagannâtha wird in der Stadt Puri im ostindischen Bundesstaat Orissa alljährlich im Monat Âshâda (Juni/Juli) ein großes Fest gefeiert. Dabei ziehen bis zu 4000 Menschen an langen Seilen einen etwa 15 m hohen hölzernen Wagen durch die Straßen. In dem Wagen, der die Form eines Tempels besitzt, befinden sich Statuen Jagannâthas sowie seiner Schwester Subhadrâ und seines Bruders *Balarâma.* Die Prozession führt vom Haupttempel zu einem mehrere hundert Meter entfernt liegenden kleineren Tempel, der so genannten »Sommerresidenz« Jagannâthas, in dem sich seine Gattin *Lakshmî* befindet. Nachdem die Gottheiten dort einige Tage gemeinsam verehrt wurden, kehrt Jagannâtha wieder auf die gleiche Weise in den Haupttempel zurück. Die Bedeutung des Festes liegt vor allem darin, dass die Gläubigen die Möglichkeit erhalten, das ansonsten im Tempel aufbewahrte Götterbildnis persönlich zu sehen. Dieses »Erschauen der Gottheit« *(Darshana)* gilt als religiös verdienstvolle Tat, ebenso die aktive Beteiligung an der Prozession als Wagenzieher. Die R. in Puri bildet zwar das bedeutendste Wagenfest, aber der Brauch, Götterbilder auf diese Art öffentlich zu präsentieren, ist in ganz Indien verbreitet.

Reformhinduismus, auch Neo-Hinduismus oder hinduistische Renaissance genannt. Nationalistische Erneuerungsbewegung, auf der Suche nach einer eigenen religiösen, politischen und kulturellen Identität und einer »alternativen Moderne« in Abgrenzung zum »Westen«. Geprägt von ethischer Weltverantwortung in dem Bemühen einer Neudefinierung hinduistischer Werte und Tradition bei gleichzeitiger Integration christlicher Werte. Ende des 19. Jh. entstanden, gewann der R. insbesondere während der indischen Unabhängigkeitsbewegung Auftrieb. Als bedeutendste Reformer gelten Râja Râm Mohan Roy (1772–1833), der gegen Kastenunterschiede sowie sozial und religiös begründete Missstände kämpfte und den Brahmo Samâj begründete; Vivekânanda (1863–1902), der als Erneuerer des nationalen Selbstvertrauens gilt und die Ramakrishna-Mission gründete; Mahâtmâ Gândhî (S. 578), der das Kastensystem verwarf und auf Prinzipien der Gewaltlosigkeit gegen die britische Vorherrschaft kämpfte und Dayânand Sarasvatî (1824–1883), der den Ârya Samâj gründete. Heute vermischen sich die Ideologien des R. und ihrer Vertreter häufig mit Ideologien nationalistischer und hindu-fundamentalistischer Bewegungen.

Rigveda (Sanskrit »Wissen in Versen«), ein Text des *Veda.* Der R. gilt als das älteste literarische Werk Indiens. Die Entstehung der R.-Samhitâ *(Samhitâ)* wird auf eine Zeit etwa zwischen 1500 und 1000 v.Chr. datiert. Der *Hotri* rezitiert die Verse des Rigveda, um die Götter herbeizurufen. Der R. gliedert sich (wie auch die übrigen drei Texte des Veda) in vier Gruppen chronologischer Entwicklung: *Samhitâ, Brâhmana, Âranyaka und Upanishad.*

Rita (Sanskrit »feststehende Ordnung, Regel«), die grundsätzliche Ordnung und das Gleichgewicht, das das Universum erhält und durch entsprechende Opfer, Rituale und Verhaltensweisen beachtet und aufrechterhalten werden muss. R. steht als Wort in Beziehung zu ritu, den Jahreszeiten, die regelmäßig wiederkehren, ohne dass die Menschen darauf Einfluss haben – auch die Götter nicht. Mitra und Varuna werden in den Vedas als Wächter des R. angerufen, aber sie werden nicht als sein Schöpfer bezeichnet. R. ist tiefgründiger als die Götter und der Begriff nimmt das unpersönliche Gesetz des *Karma* und die überall vorhandene Herrschaft des *Dharma* vorweg.

Rudra (Sanskrit »Brüller« oder »Rötlicher«), vedischer Sturmgott. R. wird manchmal mit *Agni* oder *Indra* gleichgesetzt, besonders im Zusammenhang mit dem Monsunregen. Wie die Regenstürme hat er zwei Aspekte, einen, der mit Fruchtbarkeit, Heilen und Allgemeinwohl verbunden ist, und einen anderen, der mit Zerstörung, Wut und Furcht assoziiert wird. Weil R. keine Feueropfer erhält und andere Opfer für ihn an Orten mit einem bösen Omen stattfanden, ist anzunehmen, dass seine zerstörerischen Aspekte vorherrschen.

S

Sâdhaka, jemand, der die tantrische Praxis *(Sâdhana)* durchführt. Durch das Einswerden mit seiner Gottheit verschmilzt die Einzelseele des S. mit dem Absoluten.

Sâdhana, Praxis des *Tantrismus.* Durch bestimmte Rituale soll Befreiung *(Moksha)* bzw. Vervollkommnung (Siddhi) erreicht werden. Hauptbestandteile des S. sind *Pûjâ* und *Yoga.* Zur Pûjâ der linkshändigen Schule zählt auch der Verzehr von Fleisch, Fisch, Alkohol, gerösteten Körnern und ritueller Geschlechtsverkehr (die 5 Ms, Pañcamakâra). Wichtige Bestandteile des Yoga in der tantrischen Praxis sind die Rezitation von *Mantras (Japa)* und das Visualisieren der Gottheit. Die Pûjâ wie die Yoga-Riten sollen dazu führen, dass der *Sâdhaka* eins wird mit der Gottheit. Mit der Ausführung des S. sind meist die Initiation *(Dîksha)* und die Weitergabe des Mantras der Gottheit durch einen *Guru* verbunden.

Sâdhvî, Bezeichnung für Asketin, der sich aus der Sanskrit-Wurzel sâdh (»direkt zum Ziel gehen, siegen«) herleitet. Er steht sowohl für eine »tugendhafte, ideale Ehefrau« *(Pativratâ)* als auch für eine Heilige.

Säkularisierung, die Abnahme der Bedeutung organisierter Religion als Mittel sozialer Kontrolle. In den hindu-nationalistischen und hindu-fundamentalistischen Strömungen wird S. hingegen häufig als Anspruch auf die gleichberechtigte Ausübung religiöser Praktiken unterschiedlicher religiöser Gemeinschaften definiert.

Samâdhi (Sanskrit »Zusammenlegen, Vereinigung«), Ekstase, heftige Konzentration oder Aufgehen des Bewusstseins in einer Vielfalt höherer mentaler Zustände im hinduistischen, buddhistischen und jainistischen *Yoga,* bei der die Unterscheidung zwischen Subjekt und Objekt aufgehoben ist, das achte »Glied« des »achtgliedrigen« Râja Yoga. Das Bewusstsein des *Yogin (Citta)* sollte vom Meditationsobjekt absorbiert sein und die Wahrnehmung der natürlichen oder materiellen Welt ist aufgehoben. Die Erlangung von Wunderkräften *(Siddha)* ist die Folge dieses Zustands. S. wird in der gesamten indischen religiösen Literatur bezeugt (in den *Upanishaden,* dem *Mahâbhârata,* den *Purânas* und den *Tantras*). Traditionen wie der *Vedânta,* der Shivaismus, der Vishnuismus und der *Tantrismus* übernahmen den Gedanken des S. als eine Folge der Yogapraxis neben einer Vielzahl von anderen metaphysischen Systemen und Praktiken.

Sâmaveda (Sanskrit »Wissen in Melodien«), ein Text des *Veda.* Der S. ist eine Sammlung von Melodien zu den Opfersprüchen des *Yajurveda,* die beim Opfer vom *Udgâtri* gesungen werden.

Samhitâ (Sanskrit »verbunden, gesammelt«), eine der vier Gruppen, in die sich die Texte der einzelnen *Vedas* gliedern. Diese »Sammlung« enthält den eigentlichen Text des jeweiligen Veda, die Hymnen, um die Götter herbeizurufen *(Rigveda),* die Opfersprüche *(Yajurveda)* u.a. Oft ist daher, wenn z.B. vom Rigveda die Rede ist, eigentlich die Rigveda-Samhitâ gemeint.

Samnyâsa (Sanskrit »Aufgabe«), der formale Verzicht auf alle Bindungen zur Familie, der Kaste *(Jâti)* und des Eigentums, der ein asketisches Leben außerhalb der Gesellschaft begründet. Der Samnyâsin widmet sich der Befreiung *(Moksha).*

Samsâra (Sanskrit »Umherwandern, Transmigration, Wiedergeburt«), Kreislauf von Geburt und Tod. Er wird im Hinduismus als eine Folge von Handlungen *(Karma)* verstanden. Befreiung *(Moksha, Nirvâna,* auch Kaivalya) ist das Ausbrechen bzw. die Erlösung aus diesem Kreislauf. Der indische Theismus wie z.B. der *Shaiva*-Siddhânta betrachtet S. als Mittel zur Gewährung von Gnade (anugraha); die letztendliche Ursache ist die Befreiung der Seelen: daher verbirgt *Shiva* sich selbst (tirobhâva) und offenbart sich auch selbst (anugraha). Bei den Jainas hängt das

Sarasvatî. Eine hinduistische Pilgerin schöpft beim rituellen Bad Wasser aus dem Sangam, dem Zusammenfluss von Ganges und Yamunâ, in Allâhâbâd. Sarasvatî, ursprünglich die Göttin des Wassers, steht heute für Gelehrsamkeit und die schönen Künste.

gesamte Universum von den bewussten und unbewussten (*Jîva,* Ajîva) Elementen ab. S. ist der Prozess, durch den die Seelen in die Lage kommen, sich von der Materie zu lösen.

Samskâra (Sanskrit »reinigen, Perfekt machen«), Übergangsriten, die die Lebensstufen eines Individuums regeln und außergewöhnliche Ereignisse rituell kenntlich machen, wobei die S. eines Mädchens oder einer Frau in den meisten Fällen andere sind als die eines Knaben oder Mannes. *Heirat* und Todesriten gelten als die wichtigsten S. Von großer Bedeutung sind außerdem die S., die um Mutterschaft und das Wohl des Kindes kreisen, beispielsweise während der Schwangerschaft (Garbhadhâna), zur Geburt (Jâtakarma), zur Namensgebung (Nâmakarana), am Tag der ersten festen Nahrungsaufnahme (Annaprâsana), zur zeremoniellen Tonsur des Kleinkindes (Mundan) oder zur Initiationszeremonie der Zweimalgeborenen (Upanayana).

Samudramathana (Sanskrit »Quirlung des Ozeans«) → Kûrma; → Amrita.

Sangh Parivâr (Hindi »Familienbündnis«), Netzwerk von Organisationen des rechtsradikalen Spektrums. Neben den größten und bekannten Bewegungen *Râshtrîyâ Svayamsevak Sangh* (RSS) und *Vishva Hindu Parishad* (VHP) existiert ein breites Spektrum weiterer hindu-nationalistischer und hindu-fundamentalistischer Organisationen, die überwiegend unabhängig voneinander arbeiten, jedoch durch gleiche Werte – der »Hinduisierung Indiens« – einander verbunden sind, z.B. der Akhil Bhâratiya Adhivakta Parishad, eine Organisation praktizierender Richter und Anwälte; die Akhil Bhâratiya Sâhitya Parishad, eine Organisation zur Förderung nationalistischer Literatur; die Akhil Bhârtiya Vidyârthî Parishad, eine studentische Vereinigung; der Bhârtiya Kisan Sangh, eine Bauernorganisation; der Svadeshi Jagaran Mañc, ein ökonomisch-philosophisches Netzwerk und die Vidyâ Bhartî, ein Netzwerk von Schulen, Colleges und Ausbildungsstätten.

Sânkhya (Sanskrit »Aufzählung, Zahl«), eine der sechs orthodoxen Schulrichtungen *(Darshana)* des Hinduismus. Die ursprüngliche Schrift dieser Schule, die auf den Weisen Kapila zurückgeht, ist verloren gegangen; sie stützt sich auf die Kârikâs des Îshvarakrishna als grundlegenden Text. In der *Upanishaden*-Zeit entstand diese neue Methode der Forschung über das Selbst, den *Âtman.* Die klassische Lehre dieser Schule ist im 4./5. Jh. n. Chr. entstanden. Das Wesen der Wirklichkeit soll dadurch erfasst werden, dass die *Tattvas* (Prinzipien des Daseins) aufgezählt werden. Das S.-System hatte gedanklich einen großen Einfluss auf die Schule des *Yoga.*

Santoshi Mata, populäre Göttin, die 1975 über einen Kinofilm bekannt wurde und heute landesweit verehrt wird. Sie ähnelt der Göttin *Durgâ;* ihr Attribut ist das Krummschwert.

Saptapadî → Heirat

Sarasvatî, ursprünglich Flussgöttin, später Göttin der Weisheit, Wissenschaft und Sprache (vâc); Mutter des *Veda* und Erfinderin der Devanagari-Schrift; Begleiterin *Brahmas.* S. wird als vielarmige, schöne Frau dargestellt, oft auf einem Lotus sitzend. Ihre Attribute sind das Musikinstrument Vîna, ein Buch und Lotus; ihr Reittier ist ein Schwan.

Sat (Sanskrit »seiend, Sein, Essenz, richtig«), das absolute, nicht qualifizierte Sein und somit identisch mit dem *Brahman.* In der Ethik bedeutet es »gut« und in der Epistemologie »wahr«. Sprachlich das Gegenteil von S. ist Asat (Sanskrit »das Nicht-Seiende«), das aber nicht im Sinn der Vernichtung oder des Nihilismus verstanden werden darf. Als Asat wird das Unvorstellbare, das Absolute ohne Qualitäten im *Advaita-Vedânta* bezeichnet. Saccidânanda oder S.-Cid-Ânanda (Sanskrit »Sein-Bewusstsein-Glückseligkeit«) bedeutet im *Vedânta* die dreifache Charakteristik der Essenz des *Brahman.*

Satî (Sanskrit »tugendhafte Frau«), selbstlose Gattin, die ihrem Mann und ihrer Familie aufopferungsvoll dient. Der Begriff bezeichnet auch Frauen, die sich auf dem Scheiterhaufen ihres verstorbenen Mannes bei lebendigem Leib verbrennen lassen. Er geht zurück auf den Mythos der Tochter des König Daksha, der ersten Gattin *Shivas.* Sie verbrennt sich im Opferfeuer ihres Vaters, da er ihren Gatten nicht respektiert, und wird als *Pârvatî* wiedergeboren.

Sat-kârya-vâda (Sanskrit »Theorie der bereits vorhandenen Wirkung«), im *Sânkhya* die Vorstellung, dass jede Wirkung schon in ihrer Ursache enthalten ist: So gibt es keine Schöpfung einer Sache, der nicht bereits vorher vorhanden war (Sânkhyakârikâ 9). Alles, was in Erscheinung tritt, existiert potenziell in seiner Ursache. Die Schöpfung wird durch eine Verbindung der Elemente des Ungeschaffenen (avyakta) hervorgebracht. Analog dazu ist eine Statue bereits im Stein vorhanden, der Quark in der Milch. Im Besonderen gehört zur Schöpfung die Neuanordnung der drei Qualitäten *(Guna),* die im ursprünglichen »Stoff« (mûlaprakriti, Prakriti) der Schöpfung im vollkommenen Gleichgewicht existieren. Jede Veränderung geschieht durch die Wechselwirkung dieser drei Qualitäten.

Sattva, im *Sânkhya* eine der drei Qualitäten *(Guna)* der Materie (Prakriti). Es ist in unterschiedlichem Ausmaß in allen Dingen außer dem reinem Bewusstsein *(Purusha)* vorhanden und wird als die Leuchtkraft verstanden. In der materiellen Welt verkörpert sich S. als Elastizität oder Leichtigkeit: helle Farben, Luft, leichte Nahrung u. ä. In der Einzelseele drückt es sich durch Intelligenz, Tugend, Heiterkeit u. a. aus. Aufgrund des Vorherrschens des S. gegenüber anderen Guna beginnt der Schöpfungsprozess in der Prakriti. Durch S. spiegelt sich der *Purusha* sehr genau in der Prakriti wider. S. herrscht auf den feinstofflichen Ebenen des Evolutionssystems vor, von denen die feinste in einem individuellen Wesen die Intelligenz *(Buddhi)* ist; nach dieser Ebene strebt der Yogin. Der Yogin erreicht den reinen S.-Zustand, wenn er zuerst seinen Körper und dann seinen Geist gereinigt hat.

Satyâgraha (Sanskrit »Macht der Wahrheit«), die Macht der Wahrheit ohne die Ausübung von Gewalt. Dieses Prinzip wurde von M. K. Gândhî (S. 578) entwickelt und beruhte auf einer Vereinigung von *Sat* und satya (Sanskrit »Wahrheit«) sowie âgraha (Sanskrit »Ergreifen«). Es bringt die mit *Askese* (tapas) verbundene Macht und die Tradition der *Ahimsâ* zusammen und wird oft mit dem Prinzip der Gewaltlosigkeit gleichgesetzt.

Satî. Eine indische Frau wird zur Sati (»tugendhaften Frau«). Sie legt sich auf den brennenden Scheiterhaufen zu dem Leichnam ihres Mannes und folgt ihm in den Tod. Die Aufnahme stammt aus dem Jahr 1972 im indischen Bundesstaat Uttar Pradesh, obwohl der Verbrennungsritus seit 1829 verboten ist.

Saubhâgyavatî, Glück verheißender Begriff für eine verheiratete Frau, deren Gatte lebt. Segnung für junge Frauen.

Sâvitrî, Tochter des Sonnengottes Savitar. Sie wird als die Mutter der *Vedas* bezeichnet und oft mit Gâyatrî identifiziert. S. ist auch der Name des Verses im Rigveda 3, 62, 10 (dem Gâyatrî-*Mantra).* Der Legende nach war sie eine Prinzessin, die Satyavân heiratete, der nur noch ein Jahr zu leben hatte. Sie überzeugte dann durch ihre unerschütterliche Treue zu ihren Ehemann den Todesgott Yama, seinen Anspruch auf ihren Mann aufzugeben. In Indien wird S. häufig als die vollkommene Gattin betrachtet. Das Fest Sâvitrî-Pûjâ soll den Frauen viele Söhne und ihren Ehemännern ein langes Leben gewähren. Eine ausführliche poetische Überarbeitung der Sâvitrî-Legende durch Shri Aurobindo Ghose (S. 566) beschreibt die Laufbahnen der verschiedenen Charaktere in der Erzählung als Allegorie der Vergöttlichung des Menschenlebens.

Schlangengottheiten → Nâga

Sekte (von lat. secta »Schule, Lehre, Partei«), im hinduistischen Indien nicht vergleichbar mit dem abendländisch-christlichen Verständnis, bei dem S. als Häresie und Abspaltung von der Mutterkirche definiert wird. Im hinduistischen Kontext, in dem es keine für alle Gruppen verbindliche Autorität gibt, ist unter S. eine von einem Stifter begründete religiöse Lehre oder Tradition zu verstehen. Indische Ausdrücke für Sekte sind pantha (»Weg«), sangha (»Gemeinschaft«) und samâj (»Gesellschaft«).

Shabda (Sanskrit »Klang«), Begriff der indischen Philosophie, der mit dem Prinzip der erleuchtenden Kraft *(Shakti)* verknüpft ist und mehrere Bedeutungsebenen besitzt. S.-Brahman ist die höchste Stufe des Klanges ohne Attribute, die Verwirklichung des *Brahman.* Er ist eine der drei Quellen des Wissens, z.B. für Râmânuja.

Shaiva-Siddhânta, dualistische Schule des kaschmirischen Shivaismus. Ihr wichtigster Vertreter war Bhatta Râmakantha II (ca. 950 bis 1000). Sie verbreitete sich später auch in Südindien. Die S. vertritt philosophisch die absolute Trennung von *Shiva* und den Seelen. Die Bindung der Seelen an die leidvolle Welt wird durch die Initiation in die shivaitische Religion und die fest vorgeschriebene rituelle Praxis, nämlich die kultische Verehrung des Shiva (in bestimmten Aspekten), zerstört. Es gibt zwei wichtige Strömungen: Die erste betont das Wissen *(Jñâna),* die zweite (in Südindien) die Andachtsfrömmigkeit und Hingabe *(Bhakti, Nâyanmâr).* Die Theologie der ersten Richtung findet sich komprimiert im Tattvaprakâsha des Bhojadeva.

Shakti (Sanskrit »Kraft«), die weibliche Schöpferkraft, personifiziert als Göttin und Gemahlin von *Shiva.* Sie wird in vielen Aspekten und unter vielen Namen (u.a. *Durgâ, Kâlî, Ambâ)* verehrt. Die Verehrung der S. geschieht auf sehr unterschiedliche Weise. Der *Shaktismus* ist eine hinduistische Tradition oder Strömung des Denkens, bei dem die göttliche weibliche Kraft im Mittelpunkt der Verehrung steht. Diese Kraft ist entweder das höchste Wesen, das man sich als weiblich vorstellt, oder die Gemahlin eines der Hindu-Götter. Die Shâkta-Tantras *(Tantra)* sind eng mit dem monistischen kaschmirischen Shivaismus verbunden. Der Shaktismus entwickelte sich allerdings auch in Bengalen und Assam und wird dort noch praktiziert, obwohl man die Verehrung von Göttinnen in dörflichen Regionen überall in Indien findet, besonders im Süden des Subkontinents. Er betont die Stellung der Frau, indem sie als Inkarnation der Göttin betrachtet wird; Gleichheit gibt es nur im Ritual, und die Rolle der Frau besteht darin, als Partnerin für den männlichen Initianten (sâdhaka) zu dienen.

Shakti-pîtha (Sanskrit »Sitze der Göttin«), geografische Pilgerorte, die mit der *Shakti* einer Göttin durchsetzt sind; häufig anikonische Steinformationen. Bekannt sind insbesondere die »sieben Schwestern«: Nainâ Devî, Cintpûrnî Devî, Javâlâmukhî, Câmundâ Devî, Mansâ Devî, Kângrevâlî Devî und Vaishno Devî. Sie gehören zu einer Gruppe von mindestens 51 S., wobei die Entstehungsgeschichte der diversen S. sich auf den Mythos der *Satî* rückbezieht.

Shaktismus, Strömung des Hinduismus, in der die weibliche Schöpferkraft *Shakti* verehrt wird. Wie auch der *Tantrismus,* mit dem er eng verbunden ist, soll der S. in der Gegend von Assam und Bengalen entstanden sein und man vermutet, dass seine Ursprünge auf die Industalkultur zurückgehen. Verehrt werden besonders die Göttinnen *Durgâ, Lakshmî* und *Kâlî* als Aspekte der Shakti.

Shakuntalâ, Heldin und starke Persönlichkeit einer Episode des *Mahâbhârata.*

Shândilî, Yoginî aus dem *Mahâbhârata.*

Shâstra (Sanskrit »Gebot, Regel«), Abhandlung oder Ausführungen zu bestimmten Themen, die sich auf Gesetzbücher oder Kodizes beziehen und in denen die *Sûtra*-Handbücher der Priester erweitert und systematisiert wurden. Die bekanntesten Beispiele sind die *Dharmashâstras* (z.B. *Manusmriti,* Yâjñavalkyasmriti), das Arthashâstra (Sanskrit »Lehrbuch der Politik und Staatskunst«) und die Kâmashâstras (z.B. das Lehrbuch der Erotik *Kâmasûtra).*

Sherânvâlî Mâtâ (Hindi »die Löwenreiterin«), populäre, hinduistische Volksgöttin im nordindischen Raum; in ihrer Erscheinung gleicht sie der Göttin *Durgâ.*

Shesha (Sanskrit »Rest«), in der Mythologie die Schlange, die *Vishnus* Ruhelager und seinen Baldachin während der Perioden zwischen der Zerstörung und der Schöpfung bildet. S. wird auch als Ananta (Sanskrit »der Endlose«) bezeichnet. Er wird als ein Wesen dargestellt, das die Erde trägt und die Regionen, die unter ihr liegen.

Shiv Senâ (SS) (Marâthî »Armee Shivas«), 1966 gegründete, militante hindu-fundamentalistische Bewegung und Partei, die meist im Bundesstaat Maharashtra aktiv ist. Geführt von Bal Thackeray, sind die S. bekannt für ihre gewalttätigen Übergriffe auf Einrichtungen und Veranstaltungen, die ihren eigenen politischen Interessen entgegenstehen.

Shiva, Gottheit der *Trimûrti,* Zerstörer der Welt, auch bekannt unter dem Namen Mahâdeva (Sanskrit »der große Gott«). Wie *Vishnu* trägt er oft den Beinamen *Maheshvara* (Sanskrit »der große Herr«). S. erscheint in einer Vielfalt von Gestalten, zu deren bekannteren die Darstellung als Asket, der auf einem Tigerfell sitzt, gehört. Er trägt eine aufgesteckte Asketenfrisur, eine Mondsichel im Haar, hat einen blauen Hals, ein drittes Auge auf der Stirn, Rudraksha-Perlenketten und Schlangen um Hals und Arme gewickelt. Häufig fließt die Göttin *Gangâ* aus seinem Haarknoten. Er ist gekleidet in ein Leoparden- oder Tigerfell, und sein Körper ist mit Asche beschmiert. Zu seinen wichtigsten Attributen gehört der Dreizack, an den manchmal eine Sanduhr gebunden ist. Sein Reittier ist der Stier Nandin, seine Gattin ist *Pârvatî.*

Shivarâtri, Feier der »Nacht Shivas«. Neben einer monatlich wiederkehrenden »Nacht Shivas«, die jeweils zu Neumond gefeiert wird, gibt es einmal im Jahr an Mâgha zu Vollmond (Januar/Februar) die »Große Nacht Shivas« (Mahashivarâtri). Die Gläubigen suchen die Shiva-Tempel auf und erweisen ihrem Gott Verehrung durch das Spenden von Wasser, Milch und Früchten sowie durch Fasten. Priester gießen eine Mischung aus Milch, Butter und Honig über das zentrale Heiligtum des Tempels, das *Linga,* welches die Form eines stilisierten Phallus hat. Zudem rezitieren sie aus den heiligen Schriften, in denen Shiva im Mittelpunkt steht. Mancherorts finden auch Umzüge statt, bei denen eine Darstellung Shivas auf einem Wagen um den Tempelbezirk gefahren wird.

Shrauta-Rituale, große, öffentliche Opferrituale der vedischen Religion. Im Zuge der Entwicklung der vedischen Religion zum Brahmanismus, wo man die Götter als abhängig vom Opfer betrachtete, wurden diese Opfer immer differenzierter und aufwendiger. Die S. dienten der Sicherung des Allgemeinwohls, der Macht des Königs und ähnlichen Zwecken. Sie erforderten tagelange oder sogar monatelange Vorbereitung, eine große Anzahl verschiedener Priester und mehrere Opferplätze und -altäre. Bei diesen Opferritualen war der Opferveranstalter kaum beteiligt. Da diese Rituale erheblichen Kostenaufwand mit sich brachten, für Nicht-Priester kaum noch zu durchschauen waren und andere religiöse Ideen an Bedeutung gewannen, starben sie beinahe aus. Dennoch zeigte sich

Shiva. Der hohe Rang des Gottes aus der Hindu-Trias spiegelt sich nicht zuletzt in der Vielzahl seiner Darstellungen: als mit Asche beschmierter Asket, Familienvater und kosmischer Tänzer im Feuerkreis (Nâtarâja) sowie mit Vishnu in einer Gestalt vereint (Hari-Hara). Die abgebildete Skulptur zeigt ihn auf seinem Reittier Nandin. Seine Sitzhaltung mit angewinkeltem linken und herabhängendem rechten Bein kennzeichnet in der buddhistischen Ikonographie den Avalokitevara. 13. Jh.; Indisches Nationalmuseum, Neu-Delhi

bei einem großen, von westlichen Forschern initiierten S. in den 70er Jahren, dass das nötige Wissen bei den Priestern auch heute noch vorhanden ist.

Shrî (Sanskrit »Wohlstand, Pracht, Heiliger, Heilige«), ein Name der Göttin *Lakshmî.* Er wird als Ehrentitel vor den Namen einer Gottheit oder eines heiligen Textes gestellt oder als respektvolle Anrede bei Menschen verwendet, denen Heiligkeit und höhere Erkenntnis zugeschrieben wird, z. B. Shrî Hari, ein Name für *Vishnu.*

Shrîvaishnava, eine der sechs Hauptbewegungen der *Vishnu*-Verehrung. In dieser vishnuitischen Schule, die in Südindien sehr stark ist, tritt die Hingabe *(Bhakti)* an eine Göttin *(Devî)* in den Mittelpunkt. Obwohl es ursprünglich einen unabhängigen Kult der Göttin gab, verschmolz dieser offensichtlich mit der Verehrung von Râdhâ-Krishna. Theologisch bezieht sich diese Bewegung auf den *Vedânta* und die Schriften und Gesänge der *Âlvârs.*

Shruti (Sanskrit »das Gehörte«), die heilige und ewige Wahrheit in der Form der Offenbarung, die einst von Sehern (rishis) in einer mythischen Vergangenheit »gehört« oder auch »geschaut« und mündlich überliefert wurde. Historisch wird die Offenbarung, der *Veda,* durch die *Brahmanen* überliefert. Die S.

ist autoritativ. Sie gilt als vollkommen, ewig und nicht durch menschliche Hand geschaffen. Sie ist somit von der *Smriti* zu unterscheiden, die zwar ebenfalls heilig und göttlichen Ursprungs, aber unvollkommen ist, weil es sich hierbei um eine indirekte Form der Offenbarung handelt. S. ist ein Synonym des Veda; zur Smriti gehören im weitesten Sinne das Vedânga, die Ritual-*Sûtras,* die Gesetzbücher, die epischen Werke (itihâsas), die *Purânas* und die Nîtishâstras.

Siddha (Sanskrit »vollkommen, vollständig«), jemand, der das höchste Ziel erreicht hat und der die Siddhi-Kräfte erlangen kann. Zu den Siddhi-Kräften eines Yogin *(Yoga)* werden traditionell u.a. das Unsichtbarwerden, das Verlassen des Körpers und das Wiedereintreten in ihn nach Belieben, das Verändern der Körpergröße auf die Größe eines Samenkorns oder auf die eines Berges gezählt. Bedeutende Lehrer warnten, dass diese Kräfte kein Selbstzweck sein dürften.

Sîtâ (Sanskrit »Ackerfurche«), Heldin des *Râmâyana* und Gattin *Râmas.* Vorherrschendes Ideal einer »guten Ehefrau« *(Pativrata)* und üblicherweise in Tempeln gemeinsam mit Râma dargestellt.

Sûrya. Der Sonnengott der Hindus hält in beiden Händen eine Lotusblüte.

Sîtalâ, Pockengöttin, kinderlose Volksgöttin, auch unter dem Namen Haritî bekannt. Meistens mit einem oder mehreren Kindern im Arm dargestellt, ihr Reittier ist der Esel.

Skanda → Kârttikeya

Smriti (Sanskrit »Erinnerung«), Bezeichnung für den Teil der vedischen Schriften, die weniger bedeutend als die *Shruti* (»Offenbarung«) sind, aber ebenfalls Autorität besitzt. Die S. gilt als die mündlich überlieferte Tradition. Sie erlangt ihre Gültigkeit dadurch, dass sie sich von der Shruti herleitet bzw. mit ihr im Einklang steht. Ihre Verfasser sind Menschen. Sie umfasst ein großes Gebiet an Werken, darunter die Vedângas (die sich an den *Veda* anschließenden Wissenschaftsgebiete), die Smârta-Sûtras (Leifäden für kleinere und größere Rituale), die *Purânas* und die Itihâsa-Literatur (Heldensagen, Epen) einschließlich des *Mahâbhârata* und *Râmâyana* sowie die Nîtishâstras (Kompendien für Politik, moralische Prinzipien und Staatskunst) und die philosophischen Systeme *(Darshana).*

Soma (heiliger »Press«-[Trank]), ein berauschender oder halluzinogener Saft, der den Göttern geopfert und von den *Brahmanen* und anderen Teilnehmern an Opferritualen getrunken wurde. Die Identifizierung der Pflanze ist sehr umstritten. Von den Hymnen des *Rigveda* sind neun an S. gerichtet. Die Art und Weise, den Saft vorzubereiten, zu trinken und den Göttern zu opfern, wird detailliert beschrieben. Es heißt, man könne sich dadurch die acht Kräfte Gottes aneignen und S. habe die Macht, unsterblich zu machen. S. ist auch der Mondgott, der die Kräuter schützt und in einem Wagen fährt, der von Schimmeln oder Antilopen gezogen wird. Der Mond wird als der Becher des S. aufgefasst.

Srî → Lakshmî

Strîdhan, persönliches Eigentum einer Frau, traditionell Schmuck und Kleidung.

Strîdharma (Sanskrit »Dharma der Frauen«), die religiösen Pflichten der Frauen. Nach hinduistischer Vorstellung umfasst *Dharma* ein nach religiösen Normen ritualisiertes Leben, wobei Geburtsstand, Alter, Geschlecht und soziale Umstände die Rechte und Pflichten des Einzelnen bestimmen; so wird beispielsweise zwischen S., Pashudharma (»Dharma der Tiere«), Svadharma (dem »persönlichen Dharma«) u.a. unterschieden.

Subramaniam → *Kârttikeya*

Sûrya, Sonnengott, einer der zwölf *Âdityas,* dargestellt als Krieger im Kettenhemd auf einem Streitwagen, der von sieben Pferden gezogen wird. In seinen beiden Händen hält S. je eine geöffnete Lotusblüte.

Sûtra (Sanskrit »Aphorismus, Leitfaden«), Kategorie von Prosatexten in Sanskrit, die sich mit dem Gesetz und Regeln der Lebensführung beschäftigen. Die *Dharmas* gelten als ein Zweig der Kalpa-S., als eine Ergänzung des *Veda,* und werden wie die Dharmashâstras als »das Erinnerte« *(Smriti)* im Gegensatz zum offenbarten Veda angesehen.

Svapna → Avasthâ

Svarga (Sanskrit »Himmel«), der Himmel. Als kosmologische Größe stellte man sich S. meist als höchste Schicht des Weltgebäudes über dem Zwischenreich *(Antariksha)* vor. Im *Veda* wird dieser Bereich als »jener Bereich« (asau div) bezeichnet. Der Himmel ist auch eine religiöse Größe. So wird die Welt der Ahnen (Pitaras) zuweilen mit S. identifiziert.

Svâyambhu (Sanskrit »der aus sich selbst Seiende«), der Schöpfer, Bezeichnung für *Brahmâ, Shiva* und *Vishnu.*

Svayamsevak, freiwilliger Dienst an der Nation; Begriff für Volontäre, die ihre Zeit und

Arbeitskraft Organisationen des *Sangh Parivâr* zur Verfügung stellen.

Syâdvâda (von Sanskrit syât »es kann sein«), jinistische Erkenntnistheorie, die die Relativität und die Vorläufigkeit der menschlichen Urteilskraft hervorhebt. Sie wird daher auch als »Dialektik der sieben Schritte« bezeichnet und führt zum *Anekântavâda.* Charakteristisch für diese Bewertung durch die Jainas ist die Erzählung von den Blinden und dem Elefanten: Die Blinden erfühlen nur einen Teil des Elefanten und schließen aus dieser begrenzten Information, wie der Elefant beschaffen ist – wie ein Wasserkrug (vom Kopf), wie ein Kornreinigungsbehälter (von den Ohren), wie ein Pflug (von den Stoßzähnen), wie eine Schlange (vom Rüssel), wie ein Baum (von den Beinen), wie ein Tau (vom Schwanz). Die Blinden fallen dann in heftigen Streit, weil jeder davon überzeugt ist, das er allein die ganze Wahrheit besitze.

T

Tamas, eine der drei Qualitäten *(Guna)* der Prakriti in der *Sânkhya*-Philosophie. T. entspricht dem Prinzip der Passivität, Schwere und Dunkelheit.

Tanmâtra (Sanskrit »Atom, Urstoff«), Bezeichnung für das undifferenzierte Netz potenzieller Materie, die aus dem Kosmos ausgestrahlt wird.

Tantra (Sanskrit »Gewebe, Ausdehnung«), Sammelbegriff für nach Zeit und Ort unterschiedlichen Sammlungen von nichtorthodoxen Texten, die als religiöse Offenbarung die Grundlage verschiedener Formen des Shivaismus, insbesondere der Shâkta *(Shakti),* und des Buddhismus bilden. Auch einige vishnuitische Texte werden als T. bezeichnet (z.B. im Pañcarâtra). Die Texte von Anhängern einer jeweiligen Schulrichtung werden oft als Offenbarung einer bestimmten Gottheit angesehen und sind in Versen verfasste Unterweisungen. Meist wird ein Gott von seiner Partnerin unterrichtet. Zuweilen kann es aber auch vorkommen, dass *Shiva* seine Gattin Pârvatî belehrt. Der *Tantrismus* hebt die Bedeutung des Weiblichen hervor und hebt in seiner Praxis auf die Verbindung der Polaritäten ab, häufig mit Riten, die Reinheitsgebote der orthodoxen Tradition verletzen.

Tantrismus, bedeutende Strömung des Hinduismus, die auch den Buddhismus und Jainismus stark beeinflusste. Die Anfänge des T. liegen um 500 n. Chr. und sein Höhepunkt um 1000 n. Chr. Man nimmt an, dass der T. in der Gegend von Assam und Bengalen entstand und vermutet in ihm Spuren alter Fruchtbarkeitskulte. Der T. steht in Verbindung mit dem *Shaktismus, Vishnuismus* und *Shivaismus.* Besonders der Shaktismus ist vom T. kaum zu trennen und beide werden häufig in einem Atemzug genannt. Der T. soll das richtige Mittel sein, um im Zeitalter des Verfalls *(Kaliyuga)* die Befreiung (Moksha) zu erreichen. Von besonderer Bedeutung ist die mündliche Vermittlung der Texte *(Tantra)* durch den tantrischen *Gurû.* Nur nach einer Initiation *(Dîkshâ)* durch ihn darf man die geheimen Lehren vernehmen und nur sie versetzt den Gläubigen überhaupt in die Lage, deren Bedeutung zu verstehen. Kern des T. ist die weibliche Schöpferkraft Shakti, die noch feinstofflicher Natur ist und die sich mit dem männlichen Element zur grobstofflichen Materie verbindet. Ähnliches meint man auch beim Körper beobachten zu können. Der Körper des Menschen als Mikrokosmos, der die Vorgänge im Kosmos widerspiegelt, erhält daher besondere Beachtung. Es wird nicht die *Askese* betont, sondern die Vervollkommnung des Körpers. Aus diesem Grund ist *Yoga* im Kult, in der Praxis *(Sâdhana),* die im T. im Vordergrund steht, der wichtigste Teil neben der *Pûjâ.* Es gibt den *Mantra*-Yoga, der sich

Tantrismus. Kern ist die weibliche Schöpferkraft, die sich mit dem männlichen Element verbindet. Das Götterpaar Vishnu und Lakshmî in inniger Umarmung, Skulpturen aus dem 11. Jh. an der Fassade des Parshvanatha-Tempels in Khajuraho im indischen Bundesstaat Madhya Pradesh

Tranzendentale Meditation (TM). Während einer kollektiven Séance auf einem Berg in Galiläa (Israel) versucht sich ein Lehrer der TM im Fliegen.

mit den Klängen beschäftigt, und den *Kundalinî-Yoga,* dem eine komplexe Lehre von Energiebahnen im menschlichen Körper zugrunde liegt *(Nâdî, Cakra).* Zur Praxis des T. gehören Dinge, die von orthodoxen hinduistischen Schulen grundsätzlich abgelehnt werden. Dies trifft zumindest auf die linkshändige Schule *(Vâmâcâra)* zu, in deren Kult u.a. Fleisch und Alkohol genossen werden und auch Geschlechtsverkehr stattfindet. Die rechtshändige Schule *(Dakshinâcâra)* führt diese Riten nur in symbolischer Form durch. Obwohl besonders Auswüchse wie das Essen von Kot und Leichenfleisch oder auch die Menschenopfer höchst befremdend anmuten, kann man die Rituale nicht einfach als nur symbolisch gemeint abtun. Der Geschlechtsverkehr z.B. symbolisiert die Aufhebung der Dualität durch die Vereinigung von *Shiva* und *Shakti.* Ritueller Geschlechtsverkehr (Maithuna) ist aber auch eine wichtige praktische Übung für den Tantra-Praktizierenden. Gerade die Rituale der linkshändigen Schule veranschaulichen die Kernidee des Tantrismus: Körperlichkeit und Leidenschaft können nicht geleugnet werden; nur indem man sich mit ihnen auseinander setzt, kann man sie beherrschen und schließlich die Befreiung *(Moksha)* erreichen. Angehörige aller Kasten sind zur Initiation zugelassen. Außerhalb des Rituals bleiben Kastenunterschiede aber bestehen.

Tattva (vom Neutrum tat und dem Suffix -tva abgeleitet, Sanskrit »wahrer Zustand, Wahrheit, Realität, das Sosein«), wichtiger philosophischer Begriff, besonders im *Sânkhya*-Schulsystem. Dort sind T. konstituierende Elemente der Prakriti. In der Jaina-Philosophie gilt T. als kategorischer Bestandteil der Erscheinungen, der Bindung und der Befreiung *(Moksha).* Der Begriff hängt allgemein auch mit der Fähigkeit zusammen, die Beschaffenheit empfindungsfähiger Wesen *(Jîva)* zu ergründen. Das Tattvârthasûtra ist ein grundlegender Jaina-Text und wird Umasvâmi zugeschrieben (ca. 2. Jh. n. Chr.).

Tempel → Stichwort S. 626/27

Tîj (Sanskrit »drei«), im Monat Shrâvana (Juli/August) speziell von Frauen gefeiertes, dreitägiges Fest. Für verheiratete Frauen sowie für Mädchen, die die Geschlechtsreife erlangt haben, ist die Teilnahme am Fest verbindlich. In einer Fastenphase wird für das Glück der Familie und die eigene Gesundheit gebetet, die daran anschließenden Feierlichkeiten beinhalten Tanz, Gesang und das Spenden von Opfergaben an *Shiva.*

Transzendentale Meditation (TM), eine von Mahesh Prasad Varma (* 1918), genannt Mahârishi Mahesh Yogi, gegründete Organisation, für die er in Berufung auf seinen *Gurû* Swami Brahmananda Sarasvati ab 1957 ein Weltbild und Meditationstechniken entwickelte, die zur Förderung des Friedens und zum Aufbau einer idealen Gesellschaft beitragen sollen. Die kostspieligen Kurse und Einführungszeremonien der TM, bei denen den Neuinitianten ein *Mantra* gegeben wird, dürfen nur von autorisierten TM-Lehrern vermittelt werden. Die Meditationstechniken der TM, auch »Wissenschaft der kreativen Intelligenz« genannt, dienen der Versenkung, um ein kosmisches Einheitsbewusstsein zu erlangen. Dabei werden auch paranormale Fähigkeiten wie Fliegen oder Levitation (eine Art Hüpftechnik bei den TM-Praktizierenden) angestrebt.

Trika (Sanskrit »Triade, Trinität«), bedeutende Tradition im (monistischen) kaschmirischen *Shivaismus,* die sich im Wesentlichen auf drei tantrische Schriften *(Tantra)* stützt. Philosophisch baut der T. die Einteilung nach Kategorien *(Tattva)* weiter aus, die im *Sânkhya* aufgestellt wurden. Abhinavagupta, bei dessen Philosophie der Wiedererkennung (pratyabhijñâ) T. eine wichtige Rolle spielte, definierte die Kula-Methode (»Familie«, Bezeichnung einer tantrischen Schule) als eine esoterische und damit effektivere Form des T. für speziell Befähigte. Wichtige rituelle Merkmale der Kula-Methode sind Praktiken wie Verwendung von Alkohol und Fleisch bei bestimmten Ritualen sowie der rituelle Beischlaf, die mit hinduistischen Reinheits- und Moralvorschriften *(Dharma)* nicht in Einklang stehen. Diese heterodoxen Praktiken wurden im kaschmirischen Shivaismus kontrovers diskutiert und verschiedenartig interpretiert.

Trimûrti (Sanskrit »drei Gestalten besitzend«), dreiköpfige Gottheit, in der sich *Brahmâ, Vishnu* und *Shiva* vereinen. Die T. soll die verschiedenen Aspekte Gottes repräsentieren, wobei Brahmâ für die Schöpfung, Vishnu für die Erhaltung und Shiva für die Zerstörung des Universums steht. Die visuelle Gestalt T. wird im gegenwärtigen Indien nicht mehr aktiv verehrt.

Turiya → Avasthâ

U

Udgâtri, einer der Hauptpriester der vedischen Religion. Der Udgâtri singt im vedischen Opferritual die Melodien des *Sâmaveda.*

Umâ, anderer Name *Pârvatîs.*

Upanishaden, altindische Textgattung, die sich an den *Veda* (→ Vedische Literatur S. 572) anhängt. Eine Interpretation dieses Textnamens leitet sich ab von den Präfixen upa-ni und der Wurzel sad (»sich zu [Füßen eines Lehrers] niedersetzen«). Der Inhalt dieser Texte wird daher auch als eine Geheimlehre über das Wirken übernatürlicher Kräfte bezeichnet, die vom Lehrer an ausgewählte Schüler weitergegeben wird. Zehn oder elf dieser Texte gelten als authentisch. Sie wurden von Shankara kommentiert. Die Brihadâranyaka-Upanishad (»Upanishad aus den großen, im Wald überlieferten Texten«) ist die längste und vielleicht älteste der wichtigsten U. Sie wurde etwa zwischen dem 8. und 6. Jh. v. Chr. in Prosa verfasst und besteht aus sechs Kapiteln, die sich an das letzte Buch des Shatapatha-*Brâhmana* anschließen. Diese Texte enthalten eine Meditation über die esoterische Bedeutung des Pferdeopfers (ashvamedha, *Yajña*), Betrachtungen über den Ursprung der Welt, die Wanderung der Seele nach dem Tod und kehren immer wieder zu Überlegungen über das Eine, das alles durchdringende Absolute zurück, welches das Selbst aller Wesen ist. Die Chândogya-Upanishad ist auch einer der frühen Texte dieser Gattung, die zum *Sâmaveda* gehört. In acht Kapiteln stellt sie den Ursprung des Kosmos, die Beziehung zwischen der universellen und der individuellen Seele zusammen mit deren Bestimmung dar. Sie enthält Dialoge zwischen dem Weisen Uddâlaka Ârunî und seinem Sohn Shvetaketu. Eine zentrale Aussage über das *Brahman,* das Absolute, findet sich in dem Ausspruch tat tvam asi (Sanskrit »Das bist du«). Die Aitareya-Upanishad ist ein kurzes Werk aus drei Kapiteln, welche die Schöpfung der Dinge aus dem Einen *(Âtman),* die drei Geburten behandeln: (natürliche) Geburt, die Geburt im erweiterten Sinne durch einen Sohn und das Wesen des Âtman. Die Shvetâshvatara-Upanishad des Schwarzen *Yajurveda* ist einer der tiefsinnigsten und sehr häufig zitierten philosophischen Texte. Sie stellt nicht eine einzelne Philosophie dar, sondern zieht ihre Schlussfolgerungen aus verschiedenen Einstellungen, z. B. aus dem *Sânkhya* und *Yoga* wie auch dem *Advaita-Vedânta.* Die zum *Atharvaveda* gehörige Mândûkya-Upanishad behandelt Themen wie die Bewusstseinszustände und den Laut *Om.*

Upapurâna → Purâna

Uttaramîmâmsâ → Brahmasûtra

V

Vaisheshika (Sanskrit »sich auf vishesha ›Unterschiede‹ beziehend«), eine der sechs orthodoxen Schulrichtungen *(Darshana)* des Hinduismus. Dieses System, als dessen Begründer Kanâda gilt, wurde später mit dem *Nyâya* zu einem logisch-naturwissenschaftlichen System vereinigt.

Vaishnavas, Anhänger des *Vishnuismus.*

Vaishno Devî, gegenwärtig eine populäre *Shakti*-Volksgöttin des nordindischen Raumes mit viel besuchtem Pilgerort in Katra/Jammu. In ihrer Erscheinung der Göttin *Durgâ* ähnlich, auch anikonisch in Form von *Shakti*-pîthas verehrt.

Vâmâcâra, so genannte linkshändige Schule des *Tantrismus,* die von der hinduistischen Orthodoxie als anstößig abgelehnte Praktiken ausführt.

Vâmana (Sanskrit »Zwerg«), auch Trivikrama genannt, die fünfte Inkarnation *(Avatâra)* des Vishnu. In Gestalt eines Zwerges überlistete der Gott den Dämon *Bali,* der sich der Welt bemächtigt hatte. Als Bali zustimmte, ihm das Land zu geben, das er mit drei Schritten durchmessen könne, wuchs der Gott zu einer Gestalt gewaltigen Ausmaßes an und

STICHWORT Tempel und deren Ausstattung

Oben: Blick auf den auf einem Felsvorsprung direkt am Meer gelegenen hinduistischen Tan-Loth-Tempel auf Bali

Rechts: Gläubige beim Berühren des heiligen Medaillons am Affentempel in Benares

Unten links: Innenraum des Tempels Sri Saptakoteswar in Narora auf Goa. Der ehemalige portugiesische Stürzpunkt Goa wurde 1961 von indischen Truppen eingenommen.

Unten rechts: Bettler im Shiva-Tempel in Badrînâth in der Himâlaya-Region im neugegründeten Bundesstaat Uttaranchal (Teil des ehemaligen Uttar Pradesh)

Das Indien der vedischen Religion ab der 2. Hälfte des 2. Jt. v. Chr. kannte noch keine Tempel, sondern kommunizierte mit den Göttern durch Opfer auf eigens vorbereiteten Opferplätzen, die danach aber wieder diese Funktion verloren. Daneben wurden aber auch Genien in Bäumen oder auf den als heilig angesehenen Plätzen verehrt. Nachdem die alten vedischen Götter an Bedeutung verloren hatten, bevorzugten die Inder auch neue Formen der religiösen Verehrung und bauten analog zu den Palästen der irdischen Könige und sonstigen Herrscher die himmlischen »Wohnhäuser« (mandira) sowie »Residenzen« (prâsâda), die gleichzeitig den gesamten Kosmos darstellen sollten.

Gebäude: Zum unabdingbaren Kern eines solchen Gebäudes gehört ein »Mutterschoßgemach« (garbhagriha), d. h. eine Cella, in der sich das Kultbild Gottes oder im Falle Shivas häufig ein Linga (Phallus-Symbol) befindet. Sie ist nur von einer Seite zugänglich und wird oben durch eine

Steinplatte (bhumara) abgeschlossen. In der klassischen Epoche des Tempelbaus auf dem indischen Subkontinent erhob sich über der Cella ein regelrechter Turm (shikhara), an dessen Spitze sich ein Abschlussstein (âmalaka) befand. Zugleich wurden an die Cella noch weitere Hallen (mandapa) angebaut und das Gesamtgebäude auf immer größere Erhebungen gestellt. Der Tempel gilt den Hindus aber nicht nur als Abbild des gesamten Kosmos, sondern auch als kosmischer Leib des Gottes.

Innenraum: Im Inneren finden kultische Verehrungen (pûja) des Gottes oder der Götter statt, in der Tanzhalle (nâtyamandapa) auch Tanzveranstaltungen. Die individuell vorgenommene Verehrung besteht hauptsächlich in der Umwandlung des Kultbildes (oder Linga) und in verschiedenen Opfergaben, vornehmlich aus Blumenspenden, die an die Stelle der alten blutigen Opfer getreten sind. Diese Begegnung mit dem Göttlichen, das im Kultbild als real präsent angesehen wird, soll die eigene Spiritualität fördern und eine Hilfe auf dem Weg zur Erlösung sein. In vielen Tempeln, besonders in Südindien, ist es heute üblich, die Götterbilder morgens zu wecken, zu baden und zu salben, d.h. sie wie reale Menschen für den Tag vorzubereiten. Viele dieser Götter werden bei großen Tempelfesten in Wagenprozessionen (rathayâtrâ) durch die Straßen geführt und den Gläubigen gezeigt.

Formen: Da es als verdienstvoll gilt, Tempel zu stiften, entstanden meist auf Veranlassung der jeweiligen Herrscher in allen größeren Reichen auf dem indischen Subkontinent monumentale Steintempel, wobei im nördlichen Indien die geschlossene Anlage mit einem Tempelturm überwiegt, während man in Südindien einen Großteil der Fläche der Gesamtanlage unüberdacht lässt und den Gläubigen an mehreren Seiten durch turmartige Tore (gopuram) zugänglich macht.

Oben links: Hindus vor dem Tempel im Dorf Biyawar in Rajasthan

Oben rechts: Anders als in Indien sind für die balinesischen Tempel die ummauerten Höfe als Allerheiligstes konstituierend. In Bali findet man Haustempel, dörfliche Tempel (Ursprungs- und Versammlungstempel) sowie nationale Tempel, in denen Kult nur zu Festzeiten stattfindet.

Links: Krishna schützt, indem er einen Berg emporstemmt, die Gopîs und ihre Tierherden. Tempel in Halebid im südindischen Bundesstaat Karnataka.

Unten: Reicher bauplastischer Schmuck am Hoyshalesvara-Tempel in Halebid.

Vârânasî, das frühere Benares, ist die wichtigste hinduistische Pilgerstätte. Auf diesem Foto sind Hindu-Pilger bei rituellen Waschungen im Ganges am Dashâshvamedha-Ghât zu sehen. In der Millionenstadt im indischen Bundesstaat Uttar Pradesh stehen rund 1500 religiöse Heiligtümer.

durchmaß in drei Schritten Erde, Himmel, Luft, in einer anderen Fassung zufolge sogar den Kopf des Dämonen Bali. Dieser beliebte Mythos steht auch in enger Verbindung zum *Rigveda.*

Vande Mâtaram (Bengali »Heil Dir, Mutter«), Komposition des bengalischen Schriftstellers Bankim Chandra Chatterji, die später zur Nationalhymne der indischen Unabhängigkeitsbewegung wurde, jedoch aus pluralistischen und säkularen Gründen heute nicht mehr als Nationalhymne verwendet wird. Die Hymne wird jedoch von nationalistischen und hindu-fundamentalistischen Bewegungen (z.B. Râshtrîyâ Svayamsevak Sangh und Vishva Hindu Parishad) weiterhin jeden Morgen und auf Versammlungen gesungen.

Varâha (Sanskrit »Eber«), die dritte Inkarnation *(Avatâra)* des Hindu-Gottes *Vishnu.* Es wird berichtet, dass Vishnu, nachdem ein Dämon die Erde im Meer versenkt hatte, in der Gestalt eines Wildebers vom Himmel zum Meer herabstieg, um die Erde aus dem Schlamm emporzutragen und den Dämon zu vernichten.

Vârânasî, das frühere Benares, ist die bedeutendste Pilgerstätte der Hindus. Die seit der ersten Hälfte des 1. Jt. v.Chr. nachweisbare Stadt liegt im indischen Bundesstaat Uttar Pradesh am linken Ufer des Ganges. Sie besitzt mehr als 1500 Tempel und Kultstätten. Ein Streifen von 6 km Ufergelände ist heiliges Land. Hier führen 47 steinerne Treppen mit 100 Stufen, die »Ghâts«, zum Fluss, in dem die Gläubigen ein rituelles Bad nehmen. Seit dem späten 12. Jh. stand V. unter muslimischer Herrschaft, was zur Zerstörung oder Überbauung zahlreicher Tempel geführt hatte. 1781 eroberten die Briten die Stadt. Moderne Einrichtungen sind die Hindu-Universität (seit 1916) und die 1958 gegründete Sanskrit-Universität.

Varna (Sanskrit »Farbe«), die vier Stände, in welche die hinduistische Gesellschaft Indiens gegliedert ist. Historisch stammt diese Einteilung aus der Besiedlung des indischen Subkontinents durch die Arier *(Âryas).* Der *Rigveda* zufolge wurden sie aus dem Körper des ersten Menschen geschaffen: die *Brahmanen* aus dem Kopf, die *Kshatriyas* aus den Armen, die Vaishyas aus den Schenkeln und die Sudras aus den Füßen.

Varnâshramadharma (Sanskrit »Verhalten gemäß des Status und des Lebensstadiums«), Verhaltensregeln und Pflichten eines Hindu. Sie sind je nach Stand und Lebensphase unterschiedlich und in den Gesetzbüchern *(Dharmashâstra, Manusmriti)* dargelegt. Übergangsriten *(Samskâra)* leiten die wichtigen Lebensabschnitte ein. Diese Lebensphasen sollten bei einem (männlichen) Hindu der höheren Stände idealerweise jeweils 25 Jahre dauern. Sie bestehen aus dem Studium des *Veda* und der Keuschheit (Brahmâcarya), der Phase des Familienlebens (Grihastha), der Phase des Waldeinsiedlerlebens (Vânaprastha) sowie der Phase des Wanderasketenlebens *(Samnyâsa),* in dem der Hindu sich auf den Tod vorbereitet.

Varuna, Gott der vedischen Religion, der die Ordnung des Kosmos erhält. Zu ihr gehört die Verpflichtung der Menschen, sich ehrlich und vertrauenswürdig zu verhalten. Bei Verstößen gegen diese Verpflichtung straft V. hart. Er steht an der Spitze der Göttergruppe *Âdityas.* Sie stehen für die Ordnung der Naturphänomene, wie den Wechsel von Tag und Nacht sowie den Wechsel der Jahreszeiten. V. und *Mitra* werden oft als Paar genannt, wobei V. als Herrscher über die Nacht und Mitra als Herrscher über den Tag fungieren.

Vâsudeva → Krishna

Vâyu (Sanskrit »Wind«), Naturelement des Zwischenreiches, auch als vâta bezeichnet.

Der V. wurde in den vedischen Vorstellungen häufig personifiziert.

Veda (Sanskrit »Wissen, spirituelle Erkenntnis«), die im vedischen Sanskrit verfassten heiligen Schriften der Inder. Bei dem V. im eigentlichen Sinn handelt es sich um Opfersprüche und Hymnen, sog. *Mantras.* Diese wurden entsprechend den vier Traditionslinien in die *Rigveda, Sâmaveda, Yajurveda* und *Atharvaveda* zusammengefasst. Diese vier Verssammlungen *(Samhitâs)* dienen den jeweiligen Hauptpriestern als Handbücher. Die Hymnen und Rituale symbolisieren kosmische Prozesse, die nur durch die richtige Art der Ausführung, der Rezitation und des Gesanges ins Gleichgewicht gebracht werden. Die Texte des V. wurden mündlich überliefert, wobei sich die einzelnen Schulzweige (shâkhâ) auch geografisch weiter untergliedern. Europa entdeckte den V. im frühen 19. Jh. Seine Erschließung erwies sich nicht nur für die Erforschung des Hinduismus als sehr wichtig, sondern auch für die indoeuropäische Sprachwissenschaft, insbesondere die moderne Linguistik. Der Vedânga (Sanskrit »Glied des Veda«) ist ein Begriff für die Hilfswissenschaften, die dem V. angefügt sind: Phonetik (shikshâ), Metrik (chandas), Etymologie (nirukta), Grammatik (vyâkarana), Astronomie und Kalender (jyotisha) sowie Ritual (kalpa).

Vedânta (Sanskrit »Ende des Veda«), eine der sechs orthodoxen Schulrichtungen *(Darshana)* des Hinduismus. Die V. hat aufgrund der systematischen Ausführungen des Shankara, dem Kevalâdvaitavâda, bis heute den größten Einfluss in Indien. Im indischen Mittelalter bildeten sich einige wichtige Zweige dieser Schule heraus, der Vishishtâdvaita des Râmânuja, der Svâbhâvika-Dvaitâdvaita des Nimbârka, der Dvaitavâda des Madhva und der Shuddhâdvaita des Vallabha. Erwähnt werden sollten auch der Aupâdhika-Bhedâbheda des Bhâskara und der Mânavâdvaita des Vivekananda. Die *Bhagavadgîtâ,* ein grundlegender Text des *Mahâbhârata,* wird von manchen hinduistischen Gelehrten als Artikulation bestimmter Richtungen des *Vedânta* interpretiert.

Vedântasûtra → Brahmasûtra

Vishnu, der zweite der Trimûrti, Erhalter der Welt, der als Weltenherrscher mit Königskrone und Körperschmuck vierarmig dargestellt wird. Seine Embleme sind Diskus, Keule, Trompetenschnecke und Lotus; häufige Geste ist die der Furchtlosigkeit. Seine Begleiterin ist die Göttin *Lakshmî.* Bekannt ist V. u.a. in Gestalt der zehn *Avatâras.* Sein Reittier ist *Garuda,* ein Mischwesen halb Mensch, halb Adler. Landesweit sind ihm unzählbar viele Tempel gewidmet.

Vishnu auf seinem Reittier, dem Vogel Garuda, 17. Jh.; Privatsammlung

Vishnuismus, Form der *Bhakti,* dessen Anhänger (Vaishnavas) *Vishnu* als den *Îshvara,* die höchste, allumfassende Gottheit betrachten. Zum V. zählen die Kulte aller Vishnu-Avatâras. Im Allgemeinen verehrt ein Vaishnava aber einen speziellen *Avatâra,* meist *Râma* oder *Krishna.* Für die Râma-Verehrung sind besonders das *Râmâyana* und die verschiedenen Adaptionen des Epos wichtig, z.B. das *Râmcaritmânas,* für die Krishna-Verehrung dagegen die *Bhagavadgîtâ,* der *Harivamsha* und das *Bhâgavata-Purâna.*

Vishnu-Purâna, einer der frühesten Texte der *Purânas.* Seine Entstehung wird etwa auf das

Yajña, Opferdarbringung auf der indonesischen Insel Bali. Ein hinduistischer Priester (rechts, mit weißer Kopfbedeckung) trägt das heilige Feuer in einer Tonschale.

3. Jh. n. Chr. datiert. In diesem Text erscheint *Vishnu* als die höchste Gottheit. Er handelt von der Schöpfung, Zerstörung und Neuschöpfung der Welt, dem *Veda* und dem Leben Vishnus als *Krishna.* Dabei ist Vishnu sogar Schöpfer der Welt – eine Rolle, die sonst stets *Brahmâ* vorbehalten bleibt. Das V. gilt als Modell für den Aufbau und die Themen der Purânas und ist insbesondere das Vorbild für das ebenso bekannte *Bhâgavata-Purâna.*

Vishva Hindu Parishad (VHP) (Hindi »Weltrat der Hindus«), 1964 von Golwalkar gegründete Organisation zur Förderung und Erhaltung der hinduistischen Kultur und Religion. Landesweit aktive hindu-fundamentalistische Bewegung mit einer Vielzahl an Zweigen, die mit Aktivitäten und militanten Protesten die Förderung hindu-nationalistischen Gedankenguts vorantreiben.

Vivâha → Heirat

Vrata (Sanskrit), zeitweilige, selbst auferlegte Fastenpraxis oder Zeremonie, um die Götter zu erfreuen, und zugleich ein Mittel, um die Aufmerksamkeit der Götter auf einen Wunsch zu lenken. V. besteht meistens in einer Form der Nahrungsbeschränkung, einem Schweigegelübde u. a., wobei für einzelne Gottheiten oder an bestimmten Tagen im Festkalender der Hindus spezifische V. vorgeschrieben sind. Eine Vielzahl von V., beispielsweise Karvâ Cauth oder der Freitags-V. zu Ehren von *Santoshi Mata,* werden als häusliche Riten ausschließlich von Frauen ausgeübt.

Vyâsa, legendärer Autor des *Mahâbhârata.* Er taucht (wie Vâlmîki) als Großvater der *Pândavas* und *Kauravas* selbst in der Handlung auf. Das Mahâbhârata dürfte aufgrund seines Umfangs und seiner langen Entstehungszeit aber nicht nur auf einen einzigen Verfasser zurückgehen.

W

Witwe, idealtypisch dient die Gattin zu Lebzeiten ihrem Ehemann, als W. ihrem Sohn. Witwenschaft ist der niedrigste Status einer Frau. Er grenzt sie aus dem öffentlichen Leben aus, wobei erwartet wird, dass eine W. keinerlei Vergnügungen nachgeht und nicht wieder heiratet.

Y

Yajña (Sanskrit »Opfer«), Opferdarbringung, die den Kern der vedischen Religion bildet. Meist handelt es sich um Feueropfer. Die verbrannte Opferspeise gelangt durch den Rauch zu den Göttern. Geopfert wurden vegetabile Substanzen wie Gerste und *Soma* (wobei man von dieser Substanz nur weiß, dass es sich um einen Pflanzensaft handelte) und Produkte tierischen Ursprungs wie Honig und verschiedenste Milchprodukte. Außerdem gab es Tieropfer (bevorzugt Rinder) und manche Forscher meinen, Hinweise auf Menschenopfer gefunden zu haben. Mit der Zeit entwickelte sich ein hochkompliziertes System von Opferritualen, das von einfachen Speiseopfern am Hausfeuer bis zum höchst aufwendigen Ashvamedha (königliches Opfer, bei dem ein Pferd geopfert wurde) reichte, dessen Vorbereitung über ein Jahr in Anspruch nahm. Diese Opferrituale lassen sich grob in zwei Kategorien einteilen: *Grihya-Rituale* (häusliche Opfer für persönliche Zwecke) und *Shrauta-Rituale* (öffentliche Opfer, z. B. zur Erhaltung der Macht des Königs).

Yajurveda (Sanskrit »Wissen in Opfersprüchen«), Sammlung von Opfersprüchen des *Veda,* die beim Opferritual vom *Adhvâryu* rezitiert werden.

Yaksha (fem.: Yakshî), Genien, bisweilen dämonischen Charakters, aber auch Baumgottheiten.

Yantra, geometrische Figur *(Mandala)*, die zwei- oder dreidimensional sein kann. Die Y. können daher auch aus Stein oder Metall angefertigte Kultfiguren sein. Sie symbolisieren den Kosmos sowie die göttliche Macht und spielen in der tantrischen Kultpraxis eine wichtige Rolle *(Sâdhana)*. Eingesetzt werden sie, um eine Gottheit zu visualisieren (d.h. sie sich vorzustellen und ihre göttliche Kraft mit dem eigenen Geist zu verbinden) und um die Kraft einer Gottheit aufzufangen und zu zentrieren.

Yoga (Sanskrit »verbinden«), Lehre und Methode einer Vervollkommnung des Menschen durch eine Überwindung der Gegensätze zwischen Körper und Geist. Die physisch-psychische Einheit überwindet das *Karma* und den ewigen Kreislauf der Wiedergeburten *(Samsara)*. Die Ursprünge reichen zurück bis zu den Veden *(Veda)* und den *Upanishaden* und stehen in Zusammenhang mit der *Askese*.

Der Y. verbindet die körperliche mit der geistigen Selbstkontrolle mit dem Ziel einer Steigerung des Bewusstseins als Weg der Erleuchtung. Insofern ist der Y. ein wesentlicher Bestandteil der indischen Religiosität, der den Hinduismus ebenso kennzeichnet wie den Buddhismus und den Jainismus. Die Methoden des Y. umfassen bestimmte Körperhaltungen und Atemtechniken sowie Formen der Meditation.

Das klassische Lehrwerk ist das Y.-Sûtra des Patañjali, entstanden etwa im 5. Jh. n. Chr. Es enthält knapp 200 Aphorismen und unterscheidet acht Glieder der äußeren und der inneren Zucht von Gewaltlosigkeit bis zur Gottesliebe. Zu den neueren maßgeblichen Vertretern des Y. im Rahmen des Hinduismus gehören die Gelehrten Ramakrishna (1836 bis 1886) und Shri Aurobindo Ghose (1872 bis 1950). Die Ausbreitung des Y. im Abendland ist ein wesentlicher Bestandteil der Rezeption fernöstlicher Kultur.

Yoga-Sûtra, klassisches Lehrwerk bzw. »Leitfaden« des *Yoga* von Patañjali, entstanden etwa im 5. Jh. n.Chr.

Yogin, ein den *Yoga* Praktizierender.

Yudhishthira, Figur des *Mahâbhârata*. Y. ist der Älteste der *Pândavas*. Während *Arjuna* als großer Krieger gepriesen wird, ist Y. wegen seiner Herrscherqualitäten berühmt. Die Ernennung von Y. zum Thronfolger durch König Dhritarâshtra (den Vater der *Kauravas*) löst bei Duryodhana und seinen jüngeren Kaurava-Brüdern große Wut aus. Sie bringen Y. dazu, bei einem Würfelspiel teilzunehmen. Dabei verhält sich jedoch der älteste Pândava ausgesprochen unklug, denn er setzt seine Brüder, ihre gemeinsame Frau *Draupadî* und das gesamte Königreich als Spieleinsatz. Er verliert alles und die Pândavas müssen in die Verbannung ziehen. Nach dem Sieg der Pândavas in der Schlacht auf dem *Kurukshetra* wird Y. wieder als legitimer Herrscher eingesetzt.

Yogi bei der Meditation. Der Lotussitz, eine der ruhigen Haltungen (Âsana), soll von dem Hindu-Gott Shiva eingeführt worden sein. Angeblich gab es ursprünglich 8,4 Mio Haltungen, von denen sich 84 als die geeignetsten herausgestellt haben, wie sie z. B. der Hatha-Yoga lehrt.

Yuga (Sanskrit »Menschenzeitalter«), eine für das menschliche Maß wahrnehmbare Epoche im Unterschied zum *Kalpa*. Unterschieden werden vier Y., die nach Begriffen aus dem Glücksspiel benannt sind. Jedes Y. stellen sich die Hindus kürzer als das vorherige vor und von einem größeren Grad an Unordnung und Unmoral geprägt. Das Goldene Zeitalter, Krita (auch Satya), ist durch Wahrhaftigkeit gekennzeichnet, das rote, Treta, durch den *Veda*, das gelbe Y., Dvâpara, durch den Opferkult und die *Purânas*. Der Beginn des Kali-Yuga, benannt nach dem schlechtesten Wurf beim Würfelspiel, wurde ungefähr im 4./5. Jh. n. Chr. aufgrund astronomischer Berechnungen auf das Jahr 3102 v. Chr. festgelegt. Es gilt als eine Zeit des allgemeinen Niedergangs, gekennzeichnet durch moralischen Verfall, Einfälle von Barbaren und das Entstehen tantrischer Religionsformen.

Yakshî, indische Skulptur aus dem 11. Jh. aus Gyaraspur im heutigen Bundesstaat Madhya Pradesh

Der Buddhismus im Überblick

Neben der Kunst des Bogenschießens ist die Kalligrafie im Zen-Buddhismus eine charakteristische Technik zur Konzentration und Steigerung des Bewusstseins; sie führt über die Grenzen des Selbst hinaus. Die fernöstliche Kalligrafie gewann im 20. Jh. Einfluss auf die Entstehung einer meditativen Kunst im Westen.

Der Dalai Lama ist das politische und religiöse Oberhaupt der Tibeter. Nach der Besetzung Tibets 1959 durch die chinesische Volksarmee musste er ins indische Exil fliehen. Für seinen jahrzehntelangen Kampf gegen die chinesische Fremdherrschaft in China erhielt der Dalai Lama 1989 den Friedensnobelpreis.

Begriff und Bedeutung

Der Buddhismus geht dem Christentum und dem Islam in seiner Entstehung um Jahrhunderte voraus. Er ist nach dem Ehrentitel Buddha (Sanskrit »zur Wahren Realität Erwachter«) des Inders Siddharta Gautama (560–480 v. Chr.) benannt. Der Buddhismus entwickelte sich in unterschiedlichen Ausprägungen zur vorherrschenden Religion in China, Tibet, Japan, Korea, Hinterindien und Indonesien, mit nachhaltigem Einfluss auf religiöse Bewegungen in Nordamerika und Europa. Im 12. Jh. aus Indien verdrängt, erlebt der Buddhismus in seinem Mutterland eine Renaissance. → S. 635

Grundzüge des Glaubens

Im Unterschied zu anderen Weltreligionen kennt der Buddhismus keinen Schöpfergott, dem der Mensch und sein Seelenheil unterworfen sind. Im Mittelpunkt steht die Befreiung der Menschen von allen Fesseln der Existenz auf dem Achtfachen Pfad zum Nirvâna. Insofern ist der Buddhismus eine Form der Esoterik, die zugleich eine maßgebliche Orientierung für die Bewältigung der irdischen Existenz zum Inhalt hat. → S. 637

Götter und Symbole

Anders als der »gottlose« Theravâda kennt der Mahâyâna-Buddhismus erlösungsmächtige Buddhas und Bodhisattvas, die als transzendente Helfer verehrt werden und die Gestalt von Kultbildern gewannen. In den buddhistischen Ursprüngen wurzelt der hohe Rang der bildhaften Symbolik vom achtspeichigen Rad der Lehre bis zu den »Acht Glück verheißenden Symbolen« des tibetischen Buddhismus. Ein Schlüssel zum Verständnis der Kultbilder sind die symbolischen Gesten (Mudrâs). → S. 651

Geschichte des Buddhismus

Der Buddhismus entstand als Mönchsorden und wird bis heute durch Mönche repräsentiert. Eine erste Differenzierung innerhalb des Ordens folgte nach dem 1. Konzil von Vaischâli (4. Jh. v. Chr.). Der in ganz Ostasien verbreiteten Religion bereitete die muslimische Herrschaft in Indien im 12./13. Jh. ein Ende. Eine Rückkehr nach Indien stand im Zusammenhang mit der Okkupation Tibets durch Rotchina (1959); die Exilresidenz des Dalai Lama liegt im nordindischen Dharamsala. Seit 1955 gibt es den Dachverband »Deutsche Buddhistische Union«. → S. 654

Stifter und Leitfiguren

Obwohl er sich nicht in dieser Rolle sah, ging Siddharta Gautama als Religionsstifter in die Geschichte der Weltreligionen ein. Als Wanderprediger prägte er den Typus des Lehrenden in der langen Reihe buddhistischer Leitfiguren bis zum heutigen Dalai Lama (Friedensnobelpreis 1989). → S. 659

Spaltungen und Richtungen

Der Buddhismus umfasst polare Ausprägungen mit historischen und regionalen Wur-

Das zentrale Symbol des Buddhismus ist das Rad. Es geht aufgrund der ursprünglichen »Bilderfeindlichkeit« des Buddhismus einer figürlichen Darstellung des Buddha und von Bodhisattvas voraus. Das abgebildete Beispiel befindet sich an der Front des Klosters Drepung in Tibet.

zeln. Sie reichen vom Zen-Buddhismus mit der Überwindung des Selbst, z. B. durch das Bogenschießen (»es schießt«) bis zum magischen tantrischen Buddhismus. → S. 662

Die bedeutendsten Schriften

Ein Merkmal des frühen Buddhismus war der Bruch mit den vedischen Schriften des Hinduismus. An die Stelle der mythologischen Tradition trat mit dem Pali-Kanon die älteste vollständig überlieferte und kanonisierte Sammlung von Texten zur Lehre des Erleuchteten. → S. 671

Wichtige Institutionen

In der Frühgeschichte des Buddhismus entschieden Konzilien der Ordensgemeinschaft über strittige Fragen der Lehre und hatten die Entstehung unterschiedlicher Richtungen zur Folge. Höchste Autorität genießt im tibetischen Buddhismus der Dalai Lama als weltliche und geistliche Führung der Bevölkerung. Weltweit bestehen verschiedene Einrichtungen etwa in Form von Meditationszentren. → S. 674

Heilige Stätten

An der Spitze stehen in Indien Orte, die mit den Lebensstationen des historischen Buddha wie Bodh Gayâ, der Ort der Erleuchtung, verbunden sind. Als Wallfahrtsstätten dienen Heilige Berge in China. Heilige Stätten sind Tempel und Pagoden, während der Stupa als ein mitunter monumentaler Reliquienschrein umschritten wird. → S. 676

Feste und Riten

Die Feste orientieren sich am Zyklus des Mondes sowie an Ereignissen in Buddhas Lebenslauf. Im übrigen bestehen regionale Schwerpunkte. In Japan etwa ist das Blumenfest zur Zeit der Kirschblüte dem Geburtstag des Buddha geweiht. → S. 677

Religion und Staat

Diese Bezeichnung konzentriert sich auf das Verhältnis der einzelnen Regierungen zum buddhistischen Mönchsorden und das politische Interesse an dessen Kontrolle. Weltweites Aufsehen erregte in den 1960er Jahren die Opposition des Ordens gegen das Regime in Südvietnam. → S. 679

Individuum und Gesellschaft

Die Bedeutung der Religion in buddhistischen Ländern beruht auf der vielfältigen Tätigkeit der Klöster als einer integralen Gesellschaft. Die Mönche werden von den Laien materiell unterstützt und leisten ihrerseits geistigen Beistand. → S. 680

Der Buddhismus in Geschichte und Gegenwart

Begriff und Bedeutung

Der Buddhismus ist neben Christentum und Islam die dritte Weltreligion, die nicht weitgehend auf ein Volk beschränkt ist (wie Judentum und Hinduismus). Er geht zurück auf den Inder Siddhârtha Gautama (560–480 v. Chr.), mit dem Sanskrit-Ehrentitel Buddha (zur *Höchsten Wahrheit* »Erwachter«). Einer seiner Beinamen ist Shâkyamuni (»Der Weise aus dem Shâkya-Geschlecht«). Die Familie der Gautamas gehörte zum Shâkya-Geschlecht, das innerhalb der altindischen Ständeordnung Krieger und Adelige (Kshatriyas) waren, nicht Geistliche (Brâhmanen). Die Shâkyas regierten ein Fürstentum im Gebiet des heutigen Südnepal. Das Fürstenpaar Shuddhodana und Mahâmâyâ waren die Eltern des Buddha. Südnepal bildet die Nahtstelle zwischen dem Himalaja, dem Tor zu Zentral- und Ostasien, und Indien, dem Tor zu Südostasien, Sri Lanka und Indonesien. Hier liegen die späteren Verbreitungsgebiete des Buddhismus.

Die Verbreitung in Asien: Der Buddhismus ist das zentrale kulturelle Verbindungsglied Asiens, einer Großregion, die heute neben Nordamerika und Europa wirtschaftlich wie politisch führt. Seine mentalitätsprägende Kraft im Morgenland gleicht der des Christentums im Abendland. So ist das Verständnis des Buddhismus auch für all diejenigen notwendig, die beruflich mit dieser Großregion befasst sind. Mit dieser Einsicht beginnt etwa an der Hamburger Universität ein im deutschsprachigen Raum bislang einmaliger Hauptfachstudiengang Buddhismuskunde, der mehrere Fachbereiche einbezieht.

Der Buddhismus ist in Form des frühbuddhistischen *Theravâda* (»Lehre der Ältesten«) heute die maßgebliche religiöse Wertorientierung in Sri Lanka (69%), Thailand (95%, Staatsreligion), Burma (89%), Kambodscha (95%, Staatsreligion), und Laos (60%). Er ist in Form des später entstandenen Mahâyâna (»Großes Fahrzeug«) heute die größte Religion in China (100 Mio), Taiwan (43%), Korea (47%; Christen haben in Korea mit 49% und auf den Phillipinen mit 84% Ausnahmepositionen in Asien), Japan (101,6 Mio Buddhisten, die oft zugleich Shintoisten sind), Vietnam (55%, mit Theravâda-Minderheit) und Singapur (42,5 %).

Er ist in Gestalt des tibetischen Buddhismus (also einschließlich des Tantrismus) als ausgeprägte Mischform des ganzen altindischen Mahâyâna vorherrschend in Tibet (Staatsreligion, heute Teil Chinas), Mongolei (90%) und Bhutan (75%, Staatsreligion). Ladakh als Teil Indiens ist überwiegend tibetisch-buddhistisch. Buddhistische Minderheiten gibt es in Sikkim (heute Teil Indiens, 25%) und Nepal (7%), beide tibetisch-buddhistisch, Bangladesch (0,6%, Theravâda, mongolide Völkerschaft in Chittagong Hills), Malaysia (17%), Indonesien (1%) und auf den Philippinen (3%), in den letzte-

Linke Seite: Stupa in Bodnath (Kathmandu), bedeutendster Reliquienbehälter der buddhistischen Welt.

Unten: Der zweite Dalai Lama, Gedün Gyatso (1476 bis 1542), der bedeutendste tibetische Priesterfürst, wird hier mit der Handgeste (Mudrâ) der Offenbarung der Lehre gezeigt. Gedün Gyatso war der Nachfolger des Gedün Trubpa (1391–1475), des ersten Dalai Lama. Diesen Titel (»Ozean der Weisheit«) erhielten beide erst nachträglich.

STICHWORT **Buddhismus in Asien**

Buddhistischer Priester mit Opfergaben anlässlich der Krönungsfeiern für König Birendra im Jahr 1975 in Kathmandu, Nepal

Buddhisten beten vor dem Wat-Phra-Keo-Tempel im Tempelbezirk des großen Königspalastes in Bangkok, Thailand

Der 14. Dalai Lama Tenzin Gyatso (*1935) beim Ritual mit Blasinstrumenten

Buddhist beim Gebet zu Ehren Buddhas in der traditionellen Gebetshaltung, Birma

Elefanten des Buddha – präsentiert vom Meister der königlichen Ställe, Sri Lanka

ren drei Ländern überwiegend wohlsituierte Chinesen, und Russland (mongolide Völker). Auf Indonesien gibt es (neben den Chinesen) seit 1955 einen sehr aktiven einheimischen Theravâda-Orden.

Die Erforschung im Westen: Der französische Philologe Eugène Burnouf (1801 bis 1852) schuf mit seinem Werk »Einführung in die Geschichte des indischen Buddhismus« (1844) die Grundlage für dessen weitere wissenschaftliche Erforschung im Westen. Dabei hat er sich ganz auf zuvor unübersetzte, große Textsammlungen in mehreren Sprachen gestützt (primär Sanskrit und Tibetisch, beginnend auch Pali). Sie waren gerade erst unter den Briten in Asien zusammengetragen worden. Burnouf machte erstmals bewusst, dass alle Formen dieser Religion im indischen Kulturraum wurzeln, den Quellen des Sanskrit und Pali. Er prägte den Begriff Buddhismus.

Bald danach kam es zur ersten systematischen Auswertung der ältesten buddhistischen Texte in Pali durch den Briten William Rhys Davids (1843–1922) und den Deutschen Hermann Oldenberg (1854–1920). Ersterer gründete 1881 in London die »Pali Text Society« für die Herausgabe und Übersetzung der Quellen des Pali-Kanons. Oldenberg publizierte 1881 das grundlegende Werk »Buddha: Sein Leben, Seine Lehre, Seine Gemeinde«.

Renaissance des Buddhismus: In der westlichen Buddhismuskunde spricht man heute von einer Renaissance des Buddhismus auf Java und Bali. Der mit einflussreichste buddhistische Lehrer der Niederlande, der frühere langjährige Mönch Dhammawîranâtha, steht in dieser Linie. Indien als die Heimat des Buddhismus, aus der er jedoch im 12. Jh. verschwunden ist, hat gegenwärtig eine stark wachsende Minderheit von Buddhisten. Die Zahl zu China ist die offizielle Angabe der kommunistischen Regierung, die in der Realität deutlich höher liegen dürfte. China ist das bevölkerungsreichste Land der Erde (fast 1,3 Mrd Einwohner). Die exiltibetischen Siedlungen und Klöster in Indien und Nepal sind große Anziehungspunkte für die wachsende Zahl der westlichen Interessierten am Buddhismus. Hier gibt es vielbesuchte Kursstätten. Das Gleiche gilt für den südostasiatischen Raum und Sri Lanka mit seinen Meditationsklöstern und Zentren, die seit den 1960er Jahren starken westlichen Zulauf haben. Das Interesse gilt auch den buddhistischen Klöstern (besonders denen des Zen in Japan), Korea, Taiwan und China.

Grundzüge des Glaubens

Erste Drehung des Rades der Lehre: Die Grundlehre des Buddhismus

Der Buddhismus hat eine Sonderstellung innerhalb der fünf Weltreligionen, da er keinen Schöpfergott bzw. personalen Kern »Ewige Seele« annimmt oder teilt. Der *Seelenglaube* etwa gilt hier als eine primäre *Fessel,* welche für die »Endgültigen *Befreiungsstufen«* auf dem »Pfad der Edlen« aufzulösen ist. Damit wird ein Mensch zum »Wahren Menschen« oder *Ariya* (»Edle, Edler«). Buddha hat sich nicht als Propheten oder Sohn eines Gottes betrachtet, sondern als einen voll erwachten Menschen, der anderen Menschen diesen »Inneren Weg« zum Erwachen weist. Er hat eine die (wahre) Natur (der Dinge) zunehmend treffende *Treffliche Ansicht* (Sammâ Ditthi) als das wichtigste Glied des *Achtfachen Pfades* zur Befreiung des *Nirvâna* bezeichnet. Denn die Treffliche Sicht führt die anderen Glieder an: »Hier geht Treffliche

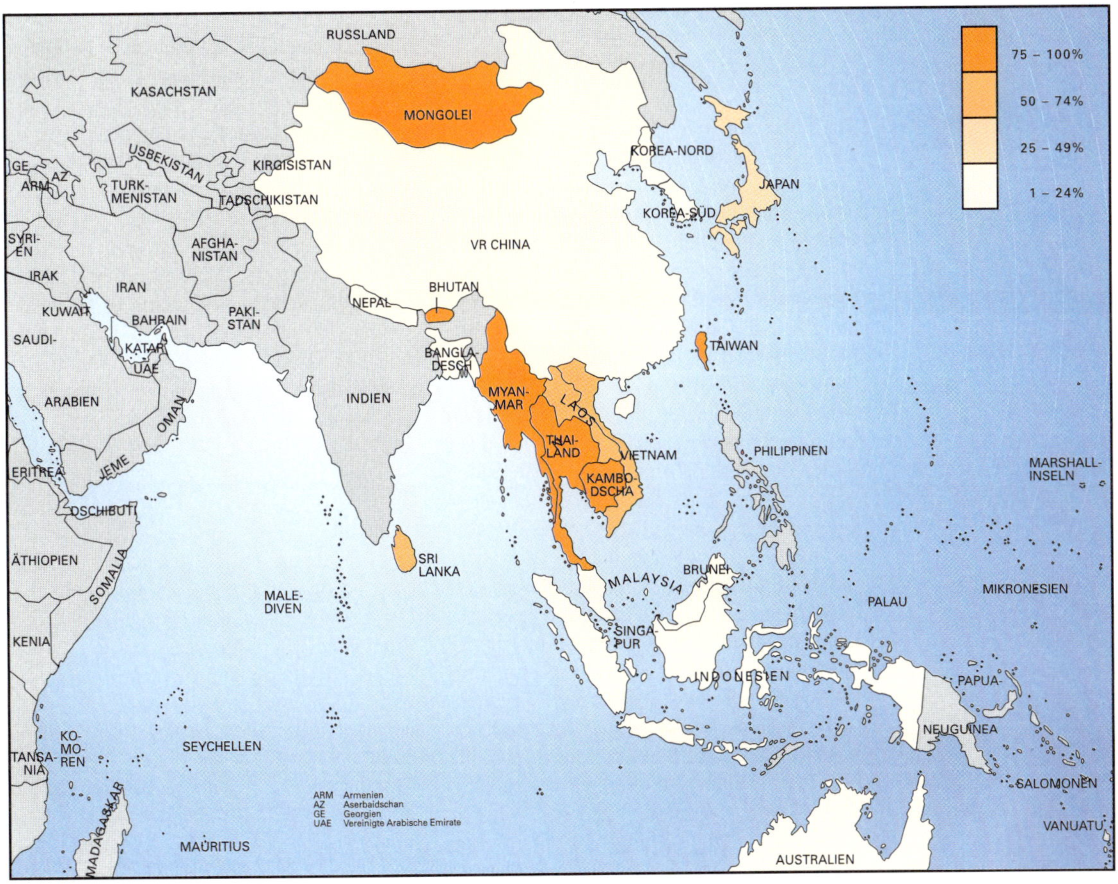

Verbreitung des Buddhismus in Asien. Heute ist der Buddhismus Staatsreligion u. a. in Thailand, Kambodscha und Bhutan.

Verkünder der »Vier edlen Wahrheiten«: Buddha-Statue im Zen-Zentrum in San Francisco, Kalifornien

Sicht voran. Denn ein trefflich Sehender ist fähig zum *Trefflichen Entschluss*. Ein trefflich Entschlossener ist fähig zur *Trefflichen Rede*. Ein trefflich Redender ist fähig zum *Trefflichen Handeln*. Ein trefflich Handelnder ist fähig zum *Trefflichen Lebenserwerb*. Ein sich trefflich den Lebensunterhalt Verschaffender ist fähig zur *Trefflichen Bemühung*. Ein sich trefflich Bemühender ist fähig zur *Trefflichen Achtsamkeit*. Ein trefflich Achtsamer ist fähig zur *Trefflichen Konzentration*.« So ist ein klar unterscheidender, dabei wohlwollender Umgang mit anderen Lehrmeinungen ein auffälliges Merkmal der Reden des Buddha im ältesten bestehenden oder *Pali-Kanon* des *Theravâda*. Stichhaltigkeit von Ansichten in glaubwürdiger Verkörperung steht im alten Indien so hoch, dass sich häufig überzeugte Lehrer mit ihren Anhängern zur Lehre des Überzeugenderen bekannten. Eine Lehre musste sich hier in der »testenden« Redeauseinandersetzung bewähren können, sonst galt sie nicht viel. Dieses Prinzip wirkt auch später fort. Auf den Konzilen der Jahrhunderte nach Buddha kam es zu großen Debatten, wie es das Werk Kathâ-Vatthu (»Streitpunkte«) des Pali-Kanons zeigt. Am Anfang des tibetischen Buddhismus steht die zweijährige Debatte von Samye (792 n. Chr.), als die Vertreter des chinesischen Chan- oder *Zen*-Buddhismus den Repräsentanten des indischen Mahâyâna-Buddhismus unterlagen. Daraufhin wurde nur der letztere eingeführt. Die Kunst der Debatte und Logik ist z. B. auch ein Hauptfach an den tibetischen Klosteruniversitäten, die im indischen Exil weiter existierten.

Die Vier Edlen Wahrheiten

Die »Vier *Edlen Wahrheiten*« nennen die Gründe, warum man den Befreiungspfad beschreiten sollte. In diesem Sinn sind sie Handlungsaufträge. Aber im gleichen Maße, wie ein Mensch den Befreiungspfad verwirklicht, werden sie auch in befreiender Weise in ihrer tiefgründigsten Bedeutung klar. Denn laut zentralen Aussagen des *Pali-Kanons* gipfelt der Befreiungsweg darin, dass einem die Vier Edlen Wahrheiten innerlich vollkommen »aufgehen«.

Der Buddha verkündete die Vier Edlen Wahrheiten (Ariya Sacca) oder Grundwahrheiten des Lebens mit jener ersten »Rede vom Andrehen des Dharma-Rades« (Dhamma-Cakka-Pavattana-Sutta), das seitdem durch die Weltkulturen rollt. In dieser Rede direkt nach seinem Erwachen machte er die Aussage: »Das Todlose ist realisiert«. Er sprach hier zu seinen früheren fünf Weggefährten. Zwei Wochen danach verwirklichten sie die erste Endgültige *Befreiungsstufe* des Stromeintritts. Die Vier Edlen Wahrheiten umfassen das Leiden, die Ursache des Leidens, das Ende des Leidens und den Inneren Weg dahin. Sie bringen den *Befreiungspragmatismus* des Buddha in berühmt gewordener Weise zum Ausdruck.

Die Edle Wahrheit vom Leiden: Sie nennt (vor dem Hintergrund des Lebensergreifens) diese zwangsläufigen Lebenserfahrungen »leidvoll«: Geburt, Altern, Tod und Krankheit, Trennung und Nichterlangen von Liebem sowie Zusammensein mit Unliebem. Der Erwachte resümiert dies so: »Die Fünf *Aggregate* des *Ergreifens*« (d. h. in dem Maße, wie sie ergriffen werden) »sind leidvoll«. Die Fünf *Aggregate* sind die Existenzbehälter oder alles bedingt Entstandene: Sichtbar Körperliches oder Materielles, Empfindungen, begrifflich bestimmtes Bewusstsein, Willensformationen aller Art sowie (vorbewusste oder) Grundwahrnehmung. Es ist hier das Ergreifen des Lebens, das mit dem Leiden identifiziert wird. Im Abendland wird diese Wahrheit häufig unzutreffend resümiert mit: »Das Leben ist Leiden«. Wenn dem so wäre, wäre im Leben eine Befreiung unmöglich. Mit diesem Resümee, das in den Reden des *Pali-Kanons* nicht vorkommt, hätte sich Buddha selbst widersprochen. Die Befreiung im Leben ist einziges Ziel seiner Lehre, das *Nirvâna*.

Die Edle Wahrheit von der Leidensursache: Sie benennt direkt die fortwährend wirksame affektive oder auch kognitive Quelle dieses *Ergreifens*: »Der *Durst* nach *Wiedergeburt,* der von Wollen und Verlangen begleitet hier und dort Gefallen findet: Der Durst nach den Sinnesgenüssen, nach Sein, und nach Nicht-Sein.«

Die Edle Wahrheit vom Leidensende: Sie betont die tiefste Fähigkeit des Menschen, aus ihm herauszukommen: »Das Versiegen des Durstes«; und allein im Hinblick auf den Durst: »Das volle Seinlassen, Nichtmehranhaften, Sich-von-ihm-Befreien.«

Die Edle Wahrheit vom »Inneren Weg« zum Leidensende: Sie ist der »Edle *Achtfache Pfad«*, der sich in folgende drei Pfadbereiche unterteilt: Ethische Motivation (Treffliche Rede, Treffliches Handeln und Trefflicher Lebenserwerb), Geistige Ruhe (Treffliche Bemühung, Treffliche Achtsamkeit und Treffliche Konzentration), sowie Intuitives Wissen (Treffliche Sicht und Trefflicher Entschluss). Diese drei Bereiche bedingen sich wechselseitig. Ihre Quelle ist die *Treffliche Achtsamkeit,* die allmählich die *Höchste Wahrheit* offenbart. Der Buddha hat den Achtfachen Pfad auch den »Mittleren Weg« zwischen Selbstkasteiung und verlangender Hingabe an die Sinne resümiert.

Der Erwachte wird oft mit einem Arzt verglichen, der eine nüchterne Krankheitsdiagnose stellt, bevor er das Behandlungsmittel verschreibt: Die ersten beiden Edlen Wahrheiten sind die nüchterne Diagnose, und die letzten beiden das Behandlungsmittel.

Die Höchste oder Wahre Realität

Der Grundunterschied des Buddhismus zu den vier (mono) theistischen Weltreligionen (der Hinduismus ist polytheistisch) gründet in seinem anderen Verständnis von der *Höchsten Wahrheit* oder Realität als das allbezogene »Nicht-Selbst« (Anattâ). Dieses wird hier gelehrt, weil alles bedingt Entstandene stetig (weg)fließt oder sich wandelt, und deshalb letztlich nicht »tragen« kann, d.h. nicht »greifbar« ist. Diese *»Drei Daseinsmerkmale«* (Flusshaftes Vergehen, letztliche Ungreifbarkeit oder »das Nicht-Selbst aller Dinge«) sind als innere Erfahrungstatsache befreiend zu sehen. Sie gelten als das »Herz des Buddhismus«. Sie ergeben sich aus diesen tiefgründigen Worten, die etwa auch als Buddhas »letzte Worte« überliefert sind: »Flusshaft-vergänglich ist alles bedingt Entstandene. Erarbeitet Euch unermüdlich die innere Befreiung!«

Die Universalität des Nicht-Selbst ist der Grund, warum der Buddhismus auch keinen mystischen Gottesbegriff teilt. Laut letzterem ist »Gott« nicht »personal außerhalb der Welt«, sondern Welt und Mensch sind »seine Erscheinungen«, wie etwa Pater Willigis Jäger lehrt. Er ist heute der einflussreichste Vertreter der Synthesebemühung des Christentums mit dem Zen. Die Mystik versteht (das) »Gott«(-Selbst) als die »Wahre Wirklichkeit« der Welt oder die »Eine Wirklichkeit« (d.h., dass es letztlich außer dem Gott-Selbst nichts gäbe). Der Erwachte sieht das allbezogene Nicht-Selbst als die Wahre Wirklichkeit der Welt (d.h., dass es letztlich außer deren Nicht-Selbst nichts gebe).

Der Buddha resümiert seine Haltung etwa im »Gleichnis von der Schlange«: »Ich sehe keine Lehre vom Selbst, die, wenn sie ergriffen wird, nicht Unglück, Wehklagen, Schmerz, Kummer und Verzweiflung hervorbrächte.« Denn eine Lehre von einem »Selbst« (die Sicht, dass dieses im höchsten Sinne real bestehe) widerspricht der Wahren oder »Selbst«-losen Natur aller Dinge. Sie wirkt unbewusst als metaphysische Rückversicherung des Bewusstseins von »Ich und Mein«. Jene Herzlehre des Erwachten vom allbezogenen »Nicht-Selbst« ist durch die Bewegung der Theosophie (Weisheit Gottes) verstellt worden. Sie trat zu dem Zeitpunkt hervor (ab 1880), als durch die abendländische Wissenschaft unabweisbar geworden war, dass es neben den (mono)theistischen Weltreligionen eine weitere gibt, die sich von den Kardinallehren klar unterscheidet.

Der thailändische Theravâda-Meister Ajahn Buddhadâsa (»Sklave des Buddha«, 1906–1993), Begründer eines Hauptansatzes der Einsichtsmeditation Vipassanâ und ein Vater des Engagierten Buddhismus lehrt u.a.: »Buddhismus ist die Religion der Leerheit von einem Selbst.«

Der Befreiungsweg in Trefflicher Achtsamkeit

Das zunehmende Verstehen dieser wahren »Natur der Dinge« geschieht mit dem Achtfachen Befreiungspfad. Er unterteilt sich in jene Drei Schulungsgebiete Ethische Motivation (*Sîla*), Geistige Ruhe (*Samâdhi*) und Intuitives Wissen (*Paññâ*), die sich wechselseitig aufbauen. Die Quelle dieses ganzen »Inneren Weges« ist eine Treffliche oder Sehende Achtsamkeit (Sammâ Sati), die mit den »Vier Vergegenwärtigungen der *Achtsamkeit«* und dem Bewussten Ein- und Aus-Atmen entwickelt wird. Dies geschieht natürlich im Alltag und systematisch durch *Meditation* (Bhâvanâ). Dadurch kommt die *Treffliche Achtsamkeit* allmählich mit jenem Wahren oder »Selbst«-losen Wesen aller Dinge in Einsichtsharmonie, offenbart es. Dieser Weg befreit von den Ursachen des Leidens – der Identifikation mit den stetig fließenden, letztlich ungreifbaren Erscheinungen als das »Ich und Mein« oder ein getrenntes »Selbst«, der herumwerfenden »Fixierung«, d. h. der (geistigen) »Rotation« in *Nichtsehen, Durst* oder *Ergreifen* mit deren Ablegern *Innere Zwänge.* Die nach Buddha prägendste Größe des Buddhismus, Nâgârjuna: »Die Befreiung bedeutet das Versiegen aller leidvoll bindenden Handlungen aus den Inneren Zwängen. Sie begleiten die Vorstellungen des Menschen in *Begrifflicher Verselbstständigung.* Sie hat Fixierung zur Quelle. Sie vergeht im Sehen der *Leerheit* aller Dinge von einem Selbst.«

Im Buddhismus gilt die innerste Erfahrung des Menschen (die Vier *Edlen Wahrheiten* und die *Drei Daseinsmerkmale*) als höchste Erkenntnisquelle. Deshalb spielt jene *Treffliche Achtsamkeit* zu den natürlichen Gegebenheiten von Körper, Geist und *Meditation* (Bhâvana) als ihre systematische Einübung eine zentrale Rolle. Der Erwachte sagt in der »Rede von den Vergegenwärtigungen der Achtsamkeit« (Satipatthâna Sutta): »Dies ist der Direkte Weg zur Läuterung der Lebewesen, zum Überwinden von Traurigkeit und Wehklagen, zum Verschwinden von Schmerz und Niedergedrücktheit, zum Erlangen der wirklichkeitsgemäßen Methode, und zur Befreiung des *Nirvâna*: Die Vier Vergegenwärtigungen der *Achtsamkeit.«* Sie sind Körperliches, Empfindungen, Geistesqualitäten und Natürliche Wahrheiten.

Die *Treffliche Achtsamkeit* wird so definiert: »Bleibt fortwährend verankert in eingehender Betrachtung des Körperlichen im Körperlichen: Entschlossen, klar wissend und achtsam gegenwärtig, nachdem Verlangen und Bekümmern hinsichtlich der Welt abgelegt worden sind. Das Gleiche gilt für die Empfindungen (oder Gefühlsreaktionen), Geistesqualitäten und Natürlichen Wahrheiten« (Vier Vergegenwärtigungen).

Die meditativen Ansätze des *Vipassanâ* des frühen Buddhismus *Theravâda* beruhen direkt auf den alten Achtsamkeitsreden des Buddha. Doch *Achtsamkeit* ist auch im Mahâyâna zentral; als das Herz des *Zen,* beim *Zazen* und *Shikantaza,* als das Herz der höchsten Meditationen des tibetischen Buddhismus, dem *Dzogchen* (»Große Vollendung«) der *Nyingmapas* und der *Mahâmudrâ* (»Großes Siegel«) der *Kagyüpas.* Die tibetische Basispraxis des *Lamrim* (»Stufenweg«) der *Gelugpas* ist gedanklich-analytisch, aber sie betrachtet dabei die Erkenntnisinhalte jener direkten *Achtsamkeit.* In Shântidevas Hauptwerk *Eintritt in den Wandel zum Erwachen,* der meistzitierten Quelle des ethischen Ideals vom selbstlosen Weltbefreier *Bodhisattva,* ist die Achtsamkeit zentral. Außerdem ist sie ein Hauptelement der Praxis von *Nenbutsu* und *Tariki* in der großen östlichen *Reines-Land-Schule.*

»Achtsamkeit« ist also Hauptbestandteil aller buddhistischen Grundlehren. Dies gilt nicht für die Urtexte der monotheistischen Weltreligionen. Sie orientieren sich ihrem Wesen nach an unverifizierbaren Dogmen (unpolemisch gesagt, der Begriff »Dogma« steht hier zentral), die objektiv unserer Naturerfahrung widersprechen: »Ewiges Leben«, »Auferstehung von den Toten«, »Jungfrauengeburt«, Wunder wie ein sich

Charakteristisch für den Buddhismus ist die Treffliche oder Sehende Achtsamkeit. Der achtsame Blick enthüllt das Wunder der kleinen Dinge.

spaltendes Meer, um den Weg freizumachen, oder auch den Kausalitätsvorstellungen hinter einem »Jüngsten Gericht« und einer Erlösung aller Menschen durch den Kreuzestod. Dem Erwachten gilt alles Leben als Inbegriff des bedingt Entstandenen und unweigerlich Vergänglichen. Er hat etwa ein »Ewiges Leben« explizit als »vollkommen närrisch« zurückgewiesen (im »Gleichnis von der Schlange« der »Mittleren Sammlung«).

Diese Grundhaltung prägt das Weltempfinden der Buddhisten in Asien unbewusst tiefgehend. Der schweizerische Ordinierte im *Theravâda* der *Ordensgemeinschaft*, Ajahn Akiñcano, der lange Zeit in Thailand gelebt hat, betont etwa: »Es ist sehr schwierig, einem Thailänder den christlichen Glauben an die Einmaligkeit des Lebens nahezubringen: Da ist erst nichts. Dann lebt man 70 oder 80 Jahre, wird nach dem Tod gerichtet und kommt ins Töpfchen oder ins Kröpfchen. Damit war dann alles vorbei: Das wars, tut mir leid! Alles wandelt und verändert sich, alles erneuert sich, bloß beim Menschen ist es ganz anders. Das scheint allen Erfahrungswerten zu widersprechen.«

Der Buddhismus ist keine Glaubenslehre. Er ist eine Praxislehre, mit der eigenen Erfahrung und kritischer Prüfung als primärer Leitschiene der Befreiung. Im Vîmamsaka-Sutta etwa nennt der Buddha Kriterien, wie seine Lehre (sehr) kritisch zu prüfen sei. Erst wenn sie standhalte, solle man den nächsten Schritt tun. Er hatte kein Interesse an blinder Gefolgschaft. In seiner Praxislehre sind die »Drei Weisheitszugänge« (Ti-*Paññâ*) die alleinige Quelle »Gültiger Erkenntnis«:

1. Durch Nachdenken oder Wägen erworbenes Verstehen (Cintâ-Mayâ-Paññâ);
2. Durch Hören oder Aufnehmen, Lernen oder Lesen erworbenes Verstehen (Suta-Mayâ-Paññâ);
3. Durch Meditation erworbenes, Intuitives Verstehen (Bhâvanâ-Mayâ-Paññâ).

Die Grundvoraussetzung ist hier das eigene Nachdenken. Ein »medialer Zugang« zu höheren Mächten (Spiritismus), »Göttliche Offenbarung« oder »Heilige Schriften« sind hier keine Quellen Gültiger Erkenntnis. Dies macht z. B. die »Rede an die Kalâmer« klar. Sie suchen den Erwachten auf, weil sie sich von den Wahrheitsansprüchen der diversen Meister verwirrt fühlen. Der Buddha rät:

»Recht habt Ihr, Kalâmer, daß Ihr hier im Unklaren seid und Zweifel hegt. In einer Sache, bei der man wirklich im Unklaren

Die Beherzigung des Universellen Gesetzes Dharma bedeutet Freiheit und Liebe. Stehender Bodhisattva; China, späte Nördliche (386–534 n. Chr.) bis Östliche Wei-Dynastie (534 bis 550 n. Chr.)

sein kann, seid Ihr es. Folgt nicht als geoffenbart geltenden Lehren, altehrwürdigen Überlieferungen, der Autorität Heiliger Schriften, der landläufigen Meinung, bloßen Vernunftgründen oder Schlüssen aus reiner Theorie, dem einnehmenden ›Charisma‹ oder der vorgetragenen ›Größe‹ eines Meisters. Aber wenn Ihr tief in Euch selbst versteht: ›Diese Dinge sind heilsam, förderlich, von den Weisen empfohlen, und, wenn man sie akzeptiert und durchführt, bringen sie allseits Nutzen und Glück‹, dann solltet Ihr auch dementsprechend handeln.«

Das Zeitlose, Universelle Gesetz

Der Erwachte beschreibt den Befreiungspfad als das »Zeitlose, Universelle Gesetz« oder die »Natürliche Wahrheit« *Dharma* (Das, was trägt oder hält), als kulturübergreifend. Wer den *Dharma* auf seinem individuellen Wege zunehmend klar erkenne und beachte, verwirkliche die wahre Befreiung von Herz oder Geist inmitten und für die Welt. Der folgende Vers des *Pali-Kanons* wird in den Ordenstraditionen des frühbuddhistischen *Theravâda* täglich rezitiert: »Der Erwachte hat den Dharma wohl gewiesen. Dieser ist direkt einleuchtend, zeitlos gültig, persönlich einladend, innerlich voranbringend, und von jedem, der weise ist, individuell zu verwirklichen. Ich suche keinen anderen *Freiort.* Der Dharma sei mein einziger Freiort. Möge mir durch die Macht dieser Wahrheit der innere Sieg in Freude zuwachsen.«

In der Indologie gilt der Buddha nicht als Philosoph, sondern als »Erlösungspragmatiker«. Er hat eine konsequente Praxislehre verkündet, die für das kurze und unberechenbare Leben das Höchste will, solange die »goldene Chance« dazu bestehe: das Leben des Menschen. Andere Existenzformen würden diese Chance kaum eröffnen. Der Erwachte sagt: »Nur eines lehre ich, jetzt wie früher: Das Leiden und das Ende des Leidens!« Einmal nahm er im Wald eine »Handvoll Blätter« und fragte, was mehr sei: Die Blätter in seiner Hand oder die Blätter des Waldes. Nach der selbstverständlichen Antwort betonte er: »In ähnlicher Weise ist auch das viel mehr, was ich erkannt und nicht verkündet habe, als das, was ich verkündet habe. Warum habe ich jenes andere nicht verkündet? Weil es Euch keinen Gewinn brächte, weil es nicht zum Versiegen der *Inneren Zwänge,* zum Frieden, zur Schau, zum Erwachen, zum *Nirvâna* führte, ist es unverkündet geblieben.«

Schwingtor aus vier Holzstreben mit Bambusgeflecht zu einem japanischen Zen-Tempel. Die Pforte zur Freiheit öffnet sich durch innere Einfachheit.

Im alten Indien sind natürlich genauso die »Großen Fragen« gestellt worden; etwa ob das Universum räumlich und zeitlich einen Anfang und ein Ende habe, wer es erschaffen habe, ob das »Ich« oder die »Seele« im abstrakten Sinne existiere oder nicht, oder wie ein Erlöster nach dem Tode bestehe. Als dem Buddha diese Fragen einmal (fordernd) gestellt wurden, antwortete er mit einem berühmten Gleichnis: Ein Mann ist von einem Pfeil getroffen, und ein Arzt wird geholt, damit er den Pfeil herauszieht. Doch der Getroffene sagt: »Ich lasse mir den Pfeil nicht herausziehen, bevor ich nicht weiß, wer ihn abgeschossen hat, mit welchem Bogen es geschehen ist, und aus welchem Material der Pfeil besteht.« Der Mann müsste sterben, bevor der Arzt handeln könnte. Ähnlich erginge es dem Suchenden, der Antworten auf jene spekulativen Fragen wollte. Er müsste sterben, bevor er sie gefunden hätte. Damit wäre ihm das Wichtigste im Leben entgangen: die Beschreitung des Befreiungsweges. Der Erwachte beendet das Gespräch, indem er (ähnlich fordernd) betont: »Deshalb, Mâlunkyâputra, was ich nicht gelehrt habe, lass nicht gelehrt sein, und was ich gelehrt habe, lass gelehrt sein. Was habe ich gelehrt? Dies ist das Leiden, die Ursache des Leidens, das Ende des Leidens, und der Weg, der zum Ende des Leidens führt.«

Die ethische Rückseite des Inneren Sehens: Die Vier Unbegrenzten

Das Intuitive Verstehen der Höchsten, »Selbst«-losen »Natur der Dinge« hat als ethische Rückseite Liebe, Mitgefühl und Mitfreude in Gleichmut. In diesem Sinne bedeutet es auch »Wahre Ethik«, wie etwa Ajahn Buddhadâsa betont. Mit Wahrer Ethik bewegt sich unser Sinnen und Trachten ganz im »Selbst«-losen, ungespaltenen Allwesen. Dieses im *Herzgeist* zu spüren heißt, ihm handelnd gerecht werden zu müssen. Ethische Motivation ist die selbsttätige Übersetzung des noch inaktiven Sehens des »Nicht-Selbst« im Geist in die aktiven Handlungsmotive im Herzen.

Der Buddha hat zwischen diesen beiden Ebenen nicht getrennt. Pali *Chitta* bedeutet genau »Herzgeist« oder »Gefühlsgeist«, nicht abstrakt bzw. mental »Geist«. Das weise Durchschauen der universellen *Leerheit* von einem »Selbst« im letztlichen Nichtgetrenntsein aller Dinge bedeutet für unsere Handlungsmotive das Empfinden der Gefühle und Sehnsüchte der anderen Lebewesen (die buddhistische Ethik umfasst ebenfalls die Tiere) als Teil von sich selbst. Deshalb werden in den Reden des *Pali-Kanons* die dort gleichermaßen wichtigen »Vier Unbegrenzten« Liebende Güte, Mitgefühl und Mitfreude in Gleichmut so begründet: »Sich selbst in allem wiedererkennend, durchstrahlt ein (Wahrer) Mensch die ganze Welt mit einem Herzgeist voller Liebender Güte, Mitgefühl und Mitfreude in Gleichmut: Mit einem großen, erhabenen, unbegrenzten Herzgeist.«

In dieser Weise empfindet ein »(Wahrer) Mensch« (Sappurisa) die Welt. Er teilt im innersten Wissen das Verlangen der anderen Lebewesen nach Glück, ihr Leiden und ihre

Freude. Die Vier »Unbegrenzten« (da nicht durch den Glauben an ein getrenntes »Selbst begrenzt«) sind der buddhistische Inbegriff des offenen, aktiven Weltbezugs im zunehmend spürenden Verstehen der Wahren, »Selbst«-losen Realität. Sie »sind« die Ausweitung des eigenen »Ich« auf alle Dinge im letztlich untrennbaren Weltganzen. Mit den Vier Unbegrenzten manifestiert sich das Intuitive Sehen der universellen *Leerheit* (in der *Höchsten Wahrheit,* wo nichts ein »Selbst« ist) in Form konkreter Motive (in der *Konventionellen Wahrheit,* wo alles ein getrenntes »Selbst« ist). Die Vier Unbegrenzten heißen auch die »Wohnstätten der Götter« (im eigenen Herzen) oder *Brahmavihâras.* Denn mit ihnen erfährt und verwirklicht man göttliche Daseinsbereiche schon in diesem Leben *(Jhâna).*

Der Weg des Erwachens bedeutet, dass die Begrenzte Wahrheit der Dualität und die Ganze Wahrheit der Nicht-Dualität (im allbezogenen Nicht-Selbst) als gleichberechtigte Realitätsebenen hervortreten. So werden sie im »Weltempfinden« (Denken, Sprechen und Handeln) immer müheloser integriert. Auf diesem »Inneren Weg« (so heißt der »Buddhismus« etwa in Tibet) wird die Volle Wahrheit zur tragenden Einsichts-, Freiheits- oder Herzens-Quelle, während die Relative Wahrheit hier das konkrete Umsetzungs- oder Bewährungs-Feld von Einsicht, Stille oder Herz ist (die *Beiden Wahrheiten).* Die Höchste Realität ist die letztlich ungreifbare Innendimension und die Konventionelle Realität die nur greifbar scheinende Außendimension des Lebens.

Die Krone des Weges: Tugend im Gleichmut

Der »Gleichmut« (Upekkha), der im *Pali-Kanon* häufig vorkommt, ist die Freiheit von Verlangen, Abneigung und Gleichgültigkeit; also im Gegensatz zu Gleichgültigkeit eine von Bewusstsein oder tiefem Sehen getragene Herzensqualität, im Kontrast zu Gleichgültigkeit. Ein Mahâyâna-Vers aus der »Rede von der Blumengirlande« *(Avatamsaka-Sûtra)* bringt es auf den Punkt: »Körper und Geist gleichmütig: Innerlich und äußerlich befreit, stets verankert in wahrer Bewusstheit, unverhaftet, nicht mehr hörig.« Was am freien Antlitz der Buddhabildnisse Asiens im Innern rührt, ist dieser sehende Gleichmut. Denn er ist das Versiegen des Leidens, wie es im Sehen des Nicht-Selbst aller Dinge, dem Schwinden von Fixierung, *Begrifflicher Verselbstständigung* oder *Innerem Zwang* eintritt. So erblüht auch die ethische Rückseite dieses Sehens: Die anderen drei Unbegrenzten Liebe, Mitgefühl und Mitfreude. Alles für andere und damit rückwirkend für einen selbst *»Unheilsame Wirken«* (Akusala Kamma) resultiert aus den Leidursachen *Nichtsehen, Durst* oder *Ergreifen,* mit den *Inneren Zwängen* (Kilesa). Nur die Qualität der eigenen Willensformationen *(Karma)* entscheidet darüber, ob glückvolle oder leidvolle Bewusstseinszustände bzw. Existenzbereiche erfahren werden (Kreislauf der *Wiedergeburten).* Allein dieses innere Gesetz von Ursache und Wirkung beim absichtsvoll Handelnden heißt *Karma* (Wirken, Rückwirken). Der Buddha definiert *Karma* mit einem Wort: »Absicht«. Der Maßstab für eine Heilsame oder Unheilsame Absicht (für das entsprechende *Karma*) ist, ob bei anderen und damit letztlich einem selbst Glück oder Leid hervorgerufen wird. Im Gleichmut versiegt alles *Unheilsame Wirken:* In geistiger Hinsicht getriebenes Verlangen, Übelwollen und Mitgefühlslosigkeit; in sprachlicher Hinsicht Lügen, verleumderische Rede (Zwischenträgerei), Hassrede und Geschwätz; und in körperlicher Hinsicht Töten oder auch bewusstes Schädigen der naturgemäß am Leben hängenden Lebewesen, die Aneignung von Nichtgegebenem (Stehlen) sowie ein Sexualverhalten, das für einen der Beteiligten (einer der beiden Sexualpartner oder eine verbundene dritte Person) vermeidbares Leiden bedeutet. Im Gleichmut versiegen alle unbewusst ins Unheilsame »treibenden« Willensimpulse des »Ich und Mein«: Die »Drei *Wurzeln des Unheilsamen*« oder »Drei Geistesgifte« (Akusala Mûla) Gier, Hass und Verwirrung. Der Gleichmut ist identisch mit Tugend, den »Drei Wurzeln des Heilsamen« (Kusala Mûla): Gierlosigkeit, Hasslosigkeit und Verwirrungslosigkeit.

»Verwitterter Buddha« – der Erwachte ist gelöst vom Allvergehen, es sehend, frei und mitfühlend.

Im Gleichmut werden wie von selbst die *»Fünf Gelübde«* (Sikkhâpada) tief beachtet.

In der ganzen buddhistischen Welt sind sie das Herz jeder ernsthaften Laienpraxis. Sie werden dort in den Klöstern von den Laien feierlich aufgenommen, aber auch gleichermaßen von den westlichen Buddhisten, etwa auf den Meditationskursen oder in den Zentren. Sie bestehen im gezielt bewussten Ausschluss des primären körperlichen und sprachlichen Unheilsamen Wirkens, in anderen Worten heißt dies:

1. Nichttöten und auch Nichtschädigen von Leben (das Erste oder Höchste Gebot des Erwachten oder Buddha),
2. Nichtnehmen von Nichtgegebenem (Nichtstehlen),
3. Vermeiden von sexuellem Fehlverhalten,
4. Nichtlügen
5. Nichteinnehmen berauschender Substanzen, da diese eine »Quelle von Sucht, Streit, Krankheit, Ansehensverlust und Schamlosigkeit sind« und »die höhere oder befreiende Einsicht schwächen«.

Die Vier Unbegrenzten Liebende Güte, Mitgefühl und Mitfreude mit ihrer Einbettung in Gleichmut bedeuten natürlich auch »Tugend«, jedoch in noch höherem Sinne, nämlich als die aktiv heilsamen Gegenstücke zu allem Unheilsamen. Diese aktiv heilsamen Gegenstücke sind (als die konkrete Umsetzung der Unbegrenzten in die Tat) Helfen und Nähren allen Lebens, Freigebigkeit, Geduld, Energie, versöhnendes oder einigendes Sprechen und Verhalten, wohlwollende Rede (was im Buddhismus mit Kritik und klarer Unterscheidung tief kompatibel ist) und wahrheitsliebende, sinnvolle oder klare Rede. Freigebigkeit und Geduld haben unter den buddhistischen Laienanhängern Asiens einen besonders hohen Stellenwert, weil sie der alltäglichen emotionalen Verhaftung an das »Selbst« besonders wirksam entgegenwirken. Dabei gilt es als besonders verdienstreich, wenn man die buddhistischen Ordinierten unterstützt, die ihrerseits die Laienanhänger spirituell durch Lehre und Zeremonie fördern. Dieses Wechselverhältnis ist dort zutiefst etabliert. Wie weit das geht, zeigen auch Alltagsfloskeln. In Sri Lanka etwa ist es nicht üblich, »Danke« zu sagen. Denn man glaubt nicht, dass der andere mit einer heilsamen Tat ein Opfer vom »Ich« gebracht habe, wofür man sich zu bedanken habe. Statt »Danke« wird ein mitfreudig gemeintes »Oh, Verdienst!« gesagt. So wird hier fast neidvoll zum Ausdruck gebracht: »Mit dieser heilsamen Tat hast Du Dir selbst etwas wirklich Gutes getan.« Auch »Wie geht es Dir?« ist in buddhistischen Ländern nicht gebräuchlich. Die buddhistischen *Fünf Gelübde* finden sich heute in wachsenden religiösen Bewegungen wieder, weil sie offenbar auch von Nichtbuddhisten als ideales Ethikresümee empfunden werden. Der katholische Theologe Hans Küng etwa vertritt sie heute (außer dem fünften) als sein »Weltethos« weltweit. Mit seinem Werk »Spurensuche: Die Weltreligionen auf dem Weg« hat er die »Spuren« (als Anfänge) des Christentums in den anderen Religionen gesucht, gerade in einer Zeit, wo diese im Westen immer attraktiver werden. Die vietnamesische Neureligion »Caodaism« (5 Mio Anhänger; »Cao Dai« gilt als »Gott, der Vater, das höchste Wesen, der Schöpfer, die Letztliche Wirklichkeit des Universums«) ist hauptsächlich von Christentum und »Theosophie« (Weisheit Gottes) getragen, verschmilzt wie letztere Welttraditionen des Spiritismus und beruht auf »Medien« mit angeblich direktem Kontakt zu »Cao Dai«. Sie betont: »Adepten werden aufgefordert, den grundlegenden Werten aller Weltreligionen zu folgen, wie sie in den fünf Ausschlüssen stehen.« Nun kommen (außer Nichtstehlen) die buddhistischen *Fünf Gelübde* (Nichtlügen wird betont in zwei Gebote unterteilt).

»Baumbuddha« – weiblicher Buddha mit der Handgeste (Mudrâ) der Furchtauflösung. Die Erwachte sieht die Natur und steht in ihr, sie löst alle Angst.

Zweite Drehung des Rads der Lehre: Das »Große Fahrzeug« Mahâyâna

Das »Große Fahrzeug« Mahâyâna trat ab der Zeitwende im alten Indien hervor und mit der Dritten Drehung des Rades der Lehre ab dem 5. Jh. das »Diamantfahrzeug« Vajrayâna bzw. der *tantrische Buddhismus.* Sie waren die Quelle der großen Traditionen, die ganz Zentral- und Ostasien geprägt haben. Die altindischen Fundamente dafür entstanden im 1. Jt. n.Chr. Das primäre Motiv zum Mahâyâna war, den inneren Befreiungsweg möglichst breit angelegt zugänglich, d.h. leicht begehbar zu machen. In diesem Zusammenhang wurden nun etwa das Mitgefühl mit allen Wesen zum »entscheidenden« Beweggrund der nach Befreiung Strebenden. Damit rückte das alte Ideal vom *Bodhisattva* ins Zentrum, aufbauend auf jenen Vier Unbegrenzten oder *Brahmavihâras* des frühen Buddhismus *Theravâda.* Dieser galt nun abwertend als das »Kleine Fahrzeug« (Hinayâna) einer reinen »Selbsterlösung« gegenüber dem überlegenen »Großen Fahrzeug«

(Mahâyâna), das zahlreiche Lebewesen zur Befreiung führe: Eine Unterscheidung des Mahâyâna, die sich durch die Jahrhunderte ziehen sollte. Die zur Zeitwende beginnende Verbreitung zuerst nach China förderte rückwirkend die altindischen Basisentwicklungen. Denn der Buddhismus sollte für die ihn jetzt einführende, höchst pragmatische Großmacht noch attraktiver werden. Die ausgeprägte Form des altindischen Mahâyâna tritt erst hervor, nachdem China im 1. Jh. n.Chr. klares Interesse am Buddhismus gezeigt hat.

Drei Unterschiede zwischen Mahâyâna und Theravâda

Die Hauptunterschiede zwischen Mahâyâna und Theravâda betreffen drei Bereiche:

1. Das Verständnis von der *Höchsten Wahrheit* oder Realität, die mit der Inneren oder intuitiven Schau befreit.
2. Das Verständnis vom Buddha, der diese Höchste Wahrheit verwirklicht hat.
3. Das Verständnis vom Weg des Menschen.

Die Sicht von der Höchsten Wahrheit: Im Mahâyâna wird die Höchste Wahrheit zunehmend konventionell vorstellbar, also zu einem »absoluten Sein«, das »jenseits« der menschlichen Erfahrung liegt, zum metaphysischen oder ganz anderen »Gegenstück«. Laut dem historischen Buddha ist das *Nirvâna* kein transzendentes »Absolutes«, sondern daseinsimmanent. Im *Pali-Kanon* gilt es zwar als unmittelbar realisierbar, doch nicht als konventionell vorstellbar oder begreifbar; d.h. nicht als ein »Selbst«. In dem alten Werk »Die feierlichen Worte« (Udâna) heißt es etwa: »Es gibt ein Nichtgeborenes, Nichterzeugtes, Nichtgemachtes oder Nichtbedingtes. Weil dieses existiert, ist die innere Freiheit vom Geborenen, Erzeugten, Gemachten oder Bedingten möglich.« Oder: »Für alles Gehaltene gilt Instabilität. Für alles Nichtgehaltene gilt ›keine Instabilität‹. Wenn es somit keine Instabilität gibt, tritt innere Stille hervor. Wenn innere Stille hervortritt, weicht das Hingeneigtsein. Wenn das Hingeneigtsein weicht, gibt es kein Kommen und Gehen. Ohne Kommen und Gehen gibt es kein Entstehen und Vergehen. Ohne Entstehen und Vergehen gibt es kein ›Diesseits‹ noch ›Jenseits‹ noch ›Zwischen-diesen-Beiden‹. Dies ist das Ende des Leidens, das *Nirvâna.«* Das sehr populäre alte Verswerk *Sutta-Nipâta* des *Pali-Kanons* sagt zu jenem daseinsimmanenten *Nirvâna*:

Der Bodhisattva ruht allsehend im ungreifbaren Nicht-Selbst aller Dinge. So lebt er frei von Spaltung oder Rotation das Weltumarmende Selbst der Liebe, Mitgefühl oder Mitfreude. Fragment eines Bodhisattva. China, späte Nördliche Wei-Dynastie (386 bis 534 n.Chr.).

»Kein Maß ermisst den Menschen, der zur Stille findet. Keine Worte genügen, um ihn zu erfassen. Wenn alle Dinge voll sehend abgelegt sind, ist damit auch der Rede jeder Pfad verschlossen.«

Die Sicht vom Buddha: Mit jener »absoluten« Sicht des Mahâyâna zur *Höchsten Wahrheit* werden nun die Buddhas und Bodhisattvas, welche diese erfasst haben, jetzt auch selbst zu »absoluten«, ewigen oder erlösungsmächtigen Heilsgestalten. Sie wirken nun sozusagen von einer »jenseitigen Welt« herab. Dies macht die im Mahâyâna zentrale Lehre von den *Drei Körpern* (Tri-Kâya) ganz klar. Hier besitzt der Buddha drei transzendente Körper, nämlich den Dharmakâya oder »Wahrheitskörper«, den Sambhogakâya oder »Genusskörper«, sowie den Nirmânakâya oder »Verwandlungskörper«.

Die Sicht vom Weg: Die bedeutendste Neuerung des Mahâyâna ist das Ideal vom *Bodhisattva* oder »Dem Erwachen hingegebenen Wesen«, das immer stärker aus dem Mitgefühl heraus fühlt, denkt und handelt. Am Ende will es nichts mehr als das von der dualistischen Weltspaltung in »Selbst« und »andere(s)« freie oder »Große Mitgefühl«

Mahâkarunâ vollständig umsetzen, für eine möglichst weitreichende allgemeine Befreiung. Der Bodhisattva erstrebt das volle *Erwachen* zu einer Höchsten Realität, die hier als unbegrenzt hilfsfähig gilt. Die Selbstlosigkeit ist der Motor dieses Befreiungsweges, der im Maße seiner Umsetzung die »Geschickte Hilfsfähigkeit« *Upâya-Kaushalya* bedeutet. Der *Bodhisattva* verwirklicht die »Sechs Vollkommenheiten« Pâramitâ: Freigebigkeit, Ethik, Geduld, Energie, Meditative Vertiefung und Weisheit in und für die Welt. Diese »Selbst«-lose Haltung in Geist und Tat ist der berühmte »Geist des Erwachens« Bodhichitta. Das Fehlen der dualistischen Sicht in diesem Geist ist die Ursache für das höchste Erwachen. Für den Bodhisattva gilt: »Er ist in der Welt, aber nicht von ihr«, so wie die Lotusblüte im Schlamm wurzelt und sich bloß daraus ernährt, aber zugleich selbst frei darüber steht. Shântideva (7.–8. Jh., Indien) hat dieses Ideal auf rein menschlicher Ebene gedeutet oder tief fundiert. Mit seinem Hauptwerk *Eintritt in den Wandel zum Erwachen* ist er dessen Hauptvater. Im Mahâyâna Zentral- und Ostasiens werden transzendente Bodhisattvas als erlösungsmächtige Heilsgestalten weithin verehrt. Man bittet sie um Hilfe zur Lösung der alltäglichen Sorgen und Nöten. Sie sind auch Leitstern für die eigene spirituelle Praxis. Denn auch sie haben ihren Weg einmal als menschliche Bodhisattvas begonnen, mit jenem selbstlosen Streben nach dem unbegrenzt hilfsfähigen Erwachen. Die Lehre von den Drei Körpern bezieht sich auf die Buddhas, im Vergleich dazu gelten die transzendenten Bodhisattvas als »weltnahere« Wesen, die auf ihre volle Befreiung verzichten, um der Welt direkt beizustehen. Sie wirken aus jenseitigen Sphären herab oder manifestieren sich als Menschen. Der Dalai Lama etwa gilt als Verkörperung des Bodhisattvas *Avalokiteshvara.* Dieser Bodhisattva des »Allumfassenden Mitgefühls« wird in Tibet als Chenrezig (die Nationalgottheit), in China als Guanyin (eine weibliche, mannigfach in der Kunst dargestellte Gestalt) oder in Japan als Kannon vom Volk verehrt. Die tibetische Form ist der tausendarmige und vielköpfige Avalokiteshvara (sanskrit: »Der voll Mitgefühl Hinabblickende«), der so seine Hände ausstreckt und in alle Richtungen blickt, um die Lebewesen aus dem Kreislauf der *Wiedergeburten* zu erretten. Seine vielen Hände repräsentieren jene Geschickte Hilfsfähigkeit. Aus den Tränen Avalokiteshvaras über das Leiden der Lebewesen im *Nichtsehen* ist »Târâ« (die »Hinübersetzerin« über den Strom der Existenzen) entstanden, die wichtigste weibliche Bodhisattva des Mahâyâna. Im alten Indien gilt sie als Verkörperung der Mutter des Buddha, und davon abgeleitet, auch als die »Mutter aller Buddhas«. Sie steht Avalokiteshvara zur Seite und wird häufig mit einem ausgestreckten Bein dargestellt, weil sie das besonders aktive Mitgefühl verkörpert. Im tibetischen Buddhismus ist die Verehrung der Târâ zentral und bildet etwa mit 21 Formen (entsprechend ihren vielen Hilfsaktivitäten) ein Hauptmotiv der Rollbilder *Thangkas.* Den 108 Ehrennamen der Târâ entsprechen auch die 108 Perlen der tibetischen Gebetskette »Mâlâ«.

Die Fundamente des Mahâyâna

Jene drei Unterscheidungsmerkmale des »Großen Fahrzeugs« Mahâyâna zeigen sich in dessen altindischen Fundamenten, aus denen alle buddhistischen Haupttraditionen Zentral- und Ostasiens entstanden sind. Diese Fundamente sind:

1. Die Mahâyâna-Sûtren, d.h. die Reden des Buddha aus Sicht des Mahâyâna. Sie sind dessen älteste Quelle und in den ersten nachchristlichen Jahrhunderten im alten Indien verfasst worden
2. Jene drei Unterscheidungsmerkmale werden in der bis heute weit verzweigten Philosophie des *Nur-Geist* Yogachâra (ab 4. Jh.) als volles Lehrsystem manifest, aus dem auch die buddhistischen Systeme von Logik und Erkenntnistheorie entstanden sind (durch Dignâga und Dharmakîrti). Die Abhandlungen der Begründer der Nur-Geist-Schule Asanga, Maiteryanâtha und Vasubandhu der Ältere (4. Jh.) sind etwa im tibetischen Buddhismus zentral. Diese Schule lehrt, dass in Wahrheit die Objektwelt »Nur-Geist« oder »Reine Vorstellung« sei, die im »Bewusstmachungsakt« (Vijñaptimâtra) selbst gründe. So seien die Phänomene völlig »irreal«, ohne objektive Existenz außerhalb unseres subjektiven Bewusstseins. Auch ein von den Objekten getrenntes »Subjekt« oder »Ich« existiere nicht. »Nur« der »Geist« existiere, in dem alles letztlich eins sei. Die »Außenwelt« erscheine nur so, indem sie sich aus den »Samen« (Bîja) unseres »Speicherbewusstseins« (Âlayavjñâna)

die Objektwelt entfalte, eben in Illusion oder Projektion. Die Entfaltung habe unterschiedliche Erfahrungsqualität, je nach dem *Karma* des Lebewesens. So wird hier die Außenwelt verneint und der »Geist« als ihre alleinige Quelle bejaht.
Die Befreiung werde verwirklicht, wenn in der meditativen Versenkung dieses Wahre Wesen der Dinge zunehmend durchschaut werde: Der letztlich alleine vorhandene Geist. Die Entwicklung des Bodhisattva verlaufe über Zehn Stufen (Bhûmis). Mit der Philosophie des Nur-Geist hat auch jene Kernlehre des Mahâyâna von den *Drei Körpern* (Tri-Kâya) eines hier absolut verstandenen Buddha ihre endgültige Form bekommen.

3. Auch die Denkrichtung (ursprünglich nicht Philosophie) des *Mittleren Weges* Madhyamaka zwischen Positivismus und Nihilismus, Existenzglaube und Existenzverneinung, Ewigkeitsansicht und Vernichtungsansicht oder Theismus und Materialismus ist für das Mahâyâna tief prägend geworden. Aber sie wirkt in ganz unterschiedliche Richtungen und vertritt in ihrem Ursprung nicht das Mahâyâna. Dieser Ursprung sind Die Wurzelverse zum Mittleren Weg *(Mûla-Madhyamaka-Kârikâ),* das Hauptwerk Nâgârjunas (2.–3. Jh. n. Chr., Indien). Der altindische Hauptvater des *Bodhisattva*-Weges Shântideva (7.–8. Jh., Indien) resümiert den Mittleren Weg so: »Wenn sich der Geist nicht mehr in der Erfassung ›existent‹ oder ›inexistent‹ festfährt, tritt unsere Klare Stille hervor. Denn daneben gibt es keinen weiteren Anhaltspunkt für Fixierung.«

Nâgârjuna rückt Buddhas Hauptlehren wieder ins Bewusstsein: Den Mittleren Weg, das *Entstehen in Abhängigkeit* bzw. die universelle *Leerheit* (Shûnyatâ) von einem »Selbst«, die *Begriffliche Verselbstständigung* (Prapañca), die *Beiden Wahrheiten* und *»Samsâra* ist (die Befreiung des Nirvâna als rein daseinsimmanent). Nâgârjuna ist gegen zunehmende scholastische oder verabsolutierende Überlagerungen des alten Praxiswegs (im Mahâyâna oder im Theravâda) aktiv geworden. Sein Hauptwerk gilt nach Buddhas Reden als das prägendste Werk des Buddhismus. Es wirft »Versbomben« auf die gewöhnliche, »Selbst«-fixierte oder leidschaffende Wahrnehmung, den Motor des Kreislaufes der *Wiedergeburten* Samsâra.

Die Mahâyâna-Sûtras

Die Mahâyâna-Sûtras sind inhaltlich und stilistisch ganz heterogen. In der Indologie gelten sie nicht als die Reden des Buddha, sondern als von unterschiedlichen Autorengruppen in gezielt reaktiver Weise in späterer Zeit verfasst. Ihr Grundanliegen ist, Aspekte in der Lehre des Buddha besonders zu betonen und anderen zu widersprechen oder sie wegzulassen. Die Struktur der Reden im Pali-Kanon des *Theravâda* zeigt, dass sie von den Ordinierten bloß memoriert und später möglichst wortgetreu aufgezeichnet worden sind. Diese Schriften weisen kohärent bestimmte Merkmale und Grundlehren auf, die auf eine einzige, überragende Quelle hinweisen, den vollkommen »Erwachten« Menschen »Buddha«.

Darstellung der »weißen Târâ« oder »weißen Retterin« aus dem Kreislauf der Wiedergeburten. Sie hält ihre linke und rechte Hand in den Gesten (Mudrâ) des Schutzes und der Wunscherfüllung; Tibet, 19. Jh.

Die Mahâyâna-Sûtras unterteilen sich in zwei Gruppen: die eine und frühere steht der Lehre des »Erwachten« Menschen »Buddha« nahe *(Prajñâpâramitâ-Sûtra,* Ratnakûta-Sûtra und *Vimalakîrtinirdesha-Sûtra).* Diese Gruppe von Reden wurde für die Denkrichtung vom *Mittleren Weg* des Mahâyâna wesentlich, wie sie im Hauptwerk des Nâgârjuna wurzelt und danach in jener für einen alltäglichen *Bodhisattva*-Weg grundlegenden Lehre des Shântideva weitergeführt wurde. Auch das chinesische Chan oder Zen ist stark von diesen alten Mahâyâna-Reden geprägt.

Die andere und spätere Gruppe der Mahâyâna-Sûtras hat neue, z. T. auch ein »(Wahres) Selbst« vertretende Lehren entwickelt. Diese Schriften sind für die Philosophie des *Nur-Geist,* die Lehrströmungen mit absoluten oder erlösungsmächtigen Buddhas und Bodhisattvas sowie die Tradition von der einer »Ewigen Seele« ähnlichen *Buddha-Natur* fundamental. Hierher gehören *Lotos-Sûtra (Tendai-Schule,* Nichiren-Buddhismus, Sôka Gakkai und Risshô Kôsei-kai*), Avatamsaka-Sûtra, Sukhâvatîvyûha-Sûtras* sowie Amitâyur-Dhyâna-Sûtra *(Reines-Land-Schule), Tathâtagatagârbha-Sûtra (Buddha-Natur* und *Ratnagotavibhâga), Samdhinirmochana-*

Buddha ist der Mensch in Wahrheit. Darstellung eines Buddha mit rundem Nimbus; das spitz zulaufende Oval entspricht einer Mandorla. China, späte Nördliche Wei-Dynastie (368 bis 534 n.Chr.).

Sûtra und *Bhadrapâla-Sûtra* (beide zentral für die *Nur-Geist-Schule).*

Auch zählen dazu *Lankâvatâra-Sûtra* (Rede vom Herabstieg auf Sri Lanka) und Mahâparinirvâna-Sûtra, die bereits mit ihrem Titel zeigen, dass sie unmittelbar auf den frühen Buddhismus *Theravâda* »zielen«. Dieser war bereits damals in Sri Lanka maßgeblich, und das gleichnamige Mahâparinibbâna-Sutta im *Pali-Kanon* zu Buddhas letzten Tagen gilt hier als eine der wichtigsten, weil Buddhas Lehre »resümierenden« Reden. In jenen beiden Mahâyâna-Sûtras kommt nun eine explizite Lehre vom »Selbst«, entgegen Buddhas Hauptaussage zur Höchsten Realität als das allbezogene »Nicht-Selbst«. Das ebenfalls späte, aber dem Prajñâpâramitâ-Sûtra verwandte Samâdhirâja-Sûtra gilt als Quellentext der im tibetischen Buddhismus zentralen *Mahâmudrâ-Meditation,* die eine direkte Befreiung will.

Die Buddha-Natur

Die Lehre von der Buddha-Natur (Tathâgatagarbha), die maßgebliche Reden und spätere Traditionen des Mahâyâna durchzieht, erscheint aber nicht in den Reden des Buddha im Pali-Kanon des Theravâda. Ihr Ausgangspunkt ist jene »absolute« Sicht von der Höchsten Realität bzw. von den Buddhas oder Bodhisattvas, welche diese realisiert haben, was sie auch selbst zu »absoluten« oder erlösungsmächtigen Heilsgestalten macht. Aber es fehlt ein Element im gewöhnlichen Wesen, welches die aktive Erlösungswirkung jenes Absoluten ermöglicht: die Buddha-Natur. Sie ist das absolute Band zum Absoluten, das später auch zu dessen voller Verwirklichung führen würde. Sie ist die an einer »Ewigen Seele« orientierte Mahâyâna-Umdeutung der Lehre des Buddha vom Wahren Menschen (Sappurisa), das alte Synonym für den »Ariya-Puggala« (»Edler Mensch«).

Der Ariya(-Puggala) hat eine der Endgültigen *Befreiungsstufen* des inneren Pfades verwirklicht. Dieser »Wahre Mensch« ist der Mensch in Wahrheit: Mensch(lich), im höchsten Sinne. Hier wird der Mensch »Mensch«, ist schlicht und einfach das, was seinem tiefsten Wesen entspricht. Der Wahre Mensch hat den *Achtfachen Pfad* der Befreiung aus wachsender *Trefflicher Achtsamkeit* umgesetzt. Er hat den »Selbst«-losen »Menschen« in sich wahr gemacht, keine »Ewige Seele« bzw. ein »(Wahres) Selbst« (um das es auch bei der modernen »Selbstverwirklichung« geht, ein Begriff, der in Buddhas Reden ebenfalls nicht vorkommt). Das »Sap« (von Pali »sap-purisa« für »Wahrer Mensch«) bedeutet das Partizip »seiend«. So ist hier ein Mensch gemeint, der »ist«, authentisch oder natürlich. Der authentische »Mensch«, der einfach natürlich »ist« (nicht »etwas« als »Ich und Mein« identifiziert »hat«), verwirklicht »sich«, als »Mensch«, hier und jetzt.

Die Tradition der *Buddha-Natur* verzweigt sich: Die eine Hauptlinie versteht die Buddha-Natur als Potenzial des Menschen. Hier ist er nicht Buddha, kann es aber werden, doch nicht jeder. Dies ist die Lehre vom »Buddha-Element« oder der »Buddha-Sphäre« (Buddha-Dhâtu), wie im *Mahâparinirvâna-Sûtra.* Die andere Hauptlinie versteht die Buddha-Natur als ausgereiftes »Buddha-Sein« im Menschen, dessen Ursprüngliches Erwachtsein als »Embryo des Buddha« (Tathâgatagarbha), wie im *Tathâgatagarbha-Sûtra* oder der späteren eminenten Abhandlung (der *Nur-Geist-Schule)* Ratnagotravibhâga. Hier »ist« der Mensch Buddha, er weiß es bloß noch nicht! Er muss sich dessen nur voll gewahr werden. Hier liegt (neben der universellen »Leerheit«, die letztlich nur spontan zu erfahren ist) eine Hauptwurzel der Betonung des »Hier und Jetzt« im Zen. In der Abhandlung vom Hervorbringen des Vertrauens in das Mahâyâna (Mahâyâna-Shraddhotpâda-Shâstra) steht diese Lehre vom »Ursprünglichen Erwachtsein« ausformuliert. Dieser Text gilt in Fernost als umfassende Einführung ins Mahâyâna und ist auch für den Zen wichtig geworden. Die Buddha-Natur ist buddhistisch, wo sie die Möglichkeit des Menschen betont, selbst ein Erwachter oder Buddha zu werden. Hier ist sie das buddhistische Gegenstück zum monotheistischen Glauben an »Sündenfall«, »Vertreibung aus dem Paradies« oder »Erbsünde«. Diese Glaubenssätze bedeuten die Festschreibung des menschlichen Wesens auf Sünde oder auf die Bedürftigkeit der Gnade eines allmächtigen, absoluten Gottes.

Dritte Drehung des Rades der Lehre: Der tantrische Weg im Mahâyâna

In der letzten Phase des indischen Buddhismus (ab Mitte des 1. Jt. bis zu dessen Ende im 12. Jh.) entstand im Mahâyâna mit jener Dritten Drehung des Rades der Lehre der *tantrische Buddhismus* bzw. das »Diamantfahrzeug« Vajrayâna, auch in wechselseitiger Beeinflussung mit dem Hinduismus. Die Einführung des frühen Buddhismus Theravâda nach Sri Lanka unter dem altindischen Kaiser Ashoka (3. Jh. v. Chr.) und dann des Mahâyâna nach China unter Kanishka (78–144 n. Chr.) geschah schon lange vorher. Erst ab dem 8. Jh. kam der Buddhismus nach Tibet. Deshalb bezog sich das Interesse der Tibeter auch stark auf das Vajrayâna, was dem tibetischen Buddhismus sein unverwechselbares Gepräge aus Vajrayâna neben oder im philosophischen und klösterlichen Mahâyâna gab. Die erste einführende »Macht« nach Tibet war der tantrische Großmeister *Padmasambhava* (8. Jh.). Im Indien seiner Zeit begann sich diese neue Form des Buddhismus voll zu etablieren, bis sie dort im 12. Jh. die maßgebliche Form wurde. Vor allem im tibetischen Buddhismus hat der tantrische Buddhismus bis heute stark fortgelebt. Das *Tantra* bildete sich als Gegenbewegung zu den eher starren Wegen des philosophischen Studiums im Mahâyâna und der klösterlichen Mönchsdisziplin. Seit seinen Anfängen (2. Jh. in Orissa, Bengalen und Kaschmir) kamen die Praktizierenden und Meister aus allen Schichten und häufig niederen Kasten. Darunter waren auch Frauen, was einen Bruch der Tradition bedeutete, wie schon zur Zeit des Buddha. Die verwirklichten Tantriker standen häufig im gewöhnlichen Leben. Der Tantrismus betont die praktische und weltzugewandte Seite der spirituellen Entwicklung. Hier gibt es Anknüpfungspunkte zum frühen Buddhismus: Denn die Reden des *Pali-Kanons* berichten von zahlreichen Endgültig Befreiten unten den Laien aller Stände, Frauen wie Männern, die im gewöhnlichen Leben stehen. Im Buddhismus gelten die wahrhaft Verwirklichten (Buddhas, *Bodhisattvas* und *Arhats)* seit jeher als »Meister der Methode«, d. h. als fähig, durch geschickte Anpassung an die jeweilige Situation tief wirksam zu helfen. Aus dieser Sicht hat der Innere Weg wenig mit äußeren Formen zu tun: Hier liegt das Ideal der Tantriker. Sie betrachten auch die Sinnenwelt mit ihren Verlockungen als potentiell direktes Werkzeug für die Befreiung. Die Unterscheidung »rein« oder »unrein«, die in der hinduistischen Kultur absolut zentral ist, gilt ihnen nichts. Im Kastensystem etwa sind die Menschen, ihre Berufe und ihre Nahrung unverrückbar nach einer ausgefeilten Hierarchie von geburtlich festgelegten Reinheitsstufen getrennt. Demgegenüber folgen die Tantriker dem Grundgelübde, sich überall die Reinheit von allem bewusst zu machen (im Sinne eines heutigen buddhistischen Meisters: »Für einen Reinen sind alle rein«). Sie verstehen die Reinheit als die »Auflösung aller Gegensätze«, laut der Indologin Sabine Klein-Schwind. So wird hier Nâgârjunas Sicht der Allleerheit bzw. Allungreifbarkeit zentral.

Mit Pfauenfedern und Schmuck verzierte Kalasha-Gefäße. Priester füllen sie mit geweihter Flüssigkeit und verwenden sie bei tantrischen Reinigungszeremonien im tibetischen Buddhismus.

Die Praxis des Tantra

Der tantrische *Guru* gibt eine *Einweihung.* Diese »ermächtigt« dazu, im Praxisritual *Sâdhana* (Mittel zur Vollendung) eine bestimmte *Meditationsgottheit* zu visualisieren und dann zu verinnerlichen. Diese Meditationsgottheit« (tibet. *Yidam)* repräsentiert einen bestimmten Aspekt des Buddha-Geistes, eine (verborgene) erleuchtete und erleuchtende »Energie« (im eigenen Körper). Der Guru ist durch seine hohe Realisierung eins mit dieser Meditationsgottheit. Im Sâdhana identifiziert sich die von ihm eingeweihte Person mit der Gottheit, damit deren »Energie« auch zum eigenen Selbst wird. Dies ist hier der Weg, um die eigene Buddha-Natur zu verwirklichen, die ja als jenes innere »Band« zum transzendenten Buddha gilt. Damit könne der durch die Meditationsgottheit repräsentierte Aspekt des Buddha-Geistes nun auch übergehen. Die Aufbauphase des Praxisrituals ist das Einladen der Gottheit in das Meditationsbild *Mandala* als deren »Wirkungssphäre«. Die Auflösungsphase ist der Vollzug der Leerheitsschau, indem man die Gottheit (nach der Identifikation mit ihr) als letztlich leer versteht, dies heißt hier als Teil seines eigenen Selbst, wieder auflöst. So fließe die Energie der Gottheit ein. Die Hilfsmittel für diesen meditativen Akt sind:

Mandala des Karamukha-Cakrasamvara (»Herr des Rades der großen Glückseligkeit«) mit seinem Gefolge. Die kosmischen Farben der Himmelsrichtungen (Gelb, Rot, Weiß, Grün) entsprechen den Farben der Tathâgatas und den Farben der vier gereinigten Neigungen: der Tugend der zielgerichteten Kraft, der Freigebigkeit, der Meditation und der sittlichen Zucht.

1. »Heilige Silben« *(Mantras)*
2. Jene Mandalas (Kreise, Scheiben) als innere »Gleichnisse« oder »Meditationsbilder« des Kosmos, die dessen Komplexität in eine energiegeladene Einheit auflösen, oder auch als »Wirkungssphäre« der Meditationsgottheit. Die berühmten Mandalas erscheinen etwa auf den tibetischen Rollbildern *Thangkas* oder werden kunstvoll mit farbigem Sand errichtet. Sie verbildlichen die Allinterdependenz: Das Sich-gegenseitig-Spiegeln aller Weltphänomene, was mit ihrer Hilfe direkt erfahrbar werde.
3. Rituelle »Gesten« (*Mudrâs*).

Diese drei Hilfsmittel unterscheiden sich je nach der Sâdhana-Praxis mit der ihr zugeordneten Meditationsgottheit und der übergreifenden *Tantra-Klasse.* Vor der Ausübung der Sâdhana-Praxis ist wichtig: Das Nehmen der *Zuflucht* und das Wachrufen der selbstlosen Motivation des *Bodhisattva,* die volle *Erleuchtung* zum Wohl aller Wesen zu realisieren. Eine echte Einweihung ist auch vom Nehmen strenger »Gelübde« *Samaya* begleitet, die sich auf das Praxisritual Sâdhana und die Lebensweise des Adepten beziehen. Das Hauptsymbol des Vajrayâna ist der »Vajra« (Diamant). Er steht für die diamantene *Leerheit* aller Dinge, die hier als ihrer Essenz nach »unzerstörbar«, aber zugleich alles »durchlassend« gilt, ganz wie ein Diamant. Im tibetischen Buddhismus spielen tantrische Einweihungen eine zentrale Rolle. Sie werden häufig von Tausenden Menschen besucht. Im Westen gelten solche »öffentlichen« Einweihungen als unverbindliche Segensspender, weil sie ohne jene strengen Gelübde (Samaya) bleiben. Der Dalai Lama gibt z.B. am 11.–23. Oktober 2002 wieder eine große *Kâlachakra*-Einweihung in Graz. Diese Einweihung gilt als ein Beitrag zum Weltfrieden, der mit dem wenig hoffnungserweckenden Beginn des 21. Jh. besonders aktuell scheint. Traditionell erhält nur der engagierte Adept die höheren Stufen einer Einweihung, nach eingehender Prüfung durch den Guru. Im *Tantra* (sanskrit für »Webstuhl«) wird das für das Erwachen notwendige Zusammenkommen von Methode *Upâya* (männlich) und Weisheit *Paññâ* (weiblich) auf dem Inneren Weg repräsentiert durch die Vereinigung der Buddhas mit deren Gefährtinnen (tibet. *Yab-Yum).* Dies ist ein beliebtes Motiv der tibetischen Rollbilder *Thangkas.* Im Praxisritual wird die Vereinigung von den Tantrikern symbolisch und auch real nachvollzogen. Denn der Zusammenfluss des männlichen und des weiblichen Prinzips im vollen oder rein inneren Maße (ohne dualistisch verfangenes *Nichtsehen, Durst* und *Ergreifen)* bedeutet das Erwachen. So zeigt sich hier Nâgârjunas Sicht, dass im Licht der Höchsten Wahrheit nichts mehr ein »Selbst« bleibt, beziehungsweise: »Samsâra ist Nirvâna«. Das Tantra arbeitet in ritueller Form unmittelbar »mit den Sinnen«; nämlich mit meditativ visualisierten, auf Rollbildern Thangkas gemalten oder mit Sand errichteten Meditationsbildern (Mandalas), Heiligen Klängen (Mantras), Bewegungen als Handgesten (Mudrâs), und im höchsten oder *Anuttara-Yoga-Tantra* unter bestimmten Voraussetzungen auch mit dieser ihrer (wahren) Natur nach heiligen Bewegung der Sexualität *(Karma-Mudrâ)*. Auch die visualisierten Meditationsgottheiten erscheinen in sinnlich reich ausgestatteten Formen. Die Meditationsgottheiten repräsentieren verschiedene Aspekte des Buddhageistes.

Ursprung, Merkmale, Unterschiede

Der Ursprung des *tantrischen Buddhismus* ist unklar. Es gibt Unterschiede zu den älteren Formen des indischen Buddhismus:

1. Die überragende Position des Meisters Guru im Tantra. Im frühen Buddhismus Theravâda ist der Meister nicht heilsentscheidend. Er hat hier die Stellung eines »Spirituellen Freundes« (Kalyâna Mitta), die Selbstbezeichnung des Buddha.
2. Der »geheime« (griech. »esoterische«) Charakter der tantrischen Methoden, wie die einweihungsbedürftige Schlüsselsprache (*Zwielichtsprache*) der *tantrischen Literatur* zeigen. Die älteren Traditionen des Buddhismus sind direkt zugänglich, also nicht »geheim«. Laut dem Theravâda kommt die Befreiung, wenn der Innere Weg (Ethik, Ruhe und Einsicht aus Trefflicher Achtsamkeit) primär selbstverantwortlich umgesetzt wird (nicht durch eine verborgene oder höhere Macht, die wachzurufen oder einzuladen ist).
3. Das Arbeiten mit den Feinstofflichen Körperenergien und Energiezentren *Chakren* stammt aus dem hinduistischen Yoga, nicht aus Buddhas Lehre.
4. Das Tantra gilt als ein besonders schneller oder wirksamer, aber ebenso als ein gefährlicher Pfad. Der frühe Buddhismus bietet keine gefährlichen Praktiken. Aber auch er versteht sich nicht als mühseliger oder langer Weg. Ein Vers des im Theravâda besonders populären Weges der Natürlichen Wahrheit (Dhammapada) des Pali-Kanons: »Lang erscheint die Nacht dem Schlaflosen. Lang erscheint die Wegstrecke dem Müden. Lang erscheint der Daseinskreislauf dem Törichten, der die Natürliche Wahrheit nicht sieht.«

Sexualkulte sind im Nordosten Indiens (Orissa und Bengalen) beheimatet gewesen, wo die ersten Tantriker im 2. Jh. in Erscheinung treten. Manche der tantrischen Methoden lassen sich auf die heiligen Schriften der hinduistischen Brahmanen zurückführen, die Veden und Upanishâden. Auf der anderen Seite werden im Tantra aber eben genauso bestimmte Grundzüge des frühen Buddhismus deutlich sowie Nâgârjunas weitreichender *Mittlerer Weg*. Jene ersten Tantriker sind zur Zeit Nâgârjunas aktiv.

Das machtvolle Fortwirken

Schließlich kann sich das Tantra im 8. Jh. in Indien etablieren. Es findet Eingang in die buddhistischen Klosteruniversitäten. Hier entstehen nun die Grundtexte der *tantrischen Literatur*, wie das *Guhyasamâja-Tantra*, *Hevajra-Tantra* und *Kâlachakra-Tantra*. Das relativ späte Entstehen dieser Systeme mehrere Jahrhunderte nach den Anfängen zeigt, dass das alte Tantra einen »anarchischen« Zug gehabt hat. Es wird ursprünglich alleine mündlich weitergegeben. Es ist auch ab dem 8. Jh., dass die charismatische Bewegung der 84 *Mahâsiddhas* (Große Vollendete) wieder an diese tantrischen Ursprünge anknüpft. Sie wirken als gewisser Gegenpol zu jenem entstehenden Vajrayâna der Klosteruniversitäten. Die Mahâsiddhas, zuerst Saraha, verfassen die spontanen Gesänge des Erwachens *Dohas*. Diese poetischen Texte betonen Individualismus, Alltagsnähe und die gänzliche Ungreifbarkeit des Lebens in der Allleerheit. Die Dohas bergen Einsichtsschätze. Die Mahâsiddhas haben in Tibet machtvoll fortgewirkt, etwa mit dem »größten Heiligen« des Schneelandes, Milarepa, und dessen Hunderttausend Gesängen, oder dem »Heiligen Narr« Drugpa Künleg (1455–1570). Er ist ein höchst beliebter, durchs Land streifender Verfasser spiritueller Lieder. Im 8. Jh. bringt der Mahâsiddha *Padmasambhava* den Buddhismus nach Tibet. Altindische Mahâsiddhas sind auch die Urväter der meisten späteren Schulen des tibetischen Buddhismus.

»Wilder, das Übel vernichtender Guru«. Eine zornvolle Form des Padmasambhava, des tantrischen Großmeisters, der den Buddhismus nach Tibet gebracht hat. Die Identifikation mit ihm soll befreien. Tibet, 18. Jh.

Götter und Symbole

Im frühen Buddhismus Theravâda sind »Götter« lediglich die *Devas*, eine Wesensklasse innerhalb des Kreislaufes der Wiedergeburten. Sie gelten als vergänglich und unerwacht wie die anderen gewöhnlichen Existenzen. Die menschliche Daseinsform sei letztlich wünschenswerter, weil sie eher die Endgültige Befreiung des Nirvâna ermögliche. Denn hier herrscht genügend Leiden, um auf den Inneren Weg zu kommen, und genügend Freiheit vom Leiden, um ihn verwirklichen zu können. Auch sei die ungreifbare Wandelhaftigkeit des Lebens im menschlichen Dasein besonders evident. Im frühen Buddhismus stehen die Devas vorrangig für Bewusstseinszustände im menschlichen Leben *(Wiedergeburt* und *Jhâna)*. Laut Pali-Kanon hat der Buddha Devas in der Befreiungslehre unterwiesen. Der neben Ajahn Buddhadâsa einflussreichste Theravâda-Meister in der Geschichte Thailands, Ajahn Chah, resümiert die Haltung des frühen Buddhismus: »Das Erwachen kommt nicht als Gnade einer göttlichen Macht, sondern als das gesetzmäßige Ergebnis der ernsthaften Bemühungen des Menschen, den Dharma zu verstehen.«

Figurengruppe auf einem Gopuram, einem großen Tempelturm der Sri Meenaks Sundareswarar-Tempelanlage in Madurai (früher Madura) im indischen Bundesstaat Tamil Nadu. Die Tempeltürme sind mit zahlreichen farbenprächtigen Götterfiguren, Fabelwesen und Dämonen ausgestattet.

Im Mahâyâna-Buddhismus kommt es zur Annahme absoluter, erlösungsmächtiger Buddhas und Bodhisattvas, die als transzendente Helfer verehrt werden. Sie gelten trotzdem nicht als »Gott«-gleiche Wesen, weil sie ihren Weg einmal als Menschen begonnen haben. So ist ihre Verehrung auch immer Leitschiene für die eigene spirituelle Praxis. Innerhalb des Mahâyâna hat es auch machtvolle Gegenbewegungen zu diesen Entwicklungen gegeben, besonders Nâgârjunas *Mittlerer Weg* und Shântidevas Lehre vom rein menschlichen *Bodhisattva*. Nâgârjuna gilt als die prägendste Größe des Buddhismus zum Thema Weisheit, Shântideva zum Thema Herz oder Ethik. Im tibetischen Buddhismus sind zu Shântidevas Hauptwerk über 200 Kommentare entstanden. Weisheit und Herz sind die beiden Flügel des inneren Fluges zum *Erwachen*.

Im tantrischen Buddhismus repräsentieren die vielen *Meditationsgottheiten* (oder *Yidams* im tibetischen Buddhismus) Aspekte des voll erwachten Geistes des Buddha, die nach einer *Einweihung* im Praxisritual *Sâdhana* selbst verinnerlicht werden. Durch Visualisierung und dann Identifikation werden sie hier als letztlich »leer« oder Teil des eigenen Selbst gesehen, was zur Realisierung der eigenen *Buddha-Natur* führe. Besonders ausgeprägt wird diese »Leerheits«-Praxis im Chöd des tibetischen Buddhismus.

Der Buddhismus generell hat die Verehrung der Baum- und Schlangengeister (Nâgas) in Südostasien oder vorbuddhistischer Gottheiten in anderen asiatischen Ländern nicht bekämpft. So ist es in Asien auch zu Koexistenzformen gekommen. Dabei spricht das buddhistische Volk dem Dharma des Erwachten die Vertretung der Höchsten Wahrheit zu und ruft alte lokale Gottheiten bei den alltäglichen Sorgen und Nöten an.

Symbole

Die beiden zentralen Symbole des Buddhismus sind die Lotusblüte und das »Rad der Lehre«, *Dharma-Chakra*. Ein weiteres übergreifendes Sinnbild sind Fußabdrücke des Buddha. Ein Symboltier ist der Hirsch *(Sârnâth)*. Die Schlange oder der Drache (beide Nâga) ist im Buddhismus generell positiv besetzt: Nâgârjuna etwa bedeutet: »Der es von den Schlangen(göttern) erhalten hat«. Der Legende nach soll er die höchsten Lehren von den Nâgas bekommen haben, welche

Sitzender Bodhisattva Avalokiteshvara, Nördliche Wei-Dynastie; Musée Guimet, Paris

Elfköpfiger Avalokiteshvara, China, 7./8. Jh.; Museum für Ostasiatische Kunst, Berlin

Tibetischer Bodhisattva, Yarlung-Dynastie, ca. 1. Hälfte 9. Jh.; Privatsammlung

sie aus Buddhas Zeit aufbewahrt haben. Befreite heißen manchmal auch Mahânâgas für »Große Drachen«. Die Schlange steht auch für den Hass. Der Hass gilt als der *Innere Zwang,* der mit seiner »zerstörerischen Schärfe« der unheilsame Bruder der Befreienden Schärfe in Weisheit ist. Das Hauptwerk Nâgârjunas ist das klarste Beispiel des Buddhismus für die letztere Schärfe. Nachdem der Buddha den Massenmörder Angulimâla bekehrt hat, soll dieser in kurzer Zeit das höchste Erwachen verwirk-

Die »Acht Glücksverheißenden Symbole« des tibetischen Buddhismus

1. Weiße Muschel: Der alldurchdringende, erweckende oder befreiende Klang der »natürlichen Wahrheit« *Dharma*
2. Wertvoller Schirm: Schutz aller Lebewesen gegen die *Fünf Hindernisse* oder das Leiden *Dukkha* im *Nichtsehen*
3. Siegesbanner: Verwirklichung des *Achtfachen Befreiungspfades*
4. Goldene Fische: Die Furchtlosigkeit eines unfixierten Lebens (wie Fische leicht im Wasser schwimmen), indem die Bewusstheit des »alles fließt, ist letztlich ungreifbar, im Nicht-Selbst« kultiviert, d. h. der Innere Weg umgesetzt wird
5. Das *Dharma-Chakra:* Rad der Lehre
6. Unendliches Geflecht: Die Untrennbarkeit von *Leerheit* und *Entstehen in Abhängigkeit,* d.h.für die innere Praxis die Einheit von Weisheit und Mitgefühl
7. Lotusblüte: Inneres Erblühen
8. Schatzvase: Langes Lebens und geistiger Wohlstand durch Realisierung des *Dharma*

Links: Hängerolle mit Stoffmalerei auf Seide. Das bescheidene Naturmotiv »Lotus mit Enten« erlaubte die religiöse Deutung: Der Lotus wächst aus dem Sumpf empor und symbolisiert das reine Wesen des Buddha. China, 13. Jh.; aus Japan überliefert; Museum für Ostasiatische Kunst, Berlin

Rechts: Aus Silber angefertigtes Dharma-Chakra, »Rad der Lehre«, das aus einer Lotusblüte emporwächst. In frühbuddhistischer Kunst wird das Dharma-Chakra auch als Symbol für den Erleuchteten verwendet. Tibet, 19. Jh.

Der *Eintritt in den Wandel zum Erwachen* von Shântideva

Einige neu übersetzte Verse aus seiner zentralen Ethikbegründung:

Es gibt keinen Zweifel: Die Bodhisattvas haben die Welt zu ihrem Selbst gemacht, das restlos zum Mitgefühl geworden ist. Dadurch haben sie ihr eigenes Zuhause im Körper aller Lebewesen gefunden. Wie könnten einem die Lebewesen jetzt noch gleichgültig sein?

Die anderen Lebewesen sind zu behüten, wie ich mich selber behüte. Denn wir mögen alle Glück und Leid unterschiedlich auffassen, aber wir erfahren es immer in der gleichen Weise als angenehm und unangenehm.

Unser Körper gilt uns als eine Einheit »Körper«, dies heißt im Ganzen als schutzbedürftig, obwohl er in Glieder unterteilt vielgestaltig scheint. In ähnlicher Weise sollte uns diese Welt als eine Einheit »Welt« gelten, dies heißt im Ganzen als schutzbedürftig, obwohl sie dem Anschein nach mit all ihren Geschöpfen vielgestaltig ist. Denn in ihrem Grunde ist die ganze Welt so beschaffen, dass das von allen identisch empfundene Glück und Leid auch nicht auf getrennt werden kann.

Obwohl mein Leid in den anderen keinen unmittelbaren Schmerz bedeutet, ist es für mich wohl Leiden, und aus Selbstliebe bloß schwer zu ertragen. Obwohl das Leid der anderen in mir keinen unmittelbaren Schmerz bedeutet, ist es für die anderen sehr wohl Leiden, und aus Selbstliebe bloß schwer zu ertragen.

Ich sollte das Leid der anderen überwinden helfen, weil es für sie Leiden ist, wie mein Leid für mich Leiden ist. Ich sollte den anderen beistehen, weil sie verwundbare Wesen sind, wie ich es bin.

Wenn Leid mir genauso zuwider ist, wie allen anderen: Was ist dann noch der Unterschied des eigenen Selbst, der es rechtfertigen würde, dass ich alleine dieses beschütze?

Mönche mit dem Schirm als einem der »Acht Glücksverheißenden Symbole« des Buddhismus in Phnom Penh, Kambodscha

licht haben. Er wird einer der berühmten und engsten Schüler des Buddha.

Mudrâs

Dies sind »sprechende Gesten«, die bei figürlichen Darstellungen, insbesondere des Buddha, eine bestimmte Handlung kennzeichnen und diese symbolisch deuten. Zwei Beispiele sind das Abhaya-Mudrâ der Furchtauflösung und Schutzgewährung mit erhabener, nach vorn geöffneter Hand (Bild unten rechts) und Dharma-Chakra-Mudrâ: Die Hände vor dem Herzen, die Zeigefinger im Kontakt, symbolisieren das Drehen des Rades der Befreiungslehre (Bild unten links). Im tantrischen Buddhismus haben die Mudrâs rituell unterstützende Funktion.

Geschichte des Buddhismus

Die Drei Drehungen des Rades der Lehre

Eine traditionelle Unterscheidung sind die Drei Drehungen des Rades der Lehre *Dharma-Chakra,* das seit dem Buddha durch die

Links: Sitzende Figur eines Buddha mit dem Gestus (Mudrâ) des dharmacakramudrâ, durch den das »Rad des Gesetzes« in Bewegung gerät. Indische Plastik, 5. Jh.; Archäologisches Museum, Sarnath, Indien. *Mitte:* Stehender Buddha, singhalesisch, 2. Periode von Anuradhapura, 800 bis 850 n.Chr.; Archäologisches Museum, Anuradhapura, Sri Lanka. *Rechts:* Indische Buddha-Plastik, Gupta-Periode, 5. Jh.;Indisches Nationalmuseum, Neu-Delhi.

Das Rad der Lehre. Relief an der steinernen Umzäunung des Stupa im Kultzentrum Sanchi, Madhya Pradesh; 2.–1. Jh. v.Chr.

Zeiten und Kulturen rollt und seit dem 19. Jh. im Westen ankommt. Das achtspeichige Rad (für den *Achtfachen Pfad)* ist auch ein Hauptsymbol des Buddhismus.

Die Erste Drehung: In den Jahrhunderten nach dem historischen Buddha kam sein Praxisweg in Indien zu voller Blüte: Der buddhistische Kaiser Ashoka regierte von 272 bis 231 v.Chr. über ein Großindien, das größer als der heutige Staat Indien war. Unter seiner Herrschaft begann sich der frühe Buddhismus erstmals in andere Länder zu verbreiten. Ashokas Sohn (vielleicht auch Bruder) Mahinda trat dem buddhistischen Orden bei. Er brachte Buddhas Praxislehre in Form des Theravâda (»Lehre der Ältesten«) nach Sri Lanka, wo sie König Devânampiya Tissa annahm. Das indische Herrscherhaus betrachtete offenbar den Theravâda als die autoritativste frühbuddhistische Schule, was die Wiedergabe der Lehre des Buddha anbetraf. Der Theravâda lag seit dem 2. Konzil von Vaishâli (380 v.Chr.) oder auch erst danach im Disput mit den frühbuddhistischen Übergangsschulen zum Mahâyâna, den Mahâsanghikas (»Großgemeindler«), Pudgalavâdins (»Personvertreter«) und Sarvâstivâdins (»Allexistenzvertreter«). Auf dem 3. Konzil von Pâtaliputra

CHRONIK **Zeittafel zum Buddhismus**

560–480 v.Chr.	Shâkyamuni Gautama »Buddha« (Sanskrit »Der Erwachte«) lebt und lehrt auf dem indischen Subkontinent
480 v.Chr.	1. Konzil nach Buddhas Tod in Râjagriha (heute Rajgir)
380 oder 340 v.Chr.	2. Konzil von Vaishâlî. Teilung der Urgemeinde in die Mahâsanghikas (»Großgemeindler«), eine Übergangsschule zum Mahâyâna, und die Sthaviravâdins (Sanskrit »Anhänger der Lehre der Ältesten«), die späteren Theravâdins (gleicher Name, nur in Pali)
327–325 v.Chr.	Indienfeldzug des Hellenen »Alexander des Großen«. Nach Zerfall seines Weltreichs hinterbleiben im Orient Ablegerreiche
272 bis 231 v.Chr.	Kaiser Ashoka regiert ein Reich auf dem indischen Subkontinent bis nach Afghanistan; Buddhas Lehre ist Richtschnur seiner Politik
253 v.Chr.	3. Konzil von Pâtaliputra. Die Sarvâstivâdins (»Allexistenzvertreter«) und Pudgalavâdins (»Personvertreter«) entstehen, Übergangsschulen zum Mahâyana. Die Sthaviravâdins widersprechen ihnen und nennen sich auch Vibhajyavâdins (»Klar Unterscheidende«)
Zeitwende	Das »Große Fahrzeug« Mahâyâna tritt zunehmend hervor
Ab 250 v.Chr.	Ashokas Sohn (vielleicht auch Bruder) bringt die frühbuddhistische Schule des Theravâda (»Lehre der Ältesten«) nach Sri Lanka. Hier nimmt König Devânampiya Tissa die Lehre für das Inselreich an
89–77 v.Chr.	König Vattagâmani Abhaya regiert auf Sri Lanka. Der Pali-Kanon des Therâvada wird erstmals als Ganzes schriftlich niedergelegt
78 bis 144 n.Chr.	Der altindische buddhistische König Kanishka regiert ein Großreich. Die indische Kunst erreicht mit der hellenistisch beeinflussten Schule von Gandhâra einen Höhepunkt, die ersten Buddhastatuen entstehen. Unter Kanishka gelangt das Mahâyâna nach China
1.–5. Jh. n.Chr.	Entstehung der umfassenden Mahâyâna-Sûtras oder Reden des Buddha aus der Sicht des Mahâyâna
2. Jh. n.Chr.	Das Mahâyâna gelangt von China nach Vietnam
2./3. Jh. n.Chr.	Nâgârjuna verfasst »Die Wurzelverse zum Mittleren Weg«, wovon die prägende Denkrichtung (ursprünglich nicht Philsosophie) des Madhyamaka (»Mittlerer Weg«) ausgeht
3. Jh.	Entstehung der Mahâyâna-Lehre von der Buddha-Natur
3. Jh.	Das Mahâyâna gelangt von China nach Korea
4. Jh.	In Indien begründen Asanga, Vasubandhu d. Ä.und Maitreyanâtha die Mahâyâna-Philosophie des Nur-Geist: Chittamâtra, die auch Yogachâra oder Vijñânavâda genannt wird
334–416	Der Ordinierte Huiyuan ist der erste chinesische Patriarch der Reines-Land-Schule bzw. des Amitâbha-Buddhismus
470–543	Der Inder Bodhidharma vertritt den Meditations- oder Dhyâna-Buddhismus (Jhâna) des Mahâyâna. Er wird der erste chinesische Patriarch des Chan (Zen) und somit dessen eigentlicher Begründer
6. Jh.	Das Mahâyâna gelangt von Korea und China nach Japan
2. Hälfte des 6. Jh.	In China begründet der Ordinierte Zhiyi die prägende Mahâyâna-Tradition der Tendai-Schule (chines. Tiantai), mit ihrem verbindenden Klassifizierungssystem Panjiao
2. Hälfte des 6. Jh	Jianzhi Sengcan, dritter Patriarch des chinesischen Chan (japan. Zen), verfasst die »Meißelschrift vom Glauben an den Geist« Xinxinming; sie zeigt die chinesisch-taoistische Einbettung des Chan
2. Hälfte des 6. Jh.	Der Ordinierte Shandao, ein Hauptvertreter der buddhistischen Reines-Land-Schule in China, betont die Anrufung Nenbutsu
6./7. Jh.	Primär aus der Nur-Geist-Schule entstehen die Logik und Erkenntnistheorie des Mahâyâna (Begründer sind Dignâga und Dharmakîrti). Sie bleiben sie bis ins 12. Jh. maßgebend
ab 6. Jh.	Der tantrische Buddhismus (das »Diamantfahrzeug«) tritt auf
7./8. Jh.	Shântideva führt auf Nâgârjunas Mittlerem Weg das ethische Mahâyâna-Ideal vom Bodhisattva zum Höhepunkt

CHRONIK **Zeittafel zum Buddhismus** (Fortsetzung)	
638–713	Dajian Huineng, der sechste Patriarch des chinesischen Chan (japan. Zen), ist der prägendste Meister dieser Tradition und schreibt das »Podium-Sûtra«. Seine Nachfolger gründen die »Fünf Häuser« (Schulen) des Chan, worauf das japanische Zen beruht. Die beiden Jahrhunderte nach Huineng sind das »Goldene Zeitalter« des Chan und des chinesischen Buddhismus
8. Jh.	Der tantrische Buddhismus etabliert sich und kommt in die buddhistischen Klosteruniversitäten Nâlandâ, Vikramashîla und Otantapurî; dort entstehen die maßgeblichen Grundtexte bzw. Tantras
8. Jh.	Der indische Mahâsiddha Padmasambhava schreibt: »Wenn einst die Eisenvögel fliegen, wird die buddhistische Lehre in den Westen und in die fernsten Länder ziehen«
8. Jh.	Der indische Mahâsiddha Padmasambhava (»Lotusgeborener«) bzw. Guru Rinpoche bringt den Mahâyâna-Buddhismus mit dem tantrischen Buddhismus nach Tibet: Die Erste Verbreitung dorthin. Er begründet auch die Nyingmapa-Schule (»Anhänger der Alten«), eine der vier Hauptrichtungen des tibetischen Buddhismus
8. Jh.	Wirken Shitou Xiqians (japan. Sekitô Kisen), eines Großmeisters des Chan (Zen) in Huinengs Nachfolge, was später in drei der »Fünf Häuser« des Zen mündet; eine ist die Caodong- oder Sôtô-Schule, berühmt für das Zazen als Shikantaza. Auch Wirken Mazu Daoyis, des anderen Großmeisters des Chan (Zen) in Huinengs Nachfolge. Er lehrt »überraschende« Methoden (Schrei, Stock, Paradoxa), was später in zwei der »Fünf Häuser« des Zen mündet
711–782	Leben des chinesischen Ordinierten Zhanran, ein Hauptvertreter der Tendai-Schule; er versteht die Lehre von der Buddha-Natur nicht nur für die Lebewesen, sondern für die ganze Natur
720–814	In China betont Baizhang Huaihai für das Chan (Zen) die Arbeit neben der Meditation und entwickelt Regeln für das Leben eines Chan-Ordinierten, was zu eigenständigen Zen-Klöstern führt
ab 8. Jh.	Die charismatische indische Bewegung der 84 Mahâsiddhas (»Große Vollendete«) wirkt (anknüpfend an die tantrischen Ursprünge) als Gegenpol zum etablierten Tantrismus der Klosteruniversitäten. Sie verfassen die spirituellen Befreiungsgesänge Dohas
Anfang 9. Jh.	Der japanische Ordinierte Saichô bringt die chinesische Tendai-Schule nach Japan, die bis heute eine der größten Traditionen des Buddhismus ist. Er gründet die Tempelanlage auf dem Berg Hiei
9. Jh.	Leben Huangbos (Dharma-Erbe Baizhang Huaihais); er ist ein heute vielzitierter Chan-(Zen-)Meister
9. Jh.	In China baut Linji Yixuan (japan. Rinzai Gigen), Huangbos Dharma-Erbe, auf den Methoden Mazu Daoyis auf. Er begründet die prägende Linji- bzw. Rinzai-Schule des Chan (Zen), die berühmt für ihre paradoxen Fragen Kôans ist
8. bis 12. Jh.	Herrschaft der ostindischen buddhistische Pâla-Dynastie (Bihar und Bengalen). In dieser Zeit importiert Tibet das Mahâyâna mit dem tantrischen Buddhismus im achten und endgültig ab 11. Jh.
10. Jh.	Die Chinesen kompilieren ihren buddhistischen Kanon Sanzang (»Dreikorb«) primär aus den Übersetzungen der altindischen Sanskrit-Originale ins Chinesische der früheren Jahrhunderte und der originalchinesischen Werke: 2500 Einzelwerke (Taishô Tripitaka). Er ist für den ganzen fernöstlichen Buddhismus maßgeblich
ab 1042	Der indische Gelehrte und Tantriker Atîsha (Dipamkara Shrîjñâna), Abt der Klosteruniversität Vikramashîla, bringt das Mahâyâna endgültig nach Tibet: Die Zweite Verbreitung
11. Jh.	Der Tibeter Drokmi ist der Ahnherr der Sakyapa-Schule, einer der vier Hauptrichtungen des tibetischen Buddhismus, benannt nach dem berühmten Kloster Sakya
11. Jh.	Marpa, Meisterschüler des indischen Mahâsiddha Nâropa, begründet die Kagyüpa-Schule (»Anhänger der mündlichen Überlieferung«), eine der vier Hauptrichtungen des tibetischen Buddhismus

Buddha aus Gandhara (Afghanistan); hier berühren sich die indische und die hellenistische Kunst. 2. Jh. n.Chr.; Museum für Indische Kunst, Berlin

(253 v. Chr.), das unter Ashokas Schirmherrschaft stand (Pâtaliputra war die Hauptstadt seines Reichs), führen die Theravâdins einen umfassenden Disput. Sie nannten sich nun Vibhajyavâdins (»Klar Unterscheidende«). Ab dem 11. Jh. übernahmen die südostasiatischen Länder den Theravâda von Sri Lanka.

Die Zweite Drehung: Der altindische König Kanishka (wohl 78–144 n. Chr.) vom zentralasiatischen Hirtenvolk der Kushânas war ein weiterer eminenter Patron des Buddhismus. Sein Großreich erstreckte sich von Afghanistan über Mittelindien bis Zentralasien. Er besaß enge Verbindung zur chinesischen Han-Dynastie. Unter Kanishkas Herrschaft trat das »Große Fahrzeug« (Mahâyâna) hervor und kam über die Seidenstraße nach China. Dies war der Anfang der Verbreitung des Buddhismus nach ganz Zentral- und Ostasien. Von China gelangte der Buddhismus mit hier neu entstandenen Formen nach Vietnam, Korea, Japan, Taiwan und Singapur. Viele Zeugnisses verweisen auf die Dynamik des Buddhismus im Indien des Kanishka, das etwa den ersten Höhepunkt der indischen Kunst sieht, besonders mit der griechisch geprägten Schule von Gandhâra.

Statue des Songtsen Gampo (617–649), Tibet, 14. Jh. Der König stammt aus dem Yarlung-Tal und gilt als bedeutendste Herrscherpersönlichkeit Tibets.

Sie hat die ältesten Buddhastatuen hinterlassen und manche Kunstschulen in China und Fernost beeinflusst.

Die Dritte Drehung: Auch nach Kanishka gab es im alten Indien Herrscher, die den Buddhismus protegierten, z.B. Harsha (606 bis 647), der ein nordindisches Großreich regierte, oder die ostindische Pâla-Dynastie (Bihar und Bengalen, 8. bis 12. Jh.). Unter ihr importierte Tibet das Mahâyâna inklusive des *tantrischen Buddhismus* in zwei Wellen: Die erste ereignete sich im 8. Jh. durch den indischen *Mahâsiddha Padmasambhava.* Die zweite folgte ab dem 11. Jh. durch den Gelehrten und Tantriker Atîsha.

Nach der ersten Hinwendung Tibets zum indischen Mahâyâna mit den drei »Religionskönigen« Songtsen Gampo (um 618 bis 650), Trisong Detsen (um 740–798) und Rälpachen (reg. 815–836, trat selbst dem buddhistischen Orden bei), kam es unter König Lang Darma zur umfassenden Verfolgung der neuen Religion. Dieser König (842 ermordet) stand der tibetischen schamanistischen Urreligion Bön nahe. Erst etwa 150 Jahre später begann die endgültige Einführung des indischen Mahâyâna-Buddhis-

CHRONIK **Zeittafel zum Buddhismus** (Fortsetzung)

11. Jh.	Dromdön, der tibetische Meisterschüler des Inders Atîsha, begründet die Alte-Kadampa-Schule (»Buddhas Wort Folgende«). Sie geht im 14. Jh. in die vierte tibetische Hauptrichtung über, die Gelugpas (Anhänger des Tugendweges)
ab 11. Jh.	Die Länder Birma, Siam (Thailand), Indochina, Laos und Kambodscha übernehmen nacheinander den Theravâda aus Sri Lanka
1055–1145	Machig Labdrönmes. Die tibetische Schülerin des indischen Yogi Phadampa Sanggye begründet mit ihm die anarchisch-tantrische Linie Chöd, die mit »Ich«-geborener Angst direkt konfrontiert
12. Jh.	Düsum Khyenpa ist der erste Karmapa in Tibet. Der Karmapa gilt nach dem Dalai Lama praktisch als der höchste Würdenträger des tibetischen Buddhismus
12. Jh.	Der japanische Ordinierte Hônen verbreitet die Reines-Land-Schule Chinas erstmals stark in Japan
12. Jh.	In Japan begründet Shinran die »Wahre Schule vom Reinen Land«, die besonders große Breitenwirkung entfalt
Um 1200	Eisai Zenji bringt die Linji- oder Rinzai-Schule des chinesischen Chan (Zen) nach Japan, wo sie heute eine der beiden führenden Zen-Linien ist. Er vertritt aber auch noch andere Lehren
12./13. Jh.	Die muslimischen Eroberer Indiens vernichten den Buddhismus in dessen Heimat Indien, wo er 1700 Jahre machtvoll gewesen ist
Um 1230	Dôgen Zenji bringt die Caodong- bzw. Sôtô-Schule des chinesischen Chan (Zen) nach Japan, wo sie heute eine der beiden Zen-Linien ist. Er gilt vielen als der größte Zen-Meister Japans
13. Jh.	Unter Kublai Khan, Enkel Dschingis Khans, übernimmt die Mongolei den tibetischen Buddhismus. Gleiches gilt für Sikkim
13. Jh.	In Japan begründet Nichiren den prägenden Nichiren-Buddhismus
13. Jh.	Nampo Shômyô bringt im Unterschied zu Eisai Zenji eine strenge, Linie der Rinzai-Schule des chinesischen Chan (Zen) nach Japan.
14. Jh.	Das Mahâyâna gelangt von China nach Taiwan
14. Jh.	Der gelehrte Tibeter Butön kompiliert den gewaltigen Kanon (Kangyur und Tengyur) des tibetischen Buddhismus aus allen Übersetzungen der altindischen Sanskrit-Originale der früheren Jahrhunderte, insgesamt 4700 Einzelwerke
um 1400	Tsongkhapa, der größte Gelehrte des tibetischen Buddhismus, begründet die Gelugpa-Schule (»Anhänger des Tugendweges«). Sie ist eine der vier Hauptrichtungen des tibetischen Buddhismus; die Dalai Lamas sind später die Oberhäupter dieser Schule (zusammen mit den Äbten bzw. Ganden Tripas des Klosters Ganden)
16. Jh.	Der mongolische Kaiser Altan Khan verleiht Sönam Gyatso den Ehrentitel Dalai Lama (»Ozean der Weisheit«)
17. Jh.	Bhutan übernimmt den tibetischen Buddhismus
1685–1768	Hakuin Zenjis, der große Reformator des japanischen Rinzai-Zen, begründet eine für dieses Zen zentrale Form der Kôan-Schulung
1818	August-Wilhelm und Friedrich Schlegel begründen die deutsche Indologie, den späteren Ausgangspunkt der Buddhismuskunde
1833	Der Mainzer Franz Bopp begründet die Indoeuropäistik; ihr Anliegen ist die Erforschung der Verwandtschaft zwischen den indischen und den europäischen Sprachen
19. Jh.	In Tibet wirkt Jamgön Kongtrul, der Hauptvertreter des Rime (»Unparteiische«). Es ist eine bis heute prägende Bewegung der Integration aller tibetisch-buddhistischen Schulen (Abb S. 58)
1788–1860	Arthur Schopenhauers philosophisches Hauptwerk »Die Welt als Wille und Vorstellung« gibt dem Buddhismus »Vorrang vor allen anderen Lehren«. Es ist ihm »eine Freude, meine Lehre in solch enger Übereinstimmung mit einer Religion zu sehen, der die Mehrheit der Menschheit folgt«

CHRONIK **Zeittafel zum Buddhismus** (Fortsetzung)	
1844	Der französische Philologe Eugène Burnouf begründet mit seiner »Einführung in die Geschichte des indischen Buddhismus« die Buddhismuskunde; er ist Vater des Terminus »Buddhismus«
1881	Der Engländer William Rhys Davids gründet in London die »Pali Text Society« für die Edition und Übersetzung der Quellen des Pali-Kanons und der alten Kommentare; es sind 154 Bände Texteditionen, 78 Bände Übersetzungen und weitere Arbeiten erschienen
1881	Der Deutsche Hermann Oldenberg veröffentlicht »Buddha: Sein Leben, Seine Lehre, Seine Gemeinde«; es beginnt eine durch die ältesten Quellen des Pali-Kanons gestützte Buddhismusforschung
1900–03	Die Briten Gordon Douglas und Allan Bennett sowie der Deutsche Anton Gueth (Nyanatiloka) werden die ersten buddhistischen Mönche Europas und des Abendlandes
um 1900/ 1910	Die ersten westlichen buddhistischen Gesellschaften entstehen in den USA, Großbritannien und Deutschland
1921	Der gebürtige Nürnberger und Richter in München Georg Grimm gründet die »Buddhistische Gemeinde für Deutschland« (ab 1935 »Altbuddhistische Gemeinde«). Sie ist mystisch orientiert
1924	Um den preussischen Arzt Paul Dahlke entsteht die »neubuddhistische Gemeinde«, die dem Grundsatz der Verwandtschaft des frühen Buddhismus mit der modernen Wissenschaft folgt
1930	In Japan gründet der Lehrer Tsunesaburô Makiguchi die Vorläuferorganisation der Sôka gakkai (1946). Sie wird während des Zweiten Weltkriegs verfolgt, weil sie den damals staatstragenden Shintoismus ablehnt und bildet heute mit 10 Mio Mitgliedern den größten modernen Zweig des Nichiren-Buddhismus
1938	In Japan gründet die Bauerntochter Naganuma Myôkô mit dem Milchmann Niwano Nikkyô die Risshô Kôsei-kai. Sie wird zur zweitgrößten modernen Volksbewegung (7 Mio Mitglieder) des Nichiren-Buddhismus nach der Sôka gakkai und ist heute besonders unter japanischen Arbeitern verbreitet
ab 1948	Der frühere Kaufmann Paul Debes widmet sich in den norddeutschen Städten der Verbreitung des Buddhismus. Hier wirkt auch heute der Hamburger Dr. Hellmuth Hecker, ein Rechtsdozent, Pali-Übersetzer und Autor primärer systematischer Arbeiten zum Buddhismus in Deutschland
1954–56	2500 Ordinierte aus Südostasien treffen sich in Birmas Hauptstadt Rangoon zum »Sechsten Buddhistischen Konzil«
1955	Die »Deutsche Buddhistische Union (DBU)« wird gegründet
1956	Der »Unberührbare« Dr. Bhimrao Ramji Ambedkar, Justizminister im Kabinett Nehru, bekennt sich zum Buddhismus. Seinem Beispiel sind bis heute rund 6 Mio vor allem »Unberührbare« gefolgt
1959	Massenflucht der Tibeter mit den Geistlichen vor der chinesischen Besatzungsmacht; Exilresidenz des Dalai Lama im nordindischen Dharamsala. Im Unterschied zur Stagnation im abgeschotteten Tibet erlebt der tibetische Buddhismus im Exil und im Kontakt mit dem Westen eine neue, wachsende Blüte
ab 1960	Der Buddhismus gewinnt im Westen an Dynamik. In den USA gibt es 1988 429 buddhistische Lehrzentren, zehn Jahre später 1062, In Deutschland gibt es 1970 erst 15 Zentren, 2002 schon 600
1969	Der in Birma aufgewachsene Inder Satya Narayan Goenka beginnt (in der Tradition seines burmesischen Meisters U Ba Khin) die heute weltweit größte Vipassanâ-Meditation des Körperhineinfließens zu lehren. Er führt Buddhas Lehre wieder in Indien ein
1989	Der Dalai Lama erhält den Friedensnobelpreis für seinen gewaltlosen Widerstand gegen die chinesische Fremdherrschaft in Tibet
1991	Die burmesische Oppositionsführerin und bekennende Buddhistin Aung San Suu Kyi erhält den Friedensnobelpreis nach der Annulierung ihres Wahlsieges 1990 durch die sozialistische Militärjunta

mus ins Schneeland. Von dort übernimmt ihn die damalige Großmacht Mongolei unter Kublai Khan (1215–1294), Enkel Dschingis Khans. Außerdem ist der tibetische Buddhismus heute in Bhutan, Sikkim, Ladakh, Teilen Nepals und Westchinas maßgeblich.

Verfolgung von Buddhisten

Nach der ersten Einführung des Buddhismus in Tibet kam es im 9. Jh. zur umfassenden Verfolgung durch den tibetischen König Lang Darma, welcher der tibetischen schamanistischen Urreligion Bön nahestand. Erst etwa 150 Jahre danach begann die endgültige Einführung des Buddhismus in Tibet. Auch in China gab es umfassende Verfolgungen. Manche Kaiser verwarfen den Buddhismus, und andere förderten ihn. Die größte Verfolgung im Jahr 845 war auch von konfuzianischen und taoistischen Gegenbewegungen getragen. Das führte zur Zerstörung von rund 40000 Tempeln, 260000 Mönche und Nonnen mussten das Ordensleben aufgeben. Zwischen dem 2. und 8. Jh. erlebte der Buddhismus in Nepal eine Blütezeit. Um 800 kam es dort durch einen hinduistischen König zur Zwangskonvertierung der Buddhisten. Im 12. Jh. vernichteten die muslimischen Eroberer Indiens die buddhistischen Geistlichen und Schriften, Klosteruniversitäten und Stätten in der Heimat des Buddhismus.

Tibet

20. Jahrhundert: In den vergangenen Jahrzehnten wüteten einige kommunistische Regierungen gegen den Buddhismus.

Weltweites Aufsehen erregten die Vorgänge in Tibet. Vorausgegangen war 1906 ein englisch-chinesischer Vertrag, der China die Oberhoheit über Tibet einräumte. Danach gewann Tibet jedoch de facto seine Unabhängigkeit. Nach Proklamation der Volksrepublik (1949) erklärte Mao Zedong die »Heimkehr Tibets« zu einem Ziel seiner Außenpolitik. 1950 besetzte die chinesische Rote Armee Tibet; 1961 wurde eine tibetische Delegation in Peking zur Anerkennung der »friedlichen Befreiung« gezwungen. 1959 wurde ein Volksaufstand in Lhasa blutig niedergeschlagen; der Dalai Lama entschloss sich zur Flucht ins indische Exil. Während der »Großen Proletarischen Kulturrevolution« (1966–70) wurde in Tibet lan-

Der Leiter der chinesischen Delegation, der stellvertretende Ministerpräsident Chen Yi (2.v.r.) schreitet mit dem Dalai Lama zu seiner Rechten sowie dem Pantschen Lama zu seiner Linken eine tibetische Ehrengarde ab. Im Mai 1956 traf eine rotchinesische Delegation in Lhasa ein, um mit einer tibetischen Kommission einen Verfassungsentwurf vorzubereiten, nach dem Tibet als autonome Region ans kommunistische China angegliedert werden sollte. Nach einem gescheiterten Volksaufstand der Tibeter am 10. März 1959 flüchtete der Dalai Lama nach Indien ins Exil. Am 9. September 1965 rief China die »autonome Region Tibet« aus.

desweit zerstört und gemordet; die Menschenrechtsorganisationen sprechen von etwa 1 Mio Opfern. 1987 legte der Dalai Lama einen Friedensplan vor; sein Eintreten für den gewaltlosen Widerstand wurde 1989 mit dem Friedensnobelpreis unterstützt.

In Kambodscha machte der Steinzeitkommunist Pol Pot eine blühende buddhistische Kultur dem Erdboden gleich. Der sowjetische Diktator Stalin vernichtete zahlreiche buddhistische Geistliche und Klöster in der Mongolei.

Stifter und Leitfiguren

Der Buddha (560–480 v. Chr.)

Die Legende berichtet: Shuddodhana, dem Vater des Buddha, wird nach dessen Geburt von einem Weisen prophezeit, dass sein Sohn entweder ein großer Weltherrscher oder ein vollkommen Erwachter werde. Shuddodhana als Herrscher des Shâkya-Fürstentums bevorzugt für seinen Sohn den ersteren Weg. So lässt er ihn unter größten Annehmlichkeiten aufwachsen. Später heiratet Shâkyamuni, wie er künftig auch heißt, Yashodarâ. Sie haben einen Sohn, Rahula, der später sehr jung dem Orden beitreten wird. Auf den »Vier Ausfahrten« aus dem Palast wird dem Buddha das Leiden tief bewusst: Er sieht einen Schwerkranken, einen gebrechlichen Alten, eine Leiche und einen Asketen, der frei vom Leiden wirkt. Diese Vier Ausfahrten repräsentieren das tiefe Gewahrwerden der flusshaften Vergänglichkeit oder Ungreifbarkeit des Lebens. Der Erwachende kann sich am Luxus nicht mehr wirklich erfreuen. Er zieht mit 29 in die Hauslosigkeit und kommt zu großen Meditationslehrern. Schon nach kurzer Zeit meistert er, was sie ihn lehren können. Er zieht jeweils unbefriedigt weiter. Mit seinen späteren fünf ersten Schülern geht er jetzt seinen eigenen Weg. Gemeinsam praktizieren sie etwa eine Schmerzensaskese, wie sie heute auch manche indische Sâdhus auf sich nehmen, und eine extreme Selbstkasteiung, die ihn bis auf die Knochen abmagern lässt. Es gibt Bildnisse, wo der Erwachte entsprechend dargestellt ist. Aber auch diesen extremen Weg er-

»Die Wurzelverse zum Mittleren Weg« von Nâgârjuna

»Wäre das Selbst mit Körper und Geist identisch, müsste es wie Körper und Geist fortwährend entstehen und fortwährend vergehen. Wäre das Selbst von Körper und Geist unterschieden, gäbe es durch Körper und Geist keinen Zugang zum Selbst. Diese beiden Fälle können nicht sein.

Was immer abhängig von etwas anderen entsteht, das ist in Verhältnis zu diesem anderen weder identisch noch getrennt. Damit ist es weder inexistent (weil es nicht dieses andere ist), noch existent (weil es nicht etwas anderes ist). Ohne die Sichtweise, »dies ist mein« oder »dies bin Ich«, sei es nun im Hinblick auf das Innere oder das Äußere, gibt es kein Ergreifen mehr. Ohne Ergreifen gibt es kein Hineingeborenwerden in das Leiden mehr.

Die Befreiung bedeutet das Versiegen aller leidvoll bindenden Handlungen aus den Inneren Zwängen. Sie begleiten die Vorstellungen des Menschen in Begrifflicher Verselbstständigung. Sie hat Fixierung zur Quelle. Sie vergeht im Sehen der Leerheit aller Dinge von einem Selbst.

Wenn keine voll Erwachten mit ihren Zuhörern vorkommen, tritt die Weisheit der von sich aus Erwachten *(Paccekka-Buddha)* unabhängig in die Welt.«

Oben: Die Hochzeit der Eltern des Siddharta Gautama: Der König von Sakya heiratet die Prinzessin Mahamaya. Der Ausschnitt zeigt, wie die junge Prinzessin auf einer Sänfte zu ihrem Gemahl geführt wird. Malerei, siamesische Ratanakosin-Periode (18./19. Jh.; Nationalmuseum, Bangkok.
Rechts: Die Geburt des Buddha. Vergoldete Bronze, mit farbigen Steinen eingefasst. Tibet, frühes 19. Jh.; Musée Guimet, Paris
Unten: Der Tod Buddhas und die Verbrennung seines Leichnams. Der Ausschnitt zeigt die Prinzen Malla bei der Verteilung der Reliquien. Malerei, siamesische Ratanakosin-Periode, 18./19. Jh.; Nationalmuseum, Bangkok.

Die Rede des Buddha von der Allgüte

Die folgende Rede (Mettâ-Sutta) des Pali-Kanons beschreibt eine der vier »Göttlichen Wohnstätten« Brahmavihâras im Herzen, die Liebende Güte. Die Brahmavihâras sind wie folgt begründet: »Sich selbst in allem wiedererkennend, durchstrahlt ein Mensch die Welt mit einem Herzgeist voller Liebender Güte, Mitgefühl und Mitfreude in Gleichmut.«

»Dies sollte tun,
wer um das Heilsame weiß,
wer den Pfad des Friedens spürt:

Aufrecht sei, ganz offen; doch zugleich nachsichtig in Deiner Rede.
Meide allen Eigendünkel, handle aus natürlicher Bescheidenheit.
Äußerlich weniger bedeutet innerlich mehr. Lass Dich nicht von Pflichten überladen, bewahre Dir Einfachheit.

Friedvoll, weise und geschickt im Umgang,
ohne überhebliches, forderndes Wesen
tue nicht das Geringste, was Deine
innere Weisheit missbilligt.

Aber dies wolle von ganzem Herzen:

Mögen in Freude und in Sicherheit alle Lebewesen Wohl erfahren:
Alle Geschöpfe, schwach oder stark, ohne Ausnahme:
Ob groß und mächtig, klein und kraftlos,
sichtbar oder unsichtbar, nah oder fern,
bereits geboren oder erst noch geboren:
Möge allen tief wohl sein!

Kein Lebewesen täusche ein anderes, keines schmähe ein anderes,
keines wünsche aus Ärger oder übler Gesinnung
einem anderen Schaden!

Wie eine Mutter mit ihrem Leben ihr einziges Kind beschützt,
so sollte man mit unbegrenztem Herzen
alles hegen, was am Leben ist.

In Güte umschließe diese ganze Welt: Oben im Himmel,
unten in der Erde, in jeder Richtung;
unbegrenzt, frei von Hass oder
nachträglichen Gefühlen.

Ob im Stehen oder Gehen, im Sitzen oder Liegen,
frei von Schläfrigkeit,
nähre in Dir diese
Sammlung.

Dies, so weiß man tief im Innern, bedeutet wahrhaft erhabenes Verweilen.

Ohne sich in fixen Ansichten zu verlieren,
mit geläutertem Herzen oder Klarsicht
und frei von zehrendem Verlangen
versiegt so allmählich der geistige
Daseinskreislauf,
das Leiden.«

kennt er als sinnlos (»Selbst«-haft), weshalb sich seine Gefährten von ihm abwenden. Ein Mädchen gibt ihm zu essen. Erstarkt begibt er sich in tiefe Meditation unter einem Baum in *Bodh Gâyâ,* wo er zur Höchsten Realität erwacht. Hier erschaut er auch, dass viele »nur wenig Staub« auf den Augen haben. Er geht zuerst zu seinen früheren fünf Weggefährten in *Sârnâth.* Als sie ihn von weitem kommen sehen, reagieren sie ablehnend. Je mehr er sich nähert, desto mehr schwindet ihre Ablehnung, überwältigt vom Frieden, der von ihm ausgeht. Einer nach dem anderen soll sich schweigend erhoben haben. Der Buddha gibt ihnen die erste Rede zu den Vier *Edlen Wahrheiten,* danach intensive Unterweisungen. Alle fünf realisieren das Erwachen, als sie die Rede zur Höchsten Realität der *Drei Daseinsmerkmale* hören.

Bis zu seinem Tod in Kushinagara mit 80 weist der Buddha den Weg der Befreiung. Viele Laien und Mitglieder seiner Ordens verwirklichen die höchsten Stufen des Weges der Endgültigen Befreiung. Der Erwachte fordert ebenfalls erwachte Schüler auf, in alle Richtungen Indiens zu gehen, um die Menschen zu befreien.

Kaiser Ashoka (272–231 v. Chr.)

Er herrschte über ein Großindien und gilt bis heute als der bedeutendste und sozialste Herrscher, den das Land jemals gehabt hat. Er kommt nach einer blutigen Eroberung bereuend zur Lehre des Erwachten. Auf Säuleninschriften im Land, den ältesten Schriftzeugnissen Indiens (der eingewanderten »Indoarier«), bestimmt er die Grundzüge seiner neuen Politik: Menschlichkeit in der Verwaltung, Aufgabe aller kriegerischen Eroberung, Gewaltlosigkeit (Ahimsâ), das Verbot (hinduistischer) Tieropfer, ethische Grundprinzipien, religiöse Toleranz. Die Republik Indien wählt für ihr Staatswappen etwa den Löwenkapitell einer Säule Ashokas. Sie steht in Sârnâth, dem Ort der ersten Rede des Buddha.

Der Kaiser betont auf einem jener alten Säulenedikte: »Der Sieg des *Dharma* ist der größte Sieg.« Er sucht jetzt die friedliche »Eroberung durch den Dharma«, ernennt etwa »Beamte des Dharma«, die in den Privinzen sicherstellen sollten, dass die neuen Prinzipien auch in der Verwaltung umgesetzt werden. Er gibt die traditionellen Tierjagden der Herrscherhäuser auf, beschränkt das Schlachten und begründet die Verbreitung des Vegetarismus in Indien. Die Straßen werden groß angelegt mit Fruchtbäumen für die Reisenden bepflanzt und landesweit Brunnen gegraben. Der Anbau von Heilkräutern wird entwickelt. Ashoka erbaut zahlreiche Hospitäler für Mensch und Tier. Er gewährt auch den anderen Religionen Indiens gewisse Unterstützung. Unter Ashokas Herrschaft kommt der frühbuddhistische Theravâda nach Sri Lanka. So beginnt die Verbreitung des Buddhismus in die Welt. In einem Vers des im Theravâda hochpopulären Dhammapada heißt es: »Auch wenn einer eine Millionen Menschen auf dem Schlachtfeld besiegt, ist trotzdem derjenige der größere Sieger, der sich selbst besiegt.« Ashoka hat diese Wahrheit umgesetzt.

Der Stupa im Kultzentrum Sanchi im zentralindischen Bundesstaat Madhya Pradesh geht auf die Regierungszeit eines herausragenden Förderers des Buddhismus zurück: auf Kaiser Ashoka (3. Jh. v. Chr.). Es handelt sich um einen massiven Bau in Form einer Halbkugel, die vom Grabhügel abgeleitet ist; der Stupa enthält eine Kammer für Reliquien. Er trägt einen eingezäunten Mast, ursprünglich mit mehreren Ehrenschirmen. Zur Ausstattung der unmittelbaren Umgebung gehören Tore mit Reliefs aus Ashokas Leben und sog. Ashokasäulen.

Leitfiguren

Im Buddhismus geht es um das Erwachen zur Höchsten Realität im Leben. So gibt es durch die Zeiten und Kulturen hier sehr viele Leitfiguren. Im tibetischen Buddhismus stehen etwa die Tantriker Padmasambhava, Marpa und Milarepa für einen charismatischen Befreiungsweg unabhängig von Klosterleben oder Ordination. Das Gleiche gilt für die 84 altindischen *Mahâsiddhas* (»Große Vollendete«), die aus allen Schichten stammen. Sie sind auch Poeten *(Dohas)* eines unscheinba-

Der vietnamesische Zen-Meister Tich Nhat Hanh der seit dem Vietnamkrieg im Exil in Frankreich lebt, gilt neben dem Dalai Lama als der einflussreichste buddhistische Meister im Westen. Er ist auch das wichtigste Bindeglied des frühen Buddhismus Theravada mit den Traditionen des »Großen Fahrzeugs« Mahâyâna.

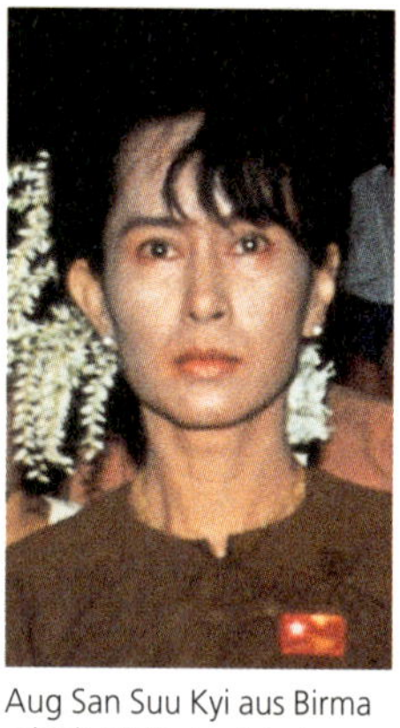

Aug San Suu Kyi aus Birma erhielt 1991 den Friedensnobelpreis für ihren gewaltlosen, unermüdlichen Einsatz für den demokratischen Umbruch in ihrem Land, das von einer Militärjunta regiert wird.

ren Pfades inmitten der Dinge. Fast alle Dalai Lamas sind in einfachen Familien geboren worden. Innerhalb ihrer Gelugpa-Tradition gibt es eminente Mönchsgelehrte, besonders Tsongkhapa. Atîsha gilt als großer Verbinder der nichttantrischen und tantrischen Lehren.

Die Väter der vier *Vipassanâ*-Hauptansätze stehen archetypisch für »Grundformen« des Befreiungsweges als individuelle Aufgabe: Mahasi Sayadaw, der Begründer des *Benennens,* ist ein herausragender Gelehrter, der dann die Meditation praktisch erforscht hat. U Ba Khin und S. N. Goenka sind unübertreffliche Pragmatiker, die nie im Kloster gewesen sind, führende Positionen in der Welt hatten und den größten Ansatz des *Körperhineinfließens* vertreten. Ajahn Buddhadâsa war von jung an ordiniert, ist aber bald seinen eigenen Weg der Studien und Meditation im Wald außerhalb des etablierten Theravâda gegangen. Er hat die *Natur-Methode* begründet und ist ein Hauptvater des weltweiten »Engagierten Buddhismus«. Auch Ajahn Chah ist zeitlebens ordiniert gewesen. Auch er hat einen Meditationsweg als Waldmeister außerhalb des etablierten Theravâda genommen, aber dabei Studien skeptisch gesehen. Er erinnert auch an Zen-Meister. Mahasi Sayadaw und U Ba Khin gelten als die einflussreichsten Meister in der Geschichte Burmas. Das Gleiche gilt für Ajahn Buddhadâsa und Ajahn Chah in Thailand.

Drei besonders bedeutende Leitfiguren repräsentieren jeweils die Haupttraditionen des Buddhismus im Westen, den tibetischen Buddhismus, den Zen und den Theravâda: Sie verkörpern ebenfalls die individuell verankerte Friedfertigkeit des Buddhismus:

Dalai Lama: Der Friedensnobelpreisträger Dalai Lama ist mit seinem langjährig unermüdlichen Einsatz für die Sache der Tibeter, seiner ausstrahlenden Authentizität in den Augen praktisch aller, der für ein Oberhaupt unübertrefflichen Popularität im eigenen Volk und seinem weltweiten Ansehen als buddhistischer Meister wie Autor ein höchst glaubwürdiges Symbol des Friedens.

Tich Nhat Hanh: Bereits Martin Luther King schlug den neben dem Dalai Lama heute populärsten buddhistischen Meister im Westen, den vietnamesischen Zen-Meister Thich Nhat Hanh zum Friedensnobelpreis vor. Er lebt wegen seines unbeirrbaren Friedenseinsatzes im Vietnam-Krieg seitdem im französischen Exil. Er ist der weitreichendste Verbinder des frühen Buddhismus Theravâda mit den Traditionen des »Großen Fahrzeuges« Mahâyâna und zugleich ein umfassend Gelehrter wie alltagsbezogener Meditationsmeister. Ferner ist er eine führende Stimme des weltweiten »Engagierten Buddhismus«. Heute folgen seinem »Orden des Interseins« rund 300 Gemeinschaften, die meisten davon im Westen.

Aug San Suu Kyi: Die birmanische Friedensnobelpreisträgerin Aung San Suu Kyi. Sie ist in ihrer Heimat die Führerin der Opposition, die mit ihr 1990 die freien Wahlen erdrutschartig gewinnt. Daraufhin annuliert das sozialistische Militärregime dieses Ergebnis und reagiert mit großer Repression des Volkes. Seitdem steht Aung San Suu Kyi regelmäßig unter Hausarrest. Das Regime bleibt mit Hilfe Chinas und gegen den überragenden Mehrheitswillen der Birmanen an der Macht. Diese mutige Frau ist eine bekennende Buddhistin. Sie nennt das *Vipassanâ* des *Benennens* ihre Kraftquelle und sagt etwa: »Ich praktiziere Achtsamkeit und Wissensklarheit in jeder Verrichtung des Tages.«

Spaltungen und Richtungen

Das chinesische Chan und der japanische Zen

Das Zen ist (neben dem tibetischen Buddhismus und dem Theravâda mit dem Vipassanâ) eine der drei Haupttraditionen des Buddhismus im Westen. Es soll hier etwas näher betrachtet werden. Der Blick richtet sich ins alte China, wo das Zen als »Chan« mit prägenden Orientierungsfiguren und Grundlagen erst hervorgetreten ist.

Das Zen beruht zum einen auf der Betonung von *Meditation* und Vertiefung, wie sie der Buddhismus seit seinen Anfängen betont. Diese frühbuddhistische Wurzel des Zen äußert sich etwa in dessen zentraler Praxis des *Zazen* (Sitzen in Vertiefung) als *Shikantaza* (Nichts anderes tun als sitzen). In China wird das altindische Sanskritwort »Dhyâna« (pali: *Jhâna)* für »Versenkung« lautmalerisch als »Chan«, und dann später in Japan als »Zen« wiedergegeben. Dennoch ist das Chan beziehungsweise Zen das klare Produkt der Verschmelzung des altindischen *Dhyâna-Buddhismus* mit dem chinesischen Taoismus, welcher etwa die Erfahrung des »Inneren Lichts« (Zhuangzi) hervorhebt. So gilt das Zen bis heute auch als »Die Schule der Er-

STICHWORT **Dalai Lama**

Der Dalai Lama, geistiges Oberhaupt der Tibeter, wurde 1940 inthronisiert und hatte am 17. November 1950 auch das Amt des Regierungschefs übernommen, nachdem China in Tibet einmarschiert war. 1959 floh er ins Exil.

Bilder im Uhrzeigersinn: *Oben Rechts:* Der Dalai Lama anlässlich des Friedensnobelpreis-Symposiums am 12.Juni 2001 in Oslo mit dem südafrikanischen Erzbischof und Nobelpreisträger des Jahres 1984 Desmond Tutu.

Unten Rechts: Der Dalai Lama begrüßt vor der Flagge Tibets am 13. Mai 2001 mit der Bürgermeisterin von Portland, Vera Katz (r.) die Bürger von Portland, Oregon in den USA.

Unten Links: Der Dalai Lama mit Hollywood-Star Richard Gere im August 1999.

Oben Links: Der Dalai Lama am 4. Dezember 2000 bei einem Ritual anlässlich der Feiern zum 50. Jahrestag seiner Amtsübernahme im Haupttempel von Dharamsala in Indien

leuchtung«. Die charakteristischen Merkmale des Zen, wie Wortkargheit, spirituell befreiender Witz oder die paradoxen Fragen *Kôans,* wurzeln primär im Taoismus. Es gibt sie innerhalb des Buddhismus auch bloß im Zen. Sprachliche Argumente, gedankliche Analyse und Debatte treten hier klar zurück.

Auch von buddhistischer Seite laufen im Chan divergierende Lehrstränge zusammen: *Nur-Geist* wie *Leerheit* gleichermaßen. Der Inder Bodhidharma, der aus einer Brahmanenfamilie stammt, wird Anfang des 6. Jh. der erste chinesische Patriarch des Chan, also dessen Begründer. Er betont das *Lankâvatâra-Sûtra,* das Lehrmeinungen der *Nur-Geist-Schule* und auch eine Lehre vom »Selbst« vertritt. Andererseits werden im Zen genauso die Reden von der Überschreitenden Weisheit *(Prajñâpâramitâ-Sûtras)* maßgeblich, besonders das Diamant-Sûtra und das Herz-Sûtra. Letzteres ist der meistrezitierte Text des Zen. In diesen Mahâyâna-Sûtras wird nun die universelle *Leerheit* vom Selbst betont, angelehnt an den frühen Buddhismus *Theravâda.* Auch hier wird versucht, was »jenseits des Denkens« liegt (griech. »para dokein« oder »Paradox«) direkt zu erfassen. Doch im Fall dieser Schriften sind Argumente und Analyse zentral. So hat die Lehre von der »Nicht-Dualität« (allvereinigend) im Zen einen überragenden Stellenwert erhalten.

Der dritte Patriarch des Chan, Jianzhi Sengcan (†606), etwa verkörpert dies. Er schreibt die prägende Meißelschrift vom Glauben an den Geist oder *Xinxinming,* darin: »Hege keine dualistischen Anschauungen. Vermeide absolut, ihnen zu folgen.

Links: Steingarten im Tempel Taizô-in, Subtempel des Tempels Myôshin-ji, Kyoto. *Rechts:* Ein Bogenschütze übt sich in der Konzentration und in der Kunst des Bogenschießens (kyûdô) im Zen-Tempel Engaku-ji in Kamakura, Japan

Existiert auch bloß ein wenig richtig und falsch, geht der Geist in Verwirrung verloren.« Auch der Großmeister des ganzen Zen, der Sechste Patriarch Dajian Huineng (638 bis 713), betont in der Niederschrift seiner Lehren, dem besonders weitreichenden Sûtra des Sechsten Patriarchen: »Buddhismus ist die Lehre von der Nicht-Zweiheit.« Er gilt als der »Vater des eigentlichen Zen«, wie der deutsche Lektor und Zen-Praktizierende Stephan Schuhmacher sagt.

Die berühmten Grundmerkmale des Zen-Buddhismus – plötzliche Erleuchtung, pragmatische Diesseitigkeit, die Ablehnung starrer Formen, Skepsis gegenüber Schriftstudien, paradoxe Fragen und Naturnähe – gehen am stärksten auf Huineng zurück. Er bringt die altindischen Grundlagen des Zen erstmals vollkommen in den chinesischen Geist ein.

In China begann der Zen-Buddhismus. Teilansicht einer Statue des Erwachten. China, östliche Wei-Dynastie (534–550 n.Chr.)

Ein Satz aus dem Diamant-Sûtra ist für Huineng ursprünglich prägend: »Die Bodhisattvas sollten einen reinen, lichten Geist entwickeln, der bei keiner Eigenschaft, ja keinem einzigen Ding verweilt.« Von ihm selbst stammt später der Satz: »Nicht-Verweilen ist das Ursprüngliche Wesen des Menschen.« Auch diese maßgebliche Zenlehre vom »Ursprünglichen Wesen, Gesicht oder Geist« ist bei ihm ausgeprägt worden. Er fragt zuerst die berühmte Zen-Frage: »Ohne zu denken ›gut‹, ohne zu denken ›schlecht‹: Was ist Dein Ursprüngliches Antlitz jetzt in diesem Augenblick?«

Huineng übertrug den Dharma als der erste Patriarch des Chan an mehrere Schüler. In den beiden Jahrhunderten danach kam es in China zum »Goldenen Zeitalter« des Chan, mit einer Vielzahl prägender Meister. Besonders zu nennen sind hier Mazu Daoyi (709–788), der für seine unkonventionellen Methoden berühmt wird (Schrei, Stock, Paradoxa), und Shitou Xiqian (700–790). Deren Nachfolger gründen die »Fünf Häuser« (Schulen) des Chan. Zwei dieser Häuser sind das *Rinzai-* und das *Sôtô-Zen.*

Im 12. und 13. Jh. bringen die Japaner Myôan Eisai und Nampo Shômyô das Rinzai-Zen sowie Dôgen Zenji das Sôtô-Zen von China nach Japan, wo diese beiden Hauptschulen bis heute die maßgeblichen Traditionen des Zen sind. Dôgen Zenji (1200–1253) gilt vielen als der größte Zen-Meister Japans. Das Rinzai-Zen ist berühmt für seine paradoxen Fragen *Kôans:* Logisch unlösbare Fragen, um den linearen Verstand spontan zu transzendieren. »Was ist der Ton des Klatschens einer Hand?« lautet etwa ein berühmtes Kôan des eminenten Erneuerers des japanischen Rinzai-Zen, Hakuin Zenji

Die Zehn Ochsenbilder des Zen

Diese Bilder sind das Resümee des inneren Entwicklungspfades Dharma im Zen. Die Hauptelemente sind ein Ochse (Geist) und ein Mensch (Erwachender):

1) Die Suche nach dem Ochsen: Der Mensch kommt auf den Weg.

2) Das Sehen der Fußspuren: Er nimmt die Macht der Leidursachen Nichtsehen, Durst und Ergreifen »realistisch wahr«.

3) Das Sehen des Ochsen: Er verwirklicht den Achtfachen Befreiungspfad des Buddha: Ethik, Ruhe oder Einsicht in Trefflicher Achtsamkeit.

4) Das Fangen des Ochsen: Die Zentrifugalkräfte der Inneren Zwänge »packen« nicht mehr ihn, sondern er »packt« sie.

5) Beherrschen des Ochsen: Die Eigengehkraft zur stillen Mitte im Herzgeist ist größer als die Macht jener Leidursachen.

6) Den Ochsen nach Hause reiten: Im Sehen der Höchsten Wahrheit (dass alles fließt) kommt der Erwachende Flöte spielend zu sich »nach Hause«.

7) Der Ochse ist vergessen: Der Mensch sitzt »zuhause« im ungetrennten Spiel der Großen Elemente.

8) Leerer Kreis, ohne Ochse, ohne Ich: Er durchdringt die Leerheit aller Dinge von einem »Selbst«.

9) Die Rückkehr zur Quelle: Eine Wildnis. Die Schau der »wahren Natur« der Allleerheit ist nichts Abstraktes: »Sichtbares ist Leerheit, Leerheit ist Sichtbares«.

10) Bei den Menschen: Ein Befreiter befreit andere. »Er ist in der Welt, aber nicht von ihr«, wie die Lotusblüte im Schlamm wurzelt und sich ganz daraus ernährt, aber zugleich selbst im Großen Duft erhaben ist. Das Nirvâna ist eine mitfühlende Sache. Weisheit Paññâ ist Wahre Liebe.

(1685–1768). Er ist auch einer der bedeutendsten japanischen Maler von Tuschebildern. Kôans sind spontane Fragen aus der Perspektive der begrifflich nicht-fassbaren oder Höchsten Realität der *Leerheit,* um gleichsam dahin zu »katapultieren«. Kôans sind Worte als intuitive »Sprungbretter« in die Erfahrung des Höchsten, wofür ein Schüler häufig lange Zeit mit ihnen innerlich arbeitet. Das Sôtô-Zen ist berühmt für jenes *Zazen* als *Shikantaza.*

Mazu Daoyis Dharma-Erbe ist Baizhang Huaihai (720–814), der spezifische Regeln für das Leben in Zen-Klöstern aufstellt, die bis heute gültig sind. Er betont auch die Notwendigkeit, die Meditation mit körperlicher Arbeit zu verbinden. »Ein Tag ohne Arbeit ist ein Tag ohne Essen«, wie er berühmt sagt. Sein Dharma-Erbe ist der heute besonders vielzitierte Zen-Meister Huangbo (gest. 850). Er lehrt etwa: »Alle Buddhas und alle Wesen sind nichts anderes als der Eine Geist, neben dem nichts anderes existiert«. Huangbos Meisterschüler, Linji Yixuan (japan. Rinzai Gigen, gest. 867), ist der eigentliche Begründer der chinesischen Rinzai-Urschule, die für die weitere Entwicklung sehr prägend wird. Dajians Huinengs Konkurrent Shenxiu (606–706) begründet die Tradition der *Allmählichen Erleuchtung*, bei der die Studien betont werden. Doch trotz Unterstützung durch die chinesischen Herrscher geht sie nach einer Zeit unter. Dagegen wird Huinengs Tradition der Plötzlichen Erleuchtung zur bis heute unübertroffenen Quelle des Zen-Buddhismus.

Die Verehrungswege im Mahâyâna

Zu den im alten China voll entstandenen Verehrungswegen im Mahâyâna, die später in ganz Fernost bestimmend werden sollen, gehören: 1. Die *Reines-Land-Schule* oder der Amitâbha-Buddhismus, woraus in Japan die dort ganz weitreichende »Wahre Schule vom Reinen Land« des *Shinran* (1172–1263) hervorgehen wird. 2. Die Volksbewegungen der Hingabe an das *Lotos-Sûtra,* dem einflussreichsten unter den Mahâyâna-Sûtren. Diese Lotos-Traditionen sind zum einen die ganz Fernost betreffende *Tendai-Schule,* und zum anderen der weitgehend auf Japan beschränkte *Nichiren-Buddhismus* mit seinen modernen Hauptablegern Sôka Gakkai und Risshô Kôsei-kai. In all diesen Richtungen steht die Devotion im Zentrum.

Der tibetische Buddhismus

Es gibt vier Hauptrichtungen im tibetischen Buddhismus: *Nyingmapa, Kagyüpa, Sakyapa* und *Gelugpa,* die alle auf altindische Meister des tantrischen Buddhismus und des Mahâyâna zurückgehen. Die *Alten Kadampa* sind in den Gelugpa aufgegangen. Daneben sind besondere Bewegungen das *Chöd* und *Rime.*

Alte Kadampa: 1042 wird der indische Mönchsgelehrte und Tantriker *Atîsha* (980 bis 1054) nach Tibet eingeladen. Er etabliert hier den Buddhismus endgültig. Er ist ein umfassender Gelehrter, der die Ordensdisziplin (Vinaya) betont, aber auch das Tantra. In der Folge kommt es zur typischen Verbindung dieser beiden Stränge in den tibetischen Klöstern, wie dies ebenfalls für die altindischen Klosteruniversitäten der letzten Jahrhunderte gegolten hat. Atîsha integriert alle buddhistischen Wege mit einem abgestuften System, um allmählich die Ethik des *Bodhisattva* zu entwickeln. Damit verbunden sind analytische Meditationen, um die Motivation immer mitfühlender zu gestalten. In Tibet wird dieses Vorgehen als Lamrim (»Stufenweg«) prägend. Atîsha betont auch die Verehrung des transzendenten Bodhisattva *Avalokiteshvara,* der später Tibets Nationalgottheit wird.

Der Meisterschüler Atîshas ist der Tibeter Dromdön (1008–1064). Er begründet die Schule der Alten Kadampa (»Buddhas Wort Folgende«). Sie lehrt das bis heute prägende Übungssystem *Lodjong* (»Läuterung des Geistes«), um systematisch das Bodhichitta (»Geist des Erwachens«) eines Bodhisattva hervorzubringen. Teil dieser Praxis ist eine gezielte Meditation zur Entwicklung von Mitgefühl, *Tonglen,* die mit der visualisierten Übernahme fremden Leidens arbeitet. Die Alten Kadampa gehen im 14. Jh. in den *Gelugpa* (Anhänger des Tugendweges) bzw. Neuen Kadampa auf. Sie ist die zuletzt entstandene Hauptrichtung in Tibet. Deren »Gelbhut«-Oberhäupter sind die Dalai Lamas, die ab dem 17. Jh. die geistliche und weltliche Führung Tibets übernehmen.

Nyingmapa (Anhänger der Alten): Sie folgen den »Alten Tantras« aus der *Ersten Einführungswelle* des Buddhismus nach Tibet. Die Schule beruft sich auf den indischen Mahâsiddha *Padmasambhava* (Lotusgeborener, 8. Jh.) oder Guru Rinpoche (Kostbarer Meister), welcher den Mahâyâna-Buddhismus zuerst nach Tibet eingeführt hat. Die

Das Rad des Lebens
Bhava-Chakra, tibetisches Resümee des Buddhismus:
Außenring: Zwölf Symbole für die zwölf Glieder des »Abhängigen Entstehens«. Sie beschreiben die unbewusste Verstrickung in Angst, Stress oder Leid wie die inneren Ansatzpunkte für das Herauskommen.
Hauptbereich: Sechs Segmente repräsentieren sechs Existenzformen (jenseitig) und Bewusstseinsqualitäten (diesseitig), den »Kreislauf der Wiedergeburten« Samsâra. Glückvoll sind Götter, Titanen und Menschen, leidvoll Tiere, Hungrige Geister und Höllenwesen.
Innenzyklus: Die Qualität der Handlungsabsichten Karma bestimmt Glück oder Leid. Innere Zwänge im Nichtsehen bedeuten Leiden. Die »Vier Wohnstätten der Götter« Brahmavihâras im Herzgeist bedeuten höchstes Glück: Liebe, Mitgefühl und Mitfreude in Gleichmut.
Radmitte: Drei Wurzeln des Unheilsamen: Gier (Hahn), Verwirrung (Schwein) und Hass (Schlange). Sie sind die Kardinalzwänge, die sich gegenseitig verstärken.
Radnabe: Sie fehlt, was die Leerheit oder die Drei Daseinsmerkmale repräsentiert: »Alles fließt, trägt nicht wirklich, im Nicht-Selbst«. Der Samsâra dreht sich um einen vorgestellten Kern in den Dingen.
Yama: Der Tod hält den Daseinskreislauf im Griff. Der Erwachte lehrt: »Flusshaft-vergänglich (anicca) ist alles bedingt Entstandene. Erarbeitet Euch unermüdlich die Befreiung!«
Buddha: Der erwachte Mensch steht außerhalb des Lebensrades. Er verweist auf eine buddhistischen Rede. Oft erscheint hier das achtspeichrige »Rad der Lehre« Dharma-Chakra für den Achtfachen Befreiungspfad.

Nyingmapa betrachten Padmasambhava (und ebenfalls den historischen Buddha Shâkyamuni) als einen »Verwandlungskörper« (Nirmânakâya) des Bodhisattva *Avalokiteshvara.* Den gleichen Status hat in Tibet auch der Dalai Lama. Die Nyingmapa bleiben im Unterschied zu den anderen tibetischen Hauptrichtungen ohne organisierte Hierarchie, und sie verwickeln sich nicht in die politischen Kämpfe des Landes. Ihr Ansatz beruht stark auf Haushältermeistern, die in den Dörfern leben (»Dorftantriker«). Vor der Verfolgung des Buddhismus soll Padmasmabhava (dies vorhersehend) Schriften in der Natur versteckt haben, für jene spätere Zeit der Wiedereinführung. Diese Schriften heißen *Terma* (»Verborgene Schätze«) und deren Auffinder *Tertön* (»Offenbarer der Schätze«). Es handelt sich bei ihnen um Tantras, Ritualtexte und Werke der direkten Befreiungspraxis *Dzogchen.* In späteren Epochen werden diese Schätze auch innerlich geschaut, als »Geistige Schätze«.

Kagyüpa: Der Tibeter Marpa (1012–1096) gilt als Begründer der Kagyüpa (Anhänger der Mündlichen Überlieferung), die stark an

Tibets größter Heiliger, Milarepa (*1052, †1135). Sein tibetischer Name bedeutet »Baumwollgewand-Träger«. Nachdem Verwandte ihn um sein Erbe betrogen hatten, tötete er diese durch schwarze Magie. Von Reue gequält, wurde er Schüler Marpas. Dieser ließ ihn jahrelang schwerste körperliche Arbeit verrichten und demütigte ihn in jeder Weise, bevor er ihn die »Sechs Yogas von Nâropa *(Nâro Chödrug)* und die *Mahâmudrâ* lehrte. Damit meditierte Milarepa anschließend unter schwierigsten Bedingungen im Gebirge, bis er die vollständige Erleuchtung erlangte. Seine innigen Gesänge wurden im 15. Jh. aufgezeichnet. Sie sind ein Hauptwerk Tibets (»Milarepas gesammelte Vajra-Lieder«, Berlin 1997).

der mündlichen Unterweisung durch verwirklichte Meister orientiert sind. Marpa bringt die Sechs Yogas (Nâro Chödrug) des indischen Tantrikers Nâropa (1016–1100) nach Tibet, bei dem er 16 Jahre gelernt hat. Zu diesen Sechs Yogas zählen »Die Erfahrung des Körpers als Schein«, der »Traumyoga« und das »Sehen des *Klaren Lichts«*. Nâropa ist ein gelehrter Mahâsiddha oder im Tantra Verwirklichter. Die Hauptpraxis der Kagyüpa, die direkte Befreiung durch die Meditation der *Mahâmudrâ* (»Großes Siegel«), geht auf den indischen Mahâsiddha Tilopa zurück (»Mann, der Sesam mahlt«; 988–1069). Nâropa gibt eine hohe Lehrposition an der größten buddhistischen Klosteruniversität Nâlandâ auf, um bei dem Sesamölhersteller Tilopa zu lernen (der sich für einige seiner Kernlehren auf Nâgârjuna beruft). Es heißt, Tilopa habe die tantrischen Hauptlehren Indiens in die eigene Praxis harmonisch integriert.

Marpa ist auch selbst ein Haushältermeister, der als hochverwirklichter Tantriker gilt. Außerdem ist er ein gelehrter Übersetzer (Lotsâwa) indischer Sanskritwerke ins Tibetische. Sein Meisterschüler ist der berühmte Siddha (»Vollendete«) Milarepa (»Baumwollgekleideter Asket«, 1052–1135). Er soll lediglich mit dünner Baumwolle bekleidet in den Berghöhlen meditiert und über große Magiemächte verfügt haben (etwa die Praxis der »Inneren Hitze«, um dort im Winter leben zu können). Milarepa ist ein hochbeliebtes Motiv für die tibetischen Rollbilder Thankas. Die Hunderttausend Gesänge des Milarepa sind eines der Hauptwerke des tibetischen Buddhismus. Die primären Tantras der Kagyüpa sind das indische Guhyasamâja- und Cakrasamvara-Tantra.

Auf Milarepas Meisterschüler Gampopa (1079–1153) führen sich mehrere Kagyüpa-Schulen zurück, von denen die *Karma-Kagyüpa* bis heute prägend sind. Ihr Oberhaupt ist der *Karmapa,* nach dem Dalai Lama praktisch der einflussreichste Würdenträger Tibets. Auch die tibetische Institution der gezielten Reinkarnation eines verstorbenen Lama in einem neugeborenen Kind als *Tulku* beginnt mit dieser Schule der Karma-Kagyüpa. Ein Streit über die rechte Wiedergeburt des Karmapa hat vor einigen Jahren diese Schule entzweit und ist auch durch westliche Medien gegangen. Die nach dem Kloster Drug (»Drache«) benannten Drugpa-Kagyüpa kommen im 17. Jh. nach Bhutan, das nach ihnen »Land des Drachen« heißt. Sie sind hier seit jener Zeit die vorherrschende Schule. Gampopas sehr einflussreiches Hauptwerk ist der Juwelenschmuck der geistigen Befreiung, womit er die Lehren der Kagyüpa mit denen der Alten Kadampa verschmilzt. Es ist das älteste Werk der tibetischen Textgattung des Lamrim (»Stufen des Weges«), das unmittelbar in jener integrativen Systematik und analytischen Meditation der Alten Kadampa wurzelt. In Tibet wird Gampopas Juwelenschmuck zum Vorbild für viele Werke.

Sakyapa: Diese Schule ist nach dem Kloster Sakya benannt. Sie wird von Drokmi (992 bis 1072) begründet, der ebenfalls in Indien bei den tantrischen Mahâsiddhas gelernt hat, besonders bei dem gelehrten Shântipa. Die Schule favorisiert beim Tantra das indische Hevajra Tantra. Drokmis Schüler Konchög Gyälpo gründet 1073 das Kloster Sakya nahe Nepal und Indien, welches mit der Übersetzung vieler Werke aus dem Sanskrit ins Tibetische bald ein hochgelehrtes Zentrum wird. Der mongolische Khan Godan macht 1244 das Sakyapa-Oberhaupt Sakya Pandita (1182–1251) zum Regenten des sich freiwillig untergebenden Tibet. So beginnt

Die fünf Buddhas des tantrischen Buddhismus »Vajrayâna«

	Vairochana	Akshobhya	Ratnasambhava	Amitâbha	Amoghasiddhi
Keimsilbe *(Bîja)*	Om	Hûm	Tram	Hrîm	Kham
Himmelsrichtung	Zentrum (oder Osten)	Osten (oder Zentrum)	Süden	Westen	Norden
Farbe	weiß	blau	gelb	rot	grün
Symbol	Rad *Chakra*	Diamant *Vajra*	Wunscherfüllendes Juwel Chintâmani	Lotus *Padma*	Doppel-Vajra Vishvavajra Schwert Khadga
Handgeste *Mudrâ*	Drehen des Rades der Leere *Dharma-Chakra*-Pravartana-*Mudrâ*	Erdberührung Bhûmisparsha-*Mudrâ*	Wunschgewährung Varada-*Mudrâ*	Vertiefung *Dhyâna-Mudrâ*	Nicht-Erschrecken Abhaya-*Mudrâ*
Göttin oder Gefährtin	Lochanâ	Mâmakî	Mâmakî	Pândarâ	*Târâ*
Bodhisattva(s) Die Zuordnung variiert je nach Mandala	Kshitigarbha/ *Maitreya*	Sarvanivarana Vishkambhin, *Mañjushrî*, *Samantabhadra*, Vajrapâni	Vajrapâni, Khagarbha	*Avalokiteshvara*	Vishvapâni, Sarvanivarana-Vishkambhin
Zornvolle Gottheit *Krodha*	*Yamântaka*, Acala	Ushnîsha, Sumbharâja	Aparâjita, Takkirâja	*Hayagrîva*, Nîladanda	Amritakundali, Mahâbala
Name der Familie	Rad-Familie *Chakra*-Kula oder Tathâgata-Kula	Diamanten-Familie *Vajra*-Kula	Juwelen-Familie Ratna-Kula	Lotus-Familie Padma-Kula	Handlungs-Familie *Karma*-Kula
Aspekt des Wissens	Wissen des Großen Spiegels Âdarsha-*Jñâna*	Wissen der Wirklichkeitsschau Dharmadhâtu- *Jñâna*	Wissen der Wesensgemäßen Gleichheit Samatâ-*Jñâna*	Analytisches Wissen Pratyavekshana-*Jñâna*	Wissen durch Konsequente Tatausführung *Buddha*-kriyânusthâna-*Jñâna*
Funktionales Zentrum, Existenzbehälter *Skandhah*	Form, Sichtbares, Leibhaftes Rûpam	Grundwahrnehmung Vijñânam	Empfindungen, Gefühlsreaktionen Vedanâh	Begriffliches Bewusstsein Samjñâ	Affekte, Willensformationen Samskârâh
Schleier des Geistes	Verblendung	Hass	Stolz	Sinnesverlangen	Ungeduld; Eifersucht

die tibetische Institution der Führung des Landes durch Geistliche, die bis 1959 währen soll. Sakya Panditas Neffe Pakpa (1235–1280) wird von Kublai Khan protegiert, laut den Zeugnissen wegen seiner Magiemächte. Auch Marco Polo, der an Kublai Khans Hof weilt, berichtet von großen Magiemächten dortiger tibetischer Lamas. Als Kaiser von China wird Kublai Khan ein Hauptgönner des Buddhismus. Nach dem Niedergang der Mongolen und Sakyapa im 14. Jh. übernehmen die Kagyüpa die Macht in Tibet bis ins 17. Jh., dann mit den Gelugpa die Dalai Lamas.

Gelugpa: Der Begründer dieser »Schule des Tugendweges« (Gelugpa) ist Tsongkhapa (1359–1419), der ein 18-bändiges Gesamtwerk zum Mahâyâna und Vajrayâna verfasst. Er gilt bis heute als der einflussreichste gelehrte Lama des Schneelandes. Mit seiner Großen Darlegung des Stufenweges (Lamrim Chenmo) und Großen Darlegung des Geheimen Mantra (Ngagrim Chenmo) systematisiert er jeweils die Kernaussagen des

Der Tibeter Drokmi (992–1072) ist der Ahnherr der Sakyapa-Schule, einer der vier Hauptrichtungen des tibetischen Buddhismus. Sie ist benannt nach dem berühmten Kloster Sakya. Drokmi war ein großer Übersetzer indischer Werke ins Tibetische, etwa des Hevajra-Tantra, und auch Tantriker. Seine Meister waren besonders die altindischen Mahâsiddhas Shântipa und Gayadhara. Porträtstatue des Drokmi. Messing, Tibet, 2. Hälfte des 15. Jh.; Sammlung G. W. Essen, Hamburg.

Miroku Bôsatsu: Die berühmteste Buddhastatue Japans in der Geste Mudrâ des Lehrens, Kôryuji-Tempel, Kyoto. Sie stammt aus der Zeit der Einführung des Buddhismus aus Korea und China nach Japan im 6. Jh. n.Chr. und zeigt den künftigen Buddha Maitreya (»Der Liebevolle«). Er ist hier noch Bôsatsu (sanskrit. Bodhisattva), der erst zum »vollkommenden Erwachten« Sammâ-Sambuddha heranreift. In ganz Fernost und Tibet wird Miroku wie Kannon (Bodhisattva Avalokiteshvara) besonders verehrt.

Mahâyâna und des Vajrayâna. Er betont die Ordensdisziplin und alle nichttantrischen Philosophen Indiens, kommentierte aber auch die *Tantras* (wie früher Atîsha). Wie alle Schulbegründer vor ihm betrachtet auch er das Tantra als die höchste Praxisstufe. Das die buddhistischen Traditionen abgestuft integrierende Lamrim (»Stufenweg« zur *Erleuchtung),* eingehendes Studium, Ordensleben und innere Disziplin sind Hauptmerkmale der Gelugpa. Der heute renommierteste Meister des Buddhismus ist ein Gelugpa: Der Dalai Lama. Die größten Klöster Tibets Ganden, Drepung und Sera gehen auf Tsongkhapa zurück. Die Haupttantras sind hier das indische Guhyasamâja-, Cakrasamvara- und Kâlachakra-Tantra. Nach den Gelugpa gibt es in Tibet kaum noch einschneidende Neubewegungen. Das Land konzentriert

»Das Schatzhaus der Lieder« von Saraha

Wer erschaut, dass es niemals einen Geist gegeben hat,
verwirklicht den Geist der Buddhas aller Zeiten.

Was aus dem Geist hervorströmt
hat die Natur seines Ursprungs.
Sind die Wellen etwa vom Wasser getrennt?
Ihr Wesen ist ungeteilt, wie der große Raum.

Wenn der Geist aufhört, Geist zu sein,
zeigt sich das wahre Wesen des uns Eingeborenen.

Hier und dort diskutiert man die große Sache.
Aber die Quelle des Segens bleibt ungewusst.

Die Welt ist versklavt vom Gedanken,
wer kennt den Nicht-Gedanken?
Die Welt ist geplagt vom Wort,
wer bleibt ohne Wort?
Ihr Gelehrten, bitte habt Geduld mit mir,
denn daran ist kein Zweifel:

Dieses gesegnete Entzücken zwischen
dem Diamanten und der Lotusblüte:
Warum es nicht genießen?
Wessen Hoffnungen bleiben
hier noch unerfüllt? Im Segen
der Methode in der Weisheit,
der Weisheit in der Methode.

Das ist tiefgründig. Das ist umfassend.
Das ist weder ein Selbst noch ein anderer:
Wie der Mond Licht in schwarze Nacht bringt,
zerstört dieser Augenblick des tiefsten Segens
allen Inneren Zwang.

Verstehe Gedanken als lediglich Gedanken.
Du Narr, lass alle Verfehlten Ansichten fahren!
Gewinne Läuterung im tiefsten Segen.
Nur hier liegt Perfektion.

Wie das Nirvâna, so der Samsâra:
Glaube weder, dass es hier einen Unterschied gibt
noch eine Einheit deren Wesens;
nur das kenne ich als rein.

Sitze nicht zuhause. Gehe nicht in den Wald.
Verstehe das Herz, wo immer Du bist.
Wenn man im Erwachen lebt:
Wo ist der Samsâra? Wo ist das Nirvâna?

Erfahre diese Wahrheit: Dass weder zuhause
noch im Wald das Erwachen wohnt.
Befreie Dich von allem Wortverdrehen
im Wesen Deines makellosen Herzens.

»Dies bin ich! Dies ist die andere!«
Entledige Dich dieser Fessel, die alles verschleiert.

Dieser prächtige Baum des Herzens ohne Dualität,
verzweigt sich in sämtliche Welten.
Er trägt die Frucht des Mitfühlens
im Dienst an anderen.

sich jetzt auf sich. Es schottet sich gegenüber China und Indien ab, bis zum unsanften Erwachen durch das kommunistische China des 20. Jh.

Chöd (»Abschneiden« des Denkprozesses) konfrontiert in einer schamanistisch geprägten und anarchisch-tantrischen Praxis zur universellen Leerheit vom Selbst mit den Angstvorstellungen aus unserer »Ich und Mein«-Verhaftung. Das Chöd wird »konfrontativ« in der Natur etwa an Leichenstätten oder in den Bergen geübt. Die Begründer sind der südindische Yogi Phadampa Sanggye (gest. 1117) und dessen tibetische Schülerin Machig Labdrönme (1055–1145). Sie ist eine große Mystikerin (Die Gesänge der Freiheit, garuda). Die Lehren Nâgârjunas und der Prajñâpâramitâ-Sûtren sind hier ganz zentral. Im Chöd gelten die *Zornvollen Meditationsgottheiten* als bloße geistige Schöpfungen. Wenn diese (ihre) wahre oder »leere« Natur durchschaut wird, lösen sich damit alle Ängste auf, weil sie durchweg im Haften an einem getrennten »Selbst« gründen.

Das Rime (»Unparteiische«) als maßgebliche Integrationsbewegung zu allen tibetischen Traditionen beginnt im 19. Jh. Sie hat bis heute auf die Nyingmapa und die Karma-Kagyüpa großen Einfluss. Ihr Hauptvertreter ist Jamgön Kongtrul (1811–1899), der als Tulku gilt und zahlreiche prägende Werke geschrieben hat.

Die bedeutendsten Schriften

Der frühe Buddhismus Theravâda

Der *Pali-Kanon* des frühbuddhistischen Theravâda ist der älteste vollständig überlieferte Textkanon zur Lehre des Buddha. Er hat »Drei Körbe« (Ti-Pitaka): Die Reden des Buddha Sutta in fünf umfassenden Sammlungen Nikâya, der Ordenskodex Vinaya zur Ordensentwicklung und den Regeln sowie die späteren philosophischen und psychologischen Abhandlungen Abhidhamma zu den Worten des Erwachten. Das Ganze umfasst mit den alten Kommentaren zu diesen Werken des Pali-Kanons etwa 60000 Seiten in 40 Bänden, die heute kostenlos auf CD-Rom des Vipassanâ Research Institute innerhalb der Vipassanâ-Tradition des *Körperhineinfließens* des Inders Satya Narayan *Goenka* erhältlich sind. Diese CD wir mit ihren vielen Hilfsprogrammen wissenschaftlich hoch geschätzt.

Buddhistische Handschrift, die mit zwei nimbierten Heiligen geschmückt ist; 16.–18. Jh.

Buddhas letzte Worte

Die Letzten Worte des Buddha (Mahâparinibbâna-Sutta): »Ich habe lediglich einen Dharma vermittelt, nicht einen geheimen und einen öffentlichen. Nichts Wichtiges ist unverkündet geblieben, als sei es in einer geschlossenen Faust. Ein Erwachter denkt nicht: ›Ich muss die Jüngerschaft führen. Sie sollte sich auch weiterhin auf mich verlassen!‹ Deshalb sage ich: ›Seid Euch selbst das führende Licht, seid Euch selbst der Freiort, wählt niemand anderen zum Freiort. Nehmt den Inneren Weg zum führenden Licht, nehmt den Inneren Weg zum Freiort, wählt

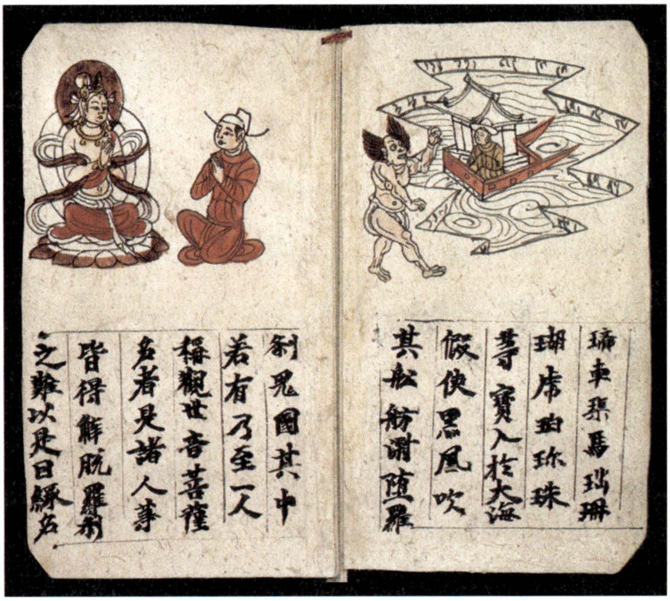

Betender Priester vor dem Bodhisattva, Illustration zum Lotus-Sutra, Codex mit Zeichnungen in Tuschfeder, China, 10. Jh.; British Library, London.

Aufbewahrungsort von Schriften in Lhasa

nichts anderes zum Freiort. Wie könnt Ihr Euch selbst nun der Freiort sein? Bleibt stets verankert in eingehender Betrachtung des Körperlichen im Körperlichen: Entschlossen, klar wissend und achtsam gegenwärtig, nachdem Verlangen und Bekümmern hinsichtlich der Welt abgelegt worden sind. Das Gleiche gilt für die Empfindungen, Geisteszustände und Natürlichen Wahrheiten. Diejenigen, die jetzt oder künftig auf diese Weise leben, werden das Höchste verwirklichen! Was ich Euch als den Weg gewiesen und erläutert habe, wird nach meinem Verscheiden Euer Lehrer sein. Flusshaft-vergänglich ist alles bedingt Entstandene. Erarbeitet Euch unermüdlich die Befreiung‹« Diese machtvollen Worte bedeuten auch eine klare Absage an jede Form der Esoterik (griech. »Geheimlehre«).

Die Rede von der Allgüte

Buddhas Rede von der Allgüte (Metta-Sutta) ist einer der in Südostasien von den Laien und Ordinierten meistrezitierten Kurztexte des Pali-Kanons. Wegen ihrer Schönheit und Kraft erscheint sie dort in Neuübersetzung vollständig. Solche Aussagen des Erwachten demonstrieren auch, warum manche Indologen seine Praxislehre als eine »Ethisierung des altindischen Denkens« zusammengefasst haben.

Die beiden kanonischen Textsammlungen des Mahâyâna

Die umfassenden Quellen des Mahâyâna sind an den altindischen Klosteruniversitäten Nâlandâ, Vikramashîla, Otantapurî und Taxila entstanden. Während der Hochblüte des Mahâyâna studieren in Nâlandâ rund 10 000 Mönche, laut dem Reisebericht des chinesischen Pilgers Xuanzang (602–664 n. Chr.). Dieser Reisebericht ist damals in China und dessen Nachbarländern sehr populär. Der indische König Harsha steht im engen Kontakt mit Xuanzang. Im 12. Jh. wird Nâlandâ von den muslimischen Eroberern Indiensvöllig zerstört. Xuanzang, der chinesische Pilger *Faxian* (337–422 n. Chr.) oder Begründer von Haupttraditionen des tibetischen Buddhismus studieren viele Jahre an jenen Klosteruniversitäten. Von hier nahmen sie die grundlegenden Sanskrit-Schriften in ihre Heimatländer mit, Faxian etwa 657 Werke, von denen er selbst 75 aus dem Altdindischen (Sanskrit) ins Chinesische überträgt. Der wichtigste Übersetzer ins Chinesische ist der Inder Kumârajîva (344–413 n. Chr.). Auf solche Weise entstehen allmählich die Textgrundlagen für den umfassenden chinesischen und ebenso den tibetischen buddhistischen Kanon.

Der Kanon der fernöstlichen Mahâyâna-Traditionen

Der im 10. Jh. fertiggestellte chinesische »Dreikorb« (chines. San-zang) mit den Reden (Sûtras), der Ordensdisziplin (Vinaya) und der Scholastik (Abhidharma) umfasst 2500 Einzelwerke (Taisho Tripitaka). Er ist grundlegend für den ganzen fernöstlichen Buddhismus. In diesen chinesischen Übersetzungen sind die im Sanskrit verfassten Werke des indischen Mahâyâna erhalten, welche in Indien verlorengegangen sind. Dieser Kanon enthält auch zentrale Bestandteile der anderen frühbuddhistischen (Übergangs-)Schulen zum Mahâyâna (etwa deren Reden Buddhas »Âgamas«). Seit einiger Zeit arbeitet das »Numata Center for Buddhist Translation and Research« der wohlhabenden japanischen buddhistischen Stiftung »Bukkyô Dendô Kyôkai« (Gesellschaft zur Förderung des Buddhismus) des Industriellen Dr. Yehan Numata an einer vollständigen Übersetzung des chinesischen Kanons ins Englische. Dabei handelt es sich ebenso um populär orientierte Ausgaben (BDK English Tripitaka Series), die zum Teil bereits erhältlich sind. So sind nun auch bald Haupttexte der anderen frühbuddhistischen Schulen breit zugänglich.

Nâgârjuna

Nâgârjuna (2.–3. Jh., Indien) gilt mit seiner direkten Befreiungsschau als ein Urvater des chinesischen Chan oder Zen und im ganzen tibetischen Buddhismus als der »Zweite Buddha«. Er ist ebenso ein Hauptvater des tantrischen Buddhismus. Außerdem prägt er heute maßgebliche Lehrende des frühen Buddhismus Theravâda (etwa einen der Gründermeister des *Vipassanâ,* Ajahn Buddhadâsa aus Thailand oder den Engländer Christopher Titmuss). Nâgârjuna ist der insgesamt einflussreichste Denker des Buddhismus. Er ist hier nach dem Buddha der Großmeister zur Weisheit. Als Beispiele kommen neu übersetzt fünf »Wurzelverse« aus dem Kapitel Untersuchung des Selbst seines Hauptwerkes *Mûla-Madhyamaka-Kârika,* vom Herzen der Höchsten Realität.

Shântideva

Shântideva (7.–8. Jh., Indien) vertritt die von Nâgârjuna begründete Denkrichtung des *Mittleren Weges.* Shântideva ist der einflussreichste Vater des *Bodhisattva*-Ideals, das in Zentral- und Ostasien im ethischen Zentrum des Mahâyâna steht. Shântidevas Hauptwerk »Eintritt in den Wandel zum Erwachen« ist das meistkommentierte Werk des Buddhismus. Der heutige Dalai Lama betrachtet es als seine primäre Inspirationsquelle. Der buddhistische Bestsellerautor Stephen Batchelor (Buddhismus für Ungläubige) erkennt in ihm die »klarste buddhistische Formulierung« dessen, was es heißt, »authentisch mit anderen zu sein«. Der Senior-Vipassanâ-Lehrer Christopher Titmuss sieht hier die »Ethik der Zukunft«. Mit rund 1000 Strophen in zehn Kapiteln besingt Shântidevas philosophisches Lehrgedicht den inneren Werdegang des Bodhisattva. Aus diesem reichen Vorrat an Einsichtsschätzen haben nicht bloß die Meister des Mahâyâna, sondern genauso die buddhistischen Laien geschöpft. Verse sind etwa in die tibetische Folklore eingegangen. Im Buddhismus ist Shântideva nach dem Buddha der Großmeister zum Herzen oder der Ethik.

Der Kanon des tibetischen Buddhismus und des tantrischen Weges

Der tibetische *Kangyur* (»Wort des Buddha«) enthält 108 Bände (die Mahâyâna-Sûtren, Ordensdisziplin Vinaya, Scholastik Abhidhamma und Tantras) und der *Tengyur* (die altindischen Abhandlungen und Kommentare) noch einmal 225 Bände. Der Gelehrte Butön (1290–1364) hat das Gesamte kompiliert. Insgesamt handelt es sich um 4700 Einzelwerke. Wenn man zu diesem Kanon nun noch die zahllosen, über die Jahrhunderte verfassten Schriften der Lamas, Rinpoches und Gelehrten Tibets hinzuzählt, lässt sich sagen: Die Tibeter sind die an religiösen Schriften reichste Kultur der Welt.

Die altindischen Mahâsiddhas spielen im tibetischen Buddhismus eine besondere Rolle als die Meister der Begründer fast aller tibetischen Hauptrichtungen. Ihre Befreiungsgesänge *Dohas* haben hier stark fortgewirkt und große Nachahmer gefunden, etwa die erwähnten Milarepa und Drukpa Künleg. Der altindische Mahâsiddha Saraha, von Beruf Pfeilschmied, illustriert die Reinheitssicht der tantrischen Verwirklichten: Die Vereinigung von Methode und Weisheit, Yogin und Yogini sowie Nâgârjunas Grundsicht (dass im Licht der höchsten Schau nichts ein »Selbst« bleibt oder »Samsâra ist

Ein buddhistischer Mönch im Tempel von Haeinsa in Südkorea zeigt eine Holztafel der Tripitaka Koreana, eine der größten Sammlungen buddhistischer Texte, die zwischen 1237 und 1249 auf 80000 Tafeln festgehalten wurden.Die Sammlung befindet sich im Tempel von Haeinsa, die Tafeln werden in Changgyong P'aango-Gebäuden aufbewahrt, die eigens für diesen Zweck im 15. Jahrhundert errichtet wurden. Tempel und Sammlung wurden 1995 zum Weltkulturerbe erklärt.

Nirvâna«). Saraha steht am Anfang der Übertragungslinie der *Mahâmudrâ* (»Großes Siegel«). So verdeutlicht er auch die Intention dieser direkten Meditation.

Wichtige Institutionen

Konzil: Das Konzil *Sangâyanâ* (»Gemeinsame Rezitation«) ist die große Zusammenkunft der führenden Ordinierten, um die kanonischen Texte einer umfassenden Durchsicht zu unterziehen. Dabei geht es um die Sicherung der ursprünglich mündlich tradierten Worte des historischen Buddha.

Es gab bisher sechs große, das erste unmittelbar nach Buddhas Tod. Auf dem 2. Konzil von Vaishâlî (380 v. Chr.) begann sich die Urgemeinde in zwei Richtungen zu trennen, die »Großgemeindler« Mahâsanghikas, eine Übergangsschule zum Mahâyâna, und die »Anhänger der Lehre der Ältesten« Sthaviravâdins, die späteren Theravâdins. Auf dem 3. Konzil von Pâtaliputra (253 v. Chr.) unter Kaiser Ashokas Schirmherrschaft entstanden weitere Übergangsschulen Mahâyâna, das ab der Zeitwende in Indien voll hervorgetreten ist und Zentral- und Ostasien geprägt hat. Das 4. Konzil fiel in die Zeit des buddhistischen indischen Königs Kanishka (78–144 n. Chr.). Das 5. Konzil tagte 1871 in Mandalay, Burma, und das 6. Konzil 1954 bis 1956 in *Rangoon,* als 2500 Mönche aus ganz Südostasien den *Pali-Kanon* geprüft sowie modern ediert haben.

Der Dalai Lama (r.) und der Pantschen Lama (l.) 1956 während eines Indien-Besuchs. Nach dem Scheitern des Volksaufstandes im März 1959 und der Flucht des Dalai Lama nach Indien hat der chinesische Ministerpräsident Zhou Enlai die Landesregierung in Lhasa aufgelöst und den peking-freundlichen Pantschen Lama an die Spitze des »Ausschusses für die autonome Region Tibets« gestellt.

Klöster und Gesellschaft: Der Zweck der Ordensgemeinschaft, deren Mitglieder sich vollständig der Praxis des Inneren Weges widmen, ist die Bewahrung der Lehre. Dies ist kein Selbstzweck; die Früchte der ungeteilten Widmung machen die Ordinierten zu Helfern der Gesellschaft: Unterweisung in der Befreiungslehre, persönliche Beratung oder Beistand in Krisensituationen wie Verlust, Krankheit und Tod. Neben dieser Vermittlung des Inneren Weges tragen buddhistische Ordinierte heute in Asien ebenfalls Waisenhäuser, Aidshilfeklöster, Kliniken oder Altenheime. Traditionell haben die Klöster auch Schulen für die Jungen betrieben, die bis heute neben den staatlichen existieren. Im alten Indien gab es große monastische Universitäten, eine Tradition, die sich in den späteren buddhistischen Ländern bis heute fortgesetzt hat. Der tibetische Lama Chögyam Trungpa (1939–87) gründete das Naropa-Institute in Boulder (USA) als erste westliche buddhistische Universität.

Leben in den Klöstern: Die Entscheidungen der Klostergemeinschaft beruhen auf dem Konsensprinzip. Das Hauptelement des Vinaya sind die 227 Verhaltensregeln Patimokkha, die in den Klöstern monatlich an den Tagen des Voll- und Neumonds feierlich rezitiert werden. In jüngster Zeit konnte sich im Westen eine frühbuddhistische Klostertradition etablieren: Die *Ordensgemeinschaft* des thailändischen Meisters Ajahn Chah, deren Klöster von Laien vielbesucht sind. Ajahn Chah zum Zweck der Regeln: »Sie schaffen eine einfache, harmonische Umgebung. Ihre Essenz ist das Betrachten der Absicht.« Denn die Läuterung der Absichten ist das Fundament des Weges. Im Westen gibt es heute auch andere buddhistische Gemeinschaften aus westlichen Ordinierten.

Die Orden: In Asien sind die Orden primäre Träger und Vermittler der buddhistischen Lehre. Daneben bestehen heute unabhängige Laienorganisationen (z. B. die Vipassanâ-Tradition des *Körperhineinfließens*). Laut *Pali-Kanon* haben bereits zur Zeit der Urgemeinde Laien in großer Zahl die Endgültigen *Befreiungsstufen* verwirklicht. Im westlichen Buddhismus spielen Laienorganisationen die wichtigere Rolle bei der Vermittlung der buddhistischen Befreiungslehre.

STICHWORT **Mönche**

Gohanshiki-Ritual japanischer Mönche in Nikko; sie halten eine Schüssel mit Reis über dem zu Boden geneigten Kopf.

Betende Mönche vor dem Mayadevi-Tempel in Lumbini. Der Ort in Nepal wird als Geburtsstätte des Siddharta Gautama verehrt.

Mönche in Taipeh (Taiwan) beten bei der Geburtstagszeremonie am 14.5.2000 zu Ehren Buddhas.

Mönche empfangen Almosen am 17.5.2000 in Colombo während des buddhistischen Festes Wesaak, das an Geburt, Erleuchtung und Scheiden Buddhas erinnert.

Buddhistische Mönche im Kloster Hemis in der indischen Region Ladakh während der täglichen Arbeit: Sie waschen Gerste im Hof.

Mönche beim Gebet im Kloster Spitok bei Leh in Indien. Die Gebetsformeln werden auf Stofftücher gedruckt und sollen Glück bringen.

Ansicht von Lumbini, Provinz Teraï in Nepal, dem Geburtsort des Siddharta Gautama. Den genauen Platz markiert der so genannte »Geburtsstein«, der 1996 unter der Leitung eines japanischen Archäologen fünf Meter unter dem Maya-Devi-Tempel ausgegraben wurde. Der Fund ist für Millionen Buddhisten weltweit von großer Bedeutung. Als Buddha im Sterben lag, sagte er zu seinem Jünger Ananda, dass jeder, der seinen Geburtsort besucht, in einem Zustand der Gnade wiedergeboren werde.

Heilige Stätten

Die länderübergreifend heiligsten Stätten des Buddhismus sind die Orte von Buddhas Geburt *(Lumbinî),* vollem Erwachen *(Bodh Gayâ),* erster Rede bzw. Lehrbeginn *(Sârnâth)* sowie Tod *(Kushinagara)* in Südnepal und Nordindien. Daneben gibt es noch weitere Orte in Nordindien, wo sich der Buddha regelmäßig aufgehalten oder häufiger Reden gegeben hat, wie Shrâvastî, Kaushâmbî und Râjagriha.

Die größten Heiligtümer Chinas sind die *Vier Heiligen Berge: Wutai-Gebirge, Emei-Gebirge, Putuo-Insel* und *Jiuhua-Gebirge.* Zentrale Stätten in Japan sind etwa die Berge Hiei und Koyasan. Auf dem Berg Hiei bei Kyoto errichtet der Begründer der japanischen *Tendai*-Schule Saichô im Jahr 788 ein weitläufiges Zentrum. Es gilt vielen Japanern als »Wiege des japanischen Buddhismus«. Auf dem Berg Koyasan südlich von Kyoto gründet Kûkai (774–835) das Zentrum des japanischen Shingon-Buddhismus.

Die beiden Hauptbauformen des Buddhismus sind der *Stûpa* (rundlicher Reliquienschrein) und die *Pagode* (etagenförmiger Sakralbau mit Schirmdächern). Vier ganz zentrale Stûpas stehen an jenen heiligsten Orten Lumbinî, Bodh Gayâ, Sârnâth und Kushinagara. Diese sind heute wieder Pilgerstätten für Buddhisten aus aller Welt. Der älteste erhaltene Stûpa steht in Sâñchî in Mittelindien, der »Große Stûpa« (3. Jh.v.Chr.), der zum Bauvorbild geworden ist. Berühmte Stûpas sind auch Bodhnâth (5. Jh.) und Swayambhûnâth in Nepal. Von ihren Seiten blicken große allsehende Buddha-Augen. Bodhnâth ist auch das nepalesische Zentrum der Exiltibeter, mit mehr als zehn Klöstern im Umfeld des Heiligtums. Eine häufig abgebildete Pagode ist die riesige Shwedagon-Pagode in Burmas Hauptstadt *Rangoon,* wo immer ein lebhaftes Treiben herrscht: Berufstätige machen dort Mittagspause, alte Frauen plaudern beim Kartoffelschälen oder Ordinierte beraten und segnen Laien.

Besonders große Tempelanlagen aus vergangenen Epochen sind die Tempel von Borobudur auf Java (9. Jh.) und das Khmer-Heiligtum Angkor Wat in Kambodscha (12. Jh.). Borobudur (33 m hoch, 123 m breit, mit

72 Stûpas) zeugt auch von der Blüte des Buddhismus im damaligen Indonesien, wohin später der Islam vorgedrungen ist. Es ist die größten Stûpa-Anlage der Welt. Pagan in Burma ist die Hauptstadt des ersten burmesischen Großreiches (849–1287). Der Ort wird auch die »Stadt der Pagoden« genannt.

Feste und Riten

Die allmonatlichen buddhistischen Feiertage sind die vier Mondwendtage Uposatha (besonders Vollmond und Neumond), wenn sich die Laien z.B. in den Klöstern zu Zeremonien versammeln. Der zentrale Feiertag des Jahres ist der erste Vollmondtag im Mai, Vesakh, als der Buddha in *Bodh Gayâ* das volle Erwachen (Bodhi) verwirklicht hat. In den Ländern des frühen Buddhismus *Theravâda* gilt der Vollmond im Mai auch als der Tag, als der Buddha in *Lumbinî* geboren worden ist, später sein Elternhaus verlassen hat, um sich ganz auf die Reise zum inneren Heilsziel zu machen, und im Hain aus Sal-Bäumen bei *Kushinagara* entschlafen ist.

Thailand und Burma: Bei thailändischen und burmesischen Feierlichkeiten des Buddhismus werden die Haustüren mit farbigen Laternen, Papierfahnen und Palmblättern geschmückt. In Tempeln werden bei brennenden Kerzen, Blumen und dem Rauch der Räucherstäbchen die alten Texte rezitiert.

Sri Lanka: Auf Sri Lanka wird am Poson-Tag zum Vollmond im Juni oder Juli die Ankunft des Buddhismus auf Sri Lanka gefeiert. Mit großen Prozessionen (Peraheras) ziehen die Menschen durch die Straßen, festlich bekleidete Elefanten tragen Statuen und Trommler begleiten die Menge. An den Bäumen hängen Öllämpchen und die Tempel sind dekoriert. Die größte Feier findet in Mihintale bei Anuradhapura statt. Der ceylonesische König ist hier Ashokas Sohn Mahinda begegnet, welcher den *Theravâda* von Indien nach Sri Lanka gebracht hat. Auch steht an diesem Ort ein Ableger des Bodhi-Baums, worunter der Buddha das Erwachen verwirklicht hat. Am Asala-Tag wird Buddhas erste Rede in *Sârnâth* gefeiert. Während der insgesamt 15-tägigen Perahera im August wird in Kandy das größte Heiligtum des Landes auf Elefanten durch die Straßen getragen: Ein Zahn des Buddha.

Tibet: In Tibet ist das größte Fest Losar, das tibetische Neujahrsfest im Februar. Es beginnt am Vollmondtag dieses Monats und

Oben: Gläubige Birmaner feiern das Goldene Vogelfest auf dem Inle-See in ihrem Heimatland.

Links: Einen wesentlichen Anteil an festlichen Zeremonien bilden Räucherstäbchen aus wohlriechenden Materialien. Sie stehen mit dem Feuerritual in Zusammenhang.

Unten: Ein unverwechselbares Kennzeichen des tibetischen Buddhismus sind rituelle Maskentänze. Zu den begleitenden Instrumenten gehört der Gong.

STICHWORT Riten gestern und heute

Tibetische Frauen beten mit Gebetsrädern vor dem Tempel in Majnu-ka Tilla in Indien.

Ein buddhistischer Mönch steht in einem thailändischen Kloster vor einem Gong.

Ein nepalesischer Mönch setzt Gebetsmühlen in einer Klosterwand in Gang.

Verschiedene Opfergaben von gläubigen Thailändern in der Halle des Wat-Phra-Keo-Tempels in der Hauptstadt Bangkok

Geste der Meditation einer gläubigen Buddhistin in Tibet mit einer traditionellen Gebetskette in ihren Händen

dauert 15 Tage. In dieser Zeit führen die Lamas z.B. Heilige Tänze in prächtigen Kostümen durch, oder die Laien nehmen Fastentage auf sich, geben etwas hin, woran sie sich geklammert haben oder gehen in die örtlichen Tempel zu den Verehrungszeremonien Pûjas. Ein weiterer zentraler Feiertag des tibetischen Buddhismus kommt mit dem »Geburtstag von Guru Rinpoche« im Juli. Es ist der Geburtstag des hochverehrten Mahâsiddha *Padmasambhava,* welcher die Lehren des Buddhismus im 8. Jh. als erster nach Tibet gebracht hat. An diesem Tag werden mit der Zeremonie Tsok in den Tempeln dem Buddha Gaben von Kerzen und Nahrung dargebracht, die Schriften oder Heilige Silben *Mantras* rezitiert und am Ende still meditiert.

Japan: In Japan ist z.B. das Blumenfest Hana Matsuri zentral, das zu Buddhas Geburtstag gefeiert wird, der hier auf dem achten April liegt. In dieser Zeit der Kirschblüte finden Folkloretänze statt. Dann wird auf den japanischen Tempelgeländen auch mit Schauspielaufführungen das Ereignis der Geburt des Buddha zelebriert.

Die wichtigste buddhistische Verehrungszeremonie ist die *Pûjâ* (Sanskrit »Verehrung, Zeremonie«). Im frühen Buddhismus *Theravâda* wurden von den Ordinierten Buddhas Reden im Pali-Kanon melodisch gesungen, Laien nehmen mit feierlichen Formeln die Drei *Freiorte* sowie *Fünf Gelübde* und am Ende wird gemeinsam still meditiert, z.B. an jenen Feiertagen Uposatha in den lokalen Tempeln.

Religion und Staat

Die Rolle des Staates

Das Verhältnis des buddhistischen Ordens zum Staat ist von Land zu Land unterschiedlich. Im sozialistischen Burma versucht der Staat, den Orden stark zu kontrollieren. In Thailand hat der Staat in Angelegenheiten des Ordens ein letztliches Entscheidungsrecht, das er aber selten ausübt. Der Orden hat hier einen sehr hohen Status. In Sri Lanka sind Staat und Orden getrennt. Im allgemeinen gilt für die buddhistischen Länder mit sozialistischen Regierungen (China, Vietnam, Laos), dass hier der Staat mehr Einfluss auf den Orden zu nehmen versucht. Aber dessen altetablierte Verankerung im Herzen des Volkes setzt dem klare Grenzen. Die wirtschaftliche Liberalisierung und Öffnung für den Westen fördern hier auch die Freiheit des Ordens. In den anderen nicht-sozialistischen Ländern (Japan, Korea, Taiwan, Kambodscha, Singapur, Mongolei) besitzt der Orden Freiraum. Im alten Tibet und heutigen Bhutan (tibetischer Buddhismus) gibt es eine enge Verzahnung des Staates mit dem Orden, der dort große Machtfülle besitzt.

Der Engagierte Buddhismus

Der gesellschaftlich aktive Engagierte Buddhismus ist in Asien entstanden, aber seit vielen Jahren auch im Westen manifest, im Tier- und Umweltschutz, Sozialprojekten, Friedensinitiativen oder der Bewegung zur Sterbehilfe. Eine besondere Manifestation sind hier die zahlreichen Gemeinschaften und Hilfsprojekte, die sich der Nothilfe, Unterstützung von Kindern, Aufbauarbeit und politischen Freiheit der buddhistischen Völker Asiens widmen. Dabei gilt ein besonderes Augenmerk dem tibetischen Volk. Im Westen höchst aktive Vertreter des Engagierten Buddhismus sind der vietnamesische Zen-Meister Thich Nhat Hanh mit seinem 300 Gemeinschaften zählenden »Orden des Interseins«, Sögyal Rinpoche mit der großen Organisation »Spirituelle Fürsorge« zur Hospizarbeit, Bernhard Glassman Rôshi mit der »Peacemaker Gemeinschaft« oder Christopher Titmuss, eine maßgebliche Stimme der Verbindung des Buddhismus mit Ökologie. Eine wichtige Organisation ist ebenfalls der »Earth Sangha« (earthsangha.org). Die deutsche Website (buddhanetz.de) gibt umfassende Informationen und Links. In einem thailändischen Kloster wird 1989 von engagierten Ordinierten und Laien das »International Network of Engaged Buddhists« (INEB) gegründet, mit Sitz in Bangkok. Damit sollen die weltweiten Aktivitäten zusammengeführt, gefördert und mit anderen Bewegungen in Kontakt gebracht werden. 1993 wird in Thailand für den deutschen Sprachraum auch das »Netzwerk Engagierter Buddhisten (NEB)« gegründet, das Franz-Johannes Litsch in Berlin leitet.

Der frühbuddhistische Theravâda gilt heute als besonders starker Motor des Engagierten Buddhismus. In Südostasien gibt es etwa die »Development Monks«, Aidshilfe-Klöster, die von Mönchen getragene Bewegung zur Ordination (damit Unantastbarkeit) vom Niederschlag bedrohter Urwaldbäume, den UNESCO-Friedenspreisträger und Autor Phra Payutto, autark lebende spirituelle Landgemeinschaften, den Sozialreformer Sulak Sivaraksa, den Patriarchen Kambodschas, Maha Ghosananda, der hier etwa internationale Friedensmärsche leitet, oder die große Selbsthilfe-Bewegung »Sarvodaya« (Kraft durch Wahrheit) auf Sri Lanka unter dem Gandhi-Friedenspreis-Träger Dr. Ariyaratne, der in Tausenden von Dörfern Entwicklungsarbeit geleistet hat.

Der thailändische Professor und Sozialreformer Sulak Sivaraksa hat das INEB initiiert. Es ist heute in über 30 Ländern vertreten und ermöglicht über das Internet regelmäßige Konferenzen und bei länder- oder the-

Selbstverbrennung eines Mönchs am 5. Oktober 1963 auf dem Marktplatz von Saigon, der auf diese Weise gegen das diktatorische Regime Diem in Südvietnam protestierte.

Die deutsche Theravâda-Nonne Ayya Khema († 1997) gehörte weltweit zu den einflussreichsten Vermittlern des Buddhismus und dessen Meditation. Sie war vielfache Autorin und gründete das große deutsche Zentrums »Buddha-Haus«

Tony Packer hat ihre Ursprünge im Zen-Buddhismus, ging dann aber ihren eigenen Weg: »Der Moment der Erfahrung ist unendlich«

menspezifischen Begegnungen einen intensiven Erfahrungsaustausch. Jeweils drei prominente Vertreter der drei buddhistischen Haupttraditionen haben dessen Schirmherrschaft übernommen: Ajahn Buddhadâsa für den Theravâda (nach dessen Tod 1993 der in Kambodscha besonders aktive höchste Mönch des Landes, Maha Ghosananda), Thich Nhat Hanh für den Mahâyâna-Buddhismus im Allgemeinen, und der Dalai Lama für den tibetischen Buddhismus. Zu den Mitbegründern des INEB gehört die amerikanische, 1979 von dem Zen-Meister Robert Aitkin Roshi begründete »Buddhist Peace Fellowship« (BPF). Sie ist eine der verzweigtesten buddhistischen Gemeinschaften des Westens, heute der nordamerikanische und australische Zweig des INEB. Der westliche Hauptschüler Ajahn Buddhadâsas, der britische Vipassanâ-Lehrer Christopher Titmuss, ist ein Gründungsmitglied des internationalen Beirates der BPF. Dieser Beirat zählt zwölf Mitglieder. Drei von ihnen, nämlich Thich Nhat Hanh, Maha Ghosananda und Sulak Sivaraksa, sind mehrfach für den Friedensnobelpreis vorgeschlagen worden. Ein weiteres Mitglied dieses Beirates, Dr. Ariyaratne aus Sri Lanka, hat den »Mahatma Gandhi Friedenspreis« für seine Hilfsarbeit mit der »Sarvodaya Self Help Movement« (er ist deren Präsident) in seiner konfliktgeplagten Heimat erhalten.

In Vietnam existieren das Mahâyâna und der Theravâda seit jeher nebeneinander. Es hat in diesem Land auch eine starke christliche Mission mit deutlichen Gegenreaktionen gegeben. Die vietnamesischen Buddhisten zeigen ausgeprägtes politisches Engagement. So führten 1966 Demonstrationen und Selbstverbrennungen von Mönchen zum Putsch gegen den dikatorischen katholischen Ministerpräsidenten Ngo Dinh Diem. Buddhisten erzwangen von der Militärregierung Ky Wahlen.

Auch in Birma sind Mönche eine Stütze der Opposition. Nachdem das sozialistische Militärregime Ende der 1980er Jahre den in freien Wahlen von der Oppositionspartei erzielten klaren Sieg annulliert hat, kam es zu Demonstrationen und Inhaftierungen von Mönchen. Führerin der Opposition ist Friedensnobelpreisträgerin Aung San Suu Kyi. Sie praktiziert neben Maha Ghosananda, Sulak Sivaraksa und Dr. Ariyaratne die Achtsamkeitsmeditation *Vipassanâ.*

Zum Bereich der Gefängnisarbeit ist an erster Stelle Satya Narayan *Goenka* zu nennen. Nach einer höchsten indischen Regierungsempfehlung wird das von ihm vertretene Vipassanâ des *Körperhineinfließens* heute an den meisten indischen Gefängnissen vermittelt. Eine andere buddhistische Organisation in diesem Bereich ist »Angulimala: The Buddhist Prison Chaplaincy Organisation« (angulimala.org.uk) und als Zweig der »Buddhist Peace Fellowship« das »Prison Dharma Network« (prisondharmanetwork.org).

Individuum und Gesellschaft

Ethische Richtlinien

In der buddhistischen Welt sind die *Fünf Gelübde* das Herz jeder ernsthaften Laienpraxis: Nichttöten, Nichtstehlen, Vermeiden sexuellen Fehlverhaltens, das für den Sexualpartner vermeidbares Leiden bedeutet, Nichtlügen und der Verzicht auf berauschende Substanzen. Ethik ist das Fundament des inneren Befreiungsweges. Die höchste Form der ethischen Motivation sind Göttliche Wohnstätten im Herzen (Brahmavihâras): Liebende Güte, Mitgefühl und Mitfreude in Gleichmut. Sie verbinden den Weg der Selbstbefreiung mit der gesellschaftlichen Realität.

Die Frau im Buddhismus

Auch der Buddhismus hat patriarchale Züge. In seiner Geschichte hat es viel mehr Meister als Meisterinnen gegeben, zumindest unter den bekannten Persönlichkeiten. Ein weiblicher Dalai Lama oder Karmapa im tibetischen Buddhismus etwa ist nicht überliefert. Doch im Vergleich der Weltreligionen steht der Buddhismus am besten da: Der Buddha hat ausdrücklich keinen Unterschied gemacht, was die Befreiungsfähigkeit der Geschlechter angeht. Er gründete (gegen den Widerstand einer sehr patriarchalischen Kultur) einen weiblichen Orden. Er war der erste spirituelle Meister im alten Indien, der Frauen in den engsten Schülerkreis aufnahm. Es gab hier eine beträchtliche Zahl von Frauen unter den Ordinierten wie Laien, die voll erwacht sind oder eine der Endgültigen *Befreiungsstufen* vorher realisiert haben. Diese Fakten gelten nicht für die Ausgangslagen der anderen Weltreligionen. Wenn die gesellschaftlichen Bedingungen es gestatten, wie gegenwärtig im Buddhismus des Westens, erlangen buddhistische Frauen die gleiche Position wie Männer unter den Praktizierenden, Lehrenden, Autoren und Realisierten. Aus diesem Grund sind es immer bloß die gesellschaftlichen Bedingungen, die eine spirituelle Gleichstellung der Frau im Buddhismus verhindern. Auch haben Frauen aktuell in manchen buddhistischen Orden Asiens eine starke Position. Im dynamischen Buddhismus des modernen Taiwan zählen die weiblichen Ordinierten, die hier häufig besonders gebildet und engagiert sind, gegenüber den männlichen deutlich mehr. Auch in Korea ist ihre Position gleichberechtigt. Die Frauen haben hier volle Ordination, eigene Meisterinnen oder Äbtissinnen und sind finanziell ziemlich unabhängig.

Ehe und Familie

In buddhistischen Ländern ist das Wechselverhältnis von materieller Unterstützung der Ordinierten durch die Laien und spiritueller Unterstützung der Laien durch die Ordinierten generell zutiefst etabliert. So erfüllen letztere auch eine wichtige Funktion bei Hochzeiten oder der spirituellen Begleitung eines Paares. Bei einer Trauungsfeier in Thailand etwa führen die Mönche eine Schutzzeremonie durch. Sie rezitieren Buddhas »Rede von der Allgüte« oder seine »Rede vom Höchsten Segen«, Mangala-Sutta. Hier betont der Erwachte unter anderem: »Mutter und Vater zu fördern, den Ehemann oder die Ehefrau und die Kinder, dies ist der Höchste Segen.« Eine der fünf Redensammlungen des Pali-Kanons sind Reden Buddhas, die speziell den Laien galten.

Der Buddhismus im Westen entspricht zunehmend den spirituellen Bedürfnissen der Familien. Die Gemeinschaft des populären vietnamesischen Zen-Meisters Thich Nhat Hanh z. B. bietet jeden Sommer vierwöchige Familiencamps mit Hunderten von Teilnehmern. In den Theravâda-Klöstern der westlichen *Ordensgemeinschaft* gehen Familien ein und aus, die hier Rat und Inspiration bekommen. Die weltgrößte *Vipassanâ*-Tradition des *Körperhineinfließens* bietet Meditationskurse, auch für Kinder. *Hans Gruber*

Oben: Junge Mönchsschüler im Distrikt Nogar des Königreichs Bhutan lesen traditionelle Schriften des Buddhismus.

Unten: Mönche scheren anlässlich des Geburtstags von Buddha am 11. Mai bei einer feierlichen Zeremonie im Chokye-Tempel in Seoul die Köpfe einiger südkoreanischer Kinder kahl.

Buddhismus von A–Z

Die im folgenden Buchteil aufgeführten Stichwörter bieten Informationen, die für das Verständnis des Buddhismus wichtig sind. So wird z. B. Erleuchtung hier ausschließlich in seiner Bedeutung für den Buddhismus betrachtet. Seitenverweise am Ende eines Stichwortes führen in den Buchteil *Der Buddhismus in Geschichte und Gegenwart.*

Achtfacher Pfad. Der Buddha hat den Achtfachen Pfad wie folgt resümiert: *Der Mittlere Weg zwischen den Extremen der Selbstkasteiung und verlangenden Sinnenhingabe. Er führt zur Einsicht, zum Frieden, zum vollen Erwachen, zum Nirvâna.* Auf diesem Pfad geht es um eine allmähliche Erhöhung oder Veredelung der acht Pfadglieder, indem die Leidursachen Nichtsehen, Durst und Ergreifen daraus entschwinden. Kultstele des Buddha. Schiefer, Nalanda, 9. Jh., Museum für Indische Kunst, Berlin

A

Abhängiges Entstehen, Zwölf Glieder des (Pali paticcasammuppâda), Kernlehre des frühen Buddhismus *Theravâda.* → S. 645

Abhidhamma (Pali »Höhere Lehre«), Die Worte des Buddha kategorisierende Werke mit ausgeprägter psychologischer oder philosophischer Systematik. Im engeren Sinne ist A. der dritte »Korb« des *Pali-Kanons,* der die Scholastik des frühen Buddhismus *Theravâda* umfasst, etwa Begriffsdefinitionen, Kommentar, Elementaranalyse oder Menschenkunde. In der Wissenschaft gilt der A. nicht als Wort des Buddha. Er ist teilweise wesentlich später entstanden. Der Begriff A. kommt jedoch an manchen Stellen in Buddhas Reden vor. Es heißt etwa: »Zwei Anhänger engagieren sich in einem Gespräch über den Höheren Dharma, und sie befragen sich abwechselnd. Sie antworten sich ohne Zögern. Dieser Austausch entfaltet sich im Einklang mit dem *Dharma.«*

Abhidharmakosha, (Sanskrit »Schatzhaus des Abhidharma«), einflussreiches scholastisches Werk mit enzyklopädischem Charakter zum Thema des buddhistischen Realitäts- und Pfadverständnisses. Der Verfasser war Vasubandhu (5. Jh.), führender Vertreter der Savâstivâdins, einer alten Übergangsschule zum Mahâyâna.

Abhidharmasamuccaya (Sanskrit »Zusammenstellung der Dogmatik«), Asanga zugeschriebene Abhidharma-Abhandlung des indischen Mahâyâna (Großes Fahrzeug). Der Text ist der seltene Versuch, die Dogmatik des Mahâyâna im umfassenden Überblick darzustellen. Der Verfasser führt systematisch zentrale Begriffe des Abhidharma an und erklärt sie kurz. Die Abhandlung zeigt, welche Themen ein führender Philosoph des Mahâyâna und »Begründer« der *Nur-Geist-Schule* für wichtig ansah und wie er sie verstand.

Abhisheka (Sanskrit »Besprenkelung«) → Einweihung

Absolutes, Absolute Wahrheit oder Wirklichkeit → Höchste Wahrheit

Achtfacher Pfad, Edler (Pali ariya-atthangika-magga), die Vierte *Edle Wahrheit* vom Befreiungsweg, der zum Leidensende führt. Jedem Glied des A. ist das Attribut sammâ (»trefflich«) vorangestellt: Ansicht und Entschluss; Rede, Handlung und Lebenserwerb sowie Bemühung, Achtsamkeit und Konzentration. Ansicht und Entschluss bilden das unmittelbar befreiende Gebiet der »Schulung« (sikkhâ) in »Intuitivem Wissen« oder »Klarsicht« *(paññâ);* Rede, Handlung und Lebenserwerb bilden das Schulungsgebiet »Ethische Motivation« oder »Tugend« *(sîla);* Bemühung, Achtsamkeit und Konzentration bilden das Schulungsgebiet »Geistige Ruhe« oder »Sammlung« (samâdhi). Ohne diese dreifache »spirituelle« oder »innere« Schulung herrscht *Wiedergeburt:* Leiden. Die ethische Motivation steht in Einklang mit der »Selbst«-losen »Natur der Dinge« (die *Drei Daseinsmerkmale*), was erst wahre Sammlung oder das Intuitive Durchdringen der drei Daseinsmerkmale ermöglicht. Es gibt auch eine Konzentration, die durch gezielte Mühe unabhängig von ethischer Motivation zu entwickeln ist. Sie kann nützliche Früchte tragen, aber noch nicht die Natur der Dinge verstehen. Nur mit jener intuitiven Klarsicht schwinden die *Unheilsamen Einflüsse;* was Befreiung bedeutet.

Dieses Bedingungsverhältnis zwischen den Schulungen entspricht nicht der Reihenfolge der acht Glieder, welche diesen Grund hat: Treffliche Sicht gilt als das Führungsglied des Pfades. Der Erwachte hat sie etwa mit dem »Zugpferd« eines Wagens verglichen, der ins Land der Befreiung führt. Hier liegt auch der Hauptgrund für die klar unterscheidende, häufig kritische Haltung des Buddha, die er etwa so begründet: »Hier geht treffliche Ansicht voran. Denn ein trefflich Sehender hat trefflichen Entschluss. Ein trefflich Entschlossener hat treffliche Rede usw.«

Achtsamkeit (Pali sati) → Treffliche Achtsamkeit.

Acht Verse zur Geistesumwandlung (tibet. tshig brgyad ma), berühmter Text von Geshe Langri Thangpa aus der *Alten-Kadampa-Tra-*

dition mit Anweisungen zum Geistestraining *(Lodjong).* Der Grundgedanke ist: »Ich werde mich darin üben, mein Wohlergehen und Glück restlos allen Wesen zu schenken und jeglichen Schaden und alles Leiden der Wesen mit Respekt auf mich zu nehmen« (Vers 7).

Âdibuddha (Sanskrit »Ur(sprungs)buddha«) → Urbuddha

Aggregate, Fünf (Pali pañca-kkhandha), die Daseinskonstituenten oder Existenzbehälter, die alles umfassen, was existiert. 1. Form, Sichtbares, Leibhaftes; 2. Empfindungen und angenehme, unangenehme oder neutrale Gefühlsreaktionen; 3. begrifflich geformtes Bewusstsein; 4. Affekte, Willensformationen, willentliche Gestaltungskräfte (unheilsamer oder heilsamer Art); 5. Grundwahrnehmung, Perzeption, Wahrnehmungsvermögen, rezeptive oder vorbewusste Wahrnehmung. Diese A. umfassen alles bedingt Entstandene.

Gefühlsreaktionen (vedanâ) sind die angenehmen, unangenehmen oder neutralen Gefühle im Sinneskontakt, bevor die entsprechenden Willensimpulse (sankhâra) folgen. Begrifflich bestimmtes Bewusstsein (saññâ) bedeutet etwa das Sehen von Blau als Blau. Vorbewusste Wahrnehmung (viññâna) geht dem begrifflich bestimmten Bewusstsein voran, ist etwa das Aufnehmen der begrifflich noch ungeordneten, bloßen Sinnesdaten von Blau. Häufig werden viññâna mit »Bewusstsein« und saññâ mit »Wahrnehmung« übersetzt. Aber sañ (»zusammen«) in saññâ bedeutet das Einordnen der Sinneseindrücke unter einen Begriff, das begrifflich geformte Bewusstsein. Bewusstsein deutet unmittelbarer als Wahrnehmung auf das bereits bewusste, konzeptuell bestimmte Erfassen der Dinge hin. Die A. »sind« das bedingt Entstandene, das durch die *Drei Daseinsmerkmale* (alles fließt, trägt nicht wirklich, im Nicht-Selbst) charakterisiert ist. Im vollen Sehen dieser Natur durch *Treffliche Achtsamkeit* besteht die Befreiung.

Ajantâ, Dorf nordöstlich von Bombay im Bundesstaat Maharashtra. 1819 wurde hier eine in sieben Jahrhunderten entstandene buddhistische Kultanlage des Mönchsordens wiederentdeckt, deren Ausstattung mit Skulpturen und Wandmalerei in den 1920er Jahren umfassend restauriert wurde. Die Höhlenklöster und -tempel gehören zum Weltkulturerbe.

Ajantâ. Die Ansicht der Felsformation lässt nicht erahnen, welche kulturellen Schätze im Inneren verborgen sind. Vom 1. bis zum 7. Jh. n.Chr. entstanden hier in fünf Höhlen Tempel und in 24 weiteren Höhlen Klöster. Wandgemälde schildern Episoden aus den Wiedergeburten des Buddha als Bodhisattva. Literarische Vorlagen waren die Sammlungen der Jatakas (Pali »Wiedergeburtsgeschichten«).

Akanishta, himmlischer Bereich des → Urbuddha

Âlayavijñâna → Nur-Geist-Schule

Allbedingtsein (Pali idappaccayattâ), Buddhas Kurzformel vom A., also der »Selbst«-losen Prozessnatur aller Phänomene der bedingten Welt, lautet: »Dies ist, weil jenes ist. Dies entsteht, weil jenes entsteht. Dies ist nicht, weil jenes nicht ist. Dies entsteht nicht, weil jenes nicht entsteht.« Im frühen Buddhismus *Theravâda* wird das A. mit den zwölf Gliedern des abhängigen Entstehens konkretisiert, mit der Kausalkette der Verstrickung in den Kreislauf der *Wiedergeburten.* Im Mahâyâna wird das A. mit dem *Entstehen in Abhängigkeit* der Denkrichtung des *Mittleren Weges* konkretisiert. Das tief ungetrübte Sehen des A. bedeutet Befreiung von der Fixierung aller Dinge als Selbst vom *Nicht-sehen,* somit das *Nirvâna.*

Allmähliche Erleuchtung, Schule der, Form des chinesischen Chan oder *Zen,* die offenbar von dem konfuzianisch geprägten Mönch Shenxiu (606–706) ausgegangen ist. Er gilt als Konkurrent des Sechsten Patriarchen Dajian Huineng, indem er einen systematischen Weg durch Studien der Mahâyâna-Sûtren betonte. Seine Schule wurde von den chinesischen Herrschern unterstützt, ging aber nach einiger Zeit unter, während Huinengs Linie der *Plötzlichen Erleuchtung* erblühte und eine Quelle des Goldenen Zeitalters des Chan wurde. Shenxiu verfasste diesen Vers zur A.: »Der Körper ist wie der *Bodhi*-Baum. Der Geist gleicht einem klaren Standspiegel. Säubere ihn regelmäßig, lass sich keinen Staub absetzen.« Huineng verfasste dazu einen Gegenvers: »Im Grunde gibt es weder *Bodhi*-Baum noch Standspiegel. Ursprünglich ist da kein Ding irgendwo, wo soll sich also Staub absetzen?«

Alte-Kadampa-Tradition (tibet. kadam-pa »Jemand, der das Buddha-Wort studiert«), vom indischen Gelehrten Atîsha 1042 begründete Schulrichtung, die bis heute bei den Tibetern als Vorbild für authentische, kompromisslose buddhistische Praxis gilt. Die meisten ihrer Meister waren Einsiedler, die sich der Praxis des Stufenwegs *(Lamrim)*, des Geistestrainings *Lodjong* und der tantrischen Meditation widmeten.

Amitâbha Buddha (Sanskrit, chines. Amituo, japan. Amida), einer der wichtigsten Buddhas im Pantheon des Mahâyâna mit besonderer Bedeutung in Ostasien für die Lehre vom *Sukhâvatî (Reines-Land-Schule)*. Die Vorstellungen von diesem »Buddha des Unermesslichen Lichts« (anderer Name Amitâyus: »Buddha des Unermesslichen Lebens«) wurden ursprünglich möglicherweise durch Vorbilder in nicht-buddhistischen Religionen geprägt. Entscheidend für seine Verehrung ist eine Darstellung in einer Reihe von Sûtras *(*Mahâyâna-Reden*)*. Demnach hat A. vor Erlangung der Buddhaschaft in einem früheren Leben (noch als *Bodhisattva* Dharmâkara) dieses Gelübde abgelegt: Dass er als Buddha einmal alle in sein Reines Land *Sukhâvatî* aufnehmen und dort unter den idealsten Bedingungen zum endgültigen *Nirvâna* führen. Die A-Verehrung hat dazu geführt, dass in den Ländern Ostasiens bis heute seine Anrufung *Nenbutsu* außerordentlich populär ist. Mit der Anrufung des A. Nenbutsu während einer Trauerzeremonie wird die Hoffnung auf eine *Wiedergeburt* im Reinen Land verbunden.

Amitâbha Buddha. Amitayus, der Buddha des unendlichen Lebens. Nepalische, mit Elementen der westtibetischen Stiltradition versehene Messingstatue mit Kaltgoldauflage, 2. Hälfte des 14. Jhs., St. Petersburg, Eremitage

Anattâ (Pali »Nicht-Selbst«), das dritte der *Drei Daseinsmerkmale:* Buddhas Herzaussage zur *Höchsten Wahrheit.*

Anicca (Pali »Flusshaftes Vergehen«), das erste der *Drei Daseinsmerkmale,* welches das zweite (Ungreifbarkeit) begründet. Beide zusammen begründen das dritte (allbezogenes Nicht-Selbst). Das »A« vor »nicca« bedeutet ein kategorisches »Nicht« zum Bleiben oder Beharren (selbst für einen Moment) bzw. zur gewöhnlichen Vorstellung von verlässlich-konstanten »Dingen«. Die Übersetzung »vergänglich« ist zu schwach; denn sie beschreibt ein konkretes Ding oder einen bestehenden Sachverhalt, die erst später vergehen.

Das wachsende meditative Verstehen von A. als das letztlich substanzlose Dahinfließen oder Sich-dem-Griff-Entziehen alles bedingt Entstandenen ist die Quelle der inneren Befreiung. In Buddhas Reden im *Pali-Kanon* wird das erste Daseinsmerkmal niemals getrennt von den anderen beiden gelehrt. A. ist hier ausschließlich das Eingangstor zum Verstehen des universellen Nicht-Selbst, dem es untergeordnet ist. Heutige Interpreten des frühen Buddhismus *Theravâda* greifen A. immer wieder betont heraus, indem sie diesen Zusammenhang nicht berücksichtigen. Dann bleibt A. für sich stehen, und ein davon untangiertes »Ich« wird ins Verhältnis dazu gesetzt. Das führt zur Lehre vom »vergänglichen Ich« (z.B. bei dem maßgeblichen Denker des großen Vipassanâ-Ansatzes *Körperhineinfließen,* dem Psychoanalytiker Dr. Paul R. Fleischman, und vielen anderen). Beim Buddha ist das stete Vergehen der Dinge der Grund, dass letztlich nichts eine fassbare »Entität« ist. Ein seinem vorgestellten Wesen nach immer fassbares »Ich«, das »vergänglich« (unfassbar) genannt wird, bleibt fassbar.

Im Grunde wird hier das Fließende als in Wahrheit nicht-fließend (oder »Ich«) »behauptet«. So wird unmerklich ein Glaubenspostulat aufgestellt, das in der Erfahrung nicht verifizierbar ist. Die Erfahrung ist: »Alles fließt, ist ungreifbar, im Nicht-Selbst«. In den Reden des Pali-Kanons kommt kein »vergängliches Ich« vor. Buddhas höchste Erkenntnisquelle ist die Erfahrung, nicht der Glaube.

Angkor, frühere Hauptstadt des Khmerreichs in Kambodscha, gegründet 889 n.Chr. Der zentrale Tempelbezirk Angkor Wat (»Hauptstadt-Tempel«) dokumentiert in seiner Ausstattung die religionsgeschichtliche »Schichtung« vom Hinduismus zum nachfolgenden Buddhismus in Kambodscha. Die heutige Ruinenstätte gehört zum Weltkulturerbe.

Anu-Yoga (Sanskrit), in der *Nyingmapa-*Tradition das achte Fahrzeug, entspricht der Vollendungsstufe des *Anuttara-Yoga-Tantra.*

Anuttara-Yoga-Tantra (Sanskrit «Höchstes Yoga-Tantra«), höchste *Tantra-Klasse* im *tantrischen Buddhismus* (Vajrayâna), mit Ritualen und Meditationspraktiken für fortgeschrittene Adepten. Die Übungen dieser Stufe beziehen das *Feinstoffliche Energiesystem* besonders stark mit ein. Sie beinhalten Methoden zur bewussten Lenkung der *Winde.* Ein Teil der *Sâdhanas* (Meditationsrituale) dieses Höchsten Yoga-Tantra sind auf *Zornvolle Gottheiten* ausgerichtet. Die Praxisstufen des A. sind die Erzeugungs- und die Vollendungsstufe *(Kye rim* und *Dzog rim).* Diese beiden Stufen entsprechen dem Mahâ- und Anu-Yoga der *Nyingmapa-*Tradition, der ältesten Hauptschule des tibetischen Buddhismus.

Arhat(schaft) (Sanskrit »Würdiger«), ein Erwachter oder Buddha im weiteren Sinne. Er repräsentiert das primäre Heilsziel des frühen Buddhismus *Theravâda.* Denn das andere, höhere Heilsziel ist äußerst schwer zu verwirklichen: ein »Vollkommen Erwachter« *(Sammâ Sambuddha)* zu werden wie der historische Buddha. Ein A. hat alle Zehn *Fesseln* aufgelöst, die im »Ich«-Durst den Menschen gewöhnlich an das Dasein ketten. So hat er den Achtfachen Pfad voll verwirklicht. Dadurch sind in ihm auch die Vier *Brahmavihâras* (Wohnstätten der Götter) zum Vorschein gekommen. Auf dem Weg zum Erwachen gibt es Vier Endgültige *Befreiungsstufen,* wovon der A. die höchste verwirklicht hat. Die Art und Weise, wie er dies vollbracht hat, kann diejenige eines »Hörers« *(Sâvaka)* oder eines »Von sich aus Erwachten« (Paccekka-Buddha) sein.

Angkor. Die Luftaufnahme der kambodschanischen Ruinenstätte im Dschungel nordwestlich von Phnom Penh erfasst die zentrale Tempelanlage Angkor Wat (9.–13. Jh.). Sie bildete eine zunächst hinduistische, dann buddhistische Kultstätte und bezeugt heute den hohen Rang der Architektur und Bauplastik im Khmerreich. Sein Niedergang und damit auch Verfall seiner Hauptstadt mit ihren königlichen Palästen und Grablegen im Tempelbezirk begann im 15. Jh. mit der Niederlage der Khmer gegen die siamesischen Thai.

Ariya (Pali »Edler«), im frühen Buddhismus Theravâda ein Mensch, der den »Stromeintritt« (die erste der Vier Endgültigen Befreiungsstufen) verwirklicht hat. So ist er auf dem »Pfad der Edlen«, dem Unheil entronnen und des höchsten Heilszieles gewiss. Eingedeutscht lautet der Begriff »Arier«. Im frühen Buddhismus ist die A. eine rein innere Verwirklichung, die jedem Menschen offensteht, unabhängig von Klasse, Rasse oder Bildung. Sie bedeutet Verwirklichung des Edlen *Achtfachen Pfades,* die ungetrübte Schau der Vier *»Edlen« Wahrheiten.* Der Erwachte widersprach mit dem Arierbegriff der hinduistisch-brahmanischen Deutung, wonach ein A. den höheren Kasten angehöre. Er hat als Synonym für A. auch »Wahrer Mensch« (sappurisa) benutzt, weil er das innerlich entfaltet hat, was einen Menschen ausmacht: das Potenzial zum höchsten Erwachen mit »Selbst«-losem Lieben, Mitfühlen, Mitfreuen.

Ati-Yoga (Sanskrit »Höchster Yoga«), in der *Nyingmapa-*Tradition das höchste der neun Fahrzeuge, identisch mit *Dzogchen.*

Avadhûti, Sanskrit-Name des Zentralkanals des Illusionskörpers

Avalokiteshvara (Sanskrit »Der [voller Mitleid] auf die Wesen hinunterblickende Herr«, chines. Guanyin, japan. Kannon), einer der populärsten *Bodhisattvas.* Bereits in frühen einflussreichen Schriften des Mahâyâna wie etwa dem *Lotos-Sûtra* wird A. viel Aufmerk-

Avalokiteshvara. Der wichtigste und bekannteste aller Bodhisattvas wurde in vielerlei Gestalt dargestellt: Als Jüngling in entspannter Sitzhaltung mit einem angewinkelten und einem herabhängenden Bein, mit elf Köpfen als Symbol der übernatürlichen Geisteskräfte oder mit einer Vielzahl von Armen. Dieser Typus, hier in einer Skulptur aus Bronze, kennzeichnet Avalokiteshvara als tibetische nationale Gottheit. Tibet, 17. Jh.; Philipp Goldman Collection, London

samkeit gewidmet. Er symbolisiert den Aspekt des Großen Mitgefühls für alle Lebewesen. Sie wenden sich an ihn mit der Bitte um Hilfe und Schutz. Im Buddhismus Ostasiens wird er bis heute in seinem weiblichen Aspekt (Guanyin) vor allem als Retterin der in Not Geratenen verehrt und findet sich oft an der Seite des Buddha *Amitâbha.* Der Dalai Lama gilt als eine Verkörperung des A.-Kannon, die japanische Übersetzung des Sanskrit-Namens, stand übrigens Pate bei der Namensgebung des Elektronik-Weltkonzerns Canon.

Avalokiteshvara (tibet. Chenresig), im tibetischen Buddhismus, Nationalgottheit Tibets, transzendenter *Bodhisattva* und Schutzgottheit *Yidam.* Er verkörpert die Liebe und das Erbarmen aller Buddhas. Er wird meist vierarmig oder tausendarmig dargestellt, hat eine weiße Körperfarbe, und trägt einen Lotus, ein Juwel sowie eine Gebetskette in den Händen. Der Dalai Lama und der *Karmapa* gelten als seine »Ausstrahlungskörper« *(Tulku).*

Avatamsaka-Sûtra (chines. huayan jing, japan. kegonkyô), Konglomerat von Lehrreden, die dem frühen indischen Mahâyâna entstammen. Darunter sind das *Dashabhûmika-Sûtra,* das den Zehn-Stufen-Weg eines *Bodhisattvas* bis zum Erwachen darlegt, sowie das Gandavyûha-Sûtra, in dem auf beeindruckende Weise die Reise des Sudhana beschrieben wird. Auf der Suche nach spirituellen Freunden, von denen er verschiedene Belehrungen bekommt, reist Sudhana durchs Land. Schließlich erreicht er sein Ziel, das vollkommene Erwachen, durch die Hilfe des im Sûtra bedeutendsten Bodhisattvas namens Samantabhadra. Dieser trägt den gesamten Kosmos in seinem Körper und lässt es Sudhana befreiend erkennen. Die Schulen des chinesischen Huayan und des japanischen *Kegon* leiten sich vom A. ab. Sie heben das für den ostasiatischen Buddhismus charakteristische Verwobensein aller Lebewesen und Erscheinungen hervor, dessen grundlegendste Formulierung sie im A. finden.

Aviijâ (pali) → Nichtsehen

B

Bangkok, Hauptstadt von Thailand. Der ehemalige militärische Außenposten zum Schutz der Hauptstadt Ayutthaya wurde ab 1782 zur neuen königlichen Residenz ausgebaut. Der Tempel Wat Pho (1789–1801) beherbergt den 45 m langen Liegenden Buddha.

Bardo (tibet. »Zwischenzustand«), der Zustand zwischen Tod und Reinkarnation. Eine umfangreiche Literatur beschreibt, wie der Praktizierende im und nach dem Tod die Erfahrungen in Meditation umwandeln soll. Der bekannteste Text dieser Art ist das *Tibetische Totenbuch.* Die Umwandlung des Bewusstseins in den »Samboghakâya« (Genusskörper) eines Buddha *(Drei Körper)* gehört auch zu den Yogas von Nâropa *(Nâro Chödrug).*

Befreiungspragmatismus, Begriff der Indologie für die Praxislehre des Buddha, geprägt von Erich Frauwallner (1898–1974), einem Pionier der westlichen Buddhismuskunde.

Befreiungsstufen, Vier Endgültige oder **Pfad der Edlen** (Pali: ariya magga), 1. »Stromeintritt, mit der Auflösung der ersten drei der Zehn Fesseln; Der »Stromeingetretene« (sotapanna) hat gleichsam den Punkt im Innenbereich der gewöhnlich im »Ich«- und »Mein«-*Durst* oder den *Inneren Zwängen* rotierenden Geistestrommel überschritten, ab dem die Eigengehkraft zur Mitte größer als die nach außen werfenden Zentrifugalkräfte geworden ist. Innerhalb der Trommel ist allein die Mitte »Stillpunkt«, wo alles gesehen und geliebt wird. Ein Buddha ist hier »angekommen«. 2. Der »Einmalwiederkehrer« (sakadâgâmî) hat die vierte und fünfte Fessel (Sinnesverlangen und Übelwollen) schon weitgehend aufgelöst. 3. Der »Nichtwiederkehrer« (anâgâmî) hat sie ganz aufgelöst. 4. Der *Arhat* hat darüber hinaus noch die höheren fünf Fesseln aufgelöst, die nicht mehr an die Sinnenwelt, sondern an die »Feinkörperliche« und die »Körperlose Welt« fesseln. Hier meint »Welt« eine innere Bewusstseinsqualität oder Erlebnisdimension im Leben *(Jhâna)*, der auch äußere Existenzen entsprechen *(Wiedergeburt)*. Im frühen Buddhismus *Theravâda* bedeutet »Welt« etwa: »Das in der Welt, wodurch man ein Wahrnehmender und Begreifender der Welt ist«. Der Begriff »Überweltliche Pfade« für die B. suggeriert eine lebensferne Transzendenz der B., die der Buddha nicht gelehrt hat.

Begehren → Durst

Begriffliche Verselbstständigung (Pali papañcha), Mentale Vervielfältigung oder Konzeptuelles Umsichgreifen. Ihre Quelle ist die nichtsehende Fixierung auf ein Selbst im ungreifbaren Fluss der Dinge, was »ins Schleudern« bringt. Damit einher geht die Erscheinung einer vielfältig getrennten Dingwelt, was die Fixierung weiter hochtreibt. Laut den Reden des *Pali-Kanons* liegt hier das eigentliche Entfaltungsgebiet der Leidursachen *Nichtsehen, Durst* und *Ergreifen*. Das Anliegen Nâgârjunas ist, die B. unmittelbar intuitiv aufzulösen. Mit einer unverwechselbaren Dialektik demonstriert er die vollkommene Ungreifbarkeit aller Dinge und Begriffe (inklusive der *Leerheit*). Der Buddha sagt in der »Rede vom Honigball«: »Was sinnlich auf einen eintrifft, das erfühlt man. Was man erfühlt, das nimmt man begrifflich bewusst wahr. Was man begrifflich bewusst wahrnimmt, damit befasst man sich gedanklich. Womit man sich gedanklich befasst, das vervielfältigt man mental. Somit bedrängen und überschütten einen in dieser mentalen Vervielfältigung liegende Wahrnehmungen und Konzepte zu vergangenen, künftigen und gegenwärtigen Erscheinungen… Wenn man sich an dem nicht mehr entzückt, das nicht mehr behauptet und an dem nicht mehr festhält, was der mentalen Vervielfältigung unterwirft, versiegt jeder unbewusste Hang zu Verlangen, Abneigung, starrer Meinung, Zweifelsucht, Eigendünkel oder leidvollem Werden, d. h. alles Nichtsehen. Dies bedeutet auch das Ende allen Greifens zu Ruten und Waffen, von Streit und Krawall, Gefecht, Anklage und Rache, Böswilligkeit, Hinterlist und verfehlter Rede. Alle unheilsamen Zustände kommen hier restlos zu Ende.«

Beide Wahrheiten (Sanskrit dvaya-satya), eine Kernlehre Buddhas und Nâgârjunas, die für das *Entstehen in Abhängigkeit* und den *Mittleren Weg* charakteristisch ist. Der Buddha hat diese Unterscheidung selbst eingeführt, Nâgârjuna hat sie ins Zentrum gerückt und betont, dass ohne sie die Lehre des Buddha nicht zu verstehen sei: »Der von den Erwachten gewiesene Weg hängt von den B. ab: nämlich der *Konventionellen Wahrheit* der Welt und der *Höchsten Wahrheit*, die ohne diesen Unterscheid zu berücksichtigen, nicht zu realisieren ist.«

Bangkok. Pagode der Tempelanlage Wat Phra Keo, 1785. Dieser im klassischen siamesischen Stil erbaute »Tempel des Smaragd-Buddha« ist zum einen berühmt für seine monumentalen Tempelwächter, zum anderen für seine schlank aufragenden Pagoden; die hier gewählte Perspektive verdeutlicht die formale Verwandtschaft ihrer Spitzen mit der Bekrönung der Skulptur in Gebetshaltung.

Benennen, ein Hauptansatz der Achtsamkeitspraxis *Vipassanâ*, der auf den burmesischen ordinierten Meister Mahasi Sayadaw (1904–1982) zurückgeht. Das Benennen ist der einzige Hauptansatz des Vipassanâ, der sich auf die späteren scholastischen Kommentare zu Buddhas Reden und den *Abhidhamma* stützt. Beim Benennen geht es um eine bestimmte Abfolge von Beobachtungen von Objekten durch den Geist. Dabei wird versucht, mittels spontan im Geiste aufblitzender Begriffe den Fluss der Dinge immer durchgängiger zu erfassen, um damit das gewöhnliche, unbewusste Eintauchen (aus »Ich«-Identifikation oder *Ergreifen*) abzubauen. Am Anfang dieser Objektsequenz steht das Herausgreifen der Bewegung der Bauchdecke im Zug des Ein- und Ausatmens. Verankert in dieser Bewegung folgt das Beobachten aller stärkeren Empfindungen im Körper, dann der Geräusche und der Gedanken. So wird die »Wahllose Beobachtung aller Objekte der Achtsamkeit« bezweckt. Diese Praxis soll zum Sehen der »Natur des

Bhikkhu
Wahre Liebe heißt Weisheit. Man liebt einen anderen, aber am Ende geht oder stirbt der geliebte Mensch. Denn wehzuklagen und voller Sehnsucht an den Gegangenen zu denken, nach dem zu greifen, was sich verändert hat, heißt Leiden, nicht Liebe. Wenn wir ganz eins mit dieser Wahrheit sind und nicht mehr verlangen, wird jene Weisheit oder Wahre Liebe, die über Verlangen hinausgewachsen ist, unsere Welt erfüllen. Ajahn Chah

Geistes« selbst führen, die hier etwa als Raum und Stille gilt. Beim Benennen geht es also um die Fähigkeit einer reinen oder konzentrativen Beobachtung. Sie besteht im Bewusstmachen von »Objekten« (jenen Empfindungen, Geräuschen oder Gedanken), was einen partizipierenden Abstand oder Freiraum zwischen ihnen und dem Subjekt (dem »Geist«) schafft. Dies kann im Falle von krankmachenden Zuständen oder Gefühlen auch heilen. Das komplementärmedizinische Behandlungsprogramm des Medizinprofessors und langjährigen Vipassanâ-Praktizierenden Jon Kabat-Zinn beruht primär auf dem B. (daneben noch auf dem *Körperhineinfließen*). Das Programm wird heute in den USA an rund 300 Kliniken und Gesundheitszentren erfolgreich eingesetzt. Auch deutsche Kliniken beginnen damit zu arbeiten.

Ein Zitat von Sharon Salzberg charakterisiert das Benennen: »Wir versuchen, die Natur des Gedankens zu sehen. Das Objekt in diesem Moment ist der Wandel selbst. Wenn diese Erfahrung des Denkens gesehen wird, stößt der Geist auf die Tatsache, dass alle hervortretenden Phänomene flüchtig und vorübergehend sind.« Hier wird also (im oder neben dem »Gedanken«) sogar der Wandel selbst zum »Objekt«. In Buddhas Reden im *Pali-Kanon* ist das erste Daseinsmerkmal »Wandel, flusshaftes Vergehen« gerade der Grund, dass die Sicht der Dinge als getrenntes »Objekt« oder »Selbst« letztlich nicht gilt. Das objektive »Beobachten« als jenes Benennen, bei dem »Geist« oder »Selbst« außen vor bleib, ist in den USA zur einflussreichsten buddhistischen Praxis geworden. Es wird dort von hochpopulären Meditationslehrern wie Joseph Goldstein, Sharon Salzberg oder Jack Kornfield gelehrt. Die Zentren dieses Vipassanâ bieten intensive Meditationskurse (etwa das populäre alljährliche Dreimonats-Retreat). Sie sind seit langem der Anlaufpunkt der amerikanischen Bestsellerautoren Daniel Goleman, Jon Kabat-Zinn oder Mark Epstein. Im deutschsprachigen Raum ist das Hauptzentrum dieser Richtung das in den Schweizer Bergen gelegene, große Vipassanâ-Zentrum Beatenberg, das im engen Kontakt mit den Zentren der USA steht und einen durchgehenden Kursbetrieb hat.

Bhadrapâla-Sûtra, die Rede über die Versenkung, in der man sich den existierenden Buddhas von Angesicht zu Angesicht gegenüber sieht, bereits im 2. Jh.n.Chr. ins Chinesische übersetzte Lehrrede des Mahâyâna. In diesem Sûtra geht es um Versenkungspraktiken, in denen sich der Übende die gegenwärtigen Buddhas direkt gegenüber vorstellt, insbesondere dem Buddha *Amitâbha* des westlichen Paradieses *Sukhâvatî.* Diese Visualisierungsbilder werden als »Nur-Geist« *(Chittamâtra)* bezeichnet, was hier genauso für alle gewöhnlichen Phänomene geltend gemacht wird. Noch vor dem *Dashabhûmika-Sûtra* formulierte das B. die These eines universalen Idealismus, wie er für die spätere *Nur-Geist-Schule* charakteristisch ist. Dabei dürfte wohl weniger eine Seinsleugnung der Dinge im Vordergrund gestanden haben als vielmehr die rein spirituell-praktische Dimension einer Distanzierung von der Welt.

Bhâvanâ (Pali) → Meditation

Bhikkhu, Bhikkhunî (Pali »Wanderasket, Bettelasket«), in der Urgemeinde des Buddha die Bezeichnung für die Ordensangehörigen. Sie folgten dem Ordenskodex Vinaya. Dieser dient dazu, die durch *Treffliche Achtsamkeit* innerlich befreiende Praxis zu erleichtern. Das ordinierte Leben bedeutet eine besonders intensive Form des Wählens der Drei *Freiorte,* die auf diese Weise noch tiefer zu beherzigen sind. Unter den B. befanden sich viele *Arhats,* wenngleich auch Laienanhänger in großer Zahl die Endgültigen *Befreiungsstufen* verwirklicht haben. Die Mitglieder der Urgemeinde zogen durchs Land, (unterbrochen von intensiven Praxisperioden in gespendeten Hainen oder Parks in den Städten Nordindiens). Sie standen im engen, spirituell befreiten Kontakt mit den Laien. Ihre Unterhaltsquelle war Almosennahrung, wofür sie den Laien spirituelle Lehre und Unterstützung gaben. Seitdem ist dieses wechselseitige Geben in den meisten buddhistischen Ländern fest etabliert. Die Übersetzung von B. als »Mönch« bzw. »Nonne« weist in eine andere Richtung.

Bîja (Sanskrit »Keim, Same«) → Keimsilbe

Bindu (Sanskrit »Tropfen, Punkt«, tibet. tigle), im *tantrischen Buddhismus* ein komplexer Begriff mit breitem Bedeutungsspektrum: 1. Bezugspunkt in der Meditation, wie etwa das Zentrum des visualisierten *Mandala;* 2. punktförmiges Nasalzeichen, das Buchstaben des Sanskrit-Alphabets zu *Keimsilben* macht; 3. die *Feinstofflichen Energien* weiblicher und männlicher Art, die jeweils als rote Tropfen im Energiezentrum des Nabelchakra und als weiße Tropfen im Kopfchakra *(Chakra)* vorgestellt werden; die weißen Tropfen finden sich auch im männlichen Samen, und die roten Tropfen im Menstruationsblut.

Biyanlu (chines. Werk »Die Niederschrift von der Smaragdenen Felswand«, japan. Hekigan-roku), neben dem *Wumenguan* die wichtigste und auch die älteste Sammlung der paradoxen, das logisch-begriffliche Denken transzendierenden Fragen Kôans des *Zen.* Das Werk ist Anfang des 12. Jh. von dem chinesischen Zen-Meister Yuanwu Gejin (japan. Engo Kokugon) mitverfasst worden. Zu diesem Zweck hat er auf eine alte Kôan-Sammlung des Xuedou Chongxian (980–1052) zurückgegriffen, die in dessen Lobaussagen eingebettet ist. Yuanwu hat letztere noch verdeutlicht. Das B. gilt als sprachliches Meisterwerk. Es gibt eine Pionier-Übersetzung ins Deutsche und eine neue, jeweils von den Sinologen Wilhelm Gundert (alte Umschrift: Pi Yän Lu: »Meister Yüan-wu's Niederschrift von der Smaragdenen Felswand«, 1964) und Ernst Schwarz (Bi Yän Lu, »Aufzeichnungen des Meisters vom Blauen Fels«, 1999).

Bodh Gâyâ, Dorf bei Gaya im indischen Bundesstaat Bihar. Große Bedeutung hat »Buddha Gaya« als Ort der Erleuchtung Siddharta Gautamas mit vielen Kultbauten; unter dem »Buddha-Baum« steht ein Diamantthron.

Bodhi (Pali) → Erwachen → Erleuchtung.

Bodhicharyâvatâra → Eintritt in den Wandel zum Erwachen

Bodhichitta (Sanskrit »Erleuchtungsgeist«), im tibetischen Buddhismus die Geisteshaltung, die aus unermesslichem Mitleid und großer Liebe zu allen Lebewesen nach der Buddhaschaft strebt. Um B. zu entwickeln, meditiert man über die *Sieben Punkte* oder übt das Geistestraining *Lodjong.*

Bodhisattva (Sanskrit »Dem Erwachen hingegebenes Wesen«), das ethische Ideal des Buddhismus des »Großen Fahrzeuges« (Mahâyâna), das um die Zeitwende im alten Indien voll hervorgetreten ist. Ein B. ist ein angehender Buddha, der immer stärker aus dem Mitgefühl heraus fühlt, denkt und handelt. Der indische Großmeister Shântideva (7.–8. Jh.) in Nâgârjunas Denkrichtung vom *Mittleren Weg* hat dieses Ideal als Inbegriff von Menschlichkeit geschichtswirksam gemacht, durch sein Hauptwerk »*Eintritt in den Wandel zum Erwachen*«. Der Begriff B. kommt bereits im frühen Buddhismus *Theravâda* vor, wird dort aber nicht wie im Mahâyâna betont. Im Theravâda ist ein B. ein zum »Vollkommen Erwachten« tatsächlich Heranreifender, wie der historische Buddha in seinen Vorleben. Durch immer selbstloseres Handeln ist er zum wahrhaften Befreier der Welt geworden. Viel leichter zu verwirklichen ist das vom Buddha selbst allgemein gewiesene Heilsziel der Befreiung des *Arhat* (Würdiger). Auch er handelt wahrhaft selbstlos, weil seine Befreiung darin besteht, das universelle *Nicht-Selbst* zu verwirklichen. Er ist nur nicht in dem Maße selbstlos wie ein Buddha. Der Pali-Kanon zeugt von mannigfachen Hilfstaten der Erwachten (Arhats) in der Urgemeinde des Buddha. Erst durch ihr Wirken in der Welt haben andere das Heilsziel verwirklichen können. Im Mahâyâna wurde der B. nun zum breiten Heilsziel, dem sich in der Welt stehende Laien wie im Kloster lebende Geistliche leicht verschreiben konnten. Daneben wurden »transzendente B.« verehrt, die als übernatürliche Wesen aus Himmelsbereichen direkt helfend in das Weltgeschehen eingreifen könnten. Besonders berühmt sind hier etwa *Avalokiteshvara, Samantabhadra, Maitreya, Mañjushrî* oder Kshitigarbha. Sie gelten als ewige, erlösungsmächtige Helfer, welche der frühe Buddhismus nicht »glaubt«. Als »Götter« im frühen Buddhismus gelten allein die *Devas,* die eine Wesensklasse innerhalb des Daseinskreislaufes Samsâra darstellen. Sie sind vergänglich wie alle anderen Wesensklassen. Die menschliche Daseinsform gilt als wünschenswerter, weil hier eher endgültige Befreiung möglich ist. Die Devas repräsentieren in der frühen Praxislehre vorrangig Bewusstseinszustände im menschlichen Leben *(Wiedergeburt, Jhâna).*

Bodh Gâyâ. Hier fand Siddharta Gautama nach buddhistischer Überlieferung unter einem Feigenbaum zur Erleuchtung. Das Dorf gehört daher neben dem Geburtsort Lumbinî zu den Pilgerstätten in Indien. Die Besucher nehmen an Veranstaltungen teil, in deren Mittelpunkt die Rezitation aus dem Kalchakra-Tantra steht. Das »Tantra vom Rad der Zeit« gelangte im 10. Jh. aus Zentralasien nach Indien.

Bodhisattva. Kopf eines »dem Erwachen Hingegebenen« und somit angehendem Buddha, Helfer der Menschen. Skulptur aus Zentralasien, 4./5. J.; Musée Guimet, Paris

Bodhnâth, Pilgerstätte mit monumentalem Stûpa östlich der nepalesischen Hauptstadt Kathmandu. Es bildet eines der religiösen Zentren im Kathmandutal, das insgesamt zum Weltkulturerbe erklärt worden ist.

Body-Sweeping → Körperhineinfließen

Bön, die autochthone, schamanistisch geprägte Religion Tibets, die aber viele buddhistische Elemente assimiliert hat. Ungefähr zehn Prozent der Tibeter sind B.-Anhänger (B.-po). B. bezeichnet ursprünglich Priester. Ihre Aufgabe ist, die Geister des Himmels, der Erde und der Unterwelt günstig zu stimmen, und auch für das Wohlergehen der Toten im Jenseits zu sorgen. Für Anhänger des B. bedeutet das Wort heute so viel wie »Wahrheit, Wirklichkeit, Lehre«, entspricht also dem buddhistischen Begriff *Chöd.* Als Stifter des B. gilt der zentralasiatische Gott Shenrab Miwo, der buddhaähnliche Züge aufweist. Nach B.-Auffassung gibt es ein oberstes transzendentes Prinzip, das als das All-Gute (tibet. kuntu sangpo) bezeichnet wird und alle Elemente des Daseins hervorbringt. Dieses Urprinzip, das auch als Gott Yangdak Gyälpo (tibet. »Absoluter König«) personifiziert wird, schuf ein weißes und ein schwarzes Licht, die zu einem weißen und einem schwarzen Mann wurden, die für das Gute und Böse in der Welt stehen. Die Kosmologie der B. ist außerordentlich kompliziert und bisher nur unzureichend erforscht. Heutige B.-Lehrer unterscheiden zwischen dem »alten B.« (schamanistisch, vor-buddhistisch), dem »neuen B.«, der viele buddhistische Elemente assimilierte, und dem von Shenrab Miwo begründeten »ewigen Bön« oder »Swastika-Bön«. Die B.-po verfügen wie die Buddhisten über eine strukturierte Kloster-Hierarchie und einen umfangreichen Kanon, der ebenfalls als *Kangyur* und *Tengyur* bezeichnet wird und bisher kaum erforscht ist. Ihre Lehre wird wie in der *Nyingmapa*-Tradition in neun Fahrzeuge unterteilt. Die ersten vier Fahrzeuge umfassen Unterweisungen über magische Praktiken und Rituale. Die nächsten beiden Fahrzeuge enthalten ethische Unterweisungen für Laien und Mönche. Die letzten drei Abteilungen unterweisen in tantrischer Meditation und *Dzogchen.* Hauptsymbol der B.-po ist das Hakenkreuz, das aber linksläufig ist, im Gegensatz zur Svastika der Buddhisten.

Bodhnâth. Der Stûpa in Kathmandutal geht auf das 6. Jh. zurück und bildet einen monumentalen Reliquienbehälter; er erreicht eine Höhe von 40 m. Bis hinauf zur Spitze sind Gebetsfahnen gespannt; sie flattern im Wind und tragen so die Gebete zu den Göttern. Pilger drehen beim Umrunden des mit zwei Augen bemalten Riesenstûpa Gebetsmühlen und murmeln die Gebetsformel »Om mani pade num«.

Borobudur, Heiligtum in Zentraljava, Indonesien. Das einzigartige Monument eines dreidimensionalen, begehbaren quadratischen Sockels entstand um 800 n. Chr. Die Anlage ohne Innenraum gehört zum Weltkulturerbe.

Brahmavihâras (Sanskrit »Wohnstätten der Götter«), als Zustände des Herzens *(Jhâna),* die aufgrund ihrer vom »Ich« nicht mehr begrenzten Weltsicht auch die Vier »Unbegrenzten« heißen: Liebende Güte, Mitgefühl und Mitfreude in Gleichmut. Sie treten hervor, wenn die auf das »Ich und Mein« fixierten Leidursachen *Nichtsehen, Durst* und *Ergreifen* mit den Zehn *Fesseln* schwinden. Dies geschieht durch das Intuitive Verstehen *(Vipassanâ)* der *Drei Daseinsmerkmale.* Die Brahmavihâras sind die Rückseite des Sehens der wahren »Selbst«-losen »Natur der Dinge«. Sie sind der buddhistische Inbegriff von *Tugend,* denn sie bergen alle Heilsamen *Tatpfade.* Sie werden im *Pali-Kanon* folgendermaßen begründet: »Sich selbst in allem wiedererkennend, durchstrahlt ein Mensch die ganze Welt mit einem Herzgeist voller Liebender Güte, Mitgefühl und Mitfreue in Gleichmut: mit einem großen, erhabenen und unbegrenzten Herzgeist.«

Buddha-Familie (Sanskrit Kula), das gesamte Pantheon des *tantrischen Buddhismus* wurde auf Grundlage der Konstellation der sogenannten *Fünf Buddhas* strukturiert: Jedem dieser transzendenten Buddhas wurden eine Gefährtin, ein *Bodhisattva* und andere *Meditationsgottheiten* als Familie zugeordnet: Jede dieser Familien ist durch eine bestimmte Qualität, ein Symbol oder eine Farbe gekennzeichnet.

Buddha-Natur (Sanskrit Tathâgatagarbha, Buddhadhâtu, chines. Rulai zang, japan. Nyoraizô), die allen Lebewesen einschließlich der Tiere inhärente Natur eines vollkommenen Buddha. Diese Lehre tritt explizit im Indien des 3. Jh. nach der Zeitenwende auf. Das mahâyânistische *Tathâgatagarbha-Sûtra* verkündete damals, dass alle Lebewesen in ihrem Kern den Buddhas gleichen. Dieser Kern, der im Sûtra noch plastisch als ein im Körper sitzender kleiner Buddha vorgestellt wird, ist von Verunreinigungen *(Kilesa)* verhüllt. So wissen die Lebewesen nichts von ihm und können ihn auch nicht erkennen. Um sie nun darüber zu belehren, erscheint der Tathâgata (Buddha) in der Welt. Sein Wirken führt dazu, dass die Lebewesen sich ihm anvertrauen, sich der buddhistischen Praxis zuwenden und ihre B. zur Entfaltung bringen, das heißt ihre Verunreinigungen intellektueller, emotionaler und moralischer Natur abstreifen. Die Verunreinigungen wurden dabei so vorgestellt, dass sie die B. der Lebewesen zwar seit anfangloser Zeit verhüllen, in ihrem Wesen jedoch grundsätzlich verschieden von der B., nämlich nicht wirklich existent sind. Deshalb können sie die B. auch nicht essenziell beeinträchtigen. Vorstellungen dieser Art finden sich seit frühester Zeit im buddhistischen Gedankengut, etwa die Anschauung, dass der Geist der Lebewesen strahlend rein ist und seinem ursprünglichen Wesen nach gar nicht verunreinigt werden kann. Im Gegensatz zu buddhistischen Lehren, die vor allem die Leerheit und letztliche Irrealität aller Phänomene betonen, betont die Lehre der B. die Fülle uneingeschränkt positiver Eigenschaften des Absoluten und seine Unveränderlichkeit. Dieses Absolute ermögliche es den Lebewesen erst, die Begrenztheit ihres weltlichen Daseins zu erfahren. Es veranlasse sie, nach der Entfaltung ihrer vollkommenen Buddhaschaft zu streben.

In dem genannten Tathâgatagarbha-Sûtra wird die unvergängliche Reinheit der B. inmitten der Befleckungen mit verschiedenen Gleichnissen dargestellt. Darunter findet sich das Gleichnis von einem in Exkremente gefallenen Goldklumpen, der Tausende von Jahren darin versunken liegt. Eine Gottheit, die über ein übernatürliches Sehvermögen verfügt, erkennt ihn jedoch. Sie weist an, den Klumpen herauszuholen und zu reinigen. Das Gold hat von seinem unvergänglichen Wesen nichts eingebüßt und erstrahlt wie einst in voller Pracht. Später entstanden basierend auf diesem relativ frühen Mahâyâna-Sûtra weitere Interpretationen, die sich die B. als eine Art von Embryo oder Samen vorstellten, der erst noch voll heranreifen muss. Dadurch kämen die Eigenschaften eines Buddha zur Entstehung. In Tibet und in den buddhistischen Schulen Ostasiens erwiesen sich die hier beschriebenen Anschauungen als besonders fruchtbar. Sie prägen dort bis heute weite Teile buddhistischer Spiritualität. Gerade im Kontrast zu der in christlichen Kulturen verbreiteten Vorstellung einer Erbsünde vermittelt die Lehre von der B. aller Lebewesen ein uneingeschränkt positives Bild (nicht nur des Menschen und seiner Entwicklungsmöglichkeiten, sondern der gesamten belebten Welt).

Borobudur. Das Heiligtum gliedert sich als dreidimensionales Mandala in fünf quadratische, aufeinander getürmte Terrassen, auf die sich nochmals drei runde Terrassen türmen. Mit einem abschließenden Stûpa wird eine Höhe von 40 m erreicht. Die Teilansicht zeigt eine der Sitzfiguren eines Buddha; sie befinden sich in Nischen entlang eines Umgangs um die Terrassen und begleiten insofern den Weg zur Erleuchtung. Zu erkennen sind ferner einige der kleineren Stûpas zu Füßen des obersten Reliquienbehälters.

C

Chag Chen Gangama, Mahâmudrâ-Unterweisung in 28 Versen. Berühmter *Mahâmudrâ*-Wurzeltext von Tilopa, der hier in Gestalt eines Hymnus die Erkenntnis der wahren Natur des Geistes besingt, etwa so: »Wird der Raum irgendwo gestützt? Gibt es etwas,

Buddha. Eine monumentale Buddha-Statue (6. Buddha von den 10 Buddhas von Birma) sitzt am Eingang der Koehtatgyi-Pagode in Rangoon, Birma.

worauf er ruht? Genauso wie der Raum ist Mahâmudrâ von nichts abhängig: Entspanne dich und lasse dich im Kontinuum der unverfälschten Reinheit nieder; und wenn du deine Anhaftung loslässt, ist dir die Befreiung sicher.«

Chakra (Sanskrit »Kreis, Rad, Bezirk«), Felder oder Zentren im *Feinstofflichen Energiesystem* des Körpers, wo bestimmte Energiequalitäten konzentriert sind. Die Darstellungen der *Tantras* zur Zahl und Anordnung der C. sind nicht einheitlich. Ein System von Vier C., die den *Vier Körpern* zugeordnet werden, ist jedoch grundlegend für viele Übungen des *Anuttara-Yoga-Tantra*: Auf Nabelhöhe das Nirmâna-C., hinter dem Brustbein (als Sitz des Herzens) das Dharma-C., in der Kehle oder auf der Zunge das Sambhoga-C. und im Schädel das Mahâsukha-C. Sie werden als nach oben oder nach unten geöffnete Lotusblüten mit unterschiedlicher Blätterzahl dargestellt. Jedes C. hat eine *Keimsilbe.*

Chakrasamvara, (Sanskrit »Der das Rad anhält«), *Zornvolle Gottheit,* als Erscheinungsform des *Heruka.* Das »Rad« im Namen bezieht sich auf den Kreislauf der *Wiedergeburten* (Samsâra). Durch die Identifikation mit C. in der *Sâdhana*-Praxis erkennt der Adept die ursprüngliche Reinheit des Geistes (die *Leerheit* von den Verdunkelungen oder *Inneren Zwängen*). Dadurch wird er frei von den Fesseln des Samsâra. C. wird vierköpfig und zwölfarmig dargestellt. Seine blauschwarze Farbe und die beiden vor der Brust gekreuzten Hauptarme symbolisieren seine Stellung als *Urbuddha.*

Chakrasamvara-Tantra, eines der großen indischen *Tantras* (8. Jh.n.Chr.) aus der Klasse des *Anuttara-Yoga-Tantra.* Eine Reihe von *Mahâsiddhas* (Große Vollendete) haben über dieses Lehrsystem die Verwirklichung erlangt. Neben dem *Hevajra-Tantra* ist es das wichtigste *Mutter-Tantra.*

Cham-Tänze, auch »Lama-Tänze«; rituelle Maskentänze vorbuddhistisch-schamanistischen Ursprungs, bei denen Dämonen in eine Puppe gebannt und schließlich mit einem Ritualdolch *(Phurbu)* vernichtet werden.

Chan (chin. »Meditation, Vertiefung«). Der ursprüngliche Sanskrit-Begriff dhyâna (»Meditation, Vertiefung«) ist in China lautmalerisch zu C. und in Japan zu *Zen* geworden *(Dhyâna-Buddhismus).*

Chang (tibet.), tibetisches Gerstenbier, Alkohol.

Charyâ-Tantra, »Praxis-Tantra«. Die zweite der Vier *Tantra-Klassen,* mit vorbereitenden Übungen für die Meditationsrituale der Dritten und Vierten Tantraklasse.

Chenrezig → Avalokiteshvara

Chimed Rigdzin Rinpoche, bekannter *Lama* der *Nyingmapa*-Tradition, gilt als *Tertön.*

Chitta (Pali) ist der »Herzgeist« oder »Gefühlsgeist«, die Herzbasis, die empfindend weiß. Das Standardwörterbuch der »Pali Text Society« gibt als erste Bedeutung sogar »Das Herz« an. In der altindischen Psychologie gilt C. als Sitz oder Organ des Gedankens. Sprichworte wie »Etwas mit ganzem Herzen tun, entschlossenen Herzens« erfassen seinen Sinngehalt gut. C. steht neben dem »Abstrakten Vermögen«, »Begriffsgeist« oder »Sinn« *Manas* und der »Grundwahrnehmung« Viññâna *(Abhängiges Entstehen).* In Buddhas Reden im *Pali-Kanon* kommen für unser westliches Wort »Geist« diese drei Begriffe: Chitta, dann »Abstraktes Vermögen«, »Begriffsgeist« oder »Sinn« *manas* und die Grundwahrnehmung Viññâna *(Abhängiges*

Entstehen). In der späteren buddhistischen Scholastik wurde C. zunehmend kognitiv aufgefasst. Die allgemeine heutige Wiedergabe von C. als »Geist« betont primär diesen kognitiven Sinn. Im späteren Buddhismus gewann der Begriff C. immense Bedeutung. In der Schule vom Nur-Geist (*Chittamâtra* oder Yogachâra) rückt er ins Zentrum als alles beinhaltender Geist, der letztlich real sei. Diese Position begann in einigen Mahâyâna-Sûtren, auf denen diese Schule aufbaute. Auch im *Zen* wird C. als die *Höchste Wahrheit* betont: »Alle Buddhas und alle Wesen sind nichts anderes als der Eine Geist, neben dem nichts anderes existiert«, betont etwa der chinesische Großmeister Huangbo (9. Jh.). Der Geist wird hier fast zum buddhistischen Substitutbegriff für »Gott«. In der westlichen esoterischen Welt wird das explizit: Ihr Vordenker Ken Wilber, der vom Zen kommt, glaubt zum Beispiel (vom Geist »Selbst« betört): »Die Begierden des Fleisches, die Ideen des Geistes, und die Erleuchtung der Seele sind jeweils auf ihre Weise vollkommener Ausdruck des strahlenden Geistes, der alleine in der Welt wohnt, sublime Gesten jener großen Vollkommenheit, die alleine über der Welt leuchtet.« Im frühen Buddhismus fällt C. gleichermaßen unter die Charakterisierung durch die *Drei Daseinsmerkmale* wie alles bedingte Entstandene. C. gehört hier letztlich zum Nicht-Selbst wie alles andere auch. Der Buddha hat keine »Selbst«-Lehre vertreten, auch nicht zum C. und noch nicht einmal zum *Nirvâna.*

Es gibt im *Pali-Kanon* eine Stelle in der »Angereihten Sammlung« der Reden, wo vom »Leuchtenden Herzgeist« (Pabbhassaram Chittam) die Rede ist, der lediglich von »Hinzugekommenen Zwängen« befleckt sei. Im *Mahâyâna* wird dieser Abschnitt häufig zitiert. Aber die maßgeblich ordinierten Übersetzer dieser Redensammlung (Bhikkhu Bodhi und Nyanatiloka), und auch die alten scholastischen Theravâda-Kommentare sind sich einig, dass hier kein ewiger Geisteskern bzw. letztlich realer Geist im Sinne der Nur-Geist-Schule gemeint ist.

Die Stelle ist eingebettet in eine Reihe von Kernaussagen zum C. Direkt vorher werden in Bezug auf C. die Daseinsmerkmale des Flusshaft-Vergänglichen und des Ungreifbaren besonders betont. Hier sagt der Buddha etwa: »Nichts anderes kenne ich, das sich so rapide wie der Herzgeist wandelt. Es gibt kaum ein Gleichnis, um diesen Wandel zu erfassen«. Außerdem wird der Herzgeist hier auch noch mit einer besonders brüchigen Holzart verglichen, die im Zugriff sofort verfällt. Nach den alten Kommentaren ist jenes »Hinzukommen« der Zwänge zum Geist lediglich gemeint als später (Impulsphase) im Prozess der Wahrnehmung manifest; d.h. nicht als sich einem »Ding«-gleichen »Geist« räumlich aufsetzend. *Treffliche Achtsamkeit* soll diese spätere »Impulsphase« verhindern, um so allmählich den leuchtenden Fluss des »Nichts-ist-letztlich-ein-Ding« im Herzen zu offenbaren.

Chittamâtra (Pali »Nur-Geist«), zentraler Begriff der indischen *Nur-Geist-Schule.* Mit diesem vor allem aus dem Dashabhûmika-Sûtra bekannten Terminus werden alle Objekte charakterisiert. Damit bildet er eine ontologische Entsprechung zu dem Begriff *Vijñaptimâtra* (Nur-Bewusstmachung), der jenen Sachverhalt unter dem erkenntnistheoretischen Aspekt beleuchtet. Der Terminus C. im Dashabhûmika-Sûtra dürfte aus dem noch früheren *Bhadrapâla-Sûtra* stammen.

Chöd (tibet. »Abschneiden«), tantrische Meditationstechnik mit schamanistischen Wurzeln. Dabei wird der eigene Körper symbolisch an Dämonen geopfert, um die Anhaftung an ihn »abzuschneiden« und *Leerheit* zu erreichen. Der Ritualtext wird nach einer speziellen, komplizierten Melodie gesungen, wozu eine doppelseitige Handtrommel *(Damaru)* und eine Knochentrompete als Instrumente verwendet werden. Praktiziert wird nachts auf Friedhöfen, wobei die Ausführenden meist heimatlos umherziehende Yogis sind, die außerhalb der Klosterordnung stehen. Begründerin der Praxis ist Machig Labdrönme (»Gesänge der Freiheit«).

Chödzong (tibet. *»Dharma-Burg«*), 1. häufiger Klostername, 2. *Gelugpa*-Zentrum unter Leitung von Dagyab Kyabgön Rinpoche in Fürth.

Chöling, Chöying (tibet. »*Dharma*-Sphäre, *Dharma*-Bereich«), häufig tibetisch-buddhitische Kloster- und Zentrums-Namen.

Chöpa (tibet. »Opfergaben«), in der tantrischen Praxis gibt es vier Arten von Opfergaben: 1. äußere (wie Blumen, Duft, Licht), 2. innere (der eigene Körper), 3. geheime und Hoheits-Opfergabe (die Einheit von Leerheit und Glückseligkeit).

Chörten (tibet.), buddhistischer Sakralbau mit komplexer Symbolik, der sowohl den

Chitta
»Welchen Unterschied macht es denn, Frau zu sein, wenn der Herzgeist sich klärt und das intuitive Wissen erblüht, indem man den Dharma immer tiefer durchdringt? Wenn hier noch einer denkt: ›Ich bin einer Frau‹ oder ›Ich bin ein Mann‹ oder ›Ich bin doch was in jedem Fall‹, wird man den Kräften der Verblendung unterliegen.«
Wanderasketin Soma

Datong. Nahe der chinesischen Stadt Datong in der Provinz Shanxi befinden sich die Felsgrotten von Yungang, buddhistische Höhlentempel. Sie wurden 460-494 angelegt. Das Foto zeigt eine Teilansicht des Wahrzeichens Yungangs, einer 13,70 m hohen Buddha-Statue vor dem Eingang der Höhle Nr. 20.

Aufbau des Kosmos als auch den Weg zur Erleuchtung symbolisiert (Sanskrit stûpa). Im Inneren befinden sich meist Reliquien und heilige Texte. Die Umwandlung eines C. im Uhrzeigersinn ist eine verdienstvolle Handlung, der viele Tibeter mit Hingabe nachgehen. Anhänger der vorbuddhistischen *Bön*-Religion umschreiten den C. in umgekehrter Richtung.

City of Ten Thousand Buddhas (chines. Wanfo cheng), eines der ersten chinesischen buddhistischen Zentren im Abendland. Es wurde Mitte der 1970er Jahre in der Nähe von San Francisco von *Xuanhua* (1918–1995) gegründet. Es umfasst 488 Hektar und ist damit auch eines der größten buddhistischen Zentren in den USA.

Cullavamsa → Pali-Kanon

D

Dâka (Sanskrit »Hexer, Magier«), ein hinduistischer Magier ohne spirituelle Ambitionen. Im tantrischen Buddhismus ist D. ein spirituelles Wesen mit übernatürlichen Kräften sowie der Gefährte einer *Dâkinî.*

Dâkinî (Sanskrit »Himmelswandlerin«, tibet. Khandroma), ursprünglich weibliche Dämonen im Gefolge des Hindu-Gottes Shîva und seiner Gemahlin Kâli (Sanskrit »die Schwarze«). Im tantrischen Buddhismus sind sie zu weiblichen Schutzengeln oder *Zornvollen Gottheiten* geworden, die dem tantrischen Yogi als schützende oder warnende Mächte zur Seite stehen. Sie sind Objekt der *Zuflucht (Drei Wurzeln)* und sollen auch höhere Geisteskräfte *Siddhis* gewähren. Sie werden meist nackt und zornvoll dargestellt, was ihre Freiheit von *Inneren Zwängen* symbolisiert. Sie halten ein Hackmesser und eine Schädelschale, die für das Abschneiden aller Illusionen und die Einheit von Leerheit und Glückseligkeit stehen. Die bekannteste D. ist *Vajrayogin.*

Damaru (tibet.), doppelseitige Handtrommel aus Schädelschalen oder Holz, tantrisches Symbol schamanistischen Ursprungs, häufiges Attribut von *Dâkinis.*

Daseinskreislauf (Pali Samsâra) → Wiedergeburten, Kreislauf

Daseinsmerkmale → Drei Daseinsmerkmale

Daseinskonstituenten, Fünf → Aggregate

Dashabhûmika-Sûtra (Sanskrit *Lehrrede von den zehn Stufen*), frühe Lehrrede des indischen Mahâyâna (Großes Fahrzeug). In diesem Sûtra werden die zehn Stufen in der Laufbahn eines *Bodhisattvas* bis hin zur Buddhaschaft dargelegt. Der Text ist eingebettet in das große *Avatamsaka-Sûtra* und inspirierte mit seinem Stufenmodell die Ausarbeitung und Beschreibung weiterer, zum Teil erheblich abweichender Bodhisattva-Laufbahnen. Ursprünglich nicht der *Nur-Geist-Schule* entstammend, übte das D. jedoch deutlichen Einfluss auf sie. In ihm findet sich der berühmte Satz, dass die gesamte Welt »nur Geist« sei *(Chittamâtra).*

Datong, Stadt in der chinesischen Provinz Shanxi. Buddhistische Heiligtümer sind zwei westlich gelegene Tempelklöster; das untere Kloster besitzt eine wertvolle Bibliothek. Nahebei liegen die Felsengrotten von Yungang mit Reliefs und Monumentalfiguren.

Denkoroku (japan. »Übermittlung der Leuchte«), Klassiker der japanischen *Zen*-Literatur, verfasst von Meister Keizan Jôkin (1268–1325). Im Unterschied zu älteren chinesischen Werken dieser Gattung »Berichte von der Leuchte« (chines. Teng-lu), die enzyklopädisch breit angelegt sind, beschränkt Keizan das Material auf die eigene Traditionslinie, die der *Sôtô-Schule.* Das Buch enthält die Erzählungen über die Zusammenhänge, in denen diese Meister *Erleuchtung* erfuhren und zum Nachfolger ihrer Lehrer wurden: Die Abfolge beginnt mit Shâkyamuni Buddha und endet an 53. Stelle mit Ejô, Dôgen Zenjis Nachfolger. Das Denkoroku gilt als eine zeitübergreifende Einführung in die Dynamik der Erleuchtung und die Bestätigung authentischer *Satori*-Erfahrung.

Deva (Sanskrit »Gottheit«), die zweite der *Drei Wurzeln.* Ein D. ist die *Meditationsgottheit* in ihrer Eigenschaft als Objekt der inneren *Zuflucht* im *tantrischen Buddhismus.*

Dewa Chen (Sanskrit *Sukhâvati*), der *Reine Bereich* von Buddha Amitâbha.

Dhamma → Dharma

Dharamsala, Ort im nordindischen Bundesstaat Hinachal Pradesh am Fuß des Himalaya. Als Sitz des 1959 aus Tibet geflohenen Dalai Lama entwickelte sich D. zur Exilhauptstadt mit bedeutenden Einrichtungen zur Pflege der tibetischen Kultur.

Dhâranî (Sanskrit »Mystischer Vers, Gebet«), diese den Mantras ähnlichen Verse kommen bereits in einigen Sûtren (Reden)

des Mahâyâna vor, wie etwa dem Lankâvatâra-Sûtra. Sie gehören zu den frühesten Quellen des tantrischen Buddhismus.

Dharma (Sanskrit »das, was trägt, hält oder heilt«), der Mane, den der Erwachte selbst dem Inneren Weg gegeben hat. Das »Zeitlose, Universelle Gesetz«, das kulturübergreifend gilt; mithin zu beachten sei, wo Interesse an wahrer Befreiung besteht. Der (neben *Mittlerer Weg*) einzige Name der frühen Zeit für die buddhistische Befreiungslehre. Diese Lehre im Sinne von »Ordnung oder Wesen der Dinge«, »Geheimnis des Lebens«, »Inneres Gesetz der Natur« oder »Natürliche Wahrheit«. In Buddhas Reden im *Pali-Kanon* ist der D. immer individuell zu erfahren oder zu »schmecken«. Es heißt hier häufig: »Der Geschmack des D.«. Diese kanonischen Verse werden in den *Theravâda*-Klöstern Südostasiens täglich rezitiert: »Der Erwachte hat den D. wohl gewiesen. Er ist unmittelbar einleuchtend, zeitlos gültig, persönlich einladend, geistig voranbringend, von jedem, der weise ist, individuell zu verwirklichen. Ich suche keinen anderen *Freiort.* Der D. sei mein einziger Freiort. Möge mir durch die Macht dieser Wahrheit der innere Sieg in Freude zuwachsen.« Einer der *Vipassanâ*-Gründermeister, der thailändische *Theravâda*-Meister Ajahn Buddhadâsa, transformiert den hinduistischen Begriff von D. als »Pflicht« (im Sinne von »Kastenpflicht«) in »Menschenpflicht«. Er versteht D. umfassend; nämlich als 1. »Natur«, 2. »Natürliche Wahrheit« oder »Innerstes Gesetz der Natur«, 3. »Menschliche Pflicht gemäß diesem Gesetz«, sowie 4. »Die Früchte der Erfüllung dieser Pflicht«; nämlich wachsende Befreiung von Herz und Geist. Jeder dieser vier Punkte bedeutet D. als »Das, was trägt, hält oder heilt«. Maßgebliche moderne »buddhistische« Lehrer wie Satya Narayan Goenka, Christopher Titmuss oder Tony Packer verwenden den Begriff »Buddhismus« nicht, um die Lehre des Buddha zu beschreiben. Sie nennen sich selbst auch nicht »Buddhisten«. Für Goenka etwa ist die Praxislehre des Erwachten jener kulturübergreifende D. Er übersetzt das Wort mit »Kunst des Lebens«.

Buddhas *Befreiungspragmatismus* D. als Praxisweg ist kein religiöser »Ismus«. Das auf Goenka, den Hauptvertreter des Vipassanâ-Ansatzes *Körperhineinfließen* zurückgehende »Vipassanâ Research Institute« hat alle altindischen Schriften mit modernster

Dharamsala. Der Dalai Lama feiert das tibetische Neujahr in seinem Exil. Er trägt die Kopfbedeckung der »Gelbkappen«, im Unterschied zu jener der (stärker älteren Traditionen verpflichteten) »Rotkappen«. Sie ist Bestandteil ritueller Handlungen.

Computertechnik durchsucht. Es stellte sich heraus, dass zu Buddhas Zeit (6.–5. Jh. v. Chr.) und noch etwa weitere 500 Jahre dessen Anhänger nicht »Bauddha« und dessen Lehre nicht »Bauddha Darshana« genannt wurden (die alten Pali- oder Sanskrit-Äquivalente für »Buddhist« oder »Buddhismus«). Diese beiden Namen kommen in der ganzen frühen altindischen Literatur nicht vor, also weder im *Pali-Kanon* mit dessen Kommentaren, noch in den Textzeugnissen aller anderen Traditionen vor unserer Zeitwende. Begriffe aus dieser Frühzeit, um Anhänger oder Lehre des Buddha zu benennen, enthielten lediglich das Wort D. (Dharmika, Dhârmika, Dharmin). Erst ab der Zeitwende, als sich zunehmend die großen scholastischen Werke, Philosophien, relativ neuen Lehren und Systeme entwickelt haben, tauchen jene anderen Begriffe auf. In der ganzen Zeit vorher galt der Buddha »bloß« als der Bewusstmacher eines universellen, kulturübergreifenden Gesetzes »Dharma«. Er galt damals nicht als der Vertreter lediglich einer weiteren Religion oder Philosophie. Diese Einschätzung des Erwachten galt eben sogar für alle nichtbuddhistischen Lehren der ersten 500 Jahre nach ihm. Ein Punkt von immenser Bedeutung: Demnach muss es in den ersten Jahrhunderten nach dem Erwachten allen klar gewesen sein, dass er nicht bloß ein weiteres System gelehrt hat; und diese Klarheit ist nun allein durch eindeutige Früchte der alltäglichen Praxis der *Trefflichen Achtsamkeit* und *Meditation* zu erklären, wie sie im Zentrum der alten Praxislehre des Buddha steht. Diese Praxis muss also in den ersten 500 Jahren noch breit umgesetzt worden sein, wie es laut Pali-Kanon auch zu Buddhas Zeit der Fall gewesen ist (mit den zwangsläufigen, vielfach bezeugten *Befreiungsstufen* auch unter den Laienanhängern). Im hinduistischen Verständnis heißen die unterschiedlichen Kastenpflichten »Dharma«. Deren Erfüllung ist hier »gutes Karma«. Diese zahlreichen Pflichten stehen in den höchst umfangreichen und von den Brahmanen verfassten *D.-Shâstras* und *D.-Sûtras*. Der Erwachte hat sich mit seinem »menschlichen« Verständnis von D. als der Inneren Pflicht, die ein Mensch erfüllen muss, um der »Wahre Mensch« in sich zu werden, gegen die Auffassung der Brahmanen als Kastenpflicht gewandt.

In der späteren *Abhidhamma*-Literatur des *Theravâda* und der anderen frühbuddhistischen Schulen gelten »Dhammas« als die kleinsten, d.h. nicht weiter reduzierbaren Bestandteile des Universums. In den vom Abhidhamma geprägten »technischen« Ansätzen der Achtsamkeitspraxis Vipassanâ (hauptsächlich dem *Benennen* und dem *Körperhineinfließen*) gelten Dhammas als getrennte, real existierende »Mikrodinge«. Sie verbergen sich hinter dem scheinbaren »Selbst« der Wesen und Objekte, was eine zunehmend erfolgreiche Meditation offenbare. In diesem Sinne stehen sie in Buddhas Reden im Pali-Kanon nicht. Denn diese Mikrodinge sind Mikroselbste und das universelle *Nicht-Selbst* gilt auf alles bezogen. Die Letztrealitäten »Dhammas« des Abhidhamma werden mit »Daseinsfaktoren« übersetzt und weiter in »Geistige Dinge« (Nâma-Dhamma) oder »Materielle Dinge« (Rûpa-Dhamma) eingeteilt. Sie sind zu unterscheiden von Buddhas Hauptlehre von den *Drei Daseinsmerkmalen* (Ti-Lakkhana).

Dharmâpala Vaishravana. Im buddhistischen Weltbild gilt der Vaisravana als einer der vier Großkönige, die für die Bewachung der Weltgegenden zuständig sind. Er behütet den Norden. Die chinesische Malerei stammt vermutlich aus dem Tempel von Kucha an der Nordroute der Seidenstraße und wurde in der Tang-Dynastie angefertigt; 618–906 n.Chr., The Museum Yamato Bunkakan, Nara, Japan

Dharmapâla (Sanskrit »Dharma-Schützer«, tibet. Chökyong), ein vollendeter tantrischer Meister besitzt nach tibetischer Auffassung die Fähigkeit, Geister und Dämonen unschädlich zu machen und sie dazu zu zwingen, dem Buddhismus als Schutzgeister zu dienen. Dieses Konzept erlaubte es, viele vorbuddhistische Lokal- und Ortsgeister in die buddhistische Praxis zu integrieren und dadurch den Widerstand der autochthonen *Bön*-Religion zu überwinden. Während »hohe«, aus Indien übernommene D. wie *Mahâkala,* Setrab oder Dharmarâja als Emanationen von Buddhas gelten, ist der Status anderer Schützer oft umstritten *(Dorje Shugden).* Die drei wichtigsten der *Gelugpa*-Tradition sind *Mahâkala,* Kalarupa und Vaishravana; Schützer der *Nyingmapa*-Tradition sind Râhula, Dorje Legba und Ekajati.

Dhâtu → Elemente

Dhyâna-Buddhismus (Sanskrit Dhyâna »Meditation, Vertiefung«), eine altindische Strömung am Ausgangspunkt des chinesischen *Chan* oder japanischen *Zen.* In China wurde D. phonetisch als »Chan« und später in Japan als »Zen« wiedergegeben. Hier geht es um die Überwindung der gewöhnlichen Sinnes-, Gefühls- oder Vorstellungstätigkeit durch ein stilles, konzentriertes Aufschließen der Intuition für die *Höchste Wahrheit. Treffliche Konzentration* ist das letzte Glied des *Achtfachen Pfades* der Befreiung, was hier als Beleg für die höchste Position des stillen Betrachtens bzw. der Sammlung gilt. So wird die Bedeutung direkter Meditation entgegen bloßer Technik und komplexer oder weitschweifiger Theorie betont. Folgende Schriften des Mahâyâna liegen dem D. zugrunde: Die umfassende Sammlung der »Reden von der Überschreitenden Weisheit« *(Prajñapâramitâ-Sûtra),* wozu das im Zen zentrale *Diamant-Sûtra* und *Herz-Sûtra* gehören; ferner das *Lankâvatâra-Sûtra* (zu Nicht-Dualität, letztlicher Irrelevanz von Worten, *Buddha*-Natur oder *Nur-Geist*); und die »Abhandlung vom Hervorbringen des Vertrauens in das Mahâyâna« (Mahâyâna-Shraddhotpâda-Shâstra), wo sich die Lehre vom »Ursprünglichen Erwachtsein« ausformuliert findet. Es ist eine kompakte Einführung in das

Mahâyâna und dessen klassische Praxis, in *Meditation Dhyâna (*Pali *Jhâna*).

Dhyâni-Buddhas (Sanskrit »Vertiefungs-Buddhas«), in der populärwissenschaftlichen Literatur häufig gebrauchte Bezeichnung für die den *Buddha-Familien* vorstehenden *Fünf Buddhas,* eingeführt von Brian Hodgson. Doch so kommt sie in den indischen Quellentexten nicht vor, wo es schlicht Pañcha-Buddhâ (Sanskrit »Fünf Buddhas«) heißt.

Diamant-Sûtra → Prajñapâramitâ-Sûtra

Dohâ (Sanskrit), Gesang der Verwirklichung, spontane Hymnen, in denen ein tantrischer Yogi seine innere Verwirklichung ausdrückt. Diese bei den indischen *Mahâsiddhas* gepflegte Tradition führte in Tibet insbesondere der prägende Milarepa weiter. Sie bilden die Entsprechung des Mahâyâna zu den frühbuddhistischen Freudenausrufen der Erwachten *(Pali-Kanon).* D. heißt ein bestimmtes Versmaß in mittelindischen Sprachen. Tantrische Meister wie der Mahâsiddha Saraha haben ihre Schriften darin verfasst, somit eine eigene Literaturgattung geschaffen. Herbert Guenther hat eine Auswahl von Sarahas-D. ins Englische übersetzt und kommentiert.

Dôjô (japan. »Halle des Weges«), auch Zendô genannte Halle für die Übung des *Zazen* oder schweigenden Sitzens in *Meditation.* Das D. gibt es nicht nur innerhalb eines Klosters, sondern gegenwärtig (vor allem im Westen) vielfach in den *Zen*-Zentren, die von Meistern oder befugten Verantwortlichen geleitet werden. Der Begriff D. ist ebenfalls für die Übungshallen der vom Zen inspirierten japanischen Kampfsportarten oder Bewegungsmeditationen Budô gebräuchlich.

Dokusan (japan. »Allein zu einem Höheren gehen«), Begegnung des Schülers mit dem Meister in einem separaten Raum, insbesondere im Rahmen der *Kôan*-Übung der *Rinzai*-Tradition. Der Schüler hat hier den Grad seines Verständnisses zu erweisen oder Probleme mit seiner Übung anzusprechen.

Dorje Shugden, auch Dolgyal genannt, ein Schutzgeist *(Dharmapâla)* der *Gelugpa*-Tradition, dessen Status umstritten ist. Während ihn viele Gelugpa-*Lamas* für ein erleuchtetes Wesen halten, das nur die Tradition von Tsongkhapa beschützen will, wird er von Anhängern anderer Traditionen oft als übler Dämon gefürchtet. Der Geist tauchte zuerst im 17. Jh. auf, als ein einflussreicher Lama des Klosters Drepung nach einem Konflikt mit dem V. Dalai Lama Selbstmord beging und als D. reinkarnierte. In den folgenden Jahrhunderten wurde er in der *Sakyapa*-Tradition als relativ unbedeutender, lokaler Schutzgott verehrt, bis er zu Beginn des 20. Jh. von dem charismatischen Gelugpa-Lama Phabongkha als spezieller Schützer der Gelugpa propagiert wurde. Nachdem bereits der 13. Dalai Lama vergeblich versucht hatte, den Kult zu unterbinden, ging auch der 14. Dalai Lama seit 1996 energisch gegen dessen Anhänger vor. Einige Lamas wandten sich daraufhin erstmals offen gegen den Dalai Lama. Ihren Höhepunkt erreichten die Auseinandersetzungen im Februar 1997 mit der Ermordung des Shugden-Gegners Lobsang Gyatso. Hintergrund der Kontroverse ist der Konflikt zwischen dem Führungsanspruch der *Gelugpa* und den anderen Traditionen, zwischen Shugden und dem tibetischen Staatsorakel *Nechung,* sowie zwischen den Reformbestrebungen des Dalai Lama und der weitgehend konservativen *Gelugpa*-Hierarchie.

Drei Daseinsmerkmale (Pali Ti-Lakkhana), Inhalt der zweiten Rede des Buddha nach seinem vollen Erwachen, »von den Merkmalen des Nicht-Selbst« (Anattâ-Lakkhana-Sutta)«. Er gab sie seinen früheren fünf Weggefährten, die dadurch das *Erwachen* der *Arhatschaft* gewannen *(Sârnâth).* Im *Pali-Kanon* tauchen diese drei Charakterisierungen der Dinge regelmäßig auf, wobei sie je nach den Zuhörern anders eingekleidet, aber inhaltlich identisch vermittelt werden. Sie bedeuten das frühbuddhistische Verständnis von der *Höchsten Wahrheit* und gemeinsam mit den Vier *Edlen Wahrheiten,* dem Inhalt der ersten Rede des Buddha) das Herz der Buddhistischen Lehre: Flusshafte Vergänglichkeit (anicca), letztliche Nichttragfähigkeit oder Unbegreifbarkeit (dukkha), bzw. das Nicht-Selbst (anattâ). Sie beziehen sich auf die Fünf *Aggregate* der Existenz. Die Drei Daseinsmerkmale ergeben sich aus einer Grundaussage des Buddha: »Flusshaft-vergänglich ist alles bedingt Entstandene. Erarbeitet Euch unermüdlich die Befreiung!« Resümiert besagen sie: »Was 1. flusshaft-vergänglich und deshalb 2. letztlich nicht tragfähig, ohne Standfläche, nicht hinreichend bzw. nicht greifbar ist, 3. das kann nicht das ›Ich‹, das ›Mein‹, oder ein getrenntes ›Selbst‹ sein.« Das erste Daseinsmerkmal begründet das zweite; undbeide zusammen begründen das Nicht-Selbst. Denn jedes »Selbst« wird als verlässlich-konstant

Drei Daseinsmerkmale
Flusshaft vergänglich sind alle bedingt entstandenen Phänomene. Wenn man dies mit dem Auge der Weisheit erschaut, entsteht Überdruss am Leiden. Hier liegt der Pfad zur Freiheit. Letztlich nicht tragfähig oder nicht greifbar sind alle bedingt entstandenen Phänomene. Wenn man dies mit dem Auge der Weisheit erschaut, entsteht Überdruss am Leiden.
Dhammapada

und tragfähig, hinreichend bzw. konkret-greifbar entweder kognitiv »vorgestellt« oder affektiv »empfunden«. Das zunehmende intuitive Durchdringen der Drei Daseinsmerkmale münde am Ende in die Gewissheit: »Vernichtet ist die *Wiedergeburt,* verwirklicht ist der Pfad der Edlen, getan ist, was zu tun war« (Vier *Befreiungsstufen*).

Während Flussschwinden und Nichttragen allein das bedingt Entstandene charakterisieren, umfasst das Nicht-Selbst »alle Dinge« (sabbe Dhamma), was im *Pali-Kanon* auch das Unbedingte *(Nirvâna)* beinhaltet. Dies bedeutet: Was sich zum »bedingt Entstandenen« (unserer körperlichen und geistigen Erfahrung) konkret verstehen lässt, gilt von hier ausnahmslos. In diesem Sinne ist das »Nicht-Selbst« eine »Praxisanweisung« (wie etwa der Hamburger Indologe Lambert Schmithausen sagt), um es aus der eigenen direkten Erfahrung immer universeller oder »weiter« zu sehen. Aber es gründet im unmittelbar erfahrbaren Fließen oder Nichtstandbietenkönnen der Erscheinungen. Hier ist die einzige Tür zur Wahrheit das Hier und Jetzt.

Drei Daseinsmerkmale
Wie die Sommersonne am klaren Himmel die Dunkelheit ausschließt, leuchtend und hell, lässt die praktizierte und entwickelte Bewusstheit des Flusshaft-Vergänglichen alles Verlangen, alles Nichtsehen und jeden Eigendünkel zu Ende kommen. Theragâtha

Im Pali-Kanon kulminieren die ersten beiden, »greifbaren« Daseinsmerkmale durchweg im dritten, von dem sie nicht getrennt stehen. Wenn man alleine die konkret »greifbare« Vergänglichkeit der Phänomene »fixiert«, wird es zwangsläufig zu dem Schluss kommen, dass es bei dieser Praxis letztlich um ein von »allem Vergänglichen« befreites Ich gehe. Dieses heißt dann »vergängliches Ich«, d.h. ein »Ich« trotz des oder im Vergänglichen, das damit koexistiere. Der Erwachte hat ein »vergängliches Ich« nicht gelehrt. Es wäre ein Widerspruch in sich (das Vergängliche kann in Wahrheit kein »Ich« sein). Dennoch wird es heute im Namen des Buddha häufig gelehrt.

Der *Achtfache Pfad* (Ethische Motivation, Geistige Ruhe und Intuitives Wissen) bezweckt die zunehmende Schau der D. und der Vier *Edlen Wahrheiten.* Die Quelle dieses »Inneren Weges« ist die »Ausbildung« einer *Trefflichen Achtsamkeit,* die im Pali-Kanon auch eine zentrale Position hat.

Diese Grundlehre unterscheidet sich stark von den monotheistischen Weltreligionen: Der »allmächtige Schöpfergott« oder »Allah« bedeuten ein Über- oder Fundament-»Selbst«. Der Erwachte hat es weder gelehrt noch geteilt. Er resümiert etwa im Gleichnis von der Schlange seine Haltung so: »Ich sehe keine Lehre vom Selbst, die, wenn sie ergriffen wird, nicht Unglück, Wehklagen, Schmerz, Kummer und Verzweiflung hervorbrächte«. Denn eine Lehre vom »Selbst« als im höchsten Sinne real widerspricht der konkret gegebenen (Wahren) Natur der Dinge. Unabhängig von seiner kritischen Betrachtung anderer Lehren sind die Worte des Buddha zur *Höchsten Wahrheit* auch nirgends so formuliert, dass sie zumindest kompatibel mit dem Glauben an ein übergeordnetes »Gott«-Selbst wären. Eine solche Kompatibilität und letztlich sogar Identität dieser jeweiligen Hauptlehren suggeriert etwa »subtil vehement« die Theosophie. Ein »Gott«-Selbst, wenn man an es glaubt, rückversichert das »Ich«-Selbst des Menschen mit dessem unbewussten Festhalten metaphysisch, indem es den Gläubigen schließen lässt: »Wenn personale Existenz für die Höchste Realität gilt, muss dies um so mehr für meine gewöhnliche, doch konkret erfahrbare Realität mit meinem ›Ich‹ gelten.«

Drei Körper (Sanskrit Trikâya), im tantrischen Buddhismus die im 4. Jh. in der *Nur-Geist-Schule* formulierte Lehre von den D. als Erscheinungsformen des Buddhaprinzips wurde im *tantrischen Buddhismus* durch einen Vierten Körper erweitert: *Svâbhâvika-Kâya* (Eigennatur-Körper). Durch die Identifikation mit der *Meditationsgottheit* sollen diese transzendenten »Körper« realisiert werden: Über die Identifikation mit dem Körper der Gottheit der »Verwandlungskörper« (Sanskrit Nirmânakâya), mit ihrer Rede der »Genusskörper« (Sanskrit Sambhogakâya), und mit ihrem Geist der »Wahrheitskörper« (Sanskrit Dharmakâya). Deren letztliche Untrennbarkeit ist der »Eigennatur-Körper« (Mahâyâna).

Drei Wahrheiten (chines. Sandi, japan. Santai), chinesische Weiterentwicklung der madhyamaka-buddhistischen Lehre von den *»Beiden Wahrheiten«.* Sie hat vor allem in der Tiantai-Gelehrsamkeit *(Tendai-Schule)* eine bedeutende Rolle gespielt. Basierend auf der chinesischen Übersetzung des Verses 24.18 in Nâgârjunas *Mûla-Madhyamaka-Kârikâ* (sowie auf verschiedenen, teilweise apokryphen chinesischen Schriften) ist hier zunächst die Erkenntnis der *Leerheit* im Sinne der *Absoluten Wahrheit* (Paramârtha-Satya) vorgesehen. Auf der zweiten Stufe wird die Sichtweise der *Konventionellen Wahrheit* (Samvriti-Satya) eingenommen. Erst sie erlaubt es einem *Bodhisattva*, auf individuelle Weise anderen Wesen zur Erlösung zu verhelfen. Die Dritte und die »Höchste Wahrheit vom *Mittleren Weg*« schenkt nun weder der Leerheit noch dem vorläufigen weltlichen Charakter der Dinge einseitig Aufmerksamkeit. Sie ist in harmonisierender Weise zwischen den ersten beiden Wahrheiten wirksam. Dieses Konzept von Zhiyi (538–597) war als hilfreiche Anleitung sowohl in der Erkenntnistheorie und für die Meditation als auch für die engagierte Praxis des Bodhisattva von Bedeutung.

Drei Wurzeln, im *tantrischen Buddhismus* ist die dreifache *Zuflucht* zu Buddha, *Dharma* und Sangha durch die Zuflucht zu den Drei Wurzeln erweitert worden: *Guru* (erfahrener tantrischer Meister), *Deva (Meditationsgottheit)* und *Dâkinî* (weiblicher Schutzengel).

Drepung, große Gelugpa-Klosteruniversität in der Nähe von Lhasa, seit der Flucht 1959 in Südindien gelegen. Die beiden wichtigsten Colleges heißen Gomang und Loseling.

Drikung-Kagyüpa, Unterlinie der Phagmo-Drupa-Kagyüpa-Tradition, die 1179 von Jigten Gönpo gegründet wurde. Oberhäupter sind die Drikung Kyabgön Rinpoche. Deutsche Zentren gibt es in Aachen, Heuchelheim und Hamburg.

Drongjug (tibet. »Übertragung«), gehört zu den prägenden Übungen des *Nâro Chödrug* (der »Sechs Lehren« des Nâropa). Es bedeutet die Übertragung des eigenen Bewusstseins in den Körper eines frisch Verstorbenen.

Drupön (tibet.), Meditationslehrer, welcher das traditionelle dreijährige Meditations-Retreat der *Kagyüpa*-Tradition leitet.

Dukkha (Pali »schwer gehend«), frei übersetzt entweder leidvoll oder nicht tragfähig. Dieser im *Pali-Kanon* absolut zentrale Begriff heißt wörtlich »schwer laufend«, »sich mühsam drehend« (hinsichtlich einer Radnabe). So beschreibt er bloß das Verhalten einer Sache. Der namhafte Indologe Monier Williams vermutet hier auch die Wurzel »schlecht stehen«. Im Pali-Kanon erscheint D. in zwei unterschiedlichen Kontexten: 1. Bei den Vier *Edlen Wahrheiten* beschreibt D. die subjektive Befindlichkeit des Menschen aufgrund von *Nichtsehen, Durst* und *Ergreifen.* Hier ist »leid- und angstvoll« zutreffend, oder (mit dem thailänd. *Vipassanâ*-Meister Ajahn Lee Dhammadaro) auch »Stress(voll)«. 2. Bei den *Drei Daseinsmerkmalen* (alles fließt, trägt nicht wirklich, im

Ein Erwachter hat aufgehört, nach dem bedingt Entstandenen zu dürsten, das dem Wesen nach fließt, letztlich jedoch nicht trägt . Buddha und zwei Bodhisattvas mit Mandorla. China, Östliche Wei-Dynastie (534–550 n.Chr.)

Nicht-Selbst) beschreibt D. den objektiven Zustand der flusshaft-vergänglichen Dinge. Hier bedeutet es »nicht tragfähig«, »keinen Stand bietend«, »nicht hinreichend« oder »nicht greifbar«, was in der flusshaften Natur des Bedingten gründet. Überwiegend wird D. auch im zweiten Kontext mit »leidvoll« übersetzt. So wird dem Buddha indirekt eine Gleichsetzung des Lebens mit dem Leiden zugeschrieben. Die Dinge der Welt können keine Gefühle (von Lebewesen) wie Leiden haben. Sie bieten bloß keinen Stand. Der unbewusste Glaube, dass sie letztlich Stand böten, kann nur Angst, Leiden oder Stress erzeugen. In dem Maße, wie dieser unbewusste Glaube (Identifikation mit den fließenden Dingen als ein »Selbst« oder »Mein« bzw. *Durst*) versiegt, schwinden auch Angst, Leiden oder Stress. Im vollendeten Maße ist dieses Aufhören das *Nirvâna.* Eine Geschichte über einen Freund Mula Nasradins erläutert das D. der Dinge. Der Freund aß schon den ganzen Tag scharfe Chili-Schoten. Auf die Frage, warum er damit nicht aufhöre, antwortet er, dass er nach der süßen Schote suche. »Nirvâna« bedeutet, mit dem Essen der scharfen Chili-Schoten aufzuhören, im Verstehen der *Drei Daseinsmerkmale* und der Vier *Edlen Wahrheiten* mit wachsender *Trefflicher Achtsamkeit.* Scharfe Chili-Schoten sind an sich auch nicht »schlecht« oder »leidvoll«, sondern beben bloß scharf. Sie können genauso Teil eines wohlschmeckenden Gerichts sein, je nach den beigemengten »Zutaten« (die inneren Haltungen des Menschen).

Das Nirvâna wird altdeutsch auch trefflich mit dem Begriff »Nir-Wahn« wiedergegeben: Ende des Wahnsinns. Mit jener häufigen Übersetzung »leidvoll« für das Dukkha der Dinge wird nahe gelegt, dass die gleichsam das Leid enthaltenden Dinge unweigerlich Leiden schaffen müssten, Leiden direkt von ihnen ausgehe bzw. im Umgang mit ihnen letztlich keine andere Wahl als Leiden bliebe, gleichgültig wie dieser Umgang beschaffen sei. Der zur *Höchsten Wahrheit* »Erwachte« dagegen hat diese Identifikation des Lebens mit dem Leiden nirgends gelehrt, weder hier noch bei den Vier *Edlen Wahrheiten,* sondern wirklichkeitsgemäßes *Klarsehen*.

Die häufige Sicht des Buddha als Verkünder der Identifikation »Leben ist Leiden« entgegen den klaren Tatsachen ist letztlich bloß durch einen kulturellen Hintergrund zu erklären, für den eben diese Identifikation gilt: »Sündenfall«, »Vertreibung aus dem Paradies«, somit bereits geborene, wesensgemäße oder ewige »Erbsünder« bzw. leidende Wanderer durch ein »Irdisches Jammertal«.

Durst (Pali Tanhâ), die zweite der Vier *Edlen Wahrheiten,* von der Ursache des Leidens: der »Grundzwang«, ähnlich einem Stamm, von dem die Äste der *Inneren Zwänge* abgehen. Deren handelnde Umsetzung bedeutet *Ergreifen*. D. ist der affektive und *Nichtsehen* der kognitive Antriebsteil des Kreislaufes der *Wiedergeburten* (Samsâra). Beide Teile sind eng miteinander verwoben: Der D. nach den Sinnesgenüssen, nach Sein und nach Nicht-Sein« (so die zweite *Edle Wahrheit* von der Leidensursache) quillt aus dem fixierten Begreifen eines letztlich realen »Selbst« oder getrennter »Dinge« hervor.

Dütsi (tibet. »Nektar«, Sanskrit Amrita), gesegneter Alkohol, der bei tantrischen Ritualen als Symbol für Weisheit und Unsterblichkeit verwendet wird.

Dzogchen. Der tibetische Meister Namkhai Norbu (*1938) wurde 1960 von dem führenden italienischen Tibetologieprofessor Giuseppe Tucci nach Italien eingeladen. Bis 1992 wirkte er hier als Professor für tibetische und mongolische Sprachen und Literatur an der Universität von Neapel. Er gilt als eine Reinkarnation oder Tulku des tibetischen Meisters Pema Karpo, dem Gründer des Staates Bhutan. Norbu studierte mit spirituellen Meistern verschiedener tibetischer Strömungen und wurde als Lehrer der höchsten Meditationsform, der Nyingmapas, der »großen Vollendung« Dzogchen, einflussreich. Zu der von ihm 1986 gegründeten internationalen »Dzogchen Gemeinschaft« gehören heute weltweit Zentren.

Dzogchen (tibet. »Große Vollendung«), Meditationssystem der Nyingmapa-Tradition, das von der Überzeugung ausgeht, dass die wahre Natur des Geistes immer schon klar, strahlend und makellos war. Man müsse sich letztlich nur dieser ursprünglichen Reinheit des Geistes spontan bewusst werden, die sich in jedem Moment, in jeder Wahrnehmung, manifestiere. Das sei die unmittelbare Wahrnehmung des Geistes. Das D. lehrt diese Praxis als den tiefsten Sinn der Lehren des Buddha. Sie gilt wegen ihrer Einfachheit und Radikalität als dem Weg der Transformation durch die tantrische Praxis überlegen: »Die Methode ist weder die Entsagung noch die Reinigung oder die Transformation, wie in den Sûtras und Tantras, sondern der Weg der Selbstbefreiung. Die Betonung liegt hier darauf, wie man direkt in einen Zustand der Kontemplation kommen kann, ohne jegliche vorhergehende Transformationspraxis.« (Namkkai Norbu). Die D.-Praxis wird eingeteilt in Basis, Weg und Frucht. Die Basis ist das immer schon vorhandene Gewahrsein *(Rigpa).* Der Weg wird unterteilt in Methoden, die sich mehr auf die natürliche Reinheit des Geistes konzentrieren (tibet. trekchö), und solche, die mehr auf seiner spontanen Präsenz und Kreativität beruhen (tibet. tögal). Es gibt drei Übungswege: eine Serie des Geistes *(Semde),* des Raumes *(Longde),* und der Essenz *(Mengagde).* Das D. ist im 8. Jh. von Padmasambhava nach Tibet gebracht und im 14. Jh. von Longchenpa systematisiert worden. Von der *Sakyapa-* und *Gelugpa*-Tradition wurde die Authentizität des D. früher angezweifelt.

Dzogchen-Gemeinschaft, Organisation von Namkhai Norbu, deutscher Sitz ist in Düsseldorf.

Dzog rim (tibet. »Vollendungsstufe«, Sanskrit Utpanna-Krama), zweite Stufe des *Anuttara-Yoga-Tantra:* Durch die Konzentration auf die Feinstofflichen Körperenergien *(Winde)* und Energiebahnen soll das subtilste Bewusstsein gereinigt und der Geist fähig für die *Erleuchtung* gemacht werden. Diese wird als die »Koinzidenz« von Leerheit und Glückseligkeit, beziehungsweise die Untrennbarkeit von Samboghakâya und Dharmakâya *(Drei Körper)* beschrieben. Ein anderer Name für diese höchste tantrische Praxis ist »Tsa Lung Thigle« (tibet. »Kanal, Wind, Tropfen«, für Sanskrit *Nâdî, Prâna, Bindu*). Denn dabei wird jene subtile Körperenergie »Lung« *(Wind/Prâna)* in den *Zentralkanal* (Nâdi) geführt und in einem Punkt (Bindu) konzentriert.

E

Edler Achtfacher Pfad → Achtfacher Pfad, Edler

Edle Wahrheiten, Vier (Pali Ariya-Sacca), die Grundwahrheiten des Lebens, Inhalt der ersten Rede des Buddha nach seinem vollen Erwachen: »Die Rede vom Andrehen des *Dharma*-Rades«, das seitdem durch die Weltkulturen und Epochen rollt. Adressaten waren die früheren fünf Weggefährten in Sârnâth.

Danach wurden sie intensiv unterwiesen. Zwei Wochen später verwirklichten sie die erste der Endgültigen *Befreiungsstufen*. Als ihnen der Buddha mit der »Rede von den Merkmalen des Nicht-Selbst« (Anattalakkhana-Sutta) die *Drei Daseinsmerkmale* offenbarte, verwirklichten sie das volle *Erwachen* der *Arhatschaft*. Die Vier E. behandeln das Leiden, die Ursache des Leidens, das Ende des Leidens und den Inneren Weg zum Ende des Leidens. Sie bringen Buddhas *Befreiungspragmatismus* in besonders berühmt gewordener Weise zum Ausdruck (wie sein Satz: »Nur eines lehre ich, jetzt wie früher: Das Leiden und das Ende des Leidens!«). Die E. vom Leiden nennt (vor dem Hintergrund des Lebensergreifens) diese zwangsläufigen Lebenserfahrungen »leidvoll«: Geburt, Altern, Tod, und Krankheit; Trennung und Nichterlangen von Liebem; Zusammensein mit Unliebem. Der Erwachte resümiert dies so: »Die Fünf *Aggregate* des Ergreifens« (d. h. in dem Maße, wie sie ergriffen werden) »sind leidvoll«. Es ist hier allein das *Ergreifen* des Lebens, das mit dem Leiden gleichgesetzt wird. Im Abendland wird diese Erste Edle Wahrheit häufig unzutreffend resümiert mit: »Das Leben ist Leiden«. Wenn dem so wäre, wäre im Leben eine Befreiung unmöglich. Mit diesem Resümee, das in den Reden des Pali-Kanons nicht vorkommt, hätte sich der Buddha tief selbst widersprochen. Denn die Befreiung im Leben ist das einzige Ziel seiner Praxislehre, das *Nirvâna*.

Die E. von der Leidensursache benennt die ständig wirksame affektive oder kognitive Quelle dieses Ergreifens: »Der *Durst* nach Wiedergeburt, der von Wollen und Begehren begleitet hier und dort Gefallen findet: Der Durst nach den Sinnesgenüssen, der Durst nach Sein, der Durst nach Nicht-Sein.« Die E. vom Leidensende betont die Fähigkeit des Menschen, aus ihm herausauszukommen: »Das Versiegen des Durstes«, und bloß in Bezug auf diesen das »volle Seinlassen, Nichtmehranhaften, Sichbefreien.« Die Wahrheit vom »Inneren Weg« zum Leidensende ist der Edle *Achtfache Pfad*, der sich in drei Pfadbereiche unterteilt: Ethische Motivation *(Treffliche Rede, Treffliches Handeln, Trefflicher Lebenserwerb)*, Geistige Ruhe *(Treffliche Bemühung, Treffliche Achtsamkeit,* Treffliche Sammlung*)* und Intuitives Wissen *(Treffliche Ansicht, Trefflicher Entschluss)*. Diese drei Bereiche bedingen sich wechselseitig. Ihre Quelle ist die *Treffliche Achtsamkeit*, die allmählich die *Höchste Wahrheit* offenbart. Der Buddha hat den Achtfachen Pfad auch als den »Mittleren Weg« zwischen den Extremen der Selbstkasteiung und begehrenden Sinnenhingabe resümiert. Die drei Pfadbereiche oder »Schulungsgebiete« bedingen sich wechselseitig. Der Erwachte wird häufig mit einem Arzt verglichen, der eine nüchterne Krankheitsdiagnose stellt, bevor er das Behandlungsmittel verschreibt: Die ersten beiden Edlen Wahrheiten sind die nüchterne Diagnose, und die letzten beiden sind das Behandlungsmittel.

Eiheijii (japan. »Tempel des ewigen Friedens«), Tempel in Fukui, neben dem Sôjiji in Yokohama einer der Haupttempel der *Sôtô-Schule*. 1244 gründete Dôgen Zenji in der Bergeinsamkeit den Tempel Daibutsuji, den er 1246 in E. umbenannte. Die heutigen Gebäude stammen aus jüngerer Zeit. Die weitläufige Anlage erhebt sich auf stark ansteigendem Gelände. Nach chinesischem Modell ist sie axialsymmetrisch geordnet. In der Zentralachse liegen das Haupttor, die Buddha- und die *Dharma*-Halle. Küche und Mönchshalle (sôdô) sind einander gegenüberstehend an den Seitenachsen plaziert. Gegenwärtig hat E. drei Funktionen: Sie ist Hauptausbildungskloster für Mönche, Pilgerstätte für die Verehrung des berühmten Gründers, sowie ein Ort, wo auch Laien periodisch unterwiesen werden.

Einmalwiederkehrer → Befreiungsstufen

Einsiedler und Brahmanen (Pali Samana-

Eiheijii. Einer von zwei Haupttempeln der Sôtô-Schule des Zen, gegründet von Dôgen, Präfektur Fukui, Japan. Zweistöckige Pagode im Zedernbestand.

Brâhmana), im *Pali-Kanon* eine der häufigsten Wendungen, die alle zeitgenössischen Lehrer umfasst, etwa in der zentralen »Mittleren Sammlung« der Reden des Buddha. An diesen Textstellen kommt stets eine kritische Auseinandersetzung mit deren Lehrmeinungen oder Verhaltensweisen. In der Urgemeinde des Buddha hatten sprachliche Argumente, Streitgespräch und klare Auseinandersetzung einen sehr hohen Stellenwert. Dabei war eine Haltung von Ethik, Ruhiger Gelassenheit und Einsicht entscheidend, aber deren Bewährungsfeld war gerade auch die Kontroverse. Aus der klar unterschiedenen Haltung des Buddha ist die friedfertigste Weltreligion erwachsen. Eine die *Höchste Wahrheit* erfassende Lehre musste sich in der öffentlichen Auseinandersetzung bewähren können. Andernfalls galt sie im alten Indien nicht viel. Buddhas Reden belegen auch, dass von ihm überzeugte, vorher gegnerische Meister häufig zusammen mit ihren Anhängern zu seiner Lehre übertraten. So konnte sie sich stark verbreiten in einer Kultur, die mit Meistern besonders reich gesegnet war. Wo die Reden nicht Buddhas Anhängern galten, enden sie generell mit der Aussage der jeweiligen Empfänger, darunter anfänglich auch Kritiker oder Kontrahenten, dass sie fortan seine Lehre zum *Freiort* wählen würden (meist noch mit dem Zusatz: »Bis zum Lebensende«).

Eintritt in den Wandel zum Erwachen (Sanskrit »Bodhicaryâvatâra«), das Hauptwerk Shântidevas (7.–8. Jh., Indien), womit er

Einsiedler und Brahmanen. Ein tibetischer Shamarpa-Mönch in seiner Einsiedelei nahe des Khumbu-Gletschers in Nepal. Er hält die Gebetskette sowie die Gebetsmühle in den Händen. Neben dem traditionellen Mönchsgewand trägt er die rote Kopfbedeckung, die den Mönchen ihren Namen gab. Sie werden Rot-Hut-Lamas genannt: Sha (tibet. »Hut«), Mar (tibet. »rot«).

das Mahâyâna-Ideal vom *Bodhisattva* als Inbegriff von Menschlichkeit geschichtswirksam gemacht hat. In seiner Gestalt hat dieses ethische Ideal die Länder des tibetischen Buddhismus tief geprägt. Shântideva vertritt Nâgârjunas *Mittleren Weg.*

Der E. ist wegen seiner herzberührenden Qualität das meistkommentierte buddhistische Werk. Allein in Tibet gibt es rund 200 Kommentare. Der Dalai Lama betrachtet es als seine wichtigste tägliche Inspirationsquelle. Stephen Batchelor sieht in ihm die »klarste buddhistische Formulierung« dessen, was es heißt »authentisch mit anderen zu sein«. Christopher Titmuss findet hier die »Ethik der Zukunft«. Das philosophische Lehrgedicht besingt in zehn Kapiteln mit 1000 Strophen den inneren Werdegang eines Bodhisattva. Es ist die poetische Wiege dieses Ideals, das in Tibet sogar die Sprache geprägt hat. Das tibetische Wort für unser neutrales Mitgefühl lautet »Der König des Herzens«.

Der selbstlose Weltbefreier »Bodhisattva« (Dem Erwachen hingegebenes Wesen) ist ein angehender Buddha, der zunehmend aus Mitgefühl fühlt, denkt und handelt. Im »Großen Mitgefühl« (Mahâkarunâ) wird die wesensgemäße »Gleichheit von Selbst und anderen« (Parâtma-Samatâ) verstanden und umgesetzt, was in einer natürlichen Weise die Fähigkeit zur »Austauschung von Selbst und anderen« (Parâtma-Parivartana) hervorbringt. Die beiden gleichnamigen Abschnitte in Shântidevas Werk gelten als die tiefsten Ethikbegründungen des Mâhâyana.

Drei Verse: 1. »Die anderen Lebewesen sind zu behüten, wie ich mich selber behüte. Denn wir mögen alle Glück und Leid unterschiedlich auffassen, aber wir erfahren es immer in der gleichen Weise als angenehm und unangenehm.« 2. »Unser Körper gilt uns als eine Einheit ›Körper‹, d.h. im Ganzen als schutzbedürftig, obwohl er in Glieder unterteilt vielgestaltig scheint. So sollte uns auch diese Welt als Einheit ›Welt‹, d.h. im Ganzen als schutzbedürftig gelten, obwohl sie dem Anschein nach mit ihren Geschöpfen vielgestaltig ist. Denn in ihrem Grunde ist die ganze Welt so beschaffen, dass das von allen identisch empfundene Glück und Leid letztlich nicht aufgetrennt werden kann.« 3. »Wenn Glück mir genau so viel bedeutet, wie es auch allen anderen so viel bedeutet: Was ist dann noch der Unterschied des eigenen Selbst, der es rechtfertigen würde, dass sich mein Streben nach Glück bloß auf dieses bezieht?« Im

Großen Mitgefühl ist die dualistische Weltspaltung im Haften an einem getrennten »Selbst« aufgelöst. Die Taten des Bodhisattva wirken vielschichtig befreiend. das Fehlen der dualistischen Sicht ist die Ursache für das höchste Erwachen des Bodhisattva, das im Mahâyâna als unbegrenzt hilfsfähiger Zustand gilt. Der Bodhisattva wird zur Buddhaschaft »getragen«, indem er bloß noch das Mitgefühl in der Welt umsetzen will. Er strebt nach einer Befreiung für alle. Diese »Selbst«-lose Haltung in Geist und Tat ist der berühmte »Geist des Erwachens« Bodhichitta. Konkret bedeutet dies die Entfaltung der »Sechs Vollkommenheiten« (pâramitâ). Durch Shântideva sind sie zu den Kardinaltugenden des Mahâyâna geworden: Freigiebigkeit, Ethische Motivation, Geduld, Innere Energie, Meditative Vertiefung und Weisheit. Die höchste Einsicht des Bodhisattva in die universelle »Leerheit« (shûnyatâ) von »absolutem Sein« oder »Selbstexistenz« (svabhâva) manifestiert sich als »sein Herz« mit den Sechs Vollkommenheiten im mitfühlenden Verstehen der wesensgemäßen »Gleichheit von Selbst und anderen«, als große Einheit in der Welt (wie mit den Vier Unbegrenzten des historischen Buddha). Das Wechselspiel von Schau und Herz lässt sich auch so resümieren: Der Bodhisattva ist »in der Welt« (Herz), »aber nicht von der Welt« (Schau der Leerheit).

Bodhichitta ist zweifach: 1. Der Entschluss (pranidhi), das volle Erwachen zu gewinnen, um unbegrenzt für die Befreiung möglichst vieler wirken zu können. Es ist die Haltung des Vorsatzes. 2. Dessen Praktische Umsetzung (prasthâna) durch die Praxis der Sechs Vollkommenheiten in der Welt. Es ist die Haltung des konkreten Strebens: »Eine Tat wird gewöhnlich zum Zweck des eigenen Glückes getan. Doch diese kann eintreten oder nicht. Der Bodhisattva aber, dessen Glück die mitfühlende Tat ist, wie könnte er untätig noch glücklich sein?« Shântideva beschreibt das Große Mitgefühl, den Motor des ganzen Weges eines Bodhisattva, so: »Es gibt keinen Zweifel: Die Bodhisattvas haben die Welt zu ihrem Selbst gemacht, das restlos zum Mitgefühl geworden ist. Damit haben sie ihr eigenes Zuhause im Körper aller Lebewesen gefunden. Wie könnten einem die Lebewesen jetzt noch gleichgültig sein?«

Einweihung, (Sanskrit abhisheka, tibet. wangkur), auch Ermächtigung, komplexes Ritual im tantrischen Buddhismus, womit

Eintritt in den Wandel. Indische Buddha-Plastik, Cola, 11. Jh., National Museum of India, Neu-Delhi

der Adept in das *Mandala* (Wirkungssphäre) einer ausgewählten *Meditationsgottheit* (tibet. yidam) eingeführt wird. Die E. befähigt den Adepten, im tantrischen Praxisritual *Sâdhana* die Qualitäten dieser Gottheit zu verinnerlichen, und (je nach *Tantra-Klasse*) sich auch unmittelbar mit ihr zu identifizieren. Außerdem bekommt er das *Mantra* der Gottheit. Die E. gliedert sich in mehrere aufeinander folgende Teil-E. Es gibt vier Schritte: Die Vasen-E., die Geheime Einweihung, die Weisheits-E. und »die Vierte« (eine noch höhere Weisheits-E.). Die letztere führt im Idealfall zur Verwirklichung der ungetrennten Einheit von »Genusskörper« und »Wahrheitskörper« des Buddha *(Drei Körper)*, dem Einsgeschmack von Glückseligkeit und *Leerheit*. Mit der E. soll die Transformation der Alltagserfahrung in jene Wirkungssphäre (Mandala) der Meditationsgottheit eingeleitet werden. Der Adept verpflichtet sich durch ein Gelübde, alle Phänomene jenseits dualistischer Bewertung als grundlegend rein oder »leer« von Eigennatur zu betrachten. So soll ihm ihre *Buddha*-Natur bewusst werden. Sanskrit »abhisheka« bedeutet frei übersetzt E., wörtlich jedoch »Besprenkelung«, was ursprünglich die Bezeichnung für die Königsweihe war. In diesem Sinne ist die Einweihung die Übertragung von Macht und spirituellem Potenzial vom *Guru* auf den Adepten. Im altindischen Tantrismus erhielten lediglich ausgewählte Schüler die mit strengen Gelübden *(Samaya)* verbundenen E.

Entstehen in Abhängigkeit
Man selbst begeht Unheil, und man selbst korrumpiert sich. Man selbst meidet Unheil, und man selbst läutert sich. Korrumpierung und Läuterung hängen von einem selbst ab. Keiner läutert einen anderen.

Die Erwachten können lediglich den Inneren Weg weisen. Wir müssen uns selbst bemühen, ihn zu gehen. Die Sich-Läuternden gehen ihn. Sie befreien sich so von den Kräften der Verblendung.
Dhammapada

Ekayâna (Sanskrit »das Eine Fahrzeug«), Lehre des Mahâyâna (Großes Fahrzeug), die als Heilsziel nur die Buddhaschaft zulässt. Neben diesem Heilsziel kennen die Schulen des Mahâyâna zum Teil andere Erlösungsformen wie die des Hörers *(Srâvaka)* oder des Pratyeka-Buddhas (Pali: *Paccekka-Buddha).* Im Gegensatz zu diesem Modell der drei Wege (drei Fahrzeuge zum Heilsziel) gilt im E. allein die vollkommene Buddhaschaft als wirklich erlösend. Die Befreiung, die sich auf den Hörer und Pratyekabuddha bezieht, gilt entweder als minderwertig oder wird sogar als bloßes Mittel *(Upâya)* des Buddhas aufgefasst, den Lebewesen auf dem langen Weg zur eigenen Buddhaschaft zu helfen. Diese Hilfe habe darin bestanden, das Ziel der Arhatschaft, obwohl es nicht letztlich erlösend sei, als eine Art von »Verschnaufpause« zu bieten. Bei jenem Modell der drei Wege, das sich in erweiterter Form auch im *Yogâchâra*-Buddhismus findet, steht nicht der Wunsch nach schroffer Ausgrenzung oder Abwertung aller nicht nach der Buddhaschaft Strebenden im Vordergrund. Vielmehr drückt sich darin wohl ein Element der Toleranz in einer multireligiösen Gesellschaft, wie sie in Indien bestand, aus.

Elemente, Große → Große Elemente

Emei-Gebirge, berühmtes buddhistisches Pilgerzentrum in der heutigen chinesischen Provinz Sichuan *(Vier Heilige Berge).* Ursprünglich eine Zufluchtsstätte taoistischer Einsiedler, gewann das 3000 m hohe E. angeblich schon im 3. Jh. n. Chr. unter Buddhisten an Bedeutung. Eindrucksvolle Naturschauspiele haben hier wiederholt Erlebnisse bewirkt, die als Ausdruck der Präsenz des *Bodhisattva* Samantabhadra gedeutet wurden. Basierend auf einem Abschnitt im *Avatamsaka-Sûtra* ist *Samantabhadra* vielfach als die Ergänzung zur Weisheit des *Mañjushrî* verstanden worden, als Inbegriff der buddhistischen Praxis.

Entsagung, die entschlossene Abkehr vom Kreislauf der *Wiedergeburten* (samsâra), die in allen buddhistischen Traditionen grundlegend ist. Diese Geisteshaltung kann sich in einer monastischen Lebensweise oder in der Ritualisierung und mystischen Überhöhung von Genuss und Leidenschaften des *tantrischen Buddhismus* ausdrücken.

Entstehen in Abhängigkeit (Sanskrit Pratîtyasamutpâda), im »Mittleren Weg« (Madhyamaka) des Nâgârjuna (2.–3. Jh. n. Chr.) wurden Buddhas »Zwölf Glieder des *Abhängigen Entstehens*« zum Inbegriff der Allbedingtheit. Diese ist die Herzlehre des *Mittleren Weges* und besagt: Nichts existiert in Wahrheit als ein eigenständiges »Selbst«, weil alles in Abhängigkeiten eingeflochten ist, aus denen es auf verschiedenen Ebenen erst »hervortritt« (und ebenso jetzt ständig). Fixierung oder *Begriffliche Verselbstständigung* (prapañcha) beruhen auf dem *Nichtsehen* dieses Allbedingtseins bzw. dem Missverstehen aller (bedingten oder unbedingten) Dinge als ein »Selbst«. Das *Allbedingtsein* umfasst etwa das Material und die Energie, die in den Wachstums- oder Herstellungs-Prozess eines Dinges eingeflossen sind. Aber das Allbedingtsein gilt nicht bloß im linearen Sinne von »Ursache und Wirkung« (d. h. in zeitlicher Hinsicht) für alles Materielle und Geistige; denn alles wird für uns auch erst durch seine aktuellen Funktionen verstehbar: Ein »Tisch« etwa ergäbe keinen Sinn (wäre »nichts«) ohne seine Funktion, etwas zu tragen. So »tritt« ebenso alles aus seinen ständigen Wechselverhältnissen »hervor«. Das gilt auch für die Begriffe selbst: »Vergangenheit«, »Gegenwart« und »Zukunft« zum Beispiel wären jeweils für sich allein genommen nicht einsichtig. Sie ergeben erst einen Sinn, wenn sie unbewusst aufeinander bezogen werden. Das Gleiche gilt für alle Grundbegriffe: »Subjekt« und »Objekt«, »Selbst« und »Andere«, »groß« und »klein«, »Tag« und »Nacht«, »Tugend« und »Untugend«, »Gott« und »Satan«, ja sogar »Nirvâna« und »Samsâra«, oder »Leerheit« und »Selbst«: Keiner dieser Pole existiert (für sich allein) ohne seinen jeweiligen Gegenpol. Nichts kann getrennt vom anderen bestehen.

Dies bedeutet keinen Nihilismus. Denn alles existiert in dieser abhängigen Weise wohl; bloß nicht als ein getrenntes »Selbst«, bloß nicht real. Alles existiert vielmehr restlos abhängig, ganz in Relation zu anderen Begriffen oder Bedingungen. (Nâgârjuna spezifiziert diese etwa als die Wurzelgleich Primäre, die Objektiv Stützende, die Zeitlich Vorangehende, und die Bestimmend Hinführende Bedingung.) Dieses Wahre Wesen aller Dinge entspricht nicht unserem gewöhnlichen, auf ein »Selbst« fixierten Bewusstsein. Das Allbedingtsein ist letztlich synonym mit jenem »Mittleren Weg« zwischen Realexistieren und Nichtexistieren, Sein und Nichtsein, Positivismus und Nihilismus, Theismus und Materialismus *(Seelenglauben).* Das Allbedingtsein ist ebenfalls synonym mit der *Leerheit* (shûnyatâ) sämtlicher Dinge von einem »Selbst« oder von »Eigenwesen« (svabhâva). Ein Vers aus Nâgârjunas Hauptwerk *(Mûla-Madhyamaka-Kârika)* erklärt die Synonymität dieser drei Hauptbegriffe: »Wir sagen: Was das E. ist, das ist ebenso die Leerheit. Diese Leerheit ist eine pragmatische Bezeichnung, indem damit die Welt beschrieben wird. In diesem Sinne ist sie der Mittlere Weg.« Die Leerheit aller Dinge gilt also nicht »absolut«. Sie ist selbst kein Dogma. Es gibt keine abstrakte Leerheit als philosophisches Konzept, sondern bloß ein konkretes leeres Wesen aller Dinge. Nâgârjuna: »Wer an die Leerheit glaubt, ist unheilbar.« Die Leerheit gilt allein vom Standpunkt der Höchsten oder »Ganzen Wahrheit« (paramârtha-satya), jedoch nicht vom Standpunkt der »Konventionellen« oder »Pragmatischen Wahrheit« (samvriti-satya). In anderen Worten: Auf der Ebene unserer relativen Wirklichkeit sind die Dinge wohl ein getrenntes »Selbst«. Das Erwachen ist, diese beiden Wahrheits- oder Realitäts-Ebenen harmonisch miteinander verbinden zu lernen – eine ganz individuelle Aufgabe. Dabei ist nun die *Höchste Wahrheit* die Einsichts-, Freiheits- oder Herzens-Quelle: die Innendimension des Lebens. Die Konventionelle Wahrheit ist das Umsetzungs- oder Bewährungsfeld: Die Außendimension des Lebens *(Mittlere Weg)*. Dieses Verstehen und praktische »Bewähren« der Leerheit bedeutet das Schwinden der Grundfixierung »Selbst«, die im Nichtverstehen des Allbedingtseins die Dinge »in sich selbst eingesperrt« hält. Das bedeutet *Nirvâna*. Das letztlich nicht bewusste »Problem« der christlich-abendländischen Kultur ist jene Verabsolutierung, dass hier im unbewussten Weltempfinden die »greifbare« Konventionelle Wahrheit der getrennten Dinge als die Höchste Wahrheit, bzw. die Höchste Wahrheit als etwas »Absolut Gültiges«, dies heißt als konventionell »Selbst«- oder greifbar erscheint. Daraus resultiert die unübertrefflich gründliche Erforschung und Beherrschung der Konventionellen Realität (durch die Wissenschaft und Technik des Abendlandes), aber andererseits auch eine unangemessene Fixierung auf alles Äußere, was als Quelle innerer Leere oder Unruhe und äußerer Gewalt wirkt. In der Moderne und Postmoderne bestärken die Erfolge der Wissenschaft jenes unbewusste Weltempfinden weiter (wirken bestätigend für eine alleinige Konzentration auf das konventionell

Emei-Gebirge. Pilger stehen auf dem Gipfel des Ermel, einem der vier buddhistischen heiligen Berge.

Wahre). Erst die revolutionierten Wissenschaftsparadigmen des 20. Jh., vor allem Niels Bohrs Komplementaritätsprinzip (über die letztliche Einheit der Gegensätze) und Werner Heisenbergs Quantentheorie (über die paradoxe Wellen- und Teilchennatur des Elektrons, je nach subjektiver Versuchsanordnung), haben hier ein Umdenken gebracht, das aber noch wenig an jenem unbewussten Weltempfinden ändert. Diese revolutionierten Wissenschaftsparadigmen liegen ganz auf einer Linie mit dem frühbuddhistischen Verständnis vom allbezogenen Nicht-Selbst bzw. der Leerheit von absolutem Sein.

Entwicklungsstufe (Sanskrit utpatti-krama, tibet. kyerim), die erste Stufe der Praxis im *Anuttara-Yoga-Tantra;* als »kreative« Phase des Meditationsrituals *Sâdhana.* Der Adept visualisiert Gestalt und *Mandala* der *Meditationsgottheit* sowie ihr Mantra.

Ergreifen (Pali upâdâna), Zentralbegriff in Buddhas Lehre, der etwa in der Ersten *Edlen Wahrheit* vom Leiden mit diesem gleichgesetzt wird. Weitere Wiedergaben sind: Aneignen, Anhaften, Festhalten, Klammern. Im E. »wachsen« innerlich und »handeln« äußerlich die durstigen Willensformationen, oder das *Karma,* aus dem sich das leidvolle, gefesselte Dasein entrollt. Upâdâna bedeutet wörtlich das, woran sich ein Feuer klammert, also dessen Brennstoff. Das E. ist der Brennstoff des Leidensfeuers; das gleichsam seine »Stütze« im E. »sucht«. Diese »Suche« wirkt als der karmische Motor des angstvollen Rotierens, der (inneren) Wiedergeburt. Der Daseinsmotor »brummt«: 1. Im E. der Sinnesgenüsse (kâma), oder dem schubvollen

Ergreifen.
Der Buddha lehrt:
Was man ergreift, davon ist man erfasst und gefangen.

Erleuchtung. Die siamesische Plastik im Ayudhya-Stil stellt den Kopf eines Buddha dar. Bronze, 17. Jh.; Privatbesitz

Begehren nach deren Wiederholung. 2. Im Festhalten an Meinungen (ditthi), der starren Identifikation mit ihnen, als das »Ich, Mein, mein Selbst« (einschließlich Selbstfestlegungen). Damit wirkt das Widerlegen einer ergriffenen Meinung als »Ich bin nicht«, ist man unzugänglich für die Wahrheit – etwa *Treffliche Ansichten,* die in Buddhas Lehre als die Zugpferde des ganzen Befreiungsweges gelten. 3. Im Anhaften an äußeren Formen, Techniken und Methoden, Regeln, Riten (sîlabbatta), und Gepflogenheiten. 4. Im Missverstehen der körperlichen oder geistigen, bloßen »Daseinsprozesse« als ein substanzielles »Ich« und eine kerngleiche *»Seele«,* die im Zeitstrom letztlich unveränderlich beharren (atta-vâda). Der *Theravâda*-Mönch Ajahn Akiñcano aus der Tradition von Ajahn *Chan* resümiert diese vier Kontexte des E. so: »Egal, welchem Bereich wir anhaften, die Folge ist immer, es tut weh.«

Erleuchtung, eine häufige Übersetzung des Sanskrit oder Pali Begriffes »Bodhi«, der wörtlich übertragen *Erwachen* zur unzertrennten, von Dinghaftem leeren oder »Selbst«-freien Höchsten Realität bedeuten müsste (*Drei Daseinsmerkmale und Nichtsehen*). Im Begriff der E. wird ein »(Wahres) Selbst« gedacht, das mit der E. gleichsam ans Licht der Bewusstheit tritt. Andere Ausdrücke des japanischen *Zen* für die E. sind *Satori* (von satoru »erkennen«) und *Kenshô* (als »kleine Erleuchtung«). In den heutigen Formen des *Theravâda* ist häufiger vom »Erwachen« zur Höchsten Realität die Rede. Zur Zeit des »Erwachten« (Buddha) war allein davon die Rede, weil es damals bloß Bodhi hieß. Bodhi ist der eine und viel häufigere der beiden Begriffe, die damals für das Heilsziel gebraucht worden sind. Der andere Terminus lautet: »Auge des *Dharma*« (dhammachakkhu). Dieser prägnante Ausdruck beschreibt das Sehen jener Höchsten Realität aus der Perspektive des »Selbst«-freien, zeitlosen oder universellen Inneren Gesetzes »Dharma«, das auf dem *Achtfachen Pfad* verwirklicht wird.

Erleuchtungsgeist → Eintritt in den Weg zum Erwachen

Ermächtigung → Einweihung

Erste Verbreitung, die erste Einführung des Buddhismus in Tibet fällt mit dem Aufstieg zur Großmacht in Zentralasien zusammen, der unter König Songtsen Gampo (569–649) begann. 641 heiratete er eine nepalesische und eine chinesische Prinzessin, die beide Buddhistinnen waren. Ihren Höhepunkt erreichten die Aktivitäten indischer Buddhisten, die zur Entstehung der *Nyingmapa*-Tradition führten, unter König Trisong Detsen und Ralpachen im 8. und 9. Jh. Diese Phase der Einführung endete mit der Schreckensherrschaft des Königs Langdarma (838–842), der den Buddhismus verfolgte. Er wollte die *Bön*-Religion wieder zur Staatsreligion erheben, und wurde von einem buddhistischen Mönch ermordet.

Erwachen, die wörtliche und korrekte Übersetzung des buddhistischen Herzbegriffs »Bodhi«, vom Verb budh für »erwachen«. Bodhi bedeutet ein E. aus einem unbewussten Schlafzustand oder einer Illusionären Grundsicht *(Nichtsehen).* Es bedeutet das volle E. zur Höchsten Realität: »Alles fließt, trägt nicht, im Nicht-Selbst« (*Drei Daseinsmerkmale* und Vier *Edle Wahrheiten*). E. ist ein Relationsbegriff. In ihm ist also das, wozu man erwacht, bereits mitgedacht. Relationsbegriffe sind für den frühen Buddhismus *Theravâda* charakteristisch (z.B. auch heilsam oder unheilsam anstatt der Begriffe »gut« oder »böse«). Im Unterschied dazu erweckt *Erleuchtung* den Eindruck, dass damit ein »(Wahres) Selbst« zu einem (großen inneren) »Licht« kommt. Man erleuchtet schließlich nicht zu einer »Höchsten Wirklichkeit«, wie sie der Buddhismus zentral betont. Erleuchtung beleuchtet kaum die »Selbst«-lose Realität, wozu man in der Praxis letztlich erwachen soll.

Erzeugungsstufe → Kye rim

Existenzbehälter → Aggregate, Fünf

F

Federation for the Preservation of the Mahâyâna Tradition (FPMT), von Lama Yeshe gegründete, und heute von Lama Zopa geleitete internationale *Gelugpa*-Organisation. Deutsches Zentrum ist »Aryatara« in Bayern.

Feinstoffliches Energiesystem, die Vorstellung von einem Feinstofflichen Energiekörper geht auf die heiligsten Texte (Upanishâden) der Brahmanen im Hinduismus zurück. Das System im *tantrischen Buddhismus* ist weitgehend identisch mit der hinduistischen Konzeption. Die Unterschiede sind vorwiegend terminologischer Art. Die Feinstofflichen Energieströme *Winde* (Sanskrit vâyu) zirkulieren in Energiekanälen *(Nâdis),* die in Energiezentren *(Chakras)* zusammenlaufen. Dieses subtile »Organsystem« soll durch die tantrischen Praktiken erschlossen werden, um durch Lenkung des F. die geistigen Prozesse zu beeinflussen. Der letztliche Zweck dieser Lenkung ist für den Praktizierenden die *Mahâmudrâ,* der Zustand der *Erleuchtung (Anuttara-Yoga-Tantra).*

Fesseln, Zehn (Pali samyojana), gleichsam die zehn Bestandteile des Motors, welcher den Kreislauf der *Wiedergeburten* antreibt. Der Erwachte sagt dazu: »Es gibt zehn an das Dasein kettende Fesseln«: 1. *Seelenglaube:* Am »greifbaren« Körper als »Ich, mein, mein Selbst« hängend, imaginiert man davon ausgehend nun ein inneres »Selbst« (Seele), das nicht wie der Körper vergehe. 2. Zweifelsucht: Notorische Unschlüssigkeit, »ewiges Hin- und Herschwanken«, weil man Dingen Wichtigkeiten beimisst, die ihnen nicht tatsächlich zukommen. Hier ist nicht begründetes, kritisches Bezweifeln gemeint *(Fünf Hindernisse).* 3. Anhaften an äußeren Formen: »Techniken und Methoden, Regeln und Riten«, das heißt im Glauben, sie seien heilsentscheidend. 4. Sinnesbegehren (das nichtsehend »getriebene«, nicht das weise Begehren nach dem inneren Heil). 5. Übelwollen, Abneigung. 6. »Selbst«-Verlangen nach den Bewusstseinsqualitäten bzw. Existenzbereichen, die als die Feinkörperliche Sphäre gelten *(Jhâna).* 7. »Selbst«-Verlangen nach der Körperlosen Sphäre *(Jhâna).* 8. Eigendünkel. 9. Aufgeregtheit *(Fünf Hindernisse).* 10. *Nichtsehen.* Die ersten fünf Daseinsfesseln ketten noch an die sinnliche Körperwelt, die letzten fünf an die Feinkörperliche oder Körperlose Welt bzw. die entsprechenden Bewusstseinsqualitäten im Leben des Menschen (Wiedergeburt). Die Höhe der Endgültigen Befreiungsstufe bemisst sich danach, wie sehr und wie viele dieser Daseinsfesseln endgültig zur Auflösung gebracht worden sind.

Flügel des Erwachens, Sieben (Pali bojjhanga), diese Übersetzung folgt dem US-amerikanischen Mönch Bhikkhu Thânissaro. Meist heißt es »Glieder des Erwachens«. Es sind die sieben »Treppenstufen« als aufeinander aufbauende Qualitäten, die auf dem Weg zum *Erwachen* zu entwickeln sind: Achtsamkeit, Ergründung der Dinge (Ajahn Buddhadâsa: »Das Studieren der Welt, des Geistes, des Körpers«), Befreiende Energie, Innere Freude, Ruhige Gelassenheit, Sammlung sowie Gleichmut. Diese Kernlehre verdeutlicht, wie wichtig Innere Freude auf dem buddhistischen Befreiungsweg ist, der manchen als asketische Mühsal gilt. Denn erst aus der Inneren Freude können Gelassenheit (Gemütsruhe, Friede), Sammlung sowie Gleichmut hervortreten. Die für die Befreiung notwendige Sammlung ist demnach nicht »hart zu erzwingen«, sondern hat Innere Freude zur unmittelbaren Voraussetzung. Es ist hier jene Innere Freude durch die Energie gemeint, wie sie mit der Ergründung der Natur der Dinge in *Trefflicher Achtsamkeit* entsteht. Die spirituell befreienden Qualitäten von Gelassenheit, Sammlung und Gleichmut sind hier also von natürlich entstehender oder »herfließender« Art. Ihrem Boden entsprießen die »Lotusblumen der Befreienden Einsicht«. So sagt etwa der altindische Meister Prajñâkaramti: »Aus einsgerichtetem Geiste entsteht wirklichkeitsgemäße Einsicht. Sie wächst aus geläuterter Ruhe hervor wie das Korn, das natürlich auf dem Felde wächst.«

Foguang, buddhistische Einrichtung, die auf die Gründung des »Buddhaglanz«- oder »Foguang-Klosters« 1967 bei Gaoxiong (Taiwan) durch Xingyun (*1927) zurückgeht. Heute gibt es weltweit Dependancen, am bekanntesten ist das große Xilai-Kloster in Los Angeles.

Freiorte, Drei (Pali ti-sarana), die Drei Juwelen oder Drei Kostbarkeiten »Buddha, Dharma und Sangha« (Erwachter, Inneres Gesetz, Gemeinschaft). Diese bewusst zum F. zu wählen, gilt traditionell als der Eintritt in den Befreiungspfad. Die feierliche Rezitation der Pali-Fassung von: »Ich wähle den Buddha, den Dharma und den Sangha zum Freiort« findet in der buddhistischen Welt unter Laien wie Ordinierten, in Asien wie im Westen, regelmäßig statt. Im Abendland heißt es generell: »Ich nehme Zuflucht zum Buddha, Dharma, Sangha«. Pali sarana bedeutet »Obdach, Herberge oder Haus«, wo man bewusst Kraft schöpft und periodisch ruht, aber auch ein- und ausgeht. Man nimmt gewöhnlich nicht »Zuflucht« ins Haus. Auch bedeutet gacchâmi neutral »gehen ins«. So lautet die Formel wörtlich: »Ich gehe ins Haus des Buddha, Dharma und Sangha.« Buddha steht für das tiefste menschliche Potenzial zum *Erwachen* aus Nichtsehen oder Leiden; und für den historischen Buddha, weil er dieses Potenzial allgemein bewusstgemacht hat. Dharma (Sans-

»Standhaft im Körper, standhaft im Geist, ob im Stehen, Sitzen oder Liegen: Fest verankert in Bewusstheit bleibt der König des Todes hinter einem.« Udâna (»Aufatmen«) des Pali-Kanons. Stehender Buddha. China, Späte Nördliche Wei-Dynastie (386–534 n.Chr.)

Fünf Buddhas. Die fünfblättrige Krone zeigt die fünf Buddhas und wird von den Lamas des tibetischen Buddhismus bei festlichen Zeremonien getragen. Die Krone hat ihr Vorbild in der lotusförmigen Kopfbedeckung der indischen Könige der Frühzeit und weist ihren Träger als Eingeweihten aus.

krit »das, was trägt oder hält«) beschreibt das innere Befreiungsgesetz, das mit dem *Achtfachen Pfad* (Ethische Motivation, Geistige Ruhe und Intuitives Klarsehen aus wachsender Achtsamkeit) verwirklicht wird. Sangha umfasst die Gemeinschaft aller, die in ihrem Leben dieses innere Befreiungsgesetz beherzigen (ob sie sich formell als »Buddhisten« betrachten oder nicht). Das Wählen des Buddha-Freiortes ist die Überzeugung, dass der Mensch die höchste Befreiung verwirklichen kann. Damit geht hohe Selbstachtung einher. Das Wählen des Dharma-Freiortes ist der Entschluss, den Befreiungspfad zu verwirklichen; sowie eine Haltung, die hier (angesichts unserer Sterblichkeit) die oberste Priorität setzt. Das Wählen des Sangha-Freiortes ist das aktive Würdigen oder Umsetzen von Austausch und Beziehung mit denen, die in weisem Wollen leben.

Fünf Buddhas (Sanskrit Pañca-Tathâgata), die Konstellation der F. *Vairocana,* Amitâbha, Akshobhya *(Guhyasamâja),* Amoghasiddhi und Ratnasambhava findet sich bereits im *Guhyasamâja-Tantra.* Amoghasiddhi und Ratnasambhava sind erst später zu einer ursprünglichen Trinität hinzugekommen. Im *tantrischen Buddhismus* ist es zu vielfältigen Analogien zu den F. gekommen: Sie gelten als Verkörperung der »Fünf Funktionalen Zentren der Persönlichkeit« (Fünf *Aggregate*). Sie repräsentieren ebenfalls die Fünf Aspekte der Weisheit. Den F. sind jeweils Gefährtinnen, *Bodhisattvas* und andere *Meditationsgottheiten,* als *Buddha*-Familien zugeordnet.

Fünf Gelübde (Pali sikkhâpada), in der buddhistischen Welt sind die F. das Herz jeder ernsthaften Laienpraxis. In den Klöstern legen die Laien feierlich die Gelübde ab, ebenso praktizieren es die westlichen Buddhisten, etwa bei Meditationskursen oder in den buddhistischen Zentren. Sie bedeuten den bewussten Ausschluss der primären körperlichen und sprachlichen Unheilsamen *Tatpfade;* d. h.: 1. Nichttöten und Nichtschädigen von Lebenwesen (das erste, höchste Gebot des Buddhismus); 2. Nichtnehmen von Nichtgegebenem (Nichtstehlen); 3. Vermeiden von sexuellem Fehlverhalten, hier eines Verhaltens, welches für einen der Beteiligten (einen der Sexualpartner oder eine nahe stehende dritte Person) vermeidbares Leiden bedeutet; 4. Nichtlügen; und 5. Nichteinnahme von berauschenden Substanzen, weil diese eine »Quelle von Sucht, Streit, Krankheit, Ansehensverlust und Schamlosigkeit sind« und »die innere Einsicht schwächen«. Die F. finden sich heute in den wachsenden religiösen Bewegungen wieder, weil sie als ideales Ethikresümee empfunden werden. Der katholische Theologe Hans Küng (*1928) etwa hat sie (mit Ausnahme des fünften) in den Entwurf eines »Weltethos« aufgenommen.

Fünf goldene Lehren von Niguma, spezielles System der *Shangpa-Kagyüpa-Tradition,* das aus fünf Stufen besteht: 1. Die sechs Yogas (identisch mit den *Naro Chödrug*), 2. Mahâmudrâ, 3. drei Methoden zur Integration der Mahâmudrâ-Erfahrung, 4. die weiße und rote *Dâkini,* 5. Unsterblichkeit.

Fünf Häuser, die fünf Hauptschulen des *Chan* oder *Zen,* die sich im Zuge der Ausgestaltung der Lehre des formativen Sechsten Patriarchen Dajian Huineng gebildet haben. Zwei dieser F., die *Rinzai-Schule* und die *Sôtô-Schule,* sind später zu den beiden Grundströmungen des japanischen Zen geworden. Neben diesen beiden hat in Japan bloß noch die weit weniger wichtige Obaku-Schule eine Rolle gespielt, eine Unterform des Rinzai-Zen. Es war über Jahrhunderte die einflussreichste buddhistische Schule in China. Die anderen drei Häuser des chinesischen Chan sind Guiyang (japan. Igyô), Yunmen (japan. Ummon) und Fayan (japan. Hôgen). Das Guiyang-Haus, das ein spezielles System zur höheren Kommunikation zwischen Zen-Meistern entwickelte, ging später im Rinzai-Haus auf. Die Schulen Yunmen und Fayan sind nach einiger Zeit wieder erloschen. Guiyang und Rinzai stehen in der *Überlieferungslinie* des Großmeisters Mazu Daoyi. Sôtô, Yunmen und Fayang entstehen durch die Meister in der Linie von Shitou Xiqian.

Fünf Hindernisse (Pali Nîvarana), die zentralen Hindernisse auf dem Weg zum *Erwachen.* Sie verhindern die befreiende *Sammlung* und *Klarsehen:* Sinnesverlangen, Übelwollen, Aufgeregtheit, Trägheit und Zweifelsucht. Ein Gleichnis des *Pali-Kanons* beschreibt ihre Wirkung: Das ungetrübte Wasser steht hier für die Befreiende Sammlung und Intuitive Klarsehen des Menschen. Sinnesverlangen schüttet nun bunte Farben in dieses Wasser; Übelwollen bringt es zum Brodeln. Aufgeregtheit löst Wellen aus. Trägheit überdeckt es mit Algen. Zweifelsucht macht es schlammig. Mit »Verlangen« ist nicht das weise Verlangen nach allgemeinem Wohl oder den Heilszielen gemeint, sondern ein blindes, »Selbst«-haft getriebenes. Mit Zweifelsucht ist nicht begründetes oder kritisches Bezweifeln gemeint, sondern notorische Unschlüssigkeit, Hin- und Herschwanken, bzw. ein versperrter Blick, der im verfehlten Zumessen von Wichtigkeit wurzelt. In allen fünf Fällen des Gleichnisses lässt sich im Wasser das eigene Spiegelbild nicht mehr erkennen, das für die wahre, allverbundene Natur der Wesen und Dinge steht. Mit der ersten Geistigen *Vertiefung* sind die F. zeitweise ganz ausgesetzt, doch nicht überwunden. Mit den Vier *Befreiungsstufen* durch Klarsicht schwinden sie nacheinander endgültig.

Fünf Studiengebiete (tibet. gzhung chen bka' pod lnga »Fünf Große Abhandlungen«), die Studienfächer der Klosteruniversitäten aller Traditionen: *Pramâna* (Logik), *Prajñâpâramitâ* (Wege und Stufen), Mâdhyamika (Philosophie der Leerheit), Abhidharma (Kosmologie, Psychologie), und *Vinaya* (monastische Disziplin). Das Studium erfordert in der Regel 20–25 Jahre.

Funktionales Zentrum → Aggregate, Fünf

G

Ganachakra (Sanskrit »Kreis der Versammlung«, tibet. tshogkhor), festliches Opferritual im *tantrischen Buddhismus,* das innerhalb eines symbolisch abgesteckten heiligen Kreises stattfindet. Dieser Kreis repräsentiert einen geschützten Raum der *Reinen Wahrnehmung* außerhalb der alltäglichen Erfahrung. Durch die Opferung von Alkohol, Fleisch und anderen Nahrungsmitteln an die *Meditationsgottheiten* und die *Drei Wurzeln* werden gebrochene Gelübde *(Samaya)* erneuert. Bei diesem Ritual wird die Untrennbarkeit von *Samsâra* und *Nirvâna* (die *Buddha-Natur* als die ursprüngliche Reinheit aller Phänomene) zelebriert.

Gandavyûha-Sûtra → Avatamsaka-Sûtra

Ganden, 1. Der *Reine Bereich,* in dem der zukünftige Buddha *Maitreya* auf sein Erscheinen wartet. 2. Von Tsongkhapa 1407 gegründetes Stammkloster der *Gelugpa*-Tradition bei Lhasa und heute Exilkloster in Südindien. Der Abt von Ganden (Ganden Tripa) ist auch das Oberhaupt der ganzen Gelugpa-Tradition.

Ganden Lhagyama (tibet. »Die hundert Gottheiten von Tushita«), ein kurzer *Guru-Yoga*-Text der *Gelugpa*-Tradition.

Garab Dorje (tibet., Sanskrit surativajra), der erste menschliche *Dzogchen*-Meister.

Gasshô (japan.), Verneigung mit vor der Brust oder etwas höher zusammengelegten Handflächen, Ausdruck der Verehrung, des Dankes und auch Grußgeste. Es wird damit der potenzielle Buddha im anderen bzw. die universelle *Buddha-Natur* verehrt.

Geist, in den Reden des Buddha im *Pali-Kanon* kommen drei Arten von G. vor: Die »Grundwahrnehmung« Viññâna (drittes Glied des *Abhängigen Entstehens*); das »Abstrakte Vermögen« oder der »Begriffsgeist« *Manas;* und der umfassende, ganz innere »Herzgeist« oder »Gefühlsgeist« *Chitta.*

Gekö (tibet. »Tugend-Ausleser«), das Klosteramt des Aufsehers, der über die Disziplin der Mönche wacht.

Gelong, vollordinierter Mönch. Die in Tibet gültige Überlieferung für die Mönchsordination geht auf die altindische Mûlasarvâstivâdin-Schule zurück. Da die vollständige Nonnenordination in Tibet nicht überliefert wurde, sind tibetische Nonnen nur teil-ordiniert.

Gelupga. Die Abbildung zeigt Dagyab Kyabgön Rinpoche. Der gelehrte Lama leitet das buddhistische Zentrum Chödzong in Fürth, das zur Linie der tibetischen Gelupga-Schule gehört. Dieser Schule gehört auch der Dalai Lama an.

Guhyasamâja. Guhysamâja Akshobhyavajra Vater-Mutter. Vergoldete Bronze, tibeto-chinesisch, 15. oder 16. Jh., Sammlung Avery Brundage, Asian Art Museum, San Francisco

Gelugpa (tibet. »Tugendhafte Schule«), auch »Neue-Kadampa-Tradition« oder »Gelbmützen« genannt; von Tsongkhapa Anfang des 15. Jh. gegründete reformierte Richtung, die Wert auf die Einhaltung der Mönchsdisziplin und ein gründliches Studium legte. Im 17. Jh. konnte sich die G.-Tradition im Machtkampf gegen die *Karma-Kagyüpa*-Tradition durchsetzen und zur Staatsmacht werden (bis 1959). Durch den Versuch des Dalai Lama, den Kult des Dharma-Schützers Dorje Shugden 1996 zu verbieten, hat sich die G.-Tradition gespalten. Diese ist charakterisiert durch ihre Betonung des *Lamrim,* der scholastischen Debatte und der formalen Logik. In der tantrischen Praxis weist sie Gemeinsamkeiten mit der *Sakyapa*-Tradition auf, der Tsongkhapa ursprünglich angehörte. Bedeutende G.-Lamas sind der Dalai Lama, der Panchen Lama, Phabongkha und Trijang Rinpoche.

Geshe (tibet. »Geistlicher Freund«, Sanskrit kalyâna-mitra), seit dem 18. Jh. akademischer Titel, der nach erfolgreichem Studium der *Fünf Studiengebiete* verliehen wird. Es gibt vier Grade: Die Titel des »G. Lharampa« und »G. Tshogrampa« erfordern eine anspruchsvolle Prüfung, während die Titel »G. Lingse« und »G. Dorampa« bloße Studienbestätigungen sind. In der *Sakyapa*-Tradition wird anstatt der Bezeichnung »Lharampa« der ältere Titel »G. Rabjampa« verwendet.

Getsül (tibet.), Novize.

Glocke (Sanskrit ghanta), Ritualinstrument und ikonographisches Attribut, das die Weisheit *(Prajñâ)* als weibliches Prinzip repräsentiert. Eine Reihe von Handgesten *(Mudrâ)* werden im tantrischen Meditationsritual *Sâdhana* mit Glocke und *Vajra* ausgeführt: Ihr Zusammenspiel symbolisiert die Untrennbarkeit von Weisheit und Methode bzw. von *Leerheit* und Mitgefühl.

Gottheit, der Begriff »Gott« wird im Buddhismus niemals in derselben Bedeutung verwendet, die er in den monotheistischen Religionen hat. Im Rahmen des tibetischen Buddhismus ist vielmehr zu unterscheiden zwischen »weltlichen« G., die aufgrund guten *Karmas* in einem übermenschlichen Daseinsbereich geboren wurden, aber nicht unsterblich und erlöst sind (tibet. lha), ferner den tantrischen Meditationsgottheiten (tibet. *Yidam*), die Manifestationen oder Emanationen des Buddha sind *(Meditationsgottheit, Drei Wurzeln).*

Große Elemente (Pali mahâ-dhâtu), im frühen Buddhismus *Theravâda* sind die vier G. reine »Spürqualitäten«, die allein dem inneren Körpersinn zugänglich sind: Das Feste oder Widerstandbietende (Erde), das Flüssige oder Flexibel Zusammenbindende (Wasser), das Erhitzende, Temperierte, Energiegebende oder Aufzehrende (Feuer) sowie das Bewegte (Wind). Dies ist eine zentrale, und mit Gleichnissen illustrierte *Meditation.* Sie dient dazu, alles Leibhafte und letztlich die ganze Welt befreiend als untrennbares, verwobenes Netz zu sehen, als frei von allem »Selbst«-haften. Die fließenden Elemente »sind« alles Materielle auf der Ebene unseres Körpergefühles. Hier ist Materie nichts »Ding«-haftes, wie es dem fixierenden *(Nicht-)Sehen* des »Selbst«(-losen) erscheint.

Grundlagen der Achtsamkeit → Achtsamkeit

Guhyasamâja (Sanskrit »Verborgene Vereinigung«), *Zornvolle Gottheit* des *tantrischen*

Buddhismus, die im tibetischen Buddhismus an Bedeutung gewinnt und hier vor allem von der *Gelugpa*-Schule verehrt wird. Sie ist eine der ältesten tantrischen Gottheiten und gehört zum *Vater-Tantra.* G. wird bisweilen mit dem transzendenten Buddha Akshobhya identifiziert. Er gilt auch als die Personifikation des gleichnamigen *Tantra*-Textes. Durch seine Verehrung in der rituellen Praxis *(Sâdhana)* soll der Adept die in diesem Tantra enthaltene Weisheit verwirklichen. G. ist von blauschwarzer Farbe und wird mit drei Gesichtern, sechs Armen und meist sitzend in Vereinigung mit seiner Gefährtin dargestellt. Er steht für die Überwindung des grundlegenden *Nichtsehens.*

Guhyasamâja-Tantra, der früheste Text aus der Klasse des höchsten Yoga-Tantra *(Anuttara-Yoga-Tantra).* Er wird ins 4.–7. Jh. n. Chr. datiert. Wichtige Elemente des tantrischen Buddhismus werden hier erstmals systematisch dargestellt, etwa Aufbau eines *Mandala* (Meditationsbild), Symbolik der *Sexuellen Vereinigung* oder Präsenz *Zornvoller Gottheiten.* Der Grundtext zählt zu den *Vater-Tantras,* weil die Darlegung der Methode *Upâya(-Kaushalya)* in Form von Meditationspraktiken und Ritualen betont wird.

Guru (Sanskrit »Lehrer«), Lehrer oder Meister, sowohl im weltlichen wie im spirituellen Bereich. Im frühen Buddhismus *Theravâda* wird vom G. als »spirituellem Freund« gesprochen. Im *tantrischen Buddhismus* wird er zur zentralen Instanz und zum Objekt der *Zuflucht (Drei Wurzeln).* Der G. ist hier ein erfahrener Meister, der bereits einen hohen Grad an Verwirklichung erlangt hat. Er weiht den Adepten in das *Mandala* (Wirkungssphäre) einer *Meditationsgottheit* ein. Außerdem gibt er Belehrungen zum *Dharma* und zur rituellen Praxis. Eine intakte Verbindung *(Samaya)* zwischen Lehrer und Schüler ist für den Erfolg der spirituellen Praxis maßgeblich. Eine Vernachlässigung der Gelübde gefährdet gleichermaßen das eigene Wohl wie dasjenige des G., und wird in den Quellen als *karmisch* äußerst unheilsam beschrieben. Im Westen wird G. häufig mit Machtmissbrauch und unkritischer Hörigkeit assoziiert. Einige westliche Gelehrte und Buddhisten stellen die Position des G. im tantrischen Buddhismus grundsätzlich in Frage. Dies lässt sich aus den Quellentexten allerdings nicht rechtfertigen.

Guru-Yoga, eine tantrische Meditation, bei der man sich darin übt, den eigenen Lehrer als Buddha oder Erscheinungsform einer tantrischen Gottheit anzusehen. Meistens wird der Begründer der Schulrichtung als die Zentralgestalt genommen, zum Beispiel Padmasambhava in der *Nyingmapa*-Tradition, oder Tsongkhapa in der *Gelugpa*-Tradition.

Gyulü (tibet. »Illusionskörper«), einer der sechs Yogas von Nâropa *(Nâro Chödrug):* Meditation über den Astralkörper, wodurch die Identifikation mit dem physischen Körper abgebaut werden soll. Der G. stammt aus dem *Guhyasamaja-Tantra.*

Gyume und Gyutö (tibet. »Obere und untere Tantra-Schule«), die beiden tantrischen Hochschulen der *Gelugpa*-Tradition. Der Eintritt setzt ein *Geshe*-Lharampa-Examen mit der Mindestnote 3 (von 8) voraus. Nach fünf Jahren findet die Abschlussprüfung zum Geshe Ngarampa (Tantra-Gelehrter) statt. Die Absolventen können anschließend Führungspositionen der Gelugpa-Tradition besetzen, zum Beispiel Äbte oder *Ganden* Tripa werden. Die (auch tourenden) Mönche von Gyutö sind weltweit bekannt für ihren meditativen Oberton-Gesang.

H

Hannover, Pagode Vien Giac (vietnames. »Verwirklichtes Erwachen«): Die größte Institution der in Europa lebenden vietnamesischen Buddhisten. Die seit 1989 bestehende Pagode hat eine Andachtshalle für 700 Menschen, 60 Räume und eine rund 6000 Werke umfassende Bibliothek. Hinter ihrer Gründung steht besonders ihr heutiger Abt Thich

Hannover. Der buddhistische Abt Thich Nhu Dien betet vor einer goldenen Buddha-Statue in der Vien-Giac-Pagode in Hannover, dem einzigen Zentrum für 25 000 vietnamesische Buddhisten in Deutschland. Gläubige treffen sich in der ehemaligen Industrielagerhalle regelmäßig zur Andacht.

Nhu Dien (*1949), das spirituelle Oberhaupt der in Deutschland lebenden Vietnamesen. Die Pagode hat jährlich rund 70 000 Besucher.

Hannya Shingyô (Kurzform für japan. Maka Hannyaharamita Shinggyô »Die Essenz des Sûtra der Großen Weisheitsvollkommenheit«), das kürzeste der *Prajnâpâramitâ-Sûtras;* auch bekannt als *Herz-Sûtra.* Es ist das meistrezitierte Sûtra des *Zen.* Als Kernlehre gilt die Formel »Form ist *Leerheit,* Leerheit ist Form«, in der wahrnehmbare Welt und Leerheit völlig gleichgesetzt werden.

Höchste Wahrheit
In diesem klaftergroßen Körper, versehen mit begreifendem Bewusstsein und Herzgeist (Chitta), offenbare ich Euch die Welt, den Ursprung der Welt, das Ende der Welt und den Weg, der zum Ende der Welt führt.

Genau hier in diesem Körper, wie er aus den Großen Elementen besteht, offenbare Ich Euch befreiend die Vier Edlen Wahrheiten.

Buddha

Hayagrîvâ (Sanskrit, tibet. tandrin), zornvoller *Yidam,* der als eine Ausstrahlung von Buddha *Amitâbha* gilt. Er wird mit einem Pferdekopf dargestellt.

Heilsames Wirken (Pali kusala kamma) → Tatpfade, Zehn

Heruka (Sanskrit »Bluttrinker«), *Zornvolle Gottheit* und *Yidam* im *Vajrayâna,* die bisweilen mit *Hevajra* oder *Chakrasamvara* identifiziert wird.

Herzgeist → Chitta

Herz-Sûtra (Sanskrit Mahâ-Prajnâpâramitâ-Hridaya-Sûtra »Das Sûtra aus dem Herzen der Vollkommenheit der Weisheit«), der meistrezitierte Text des *Zen,* zur universellen *Leerheit* der Dinge *(Prajñapâramitâ-Sûtra),* auch bekannt als *Hannya Shingyô.*

Hevajra (Sanskrit aus der Anrufungssilbe He und *Vajra* »Diamant«), *Zornvolle Gottheit,* die im Zentrum des *Hevajra-Tantra* steht. Sie symbolisiert die Einheit von Form und *Leerheit (Prajñâpâramitâ-Sûtra).* Sie ist von blauer Farbe, hat acht Gesichter, 16 Arme, vier Beine und trägt eine Kette aus Köpfen. H. wird in Vereinigung mit seiner Gefährtin Nairatmya (Sanskrit »Freiheit von einem Selbst«) dargestellt. Jede seiner 16 Hände hält eine Schädelschale *(Kapâla),* rechter Hand mit einem Tier oder Mensch, und linker Hand mit verschiedenen Göttern.

Hevajra-Tantra, als wichtigstes *Mutter-Tantra* gehört es zur Klasse des Höchsten Yoga-Tantra *(Anuttara-Yoga-Tantra).* Die Hevajra-Lehren wurden bereits länger als ausgebildetes Lehrsystem in geheimen Gruppen praktiziert, ehe sie im 8.–9. Jh. niedergeschrieben wurden. Als Herausgeber werden Saroruha und Kampala genannt, über die wenig bekannt ist. In diesem Text werden erstmals ausführlich die Lehren über das *Feinstoffliche Energiesystem* als Grundlage für die Meditationsübungen dargelegt. Dabei wird auch die rituelle *Sexuelle Vereinigung* beschrieben. Das H. wurde 1959 von D. L. Snellgrove als erstes Tantra in eine westliche Sprache (Englisch) übersetzt.

Hindernisse, → Fünf Hindernisse

Höchste Wahrheit (Sanskrit paramârtha-satya), die Ganze, Volle, Endgültige oder Letztliche Wahrheit *(Entstehen in Abhängigkeit, Mittlerer Weg, Beide Wahrheiten).* Unzutreffend wäre hier die Wiedergabe »Absolute Wahrheit«. Paramârtha-satya bedeutet wörtlich lediglich »Wahrheit des vorrangigen, exzellenten oder primären Zweckes«. Diese »Leitwahrheit« ist das universelle Nicht-Selbst (anattâ) im Rahmen der *Drei Daseinsmerkmale* bzw. die *Leerheit* aller Dinge von einem fassbaren »Selbst«; d. h. dass nichts »absolut« existiert, auch nicht die H. Man kann anstatt »Wahrheit« auch »Wirklichkeit« einsetzen. Wahrheit bezieht sich auf das letztlich Gültige und Wirklichkeit auf das letztlich Erfahrbare.

Hörer → Sâvaka

Hothogthu, mongolischer Ehrentitel für hochrangige *Lamas.* Insgesamt gab es in Tibet und der Mongolei nur acht H.

I

Inka-Shômei (japan. »das rechte Siegel des deutlich erbrachten Beweises«), Dokument, das heute vor allem im *Rinzai-Zen* für die Bestätigung der *Erleuchtung* des Schülers verwendet wird. Mit ihm bestätigt der Meister außerdem, dass der Schüler seine Ausbildung bei ihm abgeschlossen hat.

Innere Zwänge (Pali kilesa »was quält, umklammert«). Der Pali-Begriff hat zwei Verbwurzeln: klish (»quälen, bedrängen, betrüben«) beschreibt eher die Wirkung der I. auf die Gefühle, shlish (»umklammern, umranken, festkleben«) eher das Verhalten der I. im Geist. Durch die indoeuropäische Sprachfamilie gibt es verwandte Begriffe in den westlichen Sprachen: das englische slime (»mit Schleim überziehen«), sowie die deutschen Begriffe »Schlick«, »Schleim(en)« oder auch »Schnecke«. Kilesa wird sehr unterschiedlich übersetzt: »Störende Vorstellung«; »Verblendung« und »Wahn«; »Befleckung« und »Unreinheit«; oder »Laster«. Eine altindische Definition des *Abhidharma-samuccaya* lautet: »Ein mentaler Faktor, der sich bei seinem Auftreten im Geiste so auswirkt, dass er Aufruhr und Mangel an Kontrolle mit sich bringt.« Kilesa (Sanskrit Klesha) ist ein im ganzen Buddhismus zentraler Begriff, weil er das Unheilsame *Karma* resümiert, das den Menschen ins Leiden verstrickt. Die grundlegenden I. sind die Drei *Wurzeln des Unheilsamen* Gier, Hass und Verwirrung. Weitere I. sind Neid, Geiz, Stolz, Eigendünkel oder Gleichgültigkeit, ebenso die *Fünf Hindernisse* und die Zehn *Fesseln.* Die I. sind Abzweigungen der drei stammgleichen Leidursachen *Nichtsehen, Durst* und *Ergreifen.* Sie sind als innere Mächte Ableger des Durstes, und als äußere Taten Ableger der Zwangumsetzung Ergreifen. Nichtsehen ist die Quelle der I. Sie wurzeln im individuellen Nichtsehen und enden im Klarsehen *(Vipassanâ).* Sie sind keine »Sünde« im Sinne der »Absonderung« von Gott bzw. der Übertretung seiner Gesetze. Buddha, der Erwachte, hat nicht den Glauben an einen Gott als Schöpfer, Gesetzgeber oder Richter vertreten.

Ishin-Denshin (japan. »Übermittlung des Geistes durch den Geist«), im engeren Sinne die Übermittlung des unverfälschten Buddha-*Dharma* vom *Zen*-Meister an seinen Nachfolger. Übertragen wird dabei aber nichts, vor allem kein sprachlich fixierbarer Lehrinhalt. Vielmehr wird der Meister gewahr, dass der Schüler oder die Schülerin das Erkennen der Wahren Wirklichkeit realisiert hat. Im weiteren Sinne wird I. auf Geschehensmomente bezogen, in denen der Schüler eine Aktivität im Gleichklang mit dem Meister ausführt. Unmittelbar danach wird beiden diese subtile, das Herz berührende Qualität des Geschehenen voll bewusst.

Isolation (tibet. wen sum), Meditationsphasen in der Vollendungsstufe *(Dzog rim)* des *Anuttara-Yoga-Tantra.*

J

Jâpa (Sanskrit »Flüstern, Murmeln«), Rezitation eines *Mantra,* was sich auf das *Feinstoffliche Energiesystem* auswirkt. Diese Praxis dient dazu, die Qualitäten einer *Meditationsgottheit* und auch Übernatürliche Geisteskräfte *Siddhi* zu verwirklichen.

Jenang (tibet. »Erlaubnis-Einweihung«), Einweihung, welche die Befähigung zur Meditation über ein *Sâdhana* (tantrische Anleitung) verleiht. Sie erfordert weniger Aufwand als eine vollständige Einweihung (*Wang*), setzt aber mindestens einen Wang derselben *Tantra-Klasse* voraus.

Hevajra. Die tibetische Bronze-Plastik zeigt Hevajra (Heruka) in Vereinigung (Yab-yum) mit seiner Partnerin. 16. Jh., Philip Goldman Collection, London

Jetsün, tibetischer Ehrentitel für eminente Lehrer.

Jhâna (Pali »Vertiefung, Sammlung«, Sanskrit dhyâna), einer der häufigsten Begriffe etwa in der zentralen Mittleren Sammlung der Reden des Buddha im *Pali-Kanon.* J. bezieht sich hier auf eine bestimmte Reihe von tiefen Sammlungszuständen als Folge gezielter oder intensiver *Meditation* (bhâvanâ). In China wurde J. oder der Sanskrit-Begriff dhyâna lautmalerisch zu *Chan,* was später in Japan zu *Zen* wurde. Es ist vor allem die Meditation, die mit dem Zen assoziiert wird *(Dhyâna-Buddhismus).* In den alten Texten kommen die »Vier Feinkörperlichen Vertiefungen« (rûpa-jhâna) häufig vor: 1. Mit der Ersten Vertiefung existieren noch bewusste Gedanken und ein tiefes körperlich-geistiges Wohlbehagen, das aus dem Nichtmehranhaften an die Sinne hervorgeht. Die betrübenden *Fünf Hindernisse* sind hier zeitweise völlig unwirksam. Doch erst mit der Klarsicht *(Vipassanâ)* sind sie endgültig entwurzelt. 2. Mit der Zweiten Vertiefung enden die Gedanken. Es herrscht das geistige Entzücken und körperliche Glück dieser Stille. 3. Mit der Dritten Vertiefung hat das geistige Entzücken aufgehört. Es wirkt nun eine sehr subtile, bloß noch körperliche Freude. Sie bleibt gleichsam ohne das geistige Bezeugen jenes geistigen Entzückens. Achtsamkeit und Gleichmut in ausgeprägter Form begleiten diese subtile Körperfreude. 4. Mit der Vierten Vertiefung sind alle Formen von Glück oder Schmerz, Freude oder Trauer zu Ende. Achtsamkeit und Gleichmut in vollkommen entfalteter Form erfüllen den Herz-Geist *(Chitta)*. Die Reden erwähnen manchmal übernatürliche Kräfte, die von hier ausgehend möglich sind (etwa unbegrenztes »Göttliches Auge und Göttliches Ohr, Überwindung der Naturgesetze, Streicheln von Mond und Sonne mit der bloßen Hand«). Es gibt auch noch »Vier Unkörperliche Vertiefungen« (arûpa-jhâna), die von ihrer Bewusstseinsqualität *(Wiedergeburt)* höchsten, körperlosen Götterwelten entsprechen. 5. Im »Raumunendlichkeitsgebiet« gibt es keine Erfassung einer vielheitlichen Welt mehr. 6. Im »Bewusstseinsunendlichkeitsgebiet« gibt es keine Erfassung unendlichen Raumes mehr. 7. Im »Nichtheitsgebiet« gibt es keine Erfassung unendlichen Bewusstseins mehr. 8. Das höchste ist das Gebiet von Weder-Erfassen-Noch-Nichterfassen. Im Vipassanâ gelten alle diese Vertiefungen nicht als erforderlich für die Befreiende Schau. Dafür genüge bereits die »Angrenzende Sammlung« (upâcara-samâdhi), die an die erste Vertiefung angrenzt. Sie sei sogar am geeignetsten, um die befreiende Klarsicht in die Wahre Natur der Dinge zu verwirklichen. Diese Haltung spiegelt jene urbuddhistische Überzeugung, dass die Bewusstseinsqualität eines »Menschen« erforderlich sei, um den inneren Befreiungsweg zu verwirklichen *(Wiedergeburt)*. Es wird auch argumentiert, dass es in den Vier Vertiefungen fast unweigerlich zu Anhaftung des »Ich« an diesen tiefen Ruhezuständen komme. Dadurch machten sie innerlich unflexibel und würden sogar zu Hindernissen für die Befreiende Schau. Nach einer Redengruppe können die Vertiefungen der Befreienden Schau vorangehen. Nach einer anderen (den Vipassanâ-Reden) sind sie dafür nicht erforderlich. Nach einer dritten Gruppe kann die Befreiung auch spontan erfolgen, etwa im Aufnehmen der Lehre eines Erwachten. Die letzteren beiden sind »natürliche« Wege. Doch auf allen diesen drei Zugangswegen steht die *Achtsamkeit* zentral. Das spontaneistische und stark am Meister orientierte *Zen* baut vor allem auf dem dritten Weg auf. Der Buddha lehrte je nach Typus unterschiedliche Zugangswege. Er war berühmt für sein Verstehen des Menschen oder die Fähigkeit, die genau »Geeigneten Hilfsmittel« *(Upâya-Kaushalya)* anzuwenden. Diese Fähigkeit war der Hauptgrund für seine gewaltige Wirkungs- oder Ausstrahlungskraft.

Jingde Chuandenglu (chines. »Die Aufzeichnung über die Weitergabe der Leuchte«,japan. Keitoku Denkôroku), das älteste Geschichtswerk (1004) des *Chan* bzw. *Zen*. Es präsentiert in 30 Bänden über 600 der frühesten Zen-Meister mit deren Biographien und Anekdoten, Taten und Lehraussagen. Außerdem nennt es mehr als 1000 weitere Zen-Meister sowie einige der ersten paradoxen Fragen *(Kôans)*. Das J. gilt im Zen als eine der primären Quellen. Kompiliert wurde es in China von dem chinesischen Mönch Daoyuan (japan. Dôgen; allerdings nicht der berühmte Dôgen-Zenji).

Jiuhua-Gebirge, berühmtes buddhistisches Pilgerzentrum in der heutigen chinesischen Provinz Anhui *(Vier Heilige Berge)*. In diesem Gebirge soll Mitte des 9. Jh.n.Chr. ein Mönch posthum mit dem legendären *Bodhisattva* Dizang (Sanskrit Kshitigarbha, japan. Jizô) identifiziert worden sein. Erst ab dem 14. Jh. jedoch wurde der Kult um diesen Bodhisattva überregional bedeutsam. Mehr als im indischen Kulturraum hat Kshitigarbha in China und Japan volksreligiöse Bedeutung erlangt, als Inbegriff des Retters der Verstorbenen aus den Höllenwelten. Ähnlich dem Kult um den Buddha *Amitâbha* dominiert bei dieser Verehrung die Anrufung durch die Formel »Namo Dizang wang pusa« (»Geehrt sei Bodhisattva König Dizang!«).

Jñâna-Mudrâ (Sanskrit »Weisheits-Siegel«), Name für die imaginierte Gefährtin in der tantrischen Praxis. Dabei visualisiert sich der Adept selbst als *Meditationsgottheit* in *Sexueller Vereinigung (Yuganaddha)*.

Jiuhua-Gebirge. Das Gebirge zählt zu den Vier Heiligen Bergen und liegt In der chinesischen Provinz Anhui. Dort lebende Jiuhua-Mönche empfangen ein Almosenmahl.

Jokhang, ältester buddhistischer Tempel Tibets in *Lhasa* und wichtigster Pilgerort des Landes; in seinem Inneren befindet sich die berühmte Buddha-Statue *Jowo Shâkya,* welche die chinesischen Gemahlinnen von König Songtsen Gampo 641 nach Tibet brachte.

Jowo Shâkya (tibet. »Herr Buddha«), 1. der historische Buddha; 2. die beiden Buddha-Statuen, welche die beiden Frauen von König Songtsen Gampo im 7. Jh. nach Tibet brachten, und heute im *Jokhang* stehen.

Jonang, auf Yumo Mikyö Dorje (12. Jh.) zurückgehende Schule, die philosophisch eine Synthese der *Nur-Geist-Schule* und des *Mittleren Weges* lehrte und eng mit der Überlieferungslinie des *Kâlachakra-Tantra* verbunden ist. Berühmte Vertreter dieser Linie sind Dölpo Sherab Gyaltsen (1292–1361) und Jetsün Târânâtha (1575–1634). Die auch *Shentong* genannte Philosophie des J. wurde von Tsongkhapa scharf kritisiert und im 17. Jh., als die *Gelugpa*-Tradition die politische Macht erlangt hatte, unterdrückt. In der Folge wurden die Jonangpa-Klöster gewaltsam in Gelugpa-Klöster umgewandelt. Ein Wiederaufleben des J. vollzog sich gegen Ende des 19. Jh. im Rahmen der *Rime*-Bewegung.

Juwelen, Drei (Pali ti-ratana) → Freiorte, Drei.

K

Kagyüpa (tibet. »mündliche Überlieferung«), eine der vier Hauptrichtungen des tibetischen Buddhismus. Sie geht zurück auf Marpa, Milarepa und Gampopa. Wichtigste Linien sind heute die Drukpa-Kagyüpa, *Drikung-K., Karma-K.* und *Shangpa-K.* Sie alle betonen die Lehrer-Schüler-Beziehung und die *Mahâmudrâ*-Praxis.

Kagyüpa Ngag dzö, 30 wichtige tantrische Einweihungen der *Kagyüpa*-Tradition.

Kâlachakra (Sanskrit »Rad der Zeit«), Gottheit und tantrisches System, das astrologische Spekulationen mit Prophezeiungen über die Zukunft der Menschheit und einer Beschreibung des mythischen Königreichs des Friedens *Shambala* verbindet. Im Zentrum des tantrischen Systems steht ein komplexer Zeitbegriff, dargestellt in reicher Symbolik. Diese Lehre soll den Adepten zu einem souveränen Umgang mit Zeit und Vergänglichkeit befähigen. Die K.-Einweihung wird trotz ihrer Komplexität meist als Masseneinweihung gegeben, die vor allem zum Weltfrieden beitragen soll. Der Dalai Lama gibt sie etwa vom 11. bis 23. Oktober 2002 in Graz, wozu Tausende erwartet werden. Dazu heißt es: »Die K.-Einweihung ist das größte buddhistische Ritual, das vom Dalai Lama regelmäßig übertragen wird, traditionell an große Ansammlungen von Menschen aus der ganzen Welt. Es wird eng mit der Verbreitung von Frieden und Toleranz verbunden. Die K.-Einweihung gilt als besonderer Segen für alle Teilnehmenden und die Umgebung, in der sie gegeben wird.«

Kâlachakra-Tantra (Sanskrit »Tantra vom Rad der Zeit«), jüngster und komplexester buddhistischer *Tantra*-Grundlagen-Text, der vermutlich aus Zentralasien im 10. Jh. nach Indien kam. Er wurde im 11. Jh. von Atisha nach Tibet gebracht. Die umfangreiche Schrift beschreibt in drei Büchern die »Äußere«, »Innere« und »Andere« Realität (den Kosmos, die subtilen Energiebahnen im menschlichen Körper, und das Mandala der Gottheit Kâlachakra). Außerdem kommen die Praktiken der tantrischen Vollendungsstufe *(Dzog rim).* Neben einer hoch differenzierten Astrologie hat hier auch die Lehre vom Urbuddha *Kâlachakra* besonderes Gewicht. In Tibet hat dieser *Yidam* einen hohen Stellenwert. Er ist blauschwarz, mit waffentragenden Armen, und wird in Vereinigung mit seiner Gefährtin abgebildet. Die Schrift enthält auch Aussagen über das mythische Königreich *Shambala* und Überlegungen zur Verteidigung gegen die muslimischen Heere.

Kamalashila-Institut, größtes deutsches Studien- und Meditations-Zentrum der *Karma-Kagyüpa*-Tradition, in Langenfeld/Eifel.

Kamma (Pali) → Karma

Kangyur (tibet. »Übersetzung des Buddha-Wortes«), Sammlung der kanonischen Schriften, die als das Wort des Buddha gelehrt werden. Sie umfasst 108 Bände. Darin enthalten sind neben der Übersetzung des Vinaya-, Sûtra- und Abhidharma-Pitaka ebenfalls die *Tantras.*

Kannô-Dôkô (japan.), im Zen gebrauchter Ausdruck für einen Moment mystischer Kommunikation der Wahrheit zwischen Buddhas und Lebewesen oder auch zwischen dem Universum und einem Lebewesen; eine Erleuchtungserfahrung als Gewahrwerden kosmischer Resonanz. Der Begriff wird auch für das verwandte Geschehen zwischen Meis-

Kagyüpa. Der dänische Lama Ole Nydahl, einer der einflussreichsten Vertreter des tibetischen Budddhismus im Westen, hat über 250 Zentren vor allem in Zentral- und Osteuropa gegründet und gehört der tibetisch-buddhistischen Kagyüpa-Schule an.

ter und Schüler gebraucht. Doch enthalten auch jene Momente, in denen der Geist wesentliche Wegelemente aufnimmt, etwas von dieser Qualität, etwa eine wirkliche Zufluchtnahme oder das Fassen des Erleuchtungsgedankens *(Bodhichitta).*

Kapâla (Sanskrit »Schädelschale«), eine Schale aus dem menschlichen Schädeldach, die bei tantrischen Ritualen wie der *Gânachakra-Pûjâ* verwendet wird. Der in der K. geopferte Alkohol wird symbolisch in Nektar (Sanskrit amrita, tibet. dütsi) verwandelt, der langes Leben verleihen soll.

Karma.
Der Erwachte sagt:
Die Absicht bezeichne ich als Karma.

Der Erwachte resümiert seine Praxislehre und den Zweck seines Karmabegriffs: *Nur eines lehre ich, jetzt wie früher: das Leiden und das Ende des Leidens!*

Karma (Sanskrit »Wirken, Sich-Auswirken«, Pali Kamma), im frühbuddhistischen *Pali-Kanon* meint das »Gesetz des K.« immer den Kausalzusammenhang zwischen der Qualität einer Handlung und ihren kurz- oder langfristigen (Rück-)Wirkungen. Die Qualität einer Handlung bemisst sich allein an der Absicht. Der Maßstab für eine Heilsame oder Unheilsame Absicht ist, ob bei anderen und damit letztlich einem selbst Glück oder Leid hervorgerufen wird. *Innere Zwänge* (unheilsames, nachteiliges K.) zieht Angst, Leid, Depression oder Stress nach sich. Die absoluten Kategorien »gut« und »schlecht« sind hier nicht üblich. »Heilsam« und »unheilsam« sind Relationsbegriffe. Der Buddha hat z. B. von schadenwollenden Absichten nicht zu trennende Berufe als »Verfehlten Lebenserwerb« angesprochen, etwa »Waffenhändler, Metzger, Vogelsteller oder Jäger«. »Trefflicher Lebenserwerb« bildet sogar eines der Glieder des *Achtfachen Pfades,* also der zentralen vierten *Edlen Wahrheit* vom Weg zum Leidensende. Ein Grund für die Definition von K. als »Absicht« ist, alles Spekulative, d.h. nicht wirklich auf spiritueller Erfahrung beruhende Nachdenken über Schicksal als durch »vergangenes K.« verursacht auszuschließen. So soll die Bewusstheit ungeteilt der ethischen Kultivierung der Absichten zukommen. Der thailändische Meister Ajahn Chah betont etwa zum Zweck des Ordenslebens: »Macht Euch klar: Die Essenz der ganzen Disziplin ist das Betrachten der Absicht, die Untersuchung des Geistes.« Dieser frühbuddhistische K.-Begriff umfasst nicht das Schicksal, wie in der Anthroposophie Rudoph Steiners und der Theosophie (Weisheit Gottes) Helena Blavatskys, die unsere westlichen Assoziationen zu K. vorrangig geprägt haben. Von ihren gelehrte Konzepte wie das »kollektive K.« eines Volkes lagen dem Buddha ganz fern. Blavatsky spricht sogar vom »weltweiten Verlöschen« von Naturvölkern als »karmische Notwendigkeit«. In diesen beiden Fällen wird entweder von anderen erfahrenes oder ihnen zugefügtes Leid als unvermeidbar religiös gerechtfertigt.

Karma-Kagyüpa, Unterrichtung der *Kagyüpa*-Tradition, Oberhaupt ist der 17. *Karmapa.* Derzeit ist sie in zwei Flügel gespalten, die zwei Kandidaten als Reinkarnation des 16. Karmapa anerkennen.

Karma-Mûdra (Sanskrit »Aktivitäts-Siegel«), Begriff aus der Vollendungsstufe *(Dzog rim)* des *Anuttara-Yoga-Tantra,* der, im Unterschied zur imaginierten Gefährtin *Jñâna-Mudrâ,* die Partnerin eines tantrischen Yogi bezeichnet. Indem dieser mit ihr in rituelle *Sexuelle Vereinigung* geht, werden die subtilen Körperenergien *(Winde)* in den Zentralkanal geführt. Dadurch soll eine Konzentration zustande kommen, die eine intensivere Meditation über *Leerheit* ermöglicht. Die Ejakulation oder der gewöhnliche Orgasmus muss dabei vermieden werden. Die Erlaubnis zu dieser Praxis wird lediglich gegeben, wenn der Schüler zuvor die Erzeugungsstufe *(Kye rim)* gemeistert hat.

Karmapa (tibet. »Ausführer der erleuchteten Aktivität«), der einflussreichste Würdenträger Tibets nach dem Dalai Lama, Oberhaupt der *Karma-Kagyüpa.* Der erste K. Düsum Khyenpa (1110–1193) war ein Schüler von Gampopa und gründete das Kloster *Tsurphu.* Die Linie der K. ist die älteste Tulku-Linie Tibets. Attribut eines K. ist die geheimnisvolle »schwarze Krone« (tibet. Shanak), die angeblich aus dem Haar der *Dâkinis* gewebt ist. Besonders bedeutsame historische Gestalten waren der 3., 8. und 9. K. Der 16. K. Rangjung Rigpe Dorje (1924–1981) lehrte seit 1974 mehrfach im Westen und trug dadurch maßgeblich zur Verbreitung des tibetischen Buddhismus im Westen bei. Über die Reinkarnation des 17. K. kam es zu einer Spaltung der Tradition, so dass heute zwei Anwärter auf den Thron des K. existieren: Der in Tibet geborene Urgyen Thinley Dorje (*1985), der 2001 nach Indien floh; und der 1986 in Indien geborene Thaye Dorje.

Kegon-Schule, die 740 nach Japan eingeführte chinesische Huayan-Schule. Während sie in China niederging, ist sie in Japan bis heute eine der größten Formen des Buddhismus. Huayan (chines.) bzw. Kegon (japan.) sind Übersetzungen von Sanskrit Âvatamsaka (»Blumengirlande«), aus dem Titel des *Âvatamsaka-Sûtra.* Es ist eines der primären altindischen Mahâyâna-Sûtren. Wie dieses Sûtra vertritt die im alten China entstandene Schule die Lehre von der wechselseitigen Durchdringung aller Phänomene: »Alles ist in Einem und Eines ist in Allem.« Alle Dinge sind ihrem Wesen nach die Soheit oder *Tathatâ,* mit den beiden Seiten der *Leerheit* (shûnyatâ) von »Selbst« als innere »Ordnung« (chines. li) und der äußeren Phänomene (chines. shi) als bloße Erscheinung. In diesem Sinne durchdringen sich alle Phänomene in Wahrheit wechselseitig oder sind in vollkommener Harmonie Ausdruck jener »Ordnung« der Leerheit. Diese Harmonie sei die universelle *Buddha-Natur.* Dieser Tradition gehören zwei Rekordbauwerke an: Der mit 16 m höchste Bronzebuddha der Welt, der Allbuddha *Vairocana.* Er steht im größten Holzbauwerk der Welt, dem Tempel Tôdaiji im japanischen Nara. Die Bronzestatue wurde 752 nach zwölfjähriger Arbeit vom buddhistischen japanischen Kaiser Shomu eingeweiht. Er selbst wurde nach 25 Jahren formativer Herrschaft selbst Mönch und trat die Regierung an seine Tochter ab. Die Gattin Shomus, Kaiserin Komyo, wurde sozial tätige Nonne. Jedes Blatt der Lotusblüte, auf welcher der Bronzebuddha Vairochana thront, bildet Weltsysteme ab. In diesen wirken helfende irdische Manifestationen des Allbuddha. Auch Kaiser Shomu verstand sich so.

Keimsilbe (Sanskrit bîja), Silben aus dem Sanskrit-Alphabet, die als »Samen« bei der *Meditativen Entfaltung* einer *Meditationsgottheit* fungieren.

Kenshô (japan. »Sehen der [eigenen] Natur«), oft synomym mit *Satori.* Doch wird der Begriff auch für weniger umfassende Durchbruchserfahrungen benutzt, vor allem beim Lösen von *Kôans.*

Kesa (japan. »gelblich-rot«, Sanskrit kashâya), rechteckig geschnittenes Tuch, das wie ein Mantelumhang getragen wird. Das K. ist der wichtigste Teil der Ordensrobe. Es wird zusammen mit den Essschalen (ôryôki) den buddhistischen Mönchen und Nonnen bei der Ordinations-Zeremonie übergeben. Maße, Farbe und der aus vielen Stoffstücken zusammengesetzte Schnitt werden auf Buddha Shakyamuni zurückgeführt. Im *Zen* ist das K. allerdings zumeist schwarz. Dies ist die Farbe, die das Gewand des Bodhidharma gehabt haben soll. Er gilt als der erste chinesische Zen-Patriarch. Doch gibt es auch K. in den traditionellen Brauntönen, aber auch noch in anderen Farben bei verschiedenen Festgewändern gemäß der Tempelhierarchie. Im Zen wird das K. hoch verehrt, zumal es auch als Symbol der Übermittlung des *Dharma* von Lehrer zu Schüler gilt. Im *Sôtô-Zen* zeigt sich eine besondere Wertschätzung auch darin, dass das K. bei vielen Gelegenheiten und insbesondere beim *Zazen* getragen wird. Dôgen Zenji bezeichnete das Gewand als »Buddhas Körper und Buddhas Geist«. In Japan hat Kôdô Sawaki Rôshi (1880–1965), einer der Reformatoren der Zen-Praxis in unserer Zeit, sich intensiv dem Studium des K. gewidmet. Er begründete eine Nähschule, die sich bis in den Westen ausgewirkt hat. Nach Möglichkeit nähen die Ordinations-Anwärter und Anwärterinnen ihr K. in zeitaufwendiger Handarbeit selbst.

Karmapa. Der Dalai-Lama (l.) und der junge Karmapa Urgyen Thinley Dorje, nach dem Dalai Lama de facto der höchste Würdenträger Tibets (Oberhaupt der Karma-Kagyüpa)

Khachö (tibet., Sanskrit Khechari), der → Reine Bereich der *Vajrayogini.*

Kham, Ost-Tibet, größtenteils Nomadengebiet.

Khandha (Pali) Fünf → Aggregate

Khandroma → Dâkinî

Khatag (Pali), weiße Schärpe, der im tibetischen Kulturraum zur Begrüßung oder als Geste des Respekts überreicht wird.

Kilesa (Pali) → Innere Zwänge

Kinhin (japan.), Übung konzentrierten Gehens mit vor dem Leib übereinander gelegten Händen. K. wird zumeist zwischen den *Zazen*-Perioden ausgeführt. In der *Sôtô*-Tra-

Karmapa Thaye Dorje, Oberhaupt einer Untergruppe der Karma-Kagyüpa

dition geht man sehr langsam mit einem Verweilen im Stehen, im *Rinzai-Zen* hingegen rasch und energisch, manchmal auch im Laufschritt.

Klares Licht (Sanskrit prabhâsvara, tibet. ösel), die wahre Natur des Geistes. Ein klares, Selbsterkennen, bei dem es keine Trennung zwischen Subjekt und Objekt mehr gibt. Das K. erscheint am Ende des Sterbeprozesses und gilt als ideale Gelegenheit, die *Leerheit* direkt zu erkennen und die Befreiung zu erlangen. Von großen Meistern heißt es oft, dass sie nach ihrem Tod noch tagelang in diesem Zustand verweilten. Dabei ändert sich der Körper angeblich nicht, obwohl er klinisch tot ist. Die Beschreibung des Geistes als K. findet sich bereits im prätantrischen Mahâyâna. Im tantrischen Buddhismus gelten alle Gegebenheiten, auch *Innere Zwänge* und Leidenschaften, als Ausdruck der Strahlkraft des K.

Klarsehen, Klarsicht → Vipassanâ

Klesha (Sanskrit) → Innere Zwänge

Kôan (japan. »Öffentlicher Aushang«, chines. kung-an), eine Aufgabe, bei der es um das Verwirklichen einer Gesetzmäßigkeit oder eines Prinzips geht, das logisch-begrifflichem Denken unzugänglich ist. Solches Erkennen ereignet sich bei einem Schüler in einem plötzlichen Durchbruch, nachdem er durch einen sich dynamisch intensivierenden Prozess des Erforschens des K. gegangen ist. Dadurch wurde ein ungeheurer Druck aufgebaut, der sog. »Große Zweifel«. Das tiefe Erkennen manifestiert der Schüler öffentlich, d. h. gegenüber dem Lehrer, der ihn durch diesen schwierigen Prozess geführt hat. Dies geschieht nicht unbedingt in verbaler Form. In der japanischen Tradition ist die K.-Übung ein zentrales Element des *Rinzai-Zen.* Doch auch einige Meister der *Sôtô-Schule* und unabhängiger Traditionen lehren K. Als Urheber der systematisch aufgebauten K.-Schulung, wie sie in den Rinzai-Klöstern praktiziert wird, gilt der große japanische Reformator des Rinzai-Übungsweges, Hakuin Zenji (1686–1769).

Körperhineinfließen, der größte Hauptansatz der Achtsamkeitspraxis *Vipassanâ,* der von U Ba Khin und Satya Narayan Goenka vertreten wird; auch Body Sweeping. 1999 machten in rund 80 Ländern etwa 100 000 Menschen die Zehntageskurse, 1995 waren es 60 000. Das K. beruht auf Buddhas besonderer Betonung einer »Körpergerichteten Bewusstheit« (kâyagata sati). Eine für das K. zentrale Stelle der Meditationsreden des Erwachten *(Achtsamkeit)* lautet: »In den ganzen Körper rundherum hineinspürend, werde ich einatmen, in den ganzen Körper rundherum hineinspürend, werde ich ausatmen.« Daraus ergibt sich natürlich: »Alles Körpergeschehen stillend, werde ich einatmen. Alles Körpergeschehen stillend, werde ich ausatmen.« Bei diesem Ansatz wandert die Aufmerksamkeit innerlich »abtastend« in sich zunehmend verfeinernder Systematik durch den ganzen Körper, um so die 1. spontan im Körper aufspringenden Empfindungen in den Sinneskontakten, die 2. durch unsere früheren *Inneren Zwänge* (Verlangen, Abneigung, Verwirrung, Stolz, Geiz, oder Neid) in den Körperregionen abgelagerten Spannungsfelder (als Niederschläge »Ich- und Mein«-fixierter Reaktionen im Geist) und letzlich den 3. ganzen Körper als rein aus Empfindungsflüssen bestehend immer tiefer zu spüren. Dadurch wird das fortwährende Vergehen, Keinen-Stand-Bieten oder *Nicht-Selbst* aller Dinge auf der konkreten Körperebene direkt erfahrbar, was allmählich von allem selbst geschaffenen Leiden befreie. Die Aufmerksamkeit wird hier einfach hochsystematisch von der bedrängenden oder selbstgängigen Gefühls-, Reaktions- oder Gedanken-Aktivität abgezogen, worin alle Inneren Zwänge (Verlangen, Abneigung, Stolz, Dünkel oder Neid) bestehen, und wieder ganz im eigenen befreienden Körperwissen »beheimatet«. Durch das eingehende Spüren der Körperempfin-

Körperhineinfließen:
»Starke Konzentration befreit den Geist, aber nicht bis in die Tiefe. Der Erwachte verstand, dass dies nur durch die Bewusstheit der Körperempfindungen möglich wird. Denn das Unbewusste steht im fortwährenden Kontakt mit den Körperempfindungen. Wenn wir das Unbewusste befreien wollen, müssen wir mit den Körperempfindungen arbeiten. Wenn wir die Empfindungen des Körpers vergessen, haben wir es lediglich mit der Oberfläche des Geistes zu tun. Dann wird zwar diese Oberfläche befreit werden, aber die tief greifenden Konditionierungen aus der Vergangenheit bleiben davon unberührt. Lediglich im Unbewussten befindet man sich an den Wurzeln des Geistes. Sobald diese Wurzeln gesund werden, wird zwangsläufig auch der Baum gesund werden. Jedes äußere Ereignis erzeugt Empfindungen im Körper. Sobald Du Dich trainierst, den Empfindungen gegenüber gleichmütig zu bleiben, machst Du auch die unbewussten Geisteswurzeln wieder gesund.« (S. N. Goenka)

Körperhineinfließen
Der Inder S. N. Goenka ist heute der Hauptvertreter des Körperhineinfließens, des weltweit einflussreichsten Ansatzes der buddhistischen Achtsamkeitspraxis Vipassanâ (Höheres Sehen) mit großen Zentren auch im deutschsprachigen Raum.

dungen versiegt der »Spannungsnachschub« der affektiven Reaktionen, indem folgende blinde und leidschaffende »Verkettung« sanft abgeschnitten wird: Äußeres Ereignis oder Sinneskontakt; im Körper aufspringendes Gefühl; außengerichtete Emotion oder Willensreaktion; damit Spannungsnachschub; dies heißt Kummer, Angst und Leid im Sichausgeliefertfühlen. Durch das bewusste und gleichmütige Wahrnehmen der im Körper aufkommenden Gefühle (sich darin sehend verankernd), kommt es nicht mehr zu außengerichteten Affekten oder Spannungsnachschüben. Ein häufiger Satz Goenkas lautet: »Bewahre völligen Gleichmut im Verstehen des Vergehens, Vergehens, Vergehens!« In verschiedenen Schriften und Kommentaren dieser Tradition dieses erste der Drei Daseinsmerkmale stark betont, das Vergehen *Anicca.* Der Kern der ganzen Praxis sei: »Betrachte und reagiere nicht!« oder »Bewusstheit und Gleichmut«. Damit wird der innere Weg frei für die Auflösung selbst der alten, im Körper tief angelagerten Spannungsfelder (wiederum durch die Methode des bewussten und gleichmütigen Aufnehmens der sich fortwährend wandelnden Körperempfindungen). Diese Spannungsfelder werden hier nun als offene Felder blitzartig entstehender und vergehender Empfindungspunkte (kalâpas) offenbar. So kommt es zu einer »Tiefenreinigung«, womit die Dimension des *Nirvâna* allmählich zur direkten Erfahrung wird.

Konventionelle (Verhüllte, Relative, Begrenzte oder Pragmatische) *Wahrheit* (Sanskrit Samvriti-Satya oder Vyavahâra-Satya) *Entstehen in Abhängigkeit, Mittlerer Weg* und die *Beiden Wahrheiten.* Man kann anstatt »Wahrheit« auch »Wirklichkeit« einsetzen. »Wahrheit« bezieht sich auf das konventionell Angenommene, und »Wirklichkeit« auf das konventionell Erfahrene.

Kostbarkeiten, Drei (Pali Ti-Ratana) Drei →Freiorte

Kreislauf der Wiedergeburten →Wiedergeburten

Kriyâ-Tantra, Tantra der (rituellen) Handlungen: In dieser untersten der Vier *Tantra-Klassen* steht die äußere Praxis im Vordergrund, etwa Regeln in Bezug auf die Lebensführung und rituelle Handlungen.

Krodha (Sanskrit »Personifizierter Zorn«) → Zornvolle Gottheiten.

Kumbum, Geburtsort von Tsongkhapa in Amdo und Pilgerort.

Kyôto. Konkauji, der Goldene Pavillon (1395, wiederhergestellt 1955). Die Gesamtanlage ist ein gelungenes Beispiel für japanische Gartenarchitektur, die vom Zen-Buddhismus geprägt wurde.

Kyabgön (tibet. »Schutzherr«), Bezeichnung für ranghohe Lamas.

Kyabje (tibet. »Zuflucht-Gewährer«), Ehrentitel für herausragende Lamas, die sich als »Linienhalter« um die Überlieferung der Tradition besonders verdient gemacht haben.

Kye rim (tibet. »Erzeugungsstufe«, Sanskrit utpatti-krama), die erste Stufe im *Anuttara-Yoga-Tantra.* Im entsprechenden Praxisritual *Sâdhana,* zu der man vorher eine *Einweihung* erhalten hat, wird die Gestalt der *Meditationsgottheit* und deren *Mandala* (Wirkungssphäre) visualisiert, sowie deren *Mantra* rezitiert.

Kyosaku, auch Keisaku (japan. »Erweckungs-Stock«), flacher Stock, der das Schwert der Weisheit des transzendenten Bodhisattva *Manjushrî* symbolisiert, das alle getäuschte Sichtweisen abschneidet. Während der *Zazen*-Perioden kann damit auf eine Schulterpartie nahe dem Halsansatz oder auf den Rücken geschlagen werden, um Müdigkeit oder Unkonzentriertheit der Übenden aufzulösen. Obwohl er keine Bestrafung bedeutet, verzichten im Westen einige Gemeinschaften bewusst auf den Gebrauch des K.

Kyôto, ehemalige Hauptstadt von Japan auf der Insel Honshû, 794 unter dem Namen Haiankyô nach chinesischem Vorbild angelegt; bis 1896 residierte hier der Kaiser. Zu den Sakralbauten gehören zahlreiche buddhistische Tempel, etwa die Daigojipagode (951), und Shintoschreine.

L

Lama (tibet. »Lehrer, Meister, Guru«), allgemeine Bezeichnung für einen buddhistischen Lehrer. Dieser ist in der Regel entweder ein reinkarnierter Lama *(Tulku)* oder ein Mönchsgelehrter *(Geshe, Guru).*

Lamdre (tibet. »Weg und Ziel«), dem *Lamrim* verwandtes Meditationssystem der *Sakyapa*-Tradition, das aber mit *Bodhichitta* beginnt und zur Praxis der tantrischen Gottheit (*Yidam) Hevajra* hinführt.

Lamrim (tibet. »Stufenweg«), von dem indischen Mönch *Atîsha* 1042 begründetes Meditationssystem, das die nicht-tantrischen Lehren des Mahâyana und Hinayâna zu einem übersichtlichen Stufenweg zusammenfasst. Der L. teilt die buddhistische Praxis in drei Abschnitte ein: 1. Die »Kleine Person«: Man denkt über die Kostbarkeit der menschlichen Geburt nach und nimmt *Zuflucht* zum Buddha, um im nächsten Leben wieder als Mensch geboren zu werden; 2. die »Mittlere Person«: Man strebt nach Befreiung aus *Samsâra* und meditiert über die Vier *Edlen Wahrheiten;* 3. die »Große Person«: Man strebt nach voller *Erleuchtung,* um alle Lebewesen zu befreien. Der L. ist in der *Gelugpa*-Tradition Grundlage von Studium und Praxis, doch auch in den anderen Traditionen verbreitet. Bekannte Lamrim-Texte sind: »L. chenmo« (»großer Stufenweg«) von Tsongkhapa; »Thargyen« (»Juwelenschmuck der Befreiung«) von Gampopa; »Kunsang Lama Shalung« (»Worte meines vollkommenen Lehrers«) von Paltrul Rinpoche.

Lama. Lama Karma Duedzi, Vergoldete Bronze, 2. Hälfte des 16. Jh., Osttibet, County Museumof Art, Los Angeles

Lam yig (tibet. »Wegbeschreibung«), tibetischer »Reiseführer«, die den Weg zu Pilgerstätten beschreiben. Ein berühmter L. des 3. Panchen Lama beschreibt den Weg in das mythische Königreich *Shambala.*

Lankâvatâra-Sûtra (Sanskrit »Lehrrede vom Herabstieg auf die Insel Shrî Lankâ«), wichtiger, traditionell dem Buddha zugeschriebener Text des indischen Mahâyâna. Es enthält Hinweise darauf, dass es in einem dem Brahmanismus nahestehenden Milieu kaum vor der zweiten Hälfte des 4. Jh.n.Chr. entstanden ist. Es vertritt Anschauungen der *Nur-Geist-Schule.* Besonders hervorzuheben ist, dass in dem Text das *Âlayavijñâna* (Untergründiges Bewusstsein) der *Nur-Geist-Schule* mit der allen Lebewesen inhärenten *Buddha-Natur* in Beziehung gesetzt wird. Dieses Sûtra arbeitet auch im letzten Kapitel mit einem für einen buddhistischen Text erstaunlich positiven Begriff vom »Selbst« (Âtman). Ethisch besonders wertvoll ist ein längeres Kapitel über fleisch- und fischlose Ernährung, zu der vehement aufgefordert wird. Dabei wird sogar der Zusammenhang zwischen dem Kauf von Fleisch und der Mitverantwortung für das Schlachten der Tiere thematisiert. Das Ignorieren solchen indirekten »Tötens durch Nachfrage« wird kritisiert. Besonders für die in Ostasien verbreiteten *Chan-* bzw. *Zen-*Schulen erlangte das L. enorme Bedeutung.

Leerheit (Pali suññatâ, Sanskrit shûnyatâ, tibet. tong pa nyid), Im tibetischen Buddhismus ist L. die absolute Seinsweise aller Phänomene, d. h. ihre Abhängigkeit von Umständen und Bedingungen. L. verneint die Auffassung, dass etwas unvergänglich, teilelos und aus sich selbst heraus existieren könnte. L. kann durch drei Argumente verdeutlicht werden: 1. Alles ist vergänglich; 2. alles ist zusammengesetzt und besteht aus Teilen, die wiederum aus Teilen bestehen, 3. alles ist abhängig davon, im Bewusstsein erfasst und benannt zu werden. L. ist das andere Wort für das »Nicht-Selbst« (anattâ) aller Dinge *(Drei Daseinsmerkmale).* Im *Pali-Kanon* kommt der Begriff bereits vor, bei Nâgârjuna rückt er ins Zentrum *(Mittlerer Weg).* L. bedeutet (vom Standpunkt der *Höchsten Wahrheit*) die Unauffindbarkeit eines »Selbst« in allem. Diese Unauffindbarkeit bedeutet weder das Verneinen der Dinge (sondern nur deren »Eigenwesens«), noch das Bejahen der Dinge (sondern nur deren *Entstehens in Abhängigkeit*). In diesem Sinne ist sie jener Mittlere

Weg des *Nâgârjuna.* Nach den *Theravâda*-Kommentatoren bezieht sich L. auf die Freiheit alles bedingt Entstandenen von den »scheinenden« Qualitäten, welche die Vier Verdrehungen als die Leidensquelle nichtsehend »fixieren« *(Nichtsehen).* Der Buddha sagt zur L.: »Angenommen, ein Mann mit guten Augen nimmt die zahllosen Wasserblasen auf dem Ganges bei strömendem Regen wahr. Er betrachtet und untersucht sie. So wird er die Wasserblasen als leer, ohne festen Kern, frei von greifbarer Realität verstehen. Ähnlich sollte er alles Sichtbare, die Gefühlsreaktionen, das Begrifflich Geformte Bewusstsein, die Willensformationen, und die Grundwahrnehmung verstehen; ob in ihm oder der ganzen Mitwelt, grob oder fein, gering oder erhaben, fern oder nah. Er versteht alle diese Phänomene als leer, ohne festen Kern, letztlich ungreifbar.« (Fünf *Aggregate.*) L. und Glückseligkeit, Zentralbegriff des *Vajrayâna.* Höchste Freude oder Lust dienen als Erkenntnismittel der L.

Lehrrede über die Versenkung, in der man sich den existierenden Buddhas von Angesicht zu Angesicht gegenüber sieht (Sanskrit »Pratyutpannabuddhasammukhâvasthita-samâdhi-Sûtra«) *Bhadrapâla-Sûtra*

Leiden, leidhaft → Dukkha

Leuchte auf dem Pfad (Sanskrit Bodhipathapradîpa), kurzer Text von Atîsha, der eine Synthese von Hînayâna, Mahâyâna und *Tantra* versucht. Er unterteilt den Weg zur Erleuchtung in drei Motivationsstufen, die sich nach der Fähigkeit des Praktizierenden richten: Streben nach einer besseren Wiedergeburt; nach persönlicher Erlösung; und nach Buddhaschaft. Diese Einteilung wurde grundlegend für die Stufenweg-Tradition *(Lamrim).*

Lhagtong (tibet. »Tiefe Einsicht«), analytische Meditation, die das Meditationsobjekt daraufhin untersucht, ob es unabhängig, teilelos und an sich existiert. Die Entdeckung, dass nichts absolut unveränderlich und selbstständig ist, führt zur Erkenntnis der *Leerheit.* Während in der *Gelugpa-* und *Sakyapa*-Tradition mehr die Analyse der Objekte geübt wird, steht in der *Dzogchen-* und *Mahâmudrâ*-Praxis die Analyse des eigenen Geistes im Vordergrund.

Lhasa, traditioneller religiöser und politischer Mittelpunkt von Tibet in einem Becken des Himâlaya (3700 m ü.d.M.). Gegründet im 7. Jh. n.Chr., verdankt L. den prachtvollen Ausbau (Palast Potala) im 7. Jh. dem 5. Dalai Lama (1617–82). Nach der chinesischen Okkupation von Tibet (1959 Flucht des 14. Dalai Lama nach Indien, *Dharamsala)* wurde L. Hauptstadt der Autonomen Region Tibet (seit 1965) der VR China.

Lhasa. Mönche in der Hauptstadt der 1965 errichteten Autonomen Republik Tibet der VR China. Nach den Verwüstungen zur Zeit der rotchinesischen »Kulturrevolution« (1966–69) setzte 1979 eine Liberalisierung der chinesischen Vorherrschaft ein. Doch zehn Jahre später wurde nach schweren Unruhen in Lhasa das Kriegsrecht verhängt.

Lodjong (tibet. »Geistesumwandlung, Geistestraining«), Praxis der *Alten-Kadampa-Tradition,* die den altruistischen Erleuchtungs-Geist *(Bodhichitta)* erzeugen soll. Dabei versucht man, freiwillig auf das Streben nach Ruhm, Besitz, Anerkennung und Lust zu verzichten, Demütigungen zu akzeptieren, andere höher zu schätzen als sich, den eigenen Geist zu beobachten und alles als leer zu sehen.

Longchen Nyingthik (tibet. »Herz-Essenz der weiten Dimension«), berühmter *Dzogchen*-Text von Jigme Lingpa.

Longde (tibet. »Serie des Raums«), eine der drei Meditationsmethoden des *Dzogchen,* wobei genaue Anweisungen zu Atmung und Körperhaltung den Übenden direkt in die Erfahrung der Kontemplation führt.

Lorig (tibet. »Gewahrwerden-Wissen«), buddhistische Erkenntnistheorie, die in den tibetischen Klöstern als Propädeutikum studiert wird; sie beruht auf den Werken der indischen Logiker Dharmakîrti und Dignâga und wird besonders in der *Sakyapa-* und *Gelugpa*-Tradition gepflegt.

Losar, das tibetische Neujahrsfest im Februar.

Lotos-Sûtra (Sanskrit Saddharmapundarîka-Sûtra), eine der traditionell dem historischen Buddha zugeschriebenen Lehrreden des Mahâyâna (Großes Fahrzeug). Das L. ist bis heute als einer der beliebtesten und wichtigsten Texte im ostasiatischen Buddhismus, wo es (ausgehend von der chinesischen Übersetzung des berühmten Mönches Kumârajîva) uneingeschränkte Wertschätzung genießt. Entstanden in mehreren Stufen in Indien nach der Zeitwende, zählt es nicht zur frühesten Welle der Lehrwerke des Großen Fahrzeuges. Es ist aber die Grundlage bedeutender buddhistischer Religionsgemeinschaften in China und Japan (wie *Tendai,* Nichiren oder Soka Gakkai). Im L. selbst wird in leicht verständlicher, lebendiger Sprache die Lehre vom »Einen Fahrzeug« *(Ekayâna)* und die der »geeigneten Mittel« *(Upâya)* dargelegt. Dazu bedient sich der Text mehrerer Gleichnisse und Parabeln, deren berühmtesten die Geschichten vom verlorenen Sohn und vom brennenden Haus mit darin spielenden, ahnungslosen Kindern sind. Sie werden mit den Lebewesen im Samsâra verglichen, die sich leichtfertig an ihren trivialen Sinnesgenüssen ergötzen und keinerlei Anstalten unternehmen, aus dem im Grunde leidvollen Kreislauf der *Wiedergeburt* auszusteigen. Nur mit der »Notlüge« (im Sinne des *Upâya*), dass sie alle vor dem Haus schöne Spielzeuge bekämen, kann der Vater die Kinder herauslocken. In Wirklichkeit ist das Spielzeug dann jedoch für alle nur eines, nämlich das »Eine Fahrzeug« der Buddhaschaft. Entsprechend der Lehre vom Einen Fahrzeug sieht das L. lediglich einen Weg zur vollkommenen Befreiung aus dem Samsâra, nämlich das Verwirklichen der Buddhaschaft. Diese Möglichkeit stehe absolut allen Lebewesen offen. Die Befreiung *(Arhatschaft)* des Frühbuddhismus dagegen wird hier zu einer illusorischen, wertlosen Vorstellung. So ist ein weiteres zentrales Thema des L. die transzendente Unvergänglichkeit der Buddhaschaft. Das Eingehen des Buddha ins »Endgültige Verlöschen« (mahâparinirvâna) wird als ein bloßes »Mittel« *(Upâya)* verstanden, die dadurch sich auf sich selbst gestellt fühlenden Lebewesen zur buddhistischen Praxis zu motivieren.

Lumbinî. Zeremonie im Tempel des Klosters am Geburtsort des historischen Buddha. Nach der Überlieferung befand sich die hochschwangere Mahâmâyâ, Gemahlin des Fürsten Shuddhodana, auf dem Weg zu ihrem Geburtsort Devadaha, um dort der Sitte gemäß zu entbinden. In Lumbinî setzen die Wehen ein, und Siddharta Gautama kam unter einem Sul-Baum zur Welt.

Lotsawa (tibet. »Übersetzer«), Titel für die Mönchsgelehrten, die zwischen dem 9. und 14. Jh. die buddhistischen Schriften aus dem Sanskrit ins Tibetische übertragen haben; als Basis des tibetischen Kanons *Kangyur* und *Tengyur.* Berühmte Übersetzer sind Marpa, Loden Sherab und Butön.

Lumbinî, Geburtsort des historischen Buddha Siddharta Gaudama 560 v. Chr. in Südnepal. Kaiser Ashoka errichtete hier 249 v. Chr. eine Gedenksäule. Lumbinî, einer der vier heiligen Orte des Buddhismus, gehört seit 1977 zum Weltkulturerbe.

Lung (tibet. »Wortübertragung«), Zeremonie, bei der der Lehrer dem Schüler einen Text vorliest, um ihn dadurch zum Studium und der Praxis des Textes zu befähigen; wichtiger Bestandteil tantrischer Einweihungen.

M

Madhyamaka (Sanskrit) → Mittlerer Weg, Entstehen in Abhängigkeit

Madhyamaka-Prâsangika (Sanskrit »Madhyamaka-Konsequenz-Schule«), philosophische Richtung, die vor allem bei der tibetischen *Gelugpa*-Tradition betont wird, aber bei allen tibetischen Traditionen als höchste philosophische Sicht gilt. Sie ist eine von Buddhapâlita begründete und von Chandrakirti verteidigte Unterschule der altindischen Denkrichtung von Nâgârjunas *Mittlerem Weg.* Sie will die *Leerheit* erweisen, indem sie folgendes aufzeigt: Dass sich alle dogmatischen oder nihilistischen Theorien zu Schlüssen (Sanskrit prâsanga) führen lassen, welche der Theorie widersprechen oder andere absurde Konsequenzen haben. Der *Mittlere Weg* Nâgârjunas ist der Ausgangspunkt aller späteren Madhyamaka-»Philosophen« wie Chandrakîrti, die im tibetischen Buddhismus eine große Rolle spielen. Das Madhyamaka ist die andere prägende Denkrichtung neben der *Nur-Geist-Schule* für das ganze Mahâyâna. Stephen Batchelor, ein früherer tibetisch-buddhistischer Mönch, und Autor des buddhistischen Bestsellers »Buddhismus für Ungläubige«, betonte einmal: »Die Autorität zu Nâgârjuna im tibetischen Buddhismus ist nur sein Kommentator Chandrakîrti.«

Magga (Pali) → Achtfacher Pfad

Magie, wesentliches Merkmal magischer Vorstellungswelten ist das Denken in Analogien, das im *tantrischen Buddhismus* grundlegend ist. Die Aktivierung des *Feinstofflichen Energiesystems* durch tantrische Methoden kann übernatürliche Geisteskraft *Siddhis* bewirken. Sie gelten im tantrischen Buddhismus nicht als Selbstzweck, sondern als Indikatoren für den spirituellen Fortschritt. Es wäre karmisch sehr unheilsam, magische Fähigkeiten für selbstsüchtige Zwecke zu missbrauchen.

Mahâ-Dhâtu → Große Elemente

Mahâkala (Sanskrit »Der Große Schwarze«), ursprünglich ein Beiname des Hindugottes Shiva, gilt er im *tantrischen Buddhismus* als einer der beliebtesten Schutzgeister *Dharmapâla.* Trotz seines Namens existiert (neben zahlreichen anderen ikonographischen Formen) auch ein »weißer Aspekt«. Dieser wird als Wohlstandsgottheit verehrt, und ist nach seinem Hauptattribut benannt, dem Wunschedelstein Chintamâni.

Mahâmudrâ (Sanskrit »Großes Siegel«), die wahre Natur des Geistes. Die *Erleuchtung* im *tantrischen Buddhismus,* nämlich die Erfahrung des ursprünglichen Gewahrseins als *Leerheit* und Klarheit. M. ist auch das tantrische Meditationssystem, um diese Erfahrung zu gewinnen: »Die Meditation des Geistes auf den Geist«. Ohne Visualisation und Mantra-Rezitation gilt sie als die höchste Praxisform im *tantrischen Buddhismus* und geht auf die *Mahâsiddhas* zurück, etwa Saraha und Tilopa. Die vier Yogas von M. sind: Einsgerichtetheit *(Samatha),* Nicht-Dualität *(Lhagthong),* Einsgeschmack (Praxis des *Klaren Lichtes*), schließlich Nicht-Meditation (Reine Erfahrung). Im tibetischen Buddhismus wird die M. vor allem in der *Kagyüpa*-Tradition gepflegt.

Mahâparinirvâna-Sûtra, Mahâyâna-Sûtra, welches das Lebensende des Buddha Gautama behandelt. Die Rede existiert in mehreren stark voneinander abweichenden Überlieferungen, die früheste davon bereits im *Pâli-Kanon* (»Mahâparinibbâna-Sutta«). Die mahâyânistischen Fassungen stehen deutlich in der Tradition der Lehre von der *Buddha-Natur,* die im Text »Buddha-Element« (buddha-dhâtu) genannt wird und eine Art von Potenzial repräsentiert. Dieses ermöglicht lediglich die Buddhaschaft. Es gilt aber nicht (wie im *Tathâgatagarbha-Sûtra*) als der im Lebewesen zwar versteckte, aber bereits vollkommen ausgereifte Kern des »Buddha-Seins«. Auch wird gelehrt, dass es eine Gruppe von Lebewesen gäbe, welche die Buddhaschaft nie erreichen könnten (icchântika). Diese Aussage hat zu Debatten unter späteren Kommentatoren geführt und wurde auch in großen Abhandlungen wie dem *Ratnagotravibhâga Mahâyânottaratantra-Shâstra* zum Thema. Das M. scheut sich nicht, den Begriff Âtman (»Selbst«) in einer für den Buddhismus ungewöhnlichen, äußerst positiven Weise zu verwenden, um die Buddha-Natur zu beschreiben.

Mahâkala. Darstellung des buddhistischen Gottes aus schwarzem Sedimentgestein, Tibet, 12. Jh., Privatsammlung

Mahâ-Prajnâpâramitâ-Hridaya-Sûtra → Herz-Sûtra

Mahâsiddha (Sanskrit »Großer Vollendeter«), der erleuchtete M. ist die Personifikation dessen, was den *tantrischen Buddhismus* charakterisiert: Nicht-monastischer Lebenswandel, individueller und unkonventioneller Schulungsweg, übernatürliche Geisteskräfte und Weltzugewandtheit. M. im engeren Sinn sind 84 Meister im alten Indien (8.–12. Jh.). Sie stehen am Ursprung vieler *Überlieferungslinien* des tibetischen Buddhismus, und bilden hier auch ein beliebtes Motiv für die tibetischen Rollbilder *(Thangkas).* Sie sind die Verfasser der prägenden spirituellen Gesänge *(Dohas).*

Einige M. waren maßgeblich an der Verbreitung des tantrischen Buddhismus in Tibet (v.a. Padmasambhava) beteiligt. Die M. stammten aus allen Kasten und Berufsgruppen des alten Indien. Vereinzelt traten hier auch Frauen profiliert in Erscheinung, wie etwa Laksmînkarâ. Sie bilden einen gewissen Gegenpol zum etablierten Tantrismus der altindischen oder später der tibetischen Klosteruniversitäten.

Mahâvamsa (Pali) → Pali-Kanon

Mahâyâna-Samgraha (Sanskrit »Zusammenfassung des Mahâyâna«), Abhandlung der *Nur-Geist-Schule* des indischen Mahâyâna (Großes Fahrzeug). Das Asanga zugeschriebene Werk ist der Versuch einer ausführlichen Synthese des *Âlayavijñâna* mit der Anschauung, dass alles nur Wahrnehmung *(Vijñaptimâtra)* sei. Es behandelt außerdem die Lehre von den Drei Wesen *(Trisvabhâva)*.

Mahâyânasûtrâlamkâra (Sanskrit »Schmuck der Lehrreden des Mahâyâna«), Abhandlung der *Nur-Geist-Schule* des Mahâyâna (Großes Fahrzeug). Das Maitreya(nâtha) zugeschriebene Werk folgt in seiner Gliederung der Bodhisattvabhûmi, das die Verhaltensregeln für einen *Bodhisattva* beschreibt (und ein Teil der *Yogâchârabhûmi* ist). Das M. ist in vielerlei Hinsicht ein Versuch, die Bodhisattvabhûmi in einer dem eigenen Standpunkt angepassten und weiter entwickelten Form »neu zu schreiben«. Das Werk ist tief in der Buddhologie des Mahâyâna verwurzelt und schöpft aus dessen Lehrreden. Die Überweltlichkeit der Buddhaschaft ist dabei auch ein wichtiges Thema.

Maitreya. Die Verkörperung der allumfassenden Liebe gilt als der Buddha der Zukunft und erfährt eine breite Verehrung in ganz Asien. Der Maitreya kommt bereits im frühen Buddhismus Theravâda vor. Maitreya wird gewöhnlich relativ schlicht wie der historische Buddha dargestellt. Die Plastik zeigt Maitreya in der Lehrgeste (Mudrâ), die auf ein zyklisches Denken und auf die Wiederkehr aller Dinge verweist. Nordostindien, 9./10. Jh.

Mahâyoga (Sanskrit »Großer Yoga«), in der *Nyingmapa*-Tradition das siebte Fahrzeug. Es entspricht der Erzeugungsstufe des *Anuttara-Yoga-Tantra.*

Maitreya (Sanskrit »Der Liebevolle«), 1. Hochverehrter *Bodhisattva,* der besonders das Ideal der Liebe für die Welt verkörpert. Er wartet im Himmel »tushita« auf die ferne Zeit, wenn es nötig wird, den *Dharma* wieder in die Welt zu bringen; 2. (als »Maitreyanâtha«) der »Begründer« der indischen *Nur-Geist-Schule.* Ihm werden fünf Werke zugeschrieben: *Mahâyânasûtrâlamkâra* (»Der Liebevolle« Schmuck der Lehrreden des Mahâyâna), Madhyântavibhâga (»Unterscheidung des Mittleren Weges und der Extreme«), Dharmadharmatâvibhâga (»Unterscheidung der Dinge von ihrem wahren Wesen«), Abhisamayâlamkâra (»Schmuck des Erschauens«) und *Ratnagotravibhâga Mahâyânottaratantra-Shâstra* (»Höchste Abhandlung des Mahâyâna: Untersuchung des Buddha-Keimes der drei Juwelen«).

Makyô (japan.), illusionäre Erscheinungen, die während der Meditation auftauchen können: etwa Lichtphänomene, Visionen von Buddhas, innere Töne oder Düfte, aber auch erschreckende Dinge. Der Meditierende ist angehalten, diesen Phänomenen keine Bedeutung beizumessen.

Mâla (Sanskrit »Kranz«), Gebetskette, die ähnlich einem Rosenkranz zum Zählen von *Mantras* verwendet wird.

Manas (Pali »abstraktes Vermögen, abstrakter Sinn« oder »Begriffsgeist«), der die Dingwelt gedanklich berührende Geist, im Unterschied zu *Chitta.* In der frühbuddhistischen Lehre von den Sinnesbereichen (âyatana) bildet M. ein normales »Sinnes(Denk)organ« neben Auge, Ohr, Nase, Zunge und Körper. Es lässt sich auch einfach mit »Sinn« übersetzen (z. B. hat »etwas im Sinn haben« gedankliche Konnotation).

Mandala (Sanskrit »Kreis, Heiliger Bereich«, tibet. khyil khor »Zentrum«), geometrisch aufgebautes Bild im *tantrischen Buddhismus,* das gemalt oder in Form von Skulpturen und Sandbildern errichtet wird. Es dient als Hilfsmittel zur Meditation. Das M. repräsentiert sowohl die Gesetzmäßigkeiten der kosmischen Ordnung als auch der eigenen Persönlichkeit. Es versinnbildlicht die spirituelle Entwicklung des Adepten, die mit der *Einweihung* in das M. als der Wirkungssphäre einer *Meditationsgottheit* (tibet. *Yidam*) und ihres Gefolges beginnt. Das M. im letzteren Sinne wird als Palast dargestellt, dessen Architektur ebenso wie die Attribute der Gottheiten einen hohen Symbolgehalt besitzen. Das M. ist kein theoretisches Konstrukt, sondern die äußere Projektion der natürlichen, dem Bewusstsein innewohnenden »Gestalt«, nämlich des »selbst-existierenden« mentalen M. als Ausdruck der *Buddha-Natur.* Die früheste systematische Darstellung des tantrischen M. findet sich im *Guhyasamâja-Tantra.* Das M. ist von großer Bedeutung in der buddhistischen Kunst, etwa bei den tibetischen Rollbildern *(Thangkas).*

Mañjushrî (tibet. Jam pel), ein *Bodhisattva* und *Yidam;* die Verkörperung der Weisheit und Intelligenz aller Buddhas, mit Schwert und Buch (dem *Prajñâpâramitâ-Sûtra*) dargestellt. Als Verkörperungen M. gelten insbesondere Tsongkhapa und Sakya Pandita.

Mantra (Sanskrit), mystische Silbenkombination *(Keimsilbe),* welche die Essenz einer *Meditationsgottheit (Yidam)* birgt, und als »Schutz des Geistes« gilt. Der tantrische Adept erhält bei der *Einweihung* in das *Mandala* des Yidam auch dessen M. Die meisten M. lassen sich nicht sinnvoll übersetzen, obwohl zu jeder Silbe allegorische Erklärungen existieren. Weil die M.-Rezitation in der Praxis des *tantrischen Buddhismus* (Vajrayâna) eine große Rolle spielt, wird er oft »Geheimes M.« genannt. Das wohl bekannteste M. ist das von Chenrezig: OM MANI PADME HUM (ungefähr: »Oh Kleinod in der Lotusblüte«: Das Große Mitgefühl des *Bodhisattva*).

Mantrayâna, Bezeichnung für den *tantrischen Buddhismus:* Das Fahrzeug, das die meditative Technik des *Mantra* einsetzt.

Meditation (Pali bhâvanâ »Entfaltung, Hervorbringung«), die methodische Entwicklung der Sehenden, Trefflichen *Achtsamkeit,* etwa durch formale Sitzmeditation auf Kursen im *Vipassanâ* und *Sesshins* im *Zen,* oder durch individuelle Praxis. Die M. fundiert die natürliche Entwicklung einer befreienden Bewusstheit im Alltag. Die beiden klassischen Bereiche der meditativen Entfaltung sind Geistige Ruhe *(Samatha)* und Intuitives Wissen *(Vipassanâ)* oder Konzentrations- und Einsichts-M. Deren unabdingbares Fundament ist die Ethische M. Ein tibetisches Gleichnis illustriert den Zusammenhang: Ein Baum wird gefällt, der hier das Leiden symbolisiert. Die Axt steht für das Intuitive Wissen, der schlagende Arm für die Geistige Ruhe, und der fest stehende Körper des Holzfällers für die Ethische Motivation. Die M. ist von zentraler Bedeutung in den Urschriften aller Buddhisten, in denen es um das *Erwachen* zur Höchsten Realität als befreiende Erfahrung geht. Sie ist der Inbegriff des »Inneren Weges«, wie es die zahllosen Buddhastatuen in der M.-Haltung nahelegen. M. wird auch von buddhistischen Laien geübt, etwa in Südostasien in den Nächten der vier Mondwendtage (uposatha), wenn sich die Laien in den Klöstern versammeln, oder auf M.-Kursen. Mit der M. »entfaltet« werden die dem »Selbst«-Glauben kaum bewussten inneren Freiheitsbereiche als das »Selbst«-lose Potenzial von Herz, Ruhe oder Einsicht. Ein Begriff wie »Selbstverwirklichung« kommt im *Pali-Kanon* nicht vor (Drei *Daseinsmerkmale*). Das Erstrebenswerte wird hier anders formuliert *(Nirvâna).* M. gilt hier als unbedingte Voraussetzung für Wahre Ethik. Vor diesem Hintergrund ist zu bedenken, was es bedeutet, wenn M. als methodische Entwicklung der Sehenden, Trefflichen *Achtsamkeit,* oder auch der Begriff »Achtsamkeit« in den Urschriften einer Religion nicht zum Thema wird; wie in der Bibel und im Koran.

Mandala. Mönche aus dem indischen Dharamsala, dem Exilort des Dalai Lama, arbeiten an der Fertigstellung eines Sandmandalas. Sie verwenden gesegneten, gefärbten Sand, den sie in einzelnen kleinen Symbolen zu einem großen Symbolbild streuen. Die Fertigstellung eines solchen Mandalas stellt für jeden Buddhisten einen Höhepunkt dar. Es wird danach zerstört und einem fließenden Wasser übergeben – zum Zeichen der Vergänglichkeit.

Meditation.
Im Pali-Kanon sagt der Buddha: »*Wie behütet man andere, indem man sich selber schützt? Durch die unbeirrbare und fortwährende Praxis der Meditation. Wie behütet man sich selbst, indem man andere schützt? Durch Geduld und Nachsicht, ein Leben frei von Gewalt und Schädigung, Liebende Güte und Mitgefühl. Indem man sich somit selbst schützt, behütet man andere. Indem man somit andere schützt, behütet man sich selbst.*«

Darstellung eines in der Angkor-Periode der Khmer-Kunst entstandenen, mit Edelsteinen geschmückten Buddhas, der von der Schlange Nâga beschützt wird, der Wächterin des Wassers und unterirdischer Schätze. 12. Jh., Königliches Museum, Phnom Penh, Kambodscha

Meditations-Buddhismus → Dhyâna-Buddhismus.

Meditationsgottheit (Sanskrit ishta-devatâ, »Wunschgottheit«, tibet. Yidam), im *tantrischen Buddhismus* des alten Indien erlangt der Adept Zugang zur eigenen *Buddha-Natur* über eine Gottheit als Verkörperung bestimmter Qualitäten der *Erleuchtung*. Der *Guru* wählt für den Schüler eine solche Gottheit aus, deren Potenzial seiner Persönlichkeit besonders entspricht. Das erleichtert den inneren Identifikationsprozess. Die M. hat archetypischen Charakter. Später im tibetischen Buddhismus fungieren einige auch als Schutzgottheiten *(Yidams)*, etwa die Gottheiten der großen Tantras *Guhyasamâja, Kâlachakra, Hevajra* und *Chakrasamvara.*

Meditative Entfaltung (Sanskrit bhâvanâ), 1. Die Entfaltung der vier unermesslichen Geisteshaltungen *(Brahmavihâras),* die in allen buddhistischen Richtungen praktiziert wird; 2. eine grundlegende Meditationstechnik im tantrischen Buddhismus, bei der das *Mandala* einer *Meditationsgottheit* vor dem inneren Auge entfaltet oder visualisiert wird.

Mengagde (tibet. »Serie der Essenz«), einer der drei Hauptübungen auf dem *Dzogchen*-Pfad. Sie umfasst das Sosein des Körpers, der Augen, des Zustandes, der Vision: Jede Haltung des Körpers, jeder Blick, jeder Zustand, jede Erscheinung ist hier die Übung (vgl. dazu auch die ältere Praxis der Vier Vergegenwärtigungen der *Achtsamkeit* im *Theravâda*).

Migtsema-Gebet, fünfzeilige Anrufung Tsongkhapas, die in der *Gelugpa*-Tradition als *Mantra* verwendet wird.

Milindapañha → Pali-Kanon

Mitgefühl → Brahmavihâras

Mittlerer Weg (Sanskrit Madhyamaka), zentrale Bezeichnung des Buddha, etwa in seiner Rede zu den Vier *Edlen Wahrheiten.* Sie meint hier den *Achtfachen Pfad* der Befreiung als den M. zwischen den Extremen asketischer Selbstkasteiung und hedonistischer Sinnenhingabe. Auch der Name der älteren, neben der *Nur-Geist-Schule* anderen prägenden Denkrichtung im ganzen Mahâyâna lautet der M. Sie geht auf Nâgârjuna (2.–3. Jh. n.Chr. in Indien) zurück. Dessen Hauptwerk »Die Wurzelverse zum Mittleren Weg« *(Mûla-Madhyamaka-Kârikâ)* bildet die maßgebliche Quelle des M. Dieses Werk macht die Kernlehren des Buddha wieder bewusst, zu einer Zeit, als im alten Indien zunehmend neue buddhistische Lehren hervortraten (in einigen Mahâyâna-Sûtras mit den Ursprüngen der späteren Nur-Geist-Schule, aber auch in der *Abhidhamma*-Scholastik des frühen Buddhismus). Aber es geht nicht in bekämpfende Distanz, durch »Postulate«, »Thesen« oder »Gegenlehren«. Nâgârjuna sagt darin etwa: »Ich kann nicht widerlegt werden, weil ich nichts behaupte.« Es bringt Buddhas Herzlehre von der Allleerheit zur »zeitgemäßen« Anwendung, indem es die Ungreifbarkeit der Höchsten Realität direkt »demonstriert«; hinsichtlich der primären zeitgenössischen Lehrsysteme, der Kernbegriffe des philosophischen und alltäglichen Verstehens. Der M. wird so genannt, weil es den Grat zwischen den Extremen der begriffsimmanenten Existenzbejahung und Existenzverneinung, des Positivismus und Nihilismus wandelt. Für diese Gratbegehung ist die Lehre von den »Beiden Wahrheiten« (dvaya-satya) entscheidend: die *Konventionelle Wahrheit* und die *Höchste Wahrheit.* Vom Standpunkt der Höchsten Wahrheit sind alle Dinge »leer« (shûnya) von einem »Selbst«. Vom Standpunkt der Konventionellen Wahrheit sind sie wohl ein »Selbst«. Diese *Beiden Wahrheiten* gilt es auf dem Inneren Weg zu integrieren, für eine wahre Befreiung inmitten der Welt. Im höchsten Grade führe dies zum Nachvollzug der Kernlehre: *»Samsâra* ist *Nirvâna« (Entstehen in Abhängigkeit, Mûla-Madhyamaka-Kârikâ).*

Mön, tibet. Name für Südwesttibet.

Mönlam, tibetisches Neujahrsfest, 1409 von Tsongkhapa eingeführt.

Mudrâ (Sanskrit »Siegel, Zeichen, Geste«), 1. symbolische Handhaltungen, welche die tantrischen *Meditationen (Sâdhana)* gestisch unterstreichen und sich auf das *Feinstoffliche Energiesystem* auswirken sollen. Sie wird auch bei den symbolischen Opfergaben ausgeführt. Diese Handgesten sind in der Ikonographie für die Identifizierung der *Meditationsgottheiten* bedeutsam, z. B. ist die »Erdberührungsgeste«, beim historischen Buddha als Zeichen für sein volles *Erwachen,* die Geste der »Drehung des Rades der Lehre« als Merkmal von *Vairocana.* 2. Einer der Namen für die Partnerin bei der rituellen *Sexuellen Vereinigung;* vorgestellt *Jñâna-Mudrâ,* real *Karma-Mudrâ* oder *Vidyâ.*

Mukogyô (japan. »Holzfisch«), hölzernes Instrument chinesischen Ursprungs, das in großen *Zen-Klöstern* auch in Form eines großen, länglichen Fisches aufgehängt wird. Gewöhnlich ist der M. jedoch von kugeliger Form mit einer fischartigen Verzierung. Während der Rezitation der *Sûtras* wird er rhythmisch geschlagen. In diesem Zusammenhang symbolisiert der Fisch unablässige Wachheit, da er die Augen niemals schließt.

Mûla-Madhyamaka-Kârikâ (Sanskrit »Die Wurzelverse zum Mittleren Weg«), Hauptwerk Nâgârjunas (2.–3. Jh. n.Chr., Indien), und Quelle der Denkrichtung des *Mittleren Weges.* Es ist keine Abhandlung, sondern ein Opus in 27 Kapiteln von je bis zu 40 Versen. Sie verbinden poetische Schönheit, große Tiefe und höchste Präzision. Jedes Kapitel ist eine »Untersuchung« (parîkshâ), z. B. zu: »Bedingungen«, »Elemente«, »Begehren und Begehrtes«, »Fünf *Aggregate*«, »Bedingtes«, »Handlung und Handelnder«, »Leiden«, »Willensformationen«, »Eigenwesen«, »Bindung und Freiheit«, »Tatfrucht«, »Selbst«, »Zeit«, »Buddha«, »Nichtsehen«, »Edle Wahrheiten«, »Freiheit«, »Zwölf Glieder« *(Abhängigen Entstehens)* oder »Ansichten«. Diese Untersuchungen bedeuten »Bomben« auf die »Selbst«-fixierte Wahrnehmung, auf das *Nichtsehen* im ganzen Terrain seiner Entfaltung, um unmittelbar zu befreien. Es sind zahlreiche Kommentare entstanden, in Indien und im postindischen Mahâyâna. Das M. ist für den Weltbuddhismus der prägendste Einfluss nach den Reden des Buddha. *(Entstehen in Abhängigkeit, Begriffliche Verselbstständigung).*

Mutter-Tantra, eine Abteilung des *Anuttara-Yoga-Tantra.* In ihr liegt der Schwerpunkt auf der Meditation über das *Klare Licht* des Todes. Es wird hier auch die Weisheit *Prajñâ* als weibliches Prinzip betont. Zum M. gehören *Chakrasamvara, Hevajra, Vajrayogini* und *Târâ.*

N

Nâdî (Sanskrit »Röhre, Kanal«, tibet. rtsa), Bezeichnung für die Kanäle des *Feinstofflichen Energiesystems,* in denen die Körperenergien *(Winde)* zirkulieren. Die Quellen sprechen von 72 000 solcher N. Drei dieser Kanäle sind besonders wichtig: der vor der Wirbelsäule vom Perineum zur Fontanelle verlaufende *Zentralkanal* (Sanskrit avadhuti) sowie zwei an den Nasenlöchern beginnende und am Nabelchakra in den Zentralkanal einmündende Seitenkanäle (Sanskrit lalana und rasana).

Nara. Die fünfgeschossige Ostpagode aus der Zeit Naras als Sitz der japanischen Regierung (8. Jh.) erreicht eine Höhe von 36 m. Das Foto entstand während des Feuerwerks zum Yamayaki-Fest.

Nara, Stadt auf der Insel Honshû. Sie wurde 708 n. Chr. als Hauptstadt von Japan gegründet und diente bis 784 als Sitz der Regierung. Aus dieser Zeit stammt die bedeutendste Tempelanlage von Nara mit einer Kolossalstatue des Buddha. Dieser Tôdaiji-Tempel ist das weltweit größte Bauwerk aus Holz. Nara hat seine Bedeutung als Wallfahrtsort bewahrt. Zum jährlichen Herbstfest versammeln sich buddhistische Mönche und Nonnen aus aller Welt.

Nâro Chödrug (tibet. »Die sechs Yogas von Naropa«), sechs Übungen der Vollendungsstufe *(Dzog rim)* des *Anuttara-Yoga-Tantra,* die Marpa im 11. Jh. nach Tibet brachte: 1. Inneres Feuer *(Tummo),* 2. Illusionskörper *(Gyulü),* 3. *Drongjug,* 4. *Klares Licht* (Ösel), 5. Zwischenzustand *(Bardo),* 6. Bewusstseinsübertragung *(Phowa).* Heute wird *Drongjug* meist durch den Traum-Yoga (tibet. milam »luzides Träumen«) ersetzt.

Nâropa-Institut, von Chögyam Trungpa mitbegründete buddhistische Universität in Boulder, Colorado (USA). Sie ist die bisher einzige im Westen.

Natürlicher Zustand (tibet. nä lug), ein *Mahâmudrâ*-Begriff für die wahre Natur des Geistes: Spontan, unwillkürlich, frei.

Natur-Methode, ein Hauptansatz des *Vipassanâ,* der von Ajahn Buddhadâsa begründet wurde. Hier geht es um einen organischen Achtsamkeits- und Kontemplations-Weg, der in das volle Intuitive Sehen der *Drei Daseinsmerkmale* mündet. Buddhadâsa hat mit vielen Werken die *Leerheit* aller Dinge von einem »Selbst« vermittelt. Das Bewusste Ein- und

Nicht-Selbst

»Es gibt nur einen ›Satan‹: Selbstsucht. Wahre Praxis bedeutet, über den Einfluss von ›gut‹ und ›schlecht‹ hinaus gelangt zu sein. Denn ›gut‹ und ›schlecht‹ sind bloß relative Wahrheiten. Sie gehören genauso zum Strom des Entstehens in Abhängigkeit. Demnach sind sie letztlich kein ›Selbst‹, keine ›Seele‹, kein ›Ding‹. Buddhismus ist die Religion der Leerheit von einem Selbst.«

Ajahn Buddhadâsa

Ausatmen steht hier ganz zentral, um die *Treffliche Achtsamkeit* dahin zu bringen, dass sie in der Betrachtung der Gefühle den unmerklichen Übergang zu den *Inneren Zwängen* auflösen kann. Denn laut Buddhadâsa kann bloß auf der Basis jener Zwangfreiheit die Leerheit direkt erschaut und das *Nirvâna* verwirklicht werden. Das Bewusste Ein- und Ausatmen gilt hier als natürlicher, vollständiger Befreiungsweg. Eines der vielen unkonventionellen Werke Buddhadâsas ist ein praxisbezogener Kommentar zu Buddhas Rede vom Bewussten Ein- und Ausatmen (Ânâpânasati-Sutta). Sein Kommentar lautet: »Mindfulness with Breathing« (Wisdom Publications). Er betrachtet u. a. die Bedingungsverhältnisse, die fortwährend zwischen unseren Gefühlen, dem Geist, dem Ein- und Ausatmen und dem Körper wirksam sind. Die Gefühle bestimmen durch die Zwänge oder Gedanken, in die sie gewöhnlich unbewusst übergehen, direkt unsere Geisteszustände. Deshalb betrachtet Buddhadâsa die Gefühle als die »Gestalter des Geistes«. Das Beherrschenlernen der Gefühle bedeute mithin auch das Beherrschenlernen des Geistes: »Alles entspringt aus den Gefühlen. Die Gefühle zu beherrschen heißt, den Ursprung, die Quelle, den Geburtsplatz aller Dinge zu beherrschen.« Buddhadâsa betrachtet dann die Geisteszustände als den »Gestalter des Körpers« einschließlich der Atmung: »Der Geist ist der Führer des Lebens. Der Körper ist lediglich das geführte Instrument. Wenn das Leben gut verlaufen soll, muss der Geist verstanden und gemeistert werden.« Die Atmung ist hier gleichsam der unmittelbare Spiegel des Geistes. Ärger und Unruhe etwa bringen unweigerlich einen aufgeregten, kurzen Atem. Freiheit von Ärger und Verlangen heißt einen natürlich tiefen, weiten Atem. Wegen dieser direkten Verknüpfung kann das Atmen selbst zum aktiven Gestalter werden; wenn es bewusst wird, und damit auch die sich in ihm fortwährend spiegelnden Geisteszustände: »Das Bewusste Atmen ist der Gestalter des Geistes und Körpers«. Je bewusster wir atmen, desto mehr Einfluss könnten wir auf diesen Komplex nehmen. Buddhadâsa sagt hierzu etwa: »Wir machen ein spezielles Studium der Atmung. Wir lernen die Charakteristiken ihrer unterschiedlichen Formen genau verstehen. Damit erhalten wir Einsicht in die allbedingende Wirkung, die sie über unseren Körper ausübt. Dies gestattet uns, den Körper zu meistern, indem wir unsere Atmung meistern. Ruhiges Atmen bedeutet einen ruhigen Körper.« Buddhadâsas westlicher Hauptschüler ist der Engländer Christopher Titmuss, der als einer der ersten das Vipassanâ in den Westen gebracht hat. Er hat das größte britische Meditationszentrum »Gaia House« mitbegründet, das neben durchgehendem Kursbetrieb die Möglichkeit des systematischen Einzelretreats bietet. Seinen Ansatz vertritt im deutschsprachigen Raum die Meditationslehrerin Tineke Osterloh.

Nechung, tibetisches Staatsorakel. Ursprünglich ein vorbuddhistischer Kriegsgott, der von *Padmasambhava* im 8. Jh. bezwungen und auf den Schutz des Buddhismus verpflichtet wurde.

Nenbutsu (japan. »das Vergegenwärtigen des Buddha«, chines. nianfo, Sanskrit Buddha-anusmriti), vor allem in Ostasien verbreitete buddhistische Praxis. Während der Terminus N. zunächst das meditative oder rezitative Vergegenwärtigen eines buddhistischen Ideals bedeutet, wird damit im ostasiatischen Raum besonders die seit dem 4. Jh. zunehmend populäre Verehrung des *Amitâbha* verbunden. Sie zeichnet sich aus durch die ehrerbietige Rezitation der einem *Mantra* vergleichbaren Formel »namo amituo fo« (japan. namu amida butsu: »Geehrt sei Buddha Amitâbha!«). Die Wirkung dieser Formel wird unterschiedlich gedeutet. So sieht eine traditionelle Vorstellung die Erlösung erst durch die *Wiedergeburt* in einer Art Jenseits *(Reines Land)* vor, während es auch Buddhisten gab und gibt, die dieser Rezitation eine unmittelbare Erlösungserfahrung im Hier und Jetzt zuschreiben.

Neue-Kadampa-Tradition, 1. Bezeichnung für die Gelugpa-Tradition als Fortführung der Alten-Kadampa-Tradition; 2. weltweit verbreitete Organisation von Kelsang Gyatso.

Neue Schulen (tibet. sarma), die Traditionen der *Sakyapa, Kagyüpa und Alte-Kadampa,* die im 11.–12. Jh. im Zuge der *Zweiten Verbreitung* entstanden.

Ngag-pa (tibet. »Mantra-Übender«), ein → Vajrayâna-Praktizierender, Tantriker.

Ngöndro (tibet. »Vorbereitende Übungen«), vier Vorübungen für die tantrische Praxis: 1. 100.000 Niederwerfungen vor dem (visualisierten) Meister und Zufluchtnahme zu den Drei *Juwelen,* 2. 100 000 Rezitationen des *Vajrasattva-Mantras,* 3. 100 000 *Mandala*-Opfer, 4. 100 000 Mal *Guru-Yoga.*

Nibbâna (Pali) → Nirvâna

Nichtsehen (Pali avijjâ), laut Buddha die Quelle allen Leidens der Lebewesen und der Welt. Es bedeutet das »kontemplative« Nichtverstehen der Vier *Edlen Wahrheiten* und das »kognitive« Verkennen der *Drei Daseinsmerkmale* hinsichtlich aller bedingt entstandenen »Phänomene«. Der Buddha betont etwa: »Durch das Nichtverstehen der Vier Edlen Wahrheiten, ihres wahren und tiefen Sinnes, wird ein Leben nach dem anderen durchlaufen. Durch ihr volles Verstehen werden die Stützen des Werdens vernichtet, die Wurzeln der Traurigkeit durchschnitten und die Runden der *Wiedergeburt* beendet.« Jenes Verkennen der Drei Daseinsmerkmale manifestiert sich in diesen »Vier Verdrehungen« (vipallâsa) mit den Fixierungen der Dinge als 1. »verlässlich-konstant« (anstatt des *Klarsehens* der Dinge als flusshaft-vergänglich); 2. »tragfähig, hinreichend oder greifbar, mithin Quelle des Glücks« (anstatt nicht tragfähig, nicht hinreichend oder nicht greifbar, mithin nicht Quelle des Glücks); 3. ein getrenntes »Selbst« (anstatt das Nicht-Selbst) bzw. 4. dieses »Selbst« (Lebewesen, Ding oder Eigenschaft) als »leuchtend, scheinend, anziehend« (shubha), anstatt die *Leerheit* vom »Selbst«. Das Nichtsehen wird mittelbar durch den *Achtfachen Pfad* der Befreiung aufgelöst, auf der Basis einer sich entwickelnden *Trefflichen Achtsamkeit;* und unmittelbar durch das Sehen des *Entstehens in Abhängigkeit* oder des *Mittleren Weges* im frühen Mahâyâna, oder auch des *Abhängigen Entstehens* im frühen Buddhismus *Theravâda.*

Nicht-Selbst (Pali anattâ) → Drei Daseinsmerkmale

Nichttragfähigkeit → Dukkha

Nichtwiederkehrer → Befreiungsstufen.

Nirvâna (Sanskrit »Verwehen, Verlöschen«, Pali Nibbâna), mit dem N. versiegt (aller Zwang in) die *Wiedergeburt,* der Daseinskreislauf (samsâra), kurz Angst, Leiden oder Stress. Im frühbuddhistischen *Pali-Kanon* bezogen auf das geistige Feuer *Durst* und *Ergreifen,* mit deren »Zweigen«: Den *Inneren Zwängen* (Pali kilesa, oft auch mit »Verblendungen« übersetzt). Diese sind Gier, Hass, Verwirrung, Stolz, Neid, Geiz und Eigendünkel; auch die *Wurzeln* des Unheilsamen oder *Fesseln.* Der Brennstoff des geistigen Feuers ist das *Nichtsehen* (avijjâ), d.h. die letztlich fehlgehende Vorstellung aller Dinge als das

»Es gibt drei Wege zum inneren Himmel: Liebe zur Wahrheit, Auflösen von Ärger und freies Geben.« Dhammapada des Pali-Kanons.Die Plastik zeigt einen Bodhisattva als Fragment einer Trias mit Mandorla. Späte Nördliche (386–534) bis Östliche Wei-Dynastie (534–550 n.Chr.), China, Kalkstein

»Ich«, das »Mein« oder ein getrenntes »Selbst«. Mit diesem Brennstoff geraten die Konstituenten des Seins (Fünf *Aggregate*) fortwährend »ins Brennen« oder den Samsâra. Der Weg zum N. ist der *Achtfache Pfad* der Befreiung, nämlich die Entfaltung Ethischer Motivation, Geistiger Ruhe und Intuitiven Wissens, die sich wechselseitig bedingen. Die alltägliche Quelle dieses Befreiungspfades liegt im Sichvergegenwärtigen aller inneren und äußeren Geschehnisse, der *Achtsamkeit* für deren Wahre Natur. Die ungetrübte Schau der *Drei Daseinsmerkmale* und Vier *Edlen Wahrheiten* befreit letztlich. Vorstellungen folgen den Durstkräften. N. ist die innere Sphäre ohne die Durstkräfte. Deshalb gilt das N. auch als nicht (be)greifbar, d.h. weder als seiend noch als nichtseiend (denn rational zu begreifen ist lediglich, was ist oder nicht ist): »Kein Maß ermisst den Menschen, der zur Stille findet.« So kommt das N. im *Pali-Kanon* gleichnishaft mit Ausschlussbegriffen. Als das Unfassbare wird es über das Fehlen dessen bestimmt, was als bindend, störend oder leidvoll fassbar ist: »Das sichere Ufer, Ende des Zusammenbrauens, Versiegen allen Sehnens, Auflösung allen Haftens, Freiheit von *Begrifflicher Verselbstständigung,* Friede, Emanzipation, Freiheit von Krankheit, endgültige Sicherheit, wahrer Schutz, Schwinden aller Unheilsamen Einflüsse, Zerstörung des Eigendünkels, Lösen aller Fesseln, Ende des Leidens: Das Todlose.« Manchmal kommt auch das Resultat des Lösens aller Fesseln (positiv). Hier heißt das N.: »Höchstes Glück« oder »Unvergleichliches Juwel des *Dharma*«. Eine vielzitierte Definition ist: »Das Nichtgeborene, Nichterzeugte, Nichtgemachte, Nichtbedingte.«

Nur-Geist-Schule (Sanskrit Chittamâtra, Vijñânavâda, oder Yogâchâra), eine der beiden großen Lehrsysteme des Buddhismus des Mahâyâna (Großes Fahrzeug). Ausgangspunkt für die Anschauungen der N. dürfte die spirituelle Praxis der Visualisierung in der Versenkung gewesen sein. So heißt es in einem der frühesten Werke der Schule, dem *Samdhinirmochana-Sutra,* dass visualisierte Bilder vom eigenen Geist nicht verschieden, sondern bloß Vorstellungen seien. Ausgehend davon wird dasselbe dann von der gesamten Erscheinungswelt angenommen. Jene in der individuellen Versenkungspraxis erlebte Erfahrung könne schließlich zum Erkennen des wahren Wesens aller Dinge führen. Die wahre Natur aller Gegebenheiten ist folglich deren »Unwirklichkeit«; die Dinge bestehen allein im Akt des Bewusstwerdens und existieren nicht außerhalb unseres Bewusstseins. Das Einüben und die Verwirklichung dieser Schau des wahren Wesens aller Dinge ist die Voraussetzung für das Erlangen des Heilszieles. Es ist im Yogâchâra im besten Fall die Buddhaschaft, und kann bei Lebewesen mit spirituell weniger günstigen Heilsanlagen auch nur die *Arhatschaft* sein. Spätere Entwicklungen sind noch einen Schritt weiter gegangen. Sie ordnen nicht nur die äußeren Objekte als lediglich vorgestellt, sondern auch die Vorstellungen selbst einer Stufe zu, die nicht der wahren Wirklichkeit entspricht und transzendiert werden müsse. Umstritten ist bis heute, ob mit solchen Vorstellungen auch eine ontologische Leugnung der Existenz von Dingen außerhalb der Vorstellung intendiert war. Verantwortlich für alle unzutreffenden Vorstellungen der Lebewesen (von der wahren Beschaffenheit der Welt) ist das *Âlayavijñâna.* Es ist eine untergründige Form des Bewusstseins, das sich in allen Lebewesen vorfindet. Es steht in Wechselwirkung mit den Vorstellungen: Einerseits speichert es deren Samen (bîja) in sich, weshalb es häufig »Speicherbewusstsein« heißt, und entfaltet sie ständig als vorgestellte »Außenwelt«. Aber die Vorstellungen wirken auch auf das untergründige Bewusstsein zurück: Sie garantieren dessen (entfaltende) Kontinuität. Wichtigste Vertreter der N. im alten Indien waren *Maitreya(nâtha)*, Asanga und Vasubandhu, in späterer Zeit Dharmapâla und Sthiramati.

Nyingmapa (tibet. »Alte Richtung«), älteste Tradition des tibetischen Buddhismus. Sie geht zurück auf das Wirken des indischen Mahâsiddha Padmasambhava, der im 8. Jh. nach Tibet kam, um Hindernisse bei der Ausbreitung des Buddhismus zu beseitigen. Ihr ist die Aufteilung des Weges in neun Fahrzeuge eigen: 1.–2. Kleines Fahrzeug (Hînayâna), 3. Mahâyâna, 4. Kriyâ-Tantra, 5. Charyâ-Tantra, 6. Yoga-Tantra, 7. Mahâyoga, 8. Anuyoga, 9. Ati-Yoga *(Dzogchen),* wobei letzteres als die höchste Praxis gilt. In Tibet wird *Padmasambhava* als »Guru Rinpoche« besonders verehrt. Die N.-Tradition ist weniger hierarchisch strukturiert als die anderen Richtungen und legt weniger Wert auf dasZölibat. Derzeitiges Oberhaupt ist Penor Rinpoche.

O

Ôbaku-Schule, die heute sehr kleine, dem *Rinzai-Zen* nahe stehende dritte *Zen*-Schule in Japan. Sie geht auf den chinesischen Meister Ingen (chines. Yin-yüan, 1592–1673) zurück. Er ließ von 1661 bis 1669 in Uji bei *Kyôto* die eindrucksvolle Tempelanlage Mampukuji im chinesischen Stil errichten.

Ordensgemeinschaft, Weg der, einer der Hauptansätze der Achtsamkeits- oder Einsichts-Praxis *Vipassanâ,* als natürlicher Kontemplationsweg, der in die Befreiende Schau der *Drei Daseinsmerkmale* mündet. Er geht auf Ajahn Chah (1918–1992) zurück, dem

Ôbaku-Schule. Zen-Mönche im Tempel Manpuku-ji, Zentrum der buddhistischen Ôbaku-Schule in der Stadt Uji in Japan.

Vater der größten Ordenstradition Thailands, mit rund 400 Klöstern. Ihrem westlichen Zweig folgen zwölf große Klöster, wo allein westliche Ordinierte leben. Es ist ein historisches Novum, dass sich im Abendland eine Ordenstradition des frühbuddhistischen *Theravâda* etablieren konnte. Hier steht das klösterliche Gemeinschaftsleben, Meditation, Rezitation, die körperliche Arbeit und die Beziehung zu den Laien im Zentrum der Befreienden Einsichtspraxis. Von Januar bis März gehen die Ordinierten in intensive Klausur. Auch festliche Ereignisse oder Zusammenkünfte und die allmonatlichen Mondwendtage Uposatha sind Wegmarken des Klosteralltags. Die Einhaltung der Ordensdisziplin (Vinaya) mit ihrem umfassenden Regelwerk ist hier die Hauptmethode. Ajahn Chah sagt zum Zweck des Vinaya, dass es das Leben vereinfache: »So kannst Du auch das Denken vereinfachen und stattdessen völlig achtsam sein. Die monastischen Regeln sind sehr wichtig. Sie schaffen eine einfache, harmonische Umgebung. Benutzt sie also gut. Aber macht Euch klar: Die Essenz der ganzen Disziplin ist das Betrachten unserer Absicht: Die Untersuchung des Geistes.« Ajahn Chah sieht in der spirituellen Gemeinschaft die primäre Quelle für die Einsichtsentwicklung. Er versteht diese Gemeinschaft als »Spiegel zur wirklichkeitsgemäßen Selbstprüfung«. Das innere Verstehen der Drei Daseinsmerkmale muss auf meditativem, innengerichteten Wege und auf aktivem, außengerichteten Wege geschehen. Auf dem letzteren Wege geschieht es dadurch, dass sich ernsthafte spirituelle Weggefährten das Noch-nicht-Verstehen der Drei Daseinsmerkmale gegenseitig »spiegeln«, wie und wo es sich äußert; und sich im Verstehen der Daseinsmerkmale bestärken. Diese natürliche Spiegelung zur Selbstprüfung ist auch das, was den *Freiort* des Sangha (»Spirituelle Gemeinschaft«) ausmacht.

Ösel (tibet. »Lichtstrahl«), klares Licht; Thema im Yogas Nâropas *(Nâro Chödrug)*.

Ozean des wahren Sinnes (tibet. »Phyag chen nges don rgya mtsho«), berühmtes *Mahâmudrâ*-Handbuch des 9. *Karmapa* Wangchuk Dorje (1556–1603) in 98 Lektionen.

P

Paccekka-Buddha (Pali »Von sich aus Erwachter«), die Unterscheidung zwischen »Von sich aus Erwachtem« und »Hörer« *(Sâvaka)* bezieht sich auf die Art und Weise, wie ein erwachender Mensch den »Pfad der Edlen«, d. h. den Pfad der »Endgültigen *Befreiungsstufen*« zum höchsten Heilsziel *(Arhat)* verwirklicht. Ein künftiger P., der auf seinem Weg ein »Paccekka *Bodhisattva*« ist, durchläuft den Pfad der Edlen durch das weitgehend eigenständige Auffinden und Umsetzen der heilsrelevanten Zusammenhänge. Dabei mag er oder sie durch die Lehre des Erwachten inspiriert sein, aber entwickelt sich doch weitgehend selbstständig, also ohne näheren Kontakt zu einem Lehrer. Der P. stützt sich vor allem auf die Entwicklung von Weisheit *(Paññâ)*, dem dritten und mächtigsten Schulungsgebiet des *Achtfachen Pfades*. Dabei stützt er oder sie sich auf das Verstehen des *Entstehens in Abhängigkeit* oder der universellen *Leerheit* und auf die Ethik des Bodhisattva. Der Weg des P. scheint die beste Leitfigur für die heutige Anwendung der Praxislehre des Buddha im Westen. Denn diese Leitfigur fügt sich nahtlos in die westliche Betonung des Individuums, wie sie mit Aufklärung, Demokratie und dem postmodernen Gebot der Selbstverantwortung einhergeht. Auch ist sie die

Padmasambhava
Der höchstverehrte Meister im tibetischen Buddhismus, der auch ehrenvoll »Guru Rinpoche« genannt wird. Der indische tantrische Mahâsiddha (Großer Vollendeter) hat den Buddhismus im 8. Jh. als erster nach Tibet gebracht, indem er Widerstände erfolgreich überwand. Er ist der Begründer der ältesten der vier tibetisch-buddhistischen Schulen, der Nyingmapa. Ein zentraler Feiertag Tibets ist der »Geburtstag von Guru Rinpoche« im Juli (Stichwort → S.732)

Pagan. Shimbyu-Zeremonie in einer Kultanlage der weit in die Vergangenheit von Birma zurückreichenden historischen Stätte. Heute ist Pagan am linken Ufer des Flusses Mandalay ein Dorf mit weniger als 3000 Einwohnern. 1975 und 1980 richteten Erdbeben Schäden an den zahlreichen Kultbauten an, die mit internationaler Hilfe beseitigt werden.

denkbar mächtigste Gegenkraft zum Kult des »Ich« oder Ego.

Padmasambhava (Sanskrit »Der Lotusgeborene«), auch besonders verehrend »Guru Rinpoche« (Kostbarer Meister). Sagenumwobener altindischer *Mahâsiddha* des 8. Jh. Er wurde nach Tibet gerufen, um die lokalen Gottheiten und Dämonen durch seine magischen Fähigkeiten zu unterwerfen und auf den Buddhismus zu verpflichten. Gemeinsam mit dem Gelehrten Shantarakshita war er maßgeblich an der Gründung des Klosters Samye (775) beteiligt. Er gilt als Stammvater der *Nyingmapa*-Tradition, die an jedem 10. Tag im Monat einer seiner Taten gedenkt. Seine Gefährtin Yeshe Tsogyäl verfasste seine Biographie und half ihm, geheime Unterweisungen *(Terma)* für spätere Zeiten zu verstecken.

Pagan, Dorf im zentralen Birma, im 11. Jh. Hauptstadt des ersten birmanesischen Reiches. Hiervon zeugen über 800 zumeist buddhistische Kultbauten; die Shwezigonpagode (11./12. Jh.) bildet ein Nationalheiligtum.

Pagode (singales. dagoba), aus dem Reliquienbehälter *Stûpa* entstandener Sakralbau. Kennzeichnend sind die vertikale Orientierung und häufige Gliederung in mehrere Geschosse mit aufschwingenden Dächern.

Pälden Lhamo, vorbuddhistische tibetische Gottheit, welche von *Padmasambhava* bezwungen wurde. Sie gilt heute als die Beschützerin des Dalai Lama.

Pali-Kanon, der älteste vollständig überlieferte Kanon buddhistischer Schriften, der als Ganzes erstmals im 1. Jh.v.Chr. auf Sri Lanka aufgezeichnet wurde und die Textbasis des frühen Buddhismus *Theravâda* bildet, der heute auf Sri Lanka und in Südostasien vorherrscht. Der indische Vorläufer des Theravâda kam etwa 250 v. Chr. aus Westindien nach Sri Lanka. Die südostasiatischen Länder haben den Theravâda mit dem P. aus Sri Lanka ab dem 11. Jh. eingeführt. In der Wissenschaft der Indologie gilt der P. als die verlässlichste Quelle zur Lehre des historischen Buddha (6.–5. Jh. v. Chr., Indien). Dieser Textkanon ist unterteilt in die »Drei Körbe« (Ti-Pitaka): die Reden des Buddha »Sutta-Pitaka«, der klösterliche Ordenskodex »Vinaya-Pitaka«, sowie die (spätere) Interpretation des Buddhawortes »Abhidhamma-Pitaka«. Mit den Kommentaren umfasst der P. etwa 60000 Seiten in 40 Bänden. Die Reden Buddhas (Sutta) ergeben fünf Sammlungen (Nikâya): »Die Längere« (Dîgha), »Mittlere« (Majjhima), »Systematische« (Samyutta), »Angereihte« (Anguttara) und »Kürzere« (Khuddaka). Im letzten Jahrzehnt haben Bhikkhu Bodhi und Maurice Walsh hervorragende, die Reden erstmals breit zugänglich machende englische Neuübersetzungen jener ersteren drei Sammlungen vorgelegt. Außerdem hat Bhikkhu Bodhi mit seinem Lehrer Nyanaponika eine Auswahl von Reden der »Angereihten Sammlung« übersetzt. Wichtige deutsche Übersetzungen mancher Sammlungen sind Nayanatiloka: »Die Lehrreden aus der Angereihten Sammlung«, Aurum Verlag; Hellmuth Hecker und Nyanaponika: »Gruppierte Sammlung« (»Samyutta Nikâya«), Verlag Beyerlein & Steinschulte; sowie Kay Zumwinkel: »Die Lehrreden des Buddha aus der Mittleren Sammlung« (primär die deutsche Übersetzung von Bhikkhu Bodhis Übersetzung), Jhana Verlag. Die »Kürzere Sammlung« umfasst meist hoch populäre Kompendien der Worte des Buddha in tief gehender Versform, die in Prosa erläutert werden: »Der Pfad des Gesetzes« (»Dhammapada«), die Kurzreden (»Sutta-Nipâta«, im Deutschen von Nyanaponika), die feierlichen Worte (»Udâna«, wörtlich »Aufatmen«), die Freudenausrufe der Erwachten (»Thera- und Therî-Gâtha«, die Ausrufe der Männer und Frauen), »Also sprach der Erhabene« (»Itivuttaka«, im Englischen von John D. Ireland, ebenso von ihm das »Udâna«), der »Pfad zum Durchbruch« (»Patisambhida-Magga«) oder etwa noch die Lebensläufe vieler Befreiter (»Apadâna«). Der Ordenskodex

STICHWORT **Pagode**

Von japanischen Mönchen 1985 erbaute Peace-Pagoda im Battersea-Park, London

Die Pagoden in der riesigen Tempellandschaft von Pagan, Birma, gehörten vor langer Zeit zur Königsstadt des ersten birmanischen Reichs. Sie entstanden zwischen dem 11. und 13. Jh.

Ansicht der prächtigen mit Gold verzierten Schwedagon-Pagode, dem Wahrzeichen von Rangun, Birma. Sie ist 112 m hoch und stammt aus dem Jahr 1564.

Ein liegender Buddha in der berühmten Schwedagon-Pagode, dem religiösen Zentrum des Theravâda-Buddhismus, in Rangun, Birma

Pagode. Die turmartige Pagode scheint innerhalb der buddhistischen Sakralarchitektur den Gegenpol zum *Stûpa* zu bilden, dessen vorherrschende Form einer Halbkugel den genauen Gegensatz zur himmelwärts gerichteten Pagode zum Ausdruck zu bringen scheint. Gemeinsam ist jedoch die Funktion als Reliquienbehälter im Unterschied zum *Tempel* als Ort von Zeremonien. Darüber hinaus verwenden beide das Symbol des Ehrenschirms; »Schirme« staffeln sich auf einem Stûpa, und die Dächer der mehrgeschossigen Pagode leiten sich von diesem Aufbau des Stûpa her. Dies gilt aber vor allem für die japanische und koreanische Pagode, die zu einem Inbegriff der fernöstlichen Baukunst geworden ist; entlang der Dächer zum Klingen gebrachten Glocken sollen den befreienden *Dharma* in alle Winde tragen. Von dieser Form der »Stockwerktürme« unterscheiden sich die in Hinterindien (Birma, Thailand) charakteristischen Pagoden durch ihre jähe Zuspitzung über einem Unterbau, der an die klassische Stûpa-Halbkugel erinnert. Hier wie dort dient eine Kugel an der Spitze als Zeichen der Vollkommenheit. Als Reliquien dienen sowohl Überreste und Gebrauchsgegenstände von Heiligen als auch heilige Texte gemäß dem Vorrang der Lehre auf dem Befreiungsweg. In Miniaturform können Pagoden den Mittelpunkt von Hausaltären bilden.

Vinaya hat vier Teile: »Das Große Buch« (»Mahâvagga«), primär zur Ordensentwicklung; das »Kleine Buch« (»Cullavagga«) zum Entstehen der allgemeinen Regeln; der Regelstamm »Pâtimokkha« (jeweils mit Entstehungsgeschichte, Wichtigkeit und Reaktion bei Verstoß) und der Index »Parivâra«. Der »Abhidhamma« ist unterteilt in die Definitionen der Lehrbegriffe (»Dhamma-Sangani«, »Zusammenfassung der Dinge«), die »Erläuterungen« von Hauptbegriffen (»Vibhanga«), die Qualitäten der Verwirklichten (»Dhâtu-Kathâ«), »Das Buch der Charaktere« (»Puggala-Paññatti«), die Abhängigkeitsverhältnisse der Dinge (»Patthâna«), Fragen und Antworten (»Yamaka«) und »Die Streitpunkte« (»Kathâ-Vatthu«) mit anderen Lehren. Der »Abhidhamma« mit seiner Dogmatik, Psychologie und Analytik entstand erst relativ spät, erfuhr immer wieder Ergänzungen und bekam seine endgültige Form erst am Anfang des 5. Jh. n.Chr. Doch der »Abhidhamma« ist für einige Schulen des Theravâda und Vipassanâ prägend. Die wichtigsten nachkanonischen Schriften des Theravâda sind: Eine Debatte zwischen einem gebildeten Griechenkönig (nach dem Indienfeldzug Alexanders des Großen) und dem buddistischen Mönch Nâgasena zu den Grundfragen von Buddhas Lehre (»Milinda-Pañha«, in guter deutscher Übersetzung von Nyanatiloka »Die Fragen des Königs Milinda«, Aurum Verlag); die einflussreichste systematische Darstellung des frühen Buddhismus »Der Pfad zur Läuterung« (»Visuddhi-Magga«), Buddhaghosas (5. Jh. n.Chr., Sri Lanka, deutsche Übersetzung von Nyanatiloka), das hauptsächliche Kompendium zum Abhidhamma »Abhidhammatthasangaha« (12. Jh.) oder die beiden ceylonesischen Chroniken zur Geschichte des Theravâda »Mahâvamsa und Cullavamsa«.

Poson-Tag. Das Fest der Ankunft des Buddhismus auf Sri Lanka wird mit nächtlichen Prozessionen begangen. Beteiligt sind Elefanten, die heute mit elektrischen Lichterketten geschmückt sind, ebenso die Schreine mit Kultbildern auf ihrem Rücken.

Panjiao (chines.»Klassifizierung der Lehre«, japan. Hankyô), Klassifizierung der Lehrtätigkeit des Buddha im Zuge der Assimilation des Buddhismus in China. Ihre Wurzeln liegen im fünften Jahrhundert n. Chr. In den Ländern Ostasiens hat sie in der Interpretation des Zhiyi (538–597; *Tendai-Schule*) breite Anerkennung gefunden. Angesichts einer Vielzahl von Widersprüchlichkeiten in den Sûtras, die in China als direkte Lehrreden des Buddha gelten, hat Zhiyi diese Texte in einem komplexen System in harmonische Beziehung zueinander gesetzt. Dieses System geht von einer 40-jährigen Lehrtätigkeit des Buddha aus, die in vier Phasen unterteilt werden kann: 1.Verkündung des *Avatamsaka-Sûtra* zu Beginn; 2. Lehre der Sûtras des »Kleinen Fahrzeugs« (Hînayâna) für die nächsten zwölf Jahre *(Pali-Kanon).* 3. Lehre der Sûtras, die zum »Großen Fahrzeug« (Mahâyâna) hinführen, für die anschließenden acht Jahre; 4. Lehre der *Prajnâpâramitâ-Sûtras* des Großen Fahrzeugs für weitere 22 Jahre; 5. Verkündung des Saddharmapundarîka-Sûtra *(Lotos-Sûtra)* für die letzten acht Jahre und des *Mahâparinirvâna-Sûtra* am Lebensende. Für diese Einteilung ist das Verständnis vom Einsatz »Geschickter Mittel« (chines. fangbian, Sanskrit *Upâya Kaushalya*) grundlegend. Der Buddha habe je nach Hörerschaft seine Inhalte unterschiedlich oder unterschiedliche Inhalte vermittelt, um die Befreiung seiner Anhänger zu bewirken. Besonderen Stellenwert erlangten in dieser Hierarchie das Avatamsaka-Sûtra, Saddharmapundarîka-Sûtra (Lotos-Sûtra) sowie das Mahâparinirvâna-Sûtra.

Paññâ (Sanskrit »Inneres Wissen, Verstehen, Weisheit«), das höchste der drei Schulungsgebiete des *Achtfachen Pfades* (der *Edlen Wahrheit* vom Weg zum Leidensende), weil es die Leidursachen unmittelbar auflöst. Zu dieser auflösenden Form der Weisheit hinführend sind drei Arten von Verstehen, die aufeinander aufbauen: 1. durch eigenes Nachdenken oder Wägen erworbenes Verstehen (Chintâ-Mayâ-Paññâ), 2. durch Hören oder Aufnehmen, Lernen oder Lesen erworbenes Verstehen (Suta-Mayâ-Paññâ) und 3. durch *Meditation* erworbenes, Intuitives Verstehen (Bhâvanâ-Mayâ-Paññâ). Die Grundvoraussetzung ist hier also das eigene Nachdenken und kritische Wägen. Im *Pali-Kanon* des *Theravâda* gibt es Reden, wo der Erwachte sehr dazu auffordert (etwa im Kalâma-Sutta). Im Vîmamsaka-Sutta nennt er genaue Kriterien, wie Interessenten seine Lehre (weitgehend) kritisch überprüfen sollten. Erst wenn diese Prüfung erfolgreich verlaufe, solle man den nächsten Schritt tun. Er hatte offenbar kein Interesse an blinder Gefolgschaft. Im frühen Buddhismus gelten jene »Drei Wissen« als die einzige Quelle Gültiger Erkenntnis. Ein »medialer Zugang« zu höheren Mächten (Spiritismus) oder »göttliche Offenbarung« sind nicht solche Quellen.

Papañcha → Begriffliche Verselbstständigung.

Paticcasamuppâda (Pali) → Abhängiges Entstehen.

Pfad der Edlen → Befreiungsstufen, Vier

Phowa (tibet. »Übertragung«), einer der »Sechs Yogas« von Nâropa *(Nâro Chödrug)* die bewusste Projektion des Geistes außerhalb des Körpers. Diese Praxis soll zum Zeitpunkt des Todes ermöglichen, dass der Praktizierende sein Bewusstsein gezielt in den *Reinen Bereich* eines Buddha senden kann.

Phurbu (tibet.»Nagel«), Ritualdolch, der von *Padmasambhava* zur Zähmung oder Vernichtung von Dämonen eingesetzt wurde. Er besteht aus drei Schneiden und einem *Vajra*-Griff. Er symbolisiert die Zerstörung und Umwandlung negativer Energien und wird u.a. bei den *Lama*-Tänzen verwandt.

Plötzliche Erleuchtung, → Sûtra des Sechsten Patriarchen.

Podium-Sûtra → Sûtra des Sechsten Patriarchen

Poson-Tag, Feier zu Ehren der Ankunft des Buddhismus auf Sri Lanka im 3. Jh. v. Chr. auf Vermittlung von Kaiser Ashokas Sohn Mahisda. Die Feierlichkeiten werden im ganzen Land entsprechend der generellen Orientierung des buddhistischen Festtagskalenders am Mondzyklus im Juni oder Juli zur Zeit des Vollmondes begangen.

Potala. Der Palast des Dalai Lama in seiner tibetischen Residenz Lhasa steht im Westen der Stadt auf einem Berg. Die festungsartige Anlage erhielt ihre Dimensionen mit einer Länge von 400 m durch Erweiterungen des im 7. Jh. begonnenen Bauwerks im 17. Jh. Das Innere gliedert sich in Tausende von Räumen, die sich in einer Vielzahl von Stockwerken türmen. Der seiner Bestimmung beraubte Palast (Flucht des 14. Dalai Lama 1959 ins indische Exil) gehört zum Weltkulturerbe.

Potala, 1. Berg von *Chenrezig;* 2. Palast des Dalai Lama in *Lhasa.*

Prajñâ (Sanskrit »Weisheit«), 1. Höchste Weisheit, wie sie in den *Prajñâparamita-Sutras* vermittelt wird; 2. Name für die weiblichen Gefährtinnen der Buddhas.

Prajñâpâramitâ, im tibetischen Buddhismus 1. Studiengebiet, das sich mit den Pfaden und Stufen auf dem Weg zur Buddhaschaft befasst und im Rahmen der Klosterausbildung sechs Jahre lang studiert wird; 2. tantrische *Meditationsgottheit* von gelber Farbe und mit vier Armen, in denen sie das *Prajñâpâramitâ-Sûtra* hält.

Prajnâpâramitâ-Sûtra (Sanskrit »Rede von der Überschreitenden Weisheit«), umfassende Sammlung von Sûtras, zu denen die ältesten Reden des Mahâyâna (1.–2. Jh.) gehören, deren Lehren dem alten Buddhismus noch sehr nahe stehen. Diese Reden wurden früh ins Chinesische übersetzt. Sie bilden eine klare Inspirationsquelle für den *Mittleren Weg* (Madhyamaka) des Nâgârjuna. Manche der Schriften sind im Sanskrit-Original erhalten; die anderen existieren zumindest in chinesischer oder tibetischer Übersetzung. Die Sûtras unterscheiden sich nach der Zahl ihrer Strophen (shloka) in 300, 500, 700, 2500, 8000 bis zu 100 000 zählende. Die Texte sind als lebendige Gespräche des Buddha mit seinen Schülern oder in der Anrede verfasst. Sie wollen den Leser auch poetisch inspirierend zum unmittelbaren Verstehen der befreienden *Leerheit* führen. Besondere Bedeutung haben das Ashtasâhasrikâ-Sûtra (8000 Strophen), als das älteste und meistkommentierte, das *Diamant-Sûtra* in 300 Strophen, und das poetisch pochende »Herzstück« *Herz-Sûtra* (»Hridaya«). Im Zen sind das Diamant- und das Herz-Sûtra von zentraler Bedeutung. Im Diamant-Sûtra geht es u.a. um einen Geist, der bei keiner Eigenschaft und letztlich keinem einzigen Ding »verweilt«, um innerlich ganz frei zu werden.

In allen Zen-Klöstern der Welt wird das Herz-Sûtra täglich feierlich rezitiert. Es beginnt mit den Worten: »Sichtbares ist Leerheit. Leerheit ist Sichtbares. Sichtbares unterscheidet sich nicht von Leerheit. Leerheit unterscheidet sich nicht vom Sichtbarem. Das Gleiche gilt für das Fühlen, Bewusstsein, Wollen und Wahrnehmen.«

Pramâna (Sanskrit »Gültige Erkenntnis« oder die Mittel dazu, »Autoritätsstandard«, »Maß«), die buddhistische Logik *(Lorig).*

Prâna (Sanskrit »Hauch, Atem«) → Wind

Pratîtyasamutpâda (Sanskrit) → Entstehen in Abhängigkeit

Pûjâ (Sanskrit »Huldigung, Verehrung«), sehr unterschiedliche Handlungen des Opferns, der Verehrung und des Versöhnens gegenüber einer Gottheit. Im Buddhismus erfolgt Pûjâ u.a. in einer rituellen Form von Danksagungen und Lebensmittel-, Blumen- oder Geldspenden.

Putuo-Insel, berühmtes buddhistisches Pilgerzentrum im Ostchinesischen Meer, in der heutigen chinesischen Provinz Zhejiang *(Vier Heilige Berge).* Diese P., die nur einige Hügel aufweist, wird seit Mitte des 9. Jh. n.Chr. mit Manifestationen des *Bodhisattva* Guanyin (Sanskrit *Avalokiteshvara,* japan. Kannon) in Verbindung gebracht. Dieser legendäre Bodhisattva, der in China spätestens seit dem 10. Jh. in weiblicher Gestalt bekannt ist, hat in Ostasien allergrößte Popularität erlangt. Sie ist beliebt als Beschützerin der Seefahrer und dafür, jegliche Fruchtbarkeitswünsche zu erfüllen. Diese Verehrung von Guanyin (bzw. Kannon) ist für viele Buddhisten, aber auch für Nicht-Buddhisten aus ganz Ostasien Anlass, Pilgerfahrten zur P. anzutreten. Ähnlich dem Kult um den Buddha *Amitâbha* dominiert bei dieser Verehrung die Anrufung durch die Formel »Namo Guanshiyin pusa« (»Geehrt sei die Bodhisattva Guanyin!«).

Pûjâ. Am Pûjâ-Tag gedenken malaysische Buddhisten in Kuala Lumpur der Erleuchtung Buddhas, indem sie Münzen in einen Behälter vor einer Reihe von Buddha-Statuen werfen.

R

Rabten Chöling, Zentrum der *Gelugpa*-Tradition auf dem Mont Pèlerin bei Genf unter der Leitung von Gonsar Rinpoche, das von Geshe Rabten gegründet wurde.

Rangun, nach japanischer Besetzung seit 1948 Hauptstadt des unabhängigen Birma, historisch wurzelnd in einer Neugründung 1753 als Yangon (»Ende des Krieges«). Die goldene Shwe-Dagon-Pagode ist ein bedeutendes Wallfahrtsziel.

Ratnagotravibhâga Mahâyânottaratantra-Shâstra (Sanskrit »Höchste Abhandlung des Mahâyâna: Untersuchung des Buddha-Keimes der drei Juwelen«), *Maitreyânâtha* zugeschriebene, wichtigste indische Abhandlung (shâstra) zur Lehre von der *Buddha-Natur* aller Lebewesen. Das Werk greift frühe Sûtras der Buddha-Natur-Richtung auf und möchte die wichtigsten Punkte dieser Lehre darlegen. Es zitiert ausführlich aus den Gleichnissen des *Tathâgatagarbha-Sûtra.* Die Zeit seiner Entstehung dürfte in der ersten Hälfte des 4. Jh. n.Chr. liegen. Das Werk selbst besteht aus unterschiedlichen Kompositionsstufen, was auch Widersprüche mit sich gebracht hat. Zentral für die spätere Tradition ist die dreifache Bestimmung des Begriffs der Buddha-Natur: 1. Buddha-Natur als das, was alle Lebewesen umfasst und durchdringt (Dharmakâya), was also dadurch die Wesen erst zu den »Kindern Buddhas« macht; 2. Buddha-Natur als »Soheit« *(Tathatâ)* im Innersten aller Lebewesen bzw. als deren Wahres Wesen; 3. Buddha-Natur als

Ursache oder Same, dessen Vorhandensein die Voraussetzung für das Erlangen der Buddhaschaft ist. Auf den R. stützte sich der Verfasser der in China zentralen »Abhandlung vom Hervorbringen des Vertrauens in das Mahâyâna« (chines. Dacheng qi xin lun), wo die Lehre vom »Ursprünglichen Erwachtsein« ausformuliert ist. Damit prägte dieses Werk die folgende Entwicklung buddhistischer Geistesgeschichte in Ostasien entscheidend mit, bis hin zu der Anschauung, dass auch die unbelebte Natur von Anfang an bereits erwacht sei. Es ist auch für den *Zen* wichtig.

Ratnakûta (Sanskrit »Anhäufung von Kostbarkeiten«), Konglomerat von meist frühen Reden des Mahâyâna (»Großes Fahrzeug«). Diese Sammlung umfasst 49 Sûtras unterschiedlicher Ausrichtung. Darunter findet sich etwa der Kâshyapa-Parivarta, in dem anhand von zahlreichen Gleichnissen das ideale Verhalten eines *Bodhisattvas* dargelegt wird, sowie das Shrîmâlâdevîsimhanâda-Sûtra, das als ein relativ früher Repräsentant der Lehre von der *Buddha-Natur* aller Lebewesen gilt.

Rechter und Falscher Pfad, verfehlte Übersetzung des mit wachender Klarsicht die Wahrheit treffenden Sammâ (Pali) und Micchâ Magga (Pali), dem *Achtfachen Pfad* und dessen Gegenstück. Im Westen sind »recht« und »falsch« die üblichen Übersetzungen. Sammâ (»trefflich, zueinander gewandt, zusammentreffend, in eins verbunden«, Sanskrit samy-añc) ist das wichtigste Attribut des *Pali-Kanon.* Die deutsche Wiedergabe sollte das positiv Bewertende, aber auch diese nicht-dualistische Grundbedeutung von Sammâ ausdrücken. »Trefflich« leistet beides (impliziert vortrefflich und treffen). Somit wird die befreiende Natur der Dinge (die *Drei Daseinsmerkmale*) mitbeleuchtet, die unser Reden, Verhalten und Gelderwerben, Bemühen, Gewahrsein und Sich-Sammeln, Einschätzen und Entschließen (die Glieder des *Achtfachen Pfades*) zunehmend »treffen« sollen. »Trefflich« gehört zu den Relationsbegriffen (wie z.B. auch heilsam), was grundcharakteristisch für die Praxislehre des Buddha ist. »Recht« und »falsch« sind absolute oder dualistische Begriffe. Außerdem ist »trefflich« steigerbar, was für das Attribut eines allmählichen Entwicklungspfades nötig scheint (»recht« und »vollkommen« sind nicht steigerbar). Micchâ (Sanskrit Mithush-car) wird am besten mit »verfehlt« anstatt mit »falsch« wiedergegeben. Denn die wörtliche Bedeutung von micchâ ist »Das konflikthafte Nicht-Zusammengehen zweier Elemente.«

Rangun. Die Shwe-Dagon-Pagode bildet das höchste buddhistische Heiligtum in Birma: Völlig mit Gold überzogen, erreicht der monumentale Reliquienbehälter eine Höhe von 112 m. Der heutige Sakralbau ist eine Rekonstruktion des 1930 durch ein Erdbeben zerstörten Vorgängerbaus.

Regenbogenkörper (tibet. Ja lü), im *Dzogchen* die Methode, mit der man am Ende seines Lebens seinen Körper in reine Energie umwandeln kann. Dadurch sei man imstande, wie ein Regenbogen am Himmel zu verschwinden. In dem Fall schrumpft der Körper innerhalb von sieben Tagen zu nichts zusammen, wobei nur Haare und Nägel übrig bleiben.

Reiner Bereich, im tibetischen Buddhismus die von einem Buddha oder Bodhisattva geschaffene Welt, die Ausdruck seiner Erleuchtung und ideale Voraussetzungen für den Weg zur Erleuchtung ist *(Reines Land).* In einem R. wiedergeboren zu werden, ist das Ziel vieler Mahâyâna-Buddhisten. Ein *Mandala* ist immer das Abbild eines R., da jede tantrische *Meditationsgottheit (Yidam)* ihren eigenen R. besitzt.

Reines Land → Sukhâvatî

Reines-Land-Schule (chines. Jingtu zong, japan. Jôdo shû), eine der bedeutendsten buddhistischen Traditionen des Mahâyâna in Ostasien, in deren Zentrum die Verehrung des Buddha *Amitâbha* steht. Auch wenn diese Verehrungspraxis Vorläufer in Indien gehabt hat, ist sie zunächst in China, dann auch in Korea, Japan und Vietnam aufgewertet, weiterentwickelt und in populärer Weise verbrei-

Reinkarnation. Der junge Jamgön Kongtrül Rinpoche ist das Oberhaupt der Rime-Bewegung, die verschiedene tibetische Traditionen als gleichrangig integriert. Sie hat bis heute auf die Nyingmapa und die Karma-Kagyüpa großen Einfluss. Jamgön Kongtrül wird als hohe Reinkarnation verehrt.

tet worden. In der wichtigen Phase der Assimilation des Buddhismus in China gilt Huiyuan (334–416) als frühester Vertreter eines ausgeprägten Amitâbha-Kultes. Textliche Grundlage dafür bildeten im Verlaufe der Jahrhunderte drei Sûtras: das sogenannte »Lange« *Sukhâvatîvyûha-Sûtra* (»Sûtra über den Buddha des Unermesslichen Lebens«, chines. Wuliangshou jing), das »Kurze« *Sukhâvatîvyûha-Sûtra* (»Amitâbha-Sûtra«, chines. Amituo jing), und das apokryphe chinesische Guan wuliangshou jing (»Sûtra der Kontemplation über den Buddha des Unermesslichen Lebens«). Gemeinsam ist den verschiedenen Ausprägungen der Amitâbha-Verehrung in Ostasien die einem *Mantra* ähnliche Anrufung dieses Buddha *(Nenbutsu)* im Vertrauen auf die Erlösung durch seine Kraft *(Tariki)*. Bedeutende Vertreter waren in China Huiyuan (334–416), Tanluan (476–542), Daochuo (562–645) und Shandao (613–681), sowie in Japan Hônen (1133–1212) und, als der Begründer einer wichtigen Neuausrichtung Jôdo shinshû (japan.»Wahre Schule vom Reinen Land«), Shinran (1173–1262). Die Amitâbha-Verehrung stand nicht selten bei Vertretern anderer Schulen *(Tendai, Zen)* in der Kritik, hat aber auch vielfach zu Inspirationen und Synkretismen geführt. So lautet eines der populärsten zenbuddhistischen *Kôans* im heutigen China bezeichnenderweise: »Wer ist es, der den Namen des Buddha rezitiert?« (chines. Nianfo shi shui?).

Reine Wahrnehmung oder Sichtweise (tibet. Dag nang), das Verwirklichen einer nichtdualistischen Sichtweise gehört zu den grundlegenden Gelübden *(Samaya)* im *tantrischen Buddhismus:* Indem der Adept die Welt letztlich als *Reinen Bereich* der Buddhas, alle Lebewesen als *Meditationsgottheiten,* alle Klänge als *Mantras* und die Gedanken als Form der Weisheit betrachtet, soll er die *Buddha-Natur* realisieren. Alle Erscheinungen gelten hier als Manifestationen des Geistes, als genauso ursprünglich rein. So gibt es an sich nichts Unreines.

Reinkarnation (versus Wiedergeburt), im tibetischen Buddhismus ein durch bewussten Entschluss im Großen Mitgefühl (Mahâkarunâ) des *Bodhisattva* gezielt wiedergeborener *Lama* (Hoher). Er ist ein *Tulku* und trägt auch den Ehrentitel *Rinpoche* (»Höchst Kostbarer«). Die Oberhäupter der tibetischen Traditionen (wie der Dalai Lama und der *Karmapa*) gelten als höchste Tulkus. Sie werden von ihren früheren Weggefährten durch Visionen und Identitätsprüfungen aufgefunden. R. existiert bloß im tibetischen Buddhismus (Tibet, Mongolei, Ladakh, Nepal, Sikkim und Bhutan), nicht im *Theravâda* (Südostasien, Sri Lanka) oder im *Zen* (Fernost). Auch in den ersten Jahrhunderten des tibetischen Buddhismus hatte es hier keine R. gegeben. Die Institution der Tulkus entstand, als der Buddhismus in Tibet staatstragend wurde. Sie ist auch ein Mittel zur Machtkonsolidierung. Im frühen Buddhismus Theravâda äußert sich die höchste spirituelle Entwicklung im sich auflösenden Zwang zur *Wiedergeburt* (in diesseits- wie jenseitsbezogener Bedeutung). Je höher die inneren *Befreiungsstufen* werden, desto mehr schwindet hier der Zwang zur *Wiedergeburt.* Die zweite *Edle Wahrheit* von der Leidensursache benennt diesen Zwang im Detail. Diese Wiedergeburt ist ein kausal bedingter Werdeprozess ohne ein durchlaufendes »Selbst«, das »wiedergeboren« wird. Es ist gerade der *Durst* nach dieser imaginierten Größe, der den Werdeprozess vorantreibt. Was wiedergeboren wird, gilt als »weder dasselbe noch verschieden«; wie ein Mensch im Alter in Relation zu sich als Baby in körperlicher und geistiger Hinsicht weder derselbe noch verschieden ist. Das Gleiche gilt sogar für einen Lebensmoment in Relation zum vorherigen. Die Reinkarnation beinhaltet dagegen den Glauben an eine unveränderlich durchlaufende, in der Zeit gleichbleibende Größe. In diesem Sinne findet sie sich auch im Hinduismus oder der abendländischen Anthroposophie und Theosophie. Hier erfolgt der spirituelle Aufstieg über die Leiter der R. eines unveränderlichen, mit sich identischen (Seelen-)«Selbst«.

Rigpa (tibet.), 1. »Unmittelbares Gewahrsein«; Grundbegriff des *Dzogchen:* »Wenn wir sagen, der Geist sei die verantwortliche Wirkungskraft, welche das Universum ins Leben ruft, sprechen wir von Rigpa, hier speziell seiner Qualität spontaner Präsenz. Gleichzeitig ist die Essenz dieses spontan präsenten Rigpa jenseits von Zeit, leer und ursprünglich rein«, so der 14. Dalai Lama. Rigpa ist »selbstbefreiend« (rang drol), »nackt und frei« (cher drol), sowie »unbehindert« (sangthal). 2. Die weltweite Organisation von Sogyal Rinpoche mit seinen zahlreichen Zentren.

Rime (tibet. »Unparteiische«), im 19. Jh. in Osttibet entstandene ökumenische Reformbewegung, die gegenüber dem zunehmenden Sektarismus der bestehenden Schulen einen traditionsübergreifenden Ansatz vertrat. Ausgangspunkt waren die Aktivitäten des *Nyingmapa*-Meisters Jamyang Khentse Wangpo (1820–1892) sowie seiner beiden Schüler Chogyur Dechen Lingpa (1829–1870) und Jamgön Kongtrül Lodrö Thaye. In Osttibet hatten sich die älteren Schulrichtungen eine gewisse Unabhängigkeit gegenüber der Zentralregierung erhalten, die seit dem 17. Jh. von der *Gelugpa*-Tradition gestellt wurde. Ziel der R.-Bewegung war es, alle bestehenden Überlieferungen als gleich wertvoll anzuerkennen, vergessene und unterdrückte Traditionen neu zu beleben und auch zu systematisieren. Dies führte zu einer Renaissance der *Bön-*, *Nyingmapa-* und *Jonangpa*-Traditionen. Führender Kopf der Bewegung war Jamgön *Kongtrül,* der umfangreiche Textsammlungen und Enzyklopädien verfasste.

Rinchen Terzöd (tibet. »Kostbare Schatztruhe«), eine 61 Bände umfassende, von Jamgön Kontrül zusammengestellte Sammlung von *Terma*-Texten.

Rinpoche (tibet. »kostbares Juwel, Höchst Kostbarer«), Anrede für einen reinkarnierten *Lama (Tulku).*

Rinzai-Schule, *Zen*-Schule, die seit Ende des 12. Jh. in Japan etabliert wurde und auf Linchi I-hsüan (japan. Rinzai Gigen), einen großen chinesischen Meister des 9. Jh., zurückgeht. In ihrer gegenwärtigen Ausprägung ist sie durch die Reform Hakuin Zenjis und dessen systematisch aufgebautes *Kôan*-Studium charakterisiert. Während des Mittelalters wurden die Rinzai-Tempel nach chinesischem Vorbild in dreistufiger Hierarchie angeordnet. Die Tempel der Fünf Berge »Gozan« in *Kyôto* und Kamakura (*Vier Heilige Berge* für China) stehen an der Spitze. In der endgültigen Rangliste von 1386 wurde ihnen noch der Nanzenji-Tempel in Kyôto vorangestellt. Daneben gewannen große, auf dem Lande gelegene Tempel (so genannte »Rinka-Klöster« außerhalb des staatlich kontrollierten Gozan-Systems) an Bedeutung. Darunter sind Tempel der Daitokuji- und Myôshinji-Linien.

Rôshi (japan. »Alter Meister«), »Alt« meint hier nicht in erster Linie alt an Jahren, sondern gereift und ehrwürdig. R. ist kein Titel, der automatisch nach Abschluss einer Ausbildung verliehen oder den man sich selbst zulegen würde. In der *Rinzai-Schule* wird diese Bezeichnung nach einer traditionellen Klosterausbildung und der Überprüfung der Erleuchtungserfahrung durch andere R. verliehen. Im *Sôtô-Zen* wird ein Abt oder eine Äbtissin als R. bezeichnet. Im übrigen können in Japan Mönche oder Nonnen, die im Laufe der Zeit meisterhaft reif in der Lehrweise sowie in ihrer Persönlichkeit erscheinen, ebenfalls mit R. angeredet werden. Etwas kompliziert – zumindest in der Auswirkung im Westen – wird die Situation durch japanische Laienorganisationen, die nicht mehr an ordentliche Klöster angebunden sind. Dort werden Personen Meister oder R. genannt, die nur die *Kôan*-Schulung abgeschlossen haben. In Japan finden diese Titel außerhalb der betreffenden Organisationen keine Anerkennung. Im Westen

Rinzai-Schule. Daitoku-ji ist ein Haupttempel der zum Zen-Buddhismus gehörigen Rinzai-Sekte. Die Gebäude der Anlage stammen aus der Momoyama-Periode (1573–1600), in der ein prächtiger Baustil gepflegt wurde.

lehren inzwischen etliche christliche Geistliche, die diese Titel ebendort erlangt haben. Noch verwirrender wird die Lage für westliche Suchende, wenn solche Geistlichen diese Titel ihrerseits an eine Reihe von Schülern weitergeben. Ein sicheres Gespür für das, was das Meisterhafte wirklich ausmacht, ist in Japan aufgrund einer langen Vertrautheit mit solchen Kriterien eher anzunehmen als im Westen. Diese Aussage relativiert sich jedoch in Anbetracht der Verstrickung der *Zen*-Schulen in die japanische Kriegspolitik im 20. Jh., als wesentliche buddhistische Lehrelemente von hohen Würdenträgern verleugnet wurden. Die Übertragung von Titeln aus dem buddhistischen in den christlichen oder einen »neutralen« Kontext wird von traditionell orientierten Zen-Lehrern kritisch gesehen.

Rumtek, Exil-Hauptsitz des *Karmapa* im indischen Bundesstaat Sikkim.

Sammâ-Sambuddha

»Meide das Unheilsame, tue das Heilsame, läutere den Geist: Dies ist die Lehre des Erwachten.«

Dhammapada

S

Sâdhaka (Sanskrit »Ausführender, Gehilfe«), Adept im *tantrischen Buddhismus.*

Sâdhana (Sanskrit »Vollbringen, Ausführen«, tibet. drub thab), 1. Textgattung der *tantrischen* Literatur, welche die Praxisrituale für verschiedene *Meditationsgottheiten* darstellt. 2. Dieses Praxisritual im *tantrischen Buddhismus*, das in der *Meditativen Entfaltung* und Verehrung *Pûjâ* einer Meditationsgottheit und ihres *Mandala* besteht. Ziel des S. ist die Verwirklichung des Potenzials der Gottheit (als Ausdruck der eigenen *Buddha-Natur*): Visuell durch detailgetreue Imagination der Gestalt der Gottheit, lautlich durch Rezitation ihres *Mantras* sowie geistig durch die Wahrnehmung der Lebewesen und der ganzen Welt als ihrem reinen Mandala. Indem sich der Adept somit auf den Drei Ebenen von Körper, Rede und Geist mit der Meditationsgottheit identifiziert, verwirklicht er die *Drei* bzw. *Vier Körper,* d.h. die eigene Buddha-Natur. Das Meditationsritual schließt ab mit der Auflösung der visualisierten Gestalt in *Leerheit.* Vorbereitend wird die *Überlieferungslinie* verehrt, *Zuflucht* genommen, *Bodhichitta* erweckt, und es werden rituelle Opfergaben *(Torma)* dargebracht.

Sakyapa (tibet. »Graue Erde«), von Khon Könchog Gyaltsen 1073 gegründete Schulrichtung, die sich auf den indischen Mahâsiddha Virûpa zurückführt. Zwischen 1249 und 1331 hatten die S. aufgrund ihrer guten Kontakte zu den Mongolen die politische Macht in Tibet inne. Derzeitiges Oberhaupt ist Sakya Trizin, der wie alle seine Vorgänger aus der Khon-Familie stammt. Sie ist heute die kleinste der vier Schulrichtungen. Zentren etwa in Kuttolsheim bei Straßburg und in Sonsbeck bei Xanten. Besonderheiten der S. sind das *Lamdre*-System und die Praxis der Gottheit *Hevajra.*

Samâdhi (Pali) → Achtfacher Pfad

Samantabhadra (Sanskrit »Der All-Gute«, tibet. Kuntu-Zangpo), 1. Einer der großen transzendenten *Bodhisattvas.* 2. In der *Nyingmapa*-Tradition des tibetischen Buddhismus gilt S. auch als der *Urbuddha.* Er ist blau, nackt und wird in der Regel in Vereinigung mit seiner Gefährtin dargestellt. Die blaue Farbe weist auf seine Daseinsform als »Wahrheitskörper« (Dharmakâya) hin *(Drei Körper).*

Samatha (Pali »Ruhe, Gemütsruhe«), ein vor allem im *Mahâyâna* häufig genannter Begriff, der dort in Verbindung mit Vipashyâna (»Einsicht, Schau«) gebraucht wird. Er meint die Meditation rein zur Entwicklung von Ruhe oder Konzentration, und Vipashyâna die Meditation rein zur Entwicklung von Einsicht oder Weisheit. In der frühbuddhistischen Tradition des *Vipassanâ* wird zwischen beiden Bereichen nicht streng getrennt. Es ist hier etwa von »Natürlicher Konzentration« die Rede (Ajahn Buddhadâsa), woraus die Befreiende Einsicht fließt. S. ist hier ein Synonym für Samâdhi (»Sammlung«), als Teil des *Achtfachen Pfades.*

Samaya (Sanskrit »Zusammenkommen, Ereignis, Gelübde«), die Bindung, die während einer tantrischen *Einweihung* zwischen Meister, Schüler und *Meditationsgottheit* entsteht, gemäß einem allumfassenden System von Wechselbeziehungen und Analogien. Für das Praxisritual *Sâdhana* meint S. enger das Große Ereignis: Die Erfahrung der Identität mit der Meditationsgottheit, und somit der eigenen *Buddha-Natur.* S. umfasst ebenso alle darauf ausgerichteten rituellen Aktivitäten oder Beziehungen (mit der Gottheit, dem *Guru* oder auch anderen Adepten). Im engsten Sinne bedeutet S. die Gelübde, deren Einhaltung das Verwirklichen dieses Ziels gewährleisten soll. Der Schüler verpflichtet sich, den Meister als Buddha und alle Erscheinungen mit *Reiner Wahrnehmung* zu betrachten.

Samdhinirmochana-Sûtra (Sanskrit »Lehrrede, die den versteckten Sinn freilegt«), frühes Werk der *Nur-Geist-Schule* des indischen Mahâyâna (»Großes Fahrzeug«). In diesem Sûtra finden sich Aussagen, die einen universellen Idealismus nahe legen. Alle Dinge werden dabei nur als Vorstellung bestimmt und nicht als außerhalb des Bewusstmachungsaktes (Vijñaptimâtra) existent angesehen.

Sammâ-Sambuddha (Pali »Vollkommen Erwachter«), Name, der im frühen Buddhismus *Theravâda* alleine für einen wahrhaften Weltbefreier wie den historischen Buddha benutzt wird. In diese immense Aufgabe ist er durch eine langwierige, ganz gezielte Entwicklung aller altruistischen Qualitäten hineingewachsen. Damit erwuchs ihm die Fähigkeit, den *Dharma* in breit befreiender Weise gegen alle Widerstände in der Welt zu verankern.

Sammlung → Samâdhi

Sampai (japan.), dreimalige Niederwerfung, wobei Kniee und Füße, Stirn sowie die seitlich des Kopfes aufgelegten Hände den Boden berühren. Geste höchster Verehrung und demütigen Respekts, vor allem gegenüber dem Buddha oder dem Meister oder der Meisterin. S. wird in *Zen*-Klöstern täglich vielfach ausgeübt.

Samsâra (Pali) → Wiedergeburt

Samu (japan. »Dienst des Arbeitens«), gemeinschaftliches körperliches Arbeiten für die auf den Erleuchtungsgeist *(Bodhichitta)* gegründete Übungsgemeinschaft. S. betrifft in erster Linie das Säubern der Räume, Küchen- und Gartenarbeit, Anfertigung benötigter Dinge usw. Diese Arbeiten sind integraler Bestandteil des *Zen*-Trainings. Die übernommene Aufgabe soll mit voller Hingabe allein an diese eine Sache (ippô-gûjin) getan werden. Dabei ist sorgfältig, umsichtig und systematisch vorzugehen. Die oft mit ganzem körperlichen Einsatz und zügig erledigte Arbeit ist reinigend und kräftigend für Körper und Geist. Auch lässt sie Freude am produktiven Tun entstehen. S. ist wesentlich für die Gestaltung der besonderen »Zen-Atmosphäre«, in der die inneren und äußeren Räumlichkeiten des Tempels bei gewollter Schlichtheit in strahlender Schönheit und Reinheit auf die Praktizierenden zurückwirken.

Samvara (Sanskrit »Zügelung, Vereinigung«), eine besondere religiöse Vorschrift oder eine konkrete spirituelle Verpflichtung im *tantrischen Buddhismus* Vajrayâna, die ein gewisses Maß an Selbstdisziplin erfordert. S. kann auch im Sinne mystischer Vereinigung gebraucht werden.

Sâñchî. Der große Stûpa wird von Toren umgeben. Die Teilansicht zeigt den oberen Aufbau mit reliefgeschmückten Steinbalken. Die Kapitelle der beiden Stützpfeiler sind jeweils aus Skulpturen von Löwen gebildet. Dies entspricht dem Kapitell der Ashokasäule von Sarnâth aus vier Löwen; es wurde in das indische Staatswappen aufgenommen.

Samye, erstes buddhistisches Kloster Tibets, das um 775 von Shântarakshita und Padmasambhava erbaut wurde. 792 Schauplatz des von König Trisong Detsen einberufenen Konzils. Dort fiel die Entscheidung, den indischen und nicht den chinesischen Buddhismus für Tibet zu übernehmen.

Samyojana → Fesseln, Zehn

Sâñchî, Heiligtum im Bundesstaat Madhya Pradesh, seit 1989 Weltkulturerbe. Die Stûpas gehen auf die Zeit des Kaisers Ashoka (3. Jh. v. Chr.) zurück und bezeugen dessen Förderung des Buddhismus in seinem indischen Großreich.

Sârnâth, heilige Stätte bei Varanisi in Nordindien. Hier hielt Siddharta Gautama im Hirschpark Isipatana seine erste Rede nach dem *Erwachen* an seine fünf ersten Weggefährten über die Vier Edlen Wahrheiten.

Sati (Pali) → Achtsamkeit

Satori (japan.), Begiff des *Zen* für den Durchbruch zum Großen *Erwachen*, der *Erleuchtung,* als der nicht-dualistischen Wahrheitserfahrung jenseits aller Begriffe. S. ist auch die Verwirklichung höchster Soheit (Sanskrit *Tathatâ*). Für eine begrenzte Dauer ist damit das Wirken sämtlicher Geistesgifte aufgehoben. Nach dem S. kehrt ein Teil der Geistesgifte in abgeschwächter Form zurück, und es bedarf der weiteren Übung. Höchstes Erkennen und Mitgefühl manifestieren sich ungetrennt *(Kenshô)*.

Sâvaka (Pali »Hörer«), die Unterscheidung zwischen »Hörern« und »Von sich aus Erwachten« *(Paccekka-Buddhas)* bezieht sich auf die Art und Weise, wie ein erwachender Mensch den *Achtfachen Pfad* bis zu den Endgültigen *Befreiungsstufen* und dem höchsten Heilsziel (*Arhat)* verwirklicht. Ein Hörer durchläuft ihn mehr durch das Aufnehmen und Umsetzen der Lehre, die authentisch Verwirklichte geben. Er hält nahen Kontakt zu einem Meister.

Schlüsselsprache→Zwielichtsprache

Schutzkreis (Sanskrit Raksha-Chakra), der von *Zornvollen Gottheiten* gebildete äußere Kreis im *Mandala* (»Wirkugssphäre«) einer *Meditationsgottheit,* der negative Kräfte fernhalten soll.

Sechs Yogas Nâropas→Nâro Chödrug

Shambala. Der im Buddhismus bedeutsame Ort wird auch als nördliches Paradies bezeichnet. Das Thangka zeigt indes nicht nur das Königreich, sondern ebenso seine Geschichte sowie die damit verbundenen Prophezeiungen. Es hat die Form eines Rades mit acht Speichen oder einer Lotusblüte mit acht Blättern. Das Reich ist in acht Distrikte aufgeteilt, in seinem Zentrum liegen die Hauptstadt Kalâpa und der Palast des Königs. Tibet, Ende 18. Jh.

Seelenglaube (Sanskrit Sakkâya-Ditthi), eine der Zehn *Fesseln* an das Dasein, deren Auflösung für den »Stromeintritt« (die erste Endgültige *Befreiungsstufe*) notwendig ist. Ausgehend von der Fixierung (Sak...ditthi) auf den vergänglichen Körper (kâya) als »Ich, mein, mein Selbst«, wird hier ein diese Fixierung metaphysisch stützendes, beharrendes Kern-Selbst »Seele« vorgestellt (ditthi). Dadurch wird das geistig-körperliche Flussgeschehen als ein letztlich reales, separates »Ding« mental arretiert. Der Seelenglaube postuliert innerlich diesen stabilen Kern »Seele« (jîva), der dann entweder als getrennt vom Körper oder als identisch mit ihm vorgestellt wird. Es gibt keine dritte Möglichkeit. Im ersteren Fall glaubt man an die »Ewigkeit« der Seele nach dem Tod (Theismus), und im zweiteren Fall an ihre »Vernichtung« mit dem Tod (Materialismus). Zu diesen beiden Ansichten hat der Buddha gelehrt, dass sie den Befreiungsweg stark verhindern (»wahrlich … nicht möglich«). Dies tun sie aufgrund jenes »Ich«-fundierenden Festhaltens an einem Kern-»Selbst«. Er schließt: »Beide diese Extreme hat der Erwachte verworfen, und den Weg der Mitte gewiesen: Dies ist, weil jenes ist. Dies ist nicht, weil jenes nicht ist.« Der Unterschied der Lehre des Buddha zu den anderen Religionen wird an der Einschätzung des S. als primäres Heilshindernis besonders klar. Aus jenen beiden Grundansichten resultierten weitere philosophische Lehren von Ewigkeit oder Vernichtung, d.h. weitere »extreme« Ansichten zu einem absoluten Dies- oder Das-Sein, etwa die »Zehn Antinomien«. Dazu gehört etwa die Ansicht vom zeitlich oder räumlich absoluten Anfang und Ende des Universums. Statische Begriffssysteme können das gesetzhaft ablaufende Flussgeschehen nicht erfassen. Laut vielen Reden hat der Buddha die hauptsächlichen Lehrmeinungen seiner Zeit sehr kritisch betrachtet. Denn es gebe immer bloß einen bedingten Flusswandel, ein prozesshaftes Allgeschehen, ohne irgendeine durchlaufende »Substanz«. Dieser Flusswandel sei nicht in eine ewige Seele, einen ewigen Körper (wie laut Auferstehungsglauben), bzw. in Ewigkeit, Vernichtung oder absolutes Sein von irgend etwas zu »parzellieren« oder zu »fixieren«. Der historisch prägendste westliche Theravâda-Mönch Nyanatiloka nennt es die »Kernlehre des ganzen Buddhismus«. In *Meditation* könne sie zur tief befreienden Erfahrung werden.

Semde (tibet. »Serie des Geistes«), eine der drei Meditationswege des *Dzogchen.* Auf ihm führen mündliche Erklärung und genaue Analyse über Geistige Ruhe *(Shinä)* und Tiefere Einsicht *(Lhagtong)* zu Nondualität (Nyimed) sowie Spontaneität der Selbstvervollkommnung (Lhündrub).

Sensei (japan. »Lehrer«), kein Titel, sondern eine Anredeform für Respektspersonen im weltlichen Bereich, aber auch gegenüber *Zen*-Lehrern oder Meistern.

Sera, eine der drei großen Klosteruniversitäten der *Gelugpa*-Tradition. Der heutige Exilsitz liegt im südindischen Mundgod. Deren zwei Colleges heißen Sera-Je und Sera-Me.

Sesshin (japan. »Den [reinen] Geist berühren«), mehrtägige Intensiv-Übungsperiode in Klöstern oder an anderen Orten. Die Praxis des *Zazen* steht dabei im Mittelpunkt. Hinzu kommen gemeinsame Rezitationen, zeremoniell eingenommene Mahlzeiten, die manuelle Arbeit *(Samu),* und nicht zuletzt die Lehrunterweisungen sowie das Einzelgespräch *(Dokusan).* Ein S. bewirkt eine besondere Energie des gemeinschaftlichen Übens in seiner spezifisch klaren, konzentrierten Atmosphäre.

Sexuelle Vereinigung, zu den fortgeschrittenen Übungen des Höchsten Yoga-Tantra *(Anuttara-Yoga-Tantra)* gehört die real vollzogene sexuelle Vereinigung mit einer Gefährtin (Sanskrit Karma-Mudrâ). Voraussetzung dafür ist die Fähigkeit des Adepten, die Feinstofflichen Energien zu lenken. Es wird häufig diskutiert, ob die S. im *tantrischen Buddhismus* real oder bloß symbolisch vollzogen wird. Laut indischen Kommentaren ist es eine Frage der Reihenfolge: Der tatsächlichen S. geht die meditative Imagination dieser Praxis voraus. In weiten Teilen der tantrischen Tradition gilt die rituelle S. als für die Erleuchung notwendig: »Ohne Karma-Mudrâ keine *Mahâmudrâ*«, wie ein tibetisches Sprichwort lautet *(Jñâna-Mudrâ).*

Shambala (Sanskrit »Quelle des Glücks«), mythisches Königreich im Himalaya, das im *Kâlachakra-Tantra* beschrieben wird. S. ist hier ein *Reiner Bereich,* der aber im Gegensatz zu den anderen auf diesem Planeten existieren soll. In Hindu-Texten ist S. der Name eines Brahmanendorfes, das der Geburtsort der zehnten Inkarnation des Gottes Vishnu sein wird. In den buddhistischen Texten wird S. als mächtiges Königreich im Himalaya beschrieben. Es werde seit der Zeit von Buddhas Auftreten von einer Reihe von *Bodhisattva*-Königen (Kalkin) regiert. Dort werde vor allem das Kâlachakra-System praktiziert. Der Prophezeiung zufolge soll am Ende des gegenwärtigen Weltzeitalter (Kâli-Yuga) der 25. König von S. einen apokalyptischen Endkampf gegen die Mächte der Finsternis anführen, was ein neues goldenes Zeitalter einläuten werde. Seit Ende des 19. Jh. wurde der S.-Mythos mehrfach für politische Zwecke instrumentalisiert. So versuchte der burjätische Lama Agwan Dorijew, der als Ratgeber des 13. Dalai Lama großen Einfluss besaß, S. mit Russland zu identifizieren, um einer tibetisch-russischen Allianz den Weg zu ebnen. Chögyam Trungpa stellte das Ideal des S.-Kriegers in den Mittelpunkt seines Weges, eine an den Westen angepasste buddhistische Organisation zu schaffen. Sie trägt ebenfalls den Namen S.

Shaolin. SHI Yongxin, Abt des Shaolin-Tempels in China, entzündet im Juli 2001 feierlich ein Räucherstäbchen im Berliner Shaolin-Tempel anlässlich seiner Eröffnung.

Shangpa-Kagyüpa-Tradition, eine Unterlinie der *Kagyüpa*-Tradition, die heute nicht mehr als eigene Schulrichtung existiert, und zuletzt von Kalu Rinpoche gehalten wurde. Sie enthält als eine besondere Überlieferung die *Fünf goldenen Lehren* von Niguma.

Shangshung, altes, nicht genau lokalisierbares Reich in Westtibet, das als die Heimat der *Bön-Religion* gilt.

Shaolin, Kloster (gegr. 495 n.Chr.) am Fuß des Songshan-Gebirges China. In Verbindung von *Zen* und dem Zwang der Selbstverteidigung wurde das Kloster zur Pflegestätte des Kampfsports und verfügte über eine stattliche Anzahl von Kriegermönchen. Eine Shaolin Tempel e.V. unterstützt die Pflege dieser Tradition in Deutschland.

Shentong, eine besondere Interpretation der Madhyamaka-Philosophie, die eine Synthese von Chittamâtra *(Nur-Geist-Schule)* und *Madhyamaka-Prâsangika* versucht. Sie macht positive Aussagen über das Absolute. Die *Absolute Wirklichkeit* ist »leer von etwas anderem« (tibet. shen tong) und daher absolut wirklich erwiesen (tibet. bden par grub pa). Die *Konventionelle Wahrheit* ist dagegen »leer von sich selbst« (tibet. rang tong) und nur in der irrigen Erkenntnis existent. Gemäß dieser Ansicht bleibt die Leerheits-Analyse der *Mâdhyamaka-Prâsangika* in der Widerlegung der Konventionellen Wahrheit befangen und gelangt nicht zur Absoluten Wirklichkeit. Dies ist eine Auffassung, die von den *Gelugpa* bis heute bekämpft wird.

Shihô (japan.), ritueller Prozess, in dem der Schüler die *Dharma* (Hô)-Linie des Meisters erbt (shi). Innerhalb der *Sôtô-Schul*e des *Zen* hat diese Übertragung heute im japanischen Kontext meist eher formellen Charakter. Die S. gilt als voll gültig, wenn die Klosterausbildung abgeschlossen ist.

Shikantaza

»Der Weg des Zen
»Wasser erstarrt zu Eis,
Eis schmilzt zu Wasser.
Was geboren ist,
stirbt wieder;
was gestorben ist,
lebt wieder.
Wasser und Eis sind
letztlich eins. Leben und
Tod, beides ist gut so.«
»Behauptet nur, dem
Buddha nachzufolgen, sei
unmöglich. Kehrt den Blick
ins Herz und bald seid ihr
Buddha. Im Außen findet
ihr ihn nicht.«
Hanshan (7. Jh., China)

Shikantaza (japan. »Nichts anderes tun als sitzen«), Rein-Sitzen. In der sich auf Dôgen Zenji berufenden *Sôtô*-Praxis bedeutet dies ein *Zazen,* das zum »Studium des Sitzenden Buddha« wird. Somit ist es kein Sitzen mit irgendeiner speziellen Übung, etwa dem Zählen der Atemzüge. Es ist gleichfalls kein Mittel, um etwas zu erreichen, auch nicht die *Erleuchtung*. Vielmehr gelten hier Üben und Erwachen als ungetrennt (shushô-ichinyo oder shushô-ittô). Das Üben geschieht schon in einer dynamischen Bezogenheit auf die Verwirklichung des *Erwachens* (bodhi). In diesem höchst stillen und konzentrierten Tun des S. manifestiert der Geist seine Funktion jenseits des gewöhnlichen Denkens (Hishiryô). Das Sitzen von Körper und Geist wird in seiner Soheit (Sanskrit *Tathatâ*) direkt erfahrbar.

Shinä (tibet. »Ruhiges Verweilen«), jede *Meditation,* bei der lediglich die Konzentration auf ein Objekt (etwa den Atem, das Bild des Buddha) geübt wird, ohne aber das Objekt auf seine Wesensnatur hin zu analysieren.

Shingon-Schule, die tantrische Tradition des japanischen Buddhismus. Ihr Begründer ist der in Japan hochverehrte Ordinierte Kûkai (Kobo Daishi, 774–835). Er war Autor, Schöpfer der Hiragana-Silbenschrift, Heiler (schuf die Heilmethode des »Brennkrautes« Moxa), Helfer der Armen sowie Brücken- und Straßenbauer. Das Shingon ist von der chinesischen »Schule des Geheimnisses« (Mizong) ausgegangen, die Kûkai in China studiert hatte. Diese Schule wiederum ging auf drei indische tantrische Meister des 7. und 8. Jh. zurück: Shubhâkarasimha, Vajrabodhi und Amoghavajra. Die S. ist bis heute eine der größten Traditionen des japanischen Buddhismus. Ihr zentrales Heiligtum ist der Tempelberg Kôyasan, auf dem bereits Kûkai 816 sein Zentrum errichtet hatte. Der Kôyasan ist einer der meistbesuchten Wallfahrtsorte Japans. Im 15. Jh. gab es auf diesem Berg 990 Tempel. Im 19. Jh. waren es noch 680 Tempel. In der S. werden mit tantrischen Ritualen, in die ein Meister einweihen muss, die »Drei Geheimnisse« von Körper, Rede und Geist aufgeschlossen. Damit erkennt sich der Praktizierende selbst als der Allbuddha *Vairochana,* dessen Körperbewegungen die Weltbewegungen und dessen »Wahrworte« (Shingon) die Welttöne seien. So wird hier die eigene *Buddha-Natur* verwirklicht. In Umsetzung der Lehre von der wechselseitigen Alldurchdringung des *Kegon,* die auch im Shingon relevant ist, geht es um das direkte Sehen des »Buddha in mir, ich im Buddha«. Das Geheimnis des Körpers wird aufgeschlossen durch mystische Handgesten *(Mudrâs)* mit den tantrischen Gegenständen *Vajra* und Lotus, das Geheimnis der Rede durch Heilige Silben (*Mantras),* und das Geheimnis des Geistes durch *Meditation* oder die Realisierung der Fünf Weisheiten gemäß den *Fünf Buddhas.* Auch Meditationsbilder *(Mandalas)* sind hier zentral. In der S. sind alle konkreten Weltdinge die *Höchste Wahrheit,* Manifestationen des Allbuddha. Sie werden als diese offenkundig, wenn im tantrischen Ritual die Drei Geheimnisse aufgeschlossen werden. Diese tantrische Tradition ist in Asien auf Japan beschränkt. Der tantrische Weg innerhalb des tibetischen Buddhismus ist neben Tibet ebenfalls in der Mongolei, Bhutan, Sikkim, Ladakh und Teilen Nepals maßgeblich. Kûkai hat auch ein System entworfen, wonach den religiösen Lehren seiner Zeit verschiedene innere Entwicklungsstufen entsprechen: 1. Verantwortung delegierender Theismus und Materialismus. 2. Moralisch disziplinierender Konfuzianismus. 3. Höhere Moral durch den Glauben an die *Wiedergeburt.* 4. Auflösung des »Ich«-Haften aus *Nichtsehen.* 5. Wechselseitige Bedingtheit aller Phänomene. 6. Erste Stufe des *Bodhisattva*-Weges durch die Realisierung des *Nur-*

Geist. 7. Auflösung aller (fixierenden) Konzepte durch den *Mittleren Weg* zwischen Sein und Nichtsein des *Nâgârjuna.* 8. Das »Eine Fahrzeug« *Ekayâna* der *Tendai-Schule.* 9. Wechselseitige Alldurchdringung »Alles in Einem, Eines in Allem« des *Kegon.* 10. Der Pfad des Shingon.

Shôbôgenzô (japan. »Schatzkammer des Wahren Dharma-Auges«), Hauptwerk von Dôgen Zenji, nicht zu verwechseln mit dessen Shôbôgenzô Zuimonki. S. ist eine Sammlung von Aufzeichnungen zumeist von Vorträgen aus den Jahren 1231–1253. In der *Zen*-Literatur gilt es als einzigartig, weil es Lehrelemente aus der gesamten vorangehenden buddhistischen Tradition verarbeitet und reflektiert. Dies geschieht aus der Perspektive der Übungs-Erfahrung und der Verwirklichung der Wahren Wirklichkeit jenseits aller Worte, der Soheit aller Dinge (Sanskrit *Tathatâ*). Hervorzuheben ist die vierbändige englische Übersetzung von Gudô Nishijima und Chodo Cross, sowie die deutsche Übertragung aus dem Japanischen von Ritsunen Gabriele Linnebach und Gudô Wafu Nishijima (Bd 1. 2001).

Siddhi (Sanskrit »Gelingen, Vollendung, Zauberkraft«; tibet. Ngö dup), übernatürliche Geisteskräfte, die als Begleiterscheinung der *tantrischen* Praxis entstehen können. Man unterscheidet in der Regel acht »gewöhnliche« magische Kräfte, etwa Hellsehen, von der *Erleuchtung* als »höchstem S.«. Übernatürliche Kräfte sind schon im frühen Buddhismus *Theravâda* bekannt. Hier gelten sie nicht als notwendiges Ergebnis des spirituellen Fortschritts (sondern hoher Konzentrationsstufen *Jhânas*). Bei Unheilsamer Absicht sind sie mit sehr abträglichen Rückwirkungen verbunden *(Karma).*

Siddha (Sanskrit »Vollendeter«), Meister des tantrischen Buddhismus, der die Erleuchtung und die »gewöhnlichen« Übernatürlichen Geisteskräfte *(Siddhis)* verwirklicht hat *(Mahâsiddhas).*

Sieben Flügel des Erwachens, Sieben → Flügel des Erwachens

Sieben Punkte zum Geistestraining, berühmter Text von Geshe Chekawa (12. Jh.) zum Geistestraining *(Lojong)*

Sikkhâ (Pali), Schulung. → Achtfacher Pfad

Sikkhâpada → Gelübde

Sîla → Fünf Gelübde, → Achtfacher Pfad

Skandha (Sanskrit), Fünf → Aggregate

Stûpa. Zwei Stûpas in Dunhuang bei den Mugao-Grotten (Höhlenkloster) in China. Die vertikale Orientierung entspricht dem Übergang vom Stûpa als Grabhügel für Reliquien zur turmförmigen Pagode. Als monumentaler Reliquienbehälter ist der Stûpa geeignet für ein Umschreiten als zeremonieller Ausdruck der Verehrung.

Sôdô (japan. »Mönchhalle«), ein Übungsraum im Zen-Kloster. Dort wird von den Mönchen oder Nonnen am gleichen Platz, das heißt auf der Fläche einer einzigen Reisstrohmatte (tatami), sowohl *Zazen* praktiziert, als auch gegessen und des Nachts geschlafen.

Sôtô-Schule, größte japanische *Zen*-Schule, die auf Dôgen Zenji zurückgeht, der die chinesische Ts'ao-tung-Linie im Jahre 1227 nach Japan übermittelte. Sôtô-Zen stellt die Praxis des *Zazen* als *Shikantaza* in den Mittelpunkt des Übens. Hier wird das erwachte Sich-Ausdrücken in präzise geformten Körperhaltungen, Gesten und Bewegungen betont. Haupt-Ausbildungsklöster (Honzan) für Mönche, die nach ihrer Ausbildung gewöhnlich landesweit Priesterfunktionen übernehmen, sind der *Eiheiji* in Fukui und der Sôjiji in Yokohama. Unter den Zen-Schulen verfügt allein die S. auch über Ausbildungsklöster für Nonnen. Als Honzan unter den Zen-Buddhisten anerkannt ist das Aichi Senmon Nisôdô in Nagoya, gegenwärtig von der Äbtissin Shundô Aoyama Rôshi geleitet.

Stromeingetretene, → Befreiungsstufen

Stûpa (tibet. chörten), massiver Bau mit Reliquienkammern. Nach dem Tod des Buddha wurden seine Reliquien an verschiedene indische Könige sowie an Nahestehende verteilt, und es entstanden die ersten monumentalen Reliquienbehälter in Form einer Halbkugel, die von Grabhügeln abgeleitet war. Der S. entwickelte sich zu einem Mittelpunkt von Kultanlagen.

Sukhâvatî (Sanskrit »Voller Freude«, meist einfach »Reines Land«; japan. Jôdo, chines. Jingtu), Name des Weltsystems des Buddha *Amitâbha.* In einem der zahlreichen Weltsysteme, die nach buddhistischer Kosmologie das Universum ausmachen, residiert der Buddha *Amitâbha.* Sein Land wird als höchst wunderbar beschrieben, weil es frei von allem Schmerz ist und die Bedingungen für eine buddhistische Lebenspraxis dort besonders günstig sind. Es gilt in einer Richtung des Mahâyâna, dem Amitâbha-Buddhismus *(Reines-Land-Schule),* seit früher Zeit als der ideale Ort für eine *Wiedergeburt.* Durch die Verehrung dieses Buddha gelange man nach dem Tode dorthin. Es gibt noch andere »Reine Länder« im ostasiatischen Buddhismus, aber das wichtigste ist S. Im übertragenen Sinne bedeutet S. auch einfach den Raum oder Zustand im Leben, in dem sich ein Buddha seiner Anhänger annimmt und ihnen zur Erlösung verhilft. Diese Deutung wurde durch Shinran, den Begründer der japanischen »Wahren Schule vom Reinen Land«, einflussreich.

Sukhâvatîvyûha-Sûtras (Sanskrit »Reden, die das Land der Freude kundtun«), zwei frühe Lehrreden des Mahâyâna (»Großes Fahrzeug«), welche die Annehmlichkeiten des »Landes der Freude«, des »Reinen Landes« beschreiben. Im Westen dieses Weltsystems befindet sich das Land *Sukhâvatî,* wo der Buddha des Unbegrenzten Lichtes *Amitâbha residiert.* Diese beiden Texte gelten als die grundlegenden Lehrreden der späteren *Reines-Land-Schule* Ostasiens (Amitâbha-Buddhismus), die bis heute die Vorstellungen vor allem der japanischen Buddhisten prägen. In ihnen wird die ideale Welt des »Landes der Freude« dargestellt, eine Art buddhistisches Paradies. Behandelt werden auch die Bedingungen, die zu einer Wiedergeburt in diesem Paradies führen, und die glückvolle Weise, wie Menschen dort geboren werden.

Sûtra (Sanskrit »Faden, Garn«), die Reden des Buddha im Mahâyâna, d.h. das Mahâyâna-S. In Tibet wurde der Begriff zur Kurzbezeichnung für alle nicht-tantrischen Lehren des »Kleinen« (Hînayâna) und des »Großen« (Mahâyâna) Fahrzeugs.

Sûtra des Sechsten Patriarchen, auf Dajian Huineng, den Sechsten Patriachen des chinesischen *Chan* bzw. *Zen,* zurückgehende Schrift. Sie ist die einzige aus China mit dem Titel Sûtra. Ihr chinesischer Titel bedeutet wörtlich »Die Rede vom aufragenden Sitz des Dharma-Schatzes« und ist auch als »Podium-Sûtra« bekannt. Die S. ist in ihrer Bedeutung mit den altindischen Mahâyâna-Sûtras (Reden des Buddha aus Sicht des *Mahâyâna*) gleichgestellt worden. Darin heißt es z.B.: »Wenn die Gedanken sich im Früher, Jetzt und Später fortsetzen, ist man gefesselt. Wenn die Gedanken nicht an den Erscheinungen haften, ist man ungefesselt. Nicht-Verweilen heißt das Ursprüngliche Wesen des Menschen. « Zentral ist hierzu die Lehre von der Plötzlichen Erleuchtung (japan. Tongo), als relativ unversehenem Durchbruch der »losgelösten« Weisheit zur Höchsten Realität. Diese Lehre ist erst im chinesischen Chan durch S. voll ausgeprägt worden. Ein anderer Weg des Zen ist die Lehre von der *Allmählichen Erleuchtung,* der sich aber gegen den Einfluss Huinengs nicht behaupten konnte. Die Lehre von der Plötzlichen Erleuchtung markiert das eigentliche chinesische Chan, das eine Distanz selbst zu den klassischen Sûtren des indischen *Meditations-* oder *Dhyâna-Buddhismus* einnimmt. In der Kunst wird Huineng oft dargestellt, wie er eine Sûtra-Rolle zerreißt. Diese Schriftskepsis zeigt sich auch deutlich im chinesischen Taoismus, welcher das Chan zentral geprägt hat. Es sind zum anderen etwa auch die komplexen Schriften Dharmakîrtis, des altindischen Mitbegründers der buddhistischen Logik und Erkenntnistheorie, nicht ins Chinesische übersetzt worden; dagegen sind sie im tibeti-

Swayambhûnâth. Auf einem Hügel westlich von Kathmandu fand der legendäre Patriarch Manjushri einst die Lotusblüte. An der Stelle steht der vor mehr als 2500 Jahren errichtete Stûpa von Swayambhûnâth. Der Ort war bis 1234 ein bedeutendes Zentrum buddhistischer Lehre und eng mit Lhasa verbunden.

schen Buddhismus in langen Studien auf den Klosteruniversitäten verinnerlicht worden. Die Grundsicht vom unversehenen Durchbruch der Intuition als einzigem Weg zur inneren Freiheit wird im tibetischen Buddhismus vom *Dzogchen* und der *Mahâmudrâ,* und im philosophischen Hinduismus vom Advaita-Vedânta vertreten. Deshalb werden das Dzogchen und die Mahmudrâ manchmal auch das »Zen des tibetischen Buddhismus« und das Advaita das »Zen des Hinduismus« genannt.

Sutta (Pali »Garn, Faden«), die Reden des historischen Buddha, wie sie in den fünf großen »Sammlungen« (Nikâya) des »Korbes der Reden« (S.-Pitaka) des *Pali-Kanons* stehen.

Svâbhâvika-Kâya (Sanskrit »Eigennatur-Körper«), im *tantrischen* Buddhismus wird die Untrennbarkeit der *Drei Körper* (Sanskrit Trikâya) als Erscheinungsformen des Buddhaprinzips noch durch einen Vierten Körper ausgedrückt, den »Eigennatur-Körper« S.

Swayambhûnâth, älteste Tempelanlage in Nepal. In die vier Himmelsrichtungen blicken die alles sehenden Augen Buddhas, zwischen ihnen ist das Schriftzeichen für die Eins als Symbol für den einen Weg der Erlösung. Die 13 sich verjüngenden Ringe der Turmspitze repräsentieren die 13 Stufen der Vollendung.

Sweeping, → Körperhineinfließen

T

Takuhatsu (japan.), traditioneller Bettelgang der Mönche und Nonnen im *Zen,* die mit ihrer Schale an den Häusern vorbeigehen. Sie geben damit den Bewohnern die Gelegenheit, Großzügigkeit zu üben, wie es im Buddhismus generell gern gesehen wird. Freigebigkeit gilt hier als eine besonders heilswirksame Tugend. Anders als in den Ländern des *Theravâda*-Buddhismus (Südostasien und Sri Lanka) spenden die Menschen in Japan vor allem ungekochte Nahrungsmittel und Geld.

Tantra (Sanskrit »Webstuhl« oder »Aufzug des Gewebes«, im übertragenen Sinn »Lehre«), 1. Sammelbegriff für eine Reihe esoterischer Rituale, magischer Praktiken und meditativer Techniken, die mit dem *Feinstofflichen Energiesystem* des Körpers arbeiten; Name für die tantrische Praxis. Tantrische Gruppierungen waren in der ersten Hälfte des 1. Jt. in Kaschmir, Bengalen und Orissa, und später auch in Südindien in Erscheinung getreten. Einige ihrer Praktiken lassen sich auf den Veda oder die jüngeren Upanishâden zurückführen. Insgesamt ist der Ursprung des T. jedoch ungeklärt. Elemente des T. haben allmählich in den Buddhismus, den Hinduismus und den Jainismus Eingang gefunden und sich dort zu einheitlichen Lehrsystemen weiterentwickelt. In der modernen westlichen Rezeption reduziert sich T. häufig auf sexuelle Praktiken. 2. Bestimmte Literaturgattung innerhalb des Hinduismus und Buddhismus, welche die Lehren des T. systematisiert. Im Zentrum eines T. steht meist eine bestimmte *Meditationsgottheit* mit ihrem *Mandala.* Die großen indischen T. sind in die zweite Hälfte des 1. Jt. zu datieren *(tantrische Literatur).*

Tantra-Klassen, in den Großtraditionen *Sakyapa, Kagyüpa* und *Gelugpa* des tibetischen Buddhismus werden vier Kategorien tantrischer Praktiken unterschieden: 1. Kriyâ-Tantra: Hier stehen rituelle Handlungen und Reinheitsvorschriften im Vordergrund. 2. Charyâ-Tantra (Praxis-Tantra): das Verhaltens-Tantra, mit Verhaltensregeln. 3. Yoga-Tantra (Meditations-Tantra): Visualisierungen spielen eine größere Rolle als Rituale. Hier wird die unmittelbare Einheit des Praktizierenden mit der *Meditationsgottheit* verwirklicht. 4. *Anuttara-Yoga-Tantra.*

Tantrischer Buddhismus. Lamas verwenden die beiden Kultgeräte Vajra und Ghantâ bei tantrischen Zeremonien, besonders bei Initiationen. Sie halten das (Diamant-) Zepter (Vajra), welches das männliche Prinzip symbolisiert, in der rechten Hand. In der linken Hand halten sie die Glocke (Ghantâ), Versinnbildlichung des weiblichen Prinzips. Beide Ritualgeräte sind ein Symbol für die angestrebte Vereinigung von Weg und Weisheit.

Tathâgatagarbha-Sûtra
»Die Buddha-Natur
Nur die Suche nach Glück hindert uns am Sehen.
Wie einen strahlenden Regenbogen versuchen wir es zu haschen und fassen es nicht, einem Hund gleich, der dem eigenen Schwanz nachjagd. Öffne Deine Faust und lass los.
Dann gibt es unendlich viel Raum, offen, einladend, wohltuend. Es gibt nichts zu tun oder lassen, nichts zu erzwingen oder zu wollen und nichts zu verpassen.«
Gendün Rinpoche (20. Jh.)

Tantrische Literatur, als früheste literarische Belege des *tantrischen Buddhismus* finden sich in einigen späten Sûtren des Mahâyâna mystische Formeln und Verse, die *Dhâranîs.* Ab der Mitte des 1. Jt. entstanden die großen indischen *Tantras* wie das *Guhyasamâja-Tantra,* etwas später das *Chakrasamvara-Tantra* und das *Hevajra-Tantra.* Das *Kâlachakra-Tantra* soll im 10. Jh. aus Zentralasien nach Indien gekommen sein. Eine genaue Datierung vor allem der frühen T. ist schwierig: Vor der Schriftlegung sind sie einige Jahrhunderte mündlich überliefert worden. Tantras gelten als Offenbarung des *Urbuddha.* Ab dem 8. Jh. wandten sich ihnen auch buddhistische Gelehrte zu und verfassten große Kommentare. Ihr Interesse trug erheblich zur Akzeptanz des Tantrismus im orthodoxen Mahâyâna bei. Ein großer Teil der T. Indiens wurde durch die muslimische Invasion im 12. Jh. vernichtet und ist nur noch in tibetischer Übersetzung zugänglich. Die T. Indiens ist wissenschaftlich kaum erschlossen, weil der Tantrismus früher als degenerierte Form des Buddhismus galt.

Tantrischer Buddhismus, Richtung innerhalb des altindischen Mahâyâna-Buddhismus, die Elemente des *Tantra* integriert *(Vajrayâna, Mantrayâna).* Sie entwickelte sich erst ab der Mitte des 1. Jt. in gegenseitiger Beeinflussung mit dem Hinduismus. Zahlreiche männliche und weibliche Gottheiten wurden aus dem Hinduismus in das buddhistische Pantheon integriert. Der T. wurde zunächst in geheimen Zirkeln praktiziert und mündlich weitergegeben. Die Adepten gehörten häufig niederen Kasten und Berufen an, waren vereinzelt auch Frauen. Dennoch hatte der T. keine sozial-revolutionären Intentionen. Gesellschaftliche Grenzüberschreitungen blieben auf den religiösen Kontext beschränkt. Nach Jahrhunderten der Ablehnung durch die buddhistische Orthodoxie begann sich der T. im 8. Jh. zu etablieren. Zur Zeit der muslimischen Invasion im 12. Jh. war er in Indien sehr stark. Seine Methoden wirken auf das *Feinstoffliche Energiesystem* und gelten als Katalysatoren der spirituellen Entwicklung: *Mantras* (Heilige Silben), *Mudrâs* (Handgesten), *Mandala* (Meditationsbild), die *Meditative Entfaltung* von *Meditationsgottheiten* und die Einbeziehung der Sexualität. Der T. hat alleine in Tibet fortgelebt *(Vajrayâna),* wo er als die höchste Praxisform gilt

Târâ (Sanskrit »Retterin«), eine der beliebtsten Meditationsgottheiten des *tantrischen Buddhismus.* Als weiblicher Bodhisattva ist Târâ eng mit *Avalokiteshvara* verbunden. Eine der zahlreichen Legenden über ihre Entstehung besagt, dass sie aus einer Träne entstanden sei, die Avalokiteshvara über das Leiden der Wesen vergossen habe. Târâ steht für den Schutz vor allen Gefahren und wird gerne als Nothelferin angerufen. In der tibetischen Tradition heißt sie auch»Mutter aller Buddhas«. Sie hat zahlreiche Erscheinungsformen (traditionell werden 21 Emanationen genannt); darunter auch *Zornvolle,* von denen die Weiße Târâ und die Grüne Târâ am populärsten sind.

Tariki (japan. »Fremde Kraft«, chines. Tali), zentraler Terminus in der in Ostasien verbreiteten Lehre vom »Reinen Land« *Sukhâvatî* (auch *Reines-Land-Schule*). Dem damit verbundenen Konzept zufolge kann sich ein Anhänger des Buddha Amitâbha voll und ganz auf dessen Hilfe verlassen, um die Buddhaschaft zu erlangen. Dazu muss er sich auf Amitâbha konzentrieren und die Praxis des *Nenbutsu* durchführen. Die eigene Entschlusskraft, die erforderliche Anstrengung, sowie das Ziel des *Nenbutsu* bringen es allerdings mit sich, dass die »Fremde Kraft« nicht einer theistischen Vorstellung entspricht. Angesichts des mahâyâna-buddhistischen Kontextes steht sie vielmehr in einer direkten Beziehung zur Lehre von der *Buddha-Natur.*

Tathâgatagarbha-Sûtra (Sanskrit »Lehrrede von dem Buddha in allen Lebewesen«), traditionell dem historischen Buddha Gautama zugeschriebene Lehrrede des Mahâyâna (»Großes Fahrzeug«). Entstanden in Indien etwa im 3. Jh.n.Chr. legt dieser Text dar, wie die allen Lebewesen inhärente *Buddha-Natur* vorzustellen ist. Neun Gleichnisse illustrieren dabei das Verhältnis von Buddha-Natur zu den sie in ihrer Wirkung hemmenden Befleckungen *(Kilesa):* (1) Formvollendete, in Meditation ruhende Buddhafiguren inmitten von Lotusblüten, deren verwelkte, stinkende Blätter sie verhüllen. (2) Wertvoller Honig in einem Wabenbau, umschlossen und verteidigt von Tausenden von Bienen. (3) Nahrhafte Getreidekörner, eingeschlossen in ihren Spelzen. (4) Ein Goldklumpen, der in eine Kotgrube gefallen ist und erst nach Tausenden von Jahren darin entdeckt wird. (5) Ein reicher, unentdeckter Schatz unter dem Haus eines verarmten, ratlosen Hausvaters. (6) Ein Keim im Kern einer Mangofrucht, welche die gleiche Natur hat wie der ausgewachsene

Baum. (7) Eine auf einem Weg liegende, in schäbige Lumpen verpackte Buddhastatue, über die Reisende in Unwissen voller Verachtung hinwegsteigen. (8) Ein zur Weltherrschaft auserkorener Embryo im Schoß einer verstoßenen, hässlichen und verzweifelten Frau. (9) Aus Gold gegossene Statuen, die unsichtbar noch in ihren schwarz gebrannten Gussformen stecken.

Tathatâ (Sanskrit »Soheit«), in der *Nur-Geist-Schule* das einsseiende, wahre Wesen aller Erscheinungen. Dieses wahre Wesen wird dem Ungeübten nicht offenbar. Erst der Vollzug bestimmter meditativer Versenkungs- und Visualisierungspraktiken lässt ihn dieses wahre Wesen der ganzen Welt erkennen, die Dinge, wie sie eigentlich existieren (ihre »Soheit«). Mit dem Erkennen dieses Wesens ist das Heilsziel verwirklicht. Die Lehre von der T. als dem wahren Wesen der Welt zeigte im Mahâyâna-Buddhismus Indiens die Tendenz zur Verselbstständigung und Hypostasierung zum »Absoluten«. Besonders für die späteren chinesischen Schulen der buddhistischen Philosophie trat dieser monistische Aspekt in den Vordergrund.

Tatpfade (Pali kamma-patha), es gibt zehn von ihrem Effekt und der letztlichen oder »karmischen« Rückwirkung auf den absichtsvoll Handelnden Unheilsame oder Heilsame T. Es sind die zehn primären Ausdrucksformen körperlichen, sprachlichen und gedanklichen »Wirkens« oder *Karmas.* Das Unheilsame Wirken im körperlichen Bereich ist: Töten oder Schädigen von Lebewesen, Nehmen von Nichtgegebenem (Stehlen) und Sexuelles Fehlverhalten (das für irgendeinen Beteiligten ein vermeidbares Leiden bedeutet). Im verbalen Bereich: Lügen, Zwischenträgerei (Verleumdung), Hassrede (verletzen wollende Rede) und leeres Gerede. Im mentalen Bereich: Habsucht, Übelwollen und Verfehlte Ansichten. Die Zehn Heilsamen T. bestehen darin, dass man sich der Zehn Unheilsamen enthält (dies heißt »Nichttöten« usw.). Die Zehn Unheilsamen T. gelten als Ausflüsse der *Inneren Zwänge.*

Teishô (japan.), Darlegung des *Dharma* durch den Meister oder die Meisterin vor allem während eines *Sesshin.* Ein T. ist kein Vortrag im üblichen Sinne. Vielmehr lassen der Lehrer oder die Lehrerin in dieser Ansprache die eigene Wahrheitserfahrung durchklingen, um die anwesenden Schüler anzuspornen und zu inspirieren. Um dies jedoch »hören« zu können, sind seitens der Schüler bestimmte Voraussetzungen unabdingbar.

Tendai-Schule. Der Enryaku-ji-Tempel auf dem Berg Hiei ist der Haupttempel der Tendai-Schule und liegt in der japanischen Stadt Kyôto. Der Ausschnitt zeigt die Kompon-chû-Halle, den ersten Tempel auf dem Berg Hiei, der 788 von Saichô errichtet wurde. Das heutige Gebäude stammt aus dem Jahr 1642.

Tempel, Sakralbau; im Buddhismus vielfach in Verbindung mit einem Kloster. Hieraus entwickeln sich mitunter weiträumige Anlagen. Der T. dient als Kultstätte den religiösen Bedürfnissen der Laien und den unterschiedlichen Ausdrucksformen der Volksfrömmigkeit in Zusammenhang des Buddha, Bodhisattva und von Heiligen.

Tendai-Schule (japan. Tendai shû, chines. Tiantai zong), eine der einflussreichsten buddhistischen Schulen des Mahâyâna in Ostasien, die auf das Wirken des chinesischen Mönchs Zhiyi (538–597) im Tiantai-Gebirge (heutige Provinz Zhejiang; japan. T.) zurückgeht. Die Lehre von Zhiyi war geprägt von den Bemühungen der Klassifizierung und Systematisierung buddhistischer Lehrinhalte angesichts einer Fülle indischer Lehrtexte und chinesischer Abhandlungen, die nach Bekanntwerden des Buddhismus in China seit dem 1. Jh.n.Chr. Verbreitung gefunden hatten. Charakteristisch ist die Klassifizierung der *Sûtras* des Buddha *(Panjiao)* mit der höchsten Wertschätzung des *Lotos-Sûtra* und der darin zum Ausdruck gebrachten harmonisierenden Lehre vom Einen Fahrzeug (Ekayâna), wodurch Widersprüche des Hînayâna (»Kleines Fahrzeug«) und des Mahâyâna (»Großes Fahrzeug«) aufgelöst werden sollen. Berühmt ist auch Zhiyis Weiterentwicklung des im Madhyamaka *(Mittlerer Weg)* bedeutsamen Konzeptes von den *Beiden Wahrheiten* zu dem der

STICHWORT **Tempel**

Oben: Ein Mönch vor der Ruinenstätte Angkor in Kambodscha. Surjawarman II. (1113–1150) errichtete den Tempelbezirk Angkor-Wat, der als Meisterwerk der klassischen Khmerarchitektur gilt.
Rechts: Das Innere des großen Tempels in Lhasa (Tibet) präsentiert die Statue des Maitreya (der in der Zukunft erwartete nächste Buddha).
Unten links: Gläubige bringen Blumenopfer vor der Tempelanlage Wat Phra Keo (Tempel des Smaragd-Buddha) in Bangkok dar; die Anlage wurde 1785 errichtet.
Unten rechts: Tempel Ananda in Pagan, Birma

Tempel. in der Sakralarchitektur des Buddhismus besteht ein grundsätzlicher Unterschied zwischen dem monumentalen Reliquienbehälter *Stupa*, aus dem sich die Pagode entwickelt hat, und dem Tempel. Während Stûpa und Pagode der kultischen Verehrung von außen dienen (z.B. durch das Umschreiten, begleitet von Gebeten), ist der Tempel ein Bauwerk, das die kultische Verehrung in seinem Inneren vorsieht. Gegenstand der Verehrung sind Kultbilder des Buddha, der Bodhisattvas, transzendenter Buddhas oder von Heiligen. Darüber hinaus bietet der Tempel Raum für vielfältige rituelle Handlungen. Durch die vorwiegende Verbindung der Tempel mit Klöstern ergeben sich weiträumige Anlagen mit Prozessionswegen und Schauplätzen für kultische Darbietungen wie Maskentänze (*tantrischer Buddhismus*). Zur Ausstattung solcher Anlagen können Skulpturen von Tempelwächtern in Gestalt martialischer Krieger oder auch von Tieren gehören.

Drei Wahrheiten. In seiner buddhistischen Praxis sah Zhiyi verschiedene Meditationstechniken vor, die sowohl mit solchen der Anhänger der Lehre der *Reines-Land-Schule* als auch mit denen der Vertreter des *Zen* Gemeinsamkeiten aufweisen. Auf beide Richtungen haben Zhiyi, auf dessen Lehrtätigkeit neben dem berühmten Mohe zhiguan (»Über das Anhalten und Betrachten im Mahâyâna«) eine Vielzahl von Abhandlungen und Kommentaren zurückzuführen ist, sowie seine Nachfolger äußerst inspirierend gewirkt. Während die Tiantai-Schule in China trotz herausragender Meister wie Zhanran (711–782) nach Verlauf einiger Jahrhunderte an Bedeutung verlor, ist die T.-Schule in Japan, besonders durch Saichô (767–822), bis heute mit verschiedenen Ablegern stark vertreten.

Tendrel (tibet. »Glückliches Zusammentreffen«), das Zusammenwirken von Ursachen und Bedingungen, durch das jede Realität entsteht.

Tengyur (tibet. »Übersetzung der Kommentare«), Sammlung aller Abhandlungen der altindischen Mahâyâna-Meister in 220 Bänden. Sie bildet mit dem *Kangyur* den tibetischen Kanon.

Tenzo (japan.), Hauptkoch eines *Zen*-Klosters. Der T. gehört dort zu den wichtigen Leitungsaufgaben des Klosters.

Terma (tibet. »Versteckter Schatz«), Belehrungen des *Padmasambhava.* Er soll sie im 8. Jh. während der *Ersten Verbreitung* des Buddhismus nach Tibet für spätere Generationen »im Wasser, in der Erde, in der Luft« vor der Verfolgung des Buddhismus versteckt haben. Es gibt über 300 T.-Texte. Der berühmteste ist das *Tibetische Totenbuch.*

Tertön (tibet. »Schatzfinder«), *Lama,* der durch Visionen die einst in der Natur versteckten Belehrungen oder *Termas* des Begründers der Nyingmapa, *Padmasambhava,* wiederfindet. T. gibt es fast bloß in der *Nyingmapa*-Tradition.

Thangka (tibet. »Bild, Malerei«), ein Rollbild (oft aus Seide). Im *tantrischen Buddhismus (Vajrayâna)* sind T. direkte Meditationshilfe, indem sie die *Meditationsgottheit* oder deren meditative Wirkungssphäre *Mandala* für das Praxisritual *Sâdhana* zeigen. Die Beauftragung und Herstellung eines T. gelten als sehr verdienstvoll.

Theravâda (Pali »Lehre der Ältesten«), einzige Schule des frühen Buddhismus, die heute existiert. Sie ist heute die in Birma, Thailand, Kambodscha, Laos, Sri Lanka und manchen Teilen Vietnams maßgebliche Form des Buddhismus. Es bestehen auch kleine Ableger in Indonesien und Nordostindien. Der T. mit dessen Achtsamkeitspraxis *Vipassanâ,* der *Zen* und der tibetische Buddhismus sind die drei Haupttraditionen des Buddhismus im Westen. Wo »Achtsamkeit« gegenwärtig zum geflügelten Wort wird (in der Esoterik und der alternativen Psychoszene, aber auch in modernen Therapieformen und der Komplementärmedizin), ist generell der frühe Buddhismus und das Vipassanâ die Hauptquelle der Inspiration. Denn Achtsamkeit spielt hier schon seit 2500 Jahren mit einer Vielfalt von Praxisformen die zentrale Rolle, im Unterschied zu den Urtexten der monotheistischen Weltreligionen. (Dies ist um so bemerkenswerter, als laut Buddha die Achtsamkeit die Quelle des ganzen Befreiungsweges ist.) Die Textbasis des T. ist der *Pali-Kanon* mit den ältesten vollständig überlieferten Reden des Erwachten. Die Indologie betrachtet den frühen Buddhismus als Erlösungspragmatismus, weil der Buddha konsequent das lehrte, was im kurzen Leben der Befreiung vom Leiden dient: »Nur eines lehre ich, jetzt wie früher. Das Leiden und das Ende des Leidens.« Diese pragmatische Befreiungslehre heißt unter den Anhängern generell bloß der *Dharma* (»Das, was trägt oder hält«), wie der Buddha das universelle Befreiungsge-

Thangka. Das Rollbild aus Tibet zeigt das Mandala des Bodhisattva und tibetischen Schutzgottes Avalokiteshvara. Verbreitete Thangka-Motive sind der Buddha, Szenen aus seinem Leben, transzendente Buddhas und Bodhisattvas, tantrische Mahâsidhas und das Lebensrad. Zur Pflege der tibetischen Tradition im Exil dient eine umfangreiche Sammlung von Thangka-Rollbildern in der Residenz des Dalai Lama in Dharamsala.

Tibetisches Zentrum Hamburg. Das 1977 gegründete Zentrum in Hamburg-Berne ist das größte deutsche Zentrum der tibetischen Gelugpa-Schule. Schirmherr ist der Dalai Lama. Der links abgebildete hohe Gelehrte Geshe Thubten Ngawang war der erste Abgesandte des Dalai Lama für Deutschland. Das Zentrum hat heute mehrere tibetische und deutsche Lehrer, bietet ein mehrjähriges »Systematisches Studium des Buddhismus« und ein Fernstudium. Angeschlossen ist das große Meditationshaus Semkye Ling in der Lüneburger Heide.

setz genannt hat. An anderer Stelle nennt er diese Praxislehre auch »eine Handvoll Blätter«, im Vergleich zu den zahllosen Blättern des Waldes. Diese Handvoll könne jeder verstehen und meistern. Die Selbstbezeichnung des Buddha lautet »Spiritueller Freund«.

Thö-sam-gom (tibet. »Hören, Nachdenken, Meditieren«), der Weg zur Verwirklichung der buddhistischen Lehre: Man hört sie von einem qualifizierten Lehrer, denkt später immer wieder darüber nach, bis man schließlich zu einem intuitiven Verständnis gelangt.

Tibetisches Totenbuch (tibet. Bardo Thödol, »Das Buch von der Befreiung im Zwischenzustand«), tantrischer *Terma*-Text des 14. Jh., zu den Erfahrungen im Sterbeprozess und im Zwischenzustand *Bardo.* Zunächst schildert der Text die acht Stadien der Auflösung, die beim Sterben auftreten: 1. Auflösung des Erdelements, man sieht eine bläuliche Erscheinung wie eine Fata Morgana, 2. Auflösung des Wasserelements, man sieht eine rauchartige Erscheinung, 3. Auflösung des Feuerelements, man sieht Feuerfunken, 4. Auflösung des Luftelements, man sieht eine Erscheinung wie eine verlöschende Butterlampe, 5. Auflösung der 80 gröberen Konzepte, 6. weiße Erscheinung, als ein schwaches, weißliches Licht, 7. rote Intensivierung, 8. schwarzes Beinahe-Erlangen, bei dem alle *Winde* in den zentralen Energiekanal des Körpers eingetreten sind; man versinkt in einen völlig bewusstlosen Zustand. Aus diesem heraus manifestiert sich dann die ursprüngliche Natur des Geistes, das *Klare Licht* des Todes. Damit beginnen die drei Bardos der *Leerheit,* der Höchsten Realität und des Werdens. Ersterer ist identisch mit dem Klaren Licht des Todes. Im Bardo der Höchsten Realität manifestieren sich die fünf Grundqualitäten des Geistes als fünffarbiges *Mandala.* Im Bardo des Werdens erscheinen die *Reinen Bereiche* der Buddhas und die sechs Daseinsbereiche der Samsâra *(Wiedergeburt).* In jeder dieser drei Etappen ist *Erleuchtung* möglich, wenn man die jeweiligen Erscheinungen als geistgewirkt erkennt.

Tibetisches Zentrum Hamburg, größtes deutsches Zentrum der *Gelugpa*-Tradition, das seit 1979 unter der Leitung von Geshe Thubten Ngawang steht.

Tibet-Institut Rikon, tibetisches Kloster in der Nähe von Winterthur (Schweiz) mit umfangreicher Forschungsbibliothek.

Tonglen (tibet. »Geben und Nehmen«), *Meditation* zur Entwicklung von *Bodhichitta.* Dabei atmet man das Leiden anderer in Form von schwarzem Rauch ein und die eigenen Verdienste als weißes Licht aus. Im Ausatmen überträgt man sie auf andere. Es ist eine Hauptübung des Geistestrainings *Lodjong.*

Torma (tibet., Sanskrit Bali), Opferkuchen aus Gerstenmehl oder Yakbutter, die, meist kunstvoll verziert, als Opfergaben an tantrische Gottheiten dargebracht werden.

Traumyoga (tibet. Milam), die Praxis, die eigenen Träume ganz bewusst zu gestalten, um sie als Meditationsform zu nutzen.

Treffen der Essenz in drei Worten, berühmter *Dzogchen*-Text des Garab Dorje.

Treffliche Achtsamkeit (Pali sammâ sati), die Quelle des *Achtfachen Pfades der Befreiung* im Sinne eines natürlichen Rahmens, in dem er sich gleichsam selbstgängig entfaltet. Denn mit T., welche die »Natur der Dinge« sehen lernt, entsteht Ethische Motivation, Geistige Ruhe und Intuitives Wissen. T. bedeutet die Vier Vergegenwärtigungen der *Achtsamkeit.* Die systematische, methodische Entwicklung der T. heißt *Meditation.* Sie ist charakteristisch für das Wesen des Buddhismus.

Treffliche Ansicht oder Sicht (Pali sammâ ditthi), alle Ansichten, die sich aus dem Verstehen der Vier *Edlen Wahrheiten* ergeben. Sie gehören zum inneren Schulungsfeld »Intuitives Wissen« (Paññâ) auf dem *Achtfachen Pfad.* Aber T. ist dessen wichtigs-tes Element oder »Führungsglied«. Der Erwachte begründet es etwa so: »Nichts kenne ich, was so zum Unheil führt, wie Verfehlte Ansichten. Was ein dadurch Motivierter will oder denkt, spricht oder tut, dies wird alles letztlich zu Unerwünschtem, Unerfreulichem, also Leiden führen.«

Treffliche Bemühung (Pali sammâ vâyâma), das Bemühen, alles *Unheilsame* (Absichten, Gedanken, Tatpfade) als den karmischen Motor der stetigen *Wiedergeburt* zu meiden, und, soweit man ihm unterliegt, es aufzulösen. Außerdem bedeutet es das Bemühen, alles Heilsame zu verwirklichen; und, soweit man es hat, zu erhalten und weiterzuentwickeln. T. gehört zum dreifachen Schulungsgebiet »Geistige Ruhe« (samâdhi) auf dem *Achtfachen Pfad.*

Trefflicher Entschluss (Pali sammâ sankappa), alle aus dem wachsenden intuitiven Verstehen der Vier *Edlen Wahrheiten* und *Drei Daseinsmerkmale* geborenen Rede- und Tat-Entschlüsse. Deren gemeinsamer Nenner ist, dass ihnen die Drei *Wurzeln des Unheilsamen* fehlen. T. bildet den zweiten »Flügel« des inneren, unmittelbar befreienden Schulungsgebietes »Intuitives Wissen« (paññâ) auf dem *Achtfachen Pfad.*

Treffliches Handeln (Pali sammâ kammanta), das Vermeiden der drei körperlichen Fehlhandlungen im *Unheilsamen Wirken Karma,* nämlich von: 1. Töten oder Schädigen von Mensch und Tier, weil Wesen am Leben und Wohl am stärksten hängen. Es ist das »Erste Gebot« des Buddhismus. 2. Nicht zu nehmen, was nicht gegeben wurde (Nichtstehlen). 3. Kein sexuelles Verhalten, das für unmittelbar oder mittelbar daran Beteiligte (die Sexualpartner und mit ihnen außerhalb Verbundene) ein vermeidbares Leiden bedeutet. T. umfasst auf höherer Stufe alles körperliche Handeln in Mitgefühl, Liebe und Mitfreude eingebettet in Gleichmut; dies heißt die Vier *Unbegrenzten.* Es gehört zum Schulungsgebiet »Ethische Motivation« oder »Tugend« (sîla) auf dem *Achtfachen Pfad der Befreiung.*

Treffliche Konzentration (Pali sammâ samâdhi), die Sammlung des Herzgeistes *(Chitta)* durch die Entwicklung natürlicher *Achtsamkeit* und systematischer *Meditation* einstellt (und bis zu den Vier Vertiefungen *Jhânas* führen kann). Sie gehört zum Schulungsgebiet »Geistige Ruhe« (samâdhi) auf dem *Achtfachen Pfad.*

Trefflicher Lebenserwerb (Pali sammâ âjîva), das Vermeiden eines Lebenserwerbes, der wissentlich unmittelbar oder mittelbar mit dem Schädigen anderer Lebewesen verbunden ist (d. h. mit dem Willen zu schaden). Der Buddha nennt hierzu für die Laienanhänger im alten Indien »Handel mit Waffen, Lebewesen und Fleisch, betrügerische Geschäfte, Metzger, Vogelsteller und Jäger«. Jeder Lebenserwerb, der vom bewussten Bruch der *Fünf Gelübde* begleitet ist, gilt als verfehlt. Denn Schadenswille ist der inneren Entwicklung abträglich. Im Sinne nötiger Zurückhaltung gegenüber den Herrschern der Kleinkönigreiche seines Wirkungsgebietes erwähnt der Buddha »Krieger« hier nicht explizit. Einmal wurde er von verschiedenen Soldaten nacheinander befragt (Systematische Sammlung, 4, 42). Er betonte, dass Schadenswille auch für einen Krieger trotz Pflichterfüllung letztlich zu Leiden führe. Dabei nennt er auch die Ansicht verfehlt, Gewalt bringe dem Gewalttätigen Heil. Nun begann der Soldat zu weinen. Denn er fühle sich von seiner Kriegertradition »überlistet, betrogen und getäuscht«. Anderswo nennt der Buddha Krieger »ohne Mitgefühl und grausam«. Er sagt auch: »Blut klebt an ihren Händen.« T. gehört zum Schulungsfeld »Ethische Motivation« oder »Tugend« (sîla) auf dem *Achtfachen Pfad* der Befreiung. Diese Lehre ist auch charakteristisch für die klare Weltorientierung des Buddha. Manche maßgebliche Werke behandeln den Trefflichen Lebenserwerb nicht. Der Theologe Hans Küng etwa schreibt in seinem in Schulen verwandten Werk »Spurensuche: Die Weltreligionen auf dem Weg« (1999) statt »Lebenserwerb« kurz »Leben«, was den zentralen Punkt ungreifbar allgemein macht.

Treffliche Rede (Pali sammâ vâcâ), zuerst das Vermeiden der vier sprachlichen Fehlhandlungen im *Unheilsamen Wirken (Karma);* nämlich Lügen, Zwischenträgerei (Verleumden), Hassrede (verletzen wollende Rede), und Geschwätz. Treffliche Rede umfasst auf höherer Stufe alle Aussagen in Mitgefühl, Liebe und Mitfreude eingebettet in Gleichmut (d. h. die Vier *Unbegrenzten*). Sie gehört zum Schulungsgebiet »Ethische Motivation« oder »Tugend« (sîla) auf dem *Achtfachen Pfad* der Befreiung.

Tri (tibet.), mündlicher Kommentar, den der Vajra-Meister nach der Einweihung *(Wang)* und der Wortübertragung *(Lung)* an seine Schüler gibt; es ist die Anweisung zur Praxis des *Sâdhana.*

Treffliche Achtsamkeit. Blick des Buddhas vom Balkon des Klosters Dammapala in der Schweiz, einem wichtigen Theravâda-Kloster, in dem die Glieder des achtfachen Pfades sehr betont werden. Es steht in der Tradition des thailändischen Meisters Waan Cha. Weitere Klöster befinden sich in Italien, England Australien und den USA. In ihnen leben ausschließlich westliche Mönche und Nonnen.

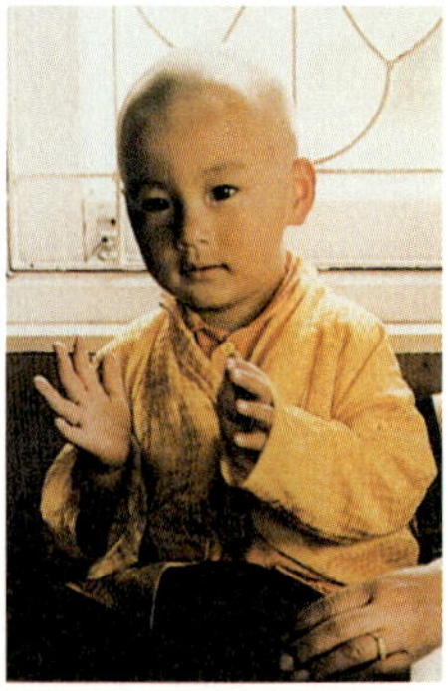

Tulku. Dieser tibetische Junge wird als Reinkarnation »Rabten Tulku Rinpoche« des 1986 verstorbenen Gelugpa-Lamas Geshe Rabten verehrt. Der Junge lebt am »Institute for Higher Tibetan Studies« Rabten Chöling in Mon-Pèlerin, Schweiz, dem von Geshe Rabten 1979 gegründeten bekannten Lehrinstitut für tibetischen Buddhismus.

Trisvabhâva-Lehre (Sanskrit »Die Lehre von den Drei Wesen«), spezifische Lehre der *Nur-Geist-Schule,* wodurch die Wirklichkeit dreifach aufgespalten wird. Diese im *Samdhinirmochana-Sûtra* erstmals formulierte Lehre von den Drei Wesen unterscheidet ein »Vorgestelltes Wesen« (parikalpita svabhâva), ein »Abhängiges Wesen« (paratantra svabhâva), und ein »Vollkommenes Wesen« (parinishpanna svabhâva). Das Vorgestellte Wesen der Dinge ist deren Erscheinungsform, die wir ihnen lediglich zuschreiben. Sie ist also rein »vorgestellt«. Das Abhängige Wesen der Dinge umfasst das Gesetz von derem »Abhängigen Entstehen«, das sie in Wahrheit bestimmende Charakteristikum. Das Vollkommene Wesen offenbart die Dinge, wie sie zutiefst existieren. Es ist das höchste Sein in dessen ungetrübter, vollkommener Reinheit.

Tsang, eine der beiden Provinzen Zentraltibets.

Tsog (tibet. »Fest«, Sanskrit ganachakra), tantrisches Ritual, bei dem Begierde und Sinneswahrnehmung gereinigt, dem Lehrer geopfert und zum Teil des Pfades gemacht werden. Dabei werden u. a. kleine Mengen Fleisch und Alkohol verzehrt, die in der Meditation über die *Leerheit* zu Symbolen von *Mitgefühl* und *Weisheit* werden.

Tsurphu, vom 1. *Karmapa* gegründetes Kloster in der Nähe von *Lhasa,* das bis 2001 Residenz des 17. Karmapa war.

Tugend *Achtfacher Pfad, Treffliche Rede, Treffliches Handeln* und *Trefflicher Lebenserwerb,* Zehn *Tatpfade*

Tulku (tibet. »Ausstrahlungskörper«, Sanskrit nirmânakâya), Bezeichnung für einen *Lama,* der als *Reinkarnation* eines bedeutenden Lehrers und zugleich als Ausstrahlung eines *Bodhisattvas* oder Buddhas gilt. Nach der Lehre von den *Drei Körpern* des Buddha manifestiert sich dessen absoluter, formloser Dharma-Körper auf zweifache Weise: einmal als subtiler »Genusskörper« (sambhogakâya), der nur von Bodhisattvas wahrgenommen werden kann; zum anderen als »Erscheinungskörper« (nirmânakâya), der auch von gewöhnlichen Lebewesen wahrgenommen werden kann. Dieser wirkt dann in Gestalt eines scheinbar gewöhnlichen Menschen als Lehrer. Während ursprünglich bloß der historische Buddha als Erscheinungskörper galt, kann im tibetischen Buddhismus heute prinzipiell jeder Lehrer als eine Buddha-Ausstrahlung betrachtet werden, wenn er den Schüler besonders inspiriert. So gelten etwa der Dalai Lama wie auch der *Karmapa* als Manifestationen des Bodhisattvas *Avalokiteshvara.* Die respektvolle Anrede für einen T. ist *Rinpoche.*

Tulku-System, die planmäßige Suche nach der Reinkarnation eines bedeutenden Lehrers, der als Ausstrahlung eines Buddha oder *Bodhisattva* gilt. Die älteste Tulku-Linie ist die des *Karmapa.* Seit dem 13. Jh. ist die Zahl der Tulku-Linien stetig gewachsen, so dass heute etwa 3000 Tulkus existieren dürften. Sie sind in einer komplizierten Hierarchie klassifiziert, an deren Spitze sich der Dalai Lama und die Häupter der vier Haupttraditionen befinden. Kritiker sprechen mittlerweile von einer regelrechten »Tulku-Schwemme«.

Tummo (tibet. »Innere Hitze«), Übung aus den Sechs Yogas des Nâropa *(Nâro Chödrug);* eine *Meditation,* durch die innere Wärme und Glückseligkeit erzeugt wird. Dadurch wird die Konzentration intensiviert.

U

Uddiyâna, auch Oddiyâna, legendäres Land in Nordwestindien, woher viele *Siddhas* stammen, wie etwa *Padmasambhava.* Es gilt auch als Heimat der *Dâkinîs.*

Ü, eine der beiden zentraltibetischen Provinzen.

Überlieferungslinie, im tibetischen Buddhismus hängt die Authentizität einer buddhistischen Praxis hängt davon ab, dass sie in einer ununterbrochenen Linie von Buddha oder einem großen Heiligen bis heute weitergegeben wurde. Vor allem im Rahmen des *Vajrayâna* wird die Bedeutung der »Linie« als Vermittler von Inspiration und Segen ausgesprochen stark betont, was gelegentlich in Sektierei ausartet. Die meisten Überlieferungslinien des Vajrayâna beginnen bei den altindischen Mahâsiddhas des 8.–12. Jh.

Überlieferungslinie im Zen, das *Zen* versteht sich in einer Überlieferungslinie von Patriarchen, die bis auf *Mahâkâsyapa,* Schüler des Buddha, zurückgeht. Diese Linie besteht in der »Weitergabe des Lichtes« oder der »Übertragung von Herzgeist zu Herzgeist« eines Patriarchen an einen auserwählten *Dharma-*Erben oder -Nachfolger, sobald dieser zum vollen Sehen des *Ursprünglichen Gesichtes* gekommen ist. Dies geschieht im Zen als *Plötzliche Erleuchtung,* wofür der Meister häufig katalysatorisch wirkt. Die entsprechenden Geschichten enthält etwa Die Aufzeichnung über die Weitergabe des Lichts oder *Denkoroku* des japanischen Zen-Meisters Keizan. Die Patriarchen repräsentieren die seit dem Buddha mögliche höchste Verwirklichung. Die einlinige alte Übertragung fächerte sich ab dem großen Sechsten chinesischen Patriarchen Huineng auf. Wegen dieser Grundstruktur im Zen spielt hier die Nennung der jeweiligen Meisterlinien eine große Rolle.

Umtse (tibet.), Vorsänger, Vorbeter

Unbegrenzte, Vier → Brahmavihâras

Unheilsame Einflüsse (Pali âsava), das volle Schwinden der U. oder »Einströmungen« (im Sinne dessen, was einen unversehens überkommt) markiert die höchste Befreiende *Vipassanâ-Schau* der Vier *Edlen Wahrheiten* und *Drei Daseinsmerkmale.* Diese Einflüsse heißen auch »Triebe«. Sie sind der Sinnliche Begehrenstrieb (kâmâsava), Werdetrieb (bhâvâsava), Meinungstrieb (ditthâsava) und Nichtsehenstrieb (avijjâsava). Im *Pali-Kanon* heißt der Befreite oder Erwachte *Arhat* auch der »Triebversiegte« (khînâsava).

Unheilsame Gedanken (Pali akusala vitakka), der Buddha hat verschiedene Weisen empfohlen, wie mit persistenten U. zu verfahren sei. In der »Rede vom Überwinden der Ablenkenden Gedanken« werden diese Weisen für die Standardfälle genau erläutert. 1. Wechsel des Objektes der Aufmerksamkeit (etwa bei Begehren die Meditation über die Körperteile, oder bei Hass die Kontemplation der Liebenden Güte). 2. Die Vergegenwärtigung der karmischen Folgen, wenn diesen Gedanken nachgehandelt wird. 3. Das gänzliche Nichtbeachten, Wegwenden der Aufmerksamkeit. 4. Das Verstehen des Eingebettetseins des Gedankens in einen bedingten Gedankenfluss, dessen »Ding«-los prozesshafte Natur. 5. Das entschlossene Niederringen des Gedankens. Die fünf Weisen werden nacheinander empfohlen, sollte die vorangehende Methode nicht greifen. Bei Erfolg werde der Herzgeist »innerlich stabil, friedvoll, tief geeint und gesammelt«. Der Buddha betont, man sei dann ein »Meister des Gedankens, denkt bloß den Gedanken, den man zu denken wünscht, und denkt keinen Gedanken, den man nicht zu denken wünscht. So beendet man schließlich das Verlangen, wirft die *Fesseln* ab, und mit dem vollen Auflösen des Eigendünkels kommt das Leiden zu Ende.«

Sitzender Buddha aus Bronze. Singhalesisch, 2. Periode von Anuradhapura, 9. Jh., Archäologisches Museum, Anuradhapura, Sri Lanka

Unheilsames Wirken (Pali akusala kamma) Zehn → Tatpfade (unheilsame und heilsame).

Untugend Zehn → Tatpfade

Unwissen → Nichtsehen

Upâya (Sanskrit »Mittel, Methode«), im *tantrischen Buddhismus,* einer der beiden Faktoren, die gegeben sein müssen, damit *Erleuchtung* möglich wird. Während der zweite Faktor Weisheit *(Prajñâ)* für die Erfahrung der Leerheit steht, ist Methode gleichbedeutend mit Mitgefühl. Im engeren Sinne fallen darunter noch die wirksamen Praktiken des *Tantra,* die zur Verwirklichung der eigenen *Buddha-Natur* führen. Im *Vajrayâna* ist die Methode das männliche Prinzip. Es wird symbolisiert durch den *Vajra* oder in der rituellen *Sexuellen Vereinigung* durch den männlichen Yogin.

Upâya-Kaushalya, (Sanskrit »Geschick bei der Anwendung der geeigneten Strategien und Mittel«), um die Lebewesen in angemessener Weise unterrichten und sie für die buddhistische Lehre gewinnen zu können, bedienen sich die *Bodhisattvas* und Buddhas der dafür jeweils geeigneten Maßnahmen. Ihr Ziel ist, die Lebewesen möglichst umgehend zu ihrem Heilsziel (als vollkommene Buddhaschaft) zu geleiten. Wie etwa im *Lotos-Sûtra* ausführlich illustriert wird, können darunter auch solche Strategien fallen, die den zu Belehrenden die (volle) Wahrheit vorenthalten, solange sie diese nicht verstehen können. Damit deutet der Begriff in eine ähnliche Richtung wie die uns bekannte »Notlüge«.

Urbuddha (Sanskrit âdibuddha), die Verkörperung des an sich gestaltlosen Buddha-Prinzips, aus welchem alle individuellen Buddhas hervorgehen. In den *Tantra*-Texten des *Vajrayâna* bzw. den Schulen des tibetischen Buddhismus werden verschiedene Buddhas mit dem U. identifiziert: *Vajradhara,* Vajrapâni, Akshobhya, Vajrasattva oder *Samantabhadra.* Im *Mandala* der *Fünf Buddhas* (Sanskrit pañca-tathâgatâ) steht häufig *Vairocana* (in den *Yoga-Tantras*) im Zentrum. Auch *Kâlachakra* hat im Kontext seines *Mandala* den Status eines U. In der Darstellung ist der U. von tiefblauer Farbe und hält die Arme vor der Brust gekreuzt.

Ursprüngliches Gesicht (japan. honrai-menmoku), eine im *Zen,* vor allem im *Kôan* häufig in Frageform gebrachte Metapher, nämlich: »Was ist dein Gesicht vor der Geburt deiner Eltern?« Dies in einem plötzlichen Durchbruch zum *Erwachen* zu realisieren, bedeutet aber nicht, dass man hier ein Gesicht zu sehen bekäme. Vielmehr wird man seiner wahren Natur gewahr, die Nicht-Natur ist, zutiefst einen selbst betreffend und doch zugleich Selbst und Zeit übersteigend.

Utu (tibet. »Kopfsegen«), respektvolle Begrüßungsgeste, bei der man den Kopf des anderen mit der eigenen Stirn berührt; von *Lamas* oft als Segensgeste benutzt.

Vajradhara. Die tibetische Plastik aus vergoldeter Bronze stellt Vajradhara, die buddhistische Göttin der höchsten Weisheit, dar. In ihren gekreuzten Händen hält sie Vajra und Ghantâ, Zepter und Glocke. 17. Jh., Philip Goldman Collection, London

V

Vairocana, auch Mahâvairocana (Sanskrit »Der Sonnengleiche, All-Erleuchtende«), einer der *Fünf Buddhas,* der im Zentrum oder im Osten ihres *Mandalas* angesiedelt ist. In einigen Schulen des *tantrischen Buddhismus* gilt er als *Urbuddha.* Dargestellt ist er in weißer Farbe und der Handgeste des »Drehens des Rades der Lehre«.

Vajra (Sanskrit »Diamant«, tibet. dorje), zentrales Symbol des *tantrischen Buddhismus,* das für Unzerstörbarkeit und Klarheit steht. Der Ritualgegenstand hat neun Speichen und einen Mittelknauf. Er symbolisiert das männliche Prinzip, nämlich die Methode *(Upâya)* und den Geist des Erwachens *(Bodhichitta).* Er repräsentiert auch die *Fünf Buddhas* und Fünf Weisheiten.

Vajradhara (Sanskrit »Diamant-Halter«, tibet. dorje chang), V. gilt als *Urbuddha,* welcher die *Vater-Tantras* und das *Guhyasamâja-Tantra* gelehrt hat. Er wird blau dargestellt, gelegentlich mit den Ornamenten eines *Bodhisattva.* In seinen gekreuzten Händen hält er den *Vajra* und die *Glocke.*

Vajrakîla (Sanskrit »Diamant-Nagel«), *Zornvolle Gottheit* in Gestalt eines Dämons verkörpert die ursprüngliche Reinheit, d.h. das Freisein von Hass und Aggression. Bei den tibetischen *Nyingmapas* ist er eine wichtige Schutzgottheit *Yidam.* Nach der Legende wurde V. als Sohn eines Buddha und einer Dämonin gezeugt: Er steht für die Umwandlung zerstörerischer Kräfte in Weisheit und effektives Mitgefühl. Er ist tiefblau, hat drei Gesichter, sechs Arme und vier Beine. In Vereinigung mit seiner Gefährtin wird er in einem Flammenmeer dargestellt. In seinen beiden vorderen Händen hält er sein Hauptattribut, den Kîla (tibet. *Phurbu*): Mit diesem »Nagel der Weisheit« spießt er die Leidensursache des *Nichtsehens* auf.

Vajra-Meister, Lehrer, von dem man tantrische Einweihungen *(Wang)* und Belehrungen erhält.

Vajrapâni (Sanskrit »Vajra-Träger«, tibet. chagna dorje), ursprünglich altindischer Donnergott. Er wurde im Buddhismus zum Schutzgott und Beseitiger von Hindernissen. Die zornvolle Gottheit verkörpert die Kraft und Energie aller Buddhas und gilt als Schützer und Bewahrer der *Tantras.* Er hat einen blauen Körper, zwei Arme, hält in der rechten Hand einen Vajra, und trägt einen Tigerfell-Schurz.

Vajrasattva (Sanskrit »Diamant-Wesen«, tibet. dorje sempa), tantrische *Meditationsgottheit,* welche die Reinheit der Buddhas verkörpert. Die rezitierende Sammlung von 100 000 V.-*Mantras* gehört zur Reinigungspraxis des *Ngöndro.* Obwohl ikonographisch mit den Merkmalen eines *Bodhisattva* ausgestattet, z. B. mit königlichen Ornamenten, wird er oft als Buddha verehrt. Manchmal erscheint er als *Urbuddha* mit den *Fünf Buddhas.*

Vajravarahi (Sanskrit »Diamant-Sau«), wichtige zornvolle *Dâkinî* mit dem Kopf einer Sau. Ikonographisch weist sie starke Ähnlichkeit mit *Vajrayoginî* auf. Sie repräsentiert die Fünf Aspekte der Weisheit und ihre Natur ist reine Wonne.

Vajrayâna (Sanskrit »Diamantfahrzeug«, tibet. dorje thegpa), der altindische *tantrische Buddhismus,* wie er (lediglich) in Tibet fortgelebt hat. Er bezeichnet hier die auf den *Tantras* basierende esoterische Meditationspraxis. Er gilt hier allgemein als die höchste Form buddhistischer Praxis, womit sich eine besonders schnelle geistige Transformation erreichen lässt. Voraussetzungen dafür sind der Wunsch, zum Wohle aller Lebewesen die *Erleuchtung* zu erlangen (also *Bodhichitta*), ein Verständnis der *Leerheit* und die *Einweihung* durch einen Vajra-*Guru.* Die heiligen Texte des V. sind die *Tantras.* Die auf ihnen beruhenden Praxisformen sind in vier *Tantra-Klassen* eingeteilt. Der Vajra (Sanskrit »Donnerkeil, Diamant«) symbolisiert die Methode *(Upâya)* als männliches Prinzip. Er qualifiziert also das Vajrayâna als Fahrzeug der Methode. Das Vajrayâna ist ein Weg der Transformation: Durch den Yoga der *Meditationsgottheiten* soll der Übende sich so sehr mit einer Meditationsgottheit identifizieren, dass er mit ihr letztlich eins wird. Die tantrischen Gottheiten *(Yidam)* gelten als Manifestationen des Buddha und sind in ihrem Wesen eins.

Vajrayoginî (Sanskrit »Diamant-Yoginî«, tibet. naro khachöma), die Göttin des *Mutter-Tantra* und Partnerin von *Chakrasamvara.* Eine der wichtigsten zornvollen *Dâkinîs.* Sie transformiert Anhaftung und Begierden in spirituelle Energie. Dabei arbeitet sie mit den Feinstofflichen Energien des Körpers und der Erfahrung des *Klaren Lichtes.* Sie wird nackt, rot, mit ausgeprägten weiblichen Attributen, sowie auf einer Leiche stehend abgebildet.

Vier Heilige Berge. Buddhistische Mönche in einem Klostertempel des Wutai-Shan, dem Gebirge Chinas, das stellvertretend für den Norden steht und eines der vier bedeutenden Pilgerstätten des Landes darstellt (→Stichwort S. 758).

Vater-Tantra, Abteilung des *Anuttara-Yoga-Tantra.* Sie legt den Schwerpunkt auf der Erzeugung des Illusionskörpers, der allmählich von karmischen Befleckungen gereinigt wird. Zum V. gehören die Systeme von *Kâlachakra, Guhyasamaja* und *Yamântaka.*

Verblendung → Innere Zwänge

Verdrehungen → Nichtsehen

Vergänglichkeit → Anicca

Vergegenwärtigungen der Achtsamkeit, Vier → Treffliche Achtsamkeit

Verlangen → Durst

Vertiefung → Jhâna

Vertrauen (Sanskrit shraddhâ), Vertrauen zum *Guru* gilt als unabdingbare Voraussetzung für Fortschritt auf dem tantrischen Pfad, was zahlreiche Geschichten über das Lehrer-Schüler-Verhältnis anschaulich demonstrieren.

Vidyâ (Sanskrit »Wissen, Erkenntnis«; tibet. rigpa), 1. Höchste Erkenntnis, wodurch das *Nichtsehen* (Sanskrit Avidyâ) aufgelöst wird. 2. Bezeichnung für die weibliche Gefährtin bei der rituellen *Sexuellen Vereinigung.*

Vier Edle Wahrheiten → Edle Wahrheiten

Vier Endgültige Befreiungsstufen → Befreiungsstufen

Vier Heilige Berge (chines. si da mingshan), die bedeutendsten buddhistischen Pilgerstätten Chinas. Alle V. zeichnen sich dadurch aus, dass sie als Orte der Manifestationen bestimmter *Bodhisattvas* angesehen werden. Während jedes Gebirge für sich bereits eine alte religiöse Geschichte hat, ist die Bezeichnung für die Gruppe der V. erstmals gegen Ende des 17. Jh. belegt. Mit der Herausbildung dieser vier vorrangigen Pilgerzentren ist von ostasiatischen Buddhisten zunehmend auch der Versuch unternommen worden, sie in ein harmonisches System einzufügen. Bald stand das *Wutai-Gebirge* stellvertretend für den Norden, das *Jiuhua-Gebirge* für den Süden, die *Putuo-Insel* für den Osten und das *Emei-Gebirge* für den Westen. In Fernost sind die Vier Himmelsrichtungen von den »Vier Himmelskönigen« (Weltenhüter) gegen Unheil beschützt. Diese haben für den frommen Chinesen und Japaner immense Bedeutung, stehen etwa in allen buddhistischen Klöstern (mit Rüstungen, Helmen und furcherregendem Ausdruck).Während die chinesische Pilgerschaft ursprünglich eher von einer individualistischen Suche nach erleuchtenden Momenten geprägt war, haben sich im Laufe der Zeit volksreligiöse Motive durchgesetzt. Die V. sind heute mehr denn je als touristische Ausflugsziele beliebt. Sie erfreuen sich aber auch eines regen religiösen Treibens mit zahlreichen, teilweise sehr großen Klosteranlagen; und heute zunehmend auch wieder anzutreffenden Einsiedeleien.

Vier Körper, zu den *Drei Körpern* der Yogâchâra-Lehre oder *Nur-Geist-Schule* kam im tantrischen Buddhismus ein vierter hinzu, der *Svâbhâvika-Kâya* (»Eigennaturkörper«). In der *tantrischen Literatur* stehen die V. analog zu den Vier *Chakras.*

Vijñânavâda → Nur-Geist-Schule

Vijñaptimâtra (Sanskrit »Nur-Bewusstmachung«), charakteristischer Terminus der *Nur-Geist-Schule.* Dieser Begriff wurde vom *Samdhinirmochana-Sûtra* geprägt. Er besagt, dass die Objekte nicht vom Geist verschieden sind, weil sie selbst in Wahrheit nichts außerhalb unseres Bewusstseinsaktes sind.

Vimalakîrtinirdesha-Sûtra (Sanskrit »Lehrrede von den Darlegungen Vimalakîrtis«), früher Text des indischen Mahâyâna (»Großes Fahrzeug«). Ausgehend von der Erkenntnis der Leerheit in der Tradition des indischen Madhyamaka *(Mittlerer Weg)* belehrt der reiche buddhistische Laienanhänger Vimalakîrti die verschiedenen dem Buddha nahe stehenden Mönche und *Bodhisattvas.* Er verweist sie dabei in ihre Schranken. Diesem exemplarischen Sieg des Laientums über den »institutionalisierten« buddhistischen Orden und der literarisch schönen Übersetzung durch Kumârajîva verdankt das Werk die große Bedeutung, die es in Ostasien bis heute hat. Es gibt noch andere chinesische Übersetzungen, besonders diejenige des berühmten Pilgers Xuanzang (Hsüan-tsang), die manchen als originalgetreuere Fassung gilt.

Vinaya (Pali), Ordenskodex, *Pali-Kanon.*

Vipassanâ (Pali »Höheres Sehen, Intuitives Wissen, Inneres Verstehen, Befreiende Klarsicht«), V. umfasst die wichtigste Praxis des frühen Buddhismus *Theravâda,* die in all ihren Ansätzen jene vom Leiden Befreiende Klarsicht zum Ziel hat. Das Gemeinsame dieser inneren Praxisformen ist die Entwicklung der Trefflichen, Sehenden *Achtsamkeit* (sati). Dies geschieht entweder auf mehr natürlichem oder auf mehr methodischem Wege. Das V. heißt kurz »Achtsamkeitspraxis« oder (im Hinblick auf sein Ziel) »Einsichtsmeditation«. All seine Ansätze beruhen unmittelbar auf den zentralen Meditationsreden des Buddha im *Pali-Kanon,* wo die Kultivierung des Befreienden Gewahrseins beschrieben wird. Der Erwachte hat bloß für diese Kultivierung den im alten Indien hochfeierlichen Ausdruck »Ekâyano Maggo« verwandt (ein komplexer Begriff: zugleich Direkter, Einfacher und Einziger Weg). Auch in seiner Hauptaussage zu den Voraussetzungen des vollen Erwachens betont er bloß diese Praxis: »Alle Vollkommen Erwachten der Vergangenheit haben das Höchste Erwachen durch die Auflösung der Fünf das Verstehen schwächenden *Hindernisse* erlangt, indem sie die Vier Vergegenwärtigungen der *Achtsamkeit* fest im *Herzgeist* verankert und die Sieben *Flügel des Erwachens* verwirklicht haben. Auch alle Vollkommen Erwachten der Zukunft werden dies leisten.« So beschreibt Bhikkhu Bodhi, der heute maßgebliche Neuübersetzer der Reden des Buddha, das V. auch als das »Kronjuwel von Buddhas Lehren«. Der burmesische Meister U Ba Khin beschreibt den Zweck des V. so: »Das Bewusstwerden des Prozesses der Veränderung von einem Moment zum anderen.« Der

Vipassanâ. Mahari Saayadaw (1904–1982) aus Birma (Myanmar) hat das Benennen begründet, einen der vier weltweit größten Ansätze der Achtsamkeits- oder Einsichtspraxis Vipassanâ (Höheres Sehen) des frühen Buddhismus Theravâda. In den USA gilt das Benennen heute vielen als die einflussreichste buddhistische Praxis.

Inder S. N. Goenka sagt dazu: »Die Dinge sehen, wie sie wirklich sind.« Das V. ist Ende des letzten Jahrhunderts in Reaktion auf kulturelle Überformungen des Theravâda als Reformbewegung deutlich hervorgetreten. Nach Ansicht der Hauptväter ist es seit dem historischen Buddha immer praktiziert worden. Es sei bloß zunehmend gegenüber den orthodoxen Strömungen in den Hintergrund geraten. Jene Reform richtete sich gegen den traditionellen Monopolanspruch der *Theravâda*-Klöster auf den höchsten Befreiungsweg. Sie wollte den Befreiungsweg in breitem Maßstab an die Laienbevölkerung zurückbringen, wie es zur Zeit des Buddha eindeutig der Fall gewesen ist. In diesem Sinne ist das V. das »Große Fahrzeug« (Mahâyâna) des frühen Buddhismus Theravâda. Eine Studie von Gustaaf Houtman spricht von 24 V.-Ansätzen alleine in Birma. Die weltweit einflussreichsten sind: *Körperhineinfließen, Benennen, Natur-Methode* und Weg der *Ordensgemeinschaft.* Im Buddhismus des Westens sind heute die drei größten Traditionen der tibetische Buddhismus, das V. und das *Zen.*

Visuddhimagga (Pali) → Pali-Kanon

Vollendungsstufe → Dzog rim

Vollkommenheit der Weisheit, Rede von der *Prajñâpâramitâ-Sutra*

Von sich aus Erwachter → Paccekka-Buddha

W

Wahre Schule vom Reinen Land (japan. jôdo shinshû) → Reines-Land-Schule

Wang(kur) → Einweihung

Weg (Pali magga) → Achtfacher Pfad

Weg der Ordensgemeinschaft → Ordensgemeinschaft

Weisheit → Paññâ

Wiedergeburten (Pali punabbhava, patisandhi) Kreislauf der (Pali samsâra), traditionell das zwanghafte Wiedergeborenwerden in leid- oder glückvollen Existenzbereichen (leidvoll: Höllenwesen, Hungrige Geister und Tiere; glückvoll: Götter, Titanen und Menschen), je nach *Karma.* Keine dieser Formen gilt als ewig, sondern alle als flusshaft-vergänglich, weil sie alle bedingt entstanden sind. Dieser Daseinskreislauf (samsâra) ist angst- und leidvoll, solange man sich ihm selbst aus *Nichtsehen* (avijjâ), *Durst* und *Ergreifen* unterwirft. Er manifestiert sich bereits im Diesseits, und versiegt insgesamt, wenn er im Diesseits aufgelöst wird. Dies bedeutet *Nirvâna,* oder »Verlöschen« dieser drei inneren Leidursachen. Im Leben ist der Kreislauf der Wiedergeburten das angst- und leidvolle Hineingeborenwerden in (Geburt), Dahinschwinden von (Altern) und Abbrechen von (Tod) Situationen, auf die man sich aus Nichtsehen, Durst und Ergreifen des »Ich und Mein«-Bewusstseins fixiert. Denn diese Fixierung lässt die wegen ihres Fließens ungreifbaren Situationen oder Dinge des Lebens als statische Zustände des »Ich und Mein« oder als ein getrenntes »Selbst« erscheinen. Weil sie aber in Wahrheit nicht so existieren, tritt mit ihrem Entstehen und Vergehen das Leiden hervor, jener Samsâra. Damit versiegt er, wenn die subjektive Sicht oder Willensverfassung zunehmend in Einklang mit der *Höchsten Wahrheit* kommt. Die nachtodliche Wiedergeburt gilt als die gesetzmäßige Weiterführung dieser lebensimmanenten Zyklen. Dabei bestimmt die im Leben dominante Bewusstseinsqualität den danach kommenden Daseinsbereich. So betont der Theravâda-Meister Ajahn Chah etwa: »Wenn der Geist im Feuer des Hasses steht, ist man vom menschlichen Zustand herabgefallen und im Höllenbereich wiedergeboren«. Analog wird man aus Gier zum »Hungrigen Geist«, aus Triebbestimmtheit und Ignoranz zum »Tier«, aus Machtdurst und Neid zum »Titanen«, und aus sinnenverlorener Verzückung oder positivem »Selbst«-Dünkel zum »Gott«. Aus Ethischer Motivation, Geistiger Ruhe und Intuitivem Wissen, dem dreifachen Inneren *Weg* zur Befreiung, wird man zum »Mensch(lich)en« oder »Wahren Menschen« *(Ariya).* Dieser Bereich gilt nicht als der glückvollste, aber als der kostbarste, weil nur hier die endgültige Befreiung möglich ist. Denn hier herrscht genügend Leiden, um auf den Weg zu kommen, und genügend Freiheit vom Leiden, um ihn gehen zu können. Mit Trefflicher *Achtsamkeit* als Quelle des Weges kann der ganze Kreislauf des Samsâra beendet werden. Die Daseinsbereiche sind also in erster Linie Bewusstseinszustände im Leben. »Wiedergeburt« ist nicht identisch mit *Reinkarnation.*

Winde (Sanskrit vayu, tibet. lung), die Energieströme des Feinstofflichen Körpersystems, die in den unsichtbaren Kanälen *Nâdî* zirkulieren. Die Grundlage der Praktiken des *Anuttara-Yoga-Tantra* bilden die Fünf Hauptinde, die auch den *Chakras* zugeordnet werden. Einer von ihnen ist der Atem (prâna),

Vipassanâ. Buddha in der »Insight Meditation Society (IMS)« in Barre, Massachusetts. Es ist das größte westliche Zentrum der Achtsamkeit- oder Einsichtspraxis Vipassanâ (Höheres Sehen). Die leitenden Lehrer sind Joseph Goldstein und Sharon Salzberg. Eine wesentliche Quelle der dort gelehrten Methoden ist der birmanische Vipassanâ-Ansatz des Benennens. Mit IMS verbunden ist das große Studienzentrum »Barre Center for Buddhist Studies«.

über den Feinstoffliche Energie aufgenommen und durch die Kanäle gelenkt wird (Bewusstes Atmen). Die W. sind auch Träger des *Karma.* Der *Zentralkanal* läuft vom Scheitel zum Nabel und ist von zwei Seitenkanälen umgeben. In der Vollendungsstufe *Dzog rim* jenes Anuttara-Yoga-Tantra werden die W. gezielt in den Zentralkanal hineingeführt, um das *Klare Licht* zu erzeugen und dann über die *Leerheit* zu meditieren. Dies bedeutet die Verwirklichung der *Mahâmudrâ.*

Wumenguan (chines. »Die torlose Schranke«, japan. mumonkan), Werk des Wumen Huikai (japan. Mumon Ekai, 1183–1260). Neben dem ebenfalls in China entstandenen *Biyanlu* ist W. die andere zentrale Zen-Sammlung paradoxer Fragen *(Kôans).* Sie ist in ihren Erklärungen einfacher. Aber beide (auch für das spätere japanische *Zen* zentrale) Sammlungen sind als Mittel der inneren Schulung zu sehen, nicht der literarischen Erbauung. Kôans bedeuten spontane Fragen aus der Perspektive der begrifflich nicht fassbaren, Höchsten Realität der *Leerheit* vom Selbst, um innerlich dahin zu »katapultieren«. Dafür arbeitet ein Schüler oft lange meditativ mit einem Kôan. Das W. enthält 48 von Wumen Huikai zusammengestellte Kôans, die er mit Lobaussagen und lehrreichen Kommentaren versehen hat. Diese Sammlung enthält auch das berühmte Kôan »Mu« (japan.) oder chines. »Wu«, das häufig Neulingen auf dem Zen-Weg gegeben wird. Wenn sie damit meditativ üben, soll es gut zu einer ersten Erleuchtungserfahrung *Kenshô* bringen können. Wörtlich bedeutet es »nicht, un-, ist nicht, hat nicht, kein«. Dieses Kôan besteht aus der Frage »Hat ein Hund wirklich *Buddha-Natur* oder nicht?« sowie der Antwort »Mu«, die dann im *Zazen* zum Durchbruch der Wahrheitsschau verhelfen könne.

Wutei-Gebirge. Der Jade-Buddha des Wutai-Shan, einem der Vier Heiligen Berge des Buddhismus in der Provinz Shanxi in China.

Wurzeln des Unheilsamen, Drei (Pali akusala mûla), die drei zentralen *Inneren Zwänge* Gier, Hass und Verwirrung. In berühmten tibetischen Darstellungen hält der Todesgott Yama das »Lebensrad« oder den Kreislauf der *Wiedergeburten* (samsâra) fest in den Klauen. In der Radmitte beißen sich Schlange (Hass), Hahn (Gier) und Schwein (Verwirrung) in den Schwanz, was der Motor des Kreislaufs ist. In der Radmitte fehlt die Nabe, was die *Höchste Wahrheit* der letztlichen Allleerheit symbolisiert. Der Buddha beschreibt die Unheilsquelle jener drei Grundübel so: »Eingenommen von Gier, Hass oder Verwirrung entsteht inneres Leiden und abträgliches Wirken in Gedanke, Wort und Tat. Damit kann weder das eigene Wohl, noch das Wohl der anderen, noch das beiderseitige Wohl klar werden. Die Drei Wurzeln des Unheilsamen quälen, machen blind und unwissend. Sie verhindern den Frieden. Die Unheilsamen *Tatpfade* Töten, Stehlen und Schädigendes Sexualverhalten; das Sprechen der Unwahrheit, Zwischenträgerei, Hassrede und Geschwätz; Besitzverlangen, Übelwollen und Verfehlte Ansichten wurzeln sämtlich in Gier, Hass und Verwirrung.« Ajahn Buddhadâsa sagt zu Verwirrung (moha): »Angst, Sorge, Zweifel, Betörung, Erwartung, Herbeisehnen des Vergangenen und Schuldgefühl. Verwirrung ist, wenn der Geist fortwährend um sein begehrtes oder ergriffenes Objekt herumwirbelt.«

Wurzelverse zum Mittleren Weg → Mûla-Madhyamaka-Kârikâ

Wutei-Gebirge, berühmtes buddhistisches Pilgerzentrum in der heutigen chinesischen Provinz Shanxi *(Vier Heilige Berge).* Das »Fünf-Terrassen-Gebirge« (chines. wutai shan) wird wohl bereits seit Ende des 5. Jh. n.Chr. mit einem Abschnitt aus dem *Avatamsaka-Sûtra* in Verbindung gebracht. Es hat seither immer wieder zu Wahrnehmungen von Manifestationen des darin beschriebenen *Bodhisattva Mañjushrî* angeregt. Er gilt als Ausdruck des festen Vertrauens und der sich darin bestätigenden Weisheit. Seit der Mongolenherrschaft (1206–1368) und unter der Politik der mandschurischen Qing-Dynastie (1644–1911) wurde hier auch die Ansiedlung tibetischer Mönche begünstigt. Nicht zuletzt deshalb hat das W. bis in die Gegenwart von den Vier Heiligen Bergen die größte internationale Bedeutung.

X

Xinxinming (chines. »Die Meißelschrift vom Glauben an den Geist«, japan. shinjimei), vom Dritten Patriarchen des chinesischen *Chan* oder *Zen,* Jianzhi Sengcan (japan. Kanchi Sôsan) verfasster großer Hymnus an die Nicht-Dualität in spontaner Erkenntnis, der vor allem für den taoistischen »Teil« des Zen steht: »Obgleich alle Dualität vom Einen stammt, hafte auch nicht an diesem. Bleibt der Geist ungestört, kann ihn nichts in der Welt mehr treffen. Kann ein Ding nicht mehr treffen, existiert es nicht mehr in der alten Weise. Schwinden die Objekte des Denkens, dann genauso das denkende Subjekt. Die Objekte sind Objekt durch das Subjekt. Der Geist ist Geist durch die Dinge. Erkenne die wahre Realität von beiden: Die Einheit der Leerheit. Darin unterscheiden sie sich nicht und jedes birgt hier die ganze Welt. Willst Du im Weg leben, scheue aber nicht die Welt der Gedanken und Sinne. Sie ganz annehmen heißt wahres Erwachen.«

Y

Yab-Yum (tibet. »Vater-Mutter«), die Darstellung einer weiblichen und einer männlichen Gottheit in Vereinigung, welche symbolisch für die Einheit von Weisheit und Methode, Leerheit und Glückseligkeit steht.

Yamântaka (Sanskrit »Der dem Tod ein Ende macht«, tibet. dorje jigle), *Meditationsgottheit* des *Vater-Tantra.* Einer der Vier Großen aus dem Kreis der Zehn *Zornvollen Gottheiten,* der auch die zentrale Gottheit einiger *Tantra*-Grundtexte ist. Ebenso die zornvolle Manifestation des *Mañjushrî,* der Hass durch Einsicht überwindet. Ikonographisch gibt es mehrere Erscheinungsformen. Meist ist er büffelköpfig, schwarz-blau, vielarmig, Waffen tragend und in Vereinigung mit seiner Gefährtin dargestellt.

Yamântaka. Der Besieger des Yama (Totengott) aus der Reihe der Zornvollen Gottheiten. Tibetische Bronze-Plastik, 18. Jh.; Philip Goldman Collection, London

Yantra (Sanskrit, tibet. rung khor), Schutzamulett, das um den Hals getragen wird.

Yeshe (tibet. Weisheit, für Sanskrit jñâna), 1. die non-duale Einsicht, welche die *Leerheit* unmittelbar erkennt, im Gegensatz zum dialektischen oder diskursiven Erkennen (tibet. sherab); 2. häufiger Namensbestandteil.

Yidam (tibet., für Sanskrit ishta-devata »Schutzgottheit«), tantrische *Meditationsgottheit* im tibetischen Buddhismus. Ein Y. ist eine Emanation des Buddha, die einen Aspekt dessen Geistes abbildet. »Eine tantrische Gottheit ist das subtilste Bewusstsein im Zustand der großen Freude, welche die Leerheit erfasst«, so Dagyab Rinpoche. Der tantrische Yogi versucht in der *Meditation* über den Y., sich mit dessen Gestalt so weit wie möglich zu identifizieren, um dadurch das eigene Bewusstsein zu transformieren und Zugang zum *Reinen Bereich* der Gottheit zu erlangen. Die Umgebung eines Y. ist sein *Mandala.* Historisch gesehen sind die buddhistischen Y. eine Assimiliation hinduistischer Gottheiten, vor allem Shivas. Bekannte Y. sind: *Avalokiteshvara* (im tibetischen Buddhismus), *Târâ, Mañjushrî, Guhyasamâja, Kâlachakra, Hevajra, Vajrapani, Vajrasattva, Chakrasamvara* und *Vajrayogini.*

Yogâchâra → Nur-Geist-Schule

Yogâchârabhûmi-Shâstra (Sanskrit »Abhandlung von den Stufen der Yoga-Übenden«), grundlegendes Werk der *Nur-Geist-Schule* des indischen Mahâyâna, welche den umfangreichen Text Maitreya(nâtha) und Asanga zuschreibt. Aber die heutige Forschung hat gezeigt, dass es sich um ein über eine längere Periode gewachsenes und aus mehreren Kompilationsschüben bestehendes Werk handelt. Neben relativ unsystematisch vorgetragenen Anschauungen der Nur-Geist-Schule (als deren Hauptwerk das Y. oft gilt) beinhaltet es daneben auch lange Abhandlungen über die Stufe der Nicht-Mahâyâna-Anhänger (Shrâvakabhûmi) sowie allgemeine Ausführungen über die Verhaltensregeln für einen *Bodhisattva* (Bodhisattvabhûmi).

Yoga-Tantra (Sanskrit »Tantra der Meditativen Übung«), dritte der Vier *Tantra-Klassen,* die grundlegende Praktiken wie Meditationsrituale *Sâdhanas* zu Fried- wie *Zornvollen Gottheiten* (Sanskrit shânta) beinhaltet.

Yogin/Yoginî, Übende(r) des tantrisch-buddhistischen Yoga, der gelegentlich als Wanderasket dargestellt wird, aber häufig ein ganz alltägliches Leben führt.

Zazen. Ein buddhistischer Mönch des Eigenji-Tempels am Fuße des Fudjiyama, ca. 100 km westlich von Tokio, unterweist Schüler in einer konzentrierten Körperhaltung. Viele japanische Kinder lernen Meditation und Selbstdisziplin als wichtigen Teil des Zen-Buddhismus.

Yuganaddha (Sanskrit »Vereinigtes Paar«), im *tantrischen Buddhismus* steht Y. für die Untrennbarkeit von Weisheit *Prajñâ* (Sehen der *Leerheit*) und Methode *Upâya* (das aktive Mitgefühl) ein Paar in *Sexueller Vereinigung,* nämlich ein Buddha oder eine andere Gottheit mit Gefährtin (tibet. Yab-Yum).

Z

Zafu (japan.), moderner Begriff für ein rundes schwarzes, mit Kapok, einer glänzenden Faserwolle, fest gefülltes Sitzkissen, das für die Übung des *Zazen* benutzt wird. Im *Rinzai-Zen* sind jedoch auch flache, quadratische Kissen üblich.

Zazen (japan. »Sitzen in Versenkung«), aufrechtes Sitzen mit verschränkten Beinen und zusammengelegten Händen, im Idealfall im vollen »Lotus-Sitz« (die Fußsohlen nach oben gewandt auf beiden Oberschenkeln). Das Bewusstsein ruht konzentriert unterhalb des Nabels im Bauchraum. Man ist sich der Haltung und der Atembewegung bewusst, die in ruhigem Rhythmus tief in den Unterbauch hinabführt. Dabei kann sich auf unerklärliche Weise die Dualität zwischen dem Fokussieren unterhalb des Nabels und der Bewusstheit offener Weite selbst übersteigen. Hier verbindet sich lichte Klarheit des Geistes mit der Erfahrung harmonisierter Einheit von Körper und Geist. Diese Verbindung liegt jenseits allen selbstbezogenen Denkens. Sie kann zum Tor des *Erwachens* werden. Im *Sôtô-Zen* bedeutet dieses bloße, konzentrierte Sitzen die Übung des *Shikantaza.* Im *Rinzai-Zen* (aber auch von einigen Sôtô-Lehrern) werden stattdessen *Kôan*-Aufgaben gestellt. Z. ist das Herz des *Zen*-Weges, das in alle übrigen Aktivitäten hineinwirkt.

Zehn Fesseln → Fesseln, Zehn

Zen (von chines. chan, die lautmalerische Übernahme von Sanskrit »Dhyâna« für »Meditation, Versenkung«), eine der traditionsreichen Schulen des Mahâyâna-Buddhismus. Als solche ist sie ein Weg zu innerem Frieden und zur Befreiung vom Leiden, aber auch ein Weg zum Erwachen zu einer wechselseitigen Verbundenheit mit allen Wesen und Phänomenen, ein Erleuchtungsweg. Im Z. steht nicht die systematische Auseinandersetzung mit der Buddha-Lehre im Zentrum der Bemühungen, sondern ein praktischer Übungsweg auf der Basis der schweigenden Versenkung im Sitzen *(Zazen).* Die hierbei geübte Konzentration von Körper und Herz-Geist gilt es, in alle Aktivitäten einzubeziehen. Eine von tiefem Respekt für alle Lebewesen, aber auch für die notwendigen Dinge geprägte Haltung bestimmt die gesteigerte Präsenz der Übenden im Hier und Jetzt. Charakteristisch für den Z. ist ferner eine betont alltagspraktische Ausrichtung, wobei das Arbeiten mit den Händen *(Samu)* als ein Kernelement des spirituellen Weges aufzufassen ist. Ein zentypisches körperbewusstes und energetisches Agieren schärft dabei die Konzentration der Übenden im jetzigen Moment. Dieses markant hervortretende Profil bestimmt zudem die zeremoniellen Gesten, Bewegungen und nicht zuletzt Zazen. Die gesamte Praxis wird zu einer dynamischen Übung, in der alle Selbstzentriertheit abfallen kann. Im besten Fall führt es zu dem, was im Z. unmittelbares, ungetrenntes oder erwachtes Handeln genannt wird.

Zentralkanal (Sanskrit avadhûti), Hauptkanal des *Feinstofflichen Energiesystems,* der vor der Wirbelsäule vom Perineum zur Fontanelle verläuft. Auf dieser Achse liegen die *Chakras (Nâdîs, Winde).*

Zornvolle Gottheiten (Sanskrit krodha, »Personifizierter Zorn«), Z. sind ein wesentliches Merkmal des *tantrischen Buddhismus (Vajrayâna)* und ein häufiges Motiv für die tibetischen Rollbilder *(Thangka).* Der Ursprung einiger dieser *Meditationsgottheiten* ist ungeklärt. Viele sind aus dem Hinduismus in das tantrisch-buddhistische Pantheon übernommen worden, wie z.B. *Mahâkâla.* Im Vajrayâna gelten sie als Personifikationen der *Inneren Zwänge,* vor allem von Hass und Destruktivität. Sie werden zugleich auch als reine und mächtige Manifestationen der *Buddha-Natur* angesehen. In der meditativen Identifikation mit den Z. erkennt der Adept seine eigenen Leidenschaften und Verdunkelungen als der Essenz nach rein oder »leer«. So wird die in ihnen enthaltene Energie transformiert und unmittelbar für das Erwachen nutzbar gemacht. Meditationsrituale *Sâdhanas* auf Z. sind besonders wirkungsvoll, und gehören zur Klasse des Höchsten bzw. *Anuttara-Yoga-Tantra.* In den Quellen aus der Tradition des *Guhyasamâja-Tantra* wird häufig ein Kreis von Zehn Z. beschrieben, welche im *Mandala* (Meditationsbild) einen *Schutzkreis* bilden: Yamântaka, Aparâjita, Hayagriva, Amritakundali, Acala, Takkirâja, Nîadanda, Mahâbala, Ushnîsha, Sumbharâja. Sie kommen mit Ausfallschritt nach rechts, tragen Waffen, Schmuck aus Totenköpfen sowie Tier- und Menschenhäute. Das dritte Auge zeigt ihre Loyalität zur Buddhalehre. Einige Z. gelten im tibetischen Buddhismus als *Dharmapâlas* (Schützer).

Zen. Der berühmte Stein-Zen-Garten des Ryoanji-Tempels in Kyôto.

Zuflucht oder Zufluchten, Drei (Pali ti-sarana) Drei → Freiorte

Zweite Verbreitung der Lehre, das Wiederaufleben des Buddhismus im 10. – 11. Jh. nach der Verfolgung durch König Langdarma (9. Jh.). Eine lebhafte Übersetzungstätigkeit und die erneute Übertragung indischer Überlieferungen nach Tibet führten zur den großen *Neuen Schulen* (tibet. sarma): *Sakyapa-, Kagyüpa-* und *Alte-Kadampa-Tradition.* Mit der Z. konnte sich der Buddhismus endgültig in Tibet etablieren.

Zwielichtsprache (Sanskrit sandhyâ-bhâsha), alter Name für die symbolträchtige Sprache der *tantrischen Literatur,* die Eindeutigkeit bewusst vermeidet und eine Interpretation auf verschiedenen Ebenen ermöglicht. Heute »Schlüsselsprache » oder Fachbegriff »Intentionale Sprache«. Die intellektuelle Deutung der *Tantras* ergibt bloß auf der oberflächlichen Ebene einen Sinn. Die Erschließung der geheimen Bedeutung bedarf der Anleitung durch einen *Guru,* der *Einweihung* in das *Mandala* (Wirkungssphäre) der jeweiligen *Meditationsgottheit* sowie einer ernsthaften Meditationspraxis.

Zen. Der Vietnam-Veteran und Zen-Lehrer Claude Anshin Thomas unternimmt Friedensmärsche in Gemeinschaft auf der ganzen Welt.

Die asiatischen Religionen im Überblick

So wie Afrika als »Wiege der Menschheit« gilt, könnte man Asien als »Wiege der Religionen« bezeichnen. Hier entstanden nicht nur die fünf großen Weltreligionen – Judentum, Christentum und Islam im Nahen Osten, Buddhismus und Hinduismus im Mittleren Osten –, sondern auch die fernöstlichen Weisheitslehren Konfuzianismus und Daoismus (Taoismus) sowie der Shintoismus. Primär auf dem indischen Subkontinent beheimatet sind heute der Jainismus (auch Jinismus oder Dschainismus) und der Parsismus, letzterer stammt jedoch ursprünglich aus dem antiken Perserreich.

Schon die Bestimmung der Mitgliederzahlen der christlichen Konfessionen steht mitunter auf schwankendem Boden; weit mehr gilt dies für die nichtchristlichen Religionen, die häufig keine Religionsstatistik kennen und ebensowenig den Begriff der Mitgliedschaft im westlichen Sinn. Synkretismus, die Vermischung verschiedener Religionen oder einzelner religiöser Erscheinungsformen, prägt die Glaubensvorstellungen der Mehrzahl der Asiaten. So dominiert z. B. in China ein Religionsgemisch, das sich aus Konfuzianismus, Buddhismus, Daoismus, uraltem Ahnenkult und Elementen der Naturreligion zusammensetzt. Ein altes chinesisches Wort drückt diesen typischen Synkretismus prägnant aus: »Die drei Lehren sind eine einzige.« Gemeint sind Konfuzianismus, Daoismus und Buddhismus, die auch etwa zeitgleich um 500 v. Chr. begründet wurden.

Bemerkenswert ist hier der Begriff »Lehre«, denn »im Chinesischen gibt es kein eigenes Wort für Religion, sondern man verwendet dafür den Ausdruck Lehre, der dem konfuzianischen Denken entnommen ist«, so der deutsche Sinologe Walter Fuchs, der 1935–50 in China lebte und forschte. Die chinesischen Weisheitslehren bilden ein drittes eigenständiges religiöses System neben den prophetischen Offenbarungsreligionen Judentum, Christentum und Islam auf der einen Seite und den von der Mystik geprägten indischen Religionen Buddhismus und Hinduismus auf der anderen Seite.

Blumengeschmückte Figur am Tempel des Âdinâth, des legendären ersten Verkünders des Jainismus, in Ranakpur im indischen Bundesstaat Rajasthan

Der Konfuzianismus

Das ethisch-weltanschauliche System des chinesischen Philosophen und Staatsmannes Konfuzius (551–479 v. Chr.), das er vor allem im »Lunyu« formulierte, fordert eine durchgehende Ethisierung sämtlicher Lebensbereiche unter Hochschätzung der Gelehrsamkeit und der schönen Künste. Der Konfuzianismus gilt auch als »Philosophie des Unterwegs«, da sein Ideal kein Zustand ist, der einmal erreicht wird und danach erhalten bleibt, sondern ein lebenslanges Bemühen um Menschlichkeit. Als fundamentaler Lehrsatz dient die »Einheit von Denken und Handeln«, denn Erkenntnis ist kein Selbstzweck, sondern muss stets zu Handeln führen.

Ursprünglich war der Konfuzianismus keine Religion, sondern eine Erziehungslehre. Erst in Verbindung mit der altchinesischen Naturreligion, dem Götterglauben und der Ahnenverehrung wurde der Konfuzianismus zu einer Religion, deren Kult durch Rituale geregelt ist. Etwa 2000 Jahre lang, bis zum Beginn des 20. Jh., war der Konfuzianismus die Basis der Staatsideologie in China und anderen ostasiatischen Ländern. → S. 766

Der Daoismus (Taoismus)

Der Name leitet sich von dem chinesischen Wort »Dao« (»Weg«) ab, das im Daoismus jedoch für »das Absolute« steht. Der Daoismus kennt keinen Stifter und kein historisches Anfangsdatum, sondern entwickelte sich allmählich aus verschiedenen Quellen. Der chinesische Philosoph Laozi soll der Überlieferung nach um 500 v.Chr. gelebt und das »Daodejing« verfasst haben. Er gilt als der Urvater des Daoismus. Im »Daodejing« formulierte Laozi, seine Überzeugung von der Einheit des Makrokosmos und des Mikrokosmos sowie von der wechselseitigen Beeinflussung der Ordnung des Universums mit dem sittlichen Verhalten des Menschen.

Das Dao ist der überpersönliche Urgrund alles Seienden, gleichzeitig die höchste Leere und das höchste Seiende. Den Wandlungen der Welt liegt das polare Yin-Yang-Paar zugrunde, das sich in einem steten Wechselspiel befindet. Der Mensch ist als Mikrokosmos ein Abbild des Makrokosmos und unterliegt daher ebenfalls den natürlichen Gesetzmäßigkeiten. Hingabe an das Dao als ethisches Naturgesetz ist höchste Tugend, woraus sich das stille, selbstlose und damit ethische Handeln des Menschen ableitet. → S. 799

Der Shintoismus

Der Shinto, der alte »Weg der Götter« Japans, stellt eine Verbindung des ursprünglichen japanischen Natur- und Ahnenkults mit dem späteren Heroenkult dar. Kultanlagen und Schreine bilden die Zentren der Verehrung der Kami, der japanischen Gottwesen. Ziel des Shintoismus ist die Erhaltung bzw. Wiederherstellung der kultischen Reinheit durch ausgedehnte Reinigungsrituale. Bereits früh vermischte sich der Shintoismus mit chinesischen Elementen, vor allem des Konfuzianismus und des Buddhismus, aber auch des Daoismus. Eine wichtige Rolle spielen die Schöpfungsmythen um die Sonnengöttin Amaterasu, deren Nachkommen als Begründer des japanischen Kaiserhauses gelten. Im 19. Jh. entwickelte sich daraus ein intoleranter und nationalistischer Staats-Shintoismus, der mit der Niederlage Japans im Zweiten Weltkrieg unterging. 1946 verzichtete Kaiser Hirohito auf seine göttliche Stellung. → S. 815

Der Jainismus

Wie der Buddhismus zählt auch der Jainismus zu den großen indischen Religionen, die auf die Entwicklung des indischen Subkontinents maßgeblichen Einfluss ausgeübt haben. Anders als der Buddhismus blieb der Jainismus aber in seiner Wirkung auf Indien beschränkt. Als System aus Philosophie, Metaphysik sowie asketischer und meditativer Praxis beruft sich der Jainismus auf Mahâvîra und seine 23 Vorgänger, die als Tîrthamkaras (Furtbereiter) den Jainismus verkündeten. Mahâvîra (549–477 v. Chr.), ein Zeitgenosse von Siddhârtha Gautama, dem historischen Buddha, gilt als letzter spiritueller Lehrmeister des Jainismus in diesem Weltalter. Ziel des Jainismus – auch hier dem Buddhismus vergleichbar – ist die Befreiung des Menschen aus dem leidvollen Daseinskreislauf, also das Nirvâna. Einer der wichtigsten Grundsätze der Jainas ist das Prinzip des Nicht-Tötens (Ahîmsa). Sie wählen nur Berufe, bei denen auch versehentliches Auslöschen von Leben weitgehend ausgeschlossen ist. → S. 847

Das chinesische Jahr des Drachen (Foto: Neujahrsfeiern in Peking im Februar 2000) markiert den Beginn eines Zwölfjahreszyklus innerhalb des chinesischen Kalenders. Der Drache, eines der bekanntesten Symbole Chinas, stellt die männliche, zeugende Naturkraft dar, aber auch allgemein Glück und Fruchtbarkeit. Im Konfuzianismus war er Sinnbild des Kaisers, des Sohnes des Himmels.

Der Parsismus

Aus dem Zoroastrismus, der Religion des Alten Iran, und dem Zervanismus, ebenfalls ein Bestandteil der altiranischen Religion, entwickelte sich der Parsismus, eine nach ihrem Ursprungsland Persien benannte, von Zarathustra gestiftete Religion. Nach der islamischen Eroberung Persiens (642) wanderten die meisten Parsen nach Indien aus, wo sie heute eine religiöse Minderheit bilden. Schon der Koran nennt die Zoroastrier neben Juden, Christen und Sabiern als vierte Gruppe der »Schriftbesitzer«, die eine Offenbarung Gottes in ihrer Sprache erhalten haben. Zervanismus und Zoroastrismus prägten die Geschichts- und Erlöservorstellungen der monotheistischen Religionen des Nahen Ostens (Judentum, Christentum, Islam). Charakteristisch für den Parsismus ist der Feuerkult in Heiligtümern und die Leichenaussetzung in den »Türmen des Schweigens«. → S. 859

大成殿
德箱

Der Konfuzianismus in Geschichte und Gegenwart

Begriff und Bedeutung

Der Begriff Konfuzianismus ist westlich-europäisch; in China heißt die Lehre »Rujia«, etwa »Schule der Sanftmütigen« oder »Schule der Gelehrten«. Das chinesische Wort »ru« für »weich«, »geschmeidig« meint ursprünglich Menschen mit rituellen Kenntnissen, also eine Art Priester.

Die von Konfuzius im 6./5. Jh. v. Chr. entwickelte Lehre praktiziert ein lebenslanges Bemühen um Menschlichkeit und die Beachtung der Sitten (der Vergangenheit). Wie sich Konfuzius nicht als Religionsstifter verstand, sondern als Bewahrer und Reformer der altchinesischen Sitten und Lebensregeln, war der Konfuzianismus zunächst keine Religion, sondern eine am Handeln und Anwenden ausgerichtete Ethik und Erziehungslehre, durchzogen von aktiver Weltbejahung sowie der Hochschätzung von Gelehrsamkeit und den schönen Künsten. Bis heute besteht wohl die größte Wirkung des Konfuzianismus in einer durchgehenden Ethisierung aller Lebensbereiche. Als »Lehre vom rechten Weg« (Dao) wird der Konfuzianismus auch als »Philosophie des Unterwegs« bezeichnet, da sein Ideal kein einmal zu erreichender Zustand ist, sondern lebenslanges Streben im Wandel der Welt.

Gut 2000 Jahre lang, vom 2. Jh. v. Chr. bis zum Beginn des 20. Jh., war der Konfuzianismus die unbestrittene Basis der Staatsideologie in China und einigen anderen ostasiatischen Ländern (z.B. Japan). Die permanente Auseinandersetzung mit Volksglauben, Daoismus und Buddhismus ließ vor allem den sich seit dem 10. Jh. herausbildenden Neo-Konfuzianismus zu einer metaphysisch ausgerichteten, universalen Weltdeutung werden. Über den Kult um Konfuzius und die Riten der Ahnenverehrung *(Ahnenkult)* wurde er zum Staatskult. Auch nach dem Ende des konfuzianischen Staatskults ist die Gesellschaft Ostasiens besonders im Wirtschaftsleben und bei den Formen des sozialen Miteinanders von den Werten des Konfuzianismus durchdrungen.

Grundzüge des Glaubens

Die Religion des alten China

Die alte Religion Chinas beeinflusste nachhaltig alle späteren Glaubensvorstellungen und Denkstrukturen. Die Hochschätzung der Vergangenheit im Konfuzianismus und seine Zurückhaltung in religiösen Fragen brachten es mit sich, dass in den verehrten »Riten der Vergangenheit« fast alle Elemente der altchinesischen Religion weiterhin gepflegt wurden.

Die frühesten Zeugnisse aus dem 5. Jt. v. Chr. (Yang-Shao-Kultur) sind Gegenstände, die mit dem heiligen Raum und Fruchtbarkeitsriten in Verbindung stehen. Die Urnen in Häuschenform lassen auf den Glauben an eine Weiterexistenz nach dem Tod schließen. Zeichen auf den Ritualgefäßen zeigen Fruchtbarkeitsvorstellungen in Form sexueller Vereinigung. Die Lung-Shan-Kultur der größtenteils legendären Xia-Dynastie (um 2205–1760 v. Chr.) kannte bereits erste Kalender zur Berechnung kosmischer Zyklen und Opferriten im Dienst des *Ahnenkults.*

Die Funde der Shang-Zeit (um 1760–1025 v. Chr.) sind historisch wesentlich besser da-

Großes Bild links: Statue des Konfuzius vor dem gleichnamigen Tempel in Nanking in der chinesischen Provinz Jiangsu

Zeremonie im Geburts- und Sterbeort des Religionsgründers Konfuzius in Qufu

STICHWORT **Konfuzianismus in aller Welt**

Jugendlicher Priester-Nachwuchs bei einer Zeremonie im Konfuzius-Tempel in Taipeh (Taiwan) zum Geburtstag des Religionsstifters

Studentinnen der Sung-Kyun-Kwan-Universität in Seoul (Südkorea) in traditionellen Gewändern bei einer Feier zu Ehren des Konfuzius

Studenten in Seoul (Südkorea) in traditionellen konfuzianischen Gewändern

Betende in Peking am 12.2.2002, dem ersten Tag des neuen Jahres des Pferdes

Konfuzianischer Gläubiger beim Friedensgebet 2002 im Franziskaner-Konvent in Assisi (Italien)

tierbar. Gefäße weisen eine reiche Ikonografie auf und erste Schriftzeichen finden sich auf *Orakelknochen.* Es erfolgte die bildliche Darstellung der Vereinigung antagonistischer Kräfte im Zusammenhang mit Göttern und kosmischen Mächten. Die frühen Weltentstehungserklärungen (Kosmologien) beschäftigten sich mit dem Verhältnis zwischen Himmel und Erde sowie mit den Naturkreisläufen. Der oberste Gott Di *(Shang-Di)* galt als Himmelsherr, weltliche Herrschaft wurde durch Berufung auf die Macht der Ahnen legitimiert. Kalendererstellung und Jahreskulte galten als »Dienst am Himmel« bzw. »Gottesdienst«, alle Opferhandlungen standen im Zusammenhang mit Fruchtbarkeits- und Kontinuitätsriten. Es finden sich Hinweise auf Menschenopfer, etwa das Mitbegraben von Dienern und Gefährten in Herrschergräbern.

In der Zeit der *Zhou* (um 1025–256/249 v. Chr.) wurde der Himmelsherr *Shang-Di* mit dem *Himmel* selbst gleichgesetzt und weitgehend personal gedacht. Erstmals bildete sich eine Theorie über das für den Konfuzianismus wichtige *Mandat des Himmels* als Herrscherlegitimation. Ein ausgedehnter *Ahnenkult* ersetzte das Urnenhäuschen durch *Ahnentafeln.* In Zeremonien wurden die Seelen der Ahnen zum Speiseopfer mit den Lebenden geladen. Der Kult um den männlich gedachten Himmel und die weibliche *Erde*

(Yang, Yin) begann ebenso wie die Stadtbefestigungen und das Bewusstsein von China als »Reich der Mitte«, das von »Barbaren« an den Randzonen bedroht war. Es entstanden Theorien über die Verbindung von Himmel und Erde durch die Weltachse (»Aufgerichteter Baum«) oder den Himmelspfeiler der *Mitte,* deren Hüter der Herrscher ist. Die zivilisatorische Leistung der Kulturheroen wurde herausgestellt und umfangreiche Spekulationen über die *fünf Himmelsrichtungen* (inklusive der Mitte) fanden sich ebenso wie die Verbindung von Makro- und Mikrokosmos zu universellen *Harmonien.* Höchste Bedeutung erhielt das Zusammendenken von Gegensatzpaaren und Wandelzuständen, die durch ein allgemeines Gesetz oder uranfängliches Wesen *(Dao)* geleitet wurden.

Die Volksreligion mit Ahnenkult und Fruchtbarkeitsriten zur Sicherung der kosmischen Abläufe sowie Spekulationen über das Verhältnis von Himmel-Erde-Mensch wurden 1892 von dem niederländischen Sinologen und Religionswissenschaftler Jan Jakob Maria de Groot (1854–1921) als »Chinesischer Universismus« bezeichnet. Dieser Begriff wird auch für das Durchhalten dieser Themen in Konfuzianismus, Daoismus und Buddhismus verwendet.

Mit seiner hohen Wertschätzung der Errungenschaften der traditionellen Kultur verband der Konfuzianismus auch die Übernahme und Integrierung der altchinesischen *Symbolik* und ihrer Darstellungsformen in das eigene Denksystem.

Die Lehre des Konfuzius

Der Lehrer Konfuzius vertrat ein umfassendes, auch Körperertüchtigung und Ästhetik einbeziehendes Bildungsideal. Zum Lernstoff gehörten neben Zeichen- und Schriftenstudium, Schreiben, Rechnen, Riten-Kunde und Verhaltensregeln auch Bogenschießen, Schwertkampf und Wagenlenken, Instrumentalmusik, Gesang und Dichtung. Anstelle abstrakter Lehren wurden Einzelfälle und Beispiele behandelt. Konfuzius schätzte Korrekturen und Widerspruch durch seine Schüler, indem er sagte: »Dass die Menschen sicher meine Fehler erkennen, ist mein Glück« (Lunyu VII,30). Der Umgang in der Schule, zu der Adepten aus allen sozialen Schichten zugelassen waren und nur nach ihren Fähigkeiten ausgesucht wurden, war stets von Höflichkeit und Achtung geprägt, die fortgeschrittenen Schüler hatten die Neulinge anzulernen. Von den Schülern sind 72 namentlich bekannt, die heute im Konfuzianismus verehrt werden.

Achtung vor den Ahnen: Die Riten (Li)

Die Frage nach Wiederherstellung der politischen und gesellschaftlichen Harmonie stand im Mittelpunkt des Interesses von Konfuzius. Ihm schien gerade der Niedergang der durch die Macht der tradierten Riten regierenden *Zhou* besonders beklagenswert, da der »rechte Weg« *(Dao)* verloren zu gehen drohte. Obwohl Konfuzius seine »Liebe zum Altertum« (Lunyu VII, 19) offen bekannte, ging es ihm nicht um eine simple Wiederherstellung, sondern um »ernsthafte Ergründung« (ebd.); die Riten der Vergangenheit, die das Leben der Menschen gelenkt hatten, mussten aktualisiert werden, um auch aus den Fehlern der Geschichte zu lernen.

Der chinesische Begriff »Li«, dessen Schriftzeichen ein Opfergefäß zeigt, in das Gegenstände für die Ahnen gegeben werden, und der ursprünglich »Opferritual« meinte, hat im Konfuzianismus drei Bedeutungen: Höflichkeit im Umgang, Riten im Sinn der Opferhandlungen des *Ahnenkults* und vor allem Sittlichkeit im Sinn des rechten sittlichen Verhaltens. »Rückkehr zu den Li« (Fu Li) bedeutet Rückkehr zu den Sitten, welche die moralische Ordnung der Gesellschaft aufrecht erhalten. Durch Beachtung der Li

Junge Chinesen beim Gebet zu Ehren ihrer Ahnen

Alte Form des chinesischen Zeichens »Yi« für »Wandlung«, nach einer Steingravierung aus der Song-Dynastie, 960–1278

öffnet sich der Mensch (in den Riten des Hauses, der Familie und des Totenkultes) einmal der Reihe der Ahnen, also seiner eigenen Herkunft und Verwurzelung, dann auch dem »Weg des Himmels« *(Dao),* der Übereinstimmung *(Harmonie)* mit dem Kosmos und den Naturkreisläufen. Die Li sind eine Art »Leiter« zum »Übersteigen der Subjektivität« (Ke Ji) und Egozentrik auf dem Weg zur vollendeten Menschlichkeit (Ren), die den Einklang und das Wohl der anderen stets mitbedenkt: »Sich selbst überwinden und zu den Riten zurückkehren ist Menschlichsein. Sich einen Tag überwinden und zu den Riten wenden, alle Welt fände so zum Menschlichsein« (Lunyu XII, 1). Insofern sind die Li nicht bloß bewahrend, sondern haben einen schöpferischen Wert in der Selbsterziehung des Menschen. Sie sind oft als Ausdruck einer konfuzianischen »Weltfrömmigkeit« angesehen worden.

Als Mittel zur Veredelung des Menschen werden die Li vom Konfuzianismus in einem merkwürdigen Schwebezustand belassen, der auch mit seiner Enthaltsamkeit in explizit religiösen Aussagen zu tun hat: Die Li, die nach der Lehre des Konfuzius ihre Grundlagen im Himmel und ihr Modell auf Erden haben, gelten ohne Hinterfragung, da sie als sozial sinnvoll nicht rationalisiert zu werden brauchen. Sie sind nicht reiner Selbstzweck, aber auch mehr als ein bloßes Mittel zum Zweck, da sie letztlich den Umgang des Menschen mit seinesgleichen, seinen Ahnen und seinen Sozialordnungen leiten.

Richtigstellen der Begriffe
Im Lunyu (XIII, 3) heißt es über die Begriffe: *»Wenn die Bezeichnungen nicht richtig sind, so stimmen die Begriffe nicht mehr. Stimmen die Begriffe nicht, so gelingt auch kein Werk. Gelingt kein Werk, so gedeiht Sitte und Kunst nicht. Gedeiht Sitte und Kunst nicht, so greifen die Strafen nicht. Greifen die Strafen nicht, so weiß das Volk nicht, wo anzupacken und wohin der Fuß zu setzen ist. Darum sorgt der Edle dafür, dass er seine Begriffe unter allen Umständen in Taten umsetzen kann. Der Edle duldet nicht, dass in seinen Worten irgendwelche Unordnung besteht. Das ist es, worauf alles ankommt.«*

Das Ziel: Menschlichkeit (Ren)

Ren, das mit »Menschlichkeit« oder »Menschlichsein« übersetzt wird, ist ein Ziel, das der »Edle« im Sinn des Konfuzius lebenslang anzustreben hat, aber bei selbstkritischer Prüfung immer wieder verfehlt. Ren ist kein einmal zu erreichender Zustand, sondern muss in konkreten Situationen immer wieder neu hergestellt bzw. erworben werden, es ist also ein lebenslanger Prozess des Menschlichwerdens. Ren bedarf der ständigen Einübung und findet sich (Lunyu XII,2 und XV,23) in einer Art goldener Regel: »Was einem selbst nicht erwünscht ist, tue man anderen nicht.« Auffallend ist (im Gegensatz zur christlichen Fassung in der Bergpredigt), dass diese Version nicht vom eigenen Handeln ausgeht, sondern die *Gegenseitigkeit* oder Rückbezüglichkeit (Shu) zum Ausgangspunkt nimmt.

Das Schriftzeichen Ren besteht aus den Grundzeichen für »Mensch« und »zwei«; Menschlichkeit, für Konfuzius die erste der *fünf Grundtugenden,* meint eine (zuneigende) Beziehung zu anderen. Sie wird oft im Sinn der christlichen Nächstenliebe interpretiert, meint aber vor allem Achtung und Respekt, wie sie in der *Ehrfurcht vor Eltern* und Älteren (Xiao) und der Befolgung der Riten *(Ahnenkult)* zum Ausdruck kommt.

Das Ideal: Der Edle (Junzi)

Junzi ist Zentralbegriff und pädagogisches Ideal des Konfuzianismus. Seine ursprüngliche Bedeutung »aus adeliger Familie stammend« wandelte Konfuzius durch eine prinzipielle Einebnung der sozialen Standesunterschiede und ersetzte sie durch eine Art Aristokratie des Geistes. Die Edlen des Konfuzius sollen die ethisch vorbildhafte und der Allgemeinheit nützliche gesellschaftspolitische Elite werden. In seiner praktischen Ausrichtung entwickelt Konfuzius keine Lehre der edlen Gesinnung, sondern gibt konkrete Beispiele für Denken und Handeln des Junzi.

So vermag er durch die *Charaktervervollkommnung* (Xiu Ji) Egoismus und Selbstgenügsamkeit gleichermaßen zu überwinden. Er gibt jede Egozentrik auf, bejaht aber sein Ich und weiß um seinen Wert (gegen das Selbstlosigkeits-Ideal des Buddhismus und das Rückzugs-Ideal des Daoismus). Er ist ein souveränes, in sich ruhendes und gegen die Wechselfälle des Schicksals innerlich gewappnetes Subjekt und will im Staat eine Rolle spielen gemäß seinen Fähigkeiten und Kenntnissen. Junzi zielt auf das Zusammenleben mit den Menschen und strebt nicht nach Besitz und materiellen Gütern, verachtet sie aber auch nicht, wenn sie ihm zukommen. Er betreibt eine ständige Einübung ins Menschlichsein, weiß aber, dass er nicht fehlerlos ist und scheitern kann. Er braucht nicht die Anerkennung von anderen, weist sie aber auch nicht arrogant zurück (Handeln aus der *Mitte* heraus). Seine Hauptaufgabe besteht im Korrigieren, falls die gesellschaftlich Verantwortlichen den »rechten Weg« *(Dao)* verlassen. Im Konfliktfall soll er Armut und Ämterverlust hinnehmen, damit er nicht selbst vom Dao abkommt.

Im Auftreten bereits unterscheidet er sich von dem durch die *Mohisten* propagierten »gemeinen oder niedrigen Menschen« (Xiao Ren) durch Würde, Zurückhaltung, Heiterkeit und Bescheidenheit, aber auch Charakterfestigkeit. Er kennt Gefühle wie Liebe und Hass und unterdrückt sie nicht, weiß sie aber zu beherrschen und ihnen angemessenen Ausdruck zu verleihen. Sein Leben verläuft in Treue (Loyalität) und Freundschaft und in der Beachtung der Riten; allen ästhetischen und künstlerischen Neigungen, die zum Leben gehören, steht er positiv und fördernd gegenüber.

Das Mittel: Lebenslanges Lernen (Xue)

Xue, Lernen, ist das Mittel des Edlen, um Menschlichkeit zu erlangen. Wie alle Aspekte des menschlichen Lebens hat auch Lernen als Wissenserwerb eine ethische Ausrichtung. Es ist niemals Selbstzweck, der Erwerb von Kenntnissen und Fähigkeiten geht stets mit sittlicher Vervollkommnung einher. Lernen als Grundstimmung des Lebens mündet in »übendes Anwenden« (Xi) und kommt nie zum Stillstand *(Erkennen und Handeln)*. Es gibt keinen Unterschied von Theorie und Praxis und Xue meint wesentlich »Übertragung«: Was ich in der Familie oder Schule gelernt habe, kann ich im Staatsdienst oder auf gesellschaftlicher Ebene anwenden (notwendige Schrittfolge): »Man soll Altes wiederholen, dann kann man Neues erkennen« (Lunyu II, 11).

Lernen geht stets mit Selbstreflexion als kritischer Betrachtung des eigenen Redens und Tuns einher, was auch »Selbstkritik« (Xing Sheng) oder »Erforschen des Innern« (Nei Xing) genannt wird. Die Selbsterforschung führt zu innerer Freiheit, da sie jedes Abweichen vom »rechten Weg« *(Dao)* korrigiert. Alles Gelernte verlangt nach praktischer Umsetzung zum Wohl aller.

Die Methode: Richtigstellen der Begriffe (Zheng Ming)

Die auch als »Namensfestlegung« oder »Namensdefinition« bzw. »Klarmachen der Begriffe« (Zheng Ming) bezeichnete Methode hängt mit dem Vertrauen des Konfuzius in die Macht der Sitten und Riten (Li) der Vergangenheit ebenso zusammen wie mit seiner Zeitdiagnose. Danach stellt sich der Zusammenbruch der alten Ordnung wesentlich als Missverhältnis von Wort bzw. Zeichen und Bedeutung, als Verwirrung der Begriffe und traditioneller Wertungen dar, die zu politischen Kämpfen und Rechtsstreitigkeiten führen.

Chinesische Kinder im Konfuzius-Tempel in Peking, im Vordergrund ein in Stein geritztes Bild des Konfuzius

Auf die Frage des Herrschers von Lu nach der ersten Grundlage einer gerechten Regierung gab Konfuzius die Maxime aus: »Der Fürst sei Fürst, der Untertan sei Untertan, der Vater sei Vater, der Sohn sei Sohn« (Lunyu XII, 11). Spätere Kritiker des Konfuzianismus haben darin eine bloße Festschreibung traditioneller Rollen- und Herrschaftsverhältnisse sehen wollen. Doch wollte Konfuzius vor allem den politisch-moralischen Niedergang aufhalten und den Verlust des himmlischen *Mandats* verhindern. In der Meinung, dass jedes Wesen und Ding seinem Namen entsprechen und seiner Namensfestlegung folgen soll, drückt sich ein Vertrauen in die traditionelle Sprach- und Kommunikationsgemeinschaft der Menschen aus, bei der unkontrollierte Bedeutungs- und Wer-

Stichwort Shih Huang-Di – Kaiser der Terrakottaarmee

7000 lebensgroße Terrakottafiguren aus der Qin-Dynastie (221–206 v. Chr) wurden 1974 beim Mausoleum des Kaisers Shih Huang-Di in der Provinz Shaanxie entdeckt und bis 1977 ausgegraben.

Shih Huang-Di
»Erster Gott-Kaiser«, 259–210 v. Chr., erster wirklicher Kaiser von China. Unter seinem eigentlichen Namen Zheng wurde er im Jahr 246 Herrscher des aggressiven Militärstaates Qin und unterwarf zwischen 230 und 222 die sechs rivalisierenden Staaten der Zeit der Streitenden Reiche. 221 v. Chr. rief er sich zum »ersten Kaiser« von China aus und begründete die Qin-Dynastie (221–206 v. Chr.).

In nur elf Jahren legte er die Grundlagen für die insgesamt 2000 Jahre bestehende Organisation des riesigen Reichs der Mitte: Einrichtung der Provinzverwaltungen durch zivile und militärische Gouverneure, Ersetzen des alten Feudalsystems durch Beamte, Vereinheitlichung von Schrift, Maßen, Gewichten, Münzwesen, Landerschließung durch Straßenbau und Kanäle, Errichtung wesentlicher Bauabschnitte der Chinesischen Mauer sowie einer gewaltigen Grabanlage mit rund 7000 lebensgroßen Krieger-Terrakottafiguren (1974 entdeckt, bis 1977 ausgegraben). Er bestimmte das Wasser (anstelle des Feuers der *Zhou-Dynastie)* zum »regierenden Element« Chinas.

Shih Huang-Di setzte den Legalismus *(Legalisten)* als Staatsdoktrin durch und regierte mit harten Gesetzen. Auf Veranlassung seines Kanzlers Li Ssu kam es 213 v. Chr. zur Verbrennung der Schriften des Konfuzianismus (sowie anderer Richtungen der *Hundert Schulen),* eine Zäsur, die zum Verlust eines Großteils der altchinesischen Literatur führte. Nur Bücher der praktisch-technischen Kenntnisse waren ausgenommen. 460 unbotmäßige Konfuzianer wurden lebendig begraben.

Obwohl Shih Huang-Di zu den bedeutendsten Herrschern der Weltgeschichte zählt, gilt er dem Konfuzianismus als das Musterbeispiel eines rücksichtslosen und grausamen Tyrannen. Den bald nach seinem Tod (210) erfolgenden Sturz seiner Dynastie (206 v. Chr.) deutet der Konfuzianismus als Verlust des himmlischen *Mandats,* da die Qin-Kaiser trotz harter Gesetze die strengen Vorbilder und Riten (Li) der Vergangenheit missachteten.

Dong Zhongshu
190–105 (oder 179–104) v. Chr., bedeutender Konfuzianer, der in der frühen Han-Zeit die Entwicklung des Konfuzianismus zur Staatsideologie bzw. zum Staatskult entscheidend prägte. Als erster maßgeblicher konfuzianischer Metaphysiker entwickelte er ein kosmologisches System, welches *Himmel,* Herrscher und Volk aufeinander bezog, und verband die *Fünf-Elemente-Lehre* sowie eine stark hierarchisierte Deutung von *Yang* und *Yin* mit den staatspolitischen und ethischen Lehren des ursprünglichen Konfuzianismus. Philosophisch ist er zwischen dem ursprünglichen und dem Neo-Konfuzianismus anzusiedeln.

tungsverschiebungen zu Verwirrung und Streit führen.

Soziale Rollen und Pflichten in ihrem gegenseitigen Verhältnis (z. B. Vater und Sohn bzw. Eltern und Kinder, Herrscher und Untertan bzw. Beamter) müssen ihrer Stellung gerecht werden. Es ist Aufgabe des guten Sohnes bzw. des konfuzianischen Beamten, den Vater oder Herrscher zu »berichtigen«, falls er »seinem Namen nicht entspricht« und »vom rechten Weg abweicht«. Die Verantwortung überträgt Konfuzius dem sozial stärkeren Teil: Gehorcht ein Sohn nicht, muss die Erziehung des Vaters befragt werden; ist ein Beamter illoyal, muss man die Regierungsprinzipien des Herrschers überprüfen. Wichtig zum Verständnis von Zheng Ming ist, dass die chinesischen *Schriftzeichen* stets aus Grundelementen zusammengesetzt sind, in denen die ursprüngliche Bedeutung des zusammengesetzten Begriffs bereits weitgehend enthalten ist.

Geschichte des Konfuzianismus

Konfuzianische Staatsideologie

Der frühe Konfuzianismus beschäftigte sich vor allem mit der kommentierenden Vermittlung der Klassikerwerke. Ein schwerer Schlag war die von den *Legalisten* 213 v. Chr. initiierte Bücherverbrennung durch den Qin-Kaiser Shih Huang-Di (reg. 221 bis 210 v. Chr.), die das Ende der altchinesischen Schriftkultur herbeiführte und eine klar antikonfuzianische Stoßrichtung hatte. Im neuen Staat sollte alle Belehrung allein durch Gesetze und Verordnungen, nicht durch Schriften erfolgen. Keine Schule sollte die idealisierte Vergangenheit gegen die Gegenwart ausspielen können.

Dagegen ermöglichte die Dynastie der Westlichen Han (206 v. Chr.– 9/25 n. Chr.), die sich mit Kaiser Wen (reg. 180–157 v. Chr.) dem Konfuzianismus verschrieb, der Lehre des Konfuzius einen beispiellosen Aufstieg. Der energische Kaiser Wu (reg. 141–87 v. Chr.) ordnete China mithilfe eines staatlich gelenkten Berufsbeamtentums neu. Sein Berater, der bedeutende Konfuzianer Dong Zhongshu (190–105 v. Chr.), gab ihm mit dem Konfuzianismus die benötigte Staatsideologie, indem er das kaiserliche Himmelsopfer mit großen Zeremonien erneuerte und für eine quasireligiöse Überhöhung des Herrschers agierte. Mit der von Kaiser Wu ausgegebenen Parole »Nur den Konfuzianismus fördern, die anderen Hundert Schulen abschaffen!« wurde 140 v. Chr. eine staatliche Beamtenprüfung eingeführt. Nun entschieden Kenntnis und Befolgung der Konfuzianismus-Klassiker über den Aufstieg eines Beamten; dieses System blieb mit geringen Veränderungen bis 1905 in Kraft. Dong Zhongshu formulierte verbindlich: »Wenn die Leute (die Prüfungskandidaten) die sechs wissenschaftlichen Disziplinen (die Kenntnis der Konfuzianismus-Klassiker) und die Lehre des Konfuzius nicht beherrschen, muss man ihre Laufbahn abbrechen und sie nicht weiterkommen lassen.«

Der Konfuzianismus übernahm nun viele Ansichten der *Legalisten,* sodass neben das sittliche Vorbild auch Regierungsverordnungen und Gesetze traten. Praktisch schufen die Konfuzianer eine staatliche Lebensmittelverwaltung mit Altersrenten, ließen die Sklaven frei und humanisierten das Straf-

CHRONIK **Zeittafel zur Geschichte des Konfuzianismus**	
2205 bis 1760 v. Chr.	Xia-Dynastie (legendär), angeblich von dem Urkaiser Yu gegründet: wahrscheinlich Viehzucht, erste Keramik-Erzeugnisse
um 1760 bis 1025	Shang-Dynastie: Kulturelle Durchdringung des gesamten Landes (d. h. der Mitte des heutigen China) und Städtegründungen
um 1025 bis 771	Zeit der Westlichen Zhou: Stabile Herrschaft durch intensivierte Landwirtschaft. Goldenes Zeitalter für Konfuzius
771–256/49	Östliche Zhou: Verfall der Zentralherrschaft und der Sitten
771–476	»Frühlings- und Herbstperiode«: Aufstieg der Kleinstaaten
475–221	»Zeit der Streitenden Reiche«: Kriegerische Rivalität der sieben Teilreiche, Zeit der geistigen Blüte (Hundert Schulen)
221–206	Qin-Dynastie (1. Reichseinigung): Beginn kaiserlicher Zentralherrschaft
221–210	Shih Huang-Di: 1. Kaiser, bedeutende Kultur, Machtkonzentration
213	Staatliche Bücherverbrennung der konfuzianischen Klassikerwerke
206 v. Chr. bis 9/25 n. Chr.	Westliche Han: Durchstrukturierte Reichsverwaltung, Bildung neuer Elite in der Administration und einer Klasse Großgrundbesitzer
141–87v. Chr.	Kaiser Wu: Neuordnung des Reiches, konfuzian. Staatsideologie
9–23 n. Chr.	Xin-Dynastie (Kaiser Wang Mang): Wirtschaftsreformen
25–220	Östliche Han: Fraktionskämpfe der Adelsfamilien
220–280	Drei Reiche der Wei, Shu-Han und Wu (1. Reichsteilung)
265–316	Westliche Jin (2. Reichseinigung)
317–420	Östliche Jin mit der Hauptstadt nahe des heutigen Nanking
420–589	Südl. und Nördl. Dynastien (2. Reichsteilung): Einfall von Barbaren
581/89–618	Sui-Dynastie (3. Reichseinigung): Neukonsolidierung der Zentralmacht
618–907	Tang-Dynastie: Buddhistische Prägung, bedeutende Kulturleistung
907–960	Zeit der Fünf Dynastien (3. Reichsteilung)
960–1279	Song-Dynastie (4. Reichseinigung): Durchstrukturierte Ausbildung der Beamtenschaft, überlegene Wirtschaftsentwicklung
1279–1368	Yuan-Dynastie (Mongolen, Nachkommen Dschingis Khans)
1368–1644	Ming-Dynastie: Weitgehend Herrschaft der Hofeunuchen
1644–1911	Qing-Dynastie (Mandschu): Stabile Kaiserherrschaft bis ins 19. Jh.
um 1800	Aufstieg der chinesischen Geheimgesellschaften; China gerät ins Blickfeld der europäischen Kolonialmächte (Imperialismus)
1840–42	Opium-Krieg: Briten erzwingen die Öffnung der chinesischen Häfen
1850–64	Taiping-Aufstand gegen Zentralherrschaft mit 20 Mio Opfern
1898	Die modernistische »Reform der Hundert Tage« wird gewaltsam unterdrückt; Sieg des konservativen Konfuzianismus
1900	Der nationalistische »Boxer-Aufstand« wird von den europäischen Mächten in China niedergeschlagen
1911	Abschaffung des Kaisertums, Gründung der Republik China (10. Oktober)
1912–37/49	Republik China unter Führung der Guomindang und Sun Yat-sens
1919	Antikonfuzianische »Bewegung des Vierten Mai«
1925–49	Militärdiktatur Chiang Kai-sheks (seit 1937/45 zunehmend geschwächt)
1934	Beginn des »Langen Marsches« der Kommunisten unter Mao Tse-tung
1937–45	Besetzung Chinas durch japanische Truppen
1947–49	Bürgerkrieg in China
1.10.1949	Mao Tse-tung ruft die kommunistische »Volksrepublik China« aus
1966–70	Kulturrevolution in China
seit 1976	Nach dem Tode Maos unter seinen Nachfolgern (führend: Deng Xiao-ping) erste Wirtschaftsreformen, KP behält Machtmonopol
1989	Massaker der Armee auf dem »Platz des Himmlischen Friedens« in Peking an demokratischen Studenten und Bürgerrechtlern

Legendäre Begegnung zwischen Konfuzius und Laozi, nach einer Steinabreibung aus dem Grab des Jiaxiang (Provinz Shandong), Östliche Han-Dynastie, 25–220

recht. Die Aufstiegschancen ergaben sich nach dem Grad der Kenntnisse und Fähigkeiten, nicht mehr nach Herkunft. 124 v. Chr. wurden die Kaiserliche Akademie gegründet sowie alle Bibliotheken, Observatorien und sonstigen wissenschaftlichen Einrichtungen dem kaiserlichen Hof direkt unterstellt; ihre Pflege oblag fortan den Konfuzianern.

Das Verhältnis zu Daoismus und Buddhismus

Seine unangefochtene Stellung im Staat erlaubte dem Konfuzianismus einen weitgehend toleranten Umgang mit den geistigen Strömungen, die stärker als Religion begriffen wurden. Der etwa gleichzeitig mit dem Konfuzianismus entstandene Daoismus wurde von diesem mehr als privatistische Frömmigkeitslehre begriffen und konnte sich auch in der Han-Zeit halten, wo er eine starke Synthese mit altchinesischen Vorstellungen der Volksreligion einging. Das daoistische Ideal des »Nicht-Handelns« (Wuwei), des Gewährenlassens im Einklang mit der Natur, verwarf der Konfuzianismus als Rückzug aus der gesellschaftlichen Verantwortung. Auch seine Anklänge an Naturmagie und seine Unsterblichkeitslehren waren dem Konfuzianismus als Aberglaube suspekt. Dem daoistischen wie buddhistischen Ideal der Selbstgenügsamkeit und Bedürfnislosigkeit setzte der Konfuzianismus die ästhetische Existenz des gebildeten Schriftgelehrten entgegen.

Das Verhältnis zum Buddhismus war anfangs wesentlich spannungsreicher, zumal der Buddhismus während der Tang-Zeit (618–907 n. Chr.) im Begriff stand, den Konfuzianismus als tragende Staatsideologie abzulösen. Die Vorwürfe der Konfuzianer lauteten, der Buddhismus mit seiner Weltflucht führe zur Staatsverachtung, die meditativen Praktiken hielten die Menschen von tätiger Arbeit ab, das widernatürliche asketische Ideal verletze das Gebot der Unversehrtheit des Körpers und die zölibatären Mönche setzten ihre Ahnenreihe nicht fort. Auch würden wertvolle Edelmetalle für die kostbaren Statuen und Bildwerke verschwendet. Ein Dorn im Auge waren den Konfuzianern die politisch mächtigen Klöster als Staaten im Staat. Insofern waren Konfuzianer wie Han Yu (768–824) die Initiatoren der letzten großen Buddhistenverfolgung in China (843–45), als 40 000 buddhistische Tempel aufgehoben, über 5000 Klöster teilweise zerstört sowie 260 000 Mönche und Nonnen zwangslaisiert wurden.

Andererseits zeigt die Entwicklung des Neo-Konfuzianismus, wie stark der Konfuzianismus von buddhistischen Philosophien und Spekulationen beeinflusst wurde. Schließlich wurden auch ursprünglich buddhistische Praktiken der Meditation und Verinnerlichung als Übungen der konfuzianischen *Charaktervervollkommnung* übernommen, etwa durch Wang Yang-ming.

Der Kult um Konfuzius

Bald nach seiner Etablierung als Staatsdoktrin, besonders aber herausgefordert durch die Erfolge des Daoismus und Buddhismus

VERGLEICH Wang und Han – zwei bedeutende Gelehrte

Wang Yang-ming (auch Wang Shouren), 1472–1529, bedeutender Denker des Neo-Konfuzianismus, der Elemente des Buddhismus in den Konfuzianismus aufnahm. Er übernahm Zhu Xis Lehre von der sittlichen Vervollkommnung des Menschen durch Beachtung der Ideen (Li), lehnte aber den schrittweisen Aufstieg zugunsten plötzlicher Erleuchtung ab. Die Ideen sind im Menschen eingewurzeltes Wissen, deren Erkenntnis in plötzlicher Einsicht durchschlägt. Wang Yang-ming vertrat die Identität der Substanz von *Himmel und Mensch* sowie die Einheit von *Erkennen* und Handeln: Handeln ist das »Nach-außen-Wenden« des Wissens. Daraus leitete er die Lehre der Identität von Bildung und Arbeit ab.

Han Yu, 768–824, wichtigster Konfuzianer der Tang-Zeit. Er betonte die chinesische Kontinuität der Überlieferung, die von den Urkaisern *Yao* und *Shun* bis zu Konfuzius und Menzius reicht. Er verteidigte den Konfuzianismus als »urchinesische Lehre« gegen den als »indisch« (fremd) bezeichneten erstarkenden Buddhismus und betrieb eine erfolgreiche Gleichsetzung der chinesischen Kultur überhaupt mit dem Konfuzianismus. Han Yu gilt als geistiger Wegbereiter der Buddhisten-Verfolgung von 843–845.

in breiten Volksschichten, sah sich der Konfuzianismus veranlasst, seinen ursprünglich religiösen Agnostizismus, der das Übersinnliche für nicht erklärbar hält, zu modifizieren. Der Kult um Konfuzius als »ersten Heiligen« ersetzte das fehlende religiöse Element, die Staatsideologie wandelte sich zu einer Art Staatsreligion.

Kurz nach dem Tod des Konfuzius (479 v. Chr.) hatte der Herzog von Lu dessen Wohnhaus in *Qufu* in einen Tempel umbauen lassen, der bald zum Wallfahrtsort einer ausgedehnten Konfuzius-Verehrung wurde. Die Han-Kaiser übernahmen kultische Elemente aus den Konfuzianismus-Klassikern in ihren Staatskult; 194 v. Chr. brachte der Kaiser erstmals Opfergaben am Grab des Konfuzius dar, was für alle Nachfolger verbindlich wurde. Im Jahr 1 n. Chr. wurde Konfuzius posthum, im Jahr 37 seine leiblichen Nachkommen in den Herzogstand erhoben. Ab 59 wurden Konfuzius in allen Schulen des Landes Opfer dargebracht, 72 wurde die kultische Verehrung der 72 Hauptschüler des Konfuzius eingeführt. Im Jahr 267 verfügte ein kaiserliches Edikt das viermal jährlich stattfindende große Opfer an Konfuzius, 555 die Errichtung eines *Konfuzius-Tempels* in jeder Distrikthauptstadt, wo an jedem ersten und 15. Tag des Monats Opferfeiern stattzufinden hatten. Alle Schulen und Prüfungsanstalten erhielten einen eigenen Konfuzius-Tempel. Im Jahr 739 wurde Konfuzius vom Kaiser der Titel eines Königs verliehen, 1008 der eines »vollkommenen Weisen«. Zeitgleich wurde verfügt, dass alle chinesischen Beamten vor ihrer Zulassung das große Opfer an Konfuzius zu vollziehen hatten. 1086 erhielt Konfuzius die Kaiserwürde und der erste Quing-Kaiser Shun Chih (reg. 1644–61) erhob ihn 1657 zum »Allerheiligsten früheren Lehrer«. 1906 erfolgte schließlich die »Vergöttlichung« des Konfuzius.

Der Neo-Konfuzianismus

Nachdem der Konfuzianismus in der Tang-Zeit (618–907) die Gleichstellung mit Buddhismus und Daoismus als staatstragende Ideologie hinnehmen musste, behauptete der Neo-Konfuzianismus, der sich im 10. Jh. herausbildete, seit der Song-Zeit (960 bis 1279) wieder eine gewisse geistige Vormachtstellung, die bis zum Ende des Kaiserreichs (1911) erhalten blieb.

Oben: Konfuzius-Tempel in seinem Geburtsort Qufu in der Provinz Shandong

Unten: Blick ins Innere des Konfuzius-Hauses in Qufu

Der Neo-Konfuzianismus, der sich zeitweise gegenüber volksreligiösen Vorstellungen sehr weit öffnete, legitimierte die Herrscher durch Geschichtstheorien und Pflege des Schrifttums. Er konnte sich eine Art Kontrollmonopol nicht nur für die Beamten-, sondern für die Gelehrtenausbildung generell in China sichern. Damit wurden die Gelehrten endgültig zur staatstragenden Elite. Beamte und Gelehrte als moralische Vorbilder übten immer stärker auch in kultischen Ritualen leitende Funktionen aus. In seinen geistigen Themen zeigt der Neo-Konfuzianismus einen hohen Abstraktionsgrad und eine Neigung zur Verschulung (Scholastik), womit er erstaunliche Parallelen zu den Entwicklungen des Denkens im abendländischen Mittelalter aufweist.

In der intensiven Auseinandersetzung mit Buddhismus und Daoismus unterfütterte der Neo-Konfuzianismus die Ethik, an der er

Idealisierte Porträtstatue des Konfuzius als hoher Beamter und meditierender Weiser, Stein, wohl 9. Jh., Provinzmuseum Taiyuan

festhielt, mit einer umfangreichen Metaphysik zu einer Erklärung und Deutung des gesamten Kosmos. Inhaltlich gab er seine ursprüngliche Zurückhaltung in philosophisch-religiösen Welterklärungsfragen auf, obwohl er die Existenz eines persönlichen Schöpfergottes ausdrücklich verneinte. Ein wesentliches Thema blieb in seiner Praxisorientiertheit die Einheit von Substanz (Ti) und Funktion (Yong). Körperlich Dinghaftes (Gegenstände) ist von seinem Gebrauch nicht zu trennen, die Brauchbarkeit oder Einsetzbarkeit ist das wesentliche Merkmal der materiellen Dinge.

Weitreichende Folgen hatte die Deutung dieses Verhältnisses als Einheit von Wesen (Ti) und Erscheinung (Yong): Das Wesen (auch zu lesen als Substanz in allen Dingen oder die Idee der Dinge) ist niemals ohne seine Erscheinungen, es ist in den Erscheinungen, doch fallen beide nicht einfach zusammen. Das Wesen wurde mit dem von Xun Zi (313–238 v. Chr.) übernommenen »Li« (mit anderem Schriftzeichen als die Riten) als dem kosmischen Ordnungsprinzip schlechthin identifiziert. Dadurch ergab sich eine gewisse pantheistische Grundhaltung über die Einheit von Gott und Welt. Hier zeigte sich die Nähe zum chinesischen Buddhismus, nach dem die eine Buddha-Natur in allen Lebewesen (als seinen Erscheinungsweisen) enthalten ist und zur Entfaltung kommt. Li wurde zum Prinzip, das die Übereinstimmung aller Lebewesen und alles Existierenden mit dem Gesetz und der Harmonie des Kosmos leitete. Als Garant der Übereinstimmung auf Erden galt der Kaiser als *Sohn des Himmels,* der dem Li gemäß regierte und die Dinge ordnete.

Zhu Xi und die ethische Metaphysik des »Li«

Die führende Richtung des Neo-Konfuzianismus, die »Ideen-Schule« (Li-xue: »Ideen-Lehre«), wurde im Wesentlichen von den Brüdern Cheng Hao (1032–1085) und Cheng Yi (1033–1107) ausgearbeitet. Die Ideen-Schule fasste Li als Prinzipien oder Ideen aller Dinge auf und dachte sie allgemein als von der *Materie* (Qi) getrenntes, übergeordnetes Ordnungsgesetz, das noch vor Himmel und Erde existiert und »Himmels-Idee« genannt wird (Ideen-Realismus). Der Neo-Konfuzianer Zhu Xi (1130–1200), der als der bedeutendste chinesische Philosoph überhaupt gilt, arbeitete diese Lehre zu einem vollständigen System aus. Danach verlieh Li als Ordnungsprinzip allen Lebewesen ihre Bestimmung sowie Bewegung und wohnt jedem Element des Universums inne. Zhu Xi leugnete ausdrücklich die Weiterexistenz der Seele nach dem Tod sowie jede persönliche Gottheit. Er sah in der Entwicklung des Universums gemäß dem Li ein sich selbst steuerndes Geschehen im Sinn einer »prästabilierten Harmonie« (Gottfried Wilhelm Leibniz). Li geht als Gesetz der Entwicklung aller Materie (Qi) voraus, braucht aber die materiellen Dinge, um überhaupt zur (sichtbaren) Erscheinung zu kommen.

Zhu Xi übertrug das Verhältnis von Li und Qi auf die menschliche Natur: Auch der Mensch besteht aus Li und Qi (Geist und Körper), wobei die Substanz des Menschen der Geist ist. Li regelt als kosmisches Gesetz nicht nur die Bewegung aller Dinge, sondern ist auch das Gesetz des moralischen Handelns im Menschen. Die Übereinstimmung mit dem Gesetz des Li, das in den *fünf Grundtugenden des Konfuzianismus* seinen sichtbaren Ausdruck findet, gilt als sittliche Vervollkommnung des Menschen.

Mit der Verknüpfung von Himmels-Idee und Sittengesetz propagierte der Neo-Konfuzianismus einen moralischen Rigorismus, der dem ursprünglichen Konfuzianismus fremd gewesen war. Als »Befolgen des Li« galt nun der Kampf gegen die materielle Seite des Menschen, gegen Triebe, Begierden und Sexualität, womit es zu starken Annäherungen an das Askese-Ideal des Buddhismus kam. Als führende Staatsdoktrin der Song-Zeit setzte die Ideen-Schule harte Sittengesetze durch, deren Starrheit lange nachwirkte. Zwei spätere Gegenrichtungen, die Bewusstseins-Schule (»Ideen/Li sind nur im menschlichen Bewusstsein«) und die Empiristische Schule (»Ideen/Li erfährt man nur aus der Analyse der realen Dinge«), wandten sich gegen diesen Rigorismus. Sie konstatierten, dass das menschliche Handeln von Trieben verursacht werde. Da zu jeder Handlung ihre Idee trete, nach der eine Handlung als recht oder unrecht beurteilt werde, müssten die Ideen (Li) auch in den Trieben sein.

Konfuzianismus und Christentum

Die Begegnung des Konfuzianismus mit dem Westen durchlief verschiedene Phasen. Seit 635 lebten christliche Gemeinden der *Nestorianer* (→ S. 203) in China, die vom Kaiser Kultusfreiheit und eigene Tempel erhielten. Im 13. Jh. machten Franziskanermönche Bekanntschaft mit dem Konfuzianismus. Sie suchten den Großkhan der Mongolen, die 1279–1368 als Yuan-Dynastie auch über China herrschten, auf, um ihn im Namen des Papstes zur Annahme des Christentums aufzufordern. Die Intoleranz, mit der die Patres der religiösen Toleranz der Mongolenherrscher begegneten, führte bald zu ihrer Ausweisung.

Eine neue Phase der christlichen Missionierung leitete der italienische Jesuitenpater Matteo Ricci (1552–1610) ein, der 1583 in China eintraf und eine geistige Auseinandersetzung vor allem mit dem Konfuzianismus suchte. Die Jesuiten betrachteten den Konfuzianismus wohlwollend, fanden in ihm die christliche Nächstenliebe sowie die *Goldene Regel* (→ S. 148) vorgebildet und sahen in dem konfuzianischen Begriff des Himmels eine Leerstelle, in die sie den christlichen Gottesbegriff einsetzen konnten; Ricci interpretierte den *Himmel* (Tian) ebenso wie den »Höchsten Herrscher« *(Shang-Di)* als Gott. Tief beeindruckt von der chinesischen Zivilisation, verzichteten die Jesuiten in China auf den christlichen Alleinvertretungsanspruch. Sie erklärten die Vereinbarkeit von Christentum und Konfuzianismus, sodass auch getaufte Christen weiterhin an den konfuzianischen Riten teilnehmen konnten, und nahmen in Kleidung, Sprache und Aussehen chinesische Sitten an. Der deutsche Jesuitenpater Johann Adam Schall von Bell (1592–1666) stieg sogar zum Mandarin und Leiter des kaiserli-

Johann Adam Schall von Bell (1592–1666)
Der gebürtige Kölner wirkte bis zu seinem Tod über 40 Jahre als Mathematiker und Missionar in China. Er leitete die zweite Welle der Jesuiten-Mission in China ein; dort nannte er sich Tang Jo-wang und nahm in Kleidung, Sprache und Lebensgewohnheiten die chinesischen Gebräuche an. Wegen seiner Gelehrsamkeit ernannte ihn der Kaiser 1629 zum Direktor des Observatoriums in Peking und Präsidenten des Mathematischen Tribunals. Er erstellte Horoskope für die chinesische Kaiserfamilie und reformierte den chinesischen Kalender nach europäischem Vorbild. 1644 wurde er Präsident des Astronomischen Instituts und erhielt 1658 den höchsten Beamtenrang eines Mandarins Erster Klasse verliehen. Als Lehrer und Vertrauter des jungen ersten Mandschu-Kaisers Shun-zhi (1644–61) galt er 1651–61 als einer der Regenten Chinas und beeinflusste das kaiserliche Toleranzedikt von 1657.

ZUR PERSON **Matteo Ricci und die Vereinbarkeit von Konfuzianismus und Christentum**

Matteo Ricci (1552–1610)
Der italienische Jesuit war einer der bedeutendsten Gelehrten seiner Zeit. Er studierte Jura, Mathematik sowie Astronomie und war als Lehrer in Goa und Macao (Portugiesisch-Indien) tätig, bevor er 1583 in Südchina eintraf und als Missionar wirkte. Seit 1601 lebte er in Peking, mit Beziehungen zum chinesischen Kaiserhof. Er legte die erste Übersetzung der Werke des Konfuzius ins Lateinische vor, den er dem Abendland als »Sheng Confuzius« (»Heiliger Konfuzius) bekannt machte, und schrieb etwa 20 wissenschaftliche Werke in chinesischer Sprache. Ricci betrieb eine völlige Neuordnung und planmäßige, aber behutsame Durchführung der bis dahin durch Unkenntnis und Taktlosigkeit gekennzeichneten christlichen China-Mission, indem er sich den wissenschaftlichen Standard der chinesischen Kultur aneignete und sich mit der chinesischen Mathematik auseinandersetzte. Es gelang ihm, die geistige Selbstgenügsamkeit Chinas aufzubrechen und das Reich der Mitte für die europäische Kultur zu interessieren (»indirekte Mission«). Er passte die christliche Botschaft der chinesischen Denkweise und Begrifflichkeit an und vertrat die Vereinbarkeit von Konfuzianismus und Christentum. Erfolgreich umwarb er die geistige Elite Chinas; als er 1610 in Peking starb, ordnete der Kaiser ein Staatsbegräbnis an.

Das Regieren
»Wer sich selbst regiert, was sollte der für Schwierigkeiten haben, bei der Regierung tätig zu sein? Wer sich selbst nicht regieren kann, was geht den das Regieren von andern an?«
Lunyu, XIII,13

chen Kalenderamts auf. 1687 wurde der *Lunyu* ins Lateinische übersetzt. Der seinerseits beeindruckte Kaiser erließ 1692 ein Toleranzedikt, das zu einer breiten christlichen Missionswelle in China führte.

Die seit 1634 ebenfalls in China tätigen spanischen Franziskaner und Dominikaner nahmen an der Haltung der Jesuiten Anstoß. Sie erwirkten bei der Inquisition in Rom im so genannten *Ritenstreit* (→ S. 231) eine Erklärung zur Unvereinbarkeit von Christentum und Konfuzianismus, die vom Papst 1704 ausgesprochen und 1742 wiederholt wurde. Der tief enttäuschte Kaiser und die Konfuzianer wiesen daraufhin 1717 alle Missionare aus China aus, was sich seit 1723 zu regelrechten Christenverfolgungen steigerte, die bis 1842 andauerten. Im 19. Jh. schlugen sich die chinesischen Christen auf die Seite der europäischen Kolonialmächte (Taiping-Aufstand 1850–64).

Konfuzianismus und Aufklärung

Im 18. Jh. wurde Konfuzius in Europa von Vertretern der Aufklärung in Anspruch genommen. Der deutsche Philosoph und Universalgelehrte Gottfried Wilhelm Leibniz (1646–1716) war von der nichtmetaphysischen, praktisch-ethischen Ausrichtung des Konfuzianismus fasziniert. Er fand beim Neo-Konfuzianer Zhu Xi und seiner Deutung des Li als Gesetz eines sich selbst steuernden Kosmos seine Gedanken von der »prästabilierten Harmonie« vorgebildet und erklärte den Konfuzianismus zu einer »natürlichen Theologie«, die den Menschen ohne Zwang zum Guten im Sinn der Aufklärung führe. Der deutsche Philosoph Christian Freiherr von Wolff (1679–1754) sah im Konfuzianismus eine »natürliche Ethik« außerhalb der christlichen Offenbarung, was ihm den Vorwurf des Atheismus von Seiten pietistischer Theologen eintrug. 1723 verlor Wolff deshalb seinen Lehrstuhl für Mathematik in Halle und musste das Land verlassen.

König Friedrich II., der Große, von Preußen (reg. 1740–86), der Wolff 1740 zurückberief, bewunderte die Einheit von Ethik, Pflicht und Arbeit für das Staatswohl im Konfuzianismus, den er als Vorläufer eines aufgeklärten Absolutismus ansah. In seinen »Briefen des Phihihu« (1760), einer ironischen Beschreibung des abendländischen Lebens durch einen fiktiven chinesischen Gesandten, führte er Konfuzius als Kronzeugen für eine natürliche, nichtfanatische Vernunft gegen jeden religiösen Aberglauben an. Nachdem im 19. Jh. mit dem deutschen Idealismus die Interpretation Chinas als »statischer Gesellschaft« überwogen hatte, sahen im 20. Jh. der deutsche Kulturphilosoph und Pädagoge Rudolf Pannwitz (1881–1969) und der deutsche Philosoph Karl Jaspers (1883–1969) im Konfuzianismus ein Korrektiv zur abendländischen Selbst- und Gewinnsucht. Sie lobten die konfuzianische Macht der Erziehung und Versicherung der eigenen Herkunft (Vergangenheit).

Der Konfuzianismus in der Defensive

Der Konfuzianismus mit seiner Betonung Chinas als »Land der Mitte«, das von kulturell unterlegenen Völkern umgeben sei, war hauptsächlich für den in sich ruhenden Isola-

Unterzeichnung des britisch-chinesischen Friedensvertrags von Nanking 1842, der von den Briten durch Bombardierung der chinesischen Großstadt erzwungen worden war

tionismus des Reichs verantwortlich. Die Ereignisse des 19. Jh. (Opiumkrieg 1840–42, Taiping-Aufstand 1850–64, Invasion der europäischen Kolonialmächte) führten zu einer schweren Sinnkrise auch innerhalb des Konfuzianismus. Sie spaltete die Konfuzianer in den von Kang Youwei dominierten Reformflügel, der eine Erneuerung nach japanischem Vorbild forderte, und die orthodox-traditionalistische Mehrheit, die sich nach der Unterdrückung der »Reform der Hundert Tage« (1898) durchsetzte.

Die demütigende militärische Niederlage gegen Japan 1895 hatte im Konfuzianismus eine Diskussion entfacht, ob es Aufgabe der Lehre sei, den Staat zu bewahren (Modernisten), oder Aufgabe des Staates, die Lehre zu bewahren (Traditionalisten). Mit dem Sieg der Traditionalisten (»Einhalten der Wege des Altertums«) wurde der Konfuzianismus als Ideologie zum Selbstzweck, was seinen ursprünglichen Staatsaufgaben völlig widersprach. Zwar wurden 1905 die 2000 Jahre lang gültigen konfuzianischen Staatsprüfungen für Beamte abgeschafft, andererseits wurde aber Konfuzius 1906 in eine göttergleiche Stellung erhoben, indem die Opfer an ihn denen an Himmel und Erde gleichgesetzt wurden. 1910 versuchten die Konfuzianer eine Staatskirche nach katholischem Vorbild zu etablieren. Doch 1911 wurde das Kaiserreich gestürzt, die staatlichen Konfuzius-Opfer wurden eingestellt.

Doch auch Republikgründer Sun Yat-sen (Sun Zhong-shang, 1866–1925) nahm immer wieder Bezug auf die Tugenden des Konfuzianismus. In Artikel 19 der neuen Verfassung wurde der Konfuzianismus erneut als Basislehre des chinesischen Erziehungssystems festgelegt. Im September 1914 führte der Präsident und Militärdiktator Yuan Shi-kai (1859–1916) das Staatsopfer an Konfuzius wieder ein, ebenso im Dezember 1914 das Opfer an den Himmel. Dagegen richtete sich der intellektuelle Protest der »Neue-Kultur-Bewegung« (1915–23). Sie wandte sich gegen die elitäre Ethik und die Behandlung der Frauen durch den (Neo-)Konfuzianismus (vgl. → S. 785), forderte die Einführung der Volkssprache als Schriftsprache und machte den Konfuzianismus allgemein für die Rückständigkeit Chinas verantwortlich. Der Protest kulminierte 1919 in der von den Studenten ausgehenden »Bewegung des Vierten Mai« mit teilweise gewalttätigen Unruhen unter den Parolen »Zerschlagt Konfuzius' alten Kuriositätenladen!« und »Zerschlagt die Clique der Kong-Familie!«. Bereits 1916 war das staatliche Opfer an Konfuzius wieder eingestellt und Artikel 19 aus der Verfassung gestrichen worden.

Nach der Besetzung der Mandschurei 1931 belebten die Japaner den Konfuzius-Kult neu und setzten 1934 den 27. August als Gedenktag an Konfuzius fest. Die Grundlagen der konfuzianischen Erziehung blieben in China bis zur Gründung der Volksrepublik 1949 erhalten.

Die Haltung Mao Tse-tungs (Mao Zedong, 1893–1976) und des sozialistischen China zum Konfuzianismus war äußerst ambivalent. Mao war im Geist des Konfuzianismus erzogen worden, seine ganze Persönlichkeit war stark konfuzianisch geprägt. Das Ideal des lebenslangen Lernens und der Wissbegierde, die ständige Erprobung und Anwendung des Gelernten, den hohen Pflichtbegriff, die *Gegenseitigkeit* aller Beziehungen und den Vorrang des Gemeinwohls übernahm er ebenso in seine kommunistische Staatsideologie wie das Ideal des

Nach dem Ende des Kaiserreichs 1912 schneidet ein Polizist einem Mann den langen Zopf als Symbol der Tradition ab. Für die Beamten der neu gegründeten Republik wurde moderne westliche Kleidung Pflicht.

Eitelkeit und Pflicht

»Andern Geistern als den eigenen (Ahnen) zu dienen ist Schmeichelei. Die Pflicht sehen und nicht tun, ist Mangel an Mut.«

Lunyu, II,24

Zur Person Kang Youwei und der neue Konfuzianismus

Kang Youwei (1858–1927)
Er war der letzte bedeutende Denker und Hauptrepräsentant des Neo-Konfuzianismus vor dem Ende des Kaiserreichs. 1898 forderte Kang Youwei vom Kaiser und 1912 von der Republik die Erklärung des Konfuzianismus zur expliziten »Staatsreligion« und stand hinter der Wiedereinführung des Konfuzius-Kultes durch den Diktator Yuan 1914. Politisch setzte er sich für Reformen nach japanischem Vorbild ein und verband eine Neuinterpretation des Konfuzianismus mit den geistigen Strömungen des Ostens und Westens (vor allem Darwinismus) zu einer weltumspannenden Utopie, die alle nationalen und sozialen Schranken überwinden sollte.

Er erhob Konfuzius von einem »Überlieferer« zu einem Sozialreformer mit stark messianischen Zügen, der als Ordnungsstifter das »Zeitalter des Chaos« beendet und eine »Epoche wachsenden Friedens« in China begründet habe, das schließlich als »Zeitalter des großen Friedens« die ganze Welt umspannen werde. Den drei Zeitaltern entsprechen die Regierungsformen der absoluten Monarchie, die durch Konfuzius zur »Konstitutionellen Monarchie« wurde, um in die Demokratie der durch Erziehung aufgeklärten Bürger zu münden.

Mit seiner Forderung nach konstitutioneller Monarchie initiierte Kang Youwei 1898 die »Reform der 100 Tage« des Kaisers Guang-xu (1875–1908), die aber durch den Staatsstreich der Kaiserwitwe Ci-xi (tatsächliche Regentin 1875 bis 1908) und der konservativ-orthodoxen Konfuzianer unterbunden wurde.

Vorlebens. Als Lyriker von Format und Bücherliebhaber lebte er das ästhetische Ideal des Konfuzius. In der »Mao-Bibel« nahm er den aphoristischen Stil und den Vergangenheitsbezug des *Lunyu* auf, selbst die gefürchteten kommunistischen »Umerziehungslager« hatten einen Bezug zum konfuzianischen Glauben an die Veränderung des Menschen durch Erziehung. Andererseits verwarf Mao die elitären Tendenzen der konfuzianischen Ethik und propagierte die Ungeduld des »Großen Sprungs nach vorn«.

So wurden zwischen 1954 und 1965 immer wieder Kampagnen der Konfuzianismus-Kritik ins Leben gerufen. Die von Mao initiierte »Große proletarische Kulturrevolution« (1966–70) stand ganz im Zeichen der Kritik am traditionellen China, bezog sich aber auf die konfuzianischen Tugenden der Selbstkritik und Unbestechlichkeit im Staatsdienst. Die große antikonfuzianische Debatte 1973/74 ging einher mit einer Verdammung des früheren, als Mao-Nachfolger vorgesehenen Verteidigungsministers Lin Biao (1908–1971), der Mao zur »Rückkehr zu den Riten« (Fu-li) aufgefordert hatte. Kritik an Lin Biao (Pi Lin) wurde zur Kritik an Konfuzius (Pi Kong). Im August 1973 eröffnete die Pekinger Volkszeitung die Kampagne mit dem Artikel »Konfuzius – ein hartnäckig die Gesellschaftsordnung der Sklaverei verfechtender Denker«, die im Februar 1974 in einem Radioaufruf zum »Volkskrieg« gegen Konfuzianismus und Lin Biao gipfelte.

Der Lehrer
Der Meister sprach:
»Das Alte üben und das Neue kennen: dann kann man als Lehrer gelten.«
Lunyu, II,11

Auch die Haltung der Nachfolger Maos blieb zwiespältig. Beim Wirtschaftsreformer Deng Xiaoping (1904–1997) überwog die Konfuzianismus-Kritik, doch fordert der heutige starke Mann Chinas Jiang Zemin (*1926, seit 1989 Generalsekretär der Kommunistischen Partei Chinas) seit 1996 mehrfach die Beachtung spezifisch chinesischer Werte (Guo-qing) gegen eine allzu schnelle Angleichung an den materiellen Fortschritt des Westens. Jiang bezog sich auf bestimmte Werte und ethische Ziele des Konfuzianismus in modifizierter Form. Bereits 1984 wurde eine Konfuzius-Stiftung in China gegründet.

Der Konfuzianismus heute

Spätestens seit 1949 ist der Konfuzianismus nicht mehr die offizielle Staatsdoktrin Chinas. Auch in Japan wurde die spezifische Konfuzianismus-Variante, die mit dem dortigen Staats-Shinto eine Synthese eingegangen war, 1945 als offizieller Staatskult abgeschafft. Doch prägt eine konfuzianische Grundlage bis heute das Erziehungssystem und die Regeln des öffentlichen Miteinanders im gesamten ostasiatischen Raum. Nach dem Zweiten Weltkrieg ist der Konfuzianismus in den eher westlich orientierten Ländern Japan, Südkorea und Singapur zur ethischen Grundlage des Wirtschaftslebens geworden. Die grundsätzliche Hochschätzung des Fleißes und jeder geistigen wie körperlichen Arbeit, das Ideal der Selbstüberwindung zugunsten der gemeinsamen Arbeit für ein größeres Ganzes ebenso wie das Gegenseitigkeitsideal des vorbildlichen Vorlebens und loyalen Nacheiferns sowie das vor allem in Japan verbreitete Verständnis der Firma als großer Familie, der man möglichst lebenslang Loyalität entgegenbringt, haben ihre Wurzeln im Konfuzianismus. Auch der Respekt vor Eltern und älteren Menschen, die Bereitschaft zu lebenslangem Lernen und die Bescheidenheit, aber Festigkeit im Auftreten sind die Ideale der Ehrfurcht und Höflichkeit im Konfuzianismus, die bis heute ihre Wirkung entfalten.

Stifter und Leitfiguren

Das Leben des Konfuzius

Konfuzius, der Begründer und erste Lehrer des Konfuzianismus, lebte in der *Frühlings- und Herbstperiode* Chinas, einer Zeit der politischen und kulturellen Umbrüche sowie Neuorientierungen. Die alte, überlieferte

Links: Stele mit dem Bildnis des Konfuzius aus dem Stelenwald von Xian, Tang-Dynastie (618–906 n. Chr.)

Rechts: Porträt des Menzius, Holzschnitt aus einer Buchausgabe der Ming-Dynastie (1368–1644)

Ordnung galt nicht mehr als selbstverständlich, Sinnstiftungen wurden erforderlich durch Reflexion, Beobachtung, Auswahl und bewusste Entscheidung. Die Epoche zwischen dem 7. und 5./4. Jh. v. Chr., in China durch die Lehren der *Hundert Schulen* geprägt, wird von dem deutschen Philosophen Karl Jaspers (1883–1969) als »Achsenzeit« bezeichnet, weil sie zu parallelen Umbrüchen des Denkens in China, Indien, Persien, dem Vorderen Orient und Griechenland führte.

Das Leben des Konfuzius wurde vom späteren Konfuzianismus ins Exemplarische und teilweise Mythische eines in allem vorbildlichen Menschen überhöht. Er selbst begriff sich wohl als Überlieferer der Tradition und »konservativer Reformer«, jedoch keinesfalls als Prophet des Himmels oder gar Religionsstifter. Sein chinesischer Name lautet Kong Zi; das latinisierte Konfuzius wurde aus Kong-fuzi gebildet, was etwa »Lehrmeister Kong« bedeutet.

Der Überlieferung nach wurde Konfuzius 551 v. Chr. in *Qufu* im Staat Lu als mittlerer Sohn einer verarmten Adelsfamilie geboren. Sein Vater starb bereits 549 v. Chr., worauf Konfuzius sich mit »niederen Diensten« seinen Lebensunterhalt verdienen musste. Von früh an zeichneten ihn große Gelehrsamkeit, Lernbegierde und Schriftkenntnisse aus. Er schlug die Beamtenlaufbahn als Korn- und Weidelandverwalter in der Landwirtschaft ein. 533 v. Chr. heiratete Konfuzius und hatte mit seiner Frau mindestens zwei Kinder. Etwa 520 gründete er seine Schule und begab sich 518/17 auf Forschungsreisen (auf denen er der Legende nach mit Laozi, dem Begründer des Daoismus, zusammentraf), widmete sich aber schließlich wieder der Lehrtätigkeit. Im Jahr 500 v. Chr. erhielt er politische Ämter im Staat Lu und war als Fürstenberater tätig, wurde jedoch 497 durch eine Hofintrige gestürzt. Bis 484 wanderten Konfuzius und seine Schüler durch verschiedene Staaten Chinas, um ihre Dienste und Kenntnisse anzubieten, konnten jedoch keinen der Fürsten für sich gewinnen. 484 begab sich Konfuzius zurück nach Qufu; die letzten Lebensjahre waren von Enttäuschungen und Schicksalsschlägen geprägt (483 Tod des Sohnes Boyu, 481 Tod des Lieblingsschülers und potenziellen Nachfolgers Yan Hui, 480 grausame Ermordung des als politischer Berater tätigen Schülers Zi-Lu). Im Jahr 479 v. Chr. starb Konfuzius und wurde von seinen Schülern, von denen keiner seine Nachfolge als anerkanntes Schuloberhaupt antrat, drei Jahre lang betrauert.

Menschen und Worte
»Trifft man einen, mit dem zu reden es sich verlohnte, und redet nicht mit ihm, so hat man einen Menschen verloren. Trifft man einen, mit dem zu reden sich nicht verlohnt, und redet doch mit ihm, so hat man seine Worte verloren. Der Weise verliert weder einen Menschen noch seine Worte.«
Lunyu, XV,7

Menzius

Auch Menzius (Meng Zi, 372–289 v. Chr.), der zweite große Denker des Konfuzianismus, verlor wie Konfuzius früh seinen Vater, wurde aber von seiner charakterstarken Mutter erzogen. Er führte ein mit Konfuzius vergleichbares Leben als Lehrer und zeitweiliger politischer Berater und war der Schüler eines Adepten des Konfuzius-Enkels Zisi. In starker Auseinandersetzung mit den Richtungen der *Hundert Schulen* systematisierte er die Lehren des Konfuzius; sein Stil ist ausführlicher und weniger in Aphorismen festgehalten als der des Konfuzius.

Neben »Menschlichkeit« (Ren) setzte Menzius als zweiten Begriff »Yi«, das mit »Gerechtigkeit«, aber auch »Pflichtgefühl« übersetzt wird (zweite der *fünf Grundtugenden des Konfuzianismus).* Yi als »rechter Weg des Menschen« kommt vor allem im zwischenmenschlichen Bereich zum Tragen. Es führt zu einem gemäßigten Altruismus sowie zum Glauben an eine weitgehende Gleichheit und Gleichwertigkeit aller Menschen *(Mohisten),* betont aber als Pflicht die Verschiedenheit der gesellschaftlichen Rollen und Aufgaben.

Der Edle
»Die Pflicht als Grundlage, Anmut beim Handeln, Bescheidenheit in den Äußerungen, Treue in der Durchführung: wahrlich so ist ein Edler.«
Lunyu, XV,17

Am bekanntesten ist seine Lehre vom natürlichen Gutsein des Menschen. Die guten Anlagen aller Menschen werden in der *Charaktervervollkommnung* des Konfuzianismus zur vollen Entfaltung gebracht. Der Mensch besitzt vier natürliche Anlagen (die verglichen werden mit den vier Gliedmaßen des Menschen), die im Konfuzianismus veredelt werden:

- Mitleid oder Mitempfinden zur Menschlichkeit (Ren),
- Furcht vor dem Bösen oder natürliche Scham zu Gerechtigkeit und Pflichtgefühl (Yi),
- Bescheidenheit zu Höflichkeit im Umgang und zum Einhalten der Riten (Li),
- das Gewissen als Fähigkeit, zwischen Gut und Böse unterscheiden zu können, zur – auch ethisch verstandenen – Weisheit (Zhi).

Die vier Anlagen gelten als vom Himmel verliehene Gaben, in ihrer Ausbildung zu konfuzianischen Tugenden erkennt der Edle sein eigenes Wesen und den Himmel. Als Beweis für das natürliche Gutsein gilt die lebenslange, angeborene Beziehung der Kinder zu ihren Eltern *(Ehrfurcht/Xiao)* bzw. der Familienmitglieder untereinander. Menzius' Lehre von den *fünf Beziehungen* zwischen den Menschen prägte das Familien-Ideal des Konfuzianismus entscheidend.

Menzius, der sich stark mit der Tugend der alten Herrscher und dem Verlust des *Mandats des Himmels* beschäftigte, wird oft als Demokratisierer des Konfuzianismus angesehen, da er den Willen des *Himmels* mit dem Willen des gesamten Volkes identifizierte. In Formeln wie »Das Volk ist wichtig, der Fürst ist minder wichtig« nahm er Bezug auf das »Buch der Urkunden«, wo es heißt (I.1,7): »Der Himmel hat Mitleid mit dem Volk, was es wünscht, tut der Himmel.« Menzius behauptete, der Himmel sehe und höre in Übereinstimmung mit dem, wie das Volk sieht und hört. Er vertrat das Recht des Volkes zum Tyrannenmord bei ungerechter Herrschaft, erstrebte jedoch eine Ausbildung von »Menschen, die keine Menschen töten«.

Xun Zi

Der dritte große Denker des Konfuzianismus, Xun Zi (313–238 v.Chr.), lebte am Ende der *Zeit der Streitenden Reiche.* Seine Bedeutung wurde lange Zeit der des Menzius gleichgesetzt. Als nüchterner Realist und Skeptiker, der eine beachtliche Polemik entwickeln konnte, verwarf Xun Zi viele Theoreme des Menzius als zu idealistisch. Deutlich trennte er die Aktivität des Himmels von der Eigenverantwortlichkeit des Menschen. Der Himmel bewege sich nach eigenen, ewigen Gesetzen und habe keinen Einfluss auf das Handeln der Menschen. Dem Menschen gelängen Ackerbau, Viehzucht und Handwerk nur, wenn er sich auf seine eigenen Fähigkeiten und sein eigenes Denken besinne und sie richtig zur Geltung bringe. Harmonie mit Himmel und Natur kann er nur aus eigener Kraft erreichen.

Am bekanntesten ist Xun Zis Lehre von der natürlichen Schlechtigkeit des Menschen: Der Mensch ist von Natur selbstsüchtig und egoistisch und lebenslang von Begehren (Triebhaftigkeit) bestimmt, kann aber zwischen Gut und Böse wählen. Daher bedarf er der Erziehung zur Menschlichkeit durch den Konfuzianismus. Gerade das Streben nach Tugend ist für Xun Zi Beleg seiner Auffassung, da der Mensch nicht danach zu streben bräuchte, wenn er das Gute schon von Natur aus in sich trüge. Gegen Menzius' Betonung der Gerechtigkeit und Pflicht (Yi) setzt Xun Zi wieder auf die ursprüngliche Macht der Riten (Li), die als »große Zivilisierer« der Menschheit angesehen werden. Bei einem Besuch des Militärstaates Qin (264 v.Chr.) prophezeite er dessen baldigen Untergang wegen der Missachtung der Riten *(Shih Huang-Di).* Die Riten gelten ihm als ein Autorität schaffender Ordnungsfaktor und wurden eingeführt, um die Selbstsucht des Menschen zu kanalisieren.

Mit seiner Annäherung an die Position der *Legalisten* schuf Xun Zi die wesentlichen Voraussetzungen für den Konfuzianismus, eine Staatslehre zu werden. Noch in einem weiteren Punkt wirkte er richtungweisend: Neben die Riten als Li setzte Xun Zi die Li (mit anderem Schriftzeichen) als Prinzipien der Wirklichkeit bzw. Gesetze einer objektiven Naturordnung, welche die Unterschiede vor allem zwischen Himmel und Erde (Menschen) regeln. Diese »Li« als Prinzipien sollten das philosophisch-religiöse Hauptthema des Neo-Konfuzianismus werden.

Mit Glockenschlagen läuten konfuzianische Gläubige das neue Jahr ein.

Die bedeutendsten Schriften

Bereits während der Zeit des Menzius und des Xun Zi begann der Konfuzianismus mit der Zusammenstellung des Schriftenkanons, die zu *Heiligen Schriften* avancierten. Bei allen Büchern wird eine direkte Bearbeitung durch Konfuzius oder seine Schüler angenommen.

Die sechs frühen Klassiker

Als Klassiker des Konfuzianismus galten zunächst sechs Schriften, von denen das »Buch der Musik« (Yue-jing) bereits in der Han-Zeit als verloren galt. Die übrigen fünf Schriften waren:

- Orakelbuch *I Ging* (Yi-jing)
- »Buch der Lieder« (Shi-jing), eine Sammlung von 305 altchinesischen Gedichten, die ästhetischen Genuss und ethische Reflexion verbinden
- »Buch der Urkunden« (Shu-jing), eine Sammlung von Regierungserlassen, historischen Berichten und Herrscheransprachen, die bis in die Mitte des 2. Jt. v. Chr. zurückdatiert werden, aber wohl zwischen dem 9. und 7. Jh. v. Chr. entstanden sind
- »Frühlings- und Herbst-Annalen« (Chunqiu), eine Chronik des Staates Lu von 722 bis 481 v. Chr., die von Menzius dem Konfuzius zugeschrieben wurde
- »Buch der Riten« (Li-ji), eine Sammlung zu rituellen und moralischen Fragen.

Die vier Schriften des Konfuzius

Seinem eigenen Verständnis als »Überlieferer der Tradition« entsprechend, waren die eigenen Schriften des Konfuzius zunächst nicht unter den Klassikern. Im Neo-Konfuzianismus, besonders durch die eifrige Redaktionstätigkeit des Zhu Xi, wurden jedoch vier Schriften in den Vordergrund gestellt (die manchmal auch als Klassiker bezeichnet werden, was bei vielen zur Verwirrung führt) und zu Hauptschriften des Konfuzianismus. Sie drängten die ursprünglichen konfuzianischen Klassiker in ihrer Bedeutung für Lehre und Praxis zurück. Diese vier Schriften sind:

- *»Lunyu«,* Gespräche des Konfuzius und seiner direkten Schüler
- *»Große Lehre«* (Da Xue), eine Art Fürstenspiegel mit den Hauptaussagen des Konfuzianismus, dessen Grundtext Konfuzius und dessen Kommentare seinem Schüler Zeng Shen zugeschrieben werden
- »Buch von Mitte und Maß« (Zhong-yong), ein Buch über die Rolle des *Heiligen* als Mittler zwischen Himmel und Erde, als dessen Verfasser der Konfuzius-Enkel Zisi gilt
- »Werk Menzius«, eine kompilierte Sammlung der Werke und Gespräche des Menzius.

Die »Große Lehre« und das »Buch von Mitte und Maß« waren ursprünglich als Teile im »Buch der Riten« (aus dem Fünfer-Kanon) enthalten, bevor sie zu selbstständigen Werken ausgegliedert wurden. Im Verlauf der Entwicklung des Neo-Konfuzianismus wurde der Klassiker-Kanon schließlich auf 13 Schriften erweitert.

Geradlinigkeit

»Der Mensch lebt durch Geradheit. Ohne sie lebt er von glücklichen Zufällen und Ausweichen.«

Lunyu, VI,17

Chinesische Kinder im Konfuzius-Tempel in Peking verbeugen sich vor den Alten. Sie erfüllen eine der Regeln des Konfuzianismus, das Alter zu ehren.

Religion und Staat

Um zu verstehen, wieso der Konfuzianismus zur unangefochtenen Staatsideologie des kaiserlichen China werden konnte, muss man seine politische Lehre erfassen. Gerade das Verhältnis zwischen Herrscher (Kaiser) und Beamten bzw. Untertanen (Volk) wurde als erweiterte Familienbeziehung gefasst.

Loyalität (Zhong)

Menzius schreibt (Buch Li Lou, 1. Teil): »Man spricht beständig von Welt, Staat und Familie. Die Wurzeln des Weltreichs sind im Einzelstaat, die Wurzeln des Staates sind in der Familie. Die Wurzeln der Familie sind in der einzelnen Person.« Der gute Kaiser, der die Riten und das Vorbild der Vergangenheit achtet, ist wie ein oberster Hausherr und – wie es im »Buch der Lieder« heißt – »dem Volk Vater und Mutter«. Er regiert nicht durch Vorschriften und Gesetze *(Legalisten)*, sondern erzieht durch sein sittliches Vorbild im Rahmen der *Gegenseitigkeit* das Volk zur Loyalität (Zhong) und zur Einsicht in die guten Gesetze; Perfektion ist nicht nötig. Das Wesen der Loyalität besteht im Einsatz für die Sache gemäß den eigenen Kräften, bedeutet aber nicht Kritiklosigkeit.

Loyalität hat stets das Wohl des Ganzen im Auge, das wichtiger ist als Fachwissen oder spezielle Fähigkeiten. Ein »Unzuverlässiger mit großen Fähigkeiten« ist für Konfuzius nur ein »reißender Wolf, dem man besser nicht zu nahe kommt« (Kongzi jiayu, VII). Der Konfuzianer, der gemäß der Umsetzung von Wissen in Praxis in den Staatsdienst strebt, ist eher ein »Generalist des Dao« (Volker Zotz, »Konfuzius«), ein Mahner des rechten Wegs, ein Berichtiger von Fehlern und Wächter der Richtigstellung der Bezeichnungen (»Regieren heißt berichtigen«) als ein Experte. Doch gibt Konfuzius auch praktische Ratschläge, etwa das Einspannen aller zu gemeinsamer Arbeit (Teamwork), die Beachtung von Sparsamkeit und geringer Besteuerung der Bevölkerung, den Schutz vor Krankheiten durch Volksaufklärung und die Mahnung zur Behutsamkeit bei Kurskorrekturen. Der Konfuzianismus erstrebt letztlich eine Weltfriedensordnung, die aber bei der *Charaktervervollkommnung* des Einzelnen beginnt. Die Reihenfolge wird in der *Großen Lehre* entwickelt.

Individuum und Gesellschaft

Die Familie

Die Agrargesellschaft Chinas war in Familienverbänden als Versorgungs- und Produktionsgemeinschaft organisiert, in der die Kinder das Werk der Eltern fortführten. Schon Konfuzius sah in der Familie die »Keimzelle« aller gesellschaftlichen Beziehungen und die Betonung der Riten (Li), die als Ahnen- und Elterndienst galten, spielte vor allem für den Zusammenhalt der Generationen eine bedeutende Rolle. Menzius baute den Konfuzianismus zu einer Theorie der sozialen Verhältnisse aus, die von der Familie ihren Ausgang nehmen. Die Zerrüttung der Familie führt zu zerrütteten Verhältnissen im Staat, andererseits garantiert der intakte Familienverband die staatliche Ordnung.

Die Eltern-Kind-Beziehung gilt dem Konfuzianismus als die engste, stabilste und natürlichste Beziehung der Menschen überhaupt. Sie besteht lebenslang, da auch der allein lebende Mensch Eltern hat, und meint die emotionale Bindung ebenso wie die gegenseitige materielle Versorgung und Pflege. Sie ist insbesondere auf Seiten der Kinder von umfassender Dankbarkeit, Rücksichtnahme und *Ehrfurcht* (Xiao) geprägt. Die Missachtung der Eltern gilt den Chinesen als Barbarei schlechthin (was auch die barbarischsten Strafen für Elternmörder erklärt). »Höchste Kindlichkeit hängt lebenslang an den Eltern. Mit 50 Jahren noch ganz an seinen Eltern zu hängen – das ist es, was ich an Shun, dem Großen, geschaut habe« (Menzius, Wan Zhang, 1. Teil).

Für Menzius bedeutete Ordnung in den Familienverhältnissen Menschlichkeit (Ren). In einer Art Stufenstruktur bauen sich die fünf menschlichen Beziehungen auf der Grundregel der Ehrfurcht vor den Eltern (Xiao) auf; Xiao ordnet zunächst allgemein die Beziehungen zwischen Jung und Alt. Aus Xiao ergibt sich direkt die Achtung gegenüber den älteren Brüdern (Ti) sowie die Loyalität gegenüber dem Herrscher (Zhong). Aus Ti folgt die Zuverlässigkeit unter Freunden (Xin), aus Zhong die gegenseitige Verehrung zwischen Mann und Frau (Jing). Ti meint die Ausdehnung der Ehrfurcht Xiao auf die gesamte Familie sowie alle älteren Menschen; daraus entsteht die Zuverlässigkeit unter Freunden, da ich auch allen Menschen außerhalb des Hauses mit dem Respekt des jüngeren Bruders vor dem älteren begegne. Das Verhältnis muss nicht nur von Höflichkeit und Achtung, sondern auch von Gerechtigkeit geprägt sein, was in der Praxis bedeutet, dass man im Umgang mit anderen nicht auf den eigenen Vorteil bedacht ist. Alle Schriften des Konfuzianismus betonen, dass eine gerechte Gesellschaft nach den Prinzipien erweiterter Familienverhältnisse organisiert ist.

Die Betonung der *Gegenseitigkeit* (Shu) im Konfuzianismus führt in den fünf Beziehungen zu Entsprechungen: Der Ehrfurcht des Sohnes (der Kinder) entspricht die Liebe des Vaters (der Eltern). Zur Achtung des jüngeren Bruders gehört das Wohlwollen des älteren. Der Loyalität des Untertanen oder Beamten entsprechen Gerechtigkeit und Güte des Herrschers, der Zuverlässigkeit des einen Freundes ein gleiches Verhalten des anderen. Der Ehrung oder Gerechtigkeit des Mannes steht die Verehrung und der Gehorsam der Frau gegenüber. Die Beziehungslehre des Konfuzianismus prägte die Familienstrukturen im gesamten ostasiatischen Raum nachhaltig, neben China vor allem in Japan und Korea.

Außer der horizontalen Beziehung von Freund zu Freund sind alle anderen Beziehungen durch eine gewisse Vertikalität gekennzeichnet. Dies führte seit Dong Zhongshu im Neo-Konfuzianismus zu einer deutlichen Herrschaftsordnung, indem das Vater-Sohn-Verhältnis durch drei Grundregeln verabsolutiert wurde: Herrscher, Vater und Ehemann haben absoluten Vorrang vor Beamten, Sohn und Ehefrau *(Yang, Yin)*. So etablierte sich eine patriarchalische Gesellschaftsordnung.

Chinesisches Mädchen im Konfuzius-Tempel in Peking beim Studium der Lehren des großen Meisters

Die Stellung der Frau

Auch die Beziehung zwischen Mann und Frau entstammt im Konfuzianismus letztlich der Ehrfurcht vor der Generation der Eltern. Während Konfuzius und Menzius noch die gegenseitige Verehrung, aber auch eine klare Trennung der Aufgaben, Pflichten und Rollen betonten, entwickelten die Vertreter des Neo-Konfuzianismus ein deutliches Herrschaftsverhältnis. Die Frau erhielt neben dem allgemeinen Tugendkatalog, der für beide Geschlechter galt, noch drei spezifisch weibliche Gehorsamspflichten zugewiesen: vor der Ehe gegenüber dem Vater, in der Ehe gegenüber dem Ehemann, als Witwe gegenüber dem Sohn.

Als die vier Tugenden der Frau galten Sittsamkeit, geziemende Sprache, richtiges Betragen und Fleiß. Die Autoren des Neo-Konfuzianismus waren stark um den »Verlust der Tugend« bei der Frau besorgt, was die Forderung nach sexueller Enthaltsamkeit vor der Ehe (auch während der Verlobungszeit) beinhaltete und bis zur Ablehnung der Wiederverheiratung von Witwen als »moralische Verfehlung« führte. Die spätere Kritik am Konfuzianismus (seit 1919) richtete sich insbesondere gegen die neokonfuzianische Behandlung der Frau. *Markus Hattstein*

Konfuzianismus von A–Z

Die im folgenden Buchteil aufgeführten Stichwörter bieten Informationen, die für das Verständnis des Konfuzianismus wichtig sind. So wird z. B. Ahnenkult hier ausschließlich in seiner Bedeutung für den Konfuzianismus betrachtet. Seitenverweise am Ende eines Stichwortes führen in den Buchteil *Der Konfuzianismus in Geschichte und Gegenwart* (S. 767).

Acht (Ba), symbolische Zahl, die wie alle geraden Zahlen als »weibliche« *Yin-Zahl* gilt. Die altchin. Kosmologie spricht von acht »Pfeilern des Himmels«, durch Kombinationen (z.B. Südost) entstehen acht Himmelsrichtungen und es gibt acht Grund-Trigramme des *I Ging;* das »Buch der Riten« nennt acht Winde, die über die Erde wehen.

In der konfuzianischen *Großen Lehre* findet sich das Acht-Punkte-Programm zur Versittlichung des Menschen. Acht Symbole des Gelehrten, in China als »Kostbarkeiten des Konfuzianismus« bezeichnet, sind oft auf Gemälden als Attribute dargestellt: Perle, Klangstein, Münze (Geld), Rhombus, Bücher, Gemälde, Rhinozeroshorn und Artemisiablatt (Schafgarbe).

Ahnenkult, wichtiger Ritus (Li) im Zusammenhang der Familie, bei dem das Gedächtnis der Eltern und Ahnen durch Opferspeisen, Weihrauch und Geldverbrennungen lebendig gehalten wird; beim A. übernimmt das Familienoberhaupt priesterliche Funktionen und die Ahnen gelten beim Opfer als real anwesend. Der Konfuzianismus kennt nur wenige Spekulationen über eine Weiterexistenz nach dem Tod oder den Aufenthaltsort der Ahnen, betont aber die Notwendigkeit des A.

Das seit dem 13. Jh. in China übliche Papiergeld wird beim A. in Bündeln von 10000 chin. Dollarscheinen, die von der »Unterweltbank« ausgegeben werden, symbolisch verbrannt, um die Toten in der Unterwelt zu versorgen. Alle Tempelbauten dienten ursprünglich ausschließlich dem A. *(Konfuzius-Tempel),* erst durch Daoismus und Buddhismus wurden weitergehende Tempelanlagen in China eingeführt.

Ahnenkult. Eine alte chinesische Frau nimmt »Totengeld« für die Ahnenverehrung entgegen. Die Scheine werden symbolisch verbrannt, um die Verstorbenen in der »Unterwelt« zu versorgen.

Ahnentafel (Zhu), meist ein lackiertes Holzbrettchen, doppelt so lang wie breit, auf dem Namen und Titel des Verstorbenen verzeichnet sind; bei wohlhabenden Familien stand die von Räucherstäbchen flankierte A. im Ahnentempel (Ahnenraum), bei einfacheren an der Nordwand des Empfangs- oder Wohnzimmers. Die A. sind nach Familienhierarchie geordnet: in der Mitte die des Vaters, daneben die der Hauptfrau; Ehrenbezeugungen vor der A. gehören zu den Riten des *Ahnenkults.* Die Anzahl der A. verweist auf die Bedeutung der Familie.

Die A. verheirateter Töchter kamen zur Familie des Ehemanns, diejenigen unverheiratet gebliebener Töchter wurden in einer Zeremonie der »Toten-Hochzeit« (posthume Vermählung mit einem Mann) in die Familie eines »Ehemannes« überführt. Der Brauch wurde von der Volksrepublik nach 1949 weitgehend zurückgedrängt.

Alte-Schrift-Klassikerlehre (Gu Wen Jing Xue), zu Beginn der Östlichen Han (25 bis 220 n.Chr.) tauchten Klassikerwerke des Konfuzianismus aus der Zeit vor der Bücherverbrennung der Qin (unter Shih Huang-Di, 259–210 v.Chr.) auf, die in der Alten Schrift (Gu Wen) abgefasst und angeblich zwischen Hauswänden, besonders im Haus des Konfuzius in *Qufu,* versteckt waren. Ihre Interpreten betrieben eine genaue exegetische Analyse bestimmter Wörter sowie Bedeutungen und verstanden sich als Korrektoren im Vergleich zu den als trivial empfundenen Kommentaren der *Neue-Schrift-Klassikerlehre.* Die Alte Schrift drückte die Ideen in einfacher Bildform aus, eine Anordnung der Schriftzeichen trat an die Stelle einer Satzlehre.

Die A. betrieb als Renaissance-Bewegung einer historisch-kritischen Textauslegung mit »Authentizitäts-Anspruch« vor allem zu Beginn der Qing-Dynastie (17. Jh.) eine Scheidung der ursprünglichen Gedanken des Konfuzius und Menzius von späteren Zusätzen sowie umfangreiche Geschichtsdeutungen und verwarf die Neue-Schrift-Auslegung als fehlerhaft; ihr ausschließlicher Blick auf die früheste Geschichte Chinas führte jedoch dazu, dass sie ihre Bedeutung wieder verlor.

Aufklärung (Ming), wird im Konfuzianismus stets als Tätigkeit im Sinn von »klarmachen«, »klären«, »erklären« interpretiert; Ming wird im ersten Satz der *Großen Lehre* direkt auf die Tugend (De) bezogen, da gerade De als Klares, Helles, Strahlendes gilt. Das Aufklären als »Klar-machen« führt stets zur Tugend als der »Klaren« und ist ein notwendiger Schritt auf dem Weg zur Versittlichung des Menschen; wesentlich für die Erlangung von Ming ist die Selbsterforschung bzw. *Charaktervervollkommnung.*

Begreifen (Ge Wu), in der *Großen Lehre* erster Schritt des Acht-Punkte-Programms zur Versittlichung des Menschen; gemäß der praktischen Ausrichtung des Konfuzianismus gilt Ge Wu tatsächlich als »Be-greifen«, als praktisch-manueller Umgang mit den Dingen der Lebenswelt. Man muss die Gegenstände »betasten«, um zum rechten Begriff einer Sache zu gelangen; das Ge Wu führt zu Erkenntnis und Wissenserwerb als den Grundschritten zur ethischen Ausbildung einer eigenen Persönlichkeit.

Buch der Geschichte (Shu Jing oder Shang Shu), eines der ältesten, vielleicht das älteste Schriftwerk Chinas; Beschreibung der Regierung der »guten Kaiser« und Kulturheroen *Yao, Shun* und *Yu.* Ihre Leistungen werden ins Übermenschliche erhoben und gelten als Vorbilder aller künftigen *Heiligen* (Sheng Ren). Das *Schriftzeichen* für Kaiser (Wang) ist auch im Zeichen Sheng für »Heiliger« enthalten; das B., eine wesentliche Bezugsquelle für den Konfuzianismus, bildet die Grundlage für eine Verbindung von Herrscher (Kaiser), *Mitte* und Heiliger, da der Herrscher sein *Mandat* vom Himmel erhält.

Alte-Schrift-Klassikerlehre. Wohnsitz der Familie Kung, der Nachkommen des Konfuzius, in dessen Geburts- und Begräbnisort Qufu in der Provinz Shantung. Klassiker des Konfuzianismus waren angeblich im Haus des Konfuzius versteckt und entgingen so der Bücherverbrennung der Quin.

Charaktervervollkommnung (Xiu Ji), Ideal einer Selbsterziehung im Konfuzianismus, um das sich der Edle (Junzi) besonders bemüht; Xiu Ji wird auch mit »Kultivieren des Subjekts«, Selbstbildung oder Persönlichkeitsbildung (Xiu Shen) übersetzt. Xiu Ji gilt der Ausbildung einer Persönlichkeit, die – gegen einen europ. Individualismus – eine Harmonie mit dem Ganzen und den Einklang mit den Sitten/Riten (Li) der Vergangenheit anstrebt; sie führt zum Erkennen und zur Ausbildung der eigenen Fähigkeiten, die zum Wohl aller eingesetzt werden sollen und deren Befriedigung im Bildungsideal selber liegt, da es »inneren Reichtum« eröffnet. Xiu Ji dient letztlich dem Erreichen der Tugend (De), dessen höchster Grad der *Heilige* ist. Im Lunyu (VII, 3) heißt es: »Mich nicht in den Tugenden vervollkommnen zu können; nicht anderen erklären zu können, was ich erlernt habe; die Pflichten erkannt zu haben und ihnen dennoch nicht nachkommen zu können; zu wissen, was nicht gut an mir ist und mich dennoch nicht ändern zu können – das ist es, was mir Sorge bereitet.«

Charaktervervollkommnung
»Reichtum und Ehre sind es, was die Menschen wünschen; aber wenn sie einem unverdient zuteil werden, so soll man sie nicht festhalten. Armut und Niedrigkeit sind es, was die Menschen hassen; aber wenn sie einem unverdient zuteil werden, so soll man sie nicht loszuwerden suchen. Ein Edler, der von der Sittlichkeit lässt, entspricht nicht seinem Begriff… In Drang und Hitze bleibt er unentwegt dabei, in Sturm und Gefahr bleibt er unentwegt dabei.« Lunyu, IV,5

Dao (»Weg«), gehört zu den am schwierigsten übersetz- und ausdeutbaren Begriffen des chin. Denkens. Traditionell (vorkonfuzianisch) wurde es als uranfängliches, ungeschiedenes Wesen, die Urquelle des Universums im Sinn von Leben, Gesetz, natürlicher Ordnung, aber auch als Weg, das Große, das Eine oder das Nichts gedeutet und zwischen persönlich (Gott) und unpersönlich (Kraft) vorgestellt.

Aus dem Schriftzeichen D. mit der Darstellung »Kopf über Weg«, gedeutet als Häuptling mit Kopfputz, der seinem Volk vorangeht und damit »Wege eröffnet« (die ordnende Kraft des Kosmos), sowie der Aussage im *I Ging,* dass D. das sei, was die Wandlung alles Lebens leite, deutet der Konfuzianismus das D. als Weg im Sinn von »rechter« oder »richtiger Weg«. Es erhält im Konfuzianismus die Bedeutung: Sinn, Vernunft, Wahrheit, Ordnung, ist aber nicht Prinzip oder Idee »hinter« den Dingen und kein erreichbarer Zustand, sondern bleibt Bewegung und dynamischer Vollzug; vor allem der Neo-Konfuzianismus sieht in D. das Bewegungsgesetz aller Dinge. Es wird durchgehend ethisch verstanden, sowohl objektiv im Sinne einer »Weltordnung« als auch subjektiv im Sinne einer sittlichen Ordnung für alles Lebendige, besonders für den Menschen.

Drei (San), symbolische Zahl, vor allem zur Beschreibung der Trinität Himmel-Erde-Mensch; im »Buch der Riten« ist sie die Symbolzahl des Menschen in seiner Zwischenstellung zwischen Himmel und Erde. Frühe Geschichtstheorien des Konfuzianismus beschäftigten sich mit der Dynastien-Dreizahl von Xia, Shang und *Zhou,* denen die drei Geschichtsqualitäten Loyalität (Zhong), Respekt (Jing) und Verfeinerung (Wen) entsprachen. Die *Große Lehre* kennt drei Grundsätze als »Programm des Konfuzianismus«. Die D. ist auch bedeutend als Dreieinheit von Konfuzianismus, Daoismus und Buddhismus, die als die »drei Freunde« (des Kaisers) mit den Bäumen Kiefer, Pflaume und Bambus symbolisiert werden.

Ehrfurcht
»Hervorragende Stellung ohne Großartigkeit, Religionsübung ohne Ehrfurcht, Erledigung der Beerdigungsbräuche ohne Herzenstrauer: solche Zustände kann ich nicht mit ansehen.« Lunyu, III,26

Ehrfurcht, auch Ehrerbietung (Xiao), im Konfuzianismus lebenslange pietätvolle Beziehung der Kinder zu ihren Eltern, aus der letztlich alle gesellschaftlichen Bezüge erwachsen; als Wurzel und Grund der Menschlichkeit (Ren) ist Xiao der wichtigste Begriff für die Ordnung zwischen den Generationen. Mehr als ein Gefühl, meint Xiao eine sittliche Kraft, die zur gesellschaftlichen Harmonie strebt; wo Xiao herrscht, ist der Umgang respektvoll und harte Erziehungsmaßnahmen sind überflüssig. Xiao verbindet den Menschen mit seiner Ahnenreihe und damit mit der Vergangenheit (Herkunft); die Achtung vor den Eltern ist Voraussetzung für die Selbstachtung des Edlen (Junzi).

Xiao bedeutet nicht Kritiklosigkeit, sondern verpflichtet zur »Korrektur«, wo der Vater (oder Herrscher) vom rechten Weg »abweicht«. Die Betonung der Xiao trieb im späteren Konfuzianismus seltsame Blüten, etwa wenn es im »Klassiker der E.« (Xiao-ching) aus dem 2. Jh. v. Chr. heißt, ein Sohn habe deshalb die Pflicht, sich vor Unglück und Krankheit zu schützen, weil der Körper ein Geschenk der Eltern sei und jede Beeinträchtigung des Kindes den Eltern Kummer bereite. Der Konfuzianismus verpönte die Kinderlosigkeit und drang auf Abhilfe (Nebenfrau, Adoption), damit jeder seine Ahnenreihe fortsetzen könne.

Einheit und Zweiheit (Yi Liang), wesentliches Thema des chin. Ursprungsdenkens gemäß den Lehren des *I Ging;* obwohl ihr Verhältnis eher zentrales Thema des Daoismus ist, nehmen fast alle Konfuzianer dazu Stellung, vor allem zur Entwicklung der Einheit zur Zweiheit (Vielheit) und dem »Rücklaufen« der Zweiheit in die Einheit als ihrem Urgrund. Der bedeutende Konfuzianer Dong Zhongshu (190/179–105/04 v. Chr.) sieht im Einen den Ursprung aller Dinge. Zhu Xi (1130–1200), der wichtigste Denker des Neo-Konfuzianismus, konstatiert: »Die Dinge in der Welt wandeln sich nicht, wenn sie nur Eines sind. Nur durch die Zweiheit können sie sich verwandeln« (Gespräche von Zhu Xi, Band 7, S. 2515). Im Konfuzianismus wird Einheit (He) zumeist ethisch verstanden und mit *Harmonie* (He, mit anderem Schriftzeichen) und Frieden konnotiert *(Taiji, Yang, Yin).*

Erde (Di), in Anlehnung an das *I Ging* ist die E. das weibliche *Yin-Pendant* zum *Himmel* und wird als rechtwinkliges Quadrat vorgestellt, das vom kreisförmigen Himmel überdacht wird; durch *acht Pfeiler* sind beide in der altchin. Kosmologie miteinander verbunden. Die Viereckform findet sich auch bei Feldern, Stadtanlagen sowie bei der staatlichen Provinzeinteilung; der E. ist die *Mitte,* die Farbe Gelb und die Zahl Zwei zugeordnet.

Erkennen und Handeln (Zhi Xing), als eine Art Dogma des Konfuzianismus gilt die »Einheit von Denken und Handeln« (Zhi Xing He Yi): Erkenntnis ist kein Selbstzweck und muss immer zum Handeln führen bzw. sich in Handeln umsetzen (Praxisorientierung); da alles Lehren und Lernen (direkte) Handlungsanleitung ist, kennt das chin. Denken (im Gegensatz zum Abendland) keine explizite Handlungstheorie. Alle Handlungen werden anhand konkreter Beispiele (für gutes/ schlechtes E.) beschrieben.

Xing (Handeln) bedeutet »einen Weg gehen«, aber auch »der gegangene Weg« im

Sinn seiner Durchführung; in den konfuzianischen Schriften findet sich mehrfach die Wendung: Erkennen ist nicht schwer, nur Handeln ist schwer. Bei Xun Zi (313–238/227 v. Chr.), dem dritten großen Denker des Konfuzianismus, heißt es (Schriften, Band 52, S. 36): »Erkennen ist nicht besser als Handeln, weil das Erkennen auf das Handeln ausgerichtet ist. Handeln macht klar und Klarheit macht den heiligen Menschen (Sheng Ren). Wenn man erkennt, ohne zu handeln, liegt es nur an den Schwierigkeiten.«

Der Neo-Konfuzianismus betonte einen gewissen Vorrang des Erkennens vor dem Handeln: Erst müsse man Erkenntnis gewinnen und dann danach handeln. Zhu Xi (1130–1200), der wichtigste Denker des Neo-Konfuzianismus, betonte dagegen, Erkennen habe den Vorrang vor Handeln in der Reihenfolge, aber Handeln habe den Vorrang vor Erkennen in der Wichtigkeit.

Frühlings- und Herbst-Periode (Chun Qiu, 771–476 v. Chr.), Zeit der frühen formellen Herrschaft der Östlichen *Zhou;* Übergangszeit von der Sklavenhalter- zur feudalen Gesellschaft in China, die durch ein Erstarken der ehemaligen Lehns-Territorien der Zhou zu selbstständigen Staaten gekennzeichnet war, die sich in Eroberungskriegen gegenseitig schwächten und Barbareneinfälle aus dem Norden nicht verhindern konnten. Von den ursprünglich 1000 Kleinstaaten hatten sich am Ende der F. nur noch sieben größere Reiche erhalten; der Hauptkampf wurde zwischen dem Südreich Zhu (das seit dem 8. Jh. v. Chr. den Königstitel führte) und dem Oststaat Qi (der seit 681 v. Chr. »Hegemon« der Mittelstaaten war) ausgetragen.

Durch die von Konfuzius bearbeiteten »Frühlings- und Herbst-Annalen« ist die F. als Zeit der Auflösung der Zentralherrschaft des Kaisers und der Macht der Riten (Li) für den Konfuzianismus bedeutsam. In geistig-kultureller Hinsicht zeigt sie eine große Fruchtbarkeit durch das beginnende Aufblühen der *Hundert Schulen* und die politische Beratertätigkeit der meisten Gelehrten.

Fünf (Wu), zu den wichtigsten symbolischen Zahlen gehörend; es gibt fünf Weltgegenden (die vier Himmelsrichtungen und die *Mitte), Fünf Elemente,* fünf Farben, fünf Gerüche, fünf Geschmacksrichtungen. Neben den *Fünf Grundtugenden* kennt der Konfuzianismus auch fünf Sitten (Li) – Festsitten, Trauersitten, Gastsitten, Heeressitten und Glückwunschsitten – sowie fünf Glücksgüter (Wu-fu) – Reichtum, Langes Leben, Ruhe/Frieden, Tugend und Gesundheit – sowie fünf Klassikerwerke des Konfuzianismus. Menzius nennt fünf Grundbeziehungen (Wu-lun) der menschlichen Gesellschaft: Vater-Sohn (Eltern-Kinder), älterer-jüngerer Bruder, Herrscher-Beamter (später allgemein Herrscher-Volk), Freund-Freund und Ehemann-Ehefrau.

Fünf-Elemente-Lehre (Wu-xing), während der *Frühlings-* und Herbstperiode entwickelte Deutung, die sich am *I Ging* orientiert; danach gibt es im Kosmos (in der Welt) fünf sichtbare Grundelemente, die den Ursprung und die Einheit aller materiellen Dinge bilden, da sie sich (in verschiedenen Kombinationen) in allem Existierenden ausmachen lassen: Holz-Feuer-Erde-Metall-Wasser. Die fünf Elemente stehen zueinander im Verhältnis wechselseitiger Hervorbringung (Bedingung) und Überwindung (Besiegung), was den Wandel der Dinge ausmacht. Vor allem von der Ideen-Schule des Neo-Konfuzianismus wurde die F. zu Spekulationen über Astronomie, Geschichtsverlauf, Medizin und Körperlehre ausgebaut.

Die fünf Elemente müssen eher als kosmische Wirkkräfte denn als reale Substanzen verstanden werden; sie werden mit Jahreszeiten, Himmelsrichtungen, Farben u. a. in Verbindung gebracht und mit anderen Fünfheiten *(Fünf)* kombiniert, etwa Holz mit Osten und Blau, Feuer mit Süden und Rot, Metall mit Westen und Weiß, Wasser mit Norden und Schwarz, Erde mit Mitte und Gelb.

Fünf Grundtugenden des Konfuzianismus, als die F. gelten Menschlichkeit (Ren), Gerechtigkeit/Pflichtgefühl (Yi), Sittlichkeit/Höflichkeit (Li), Weisheit (Zhi), Zuverlässigkeit/Vertrauen (Xin). Auch die Weisheit wird vom Konfuzianismus als ethische Tugend verstanden, da sie vor allem das Wissen um den rechten Weg meint.

Fu Xi, mythischer Kaiser und erster der drei legendären Kulturheroen Chinas, Regierungszeit mit 2952–2836 bzw. 2852–2737 v. Chr. angesetzt. Er soll Autor der acht Grund-Trigramme des *I Ging* sein, das Schafgarben-Orakel, die Erfindung des Winkelmaßes, die Vieh- und Seidenraupenzucht, das Fischernetz sowie verschiedene Musikinstrumente in die Kultur eingeführt haben. F., der oft mit Drachenkörper oder Schlangenleib dargestellt wird, gilt auch als Erfinder der chin. Familiennamen und er legte die (exoga-

Fünf Grundtugenden des Konfuzianismus (Sittlichkeit)
»Ohne Sittlichkeit kann man nicht dauernde Bedrängnis ertragen noch kann man langen Wohlstand ertragen. Der Sittliche findet in der Sittlichkeit Frieden, der Weise achtet die Sittlichkeit für Gewinn.«
Lunyu, IV,2

Fu Xi. Rollenbild aus der Song-Dynastie (1025 bis 1264), National Place Museum in Taipeh, Taiwan

Gegenseitigkeit
Fürst Ding fragte, wie ein Fürst seine Beamten behandeln und wie die Beamten ihrem Fürsten dienen sollen. Meister Kung entgegnete und sprach: *»Der Fürst behandle den Beamten, wie es die Sitte verlangt, der Beamte diene dem Fürsten, wie es sein Gewissen verlangt.«* Lunyu, III,19

men) Heiratsregeln fest, obwohl er selber mit seiner Schwester Nü-gua, der Erfinderin einiger Musikinstrumente, verheiratet war.

Gegenseitigkeit (Shu), Grundforderung des Konfuzianismus an jedes soziale Verhalten im Sinn einer »Rückbezüglichkeit«; so muss z. B. der Herrscher oder Vater dem Untertanen bzw. Sohn nicht vorschreiben, sondern vorleben, was Gerechtigkeit (Yi) ist, da nur ein gelebtes Vorbild zur Nachahmung führt. Gegen den Legalismus *(Legalisten)* formulierte der Konfuzianismus die G. als Erziehungsprinzip der vorgelebten Tugend, die besonders in den fünf Grundbeziehungen der Menschen *(Fünf)* untereinander zum Tragen kommt.

Geister (Shen), im chin. Volksglauben konkrete Erscheinungen, die meist helfen, aber durch Opfergaben versöhnlich gestimmt werden müssen. Die Seelen der Ahnen, denen in den konfuzianischen Riten gedacht wird, gelten als Schutzgeister der Familie, solange sie ehrenvoll behandelt werden. Im »Frühlingsfest der reinen Klarheit« (Jing-Ming) wird die Wiederkehr der Ahnen mit Opfern und Reinigen der Gräber gefeiert; nach dem Tod ist die Seele zwischen Haus und Grab unterwegs, weshalb die Straße, die das Grab des Konfuzius in *Qufu* mit dem Wohnhaus verbindet, »Straße der Geister« (Shen-dao) heißt.

Große Lehre (Da Xue), ursprünglich Teil des konfuzianischen »Buches der Sitten«, später als eine der »vier Schriften« des Konfuzianismus ausgegliedert; von seinen Schülern dem Konfuzius selber zugeschrieben. Im Da Xue finden sich drei Sätze, die geradezu als das »Programm des Konfuzianismus« gelten können: 1. verdeutlichen, was die reine Tugend ist (Ming Ming De); 2. die Menschen verbessern (Qin Min); 3. immer wieder neu lernen und erst ruhen, wenn das höchste Gut erreicht ist (Zhi Yu Zhi Shan).

Das Programm der Versittlichung des Menschen wird in der Da Xue zu einem Acht-Punkte-Programm erweitert, das ebenfalls als typisch konfuzianisch gilt: 1. *Begreifen* als Befassen mit den Dingen (Ge Wu); 2. Erreichen von Erkenntnis und Wissen (Zhi Zhi); 3. Wahrhaftigkeit des Willens bzw. Rechenschaft ablegen (Cheng Yi); 4. Reinheit des Herzens (»gerader Sinn«, Zheng Xin); 5. Selbsterziehung oder Ausbildung der Persönlichkeit (Xiu Shen); 6. Bestellung des Hauses bzw. Ordnung der Familienverhältnisse (Qi Jia); 7. Politik machen bzw. »den Staat ordnen« (Zhi Guo); 8. Befriedung der Welt bzw. Organisation des Weltfriedens (Ping Tian Xi).

Harmonie (He), das Streben nach H. gilt als ein Grundmotiv des gesamten chin. Denkens. Nach dem Konfuzianismus vollzieht die rechte Ausübung der Riten (Li) die H. der Naturkreisläufe und Jahreszeiten. H. und damit Ordnung in die Natur und menschlichen Beziehungen zu tragen bzw. diese wiederherzustellen, gilt als wesentliches Ziel des »Prinzips von Mitte und Maß«. Im *Lunyu* heißt es, dass H. die Hauptsache bei der Ausübung der Sitten und Riten ist.

Heiliger (Sheng Ren), durch *Wahrhaftigkeit* (Cheng) im Denken und Tugendhaftigkeit (De) im Handeln zu erlangende höchste Stufe einer vollendeten Menschlichkeit (Ren); im »Buch von Mitte und Maß« (Teil des Buchs der Riten) heißt es zur Verantwortung des H.: »Nur wer auf Erden das höchste Cheng hat, kann sein Wesen ganz entfalten. Wer sein Wesen ganz entfalten kann, der kann das Wesen der Menschen zur Entfaltung bringen. Wer das Wesen der Menschen zur Entfaltung bringen kann, der kann das Wesen der Dinge entwickeln. Wer das Wesen der Dinge entwickeln kann, der kann mit Himmel und Erde schöpferisch gestalten. Wer mit Himmel und Erde schöpferisch gestalten kann, der bildet mit Himmel und Erde eine große Dreiheit« (Buch der Riten, S. 197).

Urbilder der H. sind zunächst die Kulturheroen als Herrscher (Kaiser), im Neo-Konfuzianismus auch Konfuzius als »erster« und Menzius als »zweiter H.«. Das alte Schriftzeichen für Sheng besteht aus den Schriftzeichen für »Ohr«, »Mund« und »Herrscher«, was so gedeutet wird: Der H. vernimmt alles und teilt seine Weisheit den Menschen mit, darin besteht seine »Herrschaft« (vor allem auf die kaiserlichen Kulturheroen bezogen). Den Aufstieg zur vollendeten Weisheit denkt der Konfuzianismus in der Stufenfolge: Gelehrter (Shi) – Weiser (Xian) – H. (Sheng); der H. ist in jeder Hinsicht Vorbild für Denken und Handeln, da er seine »innere Heiligung« in »äußeres Handeln« umsetzt. Nach Xun Zi ist nur der H. zur Herrschaft befähigt, weil nur er das *Mandat des Himmels* kontrollieren und davon Gebrauch machen kann; für Zhu Xi ist nur der H. ein schöpferischer Denker, der Neues schafft. Der Weise ist dagegen derjenige, der die Gedanken eines H. überliefert.

Heilige Schriften (Jing), Jing bedeutet eigentlich »Klassikerwerke« und meinte ursprünglich die sechs Klassiker des Konfuzianismus, später dann vor allem die von Zhu Xi herausgestellten vier Schriften des Konfuzianismus. Da die Schriften anderer Richtungen, besonders des Buddhismus und Daoismus, später hinzukamen, wurden die Jing in der Han-Zeit in vier Richtungen unterteilt:

1. Genuine Schriften des Konfuzianismus (Jing)
2. Geschichtsschreiber und Rechtsliteratur (Shi)
3. Literatur der philosophischen »Meister« (Zi)
4. Sammlungen der schönen Literatur in Prosa und Poesie (Ji).

Besonders durch buddhistische und daoistische Schriften wuchs die Anzahl der H. ins Unermessliche; 1766 veranlasste Kaiser Qian Long (1735–1796) einen Gesamtdruck der Klassiker-Literatur von 79339 Einzelschriften in 3460 Bänden, der den Grundstock aller größeren Bibliotheken des Landes bildete.

Himmel (Tian), der H. bildet im chin. Denken mit der *Erde* ein Paar *(Yang, Yin),* wobei der runde, männliche und schöpferische H. die eckige, empfangende Erde überwölbt; China und die zivilisierte Welt gelten als das, »was unter dem Himmel ist« (Tian-xia). Das Schriftzeichen für H. besteht aus den Grundzeichen für »Einheit« und »groß«, der H. gilt daher als »Einheit des Vielfältigen«. Die Suche nach der »Einheit von Mensch und Himmel« (Tian Ren He Yi) ist ein zentrales Thema des gesamten chin. Denkens einschließlich des Konfuzianismus.

Die grundsätzliche Übereinstimmung von H. und Mensch (»Entsprechung von H. und Mensch«: Tian Ren Xiang Tong), die nur erkannt und verwirklicht werden muss, leitet Menzius' Theorie vom natürlichen Gutsein des Menschen; die eingewurzelte Gabe des Menschen, zwischen Gut und Böse unterscheiden zu können, nennt er eine »Himmelsgabe«. Auch beschreibt er die Fähigkeit des Menschen zur Selbsterkenntnis als »Himmelserkenntnis«. Dong Zhongshu entwickelte die Lehre von der »Strukturgleichheit von H. und Mensch« (Tian Ren Xiang Lei), wonach Körper und Geist des Menschen nach der Gestalt des H. erschaffen wurden und die Stimmungen/Befindlichkeiten des Menschen den Naturerscheinungen des H. entsprechen. Es kommt zu einer gegenseitigen Einwirkung von H. und Mensch aufeinander, doch gibt es einen traditionellen Vorrang des H., dem der Mensch seine Existenz verdankt.

Heilige Schriften. Stelenwald mit eingemeißelten Texten konfuzianischer Klassiker auf dem Gelände des Konfuzius-Tempels in Peking, 14.–18. Jh.

Hundert Schulen (Bai Jia), in der geistig fruchtbaren *Frühlings- und Herbstperiode* sowie der *Zeit der Streitenden Reiche* bildete sich seit dem 7. Jh. v.Chr. eine geistige Elite aus der Schicht verarmter Würdenträger heraus; die meisten Gelehrten und Schulgründer führten – wie Konfuzius – ein unstetes Wanderleben und waren als politische Berater der Kleinfürsten in die Tagespolitik verstrickt oder entwarfen gesellschaftspolitische Modelle.

Die unzähligen Lehrrichtungen lassen sich in neun Hauptstränge einteilen: die Konfuzianer (stets an erster Stelle genannt), die Daoisten, die *Legalisten* (Rechtsschule), die *Mohisten* und die *Landwirtschafts-Schule* sowie als weitere die Logiker oder Namen-Schule (Ming Jia), denen Sprachwissenschaft und Naturerkenntnis viel verdanken, die Naturphilosophen oder Yin-Yang-Schule (Yin Yang Jia), die das *I Ging* im Sinn einer Welterklärung auslegten, die Politik- oder Staatsphilosophen (Zong Heng Jia), auch »Diplomaten-Schule« genannt, da sie sich mit den Allianzen und Gegnerschaften zwischen Staaten beschäftigte, sowie die Eklektiker (Za Jia), die meist keiner bestimmten Richtung zuzuordnen waren.

Als »Literatur der Meisterdenker« (Zi) gingen viele Schriften der H. in die *Heiligen Schriften* Chinas ein. Die Herrschaft des Han-Kaisers Wu (141–87 v.Chr.) brachte die Abschaffung der H. zugunsten des Konfuzianismus.

I Ging (Yi Jing, »Buch der Wandlungen«), bekanntestes altchin. Orakelbuch, das zu den klassischen Werken des Konfuzianismus

Konfuzius-Tempel. Priester im Konfuzius-Tempel in Taipeh, Taiwan, bei einer Feier zum Geburtstag des chinesischen Philosophen.

zählt und von diesem stark ethisch interpretiert wird; seine Entstehung wird dem legendären Kulturheros *Fu Xi* sowie dem ersten Herrscher der Westlichen *Zhou,* König Wen (der die 64 Kombinationen gefunden haben soll), und seinem Bruder, dem Herzog von Zhou (Zhou Gong, der die Symbolik erklärt haben soll) zugeschrieben. Das I. besteht aus zwei Teilen: den 64 Grundfiguren und ihren Texten (1. Teil) sowie zehn Kommentaren dazu (2. Teil).

Es beschreibt das Entstehen und Vergehen aller Dinge aus der ungeschiedenen Urfigur *Taiji,* die in die Zweiheit von *Yang* und *Yin* auseinander tritt, und folgt einer durchgehenden Zwei-Strich-Symbolik; Yang wird mit durchgehendem, Yin mit in der Mitte unterbrochenem horizontalem Strich dargestellt. Die vier möglichen Zweierkombinationen beider Striche ergeben die Zeit (Frühling, Sommer, Herbst, Winter) und den Raum (Osten, Süden, Westen, Norden). Als Dreierkombinationen (Trigramme, Ba Gua) der Striche (symbolisch für Himmel-Erde-Mensch) ergeben sich acht mögliche Grundkombinationen (für Himmel, Erde, See, Berg, Feuer, Wasser, Donner und Wind). Werden diese acht Trigramme zu Sechser-Kombinationen (Hexagramme, Bie Gua) miteinander verbunden, erhält man die 64 Grundfiguren mit spezifischen Bedeutungen.

Alles Existierende unterliegt dem Gesetz der ständigen Wandlung (die vom *Dao* geleitet wird); das Wesen der Wandlung ist es, Leben zu spenden, weshalb es vom Konfuzianismus auch als »Tugend« (De) bezeichnet wird. Aus der Kombination von Gegensätzen und Gemeinsamkeiten in labiler Harmonie leiten sich für den Konfuzianismus auch die Unterschiede und Gemeinsamkeiten im menschlichen Leben her, z. B. die verschiedenen Rollen in Familie und Staat.

Konfuzius-Tempel (Kong Miao), sie entsprechen in ganz China dem gleichen Muster und orientierten sich am Haupttempel von *Qufu;* ähnlich wichtig ist der durch einen Wandelgang mit der Staatlichen Akademie (Guozijian) verbundene K. von Peking aus dem 13. Jh.

Die gesamte Anlage ist nach Süden ausgerichtet, alle Bauten und Abmessungen entsprechen traditionellen Überlieferungen. Zunächst wurden nur die *Ahnentafeln* aufgestellt, seit dem 13. Jh. – unter buddhistischem Einfluss – auch Figuren. In der Haupthalle (Dacheng Dian) des Tempels befindet sich auf einem erhöhten Rückteil die Ahnentafel des Konfuzius mit der Aufschrift: »Sitz des Geistes des Meisters Kong, des allerheiligsten früheren Lehrers.« Die Tafel wird gerahmt von den Tafeln seiner vier Hauptschüler, den »vier Gefährten«:

1. Yen Hui (Lieblingsschüler)
2. Zisi (Enkel des Konfuzius und Verfasser zweier Werke)
3. Tseng-tse (angeblich Hauptverfasser bzw. Aufzeichner des *Lunyu)*
4. Menzius (Ausgestalter der Lehre). Die vier Hauptschüler erhielten im 13. Jh. den Ehrentitel »frühere Heilige«.

An den Seitenwänden stehen die Tafeln von zwölf weiteren Schülern, darunter Zhu Xi, die als »zwölf Wissende« gelten. In den Seitengebäuden des Tempels sind die Tafeln der übrigen 149 Schüler aufgestellt, die als »Weise« (Xian) bezeichnet werden. Dazu zählen noch 16 weitere Figuren, nämlich Vater, Bruder und weitere Ahnen des Konfuzius sowie die Väter der vier Hauptschüler; insgesamt besitzt ein K. also 182 Ahnentafeln.

Zweimal im Jahr fanden große K.-Feiern mit Tier- und Speiseopfern sowie Räucherwerk statt, die sonstigen Opferfeiern zweimal im Monat. Die Opferzeremonie besteht aus vier Abschnitten: Einladung der Geister, Opferdarbringung, Wegräumen der Opfergaben, Verabschiedung der Geister. Jede Handlung ist von Lobeshymnen auf Konfuzius sowie Musik und Tanz nach traditionellen Riten im Tempelhof begleitet. Die große Opferfeier in Peking leitete der Kaiser. Eine besondere Ehrung für Chinesen war die Aufstellung ihrer Ahnentafeln im K. nach einem »tugendhaften Leben«. Der Kaiser konnte auch Personen (meist posthum) zu *Heiligen* erklären und die Aufnahme ihrer Tafeln im K. ihres Heimatortes verfügen.

Landwirtschafts-Schule (Nong Jia), auch als Agronomisten oder Schule der Ackerbauern bezeichnete Strömung der *Hundert Schulen* (Gründer: Xu Hang), die gesellschaftliche Unterschiede radikal bekämpfte bis zur Forderung nach Aufhebung der Arbeitsteilung. Das Herrscherideal war ein Kaiser, der aktiv bei der Nahrungsproduktion half und Kenntnisse in der Landbestellung hatte. Besonders von Menzius bekämpft, genossen die Schriften der L. im Agrarstaat China hohes Ansehen unter den *Heiligen Schriften*.

Laterne (Deng), wichtiges chin. Kulturgut, als Fruchtbarkeitssymbol auch im Haus (Familie) verwendet; L. als Wegweiser gelten auch den *Geistern* der Verstorbenen auf ihrem Weg ins Haus. Beim so genannten »L.-Fest« am 15. Tag des ersten chin. Monats wird das Ende des Neujahrsfestes mit der Zurückgeleitung der Geister zu ihren Gräbern gefeiert, nachdem diese im Haus mit ihren Nachkommen »gespeist« haben; der Weg zu den Gräbern wird mit Papier-L. ausgeleuchtet.

Legalisten (Rechts-Schule, Fa Jia), Strömung der *Hundert Schulen*, die auf Gesetze (Fa; eigentliche Bedeutung: »Normen«) zur Durchsetzung des Allgemeinwohls gegen egoistische Einzelinteressen setzte. Gegen Konfuzianer und *Mohisten* verwarfen sie die Idee einer Regierung durch moralisches Vorbild; der Herrscher solle sich nicht mit Tugend befassen, sondern Gesetze erlassen und das Recht durchsetzen. Für die Regierung reichen sittliche Richtlinien (Li) nicht aus, es bedarf positiver Verordnungen (Fa). In kodifizierten Rechtsordnungen soll das Volk einem System von Lohn und Strafe unterworfen werden, eine starke Zentralgewalt soll Handwerk und Landwirtschaft fördern und alle »unproduktiven« Gewerbe abschaffen. Bosheit und Egoismus werden durch exemplarische Strafen (Abschreckung) überwunden.

Der L. Shang Yang (um 390–338 v.Chr.), seit 350 leitender Minister des Staates Qin, machte das Reich durch Kanalbauten und militärische Aufrüstung stark, sodass die Qin 221 die Macht in ganz China übernehmen konnten (Kaiser Shih Huang-Di). Der eigentliche Gründer der Fa Jia, Han Fei-tzu (280 bis 233 v.Chr.) sowie der Qin-Kanzler Li Ssu (280–208), der die Bücherverbrennung von 213 initiierte, waren direkte Schüler des Konfuzianers Xun Zi, dessen Theorie von der natürlichen Schlechtigkeit des Menschen die L. beeinflusste, ebenso wie der spätere Staats-Konfuzianismus vieles von den L. übernahm. Der Legalismus war Staatsideologie der Qin-Kaiser (221–206 v.Chr.). Ihr rascher Untergang sowie das gewaltsame Ende der drei großen L. (Shang Yang, Han Fei-tzu, Li Ssu) gilt dem Konfuzianismus als Erweis für die Verderblichkeit einer Politik ohne Menschlichkeit und Achtung vor der Tradition.

Lunyu (»Gespräche des Konfuzius«), das zu den vier (neueren) Hauptschriften des Konfuzianismus zählende L. gilt als die älteste direkte Quelle der Lehren des Konfuzius und seiner Schüler; es enthält zumeist kurze Aphorismen, die der Ausdeutung bedürfen. Auch allgemeine Gesetze und Verhältnisse werden in konkreten, bildhaften Beispielen mitgeteilt. Nach verschiedenen Kapiteleinteilungen und Zählweisen der Frühzeit (meist durch Punktierungen) gilt seit dem 12. Jh. die Deutung des Zhu Xi in seinen Kommentaren (Lunyu Jizhu) als autoritativ, doch werden seit dem 18. Jh. in China textkritische Diskussionen um Entstehungszeit und Überlieferung geführt. Mit der zunehmenden Stilisierung des Konfuzius zum *Heiligen* wurde das L. zu einem Hauptwerk, das besonders außerhalb Chinas (dt. Übersetzung erstmals 1910 durch Richard Wilhelm) als bekannteste Schrift des Konfuzianismus gilt.

Mandat des Himmels (Tian Ming), Himmelsauftrag des Herrschers, erstmals vom *Zhou-Kaiser* Wu (um 1011 v. Chr.) zur Rechtfertigung seines Treuebruchs gegenüber der

Aus dem Lunyu
»Einem Heer von drei Armeen kann man seinen Führer nehmen; dem geringsten Mann aus dem Volk kann man nicht seinen Willen nehmen.« (IX,25)

Mandat des Himmels.
Halle des kaiserlichen Erntegebets auf dem Gelände des Himmelstempels in Peking, der höchsten kaiserlichen Religionsstätte Chinas. Der Tempel aus dem 15. Jh. wurde 1889 originalgetreu wieder aufgebaut.

Mandat des Himmels als Regierungsauftrag. Freiherr Gi Kang fragte den Meister Kung nach (dem Wesen) der Regierung. Meister Kung sprach: *»Regieren heißt recht machen. Wenn Eure Hoheit die Führung übernimmt im Rechtsein, wer sollte es wagen, nicht recht zu sein?«* Lunyu XII,17

Shang-Dynastie verwendet; der Verlust des M. gilt seither als ideologische Rechtfertigung sämtlicher Dynastie-Wechsel in China (»Wechsel des Mandats«: Ge Ming). Der Gedanke ist so tief verwurzelt, dass auch die sozialistische Revolution Mao Tse-tungs 1949 als »Wechsel des Mandats« bezeichnet wird.

Für den Konfuzianismus (Buch der Urkunden) ist der Verlust des M. durch die Xia (um 1760 v.Chr.) und die Zhou (um 1025 v.Chr.) wegen des sittlich unredlichen Lebenswandels und der Tyrannei der letzten Herrscher von besonderer Bedeutung; Menzius leitet aus dem Verlust des M. seine Theorie des Tyrannenmordes und das Recht des Volkes zur Rebellion gegen Herrscher ab, die nicht im Einklang mit den Sitten (Li) und dem *Himmel* regieren.

Der Herrscher (Kaiser) erhält als *Sohn* des Himmels seinen Regierungsauftrag direkt vom Himmel, womit seine Macht wie seine Aufgaben festgelegt sind; in einem weitgehend von Zeremonien geprägten Leben muss er die Naturzyklen kennen und Naturkatastrophen durch rituelle Handlungen (Vorausahmungen) abwehren. Konfuzius deutet dies als den »Willen des Himmels«, dem der Herrscher zu entsprechen habe; bei Abweichungen ist es Aufgabe des konfuzianischen Weisen, ihn zu »berichtigen«.

Materie (Qi), wesentlicher Begriff des Neo-Konfuzianismus; Qi wurde als sehr feine, feste oder gasförmige Materie gedacht, die Ursache aller realen (materiellen) Dinge in der Welt ist. *Yin* und *Yang* gelten als erste Manifestationen von Qi, die Ideen (Li) sind die Bewegungsregel von Qi. Der Neo-Konfuzianismus führte schärfste philosophische Auseinandersetzungen über den Vorrang der Li vor Qi (Lehrmeinung der herrschenden Ideen-Schule) oder des Qi vor Li (Bewusstseins-Schule und Empiristische Schule).

Mitte (Zhong), das »Buch von Mitte und Maß« des Konfuzius-Enkels Zisi interpretiert die M. im Sinne des *I Ging* als ein dynamisches Gleichgewicht, das sich aus dem Widerstreit der antagonistischen Kräfte *(Yang, Yin)* ergibt und immer wieder neu herzustellen bzw. anzustreben ist; es ist ein Ausgleich, keine Negierung der Gegensätze. Die M. zu halten, stellt eine der höchsten Anforderungen des Konfuzianismus an Ethik und Gesellschaftsordnung dar. Das Schriftzeichen für Zhong ist eine von einem Pfeil in die M. getroffene Zielscheibe; die M. wird traditionell auch als *Himmel* und *Erde* verbindende Weltenachse bzw. Himmelspfeiler interpretiert. China selbst verstand sich als »Reich der M.« (Zhong Guo), das im Zentrum liegt.

Das *Lunyu,* das die M. als »großen Grund« der Welt (Lunyu VI, 27) immer stärker kosmologisch interpretiert, überliefert als Regierungsmaxime der Kaiser *Yao* und *Shun* den »Vier-Wörter-Spruch«: »Halte treulich die Mitte!« (Yun Zhi Jue Zhong), der so ausgedeutet wird, dass sie die »zwei Seiten« (Extreme) jedes Dinges betrachteten und dann von ihrer M. heraus handelten. M. ist also nicht Indifferenz, sondern Ausbalancierung der Extreme zu einem labilen Gleichgewicht.

Mohisten (Mo Jia), von Mo-Di (auch Mo Zi, 468–376 oder 470–400 v.Chr.) gegründete, zur Zeit der *Hundert Schulen* am besten organisierte Strömung aus dem Umfeld des Konfuzius, die als Erste den Konfuzianismus umfassend kritisierte. Mo-Di, der eine Schule in Lu oder Sung leitete, hinterließ ein Werk in 71 Kapiteln, von denen 53 erhalten sind.

Gegen die Fundierung gesellschaftlicher Ungleichheit durch die in den Riten (Li) festgesetzte Ungleichheit der Aufgaben und Pflichten, die der Konfuzianismus vertritt, betonen die M. eine »allgemeine Menschenliebe« mit stark egalitären Tendenzen und setzen dem aristokratischen Konfuzianismus-Ideal des »Edlen« (Junzi) den »Gemeinen Mann« (Jian Ren) entgegen. Die M. fordern eine »Ordnung der Gemeinsamkeit« (Jian) anstelle sozialer Unterschiede, deren Kriterium der »wechselseitige Nutzen« (Xiang Li) aller für alle ist; so soll auch nicht der Edle den Staat führen, sondern der tatkräftige Führer, der dem allgemeinen Nutzen dient und dem dafür Ruhm gebührt (gegen das Bescheidenheits-Ideal des Konfuzianismus).

Die Gesellschaftsordnung der M. ist eine schnörkellos-technizistische, am Pragmatismus und Utilitarismus orientierte Gemeinschaft ohne ästhetische Ideale, die nur Ungleichheiten befördern, und ohne zweckfreie Tätigkeiten. Alle Arbeitskraft wird in den Dienst des gesellschaftlichen Nutzens gestellt. Mit einer umfangreichen *Geister-Lehre* propagierten die M. eine Wiederbelebung der göttlichen Mächte (Himmel), die den Menschen kontrollieren; die straffe Organisation der M. nach Art eines Mönchsordens, dessen Mitglieder dem gewählten Oberhaupt Gehorsam schulden, wirkte stark auf Mao Tse-tungs Avantgarde-Theorie. Wie der Konfuzianismus forderten die M. ein aktiv tätiges Leben und einen radikalen Pazifismus.

Neue-Schrift-Klassikerlehre (Jin Wen Jing Xue), Standard der Konfuzianismus-Auslegung seit Beginn der Westlichen Han (206 v. Chr.–25 n. Chr.), da nach der Bücherverbrennung der Qin (unter Shih Huang-Di) nur Werke vorhanden waren, die in der Siegelschrift der »Neuen Literaturschrift« (Jin Wen) der Nach-Qin-Zeit abgefasst waren; ihr Studium wurde von Dong Zhongshu inauguriert, der großen Wert auf die Überlieferung der Grundgedanken, eine politisch-religiöse Herrscherlegitimation sowie gesellschaftspolitische Nützlichkeit und Nutzanwendung legte. Gegenüber der Alten Schrift wies die Neue Schrift eine Vielzahl neuer Schriftzeichen auf; etwa 5000 Zeichen galten für die Alltagskommunikation, etwa 10000 für die verfeinerte Kultur und die – oft überheblich auftretenden – Schriftgelehrten beherrschten bis zu 30000 Zeichen. Im 17. Jh. wurde die N. von der *Alte-Schrift-Klassikerlehre* überflügelt, erlangte aber im 18. und 19. Jh. ihre vorherige Bedeutung zurück.

Nord-Schule (Bei Xue), im 3.–6. Jh. n. Chr. Schule der Klassikerinterpretation im Streit zwischen *Alte-Schrift-* und *Neue-Schrift-*Klassikerlehre; im Gegensatz zur *Süd-Schule* hielt sie streng an der Position der Alte-Schrift-Klassikerlehre fest und propagierte eine streng historisch orientierte Schriftauslegung.

Orakel, die Orakelbefragung gehört zu den ältesten religiösen Praktiken Chinas, wobei der Befrager (Orakelpriester, Schamane) mit glühenden Stäbchen Schildkrötenpanzer und Tierknochen ritzte oder anbohrte; aus den dadurch entstehenden Rissen, die als »Schriftzeichen« gedeutet wurden, las man binäre Ergebnisse (Ja / Nein) auf vorher gestellte Fragen. Die auf Panzern und Knochen eingeritzten Zeichen, auf denen oft Datum, Name des Befragers sowie die Fragen und Antworten verzeichnet sind, gelten als älteste schriftliche Zeugnisse Chinas und stammen aus der Shang-Periode (um 1760–1025 v. Chr.).

Später wurde das Schafgarben-O. mit 50 Stängelteilen eingeführt, mit dem man Aussagen über das Verhältnis Himmel-Erde-Mensch gemäß dem *I Ging,* dem bedeutendsten Orakelbuch, erhielt; es gab auch die Orakelformen des Münzen- oder Stäbchenwerfens.

Qufu, Geburts- und Sterbeort des Konfuzius mit *Konfuzius-Tempel* und -Wohnhaus. Der Konfuzius-Tempel von Q. ist das ein Jahr nach Konfuzius' Tod durch den Herzog Ai von Lu umgebaute Wohnhaus, das seit der Han-Dynastie zu einem »staatlichen Wallfahrtsort« wurde: Die von den Kaisern mehrfach erneuerte und erweiterte Gesamtanlage umfasst heute eine Fläche von 22 ha, gegliedert um eine 1 km lange Nord-Süd-Achse.

Qufu. Gedenkstätte des chinesischen Philosophen mit steinernen Skulpturen im Konfuzius-Wald in Qufu

Die Haupthalle (Dacheng Dian) des Tempels mit 1836 m^2 Grundfläche, in der sich die Utensilien des Ahnenopfers befinden, wurde im 11. Jh. errichtet, 1499 und 1724 restauriert; das Dach besteht aus gelb glasierten Keramikziegeln. In den Nebenräumen der Haupthalle finden sich Reliefs und Steinstelen, daneben die 1018 errichtete Halle Qindian für die Opfer an die Ehefrau des Konfuzius, der Fünf-Generationen-Tempel (Wudan Si) für die Vorfahren des Konfuzius und der Tempel für die Eltern des Konfuzius (Qisheng Dian). Die Tempelanlage besitzt sieben große Tore und 13 Pavillons mit Steinstelen, deren Inschriften die Klassikerwerke des Konfuzianismus sind; die älteste Stele wurde 668, die größte 1668 errichtet.

Die 16 ha große Residenz der Konfuzius-Familie (Kong-fu), dessen Nachkommen bald zu »Heiligen Herzögen von Yan« erhoben wurden, unterstand direkt dem Kaiser. Der Besitz der Familie umfasste zwischenzeitlich 64000 ha Land in fünf Provinzen; die Anlage wurde erweitert und wuchs auf 463 Gebäude und neun Höfe an. Die direkten Nachkommen des Konfuzius lebten hier bis 1937 und bewahrten das Archiv der Kong-Familie auf, das die Jahre 1534 bis 1948 umfasst. Den Hauptbereich bilden die drei Hallen Datang (für die Abhaltung der Zeremonien), Ertang (Lehrhalle für Zeremonien und Richtertätig-

Shun. Darstellung des legendären chinesischen Herrschers Shun der Östlichen Han-Dynastie (25–220), nach einer Steinabreibung aus dem Grab in Jiaxiang in der Provinz Shandong

Sohn des Himmels. Meister Kung sprach: »Wenn der Erdkreis in Ordnung ist, so gehen Kultur und Kunst, Kriege und Strafzüge vom Himmelssohn aus. Ist der Erdkreis nicht in Ordnung, so gehen Kultur und Kunst, Kriege und Strafzüge von den Lehensfürsten aus. Wenn sie von den Lehensfürsten ausgehen, so dauert es selten länger als zehn Geschlechter, ehe sie (die Macht) verloren haben. Wenn sie von den Adelsgeschlechtern ausgehen, so dauert es selten länger als fünf Geschlechter, ehe sie (die Macht) verloren haben. Wenn die Dienstmannen die Herrschaft im Reich an sich reißen, so dauert es selten länger als drei Generationen, ehe sie sie verloren haben.«

Lunyu XVI,2

keit der Herzöge) und Santang (Empfangshalle für staatliche Würdenträger). 1,5 km nördlich von Q. liegt der »Konfuzius-Wald« (Kong-lin), heute noch Friedhof für Mitglieder der Kong-Familie; innerhalb der Gräbergruppe liegt auch das Grab des Konfuzius (Kongzi Mu) sowie die Gräber seines Sohnes Kong Li und seines Enkels Kong Ji (Zisi).

Schriftzeichen, die chin. Zeichenschrift ist eine ikonische Sinnschrift (im Gegensatz zur nicht ikonischen europäischen Lautschrift), das Zeichenlesen gilt als Aneignung der Realität. Sie besteht aus zusammengesetzten Strichzeichen, die sich auf 214 Grundzeichen (Radikale) als Grundelemente (in verschiedener Kombinatorik) zurückführen lassen.

Der Konfuzianismus betrieb stets eine Hochschätzung des Lesens und Schreibens mit einem Misstrauen gegen die »bloße« Rede; seine konservative Kulturpolitik orientierte sich an der Sinnfixierung und der staatlichen Pflege der S., die dem Konfuzianismus weitgehend oblag (»Richtigstellen der Bezeichnungen«). Die Anzahl der beherrschten S. entschied in der konfuzianischen Kulturpflege im Wesentlichen über die Aufstiegsmöglichkeiten eines Beamten.

Shang-Di (»Höchster Herrscher«, »Himmelsherrscher«), auch Di (»Gott«, »Herr«), ursprünglich mit dem Polarstern identifizierter Vegetationsgott; Ahnherr bzw. Stammesgott der Shang-Herrscher (um 1760–1025/11 v. Chr.) und des Shang-Volkes, wurde er nach deren Herrschaftsantritt zum obersten Himmelsherrn (»Herrn von oben«), der den Lauf der Jahreszeiten und Vegetationszyklen ebenso lenkte wie das Schicksal der Menschen. Seit den Westlichen *Zhou* (1025–771 v. Chr.) wurde er mit dem *Himmel* selbst gleichgesetzt und vom Konfuzianismus aus der alten Tradition übernommen, allerdings nicht mehr so stark personalisiert vorgestellt.

Shun, legendärer Kaiser und Kulturheros, Regierungszeit mit 2255–2205 bzw. 2233 bis 2184 v. Chr. angesetzt; soll von *Yao* auf Anraten der vier Himmelsrichtungen zum Nachfolger ernannt worden sein. Er soll das Töpfern und den Ackerbau mit Pflug eingeführt, gegen Unheilsdämonen gekämpft und die vier Himmelsrichtungen bereist haben; wie sein Vorgänger herrschte er, ohne zu regieren, da nichts zu »berichtigen« war. Beide werden im *Lunyu* von Konfuzius als Vorbilder aller künftigen Herrscher gepriesen. S. gilt als eine Art »Schutzpatron« des Konfuzianismus.

Sohn des Himmels (Tian Zi), der chin. Kaiser galt als S., der sein *Mandat* direkt vom Himmel erhielt; seine Aufgabe bestand in der Herstellung der Harmonie zwischen *Himmel, Erde* und Mensch. In der Zeit der *Zhou* setzte sich die Vorstellung durch, der Himmel wähle den Kaiser nach dem Grad seiner Tugend aus; er hat sein Mandat als eingeborenes Wissen, das nicht erlernt werden muss und dessen Verlust im Konfuzianismus zum Niedergang einer Dynastie führt. Der Kaiser war Herrscher über das »Reich der Mitte« (Zhong Guo) und die vier Himmelsrichtungen (daher musste er Inspektionsreisen in die Provinzen unternehmen); traditionell galten Himmel und Erde als »Vater und Mutter« des Kaisers und dieser als »Vater des schwarzhaarigen Volkes« (Chinesen). Das Opfer an den Himmel, bei dessen Vorbereitung er umfangreiche Reinigungsriten beachten musste, war nur dem Kaiser vorbehalten, der als Inhaber der vollendetsten Tugend und Weisheit galt.
Der S. stellte die Harmonie durch peinlich genaue Befolgung und Durchführung der traditionellen Riten (Li) her, etwa durch den Ackerbauritus des symbolischen Pflügens der ersten drei Furchen zu Anfang des Frühlings und andere vorausahmende Fruchtbarkeitsrituale. Das Schriftzeichen Wang für Kaiser zeigt die Verbindung dreier Ebenen (Himmel-Erde-Mensch) durch eine vertikale Achse (*Mitte* als Weltenachse bzw. Himmelspfeiler);

das Zeichen Wang ist auch Bestandteil des Schriftzeichens Sheng für *Heiliger.* Sinnbild des Kaisers ist seit der Han-Zeit der Drache als Symbol der männlich-zeugenden Naturkraft *Yang.*

Süd-Schule (Nan Xue), im 3.–6. Jh. n. Chr. Schule der Klassikerinterpretation; im Gegensatz zur *Nord-Schule* vertrat sie reformerische Positionen der Klassikerauslegung und näherte sich in den Interpretationen dem Buddhismus und Daoismus an. Sie beschäftigte sich stark mit zeitaktuellen Fragen und gab wesentliche Denkanstöße für die Themen des Neo-Konfuzianismus.

Symbolik, die umfassende Bedeutung von Symbolen in der chin. Kunst und Kultur orientiert sich an der sinnlich-bildhaften Darstellung des Gemeinten in den *Schriftzeichen.* Die Symbole werden im Chin. wesentlich als »Bilder« verstanden und transportieren oft mehrere Sinngehalte. So stellt etwa der Drache als eines der bekanntesten Symbole Chinas die männliche, zeugende Naturkraft ebenso dar wie Glück und Fruchtbarkeit und ist Sinnbild des Kaisers als des *Sohnes des Himmels.* Er ist auch eines der Tiere der vier Weltgegenden und symbolisiert als solches den Osten als Richtung des Sonnenaufgangs und des Regens; auch ist er das fünfte Tier des chin. Tierkreises. Wie die anderen Religionen und Geistesrichtungen hat auch der Konfuzianismus die altchin. S. in sein System aufgenommen. Von hohem Symbolgehalt sind vor allem die Darstellungen von (Wild-)Tieren, Pflanzen und Zahlen *(Drei, Fünf, Acht).* Die rigiden Moralauffassungen besonders des Neo-Konfuzianismus trugen mit zu einer ausgefeilten Symbolisierung der Bereiche des Erotischen und Sexuellen bei. In der späteren Heiligenlegende des Konfuzius wurde dessen Leben stark mit positiven Symbolen aufgeladen: So sollen bei seiner Geburt zwei Drachen über seinem Elternhaus erschienen sein und fünf Geister ihren Segen vom Himmel herabgesandt haben. Auch die überlieferte Zahl seiner 72 Lebensjahre und seiner 72 namentlich bekannten direkten Schüler besitzt Symbolwert, da 72 im Chin. die Kombination der neun Provinzen der Erde mit den acht Himmelsrichtungen bzw. acht Diagrammen des *I Ging* ergibt. Auch wurde das chin. Sonnenjahr mit 72 Wochen zu je fünf Tagen berechnet.

Taiji (traditionell übersetzt: Taichi), Urfigur des *I Ging* als Ursprung des Universums und Anfangsprinzip aller Dinge (bedeutet wörtlich »Firstbalken«); gestaltlos, dunkel, unergründlich und nicht wirklich zu analysieren, nur intuitiv zu erfassen. Bildlich wird es meist als Kreis dargestellt und als »größte Ganzheit« oder »Höchstes Letztes« bezeichnet, doch sobald es sich zeigt, tritt es in die Zweiheit von *Yang* und *Yin* auseinander. Das bewegende T. erzeugt Yang, das ruhende T. erzeugt Yin. Besondere Bedeutung erhält das T. im Neo-Konfuzianismus, da es von Zhu Xi als »Höchstes Eines« gedacht wird und die Welt der Metaphysik (Philosophie, Kosmologie) regiert.

Wahrheit, Wahrhaftigkeit (Cheng), Cheng wird auch mit »Aufrichtigkeit«, »Echtheit«, »Ehrlichkeit« übersetzt; nach Vorstellung der Konfuzianer ist es das *Himmel* und *Erde* tragende Prinzip, das im Denken zusammen mit der Tugendhaftigkeit (De) im Handeln in der Selbsterziehung bzw. *Charakterbildung* (Xiu Ji) erlangt werden muss, um ein *Heiliger* zu werden. Cheng ist das Hauptthema des konfuzianischen »Buches von Mitte und Maß«.

Yang, im *I Ging* eine Seite des sichtbaren *Taiji* und eines der beiden Grundprinzipien allen Wandels; es wird mit dem Männlichen, Licht, Wärme, Festigkeit identifiziert und ist als Darstellung des *Himmels* das positive Element. Als Männliches bewirkt Y. den »Weg des Schöpferischen«. Von Dong Zhongshu wurde es durchgehend ethisiert und im Rahmen einer Festschreibung der gesellschaftlichen Hierarchie mit Monarch (Herrscher, Kaiser), Vater und Ehemann identifiziert sowie seinem Gegenprinzip *Yin* übergeordnet.

Yao. Darstellung des legendären Kaisers Yao der Östlichen Han-Dynastie (25 bis 220), nach einer Steinabreibung aus dem Grab in Jiaxiang in der Provinz Shandong

Yao, legendärer chinesischer Kaiser und Kulturheros, Regierungszeit mit 2356–2255 bzw. 2333 bis 2234 v. Chr. angesetzt; er soll der Überlieferung nach den chin. Kalender festgelegt und die offiziellen Ämter, welche die vier Jahreszeiten nutzten, eingeführt haben. Er bestimmte *Shun* zu seinem Nachfolger, nachdem er ihn harten Prüfungen unterzogen hatte; für Konfuzius und Menzius Idealbild eines Herrschers. Abb. S. 797

Yin, im *I Ging* eine Seite des sichtbaren *Taiji* und eines der beiden Grundprinzipien allen Wandels; es wird mit dem Weiblichen, Dunkel, Kälte, Weichheit identifiziert und ist als Darstellung der *Erde* das negative Element. Als Weibliches bewirkt Y. den »Weg des Empfangenden«. Von Dong Zhongshu wurde es im Rahmen einer Festschreibung der gesellschaftlichen Hierarchie mit Beamter, Sohn und Ehefrau identifiziert und seinem Gegenprinzip *Yang* klar untergeordnet.

Yu, auch **Da-Yu** (»Yu der Große«), Gründer und erster Herrscher der weitgehend legendären ersten Xia-Dynastie (2205–1760 v. Chr. angesetzt). Als »Bändiger der Flüsse« bzw. »Meister der Fluten« soll er eine Sintflut bezwungen haben, indem er die Berge durchstechen ließ. Der mit Tigergesicht und Menschengestalt dargestellte Y. durchmaß die »neun Weltgegenden« und machte sie durch Flusskanalisierungen urbar; Idealherrscher für Konfuzianismus und Daoismus.

Als weitere Kulturheroen gelten dem Konfuzianismus (außer *Fu Xi, Yao* und *Shun)* der für den Daoismus zentrale »Gelbe Kaiser« Huang-Di als Erfinder der Boote und Feuerbohrer und Shen-nung als Verbesserer des Ackerbaus und Einrichter der Märkte.

Yu. Darstellung des Gründers der Xia-Dynastie (etwa 2205–1760 v. Chr.) und legendären »Bändigers des Wassers«, nach einer Steinabreibung aus dem Grab in Jiaxiang in der Provinz Shandong

Zeit der Streitenden Reiche (Zhan Guo), 475–221 v. Chr., Zeit der Auflösung der formellen Herrschaft der Östlichen *Zhou;* Periode der Festigung der feudalen Strukturen, die China bis 1911 prägten, mit intensiver Mehrfachfelder-Bewirtschaftung (Aufgabe des Brandrodungsbaus) und Entwicklung anpassungsfähiger Getreidesorten (Reis, Weizen); Übergang von Bronze- zu Eisengeräten, Reformen des Militärwesens (Infanterie, große Heere), bedeutender Städtebau und Stadtbefestigungen. Militärische Auseinandersetzung der sieben größeren Reiche der *Frühlings- und Herbstperiode* (Qi, Yan, Zhao, Han, Wei, Qin, Chu), bei der sich nach 350 v. Chr. ein Übergewicht des durch die *Legalisten* regierten Staates Qin abzeichnete, der bis 221 die übrigen Reiche eroberte (unter Shih Huang-Di).

Die geistig überaus unruhige und fruchtbare Z. war die Hauptperiode der *Hundert Schulen;* sie wird vom Konfuzianismus, der zu der Zeit nur eine Schule unter anderen war und sich um politischen Frieden bemühte, weitgehend negativ beurteilt.

Zhou, die am längsten regierende Dynastie Chinas, die sich in die Westlichen (um 1025/1011–771 v. Chr.) und die Östlichen Z. (771–256/249 v. Chr.) teilt. Um 1025 wurde die Dynastie der Shang von den Z., ihren ursprünglichen Vasallen, gestürzt; der »Markgraf des Westens« König Wen (der die 64 Grundfiguren des *I Ging* eingeführt haben soll) eroberte ein Großteil des Shang-Territoriums, sein Sohn König Wu schlug sie endgültig. Die Z. legitimierten ihren Treuebruch erstmals mit dem Vorwurf der sittlichen Verworfenheit der letzten Shang, die dadurch das *Mandat des Himmels* verloren hätten, das auf die Z. übertragen wurde.

Die Westlichen Z. übten eine stabile Herrschaft vor allem durch Belehnung ihrer Familienmitglieder mit Territorien aus und erschlossen Südchina durch Bebauung und Landwirtschaft; Konfuzius gelten sie als gerechte und ideale Herrscher, welche die Riten (Li) richtig vollzogen. Die Östlichen Z. regierten während der *Frühlings-* und Herbstperiode und der *Zeit der Streitenden Reiche* lediglich noch nominell und waren ohne politische Macht. Ihr Herrschaftsbereich beschränkte sich auf die Domänen von Loyang.

Der Daoismus (Taoismus) in Geschichte und Gegenwart

Begriff und Bedeutung

Der Daoismus (Taoismus) gehört zusammen mit dem Konfuzianismus und dem Buddhismus zu den drei großen philosophischen und religiösen Lehren Chinas. Er ist Chinas angestammte Religion, dessen tief verwurzelte Lebensweisheit und -weise. Der Name ist von dem Wort »Dao« (»Tao«) abgeleitet, das wörtlich »Weg« bedeutet, im Daoismus jedoch für »das Absolute« steht. Während sich die religiöse Tradition mit ihrem großen Pantheon und ihren spezifischen Praktiken kaum über die Grenzen der chinesischsprachigen Welt hinaus verbreitet hat, wurden einige Elemente der daoistischen Lebensweisheit und einzelne Methoden auch in westlichen Ländern wahrgenommen.

Der Daoismus kennt keinen Stifter und kein historisches Anfangsdatum, sondern er entwickelte sich allmählich aus unterschiedlichen Quellen. Zahlreiche daoistische Praktiken wurzeln in den Künsten der »Meister der Techniken« und der »Schamanen« aus der Zeit des 4. Jh. v.Chr. Dazu zählen z.B. Methoden zur Verlängerung des Lebens und zur Heilung von Krankheiten, aber auch der Exorzismus.

Die frühesten bekannten daoistischen Schriften stammen aus dem 4. Jh. v.Chr. Erste große Organisationen entstanden im 2. Jh. n.Chr. Bis heute haben sich zahlreiche Strömungen und Schulen unterschiedlicher Orientierung gebildet. Obgleich allen daoistischen Richtungen bestimmte gemeinsame Ideen zugrunde liegen, ist der Daoismus keine einheitliche Religion. Seine Lehre und Praxis befinden sich seit jeher im Fluss und erleben stetige Veränderungen. Konfuzianische und buddhistische Elemente wurden integriert, einzelne daoistische Richtungen beeinflussten sich gegenseitig und entwickelten sich in einem fruchtbaren Austausch eigenständig weiter. Stets sprossen neue Ableger aus ihren Stämmen. Auch die Bedeutung des Daoismus für Staat und Gesellschaft war im Lauf der Geschichte ständigem Wandel unterworfen.

Grundzüge des Glaubens

Das Hauptmerkmal der daoistischen Weltanschauung ist der Glaube an das Dao, die höchste Wirklichkeit und Wahrheit, das Absolute und als solches unbeschreibbar. Das Dao ist der überpersönliche Urgrund alles Seienden, zugleich die höchste Leere und das höchste Seiende. Es ist die Ureinheit, aus der in mehreren Stadien der Differenzierung die Welt entstanden ist. Erstmals definiert wurde das Dao im 4. Jh. im *Daodejing*.

Die Tugend

Die sich in der Welt manifestierende Wirkkraft des Dao wird »De« (»Te«) genannt und oft mit dem Begriff »Tugend« übersetzt. Die Tugend beinhaltet ein Leben im Einklang mit dem Dao, sie offenbart sich etwa im beispielhaften Dasein des »wahren Menschen« oder Heiligen.

Ein riesiger leuchtender Papierdrachen läutet 1999 in Macau, das im selben Jahr von Portugal an China zurückfiel, das Jahr des Drachens ein. Das wichtige Tier der chinesischen Mythologie und des Daoismus ist Gegenpart des Tigers. Der Drache ist dem Osten zugeordnet und versinnbildlicht u.a. das Yang, das Männliche und die ursprüngliche Lebensenergie.

Der Heilige

Der Heilige praktiziert das »absichtslose Handeln« oder »Nicht-Handeln«. Er greift nicht in den natürlichen Wandel der Welt ein und schafft nichts Künstliches, sondern lebt im Einklang mit der dem Dao entspringenden Spontaneität. Sie bewirkt, dass sich alles natürlich entwickelt. Der Heilige behindert nicht, sondern unterstützt und fügt sich ein in ein Universum, das von der Lebenskraft »Qi« durchströmt wird und sich in steter Wandlung befindet.

Das Nicht-Tun

»Das Dao ist ewiges Nicht-Tun und doch gibt es nichts, was nicht getan wird. Könnten Fürsten und Könige es bewahren, dann würden sich die mannigfaltigen Wesen und Dinge von selber gestalten. Gestalteten sie sich und träten dabei persönliche Wünsche auf, so würde ich diese durch die Schlichtheit des Namenlosen bannen. Die Schlichtheit des Namenlosen bewirkt Wunschlosigkeit. Wunschlosigkeit führt zu Stille, und die Welt wird von selber recht.«

Daodejing, Spruch 37

Die Ordnung der Welt

Den Wandlungen der Welt liegen zwei raumzeitliche, dynamische Ordnungsprinzipien zugrunde: *Yin und Yang* sowie die fünf Wandlungsphasen. Das polare Yin-Yang-Paar befindet sich in einem steten Wechselspiel, wobei Yin z. B. Dunkelheit, Kälte oder Ruhe bezeichnet, Yang dagegen Helligkeit, Wärme oder Aktivität. Yin und Yang werden auf alle Bereiche des Lebens übertragen. Ebenso bilden die fünf Wandlungsphasen Holz, Feuer, Erde, Metall und Wasser ein komplexes interaktives System, in das alle Erscheinungen eingeordnet werden. Himmelsrichtungen, Jahreszeiten, Zahlen, Tugenden, Emotionen, Farben, innere Organe u. a. werden den Wandlungsphasen zugeordnet.

Der Mikrokosmos Mensch ist ein Abbild des Makrokosmos und unterliegt denselben natürlichen Gesetzmäßigkeiten. Drei feinstoffliche, vitale Kräfte sind in ihm wirksam: *Essenz, Lebenskraft* und *Geist.* Indem der Mensch sie bewahrt, anreichert, reinigt und verfeinert, schafft er die Grundlage für die Einswerdung mit dem Dao, die sein oberstes Ziel ist und vielfach *Unsterblichkeit* genannt wird, da das Dao als Einziges ewig ist. Die Suche nach Unsterblichkeit entspricht der tief in jedem Menschen verwurzelten Sehnsucht nach Transzendenz, ins Reich jenseits der rein sinnlichen Erfahrung und ihrer Gegenstände. Allerdings variieren die Auffassungen von der Unsterblichkeit in den einzelnen daoistischen Schulen. Sie bewegen sich zwischen dem Glauben an eine körperliche Unvergänglichkeit und dem Streben nach Erleuchtung, wobei Letzteres von den meisten Schulen vertreten wird.

Im Lauf der chinesischen Geschichte wurden zahlreiche Verfahren entwickelt, Unsterblichkeit zu gewinnen. Hierzu gehören auch die Praktiken der Lebenspflege wie Atemübungen, Ernährungsvorschriften, Massagetechniken oder gymnastische Übungen zur Stärkung und Entfaltung der vitalen Kräfte. Während sie früher in einen religiösen Kontext eingebettet waren, werden sie heute, von der Religion losgelöst, in vielen Ländern zur Förderung der Gesundheit ausgeführt.

Die Konzepte der Lebenskraft, des Yin-Yang-Paares und der fünf Wandlungsphasen können als »naturwissenschaftliche« Modelle der Welterklärung verstanden werden, die sich aus Naturbeobachtung und Erfahrung entwickelt haben. Sie spielen in der daoistischen Weltanschauung und Religion eine wichtige Rolle. Ebenso glauben die Daoisten an die Existenz von Göttern, *Geistern* und *Unsterblichen.* Der Daoismus ist eine Religion mit einem riesigen Pantheon (Gesamtheit der Götter), das von Schule zu Schule variieren kann.

Ying und Yang symbolisieren ein Paar komplementärer Kräfte oder Prinzipien, einen der Hauptgedanken der chinesischen Weltanschauung. Sie stellen ein dem Universum innewohnendes Ordnungsprinzip dar und wirken im Wechselspiel aufeinander. So ist z. B. der Himmel Yang und die Erde Yin.

Mensch und Gott

Die Kommunikation mit den Göttern geschieht im Daoismus im Gebet, in der Meditation und im Ritual. Bedeutsam ist auch der Gebrauch von *Schrifttalismanen.* Sie bestehen aus wirkkräftigen Schriftzeichen und werden beispielsweise verbrannt, sodass der Rauch die Botschaft der Talismane den Göttern zuträgt. Daoistische Priester sind besondere Vermittler zwischen den Welten. Sie haben mehr Möglichkeiten und Fähigkeiten, mit den Göttern und Geistern in Kontakt zu treten als Laien. Ihnen obliegt die Heilung von Menschen durch Geisterbeschwörung oder -austreibung.

Die menschlichen Seelen

Die Daoisten kennen zwei Seelengruppen im Menschen, die drei *Geistseelen* und die sieben *Körperseelen.* Sie verhalten sich zueinander wie Yin und Yang und sollten im Leben harmonisch zusammenwirken. Die Körperseelen sind den Geistseelen untergeordnet und an den Körper gebunden. Die Geistseelen dagegen können den Körper verlassen, etwa während des Schlafes oder im Trancezustand. Beim Tod tritt eine Trennung der beiden Seelengruppen ein. Die Geistseelen können lange überdauern und die Nachfahren des Verstorbenen beeinflussen, weshalb die Verehrung der Ahnen eine wichtige Rolle spielt.

Grundsätzlich gehören im Daoismus Leben und Tod wie Yin und Yang zusammen, sie sind zwei Zustände im Kreislauf des Wandels. Wie alles im Kosmos ist auch jeder Mensch ein Teil der Lebensenergie, er entsteht und vergeht wieder.

Insbesondere in der *inneren Alchemie* herrscht der Glaube, dass nur die wahre innere Natur des Menschen, die mit seiner Zeugung in ihm angelegt wurde, unsterblich werden kann. Wie das Dao gehört sie der numenalen Ebene an, während alles Vergängliche Teil der phänomenalen Ebene ist. Der Weg zum Dao beinhaltet die Loslösung von sich selbst, von seinem Verfangensein in der Welt der Erscheinungen. Der Mensch gelangt zur Stille und Leere des Herzens, das heißt seiner Wesensmitte, und öffnet sich dem Unwandelbaren im Wandelbaren. Und er kehrt von der Vielfalt, welche die Welt und er selbst sind, zur Einheit zurück. Diese Einheit ist das Dao, der Urgrund der Erscheinungswelt und die Heimat des Menschen.

Der Daoismus vereint mehrere weltanschauliche und religiöse Vorstellungen, wobei die einzelnen Richtungen ihre Schwerpunkte unterschiedlich legen. Im Lauf der Geschichte sowie innerhalb der einzelnen daoistischen Schulen veränderten sich bestimmte Anschauungen. Auch die mit ihnen verbundene religiöse Praxis unterlag einem steten Wandel. Insofern ist bei genauerer Betrachtung des daoistischen Glaubens die Ausrichtung der jeweiligen daoistischen Tradition zu berücksichtigen.

Donnergott, eine der wichtigsten Gestalten des Pantheons und Hauptgottheit bei magischen Praktiken. Skulptur aus dem Kloster der Weißen Wolke in Peking, Yuan-Dynastie, 14. Jh.

Götter und Symbole

Im daoistischen Pantheon hat jeder Gott einen bestimmten Rang, einen eigenen Wohnort und spezifische Funktionen. Die Götter werden als Hervorbringungen (Emanationen) des Dao verstanden. Sie leben nicht nur in den 36 daoistischen Himmeln, sondern bewohnen das ganze Universum. Etliche von ihnen stehen in Verbindung mit den Planeten, den Naturkräften und dem menschlichen Körper. Auch Unsterbliche und Menschen, die aufgrund ihrer Heldentaten vergöttlicht wurden, spielen eine wichtige Rolle. Register, in denen die Götter und ihre Funktionen verzeichnet sind, ermöglichen den daoistischen Priestern, mit dem jeweiligen Gott in Beziehung zu treten, ihn anzubeten oder zu beschwören.

Eine Gruppe von 74 Himmelsgöttern steht im Zentrum des Pantheons. Die höchste Göttertriade sind die *Drei Reinen:* der Himmlische Ehrwürdige des Uranfangs, der Himmlische Ehrwürdige des Numinosen Juwels und der Himmlische Ehrwürdige des Dao und seiner Wirkkraft. Letzterer ist der vergöttlichte Laozi. Diese drei Götter symbolisieren in der inneren Alchemie auch die ursprüngliche, reine Ausprägung der Essenz, der Lebenskraft und des Geistes.

Eine weitere bedeutende Gottheit ist Xiwangmu, die Königinmutter des Westens. Sie wohnt im westlichen Paradies auf den Gipfeln des Kunlun-Gebirges, der Weltachse. In ihrem Garten wachsen die legendären

Nonnen in Tian Yuan Guan, der ältesten daoistischen Stätte am Fuß des Mao Shan in China. Die ersten Spuren dieses Klosters stammen aus dem 3. Jh. v. Chr.

CHRONIK **Zeittafel zur Geschichte des Daoismus**	
4./3. Jh. v. Chr.	»Philosophischer Daoismus«: Laozi und das Daodejing, Zhuang Zhou und das Buch Zhuangzi
2. Jh. v. Chr.	Huang-Lao-Schule, Umsetzung des Daodejing in die Staatskunst
2. Jh. n. Chr.	Gelbturbane im Osten des damaligen China: erste große daoistische Organisation unter der Führung von Zhang Jue; Daoismus der Himmelsmeister, gegründet von Zhang Daoling im Westen Chinas: daoistische Kirche, die sich über ganz China verbreitete und bis heute weiter besteht
4. Jh. n. Chr.	Entstehung des Daoismus der Höchsten Klarheit: Offenbarungsreligion auf der Basis der Yang Xi (330–386) geoffenbarten Schriften; Entstehung des buddhistisch beeinflussten Daoismus des Numinosen Juwels
7.–10. Jh.	Blütezeit des Daoismus und Phase der Konsolidierung, Ausarbeitung und Formalisierung, starke Förderung seitens der Kaiser, zahlreiche Klostergründungen; Entwicklung der daoistischen Mystik, tief greifende Integration buddhistischer Lehren und von Konzepten der Lebenspflege
11./12. Jh.	Entfaltung der inneren Alchemie: 1. Zhong-Lü-Tradition; 2. Tradition der Vollkommenen Wirklichkeit, gegründet von Wang Chongyang (1113–1170), bis heute mit der daoistischen Kirche ein Hauptzweig des Daoismus
14.–17. Jh.	Bildung zahlreicher kleiner daoistischer Schulen, Verbreitung der Religion im Volk, Systematisierung und Zentralisierung des Daoismus, die bisherigen »Volksgötter« gehen ins Pantheon ein
17. bis Anfang 20. Jh.	Daoismus verliert an Bedeutung am Kaiserhof, Aufschwung des Laiendaoismus; Gründung der Drachentor-Schule innerhalb des Daoismus der Vollkommenen Wirklichkeit
bis 1990	Erschütterung des Daoismus in der Zeit der von Mao tse-tung entfesselten Kulturrevolution (1966–69): Religionsverbot, Zerstörung von Klöstern und heiligen Stätten, Verfolgung, Ermordung oder Laiisierung von Mönchen und Nonnen; nach der Kulturrevolution: langsames Wiederaufleben des Daoismus unter Staatskontrolle, Wiederaufbau einiger Klöster und Tempel
Ab 1990	Religiöser Austausch mit taiwanesischen Daoisten; Wiederbelebung daoistischer Studien und daoistischer Praxis

Pfirsiche der Unsterblichkeit, die 6000 Jahre bis zur Reifung brauchen. Die Königinmutter des Westens hat im Daoismus einen hohen Stellenwert und ist eine sehr volkstümliche Gottheit, die seit 2000 Jahren verehrt wird und in zahlreichen Legenden erscheint.

Die daoistische Symbolik umfasst Tiere, Pflanzen und Gegenstände aus der Alltagswelt, wie etwa Schwerter, Spiegel und Fächer. Zahlen haben ebenso symbolische Werte wie Farben oder Himmelsrichtungen. Symbolische Embleme spielen eine wichtige Rolle in Ritualen. Darüber hinaus wohnen dem gesamten Ritual symbolische Bedeutungen inne, etwa der Anordnung von Gegenständen auf dem Altar, der Verneigung in eine bestimmte Himmelsrichtung oder den Schritten in einem Tanz.

Geschichte

Die Volksreligion und die Huang-Lao-Schule

Bevor der organisierte Daoismus entstand, war bereits eine Volksreligion lebendig, die auf den Künsten der *Meister der Techniken,* auf bereits bestehenden daoistischen Konzepten sowie auf kosmologischen Spekulationen und seherischen Praktiken der Hanzeit (206 v. Chr.–220 n. Chr.) beruhte. Yin und Yang, die fünf Wandlungsphasen und das »Buch der Wandlungen« *(I Ging)* waren von herausragender Bedeutung.

Im 2. Jh. v. Chr. blühte die Huang-Lao-Schule auf, benannt nach den beiden Schutzheiligen dieser Richtung, dem Gott Huangdi oder »Gelben Kaiser« und dem Laozi. Die Verwirklichung der im *Daodejing* verankerten Ideen zur Staatsführung, ein Leben im Einklang mit den kosmischen Naturgesetzen und Methoden zur Gewinnung der Langlebigkeit charakterisierten diese Schule.

Die Gelbturbane

Die erste große daoistische Organisation entstand im 2. Jh. n. Chr. im Osten des Landes und war eine der größten Volksbewegungen der chinesischen Geschichte. In einer Zeit sozialer Missstände und Naturkatastrophen gewann die Bewegung der *Gelbturbane* unter Führung von Zhang Jue Hunderttausende von Anhängern. Ihr Ziel war es, den bestehenden Staat zu zerschlagen und eine neue gesellschaftliche Ordnung zu errichten, in Anlehnung an einen idealen Staat der Gleichheit und Gerechtigkeit, den es einst im goldenen Altertum gegeben hätte. Die Gelbturbane stützten sich auf die im »Klassiker des großen Friedens« dargelegte Lehre und verhießen ebenfalls ein Zeitalter des großen Friedens, dessen wesentliches Kennzeichen das ungehinderte Fließen der ursprünglichen Lebensenergie im gesamten Kosmos sein sollte.

Sündenbekenntnis, Buße, die Rezitation heiliger Texte sowie magische Methoden zur Krankenheilung bildeten den Schwerpunkt der religiösen Praktiken der Gelbturbane. Das menschliche Verhalten sollte sich im Einklang mit den kosmischen Energien befinden, um so die Harmonie auf Erden zu gewährleisten. Individuelles Fehlverhalten galt als Ursache für Störungen im kosmischen Gleichgewicht und deshalb als Sünde. Die Sünden wiederum führten zu Krankheiten, weshalb Sündenbekenntnisse und Bußen als Mittel der Heilung dienten.

Nachdem die Gelbturbane zehn Jahre lang religiös und missionarisch tätig gewesen waren, fand ihre geplante große Rebellion statt. Sie wurde jedoch im Verlauf eines Jahres niedergeschlagen, was zum Untergang der Bewegung beitrug.

ZUR PERSON **Laozi – Urvater des Daoismus**

Laozi
Die Existenz von Laozi ist bis heute umstritten. Den »Historischen Aufzeichnungen« des Sima Qian (142–86 v.Chr.) zufolge lebte Laozi, »der alte Meister«, im 5. Jh. v.Chr., arbeitete in seinem Heimatstaat Chu als Archivar und pflegte das Dao und die Tugend. Die zunehmende Verschlechterung der gesellschaftlichen Zustände veranlasste ihn, das Land zu verlassen. Auf seiner Reise nach Westen verfasste er die Aphorismensammlung *Daodejing,* die zur Basis für den Daoismus wurde. Neuere Datierungsversuche nehmen das 4. Jh. v.Chr. als wahrscheinliche Entstehungszeit des Daodejihg an. Laozi gilt als der Urvater des Daoismus. Der chinesische Philosoph wird seit dem 2. Jh. n.Chr. als Gott verehrt.

(Abb.: Steingravierung nach einem verschollenen Bild mit Aufschrift, datiert 1225)

Die daoistische Kirche

Ebenfalls im 2. Jh. n.Chr. gründete Zhang Daoling im Westen Chinas den Daoismus der *Himmelsmeister,* eine daoistische Kirche, die bis heute Bestand hat. Im Jahr 142 erschien Zhang Daoling der Gott Laozi, der ihm den Titel »Himmelsmeister« verlieh und die religiöse Führung der Menschen anvertraute. Seitdem steht als Vertreter Laozis in der Welt ein solcher Himmelsmeister an der Spitze der Kirche. Seine Position wird vom Vater auf den Sohn vererbt. Der heutige Himmelsmeister lebt in Taiwan.

Ein Ziel der frühen Himmelsmeister war es, einen auf religiöser und moralischer Basis regierten Idealstaat zu errichten. Tatsächlich gelang ihnen die Gründung eines theokratischen Gemeinwesens im Westen des Landes, der einige Jahrzehnte Bestand hatte. Dort hatte der Himmelsmeister die politische wie religiöse Oberhoheit. Da er steuerliche Abgaben von u.a. fünf Scheffeln Reis einforderte, wurde diese Strömung auch »Fünf-Scheffel-Reis-Daoismus« genannt. Die Organisation des Himmelsmeister-Daoismus ist streng hierarchisch.

Wie bei den Gelbturbanen waren Sünde und Sühne sowie Krankenheilung ein Bestandteil der religiösen Lehre und Praxis der Himmelsmeister. Durch Sünden hervorgerufene Krankheiten wurden mittels Beichte, Bußritual und Sühne sowie durch magische Zeremonien geheilt. Kennzeichnend für die Religion waren ferner die Rezitation heiliger Texte, Verkündigung der Lehre, Gebete, Fastenzeremonien, gemeinsame Festmahle zur Huldigung der Götter, sexuelle Zeremonien, die Kommunikation mit den Göttern durch Priester, Atem- und Ernährungspraktiken, Meditation, Exorzismus sowie Talismangebrauch. Kollektive Zeremonien spielten eine wichtige Rolle.

Die meisten dieser Elemente des religiösen Lebens haben sich bis heute erhalten, wenn auch teilweise in veränderter Form. Nur die gemeinschaftlichen Festmahle und die sexuellen Riten werden seit dem 6. Jh. nicht mehr ausgeführt.

Die Religion der Himmelsmeister hatte im Westen des Landes unter dem einfachen

Zhang Daoling (2. Jh. n.Chr.) begründete den *Himmelsmeister-Daoismus,* nachdem ihn der vergöttlichte Laozi aufgesucht und mit der religiösen Führung der Menschen beauftragt hatte.

Der Himmlische Ehrwürdige des Numinosen Juwels, einer der drei höchsten Götter des Daoismus. Malerei aus dem 18. Jh., davor die Statue einer lokalen Gottheit; Straßentempel in Souzhou

Volk begonnen. Im 3. Jh. verbreitete sie sich in ganz China und fand Eingang in adlige Kreise. Eine Blütezeit erlebte sie unter Kou Qinazhi (365–448), der die Lehren der Kirche überarbeitete. Er wandte sich beispielsweise gegen die Erhebung von Steuern oder gegen sexuelle Rituale und schuf neue Regeln für Moral und Riten. Erste Klöster wurden gegründet und in der Nördlichen Wei-Dynastie wurde der Himmelsmeister-Daoismus zur Staatsreligion erhoben.

In der Folgezeit erlebte die daoistische Kirche Zeiten des Niedergangs und des Wiederaufblühens und ist heute eine der beiden Hauptströmungen des gelebten Daoismus. Die Richtung der Himmelsmeister heißt auch Daoismus der Orthodoxen Einheit. Dieser Name rührt aus ihrer Entstehungszeit her, als die ersten Himmelsmeister ihre Lehre als die einzig rechtmäßige vom Volksglauben abgrenzten.

Tao Hongjing (456–536), einer der wichtigsten Vertreter des Daoismus der Höchsten Klarheit. Der vielseitige Gelehrte kompilierte die Schriften dieser Schule und prüfte sie auf ihre Echtheit.

Der Daoismus der Höchsten Klarheit

Der Daoismus der Höchsten Klarheit entstand als Offenbarungsreligion. Vier Jahre lang erschienen Yang Xi (330–386) göttliche Wesen und diktierten ihm jene Schriften, welche fortan die Grundlage dieser daoistischen Tradition waren. Die Offenbarungsreligion verbreitete sich vor allem unter gebildeten Adeligen, zunächst in Südchina und später im ganzen Land. Sie genoss sehr hohes Ansehen. Viele Klöster und religiöse Zentren entstanden, die allen Gläubigen, also auch Laien, zugänglich waren. Tao Hongjing (456–536) ist einer der wichtigsten Vertreter dieser Strömung. Er sammelte die Schriften der Höchsten Klarheit und prüfte sie auf ihre Echtheit.

Neben den offenbarten Schriften bildeten die Tradition der Himmelsmeister, die Suche nach Unsterblichkeit sowie traditionelle kosmologische Konzepte die Grundlagen des Daoismus der Höchsten Klarheit. Neu und charakteristisch für diese Schule ist die außerordentliche Verinnerlichung. Primäres Ziel des Gläubigen war die eigene Vervollkommnung, die Unsterblichkeit im Sinn der mystischen Erfahrung des Einsseins mit dem Dao.

Den Mittelpunkt der religiösen Praxis bildeten in erster Linie die Götteranbetung und die Meditation. Eine wesentliche Meditationsmethode war die Visualisierung von Göttern, vor allem der Götter im eigenen Körper. Sie ging vielfach mit der Rezitation heiliger Schriften einher.

Im Lauf der Jahrhunderte wurde diese Schule zunehmend institutionalisiert. Dabei verlor die individuelle Praxis gegenüber gemeinschaftlichen Ritualen an Bedeutung. Die ursprünglichen Merkmale des Daoismus der Höchsten Klarheit gingen unter. Seine Schriften und Meditationsmethoden jedoch beeinflussten andere daoistische Strömungen tief greifend.

Der Daoismus des Numinosen Juwels

Ende des 4. Jh. entstand im Umkreis einer Sammlung von 40 Schriften der Daoismus des *Numinosen Juwels.* Er stützte sich auf kosmologische Vorstellungen in Verbindung mit der Lehre der fünf Wandlungsphasen, berief sich auf Überlieferungen der Meister der Techniken und übernahm Begriffe und Konzepte des indischen Mahayana-Buddhismus, die er jedoch anpasste. Die Wichtigkeit der Selbstvervollkommnung galt nach wie vor. Doch die Einflüsse des Buddhismus bewirkten, dass nun das allgemeine Heil in den Vordergrund rückte. Viele Rituale wurden fortan dem Wohl der ganzen Menschheit gewidmet. Auch die Idee der Wiedergeburt fand Eingang in den Daoismus.

Der Schriftenrezitation wurde ein hoher Stellenwert beigemessen, da diese Daoisten glaubten, dass bereits sie allein den Gläubigen zur Erlösung führen könne. Ebenfalls wurden Methoden zur Erlangung der Unsterblichkeit praktiziert und es galt, moralische Vorschriften zu befolgen. Die größte Bedeutung jedoch kam dem Ritual zu, d.h. der Kommunikation mit den Göttern, die das Heil der Menschen zum Ziel hatte. Musik, Tanz und Gesang, Gebete und Meditationen begleiteten Reinigungs- und Fastenrituale, die mehrere Tage dauern konnten und deren Ablauf genau festgelegt war. Der Daoismus des Numinosen Juwels entwickelte die Rituale der Himmelsmeister weiter und bezog buddhistische ein. Die daoistischen Rituale prägte er bis in die heutige Zeit.

Die Blütezeit des Daoismus

Die Tang-Epoche (618–907) gilt als Blütezeit des Daoismus, der sich konsolidierte und von staatlicher Seite außerordentlich gefördert wurde. Kaiser Xuanzong (713–756) gründete ein daoistisches Studienzentrum und versammelte zahlreiche Gläubige an seinem Hof. Das *Daodejing* wurde Bestandteil des Prüfungsstoffs bei Staatsexamina. Es wurden viele staatliche Klöster gegründet, das klösterliche Leben gewann hohes Ansehen und erhielt großen Zulauf.

Die Anerkennung des Daoismus seitens der Kaiser hatte zur Folge, dass die daoistischen Organisationen formalisiert und ihre Regeln standardisiert wurden. Alle Klöster und Tempel, sogar die Einsiedeleien wurden unter die Oberaufsicht des Staates gestellt. Lehren und Praktiken erfuhren Ausarbeitung und Festigung. Die Übernahme buddhistischer Lehren, die zunehmende Verschmelzung der Konzepte der Lebenspflege mit dem Daoismus und die Entfaltung der daoistischen Mystik mit der für sie typischen Wendung zum inneren Leben sind weitere Kennzeichen der daoistischen Religion jener Zeit.

Die Alchemie

Die Hinwendung zum Inneren bildete einen fruchtbaren Boden für die Verbreitung der Alchemie, jener wichtigen daoistischen Strömung, die heute auf eine über 2000 Jahre währende Geschichte zurückblicken kann. Das oberste Ziel der Alchemisten ist die Unsterblichkeit, die entweder als körperliche Unvergänglichkeit oder als ein Zustand des Einsseins mit dem Dao verstanden wird. Die chinesische Alchemie lässt sich in die äußere und die innere Alchemie unterteilen.

Den Kern der *äußeren Alchemie* bildete die labormäßige Herstellung des Unsterblichkeitselixiers aus z.B. pflanzlichen und mineralischen Stoffen. Zu Beginn dieser Strömung waren religiöse Rituale und die Kommunikation mit den Göttern wesentlich. Ab dem 2. Jh. n. Chr. trat mit der Verbreitung von Wei Boyangs berühmtem Text »Zeichen für die Verwandtschaft der Drei gemäß dem Buch der Wandlungen« (Zhouyi cantong qi) die Kosmologie des *I Ging,* symbolisiert in den *Acht Trigrammen,* in den Vordergrund. Die erste Verbindung zwischen der äußeren Alchemie und einer offiziellen daoistischen Strömung ist in der Schule der Höchsten Klarheit zu finden. Obwohl die äußere Alchemie von Daoisten durchaus anerkannt wurde, blieb ihre Bedeutung stets den spirituellen Praktiken untergeordnet.

Im Zentrum der *inneren Alchemie* steht die Herstellung eines Unsterblichkeitselixiers aus Energien des eigenen Körpers. Sie erfordert eine zunehmende Reinigung, Verfeinerung und Umwandlung aller dem Menschen innewohnenden Kräfte, die letztlich in einen Zustand mündet, in dem der Mensch zu seinem Ursprung, dem Dao, zurückkehrt und sich mit ihm vereint. Dieser erleuchtete Zustand wird als Unsterblichkeit bezeichnet und charakterisiert den »wahren Menschen«.

Die innere Alchemie entfaltete sich zu unterschiedlichen Entwicklungssträngen. Die Zhong-Lü-Tradition begann im 11. Jh. und geht auf die beiden legendären Unsterblichen Zhongli Quan und Lü Dongbin zurück. Sie betont die Praktiken der Umwandlung, die an vitalen Kräften ansetzten, z.B. bestimmte Atemweisen wie die *Embryonalatmung.*

Die etwa gleichzeitig gegründete südliche und nördliche Tradition der inneren Alchemie sind stark mystisch orientiert. Zhang Boduan (†1082) ist der Ahnherr der südlichen Schule, die ein weltliches Leben befürwortet. Der nördlichen Schule, initiiert von Wang Zhe (Wang Chongyang, 1113–1170), ist dagegen eine klösterliche und zölibatäre Lebensweise eigen. Diese Schule erhielt

Zhang Boduan (†1082) rief die südliche Linie der mystisch orientierten *Schule der Vollkommenen Wirklichkeit* ins Leben, die gegenüber der nördlichen Linie ein weltliches Leben befürwortet. Er schrieb das »Buch über das Erwachen zur Wirklichkeit« (Wuzhen pian), das zum Klassiker der Schule der Vollkommenen Wirklichkeit wurde.

später den Namen »Vollkommene Wirklichkeit« und zählt bis heute zu den bedeutendsten Zweigen des Daoismus. Ihr Hauptzentrum ist das *Kloster der Weißen Wolken* in Peking. Die Meditation wird als die wesentliche religiöse Handlung verstanden.

Das System der inneren Alchemie fußt auf früheren daoistischen Lehren und Praktiken sowie auf dem *I Ging.* Die Terminologie der Laboralchemie wurde übernommen, um innere Umwandlungsprozesse zu beschreiben. Eine tief greifende Einbeziehung des Buddhismus und des Konfuzianismus ist ein weiteres Merkmal der inneren Alchemie, welche die Idee der inneren Einheit der drei großen Lehren Chinas vertritt.

Ein Grundgedanke ist, dass in jedem Menschen ein Funke des Dao angelegt ist, der seine wahre Natur ausmacht und ihm die Möglichkeit gibt, mit dem Dao zu verschmelzen. Dies gelingt einem Menschen in dem Maß, wie er sein Ich reinigen, sich von ihm befreien und dadurch in sich selbst dem Absoluten Raum zur Entfaltung geben kann.

Altar für Qui Chuji (1148 bis 1227). Qiu Chuji war ein Schüler von Wang Zhe, dem Begründer der Schule der Vollkommenen Wirklichkeit. Er verhalf dieser Schule zu großer Popularität. Qing-Dynastie (1644 bis 1911).

Ming-Zeit

In keiner anderen historischen Periode entstanden so viele kleine daoistische Zweige und Schulen wie während der Ming-Zeit (1368–1644). Die daoistische Religion verbreitete sich weit im Volk. Götter, die bis dahin nur im Volksglauben verehrt worden waren, gingen nun ins offizielle Pantheon ein. Obwohl der Konfuzianismus die tragende Staatslehre bildete, favorisierten einige Kaiser den Daoismus, vor allem dessen Unsterblichkeitspraktiken. 1445 wurde der *Daozang,* eine umfangreiche Sammlung daoistischer Schriften, neu aufgelegt. Da der Staat in den zahlreichen kleinen Schulen auch bedrohliche Unruheherde sah, nahm er eine Systematisierung und Zentralisierung des Daoismus vor, in deren Rahmen kleinere Schulen in die beiden Hauptströmungen integriert wurden. Das wichtigste geistige Charakteristikum dieser Zeit war die Idee der wesensmäßigen Einheit der drei Lehren Konfuzianismus, Daoismus und Buddhismus.

Qing-Zeit

In der Qing-Epoche (1644–1911) verloren die Daoisten an politischer Bedeutung am Kaiserhof und wurden nur noch begrenzt protegiert. Die Qing-Kaiser waren mehr dem tibetischen Buddhismus zugetan. Der Daoismus wurde wie bisher von zentraler Stelle aus verwaltet, kleinere Schulen wurden weiter vereinheitlicht.

Das klösterliche Leben verlor an Ansehen. Gleichzeitig erlebte der Laiendaoismus einen großen Aufschwung. Der Abt Wang Chongyue († 1680) vom *Kloster der Weißen Wolken* gab der *Schule der Vollkommenen Wirklichkeit* eine bedeutende Wendung und damit neue Anziehungskraft. Es gelang ihm durch neue Vorschriften eine Verbindung zu schaffen zwischen dem klösterlichen Daoismus und dem weltlichen Neo-Konfuzianismus. Er gründete die Drachentor-Schule, die sich fast überall in China verbreitete, zur wichtigsten Schule des Daoismus der Vollkommenen Wirklichkeit wurde und bis heute fortbesteht. Dennoch galt, wie in der Ming-Zeit, die Religion der *Himmelsmeister* als die maßgebende daoistische Tradition.

Der Synkretismus der Ming-Zeit und die Idee der Einheit der drei Lehren setzten sich fort. Die daoistischen Lehren und Praktiken bestanden in einheitlicherer Form weiter und

Links: Volkstümliche Darstellung des laozi. Tonskulptur der Ming-Dynastie (1368–1644), Provinz Shanxi

Rechts: Laozi, Skulptur der Song-Dynastie (11./12. Jh.), Qingyuan Shan bei Quanzhou. Die 5 m hohe und 7,3 m breite Steinfigur ist eines der wenigen Beispiele daoistischer Großplastik.

wurden neu durchdacht und überarbeitet. In die *innere Alchemie* trat eine Vereinfachung ein, die zum Ziel hatte, diesen religiösen Weg möglichst vielen Menschen zu eröffnen.

Der Daoismus der Gegenwart

Die Kulturrevolution (1966 bis 1970) erschütterte den Daoismus in China in seinen Grundfesten. Die Religionsausübung wurde verboten, unzählige heilige Stätten wurden zerstört, die Mönche und Nonnen laiisiert oder getötet. Nur wenigen Menschen gelang es, im Geheimen die daoistische Tradition aufrechtzuerhalten. Die Religion der Himmelsmeister konnte in Taiwan fortgeführt werden. Nach Beendigung der Kulturrevolution lebte der Daoismus in China unter staatlicher Kontrolle langsam wieder auf. Im Lauf der Jahrzehnte entstanden Studienzentren. Auch wurden viele Tempel und Klöster wieder aufgebaut. Zu Beginn der 1990er Jahre entwickelte sich ein Austausch mit taiwanesischen Daoisten. Das Interesse an der Erforschung der daoistischen Tradition in Theorie und Praxis hat in jüngster Zeit immer mehr zugenommen.

Heute sind bedeutende Klöster wieder von Mönchen und Nonnen bewohnt. Das rituelle Geschehen ist vor allem in Taiwan und in Südostchina präsent. Der Daoismus als Weltanschauung durchwebt einige Bereiche des menschlichen Lebens, doch – ähnlich dem Christentum im Westen – durchdringt der religiöse Daoismus den Alltag der Menschen nur begrenzt.

Stifter und Leitfiguren

Laozi (Lao-tzu) und Zhuangzi (Chuang-tzu) zählen zu den ersten Daoisten, von denen schriftliche Zeugnisse überliefert sind. Beide haben den Daoismus bis heute tief greifend geprägt.

Laozi, der »alte Meister«, soll der traditionellen chinesischen Überlieferung zufolge etwa um 500 v. Chr. gelebt haben. Es wird erzählt, dass Laozi auf die Bitte des Passwächters Yin Xi, der Nachwelt etwas Schriftliches zu hinterlassen, das Buch *Daodejing* (Tao-te-ching, Tao Te King) verfasste. Historisch kann die Existenz Laozis nicht eindeutig bewiesen werden, was der großen Bedeutung dieses Mannes und seines Werkes in der chinesischen Geistesgeschichte und im Volksglauben jedoch keinen Abbruch tut. Laozi gilt als Urvater des Daoismus und als einer der größten Weisen Chinas. Seit dem 2. Jh. n. Chr. wird er als Gott verehrt. Die erstmalige Verwendung des Begriffes »Dao« (»Tao«) im Sinn des Absoluten und der höchsten Wirklichkeit im Daodejing prägte den gesamten Daoismus der nachfolgenden Zeit.

Zhuang Zhou, auch Zhuangzi, »Meister Zhuang«, genannt, lebte im 3. Jh. v. Chr. Ihm wird das vielschichtige Buch *Zhuangzi* zugeschrieben. Innere Freiheit des vollkommenen Menschen, die völlige Losgelöstheit aus dem Verfangensein an die gegenständliche Welt und das Leben im Einklang mit dem Dao als Ziel aller Daoisten sind Grundideen dieses Werkes.

Strömungen und Richtungen

Zwei traditionelle Strömungen der daoistischen Religion sind bis heute in der chinesischen Gesellschaft lebendig geblieben: die daoistische Kirche der *Himmelsmeister* und die alchemistische *Schule der Vollkommenen Wirklichkeit*. Über das religiöse Leben hinaus hat der Daoismus die chinesische Kultur tief greifend beeinflusst, z.B. in der Kunst und in der Lebensführung. Praktiken der Lebenspflege und Gesundheit sind auch in der kommunistischen Volksrepublik, allerdings losgelöst aus ihrem religiösen Kontext, Teil des chinesischen Volksguts.

Die bedeutendsten Schriften

Das Daodejing, der Klassiker vom Dao und seiner Wirkkraft, der Anfang des 21. Jh. auf der ganzen Welt bekannt ist, gehört zu den grundlegenden Schriften des Daoismus. Es besteht aus kurzen Aphorismen über das Dao und eine ihm entsprechende Lebensführung. Einige der Aphorismen beziehen sich auf die Kunst der Staatsführung. Nach dem heutigen Forschungsstand geht man davon aus, dass es etwa im 4. Jh. v.Chr. niedergeschrieben wurde, und zwar aus den mündlichen Überlieferungen mehrerer Daoisten. Das Daodejing wird von allen daoistischen Strömungen anerkannt.

Im Lauf der Geschichte ist ein umfangreiches daoistisches Schrifttum entstanden. Seit dem 5. Jh. n.Chr. wurden mehrfach daoistische Textsammlungen erstellt. Der daoistische Kanon, der Daozang von 1445, ist bis heute die wichtigste Sammlung dieser Schriften geblieben. Er enthält etwa 1500 Texte, die in ihrer Vielfältigkeit ein lebendiges Bild der unterschiedlichen Facetten des Daoismus geben. Nach der Entstehung des Daozang wurden zahlreiche weitere Werke publiziert. Im Westen ist nur ein Bruchteil der nahezu unerschöpflichen Fülle daoistischer Texte bekannt.

»Eine Gruppe von Schreibern kopiert das Daodejing und überreicht es dem Kaiser«. Malerei mit Wasserfarben; Bibliothèque Nationale, Paris

Heilige Stätten

Tempel und Klöster, heilige Berge und Hausaltäre gehören zu den heiligen Stätten des Daoismus. Die Tempel können entweder bedeutenden daoistischen Gottheiten oder auch lokalen Heiligen geweiht sein. Da ein abgeschiedenes Leben in der Natur von vielen Daoisten als günstiger Weg der religiösen Praxis verstanden wird, gewannen die heiligen Gebirge besondere Bedeutung und viele Schulen errichteten ihr Zentrum auf einem Berg. Einige von ihnen bestehen noch heute und sind die Ziele Tausender Pilger, etwa der Wudangshan, auf dem der Legende nach der Unsterbliche Zhang Sanfeng das Taijiquan entwickelte.

Feste und Riten

Meditationen, Gebete, Zeremonien, Rituale, Talismangebrauch, Praktiken der Lebenspflege und Vorahnung, Lebensmittel- und Räucherstäbchenopfer, Gesänge, die Schriftrezitationen und Pilgerfahrten sind wichtige religiöse Praktiken. Es gibt viele unterschiedliche Rituale: Einige werden für einzelne Menschen ausgeführt, z.B. Rituale zur Krankenheilung oder Begräbnisrituale; andere finden im Rahmen der täglichen religiösen Praxis in Tempeln statt, wieder andere bei größeren Feiern an besonderen Festtagen.

Am 15. Tag des siebten Mondmonats wird z.B. das Fest der Seelen der Toten begangen. Opferungen an die Verstorbenen gehören ebenso dazu wie Grabbesuche und Rituale zur Errettung der Seelen in daoistischen wie buddhistischen Tempeln. Beim Laternenfest am 15. Tag des ersten Mondmonats wird der Geburtstag des »Oberen Ursprünglichen« gefeiert, eines Gottes, der Segen spendet. Der Gott des Herdes, der über den Haushalt und das Feuer der Küche wacht, wird beim Frühlingsfest durch die Darbringung von Speisen und Feuerwerk (Knallkörper) geehrt.

Weihrauchopfer im Hof des Mao-Shan-Klosters. Der Mao Shan südlich von Nanking in der Provinz Jiangsu ist einer der heiligen Berge des Daoismus.

Religion und Staat

Einerseits gab es im Daoismus seit jeher die Ideen des Rückzugs aus der Welt und eines Lebens in Harmonie mit der Natur, andererseits gehörten politische Konzepte und Ideale dazu. Schon das *Daodejing* behandelt Formen der Staatsführung. Große religiös inspirierte Gruppierungen wurden und werden als potenzielle Unruhestifter und somit als Bedrohung für den Staat angesehen und bekämpft. Dies wird in unserer Zeit am Beispiel der Falun-Gong-Bewegung deutlich, die Millionen Anhänger zählt. Über Jahrhunderte hinweg unternahm der Staat ordnungspolitische Schritte, die zahlreichen daoistischen Strömungen zu vereinheitlichen und zu überwachen.

Die tragende Staatslehre Chinas war jahrhundertelang zumeist der Konfuzianismus. Der Daoismus wurde im Lauf seiner Geschichte vom Staat sehr unterschiedlich bewertet und behandelt, drang jedoch trotzdem tief in die chinesische Kultur ein.

Individuum und Gesellschaft

Einsiedler gehören ebenso zum Daoismus wie große kollektive Zeremonien. Die Zurückgezogenheit aus der Gesellschaft, die sich etwa im Leben eines Einsiedlers widerspiegelt, hat seit alters her ihre Bedeutung, allerdings nicht für das Gros der Menschen. Viele heutige Daoisten leben in Großstädten und gehen herkömmlichen Berufen nach. Sie geben der nötigen Zurückgezogenheit auf andere Weise Raum, z. B. privat in Form der Meditation.

Jeder Einzelne wie auch die Gemeinschaft gelten als Teile des Kosmos, in den sich alle auf mehr oder weniger gelungene Weise einfügen können. So wie der Einsiedler versucht, zur Harmonie mit der universellen Lebenskraft zu gelangen, so kann es auch eine Gemeinschaft oder die Gesellschaft erreichen. Das Streben der *Gelbturbane* nach dem ausgeglichenen Zustand großen Friedens und ungehinderten Flusses der Lebensenergie zeigt es.

Der Einzelne ist als persönliches Individuum nicht besonders bedeutsam. Seine Aufgabe besteht vor allem darin, einen Beitrag zu leisten zu einem harmonischen Zusammenleben im Einklang mit den kosmischen Gesetzen, und zwar durch Selbstvervollkommnung und Befolgung ethischer Vorschriften. Er ist nicht nur Mitglied der zeitgenössischen Gesellschaft, sondern auch eingebettet in die Genealogie seiner Familie. Seine Verantwortung erstreckt sich auf die Lebenden und die Verstorbenen, die in manchen Fällen als *Geister* Einfluss auf sein Leben nehmen können und respektvoll behandelt werden müssen. *Martina Darga*

Daoismus von A–Z

Die im folgenden Buchteil aufgeführten Stichwörter bieten Informationen, die für das Verständnis des Daoismus (Taoismus) wichtig sind. So wird z. B. Einfachheit hier ausschließlich in seiner Bedeutung für den Daoismus (Taoismus) betrachtet. Seitenverweise am Ende eines Stichwortes führen in den Buchteil *Der Daoismus (Taoismus) in Geschichte und Gegenwart* (S. 799).

Dao
»Rückkehr – das ist die Bewegung des Dao. Geschmeidige Zartheit – das ist die Wirkung des Dao. Die mannigfaltigen Wesen und Dinge in der Welt entstehen aus dem Seienden. Das Seiende entsteht aus dem Nicht-Seienden.«
(Daodejing, Spruch 40)

Drache. Der Drache als männliche, kosmische Kraft. Lackmalerei auf einem Fürstensarg; Westliche Han-Dynastie, um 150 v. Chr., Xuzhou

Absichtsloses Handeln (»Nicht-Handeln«), Begriff aus dem *Daodejing.* Er beschreibt die erstrebenswerte Haltung des Heiligen gegenüber der Welt, sein Nicht-Eingreifen in den natürlichen Lauf des Wandels und der Dinge.

Acht Trigramme, symbolische Zeichen aus dem *I Ging.* Sie bestehen aus jeweils drei übereinander angeordneten, unterbrochenen oder durchgezogenen Linien, die *Yin und Yang* symbolisieren. Jedes Trigramm drückt einen bestimmten qualitativen Zustand in einem Wandlungsprozess aus. Aus den Kombinationen von jeweils zwei Trigrammen ergeben sich 64 Hexagramme, welche die Grundlage des I Ging bilden.

Acht Unsterbliche, volkstümliche Gruppe berühmter *Unsterblicher,* die aus sieben Männern und einer Frau besteht. Diese Gruppe ist ein beliebtes künstlerisches Motiv und steht generell für das Glück. Ihre bekanntesten Vertreter sind Zhongli Quan und Lü Dongbin, auf die eine Richtung der *inneren Alchemie* zurückgeführt wird.

Alchemie (arab. »Goldenes Elixier«), eine der wichtigsten daoistischen Strömungen. Sie gliedert sich in die *äußere* und die *innere Alchemie* und hat die Unsterblichkeit zum Ziel.

Äußere Alchemie, die Anfänge der Ä., also des »äußeren Elixiers«, gehen mindestens auf das 1. Jh. v. Chr. zurück. Im Zentrum dieser Kunst steht die Zubereitung eines Unsterblichkeitselixiers, das aus verschiedenen Substanzen und in mehreren Läuterungsprozessen im Labor hergestellt wird. Zu einer Verbindung zwischen der Ä. und einer offiziellen daoistischen Schule kam es erstmals im 4. Jh. n. Chr.

Dao (chin. »Weg«), im *Daodejing* (4. Jh. v. Chr.) das Absolute, die höchste Wahrheit und Wirklichkeit, das höchste Sein und die äußerste Leere. In dieser Bedeutung wurde es das prägende Grundkonzept des Daoismus und steht im Zentrum der Lehren aller daoistischen Schulen.

Daodejing, grundlegende Schrift des Daoismus. Es wird Laozi zugeschrieben, entspringt aber höchstwahrscheinlich den mündlichen Überlieferungen mehrerer daoistischer Meister, die etwa im 4. Jh. v. Chr. schriftlich niedergelegt wurden. Die Lehre vom Dao und einer Lebensführung im Einklang mit dem Dao sind seine zentralen Themen.

Daozang, seit dem 5. Jh. n. Chr. wurden die einzelnen daoistischen Schriften kompiliert. Der daoistische Kanon D. aus dem Jahr 1445 umfasst etwa 1500 Texte und bildet bis heute die Grundlage für das Studium des traditionellen Daoismus.

Das Eine bewahren, Ausdruck für die daoistische *Meditation* generell. Darüber hinaus ist D. die Bezeichnung einer spezifischen Meditationsmethode, bei der es in erster Linie um die Sammlung des *Geistes,* das Richten der Aufmerksamkeit auf das höchste Eine und die Verschmelzung mit ihm geht. Das höchste Eine wurde auch als Gott personalisiert, u. a. als der höchste Körpergott.

De, Wirkkraft des Dao, die sich in der Welt manifestiert. D. wird oft als »Tugend« übersetzt, der Heilige oder der wahre Mensch verkörpert sie in seinem Leben.

Drache, wichtiges Tier der chin. Mythologie und des Daoismus und Gegenpart des *Tigers.* Er ist dem Osten zugeordnet und versinnbildlicht u. a. das Yang, das Männliche, die numenale Ebene, das innere Wesen oder die ursprüngliche Lebensenergie.

Drei Reine, höchste Trinität des Daoismus: der Himmlische Ehrwürdige des Uranfangs, der Himmlische Ehrwürdige des *Numinosen Juwels* und der Himmlische Ehrwürdige des Dao und dessen Wirkkraft, nämlich der vergöttlichte Laozi.

Drei Schätze, die drei feinstofflichen, vitalen Kräfte im Menschen. Jede Kraft steht mit einem der drei *Zinnoberfelder* in Beziehung, die *Essenz* mit dem unteren, die *Lebenskraft* mit dem mittleren und der *Geist* mit dem oberen Zinnoberfeld.

Drei Ursprünge (drei Ursprüngliche), im Daoismus der Höchsten Klarheit die drei Götter der Sonne, des Mondes und der Sterne, die in die *Zinnoberfelder* eingingen und dort über die jeweilige vitale Kraft herrschten. In späteren Texten standen sie entweder für die drei Zinnoberfelder oder für die drei vitalen Kräfte in ihrem reinen Urzustand.

Einfachheit (Schlichtheit, chin. »unbehauenes Holz«), wurde schon von Laozi und Zhuangzi als Tugend betrachtet, da sie dem Natürlichen und damit auch dem Urzustand der menschlichen Natur entspricht. Der Gedanke der E. hatte großen Einfluss auf die Kunst.

Einheit, Kennzeichen des Dao und der Urgrund der Vielheit, d.h. aller Erscheinungen in der Welt. Von der Vielfalt wieder zur ungeschiedenen E. zurückzukehren, ist ein wesentliches Ziel der Daoisten.

Ekstatische Reisen, bereits bei Zhuangzi erwähnte spirituelle Reisen während der *Meditation.* Oftmals führen sie den Adepten in göttliche Gefilde, wo er mit den Göttern kommuniziert und sie z.B. um ihren Schutz bittet.

Embryo (auch unsterblicher Embryo), symbolisiert das unsterbliche Leben, das sich durch die Verschmelzung aller polaren Kräfte im Menschen bildet sowie durch die Befreiung von sich selbst und aus all dem, woran er haftet.

Embryonalatmung, wichtige Atempraxis des Daoismus, die zu den Methoden der *Lebenspflege* gehört. Ihr Kern ist das Kreisenlassen des Atems im Körper.

Essenz, gehört zu den drei vitalen Kräften *(Drei Schätze).* Sie bildet den Grundstock des physischen Lebens eines Menschen, weshalb sie auch für die Samenflüssigkeit des Mannes und das Menstruationsblut der Frau steht.

Fächer, viele Götter und *Unsterbliche* werden mit F. in der Hand dargestellt, mit denen sie böse *Geister* oder das Böse generell vertreiben. Der F. ist das Emblem des Unsterblichen Zhongli Quan *(Acht Unsterbliche).*

Früher Himmel (auch vor dem Himmel), Begriff aus dem *I Ging.* Er bezieht sich auf das Absolute, die Sphäre des Numenalen, im Gegensatz zur Erscheinungswelt. → Himmel

Fünf-Scheffel-Reis-Daoismus, als Zhang Daoling die Tradition der *Himmelsmeister* gründete, mussten die Gläubigen Abgaben von fünf Scheffeln Reis entrichten. Diese Tradition wurde früher auch F. genannt.

Geist, die höchste der drei vitalen Kräfte im Menschen *(Essenz, Lebenskraft).* Er steht auch für die göttliche Kraft im Menschen. Das chin. Wort für G. (shen) ist ebenfalls eine Bezeichnung für Gott bzw. Götter und für einige *Geister.*

Geister, entweder die Seelen verstorbener Ahnen oder auch Schutzgeister, z.B. eine Flussgottheit. G. sind in der Lage, die Lebenden positiv oder negativ zu beeinflussen, weshalb u.a. die Verehrung der Ahnen eine große Rolle spielt. Die daoistischen Priester kennen verschiedene Methoden, mit G. in Kontakt zu treten.

Geistseelen (drei Geistseelen), Gruppe von Seelen im Menschen, die den Körper verlassen können und nach dem Tod lange weiterleben. → Körperseelen

Gelber Kaiser, eigentlich Huangdi, gehört zu den fünf mythischen Kaisern Chinas und soll vor etwa 5000 Jahren gelebt haben. Er gilt als Begründer der chin. Zivilisation und wird im Daoismus als Ahnherr und Schutzgott verehrt. Der Überlieferung nach geht das älteste Medizinwerk Chinas, der »Klassiker des Gelben Kaisers«, auf ihn zurück.

Gelbturbane, militärisch organisierte daoistische Strömung im 2. Jh. n.Chr. Sie strebten den Sturz der Staatsführung und gemäß dem »Klassiker des höchsten Friedens« die Errichtung eines neuen Reiches an. Ihre politischen Ideen verbanden sie mit daoistischen Lehren und Praktiken.

Gesten, einige Ritualhandlungen begleitet der daoistische Priester durch bestimmte G. und Handhaltungen.

Goldenes Elixier, in der chin. *Alchemie* eine Art des Unsterblichkeitselixiers.

Heilige Gebirge, neben mythischen Bergen gelten bestimmte Gebirge Chinas als Sitz von Göttern und werden als günstige Umgebung für die religiöse Praxis betrachtet. Es gibt buddhistische und daoistische heilige Berge, auf denen sich Tempel und Klöster verschiedener Schulen finden.

Heiliger Embryo → Embryo

Herz, im Daoismus nicht nur das Organ und die mit ihm verbundene Energieleitbahn, sondern vorrangig die Wesensmitte des Menschen. Aus diesem Grund wird der chin. Begriff für »Herz« manchmal auch mit »Bewusstsein« übersetzt.

Himmel (Yang), bildet mit der Erde (Yin) ein Paar. In den daoistischen Schulen sind mehrere H. bekannt, zumeist 36, die von Göttern bewohnt und beherrscht werden. → Yin und Yang

Geister. Figur eines Wächters oder Lokopalas. Diese wurden von Mitgliedern des Kaiserhauses und von Adeligen zur Abwehr böser Geister den Verstorbenen ins Grab gelegt. Chinesische Plastik aus der Tang-Dynastie (618–906)

Einfachheit.
Ge Hong (280–349) war ein bedeutender Daoist. Sein umfassendes Werk »Der Meister, der die Schlichtheit umarmt« behandelt die Unsterblichkeitspraktiken des Daoismus sowie den Konfuzianismus. Religiöse, medizinische, alchemistische und exorzistische Themen stehen im Zentrum der daoistischen Kapitel. Ge Hongs Vorfahren waren Meister der Techniken.

Innere Alchemie. Wei Boyang (2. Jh. n. Chr.) prägte die Lehre der äußeren und inneren Alchemie tief greifend, indem er die Kosmologie des I Ging mit alchemistischen Lehren verband. Sein Buch »Zeichen für die Verwandtschaft der Drei gemäß dem Buch der Wandlungen« (Zhouyi cantong qi) ist eine der wichtigsten alchemistischen Schriften.

Himmelsmeister, höchste menschliche Autorität im Daoismus. Der H. der daoistischen Kirche wird auch »Daoismus der rechtmäßigen Einheit« genannt. Diese Tradition entstand im 2. Jh. n. Chr. und geht auf Zhang Daoling zurück. Sie ist auch eine der bedeutendsten daoistischen Strömungen unserer Zeit.

Höchster Friede, durch den ungehinderten, harmonischen Fluss der *Lebenskraft* charakterisierter Zustand der Welt und der Gesellschaft, der im »Klassiker des höchsten Friedens« dargelegt wird. Den *Gelbturbanen* galt er als der erstrebenswerte Idealzustand der Welt.

Huangdi → Gelber Kaiser

Huang-Lao-Schule, eine daoistische Strömung aus dem 2. Jh. n. Chr., in deren Zentrum politische Ideen wie das Regieren durch *absichtsloses Handeln* und Methoden der *Langlebigkeit* stehen. Die Schutzheiligen dieser Schule sind Huangdi *(Gelber Kaiser)* und Laozi.

I Ging (Yijing, I-ching), das »Buch der Wandlungen«, einer der fünf konfuzianischen Klassiker. Es ist ein Weisheits- und Orakelbuch, das Phasen der Wandlungen in der Welt beschreibt und eine Philosophie darlegt. Seinen Kern bilden symbolische Zeichen, die acht Trigramme und 64 Hexagramme, sowie deren Erläuterungen. Das I. hat den Daoismus, vor allem die *Alchemie,* maßgeblich beeinflusst.

Innere Alchemie, eine daoistische Strömung, welche die innere Umwandlung bis zur *Unsterblichkeit* zum Ziel hat. Im Lauf der Geschichte entstanden mehrere Schulen, von denen die Tradition der Vollkommenen Wirklichkeit aus dem 12. Jh. bis heute besteht.

Göttin der Barmherzigkeit. Guanyin, eine Göttin in lieblicher Frauengestalt, war ursprünglich der buddhistische Avalokiteshvara. Tonskulpturen aus der Ming-Dynastie (1368 bis 1644), Mao Shan

Innere Schau (innere Betrachtung), Bezeichnung der *Meditation* im Sinn der kontemplativen Betrachtung seiner selbst auf allen Ebenen. Sie dient der Erkenntnis und Erleuchtung und wird von der Visualisierung von Körpergöttern begleitet.

Inneres Elixier, Name einer daoistischen Tradition *(Innere Alchemie).* Darüber hinaus bezeichnet der Begriff das Unsterblichkeitselixier, welches durch verschiedene Praktiken der inneren Umwandlung im Menschen selbst bereitet wird.

Inseln der Unsterblichen, viele *Unsterbliche* leben in Paradiesen, die auf mythischen Bergen oder Inseln liegen.

Kloster der Weißen Wolken, Hauptkloster des Daoismus der Vollkommenen Wirklichkeit in Peking.

Königinmutter des Westens (Xiwangmu), eine zentrale daoistische Göttin mit der Kraft, *Unsterblichkeit* zu verleihen. Sie wohnt auf dem Berg Kunlun, wo in ihrem Garten die Pfirsiche der Unsterblichkeit wachsen. Viele Darstellungen zeigen Xiwangmu als eine wunderschöne junge Frau, die auf einem Pfau reitet.

Körpergottheiten, wie das gesamte Universum, so ist auch der menschliche Körper von Gottheiten bewohnt. Es gibt Gottheiten der Organe, des Gehirns u. a. Die drei Ursprünglichen *(Drei Ursprünge)* herrschen über die Vielzahl der K. Ihnen übergeordnet ist der Höchste Eine. Meistens haben die K. einen weiteren Wohnort außerhalb des Menschen, etwa in einem der *Himmel* oder auf den Gestirnen. Götter gelten auch als Qualitäten der *Lebenskraft.* Sie können während der *Meditation* visualisiert werden, dem Gläubigen Vorbild sein, ihm Schutz gewähren und zum Teil auch über seine Lebensspanne entscheiden.

Körperseelen, eine Gruppe von sieben Seelen, die eng mit dem menschlichen Körper verbunden sind und nach dem Tod eines Menschen vergehen.

Kunlun, mythischer Berg im Westen der Welt. Er ist Weltachse, Paradies der *Unsterblichen* und Sitz der *Königinmutter des Westens.*

Langlebigkeit, mit *Unsterblichkeit* eines der Hauptziele der Daoisten. Die Praktiken der *Lebenspflege* dienen dazu, die L. zu erreichen und somit die Möglichkeit für den schwierigen und lang andauernden Prozess der spirituellen Umwandlung zu schaffen. Kranich, Schildkröte und Kiefer sind Symbole der L.

Lebenskraft (chin. Qi), durchwirkt das gesamte Universum und fließt auf bestimmten Bahnen durch den menschlichen Körper. Ihre Fülle bedeutet Leben, ihr Verlust Tod. Mittels der Praktiken der *Lebenspflege* kann sie bewahrt, gestärkt und harmonisiert werden. Die chin. Medizin basiert auf dem Konzept der Lebensenergie.

Lebenspflege (auch »das Leben nähren«), Oberbegriff für bestimmte Praktiken, die in China seit mindestens 2500 Jahren bekannt sind. Dazu gehören Bewegungsübungen, Atemübungen *(Embryonalatmung),* Diätetik, sexuelle Praktiken sowie die Einnahme medizinischer Drogen.

Leere, als höchste L. ein Synonym für das *Dao.* Sie ist die Grundbedingung für alles Seiende. Um in Einklang mit dem Dao zu kommen, strebt der Daoist die L. des *Herzens* an, d.h. die Losgelöstheit von denjenigen Gefühlen und Gedanken, die seine Selbstbezogenheit ausmachen.

Meditation, wichtige religiöse Praxis des Daoismus. Es gibt unterschiedliche Arten der M. Die Visualisierung von Gottheiten, insbesondere von *Körpergottheiten,* das Kreisenlassen der *Lebenskraft* oder des Atems spielen bei manchen M. eine große Rolle.

Meister der Techniken (Meister der Rezepte), Spezialisten der *Langlebigkeit,* Weissagung, Medizin und des Exorzismus, die *Unsterblichkeit* zum Ziel hatten. Die Daoisten übernahmen viele Praktiken von ihnen.

Nichts (das Nicht-Seiende), entspricht der *Leere* und ist dem Numenalen, dem *Dao* zugeordnet. Manche Texte setzen es dem höchsten Sein gleich.

Numinoses Juwel, der Daoismus des N. entwickelte sich Ende des 4. Jh. n.Chr. um eine Sammlung von 40 Schriften. Er war stark vom Buddhismus beeinflusst und maß dem Ritual große Bedeutung bei.

Qigong (chin. »die Arbeit am Qi«), der moderne chin. Oberbegriff für Praktiken, welche die *Lebenskraft* stärken und deren harmonischen Fluss im Körper fördern. Q. wird heute vor allem zur Erhaltung oder Wiedergewinnung der Gesundheit ausgeübt.

Schrifttalismane, spielen im Daoismus mindestens seit dem 2. Jh. v.Chr. eine große Rolle. Sie dienen dem Schutz des Adepten

Langlebigkeit. Shouxing, der »Alte vom Südstern« und Gott des langen Lebens. Die abgebildete Gestalt des Gottes setzt sich zusammen aus den Schriftzeichen des daoistischen Lehrsatzes: »Der Weg (Dao) führt durch Erde, Himmel und All.« Abreibung einer Steingravierung aus Loyang nach einer Kalligrafie von Dong Zaisan, graviert von Liu Gao yu; späte Qing-Dynastie (1644–1911)

und der Kommunikation mit den Göttern. Sie sind wichtige Verbindungsglieder zwischen den Welten. Den Schriftzeichen wird eine besondere Kraft zugeschrieben. So verkörpert sich etwa in dem geschriebenen Namen eines Gottes der Gott selbst. Die Anfertigung und der Gebrauch von S. erfolgen im Rahmen eines Rituals.

Schule der Vollkommenen Wirklichkeit, eine innere alchemistische Richtung *(Innere Alchemie),* die auf Wang Chongyang (1113 bis 1170) zurückgeht und bis heute fortbesteht. Eine deutliche Wendung nach innen charakterisiert diese Schule, deren Zentrum der Tempel der Weißen Wolken in Peking ist.

Sitzen und Vergessen, eine daoistische Meditationsmethode, die bereits im *Zhuangzi* erwähnt wird. Das Leerwerden, das Fahrenlassen seines gewöhnlichen Selbst steht im Mittelpunkt der Versenkung.

Später Himmel (auch nach dem Himmel), Begriff aus dem *I Ging* für die Erscheinungswelt mit allen ihren Phänomenen im Gegensatz zum Numenalen *(Früher Himmel).*

Unsterblichkeit. »Ein Unsterblicher im Paradies, Flöte spielend (in seiner Tasche ein heiliger Pilz)«. Tuschmalerei auf Seide aus Korea, 19. Jh.; Galerie Pjöngjang, Nordkorea

Spontaneität (wörtlich »das aus sich selbst heraus so Seiende«, chin. ziran), als daoistischer Begriff bereits bei Laozi verwendet. S. entspringt dem *Dao* und zeigt sich in dem harmonischen Lauf alles Natürlichen und ist als solche auch für den Menschen erstrebenswert. S. steht mit dem *absichtslosen Handeln* in engem Zusammenhang.

Taiji (chin. »Firstbalken«), eine dem *I Ging* entnommene Bezeichnung für das Höchste Letzte und den Urgrund des Seienden. Dieser Begriff wurde von Daoisten schon im 4. Jh. v. Chr. übernommen und in unterschiedlichen Bedeutungen verwendet. Die inneren Alchemisten *(Innere Alchemie)* setzten T. mit *Dao* gleich.

Tiger, Gegenpart zum *Drachen.* Er ist dem Westen zugeordnet und steht u. a. für das Yin, das Weibliche und die Gefühle. Die Vereinigung von Drachen und Tiger ist ein wichtiger Prozess in der *inneren Alchemie.* → Yin und Yang

Unsterblicher, Verwirklicher des daoistischen Ideals der *Unsterblichkeit.* Die U. werden als Wesen mit außerordentlichen Fähigkeiten beschrieben. Sie sind z. B. in der Lage, sich selbst und materielle Dinge zu verwandeln oder auch zu fliegen. Sie haben sich aus der gewöhnlichen Welt befreit und unterliegen nicht mehr deren Gesetzen. Im Volksglauben spielen die U. eine große Rolle. Sie sind beliebte Motive in der Kunst und unzählige Legenden erzählen von ihnen. → Acht Unsterbliche

Unsterblichkeit, das höchste Ziel der Daoisten. Obwohl sie teilweise auch als körperliche U. angesehen wurde, versteht man sie zumeist als die völlige Entfaltung des inneren Wesens und dessen Rückkehr zum *Dao.* Sich aus seiner Ich-Verhaftung zu lösen, ist eine Grundbedingung für die Gewinnung der U.

Wahrer Mensch (auch Heiliger), derjenige, der das *Dao* in sich selbst vollendet hat, der es verkörpert und durch sein Handeln, das ein *absichtsloses Handeln* ist, bekundet. Er stellt ein von allen Daoisten angestrebtes Ideal dar.

Wandlungsphasen, die fünf W. (Elemente) Holz, Feuer, Erde, Metall und Wasser sind dynamische Kräfte und rhythmische Prozesse, die in Wechselwirkung zueinander stehen und ein raum-zeitliches Ordnungsprinzip des Universums darstellen. Sie sind Basis eines ausgefeilten Entsprechungssystems, das der Klassifizierung von Erscheinungen dient und in vielen Lebensbereichen von Bedeutung ist.

Yin und Yang, Idee eines Paars komplementärer Kräfte oder Prinzipien, einer der Hauptgedanken der chin. Weltanschauung. Y. sind ein dem Universum innewohnendes Ordnungsprinzip. Sie wirken im Wechselspiel aufeinander und stehen in Beziehung zu konkreten Erscheinungen im Universum, so ist z. B. der *Himmel* Yang und die Erde Yin.

Zhang Sanfeng, der legendäre *Unsterbliche* Zhang Sanfeng soll vor etwa 700 Jahren im Wudang-Gebirge das Taijiquan entwickelt haben. Ebenfalls gilt er als Meister der *Alchemie.*

Zhong-Lü-Schule, Zweig der *inneren Alchemie,* die sich auf die *Unsterblichen* Zhongli Quan und Lü Dongbin beruft und physiologische Praktiken der Umwandlung betont.

Zhouyi cantong qi (chin. »Zeichen für die Verwandtschaft der Drei gemäß dem Buch der Wandlungen«), das alchemistische Werk von Wei Boyang (2. Jh. n. Chr.) beeinflusste die *äußere* und später die *innere Alchemie* maßgeblich, indem es die Kosmologie des *I Ging* in den Vordergrund rückte.

Zhuangzi, bezeichnet zugleich den Daoisten Zhuang Zhou aus dem 4. Jh. v. Chr. und das ihm zugeschriebene gleichnamige Buch. In Parabeln, Metaphern und kurzen Abhandlungen werden u. a. Ideen über den beispielhaften Heiligen *(Wahrer Mensch),* den Zustand innerer und äußerer Freiheit dargelegt.

Zinnoberfelder, wichtige energetische Zentren im Körper, in denen die vitalen Kräfte umgewandelt werden. → Drei Schätze

Der Shintoismus in Geschichte und Gegenwart

Begriff und Bedeutung

Der Shinto, der alte »Weg der Götter« Japans, ist ein Sammelbegriff, unter dem sich verschiedene religiöse Vorstellungen vereinigen. Er meint vor allem eine animistische Natur- und Ahnenverehrung sowie eine Verehrung der »Kami«, der japanischen Gottwesen, die zunächst als übernatürliche Lebenskraft gedacht wurden, bevor sie personalisiert wurden. Der Shintoismus ist eine Gemeinschaftsreligion mit Praxisorientierung, bei der Kultanlagen und Schreine die Zentren der Kami-Verehrung bilden und ausgedehnte Reinigungsrituale zur Annäherung und Vereinigung mit den Gottheiten erforderlich sind. Eine große Rolle spielen die »Matsuri« genannten Feierlichkeiten im Rahmen der Kulthandlungen.

Als undogmatische und offene Religionsform, die weder Stifter noch begründende heilige Schriften kennt, ist der Shintoismus von seiner Frühzeit an Synthesen mit anderen religiösen und philosophischen Strömungen eingegangen, besonders mit Konfuzianismus und Buddhismus. Die Ausarbeitung einer theologischen Shinto-Lehre erfolgte erst unter dem Einfluss und der Aufnahme dieser Lehren. Seit dem 14. Jh. wurde die Herausarbeitung eines ursprünglichen Shintoismus als einer »japanischen Urreligion« gegen die späteren Einflüsse versucht.

Seit der Yamato-Zeit *(Yamato-Reich,* 4.–7. Jh.) spielte der Kult um den vergöttlichten Kaiser *(Tenno)* eine wichtige Rolle und begünstigte im 19. Jh. die Ausprägung eines intoleranten und nationalistischen Staats-Shinto. Der Zusammenbruch des alten Systems in Japan 1945 ermöglichte dem Shintoismus, seine religiösen Elemente wieder stärker zur Geltung zu bringen. Er bildet heute verschiedene Richtungen, von denen vor allem der Sekten-Shinto zur Bildung vieler japanischer Neureligionen beigetragen hat.

Das Wort Shinto setzt sich aus den japanischen Wörtern »shin« für »Götter«, »Geistwesen« und »do« für »Weg« zusammen. Es meint also den »Weg der Götter« und ist eine Übertragung des chinesischen »shen dao« (»Weg des Heiligen«). Gebräuchlicher für den Shintoismus ist die japanische Formulierung »Verhaltensweisen der Götter« (Kami no michi) oder »von den Göttern überkommene Lehre bzw. Lebensweise« (Kannagara no michi).

Der Begriff Shinto findet sich erstmals in dem 720 erschienenen Geschichtswerk *Nihon-shoki* im Zusammenhang mit der Epoche des Kaisers Yomei, der 585–587 regierte. Er meint dort die altjapanischen, vorbuddhistischen religiösen Bräuche und Verhaltensweisen; dort wird das chinesische Wort »shen« für die Kami, die japanischen Götter und Geistwesen, verwendet.

Der Shintoismus ist nicht leicht als Religion im klassischen Sinn anzusehen, da er keine Stifter, keine begründenden heiligen Schriften, keine ursprüngliche orthodoxe Lehre, keine oberste Behörde in theologischen Fragen (außer vielleicht dem Kaiser)

Shintoistische Zeremonie im Yasaka-Schrein in Kyoto mit einem Trommler an der großen »Taiko«-Trommel.

STICHWORT **Shintoismus in Japan**

Oben links: Shinto-Priester (Kanushi) beim Schreinfest in Kyoto, Japan

Oben rechts: Kinder mit Trageschrein (Mikoshi) beim Schreinfest in Kyoto

Unten links: Großer Fackelträger in der Prozession zum Schrein Yuki-Jinja beim Feuerfest im Dorf Kurama bei Kyoto. Mit den Feuern sollen die Götter beim Besuch in unserer Welt geleitet werden.

Unten rechts: Shinto-Priester mit Holzzeptern (Shaku) beim Reispflanzfest (Taue) in der Stadt Yasu

kennt, auch keine nennenswerten Missionierungsbestrebungen zeigte und sich zunächst nicht in Abgrenzung zu anderen Religionen begriff, sondern viele »zugewanderte« Elemente bis zur Verschmelzung aufnahm. Gerade von Vertretern des Shintoismus wird er oft nicht als Religion, sondern als die ursprüngliche Kultur und das Lebensgefühl des japanischen Volks sowie als Ausdruck seiner jahrhundertealten Erfahrungen betrachtet; diese Sicht wurde besonders durch den Staats-Shinto der *Meiji-Epoche* (1868 bis 1912) gefördert.

Grundzüge des Glaubens

Der Shintoismus vereinigt die Elemente der einheimischen religiösen Vorstellungen Japans: Natur- und Seelenkult, Ahnenverehrung und altjapanische Mythologie. Insofern wird das Wort Shinto allgemein als Sammelbegriff für religiöse Vorstellungen verwendet, im spezielleren Sinn jedoch für die Kulthandlungen vor Schreinen und die Glaubenslehren der Schreinpriester. Der Shintoismus zeigt eine kaum klassifizierbare Vielfalt an lokalen und regionalen Kulten und Glaubensvorstellungen.

Als Wesen des Shintoismus gilt nicht eine religiöse Ethik, sondern die Erhaltung bzw. Wiederherstellung der (kultischen) Reinheit durch die Reinigungsriten *(Harai, Misogi, Imi),* die von den meisten Shinto-Theologen als grundlegende Praxis angesehen werden. Der Shintoismus wird daher als Religion der Reinigung bzw. Läuterung verstanden. Als Gemeinschaftsreligion bemüht er sich um Harmonie mit der Natur und verehrt die Naturschönheiten als Ausdruck des Göttlichen. Die gemeinsamen Feiern und

Zeremonien stehen im Mittelpunkt der Kulte, der persönliche Glaube tritt in den Hintergrund und bildete sich oft erst in der Übernahme von Elementen anderer Religionen aus.

Sehr früh bildete der Shintoismus ein integrierendes, pragmatisch ausgerichtetes und oftmals unentwirrbares Konglomerat mit chinesischen Kultureinflüssen, z. B. den volksreligiösen Vorstellungen des Daoismus, besonders aber mit Konfuzianismus und Buddhismus. Unter konfuzianischem Einfluss entstand im Shintoismus der Glaube, durch Fleiß und harte Arbeit führe man ein den Göttern wohlgefälliges Leben, das sie mit wirtschaftlichem Erfolg und sozialem Prestige im Leben belohnen. Shinto-Theologen gehen davon aus, dass der Hinwendung des Menschen zu den Göttern die Zuwendung der Götter (und Ahnen) zu den Menschen folgt.

Die frühe Religion Japans

Bereits die religiöse Frühzeit Japans zeigt Glaubensvorstellungen, die in den Shintoismus eingegangen sind. Die Jomon-Epoche (um 8000–250 v.Chr.) kannte eine Muttergottheit und Tierfiguren und es gab Anfänge eines Ahnenkults durch Totenbestattung in Tonkrügen. Der Gebrauch von Trommeln und Masken verweist auf schamanistische Praktiken. Die Yayoi-Zeit (um 250 v.Chr. bis 300 n.Chr.) übernahm wahrscheinlich aus China den Nassfeld-Reisanbau, war in Familienverbänden (Clans) organisiert und installierte die frühesten Fruchtbarkeitszeremonien des Shintoismus um den Reis- und Getreidezyklus, einen ausgeprägten Ahnenkult und die Vorstellung des Erscheinens der Götter und Ahnen zum Opferfest (Tokoyo no Kuni). Es finden sich auch schon Vorstellungen von einem dreistöckigen Universum (Himmel-Erde-Unterwelt) und schamanistische Praktiken der Orakelknochenbefragung.

In der Kofun-Zeit (um 300–710 n. Chr.) drang ein Reitervolk aus Zentral- oder Nordasien nach Japan ein, das die Ureinwohner (Ainu) in den Norden abdrängte und die wichtigsten Shintoismus-Symbole Langschwert, Sonnenspiegel und Krummjuwel *(Throninsignien)* einführte. Die Herrscher des *Yamato-Reichs* vereinigten die über 100 Stämme zu einem Zentralstaat und etablierten die Herrschaft der führenden Clane. Neben den Clanen spielten die Zünfte (Be)

Oben: Traditionelles Wohnhaus aus der Yayoi-Epoche (um 250 v. Chr. bis etwa 300 n. Chr.), Museum Toro Iseki in Shizuoka

Mitte: Shinto-Priester beim Harai-Reinigungsritual vor einer Kulthandlung, bei dem er den Sakaki-Zweig zum »Wegfegen« alles Unreinen schwenkt.

Unten: Haniwa-Tonfigur zur Grabmarkierung aus der Kofun-Zeit (etwa 300 bis 700 n. Chr.)

Shotoku (574–622), japanischer Kronprinz, ältester Sohn des Kaisers Yomei (reg. 585–587), der als erster Kaiser den Buddhismus angenommen hatte; ab 593 war er Regent für seine Tante Suiko (Kaiserin 593 bis 628), die sich in ein buddhistisches Kloster zurückgezogen hatte. Er wurde mit dem posthumen Titel Shotoku-Taishi (»Prinz der heiligen Tugenden«) geehrt. Shotoku öffnete Japan der chinesischen Kultur durch starke Begünstigung von Konfuzianismus und Buddhismus. Er übernahm die chinesische Theorie vom »Mandat des Himmels« zur Stabilisierung der Herrschaft des Kaiserhauses und gab den Befehl zur Förderung des »dreifachen Kleinods« Shinto, Konfuzianismus und Buddhismus. Seine konfuzianisch geprägte Verfassung in 17 Artikeln schreibt die Loyalität des Volkes zum Kaiserhaus und der Beamten zum Staat, die Milde gegen das Volk und die Eintracht der führenden Familien vor.

als Festschreibung der Arbeitsteilung und der Familientraditionen eine bedeutende Rolle. Es entstanden die ältesten Shinto-Schreine von *Ise* und *Izumo* und der Kaiserkult.

Das »Uji-System« war der Zusammenschluss der mächtigsten Adelsfamilien, deren Oberhäupter politische und priesterliche Funktionen verbanden. Als »Uji-gami« wurden die Sippengötter zu Schutzgöttern der Clane und ihrer Gebiete. Das Familien oberhaupt bewahrte in seinem Haus den *Shintai* (Gottkörper) der jeweiligen Gottheit auf. Mit der Wandlung der Sippengötter zu lokalen Göttern (Ubusuna-gami) erfolgte eine stärkere Individualisierung und Personalisierung. Die Schreine bildeten den Ort religiöser Feiern der Gruppe oder Dorfgemeinschaften. Die geografische Isolierung der japanischen Inseln begünstigte den Ausbau eigener Kultformen. Mit der Regierung des Prinzen Shotoku (593–622) und der *Taika-Reform* (645–650) öffnete sich Japan allen chinesischen Einflüssen, die seither in die japanische Tradition eingegangen sind.

Götter und Symbole

Das japanische Wort »Kami« für Gottwesen, das sich in der Bezeichnung des Shinto als »Weg der Götter« (Kami no michi) findet, ist nur schwer übersetzbar, da es fast allumfassend ist: Kami können weiblich oder männlich, einzeln oder kollektiv gedacht werden (die ältesten Texte sprechen von »800 Myriaden Kami«). Es meint die Götter (inklusive des christlichen Gottes), aber auch Natur- und Hausgeister sowie andere kollektive Wesen. Die Kami sind nicht allmächtig, nicht allwissend und scheinbar »neutral gestimmt«. Sie sind nicht ständig gegenwärtig, sondern müssen in Kulthandlungen herbeizitiert und dem Menschen »geneigt« gemacht werden. Während der Zeremonien nehmen die Kami ihren vorübergehenden Aufenthalt im *Shintai* (»Gottkörper«) und gelten als real anwesend.

Ursprünglich wurden die Götter wohl in Tierform als Fuchs, Dachs, Schlange und Vogel gedacht. Doch setzte sich bald eine Vermenschlichung (Anthropomorphisierung) durch. Die Kami besitzen besondere Kräfte oder werden bisweilen als diese Kräfte selbst angesehen und können zum Wohl der Menschen wirken. Sie wurden mit individuellen Namen bedacht und auch auf Menschen übertragen, die Großes (»Übermenschliches«) in Geschichte und Kultur leisteten und als »vergöttlichte Seelen« galten. Die ursprünglichen Sippengötter (Uji-gami) wurden eher kollektiv vorgestellt, mit den Göttern des Geburtsorts bzw. der Region (Ubusuna-gami) setzte sich ihre Individualisierung durch, personifiziert in den Gründerheroen.

Kami und universelle Lebenskraft

Zum Wort »Kami«, das seit dem 6. Jh. gebräuchlich ist, und dem Wort »Kamu« der Ureinwohner (Ainu) mit einem vergleichbaren Bedeutungsradius, gibt es unzählige Etymologien. Es wird mit »oben«, »hoch«, »darüber«, auch »erhaben« oder »leuchtend« (jap. kagaku: »leuchten«) übersetzt. Allgemein ist das Außergewöhnliche gemeint, das Bewunderung erweckt, vor allem das außergewöhnlich Schöne und Erhabene. Es bezieht sich auf Naturerscheinungen wie Berge, Bäume, Felsen, Flüsse oder Quellen; die hohe Naturästhetik der japanischen Kultur hat hier ihre Wurzeln. So bedeutet das Wort Kami-nari »Donner« und meint eigentlich, dass sich ein Kami ankündigt. Das Numinose (Göttliche) ist das eher Staunen als Furcht Erregende, das (kultisch) Reine und Lebenskraft Fördernde. Kami sind nicht primär abgegrenzte Wesen, sondern Wirkmächte, die über außergewöhnliche Kräfte verfügen. Es gibt keine scharfe Trennung zwischen Kami und Menschen, da der Kami während einer Shinto-Zeremonie vom Menschen Besitz ergreifen bzw. in ihn übergehen

Der Götterbote Fuchs im Fushami-Inari-Schrein in Kyoto

»Brücke des Himmels« im Meer (Ama-no-hashidate). Die kiefernbestandene Sandbank in der Wakasa-Bucht im Nordwesten der Kyoto-Präfektur zählt zu den schönsten Landschaften Japans und verkörpert für Shinto-Gläubige den Schöpfungsmythos.

kann; jedes Wesen kann als potenzieller Kami betrachtet werden.

Der japanische Religionswissenschaftler Toshiya Yabu sieht in »Kami« eine Kurzform des Wortes Kakurimi (»Verborgener, verborgener Geist«, Kakuri mitama). Mit »verbergen« (kakuri) wurde in der Frühzeit der Tod einer adeligen oder hoch stehenden Persönlichkeit bezeichnet; »kakuri yo« war die Welt nach dem Tod und galt als Aufenthaltsort der Kami. Im Sinn der animistischen bzw. pantheistischen Weltsicht des Shintoismus als Naturreligion sind alle Dinge belebt, und als Quelle allen Lebens gilt die eine große Lebenskraft, »das Leben selbst« (inoqi). Sie beherrscht alles Lebendige im Himmel und auf Erden, besonders die Kami und die Menschen, und wird auch »Geist der universellen Zeugung« *(Musubi)* genannt. Dasein im Sinn von »sein«, »existieren« (aru) hat dieselbe Wortwurzel wie »werden« (naru), was Geburt, Wachstum und Reife bedeutet. Existieren heißt also zum Sein kommen, geboren werden. Im Japanischen ist dies sprachlich gekoppelt an »sichtbar zur Erscheinung gekommen« (ara-wareru). Etwas bisher Verborgenes wird sichtbar und tritt in Erscheinung.

Werden (naru) wird auch als Zusammensetzung der Wörter »Wurzel« (ne) und »erscheint« (aru) begriffen, was Toshiya Yabu mit einem Baum-Vergleich erklärt: Die Wurzel ist der unsichtbare Ursprung aller Dinge, welche die sichtbaren, in Erscheinung getretenen mit Nahrung und Leben versorgt; dies ist die »große Lebenskraft« (Musubi). Im Volksglauben verlassen die Kami nach ihrem Tod die Welt, um sich mit der großen Lebenskraft des Kosmos wieder zu vereinen, aus der sie bei der Geburt in die Erscheinung der sichtbaren Welt getreten sind. Sie können aber zurückgerufen werden, was den wesentlichen Teil der Shinto-Kulthandlung ausmacht.

Viele Kulthandlungen des Shintoismus haben in den ältesten Geschichtswerken *(Kojiki, Nihon-shoki)* ihre mythische Vorgeschichte. Da der Shintoismus keine ursprünglichen heiligen Schriften kennt, sind die dort aufgezeichneten Mythen eine nachträgliche Festschreibung des mündlich oder in Geheimaufzeichnungen der erblichen Priesterfamilien Überlieferten.

Der Anfang: Im Anfang war eine frei schwebende, gestaltlose Materie, in der sich ein sprießendes Schilfrohr bildete, aus dem die höchste Gottheit hervorging. Sie brachte sieben bzw. acht Generationen von Götterpaaren hervor, deren letztes das vornehmste war: das Urgötterpaar *Izanagi und Izanami,* die den Befehl zur Ordnung der Welt erhielten. Mit einem Juwelenspeer stachen sie, auf

Ise-Kagura, Tanz der acht Prinzen zu Ehren der Sonnengöttin Amaterasu

der »Brücke des Himmels« (Regenbogen) stehend, ins schäumende Meer und den Schlamm. Beim Herausziehen des Speers fielen Tropfen des Salzwassers ins Meer und ballten sich zur Insel Onogoro zusammen, wo das Urgötterpaar seinen Wohnsitz nahm, sich vereinigte und viele Götter hervorbrachte, darunter das Land Japan mit dem umgebenden Meer, aber auch Naturphänomene wie Berge, Bäume und Flüsse.

Amaterasu: Izanami verbrannte bei der Geburt des Feuergotts; Izanagi besuchte sie in der Unterwelt, floh aber vor ihrem verwesten Leichnam. Bei der anschließenden kultischen Reinigung *(Misogi)* entstand aus seinem rechten Auge die Sonnengöttin *Amaterasu,* aus seinem linken der Mondgott *Tsukiyomi* und aus seiner Nase der Sturmgott *Susonowo.* Amaterasu erhielt die Himmelsherrschaft und vollbrachte Kulturleistungen, zog sich aber vor den Nachstellungen ihres ungestümen Bruders Susonowo, der mit derben Streichen die Ordnung störte, in eine Höhle zurück und verschloss sie mit einem Stein. Die ganze Welt fiel in Dunkelheit und Dämonen der Unordnung trieben ihr Unwesen. Die 800 Myriaden Götter überlegten, wie sie die Göttin aus ihrer Höhle locken könnten, und hängten Spiegel und Juwelen *(Throninsignien)* an einen *Sakaki-Baum;* anschließend vollführte die Göttin Uzume einen Stampftanz (Urbild des *Kulttanzes Kagura*), worüber die Götter lachen mussten. Neugierig öffnete Amaterasu ihr Versteck, erblickte sich im Spiegel und war fasziniert; die anderen Götter konnten sie widerstandslos aus der Höhle ziehen und verschlossen sie mit einem Strohseil (Urbild des Binderituals *Shimenawa* zur Abtrennung eines heiligen Bezirks).

Japan: Als die Göttin die Höhle verlassen hatte, waren die »hohen Himmelsgefilde« und »das zentrale Land der Ebenen und des Schilfes« (Japan) wieder erleuchtet. Amaterasu herrschte als höchste der Kami und war über ihren Enkel *Ninigi* no Mikoto direkte Ahnin des ersten Kaisers *Jimmu* und aller japanischen *Tennos* bis heute. Nach shintoistischer Auffassung ist Japan das zuerst geschaffene »Land der Götter« (Shinkoku, Kami no kuni), das von den direkten Nachkommen der obersten Gottheit regiert wird und als Einziges den »Weg der Götter« (Shinto) bewahrt.

Der Kaiser als Gott

Als direkter Abkömmling der Sonnengöttin *Amaterasu* war der Kaiser im altjapanischen Denken selber vergöttlicht und wurde als *Tenno* (»Himmlischer Kaiser«) oder Tenno Taitei (»Himmlischer Herrscher und Kaiser«) bezeichnet; andere Titel waren Tenshi und Tenson (»Himmelssohn«). In diese Auffassung ist das altchinesische Denken eingegangen, das den Kaiser mit dem Himmelsherrscher bzw. »Sohn des Himmels« gleichsetzte, der vom Himmel sein »Mandat« erhielt. Seine ursprüngliche Umschreibung im Japanischen war »sichtbarer Kami, der das Reich Japan regiert«, mit der Ehrenbezeichnung Sumera Mikoto (»reiner Herrscher«), wobei sumera mit der Bedeutung »rein«, »klar« einen Begriff beschreibt, der mit einer heiligen Existenz verbunden ist.

Als Arami-kami (»Kami, der sich verleiblicht hat«) ist der Tenno eine Verkörperung des Willens der Göttin Amaterasu und gilt als »gegenwärtiger, leibhaftiger Gott«. Er steht an der Spitze des irdischen »Wegs der Götter«, des Shinto. Durch seine göttliche Abkunft kann er anders als der chinesische Kaiser niemals den Zorn der Götter erregen oder das himmlische Mandat verlieren. Seine Stellung ist heilig und unantastbar, es gibt keinen Bruch in der ununterbrochenen Herrscherreihe dieser ältesten Dynastie der Welt. Die Regierungsgeschäfte des Kaisers heißen Matsuri-goto (eigentlich »Kultangelegenheiten«). Er erfüllt seine Aufgaben gemäß dem Matsuri, der shintoistischen Festzeremonie zu Ehren der Götter.

Mit göttlicher Kraft (Toku) ausgestattet, obliegen dem Kaiser unabhängig von seiner tatsächlichen politischen Macht *(Tenno, Shogunat)* kultische Aufgaben bei den Riten der ordnenden Vorausahmung der Naturzyklen, des Jahresablaufs sowie der Fruchtbarkeits- und Vegetationskreisläufe. In der Neujahrsnacht verrichtet er die Gebete an die vier Himmelsrichtungen (Shihohai) und unterliegt bestimmten Tabus. So darf er nicht entgegen dem Lauf der Sonne reisen, was Unordnung in die Naturabläufe bringen würde. Als wichtigstes Fest feiert er anlässlich seiner Thronbesteigung, bei der er auch die *Throninsignien* erhält, erstmals das Daijosai, das jährliche »Fest der ersten Früchte« (Shinjosai) bzw. »Kostung des ersten Reises«.

Geschichte

Shinto und Konfuzianismus

Etwa im späten 4. Jh. gelangten die Ideen des chinesischen Konfuzianismus über Korea nach Japan und wurden rasch im Sinn einer Staatsideologie aufgenommen. Der Shintoismus mit seiner integrativen Ausrichtung, dessen Glaubensinhalte nicht schriftlich fixiert waren, ging vor allem im Kaiserkult eine weitgehende Synthese mit dem Konfuzianismus ein. Eine neue Phase leitete die seit der Regentschaft Prinz Shotokus (593 bis 622) betriebene völlige Öffnung Japans für chinesische Kultur- und Religionsformen ein, die Konfuzianismus und Buddhismus gleichberechtigt neben den Shintoismus stellte. Shotoku erließ 604 eine konfuzianisch geprägte Verfassung in 17 Artikeln, welche die Loyalität zum Kaiserhaus förderte: »Harmonie ist hoch zu schätzen, die Vermeidung mutwilliger Opposition ist hoch zu ehren…« (Artikel 1); politisch müssen die Höheren »harmonisch« und die Niederen »friedlich« gesinnt sein. Artikel 6 besagt: »Bestrafe die Bösen und belohne die Tugendhaften. Schmeichler und Heuchler sind Werkzeuge für den Ruin des Staates.«

Die Hochschätzung heiliger Schriften im Konfuzianismus gab den Anstoß für die Ausarbeitung der ersten japanischen Geschichtswerke im 8. Jh. *(Kojiki, Nihon-shoki)*, mit der eine nachträgliche schriftliche Fixierung der Lehre des Shintoismus begann. Sie wurde durch Synthese mit dem Konfuzianismus auf Ethik ausgerichtet, die kultischen Reinheitsideale wurden zu moralischen Kategorien.

CHRONIK	**Zeittafel zur Geschichte des Shintoismus**
um 8000	Jomon-Kultur: frühe Keramik (bis 250 v.Chr.)
660 v.Chr.	Thronbesteigung des ersten Kaisers Jimmu, Abkömmling der Sonnengöttin Amaterasu, angesetzt
um 250 v.Chr.	Yayoi-Kultur (bis 300 n.Chr.), vom Festland nach Japan gebracht
um 300	Yamato-Zeit (bis 645/710)
593–622	Regentschaft des Prinzen Shotoku: Förderung und Integration von Konfuzianismus und Buddhismus
645–650	Taika-Reform: Reform der Staatsverwaltung nach chinesischem Vorbild, Kaiser alleiniger Grundbesitzer, straff geführte Beamte
673–686	Kaiser Temmu: Initiation des Shinto-Kaiserkultes
697–707	Kaiser Mommu: Taihoryo-Verfassung 702 (Gesetzbuch, bis 1889 in Kraft), auf lokaler und zentraler Ebene bis ins Detail festgelegt
710–794	Nara-Zeit: erste ständige Hauptstadt Nara, buddhistischer Einfluss
781–806	Kaiser Kammu: Höhepunkt der frühen Kaiser-Herrschaft, zentrale Staatsverwaltung, Reorganisation des Heeres
794–1185	Heian-Zeit: Aufstieg mächtiger Familien des Hofadels
858–1069	Vorherrschaft des Fujiwara-Clans: weitgehende Beschränkung des Kaisers auf zeremonielle Funktionen
1185/92 bis 1333	Kamakura-Zeit: Shogunat der Minamoto-Familie (I. Shogunatszeit) mit inneren Konflikten und äußeren Gefahren (Mongolen)
1203–1333	Militärherrschaft (Regentschaft) der Hojo-Familie
1338–1573	Ashikaga-Zeit (2. Shogunatszeit)
1481–1573	Zeit der Bürgerkriege in Japan
1585–98	Shogunat des Toyotomi Hideyoshi
1600–1867	Edo-Zeit: Shogunat der Tokugawa-Familie (3. Shogunatszeit)
1853/54	US-Kriegsschiffe erzwingen die Öffnung der japanischen Häfen
1868–1912	Meiji-Epoche (Kaiser Mutsuhito): Wiederherstellung kaiserlicher Macht, Modernisierung und Nationalisierung des öffentlichen Lebens; Shinto wird Staatskult (»Staats-Shinto«)
1889	Meiji-Verfassung verankert Göttlichkeit des Kaisers
1890	Kaiserliches Erziehungsedikt bildet aggressives japanisches Nationalbewusstsein aus, das sich auch nach außen wendet
1912–26	Taisho-Epoche (Kaiser Yoshihito): Aufstieg der politischen Parteien
1926–89	Showa-Epoche (Kaiser Hirohito, seit 1921 Regent)
1937–45	Japanische Besetzung Chinas, während des Zweiten Weltkriegs ab 1942 bis 1945 auch großer Teile Südostasiens
7.12.1941	Kriegseintritt Japans gegen die USA mit Überfall auf Pearl Harbor
1945	Kapitulation Japans nach den US-amerikanischen Atombombenabwürfen auf Hiroshima und Nagasaki (August); US-Besetzung Japans (bis 1952), Reorganisierung des öffentlichen Lebens durch Trennung von Staat und Shinto
1946	Kaiser Hirohito verzichtet auf seine gottgleiche Stellung; demokratische Verfassungsreform
seit 1989	Heisei-Epoche des Friedenschaffens unter (Kaiser Akihito): Modernisierung des japanischen Kaisertums

Die Shinto-Ethik

Schon in der Heian-Zeit (794–1185) entstanden unter dem Eindruck ethischer Lehren des Konfuzianismus und Buddhismus im Shintoismus Versuche, die Kami mit Begriffen wie Gerechtigkeit, moralische Ordnung und Loyalität zu verknüpfen. Der ursprüngliche Shintoismus stellte den Menschen in eine gemeinsame Ordnung mit der Natur und allem Lebendigen; es war ihm fremd, speziell für den Menschen geltende Sittengesetze und Ethiken zu formulieren.

Drei Begriffe umschreiben den Bereich Fehler, Sünde, Schuld: »Tsumi« (unter christlichem Einfluss mit »Sünde« übersetzt) meint Verbrechen, Charakterfehler und Sittenlosigkeit; »Wazawai« bedeutet Unglück, Heimsuchung und Pech (Schicksalsschlag); »Kegari« heißt Besudelung und Unreinheit. Der Mensch ist für Tsumi verantwortlich und wird zur Rechenschaft gezogen. Dazu zählen z. B. Tötungen, sexuelle Übergriffe, herbeigeführte Ernteschäden und Verhexungen. Dagegen passieren Wazawai und Kegari dem Menschen eher »von außen« als Missgeschicke, Unreinheiten oder »Unfälle der Natur«. Zu ihnen zählen Verkrüppelungen, Entstellungen, Ausschläge, aber auch Wildwuchs, Tierplagen und Blitzschlag. Krankheiten gelten als von den Kami der Unterwelt geschickt und müssen in kultischen Reinigungen »abgewaschen« werden.

Unter dem Einfluss des Konfuzianismus entstanden Richtungen im Shintoismus, welche die kultischen Reinigungen für zweitrangig erklärten gegenüber einer ethisch-innerlichen »Läuterung des Herzens« *(Makoto)*. Gerade die Übereinstimmung des Menschen mit dem »Weg der Kami« (Shinto) wurde als ethische Reinheit gedeutet.

Ritter-Ideal des Bushido, Samurai-Rüstung zum Jungenfest am 5. Mai

Das Ritter-Ideal des Bushido

Die Synthese von Shintoismus und Konfuzianismus in der Loyalität zum Herrscher führte in der Kamakura-Zeit (1185–1333) zur Ausbildung eines Ehrenkodex der japanischen Kriegerkaste Samurai, des Bushido (»Weg des Kriegers«), der u. a. von Inazo Nitobe als »Seele Japans« bezeichnet wird und keine vorgeschriebene Lehre, sondern gelebte Regeln umfasste. In ihm fanden Tugenden des Shintoismus (Treue zu Kaiser und Land, Ahnen- und Naturverehrung), des Konfuzianismus (Gerechtigkeit, Pflichterfüllung, Loyalität) und des Buddhismus (Ergebenheit, Kaltblütigkeit, Geringschätzung von Widrigkeiten) zusammen. Als die »sieben Tugenden des Bushido« galten Rechtschaffenheit (Gerechtigkeit), Mut, Güte, Höflichkeit, Wahrhaftigkeit, Ehre und Treue; sie wurden zusammengehalten von der achten, alles ermöglichenden Eigenschaft: Selbstbeherrschung.

Mut meinte nicht Tollkühnheit, sondern beherrschtes Handeln mit Überlegung. Mit Güte ist die Härte gegen sich und Milde gegen andere gemeint. Höflichkeit als vielleicht bis heute am meisten nachwirkende Tugend richtet sich auf Regeln des Anstands und der Achtung, persönliche Zurückhaltung und Körperbeherrschung. Die Reinhaltung der Ehre wurde über den Erhalt des eigenen Lebens gestellt, was bis zum kollektiven Selbstmord ganzer Familien bei »Schande« eines ihrer Mitglieder führen konnte. Die Treuepflicht forderte den bedingungslosen Einsatz für Lehnsherrn und Kaiserhaus, eine Loyalität bis zur Selbstaufgabe. Am konfuzianischen Ideal des »Edlen« (chinesisch Junzi) orientiert, war das Bushido eine Ethik der Oberen, des Kriegeradels. Das Ideal erforderte neben der Waffenbeherrschung (vor allem Schwert und Bogen) eine umfassende Bildung in Poesie, Kalligrafie und anderen schönen Künsten. Als ehrenvolle Art der Selbsttötung wurde das Bauchaufschlitzen mit dem Kurzschwert (Seppuku/Harakiri) praktiziert.

Die Bushido-Kaste durchlebte ihre erste Krise in der Edo-Zeit (1600–1867), doch wurde das Bushido von Yamaga Soko (1622 bis 1685) zu einem umfassenden philosophischen System ausgebaut. Die ehemals militärische Ausrichtung verlagerte sich auf eine politische: Die Samurai erschienen nun als Aufrechterhalter und Schützer der sittlichen Gesellschaftsordnung und verteidigten Japan gegen ausländische Mächte und Gedanken. Wesentlich für die Identität des Bushido waren die in Erzählungen und Theaterstücken überlieferten Heldentaten der Samurai, besonders im »Chushingura« die Geschichte von den bis heute als Nationalhelden verehrten 47 Gefolgsleuten des Fürsten von Ako. Dieser ließ sich von einem kaiserlichen Boten provozieren, verletzte ihn und musste daraufhin Seppuku begehen. Die nun herrenlos gewordenen Samurai (Ronin) leisteten als »Bund der Treuen« den Schwur, ihren Herrn zu rächen, töteten im Januar 1703 den Provokateur, wurden geächtet und zum Tod verurteilt und begingen gemeinsam Seppuku. Die *Meiji-Epoche* (1868–1912) mit ihrer Betonung eines Nationalgefühls mit egalitären Tendenzen brachte das endgültige Ende der Krieger-Privilegien.

Shinto und Buddhismus

Ebenso stark wie die Synthese des Shintoismus mit dem Konfuzianismus war die mit dem Buddhismus, die bis heute nachwirkt. Anders als beim Konfuzianismus, der fast durchgehend als Bereicherung empfunden wurde, ist das Verhältnis des Shintoismus zum Buddhismus spannungsreicher und durchlief verschiedene Phasen. Unter dem Einfluss des Buddhismus wurden die Lehren und Gottesbilder des Shintoismus stark umgedeutet.

Als der Buddhismus im Jahr 552 über Korea nach Japan gekommen war, trat er einen raschen Siegeszug an. Der Shintoismus interpretierte ihn zunächst als eigene Art der Kami-Verehrung mit Buddha als »Kami, der aus der Fremde gekommen war«. Die religiöse Öffnung Japans unter Prinz Shotoku und der *Taika-Reform* im 7. Jh. brachte dem Buddhismus die volle Gleichberechtigung neben Shintoismus und Konfuzianismus. Bereits im 8. Jh. stand er im Begriff, zur Staatsreligion Japans zu werden und den Einfluss des Shintoismus zurückzudrängen, da besonders die Kaiser und hohen Staatsbeamten ihn förderten. Die buddhistischen Klöster und Mönche wurden eine bedeutende politische Macht im Land. Seit der Regierung Kaiser Shomus (724–49) wurden buddhistische Schrein-Tempel (Jinguji) in den Anlagen der shintoistischen Heiligtümer errichtet, 766 auch im Haupttheiligtum von *Ise.* Bereits 740 ließ sich der buddhistische Mönch Gyogi am Schrein von Ise bestätigen, dass Shintoismus und Buddhismus nur zwei Erscheinungsformen derselben Religion seien (später als Offenbarung der Sonnengöttin ausgegeben). In der »Honji-suijaku-Lehre« wurden die Kami schließlich zu Manifestationen eines Buddha erklärt und die japanischen Geschichtswerke im buddhistischen Sinn neu interpretiert. Buddhistische Elemente und Denkfiguren prägten die Ausbildung der Shinto-Theologie nachhaltig (siehe unten). Der Buddhismus seinerseits bildete in Japan spezifische Formen aus, die vor allem der hohen Naturverehrung Rechnung trugen.

Durch seine Bilderfreundlichkeit hielt der Buddhismus besonders im japanischen Volksglauben und in den Volksbräuchen Einzug. Ab dem 9. Jh. wurden Statuen hilfreicher Kami in den Tempeln aufgestellt, was zu einer deutlichen Vermenschlichung der altjapanischen Kami-Vorstellungen führte; die Medizin-Buddhas (Yakushi-Nyorai) und die barmherzige Kwannon rückten ins Zen-

Links: »Kasuga-Schrein-Mandala«, Schutzschrein der Adelsfamilie der Fujiwara aus der Vogelperspektive sowie Darstellungen von Buddhas und Bodhisattvas als Synthese von Buddhismus und Shintoismus. Hängerolle mit Farben auf Seide aus der späten Muromachi-Zeit (16. Jh.)

Rechts: »Koya-Mandala«, Darstellung der vier Shinto-Götter aus dem Amano-Jinja-Schrein am Koya-Berg. Hängerolle mit Farben auf Seide aus der frühen Edo-Zeit (17. Jh.)

trum von Heilritualen auch bei shintoistischen Zeremonien. Es öffnete sich aber eine Kluft: Die bedeutenden Schreine und altjapanischen Priesterfamilien hielten an den traditionellen Shinto-Riten fest, doch das Volk wandte sich den vom Buddhismus inspirierten »Nothelfer-Kami« zu. Ein Schwanken zwischen Vermischung und Abgrenzung prägte die weitere Geschichte des Shintoismus in Japan.

Der synkretistische Shinto

Angestoßen vom Erfolg des Buddhismus, versuchte der Shintoismus seit der Zeit Kaiser Temmus (673–686) eine Ausformulierung der eigenen Lehre. In den Geschichtswerken *Kojiki* und *Nihon-Shoki* sowie in der Gebetssammlung *Engishiki* wurden Verzeichnisse der Kami und ihrer Funktionen, der Schreine und Priesterfamilien angelegt. So verzeichnet das Engishiki für Anfang des 10. Jh. insgesamt 2861 Schreine mit 3132 verehrten Kami. Der Shintoismus konzentrierte sich auf den Kaiserkult und die Festlegung von Rangordnungen der Kami nach dem Erweis ihrer Nützlichkeit; Vorbild war die Ordnung der Hofbeamten. Kaiser Daigo (897–930) beförderte anlässlich seiner glücklichen Thronbesteigung 43 Kami per Dekret auf eine höhere Stufe.

Shinto-Priester beim spirituellen Reinigungsritual (Harai) mit Sakaki-Zweig am Ise-Schrein

Die Theologie des Shintoismus, die von den Priesterfamilien der Schreine ausging und als Schrein-Shinto (Jinja-Shinto) bezeichnet wird, führte jedoch zu weitgehenden Mischformen mit dem Buddhismus. Der von der buddhistischen Shingon-Schule ab dem 9. Jh. entwickelte *Ryobu-Shinto* erklärte das Universum als im Ur-Buddha Vairocana bereits vorgebildet. Er sei mit der Sonnengöttin *Amaterasu* identisch, und die buddhistischen Gottheiten hätten sich aus Rücksicht auf die Eigenheiten Japans nicht in ihrem wahren Wesen (Honchi), sondern in einer »Verkleidung« als Kami (Suijaku) geoffenbart. Die Lehre, aus der ein spekulatives Überlegenheitsgefühl des Buddhismus spricht, dem die Shinto-Praktiken als »primitiv« erschienen, bezeichnete die buddhaisierten Kami als Gongen und die Sonnengöttin als Amaterasu Dai-gongen (»Große Buddha-Inkarnation Amaterasu«).

Der ab Ende des 13. Jh. entwickelte *Ise-Shinto,* der bis heute die nachhaltigste Wirkung auf die Shinto-Lehre hat, verband alle chinesischen Einflüsse mit dem Shinto zu einer weitgehend spekulativen und z. T. esoterischen Lehre. Sie propagierte das Prinzip der unaufhörlichen Verwandlung sowie gegenseitigen Durchdringung der Götter und Weltzustände. Der Ise-Shinto betonte Praktiken der spirituellen Reinigung und eine Ethik der »aufrichtigen Ehrlichkeit des reinen Geistes«. Bittgebete galten als Mittel, eine Vereinigung des Menschen mit den Kami zu erlangen. Höchstes Wesen war ein Natur-Kami, der Konton (»Chaos«) oder Kizen (»Nicht-Sein«) genannt wurde und aller Weltschöpfung vorausging. Er ist Ursprung aller Kami und Buddhas, der Mensch kann mit dessen Lebenskraft durch Gebet, kultische Reinheit und sittliches Leben verschmelzen.

Die restaurative Phase

Die weitgehende geistige Dominanz des Buddhismus löste am Ende der Kamakura-Zeit (14. Jh.) Rückbesinnungs- und Abgrenzungsbewegungen des Shintoismus aus, die vor allem auf die herausgehobene Stellung Japans und der ursprünglichen Kami Bezug nahmen. Äußerer Anlass war das Scheitern der mongolischen Invasionen in Japan *(Kamikaze);* Japan erschien als von den einheimischen Kami beschütztes »göttliches Land« (Shinkoku), das sich auf seine Shinto-Ursprünge zurückbesinnen musste.

Der Restaurative (Fukko-Shinto) oder auch Akademische bzw. Lehr-Shinto (Kyogaku-Shinto) ging ebenfalls von den alten Schreinen aus. Der um 1500 ausformulierte *Yoshida-Shinto,* der sich auch »Uranfänglicher Shinto« nannte, übernahm wesentliche Elemente des *Ise-Shinto,* u.a. den als ewige und geistige Kraft (Taigen Senjin: »der große Erhabene«) interpretierten höchsten Natur-Kami der universellen Lebenskraft *(Musubi),* und erklärte den Shintoismus zum geistigen Urgrund aller japanischen Religionen. Shintoismus sei die »lebensspendende Wurzel«, Konfuzianismus der »Zweig« und Buddhismus die »Blüte« eines Baumes; die beiden später hinzugekommenen Lehren seien zu vernachlässigen, die Buddhas nur eine zufällige Manifestation der ursprünglichen Kami. Der Körper des Menschen, in dem die Lebenskraft tätig ist, hat ursprünglich dasselbe Wesen wie Himmel und Erde, doch bedarf der Mensch spiritueller und kultischer Reinigungszeremonien, um zum »Schrein« der Kami zu werden, der im eigenen Herzen und Geist wohnt. Dazu sei eine Rückkehr zum gelebten frühen Shinto erforderlich.

Der Yoshida-Shinto mit seiner Forderung nach Abkehr von allem Fremden hatte eine große Wirkung. Der *Ichijitsu-Shinto* des 17. Jh. kehrte schließlich das Verhältnis der Religionen um: Nicht die Kami sind Manifestationen der Buddhas, sondern umgekehrt die Buddhas Manifestationen der Kami. Von nachhaltiger Wirkung auf die Restaurationsbestrebungen war die Installierung der ursprünglich vom konfuzianischen Schriftenstudium beeinflussten »Schule der nationalen Gelehrsamkeit« *(Kokugaku),* die seit 1728 vom Kaiserhof offiziell gefördert wurde. Ihre Vertreter, allen voran die Shinto-Priester Kada Azumamaro (1669–1736) und Motoori Norinaga (1730 bis 1801), der als bedeutendster Theologe des neueren Shintoismus gilt, forderten eine Rückkehr zum »Alten Weg der Kami« und erklärten die Kenntnis der altjapanischen Literatur zur unverzichtbaren Grundlage des japanischen Wesens und Denkens. Besonders das *Kojiki* diente zur Beschreibung des Idealzustands eines einfachen, ursprünglichen Wegs der natürlichen Tugend unter Herrschaft der Kami im alten Japan. Motooris radikaler Schüler Hirata Atsutane (1776–1843) baute das Schriftenstudium zur religiösen Doktrin mit scharfen Angriffen gegen Konfuzianismus und Buddhismus um. Beeinflusst durch die Weltherrschafts-Ideologie des römischen Papsttums nach einem gründlichen Studium katholischer Schriften, entwarf er eine nationalistische Theologie mit Japan als Weltmittelpunkt und wurde zum wesentlichen geistigen Vorbereiter der *Meiji-Restauration.*

Die Kleidung des japanischen Kaiserpaars (rechts) um 1900 dokumentiert die Öffnung Japans nach Westen. Meiji-Kaiser Mutsuhito (1868–1912) zeigte sich gern in Uniformen, die europäischen Vorbildern nachempfunden waren. Auch seine Frau orientierte sich an westlicher Mode.

Strömungen und Richtungen

Der Volks-Shinto (Minkan-Shinto)

Der Volks-Shinto ist heute vor allem die Weiterführung der alten, weitgehend theoriefreien Shinto-Rituale der Frühzeit mit Riten und Zeremonien aus dem dörflich-landwirtschaftlichen Milieu um Fruchtbarkeit und Erntezyklen, Dämonenabwehr und Analogiezauber. Dörfliche Kultorganisationen (Za) ernennen z.B. einen durch Los erwählten alten Mann aus der Dorfgemeinschaft für ein Jahr zur »lebenden Gottheit« (Ikigami, Ichinen-kan), der mit der Durchführung der Jahreszeremonien betraut wird. Kultort ist meist kein Schrein, sondern das Wohnhaus des Iki-

Temmu, japanischer Kaiser (Tenno), reg. 673–686. Er beendete die völlige Übernahme der chinesischen Kultur *(Taika-Reform)* und bestärkte die altjapanische Sippen- und Familientradition mit gezielter Übernahme chinesischer Staatselemente. Er gab das älteste Geschichtswerk *Kojiki* in Auftrag, das der Legitimation der Kaiser als direkter Nachfahren der Sonnengöttin *Amaterasu* dienen sollte; der Tenno galt seither als »gegenwärtiger, leibhaftiger Gott«, deshalb wird Temmu als Initiator des Shinto-Kaiserkults angesehen. Er begann auch mit der Inszenierung der meisten religiösen Staatszeremonien, besonders dem jährlichen Erntedankfest (Fest des ersten Reiskostens). Temmu förderte den Buddhismus und ordnete an, dass jedes Adelshaus neben einem Shinto-Schrein auch einen Buddha-Altar besitzen müsse. Seine Regierungsprinzipien führten unter seinem Enkel Mommu (reg. 697–707) im Jahr 702 zur Schaffung eines Gesetzbuches nach chinesischem Vorbild (Taihoryo).

Strohseil (Shimenawa) am Schrein-Torbogen (Torii), ein in vielen Varianten praktizierter Binde- und Neujahrsritus des Shintoismus

gami. Vielen erscheint der Volks-Shinto als Symbol eines ländlichen Widerstandes gegen die rasche Modernisierung der japanischen Städte.

Gerade im alltäglichen Leben hat der Shintoismus sehr pragmatisch seine Vermischung mit dem Buddhismus beibehalten. Die Gläubigen beider Religionen bevorzugen Mischformen bei Zeremonien und Festlichkeiten. So werden Hochzeitsfeiern und Baubeginn-Zeremonien *(Jichinsai)* nach shintoistischem, Begräbnisse und Totengedenkfeiern nach buddhistischem Ritus abgehalten. Nach einer Zählung des japanischen Kulturministeriums von 1963 bezeichneten sich von damals 96 Mio Japanern 66,4 Mio als Shintoisten und 53,5 Mio als Buddhisten; viele rechneten sich beiden Religionen zu. Um 2000 waren es 51 Mio Shintoisten (ca. 40%) von insgesamt 127 Mio Einwohnern.

Der Schrein-Shinto (Jinja-Shinto)

Er leistet bis heute die theologischen Ausformulierungen der Shinto-Lehre und pflegt den Kult der Schreine, die nach 1945 von über 110 000 auf etwa 80 000 reduziert wurden. Der traditionalistische Flügel der Schrein-Priester plädiert weiterhin für die stärkere Wiederannäherung von Staat und Shintoismus. Die Besuche hochrangiger Politiker an bestimmten Schreinen, besonders am *Yasukuni-Jinja* und am Hauptschrein von *Ise* (seit 1979 wieder regelmäßig vom japanischen Ministerpräsidenten besucht) führen stets zu öffentlichen Diskussionen.

1956 formulierte der Schrein-Shinto eine Art Glaubensbekenntnis, das eine Lebensführung in Ehrfucht vor den Kami, Dankbarkeit für erwiesene Wohltaten der Gottheiten und Ahnen, die Beachtung traditioneller Riten zur Erlangung der Reinheit des Herzens sowie Einsatz für eine harmonische Gesellschaft und den Frieden in der Welt forderte. Der Schrein-Shinto erkennt, dass ein einfacher Appell an eine große Vergangenheit oder einen frühen Shintoismus auch von vielen Gläubigen nicht mehr als adäquate Antwort angesehen wird und dass viele traditionelle Lehren, die zur Legitimierung der eigenen Stellung dienten, heute als mythische Erzählungen gelten. Große Kraft bezieht er jedoch aus den mit Feiern verbundenen Schrein-Zeremonien.

Der Shinto des Kaiserhauses (Koshitsu-Shinto)

Er gilt vielen als Weiterführung des Staats-Shinto in Bezug auf die traditionellen Riten des Kaiserhauses und die kultischen Pflichten des *Tenno,* in »privatisierter Form«. Auch nach 1945 besitzen Stellung und Person des Kaisers einen hohen religiösen Wert für den Shintoismus. Im kaiserlichen Palast gibt es drei Schreine, an denen der Monarch besondere Riten vollzieht. Nach alten Aufzeichnungen werden am Kaiserhof 36 Kami besonders verehrt. Einige Shintoismus-Feste beziehen sich allein auf Riten des Kaiserhauses, z.B. das »Tor-Fest« (Mikado-matsuri), bei dem die Götter des Palastes verehrt werden, die das Ein- und Ausgehen im heiligen Bezirk beaufsichtigen. Seit dem Tod Kaiser Hirohitos (1989), dessen Rolle in Japan vor 1945 bis zuletzt umstritten blieb, versucht sein Sohn Akihito (Kaiser der Heisei-Periode), dem japanischen Kaisertum ein modernes Gesicht zu geben, ohne seine kultische Stellung zu vernachlässigen.

Der Sekten-Shinto (Kyoha-Shinto)

Er steht oder stand in enger Verbindung zum Volks-Shinto, aus dem er hervorgegangen ist. Die frühesten Shinto-Sekten entstanden im 19. Jh. aus dem bäuerlichen Milieu durch charismatische Persönlichkeiten mit Berufungserlebnissen, die sich von den Kami ergriffen fühlten (was in einige Neureligionen übernommen wurde). Für ihr Entstehen spielten religiöse Laienorganisationen, die Nachbarschafts- und Hauskreisen vergleichbaren »Ko«, eine besondere Rolle. In der *Meiji-Epoche* wurden 13 Sekten, die zwischen 1814 und 1908 gegründet wurden und von denen die meisten nach 1945 als japanische Neureligionen gelten, anerkannt und als »Religionsgemeinschaften« 1881 vom Staats- und Schrein-Shinto abgetrennt.

Die Shinto-Sekten, von denen die frühesten als Heiler-Sekten auftraten, betreiben zumeist Riten der Verinnerlichung und Gefühlsbetonung mit hohen symbolischen Gehalten, deren Praktiken oft abergläubisch anmuten. Sie zeigen eine sehr weitgehende Aufnahme des *Ise-Shinto* und des *Yoshida-Shinto* sowie buddhistischer und daoistischer Elemente. Mit den Neureligionen, zu denen der Übergang stets fließend ist, haben sie meist straffere Organisationsformen und eine intensivere »seelsorgliche« Betreuung ihrer Mitglieder mithilfe von Psychologie und Psychotherapie gemeinsam. Gerade auf den Modernisierungsschub der Meiji-Epoche reagierten sie oft mit utopischen Gehalten wie nationale Erweckung, Befreiung der Bauernbevölkerung und Verbesserung der Gesellschaftsordnung, was bei einigen von ihnen zeitweilig zu Konflikten mit dem Staatskult führte *(Omotokyo)*.

Bis 1945 waren die Shinto-Sekten auf 160 angewachsen. Auch einige der danach als Neureligionen anerkannten Religionsgemeinschaften haben eine deutliche Sekten-Ausrichtung, etwa die Bewegungen zur Erhebung der Sonnengöttin *Amaterasu* zur einzigen Gottheit, die alle Religionen und Kulturen »unter der Sonne« vereinigen soll. Eine pointiert messianische Richtung vertritt die Neureligion Jui-kyo, deren Gründerin nach Ablegung der Göttlichkeit durch den Tenno Anfang 1946 mit dem Anspruch auftrat, als göttliche Kaiserin die Weltherrschaft anzutreten.

Kulte und Riten

Die ursprünglichen Kultanlagen

Die frühen Shinto-Kultanlagen waren Einfriedungen vor allem auf Waldlichtungen oder in der Nähe von Bergen. Sie wurden nach der Zeremonie wieder beseitigt und vor jeder Kulthandlung neu errichtet. Ein Viereck wurde mit Bambus- oder *Sakakipfählen* abgesteckt, welche die vier Himmelsrichtungen symbolisierten. Die Pfähle wurden mit Strohseilen verbunden *(Shimenawa)*, womit Unreines fern gehalten werden sollte. Das Binden, Lösen und Neubinden von Naturdingen, deren chaotische Kraft bezähmt und neu geordnet werden musste, gehört zu den ursprünglichen Kulten. Später wurden auch Steinkreise als feste Abgrenzungen genutzt, die Iwakura (»Steinhege«). Durch die Absteckung entstand ein »heiliger Raum«, der ein Innen (Uchi) gegen ein Außen (Soto), einen heiligen Bezirk von einer profanen Umwelt isolierte. Der innere Bezirk heißt auch Niwa (»Garten«). Der Abgrenzung dienten auch Rundtänze (Mai, von mau: »kreisen«) der Kultteilnehmer, die den heiligen Raum durch Kreisbewegungen schufen.

Zu den vier Himmelsrichtungen kam wohl unter chinesischem Einfluss als fünfte die Mitte hinzu, das Symbol des Himmelspfeilers bzw. der Weltenachse *(Izanagi und Izanami)*, die Yama (»Berg«) heißt; im Kultplatz wird sie durch einen erhöhten mittleren Bambus- oder Sakakipfosten symbolisiert (auch durch den Sakakistab in Händen des Priesters), der ebenfalls durch Strohseile mit

Oben: »Das heilige Strohseil« (Shimenawa), Bastfäden und Zickzackpapier am Fushimi-Inari-Schrein in Kioto. Er war ab Ende des 8. Jh. Zentrum des Inari-Glaubens. Der Hauptschrein entstand 1494.

Unten: Blick vom Heian-Schrein (1895 errichtet) in Kyoto auf See und Garten

Eckturm der Gebetshalle des Heian-Schreins in Kyoto. Hinter den beiden sich anschließenden Flügeln mit ihren Pultdächern ragt die Pagode der Haupthalle empor.

den anderen Pfosten verbunden ist. Der Rundtanz gilt nach dem Vorbild des Urgötterpaars als Umschreiten der Weltachse. Innerhalb des heiligen Bezirks weilt während der Zeremonie vorübergehend der herbeigerufene Kami *(Shintai),* traditionell in Spiegeln, Schwertern und Steinen *(Throninsignien).*

Die frühen Kulte waren vor allem Verehrung der Naturerscheinungen. Neben den Bergen (Yama), die in eigenen *Bergkulten* eine bedeutende Rolle spielen, galten den oft mit Bergen verbundenen Quellen und Flüssen eigene Kulte. Wasser ist auch in Japan Symbol für das Leben schlechthin sowie für die kultische Reinheit *(Misogi),* das Lebenswasser gilt als Geschenk der Berge. Viele der im *Engishiki* erwähnten Gottheiten verbinden sich mit Wasser und Quellen, etwa Ikuni (»Leben spendende Quelle«) oder Sakui (»Segnende Quelle«). Zur Vielfalt lokaler Kulte um Natur-, Erd- und Feldgötter gehörten Stammes- und Sippenkulte um die Kulturheroen.

Der Shinto-Schrein

Der Schrein (Jinja) ist die zentrale Kultstätte des Shintoismus. Bedeutende Schreine sind oft ganze Anlagen *(Miya)* mit Nebenschreinen für weitere Gottheiten, Bühnen für *Kulttänze* (Kagura), Speichern für Opfergaben, Küchen für ihre Zubereitung, Brauhaus für Opferweine, Schatzhäusern, Verwaltungsbüros und Priesterwohnungen sowie einem eigenen Raum für Hochzeitszeremonien. Die Anlage liegt meist in Hainen und ist mit Umzäunungen als heiliger Bezirk abgesteckt; die *Torii* zeigen an, dass man sich einem heiligen Bezirk nähert.

Die eigentliche Anlage besteht aus einem Doppelbau. Hinter der vorgelagerten Kult- oder Gebetshalle (Hai-den), einem hölzernen Ständerbau mit Satteldach, liegt die Haupt- (Hon-den) oder Götterhalle (Shinden), die als »Allerheiligstes« gilt und nur vom Priester betreten wird. In ihr wird der »Gottkörper« *(Shintai)* der jeweils verehrten Gottheit aufbewahrt. Bisweilen besitzt die Anlage drei Gebäude: die Gebetshalle für die Gläubigen, den Opfersaal, in dem der Priester die Zeremonien vollzieht, und das Hauptheiligtum. Die Bauten sind meist aus Holz, besonders von der japanischen Zypressenart Hinoki, die Dächer aus Schindeln von der Rinde des Hinoki.

Gleich hinter dem Eingang zur Gesamtanlage befindet sich ein Brunnen mit Schöpflöffel zur Waschung der Hände und zum Ausspülen des Mundes *(Misogi).* Auf dem Weg zu den Schreingebäuden sind Flüsse und Gewässer zu überschreiten, die reinigend wirken. In den Seelandschaften und Miniaturgärten der Gesamtanlage stehen häufig Laternen und Tierskulpturen aus Stein oder Holz, vor allem von Füchsen.

Wallfahrten zu den bedeutenden Shinto-Schreinen sind eine beliebte Übung zur Verehrung der Kami; der Gläubige lässt sich den Besuch durch gestempelte Papiere und den Kauf verschiedener Andenken und Devotionalien bestätigen.

Kultische Reinheit und Shinto-Zeremonien

Vor jeder kultischen Handlung sind Reinigungsrituale zu beachten, damit der verehrte Kami sich dem Menschen nähern bzw. von ihm Besitz ergreifen kann. Bestimmte Körperzustände (Umgang mit Tod und Leichnam, Menstruation, Blutschuld, besondere Sexualpraktiken, Krankheiten, Hautausschläge, der Verzehr bestimmter Speisen) gelten als verunreinigend und erlauben keine Teilnahme am Kult ohne vorherige Reinigung. Der Zustand der Reinheit geht im Alltag wieder verloren und bedarf der rituellen Erneuerung. Es gibt drei Arten von Reinigungsriten, die heute weitgehend verschmolzen sind: die vom Priester vorgenommene Säuberung von eher geistig-ethischen Unreinheiten *(Harai),* die rituelle Abwaschung oder Abreibung von nichtmoralischen Unreinheiten der Körperzustände, die der Einzelne an sich selbst vollzieht *(Misogi)*, und die Beachtung von Tabus und Kontaktverboten, die zur Vorbereitung einer Kulthandlung notwendig sind *(Imi)*.

Beim Harai, dem wichtigsten Reinigungsritus, schwenkt der Priester unter Gebeten einen mit weißen Streifen behängten Sakakizweig und fegt die Unreinheiten und Befleckungen von den Teilnehmern symbolisch hinweg; diese Praxis geht auf schamanistische Ursprünge zurück.

Bei der eigentlichen Shinto-Zeremonie weist der mittlere Teil je nach Anlass oft große Unterschiede auf, z. B. bei Baufeiern *(Jichinsai)*, Ernteriten oder Bittanliegen an die Götter. Die Rahmenhandlung zeigt jedoch stets vergleichbare Elemente in folgender Reihenfolge:

1. die kultische Reinigung des Ortes und der Teilnehmer durch den Priester,
2. das Herabsteigen bzw. Herabrufen der Götter (Kami-oroshi): Der Priester bezeugt seine Verehrung und ruft die Götter herab, die in einem Realsymbol ihren vorübergehenden Aufenthalt nehmen *(Shintai)*,
3. Darbringen der Opferspeisen (Obst, Gemüse, Wein u. a.) und Aufforderung an die Götter, an der Zeremonie und dem anschließenden Fest gemeinsam mit den Menschen teilzunehmen,
4. das Vortragen der Anliegen durch den Priester. Anschließend bezeugen auch die Gläubigen, die konkrete Anliegen vorbringen, ihre Verehrung *(Ritualgebet/Norito)*,
5. das Abtragen der Opferspeisen, die danach beim gemeinsamen Mahl verzehrt werden,
6. die feierliche Verabschiedung der Götter (Kami-okuri) mit der Aufforderung, an ihren Aufenthaltsort zurückzukehren.

Der mittlere Teil der Zeremonie heißt auch Kami-asobi (»Unterhaltung der Götter«) und leitet zumeist in Festveranstaltungen über, an denen sich Götter und Menschen erfreuen sollen.

Matsuri – die Shinto-Feiern

Die meisten Shinto-Zeremonien haben eigentlich zwei Teile: einen ernsten vor dem Schrein und einen fröhlichen mit Volksfestcharakter. Der Shinto-Theologe Ohno Sokyo definiert seine Religion wesentlich als

Oben: Reiswein als Opfergabe im Schrein Hachimangu in Kamakura

Links: Shinto-Priester bei der Opferdarreichung in der Stadt Yasu

»Matsuri«, als Fest, abgeleitet vom Verb »matsu« (»warten«, nämlich auf die Ankunft der Götter). Der Wortsinn von »matsurau« (»dienen«, »verehren«, »vergöttern«) meint die Vereinigung mit den Göttern: »Die verehrende Person ist verehrte Person.« Matsuri ist Begegnung der Menschen mit ihren Göttern und Ahnen, sein Wesen die Erneuerung der verbindenden Lebenskraft *(Musubi)* zwischen Göttern und Menschen. Die zum Fest erscheinenden Kami werden »Marebito« genannt: seltene Gäste, die Glück bringen.

Zu den Feiern gehört das Kultdrama, das aus den Riten der darstellenden Vorausahmung der Jahreskreisläufe und Vegetationszyklen hervorgegangen ist *(Noh-Spie-*

le); die verwendeten Masken gelten als Realsymbole der Kami. Auch der *Kulttanz* (Kagura) hat in Riten der Vorausahmung seine Wurzeln. Bisweilen wird die Gottheit in einem von Männern getragenen Schrein (Mikoshi) durch die Straßen geführt oder zur Feier getragen. Zu den beliebtesten Elementen des Matsuri gehören Wettkämpfe zu Ehren der Götter wie Tauziehen, Wettläufe, Pferderennen, Bogenschießen, Sumo-Ringkämpfe oder Wettspiele in der Noh-Dramen-Aufführung, die mehrere Tage dauern können; der Brauch geht wahrscheinlich auf kultische Scheinkämpfe gegen Dämonen zurück.

In der Regel werden sie von zwei Gilden, die das Fest vorbereiten, gegeneinander geführt. Eine besondere Form ist der Wettlauf der Gilden mit zwei Kultwagen durch enge Gassen, bei dem es zu erheblichen Verletzungen der Teilnehmer kommen kann. Vielfach werden kultische Gegenstände wie große Schiffe, Fische, Schlangen oder Drachen aus verschiedenen Materialien von den Teilnehmern eigens für das Matsuri erbaut, um am Festende zerstört oder verbrannt zu werden. Ganz allgemein werden die Matsuri oft zu lärmenden Straßenfesten mit reichlich Alkohol, Volksbelustigungen und dem Verkauf von Andenken und Glücksbringern.

Feste und Feiertage

Die wichtigsten Jahresfeste des Shintoismus sind mit den Neujahrsriten einer Gewährleistung bzw. Wiederherstellung der Ordnung des Kosmos und der Neugeburt des Lebens verbunden. Sie gelten der Erneuerung des Vegetationszyklus. Beim Frühlingsfest (Kinensai oder Toshigoi no matsuri) werden die Kami um eine reiche Reis- und Kornernte angefleht; das enthaltene Wort »Toshi« bedeutet »Jahr«, meint aber ursprünglich die jährliche Reisernte. Die allem zugrunde liegende Lebenskraft *(Musubi)* wird im Reiskorn symbolisiert und steht für den Zyklus von Geburt (Pflanzen), Tod (Ernten) und Wiedergeburt (Neupflanzen, *Toshigami*). Auch wurde Japan traditionell das »Land der üppigen Reiskörner« (Toyoashishara no Mizuho nu Kuni) genannt.

Naturverbundenheit
Der Japaner lebt in enger Naturverbundenheit, er versteht sich als Teil der ihn umgebenden Natur. Dieses Verständnis prägte die japanische Ethik, die Philosophie und Religion. Auch in vielen Kunstrichtungen spiegelt sich die Naturverbundenheit der Japaner, so z. B. in der während der Kamakura-Zeit aus China eingeführten Landschaftsmalerei oder in den zahlreichen Haiku-Gedichten. Die Naturerscheinungen gelten als bevorzugter Aufenthaltsort der Kami und als Manifestationen des Schönen und Erhabenen.

Ein Gegenstück zum Kinensai ist das herbstliche Erntedankfest (Niiname matsuri), das Hauptfest des rituellen Kalenders. Wie die Neujahrsriten wird auch Erntedank vom *Tenno* (Kaiser) mit der »Kostung des ersten neuen Reises« gefeiert. Dieses Shinjosai genannte Fest wird am kaiserlichen Hof und sämtlichen Schreinen des Landes begangen. Nur am Großen Schrein von *Ise* wird am 17. Oktober das Kamamesai-Fest gefeiert, bei dem der Sonnengöttin *Amaterasu* die Erntegaben dargebracht werden. Es gibt in Japan eine große Zahl lokaler Feste und Feiern, die meist mit den Riten der Landwirtschaft zu tun haben.

Ahnenverehrung und Familienriten

Nach dem Shintoismus existieren die Ahnen und Verstorbenen als Kami weiter und besuchen ihre Nachkommen. Bereits Grabfunde aus der Frühzeit belegen Beigaben von Gegenständen und Nahrung. Aus Furcht vor der Rache unbefriedigter Totengeister (Goryo) wurden Speiseopfer gegeben. Jäher und gewaltsamer Tod, schwere Krankheiten und Entstellungen galten als von den Totengeistern gesandt. Die frühen Schriften bieten nur vage Vorstellungen über eine Weiterexistenz nach dem Tod, sprechen aber von der Verpflichtung zu Ahnenopfern.

Erst der Konfuzianismus führte in Japan zu einem ausformulierten Ahnenkult mit Ahnentafeln. Die Vorfahren können im Haus der Lebenden ihren Wohnsitz in den Ahnenaltären nehmen, den kleineren shintoistischen Kami-dana (»Schränken der Gottheit«) oder den größeren buddhistischen Altären (Butsudan), die beide als Yorishiro (»Ort des Nahens« eines Kami) bezeichnet werden. Im Volksglauben existiert die Vorstellung, dass die Seelen der Verstorbenen noch 49 Tage in der Nähe ihres Hauses bleiben. In bestimmten Abständen von 1, 3, 7, 13, 17 und 33 oder 49 Jahren begeht die Familie noch einmal ein großes Ahnengedächtnis. Nach dem letzten Gedenktag geht der Ahne in die anonyme Schar der Ahnen-Kami ein. Wegen der geringen Ausarbeitung einer Totenlehre im Shintoismus werden Bestattungszeremonien in Japan vor allem vom Buddhismus vollzogen.

Am Abend des Neujahrstags kehren die Ahnen in ihre Behausungen zurück. In einem seit dem 8. Jh. gefeierten »Fest der Geister« (Mitama matsuri) bringen die Lebenden ihnen Speiseopfer. Das Hauptfest des Ahnenkults ist das »Sommerfest der wiederkehrenden Geister« (Urabon oder Obon), ein seit dem Jahr 657 begangenes Allerseelenfest, bei dem die Lebenden mit ihren Ahnen gemeinsam speisen.

STICHWORT **Feste und Feiertage im Shintoismus**

Oben links: Shinto-Priester beim Reispflanzfest

Mitte: Schrein-Präsentation eines siebenjährigen Mädchens

Oben rechts: Hochzeitspaar in Shinto-Gewändern

Unten links: Mifune-Fest mit Tänzerinnen in Kyoto

Unten rechts: Shintoisten mit Trageschrein (Mikoshi) beim Schreinfest in Kyoto

Die Familienriten haben eine stark regionale Ausprägung und stehen oft im Zusammenhang mit der Geburt. Vier Monate vor der Geburt eines Kindes, wenn nach dem Glauben die Seele in den Fötus einzieht, erhält die Mutter ein Stück weißer Rohseide als Zeichen der Reinheit und des Schutzes. Nach der Geburt wird das Kind am Abend seines siebten Tags der Familie und den Freunden und anschließend (Knaben an ihrem 32., Mädchen an ihrem 33. Tag) seinem Schutz-Kami vorgestellt. Im Jahr, in dem Knaben das fünfte und Mädchen das siebte Lebensjahr erreicht haben, besuchen sie den Schrein ihres Schutz-Kami und bitten um Glück für sich und ihre Familie. Am neunten Geburtstag werden dem Kind die Haare »nach Art der Erwachsenen« geschnitten; weitere Einführungsriten in die Erwachsenenwelt erfolgen im Alter von 13 und 15 Jahren.

Bei einem Shinto-Hochzeitsritual ist die Braut reich geschmückt und trägt einen weißen Kopfputz. Nach der Zeremonie durch den Priester wird dem Brautpaar Reiswein (Sake) gereicht. Anschließend überbringen die Brautleute, Paten und Trauzeugen dem Schutz-Kami mit weißem Papier behängte *Sakakizweige.* Darauf folgt das gemeinsame Hochzeitsmahl.

Religion und Staat

Die Restauration der *Meiji-Epoche* (1868 bis 1912) bildete den bis 1945 tiefsten Einschnitt in der Geschichte des neueren Shintoismus. Unter dem Druck der erzwungenen Öffnung Japans durch ausländische Mächte (1853/54) kam es zum Sturz des *Shogunats* und einer Wiedereinsetzung der Herrschaft des Kaisers und seiner Hofkamarilla.

Der Staats-Shinto (Kokka-Shinto)

Der Shintoismus sollte im modernen Sinn das Bewusstsein einer »Identität der Nation« schaffen, das mit nationalistischen und chauvinistischen Tendenzen einherging, die zunehmend von imperialistischer Aggressivität gekennzeichnet waren. Vorbereitet wor-

Der neue japanische Kaiser Hirohito am 10. November 1928 im traditionellen Krönungsgewand nach der offiziellen Thronbesteigung. Bereits ab1921 übte er als Kronprinz für seinen erkrankten Vater Yoshihito die Regentschaft aus. Im Dezember 1926 kam Hirohito nach Yoshihitos Tod als Kaiser auf den Chrysanthementhron und regierte mehr als 62 Jahre bis zu seinem Tod am 7. Januar 1989.

den war der Staats-Shinto bereits von Hayashi Razan (1583–1657), dem politischen Berater der Tokugawa-Shogune. Er hatte die Einheit des Shintoismus mit dem »Kaiserlichen Weg« gefordert und die Regierungsgewalt als Wirkung der Tugend der Kami interpretiert. Hirata Atsutane hatte Anfang des 19. Jh. von Japan als einer »einzigartigen Staatsform« (Kokutai) gesprochen und für die persönliche Herrschaft des Kaisers sowie das Verbot aller Religionen außer dem Shintoismus plädiert.

In Berufung auf den ersten Kaiser *Jimmu* wurde 1869 die »Einheit von Kult und Regierung« (Saisei itchi) propagiert und das Zentrale Schreinamt (Jingikan) der Frühzeit *(Taika-Reform)* zur Kontrolle aller Landesschreine wieder eingerichtet. Die Meiji-Regierung verfügte als tiefsten Einschnitt die Auflösung der Einheit von Shintoismus und Buddhismus, in deren Folge es in einigen Regionen zu antibuddhistischen Ausschreitungen kam. Buddhismus und Shinto-Sekten galten als »Religionsgemeinschaften«, dagegen sollte der Shintoismus ausdrücklich nicht mehr als Religion, sondern als nationaler Staatskult begriffen werden. Wer dem Shintoismus reserviert gegenüberstand, galt als »Nicht-Volksgenosse« (Hikokumin).

Ab 1871 wurden die Schreine staatlich unterstützt und nach fünf Rängen mit *Ise* an der Spitze gegliedert. 1882 wurde der Schreinkult von der Religion getrennt und den Priestern die Funktion als »Lehrmeister der Religion« entzogen (1885 Predigtverbot). Die Schreine galten nun als Einrichtungen der japanischen Kultur, nicht der Religion (1889 verfassungsmäßig bestätigt). 1889–1945 waren die Schreinpriester staatlich besoldete Beamte. Ab 1906 wurden die Schreine vollständig vom Staat finanziert, die Staatspriester hatten einheitliche Kleider- und Zeremonialvorschriften einzuhalten.

Nach dem Russisch-Japanischen Krieg (1904/05), in dem alle Religionsgemeinschaften Japans auf die patriotische Begeisterung des Staats-Shinto eingeschworen worden waren, wurden Schreine für Kriegshelden und nationalistische Führer errichtet. So wurden dem Heerführer General Nogi, der am Begräbnistag des Meiji-Kaisers 1912 Seppuku beging, fünf Schreine geweiht (Nogi-Jinja). Höhepunkt des Meiji-Staatskults waren die Verfassung von 1889, deren Artikel 1 lautet: »Der Kaiser ist heilig und unverletzlich«, sowie das Erziehungsedikt von 1890 (Kyoiku-chokugo), das als eine Art »heiliger Schrift« des Staats-Shinto die Herrschaftslegitimierung Japans und des Kaisers mit imperialistischen Theorien verband und bis 1945 die Grundlage der japanischen Schulerziehung bildete.

In der Taisho-Periode (Kaiser Yoshihito 1912–26) verband sich der Staats-Shinto mit rechtskonservativen und nationalistischen Parteien zur »Japan-göttliches-Land«-(Shinkoku-)Ideologie. Sie bildete auch den geistigen Hintergrund der frühen Showa-Periode (Kaiser Hirohito 1926–89), wenn sich auch die faschistoiden Bewegungen nicht durchwegs auf ihn berufen konnten. Der Nationalchauvinismus führte zur japanischen Invasion Chinas (seit 1937), zu den Kämpfen gegen die UdSSR in der Inneren Mongolei (1939) und zum Pazifikkrieg mit der Besetzung großer Teile Südostasiens (1941–45), der mit dem Abwurf der Atommben auf Hiroshima und Nagasaki durch die USA im August 1945 endete.

Der Shintoismus nach 1945

Nach der durch den *Tenno* verkündeten Kapitulation Japans und der Besetzung des Landes durch US-Truppen erließ das US-Hauptquartier im Dezember 1945 die »Shinto-Direktive«. Der Staats-Shinto wurde als Hauptverantwortlicher für den japanischen

Imperialismus und Militarismus aufgelöst und eine vollständige Trennung von Staat und Religion verfügt, die in die Verfassung vom November 1946 übernommen wurde. In der Neujahrsansprache 1946 verzichtete Kaiser Hirohito de facto auf seine göttliche Stellung, indem er betonte, das Verhältnis zwischen Tenno und Volk »beruhe nicht auf dem Wahn, der Tenno sei ein gegenwärtiger Gott und das japanische Volk anderen überlegen«.

Der Schrein-Shintoismus sollte aus seiner Umklammerung durch den Staats-Shintoismus befreit werden. Die Schreine verloren die staatliche Finanzierung, wurden im Februar 1946 zu religiösen Rechtspersonen erklärt und schlossen sich im *Schrein-Hauptamt* zusammen. Der Schrein-Shintoismus verlor seine Sonderstellung und wurde mit allen anderen Religionsgemeinschaften Japans gleichgestellt. Im modernen Japan unterscheidet man heute vier Formen: Volks-Shinto, Schrein-Shinto, den Shinto des Kaiserhauses und den Sekten-Shinto.

Sonderformen des Shintoismus

Die japanischen Neureligionen

1946 ersuchten gleich 734 religiöse Gruppen beim Regierungsamt für Religionsfragen um ihre Anerkennung als Religionsgemeinschaften; 371 wurden schließlich anerkannt, darunter 141 mit shintoistischem, 166 mit buddhistischem, 36 mit christlichem und 28 mit nicht zuzuordnendem Hintergrund. Seit etwa 1950 kam für sie der Name »Neureligionen« auf, der aber erst in den 1960er Jahren gebräuchlich wurde. 1951 schlossen sich die beiden Interessengruppen, die »Vereinigung der Neureligionsgruppen« und die »Vereinigung japanischer Neureligionen« zur »Vereinigung neuer japanischer Religionsgruppen« (Shin Nihon Shukyodantai Regokai, SNSR) als Dachverband zusammen, dem heute über 200 Neureligionen in lockerer Form angehören.

Die frühen Neureligionen waren als Shinto-Sekten aus dem bäuerlichen Milieu hervorgegangen. Der Zusammenbruch der alten Ordnung 1945 führte zu neuen Religionsformen, die auf die Enttäuschung durch bisher geltende Werte, das Kriegstrauma und den Umbruch der modernen Gesellschaft reagierten. Großen Einfluss erhielten auch christliche Gruppen, die ihre nach der erzwungenen Öffnung Japans ab 1865 begonnene Missionsarbeit nach 1945 verstärkten. Die oft von Frauen mit schamanistischen Heilerqualitäten und von charismatischen Propheten gegründeten Neureligionen verbinden Erlösungsgedanken mit politischem Friedensdienst und Entwürfen für eine Weltfriedensordnung. Sie nutzen moderne Medien und Organisationsformen, stehen aber wegen aggressiver Missionierungsarbeit auch außerhalb Japans oder dubiosem Finanzgebaren im Kreuzfeuer der Kritik.

Nach verschiedenen Schätzungen werden heute über 15% (rund 19 Mio Menschen) der japanischen Bevölkerung dem Kreis der Gläubigen oder dem Umfeld der Neureligionen zugerechnet. Die 1960er Jahre mit Wirtschaftsboom sowie Materialisierung und Profanisierung der japanischen Gesellschaft brachten den Neureligionen einen erneuten Schub vor allem in der Mittelschicht. Sie rufen entweder zur Durchdringung und ethischen Erneuerung der Gesellschaft auf oder praktizieren eine durch Innerlichkeit geprägte Abkehr von der städtischen Moderne.

Obwohl die meisten japanischen Neureligionen mit ihrer Betonung von Meditation und Gemeinschaftsriten buddhistischen Ursprungs sind, als stärkste die »Wertvermehrungsgesellschaft« Soka-gakkai, haben einige Neureligionen einen shintoistischen Hintergrund. Dies gilt z.B. für *Tenrikyo,* die »Religion der Himmelsvernunft«. 1838 von der Bauersfrau Nakayama Miki (1798 bis 1887) gegründet, war sie bis 1945 eine der 13 anerkannten Shinto-Sekten, bevor sie sich als Neureligion eintragen ließ. Die Gründerin fühlte sich vom göttlichen Geist ergriffen, der als »Eltern-Gott« oder »himmlischer Oberbefehlshaber« der Schöpfer des Universums ist und heute Oyagami heißt. In ekstatischen Zuständen schrieb sie dessen Offenbarungen nieder und praktizierte verschiedene Tanzformen und Heilungsrituale der Geburtshilfe und des Gesundbetens. Die Tanzformen, die von den 2 Mio Mitgliedern als Erlösungsrituale praktiziert werden, sollen der Welt Freude und Frieden bringen. Auf dem ehemaligen Grundstück der Stifterin in Tenri liegt das »Ojiba« genannte Weltzentrum. Auf einem als Ort der Verehrung abgegrenzten Platz (Kanrodai) soll Oyagami anwesend sein. Die einst zehn Götter des Tenrikyo wurden nach 1945 stillschweigend in einen Monotheismus des Oyagami umgewandelt. *Markus Hattstein*

Löwendarstellungen finden sich häufig in shintoistischen Heiligtümern. Der Löwe soll den Schrein beschützen.

Der Shintoismus von A–Z

Die im folgenden Buchteil aufgeführten Stichwörter bieten Informationen, die für das Verständnis des Shintoismus von Bedeutung sind. So wird z. B. Ritualgebet hier ausschließlich in seiner Bedeutung für den Shintoismus betrachtet. Seitenverweise am Ende eines Stichwortes führen in den Buchteil *Der Shintoismus in Geschichte und Gegenwart* (S. 815).

Amaterasu Omikami (jap. »Die vom Himmel scheinende Erhabene«), jap. Sonnengöttin und höchste Gottheit der altjap. Mythologie; direkte Ahnherrin des jap. Kaiserhauses. In den Mythen erscheint sie oft als Krieger gekleidet und mit schamanistischen Funktionen ausgestattet; als Symbole ihrer Macht trägt sie den Bronzespiegel und das Halsband aus Krummjuwelen *(Throninsignien)*.

Ursprünglich Schutzgottheit des Reiches und des Herrschergeschlechts von *Yamato,* welches sich daher das »Sonnengeschlecht« (Tenson) nannte, wurde sie nach dessen Sieg zur Schutzgöttin ganz Japans; ihr Symbol ziert als rote Sonne auch die jap. Nationalflagge.

Der legendäre zehnte Kaiser Sujin (Regierungszeit 230–258 n.Chr. angesetzt) soll den Schrein der A. im Dorf Kasunai (Region Yamato) errichtet haben; von dort verlegte ihn sein Sohn Suimin (reg. 258–290) nach *Ise,* wo bis heute das Hauptheiligtum der A. steht.

Bergkulte, besondere Form des Shinto-Kultes um heilige Berge (Yama), die den Himmelspfosten bzw. die Weltachse als »Mitte der Welt« und Zentrum der vier Himmelsrichtungen symbolisieren *(Izanagi und Izanami)*. Die B. ehren die Verbindung von Berg und Wasser (Quelle), machen einen Teil des Sekten-Shinto aus und wurden auch in einige jap. Neureligionen übernommen. Die Weihestätten mitten im Gebirge heißen Mikumari.

Die Erntegötter und Götter der Reisfelder *(Toshigami)* weisen eine enge Verbindung zu den Bergen als ihren winterlichen Wohnsitzen auf; einige Gilden, etwa die Köhler (Fest am 12. Dezember) und die Jäger (Fest am 12. Juni) feiern spezielle Kulte der Bergverehrung. Das Obon-Fest im Sommer gilt der Rückkehr der Ahnen aus den Bergen, die zum Schein der Fackeln namentlich von den Bergen heruntergerufen werden.

Eine beliebte Form des *Noh-Spiels* »Taniko« dreht sich um die »Große Bergfahrt« (Mine-iri), einen Bergaufstieg von Pilgern, der nicht unterbrochen werden darf; im Spiel opfert sich ein Pilger für den Erfolg seiner Gruppe und lässt sich vom Berg hinabwerfen (Selbstopfer des »Großen Talwurfs«), wird aber in einem Drama um Selbst- und Fremderlösung wieder erweckt und zurückgeführt. Bergaufstiege sind berühmte Initiationsriten in Japan. Da auch der Buddhismus in Japan B. kennt, ist das Shugendo, das eine Synthese aus Shinto und Buddhismus darstellt, eine früher viel praktizierte Form der Bergverehrung, bei dem asketische Übungen im Zusammenhang mit den Bergen absolviert werden.

Bergkulte. Japans heiliger und höchster Berg Fujiyama rund 100 km südwestlich von Tokio ist 3776 m hoch. Bergaufstiege sind in Japan bekannte Initiationsriten.

Bewegung zur Verbreitung der Großen Lehre (jap. Daikyo-senpu undo), zwischen 1869 und 1884 religiös-moralische und politisch nationalistische Bewegung der *Meiji-Epoche* zur Ausbreitung des Shinto. Die B. forderte eine deutlicher ethische Ausrichtung des Shinto und seine Erhebung zur alleinigen Staatsreligion in Japan; nach 1872 war sie bestrebt, den vorher abgelehnten Buddhismus mit einzubinden und sich gemeinsam gegen das Christentum als »unjapanische Religion« zu wenden.

Engishiki, Sammlung der mit Opferfeiern verbundenen *Ritualgebete* (Norito), zwischen 905 und 927 als wichtigstes Ritualbuch und ältestes Zeremonialbuch des Shinto zusammengestellt. Die Norito wurden ursprünglich allein von Priesterfamilien tradiert; so hatten die Priesterfamilien Nakotomi und Imbe das alleinige Recht, die Norito am kaiserlichen Hof zu rezitieren.

Die 50 Bücher des E. bilden die erste vollständige Auflistung der Riten, Priesterfamilien und Shinto-Schreine in Japan; zehn Bücher haben Götterbestimmungen zum Inhalt, das neunte Buch enthält ein Verzeichnis der jap. Kami (Jimmyocho). Im achten Buch finden sich die 27 ältesten Norito, die bis heute das Vorbild aller Shinto-Gebete sind; die Themen der Gebete sind Feste, Gottheiten und Opfer sowie Bitten um Segen für das Kaiserhaus, reiche Ernten, zahlreiche Nachkommen und ein langes Leben.

Fudoki (jap. »Beschreibungen von Land und Sitte«), alte Topografien einzelner Provinzen mit Ortsgeschichte sowie lokalen Sagen und Götterkulten. Vollständig erhalten ist nur das F. von *Izumo* aus dem Jahr 733, ein Dutzend weiterer sind in Fragmenten vorhanden oder wurden in spätere Schriften übernommen.

Harai, wichtigstes Reinigungsritual des Shinto, das vom Priester *(Kanushi)* zu Beginn jeder Kulthandlung mittels Schwenken eines *Sakakizweiges* vollzogen wird; abgeleitet von jap. harae: »wegfegen«, meint es ursprünglich die Reinigung von einer Befleckung, die den Menschen »von außen« befallen hat (Krankheit, Menstruation, Missbildungen und Entstellungen, aber auch Missgeschicke in der Landwirtschaft oder Dammbrüche, vor allem aber die Nähe von Tod und Leichnam), also eine schamanistisch-exorzistische Praxis der Dämonenaustreibung. H. war ursprünglich ein nichtmoralischer Rechtsbegriff der Sühneleistung (z. B. Bußgeld oder Entschädigungen), mit denen man Unreinheiten oder Verunreinigungen (Tsumi) vergalt.

Erst unter konfuzianisch-buddhistischem und später christlichem Einfluss wurde Tsumi als moralische »Sünde« verstanden und die kultische Reinheit wesentlich auf innerlich-ethische Läuterungszustände umgedeutet. Zweimal jährlich, Ende Juli und Ende Dezember, wird die »Große Reinigung« (O-Harai) begangen; das »Große Ritual« (Daijosai) der Reinigung während der Kostung des ersten Reises durch den Kaiser umfasste einen Monat teilweiser und drei Tage völliger Abstinenz *(Imi),* der sich alle Personen des öffentlichen Lebens unterziehen mussten.

Harai. Reinigungsritual eines Shinto-Priesters mit Stab (Gohei) zu Beginn einer jeden Kulthandlung

Ichijitsu-Shinto (jap. »Shinto der Einen Wahrheit bzw. Einen Realität«), vom (buddhistischen) Tendai-Mönch Tenkai († 1643) Anfang des 17. Jh. entwickelte Mischform von Shinto und Buddhismus, die ein Übergewicht der altjap. Kami propagierte *(Kokugaku)* und sich in den Dienst der jap. Staatsidee stellte. Nach der theologischen Lehre des I. sind Gott und Welt nicht zu scheiden, die eine Buddha-Natur (als Manifestation der Kami) ist der Ursprung aller Wesen.

Imi, Zustand der Enthaltsamkeit vor den Reinigungs-Ritualen *(Harai, Misogi);* die Meidung bestimmter Handlungen, Nahrungsmittel, Berührungen und Begegnungen (vor allem mit Tod und Leichnam). I. gilt besonders für Kultgegenstände und Priester *(Kanushi);* heute meint es vor allem die Abstinenz von hochprozentigem Alkohol und von Nahrung, die nicht auf reinem Feuer gekocht wurde, sowie das Vermeiden von Beschäftigung mit als unrein geltenden Dingen in der Vorbereitungszeit für die Kulthandlungen.

Ise, Schrein von, bedeutendstes Shinto-Heiligtum Japans, in dem die Sonnengöttin *Amaterasu* verehrt wird; gilt als »Symbol der Einheit des Volkes«. Die gesamte Anlage umfasst 65 Gebäude; man unterscheidet den »äußeren Schrein« (Gegu), welcher der Fruchtbarkeitsgöttin Tokouke geweiht ist, vom »inneren Schrein« (Naigu) der Sonnengöttin, an dem ursprünglich nur der Kaiser und die erbliche

Izumo-Schrein. In der Nähe des Schreins von Izumo auf der Shimane-Halbinsel soll der Regen- und Sturmgott Susonowo einen Drachen getötet und eine Prinzessin gerettet haben.

Priesterfamilie Nakatomi, die genaue Aufzeichnungen über die Geschichte des Schreins hinterließ, Opfer bringen durften.

Im Naigu wird eines der drei *Throninsignien,* der Spiegel als Realsymbol der Göttin, aufbewahrt. Die Anlage ist von einer dreifachen Absperrung umgeben; der Vorhof des eigentlichen Heiligtums besitzt zwei Hallen, in denen bis 1339 eine Prinzessin des kaiserlichen Hofes als Amaterasu-Hohepriesterin fungierte, außerdem zwei Schatzhäuser mit Kultgeräten und Gewändern. Der Überlieferung nach wurde der Schrein im 3. Jh. von Kasunai nach I. verlegt; der Kult wurde von Kaiser Temmu im 7. Jh. neu belebt, der wieder eine kaiserliche Prinzessin an den Schrein entsandte. Seit seiner Öffnung für das Volk in der Edo-Zeit (1600–1867) ist I. das Ziel von Massenwallfahrten.

Durch kaiserlichen Erlass wird die gesamte Schrein-Anlage seit 673 alle 20 Jahre abgerissen und komplett neu errichtet, damit jede Generation ihren Anteil hat; ebenso werden alle Ritualobjekte wie 2500 Spiegel, Tücher, Körbe und Schwerter, vernichtet und erneuert. Für den Neubau der Anlage 1973 wurden 13 600 Zypressen in den jap. Urwäldern abgeholzt und von 7000 Männern (Privileg alter Familien) auf Flüssen nach I. geschafft.

Ise-Shinto, auch Watarai-Shinto, weil er von der Watarai-Priesterfamilie am Äußeren Schrein von *Ise* seit Ende des 13. Jh. entwickelt wurde; eine die weitere Shinto-Theologie entscheidend beeinflussende Lehre, die bestimmte Theorien des Shingon-Buddhismus und des Daoismus in den Shinto integrierte und das Prinzip der unanufhörlichen Wandlung aller Seinszustände sowie einen gewissen Monotheismus des Großen Natur-Kami propagierte.

Als erste Reinigungsbestrebung des Shinto rückte der I. fünf Schriften in den Mittelpunkt, die angeblich nur der Watarai-Familie offenbart worden waren und die altjap. Kami sowie die traditionellen Schreine aufwerteten. Der I. vollzog eine wesentliche Uminterpretierung der kultischen Reinigungsrituale *(Harai, Misogi)* im Sinn einer vergeistigten ethischen Läuterung.

Izanagi und Izanami, aus dem höchsten Gottwesen in achter Generation hervorgegangenes Geschwister- und Urgötterpaar, das als Schöpfer Japans gilt. Sie schufen das Land Onogoro (die Insel, »die aus eigener Kraft gerinnt«), wo sie in einem Palast lebten und den Himmelspfeiler (Weltachse als Verbindung von Himmel und Erde) errichteten; nachdem sie diesen in entgegengesetzter Richtung umschritten und sich wiedergefunden hatten, vereinigten sie sich und brachten mehrere Götter hervor, darunter die Naturerscheinungen und die acht Inseln Japans mit dem umgebenden Meer. Bei der Geburt des Feuergottes verbrannte Izanami und bezog Residenz in der Unterwelt *(Yomi),* wo Izanagi sie aufsuchte. Erschreckt über ihren verwesten Zustand, floh er, doch Izanami schickte ihm die Dämonen der Unterwelt hinterher, die er durch Speiseopfer besänftigen musste. Izanagi reinigte sich in einem Fluss, wobei die Sonnengöttin *Amaterasu* entstand; nach dem Mythos zog sich Izanagi nach Übergabe der Herrschaft an die Sonnengöttin »zurück«.

I. gelten als Stammeltern des japanischen Volkes und verkörpern als schöpferische Demiurgen das antagonistische Weltprinzip; sie wurden daher auf das chinesische Yin-Yang übertragen und stehen im Mittelpunkt eines bedeutenden shintoistischen Binderituals *(Shimenawa):* Zwei Felsen in der Meeresbucht von Futamigaura (bei Ise) verkörpern das Urgötterpaar und sind mit tonnenschweren Seilen zur »Felsenehe« (Myotoiwa) zusammengebunden; im Neujahrsritual werden die Seile alljährlich gelöst und am 5. Januar erneut um die Felsen geschlungen.

Izumo, Schrein von, kultisches Zentrum der Shimane-Halbinsel, nach *Ise* bedeutendster Shinto-Schrein Japans; er ist dem Helden *Okuninushi* geweiht, doch wird hier auch sein Vater, der Regen- und Sturmgott *Susonowo,* verehrt, der in der Nähe den Drachen getötet und Prinzessin Inada-hime errettet haben soll.

Der Schrein weist einen eigenen Baustil auf (Treppenaufgang an der Giebelseite); die Anlage mit mehreren Nebengebäuden, die älter sein soll als die von Ise, wurde im Rhythmus von 100 Jahren mehrfach erneuert, das Dach aus Zypressenrinde alle 60 Jahre. Sie ist von einem Doppelzaun eingefasst und besitzt an beiden Seiten lang gestreckte Galeriebauten mit je 19 Zellen, in denen sich im Oktober jeden Jahres (nach dem Mondkalender) die Götter zur Tagung versammeln und Quartier beziehen. Das Reich der Herrscher von I., die unter dem Schutz des Gottes Susonowo standen, wurden zu Beginn des Aufstiegs des Yamato-Reiches von diesem unterworfen *(Jimmu Tenno).*

Jichinsai, auch Tokoshizume no matsuri, shintoistische Bauopfer-Zeremonie anlässlich des Baubeginns von Schreinen, aber auch buddhistischen Tempeln, Palästen, Behördenbauten, Schulen, Wohnhäusern sowie bei allen Bau- und Erdarbeiten; hierbei werden die jeweiligen Erdgottheiten um Festigkeit des Bodens sowie Schutz des Gebäudes gebeten. Die J. ist seit der Heian-Zeit (794–1185) in Japan gebräuchlich; shintoistische und buddhistische Motive bilden dabei eine Mischform. Die J.-Zeremonie wird auch als Erdfeier (Ji-matsuri), Baubeginnzeremonie (Kikoshiki) oder »Erdbeschwichtigungszeremonie« (Jichin-shiki) bezeichnet und gehört zu den frühesten Kultzeremonien Japans; in der Regel wird ein bestimmter kultischer Gegenstand als Erdopfer begraben oder eingemauert.

Jimmu (Tenno), jap. »Göttlicher Krieger«; mythischer erster Kaiser Japans und Urenkel des *Ninigi* no Mikoto, der eigentlich Kamu Yamato Iwarehiko hieß und sich als Tenno J. nannte. Als erster der über Japan herrschenden Götterabkömmlinge Stammvater des bis heute ununterbrochen regierenden Kaiserhauses (»Banseiikkei«: Linie in ununterbrochener ewiger Folge). Nach der Überlieferung führte er sein Volk unter der Leitung eines Raben aus der unwirtlichen Gegend von Südkyushu in die Ebene von *Yamato.*

Im Shintoismus als Gründergestalt und Kulturheros verehrt; sein Regierungsantritt, nach dem *Nihon-shoki* der 1. Januar bzw. 11. Februar 660 v. Chr., gilt als *Reichsgründungstag.* Er soll 70 Jahre geherrscht und das rivalisierende Reich von *Izumo* unterworfen haben. Seine Gemahlin Hime-tatara gilt als direkte Nachfahrin der Gotthelden *Susonowo* und *Okuninushi,* womit die unterworfene Linie von Izumo ebenfalls in die Ahnenreihe der jap. Kaiser eingeht. Historiker sehen in J. ein siegreiches Clan-Oberhaupt des Yamato-Stammes, dessen Mythos der Aufwertung des Yamato-Reiches und der göttergleichen Stellung der Kaiser dient.

Kamikaze (jap. »Götterwind«), meint ursprünglich die beiden Taifune, die 1274 und 1281 die mongolische Flotte vor ihrer Invasion in Japan vernichteten. Im 2. Weltkrieg die freiwillige Selbstopferung (Jibaku) jap. Kampfflieger, indem sie sich (ab Oktober 1944) mit ihren sprengstoffbeladenen Maschinen auf Schiffe der US-Flotte stürzten.

Kamikaze. Denkmal im Yasukuni-Schrein zur Erinnerung an die japanischen Todespiloten im Zweiten Weltkrieg.

Kanushi, Shinto-Priester; das Wort steht ursprünglich für »Schamane« und meint eine Person, die dem Kami »gehört« bzw. diesem dient, später als Medium angesehen, durch das der Kami spricht. Die ältesten Priesterfamilien leiteten in Erbfolge als »Hohepriester« die Kulte an den Schreinen, können ihre Herkunft auf 50 bis 100 Generationen von Priestern zurückführen und gelten nicht selten als Nachkommen der in jenem Schrein verehrten Kami; ihr jeweiliges Oberhaupt, das früher bedeutenden politischen Einfluss besaß, wurde lebenslang als »lebendiger Gott« (Ikigami) oder »Menschgott« (Hitogami) geehrt.

Die untere Priesterschaft hat eine reiche Aufgabenteilung, u. a. als Gebetssprecher, Musikanten und Kulttänzer. Bis zum 16. Jh. waren auch Frauen in allen priesterlichen Stellungen zu finden, danach kam es zu einem Rückgang; seit 1945 treten sie erneut stärker hervor. 1963 gab es 488 geweihte Shinto-Priesterinnen, von denen 109 als »Hohepriesterinnen« an bedeutenden Schreinen fungierten.

Die K. werden mehrere Jahre in Spezialseminaren ausgebildet; nach der Prüfungsordnung von 1960 erhalten sie ein Priesterdiplom nur nach Absolvierung von Prüfungen auf Universitätsniveau; die Priesterweihe gilt lebenslang, auch bei Aufgabe der Funktionen. Die K. sind in der Regel verheiratet und haben Familie. Seit der Heian-Zeit (794–1185) tragen sie bei den Riten aufwendige Zeremonialgewänder; verschiedenartige Kopfbedeckungen zeigen ihren Rang an. Zu den Insignien der K. gehört ein flaches Holzzepter (Shaku), das während der Zeremonie nach festen Regeln gehalten und gehandhabt wird; es gilt als Symbol der kultischen Reinheit des K.

Kojiki (jap. »Bericht über alte Begebenheiten«), ältestes erhaltenes Geschichtswerk Japans in drei Büchern, 712 auf Befehl des Kaisers von dem Hofbeamten Oi no Yasumaru nach Angaben der Erzählerin Hieda no Are fertig gestellt. Es beruht auf älteren, verlorengegangenen Werken und mündlicher Überlieferung und ist in jap. Sprache, aber in chin. Schrift abgefasst, damit das älteste erhaltene Schriftzeugnis in jap. Sprache.

Sein Inhalt ist die Mythologie Japans und die jap. Geschichte bis zum Jahre 628 (1. Buch: Göttermythen, 2. und 3. Buch: Kaisersagen), wobei Mythisches und Historisches untrennbar vermischt sind.

Da das K. den Buddhismus nicht erwähnt, wurde es seit dem 17. Jh. zur Hauptbezugsquelle für shintoistische Restaurationsbewegungen *(Kokugaku)*, die eine jap. Urkultur von späteren Einflüssen zu reinigen versuchten.

Kulttanz. Darstellung des Tanzes (Kagura) der Shinto-Göttin Uzume

Kokugaku (jap. »Landeswissenschaften«, auch »Nationale Gelehrsamkeit«), im 17. Jh. entstandene Schriftwissenschaft des restaurativen Schrein-Shinto, betrieb die Pflege altjap. Literatur und die Wiedererrichtung des ursprünglichen Shinto gegen die »ausländischen Wissenschaften« aus China und Indien (Konfuzianismus, Daoismus, Buddhismus). Angeregt von dem Sprachforscher Kei Chu (1640–1701), der das Studium der altjap. Literatur systematisierte, entwarf der Shinto-Theologe Motoori Norinaga (1730–1801) in seinen »Kojikiden« (systematische Kommentare zum *Kojiki)* eine Lehre des »Alten Wegs« der jap. Frühzeit als einem idealen Tugendreich; sein Schüler Hirata Atsutane (1776 bis 1843) verband die Lehre vom Alten Weg mit einem aggressiven Sendungsbewusstsein der jap. Kultur zu einer deutlich antibuddhistischen Haltung und war damit geistiger Wegbereiter der *Meiji-Epoche.*

Konkokyo, Shinto-Sekte der Gesundbeter-Richtung, 1859 von dem Bauern Kawade Bunjiro (1814–1883) aus Zentraljapan gegründet, nachdem er Offenbarungen empfangen hatte; der Stifter wird seit seinem Tod als »Konkodaijiu« verehrt (daher der Name). Die K.-Rituale versprechen ein ideales Leben und Schutz vor Krankheit, daher große Anhängerschaft unter der Landbevölkerung. Der K. betont die Zusammenarbeit von Tenchikinnokami, der am Ursprung aller Dinge lebt, mit den Menschen; wahre Lebensführung bedeutet Folgen der Logik des »Wegs« (chin. Dao) von Himmel und Erde und fleißiges Arbeiten. In Aufnahme von Elementen des esoterischen Buddhismus praktiziert K. auch Exorzismus, Magie und Wahrsagerei.

Kulttanz (Kagura), der Shinto-K. ist aus den Vorausahmungs-Tänzen der schamanistischen Jagd- und Vegetationsmagie hervorgegangen, sein Urbild ist der Stampftanz der Göttin Uzume, der zum Wiederhervortreten der Sonnengöttin *Amaterasu* führt; früheste Formen sind wohl die Rundtänze zur Abtrennung des heiligen Bezirkes (Niwa) und symbolisches Umschreiten der Weltachse *(Izanagi und Izanami),* um die kosmische Ordnung wiederherzustellen.

Die K. haben feste Formen und sind Teil des Shinto-Kultdramas *(Noh-Spiele);* sie sollen die Götter erfreuen. Zwei verschiedene Traditionen des K. gehen von den jap. Hauptschreinen von *Ise* und *Izumo* aus; die 981 erstmals erwähnten Ise-Kagura werden von Priestern und Jungfrauen zu Ehren der Sonnengöttin getanzt und von Kultliedern begleitet, die um reiche Ernte, langes Leben und (militärische) Erfolge bitten. Seit dem 17. Jh. ist es üblich, die K. selber als Opfergaben an die Kami zu betrachten. Sie sind zumeist von monotoner Musik begleitet, vor allem von Trommeln und Flöten, da die Flöte ursprünglich als »Stimme der Götter« gilt.

Kurozumikyo, Shinto-Sekte der Gesundbeter-Richtung, 1814 als früheste der Shinto-Sekten von dem Priester Kurozumi Munetada (1780–1850) gegründet, dem eine schwere Krankheit nach eigenen Angaben die Sehergabe verliehen hatte. Die K. glaubt an die Macht der Sonnengöttin *Amaterasu* und besitzt eine Anhängerschaft unter der Landbevölkerung.

Makoto (jap. »Wahrheit«, »Wahrhaftigkeit«, »Aufrichtigkeit«, »Redlichkeit«, »Ehrlichkeit«), Ideal des (Schrein-)Shinto, da die Handlungen der Götter wie der Menschen auf dieses Ziel ausgerichtet sind. Zur Wiederherstellung des M. bedarf es der stets zu erneuernden Reinigungszeremonien *(Harai)* und kultischen Waschungen *(Misogi).*

Das Ideal des M. ist stark konfuzianisch geprägt, da der ursprüngliche Shinto keine ausgearbeitete Ethik besaß; unter diesem Einfluss wird es heute oft mit »innere Lauterkeit« übersetzt und mit der kultischen Reinheit als »Reinheit des Herzens« konnotiert.

Manyoshu (jap. »Sammlung der 10000 Blätter«), älteste erhaltene Gedichtsammlung Japans, die im 8. Jh. abgeschlossen und von dem Dichter Otomo no Yakamochi († 785) zusammengestellt wurde. 551 Verfasser sind namentlich bekannt und stammen aus allen

Schichten, vom Kaiser über Hofleute bis zu Bauern und Einsiedlern; die Gedichte besingen die Treue zum Kaiserhaus, vor allem aber eine shintoistisch geprägte Naturverehrung, doch zeigt sich auch der Einfluss konfuzianischer Ethik und des buddhistischen Vergänglichkeitsgefühls.

Meiji-Epoche (jap. Meiji: »aufgeklärte Regierung«), Restaurations-Epoche 1868 bis 1912. Nach der Resignation des letzten Shoguns 1867 übernahm Kaiser Mutsuhito (1852 bis 1912) im Januar 1868 in einem Staatsstreich die Macht und beendete die seit 1185 andauernde *Shogunats-Herrschaft;* nach seiner Regierungsdevise nannte er sich »Meiji-Tenno«.

Die M. erstrebte nach der erzwungenen Öffnung Japans durch die USA und europäische Kolonialmächte (seit 1853/54) eine staatlich gelenkte Modernisierung; Vorbild war Preußen und die staatstragende Geschichtsphilosophie Georg Wilhelm Friedrich Hegels. Die Übersetzung des deutschen Begriffs »Staatsform« (Koku-tai) führte zur Etablierung des Staats-Shinto, der vom Buddhismus getrennt wurde, und zur Propagierung einer Familienstaats-Ideologie, wonach Japan eine einzige Familie mit der kaiserlichen als Hauptfamilie und dem jap. Volk als Zweigfamilien sei. Der autoritäre Familienstaat mit dem Kaiser als Familienoberhaupt galt in Japan vor allem den Demokratien als überlegen, die als Zersplitterung der Einheit des Volkes in rivalisierende Parteien interpretiert wurden. Höhepunkt der betonten Sonderstellung Japans und des aggressiven Nationalismus sind die Verfassung von 1889 und das Erziehungsedikt von 1890, das die Erziehungsgrundlage bis 1945 bildete und ein imperialistisches Sendungsbewusstsein vertrat.

Misogi, rituelle Shinto-Reinigung durch Waschung mit Wasser; hat ihr Urbild in der Waschung des Urgottes *Izanagi* nach seinem Gang in die Unterwelt. M. meint die Abwaschung von Unreinheiten, die nicht ethisch oder persönlich verschuldet sind: Entbindung, Geschlechtsverkehr, Krankheit, Verwundung, Nähe von Tod und Leichnam u.a. Seit dem 11. Jh. wird das M. zusammen mit dem *Harai* praktiziert, beide sind weitgehend verschmolzen. Beim M.-Harai-Ritual unterscheidet man: Reinheit des Körpers (Waschung), des Herzens (Meditation), des Milieus (Tabus bezüglich Umweltkontakt) sowie der Seele (Läuterung). Während der Vorbereitungszeit zum M. sind bestimmte Speise-Tabus *(Imi)* zu beachten.

Miya (jap. »erhabenes Haus«), Name für das gesamte Gelände einer Shinto-Kultanlage mit Schreinen, Nebengebäuden, Priesterwohnungen und Umzäunungen. Das Wort meinte ursprünglich die Residenz eines Grundherren oder Sippenführers, in dessen Haus das Realsymbol des Clan- oder Lokalgottes *(Shintai)* aufbewahrt war.

Musubi (jap. »Geist der universellen Zeugung«), allem Leben als Quelle zugrundeliegende universelle Lebenskraft, die nach Art der magischen Urkraft »Mana« (aus dem Melanesischen) gedacht werden kann und meist im Bild von der (verborgenen) Wurzel, die den (sichtbaren) Baum speist, dargestellt wird. In den frühen Gebeten des *Engishiki* wird M. auch als »Göttlicher Erzeuger« (Kami-musubi), »Hoher Erzeuger« (Takami-musubi) oder »Seelenbewohnter Erzeuger« (Tamatsume-musubi) verehrt.

M. zeigt eine Nähe zum jap. Begriff »toku«, der eine ordnende Kraft oder Charisma meint, eine Lebenskraft, die zu außergewöhnlichen Leistungen befähigt und unter christlichem Einfluss mit »Tugend« übersetzt wird. Er ist schamanistischen Ursprungs und spielt eine Rolle bei den Riten der Vorausahmung; mit »toku« stehen im Jap. Begriffe wie Liebe (Ai-toku) und Glaube (Shin-toku) in Verbindung.

Nihon-shoki (Nihongi), »Annalen von Japan«, zweitältestes Geschichtswerk Japans in 30 Büchern, 720 von Prinz Toneri und anderen Gelehrten auf Chin. in konfuzianisch geprägtem Geist verfasst; wichtigste Schrift zur Kenntnis des Shinto. Großteils eine Beschreibung mythischer Genealogien und Stammbäume mit dem Ziel, das jap. Kaiserhaus und die führenden Adelsgeschlechter in helles Licht zu rücken; viele behandelte Kami erscheinen als Ahnen der großen Familien. Weitere Themen sind die Sagen um Gründungen und Landnahmen sowie die jap. Feldzüge nach Korea; nach chin. Vorbild werden allen wichtigen Ereignissen exakte Daten zugeordnet.

Ninigi no Mikoto, in der jap. Mythologie Enkel der Sonnengöttin *Amaterasu,* der auf ihren Befehl zur Erde herabstieg (auf den Vulkangipfel von Takachiho in Südkyushu) und zum Ahnherrn der jap. Kaiser wurde; mit ihm stiegen seine Diener herab, die als Juweliere, Waffenmeister, Spiegelmacher u.a. zu Ahnherren der jap. Zünfte (Be) wurden. Als Zei-

Meiji-Epoche. Japans Kaiser Mutsuhito, der sich nach seiner Regierungszeit »Meiji-Tenno« nannte.

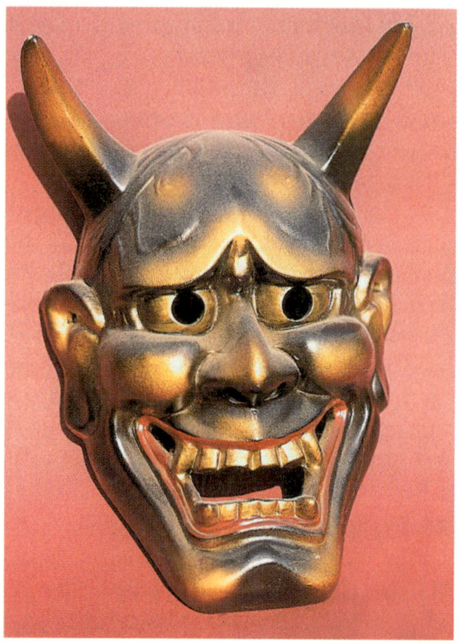

Noh-Spiele.
Oben: Schauspieler bei der Aufführung des Stückes »Okina« (»Der Weise«)

Rechts: Noh-Maske Aka-Hannya (eifersüchtige Frau)

Unten: Totengeist im Noh-Stück »Die Last der Liebe«

Während der Edo-Periode (1600–1867) bestand das Programm eines Tages aus dem ältesten Spiel »Okina«, gefolgt von fünf Noh-Spielen mit Hauptfiguren aus den verschiedenen Helden-Kategorien, also Göttern, Helden, Frauen, Verstörten und Dämonen. Zwischen diesen ernsten Dramen wurde jeweils eine Kyogen-Komödie aufgeführt.

chen seines göttlichen Auftrags soll er die jap. *Throninsignien* zur Erde gebracht haben. Auf Erden erreichte N. den Herrschaftsverzicht des *Okuninushi* und lenkte selbst die irdischen Angelegenheiten. Sein Urenkel ist der erste Kaiser *Jimmu.* N. trägt den Titel »Himmlischer Enkel« (Amaterasu-o-mikami), der auch der gesamten Reihe seiner Nachkommen, also den jap. Kaisern, verliehen wird.

Noh-Spiele, lyrisch-melodramatisches Theater, aus dem Shinto-Kultdrama und seinen Bezügen zu schamanistischen Zauber- und Tiertänzen hervorgegangen, bei denen der Akteur vom Göttlichen ergriffen wurde. Bereits dort stellten Masken die verschiedenen Kami, Natur- und Totengeister, Helden und Ahnen dar; die Maske als Urgerät der symbolischen Vereinigung von Göttern und Menschen (Karl Kerényi) verlieh den numinosen Kräften menschenähnliche Züge und galt als Sitz der Götter während der Aufführung. Das älteste N. »Okina« (»Der Greis«) wird seit dem 9. Jh. im Kasuga-Schrein von Nara aufgeführt; die Okina-Maske wird in einigen Schreinen als »Gottkörper« *(Shintai)* verehrt.

Als Figuren des N. fungieren Gottheiten, der Mann als Held, die liebende Frau, der Mensch in der Krise und Dämonendarstellungen; es treten ein maskierter Hauptspieler (Shite), ein unmaskierter Gegenspieler (Waki) und mehrere Nebenspieler (Tsure, Tomo) auf, deren Spiel von Chor und Instrumenten (Trommel, Flöte) begleitet wird; die Bühne kennt keine Kulissen und ist eine offene Spielfläche aus poliertem Zedernholz. Da die N. als Gesamtkunstwerke aus Tanz, Drama, Poesie, Gesang, Religion und Philosophie gelten, ist der N.-Meister zugleich Stückeschreiber, Schauspieler, Regisseur und Musiker.

Eigentliche Schöpfer der N. sind der Shinto-Priester Kanami (1333–1384) und sein Sohn Zeami Motokiyo (1363–1443); etwa 260 N.-Stücke werden heute hauptsächlich gespielt, von denen die Hälfte auf Zeami zurückgehen soll. Sie werden in fünf Gruppen eingeteilt: Götter-, Helden-, Frauen-, Zeit- oder Irrsinns- (Krisis-) und Geisterspiele; besonderer Beliebtheit erfreuen sich die Heldenepen der jap. Literatur.

Okuninushi (jap. »Herr der großen Erde«), in der jap. Mythologie Sohn des Sturm- und Regengottes *Susonowo* und der Prinzessin des Reisfeldes, Inada-hime. Im Gegensatz zu seinen Brüdern ist er ein tapferer Held und zeigt sich hilfsbereit gegen Mensch und Tier; er gerät mehrfach in Lebensgefahr und muss Prüfungen bestehen, besonders bei einer Reise in die Unterwelt. Er erlangt die Herrschaft über die Erde, muss aber schließlich *Ninigi* no Mikoto, dem Enkel der Sonnengöttin *Amaterasu,* weichen.

In einem Kompromiss verliert er die irdische Herrschaft, behält aber die Herrschaft über die göttlichen und geheimen Dinge, also die Schamenen- bzw. Priesterfunktion. O. ist der bedeutende Schrein von *Izumo* geweiht und er wird verehrt als der, »der die Erde konsolidiert«. Als solchem schreibt ihm der Shinto-Theologe Hirata Atsutane (1776–1843) drei Seelen zu: eine harte, die züchtigt, eine sanfte, die verzeiht, und eine wohltätige, die segnet.

Ritualgebet. Shintoistische Zeremonie in Nikko im Tosho-gu, dem Mausoleum für Tokugawa Ieyasu (1542 bis 1616), dem Heerführer und Gründer des Tokugawa-Shogunats

Omotokyo (jap. »Große Grundlegung« oder »Erste Ursache«), Shinto-Sekte (heute Neureligion), 1892 von der Bäuerin Nao Deguchi gegründet, die im Alter von 56 Jahren vom »Großen Gott« ergriffen wurde; obwohl Analphabetin, schrieb sie als Medium der Gottheit in Ekstase Tausende von Orakeln in Silbenschrift nieder, die später in 10 000 Bänden gesammelt wurden. Ihr Inhalt ist die Aufrichtung eines Gottesreiches durch Erneuerung der Gesellschaft. Der Ehemann der Stifterin wollte, wie der jap. Kaiser auf einem weißen Pferd reitend, in der Mongolei ein Reich des Glaubens und Friedens errichten und eine »Gottesarmee« aufstellen, was zur Anklage wegen Majestätsbeleidigung und Zerstörung des O.-Hauptsitzes bei Kyoto führte. Heute fördern die Anhänger ihre Lehre durch den Verkauf handgefertiger Gegenstände, vor allem Keramiken.

Reichsgründungstag (jap. Kenkoku-kinen no hi), früher Kigen-setsu; nach dem *Nihonshoki* wurde als Tag der Thronbesteigung des ersten Kaisers *Jimmu* der 1. Januar 660 v. Chr. festgelegt, der als Tag der Reichsgründung galt; nach Übernahme des Sonnenkalenders in der *Meiji-Epoche* wurde der Tag 1872 auf den 11. Februar umgerechnet und die Thronbesteigung Jimmus zum Jahr 1 der jap. Zeitrechnung erklärt; der R. galt als »Förderung des Geistes der Liebe zum Vaterland«. Als nationaler Feiertag wurde er 1945 abgeschafft, ist aber nach einer shintoistisch geprägten Gesetzesinitiative durch Parlamentsbeschluss 1966 wieder eingeführt worden; Feiertag: 11. Februar.

Ritualgebet (Norito), während der Shinto-Zeremonien spielt der Priester *(Kanushi)* im R. einleitend auf mythologische Motive an, bevor er die Bitten der Gläubigen vorträgt, um dann auf die dargebrachten Opfergaben hinzuweisen; die Anliegen der Gläubigen sind auf Papier geschrieben, das vom Priester verlesen und anschließend auf den Opfertisch gelegt wird. Ihre Bitten drehen sich zumeist um Gesundheit und Schadensabwehr, Reinheit oder Schutz bei bestimmten Unternehmungen. Die meist altertümlich verfassten R. haben ihr Vorbild in der Sammlung des *Engishiki.*

Gebete gelten auch als individuelle Frömmigkeitsübungen des Bittens und der Dankbarkeit; bereits aus dem 13. Jh. stammen Texte mit der Warnung, die Kami »nicht durch habsüchtige Bittgesuche zu verärgern«. Da Shinto-Gebete aber wesentlich Gemeinschaftsgebete sind, bittet der Priester stets, der individuelle Erfolg einer persönlichen Bitte möge auch der Familie und Gemeinschaft des Bittstellers zugute kommen. Die Frömmigkeitsübungen des Einzelnen während der Zeremonie umfassen verschiedene Gesten, etwa das zweimalige oder viermalige Händeklatschen, um die Aufmerksamkeit des Kami zu erregen, sowie eine Verbeugung in Richtung Realsymbol der Gottheit *(Shintai);* nach Shinto-Theologie folgt der Hinwendung des Menschen zu den Kami die Zuwendung der Kami zu den Menschen.

Ryobu-Shinto (jap. »Shinto der Zwei Teile bzw. Zwei Aspekte«), vom Gründer der buddhistischen Shingon-Schule, Kobo Daishi (774–835), angeregte Aufnahme buddhistischer Spekulationen in den Shinto, die zu einem Übergewicht buddhistischer Elemente führte. Im R. gelten die beiden Schreine von *Ise* als Repräsentanten der beiden buddhistischen Welten (Diamant-Welt und Mutterschoß-Welt), und der Ur-Buddha Vairocana

Shimenawa (»Strohseile«). An Neujahr wird durch das Lösen der Bastfäden das Chaos hereingelassen, mit dem Binden wird die Ordnung erneuert.

wird mit der Sonnengöttin *Amaterasu* identisch gesetzt, was als Offenbarung der Sonnengöttin selber gilt.

Sakaki, eine jap. Lorbeerart, lat. Cleyera ochnacea; als Mittel, sich der Gottheit zu nähern, dient im Shinto seit der Frühzeit der Zweig eines immergrünen Baumes, meist der S. Während der Shinto-Zeremonie wird der S.-Zweig (auch als Stab des Priesters genutzt) in der Regel mit weißen Papier- oder Stoffstreifen behängt (Gohei), welche nach festen Regeln gefaltet sind und das Weiß der kultischen Reinheit *(Harai)* darstellen. Die Gohei waren wohl ursprünglich ein Symbol für Kleidergaben, wurden aber allmählich selber zu heiligen Gegenständen bzw. zum bevorzugten »vorübergehenden Gottkörper« *(Shintai)*.

Schrein-Hauptamt (jap. Jinja-Honcho), im Februar 1946 entstandener organisatorischer Dachverband der Shinto-Schreine nach der Auflösung der staatlichen Shinto-Behörde; oberstes Organ des Schrein-Shinto, in dem sich die meisten Schreine Japans freiwillig zusammengeschlossen haben. Das S. forderte bereits 1948 die Schreine auf, die Staatsfeiertage als religiöse Zeremonien zu begehen. Die Zeitschrift des S., die »Schrein-Nachrichten« (Jinja-Shinpo), entfesselte die seit 1954 andauernde Debatte über eine Neuordnung des Verhältnisses von Staat und Shinto im modernen Japan.

Shimenawa (jap. »Strohseile«), meint einen in vielfältigen Formen praktizierten Binde- und Neujahrsritus des Shinto. Die S., die auch den heiligen Bezirk der Kultanlage abtrennen, werden im Neujahrsritual gelöst und anschließend erneut gebunden; während des Lösens strömt das Chaos ein und muss durch eine erneuerte Ordnung neu »gebunden« werden *(Izanagi* und *Izanami)*. Es heißt, die S. binden die »wilde Seele« (Arami-tama) erneut zu einer »milden Seele« (Nigi-mitama). An den S. hängen eingeschnittene Papierstreifen in der weißen Farbe der kultischen Reinheit (das jap. Wort für Papier lautet wie das für die Götter »Kami«).

Shintai (jap. »Gott-Körper«), auch Go-shintai (»erlauchter Gottkörper«) genannt; vorübergehender Aufenthaltort der Kami, wenn sie zu Shinto-Zeremonien herbei- bzw. herabgerufen werden. Der entsprechende Gegenstand wird in der Haupthalle (Heiligtum) des Schreines aufbewahrt; ursprünglich vor allem in den *Throninsignien* dargestellt, gelten aber auch andere Dinge wie Steine, immergrüne Zweige *(Sakaki)*, Pfosten, Priesterstäbe, Masken, Fächer oder Bambusgrasbüschel als S. Der S. ist kein Fetisch, sondern Symbol der realen Präsenz der Kami. Als vorübergehende oder dauerhafte Göttersitze gelten vor allem Naturphänomene wie Berge, Bäume, Vulkane, Felsbrocken, Inseln, Flüsse und Quellen.

Shogunat, Herrschaft erblicher Reichsverweser (Shogune, jap. für »Heerführer«); zunächst Kronfeldherren und Militärführer (Titel erstmals 804 verliehen), erhielten sie schließlich die Verwaltung des Reiches übertragen, während die Kaiser *(Tenno)* politisch bedeutungslos und auf kultisch-zeremonielle Aufgaben beschränkt wurden. Das S. war eigentlich eine straff organisierte Militärdiktatur, die das Land im Innern befriedete und die Verteidigungsbereitschaft nach außen stärkte.

Nach ihren Gründern oder Herrscherfamilien unterscheidet man drei S.-Perioden:

1. das Kamakura-S. der Minamoto-Familie (1185/92–1333), benannt nach der Residenzstadt Kamakura (1203–1333 unter Regentschaft der Hojo-Familie stehend);
2. das Ashikaga-S. (1336–1573), das meist durch verheerende Bürgerkriege (1481 bis 1573) geprägt war, die Toyotomi Hideyoshi (Shogun 1585–98) beendete;
3. das Tokugawa-S. (1603–1867) der so genannten Edo-Zeit (1600–1867), benannt nach der Residenzstadt Edo (heute Tokio).

Besonders der Gründer des Tokugawa-S., Tokugawa Ieyasu (1542–1616, 1605 Abdankung), wird als »Reichseiniger« hoch verehrt; ihm sind mehrere Shinto-Schreine gewidmet, vor allem der wegen seiner Schönheit berühmte Toshogu-Schrein in Nikko (1634 bis 1636 errichtet).

Suika-Shinto (jap. »Shinto der göttlichen Offenbarung und Gnade«), Shinto-Richtung, die eine ethisch ausgerichtete Verschmelzung von Shinto und Konfuzianismus erstrebte. Der S. wurde im 17. Jh. besonders von Yamazaki Ansai (1618–1682) entwickelt, der auch wesentliche Prinzipien des Bushido-Ehrenkodexes ausformulierte. Der S. nimmt Elemente des *Ise-Shinto* und des *Yoshida-Shinto* auf und interpretiert die altjap. Schriften im konfuzianischen Sinn; er vertritt die These, dass die jap. Kami eigentlich Ausdruck konfuzianischer Moralprinzipien seien. Heute haben einige Richtungen des Sekten-Shinto eine eindeutig konfuzianische Ausrichtung.

Susonowo (Susanoo), jap. Sturm- und Regengott, schillerndste Gestalt der altjap. Mythologie und Schelmen-Figur (Trickster), aus der Nase des Göttervaters *Izanagi* bei dessen ritueller Waschung hervorgegangen. Er stellt seiner Schwester, der Sonnengöttin *Amaterasu,* nach und untergräbt ihre Ordnung durch Zerstörung der Dämme um die Reisfelder, Blockierung der Bewässerungsgräben und Verunreinigung des Götterpalastes. Als er ein Himmelspferd abschindet und den Kadaver unter die webenden Begleiterinnen der Amaterasu wirft, die sich zu Tode erschrecken, verschließt sich diese in einer Höhle und die Welt wird finster.

Nach dem Wiederhervortreten der Amaterasu muss S. 1000 Tische voll Opfergaben als Sühne leisten und wird aus dem Himmel verbannt. Er nimmt Aufenthalt in *Izume,* besiegt einen Drachen und gewinnt aus seinem Schwanz das Schwert, eines der drei *Throninsignien;* er rettet so Inada-hime, die »Prinzessin des Reisfeldes«, mit der er sich verbindet und Nachkommen zeugt *(Okuninushi),* die den Abkömmlingen der Amaterasu die Herrschaft über die Erde streitig machen, sich aber schließlich unterwerfen müssen. S. gilt später als Gott der Unterwelt *(Yomi).*

Historischer Hintergrund: S. ist Schutzgott der Region *Izume* und ihres Herrschergeschlechtes, das sich längere Zeit der Vorherrschaft von *Yamato* entziehen konnte; er wird im dortigen Schrein verehrt.

Susonowo. Kulttanz (Ise-Kagura) des shintoistischen Sturm- und Regengottes

Taigi, jap. Begriff für das Pflicht- und Treueverhältnis des Vasallen bzw. Untertanen zu seinem Herrscher oder Lehnsherrn, das Vorrang hat vor allen anderen Verpflichtungen, auch vor denen gegenüber der Familie; ursprünglich eine Adaption an den konfuzianischen Begriff der Loyalität (chin. zhong), wurde er in der jap. Feudalzeit zum zentralen ethischen und politischen Prinzip der konfuzianisch geprägten Shinto-Schulen und der Kriegerethik des Bushido.

Taika-Reform (jap. Taika: »Große Wandlung«), jap. Reformperiode 645–650 im Geist des Regenten Shotoku, welche die alte Geschlechter-Herrschaft der *Yamato-Zeit* beendete und Japan nach chin. Vorbild in einen zentralistisch gelenkten Beamtenstaat umwandelte; die hohen Regierungsbeamten wurden zur Ausbildung nach China gesandt und anschließend einer konfuzianisch geprägten Staatsprüfung unterzogen. China galt in allem als kulturelles Vorbild. Die T. erklärte alles Land zu Staatseigentum, das den Bauern vom Kaiser zur Pacht gegeben wurde, wofür sie direkte Steuern an diesen zu zahlen hatten; dadurch entscheidende Stärkung der kaiserlichen Zentralmacht. Das im Jahr 645 eingerichtete kaiserliche Zentralamt für den Shinto-Kult (Jingikan) betrieb die Zusammenführung von Shintoismus, Konfuzianismus und Buddhismus zu einem Staatskult

Tenno
Unter Kaiser Kammu (reg. 781–806) wurden die japanischen Ureinwohner (Ainu) im Norden des Landes unterworfen. Die Ainu, die als östlichster Überrest einer alten europiden Volksgruppe gelten, hängen eigenen religiösen Vorstellungen (z. B. Bärenkult) an.

und überwachte die Verschmelzung aller zugewanderten Religionen mit dem Shinto.

Tenno (jap. »Himmlischer Kaiser«), der jap. Kaiser wird als T. bezeichnet (Anrede: Tenno Heika: »Seine Majestät der Kaiser«) und gilt als direkter Abkömmling der Sonnengöttin *Amaterasu;* in der ununterbrochenen Linie dieser ältesten Dynastie der Welt gilt der heutige Kaiser Akihito (seit 1989) als 125. Nachkomme des ersten Kaisers *Jimmu.*

Seine Stellung als »gegenwärtiger, leibhaftiger Gott« wurde durch die *Yamato*-Herrscher begründet und erfuhr durch die Regentschaft des Prinzen Shotoku (593–622), die *Taika-Reform* (645–650) und die zentralistische Herrschaft des Kaisers Temmu (673 bis 686) und seiner direkten Nachfolger eine bedeutende Stärkung. Höhepunkt früher kaiserlicher Macht war die Regierung des energischen Kaisers Kammu (reg. 781–806), der eine straffe Staatsverwaltung durch zentrale Ämter, kaiserliche Polizei und regelmäßige Provinzinspektionen einrichtete und die jap. Ureinwohner (Ainu) im Norden unterwarf. Bereits im 9. Jh. gerieten die T. unter Vorherrschaft des mächtigen Fujiwara-Clans (858 bis 1069), die als Vormünder (Sessho) der meist unmündigen T. fungierten und die meisten von ihnen in buddhistischen Klöstern internierten (»Mönchkaiser«); zwischen den Jahren 1069 und 1185 waren sie Marionetten im Bürgerkrieg der Clane Taira und Minamoto, aus dem schließlich im Jahr 1185 die Minamoto als Begründer der *Shogunats-Herrschaft* hervorgingen. Diese führte zur völligen politischen Bedeutungslosigkeit des T., der auf kultisch-religiöse Aufgaben beschränkt wurde.

Das System wurde durch den Staats-Shinto der *Meiji-Epoche* beendet (1868), das dem T. bis 1945 eine einzigartige politische und kultische Stellung sicherte. Unter dem Druck der Kapitulation gab der T. Hirohito (1926–89) 1945 seine göttergleiche Stellung auf. Nach der Verfassung von 1946 ist der T. »Symbol Japans und der Einheit des jap. Volkes« (Artikel 1), doch ist »seine Stellung auf den Willen des japan. Volkes gegründet, bei dem die oberste Gewalt ruht« (ebd.).

Tenrikyo (jap. »Religion der Himmelsvernunft« oder »Lehre von der himmlischen Wahrheit«), Shinto-Sekte, seit 1945 (die zweitstärkste) jap. Neureligion; 1838 von der Bäuerin Nakayama Miki (1798–1887) gegründet, die sich nach Prüfungen (Krankheit und Tod der Kinder) bei einer Krankenbeschwörung (Gesundbeten) einem Wandermönch als Medium zur Verfügung gestellt hatte; in Ergriffenheit von dem zunächst Tenrioono-mikoto, später Oyagami genannten »Eltern-Gott« erfuhr sie ihre Kräfte als Heilerin und Gesundbeterin.

Kern der Lehre sind drei heilige Bücher (Ofudesaki, Mikagurauta, Doraoumikofuki), die Oyagami selber durch die Hand der Stifterin schrieb. Als Mittel zur Erlösung werden heilige Tänze (Kaquratsutoma) und der »Händetanz« (Teodori) zur Verbreitung von Freude in der ganzen Welt angesehen. In der Nähe der Stadt Nara entstand um das Wohnhaus der Stifterin die Stadt Tenri mit großem Tempel, Universität, Museum, Bibliothek, Spitälern und Herbergen; bereits um die Wende vom 19. zum 20. Jh. hatte T. über 2 Mio Anhänger, 100 000 Evangelisten sowie fast 5200 Missionsstationen und entwickelte einen eigenen Katechismus für die Auslandsmission. Nach 1945 wurden die ursprünglich zehn Kami der Stifterin auf den einen Gott Oyagami reduziert und T. als monotheistische Neureligion eingetragen.

Throninsignien (jap. Jingi), die drei heiligen Gegenstände, die jedem japanischen Kaiser bei der Thronbesteigung überreicht werden: Spiegel, Schwert und Krummjuwel (Jadestein). Spiegel und Juwel sind Attribute der höchsten Sonnengöttin *Amaterasu,* das Schwert Attribut des Sturmgottes *Susonowo;* sie werden in der Mythologie dem Enkel der Sonnengöttin *(Ninigi no Mikoto)* als Zeichen seiner irdischen Herrschaft verliehen. Das Schwert wird im Atsuta-Schrein von Nayoga (bei Ise), der Spiegel im inneren Schrein von *Ise* und das Juwel im Kaiserpalast in Tokio aufbewahrt.

Die ältesten Schriften *(Kojiki, Nihon-shoki)* erwähnen nur die Übergabe des Spiegels an den Kaiser und sprechen auch nicht von einer Übertragung auf den ersten Kaiser *Jimmu;* einer Schrift nach soll der Ahnherr der Fürstenfamilie Ito dem Kaiser die T. im Jahr 193 n. Chr. als Symbole gerechter Herrschaft überreicht haben. Unter konfuzianischem Einfluss erhielten sie eine ethische Ausrichtung und standen für Erkenntnis (Spiegel), Tapferkeit (Schwert) und Wohlwollen (Juwel); von den Shinto-Theologen werden sie als heilige Gegenstände und »Quelle der Ehrlichkeit, Weisheit und Barmherzigkeit« verehrt und mit hoher Symbolik besetzt.

Torii, das jap. Wort T. wird meist mit »Vogelwohnstatt« übersetzt und bezeichnet die Tore, die einen heiligen Bezirk des Shinto (Schrein) anzeigen; sie bestehen aus zwei vertikalen Pfosten, die zwei horizontale Balken tragen. Für gewöhnlich hat ein Shinto-Heiligtum drei T., von denen sich das erste am Eingang zum heiligen Bezirk, aber außerhalb des Geländes befindet, die beiden anderen in verschiedener Entfernung zwischen erstem Portal und Hauptheiligtum.

Die Bedeutung ist nicht völlig geklärt, doch gelten sie als Aufenthalts- und Ruheort für Vögel, die im jap. Volksglauben die Seelen der Toten (Ahnen) verkörpern bzw. die Seelen der Verstorbenen aufnehmen und ins Reich der Kami tragen; im *Yamato-Mythos* verwandelt sich der Held nach seinem Tod in einen Regenpfeifer und erhebt sich in den Himmel. Auch sollen Vögel mit ihrem Gesang die 800 Myriaden Götter bei deren erfolgreichem Versuch geholfen haben, die Göttin *Amaterasu* aus ihrer Höhle zu locken.

Toshigami, jap. Gott der Jahreszeiten oder Jahresgott, bedeutender Kami des alljährlich wiederkehrenden Vegetationszyklus, besonders im Zusammenhang mit dem Anbau von Reis und Getreide. In Shinto-Feiern wird am Mondneujahr seine Herabkunft vom Berg, wo er den Winter verbringt, in das Reisfeld, wo er vom Frühjahr bis zum Herbst lebt, gefeiert; im Herbst erfolgt seine feierliche Verabschiedung in die Berge.

Das »Toshigo-Matsuri« ist eine besondere Gebets- und Feierzeremonie zum Neujahr (am vierten Tag des zweiten Monats gefeiert), bei der T. in einem Gebet, das zu den ältesten des Shinto gehört, um reiche Ernte gebeten wird.

Tsukiyomi, jap. Mondgott, Bruder der Sonnengöttin *Amaterasu,* bei der rituellen Waschung des Göttervaters *Izanagi* aus dessen linkem Auge hervorgegangen. Mit T. verbindet sich ein jap. Pflanzerkulturen-Mythos. Danach wurde T. von Amaterasu zu Ukemochi, der Göttin des Lebensunterhaltes, geschickt, wo er Nahrung angeboten erhielt, welche die Göttin erbrach: gekochten Reis auf die Erde, Fische in die Meere und Wild in die Berge. Voller Entsetzen tötete T. die Ukemochi und erstattete Amaterasu Bericht.

Die erzürnte Sonnengöttin verfügte, dass Sonne und Mond sich nie wieder begegnen sollten; wenn der eine Himmelskörper erscheint, bleibt der andere unsichtbar. T. begab sich zu der toten Ukemochi und sah, dass aus ihrem Leib Leben entsprossen war: Pferde und Rinder aus dem Kopf, Hirsegras aus der Stirn, Seidenraupen aus den Augenbrauen, Reis aus dem Bauch, Bohnen und Weizen aus den Geschlechtsteilen.

Torii. Torbogen vor der buddhistischen Pagode des Tempels Zentsu-ji in Kagawa. Hier wurde Kobo Daishi, der Gründer der Shingon-Richtung des Zen-Buddhismus geboren.

Es gehört zu den ältesten, kulturübergreifenden Mythen von Pflanzerkulturen, dass die Kulturleistungen, besonders die Nahrungspflanzen, aus der Tötung oder Opferung des Kulturbringers hervorgehen.

Yamato-Reich, führendes Reich der Kofun-Zeit (um 300–710 n.Chr.) und Beginn des Zentralstaates in Japan, dessen Zentrum in der Provinz Yamato mit der Hauptstadt Nara lag; die historischen Ursprünge sind nicht völlig geklärt. Für den Shinto ist das Y. der Beginn der Kulturepoche; in der Mythologie zähmten die Kulturheroen der Yamato (unter dem Schutz der Sonnengöttin *Amaterasu*) die Flüsse, rodeten Wälder, bestellten Felder und Wege und machten sich so die wilden Naturkräfte geneigt.

Das Y. war ein Geschlechter-Staat der Adelsfamilien mit ihren Hörigen (Be-min); die wichtigsten Ämter, etwa Kriegsführung

Yasakuni-Jinja. Der 1869 errichtete Schrein in Tokio erinnert an die im Krieg für Kaiser und Vaterland Gefallenen.

oder religiöse Kulte, besaßen die Clane in Erbfolge; so war den Clanen Nakatomi, Urabe und Imbe der Shinto-Kult anvertraut, und sie errichteten Shinto-Kultämter in allen angegliederten Provinzen. Das Y. unterwarf u. a. das Reich von *Izumo* und beherrschte bis zum Jahr 562 auch Teile Südkoreas auf dem Japan vorgelagerten Festland.

Im shintoistischen Mythos ist Yamato ein kühner, furchtloser Kriegsheld, der in zahlreichen Abenteuern seine Feinde tötet; nach seinem vielbeklagten Tod errichten ihm die Menschen in *Ise,* wo er in den Himmel aufstieg, ein Mausoleum.

Yasukuni-Jinja, Shinto-Schrein für die Kriegstoten, im Jahr 1869 in Tokio im Geist der *Meiji-Restauration* gegründet (Name: Tokyo Shokonsha), zur Verehrung aller, die sich für Kaiser und Vaterland geopfert haben und hier zu Kami erhoben werden; alle Gefallenen gelten als »vergöttlichte Seelen« (shinrei). Bis zum Kriegsende 1945 wurde der Y. regelmäßig vom japanischen Kaiser besucht; seine Aufgaben sind die Aufbewahrung der Namenslisten der Kriegsgefallenen (»Seelen-Register«) und das Rühmen ihrer Taten in eigenen Zeremonien.

Der Y. ist ein zentraler Schrein; es gibt zusätzlich regionale Schreine für die Seelen der Gefallenen in ihren jeweiligen Heimatprovinzen (Gokoku-Jinja). Im Y. stehen viele Kirschbäume, da die Kirschblüte, die auf dem Höhepunkt ihrer Entfaltung und Schönheit einfach vom Baum abfällt, als Symbol für das Soldatentum allgemein gilt.

Der Besuch hochrangiger Politiker am Y., besonders des Premierministers, führt regelmäßig zu heftigen Debatten in Japan; die immer wieder erhobene Forderung des »Vereins zum Schutze Japans«, einer Vereinigung rechtsnationalistischer Parlamentarier, den Y. als nationales Symbol in eine staatliche Trägerschaft zu überführen, wird von den starken Veteranen- und Hinterbliebenen-Verbänden unterstützt.

Yomi, Unterwelt der jap. Mythologie, in der die Urgöttin *Izanami* nach ihrem Tod und später der Sturm- und Regengott *Susonowo* herrschen. In den alten Schriften des Shintoismus wird Y. als »Land der Tiefe«, »dunkles Land« (Reich der Finsternis) oder auch als »Wurzelland« bezeichnet und ist die Wohnstätte Unheil und Unreinheit bringender Dämonen. Im volkstümlichen Shinto gehören Schmutz und Unreinheit in die Unterwelt, auch wird die durch Reinigungsriten abgewaschene Unreinheit in der Unterwelt »gesammelt«; alles Böse und Zerstörerische nimmt von Y. seinen Ausgang.

Yoshida-Shinto, der von dem obersten Priester des Yoshida-Schreins, Yoshida Kanetomo (1435–1515), begründete Restaurative Shinto, auch Yuiitsu-Shinto (»Ausschließender Shinto«) genannt; er erklärte den ursprünglichen Shinto zum Urgrund aller anderen Lehren (Konfuzianismus, Daoismus, Buddhismus) und gab wesentliche Anregungen für alle Shinto-Restaurationsbewegungen *(Kokugaku).* Vom *Ise-Shinto* übernahm der Y. die Verehrung des Großen Natur-Kami (Taigen Senjin), der mit der universellen Lebenskraft *(Musubi)* gleichgesetzt wird und der Ursprung aller Dinge im Universum ist; daher auch »Shinto der letzten Ursprünge« (Sogen-Shinto) genannt. Der Natur-Kami ist dreifach: als göttliche Kraft in den Kami, soweit er das Universum betrifft, als Geist in der Wechselbeziehung mit der Natur und als Seele im Menschen; der Mensch gilt als potenzieller »Sitz« des Großen Natur-Kami.

Darüber hinaus wertete der Y. die Stellung der eigenen Priesterfamilie auf, indem er eine esoterische Lehre entwickelte, nach der nur die äußerlichen Aspekte des Shinto in den alten Geschichtsbüchern, eine innerliche und eigentliche Lehre aber in den alten Priesterbüchern der Yoshida-Familie überliefert sei.

Der Jainismus in Geschichte und Gegenwart

Begriff und Bedeutung

Der Jainismus zählt wie der Buddhismus zu den großen indischen Religionen, die auf die Kulturgeschichte Indiens einen bedeutenden Einfluss ausgeübt haben. Doch im Gegensatz zum Buddhismus, der zur Weltreligion aufgestiegen ist, hat sich der Jainismus nie über die Grenzen des indischen Subkontinents hinaus verbreitet, blieb in Indien aber bis in die Gegenwart lebendig, während der Buddhismus in seinem Ursprungsland als erloschen gilt. Sehr wahrscheinlich ist der Jainismus rund 250 Jahre älter als der Buddhismus, erfuhr aber zu Zeiten Buddhas (um 500 v. Chr.) durch Mahâvîra, einen Fürstensohn aus Nordindien, der sich für das Leben eines Asketen entschieden hatte, seine wesentliche Ausprägung. Die Anhänger des Jainismus sind in Indien allgemein bekannt als Jains (sprich: »dscheins«), abgeleitet von dem ursprünglichen, etymologisch allerdings unklaren Namen *Jainas.* Im heutigen Indien leben etwa 15 Mio Jainas, das sind bei etwas mehr als 1 Mrd Einwohner weniger als 1,5% der Bevölkerung.

Grundzüge des Glaubens

Wie der Buddhismus hat die Jaina-Lehre die Befreiung der Lebewesen aus dem leidvollen Daseinskreislauf *(Samsâra)* zum Ziel. Der Jainismus ist keine Religion im Sinn einer Glaubenslehre, sondern ein System aus Philosophie, Metaphysik sowie asketischer und meditativer Praxis. Es beruft sich auf Mahâvîra und seine 23 traditionellen Vorgänger, die *Tîrthamkaras* (»Furtbereiter«). Wie die Buddhisten glauben die Jainas nicht an einen Weltschöpfer oder an eine oberste Gottheit, welche die Welt regiert. Nach ihren Anschauungen stellt die Lehre des Jainismus eine universelle Wahrheit dar, die jedoch in den Äonen der Welthistorie immer wieder verloren gegangen ist, um von den Tîrthamkaras neu verkündet zu werden.

Tîrthamkaras: Von den 24 Tîrthamkaras, die in dieser Weltperiode aufgetreten sein sollen, sind die ersten 22 wahrscheinlich nur mythische Gestalten. Der 23. Tîrthamkara aber, namentlich Pârshvanâtha, kann als historisch angesehen werden. Es ist jedoch wenig über ihn bekannt. Er kam um 800 v. Chr. in Vârânasî zur Welt, und vermutlich ist er der eigentliche Stifter des Jainismus. Im hohen Alter von 84 Jahren soll er die Erleuchtung erlangt haben und danach als spiritueller Lehrmeister aufgetreten sein. Mit 100 Jahren soll er auf dem Berg Sametashikhara im heutigen Bihâr verstorben sein und Nirvâna erlangt haben. Fest steht, dass Pârshvanâtha eine Gemeinde von Mönchen, Nonnen und Laien hinterließ, die ihn als Adepten verehrten. Doch erst durch Mahâvîra, den 24. Tîrthamkara und berühmten Zeitgenossen des

Jainistisches Götterpaar. Indische Plastik aus dem 11. Jh.; Archäologisches Museum Khajuraho

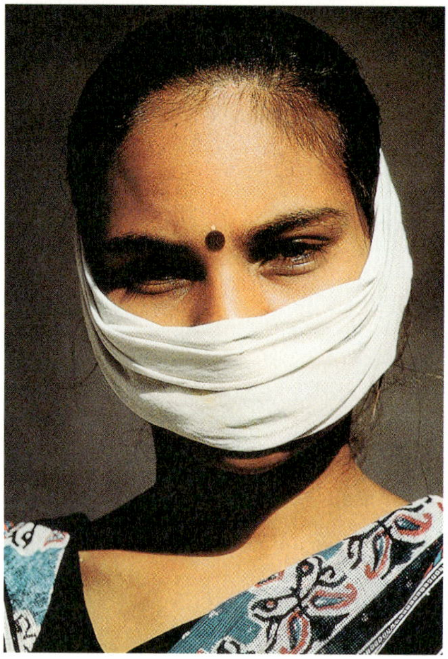

Oben: Eine Jaina-Frau huldigt dem nackten, asketischen Meister Vardhaman Sagar Maharaj in dem Dorf Shravanabelagola bei Karnataka, Südindien.

Mitte: Wegen des strengen Glaubensgebots, kein Lebewesen zu verletzen oder zu töten, tragen viele Jainas wie diese Frau einen Mundschutz, damit sie nicht aus Versehen ein Insekt verschlucken.

Unten: Die weißen Gewänder der Jaina-Nonnen symbolisieren ihre asketische Reinheit.

Buddha, erfuhr die Lehre der Jainas – wenigstens in den wesentlichen Grundzügen, die von beiden *Konfessionen,* Shvetâmbaras wie Digambaras, anerkannt werden – ihre heutige Gestalt.

Jîva und Ajîva: Die Lehre des Jainismus, wie sie Mahâvîra (siehe S. 851) verkündet hatte, dreht sich hauptsächlich um die beiden Entitäten Jîva und Ajîva, die durch ihr Zusammenwirken das Weltgeschehen zustande bringen. Jîva steht für das Geistige, die Seelen, Ajîva dagegen für das Ungeistige, Unbelebte, zu dem die Materie und die Zeit sowie die drei Arten von Äther gerechnet werden: der Raum sowie die Medien der Bewegung und der Ruhe.

Nach der Jaina-Lehre gibt es eine schier unendliche Zahl von Seelen, die von Natur aus allwissend, selig, moralisch vollkommen und mit unbegrenzten Kräften ausgestattet sind. Die Seelen aber sind seit undenklichen Zeiten mit dem Unbelebten durchsetzt, was ihre natürlichen Eigenschaften ganz oder teilweise hemmt. Diese »Infektion« hat ihre Ursache darin, dass infolge der Betätigung der Seele ständig Ungeistiges in sie hineingezogen und als *Karma* gebunden wird. Karma hemmt die Erkenntnisfähigkeit und verhüllt die Allwissenheit der Seele, verursacht das Empfinden von Lust und Leid, ist Motor des Kreislaufs von Geburt und Tod (Samsâra) und bestimmt, in welchem Daseinsbereich ein Individuum wiedergeboren wird – ob als Höllenwesen, Tier, Mensch oder Gottheit.

Neben dieser Philosophie, welche die Menschen über die subtilen Ursachen des Weltgeschehens aufklären soll, haben die Jainas eine komplexe Praxis von Askese, Meditation und Yoga entwickelt, mit der das Einströmen von Ungeistigem in die Seele unterbunden, die Wirkung von Karma gehemmt und bereits vorhandene Karma-Anlagen abgebaut werden sollen, um schließlich Erlösung aus dem leidvollen Kreislauf von Geburt und Tod zu erringen.

Gleichberechtigung: Besonders hervorzuheben ist die prinzipielle (für die indische Gesellschaft allerdings nicht typische) Gleichberechtigung zwischen den Geschlechtern innerhalb der Gemeinschaft der Jainas. Schon Mahâvîra achtete darauf, dass in seiner Laiengemeinde wie innerhalb seines Ordens wichtige Ämter auch von Frauen besetzt waren. Doch wahrscheinlich geht die Gleichstellung von Mann und Frau noch auf seinen Vorgänger Pârshvanâtha zurück. Pârshvanâtha soll wesentlich mehr Frauen als Männer für seine Lehre begeistert haben. In einer alten Überlieferung heißt es, dass er durch seine Tätigkeit als spiritueller Lehrmeister eine Laiengemeinde von 327 000 Frauen und 164 000 Männern sowie einen Orden von 38 000 Nonnen und 16 000 Mönchen gewonnen habe.

Ahimsâ: Eine entscheidende Rolle bei den Jainas spielt Ahimsâ, das Prinzip, kein Lebewesen zu verletzen oder zu töten. Alle Jainas ernähren sich aus diesem Grund vegetarisch. Sie propagieren den Vegetarismus im großen Stil, indem sie als Alternative zum Fleischgenuss eine eigene, sehr reichhaltige und schmackhafte Küche anbieten. Da es den meisten Indern um so besser schmeckt, je schärfer gewürzt wird, sind die Speisen aus der Jaina-Küche besonders pikant und würzig. In Städten mit großen Jaina-Gemeinden bekommt man in Restaurants neben dem üblichen Speiseangebot auch ein Menü mit den kulinarisch besonders ausgefeilten Gerichten aus der Jaina-Küche gereicht.

Jainas lehnen den Besitz von Waffen strikt ab und verweigern den Wehrdienst, was von der indischen Regierung toleriert wird. Durch das kompromisslose Befolgen des Prinzips von Ahimsâ kristallisierten sich bei den Jainas ganz bestimmte Berufe heraus. Dazu gehörten Tätigkeiten, bei denen auch ein versehentliches Verletzen oder Auslöschen von Leben weitgehend ausgeschlossen ist, z. B. der Edelsteinhandel, das Juwelierhandwerk, Beamtentum oder Bankwesen. Dadurch wurden viele Jainas sehr vermögend und erlangten in Indien wichtige Schlüsselpositionen in Wirtschaft und Politik. Da aber nach dem Verständnis der Jainas Reichtum und Macht Hindernisse auf dem spirituellen Weg bedeuten können, pflegten auch wohlhabende Jainas einen bescheidenen Lebenswandel, waren stets freigebig und stellten sogar einen Teil ihres Vermögens für wohltätige Zwecke oder für die Einrichtung von Tempeln zur Verfügung. Daran hat sich auch im modernen Indien bis zum heutigen Tag nichts geändert.

Durch den vergleichsweise großen Reichtum vieler Jainas entstand eine faszinierende Tempelkunst, welche die kulturelle Landschaft Indiens mit geprägt hat. In den Tempeln der Jainas finden sich die Abbildungen der 24 Tîrthamkaras: Statuen von im Yoga-Sitz verweilenden Asketen.

Jaina-Tempel in Ranakpur im nordwestindischen Bundesstaat Rajasthan. Typisch für die größeren Tempelbauten der Jainas sind die hohen Säulen mit Skulpturen, Reliefs und Fresken.

Götter und Symbole

Götter werden von den Jainas kaum verehrt, denn sie vertreten nur einen Bereich der Wiedergeburt. Die Wiedergeburt als Gottheit ist das Resultat eines bestimmten günstigen *Karmas;* wenn jedoch das Karma abgebaut ist, erfolgt eine Wiedergeburt in einem niederen Bereich. Nach Ansicht der Jainas verfügt die menschliche Existenz gegenüber der göttlichen über wesentliche Vorzüge, denn nur ein Mensch kann einen heiligen Lebenswandel, Askese und Meditation praktizieren und ist somit imstande, Erlösung *(Moksha)* zu erlangen.

Symbole sind bei den Jainas häufig zu Gruppen zusammengefasst und dienen u. a. dekorativen Zwecken in den Tempeln. So gibt es z. B. die acht Glückssymbole, die 14 Glück verheißenden Zeichen, die mit der Geburt eines *Tîrthamkara* verbunden sind, und die sieben Sinnbilder, die als »Juwelen« bezeichnet werden. Markante Symbole sind das Hakenkreuz (Svastika) und das »Rad der Lehre« (Dharmacakra).

Geschichte des Jainismus

Wie der Buddhismus nahm auch der Jainismus seinen Ausgang von Magadha, einem der 16 Königreiche, die um 500 v. Chr. in Nordindien entstanden waren. Die Jainas übten Loyalität zum Königshaus und erfreuten sich stets einer großzügigen staatlichen Förderung. Nach rund 200 Jahren außerordentlicher Blüte im Staat Magadha erlebte die Gemeinde der Jainas jedoch eine Zeit

CHRONIK **Zeittafel zur Geschichte des Jainismus**	
um 800 v.Chr.	Geburt des Pârshvanâtha, des 23. Tîrthamkara, wahrscheinlich der eigentliche Stifter des Jainismus
549–477 v.Chr.	Mahâvîra, der 24. und letzte Tîrthamkara in diesem Weltalter, ein Zeitgenosse Buddhas; er verkündet den Jainismus neu und bringt ihn in seine endgültige Form
419 v.Chr.	Jambûsvâmî erlangt als letztes Oberhaupt des Jainismus Nirvâna; nach ihm soll keiner der Jainas mehr imstande gewesen sein, diese höchste Vollendung zu erringen
bis 300 v.Chr.	Der Jainismus gelangt ins nordindische Königreich Magadha
um 300 v.Chr.	Hungersnot in Magadha; eine Gruppe von Jaina-Mönchen wandert nach Südindien aus und gründet dort eine eigene Gemeinde
bis etwa 265 v.Chr.	Versammlungen eines großen Konzils der Jainas in Magadha; es kommt zu Differenzen zwischen den Gemeinden von Magadha und der Abordnung aus dem Süden; Spaltungen innerhalb des Jainismus zeichnen sich ab; der auf Mahâvîra zurückgehende Kanon ist z.T. verloren gegangen
um 80 n.Chr.	Schisma; zwei Konfessionen: Shvetâmbaras und Digambaras
320–480	Gupta-Dynastie herrscht über Indien; Jainismus in höchster Blüte
503 oder 516	Konzil der Shvetâmbaras in Valabhi/Gujarat; der heilige Kanon dieser Konfession wird definitiv geschlossen; Digambaras erkennen den Kanon allerdings nicht an
um 800	Hinduistische Reformen unter der Führung des Philosophen Shankara; Hinduismus erweist sich als gefährlicher Gegner des Jainismus; Zurückweichen des Jainismus vor dem Hinduismus
um 1000	Mahmud von Ghazni leitet die islamische Eroberung Indiens ein; Beginn der islamischen Unterdrückung des Jainismus; Jainas leben ihre Religion im Untergrund
1593	Mogul-Kaiser Akbar erlässt ein Edikt, das Jainas freie Religionsausübung erlaubt und ihnen wieder die heiligen Stätten zuweist
1600	Erste englische Handelsniederlassungen in Indien
1798	Beginn der großen britischen Expansion in Indien; die Briten gewähren den Jainas freie Ausübung ihrer Religion
1858	Indien wird britische Kronkolonie
1947	Gründung der Republik Indien; indienweite Sammlungsbewegungen aller Jainas, unabhängig von der Konfession; interkonfessionelle Organisationen entstehen; Jainismus erlebt neue Blütezeit; Mahâvîras Geburtstag am 25. April wird in Indien als gesetzlicher Feiertag eingeführt

harter Prüfung. Um 300 v.Chr. hatte Kaiser Candragupta, der ein großer Verehrer des Jainismus war, in Magadha die Maurya-Dynastie begründet und durch Eroberungszüge die meisten Königreiche Nordindiens unterworfen. In der zweiten Hälfte seiner Regierungszeit kam es in Magadha zu einer verheerenden Hungersnot, von der besonders die Jainas betroffen waren. Die meisten Laien der Gemeinde waren kaum mehr imstande, für ihren eigenen Lebensunterhalt aufzukommen, geschweige denn die große Zahl von Nonnen und Mönchen innerhalb ihrer Gemeinschaft zu versorgen.

Wanderung: Um wenigstens einen Teil der Last von der Gemeinde in Magadha zu nehmen, entschloss sich das damalige Oberhaupt des Jainismus, ein Heiliger namens Bhadrabahu, mit 1200 Mönchen auszuwandern. Er übergab die Obhut über die Gemeinde in der Heimat seinem Schüler und zog mit den Mönchen gen Süden. Nach einer langen Wanderung fanden die Mönche zwischen zwei schroffen Granitbergen, die aus der weiten Ebene ragen, eine neue Bleibe. An dieser Stelle (im Süden des heutigen indischen Bundesstaates Karnataka) entstand ein neues Zentrum des Jainismus. Kaiser Candragupta hatte die Regentschaft seinem Sohn in die Hände gelegt und war als Asket den Mönchen gefolgt. In einer kleinen Felshöhle auf einem der beiden Granitberge verbrachte er den Rest seines Lebens in Meditation. Später entstand am Fuß des Berges die Kleinstadt Shravana Belgola, die heute das wichtigste Zentrum des Jainismus in Südindien ist.

Konzil: Nach zehn Jahren hatte sich die Situation der Jainas im Reich Magadha gebessert, und die Gemeinde berief in Pâtaliputra (heute Patnâ, Hauptstadt des indischen Bundesstaates Bihâr) ein Konzil ein, das sich über Jahre, bis in die Amtszeit von Kaiser Ashoka (268 v.Chr. inthronisiert), hinzog. Die Zeit der Not hatte das Gemeindeleben unter eine schwere Prüfung gestellt. Die Tugenden waren verfallen, und auch mit der Überlieferung der heiligen Texte, die sich auf die Lehrreden des Mahâvîra stützten, waren die Jainas nachlässig umgegangen. Das Konzil in Pâtaliputra diente vor allem dem Zweck, den heiligen Kanon neu zu sammeln und zu ordnen. Bald stellte sich heraus, dass es nicht mehr möglich war, alle heiligen Texte zusammenzubringen, und dass der Kanon somit Fragment bleiben musste.

Auch aus dem Süden war eine Abordnung von Mönchen zum Konzil nach Pâtaliputra gekommen. Nachdem diese jedoch den fragmentarischen Kanon begutachtet hatten, lehnten sie ihn als Verfälschung der Jaina-Lehre kategorisch ab. Dies waren bei weitem nicht die einzigen Differenzen zwischen der Gemeinde von Magadha und den Emigranten. Die Mönche aus dem Süden hielten sich strikt an die asketischen Gelübde und gingen nackt; die Ordinierten aus Magadha dagegen nahmen asketische Vorschriften nicht mehr so ernst und kleideten sich in weiße Gewänder. Nach und nach zeichnete sich eine Spaltung des Jainismus in zwei Richtungen ab, die sich in den folgenden Jahrhunderten immer deutlicher ausprägten.

Stifter und Leitfiguren

Mahâvîra (549–477 v.Chr.) hieß mit bürgerlichem Namen Vardhamâna. Sein Vater Siddhârtha war adliger Großgrundbesitzer und verfügte über beträchtliche Ländereien, weshalb er den Ehrentitel »Râja« führte. Siddhârthas Gemahlin Trishalâ stammte aus königlichem Haus; sie war die Schwester des Königs von Vaishâlî, der Hauptstadt der Licchavis, eines jener 16 Königreiche im damaligen Norden Indiens.

Adlige Kindheit: Als Geburtsort Mahâvîras wird in den heiligen Texten Kundagrâma angegeben. Viele Jainas glauben, dass dieser Ort mit dem heutigen Kundalpur, einem Dorf in der Nähe der Stadt Rajgir im Bundesstaat Bihâr, identisch ist. Nach einer anderen Theorie war Kundagrâma ein Vorort der Stadt Vaishâlî. Vardhamâna wuchs am fürstlichen Hof seiner Eltern auf und versetzte bereits als Knabe die Menschen durch seine Kraft und Intelligenz in Erstaunen. Einmal kam Gott Indra in der Inkarnation eines Brahmanen zu ihm und verstrickte ihn in einen schwierigen philosophischen Disput. Aber Indra konnte mit der Intelligenz des Wunderknaben nicht mithalten. Ein andermal soll eine Gottheit aus dem Himmel des Indra herabgekommen sein und Vardhamâna zum Kampf herausgefordert haben, doch er war den übernatürlichen Kräften des Knaben nicht gewachsen. Nach diesem Sieg wurde der Knabe Mahâvîra (»Großer Held«) genannt. Schon früh soll Mahâvîra seine Bestimmung als Asket und spiritueller Lehrmeister erkannt haben, doch um seinen Eltern keinen Kummer zu bereiten, fügte er sich in sein Schicksal als Sohn aus dem Adel.

Asketischer Wanderer: Mit 28 Jahren heiratete er eine Frau aus gutem Haus, die ihm bald eine Tochter gebar. Nach dem Tod seiner Eltern fasste Mahâvîra endlich den Entschluss, als Asket in die Welt hinauszuziehen, wurde aber von den übrigen Familienmitgliedern zurückgehalten. Erst zwei Jahre später erhielt er von seinem älteren Bruder Nandivardhana die Erlaubnis. Darauf suchte er eine Parkanlage auf, fastete und meditierte unter einem Baum zweieinhalb Tage, legte danach eine gelbe Mönchsrobe an und vollzog an sich selbst die Mönchsweihe, indem er mit fünf Handgriffen sein Haupthaar ausriss. Zunächst lebte Mahâvîra noch in der Nähe seiner Heimatstadt innerhalb jener Gemeinschaft von Jainas, die Pârshvanâtha verehrte. Doch aufgrund der schlechten Moral unter den Mönchen und Nonnen wandte sich Mahâvîra von den Jainas ab und führte das Leben eines Bettelmönchs. Nach 13 Monaten entledigte er sich seines Mönchsgewands und ging von da an als nackter Asket. Zwölf Jahre später fand er die Erleuchtung und wurde zum 24. *Tîrthamkara* und damit letzten Verkünder des Jainismus in diesem Weltalter. In Pâvâpurî, einer Stadt im Land Magadha, wo der Fürst Hastipâla regierte, hielt er seine erste Predigt und gewann seine ersten Jünger. Danach ging er nach Râjagriha, der damaligen Hauptstadt von Magadha, und überzeugte König Bimbisâra von seiner Lehre. Bimbisâra war bereits mit dem Bud-

ZUR PERSON **Mahâvîra – der 24. und letzte Tîrthamkara**

Mahâvîra (549–477 v.Chr.), ein Zeitgenosse Buddhas und letzter Verkünder der Lehren des Jainismus in diesem Zeitalter, gilt bei allen Indern, gleich welcher Religion sie anhängen, als bedeutende Persönlichkeit ihrer Geschichte. Sein Geburtstag am 25. April ist in Indien gesetzlicher Feiertag. Die Jainas veranstalten an diesem Tag in verschiedenen Städten große Prozessionszüge mit den festlich geschmückten Elefanten und Wagen, auf denen Statuen des Mahâvîra aufgebaut sind. (Abb.: Buchmalerei aus Gujarat, 15. Jh.)

dha befreundet, der auch häufig in der Stadt verweilte. In den Straßen kam es von nun an häufig zu heftigen Disputen zwischen den Anhängern des Mahâvîra und des Buddha. Rund 35 Jahre lang verkündete Mahâvîra die Lehre des Jainismus und unternahm weite Reisen im Land Magadha. Als er 72 Jahre alt war, besuchte er wieder Pâvâpurî. Quartier bezog er in der Kanzlei des Fürsten Hastipâla. Dort verschied Mahâvîra und erlangte *Nirvâna.*

Spaltungen und Richtungen

Um 80 n.Chr. kam es schließlich zu einem Schisma, aus dem die beiden großen Konfessionen des heutigen Jainismus, die Shvetâmbaras und die Digambaras, hervorgingen. Während eines Konzils der Shvetâmbaras zu Beginn des 6. Jh. in der Stadt Valabhi (im heutigen Bundesstaat Gujarat) wurde der fragmentarische Kanon, der im 3. Jh. v.Chr. in Pâtaliputra gesammelt worden war, neu redigiert und in die endgültige Form gebracht. Die Digambaras haben dieses Konzil nie anerkannt, und sie lehnen jenen Kanon nach wie vor ab; nach ihrer Auffassung war der ursprüngliche Kanon, der auf den Lehrreden des Mahâvîra basierte, vollständig verloren gegangen. Die Digambaras besitzen ihre eigene Sammlung heiliger Schriften, die – nach ihrem Verständnis – den Werken des originalen, jedoch verloren gegangenen Kanons nachempfunden sind. Die Mönche der Shvetâmbaras kleiden sich in weiße Gewänder; die Mönche der Digambaras dagegen gehen nackt (nicht nur in ihren Tempeln und Klöstern, sondern auch auf offener Straße). Zu keiner Zeit jedoch standen sich beide Konfessionen feindlich gegenüber. Ein jeder Jaina erkennt heute an, dass es zwei unterschiedliche Ausdrucksformen seiner Religion gibt und sieht mehr das Gemeinsame als das Trennende zwischen beiden Konfessionen.

Rechts: Die Mönche der Shvetâmbaras, einer der beiden großen Jaina-Konfessionen, kleiden sich in lange weiße Gewänder.

Unten: Die Digambara-Mönche treten nicht nur in ihren religiösen Zentren, sondern auch in der Öffentlichkeit nackt auf.

Die bedeutendsten Schriften

Jede der beiden *Konfessionen* des Jainismus besitzt ihre eigene heilige Schriftensammlung. Die Shvetâmbaras gestehen zwar ein, dass ihr Kanon fragmentarisch ist, die noch vorhandenen Teile seien jedoch authentisch und gingen auf die Lehrreden des Mahâvîra zurück. Dies wird von den Digambaras bestritten. Nach ihren Anschauungen existiert der originale Kanon heutzutage überhaupt nicht mehr. Die heiligen Schriften der Digambaras basieren nach ihrem Verständnis auf den Werken eines älteren, aber verloren gegangenen Kanons.

Heilige Stätten

Im Jainismus sind die heiligen Stätten meist mit einem bestimmten *Tîrthamkara* und speziell mit einem Hauptereignis aus seinem Leben verbunden, z.B. Geburt, Erleuchtung oder *Nirvâna.* Dies gilt sowohl für historische Verkünder des Jainismus (Pârshvanâtha und Mahâvîra) als auch für legendäre Gestalten wie *Âdinâth.* Die Stadt Vârânasî am Ganges ist den Jainas besonders heilig, weil hier Pârshvanâtha zur Welt kam und auch die Erleuchtung erlangte. In dieser Stadt soll aber auch der 7. Tîrthamkara Supârshvanâtha zur Welt gekommen sein. Als heilig gilt ferner die Stadt Ayodhyâ (heute Faizâbâd), wo der Legende nach Âdinâth und die Tîrthamkaras Nr. 2, 4, 5 und 14 geboren wurden. Der heiligste Berg der Jainas in Indien ist der Sametashikhara im Bundesstaat Bihâr. Auf seinem Gipfel fand Pârshvanâtha das Nirvâna, aber auch die Tîrthamkaras 2–11 und 13–21 sollen hier Nirvâna erlangt haben. Andere heilige Berge der Jainas sind Shantrunjaya und Girnar im Bundesstaat Gujarat, Âbû in Râjasthân, Sonagiri in Madhyapradesh und der *Kailash* in West-Tibet. An den heiligen Stätten wurden meist gewaltige Tempelanlagen errichtet.

Feste und Riten

Das heiligste Fest, das noch zurückgeht auf Mahâvîra und Buddha (also auch von Buddhisten in Asien begangen wird), ist Paryushanâ, das rituelle Verbringen der Regenzeit. Die Grundidee des Festes ist, dass die Regenzeit, die in Südasien eine Zeit des Wartens ist, wo es nicht viel zu tun gibt, von Mönchen und vor allem von Laien für religiöse Übungen und Fasten genutzt werden soll. Ein anderes wichtiges Fest der Jainas ist die »Verehrung des Heiligen Rades« (Siddha-cakra-pûjâ), das zweimal im Jahr stattfindet, im Frühjahr und im Herbst. Andere Festtage sind mit einem bestimmten *Tîrthamkara* oder einem anderen Heiligen verbunden. Gemeinsam mit den Hindus feiern die Jainas das Lichterfest Divâlî im Herbst und zusammen mit den Buddhisten das Neujahrsfest nach dem Mondkalender im Februar.

Religion und Staat

Rechtswesen und Staatskunst gehen nach Überzeugung der Jainas allgemein auf *Âdinâth,* den ersten Verkünder des Jainismus, zurück und wurden von dessen Sohn *Bhârata* weitergegeben. Die Jainas übten, trotz ihrer Krieg und Gewalt ablehnenden Gesinnung, stets Loyalität gegenüber der indischen Staatsmacht und wurden von Herrschern als Beamte und Minister gern in Diensten genommen. Es gab in Indien auch zahlreiche Könige und Fürsten, die Laienbekenner des Jainismus waren. Auch im modernen Indien besetzen viele Angehörige der Jaina-Religion einflussreiche Positionen in Politik und Wirtschaft. *Franz Bätz*

STICHWORT **Heilige Stätten – der Tempelberg Shantrunjaya**

Auf dem heiligen Berg Shantrunjaya der Jainas in Gujarat stehen 863 Tempel. Pilger aus ganz Indien kommen hierher, um von ihren Sünden befreit zu werden.

Heilige Stätte: Der Tempelberg Shantrunjaya bei Palitana im indischen Bundesland Gujarat ist eine der bedeutendsten Weihestätten des Jainismus. Weshalb gerade dieser Berg als heilig gilt, bleibt jedoch ein Geheimnis, denn der Ort ist mit keinem Ereignis aus dem Leben eines der Tîrthamkaras verbunden. In der heiligen Schrift Âtmaprabodha heißt es: »Allein durch das Berühren des Shantrunjaya werden große Sünder der Himmelswonne teilhaft, Leute aber, die gute Taten vollbrachten, erlangen in kurzer Zeit die Vollkommenheit (...) Mit jedem Schritt, mit dem man sich dem Shantrunjaya-Berg nähert, wird man von Sünden, die Tausende von Kotis von Geburten zur Folge haben würden, befreit.«

Geschichte: Auch die Geschichte des Ortes liegt zum großen Teil im Dunkeln. Wahrscheinlich begann die erste Bebauung des Berges im 4. Jh. n.Chr. Die meisten Bauwerke sind vermutlich nicht älter als 400 Jahre. Auf dem Shantrunjaya finden sich heute 863 Tempel und über 200 000 Statuen. Als Baumaterial wurde häufig weißer, fast transparenter Marmor verwendet. Täglich steigen Scharen von Pilgern aus allen Teilen Indiens die etwa 4000 Stufen zu den Tempeln empor, um zu meditieren und zu beten.

Wohlhabende Jaina-Laien im traditionellen Schmuck singen zum Gebet während einer Prozession.

Jainismus von A–Z

Die im folgenden Buchteil aufgeführten Stichwörter bieten Informationen, die für das Verständnis des Jainismus wichtig sind. So wird z. B. Erlösung hier ausschließlich in seiner Bedeutung für den Jainismus betrachtet. Seitenverweise am Ende eines Stichwortes führen in den Buchteil *Der Jainismus in Geschichte und Gegenwart.*

Âdinâth (eigtl. Âdinâtha: der »Erste Herr«), sein bürgerlicher Name ist Rishabha. Der legendäre erste Verkünder *(Furtbereiter)* des Jainismus in diesem Weltalter gilt als ein *Tîrthamkara.* Der Legende nach war Â. auch der erste Monarch in diesem Weltalter. Er heiratete zwei Frauen; die eine schenkte ihm den Sohn Bhârata, die andere den Sohn Bahubali. Nachdem Â. lange regiert hatte, entsagte er der Welt, legte die Herrschaft seinem Sohn Bhârata in die Hände und wurde zum Asket und zum spirituellen Lehrmeister des Jainismus. Bahubali entschied sich nach dem Vorbild seines Vaters für das Asketentum. Bhârata dagegen stieg zu einem Weltherrscher (Cakravartin) auf. Er ist Namensspender der Republik Indien (die Namen »Indien« oder »India« sind unter den Indern selbst nicht üblich; sie nennen ihr Land Bhârata oder Bhârat).

Ahimsâ →Nicht-Schädigen, Nicht-Töten

Ajîva (»das Ungeistige«), eine der Grundwahrheiten in der Jaina-Lehre. →Lehrsätze

Askese, Methode zur inneren Reinigung und Bewusstseinserweiterung. Die Jainas unterscheiden in der Regel zwischen äußerer A. (Beschränken der Kost, Almosengang, Zwingen des Körpers zur Überwindung der natürlichen Triebe etc.) und innerer A. (sittsames Verhalten, Loslassen aller Leidenschaften, Meditation etc.). Mönche und Nonnen praktizieren beide Arten von A., Laien dagegen nur die innere A.

Âdinâth. Tempel des »Ersten Herren« und Verkünders Âdinâth in Ranakpur im Bundesstaat Rajasthan

Bahubali, der ideale Asket; speziell unter den Digambaras *(Konfessionen)* Vorbild und Leitfigur für das Asketentum. In den Tempeln wird B. als Statue aufrecht stehend und vollständig nackt dargestellt. Der Legende nach war er einer der beiden Söhne des *Âdinâth.*

Bhârata, Name des Landes Indien bei der einheimischen Bevölkerung. Er geht zurück auf einen legendären Weltherrscher. Nach der Tradition der Jainas war B. ein Sohn des legendären ersten Verkünders des Jainismus *Âdinâth.*

Buddha, nach buddhistischer Tradition jemand, der alle Schleier des Bewusstseins beseitigt und alle Vollkommenheit von Erkenntnis und Mitgefühl erlangt hat und so zur Befreiung aus dem Kreislauf von Geburt und Tod gelangt ist. Der historische B. Siddhârtha Gautama wird auch von den Jainas verehrt, weil sein Leben dem eines *Tîrthamkara* ähnelt. Viele Jainas sehen auch im Buddhismus eine Nebenrichtung ihrer eigenen Lehre.

Daseinskreislauf →Samsâra

Digambaras (»Luftgekleidete«) →Konfessionen

Erlösung (Moksha), Überwindung des leidvollen und zwangsweise zustande kommenden Kreislaufs von Geburt, Tod und *Wiedergeburt (Samsâra).* Die Jainas glauben nicht an eine Fremderlösung durch eine Gottheit. E. ist nur durch eigene Kraft zu erringen, durch einen sittsamen Lebenswandel, *Askese,* Meditation etc.

Essen, besitzt bei den Jainas einen hohen Stellenwert. Alle Jainas ernähren sich vegetarisch. Sie haben eine eigene, reichhaltige und sehr schmackhafte Küche entwickelt, zu welcher neben Gemüse und verschiedenen scharf gewürzten Reisspeisen auch Müslis, Zuckergebäck und Kuchen gehören.

Fasten, besitzt bei den Jainas ebenso wie das *Essen* große Bedeutung. Zeitweilig oder periodisch praktiziertes F. dient der Reinigung der Seele und der Vernichtung von *Karma*. Die verschiedenen Arten des F. sind in Ritualbüchern mit großer Ausführlichkeit und unter Zuhilfenahme von Tabellen dargestellt.

Frauen, genießen innerhalb der Gemeinschaft der Jainas heute gleiche Rechte wie Männer. Die Jaina-F. sind in großen Frauenverbänden organisiert, um sich ihre Rechte, die auf die *Tîrthamkaras* zurückgehen, zu bewahren.

Furtbereiter, Verkünder der Lehre des Jainismus. → Tîrthamkara

Hölle, bei den Jainas ein Teil des Universums, der sich unter der Mittelwelt erstreckt. Dieser Teil der Welt stellt einen besonderen Bereich der *Wiedergeburt* dar. Hier leben die Seelen, die in einem vorangegangenen Leben schlechtes *Karma* angesammelt haben. Doch bei den Jainas gibt es keine ewige Verdammnis, deshalb ist auch ein Aufstieg aus der H. wieder möglich, wenn das schlechte Karma abgebaut ist. → Universum

Jaina, traditionelle Bezeichnung für einen Anhänger der Religion des Jainismus. Im heutigen Indien ist meist der Ausdruck Jain (sprich: »dschein«) gebräuchlich. Die etymologische Herkunft des Begriffs ist unklar.

Jambûdvîpa, die zentrale Erdscheibe nach den Vorstellungen der Jainas. → Universum

Jîva, das Geistige in der Welt, die Seelen. → Lehrsätze

Kailash, Berg in West-Tibet, für die Jainas ein heiliges Wallfahrtszentrum, weil ihrem Glauben nach hier *Âdinâth Nirvâna* erlangt hat. Der K. ist auch den Hindus, Buddhisten und den Anhängern der tibet. Ur-Religion heilig. Als besonders verdienstvoll gilt eine rituelle Umwandlung des K. Allerdings darf der Berg nicht bestiegen werden, damit die Heiligkeit seines Gipfels nicht verletzt wird.

Karma (»Handlung«, »Tat«), der latente, gesetzmäßige Zusammenhang von Aktion und Reaktion; jede Tat zieht unausweichlich ihre Folgen nach sich. Für die Jainas ist K. etwas subtil Substanzielles, das durch Betätigung in die Seele eingeströmt ist, den natürlichen Zustand derselben verändert hat und dadurch zum Schicksal bestimmenden Faktor für den Menschen geworden ist.

Kasten, innerhalb der Gemeinschaft der Jainas kam dem Kastenwesen eine wesentlich stärkere Bedeutung zu als bei den Buddhisten. Zugehörigkeit zum Jainismus bedeutete nicht automatisch Ranggleichheit mit anderen Anhängern dieser Religion. Die meisten Jainas gehörten und gehören bis in die Gegenwart zu den Kaufmannskasten in Indien. Die Bedeutung des Kastenwesens, für das es keine gesetzlichen Grundlagen mehr in Indien gibt, ist heute rückläufig.

Konfessionen. Der Jaina-Mönch P. S. Kerpadia ist ein ehemaliger Multimillionär aus Bombay, der seinen weltlichen Reichtum zugunsten eines asketischen Lebens als Glaubensbruder aufgegeben hat. Er trägt das weiße Gewand der Shvetâmbara-Konfession.

Konfessionen, die Gemeinschaft der Jainas ist in zwei große K. geteilt, die Shvetâmbaras und die Digambaras, die aus einem Schisma um 80 n. Chr. entstanden sind. Jede K. verfügt über ihren eigenen Kanon heiliger Schriften. Die Mönche der Shvetâmbaras (die »Weißgekleideten«) hüllen sich in weiße Gewänder, die Mönche der Digambaras (die »Luftgekleideten«) gehen nackt; das Nacktgehen der Nonnen ist allerdings schon seit Jahrhunderten verboten, die Nonnen der Digambaras tragen deshalb ebenfalls weiße Gewänder.

Lehrsätze, die Lehre der Jainas, die von den *Tîrthamkaras* verkündet worden ist, betrachtet sieben so genannte Grundwahrheiten:

1. Jîva, das Geistige in der Welt: die Seelen. Sie sind in unendlicher Zahl vorhanden, nicht materiell und unvergänglich, von Natur aus allwissend, moralisch vollkommen und mit unbegrenzten Kräften ausgestattet.
2. Ajîva, das Ungeistige in der Welt, gegliedert in fünf Entitäten: Dharma, das Medi-

Pûjâ. Jaina-Mönche zu Füßen der 20 m hohen Figur des Asketen Bahubali in Shravana Belgola, Süd-Indien. Eine der acht rituellen Zeremonien der Jainas ist das Salben von Statuen.

um für Bewegung; Adharma, das Medium für Ruhe, Hemmung; Âkâsha, das Medium Raum; Pudgala, der Stoff, bestehend aus den Paramanus (Atomen), die ihm einen bestimmten Geruch, Geschmack, eine entsprechende Farbe etc. verleihen; Kâla, die *Zeit.*

Diese ersten beiden Grundwahrheiten beschreiben die Substanzen, die durch ihr Zusammenwirken das Weltgeschehen zustande bringen; die übrigen fünf befassen sich mit den Zuständen, die eintreten, wenn Geistiges und Ungeistiges sich miteinander verbinden oder voneinander getrennt werden:

3. Âsrava, das Einströmen von Ungeistigem in die Seele über die Tore Körper, Rede und Denken. Dies kann geschehen durch Punya (Verdienst, Tugend) oder durch Pâpa (Frevel, unheilsame Handlungen).
4. Bandha, Bindung von in die Seele eingeströmtem Ungeistigen als *Karma,* wofür es vier Ursachen gibt: falscher Glaube, mangelnde Selbstzucht, Leidenschaften und Betätigung allgemein.
5. Samvara, Abwehr von Karma durch Achtsamkeit, rechten Umgang mit Körper, Rede und Denken etc.
6. Nirjarâ, Tilgung von Karma; die Praxis von *Askese* und Meditation, wodurch in der Seele bereits vorhandene Karma-Anlagen zerstört werden, so dass sie nicht zur Wirkung kommen.
7. Moksha, Erlösung; Tilgung sämtlichen Karmas und Erlangen von *Nirvâna.*

Mandala (»Kreis«, »Zirkel«), symbolische Abbildung der zentralen Erdscheibe nach der traditionellen Kosmografie der Jainas; in den Tempelhallen entweder als Fresko oder dreidimensional auf dem Boden dargestellt. → Universum

Mantra, heilige Silben oder Worte, denen eine magische Wirkung zugeschrieben wird. Das wichtigste M. bei den Jainas ist OM HRIM. Auch jedem *Tîrthamkara* ist ein bestimmtes M. zugeordnet. Die Jainas benutzen, wie die Gläubigen der anderen Religionen Indiens, für das Rezitieren von M. einen Gebetskranz aus 108 Kugeln.

Meru, der zentrale Weltberg in der altind. Kosmografie. Er erhebt sich in der Mitte der zentralen Erdscheibe, durch ihn verläuft die Achse des Kosmos. → Universum

Moksha, die *Erlösung* aus dem leidvollen Kreislauf von Geburt, Tod und *Wiedergeburt;* Erlangen von *Nirvâna.*

Nicht-Schädigen, Nicht-Töten, das Prinzip von Ahimsâ. Jainas lehnen den Besitz von Waffen ab und verweigern den Wehrdienst. Ferner ernähren sie sich vegetarisch und wählen nur Berufszweige, bei denen auch ein versehentliches Verletzen oder Auslöschen von Leben ausgeschlossen ist, wie Handel, Juwelierhandwerk, Beamtentum, Bankwesen etc. Manche Jainas tragen auch einen Mundschutz, um nicht aus Versehen ein Insekt einzuatmen und dadurch zu töten.

Nirvâna, das Ende des leidvollen, unkontrolliert und zwangsweise zustande kommenden Kreislaufs von Geburt, Tod und *Wiedergeburt.* N. kann erlangt werden, indem durch einen heiligen Wandel, *Askese* und Meditation alles *Karma* abgebaut und das Einströmen von neuem Karma unterbunden wird.

Pûjâ, Ritual, (Tempel-)Zeremonie. Von den Jainas werden in den Tempeln in der Regel acht P. praktiziert:

1. Anzünden von Lichtern und schwenken der Lichter vor den *Statuen;*
2. Opferung von Wasser (auf dem Altar werden die Opferschalen mit Wasser gefüllt; das dadurch geheiligte Wasser kann nach der Zeremonie an die Gläubigen verteilt werden);
3. Salben der Statuen mit einer Salbe aus Sandelpulver (dabei werden der Statue auf verschiedene Körperteile, u. a. die Stirn, Punkte gemalt);
4. Darbringen von Blumen;
5. Abbrennen von Weihrauch;
6. Opfern von Reiskörnern;

7. Opfern von Süßigkeiten;
8. Opfern von Früchten, meist Kokosnüsse.

Rishabha, bürgerlicher Name von *Âdinâth,* des legendären ersten Verkünders des Jainismus in diesem Weltalter.

Rituale → Pûjâ

Samlekhana → Tod durch Fasten

Samsâra, der leidvolle Kreislauf von Geburt, Tod und *Wiedergeburt,* der durch die Wirkung von *Karma* und durch Bewusstseinsschleier zwangsweise und unkontrolliert zustande kommt. Auch einfach die Welt und der Wandel der Lebewesen in ihr werden oft als S. bezeichnet.

Shvetâmbaras (die »Weißgekleideten«) → Konfessionen

Statuen, stellen in den Tempeln der Jainas die *Tîrthamkaras,* die Verkünder ihrer Lehre, dar. Oberflächlich betrachtet ist die Abbildung eines Tîrthamkara der Figur eines meditierenden Buddha zum Verwechseln ähnlich. Ein Tîrthamkara verweilt im Yoga-Sitz, der Körper ist gerade aufgerichtet, die Hände ruhen im Schoß. Im Gegensatz zu einem meditierenden Buddha aber, der stets ein Mönchsgewand trägt, wird ein Tîrthamkara nackt dargestellt. Die einzelnen Tîrthamkaras unterscheiden sich durch Symbole oder Wappentiere, die meist am Sockel der S. abgebildet sind. Mahâvîra z.B. hat den Löwen als Wappentier. Leicht zu identifizieren ist Pârshvanâtha, der 23. Tîrthamkara, da sein Haupt von einer Schlangenhaube umgeben ist. Gelegentlich werden Tîrthamkaras auch aufrecht stehend dargestellt. Bei den Figuren in den Tempeln der Digambaras sind die Augenlider weltentrückt niedergeschlagen, während die Augen der S. bei den Shvetâmbaras weit geöffnet und durch eingesetzte Stücke aus Glas, Kristall oder weißem Stein zusätzlich hervorgehoben sind, wodurch die Figur eine geradezu magische Ausstrahlung erhält. Vor allem in den Tempeln der Digambara-Konfession gibt es auch Darstellungen des Asketen *Bahubali.*

Stifter, der Religionsstifter des Jainismus war wahrscheinlich Pârshvanâtha, der im 8. Jh. v. Chr. auftrat und gemäß der Tradition der Jainas als 23. *Tîrthamkara* gezählt wird. Nach den Anschauungen der Jainas jedoch hat der Jainismus keinen Stifter; diese Lehre ist ewig wie das Weltall und wird in bestimmten, gesetzmäßig feststehenden Zeiten von Tîrthamkaras verkündet. Jedes Weltalter hat seine eigenen Tîrthamkaras; in diesem Weltalter sollen 24 aufgetreten sein.

Tempel. Der Jaina-Tempel in Ranakpur, Rajasthan, zählt zu den größten Tempelanlagen Indiens, erbaut 1433–1496. Beteiligt waren 1500 Architekten und 2700 Arbeiter. Der Tempel besteht aus insgesamt 1444 Säulen, 24 Kuppeln, 350 Statuen, einer Hauptkapelle, die Âdinâth geweiht ist, 4 Seitenkapellen und 84 kleinen Kapellen.

Stûpa, buddhistischer Kultbau zur Aufbewahrung von Reliquien oder als Zentrum der Verehrung Buddhas. Die archaische Form des S. besteht aus Sockel, Kuppel und Spitze. Früher war der S. auch im Jainismus üblich.

Tempel, die frühesten Sakralbauten der Jainas sind Höhlen- und Felsentempel, bestehend aus mehreren unterschiedlich großen Hallen, Vorhöfen und Zellen für Mönche, verziert mit Säulen, Skulpturen, Reliefs und Fresken. Größere T. bestehen aus einer runden Marmorhalle mit einer Kuppel und einem sich daran anschließenden spitzen, turmartigen Bau, der die Hauptkapelle mit den *Statuen* enthält. Manche T. sind auch mit vier Toren ausgestattet, die in die vier Himmelsrichtungen weisen.

Tîrthamkara, ein Furtbereiter oder Verkünder des Jainismus. Die T. sind Erleuchtete; sie treten unter den Menschen in gesetzmäßig feststehenden Zeiten auf, nämlich immer dann, wenn die Lehre des Jainismus in Vergessenheit gerät. Ein T. hat einen wundervollen Körper, er ist frei von Krankheiten, Schweiß und anderen Unreinheiten, sein Atem duftet wie Lotos und sein Blut hat die Farbe der Milch. Fünf große Ereignisse kennzeichnen das Leben eines jeden T.: Empfängnis, Geburt, Weltentsagung, Erleuchtung und *Nirvâna.* Ein T. ist jedoch keine Gottheit; bevor er seine Laufbahn als spiritueller Lehrmeister unter den Menschen beginnen kann, muss er viele Geburten in den verschiedenen

Tîrthamkara.
Nach der Tradition der Shvetâmbaras war Tîrthamkara Nr. 19 eine Frau mit Namen Malli. Sie soll Tochter eines Königs Kumbha und eine liebreizende Jungfrau gewesen sein. In jungen Jahren entschied sie sich für das Leben einer Asketin, wurde Furtbereiterin und verkündete den Jainismus. Sie ist die einzige Frau in der Reihe der 24 Tîrthamkaras. Von den Digambaras wird dies allerdings bestritten; in ihren Überlieferungen ist der 19. Tîrthamkara ein Furtbereiter wie alle anderen und heißt Mallinâtha.

Daseinsbereichen erlebt haben. Durch *Askese* und heiligen Lebenswandel erzeugt er ein bestimmtes *Karma,* so dass er schließlich eine Geburt in einer der Himmelssphären erlangt. Nach überirdischem Genuss entschließt er sich, zur Menschenwelt zurückzukehren. Er kommt in einem königlichen Geschlecht zur Welt, genießt als Prinz alle Vorzüge eines Lebens am Hof, entschließt sich aber für das Asketentum, erlangt die Erleuchtung und predigt die Lehre des Jainismus. Am Ende seiner Tage findet er Nirvâna. In diesem Weltalter sollen 24 T. aufgetreten sein, davon sind 22 nur mythische Gestalten. *Âdinâth* führt die Reihe der 24 an, ihm folgen: (2) Ajitanâtha, (3) Sambhava, (4) Abhinandana, (5) Sumatinâtha, (6) Padmaprabhâ, (7) Supârshvanâtha, (8) Candraprabhâ, (9) Suvidhinâtha oder Pushpadanta, (10) Shîtalanâtha, (11) Shreyâmsa, (12) Vâsupûjya, (13) Vimalanâtha, (14) Anantanâtha, (15) Dharmanâtha, (16) Shântinâtha, (17) Kunthunâtha, (18) Aranâtha, (19) Malli oder Mallinâtha, (20) Munisuvrata, (21) Naminâtha, (22) Neminâtha; die letzten beiden, (23) Pârshvanâtha und (24) Mahâvîra, sind historische Gestalten. In der restlichen Zeit dieses Weltalters erwarten die Jainas keinen T. mehr.

Tod durch Fasten (Samlekhana), diese drastische asketische Praxis, die selten auch von Buddhisten durchgeführt wurde, ist heute kaum mehr üblich. Außerdem ist dafür von einem Oberen der Gemeinschaft eine besondere Erlaubnis nötig, die ausschließlich Asketen im hohen Alter erteilt wird. Hat ein Asket die Erlaubnis dafür bekommen, besteigt er einen Berg, begibt sich unter einem Baum in den Yoga-Sitz und verweilt in dieser Haltung so lange, bis durch Mangel an Nahrung der Tod eintritt. Die Idee von Samlekhana ist, durch Inaktivität und Nahrungsverweigerung einen vollständig karmafreien Übergang vom Leben zum Tod zu erwirken und auf diesem Weg eine besonders günstige *Wiedergeburt* zu erlangen.

Universum, nach den traditionellen Vorstellungen der Jainas von der Welt befindet sich inmitten des U. die zentrale Erdscheibe, Jambûdvîpa genannt. Jambûdvîpa ist von kreisförmiger Gestalt; genau im Zentrum erhebt sich der Weltberg Meru, der auch die Achse des Kosmos präsentiert. Umschlossen ist Jambûdvîpa von zahlreichen Ozeanen und ringförmigen Kontinenten. Unter dieser Mittelwelt erstreckt sich das so genannte höllische U., das sich in sieben übereinander liegende Sphären aus insgesamt 84 000 000 Einzelhöllen aufteilt. Über der Weltscheibe breiten sich zehn oder elf Himmelssphären aus. Oberhalb der höchsten Himmelssphäre liegt die Region der erlösten Seelen, eine Welt von unvorstellbarem Glanz, die nur von Wesen erreicht werden kann, die *Nirvâna* erlangt haben. Um die Größe des U. zu beschreiben, haben die Jainas das Maß Rajju erfunden, das allerdings schwer in allgemein geläufige Entfernungsmaße umzurechnen ist. So finden sich in indischen Tafelwerken Umrechnungen für 1 Rajju zwischen 100 000 und bis zu 100 000 000 Lichtjahren. Nach der Kosmografie der Jainas misst das U. von seinem untersten zu seinem obersten Ende genau 14 Rajju. Ihr traditionelles Weltbild hielten die Jainas auch gegenüber der modernen Wissenschaft bis ins 20. Jh. aufrecht.

Wiedergeburt, ist bedingt durch *Karma* und kann nach Ansicht der Jainas in vier Daseinsbereichen erfolgen: unter den Göttern, Menschen, Tieren und Höllenwesen.

Zeit, nach Ansicht der Jainas verläuft die Z. nicht linear, sondern in ständig sich wiederholenden Zyklen. Ein Zyklus hat eine Dauer, die alles menschliche Vorstellungsvermögen übersteigt, und besteht aus einer aufsteigenden und einer absinkenden Periode, d. h. von einem Tiefpunkt der Lebensqualitäten an verbessern sich die Verhältnisse nach und nach zu einem Kulminationspunkt, von dem an die Lebensbedingungen wieder schlechter werden, bis erneut jene denkbar schlechtesten Verhältnisse erreicht sind. Darauf folgt der nächste Zyklus mit seinen beiden Perioden oder Weltaltern. Jede Periode ist in sechs Epochen unterteilt. Am Anfang der ersten Epoche einer aufsteigenden Periode herrschen auf der Erde geradezu höllische Verhältnisse, und am Ende der sechsten Epoche ist die Erde ein Paradies: Schöne Blumen blühen, Wohlgerüche erfüllen den Luftraum, die Menschen haben eine sehr lange Lebenserwartung, ihr Dasein wird von Glück und Wohlstand geprägt, und Krankheiten sind unbekannt. Gegen Ende der sechsten Epoche der darauf folgenden absteigenden Periode leben die Menschen nur kurz, ihre Existenz ist ständig bedroht von Krankheit, Katastrophen und Krieg, die gesamte Erde ist krank. Gegenwärtig leben wir zu Beginn einer fünften Epoche einer absteigenden Periode. Die Menschheit hat nach Ansicht der Jainas keine gute Z. mehr zu erwarten.

Der Parsismus in Geschichte und Gegenwart

Begriff und Bedeutung

Die Parsen sind die heute vorwiegend in Indien und im Iran lebenden Reste der alten Zoroastrier, der Anhänger der vom Propheten Zarathustra zwischen 1000 und 600 v. Chr. gestifteten Religion. Zarathustra reformierte das altiranische Pantheon und verabsolutierte den Glauben an den höchsten, gerechten Gott Ahura Mazda und seine Wesen. Seine Lehre ist zutiefst ethisch und besteht in der grundsätzlichen Wahl des Menschen zwischen dem Guten oder »Reich des Lichts« (Ahura Mazda bzw. Ohrmazd) und dem Bösen, dem »Reich der Finsternis« (Ahriman). Die irdische Schöpfung ist eine Mischung aus beidem, der Mensch steht im Zentrum des Kampfs zwischen ihnen.

Besonders durch die Integration des Zervanismus erhielt der Glaube eine endzeitliche Ausrichtung mit weit wirkenden Zeit- und Epochentheorien und der messianischen Erlösergestalt *(Saoshyant)* Zarathustra. Der Zervanismus, auch die vom Zoroastrismus ausgehenden Strömungen des Mithras-Kults und des Manichäismus, übten nachhaltige Wirkung aus auf die Geschichts- und Erlöservorstellungen von Spät-Judentum, Christentum und Islam. Die islamische Eroberung des Iran im 7. Jh. führte zur Abwanderung der Zarathustra-Anhänger nach Indien, wo sie »Parsen« (Perser) genannt wurden. Zu ihren Riten gehören u.a. religiöse Initiation (Naujote, S. 870) und Feuerkult (S. 870) in eigenen Heiligtümern sowie eigene Totenbräuche. Im gesellschaftlichen Leben Indiens spielen sie bis heute eine wichtige Rolle.

Grundzüge des Zoroastrismus

Der Mazdaismus im Alten Iran

Als der Prophet Zarathustra auftrat, gab es bereits hoch entwickelte religiöse Vorstellungen im Iran. Die altiranische Religion ist indogermanischen Ursprungs und fast alle Gottheiten finden sich in leicht veränderter Form auch im Ur-Hinduismus. Vorherrschend war der Hochgottglaube, der sich mit der Ablösung der beiden ursprünglichen Götter *Vayu* und Asha (die rechte Weltordnung) durch Ahura Mazda als dem höchsten Herrn durchsetzte. Die altiranische Mythologie kannte ein vielgestaltiges Pantheon, dachte das Weltall kugel- oder eiförmig und nahm einen »Weltenbaum« als Verbindung von Himmel und Erde an. Der Kosmos galt als Körper der höchsten Gottheit und die »Elemente« Feuer, Metall, Erde, Wasser und Pflanzen wurden besonders verehrt.

Eine wichtige Rolle als Gott der kriegerischen *Männerbünde* spielte Mithra, dessen Name eigentlich »Vertrag« bedeutete und der »Hüter der rechten Ordnung« (Asha) war, aber zugleich als »Verteiler« von Glück und Fruchtbarkeit galt. Schon vor Zarathustra wurde er mit Ahura Mazda als »Mithra-Ahura« zusammengedacht und durch die Sonne verkörpert. Nicht minder bedeutend war Vohu Manah, der den »guten Sinn« bzw.

»Zwei geflügelte Sphingen unter dem Symbol des Ahura Mazda«. Achämenidisches Relief (Glasurziegel) aus dem 6./5. Jh. v. Chr. aus der altorientalischen Stadt Susa, heute eine Ruinenstätte südwestlich von Desful, Iran; Musée National du Louvre, Paris

Zur Sendung Zarathustras
»Wie ein Wissender, der es vermag, dem Freunde Unterstützung und Belehrung gibt, so, o Mazda (gib) mir die deinige, wenn durch dein Xshathra, dem Asha gemäß, mir zuteil geworden ist, mich aufzumachen gegen die Feinde der Verkündigung zusammen mit all denen, die deiner Sprüche eingedenk sind.«
Yasna 43:14

die Herrschermacht verkörperte. Die meisten altiranischen Götter wurden später von Zarathustra nicht bekämpft, sondern zu Begleitern (Amesha Spenta) des Ahura Mazda umgedeutet bzw. »degradiert«.

Die altiranische Gesellschaft gliederte sich in drei Stände (bzw. Kasten) mit eigenen Farben: Die Priester (Zaotar) und Herrscher (Kavay) mit der Farbe Weiß; die Krieger (Nar) und besonders die Streitwagenlenker (Rathaeshtar) mit der Farbe Rot; die Hirten, Bauern und Handwerker (Vastrya oder Hutay) mit dunklen Farben. Der oft mit »König« übersetzte Kavay (oder Kavi) war Stammes- oder Clanhäuptling, der religiös-charismatische Führerfunktionen ausübte.

Als Sänger der Opferhymnen und Darbringer des Trankopfers *Haoma* leitete die Priesterkaste auch das Stieropferritual und den Feuerkult und schufen die zu rezitierenden Götterhymnen (Yashts). Als Kultgegenstand verwendeten sie das heute noch von den Parsen benutzte »Barsman«-Bündel aus zusammengebundenen Baumzweigen.

zufolge soll er in einem Feuerheiligtum von *Männerbünden* getötet worden sein.

Zarathustra verstand sich als Prophet, der seine Offenbarungen direkt von Ahura Mazda empfing und mit der Annahme seines Auftrags die ursprüngliche Wahl des Guten imitierte. Seine Visionen erlebte er in Trance und Ekstase (Traumschlaf). Sein Berufungserlebnis ist ein Gespräch der göttlichen »Stierseele« (Geush Urvan), welche die Raserei der Männerbünde beklagt, da sie zur Gefährdung der Fruchtbarkeit auf Erden führt, die durch das Rind symbolisiert wird. Zarathustra bat Ahura um Ausstattung mit Kraft und Autorität, um den Rindern eine gute Wohnstatt zu sichern und alles Lebensbedrohende (Böse) zu bekämpfen, besonders in der Pflege von Ackerbau und Viehzucht.

Außer als Gesandter Gottes (Yasna 49:8) sah sich der Prophet, dessen Leben in der Überlieferung bald von Legenden überlagert wurde, als »Heiler des Lebens« und »das Leben heilender Freund« (Y. 44:2).

Bildnis Zarathustras. Wandmalerei aus dem Mithräum von Dura Europos, Syrien; Yale University Art Gallery, New Haven (Connecticut)

Zarathustra als Religionsstifter

Der Name Zarathustra bedeutet im Altiranischen »der Kamelreiche«; seine griechische Namensform Zoroaster gab der Religion den Namen. Bei den Parsen heißt er heute Zardusht. Seine historische Ortung ist schwierig, da der Sprachstil seiner Gathas (siehe Die bedeutendsten Schriften, S. 868) ein Wirken um 1000 v. Chr. vermuten lässt, eine Quelle aber von »258 Jahren vor Alexander« spricht; setzt man dieses Datum mit der Eroberung Persiens durch Alexander den Großen (331/330 v. Chr.) an, ergäbe sich 589 v. Chr. als Geburtsjahr. Allgemein wird sein Auftreten um 600 v. Chr. angesetzt und als Lebenszeit gelten die Jahre 630–553 v. Chr.

Über biografische Details sind wir aus den Gathas gut unterrichtet: Er wurde in Baktrien (heute Balkh, Afghanistan) geboren, war Opferpriester und liturgischer Sänger (Zaotar) und entstammte dem Pferdezüchter-Clan der Spitama. Er war verheiratet, hatte mindestens zwei Kinder und erfuhr mit etwa 30 Jahren durch den »Gottesboten« Vohu Manah die Berufung zum Propheten Ahura Mazdas. Etwa zwölf Jahre später konnte er Vishtaspa (Hystaspes), den Kavay des Fryana-Stammes, als Beschützer und Förderer gewinnen. Mit 77 Jahren starb er in Keshmar (Chorasan). Einer späteren Überlieferung

Der höchste Gott: Ahura Mazda

Ahura Mazda (awest. »allwissender Herr«) wurde im Mittelpersischen zu Ohrmazd (»weiser Herr«). Er entspricht dem altindischen Gott Varuna und gilt als Himmelsgott und »Herr der Weisheit« mit dem Beiwort »weitblickend« (vouru-tschashani). Die Schriften nennen ihn »den Ersten und den Letzten« (Y. 31:8) und den »obersten himmlischen Priester« (Yasht 1:12); als Urbild aller Gerechtigkeit wünscht er das »Wohl aller Geschöpfe« (Y. 45:6). Durch Verbindung mit seiner Mutter und Schwester ist er der Vater von Sonne und Mond und Schöpfer des Kosmos, den er durch Denken geschaffen hat (Y. 31:7,11). Dass er bereits in der altiranischen Religion als höchster Gott gilt, zeigen die Weiheinschriften der *Achämeniden-Großkönige,* u. a. die erste Inschrift von Dareios I. (522–486 v. Chr.) bei Naqsh-i Rustam: »Ein großer Gott ist Ahura Mazda.«

Zarathustra nahm eine »Vergeistigung« Ahura Mazdas vor, indem er ihn als »die Wahrheit« mit brauchbarer Erkenntnis und schöpferischem Denken identifizierte. Er ist die Heil schaffende Kraft des Kosmos, die das Leben völlig neu gestalten und Gericht über die Bösen halten wird. Die Entscheidung des Menschen für Ahura Mazda ist Schicksalswahl für das Gute.

STICHWORT **Der Mithras-Kult**

»Mithras tötet den Urstier«, römisches Steinrelief; Museo Nazionale Romano delle Terme, Rom

Das iranische Denken hatte großen Einfluss auf die religiöse Entwicklung des Abendlands und der großen monotheistischen Religionen, besonders des Christentums. Der Mithras-Kult ist wie der Manichäismus ein Seitenstrang der zoroastrischen Religion.

Ursprung: Schon im Mazdaismus genoss Mithras (Mithra), der dem altindischen Mitra entspricht, höchste Verehrung. Yasht 10 berichtet, dass der Gott Ahura Mazda den Mithras schuf und ihn genauso verehrungswürdig machte wie sich selbst. In der Folgezeit setzte sich eine Erhöhung und Verherrlichung des Mithras als strahlender Held im Kampf gegen das Böse durch. In hellenistischer Zeit wurde er als höchster Gott mit dem griechischen Sonnengott Helios bzw. Apollon identifiziert. In der Partherzeit der *Arsakiden* (ab 247 v. Chr.) war er Zentralgestalt von Eschatologien und Erlösungsmysterien.

Verbreitung: Über griechische Söldner in Persien, durch kilikische Seeräuber und die Kriegszüge des Königs Mithridates VI. Eupator von Pontos (120–63 v. Chr.) gegen das Römische Reich gelangte der Mithras-Kult im 1. Jh. v. Chr. nach Rom, wo er einen raschen Siegeszug antrat. Im 1. Jh. n. Chr. war der Kult durch römische Legionäre nach Pannonien, Germanien, Britannien und Alexandrien (Vorderer Orient) verbreitet worden und erfasste die römische Kultursphäre; in Rom gab es ca. 100 Mithras-Heiligtümer. Spätestens seit Kaiser Aurelian (270–75) wurde Mithras in der Gleichsetzung mit dem Reichsgott Sol Invictus (»Unbesiegbare Sonne«) Zentralgestalt des römischen Staatskults, dessen Fest am 25. Dezember gefeiert wurde; bis zu Diokletian (285–305), dem Vorgänger Konstantins, galt Mithras als »Wohltäter des Römischen Reiches«. Nach der Durchsetzung des Christentums wurde der Kult unter Kaiser Julian Apostata (361–363) kurzfristig wieder belebt.

Praxis: Der Kult, zu dem als Erbe der *Männerbünde* nur Männer zugelassen waren, wurde nächtlich in Felsgrotten oder unterirdischen Räumen (Mithräen) abgehalten; sein Zentrum bildete die Enthüllung des Standbilds von Mithras, der als Sonnenheros den weißen Urstier tötet und die Welt erlöst. Ein rituelles Festmahl symbolisierte die Opferung auf Geheiß der Sonne (Sol) in Gegenwart der sieben Planeten und zwölf Tierkreiszeichen, die stets dargestellt waren. Die vielfach erhaltenen Standbilder zeigen den von zwei Jünglingen mit erhobener bzw. gesenkter Fackel zu beiden Seiten umgebenen Mithras, der auf dem Rücken des Stiers kniet, mit seiner Linken dessen Kopf hochreißt und ihn mit dem Dolch in seiner Rechten durch einen Halsstich tötet, während verschiedene Tiere (Hund, Schlange, Skorpion) den Stier angreifen. Das Geschehen stellt die Tötung des ersten Lebens (Stier) dar, aus dem die Schöpfung hervorgegangen ist, um sie zu erneuern und zum Heil zu führen. Mithras erlöst die Welt durch das »Vergießen des ewigen Blutes«. Der Mithras-Kult kannte Reinigungs- und Taufriten sowie den Glauben an die leibliche Auferstehung. Initiationsgrade in die Mysterien (Rabe, Braut, Soldat, Löwe, Perser, Sonnenläufer, Vater) symbolisierten den geistigen Aufstieg der Seele über die Planetensphäre bis zum Sonnengott. Anhänger fand der Kult vor allem unter Soldaten, Kaufleuten und Beamten.

Mithras-Kult und Christentum: Das frühe Christentum sah im Mithras-Kult den stärksten Feind. Kirchenvater Tertullian (um 160 bis 220) nannte ihn die »teuflische Nachahmung der wahren Religion«. Gleichwohl übernahm das Christentum viele Elemente, z. B. die Endgerichts- und Erlöservorstellungen vom Messias als »Lichtgestalt« und von Jesus, der sein Blut für die Erlösung der Menschheit vergießt, den Taufritus und die leibliche Auferstehung, vor allem aber den 25. Dezember als Geburtsfest des Erlösers. Auch der »Stall von Betlehem« ist wohl durch die Mithras-Höhlen beeinflusst. Ein Aufhalten des Christentums hätte vermutlich bedeutet, dass die römische Welt den Mithras-Kult angenommen hätte.

Gottesbegleiter: Amesha Spenta

Amesha Spenta (awest. »Heilige Unsterbliche«, im Neupersischen Amahraspandan) sind heilwirkende Kräfte und als Umwandlungen der altiranischen Funktionsgötter sowohl die Begleiter Ahura Mazdas als auch selbst Aspekte des höchsten Gottes, der als Inbegriff aller Amesha Spenta gilt. Zarathustra stellte sie in der Verehrung (Y. 33:11) neben Ahura Mazda und sah in ihnen die obersten Helfer des Menschen im Kampf gegen das Böse. In der spirituellen Interpretation als Geisteskräfte, aber auch als (ethische) Tugenden der Gläubigen sind sie im heutigen Parsismus »Erzengel«.

Ursprünglich wurden sechs von ihnen verehrt, zu denen später noch ein siebter hinzutrat. »Xshathra« (Macht) herrscht im Himmel, im Machtbereich des Guten. Ihm sind Metall und Stein zugeordnet, repräsentiert in Stößel und Mörser zum Auspressen des *Haoma.* »Haurvatat« (Heilsein, Reinigung) erhält Integrität und Gesundheit und wird modern als Fülle und Wohlsein interpretiert. Ihm ist das Wasser zugeordnet. »Armatay« (fügsame Gesinnung) stärkt die Frömmigkeit und wird modern als Ergebenheit und Liebe gedeutet. Ihr Element ist die Frucht tragende Erde. »Ameretat« (Unsterblichkeit) kommt im Kult und in den Heilpflanzen zum Tragen und wird als Lebenskraft bezeichnet. Ihm sind die Pflanzen zugeordnet. »Vohu Manah« (Guter Sinn) ist für die Tieropfer zuständig, aber auch für die Reinheit des Geistes oder des Denkens; modern wird er als Gute Gesinnung oder Heiliger Geist bezeichnet, sein Element sind Nutztiere, besonders das Rind. »Asha« (Rechte Ordnung, Wahrheit) kommt im Opferfeuer-Kult und im Endgericht der endgültigen Reinigung zum Tragen; sein Element ist Feuer. Gerade Asha ist aber ein eng mit Ahura Mazda selbst verbundener Aspekt des höchsten Gottes. Als siebter Amesha Spenta kam »Sraosha« (Gehorsam) hinzu, der als Seelenführer des Menschen gilt und modern als Bote des Himmels angesehen wird.

Ahura Mazda

»Der Hüter bin ich und der Schöpfer
Der Schützer bin ich und der Wissende,
Der Heiligste Geist bin ich,
Der Heilende heiße ich,
Der Heilendste heiße ich,
Der Priester heiße ich,
Der am meisten Priester (ist) heiße ich,
Der Ahura (›Herr‹) heiße ich,
Der Mazda (›Weisheit‹) heiße ich,
Der Gerechte heiße ich,
Der Gerechteste heiße ich,
Der Glücksglanzvolle heiße ich,
Der Glücksglanzvollste heiße ich,
Der Vielsehende heiße ich,
Der am meisten Sehende heiße ich,
Der Fernhinsehende heiße ich,
Der am meisten Fernhinsehende heiße ich.«
Yasht 1:2

Der Vater der Zwillingsgeister

Bei Zarathustra ist Ahura Mazda auch der Vater (Y. 47:3) der »Zwillingsgeister« Spenta Mainyu (der Gute Geist; auch Spenishta Mainyu: der heiligste Geist) und Angra Mainyu (der Zerstörerische Geist). Zwar wird der höchste Gott ausdrücklich nur als Vater des Guten Geistes erwähnt, doch beide werden als Zwillingsgeister bezeichnet. Der Kern dieser Lehre ist durch seine Weiterbildung im Zervanismus (S. 863) die Grundfigur aller späteren dualistischen Weltdeutungen, die vom Zoroastrismus ausgehen.

Doch entwickelte Zarathustra selbst keine dualistische Lehre, denn für ihn ist Angra Mainyu kein »Gegengott« zu Ahura Mazda. Der Dualismus bricht zwischen den Zwillingen aus, weshalb die Parsen bis heute ihren Monotheismus betonen; es wird aber auch die Einheit von Ahura Mazda mit dem Guten Geist herausgestellt (Y. 43:2,6; 47:3).

Das Menschenbild und die Ethik

Der Mensch besteht aus Materiellem und Immateriellem, aus Stofflichem und Geistigem, letztlich aus Körper (Ast: »das Knochenhafte«) und Seele (Baodah: »das Erkenntnishafte«). Diese Zweiheit wird von Zarathustra ausdrücklich nicht mit der von Gut und Böse gleichgesetzt. Die Schöpfung ist ursprünglich gut und eine »Mischung« mit Bösem findet sich in allen Bereichen, doch liegen hier bereits die Wurzeln für die spätere Übertragung dieser Verhältnisse durch gnostische Richtungen und den Manichäismus (S. 864). Gerade der *Person-* und Seelenbegriff ist komplex und facettenreich.

Der Zoroastrismus vertritt eine Ethik der großen Wahl (awest. varja: »zu erwählen«). Wie die Zwillingsgeister besitzt der Mensch einen freien Willen und entscheidet sich für Gut oder Böse. Nur die Wahl, nicht die soziale Stellung entscheidet über den Ausgang des späteren Endgerichts für den Menschen.

Das praktische sittliche Verhalten des »Gerechten« (Asha-ram), der im Gegensatz zum »Ungerechten« (Anasha-ram) das Gute gewählt hat, besteht in einer Drei-Punkte-Ethik: Gutes Denken (Humata), Gutes Reden (Hukhta) und Gutes Tun (Huvareshta). Vor allem die Taten werden vergolten und der Gerechte erhält seinen versprochenen Lohn (Mizda) im Jenseits als Teilhabe am Reich (Xshathra) des Ahura Mazda. Jedem Menschen ist die Sehnsucht nach dem Licht eingeboren. Im Leben entscheidet sich der Gläubige für Friedfertigkeit, Gerechtigkeit, Wahrheitsliebe und Fleiß und erweist Menschen und Nutzvieh Wohltaten. Er hilft mit bei der kommenden endgültigen Gutmachung (Frasho-kereti) von Ahuras Schöp-

»Der Gott Zurvan schenkt Ahura Mazda und Ahriman das Leben«. Reich verzierte Silberplatte des 8./7. Jh. v. Chr. aus der westiranischen Provinz Luristan; Museum von Cincinnati (Ohio)

fung. Zarathustra betont die persönliche Verantwortung des Einzelnen in der Welt.

Die Übertretung göttlicher Gebote kann der Gläubige bei den *Priestern* (Mobeds) beichten und bekommt als Buße auferlegt, die Tiere des Angra Mainyu zu töten (Ameisen, Mücken, Skorpione, bestimmte Lurche) oder kulturfördernde Tätigkeiten wie Brücken- und Kanalbau oder Feldbestellung auszuführen. Die Zoroastrier bejahen das Leben in Freude und betrachten sich in der Welt nicht als »Fremdlinge«. Da der Mensch die Schöpfung pflegen und zur »Behausung« der Amesha Spenta werden soll, gilt die Verunreinigung der Elemente Feuer, Wasser, Erde (z.B. durch Leichenverbrennung oder Erdbestattung) als Angriff auf sie und stellt eine Art »Todsünde« dar.

Seelenreise, Totengericht und Auferstehung

Laut Hadoxt Nask (Yt. 21/22) bleibt die Freiseele Urvan *(Person)* nach dem Tod drei Tage nahe des Leichnams und steigt dann ins Jenseits auf. Dort begegnet sie sich selbst in Gestalt ihrer »Daena« als eigener himmlischer Präexistenz und Ergebnis irdischen Lebenswandels. Den Gerechten erscheint ihre Daena in Gestalt eines schönen 15-jährigen Mädchens, den Ungerechten als alte Hexe.

Die Daena vereint sich mit ihrer Seele (letztlich mit sich selbst) und geleitet sie zur Cinvat-Brücke, der »Brücke der Entscheidung« oder »Brücke des Scheiders« (awest. Chinvat paeru: »Windbrücke«). Hier werden die Gerechten von den Ungerechten getrennt, wobei der Gott Mithra das Totengericht (Aka) hält und dessen Begleiter Rashnav (Rashnu) als »Seelenwäger« fungiert. Bei den Gerechten verbreitert sich die Brücke zu einem bequemen Weg, bei den Ungerechten wird sie schmal und scharf wie eine Messerschneide; sie werden von ihrer Daena in die »anfanglose Finsternis« gestoßen. Die Gerechten erhalten von Ahura Mazda (Ohrmazd) »Frühlingsbutter« als Nahrung der Gerechten. Jene, bei denen sich gute und böse Taten die Waage halten, kommen in eine Art Fegefeuer (Hammistagan), wo sie auf das Endgericht warten müssen.

Außer dem Individualgericht über die Seele kennen Zoroastrier und Parsen das kosmische Endgericht. Der »Lebendige«, *Saoshyant* (Zarathustra), wird im Rahmen der allgemeinen Erneuerung der Welt »die Knochen aller toten Leiber aufrütteln« und einer letzten Gerichtsprüfung unterziehen. Sie müssen durch Feuer bzw. flüssiges Metall gehen. Yasht 19 (19:11 und 19:89) spricht ausdrücklich von der leiblichen Auferstehung der Toten.

Zur Vergeltung der Taten
»Als den Heiligen habe ich dich erkannt, o Mazda Ahura, als ich dich bei der Erzeugung des Ersten Lebens erblickte, als du den guten Handlungen und Worten Lohn verhießest, schlechte Vergeltung dem Schlechten, gute dem Guten, durch deine Kraft bei der letzten Wendung der Schöpfung.«
Yasna 43:5

Grundzüge des Zervanismus

Der Zervanismus ist wesentlicher Bestandteil der altiranischen Religion von großer geistesgeschichtlicher Wirkung. Die zoroastrische Staatskirche der *Sassaniden* betrieb die bewusste Vereinigung von Zoroastrismus und Zervanismus, die bis heute anhält. Dabei wurde Zervan weitgehend mit Ahura Mazda bzw. Ohrmazd gleichgesetzt.

Bereits im Mazdaismus gilt Zervan (auch Zurvan) als »Vater des Ahura Mazda« und ist eine Art übergeordneter Gott der Zeit, des Raumes und des Schicksals. Das zugrunde liegende awestische Wort »Thwasha« für Raum bedeutet eigentlich »der Eilige« oder »der sich Beeilende«, womit Raum und Zeit im Schicksalsgott Zervan als kosmische Raum-Zeit zusammengedacht werden. In den Pahlewi-Schriften, vor allem im Bundadishn, erstehen das Gute und das Böse, Ohrmazd und Ahriman, direkt aus ihm. Der armenische Kirchenvater Eznik von Kolb gibt den Mythos so wieder: Zervan möchte einen Sohn haben und bringt ein Opfer, zweifelt aber gleichzeitig an dessen Sinn. Dafür erwachsen ihm Zwillinge, der »lichte und wohl riechende« Ohrmazd aus dem Opfer und der »dunkle und übel riechende« Ahriman aus dem Zweifel am Opfer. Ahriman aber ist der Erstgeborene und der Vater muss ihm die Herrschaft überlassen, obwohl er Ohrmazd bevorzugt. Dieser Mythos leistet eine »Theodizee«, eine Erklärung des Übels, das durch eine »Unachtsamkeit« des obersten Gottes in die Welt kommt, durch seinen Zweifel am Vollzug des rechten Opfers.

Die Zeit-Theorien des Zervanismus

Das Videvat (19:13 und 19:16) nennt Zervan »die unbegrenzte Zeit« (Zurvan Akarana). Von ihr zu unterscheiden ist die »langherrschende Zeit« (Zurvan darego zvadata; Yt. 72:10) als Zeit der Welt, die aus der unbegrenzten Zeit hervorgeht und am Ende wieder in sie zurückkehrt. Die Dauer dieser Weltzeit wird zunächst mit 9000 Jahren angesetzt, die sich in drei Perioden (Millennien) zu je 3000 Jahren einteilen lässt: Die erste ist die Herrschaft des Lichts (des Ohrmazd), die zweite die Domäne der Finsternis (des Ahriman), die dritte als die gegenwärtige Periode Zeit des Kampfs zwischen beiden, wobei der Gott Mithras als Gott des Vertrags Schiedsrichter und Mittler zwischen beiden Mächten ist. Eine vergleichbare »Drei-Zeiten-Formel« findet sich auch in den indischen Upanishaden und beim griechischen Dichter Homer (um 700 v. Chr.).

Im Bundadishn (1,20) und im Denkart (282) wird die Zeittheorie deutlicher messianisch gefasst und auf 12 000 Jahre ausgedehnt. Die ersten 6000 Jahre bilden die Epoche der geistigen Welt (Menok) des Ohrmazd, die nächsten 3000 Jahre die des Kampfs um die materielle Welt (Getik) nach dem Angriff des Ahriman. Die letzten 3000

STICHWORT Der Manichäismus

Vielleicht noch stärker als durch den Mithras-Kult wurde das Abendland durch den Manichäismus geistig beeinflusst.

Ursprung: Der Perser Mani (216–276) aus einer arsakidischen Familie war Mitglied einer Täufersekte (Elchasaiten), bevor er um 240 öffentlich hervortrat und die Unterstützung des *Sassanidenherrschers* Shapur I. (241 bis 272) gewann. Er war stark von den Mithras-Mysterien, aber auch von Zervanismus und Neuplatonismus beeinflusst. Mani sah sich als Prophet des Lichts und des rechten Weges, als »Siegel der Propheten«, der die Reihe von Seth (Ägypten) über Moses, Zarathustra und Buddha bis zu Jesus vollendete und die wahre Heilsgemeinde begründete. König Bahram I. (273–276) ließ ihn schließlich verfolgen, und der Prophet wurde hingerichtet oder starb im Kerker.

Denken: Mani verband einen Dualismus, in dem sich die Welt des Lichts (mit dem höchsten Gott Ohrmazd) und die Welt der Finsternis (Gott Ahriman) unversöhnlich gegenüberstanden, mit einer zervanistischen Geschichtstheorie. Danach gibt es drei Weltepochen: In der ersten sind Licht und Finsternis getrennt, in der zweiten vermischen sie sich und in der dritten werden die Vermischung aufgehoben und die Lichtelemente befreit. In der ersten lebt Ohrmazd mit seinen Wesen in vollkommenem Frieden, während in der Finsternis Chaos und Unordnung herrschen. In der zweiten Epoche, der gegenwärtigen Welt, hat Ahriman seinen Angriff auf das Lichtreich unternommen. Der »Vater des Lichts« (Ohrmazd) setzt seinen Sohn, den Urmenschen (»zweiten Erlöser«), im Kampf gegen das Böse ein. Er ist der kämpferische, aber auch der leidende Erlöser, da er vom Bösen besiegt und in den höllischen Abgrund gestürzt wird. Seine aus Lichtelementen bestehende Rüstung wird von den Archonten (den »Ersten«, die das »Baumaterial« der sichtbaren Welt bilden) und den Dämonen des Bösen verschlungen. Dadurch erfährt die Welt eine Mischung von Licht (Geist) und Finsternis (Materie). Ohrmazd schickt schließlich als »dritten Erlöser« den »lebendigen Geist« (eine Verkörperung des Lichtgotts) zu Hilfe, der den Urmenschen befreit und den Kosmos neu ordnet; die Archonten werden zur Strafe als Sonne, Mond und Sterne am Firmament ausgebreitet. Zwei Dämonen aber, welche die sexuelle Begierde (Az) verkörpern, schaffen das erste Menschenpaar Adam und Eva, die wie alles Übrige eine Mischung aus Licht (Seele) und Finsternis (Körper) sind. Der »lebendige Geist« beruft nun »Jesus den Glanz« (nicht zu verwechseln mit Jesus Christus) zum Kampf um die Menschenseele; er verleiht den Menschen die Kraft, gegen die Begierden ihres Körpers anzukämpfen. Am Ende wird der Erlöser als »Großer König« und Weltenheiland die Welt und die Seele des Menschen zum Licht erlösen, während die Materie als »Klumpen« eingekerkert wird.

Praxis: Die Heilslehre des Manichäismus propagierte vor allem den Kampf gegen Triebe und Sexualität. Die »Vollkommenen« oder »Auserwählten« (Electi) lebten eine strenge körperliche Enthaltsamkeit in Fasten und Armut, wodurch sie nach ihrem Tod direkt in den Himmel gelangen konnten. Ihnen stand die Masse der »Hörer« (Auditores) gegenüber, die durch zehn Gebote zum Guten angeleitet wurden und nur stufenweise Vollkommenheit erlangten, weswegen sie verschiedene Wiedergeburten in Kauf nehmen mussten.

Jahre beginnen mit dem Auftreten Zarathustras als erstem der drei Erlöser *(Saoshyant);* er leitet den Kampf um die »Entmischung« (Vitscharishn) ein, bei der am Ende der Zeiten das Gute, Lichtvolle siegen wird.

Die Zeit der Welt wird linear gedacht, sie ist Heilsgeschichte und wichtig nicht nur für die Entstehung und Herrschaft des Übels, sondern ebenso für seine Überwindung am Ende der Zeiten. Weltzeit wird zur notwendigen Vorgeschichte für das Kommen des Erlösers und läuft auf dieses Ereignis zu.

Nachwirkungen des Zervanismus

Der Einfluss des Manichäismus auf das Christentum war weit reichend, zumal der bedeutendste westliche Kirchenvater Augustinus (354–430) in seiner Jugend neun Jahre lang Anhänger der Manichäer war. Später übernahm er eine modifizierte Trennung des Menschen in eine göttliche Seele und einen von (sexuellen) Begierden bedrohten Leib, womit die lange Zeit dominierende Abwertung des Leibs im Christentum begann. Besonders seine Lehre von den zwei Reichen, denen der Christ im Leben angehört – dem Gottesstaat (Civitas Dei) und der irdischen Welt (Civitas Terrena) –, ist vom manichäischen Dualismus geprägt. Der gläubige Christ muss die Grundentscheidung des »guten Willens« (voluntas bona) bzw. des »schlechten Willens« (voluntas mala) zwischen diesen Reichen treffen; der Gedanke wurde von Martin Luther aufgegriffen.

Die zervanistisch geprägten Zeitspekulationen wurden in viele Geschichtstheorien des Spät-Judentums (Israel stand nach 539 v. Chr. über 200 Jahre lang unter persischer Oberhoheit), des Christentums und des Islam übernommen. Ihr Einfluss wird besonders deutlich in den 1947 entdeckten Schriften der Essener von Qumran, findet aber auch in den apokalyptischen Visionen des Joachim von Fiore (1130–1202) und der mittelalterlichen Franziskaner ihren Niederschlag. Auch die Vorstellungen vom Endgericht mit einer Scheidung der Seelen und der leiblichen Auferstehung der Toten als Wiedervereinigung von Leib und Seele zur geistleiblichen Gesamtpersönlichkeit haben iranische Wurzeln, ebenso die messianischen Erlösergestalten wie der Christus der Johannes-Apokalypse oder der am Ende der Zeiten erscheinende »Mahdi« (der Erwartete) im Islam. Dualistische Strömungen durchziehen als gnostische Strömungen und Ketzerbewegungen die gesamte Geschichte des Christentums, von den Paulikianern und Bogumilen bis zu den Katharern.

Kapitell mit Löwenprotomen (Ausschnitt) aus dem 5. Jh. v. Chr. in Persepolis. Protomen sind Oberteile von menschlichen oder tierischen Darstellungen, die als Schmuck an Geräten, Gefäßen und Bauwerken angebracht werden. Aus Persepolis, der Sommerresidenz der altpersischen Achämeniden – heute eine Ruinenstätte bei Schiras, Iran – und Susa sind Stier-, Löwen- und Greifenprotomen bekannt.

Die altiranischen Lichtspekulationen fanden nicht nur in der christlichen Gnosis, sondern insbesondere bei den islamischen Schiiten-Gruppen (Ismailiten) und in den »Lichtmensch«-Lehren der persischen Sufi-Orden ihren Niederschlag. Auch die Gestalt des dämonischen Verderbers der an sich guten Schöpfung in Gestalt des »Widersachers«, des christlichen Satans oder Teufels bzw. des islamischen Shaitan oder Iblis, geht in vielen Aspekten auf zoroastrische Lehren zurück.

Geschichte des Parsismus

Die Parsen im alten Persien

Zur Zeit der *Achämeniden* (559–330 v. Chr.) stand die altiranische Religion auf der Höhe des Zoroastrismus, doch ist es umstritten, wie weit die Großkönige selbst nicht nur Förderer, sondern bereits Anhänger Zarathustras waren. Die Königsinschriften erwähnen Ahura Mazda als höchsten Gott, nicht aber den Namen des Propheten; andererseits führte Artaxerxes I. (464–424 v. Chr.) ohne Aufsehen im Jahr 441 v. Chr. den zoroastrischen Kalender in Persien ein. Eine bedeutende Rolle spielten die Magier (letztlich medischen Ursprungs) im Kult um die Feueraltäre, und eigene Feuertempel

CHRONIK **Zeittafel zur Geschichte des Parsismus**	
559–529 v.Chr.	Kyros II., der Große: Gründung des altpersischen Großreiches der Achämeniden (bis 330 v.Chr.); Eroberung von Lydien, Kleinasien und Babylon (im Jahr 539 v. Chr. Ende der »Babylonischen Gefangenschaft« der Juden)
529–522	Kambyses II.: Eroberung Ägyptens (525)
522/521	Machtergreifung des Magiers Gaumata (»Der falsche Smerdis«)
522–486	Dareios I., der Große: Schaffung eines straff verwalteten Großreiches, Ausdehnung bis zum Indus
492–490	Erste missglückte Kriegszüge nach Griechenland
486–465	Xerxes I.: Missglückte Kriegszüge zur Unterwerfung Griechenlands (»Perserkriege«); Niederschlagung der Aufstände in den Provinzen
464–424	Artaxerxes I.: Ende der Perserkriege (Kallias-Friede 449)
423–404	Dareios II.: Bündnis mit Sparta (412)
404–359	Artaxerxes II.: Frieden mit Griechenland (Königsfrieden 386); Persien wird Schirmherr der griechischen Städte
359–338	Artaxerxes III.: Wiederherstellung der persischen Vorherrschaft im Vorderen Orient und in Kleinasien
336–330	Dareios III.: Niederlagen gegen den mazedonischen Feldherrn und Kaiser Alexander den Großen (333 Issos, 331 Gaugamela); mit seiner Ermordung Untergang des persischen Großreiches
330–323	Herrschaft Alexanders des Großen, der sich nach dem Tod von Dareios III. als legitimen Nachfolger der Achämeniden betrachtet
321–247/238	Herrschaft der Seleukiden (hellenistische Nachfolger Alexanders): Kulturelle Vermischung persischer und griechischer Elemente
247/238 v.Chr. –224/26 n.Chr.	Herrschaft der Parthischen Dynastie der Arsakiden: Förderung des Feuerkultes als einem zentralen Element der Parsen-Religion
224/26–642/51	Zweites persisches Großreich der Sassaniden (Herrschertitel: Shah-in-Shah »König der Könige«)
224/26–241	Ardashir I.: Eroberung von Mesopotamien und Kleinasien
241–272	Shapur I.: Sieg über Rom (260); Förderung des Manichäismus
309–379	Shapur II.: Etablierung einer zoroastrischen »Staatskirche«
494–524	Aufstand des Sozialreformers Mazdak (Mazdakismus)
531–579	Chosrau I.: Größte Ausdehnung des Reiches, Byzanz wird tributpflichtig, umfangreiche Staatsreformen
642/51	Eroberung Persiens durch die Heere des Islam
661–750	Kalifat der aus Damaskus stammenden Omayyaden
717	Erste Kolonie ausgewanderter Zoroastrier (Parsen) in Gujarat (Indien), die ihren Glauben auf den Subkontinent bringen
750–1258	Kalifat der Abbasiden; persische Prägung der islamischen Herrschaft
10. Jh.	Verstärkte Einwanderung der Parsen in Indien
999–1030	Mit Mahmud von Ghazna beginnt die islamische Eroberung Nordindiens und des heutigen Pakistan (in Schüben bis in das 15. Jh. hineien); weitgehende Duldung der Parsen
1526–1857	Herrschaft der islamischen Moguln in Indien, von Babur begründet; nach französisch-britischen Auseinandersetzungen um die Dominanz in Indien werden Moguln ab 1707 bedeutungslos
nach 1668	Besiedelung der Region Bombay durch die Parsen (Förderung durch die Britische Ostindien-Kompanie)
1858–1947	Kolonialherrschaft der Briten über Indien: Verbesserung der sozialen Stellung der Parsen auf dem Subkontinent, doch Unterstützung der indischen Unabhängigkeitsbestrebungen
seit 1947	Unabhängigkeit Indiens und Pakistans: Parsen sind in das gesellschaftspolitische Leben der neuen Republik integriert, sie besetzen u. a. wichtige Posten im Banken- und Kaufmannswesen

(Ayadana), an denen auch die Großkönige als Opferpriester fungierten, wurden besonders in Susa und Persepolis errichtet. Verstärkt entwickelte sich der Kult um Mithras und die Sonne sowie die Inszenierung der Großkönige anhand ausgeprägter Geburts- und Initiationslegenden. Die Eroberung Persiens durch Alexander den Großen (331/330 v.Chr.) und die anschließende Herrschaft der hellenistischen Seleukiden bildeten einen Einschnitt, ermöglichten aber auch eine Ausbreitung des Zoroastrismus nach Westen.

Das Partherreich der *Arsakiden* (247 v. Chr. –226 n.Chr.) übernahm den Feuerkult und die Mithras-Mysterien und errichtete Tempelbauten nur für die Feuerverehrung. Mit ihrem abgetrennten Innenraum (Allerheiligstes), Wasserquellen und Gartenanlagen wurden sie zu Vorbildern der heutigen Parsen-Tempel. Die *Sassaniden* (224/26 bis 642/51) errichteten die zoroastrische Staatskirche, brachten die Priesterklassen unter staatliche Kontrolle und initiierten unter Shapur II. (309–379) die endgültige Zusammenstellung der Awesta-Schriften. Die Staatskirche verfolgte die zunächst geförderten Manichäer und duldete Juden und Buddhisten im Reich, setzte aber die Christen in den eroberten Gebieten Georgien, Armenien und Kappadokien Repressalien aus, obwohl es nicht zu Christenverfolgungen kam. Sie förderte die Synthese des Zoroastrismus mit dem Zervanismus. Ein ausgeprägter Staatskult mit den Großkönigen als obersten Feuerpriestern führte die iranische Herrscherverehrung mit komplizierten Hofritualen (Proskynese, Huldigungsformeln) auf ihren Höhepunkt.

Die islamische Eroberung

Die Eroberung Persiens durch islamische Truppen war 651 mit dem Tod des letzten Sassanidenherrschers abgeschlossen. Sie bedeutete nicht das Ende der Zoroastrier, da sie durch ihren Schriftenkanon Awesta wie Juden und Christen als »Völker des Buchs« galten und gegen Zahlung einer Kopfsteuer für Nicht-Muslime den Status der »Schutzbefohlenen« (arab. dhimmi) genossen. Doch blieben die höheren Staatsämter von jetzt an den Muslimen vorbehalten, weswegen viele persische Adelige zum Islam übertraten. Da der Islam aber in Persien (wie überall in seiner Frühzeit) wenig Missionierungsdrang zeigte, blieb der Zoroastrismus bis zum

Ruine des Zarathustra-Tempels in Isfahan, Iran. Das Heiligtum wurde im 6. Jh. von den Parsen aufgegeben.

10. Jh. die stärkste Religion Persiens. Noch im 9. Jh. wurden Apologien der Zarathustra-Religion verfasst und dem gelehrten Kalifen al-Mamun (813–833) in dem von ihm veranstalteten »Wettstreit der Religionen« vorgetragen. Die in Bagdad residierende Kalifendynastie der Abbasiden (750–1258) nahm persische Einflüsse auf, vor allem in Herrscherkult und Hofzeremoniell.

Die nach und nach stattfindende Islamisierung des Iran machte das Leben der zoroastrischen Gemeinden zunehmend schwieriger. Im 8. Jh. begann die Auswanderung nach Indien, die im 10. Jh. verstärkt wurde. Sie markiert den eigentlichen Beginn der heutigen Parsen. Reste der Zoroastrier finden sich noch heute im Iran; zur Unterscheidung von den Parsen werden sie »Irani« genannt und von den Muslimen, die sie früher »Gebern« (von arab. gabr: »Ungläubiger«) nannten, als »Zardoshti« bezeichnet.

Die Parsen in Indien

Ab 717 lebte die erste Kolonie ausgewanderter Zoroastrier in Gujarat (Nordwestindien); wegen ihrer persischen Abstammung wurden sie dort »Parsi« (»Parsen«, »die aus Parsa/Persien Eingewanderten«) genannt und von den Hindus als »Feueranbeter« bezeichnet, was auf einem Missverständnis beruht: Einzig Ahura Mazda (Ohrmazd) wird angebetet, das Feuer als Symbol des höchsten Gottes aber verehrt. Im 10. Jh. wanderten verstärkt Zoroastrier nach Indien ein, die aufgrund des Ratschlags eines Sterndeuters ihre Heimat verlassen hatten. 936 ging eine größere Gruppe in Sanjan an Land und begab sich unter den Schutz des Hindu-Königs Jadav Rana von Gujarat. Die um 1600 verfasste Chronik Qissa-i Sanjan (»Erzählung von Sanjan«) berichtet die Geschichte dieser Einwanderung.

Der Herrscher erlaubte ihre Ansiedlung, sofern sie sich den Landessitten anpassten (Übernahme der Landessprache Gujarati, Verbot des Waffentragens). Die Parsen überreichten dem König ihre Lehre in 16 Glaubens- und Lebensgrundsätzen (Shlokas), die eine gewisse Anpassung an den Hinduismus vornahmen, ohne sich völlig zu assimilieren, und keinen Anstoß erregten. Der König ließ sie ihre eigenen Feuertempel bauen. In der Folgezeit bemühten sich die Parsen um ein Zusammenleben mit den Hindus und halfen ihnen 1297 bei der Abwehr muslimischer

Parsen-Familie in Indien um 1890. Bis heute spielen die Parsen auf dem Subkontinent eine gesellschaftlich bedeutende Rolle.

Heere im Gujarat. Doch geriet die gesamte Region 1465 unter muslimische Oberhoheit; die Parsen wurden jedoch nicht unterdrückt.

Der gesellschaftliche Aufstieg der Parsen begann im 17. Jh., als sie von den britischen Handelsgesellschaften, die das Wirtschaftsleben Indiens kontrollierten, zur Besiedelung der Region Bombay herangezogen wurden, wo ihnen Glaubens- und Kultusfreiheit gewährt wurde. Als Händler und Kaufleute machten die Parsen Bombay zum Haupthafen der indischen Westküste; um 1850 soll die Hälfte Bombays in ihrem Besitz gewesen sein. Nach der britischen Besetzung Indiens (1857) erlangten die Parsen besondere politische Bedeutung, da sie stärker europäisch geprägt waren und oft eine höhere Schulbildung als die Hindus besaßen. Sie wurden führend in Wissenschaft, Rechtswesen und Verwaltung Indiens. Noch heute sind Parsen in leitenden Positionen im Bankwesen, in der Textilbranche und im Ostasienhandel tätig.

Die Parsen in der Gegenwart

In ihrer Theologie betonen die Parsen heute den Monotheismus mit der Macht und Einzigkeit Ahura Mazdas. Die Verehrung der Amesha Spenta (»Erzengel«) als eigenständige Wesen haben sie zurückgedrängt zugunsten ihrer Deutung als Attribute des höchsten Gottes. Die Kernpunkte der Lehre werden weitgehend spirituell verstanden und auch die Kulte und Riten stark symbolisch gedeutet. Die Parsen zeigen nach wie vor eine große Aufgeschlossenheit für die Probleme der modernen Zivilisation und sind mit auffallend vielen Schulen und Spitälern führend bei der Industrialisierung und Modernisierung Indiens engagiert. Einige Reformbewegungen verlangen, das traditionelle Awestische auch bei den Kulthandlungen durch die indische Landessprache Sanskrit zu ersetzen.

Ervad Rustomji N. Panthaki (oben rechts), Leiter der Dadar Athornan Boarding Madressa in Bombay, 1984 mit seinen Schülern. Einige von ihnen sind Priester geworden, andere üben dieses Amt heute nebenberuflich aus.

Die bedeutendsten Schriften

Die Sammlung der Awesta

Die Awesta sind der Kanon der Heiligen Schriften der Parsen; das Wort bedeutet »religiöse Anordnung« (übertragen: »Text«, »Grundtext«) und leitet sich wahrscheinlich vom altpersischen apastak (»Grund«, »Bestimmung«) her. Die Sammlung umfasste ursprünglich insgesamt 21 Bücher, die Nask (»Strauß«), von denen heute noch sieben in der alt-ostiranischen Sprache Awestisch, erhalten sind.

Yasna (»Opfer«, »Verehrung«, abgekürzt Y.) als wichtigste Schrift enthalten die Ritualtexte zum parsischen Gottesdienst und werden auch Gathas (»Gesänge«) genannt; von ihnen sind 72 erhalten. Davon sind 17 (Y. 28–34, 43–51, 53) die von Zarathustra selbst verfassten zentralen »Verspredigten«. Diese bilden den ältesten Teil des Awesta.

Yashts (»Hymnen«, abgekürzt Yt.) sind Opfergesänge zum Lobpreis von Gottheiten, die nach Tagen und Monaten geordnet sind. Von den ursprünglich 30 epischen Hymnen sind heute noch 21 in Fragmenten erhalten. Sie stammen als Priesterschriften im Kern aus der Epoche vor Zarathustra.

Videvat (»Gesetz gegen Dämonen«) wird oft fälschlich Vendidat genannt. In diese Sammlung von Religionsgesetzen, Reinheitsritualen und Sündenkodexen sind auch Mythen und Legenden eingearbeitet. Das Videvat ist das einzige vollständig erhaltene Buch des Awesta.

Vispered (»Alle Herren«) ist eine kleine Sammlung von Gebeten und liturgischen Texten (Litaneien).

Niranganstan ist ein Ritualgesetz.

Agemodatschea schildert eine alte Totenliturgie.

Hadoxt Nask beschreibt die Himmelfahrt der Seele.

Links: Junge Parsen beim Gebet. Das Ashem-Vohu-Gebet besagt: »Rechtschaffenheit ist das höchste Gut, die Erleuchtung des Lebens auf Erden. Erleuchtung erfährt nur derjenige, der rechtschaffen lebt.«

Rechts: Ein junges Parsen-Mädchen aus Bombay wird zu ihrer Naujote-Initiation geführt. Die weiblichen Familienmitglieder tragen den Ses mit dem silbernen, mit Zucker gefüllten Soparo. Auf die Gäste der Feier und die Kleider des Mädchens wird nach der Zeremonie Rosenwasser gesprüht.

Die Pahlewi-Schriften

Einen weiteren großen Komplex bilden die späteren Pahlewi Schriften, abgefasst im mittelpersischen Buch-Pahlewi zwischen dem 3. und 9. Jh. n.Chr. Der große Kanon rekonstruiert vielfach die verlorenen Teile des Awesta. Die wichtigsten Schriften sind 1. das Bundadishn (»Grundlegung«, »Schöpfung«), eine kosmologisch-eschatologische Geschichte der Welt von der Schöpfung bis zum Ende; 2. das Denkart (»Werk der Religion«), eine Enzyklopädie, die verlorene Teile des Awesta erläutert und mit einer legendenhaften Zarathustra-Biografie füllt; 3. das Bahman Yasht, eine Apokalypse aus der *Sassanidenzeit,* die auf älteren Quellen fußt.

Feste und Riten

Glaubensrituale der Parsen

Das Glaubensbekenntnis (Fravarane) der Parsen ist Yasna 12, das die Hauptpunkte der Lehre Zarathustras und die Drei-Punkte-Ethik enthält; es bekennt sich zu Ahura Mazda als Spender alles Guten, preist die Amesha Spenta, verwünscht die *Daeva* und schwört allem Bösen ab. Es gibt vier Gelöbnisse für das tägliche Verhalten: 1. jeden Tag einen Dienst oder eine Gefälligkeit für den höchsten Gott erweisen; 2. die Lehre Zarathustras befolgen und in die Tat umsetzen; 3. der unablässige Kampf gegen das Böse in der Welt; 4. das unerschütterliche Vertrauen in die Gerechtigkeit Ahura Mazdas.

Das heiligste Gebet ist das Ahuna Vairya (»der beste Oberherr«; Y. 27:13): Wie ein unsichtbares Haupt (Ahura Mazda) ist auch »ein sichtbares geistliches Oberhaupt zur Förderung der Frömmigkeit« zu wählen, nämlich Zarathustra. Das Ahuna wird bei Geburt und Tod, als Segen und Glückwunsch, am Anfang und Ende einer Unternehmung, in der Hochzeitsnacht, beim Säen und Ernten rezitiert. Im Awesta ist Ahuna Vairya personifiziert als Sraosha (Seelenführer), einer der sieben Amesha Spenta.

Die kultischen Vorschriften der Parsen drehen sich um Reinheit, Erhaltung der Gesundheit und Fasten. Als Reinigungsrituale dienen besonders Waschungen; bei der Taufe verbrennen Priester Räucherwerk auf dem Altar, über das nun das Kind gehalten wird. Mit der Geschlechtsreife hat der Parse die Pflicht, zu heiraten und Nachkommen zu zeugen bzw. zu gebären; die Braut muss ihre Jungfräulichkeit bewahrt haben, sonst konnte sie früher verstoßen werden. Die Reinheitsvorschriften bedeuten für die Parsen auch »Reinhaltung des Blutes«; es gibt keine Übertritte und auch keine Missionierungsbewegungen. Für die Reinhaltung gelten Verwandtenehen, die schon Zarathustra als »heilig« ansah, als besonders fördernswert (früher gab es auch die Geschwisterehe).

Zur ethischen Entscheidung

»Höret mit den Ohren das Beste –
sehet mit brennendem Sinn,
zur Entscheidung zwischen den beiden Glaubensbekenntnissen,
Mann für Mann für sich selbst darauf bedacht vor der großen Krise,
dass es sich zu unseren Gunsten vollende.
Wohlan, die beiden Geister zu Anfang,
die im Tiefschlaf als Zwillinge erkannt wurden,
sind in Sinn und Wort und Handeln
der Bessere und der Schlechte.
Zwischen diesen beiden haben die klar Sehenden recht geschieden,
die übel Sehenden nicht.«

Yasna 30, 2 und 3

Die Naujote-Initiation

Sobald das Kind zwischen Gut und Böse unterscheiden kann, wird es in die Religion eingeführt. Traditionell geschah es mit der Pubertät, heute findet die Initiation, die bei den Parsen »Naujote« und bei den Iranis »Sudrepooshi« heißt, meist im Alter von acht bis 13 Jahren. Die Initianten treten ins »Heer Gottes« ein und treffen die bewusste Entscheidung für den Kampf gegen das Böse.

Als äußere Symbole der Parsen erhalten sie das heilige Hemd (Sadre), ein weißes Baumwollhemd, das als Zeichen der Reinheit direkt am Körper getragen wird, und die heilige Schnur (Kushti), eine aus 72 Fäden (für die 72 Kapitel der Yasna) bestehende Schnur aus Schafwolle, die um die Hüfte getragen wird. Die Kushti wird fünfmal am Tag gelöst und wieder geknotet, wobei der Gläubige beim Lösen die Macht des Bösen zurückweist und verächtlich mit dem losen Ende der Schnur gegen das Böse schnippt; beim Neuknoten gelobt er die Beachtung der Drei-Punkte-Ethik. Die Schnur geht wohl auf die indischen Brahmanen zurück, die ein Band über der Schulter tragen. Das Hemd ist weiß, da der Überlieferung zufolge die gerechte Seele nach ihrer Himmelfahrt das weiße Vohu-Manah-Kleid erhält. Weiß ist auch die Kleidung der *Priester*, womit symbolisch ausgedrückt wird, dass jeder Parse ein Priester Ahura Mazdas ist.

Feuerkult und Feuer-Heiligtümer

Der Sinn des Opfers ist die Wiederholung des urzeitlichen und die Antizipation des endzeitlichen Opfers, durch das die Welt allgemein erneuert wird. Nach den Pahlewi-Texten schuf Ohrmazd (Ahura Mazda) die Welt, den Urmenschen und Zarathustra durch eine Reihe von Feueropfern.

Schon im alten indoiranischen Kult dienten Opferfeuer zur Abwehr der Dämonen, als Symbol der Reinigung und für die Ordalriten (Feuerprobe als »Gottesgericht«). Auch die höhere Geistseele des Menschen wurde als aus dem Feuer bzw. Licht stammend und dahin zurückkehrend gedacht. Das Feuer galt als Symbol nicht nur des höchsten Gottes, sondern auch des Aufstiegs der Seele zu Gott. Es wurde dreifach verehrt: zunächst als Feuer des Herdes (Hausfeuer), das den anderen, dem Opferfeuer und dem Ordalfeuer, als Nahrung diente. Den drei Ständen (Priester–Krieger–Bauern) waren verschiedene Feuer zugeordnet, die Parsen kennen bis heute verschiedene Reinheitsgrade des Feuers. Es wird mit Wahrheit und Ordnungsmacht assoziiert und in den Gathas »wahrheits-kräftiges Feuer« (Athro Asha aojanho) genannt. Das Feuer darf nicht verunreinigt werden; schon Rauch gilt als Beimischung des Bösen (Ahrimans). Es dürfen keine Abfälle verbrannt und es muss nur sauberes, trockenes Holz (meist Sandelholz) verwendet werden.

Seit frühester Zeit gibt es eigene Feuerheiligtümer, mit den Turmbauten (Ka'be) der Achämeniden in Tempelform; sie wurden »Wohnung der Feuer« (Man-i ataxshan), »Feuerhaus« (Ataxsh katak) oder »Tempel der Feuer« (Gumbat-i ataxshan) genannt. Bei den Parsen heißen sie zumeist »Dar-i Mihr« (»Haus des Feuers«); die meisten finden sich heute auf dem Malabar Hill in Bombay, wo das Feuer seit 1742 ununterbrochen brennt. Der »Vier-Bogen-Bau« der Sassaniden mit quadratischem Grundriss ist das Vorbild für die heutigen Feuertempel der Parsen, bei denen sich stets eine Quelle mit fließendem Wasser und ein Garten mit einer Dattelpalme und einem Granatapfelbaum befindet. Der Gebetsraum des Tempels ist einfach und schmucklos und darf nicht von künstlichem Licht erleuchtet werden. In ihm ist ein quadratischer Raum, das Allerheiligste (Aduriyan), das nur vom Priester betreten werden darf, mit Wänden abgetrennt. In den Wänden befindet sich auf der Westseite die Tür für die Priester, in den anderen Seiten sind Fensteröffnungen, durch die Laien das Geschehen im Innern verfolgen können. Im Allerheiligsten, dem Feuergemach, steht ein bis zu 2 m hohes Metallgefäß auf einem quadratischen Stein, in dem das heilige Feuer brennt. Darüber hängt eine runde Metallscheibe (Chhatr). Weitere Gegenstände im Raum sind Schwerter und zwei mit Stierköpfen versehene Keulen sowie eine Glocke, die während der Zeremonie ertönt.

Während des Dienstes am Feuer, das fünfmal am Tag geschürt wird, wobei es der Priester im Rechtsgang umkreist und dabei Hymnen intoniert, rezitiert der Priester Teile des Awesta. Damit seine Hände und sein Atem das Feuer nicht verunreinigen, hantiert er mit Feuerzange und Löffel und trägt eine weiße Mundbinde (Paitidana). Der Gläubige wäscht sich, bevor er den Tempel betritt, zieht seine Schuhe aus und setzt eine Kopfbedeckung auf. Nach seinem Gebet geht er zur Tür des Allerheiligsten, berührt mit der Stirn den Boden, legt Holz als Gabe für das Feuer nieder, und nimmt aus einem Löffel, den der Priester bereitgestellt hat, Asche. Die Verehrung des Feuers ist ein individueller Glaubensakt, es gibt keine gemeinsamen Feuergottesdienste. Nicht-Parsen ist der Zutritt zu Parsen-Tempeln meist untersagt.

Totenbräuche: »Türme des Schweigens«

Die Bestattungsriten der Parsen zeugen von der Scheu vor der Berührung mit Tod und Leichnam. Der Tod gilt als ein – vorläufiger – Triumph des Unreinen und der Dunkelheit (Ahriman) über das Leben und das Licht.

Da Leichenverbrennung oder Erdbestattung die Amesha Spenta Feuer und Erde verunreinigen würde, schrieb Zarathustra die Leichenaussetzung vor. Der Tote soll Luft und Sonne unter freiem Himmel ausgesetzt sein und »die Sonne anblicken« können. Es soll der lichtvollen Seele ermöglichen, sich mit ihrem Element, dem himmlischen Feuer, wiederzuvereinigen. Die Leichen wurden auf einen erhöhten Platz gebracht; die Vollzähligkeit der Knochen bzw. des Skeletts ist im Zusammenhang mit dem Glauben an die leibliche Auferstehung wichtig.

Schließlich entstanden die »Türme des Schweigens« (Dakhma, ursprünglich »Verbrennungsplatz«). Die zylinderförmigen Türme sind bis zu 4 m hoch und von außen nicht einsehbar; sie werden nur vom Priester betreten. Im Innern haben sie eine nach innen abgeschrägte Dachfläche als Aussetzungsplattform. Sie ist mit drei konzentrischen Ringen von flachen Gruben versehen; die Leichen der Männer werden im äußersten Ring, die der Frauen im zweiten und die der Kinder im innersten Ring niedergelegt. Dort sind sie den Geiern und Krähen ausgesetzt, die Ahura Mazda dem Volksglauben zufolge eigens für diese Aufgabe geschaffen hat. Für das Werk der Vögel wird eine halbe Stunde angesetzt, währenddessen die Angehörigen des Verstorbenen in einem Gebäude in der Nähe des Dakhma beten. Dann gibt der Priester die Gebeine in eine Höhlung, die unterhalb der Mitte der Plattform liegt; ist sie mit Gebeinen gefüllt, wird der Turm abgerissen und ein neuer erbaut.

Wenn ein Parse stirbt, wird er sofort gewaschen und in alte, aber saubere Kleider gewandet. Berufsmäßige Leichenträger (Nasasalars) bringen ihn zum Dakhma, wo der Priester die Totenzeremonie vornimmt. Drei Tage betet der Priester und nimmt rituelle Handlungen für den Verstorbenen vor, erst danach verlässt im Glauben der Parsen die Seele die Umgebung des Leichnams und steigt zur Himmelfahrt auf. Nach drei Tagen stiften die Angehörigen Geld für wohltätige Zwecke im Andenken an den Verstorbenen. Die Totenklage gilt bei den Parsen als verpönt, denn der Tote gelangt zum Licht; nach dem Volksglauben verbreitern Tränen der Hinterbliebenen den Fluss, über den die Cinvat-Brücke (»Brücke des Scheiders«) im Himmel führt, und erschweren das Hinübergelangen der Seele des Verstorbenen.

Obwohl die Dakhmas zumeist frei und von den Behausungen entfernt stehen, damit das Unreine nicht in die Nähe der Lebenden gelangt, finden sie sich in Bombay (Malabar Hill) und Surat auch in den Städten. Im Iran wurden sie wegen Seuchengefahr bereits vor 100 Jahren verboten, auch in Indien sind sie nicht gern gesehen. Viele Parsengemeinden sind zur Erdbestattung in ausgemauerten Grabgewölben übergegangen, nachdem der Priester und die Familie eine Totenwache bis zum vierten Tag abgehalten haben. In Großbritannien werden die Verstorbenen der Parsen eingeäschert, da die Verbrennung durch elektrische Energie und nicht durch offenes Feuer erfolgt. *Markus Hattstein*

Feuertempel aus dem 6./5. Jh. v. Chr. in Naqsch-i-Rustam, Iran. In dem einstigen religiösen Zentrum der Parsen nahe Persepolis beweisen Reste elamischer Felsreliefs, dass der mazdaistische persische Kult einen älteren Kult verdrängt hat.

Der Parsismus von A–Z

Die im folgenden Buchteil aufgeführten Stichwörter bieten Informationen, die für das Verständnis des Parsismus von Bedeutung sind. So werden z. B. Männerbünde hier ausschließlich in ihrer Bedeutung für den Parsismus betrachtet. Seitenverweise am Ende eines Stichwortes führen in den Buchteil *Der Parsismus in Geschichte und Gegenwart* (S. 859).

Achämeniden, Herrscherdynastie des altpers. Großreiches 559–330 v. Chr., die sich vom iran. Fürsten Achaimenes (um 700 v. Chr.) herleitete. Ihr Begründer Kyros II., der Große (559–529 v. Chr.), eroberte Medien (550/549), Lydien (547) und Babylon (539) und gewährte den unterworfenen Völkern große religiöse und kulturelle Freiheiten (539 Rückkehr der Juden aus dem Babylon. Exil, Wiederherstellung des Marduk-Kultes in Babylon). Von seinen Nachfolgern eroberte Kambyses II. (529–522) Ägypten (525, *Gaumata),* während Dareios I., der Große (522–486 v. Chr.) das erste Großreich der Geschichte errichtete mit vorbildlichen Verwaltungsstrukturen, ausgeprägtem Herrscherkult und kultureller Hochblüte (Prachtbauten in Susa und Persepolis). Die weitere Geschichte ist von mehreren vergeblichen Versuchen zur Eroberung Griechenlands geprägt. 330 v. Chr. wurde der letzte A.-Großkönig Dareios III. von Alexander dem Großen endgültig besiegt und auf der Flucht von Verschwörern ermordet.

Anahita (awest. »die Makellose«), altiran. Fruchtbarkeitsgöttin, welcher der Yasht 5 gewidmet ist; sie wird als glänzend geschmücktes, schönes Mädchen dargestellt, die Juwelendiadem und Biberpelz trägt (der Biber ist ihr heiliges Tier). Sie wohnt im See Voura Kasha, aber auch in den Sternen, weswegen sie im Hellenismus mit der Venus gleichgesetzt wurde. Als Aredvi Sura A. (»die feuchte kräftige Makellose«) ist sie die Göttin des fruchtbringenden Wassers, die den männlichen Samen zur Zeugung befähigt und die Frauen gebärfähig macht und ihnen Milch gibt; als Feindin aller Krankheiten und Verunstaltungen zeigt sie sich auch in kriegerischer Funktion. Im Zoroastrismus wurde sie zur Helferin (Hamkar) des Heiligen Unsterblichen der Erde, des Amesha Spenta Armatay.

Anahita. Investitur von König Chosrau II. (reg. 590 bis 628) aus der Dynastie der Sassaniden durch die Fruchtbarkeitsgöttin Anahita und Ahura Mazda. Chosrau II., der Eroberungen in Kleinasien, Palästina und Nordägypten machte und später den Beinamen »Aparwes« (»der Siegreiche«) erhielt, ist der Held zahlreicher persischer Sagen und Dichtungen. Felsrelief in Tag-i-Bostan, Iran

Arsakiden, Herrscherdynastie des Parther-Reiches im Iran 247 v. Chr. bis 224/26 n. Chr.; ursprünglich skyth. Nomadenstamm der Parni, entriss der Dynastiegründer Arsakes I. (247–215 v. Chr.) den Seleukiden 238 Parthien und ergriff die Macht im Iran. Die A. waren hellenistisch geprägt, betonten aber ihre Herkunft von den *Achämeniden* und förderten den Feuerkult; Residenzstädte: Nisa, Mitte 2. Jh. v. Chr. Gründung von Ktesiphon. Arsakes I. wurden göttliche Ehren erwiesen und sein Name wurde von allen Nachfolgern als Beiname angenommen. Die A. beherrschten auf ihrem Höhepunkt Gebiete zwischen Euphrat und Indus, zwischen Türkei und Nordindien, kontrollierten die Ost-West-Handelswege und waren seit 92 v. Chr. in mehrere Kriege mit Rom verwickelt. Beseitigung der A. durch die *Sassaniden.* Eine Seitenlinie der A. herrschte 150 v. Chr. bis 428 n. Chr. über Groß-Armenien.

Atar, Feuergott des alten ostiran. Pantheons; meint eigentlich das Feuer, wurde aber in den Gathas (Y. 62:1,4 sowie 65:12 u. a.) als Sohn Ahura Mazdas personalisiert. Als solcher gilt er als das »anfanglose Licht« und als »Belehrer der Menschen«.

Daeva (auch Dev, awest. »Dämonen«, »Teufel«), Gegenfiguren zu den guten *Yazatas;* die altiran. Götter, besonders die indoiran. Kriegsgötter Indra, Saurva und *Vayu,* die von

Zarathustra zu Begleitern Ahrimans degradiert wurden und den Propheten nach der Legende sofort bei seiner Geburt angriffen. Die männlichen und weiblichen D. wählen das Nicht-Leben und den Trug (Drug) und sind als »Handlanger Ahrimans« die Verführer und Täuscher der Menschen. Gefürchtet ist der Todesdämon Astwihad (ursprünglich eine Funktion des Gottes Vayu); auch die Lüge (Drug) wird als D. personalisiert, ihre Anhänger sind die Drugvan. Es gibt sechs »Erzdämonen« (Aka Manah, Saurva, Indra, Zairitsha, Taurvi, Naonhaithya); der D. der Begierde und des Zorns, Aeshma (auch die Raserei der *Männerbünde),* wird im Alten Testament (Buch Tobias) zu Asmodi. Den D. verwandt sind die weiblichen bösen Geister, die Pairikas (neupers. Peris).

Fravashi (awest. »Bekenntnis«), präexistente Seelen der Menschen, im Unterschied zu den Daenas *(Person).* Ursprünglich Ahnen- und Totengeister, vereinigen sie sich mit der Seele des Verstorbenen (urvan) im Jenseits und bilden diejenige Manifestation (des Verstorbenen), die mit den Hinterbliebenen auf Erden Kontakt hält; in den letzten zehn Tagen des Jahres (Farvadigan) kehren sie zu den Lebenden zurück und bringen bei guter Behandlung Fruchtbarkeit und Glück in Haus, Stall und Feld. Als Segen spendende Schutz- und Ahnengeister wurden sie im Zoroastrismus zu persönlichen »Schutzengeln«, die im Volksglauben als Flügelwesen dargestellt werden. Der Yasht 13 (Fravardin Yasht) ist ihnen gewidmet und enthält (Yt. 13:12) eine Erklärung Ahura Mazdas, dass ohne die Hilfe der F. Menschen und Tiere untergehen und dem Reich der Lüge (Ahriman) anheim fallen. Als geistige Urwesen und höheres geistiges Selbst der Frommen und Gerechten bilden sie die dritte Klasse von Schutzgeistern neben Amesha Spenta und *Yazatas.*

Gaumata, zoroastrischer Magier, im März 522 v. Chr. Führer eines sozialrevolutionären Volksaufstandes gegen den *Achämeniden*-Großkönig Kambyses II. Beim Tod des Kambyses gab sich G. als dessen – in Wirklichkeit von Kambyses heimlich hingerichteter – Bruder Smerdis aus (»der falsche Smerdis«) und eroberte im April 522 die Macht. Er setzte die Enteignung des Adels und einen dreijährigen Steuererlass für das Volk durch. An die Spitze der Adelsopposition trat Dareios I., der Vetter des Kambyses, und beseitigte Ende 522/Anfang 521 die Herrschaft des G.

Gayomard (Gayo Marta, awest. »der Lebende, Sterbliche«), mythischer Urmensch der zoroastrischen Tradition, vergleichbar dem *Yima.* Der Mythos von G. und dem ersten Menschenpaar fand sich im verschollenen Tschirdat-Nask, eine Kurzfassung wurde im Pahlewi-Text Denkart (VIII 13:1–4) und später auch in anderen Texten überliefert. G. steht im Zusammenhang mit der Geburt des Erlösers als Neuschöpfer des Kosmos und wurde teilweise mit Zarathustra identifiziert.

Haoma, Fruchtbarkeits-Rauschtrank, der von Zarathustra für die blutigen Exzesse bei den orgiastischen Opferritualen der *Männerbünde* verantwortlich gemacht wird (Y. 11:4–7); er entspricht dem ind. Soma und war im altiran. Kult vielleicht mit Drogen versetzt. Er gilt als »heilige Flüssigkeit«, reich an *Xvarenah,* und wird daher »feurig, leuchtend, belebend, Samen tragend« genannt, ist eng mit der Sonnensymbolik verknüpft und diente der Entfesselung der »Kampfekstase« (Aeshma). Beim rituellen H.-Genuss überschritt der Opferer seine menschliche Verfasstheit und näherte sich dem Licht Ahura Mazdas.

Mandäer (von aram. manda: »Erkenntnis«), gnostische Täufersekte, die in der Zeit der *Sassaniden* in der südbabylon. Landschaft Mesene entstand oder aus dem Jordantal in den Süden des Irak (Schatt el-Arab) zuwanderte. Die M. gehören in den Zusammenhang des Spät-Judentums, zeigen aber starke iran.-zoroastrische Einflüsse mit eigener Sprache (Mandäisch, ein ostaram. Dialekt) und eigenem Schrifttum (Hauptschrift: das Ginza, »Schatz«). Ihre Priester (ashipu »der Gereinigte« oder ramku »der Gewaschene«) tragen wie die Zoroastrier weiße Tracht und benutzen das Mundtuch (Pandama). Sie verehren die lebenserneuernde Kraft des Feuers (Feuerriten), kennen auch die Scheider-Brücke, über welche die Seelen gehen, sowie die Begegnung mit dem Urbild der eigenen Seele und die Lehre von Weltperioden.

Die M., die in Resten noch im Süden des Irak leben, praktizieren umfangreiche Reinigungs- und Taufrituale (Masbuta) mit dem »Jordan« genannten Taufwasser (Sakrament der Mundwaschung), anschließenden Handauflegungen und Ölsignierungen und heiligen Speisen als »Hostien«. Viel diskutiert ist die thematische Nähe einiger mandäischer Schriften zum christlichen Johannesevangelium.

Mandäer.
Die höchste Gottheit der Mandäer heißt »das Leben« oder »der hohe König des Lichts«; in seinem Paradies ist der eigentliche Platz der frommen Seelen, die in der dämonenbeherrschten Welt nur als »Fremde« leben. Der Erlöser »Manda d'Haje«, der auf die Welt gesandt wird zum Kampf gegen das Böse (die Aufrührer), führt die Seelen in der Todesstunde aus dem Leib heraus ins Paradies und befreit sie aus der Materie. Er ergreift schließlich als »guter Hirte« und »Seelenfischer« die Weltherrschaft. Die Mandäer kennen umfangreiche Schöpfungsmythen um den Urmenschen Adam und verwenden biblische Motive mit einer hohen Verehrung von Johannes dem Täufer, aber auch Zarathustras und des Mithras.

Männerbünde, kultische Geheimbünde im alten Iran, territoriale Zusammenschlüsse

(Mairya) der geschlechtsreifen, waffenfähigen, unverheirateten Männer (ab 15 Jahren). Sie praktizierten Kulte der freien Liebe in ekstatischen Opferfeiern mit *Haoma-Genuss* und blutigen Stieropfern und wurden von Zarathustra bekämpft. Ihr Kennzeichen war die »Raserei« (Aeshma) und der Kult um den Heros des Drachentöters (später Mithras).

Ihr Haar war in Locken geflochten und sie trugen Ledergürtel als Zeichen des Gehorsams. Im Kampf bildeten sie die Elitetruppen der Kavay (religiös-politische Häuptlinge, Könige) und ihre Taktik war das »Hervorstürmen« (voigna »der Einbruch«); als Krieger wurden sie daher auch »Wolf« (Vehrka) oder »zweifüßige Wölfe« genannt und vertraten im altiran. Totenkult als Maskierte die Totengeister *(Fravashi)*.

Mazdakismus, durch den zoroastrischen Magier Mazdak (um 460–524) initiierte soziale und religiöse Umwälzung im Iran. Mazdak lehrte einen Zoroastrismus mit manichäischen Zügen, forderte Güter- und Frauengemeinschaft und predigte gegen Habgier und Egoismus. Seine Aufrufe gegen die Privilegien des Adels entfachten um 494 einen Volksaufstand mit Plünderung der Adelsresidenzen. 499 erhielt er die zeitweise Unterstützung des *Sassaniden* König Kawadh I. (488 bis 531), die ihm aber entzogen wurde, als der Aufstand die Zentralherrschaft gefährdete. 524 wurde Mazdak mit Tausenden seiner Anhänger hingerichtet. Ein letzter Mazdakisten-Aufstand 528 führte zur Tötung fast aller verbliebenen Mazdak-Anhänger, aber auch zu umfassenden Land- und Steuerreformen unter Chosrau I. (531–579). Der M. vertrat den Glauben an eine Lichtwelt, die nach dem Modell des pers. Herrscherhofes aufgebaut war; der »Gott des Lichtes« ist von den »vier Kräften« Verstand, Intelligenz, Gedächtnis und Freude umgeben. Die radikale Ethik des M. schrieb den Anhängern Kommunismus und Vegetarismus vor. Nach 528 überlebten Reste als Sekte Xurramdinan (»die fröhliche Religion«) bis in islamische Zeit.

Männerbünde. Kopf einer Kolossalstatue von Apollon-Mithras, die zur Grab- und Kultstätte von Antiochos I. von Kommagene (reg. 69 bis 34 v. Chr.) in Nemrud Dagi im Äußeren Osttaurus, Türkei, gehört. Der Mithras-Kult um den Drachentöter ist in der Parsen-Religion ein Erbe der Männerbünde. Dem griechisch-persischen Religionssynkretismus entsprechend, wird der Gott sowohl mit seinem griechischen wie mit seinem persischen Namen benannt.

Mazdaznan (mittelpers. »Meister des Gottesgedankens«, »meisterlich konzentriertes Denken«, von pahlewi mazdah »Gedächtnis«), religiöse Heils- und Heiligungsbewegung, die um 1900 von dem Schriftsetzer Otto Hanisch (1844–1936), der sich später »Dr. Otoman Zar-Adusht Ha'nish« nannte, in Chicago gegründet wurde. Die M., eine Selbsterlösungsbewegung nach dem zoroastrischen Drei-Punkte-Programm (Gutes Denken/Reden/Tun), versteht sich als westliche Weltreligion in Berufung auf Zarathustra und erstrebt ein weltweites Friedensreich, in dem die Arier – unter Einschluss der semitischen Völker (kein Antisemitismus) – die überlegene Rolle spielen.

Der »Schlüssel aller Weisheit« liegt in der systematischen Kontrolle der Atmung (der Atem ist »Träger des Geistes«) und vor allem in der richtigen Ernährung (Vegetarismus und Verzicht auf Rauschmittel). Die M. bejaht das Leben, glaubt an Wiedergeburten und kümmert sich intensiv um die vor- und nachgeburtliche Pflege der Kinder; die Frauen als Träger des künftigen Lebens genießen hohe Achtung. Ihre Mitglieder sind heute in den westlichen Ländern in Logen organisiert und vollziehen zoroastrische Rituale (Ehe- und Kindersegnung, Liebesmahl); die Gebete und Lieder (»Awesta im Gebet«) werden in der altiran. Awesta-Sprache intoniert. 1917 gründete Hanisch als Zentrum der M.-Bewegung die »Reorganized M. Temple Association of Associates of God«, die heutige »M. Press« (mit eigenem Verlag). Die M. versucht eine Verbindung der arischen Urlehre mit dem Christentum, das durch die Kirche verfälscht worden sei: Yesu (Jesus) sei gekreuzigt worden, aber noch lebend vom Kreuz abgenommen und vor seinen Feinden verborgen worden.

In Deutschland gibt es heute 15 M.-Gruppen mit der »Neuzeitlichen Diät- und Lebensschule«. Die europ. M.-Zentrale befindet sich in Bringhausen/Edersee.

Neujahrsfest (Nawroz, heute Jamshedi Noruz), das um den Frühlingsbeginn am 21. März herum gefeierte N. ist das wichtigste Fest der Zoroastrier und Parsen. Die Schriften berichten, dass die drei wesentlichen eschatologischen Ereignisse – die Schöpfung, die Offenbarung der Religion und die (zukünftige) Erneuerung des Lebens – im Umfeld des Neujahrs angesiedelt sind. Nach der Pahlewi-Tradition vollendete Ohrmazd die Erschaffung des Menschen in den letzten zehn Tagen des Jahres und auch die leibliche Auferstehung wird einst in diesen Tagen stattfinden. Daher legen die Parsen zu jedem N. neue Kleider an, wie sie einst bei der leiblichen Auferstehung von Ohrmazd neue Kleider erhalten werden. Laut Yasht 13 kehren in diesen letzten zehn Tagen des Jahres die Seelen der Verstorbenen *(Fravashi)* auf die Erde zurück. In den letzten fünf Tagen des Jahres (»Gatha-Tage«) werden verstärkt die Gathas, die auf Zarathustra selbst zurückgehen, rezitiert.

Das N. antizipiert das Endzeit-Opfer des *Saoshyant* (Zarathustra) und wird als Opferfest gefeiert, bei dem verschiedene Pflanzen und Früchte als Symbole der Fruchtbarkeit auf den Opfertisch gelegt werden. Auch in den Familien werden Eier und immergrüne Pflanzen als Symbole des ewigen Lebens ausgelegt.

Orakel des Hystaspes, griechischsprachige Schrift aus dem 2./1. Jh. v.Chr., die stark von der iran. Eschatologie beeinflusst ist und Bezüge zu den Pahlewi-Apokalypsen aufweist. Der unbekannte Verfasser benutzt den Namen des Zarathustra-Gönners Vishtaspa (griech. Hystaspes), der früher fälschlich mit dem Vater von König Dareios I. identifiziert wurde. Als religiöse Kampfschrift gegen das Römische Reich hatte sie bedeutenden Einfluss auf die Endzeiterwartungen der Zeitenwende.

Die Zeit der Welt, die 7000 Jahre dauert, wird als allgemeiner Krieg zwischen Gut und Böse in den ersten 6000 Jahren beschrieben, wobei jedes Millennium unter der Herrschaft eines Planeten und eines Metalls steht. In den letzten 1000 Jahren steigt eine Erlösergestalt mit den Zügen des Mithras (der mit dem hellenistischen Sonnengott Helios bzw. Apollon identifiziert wird) zur Erde nieder, besiegt das Böse, bricht die Macht der Planeten und zerstört in einem universalen Weltenbrand sämtliche Götzenbilder, was mit dem Sturz des Römischen Reiches einhergehen wird. Das O. hatte großen Einfluss auf die Zeitspekulationen des frühen Christentums.

Neujahrsfest. Eine Parsen-Frau mit ihrer Nichte am Neujahrstag vor der Wand eines Feuertempels in Bombay. Das Heiligtum ist eine Steinnachbildung des persischen Apadan-Palastes in Persepolis. Die Reliefdarstellungen zeigen Boten von zwei Satrapen (Statthaltern) des Achämeniden-Reiches, die dem Herrscher Dareios I., dem Großen (reg. 522/521 bis 486 v.Chr.), Tribut zollen.

Person (Seele), die Begriffe für die P. und für die Seele des Menschen sind im Zoroastrismus und bei den Parsen äußerst vielgestaltig; nach dem schwedischen Religionswissenschaftler Geo Widengren (1907–1996) u.a. kann man folgende Begriffe unterscheiden, wobei eine exakte Übersetzung schwierig ist:

»Kaehrp« (karp) hat die primäre Bedeutung »Körper«, meint aber mehr: die Gesamtpersönlichkeit, das Individuum, die Gestalt (im nichtleiblichen Sinne); »Tanu« hat ebenfalls die Bedeutung »Körper«, meint aber auch das Individuum als P., als »Selbst« (es findet sich auch im Altind.); »Baodah« als Begriff des »Erkenntnishaften« meint das Wahrnehmen, besonders das Riechen; »Ushi« ist eigentlich »Ohr«, »Gehör«, darüber hinaus aber auch die Auffassungs- und Verstandeskraft.

Von den Seelenbegriffen meint »Ahu« das Leben, den Lebenshauch, übertragen auch die Lebenskraft; »Daena« ist Selbst, Gesinnung, Gewissen und bezeichnet als »die Nährende« die präexistente himmlische Seele, mit der sich die irdische Seele (Urvan) nach dem Tod vereinigt; »Urvan« ist die (irdische) Seele als Freiseele, die den Menschen auch zu Lebzeiten zeitweise verlassen und umherschweifen kann, und verlässt nach dem Tod den Körper, um sich auf der Himmelsreise mit ihrer »Daena« (wieder) zu vereinigen; »Vyana« meint Geist, Hauchseele, aber auch Atem, Ausatmung; »Manah« ist das Sinnen (Denken), das Gedanken- oder Geist-Ich, das auch

Priester. Dastur Firoze Kotwal, ein hoher Priester der Parsen, 1984 in Bombay

als Freiseele vorgestellt wird; »Xrathu« meint Vernunft, Verstand, Intention, Weisheit und Verstandeskraft; »Ushtana« ist der physische Lebensgeist und die Lebenskraft des irdischen Körpers, die nach dem Tod mit diesem vergeht; »Amman« (Anman) meint ebenfalls Geist, Hauchseele und Atemhauch. Alle Begriffe finden sich in den Yasnas (Gathas) und den Yashts, den ursprünglichen heiligen Schriften. Weitere wichtige Begriffe im geistseelischen Zusammenhang sind die *Fravashi* und das *Xvarenah.*

Priester, werden bei den Parsen heute allgemein als »Mobed« oder »Athravan« bezeichnet; das Wort hieß eigentlich Mopat, aus Magu-pati (»Magier-Herr«). Ursprünglich gab es im Zoroastrismus zwei Sorten von P., die »Mobed« als Nachfolger der altiran. Magier und die »Herbad« als Feuerpriester. Seit Mitte des 3. Jh. wurden sie von der zoroastrischen Staatskirche der *Sassaniden* zusammengefasst und in eine Hierarchie von drei Graden (gemäß den Reinheitsgraden des Feuers) eingeteilt. Sie kommen bis heute traditionell aus bestimmten Familien und erhalten eine lange Ausbildung. Das Oberhaupt der Zarathustra-P. (Zarathushtrotema) residierte früher in Ragha (heute Rajj bei Teheran) und galt als ranghöchster Vertreter des Zoroastrismus nach dem Großkönig.

Die rituellen Handlungen (Feuer- und *Haoma-Opfer*) versieht meist ein Oberpriester, der wie zur Zeit Zarathustras »Zaotar« (»Rufer« oder »Gießer«) heißt, unter Assistenz von sieben Unterpriestern. Seit der Sassanidenzeit entwickelten die P. ausgiebige Beichtformulare – auch individuell mit der Aufzählung bestimmter Sünden – für die Gläubigen (awest. paititi: »Buße«, »Sühne«), nach denen die Beichtenden vor Ohrmazd, den P. und der ganzen Gemeinde (awest. vehdenan: »die Angehörigen der guten Religion«) ihre Sünden bekannten und sich als Anhänger Zarathustras und der sog. Drei-Punkte-Ethik (Gutes Denken, Reden, Handeln) bekannten.

Saoshyant (awest. »Nutzenbringer«, »Förderer«), zentrale eschatologische Gestalt der »Verklärung des Lebens« zur Erneuerung, zum »Lebendigen ohne Verderben« (Yt. 19:11,89). Der »Lebendige« als S. wird die Toten »aufrütteln« zur leiblichen Auferstehung aller Menschen beim Endgericht; sein Name bedeutet »verkörpertes Recht (Wahrheit)«. Durch die Lehre, der S. erstehe aus dem bewahrten Samen Zarathustras, wurde er früh mit ihm identifiziert und mit einer zervanistischen Zeitspekulation verbunden.

Sassaniden, Herrscherdynastie im Iran 224/226–642/651, die sich vom Dynastiegründer Sassan herleitete. Sein Enkel Ardashir I. (224/226–241) beseitigte die *Arsakiden* und schuf das neupers. Großreich, das sich in Kämpfen gegen Rom ausdehnte. Dessen Sohn Shapur I. (241–272) förderte Mani und den Manichäismus und schlug 260 die Römer vernichtend (Gefangennahme des Kaisers Valerian). Die S. nahmen den Titel Shah-in-Shah (»König der Könige«) an, vollendeten den altorientalischen Herrscherkult mit Anspruch auf Weltherrschaft und schufen die zoroastrische Staatskirche. Ihr Reich estreckte sich zeitweise im Osten bis über den Hindukusch hinaus. Den Höhepunkt der Macht erreichte Chosrau I. (531–579), der Byzanz tributpflichtig machte (532), Teile Armeniens eroberte (540) und 567 die Hephthaliten (»Weiße Hunnen«) vernichtete. Der letzte S.-Shah Yezdegerd III. wurde nach Niederlagen bei Kadiria (636) und Nihavand (642) von islamischen Truppen vertrieben und 651 ermordet.

Vayu, als Gott des Windes und der Atmosphäre bringt er den Sturm und den befruchtenden Regen und ist eine der wichtigsten Gottheiten der altiran. Kosmologie. Unter gleichem Namen findet er sich auch im altind. Pantheon. Er ist eine äußerst vielseitige Gestalt: Als Krieger- und Totengott (dessen Wind die luftigen Totenseelen im Gefolge hat) war er zugleich Schicksalsgott und Geber der Fruchtbarkeit; als solcher tritt er in die zwei Aspekte von »guter V.« und »böser V.« auseinander und stand vielleicht Pate für die Idee der antagonistischen Zwillingsgeister (Spenta Mainyu und Angra Mainyu). Im Ostiran wurde er bis in die Zeit der *Sassaniden* verehrt.

Verethragna, altiran. Gottheit, die als Gott der wohl überlegten Kriegskunst in den *Männerbünden* verehrt wurde; er ist das iran. Gegenstück zum altind. Gott Vrthrahan, einer Funktion des Kriegsgottes Indra als Drachentöter. Er tritt sowohl als Wind wie auch in Tier- und Menschengestalt auf (Yt. 14:2–27). Im Mittelpers. wurde er über Varahran zu Bahram und übernahm bedeutende Funktionen im Zoroastrismus als »Widerstandsbrecher« und Gott des Sieges, der alle Hindernisse überwindet und die Reisenden schützt. Seit der Sassanidenzeit ist Bahram ein beliebter pers. Vorname.

Xvarenah, nach altiran. Vorstellung der Glücksglanz bzw. die »Prestige-Seele« (Charisma) bedeutender Menschen (vor allem der Könige), die ihnen Glück und Erfolg in ihren Unternehmungen verleiht. Der eigentliche Besitzer des X. ist Ahura Mazda als »göttliche Flamme«, weshalb es als Lichtglanz und leuchtende Flüssigkeit beschrieben wird, entspringt aber auch der Stirn des Mithras (Yt. 10:127) und entströmt als Sonnenlicht dem Haupt der Könige. Es wird im äußeren Symbol des Varagan-Vogels (Yt. 19:35 und 38) und als Aureole um den Kopf des Königs dargestellt, bei den *Sassaniden* aber auch in Gestalt eines Widders. Gemäß Yt. 19:53 soll nach dem Willen Ahura Mazdas jeder Mensch nach dem X. trachten, da jeder des Glückes teilhaftig werden kann. In späterer Zeit wird X. auch mit Glück, Reichtum und guten Dingen identifiziert und steht mit dem Blitzfeuer (Apam Napat) in Verbindung. Im Mythos verliert der Urmensch *Yima* durch die »Lüge« sein X., das ihn in Vogelgestalt verlässt und dann auf Zarathustra übergeht; das starke Licht des X. umfängt die Mutter des Propheten bei dessen Geburt.

Yazatas (awest. »die Verehrungswürdigen«), 30 gute Geister und Gegenfiguren der *Daeva,* die als Helfer der Menschen in ihrem Kampf gegen das Böse gelten. Zu ihnen zählen die sechs ursprünglichen Amesha Spenta (Gottesbegleiter) sowie – nach Plutarch – weitere 24 »dienende Götter«, an deren Spitze Ahura Mazda (bzw. Mithras) steht. Sie sind ursprünglich die guten Aspekte der altiran. Götter, die von Zarathustra übernommen wurden. Im monatlichen Kalender der Zoroastrier und Parsen wird an jedem Tag einer von ihnen besonders verehrt. Die Y. werden in mehreren Yashts (etwa 10:13 oder 10:52) besungen und bilden eine Art himmlische Heerschar.

Yima (awest. »Zwilling«, entspricht dem ind. Urmenschen Yama), berühmtester Urmensch in der Mythologie der Zoroastrier und Parsen *(Gayomard),* von Zarathustra aus der altiran. Mythologie übernommen. Y., der nach der Einnahme von *Haoma* durch seine Eltern geboren wird, lebt 1000 Jahre lang als »guter Hirte« im urzeitlichen Paradies ohne Krankheit, Alter und Tod und hat vertrauten Umgang mit Ahura Mazda. Als Herrscher der Welt ist er Friedenskönig und Kosmosherrscher eines »Goldenen Zeitalters«, der alle drei Stände der altiranischen Gesellschaft vertritt, und stiftet die Verwandtenehe.

Schließlich verfällt er der »Lüge«, wodurch er seinen Glücksglanz *Xvarenah* und seine Unsterblichkeit verliert (Yt. 19). Er ist dem Angriff des Bösen schutzlos ausgeliefert und wird von dem Schlangendämon Azhi Daheka vertrieben; er flieht und verbirgt sich, wird jedoch entdeckt und getötet. Vorher verkündet ihm Ahura Mazda eine Sintflut und weist ihn an, den Samen der Menschen, Tiere und Pflanzen zu sammeln und mit dem Feuer in einen unterirdischen Raum (Vara) zu verbringen, wo die Keime einer künftigen, zu erlösenden Menschheit bewahrt werden.

Verethragna. Der über 2 m hohe Kopf einer Kolossalstatue (zweite Hälfte des 1. Jh. v. Chr.) von Herakles-Verethragna in Nemrud Dagi, Türkei. Die altiranische Gottheit wurde vor allem von den kriegerischen Männerbünden verehrt. Die Ruinenstätte von Nemrud Dagi wurde 1987 zum Weltkulturerbe erklärt.

Traditionelle Religionen im Überblick

Nordamerika

Bei ihrer Ankunft im 15. Jh. war der Kontinent, den die Europäer nach dem Italiener Amerigo Vespucci Amerika nannten, bereits seit Jahrtausenden besiedelt. Die Urvölker wurden von den Europäern aufgrund der falschen Annahme des Entdeckers Christoph Kolumbus (1451–1506), Indien erreicht zu haben, als Indianer bezeichnet. Doch lebten sie weder in einer kulturellen Einheit zusammen, noch hatten sie Sprache, Glaubensvorstellungen oder Identität gemeinsam. Die religiösen Vorstellungen der Völker Nordamerikas waren abhängig von den Lebensbedingungen der Menschen, die sich regional stark unterscheiden. Allen gemeinsam ist der Glaube an Schutzgeister und das Wirken übernatürlicher Kräfte. Für die religiösen Riten sind u.a. Schamanen und Medizinmänner zuständig. →S. 880

Mittel- und Südamerika

Zentral- und Südamerika werden zusammenfassend als Lateinamerika bezeichnet, um die jahrhundertelange Prägung von Religion, Sprache, Kultur, Wirtschaft und Politik durch die christlichen spanischen, portugiesischen und französischen Kolonialherren zu betonten. Kennzeichen der Religionen von Indios und Afroamerikanern (Nachkommen afrikanischer Sklaven) sind u.a. ganzheitliches Denken und die Idee des Lebens als Wanderung. Sie verehren Sonnen- und Mondgottheiten, zu ihren Riten gehören Opfer- und Totenkulte, Spiele und schamanistische Heilkunst. Eine Sonderform ist der Rastafari-Kult auf Jamaika. →S. 900

Afrika

Auf dem afrikanischen Kontinent leben Anfang des 21. Jh. mehr als 800 Mio Menschen. Davon bekennen sich knapp die Hälfte zum Christentum und rund 40% zum Islam. Den traditionellen Religionen gehört etwa ein Zehntel der Bevölkerung an, das sind 80 Mio Gläubige. Diese Religionen sind vor allem in den ländlichen Gebieten südlich der Sahara verbreitet. Hauptmerkmal der traditionellen Religionen in Afrika ist ihre Universalität. Sie bestimmen das Verhältnis zwischen Mensch, Ahnen und Göttern und sind integraler Bestandteil des Alltags. Zu den religiösen Riten zählen Toten-, Opfer- und Geisterkult, ihr Verhalten richten traditionell Gläubige in Afrika nach Befragungen des Orakels. Der Voodoo-Kult in Westafrika breitete sich bis in die Karibik aus. →S. 912

Australien

Die Religion der Aborigines beruht auf dem Glauben an eine mythische Schöpfungsperiode (Traumzeit) und eine innere Verbundenheit zu Elementen der natürlichen Umwelt (Totemismus). Ein großer Schatz an Überlieferungen und Mythen sowie aufwändig gestaltete Zeremonien und Kulte verleihen diesen Überzeugungen Ausdruck. Durch die Inbesitznahme und anglo-europäische Besiedlung Australiens sowie die Entwicklung des Landes zu einem modernen, westlich geprägten Staat sind heute viele Glaubenselemente und religiöse Praktiken der Aborigines verloren gegangen. →S. 924

Ozeanien

Die traditionellen Religionen Ozeaniens sind je nach Region, Inselgruppe und kultureller Tradition verschieden. In Polynesien, Melanesien und Mikronesien treten so unterschiedliche Glaubenselemente wie die kultische Verehrung der Ahnen, der Glaube an wirkmächtige Kräfte und damit verbundene Meidungsgebote sowie differenzierte Seelenvorstellungen auf. Durch frühe und intensive Missionierung Ozeaniens gehören die meisten Bewohner heute dem Christentum an. Doch haben sich in vielen Bereichen ursprüngliche Glaubenselemente erhalten, z.B. die Verehrung (mythischer) Vorfahren, von Schöpferwesen, Geistern und Kulturheroen. →S. 938

Großes Bild links: Mehr als 350 Felszeichnungen haben Indianer von prähistorischen Zeiten bis in die Gegenwart am Newspaper Rock (»Zeitungsfelsen«) hinterlassen, einem heiligen Berg im Canyonlands National Park im US-Bundesstaat Utah.

Ein Aborigine mit traditioneller Gesichtsbemalung bläst während eines Corroborees, einer Aufführung mit Tanz und Gesang, ein Didgeridoo. Das lange Blasinstrument der Aborigines in Nordwestaustralien wird aus Bambus oder Holz gefertigt.

Traditionelle Religionen in Nordamerika

»She who watches« (»Die Beobachterin«) ist eine prähistorische indianische Felszeichnung am Columbia River im Süden des US-Bundesstaates Washington.

Begriff und Bedeutung

Bei ihrer Ankunft vor 500 Jahren war der Kontinent, den die Europäer nach dem Italiener *Amerigo Vespucci* Amerika nannten, bereits seit Jahrtausenden besiedelt. Die amerikanischen Urvölker wurden von den Europäern aufgrund der falschen Annahme des Entdeckers Christoph Kolumbus (1451 bis 1506), Indien erreicht zu haben, unter dem Begriff *Indianer* zusammengefasst. Doch lebten sie weder in einer kulturellen Einheit zusammen, noch hatten sie Sprache, religiöse Glaubensvorstellungen oder Identität gemeinsam. Für die Europäer verkörperten diese Menschen das unheimliche, bedrohliche Andere, das sie mit dem Begriff »Indianer« benennen und personifizieren konnten.

Seit den ersten Kontakten zwischen Europäern und Angehörigen der amerikanischen Urvölker bot die Benennung der Indianer genügend Raum für europäische Projektionen. Die Europäer schufen sich ein Indianerbild, welches stets dem aktuellen Zeitgeist angepasst und den herrschenden Ideologien nützlich war. Mal wurden die Indianer als »edle Naturmenschen« gesehen (literarisch stilisiert u.a. bei Karl May) oder als heilbringende Naturschützer, mal als blutrünstige Wilde. Indianische Religionen dienten den Europäern immer wieder dazu, Defizite und Widersprüche der eigenen Gesellschaft auszugleichen.

Legendäre Rede des Häuptling Seattle an Gouverneur Isaac Stevens

Der weiße Mann behandelt seine Mutter, die Erde, und seinen Bruder, der Himmel, wie Dinge zum Kaufen und Plündern. Sein Hunger wird die Erde verschlingen und nichts zurücklassen als eine Wüste… Lehrt euren Kindern, was wir unseren lehren: Die Erde ist unsere Mutter. Wenn Menschen auf die Erde spucken, bespeien sie sich selbst! Denn das wissen wir: die Erde gehört nicht den Menschen, der Mensch gehört zur Erde. Alles ist miteinander verbunden, wie das Blut, das eine Familie vereint. Der Mensch schuf nicht das Gewebe des Lebens, er ist darin nur eine Faser. Was immer ihr dem Gewebe antut, tut ihr euch selber an.

Grundzüge des Glaubens

Über die religiösen Vorstellungen der *indigenen* Völker Nordamerikas aus voreuropäischer Zeit ist so gut wie nichts bekannt, da schriftliche Quellen fehlen. Die religiösen Vorstellungen der Völker Nordamerikas waren immer abhängig von den herrschenden Lebensbedingungen der Menschen, die sich in den einzelnen Gebieten erheblich unterschieden und Teil der jeweiligen Lebenswelt. So drehte sich bei den *nomadischen* Jägervölkern das religiöse Leben vornehmlich um die Jagd, bei den sesshaften, Bodenbau betreibenden Kulturen hingegen enthielt das zeremonielle Leben vor allem Elemente, die mit Fruchtbarkeit und Ernte in Verbindung standen.

Alle indigenen Völker Nordamerikas sahen das Übernatürliche in ihrer Umwelt manifestiert. Die übernatürliche Kraft war überall vorhanden: an bestimmten Plätzen, in den Himmelsrichtungen, in Gegenständen und allen Lebewesen. Die *Algonquin* bezeichneten diese Macht *Manito,* für die Sioux war sie Wakan Tanka und die Crow nannten sie *baaxpée.*

Der Glaube an persönliche *Schutzgeister* war nahezu überall verbreitet. In Visionen und *Träumen,* die als reale Erlebnisse empfunden wurden, lernten die Betroffenen ihre Schutzgeister kennen, die sie ein Leben lang um Hilfe bei persönlichen Krisen bitten konnten. Viele sesshafte Völker hatten Priester, die ihre Zeremonien leiteten und überwachten. *Schamanen* und Medizinmänner spielten für die Heilung von Krankheiten, die als Folge von Tabuverletzungen angesehen wurden, eine bedeutende Rolle.

Die christlichen Missionare versuchten die indigenen Völker zum Christentum zu bekehren. Mit ihnen wurden aber Seuchen und Krankheiten eingeschleppt, welche die einheimischen Schamanen nicht mehr heilen konnten. Aus diesem Grund verbreitete sich rasch die Vorstellung, die Weißen hätten übernatürliche Kräfte. Viele Indianer schlossen sich dem Christentum an. Erst im 19. Jh. besannen sich die Betroffenen wieder auf die eigenen traditionellen Religionen. Es entstanden neue Glaubensrichtungen, die traditionelle Elemente mit christlichen Vorstellungen mischten.

Trommeltanz während einer Zeremonie in der Inuitsiedlung Kugluktuk, dem früheren Coppermine, in Kanada. Dabei werden die Kinder in die traditionellen Riten eingeführt.

Arktisbewohner – Sedna und Sila

Im nördlichen Teil des amerikanischen Kontinents, den Küstengebieten Alaskas und Nordkanadas bis nach Grönland, leben die *Inuit.* Die aleutische Inselkette im Nordpazifik sowie die äußerste Spitze Südwestalaskas wird von einer den Inuit verwandten Ethnie bewohnt, den *Aleuten.* Eine weitere Inuit-Gruppe, die *Yupik,* lebt an der Küste der Tschuktschenhalbinsel und auf den Inseln zwischen Alaska und Sibirien, die zu dem Gebiet der Behringstraße zählen. Das Kulturareal der Inuit und Aleuten wird unter dem Namen Arktis zusammengefasst. Vermutlich sind die Vorfahren der arktischen Bewohner vor über 5000 Jahren aus Asien eingewandert.

Die Lebensgrundlage der Bewohner der von Eis und Schnee bedeckten Küsten im Norden Alaskas bildete früher hauptsächlich der Robben- und der Walfang. Die Bewohner der Tundragebiete des Binnenlandes lebten von der Jagd des *Karibus.* Die karge Umwelt, die Abhängigkeit von den Launen der Natur und die harten klimatischen Bedingungen prägten das Leben der Inuit und ihre religiösen Vorstellungen. Bis auf kleine lokale Unterschiede variieren die Glaubensvorstellungen der arktischen Bewohner kaum.

Ein wesentlicher Bestandteil der religiösen Vorstellungen der Inuit ist der Glaube an eine bei allen Lebewesen vorhandene Seele *(inua).* Sowohl der Charakter eines Lebewesens wie auch sein Atem wird von inua bestimmt. In den Vorstellungen der Inuit besitzt jede Tierart ein zentrales inua, eine gemeinschaftliche Seele.

Da die Inuit besonders auf ihr Glück bei der Jagd angewiesen sind, ist sie mit vielen religiösen Aspekten verbunden. In den Vorstellungen der Inuit bestimmt nicht der Jäger das Tieropfer, sondern die Seele des Tieres trifft die Entscheidung, ob es sich vom Jäger erlegen lässt. Zeigen die Menschen dem erlegten Tier gegenüber genügend Respekt, kehrt die Tierseele im nächsten Jahr in Gestalt eines anderen Tierkörpers zum selben Jäger zurück. Damit dieser Vorgang Jahr für Jahr wiederholt wird, ist es für den Inuk wichtig, auch äußerlich attraktiv für das zu erlegende Tier zu sein. Festtagskleidung und verzierte Waffen sind für die Inuit bei der Jagd unerlässlich. So sagte der Inuit Iglulik Ivaluardjuk 1921 zum dänischen Ethnologen Knud Rasmussen (1879–1933): »Die größte Gefahr im Leben liegt darin, dass menschliche Nahrung vollständig aus Seelen besteht.«

Das Lied vom Ursprung des Lebens

Wo ist es entsprungen?
Es entsprang in der Fruchtbarkeit der Dunkelheit.
Woher kam die Morgendämmerung?
Morgendämmerung war der Anfang.
Was ist die Quelle dieses Lebendigen in der Hülle unseres Fleisches?
Im Gedächtnis des Menschen
Ist keine Erinnerung an das allererste Leben.
Wo ist sie entsprungen, diese Quelle, wo das Leben fließt?
Sie kam aus der Fruchtbarkeit der Dunkelheit.
Über wem dämmerte der Morgen?
Über der Seele des Anfangs selbst.
Wer bringt Leben hervor?
Es wird geträumt in mystischer Schöpfung.
Und was war der allererste Traum?
Es war der Anfang selbst.

Anna L. Walters, Pawnee-Otoe-Indianerin

Jeder Mensch besitzt dem Glauben nach eine Namensseele, die kurz nach dem Tod in ein Neugeborenes hineingeht und sich reinkarniert. In Grönland werden neugeborene Kinder häufig nach den kürzlich Verstorbenen benannt, um den Seelen die Möglichkeit einer weiteren Inkarnation zu geben. Auch glauben die Inuit, dass die Menschwerdung erst vollzogen ist, wenn ein Kind seinen Namen erhalten hat.

Mantel der Naskapi aus gegerbtem Karibuleder. Das Linienmuster wurde von den Frauen als Teil eines Jagdzaubers nach Motiven gemalt, die von den Medizinträumen ihrer Männer inspiriert waren. Canadian Museum of Civilization, Hull

Um unter den harten klimatischen Bedingungen in einer Gemeinschaft überleben zu können, wird das Alltagsleben der Inuit von strengen Verhaltensregeln und *Tabus* bestimmt. Da es für den Einzelnen nahezu unmöglich ist, sich an alle Vorschriften zu halten, kommt es immer wieder zu Tabuverletzungen. Jede Krankheit, ausbleibendes Jagdglück und Unwetter werden als Folgen solcher Nichtbeachtungen von Tabus angesehen. Hier kann der *Schamane* helfen. Mit Trommelschlägen und Gesang stellt er in Trance Kontakt z. B. zu den jeweiligen Tierseelen her und besänftigt sie. Bei einer Krankheit kann er deren Ursache erkennen und das Leiden vertreiben. Bei schwierigeren Aufgaben ruft der Schamane seine *Hilfsgeister,* z. B. um eine Seele aus dem Totenreich zurückzuholen oder die Meeresherrin *Sedna* zu besänftigen, die bei Fehlverhalten der Menschen die Meerestiere zurückhält. *Sila* (»Luft, Verstand«) ist die Macht, die über Wetter und Winde herrscht. Christliche Missionare versuchten, Sila als eine Art Gott zu interpretieren und hoben die Ähnlichkeiten mit christlichen Glaubensvorstellungen hervor. Schöpfungsmythen oder Gottesglaube existieren in den Vorstellungen der Inuit jedoch nicht.

Subarktiker – Bärenkult und Manito

Die nordamerikanische Subarktis reicht von Zentralalaska bis zur Mündung des St.-Lorenz-Stroms im Osten und nimmt den größten Teil Kanadas ein. Die subarktischen Gebiete werden von *Algonquin* sprechenden Völkern wie den *Cree* und *Ojibwa* im Osten und von Angehörigen der *Athapasken*-Sprachfamilie im Nordwesten bewohnt.

Ursprünglich lebten die Subarktiker nicht in großen Gemeinschaften, sondern in kleinen verstreuten Familiengruppen. Größere Zusammenkünfte gab es ausschließlich in den harten Wintermonaten. Während der restlichen Zeit des Jahres schlugen die Familien jeweils dort ihr Lager auf, wo es genügend Wild zu jagen gab.

Die harten klimatischen Bedingungen machten Ackerbau und Viehzucht in diesen Gebieten unmöglich. Deshalb gab es hier wenige gewaltsame Übergriffe der Weißen, die vornehmlich am Erwerb von Landrechten interessiert waren. Noch bis ins 20. Jh. hinein bestimmte der Pelzhandel in der Subarktis den Kontakt zwischen Weißen und indigener Bevölkerung. Durch Tausch kamen die Subarktiker in Besitz von Glasperlen, bunten Stoffen und Eisenwerkzeug.

Das Leben dieser Menschen ist geprägt von ihrer extremen Abhängigkeit von der Jagd und den nicht seltenen Erfahrungen von Hungersnöten wegen ausbleibender Jagderfolge. Die religiösen Vorstellungen der subarktischen Bewohner ranken sich deshalb vornehmlich um die Jagd.

Ähnlich wie die Bewohner der Arktis glauben auch sie, dass jedes Tier eine Seele besitzt. Dabei unterscheiden die subarktischen Bewohner zwischen der individuellen Seele eines jeden Tieres und einer jeder Art übergeordneten Seele, welche die Einzeltiere beschützt und sie bei Sympathie mit den Jägern zur Tötung freigibt.

Wie bei den Inuit ist für die subarktischen Bewohner der Name eines Menschen oder eines Tieres von besonderer Bedeutung, weil er direkt mit seiner Seele in Verbindung gebracht wird. Ein strenges *Tabu* ist das Aussprechen mancher Tiernamen. Es wird mit dem Herbeirufen der Seelen von Tieren und verstorbenen Menschen gleichgesetzt, das sie in Unmut stimmen kann.

Um bei der Jagd erfolgreich zu sein, muss der Jäger seine Beute vorher erträumt haben. Im *Traum* sollte ihm das Tier seine Bereitschaft signalisiert haben, sich erlegen zu lassen. Dies kann auch in Form eines Liedes geschehen, das dem Jäger beim Aufwachen in den Sinn kommt.

Bevor er sich auf die Jagd begibt, unterzieht sich der Bewohner der Subarktis einer rituellen Reinigung in der *Schwitzhütte.* Oft

STICHWORT **Aus der Danksagung der Irokesen**

Als die Erde mit all ihren Lebewesen erschaffen wurde, war es nicht die Absicht des Schöpfers, dass nur Menschen auf ihr leben sollten. Wir wurden zusammen mit unseren Brüdern und Schwestern in diese Welt gesetzt, mit denen, die vier Beine haben, mit denen, die fliegen, und mit denen, die schwimmen. All diese Lebewesen, auch die kleinsten Gräser und die größten Bäume, bilden mit uns eine große Familie. Wir alle sind Geschwister und gleich an Wert auf dieser Erde.

fastet der Jäger lange, um für spirituelle Phänomene sensibilisiert zu sein. Der Glaube an übernatürliche Wesen *(Manito),* die sich dem Menschen in Gestalt von Steinen, Pflanzen, Gegenständen oder anderen Menschen zeigen, ist unter den Algonquin weit verbreitet.

Eine wichtige Rolle in den religiösen Vorstellungen der Subarktiker spielt der Bär. Die besondere Beziehung zu diesem Tier findet ihren Ausdruck im *Bärenkult.* Spirituelle Kräfte werden aber auch allen anderen Jagdtieren zugeschrieben. Für die Küstenbewohner sind es die Meerestiere, die ihre wesentliche Nahrungsgrundlage bilden. Die Kinder der Koyukon werden mit Lachsschwänzen behängt, um jegliches Unglück von ihnen abzuwehren. Viele Männer und Frauen beherrschen die Kunst der Wahrsagerei aus einem Tierknochen.

Führen die Subarktiker die meisten religiösen Handlungen wie z. B. Läuterung vor der Jagd und *Visionssuche* allein aus, so kennen die Ojibwa auch kollektive Riten, die von Geheimbünden durchgeführt werden. Im Zentrum stehen vor allem die Heilung Einzelner bei Krankheit und die spirituelle Erneuerung.

Die Missionstätigkeit der Europäer hinterließ auch in den subarktischen Gebieten ihre Spuren, viele Subarktiker schlossen sich dem Christentum an. Von Zeit zu Zeit bildeten sich religiöse Bewegungen, die traditionelle Elemente mit christlichem Gedankengut verbanden.

Schamane mit Kopf und Fell eines Bären bei einer Heilungszeremonie. Gemälde von George Catlin (1796 bis 1872) aus seinem Werk »Die Indianer Nordamerikas«

Nordosten – Maisaussaat und Mittwinter

Das nordöstliche Waldland, dessen Gebiete vom St.-Lorenz-Strom im Norden bis zum Chumberland River im Süden sowie vom westlichen Mississippi bis zur atlantischen Küste reichen, wurde von *Iroquois* und *Algonquin* sprechenden Völkern bewohnt. Nur die Bewohner der Küste lebten von Jagd und Fischfang. Die religiösen Vorstellungen der Küstenmenschen ähnelten stark denen der subarktischen Bewohner.

Ansonsten betrieben die Waldlandvölker ausschließlich Bodenbau, Mais und Kürbis bildeten die Nahrungsgrundlage. Diese beiden ursprünglich aus Mittelamerika stammenden Nutzpflanzen bauten die Bauern der *Hopewell-* und *Adena-Kultur* schon im 1. Jt. v. Chr. an. Die Angehörigen der prähistorischen Kulturen betrieben ausgeprägten Ahnenkult. In Mound City in Ohio erinnern 23 unterschiedlich große Grabhügel an die Brandbestattungen der Hopewell.

Da die Bewirtschaftung des fruchtbaren Bodens eine große Rolle im Leben der Waldbewohner des Nordostens spielten, enthalten die religiösen Vorstellungen vor allem agrarische Elemente. Die religiösen Feste orientieren sich am Rhythmus der Feldbewirtschaftung. Das irokesische Jahr mit seinen mindestens sechs religiösen Feiern begann mit dem Ahornfest, dem das Maisaussaatfest folgte. Bei großer Trockenheit hielten die Irokesen das Donnertanzfest ab, bei dem sie den Vegetationsgott Heno um Regen baten. Im weiteren Jahresverlauf folgte das Erd-

CHRONIK **Zeittafel zur Geschichte der Indianer Nordamerikas**	
um 25 000 v.Chr.	Über die eisfreie Landbrücke zwischen Sibirien und Alaska wandern die Vorfahren der Indianer ins heutige Nordamerika ein. Etwa 10 000 Jahre später folgt eine zweite Einwanderungswelle.
12 000 bis 7000 v.Chr.	Indianische Großwildjäger durchstreifen das südliche Nordamerika (Clovis, Folsom).
6000 bis 4000 v.Chr.	Von Alaska aus breiten sich u.a. die Vorfahren der Athapasken nach Osten und Süden aus.
um 3000 v.Chr.	Vorfahren der Inuit wandern von Sibirien über den Seeweg ein.
1000 bis 500 v.Chr.	Im Südwesten und im östlichen Waldland Nordamerikas werden die aus Mexiko eingeführten Pflanzen Mais, Bohnen und Kürbis angebaut.
700 v. bis 700 n.Chr.	Im Osten entsteht die Waldland-Kultur der Adena und Hopewell.
700 bis 1500	Die Mississippi- (Temple Mound) und Pueblo-Kultur (Anasazi) entstehen.
1000 bis 1500	Vorfahren der Apache und Navajo wandern von Kanada in den Südwesten.
1500–30	Fischer aus Europa segeln vor der Küste Neufundlands. Der Pelzhandel mit den Indianern beginnt.
1512	Die Spanier unter Ponce de León erreichen die Halbinsel Florida.
1524	Giovanni da Verrazano bereist die Ostküste und berichtet über seine Erfahrungen mit den Indianern.
1534	Der Franzose Jacques Cartier fährt den St.-Lorenz-Strom hinauf.
1539–43	Die spanische Armee unter Hernando de Soto dringt jenseits des Mississippi bis zur Prärie vor.
1540–42	Die spanische Armee unter Coronado durchquert das Pueblo-Gebiet.
1565	Die Spanier beginnen mit der Kolonisierung Floridas.
um 1590	Bei einer von Europäern eingeschleppten Pockenepidemie im Nordosten sterben Tausende Irokesen.
1598	Beginn der spanischen Kolonisierung in Neu-Mexiko.
um 1600	Beginn der französischen Kolonisierung im St.-Lorenz-Gebiet.
1607	Gründung von Jamestown, der ersten englischen Siedlung in Virginia.
1608	Gründung von Quebec als Hauptort von Französisch-Kanada.
1609	Gründung von Santa Fé als Hauptort der Spanier in Neu-Mexiko.
1620	Die Pilgerväter leiten die englische Kolonisierung in Neu-England ein.
um 1630	Pferde der Spanier gelangen in Neu-Mexiko erstmals in den Besitz der Indianer.
um 1640	Durch eine Pockenepidemie verlieren die Huronen die Hälfte ihres Volkes.
1644–46	Der erneute Aufstand der Powhatan-Stämme wird niedergeschlagen.
1670	Gründung der englischen Hudson's Bay Company für den Pelzhandel.
1675–76	Der Aufstand der Stämme in Neu-England wird niedergeschlagen.
1680–92	Der Aufstand der Pueblo-Indianer unterbricht die Herrschaft der Spanier in Neu-Mexiko.
1682	Gründung der französischen Kolonie Louisiana am Mississippi.
1684–1701	Krieg zwischen den Franzosen in Kanada und der Liga der Irokesen.
1700–50	Pferde kommen durch Handel und Raub zu den Stämmen der Prärie.
1729	Die Natchez werden von den Franzosen in Louisiana vernichtet.
1741	Vitus Bering, in russischen Diensten, erreicht die Küste Alaskas.
1754–60	Der Kolonialkrieg zwischen England und Frankreich endet mit dem Sieg der Briten.
1763	Frankreich tritt Kanada an die Briten und Louisiana westlich des Mississippi an die Spanier ab.

»Falschgesicht«, eine grotesk verzerrte irokesische Gesichtsmaske, die von Mitgliedern einiger Medizinbünde bei Heilungszeremonien getragen wurde.

beerfest, das vom Maisreife- und vom Maisserntefest abgelöst wurde. Zuletzt begingen die Irokesen das Neujahrs- bzw. das Mittwinterfest. Teil des Mittwinterfestes war das Weißhundfest, bei dem in einem rituellen Akt ein Hund im Feuer verbrannt wurde, um die Gemeinschaft von ihren Sünden zu befreien. Alle Feste wurden von rituellen Tänzen begleitet. Ein Zermonialleiter, der in der Gemeinschaft eine angesehene Stellung einnahm, leitete die komplexen Abläufe.

Das Universum teilt sich in den Vorstellungen der Waldbewohner in eine obere und eine untere Hälfte, die Ober- und die Unterwelt. Dazwischen befinden sich Erde und Ozeane. Übernatürliche Wesen herrschen in Himmel und Erde ebenso wie in der Unterwelt. In den Vorstellungen der Irokesen existieren zahlreiche Gottheiten, die an der Erschaffung des Kosmos und der Lebewesen beteiligt waren, z. B. die göttlichen Zwillinge *Tharonhiawagon* und *Tawiskaron,* die das Gute und das Böse verkörpern. Immer wieder lassen sich übernommene und vielfach abgewandelte christliche Elemente in den Glaubensvorstellungen der Irokesen finden (Synkretismus).

Im Stanley Park in Vancouver, British Columbia (Kanada), wurden seit 1912 Wappenpfähle verschiedener Stämme der Nordwestküste gesammelt.

Nordwestküste – Wappenpfähle und Potlatch

Die Nordwestküste Nordamerikas reicht von Südostalaska im Norden bis Nordkalifornien im Süden. Dieser schmale Landstreifen am Pazifischen Ozean mit den zahlreichen Fjorden und Regenwäldern weist eine überdurchschnittliche Bevölkerungsdichte auf. Völlig abgeschieden von den anderen Völkern lebten hier die Bewohner als Lachsfischer und Walfänger.

Wichtigster Rohstoff der Gegend war Holz, vor allem die Rote Zeder, aus der die Nordwestenküstenbewohner ihre Häuser, Boote und Alltagsgeräte anfertigten. Auch im Bereich der Kunst und Religion zeichnet sich die Nordwestküstenkultur durch prachtvolle, einzigartige Holzschnitzereien aus. Typisch sind die bunten *Wappenpfähle,* auf denen Tiere und menschenähnliche Figuren aus mythischen Geschichten abgebildet sind.

In den Sommermonaten hielten sich die Menschen der Nordwestküste an den Fischereiplätzen auf, in den Wintermonaten kamen sie in die an den Fjorden gelegenen Dörfer zurück. Wie unter vielen anderen nordameri-

CHRONIK **Zeittafel zur Geschichte d. Indianer Nordamerikas** (Forts.)	
1763/64	Gegen die britische Kolonialverwaltung erheben sich die Indianer der Großen Seen vergeblich.
1780--82	Pockenepidemie; die Prärie-Stämme verlieren 75% ihrer Bevölkerung.
1776–83	Unabhängigkeitskrieg der USA. Die Mehrzahl der Stämme des Ostens kämpft für die Briten.
1784	Die Hälfte der Irokesen siedelt nach Kanada um, das britisch bleibt.
1795	Im Vertrag von Greenville müssen die Ohio-Stämme die Hälfte ihres Territoriums abtreten.
1803	Napoleon verkauft Louisiana westlich des Mississippi an die USA.
1805–11	Die Brüder Tecumseh und Tenskwatawa von den Shawnee begründen eine Bewegung der Rückkehr zu altindianischer Lebensweise.
1808	Gründung der American Fur Company für den Pelzhandel in den USA.
1812–15	Krieg zwischen den USA und Großbritannien. Tecumseh kämpft auf Seiten der Briten, fällt aber im zweiten Kriegsjahr.
1817–19	Die USA bekriegen die Seminole in Florida, die entflohenen Sklaven Asyl gewährt haben. Spanien muss Florida an die USA abtreten.
1824	Gründung des Bureau of Indian Affairs im US-Kriegsministerium.
1830–40	Den Stämmen des Ostens werden Landabtretungsverträge aufgenötigt. Sie werden ins Indian-Territory westlich des Mississippi (Kansas und Oklahoma) umgesiedelt. 4000 Cherokee sterben (Trail of Tears).
1837	Erneute Pockenepidemie in der nördlichen Prärie.
1846–48	Mexiko verliert das Gebiet der späteren Staaten New Mexico, Arizona, California, Utah und Nevada im Krieg an die USA .
1861–65	Im Sezessionskrieg kämpft der Hauptteil der Creek, Cherokee, Choctaw, Chickasaw auf Seiten der Südstaaten, die anderen Stämme für die Union.
1863–67	Die Navajo werden besiegt und jahrelang in Gefangenschaft gehalten.
1867	Russland verkauft Alaska an die USA. Bildung des Dominions of Canada.
1869	Vollendung der ersten transkontinentalen Eisenbahnlinie (Union Pacific&Central Pacific Railroad).
1872–77	Die mehrere Millionen Tiere zählende Büffelherde in den südlichen Prärien wird abgeschlachtet.
1876/77	Der spektakuläre Sieg der Lakota und nördlichen Cheyenne am Little Bighorn über George A. Custers Truppen kann ihre endgültige Niederlage nur hinausschieben.
1877	Der Versuch der Nez Percé unter Chief Joseph nach Kanada zu fliehen, wird von der Armee gestoppt.
ab 1878	Einheiten der Reservationspolizei werden aus Indianern gebildet.
1881–86	Chiricahua-Apachen unter Geronimo und Naiche fliehen nach Mexiko. Die Armee zwingt sie zur Kapitulation und hält sie als Kriegsgefangene.
1888–90	Der Prophet Wovoka von den Paiute verkündet den Weltuntergang sowie die Wiederkehr der Toten und der Büffel (Geistertanz-Bewegung).
1890	Um die Geistertanz-Bewegung bei den Lakota zu unterdrücken, wird Sitting Bull erschossen. Beim Gemetzel von Wounded Knee sterben mindestens 300 Indianer, meist Alte, Frauen und Kinder.
1924	Den Indianern wird in den USA die Staatsbürgerschaft zuerkannt.
1934	Der Indian Reorganization Act ermöglicht es den Stämmen, sich zu rechtsfähigen Gemeinschaften zusammenzuschließen und eine beschränkte lokale Selbstverwaltung auszuüben.
1968	Die American Indian Movement (AIM) wird in Minneapolis gegründet.
1971	Nach der Entdeckung großer Erdölvorkommen in Alaska verlieren Indianer und Eskimo den größten Teil ihres Landbesitzes gegen Entschädigung.
1973	Die Besetzung von Wounded Knee durch AIM-Mitglieder und Lakota macht die Öffentlichkeit auf die Situation der Indianer aufmerksam.

Stichwort Gebet an den jungen Zedernbaum

Schau mich an, Freund!
Ich bin gekommen, dich um dein Kleid
zu bitten.

Du gibst uns alles, was wir brauchen -
dein Holz, deine Rinde, deine Äste
und die Fasern deiner Wurzeln,
denn du hast Erbarmen mit uns.

Du bist gern bereit, uns dein Kleid
zu geben.
Ich bin gekommen , dich darum
zu bitten,
Spender langen Lebens,
denn ich will ein Körbchen für Lilien-
wurzeln aus dir machen.
Ich bitte dich, Freund, zürne mir nicht
und trag mir nicht nach,
was ich jetzt mit dir tun werde.
Und ich bitte dich, Freund,
erzähle auch deine Freunden,
worum ich zu dir gekommen bin.
Beschütze mich, Freund!
Halte Krankheit fern von mir,
damit ich nicht in Krankheit oder Krieg
umkomme, o Freund!

Gebet der Kwakiutl in British Columbia

kanischen Völkern ist der Glaube an Tiergeister bei den Nordwestküstenbewohnern weit verbreitet. Vor allem Meerestiere wie Lachse und Wale besaßen in ihren Vorstellungen spirituelle Kräfte. So galten z. B. bei den *Kwakiutl* Zwillinge als Lachse in Menschengestalt, die mit übernatürlichen Fähigkeiten ausgestattet waren.

Der Walfang war mit tagelangen zeremoniellen Vorbereitungen wie z. B. Fasten, Gebeten und sexueller Enthaltsamkeit der Jäger verbunden. In eigens vorgesehenen *Schreinen,* in denen sowohl Knochen und Schädel verstorbener Jäger als auch Holznachbildungen von Walen aufbewahrt wurden, bat der Bewohner der Nordwestküste vor der Jagd die Verstorbenen um Unterstützung.

Die Welt wurde in Himmel, Meer und Festland aufgeteilt. Nur der mit übernatürlichen Kräften ausgestattete *Schamane* konnte in die unterschiedlichen Welten reisen. Darüber hinaus existierte in den religiösen Vorstellungen der Nordwestküstenbewohner ein über allem stehendes Schöpferwesen. Für die Kwakiutl war es ein »alter Mann«, für die *Salish* und *Nootka* das »Tageslicht«. Der *Rabe* hingegen brachte dem Glauben nach den Nordwestküstenbewohnern die Kultur. Übernatürliche Wesen wohnten im gesamten Universum. So lebte auf den Berggipfeln der *Donnervogel,* in den Wäldern hausten die rastlosen Seelen von Ertrunkenen und garstige alte Frauen, die kleine Kinder verspeisten. Unter der Erde lebten die Zwergenbewohner.

Der Winter galt als »heilige Zeit«, in der sich die Geheimbünde, in denen jeder Erwachsene organisiert war, zu rituellen Zusammenkünften trafen. In den großen Plankenhäusern wurden vor breitem Publikum rituelle Tänze mit bunt bemalten Klappmasken und Marionetten im Feuerschein abgehalten. Um Mitglied eines Geheimbundes zu werden, musste sich dem Betroffenen zuvor im *Traum* ein Tiergeist, welcher der *Schutzgeist* des jeweiligen *Bundes* war, offenbart haben. In aufwendigen und spektakulären Initiationszeremonien wurden die neuen Mitglieder vom Bund aufgenommen.

Jeder Mensch besaß dem Glauben nach einen persönlichen Schutzgeist, der ihm im Alltag beistand. Anlässlich bedeutender Ereignisse wie z. B. Geburt des ersten Kindes, Hochzeit oder Tod eines nahen Verwandten, veranstalteten die Häuptlinge so genannte *Potlatch*-Feste, bei denen die geladenen Gäste Geschenke erhielten.

Mechanische Klappmaske eines Geheimbunds der Kwakiutl-Indianer. Museum of the American Indian, New York

Kalifornien – Kuksu und Toloache

Im lang gestreckten Tal zwischen Klamath Mountains im Norden, Sierra Nevada im Osten und Coast Ranges im Westen liegt die fruchtbare Landschaft Kaliforniens. Hier lebten einst Völker der *Penuti*-Sprachgruppe sowie *Hoka* und *Shoshone* sprechende Gruppen. Ihre Lebensgrundlage bildete das Sammeln von Waldfrüchten, der Lachsfang und die Wildtierjagd.

Von besonderer Bedeutung im religiösen Leben dieser Menschen war die *Initiation* junger Männer in die Gemeinschaft der Erwachsenen. Die Jungen im Alter von 12 bis 15 Jahren wurden meist eine Woche von der Gemeinschaft abgesondert, durften nur Eichelsuppe zu sich nehmen und wurden über ihre zukünftige Rolle als Männer in der Gemeinschaft unterrichtet. In den südkalifornischen Gebieten feierten die Menschen die

»Tanz der Weißen Rehfelle« der Indianer am Trinity und Klamath River, Nordkalifornien, in einem historischen Foto um 1890. Die Reservation am Zusammenfluss von Trinity und Klamath war den dortigen Stämmen im Vertrag von 1851 zugesprochen worden mit dem Recht, ihre traditionelle Lebensweise fortzuführen.

STICHWORT Wie die Menschen aus Geisterknochen erschaffen wurden

Kumush, der Urvater, stieg mit seiner Tochter in die Unterwelt hinab. Ein langer steiler Weg führte zu diesem wundersamen Ort. Dort lebte eine Unzahl von Geistern – mehr als Sterne am Himmel, mehr als all die Haare der Tiere in der ganzen Welt.

In der Nacht versammelten sich die Geister auf einer großen Ebene. Sie tanzten und sangen die ganze Nacht hindurch. Erst im Morgengrauen begaben sie sich zurück in ihre Häuser, legten sich hin und verwandelten sich in Gerippe.

Nachdem Kumush sechs Tage und sechs Nächte in dieser finsteren Welt verbracht hatte, begann er sich nach Licht und Sonne zu sehnen. So beschloss er, in die Oberwelt zurückzukehren und einige Geister mit sich zu nehmen, um die noch menschenleere Welt zu bevölkern.

Mit einem Korb in der Hand ging Kumush durch die Geisterhäuser und wählte sich Knochen aus, von denen er dachte, dass sie für die Gründung des einen oder des anderen Stammes gut sein könnten. Dann befestigte er seinen Korb mittels eines Lederriemens auf seinen Rücken und stieg mit seiner Tochter den steilen Weg zur Oberwelt hinauf. Als er sich aber seinem Ziel näherte, rutschte er aus und stürzte. Die Knochen fielen aus dem Korb heraus und verwandelten sich augenblicklich in Geister. Mit lautem Geschrei eilten diese in ihre Häuser zurück, legten sich hin und wurden wieder Gerippe.

Darauf füllte Kumush ein zweite Mal seinen Korb mit Geisterknochen und begab sich in Begleitung seiner Tochter erneut auf den Weg in die Oberwelt. Doch wiederum glitt er aus und fiel hin. Und auch diesmal kehrten die Geister lärmend und klagend zurück in ihre Häuser.

Nun füllte Kumush ein drittes Mal seinen Korb und sprach missgelaunt zu den Geistern: Ihr bildet euch nur ein, dass ihr hier im Dunkeln besser leben könnt! Wenn ihr erst mein Land gesehen habt, wo die Sonne scheint, werdet ihr nie wieder in eure finstere Welt zurückkehren wollen!

Wieder machten sich Kumush und seine Tochter mit dem Korb voller Knochen auf den Weg in die Oberwelt. Als beide den steilen Pfad endlich erklommen hatten, warf Kumush den Korb auf die sonnenbestrahlte Erde. Indianerknochen sind das! rief er freudig.

Nun ging Kumush daran, die Knochen in Häufchen zu ordnen und zu bestimmen, in welche Gegend welcher Indianerstamm angesiedelt werden sollte. Nachdem er so Ordnung geschaffen hatte, begann er die Geisterknochen in verschiedene Himmelsrichtungen zu werfen und gab ihnen gleichzeitig ihre Stammesnamen.

Ihr sollt Shasta-Indianer heißen und tapfere Krieger sein! sagte er zu den Knochen, die er nach Westen warf. Auch ihr sollt kühne Krieger sein! sprach er zu zwei anderen Häufchen von Knochen, und er benannte sie Pit-River- und Warm-Springs-Indianer. Das nächste Häufchen von Knochen warf er nach Norden. Euch nenne ich Klamath-Indianer! rief er. Ihr werdet so furchtsam wie Frauen sein. Zu guten Kriegern taugt ihr nicht. Als er dann die Knochen von sich warf, aus denen die Modoc-Indianer werden sollten, sprach er: Ihr werdet die tapfersten Krieger und darum mein auserwähltes Volk sein. Obgleich ihr nur einen kleinen Stamm bilden werdet, umgeben von vielen Feinden, bleibt doch keiner am Leben, der sich gegen euch wendet. Auch sollt ihr meinen Platz einnehmen, wenn ich einst von hinnen gegangen bin. Ich, Kumush, habe gesprochen!

Nach einer Weile fügte er hinzu: Außerdem sollt ihr einige Männer unter euch auswählen und sie in die Berge schicken, um dort zu beten, dass sie tapfer und weise werden mögen. Und wenn der Große Geist ihre Gebete erhört, so wird ihnen die Macht gegeben sein, sich selbst und allen anderen zu helfen.

Dann nannte Kumush die Namen von allen Arten Fisch und Getier, die die Menschen essen durften. Und kaum hatte er ihre Namen ausgesprochen, füllten sich schon Flüsse und Seen mit Fischen, und in den Ebenen und Wäldern erschienen Tiere. Auch essbare Wurzeln, Beeren und andere Pflanzen nannte er bei ihren Namen. So wurde alles geschaffen, wie er es sich gedacht und ausgesprochen hatte.

Danach teilte er die Arbeit unter den Menschen ein und verkündete für sie als Gesetz: Die Männer sollen Fische fangen, jagen und kämpfen; die Frauen sollen sich um Holz und Wasser kümmern, Beeren pflücken, Wurzeln suchen und für ihre Familien kochen. So soll es sein, denn das ist mein Wille! sprach Kumush.

In dieser Weise vollendete Kumush sein Werk auf der Oberwelt. Dann ging er zum östlichen Rand der Erde, wo die Sonne aufgeht. Er wanderte entlang der Sonnenstraße und erreichte die Himmelsmitte. Dort baute er für sich und seine Tochter ein Haus, wo sie noch heute leben.

Modoc-Indianer

Knabenpubertätszeremonie im *Toloache*-Kult, in Nordkalifornien war sie Teil der *Kuksu*-Zeremonie.

Die Shoshone kannten eine Gottheit mit dem Namen Chingichngish, dem sie das Toloache-Ritual verdanken. Chingichngish soll Schöpfer der heutigen Menschen sein, nachdem er zuvor die ersten Menschen in Geister verwandelt habe. Vermutlich ist der Glaube an einen einzigen Hochgott christlichen Einflüssen zuzuschreiben. Die aus dem Norden Kaliforniens stammenden Yurok hingegen glaubten an eine Vielzahl mythischer Wesen. Für sie wurde die Welt in ihrer heutigen Form seit der Urzeit von Geistern geschaffen. Schöpfungsmythen kannten die Yurok nicht.

Wovoka (Jack Wilson), der Geistertanzprophet, in einem Foto von 1926. National Anthropological Archives, Smithsonian Institution, Washington D. C.

Plateaubewohner – Jagd und Knollenkorb

Die Bewohner der Plateaulandschaft im westlichen Nordamerika gehören den *Salish,* Sahaptin sowie den *Athapasken* und Chinook an. Diese Völker führten ein halbnomadisches Leben. Sie konnten vor allem die Möglichkeit des Fischfangs nutzen, sammelten aber auch Knollen und Wurzeln. Die religiösen Vorstellungen der Plateaubewohner waren denen der Subartiker sehr ähnlich. Auch sie glaubten an die Existenz von Tiergeistern.

Im Leben eines jeden Plateaubewohners war das erste erlegte Tier ein einschneidendes Erlebnis. Die erlegte Beute, die Tötungswaffe und die bei der Jagd getragene Kleidung wurden an Gäste verschenkt und ein großes Festmahl abgehalten. Ähnlich verhielten sich die Frauen, wenn sie das erste Mal in ihrem Leben einen Korb mit selbst ausgegrabenen Knollen gefüllt hatten.

Bevor die Plateaubewohner im Frühjahr zum Fischfang an den Flüssen aufbrachen, hatten sie in den Winterdörfern verschiedene Zeremonien zur Ehrung von Pflanzen und Lachsen abgehalten. Im Winter kamen sie zurück in ihre Dörfer entlang der Flussläufe und verbrachten die Abende mit Geschichtenerzählen sowie dem Abhalten der wichtigen Mittwinterzeremonie.

Die ersten Missionare in den Plateaugebieten wurden von den Einheimischen freundlich aufgenommen. Sie unterstellten den Weißen geheimnisvolle magische Kräfte, an denen die Plateaubewohner teilhaben wollten. Mit den Missionaren kamen aber auch andere Wertvorstellungen und Lebenskonzepte wie z. B. die Forderung der Monogamie in diese traditionelle Welt. In den 1860er Jahren bildete sich die *Washat-Religion* mit ihrem Propheten Smohalla.

Großes Becken – Mormonen und Geistertanz

Im Westen des nordamerikanischen Kontinents zwischen Rocky Mountains und Sierra Nevada befindet sich eine endlose Wüstenlandschaft, deren Zentrum Großes Becken genannt wird. Die hier ansässigen Völker gehörten meist der numischen Gruppe der uto-aztekischen Sprachfamilie an.

In den Vorstellungen der Numa zeugte *Kojote* die ersten Menschen mit einer Menschenfrau. Er riss mit einem Grabstock die Zähne aus der Vagina der Menschenfrau heraus, damit sich die Menschen von diesem Moment an fortpflanzen konnten. Die Menschenfrau bewahrte die kleinen Kinder in einem zugeschnürten Sack auf. Als der schelmische Kojote den Sack ohne das Wissen seiner Frau öffnete, hüpften die Kinder heraus und sprangen in alle Richtungen davon. In den Vorstellungen der Ute waren es die Weißen, die zuerst aus dem Sack sprangen und vor Schreck kreidebleich wurden.

Ab 1847 wurde das Gebiet des Großen Beckens von *Mormonen* besiedelt. Kurze Zeit später drangen weiße Siedler in die Regionen der indigenen Bevölkerung. Immer häufiger kam es zu gewaltsamen Auseinandersetzungen, die von Weißen ausgingen. Aus diesem Dilemma heraus bildete sich die *Geistertanzbewegung.* Der Visionär Wodziwob verkündete, dass die Weißen aus den Gebieten der Numa verschwänden und auch die Verstorbenen zurückkehren könnten, wenn alle Numa regelmäßig für jeweils fünf aufeinander folgende Nächte Rundtänze abhielten. Die neue religiöse Bewegung fand schnell viele Anhänger. Nach ihrem Verschwinden für mehrere Jahre lebte sie wieder auf, als der Visionär Wovoka verkündete, dass alle Numa regelmäßig am Geistertanz teilnehmen müssten, um in Freundschaft und Glück mit den Weißen zusammenzuleben.

Die südöstlichen Waldbewohner

Zum nordamerikanischen Südosten gehören die Golf- und Atlantikküste, das Mississippi-Tal, die Halbinsel Florida sowie der größte

Teil der Appalachen. In diesen Gebieten waren die *»Fünf zivilisierten Stämme«*, darunter die Cherokee, Chickasaw, Choctaw, Creek und Seminole zu Hause.

Im Mississippi-Tal lebten um das Jahr 1000 n. Chr. die Mississippi-Hochkulturen, deren Häuptlinge wie Götter verehrt wurden. Kennzeichnend für die Kulturen des Südostens war ein starkes Streben nach Reinheit, das in zahlreichen Zeremonien Ausdruck fand. Das Leben der »Fünf zivilisierten Stämme« wurde bestimmt durch Meidungen, *Tabus* und strenge Vorschriften, um die eigene rituelle Reinheit sowie die anderer Stammesmitglieder nicht in Gefahr zu bringen.

Schon ihre Säuglinge tauchten die Cherokee und die Creek zum Zweck der Reinigung in kaltes Wasser. Menstruierende Frauen galten als unrein und konnten die rituelle Reinheit anderer gefährden. Eine innere Reinigung durch selbstherbeigeführtes Erbrechen gehörte zu den Vorbereitungen der Creek, bevor sie sich auf einen Kriegszug begaben. Um das Erbrechen auszulösen, wurde ein schwarzer Trunk aus der Klapperschlangenwurzel eingenommen.

Bei allen Völkern des Südostens überwachten Priester die kollektiven religiösen Feste. Die Medizinmänner und Schamanen waren dagegen zuständig für die Heilung von Krankheiten und die Vorhersagung der Zukunft.

Die wichtigste religiöse Feier der südöstlichen Waldbewohner war das *Buskfest* zur Maisreife im Hochsommer, das vor allem zur spirituellen Läuterung diente. Dazu gehörte neben einer viertägigen Fastenzeit das Löschen aller Herdfeuer, die Säuberung der Häuser und Straßen sowie das Zertrümmern von Tongeschirr.

Im Falle des Todes eines Angehörigen schnitten sich die Verwandten die Haare ab und bemalten sich das Gesicht schwarz. Über die Entstehung der Welt herrschten unter den Völkern des Südostens unterschiedliche Auffassungen. Viele Schöpfungsmythen wurden geheimgehalten und durften nur in der winterlichen Dunkelheit erzählt werden. Die Welt bestand nach ihrem Glauben aus Ober- und Unterwelt sowie der dazwischen liegenden, von den Menschen bewohnten Erde. In der Oberwelt lebten Sonne, Mond und Donner. Die Unterwelt war das Zuhause gefährlicher Geister, die oftmals Tiergestalt annahmen.

Stilisierte Darstellung eines Kriegers im Falkenkostüm, der eine Zeremonialkeule schwingt und aufwändigen Kopfschmuck trägt. Gravierte Muschelschalenscheibe, um 1300–1500; Frank H. McClung Museum, University of Tennessee, Knoxville

Prärie – Medizinbündel und Visionen

Die 2,5 Mio km^2 umfassende Fläche der Great Plains ist eine der größten Graslandschaften der Erde. Sie erstreckt sich vom Mississippi-Tal nach Westen bis zum Fuß der Rocky Mountains und von den zentralkanadischen Provinzen nach Süden bis zum Rio Grande in Texas. Bis zur Einführung des Pferdes durch die Spanier im 17. Jh. waren die Plains kaum besiedelt. Wenige Völker lebten hier ursprünglich vom Mais- und Bohnenanbau. Der Besitz von Pferden bedeutete jedoch neue Mobilität. Völker aus anderen Gebieten des Kontinents wie die *Comanche* aus dem Westen, die *Athapasken* aus dem Norden sowie die Sioux und Algonquin aus dem Osten, siedelten nach und nach in die Plains, um von der Bisonjagd zu leben. Mit der Zeit entstand eine völlig neue Kultur, die jedoch nur knapp 100 Jahre währte. Die Kolonisierung durch die Weißen und die von ihnen eingeschleppten Krankheiten sowie die Ausrottung der *Bisons* führten letztlich zum Untergang der Plains- und Präriekultur.

Da die Bisonjagd zum Mittelpunkt im Leben dieser Menschen wurde, drehten sich auch ihre Mythen und Zeremonien vorrangig um diese Tiere. Die Bodenbau betreibenden Arikara, Hidatsa und Mandan kannten

eine Vielzahl von Zeremonien, die eine reiche Ernte sichern sollten. Alle Völker der Prärien und Plains glaubten an eine übernatürliche Lebensmacht, welche die Menschen nutzen konnten. Der *Manito* der Algonkin hieß bei den Lakota *Wakan* und bei den Crow *baaxpée.*

Erst der persönliche *Schutzgeist* konnte einem jungen Mann Zugang zu dieser Lebenspotenz verschaffen. Dafür musste er sich Kasteiungen unterziehen und sich auf *Visionssuche* begeben. Oft offenbarte sich ihm sein Schutzgeist, wenn der Betroffene an einem einsamen Ort gefastet hatte. Manchmal schenkte der Schutzgeist dem Visionssuchenden eine Melodie, mit der er später den Geist herbeirufen konnte. Erst nachdem ein junger Mann diese Erfahrung gesammelt hatte, durfte er an Kriegszügen teilnehmen.

Oben: Der Sonnentanz der Plainsvölker in einem Gemälde von Frederic Remington, um 1909; Remington Art Museum, Odgensburg

Mitte: Der Mandan-Häuptling Pehriska-Ruhpa beim rituellen Tanz der Hunde. Zeichnung von Carl Bodmer. Die während der Forschungsreise des Prinzen Maximilian zu Wied 1832 bis 1834 entstandenen Bilder zählen zu den ältesten systematischen Darstellungen des Alltags und der Riten der Plainsindianer.

Unten: Der Tanz der Bisonstiere, Zeichnung von Carl Bodmer

Von seinem Schutzgeist erhielt der Visionssuchende während der Vision auch die Anweisung, eine bestimmte Medizin zusammenzustellen, die dem Betroffenen ein Leben lang Kraft und Hilfe sein sollte. Die Arznei wurde in einem *Medizinbündel* aufbewahrt, das der Betreffende stets bei sich trug oder an einem bestimmten Ort im *Tipi* aufbewahrte. Es gab auch *Gemeinschaftsbündel,* die sich in der Obhut eines Auserwählten befanden. Für Fremde waren die Medizinbündel absolutes *Tabu.* Niemand anderes als der Besitzer durfte das Bündel öffnen oder gar besitzen. Der Indianermaler George Catlin (1796–1872) schrieb: »Ich konnte auf meinen Wanderungen niemals, selbst nicht für die höchsten Preise, einen Medizinbeutel von einem Indianer kaufen, und selbst an der Grenze, wo sie seinem Gebrauch entsagt haben, kann ein weißer Mann wohl den Indianer bewegen, seinen Medizinbeutel abzulegen, aber nicht, ihn zu verkaufen. Der Indianer wird ihn, dem weißen Mann zu Gefallen und um ihn vor unheiliger Berührung zu schützen, vergraben, aber er wird stets in der Nähe dieses Ortes herumstreifen und ihm seine Verehrung beweisen«.

Für die Frauen bedeutete die erste *Menstruation* die größte Veränderung in ihrem Leben. Die *Lakota* hielten Menstruationszeremonien ab, in denen sie Gebete an die *weiße Bisonkalbfrau* mit der Bitte richteten, der jungen Frau viele Kinder zu schenken.

Heiler und *Schamanen* spielten auch im religiösen Leben der Plainsvölker eine große Rolle. Vor jeder Heilungszeremonie unterzogen sich Heiler und Patient einem rituellen

Schwitzbad in einer Rundhütte *(Schwitzhütte)*. Kontakt zur übernatürlichen Kraft konnte auch durch Tabakrauchen hergestellt werden. In verschiedenen Ritualen wurde die lange Tabakpfeife *Kalumet* benutzt.

Im religiösen Leben der Plains- und Prärie-Bewohner spielte vor allem die Erlangung der übernatürlichen Kräfte eine zentrale Rolle. Da diese Kräfte jedoch mit der Zeit nachließen, bedurfte es Erneuerungsriten, um die während der Visionssuche erlangte Kraft aufrecht zu erhalten.

Eine der bedeutungsvollsten Feiern, in deren Mittelpunkt ein Gemeinschaftsbündel stand, war das *Okipa*-Fest der Mandan. Zu dieser Zeremonie gehörten dramatische Darstellungen von der Erschaffung der Welt, Pubertätsriten und schamanische Seancen. Alle Teilnehmer erhielten Geschenke vom Gastgeber, der zuvor durch eine Vision den Auftrag zur Ausrichtung des Festes erhalten hatte. Schmerzhafte Marterungen, bei denen Holzspieße durch die Haut der Männer gestoßen wurden, bildeten den Höhepunkt der mehrere Tage dauernden Zeremonie.

Das wichtigste Gemeinschaftsfest der Plainsvölker war der *Sonnentanz* im Sommer. Zu dem Kollektivritual gehörten Tänze, Fastentage und Marterungen. Ausgerichtet wurde der Sonnentanz von einer Einzelperson aus Dankbarkeit nach einer überstandenen Krankheit oder Lebenskrise.

Als heilig wurden Männer und Frauen angesehen, die nach bestimmten Traumerlebnissen eine ihrem Geschlecht entgegengesetzte soziale Geschlechtsrolle einnahmen. Eine der Aufgaben dieser *Berdache* war es, für den Sonnentanz die Zentralpfosten der Sonnentanzhütte auszuwählen. Neben verschiedenen Männerbünden gab es bei den Plainsvölkern auch *Frauengesellschaften,* die geheimes Wissen zu bewahren hatten.

Die Vorstellungen über den Anfang der Welt und des menschlichen Lebens waren unter den Plainsvölkern nicht einheitlich. Verehrten die Pawnee ihren Schöpfergott *Tirawahat,* so hielten die Crow *Kojote* für denjenigen, der die Welt erschaffen hatte. Alle Plainsvölker glaubten jedoch an ein Weiterleben der Seele nach dem Tod. Sie unterschieden zwischen der *Freiseele,* die ins Jenseits reisen konnte, und der *Lebensseele,* die auch nach dem Tod weiterhin an den Körper gebunden war. Die Lebensseele eines Toten, die sich meist in der Nähe des Grabes aufhielt, wurde allgemein gefürchtet. Das Totenreich stellten sich die Plainsbewohner angenehm und ähnlich wie die Erde vor.

Medizinbündel an einer modernen Indianertracht, aufgenommen in der Reservation der Blackfeet beim North American Indian Day

Mit dem Untergang der Kultur der Plainsvölker entwickelten sich Ende des 19. Jh. neue religiöse Bewegungen. Unter den seit 1867 auf einer *Reservation* im westlichen Oklahoma lebenden *Kiowa* und *Comanche* entstand unter christlichem Einfluss die *Peyote-Religion.*

Pueblos im Südwesten – Bitte um Regen

Der Südwesten erstreckt sich über die heutigen US-Bundesstaaten Neu-Mexiko, Arizona und den Nordwesten Mexikos. In den weitläufigen Trockensteppen waren u. a. die Hopi, Zuni, Navajo, *Apache,* Pima und Papago zuhause. Die Bodenbauer des Südwestens werden unter dem Namen Pueblo zusammengefasst. Vermutlich lebten hier die ersten Völker bereits seit 9500 v. Chr.

Der unter den anderen Völkern Nordamerikas weit verbreitete Glaube an Tiergeister ist im Südwesten eher selten anzutreffen. Eine Vielzahl von existenzsichernden Zeremonien bestimmte das religiöse Leben der Pueblos. Die Abhängigkeit der Maisbauern vom Regenwasser spiegelt sich deutlich in ihrem religiösen Leben wieder. Alle Zeremonien zielten darauf ab, die Naturkräfte in einem harmonischen Gleichgewicht zu halten und den Kontakt zwischen der übernatürlichen Welt und den Menschen zu intensivieren. Störungen des Gleichgewichts wurden durch menschliches Fehlverhalten hervorgerufen. Schon der böse Gedanke eines Einzelnen während einer Zeremonie reichte aus,

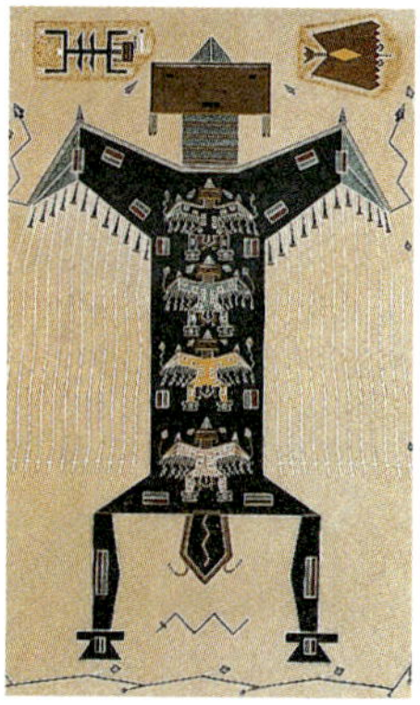

Motiv des Donnervogels, umgeben von Blitzen, in einem Sandbild der Navajo. Die traditionellen Sandbilder werden aus farbigem Sand und gemahlenen Mineralien auf dem Boden ausgestreut. Sie bilden den visuellen Teil eines der Gesänge, den der Hosteen (alter Weiser) ausführt.

um eine solche gefürchtete Störung zu verursachen. Trockenperioden, Krankheiten und andere Krisen wurden als Folgen gesehen. Alle Zeremonien wurden nach strengen Vorschriften von Priestern durchgeführt. Die Zeremonien beinhalteten Opfergaben, Tänze und dramatische Darstellungen mythischer Geschichten und wurden in halbunterirdischen Kulträumen *(Kivas)* mit Fasten- und Reinigungsritualen vorbereitet.

Maskierte Tänzer stellten bei den Zeremonien oft *Kachinas* dar, *Ahnen,* die u.a. Regen bringen. Nahezu alle Tänzer waren in einem Geheimbund organisiert. Die Mitgliedschaft erhielten Freiwillige nach langwierigen *Initiationen* und Personen, die sich aufgrund von Krankheit gezwungen sahen, die Hilfe des jeweiligen Bundes in Anspruch zu nehmen. Die Heilung von Krankheit gehörte zu den Hauptaufgaben der Bünde, weshalb sie auch Medizinbünde genannt wurden. Darüber hinaus schrieben die Pueblos den *Bünden* Einfluss auf den Regen sowie z. B. auf Jagd, Krieg und Fruchtbarkeit zu.

Regenbeschwörungen standen auch bei den im südlichen Arizona wohnenden Pima im Mittelpunkt des religiösen Lebens. Dazu gehörte vor allem der reichliche Genuss eines berauschenden Getränks, das aus den Früchten des Riesenkaktus gewonnen wurde. Das ausgiebige Einnehmen des Trunks symbolisierte für sie die von einem Regenschauer wieder gegossenen ausgetrockneten Böden.

Das religiöse Leben der am unteren Colorado River lebenden Mohave beinhaltet keine größeren Zeremonien. Für sie hatte das Träumen eine besondere Bedeutung. Die Mohave nahmen an, dass jeder Mensch im Mutterleib seinen ersten *Traum* erlebt, den er nach der Geburt gleich wieder vergisst. Erst in der Pubertät kommt der Traum zurück. Dieser erste Traum eines jeden Menschen bestimmt sein ganzes Leben. Schicksal und Charakter offenbaren sich darin.

Auch der Südwesten wurde vom Christentum beeinflusst. Die seit 2000 Jahren im westlichen Teil des mexikanischen Staates Chihuahua beheimateten Tarahumara sehen sich selbst als Katholiken, wobei sich viele ihrer traditionellen religiösen Vorstellungen mit christlichen Elementen vermischt haben. Ihrem Glauben nach sind Gott und Teufel Brüder. Beide haben das aus sieben Ebenen bestehende Universum erschaffen. Die oberste Ebene bewohnen Gott und Maria, die als Ehepartner verstanden werden. Die Erde wird von zwei unterschiedlichen Menschengruppen bewohnt, den Tarahuma und den Nicht-Tarahuma. Gott wird als Vater der Tarahuma angesehen, der Teufel als Vater der Nicht-Tarahuma. Das Reich des Teufels wird als Spiegelbild zum Reich Gottes verstanden, hat aber keinerlei Ähnlichkeit mit der christlichen Vorstellung von der Hölle.

Die Tarahuma glauben, dass die Kraft von Gott und Maria während der Karwoche geschwächt ist. Daher versuchen sie im Osterfest Gott und Maria durch zeremonielle Aktivitäten neue Kraft zu spenden.

Haben sich die Navajo der christlichen Missionierung stets widersetzen können, so wurden in den 1970er Jahren viele Stammesmitglieder von den *Mormonen* »bekehrt«. Eine Reihe von Navajo-Indianern schlossen sich auch der aus den Plains stammenden *Peyote-Religion* an. *Miriam Schultze*

Links: Indianer aus San Ildefonso, Kalifornien, tanzen den Korntanz zur Regenbeschwörung; Foto um 1950

Rechts: Apachen aus Gallup, New Mexico, beim Tanz der Berggeister; Foto um 1930

Traditionelle Religionen in Nordamerika von A–Z

Die im folgenden Buchteil aufgeführten Stichwörter bieten Informationen, die für das Verständnis der traditionellen Religionen Nordamerikas wichtig sind. So wird z. B. Initiation hier ausschließlich in seiner Bedeutung für die traditionellen Religionen Nordamerikas betrachtet. Seitenverweise am Ende eines Stichwortes führen in den Buchteil *Die traditionellen Religionen Nordamerikas in Geschichte und Gegenwart* (S. 880).

Adena-Kultur, im mittleren Ohio-Tal zwischen 500 v. Chr. bis 100 n. Chr. existierende Kultur. Die Bevölkerung lebte als sesshafte Bodenbauern. Die A. hinterließ riesige, bis zu 20 m hohe Grabhügel.

Ahnen, verstorbene Personen der eigenen Verwandtschaftsgruppe. Die Verehrung der A. spielt vor allem bei den sesshaften Völkern Nordamerikas eine wichtige Rolle. Da die Ahnen weiterhin als Mitglieder der Gemeinschaft betrachtet werden, versuchen die Lebenden durch verschiedene Zeremonien regelmäßig, den Kontakt zu den Ahnen herzustellen. Die Ahnen verfügen im Jenseits über einen besseren Zugang zu den übernatürlichen Wesen und können den Menschen vermittelnd helfen. Die Gründer der eigenen Abstammungsgruppe werden als Urahnen gesehen und gelten auch als Gründer bestimmter Rituale. Oft sind die Urahnen mythische Wesen.

Aleuten, Bewohner der gleichnamigen Inselkette im Nordpazifik und der Küstenregion Alaskas. Von den Weißen eingeschleppte Krankheiten rotteten die aleutische Bevölkerung nahezu aus.

Algonquin, größte Sprachfamilie Nordamerikas, die mit verschiedenen Dialekten vor allem im Nordosten verbreitet ist. In einer A.-Sprache verständigen sich die *Arapaho, Blackfoot, Cheyenne, Delaware, Cree* und *Ojibwa.*

Amerigo Vespucci (1451–1512), italienischer Seefahrer. V. erreichte 1501/02 im Auftrag Portugals die brasilianische Küste und erkannte, dass es sich bei dem Festland um einen eigenständigen Kontinent handelte und Amerika nicht wie angenommen zu Indien gehörte. Der Kartograf Martin Waldseemüller benannte auf seiner 1507 angefertigten Weltkarte als Erster den Kontinent nach Vespuccis Vornamen »Amerika». Zunächst wurde der Name nur für Südamerika benutzt, 30 Jahre später bürgerte sich die Bezeichnung »Amerika« für den gesamten Kontinent ein.

Apachen. Der wohl berühmteste Apache war Geronimo (1829–1909), der Häuptling und Medizinmann der Chiricahua-Apachen, hier in einer Porträtaufnahme von Ben Wittick von 1887. Als die Armee die Chiricahua 1876 auf eine Reservation schicken wollte, floh Geronimo mit Teilen seines Stammes nach Mexiko. Erst einer Armee von mehr als 5000 Soldaten gelang es 1887, ihn und seine Gefolgsleute zur Aufgabe zu bewegen. Geronimo starb 1909 im Exil auf einer Reservation in Oklahoma.

Apachen, zur athapaskischen Sprachfamilie zählende im Südwesten lebende Völker.

Arapaho, ein zur *Algonquin*-Sprachfamilie gehörendes Volk der Plains. 1867 wurden die Arapaho nach dem Vertrag von Medicine Lodge in *Reservationen* in Oklahoma umgesiedelt. Später wurde ihnen die Reservation Wind River in Wyoming zugewiesen.

Arktis (griech. arktos: »Bär«), geografische Bezeichnung für das Nordpolargebiet.

Athapasken, Angehörige der athapaskischen Sprachfamilie, die im Nordwesten Kanadas, im Südosten Kanadas, sowie im Südwesten der USA verbreitet ist. Dene ist die Eigenbezeichnung vieler A. und bedeutet Menschen. Navajo und *Apachen* zählen zu den Athapaskisch sprechenden Völkern.

Bärenkult, mit der Bärenjagd verbundene Zeremonien der Bewohner der Subarktis

Bison. Herde in den Badlands von South Dakota. Nachdem die weißen Felljäger die Bisons fast ausgerottet hatten, war auch das Schicksal der Prärieindianer besiegelt. Sie wurden auf Reservationen abhängig von den Lebensmittellieferungen des Staates.

Nordamerikas. Der Bär wird als nächster Verwandter des Menschen betrachtet. Nachdem ein Bär von einem Jäger erlegt worden ist, bittet der Jäger den Bären rituell um Entschuldigung. Es werden Festreden zu Ehren des Bären gehalten, die Aufteilung des Fleisches unterliegt strengen Verhaltensvorschriften.

baaxpée, die alles durchdringende Lebenskraft in den Vorstellungen der Crow.

Berdache, als heilig angesehene Männer und Frauen, die nach Traumerlebnissen eine zu ihrem biologischen Geschlecht entgegengesetzte soziale Geschlechtsrolle einnahmen. Sie wählten für den *Sonnentanz* die Zentralpfosten der Sonnentanzhütte aus.

Bison, größtes Wildrind in Amerika, fälschlicherweise oft als Büffel bezeichnet. Große Herden von Bisons bevölkerten die weiten Ebenen der Prärie. In den 1820er Jahren wurden die Bisons, welche die Nahrungsgrundlage der Präriebewohner ausmachten, nahezu vollständig von den Weißen ausgerottet. Die Weißen verfolgten mit dem Morden der Bisonherden das Ziel, den Prärievölkern die Wirtschaftsgrundlage zu entziehen. Heute gibt es die Bisons wieder in Tierparks und Reservaten.

Blackfoot, ein der *Algonquin*-Sprachfamilie angehörendes Volk der Plains. Ihre Eigenbezeichnung lautet Siksika und wird mit »schwarzer Fuß« übersetzt.

Bünde, Zusammenschluss mehrerer Personen, die gemeinsam im Besitz gewisser Zeremonien und damit verbundenem sakralen Wissen waren. Das Wissen musste vor Außenstehenden geheim gehalten werden, daher auch die Bezeichnung Geheimbund. Den Mitgliedern der B. wurde von der Gemeinschaft stets hohe Achtung entgegengebracht. Um in einen Bund aufgenommen zu werden, musste der Betroffene eine Vision oder einen *Traum* gehabt bzw. einmal die Hilfe des Bundes in Anspruch genommen haben. Es gab B. der Krieger, Mediziner und Handwerker. Das Bundwesen war im östlichen Waldland, in den Prärien und Plains, in Kalifornien, im Südwesten und an der Nordwestküste verbreitet.

Buskfest, acht Tage dauerndes Grünmaisfest der Creek im Hochsommer. Das B. diente als Welterneuerungsfeier. Hausrat wurde ausgetauscht, Straßen und Häuser und der Zeremonialplatz gesäubert. Am letzten Tag des B. bemalten sich alle Teilnehmer mit weißer Farbe und nahmen ein rituelles Bad im Fluss. Teil des B. waren tägliche Ballspiele und nächtliche Tänze. Während der gesamten Zeit hielten sich die Männer von den Frauen fern. Nach Ende des B. wurde das Feuer von den Tempelpriestern neu entfacht und das neue Jahr begann.

Cheyenne, ein der *Algonquin*-Sprachfamilie angehörendes Volk der Plains.

Cree, *Algonquin* sprechendes Volk, das die größte *indigene* Bevölkerung Kanadas stellt.

Comanche, in den südlichen Plains lebendes Volk, das sich im 17. Jh. von den *Shoshonen* abspaltete.

Delaware, Eigenbezeichnung Lenape (»echte Menschen«). Sammelbezeichnung verschiedener im Waldland beheimateter *indigener* Gruppen aus der Sprachgruppe der Algonkin. Die D. waren Bodenbauer, die im Tal des gleichnamigen Flusses sowie an der Atlantikküste in Clanverbänden lebten. Ihre Wohnform war das Langhaus. Nach der Ankunft der Europäer schlossen sich die bis dahin weitgehend einzelnen Siedlungen der D. zu einem politischen Stammesverbund zusammen. 1690 wurden sie jedoch von den Irokesen besiegt und zogen sich nach Westen zurück. 1789 begann ihre Zwangsumsiedlung, die schließlich für die Mehrzahl 1867 im Reservat in Oklahoma endete.

Donnervogel, übernatürliches Wesen, das in nahezu allen nordamerikanischen Mythen auftaucht. Dem weit verbreiteten Glauben nach wird der Donner von den Flügelschlägen eines gigantischen Vogels verursacht. Für manche Völker erscheint der Donnervogel in Gestalt des *Raben,* für andere als Adler oder als Truthahn.

Frauengesellschaften, *Bünde* mit ausschließlich weiblichen Mitgliedern. Bei den Plainsvölkern war die besondere Aufgabe der Frauengesellschaften das Anlocken der *Bisons* und beinhaltete rituelle Maskentänze, in denen sie das Verhalten der Tiere imitierten. Sie kannten darüber hinaus eine Fülle von Vermehrungsritualen um die Fruchtbarkeit der Tiere, der Felder und Pflanzen zu fördern. Im Mittelpunkt der F. stand die Bewahrung sakralen Wissens, z.B. mit welchen Symbolen und Farben Handarbeiten hergestellt wurden.

Freiseele, in den Vorstellungen der Plainsvölker derjenige Teil einer Seele, der die Reise ins Totenreich antreten kann.

Friedenspfeife → Kalumet

Fünf zivilisierte Stämme, euroamerikanische Bezeichnung für die im Südosten beheimateten Cherokee, Chickasaw, Choctaw, Creek und Seminole. Sie gelten als Völker, die sich am leichtesten an die weiße Kultur anzupassen wussten.

Geistertanzbewegung, neue Religion, die sich als Folge der Veränderungen der Lebensverhältnisse der *indigenen* Bevölkerung im westlichen Nordamerika bildete. Die erste Bewegung wurde 1869/70 von den Verkündungen des Visionärs Wodziwob ins Leben gerufen. 1889 gab es ein erneutes Aufflackern der Geistertanzreligion, die diesmal durch die Lehre Wovokas ausgelöst wurde. Die *Lakota* interpretierten Wovokas Aufruf zum friedlichen Zusammenleben mit den Weißen als Aufforderung zum militärischen Aufstand. Die Versuche seitens der amerikanischen Armee, die Geistertanzbewegung zu unterdrücken, endeten am 29.12.1890 im Massaker von Wounded Knee. Mit dem Inkrafttreten des Gesetzes über die Freiheit indianischer Religionen 1978 wurde den Indianern offiziell die Durchführung dieses Geistertanzes wieder gestattet.

Geheimbund → Bünde; → Frauengesellschaften

Gemeinschaftsbündel, *Medizinbündel,* das nicht einer einzelnen Person gehört, sondern einer Gemeinschaft. Eine auserwählte Person darf das G. aufbewahren.

Heiler, medizinische Experten für Diagnose und Behandlung von Krankheiten. Einige H. spezialisierten sich auf Krankheiten für Mensch oder Tier oder z.B. auf Schusswunden, Knochenbrüche und Geburtsmedizin.

Donnervogel. Der Kwakiutl-Häuptling Tsawatenok mit einem aus Holz geschnitzten Kopfputz, der einen Donnervogel darstellt. Foto um 1914

Hilfsgeister, Vermittler der *Schamanen* zwischen den Menschen und den übernatürlichen Wesen. Die H. können z.B. ein gutes Wort für die Menschen bei den übernatürlichen Wesen einlegen. Wenn ein Schamane beschließt, Kontakt mit seinen H. aufzunehmen, versucht er in Ekstase zu fallen.

Hoka, in Kalifornien verbreitete Sprachfamilie

Hopewell-Kultur, prähistorische Kultur um 200 v.Chr. bis 400 n.Chr. im Osten und Mittelwesten Nordamerikas im Ohio-Tal. Charakteristisch sind die übergroßen Grabhügel und die reichen Grabbeigaben, darunter Tabakpfeifen und Tonfiguren.

Hopewell-Kultur. Bemalte Tonfiguren als Grabbeigaben in den Hügelgräbern von Etowah, US-Bundesstaat Georgia

Indianer, von Christoph Kolumbus geprägte Bezeichnung für die amerikanische Urbevölkerung. Der Name beruht auf der irrigen Annahme des Kolumbus, er habe den westlichen Seeweg nach Indien entdeckt. Heute wird der Begriff I. für alle *indigenen* Völker verwendet, die jedoch kulturell sehr unterschiedlich sind. Aufgrund der gemeinsamen Geschichte der Unterdrückung durch die Weißen bezeichnen sich viele Angehörige der indigenen nordamerikanischen Bevölkerung selbst als I. Im amerikanischen Englisch sind die Bezeichnungen First Nations oder Native Americans gebräuchlich.

indigen, (lat. »einheimisch«), ein von der UNO für alle Völker, die in ihrem ursprünglichen Lebensraum heute als Minderheit leben, verwendeter Begriff.

Kachina. Ahöla ist einer der Hauptkachinas und repräsentiert den Gott der Keimung, Alosaka. Er wird immer mit dem großen Kopfschmuck aus Federn dargestellt. Pappelholzfigur, um 1900; Carnegie Museum of Natural History, Pittsburgh

Initiation (lat. »Anfang, Beginn, Eintritt«), jede Form von Zeremonien, die den Eintritt eines Menschen in eine bestimmte Gruppe oder einen neuen Lebensabschnitt besiegelt. Nicht nur der Eintritt eines jungen Menschen in die Erwachsenenwelt ist eine I., sondern auch die Aufnahme in einen bestimmten Verein, einen Beruf oder in eine Religionsgemeinschaft. In vielen Kulturen ist jedoch der Eintritt ins Erwachsenenalter mit bestimmten Pubertätsriten verbunden. Für Mädchen geschieht die I. nach der ersten *Menstruation.* Bei den jungen Männern der nordamerikanischen Urbevölkerung gehörte die *Visionssuche* an einem abgelegenen Ort zur I.

Inua (Mehrzahl inue), Seele in der Vorstellung der Inuit. Alle Lebewesen besitzen I.

Inuit (»Menschen«, Einzahl: Inuk), Eigenbezeichnung der *indigenen* Bevölkerung in Kanada, Grönland und in Nordostalaska. In Kanada ist I. heute die offizielle Bezeichnung für Eskimo.

Jagdgründe, häufig verwendete Bezeichnung für Stammesterritorien oder von einzelnen Stämmen für sich beanspruchte Jagdgebiete, die oft heftig umkämpft waren.

Kachina, Ahnengeister der im Südwesten Nordamerikas beheimateten Pueblos. Von Männerbünden werden diese Verstorbenen im Tanz dargestellt. Die K.-Puppen wurden ursprünglich aus Pappelholz geschnitzt und waren den der *Initiation* nahen Jungen ein Lernmittel, welche die Ahnen verkörpern. Heute ist der Verkauf von K.-Puppen ein lukratives Geschäft mit Touristen.

Kalumet (frz. chalumeau: »Rohr, Flöte, Pfeife«), langstielige Friedenspfeife. Es ist häufig mit bunten Federn und/oder *Skalps* und Perlen geschmückt. Der Pfeifenkopf bestand aus Catlinit, einem rötlichen Tonstein. Neben der Friedensfunktion hatte das K. noch andere Bedeutungen, z.B. als Ausweis für Gesandte oder bei zeremoniellen Anlässen.

Karibu, nordamerikanisches Rentier. Jagdtier für die Bewohner der arktischen Tundragebiete und der Subarktis.

Kiowa, Volk der Prärie, das sich mit den *Comanche* zusammenschloss.

Kiva, halbunterirdische Kulträume der Pueblos, die meist über eine Leiter durch eine Dachluke zu betreten sind. Dieser Ort dient nicht nur dem Abhalten geheimer Zeremonien, sondern auch als Versammlungsort für die Geheimgesellschaften.

Kojote, mythische Gestalt in vielen Teilen Nordamerikas. Er besitzt die Eigenschaften eines *Tricksters* und wird als Kulturheros angesehen.

Kuksu-Kult, benannt nach dem Schöpfergott der Pomo in Nordzentralkalifornien. Er stand im Mittelpunkt der Kuksu-Zeremonie, die der Welterneuerung und der *Initiation* diente.

Kwakiutl, Bezeichnung für verschiedene K. sprechende Stämme an der Nordwestküste Nordamerikas.

Lakota, Bezeichnung der Dakota (Sioux) im westlichen Dialekt.

Lebensseele, der Teil der Seele, der an den Körper des Toten gebunden bleibt.

Manito, übernatürliche Kraft in den Vorstellungen der Algonquin.

Marterpfahl → Wappenpfahl

Medizinbündel, als Medizin werden oftmals die Kräfte der übernatürlichen Wesen bezeichnet, die ein Indianer in einem *Traum* oder während einer Vision erhält. Da sie für die spirituelle Gesundheit von Nutzen sind, ist der Begriff Medizin nahe liegend.

Medizinmann → Heiler; → Schamane

Menstruation, monatliche Regelblutung, die bei den *indigenen* Frauen den Eintritt ins Erwachsenenalter bedeutet. Bei den *Lakota* wurden in einer eigenen Zeremonie Gebete an die *weiße Bisonkalbfrau* gerichtet. Rituelle Zeremonien um die M. herum verweisen auf die Macht der Frau und das Ansehen, Kinder gebären zu können. Ihre lebensspendenden Kräfte werden als besonders stark angesehen. Nach dem Wechsel, wenn diese Energien nachlassen, können Frauen auch Heilerinnen werden, falls sie sich dazu berufen fühlen. Kamen menstruierende Frauen mit Ritualgegenständen oder Waffen in Berührung, verloren die Objekte ihre übernatürliche Kraft.

Midewin, Medizingesellschaft der *Ojibwa*

Missionierung, Verbreitung des Christentums durch europäische und amerikanische Siedler in den Gebieten der *indigenen* Bevölkerung Nordamerikas. Mit der M. sollte die Urbevölkerung auch die weiße Kultur übernehmen, die in den Augen der Missionare als zivilisiert und fortschrittlich galt. Oftmals ließ sich die indigene Bevölkerung auf die Missionsversuche der Weißen ein, wenn sie durch die krisenhaften Kontakte mit den Weißen in ihren eigenen religiösen Vorstellungen keinen Sinn mehr sahen. Aus vielen M.-Versuchen entstanden langfristig eher neue Religionen, die traditionelle mit christlichen Elementen vermischten.

Mississippi-Kulturen, voreuropäische Kulturen im Südosten mit großen Tempelanlagen, die ca. um 800 bis 1500 n. Chr. existierten. In den Tempeln wachten riesige hölzerne Skulpturen über die Gebeine der *Ahnen.*

Mohave, Volk am Colorado River in Arizona und Kalifornien.

Mormonen, Kirche der »Heiligen der Letzten Tage«, von Josef Smith (1805–1844) gegründet. Die heilige Schrift Mormon sieht in der *indigenen* Bevölkerung Amerikas verwilderte Nachkommen des 589 v. Chr. nach Amerika eingewanderten Propheten Lehi. Die M. besiedelten die Region am Großen Salzsee und missionierten vor allem die numischen Völker. Viele Navajo, Hopi und Catawaba wurden von den M. missioniert.

Mythen (griech. »Wort, Rede, Geschichte«), Erzählungen über den Ursprung der menschlichen Welt, welche die Weltanschauungen einer Kultur wiedergeben und die von wunderbaren Ereignissen und Begebenheiten berichten.

Nootka, zur Nordwestküstenkultur gehörende Stämme, die an der Westküste Vancouver Islands beheimatet sind und zur Sprachfamilie der Wakash zählen.

Nomaden (griech. nomos: »Weide«), Völker, die umherziehen und nicht an einem festen Ort leben. So folgten z. B. die Völker in der nordamerikanischen Prärie den Routen der Bisonherden als ihrer Nahrungsgrundlage.

Ojibwa, zur *Algonquin*-Sprachfamilie gehörende Gruppen westlich und nördlich der großen Seen.

Okipa, viertägiges Ritual der Mandan am oberen Missouri, das mit Marterungen verbunden war. Im Mittelpunkt des O. stand die dramatische Darstellung von der Erschaffung der Welt.

Opfer, bei den nordamerikanischen Völkern meist kleinere Gegenstände wie Tabak oder Jagdreste oder Teile des Essens, die z. B. ins Feuer geworfen wurden. Auch die Selbstmarterung ließe sich als O. betrachten. Für Art und Größe der O. waren eher die Lebensumstände verantwortlich als die Religion. Die meisten Betroffenen konnten sich kostbare O. nicht leisten, wenn sie nicht verhungern wollten. Nur einige der reicheren sesshaften Völker kannten das Prinzip der Menschenopfer, z. B. die Tlingit im Nordwesten, wo Sklaven getötet wurden, und die Natchez, die Menschen beim Tod eines Häuptlings opferten.

Peyote, aus dem Peyote-Kaktus gewonnenes Rauschmittel.

Peyote-Religion, um 1870 entstandene religiöse Bewegung der *Comanche* und *Kiowa,* in deren Mittelpunkt der sakrale Verzehr von Peyote stand. Die P. unterlag christlichen Einflüssen. Heute nennt sie sich Native American Church und bildet die größte panindianische Religionsgemeinschaft.

Penuti, am weitesten verbreitete Sprachfamilie in Zentralkalifornien.

Potlatch, Geschenkeverteilungsfest der Nordwestküstenbewohner, das von einem Häuptling ausgerichtet wird. Andere Gemeinschaften werden beim P. eingeladen und bewirtet. P. wurde anlässlich verschiedener Ereignisse wie z. B. der Geburt des ersten Kindes, *Initia-*

Kalumet. Pfeifenkopf der Cherokee aus Stein mit der Figur einer nackten liegenden Frau

Kwakiutl. Sonnenmaske mit Adlergesicht, die bei den Wappentänzen der Kwakiutl verwendet wurde. British Museum, London

Mississippi-Kulturen. Keramikgefäß in der Form eines menschlichen Kopfes, um 1200–1700. Darstellungen abgetrennter Köpfe weisen auf den im gesamten Südosten verbreiteten Brauch der Kopfjagd und des Schädelkults hin.

Skalp. Rekonstruktion eines Skalps in einer Ausstellung im historischen Fort Union. Gebaut als Pelzhandelszentrum für die American Fur Company des deutschstämmigen John Jacob Astor, wurde das Fort 1866 an die Armee verkauft, die es jedoch bereits 1867 wieder aufgab.

tion, Tod eines Verwandten und Hochzeit gegeben. Die Feiern fanden jedoch wegen des enormen wirtschaftlichen Aufwandes vielleicht nur ein oder zweimal im Leben eines Häuptlings statt. Beim Tod eines ranghohen Häuptlings wurde ein Trauerpotlach abgehalten. Ein Jahr später gab es ein Gedenkpotlach, bei dem die Angehörigen alle ihre Besitztümer verschenkten. Neben der Umverteilung von Reichtum kam es beim P. darauf an, dass die spirituelle Kraft der *Ahnen* wiederauflebte. Bei jedem P. wurden in Form von symbolisierenden Masken, Tänzen und Liedern Familienrechte öffentlich zur Schau getragen. Wegen der Weltwirtschaftskrise und der Verarmung vieler adeliger Familien fand das P. ein Ende. Bereits 1884 hatte die kanadische Regierung die P.-Feste verboten. Heute haben jedoch viele *indigene* Gruppen zum P. zurückgefunden.

Rabe, mythische Gestalt vieler Stämme der Nordwestküste. Oftmals als Schöpfer der Welt angesehen.

Reinkarnation, Wiedergeburt der Seele in einem neuen Körper.

Reservation, Land im gemeinschaftlichen Besitz einer *indigenen* Gruppe, das unter staatlichem Schutz steht. Die meisten R. wurden anhand von Verträgen seitens der US-Regierung eingerichtet.

Salish, Sprachfamilie im Nordosten der USA.

Schamane, Person mit der Fähigkeit zur Kontrolle seiner übernatürlichen Kräfte. Ein S. übernimmt die Aufgaben eines Priesters, Medizinmannes und Künstlers. Er ist Mittler zwischen den Welten der Geister und der Menschen.

Schrein, Gebäude, in dem Ahnenfiguren und kultische Gegenstände aufbewahrt werden.

Schutzgeist, persönlicher Helfer eines jeden Indianers. Der S. lehrt ihm ein Lied, mit dem er den Geist später jederzeit herbeirufen kann. Auch die Zubereitungen bestimmter Medizin wurden vom S. offenbart. Nach der Heimkehrung der *Visionssuche,* lässt sich der junge Mann die Visionen von einem erfahrenen Spezialisten für religiöse Dinge erklären. Auch vor wichtigen Ereignissen und wann immer sie auf die Hilfe höherer Wesen angewiesen waren, begeben sich Männer auf Visionssuche.

Schwitzhütte, in Nordamerika weit verbreitetes Haus zur Durchführung des Schwitzbades, einer rituellen Reinigung. Die Hitze in der S. wird durch die direkte Hitze eines Feuers in der Mitte der Hütte hervorgerufen.

Sedna (»die da unten«), Menschenfrau. Dem Glauben der *Inuit* nach bekam S. von ihrem Vater die Finger abgeschnitten, als sie sich während eines Sturms an ein Boot klammerte, aus dem sie gestoßen worden war. Ihre abgeschnittenen Finger verwandelten sich in Meerestiere, welche die Nahrungsgrundlage der Menschen darstellen. Halten sich die Menschen nicht an bestimmte Verhaltensregeln und *Tabus,* wird S. Haar beschmutzt. Nur der *Schamane* kann in Trance eine Reise zu S. antreten und ihr Haar wieder säubern. Hierfür ist es jedoch nötig, dass sich die Menschen öffentlich zu ihrem Fehlverhalten bekennen.

Shoshone, *indigene* Sprachgruppe in Kalifornien.

Sila (»Luft, Verstand«), Macht über Wind und Wetter bei den *Inuit.* Das S. bestimmt die Fruchtbarkeit der Inuit-Frauen und beobachtet, ob die Inuit die Vorschriften im Alltag einhalten.

Skalp, Trophäe der Indianer aus der abgezogenen Kopfhaut oder einem Teil davon, der präpariert wurde. Aus magischen und religiösen Gründen war er vor allem bei vielen nordamerikanischen Indianern begehrt. Die Weißen skalpierten hingegen aus Sadismus und wegen finanzieller Belohnungen.

Sonnentanz, wichtigstes mehrtägiges Fest der Plainsvölker während der Sommermonate. Da es mit Selbstmarterungen verbunden war, wurde es 1881 von der amerikanischen Regierung verboten.

Stechapfelwurzel, für die Gewinnung eines Rauschmittels genutzt, das den Menschen eine Woche lang betäuben und in Trance versetzen kann.

Tabu, Meidungsgebot. Die Nichtbefolgung kann die Betroffenen in große Krisen stürzen, die erst mithilfe des *Schamanen* überwunden werden können.

Tawiskaron, mythische Figur in den Glaubensvorstellungen der Irokesen. Der jüngere Zwillingsbruder von *Tharonhiawagon.* T. wurde durch die Achsel seiner Mutter geboren, wobei sie ums Leben kam. Im Gegensatz zu seinem immer gute Absichten verfolgenden Bruder verkörpert T. das Böse.

Tharonhiawagon, der ältere Zwillingsbruder von *Tawiskaron.* T. verkörpert das Gute.

Tipi, kegelförmiges Stangenzelt der Plainsvölker.

Tirawahat, in den religiösen Vorstellungen der Pawnee das höchste übernatürliche Wesen, das die Sternengötter erschaffen haben soll, die widerum die Schöpfer der Erde sind.

Toloache, bewusstseinsverändernde Droge, die aus den Wurzeln und Blättern des Stechapfels gewonnen wird. Mittelpunkt des mit T. verbundenen Kults war die rituelle Einnahme des Getränks, das bei den jungen Männern Halluzinationen und Visionen auslöste. In diesem Trance ähnlichen Zustand fanden die jungen Männer das erste Mal Kontakt zu ihren *Schutzgeistern.* Teil der T.-Zeremonie ist die Anfertigung eines Sandbildes durch einen *Schamanen.* Anhand des aus buntem Sand gearbeiteten Bildes werden den jungen Männern die wichtigsten Gesetze des Kosmos und die Geschichte ihrer Vorfahren erklärt.

Transvestit → Berdache

Traum, akustische und optische Phantasieerlebnisse während des Schlafs. Die *indigenen* Völker Nordamerikas nehmen den T. wie ein reales Erlebnis wahr. Mit seinen Botschaften war er u.a. für *Schamanen* und im Rahmen der *Initiation* bedeutsam.

Trickster, mythische Figur, ein Clown oder Schelm, eine Art Gegenspieler bestimmter Gottheiten. Oft ist der T. eine lustige Figur, welche die Menschen zum Lachen bringt.

Vier, heilige Zahl bei den meisten nordamerikanischen Stämmen, vor allem in den Plains. Sie resultiert aus dem Kult der vier Elemente Erde, Feuer, Wasser und Wind, die personifiziert wurden. Die vier Himmelsrichtungen ergaben gemalt ein symbolisches Kreuz und wurden oft mit den Farben Schwarz (Norden), Gelb (Osten), Weiß (Süden) und Rot (Westen) in Verbindung gebracht.

Visionssuche, Suche nach dem persönlichen *Schutzgeist.* Oft begaben sich heranwachsende Jungen an einen abgeschiedenen Ort, um durch intensives Fasten und Selbstkasteiungen eine Vision zu bekommen, in der sich ihr persönlicher Schutzgeist zeigte. Ein Mensch konnte allerdings auch spontan eine Vision bekommen.

Wakan, Bezeichnung der *Lakota* für das Übernatürliche.

Sonnentanz. Darstellung von Sonnentanz und Bärentanz der Ute. Der Sonnentanz kam ursprünglich aus dem Plains-Gebiet zu den Ute. Der Tanzplatz ist von einer zeremoniellen Einfriedung aus Büschen umgeben und zusätzlich mit einer Leinenplane vor Wind geschützt. Der Bärentanz (u.) diente der Versöhnung mit dem Bären als gejagtem Wild. Frauen und Männer stehen sich in zwei Reihen gegenüber und ahmen die Bewegungen des Bären nach. Malerei eines Ute auf Musselin, um 1895; Denver Museum of Natural History

Washat-Religion, eine bei den Irokesen neureformierte Religion, in denen christliche Glaubenselemente integriert sind. Jeden Sonntag wird ein morgendlicher Gottesdienst zu Ehren des Propheten Handsome Lake abgehalten, der die W. um 1800 ins Leben rief. Insgesamt sitzen acht Männer und acht Frauen am oberen Ende des Langhauses. Jeweils sieben von ihnen halten eine Trommel. Die achte Person läutet eine Glocke. Im Rhythmus der Trommeln schwingen alle anderen Teilnehmer ihre rechte Hand kreisförmig vor der Brust.

Wappenpfähle, fälschlicherweise oft als Totempfähle oder Marterpfähle bezeichnete Holzpfähle der Nordwestküstenbewohner. Übereinander sind in einen langen Baumstamm mythische Ereignisse oder die Wappen einer einzelnen Person bzw. einer Verwandtschaftsgruppe geschnitzt. Vor dem Haus aufgestellt deutet er auf die Eigentümerschaft hin oder erinnert auf einem Grab an den Verstorbenen.

Weiße Bisonkalbfrau, Mythengestalt der *Lakota.* In der Gestalt eines weißen Bisonkalbs zeigte die schöne Tochter des Himmels den Lakota u.a., wie die heilige Pfeife benutzt wurde. Die W. spielt auch bei den Zeremonien zur ersten *Menstruation* eine Rolle, in denen die Frauen sie bitten, der betroffenen jungen Frau später viele Kinder zu schenken.

Yupik, Selbstbezeichnung einer *indigenen* Bevölkerungsgruppe Westalaskas, die an der Küste der Tschuktschen-Halbinsel und auf den Inseln des Behringstraßen-Gebietes lebt.

Traditionelle Religionen in Mittel- und Südamerika

Begriff und Bedeutung

Zentral- und Südamerika werden zusammenfassend als »Lateinamerika« bezeichnet, um die jahrhundertelange Prägung aller Bereiche des Lebens (Religion, Sprache, Wirtschaft usw.) durch die christlichen spanischen, portugiesischen und französischen Kolonialherren zu unterstreichen. Neben die katholischen Kolonialmächte trat im 19. Jh. verstärkt die anglikanische Kolonialmacht Großbritannien. Etwa 93% der Bevölkerung gehörten heute nominell dem Christentum an, darunter bilden die Katholiken mit etwa 80% die absolute Mehrheit.

Die größten Bevölkerungsgruppen nichteuropäischer Abstammung sind Indianer und Afroamerikaner (Nachkommen afrikanischer Sklaven). Sie sind die Träger der als traditionell bzw. indigen (span. aborigen) geltenden Religionen, zu denen auch vergleichsweise moderne Religionen wie der protestanto-indianische Hallelujahkult oder die afroamerikanischen Rastafari zählen.

Die offiziellen Statistiken täuschen darüber hinweg, dass bei einem großen Teil der indianischen und afroamerikanischen Bevölkerung Mittel- und Südamerikas das Christentum traditionell als Deckmantel fungiert, um nicht christliche Anschauungen zu tarnen und nicht christliche Kulte in christlichem Gewand ausüben zu können, ohne Repressionen ausgesetzt zu sein. So leben alte Gottheiten in der Gestalt nominell christlicher Heiliger weiter. Verlässliche Zahlen über die tatsächliche Religionszugehörigkeit in Mittel- und Südamerika sind unmöglich. So gehören in der ehemaligen französischen Kolonie Haiti offiziell mehr als 96% der Bevölkerung einer christlichen Kirche an (80,3% Katholiken und 15,8% Protestanten), faktisch bekennen sich jedoch mindestens 75% zum Voodoo, der sich auf Haiti zur Volksreligion entwickelt hat.

Die Prozessionen der Karwoche in Antigua, Guatemala, zählen zu den schönsten und eindrucksvollsten in Lateinamerika. In Gestalt der katholischen Heiligen werden auch afrikanische Götter verehrt.

Grundzüge des Glaubens

Ganzheitlichkeit von Religion und Kultur

Der wichtigste Aspekt bei den indianischen und afroamerikanischen Religionen Mittel- und Südamerikas ist neben dem kolonialzeitlich bedingten Synkretismus die ganzheitliche Grundhaltung. Das Eingebundensein des Menschen in einen von Gott bzw. von Gottheiten (fast alle Religionen sind polytheistisch), Geistern und Kräften geprägten Kosmos lässt prinzipiell keine Trennung in einen sakralen und einen profanen Bereich zu. Ein Sonnenaufgang oder das Fruchtbarkeit spendende Fallen des Regens wird ebenso als religiöses bzw. mythisches Geschehen wahrgenommen wie eine von Priestern gelenkte Zeremonie, eine Heilung, Rites de Passage (z. B. Initiationsriten), der Genuss bewusstseinsverändernder Substanzen oder die Kontaktaufnahme mit den Geistern Verstorbener. Medizinmänner u. a. Spezialisten sind keine Profanpersonen (wie europäische Ärzte), sondern Kultträger und spirituelle Führer, deren Wirken im ganzheitlichen Kontext der jeweiligen Religion zu sehen ist. Die Ganzheitlichkeit des religiösen (Er-)Lebens hat ihren plakativsten Ausdruck bei der erst in den 1930er Jahren entstandenen afroamerikanischen Rastafari-Religion gefunden: Das ganzheitliche religiöse (Er-)Leben drückt sich in Erscheinungen aus, die aus europäischer Sicht als profan eingestuft werden, so die Frisur (die eng geflochtenen Zöpfe oder verfilzten Haarsträhnen der »Dreadlock«-Frisur beziehen sich auf die Mähne des »Löwen von Juda«) oder die Musik (Reggae). In den indigenen indianischen Religionen einerseits sowie den afroamerikanischen Religionen Mittel- und Südamerikas andererseits sind Religion und Kultur untrennbar.

Bei den indianischen Religionen ist darüber hinaus die Landschaftsgebundenheit zu berücksichtigen: Jede indianische Gemeinschaft und jede Ethnie hat landschaftsgebundene Vorstellungen, Ausdrucksformen, Heilkonzepte und -instrumentarien (z. B. endogene Pflanzen, die nur in einer bestimmten Landschaft wachsen). Sie unterscheiden sich z. T. erheblich von denen in anderen Regionen bzw. Landschaften Meso- und Südamerikas. Die Landschaftsgebundenheit gilt in abgewandelter Form auch für die afroamerikanischen Religionen, bei denen anstelle der Landschafts- jedoch die (kolonialzeitlich bedingte) Staatsbezogenheit als Charakteristikum tritt: haitianischer Voodoo, venezolanische *María Lionza,* kubanische *Santería,* brasilianische *Macumba* usw.

Leben als Ost-West-Wanderung

Im Denken der Maya ist das Leben ein langer, beschwerlicher Weg, der von Osten (Sonnenaufgang, Rot = Farbe des Lebens) nach Westen (Sonnenuntergang, Schwarz = Farbe des Todes) führt. Als die Himmelsrichtung der Geburt des Lebens war der Osten zugleich die Himmelsrichtung des Mondes und der Frauen. Auf der Insel Isla de Cozumel vor der Ostküste Yucatáns (Mexiko) finden sich zahlreiche Schreine der Mondgöttin *Ix-Chel.* Der Name der ebenfalls vor der Ostküste gelegenen Isla Mujeres (»Fraueninsel) wird ursprünglich auf den Brauch zurückgeführt, schwangere Frauen zur Entbindung auf diese Insel zu bringen. Historisch stammt der Name der Insel von dem spanischen Konquistador Francisco Hernández de Córdoba, der 1517 auf der Halbinsel Yucatán als erster Europäer die Zeugnisse der Hochkultur der Maya entdeckte. Hernández de Córdoba landete im Frühjahr 1517 im Süden der Isla Mujeres (»Fraueninsel«) vor der

Alter Mann und junge Frau, wahrscheinlich die Personifikationen von Sonne und Mond. Das Figurenpaar aus der Spätklassik der Maya-Kultur, um 600–900, wurde auf der Insel Jaina vor der Küste Nordwest-Yucatáns (Mexiko) gefunden.

Ostküste der Halbinsel Yucatán. Da der dortige Mayatempel voller Darstellungen barbrüstiger Frauen war (der Mondgöttin *Ix-Chel* und ihrer Töchter und Schwiegertochter Ix-Beliax, Ix-Hunie und Ix-Hunieta), verlieh er den Insel den Namen »Isla Mujeres«. Im Westen, vor der Küste Campeches, liegt die Insel Jaina. Auf dieser »Toteninsel« wurden zahlreiche Gräber von Angehörigen der Priesterkaste entdeckt.

Götter und Symbole

Sonnen- und Mondgottheiten

Sonnengottheiten und -kulte sowie die damit in Zusammenhang stehenden Kult- und Kraftplätze spielen eine zentrale Rolle in den indianischen Religionen Mittel- und Südamerikas. Die als männlich gedachte Sonne und der als weiblich gedachte Mond treten stets als (Ehe- und/oder Geschwister-)Paar auf. Die Komplexität der unterschiedlichen Rituale aller Ethnien sowie die wechselnden Namen und Funktionen der Gottheiten spiegeln lokale Besonderheiten und sind Ausdruck der Landschaftsbezogenheit ikonografischer Kataloge und Glaubenskonzepte, reflektieren aber auch den historischen Kontext und die jeweils herrschende Ideologie. Hinter den wechselnden Vorstellungen steht

Oben links: Grabbeigaben aus den Mochegräbern in Sipan, Peru, 100–600 n. Chr., darunter eine vergoldete Rassel, deren Reliefdarstellung einen Kriegszug der Moche zeigt.

Oben rechts: Totenmaske aus dem »Grab des Priesters« in Sipan

Rechts: Tonfigurine mit der Darstellung eines Menschenopfers; ein wildes Tier tötet einen Menschen. Museum für Völkerkunde, Berlin

die von Priestern, Herrschern u. a. religiösen Meinungsbildern unterschiedlich ausformulierte und als Glaubensinhalt propagierte Idee, die fundamentalen natürlichen Zeitweiser als Gottheiten aufzufassen und sie durch Ritualmagie beeinflussen zu können. Der als weiblich gedachte Mond wird mit der Parallelität zwischen dem Zyklus des Mondes und dem Menstruationszyklus der Frauen begründet.

Der Schöpfergott

Ehe es Sonne und Mond gab, existierte ein »Schöpfergott«. Der Schöpfergott *Viracocha (Huiracocha)* der indianischen Kulturen der Zentralanden ließ Sonne und Mond aus dem Titicacasee aufsteigen, formte alle Lebewesen aus Lehm und verlieh ihnen Leben. Die Verehrung des Mondes als zentraler Gottheit (wie bei den Moche und den Chimú) wurde erst nach der Ausbildung patriarchal organisierter und imperialistisch ausgerichteter Gesellschaften (Inka) durch die Dominanz des Sonnengottes ersetzt. Die pyramidalen Moche-Tempelanlagen Hueca de la Luna (Mondtempel) und Hueca del Sol (Sonnentempel) in der Nähe der peruanischen Stadt Trujillo waren nach heutigem Wissensstand das politische und das spirituelle Zentrum des Mochereichs. Der »männliche« Sonnentempel stand für die politische Führung, der »weibliche« Mondtempel war der Ort der religiös-spirituellen Führung. Die Mochekultur fand ihre Fortsetzung im Chimúreich, das 1463 von den Inka zerstört wurde.

Den meist als goldene Scheibe mit Strahlen dargestellten Inka-Sonnengott *Inti* (Ketschua: »Sonne«), die höchste Gottheit im Pantheon der Inka, betrachteten die Inkaherrscher als Reichsgott und leiteten von ihm ihre Abstammung her; die Mondgöttin Mamaquilla war seine Frau. Der herrschende Inka galt als irdische Inkarnation des Sonnengottes, seine Schwester und Gemahlin als Verkörperung Mamaquillas. Die Sonneninsel (Isla del Sol) und die Mondinsel (Isla de la Luna) im heute bolivianischen Teil des Titicacasees galten als Ursprünge der Welt und des Inkareichs. In den Tempel der Sonnenjungfrau Inak Uyu auf der Mondinsel wurden die schönsten Mädchen der Inkas geschickt, um als »Sonnenjungfrauen« ein ewiges Feuer in Gang zu halten und später die Gattin eines Manns der Inkaelite zu werden. Die Tempel der Sonnenjungfrauen können als klösterliche Eliteinternate betrachtet werden. Bei der Ankunft der christlichen Konquistadoren waren die Sonnenjungfrauen Massenvergewaltigungen ausgesetzt.

Geschichte

Die geschichtliche Entwicklung seit Ankunft der christlichen Konquistadoren im frühen 16. Jh., der Aufbau totalitärer Machtapparate mit allgegenwärtigen Funktionären (Militär, Inquisition, Priester) und der damit verbundene tief greifende Wandel der Bevölkerungsstruktur (Genozid an Indianervölkern, Liquidierung religiöser Dissenters, Massenimport afrikanischer Sklaven) prägen die heutige Religionssituation in Meso- und Südamerika auf fundamentale Art und Weise. Obwohl das konservative Christentum römisch-katholischer Prägung seine staatstragende Rolle ab dem 19. Jh. in mehreren Ländern verloren hat, kommt ihm weiterhin eine Schlüsselrolle zu; daneben existiert eine Vielzahl synkretistischer Religionen, die seit den 1960er Jahren einen starken Zuspruch erfahren (»Maya-Renaissance«) und – vor allem die afroamerikanischen Religionen – eine hohe Dynamik aufweisen (Rastafari, »*Santería*-Boom« u.a.). Schwer abschätzbar ist, wie einflussreich der ab den 1960er Jahren in den Elendsvierteln entstandene Katholizismus der Befreiungstheologie heute noch ist.

Während der Jahrhunderte der Kolonialherrschaft wurde der Synkretismus ein grundlegendes Merkmal fast aller indianischen und afroamerikanischen Religionen in Mittel- und Südamerika: Unterschiedliche Vorstellungen und Kulte wurden (und werden noch heute) verschmolzen, sodass ein permanenter Wandel der religiösen Systeme zu verzeichnen ist. Der Synkretismus wird nicht nur in der Übernahme christlicher Vorstellungen fassbar, sondern äußert sich ebenso in der gegenseitigen Beeinflussung indianischer und afroamerikanischer Religionen sowie in der Verschmelzung und Wandlung ursprünglich selbstständiger afrikanischer (Stammes-)Religionen. Die afroamerikanischen Religionen werden zwar als indigene Religionen bezeichnet, bilden jedoch – anders als die indianischen Religionen – synkretistische Importreligionen: Vorstellungen und Kulte aus der afrikanischen Heimat wurden nach Mittel- und Südamerika übertragen,

Zeittafel zu den traditionellen Religionen Mittel- u. Südamerikas	
Um 2500 v.Chr.	Die mittelamerikanischen Hochkulturen nehmen in der hoch entwickelten Keramik Mittelamerikas ihren Anfang.
Ab 1000 v.Chr.	Die Chavínkultur dehnt sich als erste andine Hochkultur überregional aus, wahrscheinlich auf der Grundlage eines gemeinsamen Jaguarkults. Kultzentrum ist Chavín de Huántar im peruanischen Hochland. 1975 wurde es von der UNESCO als Weltkulturerbestätte ausgewiesen.
Um 300	Mayapriester entwickeln durch Kombination eines 365- und eines 260-Tage-Kalenders einen Profan- und Sakralkalender, der in Lateinamerika für Jahrhunderte Grundlage der Datierung wird.
Um 1325	Die Azteken gründen auf einer Insel im Texcocosee die Hauptstadt Tenochtitlán und errichten das letzte großräumige Reich mittelamerikanischer Hochkulturen.
1494	Im Vertrag von Tordesillas teilen Portugal und Spanien die »Neue Welt« und alle noch zu entdeckenden Gebiete auf. Spanien erhält fast ganz Mittel- und Südamerika, Portugal den größten Teil Brasilien.
1500	Der portugiesische Seefahrer Pedro Álvares Cabral nimmt die Ostküste Brasiliens nahe des 17. Breitengrads für Portugal in Besitz.
1508–11	Spanien erobert Kuba und macht die Insel zum Ausgangspunkt für die Eroberung des Festlands. Die einheimischen Indianer sterben in Kämpfen mit den Weißen, an europäischen Infektionskrankheiten und bei der Zwangsarbeit (Encomienda).
1516	Der spanische König Carlos I. (Karl V.) vergibt den Asiento de negros, das Monopol, afrikanische Sklaven in die lateinamerikanischen Kolonien zu liefern, an ein Genueser Unternehmen; die einheimischen Indianer sind den Anforderungen der Konquistadoren nicht gewachsen. Der Export erfolgt von portugiesischen Häfen in Afrika aus.
1519-21	Der spanische Konquistador Hernán Cortés vernichtet mit dem gesamten Aztekenreich den letzten großräumigen Staat der mittelamerikanischen Hochkulturen.
Ab 1531	Konquistador Francisco Pizarro vernichtet die Inkahochkultur in Peru.
1542	Die spanische Krone erlässt für ihre Kolonien die »Neuen Gesetze« (Leyes Nuevas) zum Schutz der Eingeborenen und zur stufenweisen Abschaffung der Indianersklaverei. Hauptmitwirkender war der Missionar Bartolomé de Las Casas, der als »Apostel der Indianer« gilt.
1655	England erobert Jamaica, die 3000 wohlhabenden Spanier werden vertrieben, die überlebenden Indianer fast vollständig ausgerottet, Jamaika wird eine Drehscheibe für den Handel mit afrikanischen Sklaven.
1758	Die Indianer im portugiesischen Brasilien erhalten die rechtliche Freiheit.
1804	Der schwarze ehemalige Sklave Jean-Jacques Dessalines proklamiert die Unabhängigkeit Haitis von Frankreich und lässt sich nach der Ermordung aller Weißen zum Kaiser krönen.
1834	Das Sklavereiverbot im britischen Empire tritt in Kraft. Die Plantagenwirtschaft der Weißen erleidet einen schweren Rückschlag.
1847	Die »guerra de castas« (»Krieg der Mischlinge«) auf Yucatán ist einer der größten Maya-Aufstände gegen die Herrschaft der Weißen.
1930	Die Krönung von Haile Selassie I. zum Kaiser von Äthiopien gibt einen wesentlichen Anstoß zur Entstehung des Rastafari in Jamaika sowie in anderen Kolonien in der Karibik.
1960	Jamaika wird unabhängig von Großbritannien. Ab den 1960er Jahren verzeichnet Lateinamerika eine »Renaissance« indigener und afroamerikanischer Religionen.
1968	Auf der Generalversammlung des Lateinamerikanischen Episkopats in Medellín wird erstmals die »Befreiungstheologie« offiziell erörtert. Sie fordert u.a. eine Abkehr von der (weißen) »Missionarstheologie« und eine Hinwendung zur »Inkulturation« des Christentums auf der Basis indigener Vorstellungen und Kulte.
1991	Den von weißen Goldsuchern bedrohten Yanomani-Indianern in Brasilien wird eine 94000 km^2 große Schutzzone zugewiesen.

verschmolzen dort mit Vorstellungen des Christentums und wurden von diesem auch überdeckt; sie wurzeln jedoch weiterhin in Afrika, das religiös als mythisch überhöhtes Sehnsuchtsland projiziert wird. Die Zuordnung afrikanischer Gottheiten *(»Orishas«)* zu katholischen Heiligen (z.B. wird Elegba, der mythische Hüter der Tore und Pförtner am Schnittpunkt zwischen Menschen- und Götterwelt, dem heiligen Antonius zugeordnet) muss nicht geschlechtsgebunden sein, so wird Xango der heiligen Barbara zugeordnet.

Feste und Riten

Tod, Menschenopfer, Ballspiel

Der Tod wurde (analog zum »Leben« der Sonne, die im Westen untergeht und im Osten neu geboren wird) bzw. wird nicht als Furcht erregend angesehen, sondern als Übergang in ein besseres Leben. Aus diesem Grund galt es als Ehre, geopfert zu werden.

Modell eines Tempels mit einer Ballspielerin und zwei Zwergen. Tonskulptur aus der Maya-Spätklassik, 600 bis 900 n. Chr.; Museo Nacional de Antropologia, Mexiko-Stadt

Zu den verbreitetsten und bekanntesten Kultritualen Mittel- und Südamerikas zählt das im Rahmen großer Zeremonien inszenierte Ballspiel, das bis heute in ablegenen Gegenden wie vor Jahrhunderten gespielt wird. Der Ball symbolisiert die Sonne, deren Lauf die Spielenden beeinflussen; der Ball darf nicht den Boden berühren. In jedem Tempel und fast jeder Siedlung und Ortschaft gab es Ballspielplätze; viele von ihnen in I-, T- oder H-Form. Die tennis- bis fußballgroßen Bälle werden aus Kautschuk geformt; in Mittelamerika liefert der »Ballbaum« den Kautschuk, in Südamerika die Hevea brasiliensis. Zwei Mannschaften (ein Bild in Yaxchilán zeigt möglicherweise auch Frauen beim Ballspiel) von zwei bis drei jungen, edlen Spielern (die oftmals schon als Kinder zur Ehre des Ballspielens ausgewählt wurden) mussten einen Ball ohne Zuhilfenahme der Hände und Füße mit den Hüften, den Knien oder dem Gesäß durch einen Ring auf das Spielfeld der anderen Mannschaft stoßen. Der Mannschaft, der dies als Erster gelungen war, wurde die Ehre der Opferung zuteil; nach Meinung anderer Wissenschaftler wurden die Mitglieder der unterlegenen Mannschaft geopfert.

Heilerwissen und Biopiraterie

Das im religiösen Kontext stehende heilerische Wissen der indianischen Medizinmänner und -frauen ist prinzipiell allen Menschen zugänglich (sofern sie eine Lehre absolviert haben). Zur Ausbildung zählt der Erwerb des seit Jahrhunderten tradierten, empirisch erforschten Wissens um die Wirkung pflanzlicher Stoffe. Mehrere Länder Mittel- und Südamerikas zählen zu den Staaten mit der größten Biodiversität (Artenvielfalt) der Erde, außerdem kommen in diesen Landschaften Tausende von Pflanzen endemisch vor, d.h. sie wachsen nur dort und nur dortige heilerische Kultträger besitzen das Wissen über die Einsetzbarkeit der pflanzlichen Wirkstoffe. Brasilien, Kolumbien und Mexiko zählen zu den Spitzenreitern unter den Megadiversitätsländern: In Mexiko, das den sechsten Rang einnimmt, sind 52% aller Pflanzen endemisch. Allein in Chiapas auf dem Gebiet der Maya kommen schätzungsweise 12 000 Blütenarten vor, von denen bislang erst knapp 8000 katalogisiert sind. Das komplexe Wissen der Heiler über diese biologischen Ressourcen steht seit den 1990er

STICHWORT **Maya**

Oben links: Relieffries an der Fassade des Großen Palastes in Sayil, Yucatán (Mexiko), mit Masken des Regengottes Chac; 8./9. Jh.

Oben rechts: Statue des Gottes Chacmol in Chichén Itzá, Yucatán

Unten: Castillo in Chichén Itzá, eine dem Gott Kulkulcán geweihte 30 m hohe Pyramide; 10. Jh.

Jahren im Brennpunkt US-amerikanischer und europäischer Pharmakonzerne und Samenbanken. Da Antibiotika u.a. Produkte immer mehr auf Resistenzen stoßen, setzen sie auf »neue« biologische Stoffe aus den Tropen. Während das Wissen über diese Stoffe im religiösen indianischen Kontext traditionell frei austauschbar ist (da es niemandem gehört), lassen Konzerne als sog. Entdeckerfirmen Pflanzen und Wirkstoffe patentieren, wodurch die kostenlose Nutzung (einschließlich des Anbaus) strafbar wird: Eine patentierte Pflanze darf nur mit Genehmigung des Patentinhabers angepflanzt werden. In anderen Staaten betrifft die Biopiraterie oftmals profane Bereiche (z.B. Basmatireis in Indien), in den indianischen Gebieten Südamerikas ist jedoch das religiöse Leben unmittelbar berührt. Zwar macht sich gegen die Biopiraterie als neuer Form religiöser Unterdrückung in Mittel- und Südamerika Widerstand breit, doch besitzen die indianischen Gemeinschaften und Ethnien nicht die Stärke beispielsweise der Bundesrepublik Indien, die erfolgreich gegen die Basmati-Patentierung in den USA vorging.

Richtungen, Sonderformen

Indianische Kulturen: Die Maya

Vorsichtigen Schätzungen zufolge leben in Mittel- und Südamerika rund 15 Mio Indianer, darunter 10 Mio im Gebiet des ehemaligen Inkareichs in den Zentralanden, 2 Mio auf dem Gebiet der ehemaligen Mayareiche in Mittelamerika und 2 Mio bis 3 Mio außerhalb dieser ehemaligen Hochkulturzentren. Diese Schätzungen müssten bei einer demografischen Erfassung (die unmöglich ist) vermutlich um mehrere Mio nach oben bzw. unten korrigiert werden, insgesamt gilt: Die Zahl der Indianer wächst (einige Stämme verzeichnen Geburtenraten, die zu den höchsten der Welt zählen), das offene Sichbekennen zu indianischen Religionen wird als »Renaissance« wahrgenommen.

Zeremonialbeil aus vulkanischem Gestein mit der Darstellung eines Adlers oder Geiers auf einem Totenschädel. Spätklassik der Maya-Kultur, 600–900; Museo Nacional de Arqueologia, Guatemala-Stadt

Die mehr als 2 Mio Angehörigen der indianischen Sprach-, Religions- und Völkerfamilie der Maya leben in starker regionaler Zersplitterung in den mittelamerikanischen Staaten Mexiko, Guatemala, Belize und Honduras. Fast alle Maya sind nominell Katholiken, doch ist der Mayakatholizismus voller nicht christlicher Elemente, von denen viele in die präkolumbianische Zeit zurückreichen. Unterschieden wird zwischen den Waldlandbauern im tropischen Tiefland auf der Halbinsel Yucatán und den stärker kolonialzeitlich geprägten Hochlandmaya (darunter Quiché, Cakchiquel und Tzutujil). Diese vorchristliche Mayareligion ist nicht gleich zu setzen mit den Anschauungen der präkolumbianischen Mayahochkultur. Es hat eher den Anschein, als habe vor der Mayahochkultur eine Religion bestanden, die sich zunächst der komplizierten Priesterreligion der Hochkultur und dann dem Religionssystem der christlichen Eroberer aus politischen und überlebenstaktischen Gründen anpasste. Unter dem Deckmantel des Christentums leben präkolumbianische Anschauungen und Rituale bis heute weiter, alte Gottheiten erscheinen im Gewand christlicher Heiliger.

Stilisierte Darstellung eines Kopfes aus Elfenbein. Fetisch des Volkes der Yoruba aus Benin, Westafrika

Während die Reiche der Inka und Azteken zentralistische Staaten waren und als solche von den christlichen Erobereren relativ rasch unterworfen werden konnten, bestanden bei den Maya mehrere gleichrangige Tempelzentren. Zwar brachten die christlichen Bekehrer rasch die Berglandzentren unter ihre Kontrolle (1527/28), im tropischen Tiefland gestaltete sich die Unterwerfung jedoch ungleich schwieriger (Krieg gegen die Maya auf Yucatán 1527–43, Aufstand der Mayapriester 1546). Trotz des massiven christlichen Terrors (Inquisition, Folter, Hinrichtungen, Bücherverbrennungen) und eines drastischen Bevölkerungsrückgangs bei den Maya (geschätzt auf 90% im Zeitraum 1527–1800) hielten sich die alten Vorstellungen, der Widerstandswille blieb ungebrochen und artikulierte sich u.a. im großen Maya-Aufstand von 1847 auf Yucatán (guerra de castas, span. »Krieg der Mischlinge«).

Afroamerikanische Religionen

Afroamerikanische Religionen sind in Amerika entstandene synkretistische Religionen schwarzafrikanischer Sklaven und ihrer Nachkommen. Die in den 1930er Jahren mit dem Rastafari verstärkt einsetzende »Rückbesinnung« auf Afrika hat ab den 1960er Jahren eine fast explosionsartige Ausbreitung im Rahmen der Debatte über »schwarzafrikanische Identitätsfindung« nach sich gezogen, wobei der religiöse Raum »Afrika« in Amerika neu erschaffen wurde. Diese religiösen Konstrukte haben vielfach keinerlei Beziehung zum realen Raum Afrika, sodass der afroamerikanische Begriff »Afrika« als gebiets- und zeitlose Identitätsfolie dient. Aufgrund von Migrationen und wegen des starken Interesses, das afroamerikanische Religionen in den vergangenen Jahrzehnten bei Intellektuellen und im Tourismus zuteil wurde, sind diese Religionen zu Beginn des 21. Jh. nicht mehr auf Mittel- und Südamerika beschränkt, sondern werden auch in Europa praktiziert.

Während der Kolonialzeit wurden Schwarzafrikaner unterschiedlicher Herkunft nach Mittel- und Südamerika verkauft und brachten ihre religiösen Vorstellungen mit in die Sklaverei. Ihre Kulte konnten sie nur heimlich ausüben bzw. mussten sie ihre Gottheiten als christliche Heilige tarnen. Die Unterschiedlichkeit der aus Afrika »mitgenommenen« Vorstellungen einerseits sowie die Zusammengehörigkeit als Sklavenklasse und die Opposition zu den christlichen Herren andererseits führten zu einer starken Vermischung der aus Afrika übernommenen Kulte und Vorstellungen und zugleich zu einer starken Dynamik. Minderheiten übernahmen regional religiöse Vorstellungen von Mehrheiten und gaben durch eigene Stammesvorstellungen der regionalen Mehrheitsreligion Impulse. Der Synkretismus afroamerikanischer Religionen umfasst die gegenseitige Beeinflussung verschiedener ursprünglich afrikanischer Religionen ebenso wie die Beeinflussung durch das Christentum und – in geringerem Maße – durch indigene indianische Vorstellungen.

Aus diesem Grund unterscheiden sich afroamerikanische Religionen stark von den aus Afrika importierten ursprünglichen Religionen, mit denen sie jedoch gelegentlich den Namen gemeinsam haben: Die afroamerikanische Xango-Religion, die sich während der Kolonialzeit im brasilianischen Recife entwickelte, ist grundsätzlich anders als die afrikanische Xango-Religion, obwohl beide nach demselben Gott des westafrikanischen Volks der Yoruba benannt sind (Xango ist der Gott des Kriegs, des Blitzes und der Gewitter). In Haiti entstand die spezifisch haitianische (»französische«) Variante des Voodoo. Die brasilianische Stadt Salvador (»Bahia«), während der portugiesischen Kolonialzeit einer der Hauptumschlagplätze von Sklaven, ist heute ein Zentrum des afroamerikanischen *Candomblé*.

Rastafari

Rastafari ist eine im Gefolge der »Zurück-nach-Afrika«-Bewegung des Schwarzafrikaners Marcus M. Garvey in den 1930er Jahren nach Krönung des äthiopischen Kaisers Haile Selassie I. (1930) auf der damals britischen Kolonie Jamaika entstandene afroamerikanische Religion. Sie beruft sich auf die Bibel, verehrt Haile Selassie (amhar. »Macht der Dreifaltigkeit«) als unsterblichen »Jah« (Gott), stellt sozialpolitische Forderungen (keine Lohnarbeit, keine Unterdrückung usw.), bekennt sich zu einer natürlichen Lebensweise und pflegt einen ausgeprägten I-Kult (engl. I »Ich«). Während der Kolonialzeit wurde der Rastafari von den britischen Behörden verfolgt, seit der Unabhängigkeit Jamaikas (1962) ist er in der gesamten Karibik und auch in Europa verbreitet. Die ca. 5 Mio Anhänger der Religion heißen Rastafaris. Sie sehen sich als Nachfahren der Alt-Israeliten und Kinder des Negus, d. h. der äthiopischen Könige, die angeblich in einer Linie von der Königin von Saba und von König Salomo abstammen. Der Begriff Rastafari setzt sich aus dem äthiopischen Herrschertitel »Ras« und dem Namen »Tafari« (Geburtsname von Haile Selassie) zusammen.

Grundlegend ist die Vorstellung, dass Jah (der Begriff leitet sich vom jüdischen Jahwe ab) in jedem Menschen gegenwärtig sei, sich aber nur in einem einzigen Menschen, nämlich Haile Selassie (der identisch mit Jesus sei), manifestiert habe. Da die Grabstätte des 1975 verstorbenen Haile Selassie unbekannt ist, gehen die Rastafaris davon aus, dass er sich an einem heiligen Ort auf dem Berg Zion aufhalte. Hautfarbe, Rasse und Nationalität sind für die Rastafaris unerheblich, doch sehen sie Jah »mit den Augen der Schwarzen« als einen schwarzen Mann, der die Afroamerikaner aus ihrer »babylonischen Gefangenschaft« nach Afrika (bzw. nach Äthiopien) heimführen werde. Die Bibel gilt als Buch der Bücher, da sie ursprünglich von Afrikanern auf Amharisch verfasst worden sei (die seit dem 14. Jh. belegte amharische Sprache ist die Amtssprache Äthiopiens). In ihrer weltweit verbreiteten »weißen« Version dürfe sie nicht wörtlich genommen werden, da die Weißen das Amharische falsch übersetzt hätten.

Die Rastafaris errichten keine Kirchen, sondern betrachten ihren Körper als natürlichen Tempel. Zu den äußeren Kennzeichen dieses Tempels zählen die Bärte und die ungeschorenen, zu verfilzten Locken geflochtenen Haare (»Dreadlock«-Frisur). Streng orthodoxe Rastas halten sich an eine natürliche Esskultur mit I-tal-food (I-tal. »Ich-ursprünglich«) und natürlichem Essgeschirr (Kokosnussschalen; aus Holz geschnitzte Bestecke). Zu den bekanntesten Ausdrucksformen des Rastafari zählt der Reggae, der in den 1940er Jahren aus zeremoniellem Trommeln und Singen entstand. Ebenfalls meditativen und kontemplativen Zwecken dient das Rauchen der als heilig angesehenen Pflanza Ganja (Cannabis sativa).

Eine Rastafari-Familie mit den typischen Häkelmützen in Georgetown, Guyana. Unter den Kopfbedeckungen verbergen sich die »Dreadlocks«. Die Familie gehört zur Richtung der Twelve Tribes, die Fremden gegenüber recht aufgeschlossen sind, während etwa die orthodoxeren Nyabingi Kontakte mit Außenstehenden weitgehend ablehnen.

María Lionza

Im Mittelpunkt der afroamerikanischen *María-Lionza*-Religion, die sich als indigener Kult versteht und in der sich afrikanische, indianische und katholische Vorstellungen vermischen, steht die Natur- und Muttergöttin María Lionza, die vordergründig mit der (katholischen) Maria gleichgesetzt wird. Sie sorgt für das Wohlergehen der Natur, der Tiere und der Gläubigen. Laut Legende war María Lionza die Tochter eines christlichen Konquistadors und einer Indianerin. Sie ritt auf einem wilden Bären, trat stets nackt auf oder als junge Frau mit einer Krone, weshalb sie auch als »Prinzessin« bezeichnet wird. Die Wunderschöne wirkte Wunder und ließ alle Männer, die sich ihr näherten, »verschwinden«. Verbreitungsschwerpunkt der Religion ist Venezuela, das Hauptheiligtum befindet sich in Sorte (»La Sorte de María Lionza«) im Bundesstaat Yaracuy.

Bernhard Pollmann

Traditionelle Religionen in Mittel- und Südamerika von A–Z

Die im folgenden Buchteil aufgeführten Stichwörter bieten Informationen, die für das Verständnis der traditionellen Religionen in Mittel- und Südamerika wichtig sind. Seitenverweise am Ende eines Stichwortes führen in den Buchteil *Die traditionellen Religionen Mittel- und Südamerikas in Geschichte und Gegenwart* (S. 900).

Azteken, Indianervolk aus der Nahuasprachfamilie; als Nachkommen gelten die 1 Mio Mexikaner, die Nahuatl sprechen. Die Azteken wanderten um 1000 von Norden in das Hochtal von Mexiko ein. Um 1325 gründeten sie auf einer Insel im Texcocosee die Hauptstadt Tenochtitlán und errichteten in der Folgezeit das letzte großräumige Reich der mittelamerikanischen Hochkulturen. Um 1500 beherrschten sie ein Gebiet, das vom Atlantik bis Südmexiko und Guatemala reichte. An der Spitze des streng hierarchisch strukturierten Staates stand ein Herrscher mit absoluter Gewalt. Zum aztekischen Glaubenssystem gehörte auch die Opferung von Menschen für den Sonnen- und Kriegsgott Huitzilopochtli (»Kolibri zur Linken«), der als Beschützer und Leitfigur der A. verehrt wurde. Die aztekischen Glaubensvorstellungen führten bei der Ankunft der Spanier unter Hernán Cortés im Jahr 1519 zur irrigen Annahme, die Ankunft der Weißen bedeute die geweissagte und erwartete Wiederkehr der Schöpfergottheit Quetzalcóatl.

Candomblé. Eine Priesterin bei einer Zeremonie in einem Terreiro in Salvador de Bahia, Brasilien

Candomblé, afroamerikanische (Yoruba-) Religion mit Verbreitungsschwerpunkt Brasilien (Bahia). Die Gottheiten (engl. *Orisha,* portugies. Orixá) offenbaren sich »eingeweihten« Gläubigen, die sich in einen Zustand von »Besessenheitstrance« versetzt haben *(Santería).* Priesterinnen (seltener Priester) leiten die Zeremonien in Kultzentren (»terreiros«).

Chac, Mayagott des Regens, der Fruchtbarkeit und der Blitze, ikonografisch erkennbar an der Hakennase. Seine verschiedenen Aspekte werden auch als eigenständige Gottheiten (»Regengötter«) aufgefasst und den Himmelsrichtungen zugeordnet: Chac des Ostens (repräsentiert durch Rot = Leben), Chac des Nordens (Weiß), Chac des Westens (Schwarz = Tod) und Chac des Südens (Gelb). Dem Regen spendenden Gott kommt generell in den mittelamerikanischen Religionen zentrale Bedeutung zu: Als Regenbringer ist er nicht nur Spender von Fruchtbarkeit, sondern auch Zerstörer (sintflutartige Regenfälle, Gewitter, durch den Wurf seines Beils löst er den Donner aus) und Bringer von Kälte und Eis. Er taucht bereits in der klassischen Mayahochkultur unter dem Namen Chac auf; bei den Azteken hieß er Tlaloc. In seinem gütigen Aspekt beschützt er vor allem den jungen Mais, die wichtigste Mayakulturpflanze.

Huiracocha (Viracocha), der zentralandine »Schöpfergott«. → S. 902

Huaca (Ketschua), bei den Indianern der südamerikanischen Anden seit Jahrtausenden (schon in der Nazcakultur) die Bezeichnung für einen Kraftplatz, d.h. einen als von göttlicher Energie durchdrungenen Ort des Gebets. Meist handelt es sich um Quellen, Berge und Steine, aber auch um Höhlen, Tempel, Nekropolen usw. Zugleich bezeichnet das Wort H. die an einem solchen Ort wirksame Kraft und die Kraft spendende Gottheit. Im heutigen archäologischen und touristischen Sprachgebrauch werden präkolumbianische Tempelanlagen als H. bezeichnet, z. B. Huaca del Dragón, Huaca de la Prieta, Huaca del Sol und Huaca de la Luna.

Inka, südamerikanisches Indianervolk der Ketschuasprachgruppe. Cuzco war 1440 bis 1533 (Zerstörung durch die Spanier) die Hauptstadt des gesamten Inkareichs, das sich auf dem Höhepunkt seiner Macht über Peru hinaus bis nach Chile und den Nordwesten Argentiniens sowie im Norden über ganz Ecuador ausbreitete.

Der Ursprung des Reichs lag in und um Cuzco, in der einstigen Metropole und ihrer Umgebung konzentrieren sich heute viele der wichtigsten Sehenswürdigkeiten des Andenraums. Viele der von den Spaniern errichteten Kirchen und Klöster stehen auf Inkatempelresten (die »kultische Ortetradition« unter wechselnden religiösen Vorzeichen ist ein Charakteristikum vieler Kultstätten Zentral- und Mittelamerikas). Die Kathedrale auf dem Palast des Inka, die heutige Plaza de Armes ersetzte den Heiligen Platz, das Kloster Santo Domingo wurde auf dem Gelände des Sonnentempels errichtet. Die Nachfahren der Inka haben in Cuzco ihr Hauptwohngebiet. Seit 1983 steht Cuzco als Weltkulturerbe unter dem Schutz der UNESCO. Die um 1450 auf 2450 m in Terrassenbautechnik angelegte festungsartige Stadt Machu Picchu (UNESCO-Weltkulturerbe) im Hang des gleichnamigen Bergs (Machu Picchu = »Alter Berg«) birgt bis heute mehr Rätsel als gesicherte Erkenntnisse. In den Gräbern wurden überwiegend weibliche Skelette gefunden – möglicherweise lebten hier »Sonnenjungfrauen« der Inka. Im halbkreisförmigen Torreón am höchsten Punkt der Stadt und in einem Intimachay genannten Gebäude waren die Fensternischen so konstruiert, dass sich exakt die Sommer- und die Wintersonnenwende bestimmen ließ. Vielleicht befand sich hier eine Kalenderwarte des als göttlich gedachten Gestirns.

Inti, Sonnen- und Reichsgott der Inka.
→ S. 902

Itzamná (»Leguanhaus«), greiser Schöpfergott der Maya, verheiratet mit *Ix-Chel*. Er wird wie *Chac* entsprechend der vier Himmelsrichtungen in vierfacher Gestalt dargestellt und ist wie Chac hakennasig.

Inka. Blick auf die um 1450 errichtete Ruinenstadt Machu Picchu in den Zentralanden, Peru

Ix-Chel (»Herrin des Regenbogens«), Mayagöttin der Fruchtbarkeit, der Liebe, des Heilens und des Webens. Der Name »Mondgöttin« bezieht sich auf die Parallelität zwischen der Menstruation der Frauen und dem Zyklus des Mondes.

Jaguar (indian. tupí jagwára, »Fleisch fressendes Tier«), spielt als König der Tropenwaldtiere seit präkolumbianischer Zeit eine zentrale Rolle in den indianischen Religionen Süd- und Mittelamerikas. Dabei finden sich völlig unterschiedliche Vorstellungen und Interpretationen der Großkatze. Der J. kann als Mittler zwischen der menschlichen und der nichtmenschlichen (göttlichen) Sphäre angesehen werden, er kann als Hochgott verehrt werden wie in Ostbolivien, die Talamanca denken ihn als weiblich und setzen ihn mit »Mutter Erde« gleich, die Chol sehen ihn männlich und als bösen Gegenspieler der guten Götter und der Mondgöttin. Bei den Aruak erhält der Schamane seine Macht von einem mythischen J., bei den Ayoré- und Mátacomännern (Chacoindianer) symbolisieren Stirnbinden aus dem Fell des J. den militärischen Rang.

Kaiowa (»Herrscher der Wälder«), Untergruppe der Guaraní, Indianerstamm im Süden des Bundesstaates Mato Grosso do Sul in Brasilien. Um 1800 besiedelten die K.

mindestens ein Viertel (andere Schätzungen sprechen von bis zu 40%) des heutigen Bundesstaates. Den etwa 26 000 Guaraní der Untergruppen K. und Nhandeva blieben lediglich Bruchstücke, die nur noch 1% des früheren Territoriums umfassen. Die kleinen indianischen Ländereien sind extrem übervölkert, die traditionelle Subsistenzwirtschaft ist kaum noch möglich. Unter der Militärdiktatur in Brasilien (1964–85) wurden die traditionellen Repräsentanten der K., die Häuptlinge, durch sog. Capitanos ersetzt. Sie vertraten die Interessen des Staates und verkauften das Land der Indianer an Siedler und Großgrundbesitzer. Die Ureinwohner wurden in Köhlereien oder auf Zuckerrohrplantagen fast wie Leibeigene behandelt, teilweise erhielten sie als »Lohn« nur Alkohol. Die soziale Verelendung provozierte eine Welle von Selbsttötungen unter den Ureinwohnern, vor allem unter Jugendlichen.

Kulkulcán (»Federschlange«), Schöpfergottheit der Maya, bei den Azteken Quetzalcóatl genannt. K. tritt als eine der bedeutendsten mittelamerikanischen Gottheiten in vielerlei Aspekten auf, z.B. als Gott der Winde, der Zwillinge, des Lernens, des Handwerks und der Medizin.

Macumba, afroamerikanische (Bantu-) Religion mit Verbreitungsschwerpunkt Brasilien. Die M. war ursprünglich in Mosambik und auf Madagaskar der Baum, unter dem die religiösen Versammlungen stattfanden. Unter der Leitung eines Priesters oder einer Priesterin (»Macumbeiro«) nehmen »Söhne bzw. Töchter der Heiligen« in Trance Kontakt mit Ahnen und Geistern auf und übermitteln deren Ratschläge mit »heiliger Stimme« den Gläubigen.

Kulkulcán. Dem Schöpfergott Kulkulcán geweihte Pyramide in Chichén Itzá, Yucatán (Mexiko), aus dem 10. Jh.

Mapuche, von Pedro de Valdivia 1540 entdeckter Indianerstamm in Chile. Die Spanier nannten sie Araukaner. Sie lebten in dem Gebiet zwischen dem Aconcagua-Fluss in der Zentralregion und Chiloé im Süden. Die M. gliedern sich in miteinander verwandte Gruppen: die Pehuenche in der Kordillere, (von pehuén oder Araukarie, dem heiligen Baum der M.); die Huilliches in den Tälern von Valdivia und auf der Insel Chiloé; die Lafquenches oder sog. Meermenschen an der Küste. Mit Ausnahme der Huilliches aus Chiloé, die monogame Ackerbauern waren, pflegten die übrigen M. fast alle die Polygamie und lebten nomadisch als Jäger, Sammler und Fischer. Wenn die Ressourcen an einem Ort knapp wurden, wanderten sie weiter. Fremde sind für die Radikaleren unter den M. noch heute alle nicht indigenen Chilenen (auch die Mestizen), sowie die Europäer und ihre Abkömmlinge. Gegen sie versuchten die M. ihre Gebräuche, Traditionen und Glaubensvorstellungen ebenso zu bewahren wie das Recht auf ihr Land.

María Lionza, afroamerikanische Natur- und Muttergöttin. →S. 907

Misquito (Eigenbezeichnung: Miskut), mittelamerikanische Indianergruppe mit rund 100 000 Angehörigen an der Mosquitoküste in Nicaragua und im Küstentiefland Mosquitia in Honduras. Trotz der Abgeschiedenheit im größten noch zusammenhängenden Regenwaldgebiet Zentralamerikas sind die als Waldbauern und Fischer lebenden M. in ihren religiösen Vorstellungen stark anglikanisch beeinflusst. Ihre Abwehrhaltung gegen die spanisch-katholisch geprägte Umwelt führte u.a. zu bewaffneten Auseinandersetzungen mit dem sandinistischen Regime in Nicaragua.

Orishas (Orixás), sieben Gottheiten afroamerikanischer Religionen. Sie übermitteln ihre Botschaften durch die Stimmen trancebessener Medien.

Santería (span. »Scheinheiligkeit«), afroamerikanische (Yoruba-)Religion mit Verbreitungsschwerpunkt Kuba. Die auf Kuba lebenden Sklaven ordneten ihre Gottheiten römisch-katholischen Heiligen zu und praktizierten »scheinheilig« ihre aus Afrika mitgenommenen Kulte unter katholischem Deckmantel. Seit den 1960er Jahren verzeichnet die S. einen Zulauf, der sie als als Volksreligion erscheinen lässt. Bei den Zeremonien werden die Orischas (Gottheiten) durch Trommeln und Gesänge angerufen, manifestieren sich in besessenen Medien und können um Rat gefragt werden.

Umbanda, afroamerikanische Religion (ursprünglich Bantu) mit Verbreitungsschwerpunkt Brasilien, Argentinien und Uruguay. Die erst in den 1920er Jahren entstandene, aber nach Meinung der Gläubigen schon immer vorhandene U. (das Wort wird mit »weißer Zauber« übersetzt, bedeutet aber auch »Heiliger«, »Heilender«, »Priester«) zählt zu den dynamischsten und einflussreichsten Religionen Südamerikas. Sie versteht sich als mystisch-spirituell und verbindet afrikanische, katholische und indianische Vorstellungen mit europäischem esoterischem Gedankengut. Aufgrund ihrer synkretistischen »Einweißung« (keine Überbetonung afrikanischer Vorstellungen wie z. B. im *Candomblé*) findet sie immer mehr Anhänger unter Weißen. Zur Kultpraxis zählen Besessenheitsrituale, in denen Gottheiten ihre Botschaften zur Heilung der Gläubigen übermitteln, divinatorische Opferzeremonien (Blumenspenden an die Meergöttin = Seejungfrau = Maria) u. a.

Viracocha (Huiracocha), der zentralandine »Schöpfergott«. → S. 902

Yanomani, Sammelbezeichnung für sprachlich verwandte Indianergruppen im Regenwaldgrenzgebiet von Brasilien (Amazonas/Roraima) und Venezuela. Seit einem Blutbad, das weiße Goldsucher (garimpeiros) 1993 in einem Yanomani-Dorf in Brasilien anrichteten, rückten die vom Aussterben bedrohten Yanomani in das Interesse der Weltöffentlichkeit, wobei ihnen zugedacht wird, eine Indianergruppe zu repräsentieren, die ihre traditionelle Religion und Kultur unverfälscht bewahren konnte. Das Eindringen von schätzungsweise 70 000 – 90 000 weißen Goldsuchern in den Siedlungsraum der Yanomani hat seit den 1980er Jahren zu einem drastischen Bevölkerungsrückgang geführt (Massenmorde, Tod durch eingeschleppte »weiße« Seuchen wie Windpocken und Masern, gegen die die Yanomani keine Immunabwehr besitzen). Heute wird die Zahl der Angehörigen auf 20 000 geschätzt, darunter etwa 11 000 in Venezuela und 9000 in Brasilien. Die Ausweisung einer 94 000 km^2 großen Schutzzone (so groß wie Portugal) auf brasilianischer Seite hat zu keiner Verbesserung der bedrohten Situation geführt. Zu den religiösen Praktiken der Yanomani zählt die durch Schnupfen von Drogen avisierte Kontaktaufnahme mit helfenden Geistern (Hekula) zum Zweck der Krankenheilung. Die Dörfer bestehen aus Pultdachkonstruktionen (Shapono), die kreis-, halbkreis- oder ellipsenförmig um eine Schutzstelle (Yano) angelegt sind; alle drei bis vier Jahre erfolgt der Umzug an einen neuen Dorfplatz, da der Boden im Regenwald zeitlich nur begrenzt nutzbar ist.

Yanomani. Die Mannbarkeitsfeiern dieses Stammes werden traditionell von rituellen Tänzen begleitet.

Yum Xac, Maisgott der Maya. Der Mais bildet/e für die Maya das Hauptnahrungsmittel. Noch heute nennen mittelamerikanische Bauern diese Pflanze »seine Gnaden«. Früher streichelten die Menschen den Mais und glaubten ihn dadurch zum Wachsen anzuhalten. Die Maya betrachteten den Mais als mit ihnen verbündeten Leidensgenossen. In den Skulpturen des jungen Maisgottes bündeln sich die klassischen Schönheitsideale der Maya: hohe deformierte Stirn, lange Nase, nach unten gezogene Mundwinkel, vorgeschobene Lippe und schräg stehende Mandelaugen. Auf dem Kopf trägt Y. meist eine Maispflanze.

Traditionelle Religionen in Afrika

Begriff und Bedeutung

Auf dem afrikanischen Kontinent leben Anfang des 21. Jahrhunderts mehr als 800 Mio Menschen. Davon bekennen sich knapp die Hälfte zum Christentum und rund 40% zum Islam. Den traditionellen Religionen gehört ungefähr ein Zehntel der Bevölkerung an, immerhin rund 80 Mio Gläubige. Diese Religionen sind vor allem südlich der Sahara verbreitet und werden eher in ländlichen Gebieten ausgeübt als in den Städten, wo der Einfluss der europäischen und der US-amerikanischen Zivilisation besonders wirksam ist. Zunehmend greift er auch auf das Land über, wodurch die ursprüngliche religiöse Tradition der Afrikaner mehr und mehr verwässert wird. Dies um so mehr, als sie nicht, wie im Christentum und im Islam, durch ein dogmatisches Regelwerk schriftlich dokumentiert, sondern nur mündlich überliefert ist. Deshalb gibt es bei den zahlreichen ethnischen Gruppen unterschiedliche Glaubensformen und Götter, die, wie z. B. bei den Anhängern des *Voodoo* in Westafrika, zum Teil sogar austauschbar sind. Viele Afrikaner, die zum Christentum oder zum Islam konvertiert sind, haben sich von ihrem traditionellen Glauben keineswegs verabschiedet. Sie beten in der Kirche oder in der Moschee und befragen anschließend das Orakel nach dem Willen der alten Götter, oder sie bringen ihren Ahnen ein Opfer. Es liegt auf der Hand, dass sie die Inhalte der ungleichen Religionen auf die Dauer nicht trennen, sondern miteinander verschmelzen. Christliche Heilige in den Voodootempeln von Benin sind keine Seltenheit. Synkretische Glaubensformen (Synkretismus) sind indessen in ganz Afrika verbreitet.

Aus diesen Überlegungen geht hervor, dass die traditionellen Religionen in Afrika

Voodoozeremonie in Abomey, Benin. Die Initiierten (Vodunsi) haben sich im Kreis um Fetische versammelt, um die Gottheit anzurufen. Danach erfolgt das Opfer, anschließend der zeremonielle Tanz.

nicht als Einheit betrachtet werden können. Es gibt viele regionale Varianten, die sich auch unterschiedlich weiterentwickeln. Im folgenden werden hauptsächlich die Grundstrukturen beschrieben, die in den meisten Völkern und Stämmen gleich oder doch zumindest ähnlich sind. Der Anschaulichkeit wegen soll aber auf die Darstellung regionaler Glaubensformen und Rituale nicht verzichtet werden.

Grundzüge des Glaubens

Charakteristisches Merkmal der traditionellen Religionen in Afrika ist ihre Universalität. Sie bestimmen nicht nur das Verhältnis zwischen Mensch und Gott, sondern sind ein integraler Bestandteil des Daseins in allen seinen Erscheinungsformen. Nicht nur die Stufen des Lebens, auch der Alltag mit seinen sozialen Gegebenheiten und profanen Verrichtungen ist Teil einer allumfassenden Weltsicht, die weit über das hinausgeht, was Europäer unter Religion verstehen. Die Natur mit ihren menschlichen, kreatürlichen und pflanzlichen Geschöpfen wird als ein beseeltes Ganzes verstanden. Glauben und Wissen gehören ebenso zusammen wie Leben und Tod. Traditionelle afrikanische Gläubige trennen nicht wie Europäer oder Amerikaner zwischen Diesseits und Jenseits. Für sie sind es zwei Räume im gleichen Gebäude. Sie glauben an eine schöpferische Macht und an magische Kräfte, die aus dem unsichtbaren Bereich des Daseins bestimmend in den sichtbaren hinein wirken. Niemand kann sich diesem Einfluss entziehen. Der unsichtbare Teil ist die Welt der Götter, der Verstorbenen und Geister, die freilich nicht gemeinsam auf einer Ebene existieren.

Die Götter

An oberster Stelle traditionellen Denkens und Glaubens in Afrika stehen die Götter. Ihr Reich liegt irgendwo im Universum, das in die ganzheitliche Vorstellungswelt der Menschen einbezogen ist. Sonne und Mond, auch die Sterne sind als lebenswichtige Erscheinungen heilig, ebenso der Regen, der vom Himmel fällt. Sie gehören zu den Instrumenten göttlicher Macht. Ein Schöpfergott hat sie ebenso geschaffen wie den Menschen. Diese Gottheit steht auf dem ersten Platz in der Götterhierarchie. Sein Name ist bei den zahlreichen Völkern und ethnischen Gruppen aber unterschiedlich. Bei den Dogon in Mali z. B. heißt er Amma, bei den Bamilike in Kamerun Nsi, bei den Fon und den Ewe in Benin Mawu. Doch bauen die Menschen zu ihrem Schöpfergott kein unmittelbares Verhältnis auf. Sie rufen ihn allenfalls in äußerster Not an. Er steht zu hoch, als dass er ständig bemüht werden könnte, ist nicht »greifbar« und weniger eine Gestalt als eine Kraft: eben Schöpferkraft. Deshalb steht dieser Gottheit häufig ein weiblicher Teil zur Seite – Lissa bei Mawu, Amma hat ein Verhältnis mit Mutter Erde, neben Nsi steht Ndem.

Maske aus dem Kameruner Grasland. Nur Initiierte tragen Masken bei zeremoniellen Tänzen. Masken sind die Vermittler zwischen den Lebenden und den Geistern der Verstorbenen.

Die Götter, mit denen sich der Mensch rituell verständigt, sind die Nachkommen des Schöpfers. Die meisten ethnischen Gruppen haben jeweils eigene Gottheiten, von denen jede eine besondere Profession wahrnimmt. Die eine ist für Fruchtbarkeit zuständig, die andere für Gerechtigkeit, eine dritte für Krankheiten. Im Voodookult gibt es sogar mehrere hundert Götter.

Andere Ethnien kennen nur den Hauptgott, der als Stammvater ihre Ahnen oder auch nur die Vorfahren ihrer Könige hervorgebracht hat. Solche Könige haben schon zu Lebzeiten göttlichen Rang und sind folglich unsterblich. Das gilt z. B. für die *Gottkönige* der Bafut, der Bamilike, der Bamoun im Kameruner Grasland. Im Todesfall heißt es keineswegs, sie seien gestorben oder tot, sondern, »sie sind gegangen«, zu ihren göttlichen Vorfahren, von denen sie gekommen sind.

Maskentänzer der Dogon in einem Dorf an der Falaise von Bandiagara in Mali. Der mit Kaurimuscheln geschmückte Tänzer symbolisiert eine Fulbe-Frau: die mythische »Mutter der ersten Kindheit«.

Die Ahnen

Die Ahnen, die Verstorbenen, sind die nächste religiöse Instanz unterhalb der Götter. Sie stehen den Menschen schon durch persönliche Verwandtschaft näher als die Götter und sind ihre Ansprechpartner, wenn Schutz oder Hilfe benötigt wird. Sie haben ähnliche Kompetenzen wie die Götter. Die Grenzen sind aus westlicher Sicht fließend. Generell gilt, dass die Ahnen zwischen den Lebenden und den Göttern vermitteln und dass sie die Götter in gewisser Weise vertreten.

Sie werden indessen nicht nur um Schutz und im Notfall um Hilfe gebeten. Man fragt sie auch um Rat in landwirtschaftlichen Fragen, bei dörflichen Konflikten oder in Erbschaftsangelegenheiten. Die Medien, über die der Mensch mit den Ahnen in Verbindung tritt, sind unterschiedlich. Voodooanhänger benutzen *Fetische.* In Kamerun wer-

STICHWORT Schöpfungslegende der Dogon in Mali

Zahlreiche Märchen, Legenden und Mythen erklären die Entstehung der Welt und des Lebens in Afrika. Aus dem umfangreichen Repertoire ursprünglich mündlich überlieferter Literatur wird beispielhaft die Schöpfungslegende der Dogon (Mali) nacherzählt, die durch Aufzeichnungen des französischen Ethnologen Marcel Griaule in den 1930er Jahren bekannt wurde:

Erde: Nachdem Amma, der einzige Gott, Sonne, Mond und Sterne aus Lehm geschaffen hatte, nahm er einen neuen Klumpen. Er tauchte ihn in Wasser, formte ihn mit den Händen zu einem Kloß und warf ihn ins All zu den Sternen. Dort wuchs der Lehmkloß, dehnte sich und es entstand ein gewaltiger runder Leib. Es war die Erde, und dieser Leib war eine Frau. Das Gesicht hatte sie dem Himmel zugewandt, ihr Geschlecht war ein Ameisenhügel, die Klitoris ein Termitenbau. Amma sah sie an, er freute sich an ihr und er wollte sie lieben. Aber die Erde wehrte sich. Mit der Klitoris verschloss sie ihr Geschlecht.

Gottes Sohn: Niemand durfte sich Amma widersetzen, auch die Erde nicht, denn sie war sein Werk. Der zornige Amma schnitt der Erde die Klitoris ab und nahm sie mit Gewalt. Es war die erste Zeugung, die Erde wurde schwanger und gebar einen Schakal. Er ist der erstgeborene Sohn Gottes und der Erde. Doch steht er im Zeichen von Schuld, Gewalt und Unheil.

Wasser: Amma liebte die Erde wieder und wieder. Sie wagte nicht mehr, sich ihm zu verweigern, und so befruchtete Amma sie mit seinem Samen. Er ist das Wasser, aus dem alles Leben fließt. Wieder wurde die Erde schwanger, und sie gebar ein Zwillingspaar, halb Mensch, halb Schlange. Es waren die Nommo, zwei gottgleiche Geister des Wassers mit acht Gliedern.

Wort: Von der Höhe des Himmels sahen sie hinab auf die Erde und erkannten, dass ihre Mutter nackt war und ohne das Wort. Aus Gräsern und Pflanzen schufen sie Fasern, ließen sie hinab zur Erde, damit sie sich mit einem Faserrock bekleide. In Windungen fielen die Fasern vom Himmel, wellenförmig wie das Wasser. Das Wasser ist wie die Nommo, wie die Fasern und das Wort. Die Nommo stoßen, wenn sie sprechen, einen feuchten Dampf aus, der das Wort trägt. Der Dampf bewegt sich wellenförmig wie die Faser. Wort und Faser sind Zwillinge. So kam das feuchte Wort in der feuchten Faser zur Erde. Indem sich die Erde mit dem Faserrock bedeckte, enthüllte sich ihr das Wort.

Schakal: Aber nun begehrte der Schakal, der unheimliche erste Sohn Ammas, seine Mutter, die Erde, und legte Hand an ihren Faserrock. Die Erde wehrte sich heftig, aber der Schakal war stärker als sie. Wie sein Vater nahm er die Erde mit Gewalt und schändete damit alle Frauen. Seit diesem unseligen Ereignis gibt es den Kampf zwischen Mann und Frau um die Macht, die stets dem Stärkeren gehört. Indem aber der Schakal seiner Mutter Gewalt antat, bemächtigte er sich auch der Sprache. Mit ihr kann er seitdem den Willen Ammas erkennen. Bis heute befragen die Dogon den Schakal über ihre Zukunft.

Menstruation: Die Erde war durch Inzest unrein geworden. Ein Blutzoll war notwendig, damit der Zustand der Reinheit wieder hergestellt werde. So kam es zur ersten Regelblutung, die den Faserrock rot färbte. Damit sind die Frauen ein für allemal gezeichnet. In der Zeit ihrer Monatsregel sind sie für immer unrein und müssen ins Frauenhaus ziehen. Kein Mann darf sie berühren, sonst müsste er sterben.

Der Mensch: Auch Amma durfte die Erde, als sie unrein war, nicht berühren. Deshalb konnte er die ersten Menschen nicht auf natürliche Weise zeugen, sondern musste Mann und Frau aus Lehm schaffen. Das sahen die Nommo, das göttliche Geisterpaar, und sie fürchteten, dass Mann und Frau zwei getrennte Wesen werden würden statt ein Ganzes. Sie gingen zu der Stelle, wo die Gestalten aus Lehm lagen, und malten zwei Seelen übereinander auf den Boden, eine männliche und eine weibliche. Sie legten die Lehmfiguren auf die Doppelseele. Jede empfing, bevor sie zum Leben erwachte, zwei Seelen. Seitdem kommt der Mensch als Mannfrau zur Welt.

Beschneidung: Doch der Mensch muss sich für eine Seele entscheiden. Der junge Mann verliert bei der Beschneidung seine weibliche Seele. Die abgeschnittene Vorhaut verwandelt sich in einen Skorpion, das Symbol des Weiblichen. Dem jungen Mädchen muss die Klitoris entfernt werden, weil sie der Sitz der männlichen Seele ist. Sie verwandelt sich in eine Eidechse, das männliche Symbol und Sinnbild der Sonne. Die ersten Menschen, die Amma aus Lehm geschaffen hatte, wurden durch die Nommo beschnitten. Danach waren sie zeugungsfähig, und sie schufen acht Kinder. Es sind die unsterblichen Urahnen der Dogon.

den die Schädel besonders angesehener Persönlichkeiten aufbewahrt und bei gegebenem Anlass um Rat befragt. Anderswo sind *Masken* die Medien, in denen die Ahnen während der Befragung anwesend sind, z. B. bei der jährlich stattfindenden *Egungun*-Zeremonie der Yoruba in Westafrika. Die Herero und Ovahimba in Namibia stellen die Verbindung zu ihren Verstorbenen über sog. Ahnenstäbe her – Äste heiliger Bäume, die am heiligen Feuer, das nie verlöschen darf, in den Boden getrieben werden.

Die Welt der Ahnen, das Totenreich, befindet sich in der Vorstellung vieler Afrikaner unter der Erde, und es sieht genau so aus wie die Welt der Lebenden, hat auch meist die gleiche soziale Struktur. Hier findet die Existenz des Menschen nach seinem Tod in verwandelter Form als Ahn eine Fortsetzung, vorausgesetzt, dass dem Toten charakterliche Integrität bezeugt werden kann. Außerdem müssen Nachkommen vorhanden sein, für die der Ahn sorgen kann und die ihrerseits durch Verehrung und Opfer für ihn sorgen, denn nur dadurch wird sein Vorhandensein beglaubigt. Sonst wäre die Existenz des Ahnen sinnlos, er würde nicht gebraucht, wäre also wirklich »tot«. Der Verstorbene mutiert dann zu einem bösen Geist, der ruhelos zwischen Diesseits und Jenseits hin und her wandert und die Welt der Lebenden, vor allem sein Heimatdorf mit Unheil überzieht.

Zwischen Lebenden und Toten besteht folglich eine geradezu zwanghafte gegenseitige Abhängigkeit: Die Lebenden brauchen die Toten ebenso wie die Verstorbenen die Lebenden. Jeder traditionell gläubige Afrikaner versucht, rechtzeitig für Nachwuchs zu sorgen. Da die Lebenserwartung auf dem schwarzen Kontinent im Weltvergleich relativ niedrig ist, sind mehrere, meist sogar viele Kinder die Regel. Sie werden auch als Arbeitskräfte benötigt und müssen alte Familienmitglieder bis zu deren Tod versorgen. Auch dies ist eine religiös begründete Pflicht. Kinder sind eine Art lebende Sozialversicherung, da es in den meisten afrikanischen Ländern keine staatlich garantierte soziale Grundversorgung gibt. Deshalb konnte in Afrika die Geburtenkontrolle vielerorts nicht wirkungsvoll durchgesetzt werden.

Aus diesem Zusammenhang ergibt sich der soziale Rang der *Frau:* Sie ist Spenderin des Lebens. Die Frau in Afrika gewinnt ihre volle Würde nach traditioneller Vorstellung nur in der Mutterrolle.

Dogon-Tänzer mit Kanaga-Masken, Doppelkreuzen mit Haken an den Querstreben. Beim Tanz wird damit in raschem Schwung die Drehbewegung der Erde nachvollzogen. Kanaga ist daher vielleicht ein Symbol für Himmel und Erde. Der rote Faserrock, den die Tänzer tragen, spielt in der Dogon-Mythologie eine wichtige Rolle.

Der Totenkult

Ein Verstorbener kann nicht ohne den Beistand seiner Verwandtschaft in das Totenreich einziehen. Dazu ist ein aufwändiges Ritual erforderlich, dessen Kosten die Möglichkeiten der Familien meist überfordern. Da die Leichen aus hygienischen Gründen rasch beerdigt werden müssen, finden die Totenzeremonien später statt, damit Ersparnisse angesammelt werden können. Meist wird gewartet, bis mehrere Tote zu feiern sind, dann teilen sich die Familien die Kosten. Zu lange darf das Ritual nicht verschoben werden, denn die Seelen der Toten sind »ungeduldig«. Sie müssen, bevor sie ins Totenreich einziehen dürfen, ihre Lebenskraft zurücklassen. Das müssen die Nachkommen ermöglichen. Geschieht es nicht, etwa weil es keine Nachkommen gibt, verwandeln sich die Seelen der Toten in böse Geister. Die Totenfeiern sind bei den verschiedenen Ethnien unterschiedlich. Besonders bemerkenswert sind die Zeremonien mit Maskentänzen, die in Afrika weit verbreitet sind.

Masken sind bei vielen ethnischen Gruppen fester liturgischer Bestandteil des Totenkultes. In ihnen versammeln sich die Geister der Verstorbenen, um ihre Lebenskraft den Nachkommen zu übertragen. Der Austausch wird beim rituellen *Tanz* vollzogen. Wiederum zeigt sich, wie sehr Lebende und Tote voneinander abhängig sind. Die Verstorbenen müssen sich ihrer Lebenskraft entledigen, um sich in einem anderen Zustand als Ahn verwirklichen zu können. Die Lebenden sind indessen auf eben diese Lebenskraft angewiesen, um sich in unendlicher Kette von Generation zu Generation fortzupflanzen.

Die Geister

Die Verstorbenen sind den Lebenden als Ahnengeister gegenwärtig. Sie halten sich im Totenreich auf, aber auch auf heiligen Bergen, in Bäumen, Seen und in bestimmten Totemtieren. Sie leben vorwiegend im Wasser oder erdnah. Totemtiere sind z. B. Schildkröten, Schlangen, Krokodile und Erdspinnen. Sie gelten als heilig und werden nicht getötet. Manche Familie des Dogon-Volkes in Mali hält sich sogar eine Schildkröte als Haustier in der Hoffnung, dass sie Schutz gewährt. Ahnengeister können jedoch auch Unheil bringen. Damit bestrafen sie Nachlässigkeiten und Regelverstöße ihrer Nachkommen. Als besonders gefährlich werden die unerlösten Toten gefürchtet.

Neben den Ahnengeistern ist der Glaube an Naturgeister in Afrika weit verbreitet. Sie sind freilich nicht immer von den Ahnengeistern zu unterscheiden. Die Naturgeister sind die Seelen der Bäume, Büsche, Berge, Flüsse, Steine. Deshalb waren früher unter Ethnologen Begriffe wie »Naturreligion« oder »animistische Religion« üblich. Die moderne Völkerkunde lehnt diese Termini ab, da sie nur einen Teilbereich der traditionellen afrikanischen Religionen bezeichnen.

Die Wirksamkeit der Naturgeister ist räumlich begrenzt. Folglich gibt es Wassergeister nur in Flüssen und Seen, Berggeister nur auf den Höhen. Das Wohlwollen der Geister erwirbt man durch Verehrung und Opfer. Vor bösen Geistern schützt man sich durch *Fetische* am Dorfeingang und an den Hauswänden, sowie durch Amulette, die am Körper getragen werden. Die Furcht vor bösen Geistern ist in ganz Afrika verbreitet; sie wird als »afrikanische Krankheit« bezeichnet. Wenn einem traditionell gläubigen Afrikaner etwas Unerklärliches zustößt, lässt er als erstes durch das Orakel feststellen, ob ein böser Geist dahinter steckt. Ist es der Fall, wird der Zauberer oder der traditionelle Heiler um Hilfe gebeten, der den bösen Geist mit den Mitteln der *Magie* vertreibt.

Ein Voodoopriester opfert einen Ziegenbock.

Das Opfer

Da die Überirdischen (Götter und Ahnen) dem Menschen Schutz vor bösen Geistern gewähren und im Notfall Hilfe bringen sollen, müssen die Lebenden um deren Wohlwollen besorgt sein. Dieser Fürsorgepflicht dienen zum einen Verehrung und Anbetung sowie die Einhaltung sozialer Ordnungsregeln, die von den regionalen Autoritäten (Priestern, Stammes-, Dorf- oder Familienältesten) überwacht werden. Zum anderen wird die Zuwendung der Götter und guten Geister durch Opfergaben erworben. Jede größere Zeremonie wird mit einem Opferritual eingeleitet. Den Vollzug besorgt meist der *Priester.* Opfergaben sind vor allem Lebensmittel des täglichen Bedarfs: Mais, Hirsebrei, Fleisch, Salz, Palmöl und Palmwein. Die traditionell gläubigen Afrikaner sind überzeugt, dass Götter und Ahnen in gleicher Weise Essen und Getränke benötigen wie die Menschen. In vielen Ethnien werden auch Blutopfer vollzogen: ein Hahn, ein Ziegenbock, manchmal auch ein Rind. Als Opfergabe gilt Blut als Zeichen höchster Verehrung. Die Menschen geben dem Gott oder dem Ahnen vom Kostbarsten, das sie besitzen; das Tier vertritt den Menschen. Jahrhundertelang wurden in Afrika auch Menschenopfer dargebracht. Da nach afrikanischer Vorstellung auch das Tier eine Seele hat, die respektiert werden muss, wird es nicht ohne sein »Einverständnis« geopfert. Bevor der Priester dem Opfertier die Kehle durchtrennt, bietet er ihm Futter an. Frisst es, so bedeutet es Zustimmung zur Opferung. Wenn es die Nahrung verweigert, wird an seiner Stelle ein anderes Tier getötet.

Auch im Kreis der Familien werden Opfer dargebracht. Wenn z.B. ein Mitglied erkrankt ist, rufen die Angehörigen die Ahnen an. Bevor sie um Schutz und Hilfe bitten, bringen sie ein Opfer über der Türschwelle oder an einem anderen heiligen Ort an, wo sie den Geist der Ahnen vermuten.

Das Opfer ist ein allen traditionellen Religionen Afrikas zugehöriges Ritual. Darin zeigt sich wiederum das enge Verhältnis zwischen Lebenden und Verstorbenen.

Das Orakel

In den traditionellen Religionen Afrikas gilt das Orakel als Willensbekundung von Göttern und Ahnen. Die Afrikaner orientieren daran ihr Verhalten; vor jeder wichtigen Entscheidung befragen sie das Orakel. Aber auch bei plötzlichem Unheil fragen die traditionell Gläubigen das Orakel nach den Ursachen. Selbst Straftaten werden (freilich auf fragwürdige Weise) durch das Orakel aufgeklärt. Die Befragung nimmt ein Wahrsager vor, der häufig zugleich auch *Priester* ist. Die Methoden sind bei den Volksgruppen und Stämmen Afrikas unterschiedlich. Bei den Voodooanhängern in Westafrika wirft der Wahrsager (Bokono) halbe Nussschalen oder Palmölkerne auf den Boden (Fa-Orakel). Aus ihrer Lage liest er die Antwort auf seine Fragen ab. Die Dogon in Mali legen Fleischköder zwischen Holzstäbe, die sie in den Boden stecken. Der Schakal, ein mythisches Tier der Dogon, holt bei Nacht das Fleisch und hinterlässt den Orakelspruch in seinen Spuren. Anderswo wird ein Huhn, das man zuvor getötet hat, in die Luft geworfen. Wenn es flatternd zu Boden stürzt, ist aus der Lage erkennbar, ob z.B. die Ernte gut wird.

Wahrsager (Bokono) in Benin. Das Fa-Orakel ist elementarer Bestandteil des Voodookultes. Der Bokono hat drei Lederschnüre mit je acht halben Nussschalen auf den Boden geworfen. Er stellt nun fest, wie viele die Öffnung oben haben und wie viele unten. Aber er untersucht auch, welche Nüsse die Öffnung oben haben und welche unten. Daraus ergibt sich der Orakelspruch.

Der Wahrsager, der über magische Kräfte verfügen muss, nimmt das Amt Zeit seines Lebens wahr. Nicht selten vererbt er es seinem Sohn. Sonst wird der Nachfolger durch das Orakel ermittelt. Der Inhaber des Amtes weiht den Nachfolger in die Geheimnisse ein. Sein Wissen ist für Außenstehende tabu.

Überlieferung

Die Inhalte der traditionellen Religionen Afrikas sind in den Mythen und Märchen enthalten, die von Generation zu Generation, aber auch durch Märchenerzähler *(Griots)* überliefert werden. Darüber hinaus gibt es ein geheimes Wissen, das meist von *Priestern* gehütet wird. Es enthält u.a. Regeln für den Ablauf sakraler Zeremonien, für Opfer- und Initiationsrituale sowie die überlieferten Kenntnisse magischer Praktiken (z.B. Beschwörungsformeln, Trance, *Magie*). Nicht alle Aspekte gehören zur Religion im westlichen Sinn. Aber sie sind nur im Kontext der traditionellen Vorstellungswelt Afrikas verständlich.

Ekkehart Rudolph

Traditionelle Religionen Afrikas von A–Z

Die im folgenden Buchteil aufgeführten Stichwörter bieten Informationen, die für das Verständnis der traditionellen Religionen Afrikas wichtig sind. So wird z. B. Initiation hier ausschließlich in seiner Bedeutung für die traditionellen Religionen Afrikas betrachtet. Seitenverweise am Ende eines Stichwortes führen in den Buchteil *Die traditionellen Religionen Afrikas in Geschichte und Gegenwart* (S. 912).

Bund, geschlossene Gesellschaft, deren Mitglieder gemeinsame soziale Interessen haben, bestimmte Ziele verfolgen oder traditionelle Rituale sowie geheimes Wissen hüten und überliefern. Im zuletzt genannten Fall spricht man von Geheimbund. Dazu gehören z. B. die Maskengesellschaften. Andere B. haben durchaus säkulare Zielsetzungen. Sie kontrollieren Handels- oder Wirtschaftsbereiche, unterstützen eine politische Richtung oder sind für die Einhaltung traditioneller Ordnungsregeln zuständig. Die B. sind vor allem in Zentral- und Westafrika verbreitet und untereinander nicht gleichwertig. Jeder B. hat seinen eigenen sozialen Rang. In den Königreichen Kameruns besteht der oberste B. nur aus dem König und seinen Beratern. Nachgeordnet ist der B. der Prinzen, aus dem der Nachfolger des Herrschers hervorgeht.. Dann folgen Krieger-, Medizin- und Maskenbünde. Alle diese B. sind reine Männergesellschaften. Daneben gibt es auch Frauenbünde, die ihre eigenen Interessen wahrnehmen. Innerhalb der B. besteht eine Rangordnung, die sich aus den Ämtern oder aus der sozialen Stellung eines Mitglieds ergibt. Da die B. Sicherheit und bestimmte Privilegien vermitteln, kommt ein erwachsener Mann kaum um die Mitgliedschaft in einem B. herum. Jeder unbescholtene Stammesangehörige kann sich darum bewerben. Er muss allerdings einen Beitrag (Geld oder Naturalien) leisten, der bei den verschiedenen B. unterschiedlich hoch ist. Auf diese Weise bleiben Wohlhabende in ihren B. unter sich. Da die Mitgliedschaft in einem B. aber Zuwachs an persönlichem Einfluss in der Öffentlichkeit bringen kann, ist jede Familie bemüht, wenigstens einen ihrer Angehörigen in einem B. einzukaufen.

Egungun-Zeremonie. Männliche Dorfbewohner in Benin bei der Egungun-Zeremonie. Sie haben mit Geschrei und Händeklatschen den Geist eines Verstorbenen herbeigerufen, der in Gestalt einer prachtvoll gekleideten Maske erscheint. Er wird in dörflichen Angelegenheiten um Rat gefragt.

Egungun-Zeremonie, die Yoruba (Nigeria) nennen ihre Toten Egungun (Skelett). Einmal im Jahr kehren bestimmte Ahnen aus dem Totenreich in ihr Heimatdorf zurück und beraten ihre Nachkommen in aktuellen Angelegenheiten. Der Kult ist unter anderem Namen in mehreren Ländern Westafrikas verbreitet. Im ehemaligen Königreich Dahomey (Benin) heißt er Kuwito.

Die E. findet auf dem Dorfplatz statt und beginnt mit lauten Rufen, Händeklatschen und rhythmischen Gesängen männlicher Dorfbewohner. Damit werden die Ahnen herbeibeschworen. Sie erscheinen voll maskiert, manche sind überlebensgroß. In langen, leuchtend farbigen und äußerst kostbaren Gewändern wirbeln sie tanzend über den Platz. Wenn sie sich den Dorfbewohnern nähern, weichen diese schreiend aus. Sie fürchten die Egungun, denn wer auch nur ihr Kleid berührt, muss nach ihrem Glauben sterben. Wenn die Gesänge verstummen, verkünden die Egungun ihre Weisungen, die für ihre Nachkommen verpflichtend sind. Sie sprechen mit »unmenschlicher«, krächzender oder überhöhter Stimme, denn es reden ja nicht die jungen Männer unter den *Masken,* sondern der Ahnengeist, der in sie gefahren ist und von ihrer Person für die Dauer des Rituals Besitz ergriffen hat. Alle Tänzer sind Mitglieder des Egungun-Maskenbundes. Sie sind durch *Priester* in die Geheimnisse des Kultes eingeweiht worden.

Fetisch, zum F. kann jeder Gegenstand durch eine zuständige Autorität ernannt werden: Figuren aus Holz oder Ton ebenso wie Pflanzen, Tierbälge, Steine, Holz- oder Metallstücke, auch Schmuck (Amulette). *Priester* (Feticheure) initiieren die Gegenstände in einer Zeremonie zu Trägern einer magischen Kraft. Damit gewähren sie dem Eigentümer Schutz. F. sind also selbst keine Götter oder Geister, sondern Medien, denen göttliche (magische) Kraft innewohnt. Sie werden nicht angebetet, sondern die Gläubigen wenden sich über F. an ihre Götter oder Ahnen. Der F.-Kult ist vor allem in Westafrika verbreitet, wo auch der Begriff entstanden ist. Portugiesische Seefahrer, die im 15. Jh. entsprechende Zeremonien beobachteten, nannten die Holzfiguren feitico (»künstlich gemacht«).

Frau, in der sozialen Struktur Afrikas dominiert der Mann, die F. hat mehr Pflichten als Rechte. Eine Ehefrau muss vor allem für den Nachwuchs sorgen, da die Familie sich allein durch Kinder verewigen kann. Bleibt eine F. kinderlos, kann sie verstoßen werden. In bäuerlichen Kreisen muss sie neben Kinderbetreuung und Hausarbeit auch landwirtschaftliche Aufgaben wahrnehmen und bestimmte Produkte vermarkten. Dafür gehört ihr der Erlös, den sie vom Markt heimbringt. Selbst Schwerstarbeit wie das Herbeischaffen von Trinkwasser oder Brennholz wird ihr zugemutet. Mitbestimmung bei politischen Entscheidungen ist F. indessen meist versagt, ebenso die Mitgliedschaft in der Maskengesellschaft und in anderen Geheimbünden, die ausschließlich Männern offen stehen. Anfang des 21. Jh. haben allerdings in mehreren Ländern F. ihre eigenen Bünde gegründet. Es gibt auch Frauenorganisationen, die mehr Rechte einfordern.

Die Ursache für das Ungleichgewicht zwischen Männern und F. liegt in der männlich dominierten sozio-kulturellen Überlieferung. Das lässt sich aus vielen Mythen ablesen. So hat in der Schöpfungslegende der Dogon (Mali, → S. 914) schon Urmutter Erde als Lustobjekt des Schöpfergottes Amma einen untergeordneten Stellenwert. Sie gilt als unrein und überträgt den Makel als Erblast auf alle F. Durch Zufall gelangten die F. jedoch in den Besitz der ersten *Maske,* deren magische Kraft ihnen Macht gab. Das wollten die Männer nicht dulden. Sie jagten die F. und raubten ihnen die Maske, die sie bis heute als Symbol ihrer Vorherrschaft hüten.

Fetisch. Jeder Gegenstand kann durch einen Feticheur oder Priester mit magischer Kraft aufgeladen werden. Auf dem Fetischmarkt in Lomé, Togo, sind tote Vögel, skelettierte Affen-, Hunde- und Löwenschädel erhältlich, aber auch Pferdeschwänze, Knochen, Kaurimuscheln und vieles mehr. Die Feticheure suchen für jeden Kunden den passenden Fetisch aus.

Gottesurteile, in Afrika sind G. offiziell verboten. Dennoch werden sie vor allem in ländlichen Gebieten gelegentlich angewendet, z. B. um das Geständnis einer Straftat zu erlangen. Diebe werden häufig durch das *Orakel* ermittelt. Wenn der Betroffene seine Schuldlosigkeit beteuert und auch in einem polizeilichen Verhör möglicherweise zu Recht darauf besteht, kein Dieb zu sein, kann der zuständige *Priester* ein G. anberaumen. Der Beschuldigte muss ein Getränk zu sich nehmen, das der Priester mit Substanzen versetzt hat, die nur ihm bekannt sind. Wer den Trank schmerzlos überlebt, hat seine Unschuld bewiesen. Es liegt auf der Hand, dass Betroffene lieber ein nicht begangenes Delikt eingestehen und Strafen wie Prügel oder Geldbußen auf sich nehmen, um gesund zu bleiben.

Gottkönige (Fon), die G. z. B. im Kameruner Grasland sind nicht nur als Hüter der Tradition die höchste geistliche und politische Instanz ihres Volkes. Sie gelten als Herrscher der Erde und Gebieter der Elemente, denn sie sind göttlicher Herkunft und daher unsterblich. Da sie über magische Kraft verfügen, müssen sie für Regen und für gute Ernten sorgen und sind für das Wohlergehen ihres Volkes verantwortlich. Ihnen zur Seite stehen mehrere (meist neun) Notabeln mit beratender Funktion, ein Kabinett, das letztlich eine Art Aufsichtsrat über das Königtum darstellt. Der Herrscher kann nur mit den Räten, nicht gegen sie regieren. Sie haben ihn zum König gewählt, und sie können ihn auch ablösen, wenn er z. B. gegen die Tradition verstößt oder wenn seine magische Kraft nachlässt. Falls

Gottkönig. Ahomba II., König von Bafut, Kamerun, sitzt vor dem Heiligen Haus (Achum). Der Gottkönig herrscht über 60 000 Untertanen und hat etwa 60 Ehefrauen. Polygamie gehört zum Lebensstil der Könige.

Heilkunst. Traditioneller Heiler bei einem Beschwörungsritual in Seko, Togo. Vor ihm stehen gestaltlose Fetische mit Spuren früherer Opferungen. Der alte Mann soll über große magische Kraft verfügen. Entsprechend erfolgreich ist er mit seinen Heilbehandlungen, für die er in ganz Westafrika berühmt ist.

das Kabinett diesen Tatbestand feststellt, wird der König rituell getötet. Die Tötung ist unumgänglich, weil ein Gott nach seiner Absetzung nicht als Bauer in die Dorfgemeinschaft integriert werden kann. Er wird zu seinen vergöttlichten Vorfahren zurückgeschickt. Dahin geht er auch, wenn er auf natürliche Weise aus dem Leben scheidet. Als Autorität bleibt er seinem Volk gegenwärtig. Sein Schädel wird im Heiligen Haus aufbewahrt und bei Bedarf um Rat gefragt. Den Nachfolger sucht der König unter seinen Söhnen aus. Letztlich entscheidet das Votum der Notabeln.

Griot, in den frankophonen Regionen Westafrikas professionelle Erzähler. Sie bewahren die Legenden und Mythen, die Geschichte und die Heldensagen eines Volkes und erzählen sie weiter. Insofern gleicht jeder G. einer lebenden Bibliothek. Die Geschichten werden im Sologesang vorgetragen, häufig benutzt der G. die Kora, eine Art Zupfinstrument zwischen Laute und Harfe. G. sind stets den Herrschern (Königen) verpflichtet, deren Wohltaten und Heldenmut sie in Lobeshymnen feiern. Heute treten sie gegen Honorar auch als Alleinunterhalter bei Familienfesten auf. Ihr soziales Ansehen ist nicht sehr hoch; sie gelten als gesellschaftliche Außenseiter und bilden wie die Schmiede eine Art Kaste. Die G. heiraten auch nur innerhalb ihrer Kaste.

Hebiosso (auch Hevioso), Himmelsgottheit des Voodookults. H. verfügt über Blitz und Donner und bedroht Gesetzesbrecher, vor allem Diebe, indem er sie mit seinem Blitz erschlägt. So wird in Togo und Benin jeder durch Blitzschlag getötete Mensch als heimlicher Dieb denunziert und darf nicht beerdigt werden. Seine Leiche wird außerhalb des Dorfes auf einem Sockel zur Schau gestellt und wilden Tieren überlassen.

Heilkunst, traditionelle Heiler in Afrika verstehen Erkrankung und Tod als Störungen durch magische Kräfte aus der Welt der Götter, Ahnen und Geister. Sie behandeln die Störungen weniger nach den Erkenntnissen und mit den Mitteln der wissenschaftlichen Medizin, sondern sie mobilisieren gegen die störenden magischen Mächte Gegenkräfte. Wer Heiler werden will, muss über magische Kraft verfügen. Sie zeigt sich im Laufe seiner jungen Jahre durch ein signifikantes Ereignis. Wenn jemand z.B. eine schwere Krankheit überwindet, kann es als ein solches Zeichen verstanden werden. Der Betreffende wird dann Schüler des amtierenden Heilers und später dessen Nachfolger.

Obwohl es nahezu überall in Afrika eine medizinische Versorgung durch approbierte Ärzte in Krankenstationen und Regionalkrankenhäusern gibt, suchen viele traditionell gläubige Afrikaner im Krankheitsfall zunächst oft einen traditionellen Heiler auf. Er beginnt seine Behandlung mit einer gründlichen Anamnese (Vorgeschichte). Der traditionelle Heiler befragt den Patienten nach seiner Familie, sozialen Stellung, möglichen Ursachen und den Symptomen seiner Krankheit. Nach einer Opferzeremonie wendet sich der Heiler an einen Ahnen aus der Familie des Kranken oder an das *Orakel*, um festzustellen, welcher Art die Krankheit ist und ob sie Folge von Hexerei oder eines Regelverstoßes sein könnte. Er erfährt auch, ob er die Krankheit überhaupt heilen kann. Ist es der Fall, erhält er zugleich Hinweise für die Therapie. Kann er nicht helfen, wird er dem Kranken raten, ein Hospital aufzusuchen, manchmal begleitet er ihn dorthin.

Eine traditionelle Therapie beginnt mit einer Beschwörung des zuständigen Ahnen, bzw. heilender magischer Mächte. Danach wird die Medizin zubereitet. Sie besteht auch aus magischen Substanzen, die nur der Heiler kennt. Im Wesentlichen enthält sie aber wirksame pflanzliche Stoffe. Auf dem Gebiet der Heilpflanzen haben afrikanische Medizinmänner eine große, weltweit anerkannte Erfahrung. Ihre oft erstaunlichen Heilerfolge beruhen auf dem Zusammenwirken pflanzlicher Mittel und einer einfühlsamen psychischen Beeinflussung. Traditionelle Heiler haben häufig eine charismatische Ausstrahlung, die ihnen das volle Vertrauen ihrer Patienten einbringt und sich begünstigend auf die Gesundung auswirkt.

Initiation, feierliche Einführung Jugendlicher in einen neuen Lebensabschnitt. In Afrika ist als traditionelle Form der I. die Beschneidung von Jungen und Mädchen zwischen dem 10. und 15. Lebensjahr verbreitet. Damit wird der Zustand der Kindheit rituell beendet. Die Dogon in Mali (Schöpfungslegende, → S. 914) glauben, dass ihre Kinder als männlich-weibliche Doppelwesen geboren werden, und bestimmen durch die Beschneidung deren eigentliches Geschlecht. Die rituelle Operation wird an einem abgelegenen Initiationsplatz (bei manchen Stämmen und Völkern auch öffentlich) bei Jungen von einem Medizinmann, bei Mädchen von erfahrenen *Frauen* vollzogen. Die Jugendlichen dürfen während der Beschneidung keinen Schmerz zeigen, denn die I. ist zugleich Weihe und Bewährungsprobe. Sie wird auch als Wiedergeburt in einen neuen Zustand begriffen. Die Beschnittenen halten sich mehrere Wochen außerhalb des Dorfes auf, wo ihnen die Inhalte der traditionellen Religion vermittelt werden. Die Mädchen werden auf ihre Rolle als Mütter vorbereitet. Gemeinsam Beschnittene bleiben ihr Leben lang als Altersklassen miteinander verbunden. In einigen traditionellen Regionen Afrikas ist die Beschneidung von Mädchen heute umstritten. Teilweise wird sie nicht mehr ausgeführt und z.B. im Norden Togos durch rituelle Initiationstänze ersetzt.

Bei manchen Stämmen und Völkern Ostafrikas werden die Männer erst sehr spät (z.T. erst nach dem 30. Lebensjahr) beschnitten. In diesen Fällen markiert die Zeremonie den Eintritt ins Mannesalter. Beschnittene Kinder gelten meist noch nicht als Erwachsene. Sie erreichen diesen Rang durch eine zweite I.: Junge Männer der Dogon in Mali werden in den Maskenbund aufgenommen. Anderswo empfangen die Initianten Schmucknarben. Bei den Hamar im Süden Äthiopiens stecken die jungen Männer einen hölzernen Penis durch mehrere Armreifen. Damit wird Befruchtung und Wiedergeburt versinnbildlicht. Nach der Zeremonie müssen sich die Neuinitiierten beim sog. Bullensprung bewähren. Dazu werden 20–30 Stiere nebeneinander aufgestellt. Der Initiant muss nach schnellem Anlauf mit möglichst wenig Schritten über die Rücken der Tiere springen. Wer stürzt, wird ausgelacht. Mit dem Eintritt ins Erwachsenenalter erhalten die Männer mehr Rechte in der Dorfgemeinschaft.

Legba, Voodoogott mit vielfältigen Aufgaben. Er bewacht die Dörfer und Häuser und meldet Gefahr beim zuständigen *Voodoo* oder dem *Priester,* um rechtzeitig Vorsorge treffen zu können. L. wird mit einem großen erigierten Penis dargestellt und ist auch für sexuelle Lust zuständig. Männer mit Potenzschwäche wenden sich vertrauensvoll an ihn.

Legba. Der Voodoogott Legba wird traditionell mit einem großen Phallus dargestellt.

Magie, die traditionell Gläubigen in Afrika sind überzeugt, dass manche Menschen magische Kräfte besitzen, die gute oder schlimme Wirkungen erzielen können. Heiler z.B. nutzen vor allem ihre guten Kräfte, um Krankheiten zu bannen, böse Geister aus einem Menschen zu vertreiben und Schutz gegen Unheil heraufzubeschwören (Weiße Magie). Die Rituale sind je nach Fall unterschiedlich, doch gehören meist Opfergaben für Götter oder Ahnen dazu. Mit besonderen Reinigungszeremonien werden böse Geister vertrieben. Bei Krankheiten helfen neben Beschwörungsritualen vor allem Heilpflanzen. Afrikanische Medizinmänner haben auf diesem Gebiet vorzügliche Kenntnisse und erzielen bei bestimmten Krankheiten erstaunliche Erfolge. Lohnend für Heiler und Zauberer ist der Verkauf von Amuletten, *Fetischen* und geheimnisvollen magischen Elixieren, die auf besonderen Märkten angeboten werden. Betroffene schützen sich damit vor der Bedrohung durch Schwarze Magie.

Als Schwarze Magie bezeichnet man magische Manipulationen von Hexern, die anderen Menschen Schaden zufügen. Die allgemeine Furcht ist nicht ganz unbegründet. In Westafrika z.B. kann man gegen Bezahlung Schwarze Magie in Auftrag geben, um einen Nachbarn zu erpressen oder einen Konkurrenten auszuschalten. Der Hexer vollzieht ein Blutopfer und mischt allerlei Substanzen. Er vergräbt u.a. Gegenstände aus dem Besitz des Opfers mit Beschwörungsformeln im Boden und verspricht seinem Kunden, dass sein Opfer Schmerzen bekommen, krank oder Diebesgut zurückgeben werde. Dass die Prophezeiungen sich häufig erfüllen, steht weniger mit geheimnisvollen Kräften in Zusammenhang als mit Giften, die auf geheimnisvolle Weise ihr Ziel erreichen und das Opfer mitunter töten. Beispiele liefern ungeklärte Todesfälle rivalisierender Politiker in mehreren westafrikanischen Staaten. Menschen, die der Hexerei verdächtig sind, werden bei vielen Völkern verfolgt, verstoßen oder getötet.

Mami Wata, Voodoogöttin des Wohlstands und der Gesundheit, bei der unfruchtbare *Frauen* Hilfe suchen. M. ist eine Wassergöttin, wie schon der europäisch klingende Name vermuten lässt. Mit ihren langen dunklen Haaren sieht sie auch europäisch aus. In der Hand hält sie eine Schlange. Ethnologen nehmen an, dass ihr Erscheinungsbild durch ein Plakat beeinflusst wurde, das Ende des 19. Jh. in Westafrika verbreitet war. Es zeigte eine deutsche Artistin, die als Schlangenbeschwörerin auftrat. Andere vermuten das Vorbild der M. in den Galionsfiguren portugiesischer Schiffe.

Priester. Ein Magier oder Priester bei einem zeremoniellen Tanz der Koma in Bakiba im Alantika-Gebirge, Nordkamerun. In der Zeremonie gebärdet er sich als lästiger Störenfried. Er verkörpert damit zugleich das Unberechenbare, Unheilvolle, das die Ordnung der Welt bedroht.

Masken, nach traditioneller afrikanischer Religion ermöglichen M. als Medien die Kommunikation zwischen Lebenden und Toten. Sie werden aus Holz geschnitzt und stellen Menschengesichter, Tierköpfe, Dämonen oder abstrakte Symbole dar. Allerdings sind sie nicht im engeren Sinne Abbilder, sondern Sinnbilder für gute oder böse Geister. Bei den Zeremonien sind die Geister in den M. anwesend. Die Maskentänzer, meist junge Männer, werden vom Medizinmann oder vom *Priester* vorbereitet. Sie müssen eine Medizin zu sich nehmen, durch die sie für die Dauer der Zeremonie schadlos mit dem Geist der Maske verschmelzen können. Nicht jedem jungen Mann ist jedoch der Maskentanz erlaubt. Nur die Mitglieder des Maskenbundes, die in die Geheimnisse des Kultes eingeweiht sind, dürfen M. tragen. Dazu gehört auch ein besonderes Kostüm, das den Körper des Tänzers bedeckt. Er darf als Person nicht mehr erkennbar sein, denn er ist während des Rituals nicht mehr er selbst, sondern ein Medium. Für Uneingeweihte ist schon die Berührung von M. gefährlich, da sie magische Kraft besitzen. Sie wird den M. durch ein besonderes Ritual des *Priesters* zugeführt, wenn eine neue Maske geschnitzt worden ist, und durch den *Tanz*, wenn der Geist erstmals in sie hineinfährt. Nur getanzte M. sind wertvoll, nur sie haben magische Kraft. Außer M. guter Geister gibt es solche für Feinde und Dämonen. Sie gehören zur afrikanischen Realität und sollen bei Zeremonien besänftigt werden. Die gefährlichsten von ihnen tragen Fesseln, damit sie nicht ausbrechen und Unheil stiften können. In Tiermasken versammeln sich die Seelen von getötetem Jagdwild, die ebenfalls besänftigt werden müssen, außer bei Totemtieren, in denen der Geist eines Ahnen wohnt. M. werden bis auf wenige Ausnahmen (u.a. bei den Mende in Westafrika) von Männern getragen. Sie gelten als Symbole männlicher Macht. *Frauen* und Kinder dürfen sich nicht in der Nähe der M. aufhalten. Frauen werden auch meist ohne Maskentänze beerdigt.

Priester, bei manchen Völkern Afrikas nehmen Könige, Dorf- oder Klanchefs priesterliche Aufgaben wahr. Meist ist der P. aber eine selbstständige Instanz. Er stellt durch Anrufung die Verbindung zu den Göttern und Ahnen her, leitet die religiösen Zeremonien und ist generell verantwortlich für die Einhaltung traditioneller Regeln, die er entsprechend genau kennen muss. Nicht selten ist er zugleich auch Heiler und Wahrsager, hat also magische Kraft und verfügt über viel Einfluss und Macht. Sofern die zuständigen weltlichen Autoritäten soziale Konflikte nicht lösen oder Straftaten nicht aufklären können, kann der P. eingeschaltet werden, der durch das Orakel (→ S. 917) Klarheit schafft. Auch *Gottesurteile* sind in Zweifelsfällen nicht ausgeschlossen, obwohl sie in Afrika offiziell verboten sind. Deshalb nimmt es nicht Wunder, dass afrikanische P. in ihrer Position nicht nur respektiert, sondern auch gefürchtet werden, dass viele bestechlich sind und zu großem Reichtum kommen. Das Priesteramt ist erblich. Wer es innehat, behält es auf Lebenszeit und weiht im Alter seinen Nachfolger in die Geheimnisse des Amtes ein. Erheben mehrere Söhne oder Verwandte Anspruch, entscheidet das Orakel die Wahl. P. sind in der Regel männlich, in Ausnahmefällen kann auch eine *Frau* eingesetzt werden.

Sakpata, Gottheit, die zu Beginn des 18. Jh. in den Kult des *Voodoo* eingebracht wurde. Anlass war eine Pockenepidemie in Dahomey (heute Benin), der 1708 auch König Akaba zum Opfer fiel. Es galt als schlimmes Vorzeichen, und da kein Gott helfen konnte, musste der neue König Agaja mit anderen Mitteln die Ruhe im Volk wiederherstellen. Nach der Legende erschien dem König eine fremde Frau in seiner Residenz und teilte ihm mit, ein im Lande unbekannter Gott namens S. habe Krankheit und Tod geschickt aus Zorn, dass er nicht verehrt werde. König Agaja ließ für S. sofort einen *Fetisch* weihen und brachte ihm Blutopfer. Er verehrte den neuen Gott als König der Erde, worauf dieser das Land von der Seuche befreite. Heute erhoffen sich Voodoogläubige von S. vor allem Hilfe gegen das in Afrika wütende Aids-Virus, dem Millionen Menschen zum Opfer fallen.

Tanz, in Afrika ein substanzieller Bestandteil der traditionellen Kulturen. Er fehlt bei kaum einer Zeremonie oder einem Fest. Doch es wird nicht nur rhythmische Musik in bestimmte Schrittfolgen umgesetzt. Für Afrikaner ist T. ein Ritual, Ausdruck einer Befindlichkeit, etwa bei der Anrufung eines Gottes, beim Totenkult, bei der Brautwerbung oder der Fruchtbarkeitszeremonie. Afrikanischer T. ist dem Gesellschaftstanz in Europa nicht vergleichbar. Der europäische T. habe nach dem Urteil des deutschen Autors Janheinz Jahn (1918–1973) schlicht einen Zweck: Mann und *Frau* wollen sich in der rhythmischen Bewegung nahe kommen. In Afrika dagegen dokumentiert der T. einen sakralen oder sozialen Zusammenhang. Die Unterschiede zeigen sich auch in den Tanzbewegungen. Afrikaner zeichnen mit Armen und Beinen den äußeren Rhythmus nach; sie scheinen körperlich mit ihm zu verschmelzen, sich in Rhythmus zu verwandeln. Die Intensität afrikanischer Tänze kann sich bis zur Besessenheit steigern, wenn z. B. Anhänger des *Voodoo* in Trance geraten. Dann hat eine Gottheit von ihnen Besitz ergriffen, sie sind »außer sich« und verlieren die Kontrolle über ihren Körper. Ekstatisch schlagen sie mit verdrehten Augen um sich, bis sie erschöpft umfallen. Trance als beglückende göttliche Auszeichnung wird nur von initiierten Voodooanhängern erlernt und bei bestimmten Zeremonien (z. B. Opfern) angestrebt.

Voodoo (Vodun, Wodu), das Wort für Gottheit oder Schutzgeist kommt aus der Sprache der Fon und der Ewe, Bauernvölkern im Süden Benins und Togos. Dort ist der Voodookult entstanden, möglicherweise vor mehreren tausend Jahren. Seit dem 16. Jh. wurde die Voodooreligion durch afrikanische Sklaven auch im karibischen Raum sowie in Latein- und in Nordamerika verbreitet. Es gibt zahlreiche Voodoogötter, darunter *Hebiosso,* der Blitz und Donner erzeugt und für Gerechtigkeit sorgt. Der Gott *Legba* ist an seinem mächtigen erigierten Penis erkennbar. Er ist Wächter und Götterbote, verkörpert aber auch Lebensfreude. Gou ist der Gott der Schmiede, der Waffen und des Krieges. *Sakpata,* der Seuchengott, wurde im 18. Jh. wegen einer Pockenepidemie erstmals angerufen. Der Voodookult kennt auch weibliche Gottheiten, darunter *Mami Wata,* eine Wassergottheit, die für Gesundheit und Wohlstand zuständig ist. Ein V. ist ersetzbar. Versagt ihm die Kraft, wirkungsvoll zu helfen, sorgt der *Priester* für einen neuen Gott, den er bei einem Kollegen in der Nachbarschaft erwirbt oder aus einer anderen Religion übernimmt.

Voodoo. Schrein mit einem Voodoofetisch. Nicht nur der Holzfigur, sondern auch den um sie herum liegenden Gegenständen (Hölzern, Steinen, Textilien) wohnt magische Kraft inne.

Die Kommunikation mit den Göttern und den Ahnen geschieht bei besonderen Zeremonien, die meist von Priestern (vodunno) geleitet werden. Unmittelbar daran beteiligt sind die Initiierten (vodunsi), die an einem abgelegenen Ort in die Geheimnisse des Kultes eingeweiht worden sind. Die Mehrzahl der vodunsi sind *Frauen.* Für deren Ausbildung, die mehrere Jahre dauern kann, sind erfahrene ältere Frauen verantwortlich, die auch Zeremonien leiten, aber nur in Ausnahmefällen Priesterinnen werden dürfen. Die Verbindung zu den Überirdischen wird mit Hilfe von *Fetischen* hergestellt. Über den Fetisch wird der Ahn oder die zuständige Gottheit angerufen und um Anwesenheit gebeten. Dann wird das Opfer dargebracht, meist ein Hahn oder ein Huhn sowie ein Ziegenbock. Es folgt der rituelle *Tanz* der vodunsi, der sich bis zur Besessenheit (Trance) steigern kann. Der Gott »reitet« den Tänzer oder die Tänzerin, heißt es dann, und teilt dem Medium seinen Willen mit, den der oder die Betreffende an den Priester weitergibt. Trance bedeutet Vereinigung mit einer Gottheit und ist für die Vodunsi ein beglückender Zustand.

Bedeutendster Feiertag der Voodooanhänger ist der 10. Januar. An der zentralen Zeremonie in Ouidah (Benin) nehmen auch viele Gläubige aus dem karibischen Raum teil.

Traditionelle Religion in Australien

Begriff und Bedeutung

Die Religion der australischen *Aborigines* (lat. ab origines: »von den Ursprüngen«, »die, welche zuerst da waren«) beruht in ganz *Australien* auf gemeinsamen Grundzügen, die in erster Linie den Glauben an eine mythische Schöpfungsperiode, die *Traumzeit,* und eine tief gehende innere Verbundenheit zu einzelnen Elementen der natürlichen Umwelt, den *Totemismus,* umfassen. Ein großer Schatz an Überlieferungen und *Mythen* sowie aufwändig gestaltete Zeremonien und *Kulte* verleihen diesen Überzeugungen Ausdruck. Jugendliche werden durch mehrstufige Initiationszeremonien in die religiösen Geheimnisse eingeweiht. Sie beruhen mangels schriftlicher Aufzeichnungen auf *mündlichen Überlieferungen.* Überdies existieren heilige, geheime Orte. Dort werden die Initiationszeremonien und religiösen Kulte zelebriert, die Zeugnis geben von den traumzeitlichen Überlieferungen. Solche Orte müssen von Außenstehenden streng gemieden werden. Felsbildmalereien und andere Kunstformen geben dem Glauben an *Traumzeitwesen* und *Totemahnen* bildnerischen Ausdruck.

Diese komplexen Glaubenselemente, die zunächst von der Forschung kaum oder falsch verstanden wurden, führten in der Vergangenheit dazu, dass den australischen Aborigines jegliche Religion abgesprochen wurde, zumal ihre Religionsform keinen Glauben an Götter kennt. Außerdem unterliegen religiöse Inhalte größter Geheimhaltung und werden ausschließlich an initiierte Mitglieder der Stammes- oder Kultgemeinschaften weitergegeben. Durch Bevölkerungsdezimierung und Vertreibung sowie *Missionierung* nach der britischen Inbesitznahme und Besiedlung Australiens sind viele Glaubenselemente verloren gegangen. In weiten Teilen Australiens – berücksichtigt man die Größe des Kontinents – sind die ursprüngliche komplexe religiöse Vorstellungswelt und die Religionsausübung verschwunden. In anderen Bereichen, meist in den abgelegenen Siedlungen Zentral- und Nordaustraliens, wird die Religion hingegen noch gelebt. Kulturelle und religiöse Revitalisierungsbewegungen in den 1960er und

Stammesälteste der Aborigines bei einem rituellen Gesang im Northern Territory. Das Foto entstand in den 1960er Jahren.

Links: Felsmalerei mit Tierdarstellungen der Aborigines an einer ihrer Zeremonialstätten in Arnhemland, einer bergigen Halbinsel im Nordterritorium Australiens.

Rechts: Mythologische Geisterfiguren mit heiligen Pythonschlangen. Baumrindenmalerei aus der Yirkalla-Region im Nordosten von Arnhemland.

1970er Jahren sowie die enorme Relevanz der Religion für wichtige politische Themen wie die Landrechtsfrage führten zu einer generellen Wiederbelebung von traditioneller Kultur und Religion.

Grundzüge des Glaubens

Traumzeit – Schöpfung der Welt

Charakteristisch für die religiösen Überzeugungen der Aborigines ist der Glaube an eine mythische Ur-Zeit und Schöpfungsphase vor der Existenz der Menschen, in der das Leben auf der Erde, die naturräumlichen Gegebenheiten – Berge, Täler, Wasserlöcher, Fauna und Flora – geschaffen wurden. Dies geschah durch mächtige Wesen, die in teils menschlicher, teils tierischer Gestalt oder auch in wechselnden Mischformen auftraten. Die *Traumzeitwesen* durchwanderten das Land, erlebten Abenteuer, fochten manchmal Kämpfe untereinander aus und gestalteten insgesamt durch ihre Erlebnisse, Taten und Wanderungen das Land so, wie es die heutigen Menschen kennen. Am Ende dieser mythischen Schöpfungsperiode gingen die Traumzeitwesen selbst in das Land ein und hinterließen an diesen Stellen ihre heute noch wirkenden Kraftsubstanzen. Diese Orte und ihre spirituelle Relevanz sind den Menschen durch Überlieferungen, die sich in *Gesängen, Kulten* und Zeremonien widerspiegeln, bekannt. Aus der natürlichen Umwelt sind die *Traumzeit* und Geschehnisse in ihr ablesbar, und deren Wirkmacht ist heute noch spürbar.

Kulturheroen: Führten die Schöpferwesen wichtige kulturelle Errungenschaften wie soziale Verhaltensweisen, Heiratsregeln, Gesetzesvorschriften oder die ersten *Sakralobjekte* ein, werden sie auch als *Kulturheroen* bezeichnet. Über die Taten und Innovationen, die durch solche Kulturheroen vollbracht bzw. geschaffen werden, geben ebenfalls *mündliche Überlieferungen, Mythen* und Zeremonien Auskunft. Auch Tänze, Gesänge *(Corroborrees)* und ganze Liedzyklen *(»Songlines«)* dokumentieren die Taten und Wanderungen der Traumzeitwesen. Die südostaustralischen *Aborigines* glaubten z. B. an den Schöpfer und Kulturheros Baiame, der das Land und die Menschen, Leben und Fruchtbarkeit, Fauna und Flora, Recht und Gesetz geschaffen hatte. Bei den südaustralischen Aborigines am Murray River war es Ngurunderi, ein mächtiger Traumzeitmann, der durch seine Taten den Fluss und seine Fische schuf.

Aboriginal Law: Eng verbunden mit solchen Traumzeitlegenden ist das Rechtsbewusstsein, da die Regeln und Vorschriften zum Umgang der Menschen miteinander exemplarisch in der Traumzeit vorgeführt und festgelegt wurden. Diese Gesetze, heute allgemein mit dem englischen Oberbegriff *aboriginal law* bezeichnet, wurden von den Traumzeitwesen und Kulturheroen geschaffen. Sie gelten als unabänderlich und bindend für die Menschen.

Begriff: Die Herkunft des englischen Begriffs »Dreamtime« oder »Dreaming« (dt. »Traumzeit«) ist umstritten. In den Aborigines-Sprachen existierten einst nur die eigenen Bezeichnungen wie Altjeringa (bei den zentralaustralischen Aranda) oder Tjukurrpa (bei den Aborigines der Western Desert). Vermutlich wurde der Begriff erst von Wissenschaftlern zu Beginn des 20. Jh. geprägt. Er hat, wie die Wortschöpfung fälschlich vermuten lassen könnte, nichts mit tatsächlichen Träumen der Menschen zu tun und beschäftigt sich auch nicht mit Traumdeutung oder Parapsychologie. Auch behandelt er nicht eine historische Epoche der Vorfahren der Aborigines. Er bezeichnet allein die in den religiösen Überlieferungen tradierte mythische Ära vor Beginn der Menschheit.

Riten und Symbole

Totemismus – Mensch und Tier

Der *Totemismus* ist ein komplexes religiöses und soziales Phänomen, das die innere Verbundenheit eines Menschen oder einer Gruppe von Menschen zu einem Tier, einer Pflanze oder einem Naturelement zum Ausdruck bringt. Das Zusammengehörigkeitsgefühl beruht auf dem Glauben an die Verwandtschaft mit oder Abstammung von diesem Tier, der Pflanze bzw. dem natürlichen Phänomen, das in der Ethnologie als Totem bezeichnet wird. Ein *Aborigine,* dessen *Totem* ein Känguru ist, wird sich selbst als »Känguru-Mann«, eine Aborigine-Frau, deren Totem ein Vogel ist, als »Vogel-Frau« bezeichnen. Auch die mythischen *Ahnenwesen* aus der Traumzeit können eine Totemfunktion besitzen. In dem Gebiet, in dem ein *Totemahne* seine wirkenden Kraftsubstanzen hinterlassen hat, kann sich eine örtliche Kultgemeinschaft zur Verehrung des Totems zusammenfinden. Auch lokale Verwandtschaftsgruppen können jeweils ein Totem haben *(Lokaler Clantotemismus).* In Australien hat der Totemismus daher auch lokale, d. h. an einen bestimmten Ort geknüpfte Bedeutung. Die Totembezeichnungen werden bei der Unterscheidung von Verwandtschafts- und Lokalgruppen sowie von Stammeshälften (Moieties) verwendet, die sich u. a. über die Totemzugehörigkeit definieren.

In Australien ist der Totemismus je nach Region sehr stark ausgeprägt und führt zu einer Vielzahl von totemistischen Beziehungen des Einzelnen oder der Gruppe (Polytotemismus). Neben der Ausübung religiöser Kulte und Zeremonien gehen Speisevorschriften und Meidungsgebote damit einher, da ein Totem – im Fall einer essbaren Pflanze oder eines Tieres – meist nicht gegessen werden darf.

Felsmalerei mit der Darstellung eines Quinkan-Geistes und wilder Truthähne aus dem Gebiet um Ayers Rock. Der größte Monolith der Erde ist ein Heiligtum der Aborigines und wird von ihnen »Uluru« genannt.

Initiation – Eintritt in die Erwachsenenwelt

Ein wichtiges Element der Religionsausübung sind die mitunter sehr aufwändigen, in mehreren Stufen absolvierten Initiationszeremonien. Sie dienen der schrittweisen Einweihung der Jugendlichen in religiöse Geheimnisse, aber auch in profane Kulturtechniken, Heiratsregeln usw. In der Regel werden mehrere Zeremonien, verteilt auf verschiedene Altersgruppen und geistige wie physische Entwicklungsstufen des Einzelnen, durchgeführt, um einen Aborigine-Jungen zum initiierten Mann im Vollbesitz der religiösen Geheimnisse zu formen. Die zentralaustralischen *Stämme* führen z. T auch heute noch Beschneidungen durch (*Subinzision* oder *Zirkumzision*). Auch Zahnausschlagen und Anbringung von Narben auf Brust, Armen und Rücken *(Skarifikation)* sind mancherorts üblich. Die Jugendlichen werden zur *Initiation* zunächst ihrem bisherigen familiären Umfeld entrissen und in abgelegenen Buschcamps Unterweisungen und Mutproben unterzogen. Sie lernen die Überlieferungen der Traumzeitgeschehnisse und die heiligen Stätten kennen. Unter aufwendigen Zeremonien werden sie in die Gemeinschaft wieder eingegliedert. Die Initiationszeremonien der männlichen Jugendlichen sind in der Wissenschaft recht gut dokumentiert. Dagegen sind die Mädcheninitiationen in Australien kaum erforscht. Aborigine-Mädchen wurden, den wenigen Quellen zufolge, in frauenspezifische religiöse Überlieferungen eingeweiht, erhielten Unterweisungen in Schwangerschaft, Eheleben, Sexualität, Körperhygiene und Liebeszauber, und wurden mancherorts auch Beschneidungen unterzogen *(Klitoridektomie)*. Da Mädcheninitiationen jedoch meist nicht so stark ritualisiert waren, weniger Stufen umfassten und im Zuge des Kulturwandels schneller in Vergessenheit gerieten, ist heute wenig darüber bekannt. Zu diesem Wissensdefizit trug auch bei, dass die seinerzeit vorwiegend männlichen Forscher keinen Zutritt zur weiblichen Sphäre hatten.

Das Kultwesen

Aufwendig gestaltet ist ebenfalls das Kultwesen in Australien, das sich um Themen wie Fruchtbarkeit, *Totems* und religiöse Geheimnisse rankt. Die Kultausübung wird in manchen Gebieten des fünften Kontinents auch heute noch aktiv betrieben. Bis auf wenige Ausnahmen eher der Vergangenheit zuzurechnen sind die für Australien typischen *Wanderkulte,* die von einer Region zur nächsten weitergegeben werden und regional- sowie kulturspezifische Ausprägungen erhalten können. Die religiösen Inhalte, die Themen aus der *Traumzeit* z. B. über einen bestimmten *Kulturheros,* werden von den Nachbarstämmen modifiziert und erweitert, so dass ganze Überlieferungsketten, Traumzeitstränge oder *Traumpfade (»Songlines«)* entstehen. Sind zusammenhängende Besiedlungsräume von *Aborigines* noch heute existent wie etwa in Zentral-, Nord- und Teilen Westaustraliens, so wird die Weitergabe von religiösen Kulten, Überlieferungen und »Songlines« weiterhin von den Aborigines gepflegt.

Ein Aborigine-Kind mit dem typischen Körper- und Gesichtsschmuck seines Stammes auf einem Corroborree, einer zeremoniellen Aufführung. Als Material werden vorwiegend Erdfarben, Federn, Blätter, Gräser und Pflanzenfasern verwendet.

Die Mythen der Ahnen

Bestandteil der *mündlichen Überlieferungen* ist ein reicher Mythenschatz, der von den Erlebnissen der *Traumzeitwesen* und *Totemahnen* berichtet. In den Geschichten werden die Taten und Abenteuer dieser mythischen Gestalten und/oder Kulturheroen beschrieben, aber auch andere Themen wie der Mythos von der Regenbogenschlange geschildert. Die *Regenbogenschlange* (engl.: Rainbow Serpent) bildet ein häufig wiederkehrendes Motiv in den Überlieferungen der Aborigines. Sie wird als Bringerin von Regen und Fruchtbarkeit, von Leben schlechthin verehrt. Doch kann sie auch bedrohliche Züge annehmen und Leben vernichten, etwa durch Überschwemmungen. Sie gilt als allmächtige Figur aus der Traumzeit, die damals maßgeblich an der Gestaltung der Erde und ihrer Fruchtbarkeit beteiligt war. Obgleich nicht in ganz Australien vertreten, gilt der Begriff der Regenbogenschlange heute im allgemeinen Sprachgebrauch hauptsächlich der weißen Bevölkerung als Synonym für die religiösen Anschauungen der Aborigines.

Sakralobjekte

Für die Ausübung ihrer Initiationszeremonien und religiösen Kulte fertigten die Aborigines *Sakralobjekte* an, darunter Kulthölzer (Tjuringas, *Tjurungas*) sowie *Schwirrhölzer* und *Fadenkreuze.* Tjuringas können außer aus Holz auch aus Stein, in seltenen Fällen aus Muschelmaterial bestehen. Es sind flache, 10–100 cm lange, ovale oder längliche Objekte, die auf einer oder beiden Seiten mit Ornamenten verziert sind. Die Ornamentik weist Bezüge zu spezifischen Traumzeitüberlieferungen auf und »erzählt« einen bestimmten Mythos, »Song« oder ein Traumzeitgeschehnis. Das Wort Tjuringa stammt aus der Sprache der Aranda und wird heutzutage oft umfassend für alle regionalen Formen der Kulthölzer gebraucht. Schwirrhölzer (engl.: bullroarer) sind 10–30 cm lange und flache Hölzer, die an einem Faden befestigt im Kreis geschwungen werden und einen tiefen Brummton erzeugen. Der Brummton gilt als Stimme der Ahnen, Traumzeitwesen oder Totems und warnt Außenstehende vor geheimen Zeremonien in der Nähe. Uneingeweihte müssen einen weiten Bogen um dieses Terrain gehen. Auch die Schwirrhölzer sind mit Motiven aus der Mythologie verziert. Das Fadenkreuz, als Kopfschmuck verwendet und ca. 20–40 cm hoch, ist ein bedeutsamer Zeremonialschmuck mit sakralem Charakter, der als streng geheim gilt und hauptsächlich bei Initiationszeremonien verwendet wird. Das einfache Kreuz besteht aus zwei im rechten Winkel übereinander gelegten Stäben, die mit einer gefärbten Schnur aus Menschen- oder Tierhaaren von der Mitte her rautenförmig bespannt werden. Daneben existiert das doppelte Fadenkreuz, bei dem noch ein weiterer Querstab an der Längsstange angebracht wird, so dass die dicht an dicht geführten Schnüre eine Art Rhombenmuster ergeben. Häufig sind die Fadenkreuze mit Blättern oder Flaumfedern geschmückt.

An Sydneys Bondi Beach demonstrierten Aborigines im März 1998 mit einem symbolischen »Meer der Hände« gegen ein umstrittenes Gesetz der Bundesregierung zu den Landrechten der Ureinwohner.

Religion und Staat

Missionierung und Kulturwandel

Durch die Inbesitznahme und anglo-europäische Besiedlung *Australiens* sowie die Entwicklung des Landes zu einem modernen, westlich geprägten Staat sind heute viele Glaubenselemente und religiöse Praktiken der *Aborigines* verloren gegangen. Insbesondere die Bevölkerungsdezimierung und die Vertreibung von ihrem Land hat die australischen Ureinwohner der Möglichkeit beraubt, ihre Religion auszuführen und zu leben. Die zunehmende *Missionierung* tat ihr Übriges, viele Glaubenselemente zu vernichten und die Kette der *mündlichen Überlieferung* zu unterbrechen, auch wenn die Missionsstationen manchmal Überlebensmöglichkeiten für die Ureinwohner boten. Besonders leidvoll ist die Erfahrung von Mischlingskindern, die in weiten Teilen Australiens bis in die 1960er Jahre von ihren Aborigines-Müttern getrennt und in Kinderheimen und Missionsstationen aufgezogen wurden. Die Zwangsassimilation, bei der die Kinder oft völlig den Kontakt zu ihren Angehörigen verloren, hat eine entwurzelte Generation von Aborigines-Abkömmlingen erzeugt, für die der Begriff »stolen generation« geprägt wurde. Die Auseinandersetzungen um diese geschichtliche Verantwortung prägt bis heute das innenpolitische Klima Australiens in Fragen der Aborigines.

Massentourismus und internationaler Kunsthandel, in dem die farbenprächtigen Acrylbilder der Aborigines großen Absatz finden, haben in neuerer Zeit große Aufmerksamkeit auf die traditionelle Kultur und Religion gelenkt. Heute kämpfen viele Aborigines um ihr materielles und spirituelles Überleben. Das Wissen, einer jahrtausendealten ungebrochenen Kulturtradition anzugehören, kann ihr Selbstbewusstsein stärken. *Corinna Erckenbrecht*

Traditionelle Religion in Australien von A–Z

Die im folgenden Buchteil aufgeführten Stichwörter bieten Informationen, die für das Verständnis der traditionellen Religion Australiens wichtig sind. So wird z. B. Initiation hier ausschließlich in seiner Bedeutung für die traditionelle Religion Australiens betrachtet. Seitenverweise am Ende eines Stichwortes führen in den Buchteil *Die traditionelle Religion Australiens in Geschichte und Gegenwart* (S. 924).

Aboriginal law, zusammenfassender Begriff für alle Rechtsvorstellungen, welche die *Aborigines* aus ihren religiösen Überlieferungen ableiten. Das A. spielt(e) eine große Rolle bei der Religionsausübung, der Ahndung von Straftaten sowie beim Verhältnis zum Land.

Aborigines (lat. ab origines: »von den Ursprüngen, d.h. die, welche zuerst da waren«), zusammenfassende Fremdbezeichnung, mit der die ersten Entdecker *Australiens* alle Ureinwohner belegten. Ursprünglich hatten die australischen Ureinwohner keinen gemeinsamen Namen für sich selbst, weshalb eine panaustralische Identitätsfindung unter dem Begriff A. schwierig war. Eigenbezeichnungen der *Stämme* oder Lokalgruppen bedeuteten schlicht »Mensch« in der betreffenen Sprache (z.B. bei den Tiwi). Stammesnamen wurden oft von außenstehenden Kontaktpersonen oder Wissenschaftlern entwickelt (Stamm).

Ahnenwesen, mythische Gestalten aus der *Traumzeit,* von denen sich die *Aborigines* als abstammend betrachten *(Traumzeitwesen).* Die A. können tierischer oder tiermenschlicher Gestalt sein und auch eine Totemfunktion besitzen *(Totemahnen).* Es sind aber nicht die tatsächlichen, genealogisch belegbaren Ahnen.

Alcheringa (Altjiranga), Bezeichnung für die *Traumzeit* in der Sprache der Aranda, einer großen *Aborigines*-Bevölkerung in Zentralaustralien.

Australien, aus dem Begriff *Terra australis incognita* abgeleitete, heute allgemein gültige Bezeichnung für den fünften Kontinent. Ursprünglich wurde A. durch holländische Entdecker »Neu-Holland« getauft.

Baiame, *Kulturheros* der südostaustralischen *Aborigines*-Gruppen, vor allem der Kamilaroi. Ausführliche Überlieferungen sowie reiches Kult- und Zeremonialleben *(Bora-Zeremonien)* ranken sich um diese mächtige Gestalt aus der *Traumzeit.*

Ahnenwesen. Mythische Gestalten aus der Traumzeit in einem Felsbild der Aborigines in der Nourlangie Rock Art Site im Kakadu National Park, Northern Territory. Charakteristisch ist die Darstellung der Wondjina-Ahnenwesen in der unteren Bildhälfte mit dem kleinen, augenlosen und von einem Strahlenkranz umgebenen Kopf.

Beschneidung, wichtiger Bestandteil der Initiationszeremonien insbesondere bei den zentralaustralischen *Aborigines*-Stämmen. Bei der operativen Veränderung der Geschlechtsteile wird teilweise heute noch bei Männern entweder die *Subinzision* oder die *Zirkumzision* ausgeführt, bei Aborigines-Mädchen wurde früher in einigen Teilen Australiens eine *Klitoridektomie* vorgenommen.

Bestattung, alle Formen einfacher Erd-, Feuer- und Baumbestattungen. In manchen Teilen Australiens (Südostaustralien) wurden Erdbestattungen in der Nähe von Bäumen durchgeführt, wobei *Gravuren* an den entsprechenden Bäumen auf die Gräber hinwiesen *(Dendroglyphen).* In bewaldeten Gebieten in Nordostaustralien markierten ausgerissene und umgestülpt wieder eingesetzte Baumschößlinge die Gräber der Toten. Neben diesen Arten der erstmaligen B. gab es auch Sekundärbestattungen.

Bodenskulpturen, bei Initiationszeremonien oder *Kulten* angefertigte Skulpturen aus Sand, Erde, Zweigen und anderen vegetabilen Ma-

Corroborree. Junge Tänzer üben unter Anleitung eines Stammesältesten die rituellen Tänze ihres Stammes. Foto aus der Nähe von Weemol in Arnhemland, Northern Territory

terialien. Sie symbolisieren *Kulturheroen* oder *Ahnenwesen* aus der *Traumzeit.*

Bone-pointing, magisches Geschehen mit einem speziell angefertigten, etwa fingergroßen Zauberknochen und begleitenden *Gesängen.* Sie sollen einem Feind oder vermeintlichen Übeltäter den *Tod* bringen *(Totsingen).*

Bora-Zeremonien, aufwendige Initiationszeremonien der südostaustralischen Aborigines, insbesondere der Kamilaroi und ihrer Nachbarstämme. Charakteristisch waren die Bora-Ringe, zwei ungleich große niedrige Erdwälle in Kreisform zur Versammlung der Initianden und Enthüllung religiöser Geheimnisse.

Dot-Painting Modernes Bild mit traditionellen Motiven, von Clifford Possum, einem Aborigine aus Alice Springs in Acrylfarben ausdgeführt

Botenstab, hölzerner, geschnitzter Stab von Unterarmlänge mit eingeritzten Symbolen, der ggf. mit Farben bemalt war. Die Symbole waren meist nur Eingeweihten verständlich. Es waren Botschaften über wichtige anstehende Zeremonien oder *Kulte,* über Verhandlungen zwischen Gruppen oder *Stämmen* (wobei das Vorweisen des Botenstabs als Legitimation des Unterhändlers galt), oder allgemeine, eher alltägliche Nachrichten, wobei der Botenstab lediglich als Gedächtnisstütze diente.

Clan, allgemeiner Begriff aus der Verwandtschaftsethnologie, der eine bestimmte Abstammungsgruppe bezeichnet. Bei den australischen *Aborigines* versteht man unter einem C. eine patrilineare, entlang der männlichen Abstammungslinie definierte, sowie patrilokale, sich nach dem Wohnort des Mannes ausrichtende Verwandtschaftsgruppe. Wenn sie sich auf einen gemeinsamen *Totemahnen* bezieht, wird die Gruppe auch als Totemclan bezeichnet. In einigen Teilen Australiens existierten allerdings auch matrilineare Verwandtschaftsgruppen und z.B. matrilineare Moieties.

Clantotemismus, innere Verbundenheit einer Abstammungsgruppe, eines sog. *Clans,* zu einem *Totem.* Es kann ein Tier, eine Pflanze oder ein Naturphänomen sein. Mythische Überlieferungen erzählen von dieser inneren, totemistischen Verbundenheit und stellen eine soziale und religiöse Identifikation her.

Corroborree, Bezeichnung aus einer *Aborigines*-Sprache für eine meist nächtliche Aufführung mit Tanz und *Gesang* vor Publikum. Es werden u.a. Geschehnisse aus der *Traumzeit* in Szene gesetzt. Aufwendige *Körperdekorationen* können mit der C. einhergehen. Inhalte sind religiöse und auch profane Themen wie Nachahmungen bestimmter Tiere oder Parodie des alltäglichen Geschehens.

Dendroglyphen, Baumgravuren vor allem in Südostaustralien, die oftmals Begräbnisstätten oder einzelne Gräber anzeigen, aber auch allgemeine religiöse Darstellungen zum Inhalt haben können. Dann liegen sie in der Nähe von religiös relevanten Plätzen, ehemaligen Initiationsstätten oder Bora-Ringen.

Didgeridoo, etwa 1,5–4 m langes Blasinstrument der *Aborigines* in Nordwestaustralien aus Bambus oder Holz. Die Musik der Aborigines ist vermutlich die älteste Form der Musik. Sie kennt keine Melodie-Instrumente. Bei Geburten, *Tod* und Zeremonien wird gesungen, der *Gesang* wird oft durch das D. begleitet. Die Zeremonien beziehen sich auf alle Aspekte des täglichen Lebens wie Krankheit und Gesundheit, Jagd oder das Land der Umgebung.

Dot-painting, Malstil, bei dem Vorder- und Hintergrund eines Bildes mit kleinen, aneinander gesetzten Punkten ausgeführt werden. Wurde dieser Malstil früher häufig bei Sandmalereien eingesetzt, die in Zusammenhang mit religiösen Zeremonien entstanden, wird er heute vor allem in der Acryl- und der *Rindenmalerei* angewendet. Die Nutzung moderner Materialien wurde in den 1970er Jahren in Zentralaustralien eingeführt und entwickelte sich zu einer großen eigenständigen künstlerischen Bewegung. Die großformatigen, farbenprächtigen Bilder, die in versteckter Form Motive aus den traditionellen religiösen Überlieferungen darstellen, finden auf dem internationalen Kunstmarkt großen Anklang.

Dreamings, englischsprachige Bezeichnung für die *Traumzeit* bzw. bestimmte Überlieferungen aus den Traumzeitgeschehnissen, die einen persönlichen Bezug zum Einzelnen (»my dreaming«) oder einer Gruppe haben.

Fadenkreuz, *Sakralobjekt* aus Holzstäbchen sowie Fäden aus Menschen- oder Tierhaar mit Federn oder Blättern, das als Kopfschmuck verwendet wird. Es gibt verschiedene Formen mit einfachem oder doppeltem Kreuz.

Felsmalerei, künstlerische Ausdrucksform, bei der überhängende Felswände, Felsspalten oder horizontale Bereiche von Felsblöcken oder Felswänden bemalt werden. Überall in Australien gibt es eine große Anzahl von Bildern und (Fund-)Stätten, ganze Felsbildgalerien, die mancherorts zugleich mit einer heute noch existierenden, lebendigen Maltradition verknüpft sind. In weiten Bereichen des fünften Kontinents wurde jedoch die jeweilige Bevölkerung ausgerottet oder vertrieben, so dass auch die dazugehörigen Überlieferungen verloren gegangen sind. Manche Motive von Felsbildern zeigen Traumzeitgestalten, die als Abdruck dieser Wesen gelten und einst entstanden sein sollen, als sie selbst in den Fels eingingen. Diese Bilder sind im Glauben der *Aborigines* durch das Wirken der *Traumzeitwesen* selbst entstanden.

Fruchtbarkeitskulte, kultische Verehrung der Fruchtbarkeit bestimmter Tier- oder Pflanzenarten, die an einen Ort gebunden sein können. Kultgemeinschaften oder örtliche Sozialverbände, in deren Territorium das Fruchtbarkeitszentrum liegt, versammeln sich zur Ausübung der Kulthandlungen (*Gesänge,* Tänze, *Körperdekorationen,* choreografische Aufführungen, Steinsetzungen), die das weitere Gedeihen und die Vermehrung der betreffenden Spezies zum Ziel haben.

Fruchtbarkeitszentren, Orte, die für die Fruchtbarkeit von Pflanzen und Tieren besonders wichtig sind und eine religiöse Relevanz besitzen. Auch die Fruchtbarkeit der Menschen ist indirekt angesprochen, da sie sich von den Tieren oder Pflanzen ernähren. Im ariden Inneren Australiens sind F. meist wasserreiche Gegenden, Quellen oder Wasserlöcher. Es können aber auch bestimmte Felsen, trockene Zonen sowie nahrungsreiche Orte in fruchtbaren Gebieten sein.

Geheimsprache, mit der Mythologie und Religion zusammenhängende eigenständige Sprache(n), die *Aborigines*-Jugendliche während ihrer *Initiation* erlernen. Aufgrund des Geheimhaltungsgebots vieler religiöser Inhalte ist es wichtig, in Geheimsprachen religiöse Zusammenhänge bei Bedarf in verdeckter Form weiter vermitteln oder sich austauschen zu können.

Geister (der Toten), nach dem *Tod* weiter existierende Seelen der Verstorbenen. Dem Glauben der *Aborigines* nach müssen die G. sorgsam in das Reich der Toten geleitet werden. Sonst irren sie ziellos umher und können den Menschen Schaden zufügen.

Geistkinder (spirit children), spirituelle Substanzen der noch zu gebärenden Kinder *(Traumkinder).*

Gesänge, Liedgut der australischen *Aborigines.* Es hat oft religiöse Relevanz, wenn darin die Taten der *Traumzeitwesen,* der *Totemahnen* und/oder der *Kulturheroen* geschildert wird. Die G. (»songs«) der australischen Aborigines spielen eine zentrale Rolle für die Religion sowie für das Landverständnis *(»Songlines«).* Religionsethnologische Studien sind deshalb mitunter musikwissenschaftliche Studien, hinter Titeln wie »Songs of Central Australia« (Strehlow, 1971) verbergen sich wichtige Publikationen zur Religion.

Geschlechtertrennung, bei den *Aborigines* üblich im profanen Tagesablauf als auch hinsichtlich Inhalten und Ausübung der Religion. Die G. hat in der Vergangenheit zu einem verzerrten Bild vom Leben der Aborigines-Frauen geführt, da die ersten Erforscher und Beobachter der Ureinwohnerkultur meist Männer waren, die nur Zugang zur männ-

Felsmalerei. Jahrtausendealte Felsmalereien der Aborigines in der Carnorvan-Schlucht im Westen von Queensland. Ein oft zu findendes Motiv ist das der menschlichen Hände, die meist in einer Negativtechnik mit aufgeblasenem Farbpulver gefertigt sind.

Jenseits. Blick durch den Admiral's Arch auf die Südspitze von Kangaroo Island, das nach dem Glauben einiger südaustralischer Stämme das Reich der Toten ist.

Körperdekoration. Ein Ältester der Coorong in traditionellem Körperschmuck wartet auf die Eröffnung des Yeperenye Festivals in Alice Springs, an dem jedes Jahr Tausende von Sängern und Tänzern teilnehmen.

lichen Sphäre der Gesellschaft und deren Religionsausübung besaßen. Neuere frauenspezifische Forschungen haben dieses Bild widerlegt bzw. ergänzt *(»Women's business«)*.

Gravuren, Einritzungen auf Stein oder Holz *(Dendroglyphen)* mit oft wiederkehrenden Motiven. Sie geben Hinweise auf Wasserstellen, Vorkommen von Jagdtieren oder markieren sakrale (geheime) Plätze, die für die Religionsausübung wichtig sind und die Außenstehende nicht betreten dürfen.

Heiratsklassen, Abstammungsgruppen wie Moieties, Sektionen oder Untersektionen, nach denen sich die Wahl der Ehepartner richtet. Auch die weitere Unterteilung in *Clans* und Totemclans spielen eine Rolle, da die *Aborigines* ihre jeweiligen Ehepartner stets aus genau vorgeschriebenen, komplementären Abstammungsgruppen finden mussten. Daher wurden diese Ehen oft vorab arrangiert.

Initiation, schrittweise, mehrstufige Einweihung von Jugendlichen in religiöse Geheimnisse und Aufnahme in einen höheren, erwachseneren Status in der Gesellschaft. Es kamen Jungen- und Mädcheninitiationen sowie I. in Geheimkulte vor. Die I. männlicher Jugendlicher wird auch heute noch in Teilen Australiens durchgeführt, wenn auch nur noch einzelne Bestandteile wie die *Beschneidung, Seklusion* oder teilweise *Schweigebote* üblich sind. Mädcheninitiationen kamen im Zuge des Kulturwandels schnell zum Erliegen, Geheimkulte kommen heute nur noch sehr selten oder gar nicht mehr vor.

Jenseits, Vorstellungswelt von einem Reich der Toten im Glauben der *Aborigines*. Es kann ein metaphysisches, aber auch ein konkret räumliches Reich z.B. in Form einer Insel oder einer Himmelsrichtung sein. Den südaustralischen Aborigines-Gruppen galt z.B. die vorgelagerte Insel Kangaroo Island als Reich der Toten. Die Seelen der Verstorbenen wanderten den Überlieferungen zufolge in das J. bzw. mussten mit Hilfe von kultischen Handlungen dorthin geleitet werden.

Klitoridektomie, Beschneidung der Klitoris bei *Aborigines*-Mädchen, die nach Überlieferungen und Berichten in einigen Teilen Australiens bei *Initiationen* vorgenommen worden sein soll.

Körperdekoration, Schmückung des Körpers bei Festen, *Corroborrees* oder religiösen Zeremonien. Es werden die Körper von Männern und Frauen mit verschiedenen (Erd-) Farben bemalt und betupft, mit Blut, Farbe oder Speichel an einzelnen Punkten beklebt sowie mit Federn oder Blattwerk besteckt. Die Muster und Formen sind gemäß den Überlieferungen an das Thema der Zeremonien, Corroborrees oder *Kulte* angelehnt.

Kosmogenese, Überlieferungen und Mythologien zur Entstehung des Weltalls und der Erde. Viele *Mythen* der australischen *Aborigines* beschäftigen sich mit der K. und behandeln sie in ihren jeweiligen spezifischen Überlieferungen. Sie werden auch als kosmogonische Mythen oder *Schöpfungsmythen* bezeichnet.

Kult, Form der religiösen Verehrung. Im Zusammenhang mit der Religionsausübung der australischen *Aborigines* versteht man unter K. ritualisierte, genau vorgeschriebene und in zeitlichen Abständen wiederholte Formen der gemeinsamen Verehrung, die anhand von Handlungen, Worten, *Gesängen,* Tänzen oder Gesten durchgeführt werden. Der K. kann sich auf ein Tier, eine Pflanze, einen bestimmten (fruchtbaren) Landstrich oder einen *Totemahnen* bzw. *Kulturheroen* aus der *Traumzeit* beziehen.

Kulthölzer → Tjurunga

Kult-Totemismus, kultische Verehrung eines *Totems,* z. B. eines Tieres oder einer Pflanze, die für die Gegend, die Ernährung der Menschen und/oder für die örtlichen Überlieferungen besonders wichtig ist. Auch mehrere Einzelpersonen oder Sozialverbände können sich zur kultischen Verehrung eines Totems zusammenfinden.

Kulturheroen, mächtige *Traumzeitwesen,* welche die Menschen wichtige Kulturtechniken wie das Jagen und Sammeln, die sozialen Verhaltensvorschriften, die Heiratsregeln u. a. lehrten. Auch die Fertigung und Verwendung von Werkzeugen, die Entwicklung handwerklicher Fähigkeiten sowie die Nutzung und Verarbeitung der Pflanzen können auf ihre Lehren zurückgehen. Ebenso sind die religiösen Zeremonien, die *Beschneidungen, Kulte* und Initiationszeremonien von ihnen vorgegeben.

Kunst, bei den australischen *Aborigines* eine wichtige Ausdrucksform für religiöse Themen. In Form von Fels- und Sandbildern, *Rindenmalereien* oder – in jüngerer Zeit – Acrylbildern werden Motive aus den religiösen Überlieferungen dargestellt. Auch Erd- und Holzskulpturen, Stelen sowie kunstvoll durchbrochene und bemalte Pfähle wie die »Pukumani Poles«, die bei den Begräbnisritualen der Tiwi eine große Rolle spielen, sind Zeugnisse sakral motivierten Kunstschaffens der australischen Ureinwohner.

Land, im Verständnis der *Aborigines* die jeweilige Herkunftsregion in ihrer stofflichen Substanz ebenso wie in ihrer metaphysischen Bedeutung als spiritueller Ort der *Traumzeit.* Das L. besitzt zentrale Identitätsfunktion für die Aborigines. Es war und ist wichtiger Bezugspunkt für religiöse Inhalte und damit für die Ausübung der Religion *(Kult, Lokaler Clantotemismus).*

Landrechte, in den 1960er und 1970er Jahren in Australien im Zuge kultureller Revitalisierungsbewegungen aufgekommenes Thema über die Rückgabe des Landes an die ursprünglichen Eigentümer, die *Aborigines.* Daraufhin wurden in den einzelnen Bundesstaaten Gesetze über L. geschaffen. Eine bundeseinheitliche Klärung wurde mit der Rechtsprechung des Obersten Gerichtshofs von Australien 1992 vorangetrieben *(»Terra Nullius Act«).* Die Forderung nach L. und die Haltung der weißen Bevölkerung sowie der Regierung zu dem Thema sorgen immer wieder für erbitterte innenpolitische Debatten.

Lokaler Clantotemismus, totemistische Beziehung einer örtlichen Abstammungsgruppe zu einer bestimmten Gegend oder einem Ort im Siedlungs- und Schweifgebiet dieser Gruppe.

Magie, ritualisierte Handlung, die übernatürliche Kräfte herbeirufen, lenken und gezielt einsetzen kann. Sie wurde bei den australischen *Aborigines* vielfach praktiziert, z. B. als übelwollende M. wie das *Totsingen (»bonepointing«),* aber auch in positivem Einsatz wie bei der Liebesmagie.

Missionierung (lat. missio: »Sendung«), gezielte Verbreitung und Bekehrung zu einer Glaubenslehre. Im 19. Jh. noch ungleichzeitig und mit unterschiedlichem Erfolg durchgeführt, wurden die *Aborigines* zu Beginn des 20. Jh. von allgemeinen Bemühungen um M. erfasst. Die Auswirkungen der christlichen Missionierungstätigkeit sind umstritten. Einerseits trugen sie zur Vernichtung der ursprünglichen Kultur und Religionsausübung bei, andererseits bildeten Missionsstationen oftmals Nischen, in denen viele Aborigines überleben konnten.

Mündliche Überlieferung, durch Erzählungen weitergegebene kulturelle Traditionen. Die M. spielte in Australien eine große Rolle, da es keine Schriftsprache(n) gab. Alle wichtigen Kulturzeugnisse und religiösen Überlieferungen wurden mündlich weitergegeben. Insbesondere religiöse Inhalte und Geheimnisse wurden nur oral an einen Kreis von Eingeweihten übermittelt und nicht schriftlich fixiert. Nach Ankunft der Europäer, haupt-

Landrechte. Ein Wandgemälde von Jim Simons in »The Block«. Das Gebiet in Sydney zählt zu den ersten, die den Aborigines zurückgegeben wurden. Nachdem das Oberste Gericht Australiens entschieden hatte, dass die Bestimmungen des »Terra Nullius Act« nicht aufrecht zu erhalten sind, versuchte die australische Regierung 1998 den Personenkreis der Aborigines auf noch traditionell im Landesinneren lebende Ureinwohner zu beschränken. Dagegen protestieren die in den Städten lebenden Aborigines.

Regenbogenschlange. Darstellung in einem modernen Dot-painting eines Künstlers aus Alice Springs. Die traditionelle Kunst ist heute für viele Aborigines nicht nur ein Ausweg aus der Armut, sondern auch Ausdruck ihres Stolzes auf ihre jahrtausendealte und lange Zeit unterdrückte Kultur.

sächlich durch das Wirken von Missionaren, später von Wissenschaftlern, wurden viele Sprachen auch schriftlich erfasst. Obwohl dadurch viele M. bewahrt werden konnten, ergeben sich Probleme durch Publikationen ohne entsprechende Autorisierung der *Aborigines.*

Mythen, zusammenfassende Bezeichnung aller metaphysischen, sakralen, oral tradierten Überlieferungen. Die M. beschäftigen sich mit globalen, übergeordneten Themen wie der Weltschöpfung, dem Ursprung der Menschheit, der bestehenden Welt- und Gesellschaftsordnung oder mit der Erklärung bzw. Entstehung der Elemente, der Natur, Flora und Fauna sowie deren jeweiligen örtlichen Erscheinungsformen. Die M. der australischen *Aborigines* handeln vor allem von den Geschehnissen der *Traumzeit,* den Handlungen und Wanderungen der *Traumzeitwesen,* von der Entstehung der australischen Fauna und Flora sowie von Ursprung und Begründung kultureller Errungenschaften.

Regenbogenschlange, oft wiederkehrendes Motiv in den Überlieferungen der *Aborigines.* Sie gilt als allmächtige Figur aus der *Traumzeit* und war maßgeblich an der Gestaltung der Erde und ihrer Fruchtbarkeit beteiligt.

Reiferiten, Initiationszeremonien, die sich an der körperlichen und geistigen Reife der Jugendlichen orientieren. Im Glauben der *Aborigines* gehen die R. den tatsächlichen Entwicklungsstadien wie Pubertät oder Adoleszenz voraus: Spezielle *Gesänge* und Zeremonien bewirken erst das Wachstum der weiblichen Brust oder die Menstruation bei Mädchen sowie das Haarwachstum der Jungen. Die körperlichen Veränderungen werden nur als Folge der korrekt durchgeführten Zeremonien angesehen.

Rindenmalerei, Bemalung präparierter Innenseiten von Baumrinden. R. weist oft profane Themen auf, z.B. die Darstellung von Jagdtieren und -techniken oder regionaler Tiervorkommen. Sie hat aber auch sakrale Themen zum Inhalt und stellt dann Orte, Wanderungen oder Wesen aus der *Traumzeit* dar.

Sacred sites, heilig-geheime Stätten, an denen Initiationszeremonien und/oder *Kulte* durchgeführt werden. In der Vergangenheit verletzten australische Siedler oftmals solche religiös relevanten Orte, manchmal ohne es zu wissen, und zogen sich den Zorn der Aborigines zu. Heute spielen die S. eine wichtige Rolle bei der Landrechtsgesetzgebung.

Sakralobjekte, heilig-geheime Gegenstände wie Kult- oder *Schwirrhölzer* sowie *Fadenkreuze,* die bei der Religionsausübung benutzt werden.

Schöpfungsmythen, *Mythen* der australischen *Aborigines,* in denen die Erschaffung der naturräumlichen Gegebenheiten, der Pflanzen und Tiere und/oder der Menschen erklärt und mündlich tradiert werden. Es können auch kosmogonische Mythen sein, welche die Entstehung des Weltalls, des Firmaments und der Erde erklären.

Schweigegebot, gilt ggf. während bestimmter Initiationsstufen oder bei Trauerphasen für einen vorgeschriebenen Zeitraum.

Schwirrholz (»bullroarer«), etwa 20–30 cm langes, flaches *Sakralobjekt* aus Holz, das an einem Faden in der Luft geschwungen wird. Es entsteht ein Brummton, der die Stimme von *Traumzeitwesen,* Ahnen oder *Geistern* anzeigt.

Seelenhölzer, andere deutschsprachige Bezeichnung für Kulthölzer *(Tjurungas).*

Seelenvorstellungen, im Glauben der *Aborigines* die Vorstellung, dass jeder Mensch über eine Seele verfügt, die den Körper nach dem *Tod,* aber mitunter auch zu Lebzeiten verlassen und in anderen Regionen herumwandern kann. Dies traf besonders auf australische Medizinmänner zu, die durch eine Seelenreise Probleme lösen oder Krankheiten heilen konnten. Nach dem Tod musste die Seele betreut und geleitet werden, so dass sie sicher das Reich der Toten oder der Geister erreichen kann *(Geister der Toten, Jenseits).* Orte, an denen ungebundene Seelen oder Geister aller Wahrscheinlichkeit nach herumirren (z.B. christliche Friedhöfe, Häuser, in denen Menschen starben), sind den Aborigines oftmals unheimlich.

Seklusion, Absonderung der jugendlichen *Aborigines* von ihren Familien und ihrem bisherigen Lebensumfeld im Zuge der Initiation. Die Initianden wurden in abgelegene Buschcamps gebracht, wo sie bis zu mehreren Monaten von älteren Männern betreut wurden. In dieser Zeit erlernten sie wichtige religiöse Überlieferungen, Techniken der Jagd, neue *Sprachen* und wurden *Beschneidungen, Skarifikationen* und/oder Mutproben unterzogen.

Sekundärbestattungen, erneute Bestattung eines bereits beigesetzten Verstorbenen. Dabei wurden – meist nach Ablauf eines Jahres – einzelne Knochen des Verstorbenen hervorgeholt, gereinigt und in gebündelter Form in hohlen Ästen oder Felsspalten weiter verwahrt.

Skarifikation, Anbringen von Narben auf Brust, Rücken oder Armen bei der *Initiation,* je nach lokaler Tradition bei Jungen und Mädchen.

Songlines, im englischen Sprachgebrauch eingeführter Begriff für die Traumzeitpfade, auf denen in der mythischen Schöpfungsperiode die *Ahnenwesen* wandelten. Da die Wege dieser Ahnenwesen in den Gesängen dokumentiert sind, man eine Landschaft also auch »singen« kann, werden die *Traumpfade* auch als S. bezeichnet.

Spirituelle Substanzen, geistige Wirkkräfte. In der *Traumzeit* hinterließen die Schöpferwesen und *Kulturheroen* mitunter mächtige Wirkkräfte an Stellen, an denen sie selbst entweder Taten vollbrachten oder mit Beendigung der Schöpfungsphase ins Land selbst eingingen. Die S. sind für die heutigen Menschen noch spürbar, wenn sie sich in Zeremonien und *Kulten* den Traumzeitgeschehnissen zuwenden. Aus den Substanzen können sich auch die *Traum-* oder *Geistkinder* speisen.

Sprachen, in präkolonialer Zeit in *Australien* rund 300–500 S., dazu noch einzelne Dialekte. Die Zahl der S. deckte sich in etwa mit der Zahl der *Stämme,* da man die Bevölkerungsgruppen meist anhand ihrer S. zusammenfasste. Zeichensprachen kamen zum Einsatz, wenn religiöse Geheimnisse angedeutet werden mussten, *Schweigegebote* z.B. in der Trauerzeit galten oder Meidungsgebote eingehalten werden mussten. Heute sind viele australische S. ausgestorben, von manchen existieren nur noch wenige Sprecher.

Stamm, heute etwas unzutreffende deutsche Bezeichnung für die ethnischen Gruppen und Sozialverbände der *Aborigines.* In *Australien* wird aber von »tribes« und »tribal people« gesprochen. Solche Stammesverbände fühlen sich zwar untereinander durch *Sprache,* gemeinsame Kulturelemente und religiöse Traditionen verbunden, eine Stammesidentität wie z.B. in Afrika spielt hier jedoch keine Rolle. Auch sind die australischen Stämme nicht hierarchisch-zentral organisiert, sondern stellen einen lockeren Verbund dar. Allgemein bekannte Stämme bzw. Stammesnamen sind z.B. die Aranda, Pintubi oder Tiwi.

Subinzision, Form der *Beschneidung* von männlichen Jugendlichen, bei der die Unterseite des Penis der Länge nach aufgespalten wird.

»Terra Australis Incognita« (lat. »unbekanntes Südland«), das gemäß dem ptolemäischen Weltbild die Erdmassen der Nordhalbkugel im Gleichgewicht halten sollte. Namensgeber des Kontinents *Australien.*

»Terra Nullius Act«, Annahme der britischen Krone bei der Inbesitznahme Australiens,

Rindenmalerei. Jagd auf ein Känguru; Darstellung im »Röntgenstil«, bei dem die inneren Organe des Wilds zu sehen sind. Neben der Felsmalerei ist die Rindenmalerei das am weitesten verbreitete Medium der traditionellen Kunst der Aborigines.

Totsingen. Die bei magischen Handlungen eingesetzten bemalten Knochen sowie andere Sakralobjekte wurden an streng gehüteten Orten verborgen. Uneingeweihte durften diese heiligen Stätten nicht betreten.

dass der Kontinent leer und unbewohnt und damit herrenlos sei. Obgleich die Existenz der Ureinwohner bekannt war, wurden sie nicht als rechtmäßige Eigentümer des Landes anerkannt (»prior ownership«), da sie das Land nicht in erkennbarer Form bearbeiteten. Der T. wurde erstmals 1992 durch den Obersten Gerichtshof Australiens im so genannten Mabo-Urteil revidiert.

Tjukurrpa, Bezeichnung für die *Traumzeit* in der *Aborigines*-Sprache der Western Desert.

Tjurunga (Tjuringa), Bezeichnung für bestimmte *Sakralobjekte* in der *Sprache* der Aranda. Es handelt sich um sog. Kulthölzer, die außer aus Holz auch aus Stein, in seltenen Fällen auch aus Muschelmaterial bestehen können. Die T. sind 10–100 cm lange, flache Objekte, die auf einer oder auf beiden Seiten mit Ornamenten und ggf. mit Farben verziert sind. Die Ornamentik hat Bezüge zu spezifischen Traumzeitüberlieferungen. Die T. gelten als streng geheim, dürfen Uneingeweihten nicht offenbart werden, und werden heute in Museen nicht mehr öffentlich ausgestellt.

Tod, für die australischen *Aborigines* der Übergang in eine andere Welt. Dabei begleiten den Menschen die Seelen, die beschützt werden müssen. Oftmals galt der Eintritt des T. nicht als natürliche Angelegenheit, sondern als direkte Folge übelwollender *Magie,* Bestrafung oder Rache.

Torres-Strait-Inseln, Inselgruppe zwischen der nördlichsten Spitze des australischen Kontinents, der Cape York Halbinsel, und Neuguinea. Ethnisch und kulturell gehören die Torres-Strait-Insulaner zur melanesischen Bevölkerung Neuguineas, staatspolitisch zu Australien. Die Ureinwohner der T. gelten heute neben den *Aborigines* als zweite indigene Minderheit Australiens.

Totem, Tiere, Pflanzen oder Naturelemente, zu denen Einzelpersonen oder eine Gruppe von Menschen in einem besonderen Verhältnis stehen. Man betrachtet sich als abstammend von oder verwandt mit dem T. Es kann eine Helfer- und Beschützerfunktion ausüben und muss daher besonders beachtet, verehrt oder geschützt werden. Ursprünglich stammt das Wort T. aus der Sprache der Ojibwa-Indianer (»toodaim«, »dodaim« oder »ododam«) und bedeutet dort etwa Gefährte, Verwandter, Beschützer oder Helfer *(Totemismus).*

Totemahne, *Ahnenwesen* aus der *Traumzeit,* das in einem totemistischen Verhältnis zum Einzelnen oder zu einer Gruppe von *Aborigines* steht.

Totemismus, komplexes religiöses und soziales Phänomen, das die innere Verbundenheit eines Menschen oder einer Gruppe von Menschen zu einem Tier, einer Pflanze oder einem Naturelement zum Ausdruck bringt. Das Zusammengehörigkeitsgefühl beruht auf dem Glauben an die Verwandtschaft mit oder Abstammung von dem *Totem.* Ist es – wie oft bei den *Aborigines* – an einen ganz bestimmten Ort fixiert, bekommt der T. auch einen räumlichen, lokalen Aspekt. Ein Mensch kann in vielen totemistischen Bezügen zu seiner Umwelt stehen (Polytotemismus). T. kommt auch in vielen anderen Teilen der Welt vor, u. a. bei den Indianern Nordamerikas.

Totsingen, Mithilfe von magischen Instrumenten, meist fein gearbeiteten Knochen *(»bone-pointing«),* und *Gesängen* erwirktes Dahinsiechen und letztlich Sterben eines ausgewählten Opfers. Motive sind Rache für das T. von Mitgliedern der eigenen Gruppe oder Familie, aber auch Übertretungen der Gesetze oder Schändung heiliger Stätten.

Trauersitten, Gebräuche nach dem *Tod* eines nahen Verwandten. Die Leiche wird bestattet und die Gegend, in der man einst mit dem Verstorbenen zusammenlebte, wird verlassen. Eine intensive Phase des Trauerns mit Weinen, Wehklagen, Beschmieren des Kopfes und des Körpers bis hin zum Abhacken einzelner Finger oder Zehen gehen in eine Phase über, in der bestimmte Meidungsgebote herrschen, z. B. den Verstorbenen nicht beim Namen zu nennen. Auch heute noch dürfen, um die Gefühle der Angehörigen nicht zu verletzen, Verstorbene nicht namentlich genannt oder abgebildet werden, was manchmal zu Schwierigkeiten bei Publikationen führt.

Traumkinder, Vorstellung von der präexistierenden, spirituellen Substanz der noch zu gebärenden Kinder. Sie verweilen an bestimmten Orten und müssen erst aufgefunden oder »geträumt« werden. Später finden sie ihren Weg in den Mutterleib und können geboren werden. Man bezeichnet sie auch als *Geistkinder* oder Kinderkeime. Ort und Umstände ihres Auffindens oder »Erträumens« können das zukünftige *Totem* des Kindes bestimmen.

Traumpfade, Wanderwege der mythischen *Ahnenwesen* aus der *Traumzeit.* Sie können an den naturräumlichen Gegebenheiten – vorausgesetzt, man kennt die entsprechenden Überlieferungen – oder anhand von *Gesängen* nacherlebt und erkannt werden. Daher werden sie im englischen Sprachgebrauch auch als *»Songlines«* bezeichnet.

Traumzeit, zentraler Begriff in der Religion der australischen Ureinwohner. Gemeint ist eine mythische Ursprungs- und Schöpfungszeit, in der die Natur, Pflanzen, Tiere und Menschen geschaffen wurden. Mächtige *Traumzeitwesen* und *Kulturheroen* schufen damals die Erde in ihrer heutigen Form. Mündliche Überlieferungen berichten von den Traumzeitgeschehnissen, in Riten, *Kulten* und Zeremonien wird ein Zugang zu der mythischen Zeit geschaffen.

Traumzeitwesen, mächtige *Ahnenwesen, Kulturheroen* oder *Totemahnen,* die in der *Traumzeit* agierten, die Landschaft erschufen und/oder Gesetze hinterließen. Von ihren Taten und Erlebnissen handeln die *mündlichen Überlieferungen,* die religiösen Zeremonien und die kultischen Verehrungen.

Vermehrungszeremonien, zeremonielle Handlungen, die der Vermehrung und Fruchtbarkeit bestimmter Pflanzen oder Tiere dienen *(Fruchtbarkeitskulte).*

Wanderkulte, *Kulte,* die erst in einer Gegend auftreten und durch Weitergabe an benachbarte Sozial- und Stammesverbände weiter »wandern«. Dabei werden sie ggf. abgeändert und/oder an die dortigen Überlieferungen angepasst. W., die oft geheim waren und strenge Aufnahmeriten hatten, waren typisch für die australische Kultausübung und sind z.T. gut dokumentiert (z.B. der Kurangara-Kult in der Kimberley-Region vor dem 2. Weltkrieg).

Women's business, umgangssprachliche Sammelbezeichnung für alle religiösen Angelegenheiten und Überlieferungen, die nur *Aborigines*-Frauen betreffen.

Wondjina, mythische *Ahnenwesen,* die in einer figürlichen Form – menschlicher Leib, Kopf mit Strahlenkranz, kein Mund – in Felsbildgalerien in den Kimberleys in Nordaustralien dargestellt sind. Den Überlieferungen zufolge gelten die Felsbilder nicht als von Menschenhand gemalt, sondern als von den W. hinterlassener Abdruck. Er entstand, als sie am Ende der *Traumzeit* in den Fels eingingen.

Zeitverständnis, bei den *Aborigines* eher zyklische Vorstellung von Vergangenheit, Gegenwart und Zukunft. Aufgrund ihrer Hinwendung zu der zwar vor Beginn der Menschheit angesiedelten, aber darüber hinaus nicht zeitlich fixierbaren oder einteilbaren *Traumzeit* in den Überlieferungen, *Kulten* und Zeremonien, besteht für die Aborigines ein anderes Z. als das christlich-abendländische, das als linear bezeichnet werden kann. Das Z. der Aborigines orientiert sich an regelmäßigen Zeremonien und Kulten, wobei die Menschen der Jetzt-Zeit mit den Geschehnissen der Traumzeit in direkten (auch zeitlichen) Kontakt treten können.

Zirkumzision (»Rundbeschneidung«), Entfernung der Vorhaut am Penis bei der Initiation der zentralaustralischen *Aborigines.*

Traumzeit. Drei Geister, mythologische Gestalten aus der Traumzeit in einer Baumrindenmalerei des 20. Jh.

Traditionelle Religionen Ozeaniens

Begriff und Bedeutung

Die Religionen Ozeaniens sind je nach Region, Inselgruppe und kultureller Tradition sehr verschieden. In dem riesigen Gebiet der Inseln des Pazifiks zwischen Australien, den Philippinen und Amerika treten solch unterschiedliche Glaubenselemente wie die kultische Verehrung der Ahnen, der Glaube an überaus wirkmächtige Kräfte und die damit verbundenen Meidungsgebote sowie differenzierte *Seelenvorstellungen* auf. Daher wird im folgenden nach den Großregionen in *Ozeanien, Polynesien, Melanesien* und *Mikronesien,* unterschieden.

Die Religion der Polynesier

Polynesien (griech.: »Vielinselwelt«) bildet das Dreieck zwischen Hawaii im Norden, Neuseeland im Südwesten und der Osterinsel im Südosten. Seine Einwohner weisen gemeinsame Kulturelemente wie Sprache(n), Wirtschaftsweise und materielle Kultur auf. Auch Tätowierungsmuster und Dekorationsformen von Booten lassen auf gemeinsame kulturelle Wurzeln schließen. Trotz der ungeheuren Ausdehnung des polynesischen Besiedlungsraums hat sich eine ethnisch, sprachlich und religiös vergleichsweise homogene Kultur ausgebildet. Die Besiedlungsgeschichte Ozeaniens ab etwa 4000 v. Chr. in mehreren Wellen von Südostasien her erleichtert es, die Religionsentwicklung nachzuvollziehen. Polynesien selbst wurde zwischen 2000 und 1000 v. Chr. von den Vorfahren der heutigen Einwohner, den *Austronesiern,* erreicht und bis in das 15. Jh. n. Chr. in mehreren Schüben besiedelt.

Manahune: Die ersten Bewohner Polynesiens waren die *Manahune,* die offenbar eine wenig differenzierte Gesellschaftsstruktur besaßen und vermutlich einer allgemeinen animistischen Ansicht von der (göttlichen) Beseeltheit der Natur und des menschlichen Lebens anhingen. Dämonen, Geistwesen, andere übernatürliche Wesen und *Götter,* die aber lediglich einfache Schutzfunktionen besaßen, bevölkerten ihren Pantheon. Sie werden auch als *»Aitu«* bezeichnet. Die sagenhaften Gestalten *»Maui«* und *»Tiki«,* deren Überlieferungen auch die Polynesier späterer Zeiten bewahren und ausgestalten sollten, waren hier schon vertreten. Es handelt sich um Kulturheroen, deren Taten und Wandlungen wesentlich zur Entstehung des menschlichen Lebens, der Fruchtbarkeit der Erde und der Vermittlung wichtiger Kulturtechniken

Links: Tänzerin aus Raratonga im Süden der Inselgruppe der Cook Islands

Mitte: Ein Polynesier mit traditionellem Kopfschmuck von der Insel Moorea bläst während eines Tanzfestes auf einer Muschel.

Rechts: Tänzerin von der Insel Moorea, Französisch-Polynesien, auf einer Tanzvorführung im Tiki Traditional Village

wie dem Fischfang beitrugen. »Maui« war mitunter aber auch ein Schalk, der den Menschen üble Streiche spielte und vor dem man sich in Acht nehmen musste. Die Trennung von Land und Meer, Erde und Himmel, Sonne und Mond waren auch bei den Manahune wichtige Themen der Mythologie. Auch die Vorstellungen von *»mana«* und *»tapu«,* welche die religiösen Vorstellungen der Polynesier stark prägen, waren bereits in dieser frühen Zeit vorhanden. »Mana« bezeichnet das »außerordentlich Wirksame«, das einer metaphysischen, schwer fassbaren Macht entspringt. Es kann auf die Menschen, aber auch Tiere, Pflanzen und Dinge übergehen, und sie mit einer besonderen Macht und Kraft ausstatten. Sieg über Feinde oder Erfolg beim Fischfang ist z.B. Zeichen von »mana«. Daher müssen sich auch die Menschen aktiv bemühen, etwa durch Riten und Zeremonien, aber auch durch Eigenleistungen und Wohlverhalten, so viel wie möglich dieser Kraft auf sich zu lenken.

Ariki: Die später eingewanderten Adelsgeschlechter Polynesiens *(Ariki)* sahen sich schon aufgrund ihrer Herkunft und Abstammung in Besitz von sehr viel »mana« und benutzten es zur eigenen Machtabsicherung und Legitimierung. Meidungsvorschriften und Verbote – mit dem auch nach Europa gelangten Begriff »tapu« (Tabu) bezeichnet – ergänzten diese Einteilung. Menschen oder Dinge, die durch göttliche Kraft von den anderen abgesondert waren, durften nicht berührt oder betrachtet werden. Das gemeine Volk durfte z.B. den Adligen nicht nahe treten, noch nicht einmal in den Schatten eines Adligen gelangen. Bestimmte Pflanzungen oder Fischgebiete waren »tapu«, da sie den hochrangigen Persönlichkeiten gehörten. Der allgemein zugängliche Bereich für alle Gesellschaftsschichten und die alltäglichen Aktivitäten wurden »noa« genannt.

Götter: Mit den Besiedlungswellen der Ariki, welche die Manahune überlagerten, nahm die polytheistische Götterwelt und die starke Schichtung der polynesischen Gesellschaft in Adel, gemeines Volk und Sklaven ihren Anfang. Die Ariki bezogen sich auf eine mythische Urheimat *(Hawaiki)* und sahen sich als direkte Abkömmlinge berühmter Schöpfergottheiten. Neben den Vorstellungen von »mana« und »tapu« und den Legenden von Maui und Tiki entwickelten die Polynesier eine vielschichtige polytheistische, hierarchisch stark gegliederte Götterwelt, in der die jeweiligen Adelsgeschlechter ihre eigenen Götter besaßen. Sie waren in einigen Teilen Polynesiens die obersten Gottheiten. Es folgte eine Reihe von männlichen und weiblichen Göttern wie Hina, die Mondgöttin, oder *Pele,* die hawaiianische Göttin der Vulkane. Innerhalb dieser mittleren Gottheiten *(»Atua«)* gab es drei männliche Hauptgötter: *Tane, Tu* und *Rongo* (Hawaii: Kane, Ku und Lono). Tu (oder Ku) war der Kriegsgott, der auch Menschenleben forderte. Rongo (Lono) war der Gott des Friedens und der Landwirtschaft, Tane (Kane) der Bringer des Sonnenlichts; er spendete das Leben auf der Erde. Einigen Überlieferungen zufolge trennte er die einst umschlossenen Elemente Himmel und Erde – das mythische *Weltelternpaar* – voneinander und ließ Licht und Sonne auf die Erde, damit alles gedeihe. Den neuseeländischen *Maori* gilt Tane auch als Gott der Bäume und Wälder, von denen angenommen wurde, dass sie durch die Kraft ihres Wachstums den Himmel von der Erde hatten lösen können. Ein weiterer (männlicher) Gott war *Tangaroa* (Tangaloa, Ta'aroa), der Herrscher über das Meer, der auf einigen Inseln Polynesiens als oberster Schöpfergott und Ahnherr der Adelsgeschlechter verehrt wurde. In Zusammenhang mit ihm steht die Überlieferung von dem *Weltei:* Einst entschlüpfte Tangaroa einem

Polynesische Götterstatuen in Puuhonua o Honaunau an der Westküste von Big Island, Hawaii. Puuhonua bedeutet »Zufluchtsort«. Wenn ein Dorfbewohner eines der vielen Tabus gebrochen hatte, musste er vom Priester bestraft werden, um den Zorn der Götter von der Dorfgemeinschaft fernzuhalten. Wenn er aber einen Zufluchtsort erreichen konnte, so war es erlaubt, ihn mit einer Reinigungszeremonie von der Schuld zu befreien. Danach konnte er in sein Dorf zurückkehren. Auch nach Stammesfehden konnte sich die unterlegene Partei in Zufluchtsorte retten.

Die Figurengruppe von Ahu Tongariki ist mit ihren 15 Moai die größte auf der Osterinsel. 1960 wurden sie nach einem Seebeben von einer Flutwelle zerstört und erst 1992 restauriert.

eiförmigen Gebilde, wobei der obere Rand der zerbrochenen Eischale heute den Himmel, der untere Rand die Erde bildet. Auf der niedrigsten Sprosse der polynesischen Götterhierarchie stehen die schon bei den Manahune bekannten Ahnengeister und Schutzgottheiten (Aitu).

Gesellschaft: Die Götterwelt der Polynesier ist auch ein Abbild ihrer Gesellschaftsstruktur, wie sie sich im Lauf der Geschichte entwickelt hat. *Priester* wachten über die Einhaltung der Vorschriften und Gebote. Diese religiösen Amtsträger verkörperten mit den ranghohen Häuptlingen der Adelsgeschlechter und den Königen mächtige Institutionen. Die obersten Priester und die mächtigsten Adelsherrscher sollen in einigen Teilen Polynesiens, z. B. in Neuseeland, auch den Glauben an ein höchstes Wesen, einen alleinigen obersten Schöpfergott (*Io,* Iho, Kiho) entwickelt haben. Ausführliche Legenden der Maori-Priester berichten über die Taten dieses Höchsten Gottes, bevor mit Ankunft der Europäer der einheimische Glauben an Io wieder verschwand. Ob und inwieweit dieser Glaube mit der beginnenden *Missionierung* zusammenhängt, bleibt unklar.

Heilige Stätten: In allen Teilen Polynesiens sind sakrale Bauwerke, Skulpturen und/oder Tempelanlagen zu finden. Berühmt sind die *Moai* auf der Osterinsel, bis zu 12 m hohe monumentale Steinskulpturen. Vermutlich stellen sie Ahnenfiguren dar, die in Zusammenhang mit Verwandtschaftsgruppen standen. In ganz Polyneisen verbreitet sind die künstlerischen Darstellungen (Schnitzereien, Skulpturen) der Gottesgestalten und ihrer Taten. In Neuseeland, in Ost- und Zentralpolynesien existieren sakrale Kult- und Versammlungsplätze, die *»Marae«* (Marai, Malae) genannt werden. Sie bestehen aus einer eingefassten, rechteckigen Steinplattform, in deren Mitte ein oder mehrere kleine Häuser oder stufenförmige Steinpyramiden errichtet sind, in denen Götterbilder und Kultgegenstände aufbewahrt werden. Der sakrale Mittelpunkt des Tempelbezirks heißt *»Ahu«*. Der Marae dient jedoch auch als Wohn- und Aufenthaltsort für Priester sowie als Versammlungsort für Abstammungsgruppen und Familien. Er wird je nach Region sowohl für familiäre als auch für zeremonielle und sakrale Zwecke genutzt.

Die Religion der Melanesier

Melanesien (griech.: »Schwarzinselwelt«) bezeichnet die Insel Neuguinea mit dem Bismarck-Archipel, die Inselgruppen der Salomonen, Vanuatu (Neue Hebriden), Neukaledonien bis hin zu Fidschi, das ein Übergangsgebiet zu *Polynesien* darstellt. Mit Einschränkungen können auch die Torres-Strait-Inseln dazugezählt werden, obgleich sie heute größtenteils zum Territorium Australiens gehören. Die melanesische Inselwelt ist kulturell und sprachlich ein heterogenes Gebilde. Es lassen sich verschiedene Bevölkerungsgruppen, Besiedlungswellen, Herkunftsregionen und Sprachgruppen unterscheiden. Die linguistische Vielfalt und Komplexität ist auffällig. In den zwei Haupt-Sprachfamilien, den *Papua*-Sprachen und der melanesischen (austronesischen) Sprachengruppe, existiert eine Vielzahl eigenständiger, heute noch lebendiger Sprachen.

Ahnen: Im Bereich der Religion lassen sich einige gemeinsame Grundelemente feststellen. Im Mittelpunkt melanesischer Glaubensvorstellungen steht die *Ahnenverehrung*, die sich auch zu einem regelrechten Ahnen- oder Schädelkult ausprägen kann. Diese kultischen Verehrungsformen dürfen nicht mit einer einfachen *Totenverehrung* (oder einem *Totenkult*) verwechselt werden, bei der nur die gerade Verstorbenen geehrt und ggf. ihre Seelen sicher ins *Totenreich* geleitet werden sollen. In der Vorstellung der Melanesier waren die Ahnen einst leibliche Verwandte und Mitglieder der eigenen Verwandtschaftsgruppe, die nach ihrem Tod zunächst in metaphysische Sphären entrückt zu sein schienen. Da Diesseits und *Jenseits* aber untrennbar miteinander verbunden sind, und der Tod nur den Übergang in die nächsthöhere Stufe darstellt, sind die Ahnen letztlich weiterhin Älteste, die von ihren Nachfahren verehrt werden müssen. Die religiöse Ahnenverehrung ist auch Abbild der sozialen Wirklichkeit, da sie sich an den Abstammungsfolgen und Verhaltensrichtlinien der lebenden Gemeinschaft orientiert. So wie die Jüngeren den Älteren Respekt und Verehrung zollen müssen, müssen die Älteren ihren Ältesten und damit den Ältesten der gesamten Gemeinschaft, also den Ahnen, Respekt und Verehrung entgegenbringen. Deshalb ist die Ahnenverehrung auch das Rückgrat der gesamten Traditionsbewahrung, da sie die ethnische, religiöse und soziale Identität bestimmt. Ahnenverehrung tritt nicht nur in Melanesien, sondern weltweit hauptsächlich bei sesshaften, agrarischen Bevölkerungsgruppen auf, z. B. auch in Schwarzafrika.

Totenfeiern: In Melanesien, insbesondere im Norden Neu-Irlands, werden auch Totenfeiern abgehalten, bei denen kunstvoll geschnitzte *Masken* getragen sowie geschnitzte Figuren und Friese aufgebaut werden. Letztere sind unter dem Begriff *Malang(g)ane* bekannt geworden. Die vielfach durchbrochenen, filigranen und bunt bemalten Schnitzwerke zeigen durch ihre spezifischen Muster einzelne Personen oder Klane an.

Kopfjagd: In Neuguinea kam neben der Toten- und *Ahnenverehrung* auch die *Kopfjagd* vor. Sie wurde entweder in Form einer individuellen Unternehmung oder eines organisierten Kriegszugs durchgeführt, bei dem gruppenfremde Menschen speziell mit dem Ziel getötet wurden, den Kopf zu erbeuten. Die Glaubensvorstellungen, die sich hinter der Kopfjagd verbargen, waren sehr komplex. Es ging nicht nur um Prestigegewinn und Ansehen in der Gruppe oder um Rache und Machtdemonstration gegenüber anderen. Auch die Erfüllung von Initiationsbedingungen konnte ein wichtiges Motiv sein. Ein junger Mann musste seine erste Kopfjagd erfolgreich abgeschlossen haben, um seine Aufnahme in den Kreis der erwachsenen Männer zu bewirken. Schließlich spielte auch die Aneignung der im Kopf des Toten vermuteten magischen Kraft ein wichtige Rolle. Die Kopfjagd war insofern mit dem auch in Polynesien anzutreffenden Glauben an eine besonders wirksame Macht *(»mana«)* verbunden. Berühmt für die Kopfjagd und den Schädelkult sind die im südwestlichen Tiefland Neuguineas lebenden Asmat. Oftmals wurden die eroberten Köpfe – aber auch die Ahnenschädel – zu regelrechten Kopftrophäen künstlerisch ausgestaltet,

Die Murua-Maske wurde bei Totenfeiern auf Neu-Irland, Papua-Neuguinea, getragen.

Huli-Tari-Papua in traditioneller Tracht mit Speer und Langbogen. Die Papua galten noch bis in die jüngste Gegenwart als Kopfjäger.

Mikronesische weibliche Gottheit. Holzplastik vom Nukuoro-Atoll, Karolinen

u. a. auch im Sepik-Gebiet. Heute ist die Kopfjagd fast vollständig verschwunden.

Leitfiguren: Eine offizielle Priesterschicht oder institutionalisierte religiöse Amtsträger gibt es in den traditionellen Gesellschaften Melanesiens nicht. Dafür existieren geheime Kultgesellschaften wie der Dukduk- und Iniet-Geheimbund auf Neu-Britannien. Die Maskierung – Gesichtsmasken und Maskenkleider aus vegetabilen Materialien – spielt eine große Rolle. Die *Geheimbünde* sind für die Übermittlung sakralen Wissens, Erhöhung des eigenen Prestiges sowie für die Durchführung von Initiationszeremonien wichtig. Aber auch die Ordnungsfunktion, die sie innerhalb der traditionellen, meist ohne zentrale Instanzen organisierten Gesellschaften Melanesiens einnehmen, ist nicht zu vernachlässigen. Die Aufnahme in solche Geheimbünde ist nur nach schwierigen Prüfungen möglich. Bedeutsam für das Bundwesen, aber auch für die allgemeine Kultausübung der melanesischen Dorfgemeinschaften, sind die *Männerhäuser,* die insbesondere in Neuguinea mit ihren hohen Giebelbalken sehr kunstvoll ausgestaltet sind. Sie fungieren als Versammlungshäuser bei religiösen und politischen Anlässen; für große sakrale Feierlichkeiten stehen gegebenfalls auch eigene Kulthäuser zur Verfügung.

Schöpferwesen: Urzeitliche Schöpferwesen, welche die Natur und Menschen sowie deren wirtschaftliche Existenz begründeten und beeinflussten, spielen in der Religion Melanesiens ebenfalls eine Rolle. Interessant ist hier besonders der Zusammenhang zwischen Leben und Tod wie bei den sog. *Dema-Gottheiten* in Süd-Neuguinea. Im Glauben der dortigen Menschen entstehen durch den Tod des übermächtigen Schöpferwesens aus seinen Bestandteilen die für die dortigen Gartenbaukulturen wichtigen Kulturpflanzen. Schöpfung, Vergänglichkeit und Fruchtbarkeit stehen in einem unverbrüchlichen religiösen Zusammenhang.

Männer bei einem nächtlichen Tanzfest ihres Bundes im Inneren eines Langhauses im Golfdistrikt von Papua-Neuguinea

Heilslehren: In den letzten Jahrzehnten, als Folge von Kulturwandel und *Missionierung,* traten in Melanesien Heilserwartungslehren wie der *Cargo-Kult* auf. Er entspringt der Überzeugung, dass die für die Weißen gelieferten Waren (Cargo) von den Ahnen ursprünglich für die einheimische Bevölkerung bestimmt waren. Diese Fracht könne man durch entsprechende Kulte und Zeremonien an ihre eigentlichen Empfänger umlenken. Dadurch werde die noch unterprivilegierte, einheimische Bevölkerung auch zu Ansehen und Reichtum gelangen können, so die Überzeugung, die in Teilen auch heute noch existiert.

Die Religion der Mikronesier

Mikronesien (griech.: »Kleininselwelt«) umfasst die Inselketten der Karolinen einschließlich Palau, die Marianen, Marshall- und Gilbertinseln sowie Nauru. Eine allgemeine Beschreibung der Religionen Mikronesiens ist schwierig, da es sich nicht um ein einheitliches kulturelles Gebiet handelt und die Bewohner aus unterschiedlichen Kulturtraditionen, Bevölkerungsgruppen und Herkunftsgebieten stammen. Die jeweiligen religiösen Überlieferungen und Glaubenselemente sind vielschichtig. Auch setzte in Mikronesien die Kolonisierung und *Missionierung* sehr früh ein, so dass über die ursprünglichen religiösen Ansichten in manchen Bereichen fast gar nichts bekannt ist. Die Marianen am westlichen Rand Mikronesiens wurden 1521 von Ferdinand Magellan entdeckt und bald darauf von katholischen Missionaren christianisiert. Die ursprüngliche Kultur und Religion der Chamorro, der Ureinwohner der Marianen, war bereits zu Beginn des 17. Jh. so gut wie ausgelöscht.

Schöpfungsmythen: Einige wichtige Erscheinungsformen religiösen Handelns und Denkens lassen sich jedoch für ganz Mikronesien herausstellen. Dazu gehören die *Mythen* zur Entstehung des *Kosmos* und der Erde, der Glaube an das Wirken mythischer Gestalten, die auch als Kulturheroen auftreten, sowie die Vorstellung von mythischen Weltbildern, in denen Landstriche, Inseln,

Männerhaus von Kanganaman mit kunstvoll geschnitzten Giebelbalken am Sepik River, Papua-Neuguinea. Die im Hochland am Sepik lebenden Stämme haben sich ihre urprüngliche Kultur weitgehend bewahrt.

Seegebiete, Himmelsrichtungen sowie Himmels- und Erdschichten eine wichtige Rolle spielen. Von mythischen Ahnengestalten leiten die heutigen Stammesgruppen und Familienverbände ihre Herkunft ab. Da ein Großteil der mikronesischen Gesellschaft matrilinear, also entlang der weiblichen Abstammungslinie organisiert ist, sind es oft mythische Ahnfrauen. Gemäß der Kultur Mikronesiens stehen in den Legenden mythische Seefahrer im Mittelpunkt, die als Überbringer wichtiger kultureller Errungenschaften fungieren. Die dualistische Vorstellung einer materiellen und einer immateriellen Welt weist jedem Menschen oder Ding ein »spirituelles Doppel« zu. Die geistartige Entsprechung oder das eigenständige Seelenwesen, auch als Frei-Seele oder Traum-Seele bezeichnet, kann den Körper verlassen und an anderen Orten erscheinen. Daraus ergeben sich weitere komplexe *Seelenvorstellungen,* die das Leben der Menschen und ihre Einstellung zu Tod und Begräbnissitten beeinflussen. Die Vorstellung von *»mana«,* der überaus wirksamen Kraft, ist auch in Mikronesien vertreten. Materielle Ausdrucksformen der Religion sind z. B. die kunstvoll geschnitzten *Männerhäuser* auf Palau mit ihren typischen Balkenverzierungen, die mythische Themen wiedergeben, sowie die Ruinen großer Kultanlagen auf Kusai und Ponape (Nan Madol). Deren Geschichte und teilweise religiöse Bedeutung ist jedoch nicht vollständig geklärt.

Die Religionen Ozeaniens heute

Durch frühe und intensive Missionierung *Ozeaniens* gehören die meisten Bewohner der pazifischen Inseln heute einer der beiden christlichen Kirchen oder ihrer Denominationen an. Gottesdienst, Gemeindearbeit und die Feste des christlichen Kirchenkalenders gehören zum Alltagsleben der ozeanischen Bevölkerung. Dennoch haben sich in vielen Bereichen ursprüngliche Glaubenselemente erhalten, die für die allgemeine Kultur- und Traditionsbewahrung sehr wichtig sind. Dazu gehören die Verehrung der (mythischen) Vorfahren, die Überlieferungen von Schöpferwesen und Geistern sowie von mächtigen Kulturheroen. Die Göttergestalten *Polynesiens* (bzw. die Elemente, für die sie stehen), die Überlieferungen von *Mauis* Taten, die Vorstellung von *mana* und *tapu,* sind auch heute noch im Denken der Menschen verhaftet. Unter dem Einfluss der *Missionierung* versuchten manche religiöse Bewegungen im 19. Jh., Elemente der traditionellen und christlichen Religion zu verbinden und eine lebbare Synthese für die einheimische Bevölkerung zu entwickeln. Solche »neuen Religionen« Ozeaniens sind die Kaoni-Bewegung auf Hawaii (ab 1868), die Ivi-atua-Religion auf der Osterinsel (ab 1914) oder Pai-Marire auf Neuseeland (auch Hau-Hau-Bewegung, ab 1864).

Corinna Erckenbrecht

Traditionelle Religionen Ozeaniens von A–Z

Die im folgenden Buchteil aufgeführten Stichwörter bieten Informationen, die für das Verständnis der traditionellen Religionen Ozeaniens wichtig sind. So wird z. B. Initiation hier ausschließlich in seiner Bedeutung für die traditionellen Religionen Ozeaniens betrachtet. Seitenverweise am Ende eines Stichwortes führen in den Buchteil *Die traditionellen Religionen Ozeaniens in Geschichte und Gegenwart* (S. 938).

Ahnenkult, in *Melanesien* weit verbreitete kultische Verehrung der Ahnen im *Jenseits* durch ihre Nachfahren im Diesseits. Der A. ist ein Abbild bzw. eine Fortführung der sozialen Wirklichkeit, in der die Verehrung der (lebenden) Ältesten eine große Rolle spielt. Er definiert auch die ethnische, religiöse und soziale Zugehörigkeit des Einzelnen.

Ahnenmaske, in *Melanesien* gebräuchliche Maskenform, die beim *Ahnenkult* Verwendung findet. Die sorgsam verwahrte und bei kultischen Handlungen zum Vorschein gebrachte *Maske* symbolisiert die ständige Gegenwart des Ahnen, der sich durch die A. bzw. deren Mund mitteilen kann.

Ahnenverehrung, allgemeine Verehrung und Achtung der Vorfahren, die nicht kultische Formen annehmen muss.

Ahu, heiligster Bezirk innerhalb einer Tempelanlage oder eines *Marae* in *Polynesien.* Auf der Osterinsel wurden hier u.a. die großen Steinskulpturen aufgestellt; ein A. diente auch als Begräbnisplatz.

Ahnenverehrung. Ein Angehöriger eines Papuastammes in Irian Jaya, dem westlichen, zu Indonesien gehörenden Teil Neuguineas, benutzt im Männerhaus den Schädel eines Ahnen als Kopfstütze.

Aitu, zusammenfassende Bezeichnung der Schutzgottheiten, Geister und Dämonen auf der untersten Stufe der polynesischen Götterwelt, an deren Existenz die *Manahune,* die ersten Besiedler *Polynesiens,* glaubten.

Animismus (lat. anima: »Seele«), Glaube an die allgemeine Beseeltheit der Natur und der stofflichen Dinge. Ethnologen nehmen an, dass die frühen Besiedler *Polynesiens* auch animistischen Glaubensauffassungen anhingen. Im 19. Jh. wurden in der Ethnologie verschiedene Theorien über die Frage aufgestellt, ob im A. der Ursprung der Religion schlechthin gesehen werden könne (E. B. Tylor »Primitive Culture«, 1871). Diese Theorien wurden später als unhaltbar verworfen.

Anthropophagie (Kannibalismus), Verzehren von menschlichem Fleisch oder Organen durch Menschen. Auch das Verzehren von pulverisiertem oder mit Asche vermischtem Knochenmaterial fällt in den Bereich der A. Man unterscheidet den »profanen Kannibalismus«, der nur der Ernährung gedient haben soll und kaum bis gar nicht belegt ist. Bis in die jüngste Vergangenheit gab es andererseits einen kultischen oder rituellen Kannibalismus, bei dem einzelne Teile des menschlichen Körpers zu dem Zweck verzehrt wurden, sich die in diesen Teilen oder Organen innewohnende Kraft anzueignen. Auch Rache, Demütigung und angestaute Aggressionen werden als Motiv der A. angesehen. Ob Kannibalismus, von dem einzelne Quellen aus *Polynesien* und *Melanesien* berichten, in *Ozeanien* wirklich existiert hat, ist umstritten.

Ariki (Ari'i), polynesische Adelsgeschlechter, die an der Spitze der stark hierarchisch gegliederten Gesellschaft standen und ihre Abstammung auf die *Götter* zurückführten. Heute umgangssprachlich auch allgemein für Häuptlinge oder Chiefs gebraucht.

Anthropophagie.
»Eine häusliche Szene in einem Kannibalendorfe auf Kaiser-Wilhelm-Land« lautet die Beschreibung dieses um 1890 im nordöstlichen Teil Neuguineas aufgenommenen Stereofotos.

Atua, Schicht der mittleren, aber mitunter sehr mächtigen Gottheiten der polynesischen Götterwelt.

Austronesier, Sammelbezeichnung für die Vorfahren der ozeanischen Besiedler.

Austronesische Sprachfamilie, Obergriff für die *malayo-polynesische Sprachfamilie* mit ihren 700–800 Einzelsprachen.

Bestattung, auf *Ozeanien* bezogen z. B. Erd- und Feuerbestattungen, B. in Bäumen und Booten.

Bonito-Kult, kultische Verehrung des Bonito-Fisches, einer Tunfischart, und des Bonito-Fischfangs auf den Salomonen. Aufgrund seines dort großen Vorkommens nimmt der Bonito als Speisefisch eine wichtige Rolle in der Ernährung der Insulaner ein. Eine spezielle Hütte mit Bootsmodellen sowie einem Schädelhäuschen mit Ahnenschädeln diente der Ausführung des *Kultes.*

Cargo-Kult (engl. cargo: »Fracht«), Heilserwartungslehre in Melanesien, wonach die Waren- und Güterlieferungen an die Weißen ursprünglich der einheimischen, schwarzen Bevölkerung galt. Rituale und Kultausübungen sollen die Ahnen bewegen, die Fracht an ihre eigentlichen Adressaten umzulenken. Ein etwa ab den 1930er Jahren entstandener Kult, der auch heute in Teilen noch lebendig ist.

Dema-Gottheiten, Schöpferwesen, durch deren Tod und Zerstückelung die für den menschlichen Fortbestand wichtigen Kulturpflanzen erst entstanden. Hauptsächlich in Süd-Neuguinea verbreiteter Glaube.

Erde-Himmel, in *Ozeanien* als untrennbare Einheit verstanden und Thema vieler polynesischer Überlieferungen. Erst mächtigen Gottheiten wie *Tane* gelang es dem Glauben der *Maori* zufolge, Vater Erde (papa) und Mutter Himmel (rangi) voneinander zu trennen, auf dass die Menschen auf der Erdoberfläche leben konnten. Auch gilt die Entstehung der *Götter* sowie der Menschen oftmals als Ergebnis eines Zeugungsprozesses des einst vereinten *Weltelternpaars.*

Geheimbünde, für das religiöse, soziale und politische Leben allgemein wichtige, hauptsächlich in *Melanesien* anzutreffende Form des Bundwesens. Unterschieden werden Männerbünde und G. In Männerbünden sind viele, oft altersgleiche und miteinander verwandte Mitglieder vertreten. Zu G. gehören dagegen meist eine ausgewählte Zahl von männlichen Mitgliedern (manchmal auch einzelne weibliche). G. können für die Vermittlung religiöser Geheimnisse, die Tradierung magischer Praktiken und medizinischer Kenntnisse sowie für das Anfertigen und Tragen von *Masken* zuständig sein. Bekannte G. der Melanesier sind z. B. der Iniet- und der Dukduk-Geheimbund in Neubritannien.

Götter, in *Polynesien* eine Vielzahl von Gottheiten mit einzelnen Zuständigkeitsbereichen in einem hierarchisch gegliederten Pantheon. Manche G. wie *Tangaroa* gelten als oberste Gottheiten und alleinige Schöpfer aller weiteren metaphysischen wie irdischen Wesen.

Hawaiki, gemeinsame Urheimat der *Ariki,* der Adelsgeschlechter *Polynesiens.* Die Poly-

Geheimbünde.
Eine Tubuan-Maske des Dukduk-Geheimbunds, eine weibliche Maske aus Birkenrinde und Blättern. Die weiblichen Tubuan und die männlichen Dukduks spielen eine wichtige Rolle bei den Initiationsriten und fungieren als Strafinstanz bei Tabubrüchen.

nesier glaubten, dass nach dem Tod eines Menschen dessen Seele wieder den Weg zurück nach H. suchen werde. Die Seelen der Verstorbenen machten sich in die Himmelsrichtung, in der die Urheimat der Überlieferung zufolge lag, auf den Weg. Diese Himmelsrichtungen waren je nach Lage der Insel und Überlieferung unterschiedlich.

Initiation, schrittweise, mehrstufige Einweihung von Jugendlichen in religiöse Geheimnisse und Aufnahme in einen höheren, erwachseneren Status in der Gesellschaft. In ganz *Ozeanien* gibt es z.T. auch heute noch Initiationszeremonien der Jugendlichen als schrittweise Einweihung in religiöse Geheimnisse und profane Kulturtechniken wie z.B. die Seefahrttechnik. Dort, wo Männer- und *Geheimbünde* existieren (z.B. in *Melanesien*), gibt es auch aufwendige Initiationszeremonien zur Aufnahme in den jeweiligen Bund.

Io (I'ho, Kiho), wohl im 19. Jh. von *Maori-Priestern* entwickelter Glaube an einen höchsten, allmächtigen Gott. Er galt als alleiniger Vater sowie Schöpfer aller weiteren Dinge und Menschen. Aufgrund des Tabus, das ihn umgab, lebte er zurückgezogen im Himmel. Ob dieser Glaube, der große Ähnlichkeit zur Gottesvorstellung im Christentum aufweist, auf Einflüsse der *Missionierung* zurückgeht, ist ungeklärt.

Jenseits, Vorstellungswelt von einem Reich der Toten im Glauben der Ozeanier. Eine klare Trennung zwischen Diesseits und *Jenseits* ist in vielen Gesellschaften *Ozeaniens* nicht so gegeben wie im abendländischen Christentum. Für die Melanesier ist das J., in dem ihre Ahnen leben, allseits gegenwärtig. Die Ahnen können von dort auch direkten Einfluss auf das Schicksal der Lebenden nehmen. Deshalb müssen sie geehrt werden.

Jon Frum, *Cargo-Kult* auf Tanna (Neue Hebriden), ab 1930/40, benannt nach der zentralen, mythisch-realen Person J. Nach der Überlieferung werde er die Weißen vertreiben, die Menschen von Tanna und den Nachbarinseln vereinen und eine Welt der materiellen Fülle ohne Notwendigkeit zur eigenen Subsistenzsicherung durch Ackerbau und Schweinezucht bringen. Der Glaube existiert in abgewandelter und abgeschwächter Form noch heute.

Kanaken (polynes. kanaka: »Mensch«), Wort aus der Sprache der Hawaii-Inseln. Es wurde später oft abschätzig auf die Einwohner der anderen pazifischen Inseln übertragen, wodurch es auch in Europa Einzug hielt. Heute ist es in Neukaledonien, gefördert durch die einheimische Unabhängigkeitsbewegung, zur positiven Eigenbezeichnung der einheimischen Bevölkerung geworden.

Kawa, Getränk aus dem Pfefferstrauch (piper methysticum). Das gemeinsame Trinken großer Mengen K. ist eine feierliche Zeremonie, die früher in weiten Teilen *Polynesiens* verbreitet war. Auch auf Vanuatu in *Melanesien* und in Teilen *Mikronesiens* wird K. zubereitet. Heute wird es noch auf Fidschi, Samoa und Tonga im Alltag und bei gemeinsamen Zeremonien getrunken. K. hat bei geringer Dosierung eine entspannende, beruhigende Wirkung, in höheren Dosen auch eine mehr oder weniger stimulierende.

Königtum, ein oftmals sakrales, d.h. mit göttlicher Legitimation ausgestattetes politisches Herrschaftssystem, das ein hierarchisch gegliedertes, zentral organisiertes Gesellschaftssystem wie in *Polynesien* voraussetzt. *Priester,* »Beamte« sowie tributpflichtige Teilterritorien und Bevölkerungsschichten gehören zu diesem politischen Gebilde. In *Melanesien* existiert eher das weniger hierarchische, weniger dauerhafte System des (erblichen) Häuptlingstums oder instabile, nicht institutionalisierte Führungspositionen wie die des »big man«.

Kopfjagd, auf komplexer religiös-ideologischer Grundlage basierendes Erbeuten von Schädeln gruppenfremder Personen in Neuguinea, *Melanesien,* meist mit dem Ziel, sich die dem Schädel innewohnende Kraft anzueignen. Geglückte K. steigerte das Prestige und konnte die Aufnahme in den Kreis initi-

Kawa. Frauen bei der Zubereitung des Kawa. Die Wurzeln des Pfefferstrauchs, auch Kawa Kawa genannt, werden zerrieben und mit Wasser zwei Tage zur Gärung angesetzt. Bei Treffen zwischen fremden Familienclans wird Kawa wegen seiner beruhigenden und angstlösenden Wirkung geschätzt, bei höherer Dosierung kann ein leichter Rauschzustand eintreten.

ierter Männer bewirken. Verbreitungsgebiet der K. war außer Neuguinea auch Hinterindien, Indonesien, Westafrika und Südamerika.

Kopftrophäen, durch Trocknen, Gerben und teilweises Ausstopfen konservierte, bei der *Kopfjagd* erbeutete Schädel, die, verziert und dekoriert, zu kultischen Zwecken aufbewahrt wurden. Die Sitte war vor allem im Sepik-Gebiet in Nordost-Neuguinea verbreitet, wo die K. auch künstlich aus Ton hergestellt und bemalt wurden. Bei den *Maori* in Neuseeland wurden die Köpfe mitsamt der Haut getrocknet und zur Schau gestellt; hier dienten sie auch als Kriegstrophäen.

Kosmogonie, kosmogonische Mythen, mythische Schöpfungsgeschichte(n) des Weltalls und der Menschheit, die auf mächtige Göttergestalten, Kulturheroen, Ahnenwesen oder ein mythisches *Welteltern paar* zurückgehen.

Kosmos (griech. »Weltordnung«), die Welt als ganzes, das Weltall oder Universum. Die Glaubensvorstellungen der Polynesier zur Entstehung der Welt beziehen sich auf mitunter vielschichtige Unterteilungen in Himmels-, Erd-, Meeres- und Unterwelten. Letztere können auch das Reich der Toten beherbergen.

Kult, ritualisierte, genau vorgeschriebene und in zeitlichen Abständen wiederholte Form der gemeinsamen Verehrung anhand von Handlungen, Worten, Gesängen, Tänzen oder Gesten. Die Verehrung kann sich auf einen Ahnen oder aber auf Tiere und Pflanzen beziehen, die für die Ernährung der örtlichen Bevölkerung besonders wichtig sind (z.B. Yams in *Melanesien).*

Kulthaus, kunstvoll angefertigtes und verziertes Versammlungshaus eigens zum Zweck der Kultausübung in *Melanesien.*

Kunst, hier Ausdrucksform für religiöse Themen wie mythische Überlieferungen, Darstellung der Göttergestalten und ihrer Taten sowie anderer halb menschlicher, halb göttlicher Wesen. In *Ozeanien* findet das künstlerische Schaffen oft Ausdruck in Stein- oder Holzskulpturen, Schnitzereien, Friesen, *Masken* und der Gestaltung der Frontgiebel an *Männer-* oder *Kulthäusern (Melanesien).* Auch auf Rindenbaststoffen (tapa) können mythologische Themen abgebildet sein *(Polynesien).*

Männerhaus, in allen Teilen *Ozeaniens* anzutreffendes, oftmals kunstfertig erstelltes und reich verziertes Versammlungshaus für Männer. *Melanesien,* insbesondere Neuguinea, ist für seine hohen und mit Schnitzereien und *Masken* reich verzierten M. berühmt. In *Mikronesien* sind insbesondere die M. in den Karolinen (Palau und Yap) mit ihrer sozialen, politischen und religiösen Funktion sowie – in Palau – mit ihren verzierten Giebelbalken, die ganze Bildergeschichten aus der Mythologie wiedergeben, beachtenswert.

Männerhaus. »Haus Tambaran« (»Geisterhaus«) werden die Langhäuser der Männerbünde in Papua-Neuguinea genannt. Das Foto zeigt das Abelam Haus Tambaran bei Maprik im Sepik-Gebiet.

Malanggan, Bezeichnung für die im Norden Neu-Irlands heute noch abgehaltenen Trauerfeiern und die dabei getragenen, aus Holz geschnitzten Figuren, Friese und *Masken.* Die M. sind äußerst filigran aus weichem Holz geschnitzt und farbenprächtig bemalt.

Malayo-polynesische Sprachfamilie, Ende des 19. Jh. und Anfang des 20. Jh. entwickelte linguistische Sammelbezeichnung für 700 bis 800 Sprachen aus Indonesien, den Philippinen, der malaiischen Halbinsel, Neuguinea mit Inselmelanesien, *Mikronesien* und *Polynesien* bis hin zu Madagaskar, Teilen Taiwans und Vietnams.

Mana, übernatürliche, »überaus wirkmächtige Kraft«, an die in allen Teilen *Ozeaniens* in unterschiedlicher Form geglaubt wird. Menschen können bereits viel M. besitzen, wenn sie einer ranghohen Gesellschaftsschicht entstammen wie die *Ariki* in *Polynesien.* M. kann aber auch durch eigene Leistungen oder ritu-

Maori. Holzschnitzereien am Eingang zum Te Hau ki Turanga Versammlungshaus, das 1842 in Manutuke bei Gisborne errichtet wurde. Der rechte Pfeiler trägt ein Selbstbildnis des Holzschnitzers Raharuhi Rukupo. Das Haus wurde im National Museum of New Zealand in Wellington wieder aufgebaut.

elle Handlungen auf eine Person gelenkt und gesteigert werden. Andererseits kann M. auch wieder verloren gehen. Es wird heutzutage umgangssprachlich auch als Macht, Einfluss, Prestige oder Charisma bezeichnet.

Manahune, besiedlungsgeschichtlich erste Bevölkerungsgruppe *Polynesiens,* die noch eine wenig differenzierte Gesellschaftsordnung besaß und offenbar an eine Vielzahl von Familiengöttern, Schutzgeistern oder örtlichen Gottheiten (Aitu) glaubte.

Manismus,(lat. manes: »Hausgeister«), teilweise veraltete Bezeichnung für den *Ahnenkult,* bei dem die im Diesseits lebenden Nachfahren ihre gemeinsamen, vor langer Zeit verstorbenen Ahnen verehren *(Totenkult).*

Maori, einheimische polynesische Bevölkerung Neuseelands. Vermutlich aus Ost- oder Zentralpolynesien stammend, besiedelten sie in mehreren großen Booten etwa um 1350 n.Chr. Neuseeland. Die M. waren Pflanzer, Jäger und Fischer und lebten in festen Siedlungen. Berühmt ist ihre Schnitzkunst (Häuser, Boote). Bei ihrer Ankunft überlagerten und verdrängten sie vermutlich die bereits auf Neuseeland lebenden Moa-Jäger und Grünsteinsammler, über deren Kultur nur wenig bekannt ist.

Marae (Marai, Malae), heiliger Bezirk, Wohnstätte der *Priester,* aber auch Richt- und Versammlungsplatz eines Dorfes oder Mittelpunkt von familiären Versammlungen und Festen in *Polynesien.* Der M. ist meist rechteckig und mit niedrigen Steinwällen umsäumt. In der Mitte des Platzes oder an der Stirnseite stehen Hütten oder Häuser, die als Versammlungsstätten genutzt und/oder in denen Kultobjekte aufbewahrt werden. Auch eine regelrechte Tempelanlage oder ein heiliges Zentrum innerhalb des M. *(Ahu)* kommt in Polynesien vor.

Masken, Bestandteil von Zeremonien und *Kulten* in *Melanesien.* Auch in den *Geheimbünden* spielen M. eine große Rolle. Sie sind meist sehr kunstfertig ausgeführt, haben je nach Region und Bund unterschiedliche Formen, Funktionen und symbolische Charakteristika und werden auch mit Maskenkleidern getragen. In *Mikronesien* ist nur eine Maskenform auf den Mortlock Inseln bekannt.

Maui, sagenhafte Gestalt, auch als Halbgott verehrt, um die sich viele *Mythen* in *Polynesien* ranken. M. kann einerseits ein Schöpferwesen und Kulturheros sein, ein segensreicher Überbringer von wichtigen Kulturzeugnissen. Er kann für die Entstehung einzelner Inseln verantwortlich sein, die er einst aus dem Wasser gezogen haben soll (so z.B. die Nordinsel von Neuseeland). Auch die Erfindung des Fischfangs, das Erschaffen der ersten Kokospalme oder das Einfangen der Sonne, auf dass sie jeden Tag lange genug leuchte, werden M. in lokalen Legenden zugeschrieben. Andererseits ist M. ein Schalk oder Trickster, der den Menschen Streiche spielt und vor dem sie sich hüten müssen.

Melanesien (griech. melan: »schwarz«; nesos: »Insel«; »Schwarzinselwelt«), die melanesische Inselwelt umfasst Neuguinea mit dem Bismarck-Archipel, die Inselketten der Salomonen, Vanuatu (Neue Hebriden) und Neukaledonien im südwestlichen Pazifik. Die Bevölkerung der Torres-Strait-Inseln zwischen Neuguinea und Australien kann aufgrund kultureller und sprachlicher Gemeinsamkeiten auch zu den Melanesiern gerechnet werden, obgleich die Inseln größtenteils zum australischen Staatsgebiet gehören. Fidschi stellt ein Übergangsgebiet zu *Polynesien* dar, da sich hier melanesische und polynesische Elemente mischen.

Mikronesien (griech. mikro: »klein«; nesos: »Insel«; »Kleininselwelt«), Inselgruppen der

Marianen, Karolinen inklusve Palau, Marshall- und Gilbertinseln sowie die Insel Nauru im nördlichen Pazifik.

Missionierung (lat. missio: »Sendung«), gezielte Verbreitung bzw. Bekehrung zu einer Glaubenslehre. In *Mikronesien* (Marianen) begann die M. im 16. Jh. durch katholische Missionare aus Spanien, der damaligen Kolonialmacht. In *Polynesien* setzte die M. nach den großen Entdeckungsfahrten im 18. Jh. ein, in *Melanesien* je nach Region im 18., aber auch noch im späteren 20. Jh. (Papuastämme im Inneren Neuguineas). Verschiedene europäische Missionsgesellschaften waren in *Ozeanien* aktiv, insbesondere aber die London Missionary Society.

Moai (Mo'ai), große Steinfiguren auf der Osterinsel, die einzeln stehen oder auf großen rechteckigen Steinplattformen *(Ahu)* nebeneinander aufgereiht sind. Schon vor dem ersten Kontakt mit Europäern (Roggeveen, 1722) war die Herstellung der mächtigen Figuren aus Tuffstein eingestellt worden. Ursprünglich trugen alle M. steinerne Hüte auf dem Kopf und Schrifttafeln aus Holz – auf der Osterinsel existierte die einzige Schrift *Polynesiens* – um den Hals. Ihre Rücken sind manchmal mit Ornamenten verziert. Man nimmt an, dass sie mythische Ahnen und Vorfahren darstellen, die in Zusammenhang mit einzelnen Abstammungsgruppen standen. Auch ein Bezug zu dem auf der Osterinsel seinerzeit herrschenden *Vogelmannkult* wird angenommen. Das Kunstschaffen der Osterinsulaner, zu dem auch die aus dem Holz des Toromirobaums geschnitzten männlichen Figuren (moai kavakava) gehören, erlangte seine größte Blüte zwischen dem 12. und 17. Jh.

Mythen, zusammenfassende Bezeichnung aller metaphysischen, sakralen, oral tradierten Überlieferungen. Die M. beschäftigen sich entweder mit globalen, übergeordneten Themen wie der Weltschöpfung, dem Ursprung eines Volkes oder der bestehenden Welt- und Gesellschaftsordnung oder mit der Erklärung bzw. Entstehung der Elemente, der Natur, Flora und Fauna sowie deren jeweiligen örtlichen Erscheinungsformen. Einzelne M. befassen sich konkret mit Kulturtechniken wie Wirtschaftsformen, Haus- oder Bootsbau, Fischen oder Jagen sowie den Taten einzelner mythischer Gestalten. In *Ozeanien* handeln viele M. von den Taten der Göttergestalten und Kulturheroen, der Erschaffung der Inseln und ihrer Fruchtbarkeit (Wasser, Bewaldung, Tiere) sowie der Entstehung und dem Artenreichtum der Meere.

Nan Madol, Ruinenstadt auf Ponape, *Mikronesien,* vermutlich Ende des 12. Jh. entstanden. Auf der Grundlage von Korallenblöcken und Basaltsteinen im Meer vor der Küste aufgebauter Herrschersitz mit Kultanlage, der Paläste, Tempel, Wohnhäuser und Opferplätze umfasste. Über den Bau und die Funktion dieser mit ihren aus kreuzweise übereinander geschichteten Basaltsäulen kunstvoll und technisch anspruchsvoll gebauten Anlage wurden viele Theorien aufgestellt. Im 18. Jh. wurde N., das heute eine der bedeutendsten archäologischen Fundstätten in Mikronesien darstellt, offenbar von Eindringlingen aus Kosrae gestürzt. Die Stätte galt daraufhin als tabu und verwaiste.

Noa, der weder *mana*-haltige noch mit Tabuvorschriften belegte profane Bereich des Alltagslebens.

Opfer, Darbringung wertvoller Güter an eine übergeordnete Macht. In *Ozeanien* kommt das O. hauptsächlich bei den Pflanzerkulturen *Melanesiens* und *Polynesiens* vor. So wird die dramatisierte, symbolische Tötung der *Dema-Gottheiten* als O. interpretiert. Auch die vielfältigen Götter Polynesiens verlangten mitunter O., insbesondere der Kriegsgott *Tu* (Ku), der auch Menschenleben forderte.

Ozeanien, übergeordneter Begriff für die pazifische Inselwelt zwischen Amerika, den Philippinen, Südostasien und Australien. In manchen Fällen wird Australien in den Oberbegriff O. integriert.

Masken. Die Asaro leben bei Goroka im östlichen Hochland von Papua-Neuguinea. Ihre Masken sind ein Beispiel für die Interaktion von Mythen mit wirtschaftlichen Interessen. Es gibt eine Reihe sich teilweise widersprechender Mythen zur Entstehungsgeschichte der Asaro-Masken. Ins Licht der Öffentlichkeit traten die Asaro 1957, als sie bei einer Landwirtschaftsschau einen Kriegstanz aufführten. Ihre Masken erwiesen sich als Touristenattraktion und gelten heute als Symbol Papua-Neuguineas. Erst da entstand als einheitlicher Stammesmythos, dass die Asaro in einem Kampf mit einem benachbarten Stamm besiegt und in einen Sumpf getrieben worden seien. Als sie ihren Gegenangriff starteten, war der Schlamm hart geworden und die Gegner der Asaro flohen bei diesem Anblick.

Papua, Bevölkerungsgruppe im Inneren Neuguineas, die sich durch physische, kulturelle und linguistische Merkmale von der melanesischen, d.h. austronesischen Küstenbevölkerung unterscheidet. Umgangssprachlich werden heute im englischen Sprachgebrauch mitunter alle Einwohner (Südost-) Neuguineas, dem ehemaligen »Territory of Papua« sowie manchmal auch der Torres-Strait-Inseln als P. bezeichnet.

Pele, Göttin des Feuers und der Vulkane auf Hawaii.

Polynesien (griech. poly: »viele«; nesos: »Insel«; »Vielinselwelt«), Inselgruppen des pazifischen Ozeans zwischen Hawaii im Norden, Neuseeland im Südwesten und der Osterinsel im Südosten. Innerhalb dieses Bereichs liegen u.a. Samoa, Tonga, die Gesellschaftsinseln und die Marquesas. Fidschi, am Westrand des polynesischen Dreiecks in der Nachbarschaft zu Tonga gelegen, bildet ein Übergangsgebiet zu *Melanesien.*

Papua. Ein Papua mit kunstvollem Kopfschmuck auf dem Inawi Kulturfestival in Port Moresby, Papua-Neuguinea

Priester, religiöse Funktionsträger, die mitunter erhebliche Macht ausüben. In *Polynesien* gehörten sie traditionell zu den höchsten Gesellschaftsschichten und hatten großen religiösen und politischen Einfluss. In *Melanesien* und *Mikronesien* gab es zwar hie und da auch P., Amt und Rolle waren jedoch nicht überall institutionell in Gesellschaft und Religionsausübung verankert.

Rongo (Lono), Gott des Friedens in *Polynesien.* Er schützt den Fortbestand allen irdischen Lebens, den Anbau und die Ernte sowie alle friedlichen Künste.

Seelenvorstellungen, in allen Teilen *Ozeaniens* in vorchristlicher Zeit und z.T. noch heute verbreitet. Die S. basieren auf der Ansicht, dass ein Mensch nicht nur eine Seele, sondern mehrere Seelen, auch Teilseelen genannt, besitzt, denen jeweils im Leben, im Tod und im Jenseits bestimmte Funktionen zukommen.

Synkretismus, Vermischung verschiedener Religionen, mythischer Überlieferungen und philosophischer Ansichten. In Bezug auf die ozeanischen Religionen ist eine Vermischung von traditionellen und christlichen Glaubenselementen im Zuge der *Missionierung* und eine Neuschöpfung von eigenständigen Religionen wie auf Hawaii oder Neuseeland zu verstehen. In manchen Fällen wird auch eine im Nachhinein erfolgte Umdeutung traditioneller Glaubenselemente im christlichen Sinne vorgenommen.

Tane (Kane), mächtiger Gott in *Polynesien,* der allgemein als Gott der Fruchtbarkeit und Spender des Lebens gilt. Er beherrscht wichtige Elemente wie das Sonnen- und Tageslicht, das Wasser (Quellen, Flüsse) und den Wald. Bei den neuseeländischen *Maori* wird er insbesondere als Gott des Waldes und der Bäume angesehen. Dadurch gilt er auch im weiteren Sinne als Vater der Menschheit, da die Bäume das *Weltelternpaar* Erde und Himmel voneinander trennten, so dass die Menschen auf der Erde leben konnten.

Tangaroa (Tangaloa, Ta'aroa), Gott des Meeres und der Meerestiere in *Polynesien,* auf einigen Inseln als oberste Gottheit verehrt. In diesem Fall ist er der Herrscher über alle weiteren Gottheiten, Kulturheroen und Geistwesen.

Tapu (Tabu), polynesischer Begriff, der ursprünglich aus der tonganischen Sprache stammt. Er bezeichnet ein Meidungsgebot, also das Verbot, bestimmte Orte oder Gegenden zu betreten oder Personen zu berühren. Meist wird mit diesem Meidungsbann die Bedeutung von *Mana* untermauert. Der Schutz von Mana durch die Tabuvorschriften bildet ein wichtiges soziales, religiöses und politisches Ordnungsmerkmal in den polynesischen Gesellschaften.

Tiki, sagenhafte Gestalt halb menschlicher, halb göttlicher Herkunft, um die sich viele *Mythen* in *Polynesien* ranken. Einer Überlieferung zufolge entschlüpfte T. dem Ei des Urvogels, der über das Urmeer flog. Aus T. wiederum entstand das erste Kanu, in dem Menschen beiderlei Geschlechts saßen. T. gilt auch als Synonym für die ersten Menschen.

Tohunga, *Priester,* religiöser Experte oder Medium der *Atua,* der Göttergestalten in *Polynesien.*

Totenkult, zeitnahe, kultische Verehrung eines unmittelbar Verstorbenen durch seine Nachfahren, hauptsächlich in *Melanesien.* Durch die kultischen Handlungen soll ein sicheres Geleit für die Seele ins Reich der Toten erwirkt werden, die sich aus dem Diesseits lösen muss.

Totenreich, Gebiet, in das die Seelen der Verstorbenen gehen *(Hawaiki, Kosmos).*

Totenverehrung, sakrale, aber auch profane Verehrung eines zeitnah Verstorbenen.

Tu (Ku), Kriegsgott der Polynesier.

Uli, ein heute aufgrund der *Missionierung* verschwundener Kult der Mandak auf Neu-Irland, bei der die sog. Uli-Skulpturen eine große Rolle spielten. Die bis zu 1,8 m hohen anthropomorphen Holzskulpturen sind farbig bemalt und weisen sowohl weibliche als auch männliche Geschlechtsmerkmale auf. In der Vergangenheit wurden sie fälschlicherweise mit Fruchtbarkeitskulten in Verbindung gebracht. Bestandteil des Kultes war neben der Präsentation von Wertobjekten und Skulpturen ein ritueller Tausch zwischen den Clanen.

Vogelmannkult, kultische Verehrung eines Vogelmannes, wie sie offenbar vor Ankunft der Europäer auf der Osterinsel ausgeübt wurde. Die wichtigste Kultstätte (Orongo) auf der höchsten Stelle der Insel, dem Vulkan Rao Kao, stand in Zusammenhang mit dem V. Offenbar spielten Mutproben und Schwimmleistungen eine wichtige Rolle; eine kleine vorgelagerte Insel galt als Heimstätte des Vogelmannes. Über die religiöse Relevanz dieses Kults ist jedoch wenig bekannt

Uli. Die aus einer Baumwurzel geschnitzte Skulptur aus dem nördlichen Neu-Irland ist mehr als 1 m groß. Bernisches Historisches Museum, Bern

Weltei, nach der Überlieferung der Ursprung, aus dem *Tangaroa,* einer der mächtigsten *Götter* Polynesiens, schlüpfte. Der Himmel gilt als oberer Rand des Eis, die Erde mit den Menschen und Tieren als unterer Rand.

Weltelternpaar, in ganz *Polynesien* verbreitete mythische Vorstellung von der Vereinigung von Mutter Erde und Vater Himmel zu den Welteltern. Aus ihrer Vereinigung entstanden Kinder, die im Glauben vieler polynesischer Völker die ersten oder obersten Gottheiten waren. Sie wiederum schufen die Natur und danach die Menschen. Letztlich sorgten die Taten der Gottheiten dafür, dass sich die beiden Elemente trennten, auf dass die Menschen auf der Erde leben konnten. Der Regen, der aus dem Himmel fällt, wird vor diesem Hintergrund als Tränen der Trauer über die Trennung des W. angesehen.

Neue Religionen in Geschichte und Gegenwart

Begriff und Bedeutung

Religionen unterliegen, wie alle sozialen Phänomene, ständigen Veränderungen. Das gelebte Christentum des 21. Jh., unterschieden in zahlreiche Konfessionen und Kirchen, ist nur noch ansatzweise mit den frühen Gemeinden vergleichbar. Das Beispiel der christlichen Religion zeigt aber auch: Jesus von Nazareth, der später als Christus verehrt wurde, wollte keine neue Religion begründen. Seine Verkündigung zielte auf die Religion, in der er groß geworden war: das Judentum. Aus den konkreten Umständen seiner Zeit entstand nach seinem Tod eine neue Religion. Durch die Jahrhunderte hindurch sind immer wieder neue Religionen entstanden. Meist blieben sie auf eine bestimmte Region beschränkt, vielen war kein längerfristiger Erfolg beschieden. Wenn Anfang des 21. Jh. von einem besonderen Zuwachs neuer Religionen gesprochen wird, dann liegt es u.a. daran, dass in einer global vernetzten Welt das Wissen um Entwicklungen in fremden Ländern größer geworden und die geografische Verbreitung neuer Religionen schneller möglich ist.

Sekte, Psychogruppe oder neue Religion?

Kaum ein anderer Bereich der Religionsgeschichte hat so viele verschiedene Begriffe für einen gleichen Sachverhalt hervorgebracht wie die Entstehung neuer Religionen. In dieser Vielfalt von Bezeichnungen werden zwei Dinge sichtbar: 1. Das Phänomen ist einer eindeutigen Beschreibung noch nicht zugänglich. Die einzelnen Gemeinschaften unterliegen in ihrer äußeren Gestalt, in der Ausformulierung ihrer Lehren, in der sozialen Zusammensetzung ihrer Anhänger und in den konkret sichtbaren Handlungen starken Veränderungen. 2. Neue Religionen sind Gegenstand von teilweise kontroversen öffentlichen Auseinandersetzungen.

Die verwendeten Begriffe geben stets auch die Standpunkte derjenigen wieder, die an den Debatten beteiligt sind. Es kann sogar vorkommen, dass einzelne Begriffe wie »Sekte« ihren Bedeutungsgehalt verändern.

Sekte

Die Auseinandersetzung um neue Religionen wurde bis in die Mitte des 20. Jh. fast ausschließlich von kirchlichen Vertretern geführt. Die Gesellschaft hatte den Kirchen die größte Kompetenz in allen Fragen der Religion zugeschrieben. Die neu entstehenden Gemeinschaften gingen meist aus dem Christentum hervor und blieben ihrem Selbstverständnis nach christlich. Seit der Antike verwendete man für solche Gemeinschaften den Begriff »Sekte«. Er leitet sich vom lateinischen Verb »sequi« (nachfolgen) bzw. dem Substantiv »secta« (Lehre, Schule, Partei) ab. Die Rückführung des Sektenbegriffs auf das lateinische »secare« (trennen, abscheiden) ist von der sprachwissenschaftlichen Herleitung nicht korrekt, spiegelt aber einen zentralen Aspekt dieser Gemeinschaften.

Vor allem in der neueren Diskussion erhielt der ehemals neutrale und vornehmlich in der theologischen Auseinandersetzung verwendete Sekten-Begriff eine negative Grundbedeutung und wurde auf immer mehr Gemeinschaften angewendet. In dem Maße, wie sich auch politische Instanzen mit einzelnen Gemeinschaften beschäftigten, entwickelte sich ein säkularer Sektenbegriff, dem es nicht mehr um die von den einzelnen Gemeinschaften vertretenen Inhalte ging, sondern um die Konflikte, die durch die Handlungen der sog. Sekten hervorgerufen wurden. Das Wort wurde auch zum Kampfbegriff, um religiöse Minderheiten zu kritisieren und gesellschaftlich auszugrenzen. In ähnlicher Weise wurden die Begriffe »Jugendreligionen« und »destruktive Kulte« in die Diskussion eingeführt. Das Wort »Jugendreligion« sollte allgemeine Betroffenheit und ein Eingreifen des Staates herausfordern, da die Gemeinschaften vor allem schutzbedürftige Jugendliche verführten. »Destruktiver Kult« will darauf hinwei-

Abbildung linke Seite: Brautpaare bei einer Massentrauung der Vereinigungskirche (Mun-Sekte) in einem Stadion in der südkoreanischen Hauptstadt Seoul. Die Vereinigungskirche wurde 1954 von Rev. Sun Myung Mun in Korea gegründet. Ihr vollständiger Name lautet »Gemeinschaft vom Heiligen Geist für die Vereinigung der Weltchristenheit«.

sen, dass in den Gemeinschaften die Persönlichkeit der Mitglieder zerstört und die materielle Existenz ruiniert würden. Diese Entwicklung wiederum hat dazu geführt, dass in der theologischen Diskussion für christliche neue religiöse Gemeinschaften häufiger das Wort »Sondergemeinschaft« statt »Sekte« verwendet wird, um zu einem angemesseneren theologischen Verständnis der entsprechenden Gemeinschaften zu gelangen und die Analyse nicht durch den säkularen Sektenbegriff beeinträchtigen zu lassen.

Psychogruppe

In den 1990er Jahren tauchte schließlich das Wort »Psychogruppe« auf. Dieser Begriff greift das Phänomen auf, dass etliche Gruppen entstanden sind, deren Hauptaugenmerk auf die Bewusstseinsveränderung der Anhänger gerichtet ist. Er soll aber auch verdeutlichen, dass diese Gruppen mit Religion im hergebrachten Sinn nichts gemein haben.

Neue Religion

Angesichts dieser negativen Zuschreibungen haben viele Gemeinschaften versucht, ihre Eigenschaft als »vollwertige« Religion zu verdeutlichen, auch in Abgrenzung zu anderen »Sekten«. Sie wollen von der positiven Besetzung des Wortes Religion profitieren. Mit der rechtlichen Anerkennung als Religionsgemeinschaft sind in Deutschland Privilegien wie etwa die Nutzung öffentlicher Plätze für die Missionsarbeit verbunden.

In diesen Bemühungen nehmen einige Gemeinschaften auch auf wissenschaftliche Beschreibungen Bezug. In Religionswissenschaft und Soziologie haben sich die Begriffe »neue Religionen« oder »neue religiöse Bewegungen« durchgesetzt. Bei den wissenschaftlichen Begriffen muss jedoch berücksichtigt werden, dass nicht nur versucht wird, das Phänomen neuer Religionen möglichst neutral zu analysieren, sondern dass auch »Religion« nur ein Gegenstand des Forschungsinteresses ist, ohne damit wertende Urteile vorzunehmen. Außerdem ist die Klassifizierung eines Phänomens als »Religion« allein von funktionalen Kriterien oder dem Vorhandensein bestimmter formaler Merkmale abhängig, während in der gesellschaftlichen Wahrnehmung Religion immer mit Ethik, Moral oder der Verantwortung für den Nächsten und die Gesellschaft verknüpft sein sollte.

Rituelle Zeremonie von Druiden vor der Megalithanlage Stonehenge bei Salisbury, England. Stonehenge ist das größte prähistorische Steindenkmal Europas und stammt aus dem 3./2. Jt. Wissenschaftler nehmen aufgrund der Anordnung der Steine an, dass der Ort für kultische Handlungen genutzt wurde.

Religionsgeschichtliche Unterscheidungen

Unabhängig von den Versuchen, das Phänomen neuer Religionen auf eine begriffliche Formel zu bringen, sind weiter reichende Differenzierungen notwendig, um angesichts der Vielzahl von Gemeinschaften eine Orientierung zu ermöglichen. Für die sachgerechte Auseinandersetzung mit den Lehren und Praktiken neuer Religionen hat sich die Unterscheidung entlang der religionsgeschichtlichen Hintergründe bewährt. Hierfür eignen sich zunächst die großen religiösen Traditionen Christentum, Judentum, Islam, Hinduismus und Buddhismus. Darüber hinaus sind die völkischen und neuheidnischen Gruppen, die satanistischen Orden und okkultistischen Zirkel sowie diejenigen Gemeinschaften abzugrenzen, die im 19. und 20. Jh. aus der unitarischen und freidenkerischen Bewegung heraus entstanden sind. Aus dieser Perspektive hat auch der Oberbegriff »Psychogruppe« seine Berechtigung, da hier eine religionsgeschichtliche Zuordnung oft nicht möglich ist. Durch eine so vorgenommene Einteilung wird die grundsätzliche Ausrichtung einer Gemeinschaft kenntlich. Die Analyse muss Unterschiede und Abweichungen, Integration verschiedener Lehren, mögliche Wandlungen in der inhaltlichen Ausrichtung und weitere spezifische Eigenschaften verdeutlichen.

Besteht das Interesse an der Beschäftigung mit neuen Religionen stärker in politischen Fragen wie etwa der Stellung der Menschenrechte, der Persönlichkeitsentfaltung der Anhänger oder der Durchsetzung demokratischer Strukturen auch innerhalb von Religionen, bieten sich andere Kriterien an. Solche Maßstäbe können aber die Grenzen zwischen neuen und etablierten Religionen verschwinden lassen, wie etwa die Diskussion um die Stellung der Frau im Islam oder die hierarchische Struktur der katholischen Kirche mit ihrer absoluten Lehrautorität des Papstes zeigt. Die Auseinandersetzung um die Lehren und Strukturen neuer Religionen kann sich in eine allgemeine Religionskritik wandeln, deren gesellschaftliche Berechtigung nicht abgestritten werden soll.

Geschichte

Europa und Deutschland

Die religiöse Landschaft in Europa war seit der Reformation relativ stabil. Mitteleuropa war konfessionell in katholische und evangelische Kirchen geteilt, im Osten dominierte das orthodoxe Christentum. Überall gab es jüdische Minderheiten, während der Islam sowohl von der Iberischen Halbinsel als auch vom Balkan vertrieben wurde. Reformatorische Bewegungen, die nicht das Wohlwollen der Obrigkeit fanden, wurden oft verfolgt. Viele der Gläubigen fanden in Amerika eine neue (auch religiöse) Heimat.

19. und frühes 20. Jahrhundert

Ab dem 19. Jh. führten mehrere Entwicklungen zum Auftreten neuer Religionen in Europa. Durch Mission aus den USA gelangten viele der ehemals unterdrückten Gemeinschaften zurück in die Alte Welt. Gleichzeitig entstanden Mitte des 19. Jh. aus einer starken endzeitlich orientierten Strömung innerhalb des Christentums neue Gemeinschaften wie die Zeugen Jehovas (→ S. 266), die *Siebenten-Tags-Adventisten* oder die Mormonen (→ S. 199), die in Europa missionierten und Anhänger fanden. Einige Jahrzehnte später folgten die *Pfingstkirchen*. In England entstanden, ebenfalls unter endzeitlichen Vorzeichen, die *Apostelgemeinden*, die wie viele neue christliche Gemeinschaften die urchristliche Kirche wiederherstellen wollten.

Die akademische Forschung des 19. Jh. initiierte die Wahrnehmung von Hinduismus und Buddhismus als dem Christentum gleichrangige Religionen. Die Aneignung dieser Religionen blieb zunächst jedoch auf Angehörige der Oberschichten beschränkt. Sie erblickten in den asiatischen Religionen eine Alternative zu einer Welt, die ihrer Meinung nach durch zunehmenden Materialismus und Zweckrationalität degenerierte.

Die Bewegung der Freimaurer verschreibt sich seit jeher der humanitären und toleranten Geisteshaltung. Der Begriff »lodge« (Loge) bezeichnet seit dem Jahr 1278 das Holzgebäude, was den Bauhandwerkern als Werkstatt diente, seit dem 14./15. Jh. ist es auch die allgemeine Bezeichnung für die Gruppe der Steinbauwerker. 1717 entstand in London die erste Großloge; die erste Loge Deutschland wurde 1837 in Hamburg gegründet. Die Abbildung zeigt einen Freimaurerschurz mit typischen Symbolen der Bruderschaft: In der Mitte befindet sich der Salomonische Tempel, die zwei Säulen der Gegensätzlichkeiten, Mond und Sonne als licht- und kraftspendende Symbole, der Buchstabe »G« für Geometrie und die Werkzeuge des Grades. Bemaltes Leder, 18. Jh.; Privatsammlung

Ebenfalls ein Phänomen gebildeter Kreise blieb eine Mixtur aus spiritistischen Offenbarungen, asiatischen Religionen, antiken Mysterienkulten sowie dem Rückgriff auf geheimbündlerische Gruppierungen früherer Jahrhunderte (*Rosenkreuzer, Illuminaten, Freimaurer*). Teils als eigenständige Gruppierungen, teils durch Verknüpfung dieser Traditionen entstanden ab dem Ende des 19. Jh. Theosophie, Anthroposophie sowie okkultistische und satanistische Orden.

Eine eher auf Deutschland beschränkte Entwicklung ist die Bildung völkischer und neuheidnischer Gemeinschaften im 19. und frühen 20. Jh. Sie stehen ideengeschichtlich in engem Zusammenhang mit dem deutschen Nationalismus, der dem »deutschen Wesen« eine Sonderstellung unter den europäischen Nachbarn einräumen wollte. Unter Bezugnahme auf vorchristliche Religionen (Kelten, Germanen) wollten diese Gruppierungen eine »arteigene« deutsche Religiosität begründen, die u.a. in der überlegenen »arischen Rasse« begründet sei.

Zweite Hälfte des 20. Jahrhunderts

Nach dem Zweiten Weltkrieg gelangten ab den 1960er Jahren solche Gemeinschaften nach Europa, die in Deutschland zunächst als »Jugendreligionen« bezeichnet wurden. Von unterschiedlicher geografischer und religiöser Herkunft, wendeten sich vor allem junge Menschen den acht mit diesem

Anhänger der Falun Gong-Bewegung bei ihren morgendlichen Meditationsübungen an einem See in der nördlichen chinesischen Provinz Jiangxi. Die Meditation besitzt in einigen Religionen die wesentliche Funktion, einen kontemplativen Bewusstseins- und Empfindungszustand herbeizuführen.

Schlagwort bezeichneten Gemeinschaften zu: *Scientology, Vereinigungskirche, Transzendentale Meditation, Hare Krishna, Kinder Gottes,* Ananda Marga (→ S. 583), *Neo-Sannyas-Bewegung* und *Divine Light Mission.* In späteren Jahren folgten weitere Gemeinschaften mit meist asiatischem Hintergrund.

Eine weitere Entwicklung der letzten Jahrzehnte ist das Aufkommen der Bewegung des *New Age*. In den USA bereits seit den 1970er Jahren bekannt und eng mit der dortigen Alternativbewegung verbunden, wurde das »Neue Zeitalter« in Deutschland erst gut zehn Jahre später und weitgehend ohne den subkulturellen Protest des Ursprungslandes wahrgenommen. Das New Age vereinigte viele esoterische und asiatische Traditionen in der Erwartung einer Zeitenwende, die von einem dualistischen zu einem ganzheitlichen, Religion, Spiritualität und Wissenschaft versöhnenden, glücklichen Zeitalter überleiten soll. Im Ergebnis führte das New Age vor allem zu einer bis heute andauernden Popularisierung esoterischer Weltdeutung und alternativer, spiritueller Heilungsmethoden.

Der Wandel innerhalb der New-Age-Bewegung von einer eher gesellschaftlich zu einer auf individuelle Persönlichkeitsentwicklung orientierten Grundhaltung ist ein wesentlicher Grund für den Erfolg von Gruppierungen, die ohne Anbindung an eine religiöse Tradition, wohl aber mit Bezug auf spirituelle Weltbilder, die psychische Verfassung ihrer Anhänger positiv beeinflussen wollen. Es sind alternative Lebensgemeinschaften sowie Psychotherapie-Gruppen und -Programme wie das ZEGG, das Erhard-Seminar-Training oder das *Neurolinguistische Programmieren*. Unter ähnlichen Vorzeichen, wenn auch in völlig anderer Weise, finden seit den 1980er Jahren östliche Meditationstechniken wie Yoga, Zen oder Tai Chi Zulauf, die den Praktizierenden innere Harmonie und psychische Stabilität verheißen.

Nahezu unbemerkt von diesen Entwicklungen hat ebenfalls seit den 1960er Jahren der Buddhismus seine Beschränkung in Bezug auf seine Anhänger überwinden können. Waren es ursprünglich Theravada- und vor allem Mahayana-Gemeinschaften, zu denen immer mehr Menschen konvertierten, dominierten ab den 1980er Jahren der Zen-Buddhismus und der tibetische Buddhismus. Hier spielt die spirituelle Erfahrung genauso eine besondere Rolle wie die Autorität der spirituellen Führer in einem Lehrer-Schüler-Verhältnis. Im Gefolge des Buddhismus-Booms verbuchten auch andere asiatische neue Religionen Missionserfolge.

Dieses grobe Raster verdeutlicht eine zunehmende Pluralisierung. Anfangs waren es vor allem christliche Gemeinschaften, die an bestehende Glaubensüberzeugungen der Menschen in Europa anknüpften, bzw. »arteigene« Gruppierungen, die mit einer weit verbreiteten politischen Stimmung konform gingen, seit den 1960er Jahren öffnete sich das Spektrum beträchtlich. Alle großen religiösen Traditionen sind auch in Deutschland und Europa mit eigenen Gemeinschaften vertreten. Die Zahl der einzelnen Gemeinschaften lässt sich jedoch kaum ermitteln. Einerseits ist höchst umstritten, was eine »neue Religion« ist, andererseits gibt es keine offiziellen Statistiken. Für Deutschland kann man aufgrund zuverlässiger Schätzungen und Einzelanalysen von ungefähr 600 Gemeinschaften mit insgesamt 2 Mio Anhängern ausgehen. Die christlichen Sondergemeinschaften wie die Neuapostolische Kirche (→ S. 203) oder die Zeugen Jehovas (→ S. 266) und die Freikirchen stellen gut die Hälfte der Anhängerzahl, der nächst größere Anteil wird von Therapie- und Lebenshilfe-Gemeinschaften gebildet. Die Gemeinschaften, die in der öffentlichen Diskussion als »Sekten« bezeichnet werden, verzeichnen in Deutschland nicht mehr als 100 000 bis 200 000 Anhänger.

Grundzüge des Glaubens

Aus Sicht der Religionsgeschichte ist die Bildung neuer Religionen keine Ausnahme, sondern ein immer wiederkehrender Vorgang. Es ist schwer, allgemein gültige Aussagen über das Entstehen neuer Religionen zu formulieren, u.a. weil nur einem geringen Prozentsatz der neuen Religionen ein Erfolg in dem Sinne beschieden ist, dass sie über einen längeren Zeitraum existieren und eine größere Zahl von Anhängern gewinnen. Viele neu entstehende Gemeinschaften überleben nicht, und der Prozess ihres Werdens und kurzen Bestehens ist nicht oder nur unzureichend dokumentiert. Trotzdem lassen sich drei Elemente benennen, die für das Entstehen neuer Religionen konstitutiv sind: Kritik, Innovation und Gemeinschaftsbildung.

In Gewänder gekleidete und mit Blumen geschmückte Anhänger der Hare Krishna-Sekte musizieren und singen in der Fußgängerzone einer deutschen Großstadt.

Kritik an bestehenden Religionen

Das Element der Kritik bezieht sich vor allem auf die etablierten religiösen Traditionen. Ihnen wird in der Regel geistige Erstarrung vorgeworfen. Der ursprüngliche Glaube spiele keine Rolle mehr, an seine Stelle seien Gesetze, Regeln, Riten und die »Verwaltung« der Religion getreten, was mit dem Leben der Gläubigen nichts mehr zu tun habe. Häufig wird den religiösen Eliten eine zu enge Verwobenheit mit der gesellschaftlichen Macht vorgeworfen. Diese Tendenzen führten dazu, dass die hergebrachten religiösen Überzeugungen keine Antworten mehr auf die Fragen der Gegenwart bieten könnten.

Auslösendes Moment für die Formulierung einer solchen Kritik sind meist Veränderungen außerhalb der Religion. Nicht nur gesellschaftliche Krisen, sondern auch Zeiten des Aufbruchs, neuer wissenschaftlicher Erkenntnisse und Entdeckungen sind Anlässe, die nach Orientierung verlangen, die durch Religionen – oder durch säkulare Weltanschauungen – gegeben wird. Bleibt die Orientierung aus, steht die Religion in der Kritik ihrer Anhänger.

Reduktion auf Kernaussagen

Die Kritik an bestehenden Verhältnissen in einer Gesellschaft oder in den hergebrachten Religionen führt dazu, dass die Lehre einer sich neu bildenden Religion auf wenige Elemente beschränkt ist. Gerade die Offenbarung des Neuen – dass Gott der ganz Andere sei oder anderes verlange, als es die bisherige Religion gelehrt hat – oder die Berufung auf das Verdrängte, das durch Macht, Hierarchie und fest gefügte Strukturen in den Hintergrund getreten ist, wird im Zuge der Kritik vorgetragen. Einigen wenigen Kernpunkten wird eine Schlüsselrolle für die als notwendig erachtete Veränderung zugeschrieben. So beruft sich z.B. die *Hare-Krishna-Bewegung* auf die alten Texte des Hinduismus und leitet daraus ab, dass die liebende Hingabe an den Gott Krishna einerseits und das fortwährende Wiederholen des Krishna-Mantras andererseits die Grundvoraussetzungen der religiösen Praxis seien, aus denen sich die Weltveränderung gleichsam automatisch ergebe. Die Botschaft des Jesus von Nazareth ist in der »Goldenen Regel« – Gott, sich selbst und den Nächsten in gleicher Weise in Liebe zu begegnen – komprimiert und bündelt seine Kritik an der eigenen jüdischen Religion, die zu einer seelenlosen Gesetzes-Religion verkommen sei. In der *Vereinigungskirche* wird die harmonische Familie als Spiegel der Beziehung von Gott und den Menschen in den Mittelpunkt gestellt, durch deren Verwirklichung die Erlösung möglich werde.

Doch wird zugleich die Komplexität der realen Lebenswelt, die differenzierte Analyse bestehender Verhältnisse ausgeblendet. Die Wahrnehmung von Ursachen und Wirkungen wird reduziert. Dies ermöglicht erst die Vermittlung eindeutiger Orientierungen.

Radikale Alternative

Mit der Betonung auf einige wenige Lehrelemente ist die Formulierung einer radikalen Alternative verknüpft. Die Welt wird als heillos angesehen. Sie kann mit den hergebrachten Ideologien, Religionen oder Strukturen nicht mehr im notwendigen Maße verändert werden. Allein die Durchsetzung der eigenen, neuen Erkenntnis und ihre Umsetzung im Alltag vermag die Welt und die Menschen zu retten. Je nach religiöser Tradition, auf die sich eine neue Religion stützt, fällt dies mit unterschiedlichen Konzepten einer Heilsgeschichte zusammen. In christlich geprägten Gemeinschaften wird eher das nahe bevorstehende Eingreifen Gottes in die Geschichte erwartet, durch das eine gerechte, gute Ordnung hergestellt wird. Vielfach werden Szenarien des Weltuntergangs entworfen. In asiatisch geprägten Gruppen hingegen sind Vorstellungen von sich wiederholenden Zeitaltern präsent; in der augenblicklichen Lage findet der Übergang von einer dunklen, unheilvollen in eine helle, paradiesische Ära statt. Aber dieser Übergang kann mit globalen Katastrophen verbunden sein. Auf der Basis solcher Weltbilder liegt es in der Lehre einer neuen Religion begründet, ob das neue Zeitalter bzw. die Errichtung einer neuen Welt abgewartet wird oder ob das unausweichliche Geschehen durch Handeln beschleunigt werden soll.

Im Zusammenhang mit der genannten Reduktion der komplizierten Realität entsteht bei den neuen Religionen in der Regel ein ausgeprägtes Schwarz-Weiß-Denken, ein Dualismus von Gut und Böse, von Freund und Feind. Nur die Anhänger der eigenen Gemeinschaft können das Heil erfahren. Sie verkörpert die neue Zeit – das Gute, Richtige – und läuft immer in Gefahr, von den Mächten und Kräften der bestehenden, unheilvollen Ordnung – dem Bösen, Falschen – vom rechten Weg abgebracht zu werden.

Am 20. März 1995 wurde auf die Tokioter U-Bahn ein Giftgasanschlag verübt. Bei demTerrorakt starben zehn Personen; 5000 Menschen wurden infolge der Inhalation des gefährlichen Gases verletzt. Für die Tat war die Aum-Sekte verantwortlich.

Synkretismus

Insbesondere die im 20. Jh. entstandenen Gemeinschaften kombinieren in ihrer Lehre höchst verschiedene Traditionen. So führte z.B. der Gründer der *Neo-Sannyas-Bewegung,* Osho, hinduistische Meditationsformen mit der westlichen Psychoanalyse zusammen. Im Universellen Leben ist eine Vermischung von christlichem Gedankengut, der hinduistischen Lehre der Reinkarnation, von spiritistischen Gehalten und von gnostischen Ideen erkennbar. Auch bei religiösen Neugründungen früherer Jahrhunderte lässt sich die Aufnahme fremder Traditionen feststellen. Und selbst im Christentum sind sie erkennbar: Durch den Apostel Paulus wurden Elemente griechischen Denkens in die frühchristliche Theologie integriert, und die heutige orthodoxe Frömmigkeit ist noch von den antiken griechischen Mysterienkulten geprägt. Im Islam hat Mohammed den Glauben an einen Gott (Monotheismus) gepredigt und Versatzstücke des ihm bekannten Judentums und Christentums übernommen.

Dass ein solcher Synkretismus bei heutigen religiösen Neubildungen wesentlich stärker in Erscheinung tritt, hat einen einfachen Grund: Die Kenntnisse fremder Kulturen und Religionen sind stark erweitert und für jedermann zugänglich. Die geografischen Entfernungen bilden keine Grenzen mehr für die Verbreitung von Religionen. Viele hinduistische Religionsgründer sind mit dem Anspruch aufgetreten, die ehemals komplizierten und kulturell in Asien verankerten Gedankensysteme des Hinduismus oder Buddhismus für den Westen zu lehren. Dabei mussten sie zwangsläufig Elemente westlichen Denkens aufnehmen. Aber auch neue Religionen in Asien, Afrika oder Südamerika können von Vorstellungen ihnen fremder Religionen durchdrungen sein. So vereinigt z.B. die durch einen Giftgas-Anschlag 1995 bekannt gewordene japanische *Aum Shinrikyo* Elemente des japanischen Shintoismus und Buddhismus mit den Endzeitszenarien der christlichen Apokalyptik.

Die positive Aufnahme hinduistischer und buddhistischer Ideen im Westen hat auch ein inhaltliches Motiv. Die asiatischen Religionen haben ein anderes Weltbild und eine andere Vorstellung vom Individuum, dem Ich. In der jüdischen, christlichen und islamischen Religion ist die Geschichte durch einen anfänglichen Schöpfungsakt, eine durch das Eingreifen Gottes bestimmte Unheils- und Heilsgeschichte sowie durch einen in undefinierter Zukunft liegenden Endpunkt bestimmt. Dagegen beherrscht den Hinduismus und den Buddhismus ein zyklisches Weltbild, mit einem immerwährenden Kreislauf von Vergehen und Erneuerung. Gesellschaftliche oder ökologische Krisen können als Vorboten einer neuen, besseren Zeit gedeutet werden, ohne dass der Einzelne einer endzeitlichen, apokalyptischen Vernichtung ausgeliefert sein muss. In das Konzept des ewigen Kreislaufs von Werden und Vergehen ist die Lehre der Reinkarnation eingebunden, der Wiederverkörperung einer letztlich unpersönlichen Seele des einzelnen Menschen, die im Kreislauf der Wiedergeburten durch fortschreitende Erkenntnis der eigentlichen, transzendenten Wirklichkeit die Möglichkeit der Erlösung finden kann.

Dies trifft sich mit den Ideen der Psychoanalyse, wie sie Sigmund Freud (1856 bis 1939) entwickelt hat. Der synkretistische Charakter zeigt sich u.a. darin, dass die westliche Vorstellung der zunehmenden Bewusstwerdung des Ich und der Ausbildung einer individuellen Persönlichkeit einerseits und das damit im Grundsatz nicht zu vereinbarende Konzept des Ich als Illusion von Individualität, wie es Hinduismus und Buddhismus lehren, andererseits, in einen positiven Bezug gebracht werden.

Innovation – neue Antworten

Innovation bedeutet, dass die Kritik am Bestehenden mit der Formulierung neuer religiöser Antworten auf Fragen des Lebens verbunden wird. Es genügt nicht, zu kritisieren und eine Kopie des Hergebrachten zu fordern. Die Botschaft muss vielmehr den »Nerv der Zeit« treffen. Selbst Gemeinschaften, welche die Rückbesinnung auf eine ursprüngliche religiöse Botschaft vertreten, verknüpfen diesen Anspruch mit zeitgemäßen Innovationen, z.B. im Hinblick auf die Schwerpunkte der Botschaft, die sich in aller Regel durch die gesellschaftlichen Umstände bestimmen. Bei allem muss die neue Lehre den Menschen plausibel erscheinen, um überzeugend zu wirken. Plausibilität beinhaltet nicht die rationale, wissenschaftliche Nachvollziehbarkeit oder gar Überprüfbarkeit der Lehre. Die »Wahrheit« einer Religion lässt sich niemals von außen mit wissenschaftlichen Methoden beweisen oder widerlegen. Sie ergibt sich durch zwei andere Faktoren: Die Glaubwürdigkeit derer, die sie vertreten, und die subjektive Erfahrung der Anhänger. Bei neuen Religionen wird die Glaubwürdigkeit im Wesentlichen durch die Gründungsperson hergestellt und die subjektive Erfahrung im Gemeinschaftsleben hervorgerufen.

Gemeinschaftsbildung

Die Gemeinschaftsbildung kennzeichnet die Phase, in der die neue religiöse Lehre ihre Qualität als eigenständige Religion erhält. Die Radikalität einer neuen religiösen Lehre auf der einen und die Bereitschaft bestehender Gemeinschaften, auftretende Kritik zu akzeptieren und die innovativen Elemente zu integrieren, auf der anderen Seite entscheiden darüber, ob es zu einer Reform hergebrachter Überzeugungen kommt oder ob sich eine neue Gemeinschaft bildet, die außerhalb des traditionellen Rahmens steht bzw. durch mangelnde Integrationsfähigkeit dorthin gebracht wird. Bei diesem Prozess ist allerdings auch zu berücksichtigen, dass in religiösen Traditionen, die keine hierarchischen Strukturen ausgebildet haben, die Etablierung neuer Gemeinschaft leichter vonstatten geht als in Traditionen, die durch eine klar definierte Lehrautorität geneigt sind, abweichende Überzeugungen zu unterdrücken und die Bildung neuer religiöser Gemeinschaften zu verhindern. Aus diesem Grunde sind z.B. aus dem vergleichsweise toleranten Protestantismus deutlich mehr neue Religionen hervorgegangen als aus dem Katholizismus.

Nicht zuletzt entscheidet die Gemeinschaftsbildung auch über den längerfristigen Erfolg einer neuen Religion. Unabhängig von der zahlenmäßigen Größe einer Gemeinschaft bietet die Ausbildung fester organisatorischer Strukturen die Gewähr, den Zusammenhalt der Gläubigen und die weitere Verbreitung der Lehre zu organisieren, auftretende Krisen zu überwinden und die Dynamik in der Phase der Neugründung einer Religion im Sinne einer dauerhaften Zukunft zu steuern.

Neuere Formen

Bis vor wenigen Jahrzehnten ließ sich die Organisationsbildung neuer Religionen noch zwischen den Polen »Guru-Bewegung« und »Kirche« beschreiben. Auch die Entwicklungen in der Etablierung neuer Religionen ließen sich in diesem Raster orten. Seit den 1970er Jahren sind aber neue Typen religiös-spiritueller Gemeinschaften entstanden. Ihre Strukturen sind durch veränderte Formen der medialen Vermittlung bestimmt und durch eine Botschaft, die nicht mehr alle Teilbereiche des menschlichen Lebens abdecken will.

Der aus dem Amerikanischen übersetzte Begriff »Publikumskult« bezeichnet eine religiöse Gemeinde, die sich um Autoren, Zeitschriften oder Vortragsreisende bildet. Gemeinschaftsstrukturen sind nur informell durch die subjektiv empfundene Zugehörigkeit zu einer Gemeinschaft Gleichgesinnter oder nur für die Dauer eines Vortragsabends oder eines Seminars vorhanden.

Auch die Bezeichnung »Kundenkult« kommt aus den USA. Damit werden Gemeinschaften charakterisiert, die sich ebenfalls nur für eine bestimmte Zeit, aber auch nur für einen bestimmten Zweck zusammenfinden. Meist sind es Angebote zur Therapie oder Lebenshilfe. Die Träger dieser religiösen Dienstleistungen können durchaus unterschiedliche spirituelle Richtungen vertreten.

Stifter und Leitfiguren

Die von den Anhängern subjektiv empfundene Wahrheit der neuen Lehre und das Gefühl, durch die Mitgliedschaft in der Gemeinschaft auf der richtigen Seite zu stehen, kann durch äußere Anfeindungen noch verstärkt werden. Auch das Unverständnis oder die Ablehnung, die den Anhängern in der Öffentlichkeit oder in ihren bisherigen sozialen Beziehungen entgegengebracht werden, sind letztlich Indikatoren für die Richtigkeit der eigenen, neuen Überzeugung. Die in neuen Religionen ohnehin vorhandene Tendenz der strikten Trennung zwischen der eigenen Gemeinschaft und der sie umgebenden Welt wird noch verstärkt. Anhänger neuer Religionen befinden sich im Spannungsfeld einer von außen vorgebrachten Infragestellung der Mitgliedschaft in einer neuen Religion und der Notwendigkeit, den biografisch bedeutsamen Schritt des radikalen Bruchs mit der bisherigen Lebensweise zu rechtfertigen. Dieser Konflikt kann durch intensive Zuwendung zu einer Gemeinschaft mit Gleichgesinnten gelöst werden, weil hier die notwendige Bestätigung der getroffenen Entscheidung erfahren wird.

In dieser Situation kommt der Gründungsperson der Gemeinschaft besondere Bedeutung zu. Sie ist die sichtbare Repräsentantin der neuen Lehre. Wenn der Gründer nicht selbst Träger neuer Offenbarungen ist, so steht er zumindest durch seine spirituelle Begabung in direkter Beziehung zur transzendenten Wirklichkeit. Die Glaubwürdigkeit der Lehre wird durch den Gründer bzw. die Gründerin verkörpert, durch seine besondere Ausstrahlung (Charisma). Die Nähe zum Gründer, welche die Anhänger neuer Religionen suchen, bedeutet für sie die Teilhabe an der neu verkündeten Wahrheit. In vielen neuen Religionen ist die persönliche Beziehung zum Gründer bzw. zur Gründerin heilsnotwendig. Sie verstärkt die Gewissheit, auserwählt und etwas Besonderes zu sein.

Spätestens nach dem Tod des Gründers versuchen die Anhänger, die Nähe durch intensive Verehrung herzustellen. Damit geht eine – manchmal bereits zu Lebzeiten begonnene – Legendenbildung über das Leben des Gründers einher. Die Erzählung von herausragenden persönlichen Eigenschaften soll die Funktionen, die der Gründer zu seinen Lebzeiten hatte, für die Zeit nach seinem Tod bewahren. Typische Elemente der Legendenbildung sind Berichte von besonderen Umständen bei der Geburt, von herausragender Intelligenz, die sich bereits in der Jugend gezeigt habe, sowie von einem durch Offenbarung oder Berufung vermittelten Auftrag, die neue Botschaft zu verbreiten, aber auch von der Ablehnung durch die Adressaten der neuen Botschaft bis hin zu besonderen Umständen des Todes.

Wichtige Institutionen

Die Art und Weise, wie sich neue Religionen organisieren, hängt von den historischen Vorbildern und von den Inhalten der Lehre ab. Gleichwohl zeigt die Geschichte der Religionen, dass es auf dieser Basis immer zur Herausbildung relativ fester organisatorischer Strukturen gekommen ist, in die alle Anhänger neuer Religionen eingebunden sind. Für neue Religionen, die in der westlichen Welt entstanden, ist die äußere Form der »Kirche« das meist verwendete Modell. Es muss aber zwischen einem europäischen und einem US-amerikanischen Kirchenverständnis unterschieden werden. Religiösen Organisationen mit starker Hierarchie und Ausrichtung auf eine weltweit zuständige Zentrale stehen lokale Gemeinschaften gegenüber, die über ein gemeinsames Bekenntnis in einem eher losen Zweckverband miteinander kommunizieren. Religionen aus dem asiatischen Raum sind hingegen stärker durch Lehrer-Schüler-Beziehungen geprägt. Deshalb werden sie in der Fachliteratur auch häufig »Guru-Bewegungen« (→ S. 596) genannt, obwohl der Begriff nur im Hinduismus vorkommt. In solchen Gemeinschaften sind meist besondere Vertraute des spirituellen Führers mit den notwendigen organisatorischen Aufgaben befasst.

Die neueren Entwicklungen in der *Neo-Sannyas-Bewegung* und bei der ISKCON zeigen, dass auch in Gemeinschaften, die weitgehend vom Charisma ihres Gründers leben, die Bedeutung der meist im Hintergrund wirkenden Organisationen nicht unterschätzt werden darf. Die Leitungsgremien versuchen immer wieder, zentralistische Strukturen zu etablieren, die so lange nicht notwendig schienen, wie die Orientierung auf den Gründer selbst die Einheit der Gemeinschaft garantierte. Nun aber muss entschieden werden, welche Inhalte der Botschaft als authentisch anzusehen sind und welche nicht, wie die Hinterlassenschaften des Gründers zu verwenden sind und die Lehre im Sinne des Gründers verbreitet werden kann. Die Leitungsgruppe nimmt für sich in Anspruch, durch ihre frühere Nähe zum Gründer für Definitionen befugt zu sein. Solche Prozesse der Kodifizierung der Lehre treffen auf den teilweise deutlichen Widerspruch lokaler Gruppen und ihrer Mitglieder, die eine Kirchenbildung ablehnen. Häufig sind sie mit Auseinandersetzungen um die legitime Nachfolge verbunden und selbst bereits wieder Anlass zur Entstehung einer neuen Gemeinschaft. Die damit verbundenen Krisen können nur vermieden werden, wenn der Gründer bzw. die Gründerin selbst bereits zu Lebzeiten Vorkehrungen getroffen hat. Dass in den Auseinandersetzungen neuerdings auch mit dem Hinweis argumentiert wird, man befinde sich im Besitz von Urheberrechten wie Texten, Bildern, Meditationsanleitungen, Schriftzügen und Signets, ist der heutigen Zeit mit ihren rechtlichen Formen der Konfliktaustragung geschuldet und darf nicht automatisch als Zeichen von Kommerzialisierung angesehen werden, die mit Religion nichts zu tun habe.

Feste und Riten

Ritualisierung des Lebens

»Traditionelle« neue Religionen versuchen, das gesamte Spektrum sozialer Beziehungen und Bedürfnisse abzudecken. Der Festigung des Lebens in der Gemeinschaft dient, unabhängig von der religiösen Begründung, ein oft stark ritualisierter Tagesablauf. Regelmäßig wiederkehrende Bestandteile sind – je nach Tradition – gemeinschaftliche Gebete oder Meditationen zu verschiedenen Tageszeiten, feste Zeiten des individuellen Studiums religiöser Texte oder die nach festen Vorgaben durchgeführte Mission.

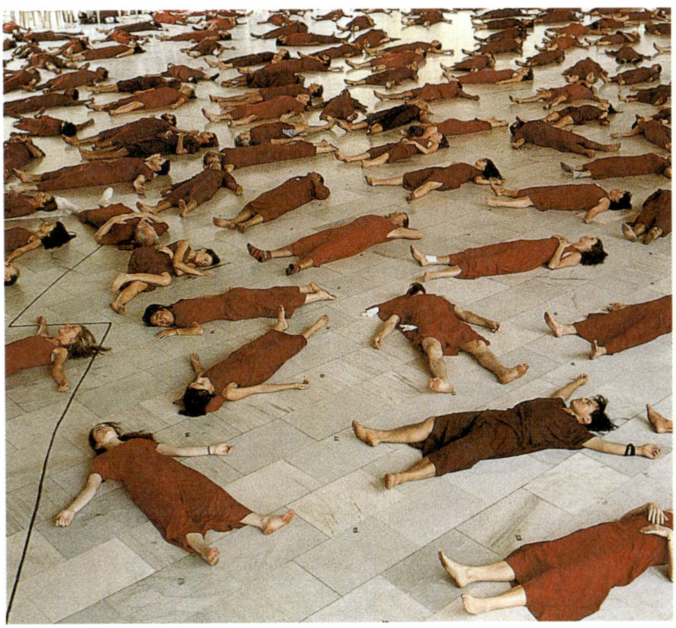

Gruppe von Osho-Anhängern (ehemals Bhagwan) bei der gemeinsamen Nataraj-Meditationsübung. Gemeinschaftliche Rituale sind in vielen Neuen Religionen ein wichtiger Bestandteil des Alltags.

Feste und Feiertage

Zur Ritualisierung des Lebens gehören auch Feste und Feiertage. Biografische Feste – Geburt, Geburtstag, Erwachsenwerden, Hochzeit, Tod – erhalten durch die Interpretation des Anlasses im Licht der neuen Lehre eine neue oder veränderte Bedeutung. Andere Feste strukturieren den Wochen-, Monats- oder Jahreslauf und aktualisieren die Geschichte der Gemeinschaft – meist die Geburt und den Tod des Gründers sowie die Zeit, in der die Botschaft erstmals öffentlich verkündet wurde. Wie in etablierten Religionen wird durch solche Festtage die Botschaft rituell repräsentiert. Generell unterliegt eine eigene Festkultur in neuen Religionen in den ersten Jahrzehnten zahlreichen Veränderungen und verfestigt sich erst im späteren Verlauf der Geschichte der neuen Religion. Bei informellen oder temporären Gemeinschaften des Publikums- und Kundenkults hingegen fehlt diese Möglichkeit der Ritualisierung von persönlicher Biografie und Geschichte. Bei ihnen wird das Zusammentreffen selbst zum Ereignis.

Religion und Staat

Moderne, freiheitliche Gesellschaften leben von der öffentlichen Verhandlung aller Sachverhalte, die für die gesellschaftliche Entwicklung und das Zusammenleben der Menschen von Interesse sind. Bis Mitte des 20. Jh. wurde das Thema Religion vor allem unter dem Aspekt der grundsätzlichen, philosophischen Religionskritik, unter der Fragestellung der Leistungen der beiden großen Kirchen bei der Bewältigung sozialstaatlicher Aufgaben oder unter dem Gesichtspunkt der Aussöhnung zwischen Christen und Juden betrachtet. Dass unter der Oberfläche gesellschaftlicher Stabilität neben dem Islam auch neue Religionen in Deutschland und Europa existieren und Anhänger gefunden haben, rückte erst der Massen-(selbst)mord von rund 900 Mitgliedern der aus den USA stammenden Volkstempler-Gemeinschaft in Guyana 1978 ins öffentliche Bewusstsein.

Bedrohungen und Gefahren

Seit diesem Ereignis wird die Existenz neuer Religionen vor allem unter dem Gesichtspunkt potenzieller Gefahren diskutiert. Dem kommt eine Medienöffentlichkeit entgegen, deren Informationsvermittlung meist an Konflikten oder sonstigen Auffälligkeiten und Abweichungen des Alltäglichen orientiert ist. Durch Aktionen einzelner Gemeinschaften wurde die kritische Haltung gegenüber neuen Religionen immer wieder aktualisiert, bis der politische Druck so groß wurde, dass sich in Europa mehrere nationale Parlamente des Themas in Untersuchungskommissionen annahmen. Die Ergebnisse dieser Kommissionen sind höchst unterschiedlich. In Frankreich wurde eine Liste gefährlicher Gemeinschaften erstellt und per Gesetz der Straftatbestand der psychischen Manipulation (durch Sekten) eingeführt. Das niederländische Parlament stellte keinen über die bestehenden Regelungen hinausgehenden Handlungsbedarf fest. Auch die Enquete-Kommission »Sogenannte Sekten und Psychogruppen« des Deutschen Bundestags verneinte generelle von neuen Religionen ausgehende Gefahren. Das attestierte Konfliktpotenzial ist nach ergänzenden Untersuchungen nicht größer als in anderen gesellschaftlichen Zusammenhängen. Seit dem 1998 veröffentlichten Abschlussbericht der Enquete-Kommission ist die öffentliche Diskussion weitgehend verstummt und die Möglichkeit der sachlichen Auseinandersetzung um neue Religionen und die Fragen, die durch ihre Existenz aufgeworfen werden, neu gegeben.

Wissenschaftler haben darauf verwiesen, dass die im 20. Jh. von Max Weber (1864 bis 1920) und im 19. Jh. – aus anderer Perspektive – von Karl Marx (1818–1883) formulierte These, Religion werde mit zunehmender Rationalisierung und Verwissenschaftlichung von Gesellschaft verschwinden, nicht zutrifft. Zwar nimmt die Bindung an die großen Kirchen ab, der Bezug auf transzendente Wirklichkeiten hingegen nicht. Neue Religionen zeigen, dass Religion ein Ventil sein kann, einer technisierten Welt der Sachzwänge zu entfliehen und das Bedürfnis nach Emotionalität und Sinn zu befriedigen. Die Existenz neuer Religionen verweist auf Defizite in der Gesellschaft.

Wandel und Pluralisierung

Neue Religionen sind darüber hinaus ein Zeichen der zunehmenden Pluralisierung der Moderne. Die religiösen Wahlmöglichkeiten haben sich durch Globalisierung und

Lösung fest gefügter Orientierungen wesentlich vervielfacht. Zugleich fordert die Moderne den »Zwang zur Häresie«, d.h. die individuelle Entscheidung für oder gegen eine Religion, die nicht mehr von hergebrachten Normen vorgegeben wird. Damit verbunden ist die Möglichkeit, ein individuelles, synkretistisches Weltbild zu entwerfen, das im Lauf der eigenen Biografie auch mehrfachen Wandlungen unterworfen sein kann.

Schließlich verweisen neue Religionen auf Veränderungsprozesse im Bereich von Religionen insgesamt. Unter den Bedingungen moderner Gesellschaften müssen sich Religionen zunehmend »am Markt« präsentieren, wenngleich die Zugangsbedingungen durch unterschiedlich verteilte Privilegien der Finanzierung und Einbindung in gesellschaftliche Institutionen noch ungleich verteilt sind. Zukünftige Mechanismen der Finanzierung von Religionen, der öffentlichen Darstellung und Vermarktung lassen sich zumindest bei einigen der neuen Religionen bereits heute erkennen.

Konsequenzen für die Gesellschaft

Die durch neue Religionen signalisierten Wandlungen in modernen Gesellschaften haben Rückwirkungen auf das Verhältnis von Religion und Staat. Die den großen Kirchen und einigen kleineren Gemeinschaften zugestandenen Privilegien – in Deutschland vor allem der Status als Körperschaft des öffentlichen Rechts – wird in Frage gestellt bzw. auch von neuen Religionen eingefordert. Gleichzeitig wird die Gesellschaft vor neue Herausforderungen gestellt, denn die in den Verfassungen garantierte Religionsfreiheit fordert zunehmende Akzeptanz fremder Religionen. Dem stehen juristische Konflikte gegenüber, in denen auch neue Religionen die Religionsfreiheit durch einzelne Handlungen zu Unrecht in Anspruch nehmen und die Sonderstellung, die allen Religionsgemeinschaften im Unterschied zu anderen Vereinen zusteht, unterhöhlen.

Doch muss beachtet werden, dass die neuen Religionen in Deutschland und Europa zwar Indikatoren, nicht aber Ursache und Katalysator für gesellschaftlichen Wandel sind. Dafür ist ihre quantitative Bedeutung zu gering, und es gibt keine Anzeichen, dass es den neuen Religionen in absehbarer Zeit gelingen wird, deutlich mehr Anhänger zu gewinnen.

Steffen Rink

Oben: Anhänger der Falun Gong-Gemeinschaft bei ihrer Festnahme am 11. Mai 2000 auf dem Platz des Himmlischen Friedens in Peking. 1999 hatte die Regierung der VR China die Kult-Bewegung verboten.

Links: Am 18. November 1978 schockte der Massen(selbst)mord von 923 Anhängern der Volkstempelgemeinschaft die Öffentlichkeit: Sie folgten dem Führer Jim Jones in Jonestown, Guyana, in den Tod.

Unten: Demonstranten in nachempfundenen Nazi-Uniformen protestieren 1997 in Sydney gegen die angebliche Diskriminierung von Scientology durch die Behörden in Deutschland.

Die Neuen Religionen von A–Z

Die im folgenden Buchteil aufgeführten Stichwörter bieten Informationen, die für das Verständnis der Neuen Religionen wichtig sind. Seitenverweise am Ende eines Stichwortes führen in die Buchteile *Christentum, Islam, Hinduismus* und *Buddhismus*.

Anthroposophie. Rudolf Steiner (1861–1925) war ursprünglich stark von der Theosophie geprägt. 1902 bis 1913 stand er als Generalsekretär der deutschen Sektion der Theosophischen Gesellschaft vor. Dort veröffentlichte er Schriften, die für die spätere Anthroposophie bedeutsam wurden (z. B. »Das Christentum als mystische Tatsache«, 1902; »Die Geheimwissenschaft im Umriss«, 1910). Die Orientierung der Theosophischen Gesellschaft zum Hinduismus und die Betonung der spiritistischen Praxis unter Anni Besant konnte Steiner nicht mittragen, sodass er zur Jahreswende 1912/13 die Anthroposophische Gesellschaft gründete, die sich stärker an abendländischer Mystik orientierte, ohne die esoterischen Überzeugungen vom geistigen Aufbau der Welt aufzugeben.

Aberglaube (Vorsilbe »aber«, etwa »verkehrt«, »falscher Glaube«), ist im strengen Sinn nicht möglich, denn die subjektive Wahrnehmung einer transzendenten Wirklichkeit kann nicht falsch sein. Sie kann nur anerkannten Formen des Glaubens oder des wissenschaftlichen Weltbildes widersprechen. Deshalb ist A. in der Regel eine von Dritten vorgenommene Zuschreibung. Meist wird der Glaube an die Existenz von Dämonen oder an die Wirksamkeit von Magie als A. abgewertet. Darüber hinaus werden viele Alltagsweisheiten zum A. gerechnet, z.B. die Unglück ankündigende Begegnung mit schwarzen Katzen

Adventisten → S. 83

Ahmadiyya Muslim Jamaat, pakistanische islamische Reformgemeinschaft, von Mirza Gulam Ahmad (1835–1908) gegründet. Aufgrund von Offenbarungen behauptete er, sowohl der im Islam erwartete Mahdi als auch eine Inkarnation anderer Gottheiten und Religionsstifter zu sein, einschließlich der von Mohammed.

Die A. vertritt einen orthodoxen Islam, der sich kaum von Sunniten und Schiiten unterscheidet. Die Verfolgung der Gemeinschaft in islamischen Ländern beruht vor allem auf dem islamischen Grundsatz, dass die Offenbarung Allahs mit Mohammed ihren Abschluss gefunden hat. Nach Ahmads Tod spaltete sich die Gemeinschaft. Die in Quadian ansässige Minderheit betrachtet den Gründer als neuen Propheten. Die Mehrheit – nach ihrem Sitz Lahore-Gruppe genannt – sieht in ihm vor allem einen islamischen Reformer. Diese Richtung hat durch Flucht vor der islamischen Verfolgung eine weltweite Verbreitung gefunden. Anfang des 21. Jh. residierte ihr Führer in London. Auch die 22000 in Deutschland lebenden A. gehören meist der Lahore-Richtung an.

AMORC → Rosenkreuzer

Ananda Marga → S. 58

Anthroposophie, synkretistische Weltanschauung, die asiatische Religionen, esoterische und christliche Elemente vereinigt. Sie wurde von Rudolf Steiner (1861–1925) begründet, der um die Jahreswende 1912/13 die Anthroposophische Gesellschaft ins Leben rief. Als »Weisheit vom Menschen über den Menschen« will die A. durch Erkenntnis der geistigen Grundlagen des Menschen und des Kosmos zur Selbstwerdung des Ich verhelfen. Dessen Aufstieg wird durch den Wechsel von geistiger Existenz in der Phase zwischen Tod und Wiedergeburt und materieller Existenz auf der Erde ermöglicht. Christus, ursprünglich ein auf der Sonne beheimatetes reines Lichtwesen, wirkt seit seiner Auferstehung als »Erdengeist« und vermittelt den Menschen die reine göttliche Liebe, ohne die eine Vervollkommnung des Ich nicht möglich wäre. Parallel zur Ich-Werdung vollzieht sich in mehreren Stufen eine Evolution des Kosmos. Am Ende der Entwicklung steht eine rein geistige Welt, ohne dass es den Menschen möglich wäre, schon jetzt vollständigen Aufschluss über deren Beschaffenheit zu erlangen.

Die A. geht von der grundlegenden Einheit von geistiger und materieller Welt sowie deren gegenseitiger Abhängigkeit aus. In diesem Sinne will sie mit ihren Erkenntnissen alle Lebensbereiche durchdringen. Bedeutsam wurden insbesondere Pädagogik (Waldorfschulen), Medizin (anthroposophische Homöopathie) und Landwirtschaft (biologisch-dynamischer Anbau im Demeter-Verbund). Stärker auf das anthroposophische Umfeld beschränkt waren Kunst und Architektur, gesellschaftliche Entwürfe blieben hingegen bedeutungslos. Die »Anthroposophische Gesellschaft« versteht sich als Einrichtung, die an der Weiterentwicklung der steinerschen Erkenntnisse arbeitet. Zentrum ist das Goetheanum im schweizerischen Dornach. Der Gesellschaft gehören in Deutschland etwa 8000 Menschen an. Bereits 1922 wurde die Christengemeinschaft als anthroposophisch ausgerichtete Kirche gegründet.

Apokalypse (griech. »Enthüllung, Offenbarung«), im engeren Sinne das Offenbarwerden der letzten Ereignisse vor der Errichtung der Gottesherrschaft, wie es in den biblischen Texten der jüdisch-christlichen Tradition (Buch Daniel, Johannes-Offenbarung) – teilweise visionär – beschrieben wird. Eng mit dem endzeitlichen Geschehen verbunden ist die durch Katastrophen eingeläutete Zerstörung der Welt, der letztmalige Kampf des Guten gegen das Böse und die Errichtung einer neuen, gerechten Herrschaft in einer erneuerten Welt. Dieses Muster findet sich in vielen anderen religiösen Traditionen, sodass der Begriff A. nicht mehr nur auf Judentum und Christentum beschränkt ist. Neuere religiöse Bewegungen deuten aktuelle soziale und wirtschaftliche Krisen, Kriege und Naturkatastrophen oft als Vorboten der A., da sich entsprechende Hinweise in den biblischen Texten finden. Sie gehen davon aus, durch ihre Mitgliedschaft in einer von Gott auserwählten Gemeinschaft das apokalyptische Geschehen unbeschadet zu überstehen.

Apostelgemeinden, Sammelbezeichnung für Gemeinschaften, welche die Wiederherstellung der frühchristlichen Leitung der Kirche durch ein Apostelkollegium anstreben. Damit verbunden ist die Erwartung der baldigen Wiederkunft Christi. Die A. sind im 19. Jh. durch Offenbarungen entstanden. Heute bedeutend sind die Katholisch-apostolische Kirche, die Neuapostolische Kirche (→ S. 203) und die aus ihr hervorgegangenen freien A.

Arkan-Disziplin, Bezeichnung für die in freimaurerischen, rosenkreuzerischen, okkultistischen und satanistischen Gruppen geübte Praxis der Geheimhaltung des Wissens und der Handlungen, die in einzelnen Einweihungsstufen vermittelt werden. Aus Sicht der Gemeinschaften dient die A. dem Schutz der Lehre, da nur der Eingeweihte mit seinen in langer Übung erworbenen Fähigkeiten die Kenntnisse richtig vermitteln kann. Das Nicht-Wissen gibt Außenstehenden immer wieder Anlass zu Spekulationen über vermeintliche oder tatsächliche strafrechtlich relevante Vergehen in der rituellen Praxis oder über geheime Verschwörungen, die von den Gemeinschaften angeleitet werden.

Arya Samaj (Sanskrit »Gesellschaft der Ehrbaren«), hinduistische Reformbewegung, welche die Rückkehr zu den vedischen Grundlagen fordert und zugleich für die Überwindung der engen Kastengrenzen eintritt. A. wurde 1875 vom Brahmanen Dayananda Sarasvati gegründet. Starken Zulauf erhielt A. durch die Forderung nach einer grundlegenden Sozialreform, die auch den sozialen Aufstieg von Mitgliedern niederer Kasten ermöglichen sollte. Die Bewegung beteiligte sie in den 1930er und 1940er Jahren am indischen Unabhängigkeitskampf.

Askese (griech. »Übung, Bearbeitung«), Entsagung von Annehmlichkeiten der materiellen Welt, von Sexualität, die nicht der Fortpflanzung dient, oder von Rausch- und Genussmitteln wie Alkohol, Tabak und Kaffee. A. ist als Lebensform von Menschen, die sich ganz der religiösen Überzeugung hingeben, in vielen Religionen bekannt. Sie dient der Konzentration auf Gott und der spirituellen Entwicklung. Dabei drückt das Wort A. die notwendige Einübung der asketischen Lebensweise aus. Vor allem in asiatischen Religionen ist die Überwindung körperlicher Bedürfnisse ein zentrales Hilfsmittel für die spirituelle Entwicklung. Viele hinduistische oder buddhistische neue Religionen verlangen von ihren Anhängern eine streng asketische Lebensweise (→ S. 585).

Astrologie (griech. »Sterndeutung«), Lehre von der Kraft der Gestirne, die mit ihren jeweiligen kosmischen Konstellationen das Geschehen auf der Erde und das Individuum beeinflussen. Bereits in den antiken Kulturen entwickelt, hat sich die A. in der Neuzeit von der rein mathematischen Astronomie gelöst und dient seitdem nur noch der Welterklärung und der Vorhersage künftiger Ereignisse. A. spielt in vielen esoterischen Gemeinschaften eine große Rolle. Das New Age bezieht seine Legitimation durch den Übergang des vom Sternbild Fische zum Sternbild Wassermann geprägten Weltzeitalters (Dauer: ca. 2000 Jahre), mit dem tief greifende spirituelle und wissenschaftliche Veränderungen verbunden seien. Hier spiegelt die A. ein religiöses Weltbild. Die im Deutschen Astrologen Verband organisierten mehr als 600 Astrologen wollen der A. durch Professionalisierung in der Aus- und Fortbildung zu mehr Anerkennung verhelfen. In popularisierter Form wird A. in den Tageshoroskopen verschiedener Medien angewendet.

Auditing (lat. audire, »Hören«), von Scientology angewendetes Verfahren, bei dem ein

Astrologie. Die Sterndeutung dient dem Versuch, das Schicksal des Menschen sowie Geschehnisse auf der Erde vorherzusagen. Dabei gehen Astrologen von einer erfassbaren, feststehenden Beziehung zwischen Vorgängen auf der Erde und den Sternen aus. Grundlage der Deutung sind die Wesenskräfte, die den Planeten zugeschrieben werden. Der Ausschnitt zeigt die zwölf heidnischen Philosophen mit ihren stellaren Konjunktionen. Böhmische Buchmalerei aus einer astrologischen Bilderhandschrift, 14. Jh.; Österreichische Nationalbibliothek, Wien

Aum Shinrikyo. Asahara Shoko, Führer der japanischen Gemeinschaft Aum Shinrikyo, wurde 1955 als Matsumoto Chizuo geboren. Er betrieb eine Praxis für Akupunktur, aus der sich 1984 eine Yoga-Gemeinschaft herausbildete, die Vorläuferin der 1987 gegründeten Aum Shinrikyo. Asahara betrachtete sich als Guru, der über übernatürliche Kräfte verfügt (z.B. Levitation, Aufhebung der Schwerkraft). Wie andere religiöse Führer in Japan versuchte er seine Vorstellungen einer »religiösen Diktatur« mit einer eigenen Partei politisch umzusetzen. Das Vorhaben scheiterte Ende der 1980er Jahre. 1995 verübte Aum Shinrikyo einen Giftgas-Anschlag in der U-Bahn von Tokio, bei dem zehn Menschen starben. Asahara wurde 1997 verhaftet.

Auditor durch gezielte Fragen negative geistige Eindrucksbilder (Engramme) aufspüren will. Die Engramme werden für ein nicht optimales Funktionieren des Verstandes verantwortlich gemacht. Ihre Beseitigung im Prozess des A. führt zum Zustand des »Clear«, in dem der Mensch ein großes Maß an Selbstbestimmtheit, Gesundheit, Glück und materiellen Erfolg erreichen soll.

Aum Shinrikyo (japan. »Lehre der absoluten Wahrheit«), 1987 in Japan von Asahara Shoko gegründete Gemeinschaft, die Lehren des Hinduismus, des Buddhismus und des Tantra mit jüdisch-christlichen Endzeitspekulationen vereint. A. wollte ursprünglich als Meditationsbewegung die individuelle Selbsterkenntnis und die moralische Vervollkommnung der Welt fördern. Die Gemeinschaft geriet jedoch in öffentliche Kritik, ebenso gab es Unmut unter den Anhängern. Ab den 1990er Jahren radikalisierte sich die Gruppe, in der zunehmend die apokalyptische Erneuerung der Welt propagiert wurde, die nur von den eigenen Anhängern überlebt werden könnte.

Wahrscheinlich zur Ablenkung vor einer bevorstehenden polizeilichen Untersuchung des Zentrums der Gemeinschaft verübten Anhänger 1995 einen Giftgasanschlag in der U-Bahn von Tokio, bei dem zehn Menschen starben und mehrere tausend verletzt wurden. Ursprünglich war geplant, durch gewalttätige Aktionen einen Bürgerkrieg hervorzurufen, in dessen Wirren sich A. als rettende Macht durchsetzen würde; das Ende des gegenwärtigen Weltzyklus war für 1997 erwartet worden. Nach den Anschlägen gab es zahlreiche Verhaftungen von Mitgliedern, die zum engeren Führungskreis von A. gehörten und neben Asahara zu langjährigen Haftstrafen verurteilt wurden. Die Bewegung war nach diesen Ereignissen zwar geschwächt, bestand jedoch fort und hatte um 2002 wieder mehrere tausend Anhänger. In Europa hat die Gemeinschaft nie nennenswert Fuß gefasst.

Aura, nach esoterischen Vorstellungen ein dem Menschen neben dem grobstofflichen Körper und dem geistigen Ich innewohnender feinstofflicher Körper, der als Kraft- und Lichtumstrahlung (A.) wahrnehmbar ist. Intuition oder optische Techniken können die A. sichtbar machen. Über die A. erfolgt der Austausch von kosmischer Energie zwischen Mensch und Umwelt. Das Aussehen der A. soll z.B. auf Krankheiten oder blockierte Energieströme hinweisen, welche die geistige Entwicklung beeinträchtigen.

Avatâra → S. 586

Ayurveda (Sanskrit »Wissen vom Leben«), alte indische Lehre der Gesundheit, die auf dem Zusammenspiel der Elemente Erde, Luft, Feuer, Wasser und Äther beruht, die wiederum Grundlage des Makrokosmos und des menschlichen Körpers sind. Für den Heilungsprozess ist das ausgewogene Verhältnis der Elemente erforderlich. Die *Transzendentale Meditation* reklamiert für sich besondere Kenntnisse in der Ausübung des A., das meist als »Maharishi-Ayurveda« bezeichnet wird. In eigenen Kliniken wird die Gesundheitslehre angewendet.

Bahai → S. 466, 477

Bewusstseins-Erweiterungs-Programm (bep), Therapiemethode aus verschiedenen asiatischen Lehren, *Astrologie*, Okkultismus und auf Scientology zurückgehenden Ideen zum Selbststudium mit dem Ziel, den Menschen durch Freilegung des ihm innewohnenden göttlichen Funkens zu einem selbstbestimmten, keinen Beschränkungen unterliegenden Leben zu befähigen. Das in Kursen angebotene Programm wurde Ende der 1970er Jahre von dem Österreicher Joseph Helmut Ament entwickelt. Die Kurse werden individuell mit Hilfe des von Ament verkauften Materials durchgeführt. Die anfänglich über eine Art Schneeball-System durchgeführte Verbreitung (Verkauf) der Kurse wurde gerichtlich verboten und ist mittlerweile durch ein Franchise-System ersetzt.

Bhagwan → Neo-Sannyas-Bewegung

Black Muslims → Nation of Islam

Bund Deutscher Unitarier, Religionsgemeinschaft europäischen Geistes, 1989 aus der Deutschen Unitarier-Religionsgemeinschaft abgespaltene Gruppe, die sich auf eine europäische, heidnische und »arische«, durch die Christianisierung überlagerte Religiosität beruft. Ideologische Vordenkerin ist Sigrid Hunke (»Europas eigene Religion«). Sie verließ die Deutsche Unitarier-Religionsgemeinschaft u. a. aus Kritik an deren einsetzender Öffnung gegenüber den unitarischen christlichen Wurzeln. Die Terminologie des B. ist völkisch geprägt. Dem Bund gehören rund 300 Menschen an.

Bundgemeinde Neu-Jerusalem, Name der Kerngemeinde des Universellen Lebens, deren Mitglieder in Würzburg und Umgebung leben. Nach einer Offenbarung aus dem Jahr 1989 soll Gott den Bund des Neuen Testaments erneuert und auf das Universelle Leben übertragen haben, daher der Name Bundgemeinde. »Neu Jerusalem« verweist auf einen bereits früher vertretenen Anspruch, das am Ende der Johannes-Offenbarung visionär beschriebene neue Jerusalem als Zentrum einer erneuerten Welt vorwegnehmen zu wollen. Der Kerngemeinde gehören 750–1000 Menschen an. Sie leben in Wohngemeinschaften oder einzelnen Familien und haben rund um Würzburg eine eigene Infrastruktur aufgebaut (Kleingewerbe, Kindergarten, Schule). Die Mitglieder der B. können zum engeren Kreis der Anhänger des Universellen Lebens gezählt werden.

Channeling (engl. channel »Kanal«), vor allem in der Bewegung des *New Age* verwendete Bezeichnung für medialen Kontakt mit der transzendenten Wirklichkeit. Ein spirituell begabtes Medium kanalisiert Verkündigungen von geistigen Wesen oder Wissen aus der geistigen Welt. Als Phänomen ist es dem Spiritismus gleichzusetzen.

Charismatische Bewegung, Gemeinschaften, in denen die im N. T. genannten Gaben des Heiligen Geistes (Charismen) eine besondere Rolle spielen. Es sind insbesondere Prophetie, Zungenreden, Heilungsereignisse und die äußerlich sichtbare Ergriffenheit des Gläubigen vom Heiligen Geist. In dieser Hinsicht sind die Gemeinschaften der C. den Pfingstgemeinden ähnlich, doch ist die kirchliche Struktur weniger ausgeprägt. C. sind eher lose organisiert, leben teilweise auch von der persönlichen Ausstrahlung ihrer Leiter und finden sich auch innerhalb der großen christlichen Kirchen. Wie bei vielen anderen vorwiegend aus dem Protestantismus hervorgegangenen evangelikalen Gemeinschaften dominiert ein wörtliches Bibelverständnis. Auch innerhalb der katholischen Kirche gibt es eine charismatische Bewegung, die sich als geistliche Erneuerungsbewegung in der Kirche versteht.

Children of God → Die Familie

Christengemeinschaft, ausgehend von Reformbemühungen des protestantischen Christentums aus Kontakten des Pfarrers Friedrich Rittelmeyer mit dem Begründer der *Anthroposophie,* Rudolf Steiner (1861 bis 1925), 1922 entstandene Gemeinschaft. Sie ist maßgeblich durch Steiner, dessen Menschenbild und Christusverständnis geprägt. Gleichwohl ist die Bezugnahme auf die christliche Tradition größer als in der Anthroposophischen Gesellschaft. Gemäß einem eher katholischen Religionsverständnis kommt den kultischen Handlungen und der Stellung der Priester besondere Bedeutung zu, wobei die christliche Symbolik im anthroposophischen Sinn neu interpretiert wird. Die Bibel ist zwar die grundlegende Schrift der Gemeinschaft, wird aber im steinerschen Sinn als »Einweihungsbuch« angesehen. Bei der Interpretation der Texte wird versucht, Lehren der Anthroposophie wiederzuerkennen. Der C. gehören in Deutschland etwa 12 000 Menschen an. Die Priester werden in der Zentrale in Stuttgart ausgebildet.

Christliche Wissenschaft → S. 117

Connection (engl. »Verbindung«), seit den 1980er Jahren bestehende Zeitschrift aus dem Umfeld der *Neo-Sannyas-Bewegung*. Seit einigen Jahren hat sie sich verstärkt allgemeinen Themen der Spiritualität und neuer religiöser Bewegungen zugewendet. Das Blatt hat sich keine der organisierten esoterischen Grundhaltungen zu Eigen gemacht und diskutiert neue Entwicklungen auch kontrovers.

Criminon, Name einer Vorfeldorganisation von *Scientology*. Aufgabe von C. soll es sein, Strafgefangenen mit Hilfe der Lehren von L. Ron Hubbard (1911–1986), dem geistigen Vater von Scientology, zum besseren Leben zu verhelfen.

Deprogrammieren, oftmals gewaltsam angewendete Methode der Identitätsveränderung eines ehemaligen Mitglieds einer sog. Sekte. Das D. beruht auf den gleichen Voraussetzungen wie die Annahme, Mitglieder neuer religiöser Gemeinschaften seien einer Gehirnwäsche unterzogen worden. Diese »Programmierung« durch die Gemeinschaft gilt es nach dem Verlassen der Gruppe umzukehren, damit das Ex-Mitglied zu seiner alten Identität zurückfindet. Das D. missachtet die psychischen Prozesse der Aneignung der Identität als Mitglied einer religiösen Gemeinschaft ebenso wie der Rückkehr in die nichtreligiös definierte Gesellschaft. Strafrechtlich ist das D. bedenklich, wenn es gegen den Willen der Betroffenen geschieht. Meist wenden sich verzweifelte Angehörige an »professionell« arbeitende Deprogrammierer, wenn sie die Veränderungen in der Persönlichkeit ihrer Kinder oder Partner durch Mitgliedschaft in einer neuen religiösen Gemeinschaft nicht nachvollziehen können. Die in Deutschland tätigen Eltern- und Betroffeneninitiativen lehnen das D. ab.

Deutsche Unitarier-Religionsgemeinschaft, aus der freireligiösen Bewegung 1927 als »Deutscher Unitarierbund« entstandene Gemeinschaft, die sich 1950 neu konstituierte. Die Wurzeln liegen weniger in der reformatorischen Tradition der Unitarier (→ S. 254) als in der aufklärerischen Kirchenkritik, die sich selbst weltanschaulich organisierte. Nach 1945 wurden die Deutschen Unitarier auch zu einem Sammelbecken völkisch orientierter Strömungen. In den 1990er Jahren setzte eine vorsichtige Aufarbeitung der Vergangenheit ein, zumal die Ehrenvorsitzende der Deutschen Unitarier, Sigrid Hunke, die Gemeinschaft verließ und in den 1989 gegründeten Bund Deutscher Unitarier wechselte. In einer 1995 verabschiedeten Neufassung der »Grundgedanken« wird zwar weiterhin die Idee der Einheit von Mensch, Natur und schöpferischen Kräften herausgestellt, zugleich aber die sinngebende Kraft von Religionen im Allgemeinen und der Pluralismus als Bereicherung für das Menschsein betont. Die Deutschen Unitarier sind eine Laienorganisation ohne hauptamtliche Mitarbeiter mit rund 2000 Anhängern in Deutschland.

Dianetik, (griech. dia »durch«, nous, »Verstand«), Bezeichnung für die bei *Scientology* angewandte grundlegende Methode der Bewusstseinsarbeit. Im gleichnamigen Buch von L. Ron Hubbard (1950) wird D. als »Wissenschaft der geistigen Gesundheit« deklariert. Die Funktion des Verstandes, die eigentlich ein optimales Leben ermöglicht, sei durch geistige Eindrucksbilder (Engramme) negativer Erlebnisse gestört. Die durch gezielte Fragen hervorgerufene Erinnerung an die ursprünglichen Ereignisse soll die Engramme, die bereits in früheren Existenzen entstanden sein können, beseitigen. D. reduziert komplexe geistige Vorgänge letztlich auf ein einfaches Computer-Modell des Gehirns. In abgewandelten Formen findet D. auch in anderen Bereichen (Schule, Bildung, Management-Schulung) Anwendung.

Die Familie (Kinder Gottes, Familie der Liebe), als »Kinder Gottes« wollte die in den 1960er Jahren entstandene Gemeinschaft aus dem weltlichen System aussteigen, eine »Revolution für Christus» anleiten und nach dem bevorstehenden Weltende an der Herrschaft Christi teilhaben. Das Kommunenleben in der Gemeinschaft repräsentierte die erwarteten paradiesischen Verhältnisse. Der Gründer, David Berg (1919–1994), war pfingstlerisch geprägt. Seine Anhänger fand er vor allem in der Hippie-Bewegung, die seine Kritik an bürgerlichen Lebensformen teilte und vom Gedanken, dass zur Erlangung des Heils der Ausstieg aus hergebrachten Lebensformen und Strukturen notwendig sei, angesprochen war. Sexuelle Freizügigkeiten brachte die Gemeinschaft rasch in die Kritik. 1978 ordnete Berg, der sich in Anlehnung an Moses, der das Volk Israel aus der Knechtschaft führte, MO nannte, das Abtauchen der Anhänger in den Untergrund an. Ab 1992 kam es zu einer weitgehenden Neuorientierung in der Lehre. Alte Praktiken wie das *Flirty Fishing* wurden aufgegeben, die ehemals auch als Comic-strips herausgebrachten Schriften erscheinen nun als seriöse Erweckungsliteratur. D. ist seitdem der offizielle Name (bis 1983: »Kinder Gottes«, danach »Familie der Liebe«). Nach stärkerem Zulauf in den 1960er und 1970er Jahren ging die Zahl der Anhänger zurück. Sie wird für die 1990er Jahre auf rund 9000 geschätzt. In Deutschland leben maximal einige Dutzend Gläubige.

Divine Light Mission → S. 594

Divine Light Zentrum. Der aus Indien stammende Gründer der Gemeinschaft, der Guru Swami Omkarananda, wurde am 22. Mai 1979 in Lausanne zu einer 14-jährigen Gefängnisstrafe wegen versuchter Tötung, Körperverletzung und Sprengstoffanschlägen verurteilt und aus der Schweiz ausgewiesen.

Divine Light Zentrum, religionsübergreifende, hinduistisch geprägte Gemeinschaft, die 1966 von Swami Omkarananda in Winterthur (Schweiz) gegründet wurde. Omkarananda verfolgt die Absicht, alle Religionen und die Wissenschaften miteinander zu harmonisieren. Hier wie auch in der Verehrung des Gründers und in der Praxis (Verehrung hinduistischer Gottheiten, Meditationen, Verwendung von Mantren) zeigt sich der hinduistische Hintergrund. Gleichwohl gibt es im Zentrum in der Schweiz Kultmöglichkeiten für alle Religionen, da die Gläubigen auf dem Weg der Vervollkommnung innerhalb ihrer angestammten Traditionen gefördert werden sollen. Omkarananda genießt jedoch als Guru höchste Verehrung. In den 1970er Jahren gab es in der Schweiz etliche auch strafrechtlich relevante Konflikte, in deren Folge der Gründer aus dem Land ausgewiesen wurde. Er hält sich seitdem meist in Süddeutschland und in Österreich auf. In Winterthur leben rund 100 Anhänger in mönchsähnlicher Gemeinschaft. Darüber hinaus gibt es einzelne lokale Gruppen.

Eckankar, 1965 vom US-Amerikaner Paul Twitchell (1908–1971) gegründete Religion. Sie will den Einzelnen zur völligen Freiheit und Bewusstwerdung seiner eigenen Göttlichkeit führen. Hilfsmittel sind sog. Seelenreisen und vor allem aus Hinduismus und *Theosophie* entlehnte spirituelle Übungen. Unter Führung des jeweiligen sog. ECK-Meisters, dem Leiter einer Gemeinschaft, wird der Aufstieg der Seele in kosmische Sphären möglich, wo sie unter Hilfe des Meisters nach und nach ihr Karma abstreifen und aus der Distanz heraus das eigene irdische Geschehen steuern kann. Hat sich die Seele – verstanden als dem Menschen innewohnender göttlicher Funke – ihres belastenden Karmas vollständig entledigt, kann sie sich mit Gott vereinigen. Twitchell trat als der 971. Meister auf und beanspruchte, uraltes religiöses Wissen wieder zu vermitteln. ECK, in neueren Veröffentlichungen auch »Spirit«, bezeichnet die Gott und Mensch verbindende Energie, die als Ton Gottes oder als Licht wahrgenommen wird. Die innere Ausrichtung auf diese Energie ermöglicht die Seelenreisen, dient aber auch zur besseren Bewältigung des Alltags. E. wird durch aufeinander aufbauende Kurse vermittelt, die individuell oder in Studiengruppen absolviert werden und zu immer weiter führenden Erkenntnissen verhelfen sollen. In Deutschland gibt es rund 200 Anhänger. Das Zentrum der Gemeinschaft befindet sich in München.

Eltern- und Betroffeneninitiativen, mit dem Aufkommen neuer Religionen und den sich ergebenden Konflikten (z.B. Lösung eines Anhängers aus den familiären Beziehungen) haben ehemalige Mitglieder und betroffene Angehörige seit den 1970er Jahren Selbsthilfe- und Beratungsinitiativen gegründet. Manche Gruppen arbeiten über bestimmte Gemeinschaften, andere bieten ein umfassendes Angebot. Oft sind die E. auf Anregung kirchlicher Sektenbeauftragter entstanden, i.d.R. wird mit den Beauftragten zusammengearbeitet. Viele E. sind im Dachverband »Aktion für geistige und psychische Freiheit« (AGPF) zusammengeschlossen. Da sich die von der AGPF vorgenommene deutliche Sektenkritik nicht mit der staatlichen Neutralitätspflicht vereinen lasse, die AGPF aber hauptsächlich aus Haushaltsmitteln des Bundes finanziert sei, hat das Bundesverwaltungsgericht 1992 die staatliche Unterstützung des Dachverbands untersagt.

E-Meter (Elektrophysiometer), Gerät, das bei Scientology verwendet wird. Es soll geistige Eindrucksbilder (Engramme), die sich durch frühere Erlebnisse im Verstand des Menschen angesammelt haben, aufspüren. Den Engrammen wird eine »geistige Masse« zugeschrieben; ihre Beseitigung im Rahmen eines Auditing (Zuhören) genannten Prozesses ist Voraussetzung für die Absolvierung der weitergehenden Scientology-Kurse. Das Gerät misst sich verändernde Hautwiderstände während der Auditing-Befragungen.

Enquete-Kommission, 1995 vom Deutschen Bundestag eingerichteter Untersuchungsausschuss »Sogenannte Sekten und Psychogruppen«, um das seit langem öffentlich verhandelte Thema Sekten in seinen gesellschaftlichen Auswirkungen zu untersuchen. Darin folgte der Bundestag vielen anderen europäischen Parlamenten. Im 1998 vorgelegten Abschlussbericht wird vor allem festgestellt, dass von sog. Sekten keine Gefahr für die Gesellschaft ausgehe, wenngleich bei einigen Gruppen ein hohes Konfliktpotenzial vorhanden sei. Es bedürfe weiterer Forschungen, um die individuellen und gesellschaftlichen Wirkungen von Sekten zu analysieren. Aus dieser generellen Perspektive nahm die E. nur Scientology, satanistische Gruppen und das Problem der Erziehung von Kindern aus.

Erhard-Seminar-Training, 1971 vom US-Amerikaner Jack Rosenberg entwickelte Methode, in der er Elemente der Scientology-Ideologie, des Zen-Buddhismus (→ S. 762) und der Humanistischen Psychologie verknüpfte. Rosenberg nannte sich Werner Erhard, eine Zusammensetzung aus Werner Heisenberg und Ludwig Erhard. Das in Großgruppen durchgeführte Trainingsprogramm soll dem Einzelnen zu einem befreiten, selbstbestimmten und glücklichen Leben verhelfen. Nach Teilnehmerberichten besteht das E. aus Meditation, Selbsthypnose und gegenseitiger Verunsicherung, mit denen verfestigte Denkstrukturen und eingefahrene Verhaltensweisen überwunden werden sollen. Die Teilnehmer der Kurse können erheblichen psychischen und körperlichen Belastungen ausgesetzt sein, ohne dass in den Gruppen ärztliche Hilfe bereit steht. In Europa nannte sich das E. seit 1981 »The Centers Network«, 1984 erfolgte die Umbenennung in »Forum«. 1991 wurde die »Landmark Education« gegründet, in der das Trainingsprogramm modifiziert wurde. Mit dem professionell vermarkteten Lebenshilfe-Angebot standen u.a. »The Communication Course« und das »Welt-Hunger-Projekt« in Verbindung.

Esotera, im Freiburger Hermann-Bauer-Verlag erscheinende führende Esoterik-Zeitschrift Deutschlands. In den 1990er Jahren kam es wegen verminderter Absatzzahlen zu einer Veränderung des Konzepts. Gesundheitsthemen und spirituelle Wellness-Angebote wurden in den Mittelpunkt des Monatsmagazins gerückt. Dadurch ging die frühere Bedeutung, über das gesamte Gebiet der Esoterik zu informieren, verloren.

Esoterik (griech. »nach innen«), heute alle religiösen und spirituellen Vorstellungen, die von einem verborgenen, nicht anerkannten Wissen über den materiellen und transzendenten Aufbau der Welt ausgehen, das nur Eingeweihten oder spirituell begabten Menschen zugänglich ist. Die Geheimhaltung esoterischen Wissens war wesentlicher Bestandteil der antiken Mysterienkulte und später der spirituellen Geheimgesellschaften (*Rosenkreuzer,* Alchimisten, *Freimaurer,* okkultistische Orden). In den letzten Jahrzehnten förderte die Kritik an der wissenschaftlich-rationalisierten Welt sowohl das Interesse an der E. als auch die breite Publikation esoterischer Texte. Über die Bewegung des *New Age* erlangten esoterische Vorstellungen zusätzliche Popularität. Grundgedanken der E. sind ein monistisches Weltbild, die Einheit von Körper und Seele und die Vorstellung eines zusätzlichen feinstofflichen Körpers (Astralleib), durch den kosmische Energien nutzbar gemacht werden könnten.

Falun Gong. Li Hongzhi, der Gründer der Kultbewegung Falun Gong lebt in den USA; seine Sekte ist von der Regierung der VR China verboten worden, in einer Kampagne gegen die Bewegung beschlagnahmte die Regierung 1,55 Mio Bücher sowie andere Publikationen.

Falun Gong (chin. »Praxis des Gebotsrades«), chinesische Meditationsbewegung, die ihren Praktizierenden den Weg zu Gesundheit, Harmonie und persönlichen Erfolg vermitteln will. Anhand täglich durchzuführender Meditations- und Körperübungen soll die kosmische Energie Qi im Menschen aktiviert werden. F. verbindet die Übungen mit einer dem Buddhismus entlehnten Ethik der Wahrhaftigkeit, Barmherzigkeit und Nachsicht, die im Denken und Handeln befolgt werden soll, sowie einem Weltbild, das durch die täglichen Übungen zur Einsicht in die transzendente Wahrheit (Dafa) führen soll.

Die 1992 erstmals in der Öffentlichkeit aufgetretene Bewegung war Mitglied der chinesischen Qigong-Vereinigung. Darin waren verschiedene Gruppen zusammengeschlossen, die sich auf die ganzheitliche chinesische Gesundheitslehre (Qigong) berufen. Von der kommunistischen Führung wurde F. als gefährliche Sekte eingestuft, aus der Qigong-Vereinigung ausgeschlossen und verfolgt. Gründer Li Honghzi wanderte 1998 in die USA aus. In der Folge radikalisierte sich die Bewegung und Li Hongzi wurde immer größere Verehrung zuteil. Vielen gilt er als reinkarnierter Buddha. Öffentliche Demonstrationen u. a. auf dem Platz des Himmlischen Friedens in Peking wurden von den chinesischen Machthabern gewaltsam aufgelöst, die Anhänger verurteilt und in Umerziehungslager eingeliefert. Die Zahl der Praktizierenden lässt sich nur schätzen. In China sollen es 80 Mio sein, womit F. mehr Mitglieder hätte als die KP. Außerhalb Chinas wird mit rund 20 Mio Anhängern gerechnet. In Deutschland gibt es einige lokale Gruppen der F.

Familienföderation, Vorfeldorganisation der Vereinigungskirche, die 1994 mit dem Namen »F. für Weltfrieden und Vereinigung« gegründet wurde. Über die Organisation wird das Anliegen der Vereinigungskirche – die Förderung der Familie als Keimzelle einer neuen Gesellschaft – transportiert. Außerdem soll die F. die nach außen gerichteten Aktivitäten der Vereinigungskirche bündeln.

Family of Love → Die Familie

Fiat Lux, 1980 entstandene, endzeitlich orientierte Heilungsgemeinschaft. In der Lehre von F. verbinden sich christliche, esoterische, spiritistische und aus UFO-Gemeinschaften bekannte Elemente. Durch Offenbarungen an das »Sprachrohr Gottes« Uriella (Erika Bertschinger-Eicke) geben Jesus Christus und andere Geistwesen Einblicke in den geistigen Aufbau der Welt, in den zukünftigen Plan Gottes für die Erde und die Menschen sowie konkrete Anweisungen für ein gesundes Leben. Hier spielen Vegetarismus und die durch Uriella geistig aufgeladenen Heilmittel eine wichtige Rolle. Zur Jahreswende 2000 erwartete F. die apokalyptische Transformation der Erde zur neuen Welt »Amora«; die Anhänger sollten für die Zeit der Umwandlung von Raumschiffen übergangsweise zu einem anderen Planeten gebracht werden. Insgesamt sollte nur ein Drittel der Bevölkerung die endzeitlichen Katastrophen überleben, die u. a. durch einen Polsprung und einen Kometeneinschlag, durch den Norddeutschland überschwemmt werde, eingeläutet würden. Das Nicht-Eintreten der Transformation wird als Aufschub gewertet, der nochmals zu erhöhter Wachsamkeit vor den Verführungen böser Mächte nötige. Neuerdings ist der Tierschutz ein weiteres Betätigungsfeld von F.

Insgesamt scheint sich die Gemeinschaft jedoch Anfang 2002 in einer Krise zu befinden, zumal Uriella mehrfach wegen verschiedener Delikte verurteilt wurde. Von den rund 750 Mitgliedern leben etwa 100 in einer ordensähnlichen Gemeinschaft in Ibach (Schwarzwald), wo sich das deutsche Zentrum befindet, sowie in der Schweiz und in Österreich.

First Church of Satan, 1995 von Anton Szandor La Vey gegründete satanistische Gemeinschaft, die als erste ihrer Art in den USA den Status einer Kirche zugesprochen bekam. Die Gemeinschaft predigt einen radikalen Individualismus und Hedonismus. Satan ist eher eine Chiffre als ein anzubetendes Wesen und steht für die Befreiung von Lustfeindlichkeit und künstlichen Beschränkungen in der Lebensführung. Diese Prinzipien sind in den »Elf Satanischen Regeln der Erde« aufgenommen, die ihre Wirkung über die F. hinaus entfalteten. In Deutschland gründete sich 1996 ein Ableger, der sich aufgrund der finanziellen und organisatorischen Abhängigkeit von der US-Zentrale für unabhängig erklärte.

Flirty Fishing, Missionspraxis, die im Wesentlichen von Frauen der Gemeinschaft »Kinder Gottes« (heute: *Die Familie*) gepflegt wurde. Die Frauen sollten Diskotheken und Clubs aufsuchen, potenzielle neue Anhänger verführen – bis hin zum Sexualverkehr – und ihnen so die Liebe Christi näher bringen. Durch das Aufkommen von Aids, die öffentliche Kritik als Prostitution sowie Veränderungen im Lehrverständnis der Gemeinschaft wird das F. nach eigenen Angaben nicht mehr praktiziert.

Fraternitas Saturni, dem *Rosenkreuzertum* verbundene okkultistische Geheimloge. Als sich die Vorgängerorganisation des Ordens 1925 dem O. T. O. unterstellte, weigerten sich etliche Mitglieder, diesen Schritt mitzugehen, und gründeten F. Nach dessen Verbot 1936 folgte 1945 die Neugründung. Der religiösen Toleranz und sozialen Gerechtigkeit verpflichtet, sollen die Mitglieder zu fortschreitender Selbsterkenntnis gelangen und sich ihrer letztlich göttlichen Eigenschaften bewusst werden. Wie in allen okkultistischen Orden wird ein vielstufiges Gradsystem durchlaufen. Einige der aus dem F. hervorgegangenen Orden haben sich stärker der Sexualmagie von Aleister Crowley (1875 bis 1947) verschrieben, so z. B. der 1981 gegründete Ordo Saturni.

Freikirchen, im Gegensatz zu Staats- und Volkskirchen frei konstituierte Kirche auf Basis freiwilliger, durch bewusste Glaubensentscheidung getragener Mitgliedschaft (Freikirche → S. 141). Der Protestantismus kennt keine oberste Instanz zur Klärung theologischer Lehrunterschiede, sodass die Zahl der Denominationen (Bekenntnisse), Strömungen und Gemeinden sehr groß ist. Die Verantwortung des Glaubens liegt beim Einzelnen. Nach der Reformation und noch einmal im 19. und 20. Jh. entstanden zahlreiche neue protestantische Gemeinschaften. Sie werden in F. und Sondergemeinschaften unterschieden. Kriterien der Abgrenzung sind der Glaube an Jesus Christus als Sohn Gottes, der Grad an ökumenischen Beziehungen, die gegenseitige Anerkennung der Taufe und der Bibel als alleiniger Quelle der Offenbarung Gottes. Gemeinschaften wie die Zeugen Jehovas (→ S. 266) oder die Mormonen (→ S. 199), die über die Bibel hinaus noch andere Glaubensgrundlagen haben, deren Christus-Verständnis vom herkömmlichen Konsens abweicht oder die keine Beziehungen zu anderen Kirchen und Gemeinschaften pflegen, werden nicht als F., sondern als Sondergemeinschaften bezeichnet. Typische F. sind Baptisten (→ S. 100), Heilsarmee (→ S.154), Methodisten (→ S. 195) und Mennoniten (→ S. 193). Die meisten F. arbeiten in Deutschland in der Arbeitsgemeinschaft christlicher Kirchen sowie in der Vereinigung Evangelischer Freikirchen mit. Bei einigen Sondergemeinschaften wie den Siebenten-Tags-Adventisten hat in den letzten Jahren eine Annäherung an die F. stattgefunden.

Freimaurer, organisierte Bruderschaften, die nach moralischer Vervollkommnung streben, wobei die meisten Logen (»geheime Vereinigung«) zwar christlich-humanistisch orientiert, letztlich aber religiös indifferent eingestellt sind. Die F. gehen auf die mittelalterlichen Dombauhütten zurück, im 18. Jh. wurde die erste Loge in England gegründet. Durch die strenge Geheimhaltung des Geschehens in den Zusammenkünften (z. B. Symbolik, Rituale), und wegen der oft aus antiken Mysterienkulten übernommenen Struktur der Logen kommt es immer wieder zu Spekulationen über geheimbündlerische, von den F. initiierte Verschwörungen. Insbesondere die Kirche sah sich in früheren Jahrhunderten von F. bedroht. Aus dieser Zeit hat sich das Motiv erhalten, F. bekämpften die Religion.

Fiat Lux. Uriella (Erika Bertschinger Eicke), Chefin von Fiat Lux. Bis zum heutigen Zeitpunkt traf keine ihrer Prophezeiungen und apokalyptischen Visionen von einer Zerstörung der Welt ein.

Freimaurer. Die Freimauerei vereinigt Symbole der Werkmauerei mit denen früherer Lichtkulte. Der Logenteppich (sog. Arbeitsteppich) enthält die Symbole der Freimaurer: Die Sonne ist als lebensspendende Kraft zu sehen; ebenso taucht der flammende Stern in vielen Darstellungen der Freimaurer auf. Das Dreieck mit dem Auge Gottes zählt ebenfalls zu den Lichtsymbolen und ist ursprünglich auf astrale Konstellationen zurückzuführen. Dieses archaische Symbol war früher ein Konstruktionselement für Kultbauten (ägyptische Pyramiden), in den Dombauhütten behielt es – wie auch das Quadrat – seine Funktion als »Schlüsselfigur« und wurde christlich umgedeutet. Daneben finden sich typische Werkzeuge der Handwerker (Zirkel, Winkelmaß, Hammer, Meißel u.a.). Ein weiteres wichtiges Symbol ist die Darstellung der Tempelsäulen, welche auf die Gegensätzlichkeit aller irdischen Dinge hinweisen. Um 1760; Deutsches Freimaurermuseum, Bayreuth

Ihre Logen waren reine Männerbünde. Erst in den letzten Jahren entstanden auch Frauenlogen. In Deutschland haben die F. rund 20 000 Mitglieder in 400 Logen.

Freireligiöse, aus einer katholisch-sozialreformerischen und einer protestantisch-antipietistischen Strömung in den 1840er Jahren enstandene Bewegung, deren Dachverband der 1859 gegründete Bund Freireligiöser Gemeinden Deutschlands (BFGD) ist. Führende Vertreter der F. waren an der bürgerlichen Revolutionsbewegung 1848/49 beteiligt, u.a. Robert Blum. In der weiteren Entwicklung radikalisierte sich die Kirchenkritik der F. und es ergaben sich Schnittpunkte mit der proletarischen Freidenkerbewegung. Parallel wurde aber auch völkisches Gedankengut in die Bewegung hineingetragen. Seit der Zeit der Weimarer Republik sind die F. in eine eher atheistisch-humanistische und eine pantheistische Richtung gespalten. Das Gemeindeleben dient der weltanschaulichen Erbauung, die Jahresfeste orientieren sich am Naturkreislauf. Die Vorstellung von Gott als Person wird abgelehnt, ebenso das Weiterleben nach dem Tod. Göttlichkeit (Transzendenz) manifestiert sich in der Natur. Auch wenn keine inhaltliche Auseinandersetzung mit der teilweisen ideologischen Nähe zum sog. Dritten Reich stattgefunden hat, sind Menschenrechte, Religions- und Meinungsfreiheit, individuelle Autonomie, sozialreformerisches Wirken und ökologische Verantwortung Charakteristika der heutigen F. Der BFGD repräsentiert nur noch vier Landesverbände und einige autonome Ortsgemeinden. Die freireligiösen Gliederungen sind Körperschaften des öffentlichen Rechts. Insgesamt gibt es rund 30 000 Mitglieder.

Fundamentalismus, in den 1960er Jahren in den USA als Eigenbezeichnung evangelikaler Gemeinschaften entstandener Begriff, der den Bezug auf die »fundamentals« (engl. »Grundsätze«) der biblischen Lehre für den Lebensvollzug heraussstellen wollte. Nach der Revolution im Iran 1979 wurde der Begriff auf islamische Strömungen angewendet, die eine Re-Islamisierung der Gesellschaften unter dem religiösen Gesetz (Scharia) anstreben. Auch viele neue Religionen orientieren sich an den alten Texten ihrer jeweiligen religiösen Tradition, so dass auch sie mitunter als Fundamentalisten bezeichnet werden. Insgesamt gilt der F. als Reaktion auf den moralischen Pluralismus der Moderne, dem das klare Fundament des Glaubens entgegengestellt wird. In der öffentlichen Auseinandersetzung wird F. mit Rückständigkeit, geistiger Enge und Ablehnung der modernen Welt gleichgesetzt.

Gaia-Hypothese, insbesondere in der *New-Age-Bewegung* vertretene Überzeugung, dass die Erde ein lebendiger Organismus ist, der sich aus dem unendlichen Geflecht der Beziehungen von Organismen, Menschen, Gemeinschaften und Ökosystemen konstituiert. Das »Lebewesen Erde« erlangt eine eigenständige Qualität, es verfügt über ein Bewusstsein von sich selbst. Der Mensch hat die besondere Verantwortung, sich sowohl in den Willen der Erde nach Harmonie und Entwicklung einzufügen als auch durch seine herausgehobene Stellung als Teil des »Nervensystems« der Erde an der weiteren Ausbildung des kosmischen Bewusstseins mitzuarbeiten. Die G. geht über die traditionellen Vorstellungen innerhalb der *Esoterik* von der Einheit von Mikro- und Makrokosmos hinaus. Der Begriff entstammt dem Griechischen, wo Gaia der Name der Erdmutter ist.

Ganzheitlichkeit, zentraler Begriff in Esoterik, New Age und vielen neuen religiösen Bewegungen, der sich gegen die Dominanz einer naturwissenschaftlich-technischen Weltsicht wendet und alle Aspekte des Seins – materielle wie spirituelle – miteinander in Beziehung setzen will. Es werden auch die christlichen

Kirchen kritisiert, die sich z.B. an der gedanklichen Trennung von Körper und Seele oder der Ausbildung unterschiedlicher Zuständigkeiten von Religion und Wissenschaft beteiligt hätten. G. bezeichnet darüber hinaus das Eingebundensein des Menschen in die natürliche Umwelt sowie in kosmische Kräfte und Energien.

Gehirnwäsche, Vorstellung, dass den Anhängern von sog. Sekten durch Methoden der Psychomanipulation eine neue Identität – die eines willenlosen Mitglieds der Gemeinschaft – aufgezwungen werde. Dies soll u.a. durch die Trennung von bisherigen sozialen Kontakten, kontinuierliche Beschäftigung mit den Lehren einer Gemeinschaft unter Zuhilfenahme von Selbsterniedrigung und Schlafentzug erfolgen. Psychologische Studien zeigen jedoch, dass ein »Brechen« des Ich-Bewusstseins gegen den Willen eines Menschen nicht möglich ist. Vielmehr muss bei dem neuen Anhänger einer religiösen Gemeinschaft die Bereitschaft vorhanden sein, sich auf die neuen sozialen Beziehungen der Gemeinschaft sowie die neue Lebens- und Weltdeutung einzulassen. Auf diese Voraussetzung bauen die von den Gemeinschaften unterschiedlich ausgehenden Anstrengungen der Vereinnahmung des neuen Mitglieds, z.B. durch intensive persönliche Betreuung. Durch einen solchen wechselseitigen Prozess verändert sich die Persönlichkeit des neuen Mitglieds, da er sie bewusst und gewollt an den Vorgaben der Gemeinschaft orientiert. Doch zeigen die Biografien ehemaliger wie aktiver Mitglieder, dass eine totale Anpassung und Unterordnung unter die Gemeinschaft nur für eine bestimmte Zeit aufrechtzuerhalten ist.

Geistliche Gemeinde Erneuerung, charismatische Bewegung, die zunächst innerhalb der evangelischen Landeskirchen wirkte, 1988 aber eigenständige Strukturen bildete. Ihren Ausgangspunkt nahm die Geistliche Gemeinde-Erneuerung in der Hamburger St.-Petri-Kirche, wo der damalige Pastor Wolfram Kopfermann charismatische Gottesdienste abhielt. Mit der Trennung von der nordelbischen evanglischen Kirche 1988 benannte sich die Gemeinde in »Freie Evangelisch-Lutherische Anskar-Kirche« um.

Gralsbewegung, in den 1920er Jahren von Oskar Ernst Bernhard (1875–1941) gegründete neue Religion. Sie vereinigt christliche, esoterische, gnostische und naturwissenschaftliche Elemente zu einem neuen, umfassenden Weltbild. Bernhard, der sich fortan Abd-ru-Shin (Sohn des Lichts) nannte, veröffentlichte zahlreiche Schriften über den geistigen Aufbau der Welt, die in den Zusammenkünften der örtlichen Gemeinschaften studiert werden. Ziele der G. sind sowohl die individuelle Läuterung der Seele als auch die Lösung der jeweils aktuellen Menschheitsprobleme. Bernhard bezeichnete den Ursprung der göttlichen Kraft, aus der die Schöpfung der grob- und feinstofflichen Welt hervorging, als »Heiligen Gral«. Die lose organisierte Bewegung mit ihrem Zentrum Stiftung Gralsbotschaft in Stuttgart hat rund 9000 Anhänger, davon 2300 in Deutschland.

Guru → S. 596

Gut zum Leben (auch: Güter Neu Jerusalem), Landwirtschaftsbetrieb, der dem Universellen Leben zuzurechnen ist. Gemäß der Lehre der Gemeinschaft produziert das G. ökologische Lebensmittel. Auf die Herstellung von Fleisch wird verzichtet. Die Produkte werden im Einkaufszentrum des Universellen Lebens in Marktheidenfeld (nahe Würzburg) und auf regionalen Wochenmärkten verkauft.

Hare Krishna → International Society for Krishna Consciousness, S. 599

Heaven's Gate (engl. »Himmelspforte«, auch: Higher Source, engl. »Höhere Quelle«), UFO-Gruppe in den USA, deren Anhänger 1997 den apokalyptischen Einschlag des Kometen Hale Bopp erwarteten. Zugleich gingen sie davon aus, dass sich im Schlepptau des Planeten ein Raumschiff befinde, mit dem die eigenen Seelen von der Erde evakuiert würden. In dieser Erwartung begingen 39 Mitglieder der Gruppe im Frühjahr 1997 kollektiven Selbstmord.

Heimholungswerk Jesu Christi, 1977–84 Name des Universellen Lebens. Vermittelt durch Offenbarungen an Gabriele Wittek, begann Jesus Christus Ende der 1970er Jahre mit der »Heimholung« der Menschen zu Gott. Seit der Umbenennung in Universelles Leben wird mit H. der Bereich der Meditationskurse und Schulungen bezeichnet, in denen der »Innere Weg« gelehrt wird, der die Seelen stufenweise zu Gott führen soll.

Hexen (althochdt. hagzissa), ursprünglich sich auf Zäunen oder Hecken aufhaltende dämonische Wesen mit magischen, schädigenden Kräften. In *Esoterik, New Age* und naturmystischen Gemeinschaften bezeichnen sich Frauen

Hexen. Moderne Hexen fühlen sich der Natur besonders verbunden. Eine magisch-okkulte Hexenbewegung ist seit den 1930er Jahren in England, später auch in Kalifornien, verbreitet. Seit den 1980er Jahren erfahren vor allem okkulte Praktiken und Riten des Hexenkults eine Wiederbelebung als Modephänomen.

als H., die altes, durch Christianisierung und Hexenverfolgungen der frühen Neuzeit verloren gegangenes Wissen wieder entdecken und neu leben wollen. Dazu gehören Heilkünste ebenso wie eine besondere spirituelle Beziehung zu der als beseelt empfundenen Umwelt, zu kraftgeladenen heiligen Orten oder zu vorchristlichen Gottheiten.

Illuminaten, 1776 von Johann Adam Weisshaupt gegründeter Geheimbund, der eine brüderliche und klassenlose Gesellschaft errichten wollte, die jedoch von strenger Disziplin geprägt sei. Die Mitglieder des Ordens strebten nach Erleuchtung aus der Gnade Christi. Die Gemeinschaft verstand sich nach antikem Vorbild als Weisheitsschule. Die I. bestanden nur zehn Jahre, wurden aber 1906 von Theodor Reuß neu gegründet und unter den Nationalsozialisten wieder verboten. Reuß übte großen Einfluss auf den *Ordo Templi Orientis* aus. Obwohl strukturell mit den Freimaurern verwandt, gab es nie Verbindungen zwischen ihnen. Dafür werden die I. zusammen mit den *Freimaurern* bis in die heutige Zeit immer wieder für diverse Weltverschwörungen verantwortlich gemacht.

Johannische Kirche, nach einem Offenbarungserlebnis von Joseph Weißenberg (1855 bis 1941) 1926 gegründete Kirche. Über medial veranlagte Menschen finden in den Zusammenkünften Kundgaben geistiger Wesen statt. Weißenberg selbst gilt als Inkarnation des Heiligen Geistes. Seine Schriften werden zusammen mit den Offenbarungen als Fortsetzung des N. T. verstanden. Ihrem Selbstverständnis nach ist die J. eine Gemeinschaft praktizierten Christentums, die sich für Nächstenliebe, Toleranz der Religionen und Verantwortung für die Umwelt einsetzt. Die Kirche wurde in Ostdeutschland 1990 als Körperschaft des öffentlichen Rechts anerkannt. Die Verbreitung der rund 6000 Mitglieder zählenden Gemeinschaft ist auf den deutschen Sprachraum begrenzt.

Jugendreligionen, Mitte der 1970er Jahre vom Sektenbeauftragten der bayerischen evangelischen Landeskirche, Friedrich-Wilhelm Haack, geprägter Begriff. Bei aller Unterschiedlichkeit der anfangs nur acht als J. klassifizierten Gruppen sollte betont werden, dass neue Religionen vor allem Jugendliche als Anhänger gewinnen. Dies erfordere u.a. ein Eingreifen des Staates, um die Jugendlichen zu schützen. Die These war und ist nicht für alle Gemeinschaften zutreffend. Der Begriff wird seit den 1990er Jahren kaum noch verwendet.

Jugendsatanismus, jugendliche Subkultur, in der sich der Protest gegen die als perspektivlos erfahrene bürgerliche Welt der Erwachsenen in einem Satanskult ausdrückt. Kontakte zu satanistischen Orden bestehen ebenso wenig wie Vernetzungen einzelner Gruppen. Die Jugendlichen beziehen ihr Wissen über den Satanismus in aller Regel aus Fachliteratur und Medien und erstellen ihr individuelles satanistisches Weltbild. Im Mittelpunkt steht die Umwertung der bestehenden Moral mit der Satansfigur als Metapher. Meist machen die Jugendlichen durch provokante Kleidung und tabuisierte Aktionen wie nächtlichen Ritualen auf Friedhöfen auf sich aufmerksam. Im J. drückt sich ein Gewaltpotenzial aus, das auch über Musik und Texte satanistisch inspirierter Musikgruppen (Black Metal, Gothic) transportiert wird. In Einzelfällen hat das satanistische Weltbild als Rechtfertigung zur Gewaltanwendung bis hin zum Mord gedient.

Kinder Gottes → Die Familie

Kirche Jesu Christi der Heiligen der Letzten Tage → Mormonen, S. 199

Lamaismus, veraltete Bezeichnung für den tibetischen Buddhismus. Der tibetisch-buddhistische Lama (tibet. »Höhergestellter«) gibt entsprechend dem hinduistischen Guru das in langer Übung erworbene spirituelle Wissen an seine Schüler weiter. Der Begriff L. kennzeichnet die besondere Stellung der spirituellen Lehrer für diese Richtung des Buddhismus. Die Bedeutung der Lamas erhöht sich durch die Integration tantrischer Elemente im tibetischen Buddhismus. So kommt es immer wieder zu Vorwürfen des sexuellen Missbrauchs insbesondere von weiblichen Anhängern tibetisch-buddhistischer Gemeinschaften, die aber auch von Enttäuschungen über ausbleibende spirituelle Entwicklungen bei gleichzeitiger sexueller Praxis zwischen Lama und Schülerin motiviert sein können. Dies würde die überhöhte Verehrung spiegeln, die Lamas im Westen von ihren Anhängern zuteil wird.

Landmark-Education → Erhard Seminar Training

Lectorium Rosicrucianum → Rosenkreuzer

Levitation → Yogisches Fliegen

Lorber-Bewegung, nach dem Österreicher Jakob Lorber (1800–1864) benannte Gemeinschaft. In einem Offenbarungserlebnis

Lorber-Bewegung. Der theosophische Mystiker Jakob Lorber (1800–1864) stellte in seinen 25 Bänden über die »Neuoffenbarung Jesu« dessen Leben dar und entwickelte darüber hinaus kosmologisch-gnostische sowie anthroposophische Vorstellungen. Seine Anhänger bildeten die »Neu-Salems-Vereinigung«, aus der 1945 als »Lorber-Gesellschaft« mit missionarisch-karitativer Orientierung neu gegründet wurde.

wurden ihm neue Erkenntnisse über die Beschaffenheit des Kosmos, das Wesen des Menschen und seine Beziehung zu Gott mitgeteilt. Als »Schreibknecht Gottes« veröffentlichte Lorber die »Neuoffenbarung Jesu« in insgesamt 25 Büchern. Demnach ist Gott eine geistige Urkraft, die materielle Welt besteht aus Wesen, die sich von Gott entfernt haben und deren Körper sich zur Materie verfestigten. Durch den Tod Jesu am Kreuz ist eine innere Verbindung des Menschen zu Gott hergestellt geworden. Dadurch wird eine Vergeistigung und das Einswerden mit der göttlichen Urkraft wieder möglich. Wichtigste Schrift der L. ist das »Große Evangelium Johannis«, in dem Lehrreden von Jesus Christus mit seinen Jüngern übermittelt sind. Lorber gilt seinen Anhängern als Prophet, da er die göttlichen Mitteilungen direkt aus seinem Inneren niedergeschrieben habe. Die Gemeinschaft hat keine festen Strukturen ausgebildet, vielmehr wollen die Mitglieder in den bestehenden Kirchen die Neuoffenbarungen vertreten. Zentrum ist die Lorber-Gesellschaft mit dem angeschlossenen Lorber-Verlag. Die Ideen der L. haben viele andere esoterische Gemeinschaften beeinflusst. Eine Übernahme ist vor allem beim Universellen Leben erkennbar.

Magie, Bezeichnung für besondere Kräfte von Gegenständen, Wesen- und Gottheiten und die Formen, über diese Kräfte zu verfügen. Die Kräfte wirken nicht aus sich heraus, sondern werden erst durch Rituale, bestimmte Handlungen, die Verwendung von Symbolen oder Gebete aktiviert. Die Anwendung bestimmter Techniken führt immer zur entsprechenden Wirkung der magischen Kraft. Magische Elemente spielen in allen Religionen eine Rolle, wenn auch – vor allem bei monotheistischen Religionen – die Vorstellung der direkten Beeinflussbarkeit der Gottheit zu Gunsten der Unabhängigkeit ihres Wirkens zurückgetreten ist. Dagegen ist M. im Okkultismus und Satanismus ein tragendes Element. Im Neuheidentum sowie in religiösen Strömungen, die schamanistische Elemente aufgenommen haben oder sich auf indigene Kulturen berufen, hat M. ebenfalls ihren Platz.

Mahikari (japan. »Licht der Wahrheit«), 1959 gegründete Heilungsbewegung aus Japan mit anfänglich messianischen Zügen. Nach Überzeugung ihrer Anhänger befindet sich die Menschheit gegenwärtig in einem »Zeitalter der Reinigung«, bevor in einer kommenden Ära die Menschen in direkter Verbindung mit Gott leben und eine »große und heilige Zivilisation« entstehen wird. Der Gründer Okada Kogyoku (1901–1974) hatte seit 1959 Offenbarungen des Schöpfergottes Su, nach denen er berufen war, die Seelen der Menschen durch Vermittlung des »Lichts der Wahrheit« zu reinigen. 1962 wurden erste Gemeinden gegründet, in denen die Anhänger durch Einweihungen und gesunde Lebensführung befähigt werden, die geistige Reinigung an anderen durchzuführen. Praktische Bedeutung gewinnt die Reinigung dadurch, dass Krankheiten und Leid auch geistige Ursachen haben können, die durch die Reinigungsrituale beseitigt werden. Nach dem Tod des Gründers spaltete sich die M. in zwei Richtungen. Die Sukyo Mahikari (japan. »Überkirche des Wahren Lichts«) wird von der Tochter Okadas, Keiju Okada, geleitet. Die wesentlich kleinere Sekei Mahikari Bunmei Kyodan (japan. »Weltkirche der Zivilisation des Wahren Lichts«) führt Sakae Sekiguchi. Beide Zweige sind mit je einer Gemeinde in Deutschland vertreten.

Mantra → S. 607, 725

Massenhochzeit, in der Vereinigungskirche durchgeführte Heirat von mehreren hundert bis einigen tausend Paaren. Der Führer der Vereinigungskirche, San Myung Mun (*1920), wählt die Paare anhand von Fotos aus, die in einer zentral durchgeführten Zeremonie zusammengeführt werden. Die Paare kommen meist aus unterschiedlichen Kontinenten. Ihre Hochzeit hat, wie die darauf aufbauende Familiengründung, einen großen heilsgeschichtlichen Stellenwert, da sich in der ehelichen Gemeinschaft die Vereinigung der Gegensätze Mann und Frau vollzieht und sie die familiäre Einheit von Eltern und Kindern, ein Abbild der Beziehungen Gottes zu den Menschen darstellt. Seit mehreren Jahren können auch Paare, die nicht der Vereinigungskirche angehören, an den M. teilnehmen, ohne dass sie die theologische Deutung der Ehe im Sinne der Vereinigungskirche teilen müssen. Im Mittelpunkt der Zeremonie steht die Segnung der Paare durch Mun. An der in Seoul (Südkorea) durchgeführten zentralen Veranstaltung sind seitdem auch Repräsentanten anderer Religionen beteiligt. Über Satellit wird das Ereignis in zahlreiche Gemeinden vor Ort übertragen. Die Vereinigungskirche spricht von mehreren hundert-

Mazdaznan. Otoman Zar-Adusht Ha'nish (1844–1936), mit bürgerlichem Namen Otto Hanisch, begründete die Mazdaznan-Bewegung. Er ist der Legende nach in einem zoroastrischen Orden in Tibet aufgewachsen, von wo er mit 25 Jahren als Hohepriester und Menschheitslehrer ausgesandt wurde. Um 1900 begann seine Lehrtätigkeit, 1917 gründete er in Los Angeles die »Reorganized Mazdaznan Temple Association of Associates of God« als Zentrum seiner Bewegung.

Nation of Islam. Elijah Mohammed (1897–1975), ehemaliger Führer der Black Muslims in den USA. Er war Nachfolger von Wallace D. Fard, der den Afroamerikanern predigte, sich dem Islam zuzuwenden und darüber hinaus die Idee einer eigenen Staatsgründung auf dem Gebiet der Vereinigten Staaten verfolgte.

tausend Paaren, die auf diese Weise den Segen Muns erhalten.

Mazdaznan (altiran. »Meister des Gottgedankens«), um 1900 von Otoman Zar-Adusht Ha'nish (bürgerlich: Otto Hanisch) in den USA ins Leben gerufene Bewegung. Ha'nisch beruft sich auf Zarathustra, den Stifter des im zweiten vorchristlichen Jahrtausend entstandenen Zoroastrismus (Parsen, S. 859). Reste dieser »Urreligion« seien zwar noch in allen anderen Religionen enthalten, doch insbesondere durch das Christentum und die moderne Wissenschaft verfälscht und überlagert worden. Deshalb versteht sich M. als neue Vereinigung aller Religionen. Ziel ist die Erlösung der Menschen durch die Vervollkommnung von Selbsterkenntnis und -beherrschung. Es wird durch eine ethische Lebensführung und durch eine gesunde Lebensweise erreicht. Der Körper als »Tempel Gottes« muss durch rechte Atmung, vegetarische Ernährung, Enthaltsamkeit von Rausch- und Genussmitteln sowie Körperpflege rein gehalten werden, da sich im Inneren des Menschen das Reich Gottes verwirkliche. Durch die richtige Lebensführung werden nach der Lehre von M. auch politische Veränderungen erreicht. Als am weitesten entwickelte Rasse seien die Arier dazu berufen, ein Weltfriedensreich einzuleiten, in dem letztlich alle Rassenunterschiede aufgehoben seien. M. kam 1907 nach Deutschland. Nach einem Verbot im Dritten Reich wurden die Aktivitäten 1952 wieder aufgenommen. Anfang des 21. Jh. gab es in Deutschland etwa 10–15 Gruppen. Das Zentrum, die »Neuzeitliche Diät- und Lebensschule« liegt in Bringhausen am Edersee.

Meditation, Praxis der geistlichen Versenkung, um zu tieferen Einsichten über das Selbst und die Wirklichkeit zu gelangen. Im asiatischen Raum steht die Meditation immer in einem religiösen Zusammenhang, dessen Ziel der Eingang ins Nirvana (Sanskrit »Verlöschen«) im Buddhismus bzw. der Austritt aus dem Kreislauf der Wiedergeburten im Hinduismus ist. Durch das Auftreten asiatischer Gemeinschaften im Westen in den letzten 100 Jahren wurde die Praxis der Meditation auch im christlichen Kulturraum verbreitet. Viele Menschen verbinden mit der M. vor allem eine Technik zur Herstellung innerer Ruhe und Harmonie. Manche neue Religionen wie die *Transzendentale Meditation* und die Zen-Gemeinschaften unterstützen diese Haltung und stellen M. als religiös indifferent dar. Ihre Formen sind vielfältig, der Übergang zu tranceähnlichen Zuständen ist möglich. Oft wird für die M. ein Hilfsmittel benutzt, z. B. ein Mantra. Insbesondere der Gründer der *Neo-Sannyas-Bewegung*, Osho, entwickelte neue Formen der M., die Denken und Ich-Vorstellungen des Westens mit klassischen Methoden verknüpfen.

Messianismus, aus der jüdisch-christlichen Tradition abgeleiteter Begriff für die Erwartung, dass ein von Gott gesandter oder ein Gott gleicher Mensch erscheinen wird, um die Welt zu retten und eine gerechte Herrschaftsordnung zu begründen. In neuen Religionen wird die Gründungsperson oft mit der messianischen Figur gleichgesetzt.

Monismus, (griech. monos »allein«), Vorstellung, dass die sichtbare und die transzendente Wirklichkeit eine einheitliche Grundstruktur besitzen. Der M. ist der Gegenentwurf zum christlichen Dualismus, der Gott bzw. Transzendenz und Materie gegenüberstellt. Der M. ist Grundlage nahezu aller esoterischer Denkrichtungen, die in den 1980er Jahren über die Bewegung des *New Age* populär wurde. Auch viele neuen Religionen vertreten die Auffassung, dass der gesamte Kosmos auf geistigen Teilchen in unterschiedlichen Zuständen (Schwingungen, Verdichtungen) aufgebaut ist.

Mormonen → S. 199

Mun-Sekte → Vereinigungskirche

Mystik → S. 200, 522

Narconon, Bezeichnung für das »Drogen-Rehabilitationsprogramm« von *Scientology*. Wie bei anderen Vorfeldorganisationen der Gemeinschaft werden die von L. Ron Hubbard (1911–1986) entwickelten Methoden angewendet – hier, um ein drogenfreies Leben zu ermöglichen. Neben den Verfahren der Dianetik stehen disziplinierte Lebensführung, körperliche Reinigung von Drogenrückständen durch intensive Sauna-Anwendungen und Einnahme von Vitamin-Präparaten im Vordergrund. In Deutschland gibt es zwei Einrichtungen von N.

Nation of Islam, in den 1930er Jahren in den USA gegründete Bewegung, deren Anhänger sich als »Black Muslims« bezeichnen. Die N. lehrt die ursprüngliche Überlegenheit der schwarzen Rasse und das nahe Ende der über 400-jährigen Unterdrückung durch die Weißen. Vom Islam wurden lediglich der

Name und einige rituelle Vorschriften (Speisegebote, Gebetshaltung) übernommen. Sterbliche höchste Wesen, die auch die Menschen geschaffen hätten, werden als Allah bezeichnet, so der Gründer Wallace D. Fard. Unter Elijah Muhammad (1897–1975) und seinem zeitweiligen Stellvertreter Malcolm X (1925–1965) wuchs die Bewegung stark an. Selbsthilfe und die Gründung eines eigenen Staates in Amerika waren die Hauptinhalte der N. Seit 1975 werden die Black Muslims von Louis Farrakhan (*1933) angeführt.

Naturgesetz-Partei, politische Vorfeld-Organisation der *Transzendentalen Meditation* (TM), die seit 1991 in mehreren europäischen und außereuropäischen Ländern ohne nennenswerte Erfolge zu den Parlamentswahlen angetreten ist. Die Partei will durch staatliche Förderung der TM und deren Gesundheitslehre sowie durch *Yogisches Fliegen* positive politische Veränderungen erreichen.

Neo-Sannyas-Bewegung, 1970 von Rajneesh Chandra Mohan (1931–1990) in Indien gegründete Bewegung. Sie vereinigt Elemente des traditionellen Hinduismus, vor allem des Tantra, mit Prinzipien der Humanistischen Psychologie. Rajneesh lehrte die Einheit von spiritueller und profaner Welt, durch die auch der Mensch im Kern ein göttliches Wesen sei (was später als Buddhanatur bezeichnet wurde). Durch Sozialisation und psychische Deformationen sei dies dem Menschen aber nicht bewusst. Verschiedene Techniken der Meditation sollen die verfestigten psychischen Strukturen aufbrechen und zur Erkenntnis des wahren Ich führen.

Besonders in den Anfangszeiten der Bewegung spielte die Sexualität eine große Rolle, da mit der tantrischen Sexualenergie die stärkste Kraft zur individuellen Transformation nutzbar gemacht werden sollte. Durch das Aufkommen von Aids trat dieser Aspekt in den Hintergrund. Zentrum der Bewegung war seit 1974 ein Ashram (Sanskrit. »[Ort der] Zuflucht«) im indischen Poona. 1981 siedelte die Gemeinschaft nach Oregon (USA) über und gründete »Rajneeshpuram«, wo zeitweise über 5000 Anhänger und 20 000 Besucher lebten. Rajneesh, der sich seit 1971 »Bhagwan« (Sanskrit »Erhabener«) nannte, zog sich zurück, seine Vertraute Ma Anand Sheela setzte einen totalitären Führungsstil durch. 1985 mussten Rajneesh und seine Anhänger die USA verlassen, sodass ein Jahr später der alte Ashram in Poona wieder bezogen wurde.

Neo-Sannyas-Bewegung. Der Inder Rajneesh Chandra Mohan, genannt Osho (1931–1990), gründete 1970 die Neo-Sannyas-Bewegung. 1953 hatte er eine spirituelle Erleuchtungserfahrung, 1966 gab er seine Stellung als Philosophieprofessor auf und verbreitete seine neue Lehre. 1970 initiierte er die ersten Schüler, seit 1971 ließ er sich »Bhagwan« (»Erhabener«) nennen. Als die Gemeinschaft 1981–85 ihr Zentrum in die USA verlegte, zog er sich von der Leitung der Bewegung zurück, trat nach der Rückkehr ins indische Poona aber wieder vor seinen Anhängern auf. 1989 legte er die Bezeichnung Bhagwan ab. Seitdem wird er »Osho Shri Rajneesh« genannt. Osho bezeichnet im Japanischen einen buddhistischen Priester, Shri ist eine indische Ehrenbezeichnung.

Seit dem Tod des Gründers steht der Gemeinschaft ein 21-köpfiges Leitungsgremium vor. Der Ashram in Poona erhielt 1992 den Namen »Club Meditation« und heißt heute »Osho Commune International«. Weltweit werden rund 1 Mio Sannyasins (Sanskrit »Entsagende«) geschätzt, in Deutschland ca. 5000. Die einzelnen Zentren arbeiten relativ autonom, auch wenn die Zentrale in Poona starken Einfluss auf das geistige Erbe des ab 1989 »Osho« genannten Gründers ausüben will.

Neugeist-Bewegung, um 1900 in den USA entstandene Gruppierung, die Heilungsbewegungen und psychologische Ansätze des 18. Jh. aufgriff. Die Selbstverwirklichung soll dem Menschen durch die Erkenntnis möglich sein, dass er ein göttliches Selbst in sich trägt. Durch gute Handlungen und eine positive innere Einstellung wird das Bewusstsein der Einheit von Mensch und göttlicher Wirklichkeit gefördert. Die N. ist heute vor allem über Lesekreise organisiert. In Deutschland tritt sie unter dem Namen »Centrum für Selbstaktivierung« auf.

Neugermanen, Gemeinschaften mit geistigen Wurzeln zu Beginn des 20. Jh. Geprägt von Rassismus, Antisemitismus und Nationalismus, lehnten die N. das »verjudete« Christentum ab und suchten nach einer »arteigenen« arisch-germanischen Religion. Als Quellen dienten meist die Aufzeichnungen christlicher Missionare (z. B. »Edda«, Islandsagas) über die vorgefundenen Bräuche und

Mythen. Im Dritten Reich gewannen die Gemeinschaften der N. ideologischen Einfluss auf NSDAP und SS. Nach 1945 kam es zur teilweisen Reorganisation der bisherigen Gruppen (z. B. Bund für Gotterkenntnis, Ludendorff), andere Gemeinschaften entstanden neu. Die ideologischen Wurzeln sind nahezu unverändert, wobei häufig der Ökologiegedanke der 1970er Jahre im Sinne der »Arterhaltung« aufgegriffen wird.

Neuheidentum, Sammelbezeichnung für verschiedene Gruppierungen, die sich auf alte, durch die Christianisierung Europas verlorene spirituelle Traditionen berufen. Hierzu zählen vor allem keltische Religionen, das Wissen der »weisen Frauen« (*Hexen, Wicca*) oder germanische Kulte, die oft mit schamanistischen Praktiken verbunden werden. Die Vorstellung der Einheit von Mensch, Natur und Kosmos prägt das Weltbild der meisten Gemeinschaften des N. Es gibt Verbindungen zu den eher rassistischen, neugermanischen Gruppen und zur säkularen Ökologiebewegung.

Neurolinguistisches Programmieren, Ende der 1970er Jahre von den US-Amerikanern John Grinder und Richard Bandler entwickelte Therapiemethode, die vor allem in den 1990er Jahren starken Zulauf gewann. Vertreter des N. behaupten, dass der Mensch die Wahrnehmung der Wirklichkeit anhand bestimmter Modelle strukturiere, wobei die Sprache als Mittlerin zwischen äußerer Wirklichkeit und individueller Verarbeitung der Realität die Wahrnehmungsmodelle erst hervorbringe. Mit psychotherapeutischen und spirituell ausgerichteten Methoden unter Einbeziehung von Neurologie, Linguistik, Informationswissenschaft und anderer Disziplinen soll die Sprache der Klienten verändert werden, damit sie zu einer positiven Wahrnehmung der Realität gelangen und psychische Störungen abgebaut werden. Dem N. liegt die Vorstellung eines Meta-Modells zu Grunde, das die Basis aller individuellen Wahrnehmungsmodelle ist und durch das es dem Therapeuten letztlich gelingt, Sprache, Wahrnehmung und Lebenseinstellung des Klienten zu verändern.

New Age (engl. »Neues Zeitalter«), durch Autoren wie Marilyn Ferguson (»Die sanfte Verschwörung«, 1980) oder Fritjof Capra (»Wendezeit«, 1982) inspirierte, vor allem publizistisch geformte Bewegung unterschiedlichster Personen und Gemeinschaften, die den Übergang in ein neues, besseres Zeitalter erwarteten. Dem entsprach die Ablösung des von Dualismus, Materialismus und technischer Rationalität charakterisierten kosmischen Fische-Zeitalters durch das von Harmonie, Synthese und Integration von Wissenschaft und Spiritualität bestimmte Wassermann-Zeitalter. Die kosmischen Zeitalter dauern rund 2150 Jahre; der lang währende Übergang vom Sternbild der Fische in das des Wassermanns wurde für die Mitte des 20. Jh. ausgemacht. Religiös sei das Fische-Zeitalter durch das Christentum, das Wassermann-Zeitalter durch eine auf Ganzheitlichkeit und östlichen Lehren aufbauende Spiritualität repräsentiert.

Als einheitliche Bewegung traten die verschiedenen Gemeinschaften nicht in Erscheinung; das Etikett N. war nicht zuletzt ein Vermarktungsinstrument, durch das eine Popularisierung und Anerkennung esoterischer und bis dahin nur in kleinen Gruppen gepflegter spiritueller Überzeugungen erreicht wurde. Nachdem sich die Hoffnung auf den grundlegenden gesellschaftlichen Wandel in den 1990er Jahren nicht erfüllt hatte, orientierte sich die Esoterik-Szene vor allem in Richtung ganzheitlicher Gesundheit, alternativer Heilmethoden (z. B. *Ayurveda, Reiki*) und individueller Bewusstseinsarbeit. Wissenschaftler wie der Physiker Capra sahen ihre Erwartungen einer fortschreitenden Synthese von wissenschaftlichem und spirituellem Weltbild nicht erfüllt und erklärten das N. für tot.

NLP → Neurolinguistisches Programmieren

O. T. O. → Ordo Templi Orientis

Okkultismus (lat. occultus »verborgen«), nach einer allgemein gehaltenen, 1891 von Carl Kiesewetter formulierten Definition die Beschäftigung mit Phänomenen, deren Ursachen von den traditionellen Wissenschaften noch nicht erkannt sind. Dem O. liegt die Anschauung zu Grunde, dass es eine jenseitige, wirkmächtige, mit den herkömmlichen Sinnen nicht erfahrbare Wirklichkeit gibt, die sich entweder anhand ihrer konkreten, empirischen Phänomene nachweisen lässt oder zu der ein Kontakt durch medial begabte Menschen möglich ist. Der esoterische O. ist meist über Bünde, Orden oder private Zirkel organisiert, in denen unter strenger Geheimhaltung das Wissen und die Möglichkeit der Verfügbarmachung der jenseitigen Welt weitergegeben und praktiziert wird. Dies geschieht durch magische Rituale (*Magie*) oder individuelle Kontaktaufnahme mit jenseitigen Wesen (*Spiritismus*). Der empirische O. versucht, die den Phänomenen zu Grunde liegenden Gesetzmäßigkeiten mit wissenschaftlichen Methoden zu erklären. In den 1930er Jahren hat sich als eigene Disziplin die Parapsychologie etabliert, die sich vor allem mit Erscheinungen wie Außersinnlicher Wahrnehmung, Hellsehen oder Psychokinese (Tische- und Gläserrücken) beschäftigt. Auch Methoden der Zukunftsdeutung (Wahrsagerei, Tarot) zählen zum O.

Ordo Saturni, okkultistischer Orden, der sich 1981 vom Orden Fraternitas Saturni abspaltete. Während Fraternitas Saturni eher der Tradition der Rosenkreuzer zugehört, hat sich O. den sexualmagischen Praktiken und Vorstellungen von Aleister Crowley (1875–1947 zugewandt. Blutopfer, wie sie in einigen anderen auf Crowley zurückgehenden Orden praktiziert werden, lehnt der O. jedoch ab.

Ordo Templi Orientis (O. T. O., Orientalischer Templer-Orden), okkulte Geheimgesellschaft, die 1895 von Carl Kellner und Franz Hartmann gegründet wurde. Hartmann gehörte bereits der Theosophischen Gesellschaft an. Unter Leitung von Theodor Reuß fanden sexualmagische Praktiken Eingang in den O. Reuß sah den rituell vollzogenen Geschlechtsakt als Wiederholung eines urreligiösen Aktes an, durch den der Praktizierende die Gotteskraft gewinnen und zur Erleuchtung gelangen könne. 1922 wurde Aleister Crowley (1875–1947) Großmeister des Ordens. Er entwarf neue kultische Vorschriften. Die Sexualmagie diente nun auch dazu, durch Verbindung mit transzendenten Kräften Macht über andere zu gewinnen. Aus dem O. gingen viele andere okkultistische Orden hervor, von denen einige auch den Namen des O. tragen. In Kalifornien war der spätere Scientology-Gründer L. Ron Hubbard (1911 bis 1986) Mitglied des O.

Parapsychologie, Versuch, psychologische Phänomene, deren Existenz von den traditionellen Wissenschaften (noch) nicht anerkannt sind, mit wissenschaftlichen Methoden zu erforschen. Dazu zählen insbesondere Psychokinese, d.h. die Beeinflussung der Umwelt durch Menschen, ohne dass sich eine naturwissenschaftliche Erklärung findet, sowie die außersinnliche Wahrnehmung (Hellsehen, Vorauswissen, Gedankenübertragung). Auch okkultistische Erscheinungen werden von der P. untersucht. Wegen der Einbeziehung einer spirituellen Komponente des Menschseins sowie strittigen Kriterien von Versuchsanordnungen steht die P. in der Kritik etablierter Wissenschaften, zumal die Ergebnisse ihrer Forschung von spirituellen Gemeinschaften auch zur wissenschaftlichen Untermauerung von Glaubensaussagen verwendet werden. Dagegen ist es der P. auch möglich, zur rationalen Analyse bislang unaufgeklärter Phänomene beizutragen.

Pfingstkirchen, zu Beginn des 20. Jh. aus der US-Erweckungsbewegung entstandene Gemeinschaften, die das Wirken des Heiligen Geistes nach der persönlichen Bekehrung zu Gott betonen. Dies bezieht sich vor allem auf die urchristlichen Geistesgaben, wie sie im 1. Brief des Apostels Paulus an die Korinther (Kap. 12) und im Brief an die Römer (Kap. 12) aufgeführt sind. Sie äußern sich sowohl in Heilungserfahrungen als auch im Gefühl der Ergriffenheit vom Heiligen Geist bei Gottesdiensten, die durch eine emotionale Stimmung geprägt sind. Die Gläubigen singen, klatschen und praktizieren das Zungenreden (ekstatisches Gebet in anderer bzw. unverständlicher Sprache). Nach der persönlichen Bekehrung, der geistlichen Wiedergeburt, erfolgt die Aufnahme in die Gemeinde durch die »Geisttaufe«, in der ein Täufling die Herabkunft des Heiligen Geistes innerlich spürt. Der Name P. leitet sich aus dem biblischen Pfingstereignis ab, bei dem die Jünger Jesu vom Heiligen Geist ergriffen wurden und in ihnen unbekannten Sprachen redeten. Diese Begebenheit steht auch für den Beginn der christlichen Mission. Durch Betonung des Laienelements haben sich nur wenige übergemeindliche Organisationsstrukturen ausgebildet. In Deutschland sind die meisten P. im Mülheimer Gemeinschaftsverband und im Bund Freikirchlicher Pfingstgemeinden (→ S. 216) zusammengeschlossen; beide Verbände zählen rund 30 000 getaufte Gläubige.

Rael-Bewegung, eine in den 1970er Jahren entstandene UFO-Religion. Nach Überzeugung der Raelisten haben die Elohim (»die vom Himmel gekommenen«), Menschen eines anderen Planeten, die Erde vor 25 000 Jahren entdeckt und mit wissenschaftlichen Kenntnissen über die Erbanlagen die Menschen geschaffen. Propheten wie Moses, Buddha, Jesus oder Mohammed wurden von den Elohim auf die Erde gesandt, um die Menschheit in ihrer Entwicklung zu unterstützen. Mit dem Atombomben-Abwurf auf

Rael-Bewegung. Claude Vorilhon (*1946), Gründer der »Raelistischen Religion«, hat nach eigenen Angaben seit 1973 Kontakte mit den Elohim, die von einem fernen Planeten stammen sollen. Vorilhon und seine Anhänger versuchen durch Gebete, die Verbindung zu den Elohim herzustellen. Da Haare als »Antennen« dienen, lassen die Jünger der Bewegung ihr Kopf- und Barthaar wachsen.

Hiroshima (1945) begann das Zeitalter der Offenbarung, da die Erdbewohner nun ausreichende Kenntnisse hatten, ihren Ursprung zu verstehen, sich auf wissenschaftlichem Weg zu vervollkommnen und Gott gleich zu werden. Durch verantwortliches Handeln, Meditation und gesunde Lebensführung soll die genetische Erbsubstanz des Menschen geschützt werden. Der Entwicklung dienen auch Versuche zum Klonen von Menschen.

Gründer der Bewegung, die sich seit 1988 »Raelistische Religion« nennt, ist der ehemalige Sportjournalist Claude Vorilhon, der seit 1973 Kontakte mit den Elohim gehabt haben will. Die empfangenen Botschaften über die wissenschaftlichen Grundlagen des Menschseins und der menschlichen Entwicklung hat er in mehreren Büchern niedergeschrieben. Vorilhon bezeichnet sich als Rael (»der das Licht der Elohim bringt«). Die Anhänger hoffen, dass die Elohim eines Tages auf die Erde eingeladen werden, um ihre Erkenntnisse verbreiten zu können. Dem dient der Plan, ein Botschaftsgebäude für die Außerirdischen zu errichten. Die insgesamt 40000 Mitglieder zählende Bewegung ist hierarchisch organisiert. Das internationale Zentrum liegt in Genf (Schweiz).

Ramakrishna-Mission, auf Ramakrishna (1836–1886) zurückgehende hinduistische Bewegung, die nach dessen Tod von seinem Schüler Vivekananda (1863–1902) weitergeführt wurde. Ramakrishna und besonders Vivekananda betonten die Einheit aller Religionen, deren unterschiedliche Wege immer der Annäherung an eine gemeinsame Wahrheit bedeuteten. Alle Gottheiten und Religionsstifter seien Inkarnationen Gottes. Vivekananda repräsentierte den Hinduismus auf dem Weltparlament der Religionen 1893 in Chicago, wo er das Interesse westlicher Intellektueller für diese Religion weckte. In Indien setzte er sich für soziale Reformen ein.

Reiki, japanische Heilslehre, die auf den christlichen Mönch Mikao Usui zurückgeht, der Ende des 19. Jh. in Kyoto tätig war. Er entdeckte über eine Vision die »universale Lebensenergie« (Reiki), die dem Menschen Harmonie und Heilung von psychischen und körperlichen Krankheiten bringen kann. Die spirituelle Lebensenergie werde durch die Hände der Reiki-Meister auf die geistigen Bewusstseinskanäle des Patienten übertragen und führe zur geistigen Transformation und schließlich zu körperlichen Heilungen.

Reinkarnation, Wiedergeburt. Durch das Auftreten asiatischer Religionen im Westen ist der Gedanke der R., der Wiederverkörperung der Seele eines individuellen Wesenskerns oder eines Bewusstseinskontinuums in einem neuen Körper auch im christlichen Kulturkreis populär geworden. Einige neue Religionen verbinden die Lehre der R. mit christlichen Überlieferungen und behaupten, dass bereits die Bibel entsprechende Hinweise enthalte, die jedoch von der frühen Kirche aus den Schriften getilgt worden seien. In der Regel ist bei neuen Religionen mit dem Gedanken der R. eine evolutionäre Weltsicht verbunden. Dem Einzelnen wird in der jetzigen Zeit die Gelegenheit zur geistigen Vervollkommnung gegeben, wobei ein Rückfall, z. B. in tierische Existenzformen, nicht angenommen wird. Oft besteht die Heilstat des Gründers oder früher aufgetretener Gottheiten gerade darin, diese Möglichkeit ausgeschlossen zu haben, die im traditionellen Hinduismus durch Anhäufung schlechten Karmas im jetzigen Leben möglich ist. In einigen Gemeinschaften wird auch davon ausgegangen, dass die sich über mehrere Inkarnationen vollziehende individuelle Vervollkommnung der Seele in Verbindung mit einer geistigen Weiterentwicklung der Welt steht. Von der Lehre der R. sind Überzeugungen zu unterscheiden, die von einem Weiterleben der Seelen nach dem Tode in einer anderen, transzendenten Welt ausgehen, oder die eine einmalige leibliche bzw. geistige Wiederauferstehung z. B. anlässlich der künftigen Errichtung der prophezeiten Gottesherrschaft erwarten.

Religious Technology Center (RTC), seit 1982 oberste Führungsebene von *Scientology* in Los Angeles, das von David Miscavige geleitet wird. Einrichtungen von Scientology oder Firmen und Personen, die nach deren Lehren arbeiten, erhalten vom R. eine Lizenz für die Nutzung des Materials (Texte, Anleitungen, Logos). Dadurch entsteht eine Kontrolle über die Verbreitung von Scientology. Copyright-Vermerke in Büchern und Broschüren weisen auf diese Abhängigkeit hin.

Reorganisierte Kirche Jesu Christi der Heiligen der Letzten Tage, Mormonenkirche (→ S. 199), die sich 1860 von der Kirche Jesu Christi der Heiligen der Letzten Tage abspaltete. Anhänger der R. glauben, dass der Erste Präsident der Mormonen ein leiblicher Nachfahre des Gründers der Kirche, Joseph Smith, sein müsse. Dies sei von Smith selbst gefordert worden. Seit Ende 2001 lautet der Name der R. »Gemeinschaft Christi«. Weltweit gibt es rund 250 000 Gläubige, in Deutschland etwa 1000.

Rissho Kosei-kai (japan. »Gesellschaft zur Errichtung von Rechtschaffenheit und freundlichem Umgang«). Ähnlich Tenrikyo will auch diese japanische neue Religion zu innerer Harmonie führen und durch ein der eigenen Lehre gemäßes Leben körperliche und psychische Heilungen ermöglichen. Analog dem buddhistischen Bodhisattva-Ideal kann dem Nirvana durch karitatives Wirken vorgegriffen werden. Im Vordergrund der öffentlichen Aktivitäten stehen jedoch Initiativen für den interreligiösen Dialog und den Ausgleich der Religionen, um dem inneren einen äußeren Frieden folgen zu lassen. Einer der beiden Stifter der R., Niwano Nikkyo (*1906), war lange Jahre in der Führungsspitze der World Conference for Religion and Peace (WCRP) sowie der eigentlich unitarisch geprägten International Association for Religious Freedom (IARF). Nachdem die IARF ihr Büro in Frankfurt am Main Mitte der 1990er Jahre aufgegeben hat, wurde auch das dortige Zentrum der R. geschlossen. Das Zentrum der Gemeinschaft für Europa liegt in Genf. Weltweit werden rund 7 Mio Gläubige gezählt.

Rosenkreuzer, nach dem legendären Christian Rosencreutz (um 1378–1484) benannte Geheimbünde. Er wird als Begründer einer im geheimen wirkenden Bruderschaft der Menschheit angesehen, die Erkenntnisse u. a. aus christlicher Mystik, *Esoterik* und antiken Weisheitskulten vermitteln wollte. Die Figur des Rosencreutz war jedoch eine literarische Erfindung des Hofpredigers Valentin Andreae (1586–1654), um eine Reform des erstarrten orthodoxen Luthertums anzuregen. In unterschiedlicher Weise haben sich in der Folge Gemeinschaften auf das Geheimwissen und die Bruderschaft Rosencreutz berufen, u. a. Freimaurer des 18. sowie Okkultisten des 19. und 20. Jh. Auch die neueren R. nehmen diese Tradition auf und verknüpfen sie mit *Theosophie* und Elementen der Gnosis. In unterschiedlicher Ausprägung geht es ihnen um die Vervollkommnung des Menschen als geistigem Wesen. Dafür müssen die Mitglieder mehrere Einweihungsstufen durchlaufen.

Die in Deutschland aktivsten Gemeinschaften sind die Rosenkreuzer-Gemeinschaft (Rosicrucian Fellowship, gegründet 1909 von Max Heindel), AMORC (Antiquus Mysticus Ordo Rosae Crucis, gegründet 1915 von Spencer Lewis) und die Internationale Schule des Rosenkreuzes/Lectorium Rosicrucianum (gegründet 1925 von Jan van Rijckenborgh). Die Gesamtzahl der Anhänger beläuft sich in Deutschland auf 5000.

Sahaja Yoga (Sanskrit »Natürlicher Yoga«), auf dem Yoga des Kundalini aufbauende Technik der Meditation, welche die Energiezentren des Körpers (Chakren) anregen will, um Heilungsprozesse in Gang zu setzen und zur Erkenntnis des wahren Selbst anzuleiten. Bei S. wird die Übertragung der göttlichen Gnade auf einen Praktizierenden durch einen Guru als notwendig erachtet, damit die Übungen wirksam sein können. Eine nach dem Tod des Gründers Shri Ramcandra 1983 entstandene Strömung unter Shri Mataji setzt die durch S. zu erweckende Energie mit dem christlichen Heiligen Geist gleich und propagiert die durch S. hergestellte Einheit aller Religionen.

Sai-Religion, 1976 vom indischen Guru Sathya Sai Baba proklamierte Religion, deren Ziel die Verkündigung der grundlegenden Wahrheiten der Weltreligionen ist. Ausgehend vom Hinduismus soll durch ethisches Verhalten, Dienst am Nächsten, Toleranz gegenüber Anderen, *Meditation* und Hingabe an Sai Baba das Leben bewusster geführt werden und die Erkenntnis der jedem Einzelnen innewohnenden Göttlichkeit wachsen. Die eigene religiöse Tradition muss nicht verlassen werden. Es genügt, nach den von Sai Baba erlassenen Verhaltensregeln (»Rules of Conduct«) zu leben und die geistige Nähe zu ihm zu suchen. In den lokalen Gruppen geht es um die Aneignung der Lehre Sai Babas durch Meditation, spirituelles Singen und gemeinsames Studium der Schriften, um soziale Aktivitäten sowie um die Einübung der Kindererziehung im Sinne der angestrebten Transformation vom Menschlichen zum Göttlichen. Dies betrifft die Kinder selbst, aber auch die Erwachsenen in ihrer Vorbildfunktion. In Deutschland haben sich mehrere hundert Menschen durch ihre Unterschrift unter die neun »Rules of Conduct« zur Einhaltung der S. verpflichtet.

Sannyasin (Sanskrit »Entsagender«), im Hinduismus ein Gläubiger, der auf alle weltlichen Bindungen wie Familie, Beruf oder soziale Sicherheit verzichtet, um sein Leben dem Ziel der Befreiung aus dem Kreislauf der

Rosenkreuzer. Andreae Johann Valentin (1586–1654), eigentlicher Begründer des Rosenkreuzerbundes und einer der wichtigsten Theologen des 17. Jh. Er vertrat die Idee eines reformierten, mit der Esoterik in Einklang stehenden Christentums. Kupferstich, nach 1648

Satanismus. Aleister Crowley (1875–1947) gilt als Begründer und Wegbereiter des modernen Okkultismus und Satanismus. Wesentlich über seine Erziehung hat sich eine tiefe Abneigung gegen das Christentum festgesetzt. Als Mitglied des Ordens »Golden Dawn« beschäftigte er sich mit Astrologie, Freimaurerei, Theosophie und Kabbalah. Er begründete mehrere okkultistische Orden und wurde 1922 Großmeister des Ordo Templi Orientis. Hier setzte er seine sexualmagischen Vorstellungen um. Im »Buch des Gesetzes« (1904), das ihm offenbart worden sein soll, sind die Grundzüge seiner Thelema-Lehre bereits angelegt. Neben der Sexualmagie, die kosmische Kräfte verfügbar machen soll, sind es die Betonung des ursprünglichen wahren Willens sowie die Beschreibung des Satan als eigenständiger Figur der Erkenntnis.

Wiedergeburten zu widmen. In neuen hinduistischen Religionen bezeichnen sich auch oft die einfachen Anhänger als S. Der Begriff wird meist mit Anhängern der *Neo-Sannyas-Bewegung* gleichgesetzt. Mit dem Schritt des Entsagens war die Annahme eines neuen, spirituellen Namens ebenso verbunden wie das Tragen einer bestimmten Kleidung, der roten Robe, und einer Halskette mit dem Bildnis von Osho (früher: Bhagwan). Heute sind die äußeren Merkmale für einen S. nicht mehr verpflichtend.

Sant Mat (Sanskrit »Lehre der Heiligen«), hinduistische Reformbewegung, 1861 von Shiv Dayal Singh (1818–1879) gegründet. S., auch als Radhasoami Satsang bezeichnet, lehrt den »Pfad der Meister« zur Vereinigung mit der höchsten Gottheit, die sich in Dayal Singh verkörperte. In der *Meditation* muss der göttliche Ton- und Klangstrom, aus dem heraus die Welt erschaffen wurde, erfahren und für die Wanderung der Seele durch kosmische Sphären genutzt werden, um sich nach und nach zu vervollkommnen. Die Meditation lässt sich nur wirksam ausüben, wenn der Einzelne seine Initiation in die Gemeinschaft vom »lebenden Meister«, d.h. Dayal Singh oder einem von ihm autorisierten Schüler, empfangen hat. S. vertritt die Auffassung, dass in allen Religionen das nun wieder gelehrte religiöse Urwissen enthalten ist. Unter dieser Prämisse arbeiten Organisationen wie »World Fellowship of Religions« oder »Unity of Man« für die Einheit der Religionen unter Führung von S.

An der Frage der Legitimität der »lebenden Meister« haben sich immer wieder Konflikte entzündet, sodass die Bewegung heute in verschiedene Zweige zersplittert ist. Neben dem Kirpal Ruhani Satsang unter Thakar Singh ist in Deutschland u.a. noch die »Wissenschaft der Spiritualität« (früher Sawan Kirpal Ruhani Mission) aktiv.

Satanismus, vielfältige Strömung, deren meist ordensähnlich organisierte Gemeinschaften in unterschiedlicher Weise Satan als höchstes Wesen ansehen. Die Verehrung des Teufels als Gegenspieler Gottes in Umkehrung christlicher Symbolik sowie die Huldigung an dunkle und böse jenseitige Mächte wurde seit der Renaissance vor allem literarisch verarbeitet, spielt aber für den zeitgenössischen S. so gut wie keine Rolle. Meist gilt Satan als Heils- oder Lichtbringer, der die Menschen zur Erkenntnis ihres eigenen Selbst führt, woran ihn bürgerliche Moralvorstellungen und die christliche Religion hinderten. Der ritualisierte Tabubruch ist Bestandteil vieler satanistischer Lehren. Wegbereiter des modernen Satanismus war Aleister Crowley (1875–1947). Für ihn spielte die Sexualmagie eine wichtige Rolle, für die er sich Anleihen aus den indischen Religionen holte. Crowley versuchte, Bestandteile anderer Religionen, z.B. antiker Kulte, für seine Ideen auszuprobieren und bei Bedarf zu nutzen. Seine Maxime »Tue was du willst, dies sei das ganze Gesetz« wurde als Aufforderung verstanden, den wahren Willen vom unbewussten zu unterscheiden. Die sich auf Crowley berufenden okkultistischen Orden sind nicht alle dem S. zuzurechnen. Ebenso haben sich Gemeinschaften gebildet, die sich nicht auf Crowley zurückführen. Vorwürfe wie etwa des rituellen Kindesmissbrauchs oder gar des Tötens von eigens hierfür geborenen Kindern im satanistischen Ritual sind eher dem Reich der Fantasie zuzuordnen. Gleichwohl wohnt dem S. ein Gewaltpotenzial inne, wie u.a. das Beispiel von Charles Manson zeigt. Dessen »Family« vollzog 1969 die rituelle Tötung von sechs Menschen, darunter der schwangeren Schauspielerin und Ehefrau von Regisseur Roman Polanski, Sharon Tate. Auch in anderen Gemeinschaften des S. wurden mehrfach Gewaltfantasien ausgelebt, die meist zur Verurteilung der Beteiligten führten.

Schamanismus, ekstatische Verbindung von Menschen mit transzendenten oder jenseitigen Wesen. Der Schamane verlässt seinen Körper, um den Kontakt in der nicht-sichtbaren Welt herzustellen. Dies erfolgt im Dienst der Gemeinschaft, z.B. für Krankenheilungen. Die Vorstellung des S. als kultur- und religionsübergreifendes Phänomen wird in der Wissenschaft weitgehend verneint. Durch die fiktiven Bücher von Carlos Castaneda (»Die Lehren des Don Juan«, 1984) hat der S. in der *Esoterik* und im *New Age* großen Aufschwung erlebt. Mit Hilfe verschiedener Techniken (u.a. Schwitzhütten, Drogen) wird versucht, das in ethnischen Religionen Sibiriens und Amerikas beheimatete Phänomen auch ohne den jeweiligen kulturellen Hintergrund zu erfahren. In den Industriegesellschaften werden Schamanen häufig mit indianischen Medizinmännern gleichgesetzt, ohne dessen Funktionen für die Gemeinschaft zu beachten.

Schwarze Messe, rituelle Umkehrung der christlichen (weißen) Messe zur kultischen Verehrung von Satan. Gewöhnlich zählen die Schändung von Hostien, Blutopfer, die Benutzung nackter Frauen für sexuelle oder sexualmagische Handlungen sowie als Altar zu den Bestandteilen einer S., über die es in dieser Form erste Berichte im 17. Jh. gibt. Im 18. Jh. praktizierten Angehörige der englischen Oberschicht S., um aus dem puritanischen Alltag auszubrechen. Aus solchen Berichten, literarischen Vorlagen oder oftmals gestellten Bildern der Massenmedien speisen sich die Vorstellungen Jugendlicher, die z.B. in Umfragen angeben, über den Ablauf einer S. Bescheid zu wissen oder bereits selbst einmal an einer S. teilgenommen zu haben. Heute praktizieren die wenigsten Satanisten-Gemeinschaften einen christlich umgewerteten Satanismus, wie er durch die S. ausgedrückt wird. Entsprechend sind die kultischen Formen der Verehrung Satans äußerst unterschiedlich. Die Vorstellungen über S. sind nicht zuletzt auch Projektionen des Tabubruchs.

Scientology, (lat. scientia »Wissen«, griech. logos »Wort«), nach eigenem Verständnis religiösen Anspruch erhebende Philosophie über das »Studium des Wissens«, die den Menschen mit Psychotherapie-ähnlichen Methoden zur Erkenntnis seiner eigentlichen Existenz als geistigem Wesen (Thetan) führen will. Als der Sciencefiction-Autor L. Ron Hubbard (1911–1986) im Jahr 1954 die erste Scientology-Kirche gründete, hatte er bereits sein Buch »Dianetik« (1950) veröffentlicht, in dem die Grundlagen von S. beschrieben sind. Hinzu gekommen ist eine spirituelle Komponente, die den Einzelnen zum »Operierenden Thetan« werden lässt, der nach Absolvierung aller aufeinander aufbauender Kurse in der Lage sein soll, das ihn umgebende Universum aus Materie, Energie, Raum und Zeit (engl.: MEST) zu beherrschen. Bevor Hubbard eine eigene Religion gründete, wollte er die herkömmliche Psychologie revolutionieren. Aus dieser Ablehnung ist auch das heute noch propagierte Feindbild der Psychologie und Psychotherapie zu erklären. Da Hubbard überzeugt war, eine universale Methode zur Lösung aller Menschheitsprobleme gefunden zu haben, weitete er die Dianetik auf andere Bereiche wie Wirtschaft, Verwaltung, Bildung und Behandlung Drogenabhängiger aus. S. gliedert sich in Kirchen und Missionen, in denen umstrittene und oft kostspielige »religiöse Dienste« wie Auditing angeboten werden. Vorfeldorganisationen dienen dem Ziel der Verbreitung der Überzeugungen von S. Die Gesamtleitung obliegt seit 1982 dem *Religious Technology Center* (RTC) in Los Angeles.

Ob S. eine Religionsgemeinschaft ist, wird in verschiedenen Ländern unterschiedlich beantwortet. In den USA kam es 1994 zur Anerkennung durch die de facto zuständigen Steuerbehörden, in Deutschland hingegen herrscht bei den Behörden die mehrheitliche Auffassung, dass S. ein nichtreligiöses kommerzielles Unternehmen sei. Die über mehrere Jahre betriebene Beobachtung durch den Verfassungsschutz hat keine Erkenntnisse ergeben, die den Vorwurf der Unterwanderung von Politik, Staat und Wirtschaft rechtfertigen. Nach eigenen Angaben hat S. weltweit rund 8 Mio Mitglieder. In Deutschland sollen es 30 000 sein; realistische Schätzungen gehen aber von 5000–7000 aus.

Sexualität, in vielen (neuen) Religionen wesentlicher Bestandteil für die geistig-spirituelle Entwicklung des Menschen. Die eher konservativ orientierten Gemeinschaften lehnen S. ab, da das Ausleben sexueller Bedürfnisse von der vollständigen Verehrung Gottes ablenke. Es komme darauf an, Sexualität zu vermeiden. Ihre Berechtigung beschränkt sich auf den in der Ehe vollzogenen Geschlechtsakt und die Erzeugung von Nachwuchs. Im Tantra hingegen soll die sexuelle Energie für das geistige Wachstum genutzt werden, wobei die sich im sexuellen Trieb offenbarenden Energien in spirituelle Energie umgewandelt werden sollen. In popularisierter Form wird Tantra heute aber oft auch als sexuelle Technik zur Erlangung von Harmonie in Beziehungen und Einssein mit sich selbst angesehen. Gemeinschaften des Okkultismus und des Satanismus versuchen ebenfalls, die sexuellen Energien durch entsprechende Rituale zu nutzen. Ziel ist ein Zuwachs individueller Macht. Das Gefühl stellt sich durch den bewussten Tabubruch in sexualmagischen Ritualen ein. Gemeinschaften, die Ideen der Studentenbewegung der 1960er Jahre und der Psychotherapie integrierten, widmen sich der S. vor allem wegen der psychischen Deformationen durch Triebunterdrückung. Deshalb müssten das Sexualverhalten von tradierten Normen befreit und die sexuellen Bedürfnisse ausgelebt werden, um die spirituelle Entwicklung des Einzelnen zu ermöglichen.

Scientology. L. Ron Hubbard (1911–1986) begründete 1954 die erste Scientology-Kirche. In den 1940er Jahren verdiente er sich sein Geld als Schriftsteller, ehe er 1950 das für Scientology heute noch grundlegende Buch »Dianetik« veröffentlichte. Ab 1959 lebte Hubbard in Großbritannien, bis man ihm 1968 die Aufenthaltserlaubnis entzog. Seitdem wurde das Schiff »Freewinds« zum Refugium des Scientology-Gründers und zugleich zur Führungszentrale der Gemeinschaft. Besonders aus dieser Zeit rühren viele Darstellungen, die ihn als welterfahrenen Seereisenden zeigen. Bereits 1966 hatte Hubbard alle leitenden Funktionen in Scientology abgegeben. 1975 ist der letzte öffentliche Auftritt dokumentiert. Über die letzten Jahre Hubbards ist wenig bekannt. Scientology-Mitglieder sehen in Hubbard einen Philosophen, der grundlegende neue Erkenntnisse erforscht hat.

Sonnentempler. Luc Jouret, der geistige Führer der Sonnentempler-Gemeinschaft, die ihren Anhängern die Endzeit verkündete. Am 9. Oktober 1994 konnte die kanadische Bundespolizei den Mord bzw. Selbstmord von 53 Jüngern nachweisen.

Siebenten-Tags-Adventisten, aus der breiten adventistischen Strömung in den USA 1863 entstandene Gemeinschaft. Ihre Führungsfigur Ellen Gould White (1827 bis 1915) hatte seit 1844 Visionen und Offenbarungen über die angebrochene Endzeit. Sie sammelte zahlreiche Anhänger der Adventbewegung, die wegen des Ausbleibens der Wiederkehr Christi enttäuscht waren, die Baptistenprediger William Miller (1782 bis 1849) unter großem Zulauf für 1843/44 vorhergesagt hatte. Gould White vermied konkrete Terminierungen, sprach aber davon, dass 1844 das endzeitliche Geschehen im Himmel bereits begonnen habe. Im Lauf der Jahre schwächte sich die Naherwartung des Weltendes deutlich ab und die S. orientierten ihr Handeln stärker auf das Diesseits. Wie in vielen endzeitlichen christlichen Gemeinschaften gilt der Körper als Tempel Gottes, dessen Reinhaltung wichtige Auswirkungen auf den Lebensvollzug hat. Alkohol, Tabak, Nikotin und andere Rauschmittel sind ebenso wie der Verzehr von Fleisch zu vermeiden. Aus der Gemeinschaft gingen zahlreiche Firmen zur Produktion gesunder Nahrungsmittel hervor. International setzen sich die S. besonders für Religionsfreiheit ein. Wichtigster theologischer Unterschied zu anderen christlichen Kirchen ist die Heiligung des Sabbath. Unabhängig davon versucht die Gemeinschaft, auf andere christliche Freikirchen zuzugehen und institutionelle Kontakte zu intensivieren. In Deutschland gibt es rund 36 000 getaufte Mitglieder der S., weltweit sind es etwa 10 Mio.

Soka Gakkai (japan. »Vereinigung zur Schaffung von Werten«), 1930 entstandene japanische neue Religion, die sich auf die buddhistische Schule Nichiren Shoshu beruft, deren Anfänge bis ins 13. Jh. zurückreichen. Die buddhistische Lehre wird jedoch unter einer starken diesseitigen, auf Nützlichkeit ausgerichteten Orientierung vermittelt. Materieller Erfolg und Heilungswirkungen des Glaubens stehen dabei im Mittelpunkt. Andere Religionen werden als falsch betrachtet. In Japan ging aus S. die Komeito (Partei der sauberen Regierung) hervor, die 2001/02 mit 31 von 480 Abgeordneten im japanischen Parlament vertreten und früher zeitweise an der Regierung beteiligt war. Im Westen finden sich Anhänger vor allem unter japanischen Minderheiten, in Deutschland gibt es rund 20 eigene Zentren.

Sonnentempler, in Organisationen wie Orden des Sonnentempels, Stiftung Golden Way, Club Archidéa und Amenta aufgetretene Gemeinschaft mit okkultistisch-esoterischem Weltbild, die eine ökologische Katastrophe erwartete. Sie führe zur Beschädigung der Aura der Erde, wodurch die spirituelle Entwicklung jedes Menschen beeinträchtigt werde. Nachdem die Gemeinschaft wegen illegalen Waffenbesitzes unter Druck geraten war und interne Auseinandersetzungen die Autorität der Führungsspitze unterhöhlt hatten, radikalisierte sich der Endzeitgedanke. Stand vorher aber die Vorbereitung zum Überleben der apokalyptischen Katastrophe auf der Erde im Vordergrund, wurde ab den 1990er Jahren der bevorstehende »Transit«, die Auswanderung der Seelen auf den Planeten Sirius, immer stärker betont. Die meisten Anhänger folgten diesen Visionen, an deren Ende 1994–97 der Mord bzw. Selbstmord von 74 Anhängern in der Schweiz, in Frankreich und in Kanada stand. Hier lebten die meisten der ehemals rund 500 Anhänger.

Spiritismus (lat. spiritus »Geist«), Lehre und Praxis der Kontaktaufnahme mit jenseitigen Geistwesen. Im 19. Jh. wurde der S. zur Massenbewegung, als öffentliche Demonstrationen die Möglichkeit der Kontaktaufnahme mit den Geistern von Verstorbenen veranschaulichten. Meist galten Frauen als begabte Medien (Mittler). Die Verstorbenen teilten sich entweder durch Techniken wie Gläser- und Tischerücken, Klopfzeichen und automatischem Schreiben mit, oder sie verkündeten ihre Botschaft durch ein individuelles Medium, das sich zuvor in einen Trancezustand versetzt hatte. Der S. ist dem antiken Orakelwesen, schamanistischen Traumreisen oder göttlichen Offenbarungen durch Propheten vergleichbar. Der S. des 19. Jh. war in keine religiöse Tradition eingebunden. Personen mit Interesse am Kontakt mit jenseitigen Wesen trafen sich zu Séancen (spiritistischen Sitzungen) in kleinen Zirkeln, ohne enger miteinander verbunden zu sein. Häufig praktizierten weibliche Angehörige der Oberschicht diese Form des S. Aus den Verkündigungen jenseitiger Wesen – die nicht auf verstorbene Zeitgenossen beschränkt blieben – entstanden neue religiöse Gemeinschaften.

Spiritualität, insbesondere in neuen religiösen Bewegungen und dem *New Age* positiv besetzter Gegenbegriff zu Religion und (christlicher) Religiosität. Er verweist zum einen auf die Dynamik in den Erfahrungen und Begegnungen mit einer transzendenten Wirklichkeit, zum anderen auf die subjektiv empfundene Wahrheit, die sich dem Einzelnen in der religiösen Erfahrung offenbart.

Temple of Seth, neben der First Church of Satan die zweite aus den USA stammende satanistische Kirche, die den modernen *Satanismus* prägten. Gründer Michael Aquino überwarf sich in den 1970er Jahren mit der First Church of Satan, die ihm zu wenig intellektuell und ernsthaft erschien. Aquino konzentrierte sich auf die Selbsterkenntnis des Einzelnen. Satan habe dem Menschen das Licht der Erkenntnis gebracht; die eigene Bewusstwerdung vollziehe sich im Durchlaufen verschiedener Einweihungsstufen (Grade). Das Gradsystem des T. ähnelt dem der First Church of Satan und wurde Vorbild für viele andere satanistische Gemeinschaften. Die organisatorischen Strukturen sind lose; Zirkel in Deutschland sind nur informell mit der Leitung des T. in den USA verbunden.

Templerorden, geistige Orden des Mittelalters. Das okkultistische Interesse an verborgenem Wissen und magischer Beherrschung der Welt richtete sich auch auf die T., die in der Kreuzfahrer-Zeit entstanden und zur Sicherung der heiligen Stätten des Christentums angetreten waren. Die Kirche warf den Templern bald Häresie vor, u. a. Anbetung des Teufels und Ausführung magischer Rituale. Neuere okkultistische, satanistische oder völkische Gemeinschaften kehrten die nie bewiesenen Vorwürfe um und beanspruchten, das verlorene esoterische Wissen der Templer wieder entdeckt zu haben und in der Gegenwart fortzuführen. Ähnlich beriefen sich im 18. Jh. auch *Rosenkreuzer* und *Freimaurer* auf die Templer. Mit den okkultistischen T. (z. B. Ordo Templi Orientis) nicht zu verwechseln ist die dem liberalen Christentum zugehörende Tempelgesellschaft, die vor allem in Palästina karitativ tätig ist.

Tenrikyo (japan. »Religion der himmlischen Wahrheit«), im 19. Jh. in Japan entstandene neue Religion, die ursprünglich als Shinto-Sekte angesehen wurde, seit 1970 aber als Weltreligion gilt. An ihrem Beginn standen Offenbarungen der späteren Gründerin Nakayama Miki (1798–1887). Sie gilt als Verkörperung der Gottheit Tenri-O-no-Mikoto, des Schöpfers des Universums. Ihr selbstloses Leben hat Vorbildfunktion für die Gläubigen, ihre Offenbarungen handeln vor allem vom geistigen Aufbau der Welt und der Notwendigkeit, sich in die kosmische Ordnung zu fügen. Die Lehre der T. ist diesseitig ausgerichtet; die Befolgung der Lehre soll zum einen materiellen Wohlstand sichern und zum anderen positive Wirkungen auf die Gesundheit haben. Durch Mission ist T. auch in Europa und Deutschland vertreten.

Thelemaorden, Sammelbezeichnung für okkultistische und satanistische Orden, in denen das »thelemische Gesetz« von Aleister Crowley (1875–1947) und die von ihm entwickelten sexualmagischen Rituale im Vordergrund stehen. Crowleys Thelema-Lehre (griech. thelein »wollen«) gipfelt in dem Satz »Tue was du willst, das sei das ganze Gesetz.« Dahinter steht der Anspruch, den wahren Willen, wie er sich auch im Kosmos spiegelt, vom individuellen und unbewussten Willen trennen zu können, um mit den kosmischen Energien eins zu werden. Zu den T. zählen u. a. der Ordo Templi Orientis, der Ordo Saturni und das Netzwerk Thelema von Michael Eschner, der 1992 wegen Vergewaltigung, sexueller Nötigung und Körperverletzung zu einer mehrjährigen Haftstafe verurteilt wurde. Eschner sah sich als Inkarnation Crowleys; in seinem Orden wurden die sexualmagischen Praktiken exzessiv betrieben.

Theosophie (griech. theos »Gott«, sophia »Weisheit«), maßgeblich von Helena Petrowna Blavatsky (1831–1891) und Anni Besant (1847–1933) beeinflusste Denkrichtung, die okkultistische, buddhistische, hinduistische und christliche Elemente zu einer neuen, synkretistischen religiösen Grundhaltung vereinigt. Ausgangspunkt bildete die Gründung der Theosophischen Gesellschaft durch Blavatsky und Henry Olcott 1875 in New York. 1882 verlegte die Gesellschaft ihren Sitz ins indische Adyar. Früh kam es zu Abspaltungen. Rudolf Steiner (1861–1925), seit 1902 Generalsekretär der deutschen Sektion, trennte sich 1913 von der Gesellschaft wegen der durch Besant vorangetriebenen Betonung hinduistischer Elemente.

Zu den Grundüberzeugungen der theosophischen Gemeinschaften gehört die Annahme einer »universalen Religion«, die bereits zu Beginn der Menschheitsgeschichte bestanden habe. Durch Aneignung östlicher Weltanschauungen und okkultistische Praxis, die den Kontakt den jenseitigen Wesen der universalen Religion ermöglicht, strebt die T. die Bildung einer überkonfessionellen »Bruder-

Theosophische Gesellschaft. Helena Petrowna Blavatsky (1831–1891) betätigte sich in New York als spiritistisches Medium, bevor sie 1875 mit Henry Steel Olcott aus einem solchen Zirkel heraus die Theosophische Gesellschaft gründete. Nach Veröffentlichung ihres Buches »Die entschleierte Isis« (1877) siedelte sie 1878 nach Indien über. 1880 konvertierten Blavatsky und Olcott auf Sri Lanka zum Buddhismus. Seitdem beanspruchte sie, ihre Lehren von einem (buddhistischen) »Meister« empfangen zu haben. 1884 verließ sie Indien, 1888 vollendete sie in London ihr Hauptwerk »Geheimlehre«. An der Ausgestaltung und Systematisierung der theosophischen Lehren war Blavatsky nicht mehr beteiligt.

Transzendentale Meditation. Maharishi Mahesh Yogi (*um 1915) gründete 1958 die Bewegung »Spiritual Regeneration Movement«, die erste Einrichtung der von ihm gelehrten Transzendentalen Meditation. Der Name Maharishi bedeutet »großer Seher« und stellt ihn in eine Linie mit den alten Weisen des Hinduismus, die kraft ihres spirituellen Vermögens die ewigen Wahrheiten geschaut haben. Den Auftrag, eine für den Westen leicht erlernbare Meditationsmethode zu entwickeln, will Maharishi von Guru Dev, dem Leiter eines bedeutenden indischen Klosters, erhalten haben, dessen Schüler er jahrelang war.

schaft der Menschheit« an und will die geistige Selbstvervollkommnung der Menschen erreichen. Die heute bestehenden theosophischen Gesellschaften haben zahlenmäßig kaum noch Bedeutung. Für Deutschland wird die Zahl aktiver Theosophen auf 500 geschätzt. Durch ihre Lehren hat die T. aber zahlreiche neuere religiöse Gemeinschaften bis hin zum *New Age* inspiriert.

Toronto-Segen, von der charismatischen Airport-Vineyard-Gemeinde in Toronto ausgehende Erscheinung, die auf das Wirken des Heiligen Geistes zurückgeführt wird. Ähnlich wie bei Pfingstkirchen und anderen charismatischen Gruppen überkommt die Teilnehmer der Gottesdienste das Gefühl der Ergriffenheit durch den Heiligen Geist, das sich unmittelbar einstellt und in Lachen, Weinen, Schütteln, Zungenreden bis hin zur Aussetzung der motorischen Körperkontrolle äußert. Die Gläubigen erfahren dies als besondere Nähe zu Gott. Die Besonderheiten des nach dem Ort des erstmaligen Auftretens T. genannten Phänomens sind die hohe Intensität der Erfahrungen und der Umstand, dass nicht eine einzelne Person, sondern ein Kreis von Mitarbeitern den Segen, d.h. die Wirksamkeit des Heiligen Geistes, herbeiruft. In Deutschland praktizieren nur wenige Gemeinden den T., wobei die Übergänge zu Phänomenen in »normalen« charismatischen Gemeinschaften fließend sind.

Transzendentale Meditation (TM), Ende der 1950er Jahre von Maharishi Mahesh Yogi (*um 1915) begründete Meditationsbewegung, die in Deutschland nach einem Besuch des Gurus im Jahr 1960 Fuß fasste. Wie viele andere neue, aus dem Hinduismus entstandene Bewegungen geht es auch der T. um eine für den Westen angepasste, vereinfachte Methode der geistigen Vervollkommnung. Nach dem von T. gelehrten »mechanischen Weg zur Gottverwirklichung« genügt es, zweimal täglich unter Zuhilfenahme eines Mantras zu meditieren. Dadurch wird so viel positive Energie erzeugt, dass der Einzelne zu erhöhter Konzentration, innerer Harmonie sowie schließlich zur vollen Entfaltung seines Bewusstseins und zu einem Leben im Einklang mit den (spirituellen) Naturgesetzen kommt, was auch die Gesellschaft positiv verändert. Maharishi war immer bemüht, die Übereinstimmung von den religiösen Lehren des Hinduismus mit der westlichen Wissenschaft herauszuarbeiten. Der Untermauerung des wissenschaftlichen Anspruchs dient u.a. die Maharishi European Research University (MERU) in der Schweiz. Als politische Organisation fungiert seit 1991 die Naturgesetzpartei. Ein weiteres Betätigungsfeld von T. und seinen Anhängern ist die Medizin. Maharishi-Ayurveda, eine auf indischer Heilkunst basierende Gesundheitslehre, wird in eigenen Kliniken betrieben. In Deutschland sollen rund 100 000 Menschen nach der TM-Methode meditieren bzw. meditiert haben. 1000–2000 Lehrer sind autorisiert, die Lehre der T. weiterzugeben. Die deutsche Zentrale liegt in Bissendorf (Niedersachsen).

UFO-Religionen, Gemeinschaften mit der Überzeugung, dass im Kosmos weitere Lebensformen existieren, die in unbekannten Flugobjekten (UFO) auch die Erde besuchen können. Alle U. kennzeichnet das Motiv der Kontaktaufnahme zu diesen Wesen durch medial veranlagte Personen sowie die Vorstellung, dass die Seele eines Menschen unabhängig vom Körper existiert und sich auch räumlich im Kosmos bewegen kann (Astralreisen). Die außerirdischen Wesen werden meist als Heilsbringer angesehen, die den Menschen den Weg zu Glück, Harmonie, gesunder Umwelt und spiritueller Entwicklung aufweisen können. Gelingt es nicht, ist es den Anhängern einer U. möglich, durch ihren besonderen Kontakt zu den Außerirdischen dem Untergang der Erde zu entgehen, indem sie z.B. mit Raumschiffen zu anderen Planeten reisen und dort die spirituelle Vervollkommnung erreichen. Das in vielen Religionen bekannte »Paradies« als Gegenentwurf zur heillosen Welt wird in den Kosmos verlagert. Die in den 1970er Jahren einsetzende Sciencefiction-Welle hat zur (begrenzten) Popularität von U. beigetragen.

Unitarier (lat. unitas »Einheit«, → S. 254), Sammelbezeichnung für Gemeinschaften, welche die christliche Dreieinigkeitslehre (Trinität) ablehnen. Die erstmals in der Zeit der Reformation aufgetretenen U. wurden von Katholiken und Protestanten verfolgt. Durch Flucht aus Mitteleuropa bildeten sich größere unitarische Kirchen in Rumänien und in den USA, aber auch in den Niederlanden. Sie haben meist eine deutliche christliche Prägung. Nur lose knüpft die Deutsche Unitarier-Religionsgemeinschaft und der von ihr abgespaltene Bund Deutscher Unitarier an diese Traditionen an. Andere Gemeinschaften, die »unitarisch« im Namen führen (z.B.

Unitarische Freie Religionsgemeinde, Frankfurt am Main), sind eher der freireligiösen Richtung zuzuordnen.

Universelles Leben, synkretistische Gemeinschaft mit einer Lehre aus christlichen, hinduistischen, gnostischen und spiritistischen Quellen. U. ist eine der wenigen in Deutschland entstandenen neuen Religionen des 20. Jh. Durch neue Offenbarungen an die als Prophetin verehrte Gabriele Wittek will Gott die Menschen wieder mit sich vereinigen. Dazu dient der »Innere Weg«, der durch Meditationen eine geistige Ausrichtung auf die den Kosmos durchströmende göttliche Energie erreichen soll. Hinzu kommen Vegetarismus, eine moralische Lebensführung und das Gebot umfassender Harmonie im menschlichen Miteinander. Zentrum von U. ist die »Bundgemeinde Neu Jerusalem« in Würzburg. Hier leben rund 1000 Menschen, die der engeren Anhängerschaft zugerechnet werden können. In den früher als »Innerer Geist-Christus-Kirchen« bezeichneten Gemeinden in rund 50 Städten Deutschlands treffen sich noch einmal rund 4000 Menschen, um über Radio die Verkündigungen zu hören oder sich auf die bei den Übertragungen wirksamen »göttlichen Heilstrahlen« auszurichten. U. beansprucht, urchristliche Prinzipien, die durch Machenschaften der Kirchen verraten worden seien, wieder zu verwirklichen. Dazu zählen auch die Christus-Betriebe, in denen nach Regeln des U. gearbeitet wird. Diese Dienstleistungs- und Handwerkseinrichtungen sind vor allem im Würzburger Raum angesiedelt. Daneben gehören Kliniken, ein Einkaufszentrum, eine Radiostation, ein Kindergarten und eine staatliche anerkannte Schule zur Infrastruktur des U. Außerhalb Deutschlands ist die Zahl der Anhänger gering.

Verein zur Förderung der Psychologischen Menschenkenntnis (VPM), eigene Methode der Psychotherapie, durch die psychische Deformationen, deren Ursachen in einer unsachgemäßen Erziehung in der Kindheit ausgemacht werden, aufgelöst werden sollen. Ein in der Therapie erzeugtes und im alltäglichen Leben umgesetztes »Gemeinschaftsgefühl« gilt als Schlüssel für eine positive Weltverbesserung. Dadurch verschwanden die Grenzen zwischen Therapie und weltanschaulicher Bewegung, zumal viele Anhänger in Wohngemeinschaften zusammenlebten. Zu Lebzeiten des Begründers, Friedrich Liebling (1893 bis 1982), eher anarchisch und religionskritisch ausgerichtet, wandelte sich das Auftreten des V., nachdem sich Annegret Buchholz-Kaiser als »fachliche Leiterin« durchsetzen konnte. Die von Liebling errichtete »Zürcher Schule« wurde 1986 in den V. umgewandelt. An die Stelle der Religionskritik trat eine deutlich konservative Grundhaltung. Nicht mehr Religion, sondern Marxismus und »linke« Ideologien seien für die Übel der Welt verantwortlich. Entsprechend wurden Allianzen mit rechtskonservativen Organisationen gesucht. Neben der therapeutischen Arbeit gewannen Anti-Aids-Kampagnen und politische Initiativen für eine wertkonservative Erziehung wachsenden Stellenwert. Im V. selbst setzten sich hierarchische Strukturen durch. Er beanspruchte immer mehr, in Besitz eines analytischen Instrumentariums zur therapeutischen Behandlung psychischer Probleme zu sein. Am 3.3.2002 beschloss V. mit seinen 4000 Aktivisten die Selbstauflösung, da nach eigener Ansicht die Hauptziele erreicht seien und die Publikationen durch den eigenen Verlag weiterhin zur Verfügung stünden.

Vereinigungskirche, 1954 vom Koreaner San Myung Mun (*1920) gegründete christlich-synkretistische Gemeinschaft, welche die Wiederherstellung der ursprünglichen göttlichen Ordnung durch Bildung idealer Familien anstrebt. Gemäß der asiatischen Yin-Yang-Philosophie sind die Dinge erst dann vollkommen, wenn sich ein harmonisches Miteinander von Gegensätzen bildet. Der Mann muss sich mit einer Frau vereinigen, die Ehe geht durch Kinder in der Familie auf, und Gott fordert als sein Gegenüber die menschliche Gemeinschaft. So sei es Jesu Auftrag gewesen, eine Familie zu gründen, was durch die Kreuzigung verhindert wurde. Erst die Ehe Muns mit seiner zweiten Frau Hak Ja Han hat die göttliche Familie wiederhergestellt und die Basis für die Erlösung der Menschheit gelegt. Durch die von Mun gestiftete Ehe (Massenhochzeit), möglichst von Paaren unterschiedlicher Herkunft, können die Menschen an der Wiederherstellung teilhaben und in Verbindung mit Gott treten.

Neben einer konservativen Familienideologie und der Propagierung traditioneller Moralvorstellungen hat die V. versucht, durch Vorfeldorganisationen für ihre Überzeugungen zu werben. Der Kommunismus galt als Machtbereich Satans, der überwunden werden müsse. Dieser Aspekt ist nach dem Zusammenbruch

Vereinigungskirche. San Myung Mun (*1920) gründete 1954 die Vereinigungskirche. Seine Geburt am Epiphaniastag verweist bereits auf seine spätere Bestimmung, die ihm Jesus Christus an Ostern des Jahres 1930 offenbart haben soll: die Vollendung des göttlichen Auftrags, der durch die Kreuzigung verhindert wurde. Mun studierte in Japan und kam nach dem Ende des Zweiten Weltkriegs in die nordkoreanische Hauptstadt Pyongyang. 1946 hielt er seine erste öffentliche Predigt, 1948 wurde er verhaftet und in ein Arbeitslager verbracht. 1953 siedelte Mun nach Südkorea über. Die ihm übermittelten Offenbarungen legte er im Buch »Die Göttlichen Prinzipien« nieder. Die Gläubigen sehen Mun als neuen Messias, der durch seine 1960 geschlossene Ehe mit Hak Ja Han die Heilsgewissheit repräsentiert.

des sowjetischen Imperiums fast vollständig aus der Lehre verschwunden. 1992 wurde erklärt, dass nun die letzte Phase der Menschheitsgeschichte durch den Anbruch des »Erfüllten Testament-Zeitalters« begonnen habe. Seit 1994 verlagerte die V. ihre Aktivitäten auf die Familien-Föderation für Weltfrieden, in der Außendarstellung traten religiöse Aspekte zurück. Die Zeit der Kirchen sei abgelaufen, es gehe um die Vermittlung universaler Werte, proklamierten die geistigen Führer. Die V. hat weltweit mehrere hunderttausend Mitglieder, vor allem in Korea, Japan und in den USA. In Deutschland gibt es etwa 2500 Anhänger.

Verschwörungstheorien, Überzeugungen, nach denen die eigene religiöse Gemeinschaft, die eigene Gruppe, Gesellschaft oder Nation durch ein Netzwerk von Widersachern bedroht ist. Die im Verborgenen arbeitenden bösen Mächte haben sich gegen die gute Sache verschworen. V. sind auch bei zahlreichen neuen religiösen Bewegungen verbreitet, da sie den Misserfolg der eigenen Missionsbemühungen, die Kluft zwischen Anspruch und Wirklichkeit oder öffentliche Kritik erklären können. Zugleich wird bei den Anhängern der neuen Religionen ein Gefühl der Bedrohung erzeugt, das noch enger an die Gemeinschaft bindet. Als Verschwörer gelten *Freimaurer, Illuminaten* und okkultistische Gemeinschaften, die Kirchen im Verbund mit einem aufklärerischen Humanismus und Juden, womit ein Grundmotiv des Antisemitismus aktualisiert wird. Umgekehrt sieht sich die säkulare Gesellschaft von neuen Religionen bedroht und vermutet eine im Geheimen stattfindende Unterwanderung ihrer Institutionen mit dem Ziel der Machtübernahme.

Völkische Religiosität, im Unterschied zur Beschreibung der *Neugermanen* weiter gefasster Begriff für Gemeinschaften mit ideologischen Wurzeln im Rassismus, Antisemitismus und deutschen Nationalismus des 19. und 20. Jh. Anliegen der V. ist die Wiederherstellung einer arteigenen, dem Volk der Germanen oder Arier entsprechenden Religiosität, wobei auf vorchristliche Überlieferungen Bezug genommen wird. Einige Gemeinschaften vertreten einen offenen Rassismus, bei anderen dominiert eine pantheistische, naturmystische Haltung. Die Vernetzung völkischer, neuheidnischer und neugermanischer Gruppen erfolgt neben informellen Kontakten und verschiedenen Dachverbänden auch über das Internet.

VPM → Verein zur Förderung der Psychologischen Menschenkenntnis

Wicca, Strömung innerhalb des Neuheidentums, die sich vor allem auf keltische und germanische Religiosität beruft. Das Wort W. wird aus dem keltisch-gälischen abgeleitet (»verändern, machen«). Die Übersetzung als »Hexe« (engl. witch) ist insofern unzutreffend, als die meisten Gemeinschaften (Coven) aus Männern und Frauen bestehen. Die Wicca-Gemeinschaften entstanden in der letzten Hälfte des 20. Jh. und wurden stark von Gerald Brosseau Gardner (1884–1964) inspiriert, der auch Vorlagen für Rituale lieferte. Eher feministisch orientierte Gemeinschaften berufen sich häufig auf Zsusanna Budapest und ihre Schülerin Starhawk. Innerhalb dieser Szene gibt es höchst unterschiedliche Strömungen. Der Vorwurf, W. würden in Verbindung mit völkischen oder gar rassistischen Bewegungen stehen, trifft nur auf wenige Coven zu.

Wiedergeburt → Reinkarnation

Yogisches Fliegen (Levitation), eine auf Basis der indischen Yoga-Tradition praktizierte spezielle Technik der Meditation, die hauptsächlich von der *Transzendentalen Meditation* (TM) angewendet wird. In einer Art Hüpftechnik soll der Meditierende die Kräfte nutzen und für kurze Zeit über dem Boden schweben. In der TM wird das Y. auch als Beweis für die Gültigkeit der eigenen Lehre eingesetzt.

Zentrum für experimentelle Gesellschaftsgestaltung (ZEGG), Gemeinschaft, die nach alternativen spirituell-ökologischen Lebensformen sucht. Lange Zeit standen neue Formen des sexuellen Umgangs von Männern und Frauen im Zentrum, da den in der bürgerlichen Welt unterdrückten sexuellen Energien eine Schlüsselrolle für den Abbau von Gewalt und die Herstellung umfassender Harmonie in den Beziehungen von Mensch, Umwelt und Kosmos zugeschrieben wurde. Auch die Kleinfamilie sollte überwunden werden. Dieses Element ist in den letzten Jahren in den Hintergrund getreten. Im brandenburgischen Belzig wurde ab den 1990er Jahren eine Kommune mit 50–100 Bewohnern aufgebaut. Durch Seminare und Workshops sollen die Visionen eines von umfassender Liebe getragenen gegenseitigen Umgangs entwickelt werden.

Zeugen Jehovas → S. 266

Autorenverzeichnis

Bätz, Franz, geb. 1958 in Sonneberg/Thüringen; Mitglied der Deutschen Buddhistischen Union (DBU); seit 1989 Studienreisen nach Indien, Pakistan, Nepal, Tibet und China; Fernstudium der klassischen tibetischen Literatursprache in Erlangen; seit 1995 freier Autor und Übersetzer. (Jainismus)

Baumeister, Katja, geb. 1974 in Gummersbach/Bergisches Land; Studium der Sprachen Chinesisch und Koreanisch (Übersetzen), der Indologie, Tibetologie und Vergleichenden Religionswissenschaften in Bonn. (Hinduismus)

Borchers, Dr. Susanne, geb.1969 in Hildesheim; Studium der Judaistik, Kunstgeschichte, Mittleren und Neuen Geschichte in Köln, Promotion 1998; einjähriger Forschungsaufenthalt in Jerusalem; seit 1999 wissenschaftliche Mitarbeiterin im Europäischen Zentrum für Jüdische Musik an der Hochschule für Musik und Theater Hannover. (Judentum)

Braun, Bernd, geb. 1960 in Oberkirch/Baden; Studium der Geschichte und der Judaistik in Berlin und Jerusalem; 1993–99 Mitarbeiter am Projekt »Quellen zur Geschichte der Juden in den Archiven der neuen Bundesländer« (TU Berlin); seit 1999 wissenschaftlicher Mitarbeiter im Jüdischen Museum Berlin. (Judentum)

Darga, Dr. Martina, geb. 1962 in Walsrode; Studium der Sinologie, Völkerkunde und Psychologie in München, 1998 Promotion; als freie Autorin und Redakteurin sowie in der Erwachsenenbildung tätig. (Daoismus)

Erckenbrecht, Dr. Corinna, geb. 1962 in Kassel; Studium der Ethnologie, Wissenschaftlichen Politik sowie Ur- und Frühgeschichtlichen Archäologie in Marburg und Freiburg/Br.; Promotion 1992; Feldforschungen in Australien und Ozeanien; derzeit freie Kulturwissenschaftlerin. (Traditionelle Religionen in Australien und Ozeanien)

Golzio, Dr. Karl-Heinz, geb. 1947 in Neuwied/Rheinland; Studium der Indologie, Religionswissenschaft und Orientalischen Kunstgeschichte in Bonn; Promotion 1981; Lehrbeauftragter an den Universitäten Würzburg und Bonn, Sachbuchautor. (Hinduismus)

Gruber, Hans, M.A., geb. 1959 in Ingolstadt; Studium der Indologie, Tibetologie und Europäischen Geschichte in Hamburg; weiterführende Ausbildung in Journalismus und PR; seit 1995 freier Autor, Journalist und Übersetzer. (Buddhismus)

Hattstein, Markus, geb. 1961 in Krefeld; Studium der Philosophie, Katholischen Theologie, Vergleichenden Religionswissenschaften und Islamwissenschaften in Berlin; seit 1994 freier Schriftsteller und Autor. (Konfuzianismus, Shintoismus, Parsismus)

Kaufmann, Dr. Uri R., geb. 1957 in der Schweiz; Studium an der Hebräischen Universität in Jerusalem; Promotion in Zürich 1987; wissenschaftlicher Mitarbeiter für jüdische Geschichte an der Hochschule für Jüdische Studien in Heidelberg 1988–97; Konzeptentwickler für das Jüdische Museum Berlin und Mitarbeiter am dortigen Rafael Roth Learning Center. (Judentum)

Kirde, Signe, M.A., geb. 1964 in Göttingen, Studium der Indologie, Sinologie und Indogermanistik in Gießen und Marburg; seit 1990 freie Autorin im Bereich Kultur- und Literaturwissenschaften. (Hinduismus)

Klein-Schwind, Sabine, geb. 1966 in Schwenningen am Neckar; Fremdsprachenkorrespondentin; Studium der Vergleichenden Sprachwissenschaft und der Indologie in Tübingen, derzeit Promotion über ein tantrisch-buddhistisches Manuskript. (Buddhismus)

Krause, Dr. Carsten, geb. 1972 in Hamburg, Studium der Sinologie und Rechtswissenschaft in Hamburg, Passau, Nanjing (VR China) und Chiayi (Taiwan); Promotion mit Schwerpunkt auf dem chinesischen Buddhismus 2001; seit 2002 Mitarbeiter in der Senatskanzlei Hamburg. (Buddhismus)

Lautwein, Dr. Thomas, geb. 1963 in Freiburg/Br.; Studium der Germanistik, Philosophie und Romanistik in Münster, Bonn, Paris und Freiburg; Promotion in Neuerer deutscher Literaturwissenschaft; seit 1996 Mitarbeiter des buddhistischen Vereins Chödzong in Fürth und Herausgeber der Zeitschrift »Chökor – Tibetischer Buddhismus im Westen«. (Buddhismus)

Poggendorf-Kakar, Dr. Katharina, geb. 1967 in Lübeck; Studium der Vergleichenden Religionswissenschaft, Ethnologie und Indischen Kunstgeschichte an der FU Berlin; Promotion 2001; seit 2002 freie Autorin. (Hinduismus)

Pollmann, Bernhard, M.A., geb. 1954 in Freiburg/Br.; Studium der Indologie, Philosophie und Romanistik in München; seit 1982 freier Autor. (Traditionelle Religionen in Mittel- und Südamerika)

Rink, Steffen, geb. 1965 in Herborn; Studium der Politikwissenschaft, Volkswirtschaftslehre und Religionswissenschaft in Marburg; Publizist, seit 2002 Leiter der Informationsplattform Religion des Religionswissenschaftlichen Medien- und Informationsdienstes e. V. REMID. (Neue Religionen)

Rudolph, Dr. Ekkehart, geb. 1929 in Weferlingen/Altmark; Studium der Germanistik, Kunstgeschichte, Sprechwissenschaft in Halle/Saale und Jena; seit 1958 in Stuttgart; Journalist und Buchautor; bis 1994 Leiter der Literaturredaktion beim Süddeutschen Rundfunk. Zahlreiche Reisen, vor allem in Afrika. (Traditionelle Religionen in Afrika)

Schirrmacher, Dr. Christine, geb. 1962 in Lörrach; Studium der Islamwissenschaft (Arabisch, Persisch, Türkisch), Geschichte und Vergleichenden Religionswissenschaft in Gießen und Bonn; Promotion 1991 in Bonn; Dozentin für Islam am Martin Bucer Seminar in Bonn und Hamburg; Lehrstuhlinhaberin für Islamwissenschaften am Whitefield Theological Seminary in Lakeland/Florida und wissenschaftliche Leiterin des Instituts für Islamfragen (IfI) der Lausanner Bewegung Deutschland. (Islam)

Schirrmacher, Dr. Thomas Paul, geb. 1960 in Schwelm/Westfalen; Studium der Theologie in Basel, der Vergleichenden Religionswissenschaften, Völkerkunde und Volkskunde in Bonn; Dr. theol. (Kampen/Niederlande), Dr. phil. (Los Angeles, Kalifornien), Dr. theol. (Lakeland, Florida); seit 1996 Prof. für Theologie und Direktor des deutschen Zweiges des Whitefield Theological Seminary, Lakeland, und Rektor des Martin Bucer Seminars Bonn; seit 2000 zusätzlich kommissarischer Fachbereichsleiter für Systematische Theologie (Dogmatik und Ethik) an der Freien Theologischen Akademie Gießen. (Christentum)

Schultze, Miriam, geb. 1967 in Neuss; Studium der Ethnologie, Kunstgeschichte und Religionswissenschaften in Marburg; pädagogische Mitarbeiterin am Frankfurter Museum der Weltkulturen und Dozentin in der Marburger Kunstwerkstatt; seit 1997 freie Autorin. (Traditionelle Religionen in Nordamerika)

Schweer, Thomas, geb. 1956 in Oberhausen; Studium der Religionswissenschaft, Indologie, Ethnologie und Buchwissenschaft in Bonn, Marburg und München; seit 1992 Sachbuchautor und freier Publizist. (Hinduismus)

Strauss, Dr. Jutta, geb. 1962; Studium der Hebraistik in Oxford, Promotion 1994; anschließend Associate Professor für biblisches und nachbiblisches Judentum an der Universität Kopenhagen; seit 2000 Mitarbeiterin des Jüdischen Museums Berlin und wissenschaftliche Leiterin des dortigen Rafael Roth Learning Center. (Judentum)

Waskönig, Dagmar Doko, geb. 1943 in Arnsberg; Studium u. a. der Kunstgeschichte und Archäologie in Hamburg; seit 1986 Nonne in der Tradition des japanischen Sôtô-Zen, heute Leiterin des Zen-Zentrums Shôbôgendo in Hannover; Ratsmitglied der Deutschen Buddhistischen Union, freie Autorin und Meditationslehrerin. (Buddhismus)

Wetzel, Christoph, geb. 1944 in Bautzen; Studium der Kunst und Kunstgeschichte, Germanistik und Geschichte an den Akademien bzw. Universitäten Stuttgart, München, Wien und Konstanz; Tätigkeit u. a. als Kunsterzieher und Verlagslektor sowie Autor literatur-, religions- und kunstgeschichtlicher Sachbücher. (Bilderläuterungen)

Wetzel, Heidi, geb. 1944 in Bad Polzin; Studium der Germanistik, Geschichte und Kunstgeschichte in München, Bochum und Konstanz; freie Autorin und Redakteurin im Bereich der Literatur- und Kunstgeschichte. (Judentum)

Zimmermann, Dr. Michael, geb. 1966 in Nürnberg, Studium der Indologie (Buddhismuskunde), Japanologie und Tibetologie in Hamburg, Kyoto und Tokyo; Promotion zum Thema »Buddha-Natur«; seit 2002 Direktor des Nepal Research Centre in Kathmandu. (Buddhismus)

Bildquellenverzeichnis

Aggangáni / Buddhistisches Zentrum USA 758
akg-images Berlin 15, 20, 22-2, 26-1, 26-2, 26-3, 31-3, 31-4, 32-2, 43-1, 43-2, 44, 45-1, 45-2, 49-4, 49-5, 55, 58, 61, 70, 76, 83, 88, 92, 116, 137, 158, 160, 167, 182, 186, 194, 219, 225, 230, 231, 233, 256, 257, 263, 271, 278, 279, 296, 317, 320, 329-1, 329-2, 345-1, 356, 367, 373, 386, 395, 479, 486, 653-3, 654-2, 656, 669, 682, 684, 710, 720, 723, 751, 777, 800, 808, 811, 823-1, 823-2, 860, 867-2, 883, 886, 887, 890-1, 892-2, 892-3, 893, 897-1, 897-2, 901, 902-3, 904, 924, 945-1, 951, 972, 981; **–/ Orsi Battaglini** 148; **–/British Library** 282, 291, 302, 330, 336, 380, 381, 387, 398, 403, 419, 425, 556-1, 556-2, 556-3, 671-2; **–/ cameraphoto** 164; **–/ Rabatti-Domingie** 325; **–/ Werner Forman** 511-2, 562-1, 604-2, 611, 668, 686, 696, 706, 713, 745, 756, 761, 781-1, 787, 814, 861, 867-1, 884, 905-3, 925-2, 935, 937, 939, 942-1, 948; **–/ Suzanne Held** 694, 815, 827-1, 827-2, 841; **–/ Erich Lessing** 1 Titelabbildung, 28-2, 33, 34, 36-1, 36-2, 38, 43-3, 43-4, 54, 90, 99, 138, 192, 277, 285, 298, 332, 355-2, 404, 590, 593, 653-1, 660-2, 690-1, 726, 750-2, 772, 859, 905-1, 905-2, 905-5, 910-2, 955, 965; **–/ Gilles Mermet** 660-1, 660-3, 750-3; **–/ Jean-Louis Nou** 558-1, 558-2, 558-3, 558-4, 318, 515, 548, 549, 562-2, 567, 569, 571-1, 571-2, 571-3, 571-4, 577, 584, 585, 586, 591, 600, 612, 613, 615, 623, 629, 631-1, 631-2, 654-3, 655, 661, 671-1, 755, 435, 441, 564-1, 603, 847; **–/ Robert O´Dea** 732, 733-1; **–/ Gert Schütz** 50; **–/ Irmgard Wagner** 582, 604-1, 621, 654-4, 703
Art Institute of Chicago 368
Artothek, München 17, 53, 187, 249, 319; **–/ Blauel / Gnamm / Alte Pinakothek**, München 42; **–Photobusiness** 93
Atlantis Verlag / Henri Stierlin 468-2
Bayerische Staatsbibliothek München 228, 352-1, 352-2, 463, 484, 496, 538
Dr. Friedemann Berger, Leipzig 757, 770, 774, 776, 781-2, 786, 791, 793, 796, 797, 798, 801, 802, 803, 804, 806, 807-1, 807-2, 809, 810, 812, 813, 853-1
berlin-photo / G. Schneider 328
Berlin Museum / Jüdische Abteilung, Berlin 358-1
Biblioteca Palatina, Rom 133
Bibliothèque Arsenal, Paris 378
Bibliothèque National, Paris 250, 287-2,456, 490, 526
Bildarchiv Preußischer Kulturbesitz, Berlin 198, 247; **–/ Jürgen Liepe** 555, 557; **–/ Margarete Büsing** 281
Lee Boltin, New York 906
Bridgeman Art Library, London 155, 202
Bridgeman Art Library / St. Peter's, Louvain 9
British Library, London 392
British Museum, London 389, 472
Buddhistisches Zentrum, Hamburg 639, 667, 680-2
Canadian Museum of Civilization, Hull 882
Carnegie Museum of Natural History, Pittsburg 896
Central Zionist Archives, Jerusalem 289-6, 289-7, 293
Chinapix / National Place Museum, Taipei 789
Peter Christmann, Kassel 677-3, 690-2, 746
Cinetext, Frankfurt a.M. 145
Corbis-Bettmann Archive, New York 295-4
Das Fotoarchiv / Christoph & Friends, Essen/Christoph 914
Denver Museum of Natural History, Denver 899
dpa, Frankfurt a.M. 9 Titelabbildungen, 8, 11, 12-1, 12-3, 12-4, 12-5, 24, 35-1, 35-2, 35-3, 35-4, 35-5, 35-6, 46-3, 46-4, 46-5, 46-5, 47-1, 52, 60-1, 60-2, 62-1, 65, 66, 67, 69-1, 69-3, 73-2, 78, 81, 89, 94, 96, 97, 109-1, 110-1, 110-2, 122, 123, 124, 126, 128, 135, 140-1, 140-2, 141, 142, 143, 149, 154, 161, 170, 172, 176, 178, 195, 196-1, 197, 200, 210, 212, 215, 217, 223, 226, 227, 232, 235-1, 237, 240, 243, 246, 272-2, 272-3, 272-4, 289-1, 289-2, 289-3, 289-4, 289-5, 290, 297, 305-1, 305-2, 305-3, 305-4, 305-5, 305-6, 308-1, 308-2, 308-4, 309, 311, 316, 324, 326-2, 327, 331, 334, 341, 342, 346, 347, 349, 351, 353, 354, 359, 360, 364, 366-1, 366-2, 369, 370, 376, 383, 384, 390, 391, 393, 394, 396, 406, 407, 410, 411-1, 411-4, 411-5, 413, 415, 423, 426, 432-2, 432-5, 434, 437-2, 438, 439-1, 439-2, 440, 447-2, 453, 454, 457-1, 457-2, 457-3, 460-1, 460-2, 461, 467, 469, 470, 471, 473, 476-2, 478, 487-2, 488, 494, 501, 503, 507, 509, 516, 520, 521, 524, 527-2, 529, 534, 536, 537, 539, 542, 546, 547, 551, 552-1, 552-2, 552-3, 552-4, 554, 575-2, 575-3, 575-4, 575-5, 575-6, 576, 588, 594, 595, 596, 597, 598, 599, 605, 610, 616, 617, 619, 624, 626-3, 627-1, 627-2, 627-3, 627-4, 628, 630, 636-1, 636-2, 652, 654-1, 659, 663-1, 663-4, 673, 674, 675-1, 675-2, 675-3, 675-4, 675-5, 675-6, 678-1, 678-2, 678-3, 678-4, 679, 681-1, 681-2, 683, 689, 702, 711, 725, 727, 733-3, 733-4, 736, 741, 743, 752, 762, 766, 768-1, 768-2, 768-3, 768-4, 768-5, 771, 775-1, 775-2, 784, 785, 792, 795, 799, 885, 907, 909, 928, 931, 932-2, 933, 942-2, 946, 947, 954, 956, 957, 963-1, 963-2, 963-3, 964, 966, 968, 970, 971, 976, 977, 979, 983, 984, 986, 987
Dzogchen Gemeinschaft, Düsseldorf 700
Evangelischer Pressedienst, Frankfurt/Main 32-3, 51-1, 51-2; **–/ Norbert Neetz** 173; **–/ Thomas Lohnes** 84
Fabbri, Mailand 22-1, 49-3, 56-3, 72, 82, 146, 260, 315, 481
Frank H. McClung Museum / University of Tennessee, Knoxville TN 889
Galleria degli Uffizi, Florenz 106, 204
Max Galli, St. Moritz 1 Titelabbildung, 10, 73-1, 101
Lisa Gardiner, New York 739, 833
Peter Gebhard, Bielefeld 420
Gemäldegalerie der neuen Residenz, Bamberg 221
General Zionist Archives, Jerusalem 288
Germanisches National-museum, Nürnberg 400
Giraudon, Paris 363
Hans Gruber, Hamburg 642, 662-1, 715, 717-1, 717-2, 718, 738, 753, 754
Hamburger Kunsthalle / Fotowerkstadt Elke Walford 16
Kulturgeschichtliches Archiv Hansmann, München 890-2, 890-3
Harenberg Kommunikation, Dortmund 14, 31-1, 31-2, 31-5, 32-1, 32-4, 32-5, 49-2, 56-1, 56-2, 57, 104-2, 125, 139-2, 165, 179, 184-1, 184-2, 190, 191, 232-1, 232-2, 232-3, 232-4, 242, 252, 261, 266, 268, 295-3, 295-5, 300, 301-3, 322, 326-1, 345-2, 355-1, 358-2, 362, 374, 399, 401, 458-1, 476-1, 565-1, 565-2, 566-1, 566-2, 578-1, 778, 779, 832, 839, 863, 865, 871, 872, 874, 877, 895-1, 895-2, 900, 941-2, 974, 985
Christian Heeb, Bend (Oregon) 174-3, 878, 880, 894
Heimatmuseum Kaufbeuren / Schmidt 119
Tina & Horst Herzig, Gross-Gerau 622
Markus Hilbich, Berlin 63, 80, 87, 117, 121, 156, 159, 169, 174-1, 174-2, 175-2, 175-3, 185, 189, 216, 218, 222, 229, 248, 255, 265, 152, 174-4, 175-1
John Hios, Athen 95, 150
Ullrich Huse, Dortmund 118
Ikonenmuseum Kreta 235-2
Interfoto Pressebild, München 91, 412, 427, 451, 487-1; **–/ Giraudon** 18; **–/ Koch,** München 131
Israel Museum, Jerusalem 377
Israelitische Kultusgemeinde, Wien 416
Harald A. Jahn, Wien 259
Japan-Photo-Archiv / Hartmut Pohling, Kaarst 664-1, 664-2, 701, 730, 749, 816-1, 816-2, 816-3, 816-4, 817-1, 817-2, 817-3, 818, 819, 820, 822, 824, 826, 828, 829-1, 829-2, 831-1, 831-2, 831-3, 831-4, 831-5, 834, 835, 836, 837, 838, 840-1, 840-2, 840-3, 842, 843, 845, 846
Jewish Archive, Jerusalem 414
Jewish Museum, New York / **Sammlung Oskar Grass** 409, 421
Jewish National Library, Jerusalem 295-2
Joods Historisch Museum, Amsterdam 385
Judah L. Magnes Museum, Berkeley 292
Jüdisches Museum, Prag 283
Katholische Nachrichten Agentur, Frankfurt a.M. 12-2, 62-5, 68, 69-2, 109-2, 139-1, 147, 157, 177, 188, 196-2, 199-1, 207
A. F. Kersting, London 183

Tobias Klutke, Hamburg 638, 640, 643, 644, 759, 763-2
Kunsthistorisches Museum, Wien 86
Norbert Kustos, Malsch 166
Länderpress, Düsseldorf 911
Landesbildstelle Berlin 338
Dr. Thomas Lautwein, Nürnberg 709
LOOK, München/Christian Heeb 102, 891, 898, 929; **–/Erwin Fieger** 905-4; **–/Hauke Dressler** 930-1, 932-1, 938-2, 938-3; **–/Holger Leue** 1 Titelabbildung, 938-1, 949, 950; **–/Ingolf Pompe** 908; **–/Jan Greune** 879; **–/Karl Heinz Raach** 180; **–/Kay Maeritz** 560; **–/Michael Boyny** 927; **–/Reinhard Dirscherl** 941-1; **–/Rolf Frei** 103; **–/Ulli Seer** 943, 944
Hendrik Lühl, Essen 825
Peter Mertz, Innsbruck 264
Metropolitan Museum of Art, New York 541, 641
Gert Mothes, Leipzig 208
Musée Message Biblique Marc Chagall, Nizza 312, 344, 269, 275
Musée National des Thermes et de l'Hotel de Cluny, Paris 357, 417
Musei Vaticani/A. Bracchetti/P. Zigrossi 238
Museo d'arte moderna, Venedig 397
Museo de Bellas Artes, Granada 379
Museum Boymans-van-Beuningen, Rotterdam 107
Museum der Kulturen, Basel 945-2
Museum der Stadt Regensburg 49-1
Museum Dordrecht 201
Museum für türkische und islamische Kunst, Istanbul 468-1
Museum Unterlinden, Colmar 37
National Anthropological Archives/Smithsonian Institution, Washington DC 888
Nationalmuseum Sarajevo 343
Neuapostolische Kirche in NRW 203
Öffentliche Kunstsammlung Basel /Martin Bühler 220
Österreichische Nationalbibliothek, Wien 492
Peter Peitsch, Hamburg 388
Rapho, Paris/R. Michaud 545
Friedrich Reg 680-1
Jürgen Richter, Pullach bei München 518-5
Rosengarten Museum, Konstanz 286, 287-1
Dr. Ekkehart Rudolph, Stuttgart 1 Titelabbildung, 912, 913, 915, 916, 917, 918, 919-1, 919-2, 920, 921, 922, 923
Sammlung Gerd Wolfgang, Essen/Hans Mayer Veden, Hamburg 635, 647, 649, 650, 651, 653-5, 657, 708, 724, 731, 742, 747
Sammlung J. Soustiel, Paris 428, 429, 445
Sammlung William L. Gros/ Foto: Lev Radavan/Ramat Aviv 350
San Luigi dei Francesci, Rom 105
Santa Maria del Popolo, Rom 39
Scala, Mailand 251
Scherz Verlag, Bern 665
Jost Schilgen, Berlin 75-5, 314
Sipa Press, Paris 601-1, 601-2, 601-3, 672, 721, 735; **–/Adenis** 276-1, 308-3, 411-3; **–/Abd Rabbo** 46-2; **–/Arad** 301-2, 361; **–/Blondin** 510-1, 518-2 ;- **–/Bounhar** 477; **–/Boutain** 769; **–/Brule** 607; **–/Daqud** 163; **–/Fayolle** 632-2; **–/Frilet** 79; **–/Delacouchy** 561; **–/Dinodia** 578-2; **–/Dinovic** 662-2; **–/E.R.L.** 214; **–/Farnood** 500; **–/Frilet** 47-2, 854; **–/Galazka** 153; **–/Gorovenko** 337; **–/Haley** 276-2; **–/Hourlhion** 85; **–/Jose** 411-2; **–/Kazeki** 340; **–/Krivic** 678-5; **–/La Lance** 606; **–/Le Morvan** 382; **–/Lemoine** 405, 432-1, 505-1; **–/Levine** 365; **–/Ludwig** 575-1, 587; **–/Malanca** 552-5; **–/Minamikawa** 636-3; **–/Niviere** 535; **–/Nouvelle Chine** 767, 783; **–/Pitamitz** 348; **–/Pratt** 258; **–/Rasmussen** 602; **–/Skyvisual** 504; **–/Turhan** 518-4; **–/White Murray** 952; **–/Witt** 737; **–/Zhinioglu** 77-2
St. Louis Science Center 897-3
Staatlich Jüdisches Museum Prag 418
Staatliche Museen zu Berlin-Preußischer Kulturbesitz/Jörg Anders 98, 241; **–/Museum für Indische Kunst/Iris Papadopoulos** 559, 851; **–/Museum für Indische Kunst/W. Ihl** 564-2; **–/Museum für Indische Kunst/Niedermeier** 653-2; **–/Museum für Islamische Kunst/Jürgen Liepe** 499, 511-1; **–/Museum für Islamische Kunst/Georg Niedermeister** 508; **–/Museum für Ostasiatische Kunst/Jürgen Liepe** 653-4
Stadtkirche St. Peter und Paul, Weimar 028-1
State Administration of Cultural Heritage of the People's Republic of China, Beijing/Bijutsu/Sakai 648, 707, 729; **–/Changshou/Tang** 645; **–/Rhie** 699; **–/Yishu/**Qingzhou 664-3
Stiftsbibliothek St. Gallen 162-2
Motovun Book/Stiftung Leonard von Matt, Stans 19-1, 19-2, 40, 41
Stills/Saulnier, Paris 687
Studienseminar Canisiuskonvikt, Ingolstadt 026-4
Studio X, Limours/Explorer 372, 375, 447-1, 519-1, 519-2; **Studio X/Explorer/Saola** 437-1, 437-3, 449, 450, 543, 570, 626-1, 626-2, 626-4; **Studio X, Explorer/Saola/Bonnier** 518-3
Studio X/gamma 430; **–/Agostini** 663-2; **–/Allred** 199-2; **–/Andrade** 299; **–/Aventurier** 485, 636-5, 685, 734; **–/Baitel** 310, 464-2; **–/Bassignac** 464-3; **–/Benali** 144, 634; –/Bennet 573-1, 573-2; **–/Boisvieux** 677-2, 848-1, 848-2, 848-3, 852-1, 855; **–/Borrel** 510-2; **–/Bouquillon** 62-2; **–/Calli-Quidu** 676; **–/Caminada** 973; **–/Catagay** 522; **–/Davies** 579-3; **–/Deville** 62-6, 750-1; **–/Duclos** 272-1, 307, 663-3; **–/Dufour** 892-1; **–/Estay** 695; **–/Explorer** 608; **–/Freedman** 581-1, 581-3; **–/Gaillarde** 581-2; **–/Galli-Quidu** 722; **–/Gantier** 431, 519-3; **–/Gilson** 495; **–/Gosset** 881; **–/Grosset** 925-1, 936; **–/Hicks** 1 Titelabbildung, 719, 763-1; **–/Hill** 270; **–/Hires** 528; **–/Hodalic** 46-3, 193; **–/Hosaka** 958; **–/Husain** 589; **–/Jallot** 464-1; **–/Kacicnik** 46-1, 181; **–/Koren** 211; **–/Lambermont** 692, 750-4; **–/Le Corre** 940; **–/Loviny** 636-4; **–/Lunes** 497, 533; **–/Malecki** 062-3; **–/Martin** 926, 930-2; **–/Merrilon** 483; **–/Nickelsberg** 550, 633; **–/Pasquirer** 677-1, 902-1, 902-2; **–/Patrick/Magaishi/Lucero** 691; **–/Pool** 458-2; **–/Prado** 614, 961; **–/Quidu** 474, 512; **–/Rad** 455, 475-4, 531; **–/Reza** 432-4; **–/Ribeiro** 502; **–/Salader** 513; **–/Sibert** 475; **–/Tixador-Mongibeaux** 733-2; **–/Vandeville** 62-4; **–/Vioujard** 480, 518-1; **–/Voge** 934; **–/Xiaoyun Luo,** Beijing 705, 714, 760; **–/Zebar** 432-3, 452
Studio X/Liaison/Bartholomew 579-1, 579-2, 852-2, 853-2, 856; –/Erwin 46-4; –/Giboux 849, 857; –/Levy 294; –/Liss 272-5; –/Nickelsberg 465; –/Malecki 301-1; –/Swerse 335
Stuppacher Pfarrkirche 253
SWR/Ottmar Schnepp, Stuttgart 632-1
Sooni Taraporevala, Bombay 868, 869-1, 869-2, 875, 876
The International Photo Collection Historical Press, Stockholm 77-1, 104-1, 295-1, 422, 578-3, 583
The Nasser D. Khalili Collection of Islamic Art/Nour Foundation 527-1
The Saint Louis Art Museum, St. Louis 75
Topkapi-Museum, Istanbul 505-2
Trinity College, Dublin 162-1
Türkisch Islamisches Museum, Istanbul 506
Dietmar Vetter, München 129, 174-5, 175-4, 209
Detlef Vogelsang, Dortmund 132, 609
Archiv Wetzel, Göppingen 30, 100, 108, 112, 113, 130, 168, 171, 206, 213, 224, 234, 244-1, 244-2, 313, 339, 446, 525, 670
Daniel & Horst Zielske, Göttingen 1 Titelabbildung, 114, 236

Trotz größter Sorgfalt konnten die Urheber des Bildmaterials nicht in allen Fällen ermittelt werden. Es wird gegebenenfalls um Mitteilung gebeten.

Personenregister

Verzeichnet sind die historischen Personen sowie biblische, mythologische und literarische Gestalten, ferner auch die Gottheiten der verschiedenen Religionen. **Fette** Seitenzahlen beziehen sich auf Haupteinträge zu der jeweiligen Person, *kursive* Seitenzahlen auf Abbildungen. Die Schreibweise der biblischen Eigennamen folgt in der Regel der als Quelle verwendeten sog. Einheitsübersetzung von 1980.

Sachregister

Verzeichnet sind die wichtigsten, in den thematisch strukturierten Einführungen zur Geschichte und Gegenwart sowie in den Lexika von A–Z der einzelnen Religionen verwendeten Begriffe. **Fette** Seitenzahlen beziehen sich auf Haupteinträge zum jeweiligen Stichwort, *kursive* Seitenzahlen auf Abbildungen. Bei mehreren fetten Seitenzahlen zu einem Stichwort (z. B. Aberglaube) werden diese nach Religionen unterschieden.

B

L

M

U

V